JN438898

한민족전쟁사

온 창 일

지문당

WAR HISTORY OF KOREA

Jimoondang (President: Lim Samgyu)
85 Gwanginsa-gil, Paju-si, Gyeonggi-do, 413-756, Korea
82 Donhwamun-ro, Jongno-gu, Seoul, 110-360, Korea
Phone: 82-2-743-3096 E-mail: edit@jimoon.co.kr
82-2-743-3192~3 E-mail: sale@jimoon.co.kr
Fax: 82-2-743-0227, 82-2-742-4657
Homepage: www.jimoon.co.kr
ISBN 978-89-6297-156-9

머 리 말

한반도 지역에 세워진 왕조와 국가들의 전쟁사는 어제와 오늘의 한국과 한민족이 수행해 온 전쟁의 기록이다. 이는 전쟁으로 빚어진 개인의 비통함과 집단적 고통이 어떠했으며, 이를 극복하기 위하여 어떠한 노력을 기울여 왔고 앞으로 어떠한 노력을 기울여야 하는가를 기록으로 말해 주고 있다. 이 전쟁사는 또한 평화가 얼마나 절실하며, 이를 유지하기 위해서 한국과 한민족이 무엇을 해야 하는가도 지적하고 있다. 한민족 전쟁사는 이와 같이 어제와 오늘의 한민족과 한국인들이 전쟁을 막고, 이를 치르는 과정에서 어떠한 모습을 보였고 어떠한 노력을 기울였으며, 이를 통하여 앞으로 전쟁을 억제하고 평화를 유지하기 위하여 무엇을 어떻게 해야 하는가를 사실적으로 제시해 주고 있다.

한민족 전쟁사(韓民族 戰爭史)는 한글을 해독할 수 있는 모든 독자, 한국과 한민족의 어제와 오늘을 이해하기 위하여 이들이 수행한 전쟁을 연구하는 학생과 학자, 그리고 어제의 전쟁을 분석하여 내일의 전쟁을 억제하고, 전쟁을 강요당했을 때, 이를 신속하고 경제적으로 치르는 데 필요한 지혜를 탐구하려는 사관생도, 직업군인 및 정치가들이 참조할 수 있도록 엮어졌다. 시대적으로 고대부터 현재까지를 망라하였으며, 조직적으로 치러진 모든 전쟁과 전투를 포괄하였고, 전쟁을 막기 위한 군사외적인 노력, 전쟁계획과 준비, 경과, 결과, 그리고 영향 및 교훈까지 총괄하였다. 그리고 한민족 전쟁사는 앞으로 기록될 한국과 한민족의 역사가 전쟁의 역사보다 평화의 역사가 되기를 바라는 저자의 소망까지 담고 있다. 전쟁과 평화에 관심 있는 일반 독자는 물론 평화를 현실적으로 보장해야 하는 전문직업인, 그리고 이들에게 경험적 지혜를 제공하려는 학자 및 연구자들에게 조금이나마 도움이 될 수 있으면 하는 마음 간절하다.

끝으로, 한민족 전쟁사 집필을 제안하고 이를 후원해 주신 지문당 임경환 사장님과 책 제작 및 발간에 참여하신 여러분들에게 감사의 말씀을 드린다. 오늘의 자유(自由) 한국(韓國)을 있게 하고 이를 지켜 주신 영령(英靈)들께 이 책을 바친다.

2001년 1월

온 창 일(溫 暢 一)

차　례

제 4 장 고려시대의 전쟁 / 137

제5장 조선시대의 전쟁 / 257

제 6 장 한국전쟁(6·25전쟁) / 453

제 7 장 새로운 전쟁: 전복전 / 1033

제 8 장 결 론 / 1047

부 록(附錄) / 1051

주요 참고문헌(主要參考文獻: Selected Bibliography) / 1078

찾아보기 / 1100

제1장 서 론

제 1 장 서 론

인류의 역사가 전쟁의 역사라고 해도 과언이 아닐 정도로, 인류는 수많은 전쟁을 치러 왔다. 인류가 지난 5,500여 년간 크고 작은 규모의 전쟁을 1만 4,500여 회나 치러 왔으며, 이들 전쟁을 통하여 36억 이상의 인간이 사망하였고, 1986년 당시의 세계 전 인구에게 수천 년 동안 일용품을 지급할 수 있는 규모의 재화(財貨)가 파괴되었다는 한 통계가 이를 말해 주고 있다.[1] 전쟁은 개인에게 고통과 슬픔을 안겨 주었으며, 민족이나 국가의 형태와 생사소멸(生死消滅)을 주관하는 원인이 되어 왔다. 전쟁은 수많은 인간을 죽거나 다치게 했으며, 많은 사람들의 슬픔과 고통을 자아내게 만들었다. 전쟁의 결과는 민족의 운명뿐 아니라, 국가의 존망(存亡)과 존재 방식마저 바꾸어 놓았다. 전쟁 수행과정에서 엄청난 재화의 파괴는 개인이 감당해야 할 슬픔과 고통의 정도를 더욱 극심하게 하였으며, 민족이나 국가가 감당할 수 없을 정도의 손실을 만들기도 했다. 개인적 고통과 집단적 존폐의 원인을 인류에게 제공한 전쟁은 인간이 자초한 사회현상의 하나로서 오늘도 현재화되어 있으며, 앞으로도 없어지거나 없앨 수 있다는 보장이나 가능성을 보여 주지 못하고 있다. 기록된 역사와, 기록될 역사 자체가 실로 "인류의 역사는 전쟁의 역사"라고 주장할 수 있을 만큼의 실증적 자료를 머금어 왔고 머금을 것으로 보인다.

한민족(韓民族)이 자리를 잡아 온 한반도와 그 주변 지역에서 치러진 전쟁도 한족(韓族)과 한국(韓國)의 개별적, 집단적 운명에 결코 적지 않은 영향을 끼쳐 왔다. 한반도의 지정학적, 지전략(地戰略)적 위치의 특성상 이들 전쟁은 대륙 세력의 판도 변화와 대륙 세력과 해양 세력 간의 세력 확장 기도과정에서 빚어진 충돌 현상에서 그 원인을 찾아볼 수 있다. 더구나 한반도에 수립되었던 국가들이 주변 세력들의 세력 쟁탈전에 능동적으로 대처할 능력을 갖추지 못한 점이 이들 주변 세력들의 대립을 막지 못하고, 오히려 한반도를 이들 세력의 각축장으로 만든 요인이 되었다. 이러한 본래적 현상과 원인에 근원을 두고 치러진 전쟁은 한족과 한국에게, 개인적으로나 집단적으로 엄청난 부담과 고통을 안겨 주었다. 전쟁으로 인한 고통과 부담의 종류와 정도는 다양하고도 엄청난 수준으로 나타나, 굴욕적 결과의 강요는 물론 구차한 연명의 감수, 민족적 자존심의 손상, 그리고 국가적 주권의 포기에까지 이르렀었다. 세계적으로 정착된 냉전 구조 속에서 경험한 남북 분단과 남북간 전쟁은 그 이전에 겪어 왔던 전쟁들로 인해서 입은 개인적, 민족적, 국가적 상처를 더욱 쓰라리게 만들기에 충분한 충격

---

1) Nikolai Tabunov, "Sources and Causes of Wars," *Soviet Military Review*(May 1986), pp. 11-12.

을 한국인에게 안겨 주었으며, 이를 극복해야 할 과제를 숙제로 남겨 놓았다. 한마디로 표현하면, 한반도와 그 주변에서 발생한 전쟁들은 한민족과 한국 역사에서 결코 도외시할 수 없는 비중을 차지하고 있다.

무릇 전쟁이란 여러 각도와 차원에서 그 의미와 개념이 규정될 수 있다. 가장 넓은 의미로 본 전쟁의 정의로서, "전쟁은 동일한 종류간의 폭력적 대결"이라는 견해를 들 수 있다. 이러한 입장에서 보면, 개미 집단간의 싸움도 개미사회의 전쟁으로 간주하는 전쟁개념을 상정해 볼 수 있다. 그러나 전쟁을 인간사회에 존재하는 조직화된 상황적 현상의 하나로 국한시켜, 좁은 의미로 해석하는 것이 현실 의미상 타당할 것으로 보인다. 이러한 의미에서 본 전쟁의 의미와 개념규정도 다양하게 있어 왔다. 전쟁을 인간이 가진 동물적 투쟁본능에서 비롯된 자연적 현상의 하나로 보는 견해도 있어 왔고, 인간으로 구성된 사회의 갈등 현상으로 보는 경우도 있어 왔다. 국가라는 권력 단위체의 태생적 관계상황 중에서 표출되는 유혈충돌 관계로서 전쟁을 보는 입장도 있고, 국가를 포함한 정치집단간의 패권 다툼이라는 차원에서 이를 정의하려는 견해도 있다. 그리고 권력집단간의 초법적 무력 사용을 통한 권력투쟁 상태라고 정의한 견해도 있다. 법적 차원의 분석에서, 전쟁은 적대적인 양측에게 폭력 사용 권한이 동등하게 주어지는 상태라고 정의되기도 한다.[2] 이와 같이 전쟁은 고려하는 범위와 분석하는 입장에 따라 매우 다양하게 그 의미와 개념이 규정되어 왔다.

인류 역사에 기록된 전쟁을 분석하고 현재와 미래의 전쟁을 정리하는 데 도움을 주는 전쟁의 개념 정의는 전쟁의 주체, 목적, 양상면에서 입장이 명쾌할 필요가 있다. 전쟁을 같은 동물 집단간의 유혈 대결이라고 보는 견해는 인류가 기록한 역사상 전쟁과 이의 현실적 의미를 규명하여 미래의 전쟁을 방지하려는 학문적 노력에 큰 도움을 줄 수 있는 정의는 아니다. 개미들간의 집단적인 대결이나 기타 같은 동물간의 생활 영역, 세력권 확보를 위한 대결은 그 양상이나 정도면에서 인간 집단간의 전쟁과 크게 다를 바 없으나 그 효과면에서는 자연적 질서의 조정과 이에서 비롯된 본래 모습의 변형이라는 수준에 머무는 것이 거의 전부이다. 다시 말하면 이러한 과정과 이에 따른 변형 자체가 자연의 질서 속에 함유되어 있어, 일상적으로 반복되어 발생하는 자연현상이라는 점이다. 이와는 대조적으로, 인간 집단간의 대결은 자연적이라고 보기에는 인위적인 요소가 너무 많이 내포되어 있음을 보여 주고 있다. 단순한 생존의 차원을 넘는 이유로 싸웠고, 명분상의 이유만으로도 조직적인 충돌이 있어 왔다. 인간사회에서 있어온 충돌 현상 역시 생존 차원의 수준을 넘지 않는 동물적인 성질의 것도 있었다. 그러나 인간이 씨족적인 이유만이 아닌 다른 정치적 이유로 집단을 형성하였을 때, 이들 집단간에는 생존적 차원만이 아닌 다른 차원의 요소를 머금은 관계가 성립되게 마련이다. 이러한 관계의 성립은 그에 걸맞은 대립도 가시화시켰고, 조직적인 충돌 현상을

2) Quincy Wright, *A Study of War*(Chicago and London: The University of Chicago Press, 1942, 1965), pp. 8-13.

빚게 되었다. 따라서 이러한 정치 집단은 평시에 폭력을 조직적으로 유지, 관리하기에 이르렀고, 이들 집단간의 충돌은 더욱 유혈적으로 되었다. 이것이 바로 전쟁이라는 이름으로 기록되어 오고 있다. 전쟁은 "정치 집단간의 조직적이고 유혈적인 무력충돌"이라고 현상적으로 규정될 수 있다.

정치 집단간에 조직적으로 폭력을 사용함으로써 나타나는 관계상황의 한 현상을 전쟁이라고 정의한다면, 한민족의 전쟁사는 고대 부족국가 성립 시기까지 거슬러 올라가 그 기원을 더듬어 볼 수 있다. 전쟁이 발생한 장소는, 이들 전쟁이 치러진 시기에 따라 다르게 나타나 한반도와 이에 근접한 인근 지역을 포함하고 있다. 전쟁을 치른 단위체로서는, 한반도 내의 정치 집단뿐 아니라 아시아 대륙의 왕조 및 국가, 일본, 그리고 6·25 전쟁에서는 세계의 많은 국가들이 연합 전력을 형성하는 방식으로 전쟁에 참가한 경우도 있다. 삼국이 정립되기 이전의 한반도에 자리잡은 부족국가는 주로 중국의 정치 집단과의 세력쟁탈전을 벌였으며, 삼국 정립기에는 삼국간 대립은 물론 중국의 세력과도 집단의 운명을 건 대결이 있었다. 한반도의 국가는, 반도 내 통일된 왕조가 수립된 이후 주로 대륙의 세력판도 변화에 따라 중국의 왕조, 만주의 부족 국가 및 몽고와 충돌이 있어 왔고, 일본의 대륙 침략 기도에서 비롯된 전쟁의 당사국이 되거나, 주변국 간 벌어진 세력쟁탈전에서 쟁탈의 대상이 되는 운명에 놓인 경우가 있어 왔다. 마침내 한민족은 주변국 간의 다툼에서 우위를 확보한 일본에게 국가의 주권까지 내놓아야 하는 지경에 이르렀다. 이와 같이 고대에서 오늘에 이르는 기간 동안, 한민족은 한반도 내의 대립에서 비롯된 충돌은 물론 외부 집단과도 국가적 의지와는 무관하게 수많은 전쟁을 치러 내야만 했다.

한민족이 치러 낸 이와 같은 전쟁은, 원인과 성격면에서 주변의 정치집단과 불가분의 관계를 맺고 있다. 고조선(古朝鮮)으로 불려진 초기 한민족의 국가집단은 중국의 변방 국가와의 대결을 피할 수 없었으며 그 후의 삼국, 통일신라, 고려, 조선 등도 중국과 만주, 그리고 러시아 제국 등 대륙 주변국들과 우호, 대립관계를 유지하면서 때로는 전쟁상태에 돌입하기도 했다. 주변국의 하나인 일본은 한반도 주변에 대한 노략질에서부터 전면적인 침공 등 온갖 형태와 수준의 위협을 한민족에 가하고, 드디어 한민족의 국가적 주권까지 빼앗아 간 주변국이 되었던 것이다. 한반도와 주변 지역에서 치러진 전쟁은, 고구려가 중국의 침공에 대비하기 위하여 요하(遼河) 건너에 추진 방어기지를 구축하려 했던 기도를 제외하고는, 주변국들의 침공에 의해서 일어났다. 중국 국가들의 영토 확장을 위한 침공, 대륙 국가들의 세력 판도 변화에 따른 선제 침공, 일본의 대륙 침공 발판 확보를 위한 침공 등이 번번이 한반도를 전쟁터로 만들었다. 반도 내 세력 다툼에서, 한 집단이 지원 세력으로써 주변국을 끌어들여 외부의 개입을 자초한 경우도 있었으나, 한반도에서의 전쟁은 대개 주변국들의 침공과, 한민족이 이를 막고 대처할 정치, 외교, 군사적 능력을 제대로 갖추지 못했다는 데서 그 원인을 찾아볼 수 있다.

한반도에서 일어났던 전쟁들은 개개의 한국인들에게는 슬픔과 고통을 안겨 주었고, 한(韓)민족에게는 수치와 시련을 가져다 주었으며, 한국에게는 국가적 수모와 불명예를 기록하게 만들었다. 전쟁을 치르지 않는 가장 좋은 방법은 침공의 가능성을 가진 주변국이나 가상 적대국이 전쟁을 통해서는 아무것도 이룰 수 없고, 피해만 입는다는 판단을 스스로 내려, 무력 사용을 자제하도록 만드는 것이다. 그리고 전쟁보다는 평화적인 관계 유지가 더욱 이롭다는 확신을 갖게 하는 것이다. 따라서 한국은 한국인과 한민족에게 슬픔과 수모를 안겨 주는 전쟁을 미리 막고, 전쟁이 강요되었을 때는 이를 한국에게 유리한 방향으로 신속히 종결하기 위한 정치, 외교, 경제, 그리고 군사적 능력을 보유해야 한다. 한민족이 기록해 온 전쟁의 역사는 이를 위한 지혜와 정책, 전략과 전술의 필요성을 우리에게 실증적 자료로써 일깨워 주고 있다.

제 2 장 삼국시대 이전의 전쟁

1. 개 요
2. 고조선과 연의 전쟁
3. 위씨 조선과 한(漢)의 전쟁
4. 고구려의 건국과 초·중기 대외 전쟁
5. 전쟁의 성격

제 2 장 삼국시대 이전의 전쟁

1. 개 요

중국의 동북부지역과 한반도 북부지역에 터전을 잡고 부족국가 형태로 집단을 이루어 거주하던 한민족(韓民族)과 중국에 기반을 두고 있던 한족(漢族) 국가들과의 충돌은 거의 자연스러운 역사의 한 현상으로 나타났다. 중국이 분할되어 여러 정치 집단으로 대립 혹은 난립되어 있던 시기에는, 지역적으로 근접해 있던 정치 집단과의 충돌은 있었으나 국가적 충돌의 빈도와 강도는 비교적 적고 약한 편이었다. 그러나 중국에 통일된 왕조가 들어서서 집단적 노력이 영토 확장이라는 대외정책을 뒷받침하는 방향으로 지향되었을 경우에는, 한민족(韓民族) 국가의 존재 양상과 방식에 심대한 영향을 미칠 수 있는 무력 충돌이 현실로 구체화되었다. 때로 중국이 분할 정립되어 내부의 혼란 수습과 패권 다툼에 여념이 없던 시기에는, 한반도 북부지역에 있던 국가들은 중국의 동북부지역의 확보를 도모했고, 이러한 움직임은 한국과 중국 국가들 간 무력충돌의 원인을 제공하기도 했다. 그러나 한국과 중국 국가들 간의 무력 충돌은 거의 전부가 중국측의 영토 및 세력 확장 또는 주변 견제 정책에 의해서 비롯되었으며, 이에 대한 한국측의 방어 및 외교능력에 따라 피해 정도만 약간 다르게 나타나는 경우가 대부분이었다.

중국의 요하(遼河)와 한반도의 대동강(大同江) 유역은 중국의 고대 문명 발상지역과 지리적으로 가까운 이유로 다른 지역보다 먼저 여러 부족 국가가 형성되어 있었다. 그 중에서도 한국의 시조국가격인 고조선(古朝鮮)이 주위의 세력들을 규합하여 기원전 3, 4세기경에는 이 지역에서 패권(覇權)을 장악하고 있었다. 중국은 주왕조(周王朝)가 쇠퇴함에 따라 전국시대(戰國時代)의 칠웅(七雄: 秦, 楚, 燕, 齊, 韓, 魏, 趙)이 각축을 벌이게 되었다. 이러한 상황의 전개로 고조선과 북경(北京)지역에 자리잡아 지역적으로 인접한 연(燕)과의 내립은 무력 충돌로 나타나게 되었다. 요동지역이 전란에 휩싸임에 따라 이 지역 주민의 한반도 유입이 발생하였고, 이에 따라 고조선의 왕조 변화가 이루어지기도 했다. 이후 중국에서 진(秦)에 이어 한(漢)이 통일왕조로서의 권위를 확립하자, 한(漢)은 요동지역의 확실한 장악과 주변 세력의 상호견제(以夷制夷)라는 정책적 필요에 의해서 고조선을 공격하여 멸망시키고, 한사군(漢四郡)을 설치하였다. 압록강(鴨綠江) 중류지역에 거주하던 현지 주민들은 고구려(高句麗)라는 국가를 형성하여 한의 식민 통치에 반기를 들었다. 고구려와 중국의 대립은 한의 약화와 중국 내 패권국의 난립으로 고구려가 한의 사군을 몰아내고 독자적인 세력권을 형성할 수 있는 단계에까지 이르렀다. 그러나 이후 중국에 들어서는 통일 왕조는 요동지역과 한반도 북부지역에 대한 세력 확장 기도를 결코 포기하지 않았고, 고구려를 비롯한 한반도의 삼국대립을 적절히 이용하여 결국 고구려를 멸망시키고 말았다.

삼국시대 이전에 있어 온 이와 같은 한국(고조선, 고구려)과 중국(연, 한, 위, 진 등)의 대립 및 무력 충돌은 한국의 생존권 보존 정책을 무시하는 중국의 팽창 정책과 주변견제 정책 수행에 그 원인을 찾을 수 있으며, 중국측의 공세와 한국측의 수세, 중국의 철기시대 문명과 한국의 청동기시대 문명기의 발전 단계별 수준 차이에서 비롯된 무기체계의 우열로 한국측에 불리한 결과를 안겨 주면서 구체화되었다. 원래 한(韓) 예맥(濊貊)이라 불리는 한족(韓族)은 그 기원이 중앙아시아나 히말라야 등 어디든지 간에, 중국의 북동부지역과 한반도 북부지역에서 집단을 이루어 살고 있었다. 이들은 토착 농경사회로 성격지어질 수 있는 집단을 형성하였고, 이러한 집단은 사회 성격상 공격적이기보다는 방어적이었으며, 일정한 생활 영역이 확보될 경우에는 현상의 유지를 선호하는 성향을 띠고 있었다. 그러나 중국이 약육강식(弱肉强食)의 냉엄한 현실 논리가 지배하는 전국시대(戰國時代)에 접어들자, 그 주변에 자리를 잡은 한족(韓族)의 국가 집단은 중국 한(漢)족 집단의 공격 대상이 되었다. 이러한 환경과 이유에서 비롯된 두 국가 집단간의 무력 충돌은 동원 인원과 자원 및 무기 체계의 수준에 의해서 그 결과가 판가름날 수밖에 없었다. 당시 철기 문명기의 중국이 청동기 문명기의 한국에 비해서 무기 체계면에서 우위를 차지하고 있었다. 국가적 동원 자원과 인원면에서도 중국이 우세한 입장이었다. 다만 원거리 지역에서의 전쟁 수행이라는 불리점만은 중국이 극복해야 할 과제였다. 그리하여 한국은 중국과의 대결에서, 방어의 이점에도 불구하고, 전반적으로 불리한 결과를 감수할 수밖에 없었다. 이러한 방식으로 귀결된 한국과 중국의 충돌관계는 한반도 내부의 정치 질서에도 영향을 미칠 수 있어서 양 집단간은 물론 반도 내 정치 집단간의 우호, 대립, 충돌의 정도를 심화시켜 왔다.

2. 고조선과 연의 전쟁

중국의 동북부지역에 거주하던 한족(韓族)이 동쪽으로 이동하여 대동강(大同江) 유역에 자리를 잡아 고조선(古朝鮮)을 세우고, 기원전 3, 4세기경에는 서쪽으로 만주의 요하(遼河) 유역과 주변의 부족국가(眞番, 臨屯)들에 대해서 우세를 확보한 맹주국(盟主國)이 되었다. 이때 중국은 주(周)왕실의 권위가 쇠퇴하여 지역별로 패자(覇者)가 이끄는 패권국(覇權國)들이 세력을 다투는 전국시대(戰國時代: 기원전 403-221)를 맞고 있었다. 고조선은 전국칠웅(戰國七雄) 중에서 북경(北京)지역에 근거를 둔 연(燕)과 부딪치게 되었다. 약육강식(弱肉强食)의 현실 논리만이 정국을 지배하는 전국시대에서 지역의 패권을 차지한 연은 농경 사회의 평온함을 누려 온 고조선에게 커다란 위협이 아닐 수 없었다. 특히 연나라가, 중국 내부의 세력 다툼은 물론 북방의 흉노(匈奴)와 그 동쪽에 있던 선비족(鮮卑族)의 위협까지를 대처해야 하는 현실적 요구로, 비교적 강한 상비전력(常備戰力)을 유지하고 있었기 때문에, 그 위협은 매우 심각하였다. 중국 내부의 패권국간 세력 균형이 잠정적으로 이루어져, 연나라가 동쪽으로의 영토 확장 의도를 드러냄으로써, 이러한 위협은 현실로 나타나게 되었다.

주왕조(周王朝)의 권위가 유명무실(有名無實)하게 된 전국시대에 중국 각지의 제후들은 자신들을 높여 스스로 왕(王)이라고 부르면서 한껏 교만을 떨었다. 고조선도, 중국의 중심으로부터 지역적으로 멀리 떨어져 있다는 이점을 이용하여, 중국의 제후(諸侯)들과 마찬가지로 왕(王)이라는 명칭을 사용하였다. 그러나 연나라 소왕(昭王, 기원전 311-279)은 이러한 고조선의 행위를 달가워하지 않았다. 고조선이 강해지는 것을 막으려 했다. 그리하여 소왕은 국력이 약한 고조선을 공격하는 구실을 조선의 왕이 교만하고 잔학하다는 데서 찾았고, 고조선이 강성해지기 전에 공격하여 영토 확장을 위한 주변 정리를 해야 한다는 판단을 내렸다.[1)]

고조선도 이러한 연의 움직임을 간파하고, 최초에는 회유의 몸짓을 보여 연의 군사행동을 지연시키고 내부적으로 결속을 다지는 노력을 게을리 하지 않았다. 일찍이 고조선은 춘추시대 제(齊)나라와의 교역을 통하여 중국의 철기 문명을 받아들이고, 주변국과의 교역으로 자강(自强) 정책을 실시해 왔다. 철제 무기도 만들고, 공성(攻城) 무기도 건조하고, 수상전에 필요한 장비도 중국에서 도입하여 실정에 맞게 개조하기도 했다. 특히 고조선은 중국 전국시대의 대규모 병력 동원에 자극을 받아 요새, 성(城) 등을 구축하기도 했으며, 이민족의 침공에 대비하여 적절한 대응 태세를 갖추려 노력하였다. 고조선은 전국시대에 이르러 경계를 마주하게 된 연(燕)과도 최초에는 커다란 충돌 없이 지낼 수 있었다. 그러나 연의 소왕이 요서지역에 관심을 갖고, 영토 확장 의도로 동호(東胡)를 공격하여 그 지역을 확보하자, 고조선도 연(燕)이 펼친 팽창 정책의 대상국이 되었다.[2)]

연의 소왕은 기원전 300년경 동호를 침공하여 공을 세운 진개(秦開)를 대장으로 삼아 고조선을 공격하도록 했다. 고조선 군(軍)은 전국시대의 혼란 속에서 겪은 전투 경험과 이를 통해서 익힌 전투기술, 그리고 철제무기로 무장한 연나라 군대를 대적하기 어려웠다. 더구나 고조선은 대규모 전투를 수행할 만한 인적 자원과 능률적인 조직을

※ 한글 및 한자로 된 책(冊)명이나 학술지(學術誌)명은 사체(斜體)로 구분 표기했음.

1) 司馬遷, *史記, 卷55, 朝鮮列傳*, 國防軍史硏究所, *韓國古代軍事編年史*(1996), p. 1; 李丙燾, 金載元, *韓國史, 古代篇*(서울: 을유문화사, 1971), pp. 102-5; 육군본부 군사연구실, *韓國古戰史, 1: 古代篇*(1975), pp. 15-17; 國防軍史硏究所, *韓民族戰爭通史, I, 古代篇*(1994), pp. 8-16.

2) 유 엠 부찐, *고조선* (국사편찬위원회, 1986), pp. 280, 286, 287, 318; *韓民族戰爭通史, I, 古代篇*, pp. 16-18.

고조선, 연과의 전쟁 상황도

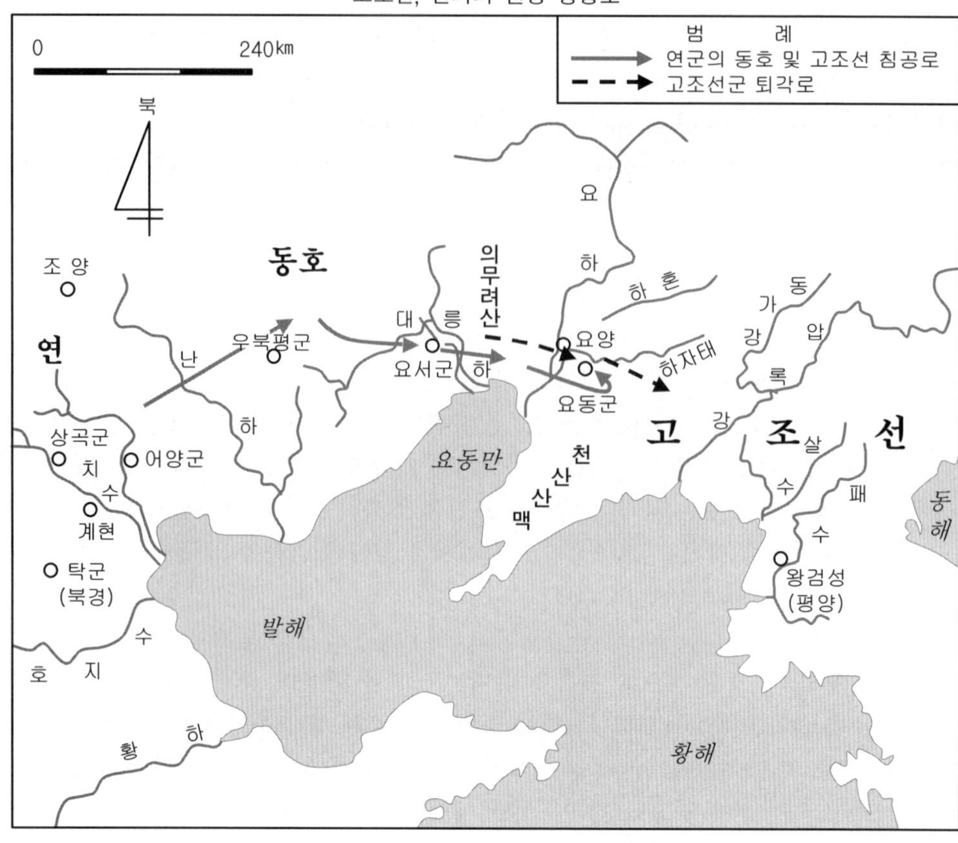

갖추고 있지 못했다. 요동지방의 방어는 현지 거주민과 튼튼하지 못한 방어 진지에 의존하고 후방의 지원도 불충분했기 때문에 쉽게 연군(燕軍)의 수중에 들어가고 말았다. 연군 역시 한반도 깊숙이 진격할 수 있는 입장은 아니었다. 군수 물자와 식량의 원거리 수송상 어려움이나 병력의 원거리 행군으로 인한 피로 등으로 전투 능력의 지속적 보존이 불가능했기 때문이다. 그럼에도 고조선은 요동지방은 물론 청천강(살수) 이북지역까지 상실하였다. 청천강 이북지역을 확보한 연군은 대동강(패수)과 청천강 사이 지역을 군사적 완충(緩衝)지역으로 삼아, 요새를 구축하고 조선인과 연인 모두의 거주를 금지시키기도 했다. 이러한 결과로, 고조선은 오늘의 평안남도와 황해도 북부지역 정도만을 보유하게 되었다. 연은 또한 요서(遼西)와 요동(遼東)지역에 연인을 이주시키는 식민 정책을 현실화시켜, 점령지역을 자국 영토로 만들려고 하였다. 이로써 이 지역에는 토착 조선인과 이주해 온 중국인이 섞여 살게 되었다.[3)]

고조선은 연과의 전쟁에서 패하여 요동지역과 한반도 북부지역에 대한 지배권을 포

---

3) *韓國古戰史, 1: 古代篇*, pp. 16-7.

기하고, 수도 역시 오늘날 평양으로 옮겨 왕검성(王儉城)이라 불렀다. 그러나 고조선은 연과의 전쟁이 있기 전의 모습과는 달랐다. 외형적인 영토의 축소와 더불어, 내부적인 지배권도 약화되었다. 특히 연의 재침 가능성에 대비한 대처 방안에 대한 이견으로 내분이 일어났고, 이는 대내적인 결속과 왕권의 약화로 이어졌다. 다행히 연이 약해짐에 따라 고조선은 요동지방에 군대를 파견하여 잃어버린 영토를 회복하려는 움직임을 보였으나, 이후 중국 내 제(齊)의 공세와 전국시대의 중국을 통일한 진(秦)의 영유권 주장을 극복해야만 하였다. 고조선과 연과의 충돌은 요동지방에 대한 중국의 영유권 주장을 현실화시켜, 중국대륙 국가의 한반도에 대한 관심의 정도를 높여 놓고 말았다. 이러한 결과는 한반도 내부의 정치 질서는 물론, 중국 등 대륙세력과 한반도 국가들과의 관계 설정에 지대한 영향을 미치는 요소가 되었다.

3. 위씨 조선과 한(漢)의 전쟁

중국 내부의 정치, 권력 관계와 이의 통합 정도는 중국과 한반도 국가들과의 분쟁 여부를 결정짓는 중요한 요소가 되었다. 중국 내 여러 정치 집단이 혼재하여 서로 자웅을 겨룰 때, 이들 집단은 집단적으로나 개별적으로 한반도지역에 대한 관심을 기울일 여유가 없었다. 전국칠웅(戰國七雄)들이 각축을 벌일 때나, 이 중 하나인 진(秦)이 연횡책(連橫策)으로 다른 6국의 합종책(合從策)을 무효화시킨 후 내부의 권력을 강화하고 왕의 위엄을 나타내는 상징물을 짓거나, 흉노의 침공을 막기 위하여 만리장성(萬里長城)을 축조할 때에도 한반도지역은 평온을 유지할 수 있었다. 대규모 공사와 이에 따른 국민의 부담은 결국 전국적인 반란으로 이어졌고, 결국 진은 3왕 14년 만인 기원전 206년에 강력한 반란 집단을 형성한 항우(項羽)와 유방(劉邦)에 의해서 망하였다. 그 후 4년여에 걸친 초(楚)와 한(漢)의 대결에서 승리한 유방은 기원전 202년에 한(漢)을 세우고 고조(高祖)가 되었다. 그리고 전통적인 봉건제도와 진의 군현 제도를 병용한 군국제도(郡國制度)를 도입하여 중국 전역을 분할 통치하였다.[4] 이로써 한반도 북부에 자리잡은 고조선과 중국의 통일 왕조인 한(漢)은 경계를 마주하게 되어 충돌할 가능성이 높아졌다.

최초 한(漢)은 중국이 혼란한 기간중에 주변의 동호족(東胡族)과 중앙아시아지역을 차지하여 동, 서, 북 세 방면에서 중국을 위협하는 흉노족(匈奴族)의 세력 약화와 구축에 국가적 역량을 집중하였다. 한 고조는 신흥 왕조의 역량을 발휘하여 흉노의 정벌을 도모했으나 오히려 자신이 포로가 될 위기만 맞이하였다. 그러나 7대 황제인 무제(武帝: 기원전 156-87)는 서역의 통로를 개척하여 중앙아시아 진출의 발판을 구축한 후,

4) 李春植, *中國古代史의 展開* (신서원, 1992), pp. 237-9; *韓民族戰爭通史, I, 古代篇*, pp. 32-3.

기원전 127년에서 119년까지 10여 년간 흉노를 공격하여, 이들을 고비사막 북방으로 축출하였다.[5] 흉노와 주변의 민족들을 정벌한 한 무제는 요하지역과 한반도의 고조선을 주시하게 되었다.

이 당시 고조선은 과거와는 다른 모습을 지닌 국가였다. 연(燕)지역에서 혼란을 피해서 조선지역으로 탈출한 위만(衛滿)이 고조선 준왕(準王)의 허락을 받아 서쪽 변경지방을 지키며, 한의 군사적 동향을 보고하여 왕의 신임을 받게 되었다. 그러던 중 위만은 한의 대군이 침공해 온다는 허위 사실을 보고하면서 왕검성의 경비 책임을 떠 맡고, 결국 자신을 신임한 준왕을 축출한 다음 기원전 194년 왕위에 올랐다. 고조선이 위만 조선으로 탈바꿈한 셈이 되었다. 왕위에 오른 위만은 한과의 우호 관계를 유지하는 것이 바람직하다고 판단하였다. 한 역시 북방 흉노의 위협 때문에 고조선과 우호 관계를 유지하는 것이 유리하다고 믿었다. 위만의 고조선은 한의 변방을 지켜 주며, 다른 종족 군장(君長)들의 한(漢) 입조(入朝) 등을 방해하지 않는다는 등의 조건으로 한과의 관계를 우호적으로 유지하려 했다.[6] 이러한 적극적인 협상의 결과, 고조선은 한의 위협과 간섭을 받지 않고 내치와 국력을 강화할 수 있었으며 양국간 교역도 활발하게 이루어졌다.

그러나 한은 흉노와의 접전이 거의 종식되자, 강성해진 고조선에 관심을 갖게 되었다. 특히 위만의 손자인 우거왕(右渠王: 기원전 110-108 재위)은 중국의 혼란을 피해 조선으로 유입되는 중국의 난민들을 받아들이고, 이들이 들여온 선진 문물을 흡수하여 국력의 신장을 도모함은 물론, 군사력을 강화하여 주변국을 병합함으로써 고조선을 강국으로 변모시켜 놓았다. 강해진 고조선은 흉노의 정벌에 국력을 소모한 한에게 위협적인 존재가 아닐 수 없었다. 더구나 고조선은 한반도 남부지역의 진한(辰韓)의 왕이 한(漢)에 입조하려는 것을 방해하기도 했다. 한의 무제는 기원전 109년 우거왕에게 적대행위를 중지할 것과 한나라를 섬기도록 강권하라는 임무를 섭하(涉何)에게 주어, 그를 사신으로 고조선에 파견하였다. 고조선의 우거왕은 이러한 제의의 거절은 물론, 한 무제가 보낸 친서의 접수조차 거절하였다. 아무 결실 없이 돌아가야 하는 섭하는 마중을 나온 고조선의 장수 비왕(裨王) 장(長)을 살해하여 그 수급을 한 무제에게 바쳤다. 이에 한 무제는 섭하에게 요동(遼東)의 방위를 맡겨, 동부도위(東部都尉)에 임명하였다.[7] 이로써 고조선과 한 사이에 깃들었던 불안한 평화 관계는 끝을 맺고 팽팽한 긴장이 고조되어 갔다.

고조선의 우거왕(右渠王)은 비왕 장(長)을 살해한 섭하가 동부도위에 임명되어 무차현(武次縣: 서부, 중부, 동부로 3분된 요동지역의 동부 縣)으로 부임하였다는 보고를 듣고

---

5) *韓民族戰爭通史, I, 古代篇*, pp. 34-5.

6) 司馬遷, *史記, 朝鮮列傳; 韓民族戰爭通史, I, 古代篇*, pp. 36-7; 國防部戰史編纂委員會, *東國兵鑑*(1984), pp. 3-4.

7) *東國兵鑑*, p. 4; *韓民族戰爭通史, I, 古代篇*, pp. 40-1.

이를 즉시 공격할 것을 명했다. 고조선은 압록강을 건너 요동지역으로 정예 부대를 급파하였다. 정예 병력으로 편성된 고조선군은 자국의 장수를 살해한 것에 대한 보복심으로 무장되어 사기 또한 높았다. 고조선군은 한군의 약점을 극대화할 수 있는 방향에서 기습적으로 병력을 집중 투입하여 한군을 격파하고 섭하를 살해하였다.[8] 고조선군의 요동 침공과 동부도위 섭하의 살해는 한의 고조선 무력 침공을 재촉하는 결정적인 사건이었다. 고조선은 한과 전쟁 상태에 돌입할 수밖에 없었다.

한 무제는 육로(陸路)와 해로(海路)를 이용하여 동시에 협격(挾擊)하는 공격 방법을 택했다. 원정이라는 작전상 문제점과 원거리 수송 및 보급이라는 군수 지원상 문제점에도 불구하고, 한 무제는 단기간에 전쟁을 승리로 마감해야겠다는 판단 아래 대규모의 병력을 투입하기로 했다. 그리고 성정(性情)이 사납고 포악한 죄수들을 훈련시켜 병사로 편입시킴으로써 원정군의 공격적인 기질을 강화하는 계기로 삼으려 했다.[9] 특히 무제는 원정군의 지휘관으로 과거 전쟁에서 혁혁한 공을 세워 자신이 신임할 수 있는 장수를 택했다. 육로군(陸路軍) 사령관으로 흉노와의 전쟁에서 수훈을 세운 순체(筍彘)를 임명하고, 수로군(水路軍) 사령관으로는 수로와 늪지가 많은 남월(南越)지역 정벌 전쟁에서 전공을 세운 양복(楊僕)을 임명하였다.[10] 고조선 침공을 위한 한 무제의 준비와 계획은 주도 면밀하였고, 따라서 작전의 성공에 대한 한 무제의 기대 역시 매우 높았다.

순체가 이끄는 5만여의 육로군과 양복이 지휘하는 7천여의 수로군으로 구성된 한의 고조선 원정군은, 한 무제의 적극적인 지원하에 고조선 원정길에 올랐다.

순체는 육로군의 본대를 이끌고 요하(遼河)지역으로 이동하여 공격할 태세를 갖추고 부장 다(多)에게 명하여 먼저 요동 군사를 거느리고 고조선군을 공격하도록 하였다. 먼저 방어 진지를 구축하고 한군을 기다리던 고조선군은 다의 초기 공격을 물리쳤다. 패전의 책임을 지고 다는 참형에 처해졌다. 순체는 다시 죄수들로 구성된 부대를 투입하여 고조선군을 공격했다. 패수(浿水: 遼河 동쪽의 渾河)를 바라보며, 산악을 후방에 두어 방어 진지를 편성한 고조선군은 한의 별동대(別動隊) 공격을 물리쳤다. 두 차례에 걸친 한군의 공격을 물리친 고조선군의 사기는 높았고 한군의 체면과 사기는 말이 아니었다. 한군 병사들의 전의는 상실되었고, 패전의 책임 추궁을 두려워한 순체의 우려는 높아만 갔다.[11]

발해만을 건너 고조선을 공격해 들어간 양복 휘하의 수로군도 작전 성공을 거두지 못했다. 양복은 고조선의 수도인 왕검성(王儉城) 부근 해안에 상륙하여 지체없이 왕검성을 단독 기습 공격하는 것이, 순체의 육로군을 기다려 이들과 합동 공격하는 것보다

8) *史記, 朝鮮列傳; 東國兵鑑*, p. 4; *韓民族戰爭通史, I, 古代篇*, pp. 40-2.

9) *韓國史, 古代篇*, p. 131.

10) *韓民族戰爭通史, I, 古代篇*, p. 42.

11) *韓國史, 古代篇*, p. 132; *東國兵鑑*, p. 5; *韓民族戰爭通史, I, 古代篇*, pp. 43-4; *韓國古代軍事編年史*, pp. 2-3.

더 효과적이라고 판단했다. 양복은 7,000여 명의 병력으로 왕검성 전방을 직접 공격하였다. 고조선의 우거왕은 공격군의 규모가 크지 않음을 간파한 후, 성문을 열고 선제공격을 가하여 양복군을 격파했다. 양복은 초전에 대부분의 병사들을 잃고 당황한 나머지 산속으로 피신하였다가 10여 일이 지나서야 패잔병 수습에 나설 수 있었다.[12] 양복의 입장도 육로군을 지휘한 순체와 크게 다를 바 없었다.

고조선과 한군의 초기 접전에서 한군이 참패하자, 한 무제는 화전(和戰) 양면 전략을 구사하였다. 무제는 무장 호위하에 위산(衛山)을 조선에 사신으로 파견하여 우거왕에게 한에 대하여 예의를 갖춘 우호적인 관계의 유지를 요구하였다. 한이 혹한기임에도 불구하고 병력을 증강시키면서 공격 태세를 정비해 나가고 있다는 기미를 알고 있는 우거왕은, 고조선군의 방어력을 재정비하기 위해서 시간이 필요하다고 판단했다. 그리하여 그는 한의 요구를 받아들이고, 화의 성립에 대한 의례적인 행사의 하나로 태자 장(長)을 위산과 함께 파견하여 한 무제를 배알하도록 조치하였다. 우거왕은 예물로 말 5,000필과 막대한 군량을 가져가도록 했다.[13] 고조선군을 얕잡아 본 과오를 범한 한 무제는 원정군을 강화하고 무장시위를 함으로써, 고조선과의 화의를 성립시켜 고조선에 대해서 자국의 우월한 위치를 유지하려 했다. 우거왕 역시 한과의 전쟁은 이롭지 않다는 판단 아래 부담스런 예물이라도 제공하여 화의를 맺는 것이 필요하다고 보았다. 한 무제와 고조선 우거왕의 판단과 의도는 양국간 화의의 성립을 가능하게 만들었다.

상충되는 자국 중심적인 목적과 의도로 합의된 고조선과 한과의 화의는 상호 불신의 벽을 넘지 못하고, 상호 일방적인 해석과 주장에 의해서 쉽게 깨지고 말았다. 고조선의 우거왕은, 제안한 대로 태자에게 말 5,000필과 군량 그리고 호위병 1만 명을 거느리고 한의 사자 위산(衛山)을 따라 중국에 가서 한 무제에게 외교적인 의례를 갖추도록 했다. 태자 장(長)이 청천강(살수)에 도달하여 강을 건너려 하였다. 이때 위산과 순체는 무장한 고조선군을 받아들였을 경우에 일어날 수 있는 사태를 염려하여 고조선군의 무장 해제를 요구하였다. 그러나 과거 한의 사신 섭하(涉河)가 자신을 호위하던 고조선 장수인 장(長)을 살해한 사실을 기억하고 있던 태자는 자신의 신변에 위협을 느껴 왕검성으로 되돌아오고 말았다. 위산은 자신의 실책으로 인해서 양국간 화의를 이루지 못했다는 이유로 한 무제에 의해서 처형되었지만, 고조선과 한 사이에 이루어질 수 있었던 화의는 깨어지고 말았다.[14] 상호 불신에 의한 현지 지휘관들의 기우(杞憂)가 고조선과 한의 관계 정립에 커다란 영향을 미치게 되었다.

---

12) *韓國史, 古代篇*, p. 132; *東國兵鑑*, p. 5; *韓國古代軍事編年史*, p. 3.
13) *東國兵鑑*, pp. 5-6; *韓國史, 古代篇*, pp. 133-4.
14) *前揭書*.

고조선과 한의 전쟁 상황도

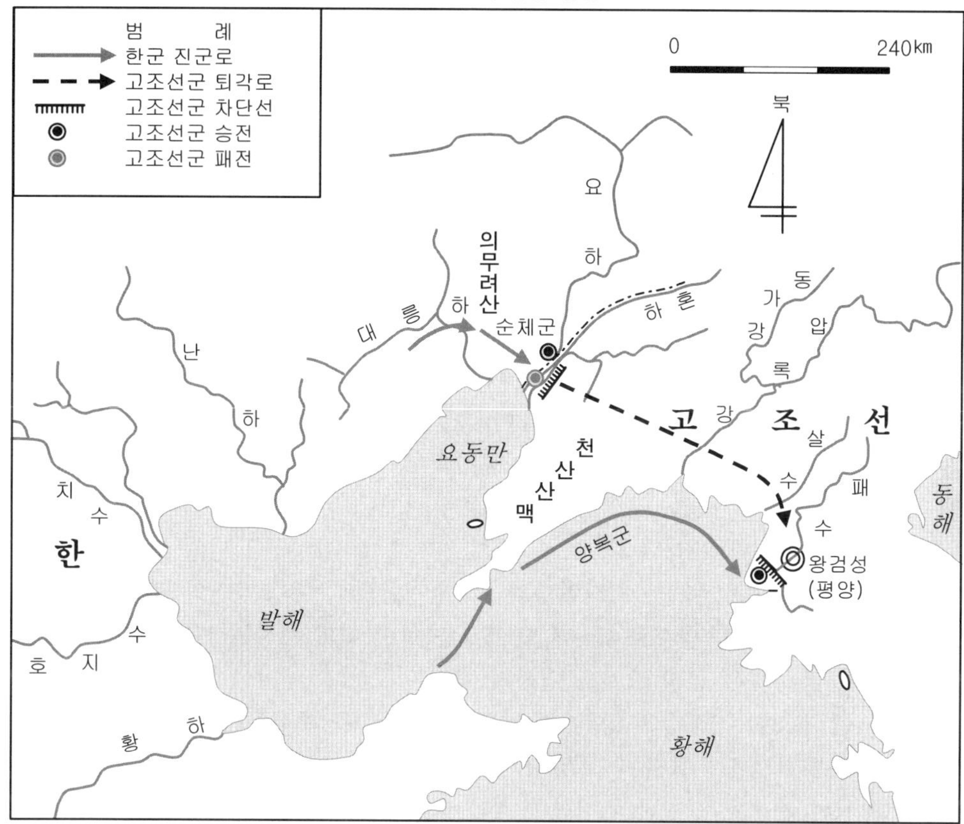

위산의 처형 소식을 전해 들은 육로군 지휘관 순체는 청천강 상류에 비교적 약하게 배치되어 있던 고조선군을 격파하고 왕검성(王儉城)을 서쪽과 북쪽에서 포위했다. 수로군 사령관 양복도 패잔병을 이끌고 왕검성의 남쪽에 진을 치고 있었다. 이로써 고조선의 수도 왕검성은, 대동강(패수)을 바라보는 동측면을 제외하고 한군(漢軍)에 의해서 포위되었다. 그러나 왕검성은 수개월에 걸친 한군의 공격에도 불구하고 함락되지 않고, 오히려 방어 태세는 강화되기만 했다. 한군 지휘관들은 초조해지기 시작했다. 특히, 초전에 심한 패배를 맛본 양복은 수로군의 사기가 떨어져 있다는 사실을 잘 알고 있었기 때문에, 고조선과의 화의를 통해서 사태를 해결하고자 성내의 조선 관료와 은밀히 내통하고 있었다. 이에 반해서 순체는 성을 공격하여 이를 함락시킴으로써 무훈을 세워 무제의 질책을 면해 보려 했다. 한군(漢軍) 양 지휘관 사이의 미묘한 갈등을 감지한 고조선의 우거왕은 이러한 갈등을 심화시키기 위하여 장기 지구전을 펴는 한편, 양복측과만 접촉을 유지하고 항복할 듯한 의사를 전달하면서 시간만 끌고 있었다.15) 양

15) *韓國史, 古代篇*, pp. 136-7; *東國兵鑑*, pp. 6-8.

군이 협동하여 성을 공격하는 사태를 피하기 위한 우거왕의 술책이었다. 따라서 순체의 계속되는 독전(督戰)에도 불구하고 양복군이 움직이지 않았던 이유를 여기에서 살펴볼 수 있었다. 최초 한군의 신속한 왕검성 진격과는 달리 왕검성 공성작전(攻城作戰)은 지지부진(遲遲不進)하기 이를 데 없었다.

원정군 양 지휘관의 갈등과 비협조로 인한 전선 교착은 한 무제의 직접적인 간섭을 초래하였다. 한 무제는 제남태수(濟南太守)인 공손수(公孫遂)에게 수륙 양군을 통합 지휘하여 고조선 정복 전쟁을 마감하라는 명령을 주어 현지에 파견했다. 공손수는 먼저 좌장군 순체 진영에 들러 순체로부터 상황 보고를 받았다. 순체는 고조선이 항복한다고 하면서 이를 실행에는 옮기지 않고 있다고 지적하면서, 양복의 비협조와 고조선과의 내통 가능성을 강도 높게 비난하였다. 이에 공손수는 양복을 소환하여 구금하고 양복의 부하들을 순체가 지휘하도록 조치하였다. 공손수의 보고를 받은 한 무제는 양군을 잘 협조시켜 고조선군에 대하여 협동 공격을 실시하라는 자신의 의도를 도외시한 채, 적전에서 오히려 한군의 분열상만 노출시켜 사기를 떨어뜨렸다는 책임을 물어 공손수를 참형에 처했다. 그러나 공손수의 조치 결과로 한 원정군은 단일 지휘 체제하에서 공격 작전을 수행할 수 있게 되었다.[16] 한 원정군의 지휘와 작전의 책임을 떠맡게 된 좌장군 순체(筍彘)는 앞으로 닥칠지도 모르는 한 무제의 무시무시한 징벌을 느끼고 생각하면서 강도 높은 공성 작전을 펼치려 했다.

왕검성 안 고조선 지도층은 항복(降伏)과 항전(抗戰)을 주장하는 두 편으로 나뉘어 효과적인 방어 작전을 수행할 수 없었다. 한의 장수 양복과 내통하여 한군에 항복하려 했던 고조선의 관료들은, 한군의 전면 공격을 막아내기 어렵다는 의견을 제시하며, 우거왕에게 성을 개방하고 항복할 것을 권유한 반면, 우거왕과 성기(成己) 같은 신하는 끝까지 싸울 것을 주장했다. 우거왕은 한군에게 항복하는 방안을 단호히 거절했다. 입장이 난처하게 된 항복파 관료(재상 路人, 韓陰, 參, 장군 王唊)들 중 노인, 한음, 왕협은 한에 투항하고 말았다(기원전 108년 봄). 재상 참은 성중에 남아 하수인을 시켜 우거왕(右渠王)을 살해하고(기원전 108년 여름) 한군에 투항했다. 항전파 성기(成己)는 우거왕을 대신하여 백성들을 독려하며 성을 지켜내고 있었다. 우거왕의 사망에도 불구하고 성이 함락되지 않고 고조선군과 백성들의 수성(守成) 의지가 높아지자, 한의 순체는 이미 한군에 투항한 우거왕의 아들 장(長)과 투항 도중 숨진 노인의 아들 최(崔)로 하여금 왕검성 안에 있는 이들의 심복 부하들을 시켜 성기를 살해하도록 조치하였다. 성기가 살해되자, 항전의 구심점을 잃은 왕검성은 허망하게 무너졌다.[17] 이와 같이 고조선은 방어 의지와 능력의 부족보다는 지도층의 분열과 방어 체제의 와해로 망하고 말았다.

한 무제(武帝)의 전후 처리는 잔인하고 철저했다. 고조선지역과 주변에 네 개의 군(郡)을 설치하였다. 낙랑(樂浪), 임둔(臨屯), 진번(眞番)의 3군을 고조선 영토에, 그리고

16) *韓國史, 古代篇*, pp. 136-8; *東國兵鑑*, p. 8; *韓民族戰爭通史, I, 古代篇*, pp. 50-2.
17) *史記, 朝鮮列傳, 一然, 三國遺事, 卷1*; *東國兵鑑*, pp. 8-9; *韓民族戰爭通史, I 69, 古代篇*, pp. 52-4.

옛 예(濊)지역에 현도(玄菟)군을 설치하여 한사군(漢四郡)을 두고, 요동군을 포함한 5개군을 중국의 동북부지역을 관장하는 유주(幽州)에 소속시켜, 중앙에서 파견하는 유주자사(幽州刺使)가 이 지역을 통치하도록 하였다. 한 무제는 한반도의 북단을 직접 통치하려는 의도를 현실화시켰다. 왕검성에서 투항한 고조선 관리들은 후한 대접을 하면서도 점령지와의 연계를 갖지 않도록 조치하였다. 자객을 시켜 우거왕을 살해한 참은 제(齊)지방의 홰청후(澅淸侯)에, 왕협도 제지방의 평주후(平州侯)에, 한음은 발해지방의 적저후(荻苴侯)에, 우거왕의 아들 장은 하동(河東)지방의 기후(幾侯)에, 최는 제지방의 날양후(捏陽侯)에 봉작되었다.[18] 이와는 대조적으로 한 순체(荀彘)는 양복과 불화하고 그를 감금함으로써 전쟁 수행에 결정적인 영향을 미치는 과오를 범한 죄(爭功相嫉乖計罪)로 기시(棄市: 참수 후 시체를 거리에 버리는 극형)되었고, 양복은 한 육로군의 도착을 기다려 협동 공격을 하지 않고 단독 작전을 수행함으로써 막대한 희생자를 발생시킨 과오로 참형(斬刑)에 처해졌으나, 속전(贖錢)을 내고 서민으로 강등만 되었다.[19] 과정이야 어쨌든지 간에 고조선을 멸망시킨 장수들에 대한 한 무제의 대우는 혹독하기 이를 데 없었다. 결과와는 무관하게 고조선 원정 작전은 실패한 작전이라는 점을 명백히 밝히고자 하는 무제(武帝)의 의지를 나타낸 처사가 아닐 수 없다. 한 무제의 고조선 원정전쟁 처리는 이와 같이 철저하고 잔인했다.

고조선과 한의 대립은 고조선의 멸망으로 끝을 맺었다. 사마천(司馬遷)이 조선열전(朝鮮列傳) 말미에 적어 놓은 대로, 섭하(涉河)는 자신의 공로를 속임으로써 양국간 전쟁의 근원적 원인을 제공했고, 우거왕은 왕검성의 견고함을 과신하여 화의로써 위기를 극복할 가능성을 스스로 제거했으며, 한나라의 장수들은 서로 공을 다투다가 보상은커녕 참형을 자초한 셈이 되었다.[20] 고조선의 멸망과 한의 4군 설치는 중국의 문물이 한반도에 자유로이 유입되는 계기가 되었으나, 한반도는 독자적인 경제 발전 도모나 부의 축적은 사실상 불가능한 처지에 놓이게 되었다. 발달된 중국 철기 문화의 유입으로 생활 양상의 변화는 물론, 편이도 그리고 생산성은 달라졌으나, 모든 활동이 한인(漢人)의 주도하에 이루어졌기 때문에 조선인 생활 수준의 향상에는 도움을 주지 못했다. 오히려 조선인들은 활발해진 경제 활동에 동원되는 노동 인구로서 부역의 부담만 가중되어, 그들의 생활은 더욱 고달파지기만 했다. 한인과 협조하는 소수의 조선인은 한인의 비호하에 비교적 윤택한 생활과 지위가 보장되었으나, 이들 역시 토착민을 대하는 정복민의 오만과 전횡을 견디어 내야만 했다.[21] 그러나 문화적 예속, 경제적 착취와 빈곤 등을 결과로서 안겨 준 한인(漢人)의 식민통치는 궁극적으로 한인(韓人)들의 종족적 자각을 일깨워 주어, 새로운 부족 국가의 탄생과 이의 확장을 위한 기반을 제공

---

18) *史記, 朝鮮列傳; 韓民族戰爭通史, I, 古代篇*, p. 56; *韓國史, 古代篇*, pp. 139-140.
19) *前揭書*
20) *史記, 朝鮮列傳.*
21) *韓民族戰爭通史, I, 古代篇*, pp. 57-9.

해 주었다.

4. 고구려의 건국과 초·중기 대외 전쟁

1) 고구려의 건국

한나라가 고조선을 멸망시키고 한사군(漢四郡)을 설치하여 요동과 한반도 북단을 직접 통치하게 되자, 이 지역 주민들 사이에는 한의 식민통치에 대한 불만과 더불어 부족 의식이 싹트기 시작했다. 한은 직접 한의 관리를 현지 통치자로 임명하거나, 현지 부족의 맹주(盟主: 渠帥)를 왕이나 후(侯)로 봉하여 현지 주민을 다스리도록 했다. 그러나 한의 식민통치는 조선인의 일부 집권층에게는 한 문화의 전수나 문물의 이기를 제공하여 중국 문화에 대한 동경과 사대주의적 의식성향을 불러일으킬 수 있었으나, 식민통치가 지닌 "현지와 현지 주민의 착취"라는 한계를 극복할 수는 없었다. 주요한 경제 활동은 한인들의 주도하에 이루어졌고, 제한적인 현지인의 등용은 있었으나 주요 직책에서 제외되었고, 조알(朝謁), 조공(朝貢)이라는 이름하에 현지의 토산물은 한으로 바쳐지게 되었다. 이와 같은 불평등한 관계의 설정은 현지 부족이나 주민들의 자치 행정은 물론 경제적인 부의 축적을 사실상 불가능하게 만들어, 조선인들의 건실한 생활기반의 조성 자체를 거부하였다.[22] 현지인의 참여와 복지 증진과는 거리가 있는 한의 식민통치는 조선 거주민들의 종족적 인식과 스스로의 정치 집단 형성의 필요성을 일깨워 주는 계기를 제공하였다.

종족적 자각과 자치 통치에 대한 열망은 한의 직접적인 식민통치의 정도가 비교적 약한 현도군 내 졸본(卒本)지역에서 강하게 나타났다. 압록강의 중상류 북쪽 비류수(沸流水: 佟佳江上流) 유역에 자리잡은 다섯 부족(消奴部, 絶奴部, 順奴部, 灌奴部, 桂婁部)은 현도군과 반예속적 관계를 유지하고 있었다. 부여 금와왕(金蛙王) 왕자들의 살해음모를 벗어나기 위하여 부여를 탈출한 주몽(朱蒙)이 이 지역에 도달하여 맹주로 등장함으로써 고구려(高句麗)를 창건하고(기원전 37년), 다섯 부족을 단합시켜 국가의 기틀을 다져 나갔다.[23] 이와 같이, 현지인의 자립 욕구와 이를 현실화시킬 수 있는 지도층의 출현으로 성립된 고구려는 주위의 부족국가, 한(漢) 및 이를 이은 중국의 왕조국들과 충돌하게 되었다.

---

22) *韓國史, 古代篇*, pp. 151-166.

23) 주몽(朱蒙)은 천제(天帝)의 아들 해모수(解慕漱)와 하백(河伯)의 딸 유화(柳花) 사이에서 태어났다고 전해지고 있다. 유화가 부여 금와왕(金蛙王)의 눈에 띄어 궁에서 생활하고 있었으나, 무술, 궁술 등 모든 면에서 왕자들보다 출중한 주몽(朱蒙)은 왕자들의 살해음모를 자아내게 만들었고, 이를 알아차린 주몽의 모친 유화가 주몽을 탈출시켜, 주몽이 졸본천(卒本川: 佟佳江 上流)에 이르러 고구려(高句麗)를 세웠다고 한다. *三國史記, 高句麗本紀; 三國遺事, 卷1: 高句麗; 韓國史, 古代篇*, pp. 226-7.

2) 고구려 초기의 대외 전쟁

고구려를 세운 주몽(朱蒙)은 먼저 위협이 될 수 있는 주변을 정리하여 신생 국가의 기반을 다지려 했다. 인접 말갈(靺鞨)을 쳐 물리침으로써 고구려에 대한 피해를 없애고(東明 1년, 기원전 37년), 비류수(沸流水: 佟佳江上流) 상류에 있던 비류국(沸流國)을 방문하여 송양왕(宋讓王)과 변론과 무술 시합을 벌여 비류국 왕의 항복을 받아(東明 2년, 기원전 36년) 영토를 넓혀 나갔다. 동명 4년(기원전 34년)에 주몽은 졸본천(卒本川) 근방에 성곽을 구축하고 왕궁도 지어 신생 고구려 왕국의 면모를 갖추었다. 그로부터 2년 후에는 오이(烏伊)와 부분노(扶芬奴)에게 명하여 태백산(太白山: 오늘의 白頭山)의 동남쪽에 위치한 행인국(荇人國)을 정벌하였다(기원전 32년). 동명 10년(기원전 28년), 동명왕(東明王)은 부위염(扶尉猒)을 시켜 두만강 유역의 북옥저(北沃沮)를 정벌하여 영토를 넓혔다. 그러나 주몽은 자신의 생모(生母)와 생이별한 부인 예(禮) 씨, 그리고 얼굴을 보지 못한 아들 유리(類利: 후에 고구려로 도망하여 2대 瑠璃王이 됨)가 거주하던 부여(扶餘)와는 비교적 평탄한 관계를 유지하였다.[24] 이와 같이 고구려를 세운 주몽은 주위의 위협을 제거하고 영토를 확장하며, 필요시에는 우호 관계를 유지하는 식의 화전양면(和戰兩面) 전략을 구사하여 고구려의 독립을 다지는 데 필요하다고 판단되는 "적극적인 의미의 독립전쟁"을 성공적으로 수행하였다.

국가의 기반을 확고히 하기 위하여 고구려가 치러낸 초기 전쟁은 대상과 규모면에서 확대되었다. 북방 호족(胡族)의 하나로 요하(遼河) 상류 산악지역에서 거주하던 선비족(鮮卑族)은 고구려와 우호적인 관계를 맺지 않고, 자신들의 이익만을 좇아 기습과 약탈을 자행하였다. 동명성왕(東明聖王)의 뒤를 이은 유리왕은 선비족의 토벌작전을 구상하게 되었다. 동명왕의 명에 의해서 백두산지역을 정복한 바 있던 부분노(扶芬奴)는 유리왕에게 선비 정벌을 위한 기계(奇計)를 내놓았다. 부분노는 선비족이 용맹스럽기는 하나 어리석다는 점을 활용하여 간첩(間諜)을 운용함으로써 그들의 방어 태세를 이완시킨 다음에 이를 공격하는 방안을 제시했다. 부분노는 구체적으로 고구려를 배반하는 것처럼 위장한 첩자를 선비에 보내, 고구려군의 수가 적고 세력도 매우 약하다는 점을 인식시켜 그들의 방비를 소홀하게 만들어야 한다고 말했다. 그런 다음 정예군(精銳軍)은 부분노 자신이 지휘하여 선비족이 지키는 성(城) 근방 숲속에 숨어 있고 왕은 징에 기병부대를 뒤로 배치하고 신비족이 충분히 얕잡아 볼 수 있는 일반 병사를 이끌고 선비군을 성 밖으로 유인하는 작전을 건의하였다. 선비의 주력군이 성을 나와 왕군(王軍)을 공격하는 동안 부분노가 입성(入城)한 후 왕군의 정예 기병부대와 부분노군이 전후에서 선비군을 협격(挾擊)하는 전략도 상신했다. 유리왕은 이를 흔쾌히 받아들였다. 선비족에 대한 공격 작전이 개시되었다. 부분노의 예측대로 선비는 대 고구려 방비를 소홀히 했고 왕이 앞세운 약한 고구려군을 공격하기 위해서 성문을 활짝 열어

---

24) *三國史記, 高句麗本紀.*

고구려와 주변국의 형세도

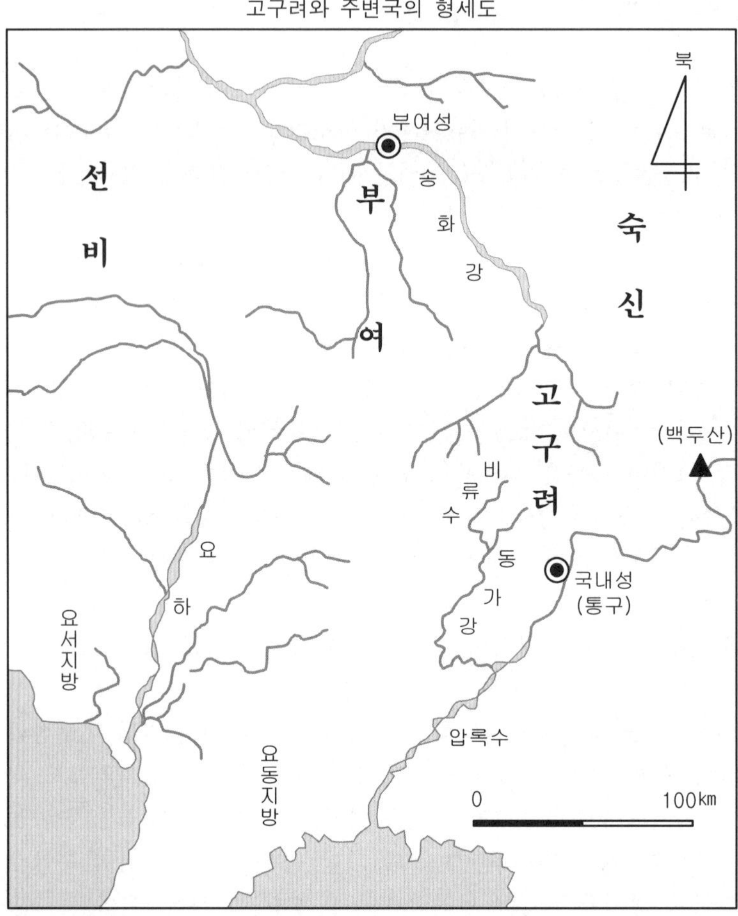

추격했고, 부분노가 성을 점령하자 선비군은 당황했고, 고구려군이 앞뒤에서 펼친 협공은 큰 성공을 거두어 선비족(鮮卑族)은 고구려군에 항복하여 속국이 되었다. 부분노는 왕이 상으로 내린 식읍(食邑)을 정중히 사양하면서 선비족 정벌은 "왕의 덕(德)이지 자신의 공(功)이 아니라"고 말했다.[25] 고구려의 선비 정벌은 "이기는 군대는 이겨 놓고 싸운다(…是故勝兵先勝而後求戰…)는 손자병법(孫子兵法)에서 지적한 작전수행의 정수를 현실화시킨 작전이었다.[26]

국가를 건설하고 주변을 정리함으로써 기반을 다진 고구려는, 송화강(松花江) 유역에 근거지를 가지고 중국과 화친을 도모하면서 만주 등 주변지역에서 우세를 확보하려는 부여(扶餘)와 대립적 관계에 놓여 있었다. 금와왕(金蛙王)의 뒤를 이어 부여의 왕이 된 대소(帶素)는, 과거 주몽(朱蒙)을 살해할 음모를 꾸몄던 장본인으로서 고구려에

25) *前揭書.*
26) 孫武, *孫子, 卷4: 軍形篇.*

게 부여에 대해서 이소사대(以小事大)의 예(禮)를 갖추도록 강요하였다. 이러한 예의의 징표로 대소는 고구려 왕자를 부여로 보낼 것을 요구하였다. 유리왕의 왕자 도절(都切)은 두려움 때문에 부여행을 마다하였다. 이에 화가 난 대소는 5만의 병력을 이끌고 고구려 침공을 감행했으나, 폭설과 혹한으로 인한 많은 병사들의 동사(凍死)와 자체 보급상 어려움으로 자진 철수하고 말았다(기원전 6년, 瑠璃王 14년). 부여왕 대소는 고구려에 대해서 사대의 예를 갖추도록 계속 강요하다가, 유리왕 32년(기원 후 13년) 11월에 대군을 일으켜 고구려 원정길에 올랐다. 유리왕은 왕자 무휼(撫恤)로 하여금 이를 방어하도록 명했다. 왕자 무휼은 고구려군의 숫자가 적음을 인지하고, 기계(奇計)를 써서 부여군을 격퇴하려 작전 계획을 수립하였다. 정면 대결에서는 승산이 희박하다는 판단 아래, 지형을 이용한 매복(埋伏) 작전으로 부여군을 기습(奇襲)하여 접전(接戰)하기 전에 적 공격 의지와 능력을 와해시킨다는 계획이었다. 이러한 작전 구상과 계획에 의해서, 고구려군은 부여군의 기동로 중 협로(峽路)를 골라 부여군의 기동을 감제(瞰制)할 수 있는 산골짜기 양측 고지(高地) 위에 매복하였다. 부여군은 아무 주저함 없이 학반령(鶴盤嶺) 밑에 도달했다. 무휼은 복병을 일으켜 부여군을 급습하였다. 불의의 기습을 받은 부여군은 말과 장비를 버리고 산으로 올라갔다. 고구려군은 작전을 중단하지 않고 부여군을 계속 추격하여 거의 전병력을 섬멸하였다.[27] 이후에 고구려는 훈강(渾江)과 동가강(佟佳江) 유역을 정복하고, 현도성의 고구려현(高句麗縣)을 공격하는 등 영토를 넓혀 나갔다.

유리왕의 뒤를 이은 대무신왕(大武神王, 서기 18년 즉위)의 부여에 대한 정책은 더욱 적극적이었다.[28] 부여 대소왕(帶素王)은 고구려 신왕 3년에, 머리가 하나이고 몸이 둘(一頭二身)인 까마귀를 고구려에 보내고 이것이 부여가 고구려를 합병한다는 징조라는 등의 소문을 퍼뜨리는 등 무례한 언행을 노골화하였다. 과거 왕자(無恤) 시절, 부여군의 공격을 학반령(鶴盤嶺)에서 매복과 기습으로 무력화시킨 바 있던 고구려 왕은 부여 정벌에 나섰다(재위 5년, 서기 5년). 고구려군은 원정군으로서 지형과 보급상 불리한 상황을 극복해야 하는 입장에 처하게 되었다. 고구려 왕은 부여 남쪽으로 진격해 들어갔다. 그 지역은 평지였는데 진흙이 많았다. 과거 산 협곡에 군사를 매복시켜 부여군을 격파한 왕은, 이번에는 눈에 잘 띄는 평지를 골라 군영(軍營)을 만들고 병사들을 쉬도록 했다. 부여왕은 병사들을 몰아 그곳에 도착한 후 지체없이 앞에 보이는 고구려군 진지를 공격했다. 그러나 부여군은 진흙에 말발굽이 빠져 오도가도 못하는 곤혹스런 처지에 놓이게 되었다. 고구려군은 즉시 반격하여 부여군을 공격하였고, 고구려의 괴유(怪由)는 부여왕 대소(帶素)를 살해하였다. 왕을 잃은 부여군은 당황하여 잠시 주춤했으나 곧 고구려군을 몇 겹으로 포위하였다. 원정군인 고구려군의 약점을 최대한 증

27) *三國史記, 高句麗本紀.*

28) 유리왕의 대자 도절(都切)이 유리왕 20년(서기 1년)에 사망한 후, 유리왕은 부여군의 공격을 격퇴한 무휼(無恤)을 유리왕 33년(서기 14년) 태자로 봉하여 국정을 맡겼다. 태자로 책봉된 무휼이 유리왕을 이어 대무신왕(大武神王)이 되었다. *前揭書* 참조.

폭시켜 고구려군을 섬멸하자는 의도였다. 고구려군은 물과 식량이 떨어져 굶주림에 시달리게 되었다. 고구려왕은 후퇴를 결심하고, 풀을 베어 허수아비 병사를 만들게 하였다. 그리고 7일째 되는 날 안개가 잔뜩 낀 시간을 이용하여 허수아비 병사를 진지 주변에 세워 놓아 고구려군이 있는 것처럼 위장해 놓고, 사잇길로 철수를 개시했다. 철수 도중 고구려군의 피해는 막심했다. 왕은 말을 잃었고, 병사들은 굶주림에 지쳐 쓰러졌으며, 살아 돌아온 병사들도 들짐승을 잡아먹고 기운을 차리며 철수를 하였다. 국도(國都)에 돌아온 왕은 부여를 경솔하게 공격한 자신의 판단을 탓하며, 전사자의 가족과 전상자의 위문에 온갖 정성을 다하여 원정 공격에서 비롯된 피해와 상처를 회복하는 범 국가적 노력을 기울였다.[29] 고구려와 부여는 이와 같이 상호 우호적인 관계를 맺지 못한 채 상호 원정 작전의 어려움이 어떠한가만을 느끼면서 대립하게 되었다.

3) 고구려와 중국 왕조와의 전쟁

고조선을 멸망시키고 한사군(漢四郡)을 설치함으로써 한반도 북부지역에서 영향력을 확보한 중국은, 중국 내의 왕조가 바뀌고 권력 구조의 변화가 있어도 확보한 영역과 영향력을 포기하려는 기색을 전혀 나타내지 않았다. 이러한 중국의 집념과 태도는 한반도 내 토착민들이 지지하는 국가들과의 충돌을 기정 사실화하는 근원적 원인을 제공하였다. 특히 선비(鮮卑)를 복속시킨 후 요하(遼河)지역에서 중국과 경계를 마주하고 영토의 확장을 도모하던 고구려는, 요하지역은 물론 한반도 북부지역까지 자신들의 영역이라고 간주하던, 중국의 주변 및 왕조 세력과의 충돌을 피할 수 없는 관계 상황으로 받아들일 수밖에 없었다. 그리하여 고구려는 한사군지역 외의 소수 부족 국가들을 병합하여 영토를 넓혀 나가는 노력을 계속하였고, 이러한 고구려의 행위는 중국의 왕조와 주변 세력들의 간섭 또는 침공의 구실을 제공해 주었으며, 중국과 우호 관계를 맺어 고구려를 복속시키려는 주변 부족 국가들과 불편한 관계를 유지하게 되는 요인이 되었다. 이와 같이, 신흥 고구려는 중국 동북부지역의 다른 부족 국가와의 충돌은 물론, 중국의 왕조 및 주변 세력과의 전쟁까지를 극복하면서 국가의 기틀을 닦아 나가야만 했다. 결국 고구려는 선비(鮮卑), 부여(扶餘), 숙신(肅愼), 말갈(靺鞨), 옥저(沃沮) 등 주변 부족 국가들과, 중국의 한(前, 後漢), 위(魏), 진(晋), 그리고 수(隋), 당(唐) 등에 이르기까지 많은 국가들과 전쟁을 치르면서 국가의 면모를 유지해 나갔다.

(1) 고구려와 한(漢)의 전쟁

중국 내에서의 내분과 혼란 상태는 중국의 공세적인 대외 정책 수행을 저해하는 요인이 되었다. 한(前漢)은 기원후 8년 외척인 왕망(王莽)에 의해서 멸망되어 신(新) 왕조

---

29) *三國史記, 高句麗本紀.*

로 바뀌었다. 신(新) 왕조는 16년 만에 하남(河南) 출신의 호족 유수(劉秀: 後漢 光武帝)에 의해서 망하고, 기원후 25년 한(後漢) 왕조가 다시 복원되었다. 건국 후 약 13년 동안 유수는 각 지역의 군웅(群雄)들을 정벌하여, 37년에 이르러서야 중국을 다시 통일하였다. 그러나 왕망의 동란과 그 후의 전란으로 인하여 피폐화된 중국을 다스리게 된 한(後漢)은 통일 후 약 20년 동안은 주변 다른 민족들과의 전쟁을 회피하는 정책을 채택했다.[30] 이와 같이 중국 내 정치적인 혼란은 주변 이민족 국가들에게 대 중국 관계에서 평온함을 제공해 주기도 하였으나 적극적인 정책을 펼 수 있는 기회도 동시에 제공해 주었다.

이러한 중국의 혼란기에 고구려가 보여 준 영토 확장 정책은 아직도 권력 기반이 확립되지 않은 한(後漢)의 요동지역 확보를 위태롭게 하는 이유가 되기에 충분했다. 그리하여, 한은 내부 정벌 때문에 주변 국가들에 대해서 적극적인 공세를 취할 수 없는 입장임에도 불구하고, 요동태수로 하여금 기원 28년(대무신왕 11년) 고구려 침공을 감행하도록 했다. 고구려 역시 유리왕 22년(기원전 3년)에 국도(國都)를 졸본(卒本: 桓因)에서 토양이 좋아 인구 수용 능력이 높은 국내(國內: 滿洲 安東省 輯安縣 通溝)로 옮겨 위나암성(慰那巖城)을 축조함으로써 중국과 거리를 두면서 국가의 발전을 도모하여 왔었다. 그러나 아직 국가 기반이 굳건한 상태가 아닌 고구려로서 요동태수의 침공은 커다란 위협이 아닐 수 없었다. 적극적인 대 주변 정책을 펴온 고구려 대무신왕도 한의 침공에 대해서는 매우 신중한 입장을 취했다.[31]

고구려 중신들의 의견도 적극적인 공세방어(攻勢防禦)와 소극적인 수세방어(守勢防禦) 사이에서 둘로 나뉘어 있었다. 우보(右輔: 右相) 송옥구(松屋句)는, 한이 내부의 혼란을 수습하느라 여념이 없는 상황에서 감행된 요동태수의 침공은 변방 태수가 이익을 노린 독단 행위임이 분명할 것이기 때문에, 고구려는 이를 과감한 작전으로 맞서야 하며, 그렇게 함으로써 이를 격퇴할 수 있다고 주장했다. 이에 반해서, 좌보(左輔: 左相) 을두지(乙豆智)는 명분의 합당성과는 무관하게 "소적(小敵)은 강해도 대적(大敵)에게 잡히는 법"이라는 점을 들어 수성방어(守成防禦) 후에 원정군이 지닌 보급상 약점을 극대화시켜 한군(漢軍)의 예봉(銳鋒)이 둔화될 때 이를 물리치자는 의견을 내놓았다. 대무신왕은 좌보의 의견을 채택하여 수성(守城)을 더욱 굳건히 했다. 그러나 한군도 수십 일 동안이나 성을 에워싸고 포위의 강도를 늦출 기미를 보이지 않았다. 성 안이 암석이므로 샘이 없어 식수 문제를 해결하지 못할 것이라는 점을 이용하여, 고구려군의 항복을 받아내려는 계산을 염두에 두었을 가능성이 높았다. 상황이 이렇게 전개되자 고구려왕은 을두지의 계책을 받아들여 연못의 잉어를 잡아 수초(水草)에 싸고, 약간의 주류와 함께 한군 진영에 보내면서 "상국(上國)에 잘못하여 장군의 백만 대군을 곤경에 처하게 한 점을 사과하면서, 보내는 물건으로 좌우를 먹이도록 하시라"는

30) *韓民族戰爭通史, I, 古代篇*, pp. 63-4.
31) *三國史記, 高句麗本紀.*

서찰을 보냈다. 고구려왕의 사과 서신과 선물을 받은 한군은 성(城) 안에 물이 있어 성을 쉽게 함락시키지 못할 것이라는 점을 간파하여 고구려의 사과를 받아들이고 철수하였다.[32] 이로써 고구려는 한 요동 태수의 공격을 무효화시킬 수 있었다.

압록·동가강 유역의 여러 부족을 통합하고 동해에 이른 동옥저(東沃沮)까지 복속시킨 고구려 태조(太祖: 재위 93년, 기원후 53-145)는 요동 공략에 착수했다(105년). 최초에는 6개 현을 공격하여 성과를 거두었으나 요동태수의 반격이 심하여 화의를 청하고 현도군에 복속할 것을 자청하여 중국의 예봉을 막았다. 그 후 118년에 태조는 다시 현도를 공격하였으나 한(漢)과 부여(扶餘)가 연합하여 반격에 나섰기 때문에 성공을 거두지 못했다. 고구려는 요동 진출의 집념을 버리지 못했다. 이듬해 고구려는 마한, 예맥 등과 함께 요동을 공격하였으나, 한과 부여 연합군의 반격으로 성과를 거두지 못하고 철수하였다. 고구려는 요동 진출을 도모하느라 국력이 소모되었고, 한과 부여는 이를 막느라 지친 상태가 되어 양 진영은 수교에 합의하였다. 고구려의 침공 대상이 되었던 현도군은 오늘날 흥경(興京), 노성(老城)지방에서 그 서쪽인 무순(撫順)지방으로 옮겨 고구려의 공격권에서 벗어나려 함으로써 세 번째 현도군이 되었다.[33] 그러나 요동 공략을 성공시키지 못한 고구려는 이에 대한 집념을 버리지 못했다.

고구려의 대 중국 화전양면(和戰兩面) 전략은 중국의 입장에서 보면 골칫거리가 아닐 수 없었다. 힘이 약하면 복속하고 힘이 있으면 요동지역을 넘나들었던 고구려는 한반도 내에 설치되어 있던 한사군(漢四郡)과 중국과의 소통을 차단하려는 시도로 대방(帶方) 현령을 살해하고 낙랑(樂浪) 태수의 가족을 사로잡기도 했다. 태조(太祖), 차대(次大)왕의 뒤를 이은 신대(新大)왕은 현도에 항복한 적도 있었으나 자립의 기반을 다져 나갔다. 이렇게 중국을 괴롭히고 또 강해진 고구려를 원하지 않던 한은 다시 요동(遼東)군을 동원하여 신대왕 8년(172) 11월 고구려 침공을 감행했다.[34] 고구려도 적절한 전략과 전술을 찾아내야만 했다.

한의 침공을 받은 고구려는 적절한 대책 마련을 위한 전략 회의를 소집했다. 흔히 있어 왔던 대로 적극론(積極論)과 신중론(愼重論)이 나타났다. 대부분의 중신들은 "한군이 숫자만을 믿고 자주 침공하기 때문에, 이번에 적극적으로 대처하지 않으면 다시 침공할 가능성이 있다"는 점을 지적하면서, 출병(出兵)하여 험준한 산세를 이용함으로써 한군을 격퇴시키자는 의견을 내놓았다. 그러나 국상(國相)인 명림답부(明臨答夫)는 한군이 수가 많고 멀리 와서 싸우기 때문에, 최초에 한군의 예봉(銳鋒)을 꺾기는 어렵다는 점을 들어 수성방어(守城防禦) 후에 반격하자는 견해를 밝혔다. 군사의 수가 적으면 수비(守備)하는 것이 병가(兵家)의 상도(常道)임을 지적한 명림답부는, 고구려가 장애물을 설치하여 성을 잘 지키면 한군이 성을 함락시키지 못하고 굶주림에 지쳐 철수

---

32) *前揭書; 東國兵鑑*, pp. 13-5; *韓國古代軍事編年史*, p. 25.

33) *三國史記, 高句麗本紀; 東國兵鑑*, pp. 16-8; *韓民族戰爭通史, I, 古代篇*, pp. 67-72.

34) *韓國古代軍事編年史*, pp. 46-7.

현토성 공방전과 좌원 전투 상황도

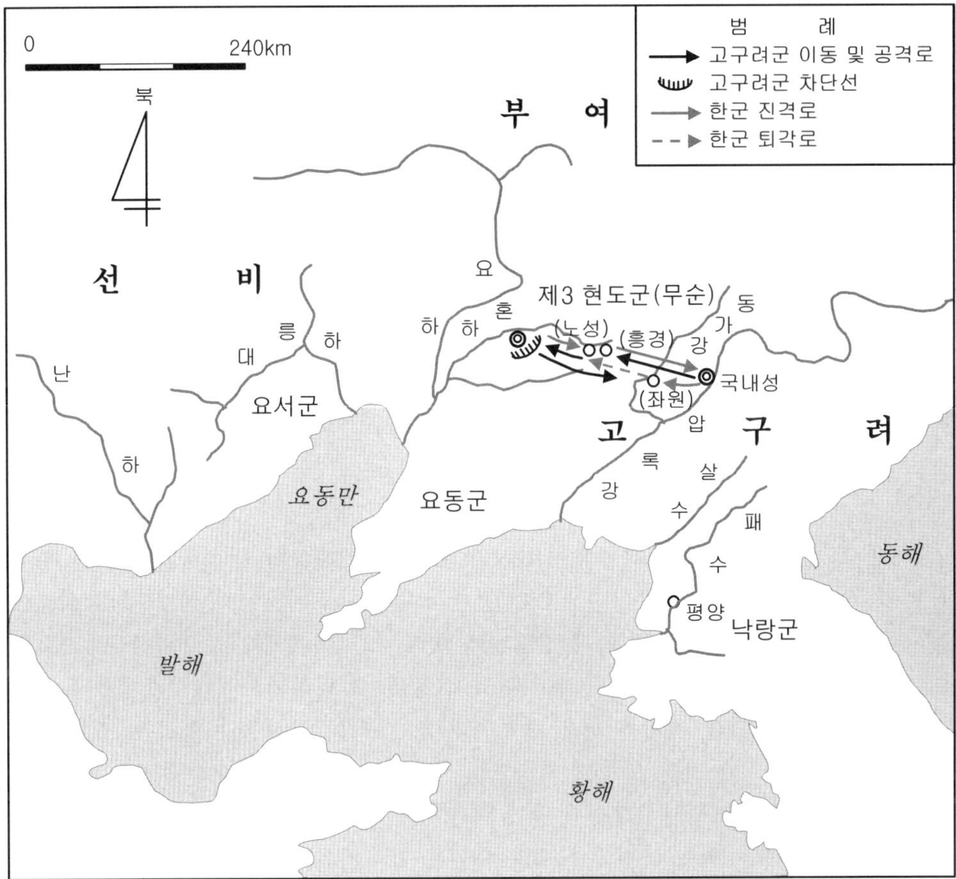

할 수밖에 없기 때문에, 이때 정예군으로 추격하면 한군을 섬멸할 수 있다고 주장했다. 두 견해를 들은 왕은 국상의 대책을 들어 청야입보(淸野入保)의 개념하에 성(城)별로 방어를 굳건히 하고, 한군 퇴각시에 추격을 준비하도록 지시했다.[35] 고구려는 수성(守城) 후 추격(追擊)이라는 전략을 세우고 한군의 침공을 맞았다.

한군이 쳐들어왔다. 고구려의 여러 성(城)을 포위하고 공격하였다. 그러나 성의 포위는 쉬웠으니 탈취는 어려웠다. 한군은 식량이 떨어져 굶주림에 지치고 추위에 떨며 공격을 계속했으나 효과는 없었다. 할 수 없이 한군은 철수하기 시작했다. 이러한 한군의 움직임을 관찰한 국상 명림답부는 수천 명의 정예 기병을 이끌고 한군을 추격하여 공격에 유리한 좌원(坐原)에서 한군의 후미를 공격하였다. 한군 역시 강하게 저항했으나 추위와 굶주림에 지친 한군의 저항은 한계가 있었다. 한군은 여기에서 크게 패하여 섬멸적인 타격을 입고 말았다. 위세 속에 고구려 침공을 감행한 한군은 치명적인

35) *三國史記, 高句麗本紀; 東國兵鑑*, pp. 20-1.

패배를 안고 돌아갔다.[36] 고구려군이 한군의 공격을 격퇴시켰다.

중국의 한(後漢)은 184년(靈帝 1년)에 이르러 황건적의 난리로 통치력을 거의 잃어버린 상태에 있었다. 중국 각지에서는 호족이나 유력 인사들이 일어나 패권(霸權)을 장악하고, 지역별로 패자(霸者)들이 난립하여 자웅을 겨루는 무질서 상태가 되었다. 요동지역도 현도군의 하급 관리로서 현도군 태수의 양자로 발탁되어 있다가 태수가 된 공손도(公孫度)가 장악하여 고구려와는 큰 충돌 없이 지냈다. 그러나 반도 내의 낙랑(樂浪)군은 요동 태수가 장악하고, 공손도의 아들 공손강(公孫康)은 낙랑군 밑에 대방(帶方)군을 설치하여 한반도에서의 영향력을 계속 유지하려 했다. 고구려는 요동의 공손씨(公孫氏) 세력권을 중원 세력의 파급을 막는 완충지역으로 이용하는 것이 유리하다는 판단 아래 상호 견제하는 가운데 공존하는 관계를 유지하였다. 그러나 중국 내에서의 세력판도 변화는 고구려에게 또 다른 충돌과 새로운 적응을 강요하게 되었다.

(2) 고구려와 위의 전쟁

중국의 왕조 변화는 고구려에게 새로운 형태의 위협 대상이 등장했다는 것을 의미했다. 중국에서 한(後漢)이 무너지고(220년) 삼국시대가 도래하여 중국 북부의 위(魏), 남부의 오(吳), 서부의 촉한(蜀漢)이 정립함에 따라, 고구려에게는 북부의 위가 직접적인 위협 대상이 되었다. 최초 고구려는 위와 더불어 오 나라와도 선린 관계를 유지하려 했다. 그러나 위와의 관계를 더욱 중시하여 오 나라의 사신을 처형하는 조치를 취하여 위의 비위를 맞추려는 노력도 기울였다. 위는 북방의 선비, 오환족(烏丸族) 등의 토벌 작전에 성공을 거두자 237년 동방 공략을 시작했다. 위는 먼저 요동의 공손씨(公孫氏) 공략에 나섰다. 최초 공격에 실패하자 위는 고구려의 도움을 요청했다. 고구려는 이에 협조했고 위는 요동을 장악했다.[37] 그리고 한반도 내 낙랑, 대방군을 장악해 오던 공손씨의 멸망으로 요동 및 한반도 서북부가 공손씨로부터 위의 통제하에 들어갔다. 현도, 요동, 낙랑, 대방지역을 장악한 위는 고구려의 요동 진출 가능성을 봉쇄한 채 지역의 지배권을 강화해 나갔다.

이러한 위의 현상고정 정책은 요동과 한반도 북부지역을 자국의 영토로 삼으려는 고구려의 현상 변경 정책과 정면으로 대치되는 것이었다. 고구려는 요동에서 분할된 영향권을 확보할 수 있을 것이라는 판단과 계산에서 위의 공손씨 정벌에 병력을 파견하여 위를 도왔었다. 그러나 위는 고구려를 견제의 대상으로 간주하였고, 요동이나 한반도 서북부의 영토 분할 협상 대상국으로는 간주하지 않았다. 이러한 위의 기본 태세를 확인한 고구려는 독자적인 구상을 행동으로 옮겼다. 고구려는 압록강 하류 쪽으로 진출하여 요동과 낙랑, 대방과의 연결을 차단하여 한반도 서북부를 공략하는 정책을

---

36) *韓民族戰爭通史, I, 古代篇*, pp. 72-6.
37) *三國史記, 高句麗本紀; 韓國古代軍事編年史*, p. 57.

추진했다. 그리하여 고구려 동천왕(東川王)은 요동지역의 서안평(西安平: 압록강 하류 義州의 對岸)을 자주 공격하고 낙랑, 대방군에서 위의 통치에 불만을 품은 토착 세력들의 움직임도 주시하였다. 이러한 고구려의 정책과 행위는 위를 자극하기에 충분했고, 위는 요동 장악에 걸림이 되는 고구려 정복을 계획하게 되었다.[38]

위는 고구려 동천왕 18년(244) 유주자사(幽州刺使) 관구검(毌丘儉)을 파견하여 고구려 침공에 나섰다. 관구검은 약 1만 명의 병사를 이끌고 비류수(沸流水: 佟佳江上流)를 통해 고구려를 침공했다. 동천왕은 보병과 기병 2만 명을 거느리고 관구검군을 비류수에서 공격하여 위군 3,000여 명을 사살하는 전과를 거두었다. 왕은 다시 양맥(梁貊: 佟佳江 서쪽 요동지역)의 협곡에서 위군을 재차 공격하여 3,000여 명을 사살 생포하였다. 위군을 우습게 본 동천왕은 5,000여 명의 철기병(鐵騎兵)을 앞세우고 기세도 당당하게 진격했다. 두 번에 걸친 참패를 당한 위군은 방진(方陣)을 형성하고 고구려군에 결사적으로 대항하고 역습을 감행하여 1만 8,000여 명의 고구려군을 사살했다. 참패를 당한 고구려 동천왕은 1,000여 명의 기병만을 이끌고 압록원(鴨綠原: 국내성 남쪽 압록강 상류지점)으로 달아났다. 진격을 거듭한 관구검이 지휘하던 위군은 10월경 환도성(丸都城: 국내성지역 丸都山 아래 198년 山上王 2년 축조된 성)을 함락하고 많은 고구려인을 살육한 다음, 왕기 장군을 파견하여 달아난 동천왕을 추격하도록 했다. 남옥저(南沃沮: 함경남도지역)로 가는 길에 동천왕은 밀우(密友)가 지휘한 결사대의 도움으로 남옥저에 도착했으나 위군의 추격은 그치지 않았다. 유유(紐由)가 나서서 거짓 항복을 자청했다. 위군 진영에 음식을 들고 들어간 유유는 고구려왕의 죄를 빌며 가져간 음식을 바쳤다. 위군 장수는 이를 수락하고 음식을 받았다. 이때 식기 속에 감추어 온 칼을 빼어든 유유는 위군 장수를 죽이고 자신도 자결했다. 동천왕은 졸지에 장수를 잃어 혼란에 빠진 위군을 급습하였다. 위군은 낙랑을 거쳐 철수하였다.[39]

관구검이 이끈 위군의 고구려 침공으로 인한 손실은 매우 컸다. 살상된 고구려인의 수효는 많았고, 파괴된 재화 역시 회복이 불가능해 보일 정도였다. 동천왕은 폐허된 환도성을 버리고 국도(國都)를 강계 부근의 동황성(東黃城)으로 옮긴 다음 국력 재건에 힘을 쏟았다. 그러나 위군 침공은 고구려인들의 대동 단결을 촉진시켰고, 중국 세력에 대한 경계와 국력강화 노력을 심화시킨 계기를 제공했다. 특히 밀우(密友)와 유유(紐由)가 몸소 보여 준 보국 희생 정신과 밀우를 사지(死地)에서 구출해 낸 유옥구(劉屋句)의 전우애는 고구려인들의 기상이었으며, 이것이 고구려를 더욱 강하게 만든 요인이 되었다.

---

38) *三國史記, 高句麗本紀; 韓國古代軍事編年史*, p. 58.
39) *三國史記, 高句麗本紀; 東國兵鑑*, pp. 22-27; *韓民族戰爭通史, I, 古代篇*, pp. 85-104.

고구려와 위의 전쟁 상황도

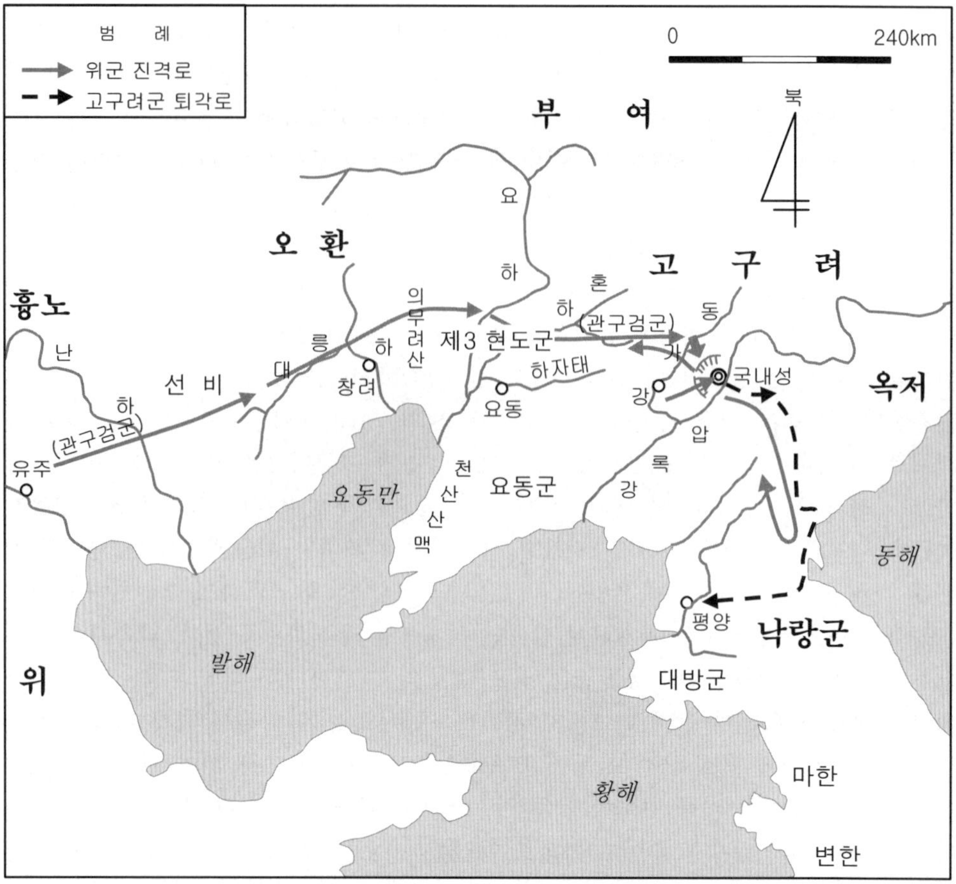

(3) 고구려와 모용씨와의 전쟁

중국에서는 위(魏)가 망하고 진(晋)이 들어섰다(265). 진은 280년에 남쪽의 오(吳)나라까지 정벌하여 중국의 통일 왕조가 되었다. 그러나 진은 요동지역을 완전히 장악하지 못했을 뿐만 아니라 북, 서북방에서 내려오는 이민족의 침공을 막아낼 능력이 없어 결국 양자강 이남으로 쫓겨가게 되었다. 통치권의 공백이 발생한 양자강 이북지역에는 저(氐), 강(羌), 선비(鮮卑), 흉노(匈奴)족 등 호족(胡族)들이 난립하여 5호 16국 시대가 전개되었다. 이 중에 비교적 강한 선비족은 모용외(慕容廆)라는 지도자를 중심으로 요서(遼西)지역을 차지하여 부여(扶餘)까지 복속시키고, 고구려와 요하(遼河)에서 경계를 마주하게 되었다. 중국 왕조들과 우호적인 관계를 맺으면서 중국의 주변 이민족의 통제에 긴요한 역할을 담당해 왔던 부여의 멸망은, 중국 내 왕조와 이민족 간의 상호 견제를 벗어난 세력이 고구려와 대치하게 되었다는 것을 의미했다. 모용씨가 중국이나 부여로부터 오는 위협을 크게 고려하지 않고 고구려 공략에 나설 수 있다는 뜻이다.

위와의 전쟁에서 참패를 당한 고구려는 중국 내부가 혼란한 기간을 이용하여 국력을 가다듬고 군비를 강화할 수 있었다. 그러나 고구려는 의심이 많고 사치와 향락에 취한 봉상왕(烽上王: 292-300 재위)을 맞아 국가의 면모가 정상에서 벗어나 있었다. 모용외는 빈번히 고구려에 침공하여 왕릉을 파헤치는 등의 만행을 저질렀다. 고구려는 고노자(高奴子)를 변방 신성(新城) 태수로 임명하여 이를 막아냈다. 그러나 내부적으로 가뭄과 흉년이 들어 백성들이 굶주리고 있는 가운데, 왕이 백성들을 동원하여 궁전을 수리하는 등 학정이 계속되자, 국상 창조리(倉助利)는 국왕을 폐하고 새로운 왕(美川王)을 세웠다. 그리고 고구려는 302년(미천왕 3년) 현도군(玄菟郡)을 공격하고, 311년 요동의 서안평(西安平)을 공격하여 점령했다. 한반도와 중국을 내왕하는 데 필요한 통과 지점을 장악한 고구려는 313년에 낙랑군(樂浪郡), 314년에는 대방군(帶方郡)을 공격하여 멸망시켰다. 이로써 기원전 108년 한사군(漢四郡) 설치 이래 420여 년 동안 존재해온 한반도 내 중국의 세력권이 사라지게 되었다.[40] 고구려는 마침내 한반도 서북부를 차지하여 서해와 남방은 물론 요동 진출의 발판을 구축하게 되었다.

그러나 요동 진출을 도모한 고구려는 모용씨와의 대결을 피할 수 없었다. 미천왕은 319년(재위 20년)에 모용씨와 동족인 단(段) 씨족과 우문(宇文) 씨족을 회유하여 모용외의 근거지인 극성(棘城: 遼東城 錦州市)을 3면에서 포위 공격하였다. 모용씨의 반간계(反間計)에 의해서 이 작전은 성공을 거두지 못했으나, 이로부터 고구려와 모용씨는 요동의 장악을 위해서 양보 없는 대결을 벌이게 되었다. 고구려 미천왕에 이어 331년에 왕위에 오른 고국원왕(故國原王)은 중국 남부의 진(晋)과 모용씨와도 좋은 관계를 유지하려 했다. 진에는 방물(方物)도 보내고, 모용씨에게는 왕자를 사신으로 파견하기도 했다. 그리고 환도성(丸都城)을 수리하고 국내성(國內城)을 쌓아 환도성으로 국도를 옮겼다(341). 그러나 모용외(慕容廆)의 아들 모용황(慕容皝)은 337년 연(燕)을 세우고 자신을 연왕(燕王)으로 추대한 후 적극적인 대외 팽창 정책을 추구했다. 모용황은 북방의 숙적 우문(宇文)씨의 후주(後周)를 최대의 공략 목표로 삼았으나, 이에 앞서 우문씨를 지원하는 고구려를 먼저 치기로 하였다.[41]

고구려를 먼저 공격하고 다음에 후주 그리고 중원을 취하자는 원대한 구상을 가지고 연왕 모용황(慕容皝)은 고구려 침공에 나섰다. 고구려에 이르는 길이 두 개가 있었다. 하나는 북쪽 접근로이고, 다른 하나는 남쪽 길이었다. 북도(北道)는 평탄하고 남도(南道)는 험했기 때문에 대부분의 연 장수들은 북쪽 접근로에 주공 부대를 투입할 것을 원했다. 그러나 먼저 고구려를 치자고 주장한 모용한(慕容翰)은 고구려가 북도의 방비를 중하게 할 것이 명확하기 때문에, 연왕이 정예군을 이끌고 남도로 진격하여 불의에 기습을 가하는 것이 타당하다는 의견을 내놓았다. 모용황은 이 전략을 받아들였다. 그리하여 연왕은 342년 11월 모용한과 모용패(慕容覇)를 선봉장으로 삼아 4만의

40) *三國史記, 高句麗本紀; 東國兵鑑*, pp. 28-30; *韓民族戰爭通史, I, 古代篇*, pp. 113-30.
41) *三國史記, 高句麗本紀; 東國兵鑑*, pp. 31-3.

고구려와 연의 전쟁 상황도

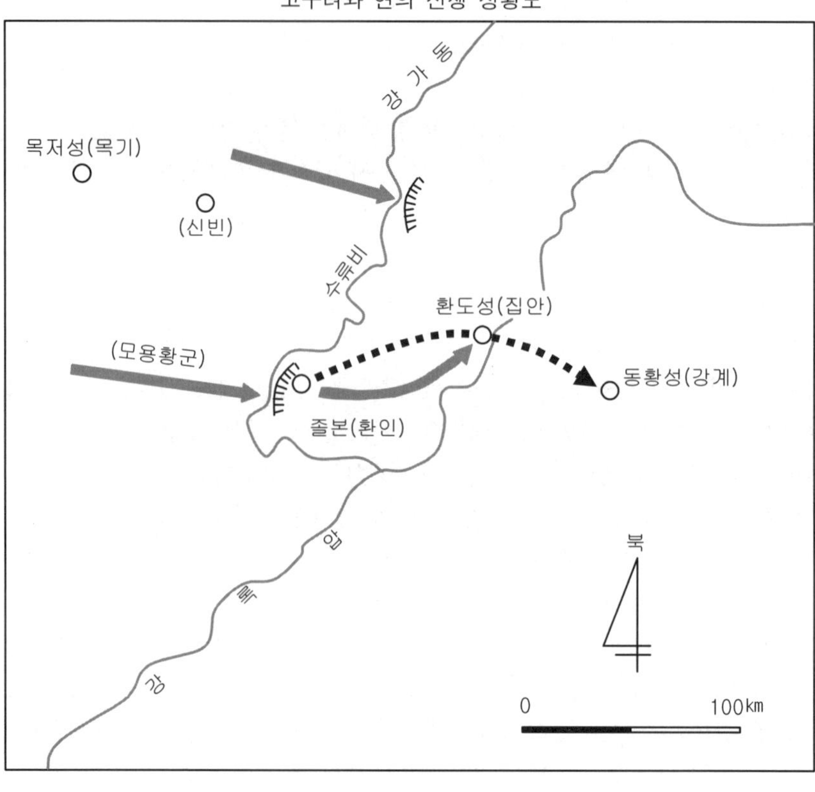

병력으로 남도로 진격했고, 북도에는 장사(長史) 왕우(王寓)로 하여금 1만 5,000 병력으로 공격하게 하였다. 모용한의 판단대로 고구려 고국원왕은 아우 무(武)에게 정예병력 5만으로 북도를 막게 하고, 자신은 적은 병력으로 남도를 방비하였다. 모용황의 주력군이 남도로 들이닥치자 고구려군은 참패하고 왕은 혼자 말을 타고 단웅곡(斷熊谷: 함경도지역)으로 달아나고, 왕모(王母)와 왕비(王妃)는 적장 모여니(慕輿尼)에게 사로잡히고 말았다. 한편 왕우가 지휘한 연군은 고구려군에게 전멸되었다. 연왕은 북방의 전황이 마음에 걸려 고구려왕을 추격하지 않고 항복을 권유했으나 고구려왕은 이에 응하지 않았다. 이에 연왕은 좌장사(左長史) 한수(韓壽)의 건의대로 고구려를 계속 견제하기 위해서 왕의 생모(生母)와 묘에서 파낸 미천왕(美川王)의 시신을 수레에 싣고, 국고에 있던 보물 및 재화를 가지고 철수하였다. 궁궐은 불에 탔고 환도성은 허물어졌으며, 고구려인 남녀 5만여 명이 포로로 끌려 갔다.[42] 실로 고구려는 엄청난 피해를 입었다.

고구려와 연(燕)과의 전쟁은 고구려의 참패로 끝났다. 환도성은 폐허가 되었고, 미천왕의 시신과 생모는 물론 5만여 명의 고구려인이 포로로 끌려갔다. 고구려왕은 343년

42) *三國史記, 高句麗本紀; 東國兵鑑*, pp. 35-6.

아우를 연으로 보내 진귀한 물건을 바치고 부친의 시신을 돌려받았다. 그리고 국도(國都)도 다시 동황성(東黃城)으로 옮겼다. 355년에 고국원왕은 연으로 사신을 파견하여 많은 조공을 바치면서 왕의 생모를 모셔올 수 있었으나, 연이 내리는 정동대장군영주자사(征東大將軍營州刺史) 낙랑공(樂浪公)이라는 칭호를 받는 수모를 감수해야만 했다. 더구나 371년에 고국원왕은 낙랑, 대방 소멸 후에 국경을 마주하게 된 백제군의 공격을 받아 이를 막다가 백제군의 화살에 맞아 세상을 떠났다.[43] 연과의 대결에서 고구려가 입은 인원, 물자, 그리고 심리적 피해는 이루 말할 수 없는 수준이었다. 그러나 연과 전쟁에서의 참패와 백제군의 침공으로 인한 왕의 사망은 오히려 고구려인의 기상과 상무 정신을 높여, 차후에 국가의 위세를 떨치게 한 왕과 고구려인을 만들어 낸 요인이 되었다.

5. 전쟁의 성격

한반도에서 삼국의 정립이 가시화되기 이전에 있었던 전쟁은 그 주체, 원인, 시기, 지역, 규모, 전략, 전술, 그리고 결과 및 영향면에서 눈에 띄는 특징을 머금고 있었다.

전쟁의 주체는 중국의 주변에 있던 부족 국가와 중국의 왕조 국가, 또는 변방의 패자(霸者) 집단 등이었다. 이들 정치 집단은 그들 주위의 권력 관계에 따라 생사소멸(生死消滅)의 순환 과정을 거치면서, 세력권을 확충하거나 이를 위한 주변 정리를 위해서 상호 무력을 사용하는 것을 주저하지 않았다. 이러한 과정에서 이들은 상호 이합집산(離合集散)은 물론, 어떠한 이유를 내세워서라도 약한 집단을 병합 흡수하여 자신들의 영향력과 세력권을 증진 확대하려 했다. 그리하여 약한 정치 집단은 강한 집단에게, 때로는 굴욕적인 예의를 갖추어 자신을 보장, 보호하려는 노력을 게을리 하지 않았다. 그러나 이러한 노력에도 불구하고 이들 정치 집단간의 권력 관계는 냉엄한 현실 논리에 의해서 설정되었기 때문에, 평시의 우호 관계 자체가 상호 무력 사용을 막는 유일한 수단이 될 수는 없었다. 그리하여 이들은 합종연횡(合從連橫)의 논리 아래 상호 관계를 유지하기도 했으나, 집단간 상호 불신과 의구심의 근원적 해소나 극복은 사실상 불가능하여 상호 무력 사용의 불씨를 완전히 제거할 수는 없었다. 이와 같이 종족적인 차원을 포함하거나 이를 초월한 정치적인 목적을 가진 정치 집단들이 자신들의 목적을 구체화시키기 위해서 흔히 무력을 사용하여 전쟁의 주체가 되었다.

전쟁의 원인도 이러한 전쟁 주체들의 목적과 부합하여 종족적 생활권을 확대하기 위한다거나, 정치적 영향력과 세력권을 확대하려는 의도에서 찾아볼 수 있다. 이러한 차원에서 본 전쟁의 원인은 시대와 지역을 초월한 보편성이 있으나, 종족 집단이나 부

43) *三國史記, 高句麗本紀; 韓民族戰爭通史, I, 古代篇*, pp. 131-56.

족국가에서 왕조국가 체제로 변환되는 과도기에서 빚어진 전쟁에서는 이 점이 더욱 확연히 드러남을 볼 수 있다. 한의 침공을 받아 집단의 운명을 바꾸어야 했던 고조선과 한의 전쟁은 한의 세력권 확대 시도에서 비롯된 전쟁이었다고 본다면, 뒤에 나타난 신생 고구려와 주변 종족국, 그리고 부여 및 요동(遼東) 패자(覇者)들과의 전쟁은 생활권의 확대를 위한 상호 투쟁에서 그 원인을 찾아볼 수 있는 전쟁이라고 보여진다. 기본적으로 이러한 두 가지 목적 달성을 위한 의도에서 비롯된 전쟁을 비교적 강한 집단 측에서는 응징(膺懲)이니 징계(懲戒)니 하는 말로 합리화했으며, 약한 측에서는 생존권 보호라는 차원에서 공략과 방어를 정당화했다.

삼국 정립 이전에 치러진 전쟁은 시기, 지역, 규모면에서 상당히 제한적인 성격을 지니고 있었다. 공격하는 측에서는 집단의 보급 능력상 한계 내에서 전쟁을 치를 수밖에 없기 때문에 추수를 끝낸 직후가 전쟁 개시를 위한 기동 시기였다. 그리고 전쟁 마감시기는 자체 보급 능력이 한계에 도달했거나 혹한을 견디어 내는 데 한계 시점을 들 수 있다. 그리하여 북부지역의 국가들은 통상 10월이나 11월에 전투를 위한 기동을 개시하고, 중국의 왕조나 요동지역의 패자들은 2월에 기동을 시작하여 겨울에 전투를 끝내야 하는 경우가 대부분이었다. 이러한 보급 및 수송 등 전쟁 수행 능력상의 한계는 전투지역을 제한하는 요인이 되어, 전쟁은 주로 한반도 북부와 요동지역을 중심으로 치러졌다. 규모 역시 제한되어 최대 동원 병력은 5만을 넘기기가 결코 쉽지 않았으며, 한번 접전의 결과가 전쟁의 결과로 직결되는 경우가 많았다. 이와 같이 삼국시대 이전의 전쟁은 전쟁 수행 집단 자체의 전쟁 수행 능력의 한계로 인하여 전쟁의 규모 및 양상(樣相)면에서 많은 제한을 받았다.

전쟁을 승리로 이끌기 위한 전략과 전술 역시 전쟁 수행 주체들이 지닌 능력의 한계를 고려하여 설정되어진 경우가 대부분이었다. 첫째가 화전양면전략(和戰兩面戰略)이다. 이 전략은 공격하는 측이나 방어하는 측이 다같이 구사한 전략이다. 공격하는 측도 자체의 한계 때문에 공격하여 성을 포위하거나 추격을 하면서도 회유와 항복의 권유를 병행했으며, 적절한 예물과 예의를 갖추었을 경우에는 어떠한 조건을 내세우고 전투를 종식시키는 것이 통상이었다. 한(漢)의 대 고조선 작전이 그러했고 모용씨의 대 고구려 작전도 이러한 범주에 넣을 수 있다. 방어하는 측에서도 화의의 성립이나 방어능력의 강화를 위해서 이러한 전략을 구사하였으며, 특히 공격하는 측의 분열을 조장하기 위해서도 이러한 양면 전략을 적용했다. 고조선이 한군 두 장수의 협조된 공격을 피하기 위하여 이러한 전략을 운용했으며, 고구려 역시 공격해 온 한(漢) 요동 태수에게 수초(水草)에 싼 잉어와 약간의 주류를 예물로 바침으로써, 위나암(尉那巖)성의 함락이 쉽지 않다는 점을 인식시키면서 화의를 제의하여 한군을 물러나게 하였다. 고조선이나 고구려는 방어하는 측면에서 화전양면전략을 구사하여 목적을 달성했다. 두 번째는 기계(奇計)의 운용이다. 전쟁의 규모가 작아 초기 전투나 어느 한 전투의 결과가 곧 전쟁의 결과로 귀결되는 경우가 많기 때문에, 기습으로 상대의 의표를 찌르는 작전의 비중이 매우 높았다. 따라서 전쟁 당사자들은 궤도(詭道)에 입각한 기계를 고안해 냈다. 이러한 전략 개념하에 고구려가 부여의 침공을 물리쳤고, 요동의 모용황(慕容皝)은 고구려에 심대한 타격을 입힐 수 있었다. 세 번째는 분진합격(分進合擊)과 각개격파(各個擊破)의 전략 전술이 동원되었다. 주변의 정치 집단과 연합하려는 전략이나, 수륙(水陸) 양면으로 진격하여 합동 공격을 하려는 작전 수행은 분진합격의 개념에 입각한 전략 전술로 볼 수 있으며, 주변국의 연합을 방해하고 합동 공격을 막아 전투력을 집중하지 못하도록 하는 수성(守城)작전은 각개격파 개념에 기초를 둔 전략전술의 운용이라고 보여진다. 한의 고조선 공략 방법과 이를 막으려 했던 고조선의 전략, 전술에서 이 점을 관찰할 수 있다. 모용황과 고구려 간 대결시 양측의 전술에서도 이 점이 나타나 있다. 이와 같은 화전양면(和戰兩面), 기계운용(奇計運用), 그리고 분진합격(分進合擊)과 각개격파의 전략과 전술은 전쟁의 역사를 통하여 보편적으로 구사되는 성질의 것이기도 하나, 삼국시대 이전의 전쟁에서는 거의 결정적인 비중과 중요성을 가지고 구체화되었다.

이 시대의 전쟁은 한 정치 집단의 존폐를 가름하는 원인이 되는 결과를 제공하였다. 고조선이 사라지고 한사군이 설치되었으며, 중국 내부와 요동지역에서는 수많은 패자(霸者)나 왕(王)들이 출몰하였고, 고구려 주변의 많은 부족 국가들이 자취를 감추게 되었다. 전쟁이 한 집단의 존재 양상과 여부를 가리는 결과를 가져오는 것은 동서고금(東西古今)을 통하여 역사적으로 입증된 명제임에는 틀림없다. 그러나 삼국시대 이전에 있어 온 전쟁은 이러한 결과를 너무 자주 현실화시켰다는 점을 특징으로 들 수 있다. 이러한 측면에서 예외가 있다면, 전쟁의 결과로 주어진 극심한 피해를 극복하고 국가의 명맥과 면모를, 상대적으로 오랜 기간 유지한 고구려를 꼽을 수 있다. 전쟁 결과 중의 또 하나는 전쟁으로 인하여 중국의 발달된 문물이 주변국에 전파되어 지역의 발전을 촉진시켰다는 점이다. 중국과 변방국들의 침공을 막아내기 위하여, 주변국들은 중국의 발달된 철기 문물을 도입하지 않을 수 없었고, 이를 계기로 문화적인 발전을 도모할 수 있었다. 이와 같이 삼국 정립 시대 이전의 전쟁은 전쟁에 참여한 정치 집단들의 존폐를 결정짓는 요인을 결과로 제공하면서, 지역 내 문물(文物)의 교류를 촉진시키는 영향을 끼친 결과를 낳기도 했다.

삼국시대 이전의 전쟁이 여러 측면에서 보여 준 이와 같은 전쟁의 성격과 특징은, 양상과 정도 그리고 공간적 범위의 차이에도 불구하고 그 이후 시대에 치러진 전쟁에서도 찾아볼 수 있는 특징과 성격들이었다.

제 3 장 삼국시대의 전쟁

1. 개 요
2. 삼국간 전쟁
3. 고구려와 수의 전쟁
4. 고구려와 당의 전쟁
5. 백제와 나·당 연합군과의 전쟁
6. 고구려와 나·당 연합군과의 전쟁
7. 삼국시대 전쟁의 특징

제 3 장 삼국시대의 전쟁

1. 개 요

고구려가 낙랑, 대방군을 멸망시키고 난 후, 한반도는 남부지역에서 국가의 기틀을 다져온 백제, 신라와 더불어 본격적인 삼국 정립 시대에 접어들게 되었다. 삼국간에는 문화적인 교류와 더불어 종교적인 전파를 통하여 상호 호혜적인 관계를 유지할 수 있는 가능성이 얼마든지 있었다. 그러나 이들간에는 또한 영토의 확장과 세력권의 확보를 도모하는 상호 대립적인 관계의 성립을 불가피하게 하는 요소도 존재하였다. 그리고 현실적, 실리적 판단에 따른 일시적인 우호 관계의 수립도 가능하였다. 삼국 중 어느 한 나라가 강해질 때는 다른 두 나라는 연합 전선을 형성하여 이를 견제하기도 하였다. 이러한 현상은 한반도를 초월하여 중국에서도 연합 상대를 찾는 수준으로 확산되어 결국 삼국 중에서 가장 열세한 위치에 처해 있던 신라가 백제와 고구려를 멸망시키는 결과를 빚어내었다. 이러한 의미에서 삼국간에 펼쳐진 상황과 이에 따라 수립된 관계는 실로 국가간에 나타날 수 있는 강권정치(power politics)의 본질과 속성을 적나라하게 보여 준 전형이라고 보아도 무방할 것 같다.

삼국 중에서 중국에 가깝다는 이유만으로 중국의 영향과 침공 등으로부터 자유스러울 수 없었던 고구려는 그러한 이유 때문에 중국의 발달된 철기 문화에 비교적 쉽게 노출될 수 있었다. 낙랑 및 대방과 인접해 있던 백제 역시 이들 한의 군현을 통하여 중국의 문물을 흡수할 수 있어서 비교적 일찍 관제와 조직을 정비할 수 있었고, 독특한 문화 구축의 기반을 다져 나갈 수 있었다. 한반도 남동쪽에 위치한 신라는 초기에 주로 고구려를 통해서 발전된 문화를 전수받을 수 있었으나, 한강 하류지역을 확보한 후부터는 중국에 대한 정열적인 접근으로 오히려 중국 내 세력으로부터 반도 내에서 가장 우호적인 국가로 대우 받을 정도로 중국의 영향을 많이 받았다. 또한 삼국은 중국의 세력들에게 조공(朝貢)을 바치면서 접촉을 유지하려 했다. 이와 같이 고구려, 백제, 신라 삼국은 중국의 왕조와 조공(朝貢)이라는 형식을 통하여 긴밀한 관계를 유지함으로써 중국의 발전된 문물을 받아들이고 중국의 세력과 우호적인 관계를 맺으려 했다. 문화적인 차원에서 삼국이 취한 행동이나 종교의 전파와 전수 등에서와 같이 삼국은 상호간에 공유할 수 있는 영역을 가지고 있어서 선린 관계를 유지할 수 있는 가능성은 있었다.

그러나 삼국 관계 설정에 결정적인 역할을 한 핵심 요소는 문화나 종교적인 차원의 것이 아니고, 영역이나 영향력의 확대라는 강권정치(强權政治)적 요소였다. 백제와 나란히 위치한 신라는 고구려의 도움을 받아 백제 및 왜(倭)와 대항하려 했다. 그러나 낙랑, 대방을 정벌(313-4)하고 백제와 국경을 마주한 고구려는 백제는 물론 신라에게도 위협적인 존재로 등장했다.

고구려의 남진 정책에 백제와 신라가 공동으로 대처하였다. 그러나 한강 하류의 회복을 위해서 백제를 도왔던 신라가 이 지역에서 고구려의 세력을 몰아내고 자신이 이 지역을 차지함으로써 백제와 견원지간(犬猿之間)의 관계에 돌입하였다. 이러한 사태의 진전은 고구려와 백제의 대 신라 공동 전선의 형성을 촉진시켰고, 특히 백제의 신라 영역 침공의 강도를 한층 높여 놓는 계기가 되었다. 고구려의 도움을 빌려 백제의 침공에 대처하려 했던 신라는 고구려의 죽령(竹嶺) 이북지역 반환 요구를 들어줄 수 없어 결국 중국의 당(唐)나라에 원조를 청하기에 이르렀다. 이와 같이 고구려, 백제, 신라 삼국은 문화 및 종교적인 공유 영역의 확대를 통한 우호적인 관계의 증진보다는 영토의 확장이나 영향력의 증진을 도모하여 상호 충돌과 전쟁관계를 정착시켜 외세의 개입을 자초함으로써, 삼국이 차지했던 영역이 대폭적으로 축소된 상태로 삼국시대가 마감되는 결과를 기록하고 말았다.

타협과 협조보다는 갈등과 반목의 관계를 정착시킨 고구려, 백제, 신라는 종교나 문화적인 동질감의 확산을 통한 공존 대신 불신과 전쟁으로 인한 자기 훼손과 자기 파멸의 결과를 재촉한 듯한 관계 상황을 전개시켰다. 삼국은 중국의 문물을 흡수하여 토착적인 문화를 창조하고 이를 창달하는 기초를 닦아 후대와 일본 등에 이를 전수한 것은 사실이나, 영토나 세력의 확장을 중요시한 대외 정책과 사치와 권력 다툼으로 인한 내부의 무능과 분열로 삼국간의 정상적인 관계 유지를 불가능하게 만들었고, 외부 세력까지 끌어들여 자국의 이익과 욕구를 충족시키려는 결과를 빚어내고 말았다. 이러한 결과, 고구려의 영토였던 만주의 대부분은 물론 한반도의 북부지역까지 중국의 영향권에 방치하게 된 삼국은 통일 아닌 통일을 감수해야만 했다. 물질적인 자생력은 물론 정신적인 자생력의 부족과 지도층의 자제력과 지도력의 결핍이 안겨 준 혹독한 결과였다. 종족적인 응집력이 그렇게 강하지 못했던 고대의 상황에서는 이러한 삼국간 대립관계와 이에 따른 상황 진전이 그렇게 생소한 것은 아니었으나, 이로써 빚어진 결과는 이후의 한민족과 한국의 역사에 결코 도외시할 수 없는 영향을 끼쳤다고 볼 수 있다.

2. 삼국간 전쟁

상호 대립적인 관계의 산물로 빚어진 삼국간 전쟁은 약탈, 습격, 공격 등의 적극적인 공세 작전과 단독 혹은 연합 전선을 형성하여 수행된 방어 작전을 포함하고 있다.

삼국은 상대국 변경의 성을 공격하여 재화와 포로를 획득해 가는 행위에서부터, 이를 초토화하거나 혹은 점령하여 또 다른 약탈, 습격의 기지로 활용하는 작전을 수행하였으며, 집중적인 공격으로 어느 지역을 점령한 후 이를 자국의 영토로 삼는 대규모 작전도 수행하였다. 이러한 과정에서 삼국간에 상호 이합집산(離合集散)을 통한 연합 전선이 형성되기도 했다.

고구려가 낙랑이나 대방을 흡수하기 전에 신라는 백제와 왜(倭)를 견제하는데 고구려의 도움을 받는 경우가 종종 있었으나, 한사군의 잔재를 없앤 강한 고구려가 등장하자 신라와 백제가 연합 전선을 형성하기도 했다. 그러나 신라가 죽령(竹嶺) 이북의 고구려 영토와, 백제를 돕는 과정에서 백제와 고구려 병력이 피곤한 틈을 이용하여 이들 양국이 다툰 지역인 한강 하류지역을 차지한 후에는 백제와 고구려는 상호 연합하거나 단독적으로 신라를 공격하였다. 백제의 공격이 더욱 거세게 되자 신라는 백제의 공격을 막기 위하여 고구려의 도움을 요청하기에 이르렀다. 그러나 고구려는 죽령 이북 지역의 반환을 요구하였고 이에 신라는 한반도를 뛰어넘어 중국에서 연합 상대를 찾게 되었다. 이러한 형태의 전쟁과 이합집산은 결국 삼국간 세력 균형을 변경시켰고 이에 따른 새로운 결과를 현실로 나타내 주었다.

특히, 중국과 육지로 연결되어 있던 고구려가 중국의 왕조들과 치른 전쟁 역시 고구려와 중국과의 관계에서 직접적으로 내재된 원인도 있었으나, 삼국간의 대립적인 상충관계에서 비롯된 원인도 내포하고 있었다. 고구려가 모용황(慕容皝)의 침공을 받아 곤경에 처했을 때 고구려를 침공하여 고국원왕(故國原王)을 죽였던(371) 백제는 중국의 위(魏)에 사신을 보내 고구려의 횡포를 막아 달라는 요청을 하기도 했으며(472), 백제의 무왕(武王)은 607년 수(隋)에 조공하면서 고구려 토벌을 상주하기도 했다.[1] 신라 진평왕(眞平王) 역시 611년 원광법사(圓光法師)로 하여금 작성하게 한 걸사표(乞師表)를 바치면서 고구려 정벌을 간청하였고, 수가 고구려를 공격할 때 고구려의 변성(邊城)을 침공하여 이를 탈취하기도 했다.[2] 중국의 수(隋)나라가 이들 백제와 신라의 요청을 고구려와의 마찰에서 비롯된 침공 요인보다 얼마나 더 비중 있게 고려했는지는 정확하게 말할 수는 없으나, 최소한 수의 고구려 침공을 합리화하기 위한 좋은 소재를 제공한 것만은 틀림이 없었다.[3]

수를 이은 당(唐)나라가 신라의 요청으로 연합군을 형성하여 백제와 고구려를 멸망시킨 사실은 이러한 중국 세력의 개입이 삼국의 권력 투쟁(權力鬪爭) 관계에서 비롯되는 전쟁의 결과와 관계 자체의 성격을 얼마나 획기적으로 바꿀 수 있는가를 보여 준 예라고 볼 수 있다.

삼국간에 형성되었던 대립과 전쟁관계는, 삼국 내 투쟁 현상뿐만 아니라 삼국과 중

---

1) *三國史記, 百濟本紀.*
2) *三國史記, 新羅本紀; 高句麗本紀.*
3) *三國史記, 高句麗本紀.*

국의 왕조 국가들과도 상호 연관을 맺고 있는 복합적인 성격을 띠면서 현실로 구체화되었다. 삼국은 중국의 왕조가 바뀌더라도 조공(朝貢)을 바치는 형식으로 이들과 우호적인 관계를 유지하려 했고, 특히 백제와 고구려로부터 양면 공격을 받았던 신라는 당나라의 의관과 연호까지 사용하는 등(649, 진덕여왕 3년) 중국 당나라에 대한 사대와 봉대(奉大)를 수준과 형식면에서 정상적 판단을 초월할 정도로 행하였다. 중국은 이러한 삼국의 행위를 한편 즐기면서, 삼국의 왕을 앞에 너절한 수식어를 붙인 뒤에 낙랑공(樂浪公) 고구려왕(高句麗王), 신라왕(新羅王), 그리고 대방공(帶方公) 백제왕(百濟王)이라는 작위를 내리기도 했다.[4] 삼국의 왕들은 이를 청하고 받아들였다. 그리고 상대국의 침공 행위와 약탈 행위를 중국에 알리고 자국을 도와줄 것을 요청하는 데 주저함이 없었다.

중국의 왕조국은 때로 사신이나 승려를 관심국에 파견하여 삼국간의 알력을 해소하려는 노력을 보이기도 했으며, 특히 당나라는 신라의 요청에 따라 병력을 출동시키면서 이러한 삼국간에 얽혀진 문제의 해결이라는 차원에서 무력 사용의 명분과 타당성을 찾기도 했다. 실로 삼국간 분쟁이나 전쟁은 당사국들은 물론, 중국의 왕조까지 끌어들여 그 복합성을 더욱 복합적으로 만들면서 기록을 역사에 남겨 놓고 있다.

1) 고구려와 백제의 전쟁

고구려와 백제의 충돌은 백제와 신라와의 것보다 뒤늦게 현실로 나타났다. 백제는 고구려와 별다른 충돌 없이 지내다가 대방(帶方)의 왕녀 보과(寶菓)를 부인으로 맞은 책계왕(責稽王) 원년(286년) 고구려가 대방을 침공했을 때, 군사를 출동시켜 대방을 지원함으로써 고구려인의 감정을 상하게 만들었다.[5] 고구려의 보복을 두려워한 책계왕은 북방에 성(城)을 구축하기도 했으나, 낙랑, 대방을 흡수한 고구려는 분명 백제의 위협이 되었다. 그래서 백제 비류왕(比流王)은 337년 신라에 사신을 파견하여 수교까지 하였으나 연(燕)의 침공으로 막대한 손실을 입은 고구려는 오히려 백제에 대해서 위협을 느꼈다. 그리하여 백제에 대한 선제 공격으로 고구려 고국원왕(故國原王)은 369년(재위 39년)에 백제의 북방 요충인 치양(雉壤: 原州)을 공격하였다. 백제는 태자(近仇首)가 지휘하는 증원군을 파견하여 고구려군 5,000여 명을 사살하고, 수곡성(水谷城: 황해도 新溪)까지 북진하였다가 회군하는 전과를 획득했다. 고국원왕은 371년 다시 백제를 공격하였으나 예성강에서 펼친 백제군의 매복 작전으로 기습을 받아 패배를 맛보고 퇴각하였다.[6] 비교적 늦게 펼쳐진 백제와 고구려 간의 대규모 접전은 백제의 승리로

---

4) *三國史記, 高句麗本紀, 百濟本紀, 新羅本紀.*
5) *三國史記, 百濟本紀.*
6) *三國史記, 百濟本紀; 高句麗本紀;* 姜敎錫 편집, *東國戰亂史(內亂篇),* 國防部 戰史編纂委員會 번역 (1988), p. 123.

마감되었다.

고구려와 벌인 최초의 대규모 접전에서 자신감을 얻게 된 백제의 근초고왕(近肖古王)은 고구려 남진 기지인 평양성(平壤城)을 무력화시키기 위한 야심적인 공격 작전을 구상하게 되었다. 대동강의 장애물을 극복하기 위하여 작전시기는 겨울로 잡았다. 병력은 정예 병력으로 편성하고 작전 방식은 불시에 대규모 병력을 집중시킨다는 개념에 근거한 것이었다.

근초고왕은 태자와 함께 3만 명의 정병을 지휘하여 얼어붙은 대동강을 쉽게 도강하고 평양성을 집중 공격하였다. 당시 평양성에 머물고 있던 고구려 고국원왕도 백제군을 맞아 고구려군을 진두 지휘하여 성을 방어하다가 백제군의 유시(流矢)에 맞아 전사하였다. 백제의 근초고왕은 고구려 고국원왕이 전사하였다는 소식을 듣고 백제군을 철수시켰다.[7] 백제군 역시 보급의 어려움과 추위 때문에 더이상 효과적인 작전을 수행하기 어려운 상태였기 때문이었다.

백제 근초고왕은 평양성 공격의 성공에 힘입어 국도를 한산(漢山: 서울)으로 옮기고, 청목령(青木嶺: 개성)에 성을 구축하고, 수곡성(水谷城: 신계)에 전초 기지를 건설하는 등 대 고구려 방어 체제와 기지를 강화하였다. 이로써 백제는 황해도, 한강과 충청, 전라도를 포함한 한반도 서남부를 차지한 강국의 모습을 갖추게 되었다.[8]

북쪽의 연(燕)에 이어 남쪽의 백제로부터 심대한 타격을 입은 고구려는 남쪽의 신라와 북쪽에서 연 다음에 출현한 진(秦)과 우호 관계를 유지하면서, 국가의 조직을 재정비하여 백제의 침공을 막고 백제 북부의 군사 시설을 파괴하여 남쪽의 방어를 강화해 나갔다. 고국원왕의 뒤를 이은 소수림왕(小獸林王, 371-384)은 태학(太學)이라는 교육기관을 세워 인재를 양성하는 한편, 관제와 군사조직을 강화하면서 백제를 제외한 주변국과 우호 관계를 유지하고, 백제의 북진을 저지하기 위하여 수곡성(水谷城: 新溪)을 다시 빼앗고, 평양성에 침공한 3만 명의 백제군을 격퇴하였다(377). 그러나 백제의 고구려에 대한 침공도 결코 만만치 않아 고구려는 요동에서는 현상 유지, 신라와는 화친을 도모하면서 불교의 전파 등 문화적인 교류를 증진시키고, 내적으로 국력 신장에 국가적 노력을 기울였다.

고국양왕(故國壤王, 384-390)의 뒤를 이어 391년에 왕위에 오른 광개토왕(廣開土王, 391-412)은 백제를 공략하고, 요동지역과 부여지역을 확보하여 고구려를 해동(海東)의 강국으로 만들었다. 광개토왕은 요동지방의 공략을 위해서 백제와의 국경은 예성강선에서 임진강선으로 남하시켜 안정시키려 했다. 이러한 현상의 변경을 위해서 광개토왕은 신라와의 결속 관계를 더욱 강화하려 했고, 이에 백제는 구주(九州)지역의 왜(倭)와 동맹을 맺었다. 외교적으로 백제와 신라를 분리시킨 광개토왕은 392년 직접 4만의 군사를 이끌고 백제의 북방을 공격하여 개성 부근의 10여 개 성을 점령하고, 곧이어 강

---

7) *三國史記, 百濟本紀; 東國戰亂史(內亂篇)*, p. 124.

8) *韓國古戰史, 1: 古代篇*, pp. 62-3.

화도 및 교동도(喬桐島) 부근의 관미성(關彌城)을 점령하여 임진강 일대를 장악하였다.

백제의 반격도 치열하였다. 백제 아신왕(阿莘王, 392-404년)은 393년 관미성의 고구려군을 포위하였으나 고구려군의 병참선 차단 우회 작전으로 이를 탈환하지 못했고, 394년 7월에는 수곡성(新溪)까지 진출하여 결전을 벌였으나 광개토왕이 직접 이끄는 5,000의 정예 기병에게 패퇴되었다. 이듬해에도 백제는 8월과 11월 고구려를 공격하여 예성강, 개성까지 진출했으나 피해를 입거나 폭설로 퇴각할 수밖에 없었다. 이에 광개토왕은 임진강선의 확보를 위해서는 백제의 본토 공격이 필요하다고 판단하여, 수군으로 한강 남북안의 백제성을 공략하고, 백제의 국도인 한성(漢城)으로 육박해 들어갔다. 당황한 백제의 아신왕은 남녀 1,000명과 세포(細布) 1,000필을 보내고 항복을 청하게 되었다.

광개토왕은 이를 받아들이고 아신왕의 동생과 대신 10명을 인질로 잡아 회군하였다. 고구려와 백제 사이에 치러진 관미성(關彌城), 수곡성(水谷城), 그리고 임진강유역과 한강유역에서의 전투 결과 고구려는 58개 성 700촌락을 획득하였고, 임진강 북쪽지역은 완전히 고구려의 영토가 되었다.[9] 고구려의 남방 국경이 안정되기에 이르렀다.

고구려에 대한 신라의 우호적인 중립 아래 고구려에 한강유역을 유린당한 백제는 왜의 고구려 침공과 신라 침공을 유도하는 데는 성공했으나 별다른 성과는 거두지 못했다. 백제는 399년 가야국을 지원하는 왜군으로 하여금 신라를 침공하도록 했으나, 신라의 요청으로 광개토왕은 5만의 병력을 지원하여 이를 격퇴시켰고, 404년 왜군이 직접 고구려 남쪽 변경을 침공했으나, 이 또한 궤멸시켜 버렸다.[10] 백제는 고구려와 신라의 우호 관계에 맞설 수 있는 강력한 백제와 왜의 동맹 관계를 갖지 못했다. 그러나 강력해진 고구려에 대한 신라의 두려움이 백제에게는 도움이 되었다.

남방의 국경을 안정시킨 광개토왕은 요동과 주변 공략에 착수했다. 먼저 왕은 402년(재위 12년) 후연(後燕)의 요동성(遼東城)과 현도성(玄菟城)을 탈취하고, 백제와의 전쟁 중에 후연(後燕)왕 모용성(慕容盛)이 점령한 신성(新城)과 남소성(南蘇城)을 다시 탈환하였으며, 요하(遼河)를 건너 숙군성(宿軍城: 廣寧)까지 공략하고 회군하였다. 이로써 고구려는 고조선이 영유하였던 요동지방을 완전히 수복하였다. 그러나 후연(後燕)의 탈환 노력도 끈질기게 전개되어 고구려와의 공방전은 후연이 망할 때까지 계속되었다(409). 남방 및 요동 공략을 마무리한 광개토왕은 동쪽으로 동부여(東扶餘)를 공격하여 그 국도인 불내(不耐: 安邊)까지 육박하였다(410). 이에 동부여는 항복하고, 주변의 여러 성(城)들도 투항하여 고구려는 안변 북쪽의 동해안 일대를 영토로 삼았다.[11] 고구려는 북부 공략에도 힘을 기울여 연해주(沿海州)지역까지 진출하였다. 광개토왕은 재위 22년 39세의 나이로 세상을 떠날 때까지 고구려를 동으로는 동해, 서로는 요하, 남

---

9) 廣開土大王陵碑, *韓國古代軍事編年史*, p. 85에 인용; *韓國古戰史, 1: 古代篇*, pp 65-6.
10) 廣開土大王陵碑, *韓國古代軍事編年史*, p. 90에 인용.
11) 廣開土大王陵碑, *韓國古代軍事編年史*, p. 93에 인용.

으로는 임진강, 북으로는 송화강(松花江)에 이르는 강대국으로 변모시켰다.

동, 북, 서의 영역을 확정한 고구려는 남쪽으로의 진출을 도모하여 백제와 신라를 위협하였다. 광개토왕의 뒤를 이은 장수왕(長壽王, 413-491)은 국도를 평양으로 옮기고(427, 재위 15년) 남쪽에 대한 관심을 노골화하였다. 이에 위협을 느낀 백제 비유왕(毗有王, 427-455)은 433년 신라와의 화의를 제의했고, 고구려의 위협을 인식한 신라 역시 백제와 동맹 관계를 맺었다.

고구려는 주로 백제를 상대하였으며, 특히 장수왕은 고구려 승려인 도림(道琳)을 백제에 잠입시켜 개로왕(蓋鹵王, 455-475)으로 하여금 대규모의 토목공사를 하도록 하여 국고를 탕진시키도록 했다. 장수왕은 475년 3만의 병력으로 백제를 침공하여 백제의 국도인 한성(漢城: 서울)을 포위했다. 이에 개로왕은 왕자 문주(文周)를 신라에 파견하여 지원병을 요청하고 한성을 지키려 했으나, 고구려군의 화공(火攻)으로 인하여 사태가 급박해짐에 따라 수십 기의 기병과 더불어 성을 탈출하다가 고구려군에게 생포된 후 살해되었다. 왕자 문주가 1만 명의 신라 지원군과 함께 한성에 도착하였을 때는 성은 함락되었고 왕은 살해된 후였기 때문에, 자신이 왕위에 올라 한강유역을 포기하고 웅진(熊津: 公州)으로 도읍을 옮겨 재기를 다질 수밖에 다른 도리가 없었다.[12] 고구려는 백제와의 전쟁을 통하여 한반도 내에서 동쪽의 죽령(竹嶺) 일대에서 서로 남양만(南陽灣)에 이르는 영토를 확보하였다.

남쪽으로 이동한 백제는 신라와 혼인 정책 등으로 결속을 다져 고구려의 공격에 공동으로 대처하면서 중흥의 기틀을 마련하려는 노력을 기울였다. 특히 백제의 성왕(聖王, 523-554)은 538년에 국도를 호남, 호서지역의 장악과 금강을 통한 교통로의 확보에 유리한 부여(扶餘)로 옮기고 국가 도약의 계기로 삼으려 했다. 불교를 진흥시켜 국가의 정신적인 지주로 삼고 일본 및 중국의 남조(南朝)와 유대 관계를 강화하여 국가 기반을 다지려 했다.

백제와 동맹 관계를 맺고 고구려의 남진을 저지했던 신라도 우산국(于山國: 鬱陵島)을 정복하고(512) 김해의 본가야(本加耶)를 공략하여(532) 남북으로 영토를 확장함으로써 국가적 면모를 갖추게 되었다. 이와 같이 백제와 신라가 비교적 대등한 국가의 모습을 갖추게 되자, 삼국간의 대립 관계는 새로운 국면에 접어들어 복합적인 양상을 띠면서 현실화되었다. 신라가 새로운 변수로 등장하여 삼국간 세력 균형의 조정이 이루어질 가능성이 높아진 것이다.

강해진 신라의 등장은 백제와 신라 간의 동맹 관계를 위태롭게 만들었다. 신라 진흥왕(眞興王, 540-576)은 신라의 위치를 확고히 하는데 중요한 역할을 수행하였다. 화랑제도를 정착시켜 국가적 인재와 장수들을 배출시켰고 호국불교(護國佛敎)의 정신을 고양시켰으며, 남북으로의 영토를 확장시키는 노력을 게을리하지 않았다. 특히 진흥왕은 551년 백제의 성왕과 합동 작전을 전개하여 한강 상류 죽령 북쪽지역 고구려의 10개

12) *三國史記, 高句麗本紀; 百濟本紀.*

군을 점령하고, 553년에는 백제가 수복한 한강 하류지역을 탈취하여 신주(新州: 廣州)를 설치하였다. 이러한 신라의 배신 행위에 분노를 느낀 백제의 성왕은 554년 직접 군사를 이끌고 신라의 관산성(管山城: 沃川)을 공취하고 영동(永同) 방면으로 진격하였으나, 신라의 매복 기습 작전으로 패배하고 왕 자신도 상해를 입어 전사하였다.[13] 이로써 고구려의 남진을 저지하기 위하여 백제와 신라 간에 맺어진 120여 년 동안의 동맹(同盟) 관계는 적대(敵對) 관계로 되돌아가고 말았다. 한강유역을 잃은 백제와 죽령 북쪽 지역을 빼앗긴 고구려가 오히려 신라에 대해서 공동 전선을 펴게 되었다. 무상(無常)한 삼국간 권력 관계의 표출이 아닐 수 없었다.

2) 백제와 신라의 전쟁

백제와 신라 사이에 있어 온 분쟁의 역사는 백제가 마한을 흡수하고 신라와 국경을 마주한 후부터 시작되었다. 백제는 마한(馬韓)을 흡수하고 동쪽의 신라와 영토 및 주도권을 다투게 되었다. 온조의 뒤를 이어 왕위에 오른 다루왕(多婁王, 28-77 재위)은 63년 백제 영토를 낭자곡성(娘子谷城: 청주)까지 개척하고, 이듬해에는 신라의 와산성(蛙山城: 보은)을 공격하였으나 실패했다. 66년에는 와산성을 탈취했으나, 신라군이 다시 탈환했다. 75년에도 다루왕은 와산성을 점령했으나 곧 신라군에게 빼앗기고 말았다. 그 후 3대 기루왕(己婁王, 77-128)도 신라를 침공했고, 4대 개루왕(蓋婁王, 128-166)은 신라에서 반란을 일으키다가 발각되어 망명해온 아찬(阿飡) 길선(吉宣)의 송환을 거부하여 신라군의 공격을 받기도 했다.[14] 이와 같이 백제와 신라는 전투장에서 관계를 시작했고 상호 불신의 벽을 쌓는 행위를 마다하지 않았다.

백제와 신라 간에는 소규모 전투와 접전이 끊이질 않았다. 백제 5대 초고왕(肖古王, 166-214 재위)도 선대 왕들과 마찬가지로 167년 신라 서부 2개 성을 점령하고, 남녀 1,000명을 사로잡았다. 그러나 신라군이 백제 동부지역의 여러 성을 공략하고, 신라왕이 직접 이끄는 정예 기병 8,000명이 한수(漢水)까지 진격하는 등 전세가 불리하자 포로와 약탈한 재물을 신라측에 돌려주었다. 그러나 3년 후에 다시 왕은 신라의 변방을 침공하였고, 189년에는 신라의 구양성(狗壤城: 옥천지역)을 공격했으나 실패했다. 그리고 초고왕은 190년에 원산향(圓山鄕: 문경지역), 204년에는 요거성(腰車城: 상주지역) 등을 침공하여 신라군과 접전을 벌였다. 6대 구수왕(仇首王, 214-234 재위)도 신라를 자주 침공하여 218년에는 장산성(獐山城), 222년에는 우두진(牛頭鎭: 예천지역) 등을 침공하였다.

신라도 백제를 공격하여 봉산(烽山)에서 역습해 오는 백제군을 격파하기도 했다. 7대 고이왕(古爾王, 234-286 재위) 역시 신라의 침공을 삼가지 않았다. 255년에는 괴곡

---

13) *三國史記, 百濟本紀; 新羅本紀.*
14) *三國史記, 百濟本紀; 新羅本紀; 東國戰亂史(內亂篇),* pp. 120-1.

(槐谷: 괴산지역), 266년 봉산성(烽山城: 영주지역), 278년 괴곡성(槐谷城), 283년에는 신라 변방을 침공하였다. 그러나 고이왕은 재위 마지막 연도인 286년에는 신라에 사신을 파견하여 수교를 청했다. 이에 신라도 337년 사신을 백제에 파견하여 수교에 합의했다.[15] 전투장에서 시작된 양국의 관계가 결코 적지 않은 전투와 접전을 치르고 난 후에야 절차를 갖춘 관계로 발전될 수 있었다.

한사군을 제거한 고구려의 출현과 고구려의 남진 정책은 백제와 신라의 관계를 적대관계에서 절차를 갖춘 협조 관계로 탈바꿈시키기에 충분한 이유를 제공했다. 특히 신라를 자주 침공해 왔던 백제가 고구려의 침공을 받게 됨에 따라, 백제는 신라와의 적대관계를 덜 적대적으로 변환시켜야 할 필요를 느끼게 되었다. 신라는 백제와 고구려의 싸움을 말리거나 싸움에 말려들 필요를 느끼지 않았으나, 백제의 요구를 외면하지는 않았다. 그리하여 백제와 신라는 평온한 관계(337), 그리고 동맹 관계(433)를 수립할 수 있었다. 그러나 이러한 관계는 강해진 신라의 "의리 없는" 행동으로 복고적인 변환을 강요당하게 되었다.

신라 진흥왕(眞興王, 540-576 재위)이 553년 백제의 동북지역인 한강유역을 일방적으로 점령한 행위는 백제와 신라 간에 잠정적이나마 구축된 동맹 관계를 적대 관계로 급속히 바꾸어 놓았다. 공동작전으로 수복한 지역을 신라가 단독으로 점령한 행위에 배신감을 느낀 백제 성왕(聖王, 523-554 재위)은 대가야(大加耶)와 협력하여 직접 5,000여 명의 보병과 기병을 거느리고 관산성(管山城: 옥천)을 공취하고, 영동(永同) 방면으로 진격하다가 신라군의 매복 기습 작전으로 전사하고 백제군도 패배하였다.[16] 이로부터 백제와 신라의 관계는 감정적인 요소까지 내포된 적대 관계에 돌입했다.

백제의 신라 침공은 또 다시 계속되었고 고구려에 대한 견제는 늦추어지지 않았다. 신라에 대한 배신감을 신라의 침공으로 보상받으려 했던 백제의 성왕이 전사하자, 위덕왕(威德王, 554-598 재위)이 즉위하였다. 왕이 즉위한 해에 고구려 양원왕(陽原王, 545-559 재위)은 궁사를 보내어 웅천성(熊川城: 공주)을 공격해 왔으나 막아냈다. 백제 역시 561년 신라의 변경을 침공했으나 1,000명의 사상자만 내고 퇴각하였다. 577년에도 신라를 침공했으나 패퇴당했다. 신라의 군사력이 강화된 결과였다.

고구려, 신라와 마찬가지로 백제도 중국의 왕조에 조공을 바치면서 중국 세력을 자국에 이롭게 활용하는 대 중국 정책을 구체화하고 있었다. 중국에서 진(陳)나라가 망하고 수(隋)나라가 들어서자 수에 조공을 바치면서 수나라가 고구려를 침공한다는 소식을 전해 듣고 향도 역할을 자청하기도 했다(598). 이러한 사실을 안 고구려는 자주 백제를 침공하였다. 백제 무왕(武王, 600-641 재위)도 신라에 대한 침공과 고구려의 견제 행위를 그치지 않았다. 무왕은 602년에 신라의 모산성(母山城: 진천) 침공, 624년에는 속함(速含: 함양) 등 6성의 공취, 626년에 왕재성(王在城) 성주를 살해하고, 627, 8년

15) *三國史記, 百濟本紀; 新羅本紀; 東國戰亂史(內亂篇)*, pp. 121-3.
16) *三國史記, 百濟本紀; 韓國古戰史, 1: 古代篇*, pp. 70-1.

과 632, 6년에도 신라의 서쪽 변성(邊城)을 공격하여 성을 빼앗기도 했다. 그러나 신라의 반격으로 백제의 침공은 대부분 성공적이지 못했고 신라의 복수심만 자극하게 되었다. 고구려에 대한 견제도 계속되어 607년 수에 사신을 파견하여 고구려 침공을 간청함으로써 고구려의 공격을 받기도 했다. 그러나 고구려를 침공하는 수(隋)군을 돕기 위해서 실제 병력을 출동시키지는 않았다. 백제는 "고구려 견제, 신라 침공"이라는 양면정책을 수행하고 있었기 때문이었다.[17)]

백제의 의자왕(義慈王, 641-660)은 중국의 당(唐)에게는 공대(恭待), 고구려와는 화친(和親), 신라는 공격(攻擊)이라는 정책과 전략을 구사하였다. 의자왕은 당나라에 자주 사신을 보내(642, 3, 4, 51, 2) 조공을 바치면서 당의 비위를 거스르지 않으려 했다. 그리고 고구려와는 화친을 도모하고(643), 당이 고구려를 침공했을 때도 고구려의 변방 대신 신라의 변성을 침공하여 이를 공취하려 했다(645). 특히 의자왕은 즉위하자마자 재위 2년(642) 7월에 왕이 직접 군사를 지휘하여 신라를 침공하여 미후성(獼猴城) 등 40여 개 성을 함락시키고, 8월에는 윤충(允忠)으로 하여금 군사 1만 명을 이끌고 대야성(大耶城: 협천)을 공격하여 항복한 성주 품석(品釋) 부처를 살해하고, 1,000여 명의 포로를 획득하는 전과를 거두게 하였다. 자신의 딸(품석의 처)을 잃은 신라의 김춘추(金春秋)는 선덕(善德)왕의 허락을 받아 고구려의 도움을 요청하러 갔다. 그러나 고구려의 반응은 냉랭하였고, 죽령 북쪽 영토의 반환을 조건으로 도움을 주겠다는 입장이었다. 이로부터 신라의 당(唐)에 대한 의존은 거의 절대적이 되었다. 그러나 백제는 고구려와 더불어 신라의 공격 고삐를 늦추지 않았다. 신라에서 김춘추가 왕위에 오른 다음해인 655년, 백제는 고구려 및 말갈과 더불어 신라를 침공하여 30여 개의 성을 빼앗았다. 이에 신라는 당에 이를 알리고 구원병을 요청하였다. 중국의 당(唐)도 신라의 편을 들기로 했다.[18)]

백제와 신라 사이에 있어 온 전쟁은 수많은 전투와 약탈, 침공과 탈취, 점령과 포로 획득 등으로 구체화되어 양국간 감정적 복수심까지 스며든 성질의 총체적 대결이었다. 이러한 상황에 처한 신라는 비교적 우호 관계를 유지해 오면서 백제와 대결 관계를 견지해 온 고구려의 도움으로 백제의 침공을 완화시키려 했으나, 신라가 차지한 죽령 북쪽과 한강 북변의 고구려 영토를 반환하라는 고구려의 조건만은 받아들일 수가 없었다. 결국 신라는 중국 당나라의 도움을 받아 연합군을 형성하여 백제를 멸망시킴으로써 백제와의 전쟁을 마감할 수 있었다.

3) 고구려와 신라의 전쟁

정도와 역사가 깊은 백제와 신라 간에 있어 온 분쟁 관계와는 달리, 고구려와 신라

---

17) *三國史記, 百濟本紀; 新羅本紀; 高句麗本紀; 東國戰亂史(內亂篇),* pp. 134-8.
18) *三國史記, 百濟本紀; 新羅本紀; 高句麗本紀; 東國戰亂史(內亂篇),* pp. 138-40.

는 양국이 처한 입장과 이에 따른 현실적인 필요상 비교적 호혜적인 접촉으로 관계를 맺기 시작했다. 양국은 직접적으로 국경을 마주한 상태에서 국가가 건설되지 않았다는 점이 이러한 관계의 시작을 가능하게 했다. 고구려가 한반도의 서북쪽에 연한 만주지역에서 발생했고 신라는 반도의 남동쪽에 자리잡고 있어서, 지리적으로 멀리 떨어져 있었을 뿐만 아니라 고구려와 신라 사이에는 옥저(沃沮)와 동예(東濊), 말갈(靺鞨) 등의 부족 집단이 있어 정치적으로도 이격되어 있었다. 그리고 고구려는 국가 수립 이후 상당 기간 동안 중국의 왕조와 주변 제후국들과 생존을 건 전쟁을 치러야 했다. 신라는 서쪽으로 백제, 남으로 가야국, 그리고 동으로 왜국과 접하고 있어 오히려 고구려에 도움을 청해야 할 처지에 놓여 있었다. 이와 같은 지리적, 정치적 이유로 인하여 고구려와 신라 간 관계의 시작은 백제와 신라 간에 성립된 관계처럼 적대적이지 않았다.

고구려와 신라의 호혜적 관계는 약간의 불편한 사건에도 불구하고 양측의 노력에 의해서 지속성을 띠고 장기간 유지되었다. 고구려는 동천왕(東川王, 227-248 재위) 16년(245) 때 신라의 북방을 침공한 적이 있었으나 이듬해 유주자사(幽州刺使) 관구검(毌丘儉)의 침공을 받은 고구려나, 백제와 왜국의 침공을 막고 주변지역을 병합하는 데 더욱 주력한 신라는 상호 관계의 악화를 원치 않았다. 그리하여 248년 신라가 사신을 고구려에 파견함으로써 양국은 화친을 맺었다. 고구려도 392년 신라에 사신을 파견하고 신라는 왕의 조카 실성(實聖)을 고구려에 질자(質子)로 파견하여 친선 관계를 유지하려 했다.

고구려 장수왕(長壽王, 413-491 재위)도 424년에 신라에서 파견한 사신을 후하게 대우하면서 신라와의 우호관계를 지속시키려 했다. 이러한 양국 간의 우호관계는 고구려가 427년 국도를 평양으로 옮길 때까지 계속 유지되었다. 신라는 백제와 왜국과의 분쟁을 극복하는 것이 더욱 긴급한 문제라고 판단했고, 고구려 역시 북방의 안정을 유지하면서 자국의 선왕(故國原王)을 살해한 백제를 압박하는 것을 더욱 중시하고 있었다. 이러한 판단 아래 양국은 몇 번에 걸친 변경에서의 충돌 사건에도 불구하고 기존의 상호 존중 관계를 악화시키려 하지 않았다.[19]

그러나 백제와 마찬가지로 신라도 강한 고구려의 남진 정책에 위협을 느끼게 되었다. 고구려에 대해서 백제와 신라가 공히 가진 위협 인식은 양국의 고구려에 대한 연합전선의 형성을 가능하게 만들었다. 신라는 433년 백제 비유왕(毗有王, 427-455 재위)이 제의한 화의를 받아들여 고구려의 남진을 저지하려 했다. 강한 고구려의 남진은 백제는 물론 신라에게도 결코 달가운 일이 아니었다. 당시까지 끝을 모르고 싸워 왔던 백제와 신라의 동맹 관계는 고구려와 신라 간에 수립된 호혜 관계가 분쟁 관계로 바뀌었다는 것을 의미했다. 신라는 백제와 더불어 고구려와 크고 작은 전투와 습격 등으로 구성된 전쟁 관계에 돌입하게 되었다.

고구려 장수왕은 신라를 견제하면서 백제에 대한 공세를 강화하는 대남 정책과 전

19) *三國史記, 高句麗本紀; 新羅本紀.*

략을 취했다. 450년 신라인이 고구려 변경을 침공하여 변방의 장수를 살해한 사건이 있었으나 신라의 사과를 받아들였다. 그러나 454년에는 신라의 북변을 침공하였으며 464년에는 말갈 병사 1만 명을 투입하여 신라의 실직주성(悉直州城: 삼척)을 공격케 하여 이를 탈취했다. 장수왕의 이와 같은 무력 사용은 신라와 백제의 공조 관계에 대한 견제 목적으로 현실화되었다. 장수왕은 또한 백제에 대한 공격을 신속히 수행, 종결함으로써 신라의 백제 지원이 실효를 거둘 수 없도록 하는 노력도 기울였다. 특히 475년 백제의 국도 한성(漢城: 서울)을 함락하여 고구려를 침공한 바(469) 있는 백제왕(蓋鹵王, 455-474 재위)을 살해하고 포로를 획득한 작전을 신속히 수행하여 신라의 지원을 무의미하게 만들었다. 국도를 웅천성(熊川城: 공주)으로 옮긴 백제와 신라에 대한 고구려의 공격은 계속되었다. 484년 고구려는 신라의 북방을 침공했고, 이에 신라와 백제는 연합하여 모산성(母山城: 진천)에서 고구려군을 크게 격파했다. 487년에도 고구려군은 신라의 북변을 침공하여 호산성(狐山城)을 함락시켰고, 494년에는 고구려군이 신라군을 살수(薩水: 청주)에서 격파하고 견아성(犬牙城)을 포위하자 백제는 3,000명의 지원군을 파견하여 고구려군의 포위를 풀게 하였다. 495년에는 고구려가 백제의 치양성(雉壤城: 원주)을 공격하자 신라군은 백제군을 도와 이를 격퇴하기도 했다. 548년에도 백제의 독산성(獨山城: 충주지역)을 침공한 고구려군을 백제는 신라가 보낸 증원군의 도움을 받아 이를 물리쳤다.[20] 이와 같이 신라와 백제는 고구려의 남진을 공동으로 저지하려 했다.

그러나 국력이 강화된 신라가 한강유역을 차지함에 따라 백제와 신라의 공조 체제는 무너지고, 고구려와 백제의 대 신라 연합 전선이 형성되었다. 백제를 도와 고구려의 남진을 저지한 신라는 양국군의 세력이 둔화된 점을 간파하고 독자적인 영토 확장을 도모하기에 이르렀다. 이러한 신라의 기도는 백제와 고구려가 싸우는 과정에서 지쳐 있던 양군을 신라군이 공격함으로써 현실로 나타났다. 550년 백제는 고구려의 도살성(道薩城: 천안지역)을 공격하였다. 고구려는 그 후 도살성 남쪽에 위치한 금현성(金峴城: 전의지역)을 점령함으로써 백제군이 점령한 도살성의 후방을 차단하였다. 같은 해, 신라의 진흥왕(眞興王, 540-576 재위)은 이찬(伊湌) 이사부(異斯夫)에게 병력을 주어 피로한 양국군을 공격하여 두 성을 탈취하고, 1,000명의 신라군을 배치하여 두 곳을 수비하도록 했다. 고구려가 반격을 했으나 신라군은 이를 물리치고, 551년에 고구려가 북방에서 돌궐(突闕)의 침공을 맞아 이를 격퇴하느라 분주한 동안, 신라는 죽령 서북쪽 한강 상류지역의 고구려 영토 10개 군을 공격하여 탈취하였다. 더구나 553년에는 백제의 동북쪽 한강 하류지역을 점령한 후 신주(新州: 경기도 광주)를 설치하고 군주(軍主: 阿湌 武力)까지 임명하여 한강유역을 신라의 영토로 만들려는 의도를 행동으로 나타냈다. 신라의 배신에 분개한 백제의 성왕(聖王)이 신라를 공격했으나 전사하는 사태가 발생하였다.[21] 이로써 신라는 고구려와 백제를 동시에 적국으로 상대해야 하는

---

20) *三國史記; 東國戰亂史(內亂篇)*, pp. 8-11.

입장을 자초한 셈이 되었다.

고구려도 백제와 마찬가지로 신라 공격의 횟수와 강도를 높였다. 그러나 신라는 이미 옛날의 신라가 아니었다. 화랑제도와 호국 불교의 교리가 신라의 정신적 주축을 이루고 있었으며, 잦은 백제와 고구려의 침공과 약탈 행위는 신라의 군사적 대비 태세를 강화시키는 근본적 요인이 되었다. 신라는 백제와 고구려의 공격을 막기 위해서 군사적, 외교적 노력을 동시에 기울였다. 신라는 먼저 강한 군사력에 의한 양국의 침공 격퇴의 실현과 국민의 고구려와 백제에 대한 적개심을 고양시키고, 신라에 대한 애국심과 충성심을 고취시켜 국가를 보존하려 했다. 그리고 대 중국 외교를 통하여 특히 고구려의 공격 기세를 꺾거나 완화하려 했고, 백제에 대해서는 외교적 압력을 가하려 했다. 이에 따라 신라의 대 중국 외교는 정중한 정도를 초월한 예의와 예물을 갖추어 진지하게 이루어졌다.

고구려와 백제를 적으로 만든 신라가 대내외에서 펼친 국가적 노력은 가히 총체적이고 필사적이었다.

대내적으로 신라는 화랑제도하에 길러진 장수와 어린 화랑들은 물론 승려들까지 활용하여 고구려, 백제의 침공을 막거나 양국의 변방을 침공하여 전략적 요충을 확보하였다. 신라의 젊은 장수들은 백제군이나 고구려군과 대치하면서 신라군의 사기가 떨어졌을 때 서슴없이 자진 선두에 나서거나, 단독으로 적진에 뛰어들어 국가의 방위를 위해서 생명을 돌보지 않는다는 점을 행동으로 나타내어 전세를 바꾸어 놓는 주역들이 되었다. 김유신(金庾信), 귀산(貴山), 비령자(丕寧子)와 그 아들 거진(擧眞), 사다함(斯多含), 관창(官昌) 등이 그들이었다. 특히 김유신은 신라 군대를 강하게 양성하여 이를 유지했을 뿐만 아니라 신라군을 통솔하여 백제와 고구려군의 침공을 막아내는 데 결정적인 역할을 수행하였다. 신라는 심지어 불교의 승려들로 하여금 무인의 법도를 세우게 하고 때로는 상대국의 상태를 파악하는 데 활용하기도 했으며, 중국과의 학문적, 종교적 교류를 통하여 친선을 도모하는 사절로 삼기도 했다. 진평왕(眞平王, 579-632 재위)은 중국의 수(隋)나라에 고구려를 정벌해 달라는 걸사표(乞師表)를 원광법사(圓光法師)에게 작성하도록 요구하기까지 했다. 이와 같이 신라는 고구려와 백제와의 대결을 극복하고 영토를 확장하면서, 양국의 침공을 막기 위하여 국내의 모든 가용 자원과 수단을 동원하고 활용하는 데 주저함이 없었다.

고구려를 고립시키거나 곤경에 처하게 하려는 의도에서 비롯된 신라의 대외 및 대중국 외교 역시 전면적이었다. 중국의 왕조가 바뀔 때마다 삼국은 정도의 차이는 있으나 이들과 우호적인 관계를 유지하기 위하여 조공을 통한 외교를 수행해 왔으나, 신라는 고구려와 대치 상태에 있을 수 있는 중국의 동북방 제후국이나 통일 왕조에게는 이들의 고구려 견제와 정벌을 기대하고 종용하면서 예의와 예물을 극진히 갖춘 외교를 수행했다. 중국의 북제(北齊), 진(陳), 그리고 통일 왕조인 수(隋)와 당(唐)은 백제, 고구

21) *三國史記; 東國戰亂史(內亂篇)*, pp. 11-6.

려와의 대립 관계에 있던 시기에 있어서 신라 외교의 주요 대상이 되었다. 특히 수나라에게는 진평왕이 직접 원광대사에게 명하여 고구려를 정벌해 줄 것을 간청하는 걸사표(乞師表)를 올려(608) 수나라의 동조를 불러일으키기도 했다(611). 백제의 침공을 막기 위하여 고구려의 도움을 구했으나 이것이 거절당하자, 신라는 당(唐)에 대한 외교의 수단으로 당의 의관(衣冠)을 사용하면서까지 당의 환심을 사려는 노력을 기울이기도 하였다. 이와 같이 신라의 외교는 총체적이었다.

고구려의 신라 침공은 북방에서 행해진 요서(遼西)의 공격과 더불어 고구려에게 불리한 결과를 안겨 주었다. 고구려는 죽령의 서북지역과 한강유역을 신라에게 빼앗긴 상태였지만, 북으로 후주(後周)와 요동지역에서 겨루고 북제(北齊), 진(陳), 그리고 수(隋)나라 등의 위협을 막기 위해 사신을 파견하고 조공을 바치면서 침공에 대비하는 등 북방에서의 분주함으로 말미암아, 평원왕(平原王, 559-590 재위) 재위 기간 동안 신라와는 별다른 충돌 없이 지낼 수 있었다. 이 기간 동안에 오히려 신라의 북진이 이루어져 진흥왕의 순수비(巡狩碑)가 황초령(黃草嶺)에까지 세워질 정도였다(568). 평원왕의 뒤를 이어 영양왕(嬰陽王, 590-618 재위)이 즉위하자, 평원왕의 부마 온달(溫達)이 신라에게 빼앗긴 한북(漢北)지역의 수복을 위해 자원 출정하여 아차성(阿且城: 아차산) 아래서 신라군과 싸웠으나 전사하고 말았다.[22] 이로부터 고구려는 신라에 대해서 적극적인 공세를 취했다.

영양왕은 중국을 통일한 수나라에 대하여 유리한 지역을 확보할 목적으로 말갈군 1만여 명을 거느리고 요서(遼西)지역을 침공하는(598년) 한편, 고승(高勝)을 신라 북한산성(北漢山城)에 보내 이를 탈취하려고 했다. 그러나 신라 진평왕은 직접 1만 명의 신라군을 이끌고 한수(漢水)를 건너 고구려군을 격퇴하였다. 이러한 고구려의 침공은 목적도 달성하지 못한 채 북으로 수와 남으로 신라를 동시에 자극하는 불리한 결과를 초래하였다. 특히 수의 문제(文帝)가 고구려의 요서지역 침공을 응징한다는 명분으로 고구려를 침공하려 했을 때 백제는 향도의 임무를 자청하였다. 이를 알고 난 고구려는 608년 백제의 송산성(松山城)을 공격하였으나 탈취하지 못하고, 석두성(石頭城)을 습격하여 남녀 포로 3,000명을 획득하였다. 그리고 608년에는 신라를 침공하여 8,000명의 포로를 획득하고 다음에 우명산성(牛鳴山城)을 탈취하였다.[23]

남북에서 행해진 이러한 고구려의 무차별적인 공격 행위는 북으로 수(隋)와 남으로 백제(百濟)는 물론 신라(新羅)까지 적으로 만들어 고구려의 고립을 재촉하고 말았다. 그리하여 신라는 백제와 더불어 고구려에 대해서는 같은 입장을 취하고 수나라에게 고구려의 정벌을 간청하는 불리한 결과를 고구려에게 안겨 주었다.

고구려는 세 차례에 걸친 수(隋)나라의 침공을 막으면서도 건재할 정도로 강했다. 그러나 남쪽에서 올라오는 신라군의 공격 역시 만만치 않았다. 629년 신라는 고구려

---

22) *三國史記, 列傳, 溫達.*
23) *三國史記.*

낭비성(娘臂城: 청주)을 공격하여 이를 탈취하였다. 이에 대해서 고구려는 638년 신라의 칠중성(七重城: 경기도 적성)을 침공했으나 알천(閼川)이 지휘하는 신라군에 의해서 격퇴되었다. 그리고 신라는 645년 당 태종이 고구려를 침공하자 3만의 군사를 내어 당군의 작전을 지원하기도 하였다. 백제는 이 기회를 이용하여 신라의 서쪽 변방을 공격하여 일곱 개의 성을 탈취하기도 하였으나, 고구려에 대한 신라의 위협은 결코 가볍지 않았다.[24] 정책적인 유연성이 없는 완강함만으로는 당나라까지 동원한 신라의 위협에 대처하기 힘든 상황이 전개되고 있었다.

고구려, 백제, 신라가 치른 크고 작은 전투로 구성된 삼국간 전쟁은 삼국간에 일시적인 협조나 동맹관계의 성립은 가능하게 만들었으나, 지속성이 있는 보편적인 공존, 협조관계의 정착은 어렵게 만들기에 충분한 강도와 앙금을 남긴 성질의 것이었다. 특별한 이해 득실에 대한 타당한 고려 없이 행해진 삼국간의 침공, 약탈, 포로 획득 행위 등은 삼국간 감정적 대립을 격화시킴으로써 증오와 복수심에 근거한 충돌의 빈도와 정도를 높게 하여, 일시적인 화해 분위기를 지속적인 협조 관계로 승화시키지 못했다. 삼국 중 어느 한 나라가 강해졌을 경우에 다른 두 나라의 연합 현상은 있었으나, 연합 전선을 형성하기 전에 두 나라 사이에 있어 왔던 충돌에서 남아 있던 감정적 앙금을 제거하지 못한 데서 오는 불신을 극복하지 못했기 때문에, 연합 전선 자체가 자의적이거나 형성된 연합 전선이 곧 와해되는 것이 통례였다. 고구려에 대한 백제와 신라의 연합 전선이나 신라의 영토 확장에 대한 고구려와 백제의 대처 방식이 그러하였다. 상호 공존이나 협조보다는 상호 불신과 충돌로 특징지어진 삼국간 관계는 기습, 공략, 탈취, 획득 등을 포함한 삼국간 전쟁을 유발시키는 근원적 원인이 되었고, 이러한 대립 관계는 결국 외부 세력이 개입하여 삼국간 권력 관계를 조정하는 결과를 빚어내게 되었다.

3. 고구려와 수의 전쟁

중국과 육지로 연결된 고구려(高句麗)는 중국의 세력이 결집되어 자국에 위협이 되는 것을 원치 않았다. 중국이 550년경 양자강 북으로는 북제(北齊), 북주(北周) 등이 대립하고, 남쪽에는 진(陳)나라가 있을 때, 고구려는 이들 나라들과 사신과 조공을 주고받으면서 우호적인 관계를 유지하려 했다. 중국이 한 세력으로 통일되기보다, 여러 세력으로 나뉘어 팽팽한 대립 상태에 있는 것이 고구려에게는 안전하기 때문이었다.

고구려는 이들 3국이 수(隋)에 의해서 멸망당하고 중국이 통일되자 긴장하지 않을

24) *三國史記.*

수 없었다. 더구나 수의 문제(文帝)는 고구려의 진(陳)에 대한 애착을 나무라면서 수에 대한 예의를 더욱 깍듯이 갖출 것을 강요하였다. 고구려 평원왕은 수나라에 대하여 581년부터 조공을 보내면서 수와 우호 관계를 유지하려는 노력을 기울였으나, 진이 망했다는 소식과 함께 수 문제의 경고 서찰을 받고(590), 군사를 정비하고 식량을 비축하는 등 있을지도 모르는 수의 침공에 대한 대비를 게을리하지 않았다.[25]

그러나 평원왕의 뒤를 이은 영양왕은 수에 대해서 적극적인 방어 태세를 취했다. 영양왕은 수에 조공을 보내는 한편, 598년에는 말갈병 1만 명을 요서에 보내 주요 지점을 확보하려 했다. 고구려군은 수나라 영주총관(營州摠管) 위충(韋冲)의 반격으로 후퇴하였다.

고구려의 요서 침공 소식을 들은 수 문제는 한왕(漢王) 양(諒)과 왕세적(王世績)을 원수(元帥)로 임명하여 육군(陸軍)과 수군(水軍) 30만 명으로 고구려를 정벌하도록 지시하는 한편, 고구려 영양왕에게 내렸던 관작(官爵: 遼東郡公)을 박탈하였다. 그러나 수군은 육지에서 홍수와 질병으로, 바다에서는 풍랑을 만나 10명 중 8, 9명이 사망하여 고구려에 대한 공격을 중지하고 돌아갈 수밖에 없었다. 고구려 영양왕은 자신을 낮추어 사과함으로써 수 문제의 침공을 막고, 수에 대한 자신의 위치도 원상으로 복귀시켰다.[26] 이러한 고구려의 조치로 수나라와 잠정적인 평온을 유지할 수는 있었으나 양국간에 근원적으로 우호 관계가 회복되었다고 볼 수는 없었다. 남북조 시대에 행해졌던 고구려의 대 진(陳) 우호 정책에 대한 수(隋)의 불쾌함과, 고구려를 견제하려는 백제와 신라의 대 수 충동(衝動) 정책이 변수로 작용할 소지가 남아 있었기 때문이었다.

수 문제(文帝)의 뒤를 이은 양제(煬帝)는 통일된 국가의 기반을 강화하기 위하여 대규모 토목 사업을 실시하면서 수를 대국(大國)으로 건설하려 했다. 문제(文帝)가 자기의 형 용(勇)을 태자로 지명하자, 아버지와 형을 죽이고 황제에 스스로 오른 양제는 대제국의 건설을 위한 토목 공사와 주변지역의 정복을 무자비하게 실시했다. 양제는 즉위 초부터 백하(白河: 天津 부근)에서부터 양자강(楊子江) 남쪽까지 통하는 1,800여 km에 달하는 운하를 완성하고, 북쪽에 대장성(大長城)을 쌓았으며, 남쪽의 대만과 서역을 정복하여 대제국의 위용을 떨치었다. 다만 북쪽에서 유목 왕국을 이루고 있는 동서 돌궐(突闕)족의 향배가 문제가 되어 장성의 구축은 물론 이들을 이간시켜 분리시키고, 이들을 회유하기 위한 수단으로서 이들을 직접 방문까지 하는 정도였다. 수 양제는 대제국의 건설이라는 야망을 실현시키기 위하여 온갖 수단과 방법을 동원하였다.[27]

내부의 자원을 동원하기 위하여 대운하를 건설하고 대장성까지 구축하면서 주변 정복도 서슴지 않고 회유도 하는 수나라의 행태를 지켜본 고구려는, 현실로 닥칠지도 모르는 수의 침공에 대한 대비책을 세우지 않을 수 없었다. 고구려는 안으로 성(城)을 보

---

25) *三國史記, 高句麗本紀.*
26) *三國史記, 高句麗本紀.*
27) *三國史記, 高句麗本紀;* 金宗瑞 外, *東國兵鑑*, 國防部戰史編纂委員會, 譯(1984), p. 41.

수하고 군사를 조련하면서 장비도 제조, 보수하였으며, 밖으로는 수의 북방(현재 내몽고지역)에 위치한 돌궐(突厥)과의 친선을 도모하여 수를 견제할 목적으로 사신을 파견하였다. 그러나 이때 고구려의 사신은 그곳을 직접 방문한 수의 양제(煬帝)와 마주치게 되었다. 고구려가 왜 사신을 파견하였는가를 간파한 수행 신하의 건의를 받아들여 양제는 고구려 사신에게 고구려왕이 번방(蕃邦: 신하국)으로서의 조례(朝禮)를 올리지 않으면 고구려를 정벌할 것이라고 말했다. 그러나 고구려 영양왕은 수의 요구대로 예의를 갖추지 않았다. 자진 복속(服屬)을 의미하는 국왕의 친조(親朝)를 행해야만 할 만큼 고구려의 위치가 그렇게 약한 상태는 아니었다.

백제와 신라의 고구려 침공 권유를 유보해 왔던 수 양제(煬帝)는 611년 2월 고구려 정벌을 선포하고 준비에 들어갔다. 대운하를 이용하여 군량미를 비축하고 부호들에게 전마(戰馬)를 준비시켰으며, 병기와 장비를 새롭고 정교하게 만들도록 하였고, 300여 척의 전선(戰船)을 건조하였다. 그리고 각 지역의 장정들을 끌어모아 군사 훈련을 실시하였다. 전마 배당량을 제대로 채우지 못한 부호, 병기의 제조를 게을리하거나 조잡하게 만들어낸 제조 책임자, 전선 건조를 제때 완료하지 못한 감독관 등은 여지없이 처벌, 처형되었기 때문에, 예를 들면 전선을 건조하기 위하여 밤낮으로 물속에서 일해야 하는 인부들은 하체가 썩어 10명 중 3, 4명은 죽어 나가게 되었다. 그리고 무기와 전쟁 물자를 수송하는 인원이 수십만에 이르렀으며, 길가에 죽은 사람이 널려 있을 정도였다.[28] 수 양제(煬帝)의 고구려 침공 준비는 총체적이었고 가혹하기 이를 데 없었다.

1) 양측의 계획

(1) 수군의 침공 계획

수나라의 군제는 부병제(府兵制)를 근간으로 한 병농일치(兵農一致)의 군역(軍役)제도였다. 부병제란 토지를 경작하는 농민이 봄, 여름, 가을에는 농사에 종사하고, 농한기에 군사 훈련을 받으면서 중앙과 지방의 방위 임무를 담당하는 병농일치(兵農一致)의 징병제(徵兵制)라고 볼 수 있다. 특히 수도 경비는 상경 입번(上京入番)의 임무를 부여받은 위사(衛士)라고 불리는 병사들이 1년에 1-2개월씩 교대로 상경하여 수행하였으며, 이들은 경작 토지에 대한 면세 혜택을 받는 대신 각자 무기와 식량을 휴대하였다. 지방의 부병을 임무와 병종(보병과 기병)에 따라 12개의 위(衛)로 나누어 편성하고 병역 의무는 20세에서 60세까지 부과하였다. 수나라는 이러한 전국적인 군제에 의거하여 병력을 거국적으로 동원할 수 있었다.[29]

수 양제는 육로와 해로를 동시에 이용하여 고구려를 공략하는 계획을 세웠다. 전통

28) *東國兵鑑*, pp. 43-4.
29) *韓國古戰史, 1: 古代篇*, pp. 80-1; 國防部戰史編纂委員會, *高句麗對隋·唐戰爭史*(1991), pp. 33-37.

적으로 중국 세력의 한반도 침공은 육로와 해로 중에서 육로를 택하거나 두 개를 동시에 택하는 방법으로 실시되었다. 중국 동북방의 주변 제후국들은 통상 육로만을 택하여 공격해 왔고, 중국의 통일 왕조들은 육로와 해로를 이용한 수륙병진책(水陸倂進策)을 구체화했다. 중국 동북방의 위(魏)와 연(燕)은 육로를, 그리고 통일 왕조였던 한(漢)은 육, 해로를 이용하여 한반도의 국가들을 침공해 왔다. 통일 왕조가 된 수의 양제도 육로와 해로를 동시에 이용하여 고구려를 정복하려는 계획을 세웠다. 육지와 바다를 동시에 이용하는 계획은 통상 규모가 큰 병력을 동원하여 한반도 국가를 정벌하고자 할 경우에 세워진 것으로서, 통상 상대해야 할 한반도의 국가가 만만한 상대가 아닌 경우였다. 한(漢)의 위만 조선(衛滿朝鮮) 침공과 같이 수(隋)도 병력을 양면으로 투입하여 고구려(高句麗)를 공격하기로 결정했다.

수 양제가 육로와 해로를 동시에 활용하려 한 또 하나의 중요한 이유는 일시에 우세한 병력을 고구려 국도 평양에 집중시켜 고구려를 단시간 내에 굴복시키려 했다는 점에 있다. 원정군일 수밖에 없는 수군은 속전속결(速戰速決)의 개념하에 원정 작전을 수행해야 한다는 점을 잘 알고 있었다. 특히 작전 기간도 봄에 시작하여 겨울이 오기 전으로 제한될 수밖에 없기 때문에 신속히 싸우고 빨리 승리를 확보해야 된다는 필요성은 거의 절대적인 고려 요소였다. 원정군이 가진 가장 치명적일 수 있는 약점 중의 하나가 바로 보급 문제에 있다는 것은 쉽게 알 수 있다. 보급에서 오는 결정적인 약점을 극복하는 가장 최선의 방법은 전쟁을 아예 안 하거나, 시작을 했다면 이를 최단 시간 내에 끝내는 방법밖에 다른 도리가 없다. 장거리 행군과 보급 문제와 연관시켜 볼 때, 병사들이 전투할 수 있는 상태에서 전투를 끝내는 것이 바람직한 것이기 때문이다. 이와 같이 원정군이 가진 취약점을 최소화하면서 전쟁을 승리로 마감하기 위해서는 속전속결에 의한 전투의 수행이다. 이를 위해서 수 양제는 육상과 해상 접근로를 동시에 이용하여 일시에 막강한 병력을 집중 사용하여 고구려를 항복시키려 했다.

속전속결의 개념하에 육, 해로를 동시에 활용하기로 한 수 양제는 수많은 병력과 인원을 동원하였다. 양제는 육군 113만이 넘는 병력을 동원하여, 이를 다시 좌익(左翼) 12개 군(軍), 우익(右翼) 12개 군, 친위(親衛) 6개 군으로 나누었다. 1개 군은 다시 기병 4개 단(團: 40隊, 4,000명), 보병 4개 단(團: 80隊, 8,000명), 치중병(輜重兵) 4개 단(2만여 명)으로 구성되었고, 각 군에는 대장(大將) 1명과 아장(亞將) 1명, 그리고 각 단에는 편장(偏將) 1명이 작전을 지휘하였다. 한편 수군(水軍)은 수수(水手) 1만 명, 노수(弩手) 3만 명, 창수(槍手) 3만 명 등 7만 명으로 편성되었다. 이밖에 전투 병력의 배(倍)에 달하는 인원이 군량의 운반 등에 동원되었다.[30] 수 양제의 고구려 정벌 계획과 준비는 거국적이었고 거대했다. 전 중국인과 전 중국의 국력이 동원된 셈이다.

---

30) *東國兵鑑*, pp. 44-7; *三國史記, 高句麗本紀; 北史, 列傳, 高句麗*, 太業 7년; *隋書, 東夷列傳, 高句麗*, 太業 7년; *韓國古代軍事編年史*, pp. 165-6; *韓國古戰史, 1: 古代篇*, p. 81.

(2) 고구려의 방어 계획

고구려의 군제는 대체로 행정 조직과 일치하였다. 국왕과 귀족 및 주요 관료들이 거처하는 중앙은 5부(내, 동, 서, 남, 북부)로 구성되어 전통적으로 5부의 부족장이 통할하였고, 지방도 역시 5부로 나뉘어 욕살(褥薩: 지방장관)이 통치하였으며, 부 밑에 여러 성(城)이 있고, 각 성에는 성주가 성의 행정과 군대를 장악하고 있었다. 이렇게 편성된 성은 전국적으로 약 200여 개가 있었고, 이 중 약 100여 개는 만주와 요동지역의 군사, 경제상의 요충지에 위치하고 있었다. 고구려의 해상 병력은 언제부터 얼마의 규모로 편성되었는가는 확실히 알 수는 없으나, 백제의 침공이나 왜인의 침공을 막기 위하여 상당 수준을 보유한 것으로 보인다. 주요 지점에 위치하여 국가 방위의 기본을 형성한 성(城)의 방어는 일차적으로 성주의 책임이나, 중앙과 인접 성에서 지원 병력이 증원되기도 하여 전투를 수행하였다. 그리고 고구려는 중국과의 접촉과 접전을 통하여 전술과 전기의 습득은 물론 무기의 개발과 개선에도 힘을 기울인 결과 강한 군사력을 보유하고 있었다.[31]

과거 부여를 공격하여(22년: 대무신왕 5년) 원정군의 작전이 얼마나 어려운가를 체험한 고구려는 중국에서 침공하는 원정군이 가진 약점을 이용한 방위 개념을 개발하였다. 이 개념은 성(城)을 중심으로 평시의 생활과 전시의 전투를 동시에 실시할 수 있도록 하는 것이었다. 평시에는 성 주위의 농경지에서 농사를 짓거나 목축을 하여 생활을 영위하고, 일단 유사시에는 식량이 비축된 성 안으로 집결하여 성을 방어하거나 공격하는 작전을 수행하는 전략 전술에 근거를 둔 개념이었다. 들을 깨끗이 치우고 성 안에 집결하여 전투를 수행한다는 청야입보(淸野入保) 개념은 견실한 방어 작전으로 원정군이 지닌 보급상의 문제점을 극대화하여 그들의 전투력을 최대한으로 약화시킨 다음에 공격으로 침공군을 격퇴한다는 전략 전술 개념이었다. 이러한 전술 전략은 전투에서의 선제를 확보하지 못하고 싸운다는 불리점에도 불구하고 기동력이 없는 보병 중심의 침공군에게는 매우 효과적이었다. 특히 요하에서 대동강에 이르기까지의 많은 강과 하천, 그리고 이들에 연한 횡격실(橫隔室)의 주요 산악 지형은 이 개념의 실천적 효용성을 보장해 도움이 될 수 있었다. 고구려의 성과 결부된 청야입보는 고구려가 개발한 거점방어식(據點防禦式) 초토전술(焦土戰術)이라고 보아도 무방할 것 같다.

청야입보의 개념하에 고구려는 요동지역의 수비군을 포함하여 약 30만의 병력이 전투에 동원되었다. 이들은 보병과 기병으로 구성되었고 요동지방에서 산출되는 철로 만든 마구(馬具)와 개인 장갑(個人裝甲), 그리고 무기 등으로 무장되어 있었다. 개인 병사들은 수렵(狩獵) 생활에서 다져진 체력과 사냥술을 토대로 수준 높은 전기(戰技)를 보유하고 있었고 훈련을 통하여 집단 전투 능력이 배양되어 있었으며, 각 성간에는 상호 협조 체제를 유지하고 있었다. 그리고 후방의 중앙군은 각 성과 성들의 작전을 증원하

31) *韓國古戰史, 1: 古代篇*, pp. 77-9.

는 임무를 수행할 수 있도록 준비되어 있었다. 고구려의 전투력도 만만한 수준이 아니었다.[32]

2) 작전 경과 및 주요 전투

(1) 수군의 1차 침공과 살수대첩

수(隋) 양제(煬帝)는 612년 1월 초, 자신이 직접 대규모의 수군을 거느리고 진격을 거듭하여 요서(遼西)지방의 고구려 전초 진지를 점령하고 3월 중순경에는 요하(遼河) 서안(西岸)에 도달하여 요하 도하 작전을 실시했다. 그러나 수군이 준비한 부교(浮橋)는 길이가 짧아 동안(東岸)에서 방어하고 있던 고구려군의 공격으로 막대한 손실만 입고 도하에 성공하지 못했다. 최초 도하에 성공하지 못한 수군은 길이를 늘인 부교를 새로 가설하고 재차 공격해 들어왔다. 요하의 동쪽 하안(河岸) 언덕에 배치된 고구려군은 치열한 공방전을 전개하였으나 중과부적(衆寡不敵)으로 1만여 명의 사상자를 내고 인근지역의 여러 성(城)으로 후퇴하여 방어 작전에 돌입했다.[33] 병력 배치상의 이점에도 불구하고 고구려군은 병력의 절대적인 우세를 확보한 수군의 도하 공격을 저지할 수 없었다.

원래 수 양제는 예하 장수들에게 "모든 일은 자신에게 보고한 후 처리하라"는 사항과 "고구려군이 항복을 하면 이를 받아들이고, 약탈이나 살륙을 자행하지 말라"고 지시했다. 예하 장수들은 사사건건(事事件件) 모든 사항을 수 양제에게 보고해야 했으며, 독단적인 판단이나 조치는 허용되지 않았다. 이러한 수 양제의 지시는 양제 자신의 독제적인 기질에 기인한 바 크지만, 쉽게 고구려군을 격파할 수 있을 것이라는 수 양제의 자신감에서 비롯되었다. 이러한 수 양제의 지시는 수군 전방 지휘관들이 결코 도외시할 수 없을 정도의 위력을 가지고 있었기 때문에, 수군의 작전은 수 양제의 지시를 기다리는 시간만큼 지연되거나 즉각적인 대응이 사실상 불가능한 작전이 될 가능성이 얼마든지 있었다. 따라서 수군은 지휘권의 통일과 집중은 확립할 수 있었으나, 지휘권의 분화와 효율적인 행사는 어려운 상태에서 고구려군과 싸울 수밖에 없었다.[34]

요하를 도하한 수군은 요양(遼陽)에 있는 요동성(遼東城)을 공격하였다. 수 양제는 요동성이 쉽게 함락될 것으로 판단하여 점령 후의 통치 대책까지 수립하였고, 흉노족의 왕(가쌀라 카간: 曷薩那可汗)과 서역의 코쵸왕(高昌王) 바야(伯雅)를 초청하여 전투가 끝난 싸움터를 구경시킴으로써 이들이 두려움을 갖도록 하는 조치까지 취했다. 그러나 고구려군은 완강히 저항했고 요동성은 쉽게 함락되지 않았다. 더구나 고구려군은

---

32) *前揭書.*

33) *東國兵鑑*, pp. 47-9; *三國史記, 高句麗本紀*; 陸軍士官學校 戰史學科, *韓國戰爭史*(서울: 일신사, 1994), p. 6.

34) *前揭書.*

성이 위급할 때마다 항복하겠다고 간청했다. 독단적인 판단을 할 수 없었던 수의 장수들은 이를 수 양제에게 보고하여 지시를 기다렸다. 항복을 접수하라는 수 양제의 지시가 하달되었을 때면, 고구려군은 성의 수비 태세를 정비하고 다시 수군에 대항했다. 이런 사태가 두세 차례 반복되었으나 양제는 고구려군의 의도를 파악하지 못한 채 공격을 계속했다.[35] 요동성은 쉽게 함락되지 않았다.

오랜 기간(612년 4월 하순부터 6월 상순까지)의 공격에도 요동성이 함락되지 않자, 속전속결(速戰速決)로 6월 말까지 평양성을 점령하려던 당초의 계획에 차질이 생겼다. 이에 수 양제는 지휘소를 요동성 근방으로 옮기고 수의 장수들을 소집하여 결사적으로 싸우지 않으면 처형하겠다는 엄포와 함께 공성(攻城) 작전을 재촉하였다. 그러나 수군은 요동성을 함락시키지 못한 채 늘어나는 피해만 감수해야 했다. 이러한 상황이 전개되자, 수군의 승리를 과시하여 겁을 먹게 하려는 의도하에 관전자(觀戰者)까지 대동한 수 양제의 체면은 말이 아니었다. 화가 머리끝까지 치솟은 수 양제는 예하 장수들에게 갖은 협박과 욕설로 화풀이를 되풀이했으나 요동성의 공격에만 집착할 수가 없었다. 육군(陸軍)과 수군(水軍)과의 합동 작전으로 평양성을 공격한다는 본래의 작전 계획을 실현시켜야 할 필요성이 더욱 절실해졌기 때문이었다. 그리하여 수 양제는 우문술(宇文述: *左翊衛 大將軍*)과 우중문(于仲文: *右翊衛 大將軍*) 등에게 24개 군 중에서 전투 손실을 입지 않은 9개 군 30여만의 병력으로 평양을 직접 공격하도록 명령했다.[36]

그러나 이 당시 수 양제가 출동시킨 우문술(宇文述)이 지휘하는 병력과 합동 작전을 수행해야 할 수(隋) 수군(水軍)은 고구려군과의 접전에서 이미 많은 피해를 입고 있었다. 수 나라 수군을 지휘하던 우익위 대장군(右翊衛大將軍) 내호아(來護兒)는 장강(長江), 회하(淮河)지방의 수군을 거느리고 바다를 건너 대동강(大洞江: 浿水)을 거슬러올라가 평양으로부터 60여 리 떨어진 지점에서 고구려 수군과 조우하게 되었다. 수적으로 열세한 고구려 수군이 수나라 수군을 막으려 했으나 중과부적(衆寡不敵)이었다. 최초 접전에서 패한 고구려 수군은 수상전(水上戰)을 피하고 육지에서 수의 수군을 격파하려 한 반면, 수나라 수군 지휘관인 내호아는 최초 전투의 승세를 몰아 평양성으로 단독 진격하려 했다.

수군 부총관(副摠官) 주법상(周法尙)은 육로군(陸路軍)의 도착을 기다려 합동으로 평양성을 공격할 것을 건의하였으나, 단독으로 승리를 쟁취할 수 있다고 판단한 내호아는 정예병 4만 명을 선발하여 평양성 근처까지 진격했다. 고구려군은 외성(外城)의 절간에 병사들을 매복시켜 놓고, 1개 부대를 출동시켜 내호아군과 접전하면서 의도적으로 패주하여 수군을 유인하였다. 외성에 진입한 수군은 재물의 약탈과 강탈에 정신이 없어 극도의 무질서 속에 방치된 오합지졸로 변하고 말았다. 이 순간을 포착한 고구려

35) *前揭書; 北史, 列傳, 高句麗*, 太業 7년(611); *隋書, 東夷列傳, 高句麗*, 太業 7년(611), *韓國古代軍事編年史*, pp. 166-7.

36) *東國兵鑑*, pp. 52-3; *韓國古戰史, 1: 古代篇*, pp. 82-3; *韓國戰爭史*, p. 8.

군은 수군을 급습하였다. 수군은 참패를 당하여 4만여 명의 군사는 수천 명으로 줄어들었으며 내호아도 간신히 목숨을 보전하고 도주하였다. 고구려군은 패주하는 수군을 쫓아 수군의 함선이 정박한 지점까지 추격하였으나, 수군의 잔류병이 대기하고 있었기 때문에 철수하였다.[37]

평양성의 단독 점령은커녕 참패를 당한 내호아는 더이상의 공격을 생각하지도 못하게 되었다. 수의 육로군과 합동 작전을 수행해야 하는 수의 수군은 고구려군과 단독 접전의 패배를 극복하지 못한 채 그의 모습이 위축될 대로 위축되어 있었다. 분진합격(分進合擊)이라는 수나라 전략에 차질이 발생하였다.

수 양제의 명령에 의해서 9개 군 30여만의 병력을 지휘하고 평양성 직공의 임무를 부여받은 우문술(宇文述)군은, 수군(水軍)의 견제 공격의 도움이나 합동 공격의 기대 가능성이 없는 가운데 9개의 진격로(扶餘道, 樂浪道, 遼東道 등)를 거쳐 압록강 서안에 도착했다. 조직적인 보급 체제가 갖추어지지 않았던 수군은 출발에 앞서 각개 병사에게 100일 동안의 식량과 갑옷, 전투 장비, 천막 등을 지급하여 이를 지참하도록 했다. 석(3) 섬(石) 이상을 짊어져야 하는 각개 병사들은 엄청난 무게를 감당해 낼 수 없었다. 우문술은 "식량을 버리는 자는 목을 벤다"는 명령을 내렸으나 무게를 이기지 못한 병사들은 막사 바닥에 구덩이를 파고 식량을 묻어 버렸다. 이 결과 수군은 행군 도중에 식량이 떨어져 압록강에 도달했을 때는 굶주림에 시달리고 있었다.[38] 고구려군과 본격적인 접전도 하기 전에 수군은 이미 지쳐 있었다.

원정군의 약점을 잘 알고 있던 고구려의 을지문덕(乙支文德)은 거짓으로 항복 의사를 표명하면서 수군 진지를 방문했다. 수군의 상태를 점검하기 위해서였다. 수 양제로부터 "고구려 왕이나 을지문덕이 오면 그 즉시 사로잡으라"는 밀명을 받은 우중문(于仲文)은 을지문덕을 잡아 가두려 했다. 그러나 위무사(慰撫使) 유사룡(劉士龍)이 이를 만류함으로써 을지문덕은 무사히 수군 진영을 빠져 나올 수 있었다. 을지문덕이 떠나자 곧 이를 후회한 우중문은 급사(急使)를 보내 을지문덕에게 "할말이 남아 있으니 다시 만나자"는 말을 전했으나 을지문덕은 뒤도 돌아보지 않고 압록강을 건너서 고구려 진영으로 돌아오고 말았다. 수군의 얼굴들이 누렇게 부어 있는 것을 확인하고 진영에 돌아온 을지문덕은 수군을 더 깊숙이 끌어들여 이들의 약점을 더욱 약하게 만들어서 격파하겠다는 판단을 했다.[39]

을지문덕을 사로잡지 않고 놓아 보냄으로써 양제의 질책을 두려워하여 마음이 편치 않은 수군의 수뇌부는 차후 작전의 수행에 있어서도 의견의 일치를 보지 못했다. 식량이 바닥난 것을 알고 있는 우문술은 회군(回軍)할 생각이 있었다. 그러나 우중문은 을지문덕을 추격하여 공을 세우지 못하면 무슨 면목으로 황제를 대하겠느냐면서 진격을

37) *三國史記, 高句麗本紀; 東國兵鑑*, pp. 51-2.
38) *三國史記, 高句麗本紀; 列傳, 乙支文德; 東國兵鑑*, pp. 53-4.
39) *前揭書.*

주장했다. 그는 작전의 성공적 수행을 위해서는 의견의 일치가 필수적이라고 주장하면서, 차후 작전 성패(成敗)의 책임을 우문술에게 몽땅 뒤집어씌우려는 언사까지 서슴지 않았다. 우문술은 우중문의 강경한 태도에 위압감마저 느껴 우중문의 주장대로 압록강을 건너 을지문덕군을 추격하였다. 그러나 추격을 주장한 우중문이나 이를 수용하여 추격 명령을 내린 우문술도 고구려 정벌 작전의 성공적 수행에 대한 자신감은 가지고 있지 않았다.[40]

을지문덕의 전술 전략은 수군이 추구하는 승리에 대한 미련을 버리지 못하게 만들면서 수군이 가진 약점을 극대화하는 방향으로 설정되었다. 열심히 싸워 지면서, 수군을 깊숙이 유인하는 전략 전술이었다. 하루에 일곱 번 싸워 일곱 번 지면서(七戰七敗) 퇴각하는 고구려군을 추격하는 수군의 사기는 자못 높았다. 승기(勝機)를 잡았다고 판단한 수군의 진격 속도는 매우 빨라 살수(薩水: 청천강)를 건너 평양성에서 30리되는 곳까지 이르렀다. 여기에서 수군은 산을 의지하여 진지를 구축하고 고구려군을 기다렸다. 그러나 고구려군은 평양성 안으로 들어가서 나오지 않고, 내호아(來護兒)가 이끈 수군(水軍)이 궤멸당했다는 소식만 전해져 수군의 전의를 떨어뜨렸다. 수군의 협조도 받기 어렵게 된 육로군(陸路軍)은 평양성을 단독으로 공격할 엄두를 내지 못하고 안절부절한 상태로 있었다. 이 때 을지문덕으로부터 우중문에게 보내는 시 한 수가 전해졌다.

> 그대의 신같은 책략이 천문을 꿰뚫고(神策究天文)
> 절묘한 계략은 지리를 통달하였소(妙算窮地理)
> 싸움에 이긴 전공이 이미 높으니(戰勝功旣高)
> 만족함을 알고 그만두기 바라오(知足願云止)

을지문덕의 송공시(頌功詩)는 자자구구(字字句句)가 의미하는 뜻으로 보면 수군의 전승(戰勝)을 칭찬한 것이 분명하나, 자자구구가 풍기는 향(香)으로 보면 수군의 처지를 조롱한 것이 분명했다. 을지문덕의 서찰을 받은 우중문은 고구려의 항복을 권유하는 답서를 보냈다. 을지문덕은 다시 “만약 병력을 철수시키면 왕을 모시고 행재소(行在所: 수 양제가 거처하는 곳)까지 입조(入朝)하겠습니다”라는 내용의 답신을 보냈다.[41] 을지문덕의 답신은 지친 병사들을 이끌고서는 평양성을 함락시킬 수 없다는 판단을 내린 우문술에게 철군을 위한 좋은 명분이 되었다. 고구려가 항복을 했으니 철군한다는 명분이었다. 그러나 수나라 군을 상대하는 을지문덕의 계략은 깊은 곳에 숨어 있었다.

수나라 군대는 방진(方陣) 대형으로 철수를 시작했다. 고구려군은 철수하는 수군을 습격하기 시작했다. 수군은 고구려군과 싸우면서 퇴각하여 7월 하순에 살수(薩水: 청천강)에 도달했다. 수군의 병력이 절반쯤 강을 도하했을 때 고구려군은 수군의 후미를

---

40) *三國史記, 高句麗本紀; 東國兵鑑*, pp. 54-5.
41) *三國史記, 高句麗本紀; 列傳, 乙支文德; 東國兵鑑*, pp. 55-6; *韓國古代軍事編年史*, p. 169.

수 양제 군의 제1차 고구려 침공

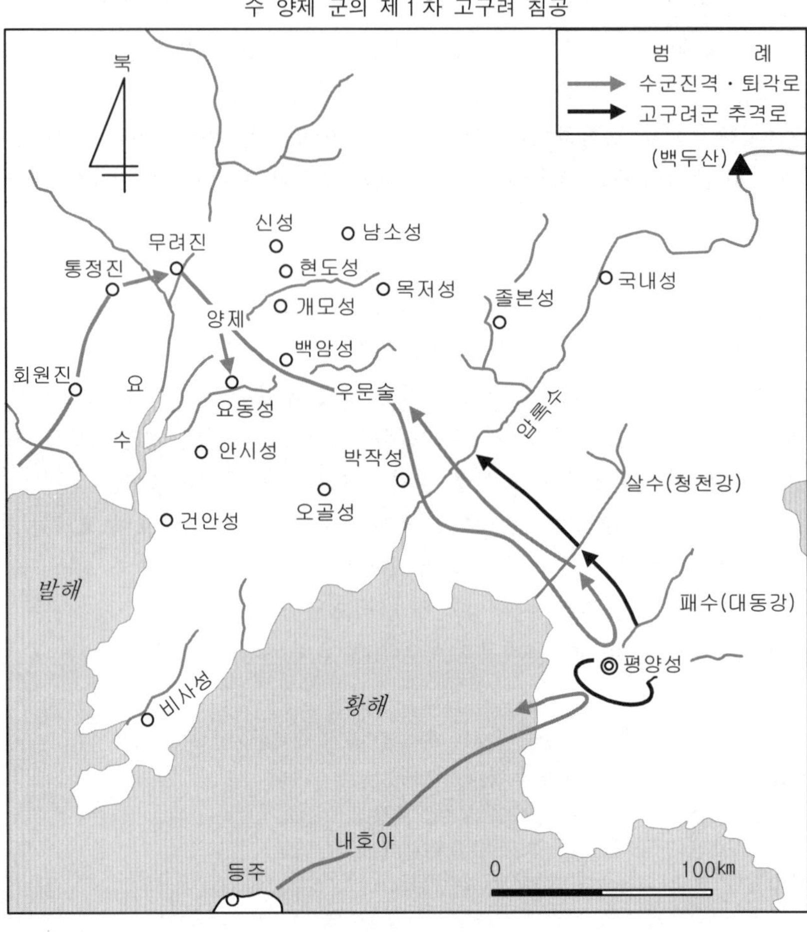

강타했다. 철수 부대의 후위를 맡았던 8군 지휘관 신세웅(辛世雄) 대장군이 전사하자, 철수 부대의 전열은 일시에 무너져 대열은 완전히 흩어지고 말았다. 먼저 도하한 수군은 하루 만에 450리 길을 내달려 압록강에 도달하는 기록을 세우기도 했다. 최초 요동을 출발하여 평양성 공략길에 올랐던 9개 군 30만 5,000명 중에서 겨우 2,700명만이 다시 요동으로 귀환했으며, 이들이 가졌던 병기와 장비는 모조리 망실되고 말았다. 내호아가 지휘한 수군(水軍)도 육로군의 참패 소식을 듣고 함대를 이끌고 철수해 버렸다. 수 양제는 패잔병을 이끌고 퇴각한 우문술(宇文述) 등의 장수들을 사슬로 묶어 가지고 귀국길에 올라 옥에 가두고, 을지문덕을 살려 보내자고 한 유사룡(劉士龍)을 처형하는 등 패전의 책임을 예하 장수들에게 전가시켰다. 기세 당당하게 관전자까지 동원하여 감행된 수의 1차 고구려 원정은 실패로 마감되었다.[42] 고구려군의 전략 전술이 수군의

42) *三國史記, 高句麗本紀; 列傳, 乙支文德; 韓國戰爭史*, pp. 8-10.

온전한 철수조차도 허용하지 않았기 때문이다.

(2) 수군의 2, 3차 침공과 고구려의 대응

수 양제는 실패한 고구려 원정에서 귀국한 지 1년도 채 지나지 않아 다시 고구려 침공을 준비시켰다. 613년 1월 수 양제는 조서를 내려 병사를 징발하고 군량을 비축하도록 했다. 2월에 대신들을 모아 놓고 "고구려는 소로(小虜)로서 상국(上國)을 모만(侮慢)하였다. 지금 바다를 빼고 산도 옮기는 일도 해낼 수 있는데 하물며 이 소로(小虜)쯤이야"하며 고구려 정벌 원정을 지시했다. 대신들은 조그마한 짐승을 잡는데 큰 활을 쓰지 않는다는 비유를 말하며 이를 만류했으나 전해의 패배로 인한 분함을 삭이지 못한 양제는 대신들의 의견을 받아들이지 않았다. 수 양제는 다시 고구려 원정길에 올랐다.[43)]

수 양제가 직접 지휘하는 수군의 2차 침공 작전도 1차 침공과 유사한 작전 구상 아래 시행되었다. 한 가지 다른 것은 1차 원정 때 매사(每事)를 양제에게 보고하여 허락을 받도록 했으나 2차 원정에서는 전개되는 상황에 따라 장수들이 적절하게 일을 처리할 수 있도록 재량권을 부여했다는 점이다. 재량권이 없던 수의 장수들에게 항복을 제안하고 수 양제의 허락을 받는 동안만큼의 시간을 확보함으로써 수비 태세를 가다듬었던 고구려군의 의도를 파악하고, 2차 원정 때는 고구려가 이러한 술책을 다시 사용하지 못하도록 하기 위해서였다.

3월 초 동경(東京: 河南省 洛陽)을 출발한 양제는 4월에 대군을 이끌고 요하(遼河)에 도착하여 선발대로 왕인공군(王仁恭軍)을 부여도(扶餘道)로 출발시켜 요동 북부의 신성(新城)을 공격하게 하고, 우문술(宇文述)과 양의신(楊義臣)군은 평양을 향해 진격시키면서 나머지 전병력을 동원하여 1차 원정시에 점령하지 못한 요동성(遼東城)을 공격하도록 명령했다. 그리고 수군(水軍) 역시 내호아로 하여금 해상으로 진격하도록 조치했다. 수군은 온갖 공성 장비(攻城裝備)를 동원하여 고구려군이 지키는 신성과 요동성을 공격했다. 다락을 얹은 수레로서 사다리를 걸어 널판과 쇠가죽으로 상대의 화살 공격을 막고, 성 안을 탐지하거나 공격하는 비루당(飛樓橦), 병력과 사다리를 탑제한 수레로서 성벽에 기대어 접은 사다리를 펴고 성벽을 오르는 운제(雲梯), 땅굴을 파는 장비인 지도(地道), 그리고 높은 장대 사다리 충제(衝梯) 등의 모든 공성 장비가 동원되었다. 그래도 고구려 성은 함락되지 않았다. 6월이 되도록 요동성이 함락되지 않자 수 양제는 포대 100여만 장을 만들어 그 속에 흙을 채운 후에 이것들을 성 높이만큼 쌓아 올려 토성을 만든 다음, 토성 위에서 팔륜누거(八輪樓車)라는 사격 기구로 요동성을 공격하려 했다. 수군이 토성을 거의 완성해 가자 성 안의 고구려군도 긴장하지 않을 수 없었었다.[44)] 그러나 중국 본토에서 돌발 사태가 발생하여 고구려군의 긴장을 풀게 해 주었다.

---

43) *三國史記, 高句麗本紀.*

44) *三國史記, 高句麗本紀; 東國兵鑑*, pp. 61-2.

후방에서 군수 지원을 담당한 양현감(楊玄感)이 반란을 일으킨 사건이 발생했다. 특히 양제를 수행하고 있던 병부상서(兵部尙書) 곡사정(斛斯政)까지, 양현감과의 친분 관계로 인해서 해를 입을 것이 두려워 고구려로 망명해 버렸다. 이러한 사태 발생에 두려움을 느낀 수 양제는 고구려 원정을 중지하고 철군할 것을 결심하였다. 양제는 6월 28일 밤중에 장수들을 비밀리에 소집하여 병력을 철수시키라는 명령을 내렸다. 명령을 받은 수군은 사용하던 병기와 장비, 공성 기구들을 그대로 쌓아두고 심지어 병영이나 장막까지 버려둔 채 대열도 갖추지 못하고 신속히 철수하고 말았다. 고구려군은 투항한 곡사정의 제보로 수군의 퇴각을 알았으나 의심을 떨치지 못해 조심스럽게 수군을 추격하여 요하 부근에서 수천 명의 수군만을 사살했다.[45] 이로써 수 양제의 2차 공격은 무위로 끝나게 되었다. 수나라의 내부 혼란이 고구려의 안전을 보장해 준 셈이 되었다.

요동에서 철군하여 양현감의 반란을 진압한 수 양제는 그 이듬해인 614년 2월에 다시 고구려 원정을 위한 총동원령을 내리고 침공 작전 준비를 서둘렀다. 그러나 대신들은 동조하는 말이 없었고 동원한 병력은 집결되지 않았다. 그리고 대운하의 건설과 같은 대규모의 역사(役事)와 계속되는 전쟁 동원(動員)으로 중국 각지에서는 반란과 폭동이 이어졌으며 도둑들의 횡포는 말이 아니었다. 그러나 고구려에 대한 복수심과 이에서 비롯된 고구려 정복에 대한 수 양제의 집착은 합리적인 판단이나 중국 내의 사정을 고려할 여지를 없앨 정도로 매우 강했다.

징집 병력의 소집이 지연되고 준비가 제대로 되지 않아 수 양제는 7월 중순에 이르러서야 요서(遼西)지방의 회원진(懷遠鎭)에 도착할 수 있었다. 수 양제의 제3차 고구려 침공작전이 시작되었다. 3차 침공시 동원된 수군의 규모는 자세히 밝혀지지 않았으나, 1, 2차에 못지않은 병력이 동원된 것으로 보인다. 그러나 1, 2차 때와는 달리 수 양제는 수군(水軍)을 평양으로 직진(直進)시키지 않고 요동에 상륙시켜 요동을 먼저 확보한 다음에, 이를 발판으로 육로군(陸路軍)과 수로군(水路軍)을 다시 평양으로 진격하도록 하는 조심스런 작전 계획을 세웠다. 이러한 계획에 의해서 내호아의 수군은 요동반도에 상륙했다. 병력과 장비가 제대로 갖추어지지 않아 육군의 작전은 시작도 되지 않은 상태에서 수의 수군은 요동반도의 남단 비사성(卑奢城: 大連)을 공격하여 점령하고 평양으로의 진격을 준비하고 있었다.[46] 규모를 축소하여 두 차례로 나누어 실시하려던 분진합격(分進合擊)의 고구려 원정 작전 수행에 차질이 발생하였다.

두 차례에 걸쳐 수군의 대규모 침공을 막아내기 위하여 막대한 국력을 소모한 고구려도 수군의 3차 공격의 예봉을 다른 방법으로 피하는 것이 필요하다고 판단했다. 더구나 남쪽으로 백제와 신라를 상대해야 하는 고구려로서 수와의 대결을 지속하여 전력을 둔화시키는 것이 바람직한 선택이 아니었다. 특히 수의 수군이 요동의 남단에서

---

45) *前揭書.*

46) *三國史記, 高句麗本紀; 東國兵鑑,* pp. 64-5; *韓國古戰史, 1: 古代篇,* pp. 86-7.

평양으로 진격하려 하고 있는 상황 전개는 고구려로서 결코 도외시할 수 있는 성질의 것이 아니었다. 고구려 영양왕은 수 양제에게 사신을 보내 항복을 자청하면서 친조(親朝)를 약속하는 한편, 망명해 왔던 곡사정(斛斯政)을 수 양제에게 되돌려 보냈다. 철군의 명분이 아쉬웠던 수 양제도 고구려의 이러한 자청 약속 조치에 크게 만족해 하고, 사신을 내호아에게 보내 철군 명령을 내렸다. 8월 초, 회원진을 출발한 수 양제는 10월 초 서경(西京: 陜西省 長安)에 도착하여 고구려 왕에게 조례(朝禮)를 올리라는 명령을 내렸다. 그러나 영양왕은 끝내 가질 않았다. 친조(親朝)를 빌미로 침공을 막아보자는 계책이었을 따름이었다.

수 양제는 고구려 영양왕의 친조가 이행되지 않자, 617년 제4차 고구려 침공을 위한 동원령을 발포하였다. 그러나 계속되는 전쟁과 동원령에 지친 중국인들의 반란은 격화되어 618년 수나라는 망하고 당(唐)나라가 이를 대신하게 되었다. 이와 같은 중국의 왕조 변화는 수 양제가 계획한 고구려 침공 계획을 무산시키고 한동안의 평온을 가져다 주었다. 그러나 수(隋)를 이은 당(唐)도 중국의 왕조로서 수가 고구려로부터 받은 수모를 잊기가 쉽지 않았다.

3) 전쟁의 결과 및 영향

전쟁은 정도의 차이는 있으나 승자(勝者)와 패자(敗者) 모두에게 결코 지울 수 없는 결과를 안겨 준다. 어떠한 정치적 목적을 달성하기 위해서 무력을 사용하여 전쟁을 일으킬 경우에는 이를 쉽게 종료시키기가 매우 어려운 경우가 많다. 전투에서 이기고 있는 측은 물론, 지고 있는 측도 지탱할 수 있는 명분과 여지가 남아 있는 한 끝까지 모든 노력을 아끼지 않기 때문이다. 그리고 전쟁 수행 당사국이 목적을 달성하기 위하여 전력을 다하여 싸우고 난 후에는 양측이 모두 탈진하여 비록 승자라 할지라도 목적 달성 여부 자체가 무의미한 경우가 될 수도 있으며 더구나 탈진된 양측을 제치고 제 3자가 어부지리(漁父之利)를 확보하는 경우도 있다. 고구려와 수와의 전쟁도 이러한 결과적 요소를 머금은 전쟁이라고 볼 수 있다. 양국이 지칠 때까지 싸운 후에 양국이 얻은 것은 없고 잃은 것만 있는 결과를 빚어낸 전쟁이었다.

무력을 사용하여 중국을 통일한 수(隋)나라는 남쪽의 진(陳)과 친선 관계를 유지하여 인접한 수를 견제하려 했던 고구려를 무력으로 정벌하려 했다. 그러나 수의 문제(文帝)나 양제(煬帝) 모두 내전이 아닌 원정 작전의 문제점을 제대로 파악하지 못하고 국토의 거대함과 인구의 규모만을 믿고 국토의 크기나 인구의 규모면에서 자국과 상대가 되지 않는 고구려를 얕잡아 보았던 것이다. 그리하여 수는 대규모의 병력을 동원하고 이를 수륙(水陸) 양면에서 공격하여 고구려를 단숨에 정복하려 계획했다. 이러한 수의 계획은 기동력이 없는 보병 위주의 군 편성과 보급의 추진이 어려운 수군의 상황을 간과한 무모한 계획이었다. 더구나 건국 초기에 대운하 건설 등으로 피폐한 내부

사정을 무시한 채 대규모 원정 작전을 수행하려 한 판단은 자국의 처지를 고려하지 않은 처사가 아닐 수 없었다. 결국 수의 적대 세력인 진나라와 친선을 유지하면서 수가 내전으로 분주할 때, 요서(遼西)지역에 전초(前哨) 거점을 구축하려 했다는 점과, 백제와 신라가 간곡히 요청한다는 이유로 고구려 정벌을 결정한 수의 정책은 타산적(打算的)이라기보다는 감정적(感情的)인 차원에서 결정된 것이라고 보여진다.

고구려가 남북조 시대의 중국 내 대립 구조에서 인접한 세력을 견제하기 위해서 이와 대립하는 세력과 친선 관계를 유지하려는 정책을 채택한 점은 현실적으로 타당하다고 볼 수 있다. 그러나 차후의 방어상 유리한 전초 기지를 구축하기 위해서 병력을 사용하여 요서(遼西)지역을 침공한 전략은, 수의 침공 구실을 제공했다는 측면에서 볼 때 현실적으로 타당성을 부여받기 힘든 점이 없지 않다. 침공 작전 수행에도 불구하고 요서지역에 전초 기지를 구축하지 못했을 뿐만 아니라, 설사 전초 기지를 건설했다 하더라도 이를 유지하기 힘들었을 것이고, 수가 고구려를 침공할 경우에도 요하(遼河)라는 천연 장애물을 뒤에 둔 이들 전초 기지가 오히려 방어 작전에 부담이 될 가능성이 있었다. 여기에 배치된 병력은 압도적으로 우세한 수군의 희생이 되거나, 이들의 안전한 철수를 도모할 경우에는 수군도 이를 이용하여 방어상 중요한 요하(遼河)의 전술적 가치를 손상시킬 우려가 있었다. 따라서 고구려의 요서 침공은 잘못 구상된 작전이었다. 결과적으로 수군의 침공으로 어쩔 수 없이 전쟁을 치르고 난 고구려는 백제와 신라와의 분쟁 관계에 있던 고구려의 입장에서 볼 때 손실 없이 보유했어야 할 국력을 낭비한 결과를 스스로 감수해야 했기 때문이다.

고구려와 수가 치른 전쟁은 양국의 국력 낭비는 물론 국가적인 운명에 결정적인 영향을 미쳤다. 처음과 맨 나중의 무산된 고구려 침공을 제외하고라도 세 번에 걸친 대규모의 고구려 원정 작전을 감행한 수 나라의 내부 사정은 혼란스럽기 짝이 없었다. 국가적인 기반이 채 갖추어지지 않은 상태에서 감행된 정복 전쟁은 여러 지역에서의 반란을 초래하는 원인을 제공했으며, 대규모 토목 공사와 전쟁 준비, 그리고 전쟁 수행에 동원된 일반 백성들은 정상적인 삶을 포기하고, 도둑의 무리에 합류하거나 방랑자의 처지로 전락되는 경우가 많았다. 수의 문제와 양제가 강행한 고구려 원정은 국가의 기반 자체인 국민의 건전한 존재를 부인한 결과를 가져온 셈이 되었다. 그리하여 수 나라는 결국 왕조로서의 권위를 유지하지 못하고 말았다. 수차에 걸친 수나라의 침공을 막아내야 했던 고구려 역시 국력의 낭비를 가져와 신라에게 빼앗겼다고 주장하는 죽령(竹嶺) 이북의 영토를 힘으로는 회복할 수 없는 상태에 처하게 되었다. 그리고 수의 뒤를 이은 당(唐)에게 다시 침공을 당해야 하는 또 다른 침공의 원인을 제공하였으며, 궁극적으로는 국가로서의 존립 자체를 위협받는 지경에 이르게 되었다. 이와 같이 고구려와 수의 전쟁은 전쟁 수행 당사국에게 치명적인 영향을 미치면서, 다음에 올 대결의 전조를 이루었다.

침공을 감행했던 수나라와 침공을 막아야 했던 고구려의 전략 전술은 원정군과 방어군이라는 상반된 입장에서 독특한 특징을 지니고 있었다. 원정군으로서 수군은 대규모 병력을 투입한 속전속결(速戰速決)의 개념에 입각한 전쟁 수행을 시도한 반면, 방어에 임했던 고구려군은 지연지구(遲延持久)의 개념하에서 원정군의 공격을 저지하고 격퇴시키려 했다. 속전속결의 개념에 입각하여 수군은 수륙병진(水陸倂進)으로 대규모 병력을 집중시켜 분진합격(分進合擊)으로 고구려를 정복하려 했고, 지연지구의 개념을 채택한 고구려군은 각개격파(各個擊破)와 거점방어(據點防禦)식 초토전술(焦土戰術)인 청야입보(淸野入保)로써 수군의 집중을 막으면서 전투력을 둔화시켜 이를 격퇴하려 했다.

원정군인 수군의 전략 전술 개념이나 방어를 해야 하는 고구려군의 전략 전술 개념은 이론상 타당한 것들이었다. 수군의 육상·해상으로의 병행 진출과 육군과 수군의 합동 공격은 신속한 기동과 면밀한 협동이라는 전제 조건이 충족될 경우에 한해서 그 효용성이 보장되는 개념이다. 그러나 수나라 육군의 기동은 도중의 성 공격 등으로 기동성이 없었으며 수군은 육군과의 협조 없이 단독적인 행동을 취할 정도로 협동 작전의 수행 가능성은 전혀 찾아볼 수 없었다. 이러한 수군의 조치와 행동은 고구려군이 설정한 각개격파 개념의 실효성을 현실적으로 보장해 주었고, 수군이 가진 보급 지원의 한계를 극복하기 위하여 고구려 성(城)을 공취(攻取)하여 중간 보급 기지를 확보해야 하는 수군의 작전 수행은 고구려군 청야입보 개념의 필요성과 효용성을 동시에 요구하면서 충족시켜 주었다. 결국 수군은 타당성 있는 전략 전술 개념의 전제 조건을 충족시킬 수 없는 군 구조, 작전 수행으로 원정군이 갖는 폐해를 극복하지 못했고, 이러한 수군의 상태는 고구려군의 전략 전술을 실효성 있는 것으로 보장해 준 셈이 되었다.

결국 수나라와 고구려와의 전쟁은 국가간 문제를 해결하는 데 전쟁을 가장 효율적인 수단으로 간주할 경우에 발생하는 한계와 폐단을 사실적으로 보여 주는 역사적인 실례라고 본다. 전쟁을 수행한 후에는 승자이건 패자이건 간에 정도의 차이는 있을 수 있으나 심대한 피해를 입게 되어 때로는 어부지리(漁夫之利)의 폐단을 자초하는 경우가 많았다. 한반도 내에서 고구려와 백제의 대결에서 어부(漁夫)가 된 신라와, 수나라와 고구려의 전쟁에서 수를 대신한 당의 입장에서 이러한 현상을 짚어 볼 수 있다. 수나라를 자극한 고구려, 무리한 원정을 감행한 수, 이를 막아내야만 했던 고구려, 이러한 전쟁 관계의 지속으로 조성된 내부 분란을 수습하지 못한 수, 백제와 신라에 대해서 상대적으로 약해진 고구려, 이렇게 날라신 고구려와 수 나라는 이들 스스로 사초한 전쟁의 결과일 수밖에 없었다. "전쟁은 국가의 큰 일이요 존망의 길이니 이를 살펴보지 않을 수 없다(兵者 國之大事 存亡之道 不可不察也)"는 옛 병가의 금언을 되새기게 된다.[47)]

47) 孫武, *孫子*, *始計篇*.

4. 고구려와 당의 전쟁

수(隋)를 대신한 당(唐)은 수와 모든 면에서 상호 연관을 맺고 있다. 당나라를 세운 이연(李淵: 당 고조)은 수 양제(煬帝)와 이종사촌(姨從四寸)간으로서 당국공(唐國公)이라는 작위를 세습하였으나, 요직에서는 소외되어 수 북방 변경의 방어를 담당한 태원유수(太原留守)로 있었다. 수 양제의 계속되는 전쟁 동원에 민심이 이반되자, 이연은 617년 진양(晉陽: 山西 太原)에서 군사를 일으켜 그 해 7월 장자 이건성(李建成)과 차자 이세민(李世民: 후에 태종)을 대동하고 수의 군사적 중심지인 관중지역(關中地域)으로 진출하여 이를 장악했다. 그 해 11월에는 20만의 병력으로 수도 대흥(大興: 長安)을 점령하고 수 양제의 손자 양유(楊侑)를 허수아비 황제로 추대하고 이연 스스로 대승상(大丞相)이 되어 당왕(唐王)의 작위를 받고 실권을 장악했다. 이 당시 수 양제는 양자강 하구 연안의 강도(江都: 揚州)에 머물고 있었다. 그러나 618년 3월 우문술(宇文述)의 아들 우문화급(宇文化及)과 우문지급(宇文智及)은 정변을 일으켜 양제를 살해한 다음 양제의 조카 양호(楊浩)를 황제로 추대하고 우문화급은 대승상으로 전권을 장악하였다. 양제가 살해되었다는 소식을 들은 이연은 양유로부터 선위(禪位)를 받아 황제로 즉위하고, 연호를 무덕(武德)이라 하여 당(唐)왕조를 건국하였다. 그 후 당의 고조(高祖, 618-26 재위)는 차자인 진왕(秦王) 이세민(李世民)의 도움을 받아 양호를 비롯한 반란 세력과 주위를 정벌하여 당의 기반을 닦았다.[48] 고구려가 상대해야 할 중국의 당(唐)은 수나라와 이러한 연관을 맺으면서 수립되어, 고구려와 수와의 전쟁으로 인해서 남게 된 앙금도 그대로 전수된 셈이었다.

건국 초기 당은 내부 반란의 평정과 혼란의 수습을 위하여 대외적으로 비교적 평온한 관계를 유지하는 정책을 취했다. 이러한 대외 유화 정책은 당의 건국 이전부터 수행된 정책으로서, 이연이 군사를 일으킨 직후에 북쪽의 동돌궐(東突厥)에 사신을 보내 자신의 기병(起兵) 사실을 통보하고, 그들과 동맹 관계를 수립함으로써 배후로부터의 위협소지를 없앤 기민함에서도 이를 엿볼 수 있다. 내부의 안정을 완전히 확보하지 못한 채 건국의 기초를 닦아야 했던 당은, 주변 특히 고구려와 불편한 관계를 맺으려 하지 않았다. 수나라와 전쟁을 치렀던 영양왕(嬰陽王, 590-617 재위)의 뒤를 이은 고구려 영류왕(營留王, 618-42 재위)도 수나라와의 전쟁으로 국력이 매우 쇠약해진 점을 고려하여, 당(唐)나라가 내부적으로 혼란해진 틈을 이용하려 하지 않는 등 당을 자극하는 행동을 삼갔다. 그리하여 619년 2월 고구려는 당에 사신을 파견하여 당의 건국과 고조의 즉위를 축하하고, 고구려에 새로운 왕이 즉위했다는 사실을 통보함으로써 중국과 고구려 간 관계 개선의 계기로 삼으려 했다. 양국의 이와 같은 이해의 일치는 622년 고구려와 수나라 간 전쟁시 포로가 된 중국인과 고구려인의 교환까지 가능하게 만들

48) *高句麗對隋・唐戰爭史*, pp. 127-9.

었고, 624년에 당 고조는 도교(道敎)의 도사(道士)를 고구려에 보내 노자(老子)의 도덕경(道德經)을 강설하도록 하는 조치를 취하기도 했다.

고구려와 남으로 국경을 마주하고 있던 백제와 신라도 고구려를 견제할 목적으로 새로 건국된 당과의 관계를 우호적으로 유지하려고 했다. 특히 고구려와 백제로부터 동시에 공격을 받던 신라는 당나라와의 우호 관계를 깊게 하기 위하여 당나라에 대한 예의 표시를 더욱 정중하게 갖추었다. 당나라와 고구려, 백제, 신라의 개별 국가적 이해는 당과 삼국과의 관계를 증진시키는 요인이 되었다. 그리하여 624년에 당은 고구려 영류왕에게 상주국요동군공(上柱國遼東郡公) 고구려국왕(高句麗國王), 백제 무왕에게 대방군왕(帶方郡王) 백제왕(百濟王), 그리고 신라 진평왕에게 주국낙랑군공(柱國樂浪郡公) 신라왕(新羅王)이라는 칭호를 각각 보내 주기도 하였다.[49] 당과 삼국 간의 우호 관계는 당은 당대로, 삼국은 삼국대로 자국의 입장에 근거하여 수립되었다. 이러한 이유로 당과 삼국 간의 우호 관계는 상호 이해득실(利害得失)의 고려와 계산이 달라질 경우에는 얼마든지 변질될 수 있는 성질의 것이었다.

당과 고구려 간의 관계는 당 고조의 뒤를 이은 태종(太宗)의 등장(626년)과 삼국 간 분쟁의 심화로 크게 악화되기 시작했다. 당의 태종이 즉위한 뒤인 628년 고구려는 당에게 봉역도(封域圖: 고구려 지도)를 전달하는 등의 조치로 당과의 우호 관계를 유지하기 위한 노력을 계속하였으나 당의 태도는 자못 달랐다. 당 태종은 631년 고구려에 사절을 파견하여 고구려와 수의 전쟁 때 전사한 중국 전몰 장병의 위령제를 지내고, 고구려가 세운 전승(戰勝) 기념물인 경관(京觀)을 헐어 버렸다. 당의 이와 같은 일방적인 조치는 당과 고구려의 관계를 급속히 악화시킨 요인이 되었다. 이 사건을 계기로 고구려는 앞으로 있을지도 모르는 당의 침공에 대비한 대책을 강구하지 않을 수 없게 되었다. 고구려는 631년부터 동쪽의 부여성(扶餘城: 農安)으로부터 서남쪽의 요동반도 남단 비사성(卑奢城)에 이르기까지 1,000여 리에 달하는 천리장성(千里長城)을 쌓기 시작했다. 당은 640년 서역(西域)지방의 고창국(高昌國)을 멸망시키는 등 서역의 정복에 여념이 없었기 때문에 고구려에 대해서 노골적으로 적대적인 태도를 취하진 않았다. 그러나 고구려의 영류왕(營留王, 618-41 재위)과 조정은 중국을 통일한 당과 우호적인 관계를 유지하려는 노력을 기울이는 한편 당에 대한 경계를 늦추진 않았다. 이때 고구려 내의 정변과 고구려의 대신라 강경 정책이 고구려와 당의 관계를 악화시키는 요인으로 등장하였다.

고구려의 천리장성 축조 공사의 책임을 맡은 동부대인(東部大人) 연개소문(淵蓋蘇文)은 642년 10월 정변을 일으켜 영류왕과 100여 명의 중신(重臣)들을 살해한 다음, 영류왕의 조카 보장(寶藏)을 왕으로 추대하고, 자신은 대막리지(大莫離支)가 되어 전권을 장악하였다. 대권을 잡은 연개소문은 당에 대해서는 유화 정책을 채택하면서 백제와

49) *三國史記, 高句麗本紀; 百濟本紀; 新羅本紀.*

신라, 특히 신라에 대해서는 강경 정책을 택했다. 이러한 대외 정책 태세에 따라 당에 대해서는 도교(道敎)의 전수와 강설을 자청하기도 했다. 당 태종은 이러한 사건을 구실 삼아 자신이 직접 고구려를 정벌하고 싶었으나, 백성들을 수고롭게 하여 수나라와 같은 처지에 처할 위험성이 있기 때문에, 거란과 말갈의 병사들을 동원하여 고구려를 공격하고자 하는 생각을 내비치기도 했다. 그러나 신하 장손무기(長孫無忌)는 연개소문의 교만함을 더욱 부추기어 후일 고구려를 도모함이 유리하다고 건의하여 태종이 이를 받아들이고, 고구려 보장왕을 상주국요동군공(上柱國遼東郡公) 고구려왕(高句麗王)으로 삼는 등의 외교적 조치를 취했다. 이 때 백제의 침공에 시달리던 신라의 김춘추(金春秋)가 고구려의 원조를 구하려 고구려에 왔다. 연개소문은 오히려 김춘추를 협박하고 신라가 탈취한 죽령 이북 고구려 영토의 반환을 요구하였다. 고립무원(孤立無援) 속의 신라는 당나라에 원조를 요청했고, 고구려 후방에 지원 세력을 확보한 당 태종은 고구려에 위협적인 요구 사항을 제시하였다.

당 태종은 644년 상리현장(相理玄奬)을 고구려에 파견하여 신라의 침공을 중지하라고 요구했다. 이에 연개소문은 신라가 점유한 500여 리의 영토를 반환하지 않는 한 신라와의 화해는 불가능하다는 점을 명백히 밝혔다. 이에 당나라 사신은 요동이 과거에 중국의 영토였으나 당이 이를 문제시하지 않는 점을 들어 신라와의 화해를 강권하였다. 그러나 연개소문의 입장은 완강했다. 이러한 연개소문의 완강한 입장을 보고받은 당 태종은 고구려 침공을 결심하기에 이르렀다.[50] 고구려의 대당 유화, 대신라 강경 정책이 당과의 우호적인 관계를 보장해 주지 못했다.

그러나 당 태종(太宗)은 수 양제(煬帝)와 달리 비교적 신중하게 고구려 문제를 다루려 했다. 고구려 침공을 결심하고 난 후에도 태종은 다시 장엄(蔣儼)을 고구려에 사신으로 파견하여 "이웃 나라를 침공하지 말라"는 자신의 명령을 받아들일 것을 강권하였다. 연개소문은 장엄을 위협하고 그래도 사신이 굴복하지 않자, 그를 동굴 속에 감금해 버렸다. 이 소식을 전해 들은 당 태종은 대다수 신하들의 반대에도 불구하고 고구려 정벌을 단행하기 위하여 병력을 소집하고, 선박 400여 척을 건조시키고 해로와 수로를 따라 군량미를 집적(集積)시켰다. 고구려는 당 태종의 단호한 조치를 완화시키기 위해서 백금(白金)을 바치고 관원 50명을 당에 보내 숙위(宿衛)시키겠다고 제안하기도 했다. 그러나 당 태종은 이를 거절하고 고구려 침공을 단행하려 했다. 당 태종이 장안(長安)을 떠나 낙양(洛陽)에 도착한 후 과거 수 양제를 따라 고구려 원정에 참여했던 정원숙(鄭元璹, 前 宜州刺史)을 소환하여 고구려 정벌에 대한 방책을 물었다. 불려온 정원숙은 "요동까지는 길이 멀어 군량 수송이 어렵고, 고구려인(東夷)은 성을 잘 수비하여 쉽게 함락시키기 어려울 것입니다"라고 말했다. 그러나 당 태종은 당의 국력은 수와 비교가 되지 않는다고 말하면서 이를 일축해 버렸다.[51] 당 태종의 신중함도 고구

50) *三國史記, 高句麗本紀; 列傳, 蓋蘇文; 舊唐書, 東夷列傳, 高句麗*, 唐 太宗 貞觀 16년; *新唐書, 東夷列傳, 新羅; 韓國古代軍事編年史*, pp. 188-9.

려 침공 자체를 취소할 정도의 신중함은 아니었다.

1) 당의 침공 계획

고구려 침공을 위한 당의 준비는 치밀하면서도 은밀하게 진행되었다. 먼저 당은 내분 수습과 서역 평정이 끝나자마자 고구려가 628년에 보낸 고구려 지도에 근거하여 고구려 지형 탐사부터 시작했다. 당 태종은 641년 지도(地圖)와 성곽(城郭), 군영(軍營), 봉수(烽燧) 등 군사 시설에 관련된 업무를 관장하는 직방낭중(職方郎中) 진대덕(陳大德)을 고구려에 사신으로 파견하여, 고구려의 지형과 군사 시설을 정탐토록 하였다. 고구려에 입국한 진대덕은 "나는 우아(優雅)한 산수(山水)를 좋아하니 이곳에 승처(勝處)가 있으면 이를 꼭 보고자 한다"면서 가는 곳마다 지형을 답사하고, 고구려와 수와의 전쟁 때 낙오하여 고구려에서 살고 있던 중국인들을 만나면 이들을 위무(慰撫)하면서 필요한 첩보를 수집하고 다녔다. 진대덕이 귀국하여 고구려에 대한 상세한 정보를 보고하자 당 태종은 "고구려는 본래 사군(四郡)의 땅으로 내가 군사를 내어 요동을 치면 그들은 반드시 국력을 기울여 이를 구할 것이므로, 이 때 수군(水軍)으로 하여금 바다를 통해 평양으로 향하게 하고, 수륙군(水陸軍)이 합세하면 이를 공취(攻取)하기는 어렵지 않을 것이다. 다만 산동지역(山東州縣)이 아직 회복되지 않은 것이 우려될 뿐이다"라고 말하면서 수륙병진(水陸倂進)과 분진합격(分進合擊)의 고구려 침공 구상을 밝히기도 했다.[52] 당 태종은 이러한 구상에 따라 병력을 양성하고 군량과 장비를 준비하였다.

당 태종은 실현 가능성이 있다고 판단되는 고구려 침공 계획을 세웠다. 평양성 점령과 고구려의 항복을 받아낸다는 목표를 달성하기 위해서 육지와 바다를 통하여 고구려를 협격(挾擊)한다는 개념에 바탕을 둔 침공 계획에 의하여, 수륙(水陸) 협동 공격으로 요동지역에 위치한 고구려의 성을 우선 함락시켜 공격 기지를 확보한 다음에, 다시 그 곳에서 육지와 바다로 진격하여 평양성을 함락시킨다는 전략을 택했다. 특히 수나라가 보급 문제의 해결 없이 대규모 병력을 동원함으로써 고구려군의 유인(誘引), 초토(焦土) 및 수성(守成) 전술에 말려들어, 패배한 이유를 잘 알고 있던 당 태종은 병력의 규모를 줄이고 작전 수행을 안전하게 수행하려 했다. 그리하여 육군 6만여 명, 수군 4만여 명으로 침공군을 편성하고, 육군과 수군은 먼저 요동반도의 북쪽과 남쪽에서 공격하여 요동지역에서 기지를 확보한 다음, 다시 평양으로 분진합격(分進合擊)한다는 작전 개념을 택했다. 그리고 고구려의 수성(守成) 작전을 대비하여 공성(攻城) 장비도 충분히 준비하도록 했다. 당 태종은 수나라의 고구려 침공 계획보다 조심스럽고 현실성 있는 계획을 세웠다.

---

51) *前揭書.*
52) *三國史記, 高句麗本紀.*

2) 고구려의 방어 계획

고구려는 기본적으로 원정군이 가지는 약점을 더욱 약하게 만들어 자국을 지키려는 방어 계획을 가지고 있었다. 원정군이 가지는 근원적인 약점은 원거리 행군으로 인한 피로와 이로 인한 전투력의 감퇴를 들 수 있다. 그리하여 고구려는 초전에 원정군을 맞아 싸우는 방법을 빼놓지 않았다. 그러나 원정군의 병력 수가 많고 접전 기세가 약화되지 않을 경우 신속하게 다른 방법으로 대처하려 했다. 원정군이 가진 또 다른 약점이 보급의 한계이기 때문에 이러한 약점을 최대한으로 이용하는 전법을 택했다. 이 전법은 신속하게 잘 보호된 성(城)에 들어가 공격하는 원정군의 공격을 막아내는 것이다. 공성(攻城)의 어려움을 수성(守成)의 이점으로 지구전을 펴서, 원정군의 공격 기세와 전투력이 충분히 약화되어 스스로 퇴각하도록 만드는 전술을 택했다. 원정군이 퇴각할 때는 성의 안전한 보존을 우선으로 하고, 퇴각하는 원정군에 대한 추격 여부를 결정하는 과정을 상정한 방어 계획과 준비를 하고 있었다. 특히, 고구려는 중앙군을 중심으로 각 성의 방어를 지원하는 증원군의 개념을 도입하여 독립적인 성(城)의 수성(守成) 중심으로 구성된 방어 계획을 보완해 놓았다. 고구려의 방어 계획은 이와 같이 주로 원정군의 약점을 이용한 수세(守勢)적인 성격을 띠고 있어서 작전의 주도권을 원정군에게 양보하고 작전을 수행하는 특징을 지니고 있었다. 그러나 인원과 물자의 동원에 한계가 있었던 고구려로서는 공성(攻城) 수단이 제한되어 있던 당시 상황에서, 수성(守成)의 이점을 충분히 활용하여 방어 계획을 수립하는 것이 현실적으로 타당한 방책일 수밖에 없었다.

고구려는 비교적 대규모로 침공해 오는 원정군의 기세와 약점을 활용한다는 기본 판단과 구상 아래 청야입보(淸野入保)의 전략 전술을 구체화하였다. 먼저 고구려는 자국의 방어를 위해서 요하(遼河)를 최전방 방어선으로 삼고, 요하의 동쪽 하안(河岸)의 주요 고지군을 연결하여 천리장성(千里長城)을 구축했다. 장거리 행군과 도하 작전의 과정을 거치면서 지쳐 있을지 모르는 당 침공군을 초기에 격퇴하기 위한 작전을 최전방 초기에 펼치자는 방침으로 이 장성을 이용하려 했다. 그리고 고구려는 천리장성에서의 방어가 여의(如意)치 않을 경우 침공군의 진격을 저지, 차단, 봉쇄한다는 개념 아래 장성 후방에 여러 개의 견고한 성(城)을 구축해 놓았다. 이러한 성은 압록강에 이르는 주요 접근로와 압록강을 연해서도 구축했으며, 특히 평양성은 공성이 거의 불가능하도록 온갖 장비와 조치로 보강된 요새로 구축하였다. 주요 접근로와 지점에 구축된 성의 방어 책임은 기본적으로 성주(城主)와 주민들에게 주어졌다. 성의 안전을 보장하기 위해서 주변에 전초 진지를 구축하였다. 주민들은 평시에 진지 밖 멀리까지 경작하여 생산 활동에 종사하면서 성 안에 식량을 비축하고, 일단 침공이 있을 경우에는 가용한 물자와 식량을 휴대하고 성 안으로 들어가서 전투에 임하거나 전투지원 임무를 수행하여 성을 방어하였다. 이러한 농병일체(農兵一體)의 방어 개념은 정방일체(政

防一體)의 통치 개념과 더불어 고구려 방위의 근간 개념이었다. 이와 같은 이일대로(以逸待勞)에 입각한 청야입보(清野入保) 방위개념은 작전의 주도권을 상대에게 내어준 상태에서 접전을 수행한다는 기본적인 한계에도 불구하고, 가용 자원의 한계 속에서 자국을 방위해야 하는 고구려에게는 매우 효과적인 방어개념이었다.

작전의 주도권을 상대에게 내어주고 방어를 해야 한다는 청야입보의 개념은 국가 방위를 개별적으로 고립된 성의 고수(固守) 여부에 크게 의존한다는 점이다. 이러한 약점을 잘 알고 있던 고구려는 중앙군과 후방의 성에서 차출된 증원군을 운용하였고, 수성 작전에서도 수시로 습격을 실시하여 상대의 전열을 교란시키는 적극적인 작전을 구사하는 개념을 가지고 있었다. 특히 침공군의 현지 지휘관들이 재량권을 행사하지 못할 경우에는 수비 태세를 가다듬거나 한숨을 돌릴 시간을 벌기 위하여 항복을 가장하는 기계(奇計)를 쓰기도 하는 임기응변(臨機應變)의 재치도 가지고 있었다. 특히 침공군이 지쳐 있을 때 이들이 퇴각할 수 있는 명분을 주어 이를 재촉하는 방법도 동원할 수 있었으며, 퇴각시에는 이들을 과감하게 추격하여 막대한 손실을 입힘으로써 재침 의지를 꺾어 버리려는 적극적인 작전도 수행할 수 있는 여지를 지니고 있었다. 청야입보에 의한 국가 방위의 약점을 보완하기 위한 조치와 재치는 수나라가 고구려를 침공했을 때 적절하게 적용되어 실천적인 효용성이 입증되기도 했다. 고구려의 방어계획과 준비는 나름대로의 타당성을 가지고 구체화되어 있었다.

3) 당군의 1차 침공 작전 경과 및 주요 전투

고구려 침공을 결심한 당 태종은 많은 신하들의 만류에도 불구하고 친정(親征)길에 나섰다. 중원 내부의 반란을 진압하고 서역을 정벌하여 당(唐)의 기반을 구축한 태종은 고구려의 정벌을 크게 부담스러워하지 않았다. 당이 고구려 정벌에 성공을 거두지 못한 수나라와는 비교가 되지 않을 정도의 국력을 보유하고 있다고 자신한 태종은 고구려의 수성(守城) 전술 정도는 쉽게 무효화시킬 수 있다고 판단했다. 이러한 전력과 판단에 근거하여 친정에 나선 당 태종은 고구려 정벌을 완성하여 대장군과 황제로서 자신의 위치를 한껏 높이려 했다. 그리하여 자신이 직접 선발대를 요동에 파견하고 육로군 6만여 명과 수로군 4만여 명의 지휘관을 임명하고, 자신이 직접 운제(雲梯), 충차(衝車) 등의 공성 장비를 확인하는 한편, 군량의 비축 현황도 꼼꼼하게 확인하였다. 내부의 반란을 막고 국정의 공백을 방지하기 위하여 태자가 국정을 총괄하도록 조치하면서, 수도 방위의 책임을 태자태부(太子太傅) 방현령(房玄齡)에게 맡겼다. 당 태종은 유주(幽州)와 영주(營州)의 군사와 거란(契丹), 해(奚), 말갈(靺鞨) 군사들에게 먼저 요동지방을 침공하여 고구려군의 전투 의지와 상황을 탐색하도록 조치하고, 백제와 신라에게도 고구려를 공격하도록 요구했다. 침공에 앞서 당의 고구려 원정군이 유주(幽州: 북경)에 집결하자, 당 태종은 고구려 정벌의 당위성과 승리의 결의를 다지는 조서를 발표하였다.[53] 실로 당 태종의 고구려 정벌에 대한 집념은 대단히 강했고 준비는 매우 치밀했다.

당군은 육로군과 수로군, 그리고 소규모의 선발대와 예비대를 운용하는 방식으로 고구려 침공군을 편성 운용하였다. 육로군은 보병과 기병, 그리고 약간의 호족(胡族)으로 구성된 호병(胡兵)등 약 6만여 명으로 요동도행군대총관(遼東道行軍大總管)인 이세적(李世勣)이 지휘하고, 평양도행군대총관(平壤道行軍大總管)으로 임명된 장량(張亮)은 양자강과 회하(淮河)지역의 군사 4만여 명과 장안 및 낙양에서 모집한 3,000여 명, 그리고 500여 척의 전함으로 구성된 수로군을 지휘하였다. 영주도독 장검(張儉)이 이끄는 선발대는 644년 7월 요서지역으로 출발하여 홍수로 범람한 요하는 건너지 못했으나, 소규모 침투조와 정찰조를 운용하여 요동지역 고구려군의 상태와 작전지역의 지형과 기상 등에 관한 첩보를 수집하는 임무를 수행했다. 당 태종도 자신이 직접 6개 군을 이끌고, 645년 2월 낙양을 출발하여, 3월에는 정주(定州: 河北省 滿城 부근)에 도착하여 고구려 정벌의 결의를 다지고 고구려에 대한 대규모 공격을 감행했다. 당 태종 자신도 활과 화살통을 어깨에 메고 우의(雨衣)를 말 안장 뒤에 매달면서 전의를 가다듬었다.[54] 당 태종의 고구려 침공이 시작됐다.

당나라 군대는 육로와 수로를 이용하여 맡은바 임무를 부여받고 고구려 침공 작전에 돌입했다. 고구려군의 전력과 방어 상태를 적극적으로 파악하기 위해서 파견된 장검(張儉)의 선발대가 미리 요서에 보내졌다. 장검군은 요하의 범람으로 요동지역에 대한 적극적인 공세 활동은 할 수가 없었으나, 소규모의 병력을 요동에 침투시켜 고구려군의 방어 실태와 작전지역의 지형과 기상, 그리고 주요한 접근로와 지형 지물 등에 관한 상세한 첩보를 수집했다. 육로군 주력을 지휘한 이세적(李世勣)은 요하 중류지역에 위치한 회원진(懷遠鎭)을 통하여 진격할 것처럼 하다가, 고구려군을 기만하기 위하여 방향을 바꾸어 요하 중상류지역의 통정진(通定鎭)을 거쳐 요하를 도하하여 고구려군을 공격하였다. 태종이 이끄는 본대와 예비대는 이세적(李世勣)군보다 조금 늦게 요하 하류의 소택지대(沼澤地帶)인 요택(遼澤)을 가로질러 곧바로 요동으로 진격하였다. 장량이 지휘한 수로군은 산동반도 북단을 경유, 요동반도 남단에 상륙하여 비사성(卑奢城)을 탈취하고, 육로군과 합류하여 요동의 요새를 확보한 다음에, 공격 기세를 몰아 평양으로 진격하기 위하여 500여 척의 배에 나누어 타고 발해(渤海)만을 가로질러 갔다.[55] 육상에서의 주력군과 본대의 분진합격(分進合擊)과 더불어, 육로군과 수로군의 분진합격의 개념하에 당군의 고구려 침공작전은 시작되었다.

---

53) *資治通鑑, 卷197,* 貞觀 19년(645) 2월; *東國兵鑑*, pp. 66-75; *韓民族戰爭通史, I, 古代篇*, pp. 271-5.
54) *前揭書.*
55) *三國史記, 高句麗本紀; 新唐書, 東夷列傳, 高句麗; 東國兵鑑*, p. 75.

(1) 신성, 개모성 전투

이세적(李世勣)이 지휘하는 당 육로군 주력 부대는 645년 4월 1일에 통정진으로부터 요하(遼河)를 건너 무순(撫順)지역으로 진출하였다. 당군은 먼저 요동도행군총관(遼東道行軍總管) 이도종(李道宗)이 이끄는 수천 명의 선발대를 진출시켜 혼하(渾河) 중류에 있는 신성(新城)을 공격하였다. 614년 5월 수나라의 공격을 견디어 낸 신성의 고구려군은 당나라군의 공격 기세가 높음을 관찰하고, 정면 대결을 회피한 채 수성(守成) 태세를 강화했다. 이에 이도종은 10여 명의 기병을 성문에 접근시켜 고구려군을 유인하여 평지에서 이를 격파하려고 했으나 고구려군은 성문 밖으로 나오질 않았다. 이에 이도종은 고구려군을 성 밖으로 끌어내려던 최초 계획을 취소하고, 일부 병력을 신성 남쪽에 배치하였다. 그리고 나머지 병력을 이끌고 4월 15일 남진하여 통정진에서 요하를 건너 동남진하는 이세적(李世勣)군과 개모성(蓋牟城) 공격에 합류하였다.[56]

개모성은 북으로 신성과 남으로 요동성(遼東城) 사이에 있는 지점에 위치한 고구려군의 요새로 당 육로군 주력의 공격을 받게 되었다. 개모성의 고구려군은 기세가 꺾이지 않은 당군과의 결전을 회피하면서 성문을 굳게 닫고 방어만 하였다. 당군은 온갖 공성(攻城) 장비를 동원하여 공격의 고삐를 늦추지 않았다. 수차례에 걸친 공방전에 양측의 피해는 늘어만 갔다. 그러나 당군의 포위로 인하여 북쪽의 신성(新城), 남쪽의

신성, 개모성 전투 상황

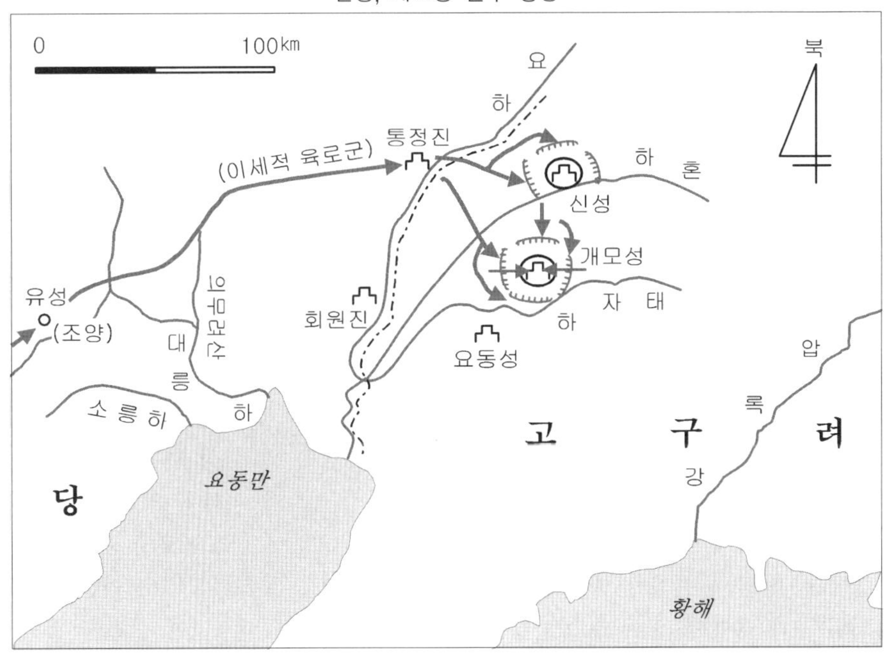

56) 三國史記, 高句麗本紀; 韓民族戰爭通史, I, 古代篇, pp. 275-7.

요동성(遼東城)과 연락은 물론 후방 지원까지 차단된 개모성의 고구려군은 피해를 보충할 수가 없었다. 공성(攻城)과 수성(守城) 작전은 10여 일 간 계속되었다. 4월 26일에 당군은 개모성을 함락하고, 2만여 명의 고구려인과 10여만 섬의 식량도 탈취하였다. 개모성을 점령한 당군은 주위의 작은 성을 장악하고, 개모성 일대의 지역을 당의 행정구역으로 편입시킨 다음 개주(蓋州)라 명명했다.57) 개모성을 탈취한 당군은 남쪽의 요동성으로 진격을 계속해 나갔다.

(2) 요동성 전투

개모성을 점령한 당군의 주력은 요동 제일의 요새인 요동성(遼東城)을 공격하기 위해서 당 태종이 지휘하는 본대의 도착을 기다리게 되었다. 육로군의 주력이라 할지라도 요동성의 단독 공격은 무리가 있다고 판단했기 때문이다. 당 태종이 이끄는 본대는 645년 5월 3일경 요하 하류 요택(遼澤)을 통과하여 요동으로 진격해 오고 있었다. 당군은 요택을 통과하기 위해서 흙으로 늪을 메꾸고 교량을 가설하여 이동로를 만들었다. 당군의 본대가 늪지대인 요택을 통과한다는 소식이 고구려에 전달되자, 고구려는 국내성(國內城), 오골성(烏骨城) 등지에서 차출된 4만여 명의 보병과 기병을 요동성에 급파하였고, 이들은 5월 중순경 요동성 서쪽에 도착하여 진영을 갖추었다. 당군 행군총관(行軍總管) 이도종(李道宗)은 고구려군을 얕잡아 보고, 4,000여의 기병으로 고구려 증원군을 공격할 것을 건의했다. 이에 행군대총관(行軍大總管) 이세적(李世勣)은 주위의 만류에도 불구하고 이를 승인했다. 고구려군은 당초 당군의 무모한 공격을 이용하여 당군을 유리한 지역까지 유인하여 이를 격멸하려고 했으나, 평지에서 전투가 개시되자 오히려 당황하게 되었다. 이에 사기가 오른 당군은 고구려군 진영 내부까지 진격해 들어왔다. 이때 고구려군은 역습을 감행하여 당군을 추격하자, 당군은 수많은 사상자를 내고 퇴각하고 말았다. 그러나 당군은 전열만을 정비하면서 경계를 소홀히한 고구려군을 다시 공격하여 퇴각시켰다.58) 이후에 양군은 전열을 정비하고 상호 형세를 관망하면서 대치하게 되었다. 당 태종이 이끄는 본대가 도착하기 전에 고구려의 증원군을 물리치고 단독으로 요동성을 공격하려던 이세적(李世勣)은, 본대의 증원을 기다릴 수밖에 다른 도리가 없었다.

요동성의 공격은 당 태종이 도착하자 시작되었다. 당군 본대는 요동성 밖 마수산(馬首山)에 진영을 설치하고 작전 계획을 세웠다. 당 태종은 먼저 성 주위의 참호와 장애물을 제거하도록 하고 조공 병력을 차출하여 요동성 동남쪽 외각에 있는 고구려 증원군의 증원을 막도록 지시했다. 이세적의 부대는 주공으로서 석포(石砲), 충차(衝車), 발석기(發石器) 등을 동원하여 성을 파괴하며 주야로 공격을 계속했다. 고구려군은 성곽이 파괴되면 누대(樓臺)를 세우고 밧줄을 엮어 당군의 침투를 막으면서 혈전을 벌였으나

---

57) *三國史記, 高句麗本紀; 東國兵鑑*, p. 76; *韓民族戰爭通史, I, 古代篇*, pp. 277-8.
58) *三國史記, 高句麗本紀; 東國兵鑑*, p. 77.

요동성 전투 상황

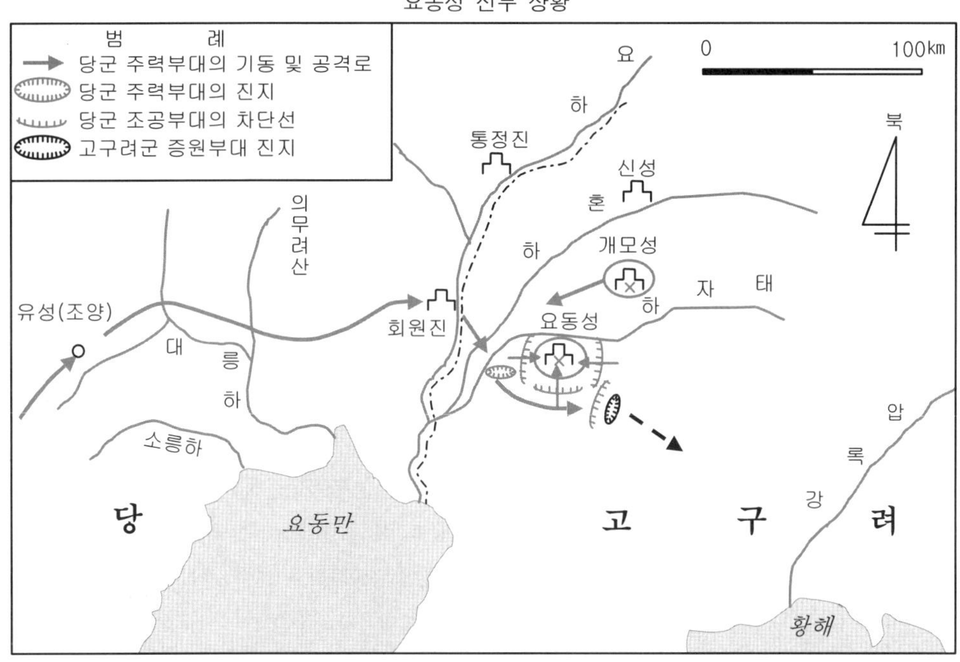

피해는 늘어만 갔다. 고구려 증원군은 당군의 차단선을 뚫으려 공격을 했으나, 오히려 피해만 입고 자체 방어에 급급한 형편에 처해 있었다. 그러나 고구려 군민은 성 안에 있는 고구려 시조 주몽(朱蒙)의 사당에 기원을 하며, 항전(抗戰) 의지를 다져 나갔다. 공성전이 장기화될 기미가 보이자, 당 태종은 화공(火攻)을 계획하고, 5월 17일 거세게 부는 남풍을 이용하여 요동성 서남쪽의 성루(城樓)에 불을 질렀다. 불길은 삽시간에 성 안으로 들어가 온갖 방어 시설과 장비를 불태우고 계속 번져 나갔다. 이때 고구려 군은 성 안으로 넘어온 당군과 백병전을 벌이면서 싸웠으나 계속 달려드는 당군을 당해내지 못했다. 요동성이 당군에 의해서 함락되었다.[59)]

함락된 요동성은 당 태종에 의해 중국의 영토로 편입되고 생존한 고구려군과 민간인은 포로의 신세가 되었다. 고구려군은 요동성 주변에서의 전투와 요동성 공방전에서 1만여 명의 손실을 입었으며, 1만여 명의 고구려군과 4만여 명의 고구려민은 당군의 포로가 되었다. 더구나 요동성 안에 비축된 50만 섬의 군량은 당군의 수중에 들어가고 말았다. 당군이 피해를 무릅쓰고 성을 공격하려는 목적 중의 하나가 군량의 확보인 점을 감안해 본다면, 요동성의 탈취는 커다란 전과가 아닐 수 없었다. 고구려와 수나라와의 전쟁 이래, 고구려 침공의 주요한 걸림돌이 되었던 요동성을 탈취한 당 태종은 이 지역을 요주(遼州)라 명명하고 중국의 영토에 편입시켜 버렸다. 고구려 침공 직전

59) *舊唐書, 東夷列傳, 高句麗,* 唐 太宗 貞觀 19년 4월; *新唐書, 東夷列傳, 高句麗; 三國史記, 高句麗本紀; 韓國古代軍事編年史,* pp. 197-202; *東國兵鑑,* pp. 78-9; *韓民族戰爭通史, I, 古代篇,* pp. 278-84.

(645년 3월) 정주(定州)에 도착하여 "요동은 원래 중국의 영토였다… 현재 중국 천하가 모두 평정되었으나 오직 이곳만이 아직껏 평정되지 못하였기에… 이곳마저 공취(攻取)하려고 한다"라고 말한 바 있던 당 태종의 조치는 매우 신속했다.[60]

(3) 백암성 전투

당 태종이 직접 지휘하는 당의 본대와 주력군은 645년 5월 17일 요동성을 점령하고 전열을 정비한 후 28일에는 백암성(白巖城)으로 진격했다. 원래 백암성 성주 손벌음(孫伐音)은 당군의 위세에 눌려 항복할 뜻을 전해 왔었으나 오골성(烏骨城)으로부터 1만여 명의 증원군이 지원된다는 사실을 알고 성을 지켜볼 생각을 갖게 되었다. 그리하여 5월 29일 고구려군의 전력을 탐색하기 위해서 성 밑에 접근한 당나라 선봉 부대를 궁시(弓矢)와 쇠뇌로 공격하여, 당 우위대장군(右衛大將軍) 이사마(李思摩)가 쇠뇌에 맞아 낙마(落馬)하는 사태까지 벌어졌다. 오골성에서 백암성을 지원하기 위해서 길을 재촉하던 1만여 명의 고구려군은 백암성 동남쪽 200여 리 지점인 연산관(連山關) 일대에서 통로를 봉쇄하고 있던 800여 기의 당나라 기병과 조우하게 되었다. 최초에 고구려군은 당군의 지휘관 설필하력(契苾何力)을 생포할 뻔할 정도로 전투의 기선을 제압하는 듯했으나, 당군이 전열을 가다듬고 유리한 지형을 이용하여 반격해 오자, 피해를 입고 연산관 일대의 계곡을 빠져 나와 후방에서 당군과 대치하게 되었다. 백암성의 고구려군이 증원군의 도움을 기대할 수 없는 상황에서 당군의 본대와 주력 부대가 도착했다. 백암성의 손벌음은 싸워 볼 생각을 번복하고 다시 항복을 청했다. 항복 의사를 지키지 않아 화가 치밀었던 당 태종은 항복을 받아들였다. 이로써 백암성은 수성을 위한 전투다운 전투를 치르지 않고 당군의 수중에 들어가고 말았다.[61]

백암성의 함락은 여러 가지 문제를 제기하고 있었다. 요동성 전투에서 빚어진 처참한 참상을 전해 들은 백암성 성주 손벌음(孫伐音)의 계산은 매우 복잡했을 것으로 추정된다. 성을 지켜야 된다는 당위성과 지킬 수 있겠느냐는 현실성, 그리고 성 주민과 자신의 운명에 대한 계산 등 매우 복합적인 문제가 성주 앞에 던져진 것이다. 성주는 최초 항복을 택했다. 그러나 내부에서도 화전(和戰)의 의견 대립이 있었고, 오골성에서 병력도 지원되는 상황이 전개되자 방어전에 의한 수성(守城)을 택했다. 이에 당 태종은 손벌음의 변심에 화가 치밀어 "성을 점령하면 성 주민과 재물을 병사들에게 나누어 주겠다"고 약속하면서 독전(督戰)했다. 증원군도 당군에 의해서 통로가 봉쇄되고 당군의 기세는 더욱 강해진 새로운 상황이 조성되자 손벌음은 다시 항복할 뜻을 당 태종에게 표시했다. 그러나 당군의 지휘관 이세적(李世勣)은, 병사들이 죽음을 무릅쓰고 싸우는 이유가 전리품의 획득과 처분이라는 점을 강조하면서 항복의 접수를 거부할 것을 건의했다. 당 태종은 전리품 대신 상을 주겠노라며 이세적을 달래고 항복을 접수했다.

60) *前揭書*, 引用文은 *東國兵鑑*, pp. 74-5.
61) *前揭書*.

그리하여 당군은 백암성 주민 남녀 1만여 명을 포로로 잡아갔다. 잡혀간 포로들은 노역에 종사시키거나 당나라 군사들의 시중을 들게 되는 경우가 거의 전부였다. 여기에서 주민들의 생명을 보존하기 위해서 항복한다는 것이 과연 현명한 선택인가 하는 문제가 제기된다. 당시 남녀 포로들의 운명이 싸우다가 죽은 자들보다 낫다는 보장이 없었기 때문이다. 백암성 전투는 이 점을 교훈으로 남기고 있다.

백암성을 점령한 당 태종은 이 성을 암주(巖州)로 명명하고, 항복한 손벌음(孫伐音)을 암주자사(巖州刺史)로 임명하여 이 지역을 당나라 영토로 편입시켜 버렸다. 그러고 난 후 당군은 요동성으로 이동하여 며칠 동안 휴식을 취하면서 요동성 서남쪽에 위치한 안시성(安市城)으로 진격할 준비를 가다듬었다. 개모성(蓋牟城), 요동성(遼東城)에 이어 백암성(白巖城)까지 점령한 당 육로군의 사기는 자못 높았다.

(4) 비사성 전투와 당 수로군의 요동 진출

당의 육로군과 함께 645년 2월 말경 유주(幽州: 北京)에 집결한 수로군(水路軍)은 형부상서(刑部尙書)로서 평양도행군대총관(平壤道行軍大總管)에 임명된 장량(張亮)의 지휘하에 3월 초에 백하(白河) 하구에서 선단을 구성한 다음에 산동반도(山東半島) 북단의 내주항(萊州港: 蓬萊)에 집결하였다. 여기에서 양자강(楊子江), 회하(淮河) 등 중국의 각 지방 소속 군사 4만여 명과 장안(長安), 낙양(洛陽)에서 모집한 3,000여 명이 500여 척의 배에 타고 출전 태세를 갖추었다. 출전 태세를 갖춘 수로군은 과거 수나라가 고구려를 침공할 때 사용한 해로(海路)인 묘도열도(廟島列島)를 따라 동북진하여 산동반도 남단에 도착하여 비사성(卑奢城) 공격 준비를 갖추었다.

당의 수군(水軍)은 요동반도의 남단 대흑산(大黑山: 594 고지) 능성이에 위치한 비사성을 공격하여 탈취한 후에 육군(陸軍)과 합류하여 요동반도의 요새들을 점령하고, 이를 발판으로 고구려 수도 평양으로 진격하려는 개념하에 작전을 실시하였다. 비사성의 고구려군과 민간인은 방어 태세를 갖추었다. 서문(西門)을 제외한 3면은 절벽으로 되어 있었기 때문에 서문에 대한 방어를 단단히 했다. 당군도 서문에 대해서 집중적인 공격을 실시했다. 그러나 주간에는 서문을 공격하여 성 안으로 진입하기가 쉽지 않음을 파악한 당군은 소수 정예병을 차출하여 야간에 기습 공격을 감행했다. 지형적인 이점을 너무 믿고 경계를 소홀히 하던 고구려군은 의외의 기습 공격에 놀라 제대로 저항도 못 해 보고 서문 방어를 포기하고 말았다. 당군이 성 안으로 들이닥치자 퇴로가 없는 요새 내의 고구려군과 민간인 8,000여 명은 당군의 포로가 되고 말았다. 경계의 소홀함이 가져다 준 방어의 실패였다.[62]

비사성을 비교적 손쉽게 점령한 당의 수군은 육로군과 협동 작전을 펼치기 위해서 북상했다. 당의 수군은 안시성(安市城) 남쪽에 위치한 건안성(建安城)을 통과하면서 성

---

62) *韓民族戰爭通史, I, 古代篇*, pp. 284-6.

당 수군의 비사성 전투 상황

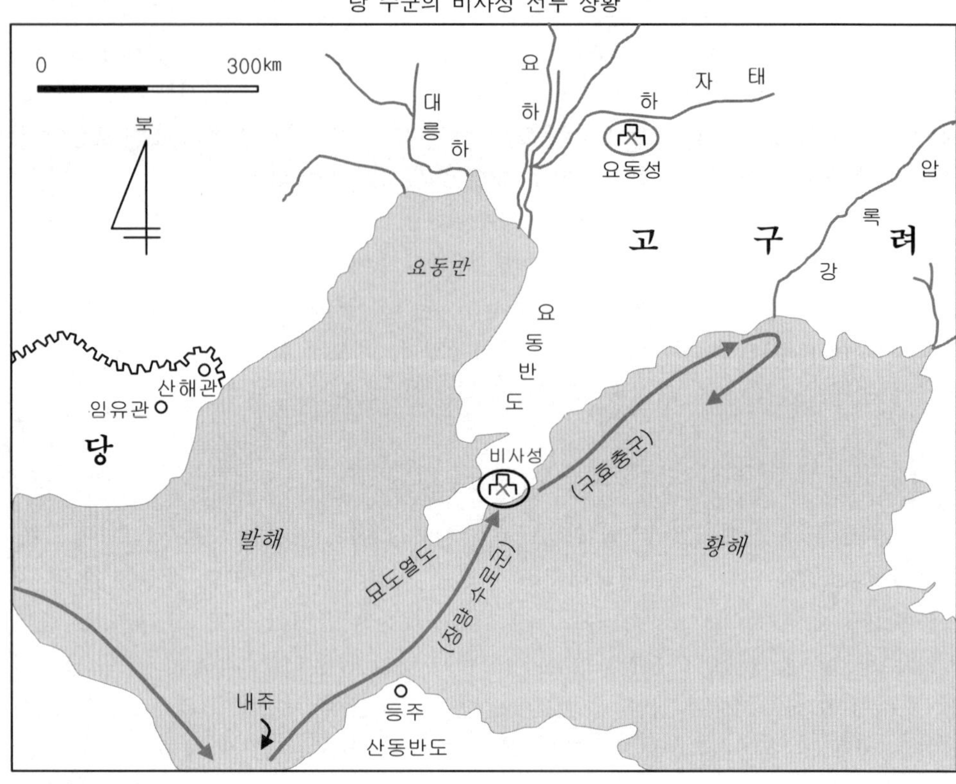

가까운 지점에 숙영지를 정하고 병사들을 진영 밖으로 내보내 땔감을 마련케 하고 말을 놓아 풀을 먹도록 했다. 고구려군은 당군이 숙영하고 있는 진지를 급습하였다. 고구려군의 기습에 당황한 평양도행군대총관(平壤道行軍大總管) 장량(張亮)은 얼이 빠져 아무 말도 못하고 걸상에 앉아만 있었다. 지휘관의 이러한 모습을 본 병사들은 오히려 장량이 침착하고 용맹스런 장수라고 착각했던 것이다. 그리하여 총관(總管) 장금수(張金樹) 등은 지휘관을 대신하여 병사들을 독려하고 이들을 휘몰아 고구려군을 격퇴하였다. 그러나 당의 수군은 육로군의 안시성(安市城) 공격에 도움을 줄 수 있는 적극적인 작전을 수행하지는 못하고 건안성의 고구려군을 견제하는 정도의 역할에 머물러 있었다.[63]

(5) 안시성 전투

요동반도의 주맥(主脈)인 천산산맥(千山山脈)을 등지고 요동만(遼東灣) 어귀의 나지막한 구릉 지대에 견고하게 구축된 안시성(安市城)은 요동반도의 서남 평야 지대를 관

63) *東國兵鑑*, pp. 87-8.

장하는 전략적 요충이었다. 안시성의 이러한 중요성 때문에, 그 지역에 구축된 요새의 견고성은 당 태종으로 하여금 이 성을 공략하는 데 신중을 기하도록 만든 요인이 되었다. 백암성을 함락시킨 직후인 645년 6월 초순, 당 태종은 이세적과 안시성 공략 문제를 논의하였다. 당 태종은 안시성의 방비가 강하고 성주가 지혜와 용기를 갖춘 인물이기 때문에, 병력이 적고 군량도 작은 건안성(建安城)을 먼저 공격하고 안시성을 나중에 공격하는 방안을 이세적(李世勣)에게 제시했다. 이에 이세적은, 안시성을 뒤에 두고 건안성을 공격한다면 요동에서 오는 병참선이 차단당할 우려가 있다는 이유와, 안시성을 탈취하면 건안성은 자동적으로 점령할 수 있다는 이유를 들어 먼저 안시성을 공격해야 한다고 주장했다.[64] 당 태종도 이세적의 의견을 받아들여 안시성을 먼저 공격하기로 결심하고, 6월 11일 당군의 주력 부대를 이동시켰다. 당군의 주력 부대는 요동성을 출발한 지 10일 만인 6월 20일 안시성을 겹겹이 포위하였다.

안시성 성주는 성문을 굳게 닫고 방어 태세와 준비를 가다듬는 가운데, 고구려의 증원군이 도착하여 성 밖에서 당군과 대치하게 되었다. 고구려의 북부욕살(北部褥薩, 북부태수: 고구려 5부 지방장관 중의 하나) 고연수(高延壽)와 남부욕살(南部褥薩) 고혜진(高惠眞)이 고구려군과 말갈병 등 15만의 증원군을 이끌고 안시성 동남쪽 근교에 도착하여 전열을 가다듬고 있었다. 안시성 밖 양군의 진영에서는 상대를 격파시킬 방법에 대한 진지한 논의가 있었다. 어느 측의 판단과 계획이 더욱 현실적이고 타당했는가는 전투장에서의 결과가 말해 줄 것으로 기대되었다.

당 태종의 대 고구려 증원군 전략 전술의 기본은 속전속결(速戰速決)에 두었다. 그러나 이 전략 전술은 고구려군이 빨리 접전에 응해 주어야 하고 당군이 이를 격파해야 효용성이 보장되는 성질의 것이었다. 이에 대해 당 태종의 분석은 예리했다. 먼저 당 태종은 고구려가 취할 수 있는 방책으로서 첫째, 고구려 증원군이 안시성 내 고구려군과 연결하여 보루를 확보하고 고지를 점령하여 방어를 견실히 하는 한편, 말갈병을 풀어 당군의 소와 말을 약탈하는 방책을 꼽았다. 당 태종은 이 방책을 고구려군이 취할 수 있는 최선의 방책으로 보았다. 왜냐하면 고구려군이 이 방책을 채택할 경우 안시성의 공격도 쉽지 않을 것이고, 요택의 습지를 건너야 철수할 수 있는 당군은 철수도 어려울 것이기 때문이었다. 두 번째 방책으로서 고구려군이 성 안의 고구려민을 전부 데리고 야간에 철수를 단행하는 것을 차선책으로 보았다. 세 번째로는 고구려 증원군이 당군을 직접 공격하는 것으로 최하책으로 꼽았다. 그리하여 당군은 고구려군이 접전에 응하도록 유인하는 작전을 구사하게 되었다.[65] 이와 같은 당 태종의 분석과 이에 근거한 속전속결의 전략 전술은 당군의 전투력을 과신하면서 세운 것으로서 그만큼의 한계는 지니고 있으나, 고구려군이 당군의 약점을 최대한 이용하는 최선의 방책을 택하

---

64) *韓民族戰爭通史, I, 古代篇*, pp. 294-5.

65) *三國史記, 高句麗本紀; 舊唐書, 東夷列傳, 高句麗*, 唐, 太宗 貞觀 19년; *新唐書, 東夷列傳, 高句麗; 東國兵鑑*, pp. 82-3; *高句麗對隋·唐戰爭史*, p. 189.

지 않을 것이라는 당 태종의 판단에 기초를 두고 수립되었다.

고구려군 진영에서도 당군에 대한 작전 논의가 있었다. 나이도 많고 경험이 많은 대로(對盧: 왕을 보좌하는 최고의 고구려 관직) 고정의(高正義)는 고연수(高延壽)에게 중국 내의 군웅(群雄)을 제거하고 중국 밖의 다른 종족을 굴복시켜 황제가 된 당 태종을 가볍게 대하지 말 것을 부탁했다. 따라서 대군을 이끌고 온 당 태종의 병력과 접전을 피하고 지구전을 펼치는 한편, 기습 부대를 보내어 당군의 보급로를 차단하는 것이 가장 바람직한 전략 전술이라고 말했다. 그리고 식량이 떨어져 다급해진 당군이 싸움을 걸어도 응해 주지 않으면서 당군의 퇴로를 차단하면 고구려군이 승리할 것이라는 점을 강조했다. 그러나 고연수(高延壽)는 고정의(高正義)가 제안한 방책을 택하지 않고, 당군과의 직접적인 대결을 위해서 군사를 이끌고 안시성에서 60리 떨어진 지점까지 진격하였다.[66)]

당 태종이 지휘하는 당군과 고연수가 지휘하는 고구려 증원군이 대치하고 있었다. 당 태종은 적절한 방법으로 고구려군을 평지의 싸움터로 유인하려 했고, 고구려 증원군은 가능하면 당군을 단독으로 격퇴시키려 했다. 당 태종은 소규모의 돌궐(突闕) 기병을 고구려 진영으로 보내 고구려군을 유인하는 작전을 구사하였다. 당군 좌위대장군(左衛大將軍) 아사나사이(阿史那社爾)는 돌궐 기병 1,000여 기를 이끌고 고구려군 정면으로 진격해 들어갔다. 고구려군은 즉시 이를 공격하였다. 돌궐 기병은 싸우다가는 후퇴하고 후퇴하다가는 또 싸우는 방식으로 고구려군과 접전했다. 고연수는 당군의 기병이 후퇴를 거듭하는 것을 보고 당군이 별것 아니라는 판단을 내리고 고구려군에게 총공격 명령을 내렸다. 그리하여 안시성 동남쪽 8리 지점까지 진출하여 천산산맥(千山山脈)의 서북사면에 의지하여 진영을 갖추고 당군과의 결전 태세를 갖추었다.[67)] 당 태종은 일단 고구려군을 전장(戰場)으로 끌어내는 데는 성공을 거두었다.

부하 장수들의 건의를 받아들여 직접 작전을 지휘하게 된 당 태종은 높은 고지에 올라 고구려 진영과 지형을 살펴보고 진퇴와 매복에 적합한 장소와 지점을 확인하였다. 그러나 당 태종은 고구려군의 진영의 위용이 장대한 점에 약간 긴장하는 듯했다. 이에 이도종(李道宗)은 고구려가 저렇게 많은 증원군을 파견했을 때는 평양성의 방비는 소홀할 것이라는 점을 지적하면서 자신이 5,000의 기병을 이끌고 평양성으로 직공(直攻)하겠다고 건의했다. 당 태종은 이도종의 의견을 받아들이지 않았다. 그는 대신에 기계(奇計)를 사용하여 고구려군을 방심하도록 만든 다음에 이를 공격하려는 구상을 실현하려 했다. 그리하여 당 태종은 사자를 고구려 진영에 보내, 자신은 고구려의 연개소문이 고구려의 왕을 시해한 것을 문책하러 왔으며 고구려군과 교전하는 것은 바라지 않고 식량과 말먹이의 조달을 위해서 할 수 없이 몇 개의 성을 점령했노라는 서신을

---

66) *前揭書*.

67) *三國史記, 高句麗本紀; 東國兵鑑*, pp. 83-7; *高句麗對隋・唐戰爭史*, pp. 188-95; *韓民族戰爭通史, I, 古代篇*, pp. 289-94.

전달하도록 했다. 고구려의 고연수는 이러한 당 태종의 서신을 접수하자, 이를 그대로 받아들여 경계 등을 소홀히 하면서 당군이 대수롭지 않다는 그의 생각을 굳히고 당군을 가볍게 보기 시작했다.[68]

당 태종은 그날 밤 예하 장수들과 작전을 토의하고 난 후 다음 날의 작전을 지시하였다. 당군은 기동을 개시했다. 이세적(李世勣)은 보병과 기병 1만 5,000명을 지휘하여 서쪽 고개에 포진하고, 장손무기(長孫無忌)와 우진달(牛進達)은 정예병 1만 5,000명으로 기습부대를 편성하여 산의 북쪽으로부터 협곡으로 진출하여 고구려군의 후미를 엄습하도록 했다. 그리고 당 태종 자신은 보병과 기병 4,000명을 거느리고 북과 나팔 등 통신수단을 사용하지 않고 깃발도 은닉한 채 북쪽 산으로 은밀히 올라갔다. 당 태종은 출발에 앞서, 각 군에게 북과 나팔 소리가 들리면 일제히 고구려군을 공격하라고 지시했다. 그리고 군리(軍吏)에게 명하여 자신의 행재소(行在所) 옆에 고구려군의 항복을 접수할 수항막(受降幕)을 설치하라는 지시를 내려 작전 결과에 대한 자신감을 과시하였다. 당군과 고구려 증원군과의 접전이 시작되려 했다.[69]

645년 6월 22일, 안시성 밖에서 당군과 고구려 증원군과의 전투가 시작되었다. 고구려군이 먼저 서쪽 고개에 포진한 당군의 병력 수가 적은 것을 보고 이를 단숨에 무찌르기 위해서 병사들을 긴급히 진격시켰다. 이 때 북쪽 고지에 오른 당 태종은 고구려군의 후미로 진출한 장손무기의 진영에서 먼지가 이는 것을 보고, 즉시 북과 나팔을 울리고 깃발을 올리라고 명령을 내렸다. 고구려군에 대해서 집중적인 공격을 개시한 것이다. 갑자기 삼면으로부터 공격을 받은 고구려군은 병력을 세 부대로 나누어 당군의 공격을 막으려 했으나, 이미 전열이 흐트러져 있었다. 혼란에 빠진 고구려군은 2만여 명의 사상자를 남기고 안시성 동쪽으로 퇴각하여 산악을 의지하여 진영을 다시 갖추었다. 당군은 고구려군을 포위하고 동쪽 강의 교량을 철거하여 고구려군의 퇴로를 차단하였다. 진퇴양난(進退兩難)에 빠진 고연수와 고혜진은 포위망을 뚫을 수 없게 되자, 6월 23일에 3만 6,800여 명의 병사들을 수습하여 당군 진영에 투항했다. 고구려군의 대소 지휘관 3,500여 명은 직급에 해당하는 무관직을 제수받고 중국 내륙으로 이송되었다. 나머지 고구려 병사들은 석방되었으나, 3,300의 말갈병은 생매장되는 비운을 감수해야만 했다.[70] 안시성 밖에서 벌어진 고구려군과 당군과의 접전은 당군의 승리로 마감되었다. 고정의(高正義)가 주장한 지연 전략을 마다하고, 당 태종의 속전속결(速戰速決) 전략 전술의 덫에 걸린 고구려 지휘관 고연수(高延壽)는 당군을 가볍게 여겨 패한 과오(輕敵必敗의 愚)를 범하고 말았다.

고구려 증원군을 격파한 당 태종은, 항장(降將) 고연수와 고혜진(高惠眞)을 옆에 두고 안시성 공격을 개시했다. 안시성의 고구려군은 고구려의 증원군이 격파된 상태에서

68) *前揭書.*
69) *前揭書.*
70) *前揭書.*

안시성 부근 전투 상황

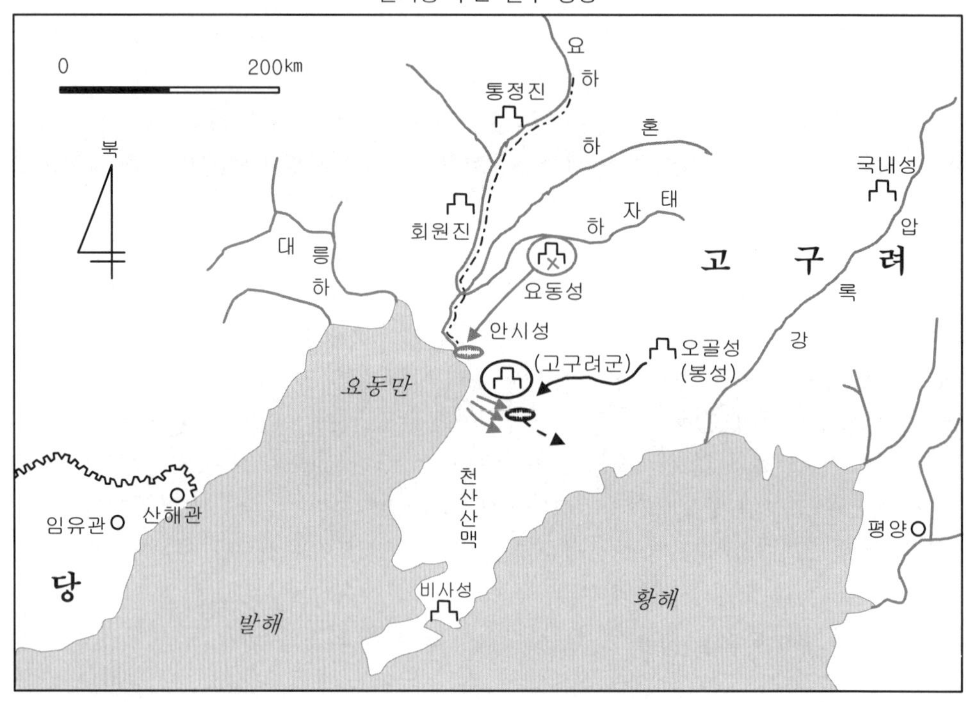

당군과의 정면 대결은 불가능하다는 판단을 내리고, 심리적으로 당군의 예기(銳氣)를 꺾으면서 성의 고수(固守) 및 당군 진입 거부(進入拒否) 작전으로 당군의 전력을 마모(磨耗)시켜 성을 지킨다는 전략 전술을 세웠다. 645년 7월 5일 이세적(李世勣)은 안시성 공격을 개시했다. 모든 공성 장비와 수단을 동원하여도 안시성을 공략할 수가 없었다. 더구나 안시성 군민들은 당 태종의 깃발과 일산(日傘)이 보일 때마다 북을 치면서 고함을 지르고 야유를 퍼부었다. 입장이 난처해진 이세적은 “성을 점령하면 성 중의 남자들은 모조리 구덩이에 묻어 죽이겠다”고 당 태종에게 보고하여 황제의 마음을 진정시키려 했으나 허사였다. 당 태종은 분노를 삭이지 못하고 어쩔 줄을 몰라 했다. 그러나 이 소식을 전해 들은 안시성 군민(軍民)들의 전의(戰意)는 굳어만 갔다. 어쩔 도리가 없던 이세적은 성곽보다 높게 토산(土山)을 쌓아 안시성을 공격하기로 하고 많은 병사들을 동원하여 토산을 쌓으면서 공격을 계속했다. 그러던 어느 날 성 안에서 닭과 돼지들의 울부짖는 소리가 들려 왔다. 이에 당 태종은 그날 밤 야간 기습이 있을 것이니 방비를 철저히 하라는 지시를 이세적에게 내렸다. 고구려군은 당군의 대비 태세를 감지하지 못하고 그날 밤에 밧줄을 타고 내려와 당군을 기습했으나 수십 명의 전사자만 내고 성 안으로 퇴각하고 말았다. 이후로 고구려군은 일체의 공격 행위를 중지하고 오로지 성의 방어에만 주력하게 됨으로써 당군은 토산의 축조에 온 힘을 기울이게 되었다. 한편 당군은 매일 6, 7회에 걸쳐 병력을 여러 제대로 나누어 충차(衝車) 및 석포

(石砲) 공격을 가하면서 안시성의 성루(城樓)와 성첩(城堞)을 파괴하기도 했으나 이때마다 고구려군은 성의 파손된 부분에 목책(木柵)을 세워 당군의 침입을 막아냈다.[71] 이제 당군이 진퇴양난의 지경에 처하게 되었다.

안시성 공격 작전이 교착상태에 빠지자 당군 진영에서는 새로운 개념의 작전 구상이 제안되었다. 항복한 고연수와 고혜진은 당 태종에게 오골성(烏骨城)의 욕살(褥薩)이 나이가 많아 성을 굳게 지키지 못할 것이 분명하므로 아침에 공격하면 저녁에는 성을 함락시킬 수 있다는 점을 지적하면서, 오골성을 먼저 공취(攻取)하여 군량을 확보한 후에 평양으로 직공(直攻)하면 평양성을 쉽게 함락시킬 수 있을 것이라고 제안했다. 이 때 다른 군신들도 비사성에 있는 장량(張亮)의 군사들을 불러 올려 오골성을 빼앗고, 압록강을 건너 평양을 공격하여 이를 탈취하는 것이 옳은 방책이라고 찬성의 뜻을 표시했다. 원래 안시성의 탈취가 쉽지 않다는 점을 잘 알고 건안성(建安城)을 먼저 탈취하고 난 후에 안시성을 공격하는 방안을 생각했던 당 태종도 고연수와 군신들이 제시한 계책의 타당성을 인정하고 이를 택하려 했다. 그러나 당 태종의 근신(近臣) 장손무기(長孫無忌)가 반대했다. 장수들의 작전 수행과 달리 천자(天子)의 친정(親征)은 위험을 무릅쓰고 다행을 취하려 해서는 안 된다는 점을 강조하면서, 장손무기는 오골성을 먼저 공격할 경우에는 당군 후방의 안전이 위협받을 수 있기 때문에, 안시성을 격파한 후에 건안성을 취하는 것이 만전(萬全)의 계책이라고 말했다. 당 태종은 장손무기의 제안을 받아들이고 안시성의 공격을 더욱 강화하도록 지시했다.[72]

온갖 수단과 방법을 동원하여 안시성을 공격해도 이를 함락시키지 못한 당군은 이제 토산(土山)을 쌓아 성 안을 감제하면서 공격하는 방법에 크게 의존할 수밖에 다른 도리가 없었다. 7월 중순부터 약 2개월에 걸쳐 50만의 연인원이 동원되어 쌓은 토산은 안시성의 성곽으로부터 몇 길 떨어져 성 안을 내려다보면서 싸울 수 있을 정도로 높아졌다. 당군은 토산 위에 병사를 주둔시키면서 안시성을 공격하도록 했다. 그러나 하루는 토산이 허물어져 안시성의 성첩(城堞)을 누르고, 파괴하면서 안시성 성곽과 맞닿게 되었다. 이에 고구려군 병사 수백 명은 허물어진 성 틈으로 나가 싸워서 당군의 토산 자체를 빼앗아 버렸다. 당군이 공들여 구축한 토산이 이제 당군의 거동을 감시하는 고구려군의 망루가 되었다. 화가 머리끝까지 치솟은 당 태종은 현지를 이탈했던 토산 수비대장 부복애(傅伏愛)를 참형에 처하고 토산의 탈환을 명했다. 당군은 3일 동안 필사적으로 공격했으나 토산을 탈환하지 못했다. 안시성 공격에 있어서 당군이 기대를 걸었던 거의 유일한 수단인 토산이 고구려군의 수중에 들어감에 따라 당군의 공성 작전은 돌파구가 보이지 않게 되었다. 더구나 당군의 군량은 바닥이 나고 요동의 추위로 물이 얼고 마초가 말라 없어져, 군마와 병사들의 숙영은 어렵게 되었다. 아무리 강한

71) *三國史記, 高句麗本紀; 舊唐書, 東夷列傳; 東國兵鑑*, pp. 87-97; *韓國古代軍事編年史*, pp. 204-13; *韓民族戰爭通史, I, 古代篇*, pp. 294-300; *高句麗對隋·唐戰爭史*, pp. 195-202.

72) *前揭書*; 특히 *三國史記, 高句麗本紀.*

당군이라 하더라도 추위와 배고픔을 이겨내고 공격을 계속할 수는 없었다. 당 태종은 작전 중단을 결심하고 철수 명령을 내렸다. 당군은 깃발을 추켜들고 위용을 한껏 과시한 후에 철수를 개시했다.[73] 이번에는 당군이 고구려군을 가볍게 보아 패배를 감수해야만 했다.

두 달 넘게 수행된 공방전에 고구려군도 지쳐 있었다. 철수를 하는 당군은 고구려군의 집단 추격 대신 양만춘(楊萬春 혹은 梁萬春)으로 전해 오는 안시성 성주(城主)의 단독 환송을 받았다. 안시성의 성주는 혼자 성 위에 올라서서 패장의 총수(總帥)로서 결코 쉽지 않을 퇴각의 장도에 오른 당 태종에게 송별의 뜻을 표시했다. 당 태종도 온갖 어려움을 무릅쓰고 성을 지켜낸 안시성 성주의 지혜와 용기, 그리고 담력에 칭송의 뜻을 전하지 않을 수 없었다. 이에 당 태종은 성주에게 비단 100필을 전달하면서 성주의 결단력과 충성심을 찬양하는 징표로 삼았다. 당 태종은 이세적(李世勣)과 이도종(李道宗)에게 기병 4만 명을 주어 철군을 엄호하도록 하고 645년 9월 20일 요동에 도착하여 요하를 건너게 되었다. 수렁이 된 요하의 늪지대를 건너기 위하여 당 태종은 장손무기(長孫無忌)를 시켜 1만 명의 병력을 동원하여 풀을 깔고 다리를 놓아 병력이 통과하도록 했다. 요택(遼澤)을 지나는 동안 추위와 눈보라로 많은 병사들이 동사하여 길가 곳곳에 불을 지피면서 언 몸을 녹이도록 했으나 참상은 이루 말할 수 없을 정도였다. 그러나 고구려군은 이러한 당군을 추격하지 않았다. 그들도 지쳐 있었기 때문이었다.

당 태종은 여러 가지 상념(想念)이 많았다. "만약 위징(魏徵, 580-643, 당 초기의 정치가, 200여 차례의 간언을 통하여 당 태종의 사치를 경계하고 국민들의 세금을 경감시킨 탁월한 정치가)이 살아 있었더라면, 내가 이번 출정길에 나서도록 하지는 않았을 것이다" 하면서 고구려 원정 자체의 타당성에 대한 의문을 표시하는 한편 실패의 원인을 찾아보려고도 했다. 수도 장안(長安)으로 돌아온 당 태종은 이정(李靖, 571-649, 당나라의 명장 전략가, 武經七書의 하나인 李衛公問對의 장본인)에게 "내가 온 천하의 대군을 거느리고 조그만 오랑캐 고구려에게 곤욕을 당한 이유는 무엇인가 ?" 하고 물었다. "그 문제는 이도종(李道宗)이 해명할 것입니다." 이정의 대답을 듣고 당 태종은 이도종에게 다시 물었다. 이에 이도종은 자신이 안시성 부근에서 고구려군과 치른 접전 직전에 많은 증원군을 파견한 고구려의 허점을 이용하여 평양성을 직접 공격, 점령하자고 청원했던 사실을 상기시켰다. 그러자 당 태종은 서글픈 표정을 지으며 "그때는 워낙 바빴던 터라 내가 기억을 못하겠다" 하고 말꼬리를 흐려 버렸다.[74] 고구려 침공 자체를 후회하기도 하면서 고구려 원정작전의 실패를 아쉬워하기도 하는 당 태종의 상념(想念)은 매우 미묘하고 복합적인 것이었다.

---

73) *前揭書.*

74) *前揭書,* 특히 *東國兵鑑,* pp. 96-7의 引用文.

안시성 전투 상황

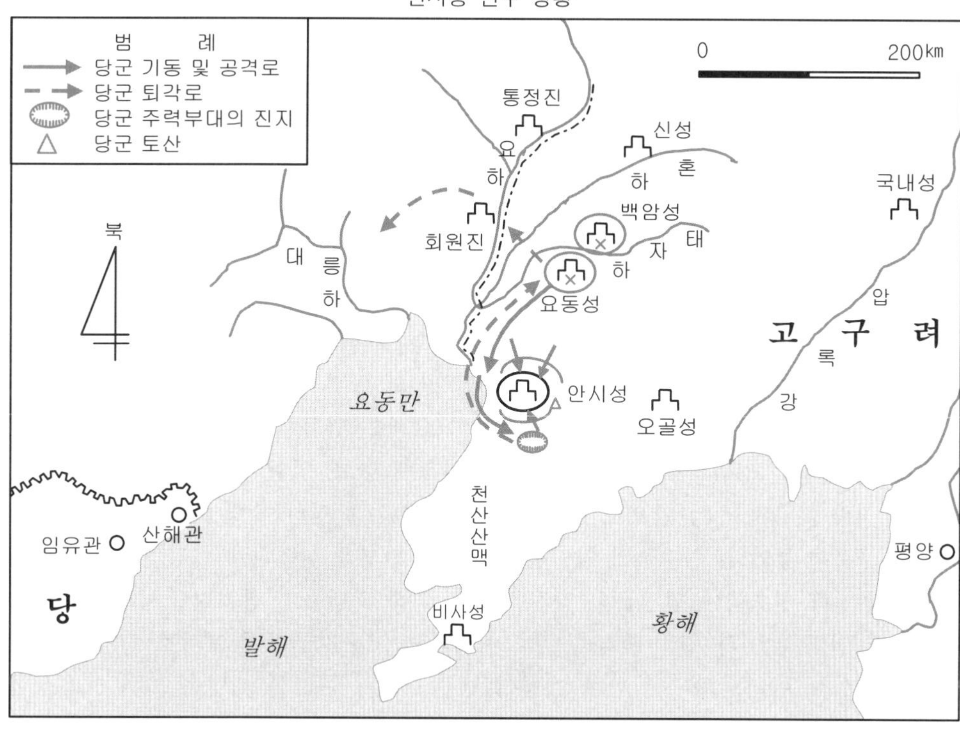

4) 당군의 1차 침공 작전 결과 및 분석

당나라의 1차 고구려 원정 실패는 결코 우연한 것이 아니었다. 수나라의 양제(煬帝)와 마찬가지로 당 태종(太宗)은 고구려와 고구려군을 너무나 얕잡아 보았다. 중국 내부의 군웅(群雄)들을 제압하고 주변의 호족들을 정복하여 대왕조를 확립한 주역이 당 태종이었기 때문에, 그는 고구려에 대해서 경계의식은 가지고 있었으나 고구려를 별로 비중 있게 취급하지는 않았다. 그러나 열악한 자연 조건을 극복하고 거주지를 근거로 구성된 고구려 성(城) 중심의 거점 방어 체제가 가진 강점과 이를 지키려는 고구려민들의 능력과 의지는 결코 얕잡아 볼 수 있는 수준은 아니었다. 더구나 당 태종은 전 왕조였던 수나라가 고구려로부터 입은 치욕적인 상처를 중국에 대한 불명예로 간주하여 고구려를 정복함으로써 이를 회복해 놓으려는 정서적 책임감을 느끼고 있었다. 다시 말하여 합리적인 계산에 근거한 전쟁의 수행보다는 감정적인 보복 수단으로서 이를 강행하려 했다. 따라서 당 태종은 건국 초기, 안정이 필요한 시기에 고구려 징벌이라는 집착에 얽매여 무리한 전쟁 동원을 감행하여, 당군이 원정군이라는 입장을 감안해 볼 때, 전쟁 준비를 치밀하게 하지 않았다. 이러한 현상은 인원, 장비, 식량 등 모든 부문에서 공통적으로 나타났다. 고구려를 가볍게 보고 준비가 치밀하지 못한 상태에서 조급하게 감행된 당의 고구려 침공은 성공 가능성보다는 실패 가능성을 근원적으로 내포하고 있었다.

당의 고구려 침공이 성공적이지 못한 또 하나의 원인은 당군과 고구려군의 전략 전술 개념의 상대적인 차원에서 본 적합성 여부와, 채택된 전략 전술이 현실 작전 수행에서 얼마나 어떻게 구체화되었는가에서 찾아볼 수 있다. 당 태종은 원정 작전의 어려움을 충분히 알고 속전속결(速戰速決)의 전략 전술을 세운 것으로 보인다. 이러한 개념은 일반적으로 작전 수행의 기본 원리라는 점에서의 타당성은 물론, 고구려 침공에 따른 원거리 보급 수송의 어려움과 작전지역의 지형 및 기상면에서도 타당성이 있는 개념이었다. 이에 맞선 고구려는 청야입보(淸野入保)의 방위 개념과 전략 전술을 체제화하였다. 거주지를 기반으로 성(城)을 구축하여 요새를 만들어 놓고, 평시에는 농경과 수렵 등의 생활을 영위하며 식량을 성 안에 비축해 놓고, 일단 유사시에는 모든 가용 기구와 식량을 가지고 성 안으로 들어가서 수성(守城)에 임하는 병농일체(兵農一體)의 체제를 구축해 놓았다. 원정군의 약점을 인지하고 전쟁을 신속하게 마감하려는 당군의 속전속결 전략 전술이나 원정군의 약점을 더욱 약하게 만들어 장기전을 수행함으로써 원정군의 전력(戰力)과 전기(戰氣)를 마모시키려는 고구려군의 청야입보 전략 전술은 상대적으로 매우 타당하고 적합한 개념이었다. 그러나 이러한 개념은 그의 효용성이 실제로 전개되는 전장에서 작전 수행의 결과에 의해서 뒷받침되어야 하는 점을 필수적으로 요구하고 있는 성질의 것이었다.

속전속결의 당군 전략 전술은 당군의 실제 작전에서 충분히 구현되지 못한 면이 많았다. 속전속결을 현실적으로 보장하기 위해서는 병력의 기동성이 확보되어 있어야만 한다. 이동 속도가 빨라야 하고 병력의 기동성을 보장하기 위한 보급 체계도 갖추어져 있어야 한다. 그러나 당군은 보병 위주로 구성되어 있기 때문에 신속한 기동을 통한 신속한 작전 수행 능력에는 한계가 있었으며, 신속한 보급 체계는 잘 갖추어져 있지 못했다. 당군은 요동으로 이동하는 데 기동 방향을 바꾸거나 기동이 불가능할 것으로 판단되는 요택(遼澤)을 통과하는 등 고구려군을 기만하여 기습을 달성하려 했으며 어느 정도는 성공적이었다. 그러나 당군은 고구려의 중심을 신속히 강타하는 작전보다는 요하 동안(東岸)의 고구려 성(城)들을 차례로 공격하는 방식을 취하여 신속한 작전수행보다는 안전한 작전수행에 더 큰 비중을 두었다. 그리고 성의 공격도 견고한 성을 고립시키고 덜 견고한 성을 공격하여 진격 속도를 증가시키는 노력보다, 공격하려는 성 공략의 난이(難易) 여부를 불문하고 차례대로 성을 공격하여 당군은 자신이 피하려던 지구전(持久戰)을 자초하고 말았다. 그리고 비사성을 함락시킨 수군을 전체적인 작전에 도움이 되는 방향으로 활용하지 못하고 방치함으로써 분진합격(分進合擊)이라는 원래의 구상을 실현시키지 못하여 속전(速戰)을 하지 못했다. 따라서 당군은 전략적으로 고구려의 허점을 과감히 공략하는 계산된 모험을 감수하지 않고, 안전한 작전 수행만을 고집한 결과로 계절적으로 3개월 내로 국한되다시피 한 작전 기간을 넘긴 채, 자체 보급의 한계를 극복하지 못하고 퇴각 외에 다른 선택을 할 수가 없게 되었다. 당군은 속전속결을 보장할 수 있는 기본 능력의 결핍과 지구전을 자초한 작전 수행상의 오류로 고구려 침공 목적을 달성할 수 없었다.

고구려군은 청야입보(淸野入保)의 개념에 입각하여 평소에 성(城) 중심의 거점 방어체제를 구축하여 당군의 진격과 작전 속도를 충분히 늦출 수 있어서 당군이 스스로 퇴각하도록 만들었다. 과거 수차례에 걸친 수군(隋軍)의 침공을 물리친 바 있는 고구려군은 원정군의 약점을 충분히 활용하는 전법의 중요성과 효용성을 잘 알고 있었다. 그리고 공격을 당하는 성의 방어 작전을 지원하기 위하여 인접 성이나 지역에서 차출된 증원군을 파견하기도 했다. 물론 안시성의 작전을 돕기 위하여 파견된 고연수(高延壽), 고혜진(高惠眞)군이 속전속결을 원하는 당 태종의 계략에 말려들어 항복을 해 버린 바 있었지만, 안시성 고구려군의 지구전 전략은 당 태종의 속전속결 전략을 무력하게 만들 만큼 지구적이었다. 특히 과거 우문술(宇文述), 우중문(于仲文)이 이끌던 수나라의 평양성 침공을 무력화시키고, 퇴각하는 수군을 추격하여 이를 섬멸시켰던 고구려군의 전력(前歷)은 당 태종으로 하여금 이도종(李道宗)이 제안한 평양성(平壤城) 직공(直攻) 같은 과감한 작전 수행을 못하게 만든 요인이 되었다. 이와 같이 수군을 물리쳤던 고구려군의 명성과 청야입보에 입각한 고구려의 고수(固守) 및 지구(持久) 전략은 당군의 속전속결 전략 전술에 의한 작전 수행을 사실상 전면적으로 거부함으로써 당군에게 패배를 안겨 주기에 충분한 강도와 타당성을 지니고 있었다.

5) 당의 2차 고구려 침공 작전

(1) 당군의 침공 계획

고구려는 당의 1차 침공 작전이 있은 1년 후인 646년 5월 당에 사신을 보내어 유감을 표명하고 관계 개선 희망 의사를 표시하였다. 그러나 당 태종은 예물과 미인의 접수를 거부하고 장차 고구려 사신의 입국조차 거절하라는 지시를 내렸다. 당 태종은 고구려의 재침공을 결정하고 647년 2월에 중신회의를 소집하여 구체적인 침공 계획을 논의하도록 했다. 당 태종은 다시 대규모의 고구려 침공을 원했으나, 중신들은 고구려가 성을 산악지대에 쌓아 놓고 있기 때문에 단시일 안에 함락시킬 수 없다는 점을 지적하면서, 고구려에 대해서 장기 소모전을 강요하자는 의견을 제시했다. 소규모 병력으로 자주 고구려의 변경을 침공하여 고구려의 국력을 고갈시키고 민심의 이반(離反)을 재촉하여 고구려 스스로 붕괴하도록 만들면, 압록강 이북지방은 싸우지 않고도 당의 영토가 될 것이라는 장기 전략을 제안했다. 당 태종도 중신들의 의견을 수용하여 먼저 빈번한 소규모 공격으로 고구려를 충분히 약화시킨 다음에 대규모의 침공 작전을 전개하여 고구려를 아예 멸망시킨다는 전략을 수립하였다.[75] 당 태종에게 고구려는 제거의 대상이지 관계 개선의 대상은 아니었다.

당 태종은 647년과 648년 2년 동안 수륙 양로를 통하여 소규모 정예부대로 하여금 고구려 변경지역을 몇 차례 침공하도록 함으로써, 고구려군의 전력을 고갈시키고 내부 혼란을 조성하여 고구려의 국력을 충분히 약화시킨 다음에, 649년에는 30만의 대군을 동원하여 고구려를 아예 멸망시킨다는 계획을 세웠다. 이에 따라 당 태종은 청구도행군대총관(靑丘道行軍大總管)으로 우진달(牛進達)을 임명하여 수군(水軍) 1만 명을 거느리고 산동반도를 출발하여 요동반도 남단으로 진출하도록 하고, 요동도행군대총관(遼東道行軍大總管)으로 이세적(李世勣)을 임명하여 병력 3,000과 영주도독부(營州都督府) 소속 병력을 지휘하여 요하(遼河) 상류지역으로 진격하도록 했다. 그리고 특히 당 태종은 양군에 수전(水戰)에 익숙한 인원을 배치하여 지세(地勢)와 기상의 변화에 기민하게 대처하도록 조치했다. 육로군은 647년 5월경 요하 상류지역의 평지에 위치한 고구려의 남소성(南蘇城)과 그 주변의 성을 공략하고, 수로군은 해상으로 이동하여 7월경 요동반도 남단의 석성(石城)을 공취한 다음 648년 4월경 압록강을 거슬러올라가 압록강 하류지역의 박작성(泊灼城)을 공격한다는 계획을 세우고 준비에 들어갔다. 고구려의 변방을 침공하여 고구려 전력을 고갈시킨다는 제한 작전 계획이었다. 당 태종은 군량을 비축시키고, 강남(江南)지역의 공인(工人)들을 모아 고구려 침공 작전에 사용할 전선(戰船)을 건조하게 하는 등 작전 준비에 총력을 기울였다.[76] 당 태종은 친정(親征)에 나설 생각은 하지 않았으나, 고구려 침공 작전 수행에 차질이 생기지 않도록 세심한 주의와 준비를 게을리하지 않았다.

(2) 변경지역의 전투

이세적이 이끈 육로군은 요하 서쪽에 구축된 당군의 요새인 통정진(通定鎭)을 거쳐 요하를 건너 요하 상류지역에 있는 남소성을 공격했다. 남소성은 신성(新城)과 목저성(木底城)의 북쪽에 자리잡은 요새로서 고구려 북부 평야지대를 관할할 수 있는 요충이었다. 당군은 대규모 공격에 대비가 철저하지 않은 이 성을 공격함으로써 고구려군의 분산을 강요하면서, 평야지역의 생산력을 박탈할 수 있는 이점을 취할 수 있다고 판단했다. 당군의 대규모적인 공격을 받은 남소성 고구려 군민은 사실상 크게 당황할 수밖에 없었다.

남소성의 고구려 군민은 당군과의 정면 대결은 아예 피하고 성곽 안에 들어가 방어에 돌입했다. 그러나 평시에 대규모 공격을 대비한 성곽의 구축이나 대비 상태가 다른 성에 비해서 그렇게 견고하거나 철저하지 못한 탓으로 남소성의 수성(守城)은 그렇게

75) *資治通鑑, 卷198,* 貞觀 21년(647) 2월; *三國史記, 高句麗本紀; 東國兵鑑,* p. 99; *高句麗對隋·唐戰爭史,* pp. 202-4; *韓民族戰爭通史, I, 古代篇,* pp. 300-2.

76) *前揭書.*

변경지역 전투 상황

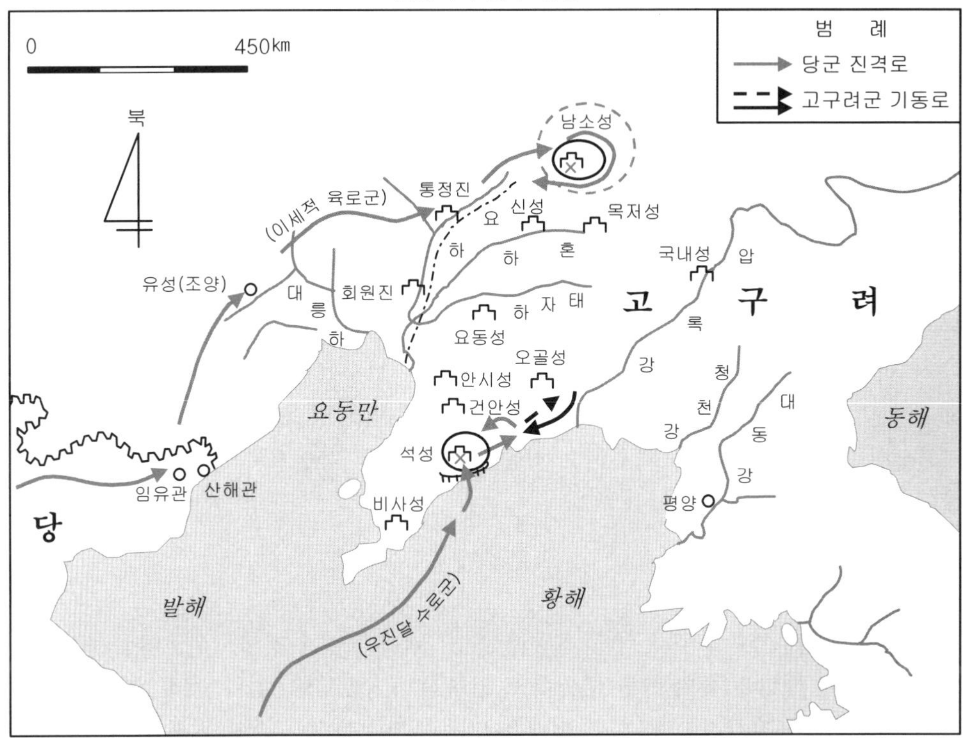

쉽지 않았다. 당군이 가져온 충차(衝車)와 석포(石砲)의 공격에 성곽이 파괴되고 이 틈을 이용하여 당군이 성 안으로 진입하였다. 남소성은 고구려 군민의 필사적인 방어에도 불구하고 당군에 의해서 함락되고 말았다.

남소성을 점령한 당군은 남소성은 물론 주변의 성들까지 불을 질러 초토화시켜 버리고 주민들을 포로로 잡아 갔다. 이로써 당군은 단시간 내에 고구려 북부 평야지대를 황폐화시킴으로써 고구려군 군량 비축을 방해하고, 고구려인에게 당군에 대한 공포심을 갖게 만들어, 압록강 이북지역에서 거주하는 것이 위험스럽다는 인식을 심어 주려 했다.

해로를 이용하여 요동반도 남단에 도착한 당의 수로군은 고구려군과 100여 차례의 접전을 하면서 일진일퇴(一進一退)를 거듭하다가 석성(石城)에 도달했다. 당군의 상륙 지점 가까이에서 당군을 격퇴하지 못하고 성 안으로 들어가서 방어전에 임한 고구려군은 성 밖에서 치른 당군과의 전투에서 입은 피해가 커서 제대로 방어 작전을 수행하기가 어려웠다. 증원군의 보강이 없이는 당군과 대적하기 힘든 상태였다. 고구려군은 성 밖에서 치른 전투에서 입은 피해를 성 안에서 스스로 극복하고 정상적인 수성 작전(守城作戰)을 수행할 수가 없었다. 그리하여 고립무원(孤立無援)에서 석성의 고구려군은 한 차례 치열한 접전을 치른 후에 성을 당군에게 빼앗기고 말았다.

석성을 점령한 당군은 압록강 방향으로 동진(東進)하다가 석성의 방어 작전을 지원하기 위하여 뒤늦게 서진(西進)하는 고구려군과 조우(遭遇)하게 되었다. 고구려 증원군 약 1만 명은 행군총관(行軍總管) 이해안(李海岸)이 지휘한 당군과 정면으로 격돌하여 3,000여 명의 사상자를 내고 퇴각하였다. 당군 역시 많은 피해를 입었기 때문에 더 이상 진격을 하지 않고 본대와 합류하여 본국으로 퇴각했다.[77]

이와 같이 당의 육로군과 수로군은 고구려 변경지역에 대한 교란 및 초토 작전을 수행하여 고구려의 전력을 소모시키고, 변성(邊城)을 폐허화하여 1차 원정 실패의 보복은 물론, 당군의 위세를 과시하여 고구려인이 당에 대해서 두려움을 갖도록 하였다. 그리고 당군의 이러한 보복과 간헐적인 승리가 고구려인의 지도부에 대한 불만과 고구려 내의 혼란을 야기시키는 촉매가 되고 고구려의 전력과 고구려인의 응집력이 약화되어 고구려가 당군이 계획하고 있는 대규모 침공 작전으로 쉽게 정복되기를 바랐다.

(3) 박작성 공방전

당 태종은 647년의 고구려 변방 침공에 이어 648년 1월에 청구도행군대총관(靑丘道行軍大總管)에 설만철(薛萬徹)을 임명하고 압록강 하구로 진출하여 제한적인 침공 작전을 수행하도록 지시하였다. 침공 명령을 받은 설만철은 3만 명의 병력을 이끌고 1월 25일 산동의 내주항(萊州港)을 떠나 압록강 하구로 진출하였다. 당군은 압록강 하구를 따라 100여 리 정도 거슬러올라가다가 박작성(泊灼城)으로부터 남쪽으로 60여 리 정도 떨어진, 압록강 서안(西岸)의 산악에 박작성을 공격하기 위해서 진영을 구축했다. 박작성은 오골강(烏骨江)과 압록강이 합류하는 지점에 위치한 요충으로서, 요동성-오골성-박작성에 이르는 압록강 서부지역의 주요 통로와 강 동쪽지역을 연결하는 교통의 요지에 자리잡고 있었다. 고구려는 이 성을 빼앗길 경우 압록강 방어선이 붕괴되어 정국(政局)의 안정에 치명적인 영향을 끼칠 수 있다는 판단을 하고 이를 사수하려 하고 있었다. 이러한 중요성을 모를 리 없는 당군은 이 성을 탈취하려 전열을 정비하고 있었다. 박작성을 사수하려는 고구려군과 이를 탈취하려는 당군은 접전 태세를 갖추었다.

박작성의 성주 소부손(所夫孫)은 보병과 기병 1만 명을 이끌고 성 밖으로 나와 당군과 맞섰다. 당군의 공격이 개시되었다. 고구려군과 당군은 정면으로 수차례 공방전을 실시하였다. 그러나 병력면에서 열세한 고구려군은 당군의 공격을 당해내지 못하고 성 안으로 철수하여 방어에 임했다. 고구려군은 지형적인 이점을 최대한 이용하여 당군의 공성 공격을 효과적으로 저지하고 있었다. 이때 고구려 장수 고문(高文)이 오골성(烏骨城), 안시성(安市城) 등 주변의 성에서 병력 3만여 명을 모집하여 박작성의 수성 작전을

77) *資治通鑑, 卷198,* 貞觀 21년(647) 5월, 7월; *三國史記, 高句麗本紀; 新唐書, 東夷列傳, 高句麗; 東國兵鑑,* p. 100; *韓國古代軍事編年史,* p. 216.

지원하기 위해서 전장에 도착했다. 고구려 증원군은 2개 제대로 나누어 당군을 협공하는 작전을 구사했다. 당군도 병력을 둘로 나누어 고구려군의 공격에 대처했다. 그러나 고구려군은 단시일에 여러 성에서 차출된 병력으로 급조된 부대였기 때문에, 잘 조직된 당군을 효과적으로 공격하지 못했다. 오히려 전투 상황은 고구려군에게 불리하게 전개되어 고구려군이 패퇴(敗退)하였다. 박작성은 다시 단독 방어를 할 수밖에 다른 방도가 없었다.

고구려 증원군을 격퇴한 당군도 박작성의 공략이 쉽지 않다는 것을 알고, 자체 보급지원의 한계를 인식하여 박작성의 공격을 중지하고 본국으로 철수하였다. 박작성을 함락시키지는 못했으나, 당군은 압록강 하구에까지 침공하여 당군의 위세를 과시하고 고구려군에게 타격을 입혔다는 것으로 침공 작전의 목적을 달성한 것으로 판단했다. 사실상 계속되는 당군의 침공을 막기 위하여 생산 활동에 투입될 인력과 비축된 물자를 동원하였기 때문에, 고구려도 결코 적지 않은 국력의 소모를 감수해야만 했다. 그러나 다행스럽게도 고구려는 요동과 한반도를 잇는 교통의 요충인 박작성은 그대로 확보할 수가 있었다.78)

박작성 전투 상황

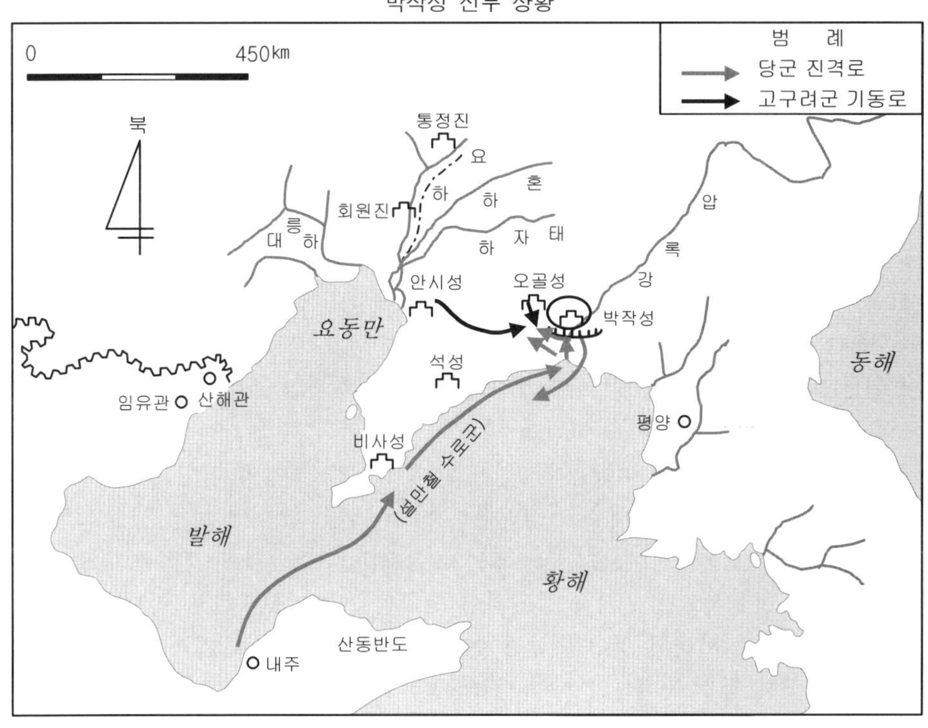

78) *三國史記, 高句麗本紀; 舊唐書, 東夷列傳, 高句麗,* 貞觀 22년; *韓國古代軍事編年史,* p. 224.

6) 무산된 당의 3차 고구려 침공 시도

몇 차례에 걸친 소규모 고구려 침공 작전의 수행으로 고구려의 전력을 소모시키고 고구려인의 당에 대한 두려움의 정도를 심화시켰다고 판단한 당 태종은 대규모의 고구려 정벌 원정을 계획하였다. 당 태종은 중신들을 모아 놓고, 649년에 30만을 동원하여 고구려 침공을 단행하려는 자신의 계획을 밝히고, 중신들의 의견을 물었다. 당의 중신들은 이러한 태종의 의견에 반대는 못하고 몇 가지 문제점을 지적하면서 신중하게 계획을 추진할 것을 건의했다. 특히 중신들은 고구려의 재침공을 위해서는 1년 분의 군량 비축이 필요하고 이를 수로를 통해서 운반해야 되기 때문에, 식량 수송선 건조의 비용은 검남(劍南: 사천성)지방이 담당할 것을 원했다. 이에 당 태종은 648년 7월 중앙 관리를 검남에 파견하여 고구려 침공과 군량 수송에 필요한 선박의 건조 업무 전반을 지휘하도록 하고, 내주자사(萊州刺史)에게는 고구려 침공 해로(海路)상에 있는 묘도열도(廟島列島)의 오호도(嗚胡島)에 군량과 각종 무기를 비축하도록 지시했다. 그러고 난 후 당 태종은 중국 각지에 있는 조선소(造船所)에 명하여 작전 수행과 군량 수송을 위한 1,100여 척의 선박을 건조하도록 하였다.[79] 당 태종은 안시성(安市城)에서 무산되었던 고구려 침공을 성공시켜 자신과 당의 위력을 과시하고 싶었다.

재위 기간 동안에 고구려를 정벌해야겠다는 당 태종은 자신의 야망을 실현시키기 위하여 다시 한번 당나라 전체를 동원하였다. 그러나 선박 1척의 건조 비용으로 비단 1,200필씩을 책정하고, 선박 건조에 필요한 비용이 부과된 검남(劍南)지방이 크게 소란스러웠고, 일부 지역에서는 반란까지 일어나 이를 평정하기 위하여 병력까지 파견하는 사태가 벌어졌다. 고구려 침공을 위해 중국 전체가 동원되어 법석을 떨고 있을 때, 당 태종을 보좌하다가 648년 당시 병상(病床)에 누워 있던 중신 방현령(房玄齡)이 태종에게 고구려 원정에 반대하는 상소문을 올렸다. "만족함을 알면 욕되지 않고, 그칠 줄을 알면 위태롭지 않다(知足不辱 知止不殆)"는 노자(老子)의 말로 시작된 상소문은 당 태종의 위명(威名)과 공덕(功德)이 이미 족하고, 국토를 개척함도 역시 멈출 만한 경지에 이르렀음을 상기시켰다. 중죄수 하나를 처결할 때도 여러 번 의견을 들어 신중하게 하는 당 태종이 많은 사졸(士卒)들을 창칼 아래 죽게 만드는 것이 비인륜적인 처사임을 지적하면서, 전선(戰船)을 불태우고 징발한 병사들을 돌려보내면 고구려도 스스로 굽히게 될 것이며, 먼 곳이나 가까운 곳 모두가 고요하고 평안해질 것임을 강조하였다. 특히 건의문은 현실적으로 중국을 동원하여 고구려를 정벌함으로써, 안으로 수(隋)의 치욕을 씻고 밖으로 신라의 원수를 갚는 행위가 "얻는 것은 적고 잃는 것이 크다(所存者小 所損者大)"는 점도 지적되었다.[80] 당 태종의 중신이었던 방현령(房玄齡)의 상소문은 동원의 본 모습이 어떠했던가를 대변해 주고 있었다.

---

79) *前揭書.*

80) *三國史記, 高句麗本紀.*

고구려 침공을 준비시켰던 당 태종은 649년 5월 고구려 침공을 중지하라는 유언을 남기고 사망하였다. 이에 따라 다시 대규모로 고구려를 침공하려던 당의 계획은 취소되었고 고구려와 당과의 전쟁도 일단 막을 내렸다. 고구려도 사신을 보내어 조문함으로써 양국간에는 어색한 채로 평온이 깃들게 되었다.

7) 고구려와 당의 전쟁 결과 및 영향

고구려와 당의 전쟁은 고구려와 수의 전쟁과 깊은 연관을 맺고 있다. 여러 차례에 걸친 고구려 침공을 위한 동원으로 빚어진 내부 혼란과 반란을 수습하지 못한 수나라를 대신하여 당나라가 중국의 통일 왕조로 등장한 것 자체가 그러하고, 수나라가 당한 중국인의 수모를 만회하고 보복하겠다는 목적으로 당나라가 고구려를 다시 침공한 사실 자체가 이러한 연관을 말해 주고 있다. 그러나 양 왕조는 고구려 원정 작전의 수행 규모와 방식은 달리하였다. 수 양제가 대규모 동원을 통하여 고구려의 전면 침공을 감행하려 했던 것과는 달리, 당 태종은 한 차례 적정 규모의 동원에 의한 침공과, 이것이 실패하자 소규모의 주변지역 침공에 의해서 고구려의 전력과 국력을 약화시킨 후에 전면 침공을 단행하려 했다. 이렇게 수나라의 것과는 차이가 있는 동원 규모의 설정과 작전 형태의 채택에도 불구하고, 당 태종이 지닌 고구려에 대한 보복심과 고구려 정벌의 욕구는 수 양제의 것에 결코 뒤지지 않았다. 이와 같이 당나라의 고구려 침공은 규모와 형태면에서의 차이를 머금고 있기는 하지만 수나라가 시행한 것과 본질적으로 긴밀한 연관을 맺고 현실로 구체화되었다.

당의 고구려 침공은 국내의 전폭적인 지지 속에서 수행된 것은 아니었다. 당 태종이 고구려 원정을 지시했을 때 당 내부 중신들의 의견도 나뉘어 있었다. 대부분의 중신들은 수나라의 선례를 들어 고구려 침공을 반대했다. 특히 간의대부(諫議大夫) 저수량(褚遂良)은 당의 내부적인 안정이 확보되지 않은 점을 들어 원정에 반대했고, 이 의견에 대부분의 중신들도 동조했다. 그러나 무장인 이세적(李世勣)은 북방지역에서의 미진한 정벌이 후환을 불러온 점을 지적하며 고구려의 토벌을 주장했다. 당 태종도 이세적의 의견을 거들면서 두 가지의 입장을 밝혔다. 첫 번째는 당이 수나라보다 안정되어 있고 강하다는 점이고, 두 번째는 소국인 고구려가 당나라의 상대가 될 수 없다는 점이었다. 그러나 당 태종은, 동원할 수 있는 자원 및 가용 병력의 크고 작음과 크게 관계 없이 원정에 의한 공성(攻城)과 거주지 중심의 수성(守城) 작전의 난이도(難易度)가 작전에 얼마나 큰 영향을 미치는 요인이 될 수 있는가에 대한 심각한 고려는 하지 않았다. 이러한 결과 속전속결(速戰速決)은 이루어지지 않았고 고구려의 친정(親征)은 낭패(狼狽)로 끝나고 말았다. 이후로 당 태종의 고구려 원정 전략은 대규모의 친정이 아닌 소규모의 변경 침공으로 고구려의 전력을 소모시키고 내분을 조장시킨 후에 결정적인 일격을 가하여 고구려를 정복한다는 개념으로 바뀌긴 했으나, 이 개념 역시 궁극적으로는 고구려를 완전히 토벌하겠다는 최초의 의도에서 벗어남이 없었다. 고구려 침공을 둘러싼 당 중신들간의 견해차는 당 태종의 유언에 의한 고구려 침공의 중지로 결말이 났으나 주전(主戰)을 고집한 측은 패전(敗戰)의 책임을, 주화(主和)를 주장한 측은 전쟁을 막지 못한 책임을 떠안을 수밖에 없었다. 이러한 책임과 더불어 새로운 왕의 등장은 기존 권력 집단의 퇴진과 새로운 권력층의 형성을 재촉하게 되었다. 고구려 침공을 둘러싼 당 내부의 견해 차이는 이와 같이 당 내부의 권력 구조 변화를 가져온 하나의 요인으로 작용하였다.

당의 고구려 침공 전략과 작전 수행 방식은 수나라의 것과는 달라서 수차례에 걸친 침공 작전의 수행에도 당 왕조의 존립은 유지할 수 있었다. 수 양제는 계속적으로 대규모 동원을 실시하여 중원 자체를 피폐하게 만들었고, 작전 수행 방식도 자신이 재량권을 독점한 상태에서 전투 결과에 대해서는 부하 장수들에게만 책임이 주어져 오히려 현장에서 작전을 직접 지휘하는 현장 지휘관들의 즉각적인 대응과 효과적인 작전 수행을 저해함으로써 승기(勝機)를 놓치는 결과를 초래하였다. 이에 비해서 당 태종은 자신이 작전지역에 위치하면서 장수들의 요청을 받든 형식을 취한 후에 현지에서 작전을 지휘하는 방식을 택하여, 현지 장수들의 의견도 존중하면서 자신의 권위를 이용하여 작전을 신속하게 진행시킴으로써 상황 변화에 따른 적절한 조치를 취할 수 있도록 했다. 그리하여 수군(隋軍)의 비참한 철수와는 대조적으로 안시성 공성 작전의 실패 후에도 비교적 질서 있게 당군을 철수시킬 수 있었다. 특히 고구려 친정(親征)의 실패 후에는 중신들의 건의를 받아들여, 고구려의 국력과 전력을 마모(磨耗)시키기 위한 소규모 침공을 반복하는 전략을 채택하여 당의 국력과 전력을 보존하면서, 고구려의 내분과 소요를 조장하는 방책을 받아들여 당 왕조의 안정된 기반을 손상시키려 하지 않았다. 그리고 당 태종은 결국 당이 주도하는 대규모 고구려 침공을 그만두게 함으로써, 다음 왕이 고구려 문제를 원점에서 다시 검토하여 판단할 수 있도록 해주었다. 이러한 자제와 조치들은 여러 번에 걸친 고구려 침공이 당 왕조의 존립을 위협하는 요인이 되지 않게 만들었다.

수나라의 침공에 이어 당의 침공까지 격퇴한 고구려의 의지와 기상, 그리고 방어 체제와 군사력은 대단한 수준이었다. 그러나 한두 번이 아닌 수(隋)와 그 뒤를 이은 당(唐)의 침공을 막아내기 위해서 고구려가 소모한 국력과 전력의 손실은 이루 말할 수 없었다. 수와 당군이 실시한 침공은 통상 농번기에 이루어졌기 때문에, 침공 당해 연도의 농업 생산량 감소를 초래했고, 전투로 인한 인력의 손실은 농업 인력의 축소와 장기적인 생산 축소를 가져왔으며, 특히 당군에게 점령당한 요동의 주요 거점이나 당군이 시행한 소규모 침공으로 인한 요하 상하류지역의 초토화는 고구려 국력의 엄청난 손실을 가져온 결과가 되었다. 그리하여 고구려는 백제와 신라에 대해서 누렸던 국력의 상대적 우위를 누릴 수 없게 되었다. 고구려는 내부적인 궁핍 속에 경직된 국내 정치 구조를 갖게 되었고, 수나라와 당나라와의 전쟁에서 수와 당의 편을 들면서 영토적인 이익까지 챙긴 신라에 대한 강경한 정책을 채택하여 신라의 대당 접근만 가속시키는 결과를 빚어냄으로써 당을 삼국의 권력 관계에 끌어들이는 결과를 자초하였다.

고구려와 수나라, 그리고 당나라와의 전쟁은 한반도 내 3국 관계에도 적지 않은 영향을 끼쳤다. 낙랑(樂浪)과 대방(帶方)의 병합 이래 백제와 신라와 지리적으로 인접하게 된 고구려의 남진을 저지하기 위해서 백제와 신라는 공히 중국의 왕조나 주변 세력이 고구려를 견제해 주기를 바랐다. 이러한 백제와 신라의 바람은 양국과의 공조를 가능하게 만들었으나 양국간의 대고구려 공조 체제가 무너지고 극단적인 대립 관계가 다시 복원된 후에도 양국은 고구려를 중국의 세력이 압박, 견제해 주기를 바라는 점에서는 일치된 입장을 취했다. 그리하여 백제와 신라는 다같이 수나라에게 고구려의 토벌을 간청하면서 조공의 공여를 게을리하지 않았으며, 백제는 수의 고구려 침공군 향도를 자청하기도 했고, 당 태종이 고구려를 침공할 때는 화려한 군복까지 제공하였다. 특히 신라는 백제의 침공을 견제하기 위하여 고구려의 도움을 요청했으나, 이것이 거절당하자 고구려와 백제의 침공 억제와 두 나라의 공조를 견제하기 위해서 수(隋)건 당(唐)이건 중국의 강한 왕조나 세력의 도움을 요청하기 위하여 정도 이상의 우호 관계를 유지하는 것을 대외 정책의 지상 목표로 삼고 있었다. 이러한 이유로 당 태종이 고구려를 침공했을 때, 신라는 3만여의 병력을 고구려 접경에 집결시켜 필요시 당군과 협동 작전을 수행할 태세를 갖추기도 했다. 백제는 이러한 상황을 이용하여 신라의 변방을 침공하여 변성(邊城)을 탈취하는 행위를 서슴지 않았다. 이와 같이 고구려와 중국 왕조의 대립, 특히 수와 당과의 전쟁은 한반도 내 삼국 관계와 밀접한 관련을 맺으면서 이에 영향을 미치는 요인이 되었다.

이와 같이 고구려와 당의 전쟁은 고구려와 수의 전쟁은 물론 고구려와 백제, 신라와의 역학관계 등과 원인적 연관을 맺고 현재화(現在化)되었고, 특히 고구려, 백제, 신라 간의 권력 관계를 근원적으로 변질시킬 수 있는 잠재 요인을 내포하고 있었던 전쟁이었다. 더구나 고구려와 당과의 새로운 전쟁 가능성이 낮아지자 백제는 신라에 대하여 괘씸한 감정을 가진 고구려와의 공조를 통하여 신라에 대한 압박의 강도를 높임으로써 신라를 더욱 당에 접근시키는 결과를 빚어내었다. 현실적으로 절박한 필요에 직면한 신라는 당나라를 다시 한반도 내 권력 다툼에 끌어들여, 한반도 국가간 권력 구조를 자국 중심적인 것으로 바꾸어 놓음으로써 중국과 한반도의 관계를 더욱 불평등하게 밀착시키는 역사적 계기를 만들기도 했다.

5. 백제와 나·당 연합군과의 전쟁

백제와 신라 간의 무력충돌 관계의 역사는 깊고 횟수는 매우 잦았다. 백제가 마한

(馬韓)지역을 장악하고 난 후에 신라와 경계를 마주하게 된 후부터 백제와 신라 간에는 접경지역의 소유를 다투는 크고 작은 충돌이 있어 왔다. 그러다가 고구려가 낙랑과 대방을 흡수하여 백제와 국경을 마주하고, 수도를 평양으로 옮겨 남진 정책을 본격적으로 추진함에 따라 백제와 신라는 공조 체제를 유지하기에 이르렀다. 그러나 백제와 신라 간에 약 120여 년간(433-553) 유지되어 온 공조 체제는 백제와 신라가 공동 작전을 전개하여 수복한 한강(漢江) 하류지역을 553년 신라가 단독으로 점령함으로써 무너지게 되었다. 신라는 한강 하류지역을 확보함으로써 서해로의 진출과 서해를 통한 중국과의 접촉이 가능하게 되었으나, 백제와 신라 간의 관계는 양국간 공조 체제의 수립 이전보다 더욱 적대적인 무력 충돌 관계로 변질되어 버렸다. 특히 무왕(武王, 600-640 재위)을 계승한 의자왕(義慈王, 641-660 재위)은 자신이 직접 침공 작전을 지휘하여 642년 미후성(獼猴城) 등 신라의 40여 개 성을 점령하기도 했다. 백제와 신라 간에는 영토 쟁탈이라는 현실적인 이해 득실(利害得失)의 차원을 넘어 감정적인 보복심까지 곁들인 적대 관계가 정착되었다.

특히 642년 백제의 침공으로 실시된 대야성 전투는 백제와 신라 간에 정착된 적대 관계의 확산을 가져왔다. 백제의 장군 윤충(允忠)은 642년 8월 1만여 명의 백제군을 이끌고 신라의 대야성(大耶城: 합천)을 점령했다. 그리고 항복해 온 성주인 김춘추(金春秋)의 사위 품석(品釋)과 가족들을 처형하고, 1,000여 명의 주민을 포로로 잡아갔다. 이에 김춘추는 어떠한 수단을 동원해서라도 백제를 멸망시켜야겠다고 다짐하면서, 642년 11월 위험을 무릅쓰고 고구려로 가서 구원병을 요청하기에 이르렀다. 그러나 고구려의 실권자인 연개소문(淵蓋蘇文)과 보장왕(寶藏王)은 신라가 차지한 죽령 서북지역의 반환을 요구하면서 김춘추의 제의를 거절함은 물론 김춘추를 감금까지 했다. 김춘추는 본국에 이 사실을 알리자 김유신(金庾信)이 이끄는 결사대가 한강을 건너 김춘추를 구출하려 출동했다. 이에 고구려는 김춘추를 놓아 주었다.[81] 고구려의 도움을 더이상 기대할 수 없다고 판단한 김춘추는 백제를 멸망시키기 위하여 당(唐)의 원조를 확보하는데 온갖 노력을 아끼지 않았다. 백제와 신라 간의 적대 관계는 신라의 당에 대한 의존 관계를 더욱 심화시켜 후일에 신라와 당나라 연합군의 형성을 가능하게 만들었다.

백제 의자왕의 끊임없는 신라 침공은 나당 연합군의 형성을 재촉한 요인이 되었다. 의자왕은 즉위한 직후(642년)에 미후성(獼猴城) 등 40여 개 성과 대야성(大耶城)을 점령하고 643년에는 고구려와 연합하여 신라의 대당(對唐) 통로(通路)인 당항성(黨項城 : 남양)을 점령하여 신라의 당에 대한 접근을 방해하려 했다. 또 의자왕은 645년 매리포성(買利浦城)을 비롯한 7개 성, 648년에는 요고성(腰庫城) 등 10개 성, 649년 8월에는 석토(石吐) 등 7개 성을 공격하여 탈취하였다. 특히 655년 1월에 백제군은 고구려, 말갈군과 연합하여 신라 서북쪽 일대의 30여 개 성을 공략했다. 백제와 고구려가 말갈의

81) *三國史記, 新羅本紀; 高句麗本紀; 百濟本紀.*

병력까지 동원하여 신라의 북방을 침공하자, 신라의 태종무열왕(太宗武烈王, 654-661 재위)은 당에 사신을 급파하여 이 사실을 당에 알리고, 백제의 공격을 위한 구원병의 파견을 간곡히 요구하기에 이르렀다.[82] 당의 고종(高宗)도 당에 우호적인 신라의 요청을 도외시할 수만은 없었다. 그러나 당 고종은 신라의 백제공격을 돕기 위한 병력의 파견보다 고구려에 대한 견제 공격을 실시하여 신라에 대한 고구려의 압력을 경감시키기로 결정했다.

고구려에 대한 견제 공격을 실시하여 신라를 간접적으로 지원한다는 방침을 세운 당 고종은 655년 2월에 영주도독(營州都督) 정명진(程名振)과 좌우위중랑장(左右衛中郞將) 소정방(蘇定方)을 요동에 보내 고구려에 대한 공격을 실시하도록 했다. 영주 도독이 지휘한 당군은 5월에 요하를 건너 요동으로 진격하였다. 그러나 당군의 규모가 작다는 사실을 간파한 고구려군은 당군을 기다리지 않고 신성(新城) 동남쪽 요하 지류를 도하하여 당군을 공격하였다. 전세가 불리하다고 판단한 당군은 고구려 신성의 외각과 주변 부락에 불을 놓고 퇴각하였다. 이후에도 당군은 정명진과 우령군중랑장(右領軍中郞將) 설인귀(薛仁貴)를 658년 6월 다시 요동으로 진격시켰으나 고구려군에게 패하여 후퇴하였고, 659년 11월에는 설인귀가 요동으로 침공하였으나 고구려 장군 온사문(溫沙門)에게 횡산 전투(橫山戰鬪)에서 크게 패하여 철수하고 말았다.[83] 세 차례에 걸친 고구려 견제 공격이 별다른 성과 없이 끝나자 당 고종은 고구려가 아직 강하다는 인식을 가지고 신라의 요청대로 백제 출병(百濟出兵)을 결심하였다. 백제 침공을 위한 신라와 당나라의 연합군이 형성되기에 이르렀다.

1) 신라와 당군의 백제 침공 계획

신라와 더불어 백제를 침공하기로 결심한 당 고종은 당군은 수로(水路)로 이동하고 육로(陸路)를 통해서 진격하는 신라군과 합동 작전을 실시하여 백제를 공격한다는 분진합격(分進合擊)의 개념 아래 백제공격군을 편성했다. 당 고종은 신립도행군대총관(神立道行軍大總管)에 소정방(蘇定方)을 임명하고, 당에 머무르고 있던 신라 왕자 김인문(金仁問)을 부대총관(副大總管)으로 하는 13만여 명의 당군으로 백제원정군(百濟遠征軍)을 편성하고 신라의 태종무열왕(太宗武烈王)을 우이도행군총관(嵎夷道行軍總管)에 임명하여 당군을 지원하고 당군과 합동 작전을 수행하도록 지시하였다.

신라의 무열왕은 김유신(金庾信), 진주(眞珠), 천존(天存) 등의 장수들을 대동하고 5월 26일 경주를 떠나 6월 18일에 남천정(南川停: 利川)에 도착하여, 21일에는 태자 법민(法敏)으로 하여금 100여 척의 병선(兵船)을 이끌고 덕물도(德勿島: 德積島)에 가서

82) *三國史記; 舊唐書* 및 *新唐書, 東夷列傳, 高句麗, 百濟, 新羅*, 永徽 6년; *東國兵鑑*, pp. 104-5; *韓國古代軍事編年史*, pp. 229-231.

83) *三國史記, 高句麗本紀; 韓國古戰史, 1: 古代篇*, pp. 108-9.

소정방(蘇定方)을 영접하도록 했다. 원정군의 사령관격인 소정방은 660년 5월 산동반도의 내주(萊州)를 떠나 6월 하순경에 덕물도(德勿島)에 도착했다. 소정방은 법민에게 "나는 7월 10일 백제에 도착하여 남쪽에서 대왕의 군사와 합세하여 백제 의자왕(義慈王)의 도성을 격파할 계획이오"라고 말했다. "우리 대왕께서 장군의 대군을 기다린 지 오래입니다. 장군의 도착 소식을 들으시면 지체 없이 달려가실 것입니다"라고 법민이 답변했다. 양군의 협조가 이루어졌다.

당군의 도착 소식을 들은 신라의 무열왕은 대장군 김유신(金庾信), 장군 품일(品日), 흠춘(欽春)에게 5만의 정예병을 이끌고 당군과 합동 작전을 수행하도록 지시하고, 자신은 금돌성(今突城: 경북 상주지역)으로 가서 머물렀다.[84] 당군과 신라군이 연합한 백제 침공작전의 계획이 확정되었고 실행에 옮겨지고 있었다.

2) 백제의 방어 계획과 조치

백제 의자왕(義慈王, 641-660 재위)은 신라의 침공 작전에서 승리를 거두자, 백제의 국력 증강이나 방어보다는 신라 변성(邊城)의 침공과 개인적인 쾌락의 추구에 더욱 열성적이었다. 계속되는 신라의 침공은 신라 사람들에게 백제에 대한 적개심을 상기시켜 내부적인 결속을 강화하는 요인을 제공했으며, 신라의 대당 접근을 가속시켰고 백제인들에게는 몇 개의 성을 점령함으로써 얻는 이익이나 승리감보다는 전쟁 동원과 차출로 인한 피폐함으로 인하여 갖은 고통을 겪게 만드는 요인이 되었다. 더구나 의자왕의 향락 탐닉에 젖은 생활을 뒷받침하기 위한 과도한 세금의 징수는 백제인의 생활을 더욱 어렵게 만들어 내부적으로 민심이 이반되는 현상과 정도를 더해 주었다. 이러한 결과로 백제는 국가적 차원의 국력 증강이나 방어 계획을 갖지 못하고, 신라의 침공 작전에서 거둔 단편적인 승리에서 비롯된 허황(虛荒)된 우월감에 젖어 있었다.

현실적으로 타당한 백제의 방어 계획은 한 충신의 읍소(泣訴) 속에 나타나 있었다. 656년 3월 좌평(佐平) 성충(成忠)은 의자왕의 난잡한 생활을 그치도록 직접 간청하다가 하옥(下獄)되었다. 옥에 갇힌 성충은 몸이 쇠약해져 죽음을 앞에 두고 있었다. 임종을 앞둔 성충은 전쟁이 일어날 가능성을 지적하면서 백제 방어 계획의 일단을 의자왕에게 상주(上奏)하였다. "충신은 죽어도 임금을 잊지 않는다 하므로 원컨대 한 말씀 더 드리고 죽고자 합니다… 만약 다른 나라가 쳐들어오면, 육로(陸路)로는 탄현(炭峴: 연산 동북방 협로)을 지나지 못하도록 하고, 수군(水軍)은 기벌포(伎伐浦: 금강 하류)의 언덕으로 들어오지 못하게 하고 험난한 곳에 의거하여 방어한 연후에 치는 것이 옳겠습니다"라는 내용이었다.[85] 신라의 육군은 탄현(炭峴)을 넘지 못하게 하고, 당군은 금강(錦江)을 거슬러올라오지 못하게 하면서 지구전을 수행하라는 계획이었다. 그러나 의

84) *三國史記, 新羅本紀; 列傳, 金庾信; 韓國古代軍事編年史*, pp. 233-4; *東國兵鑑*, pp. 105-6.
85) *三國史記, 百濟本紀.*

자왕은 이러한 성충의 충정과 지혜를 헤아리지 못했다.

백제는 뚜렷한 방어 계획을 수립하지 못한 채 신라와 당나라 연합군의 공격을 맞았다. 다급해진 의자왕은 나당(羅唐) 연합군의 침공 소식을 듣고 중신들을 소집하여 방어 대책을 논의했다. 좌평 의직(義直)이 당군을 먼저 격파하면 신라군은 진격해 오지 못할 것이라고 말하면서 "선당후신라(先唐後新羅)"의 전략을 제시했다. 이에 대해서 달솔(達率) 상영(常永)은 당군의 예봉을 피하면서 진로를 차단하고 신라군을 먼저 공격하여 그들의 예봉을 꺾은 다음에 임기응변으로 침공군과 대적하면 승리할 수 있다고 말하면서 "선신라후당(先新羅後唐)"의 전략을 제안했다. 두 중신의 의견이 달라 어찌할 바를 모른 의자왕은, 억울한 죄로 고마미지현(古馬彌知縣: 전남 장흥)에서 귀양살이를 하고 있던 좌평(佐平) 홍수(興首)의 의견을 듣기 위해서 급히 사람을 보냈다. 홍수의 견해는 과거 성충(成忠)의 것과 같았다. 탄현(炭峴)과 백강(白江: 錦江) 하구(河口)의 지형적인 중요성을 지적한 홍수(興首)는 "…당병들로 하여금 백강으로 침입하지 못하도록 하고 신라 군사들이 탄현을 통과하지 못하도록 하면서 대왕은 성문을 굳게 닫고 엄중히 지키다가 침공군의 군량이 떨어지고 병사들이 피로해질 때를 기다려 그들을 공격하면 능히 격파할 수 있을 것입니다"라는 의견을 전해 왔다. 그러나 조정의 대신들은 홍수가 오랫동안 귀양살이를 하여 임금을 원망하고 나라를 사랑하는 마음이 없으니 그를 믿을 수 없다고 주장하면서 당군이 백강을 거슬러올라오면 선박을 나란히 항진시킬 수 없고, 신라군이 탄현을 넘고 난 후에는 좁은 길을 통과해야 하기 때문에 이때 양군을 공격하면 승리할 수 있다고 주장했다. 의자왕은 이들의 견해가 옳다고 판단하고 당군이 백강(白江)에 진입하고 신라군이 탄현(炭峴)을 넘은 후에 이들 양군(兩軍)을 공격하기로 방침을 세웠다.[86] 이와 같이 급조된 백제의 방어 계획은 지형상의 이점과 자국의 방어 능력을 도외시한 것으로서 당군과 신라군 어느 한쪽의 예봉을 먼저 둔화시키지 못하고 양군의 협격을 방치하여 양면 공격을 자초한 계획이었다.

3) 작전 경과

당군과 신라군으로 구성된 백제 침공군은 수로(水路)와 육로(陸路)를 따라 백제의 수도 사비성(泗沘城)으로 향했다. 백강(白江) 하구(河口)와 탄현(炭峴)에서 당군과 신라군의 진격을 막으면서 지구전을 수행하여 침공군을 격퇴하려는 적극적인 방어 개념보다 당군의 백강 진입과 신라군의 탄현 통과를 묵인한 후에 이들 양군을 격퇴한다는 백제의 소극적인 방어 개념과 계획은 당군과 신라군이 백제의 수도에 이르는 애로(隘路)의 통과를 무난하게 해주었다. 소정방이 이끄는 당군은 덕물도(德勿島)를 떠나 해로(海路)를 이용하여 백강 하구(河口) 기벌포(伎伐浦)에 도착하였다. 백제군의 저항이 없음

86) *前掲書; 東國兵鑑*, pp. 107-8.

을 이상하게 생각한 당군은 일부 병력을 상륙시켜 백강(白江)의 양안(兩岸)을 경계하면서 진격하도록 하고 주력은 승선한 채 백강 상류로 거슬러올라갔다. 김유신(金庾信)이 지휘하는 5만의 신라군은 7월 9일 백제군의 저항 없이 탄현(炭峴)을 넘어 황산(黃山: 連山)의 벌판으로 향했다. 당군과 신라군은 백제의 소극적 방어 개념과 계획 덕분에 백제 수도 공격을 위한 최초의 관문(關門)을 아무 저항 없이 통과할 수 있었다. 이제 백제의 수도 사비성은 지형적 장애물로 보호되지 못한 채 당군과 신라군의 공격에 노출되어 버리고 말았다.

당군과 신라군으로 구성된 백제 침공군의 공격을 막기 위한 백제군의 방어 노력은 거의 필사적이었다. 백제군은 백강을 거슬러올라가는 당군의 후미를 공격하였다. 이에 당군은 재빨리 강을 거슬러올라가 백제의 수도 가까운 곳의 강안(江岸)에 병력을 상륙시켰다. 백제군은 다시 주둔하고 있던 당군을 공격했으나, 1만여 명의 사상자를 내고 크게 패했다. 이에 당군은 승세를 몰아 사비성으로 육박하였다. 한편 신라군의 공격을 저지하기 위하여 황산벌에 출전한 백제의 장수 계백(階伯)은 5,000명의 결사대를 지휘하여 신라군과 마주하였다. 계백은 출전에 앞서 백제군이 패배할 경우에 "자신의 처자가 적(敵)의 노비(奴婢)가 되어 온갖 수모를 당하는 것보다 차라리 죽는 편이 낫다"는 판단을 하고 스스로 처자를 죽인 후 전투에 임했다. 그리고 그는 "옛날에 월(越)의 구천(句踐)은 5,000명의 군사로써 오(吳)의 70만 대군을 격파하였다. 오늘 모든 장병들은 각각 분발하여 승리를 결단함으로써 국은(國恩)을 갚도록 하라"라는 비장한 지시를 내렸다.[87] 비장한 각오로 전투에 임하는 백제군의 사기는 매우 높았다. 신라군은 네 차례에 걸친 공격을 감행했으나 백제군의 결사적인 방어선을 뚫을 수가 없었고 사기마저 떨어져 있었다. 이때 장군 흠춘(欽春)의 아들인 화랑 반굴(盤屈)이 백제군 진영으로 단독 돌진하여 용감히 싸우다가 전사했다. 또 장군 품일(品日)의 아들 관창(官昌)이 단독으로 백제군 진영으로 돌진하여 싸우다가 포로가 되어 계백(階伯) 앞에 나왔다. 관창이 어린 소년임을 확인한 계백은 그를 그냥 돌려보냈다. 그러나 관창은 다시 백제군을 향해 돌진하여 싸우다가 또 다시 사로잡혔다. 이를 보고 감탄한 계백도 할 수 없이 관창의 목을 베어 그가 타고 온 말 안장에 매달아 보냈다. 이렇게 어린 화랑들의 단독 돌진과 목숨을 아까워하지 않는 비장함을 목격한 신라군은 총공격을 감행하였다. 중과부적(衆寡不敵)으로 백제군은 패배하고 계백(階伯)은 전사했으며 좌평(佐平) 충상(忠常)과 상영(常永) 등 20여 명은 포로가 되었다.[88] 조직적인 백제군의 마지막 황산(黃山)벌의 결전은 백제군의 패배로 막을 내렸다. 이와 같이 침공군을 맞아 싸웠던 백제군의 저항은 처절하고 필사적이었다.

백제의 수도 사비성(泗沘城) 근방에 먼저 도착하여 신라군을 기다리던 당의 소정방(蘇定方)은 신라군이 약속일인 7월 10일보다 이틀 늦게 도착했다는 점을 구실로 신라

87) *三國史記, 列傳, 階伯.*
88) *東國兵鑑*, pp. 108-10.

군 독전관(督戰官) 김문영(金文穎)을 처형함으로써 한껏 위세를 과시하려 했다. 격렬했던 황산 전투의 분진을 털지도 못하고 달려온 김유신은 이를 묵과하지 않고 당군과의 일전도 불사할 태세를 취했다. 이에 소정방은 김문영을 놓아 주었다.[89] 당군을 끌어들인 신라가 감당해야 할 부담이 아닐 수 없었다.

당군과 신라군은 사비성을 공격하기 위하여 진격하였다. 백제군도 사비성 교외에 최후의 방어선을 구축하고 결사적인 항전 태세를 갖추었다. 소정방은 백제군의 방어선을 공격하여 백제군에게 막대한 피해를 입혔으나 백제군의 저항이 의외로 강한 것을 알고는 주춤하지 않을 수 없었다. 신라의 김유신은 진격을 망설이는 소정방을 설득하여 네 방향으로 진격하여 사비성으로 진격했다. 수도 함락의 위기에 직면한 의자왕의 아들 융(隆)은 음식물을 소정방에게 보내어 퇴군(退軍)할 것을 요청하면서 강화(講和)를 청했으나 모두 거절당했다. 최후가 다가오는 것을 감지한 의자왕은 "후회로다. 내가 성충(成忠)의 충성(忠誠)된 말을 듣지 아니하여 이 지경에 이르렀구나" 하면서 태자 효(孝)와 중신들을 데리고 7월 13일 야음(夜陰)을 이용하여 사비성을 빠져 나가 북쪽의 웅진성(熊津城: 公州)으로 도망하였고 궁녀들은 대왕포(大王浦)의 바위(후에 *落花巖*으로 명명됨)에서 몸을 강물에 던졌다.[90] 당군과 신라군은 사비성을 완전히 포위하고 대대적인 공성 작전을 준비하고 있었다.

그러나 왕이 없어진 사비성의 수성 작전(守城作戰)은 제대로 이루어지지 못했다. 지도 체제의 혼선이 발생했다. 의자왕과 태자가 웅진성으로 빠져 나간 후 왕의 차자인 태(泰)가 스스로 왕이 되어 사비성을 지키려 했다. 이에 대해서 태자의 아들 문사(文思)와 다른 왕자 융(隆)이 못마땅하게 생각하여 측근들을 데리고 성을 빠져 나가 당군에 항복하였다. 이러한 사태가 발생하자 백제군의 사기는 떨어지고 수성(守城) 작전은 제대로 수행되지도 못한 채 차질이 생기게 되었다.

백제 지도층의 분열과 혼란을 주시한 나당 연합군 지휘부는 이를 신속히 활용하였다. 당군과 신라군은 특공대를 편성하여 사비성의 성첩(城堞)을 오르게 하여 성(城) 위에 당기(唐旗)를 꽂았다. 성곽 위에 당기가 꽂힌 것을 본 성내의 백제 군민들은 동요하기 시작하여 제대로 수성 작전을 수행하기가 곤란한 지경에 이르렀다. 이러한 사태가 발생하자 스스로 왕이라고 칭하고 성을 지키려 했던 왕자 태(泰)도 할 수 없이 성문을 열고 항복하였다. 사비성이 함락되자 웅진성에 피신해 있던 의자왕(義慈王)도 태자 효(孝)를 데리고 7월 18일 나당 연합군에 항복하였다. 이로써 백제는 31왕 678년 만에 멸망하고 말았다.[91]

---

89) *前揭書*, p. 111.
90) *三國史記, 百濟本紀; 東國兵鑑*, p. 112.
91) *三國史記, 百濟本紀; 新羅本紀; 東國兵鑑*, pp. 112-5; *韓民族戰爭通史, I, 古代篇*, pp. 331-3; *韓國古代軍事編年史*, pp. 233-9.

나 · 당 연합군의 백제 침공

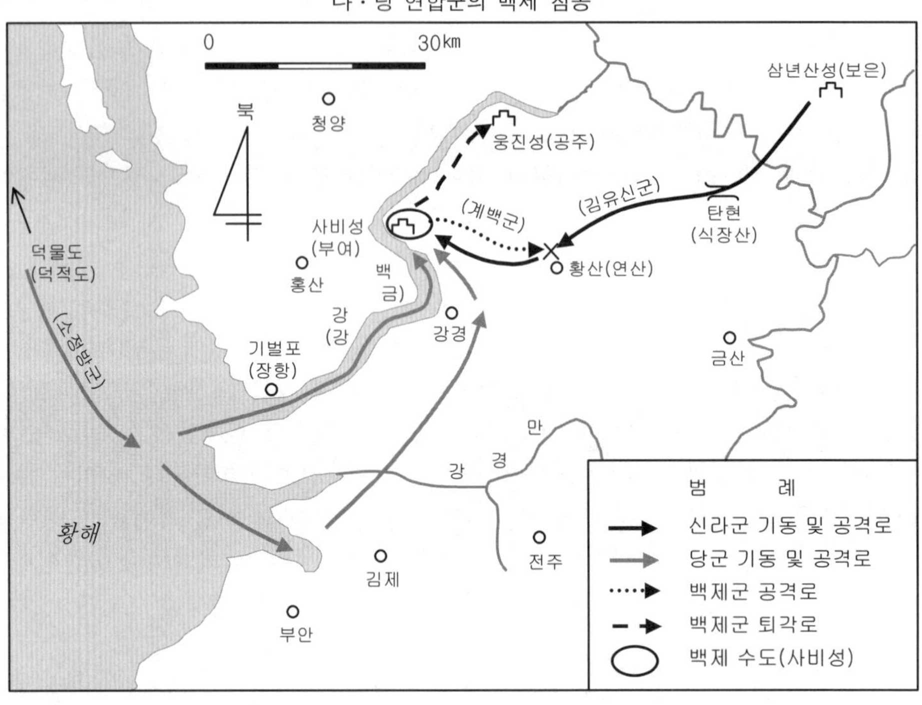

4) 작전 결과 및 영향

백제의 항복 소식을 들은 신라의 무열왕은 금돌성(今突城)으로부터 7월 28일 백제의 도성에 도착하여 장병들을 위로하는 잔치를 열었다. 무열왕과 소정방을 비롯한 장수들은 당상(堂上)에 앉고, 의자왕과 왕자들은 당하(堂下)에 꿇어앉았다. 신라왕과 소정방은 의자왕에게 술을 따르게 하여 이를 즐겁게 마시면서 승리를 자축하는 동안, 당하에 꿇어앉은 백제의 신하들은 소리 없이 흐느껴 울고 있었다. 소정방은 원정군의 주력을 이끌고 귀국하면서 의자왕과 세자 효(孝), 왕자 태(泰), 융(隆), 연(演)과 중신, 장사 88명, 그리고 백제인 1만 2,807명을 당의 수도로 보냈다. 당 고종은 측천문루(則天門樓)로 나가 백제의 포로들을 받아들인 후에 의자왕 이하 포로들을 석방하였다. 후일에 의자왕이 병사하자 당 고종은 금자광록대부위위경(金紫光祿大夫衛尉卿)을 추증하고, 중국 삼국시대 오(吳)나라의 마지막 왕 손호(孫皓)와 진(陳)나라의 마지막 왕인 진숙보(陳叔寶)의 무덤 옆에 그를 나란히 묻어 주었다.[92] 이로써 백제와 백제의 흔적은 공식적으로 역사에서 사라지고 말았다.

계백(階伯) 장군이 지휘하던 5,000명의 결사대가 수행한 황산(黃山) 벌판의 전투가

---

92) *三國史記*, *百濟本紀*; *新羅本紀*; *東國兵鑑*, p. 115.

거의 유일한 방어 작전이었다고 볼 수밖에 없었던 백제의 멸망은 백제 스스로 자초한 결과라고 보아 큰 무리가 없다. 백제의 국력과 전력, 그리고 응집력은 신라의 주력군을 맞아 싸우는 백제군의 규모와 밀접한 연관을 맺고 있다. 5만 명에 이르는 신라 주력군을 맞아 싸워야 했던 백제군은 겨우 5,000명이었으며 명칭도 결사대(決死隊)였다. 더구나 백제군을 지휘한 계백(階伯) 장군은 자신의 처자(妻子)가 침공군의 노비(奴婢)로서 모욕을 당하기보다는 자신의 손에 죽는 것이 낫다는 결론을 내리고 이들을 죽이고 전투에 임했을 정도였다. 전투의 결과는 물론 백제의 운명까지도 예견한 결과였다. 백제 의자왕은 신라의 침공에서 얻는 조그마한 쾌감을 만끽하기 위하여 끊임없이 병력과 물자를 동원함으로써 백제의 국력과 전력을 소진(消盡)시켰으며, 자신의 방탕한 생활에 필요한 재원을 마련하기 위하여 끊임없이 백성들을 괴롭혀 왔다. 그리하여 신라군을 대적한 백제군은 자신의 처자를 자기 손으로 죽이고 전투장에 나선 지휘관이 이끄는 5,000의 결사대밖에 없었다. 자신의 안위(安危)만을 고려하여 도망친 왕을 가진 백제가 온전할 수는 없었다. 특히 계속되는 백제의 신라 침공은 신라의 대당(對唐) 외교를 심화시켰으며, 결국 당군과 신라군의 연합군의 형성을 가능하게 만들어 협공(挾攻)을 자초한 결과를 초래했다. 이와 같이 백제는 스스로 국력과 전력을 낭비하고 당나라와 신라의 접근을 재촉함으로써 스스로 고립을 자초하여 국가로서의 운명을 마감하게 되었다.

당군과 신라군의 협동 작전의 결과로 구체화된 백제의 멸망은 한반도 삼국 관계의 본래 모습을 변질시키고 고구려를 앞뒤에서 압박하는 결과를 빚어냈다. 고구려를 수차례 공격하였으나 소기의 목적을 달성하지 못한 점을 못내 아쉬워해 온 당나라는 고구려 배후에 당에 우호적이고, 백제의 위협을 받지 않는 신라를 확보하게 되었다. 신라는 항상 영토 반환을 요구하며 신라에 대해서 적대적인 정책을 취해 온 고구려를 당의 힘을 빌려 견제할 수 있음은 물론, 고구려의 영토까지 더 차지할 수 있는 여지를 갖게 되었다. 따라서 앞뒤로 적대적인 세력을 마주 대해야 하는 고구려는 백제의 멸망으로 곤혹스런 위치에 놓이게 되었다.

백제의 멸망은 또한 당의 대한반도에 대한 야심의 정도를 증대시켜 놓은 결과를 가져왔다. 약속 날짜를 지키지 않았다는 구실로 신라군의 독전관(督戰官)을 처형하겠다고 한 당군 지휘관 소정방(蘇定方)의 오만함이나, 소정방을 맞이하면서 "어찌하여 그 길로 신라까시 정벌하지 않았는가?" 하고 물었던 당 고종의 태도에서 볼 수 있듯이, 당의 출병 목적은 결코 신라를 돕는다는 것만이 아니었음을 알 수 있다. 이러한 점에서 볼 때 당이 신라의 백제 정복을 도와준 주요한 이유는 당이 고구려 정벌을 단행할 때 신라의 도움이 필요하기 때문이라는 자국 중심의 냉정한 계산이었다. 이 점은 당나라가 백제와 고구려의 왕족을 점령지역의 통치자로 임명하여 간접적으로 통치하려 한 점과, 후에 신라가 백제와 고구려 유민들을 도와 한반도에서 당의 세력을 구축하려 한 사실로 미루어 가늠해 볼 수 있다. 신라의 요청으로 당나라가 개입하여 백제를 멸망시킴으로써 변질된 한반도 내의 권력구조는 당의 주도하에 이루어질 또 다른 변화를 예고하고 있었다.

6. 고구려와 나·당 연합군과의 전쟁

신라와 더불어 백제를 멸망시킨 당의 다음 목표는 고구려였다. 수나라와 당 태종이 당한 수모를 만회해야 한다는 감정적인 목적과 동이(東夷)지역이라고 부른 한반도에서 영향력을 확보해야 한다는 정치적인 목적을 달성하기 위해서도 당은 고구려를 정벌해야겠다고 판단하고 있었다. 그러나 고구려는 결코 만만한 대상이 아니었다. 이러한 이유로 신라가 자국의 안전을 위해서 더욱 다급하다고 간주한 백제를 먼저 공격하여 멸망시켰다. 이번에는 당나라가 백제의 평정에 여념이 없던 신라를 재촉하여 고구려 침공작전을 주도하였다.

간헐적으로 고구려를 침공하여 고구려의 전력을 탐색, 소모시키던 당 고종은 백제의 멸망 직후인 660년 12월에 고구려 침공군의 지휘부를 구성하고 661년 1월 말에는 병력과 장비를 집결시켜 주요 작전 지휘관을 임명하였다. 당 고종은 661년 1월 말, 하남(河南), 하북(河北), 회남(淮南) 등 67개 주로부터 4만 4,000여 명의 병력을 징집하고 여러 변방의 부족들도 동원하였으며, 4월 16일에는 임아상(任雅相)을 패강도행군총관(浿江道行軍總管), 설필하력(契苾何力)을 요동도행군총관(遼東道行軍總管), 소정방(蘇定方)을 평양도행군총관(平壤道行軍總管)에 임명하고, 자신이 직접 고구려 침공 작전을 지휘하려 했다. 그리고 당시 당나라에서 숙위(宿衛)하고 있던 김인문(金仁問)에게 신라군도 당의 고구려 정벌에 병력을 파견하여 남쪽에서 협격(挾擊)하도록 지시했다. 이에 따라 신라의 문무왕(文武王)은 상중(喪中)임에도 불구하고 김유신(金庾信)을 대장군으로 한 고구려 원정 지원군을 편성했다. 주위의 만류로 당 고종이 친정은 하지 않았으나 당의 35개 군 17만 5,000여 명과 신라 지원군은 고구려 원정 작전에 참여하게 되었다.

1) 당의 고구려 침공 계획

당은 수차례에 걸친 고구려 침공을 통하여 여러 가지 전략과 전술을 동원하여 고구려 정벌을 실현시키려 했다. 이러한 당의 시도는 작전 지휘 체계부터 작전 수행의 전략 전술에 이르기까지 전분야에 걸쳐서 이루어졌다. 대규모의 병력을 왕이 직접 지휘하여 이루어진 친정 작전, 총사령관을 임명하여 이루어진 수륙 협동 작전, 그리고 소규모 부대별로 개별 지휘관을 임명하여 제한적인 작전을 수행하도록 한 작전 등 작전 형태에 따른 다양한 지휘 체계를 들 수 있다. 침공 작전의 전략과 전술도 다양하여 회유와 협박, 그리고 직접적인 공격 등을 상황에 따라 적절하게 구사하였고 공격 방법도 직접 공격과 포위 후에 집중 공격, 간헐적인 공격 등을 실시했으며 작전의 목적도 고구려의 정복이 불가능할 경우에는 고구려의 국력과 전력을 소모시키기 위한 제한적인 목적과 이에 걸맞는 규모의 작전도 수행하였다. 한마디로 표현하여 당의 고구려 침공 작전은 목적, 형태, 방법 그리고 규모면에서 매우 다양하게 전개되었다.

백제의 멸망 후에 실시된 당의 고구려 침공 작전은 고구려의 정벌이라는 거의 전면적인 목적에 맞게 대규모로 실시하여, 수륙 협격과 신라의 배후 공격을 포함한 3면 공격을 감행할 계획이었다. 그리고 당 고종이 직접 모든 작전을 통괄하려 했다. 그리고 육로군은 과거 튀르크계의 톌릐스(鐵勒)족 카간의 후손으로 당 태종에게 귀순하여 서튀르크족과의 전쟁에서 용맹을 떨친 육전(陸戰)의 맹장인 설필하력(契苾何力)의 지휘하에 압록강을 도하하여 평양으로 진격하도록 하고, 수로군은 해로로 진격하여 백제를 멸망시킨 소정방(蘇定方)이 이끌고 평양으로 직공하도록 하였으며, 신라군은 고구려를 남쪽으로부터 공격하도록 하였다. 과거 수륙병진(水陸倂進)의 양방향과 신라군의 북진(北進)을 합한 3면 공격을 실시하여 고구려를 전면적으로 압박 공격하려는 계획을 세웠다. 당이 주도한 대규모 공격의 목적은 고구려를 완전히 정벌하여 멀게는 수나라가 당한 수모를 씻고, 가깝게는 당 태종의 꿈을 실현시킴과 동시에 동쪽지역에 당의 영향력을 확고하게 하자는 보다 원대한 성질의 것이었다. 따라서 백제를 멸망시킨 당의 고구려 침공은 목적이나 규모 및 방향면에서 과거에 실시한 고구려의 침공보다 더욱 확대된 원정 작전이었다.

2) 고구려의 방어 계획

건국 이래 중국 왕조 및 주변 왕국들과 수없이 치른 접전을 통하여 원정 작전의 어려움과 원정군의 약점을 제대로 파악하고 있던 고구려는 제한된 저지(沮止) 작전, 전면적 수성(守城) 작전, 그리고 과감한 추격(追擊) 작전 등을 상황에 맞게 구사함으로써 자국민과 영토를 보존하고 침공군을 물리칠 수 있다는 것을 익히 알고 있었다. 당과 신라 연합군의 침공을 받은 고구려는 일차적으로 당의 육로군(陸路軍)과 수로군(水路軍)의 협동 공격을 막기 위하여 이들 중의 하나를 격퇴해야 하고, 당군과 신라군이 협격을 못하도록 해야 하는 곤혹스런 처지에 놓이게 되었다. 고구려의 연개소문(淵蓋蘇文)은 먼저 당 수로군의 대동강 진출을 막고 평양성의 방어를 강화하여 보루를 지키면서, 당 육로군을 압록강선에서 격파하려 했다. 그리고 신라군은 최대한 진격을 지연시켜 당군과 연합 작전을 수행하지 못하도록 하는 작전을 구상하였다.

그러나 수나라와 당나라가 감행한 여러 차례에 걸친 침공을 막아내기 위하여 국력과 전력을 소모한 고구려의 모습은 상당히 피곤해 보였다. 특히 요동과 요하 상류지역에 있는 성(城)들은 계속되었던 당군의 침공으로 인한 폐허를 극복하지 못한 상태에 있었다. 그리하여 당의 육로군은 중간 성들의 견제와 저지 없이 곧바로 평양성으로 들이닥칠 가능성이 있었다. 당군 역시 과거의 침공 작전이 중간의 성 점령에 중점을 두어 실패했다는 것을 알고 있었기 때문에 비교적 정예 부대로 침공군을 편성하여 보급의 부담을 줄이고 자체 보급 능력의 향상과 보급 체제를 갖추도록 했다. 어쨌든 고구려는 침공군을 저지하고 상황이 불리할 때는 청야입보(淸野入保) 개념에 입각한 수성작전(守城作戰)을 펼친다는 계획을 세우고 당과 신라 연합군의 침공에 대비하고 있었다.

3) 작전 경과

당 고종은 고구려 원정군을 5개의 대부대로 나누어 고구려 침공을 단행했다. 소사업(蕭嗣業)이 지휘하는 부여도(扶餘道) 방면 부대, 설필하력(契苾何力)이 지휘하는 요동도(遼東道) 방면 부대, 패강도(浿江道) 방면의 임아상(任雅相)부대, 옥저도(沃沮道) 방면의 방효태(龐孝泰)부대 등 육로군(陸路軍)과 소정방(蘇定方)이 지휘하는 평양도(平壤道) 방면의 수군(水軍)부대가 원정군으로 편성되어 진격해 왔다. 이 중에서 661년 8월 11일, 당의 수군이 대동강에서 고구려군을 격파하고 평양성 근방 마읍산(馬邑山)을 점령한 다음에 평양성을 포위하였다. 상황이 이렇게 전개되자 연개소문은 당 육로군의 평양 합류를 저지해야 할 필요가 있어 9월 아들 연남생(淵男生)에게 정예군 수만 명을 주어 당군이 압록강을 건너지 못하도록 저지하라고 지시했다. 남생이 먼저 압록강에 도착한 당군을 저지하고 있을 때 설필하력부대가 도착하여 당군의 세력이 강화되었다. 이 때 강물이 얼어붙자 당군은 얼음 위로 도강한 다음에 고구려군을 공격하여 고구려군 3만여 명이 전사하였고 나머지 병사들은 항복하고 말았다. 남생 혼자 구사일생으로 살아남았다. 고구려군이 위기에 처하게 되었다.[93]

그러나 당나라의 내분이 고구려군의 위기를 해소시켜 주었다. 당 고종이 백제와 고구려 침공에 국력을 기울이고 있음을 간파한 중국 서북방 청해성(青海省) 일대의 흉노 부족 연맹이 반란을 일으켰다. 이에 당 고종은 이를 진압하기 위한 작전을 실시하고 부족한 병력을 보충하기 위하여 부여도와 요동도 방면의 고구려 침공군을 소환하였다. 이 결과 고구려군은 당 육로군 주력의 평양성 공격을 피할 수 있게 되었다. 그리하여 당 고구려 침공군은 5개 부대에서 3개 부대로 줄어 패강도와 옥저도 방면의 육군과 소정방의 수군부대만 남게 되었다. 더구나 662년 2월 14일, 패강도 방면 부대는 지휘관 임아상(任雅相)이 진중에서 급사(急死)함으로써 작전이 중단되었고, 2월 18일에는 연개소문이 옥저도 부대의 지휘관 방효태(龐孝泰)와 그 부대를 전멸시킴으로써 당의 고구려 침공군은 수군만 남게 되었다. 소정방의 수군은 평양성의 포위와 공성전을 계속했으나 식량 보급이 끊기고 눈까지 많이 내려 악전고투(惡戰苦鬪)를 거듭하고 있었다. 소정방

---

93) *三國史記, 高句麗本紀; 東國兵鑑*, pp. 124-131.

나·당 연합군의 고구려 침공

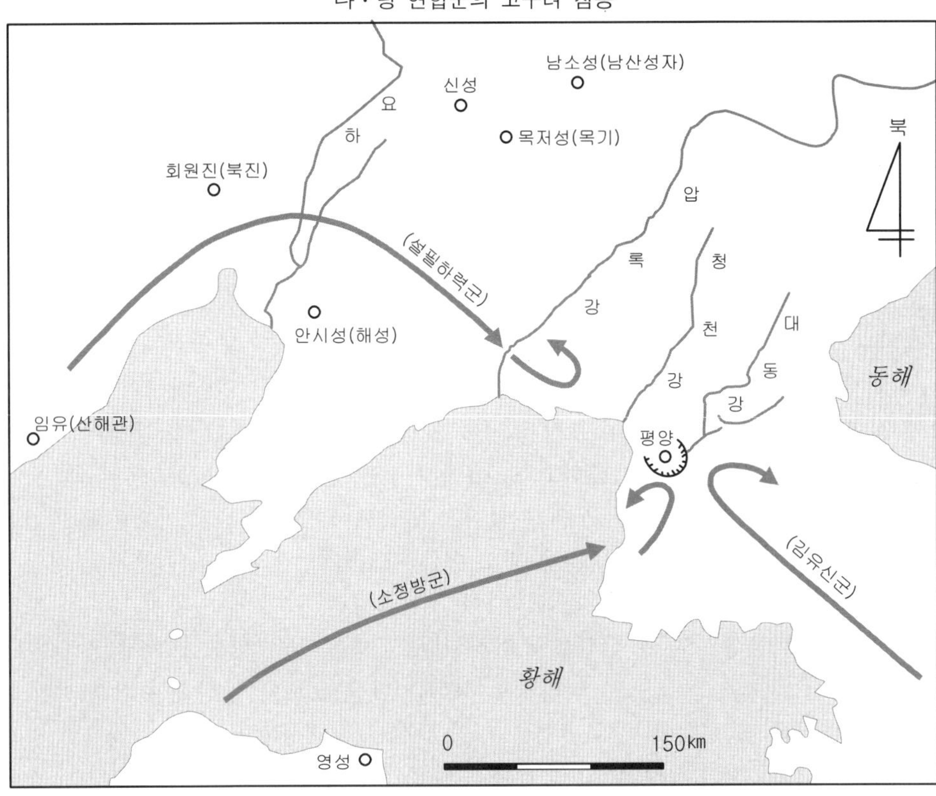

군은 식량까지 떨어져 철군조차도 거의 불가능한 상태에 놓여 있었다.94)

이보다 앞서 당 고종으로부터 평양성을 포위하고 있던 소정방군에게 식량을 보급하라는 명령을 받은 신라 문무왕(文武王)은 김유신에게 명하여 장수 9명과 함께 쌀 4,000섬을 평양으로 운송하도록 명했다. 백제 땅에 주둔하고 있던 당군의 식량은 물론, 고구려 원정군의 식량까지 보급해야 하는 신라의 고충은 이만저만이 아니었다. 신라의 군량 수송대가 662년 1월 18일 풍수촌(風樹村: 임진강 남안)에 도착했다. 그런데 길이 협소하고 빙판이 져서 우마차(牛馬車)의 이동이 불가능해서 모든 식량을 소와 말에 옮겨 실어야 했다. 2월 1일 김유신의 수송대는 장새(獐塞: 황해도 수안)에 도착했고, 2월 6일에는 평양 근교에 도착하여 군량을 소정방에게 전달했다. 이 때 소정방군도 철수를 서두르고 있었기 때문에 신라군도 서둘러 귀환길에 올랐다. 신라군은 굶주림과 추위에 굶어 죽는 자와 얼어 죽는 자가 속출하였다. 더구나 고구려군은 신라군을 공격하여 신라군의 처지를 더욱 곤혹스럽게 만들었다. 당군에 대한 신라의 식량과 의복 지원은 모든 신라인들을 헐벗고 굶주리게 만들었다.95)

---

94) *前揭書.*

당 고종이 대규모로 실시한 고구려의 침공 작전은 실패로 끝나고 말았다. 662년 2월 평양성을 포위하고 있던 소정방군이 철수함으로써 당 고종은 수나라 양제와 당 태종이 당한 수모를 다시 감수해야만 했다. 그러나 당 고종은 수 양제의 실책을 거울삼아 고구려의 재침공을 삼가고 고구려의 허점이 노출될 때까지 기다리면서 신라와 더불어 백제의 광복군 소탕에 주력하기로 작정했다. 이 결과 663년에는 백제의 부흥 세력이 소멸되어 백제지역에 주둔하고 있던 당군이 위험에서 벗어나게 됨으로써 이제 당은 고구려의 허점이 표출되기만을 주시하고 있었다.

고구려의 허점이 드러났다. 666년 5월 연개소문이 죽고 그의 장남 연남생(淵男生)이 막리지(莫離支)가 되어 권력을 장악했다. 국정을 맡은 남생은 국내의 여러 성을 순시하기 위해서 평양을 떠나면서 동생 남건(男建)과 남산(男産)에게 도성에서의 일을 맡아보게 하였다. 이 때 어떤 사람이 도성에 남아 있는 남건과 남산에게, 형 남생이 이들을 제거할 생각을 가지고 있다고 말하고 또 어떤 사람은 남생에게, 두 동생들이 형 남산을 도성에 못 들어오게 음모를 꾸미고 있다고 말하면서 연개소문의 아들들을 이간질하였다. 남생은 이간질하는 자의 말을 믿고 이를 확인하기 위해서 심복 부하를 평양에 보내 두 동생들의 동정을 살피도록 했다. 이를 알아차린 두 형제는 형이 밀파한 부하를 감금해 놓고 왕명으로 형 남생을 소환하였다. 남생은 겁을 먹고 소환에 응하지 않았다. 이에 남건(男建)은 스스로 막리지로 취임한 다음 군사를 동원하여 남생(男生)을 토벌하러 나서게 되었다. 신변의 위협을 느낀 남생은 국내성(國內城)으로 달아나 거점을 확보하고 아들 연헌성(淵獻城)을 당나라에 보내 구원병을 요청하였다. 당 고종은 666년 6월 7일 설필하력(契苾何力)에게 병력을 주어 남생을 구원하도록 조치하였다. 남생은 당나라로 탈출하여 위기를 모면하였다.[96] 한편 신변의 위협을 느낀 연개소문의 동생 연정토(淵淨土)는 12개 성을 들어 신라에 항복하였다. 고구려 내의 분열이 당과 신라에게 침공 기회를 제공해 주었다.

당 고종은 고구려 원정 작전을 주도 면밀하게 준비시켰다. 먼저 그는 666년 12월 18일 요동도행군대총관(遼東道行軍大總管) 겸 안무대사(安撫大使)로 이세적(李世勣)을 임명하여 고구려 침공군을 총괄 지휘하도록 하고, 특진요동도독(特進遼東都督) 겸 평양도안무대사(平壤道安撫大使)의 직위가 부여된 남생(男生)은 고구려 원정 당군의 향도 역할을 수행하도록 했다. 667년에 접어들자 당 고종은 백제지역에 주둔하고 있던 당군은 비열도(卑列道: 안변) 방면으로 평양에 진격하도록 하고 신라군은 다곡(多谷: 평산)과 해곡(海谷: 신계)을 거쳐 평양으로 진격하여 당군과 합류하도록 지시하였다. 당 고종은 작전 수행과 준비 등 모든 것을 이세적이 통합 지휘하도록 하여 지휘계통을 통일하였으며, 먼저 요동지역을 완전히 장악하여 후방의 위협을 받지 않고 작전을 수행하

---

95) *前揭書, 三國史記, 新羅本紀.*

96) *三國史記, 高句麗本紀; 列傳, 蓋蘇文; 舊唐書, 新唐書, 東夷列傳, 高句麗; 東國兵鑑*, pp. 132-46; *韓國古戰史, 1: 古代篇*, pp. 121-5; *韓國古代軍事編年史*, pp. 264-76.

도록 조치하였다.[97] 수많은 고구려 침공 작전으로 축적된 모든 지혜와 방법이 동원되어 고구려 원정 준비와 작전 수행 계획이 진행되고 설정되었으며, 모든 가능한 방면에서 고구려를 공격함은 물론 대담하면서도 무모하지 않은 원정 작전의 수행을 우선으로 하였다.

당과 신라의 고구려 침공군은 667년 8월에 평양성의 탈취를 목표로 진군을 개시했다. 신라의 문무왕은 김유신 등 장군 30여 명을 거느리고 경주를 떠나 한성(漢城 : 경기도 광주)으로 북상하였다. 이세적(李世勣)이 이끄는 당 육로군의 주력은 9월 초 요하 상류를 도하하여 신성(新城)을 공격하였다. 당군이 공격을 개시하자 신성 내의 사부구(師夫仇) 일당이 성주를 묶어 가지고 항복해 왔기 때문에 당군은 별다른 노력 없이 주요한 거점을 확보할 수 있었다. 신성을 점령한 당군은 계속 진격하여 주위의 16개 성을 점령했다. 신성의 중요성을 잘 알고 있던 남건(男建)은 고구려 증원군을 보내 신성을 공격했으나 당군을 몰아내지 못하고, 당군에게 격파당하고 말았다. 그리하여 당군은 남소성, 목저성 등을 탈취하고 남생(男生)군과 합류하였다. 이로써 압록강 북방의 고구려 방어력은 현저하게 약화된 상태에 있었다. 한편 당의 장수 곽대봉(郭待封)이 지휘한 당의 수군(水軍)은 해로를 따라 평양으로 직접 공격하도록 했다. 그러나 군량과 병기를 보급할 수송 선단이 풍랑으로 파선되어 적기에 보급이 이루어지지 않아 곤란을 겪고 있었다. 이세적은 당의 수군에게 군량을 지급해 주었으나, 큰 전과를 기대하기가 어려운 형편이었다. 한편 고구려군은 압록강선에서의 방어를 강화하기 위하여 압록진(鴨綠津)에 병력을 배치하여 진지를 강화했다. 고구려군의 이러한 저항과 조치로 당의 육로군 주력은 압록강을 도하하지 못하여 수군과의 협동 작전을 수행할 수 없었다. 백제 지역에 주둔하고 있던 당군과 신라군 역시 고구려군의 저지로 진출이 그렇게 신속하지 못했다. 이와 같이 당과 신라의 연합군의 초기 작전은 큰 성과를 달성하지는 못했다.

당군의 이세적은 667년 겨울이 다가옴에 따라 더 이상의 무모한 진격을 삼가고 압록강 북쪽의 탈취한 성들에서 전열을 가다듬을 계획을 세웠다. 당군의 재촉을 받고 신라군을 이끌고 11월 11일 장새(獐塞: 황해 수안)에 도착한 문무왕도 이세적의 당군이 평양 부근에 없다는 사실을 확인하고 신라군을 철수시켰다. 667년 겨울 고구려와 나당 연합군 간의 전선은 소강 상태로 접어들었다.

668년 초 당 고종은 요동도부대총관(遼東道副大總管)에 우상(右相) 유인궤(劉仁軌)를 새로 임명하여 작전을 독려하면서 가언충(賈言忠)을 요동에 사신으로 파견하여 전황을 파악하도록 지시했다. 당군은 2월 신성 동북쪽에 있는 부여성(扶餘城)을 급습하여 이를 탈취하였고 주위 40여 개의 성도 장악하였다. 고구려의 남건(男建)은 다시 5만여 명의 병력을 급파하여 부여성의 위기를 구출하려 했으나, 이미 부여성을 함락시킨 당군과 조우전을 벌여 3만의 병력 손실만 입었다. 평양성을 지켜야 할 고구려의 전력이 약

97) *前掲書.*

화되어 가고 있었다. 이러한 전선의 전황을 파악한 가언충은 당 고종에게 당군의 궁극적인 승리를 장담하면서 이의 이유로서 당 고종의 치세가 중국인의 민심을 이반시키지 않고 있다는 점 이외에 첫째, 고구려 권신(權臣)들의 횡포로 고구려의 왕실이 허약하고, 둘째 연개소문 사망 후 그의 아들 형제들이 서로 싸우고 있으며, 셋째 연남생(淵男生)이 향도로서 고구려와 고구려군의 허실을 낱낱이 파악할 수 있게 하고 있고, 넷째 당군이 이러한 고구려의 내분과 혼란을 최대한 이용하고 있다는 점을 들었다. 실로 고구려의 내분이 당군에게 승리를 안겨줄 수 있는 가장 중요한 이유가 된다는 날카로운 지적을 당 고종은 주의깊게 새기고 있었다.[98]

668년 6월 당과 신라의 연합군은 평양성을 함락하기 위하여 남과 북에서 고구려를 압박해 들어갔다. 웅진도독부(熊津都督府)의 당군은 북진하여 6월 말경 고구려의 한성(漢城: 황해도 재령)의 12개 성읍을 점령하고 북상했다. 7월 16일 신라군도 사천(蛇川: 미상) 벌판에서 고구려군을 맞아 승리했다. 한편 압록강 북부지역을 장악한 이세적군은 고구려군의 방어 진지가 구축되어 있던 압록책(鴨綠柵)으로 진군하여 고구려군을 물리치고 청천강선까지 진출했다. 설필하력(契苾何力)이 이끄는 당군이 평양성에 도착했고 이세적의 주력 부대는 후에 평양성에 도착했으며 신라의 김인문(金仁問)이 이끄는 부대도 영류산(嬰留山: 평양 북방)에서 이세적군과 합류하여 평양성 포위에 참가했다. 그로부터 당군과 신라군은 평양성을 겹겹이 포위하고 압박을 가했다. 이제 평양성은 증원군의 지원조차도 기대하기 힘든 상황에서 수성(守城) 작전을 수행해야만 했다.

당군이 평양성을 포위한 지 1개월 정도 되었을 때 보장왕은 연남산(淵男産)으로 하여금 수령(首領) 98명을 대동하고 이세적군에게 항복하도록 하였다. 그러나 연남건(淵男建)은 성문을 굳게 닫고 방어하면서 빈번하게 병사들을 출동시켜 당군을 공격했지만 당군에게 패하여 돌아가곤 했다. 연남건은 제반 군사 업무를 승려 신성(信誠)에게 위임하고 있었으나, 신성은 자신의 심복 장수를 이세적에게 보내어 항복 의사를 전달하고 당군이 공격할 경우에 안에서 내응(內應)하겠다는 의사를 전했다. 그 후 5일 만에 신성은 평양의 도성문을 열어 주었다. 당군은 평양성의 성곽을 불사르고 성내로 진입했다. 668년 9월 12일 어쩔 수 없이 된 연남건은 자살하려 했으나 실패하고 당군의 포로가 됨으로써 평양성은 함락되고 말았다. 동명성왕 이후 28왕 705년 만에 고구려가 멸망한 것이다.[99]

고구려를 멸망시킨 이세적(李世勣: 李勣으로 개명)은 고구려의 보장왕과 왕자 복남(福男), 덕남(德男) 등 고구려인 20만 명을 포로로 잡은 다음 평양으로부터 철수했다. 신라의 문무왕도 고구려 포로 7,000여 명을 데리고 경주로 철수했다. 당 고종은 668년 10월 이세적이 개선하자 고구려 보장왕을 잡은 사실을 종묘에 고하고 제사를 지내도

---

98) *前揭書.*
99) *前揭書.*

록 했다. 당 고종은 고구려 보장왕이 소신대로 국정을 수행할 수 없었던 점을 고려하여 문책하지 않고 오히려 벼슬을 하사하고(司平太常伯員外同正), 항복한 남산을 사재소경(司宰少卿)에, 신성에게는 은청광록대부(銀靑光祿大夫)에, 남생은 우위대장군(右衛大將軍)에 임명하였다. 끝까지 항거했던 남건(男建)은 금주(黔州)로 귀양을 보냈다. 이로써 고구려는 역사상 흔적만 남게 되었다.

4) 작전 결과 및 분석

중국의 변방 제후국들과 중국 왕조 국가들과의 끊임없는 충돌과 전쟁, 그리고 화해 속에서 국가를 건립하고 국가의 기반을 다지고 국가적 면모를 갖추어 왔던 고구려는 결국 이들과 계속되는 전쟁으로 인한 국력의 낭비로 인해서 국가의 모습을 잃게 되었다. 중국 세력들과의 충돌은 물론 남쪽의 백제와 신라와도 화해보다는 위압적인 정책을 취해 온 고구려는 결국 주변국 전부와 대립 관계를 유지하는 것 외에 다른 선택을 가질 수 없었다. 이러한 고구려의 외교적 고립은 고구려 국력의 소모를 더욱 재촉하고, 가중시키는 결과를 초래하였다. 특히 백제와 신라는 중국의 왕조 국가나 제후국들과 친선 관계를 유지하여 중국과 인접하고 있는 고구려를 견제하려는 정책적 태도를 가지고 있었기 때문에 중국 세력과 고구려 간 충돌의 한 원인을 제공하기도 하여 이로 인한 국력(國力)과 전력(戰力) 소모 역시 고구려가 담당해야만 하는 결과가 아닐 수 없었다. 결국 고구려는 중국과의 충돌에서도 국가의 권위를 지킬 수 있었던 자신감과 자위 능력이 백제와 신라에 대한 강압 정책의 기저를 제공했고 백제와 신라, 특히 신라의 대 중국 의존도를 높여 자국의 실질적 고립을 자초함으로써 국가적 존립을 포기해야만 했다.

고구려는 국력이나 전력의 규모면에서 양면전(兩面戰)을 피하는 전략 개념과 태세를 갖추어야 했음에도 불구하고 양면전 회피의 필요성과 효용성을 인식하지 못했다. 대외 정책의 수립과 수행면에서의 필요성과 마찬가지로 고구려는 양면전을 피하기 위한 대책을 수립, 시행했어야만 했다. 백제와 신라에 대해서 강압적인 전략을 구사하려면 중국 세력들과의 정치적인 우호 관계를 그들과 백제, 신라와의 관계보다 더욱 긴밀히 할 필요가 있었으며, 중국에 대해서 대립적인 전략 태세를 취하려 했다면 백제와 신라와는 보다 협조적이거나 중재자적인 입장과 전략을 택하여 이들 국가들이 고구려에 대해서 적대적인 군사 행동을 취하지 않도록 했어야만 했다. 그러나 고구려는 중국과의 충돌은 물론 백제와 신라가 중국을 충동하여 이러한 충돌을 일으키도록 하는 원인의 하나를 제공하게 함으로써, 양면 전쟁의 방지는커녕 사실상 삼면전쟁(三面戰爭)을 수행해야 하는 지경에 놓이는 경우가 대부분이었다. 결국 고구려는 양면전(兩面戰)을 방지하려는 노력보다 이를 삼면전쟁으로 확대시키는 전략적 태세를 취함으로써 당나라와 신라의 연합군이 백제를 멸망시키는 것을 묵과하고, 또 자국까지 멸망하는 결과를 감수해야만 했다.

청야입보(淸野入保)라고 요약될 수 있는 고구려의 방어 개념과 전략은 그 자체로서의 효용성이 있는 반면, 효용성의 보장을 위해서 필요한 조건을 요구하고 있었으며 현실적인 한계가 있었다. 기본적으로 청야입보의 전략은 작전의 주도권을 상대에게 넘겨주고 전쟁과 전투에 임하는 개념이다. 국력이나 전력의 근본적인 한계를 가진 국가로서 고구려가 채택한 이 개념은 비교적 타당성이 있는 것으로 보인다. 그러나 청야입보의 전략 개념은 이보다 상위 차원의 정책에 의해서 뒷받침되어야 한다. 다시 말하여 국가 정책이나 전략도 공격적이기보다는 방어적이고 적대적이기보다는 화해적이어야 한다. 그렇지 않을 경우 주변국의 침공을 불러일으킬 수 있고, 침공이 행해질 경우에는 작전의 주도권이나 기선을 침공군에게 넘겨 주고 싸워야 하는 불리점을 극복해야 하며, 주도권이나 기선의 확보를 위해서 병력을 공세적으로 자주 운용하면 할수록 청야입보의 전략에서 가장 핵심인 보(堡)의 방어가 부실해져 보(保)의 보장이 어렵게 되기 때문이다. 더구나 침공군이 고구려의 국력과 전력을 소모시키기 위해서 장기 소모전을 강요하기 위하여 대규모 침공 작전보다 소규모 전투를 강요할 경우에는 국력과 전력의 소모는 물론 국내 정치적인 불안까지 결과로서 가져다 줄 수 있기 때문이다. 이러한 근원적인 취약점을 당나라가 충분히 이용하고 고구려는 이에 대한 대비를 소홀히 했던 것이다.

국가를 제대로 보존하는 데 필요한 요소의 하나는 건실하고 정직하며 융통성 있고 단합된 지도력에 의한 정치라고 볼 수 있다. 역사상 국가의 국력이나 잠재력이 강하게 유지되면서도 무분별한 정치 지도력에 의해서 국가 자체가 파멸되는 실례를 찾아볼 수 있다. 고구려는 중국 세력과의 경쟁 속에서 중국의 문물을 일찍 접하고 이를 활용함으로써 군사 경제적으로나 문화적으로 삼국 중에서 가장 건실한 기반을 조기에 구축할 수 있었다. 그럼에도 불구하고 고구려는 주변국에 대해서 강경한 정책을 주로 구사하는 정치 지도력에 의해서 국가 정책이 주도되었기 때문에 결국 삼국 중에서 군사적, 경제적 기반이 가장 약하다고 판단되었던 신라가 당나라를 끌어들여 구성한 연합군에게 멸망당하는 운명을 감수해야만 했다. 특히 보장왕을 등장시킨 연개소문의 대내외적 강권 정치는 고구려의 고립을 더욱 재촉하였고, 강권 정치 후에 전개된 권력 다툼은 고구려 국력의 분산과 자국 내의 분열을 부추기어 결국 고구려를 망하게 한 가장 중요한 요인이 되었다.

이와 같이 고구려는 합리적인 방위 전략 개념, 체제, 그리고 능력을 유지하고 있었음에도 불구하고, 이의 효용성을 뒷받침할 수 있는 정책과 정치 지도력의 부실로 인해서 국가적 운명을 마감하고 말았다.

7. 삼국시대 전쟁의 특징

삼국시대에 삼국간 및 고구려와 중국의 왕조 국가들과 치른 전쟁은 이들 국가들간의 복합적인 권력 관계와 밀접한 관계를 가지고 진행되었다. 삼국간에는 오늘날 통용되는 바와 같은 민족 개념에서 본 일체감은 없었고 지역이라는 제한 조건 아래서 형성된 정치 집단간의 세력 확충과 이익의 보호 또는 증대를 위한 상호 대립적인 충돌과 이합집산(離合集散)만이 있었다. 국가의 생성 과정에서부터 중국 세력과 충돌 관계를 맺을 수밖에 없었던 고구려를 포함하여, 삼국간 대립과 충돌은 중국 세력과의 제휴와 연합을 불러옴으로써 삼국시대의 전쟁을 더욱 복합적으로 만들었다. 따라서 삼국시대의 전쟁은 여러 가지 특징적 성격을 지니고 치러졌다.

삼국시대에 치러진 전쟁이 지닌 특징 중의 하나는 전쟁의 목적 중에 감정적인 요소가 다분히 포함되어 있다는 점이다. 물론 고대 전쟁의 원인과 목적 중에 실리 추구 못지 않게 감정적인 요소가 내재되어 있는 것은 사실이다. 삼국시대의 전쟁도 예외가 될 수는 없어 보인다. 그러나 삼국 시대에는 뚜렷한 실리적인 계산 없이 상대의 왕을 살해한다거나 인원을 포로로 삼는다거나 주변의 성을 공격하여 인원을 무차별 살상하거나 성 자체를 초토화시키는 경우가 많았다. 이러한 무차별적인 침공과 살상 행위는 상호 감정적인 골을 더욱 깊게 만들어, 또 다른 전쟁의 원인이 되었으며 또 하나의 무차별 살상을 불러 왔다. 살상과 보복의 악순환은 삼국간 합리적이고 상호 호혜적인 관계의 수립 가능성 자체를 거부하여 결국 국가의 생존을 건 전쟁의 역사를 빚어내고 말았다.

거의 절대적인 삼국간 대립과 이에 따른 전쟁을 치르기 위해서 삼국은 모든 가용 자원의 동원은 물론 모든 가용 세력의 동원도 마다하지 않았다. 백제와 신라 간의 대립과 충돌은 고구려가 한사군을 정벌하고 남진 정책을 취하던 기간 동안의 공조를 제외하고는 백제가 망할 때까지 지속되었다. 백제의 공격을 무효화시키기 위해서 신라는 그렇게 호의적인 관계를 유지하지 않고 있던 고구려의 도움까지 요청했으며 이것이 뜻대로 이루어지지 않자 중국의 당나라를 끌어들이게 되었다. 견원지간(犬猿之間)의 관계를 유지해 온 백제와 신라도 고구려의 위협을 제거 또는 완화시키기 위해서 중국의 왕조들에게 고구려를 공격하도록 간청한 점에서는 공동 보조를 취했다. 신라가 한강유역과 죽령 북쪽의 땅을 점령하자 백제와 고구려는 신라에 대한 공격을 서슴지 않았으며, 이러한 양국의 침공 사실을 신라는 중국의 세력과의 우호 관계를 증진시키는 외교 자료로 활용하는 데 주저함이 없었다. 이와 같이 삼국, 특히 신라는 삼국간의 분쟁과 전쟁 관계에서 불리한 위치를 유리한 것으로 바꾸어 놓기 위하여 대외 세력과의 제휴나 연합, 그리고 이들 세력의 활용을 위해서 국가적 노력을 아끼지 않았다.

전쟁의 성격 중 특이한 요소 중의 하나는 전쟁이 제한적일 수밖에 없기 때문에 전쟁의 목적 달성을 위해서 전면적으로 모든 방책을 강구했다는 점이다. 삼국 시대의 전쟁,

특히 고구려와 수, 당, 그리고 나당 연합군과의 전쟁은 보급 지원과 인원 동원의 한계 속에서 치러져서 규모와 기간면에서 제한적일 수밖에 없었다. 그리하여 전쟁의 목적을 달성하기 위해서 전투는 물론 온갖 다른 수단과 방법을 동원하여 전투가 진행되는 기간중이라도 다른 식의 교섭과 왕래가 양측간에, 전쟁 지도부가 알게 모르게, 이루어져 온 것이 특징이다. 한마디로 말하여 교전 양측은 전쟁중이라도 정(政), 전(戰), 화(和)에 입각한 모든 방책을 강구한다는 말이다. 화책(和策)을 유도하거나 이 방책의 신빙성을 높이기 위해서 교전 양측은 화해의 주인공이 되거나 항복을 하면 목숨이나 지위를 보장받을 수 있다는 점을 보여 주는 것이 통례로 되었다. 그리하여 다른 진영에서 배신자 또는 내응자가 출현하기를 기대한다. 안시성 전투에서와 같이 "성을 함락시키면 성안의 남자 모두를 매장하겠다"고 말함으로써 전투 아닌 다른 대안 자체를 부인한 경우도 있었으나, 대부분의 경우 공성(攻城) 작전의 강도와 빈도를 높이면서 한편으로는 상대가 은밀히 내통할 수 있는 길을 열어 놓아 내응(內應)과 항복(降伏)의 가능성을 열어 놓고 전투를 수행하였다. 이와 같이 삼국시대에서 전쟁 당사국은 전쟁중에 전투는 물론 전투 이외의 모든 방책과 방법을 동원하여 전쟁의 목적을 달성하려 했다는 점을 지적할 수 있다. 일단 전투가 벌어지면 전투 수행의 결과만으로 결판을 내려는 단선적인 전쟁의 성격과는 구별되는 특징이라고 보여진다.

삼국시대의 전쟁은 보급의 한계와 기후의 제약으로 기간이나 규모면에서의 제한을 극복하지 못하고 단기전의 형태로 치러지는 것이 통례였다. 물론 해를 넘기어 전투를 수행하는 경우도 있었으나 이것 역시 보급과 기후의 제한 사항을 극복하지 못한 데서 나온 어쩔 수 없는 선택인 경우가 거의 전부였다. 통상 고구려를 침공했던 수, 당나라는 추수가 끝난 겨울철에 군량을 비축하고 이른 봄에 기동을 개시하여 하계 작전을 수행하는 것이 통례로 되어 있었다. 당시의 보급 체계와 기동 수단으로 보아 동계 작전의 수행은 거의 불가능한 형편이었다. 추위와 굶주림을 극복할 수 있는 보급 능력도 없었고 보급 체계도 갖추어지지 않았다. 이와 같은 이유로 전쟁은 규모와 시기의 제약 속에 치러졌다.

전투 수행 방식도 대규모 기동전보다는 공성(攻城)과 수성(守城)을 위한 성과 성 주변지역에서의 전투가 주를 이루었다. 수나 당나라가 수륙병진(水陸倂進)으로 진격한 후에 결국은 청야입보 개념의 거점방어(據點防禦)를 택하는 고구려의 성을 합동 공격한다는 전투 수행 방식을 택했다. 보병 위주로 편성된 중국 군대는 속도전이나 기동전을 수행할 역량 자체를 보유하지 못하여 고구려가 이러한 군대의 약점을 극대화하는 거점방어식 초토전술(焦土戰術)을 구사했기 때문이다. 고구려가 펼친 성곽 중심의 방어 체제는 당시 보병 위주로 편성된 원정군인 수나 당나라의 군대가 극복하기 힘든 개념과 체제였다. 이를 무효화시키기 위해서 중국 군대는 항상 위무사(慰撫使)라는 직책을 두어 다른 방책에 의한 고구려군의 방어 능력 분쇄도 모색하도록 조치하였다. 공성 작전의 어려움을 전투 이외의 방식으로 해결하려는 노력의 하나라고 볼 수 있다. 그리하여 상대측 내부의 분열과 내응을 유도하려는 온갖 방책을 모색하려 했다. 당 고종이 수 차례에 걸친 소규모의 침공과 대규모의 침공에도 고구려를 굴복시키지 못할 때, 고구려의 내분과 이에 따른 지도부의 분열을 기다리는 전략을 택한 것은 원정과 공성 작전의 어려움을 고구려의 약점으로 보충하려는 책략이라고 보여진다. 이와 같이 삼국시대에 행해진 전쟁에서의 전투는 기동전보다는 공성전으로 특징지어져 이의 이점을 이용하거나 이의 단점을 극복하려는 정・전략이 교전 당사국들에 의해서 부단히 모색되었음을 알 수 있다.

화해와 타협보다는 대립과 충돌로 특징지어질 수 있는 삼국시대의 전쟁은 당시에 동원할 수 있는 정치, 전략, 전술적 수단과 지혜를 동원하여 치러졌다. 동질성보다는 이질적인 대립 의식이 지배했던 시대의 특성상 삼국은 삼국간의 상호 이용은 물론 중국의 세력까지 이용하여 자국 중심의 감정적 앙금이나 이익의 추구를 도모하려 했다. 이러한 면에서 삼국은 중국의 세력에게는 조공의 형식을 빌려서 자국에게 유리한 세력을 확보하려 했으며, 삼국간에는 어느 일국의 독주를 견제하기 위해서 공동 보조를 취하는 형식을 취했다. 자국의 방위를 위한 전략도 상황에 맞게 책정하고 외부의 침공에 대비하려 했으나, 기본적인 국력의 한계를 극복하지는 못했으며 특히 내부의 불만을 해소시켜 분열을 막지 못한 결과 자국의 보존까지도 포기해야만 했다. 전쟁의 수행도 인원이나 물자의 동원상 근원적인 한계를 뛰어넘지 못하여, 신라에 대한 끊임없는 침공으로 자국의 국력을 소진(消盡)시킨 백제와, 끊임없는 중국 세력의 침공을 다른 방책으로 막지 못한 고구려가 삼국시대에 있어 온 전쟁 관계의 결과 현실에서 사라지는 새로운 현실이 나타나게 되었다. 단기전의 계속이 결국 장기적인 국력의 소모를 재촉하였고, 이로 인한 궁핍과 내부의 분열이 결국 삼국시대의 전쟁을 마감하는 요인이 되었다.

제 4 장 고려시대의 전쟁

1. 시대적 배경과 특징
2. 고려와 요의 전쟁
3. 고려와 몽고의 전쟁
4. 고려의 홍건적, 왜구 토벌 전쟁
5. 고려시대 전쟁의 성격과 특징

제 4 장 고려시대의 전쟁

1. 시대적 배경과 특징

당나라의 도움을 받아 성취된 신라의 삼국 통일은 현실적인 한계가 있었다. 당나라 역시 중국의 왕조 국가가 주변에 대해서 적용해 온 이이제이(以夷制夷)의 개념에 따라 백제와 고구려의 영토를 간접적으로 장악하여 신라를 견제하려는 정책을 감추지 않았고, 백제와 고구려 유민들의 저항도 만만치 않았다. 신라는 당나라의 기도를 저지하고 백제와 고구려 유민들의 위무(慰撫) 노력도 게을리 할 수 없었다. 백제와 고구려에 대한 당나라의 간접적인 통치 노력은 신라와 유민들에 의해서 좌절되었으나, 대동강 이북지역에 대한 신라의 통치는 사실상 불가능했다. 만주지역의 고구려 유민과 주변의 종족들은 고구려의 장수 대조영(大祚榮)을 정점으로 현재 만주 길림성(吉林省)지역에서 699년에 진국(震國)을 세웠다. 당나라도 이를 인정하여 대조영에게 발해군왕(渤海郡王)이라는 작호(爵號)를 주었고, 이에 대조영은 국호를 발해(渤海, 713-926년간 존속)로 바꾸었다. 이로써 신라의 삼국 통일은 남북으로 신라와 발해, 그 사이 압록, 두만강유역에는 여진(女眞) 등의 부족집단으로 나뉘어져 또 다른 분립을 낳았다. 신라를 도운 당나라는 자연 발생적으로 출현한 발해를 신라(新羅)와 대치시킴으로써 주변국을 분립견제(分立牽制)하려는 의도를 구체화했다. 결국 신라의 통일은 대동강 이남 한반도지역의 신라 통치로 귀착되었다.

이러한 식의 통일을 유지하기 위해서도 많은 노력과 주의가 필요했다. 신라는 당나라의 영향력을 구축하는데 유민들의 협조를 얻을 수 있었고, 이를 계기로 통일의 기반을 실질적으로 다짐으로써 통일 후 약 100여 년 동안은 평온을 유지하여 번영을 누릴 수 있었다. 그러나 8세기 말부터 왕권 쟁탈과 이에 따른 왕권의 약화, 왕권의 약화에서 비롯된 지방 호족의 출현 등으로 국가적 기강이 무너지기 시작했다. 통일 후에도 신라는 한반도 동남쪽의 한 귀퉁이에 자리한 수도를 그대로 유지함으로써, 지역적으로 멀리 위치한 서쪽과 북쪽지역의 통제에 실질적인 한계를 지니고 있었다. 지방 호족들의 횡포에 현지 주민들의 생활은 더욱 어려워졌고 여기저기서 농민 반란이 일어났다. 신라의 왕권이 이를 진정시킬 능력을 상실하게 되고 전국 각지에서 군웅(群雄)이 출현하여 지역 기반을 구축함에 따라 이른바 후삼국시대(後三國時代, 892-936)가 도래하기에 이르렀다. 만주지역까지 포함하여 펼쳐진 삼국시대가 한반도의 중, 하단부로 축소된 지역에서 재현(再現)된 셈이다.

신라는 견훤(甄萱)이 세운 후백제(後百濟)와 궁예(弓裔)의 후고구려(後高句麗)와 새로운 정립시대를 열었다. 견훤은 오늘의 호남지방에서 일어나 900년에는 왕으로 자처하고 후백제를 세웠으며, 궁예는 고구려의 부흥을 표방하면서 901년에는 왕을 자칭하고 국호를 고려(高麗)라 하였다. 특히 궁예는 국호를 마진(摩震)으로 고치고(904), 또 태봉(泰封)이라고 고치면서(914) 변덕과 사치를 일삼는 포악한 정치를 폈다. 태봉의 여러 장수들은 궁예를 몰아내고 부장(副將)인 왕건(王建)을 왕으로 추대하였다. 이에 왕건은 고려를 세우고(918) 송악(松岳)으로 도읍을 옮겨(919) 새로운 왕조를 열었다. 이로써 후삼국시대는 신라와 고려, 그리고 후백제의 정립으로 탈을 바꾸어 쓰게 되었다. 그러나 부자간 권력 다툼의 결과로 아들에게 감금되었다가 탈출한 후백제의 견훤이 왕건에게 투항하고 신라의 경순왕(敬順王)이 왕건에게 나라를 들어 항복함으로써, 후삼국시대는 역사의 장으로 사라지고 고려가 신라를 대신하여 통일 왕조가 되었다(936). 후고구려, 후백제, 신라가 정립한 후삼국시대는 궁예의 뒤를 이은 왕건에 의해서 건립된 고려가 대를 이어 새로운 시대를 열게 되었다.[1)]

고구려의 전통과 기상을 이어받고 고구려의 영토까지를 확보하겠다는 이상을 현실화하겠다고 국호까지 고려로 정한 태조 왕건은 북진 정책을 대외 정책의 기조로 삼았다. 이러한 고려의 기본 정책 기조는 중국의 왕조 국가들과는 선린의 관계를 유지하고, 북방의 여러 종족 국가들과는 대립을 초래하는 결과를 가져왔다. 특히 발해(渤海)를 멸망시킨(926) 거란(契丹)에 대한 고려의 반감과 멸시적인 태도는 양국간 충돌을 피할 수 없게 만들었다. 태조(太祖, 918-946 재위) 다음의 정종(定宗, 946-9 재위)은 30만의 군사를 선발하여 거란의 침공에 대비하기도 했으며, 정종의 뒤를 이은 광종(光宗, 950-76 재위)과 성종(成宗, 982-998 재위)은 관료 제도를 정비하고 방위 체제를 갖추어 내부로는 왕권을 강화하고 외부로는 거란의 침공에 대비함으로써 국가적 기반을 갖추어 나갔다. 결국 북진 정책을 대외 정책의 기조로 삼은 고려와 중국 송(宋)과의 대결에서 후방의 안전을 도모하기 위하여 고려를 견제하려는 거란족이 세운 요(遼)와의 충돌은 불가피한 현실로 나타났다.

거란족은 중국이 혼란한 틈을 타서 국가의 모습을 갖추어 고려와 대치하게 되었다. 중국에서 당이 멸망하고(907), 오대십국(五大十國, 907-960)이 등장하여 각축전을 벌이고 있을 무렵, 거란의 추장인 야율아보기(耶律阿保機)는 여러 부족을 통합하여 거란국(契丹國)을 세웠다(916). 그리고 그는 926년에 발해까지 병합하여 국세를 확장하였다. 그의 아들 태종(太宗)은 주변 부족들을 복속시켜 세력을 확장하고 난 후 국호를 요라 고치고 스스로 태조가 되었다. 발해를 멸망시켜 고려의 태조로부터 “무도국(無道國),” “금수지국(禽獸之國)”이라는 별칭을 들어야 했던 거란의 요는 내부의 소요를 극복할 때까지는 고려에 대해서 적대적인 태도를 취하지는 않았다. 그러나 중국을 통일한 송(宋, 960-1127, -1279)과 대적하게 되자 거란은 송과의 친선 관계를 유지하면서 자국을

1) 李丙燾, *韓國史, 中世篇* (서울:乙酉文化社, 1971), pp. 12-58.

백안시하는 고려에 대해서 물리적인 압력을 가하기 시작했다. 요는 세 차례나 고려를 침공했고(993-1019) 고려는 이를 막아냈다. 고려는 또한 동북방의 여진족(女眞族)도 정벌하여 아홉 지역에 성(城)을 설치하기도 했다. 이와 같이 고려는 북방의 거란족과 여진족을 교류의 대상이 아닌 토벌의 대상으로 간주하였다.[2)]

그러나 고려는 12세기 초엽부터 내우외환(內憂外患)으로 왕조의 모습이 일그러지기 시작했다. 고려는 이자겸(李資謙)의 난, 묘청(妙淸)의 난에 이어 무신(武臣)의 난 등으로 왕조의 권위가 실추되었으며, 이러한 혼란이 수습되고 펼쳐친 4대 60여 년간의 최씨 집권시대(1196-1258)에는 몽고의 침공에 시달려야만 했다. 1231년에 시작되어 30여 년 동안 아홉 차례에 걸친 침공과 철군(1231-1259)을 반복한 몽고군은 한반도 전역을 휩쓸고 다니면서 갖은 만행과 약탈을 자행했다. 몽고의 무력 침공에 고려의 지도부가 강화도(江華島)로 수도를 옮겨 저항한 결과로 고려 국토는 초토화되었고 일반 백성들의 고통과 고초는 말과 글로써 표현할 수 없는 지경에 이르렀다. 결국 고려는 몽고가 세운 원(元)나라와 군신(君臣) 관계의 수립을 조건으로 평화를 되찾을 수 있었다. 그러나 굴욕적인 평화의 대가는 너무나 가혹하여 고려가 수용할 수 있는 한도를 초과하였으며, 전쟁 상태와 별다른 차이가 없었다. 고조선 이래로 거부해 오던 왕(王)의 친조(親朝)는 통상적인 일과가 되었으며 원나라는 몽고의 공주나 공녀를 고려왕의 왕비로 삼는 것은 물론 임의로 왕을 바꾸기까지 했고 일본 원정을 위한 막대한 준비까지 고려가 떠맡게 되었다. 14세기 중엽에 이르러 원이 쇠퇴해지는 것을 계기로 공민왕은 반원자주회복운동(反元自主回復運動)을 펼쳐 자주성을 회복하려는 노력을 기울였으나 일그러진 왕조의 모습을 다시 펼 수는 없었다.

고려는 엎친 데 덮친 격으로 원(元)의 쇠퇴와 더불어 나타난 중국 한인(漢人) 유적(流賊) 집단인 홍건적(紅巾賊)의 침공과 남방에서 왜구(倭寇)들의 침입에 의한 외환(外患)에 시달려야 했다. 고려는 이들 침공의 저지와 토벌(홍건적 토벌: 1359-62, 왜구 토벌: 1372-89)을 위해서 막대한 재정과 군비를 투입한 결과 국력이 쇠퇴해지고 이 과정에서 새로운 사대부(士大夫) 집단과 무인(武人) 집단이 두각을 나타내게 되었다. 중국에서 원을 대신하여 등장한 명(明)나라에 대한 무인들의 견해 차이는 위화도(威化島) 회군의 이유가 되었고, 이와 더불어 실시된 전제개혁(田制改革)은 고려의 기반은 무너뜨리고 조선(朝鮮)왕조의 기반을 구축해 준 계기가 되었다. 내우외환에 시달린 고려왕조는 이를 수습하거나 대처할 능력을 상실하여 34대 475년 만인 1392년 역사 속에 모습을 감추고 말았다.[3)]

---

2) *前揭書*, pp. 172-206.

3) 國防軍史硏究所, *韓民族戰爭通史, II, 高麗時代篇* (1993), pp. 1-4.

2. 고려와 요의 전쟁

1) 전쟁의 배경

고려 태조(918-946 재위)는 후삼국(後三國)을 통일하고 난 후에 고구려의 옛날 영토와 유민을 통합하여 만주와 한반도를 포함한 통일 왕조를 건설하려는 정략(政略)을 품고 있었다. 고려 태조 왕건(王建)은 이러한 큰 구상 아래 치열하게 싸웠던 견훤(甄萱)도 받아들이고 신라에 대해서는 신라 스스로 왕조적 운명을 결정하도록 "강한 군사력을 바탕으로 한 유화 정책"을 펼쳤다. 이러한 고려의 정책은 신라 경순왕(敬順王, 927-935 재위)의 고려 귀속을 오히려 재촉한 결과를 가져왔다. 신라를 흡수하고 후백제를 멸망시킨(936) 고려 태조는 귀순한 경순왕이나 견훤은 물론 신라와 후백제의 유민도 위무하고 주요 인물들과는 혼인 정책을 통하여 결속을 다져 나가는 노력을 기울여 실질적인 통합을 통한 통일 왕조를 구축하려 했다. 혼란기에 있던 중국의 세력들과는 우호적이면서도 편파적이지 않는 등거리 외교를 구사하여 대외적인 안정을 유지하여 국내적인 통합 노력이 방해받지 않도록 했다. 실로 고려 태조 왕건은 고구려 영토까지를 포함한 삼국의 통일을 재현(再現)하려는 웅대한 구상을 지니고 있었다.

과거 고구려의 영토까지 회복하여 거대한 통일 왕조 국가를 세우려는 고려 태조는 699년에 대조영(大祚榮)이 고구려 유민과 말갈 등 주변 종족을 규합하여 세운, 해동성국(海東盛國)이라고 불리기도 한 발해(渤海)에 대한 관심도 매우 각별했다. 태조는 발해도 신라와 같이 고려에 스스로 병합되기를 바랐는지도 모른다. 그러나 거란이 926년에 발해를 멸망시키자 태조 왕건의 발해에 대한 이러한 바람은 발해를 멸망시킨 거란에 대한 증오로 변하고 말았다. 후삼국조차 통일시키지 못한 처지에 있던 왕건은 발해를 멸망시킨 거란(契丹)에 대해서 적극적인 대응책을 강구할 형편이 되지 못했으나 발해의 유민을 적극적으로 수용하는 정책을 시행하였다. 그리고 고려 태조는 거란을 "무도국(無道國)," "금수지국(禽獸之國)"으로 호칭하면서 "십훈요(十訓要)"에 반거란정책(反契丹政策)을 명시함으로써 거란에 대한 적대감을 감추지 않았다.[4] 발해를 멸망시킨 거란이 고려의 고구려 고토(故土) 회복을 가로막고 있었기 때문이었다.

금수지국이라고 지칭하면서까지 적대감을 표시한 고려의 태도를 잘 알고 있던 거란(契丹)의 요(遼)는 송과의 대전 상태에서 고려와의 불필요한 마찰을 피하려 했다. 대신에 요는 송(宋)과 교류하던 압록강 하류지역의 압록 여진(女眞)과 중류 동가강지역의 정안국(定安國)을 정복하여 측후방의 안전을 도모하면서 고려와의 사이에 완충지역을

---

4) 訓要 제 4 조는 "우리 동방은 예로부터 唐風을 崇慕하여 모든 文物禮樂을 그 제도에 좇고 있지만, 地理風土에 따라 사람의 習性이 다르므로 반드시 同化할 필요는 없다. 契丹은 禽獸之國으로 풍속이 우리와 같지 않고 言語도 또한 다르니, 그의 衣冠, 制度를 본받지 말라"고 하였다. *韓國史, 中世篇*, p. 83에서 재인용.

구축하였다. 그러나 고려의 체제가 정비되어 국력이 강화되고 압록 여진의 친송, 친고려 움직임이 드러나자 요의 성종(聖宗)은 대송전선(對宋戰線)이 소강 상태에 접어든 틈을 이용하여 고려 침공을 결심하게 되었다. 고려도 방위 태세와 대비가 갖추어지지 않은 점을 감안하여 요(遼)와의 싸움에서 군사 지원을 요청하는 송(宋)의 요청을 완곡히 거절하면서 거란을 자극하지 않고 변경의 방비를 강화하였으나, 결국 요의 침공을 사전에 막지는 못했다. 송(宋)을 멸하여 중국 내륙을 장악하려는 요(遼)는 후방의 안정을 위해서 고려의 정벌이 필요하다고 판단했다.

2) 고려와 요의 군비와 작전 계획

(1) 요의 군비와 침공 계획

요는 최초에 거란족을 중심으로 군(軍)을 유지하였으나 국가의 영역을 확대함에 따라 다른 종족들까지 포함한 종족개병제(種族皆兵制)에 의한 대규모 병력을 유지하였다. 그리하여 요는 장정이 되면 누구나 병역의 의무를 지니게 하여 거란족으로 편성된 중군과 한족(漢族)으로 편성된 한병(漢兵), 해족(奚族)의 해병(奚兵), 습족(霫族)의 습병(霫兵), 발해 유민으로 편성된 발해병(渤海兵) 등의 이민족군으로 구성된 병력까지 보유하고 있었다. 이민족군은 주로 방어 보조와 보급 업무에 종사하였으며 거란과 발해 유민들은 보병과 기병으로 구성되어 전투 임무를 수행하였다.[5)]

요군(遼軍)은 궁과 행정부의 소재지를 경호하는 금위제군(禁衛諸軍), 중앙군으로서 중부족군(衆部族軍), 그리고 지방군으로서 향병(鄕兵)으로 구성되어 있었으며, 규모도 중앙군과 지방군을 합하여 170여만 명에 이르렀다. 그러나 실제로 전투에 동원되는 인원은 고도의 기마술과 궁술 등 전투 기술에 능한 10만에서 12만 정도 수준이었다. 이 병력 이외에 노무(勞務)와 보조 병력으로 동원되는 인원도 다수 있었다. 특히 요군은 죄수들로 편성된 낭군군(郎君軍), 거란 및 해족으로 편성된 특수부대인 극군(剋軍)과 돌격기병부대인 철요군(鐵鷂軍) 등을 유지하여 특수 임무의 수행과 특수 작전에 투입하였다. 이와 같이 요군은 보병과 기병, 그리고 특수부대를 유지하여 각종 형태의 작전을 수행하도록 편성되어 있었다.[6)]

요군은 기병을 주축으로 속전속결(速戰速決)에 의한 단기전을 중요시하는 전술 개념에 입각한 작전을 수행하였다. 외국 원정은 왕이 직접 지휘하거나 왕의 위임을 받은 중신이 원정군을 통솔하였으며, 원정군의 규모는 10만 내외였다. 요군은 500-700명으로 1개의 대(隊)를 편성하고 10개의 대(隊)로 1개의 도(道)를 편성하여 이를 전투의 기

5) *遼史, 卷76 列傳6, 高模翰, 卷46,* 志 第16 百官志 2; *宋史, 卷264, 列傳23, 宋琪; 韓民族戰爭通史, II, 高麗時代篇,* pp. 15-17.

6) *前揭書.*

본 단위로 삼았다. 그리하여 통상 5,000-7,000명이 하나의 밀집 대형을 이루어 전투에 임했으며 기마술과 궁술에 능한 병사는 최고의 장비를 지급하여 최후방에 위치시키고 전투 기량이 떨어지는 병사들은 최전열에 위치시켜 적의 예봉을 맞아 싸우는 전법을 택하였기 때문에, 모든 병사들은 전기(戰技)의 연마에 온갖 심혈을 기울였다. 전열의 병사들이 상대 진영을 교란시킨 후에 후열의 병사들이 집중 공격하여 상대를 제압하는 전술을 구사하는 것이 통례로 되어 있었다. 요군은 통상 원정군을 삼로(三路)로 나누어 진격시키고 1개 방면군은 전위(前衛), 본대(本隊), 수색대(搜索隊) 및 전령 기병 등으로 나누어 전진하였으며, 전투 상황이 전개될 때에는 횡대로 전개하여 작전을 수행하였다. 그리고 원정지에서 현지 조달을 통하여 보급의 부족분을 보충하고 현지 주민들을 강제 동원하여 수목 벌채, 교량 가설 등에 활용하는 한편 공성(攻城) 작전시에는 이들을 먼저 성벽에 기어오르게 하여 수성군(守城軍)의 전력과 무기를 소모시킨 후에 요군(遼軍)의 주력을 투입하는 식의 작전을 수행하였다.[7] 이와 같이 요군은 원정을 비롯한 모든 작전을 단시간 내에 종결하기 위하여 온갖 수단과 방법을 동원하였다.

요는 여진과 정안국을 정복함으로써 대송(宋) 관계에서 유리한 위치를 확보하고 송과는 표면적인 평화를 유지하면서 고려 침공 작전을 구상하였다. 먼저 고려 침공의 명분으로서 고려가 신라의 영토 안에서 입국(立國)하였음에도 불구하고 고구려의 고토(故土)를 회복한다는 정책하에 요의 영토를 잠식하고 있다는 점과 고려가 요와 국경을 마주하고 있으면서도 송과 우호 관계를 유지하면서 요는 적대시하고 있다는 점을 들었다. 이러한 명분으로 고려의 침공을 합리화한 요의 성종(聖宗)은 동경유수(東京留守) 소손녕(蕭遜寧, 본명: 恒德, 자: 遜寧)을 고려 원정군 총사령관으로 임명하고 동경요양부(東京遼陽府)에 병력을 집결시켜 고려 침공 작전을 준비하도록 조치하였다. 이에 소손녕은 992년 10월부터 993년 8월까지 원정 작전 준비를 갖추면서 80만의 병력을 동원한다고 소문을 퍼뜨려 침공 전에 고려의 공포심을 유발시키려는 심리전을 펴기도 했다.[8]

준비를 마친 요는 대규모 병력을 일시에 투입하여 고려의 서경(西京: 평양)을 압박하고 필요시에 개경(開京: 개성)까지도 점령한다는 개념하에 침공 계획을 세웠다. 이러한 계획에 의거하여 소손녕은 최초 압도적인 병력으로 고려군을 위압하여, 청천강 이북 지역의 활양과 고려의 대송 접근을 막으려는 목적을 달성하려 했다. 초기에 이의 달성이 불가능할 경우에는 고려의 전방 방어 거점을 우회하고 신속히 병력을 남하시켜 개경을 점령함으로써 고려를 더욱 압박하여 주어진 목적을 달성하려 했다. 소손녕은 요군이 기병과 보병으로 편성되어 있기 때문에 고려 방어 거점의 포위 및 공성 작전과 고려 후방에 대한 깊숙한 침투 작전을 동시에 수행할 수 있다고 판단했다. 고려 후방에 대한 침공은 요군의 병참선을 신장시키는 결과를 초래하여 보급의 어려움은 물론

7) *韓民族戰爭通史, II, 高麗時代篇*, pp. 16-20.
8) *高麗史節要, 卷2,* 成宗 12年 10月; *韓民族戰爭通史, II, 高麗時代篇*, p. 26-7.

이의 차단 가능성과 철수시의 어려움을 감수해야 하는 위험성을 내포하고 있었으나 소손녕은 신속한 작전으로 이를 극복할 수 있다고 내다보았다. 이와 같이 요의 고려 침공 작전은 치밀한 계획하에 이루어졌다.

(2) 고려의 방어 태세와 계획

북방 고구려 고토를 회복하겠다는 웅대한 구상과는 달리 고려는 방어 거점을 중심으로 한 방위 태세를 취하고 있었다. 이러한 개념은 과거 청야입보(淸野入保)에 의한 거점방어식(據點防禦式) 초토전술(焦土戰術)과 큰 차이가 없는 방어 태세로서 공세적이기보다는 수세적인 방위 태세인 셈이다. 이러한 방어 거점은 주로 동북계(東北界)와 서북계(西北界)에 두어 크고 작은 주(州)와 진(鎭) 등에 둔전군(屯田軍)과 주진군(州鎭軍)의 형태로 운용하면서 침공이나 소요 사태에 대비하도록 하였다. 고려는 특히 요의 침공 위협이 가시화됨에 따라 947년(定宗 2년)에는 30만에 달하는 광군(光軍)이라는 특수 예비군을 조직하여 요의 침공에 대비하는 비상 조치를 취하기도 했다.[9] 이와 같이 고려는 고구려 고토 회복이라는 공세적인 북진 정책은 수립하였으나 이를 현실적으로 구체화시킬 만한 군사력과 전략 태세는 갖추지 못하고 있었으며, 오히려 청야입보에 의한 방어적인 대비 태세를 취하고 있었다.

고려는 주로 중앙군을 중심으로 편성되어 있었으며, 규모가 대단한 편은 아니었다. 고려는 후삼국 통일 이전부터 개경(開京) 출신 병사들 4만 3,000명으로 편성된 중군(中軍), 좌강(左綱), 우강(右綱)의 3군(軍)을 유지하고 있었다. 요의 실질적인 위협이 증대되자 고려는 중앙군을 2군 6위(二軍六衛) 체제로 개편해 나갔다. 응양군(鷹揚軍)과 용호군(龍虎軍)이 2군을 이루었고 좌우위(左右衛), 신호위(神號衛), 흥위위(興威衛), 금오위(金吾衛), 천우위(天牛衛), 감문위(監門衛)의 6개 위가 있었다. 각 군(軍)과 위(衛)는 주어진 임무에 따라 1개에서 10개까지의 영(領: 1,000명의 병력으로 편성)이 편제되어 있었다. 2군 6위의 총병력은 45개 영, 즉 4만 5,000명에 이르렀다. 각 군과 위에는 상장군(上將軍: 정 3품), 대장군(大將軍: 종 3품) 1 명씩을 두어 지휘하였으며, 그 예하 영에는 장군(將軍: 정 4품)에서부터 대정(隊正: 종 9품)에 이르는 제대 지휘관을 두어 병력을 지휘 운용하도록 했다. 원래 신라 말 지방 호족 세력들의 봉기를 목격하고 이의 재현을 우려한 고려는 지방 상비군을 유지하지 않았다. 다만 고려의 동북계(東北界)와 서북계(西北界)에는 동, 서북방 이민족의 침공에 대비하여 평시에도 둔전군(屯田軍)과 주진군(州鎭軍)을 두었다. 이외에 경기지역과 각 도에는 주현군(州縣軍)을 두어 현지에 주둔하고 있던 중앙군의 지휘하에 책임 지역을 방어하는 임무를 수행했다. 이와 같이 고려는 중앙군 중심의 군 편제를 유지하여 유사시를 대비하였다.[10]

---

9) 李基白, *高麗兵制史研究* (一潮閣, 1980), pp. 131-181, 202-221; *韓民族戰爭通史, II, 高麗時代篇*, pp. 20-2.

10) *高麗史, 卷77; 81; 高麗兵制史研究*, pp. 60-81; *韓民族戰爭通史, II, 高麗時代篇*, pp. 20-22.

기병 위주로 편성된 요군(遼軍)과 대조적으로 보병 위주인 고려군(高麗軍)은 기동전이나 야지(野地)에서의 전투에 매우 취약한 상태였다. 따라서 고려군의 방어 계획과 전술 개념은 주로 성곽을 중심으로 한 수성(守城)에 중점을 두고 수립되었다. 북방의 성을 중심으로 침공군의 공격을 저지하고 성을 우회할 경우에는 침공군의 신장된 병참선을 차단하는 적극적인 군사 활동을 전개하거나, 침공군의 퇴로를 차단하는 작전을 수행하는 개념의 방어 위주의 방위 태세가 특징을 이루고 있었다. 그리고 수전(水戰)에 약한 북방 종족의 약점을 이용하려는 개념하에 하천을 장애물로 이용하여 진지를 구축하기도 했으며 산악이나 구릉 지대에 성곽을 구축하여 거점을 중심으로 한 방어전을 수행하려 했다. 그리고 중앙군을 전투지역으로 파견하여 지방의 수비군과 협동작전을 수행함으로써 침공군이 수도까지 침공하는 것을 막으려 했다. 고려의 이러한 방어 개념과 계획은 과거 고구려가 수(隋)와 당(唐)의 침공군과 대적할 때에 적용했던 것과 같았으나 작전의 주도권을 침공군에게 양보하고 침공군이 지닌 약점을 적극적으로 활용하지 못한 채 그들 스스로 물러가기만을 기다리는 원래적인 한계를 지닌 방어 태세였다.

요군이 고려의 침공을 위하여 요양(遼陽)을 출발했다는 첩보를 993년 8월에 접수한 고려는 방어 대책을 강구하였다. 성종(成宗, 982-998 재위)은 중신회의를 소집하고 의견을 청취한 다음에 광군(光軍)을 방어의 주축으로 삼고 각 지방에 군마제정사(軍馬齊整使: 징병관)를 파견하여 지방 병력을 동원하고 주요 지휘관을 임명하였다. 상군사(上軍使)에 문하시중(門下侍中) 박양유(朴良柔)를 임명하고 중군사(中軍使)에는 내사시랑(內史侍郎) 서희(徐熙)를 임명하여 고려군을 지휘하도록 했다. 그리고 성종은 직접 서경(西京)에 행재소(行在所)를 설치하여 방어 작전을 독려하기로 했다.

지휘 계통을 확립한 고려군은 요의 침공군을 청천강선 북방에서 저지하기로 결정하고 제대별 임무를 부여하였다. 전초 부대는 요군이 압록강을 도하할 때 이들을 기습하여 전열을 분산시키고 전진을 지연시키도록 했다. 선봉군사(先鋒軍使) 윤서안(尹庶顔)이 지휘하는 병력은 서북계 남로(南路: 의주-용주-정주)와 북로(北路: 의주-귀주-박주)로 남진하는 요군을 저지하고, 중군사 서희는 윤서안의 부대를 지원하면서 요군의 청천강 북안 진출을 막도록 했다. 상군사 박양유는 방어군 주력을 지휘하여 요군의 청천강 이남 진출을 거부하도록 했다. 이 모든 작전을 서경에서 성종이 직접 지휘 감독하였다. 이상과 같이 고려군은 침공해 오는 요군을 청천강선에서 저지하기 위하여 주력을 청천강 남북 방어선에 집중 배치하였다. 성종은 993년 10월 4일 방어군 지휘소가 있는 청천강 이남 안북부(安北府: 안주)까지 방문하여 장병을 격려하기도 했다. 고려는 요의 침공을 저지하기 위하여 범국가적인 노력을 기울였다.[11)]

11) *高麗史, 卷3,* 成宗 世家 12年 閏 10月; *韓民族戰爭通史 II, 高麗時代篇,* pp. 27-30.

3) 제1차 요군의 침공 작전 경과 및 주요 전투

소손녕(蕭遜寧)이 지휘하는 요군은 993년 8월 요양(遼陽)을 출발하여 10월에는 압록강 북안에 도착했다. 요군은 압록강 남안에 배치된 고려군의 상황을 정찰하면서 일개 부대를 보주(保州: 義州) 남방 10km 지점에 위치한 흥화진(興化鎭)에 진출시켜 압록강 연안에 배치한 고려군과 내륙 산간지역에 배치된 주력군과의 연락을 차단하고 압록강 도하를 개시했다. 압록강 연안에 배치된 고려의 전초 부대는 산발적인 기습 공격을 실시하여 요군의 도하를 방해했으나 도하 자체를 막지는 못했다. 고려의 전초부대는 산악 지형의 이점을 이용하여 요군을 기습하여 타격을 가함으로써 요군의 전진을 지연시켜 후방의 주력 부대가 방어 태세를 갖추는 데 필요한 시간을 확보해 주었다. 이에 요군은 잠시 머뭇거렸으나 수적인 우세로 남진을 계속하여 몇 군데에 설치된 고려군의 방어 진지들을 우회하면서 남하하여 귀주(龜州) 동남쪽 6km 지점에 위치한 봉산성(蓬山城)에 도달했다.[12)]

소손녕은 봉산성을 포위하고 사자를 보내 항복을 요구했다. 주민과 더불어 봉산성을 지키고 있던 선봉군사(先鋒軍使) 윤서안(尹庶顔)은 요군의 항복 요구를 일축하고 방어 태세를 가다듬었다. 고려군이 항복을 거부하자 소손녕은 침공군을 4개 제대로 나누어 당차(撞車), 발석차(發石車), 운제(雲梯) 등의 공성 무기를 동원하여 사방에서 공격하였다. 성을 지키고 있던 고려군과 주민들은 합심하여 요군의 공격을 일단 막아냈다. 봉산성에 대한 첫번째 공격이 무산되자 요군은 보병 위주의 공격을 실시했다. 보병은 성벽을 기어오르고 나머지 병력은 당차와 운제 등을 동원하여 성벽(城壁)과 성첩(城堞)을 파괴하여 성내에 집중 사격을 퍼붓고 기병은 성 주위를 돌면서 화살을 쏘아 공격군을 도왔다. 요군의 다양한 방법에 의한 집중 공격으로 성벽이 무너지고 이를 통해 요군이 성내로 침입하여 고려의 전열은 흐트러졌다. 많은 사상자와 포로를 남긴 채 봉산성은 요군에게 점령되고 말았다.[13)]

봉산성을 탈출한 장병들로부터 봉산성 함락 소식을 전해 들은 안북부(安北府)의 고려 방어군 본영은 이를 탈환하기 위해서 중군사(中軍使) 서희(徐熙)의 부대를 북진시켰다. 서희군은 봉산성 남방 4km 지점까지 진군하여 전열을 갖추었다. 그리고 서북계 북로(北路) 등에 위치한 고려군도 봉산성 탈환 작전에 가세할 기세를 보였다. 봉산성에 지휘소를 설치하고 고려군의 역습에 대비하고 있던 요의 소손녕도 이러한 기미를 보고받고 전열의 재정비를 위한 시간 확보와 이러한 상황의 타개책으로 고려에 화의(和議)를 모색하였다. 소손녕은 전령을 보내 서희에게 요군이 더 이상 남진하지 않는다는 조건을 들어 화의를 제의하면서 고려가 수행할 조건을 제시하였다. 서희군도 이를 수락하고 청천강 북안(北岸)의 원주둔지로 철수하였다. 그리고 서희는 요의 제의와 조건

---

12) *韓民族戰爭通史, II, 高麗時代篇*, pp. 30-31.

13) 國防部戰史編纂委員會, *麗遼戰爭史* (1990), pp. 61-3; *韓民族戰爭通史, II, 高麗時代篇*, pp. 31-3.

제 1 차 여·요 전쟁의 개황

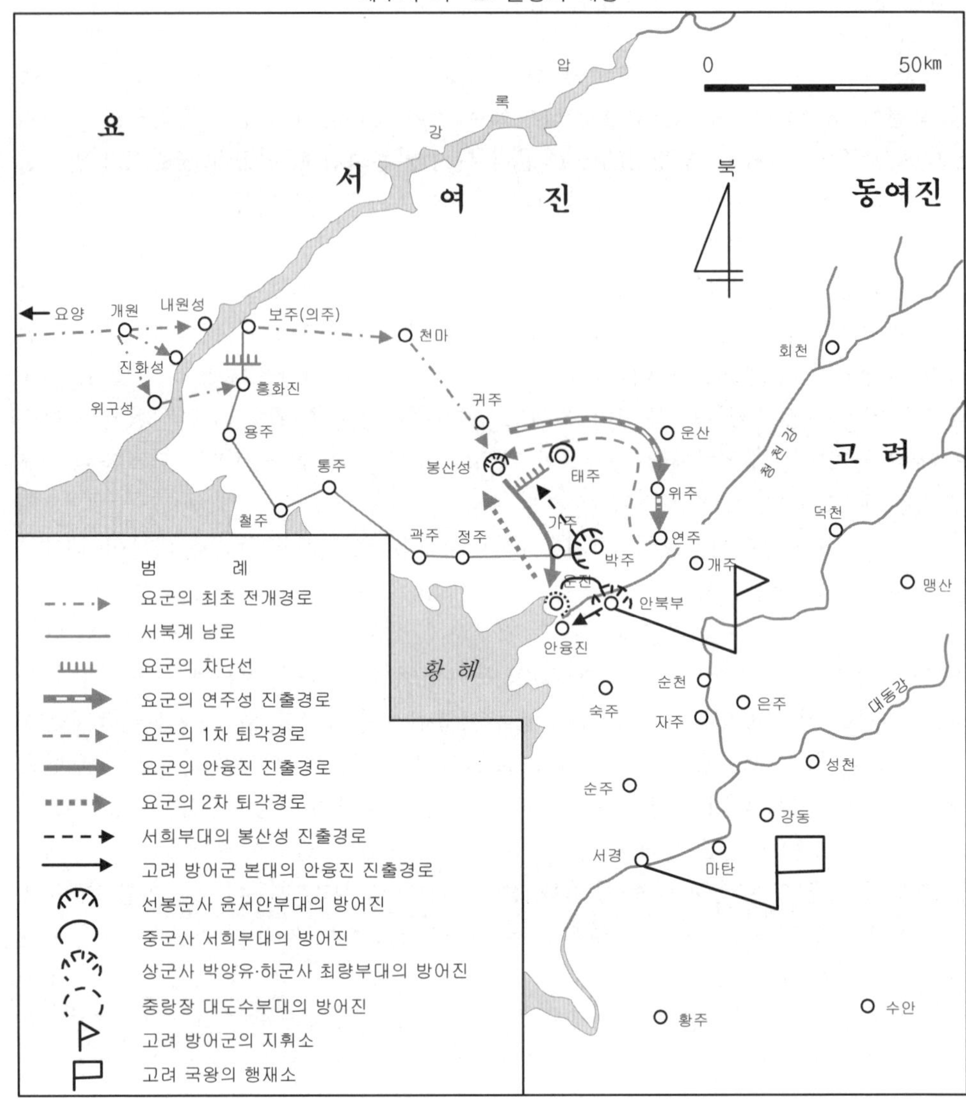

등을 서경(西京)에 위치한 고려의 조정에 보고하였다.[14]

그러나 요의 화의 조건은 고려의 항복이었고 남진을 하지 않겠다는 약속은 거짓으로 드러났다. 소손녕은 서희에게 보낸 문서에서 "고구려의 옛 영토가 이미 요에 귀속되었는데 고려가 이를 침범하기에 이를 토벌하러 왔다. 요는 사방을 정벌하여 통일을 이루었다. 귀순해 오지 않는 나라는 소탕하고 말 것이니, 고려도 조속히 항복하기 바란다"는 내용을 담았다. 이러한 소손녕의 문서는 강화는 하되 고려가 항복해야 한다는

14) *麗遼戰爭史*, pp. 64-5; *韓民族戰爭通史, II, 高麗時代篇*, p. 32.

점을 명시하였다. 이러한 요의 입장은 고려와의 장기전보다는 고려의 항복을 얻고 전쟁을 조기에 종결시키고 싶다는 의도를 나타내고 있었다. 또한 고려의 항복을 요구한 소손녕은 고려의 신속한 조치와 이행을 촉구하기 위한 군사 행동을 취함으로써 남진하지 않겠다는 약속을 헌신짝처럼 버렸다. 요군은 화의 제의를 고려 조정이 논의하는 동안 일개 별군(別軍) 부대를 차출하여 고려의 전방 지휘부가 위치한 안북부(安北府) 기습을 시도했다. 요군은 기습을 달성하기 위해서 안북부에 이르는 지름길(태주-박주-안북부)을 택하지 않고 태주 북방의 산간 험로(위주-연주)를 통하여 안북부를 공격하도록 했다. 위주성(渭州城: 영변군 고성동)과 연주성(延州城: 영변)을 지키던 고려군과 주민들은 침공하는 요군에게 막대한 타격을 입히면서 성을 지켰기 때문에 요의 별동대(別動隊)는 안북부의 기습을 포기하고 봉산성 부근으로 퇴각하였다. 그러나 요군은 다시 고려군의 방어 상태가 약하다고 판단되는 청천강 하류에서 도하하여 청천강 이남 안융진(安戎鎭)을 점령한 후 이를 거점으로 안북부를 측면에서 위협하려 했다. 그러나 요군의 선봉 부대가 청천강 도하를 시작하자 안융진의 고려군과 주민들은 강안으로 출진하여 기습적으로 요군을 강타하고 요군의 도하를 저지하였다. 고려도 즉시 이 지역의 방어 태세를 강화하여 또 다른 도하 기도를 분쇄하려는 조치를 취했다. 상황이 이렇게 전개되자 요군은 안북부에 대한 공격을 포기하였다.15) 요군은 강화를 제의하고 군사적인 압력을 가하는 양면전략(兩面戰略)을 구사하여 고려를 압박하였다.

두 차례에 걸친 안북부(安北府) 기습 공격이 무산되긴 했으나 요의 소손녕은 다시 고려측에 위압적인 서찰을 보내 항복을 촉구하였다. 내용은 완전히 공갈조였다. "우리는 80만 대군을 거느리고 왔다. 만일 너희들이 청천강을 건너와 항복하지 않으면 섬멸할 것이다. 고려 국왕과 신하들은 빨리 요의 진영에 와서 항복하라"는 내용이었다.16) 이 서찰은 고려를 위협하는 내용과 더불어 빨리 화의에 응하라는 독촉의 의미를 포함하고 있었다. 고려측에서는 이미 감찰사헌(監察司憲) 이몽전(李蒙戩)을 요군측에 강화사(講和使)로 파견하였다. 요군 진영에 도착한 이몽전은 소손녕에게 요군의 고려 침공이 부당함을 설명하고 조기 철군을 요청하였다. 그러나 소손녕은 고려가 백성을 위한 정치를 하지 않기 때문에 이를 징벌하러 왔다는 전쟁 개시의 명분을 설명한 다음 화친할 뜻이 있으면 빨리 항복하라고 주장했다. 그러고는 요가 고구려의 후계 국가임을 들면서 고려가 점령한 고구려의 고토를 반환하고 송(宋)과의 국교를 단절하여 요에 대해서 사대(事大)의 예를 갖출 것을 강화의 조건으로 제시하였다. 요군측의 무리한 요구와 위압적인 자세에 분노한 이몽전은 요군 진영을 떠나 서경으로 돌아와 그간의 경위와 요군의 요구 조건을 조정에 보고했다.17)

고려의 성종과 중신회의는 "항복"과 "영토 할양"이라는 굴욕적인 요군의 요구를 받

---

15) *高麗史, 卷3,* 成宗 世家 12年 10月; *卷99, 列傳12, 玄德秀; 遼史, 卷13,* 本紀13 統和 10年 12月; *麗遼戰爭史,* pp. 65-9; *韓民族戰爭通史, II, 高麗時代篇,* pp. 34-6.

16) *前揭書;* 특히, *麗遼戰爭史,* p. 72; *韓民族戰爭通史, II, 高麗時代篇,* p. 38 에 인용된 내용 참조.

17) *前揭書.*

아들여 강화를 성립시키는 방향으로 의견을 모았다. 침공군이 80만이라는 위협에 겁을 먹은 중신들은 요의 요구를 거절할 수 없다고 주장했고 성종 역시 이에 따르기로 결정하였다. 그래서 항복에 앞서 서경(西京)의 국고에 저장된 양곡을 성내의 병력과 주민에게 나누어 주었다. 그러나 서경 군민은 분배되는 양곡의 수령을 거부하고 끝까지 항전할 것을 요구했다. 이에 고려 조정은 양곡을 대동강(大同江)에 버리도록 명령하기에 이르렀다.[18] 끝까지 항쟁하자는 서경의 군민(軍民)과 영토 할양과 항복을 하자는 중신들의 상반된 입장은 실로 어처구니 없는 대조(對照)가 아닐 수 없었다.

항복하자는 중신들의 주장에 입을 열지 못하고 있던 중군사(中軍使) 서희(徐熙)는 항전 여론을 등에 업고, "항복(降伏)에 의한 강화(講和)"가 아닌 "항전(抗戰)에 의한 강화(講和)"의 당위성을 내세운 자신의 입장을 성종에게 밝혔다. 서희는 먼저 양곡을 대동강에 버리라는 명령의 부당함을 지적하면서 "식량이 넉넉하면 성을 지켜낼 수가 있으며 적과의 싸움에서 이길 수가 있습니다. 전쟁에서의 승패는 반드시 병력의 강약에만 달린 것은 아닙니다. … 하물며 식량은 백성의 생명이나 다름없는 것입니다. 차라리 적의 수중에 들어가 군량으로 쓰여지게 될 망정 그것을 강물에 던져 버리는 것은 하늘의 뜻에 어긋나는 일입니다"라고 말했다.[19] 성종은 즉시 식량을 대동강에 버리라는 명령을 취소했다. 서희는 이어서 대요전략(對遼戰略)에 대해서 자신의 견해를 밝혔다. 서희는 요가 고구려의 옛 땅을 전부 내놓으라는 것은 공갈에 불과하기 때문에 요의 허세만을 믿고 영토를 할양하는 것은 후일에 똑같은 요구에 직면하게 될 것임을 지적하고, 요군과 일전(一戰)을 해 본 뒤에 다시 화친을 해도 늦지 않다고 주장하면서 성종의 개경(開京) 귀환을 주장했다. 이러한 서희의 주장에 일부 관료들도 동조하여 고려 조정의 공론은 요군의 기세를 꺾고 난 후에 유리한 입장에서 요군과 담판을 벌이자는 쪽으로 정해졌다. 서희와 일부 관료들의 주장은 당시 고려군과 주민들의 항전(抗戰) 의지를 반영한 것이었다. 요군과 일전을 수행한 후에 강화 교섭을 하자는 고려 조정의 결정으로 서북계 제진(諸鎭)에서는 고려군과 요군 사이에 소규모 전투가 벌어져 원정군인 요군의 처지를 난처하게 만들었다.[20]

한편 고려는 화통사(和通使)를 요군 진영에 파견하여 요군측의 강화 의사를 타진하였다. 이에 요의 소손녕은 고려 조정의 중진 대신을 보내 와야 화의를 진행시킬 수 있다는 입장을 밝힘으로써 강화를 성립시키려는 의사를 표시했다. 이러한 화통사의 보고를 받은 고려 조정은 요군 진영에 보낼 대신의 인선(人選) 문제로 고심하지 않을 수 없었다. 중신들은 회담 대표가 되어 요군 진영에 가는 것을 꺼려 하고 있었다. 신변의 안전도 보장받을 수 없을 뿐만 아니라 강화의 성사 여부도 불투명한 상태에서 회담 결과

---

18) *高麗史, 卷3,* 成宗 世家 12年; *遼史, 卷13,* 本紀13 統和 10년; *麗遼戰爭史*, pp. 73-83; *韓民族戰爭通史, II, 高麗時代篇*, pp. 38-45.

19) *高麗史, 卷3,* 成宗 世家 12年; *遼史, 卷13,* 本紀 13 統和 10年 12月; *麗遼戰爭史*, pp. 75-6; *韓民族戰爭通史, II, 高麗時代篇*, pp. 39-42.

20) *前揭書.*

에 대한 책임을 떠맡는 것 자체를 원하지 않았기 때문이다. 이러한 상황이 전개되자 중신으로 자처하며 나서기를 꺼려 했던 서희가 강화사(講和使) 임무를 자청하고 나섰다. 고려의 중신들은 서희의 자원을 괘씸하다고 생각하기보다는 안도의 한숨을 내쉬었다.[21)]

서희(徐熙)는 성종(成宗)의 친송(親送)을 받으며 서경(西京)을 출발하여 소손녕이 머물고 있던 봉산성(蓬山城) 요군 진영 앞에 도착했다. 서희는 우선 통역관을 소손녕의 처소에 보내 회담 절차에 대해서 협의하도록 했다. 소손녕은 자신이 요(遼)의 부마(駙馬)임을 과시하면서 서희는 마땅히 뜰 아래서 자신에게 배례(拜禮)를 올려야 한다고 주장했다. 서희는 군신(君臣)간이 아니면 그러한 형식을 갖출 수 없다고 주장했다. 고려의 대표가 뜰 아래서 배례를 해야 한다고 주장하는 소손녕과 양측의 동등한 상견례(相見禮)를 주장하는 서희의 입장은 추호의 변함이 없었다. 서희는 요군 진영 밖 관사에 머무르면서 아무런 대응도 하지 않았다. 시일이 지날수록 요군에 불리하다고 판단한 소손녕은 양측 대표가 당상에서 상견례를 할 것에 동의하고 회담 재개를 요청했다. 이에 서희는 소손녕과 당상에서 서로 예의를 표시하고 회담에 들어갔다. 요군측이 군신간의 예의를 갖추게 하려는 요구를 거두어들이고 회담을 진행시킬 수밖에 없다는 사실을 직시한 서희의 판단이 옳았던 것이다.[22)]

회담장에서의 설전(舌戰)은 전투장에서의 열전(熱戰)과 같은 긴장감 속에서 진행되었다. 먼저 소손녕이 시비를 걸었다. 고려가 신라의 땅에서 일어났음에도 불구하고 요의 땅인 옛 고구려 영토를 침범하느냐는 것이었다. 이에 질세라 서희는 고려는 고구려의 후신으로 이름도 고려라고 지었으며 이러한 이치로 따지고 보면 요(遼)의 동경(東京: 遼陽)도 고려의 영토라고 주장했다. 이에 소손녕은 요와 국경을 마주 대하고 있는 고려가 왜 바다를 건너 송(宋)과 교류를 하고 있는지를 따지면서 압록강 안팎 일대의 고구려 영토 반환을 요구하고 나섰다. 서희도 만만치 않았다. 압록강 일대의 땅은 원래 고려의 영토인데 여진족들이 들어와 살면서 교활한 술책으로 요와 고려의 소통을 막고 있기 때문에 고려가 이를 확보하여 보루를 쌓아 요와의 교통로를 확보하려 한다는 점을 밝힌 서희는 한발짝 더 나아가서, 요의 황제도 고려의 이러한 입장을 받아들일 것이라고 말했다. 서희는 이러한 교섭 과정을 거쳐 요군의 철군과 강동 6주(江東 6州: 興化鎭, 龍州, 通州, 鐵州, 龜州, 郭州)의 영유권을 확보하였다. 대신에 서희는 고려가 요의 연호(年號)를 사용하고 조공(朝貢)을 바치는 “사대(事大)의 예(禮)”를 갖출 것을 약속했다. 실리(實利)를 챙기고 명분(名分)을 양보한 교섭의 결과였다.[23)]

강화가 성립되자 소손녕은 요 성종의 허락을 받고 침공 한 달 만인 993년 윤 10월에 철수했으며 고려는 강동 6주의 개척에 박차를 가해 나갔다. 고려 성종(成宗)은 압록강 양안(兩岸)의 수복을 끝내고 난 후에 요와의 수교를 시작해도 늦지 않을 것이라는 서

---

21) *麗遼戰爭史*, pp. 77-8.

22) *前揭書*.

23) *前揭書; 高麗史, 卷64, 列傳7, 徐熙; 東國兵鑑*, pp. 163-73.

희의 건의에도 불구하고 수교를 지연시키면 재침의 우려가 있다는 점을 우려하여 수교를 서둘렀다. 그리하여 성종은 994년 4월에 문하시중 박양유를 요에 예폐사(禮幣使)로 파견하여 고려가 요의 연호를 사용할 것임을 통보하고 포로 송환 교섭을 진행하도록 했다. 한편 성종은 요와의 수교를 성립시킨 직후인 6월에 송(宋)에 사절을 보내어 요의 침공 과정과 결과를 설명하고 고려와 송의 군사 동맹 관계의 수립을 제안했다. 그러나 송은 요와의 현상 유지를 목적으로 고려의 제의를 완곡하게 거절했다. 고려는 이로써 송과의 관계 단절의 명분은 확보했으나, 이 사실 자체가 요와의 관계에서 나중에 문제가 될 소지를 내포하고 있었다. 어쨌든 고려는 송과의 국교를 단절하고 요와의 관계를 긴밀하게 다지는 노력을 기울였다. 성종은 995년 요에 방물을 바치고 10명의 학생을 파견하여 거란어를 배우게 하고 고려를 침공했던 소손녕의 딸이 고려에 시집을 오는 등 고려와 요의 관계가 최소한 형식상 밀접해지기도 했다. 그러면서 고려는 강동 6주의 요새화를 서둘렀다.[24] 거란에 대한 고려의 멸시와 불신이 매우 깊었기 때문이었다.

4) 제2차 고려와 요의 전쟁

(1) 전쟁의 배경과 원인

요는 고려와의 강화가 성립되어 후방의 안전이 확보되었다고 판단하자 송(宋)에 대해서 적극적인 공세를 취하기 시작했다. 송은 997년 3월 태종(太宗)이 사망하고 진종(眞宗)이 왕위에 오르자 요와의 전쟁을 회피하기 위하여 외교적인 노력을 기울였으나 요의 거부로 무산되고 말았다. 요는 1004년 남침을 실시하여 영주(瀛州: 하북성 하간현)를 거쳐 송의 수도 변경(汴京: 개봉)을 압박하였다. 송의 진종도 직접 대군을 이끌고 황하 북안으로 기동하여 요군의 병참선(兵站線)을 위협하는 반격을 실시함으로써 오히려 전세를 역전시켰다. 요는 송과의 강화에 적극적으로 임하여 송과 "형제지국(兄弟之國)"의 외교 관계를 맺게 되었다. 요는 송을 형의 나라로 섬기기로 하고 대신에 송은 매년 비단 20만 필과 은 10만 냥을 요에게 주기로 했다. 송으로 보아서는 굴욕적인 관계의 설정이었으나 요의 침공을 막기 위한 자구책에 근거한 관계의 설정이었다.[25]

송과의 관계를 정상화시킨 요는 다시 고려에 대해서 압력을 가하기 시작했다. 고려는 요와의 약속에도 불구하고 송과의 관계를 유지하려 했으며 송에 대해서 대요 군사동맹을 제의하기도 했다. 또한 고려는 강동 6주를 요새화하여 언제라도 있을 수 있는 요의 군사 행동에 대처하려는 행동을 감추지 않았다. 요는 고려가 송에게 군사 동맹을 제의했다는 사실과 강동 6주를 요와의 교류를 위한 중간 연결 지점이 아닌 군사적 요

---

24) *高麗史*, 成宗 世家 13, 14, 15年; *遼史, 卷13*, 統和 13, 14年; *麗遼戰爭史*, pp. 84-90; *韓民族戰爭通史, II, 高麗時代篇*, pp. 45-8.

25) *麗遼戰爭史*, pp. 91-99; *韓民族戰爭通史, II, 高麗時代篇*, pp. 48-53.

충지로 만들고 있다는 사실을 잘 알고 있었다. 대송전선(對宋戰線)을 형제지국의 관계 설정으로 어느 정도 안정시킨 요는 고려가 약속을 저버리고 송과 접촉하면서 군사 동맹까지를 제안했다는 사실을 들추면서 강동 6주의 반환을 요구했다. 요는 고려와의 일전(一戰)이 불가피하다는 결론을 내리고 개전(開戰)의 구실을 찾으려 하고 있었다. 이때 고려에서 정변이 일어났다.

고려 목종(穆宗, 998-1010 재위)의 생모인 천추태후(千秋太后)는 김치양(金致陽) 일당과 야합하여 목종을 폐위하고 정권을 장악하려는 음모를 꾸미고 있었다. 이를 눈치챈 목종은 1009년 2월에 서북면(西北面) 도순검사(都巡檢使) 강조(康兆)에게 근왕병(勤王兵)을 이끌고 개경에 들어와 김치양 일당을 제거하라는 밀명을 내렸다. 이에 강조는 5,000여 명의 근왕병을 거느리고 입경하여 김치양 일당을 제거하고 목종까지 폐위시켜 왕순(王詢)을 왕으로 추대하였다. 그리고 고려는 요에 사신을 파견하여 새로운 왕 현종(顯宗, 1010-1029 재위)이 등극하였다는 사실만을 알렸다. 정변으로 현종이 왕에 추대되었다는 사실을 모르고 있던 요는 약탈 행위를 응징한 고려에 불만을 품고 있던 동여진인들의 밀고를 통해서 고려 내에서 있었던 정변 사실을 알게 되었다. 그동안 고려의 배신 행위와 국방 강화를 불만스럽게 여기고 있던 요는 고려 침공의 명분을 찾았다. 요의 성종(聖宗)은 강조의 정변으로 고려 내부가 혼란스러울 것이고 서북면(西北面) 도순검사(都巡檢使) 강조의 개경 진입으로 서북면의 방어 태세도 이완되어 있을 것이며 동여진인들의 고려에 대한 적개심도 높다는 점을 고려하여 고려 침공을 결심하기에 이르렀다. 결국 요는 강조(康兆)의 대역무도(大逆無道)한 죄상을 문책한다는 점을 고려 침공의 명분으로 삼았다.[26]

(2) 요군의 고려 침공 계획

요의 성종은 1010년 8월 북부재상(北部宰相) 소배압(蕭排押)을 총사령관으로 임명하여 40만의 고려 침공군을 편성하고 자신이 원정군을 직접 지휘한다는 방침을 세웠다. 성종은 출정에 앞서 고려에 사신을 보내 출병 소식을 전하고 강조의 죄상을 추궁함이 출병의 목적임을 밝힘과 동시에 고려가 취하고 있는 외교 노선의 부당성을 지적하고 강동 6주의 요새화를 통한 국방력의 강화도 바람직하지 않다고 추궁하였다. 성종은 또한 고려 원정작전 기간중에 송이 배후를 위협하는 것을 미연에 방지하기 위한 조치로서 고려 침공 계획을 송에 미리 통보하는 것도 잊지 않았다. 이러한 전후의 조치를 취하고 난 후 성종은 1010년 10월 이른바 "의군천병(義軍天兵)"이라는 이름을 붙인 40만의 원정군을 이끌고 요양(遼陽)을 떠나 보주(保州: 義州)로 향했다.[27]

요군의 침공 계획은 1차 침공 때와 비슷했으나 좀더 신속하게 개경(開京)으로 진출

---

26) *高麗史, 卷4,* 顯宗 世家 元年; *遼史, 卷15,* 本紀 15 聖宗 統和 28年; *卷115, 列傳45,* 外紀 高麗; *麗遼戰爭史,* pp. 96-9; *韓民族戰爭通史, II, 高麗時代篇,* pp. 51-2; *東國兵鑑,* pp. 174-5.

27) *麗遼戰爭史,* p. 100; *韓民族戰爭通史, II, 高麗時代篇,* p. 53.

하려는 의도를 계획에 반영했다. 요의 성종은 먼저 신속하게 진격하여 청천강 이북지역을 점령하고 개경을 포위하여 고려의 항복을 받아 이를 예속시킨다는 목표를 세웠다. 이러한 원정 작전의 목표를 달성하기 위해서 요군은 보주(保州: 義州)를 점령한 후 별동 부대를 서북계 북로(北路)로 지향시켜 고려군의 주의를 분산시키고 주력군은 서북계의 남로(南路)를 따라 공격하여 홍화진(興化鎭)을 탈취하고 계속 남진할 태세를 갖추게 하는 1단계 작전을 실시하려고 했다. 그리고 요군의 별동 부대는 남진 속도를 증가시켜 고려 방어군의 측방을 위협함으로써 주력 부대와 협동하여 공격하도록 했다. 요의 주력부대는 신속히 남진을 계속하여 개경을 포위함으로써 고려의 항복을 받아내고 고려의 복속을 사실화하는 관계를 설정하려 했다. 이러한 관계의 구체화는 송과 맺은 맹약(盟約)의 형태도 상정하였을 수 있었다.[28)]

(3) 고려군의 방어 계획

요(遼)와 강화를 성립시킨 후에 송(宋)에게 대요(對遼) 군사 동맹을 제의하기도 하면서 요를 무시하고 강동 6주를 요새화하는 고려를 징벌하려 한 요의 성종은 국구(國舅) 소적열(蕭敵烈)의 반대에도 불구하고 고려 침공을 결심하고 이를 고려에 알려주었다. 고려는 이미 1010년 7월 요가 강조의 정변에 대한 추궁을 해왔기 때문에 요의 침공을 피할 수 없다고 판단하고 이에 대한 대비를 서둘렀다. 특히 고려는 1010년 10월 요가 고려 침공을 위한 출정 계획을 통보해 옴에 따라 요군의 침공을 저지할 준비를 서둘렀다. 고려는 먼저 30만의 병력을 동원하고 지휘 체계와 방어지역을 할당해서 요군의 침공을 막아내려 했다.

고려는 강조(康兆)를 행영도통사(行營都統使)로 임명하여 방어 작전을 전반적으로 지휘하도록 했다. 강조는 좌군병마사(左軍兵馬使) 최현민(崔賢敏)과 우군병마사(右軍兵馬使) 이방(李昉), 중군병마사(中軍兵馬使) 박충숙(朴忠淑)이 지휘하는 고려의 주력군을 지휘하여 서북계 남로를 거쳐 청천강을 도하하려는 요군을 저지하도록 했다. 압록강의 전초 부대는 요군의 압록강 도하를 지연시키는 임무, 그 외의 지휘관들은 성과 압록강, 청천강 양안(兩岸)에 저지 진지를 구축하여 도하를 저지하거나 요군의 주력을 분산시키는 역할을 수행하도록 했다. 특히 동북계 도순검사(都巡檢使) 탁사정(卓思政)은 휘하 병력을 지휘하여 동여진의 침공을 저지하도록 임무가 부여되었다. 고려는 또한 압록강 주변 진지에는 기동성이 있는 기병부대를 증파하고 홍화진(興化鎭), 통주(通州), 귀주(龜州)에는 대규모의 증원 병력을 보내 강력한 방어 진지를 구축하도록 했다. 고려는 이와 같은 방어 체계와 편성을 가지고 요군의 침공을 저지하려 했다.[29)]

---

28) *韓民族戰爭通史, II, 高麗時代篇*, pp. 54-5.

29) *前揭書*, pp. 55-9.

(4) 작전 경과

요의 성종은 40만의 침공군을 직접 지휘하고 1010년 10월 요양(遼陽)을 출발하여 압록강으로 진격했다. 압록강 동안(東岸)에 도착한 요군은 병력을 여러 제대로 나누어 압록강 도하 준비를 서두르면서, 정찰 기병인 원탐난자군(遠探欄子軍)을 강의 대안(對岸)으로 파견하여 사전 정찰 활동을 실시했다. 압록강변에 진지를 구축하고 있던 고려군은 익숙한 지형의 이점을 이용하여 요의 정찰대를 기습 공격함으로써 심한 타격을 입혔다. 요군은 압록강 동안(東岸)의 고려군의 방어 태세가 만만치 않음을 간파하고 도하와 차후 작전에 대한 대비책을 강구하느라 10여 일의 기간을 지체하면서 형세를 살폈다. 요군은 11월 중순경에 주공 방향을 서북계 남로(義州-龍州-定州)로 정하고 압록강을 도하, 주력 부대를 본군(本軍)과 별군(別軍)으로 나누어 별군은 서북계 북로(義州-龜州-博州)로 진격시키면서 본군은 의주의 동남쪽에 위치한 흥화진(興化鎭)으로 진격시켰다. 요군은 1차 침공시에 요군의 주력을 서북계의 북로(北路)로 진격시켰다가 고려군의 완강한 저항에 부딪혀 계획에 차질이 발생했던 점과, 상대적으로 평탄한 남로(南路)가 요군의 기동성을 더욱 보장해 줄 수 있다는 판단 아래 이번에는 남로를 주공 방향으로 택했다. 요군의 2차 침공이 시작되었다.[30)]

그러나 요군(遼軍)의 남진(南進)은 계획대로 쉽게 진행되지는 않았다.

① 흥화진 전투

요의 성종이 직접 지휘한 요군은 압록강 하류지역의 요새로서 남진의 통로 확보를 위한 주요 거점인 흥화진(興化鎭)을 포위했다. 흥화진을 포위한 요군은 수십 차례에 걸쳐 전병력을 동원하여 기병을 주축으로 파상 공세를 펼치면서 일부 기병은 성 주위를 맴돌면서 활을 쏘아 성벽을 기어오르는 등성(登城) 부대를 엄호했다. 고려군의 완강한 수성 작전(守城作戰)으로 흥화진은 함락되지 않았다. 이에 요군은 기병을 중심으로 한 공성(攻城) 작전의 형태를 보병 위주로 바꾸어 공격을 계속했다. 도보부대가 운제(雲梯), 당차(撞車), 발석차(發石車) 등의 공성 장비를 앞세워 공격하고 기병이 이를 지원하는 형태의 공격을 취했다. 공격 방법을 바꾼 요군의 집중적인 공격으로 흥화진은 성벽이 파괴되고 성첩이 무너지는 등 함락 위기에 직면했다. 그러나 고려군은 파괴된 성벽은 목책으로 응급 보수하고 취약 지점에는 병력을 증원하여 함락 위기를 극복함으로써 성을 지켜냈다. 요군은 계속적인 공격에도 불구하고 흥화진의 탈취가 어렵게 되자 새로운 공성책(攻城策)을 모색하지 않을 수 없게 되었다.[31)]

---

30) 遼軍의 2차 침공 작전경과는, *高麗史, 卷4,* 顯宗; *高麗史節要 卷3,* 顯宗; *遼史 卷15,* 本紀 15 聖宗; *卷88, 列傳18, 蕭敵烈; 卷115, 列傳45, 外紀 高麗; 麗遼戰爭史*, pp. 100-169; *韓民族戰爭通史, II, 高麗時代篇,* pp. 54-103; *東國兵鑑*, pp. 174-93; *韓國古戰史, 2. 中世篇*, pp. 65-73 참조.

31) *前揭書.*

요군의 2차 침공과 흥화진 공방전

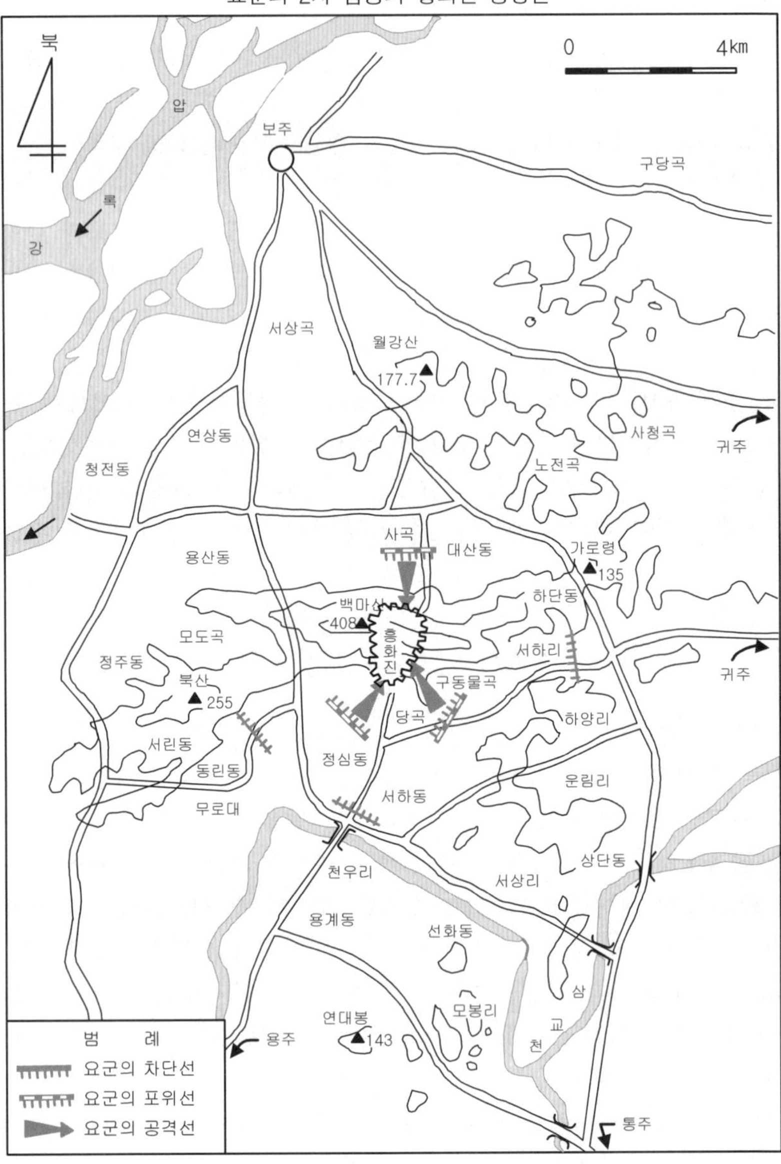

부대를 동원한 강공법(强攻法)이 효과를 거두지 못함에 따라 요군은 회유와 협박을 포함한 심리전으로 흥화진을 함락시키려 했다. 요군은 병력의 일부를 통주(通州)로 이동시켜 부근의 민간인을 포로로 잡아 이들을 환대하여 환심을 산 후에 이들을 통해서 항복을 촉구하는 내용의 통첩을 흥화진 성내로 보냈다. 요의 성종은 요의 침공은 강조(康兆)가 왕을 시해하고 새로운 왕을 옹립하는 등의 역모를 자행했기 때문이라는 점을 밝히고, 강조를 잡아서 항복을 하면 무사할 것이나 그렇지 않으면 개경에 들어가 흥화

진 고려군 지휘관의 가족을 몰살하겠다는 회유와 협박을 담은 통첩을 발송했다. 이에 홍화진의 고려군민은 진을 끝까지 사수(死守)하겠다는 내용을 요군 진영에 전했다. 그러자 성종은 다시 11월 18일에 어쩔 수 없이 강조의 역모에 가담한 자는 용서해 줄 테니 항복하라는 내용의 서찰을 화살에 묶어 성내로 쏘아 보냈다. 그러나 홍화진에서는 최고 지휘관 명의가 아닌 제 3위의 부사 명의로, 역적을 소탕하는 것은 당연한 의무임을 지적하고 요 백성의 어려움을 생각해서라도 빨리 철군하는 것을 바란다는 내용의 답서를 보냈다. 처음부터 끝까지 오만한 어조와 어투로 작성된 답서를 본 요의 성종은 즉시 총 공격을 명했으나, 장수들의 반대로 이를 취소하고 이번에는 뇌물을 사용하기로 했다. 성종은 홍화진의 여러 장수들에게 비단, 은기(銀器) 등을 선사하면서 충신을 중시하는 성종의 의사를 전달하였다. 고려 전왕을 위한 원수를 갚고 자신들의 안위(安危)도 고려하여 항복할 것을 권했다. 홍화진의 부사는 다시 성을 사수하겠다는 의사를 전했다. 요 성종의 회유와 협박에 의한 공성전략(攻城戰略)이 실효를 거두지 못했다.[32]

병력을 동원한 군사적 공세와 회유와 협박에 의한 심리적 공세를 동원해서도 홍화진을 탈취하지 못한 요의 성종은 성의 포위망을 풀고 남진을 위한 재정비를 실시했다. 성종은 요군의 반절에 해당하는 20만의 병력을 홍화진 근방 인주(麟州)에 잔류시켜 홍화진의 동태를 감시하고, 홍화진의 고려군이 증원 임무를 수행하기 위해서 성 밖으로 나오는 것을 저지하도록 하면서, 요군의 철수로를 확보하도록 조치했다. 고려군의 증원을 막으면서 기동선을 확보하기 위한 조치를 취하고 난 후 요의 성종은 직접 본군(本軍)을 이끌고 통주(通州)로 진격했다. 그러나 요군 공격 부대의 전력은 잔류 병력의 숫자만큼이나 약화된 상태였고 보급 사정도 여의치 못했다.

② 귀주 전투

요의 주력 부대가 서북계 남로를 주공 방향으로 삼아 홍화진을 공격하는 동안 요의 별군(別軍)은 서북계 북로의 요충인 귀주(龜州) 방면으로 진격하였다. 고려군도 통군사(統軍使) 최사위(崔士威)가 지휘하는 별군을 귀주성에 파견하여 북로로 진격하는 요군의 전진을 막도록 하여 방어 태세를 갖추고 있었다. 1010년 11월 중순 귀주성 부근에 도착한 요군은 정찰 기병을 동원하여 인근 마을을 수색하여 민간인을 포로로 획득하고 북으로 귀주와 의주, 서남쪽으로 귀주와 통주, 동남쪽으로 귀주와 태주(泰州: 태천) 간 통로를 차단하여 귀주를 고립시킨 다음 이를 포위하고 항복을 요구했다. 고려군이 항복을 거부하자 요군은 즉시 대규모 공세를 취했다. 요군은 도보부대와 더불어 운제(雲梯), 당차(撞車), 발석차(發石車) 등 온갖 공성 장비를 동원하여 수일 동안 전면적인 공성 작전을 수행했으나 막대한 피해만 입고 성을 탈취하지 못했다. 상황이 이렇게 전개되자 요군은 전열을 재정비하기 위해서 공격을 멈추고 고려군의 동태를 살피고 있었다.

---

32) *前揭書.*

전투 상황이 소강 상태에 접어들자 고려군은 차후 작전을 논의하였다. 통군사(統軍使)는 수일 간에 걸친 공격 작전에서 요군의 전력이 현저하게 약화되었으리라 판단하고 요군에게 결정적인 타격을 입히기 위하여 요군 진영을 기습 공격할 것을 주장했다. 이에 대해서 다른 장수들은 병력이 우세한 요군에 대한 공격은 너무 모험적이라는 입장을 취하여 성의 방어에만 주력하자고 주장했다. 그러나 성 밖으로 출격하여 요군을 기습하자는 통군사의 주장이 강하여 고려군은 성내의 고려군을 3개 제대로 나누어 야간에 은밀하게 요군 진영에 접근했다. 요군 진지 앞에서 고려군은 일제히 돌격을 감행했으나 이를 예측하고 있던 요군은 고려군이 진내로 진입하자 섶더미에 불을 질러 시계(視界)를 확보한 다음에 집중적인 궁시(弓矢) 사격을 퍼부었다. 고려군의 전열이 흐트러지고 병사들의 대부분이 전사하고 말았다. 통군사와 일부 장병들은 혼전을 거듭하면서 요군의 포위망을 뚫고 탈출하여 귀주성으로 복귀하였다. 야간 기습 공격으로 요군에게 심대한 타격을 입히려 했던 고려군의 기도는 수포로 돌아가고 말았다. 고려군은 이제 수성(守城)에만 전념할 수밖에 다른 방도가 없었다. 요군 역시 많은 피해를 입어 공세를 취하지는 못하고 귀주성의 포위망을 유지하는 데 주력하였다.

귀주성에 대한 요군의 공성 작전과 고려군 기습 작전의 실패로 서북계 북로의 전선은 소강 상태에 들어갔다. 요의 별군은 북로를 통하여 신속히 진격하여 남로로 진격하는 본군의 측, 후방을 위협함으로써 주력군과 협동 작전을 수행하여 요군의 남진 속도를 빨리 하려던 최초의 목표를 포기하고 요군이 서북계 북로를 통하여 철수할 경우에 대비하여 귀주성의 고려군을 고착, 견제시키는 작전에 주력할 수밖에 없었다. 귀주성내 고려군 역시 요군에 대한 더 이상의 기습 공격과 직접적인 접촉을 피하고 수성에 주력할 수밖에 없었다. 침공군인 요군의 별군과 귀주성을 방어하는 고려의 별군은 공성 작전과 기습 작전의 실패로 서로 마주 보면서 상호 동태를 주시하는 교착, 소강 상태에서 대치하게 되었다.

③ 통주, 곽주 전투

흥화진(興化鎭)을 탈취하지 못한 요의 주력군은 20만의 병력을 흥화진 부근에 주둔시켜 요의 후방 병참선과 철수로를 보호하는 조치를 취하고 통주(通州)로 진격했다. 통주는 서북계(西北界) 남로는 물론 북로의 거점인 귀주(龜州)와도 연결된 주요 지점으로서 요군의 남진을 저지하는 데 반드시 확보해야 할 요충지(要衝地)였다. 1010년 11월 하순경에 이 지역에 진출한 요군은 통주 서북쪽 25km 지점인 동산(銅山) 일대에 진영을 구축하고 통주성의 공격 준비에 들어갔다. 요군의 남진을 저지하는 데 필요한 요충인 통주성에는 서북계의 전반적인 작전을 지휘하기 위해서 행영도통사(行營都統使) 강조(康兆)를 비롯하여 좌우 중군 병마사들이 지휘부를 구성하여 방어에 임하고 있었다. 통주를 탈취하려는 요군과 이를 지키려는 고려군의 결의는 확고했다.

고려군의 사령관격인 강조는 수성방어(守城防禦) 작전을 통한 요군의 남진 저지보다는 전진 방어(前進防禦)와 접전(接戰)을 통한 요군의 격파를 원했다. 강조는 부하 장수들에게 통주성을 수비하도록 명령하고, 자신은 직접 주력을 이끌고 통주성 서북쪽 8 km 지점인 청강동(淸江洞) 일대에 좌로부터 좌군, 중군, 우군순으로 병력을 배치하였다. 이 지역은 전면에 청강(淸江)이 위치하고 있어 요군이 고려군의 방어 진지 앞에서 도하를 해야 하는 불리점을 안고 있어 고려군이 방어하기에 유리한 지형 조건을 갖추고 있었다. 강조는 각군에 요의 기병 돌격을 저지할 수 있는 검차(劍車)를 배치하고, 자신은 중앙의 삼각주 지점인 삼수채(三水砦)에 지휘소를 두고 중군과 함께 방어 작전에 임하였다. 강조는 청강(淸江)이라는 하천 장애물을 이용하여 요군의 진격을 저지하면서 그 전력을 약화시켜 요군의 침공을 격퇴하려 했다.

공격 준비를 마친 요군은 1010년 11월 24일 아침 진지를 출발하여 낮에는 청강을 건너 고려군 진지에 대한 정면 공격을 가하려 했다. 이에 고려군은 3군이 보유한 검차를 요군의 도하 지점에 집중 배치하고 요군 기병의 접근을 막으면서 공격 부대에 대해서 시석(矢石)을 퍼부어 요군의 도하를 저지했다. 고려군 진지에 대한 정면 공격이 어렵다고 판단한 요군은 진지의 양 측방으로 우회하려 했다. 그러나 고려군은 우회하려는 요군의 진격 방향과 장소를 재빨리 파악하여 병력과 검차를 신속히 이동하여 방어에 임하였기 때문에 요군은 많은 피해만 입고 후퇴하였다. 요군은 하루에도 10여 차례나 공격을 실시했으나 번번이 패퇴되었다. 정면 공격과 우회 공격 모두 실효를 거두지 못했다.

계속되는 접전에서 요군을 물리친 고려군의 사기는 높았으나 요군을 멸시하는 정도 역시 심화되었다. 처음 접전에서 보여 주었던 고려군의 경계심은 해이되었고 따라서 주변의 방비와 야간 경계도 소홀하게 되었다. 고려군의 방비 태세가 느슨해진 것을 파악한 요군은 다른 방식의 전투를 택했다. 대규모 정면 공격을 소규모 기습 공격으로 바꾸고 주간 대신 야간에 공격을 실시하기로 했다. 요군은 선봉장 야율분노(耶律盆奴)가 지휘하는 소규모 부대를 야간에 투입시켜 고려군 방어 진지를 기습적으로 공격하도록 했다. 요군은 삼수채(三水砦)의 고려군 본군의 진지를 야간에 기습했다. 고려의 전초가 무너지고 진영 내부의 방어망이 교란되었다. 사태가 심각한 지경에 이르렀는데도 강조는 "우리 진내로 돌격해 오는 요군이야말로 입안에 들어 있는 밥알 같은 것이 아닌가! 밥알이 적으면 씹을 맛이 적으니 더 많이 들어오도록 그냥 내버려 두어라"하고 말하면서 호기를 부렸다.[33] 기습해 온 요군을 대수롭지 않게 여기고 진내에 깊숙이 진입하기를 기다린 후에 반격하여 이를 섬멸한다는 전술을 수립해 놓고 호기를 부렸던 것이다.

33) *高麗史, 卷4* 顯宗 世家 元年; *卷127 列傳 康兆; 遼史, 卷15* 本紀 15 聖宗 統和 28年; *卷115 列傳*45 *外紀 高麗; 麗遼戰爭史*, pp. 124-5; *韓民族戰爭通史, II, 高麗時代篇*, pp. 72-3.

통주 전방 삼수채 전투 상황

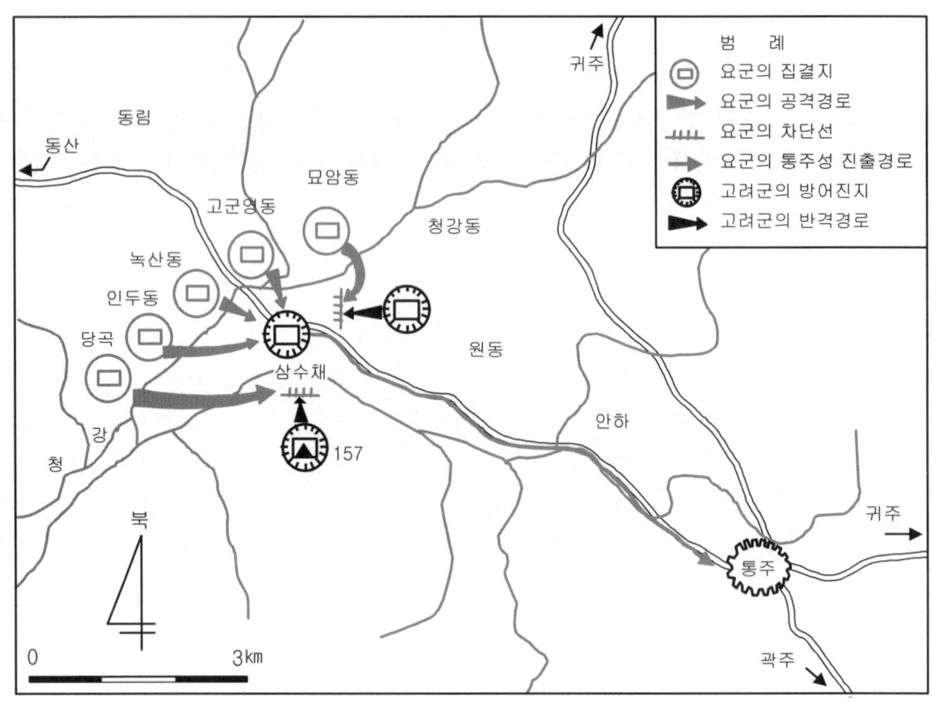

그러나 요군은 강조가 가볍게 보아서는 안 될 상대였다. 최초의 기습 병력이 고려군의 방어선을 돌파한 사실을 파악한 요군 지휘부는 요군 본대의 병력을 삼수채의 좌우측방으로 진출시켜 고려군의 중군을 압박하는 한편 고려의 좌우군이 중군을 지원하지 못하도록 통로를 차단하였다. 그리고 청강(淸江) 서안(西岸)에 있는 예비 병력을 집중 투입하여 고려군의 본진에 대한 공세를 한층 강화했다. 고려의 본진이 극도의 혼란에 빠지자 강조는 사태의 심각성을 인식하고 전열을 가다듬어 필사적인 방어전을 수행했다. 고려군 본진이 요군의 집중 공격으로 위급해진 것을 파악한 좌우군 진영에서는 즉시 병력을 동원하여 중앙의 본진으로 이동하려 했으나, 요의 성종은 이미 고려군 좌우와 본진 간의 통로를 차단해 버렸기 때문에 고려 좌우군은 강조의 본대를 지원할 수가 없었다. 고립무원(孤立無援)의 상태에서 끝까지 싸운 행영도통사(行營都統使) 강조(康兆)와 휘하 참모들은 포로가 되었고 행영도병마부사(行營都兵馬副使) 등은 전사하고 말았다.[34] 지휘관을 잃은 고려군은 막대한 피해를 입고 요군이 통주에 이르는 퇴로를

34) 포로가 된 강조(康兆)의 당당한 기개와 늠름한 풍모를 높이 평가한 요의 성종은 강조를 회유하여 자신의 부하로 만들려고 했다. 그러나 강조는 고려의 신하임을 강조하면서 투항을 완강히 거절했다. 강조의 회유에 실패한 요의 성종은 고문을 통해서 강조의 일편단심(一片丹心)을 이편단심(二片丹心)으로 바꾸려 했다. 살점을 도려내면서 투항을 강요했다. 그러나 강조는 피를 토하면서도 고려에 대한 충절(忠節)을 굽히지 않았다. 결국, 강조는 숨을 거두었으나, 그의 고려에 대한 충절과 남아의 기개까지 죽일 수는 없었다. *高麗史, 卷4,* 顯宗 元年; *卷127, 列傳40, 康兆; 遼史, 卷115, 列傳45, 外紀 高麗* 참조.

차단하고 있었기 때문에 부근의 곽주(郭州), 정주(定州), 박주(博州) 등지로 분산 철수했다. 통주를 지키고 요군의 남진을 적극적으로 저지하기 위해서 야심적으로 구축된 청강동(淸江洞) 방어 진지는, 강조가 요군을 과소 평가한 결과로 어이없이 무너지고 말았다. "적을 가볍게 보면 반드시 패한다(輕敵必敗)"는 고래(古來)의 전훈(戰訓)을 되새기게 해 준 전례가 하나 더 추가되었다.

요군의 다음 목표는 통주(通州)성이었다. 당시 통주성은 중랑장(中郎將) 최질(崔質)과 홍숙(洪淑)의 지휘하에 방어에 임하고 있었다. 그러나 통주성 군민(軍民)들 중에는 고려의 주력을 격파하고 남진하는 요군의 기세에 겁을 집어먹고 도망하는 자가 속출했다. 이에 중랑장은 이탈자를 단속하는 한편 통주성을 끝까지 지킨다는 비장한 결의를 천명했다. 이에 성 안의 군민들은 요군의 공격에 대비한 방어 태세를 강화했다. 통주성을 포위한 요군은 삼수채(三水砦) 전투에서 사로잡은 고려의 장수들을 성 안으로 들여보내 항복을 촉구했다. 중랑장 최질과 홍숙은 이들을 구금하고 요군과 일전을 겨룰 태세를 갖추었다. 요군은 온갖 공성 장비를 동원하여 수차례 공격을 실시했으나 막대한 피해만 입고 성을 함락시키지 못했다. 요군은 흥화진에서와 마찬가지로 통주성도 점령을 포기한 채 수비 병력을 남겨두고 남진을 계속했다. 11월 말경 통주를 떠난 요군은 12월 6일경에는 청천강 북안(北岸)의 곽주(郭州)에 도달했다.

계속되는 야영과 전투, 그리고 추위와 보급의 제약으로 전투력이 현저하게 감소된 요군은 전력의 재정비를 위해서도 고려의 성(城)을 탈취해야만 했다. 고려측도 요군의 남진을 저지하기 위해서 요군의 진격로상에 위치한 성을 고수해야만 했다. 요군은 곽주성으로 진격하는 동안 고려의 장군 김훈(金訓)이 지휘하는 매복군에 의해서 한때 혼란에 빠지기도 했으나 12월 6일에는 곽주 부근에서 공성 작전을 개시했다. 당시 곽주성은 곽주방어사(郭州防禦使) 조성유(趙成裕)의 책임하에 방어를 준비하고 있었다. 그러나 포진을 완료한 요군의 기세에 위압된 조성유가 전날 밤에 몰래 성 밖으로 도망하자 많은 군민들도 방어 대열에서 이탈했다. 성내에 남아 있던 대장군 대회덕(大懷德)은 군민들을 동원하여 곽주성을 지키기로 하였다. 12월 6일 요군의 공격이 시작됐다. 고려와 요군은 사력을 다해서 싸워 많은 피해를 입었다. 결국 고려군은 수적인 열세를 극복하지 못하고 이 날 저녁 무렵에 곽주성을 빼앗기고 말았다. 요군도 고려 침공 이래 최초로 고려의 성인 곽주성을 탈취했으나 많은 병력과 장비가 손실되고 병력을 잔류시켜야 하는 상황 때문에 전력이 약화된 상태에 있었다.

요군의 곽주성 공격

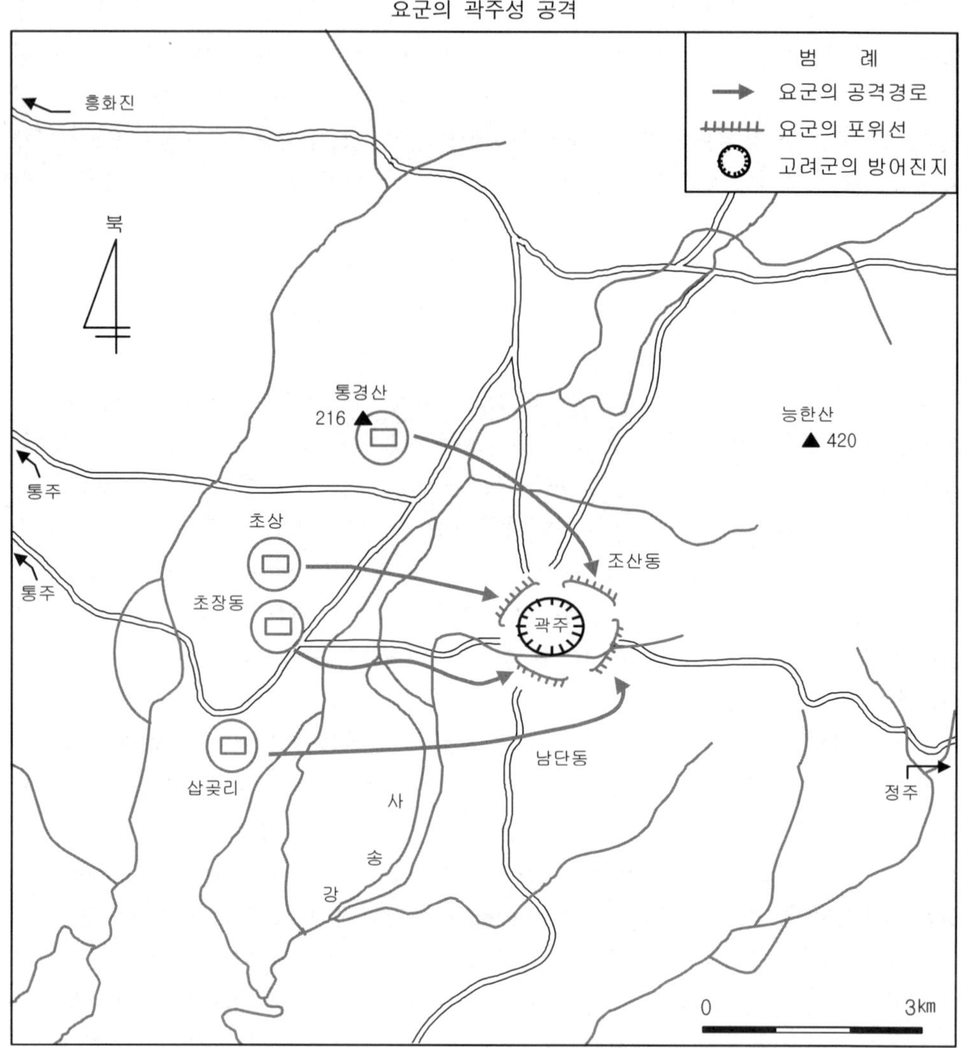

④ 서경 전투와 요군의 개경 진입

곽주성을 점령한 요군은 1010년 12월 8일 안북부(安北府)를 포위 점령함으로써 청천강 이남지역에 교두보를 확보하고 서경으로의 진격을 서둘렀다. 서경은 대동강(大同江) 하류 북쪽 강안(江岸)에 위치한 고도(古都)로서 고조선과 고구려의 도읍지였다. 서경성(西京城)은 고구려가 신라와 당나라의 연합군의 공격에도 1년 동안이나 견디어 낸 요새로서 고려는 이를 서경(西京)이라 칭하고 고구려의 영토 회복을 겨냥한 북진 정책의 상징으로 삼았다. 고려는 요의 침공에 대비하여 흥화진(興化鎭), 통주(通州), 귀주(龜州) 등지를 주요 거점으로 삼아 청천강 북방에서 침공군의 진격을 저지하고 안북부(安北府)가 요군에 함락될 경우에는 서경을 방어하여 요군의 대동강(大同江) 이남 진출을 막으려 했다. 고려는 서북계(西北界) 작전 수행이 여의치 않아 고려군이 서경까지 후퇴하게 되자 동여진의 침공에 대비하기 위한 동북계(東北界) 고려군을 서경 방어에 합류시켜 요군의 개경 진격을 저지하기 위하여 총력을 집중하였다.

고려 조정은 강조가 지휘하던 삼수채(三水砦) 전투가 실패로 마감되자 화주(和州: 永興)에 주둔하고 있던 동북계 방어군을 서경 방어에 투입했다. 화주에서 동여진의 침공에 대비하고 있던 동북계(東北界) 도순검사(都巡檢使) 탁사정(卓思政)은 중랑장(中郎將) 지채문(智蔡文)으로 하여금 선발대를 이끌고 성천(成川)으로 향하게 하고 자신은 후속부대를 이끌고 이동을 개시했다. 서경(西京)은 서경부유수(西京副留守) 원종석(元宗奭)이 부근에 있는 여러 성의 병력을 모아 놓고 방어에 임하고 있었다. 이로써 사실상 고려의 전병력이 서경의 방어 작전에 투입된 셈이 되었다.

한편 요군은 삼수채 전투에서 사로잡은 감찰어사(監察御使) 노의(盧顗)를 향도로 삼고 정찰부대인 원탐난자군(遠探欄子軍)을 운용하면서 남진을 계속하여 숙천(肅川)에 도착했다. 요군의 정찰부대는 12월 9일에 서경 북방 4km 지점에 도달하여 중흥사탑을 불태우고 부근지역을 약탈하고 양민을 살해하는 등의 행동을 자행하면서 무력 시위를 서슴지 않았다. 그리고 그들은 노의를 서경 성 안으로 보내어 요 성종(聖宗)의 항복 권고문을 전달한 다음 본대가 주둔하고 있던 숙천으로 돌아갔다. 요의 원탐난자군의 무자비한 무력 시위와 요 성종의 위압적인 항복 권고 격문은 효과적이었다.

서경부 유수 원종석은 요군의 무력 시위와 격문에 놀라 보좌관 등과 논의하여 항복을 결정하고 항복문서의 작성을 서둘렀다. 그러나 분대어사(分臺御史) 조자기(曹子奇)와 애수진장(隘守鎭將) 강민첨(姜民瞻) 등의 장수들은 항복을 반대하고 최후까지 싸울 것을 주장했다. 그러나 항복을 하려는 원종석의 결의는 대단했다. 이에 조자기는 성천에 주둔하고 있던 지채문에게 밀사를 급파하여 이 사실을 통보하고 지원을 요청했다. 지채문은 즉시 병력을 이끌고 서경으로 향했다. 지채문군이 서경에 도착했으나 원종석은 입성을 거부하면서 성문을 열어주지 않았다. 어쩔 수 없이 고려 증원군 지채문부대는 성 밖에 진영을 차리고 원종석에게 요군의 사절로 온 노의와 유경을 감금하고 서경성을 끝까지 지킬 것을 주장했다. 그러나 원종석은 항복 문서를 노의에게 주어 요의 성종에게 전달하도록 했다. 사태가 이렇게 전개되자 지채문은 성 밖에 복병을 배치하여 노의와 유경을 살해하고 항복 문서를 파기해 버렸다.[35] 서경 내에서는 지채문의 이러한 행동을 못마땅하게 생각하는 무리들이 있었다. 그러나 대장군 정충절(鄭忠節)은 지채문과 뜻을 같이했다. 지채문과 정충절은 부대를 이끌고 성 밖에 나와 진영을 구축하고 사태를 관망했다. 이 무렵 동북계 도순검사(都巡檢使) 탁사정(卓思政)이 이끄는 동북계 방어군 본대가 도착하여 서경 방어의 주도적 역할을 담당했다. 원종석도 더 이상 항복을 주장하지 않고 방어 작전에 협력했다. 이로써 서경은 방어를 위한 노력을

35) *高麗史, 卷4* 顯宗 世家 元年; *卷94 列傳7 智蔡文; 遼史, 卷15* 本紀 15 聖宗 統和 28年; *麗遼戰爭史*, pp. 134-7; *韓民族戰爭通史, II, 高麗時代篇*, pp. 78-80.

집중할 수 있었다.

그러나 강조의 패배 이후 고려 조정은 요군의 남진을 지연시키기 위해서 1010년 12월 초순경에 고려 국왕의 입조(入朝)를 조건으로 강화를 제의하면서 서북계(西北界) 남북로의 여러 진(鎭)들의 방어 태세를 강화하도록 지시한 바 있었다. 요의 성종은 이를 믿고 개경 유수(開京留守)와 개경부 유수까지 임명하고 호위병 1,000여 기의 정예 기병과 함께 이들을 개경으로 출발시켰다. 호위군 대장 을름(乙凜)은 서경에 도착하자 부장 한기(韓杞)에게 기병 200여 기를 주어 서경의 항복을 요구했다. 그러나 서경의 방위를 책임진 탁사정(卓思政)은 1,000여 기의 기병을 출동시켜 요의 기병 100여 기를 없애고, 나머지 100여 기를 사로잡았다. 요의 을름은 자신의 전초 기병이 패한 사실을 모르고 남하하다가 고려군의 공격을 받아 후퇴하고 말았다. 요의 성종은 서경 북방 20km 지점까지 진출하여 12월 12일 을름을 다시 보내 전날의 패전을 설욕하도록 했다. 고려 국왕의 강화 제의를 믿기 어렵게 되자 요의 성종은 군사적인 압력을 강화하기로 작정하고 남진을 계속했다.

을름이 지휘하는 요의 전위 부대가 서경 북방 8km 지점인 임원역(林原驛)까지 진출했다. 고려군도 요군에게 타격을 주는 것이 이들의 남진을 저지시키는 방책이라고 판단하고 서경성 내의 탁사정부대와 성 밖 지채문부대, 그리고 승장(僧將) 법언(法言)이 지휘하는 부대까지 동원한 9,000여 명의 병력으로 임원역까지 진출시켰다. 최초의 접전에서는 상황이 요군에게 유리하게 전개되는 듯했으나 탁사정의 주력부대가 적시에 전장에 투입됨에 따라 고려군이 전장의 주도권을 장악하게 되었다. 요군은 3,000여 명에 달하는 전사자와 수많은 부상자를 남겨둔 채 그들의 본진으로 후퇴하였다. 고려군은 임원역에서의 승세를 몰아 요군에게 결정적인 타격을 입히기 위하여 요군을 추격했다. 그러나 순안(順安)으로부터 남진하는 요 성종 본대의 역습을 받아 고려군은 병력의 태반을 잃고 서경성으로 후퇴하지 않을 수 없었다. 요군은 남진하여 서경성을 겹겹이 포위하고 공격 준비를 갖추어 나갔다. 요의 성종은 서경 서쪽 4km 지점에 위치한 불당리(佛堂里)의 사찰에 행궁(行宮)을 설치하고 서경성 공격 작전을 지휘하였다.[36]

요군이 서경성을 겹겹이 포위하자 서경성 내 군심(軍心)의 동요가 일었다. 일부 장수들은 이미 조정이 화의(和議)를 제의한 상태인데 싸울 필요가 있겠는가 하는 의견을 제시했다. 그러나 요의 1차 침공시 안융진(安戎鎭) 전투에서 요군을 격퇴한 바 있는 대장군(大將軍) 대도수(大道秀)와 일부 장수들은 서경성을 끝까지 지킬 것을 주장했다. 이때 탁사정이 일단 성 밖으로 진출하여 요군과 일전(一戰)을 치른 다음 형세를 파악한 후에 서경성의 사수 여부를 결정하자는 절충안을 제시하였다. 이에 따라 대도수군은 서경성 동북방의 요군을 공격하고 탁사정군은 서쪽의 요군을 기습 공격한 후에 신속히 성내로 귀환하기로 했다. 그러나 요군의 기세에 겁을 먹은 탁사정의 도망으로 곤경에 빠진 대도수도 요군측에 항복하고 말았다. "싸워 보고 수성 방책을 정한다는 결

36) *麗遼戰爭史*, p. 145; *東國兵鑑*, pp. 174-93; *韓民族戰爭通史, II, 高麗時代篇*, pp. 80-4.

정으로는 제대로 싸우지도 못할 뿐만 아니라, 싸움에 이긴다는 것은 상상도 할 수 없다"는 명제가 사실로 드러난 셈이다. "이기는 군대는 이겨 놓고 싸운다(勝兵 先勝而後求戰)"는 것과 반대의 경우를 연출해 낸 셈이 되었다.

탐색전의 패배로 서경성 내의 지휘 체계는 마비된 상태에 이르렀다. 그러나 장수들은 통군녹사(統軍錄事) 조원(趙元)을 서경병마사(西京兵馬使)로 추대하여 서경 방어작전을 지휘하도록 하고 성문을 굳게 닫아 요군과 접전을 피하면서 요군이 피로에 지쳤을 때 기습 공격을 하기로 수성 방책을 세웠다. 요군은 대도수군을 격파하고 난 후 서경의 방어력이 약화되었을 것으로 판단하고 서경성에 대한 공격의 강도를 높였다. 12월 19일에는 돌풍이 요군의 진영을 휩쓴 현상이 일어나 고려군은 이 기회를 이용하여 요군을 기습적으로 공격하여 피해를 입히고 성내로 신속히 귀환하기도 했다. 12월 26일까지 요군은 수차례에 걸쳐 서경성을 공격하였으나 막대한 피해만 입고 성을 탈취하지 못했다. 결국 요군은 서경성의 탈취를 포기하고 개경을 압박하여 고려의 항복을 받아내기 위하여 남진을 계속했다. 지휘 계통을 확립한 서경의 고려군민은 서경을 지킬 수 있었다.

요군이 서경(西京)을 공격하고 있던중에 흥화진(興化鎭)의 양규(楊規)는 700여 명의 군사를 이끌고 통주(通州)까지 남하하여 그곳에서 1,000여 명의 군사를 모아 12월 17일 곽주(郭州)를 공격했다. 양규는 그 곳에 주둔하고 있던 요군 6,000여 명을 섬멸하고 고려 주민 7,000여 명을 통주로 이주시켰다. 요군이 확보한 후방 거점 하나가 없어진 셈이 되었다. 작전의 어려움과 후방의 불안한 상황은 요의 성종으로 하여금 빠른 시일안에 개경을 점령하여 고려의 항복을 받아내야겠다는 결심을 굳히게 만들었다.[37]

서경성 밖 전투에서 요군에게 패하여 12월 27일 개경에 도착한 지채문(智蔡文)의 보고를 받은 개경의 고려 조정은 항복(降伏)과 항전(抗戰) 사이에서 의견이 엇갈렸다. 대부분의 대신들은 항복하자는 의견을 내세웠으나 예부시랑(禮部侍郞)에 불과한 강감찬(姜邯贊)만은 당시의 사태가 중과부적(衆寡不敵)이라는 점은 인정하면서도 요군의 예봉(銳鋒)을 우선 피하고 재기(再起)를 도모해야 한다고 주장하면서 현종(顯宗)의 파천(播遷)과 개경의 일시적 포기를 건의했다. 이날 밤, 현종은 50여 명의 호위를 받으면서 개경을 떠나 경기도 양주(楊州)로 향했다. 이로써 개경(開京)은 무방비 상태가 되었다.[38]

요군의 선봉부대가 12월 27일 개경 부근에 도착하고 성종이 이끄는 요군 본대는 1011년 1월 1일 개경에 진출했다. 요의 성종은 개경성을 포위함으로써 유리한 상황에서 고려의 항복을 전제로 한 화의 교섭을 진행시키려 했다. 그러나 고려의 조정이 이미 개경을 떠난 상태여서 요의 계획에 차질이 빚어지게 되었다. 그간의 작전에서 받은 고통과 고려 조정의 배신에 대한 보복이라도 하듯 요군은 1월 1일부터 11일까지 10여일 동안 개경지역 일대를 약탈하고 역대 제왕을 제사하는 태묘(太廟: 종묘)와 궁궐 그

---

37) *高麗史, 卷94, 列傳7, 楊規; 東國兵鑑*, p. 187.
38) *高麗史, 卷94, 列傳7, 姜邯贊; 智蔡文; 東國兵鑑*, pp. 187-8.

리고 시가지를 닥치는 대로 소각하여 도성(都城) 일대를 초토화시켰다. 산간에 피난한 민간인과 노예들까지 합세하여 개경에 주둔하고 있던 요군(遼軍)을 공격하였으나 요군의 횡포를 막을 방도가 없어 개경 일대는 폐허로 변하고 말았다.[39] 지킬 것을 지킬 수 없었던 고려와 고려인들이 받은 응보(應報)의 결과였다.

개경을 점령하여 이를 폐허로 만들면서 온갖 분풀이를 자행하고 있었지만 요군의 상태와 상황도 결코 좋은 것만은 아니었다. 요의 본대와 별동대는 서북계 남로와 북로로 나누어 진격하여 청천강 이북지역에서 합류한 다음 서경을 거쳐 개경으로 직진하여 이를 함락시킴으로써 고려의 항복을 받아낸다는 목표를 세웠었다. 이러한 개념에 의해서 서북계 남북로로 진격을 했으나 보급과 주둔기지 확보라는 현실적인 필요를 외면하기 힘들었던 요군은 고려군의 중간 거점을 확보하려 했고, 이에 따른 시간의 지연과 요군 전력의 소모는 진격 속도의 부진을 결과로 빚어냈다. 더구나 북로의 귀주성과 남로상의 흥화진, 통주, 청천강 이남의 서경을 탈취하지 못하여 후방 보급로와 철수로 확보에 대한 위험 부담까지 안은 상태에서 개경만 점령했기 때문에 요군은 전쟁을 유리하게 종결할 수 있는 명분만 주어지면 이를 수용할 만큼 다급한 상황에 처해 있었다.

⑤ 화의의 성립과 요군의 철수

국도(國都) 개경(開京)까지 점령당한 고려의 입장도 요군과의 전투를 계속 수행할 입장은 아니었다. 국왕과 더불어 개경을 버리고 양주에 도착한 하공신(河供辰)은 조심스럽게 화의론을 제기하였다. 요가 고려를 침공할 당시에 강조(康兆)의 죄를 묻는다는 점을 명분으로 삼았기 때문에 강조 문제를 처리한 요군에게 화의를 제기하면 이를 거절하지 못할 것이라고 말했다.[40] 수행하던 중신들도 하공신의 의견에 찬성했다. 이에 따라 고려 조정은 상서좌사낭중(尙書左司郎中) 하공신과 호부원외랑(戶部員外郎) 고영기(高英起)를 요군 진영에 파견하여 고려 국왕의 철군 요구 서찰을 요 성종에게 전달하고 요와의 화의 교섭을 진행하도록 조치하였다. 더 다급한 고려 조정이 먼저 화의를 제의하였다.

고려의 화의 특사인 하공신과 고영기는 국왕의 뒤를 추격하기 위해서 남하하는 요군의 선봉 부대와 창화현(昌化縣: 의정부 동남 2km 지점) 부근에서 조우했다. 고려의 특사는 요군의 선봉 부대장에게 고려 국왕이 요의 성종(聖宗)을 만나고 싶으나 요군의 형세가 험악하기 때문에 이를 성사시키지 못한다는 점을 밝히고 고려 조정은 화의를 통한 요군의 철수를 원한다는 의사를 전했다. 부여된 임무면에서 화의의 논의보다는 고려 국왕의 추격에 더 관심이 있는 요군 선봉장은 화의 특사에게 고려 국왕의 당시 위치를 물었다. 고려 특사는 요군이 고려의 지리에 대해서 어두운 점을 간파하고 고려

---

39) *高麗史, 卷4,* 顯宗 世家 2年; *卷94, 列傳7, 智蔡文.*

40) *高麗史, 卷4,* 顯宗 世家 元年; *卷94, 列傳7, 河供辰; 高麗史節要, 卷3,* 顯宗 元年; *東國兵鑑*, pp. 188-90; *麗遼戰爭史*, pp. 153-7; *韓民族戰爭通史, II, 高麗時代篇*, pp. 87-90.

국왕은 아주 멀리 떨어진 남쪽에 위치하고 있다고 말하면서 화의의 성립을 위해서 요 성종의 접견을 요청했다. 이에 요군 선봉장은 고려 국왕의 추격을 포기하고 고려 특사인 하공신과 고영기와 더불어 개경으로 귀환했다. 이러한 과정을 거쳐 1011년 1월 3일에 요 성종을 회견한 고려의 화의 사절은 "요군이 고려의 영내에서 철군하면 고려 국왕이 입조하겠다"는 화의 조건을 제시하였다.[41)]

요의 성종은 철군의 명분을 찾았다. 고려를 침공한 이래 고려군의 완강한 저항으로 주요한 거점도 탈취하지 못한 채 많은 손실을 입고 사기도 저하된 요군의 상황을 잘 알고 있던 성종으로서 고려왕의 친조(親朝)는 철군의 명분이 되기에 충분했다. 개경을 점령하여 태묘와 궁궐을 불태우고 온갖 만행을 자행하는 것 자체가 요군의 상황을 호전시킬 수는 없었다. 따라서 성종은 추위와 보급 곤란으로 더욱 사기가 떨어진 요군의 사기가 더 떨어지기 전에 철수시켜야 되겠다는 판단 아래 고려 강화 사절의 제의를 즉시 수락했다. 다급해진 성종은 구체적인 후속 협상이나 화의 조건의 명문화는 제쳐 놓고 즉시 철군을 개시하도록 조치했다. 그러면서 성종은 고려의 강화 조건 즉 고려왕 친조의 이행을 촉구하고 이를 확인한다는 구실로 하공신 일행을 볼모로 잡아 개경에서 철군을 개시했다. 드디어 요군은 개경을 점령한 지 10여 일(1011. 1. 1-1. 11.) 만에 철수하여 평주(平州), 신계(新溪), 강동(江東), 순천(順天), 개천(价川), 영변(寧邊), 귀주(龜州)를 연하는 경로를 따라 철군을 서둘렀다. 서경(西京), 통주(通州), 흥화진(興化鎭)을 탈취, 확보하지 못한 요군은 할 수 없이 상대적으로 이동이 곤란한 내륙 철수로를 택할 수밖에 없었다.[42)]

⑥ 고려군의 반격

요군이 탈취하지 못한 흥화진, 통주, 귀주 등 서북계 여러 진(鎭)과 서경을 지키고 있던 고려 군민(軍民)들은 남진하는 요군의 후방을 교란시킴은 물론 철군하는 요군을 기습적으로 공격하여 타격을 가하려는 준비를 갖추고 있었다. 이러한 개념과 의도에 따라 흥화진을 지키던 양규(楊規)가 곽주성(郭州城)을 탈환하는 적극적인 작전이 단행되기도 했다. 요의 성종이 요군을 철수시키자 고려군은 귀주-통주를 연하는 선에서 퇴각하는 요군을 맞아 이를 공격한다는 계획을 세우고 전열을 정비하고 있었다. 특히 요군이 서경을 공격하는 동안에 곽주를 점령하여 주민들을 통주로 이주시킨 바 있던 서북계(西北界) 도순검사(都巡檢使) 양규는 퇴각하는 요군을 섬멸하려는 의도를 감추지 않았다.

1011년 1월 11일 개경을 출발한 요군은 산간 퇴로를 이용하였으나 5-6일 만인 17일에 선두 부대가 귀주지역에 도착했다. 귀주별장(龜州別將) 김숙흥(金叔興)은 귀주성 일대에 차단선을 구축하고 수적으로 우세한 요군의 선봉 부대를 공격하여 1만여 명을

41) *前揭書; 遼史, 卷15, 本紀 15* 統和 28年.
42) *前揭書.*

사살하는 전과를 올렸다. 나머지 병력은 통주 방면으로 철수하였다. 김숙홍은 부장에게 귀주의 방어를 맡기고 요군을 추격하면서 통주의 양규군 진영에 지원을 요청하였다. 급보를 받은 양규는 홍화진에 머물고 있던 요군이 퇴각하는 요군을 지원하지 못하도록 이를 압박하는 조치를 취하도록 지시하고, 자신은 병력을 이끌고 귀주 방면으로 북상하여 패주(敗走)하는 요군을 협격하였다. 1월 19일 양규군은 퇴각하는 요군을 이수(梨樹: 귀주 남방 20km, 통주 북방 15km 지점)에서 공격하여 2,500여 명을 살상하고 포로가 되었던 1,000여 명의 고려인을 구출하였다. 양규가 이끄는 고려군과 김숙홍군은 요군을 협격하여 통주 북방 8km 지점인 애전(艾田)에서 1만여 명의 요군을 사살하는 전과를 올리기도 했다. 강행군에 지친 요군은 수적인 우세에도 불구하고 고려군의 공격에 막대한 피해를 입고 우왕좌왕하기 일쑤였다.[43)]

양규와 김숙홍이 지휘하던 고려군은 요군 선두 부대에 대한 최후의 추격전을 전개하고 있었다. 이때 요 성종은 본대를 이끌고 선두 부대를 구출하려고 통주로 이동하던 도중에 선두 부대를 공격하는 고려군과 조우하게 되었다. 요의 성종은 고려군을 겹겹이 포위하였다. 전세는 뒤바뀌어 고려군이 불리한 입장에 처하게 되었다. 애전에서 요의 주력과 고려군과의 전투는 하루 종일 계속되었다. 화살이 바닥난 고려군은 요군에게 돌격하여 백병전을 수행했으나 양규와 김숙홍을 비롯한 고려군 전원은 장렬한 최후를 마쳤다. 중과부적(衆寡不敵)이었다. 요군은 애전 전투에서 고려군을 전멸시켜 고려군의 추격을 좌절시키기는 했으나 전력이 극도로 약화된 상태에서 압록강을 도하하기 위해서 행군을 계속했다.

요군은 온갖 어려움을 무릅쓰고 1월 말경 압록강 도하 지점인 보주(保州: 義州)에 도착했다. 그러나 압록강의 얼음이 녹기 시작하자 도하 장비를 갖추지 못한 요군은 도하 도중 많은 손실이 발생했다. 이때 홍화진에서 나와 요군 본대의 도하를 기다리며 매복하고 있던 고려군은 압록강 도하중의 요군을 공격하여 많은 피해를 입혔다. 한편 홍화진 부근 무로대(無老代)에서 홍화진의 고려군을 견제하면서 요군의 철수로를 보호하는 임무를 맡고 있던 요군도 뒤늦게 자국군 본대가 철수한 사실을 파악하고 무질서하게 압록강을 도하하면서 많은 피해를 입었다. 이와 같이 요군은 고려에 대한 두 번째 침공을 통하여 "고려왕의 친조"라는 명목상의 약속 이외의 다른 성과는 거두지 못하고 막대한 인명과 장비만을 잃은 채 고려에서 철수해야만 했다.[44)]

---

43) *高麗史, 卷94, 列傳7, 楊規; 高麗史節要, 卷3,* 顯宗2年; *麗遼戰爭史,* pp. 160-5; *韓民族戰爭通史, II, 高麗時代篇,* pp. 90-5.

44) *前揭書; 東國兵鑑,* pp. 190-3.

제2차 여요 전쟁의 개황

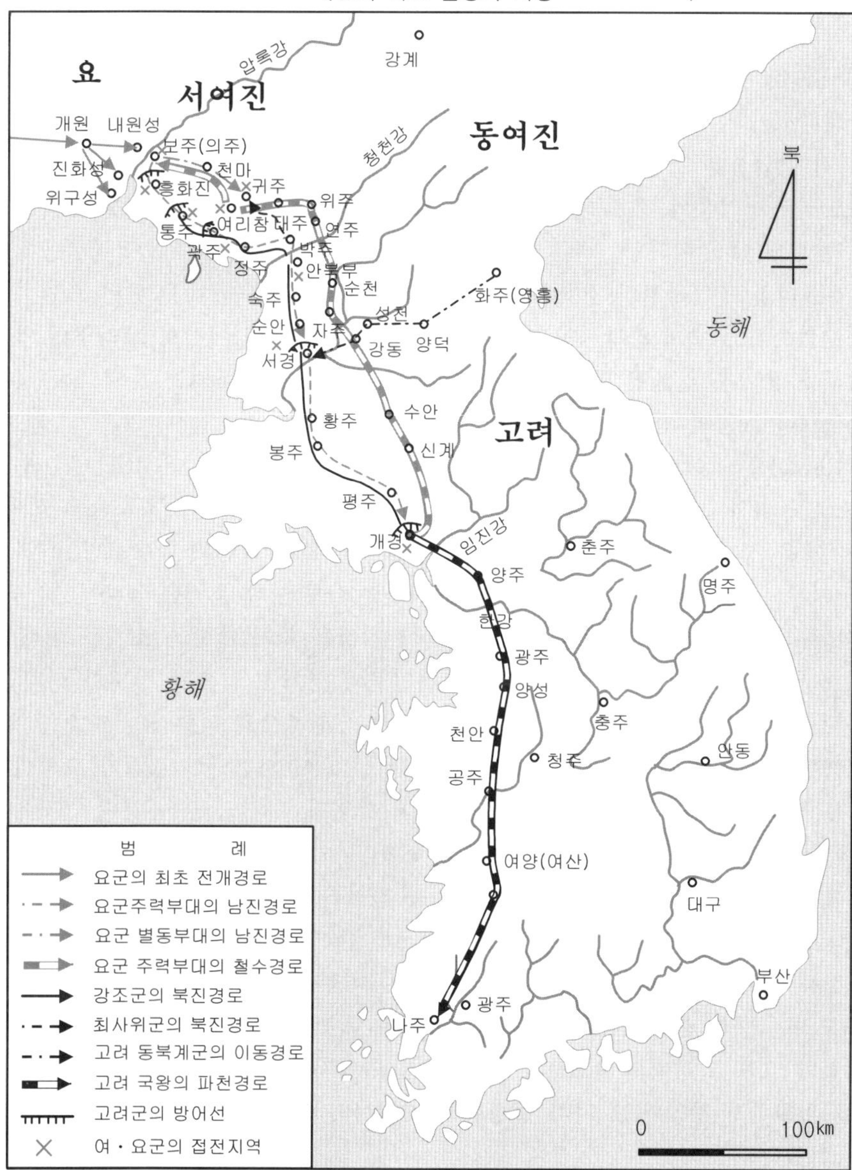

(5) 작전 결과

고려는 요의 제2차 침공을 성공적으로 격퇴시켰다. 요의 성종은 40만이라는 대군을 이끌고 고려를 침공함으로써 보급상의 어려움이라는 문제 자체를 안고 있었으며 이러한 문제를 해결하기 위해서 고려의 전방 거점의 탈취가 불가피했으나 이를 위한 전력 소모는 전진 속도와 강도를 늦추고 낮춘 결과를 가져왔다. 서북계 각 진(鎭)에서 수행된 고려군의 성공적인 수성 작전(守城作戰)은 요군의 성 탈취를 불가능하게 만들고 이들 성의 견제와 요군의 병참선 보호를 위해서 병력을 후방에 남겨 두어야 했던 전장(戰場) 상황은 요군의 공격 기세를 더욱 약화시킨 요인이 되었다. 특히 원정군의 약점을 극대화시키기 위하여 성 주변을 청야(淸野)하고, 성으로 입보(入保)하여 원정군이 현지에서 보급품을 조달하지 못하게 한 고려의 청야입보(淸野入保) 전략과 전술은 요군의 보급상 어려움의 정도를 더욱 증대시켜 요군의 공격 기세와 강도를 더욱 약화시킨 요인이 되었다. 이러한 결과 요군이 고려의 국도인 개경(開京)을 점령했음에도 불구하고 유리한 조건에서의 강화조차 확보하지 못한 채 철수해야만 했던 요인이 되었다. 철수하는 요군에게 결정적인 피해를 입힌 서북계 각 진영에서의 고려군의 역할 역시 요군을 끝까지 괴롭혔다. 이와 같이 고려는 개경이 초토화되는 등의 많은 피해를 입긴 했으나 요군의 침공군을 격퇴시켰던 것이다.

전화(戰禍)를 피해서 나주(羅州)까지 내려갔던 고려 현종(顯宗)은 1011년 2월 23일, 개경으로 돌아와 전후의 폐허와 피해 복구를 위한 조치를 취했다. 죄수들을 석방하고 전공을 세운 장병들을 포상했으며 초토화된 개경의 복원 작업도 착수했다. 특히 애전(艾田) 전투에서 순국한 양규(楊規)와 김숙흥(金叔興)에 대한 충절을 높이 기려 공신의 칭호와 관작을 추증하고 유가족에게는 생활에 지장을 받지 않도록 조치를 취했다. 그러나 요군이 휩쓸고 간 국토의 폐허와 고려인들의 상처는 치유될 정도가 아니었다.

고려는 또한 요와 무력 충돌을 피하고 외교적인 접촉으로 평화적인 관계를 유지하려 노력했다. 그리하여 1011년 4월에 왕섬(王贍)을 요에 파견하여 고려가 요와의 친선 관계 유지를 희망하고 있다는 의사를 전달하기도 했다. 그러나 요의 적대 감정은 매우 강하게 남아 있어 별다른 성과를 거두지는 못했다. 요는 국왕의 친조를 계속 요구하면서 고려의 국왕이 오면 이를 억류하여 고려를 완전한 속국으로 만들려 했다.[45] 고려는 사신을 요에 보내 고려 국왕이 병이 있어 친조를 할 수 없다는 의사를 전했다. 이에 성종은 강동 6주의 반환을 요구하였다. 고려 역시 이것은 받아들일 수 없는 요구조건이었다. 고려는 왕의 친조도 하지 않고 강동 6주도 내놓지 않은 상태에서 요와의 평화를 원한 반면 요는 고려왕의 친조를 강요하면서 그렇지 않으면 강동 6주를 반환하라는 요구를 철회하지 않았다. 고려가 설정한 개념에서의 여요 평화 관계의 수립은 사실상 불가능하였다.

결국 고려에 대한 요의 2차 침공시 요군의 철군을 촉구하기 위해서 고려가 제시한 "고려왕의 친조"라는 조건은 고려와 요의 관계를 평화적으로 유지하는 데 가장 극복하기 어려운 장애 요인이 되었다. 요의 2차 침공 작전의 결과가 고려와 요와의 사이에 또 다른 충돌의 원인이 될 상황이 전개되었다.

---

45) *高麗史, 卷4,* 顯宗 世家 4; *高麗史節要, 卷3,* 顯宗 3年; *遼史, 卷15, 本紀 15* 成宗 開泰 元年; *麗遼戰爭史*, pp. 170-6.

5) 제3차 고려와 요의 전쟁

(1) 전쟁의 원인

고려는 침공하는 요군의 예봉(銳鋒)을 피하려는 목적과 철군을 재촉하려는 목적으로 "왕의 친조"를 약속한 바 있었으나 이를 실행에 옮길 의사나 계획은 가지고 있지 않았다. 요는 고려의 복속이라는 원래의 목적을 달성하지 못한 상태인 데다가 고려에서 철수할 때에 고려 조정의 강화 제의에도 불구하고 고려군이 실시한 기습과 반격으로 입은 막심한 피해의 상처와 이로 인한 감정의 앙금이 가시지 않은 상태에 있었다. 그리하여 요는 양국간 평화적인 관계 구축을 위해서 파견되는 고려의 사절에게 고려국왕의 친조를 계속 요구했다. 그러나 고려는 "금수의 나라(禽獸之國)"라고 했던 요에게 "친조(親朝)의 예(禮)"는 갖출 수 없다는 입장에 근거하여 "국왕이 신병으로 인하여 친조가 불가능하다"고 말하면서 친조 요구를 거부했다. 이에 요는 다른 것을 요구했다.[46)]

요는 강동 6주의 반환을 요구했다. 고려가 강화의 조건을 이행하지 않는 한 서희(徐熙)와 소손녕(蕭遜寧)의 회담에서 요측이 양보한 강동 6주는 요에 다시 귀속되어야 한다는 주장을 내세웠다. 그러나 고려는 두 차례에 걸친 요의 침공을 저지하는데 흥화진, 통주, 철주, 용주, 곽주, 귀주 등의 강동 6주가 얼마나 필요한가를 체험한 바 있기 때문에 요의 요구를 들어줄 수 없었다. 강동 6주를 포기할 경우 청천강 이북지역의 장악은 불가능하고 청천강 이북지역의 포기는 청천강 이남지역의 방위도 사실상 불가능하게 만들 위험성이 있었다. 특히 강동 6주를 확보함으로써 동서 여진(女眞)의 대송 교류에 개입하여 이들에게 영향력을 행사할 수 있다는 점도 강동 6주의 포기를 받아들일 수 없는 중요한 이유가 되었다. 고려는 다시 송과의 국교 관계를 재개하여 요의 압력을 분산시키려는 노력도 기울였다. 요가 요구한 친조(親朝) 및 강동 6주 반환(返還)과 고려의 거부는 양국 관계를 다시 악화시켜 또 다른 전쟁을 현실화시켰다.

(2) 요군의 침공 계획

고려가 친조와 강동 6주의 반환을 동시에 거부하자 요(遼)는 소규모의 기습 공격으로 강동 6주를 탈취하려 했다. 1013년 5월에 요는 여진의 안내하에 압록강을 도하하여 흥화진을 기습 공격하려 했으나 고려군은 압록강 동안(東岸)의 도하 지점에 출동하여 이를 좌절시켰다. 요는 다시 1014년 9월 고려에 사신을 파견하여 강동 6주의 반환을 촉구하면서 고려가 이를 거부할 경우에 대규모의 침공을 감행하겠다는 위협을 곁들였다. 고려가 이를 거절하자 그 해 10월 소적열(蕭敵烈)이 지휘한 부대로 흥화진과 통주를 동시에 기습 공격했다. 고려측에서는 이를 미리 간파하고 압록강 도하 지점에 병력을 출동시켜 도하해 오는 요군을 공격하여 700여 명의 요군을 사살하고 요군의 도하

46) *前揭書.*

를 저지하였다. 특히 요는 1014년 11월부터 4개월 간 지속된 무신(武臣) 정변(政變)으로 고려의 조정이 혼란한 틈을 이용하여 압록강상에 교량을 가설하고 압록강 동안(東岸)에 보주성(保州城: 의주)과 정원성(定遠城)을 구축하고 서안(西岸)에는 개원(開遠: 開州)에 개원군절도사(開遠軍節度使)를 두었으며 1015년 1월 하순에는 홍화진에 대한 공격을 가했으나 고려군은 이를 격퇴하였다. 소규모의 무력 침공 작전이 효과를 거두지 못하자 요는 1015년 4월과 9월에 사신을 보내어 강동 6주의 반환을 강하게 요구하면서 통주성을 공격하는 양면 전략을 구사하기도 했다. 고려도 홍화진의 고려군으로 하여금 요군의 배후를 급습하여 요군을 격퇴시켰으나 양측의 전투 손실은 매우 컸다. 고려군이 압록강 도하 자체를 봉쇄하고 제한적인 공격으로 강동 6주의 탈취가 불가능해지자 요군은 1016년 홍화진, 통주, 곽주, 정주 등을 통과하여 청천강 이남의 안주(安州)를 직접 공격하기도 했으나 이번 역시 보주로 격퇴되었다.[47] 요는 이제 다른 방도를 찾아야만 했다.

제한적인 무력 사용으로는 강동 6주를 탈취하지 못하고 피해만 늘어난다고 판단한 요는 고려를 굴복시키기 위해서 대규모의 무력 침공을 단행하기로 결정했다. 요의 성종은 2차 고려 침공시에 요군의 본대를 이끌고 개경까지 진출한 도통(都統) 소배압(蕭排押)을 고려 원정 총사령관에 임명하고, 1018년 가을에 10만의 원정군을 요양(遼陽)에 소집하여 11월 말경 침공 준비를 갖추었다. 고려 침공군은 12월 1일 집결지인 요양을 출발하여 1, 2차 침공시에 택한 기동로인 백암(白岩), 개원(開遠)을 거쳐 1015년에 확보한 보주성(保州城)으로 출발했다. 12월 10일 보주에 도착한 요군은 고려에 대한 세부적인 침공 계획을 수립하였다.

요군 사령관 소배압은 1, 2차 원정 작전시와 마찬가지로 침공군을 본군(本軍)과 별군(別軍)으로 나누어 분진합격(分進合擊)하기로 결정했다. 그러나 소배압은 2차 침공시 진격로와는 달리 이번에는 본군을 서북계 북로인 보주-귀주-태주-위주-개주 방향으로 진격시키고, 별군을 남로인 보주-홍화진-통주-곽주-정주 방향으로 진격시킨다는 방침을 세웠다. 2차 침공시에 많은 병력을 투입하고서도 홍화진과 통주 등을 점령하지 못함으로써 작전의 차질이 초래됐고 이들 성을 견제하고 철수로를 보호하기 위하여 많은 병력을 잔류시켜야 했던 사실을 소배압은 잘 알고 있었다. 따라서 그는 남로(南路)에 별군을 투입하여 남로상에 주둔하고 있던 고려군 주력을 견제하고 요의 본군은 개경으로 신속히 진격하도록 해야겠다는 판단 아래 이번에는 본군을 북로로 진격시켰다. 이와 같이 소배압은 요의 별군으로 고려군 주력을 견제시키고 요의 본군은 신속히 개경을 급습하여 고려를 항복시킨다는 야심찬 계획을 세웠다.

---

47) *前揭書; 東國兵鑑*, pp. 194-5.

(3) 고려의 방어 계획

소규모로 자행된 요군의 침공을 경험한 고려는 머지않아 대규모의 침공이 감행될 것이라는 판단을 내리고 요군의 침공에 대처하기 위한 방어 태세를 갖추어 나갔다. 먼저 고려는 요의 군사적 동태를 살피면서 군사 행동을 지연시키려는 외교적 노력의 하나로 요에 사신(禮賓卿 元穎)을 파견하여 화평을 제의하였다. 요가 이를 단호하게 거절함에 따라 요의 침공 의지가 확고하다는 사실을 확인하였다. 요의 침공이 확실시 되자 고려는 서북계의 방어 태세를 강화했다. 성을 보수함은 물론 병력을 증강하고 식량의 비축분을 늘리고 무기와 장비 등을 보수, 제작하도록 했다. 고려는 1018년 9월에 20만이 넘는 방어군을 소집하고, 10월에는 서경유수(西京留守) 강감찬(姜邯贊)을 서북면행영도통사(西北面行營都統使)로 임명하여 서북계 방어 작전을 총지휘하도록 조치하는 한편 본격적인 방어 준비에 돌입했다.48)

고려는 소집된 방위군까지 총지휘하여 요군의 침공을 저지하기 위한 지휘부를 구성하였다. 서북면 행영도통사인 강감찬을 상원수(上元帥)로 삼아 방어 작전을 총괄 지휘하도록 하였고, 대장군(大將軍) 강민첨(姜民瞻)을 부원수(副元帥)로 임명하여 강감찬을 보좌하도록 했다. 지휘소의 위치와 각 지휘관의 임무도 부여하였다. 강감찬은 영주(寧州: 안주)에 지휘소를 설치하여 방어군 주력으로 요군의 청천강 이남 진출을 막도록 했고, 이를 위해서 서북계의 여러 진(鎭)과 협동 작전을 수행하는 중책을 부여받았다. 시랑(侍郞) 조원(趙元)은 요군이 청천강 이남으로 진출할 경우, 주위 여러 진의 지원을 받아 서경(西京)을 방어하여 요군의 대동강 이남 진출을 저지하도록 되어 있었다. 특히 서북계 병마판관(兵馬判官) 김종현(金宗鉉)은 기병을 지휘하여 서북계 남로의 통주에 위치하여 남북 양로(兩路)의 방어선이 돌파될 경우에 대비하도록 했다. 고려의 대비는 총체적이고 전면적이었다.49)

방어를 위한 병력 배치와 지휘 체계를 확립한 고려군은 1, 2차 요군 침공 작전을 막아낸 방어 작전 수행의 경험을 토대로 대요군(對遼軍) 전략과 전술을 설정했다. 먼저 서북계 제진(諸鎭)에 위치한 고려군은 요군과의 정면 충돌을 피하고 수성(守城)에 주력하다가 철수하는 요군을 공격할 태세를 갖추도록 했다. 이렇게 함으로써 서북계 고려군은 요 본군의 전력을 약화시키고 요군의 분산 배치를 강요함으로써 요군의 청천강 이남 진출을 어렵게 만드는 임무를 맡았다. 고려군 주력은 요군의 청천강 도하와 이남 진출을 아예 거부하는 임무를 수행하도록 했다. 그리고 기동력이 빠른 김종현부대는 필요시에 먼저 개경의 방어에 투입되도록 계획되어 있었다. 고려의 방어 계획은 서북계에서 청야입보(淸野入保), 청천강과 대동강선에서의 진격 저지(進擊抵止), 그리고 개경의 사수방어(死守防禦)로 대별하여 수립되었다.

48) *高麗史, 卷4,* 顯宗 9年; *卷94, 列傳7, 姜邯贊, 高麗史節要, 卷3,* 顯宗 9年; *東國兵鑑*, pp. 194-200; *麗遼戰爭史*, pp. 185-90; *韓民族戰爭通史, II, 高麗時代篇*, pp. 110-2.

49) *前揭書.*

(4) 작전 경과

도통(都統) 소배압(蕭排押)이 지휘하는 요군은 1018년 12월 10일 압록강을 도하하여 보주(保州: 의주)에 도착했다. 소배압은 본격적인 기동에 앞서 정찰 기병인 원탐난자군(遠探欄子軍)을 서북계 남북로에 파견하여 고려군의 방어 태세를 점검하였다. 고려군의 주력이 남로에 배치되었다는 사실을 파악한 요군은 별군을 남로로 진격시켜 고려군의 주력을 견제하고, 본군은 북로로 신속히 진격하여 개경을 점령함으로써 고려군의 지휘 체계를 마비시켜 조직적인 저항 능력을 박탈함으로써 고려의 항복을 받으려 했다. 이러한 작전 개념에 따라 소배압은 별군을 서북계 남로로 진격시키고, 자신은 본군을 이끌고 보주에서 서북계 북로를 따라 진격하였다. 소배압은 이와 같이 고려 주력은 견제하고, 요군은 신속히 진격하여 개경을 점령하는 견제(牽制)와 속결(速決) 전략을 택했다.

고려군 총사령관인 강감찬은 요의 주력이 서북계 남로로 진격할 것으로 판단하고, 요군의 남진을 청천강 이남지역의 북쪽인 홍화진과 통주 사이에서 저지하는 것이 더욱 효과적이라고 판단하여 주력 부대를 홍화진과 통주 사이로 전진 배치하였다. 이러한 작전 개념에 근거하여 강감찬은 1만 2,000의 고려 기병을 홍화진 동남쪽 8km 지점인 삼교천(三橋川)에 배치하여 요군이 홍화진을 공격할 경우에 그 배후를 기습하도록 조치하고, 자신은 본대를 지휘하여 통주에 머물면서 전황에 따라 대처할 준비를 갖추고 있었다. 성을 공략하는 요군의 배후를 기습하여 이를 섬멸함으로써 요군의 침공군을 서북계에서 격퇴시키겠다는 강감찬의 전략이었다.[50)]

요의 별군은 홍화진에 도착하여 성을 포위하고 공격을 개시했다. 그러나 홍화진 수비 고려군은 성문을 닫은 채 요의 공격에 전혀 대응을 하지 않았다. 요군은 홍화진 공격을 포기하고 이를 우회하여 통주 방면으로 남진을 계속했다. 원래 홍화진 공격 요군을 배후에서 공격하기로 한 고려군은 요군이 홍화진을 우회하자 새로운 대책을 마련해야 했다. 강감찬은 고려군을 좌, 우, 중군의 세 제대로 나누어 삼교천 동서 양안(兩岸)에 매복했다가 남진하는 요군을 협격하는 새로운 전략을 택했다. 특히 강감찬은 좌군으로 하여금 삼교천 상류에서 소가죽 부대로 물을 막아 요군이 삼교천을 도하할 때 이를 풀어 수공(水攻)을 감행하는 방안을 강구했다. 우군을 삼교천 동쪽에 매복시키고 자신은 중군을 이끌고 삼교천 서쪽에 매복하여 요군의 접근을 기다렸다.

홍화진을 우회한 요군은 날이 어두워질 무렵에 삼교천에 도달하여 강을 건너려 했다. 삼교천 동서안에 매복하고 있던 고려군은 일제히 횃불을 올렸고 이를 신호로 하천 상류의 고려군은 가죽 제방을 무너뜨려 담겼던 물을 하류로 내려 보냈다. 동서안에 매복하고 있던 고려군은 수공으로 인하여 혼란에 빠진 요군을 협격하였다. 가죽 제방을 무너뜨린 고려의 좌군도 중군과 공격 대열에 합류하여 요군의 후미를 강타하였다. 삼

50) *麗遼戰爭史*, pp. 188-93.

면 공격을 받은 요군은 군마와 병기를 버리고 많은 사상자를 남겨 놓은 채 보주 방면으로 퇴각하고 말았다.[51)]

요의 별군을 격파한 강감찬은 이 병력이 요의 주력이 아니라는 사실을 뒤늦게 알았다. 요의 주력군이 비교적 평탄한 남로를 택할 것으로 판단하고, 고려군의 주력을 흥화진, 통주지역에 배치한 강감찬은 삼교천에서 요군을 격퇴하기는 했으나 북로를 통해서 남진하는 요군 본대의 남진을 저지할 대책을 강구해야만 했다. 요군의 주력이 북로를 따라 남진하고 있다는 사실을 파악한 강감찬은 영주(寧州: 안주)에 대기하고 있던 부원수 강민첨(姜民瞻)부대를 개주(蓋州: 개천)로 이동시켜 요군을 저지하고, 서경 방어를 맡고 있던 조원(趙元)에게는 요군의 대동강 이남 진출을 막도록 명령을 내렸다.

명령을 접수한 강민첨은 영주에서 병력을 이끌고 개주(蓋州)를 거쳐 요군을 추격하여, 자주(慈州: 평남 慈山) 남쪽 8km 지점에 위치한 내구산(來口山)에서 요군의 후미를 발견했다. 고려군은 내구산의 지형을 이용하여 요군의 행군 대열에 접근한 다음, 요군의 후미를 기습적으로 공격했다. 예기치 못한 고려군의 기습 공격을 받은 요군은 남진 속도를 빨리하여 고려군을 따돌리고, 신속하게 개경으로 진출하려 했다. 그러나 강민첨은 집요하게 요군을 공격하여 많은 피해를 입히고 다량의 전리품을 획득하는 전과를 올렸다. 요군을 추격하던 강민첨은 서경(西京)의 조원에게 전령을 급파하여 상황을 설명한 다음, 대동강을 도하하는 요군을 협동 공격하여 요군을 섬멸하기로 하고 요군의 배후를 계속 위협하면서 추격을 계속하였다.

부원수(副元帥) 강민첨의 지시를 받은 서경의 조원은 서경성과 주변 성의 병력을 동원하여 서경 동북쪽 20km 지점에 위치한 마탄(馬灘: 평남 江東 馬山)으로 진출하여 병력을 매복시키고 요군을 기다렸다. 뒤에서 쫓기면서도 하루 빨리 개경을 점령하겠다는 집념으로 남진을 재촉하던 요군은 12월 23일경 대동강 상류 마탄에 도착하여 도하를 시작했다. 요군 병력의 절반이 대동강을 건너고 있을 때 고려군은 요군을 배후에서 공격하였다. 고려군은 무려 1만여 명의 요군을 사살하거나 포로로 잡는 전과를 올렸다. 그러나 강을 건넌 요군은 대동강 남안에 급편 진지를 구축하고 고려군의 추격을 견제할 태세를 갖추었다. 상황이 이렇게 전개되자 강민첨과 조원은 일부 병력을 대동강 북안(北岸)에 남겨 두어 요군의 배후를 위협하게 하고, 주력 부대를 이끌고 원래의 주둔지인 영주와 서경(西京)으로 복귀하여 차후 작전에 대비하였다.

소배압(蕭排押)이 지휘하던 요군의 본군은 내구산과 마탄 전투에서 막대한 타격을 입어 전투력이 약화되었음에도 불구하고 개경으로의 진격을 서둘렀다. 요군은 산악 행군을 통해 황해도 수안(遂安)을 거쳐 1019년 1월 초 개경 북방 40km 지점인 신은현(新恩縣: 황해도 新溪 남쪽 10km 지점)에 도착했다. 그러나 극심한 추위와 보급의 부족으로 동사자(凍死者)와 아사자(餓死者)의 속출로 인하여 요군의 사기는 크게 떨어졌고 전력은 매우 약한 상태였다.

---

51) *高麗史, 卷94, 列傳7, 姜邯贊*; *高麗史節要, 卷3,* 顯宗 9年; *麗遼戰爭史*, pp. 190-3.

요군이 대동강을 도하하여 개경으로 진격하고 있다는 보고를 받은 고려 조정은 개경의 방어를 위하여 서북계의 영주(寧州)와 동북계의 화주(和州: 함남 永興)에 주둔하고 있던 방어군의 일부 병력을 차출하기로 결정하고, 이를 강감찬에게 통보하였다. 그리고 고려 조정은 12월 26일 개경을 비롯한 수도권지역에 계엄령을 선포하고 주민들을

내구산, 마탄 전투 상황

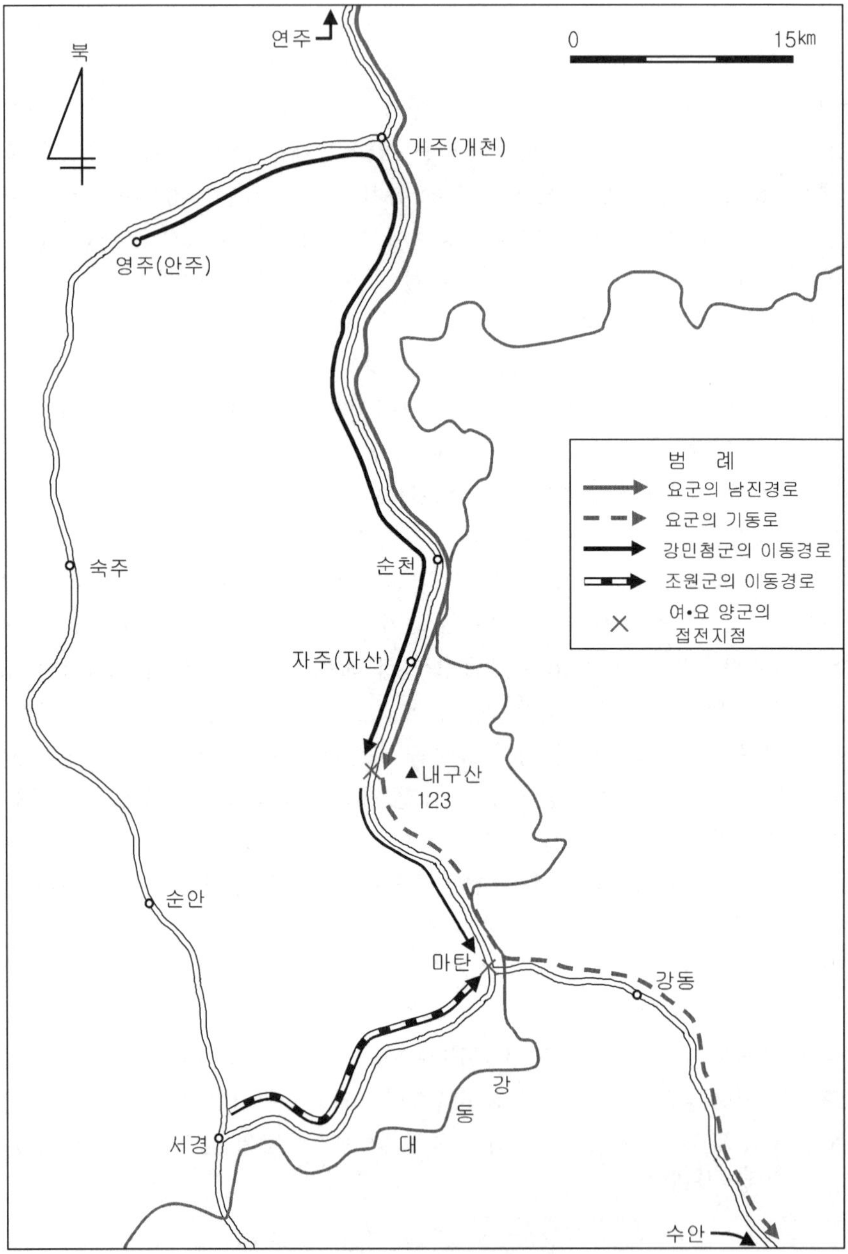

개경으로 이주시키면서 청야(淸野) 작전을 감행하여 수도권 40km 내의 삼림과 가옥을 불사르고, 식량과 마초 등을 개경 성내로 운반하여 저장하면서 우물과 하천까지도 독극물로 오염시켰다. 그리고 평주(平州: 황해 평산) 북방 8km 지점인 금교역(金郊驛) 부근에 방어 진지를 구축하여 요군의 남진을 저지하도록 조치하였다. 고려 조정은 개경 방위를 위해서 자체적으로 실시할 수 있는 조치를 강구하고 서북계와 동북계 증원군의 도착을 기다렸다.

고려 조정의 급보를 받은 강감찬은 통주에 주둔하고 있던 서북계 병마판관(兵馬判官) 김종현(金宗鉉)에게 명령하여 1만 기의 기병을 거느리고 개경 방어 작전을 지원하도록 하였다. 동북계의 기병 3,300기도 개경의 방어를 지원하기 위해서 영흥을 출발하였다. 이러한 신속한 조치의 결과로, 1019년 1월 초에는 1만 3,300기의 기병이 개경 성내로 입성하여 개경성의 방어 태세는 크게 강화되어 고려 조정도 한숨을 돌리게 되었다.

거듭되는 고려군의 기습 공격으로 막심한 피해를 입으면서 신계(新溪)지역에 도달한 요군은 후방 보급선의 확보는 고려하지 않은 채 개경 점령만을 위한 남진만을 계속하였기 때문에, 고려의 개경 부근에 도달하였을 때는 군량과 마초가 거의 바닥난 상태에 처해 있었다. 더구나 고려측이 청야입보 개념에 입각하여 수도권을 방어하고 있었기 때문에 요군이 이 지역에서 현지 조달할 수 있는 것은 거의 없었다. 요군은 추위와 굶주림에 시달리면서 고려군과 싸워야 하는 곤란한 지경에 빠지게 되었다.

요군은 이러한 난관을 극복하기 위하여 기계(奇計)를 사용하려 했다. 고려측에 사자를 보내어 화의를 제기하고 사자 뒤에는 정찰 기병을 따르게 하여 주변을 정찰하여 개경을 기습 공격하려 했다. 그러나 고려측은 이를 사전에 탐지하고 평주 북방 금교역 부근에 병력을 매복시켜 요의 정찰 기병 300여 기를 섬멸하였다. 정상적인 공격은 물론 기계에 의해서도 고려군의 저항을 극복하지 못한 요군 사령관 소배압은 개경을 기습 공격하여 점령하려던 계획을 포기해야만 했다. 1018년 12월 초 원정길에 오른 요의 고려 원정군은 1019년 1월 초 개경의 공격을 포기하고 철군길에 올랐다.

요군이 철군을 개시하자 고려군은 반격 준비에 들어갔다. 강감찬은 홍화진, 통주 등지에 배치된 방어군 주력을 이끌고 귀주로 이동하여 귀주지역 일대에 차단선을 구축하고, 개경에 내려가 있던 김종현군을 귀주로 직행하도록 조치하여 귀주지역 작전에 합류하도록 했다. 그리고 영주에 주둔하고 있던 강민첨 부대를 연주(漣州: 평남 개천)와 위주(渭州: 평북 영변 서쪽 20km 지점)로 이동시켜, 이 지역을 통과하는 요군을 공격하도록 명령하였다. 고려군의 반격 준비는 신속하고 철저하게 준비되었다.

강감찬의 예측대로 철수하던 요군은 1019년 1월 하순경 강민첨군이 매복하고 있던 지점을 통과하였다. 매복하고 있던 고려군은 함성과 함께 요군을 공격하였으나 요군의 기세 역시 만만치 않았다. 고려군과 요군 간의 전투는 백중지세로 전개되어 양측의 사상자와 피해는 늘어만 갔다. 이 때 연주와 위주성 안에 있던 고려군과 민간인들이 성 밖으로 나와 전투에 가세함으로써 요군은 수세에 몰려 북서쪽으로 달아나 귀주로 향했다. 고려군은 500여 명의 요군을 사살하고 많은 포로와 군마 및 병기를 노획하고 달아나는 요군을 후미에서 공격하여 귀주 방면으로 추격전을 계속하였다.[52]

추위와 굶주림, 그리고 계속되는 고려군의 공격을 받아 사기가 저하된 요군은 2월 1일에 귀주성 동쪽에서 북남으로 흐르는 동문천(東門川) 동안(東岸)에 도달했다. 강감찬은 고려군을 귀주성 동문 밖 동문천의 서안(西岸)에서 태주(泰州)와 연결되는 도로의 좌우측에 병력을 남북으로 배치하고 요군을 기다리고 있었다. 귀주성에 도착한 요군은 이미 고려군이 퇴로를 차단하고 있다는 사실을 확인하고 일단 정지했다. 요군은 퇴로를 차단하고 있는 고려군의 차단선을 돌파할 묘안(妙案)을 찾아내야만 하였다. 요군의 사령관 소배압은 귀주 남방에서 동문천과 교차하는 백석천(白石川) 사이에 위치한 개활지로 고려군을 유인하여 이를 격멸하고, 퇴로를 개척하자는 야율팔가(耶律八哥)의 의견을 받아들여 요군을 좌우로 배치하고 중앙 개활지로 향한 지점에는 약하게 배치함으로써 고려군을 유인하려 했다. 그리고 고려군이 중앙의 개활지로 공격해 오기만을 기다리고 있었다. 요군이 움직이지 않자 고려군도 상황을 주시하면서 함부로 움직이지 않았다. 대치 상태가 지속되던 중에 서북계 병마판관 김종현부대가 서경으로부터 귀주 남방에 도착하여 고려군은 요군을 남북에서 협공할 수 있게 되었다. 마침 비바람이 요군 진영을 강타하자 기회를 노리고 있던 김종현부대는 요군의 좌익을 강타하였다. 이와 때를 같이하여 강감찬의 고려군 주력도 동문천을 도하하여 요군의 우측방을 공격하였다. 좌우측에서 공격을 받은 요군은 필사적으로 싸워 양군은 치열한 공방전을 펼쳤다. 양군이 한참 싸우고 있을 때, 요군의 배후를 추격해 오던 강민첨군이 전장(戰場)에 도착하여 요군의 뒤를 공격하였다. 삼면에서 포위 공격을 받은 요군은 섬멸적인 타격을 입고 고려군 포위망을 간신히 돌파하여 서북쪽 방향에 있는 삭주(朔州)로 뿔뿔이 분산 도주하였다.[53]

요군은 귀주 전투에서 최정예 부대인 천운군(天雲軍)과 우피실군(牛皮室軍)을 완전히 잃어버리고 아과달(阿果達)을 비롯한 저명한 장수들이 모두 전사하는 막대한 손실을 입었다. 요양을 출발한 위세당당했던 10여만의 요 침공군 중에서 압록강을 건너 본국으로 귀환한 요군은 수천 명에 불과하였고, 무기와 장비는 모두 버린 상태에 있었다. 요의 성종은 참담한 패전 상황을 보고받고 사자를 소배압(蕭排押)에게 보내 "그대는 적을 가볍게 여기고 적지에 깊숙이 들어갔다가 사태를 이 지경으로 만들었다. 이제 무슨 면목으로 나를 대면하려 하는가? 내 반드시 그대의 낯가죽을 벗겨 죽이고야 말리라!" 하면서 펄펄 뛰었다.[54]

이와는 극히 대조적으로 고려 현종(顯宗)은 상원수 강감찬(姜邯贊)과 고려 장병들을 지극한 정성으로 환대하였다. 현종은 직접 영파역(迎波驛: 황해 평산)까지 나가서 개선한

---

52) *高麗史, 卷94, 列傳7, 姜邯贊; 高麗史節要, 卷3,* 顯宗 10年; *麗遼戰爭史*, pp. 202-4.

53) *高麗史, 卷4,* 顯宗 10年; *卷94, 列傳7, 姜邯贊, 高麗史節要, 卷3,* 顯宗 10年; *遼史, 卷16, 本紀 16* 聖宗 開泰 7年; *卷88, 列傳18, 蕭排押, 麗遼戰爭史*, pp. 206-8; *韓民族戰爭通史, II, 高麗時代篇*, pp. 120-4.

54) *前揭書.*

귀주 전투 상황

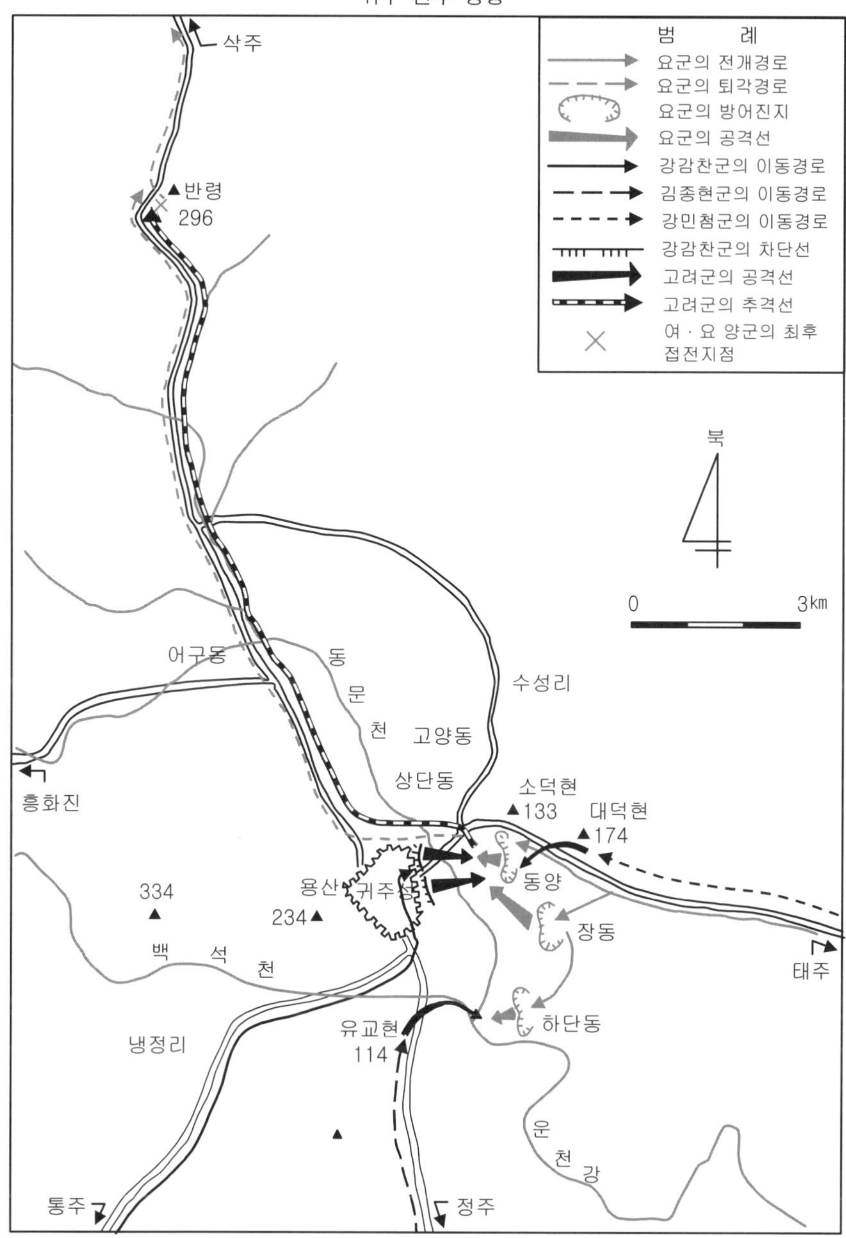

고려군을 맞이했으며, 채붕(綵棚: 나무 구조물에 화려한 비단 장막을 친 가건물)을 설치하고 음악을 곁들여 장병들에게 잔치를 베풀었다. 강감찬의 머리에는 금화(金花)를 꽂아 주고 금 술잔에 술을 따라 주며 위로와 찬탄의 말을 아끼지 않았다. 그리고 영파역의 이름까지 고쳐 흥의역(興義驛)이라고 이름지었다. 요의 2차 침공 때 남부지방을 전

전한 경험이 있던 현종은 3차 침공 때에는 강감찬이 지휘한 고려군 덕택에 개경에 머무를 수 있었다. 그리고 10여만의 요 침공군이 수천 명으로 줄어든 것은 고려의 위상을 한껏 높여 준 쾌거가 아닐 수 없었다. 이래저래 현종은 엎드려 절하면서 겸사(謙辭)하는 강감찬(姜邯贊)이 고맙기만 했다.[55]

(5) 작전 결과

3차 침공을 단행한 요의 준비와 전략 전술은 비현실적이진 않았다. 대규모의 병력으로 침공할 경우에 당연히 직면하게 될 보급상의 어려움을 고려하여 침공군의 규모도 10만으로 하였다. 그리고 고려 서북계 남로의 여러 진(鎭)과 성(城)들이 비교적 견고하여 탈취가 어렵고 탈취되지 않은 성을 견제하기 위하여 병력을 주둔시켜야 하고, 이들 성에 주둔하고 있는 고려군이 요군의 후방을 교란하고 철수를 방해할 수 있는 점을 고려하여, 서북계 북로를 주력 부대의 기동로(機動路)로 삼고 남로는 고려군을 견제만 하는 별군을 투입하였다. 그리고 주력 부대는 신속히 개경으로 진격하여 고려 왕이 남아 있는 개경을 점령함으로써 유리한 조건하에 고려의 항복을 받아내려 했다. 요군의 침공 계획과 기동, 그리고 침공 목적 달성을 위한 진격 계획 등은 그 자체로서 완전 무결해 보였다.

고려의 방어 계획과 병력 배치도 타당성이 있었다. 고려군은 요군의 침공을 맞아 20여 만의 병력을 동원하여 서북계의 진과 성 등의 방어를 보강하고 기동 예비대까지 확보하였다. 고려군은 최초에 요군의 주력이 서북계 남로로 진격할 것이라고 판단하여 고려군 주력 방어군을 흥화진, 통주 사이에 배치하였다. 그리고 청천강, 대동강이라는 천연 장애물을 이용하여 단계적으로 방어에 임하여 요군의 전력을 단계별로 약화시켜 요군의 남진을 최대한 북쪽에서 저지한다는 방어 계획을 세우고 있었다. 이러한 전진방어(前進防禦) 개념에 입각하여 고려군 대부분의 병력을 개경 북방에 배치하였다. 그리고 기동 예비 병력으로 1만여 기의 기병을 보유하고 있었다. 동북계에도 병력을 배치하여 여진의 도발에도 대비하도록 조치하였다. 고려의 방어 계획과 병력 운용도 적절하게 수립되었고 구체화되었다.

현실적이고 타당성 있는 양측의 공격 및 방어 준비와 계획에도 불구하고 요군은 공격 작전에서 패하고 고려군은 성공적인 방어 작전을 수행했다. 요군은 원정군이 반드시 해결해야 하는 병참 지원과 병참선 확보를 소홀히 하여 패배를 자초한 셈이다. 특히 개경 부근에 도달한 요군은 군량과 마초가 없어 개경의 공격 자체가 불가능한 처지에 놓여 있었다. 따라서 요군의 공격 작전의 실패 요인은 요군 자체가 지니고 있는 한계를 요군이 극복하지 못했다는 점을 들 수 있다. 고려군은 요군이 지닌 한계를 극복하지 못하게 하여 이들을 격퇴했다. 요의 주력군이 북로를 택하여 남진하고 있다는 것을 파악한 고려군 지휘부는 주력군의 일부를 즉시 전용하여 요군을 추격하게 했고 개

55) *前揭書*; *東國兵鑑*, pp. 200-1.

경이 요군의 공격에 노출되자 기동 예비대와 동북계의 병력을 신속하게 차출하여 개경의 방어를 보강하는 한편 수도권에서 요군의 현지 조달이 불가능하도록 청야입보(淸野入保)에 입각한 방어 태세를 취하였다. 이러한 고려군의 조치는 요군의 개경 공격 자체를 포기시켜 퇴각시키는 데 결정적인 요인이 되었다.

퇴각하는 요군을 공격하여 10만에 이르렀던 침공군의 숫자를 수천으로 줄인 고려군의 추격은 가히 일품이었다. 특히 요군의 유인 전술에 말려들지 않고 증원군을 기다려 요군을 협격한 고려군은 요군의 유인책을 역이용한 전술을 구사하였다. 그리고 일사분란한 고려군의 지휘 체계는 융통성 있는 작전 개념의 변경과 신속한 병력의 전용을 가능하게 하여 요군의 전진과 후퇴를 방해하고 동시에 저지시킨 요인이 되었다.

이와 같이 고려는 다분히 수세적이고 정적(靜的)인 청야입보(淸野入保)의 방어 개념과 공세적이고 동적(動的)인 기동방어(機動防禦) 개념을 현실에 맞게 배합한 방어 작전을 수행하여 요군의 침공을 격퇴하였다.

6) 여요 전쟁의 결과 및 영향

고려와 요의 전쟁은 993년부터 1019년까지 요가 고려를 세 차례에 걸쳐 대규모로 침공함으로써 발생한 전쟁이었다. 요는 송(宋)과의 대립 관계에서 고려의 우호적인 지원이나 최소한 호의적인 중립이 필요하다고 판단하였으나, 고려는 요를 “금수지국(禽獸之國)”으로 보면서 적대적인 태도 표명을 감추지 않았다. 이에 요는 무력을 사용하여 고려의 항복과 복속을 확보하려 했다. 한편 고려 태조 왕건(王建)은 고구려의 영토 회복이라는 북방 정책을 국시(國是)의 하나로 채택하여 국호도 고려라 짓고 발해에 대한 각별한 관심을 표명한 바 있었다. 그러나 거란(契丹)이 발해를 멸망시키고 고구려의 옛 영토를 요국의 영토로 병합하자 이를 “짐승의 나라”로 명명하여 적대감을 노골적으로 표명하였다. 따라서 고려는 고구려의 옛 영토를 점유한 요에 대해서 감정적으로나 현실적으로 우호적일 수 없는 태생적 한계를 지니고 있었다. 요의 현실적 필요성과 고려의 감정적 적대감이 사실상 두 나라간의 전쟁을 불가피하게 만든 근원적 원인이 되었다.

고려와 요 간의 전쟁은 중국 대륙 국가의 한반도 국가 침공이라는 면에서 과거 수(隋)와 당(唐)의 고구려 침공과 다를 바가 없으나, 전쟁의 결과면에서는 약간의 차이를 보여 주고 있었다. 요의 고려 침공은 수와 당의 단독적인 고구려 침공과 마찬가지로 성공적인 결과를 거둘 수 없었다. 당도 고구려를 단독으로 침공했을 때는 고구려에게 패퇴되는 결과를 감수해야만 했으며, 신라와 제휴함으로써만이 고구려를 멸망시킬 수 있었다. 세 차례에 걸친 요의 고려 침공 역시 한반도 내에 고려가 통일 왕조를 구축하고 있었기 때문에 배후의 연합 세력을 확보할 수 있는 상황이 아니었다. 따라서 요의 고려 침공은 과거 수와 당의 고구려 단독 침공과 마찬가지로 계획된 목적을 달성하지 못한 채 중단되고 만 또 하나의 전례(戰例)가 되고 말았다.

제3차 고려와 요의 전쟁의 개황

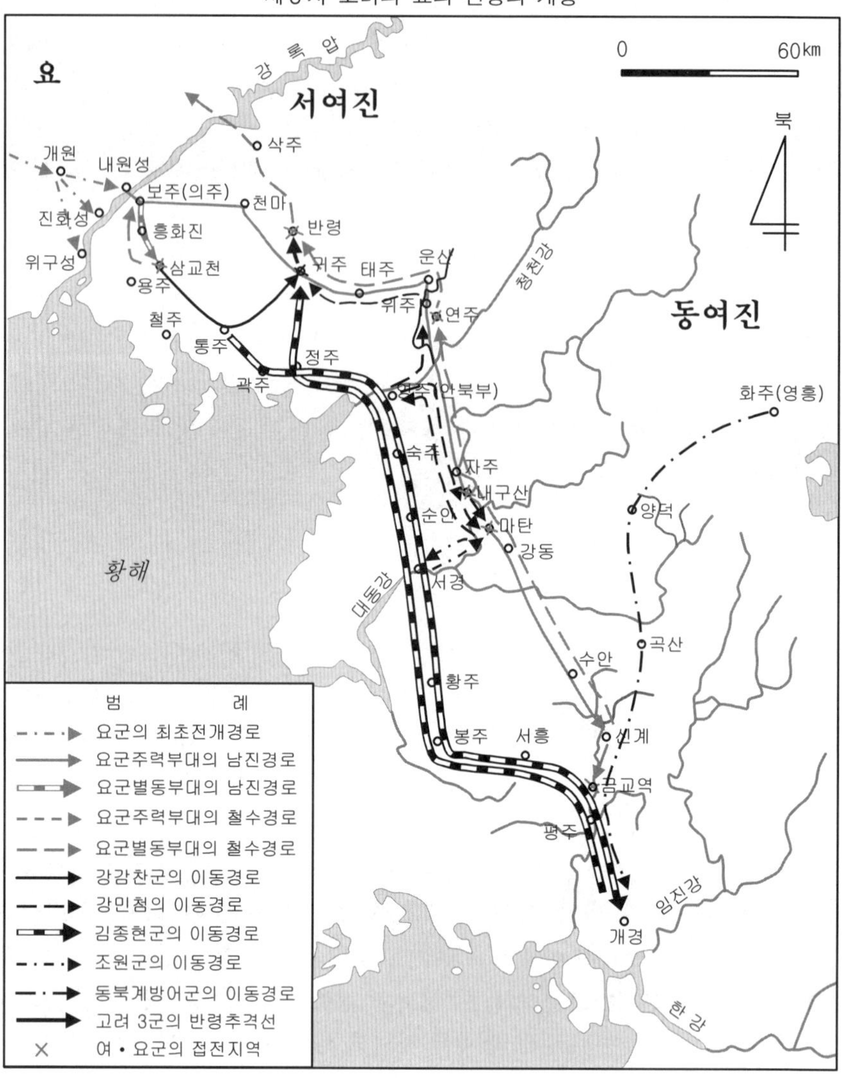

정치적인 연합 세력의 확보 여부 못지 않게 전쟁의 결과에 영향을 미친 요소로서 고려를 침공했던 요의 전략 전술 개념의 현실적 타당성과 적합성 여부를 들 수 있다. 과거 수와 당나라처럼 요나라도 원정군이 가지는 기본적 약점인 보급 문제의 현실적인 해결책 수립 없이 대규모의 병력을 동원한 점이 침공 작전 실패의 근원적인 원인이 되었다. 그리하여 요군도 중간 보급 기지의 확보상 고려의 전방 진(鎭)과 성(城)을 공취해야만 했고, 이에 따른 전력의 현저한 약화는 침공 작전 자체의 충격력과 기동성의 손상을 자초하여 원정 목적을 달성할 수 없게 만들었다. 더구나 요군은 철수로의 확보상 탈취하지 못했던 성 부근에 이를 견제할 병력을 주둔시켜야 했기 때문에 공격 부대

의 전력은 더욱 약화될 수밖에 없었다. 요군은 또한 보급 문제의 해결 없이 한반도 내륙 깊숙이 전진하여 철수조차도 제대로 할 수 없는 지경에 처하기도 했다. 이러한 요군의 근원적인 약점은 요군이 보유한 기병의 장점을 활용하지 못하고 보병 전투의 한 보조 수단으로만 기병을 활용하게 만들었다. 특히 요군은 군사적으로 유리한 입장에서 화의를 제의할 경우, 고려에게 너무나 큰 양보 사항과 조건을 요구하여 고려로 하여금 끝까지 항전(抗戰)하도록 하는 계기를 만들어 주었으며, 군사적으로 불리할 때 강화를 제의함으로써 고려에게 조소 거리를 제공하기도 했다. 이와 같이 침공군인 요군은 자체가 지닌 문제점과 한계점을 극복하지 못하고 원정 작전을 실패로 마감하고 말았다.

고려는 원정군인 요군이 가질 수 있는 약점과 문제점을 극대화하는 방향의 방어 전략과 전술을 구체화하여 요군의 침공을 물리칠 수 있었다. 우선 고려는 국가적으로 고구려의 고토(故土)를 회복한다는 의지를 국호에 담아 국민적인 북진 의지를 다져 왔다는 점이 고구려의 영토를 보유하고 있던 요의 침공에 대한 국가 방어의 정신적 근간을 이루었다. 고려는 또한 원정군의 약점인 보급의 곤란을 극대화하기 위해서 청야입보(淸野入保)의 개념에 입각한 방어 체제를 유지하고 있었다. 요군의 침공에 대비하여 주민을 성 안으로 이주시키고 군량과 마초 및 장비 등도 성 안으로 옮기면서 침공군인 요군이 활용할 수 있는 모든 것을 파기하거나 훼손시킴으로써 요군의 현지 조달(現地調達)을 불가능하게 만들었다. 그러면서 침공로상의 여러 성에서 제한적인 기습과 후방교란은 물론 철수시의 반격 작전을 수행하여 침공해 오는 요군의 전력을 약화시키고 후퇴하는 요군에게 섬멸적인 타격을 입히는 작전을 수행하였다. 그리고 기동성이 양호한 기병부대는 인접 부대의 상호 증원이나 수도권 방어의 보강에 신속히 동원하여 거점 방어의 약점을 보완하는 노력도 기울였다. 이와 같은 고려의 방어 의지와 이를 구체화할 수 있는 현실성 있는 방어 전략과 전술 개념에 입각한 병력의 운용은 고려와 요와의 전쟁에서 고려가 승리하도록 한 원동력이 되었다.

고려와 요가 치른 30여 년간의 전쟁은 침공을 감행한 요와 침공을 막아낸 고려에게 양국 관계를 설정하는 데 새로운 현실 적응을 요구하였다. 세 번에 걸친 고려의 침공에도 불구하고 고려의 복속이라는 정치적인 목적을 달성하지 못한 요는 다른 방법에 의한 고려와의 평화 관계의 설정을 요구당하게 되었다. 연속적으로 실시된 대규모의 병력 동원으로 인하여 국력의 낭비가 많았고 소규모의 침공 작전 수행과 대규모의 침공 작전도 효과를 거둘 수 없는 상황에서 요가 택할 수 있는 방법은 평화 사절의 교환에 의한 친선 관계의 수립이었다. 이러한 판단 아래 요는 1019년 5월과 8월에 동경요양부(東京遼陽府)의 관리들을 고려에 파견하여 친선 관계의 수립을 제의하면서 고려의 의중을 탐색하기에 이르렀다. 고려 역시 993년부터 1019년까지 약 26년 동안 세 차례의 대규모 공격과 수차례의 소규모 공격을 막아내기 위하여 병력을 동원하고 청야입보 전략 전술의 적용으로 생산 활동이 위축되고 농토가 황폐화되는 피해를 감당해야만 했다. 이러한 고려도 요에 사신을 파견하여 요의 진의를 탐색한 후에 양측은 구체적인 교섭 과정을 거쳐 1019년 12월에 평화적인 국교 관계를 수립하였다. 고려는 대요 관계가 개선됨에 따라 1020년 2월, 과거 1015년에 강동 6주의 반환을 요구하다 고려에 6년 동안 억류되었던 요의 사신을 요에 인도하였다. 요는 그 이후에도 보주(保州: 義州)를 중심한 압록강 연안을 장악하고 있었으나, 1117년 내원성(來遠城)과 보주성(保州城)을 담당한 요의 자사(刺史)가 두 성을 고려에 바치고 귀순함으로써 이 문제도 해결되어, 전후(戰後) 약 100여 년간 고려와 요는 평화적인 관계를 유지할 수 있었다. 전쟁의 쓰라린 결과가 가져다 준 절실한 평화였다.

고려와 요 사이에 치러진 30여 년간의 전쟁으로 고려는 상대적으로 강한 요의 침공을 막아냈다는 면에서 대외적 위상을 고양시켜, 숭문(崇文)에 입각한 대내외 정책을 통하여 평화를 구축하는 정책을 택함으로써 국력을 신장시켰으나, 내부적으로 문무(文武)간의 대립을 격화시켰고, 요 역시 내부적인 모순이 표출되어 국력이 약화됨으로써 국가로서의 존립을 상실하여 대외적인 변혁을 초래한 결과를 빚어냈다. 고려는 대외적인 평화의 구축으로 내부적으로 숭문정책(崇文政策)을 시행하여 문화적인 번영을 누릴 수 있었으나, 숭문경무(崇文輕武)의 풍조는 무신(武臣)의 정변을 자초하여 80여 년간(1170-1258)의 무인 독재 정치시대를 맞이하게 되었다. 고려와 요의 전쟁 기간중에 고려에 조공을 바치기도 하고 요 침공군의 길잡이 역할을 수행했던 여진은 고려와 요와의 평화적인 공존 상태를 그들 세력을 확장하여 국가의 기반을 다듬는 계기로 활용하였다. 이러한 결과 송과 더불어 요는 새로 부상한 여진족의 금(金)나라에게 동북 아시아의 패권국 자리를 넘겨주고 말았으며, 고려 역시 명목상이긴 하였으나 금국(金國)과 "군신 관계(君臣關係)의 예(禮)"를 갖추어 평화를 유지할 수밖에 없었다. 이와 같이 고려와 요가 치른 전쟁은 고려의 내부 변혁과 요의 대외적 위상 변화를 초래하고, 양국의 외부 관계를 새롭게 설정되게 한 배경적인 요인이 되기도 했다.

3. 고려와 몽고의 전쟁

1) 시대 · 상황적 배경

세 차례에 걸친 요의 침공을 물리친 고려는 전후 약 100여 년간 대외 관계에서 평화를 누릴 수 있었다. 현종 이후의 덕종(德宗, 1032-5 재위), 정종(靖宗, 1035-46 재위), 문종(文宗, 1046-83 재위)에 이르기까지 고려는 정치, 경제, 문화적인 안정과 번영을 이룩하였다. 특히 문종은 성능이 우수한 무기를 제작하여 보급하고 군량과 장비를 비축하면서 예비군의 성격을 띤 기광군(奇光軍)을 편제화하여 외침에 대비하기도 했다. 그리고 동북, 서북방의 여진족을 귀화시켜 북방의 국경을 안정시켰다. 이러한 조치들로 고려는 압록강과 두만강에 이르는 영향권을 확보할 수가 있었다.

거란이 세운 요가 약화됨으로써 조성된 이러한 평화 기간을 이용하여 동북 만주 일대에 거주하고 있던 동여진(東女眞)이 세력을 확장하여 고려 북방의 여진까지 장악함으로써 고려에 대한 위협 요인이 되었다. 사태가 이렇게 전개되자 고려 조정은 윤관(尹瓘)을 파견하여 동북부 여진을 정벌하도록 하였다. 최초 작전에서는 성공을 거두지 못했으나 고려는 기병을 강화하고 병력을 증강한 다음 다시 결전을 감행하여 여진을 두만강까지 추격하고 동북부에는 9개의 성(城)을 구축하였다. 여진은 이들 성을 공격하였으나 성공하지 못했다. 이에 여진은 화해를 청하여 고려를 잘 섬긴다는 조건으로 이들 9개 성을 다시 돌려받았다. 그리고 윤관이 이주시킨 고려인과 무기, 장비, 그리고 식량 등을 다시 고려 영토 내로 이송시켰다. 문약(文弱)한 고려는 여진에게 9개 성을 다시 돌려줌으로써 동북부 국경지역의 평화를 확보하려 했다. 그러나 이 곳을 다시 회복한 여진은 이 거점을 중심으로 세력을 확장하기 시작했다.

여진족은 아구다(阿骨打)를 중심으로 요 나라에 대항하여 독립 전쟁을 수행하여 요의 대군을 격파하고 1114년 금(金) 나라를 건국했다. 금의 태조가 된 아구다는 1125년 요를 멸망시키고 이듬해에는 중국의 북송(北宋)까지 타도하여 북경지역에 도읍을 정하고 남송(南宋)과 접경하여 대륙의 패권국이 되었다. 강대해진 금 나라는 고려에 대해서 위압적인 외교를 통해서 군신(君臣) 관계에 의한 사대의 예로 섬기겠다는 조약을 맺게 하였다. 어떠한 평화든지 평화의 유지만을 중시했던 고려는 금(金) 나라가 제시하는 굴욕적인 관계의 수립도 마다하지 않았다. 이러한 금과의 불평등한 관계는 금이 새롭게 패자로 등장한 몽고에게 1234년에 멸망될 때까지 지속되었다.[56)]

중앙 아시아 초원 지대에서 유목 생활을 영유해 오던 몽고족은 문명과 문화의 보존이나 축적 없이 생존을 위한 종족간 투쟁 속에서 살아 온 민족이었으나, 1206년 부족 회의에서 칭기즈 칸(成吉思汗)으로 추대된 테무진(鐵木眞)을 중심으로 강력한 부족 연합 국가를 형성하였다. 기상 이변으로 목초지와 물이 고갈된 근거지를 뒤에 두고 이들 몽고족들은 물과 풀이 있는 비옥한 땅을 찾아서 동물적인 영토 정복과 확장에 나섰다. 1209년 서하(西夏)를 정복하고, 1211년부터 1223년까지 금(金)을 공격하고, 1218년에는 페르시아 및 러시아까지 진격하였다. 몽고는 1219년 금과의 전쟁 와중에서 소란을 피우던 거란의 유민(遺民)을 추격하여 동진하던중 고려와 접하게 되었고, 고려의 도움을 강청하여 고려 영토 내의 거란족을 소탕하였다. 그리고 고려와 형제지국(兄弟之國)의 관계를 맺고 일단 철수했다. 서방지역에 대한 정복이 어느 정도 완결되자 몽고는 고려에 대한 정복을 현실화할 채비를 갖추게 되었다.[57)]

고려와 몽고가 맺은 형제지국의 관계는 몽고가 형이고 고려가 아우라는 불평등 관계였다. 고려에 부과되는 과도한 부역의 요구와 몽고 사신들의 정복자와 같은 행동은

56) *東國兵鑑*, pp. 202-233; *韓民族戰爭通史, II, 高麗時代篇*, pp. 160-192.
57) *東國兵鑑*, p. 278.

고려가 감당하기 힘든 수준이었으나, 물리적 폭력에 의해서 설정된 국가간 관계의 변경은 물리적 폭력에 의해서만 가능하기 때문에 폭력면에서 몽고를 능가할 수 없는 고려로서는 감당하기 힘든 것도 감당할 수밖에 다른 도리가 없었다. 몽고의 사신들은 수시로 고려에 들어와 세금을 징수해 갔고 필요한 물건들을 수탈해 갔다. 그런데 고종(高宗, 1214-1260 재위) 11년인 1224년 11월 의주(義州)에 들어와서 세금을 거두어 가던 몽고 사신과 수행원 10여 명이 압록강을 건너 본국으로 귀환하던중 도둑들에게 피살된 사건이 발생했다. 고려의 해명에도 불구하고 고려와 몽고와의 관계는 악화되었고, 칭기즈 칸의 뒤를 이은 몽고의 태종(太宗)은 금(金)국에 대한 공격을 계속하면서 고려를 공격하도록 했다. 몽고의 태종은 살리타(撒禮塔)로 하여금 1230년 요동 남부의 금군(金軍)을 소탕하고, 1231년 고려를 침공하도록 하였다. 30여 년에 걸쳐서 진행될 고려와 몽고의 전쟁이 시작된 셈이다.

2) 제1차 고려와 몽고의 전쟁

(1) 몽고의 침공 계획과 군사력

몽고군은 신속한 기동력을 바탕으로 청천강 이남지역의 고려 영토를 점령하여 고려의 항복을 요구하고, 고려가 이를 거부할 경우에 신속히 남진을 계속하여 개경을 점령한 후에 일방적인 강화 조건하에 고려의 항복을 받아낸다는 계획을 세웠다. 살리타는 이러한 기본 구상에 따라 기동성 있는 병력을 조기에 집중 투입하면서 고도의 심리전을 감행하여 고려군의 조기 항복을 유도하려는 작전을 수행하려 했다. 살리타는 필요시에는 고려의 변방 성을 점령하지만 성의 점령에 모든 전력을 투입하려는 계획을 가지고 있지는 않았다. 기병 위주의 병력 편성과 전술을 구사해 온 몽고군으로서는 공성(攻城)과 산악(山岳) 및 수전(水戰)에 취약한 상태에 있었기 때문에 몽고군이 보유한 신속한 기동성을 최대한 활용하여 고려 침공 작전을 조기에 마무리하려 했다. 특히 다른 지역에서의 침공 작전과 마찬가지로 몽고군은 항복한 고려의 장수는 향도로서 활용하고 대항하는 고려군과 장수들은 무자비하게 살육함으로써 고려군과 고려인들의 저항 의지를 사전에 박탈하려 했다. 이와 같이 몽고군은 신속한 기동으로 고려군이 조직적으로 저항하지 못하도록 하여 고려의 항복을 받아내려는 개념하에 침공 작전을 수행하려 했다.

몽고군은 신속한 공격을 통한 침공 작전을 수행하는 데 필요한 조직과 편제, 보급 능력을 갖추고 있었다. 몽고군의 조직은 유목 생활을 하는 집단을 기초로 하여 편성되어 있었다. 칭기즈 칸은 복잡한 종래의 부족 집단을 단순하게 재편성하여 10호, 100호, 1,000호, 1만 호씩 한 단위로 묶어 이를 군사 집단으로 편성하였다. 그리고 이들 각 집단에는 10호장(Paitzutou: 牌子頭), 100호장(Paihu: 百戶), 1,000호장(Mingan: 猛安), 1만호장(Touman: 萬戶長) 등을 두어 평시 행정과 전시 군사 업무를 관장하도록 했다. 따라서 몽고족은 평시에 유목, 수렵 등의 생활을 영위하다가 전시에는 평시의 행정 조직을 즉시 군사 조직으로 바꾸어 전투에 임할 수 있는 융통성 있는 조직 체계를 갖추고 있었다. 이와 같이 몽고는 평시의 행정과 전시의 군사 동원을 별도로 분리할 필요가 없는 조직을 유지하고 제대별 편성도 10진법에 의해서 단순화시켜 놓음으로써 신속한 동원과 작전 수행을 동시에 보장할 수 있는 조직과 지휘 체계를 보유하였다.58)

통일된 몽고는 약 95개의 천호(千戶) 집단을 확보하고 있었다. 이 병력은 약 9만 5,000여 명으로 이들은 다시 좌익(左翼), 중익(中翼), 우익(右翼)의 3개 군으로 편성되어 작전을 수행하였다. 그리고 작전의 규모와 작전지역의 조건에 따라서 3개 군을 전부 투입하거나, 1개 혹은 2개 군, 또는 1개 군 이하의 소규모 병력도 투입하였다. 다시 말하여 10명이 기병 중대가 되고, 10개의 기병 중대가 1개의 기병대대가 되며, 10개의 기병대대가 모여 1개의 기병 연대, 그리고 10개의 기병 연대가 모여 1만 명으로 구성된 기병 사단이 되었으며, 3개의 기병 사단이 1개의 기병군을 이루어 하나의 방면을 맡는 익군(翼軍)이 되었다. 이와 같이 단순화된 편제와 지휘 체계는 편성에 얽매이지 않은 전술을 구사할 수 있게 할 뿐만 아니라, 명확한 지휘 계통과 책임을 확립시켜 일사분란한 지휘 통솔을 보장해 줌으로써 신속한 작전 수행을 가능하게 해 주었다.

단순화된 지휘 체계와 더불어 몽고군의 신속한 진격과 작전 수행을 가능하게 해 준 또 하나의 요인은 몽고군이 지닌 부담 없는 보급 체제라고 볼 수 있다. 유목 민족의 특성상 몽고군의 보급 소요는 대부분 말이 충족시켜 주었다. 말의 피와 젖, 가죽, 말린 고기 등은 식량과 의복을 해결해 주었고, 말의 뼈는 화살촉, 건조한 말똥은 연료 등으로 사용되었다. 따라서 몽고군은 현지에서 약간의 곡물 정도만 조달하면 거의 모든 보급 문제를 자체적으로 해결할 수 있었다. 더구나 몽고군의 보급을 거의 해결해 주는 말은 스스로 움직인다는 점이다. 무거운 보급품을 운반하기 위해서 별도로 편성된 보급 부대가 필요하지 않았다. 과거 각개 병사들이 모든 식량과 병기를 짊어지고 원거리 행군 후에 작전을 수행해야 했던 수(隋)와 당(唐)나라 군과는 다른 점이었다. 물론 기병 중심으로 편성된 몽고군은 공성(攻城) 작전과 수전(水戰)에 취약한 단점을 극복해야 했으나, 신속한 기동과 후방 깊숙한 진격, 그리고 증원 부대 차단 등의 효율적인 작전을 수행할 수 있었다.

몽고군은 전술의 암흑기라고 불렸던 중세에서 신속한 기동성에 바탕을 둔 전술을 구사하였다. 유럽의 기병들이 중무장을 계속함으로써 기병의 장점인 기동성을 상실하여 각개 결투 형식의 전투를 치르고 있을 때 몽고 기병은 경무장을 통한 기동성을 유지하여 기병을 집단적으로 운용함으로써 상대의 전열을 흐트러뜨려 조직적인 저항을 못하도록 하는 기병 전술을 구사하였다. 몽고 기병의 전투 대형은 통상 5열로 구성되어 있었다. 전방 2열은 전투 경험은 적으나 젊은 병사들로 구성되어 있었고, 후방 3열

58) 中華民國 三軍大學, *中國歷代戰爭史, 第13冊*(1956); *韓民族戰爭通史, II, 高麗時代篇*, pp. 202-5.

은 경무장한 노련한 병사들로 구성되어 있었다. 일단 접전이 되면, 후방 3열의 병사들이 앞으로 전진하여 수차례에 걸쳐 활과 창 등으로 상대의 전열을 교란시킨 다음, 신호에 따라 전방 기병과 합세하여 상대를 섬멸하는 작전을 수행했다. 그리고 몽고군은 행상이나 잡상인으로 가장한 첩자를 상대국에 파견하여 작전 수행에 필요한 온갖 정보를 수집하고, 몽고군에게 대항할 경우에는 무참히 살육된다는 사례 등을 전파하여 작전 수행 전에 상대의 전의(戰意)를 꺾어 버리려는 고도의 심리전도 수행하였다. 그리고 몽고군은 이를 실증적으로 보여 주기 위해서 무자비한 약탈과 살육을 서슴지 않았다. 이와 같이 몽고군은 기병에 맞는 전술과 고도한 심리전까지 구사하여 작전을 신속하게 종결하려는 전략을 구체화했다.[59]

기동성을 갖춘 몽고군도 공성(攻城) 작전과 산악(山岳) 전투, 그리고 수전(水戰)에 취약한 면이 있었다. 따라서 몽고군은 산악과 하천 등을 이용한 거점(據點)을 구축하여 방어에 임하고 있는 고려에 대한 침공 작전을 신속히 마무리할 필요성을 인식하고 있었다. 몽고군은 청천강 이북지역을 조기에 점령한 후 고려의 항복을 요구하고, 이를 거부할 경우에 개경을 신속히 점령하여 고려의 항복을 받아낸다는 개념하에 작전을 수행하려 했다. 이러한 몽고군의 약점을 파악한 고려는 거점을 중심으로 몽고군의 진격을 저지하고, 나중에는 국도를 강화도(江華島)로 옮겨 몽고군에 대항하려 했다. 몽고군은 이러한 능력과 한계를 가지고 고려 침공 작전에 임했다.

칭기즈 칸의 뒤를 이은(1229) 몽고의 태종 오고타이는 과거 거란 유족 평정시에 부원수로 참전한 경험이 있던 살리타(撒禮塔)를 지휘관으로 임명하여 3만의 병력으로 고려를 침공하도록 했다. 고려 원정군은 제1군에서 8군으로 편성되어 각 군에 3-4개의 1,000호 집단이 배속되었다. 이들 각 군은 필요시에 적절한 임무를 수행할 수 있도록 3,000-4,000명으로 편성되었고 별도의 단일 지휘관이 지휘하였으며 살리타는 상황에 따라 이들 지휘관들에게 특정한 임무를 부여하여 고려 침공 목적을 달성하려 했다. 이와 같이 몽고군은 규모와 지휘 체계면에서 분권화된 상태에서 통합적으로 통제가 가능하도록 편성되어 있었다. 고려 원정군은 요양(遼陽)에서 화량성(花涼城), 개주(開州)를 거쳐 고려 침공길에 올랐다.

(2) 고려의 방어 계획과 군사력

고려는, 1125년 요를 멸망시키고 중국 송(宋)과 숙질맹약(叔姪盟約)의 불평등 조약을 맺을 정도로 강해진 여진(女眞)의 금(金)나라와 군신(君臣)의 관계를 맺음으로써 굴욕적인 평화를 유지할 수 있었다. 고려와 금과의 이러한 불평등 관계는 12세기 이후에서부터 1234년 금이 몽고에게 망할 때까지 지속되었다. 100여 년간 지속된 금과의 평화는 북방 지역의 방위에 대한 고려의 방비와 군비의 보유를 소홀하게 만들었고, 문인

---

59) *前揭書*, 陸軍士官學校 戰史學科, *韓國戰爭史*, pp. 32-4.

(文人) 중심의 통치 체제를 일방적으로 공고하게 한 요인이 되었다. 무인(武人)은 천대를 받았으며 무비(武備)는 소홀하게 취급되어 고려의 국방 체제와 능력은 명목만이 있었고 실체는 없었다. 고구려의 고토를 회복하려는 웅대한 포부와 의지를 담아 국호를 고려라고 명명했던 건국 초기의 정책은 그 빛깔이 바래 있었다.

고려 중기 이후에는 2군(軍) 6위(衛)나 광군(光軍), 별무반(別武班) 등의 군사 조직과 체제가 명목상 존재했으나, 국내외적으로 발생할 수 있는 비상 사태나 침공에 대비할 병력은 없었다. 문관(文官)과 무관(武官)들의 모임에서도 시(詩)나 시조(時調)를 읊지 못하면 망신을 당하기 일쑤였으며, 특히 무관들은 여러 사람 앞에서 조롱의 대상이 된 적이 한두 번이 아니었다. 대외적으로 굴욕적인 평화를 정착시킨 후에 수립된 숭문천무(崇文賤武) 체제하에서 온갖 멸시와 천대를 받아오던 무인(武人)들이 1170년(毅宗 24년) 정중부(鄭仲夫), 이의방(李義方)을 중심으로 정변을 일으켜 왕을 폐위하고 정권을 장악하였다. 이후 30여 년간 무신 상호간의 권력 쟁탈전으로 혼미한 정국이 전개되다가, 1196년 최충헌(崔忠獻)이 정권을 장악하여 4대 60여 년간(1196-1258)에 걸친 최씨 일가의 전제 정치가 지속되었다. 이러한 정변이 계속되는 동안 고려는 국가의 방위보다는 정권의 호위를 위한 사병(私兵) 집단만을 유지하는 국가 아닌 국가의 모습을 보여 주고 있었다. 그리하여 고려는 대외의 침공에 대비할 수단을 확고하게 보유하지 못한 채, 북방에 위치한 성(城)의 방어력이 고려가 보유한 군사력의 요체(要諦)일 정도였다.

문인들의 사대(事大)에 의한 평화 유지 정책이나 무인들의 호신(護身) 위주의 정권 유지 정책은 고려의 국방력을 약화시키기에 충분한 원인이 되었다. 지도층들의 이러한 정책들은 일반 국민들의 상무 정신을 약화시켜 국가의 보위를 위한 헌신(獻身)보다는 개인의 안전을 도모하는 호신(護身)을 도모하려는 풍조를 보편화시켰다. 1179년 정중부를 살해하고 잠시 정권을 잡은 경대승(慶大升)이 설립한 도방(都房)은 기존의 군사 조직인 2군 6위의 정예군을 선발하여 편성한 개인 신변 경호 조직으로서 관군의 전력을 약화시킨 조치였다. 경대승의 사망(1183)으로 도방은 폐지되었으나 1196년 정권을 잡은 최충헌은 무예가 출중한 무관, 무졸들을 선발하여 6번도방(六番都房)을 설치함으로써 도방을 더욱 확대시켜 사병(私兵)화하였다. 1219년 최충헌의 뒤를 이어 정권을 장악한 최우(崔瑀)는 6번도방을 강화하고 내도방(內都房)을 신설하여 경호력을 증강시키고, 관군 중에서 정예병을 선발하여 경찰 병력인 야별초(夜別抄)를 신설하고 좌별초(左別抄), 우별초(右別抄)로 이를 보강했다. 이와 같이 문인들의 무비(武備) 경시에 의한 국방력의 불비(不備)와 무인들에 의한 관군(官軍)의 사병화(私兵化)로 인한 국방력의 부실(不實) 초래는 고려의 대외 방어력을 크게 약화시킨 두 가지 주요한 원인이 되었다.[60]

국방력이 불비하고 부실한 상황에서 몽고군의 침공을 받게 된 고려는 일단 북방의 성을 중심으로 방어하고, 기동력이 떨어진 상태에서 산악과 하천을 이용한 축차적인

---

60) 陸軍本部 軍史研究室, *高麗軍制史*(1983); 李基白, *高麗兵制史研究*(一潮閣, 1968); *韓民族戰爭通史, II, 高麗時代篇*, pp. 201-2.

방어선을 구축하여 몽고군의 남진을 저지하려 했다. 1231년 9월 2일에야 8월 10일에 몽고군이 침공했다는 사실을 보고받은 고종(高宗, 1214-1260년 재위)은 재추회의(宰樞會議: 문인의 宰臣과 무인의 樞臣으로 구성된 연석회의)를 소집하여 몽고군의 격퇴 대책을 논의했다. 이 회의에서 고려는 청천강을 제1방어선, 서경(西京)지역을 제2방어선, 황주지역을 제3방어선으로 설정하여 몽고군의 남진을 저지하고 중부 이남의 각 도에서 병력을 동원하여 결정적인 시기에 반격을 가하여 몽고군을 격퇴시킨다는 방어 대책을 수립했다. 이에 따라 고종은 대장군(大將軍) 채송년(蔡松年)을 북계병마사(北界兵馬使)로 임명하여 경군(京軍)과 수도 부근에서 급히 동원하여 편성한 3군(좌군, 중군, 우군)을 지휘하여 몽고군의 남진을 우선 저지하도록 했다. 북계병마사는 경군과 급조된 3군을 이끌고 9월 9일 개경을 떠나 북쪽으로 향했다.[61]

(3) 제1차 고려와 몽고의 전쟁 경과

고려 침공군을 이끌고 1231년 8월 초에 요양(遼陽)을 출발한 살리타(撒禮塔)는 8월 9일 함신진(咸新鎭: 의주) 북쪽 압록강 대안에 도착했다. 함신진은 고려 초기에는 거란이 성을 쌓고 보주(保州)라 부르던 곳이었으나, 1117년 여진의 금(金)이 거란을 압박하자 거란의 자사(刺史) 상효손(常孝孫)이 이 곳을 고려에 바치고 귀순함으로써 고려의 영토가 되어 함신진으로 개명되었다. 고려는 이 곳에 방어사(防禦使)를 두고 관방(關防)을 설치하여 군사적 요충지로 삼았다. 몽고군이 함신진의 북방 압록강변에 도착했을 때, 방수장군(防戍將軍) 조숙창(趙叔昌)이 3,000여 명의 병력을 거느리고 이 곳을 지키고 있었다. 몽고군과 고려군은 상호 전력을 탐색하였다. 몽고군은 함신진의 수비 병력이 그렇게 많지 않음을 간파하고, 함신진과 주위의 연락을 차단하고 공격 준비를 가다듬었다. 고려군은 몽고군이 자신들의 병력보다 10배 정도 많은 것을 인지하고, 최초에 수성(守城)에 전념하다가 후방의 증원군이 도착하면 반격을 감행하여 몽고군을 격퇴한다는 계획을 세우고, 몽고군의 침공 사실과 침공군의 규모를 당시 귀주(龜州)에 위치한 서북면(西北面) 병마사(兵馬使)인 박서(朴犀) 장군에게 보고했다. 몽고군은 고려군에게 항복을 권유하는 통첩을 보냈으나, 고려군은 이를 거부하고 함신진의 사수 의사를 밝혔다. 이로써 양측은 군사적인 대결만을 기다리고 있었다.[62]

몽고군의 살리타는 주도면밀한 예비 조치를 취하고 난 후에 함신진을 공격하였다. 그는 먼저 1, 2, 3, 4군으로 하여금 함신진과 창주, 용주, 선주, 귀주와 연결되는 통로를 차단하도록 하고, 5군은 함신진 주변에서 무력 시위를 하여 몽고군의 군세를 과시하도록 하고 7, 8군의 병력 7,000여 명으로 함신진을 포위했다. 그리고 함신진에 항복하라는 통첩을 보냈다. 고려군이 이를 거부하자 몽고군은 8월 10일 해뜰 무렵에 함신진을

---

61) *韓民族戰爭通史, II, 高麗時代篇*, pp. 223-5.

62) *高麗史, 卷23*, 高宗 世家 18年; 國防部戰史編纂委員會, *對蒙抗爭史*(1988), pp. 42-6; *韓民族戰爭通史, II, 高麗時代篇*, pp. 207-10.

함신진 탈취 후 몽고군의 기동 계획

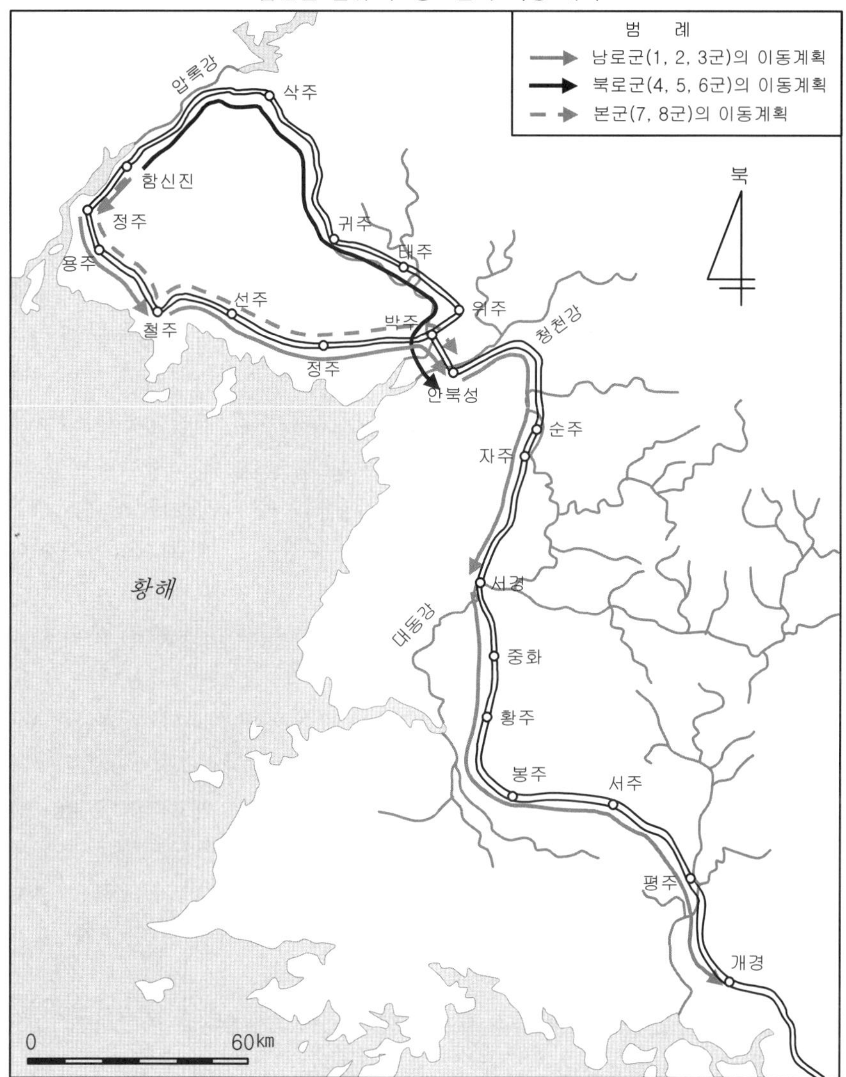

공격했다. 해가 질 무렵까지 고려군은 몽고군의 공격을 잘 막아냈고, 100여 명의 몽고군을 사살하기까지 했다. 그러나 날이 어두워지면서 궁노(弓弩)와 시석(矢石)이 바닥나고 주위의 성에서 구원병도 도래하지 않자, 고려 군민들의 사기가 떨어져 성을 이탈하여 몽고 진영에 투항하는 자가 많이 발생했다. 고려군은 성을 지켜 내기가 어려운 지경에 처하게 되었다. 이를 간파한 몽고군은 11일 사신을 보내 재차 항복을 요구했다. 이에 조숙창은 후일을 기약하고 몽고군에게 성문을 열고 항복하고 말았다.[63] 고려 침

63) *高麗史, 卷130, 列傳, 趙叔昌*; *對蒙抗爭史*, p. 45.

공의 관문격인 함신진을 점령한 몽고군은 전열을 정비하고 차후 작전 계획을 구체적으로 수립하였다.

몽고의 살리타는 몽고군을 남로군, 북로군, 본군의 3개 제대로 재편하고, 각 군별로 임무를 부여하였다. 1, 2, 3군으로 구성된 남로군은 주력군으로서 용주, 철주, 정주에 이르는 남로를 따라 남진하여 신속히 청천강을 도하하여 안북부(安北府)로 진출한 다음, 북로에서 퇴각할 것으로 예상되는 고려군의 퇴로를 차단하여 이를 포위 섬멸하고, 계속 진격하여 고려의 국도 개경을 압박, 점령하도록 했다. 4, 5, 6군으로 구성된 북로군은 삭주, 귀주, 태주로 연하는 북로를 이용하여 청천강을 도하한 후에 안북부에 집결하여 청천강 남북 연안지역을 장악하여 고려군의 반격에 대비하고 몽고군의 병참선을 보호하도록 했다. 몽고의 본군인 7, 8군은 살리타의 직접 지휘하에 남로군의 진출로를 따라 남진하여 안북부(安北府)에 본영을 설치하고, 고려 침공 작전을 지휘하여 고려의 항복을 접수하려고 했다. 이러한 계획에 따라 몽고군은 기동을 시작했다.[64]

몽고군은 1231년 8월 11일 함신진을 탈취한 후에 기동을 개시했다. 남로군은 8월 14일 함신진 남쪽 10km 지점에 위치한 정주(靜州)에 도착하여 정주성을 공격했으나 이를 함락시키지 못하자 소수의 정찰 병력만을 남겨 두고 남진을 계속하여 용주를 거쳐 철주에 도달했다. 이 때 철주를 지키고 있던 철주(鐵州) 방어사(防禦使) 이원정(李元禎)과 병마판관(兵馬判官) 이희적(李希積)은 몽고군이 기병으로 편성되었다는 점을 착안하여 평지에 위치한 철주 읍성보다 험준한 산성이 방어에 유리하다는 판단을 하고, 몽고군이 도착하기 전에 철주 군민(君民)들을 철주산성과 영삭성(寧朔城)으로 이동시켰다. 철주산성과 이와 인접해 있는 영삭성은 석성(石城)으로서 견고하며, 16km 정도 이격되어 있어 상호 지원 가능한 거리에 위치하고 있었다. 철주에 당도한 몽고군은 고려 군민이 이미 읍성을 떠나 산성으로 이주한 사실을 알았다. 따라서 몽고군은 철주 읍성에 무혈 입성한 뒤에 철주산성과 영삭성을 포위하고 두 성의 연결 통로상 요지를 점령, 차단한 다음에 이들 성에 대한 공격준비에 들어갔다.

몽고 1, 2군은 철주산성을 포위하고 수십 개의 소규모 기병대를 동원하여 철주성 주변의 도로망을 봉쇄하였다. 제3군은 두 개 제대로 나누어 1 제대는 철주산성과 영삭성의 중간 지점을 차단하고, 나머지 1 제대는 영삭성을 포위하도록 했다. 그리고 몽고군은 항복한 고려의 관료나 포로로 붙잡은 고려인들을 전방에 내세워 인간 방패로 활용하거나 항복을 종용하는 역할을 수행하도록 했다. 몽고군은 고려군이 몽고군의 실체를 알아보지 못하여 항복을 하지 않는다고 판단하고 포로로 잡은 관료를 통해서 몽고군이 실제로 침공해 왔다는 사실을 알리고 항복을 권유하였다. 포로가 된 낭장(郎將) 문대(文大)는 "몽고군이 왔으니 항복하라"고 외치라는 몽고군의 강요를 뿌리치고 "가짜 몽고군이니 절대 항복하지 말라"고 외치다가 참수를 당하기도 했다. 이와는 대조적으로 함신진에서 항복한 조숙창(趙叔昌)은 철주산성의 군민들에게 피해를 당하지 말고

64) *對蒙抗爭史*, pp. 45-6.

항복하라고 권했다. 그러나 철주성 군민들은 항복을 거부했다. 몽고군은 항복 권유가 결실을 거두지 못하자 총공격을 개시했다.[65]

몽고군은 8월 15일부터 29일에 이르기까지 매일 2-3차례씩 공격을 실시했다. 당차(撞車), 운제(雲梯), 석포(石砲) 등 온갖 공성 장비를 동원하고, 기병들로 하여금 성 주위를 돌면서 궁시(弓矢) 사격을 실시하게 하고, 성첩(城堞)을 파괴하기 위한 공격도 실시했다. 고려군민은 반 달 동안 계속되는 몽고군의 공격을 막아냈다 그러나 전투가 장기화됨에 따라 수성(守城)에 필요한 궁시(弓矢)와 포석(砲石)도 바닥이 나고 말았다. 고려군의 저항이 크게 약화되었다는 사실을 간파한 몽고군은 8월 29일 저녁 가용 병력을 전부 동원하여 총공세를 실시했다. 고려군민은 사력을 다하여 몽고군과 싸웠으나 성의 동문 돌파를 막을 길이 없었다. 동문이 돌파되어 몽고의 기병이 성내로 들이닥쳤다. 방어사 이원정(李元禎)과 판관 이희적(李希積)은 그들 가족 중 부녀자와 아이들을 창고에 불러 모은 다음 불을 지르고 장정들과 함께 끝까지 싸우다가 장렬하게 전사하였다. 지휘관을 잃어버린 철주성(鐵州城)의 고려 군민들은 항복하고 인근의 영삭성(寧朔城)도 함락되고 말았다.[66] 철주성을 탈취한 몽고군은 포로로 붙잡은 고려 병사들을 향도로 삼고 약탈과 살육을 한껏 자행하였다.[67] 개경(開京)으로의 남진을 우선적인 목표로 삼고 있던 남로군은 철주(鐵州)를 점령한 후 용주(龍州), 선주(宣州), 곽주(郭州), 정주(定州) 등지에는 소수의 정찰 병력만을 남겨둔 채 이들 지역을 우회하여 남진을 계속하였다.

① 귀주성 전투

몽고의 남로군이 서경(西京)으로 남진하고 있을 때 북로군은 삭주(朔州)의 선덕진(宣德鎭)을 무혈 점령하고 9월 2일 북로의 요충지인 귀주(龜州)에 도착했다. 귀주는 본래 만년군(萬年郡)이라고 불렸으나 994년 서희(徐熙)가 여진족을 몰아내고 성을 쌓아 귀주라고 이름지은 곳으로 1019년 거란의 소배압(蕭排押)군 10만여 명이 이 곳에서 강감찬(姜邯贊)군의 반격을 받아 거의 궤멸되기도 한 지역으로서 북로상에 위치한 군사 요충지였다. 고려도 귀주의 이러한 전략적 중요성을 인식하고 몽고와의 관계가 악화됨에 따라 안북부(安北府)에 위치한 병마사(兵馬使) 본영(本營)을 이곳으로 옮겨 북로를 방어하도록 했다. 귀주는 높이가 2m가 넘고 총 길이가 4km 이상인 석성(石城)으로 둘러 쌓여 있고, 성 인에는 50개 소의 우물과 샘이 있고 군량미도 충분히 비축되어 있었다.[68] 북로상에 위치한 지리적인 요충으로서 석성(石城)으로 잘 보호되어 있고 군량도 풍부한 귀주성에 대한 몽고군의 탈취 의욕과 이를 지켜 내야 된다는 고려군의 의지는 공성(攻城)과 수성(守城) 작전을 더욱 치열하게 한 요인이 되었다.

---

65) *高麗史, 卷121, 列傳, 文大; 對蒙抗爭史*, pp. 47-51.
66) *前揭書.*
67) *前揭書; 高麗史, 卷130, 列傳, 趙叔昌.*
68) *新增東國輿地勝覽, 卷53,* 龜州都護府; *對蒙抗爭史*, pp. 51-2.

몽고군 1만여 명은 귀주성을 포위하고 귀주성에 사자를 보내 항복을 권유했다. 당시 귀주성에는 병마사(兵馬使) 박서(朴犀) 휘하에 정주(靜州) 분도장군(分道將軍) 김경손(金慶孫), 삭주(朔州) 분도장군(分道將軍) 김중온(金仲溫), 정주 및 위주부사와 삭주, 태주, 귀주의 수령(守令) 등을 포함하여 5,000여 병력이 성을 지키고 있었다. 고려군은 몽고 진영의 항복 권유를 정식으로 거절하고 귀주성을 지키기로 작정했다.[69]

고려군이 항복을 거부하자 몽고군은 9월 3일 새벽에 귀주성에 대한 공격을 개시했다. 새벽 안개가 짙게 깔려 지척을 분간하기 힘든 가운데 몽고군은 나팔과 북을 울리며 약 6,000여 명의 병력으로 성을 기어오르게 하고 나머지 3,000여 병력은 말을 타고 성 주위를 돌면서 궁시(弓矢) 사격을 퍼부어 고려군이 성벽을 기어오르는 몽고군을 막지 못하도록 했다. 병마사 박서는 김중온의 삭주 부대를 성의 동면에, 김경손의 정주 부대를 성의 남면에 배치하여 방어하게 하고 자신은 북문의 수비를 직접 지휘하였다. 그리고 안북부(安北府)와 위주(渭州), 태주(泰州) 등지에서 집결한 별초군(別抄軍)을 삼면에 분산 배치하여 증원하도록 했다. 그러나 고려군은 공격하는 몽고군의 기세에 눌려 사기가 떨어져 접전을 회피하려는 기색이 완연했다. 어둠 속에서 들려오는 굉음과 나팔소리, 북소리, 그리고 끊임없이 날아오는 화살은 고려군의 전의를 꺾어 놓기에 충분한 요인이 되었다. 상황은 고려군에 불리하게 전개되어 갔다.

상황이 불리하게 전개되자 성의 남면 방어를 맡고 있던 정주(靜州) 분도장군(分道將軍) 김경손(金慶孫)은 몽고군을 기습함으로써 그 전열을 교란시키는 것만이 몽고군의 공격을 격퇴시킬 수 있는 방법이라고 판단하여 결사대의 공격을 구상하였다. 김경손은 부하들에게 "나라를 위하여 몸을 바칠 용기를 가진 자는 오른쪽으로 나서라"라고 외쳤다. 12명이 나섰다. 김경손이 지휘하는 12명의 결사대는 성의 서쪽 성벽을 넘어 용산(龍山: △233)을 지나 귀주성 서남쪽을 포위, 공격하고 있는 몽고군을 공격하여 몽고 지휘관 1명(牌子頭: 10명의 지휘관)을 살해하고 몽고군을 4, 5차례 공격했다. 기습 도중에 김경손은 팔에 화살을 맞는 부상을 입었으나 기습군을 독려하여 몽고군을 타격했다. 이때 몽고군 진영은 동요가 일어났으며 고려군은 이때를 놓치지 않고 일제히 성으로 나가 몽고군을 공격했다. 고려군의 기세를 당하지 못한 몽고군은 뿔뿔이 흩어져 그들의 원 주둔지인 귀주성 북방으로 철수하고 말았다.

불리하게 전개된 상황을 결사대의 기습으로 유리하게 바꾸어 최초의 접전에서 승리를 거둔 고려군의 사기와 전의는 다시 드높아졌다. 병마사 박서는 결사적인 기습으로 몽고군을 혼란시켜 이를 격퇴시킨 김경손과 12명의 결사대에게 큰절을 하며, 이들의 공로를 치하하였다. 그는 귀주성 방어작전의 전권을 김경손에게 위임하였다.[70]

최초 공격에 패한 몽고군은 9월 4일 다시 공격을 개시했다. 귀주성을 포위하고, 운제(雲梯), 당차(撞車) 등의 공성 장비를 동원하여 성의 동, 남, 북문을 공격하였다. 이에

---

69) *高麗史, 卷103, 列傳, 朴犀, 金慶孫. 對蒙抗爭史*, pp. 52-67; *韓民族戰爭通史, II, 高麗時代篇*, pp. 212-22.
70) *前揭書.*

고려군은 원거리 몽고 기병에 대해서는 발석차(發石車)로, 근거리 기병에 대해서는 화살로 공격을 하며 몽고군의 공격을 막아냈다. 이에 맞서 몽고군은 1 제대가 실패하면 2, 3제대를 파상적으로 투입하여 맹렬하게 공격해 왔다. 고려군은 몽고군의 파상 공격을 막으면서, 때때로 성 밖으로 나가 몽고군을 기습 공격하여 타격을 입히기도 했다. 이러한 과정에서 고려군 위주 부사가 포로로 잡히기도 했다. 파상 공격으로 인한 몽고군의 사상자는 늘어만 갔다. 몽고군은 정오경에 공격을 멈추고 일단 철수하여 전열을 정비하였다. 전열을 정비하는 동안 몽고군은 포로로 잡은 위주 부사를 귀주성에 보내 항복을 종용했다. 병마사 박서는 몽고군의 사신으로 온 위주 부사를 참수하여 몽고군 진영에 보냄으로써 항전의 의사를 전했다.

제1차 귀주성 전투(1231. 9. 3-10. 초)

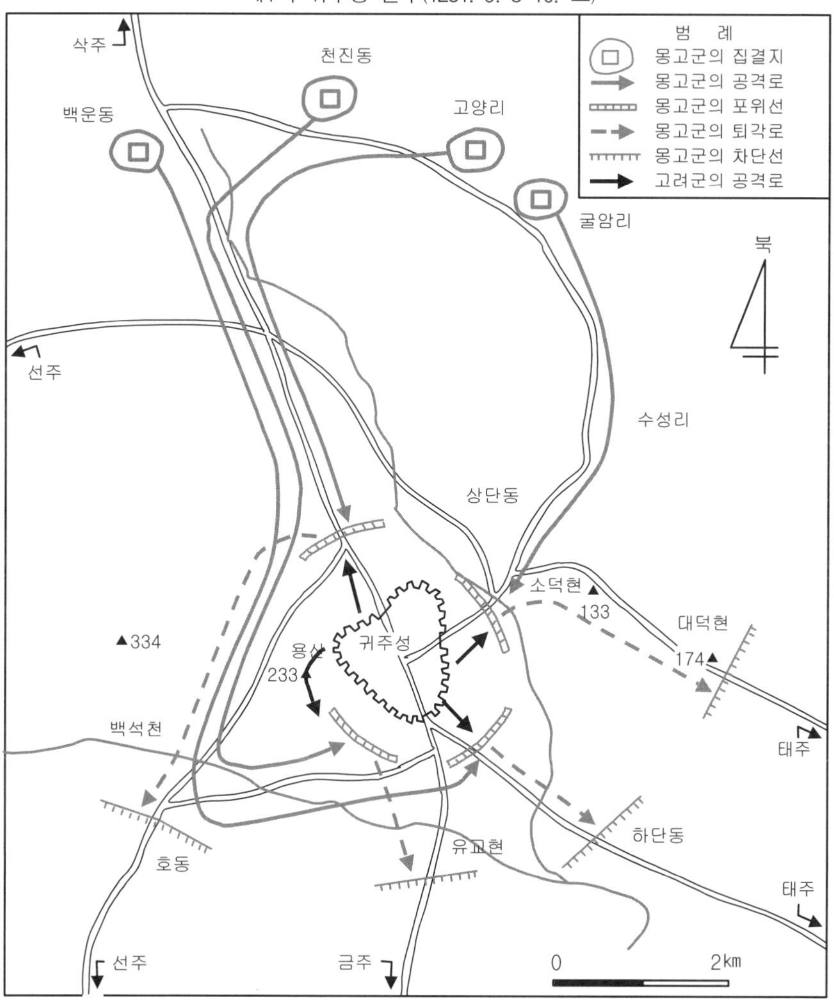

몽고군은 오후에 다시 치열한 공격을 개시했다. 몽고군은 풀섶과 나무를 실은 수레를 앞장세워 이를 엄폐물로 삼아 북문 쪽을 공격해 왔다. 박서는 포차(砲車)에 끓는 쇳물을 장전하여 이를 쏟아 부음으로써 수레를 태워 버렸다. 이에 몽고군은 누거(樓車)와 커다란 목상(木床)을 만들어 누거 위에 쇠가죽을 씌우고 성에 가까이 접근시켜 누거 위에서는 성 안으로 사격을 가하고 목상 아래서는 성 밑에 굴을 파기 시작했다. 이를 본 박서는 성벽에 구멍을 뚫어 이를 통해 끓는 쇳물을 부어 누거와 목상을 태워 버렸다. 그리고 썩은 볏짚에 불을 붙여 성벽 아래로 던져 굴을 파던 몽고 병사들을 불태워 버렸다. 몽고군은 공격 방향을 남문으로 돌려 공격해 왔다. 몽고군은 거대한 포차를 동원하여 남문을 공격했다. 남문 문루의 일각과 성벽의 일부분이 무너졌다. 그러나 고려군도 몽고군에 대해 포격을 가하여 몽고군을 격퇴시켰다. 9월 4일에도 몽고군의 공격은 실패하고 말았다.

9월 5일 몽고군은 다시 귀주성을 공격했다. 이번에는 화공이었다. 몽고군 500여 명은 사람을 죽여 짠 기름에 적신 장작에 불을 붙여 귀주성 안으로 집어 던졌다. 불길은 자꾸 번져 나갔다. 이에 고려군은 진흙을 개어 던져서 겨우 불길을 잡았다. 그리고 성문을 열고 출격하여 몽고군을 급습했다. 몽고군은 피해를 입고 철수했다. 이날 저녁 몽고군은 다시 풀섶을 실은 수레에 불을 붙여 성문에 충돌시킴으로써 이를 불태우려고 했다. 이에 고려군은 문루에 물을 저장해 놓았다가 끼얹어 불을 끄고, 화포와 시석으로 몽고군의 침공을 막으면서 이들을 기습하여 몽고군의 공격을 막아냈다. 몽고군의 공격은 집요했고 공격 방법도 다양했다.

몽고군은 9월 3일부터 10월 초순까지 약 한 달 동안 온갖 수단과 방법을 동원하여 귀주성을 공격했다. 초기 공격에서 동원했던 각종 공성 장비는 물론, 화공을 해보기도 했고, 성 밑을 파고 지하로 공격해 보기도 했고, 정면 공격도 해 보았고, 포차 등으로 성문과 성벽을 파괴해 보기도 했으나, 고려군의 임기응변적인 대처와 대응책을 극복할 수가 없었다. 이렇게 되자 몽고군은 귀주성의 포위를 풀고 귀주성과 남쪽으로 선주, 태주 등과 연결되는 통로를 차단하고, 남쪽에서 올라오는 고려군에 대한 경계 태세를 강화하면서 전열을 다시 가다듬었다. 귀주성의 고려 군민은 몽고군 1개 군을 붙잡고 있었다.

몽고군은 후속하고 있던 본군의 남진에 위협이 되는 귀주성을 방치할 수가 없었다. 몽고군은 10월 21일 포로로 잡은 고려 군민들을 앞세우고 귀주성을 다시 공격했다. 몽고군은 이번에 서문 쪽을 공격했다. 서문 밖 용산을 점령하고 28개 소의 포대를 설치한 다음에 집중적인 포격을 가하여 성랑(城廊) 50여 칸을 파괴하였다. 몽고군은 이 파괴된 부분에 운제(雲梯)를 걸고 성 안으로 돌입했다. 병마사 박서는 북문 방어를 지휘하고 있다가 급히 서문 쪽으로 달려가 그곳의 작전을 지휘하였다. 고려 군민들은 멀리 있는 몽고군은 석포와 궁시를 쏘아 막고, 근접해 오는 몽고군은 큰 돌을 던져 이들의 등성(登城)을 막아냈다. 고려군의 완강한 저항에 몽고군은 운제, 석포, 궁시, 창검 등을 남겨둔 채 퇴각하고 말았다. 고려 군민은 파괴된 성랑을 긴급히 보수하고 방어 태세를 다시 가다듬었다.

한편 남문 위의 호상(胡床: 의자)에 앉아 작전을 지휘하고 있던 김경손은 몽고군의 발석차(發石車)에서 날아온 돌에 머리를 맞을 뻔했다. 김경손의 머리 위를 스친 돌은 뒤에 있던 호위병을 타살(打殺)했다. 이에 놀란 측근들은 의자를 안전한 곳으로 옮길 것을 건의했다. 그러자 김경손은 "나는 이 자리를 떠날 수 없다. 내가 여기에서 움직이면 군심(軍心)이 동요될 것이다" 하며 몽고군이 격퇴될 때까지 그 자리를 떠나지 않고 전투를 지휘하였다. 당시에 김경손이 지휘한 병력은 서북계의 산간에서 동원된 양민들로서 훈련도 제대로 받지 않은 상태였지만, 그들과 동고동락(同苦同樂)하는 지휘관과 함께 사기가 매우 높아 불굴의 전의에 바탕을 둔 강한 전투력을 발휘하고 있었다.[71]

몽고군은 10월 20일부터 11월 초순에 이르기까지 온갖 방법과 수단을 동원하여 귀주성을 공격했으나 박서와 김경손의 지휘하에 기민하게 대처하는 귀주성 고려 군민의 방어선을 격파할 수가 없었다. 몽고군은 다시 귀주성에 대한 공격을 포기하고, 이번에는 고사작전(枯死作戰)을 펴기로 작정했다. 그리하여 몽고군을 6개 제대로 나누어 귀주성에 이르는 남북의 모든 통로를 차단해 버렸다. 이러한 조치는 귀주성을 완전히 고립시켜, 귀주성 내의 군량과 물자가 고갈되기를 기다림으로써 고려군의 전투력을 약화시킨 다음에 고려군에 대한 대대적인 공격을 실시한다는 작전 구상이었다.

전열을 재정비한 몽고군은 11월 22일 귀주성에 대한 세 번째의 대규모 공격을 실시했다. 몽고군은 동, 서, 남, 북문 등 전면적인 공격을 실시하여 고려군 방어력을 분산시키면서, 특히 북문에 대해서 집중적인 공격을 실시했다. 몽고군은 북문 밖 도로 좌우측에 발석차 30여 대를 설치한 다음 일제히 포석을 쏘아 북문 부근 50여 칸의 성랑(城廊)을 파괴하였다. 동문에서도 약간의 성랑이 파괴되어 고려군은 위기에 봉착하였다. 그러나 고려군은 부서진 성랑을 쇠사슬로 얽어매어 몽고군의 진입을 막아내고 몽고군의 발석차를 석포(石砲) 사격으로 파괴하여 몽고군의 대규모 공격을 막아냈다. 이에 몽고군은 고려군을 지치게 만들어 다시 공격할 계획으로 소규모 순찰조를 편성하여 귀주성 주위를 맴돌게 하여 고려군의 동태를 살피면서 소란을 피고 다녔다. 고려군도 몽고군이 고려군을 피로하게 만들고 난 후에 공격해 올 계획이라는 것을 간파하고 교대로 병력을 쉬게 하여 몽고군의 대규모 공격에 대비하였다. 몽고군과 고려군의 신경선 역시 결코 정도가 약하지 않았다.

마침내 몽고군은 12월 17일 아침 해가 뜰 무렵 귀주성에 대규모 공격을 가해 왔다. 귀주성을 포위한 다음 이번에는 남문 정면 도로상에 거대한 발석차 수십 대를 방렬하여 포격을 가해 왔다. 고려군도 석포 공격으로 이에 맞서면서, 서문을 열고 300여 명의 정예병을 출격시켜 남문을 공격하는 몽고군의 측방을 공격했다. 남문을 공격하던 몽고군은 의외의 공격을 받아 혼란에 빠졌다. 이에 동, 남, 북문을 수비하던 고려군이 일제

---

71) *前揭書*. 특히, *列傳*, *金慶孫*.

히 성 밖으로 출격하여 몽고군을 공격했다. 역습을 당한 몽고군은 즉시 후퇴하여 그들의 본진지로 철수하여 목책을 설치하고 오히려 방어 태세를 취하게 되었다. 몽고군의 공격이 또 무산되었다.

한편 몽고군과 고려 조정은 10월부터 강화 교섭을 추진하여, 12월 중순경에는 화의 가능성이 보였다. 몽고 남로군의 남진에 따라 안북부(安北府)에 본영을 설치한 몽고군 사령관 살리타(撒禮塔)는 귀주성의 공격이 번번이 실패하자, 귀주성의 고려 군민을 설득하려 했다. 살리타는 몽고군 진영에 억류된 고려 관원에게 고려측 화의 교섭 대표인 회안공(淮安公) 왕정(王侹)의 투항 권고 서신을 보내어 귀주성의 항복을 요구했다. 그러나 병마사(兵馬使) 박서(朴犀)와 귀주성 군민들은 항복을 거부하고 방어 태세를 오히려 강화했다. 살리타는 몇 차례 더 귀주성에 사자를 보내어 항복을 요구했으나 귀주성 고려 군민들은 이에 응하지 않았다. 몽고군과 고려 사이에 화의가 성립된 후에도 귀주성은 항복하지 않았다.

살리타는 전 병력을 일시에 동원하여 12월 하순부터 이듬해(1232년) 1월 초순까지 다섯 차례에 걸쳐 귀주성을 공격했다. 몽고군이 큰 사다리와 운제 수십 대를 성벽에 걸쳐 놓고 성벽을 기어오르자 고려군은 대우포(大于浦)라고 부르는 큰 칼이 달린 병기로 운제를 파괴하여 몽고군을 격퇴하였다. 성벽 위에는 남녀노소(男女老少)의 구별없이 모두 나와 돌, 물, 흙덩이까지 던지면서 몽고군의 등성을 막아냈다. 고려군은 궁시와 석포를 쏘아 몽고군을 공격하고 일부 날쌘 장정들은 성문을 열고 성 밖에 나가 몽고군과 백병전을 수행하기도 했다. 몽고군은 끝내 귀주성을 점령하지 못했다. 이러한 접전이 계속되는 동안, 한 70세의 몽고 장수가 성 밑까지 접근하여 고려군의 배치와 무기 및 장비 등을 살펴보고, "내 소년시절부터 수없이 많은 전투에 참가하였지만 이처럼 아군의 맹공을 받고도 끝내 항복하지 않는 경우는 본 적이 없었다. 이 성 안의 장수들은 반드시 훗날 장상(將相)이 될 것이다"라고 찬탄하기도 했다.[72] 고려와 몽고군과의 화의(和議) 여부와 관계없이 귀주성은 성 안의 고려인들에 의해서 지켜지고 있었다.

그러나 병마사 박서(朴犀) 장군도 고려 조정의 항복 권유를 끝까지 무시할 수는 없었다. 귀주성을 탈취하지 못한 몽고군은 이번에는 고려 조정에 대해서 압력을 가했다. 귀주성이 항복하지 않으면, 화의를 파기할 수밖에 없다는 내용을 고려 조정에 전하면서 귀주성의 항복을 요구하였다. 고려 조정은 화의 성립 후에도 몽고군이 빨리 떠나지 않기 때문에 고려 군민들이 항거한다는 점을 들어 몽고군의 신속한 철수를 요구했으나, 몽고군의 귀주성 항복 요구는 드세기만 했다. 별다른 도리없이 고려 조정은 1232년 1월 초 귀주성에 사신(右諫議 崔林壽; 監察御使 閔曦)을 파견하여 귀주성의 항복을 요구했다. 국가의 조정이 자국군에게 항복을 요구한 셈이다. 병마사(兵馬使) 박서(朴犀)와 귀주성 고려 군민은 고려 조정의 요구를 거부했다. 사신 중 하나(閔曦)가 사명을 다하지 못했다 하여 자결을 기도했다. 사태가 이 지경에 이르자 박서 장군도 할 수 없

72) *前揭書*. 특히, *列傳, 朴犀*.

이 몽고군에게 항복하기로 결심을 굳혔다. 이제는 귀주성에 주둔하고 있던 고려군과 민간인들이 항복을 거부했다. 이번에는 박서 장군이 이들을 설득했다. 1231년 9월 초부터 1232년 1월 초까지 4개월 동안 귀주성을 지켜낸 고려 군민들은, 할 수 없이 귀주성을 들어 몽고군에게 항복하고 말았다. 몽고군과의 접전에서의 작전 실패가 아닌 고려 조정의 강권에 의해서 귀주성은 몽고군에게 항복해야만 했다.[73]

몽고 원정군의 3분의 1에 해당하는 1만여 명의 북로군을 침공 작전에 운용하지 못하게 한 귀주성의 방어는 몽고군의 남진(南進)을 방해하기는 했으나, 고려 조정의 전의를 북돋지는 못했다. 몽고 북로군의 증원을 기대할 수가 없었던 남로군은 본군의 후방 지원을 받으면서 남진을 계속하여 개경을 위협함으로써 고려 조정과 화의를 성립시키는 데 중요한 역할을 수행하였다. 이러한 결과 북로군을 서북계에 묶어 놓았던 귀주성의 전투도 빛을 잃고 말았다. 그러나 귀주성에서의 선전(善戰)은 당시 세계를 제패할 만큼 강했던 몽고로 하여금 고려를 함부로 취급하지 못하도록 하게 한 하나의 역사적 사건이었다.

② 몽고 남로군의 남진과 청천강 이남지역에서의 전투

몽고의 북로군이 귀주성에서 발이 묶여 남진을 못하고 있는 동안 몽고의 남로군은 철주를 점령한 후에 용주, 곽주, 정주 등지에 소수의 정찰 병력만을 남겨 두고 남진을 계속했다. 남로군은 9월 초 안주에 도착하여 귀주성 북로군의 합류를 기다렸으나 이것이 여의치 않자 자주로 진출하였다. 몽고군은 자주성(慈州城)을 포위하고 사자를 보내어 자주성의 항복을 요구했으나 방어사(防禦使) 최춘명(崔椿命)이 이를 거절하자, 소수의 병력을 남겨 자주성의 동태를 감시하도록 하고 남쪽으로 진격했다. 9월 10일 서경(西京)에 도착한 몽고의 남로군은 서경성을 공격했으나 이를 탈취하지 못하고 남진을 계속하여 9월 14일 황주를 거쳐 봉산에 도달했다. 이 때 황주와 봉산 고을의 수령은 고을 주민들을 데리고 섬으로 피난을 해 버렸기 때문에 몽고군은 이 두 고을을 무혈점령하고 개경으로의 진출을 서둘렀다. 그러나 몽고군은 9월 15일 황주 남쪽 동선령(洞仙嶺)에서 몽고군의 남진을 저지하기 위해서 북상하는 고려의 3군과 조우하게 되었다.

몽고군이 침공하였다는 소식을 전해 들은 고려 조정은 당시 정권을 잡고 있던 최우(崔瑀)의 저택에서 재추회의(宰樞會議: 文官인 宰臣과 武官인 樞臣의 최고 연석회의)를 열어 몽고군 침공의 격퇴 방안을 논의했다. 재추회의는 장시간의 논의를 통해서 몽고군의

---

73) *前揭書. 東國通鑑*에서 徐居正은 "오호라! 외로운 성, 약한 군사로 천하의 사납고 강성한 오랑캐를 맞아 동으로 내려오지 못하도록 함으로써 국가를 산악처럼 우뚝 서게 하였다. 우리 나라에서 성을 잘 지킨 것은 안시성 이후 또 귀주가 있으니 박서와 김경손의 공은 진실로 크다 하지 않을 수 없도다"라고 격찬하였다. *對蒙抗爭史*, pp. 66-7에서 재 인용; 徐居正, *東國通鑑, 卷31* 참조. 그 후 몽고 사신이 와서 박서의 처형을 요구했다. 이에 최우(崔瑀)는 박서에게 박서의 충성과 절의는 인정하나 잘 처신하라고 당부하였다. 박서는 벼슬을 그만두고 고향인 죽주(竹州: 죽산)로 하향했다. 그러나 한 몽고의 노(老) 장군 말 대로, 박서는 후일에 문하평장사(門下平章事)의 벼슬에 이르렀다. 그러나 김경손(金慶孫)은 후일에 나주에서 도둑인 이연년(李延年) 등을 베어 반란을 평정시킨 공을 세우기도 했으나, 최이(崔怡)의 아들 최항(崔沆)의 시기를 받아 백령도로 귀양 갔다가 그곳에서 수장(水葬)되는 비운을 맞았다. 洪良浩, *海東名將傳*(1794), 國防部戰史編纂委員會, 譯(1987), pp. 121-9 참조.

몽고 남로군의 남진 상황

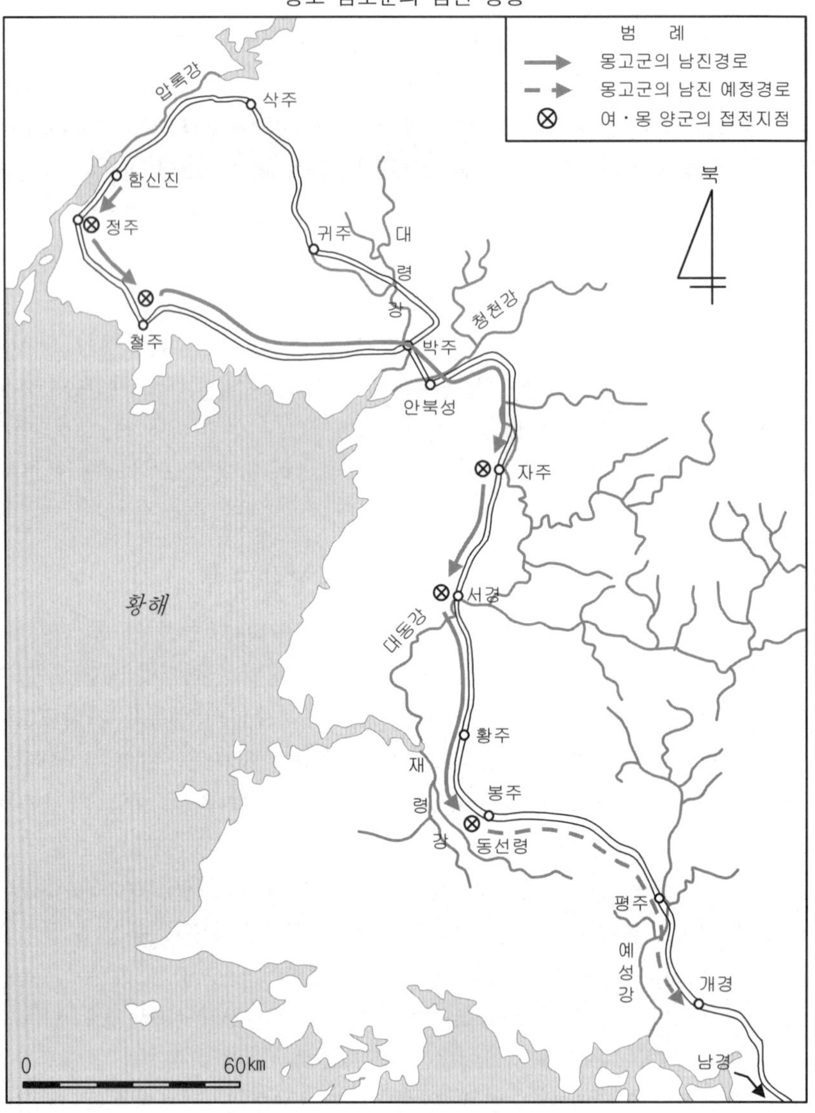

청천강 이남 진출을 저지한다는 것은 사실상 불가능하다고 판단하고, 단계별 저지선을 설정하여 몽고군의 진출을 지연시키고 역습을 감행하여 침공을 격퇴시킨다는 방어 계획을 세웠다. 고려 조정은 청천강선을 제1방어선, 대동강 및 서경지역을 제2방어선, 황주지역을 제3방어선으로 정하여 몽고군의 진격을 지연시키고, 개경 이남지역에서 동원된 병력을 동원하여 몽고군에 대해서 반격작전을 수행함으로써 몽고군을 격퇴시킨다는 작전 계획을 수립하였다.

이러한 계획을 구체화하기 위해서 고려 조정은 대장군(大將軍) 채송년(蔡松年)을 북계(北界) 병마사(兵馬使)로 임명하고, 그로 하여금 경군(京軍)과 개경 부근에서 차출된

고려 3군의 동선령 전투

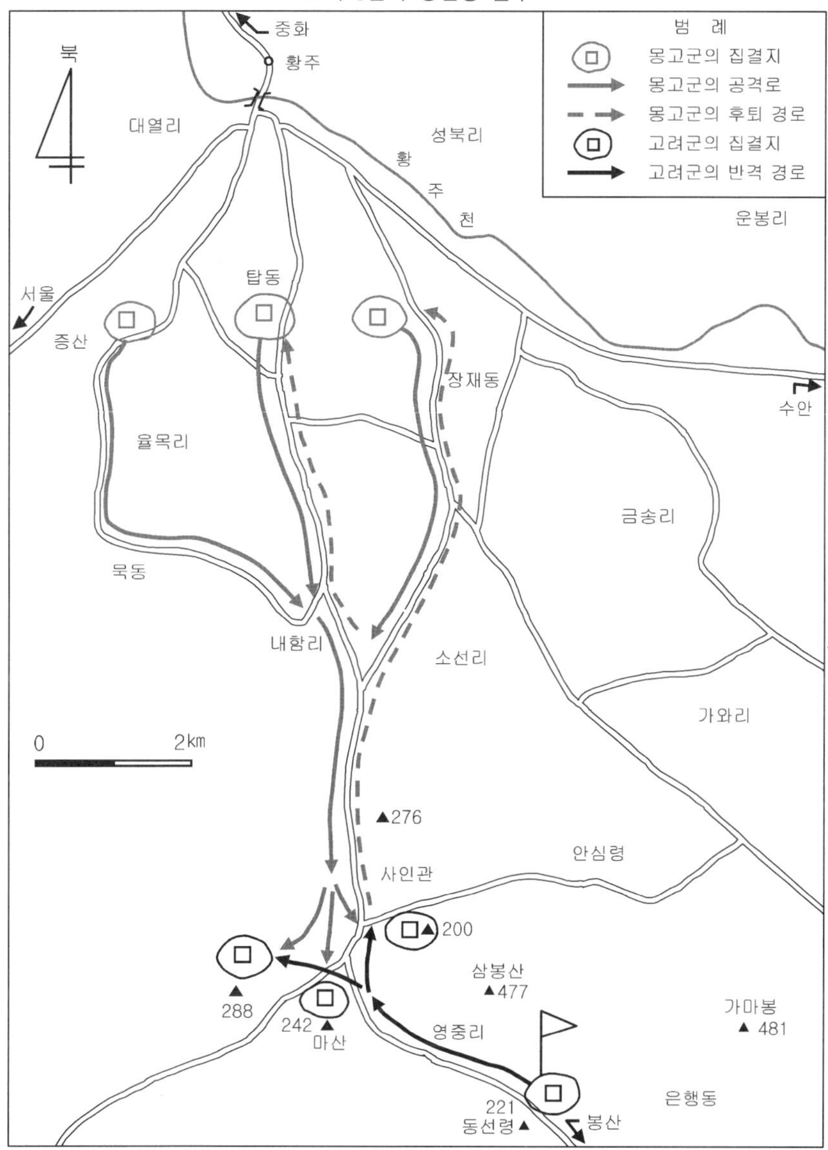

병사들로 구성된 3군을 지휘하여 몽고군의 남진을 저지하도록 했다.[74] 이렇게 조직된 고려 3군(중군, 좌군, 우군)은 9월 9일 개경을 출발하여 9월 13일 해질 무렵에 봉산 북쪽 4km 지점에 위치한 동선령(洞仙嶺)에 도착하였다. 채송년은 좌군을 2개 제대로 나누어 동선령 전방 4km 지점에 위치한 두이봉(斗伊峰: △288)과 마산(馬山: △242) 일대에, 우군은 좌군의 우측 사인관(舍人館) 우측방 고지(△200)에 배치하고 자신은 중군을

74) *高麗史, 卷23,* 高宗 世家 18年; *對蒙抗爭史,* pp. 69-95; *韓民族戰爭通史, II, 高麗時代篇,* pp. 222-39.

거느리고 동선령(洞仙嶺)에 진을 구축했다. 고려군은 몽고군이 아직은 동선령까지 남하하지 못했을 것이라고 판단하고, 진을 구축한 다음 군장을 풀고 휴식을 취하고 있었다. 그러나 몽고의 남로군은 서경과 같은 중간의 거점 등을 우회하여 신속히 남하했기 때문에 9월 13일 이미 동선령 부근까지 남하해 있었다.

몽고군은 고려군이 동선령지역에 진을 치고 있다는 사실을 탐지한 후, 전군을 동원하여 고려군을 공격하였다. 진영을 구축한 다음 휴식을 취하고 있던 고려군은 황급하게 대응 태세를 취했으나 전열이 흐트러져 순식간에 혼란에 빠졌다. 이에 상장군 이자성(李子晟)과 장군 이승자(李承子), 노탄(盧坦) 등의 장수들이 전면에 나서 전열을 가다듬어 결사적으로 싸워 몽고군을 막아냈다. 몽고군과 벌인 백병전으로 이자성은 화살에 맞아 쓰러지고 노탄은 몽고군의 창에 찔려 굴러 떨어지기도 했으나, 이승자의 지휘 아래 고려군이 완강하게 저항하여 몽고군의 기세를 약간 꺾을 수 있었다. 이때 동선령에 있던 고려 중군이 몽고군의 배후를 공격하였다. 몽고군은 고려군에 대한 공격이 쉽지 않다고 판단하여 황주 남쪽에 위치한 그들의 본진으로 일단 퇴각했다. 고려군은 몽고군의 기습을 격퇴하고 밤을 새워 목책을 세우는 등 진지를 보강하여 몽고군의 재공격에 대비하였다.

전열을 재정비한 몽고군은 9월 14일 고려군을 다시 공격해 왔다. 기병 위주로 편성된 몽고군과의 평지 전투가 불리하다고 판단한 고려 채송년은 목책의 방어에만 전념하기로 했다. 이에 몽고군은 풀섶을 뒤집어쓰고 고려군의 궁시와 시석의 공격을 견디면서 목책에 접근하여 목책에 불을 놓았다. 불탄 목책 사이를 통해 고려군 진영으로 돌입한 몽고군과 백병전을 수행하여 이들을 격퇴한 고려군은 예비로 확보한 목책을 불에 타고 있는 목책 속에 던져 불길을 더 강하게 유지함으로써 오히려 몽고군의 추가적인 진입을 방지하려 했다. 불길이 세차게 치솟아 오르자 몽고군은 더 이상의 공격을 중지하고 진로를 북으로 돌렸다. 고려군은 화공으로 공격하는 몽고군에게 다시 화공을 사용하여 이들의 공격을 막아내었다. 귀주성 공격으로 발이 묶인 북로군의 지원 없이 단독으로 남진을 계속하려던 몽고 남로군은, 동선령(洞仙嶺)에서의 고려군 저항이 만만치 않은 데다가 북로군이 귀주성에서 남하하지 못함에 따라 조성된 후방의 불안을 극복하지 못하고 정주(定州)로 퇴각하게 되었다.

동선령에서 몽고군의 공격을 격퇴한 고려군은 북진을 계속하여 10월 21일 고려 북계의 주요 군사 거점인 안북부(安北府)에 도착하여 전열을 가다듬었다. 동선령에서의 승리는 고려군에게 몽고군과 싸우는 데 있어서 어느 정도의 자신감을 안겨 주었다.

귀주성의 전투와 동선령의 접전 등으로 최종적 승리에 대한 확신을 갖기 어렵게 된 몽고군은 화전(和戰) 양면전략(兩面戰略)을 채택하였다. 몽고 남로군은 후방의 안전을 도모할 목적으로 남진을 재촉하느라 우회한 서북계 고려 거점을 점령하려는 작전을 전개하는 한편, 본군을 거느리고 함신진(咸新鎭)에 머물고 있던 살리타는 고려 조정에 화의를 제기하였다. 몽고 남로군은 9월 20일 용주(龍州), 29일 곽주(郭州), 선주(宣州)

등을 점령하여 남로군의 후방을 안정시키고 본군의 안전한 진출로(進出路)를 확보한 다음, 병력을 정주(定州)에 집결시켰다. 남로군의 후방과 본군의 진로를 확보한 몽고군 사령관 살리타는 10월 1일 사신을 고려 진영에 보내 화의를 제의하였다. 작전 준비를 갖추어 놓고 화의를 제의하는 몽고군의 화전 양면 전략의 실체였다.

전투 상황이 그렇게 불리하지 않은 고려측은 몽고군의 화의 제의를 거부했다. 대신 안북부(安北府)에 도착한 고려 3군은 주위 여러 진(鎭)의 부대들과 연락을 취하면서 전열을 가다듬고 있었고, 귀주성의 박서(朴犀) 장군은 몽고 북로군을 붙잡고 있었다. 특히 안북부(安北府)에 위치한 안북성(安北城)은 방어에 유리한 지리적 조건과 역사적 기록을 가진 곳이었다. 안북성은 높이 4m, 둘레 1.5km의 석성(石城)으로서 매우 견고하였으며, 고구려 을지문덕(乙支文德) 장군이 612년 수(隋)나라 우문술(宇文述)이 지휘하던 30만 대군을 섬멸한 살수대첩(薩水大捷)의 본고장이기도 했다.[75] 고려군은, 따라서 안북성과 귀주성을 중심으로 방어와 반격, 그리고 간헐적인 기습을 통하여 몽고군의 전력을 약화시켜 이들의 침공을 격퇴하려 했다.

고려측이 화의를 거절하고 결전 태세를 강화하자 몽고군은 고려 3군을 청천강 이남에서 분쇄하여 승기(勝機)를 잡은 후에 개경으로 진격하는 것이 최선의 전략이라고 판단하고, 안북부(安北府)의 고려 3군을 전면 공격하기로 결정했다. 이러한 결정에 따라 몽고군은 곽주, 선주 등지에 분산 배치되어 있던 병력을 정주에 집결시키고, 안북부 북방 16km 지점에 위치한 박주(博州)를 점령하였다. 그리고 안북부에 이르는 여러 통로를 차단한 후에, 안북성의 동, 서, 북 3면을 포위하고 성을 공격할 준비를 갖추었다.

고려군도 몽고군의 공격에 대비한 전략과 전술을 수립하였다. 고려 3군의 최고 지휘관인 채송년과 휘하 장수들은 몽고군의 공격에 대해서 먼저 성을 굳게 지키다가 몽고군의 예기(銳氣)가 둔화되면 일제히 반격하여 몽고군에게 결정적인 타격을 입히고, 승리의 여세를 몰아 귀주성과 협조하여 몽고 북로군의 기세도 꺾은 다음, 서북계의 여러 진(鎭)들과 협조하여 몽고군에 대한 총반격을 실시하여 이들을 압록강 북방으로 몰아내자는 복안을 제시하였다. 이에 대해서 우군의 진주(陳主) 대집성(大集成)은 장거리 행군에 지친 몽고군의 약점을 이용하여, 고려군을 총동원하여 몽고군과 성 밖에서 결전을 감행하여 몽고군의 예봉을 꺾어야 한다고 주장했다. 결국 채송년은 대집성의 의견을 받아들여 고려군이 성 밖으로 진출하여 몽고군과 결전을 실시하기로 하였다. 기병으로 구성된 몽고군의 행군 능력과 전술적 운용상 장점을 도외시한 고려군의 대응 전술이었다.

고려군은 10월 20일 밤, 안북성(安北城)의 동, 서, 북문을 열고, 중군은 북문, 좌군은 서문, 우군은 동문으로 일제히 출격하였다. 몽고군은 당황하지 않고 제1선의 기병을 하마(下馬)시켜 인마(人馬)가 한데 어우러진 산개(散開) 대형을 취했다. 이 산개 대형 뒤에서 기병이 돌진하여 고려 우군을 공격하였다. 혼란에 빠진 우군은 앞을 다투어 동문

75) *新增東國輿地勝覽, 卷52, 安州牧; 對蒙抗爭史*, p. 74.

몽고 남로군 선봉 부대의 개경 진출

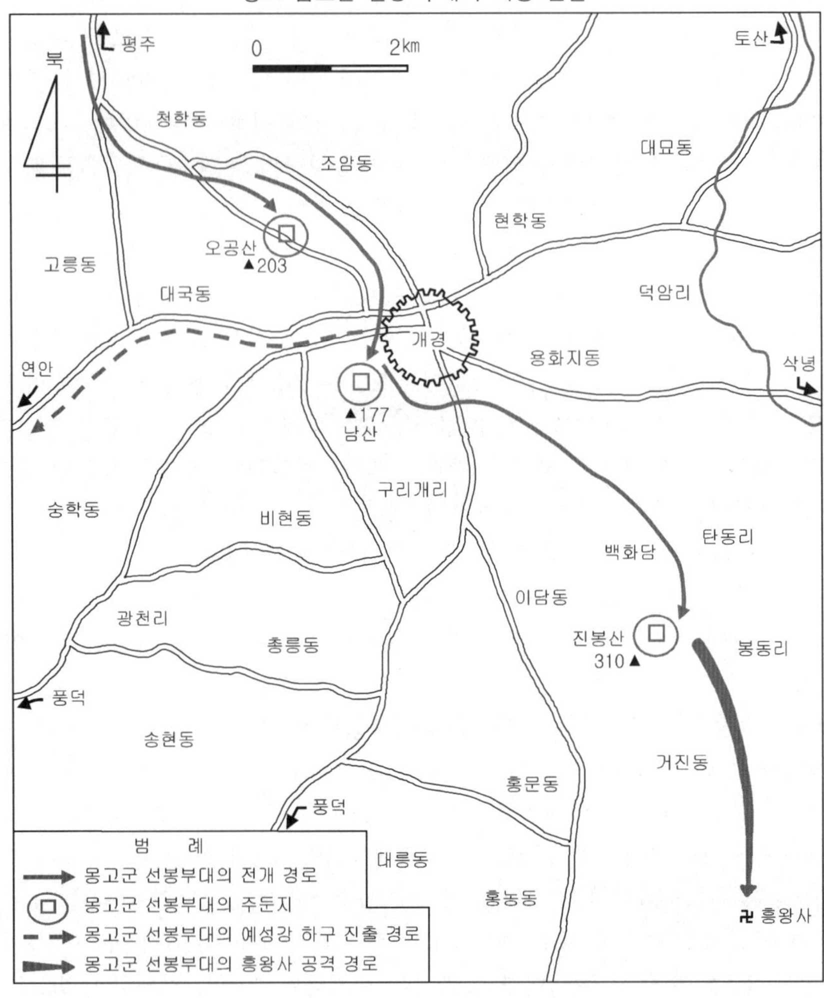

을 통하여 성 안으로 몰려 들어갔다. 이때 말에서 내렸던 몽고 기병이 다시 승마하여 고려 우군의 후미를 강타하였다. 고려 좌군과 중군의 상황도 마찬가지였다. 몽고군은 성 안으로 들어갔다가 성으로부터 퇴각하는 고려군의 후미를 강타하여 고려군에게 섬멸적인 타격을 입혔다. 견고함을 자랑하던 안북성(安北城)이 몽고군의 수중에 들어갔다. 이 전투 결과 고려 3군은 그 병력의 태반을 상실하고 고위 지휘관 다수를 잃었다.[76] 몽고 기병의 행군 능력과 기병의 효율적 운용 능력에 대한 고려군의 과소 평가와 이에 근거한 고려군 전술의 한계가 빚어낸 결과였다.

안북성의 일전에서 고려군에게 섬멸적인 타격을 입히면서 성을 탈취한 몽고 남로군은 안북성에 약간의 경비 병력만 남겨 놓고 파죽지세(破竹之勢)로 남진을 계속하였다.

---

76) *高麗史, 卷23,* 高宗 世家 18年; *對蒙抗爭史*, pp. 75-7.

그 뒤를 이어 함신진(咸新鎭)에서 안북성에 입성한 살리타는 자신이 지휘하던 병력의 반수에 해당하는 3,500명의 병력을 동원하여 남로군이 우회한 자주(慈州)의 자모성(慈母城)을 공격하도록 했다. 자모성은 자주의 서쪽 10km 지점에 위치한 성으로서 방어사(防禦使) 최춘명(崔椿命)이 자주와 부근에 있던 고려 군민들을 모아서 지키고 있었다. 몽고군은 11월 초 자모성을 포위하고 항복을 권유하였다. 그러나 최춘명이 지휘하는 고려 군민은 항복을 거부하고 항전의 결의를 다졌다. 몽고군은 이로부터 12월 중순까지 계속적인 파상 공격을 가했으나 고려 군민은 이를 완강히 물리쳤다. 자주를 우회하여 개경에 진격한 몽고 남로군의 압력에 못이겨 고려 조정이 화의에 동의하고 이를 진행시키고 있던 12월 중순, 살리타는 화의 결렬 위협을 곁들여 자모성의 항복을 고려 조정에 요구하였다. 그러나 자모성의 최춘명은 고려 사자 대집성(大集成)의 입성까지 거부하면서 성을 지켰다. 이번에는 살리타가 최춘명의 처형을 요구했다. 결국 자모성은 고려 조정과 최우가, 살리타의 강요와 항복을 강요하다가 창피를 당한 바 있던 대집성의 주장을 받아들여 최춘명을 항명죄로 처형하기 위해서 체포함으로써 몽고군에게 개방되고 말았다.[77]

살리타에게 안북성을 인계한 몽고 남로군은 4개 제대로 나누어 남진을 계속하면서 선봉 부대를 신속하게 개경으로 진출시키고 본대는 개경 북방 평주(平州)를 공격했다. 남로군의 선봉 부대는 11월 11일 평주를 경유하여 11월 29일 개경 근교에 도착하여 개경 북방 오공산(蜈蚣山), 개경의 남산(南山), 개경 남방의 진봉산(進鳳山) 등에 진지를 구축하고 예성강 하구에 진출하여 개경과 강화도의 왕래를 차단했다. 남로군의 주력 부대는 11월 28일 평주에 도착하여 평주성을 탈취하고, 성내의 고려 군민을 남김 없이 살육하여 이 일대를 초토화시켰다. 10월 1일 몽고의 사자를 평주에서 개경으로 압송한 것에 대한 보복 조치의 하나로, 고려군과 고려인들에 대한 심리적인 공포심을 유발시키기 위한 심리전의 일환이기도 했다. 평주를 초토화시킨 몽고 남로군의 주력 부대는 이미 개경 근교에 진지를 구축한 선봉 부대와 합류하여 12월 1일 개경의 포위망 구축을 완료했다. 포위망을 구축한 몽고군은 고려 조정에 사신을 보내 "고려 국왕이 안북부에 있는 살리타에게 가서 항복하는 것"을 조건으로 한 화의 교섭안을 제시했다.[78]

고려 조정은 국왕이 안북부에 가서 항복해야 한다는 화의 조건을 받아들이기는 매

---

77) *高麗史, 卷103, 列傳, 崔椿命; 對蒙抗爭史*, pp. 78-80; *韓民族戰爭通史, II, 高麗時代篇*, pp. 230-1; 고려군에 의해서 체포된 최춘명(崔椿命)은 형장으로 끌려 나왔다. 고려를 침공한 몽고군과 싸워 자모성(慈母城)을 끝까지 지킨 것이, 고려 조정에서 항복하라고 한 명령을 어긴 것이 죄가 되어 처형될 운명에 처한 최춘명의 표정은 의연하고 담담했다. 이를 본 몽고의 한 관료가 처형될 당사자가 자모성의 성주인 최춘명이라는 사실을 알고, "몽고측으로 보면, 그가 반역죄를 저지른 죄인이나, 고려측으로 보면, 충신일 터인데, 죽여서야 되겠는가?" 하면서 석방을 강권했다. 최춘명은 석방됐다. 그러나 고려를 위해 싸운 고려인이 고려 조정에 의해서 처형되려 했고, 처형되려 한 고려인을 고려를 침공한 몽고인이 구해준 최춘명(崔椿命) 사건은 어쩐지 개운치 않은 뒷맛을 후세에 남겨준 역사적 사건이었다. *東國兵鑑*, pp. 291-3 참조.

78) *前揭書*.

우 난처한 입장이었으나 화의 성립의 필요성은 인식하고 있었다. 그리하여 고려 조정은 민희(閔曦) 등 사신을 몽고군 진영에 보내어 좀더 좋은 조건하에서의 화의 가능성을 탐색하였다. 이에 몽고군은 "항복하려면 항복하고 싸우려면 싸우라"는 협박조로 고려 조정의 결단을 촉구하면서, 12월 1일에는 개경성을 공격할 태세를 갖추고, 개경 동남쪽 8km 지점에 위치한 흥왕사(興旺寺)를 불태우며 기세를 과시하였다. 몽고군의 개경 공격 위협과 기세에 눌린 고려 조정은 12월 2일 몽고군의 화의 제의에 응하기로 결정하고, 민희 등에게 술과 안주 등을 가지고 몽고군측에 가서 화친을 강구하도록 했다. 몽고의 사신이 개경에 입성하여 12월 4일 고종(高宗)이 직접 몽고 사신을 환대하고, 몽고 장수들에게 예물을 보내어 고려 국왕의 출성(出城) 항복(降伏)이 아닌 항복을 화의의 조건으로 해줄 것을 요구했다. 그러나 몽고군 장수들은 살리타의 승낙없이 자신들의 독단으로 조건을 바꿀 수 없다는 입장을 밝혔다. 이에 고려 조정은 회안공(淮安公) 왕정(王侹)을 안북부에 있는 살리타에게 보내서 고려 국왕의 출성 항복이 없는 강화를 수립하는 것을 제의했다. 12월 중순부터 10여 일 동안 수차에 걸친 교섭 끝에 12월 23일, 왕정은 고려 국왕이 출성 항복을 안 하는 대신 몽고에 막대한 양의 예물과 군마 및 인질을 보내는 조건으로 화의를 성립시켰다.[79] 실로 값이 너무 비싼 화의였다.

고려 조정과 몽고군 사이에 화의 교섭이 진행되는 동안에도 몽고 남로군의 횡포는 그치지 않았다. 12월 6일 남로군은 1, 2, 3군에서 각 500여 기의 기병 별동대를 차출하여 2개 제대로 편성한 다음 이들을 개경, 문산, 남경(南京: 한양)을 거쳐 광주(廣州)까지 진출시키고, 여기에서 다시 청주와 충주로 진출시켜 광주성과 충주성을 공격하기도 했다. 이 두 곳에 있던 고려 군민들은 몽고군의 공격을 격퇴하여 성을 지켜내는 저력을 발휘하였다. 이러한 몽고군의 병력 진출은 몽고군 자체의 독단적인 약탈 근성에 바탕을 두고 있기는 했으나, 고려 조정에게 화의 교섭을 빨리 진행시키라는 압력을 가하는 무력 시위의 하나라고 볼 수 있었다. 이와 같이 몽고군은 적나라한 군사적 강압에 근거하여 화의를 진행시키고 이를 강요하여 철저한 고려의 항복을 요구하였다.[80]

③ 화의의 성립과 몽고군의 철수

고려 국왕의 출성 항복을 면제해 준 몽고의 화의 조건은 고려가 감당하기 어려운 내용을 담고 있었다. 첫 번째 조건은 금은과 의복 등의 물품을 보내되 그 수량이 많으면 말 2만 필에, 적으면 1만 필에 실어 보낼 것이고, 두 번째는 군사 100만 명분에 해당하는 의복을 보낼 것이며, 세 번째는 대마(大馬), 소마(小馬) 각각 1만 필씩을 보낼 것이며, 네 번째로 국왕과 왕자, 공주와 군주(郡主), 고관들의 어린 자제(子弟) 1,000명씩을 보낼 것 등이었다.[81] 고려는 이러한 조건을 충족시키기 위해서 전역량을 동원하여 몽

---

79) *高麗史, 卷23,* 高宗 世家 18年.
80) *對蒙抗爭史*, pp. 83-6.
81) *前揭書.*

고에 바칠 예물을 거두어들여야 했다. 갹출된 예물과 더불어 고려는 지난번(1225년) 몽고 사신 자쿠예가 살해된 것은 고려와는 무관하며, 앞으로 몽고와 우호적인 관계가 지속되기를 바란다는 사과문까지 곁들여야만 했다. 그리고 화의 성립 후에도 서북계에서 온갖 약탈과 만행을 자행하고 있던 몽고군의 조속한 철수를 위해서 몽고 침공군 사령관 살리타와 부하 장수들에게도 별도로 후한 예물을 주어 몽고군의 조속한 철군을 요구하였다. 이래저래 고려와 고려인들은 전쟁으로 인한 피해의 복구는커녕 몽고와 몽고 침공군에게 바칠 예물의 조달에 더욱 허덕여야만 했다.

조속한 철군과 정상적인 상태로의 신속한 복원을 원하는 고려와 고려인들의 바람과는 달리, 몽고군의 철수는 늦었고 몽고의 전후(戰後) 조치는 승전국(勝戰國)의 위치를 확고하게 제도화하려는 것이었다. 몽고군은 화의가 성립된 후에도 서북계(西北界)지역에 군사를 풀어 약탈과 살육을 감행하여 이 지역을 거의 초토화시켰으며, 철군도 1232년 1월 중순이 지나서야 행해졌고, 충주와 청주까지 진출한 남로군 병력의 철수는 그로부터 2개 월이 지난 3월 초순에 완료되었다. 그리고 몽고는 고려의 내정을 간섭하기 위해서 북계지역의 40여 성을 그들의 영향권에 묶어 두고, 개경을 비롯한 서북면 점령지역에는 행정 감독관격인 72인의 다루가치(達魯花赤)와 약간의 수비 병력을 잔류시켰다. 몽고군은 이와 같이 고려 서북계지역의 군사 방어 기능을 말살시켜 몽고에 대해서 재항전을 수행할 수 없도록 초토화시킨 다음에 침공군을 철수시켰다.[82]

몽고군의 침공으로 서북계지역이 유린되고 개경이 함락의 위기에 처하게 되자, 굴욕적인 강화를 성립시킬 수밖에 없었던 고려와 고려인들은 몽고와 몽고군들에 대해서 강렬한 적개심을 품게 되었다. 몽고군의 만행과 이에 따른 물적인 피해와 인간적인 고통과 고뇌는 몽고에 대한 적개심의 정도를 더욱 깊게 만들었다. 몽고가 요구한 막대한 양의 예물은 고려와 고려인이 감당할 수 있는 범위를 초과하였고, 몽고가 남겨 놓은 다루가치와 몽고군, 그리고 이들과 협조하여 기생하는 일부 고려인들의 횡포는 목불인견(目不忍見)의 수준을 넘고 있었다. 이리하여 고려의 군신들은 "무릇 화복은 저절로 오는 것이 아니며, 인간이 자초하게 되는 것이다…" 하며 자성적인 입장을 취하면서 "…우리가 각자 경계할 일을 따로 갖추어 하늘에 맹세할 것이오니, 하늘이여! 굽어살펴 주소서"라는 내용의 글을 하늘과 신령에게 올리기도 했다.[83] 고려를 완전히 복속시키려는 몽고의 정책적 의지와 하늘과 신령의 힘을 빌려서라도 몽고의 영향권에서 이탈하려는 고려의 국가적 결의는 또 다른 고려와 몽고 간 충돌의 원인을 제공했고, 궁극적으로 이를 장기화시키기에 충분한 요인이 되었다.

④ 몽고군의 재침

몽고는 침공군을 고려로부터 철수시킨 이후에도 고려에 대해 온갖 요구를 해 왔다.

---

82) *前掲書; 元史, 卷2,* 太宗本紀 3年; *對蒙抗爭史*, pp. 91-3.
83) "君臣盟告文," *對蒙抗爭史*, pp. 94-5에서 재인용.

몽고는 고려 침공이 종결된 직후 남로군의 잔여 병력이 고려에 남아 있을 때인 1232년 2월 17일 몽고가 함경도지역의 동진국(東眞國)을 정벌하는 데 필요한 군선(軍船)과 병력 지원을 요구했다. 이에 고려는 해선(海船) 30척과 수수(水手: 수병) 3,000명을 지원하였다. 이 외에도 몽고는 수달피(水獺皮) 1,000령(領)을 보내라고 하는가 하면, 개주(開州) 일대의 개간을 위한 인력과, 몽고 지배층의 노예로 사역시킬 동남(童男) 동녀(童女)와 공인(工人)과 장인(匠人) 등을 몽고에 보낼 것을 요구했다.[84] 몽고의 요구는 고려가 감당하기 어려운 수준이었다.

고려는 몽고의 끊임없는 가렴주구(苛斂誅求)를 감당하기보다는 몽고와 맞서는 편이 낫다고 판단하여 몽고에 대항하는 장기적인 대책 수립을 서둘렀다. 먼저 고려는 서북면(西北面)과 동북면(東北面) 병마사와 지서경유수(知西京留守)를 교체하여 북방지역의 방어 체제를 강화했다. 그리고 국도를 개경에서 강화도(江華島)로 천도하여 대몽항전을 지속적으로 펼치는 문제를 제기했다. 여러 차례 회의를 거쳐 천도에 대한 찬반의 격론을 벌인 결과, 고려 조정은 1232년 6월 16일 천도를 결정하고 이튿날부터 천도를 시작했다. 몽고군이 수전(水戰)에 약한 점을 이용하여 해도(海島)인 강화로 국도를 옮겨 대몽항전을 지속하기로 결정한 것이다. 그리고 각 지역의 수령(守令)과 병사(兵使)들에게는 성곽을 구축하고, 일단 유사시에는 성곽이나 해도로 주민을 대피시켜 방어에 임하도록 지시했다. 개경의 방어 병력도 8,000명으로 강화하여 강화도와 긴밀하게 협조하여 개경의 방어에 임하도록 했다. 고려 조정은 서북면 여러 진(鎭)에 은밀하게 사신을 밀파하여 몽고인 다루가치(達魯花赤)와 잔류병들을 무장 해제시켜 추방하거나 살해하라고 밀명(密命)을 내리기도 했다. 이와 같이 고려는 국도를 강화도로 옮기고 북방과 지방의 방어 태세를 강화하고, 고려 내 잔존 몽고 세력을 제거하는 등 몽고에 대한 적대 행위를 감추려 하지 않았다.

고려가 강화도로 천도하고 몽고의 다루가치와 잔류병들을 축출하거나 살해하는 등의 적대적인 행위를 노골화하자, 몽고의 태종 오고타이는 1232년 8월 살리타를 사령관으로 삼아 기병 1만 명으로 고려를 다시 침공하도록 했다. 몽고는 1231년 침공에서 드러난 문제점을 고려하고 금(金)국의 공격에 주력 부대가 동원된 점을 감안하여, 이번에는 다수의 병력을 동원하지 않고 소수 정예병의 신속한 기동으로 고려 국토를 유린함으로써 고려의 저항력과 의지를 박탈하여 고려의 항복을 받아낸다는 전략을 세웠다. 이러한 전략 개념에 따라 1개 군 기병 2,500명씩 4개 군을 편성하여 군의 기동성을 확보하도록 했으며, 1군은 고려군과의 접전을 회피하면서 함신진-안북부-서경-황주-평주를 거쳐 가능한 한 신속히 남진하여 개경과 강화도의 수상 통로를 봉쇄하고, 2군은 1군의 뒤를 따라 개경을 우회하여 한양, 광주, 수원 등지를 공략하여 강화도와 한강 이남지역과의 소통을 차단하고, 3군은 함신진, 안북부, 서경, 황주 등 여러 성을 공략하고 이 곳에 50-100여 기의 병력을 축차적으로 잔류시켜 몽고군의 병참선을 확보한 후에 임진강 하구 강화도 대안으로 진출하고, 4군은 귀주 등 북로상의 성을 공략하고 안북

---

84) *高麗史, 卷23,* 高宗 世家 19年.

부, 서경, 황주를 경유하여 예성강 하구 강화도 대안에 진출하도록 했다.[85] 몽고군은 이와 같이 강화도와 개경, 그리고 내륙과의 통로를 봉쇄하여 강화도를 고립시키고, 내륙에서의 초토화작전 수행으로 고려 조정을 압박함으로써 고려의 항복을 받아낸다는 전략과 전술을 세우고 고려에 대한 재침공작전을 개시했다.

몽고군은 8월 하순 선두 부대인 1군이 요양(遼陽)을 출발하고, 그 다음으로 2, 3, 4군이 각각 함신진(咸新鎭)으로 진출하여 고려 침공을 재개했다. 몽고군의 선두 부대인 1군(테케: 鐵哥)은 9월 초순에 압록강을 도하한 후 함신진을 우회하고 안북부로 직행하였다. 2군(푸타우: 蒲桃), 3군(디쥬: 迪巨), 4군(탕쿠: 唐古)은 1군을 후속하여 압록강을 도하하였다. 1, 2, 3군은 서북계 남로를 따라 남진하여 안북부에 도착했고, 4군은 북로를 경유하여 안북부에 도착했다. 고려군은 거점의 주민들을 해도(海島)의 안전한 성 안으로 이주시켜 방어에 임하고 있었고, 몽고군도 공고한 거점을 우회하는 전략을 채택했기 때문에 몽고군의 진출 속도는 예전의 것보다 빨랐다. 몽고군은 이에 따라 신속하게 개경으로 진출하고 강화도를 고립시켜 고려의 항복을 받아낸다는 최초의 방침을 변경하여 완만한 속도로 남진했다. 그리하여 안북부에 도착한 몽고군은 10월까지 약 1개월 간 이 곳에 머물면서, 소규모의 병력을 여기저기 파견하여 약탈과 살육을 자행함으로써 고려 조정에 항복을 요구했다. 고려 조정이 이를 거부하고 항전 태세를 가다듬자 몽고군은 10월 말에 본격적인 군사 작전을 개시했다.

몽고 침공군사령관 살리타(撒禮塔)는 본군의 진출에 앞서 각 군으로부터 차출한 1,000여 기의 병력으로 별동 부대를 편성하여 빠른 속도로 남진시켜 몽고군의 잔인함과 위세를 과시하여 고려 조정에 압력을 가하고, 고려인들이 몽고군에 대한 두려움을 가지도록 하는 심리전 효과를 거두려 했다. 이 별동 부대는 경상도 대구까지 내려가면서 연도의 민가를 약탈하고 인명을 살상하며, 사찰(寺刹), 불탑(佛塔), 전적(典籍) 등의 문화 유산들을 파괴하고 소실시키는 만행을 불사했다. 별동 부대의 무력 시위 및 약탈 행위와 더불어 몽고군 본대는 살리타의 직접 지휘하에 안북부에서 서경, 황주, 봉산, 평주를 거쳐 개경 부근까지 남진하였다.

개경 부근에 도착한 살리타는 몽고 침공군을 다시 4개 군으로 나누어 1군을 개경 부근에 배치하여 개경과 강화, 개경과 인근의 여러 성들과의 연락과 소통을 차단하여 상호 지원을 못하게 하는 임무를 부여하고, 2군과 3군은 개경에서 강화도 승천포(昇天浦)의 대안인 풍덕리(豊德里)와 월암리(月巖里) 일대로 진출시켜 강화도를 정면으로 공격할 태세를 갖추도록 했다. 그리고 자신은 4군을 이끌고 개경을 떠나 임진강을 도하하여 한양성(漢陽城)을 일시에 함락하고 11월 중순에는 광주(廣州)로 직행했다. 살리타는 별동 부대와 더불어 몽고의 본대가 강화도와 개경에서 고려군의 주력을 고착시키고 있는 동안 개경 남부지역을 약탈하고 초토화시킴으로써 고려인들의 대몽항쟁 의지(對蒙抗爭意志)를 완전히 제거할 심산을 가지고 있었다. 이와 같이 살리타는 고려군 주

---

85) *元史, 卷208, 高麗傳, 對蒙抗爭史*, pp. 100-2.

몽고군의 침공 경로

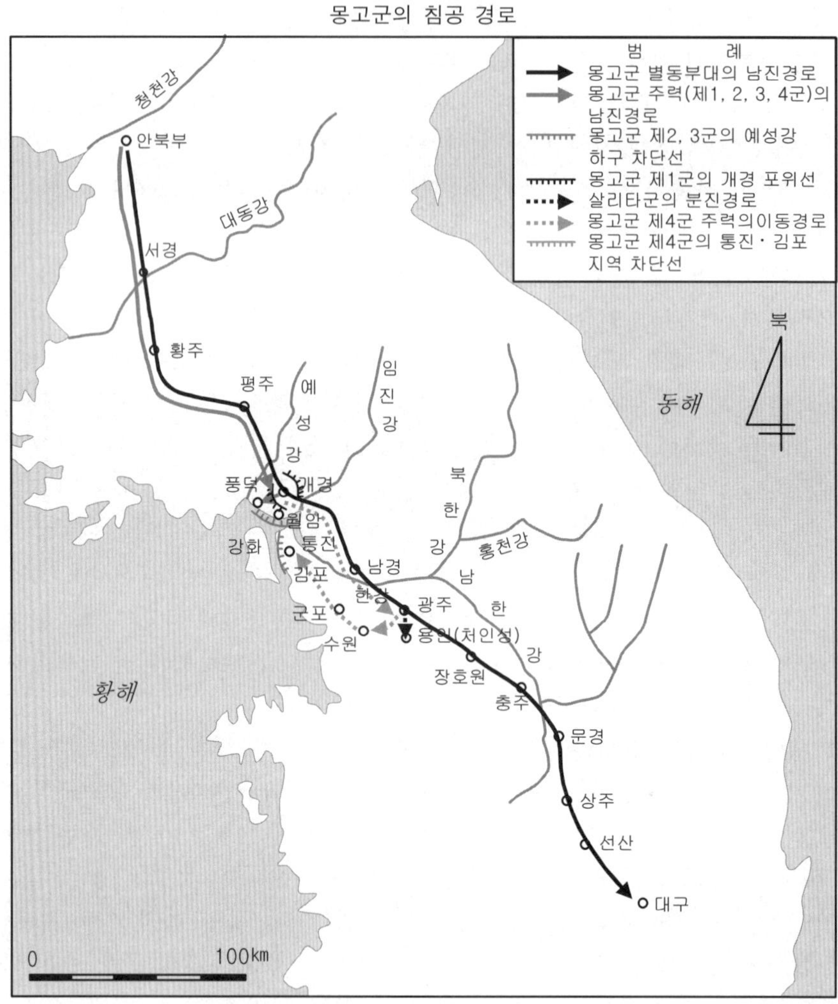

력의 견제, 고착, 고려 전역의 초토화를 통한 대몽항쟁 의지를 박탈하고 이를 통해 고려 조정의 항복을 유도하는 복합(複合) 전략(戰略)을 구사하려 했다.86)

살리타가 직접 지휘하는 몽고 4군은 광주(廣州)를 공격했다. 그러나 1231년 12월에 침공한 몽고군과 맞서 성을 지켜낸 바 있던 광주성의 고려 군민들은 호락호락하지 않았다. 더구나 1231년 몽고군의 침공 때, 경상도 안찰사(按察使)의 신분으로 병력을 이끌고 개경까지 올라가 개경의 위기를 극복한 바 있던 이세화(李世華)가 부사로서 광주 군민들을 지휘하고 있었기 때문에, 몽고군은 광주성을 탈취할 수가 없었다. 등성하려는 몽고군을 시석과 궁시 및 물과 기름 등으로 저지하며, 파괴된 성곽은 즉각 수리하

86) *元史, 卷208, 高麗傳, 高麗史, 卷103, 列傳, 金允侯; 對蒙抗爭史*, pp. 102-110; *韓民族戰爭通史, II, 高麗時代篇*, pp. 239-245.

거나 목책 등으로 긴급 보수하면서 광주인들은 수차 감행된 몽고군의 포위 공격을 물리쳤다. 이세화는 몽고군의 공격을 정면으로 격퇴시키는 한편 불시에 성문을 열고 몽고군 진영을 급습하여 몽고군을 살해하거나 포로로 붙잡는 등의 전과를 올리기도 했다. 12월 말, 몽고군은 광주성의 조기 탈취가 불가능하다고 판단하여 광주성의 포위를 풀고 병력을 용인으로 진출시켰다.

살리타가 지휘하는 몽고군이 용인으로 향했다는 소식이 전해지자, 이 지역 일대의 수령(守令)들은 군량과 무기, 주민들을 산성으로 대피시켜 수성(守城) 태세를 가다듬었다. 용인의 주민들도 처인성(處仁城)으로 대피하여 방어 태세를 갖추고 있었다. 처인성에는 부근 고을에서 피난온 1,000여 명의 고려 군민과 승병(僧兵) 100여 명, 그리고 이들을 지휘하는 승장(僧將) 김윤후(金允侯)가 성곽 방어 준비를 서두르고 있었다. 텅 비어 있던 용인 현성(縣城)에 무혈 입성한 살리타는 처인성의 동북방 완장리, 매릉리, 화동(花洞) 등지에 병력을 3개 제대로 나누어 배치하여 처인성 공격 태세를 갖추었다. 살리타는 자신이 직접 처인성의 동태를 살피기 위해서 5, 6기의 기병만을 대동하고 처인성 동문 쪽으로 정찰길에 나섰다. 처인성의 지세와 방어 편성의 약점을 파악하고 이에 근거하여 적절한 공격 방법을 모색하기 위하여 실시하는 지휘관의 사전 정찰 활동의 하나였다. 처인성의 고려 군민들도 긴장하지 않을 수 없었다.

그러나 처인성의 방어를 지휘하고 있던 승장 김윤후는 처인성의 방어를 위해서 정법(正法)과 기계(奇計)를 동시에 동원하여 대처하고 있었다. 처인성은 둘레가 425m에 불과한 토성(土城)이었기 때문에 몽고군이 등성하여 공격하기가 어려워 방어하는 고려군에게 유리했으나, 파괴되기 쉬운 단점 또한 가지고 있었다. 그리고 둘레가 짧고 낮은 지대에 위치하고 있어서 몽고군이 포위하기가 용이하고, 공성 장비의 공격이 효과적일 수 있는 위험성을 지니고 있었다. 이를 잘 알고 있던 김윤후는 고려 군민들에게 몽고군의 교란 작전과 포위 공격에 당황함이 없이 의연하게 대처할 것을 주문하고, 시석, 궁시 등과 성벽이 파괴되었을 때 응급 복구할 수 있는 목책의 준비와 복구 방법을 교육하였다. 그리고 김윤후는 처인성 동문 밖 300m 지점 언덕에 저격병 수십 명을 매복시켜 공격해 오는 몽고군을 저격하여 대열을 혼란시키도록 하는 임무를 부여했다. 만반의 준비를 갖춘 고려 군민은 숨을 죽이고 있었다.

김윤후를 중심으로 기계(奇計)까지 운용하여 준비를 갖추고 있던 고려군을 비웃기라도 하듯 살리타의 정찰조가 처인성 동문 쪽으로 접근해 왔다. 살리타의 정찰조가 매복 지점에 이르자, 매복하고 있던 고려군 저격 병력은 일제히 사격을 실시하여 살리타를 비롯한 정찰조를 공격하여 사살했다. 몽고군은 사령관을 구하기 위해서 일제히 처인성 동문을 향해서 공격해 왔으나, 성 밖으로 나와 이들을 공격하는 고려군에 의해 병력의 태반이 사살되고 마필과 병기까지 빼앗겼다. 몽고군은 그들의 본진으로 퇴각하지 않을 수 없게 되었다. 승기(勝機)를 잡은 고려군은 몽고군 본진까지 공격하여 몽고군에게 섬멸적인 타격을 입혔다. 살리타가 전사하고 본진의 공격까지 받은 몽고군은

처인성 전투 상황

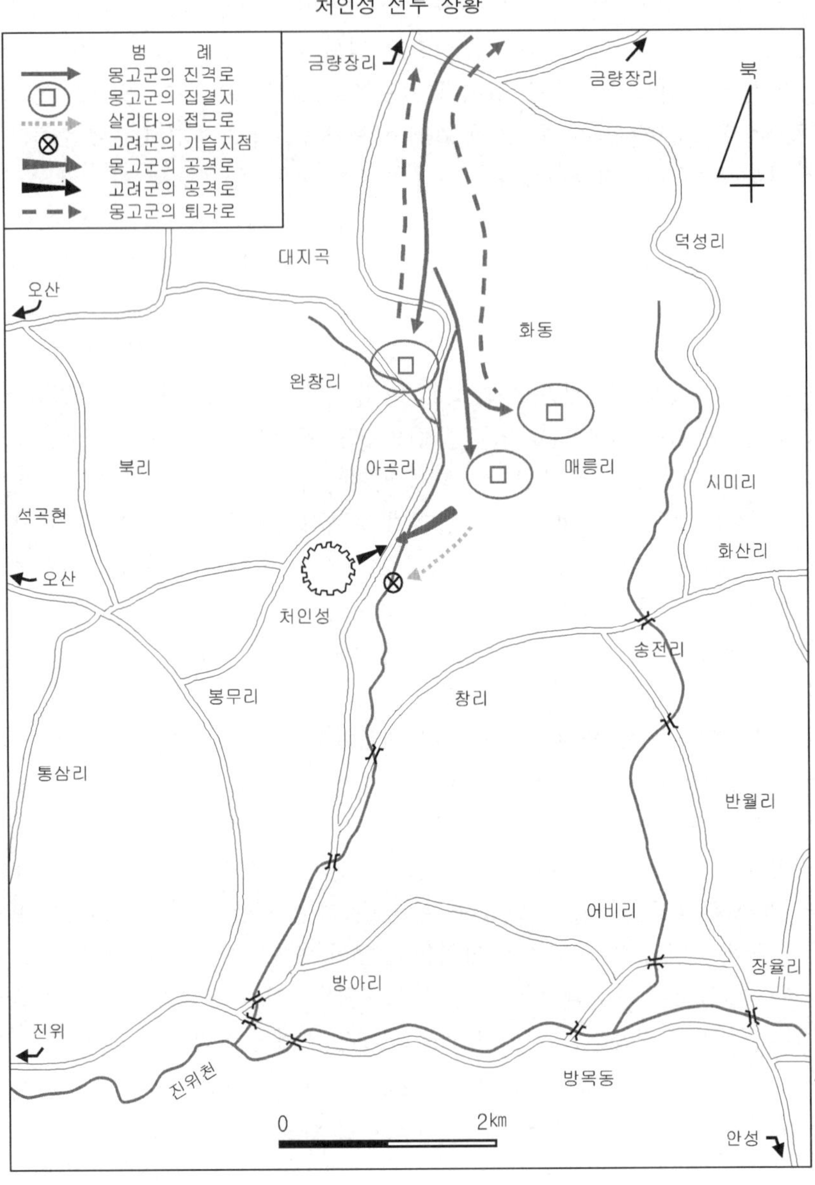

고려군의 공격을 견디어내지 못하고 처인성 북쪽 용인 방면으로 퇴각하고 말았다.[87]

최고 지휘관을 잃은 몽고군의 전의는 크게 떨어졌다. 퇴각하는 몽고 4군 병력들은 여기저기 배회하면서 약탈과 노략질을 일삼기도 하고 고려군에 의해서 사살되기도 했다. 살리타가 전사하자 부장(副將) 테케(鐵哥)가 몽고군을 지휘하면서 몽고군을 안전하게 철수시키는 것이 급선무라고 판단하여 강화도에 사신을 보내 조건이 있는 화의를

87) *高麗史, 卷103, 列傳, 金允侯; 元史, 卷208, 高麗傳, 對蒙抗爭史*, pp. 109-110.

제의하고, 이를 실증적으로 보여 주기 위해서 포로로 잡았던 고려인들을 송환했다. 고려 역시 고려군의 반격을 피해 사방으로 흩어져 살육과 방화를 일삼는 몽고군을 빨리 철수시키는 것이 유리하다고 판단하여 몽고군의 제의를 받아들였다. 고려 조정은 몽고군이 제시한 강화 조건으로 금은(金銀)과 의복, 그리고, 군마(軍馬) 등을 몽고군 진영에 보내고 몽고에 인질을 보낼 것까지 약속했다.[88] 이에 몽고군 테케는 1233년 1월 서북계의 통치를, 1231년 침공시 몽고군에 항복하여 길잡이 노릇을 한 서경(西京) 낭장(郎將) 홍복원(洪福源)에게 인계하고, 서북계의 철수로를 따라 철수하였다.[89] 최고 지휘관의 전사(戰死)로 인한 몽고 침공군의 사기 저하와 금(金)국과의 전쟁에 주력하던 몽고 국내 사정으로 인하여 고려 침공에 나섰던 몽고군은 고려의 정복이라는 전략적 목표 쟁취를 뒤로 미루고 일단 철수를 단행한 셈이다.

고려 조정은 1232년 9월에 고려를 침공한 몽고군 사령관 살리타를 사살함으로써, 사실상 몽고군의 철수를 강요한 승장(僧將) 김윤후(金允侯)에게 상장군(上將軍)의 직위를 수여하였다. 그러나 김윤후는 "저는 전란을 당해서도 무기를 잡고 일어서지 못했던 사람이었습니다. 어찌 하잘것없는 공(功)으로 후한 상을 받을 수 있겠습니까?"라고 말하면서 이를 사양했다.[90] 승려(僧侶)로서의 무욕(無慾)과 승장(僧將)으로서 겸양(謙讓)이 어우러진 무애행(無碍行)의 한 보기가 아닐 수 없었다. 그러나 이러한 국내적인 경사와 겸양에도 불구하고 고려는 믿을 수 없는 몽고의 재침을 걱정하지 않을 수 없었고, 이를 위한 대비를 소홀히 할 수 없었다.

(4) 제1차 고려와 몽고의 전쟁 결과

두 차례에 걸쳐 실시된 몽고군의 침공으로 구성된 제1차 고려와 몽고 간 전쟁은 비교적 효과적인 고려 군민의 방어 작전수행 결과로 몽고군이 침공 목적을 완전하게 달성하지 못한 채 중단된 전쟁이었다. 다시 말하여 고려는 몽고의 재침공 의도를 해소시키지 못했고, 몽고는 고려의 저항 의지를 말살시키지 못한 채 양측의 재충돌 가능성을 남겨 두고 중단된 전쟁이라는 뜻이다. 이렇게 전투 행위의 중단으로 일단 마감될 수밖에 없었던 고려와 몽고 간의 1차 접전은, 양국이 처한 상황과 이에 따른 동원 능력의 한계로 빚어진 결과였다. 몽고는 서역의 정벌 후에도 금(金)과 동진국(東眞國)을 멸망시키려 하고 있었기 때문에, 이들 세력과 연합 세력을 형성할 가능성이 있던 고려를 침공할 필요를 느꼈으나, 고려 침공에 전력을 집중하기 곤란한 입장에 처해 있었다. 고려 또한 자체 방위 능력의 한계로 인한 단독 방어의 어려움이 있었다. 이를 극복하기 위한 대책의 하나로 동진국(東眞國)과 우호적인 관계를 유지하려 했으나 동진국의 지원 능력도 한계가 있었으며, 더구나 1233년 6월 동진국이 몽고에 의해서 멸망되어

88) *高麗史, 卷23,* 高宗 世家 18年.

89) *東國兵鑑,* p. 299.

90) *高麗史, 卷103, 列傳, 金允侯; 對蒙抗爭史,* p. 110; *東國兵鑑,* p. 298.

버려 이러한 고려의 노력은 수포로 돌아가고 말았다. 이와 같이 중국의 동북부지역과 한반도 북부지역을 장악하기 위하여 금국 및 동진국과 싸우느라 고려 침공에 전력을 기울일 수 없었던 몽고와 자체 방어 능력의 부실 때문에 몽고와의 굴욕적인 평화라도 받아들이면서도 항복은 하지 않겠다는 고려는 양국간에 치러진 1차 전쟁을 어정쩡한 상태로 마감하는 것을 감내하게 되었다.

고려와 몽고는 방어와 공격 전략과 전술에 있어서 실천 개념상 효용성의 한계가 있었고, 양측은 이를 자국에 유리하게 이용할 여지가 있다고 판단하고 있었다. 고려는 몽고군이 기병으로 조직되어 있기 때문에 평지에서의 전투에는 강하나, 산악이나 하천, 바다를 이용한 방어를 펼칠 경우 몽고의 침공을 격퇴시킬 수 있다는 판단을 하고 있었다. 그리하여 고려는 험준한 산악 지형을 이용하여 성을 구축하고 하천선을 방어선으로 삼아, 결국 바다를 건너 강화도로 국도를 옮기면서까지 몽고의 침공에 대항하여 몽고 스스로 고려의 완전 복속 기도를 포기하도록 유도하려 했다. 서역을 비롯한 광대한 영토를 정복한 몽고 역시 고려가 험준한 지형과 바다를 이용하여 저항을 하려 하지만, 신속한 기동성을 바탕으로 한 끈질긴 연속 공격, 그리고 무자비한 약탈과 파괴 등을 감수하면서까지 몽고의 침공을 견디어낼 수 있다고는 보지 않았다. 이러한 판단 아래, 몽고는 우선 동진국과 금국을 정복하는데 고려가 이들 국가들을 돕지 못할 정도로 국력과 대항 의지를 약화시켜 놓고, 완전한 복속 문제는 후일 해결할 문제로 남겨 놓은 상태로 일단 양국간 충돌을 마감하였다. 이와 같이 고려와 몽고는 상대의 공격, 방어 전략과 전술의 한계를 이용하여 자국의 방어와 공격 목적을 달성할 수 있다는 가능성을 버리지 않고 있었다.

그러나 고려는 과거 중국의 세력과 싸우면서 한반도 내 국가들이 계발(啓發)한 방어 개념인 청야입보(淸野入保)에 입각한 전략을 택했으나, 작전의 주도권을 상대에게 내주고 방어에 임해야 하고, 국토의 거의 대부분을 방기(放棄)해야 하는 이 개념과 전략의 근원적인 한계로 인하여, 국토의 황폐화는 물론 막대한 국가 재산의 손실을 감수해야만 했다. 그리고 귀주성이나 자모성을 끝까지 지켜낸 장수들을 항명죄로 다스리려 한 고려 조정의 처사에서 보듯이, 어떤 지역이나 부분적인 작전의 성공이 국가의 전쟁 수행 의지를 불러일으키지 못할 수도 있고, 국가 전체의 전쟁 수행 의지의 뒷받침을 받지 못하는 성공적인 수성(守城) 작전은 전략적으로 별다른 의미가 없는 노력이 되고 마는 경우도 있었다. 따라서 청야입보의 방어 개념과 전략은 과거 병력의 기동성이 없고 보급 문제의 자체 해결 능력이 결여된 수(隋)나라와 당(唐)나라 군의 침공을 저지하는 데는 매우 효과적이었으나, 기동성이 뛰어나고 보급 문제의 해결에 큰 어려움이 없던 몽고군의 침공을 저지하는 데는 막대한 희생을 감수해야만 하고, 감수해야 할 희생의 정도가 너무 커서 이것 자체가 저항을 포기해야 할 이유가 될 수도 있는 것이었다. 이러한 고려의 방어 개념과 전략의 실천적 한계가 1차 전쟁에서 드러나게 되었다.

몽고군의 침공 전략과 전술 역시 실천적인 한계를 드러냈다. 첫번째 침공시에 귀주성에서 발이 묶인 1만여 명의 북로군은 남로군의 작전 수행에 지장을 주었고, 산악 지형에서는 병력의 일시적인 집중과 파상 공세의 효과가 반감되기도 했으며, 소규모의 기습 공격에도 전열이 흐트러지는 경우가 있었다. 특히 두 번째 침공시에 병력을 분산하여 기동성을 발휘하려 했으나 오히려 각개 격파당할 수 있는 위험성이 증가되었고, 최고 지휘관의 전사(戰死)로 전의(戰意)가 반감되는 경우가 발생하였다. 따라서 몽고군은 기동 공간이 좁은 지역에서의 기병 운용 전술과 소규모 부대의 효율적인 운용 방법 면에서 한계를 극복해야 하는 과제를 떠안게 되었다.

한 차례 전쟁을 치르고 난 고려와 몽고는 또 다른 전쟁을 피할 수 있는 합리적인 방법을 발견하지 못했다. 고려와 몽고 간에 치러진 1차 전쟁의 양상과 양측의 공격 방어의 개념, 전략 전술의 문제점과 한계에도 불구하고, 공격의 대상이 되어 방어를 해야 하고 국토의 대부분이 전쟁터가 된 고려가 입은 피해는 절대적으로나 상대적으로 고려와 고려인이 감당할 정도를 훨씬 넘었다. 그러나 고려는 전쟁의 피해를 피하기 위해서 몽고와 화의를 성립시키려 해도 그에 따른 몽고의 엄청난 요구를 충족시키는 것은 전쟁으로 입을 수 있는 피해보다 결코 적은 수준이 아니라는 데에 고민이 있었다. 국가차원에서의 굴욕적인 복종은 물론, 끊임없이 요구하는 엄청난 양의 예물은 고려가 감당할 수 없는 정도였다. 진퇴양난(進退兩難)에 처한 고려로서 택할 수 있는 명예로운 방법은 저항하는 길이요, 고려를 완전히 복속시키고자 하는 몽고 역시 목적 달성을 위해서 고려를 계속 공격하는 것만이 현실적으로 유일한 방법으로 간주하고 있었다. 이렇게 판단하고 있는 한 양국은 다시 전쟁을 치를 수밖에 다른 도리가 없었다.

3) 제 2 차 고려와 몽고의 전쟁

(1) 전쟁의 재발 원인

몽고가 고려를 다시 침공함으로써 재개된 고려와 몽고의 2차 전쟁의 원인은 양국간에 치러진 1차 전쟁의 원인과 결과에서 비롯되었다. 살리타의 전사로 몽고 침공군이 철수한 후인 1233년 4월, 몽고의 태종 오고타이는 고려에 사신을 보내, 몽고가 거란의 유적을 소탕해 주었음에도 고려가 감사의 사신을 보내지 않고, 살리타를 죽이고도 사죄의 사신을 보내지 않으며, 몽고의 사신 자쿠예를 죽이고도 변명만 늘어놓고, 고려 국왕이 입조(入朝)를 거부하고 강화도로 국도를 옮겨 몽고에 적대적인 태도를 노골적으로 보이고 있다는 점 등을 지적하며, 몽고 국왕이 강화도에서 나와 입조하고 몽고의 동진국(東眞國) 정벌에 적극 협조하라는 협박을 가해 왔다.[91] 그러나 고려는 몽고의 요구를 거절하고, 한 걸음 더 나아가서 몽고의 앞잡이 노릇을 하는 홍복원(洪福源) 일당을 제거하려고 대장군 정의(鄭毅)와 박록전(朴祿全)을 서경에 파견하였다. 이를 사전

91) *高麗史, 卷23,* 高宗 世家 20年.

에 알아챈 홍복원 일당이 정의 장군 일행을 살해하고 반란을 일으켰다. 최우(崔瑀)는 자신의 호위병 3,000명을 급파하여 친몽 반란 세력을 토벌하였으나, 홍복원은 몽고로 탈출하여 고려와 몽고의 관계를 악화시키고 고려 침공을 부추기는 역할을 서슴지 않았다. 고려 조정은 사로잡힌 홍복원의 아버지와 동생까지 벼슬을 주어 홍복원을 회유하려 했으나 몽고로 도피한 홍복원의 반역 행위는 그칠 줄을 몰랐다.[92] 서북계의 실질적인 통치권을 행사하던 홍복원 일당을 구축한 고려는 이 지역의 방어 태세와 시설을 가다듬어 몽고의 재침공에 대비하였다. 이와 같이 1차 침공에서 살해된 살리타에 대한 보복과 고려 조정의 출륙(出陸)을 강요하여, 완전히 고려를 굴복시킨다는 몽고의 정복 의지와 완전한 항복은 하지 않겠다는 고려의 저항 의지는 또 다른 충돌의 원인이 되어 양국간 전쟁으로 구체화되었다.

그러나 고려의 몽고에 대한 노골적인 적대 행위에도 불구하고 몽고는 직접적인 군사 행동을 취하지는 못했다. 몽고가 금국(金國)과 동진국(東眞國)에 대한 대규모 공격을 계획하고 있었기 때문에 고려 침공을 위한 병력을 차출하기가 어려웠다. 고려에 대한 견제 조치를 취하고 난 몽고는 금국과 동진국에 대한 공세를 강화하여 1233년 5월에는 금의 임시 수도 변경(汴京)을 함락하고, 6월에는 동진국의 왕을 포로로 잡아 동진국을 멸망시켰다. 이러한 공세에 뒤이어 몽고는 1234년 1월에 채주(蔡州)로 도피한 금(金)의 애종(哀宗)을 포위 공격하여 자살하게 함으로써 금국마저 멸망시키고, 중국의 북부 지역을 장악하였다. 몽고는 이와 같이 고려를 견제하여 금과 동진국을 멸망시킨 후에, 공격의 화살을 동남 러시아와 동부 유럽, 중국의 남송(南宋), 그리고 고려로 돌려 제국의 꿈을 실현하려 했다.

금국과 동진국을 멸망시킨 몽고는 1234년 가을 다란바스에서 국가 전략회의를 소집하여 세계의 정복을 통한 제국(帝國) 건설을 위하여 3개 방향으로의 군사 작전을 수행하기로 합의하였다. 첫 번째로 바투, 퀴유크, 몽케군(軍)은 동남 러시아와 동부 유럽 방면을 공략하고, 두 번째, 코돈, 코츄, 거우온부카군(軍)은 중국 남방의 남송(南宋)을 공략하고, 세 번째로 탕쿠군(唐古軍)은 고려를 정벌하도록 결정했다.[93] 몽고군은 이러한 공략 방침에 따라, 1235년 봄부터 행동을 개시했다. 특히, 몽고군은 중국 남송에 대한 대대적인 공세와 더불어 고려에 대한 침공을 위해서 병력을 요양으로 집결시켰다. 이로부터 수차례에 걸친 고려 침공이 자행되었다.

(2) 탕쿠군의 고려 침공

고려 침공군 사령관으로 임명된 탕쿠(唐古)는 과거 살리타와 같이 고려를 두 번이나 침공하여 고려의 내부 사정을 잘 알고 있었다. 탕쿠는 공성전에 병력과 시간을 소모하지 않고, 몽고군의 신속한 기동력을 이용하여 침공군을 소규모의 유격 기병(遊擊騎兵)으로

---

92) *高麗史, 卷121, 列傳, 鄭毅.*
93) *對蒙抗爭史*, pp. 116-8.

탕쿠군의 고려 침공(초기)

나누어 고려의 전지역에 대해서 약탈과 살육을 감행하여, 이를 초토화함으로써 고려인의 저항 능력과 의지를 박탈하여 고려 조정의 항복을 받아낸다는 작전 개념을 수립하였다. 이에 대해서 고려는 경군(京軍)인 5군(전, 후, 좌, 우, 중군)을 강화도의 방위를 강화하는 데 사용하고, 각 지방에는 소규모의 야별초(夜別抄)군 병력을 파견하여 마을을 떠나 산성이나 해도(海島)에 피난해 있는 현지 군민들과 유격전을 감행하여 몽고 침공군의 전력을 소모시켜, 이의 철수를 유도한다는 작전 개념으로 방어에 임했다.

몽고 침공군 사령관 탕쿠는 1235년 윤 7월 고려를 배반한 홍복원(洪福源)을 향도로 삼아, 네 명의 부장과 함께 고려를 침공할 몽고군을 요양에 집결시켰다. 탕쿠는 7월 초순에 척후 기병대를 함신진(咸新鎭)으로 출발시키고, 자신은 주력군을 북로군과 남로군으로 편성하여 8월에 고려 영내로 진주하였다. 몽고군은 또한 병력의 일부를 고려의 동북계로 진출시켜, 1333년 6월 동진국을 정복하고 그 곳에 주둔하고 있던 몽고군과 여진 부대들과 합류시켜 고려의 동북방을 공격하도록 했다. 몽고군은 이와 같이 서북계의 남로와 북로, 동북계를 통하여 고려 침공을 단행하였다.

몽고의 북로군은 함신진-삭주-귀주-태주-개주를 연하는 북로를 경유하여 10월경 서주에 도달했고, 남로군은 함신진에서 용주, 철주, 정주를 거쳐 안북부를 잇는 통로를 따라 남하하여 청천강 이남지방의 수령들을 포로로 잡아 향도로 삼고, 서경-황주-봉주-평주를 거쳐 개경으로 진출하였다. 동북계 방면으로 진출한 몽고군은 정평, 고원을 거쳐 용진진(龍津鎭)과 진명성(鎭溟城)을 공격하여 이를 탈취하고, 동해안 일대를 유린하였다.[94] 몽고군은 매우 조심스럽게 침공 작전을 수행했으나 몽고군이 지나는 곳은 철저하게 파괴되었다.

몽고군 남로군은 대구지역까지 진출하여 부인사(符仁寺) 대장경을 소각하고 많은 문화 유산을 파괴하는 행위를 서슴지 않았으며, 북로군과 동북계로 진출한 몽고군과 더불어 가는 곳마다 약탈과 방화 및 살육을 자행하였다. 그러나 야별초군의 작전 지도를 받고 있던 고려의 지방 군민들은 몽고군 진영을 급습하거나 산성에서의 결사적인 방어와 반격으로 몽고군에게 심각한 타격을 입혔다. 서주의 대현산성을 공격한 북로군은 고려군에 의해서 심한 타격을 입고 이를 우회하여 지평에 도착했으나, 야별초군의 유격 작전 수행으로 다수의 사상자가 발생하는 피해를 입었다. 몽고군은 이와 같은 고려 관군과 지방 군민들이 협력하여 펼치는 유격전에 많은 피해를 입어 전력을 상실하고 말았다. 상황이 이렇게 전개되자 몽고 침공군은 12월에 전병력을 압록강 이북으로 철수시키지 않을 수 없었다.[95] 몽고가 택한 소규모 기병 부대에 의한 유격전 수행 전술이 작전 지형과 사정에 익숙한 고려 군민이 펼치는 유격 전술을 당해내지 못한 결과가 되었다.

압록강 이북으로 철수한 몽고의 탕쿠군은 전열을 정비한 다음, 1236년 6월 다시 고려를 침공했다. 침공에 앞서 몽고군은 척후 기병대를 고려의 서북계와 동북계지역 일대에 파견하여 고려의 방어 상태를 확인했다. 고려 북방지역의 방어 상태가 허술하다고 판단한 몽고군은 전년보다 더 많은 1만여 명의 병력으로 고려 영토 깊숙이 진격하여 고려 조정에 대한 압박 정도를 더욱 높이려 했다. 몽고군 선봉 부대는 6월 5일 압록강을 도하하여 6월 8일에는 가주(嘉州), 10일에는 안북부(安北府) 남쪽 12km 지점, 15일에는 황해도의 재령 등지에 도달하여 해안 내륙 지방까지 혼란에 빠뜨렸다. 선봉 부대의 뒤를 따라 남진하는 몽고군은 북로군과 남로군으로 나누어 진격을 계속했다.

몽고 북로군은 북로를 거쳐 7월 초에는 개주(价州: 개천)까지 진출했다. 개주를 방어하고 있던 고려군은 몽고군의 대부대와 정면으로 대결해서는 승산이 없다고 판단하고,

---

94) *高麗史, 卷23,* 高宗 世家 22年.

95) *前揭書; 對蒙抗爭史*, pp. 119-23.

몽고군의 남진 경로에 소규모의 복병을 배치하여 몽고군에게 기습적인 타격을 주려는 계획 아래 요소에 병력을 잠복시켰다. 7월 6일 해질 무렵, 고려군은 잠복 지점에 도착한 몽고군을 기습하여 몽고군 다수를 살상하고 이들을 영변으로 퇴각시켰다. 영변으로 퇴각한 몽고군은 전열을 재정비한 다음 남진을 계속하여 7월 18일 자주성에 도착했다. 자주성은 1차 몽고군 침공시에 당시의 부사 최춘명(崔椿命)이 성을 끝까지 지켜낸 군사적인 요충이었다. 이 때도 수성(守城)보다는 분산(分散) 방어와 유격전을 수행하던 다른 성과는 달리 자주성에는 고려 군민들이 집중 방어에 임하고 있었다. 7월 18일 자주성을 포위한 몽고군은 8월 13일까지 자주성을 끈질기게 공격하였다. 자주성의 고려인들은 몽고군에게 많은 피해를 입히며 끝까지 성을 고수하다가 8월 13일 몽고군에게 성을 빼앗기고 말았다. 개주에서의 패퇴와 자주성에서 고려 군민의 항전으로 많은 피해를 입은 몽고군의 남진 속도는 늦어졌고 작전 수행 방식은 보다 신중해졌다.[96]

몽고의 남로군도 서북계의 여러 성들이 집중 방어를 하지 않고 있는 점을 감안하여 소수의 병력으로 여러 성들을 감시하도록 하고 남진을 계속했다. 6월 5일 압록강을 도하한 몽고 남로군은 6월 10일에는 선주(宣州)를 거쳐 서경, 평주, 개경으로 진출하여, 남경, 평택, 아산, 직산 등의 경로를 따라 남진하면서 약탈과 방화를 계속했다. 고려군은 성읍(城邑)에서 주변 산악 지대로 대피하여 유격전을 수행하였기 때문에, 몽고 기병의 진격 속도는 매우 신속하여 몽고군은 9월 3일 온수군(溫水郡: 온양)에 이르렀다. 이 때 온수 군민들은 성문을 열고 몽고군을 직접 공격함으로써 몽고군을 어리둥절하게 만들어 기습을 달성하여 몽고군 200여 명을 살상하는 전과를 올리기도 했다. 그러나 여기로부터 호남지역으로 진출한 몽고 남로군은 온갖 약탈과 만행을 자행하여 국지적인 피해를 입힌 고려인들에 대해서 야만적인 보복을 감행하였다. 몽고군의 피해를 입는 범위가 확대되어 간 셈이다.

몽고의 북로군도 8월 13일 자주성을 탈취하고 남진을 계속하여 강동, 개경을 연결하는 기동로를 이용하여 남경에 도착했다. 여기에서 몽고군은 일부 병력을 차출하여 양평, 지평리 방향으로 진출시키고, 주력은 광주, 용인을 거쳐 8월 하순경 경기 남부의 군사 요충인 죽주(竹州: 경기 안성군 죽산)에 도달했다. 죽주성은 유격 작전을 통한 분산 방어 태세를 취한 다른 성들과는 달리, 군민들이 성 안에 집결하여 집중 방어를 통한 수성(守城) 작전을 펴고 있었다. 죽주성은 조정에서 파견된 방호별감(防護別監) 송문주(宋文冑)가 죽주와 인근 군민 3,000여 명을 규합하여 방어에 임하고 있었다. 특히 송문주는 몽고군과의 1차 전쟁시 귀주성의 박서(朴犀)와 김경손(金慶孫) 장군 휘하에서 몽고군을 격퇴시킨 바 있던 강장(强將)으로서 몽고군의 항복 권유를 일언지하(一言之下)에 거절하고, 수성(守城) 태세를 가다듬었다. 8월 하순부터 9월 초순까지 15일 동안이나 몽고군은 온갖 방법과 수단을 동원하여 죽주성을 공격했으나 이를 함락시키지 못했다. 석포(石砲)를 동원한 정공(正攻), 화공(火攻)을 겸한 압공(壓攻) 등의 공격도 소용이

96) *對蒙抗爭史*, pp. 124-5.

탕쿠군의 고려 침공(중기)

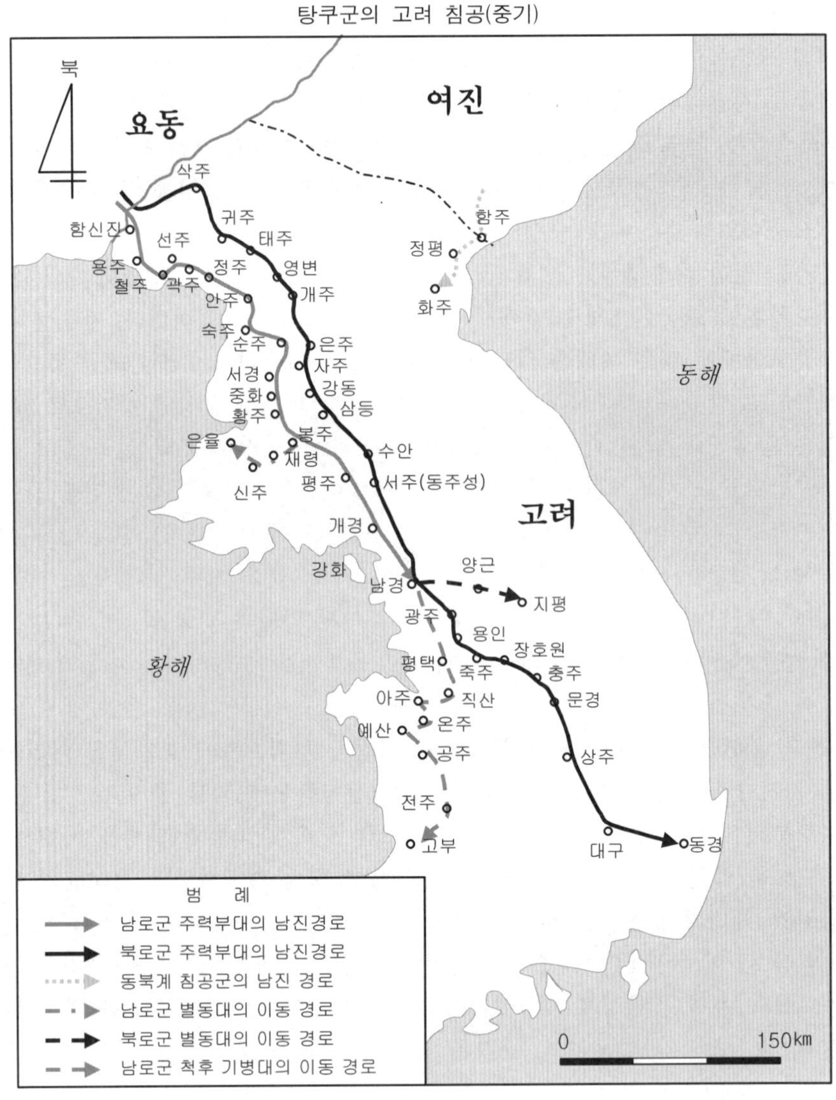

없었다. 특히 화공으로 성 안의 시야를 흐리게 하고 공격하는 몽고군을 성문을 활짝 열고 정공법(正攻法)으로 반격함으로써 몽고군의 의표를 찔러 패퇴시키기도 하고, 파손된 성곽 사이로 공격해 오는 몽고군을 석포의 직격탄을 쏘아대며 막아내기도 했다. 특히 송문주가 "오늘은 적이 이러이러한 장비를 설치하고 공격해 올 테니, 아군은 저러저러한 방법으로 대응해야 할 것이다"고 하면 그 예언이 다 들어맞았기 때문에, 죽주(竹州)성 군민들은 그를 "신명(神明)"이라고 일컬었다. 마침내 몽고군은 공격용 장비들을 태워 버리고 퇴각하여 충주, 문경, 상주를 거쳐 대구와 경주까지 진출하여 온갖 만행을 저지르면서 누비고 다녔다.97)

전라도지방으로 진출한 남로군과 경상도지방으로 진출한 북로군으로 구성된 몽고군은 고려의 전국토를 전란과 혼란에 휩쓸리게 함으로써, 고려의 전쟁 수행 능력과 고려인의 전쟁 수행 의지를 박탈하여 고려의 항복을 받아 내기 위하여 갖은 만행과 약탈, 파괴와 살육 행위를 자행하고 다녔다. 그러나 몽고군은 고려의 유격 작전으로 인하여 소기의 목적을 달성할 수 없었다.

고려는 1235년부터 1239년까지 5년 간이나 장기화된 몽고와의 전쟁으로 인하여 전국은 초토화되고, 국력이 극도로 약화되어 더 이상 전쟁을 계속할 여력이 없었다. 경기, 충청, 전라, 경상도 등 고려의 전 국토를 유린한 몽고군도 고려 군민의 끊임없는 습격과 공격으로 보급이 단절되고, 지휘 체계가 분산되어 진퇴양난(進退兩難)의 곤경에 처하게 되었다. 전라도로 진출한 몽고 남로군도 1236년 이후에는 더 이상의 진출을 못하고 있었으며, 경상도로 진출한 북로군도 1238년 윤 4월 경주에 진출하여 황룡사탑(黃龍寺塔)을 파괴한 것을 마지막으로 남진을 중지하고, 자체 전열을 가다듬고 있었다. 침공한 몽고군과 이를 막는 고려 군민 사이에는 별다른 충돌이 없어 전황(戰況)은 소강 상태에 접어들었다. 군사적인 해결책이 아닌 정치적인 해결책을 모색해야 할 상황이 전개되었다.

더 이상의 피해를 막아야 하는 고려 조정이 먼저 행동을 개시했다. 고려 조정은 1238년 12월 24일 중진급 사신을 몽고에 보내어 조공(朝貢)과 출륙(出陸), 환도(還都) 및 고려 국왕의 입조(入朝)를 조건으로 강화 교섭을 추진하도록 했다. 몽고도 이 무렵 유럽에 대군을 파견하여 모스크바, 키에프, 폴란드 등을 정복하고 있었다. 따라서 고려에 증원해 줄 병력도 충분하지 않고, 고려가 쉽게 몽고군에 항복할 것 같지 않다고 파악한 몽고는 고려 조정의 형식적인 평화 제의를 받아들이기로 결정했다. 그리하여 몽고는 1239년 4월 20여 명의 사절단을 고려에 파견하여 몽고 오고타이 황제의 조서를 전달하고, 고려 국왕의 입조를 다시 한번 요구하였다. 고려 고종은 강화도의 객관(客館)인 제포관(梯浦館)에서 몽고 사신 일행을 영접하고 몽고측의 요구를 수락함으로써 강화가 성립되었다. 5년 간의 몽고 침공이 이로써 그치게 되었다. 그러나 고려 국왕 입조의 시행 여부는 불투명한 채로 남아 있었기 때문에 고려와 몽고 간에는 또 다시 불안한 평화가 수립된 셈이다.

소규모의 기병 유격대를 고려 전국토에 진출시켜 방화와 약탈, 파괴와 살육을 자행하여 고려의 저항 능력과 저항 의지를 말살시킴으로써, 강화도에 안주하고 있는 고려 조정의 항복과 고려의 항구적인 대몽고 복속을 확보하려던 몽고군의 침공 전략과 전술은 고려 군민들의 성공적인 수성 방어 작전과 효율적인 유격 작전의 수행으로 큰 성과를 거두지 못했다. 특히 몽고군의 잔인한 살육과 약탈 행위는 고려인들에게 공포심을 심어 주어 북방의 지방 수령들이 싸우지도 않고 항복하는 사례가 발생했으나, 몽고군의 잔인한 행위와 항복한 고려 수령들의 비참한 처지는 오히려 일반 고려 백성들의

97) *高麗史, 卷103, 列傳, 宋文冑; 東國兵鑑*, pp. 303-8.

몽고에 대한 적개심을 깊게 만든 요인이 되었다. 몽고에 대한 적개심을 지닌 지방 군민들을 결집시켜 몽고군에 대항하여 방어 작전을 지휘한 집단은 중앙에서 파견된 삼별초군(三別抄軍)이었다. 야간 순찰 부대로서 조직된 야별초(夜別抄)를 시작으로 조직된 별초군(別抄軍)은 후에 좌별초(左別抄)와 우별초(右別抄)까지 첨가되어 중앙과 지방의 도적과 반적을 소탕하는 임무를 수행하였다. 특히 몽고군에게 끌려 갔다가 되돌아온 고려군과 장정들로 구성된 신의별초(神義別抄)는 삼별초 조직에 국가적인 신념까지를 불어넣은 촉매 요소가 되었다. 따라서 이들이 주동이 되어 벌인 대몽 항전은 몽고군의 작전을 충분히 방해하여, 몽고군이 고려 전국을 유린하고서도 고려의 항복을 받아내지 못한 큰 요인으로 작용하였다.

(3) 아무간군의 침공

탕쿠군이 고려로부터 철수한 후에 고려는 몽고에 사신을 보내 조공을 바치기도 했으나 고려 국왕의 출륙(出陸)과 입조(入朝)는 시행하지 않았다. 몽고는 이러한 고려의 태도를 못마땅하게 여겨 1239년 이래 여러 차례 사신을 고려에 보내 고려 국왕의 출륙과 입조의 이행을 촉구하였다. 그러나 고려 조정은 국왕이 모후의 상중(喪中)이라는 이유로 몽고 입조가 불가능하다고 변명하면서, 아예 몽고 입조 자체를 면제해 줄 것을 요구하였다. 이에 몽고의 태종 오고타이는 모후의 거상을 마치는 1240년까지 입조를 연기해 주겠다고 했다. 고려는 1239년 12월에 신안공(新安公) 왕전(王佺)을 비롯한 148명의 대규모 사절단을 몽고에 파견하여 몽고 조정에 대한 전면적인 외교 활동을 전개함으로써 입조 요구를 철회하도록 노력했다. 그러나 몽고 태종 오고타이는 1240년 귀국하는 고려 사신들과 더불어 17명의 몽고 사신을 보내어, 강화도(江華島) 거주 군민들을 육지로 이동시키고 몽고에 인질을 보낼 것이며, 고려 국왕은 반드시 입조(入朝)할 것 등을 강요하였다.[98] 고려에서는 인질만을 보내기로 하고 1241년 4월 왕족인 영녕공(永寧公) 왕준(王綧)을 고종의 친자로 위장하여 몽고에 인질로 보냈다. 그러나 몽고는 계속 고려왕의 친조(親朝)를 요구하였다. 몽고의 요구가 강경하여 또 다른 침공이 감행될 뻔하였다.

이번에는 몽고의 내부 사정이 고려에 대한 침공을 유예시켰다. 1241년 11월 고종의 친조를 강력히 요구하던 몽고의 태종 오고타이가 돌연히 세상을 떠났다. 그로부터 쿠릴타이 회의를 소집하여 새로운 대한(大汗)을 선정할 때까지 5년 간(1241. 11.-1246. 6.)은 태종의 황후가 대권을 행사하여 황제가 없는 공백기간이 되었다. 이 기간 동안 칭기즈 칸의 손자 바투와 오고타이의 장자인 퀴유크(貴由)가 치열한 왕위 쟁탈전을 계속하였다. 이러한 몽고 내의 내분으로 고려는 당분간 몽고와 평화적인 관계를 유지할 수 있었다. 고려는 이 기간 동안 국방 태세를 강화하기 위하여 각 도에 순문사(巡問使)와

---

98) *高麗史, 卷23,* 高宗 世家 26, 27年.

아무간군의 고려 침공(1247. 7-1247. 말)

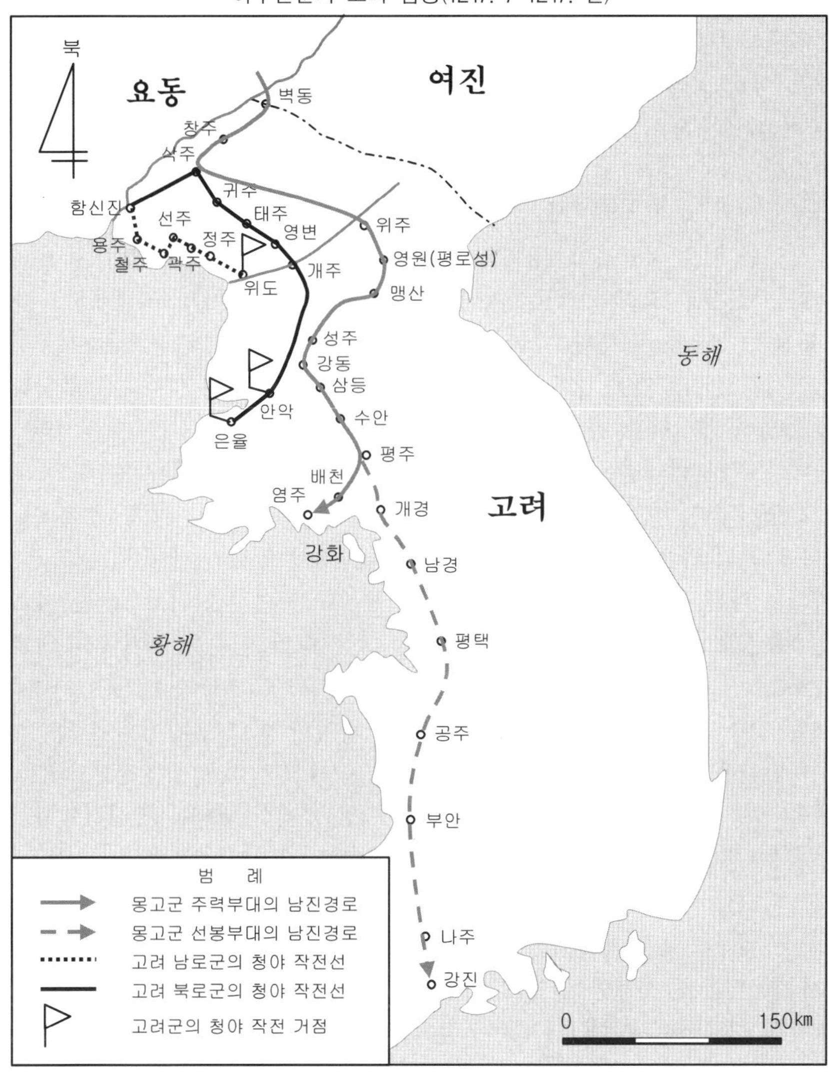

산성권농별감(山城勸農別監) 등을 파견하여 전시의 방어 태세의 확립과 군수물자 비축을 독려하였다.[99] 몽고나 고려 양측 모두, 특히 고려는 아직 전쟁의 불씨가 완전히 사라졌다고 생각하지 않고 있었다.

1246년 7월 쿠릴타이 회의에서 대한(大汗)으로 선출되어 정종(定宗)으로 황제가 된 귀유크는 자신의 권위에 도전하는 바투와 몽고의 권위를 무시하는 고려에 대한 응징을 가하려 했다. 정종은 고려에 사신을 파견하여 고려 조정이 출륙하지 않고 있는 것

99) *高麗史, 卷79, 食貨志 農桑條; 對蒙抗爭史*, pp. 137-9.

에 대한 힐책과 더불어, 고려 국왕의 입조(入朝)를 다시 한번 강요하고 이를 이행하지 않을 경우에는 무력으로 고려를 정벌하겠다고 협박하였다. 고려가 이를 거절하자 몽고의 정종은 다시 고려 침공을 단행하기로 결정하고, 아무간(阿毋侃)과 고려의 반장(叛將) 홍복원(洪福源)으로 하여금 고려 침공을 위한 준비 계획 수립과 예비 조치를 취할 것을 지시했다.

몽고군은, 과거 고려 침공에서 산악으로 도피한 고려 군민들의 유격전 수행으로 많은 피해를 입었던 점을 감안하여, 1246년 10월에 400여 기의 기병을 선발대로서 수달 사냥을 한다는 구실로 고려의 서북계지역으로 진입시켜 고려의 방어 태세와 지형을 정찰하도록 하는 조치를 취했다. 그리고 1247년 여름에는 본격적인 침공을 개시했다.[100)]

몽고군 사령관 아무간은 1247년 7월 서북계의 변형된 북로를 따라 침공을 개시했다. 전년도(1246)에 실시한 정찰 활동을 통해서 서북계의 남로와 북로지역에서의 고려군 방어 상태가 강하다는 점을 간파한 몽고군은 변형된 북로를 단일 기동선으로 하여 전 병력을 진출시켰다. 이 작전선은 한반도의 중앙 산악지역을 연결하는 통로로 지형은 험준하나 고려의 방어 태세가 미약하다는 유리한 점이 있었기 때문에, 몽고군은 고려군의 예상과 다른 진격로를 택했다. 그리하여 몽고군은 삭주를 거쳐 남하하여 위주(渭州: 희천)와 평로성(平虜城: 영원)을 탈취하고, 맹산-수안-평주를 거쳐 7월 내에, 강화도에서 25km 떨어진, 황해도 해안의 군사적 요충인 염주(鹽州: 연안)까지 진출하여 공격 태세를 갖추었다. 특히 몽고군은, 정찰조가 파악한 대로 산간에 은밀하게 피신해 있던 고려인들을 살육하고 은신처를 초토화시키면서 신속하게 남진함으로써 고려 방어 체제의 약점을 최대한 이용하였으며, 이로 인한 고려의 피해는 막심하였다. 그리고 몽고군 별동 부대는 경기도를 초토화시키고 전라도 강진까지 진출하여 온갖 만행을 저지르고 다녔다.[101)]

몽고군이 예상치 못한 중앙 산악 통로를 이용하여 신속하게 남진하자, 고려는 서북계의 고려 군민들을 서해안 연안의 도서지역(島嶼地域)으로 이주시켜 몽고군의 현지 물자 조달을 거부하고, 전야(田野)를 소각하여 청야입보(淸野入保) 작전을 전개하였다. 특히 정주 남방의 위도는 거주 공간과 경작지도 어느 정도 지니고 있어, 몽고군에 대한 유격 작전 수행의 거점 구실을 톡톡히 하여 몽고군을 괴롭히기도 했다. 이러한 고려의 청야입보 작전은 몽고군에게 타격을 주어 1247년 말경 몽고군은 보급 조달이 어렵게 되었다. 몽고군의 이러한 처지를 간파한 고려 조정은 사신을 염주에 있는 아무간에게 파견하여 강화 교섭을 추진하고 몽고군의 철수를 요청했다.

몽고군 사령관은 고려측에서 출륙(出陸), 환도(還都)와 국왕의 입조(入朝)를 약속해야만 몽고군이 철수한다는 점을 분명하게 밝혔다. 이러한 몽고의 요구에 맞서 고려측은 고려가 해마다 조공을 바치는 조건만으로 몽고군이 철수하면, 적절한 시기에 출륙,

---

100) *高麗史, 卷23,* 高宗 世家 34年; *元高麗紀事,* 定宗 2年 丁未條; *對蒙抗爭史,* pp. 139-45.
101) *前揭書.*

환도와 국왕의 입조를 실행하겠다는 종전의 입장을 되풀이했다. 그러나 몽고군의 고집으로 강화 교섭은 결렬되고 말았다. 그리고 고려군과 몽고군은 별다른 충돌없이 1248년을 맞았다. 그런데 그 해 3월 몽고의 정종이 갑자기 사망하였다. 그러자 몽고의 아무간(阿母侃)은 고려 조정에 전년도의 조건을 수락한다고 일방적으로 통고하면서 철군을 개시하였다. 몽고 내부의 왕권 다툼이 몽고 침공군의 철수를 재촉하였다.

일방적인 철군 통보를 받은 고려 조정은 몽고 내부에 변화가 있음을 간파하고, 철수하는 몽고군을 공격하라는 지시를 각 지방에 내려 철군 도상에 있는 몽고군에게 일대 타격을 가했다. 출륙과 환도, 그리고 국왕의 입조를 강요하여 고려를 몽고의 완전한 속국(屬國)으로 만들겠다고 고려를 침공한 아무간군은, 1년여에 걸친 고려 원정을 통하여 병력과 장비의 손실만을 입은 채 본국의 요양(遼陽)으로 철수하고 말았다. 그러나 몽고와 고려 간에 다시 충돌이 일어날 불씨는 아직 남아 있었다.[102]

(4) 예쿠군의 침공

몽고의 정종(定宗, 1246-8 재위)이 사망하고 3년여가 지난 1251년 6월 몽케(蒙哥: 칭기즈 칸의 손자)가 4대 황제로 선출되어 헌종(憲宗)으로 즉위하였다. 그는 즉위한 직후인 10월에 고려에 사신을 보내 고려가 출륙 환도(出陸還都)와 국왕의 친조(親朝)를 이행하지 않는 점을 강력히 추궁하고, 이를 즉시 이행하지 않으면 고려를 다시 침공하겠다고 경고해 왔다. 고려에서는 최충헌(崔忠獻)에 이어 1219년부터 30여 년간 대몽고 강경 정책을 고수해 온 최우(崔瑀)가 1249년 11월 사망하고 그 아들 최항(崔沆)이 집권하였으나, 최항도 대몽고 강경 노선을 고수하고 있었다. 따라서 고려 조정은 1252년 6월까지 출륙 환도를 이행한다고 우선 몽고에 통보한 다음 형세에 따라 시기를 계속 늦추어 몽고의 재침을 지연시키고, 고려 국왕이 60세의 고령이고 와병중이라는 점을 들어 태자가 입조하는 것으로 대처한다는 외교적 노력을 기울이기로 결정했다. 이에 따라, 고려 조정은 1252년 1월 추밀원부사(樞密院副使) 이현(李峴) 등을 몽고에 사신으로 파견했다.[103]

고려에서 파견한 사신 일행을 접견한 몽고의 헌종(憲宗)은 출륙 환도(出陸還都)에 대한 고려의 약속을 받아들이지 않고 몽고 사신을 고려에 보내어 고려 약속의 성실도를 직접 확인하려 했다. 헌종은 고려 사신을 몽고에 억류하고 고려의 서장관(書狀官) 하나만을 몽고 사신(도케: 多可, 아투: 阿土)과 동행시켜 고려에 파견했다. 그때 헌종은 도케와 아투를 은밀하게 불러 "고려 국왕이 육지에 나와서 너희를 맞이하면 고려의 약속 이행의 성실성을 어느 정도 믿을 수 있으나, 고려 국왕이 육지로 나와서 영접하지 않는다면 고려가 출륙할 의사가 없다는 표시이니 즉시 귀국하라"는 지령을 내렸다. 몽고 사신을 수행한 고려의 서장관은 귀국 즉시 자신이 탐지한 몽고 헌종의 밀명을 고려 조

102) *高麗史, 卷23,* 高宗 世家 35, 6, 7年; *對蒙抗爭史*, pp. 144-5; *東國兵鑑*, pp. 309-11.
103) *高麗史, 卷24,* 高宗 世家 38年; *對蒙抗爭史*, pp. 148-51.

정에 전하고, 국왕이 직접 바다를 건너 몽고 사신을 영접하여 몽고의 침공을 지연시켜야 한다고 역설했다.104)

1252년 7월 16일, 어전에서 개최된 재추회의(宰樞會議)에서 대신들은 국왕이 직접 갑곶강(甲串江)을 건너 육지의 승천부(昇天府: 경기 개풍군 豊德)에 나가 몽고의 사신을 영접해야 한다는 데 의견의 일치를 보았다. 그러나 최항의 주장대로 국왕 대신 신안공(新安公) 왕전(王佺)을 보내어 몽고 사신을 강화도의 제포관(梯浦館)으로 안내하였다. 그런 후에 고종이 이들을 맞아 환영연을 베풀었다. 그러나 몽고 헌종의 밀명을 받은 몽고 사신들은 이를 거절하고, 육지를 통해 몽고로 귀환하였다. 이제 고려는 몽고군의 재침공에 대비할 수밖에 다른 방도가 없었다. 이에 고려 조정은 각지의 산성과 요새에 방호별감(防護別監)을 파견하여 방어 태세를 강화하고, 충실도감(充實都監)을 신설하여 병력의 보충 업무를 담당하도록 했다. 고려는 국왕이 육지에 나가 몽고 사신을 영접하지 않은 대신 몽고군의 침공을 막아야만 했다.105)

몽고의 헌종은 고려 침공을 결정하고 1253년 4월에 요양(遼陽)에 주둔하고 있던 아무간, 홍복원군(軍)과 자신의 동생 쑹주(松柱)군으로 하여금 고려의 서북계지역으로 진출하여 무력 시위를 벌이도록 하고, 5월에는 고려 조정의 출륙 환도와 국왕의 입조를 이행하지 않으면 전면적인 침공을 단행하겠다는 최후 통첩을 보냈다. 고려는 이를 거절했다. 이에 몽고 헌종은 7월 예쿠(也窟)를 고려 원정군 사령관으로 임명하고, 아무간과 홍복원을 부장으로 임명하여 고려 침공을 개시하였다.106)

이때 고려를 침공하는 몽고 원정군을 따라나선 두 사람의 고려인이 있었다. 하나는 고려의 사신으로 몽고에 파견되었던 추밀원부사(樞密院副使) 이현(李峴)이었고, 다른 하나는 몽고에 인질로 가 있던 영녕공(永寧公) 왕준(王綧)이었다. 두 사람이 몽고에 자청하여 자임(自任)한 임무는 달랐다. 왕준이 몽고의 헌종에게 자청한 임무는 "고려 조정이 개경으로 환도하여 번방(藩邦)의 도리를 이행하도록 함으로써 고려 백성이 편안히 살 수 있게 고려 조정을 설득하겠다"는 것이었고, 이현이 예쿠에게 자청한 임무는 "몽고 침공군의 향도로서 몽고군의 고려 침공에 협조하겠다"는 것이었다. 왕준은 최항(崔沆)에게 서한을 보냈다. "몽고의 헌종이 지난 해 고려 국왕이 출륙을 하지 않았다는 이유로 병력을 동원하였고, 이번에도 고려 국왕이 강화도를 나와 맞이하면 즉시 철군하라고 말했다"는 점을 알려준 다음, 왕준은 "국왕이 아니면 태자나 안경공(安慶公: 고종의 둘째 아들)이 나와서 몽고군을 맞으면 그들은 물러갈 것이니 나라의 기틀을 보전하고 만백성을 편안하게 살리며, 최공도 부귀를 누릴 수 있는 상책(上策)이 그것이요. 내 말대로 해서도 몽고군이 철수하지 않는다면 내 일족을 멸해도 좋소"라고 전했다. 이와는 대조적으로 이현은 예쿠에게 "강화도의 식량은 본토에서 조달되기 때문에 만

---

104) *高麗史, 卷24,* 高宗 世家 39年; *對蒙抗爭史,* pp. 150-1.
105) *前揭書; 高麗史, 卷81 兵志 1.*
106) *新元史, 卷6,* 憲宗本紀 2年; *對蒙抗爭史,* p. 152.

일 몽고군이 가을 추수가 끝나기 전에 고려 내륙지방까지 점령하면 강화도의 고려 조정은 항복하지 않을 수 없을 것입니다"라고 말하면서 신속한 몽고군의 내륙 진출을 종용하였다. 예쿠는 이를 옳게 여기고 고려에 진출한 후에 몽고군을 동서로 나누어 고려 내륙 전역을 유린하여 고려 조정을 압박하려는 전략을 수립하였다.107) 두 고려인의 상대적인 대몽 협조의 모습이었다.

왕준의 서한을 받은 고려 조정은 재추회의(宰樞會議)를 소집하여 국왕이나 태자의 출영 문제를 토의했다. 대신들은 국왕 대신 태자나 안경공이 출영하는 방책이 바람직하다고 의견을 모았다. 그러나 최항은 반대 의견을 제시하면서 "출영해도 소용이 없을 것이고 태자를 잡아 성 밑에 와서 항복을 요구하면 어떻게 하겠는가?"라고 반문했다. 대신들의 의견은 즉시 출영 반대로 선회했고 고려군은 갑곶강에서 몽고군의 도하에 대비한 훈련을 실시했다. 그리고 고려 조정은 각 지방의 방호별감(防護別監)들에게 방어 태세를 가다듬도록 지시했다.108)

1253년 7월 3일 압록강을 도하한 몽고군은 고려의 청야입보 작전으로 텅 비다시피된 서북계 남로의 여러 성들을 경유하여 7월 15일 서경(西京)에 도착했다. 서경에서 예쿠는 몽고군을 동군(東軍)과 서군(西軍)으로 나누어 동군은 쑹주(松柱)가 지휘하여 고려 영내의 동부 내륙지역을 유린하도록 하고, 자신은 본대인 서군을 황주, 평주, 개경 등을 통로로 남진시켜 서부 내륙지역을 초토화하고 강화도의 고려 조정을 압박하여 항복을 받아내려 했다. 향도를 자청한 이현의 구상이 구체화된 셈이었다.

쑹주가 지휘하는 몽고 동군은 8월 14일 화주(和州: 영흥)를 함락한 다음, 척후 기병대를 동주(東州: 철원)-춘주(春州: 춘천)-광주(廣州)를 연하는 통로로 진출시켜 서군과 연락을 취하게 하면서 동군 본대의 전진로를 개척하고, 별동대를 편성하여 안변, 통천, 고성, 간성, 양양, 강릉에 이르는 동해안의 여러 고을을 약탈하도록 했다. 동군의 본대는 8월 하순경에 동주에 이르렀다. 몽고군은 지형의 험준함만을 믿고 방어를 소홀히 한 동주 방호별감의 안이한 대처 덕분에 동주성을 쉽게 함락하고 남진을 계속하여 8월 말에는 춘주성에 도착했다. 몽고군은 춘주성을 포위하고 공격을 개시했다. 춘주성을 지키고 있던 안찰사(按察使) 박천기(朴天器)는 8월 말에서 9월 중순까지 결사대를 성 밖으로 내 보내는 등 온갖 수단과 방법을 동원하여 필사적으로 싸웠으나 끝내 성을 몽고군에게 빼앗기고 장렬하게 전사하고 말았다. 춘주성을 점령한 몽고군은 다시 별군을 편성하여 원주로 내려보내고, 본대는 양근(楊根: 양평)성에서 방호별감 윤춘(尹椿)의 항복을 받아 이를 점령한 후에 광주로 진출하여 예쿠의 서군과 합류하였다.109) 몽고 동군의 진출은 비교적 용이하게 이루어졌다.

몽고 침공군 사령관 예쿠와, 아무간·홍복원 등이 지휘하는 몽고 서군(西軍)은 황

107) *高麗史, 卷24,* 高宗 世家 40年; *卷130, 列傳, 李峴; 東國兵鑑,* pp. 314-6; *對蒙抗爭史,* pp. 152-3.
108) *前揭書.*
109) *高麗史, 卷101, 列傳, 白敦明; 卷121, 列傳, 曹孝立; 卷130, 列傳, 韓洪甫; 對蒙抗爭史,* pp. 153-7.

주·봉주를 거쳐 개경에 도착했다. 개경에서 몽고 서군은, 일부 병력을 강화도 방면으로 보내어 강화를 위협하도록 하고, 계속 남하하여 8월 말경 남경(南京: 한양)에 도착했다. 몽고군은 여기에서 일부 병력을 전라도 방향으로 진출시키고 본대는 경상도 방향으로 진출하기 위하여 9월 9일 충주로 향했다. 그러나 몽고군은 여주 동쪽 4km 지점에 위치한 금당협(金堂峽) 계곡에 매복해 있던 고려군의 기습 공격을 받아 여주 북방까지 후퇴하기도 하면서 충주지역에 도착했다. 몽고군은 먼저 충주성 서쪽 20km 지점에 있는 천룡성(天龍城)을 무혈 점령하고, 10월 10일에 예쿠가 이끄는 친병(親兵)까지 합세하여 충주성을 공격했다. 몽고군은 영남지역으로 진출하기 위한 근거지를 마련하기 위하여 11월 중순까지 충주성을 집중적으로 공격했다. 그러나 충주성은 함락되지 않았다.

충주성은, 1차 전쟁 때 처인성(處仁城)에서 몽고군 사령관 살리타(撒禮塔)를 사살한 승장(僧將) 김윤후(金允侯)가 방호별감이 되어 군민들과 함께 지키고 있었다. 이러한 이유로 몽고군은 더욱 거센 공격을 감행하였다. 그러나 성은 함락되지 않았다. 공격 도중에 몽고군 사령관 예쿠가 병이 들어 일부 병력을 이끌고 평주로 이동하자 아무간과 홍복원이 충주성 공격 작전을 지휘했다. 몽고군의 공격이 60여 일 간 계속됨에 따라 충주성 내의 군량과 마초가 고갈되고 궁시와 포석도 바닥이 나서 더 이상 방어전을 계속하기가 어렵게 되었다. 상황이 이렇게 되자 김윤후 별감은 비상 조치를 강구하였다. 성중의 주민들에게 "힘을 다하여 공을 세우면 신분의 귀천(貴賤)을 가리지 않고 벼슬을 받도록 하겠다" 하면서 관노(官奴)의 노비문서(奴婢文書)를 전부 불살라 버리고 몽고군으로부터 노획한 우마(牛馬)를 성 주민들에게 균등히 분배하였다. 이렇게 하면서 충주성 고려 군민은 10월 중순부터 12월 중순까지 지속된 60여 일이 넘는 몽고군의 공격을 막아 성을 지켜 냈다.[110)]

고려군의 충주성 고수는 몽고군의 영남지역의 진출을 저지했을 뿐만 아니라 몽고군 침공으로 빚어진 불리한 전황을 고려군에게 유리하게 바꾸어 몽고군이 고려와의 화의를 서두르게 한 하나의 중요한 계기를 제공하였다. 충주성에서 몽고군이 공격을 계속하는 동안, 내륙 깊숙이 진출한 몽고군도 지방의 고려 군민들이 펼치는 유격전에서 고전을 하고 있었다. 특히, 1253년 11월 중순 교위(校尉) 장자방(張子邦)이 지휘하던 교동(喬棟)의 별초군(別抄軍)이 평주에 주둔하고 있던 예쿠의 몽고군 본진에 기습 공격을 감행하여 몽고군 초급 지휘관 10호장(十戶長: 牌子頭) 20여 명을 비롯하여 다수의 병력을 살상하고 기마·병기 등의 장비를 노획한 사건이 발생했다. 이러한 사건 등과 몽고군의 충주성 탈취 실패는 예쿠로 하여금 고려 조정과 화의 교섭을 추진하도록 재촉하는 결과를 빚어 냈다.[111)]

---

110) *高麗史, 卷103, 列傳, 金允侯*; *對蒙抗爭史*, pp. 159-62; *東國兵鑑*, pp. 320-3.

111) *高麗史, 卷24*, 高宗 世家 40年; *對蒙抗爭史*, pp. 162-3.

예쿠군의 고려 침공(1253. 7.-1254. 1.)

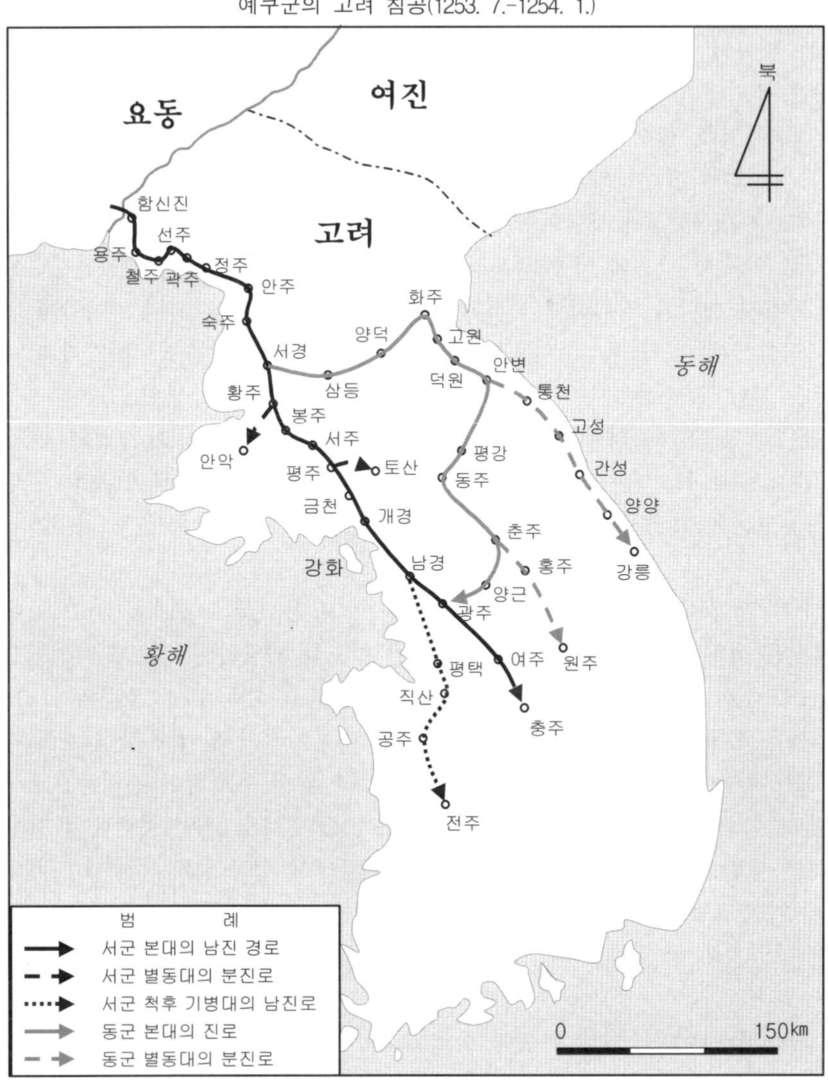

몽고군 사령관 예쿠의 지시로 추진된 강화 교섭은 고려의 호응으로 결과를 맺었다. 막심한 피해를 입는 고려로서도 하루 빨리 몽고 침공군을 철수시키는 것 이외에 피해를 줄이는 다른 방법이 없었다. 이러한 판단에 따라 고려의 고종은 갑곶강을 건너 육지에 있는 승천부(昇天府) 임시 궁궐로 나가 예쿠가 보낸 10여 명의 몽고 사신을 맞이하였다. 그리고 고려 국왕의 출륙 환도(出陸還都)와 강화도에 구축된 성곽의 철거를 약속하고, 왕의 차자(次子) 안경공(安慶公) 왕창(王淐)을 몽고에 인질로 보내는 것을 조건으로 종전(終戰)에 합의하였다. 몽고군의 사절단장격인 몽케다이(蒙古大)는 "진즉 국왕이 출영(出迎)하였더라면 많은 무고한 백성들이 죽음을 당했겠습니까?" 하는 핀잔을

곁들이면서 취하도록 술을 마시고 돌아갔다.[112)]

예쿠는 강화가 성립되자 다루가치(達魯花赤)를 설치하는 문제를 제기했다. 이에 고려 고종은 몽고군의 철수를 재촉하는 방편으로 자신의 아들을 인질로 삼아 몽고에 보내기로 한 결정에 대하여 주저주저하였다. 이러자, 참지정사(參知政事) 최린(崔璘)은 홀로 나서서 "자식을 사랑하는 어버이의 정에는 귀천(貴賤)이 없습니다. 그러나 현재 불행하게도 사별(死別)한 사람이 많이 있습니다. 전하께서는 어찌 아들 하나를 아끼십니까. 지금 만백성 가운데 생존한 사람은 10에 2, 3명뿐이며, 몽고군이 철수하지 않는다면 그들마저 제각기 영위하던 농사터를 잃고 말아 모두들 적에게 넘어가게 될 것입니다. 이러고서야 이 강화 섬 하나를 지킨들 무슨 나라꼴이 되겠습니까?"라고 피를 토하는 말을 했다. 고종은 하는 수 없이 아들을 인질로 보내면서 최린을 수행시키고, 영녕공(永寧公) 왕준(王綧)의 처와 장모도 같이 딸려 보냈다. 그리고 고려의 반장(叛將) 홍복원(洪福源)과 몽고 장수들에게 줄 선물도 보냄으로써 고려의 국고(國庫)는 텅 비고 말았다. 몽고군을 철수시키기 위해서 고려가 짊어져야 할 부담은 한두 가지가 아니었다.[113)]

몽고군과 같이 행동하면서 몽고군의 작전을 돕고 몽고군의 보호를 받고 있던 왕준과 홍복원은 어떻게 할 수 없었지만, 몽고군의 향도를 자임하여 많은 고려인들을 항복시키고 몽고군의 고려 침공 작전을 도왔던 이현(李峴)에 대한 고려 조정과 고려인들의 대우는 매우 혹독하였다. 몽고군이 탈취한 성의 다루가치가 되어 온갖 횡포를 다 부린 이현은 철수하는 몽고군을 따라가지 못하고 되돌아와서 몽고군이 전리품으로 획득했던 패물과 재물을 챙기고 있었다. 고려 조정은 1254년 1월 26일 이현을 붙잡아 기시(棄市)하는 형벌을 가하고, 그 아들들은 바다에 처넣어 수장(水葬)시켰으며, 아내와 누이 등 가족들 모두는 먼 섬으로 유배를 시켰다. 몽고군에게 온갖 고초를 당한 고려와 고려인들이었기에 역신(逆臣)의 말로는 실로 비참할 수밖에 없었다.[114)]

(5) 자랄타이군의 침공

몽고의 헌종 몽케(蒙哥)는, 예쿠군이 고려 국왕 대신 왕자인 왕창(王淐)을 데려온 것을 불만스럽게 생각하고, 고려 국왕이 강화도에서 승천부(昇天府)로 나온 것 정도로 고려 조정이 출륙 환도(出陸還都)의 의지를 가지고 있다고 판단하지 않았다. 몽고가 고려에 대해서 애초부터 요구한 조건은 무조건 항복이었다. 그리고 이를 표시하는 방법은 출륙 환도와 국왕의 입조(入朝)였다. 몽고는 고려가 이를 거부하고 스스로 항복하지 않는 것 자체를 세계를 정복하다시피 한 몽고 대제국의 체면이 손상되는 수치라고 인식하고 있었다. 몽고는 칭기즈 칸 이래 헌종 몽케에 이르기까지 50여 년 동안 중앙아

---

112) *前揭書; 東國兵鑑*, pp. 325-8.
113) *前揭書.*
114) *高麗史, 卷130, 列傳, 李峴; 東國兵鑑*, pp. 327-8.

시아, 서남아시아 및 유럽 일대의 수많은 국가들을 정복하였으나, 몽고의 정벌 작전에도 불구하고 끈질기게 국체(國體)를 유지하는 국가는 고려(高麗)와 남송(南宋)뿐이었다. 이 사실이 바로 몽고가 받아들일 수 없는 점이었고, 단편적인 임기응변(臨機應變)으로 위기만을 모면하려는 고려에 대해서 불쾌감까지 지니고 있었다. 그리하여 몽고는 고려가 굴복할 때까지 무력 침공을 계속 감행할 심산(心算)이었다.

고려 또한, 북방의 오랑케족이라고 멸시해 왔던 몽고의 속국(屬國)이 된다는 점을 인정하지 않았다. 고려를 몽고의 속국으로 만들려는 저의가 있다는 점을 간파하고 침공해 온 몽고군을 고려 영토에서 철수시키기 위해 몽고군이 제시하는 강화 조건을 수락하곤 했으나 이를 이행하지는 않았다. 몽고군이 철수한 후에는 몽고군에게 항복한 방호별감이나 고을의 수령들을 섬으로 유배시키거나 중벌(重罰)을 내렸고, 특히 고려는 사신으로 몽고에 갔다가 몽고군의 앞잡이가 된 추밀원부사(樞密院副使) 이현(李峴)은 기시(棄市)의 극형에 처하기도 했다. 고려의 이러한 조치들은 고려 내의 친몽 세력(親蒙勢力)들에 의하여 곧 몽고에 제보되었고 이것은 또 몽고군의 재 침공을 재촉하는 원인이 되었다. 그리하여 몽고는 새로운 트집과 조건을 내세워 침공을 감행하곤 했다.

몽고 헌종은 먼저 고려에 사신을 파견하여 몽고에 협조한 관료들을 처벌한 것과 고려 국왕의 출륙과 입조 불이행에 대한 책임을 추궁하는 절차를 취하였다. 몽고 사신이 온다는 전갈을 받은 고려 조정은 고종이 승천부(昇天府)에 새로 지은 궁궐로 직접 나가서 이들을 맞이하기로 했다. 몽고 사신 도케 일행은 고종을 육지에서 알현했음에도 불구하고, 시중(侍中) 최항(崔沆) 등 실권자가 나오지 않은 점을 들어 고려 조정이 출륙의 의사가 없다고 지적하고, 조속한 출륙과 입조의 이행을 촉구하였다.115) 그리고 몽고군에 항복한 관리들을 처형한 것에 대한 책임을 추궁하였다. 이에 고려는 섬으로 귀양보냈던 천룡성(天龍城) 방호별감(防護別監) 조방언과 황려현령 정신단 등을 급히 소환하여 이들을 죽이지 않았다는 것을 보여 주기도 했다. 몽고의 재침공을 막아 보려는 고려의 노력은 거의 필사적이었다. 그러나 이 때 고려를 다스리라는 몽고 헌종의 명령을 받은 자랄타이(車羅大)가 5,000의 기병을 이끌고 압록강을 건넜다는 보고가 들어왔다. 고려 국왕으로부터 후한 대접을 받은 몽고 사절 도케 일행은, 자신들이 가서 보고하면 자랄타이군을 소환시킬 수 있다고 장담하고 고려는 이에 희망을 걸었지만 몽고 침공군은 이미 고려 영토 내에 들어와 약탈과 살육을 저지르고 있었다.116) 몽고의 침공이 다시 시작된 것이다.

몽고의 헌종이 정동원수(征東元帥)로 임명한(1254년 7월 22일) 자랄타이는 예쑤타이, 보포타이, 홍복원 등의 부장과 왕준 등과 함께 5,000의 기병을 이끌고 압록강을 도하하여 8월 4일 본격적인 남진을 개시했다. 이에 앞서 몽고군은 척후 기병대를 투입하여 8월 6일에는 광주(廣州), 8월 20일에는 충청도 괴주(槐州: 괴산)까지 진출시켜 무자비한

115) *高麗史, 卷24,* 高宗 世家 41年.
116) *前揭書; 東國兵鑑,* pp. 331-2.

살육과 약탈 행위를 자행하였다. 자랄타이는 예쑤타이와 보포타이로 하여금 일부 병력을 지휘하도록 하여 주력 부대의 후방을 경계하면서 남진하도록 하고, 자신은 주력을 이끌고 8월 22일에는 개경을 거쳐 장단(長湍) 남쪽 10km 지점인 보현원(普賢院)에 진출하여 강화도 공격 태세를 갖추었다. 이에 고려 조정은 대장군(大將軍) 이장(李長)을 보현원에 보내 자랄타이와 몽고 장수 그리고 홍복원에게까지 금은(金銀) 주기(酒器)와 가죽 옷감을 선사하면서 몽고군의 철수를 종용했다. 그러나 자랄타이는 고려의 국왕과 백성이 모두 출륙하여 몽고식으로 머리를 깎지 않으면 고려 국왕을 압송해 가겠다고 엄포를 놓으면서 고려의 강화 제의를 일축해 버렸다. 그리고 병력을 이끌고 충주성으로 남진해 내려갔다.[117)]

자랄타이는 9월 14일 충주성 4면에 발석차(發石車), 운제(雲梯), 당차(撞車) 등의 공성 장비를 배열하고 포위망을 형성하여 대대적인 공성(攻城)전을 개시했다. 몽고의 척후 기병이 8월 20일경 괴산에서 산원(散員) 장자방(張子邦)의 별초군에게 거의 섬멸되어서 몽고 주력군은 이들의 지원을 받을 수 없었지만 공격 기세를 높게 유지하고 공성작전에 임하였다. 그러나 이 때 갑자기 폭풍우가 휘몰아쳐 몽고군은 혼란에 빠졌다. 수세를 취하던 고려군은 성문을 열고 정예병을 내보내어 몽고군을 급습하였다. 이에 몽고군은 공격 대열을 유지하지 못하게 되어 충주성 공격을 포기하고, 충주 이남의 문경·점촌을 거쳐 상주로 남하하였다. 몽고군은 상주성을 공격하기 위해 포위망을 구축하고 있을 때 함창의 서쪽에 있던 황령사(黃嶺寺)의 승장(僧將) 홍지(洪之)가 지휘하는 수백 명의 승군(僧軍)이 몽고군의 배후를 급습하였다. 이에 호응하여 상주성 내의 고려군도 몽고군을 공격하여 몽고군은 다시 상주성을 공격해 보지 못한 채 대구를 거쳐 합주(陜州: 합천)·단계(丹溪) 방면으로 서둘러 남진하였다.[118)]

충주성과 상주성을 공격도 하지 못하고 남진을 반복한 몽고군은 이에 대한 보복이라도 하듯이, 12월 초순부터 경상도 내륙지방에 대한 철저한 약탈과 살육을 자행하였다. 몽고군은 거점의 확보를 위한 성(城) 공격을 지양하고, 소규모로 부대를 나누어 신속하게 이동하면서 내륙 전지역을 철저하게 유린하였다. 고려군은 유격전으로 몽고군에게 피해를 입히고 성을 고수하여 몽고군의 공격을 격퇴시킴으로써 몽고군을 곤경에 몰아넣기도 했으나, 이에 대한 몽고군의 잔인한 보복도 감수해야만 했다. 자랄타이군이 침공한 첫 해인 1254년 한해 동안 몽고군에게 포로가 된 고려 군민의 숫자가 20만 6,800여 명에 이를 정도였다. 그리고 몽고군이 지나간 경로와 인접한 고을은 완전히 초토화되는 불운(不運)을 피할 수가 없었다.[119)] 특히, 고려의 반장(叛將) 홍복원의 적극적인 안내로 몽고군은 고려 영내 구석구석까지 누비고 다녔다. 실로 고려는 강화도를 제외하고 몽고군의 전화(戰禍)에서 면제된 곳이 없을 정도로 심각한 피해를 입었다.

---

117) *前揭書; 對蒙抗爭史*, pp. 168-175.
118) *前揭書.*
119) *前揭書.*

자랄타이군의 1기 고려 침공(1254. 7.-1255. 2.)

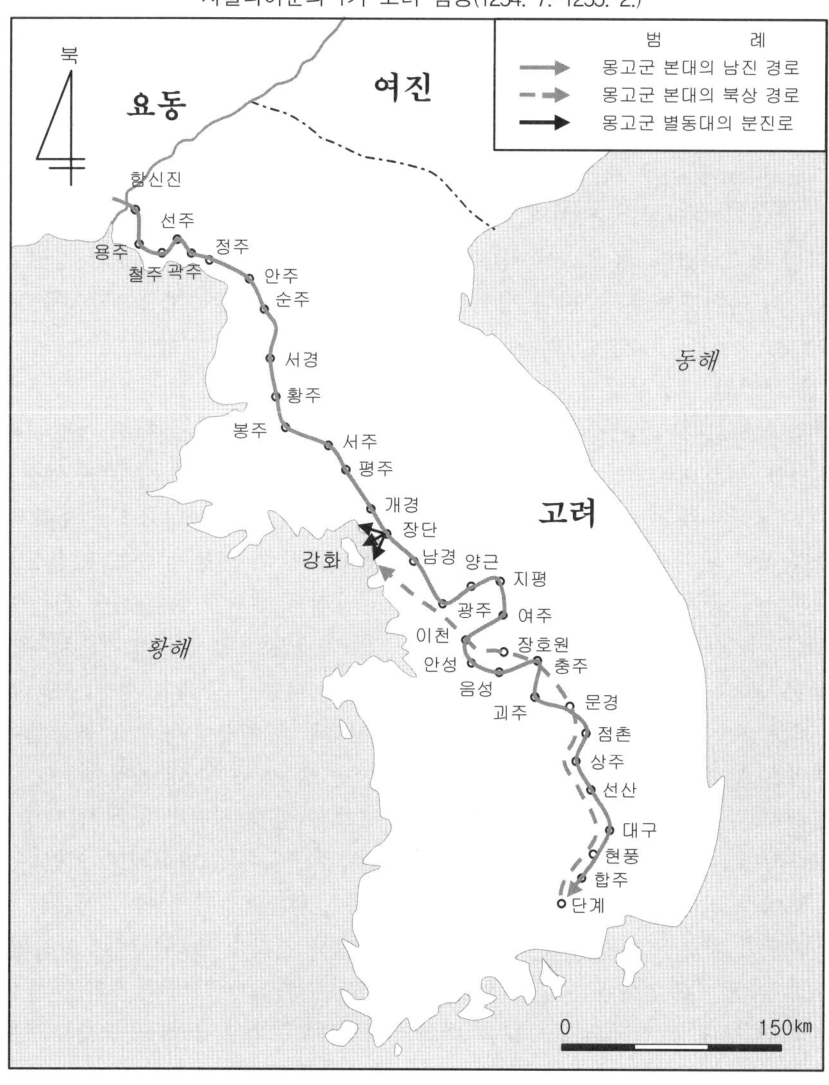

이러한 피해를 줄이기 위하여 고려 조정은 몇 차례의 강화 교섭을 진행시켜, 최항(崔沆)이 고려 국왕을 모시고 출륙하면 병력을 철수시키겠다는 조건으로 화의를 성립시켰다. 그리하여 자랄타이는 1254년 12월 말경부터 남부지방에서 병력의 철수를 개시했다. 자랄타이는 1255년 1월 20일 개경에 도착하여 몽고군을 승천부(昇天府) 등지에 집중 배치하여 강화도에 대한 위협을 가하면서 2월 초 고려 조정에 사신을 보내 "최항이 고려 국왕을 모시고 출륙한다"는 강화 조건의 이행을 촉구하였다. 강화 조건을 우선 받아들여 남부지방의 몽고군을 철수시킨 고려 조정은 몽고측의 요구에 냉담한 반응을 보였다. 양국간의 강화는 결렬되었다. 그러나 몽고군은 병마(兵馬)의 휴식과

보급의 확충, 그리고 전열의 재정비를 위하여 고려 조정의 태도와는 무관하게 철수를 실시하여 1255년 2월 하순경 개경 부근의 병력을 선발대로 4월 25일까지 압록강 남안의 함신진(咸新鎭)과 정주(靜州)에 전병력을 집결시켰다.[120] 당분간 휴식이었다.

이 때 몽고의 헌종 몽케(蒙哥)는 고려 정벌과 더불어 대대적인 정복 사업을 진행시켰다. 그는 다섯째 아우 훌레구를 페르시아 정복, 셋째 아우 쿠빌라이는 중국 운남성(雲南省) 일대의 대리국(大理國)과 사천(四川)지역의 정복에 투입하고, 자신은 남송(南宋)을 직접 공략하였다. 몽고로서 최대의 정복 전쟁을 진행시켰다. 고려의 정벌을 완료해야 할 자랄타이도 모든 수단과 방법을 동원하여 고려를 굴복시켜야만 하는 임무가 부여되었다.

이러한 책임감으로 무장된 자랄타이의 몽고군은 1255년 4월 25일부터 약 3개월 동안 휴식을 취하고 전열을 정비한 다음에 1255년 8월 초 20여 기의 척후 기병대를 진출시키는 것을 시작으로 고려에 대한 침공을 재개하였다. 몽고군의 척후 기병은 8월 24일 승천부(昇天府)에 이르렀고, 주력 부대의 선봉 부대 1,000기도 척후 기병대의 뒤를 이어 개경 북쪽 근교의 금교역(金郊驛)에 도달했다. 주력의 선봉 부대는 10월 2일에 충주를 배후에서 공격하기 위해 충주 남쪽 25km 지점의 대원령(大院嶺)을 점령하려 했다. 그러나 이 곳 협곡에 매복하고 있던 고려군의 기습으로 경상도 방면으로 패주하였다. 이들은 문경, 상주, 김천을 거쳐 1256년 4월에는 낙동강 중류의 현풍(玄風)까지 진출하여 낙동강 연안을 초토화시켰다. 이들은 다시 4월 하순경에 충주로 북상하여 비워둔 충주성을 무혈 점령하고, 충주 주민들이 피난한 충주 동쪽 20km에 위치한 월악산(月岳山)의 덕주산성(德周山城)을 공격하였다. 그러나 이를 점령하지 못하고 충주성으로 물러나왔다.[121] 몽고군의 집요한 공격을 충주 주민들은 견디어내고 있었다.

선봉 부대를 뒤따르던 자랄타이의 주력 부대는 남경(南京: 한양)에서 진로를 전라도 쪽으로 바꾸어 지휘소를 담양, 광주 등으로 옮기면서 전라도 일대를 초토화시켰다. 몽고의 주력 부대는 목포까지 진출하여 근처의 압해도(押海島)에 대한 공격도 시도해 보았다. 그러던 중에 몽고군은 강화도에 대한 직접적인 공격을 감행할 의도로 1256년 7월 말부터 전병력을 강화도 대안에 집결시켰다. 따라서 충주성에 주둔하고 있던 주력의 선봉 부대도 서둘러 북상하여 강화도 대안에 집결하였다. 몽고의 자랄타이는 다른 장수들이 서경(西京)으로 이동하자는 의견을 내놓았으나 황제의 명령이 없다는 이유를 들어 고려의 항복을 받아내고야 말겠다는 결의를 밝혔다. 홍복원과 왕준이 자랄타이를 따라다니면서 몽고군의 작전을 돕고 있었기 때문에, 고려의 어느 곳 하나 몽고군의 피해를 입지 않은 곳이 없을 정도가 되었다. 강화도 대안에 집결한 몽고군은 말을 풀어 들의 곡식을 뜯어 먹게 하면서 무력 시위도 곁들여 강화도 공격 준비를 서두르고 있었다.

자랄타이군이 강화도에 대한 공격을 준비하고 있던 1256년 9월 하순경 몽고의 헌종

---

120) *前揭書.*

121) *前揭書; 東國兵鑑*, pp. 336-343.

몽케로부터 철군 명령이 하달되었다. 1255년 6월 몽고에 파견되었던 사신 김수강(金守剛)이 9월 2일 몽고로부터 돌아와서 몽고군이 곧 철수하게 될 것이라고 귀띔해 주었다. 고려 사신 김수강은 “사냥꾼이 짐승을 굴 속에 몰아넣고 활과 화살을 들고 그 입구를 지키고 있다면 궁지로 몰린 짐승이 어디로 나올 수 있겠습니까?” 하면서 몽고의 헌종을 설득한 결과 몽고군에게 철군 명령을 내리도록 하였으나, 고려 조정에 출륙(出陸)과 입조(入朝)를 설득하여 이행하도록 할 책임을 지고 귀국하였다. 이러한 외교적 성과와 몽고 자체의 보급상 어려움 등으로 몽고 헌종은 자랄타이군에게 철군명령을 하달하였다. 이로써 자랄타이군은 목표를 달성하지 못한 채 10월에 철군을 완료하였다.

자랄타이군의 2기 고려 침공(1255. 8.-1256. 10.)

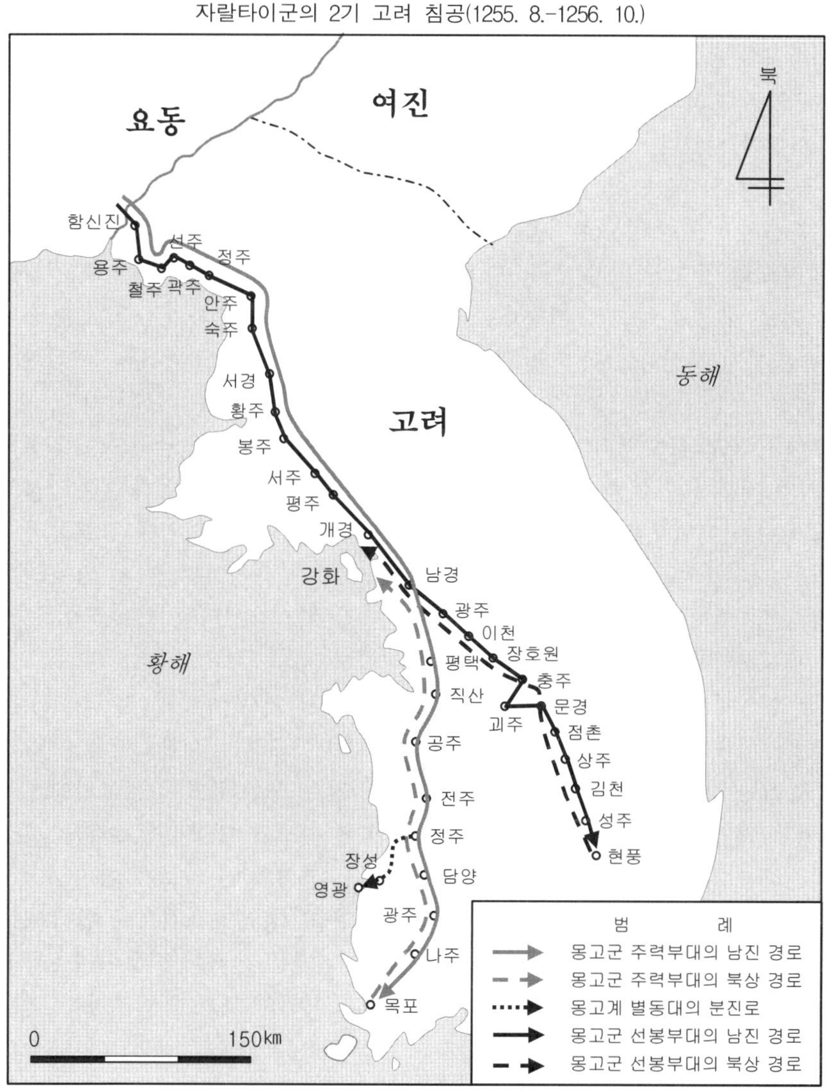

그러나 고려 조정은 출륙과 입조를 이행하려 하지 않았다. 오히려 최항(崔沆)은 김수강의 건의보다 적정을 탐색하기 위하여 몽고 진영을 방문한 바 있던 낭장(郎將) 윤춘(尹椿)이 건의한 내용 즉 "우리가 현 사태를 타개하려면 섬 안에서 둔전을 실시하여 농산물을 자급 자족하면서 적을 방어하고 육지에서는 청야작전을 써서 적이 궁핍해지기를 기다리는 것이 상책입니다"라는 방책을 옳게 받아들이고 있었다.[122] 몽고의 침공이 아직 남아 있었고 고려와 몽고 간의 전쟁은 아직 끝이 보이지 않았다.

자랄타이가 지휘하는 몽고군이 고려에서 1256년 10월 철수한 이후에도 몽고군의 만행과 피해를 감수해 온 고려 조정(朝廷)과 조야(朝野)는 몽고에 대해서 화의를 성립시키는 데 필요한 호의적인 감정보다는 몽고군의 침공을 불러 올 적대적인 복수심을 더 가지고 있었다. 고려는 1257년 1월 연례적으로 몽고에 파견해 오던 신년하례 사절단인 하정사(賀正使)마저도 몽고에 파견하지 않았다. 출륙 환도와 입조는커녕 하정사(賀正使)마저도 파견하지 않은 고려의 행위는 몽고에 대한 적대감의 표시로서 몽고의 대고려 감정을 악화시킨 사건이 되었다. 드디어 몽고군은 1257년 4월 고려를 다시 침공해 들어왔다.

몽고군 사령관 자랄타이는 몽고군을 동북계와 서북계로 동시에 투입하여 고려의 방어력을 분산시켜 고려의 저항력을 조기에 박탈함으로써 고려의 조속한 항복을 유도하려는 목적으로 몽고군의 일부를 별동대로 편성하여 고려의 동북계로 진출시켰다. 3,000여 기로 구성된 몽고군 별동대는 고려의 동북계로 진출하여 5월 초순에는 동주(東州: 철원)까지 전진하였다. 그리고 동북 내륙지역에 대한 약탈과 살육을 감행하였다. 몽고군 주력 부대는 5월 11일 30여 기의 척후 기병을 개경으로 진출시키고, 보포타이가 지휘하는 몽고군 주력의 선봉 부대는 6월 10일 개경을 거쳐 남경으로 진출하였다. 자랄타이가 지휘하는 선봉 부대의 뒤를 따라 서서히 남진하여 6월 하순경 안북부(安北府)에 입성하여 지휘부를 설치하고, 7월 하순경 전병력을 경기지역에 집결시켜 강화도를 위협하고 내륙의 물자가 강화도로 진입하는 것을 봉쇄하였다. 이와 병행하여 몽고군은 경기 및 서해 연안에 위치한 도서에 대한 침공을 감행하여 몽고군의 수전(水戰) 능력을 과시하면서 강화를 압박하였다.[123]

몽고군의 압력이 가중되자 고려 조정은 6월 29일 시어사(侍御使) 김식(金軾)을 안북부의 자랄타이에게 보내 강화 교섭을 벌이도록 했다. 고려는 강화도만을 지키고 국가 영토의 방어는 각 지방의 수성(守城)이나 유격 작전을 수행하는 지방 군민에게 위임한 상태에서 국태민안(國泰民安)을 신불(神佛)에 대한 기도와 대장경(大藏經)을 판각하는 것에 의존하는 지경에 이르러 있었다. 몽고군 역시 고려의 전 국토가 이미 초토화되었기 때문에 강화도를 직접 공격하는 방법만이 고려를 가장 효율적으로 압박하는 수단으로 남아 있었다. 이러한 양측의 사정으로 강화 회담은 진척이 이루어져 8월 6일 김식과 자랄타이 간에 기본적인 합의가 이루어졌다. 고려의 태자가 입조하는 것을 조건

---

122) *前揭書.*
123) *高麗史, 卷24,* 高宗 世家 44年; *對蒙抗爭史,* pp. 180-5.

으로 몽고군이 철군한다는 것이었다. 몽고군이 고려가 제시한 선철군(先撤軍) 후입조(後入朝)의 요구를 받아들여 9월 7일부터 철수하여 10월까지 서북계의 함신진과 동북계의 국경 지대까지 철수하였다. 그러나 몽고군은 요양(遼陽)으로는 철수하지 않고 고려의 화의 조건 이행 여부를 주시하고 있었다.[124]

1257년 윤 4월에 최항(崔沆)이 사망하고 그의 아들 최의(崔竩)가 정권을 계승하는 변화가 있은 후에는, 고려 조정에서도 고려 국토의 완전한 황폐화를 방지하기 위하여 몽고

자랄타이군의 3기 고려 침공(1257. 5.-10.)

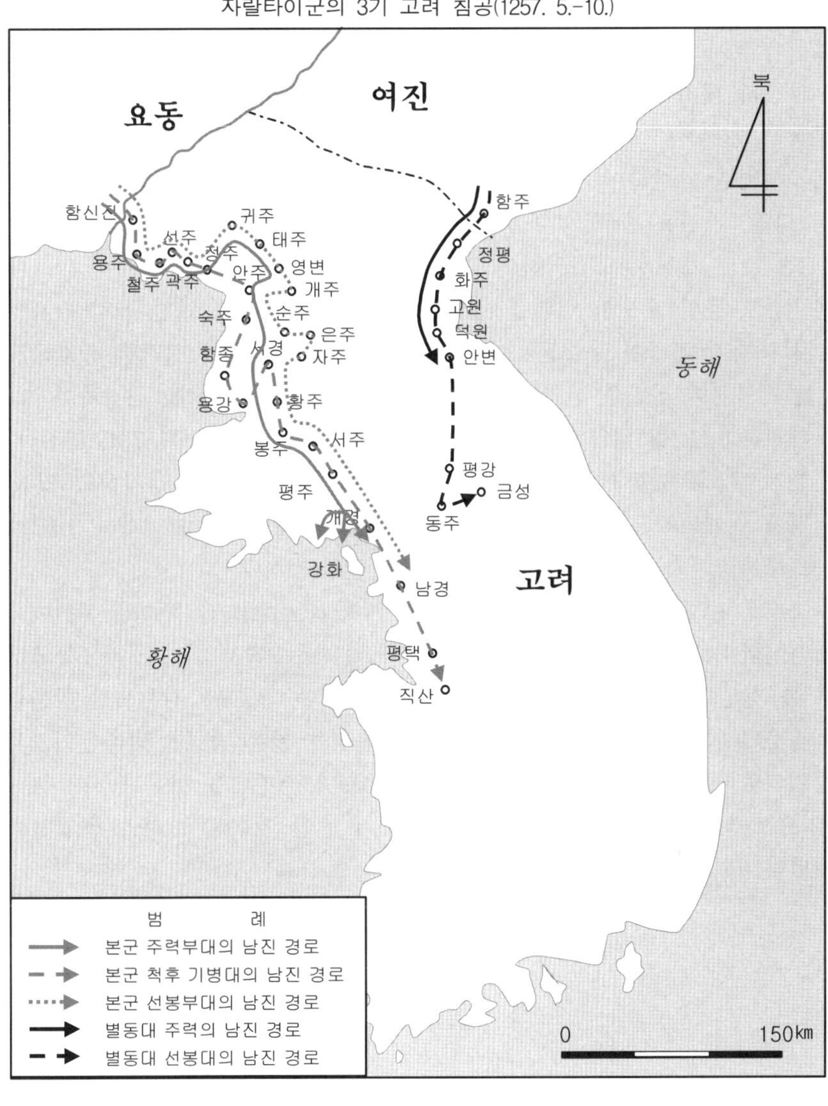

124) *前揭書.*

와의 강화를 적극적으로 추진하자는 의견이 의미있게 개진되기 시작했다. 이러한 강화론자의 주장으로 태자의 입조를 통한 화의의 성립을 받아들이게 되었다. 그러나 일단 몽고군이 철수하자 이 문제가 다시 논의되어 태자보다 고종의 제2 왕자인 안경공(安慶公) 왕창(王淐)을 다시 몽고에 파견하여 입조를 이행하기로 결정을 보았다. 그런데 고려에서는 1258년 3월 26일 최의가 무장(武將) 김인준(金仁俊) 등에게 모살되는 정변이 있었다. 김인준 등도 태자의 입조를 반대하고 대몽 항쟁을 계속할 것을 주장하고 나섰다. 고려 태자의 입조를 기다리던 몽고의 자랄타이는 고려의 반응이 없고 오히려 강경한 목소리가 새어 나오자 1258년 4월 군사 행동을 개시할 움직임을 보였다. 그리고 고려에 사신을 보내 국왕과 태자가 서경(西京)에 나와서 항복할 것을 강권하였다. 고려 고종이 자신과 태자 대신 영안공(永安公) 왕희(王僖)를 서경에 파견하자 몽고군은 또 다시 병력을 동원하여 고려를 침공하였다.[125]

몽고군 사령관 자랄타이는 먼저 선봉 부대를 파견하여 개경을 거쳐 충주까지 유린하게 한 다음, 자신은 주력 부대를 이끌고 함신진에서 안북부에 내려와 주둔하다가 1258년 8월 13일 개경으로 진격하여 그 곳에 지휘소를 설치하였다. 그런 다음에 승천부, 파주, 김포 등의 수도권 일대를 초토화시키면서 강화도에 대한 공격 태세를 가다듬었다. 서북계로 침공한 몽고군보다 뒤늦게 고려의 동북계로 진격한 몽고군도 과거 동진(東眞)지역에서 징발한 선박을 이용하여 12월 1일에는 고성을 공격하여 고려군의 선박을 파괴하고, 12월 14일에는 화주(和州: 영흥) 일대까지 남하하였고, 1259년 1월경 인제의 한계성(寒溪城)까지 진출하여 동부지역의 작전 주도권을 장악하고 있었다. 상황이 이렇게 전개되자 고려는 전쟁의 지속이 고려에 대한 피해를 더욱 가중시킨다고 판단하고 몽고군과의 화의 교섭을 재개하기로 결정했다.[126]

고려 조정은 1259년 3월 초, 대장군(大將軍) 박희실(朴希實)을 몽고군 본진에 파견하여 자랄타이와 강화 교섭을 벌였다. 교섭 결과 양측은 "태자의 입조"와 "몽고군의 즉각 철수"를 기본 조건으로 한 강화 교섭이 재개되었다. 3월 8일 강화도를 방문한 자랄타이는 태자의 입조를 조건으로 몽고군이 철수한다는 기본 방침을 받아들임으로써 강화가 성립되었다. 몽고군은 철수를 개시하여 1259년 전병력을 압록강 서안(西岸)으로 철수시킴으로써 1231년부터 1259년까지 약 30여 년간 지속된 고려와 몽고의 전쟁이 막을 내렸다.

---

125) *前揭書; 東國兵鑑*, pp. 346-58.
126) *前揭書*.

자랄타이군의 4기 고려 침공(1258. 6.-1259. 3.)

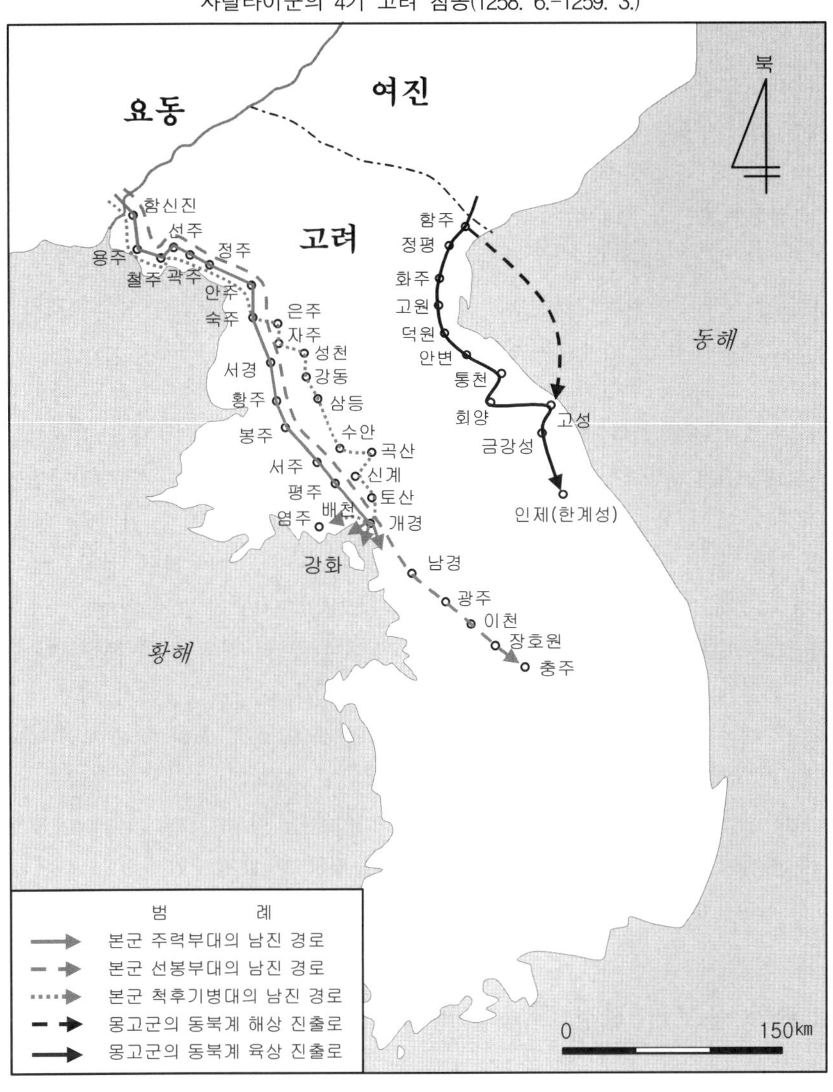

(6) 제2차 고려와 몽고의 전쟁 결과

고려는 고려와 몽고 간 합의된 강화의 조건인 태자의 입조를 실시하였다. 고려 조정은 1259년 4월 21일 태자 왕전(王倎: 원종)과 수행원 40여 명을 몽고의 수도인 카라코룸(和林)에 파견하였다. 4월 21일 강화도를 출발한 고려 태자 일행은 5월 18일 요양(遼陽)에 도착하여, 몽고의 헌종 몽케가 남송(南宋)에 대한 총공세를 지휘하기 위해서 감숙성(甘肅省) 융덕현(隆德縣)의 육반산(六盤山)에 머물고 있다는 사실을 알았다. 태자 일행은 5월 19일 요양을 떠나 연경(燕京), 서안(西安)을 거쳐 7월 하순경 육반산에 도착했다. 그러나 태자 일행은 7월 20일 몽고의 헌종이 합주(合州: 사천성 합천)의 조어산

(釣魚山) 진중에서 사망하였다는 사실을 알게 되었다. 이에 태자 일행은 당시 남송(南宋) 원정군을 지휘하고 있던 헌종의 동생 쿠빌라이를 만나는 것이 현명하다고 판단하여 그가 있는 곳으로 발길을 옮겼다. 태자 일행은 다행스럽게도 윤 11월 하순경 하남성(河南省) 임여현(臨汝縣)에서 마침 북상하고 있던 쿠빌라이군과 조우하였다. 쿠빌라이는 고려 태자의 입조를 환영하면서 "과거 당 태종도 굴복시키지 못한 고려의 태자가 스스로 나를 만나러 왔으니 이것이 하늘의 뜻이 아니겠는가!" 하면서 강화를 환영하고, 자신이 제위에 오른 뒤에 양국간 국교를 정상화시키겠다고 약속하였다.[127] 몽고의 대한(大汗)이 될 쿠빌라이와 고려의 왕(王)이 될 왕전(王倎)이 강화를 인준함으로써 제2차 고려와 몽고 간의 전쟁은 마감되었다.

침공과 저항의 결과 수립된 고려와 몽고 간의 강화를 인준한 두 주역은 각각 몽고와 고려의 군주로 등장하였다. 태자 왕전은 1260년 3월 15일 강화도에서 고려 24대 왕 원종(元宗, 1260-1274 재위)으로 왕위에 올랐고, 헌종의 동생 쿠빌라이는 1260년 3월 하순 개평부(開平府)에서 몽고의 5대 황제 세조(世祖, 1260-1294 재위)가 되었다. 몽고의 세조는 4월 24일 고려 국왕 원종에게 국서(國書)를 보내 원종의 즉위를 정식으로 승인함으로써 상국(上國)의 위치를 확인하는 것을 잊지 않았다. 고려는 종친(宗親)인 영안공(永安公) 왕희(王僖)를 몽고에 보내 쿠빌라이의 대한(大汗) 취임을 축하하였다. 몽고의 세조는 아직도 대권을 노리는 자신의 동생 아리부카(阿里不花) 세력의 내부적 위협이 존재하였기 때문에 고려에 대해서는 관대한 입장을 취하여 고려의 자치권(自治權)과 출륙 환도(出陸還都) 문제에 대한 재량권을 인정하고, 압록강유역에 주둔하고 있던 몽고군을 1260년 말까지 철수하며, 고려인의 몽고 이주를 원칙적으로 금하는 등의 약조문서를 왕희에게 건네주었다.[128] 이로써 비록 불평등한 관계이었지만 고려와 몽고의 관계는 정상화되었다.

4) 고려와 몽고의 전쟁 결과와 영향

고려와 몽고는 1231년부터 1259년까지 거의 30여 년간의 전쟁을 치렀다. 이 전쟁은 몽고가 고려를 일방적으로 침공하여 발생한 전쟁이었다. 제1차 고려와 몽고 간의 전쟁 후에 몽고가 제시하는 각종 요구를 들어 주는 것보다 항전을 계속하는 편이 오히려 낫다는 고려 조정의 판단으로 고려는 국도를 개경에서 강화도로 옮기는 조치를 취하게 되었다. 당시 고려의 권력을 장악하고 있던 무인 정권은 어떠한 희생을 치르고서라도 몽고에의 항복은 용납할 수 없다는 입장을 분명히 세우고 있었다. 그러나 고려는 이러한 결의를 현실적으로 뒷받침할 수 있는 국력과 군사력을 보유하지 못하였다. 이러한 결과 고려는 몽고군의 침공이 있을 때마다 정치적으로는 그들이 제시하는 조건

127) *高麗史, 卷25,* 元宗 世家 元年; *對蒙抗爭史*, pp. 194-6.
128) *元高麗紀事*, 世祖皇帝 中統元年; *對蒙抗爭史*, pp. 196-8.

을 들어 주어 그들의 철수를 확보하는 식으로 침공을 무력화시키려 했고, 군사적으로는 청야입보(淸野入保)에 의한 거점방어(據點防禦)식 초토전략과 전술로 원정군의 약점을 극대화시켜 몽고군을 철수시키려 했다. 이에 대해서 몽고군은 신속한 기동성이 있는 몽고 기병을 집중 혹은 분산 운용하여 고려의 전 국토를 유린함으로써 고려의 저항 의지와 능력을 박탈하여 고려 조정의 항복을 받아낸다는 개념으로 무자비한 약탈과 살육을 마다하지 않았다. 이러한 양측의 전쟁 수행 정책, 전략 전술은 30여 년간의 전쟁을 더욱 잔인하게 만들었고, 특히 고려와 고려인들의 몽고에 대한 감정적 증오심을 더욱 깊게 만들어 전쟁을 장기화시킨 한 요인이 되기도 했다.

몽고군은 작전지역의 사전 정보 획득과 작전 수행의 방침을 수립하는 데 이민족(異民族)의 투항자(投降者)들을 우대하여 이용하였다. 몽고는 이들 자국민(自國民) 배반자(背反者)들을 "노코르(의형제, 동반자)"라고 칭하고 조건 없이 수용하여 점령지에서의 대리인 역할 수행이나 작전의 조언자로서 활용하였다. 고려의 반장(叛將) 홍복원이나 왕준이 항상 침공하는 몽고군과 동행하여 몽고군으로 하여금 고려 전국을 샅샅이 뒤지고 다니게 한 향도 역할을 수행한 것이 대표적인 예라고 할 수 있다. 물론 홍복원은 몽고의 황녀와 결혼한 왕준과의 갈등으로 몽고 황제가 보낸 장사들에게 밟혀 죽는 비운을 맞게 되었지만 몽고의 이민족 투항자에 대한 대우는 매우 극진하였다. 이러한 몽고의 정략적 배려는 고려인들의 몽고에 대한 증오심을 한층 부추기어 끝까지 저항하게 만든 감정적인 요인이 되었다.

이러한 고려인들의 몽고에 대한 감정적 증오심은 고려 조정이 몽고와 강화를 맺은 후에도 이를 반대하고 끝까지 저항한 삼별초(三別抄) 항쟁의 한 배경과 원인이 되었다. 특히 1264년 8월에 실시된 고려 원종의 친조 문제는 고려 내의 문무반 간 대결을 심화시켜 무반(武班)의 위치를 위태롭게 만든 계기가 되었다. 고려왕의 친조가 이루어짐으로써 고려는 몽고의 제후국(諸侯國)의 위치로 전락되어 가는 점과, 고려를 이용하여 일본까지 정복하려는 몽고의 끊임없는 요구를 감당하기보다는 차라리 몽고에 대항하자는 항몽의식이 무인 집단을 중심으로 다시 싹트고 있었다. 고려 원종과 문인들은 몽고의 세력을 빌려서라도 대몽 강경 노선을 견지하는 무인들을 제거하려 했다. 1268년 12월 원종은 추밀원부사(樞密院副使) 임연(林衍)으로 하여금 대몽 강경 노선을 택하고 있던 김준(金俊)을 제거시키게 했으나, 대몽 강경 노선을 지지하는 임연은 대몽 온건 노선을 취하는 문인들을 정계에서 내쫓고, 1269년 6월에는 원종까지 폐위시켜 안경공(安慶公) 왕창(王淐)을 국왕으로 옹립하고 대몽 강경 노선을 선포하기에 이르렀다.

혹을 떼려다가 더 큰 혹을 붙인 격이 된 고려 원종에 대한 지원은 몽고로부터 왔다. 몽고의 세조 쿠빌라이는 1269년 11월 고려 조정에 원상 회복을 요구하고, 몽고군의 출동 준비를 강화했다. 몽고와의 무력 대결이 불가능하다고 판단한 임연(林衍)은 할 수 없이 원종을 복위시켰다. 몽고는 1269년 11월 고려 원종에게 임연과 왕창을 대동하고 입조할 것을 요구했다. 그러나 임연과 왕창은 입조를 거부하여 원종만 입조했고, 원종은 몽고의 후원하에서라도 자신의 입지를 강화하려 했다. 1270년 5월, 귀국하던 원종은 임연이 사망한 것을 확인하고, 서경(西京)에 이르러 고려 조정에 개경으로의 출륙환도(出陸還都)를 명령하였다. 그러나 임연의 뒤를 이어 무인 집정이 된 임유무(林惟茂)는 야별초군을 교동도(喬桐島)에 배치하여 몽고군의 강화도 침공에 대비하고, 방호별감들을 각지에 보내면서 대몽 항전 태세를 갖추게 하였다. 이에 원종은 은밀히 임유무의 측근 세력들을 포섭하여 임유무와 그의 측근을 암살함으로써, 1170년 정중부(鄭仲夫)에 의해서 출현한 무인 집정에 대한 종지부를 찍었다. 상황이 이렇게 전개되자, 강화도의 고려 조정은 재추회의(宰樞會議)를 통하여 1270년 5월 23일 개경환도(開京還都)를 공식적으로 발표하였다. 1260년 강화 성립 이래 해결을 보지 못한 출륙 환도(出陸還都) 문제가 해결된 셈이다. 몽고의 세조도 고려 조정에서의 사태 진전에 만족감을 표시하였다.

이러한 고려 조정의 환도 결정은 무인들의 반대에 부딪혀 삼별초의 항쟁을 불러일으키는 직접적 원인이 되었다.

1270년 5월에 내려진 원종의 환도 명령과 고려 조정의 환도 발표는 고려의 조야(朝野)에 커다란 충격을 안겨 주었다. 고려인들은 전쟁의 참화는 어떻게든 피하기를 원했으나, 고려가 몽고의 완전한 속국(屬國)이 되는 것을 원하지는 않았다. 이와 같은 명분과 현실적 판단 사이에서 고려는 30여 년간이나 싸워 왔던 것이다. 30여 년간 쌓여 온 대몽 적대감은 하루 아침에 사라질 성질의 것이 아니었다. 현실적으로 고려인들은 몽고와 끝까지 대적하기가 어렵다는 것은 알고 있었다. 그렇다고 해서, 고려인들은 고려왕실이 보여 주는 굴종적인 대몽 유화 정책과 태도를 반기지는 않았다. 특히 30여 년간의 대몽 무력 항쟁을 이끌어온 주도 세력인 무인들은, 대몽 접근으로 인해서 입을 피해와 이로 인한 문인들의 득세와 그에 따른 자신들의 몰락 가능성에 대하여 심각한 고민을 하지 않을 수 없었다. 특히, 무인 임씨 정권이 몰락함으로써 무인이 정치적인 주도권을 상실한 상태에서의 개경 환도는 무인들에게 치명적인 타격을 줄 것이 뻔한 사실이었다. 따라서 무인 집단인 삼별초는 몽고에 대한 고려의 예속화를 저지한다는 명분적 이유와 집단적인 생존권을 유지해야겠다는 현실적인 고려에서 개경 환도를 기정사실화한 고려 조정과 몽고 세력에 대해서 끝까지 항전하겠다는 결의를 천명하게 되었다.

고려 조정은 장군 김지저(金之底)를 강화에 보내 삼별초의 해산을 요구하며 삼별초의 명부를 압수하였다. 이에 삼별초는 그들의 명부가 몽고군의 수중으로 들어가 자신들을 보복하는 근거가 되리라고 판단하여 즉각적인 무력 항쟁에 돌입하였다. 장군 배중손(裵仲孫)과 야별초지유(夜別抄指諭) 노영희(盧永禧)와 김통정(金通精)은 왕족 승화후(承化侯) 왕온(王溫)을 국왕으로 옹립하여 새정부의 수립을 선포하였다. 그러나 강화도의 민심이 흉흉해지고 방어 태세가 이완되자, 삼별초는 1270년 8월, 1,000여 척의 배를 동원하여 강화의 병력과 물자는 물론 조정 백관의 가족들을 인질로 삼아, 강화도에서 남쪽으로 340km나 멀리 떨어져 있는 진도(珍島)로 근거지를 옮겼다. 삼별초는 진도에서 용장성(龍藏城)을 구축하고 새 도성으로서의 면모를 갖추어 해로의 통제는 물론 내륙으로의 진출도 도모하였다. 더구나 삼별초는 1270년 11월 탐라도(제주도)를 공격하여 이를 장악함으로써 남해와 서해의 전해로를 통제하기에 이르렀다. 결과적으로 고려는 일본을 정복하려는 몽고의 과중한 요구와 삼별초군의 해로 통제로 인한 이중의 고초를 겪어야 했다.

결국, 일본 정벌을 위해서 고려를 동원해야 하는 몽고의 세조 쿠빌라이는 삼별초의 토벌을 지시하여 고려와 몽고 연합군은 진도를 공격하였다. 1271년 5월, 몽고 원수 아하이(阿海)를 사령관으로 하여 씬두의 몽고군 지휘관과 고려군 지휘관 김방경이 이끄는 1만여 명의 여몽 연합군은 일본 공격에 사용하려던 철포(鐵砲)를 이용하여 10여 일간 진도 공격을 실시하였다. 화력의 열세와 중과부적(衆寡不敵)의 상황에서 5월 15일, 배중손과 노영희가 전사하자 진도는 여몽 연합군에게 함락되고 말았다. 왕온은 참살되고, 1만여 명의 진도 군민은 포로가 되었다. 김통정이 지휘하는 나머지 삼별초군은 탐라도로 도주하여 군사력을 확장한 결과 1271년 말경쯤 전과 같은 수준의 병력을 확보하여 남해안은 물론 강화 수로까지 통제하여 개경에서조차 위협을 느끼도록 활동하였다. 특히 삼별초군은 일본 원정을 준비하는 합포(合浦: 마산)까지 침공하여 몽고군 수비병을 살해하고 전함 32척을 소각하기에 이르렀다. 이에, 여몽 연합군 2만 2,000명은 1273년 4월 하순 탐라도를 공략하여 삼별초군을 패배시켰다. 삼별초군은 몇 명의 부상자를 제외하고는 전원이 끝까지 싸우다가 전사하는 기개를 보여 주었으나 중과부적으로 종말을 맞이하였다.129)

1270년 6월부터 1273년 5월까지 3년 간에 걸쳐서 펼쳐진 삼별초의 항쟁은, 몽고의 침공과 몽고에의 예속화를 기정사실로 받아들이려는 고려 조정에 대항하여 이루어진 고려 군민의 끈질긴 저항이었다. 삼별초의 항쟁은 물론 무인들의 자존(自存)을 위한 투쟁으로 비롯되었으나, 고려 군민의 몽고에 대한 적개심과 고려 조정에 대한 불만이 그 기저(基底)를 형성하고 있었다. 이러한 감정과 회한은 그대로 전수되어 고려 말기에 반원자주성 회복운동(反元自主性回復運動)으로 재현(再現)되었으며, 배원친명(排元親明) 정책으로 구체화되어 고려왕조를 마감시키는 요인이 되었다.

삼별초의 항쟁에 부가하여, 고려와 몽고의 전쟁과 이의 결과로 수립된 고려와 몽고 간의 불평등적 관계는 몽고의 강요에 의한 몽고와 고려의 일본 침공을 역사적 사실로 만들었다. 고려를 세력권 안에 장악한 몽고는 남송에 대한 공세를 강화하면서 남송과 통교하는 일본을 자국의 세력권 안에 장악하여 남송을 고립시켜 이를 멸망시키고, 일본까지 포함한 대 제국을 건설하려 했다. 이러한 구상을 가진 몽고의 세조 쿠빌라이는 고려를 통하여 일본의 순순한 몽고에의 복속을 종용하였다. 이러한 노력과 병행하여 고려를 전초 기지로 삼아 일본을 침공하기 위하여 고려에게 일본 침공 준비를 강요하

129) *高麗史節要, 卷18,* 元宗 11年; *對蒙抗爭史,* pp. 213-23.

였다. 그러나 일본은 몽고의 수교 요청을 거절하고, 답서를 보내는 것조차 거부하였다. 이에 몽고의 세조는 일본 공략에 나섰다.

몽고의 세조 쿠빌라이는 1274년 10월 씬두가 이끄는 정동군(征東軍) 2만 5,000명과 고려 김방경(金方慶)이 지휘하는 고려군 8,000명과 사공과 수병 등 6,700명을 합한 3만 9,700명과 900여 척의 전함으로 편성된 일본 원정군을 구성하였다. 여몽 연합군은 1274년 10월 3일 합포(合浦: 마산)를 출발하여 5일에 대마도(對馬島)에 상륙하였다. 그 곳의 무사를 살육한 다음 10월 18일에는 규슈(九州)지역에 상륙하여 그 곳의 무사단들과 격전을 벌였다. 무술에 능한 일본 무사들은 몽고와 고려군을 맞아 잘 싸워 여몽 연합군은 해안으로 퇴각하여, 다음날 총 공세를 감행하기로 했다. 그러나 그 날 밤, 북규슈 해상에 태풍이 몰아쳐 정박중인 여몽 연합군 전함을 강타하여 이를 침몰시킴으로써 1만 3,500여 명의 병력이 손실되었다. 여몽 연합군은 할 수 없이 합포로 다시 돌아올 수밖에 없었으며, 이로써 제 1 차 일본 원정은 실패하고 말았다.

1279년 남송(南宋)까지 멸망시켜 중국 전토를 장악한 몽고의 세조 쿠빌라이는 고려에 일본 정복 전담 기구인 정동행성(征東行省)을 설치하고 일본 침공 준비를 서두르면서 일본에 다시 사신을 보냈다. 일본은 북규슈 해안에 석축(石築)을 쌓아 여몽군의 재침에 대비하고, 몽고 사신을 참형에 처함으로써 몽고의 수교 요구를 거절하였다. 이로써 몽고의 일본 침공은 피할 수 없게 되었다.

몽고의 쿠빌라이는 합포에서 출동 명령을 기다리는 여몽 연합군 4만을 동로군(東路軍)으로 하고, 중국 강남 지역에서 대기하고 있는 범문호(范文虎) 휘하의 10만을 서로군(西路軍)으로 편성하여 도합 15만의 병력을 분진합격(分進合擊)시켜 일본을 단숨에 정벌하려 했다. 먼저 합포에 있던 4만의 병력이 900여 척에 분승하여 1281년 5월 3일 출정하였다. 여몽 연합군은 5월 21일 대마도를 공략하고, 6월 6일 북규슈의 해안에 상륙하기 위한 작전을 시행하였다. 그러나 일본군은 육지에서 상륙을 저지하고 소규모 선단을 동원하여 해상의 전함을 공격하였다. 고려군은 6월 7일 겨우 해안에 교두보를 확보했으나, 몽고군은 지휘관만이 겨우 목숨을 부지하여 해상의 본진으로 철수하였다. 날이 갈수록 전세가 불리해지자 여몽 연합군은 6월 13일 해안 교두보 확보를 포기하고 북규슈의 하카다만(博多灣)에서 물러나 서로군의 도착을 기다리기로 했다. 서로군은 6월 18일 북규슈 해상에서 동로군과 합류하기로 하고 중국을 출발했으나, 태풍과 항해의 미숙으로 7월 27일에야 동로군과 합류할 수 있었다. 양군은 북규슈의 하카다만 지역에 대규모 상륙작전을 계획하고, 선단을 해안으로 접근시켰다. 그러나 공격 전날인 8월 1일 밤 갑자기 태풍이 여몽 연합군의 선단을 강타하여 10만여 명의 병력이 수장(水葬)되고 말았다. 여몽 연합군의 일본 정벌은 자연 재해를 극복하지 못한 채 실패로 마감되었다. 몽고의 세조 쿠빌라이는 3차 일본 침공 계획을 세워 고려를 괴롭혔다. 그러나 1294년 세조가 사망함으로써 이 계획은 마침내 무산되었다.

이렇게 실패하고 무산된 일본 침공은 근본적으로 고려의 수탈을 가중시켜 고려 국력의 고갈을 재촉하고, 고려인의 대몽고 적대감을 더욱 증폭시켜 고려의 멸망을 촉진시킨 근원적 요인이 되었다. 더구나 일본 내 막부와 천황 간의 갈등, 무사 집단들 간의 갈등으로 조성된 남북의 대립은 일본 열도를 전화의 소용돌이로 몰아넣음으로써, 해적의 하나인 왜구(倭寇) 집단을 형성시켜 고려의 해안지역을 약탈하고 인원을 살상, 납치해 가는 노략질을 서슴지 않게 만들었다. 고려는 재정이 고갈된 데다가 민심까지 흉흉해져서 쇠퇴의 길을 걷게 되었다. 고려는 대몽 항쟁과 이의 결과로써 빚어진 몽고에의 복속 등을 통하여 왕조(王朝)의 명을 재촉한 셈이 되었다.

4. 고려의 홍건적, 왜구 토벌 전쟁

1260년 몽고와의 전쟁을 종식시킨 고려는, 삼별초의 항쟁 진압과 몽고의 강압에 의한 공동 일본 정벌로 인한 국력의 소진에도 불구하고, 약 100여 년간 외부의 대규모 침공 없이 평화를 유지할 수 있었다. 그러나 몽고의 쿠빌라이에게 걸핏하면 불려 갔던 원종(元宗, 1260-1274 재위) 이후 충렬왕(忠烈王)을 비롯하여 충(忠)자가 머리글자로 시작된 고려의 왕들은 몽고 원(元)의 직접적인 간섭 아래 즉위(卽位), 폐위(廢位), 복위(復位)를 거듭하는 정체의 혼란을 기록하였다. 정치(政治)는 없고, 모사(謀事)가 있었으며, 정도(正道)는 통하지 않고, 사도(邪道)가 통하는 정정(政情)이 지속되어 민생(民生)은 도탄에 빠졌고, 이로 인한 각 지방의 폭동과 민란으로 국력은 소진되었다. 1350년 즉위한 공민왕(恭愍王)은 내정을 수습하고, 자주성을 회복하여, 국가의 면모를 일신하려는 개혁을 단행했으나, 누적된 병폐를 바로잡기란 쉬운 일이 아니었다. 더구나 14세기 중엽 이래 중국 원(元)나라의 내정 혼란으로 중국 각지에서 나타난 홍건적(紅巾賊)의 고려 침공과 계속되는 왜구(倭寇)의 노략질에 맞서야 했던 고려는 결국, 외적(外敵)의 퇴치(退治) 과정에서 성장한 신흥 사대부 세력과 무인들에 의해서 왕조의 운명을 마감해야만 했다.

1) 홍건적의 침공과 고려의 토벌 전쟁

남송(南宋)까지 정벌하여 대제국을 건설한 몽고의 원(元)나라는 14세기 중엽부터 황족간의 제위 계승을 둘러싼 쟁탈전이 계속되고 정치가 혼란에 빠지자, 황실의 사치는 물론, 관료들의 매관매직(賣官賣職)과 승려들의 부정부패(不正腐敗)로 인한 폐해는 이만저만이 아니었다. 세금의 과다한 징수와 관료들의 행패는 이루 말할 수 없는 지경에 이르렀으며, 그 위에 밀어닥친 자연 재해는 거의 해마다 반복되어 국토를 황폐화시키고, 민생을 도탄에 빠뜨리게 되었다. 14세기 중엽, 중국의 하북성(河北省) 일대에서는 한족(漢族)을 중심으로 한, 머리에 붉은 두건을 두른 농민들의 반란인 홍건적의 난이 일어났다. 1355년경 홍건적 집단이 하남성(河南省), 산서성(山西省), 섬서성(陜西省) 등으로 확대되고, 일부가 만주로 진출하여 요동성을 점령하였다. 이에 원(元)은 이들을 압록강 방면으로 몰아붙였으며, 이들이 압록강을 건너 고려 영토로 진출하려는 기도를 나타냈다.[130)]

고려는 이러한 홍건적의 움직임에 따라 1357년 김득배(金得培)를 서북면(西北面) 홍두군왜적방어도지휘사(紅頭軍倭賊防禦都指揮使)로 임명하여 국경지역의 방어 태세를 강화했다. 1359년 12월 모거경(毛居敬)이 이끄는 4만여 명의 홍건적이 압록강을 건너 의주, 정주, 인주를 점령하였다. 고려는 수문하시중(守門下侍中) 이암(李嵒)을 도원수로 임명하여 이들을 격퇴하려 했으나, 홍건적은 철주(鐵州)와 서경(西京)까지를 점령하였다. 이에 고려는 도원수를 이승경(李承慶)으로 교체한 후, 병력 2만을 동원하여 대대적인 반격 작전을 감행하여 1360년 1월 서경을 탈환하고, 2월 홍건적을 압록강 이북으로 구축하였다.

1360년 9월 원(元)은 대규모 병력을 동원하여 만리장성(萬里長城) 이남과 이북지역에서 홍건적에 대한 포위 공세를 실시했다. 이 접전에서 패한 홍건적은 하북지방에 이르는 퇴로를 차단당하여 진로를 고려 쪽으로 잡았다. 이들은 1361년 10월 20일 20만의 병력으로 고려를 침공해 왔다. 이에 고려는 참지정사(參知政事) 안우(安祐)를 상원수로 임명하여 홍건적을 청천강선에서 막으려 했다. 그러나 고려군은 홍건적이 지닌 병력의 우세를 극복하지 못하고, 평산 북방 8km 지점인 금교역(金郊驛)에 방어선을 구축하였다. 그리고 최영(崔瑩)을 개경으로 파견하여 경군(京軍)의 지원을 요청했다. 그러나 고려 조정은 금교역의 방어를 지원해 줄 수가 없었다. 금교역의 방어선도 무너지고 고려군은 개경으로 철수했다. 고려 국왕과 문신(文臣)들은 개경의 성곽이 불완전하고, 비축된 식량이 부족하다는 이유로 개경을 떠나려 하고 있었다. 안우, 최영 등 무장들은 "도성을 버려서는 아니되옵니다" 하면서 국왕의 파천길을 막았지만 소용이 없었다. 1361년 11월 19일 국왕과 중신들은 개경을 떠나 충주로 이동하였고, 1361년 11월 24일 개경에 무혈입성(無血入城)한 홍건적은 고려인들을 산 채로 불에 태워 죽이는 등 온갖 만행과 약탈을 자행하였다. 그리고 일부 병력은 연안과 강화도, 그리고 원주 등지까지 진출하여 약탈과 살육을 자행하였으나, 고려 군민들의 저항에 부딪혀 더 이상의 진출은 하지 못했다.[131)]

공민왕을 수행하여 복주(福州: 경북 안동)까지 내려온 충신 정세운(鄭世雲)은 개경을 적에게 내준 것에 대한 울화를 이기지 못하고 지내다가, 1361년 12월 15일, 공민왕에게 "애통(哀痛)의 교서(敎書)를 내려 민심을 위로하고, 각 도에 사신을 파견하여 징병을 독촉하소서"하고 간청을 올렸다. 이에 공민왕은 정세운을 총병관(摠兵官)으로 임명

---

130) *韓民族戰爭通史, II, 高麗時代篇*, pp. 335-57.
131) *高麗史, 卷113, 列傳, 安祐; 東國兵鑑*, pp. 373-397; *前揭書.*

하여 전지(戰地)로 출발시켰다. 정세운은 선임 총병관 김용(金鏞)에게 "우리 두 사람이 적들의 만행을 보고만 있으면서, 산으로 숨으면 우리의 목숨이야 부지하겠지만, 나라의 기틀이 유지되리라 보시오?" 하면서 면박 겸 다짐을 해두었다. 그리고 전지로 달려간 정세운은 각 지역에서 모집한 20만의 병력을 개경 동쪽 천수사(天壽寺) 앞에 집결시켰다. 여기에는 안우(安祐), 이방실(李芳實), 황상(黃裳), 한방신(韓方信), 이여경(李餘慶), 김득배(金得培), 안우경(安遇慶), 이귀수(李龜壽), 최영(崔瑩) 등의 장수가 예하 병력들을 지휘하고 있었다. 드디어 정세운 총병관이 진격 명령을 내렸다. 장수들은 병력을 이끌고 개경을 포위하였다. 이 때, 진눈깨비가 내려 방비가 소홀해진 틈을 이용하여 숭인문(崇仁門)을 지키던 이여경의 휘하 장수 호군(護軍) 권희(權僖)가 적정을 정탐하고 나서, 이여경에게 "적의 정예병이 이 곳에 모두 집결되어 있습니다. 적의 예상을 뒤엎고 불의에 이곳을 기습하면 성공할 수 있을 것입니다"라고 건의했다. 이여경은 이를 옳다고 받아들였다. 이제 고려군이 공격할 때가 된 것이다.

1362년 1월 18일 새벽, 권희가 이끄는 기병 수십 명이 북을 울리고 함성을 지르면서 숭인문으로 돌격해 들어갔다. 불시에 기습을 당한 홍건적이 우왕좌왕하는 사이, 고려군은 성벽을 기어올라가 성 내로 진입하고, 개경성을 포위하고 있던 전 고려군도 일제히 공격해 들어갔다. 오후 3, 4시경 고려군은 난전 속에서 홍건적의 괴수 사류(沙劉)와 관선생(關先生)의 목을 베었다. 괴수를 잃은 홍건적은 혼란에 빠져 어쩔 줄을 몰라 했다. 고려군은 홍건적이 궁지에 몰려 저항을 계속할 경우에 고려군도 많은 피해를 입을 것이라고 판단하여, 개경의 동문인 숭인문(崇仁門)과 동북쪽의 탄현문(炭峴門) 일대의 포위망을 풀어 퇴로를 열어 주었다. 그 때까지 살아 남은 괴수 파두반(破頭潘)과 10만의 홍건적은 개경성을 빠져 나가 북상하여 압록강을 건너 요동지방으로 달아나 버렸다. 고려군이 홍건적을 몰아낸 것이다.[132]

고려군은 홍건적 10만을 사살하고, 원나라 황제의 옥새(玉璽) 2개와 금보인(金寶印) 1개, 옥인(玉印) 3개, 그리고 다수의 병기와 장비를 노획하였다. 고려군은 고려 영토 내에서 연전연승(連戰連勝)하여 경계를 소홀히 한 홍건적을 기습 공격하여 전투의 주도권을 장악함으로써 20만의 병사를 오합지졸로 만들어 10만을 섬멸하였으며, 이러한 고려군의 작전은 전투 경험이 많은 장수들의 지휘에 의해 차질 없이 진행될 수 있었다. 고려는 이로써 두 차례에 걸친 홍건적의 침공을 격퇴시켰다.

2) 왜구 토벌 전쟁

왜구(倭寇)가 한반도의 해안과 내륙을 노략질하기 위해서 침입한 사실은 기록상으로 삼국시대까지 거슬러올라가 찾아볼 수 있다. 한반도에 대한 왜구의 침입은 정도와 규모의 크고 작은 차이는 있으나 기록상 삼국시대, 실제로는 삼국시대 이전부터 간단

132) *前揭書.*

(間斷) 없이 있어 온 하나의 엄연한 현실이었다. 다시 말하여, 왜구 문제는 한반도가 지리적으로 극복해야 할 앙화(殃禍)의 근원 중 하나였다는 뜻이다. 일본 열도가 자연재해로 인한 기근 또는, 전화(戰禍)로 휩싸여 민생고에 시달릴 경우에는 “일본의 해적집단” 즉 왜구의 활동이 왕성해져서 한반도와 중국의 해안과 이에 연한 내륙 지방은 거의 황폐화되다시피 하는 피해를 입었다. 특히, 두 차례에 걸친 고려와 몽고의 일본 침공 기도(企圖) 이후 조성된 일본 내의 내란 상태는 일부 무사 집단과 농민들의 생활 기반을 앗아가, 이들을 해적으로 내몰게 되었다. 이들은 대마도(對馬島)와 규슈 연안 도서 등을 근거지로 삼아 한반도의 해안과 인접 내륙지방에 대하여 약탈과 살육을 자행하였다. 왜구의 약탈과 살육은 고려 말기부터 조선 초기에 이르는 약 60여 년간 가장 심하게 자행되었으며, 특히 고려말 40여 년간의 왜구의 노략질은 고려 전지역에 막심한 피해를 입혀 고려의 패망을 재촉하는 하나의 원인이 되기도 했다.

고려는 왜구의 침공으로 피해가 더해 가자, 외교적으로 이 문제를 해결하려는 노력을 기울였다. 그러나 일본 중앙 막부(幕府)의 통치력이 지방에까지 미치지 못하였기 때문에, 왜구를 근절하려는 고려의 외교적 노력은 실효를 거두지 못했다. 이에 따라, 고려는 무력으로 왜구를 격퇴하기로 방침을 정하고, 1376년부터 1389년에 이르기까지 왜구 토벌 전쟁을 전개하기에 이르렀다. 고려는 일본국(日本國)이 아닌 일본의 해적집단(海賊集團) 왜구를 상대로 전쟁을 수행하였다.

왜구의 고려 침공은 최초에는 주로 남해의 도서와 인근 해안지역에 집중되었으나, 점차로 서해의 도서로 약탈 지역이 확대되었다. 이것이 공민왕이 들어선 1350년경부터는 경기, 전라, 경상도 지역의 해안과 인근 내륙과 개경 부근까지 확대되기에 이르렀다. 고려는 이에 대하여 침공하는 왜구들을 무력으로 격퇴하기 위해서 경군(京軍)도 파견하고, 임시로 특별군(特別軍)을 조직하여 현지에 주둔시키기도 했으나, 해상으로 접근하여 약탈을 자행하고 다시 해상으로 도주하는 왜구를 토벌하는 데는 육전(陸戰)의 한계가 있었다. 이에 따라 고려는 수군(水軍)과 화력(火力)의 증강을 시도하여 해상에서 저지와 추격 등의 능력을 갖추어 왜구를 격퇴하고, 왜구의 본거지인 대마도를 공격하여 왜구 문제를 해결하려 했다.

왜구가 남해안과 서해안 그리고 강화도(江華島)와 교동도(喬桐島)를 침공하여 개경을 위협하기도 하여 개경으로 연결되는 수운(水運)이 차단되어 개경이 곤경에 처한 경우도 있었다. 1365년 3월 2일, 왜구는 강화와 교동에 침공하여 3월 11일 개경 근교의 창릉(昌陵)까지 진출하였으며, 1371년 7월 3일 예성강으로 진입하여 병선 40여 척을 소각하기도 했다. 이럴 때마다, 고려 조정은 최영(崔瑩)과 이성계(李成桂) 등을 동서강도지휘사(東西江都指揮使) 등으로 임명하여 개경의 방어 태세를 강화시키곤 했다. 그러나 이러한 수세적인 태세에 의한 대책은 왜구의 침공과 노략질을 근원적으로 해결하지 못하고, 매시(每時) 매소(每所)에서 왜구의 침공에 대한 우려와 대비를 항상 해야 하는 가장 소모적이면서 가장 비효율적인 임기응변적인 대처만을 되풀이하게 되었다.

고려는 소극적인 왜구 퇴치 전략을 적극적인 왜구 토벌 전략으로 바꾸고, 전력도 강화시키려는 노력을 기울였다. 1371년 7월 나주목사 이진수(李進修)는 군의 지휘 체계가 확립되어야 한다는 점을 건의하였으며, 12월 16일에는 무비(武備)를 갖추고 상벌을 중하게 하여 병사들의 사기를 진작시켜야 한다고 건의했다.[133] 이에 따라 공민왕은 5군을 거느리고 경기 근교 일대에 대한 순행(巡行)을 실시하여 병사들의 사기를 높이려 하였다. 그리고 1373년 5월 간관(諫官) 우현보(禹玄寶)와 1374년 초 검교중랑장(檢校中郞將) 이희(李禧)의 건의에 따라 수군(水軍)의 재건과 수전(水戰) 수행 능력의 향상을 도모하게 되었다.[134] 그리고 무기 체계도 개선하였다. 과거에 주로 궁시(弓矢)와 노(弩)가 중심 무기였으나, 왜구의 선박 공격에는 철포와 화약이 필요하다는 것을 인식하고, 원(元)에 화약 공급을 요구하여 획득하였다. 이와 같이, 고려는 육전에서의 과감한 왜구의 섬멸과 해전에서의 저지와 추격을 감행할 수 있는 전력과 전략을 구비하고, 수행하기로 방침을 정했다.

왜구의 병폐는 공민왕 이후 우왕(禑王, 1375-1388 재위) 때에 더욱 심해졌다. 특히, 1376년에 왜구는 경상도 진주, 남해의 고성, 전라도 영산포, 금강지역의 공주를 함락하고, 연산의 개태사(開泰寺)까지 진출하여 그 기세가 결코 만만치 않았다. 고려 조정은 개태사 전투에서 양광도(楊廣道) 원수(元帥) 박인계(朴仁桂)가 전사했다는 소식에 어찌할 바를 몰랐다. 이 때, 61세의 노장(老將) 판삼사사(判三司事) 최영이 박인계의 후임을 자청하고 나섰다. 우왕과 다른 장수들은 최영의 연로함을 들어 이를 만류하였다. 그러나 최영은 "하잘것없는 왜적이 이처럼 포악하게 날뛰고 있으니, 지금 제어하지 않으면 나중에 도모하기가 어렵습니다. 이제 만일 다른 사람을 장수로 임명한다면 꼭 이긴다는 보장도 없고, 병사도 원래 훈련된 것이 아니어서 쓸 수가 없을 것입니다. 신이 몸은 비록 늙었으나 뜻은 쇠하지 않았으니, 다만 사직을 편안히 하고 경성(京城)을 호위하고자 할 따름입니다" 하면서 뜻을 굽히지 않았다. 우왕도 할 수 없이 최영을 양광도 원수에 임명하고 왜구 토벌을 명했다.[135] 하룻밤의 휴식도 없이 전투장 홍산(鴻山)에 당도한 최영은 왜군이 삼면이 석벽(石壁)으로 둘러싸여 있고, 한 길로만 연결되어 있는 고지(高地)에 진을 치고 있음을 발견하였다. 최영은 즉시 돌격 명령을 내렸으나, 산상에서 시석(矢石)을 집중하는 왜구에 접근하기가 어려웠다. 장병들은 접근할 엄두를 내지 못하고 있었다. 최영은 앞장서서 왜구들의 시석을 무릅쓰고 돌진하면서 장병들에게 따를 것을 명령했다. 그 때, 숲속에 숨어 있던 왜군이 활을 쏘아 최영의 입술을 맞추었다. 이에 최영은 입술에 박힌 화살을 뽑지 않고 즉시 화살을 쏘아 자기를 쏜 왜구를 죽이고 나서야 입술에 박힌 화살을 뽑았다. 노장(老將)의 죽음을 두려워하지 않는 의연한 모습을 본 고려 병사들은 앞을 다투어 진격하여 왜구를 닥치는 대로 참살하였

133) *高麗史, 卷81, 志35* 兵1 五軍條; *韓民族戰爭通史, II, 高麗時代篇*, pp. 387-91.
134) *高麗史, 卷43,* 恭愍王 世家 21年; *高麗史節要, 卷29,* 恭愍王 21年; *高麗史, 卷83, 志37* 兵3 船軍條; *前揭書.*
135) *高麗史, 卷133, 辛禑列傳, 高麗史節要, 卷30,* 辛禑 2年; *前揭書.*

다. 61세의 최영(崔瑩)이 자원하여 왜구를 토벌한 홍산(鴻山) 전투로 금강지역의 왜구 세력은 크게 위축되었다.

그러나 싸우고 토벌해도 왜구의 침공과 약탈은 그칠 줄을 몰랐다. 금강지역에서 왜구를 격퇴하면 강화도에 나타나고, 강화도에서 이를 격퇴하면 전라도, 전라도에서 이를 물리치면 경상도에서 나타나 고려 전 국토를 유린하였다. 1377년에 왜구는 강화도를 점령하여 개경을 위협하기도 하고, 1378년 2월에는 부평, 3월에는 아산만 등지에 나타났으며, 4월에는 양광도(楊廣道) 일대의 해상권을 장악하고 개경을 위협하였다. 이에 고려 조정은 최영(崔瑩)과 양백연(楊伯淵), 이성계(李成桂)로 하여금 왜구의 개경 진입을 막도록 했다. 왜구 역시 개경으로 진격하기 위해서 최영군이 주둔하고 있던 해풍(海豊: 경기 개풍군 풍덕리)으로 직진하여 일전(一戰)을 수행할 결의를 다졌다. 최영은 양백연과 이성계를 양측에 배치하고 자신은 왜구를 유인하려는 작전을 폈다. 왜구는 최영군을 직접 공격하였다. 최영군은 후퇴하면서 왜구를 유인하여 구상해 둔 포위망 안에 들어오게 하였다. 그 후에 양백연과 이성계군이 좌우에서, 그리고 최영군이 정면에서 공격하여 왜구를 거의 섬멸하였다. 이로써 강화도 부근에서의 제해권을 고려가 장악하여 개경에 대한 왜구 침공 위협은 제거되었으나, 강화 이남의 양광, 전라, 경상, 그리고 동해안에서의 왜구 약탈과 노략질은 계속되었다.

왜구는 고려의 곡창지대와 연결되어 있는 금강 하구의 진포(鎭浦)를 그들의 내륙 진출의 거점으로 확보하기 위해서 1380년 7월까지 이 일대에 500여 척에 달하는 대규모의 선단(船團)을 집결시켰다. 이에 맞서 1380년 8월 해도원수(海道元帥) 나세(羅世)와 심덕부(沈德符), 최무선(崔茂宣)이 지휘하는 100여 척의 고려군 선단이 진포로 출정했다. 이 때, 왜구 선단은 500여 척의 배를 대소 선단으로 구분 편성하여 배를 큰 밧줄과 쇠사슬로 서로 잡아매어 인마(人馬)가 왕래할 수 있도록 널빤지를 깔아 거대한 수채(水寨)를 구축해 놓고 있었다. 왜구는 고려의 수군이 규모가 작은 것을 확인하고, 근접전을 수행하여 일거에 고려 수군을 격파하려 접근하였다. 500여 척에 2만 명에 가까운 왜구는 100여 척에 3,000명에 불과한 고려 수군을 경시할 만했다. 그러나 고려 수군은 최무선이 개발한 화포와 총통 등의 화약무기로 무장되어 있어서 접근해 오는 왜구의 선단을 겁내지 않았다. 왜구의 선단이 접근해 오자, 고려 수군은 화포 사격을 개시했다. 고려군의 화포 사격으로 왜구 선단은 화염에 휩싸이게 되었다. 왜구는 황급히 선수(船首)를 돌려 고려군의 화포 사격을 피하려 했으나, 쇠사슬로 묶인 여러 척의 배는 동작이 완만하여, 고려군의 화포 사격을 제대로 피할 수 없었다. 이 해전으로 500여 척의 왜구 선단은 거의 소실되었으며, 살아 남은 왜구는 해상 퇴로를 차단당한 채, 내륙으로 도주할 수밖에 없었다. 고려 수군은 일대 승리를 거두었다.[136] 그러나 육지로 도주한 왜구 잔당은 또 하나의 작전을 요구하고 있었다.

진포(鎭浦) 해전에서 패배하여 육상으로 도주한 왜구는 내륙지역을 약탈하며 1380

136) *高麗史, 卷134, 辛禑列傳, 高麗史節要, 卷31,* 辛禑 6年; *韓民族戰爭通史, II, 高麗時代篇,* pp. 423-6.

년 9월 남원(南原) 운봉(雲峰) 지역에 도착하여, 광주 금성(錦城: 담양)지역에서 말을 먹인 뒤에 북진한다고 소문을 퍼뜨려 고려군의 주력을 북쪽으로 유인한 다음에, 남해안을 거쳐 철수하려는 의도를 가지고 있었다. 고려 조정에서는 보다 적극적인 왜구 토벌을 위해서 작전을 총괄하는 지휘 체계를 구축하였다. 양광, 전라, 경상도 도순찰사로 문하찬성사(門下贊成事) 이성계(李成桂)를 임명하고, 예하에 7명의 장수들을 지휘관으로 임명하여 왜구 토벌을 강력하게 추진하도록 했다. 1380년 9월 이성계가 지휘하는 고려 경군이 남원에 도착하였다. 이미 운봉의 요새에 진을 구축하고 있던 왜구를 보고, 여러 장수들은 왜구가 스스로 걸어 내려올 때까지 지구전을 펼치는 것이 고려군에게 유리하다는 의견을 제시하였다. 그러나 이성계는 "군사를 일으켜 적을 침에 있어서 적을 만나지 못해서 한이거늘, 이제 적을 만났음에도 치지 않고 보고만 있어야 되겠는가!"라고 말하며 지구전 주장을 일축하였다. 정찰을 마친 이성계는 모든 부대의 공격로를 배당해 주고 자신은 오른쪽의 험한 지름길을 가리키면서 "적은 반드시 이 길로 나와 우리의 배후를 엄습할 것이다. 내가 이 길로 나가겠다"라고 말했다. 그리고 그는 공격 명령을 하달했다.[137]

고려군의 공격이 개시됐다. 예상한 대로, 왜구의 저항은 대단하였다. 왜구는 가파른 산 길을 올라오며 공격하는 고려군에 대해서 대대적인 반격을 가해 왔다. 돌진해 오는 왜구의 기세에 눌려 고려군은 앞을 다투어 산 아래로 흩어져 달아났다. 이성계는 "말고삐를 단단히 잡아 말이 넘어지지 않도록 하라"고 외치면서 고려군을 산 아래에서 수습했다. 그리고 다시 공격 명령을 내렸다. 고려군은 다시 고전을 면치 못했다. 이성계 자신도 자신이 탄 말과 자신의 왼쪽 다리에 왜구의 화살을 맞고 왜구에게 포위되기까지 했다. 고려군의 사기는 저하되기 시작했다. 그러나 이성계는 화살을 쏘아 왜구 8명을 사살하면서, "두려운 자는 물러가거라. 나는 끝까지 적과 싸우다 죽으리라" 하며 왜구와 맞섰다. 이에 고려군은 용기를 되찾고, 왜구와 맞섰다. 왜구 또한 결사적이었다. 결과를 예측할 수 없는 혈전이었다.

그러나 극적인 사건이 고려군에게 승리를 안겨 주었다. 왜구 진영에서 백마를 타고 장창을 휘두르며 좌충우돌하는 15-6세의 나이 어린 장수가 하나 있었다. 아기발도(阿其拔都)라는 이 어린 장수 앞에 고려군은 맥을 못 추고 있었다. 무장인 이성계는 아기발도의 용맹무쌍한 모습에 감탄한 나머지, "그를 죽이지 말고 생포하라"는 명령을 내렸다. 그러나 한 부장이 이를 반대하였다. 이유인즉, 그를 생포하려다가 고려군이 더 큰 피해를 입을 수 있다는 것이다. 결국, 이성계는 그를 죽여야 고려군이 이길 수 있다는 판단을 하고, 부장에게 "내가 투구를 쏘아서 벗길 터이니, 그대는 재빨리 그의 면상을 쏘아 맞추라"라고 하면서 활 시위를 당겼다. 이성계가 첫번째로 쏜 화살은 아기발도의 투구 끈을 맞추었고, 두 번째로 쏜 화살이 정통으로 투구를 맞추어 땅에 떨러뜨렸다. 이에 부장은 아기발도의 면상을 맞추었다. 아기발도가 전사하자, 왜구는 여지없

---

137) *高麗史, 卷134, 辛禑列傳, 高麗史節要, 卷31,* 辛禑 6年; *韓民族戰爭通史, II, 高麗時代篇,* pp. 427-33.

이 무너지고 말았다. 이 극적인 사건이 고려군을 승리로 이끌게 만들어, 겨우 70여 명의 왜구만이 목숨을 건져 지리산 쪽으로 달아났다. 이 황산(荒山) 전투의 결과, 왜구는 고려 서해안에서 동해안 쪽으로 약탈지역을 바꾸었다.[138]

계속적인 침공을 감행하던 왜구는 1385년 9월 이후에는 동해안 북부지역에 대한 침공을 개시했다. 1385년 9월, 왜구 전선 150여 척이 함주(咸州: 함흥) 등지에 침공하여 주민을 살육하고 약탈을 자행하였다. 이에 고려 조정에서는 원수인 찬성사(贊成事) 심덕부(沈德符) 등을 파견하여 이를 토벌하도록 했다. 그러나 심덕부군이 패배하였다. 이에 판삼사사(判三司事)인 이성계(李成桂)가 왜구 토벌을 자원하였다. 함주에 도착한 이성계는 고려군 장병과 왜구들이 보는 가운데 그의 빼어난 활 솜씨를 보여 줌으로써 고려군의 사기를 올리면서 왜구에게는 겁을 주려 했다. 이를 본 왜구는 겁을 먹고 주춤거리고 있었다. 이성계는 이 때 부장들을 진출시켜 왜구를 유인하여, 왜구가 포위망에 들어왔을 때, 이를 공격하여 섬멸하였다. 함주(咸州) 북방의 천불산(千佛山)으로 도망한 왜구들도 모두 포로가 되었다. 이제, 동부 해안의 고려군도 왜구 토벌에 자신감을 회복하였다. 그러나 왜구의 침공과 약탈 행위는 그치질 않았다. 더구나 왜구를 자처하는 도둑 무리까지 나타나 고려 내의 혼란을 더욱 부채질하였다.

쫓으면 다시 오고, 싸우고 나면 또 싸워야 하고, 죽이면 또 죽여야 하는 왜구의 토벌 전쟁은 끝이 보이질 않았다. 고려 조정의 고민이 여기에 있었다. 동을 방비하면 서에 나타나고, 서를 방비하면 동에 나타나며, 북을 방비하면 남을 침공하고, 남을 방비하면 북을 괴롭히는 왜구 문제를 어떻게 해결해야 할지 뾰족한 방법을 찾기가 매우 어려웠다. 일본 중앙 정부의 권위조차 통하지 않는 왜구 집단 문제를 외교적으로 해결할 수도 없었다. 다행히도, 왜구는 고려의 방비 태세가 강화되자, 1389년부터 중국의 해안지역을 주요 약탈 대상지로 삼았다. 그러나 고려는 항상 고려의 해안과 내륙에 진출하여 온갖 만행을 저지르고 있는 왜구를, 그들의 주공격 목표가 달라졌다고 해서, 그냥 버려둘 수는 없었다.

고려 조정은 왜구의 근거지인 대마도를 공략하는 방책을 검토하였다. 이에 대해서 고려 중신들 중에는 벌집을 쑤신 격이 되지 않겠느냐는 우려에서 이에 찬성을 하지 않는 경우도 있었다. 그러나 1388년 왜구가 다시 전라도와 경상도의 여러 주현(州縣)을 대대적으로 약탈하였다. 이에 고려는 1389년 2월 경상도 원수(元帥) 박위(朴葳)로 하여금 100여 척의 전함을 이끌고 대마도를 정벌하도록 했다. 대마도에 진출한 고려군은 먼저 해안에 정박해 있던 300여 척의 왜구 선박을 소각해 버렸다. 그리고 해안에 있던 가옥들을 불태우고, 섬 안의 수색 작전을 수행하였다. 왜구가 고려군의 공격을 피해서 섬 안의 산속 깊숙이 달아나 이를 토벌하지는 못했지만, 고려군은 포로로 잡혀간 남녀 100여 명을 구출하여 귀환하였다.[139] 당시의 고려 국왕인 창왕(昌王)은 대마도 정벌이

---

138) *前揭書.*

139) *高麗史, 卷137,* 恭讓王 世家 元年; *韓民族戰爭通史, II, 高麗時代篇,* pp. 458-61.

"…국가의 수치를 설욕(雪辱)하고 신민(臣民)의 원수를 갚고도 남음이 있…"는 경사로 찬사를 아끼지 않았다.[140] 이로써 왜구의 침공이 전혀 소멸된 것은 아니었으나, 왜구의 침공 규모가 매우 축소되었다.

3) 홍건적, 왜구 토벌 전쟁의 결과

홍건적과 왜구의 토벌 전쟁은 국가간의 전쟁은 아니었다. 그러나 이들과의 전쟁은 수많은 전투와 접전을 치러 국가간 전쟁 못지 않은 희생과 피해를 고려에 안겨 주었다. 더구나 이 전쟁은 강화를 성립시키려 해도 상대를 대표하는 권위가 없기 때문에, 이들과의 평화는 오로지 무력 사용에 의한 정벌이나 토벌에 의해서만 달성 가능한 성격을 지니고 있었다. 다시 말하여, 전쟁 도중에 전투의 강도를 줄이기 위한 합의나 이를 종결하기 위한 강화를 수립할 수 없어서, 끝까지 싸워 이기는 길만이 이 전쟁에서 평화를 달성하는 유일한 길이라는 뜻이다. 적나라한 폭력만이 설득력을 갖는 평화 수립 수단이 된다는 말이다. 따라서 국가간의 전쟁이 아닌 홍건적, 왜구 토벌 전쟁은 격렬의 정도가 국가간 전쟁보다 더 심한 것이었다.

고려는 홍건적의 침공에 대해서 전통적인 북방 민족의 침공을 대처하는 육전(陸戰) 방식으로 격퇴할 수 있었으나, 왜구의 침공은 이러한 방식으로는 이를 무효화시킬 수 없었다. 결국, 바다로 침공하는 왜구는 수전(水戰)을 할 수 있는 바탕 위에 육전을 잘 해야 하는 종합 전력의 유지와 발휘를 요구하였다. 따라서 공민왕 초기에 육전만으로 왜구의 침공에 대처하려던 고려의 전략은 효용성이 없었으며, 대마도 정벌과 같은 과감한 도협(渡峽) 상륙작전을 수행할 수 있는 능력과 전략이 있어야 실효성이 있다는 점을 시사하고 있었다. 따라서, 삼면이 바다로 둘러싸인 고려는 왜적의 침공에 대처하기 위해서 육전과 수전을 수행할 수 있는 군사력의 보유와 운용이 요구된다는 점을 보여 주기도 했다.

무력의 사용만이 실천적 효용성을 보장받을 수 있는 고려 말기의 상황 전개는 무비(武備)의 중요성과 무인(武人)의 역할이 필수적이라는 점이 드러나, 무인의 위치가 상대적으로 확고해지는 계기가 되었다. 강화나 화의의 제의 자체가 아예 불가능한 상황에서 문인들의 보신(保身)에 의한 보국(保國)론은 의미를 상실하기 마련이고, 무인들의 창과 칼, 그리고 활이 의미를 갖게 마련이었다. 홍건적과 왜구의 침공을 막아야 했던 고려 말기의 상황에서 위치가 확고해진 신흥 무인과 몽고에의 굴종적인 관계를 개탄하고 국력의 강화를 도모하기 위해서는 새로운 개혁이 필요하다는 신흥 사대부 집단의 결속으로 고려 왕조는 쇠잔의 길을 걷게 되었으며, 이러한 계기를 홍건적과 왜구를 토벌하기 위해서 벌인 전쟁이 제공해 주었다.

---

140) *高麗史, 卷116, 列傳29, 朴葳.*

5. 고려시대 전쟁의 성격과 특징

고려시대에 치러진 전쟁은 외부의 침공과 고려인들의 방어로 이루어진 것이었다. 고려 태조가 고구려의 고토(故土)를 회복하여 고구려(高句麗)의 기상과 위치를 회복하겠다는 정책적 의지를 표명하여 왕조 국가의 이름도 고려(高麗)라 지칭했으나, 실제로 고려는 동북계지역에서 말썽을 부리는 여진(女眞)족을 응징(膺懲)하기 위하여 진(鎭)을 개척했다가 다시 원상으로 복귀시키는 제한적인 행동 이외의 대외 군사 작전은 수행하지 않았다. 고려는 발해(渤海)를 멸망시킨 거란(契丹)족을 멸시하여 거란이 세운 요(遼)에 대해서 적대적인 정책을 취한 적은 있었으나, 외부 세력에게 침공의 구실이 될 만한 군사 행동을 감행한 경우가 없었다. 그러함에도 불구하고, 고려는 외부의 조직적, 산발적인 침공과 침입으로 국력의 소모를 강요당해야 했고, 인간적인 고뇌와 고통을 감수해야만 했다. 따라서 고려가 치른 전쟁은 고려가 이를 유발시키는 원인을 제공하지 않은 채로, 이를 치러내야만 했던 방어전이었다.

고려가 치른 전쟁은 주로 중국 대륙과 동북부지역에서 세력 각축전을 벌인 종족(種族)과 왕조(王朝) 국가들 간에 행해진 권력 투쟁과 그들의 독자적인 권력 구상과 깊은 연관을 맺고 있다. 거란족이 세운 요(遼)는 송(宋)과의 대결에서 송과 고려의 연합 전력 형성 가능성을 배제하려는 목적으로 고려를 침공하였으며, 후에 여진의 금(金)국을 멸망시킨 몽고(蒙古)의 고려 침공도 고려와 남송(南宋)의 제휴 가능성의 배제와 몽고 자체가 지닌 세계 정복 구상의 하나로 고려를 복속시키려 했음을 알 수 있다. 고려와 요, 고려와 몽고 원(元)과의 전쟁은 요와 원의 대중국 압박 및 고려의 고립 정책과 전략의 일환으로, 고려를 그들의 세력권에 묶어 두어 그들의 대중국 강압 정책과 전략의 수행상 배후의 위협을 제거하기 위하여 수행되었다. 이 같은 현상은 요와 원(元) 등이 중국과 중국의 동북방지역의 전략 균형 유지상 고려의 위치와 역할을 실제 이상으로 과대 평가한 데서 기인된 바도 적지 않은 것으로 보인다. 이러한 요인과 더불어, 특히 원은 일본 정복을 위한 전진 기지로 사용할 목적하에 고려를 완전한 속국(屬國)으로 만들려고 했다. 그리하여 고려의 복속 후에 고려를 일본 정복의 기지로 사용하여 일본 원정을 구체화시키기도 했다. 이와 같이 고려는 자국이 외부에 위협이 되는 이유에서가 아니라, 주변국이 고려를 의도적으로 고립, 확보하려는 이유에서 전쟁을 치르게 되었다.

고려를 침공했던 요(遼)와 몽고(蒙古)는 고려의 완전한 점령과 직접 통치보다는 항복과 자발적 복속을 원했기 때문에, 신속하게 진격하여 고려 국도인 개경(開京)을 점령함으로써 고려의 항복을 받고자 했다. 요와 몽고도 고려가 과거 수차에 걸쳐서 수(隋)와 당(唐)의 공격을 물리친 고구려(高句麗)의 후신(後身)이라는 것을 잘 알고 있던 터이라, 고려의 점령과 직접 통치는 사실상 불가능하고, 항복과 복속을 확보하는 것도 쉽지 않을 것이라고 판단하였다. 그리고 이들 국가들은 고려 이외의 다른 국가와 주 전선을 형성하고 있었기 때문에, 고려 침공에 주력을 투입하기가 곤란한 처지에 있었다. 요는 송과, 몽고는 남송과 주 전선을 이루고 있었으며, 특히 몽고는 러시아와 페르시아까지도 병력을 파견하여 세계 정복의 야망을 실현시키려 하였다. 고려를 침공하는 국가들의 이러한 전략적 판단과 현실적 제약으로 인하여 이들은 고려의 국도를 신속하게 점령하여 고려의 항복을 강요하는 속전속결(速戰速決) 정책과 전략으로 고려 문제를 해결하려 했다.

이러한 침공 국가들의 속전속결 전략과 기동을 고려는 수성(守城)으로 인한 침공군의 진출 지연, 청야입보(淸野入保) 개념에 근거한 지연반격(遲延反擊) 전략과 강화제의 등의 임기응변(臨機應變)으로 맞서려 했다. 고려는 이에 따라 통상적인 침공 경로인 서북계의 북로(北路)와 남로(南路)의 여러 성(城)들을 요새화하고 방어력을 강화하는 노력을 기울였으며, 서북계 이남지역의 방어를 위해서 자연 장애물인 청천강과 안북부(安北府: 안주), 대동강과 서경(西京)을 동시에 이용한 방어선, 그리고 개경 북방의 평주 등을 이용한 축차 저지선 방어 작전을 구상하고 실현하였다. 고려의 이러한 방어 개념은 작전의 주도권을 침공군에게 양보하고 방어에 임하는 단점을 지니고 있었으나, 적절한 반격과 추격 개념을 추가하여 수세적인 작전의 미비점을 보완하려 했고, 경군(京軍)을 축차적인 방어와 반격 작전에 투입하여 이를 보장하려 했다.

침공군의 속전속결 전략과 고려의 청야입보에 의한 지연 반격 전략은 각각 실천적인 효용성과 한계성을 동시에 보유하고 있었다. 요와 몽고의 침공군은 속전속결 전략 개념에 따라 서북계의 성을 우회하여 개경을 점령하는 데 커다란 어려움이 없었다. 그러나 우회한 성의 견고한 방어는 침공군의 후방 병참선을 위협하여 개경까지 진출한 주력 부대의 작전 수행 능력을 감소시켰으며, 특히 강화의 제의나 수립으로 철군하게 될 경우에 서북계 고려군의 반격을 받아 결정적인 타격을 입는 경우가 많았다. 고려군의 청야입보에 의한 지연 반격 전략은 주요한 거점을 요새화하여 이를 방어하고, 침공군의 약점인 보급상의 약점을 극대화시켜 약화된 이들을 반격한다는 데는 효과가 있었다. 그러나 몽고군과 같이 기동성이 탁월하고 보급상 큰 어려움을 지니지 않은 침공군에 대해서는 거점방어식 방어 개념은 한계가 있었으며, 요새화된 거점이 아닌 지역의 초토화와 피해는 이루 말할 수 없을 정도였다. 강화도로 국도를 옮겨 이를 거점으로 몽고에 대항했던 고려는 소수 지배층과 강화도의 안전을 확보한 대신, 전 국토가 몽고군에게 노출됨으로써 엄청난 피해와 고통을 감수해야만 했다. 그리하여 결국 고려는 머리만을 보호하기 위하여 온몸이 찢겨진 상태가 되는 '장끼'가 되고 말았다. 이와 같이, 침공군의 속전속결 전략은 고려의 지구 전략으로 인하여 실천적인 효용성이 삭감되었으며, 고려의 지구 전략은 침공 자체를 무효화시키지 못한 채, 수차에 걸친 침공과 기간이 늘어진 전쟁을 초래하여 고려의 국력을 소모시킨 결과를 초래하기에 이르렀다.

전쟁은, 그 규모가 크건 작건 간에, 국가의 큰 일(國之大事)임에 틀림없다. 따라서 전쟁을 자주 그리고 오래 치르는 국가는 견실할 수가 없고, 이로 인해서 국가나 왕조의 존재까지도 포기해야 되는 경우가 흔히 있어 왔다. 고려를 침공한 요(遼)도 금(金)에게 멸망당했으며, 세계적인 대국을 형성한 몽고의 원(元)도 전쟁과 무력 사용만으로 제국을 유지하는 데는 한계가 있었다. 고려 역시 요와의 30년 간 전쟁, 몽고와의 또 30년 간의 전쟁과 고려 말기 약 40여 년간에 걸친 홍건적(紅巾賊) 및 왜구(倭寇)의 토벌 전쟁을 치르면서 국력은 소모되고 집단적, 개별적 고통은 증대되었으며, 새로운 변화를 요구하는 세력들의 요구를 수용할 수 없는 지경에 이르게 되었다. 특히 몽고에의 복속 후에 보여 준 고려 조정의 지도력은 자주성과 현실성을 상실하여 존립 기반을 잃어가고 있었으며, 특히 강화 제의의 대상조차 없고, 그렇기 때문에 무력의 유지와 사용만이 유일한 평화 회복의 수단일 수밖에 없던 왜구의 토벌 전쟁에서 그 위치와 역할의 중요성을 인정받은 무인과 신흥 문인 집단의 결속으로 고려 왕조는 운명을 마감해야만 했다. 요와 몽고의 전쟁으로 인한 국력의 피폐, 몽고와의 전쟁 결과 수립된 몽고에의 복속과 이에 따른 굴욕적인 관계에서 빚어진 심적 자괴감과 물적 부담, 국가적 권위 밖에서 침입해 온 홍건적과 왜구 토벌 전쟁에서 새롭게 등장한 신흥 문무(文武) 지도층의 출현으로 고려는 새로운 이름의 왕조로 계승되기에 이르렀다. 전쟁은 분명 국가의 존망을 좌우하는 이유(存亡之道)가 됨을 쉽게 알 수 있다.

제 5 장 조선시대의 전쟁

1. 개 관
2. 조선과 일본의 전쟁
3. 조선과 청의 전쟁
4. 조선 말기의 분쟁과 전쟁
5. 조선시대 전쟁의 분석과 교훈

제 5 장 조선시대의 전쟁

1. 개 관

고려(高麗, 918-1392)의 뒤를 이은 조선(朝鮮, 1392-1910)의 역사도 침구(侵寇)와 침공(侵攻), 그리고 전쟁으로 점철되었다. 고려시대는 주로 북방 민족의 침공에서 비롯된 전쟁을 치러 왔으나, 조선시대에 이르러서는 북방 민족의 침공은 물론 대륙으로의 진출을 도모하는 남방 일본의 침공까지 현실화되어 한반도를 전쟁의 소용돌이로 몰아넣었다. 옛날부터 자행되어 온 노략질과는 달리 고려 말기에 왕성해진 왜구(倭寇)들의 침입과 약탈 행위는 일본 내의 세력 쟁탈전이나 대륙 진출을 도모하려는 국가적 의지와 결합되어 대규모 침략 행위로 변하여 구체화되었다. 따라서 조선시대에는 전통적인 북방으로부터의 외침(外侵)은 물론 일본의 침공으로 비롯된 전쟁들을 치르게 되었다. 산발적으로 약탈을 자행하던 왜구에 대한 일방적인 토벌 전쟁이 아닌 조선과 일본 간의 전쟁을 치르게 되었다. 이와 같이 조선시대는 북방과 남방, 양 방향에서의 침공으로 빚어진 전쟁을 기록하고 있다.

조선시대의 전쟁 중에는 조선이 전쟁의 수행 주체가 되어 주변국과 치른 전쟁이 있었는가 하면, 조선의 의지와는 거의 무관하게 주변국들 간 전쟁에서 조선이 쟁탈 대상이 되어 한반도 전역을 전쟁터에 포함시킨 주변국들 간 전쟁에 휘말려 들어간 경우도 있었다. 전통적으로 한반도의 왕조가 치른 전쟁은 중국과 중국의 동북부지역에서 출몰(出沒)했던 왕조나 민족 국가들 간의 권력 쟁탈 과정에서, 이들 국가들이 한반도의 왕조를 사전 견제 대상으로 간주하거나 확보 대상으로 간주하여, 이들이 한반도를 침공함으로써 치르게 된 것이 거의 전부였다. 그러나 조선 말기에 명치유신(明治維新)이라는 근대화 과정을 통하여 서구의 제도와 문물을 접수하고 대내적인 개혁을 달성한 일본은 대륙으로의 진출을 위한 발판으로 한반도를 장악하려 했다. 이에 전통적인 대륙세력인 중국과 러시아는 일본의 한반도 지배를 인정하지 않았다. 한반도에 대한 주변국들의 이러한 각축(角逐)은 곧 청일전쟁(1894-5)과 러일전쟁(1904-5)의 원인을 제공했고, 이 두 전쟁에서 승리를 쟁취한 일본이 조선에서 배타독점적(排他獨占的)인 영향력을 행사하기에 이르렀다. 이와 같이 조선시대의 전쟁은 조선이 주체가 된 전쟁과 조선이 표적이 된 전쟁을 망라하고 있다.

조선은 건립 초기에 사대교린(事大交隣)과 숭유(崇儒)를 국가의 대내외 정책 기조로 삼아 왕조의 기틀을 다지려 했다. 중국의 명(明)에 대해서는 예의를 갖추고 북방의 여

진(女眞) 등 야인(野人)과 남방의 왜인(倭人)들에게는 무마책을 시행하였다. 그리고 내부적으로는 권위와 질서를 존중하는 유교사상과 이를 구체화한 주자학(朱子學)을 존중하여 내부 체제를 정비하려 했다. 그러나 여진과 왜인들의 행패가 교린(交隣) 정책의 범주를 넘을 경우에는, 이들을 토벌하는 정책을 시행하여 북방의 국경을 압록강과 두만강까지 추진하였으며 왜구의 소굴인 대마도 정벌을 단행하기도 했다. 그리하여 조선은 건국 이후 약 200여 년간은 대외적인 평화를 유지함으로써 문화적인 발전을 도모할 수 있었다. 그러나 숭유(崇儒), 숭문(崇文) 정책은 양반(兩班) 문화를 정착시키기는 했으나 양반과 귀족의 내부 대립을 막지 못하고, 사화(士禍), 당쟁(黨爭)을 표면화시켜 사회적 혼란과 분열을 조성시켜 놓고 말았다. 일반 백성들은 지배층으로부터 유리되어 국가적 일체감이 결여되었으며, 지배층 내 자체 대립은 국가 역량을 결집시키지 못하는 기본 원인이 되어 위기와 전쟁 상황에 대비하는 총체적 지혜와 노력의 결집을 불가능하게 만들었다. 이러한 사회적 유리(遊離)와 대립(對立)은, 왜군의 침공을 예상하고 10만 양병(養兵)을 주장했던 이율곡(李栗谷) 선생의 탈 정치적 주장을 무색하게 만들기에 충분할 정도로 심화되어 있었다. 특히 명분과 이론 자체에의 지나친 집착은 왕조 변혁기의 대외 적응력과 개화기의 포용력에 손상을 초래하여 청(淸)의 침공을 사전에 막지 못했고, 조선 말기 쇄국(鎖國)으로 인한 고립을 자초(自招)한 원인을 제공하기도 했다. 결국 조선은 건국 초기에 수립한 국가의 대내외 정책 기조인 사대교린과 숭유숭문(崇儒崇文)에 대한 지나친 집착과 이의 실천적 부문을 현실화할 수 있는 역량과 대응력의 결핍으로 국가적 수난의 극복과 적절한 대외 적응을 슬기롭게 수행하지 못했다.

조선은, 조선이 점유한 한반도의 지전략적(地戰略的) 위치가 지닌 고정적인 한계를 극복하고, 오히려 이를 적극적으로 활용하는 데 필요한 국가적 역량과 지혜를 갖추지 못한 이유로, 왜란(倭亂), 호란(胡亂), 양요(洋擾) 등으로 이름붙여진 온갖 종류의 전쟁을 치러 냈다. 전국 시대를 마감한 일본의 대륙 진출 기도와 역량을 과소 평가한 조선은 임진(壬辰), 정유(丁酉)년에 왜군의 침공을 받아 전국을 일본군에게 유린당했으며(1592-8), 만주에서 새로 등장한 청(淸)에 대한 융통성 있는 대응 외교 노력의 결핍으로 정묘(丁卯), 병자(丙子)호란(胡亂, 1627-37)이라고 불리는 청국과의 전쟁에서 굴욕적인 항복을 해야만 했다. 조선은 말기에 프랑스와 미국의 접촉을 배척하는 병인(丙寅, 1866), 신미(辛未, 1871)양요(洋擾)를 치렀으며, 청일전쟁(1894-5)과 러일전쟁(1904-5)의 소용돌이에 휘말리기도 했다. 결국 조선은 대륙으로 진출을 꾀하면서 청국과 러시아와의 전쟁도 불사했던 일본의 영향권 안에 들어가 1905년 외교권을 박탈당하고 1910년에는 일본의 식민통치를 감수해야만 했다. 이와 같이 조선은 북방과 남방의 침공과 서양 세력의 접촉을 슬기롭게 극복하지 못하고, 왕조와 국가의 운명을, 청국과 러시아와의 전쟁의 결과 동양의 패권국(覇權國)으로 등장한 일본에게 내맡기고 말았다.

2. 조선과 일본의 전쟁

1) 전쟁의 배경

조선(朝鮮)과 일본(日本)의 전쟁은 일본의 대규모 침공으로 시작되어 1592년부터 1598년까지 7년 간 지속되었다. 이 전쟁은 제1차 조일전쟁(임진왜란, 1592-3)과 제2차 조일전쟁(정유왜란, 1597-8)으로 나누어 구분할 수 있는 전쟁이었다. 그러나 임진과 정유왜란 기간중에도 반도에서 일본군의 위협이 상존(常存)하고 있었기 때문에 조선과 일본의 전쟁은 7년 간 지속된 전쟁으로 보는 것이 합당한 것으로 보인다.

조선과 일본의 전쟁은 삼국시대 이래 한반도에 존재해 온 모든 왕조들이 겪어 왔던 왜구들의 침략과 약탈 행위의 연속으로서, 다만 이것이 확대, 조직화된 일본의 국가적 침공으로 변했다는 차이만 있었을 뿐이었다. 한반도와 한(韓)족이 지녀온 고질적인 외환이 있다면 대규모로 진행된 중국과 북방민족 및 왕조의 침공과, 규모는 작으나 끊임없이 자행되어 온 남방 왜구들의 침입과 약탈 행위였다. 한반도의 왕조들은 중국과 북방 민족의 침공으로 국도(國都)를 비롯한 내륙지방이 폐허화되는 피해와 더불어 왜구들의 침입과 약탈에 의해서 한반도의 해안과 연안지역이 황폐화되는 이중고(二重苦)에 시달려 왔다. 역사상 오랜 기간 동안 계속되어 온 왜구들의 침입과 약탈 행위는 한반도에서 흥망성쇠(興亡盛衰)를 거듭해 온 왕조와 거주민들에게 북방에서의 대규모 침공으로 입은 정신적, 물적 피해 못지 않은 피해를 안겨 준 외환(外患)의 하나였다. 조선과 일본의 전쟁은 이러한 고질적 외환이 좀더 대규모로 구체화된 경우에 불과한 것이었다.

고려 말기에 왜구의 토벌 전쟁에서 활약한 조선의 태조(太祖) 이성계(李成桂)는 왜구에 대해서 강온양면정책(强穩兩面政策)을 구사하여 해안의 방어 태세를 강화하는 한편, 평화적인 왜구의 왕래는 보장하는 정책을 시행하였다. 그러나 왜구의 침구 횟수는 줄어들었으나, 해안지역에 대한 노략질과 약탈 행위는 여전히 자행되었다. 이에 태조는 대마도의 정벌을 계획하고 원정군을 편성하였다. 고려 말기에 실시된 대마도 정벌에 혼이 난 대마도의 왜구는 조선 조정에 즉시 투항을 제의하여 조선의 원정 계획을 무산시켰다. 정종(定宗)이 즉위한 1398년 한 해 동안은 조선의 해안에서 왜구의 그림자가 사라졌다. 이에 조선은 1399년 왜구 토벌 작전에 투입된 막대한 선군(船軍)을 감축하였다. 이에 왜구는 다시 기승을 부려 1399년 조선의 전해안지역을 약탈하기 시작했다. 이에 조선은 다시 선군(船軍)을 강화함으로써 왜구의 활동은 주춤해졌다. 왜구의 활동은 조선의 대비 태세와 역량에 따라 그 정도를 달리하면서 지속되었다. 특히 대마도에 흉년이 들었던 1418년에는 왜구가 서해안 일대를 약탈하는 정도가 매우 심했다. 이에 조선은 1419년(世宗 元年), 세종에게 양위한 후 병권(兵權)을 유지하고 있던 태종(太宗)의 주도하에 대마도 정벌을 단행하였다. 대마도 정벌 후에 1426년 동래의 부산포(富山浦), 웅천의 내이포(乃而浦), 울산의 염포(鹽浦) 등 삼포(三浦)를 왜인에게 개항하여 무역 활동에 종사하도록 했다. 그러나 이러한 조치에도 불구하고, 왜란(倭亂)과 왜변(倭變)이 일어나 조선은 왜구에 대한 통제를 강화하게 되었다. 이에 왜구와 일본은 조선에 대해서 강한 불만을 토로했고, 이를 전라도 등 남서해안지역의 약탈 등으로 표출하기에 이르렀다. 조선의 왜구에 대한 강온양면정책(强穩兩面政策)은 현실적인 실효를 거두지 못하였고, 16세기 말에 이르기까지 조선과 일본은 일시적인 평화만을 머금은 갈등 관계를 유지할 수밖에 없었다.

실로 고대에서부터 천수백 년 동안 한반도 해안 지역에 침입하여 살인, 방화, 약탈 등을 일삼아 온 일본의 해적 집단인 왜구(倭寇)를 대적하는 데에는 백약(百藥)이 무효(無效)였다. 왜구의 침입 규모는 크지 않아 수십 명에서 수천 명에 달하기도 했으며 때로는 기마(騎馬)까지 동원한 경우도 있었으나, 이들의 침구로 인한 피해는 매우 커서 때로는 한반도 해안과 연안지역이 거의 황폐화되기도 했다. 육로를 이용한 북방 민족의 침공에 대해서는 청야입보(淸野入保) 개념에 의한 수성(守城)과 육로로 철수하는 침공군을 반격하여 이들의 침공을 거의 무효화시킨 경우가 많았으나, 해로를 통해서 기습적으로 침투하여 약탈과 살인을 자행하고 신속하게 철수하는 왜구의 침입에 대해서는 온갖 전술이 효력을 잃고 말았다. 강한 수군(水軍)을 유지하여 왜구의 침입 자체를 해상에서 저지하거나 왜구의 소굴을 완전히 소탕하는 것이 이론적으로는 최적의 왜구 토벌 방책이라고 판단하여 고려 말기와 조선 초기에 수군(水軍)을 증강시키고 왜구의 본거지인 대마도 정벌도 감행하였으나, 삼면(三面)이 바다와 연해 있는 해안을 전부 봉쇄한다는 것도 불가능했고, 대마도의 산악 지형으로 도주해 버린 왜구를 전부 소탕하는 작전의 수행도 불가능한 일이었다. 왜구에 대한 교린 정책도 한계가 있었고 대마도를 정벌하여 왜구의 항복을 받아 보아도 별다른 효과가 없었다. 상황에 따라 시시각각(時時刻刻) 변하는 왜구의 행동을 저지할 효과적인 정책과 전략의 모색(摸索) 자체가 어렵고, 이의 시행은 더욱 어려웠다.

이러한 가운데 조선은 왜구(倭寇)가 아닌 왜군(倭軍)의 침공을 맞이하게 되었다. 전국시대(戰國時代)를 거치면서 전기(戰技)와 전술(戰術)을 연마한 왜군의 침공은 왜구의 침입과는 다른 차원의 피해를 조선에 입히면서 전개되었다.

2) 일본의 군비와 침공 계획

지리적인 이점상, 외부의 침공으로부터 자유스러울 수 있었고, 이에 따라 전국적인 규모의 동원이 요구되지 않았던 일본은 전국 각지에 산재한 무사(武士)집단이 개별적인 군사 지휘권을 행사하는 분산된 군사 조직을 유지하고 있었다. 12세기 말에 등장한 가마쿠라(鎌倉) 막부(幕府)는 전국 무사단의 지휘자들을 군사 조직으로 통합하여 쇼군(將軍)의 지휘를 받게 함으로써 통합적인 군사 체제를 갖추려 했다. 그러나 이러한 체제는 상호 구속력이 결여되어 독립적인 무사 집단의 존재는 그대로 존속되었다. 동원 시에도 각 무사 집단은 규모의 대소에 관계없이 쇼군(將軍)의 지휘하에 동일한 지위로 동원에 참가하였기 때문에, 종적인 계급 의식이나 횡적인 연대 의식이 결여된 상태에 있었다. 이렇게 느슨한 조직을 바탕으로 한 군사 체제는 남북조의 대립기에도 지속, 유지되었다.

14세기 말 남북조의 대립을 종식시킨 무로마치(室町) 막부는 기존의 느슨한 군사 체제를 좀더 구속력 있는 체제로 바꾸어 중앙 통제를 강화하려 했다. 무로마치 막부는 지방 봉건 영주(領主)인 슈고(守護)들에게 군사행상권(軍事行賞權)과 토지급여권(土地給與權)을 부여하여 그들의 군사 지휘권을 강화시키고, 이들 슈고들과는 기친(寄親: 義父)과 기자(寄子: 義子) 제도를 적용하여 막부와의 주종(主從) 관계를 수립함으로써 주종적 군사 지휘 체계에 바탕을 둔 지역적 봉건 체제를 확립하였다. 이에 따라 봉건 영주인 슈고가 무사 집단을 통제할 수 있게 되었고, 슈고들은 막부의 쇼군과 의부(義父), 의자(義子) 관계를 맺어 무사 집단간 전국적으로 상호 종적인 위계 질서가 확립된 군사 체제를 갖추게 되었다. 일본은 이로써 슈고라는 대영주를 통해서 크고 작은 무사 집단을 통제하고, 막부(幕府)의 쇼군이 슈고를 통제하는 전국적인 범위의 군사 지휘 체계를 갖추게 되었다.

그러나 15세기 중엽에 이르러 막부의 쇼군 계승 문제로 분란이 일어나 막부의 통제력이 약화되자, 막부의 지원하에 권위를 유지하던 슈고 집단이 몰락하고 신흥 영주인 대명(大名) 세력이 등장하여 약육강식(弱肉强食)의 주도권 다툼을 벌인 전국시대(戰國時代)가 시작되었다. 전국시대에는 기친(寄親), 기자(寄子) 제도를 기반으로 한 군사적인 종주 관계가 보편화되어 병력 동원 규모가 커짐에 따라, 무술이 뛰어난 기사(騎士) 위주의 결투식 전투 양상에서 보병 위주의 집단적인 접전으로 변모되었다. 전투 방식이 개인전에서 집단전으로 변모됨에 따라 전장에서 신속히 상대를 우회하여 상대의 후방을 교란시키는 임무를 수행하는 아시가루(足輕)라는 경보병의 역할이 중요시되었다. 특히 16세기 중엽에 전래된 화약과 조총으로 무장된 경보병 부대는 조총을 휴대한 철포조(鐵砲組)와 활을 휴대한 궁조(弓組)로 편성되어 전투시 공격을 담당한 주역이 되었다. 대명 세력 중의 하나인 오다 노부나가(織田信長)는 이러한 보병을 운용하여 상대의 강력한 기병을 격파하여 일본을 통일하기에 이르렀다. 이로써 일본군은 집단적인 보병을 운용하여 전투를 수행하는 근대식 군대로 변모되어 갔다.

1582년 부장에게 피살된 오다 노부나가의 뒤를 이어 세력을 장악한 도요토미 히데요시(豊臣秀吉)는 일본의 군사 체제를 근원적으로 바꾸어 일본군을 근대 국가의 군대로 바꾸어 놓았다. 양곡의 수확량에 따라 병력 동원 한도를 책정하여 1만 석당 250명까지의 병력을 동원하도록 하였고, 직업에 따른 신분을 확실히 구분하여 병농분리(兵農分離)의 동원 체제를 확립하였다. 전투 부대 요원도 기병과 보병으로 구분하고, 이를 다시 기병, 총병, 궁병, 창검병으로 세분하여 단위대를 편성하고, 각 조에는 조두(組頭)

라 부르는 기사(騎士), 보사(步士) 등의 하급 지휘자를 두었다. 이에 따라 총지휘관인 시대장(侍大將)에서 조두(組頭)에까지 상하 지휘 체계를 갖추도록 했다. 공격 전술도 체계화하여 전투 부대를 임무에 따라 3진(陣)에서 4진으로 구분하였다. 기병(騎兵)인 제1진이 2개 제대로 나누어 상대를 포위할 태세를 갖추고 상대를 고착시키면, 2진인 총병(銃兵)이 정면으로 진출하여 조총을 쏘면서 공격하고, 그 뒤를 이어 3진으로서 궁병(弓兵)이 진격하고, 4진인 창검병(槍劍兵)이 돌격하여 백병전(白兵戰)을 수행하도록 했다. 그리고 이러한 전투를 지원하는 지원 업무도 비전투 요원에게 분담시켜 원활한 전투 수행이 가능하도록 했다. 이와 같이 도요토미 히데요시는 군의 동원 체제, 편제, 그리고 전술에 이르기까지 일대 개혁을 단행하여 일본군을 근대의 군대로 탈바꿈시켜 놓았다.[1]

일본군의 체제와 전술을 변모시킨 도요토미 히데요시(豊臣秀吉)는 대륙 진출의 야망을 실현하기 위해서 대대적인 준비를 서둘렀다. 1586년부터 방대한 선박 건조 계획을 수립하고, 각 제후들의 녹봉에 따라 선박을 건조하도록 명하였으며, 1590년부터는 이들에게 군량미를 할당하여 이를 준비시키고, 부족한 분량은 시장과 농민을 통해서 충당하도록 했다. 이런 결과 임진왜란 개전 직전까지 1,000여 척의 병선을 확보하였으며, 33만 명의 병력을 동원할 수 있게 되었다. 당시 일본군은 전국시대를 통하여 전기(戰技)를 닦아 실전 경험이 풍부했으며, 조총(鳥銃), 창(槍), 궁시(弓矢), 왜도(倭刀) 등으로 무장하고 있어서 개인적으로나 집단적으로 고도의 전투력을 발휘할 수 있었다. 이와 같이 중앙 집권적인 권력을 장악한 도요토미 히데요시는 전국시대를 통하여 갈고 닦여진 일본군의 전력을 대륙 진출을 위해서 동원하여 이를 사용할 준비와 태세를 갖추고 있었다. 왜구(倭寇)가 아닌 왜군(倭軍)이 조선의 약탈(掠奪)이 아닌 전면적인 침공(侵攻)을 준비하고 있었다.[2]

도요토미 히데요시는 과거 몽고가 고려를 복속시켜 고려를 전진 기지로 삼아 일본을 공격했던 역사적 사실을 상기하면서, 이번에는 일본이 조선을 복속시켜 이를 기지로 명나라를 공격하려는 구상을 가지고 있었다. 이러한 대륙 진출 구상에 따라 도요토미는 수차에 걸쳐 조선에 사신을 파견하여 조선과의 화친을 요구하였고, 조선에 파견된 일본 사신들은 거드름을 피우면서 조선의 동정을 살피기에 여념이 없었다. 그러면서 이들은 조선이 곧 망한다는 등의 폭언과 일본군이 보유한 조총을 선물로 주면서 무력시위도 서슴지 않아 조선 조정에 압력을 가하려 했다. 이에 조선 조정은 1590년 통신사를 파견하여 일본의 의도와 준비를 관찰하도록 하는 조치를 취했다.[3] 일본은 계속 일본군이 명나라를 정벌하는 데 조선군이 향도가 될 것을 요구했으나, 조선은 이를

1) 國防部戰史編纂委員會, *壬辰倭亂史*(1987), pp. 24-8; 國防軍史研究所, *韓民族戰爭通史, III, 朝鮮時代 前篇*(1996), pp. 140-2.

2) *前揭書.*

3) 姜斅錫, *東國戰亂史(外亂篇)*, 國防部戰史編纂委員會 飜譯(1988), pp. 171-86.

거절하면서 일본의 요구에 냉담한 반응을 보였다. 조선의 완강한 태도에 도요토미는 조선을 먼저 무력으로 제압하기로 작정하고 조선 침공 계획을 수립하였다.

조선 침공을 결심한 도요토미 히데요시는 1591년 8월 일본 전국의 대명(大名)들을 교토(京都)에 소집하여 조선 원정을 선포하고 병력 동원과 준비 명령을 하달했다. 그리고 1591년 10월부터 1592년 2월까지 규슈(九州) 서단에 나고야(名護屋)성을 구축하여 대륙 침공 작전을 지휘할 대본영(大本營)을 설치하였다. 도요토미는 1592년 1월 6일에 공식적으로 동원령을 하달하고, 규슈, 시코쿠, 혼슈 서부지역을 위주로 한 대명 88명을 동원 대상으로 지정하고, 대명의 영지 규모와 미곡 수확량에 따라 차등을 두어 병력을 동원하였다. 조선 침공을 위해 동원된 일본군은 조선 출정 부대 9개 군 15만 8,700명, 대본영 대기 부대 8개 군 10만 2,960명, 수군 9,200명, 대본영 직속 부대 2만 9,000명 등 약 30여 만 명에 이르렀다. 이 외에 교토(京都) 수비 병력 3만 명도 동원 계획에 포함되어 있었기 때문에, 실로 일본은 대륙 진출을 위한 조선 침공을 위해서 33만여 명의 병력을 동원하였다.[4]

도요토미는 모든 부대들을 1592년 2월 말까지 나고야에 집결시켰다. 조선 침공을 위한 병력은 조선에 상륙하는 즉시 가능한 한 빠른 속도로 한성(漢城)으로 진격하여 한강(漢江) 이남지역에서 조선군의 주력을 섬멸한 다음 조선 국토를 점령한다는 목표를 세웠다. 도요토미는 또한 조선 침공 육군을 병력이 차출된 지역에 따라 9개 군으로 편성하고, 규슈 지방에서 동원된 1, 2, 3군을 선봉 부대로 정했다. 선봉으로 조선 침공에 나선 1군(고니시 유키나가: 小西行長)은 부산에서 대구, 조령, 충주, 용인을 거쳐 한성에 이르는 중로(中路)로 진격하고, 2군(가토 기요마사: 加藤清正)은 울산에서 경주, 죽령, 원주, 여주를 거쳐 한성에 이르는 동로(東路)로 진격하고, 3군(구로다 나가마사: 黑田長政)은 중로의 서쪽인 김해, 성주, 김천, 추풍령, 청주를 거쳐 한성에 이르는 서로(西路)를 택하도록 했다. 그리고 4, 5, 6, 7, 8, 9군은 이들 선봉군의 뒤를 따라 조선에 상륙하여 선봉군의 작전을 지원하거나 조선을 점령하여 군정(軍政)에 참여하도록 임무가 부여되었다. 도요토미는 또한 조선 침공 작전을 총지휘할 총대장으로 새파랗게 젊은 우키다(宇喜多秀家)를 임명하고 이를 보좌할 참모는 원로 장수인 마스다(增田長城)와 이시다(石田三城)를 임명하였다. 수군장에 구키(九鬼嘉隆)와 토도(藤堂高虎)를 임명하여 원정군을 편성하였다. 도요토미는 이로써 신속하게 한성(漢城)으로 진격하여 조선(朝鮮)을 점령하려는 목적으로 실시되는 조선 침공 작전의 윤곽과 모습을 구체화하고 육군과 수군을 합한 약 17만 명의 조선 침공군의 진용을 갖추었다.[5]

---

4) *壬辰倭亂史*, pp. 29-32.

5) *壬辰倭亂史*, pp. 30-2; *韓國戰爭史*, pp. 48-50. 세부적인 침공군의 편성은 다음과 같다.
제1군(小西行長): 18,700(규슈 지방); 제2군(加藤清正): 22,800(규슈 지방)
제3군(黑田長政): 11,700(규슈 지방); 제4군(毛利吉成): 14,700(규슈 지방)
제5군(福島正則): 25,000(시코쿠 지방); 제6군(小早川隆景): 15,700(규슈 지방)
제7군(毛利輝元): 30,000(주코쿠 지방); 제8군(宇喜多秀家): 10,000(주코쿠 지방)

3) 조선의 군비와 방어 계획

조선 전기(1392-1555 乙卯倭變)의 방위 체제는 중앙군의 5위(五衛)제도와 지방군의 진관(鎭管) 체제를 근간으로 수립되어 있었다. 중앙군의 5위는 의흥위(義興衛), 용양위(龍驤衛), 호분위(虎賁衛), 충좌위(忠佐衛), 충무위(忠武衛)로 편제를 갖추고 있었으며, 의무병, 시험으로 선발된 정예병, 왕족, 공신, 관료들의 자제 등으로 편성되어 있었다. 이 같은 5위는 5진법(陣法)에 의해서 구성되어, 5졸(卒)이 1오(伍)를, 5오(伍)가 1대(隊)를, 5대가 1여(旅)를 이루어 편성되었다. 지방군인 향군(鄕軍)은 육군(陸軍)과 수군(水軍)의 병종으로 구분되어 방위상 요지인 영(營)과 진(鎭)에 주둔하여 변방 방어에 임하거나 일부는 교대로 수도에 상경하여 도성 수비 임무를 수행하는 번상(番上)에 임하였다. 그리고 조선은 중앙군과 변방의 영진군이 방어에 임하지 못하는 내륙의 방어를 위해서 향리(鄕吏), 공사(公私) 노비, 무역(無役) 백성 등으로 잡색군(雜色軍)을 편성하고 해당 지역의 수령들이 이들을 지휘하여 향토 방위에 임하도록 했다. 최초 조선은 각 도(道)에 주진(主鎭)으로서 병영(兵營)과 수영(水營)을 설치하여 병마절도사(兵馬節度使)나 수군절도사(水軍節度使)를 두어 거진(巨鎭)과 제진(諸鎭)을 지휘하여 지역 방어에 임하도록 했다. 그러나 주진 중심의 방어 체제는 신속한 병력 집결이 이루어지지 않는 취약점이 노출되어 1455년(세조 1) 이후에 조선은 거진을 독립된 방어 편성 단위로 삼아 예하 군, 현의 제진을 관할하여 지방 수령이 지방을 지키는 자전자수(自戰自守) 개념의 진관 체제(鎭管體制)를 구축하여 방어하도록 했다. 이와 같이 조선 초기 수도는 중앙군이, 지방은 거진을 중심으로 한 진관(鎭管)군이 방어하여 국토를 지키는 방어 체제가 수립되어 있었다.[6)]

수도 방위를 위한 5위 체제와 지방 방위를 위한 진관 체제는 조선 초기에 비교적 잘 운용되었다. 국민개병제가 비교적 엄격하게 유지되었으며, 정확한 호적 제도와 호패(號牌) 제도를 확립하여 병력 자원을 정확히 파악하였다. 그리하여 조선은 초기에 15만여의 정규군을 유지할 수 있었고 예비군까지 합하면 약 50여 만의 군사력을 보유하였다. 군사 훈련도 충실하게 실시되었고 무기의 개발과 성능의 개선도 도모하여 군사력의 질적 수준도 비교적 높게 유지할 수 있었다. 이러한 군사력의 강화로 조선은 초기에 여진(女眞)을 정벌하여 국경을 압록강과 두만강까지 확장할 수 있었으며, 대마도를 정벌하여 왜구의 침입과 노략질을 당분간이나마 자제시킬 수 있었다. 강한 군사력이 조선의 대외적 위상을 유지시켜 주었다.

그러나 대외적인 평화가 지속되면서 대내적인 숭문(崇文) 정책으로 국민적 기풍이 문약(文弱)해지고 생활 풍조가 근면과 성실보다는 사치와 안일을 추구하게 되자, 조선

제9군(羽柴秀勝): 11,500(긴키 지방); 수군(藤堂高虎): 9,200(고노에 지방)

6) 陸軍士官學校 韓國軍事硏究室, *韓國軍制史*(1968), pp. 77-97; *壬辰倭亂史*, pp. 17-21; *韓國戰爭史*, pp. 50-2.

의 국방 체제도 그만큼 문란해지기 시작했다. 더구나 정치 지도 세력간 대립의 격화는 효과적인 정책 수립, 수행을 불가능하게 하여 효율적인 국방 체제의 유지를 더욱 어렵게 만들었다. 이에 따라 군역(軍役)은 감당해야 할 의무가 아니고 아예 면제를 받거나, 대신 다른 사람에게 떠넘겨야 하는 면역(免役) 또는 대역(代役)이 되고 말았다. 그리하여 군역 의무자가 포(布)를 바치고 복무를 피하고 고을의 수령들은 이를 이용하여 사리(私利)를 취하는 이른바 방군수포(放軍收布) 현상이 심했으며, 수도의 방위를 위한 파견 근무인 번상(番上)을 다른 사람에게 대행시키는 대립(代立) 현상 역시 매우 심하여 건실한 장정 대신 군역(軍役)을 제대로 수행할 수 없는 인적 자원이 군역을 담당하는 사태가 벌어지게 되었다. 이 결과 조선의 방위 체제와 군사력은 이름만 남게 되었다.7)

1555년 명나라 해안지역을 약탈하고 귀환하던 왜구가 전라도 영암에 상륙하여 일으킨 을묘왜변(乙卯倭變)을 진압하는데 진관 체제(鎭管體制)에 의한 축차적 자전자수(自戰自守) 방어의 한계가 드러나게 되었다. 다시 말하여 동시에 많은 병력을 전투에 투입할 필요성이 증대되었다. 이에 따라 조선은 변경의 변란에 대비하기 위하여 임시로 운영해 오던 비변사(備邊司)를 상설 기구로 전환하면서 방위 체제를 자전자수를 전제로 한 분산 방어(分散防禦) 개념의 진관 체제에서 분군법(分軍法)에 의한 "제승 방략(制勝方略)" 개념에 입각한 집단 방어(集團防禦) 체제로 바꾸었다. 제승 방략은 문자 그대로 적을 제압하여 승리를 쟁취하는 방책과 책략으로서, 여러 진관(鎭管)의 병력을 사전에 약속한 지점으로 집결시켜 이들 병력을 서울에서 파견한 도원수(都元帥), 순변사(巡邊使), 방어사(防禦使) 등, 이른바 경장(京將)들이 지휘하여 전투를 수행하는 개념의 방위 체제였다. 조선은 방위 체제를 바꾸어 약화된 진관 병력을 결집시켜 집중적인 방어 작전을 수행하려 했다.

방군수포(放軍收布)와 대립(代立) 등으로 약화된 진관체제에 의한 독립적 방위 체제를 강화하기 위해서 고안된 제승 방략에 의한 집단 방위 체제는 실로 많은 문제점을 안고 있었다. 여러 진관에서 병력을 한 곳에 집결시켜 서울에서 파견된 경장(京將)이 지휘하여 집중적인 군사 작전을 수행한다는 제승 방략의 방위 전략은 효율적인 작전 수행상 몇 가지 결정적인 단점을 지니고 있었다. 첫째, 지휘권이 위축된 현지의 병사(兵使), 수사(水使)들의 지역 방위 책임감을 이완시킬 가능성이 있고, 둘째, 일부 진관의 방어를 스스로 포기하는 결과를 감수해야 되며, 셋째, 침공군의 진격이 신속할 경우에는 집결중인 병력이 경장(京將) 도착 이전에 격파당할 우려가 있으며, 넷째, 갑자기 생면부지(生面不知)의 병사들을 지휘해야 하는 경장은 부대의 장악이나 효과적인 지휘와 통솔을 실시하기가 곤란하고, 다섯째, 소규모의 침공에도 전지역의 진관이 소란스러워 오히려 민심을 동요시킬 가능성이 높으며, 여섯째, 지휘의 통일을 도모하기 어렵고 지휘 책임 소재가 분명하지 않아 효율적인 작전 수행에 지장을 초래할 우려가

7) *前揭書.*

있는 등의 기본적인 취약점을 내포하고 있었다. 이러한 취약점 때문에 다시 진관 체제로 복귀해야 한다는 견해가 개진되기도 했으나 허약해진 진관 체제로의 복귀 또한 불가능한 상황이 이미 전개되어 있었다. 어쨌든 조선은 현실적으로 많은 문제점을 내포한 제승 방략 개념에 의한 방어 체제하에서 왜군의 침공을 맞이하게 되었다.[8]

그러나 문제는 방위 개념과 전략에만 국한되지 않았다는 데 있었다. 조선 조정은 일본의 조선 침공 의도와 준비가 심상치 않은 수준이라고 판단하고 1590년 일본에 통신사를 파견하여 일본의 동정을 살피게 하는 조치를 취했다. 1591년 3월 일본에서 돌아온 통신사의 보고는 상반된 내용이었다. 정사(正使)로 파견되었던 서인(西人) 황윤길(黃允吉)은 왜군이 반드시 침공할 것이라고 단언하였다. 그러나 부사(副使)인 동인(東人) 김성일(金誠一)은 전혀 그렇지 않다고 보고했다. 동인과 서인이기 때문에 일본의 상황 보고 내용도 달라야만 되었던 정치 현실이었다. 객관적인 상황 인식과는 상관없이 조정의 대신들은 모두 동인과 서인의 편을 들거나 어정쩡한 입장을 취해야만 했다. 이러한 상반된 상황 보고에도 불구하고 조선은 일본의 동정이 심상치 않다는 느낌을 가지고 있어서 몇 가지 방위를 위한 조치를 강구하였다. 일본의 침공이 있기 두 달 전인 1592년 2월 조선 조정은 전라, 충청, 경상도의 감사와 병, 수사 등을 군사에 밝다는 문인들로 교체하고 유성룡(柳成龍)의 추천에 의해 정읍(井邑)현감 이순신(李舜臣)을 전라좌수사로 발탁하는 등의 조치를 취했다. 그리고 영호남의 읍성과 성곽을 보수하고 신축하기도 했으나, 성곽을 평지에 형식적으로 구축하여 군사적 방어 작전을 위한 것이라기보다는 일시적인 피신을 위한 피난처를 만드는 정도에 그쳤다. 이율곡(李栗谷) 선생의 10만 양병론이 전혀 호소력을 가질 수 없었던 정치적 상황과 국방 개념을 가진 지도력의 부재(不在)가 더욱 큰 문제였다.[9]

조선은 부분적인 인사 조치와 군비의 증강 계획을 실행에 옮겨, 수군(水軍)을 증강시키고 화기의 개발에 박차를 가하여 천자총통(天字銃筒), 지자총통(地字銃筒), 황자총통(黃字銃筒) 등을 보유하게 되었다. 그러나 조선 수군은 임진왜란 발발 직전에 대, 소 전함 270여 척과 보급선 220여 척을 합한 490여 척의 함선을 보유하고, 병력도 편제의 4만 8,800명이 확보되지 않은 상태에 있었다.[10] 왜군의 침공이 현실화되었을 경우에 육군(陸軍)의 병력이 얼마나 집결될지 모르고 턱없이 부족한 수군을 보유한 상태에서, 조선은 왜군의 침공을 맞이하게 된 것이다. 1,000여 척의 함선과 16만에 이르는 침공군, 그것도 전국시대를 거치면서 전술과 전기가 연마된 병력을 집결시켜 침공 작전을 수행하려 한 일본의 상황과는 매우 대조적이었다. 실로 조선은 국방 부재(國防不在)의 상태에서 침공하는 왜군과 싸워야 했다.

---

8) *前揭書.*
9) *前揭書,* 특히, *東國戰亂史(外亂篇),* pp. 171-86.
10) *前揭書,* 특히, *壬辰倭亂史,* pp. 20-1.

4) 전쟁의 경과 및 주요 전투

(1) 일본군의 침공과 조선군의 방어

일본군은 육군과 수군을 동시에 조선에 투입하여 신속하게 한성(漢城)을 점령하고 조선 전역을 분할 점령함으로써 조선을 전진 기지로 삼아 명나라를 침공하려는 구상을 가지고 병력을 조선에 상륙시켰다. 그러나 조선은 별다른 대책 없이 일본군의 공격을 맞게 되었다. 200여 년간의 대외적인 평화 기간은 조선 조정으로 하여금 평화를 지키는 수단이 평화적인 것만이 아니라는 사실을 망각하게 만들었고, 평화를 지키기 위한 대비를 소홀하게 만들었다. 지도층은 물론 일반 백성들은 군역(軍役)을 회피하려 했고 어쩔 수 없는 서민과 천민들이 대역(代役)을 수행함으로써 명목적인 방위 체제만이 유지되었다. 이에 비해서 전국시대를 거치면서 전술(戰術)과 전기(戰技)를 가다듬은 일본군의 전세(戰勢)는 결코 만만치 않았다. 따라서 조선 내에서 일본군의 진격 속도는 일본군 자체가 지닌 보급과 지원의 정도에 따른 지장만 받을 정도였다. 선조(宣祖)의 피난과 일본군의 진격이 전쟁 초기의 대조적인 모습이었다.

조선 관군(官軍)의 조직적인 저항이 관군이 수행한 최초이자 마지막 전투인 탄금대(彈琴臺) 전투 이후에 거의 종결되자, 육상에서 일본군의 진격을 저지시킨 노력은 진격한 일본군의 후방을 위협하는 의병(義兵)들의 유격 활동이 거의 전부였다. 지방의 유생들과 전직 관료들, 그리고 깊은 산 속에서 수도하던 승려들이 고향과 고국을 지키자는 의도를 표명하고 많은 백성들이 이에 호응하여 의병이 조직되었다. 이들 의병들은 잘 무장된 일본군에 대해서 정상적인 대적을 할 수 없는 위치에 있었기 때문에 불시에 일본군을 치고 달아나는(hit and run away) 전형적인 유격 작전을 수행하였다. 이러한 의병들의 활동으로 병참선을 보호하거나 인력과 물자를 현지에서 조달하기 위해서 주요한 지점에 배치되어 있던 일본군은 곤욕과 치욕을 치르고 감수해야만 했다. 후일에 의병을 가장한 의병(疑兵)이 출몰하여 민간에 피해를 끼침으로써 의병(義兵)의 활동이 위축되기도 했으나, 관군의 저항이 거의 종식된 상황에서 의병의 일본군 후방 교란과 차단 작전은 조선에 침공한 일본군의 활동을 제약한 가장 효과적인 방법이 아닐 수 없었다.

일본군의 수륙병진(水陸倂進) 작전 개념을 근본적으로 무력화시킨 요인은 이순신(李舜臣)이 지휘하던 조선 수군(水軍)의 활약이었다. 일본은 육상의 주 작전을 해상에서의 병진책(倂進策)으로 보완하여 한양을 조기에 점령하고 그 추진력과 여력으로 조선 전역을 완전히 장악한다는 조선 침공 작전의 개념과 의도를 가지고 있었다. 그러나 이순신의 조선 수군은 일본 수군의 남해안 우회를 통한 육상군의 지원을 차단하기에 충분한 작전을 수행하였다. 그리하여 한산도(閑山島)로 진영을 추진시키고 일본군의 후방 병참 기지이며 일본 수군의 근거지인 부산포(釜山浦)를 직접 공격하기도 했다. 해상의 조건과 해류의 상태를 이용한 이순신의 전술과 대형은 돌격만을 일삼는 일본 수군의 단편적인 전술과 진법을 무력화시키기에 충분한 타당성과 효용성을 지니고 있었다. 조선 수군의 이러한 활동과 전과(戰果)는 일본 육군의 지상 작전 수행에 결정적인 타격을 주어 차후에 조선과 명나라 연합군의 반격 작전을 위한 기초를 닦는 계기를 제공하였다.

이와 같이 임진년에 개시된 일본의 조선 침공으로 비롯된 조선과 일본의 전쟁에서, 조선 관군의 조기 와해에도 불구하고 각지에서 향토와 가족을 보호하겠다는 의도와 결의로 일어선 의병(義兵)들의 적절한 유격 작전과 이순신이 지휘한 조선 수군의 효율적인 작전 수행의 결과는 일본군의 공격 기세를 둔화시켜 조선과 명나라 연합군의 반격을 가능하게 한 요인이 되었다. 이러한 결과, 양측은 화의에 동의하였으나 일본의 대륙 침공 의지 자체를 쉽게 꺾을 수는 없었다. 그리하여 다시 한번 조선은 정유재란(丁酉再亂)이라고 이름 붙여진 일본군의 침공을 막아내야만 했다.

① 일본군의 상륙

일본 침공군 선두 부대는 아무런 저항을 받지 않고 부산에 상륙하였다. 1592년(선조 25년) 4월 13일, 오전 8시 대마도를 출발한 700여 척의 대선단에는 고니시 유키나가(小西行長)가 이끄는 선봉군인 제1군 병력 1만 8,700명이 타고 있었다. 이 선단은 그 날 오후 5시경 부산 앞바다에 도착하여 해안으로 접근하였다. 아무런 저항을 받지 않고 해안에 접근한 일본군은 절영도(絶影島) 앞바다에 정박하고 날이 어두워지자 부산 지리에 익숙한 대마도 도주(島主)는 부산진성(釜山鎭城)의 경계 상황을 살피기 위하여 소수의 정찰 병력을 이끌고 부산에 상륙하였다. 이로써 임진왜란이라고 불리는 일본군의 침공이 시작되었다.

당시 부산진은 경상도 제1의 해상 관문으로서 일본군의 조선 침공을 위해서 반드시 확보해야 할 요지였다. 이러한 지점의 중요성을 인식한 조선의 조정은 무관으로서 능력이 출중한 정 3품 절충장군(折衝將軍)인 정발(鄭撥)을 첨사(僉使)로 임명하여 부산진의 수비를 담당하도록 했다. 정발은 부산진 첨사로 임명된 후에 성곽을 보수하고 장비를 정비하면서 부산진의 방어 태세를 강화하였다. 그러나 당시 부산진에는 1,000명에 불과한 병력만이 있어 군과 민이 합심하여 성을 지키지 않으면 안 되었다. 일본군의 대선단이 절영도 앞바다에 정박한 것을 확인한 정발은 우선 부산 해안의 선박을 파괴하여 침몰시켜 일본군이 이를 이용하지 못하게 조치하고 부산진성의 경계와 방어 태세를 강화했다. 그러나 대규모 일본군 선단이 침공해 왔다는 소문으로 성내의 민간인들은 두려운 기색을 감추지 못하고 있었다. 이에 정발은 악관(樂官)으로 하여금 성루(城樓)에서 통소를 불게 하여 성내의 주민들을 진정시켰다. 정발의 움직이지 않는 결의와 철저한 대비는 부산진성의 방어 태세를 강화시키고 성내 군민들의 수성(守城) 결의를 더욱 굳게 만들었다.

사전 정찰에 나섰던 일본군 정찰 병력도 부산진성의 강화된 경계와 방어 태세를 감지하고 이를 일본군의 지휘부에 보고했다. 이러한 보고를 받은 고니시(小西行長)는 다음날(4월 14일) 일본군 선봉대 병력 전부를 투입하여 부산진성을 포위하고, 대대적인 공세 작전을 펼치기로 계획을 세웠다. 4월 13일 밤을 선상(船上)에서 보낸 일본군은 4월 14일 조선군의 아무런 저항 없이 부산에 상륙하여 공성(攻城) 준비를 갖추면서 "길을 빌려 달라(假道)"는 요구를 정발에게 전했다. 이에 정발은 이를 무시함으로써 일전(一戰)의 결의를 다짐했다. 이로써 침공해 온 일본군과 성을 지키려는 조선 군민 간의 최초 접전이 시작되었다.[11]

② 부산진, 동래 전투

1592년 4월 14일 아침, 부산 해안으로 상륙한 고니시 유키나가의 일본 침공군 선봉 주력 부대는 부산진(釜山鎭)을 포위하고 공성(攻城) 준비를 서두르면서, 일단 길을 빌려 달라(假道)는 요구로 부산진성의 항복을 요구했다. 정발(鄭撥)이 이러한 요구를 묵살하고 성의 방어 태세를 강화함에 따라 고니시군은 성의 3면을 포위하고 전면 공격을 개시했다. 일본군 조총수(鳥銃手)들은 성의 서문 밖 고지에서 성 안으로 사격을 계속하면서 성 안의 군민들이 성벽 위에 올라서지 못하게 하고 일본군으로 하여금 성벽을 넘도록 했다. 그러나 서쪽 문은 쉽게 돌파되지 않았다. 정발은 흑색 갑옷을 입고 큰 활을 쏘면서 군민들을 독려하여 서문을 지켜 냈다. 일본군은 서문이 돌파되지 않자 조선군의 배치가 약한 북쪽 성벽을 집중적으로 공격했다. 북쪽 성벽을 넘어 일본군이 성 안으로 진입하였다. 이를 저지하기 위해서 조선 군민을 진두에서 지휘하던 정발이 일본군이 쏘는 조총탄에 맞아 쓰러졌다. 지휘관을 잃은 조선 군민은 필사적으로 싸웠으나 중과부적(衆寡不敵)이었다. 4월 14일 해가 지기 전에 부산진성은 일본군의 수중으로 들어가고 말았다.[12]

부산진을 점령한 고니시군은 그 기세를 몰아 부산진의 서남쪽 4km 지점에 위치한 서평포(西平浦)와 그로부터 서남쪽 3km 지점에 위치한 다대포(多大浦)성을 공격하였다. 서평포에 이어 다대포도 첨사 윤흥신(尹興信)이 전사함으로써 일본군이 장악하게 되었다. 부산진, 서대포, 그리고 다대포까지 점령한 일본 침공군 선봉부대인 고니시군은 상륙 하루 만에 조선군의 해안 방어군과 요지를 점령함으로써 조선 침공을 위한 교두보(橋頭堡)를 확보하게 되었다.

일본군이 침공하여 부산진성이 함락되었다는 소식은 신속히 전파되었으나, 이에 대한 조직적인 대처는 그렇게 신속하게 이루어지지 못했다. 진주(晋州)에 머물고 있던 경상 감사는 부산진 함락 소식을 듣고 각 군현의 수령들에게 밀양으로 병력을 집결시킬 것을 명하였으나, 명령 하달이 제대로 되지 않고 지방의 상비 병력이 부족하여 병력은 전혀 집결되지 못했다. 경상좌도 병사(兵使)는 울산의 좌병영에 있다가 일본군이

11) *壬辰倭亂史*, pp. 32-5; *東國戰亂史(外亂篇)*, p. 186; *韓民族戰爭通史, III, 朝鮮時代 前篇*, pp. 142-5.
12) 趙慶南, *亂中雜錄, I*, 壬辰 上 4月 14日; *壬辰倭亂史*, p. 35.

침공했다는 소식을 듣고 동래(東萊)성으로 달려가고 양산과 울산 군수도 약간의 병력을 이끌고 동래성에 집결하여 동래 부사와 더불어 대책을 강구하였다. 이와는 대조적으로 부산 해안 방어를 책임지고 있던 경상좌도 수사(水使)는 일본군 선단이 부산에 진출한 사실도 모르고 있다가 부산진성이 함락된 후에야, “부산진성에 붉은 깃발이 가득 차 있는 것을 보니 성이 함락된 듯합니다”라는 장계(狀啓)를 올린 다음에 좌수영을 버리고 북쪽의 언양(彦陽)으로 도망하였다.[13] 이와 같이 경상도와 해안의 방어를 책임진 병사와 수사들은 일본군의 침공에 효과적인 대처 방안을 찾지 못하고 있었다.

조선군의 현지 지휘부가 안절부절하고 있을 때, 부산진성을 점령한 고니시군은 1592년 4월 15일 오전 6시 동래성으로 진격했다. 오전 10시경 동래성에 도착한 일본군은 성을 포위하였다. 동래성은 부사 송상현(宋象賢)이 지키고 있었다. 이 때 경상좌도 병사는 지원군을 데려오겠다고 하면서 성을 빠져 나갔고 조방장 홍윤관(洪允寬)도 동래성 북쪽의 소산(蘇山)으로 물러나 산을 의지하여 방어에 임하자고 건의하였다. 그러나 송상현은 성주가 성을 버리고 어디를 가느냐고 말하면서 수성(守城) 결의를 다졌다. 동래성을 포위한 일본군은 성의 남문 밖에서 “싸우려면 싸우고 싸우지 않으려면 길을 내놓아라(戰則戰矣 不戰則假道)”라고 쓴 표목을 세워 항복을 요구하였다. 그 표목을 본 송상현은 “싸워서 죽기는 쉬어도 길을 내주기는 어렵다(死易 假道難)”는 글을 쓴 판자를 성 밖으로 던져 항전 의지를 표시하였다.[14]

일본군은 동, 서, 남 세 방면에서 조총 사격을 가하면서 성벽으로 기어올랐다. 성 안에서는 부녀자들도 지붕의 기왓장까지 던지면서 일본군의 성 내 진입을 저지하려 했으나, 중과부적으로 성의 동북쪽 성벽이 무너져 일본군이 성 안으로 진입하였다. 송상현은 달려드는 일본군에게 “이웃 나라의 도리가 이런 것이냐? 우리가 너희들에게 잘못한 것이 없는데, 너희들의 이런 침략 행위가 과연 도리에 합당하다고 생각하느냐?” 하며 호통을 쳤으나, 일본군의 칼날이 그의 목숨을 앗아가고 말았다.[15] 전투장에서는 총과 칼이 정의와 도리를 결정해 주었다. 동래성의 조선 군민들은 거의 목숨을 잃었고 살아 남은 자도 포로가 되거나 비참한 최후를 마쳤다. 동래의 북부 소산(蘇山)에서 동래성의 최후를 목격한 경상좌도 병사 이각(李珏)은 울산성으로 퇴각하여 성을 버리고 도주해 버렸다. 동래성을 함락시킨 일본군은 4월 17일 아침 방어 병력이 없는 양산성을 점령하고, 이어서 19일에는 밀양성도 점령하고 말았다. 이로써 일본 침공 선봉군은 차후에 오는 후속군이 상륙할 수 있는 해두보(海頭堡)를 확보하기에 이르렀다.

일본 제1군(고니시군)이 양산에서 밀양으로 진격하고 있을 무렵인 4월 18일에 가토 기요마사(加藤淸正)가 지휘하는 제2군 2만 2,800명이 부산에 상륙하고, 4월 19일 구로다 나가마사(黑田長政)가 지휘하는 제3군 1만 1,000명이 낙동강 하구의 죽도(竹島: 김해

13) 柳成龍, *懲毖錄*, *卷1*, 慶尙左水使 朴泓의 狀啓; *壬辰倭亂史*, p. 36.
14) 李肯翊, *練藜室記述*, *卷15*, 壬辰倭亂 大駕西狩, 4月 14日條; *壬辰倭亂史*, pp. 36-8.
15) *亂中雜錄*, *1*, 壬辰 上 4月 14, 16日.

남쪽 4km 지점)에 상륙하였다. 일본군 선봉 주력 부대인 1, 2, 3군은 계획대로 1군은 부산에서 밀양, 대구, 상주, 문경, 조령(鳥嶺)을 넘어 충주, 용인을 거쳐 한성(漢城)에 이르는 중로(中路)를 택하여 진격하기로 하고, 2군은 경주, 안동, 죽령(竹嶺)을 넘어 충주, 양평을 거쳐 한성에 이르는 동로(東路)를 택하여 진격하고, 3군은 김해, 함안, 창녕, 김천, 추풍령(秋風嶺)을 넘어 청주, 죽산, 용인을 거쳐 한성에 이르는 서로(西路)를 택하여 서울인 한성(漢城)으로 진출할 작정으로 북진하였다. 일본 침공군 1, 2, 3군은 한성을 먼저 점령하려고 상호 경쟁적으로 북진을 서두르게 되었다.

제일 먼저 부산에 상륙하여 부산진과 동래성을 점령한 일본 제1군(小西行長)은 1592년 4월 19일 밀양에 입성한 후에 청도(淸道)를 거쳐 21일에 대구(大邱)로 진출했다. 대구에는 경상 감사 김수(金睟)의 명에 따라 병력이 집결되어 수성천(壽城川) 변에서 일부가 야영을 하면서 서울에서 파견되는 경장(京將)을 기다리고 있었다. 그러나 이들은 며칠 동안 비가 계속되어 사기가 떨어진 상태에서, "이미 일본군이 대구에 입성하고 있다더라"라는 유언비어가 나돌자, 일본군이 대구에 진입하기도 전에 뿔뿔이 흩어져 버렸다. 이에 일본군 1군은 대구를 무혈로 점령하고, 24일에는 낙동강을 도하하여 선산(善山)으로 진출하였다.

가토 기요마사(加藤淸正)가 이끄는 제2군은 부산에서 동북쪽으로 전진하여 4월 19일 언양(彦陽)을 점령하고 21일에는 경주(慶州)로 진격하였다. 이 때 경주는 경주 부윤이 아직 부임하지 않은 상태에서 판관과 현감이 성을 지키고 있었다. 그러나 이들은 가토군이 경주로 몰려오자 성을 포기하고 말았다. 이로써 경주를 무혈 점령한 3군은 22일 영천(永川)을 거쳐 군위(軍威)로 진출하였다. 여기에서 가토군은 안동, 영주, 풍기, 죽령(竹嶺)에 이르는 동로(東路)를 이용하지 않고 빨리 한성에 도달하기 위해서 점촌, 문경으로 통하는 중로(中路)로 진격로를 바꾸었다. 그러나 이 때 의흥(義興)에 진을 치고 있던 신임 경주 부윤 변응성(邊應星)과 좌방어사 성응길(成應吉) 등은 가토군의 북진을 저지하려 하지 않고, "근왕(勤王)을 해야 한다(왕을 호위해야 한다)"는 명분을 내세워 죽령(竹嶺)을 넘어 북으로 달아나고 말았다. 따라서 일본 침공군 2군도 별다른 저항을 받지 않고 진격할 수 있었다.

4월 19일 김해 남쪽 죽도(竹島)에 상륙한 구로다 나가마사(黑田長政)의 3군도 별다른 저항 없이 진격할 수 있었다. 3군이 죽도에서 김해로 진격하면서 밤을 이용하여 보리단으로 성벽에 쌓아 이것을 밟고 성을 넘어 들어가 김해성을 공격하려 했다. 그러나 김해성의 방어 작전을 지휘할 부사와 군수가 일본군보다 먼저 성을 탈출하였다. 그리하여 4월 20일 새벽 일본군은 김해성을 그대로 탈취하였다. 이 무렵 영산에 머물고 있던 경상 감사 김수(金睟)는 도내의 백성은 피난하고 문경(聞慶) 이남의 병력은 대구로 집결하라는 명령을 내리고 자신은 거창으로 피신해 버렸다. 경상우도 병사 조대곤(曺大坤)도 창원에 있다가 김해성을 함락시킨 구로다군이 창원으로 진출하자 진을 버리고 달아나 버렸다. 이로써 구로다의 제3군은 창원을 거쳐 북상하여 낙동강을 도하한 후에 영산, 창녕, 현풍을 거쳐 그곳에서 낙동강을 다시 도하하고, 경상 우도의 내륙으로 진격하였다.

경상 감사, 경상 좌우도 병사, 경상 좌수사가 자취를 감춘 경상도지역은 사실상 무방비 상태가 되어 일본군의 공격에 완전히 노출되었고, 일본 침공군 1, 2, 3군은 별다른 저항을 받지 않고 진격을 계속했다.

일본군의 상륙과 경상도지역 상황

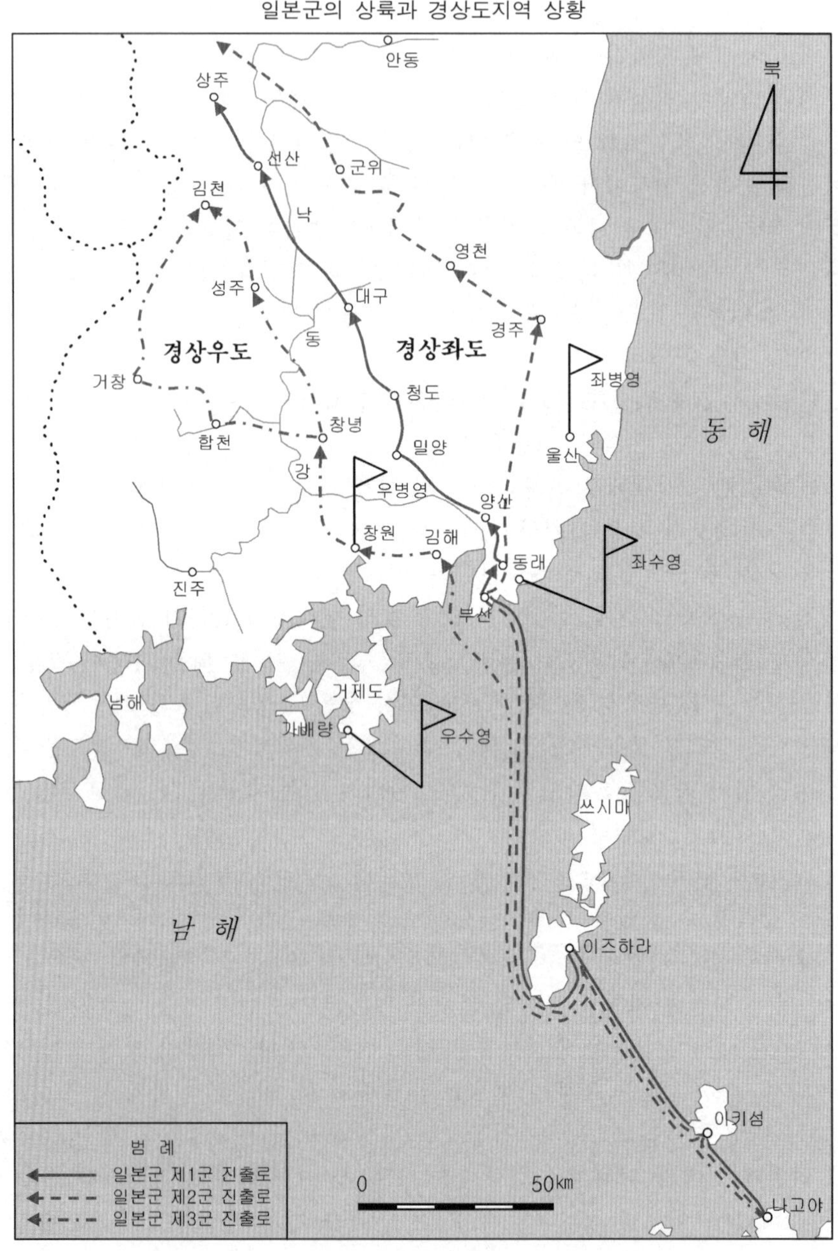

③ 조선 조정의 조치

조선 조정은 1592년 4월 17일 아침에 "부산진성에 붉은 깃발이 가득 차 있는 것을 보니 성이 함락된 듯합니다"라고 올린 경상 좌수사 박홍(朴泓)의 장계를 받고 일본군이 침공해 온 사실을 알게 되었다. 조정의 중신들은 "일본이 명과의 외교 관계가 단절된 것에 대한 분풀이를 조선에 하고 있다"고 추정하고 일본군의 침공을 제1선에서 저지할 수 있을 것이라는 안이한 판단을 하고 있었다. 그러나 뒤를 이어 부산과 동래의 실함을 알리는 절박한 장계가 도착하자, 조정도 사태의 심각함을 인식하고 한성에 이르는 중로, 동로, 서로의 접근로와 이 접근로상에 있는 조령(鳥嶺), 죽령(竹嶺), 추풍령(秋風嶺)의 요충지의 방어 책임자를 임명하였다.16)

순 변 사　이　일(李鎰):　중로(中路: 조령 방면)
좌방어사　성응길(成應吉): 동로(東路: 죽령 방면)
우방어사　조　경(趙儆):　서로(西路: 추풍령 방면)
조 방 장　변　기(邊璣):　조령
조 방 장　유극량(劉克良): 죽령

한성에 이르는 주요 접근로와 접근로상 요충지의 방어 책임자는 임명되었으나 병력의 동원은 거의 불가능했다. 순변사 이일은 도성에서 300여 명의 병력을 이끌고 출전하려 했으나 모병이 이루어지지 않아 3일이 지난 후에야 60여 명의 군관(軍官)만을 이끌고 출발하게 되었다. 일본군의 침공이 현실로 나타나자 수일 전에 경상 우병사로 임명되어 내려가는 김성일(金誠一)을 과거 통신사로서 일본의 침공이 없을 것이라고 허위 보고를 한 죄로 체포하도록 했고, 병조의 명부 작성과 동원이 부실하다 하여 병조판서를 파직하는 등의 조치를 취하기도 했다. 병력의 동원과 군량의 조달을 위한 필요 조치로 김성일은 압송 도중에 석방되어 경상우도 초유사(招諭使)로서 전지(戰地)에서 의병 모집과 군량 조달 업무를 수행하도록 했다. 그리고 한성과 전투지역의 거리가 너무 멀어 신속한 보고와 조치가 이루어지지 못하고 있는 점을 감안하여 국왕의 대권(大權)을 위임한 도체찰사(都體察使)로 유성룡(柳成龍)을 임명하고 체찰부사(體察副使)로 신임 병조판서 김응남(金應南)을 임명하여 전방지역에 파견하기로 했다. 그러나 이러한 지휘 체계의 수립에도 불구하고 실제로 싸워야 할 병력과 이들을 지휘할 장수(將帥)는 없었다.

조선 조정도 전쟁을 지도할 체제의 수립보다는 우선 일본군의 진격을 저지할 무장(武將)과 병력이 필요하다는 인식 아래, 과거 여진족을 평정하여 명장으로 손꼽히는 한성 판윤 신립(申砬)을 삼도순변사(三道巡邊使)로 임명하고, 감옥 속에 있던 전 의주

16) *再造藩邦志*, *1*, 申靈, 大東野乘, 大臣 備邊司堂上의 건의 내용; *壬辰倭亂史*, pp. 43-4; *韓民族戰爭通史*, *III*, *朝鮮時代 前篇*, pp. 149-53.

(義州) 목사(牧使) 김여물(金汝岉)을 석방하여 신립의 종사관으로 임명하여 이일(李鎰)의 뒤를 따라 중로(中路)로 진격하는 일본군을 저지하도록 조치하였다. 조선 조정의 조치는 전쟁 지도를 위한 지도 체계의 수립에서 시작되어 전투 수행을 위한 작전 지휘 체계의 수립으로 상황의 긴박한 정도를 반영하여 이루어졌다.

④ 상주, 추풍령 전투

조정으로부터, 1592년 4월 17일, 중로(中路)로 올라오는 일본군의 진격을 저지하라는 임무를 부여받고 19일 한성(漢城)을 떠난 순변사(巡邊使) 이일(李鎰)은 23일 경상우도 상주(尙州)에 도착했다. 당시 상주는 목사(牧使) 김해(金澥)와 군관들이 산속으로 도망가고 없었기 때문에 아무런 방어 대책도 없이 방치된 상태에서 판관 권길(權吉)이 텅빈 성을 홀로 지키고 있었다. 24일 일본군이 이미 상주 동남쪽 20km 지점인 선산(善山)에 진출해 있다는 사실을 모르고 있던 순변사 이일은 상주 부근의 민간인 800여 명을 모아 대오를 편성하고 25일 아침 이들을 상주의 북천(北川)변에 집결시켜 군사 훈련을 실시하였다. 일본군은 훈련중인 이들을 기습하였다. 대부분이 농민들인 이들은 저항도 해 보지 못하고 섬멸적인 타격을 입고 말았다. 순변사 이일은 혼전중에 겨우 탈출하여 문경(聞慶)에서 "일본군이 신병(神兵)과 같아 대적할 수 없으니 죽음을 기다릴 뿐입니다"라는 내용의 패전(敗戰) 보고를 조정에 올리고, 조령(鳥嶺)을 거쳐 삼도순변사(三道巡邊使)가 진출해 있던 충주(忠州)로 이동하여 신립(申砬)의 휘하에 몸을 맡겼다. 일본군에게 혼이 난 이일은 신립에게 서울로 퇴각하여 방어전을 펴자고 건의하다가 병사들을 놀라게 한다고 처벌을 받을 뻔하기도 했으나, 불안한 마음을 진정시킬 수가 없었다.17) 경장(京將)이 지휘한 관군(官軍) 아닌 민군(民軍)과 일본군과의 접전에서 조선군이 패배한 첫번째 사례가 기록되었다.

서로(西路)를 통하여 한성으로 올라오는 일본군의 진격을 저지할 임무를 부여받은 우방어사(右防禦使) 조경(趙儆)은 조방장 양사준(梁思俊)과 돌격장 정기룡(鄭起龍) 등과 함께 경상 감사 김수(金睟)로부터 인계받은 400여 명의 병력을 이끌고 거창(居昌)으로 남하하다가 4월 23일 신창(新倉)에서 구로다의 3군 좌익부대 선봉대와 조우하게 되었다. 이에 돌격장 정기룡이 일본군을 급습하여 일본군에게 피해를 입히고 김천(金泉)을 거쳐 추풍령으로 철수했다. 구로다군의 좌익부대는 27일 성주(星州)를 거쳐 진출한 우익부대와 김천에서 합류하였다. 구로다의 3군은 28일 추풍령에 도달하여 진출을 저지하던 우병사 조경을 포로로 잡아갔다. 이를 본 돌격장 정기룡은 단신으로 적진에 돌입하여 우병사를 구출하여 추풍령 서북쪽에 위치한 황간(黃澗)으로 철수하였다. 이후에 우병사 조경이 신병을 얻어 산사(山寺)에서 치료를 받을 지경이 되었기 때문에 추풍령(秋風嶺)이 개방되고 서로로 진출하는 일본군 전면에는 거칠 것이 없게 되었다. 1만여

---

17) *宣祖實錄, 卷26*, 25年 4月; *宣祖修正實錄, 卷25*, 25年 4月; *練藜室記述, 卷15*, 壬辰倭亂 大駕西狩, 4月 21日條; *亂中雜錄, 1*, 壬辰 上 4月 26日條; *東國戰亂史(外亂篇)*, pp. 192-3; *壬辰倭亂史*, pp. 46-7; *韓民族戰爭通史, III, 朝鮮時代 前篇*, pp. 151-3.

명이 넘는 구로다 3군의 진격을 400여 명으로 막을 수는 없는 일이었다.[18] 이로써 구로다 3군이 택한 서로(西路)는 개방이 되었다.

⑤ 탄금대 전투

조선 조정으로부터 1592년 4월 20일 삼도순변사(三道巡邊使)로 임명된 신립(申砬)은 종사관 김여물(金汝岉)과 함께 한성을 떠나 남하하면서 약 8,000여 명의 병력을 이끌고 26일에 충주 남쪽 단월역(丹月驛)에 진영을 구축하였다. 신립은 충주 목사 이종장(李宗長), 김여물과 휘하 장령(將領)을 거느리고 조령(鳥嶺)으로 전진하여 지형을 정찰하였다. 이 때 김여물은 적의 대규모 병력을 소수의 병력으로 정면에서 맞서는 것은 불리하다고 말하면서, 험지(險地)에 복병을 배치하여 적을 협격하거나 그렇지 않으면 퇴각하여 한성을 지키자는 의견을 내놓았다. 이종장도 김여물의 의견에 동조하면서 험한 지형을 먼저 점령하여 기계(奇計)로써 적을 제압하는 것이 상책이라는 점을 강조했다. 그러나 신립은 이들의 의견을 받아들이지 않았다. 그러면서 그는 조선군이 이동할 때 적이 먼저 조령을 점령할 위험이 있고, 조선군은 훈련이 미숙한 신병들이기 때문에 사지(死地)에 빠져야만 투지(鬪志)를 발휘할 수 있고, 기병으로 구성된 조선군이 일본군을 개활지로 끌어내어 철기(鐵騎)로 무찌르면 승리할 수 있다는 점을 지적하면서, 배수진(背水陣)으로 적과 싸워야 한다고 주장했다. 이에 따라 신립은 조령(鳥嶺) 방어를 포기하고, 27일 충주에서 하룻밤을 숙영한 다음에 전 병력을 남한강(南漢江)과 달천(㺚川)이 합류하는 중간 지대의 탄금대(彈琴臺)로 이동시켜 배수진을 치고 일본군의 진출을 기다렸다.[19] 작전의 주도권을 일본군에게 내주고 일전(一戰)을 치르려는 신립의 결의는 대단하였다.

문경(聞慶)에 도착한 고니시의 제1군(1만 5,000여 명)은 27일 새벽에 문경을 출발하여 종일 조령(鳥嶺)을 조심스럽게 넘어 28일 정오 무렵에 단월역(丹月驛)에 도착했다. 충주성으로 진입하려던 고니시군은 탄금대에 배수진을 치고 있는 신립군을 발견하고 이를 공격하였다. 일본군은 병력을 3개 제대로 나누어 조선군을 공격하고 고니시부대는 중앙을 공격하였다. 일본군의 선봉이 조선군의 중앙으로 접근하자 신립은 기병 제1진 1,000여 명을 출격시켜 이를 제압한 다음에, 다시 제2진 1,000여 명을 출격시켜 일본군을 단월역 쪽으로 격퇴시켰다. 이에 일본군은 병력을 증강시켜 공격해 왔다. 신립은 제3진 2,000여 명을 투입하여 이를 격퇴하였다. 이러한 방식의 공격과 격퇴가 네 차례나 반복되었다. 그러나 조선군은 병력과 무기가 열세하였고, 전장이 농지와 초지였기 때문에 말발굽이 수렁에 빠져 기병의 기동성조차 저하되었다. 시간이 지날수록 전세는 조선군측에 불리하게 기울어졌다. 격퇴시켜도 계속 공격해 오는 일본군이 쏘아대는 조총 사격에 말은 좋은 표적이 되었고, 전장의 상태는 기병이 지닌 장점을 약점

---

18) *前掲書*.
19) *前掲書*, 특히, *壬辰倭亂史*, pp. 47-51.

으로 변화시켜 버렸다.

전투 상황이 절망적으로 전개되자 신립은 전병력에게 최후의 공격 명령을 하달했다. 마지막 순간이 다가옴에 따라 신립은 남한강으로 투신하여 자살하고, 종사관 김여물과 충주 목사 이종장은 적진에 돌진하여 일본군을 무찌르다가 장렬한 최후를 맞이하였다. 일본군의 진격을 저지하여 도성(都城)을 보호해 줄 수 있을 것이라고 기대했던

일본군의 한성 진격 상황

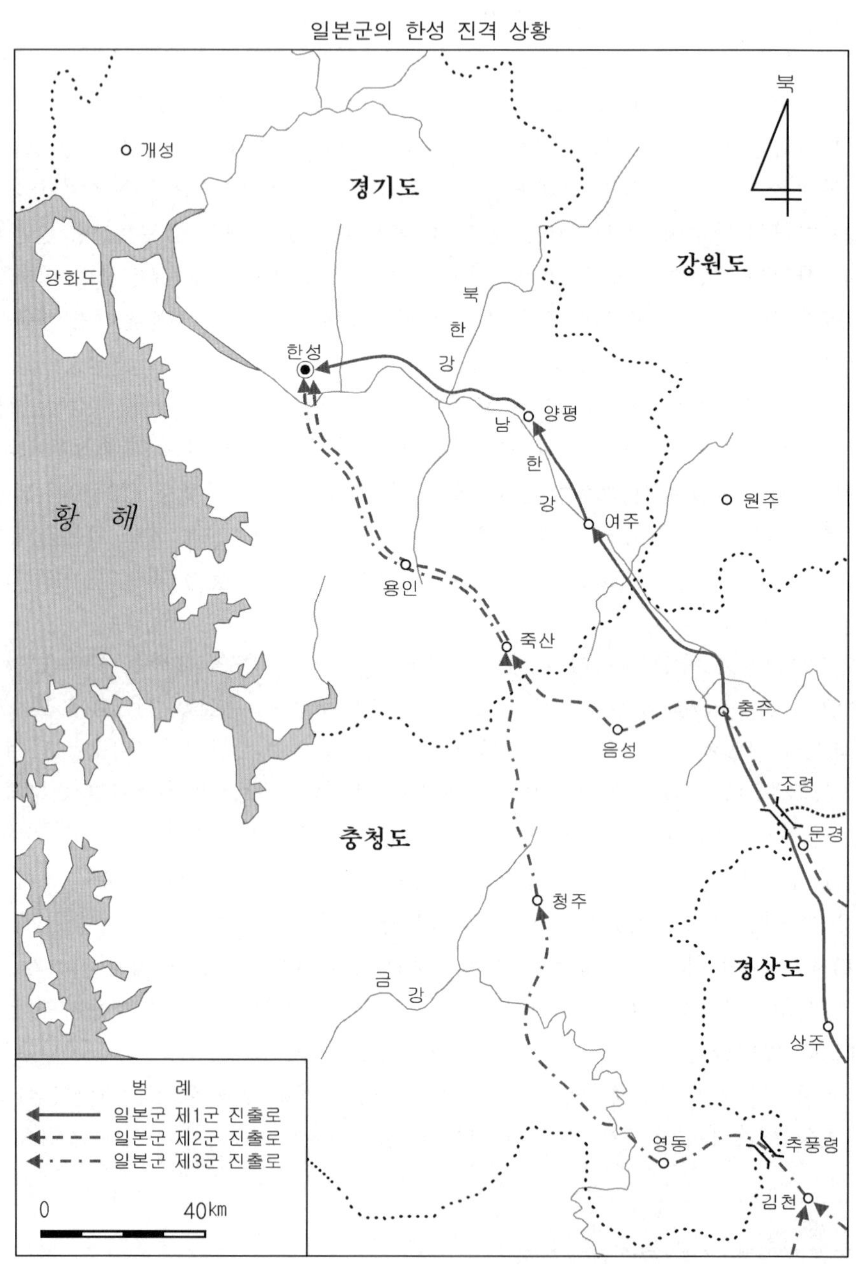

삼도순변사(三道巡邊使) 신립(申砬)의 결전은 28일 오후 패전으로 막을 내리고 말았다. 순변사(巡邊使) 이일(李鎰)은 이 전투에서도 살아 남아 상주(尙州) 전투에 이어 두 번째의 패전(敗戰) 보고를 올리고 북쪽으로 도주하였다.[20)]

신립(申砬)군을 패배시킨 고니시군은 28일 저녁 충주성에 무혈로 입성하여 승리를 자축하였다. 동로(東路) 대신 중로(中路)로 진로를 변경시킨 가토의 제2군은 29일 충주에 도착하여 고니시의 1군과 합류하였다. 양 군은 한성으로의 진격로를 협의한 결과, 1군(고니시군)은 여주, 양평을 거쳐 한성의 동대문으로 진격하기로 하고, 2군(가토군)은 죽산, 용인을 거쳐 한성의 남대문으로 입성하기로 했다. 이들 양 군은 4월 30일 충주를 출발하여 한성으로의 진격을 계속해 나갔다. 추풍령을 넘어 청주(淸州) 쪽으로 진출한 구로다의 3군은 청주에서 죽산으로 이동하여 2군을 후속하면서 한성으로 향했다. 일본군은 신립군을 패배시킴으로써 별다른 저항을 받지 않고 한성으로 진격할 수 있게 되었다.

⑥ 조선의 한강선 방어와 방어 대책

조선 조정은 잇다른 패전 보고에 한성(漢城)의 방어 대책을 세우지 않을 수 없었다. 4월 26일 상주(尙州)에서 패배했다는 순변사 이일의 보고에 접한 조정은 한성 수비를 위한 대비책을 강구하기 시작했다. 먼저, 우의정 이양원(李陽元)을 경성도검찰사(京城都檢察使)로 임명하여 도성 방위를 위한 최고 책임자로 삼고, 휘하에 박충간(朴忠侃)을 도성검찰사(都城檢察使), 이성중(李誠中)을 수어사(守禦使), 정윤복(丁允福)을 동서로 호소사(東西路號召使)로 임명하여 도성 수비를 위한 지휘 체계를 정립하였다. 그리고 왕의 피난 문제도 논의가 되었으나, 서행(西幸: 피난)과 수성(守城: 잔류)의 양론이 팽팽하게 맞섰다. 그러나 29일 신립군이 패전했다는 이일(李鎰)의 장계가 도착하자 조정은 왕의 서행을 결정한 후 이양원을 유도대장(留都大將)으로 삼아 도성을 지키게 하고, 김명원(金命元)을 도원수(都元帥), 신각(申恪)을 부원수(副元帥)로 임명하여 일본군의 한강(漢江) 도하를 막도록 조치하였다. 그리고 선조는 한성(漢城) 이북 5도에 교서를 내려 한성으로 병력을 급히 내려보내도록 명하고 왕자 임해군(臨海君)과 순화군(順和君)을 각각 함경도와 강원도에 파견하여 근왕병(勤王兵, 의병)을 모집하도록 조치하였다. 왕은 피난하고 한성은 징발할 병력으로 방어해야만 하는 상황이 전개되었다.[21)]

유도대장(留都大將)으로 임명된 이양원은 병조에서 징발한 4,500명의 병력으로는 도성을 수비할 수 없다고 판단하고 병력의 증원을 요청했다. 이에 병조는 도성 부근에 거주하는 일반 백성들을 동원하여 자신들이 거주하는 방향의 도성 성벽을 방어하도록 하고 장정들을 징발하려 했으나, 이들은 이미 징발된 상태였기 때문에 한성 방어를 위한 소요 병력을 충원할 수가 없었다. 도원수 김명원은 휘하에 병력이 없어 도성에서

---

20) *前揭書; 練藜室記述, 卷15,* 壬辰倭亂 大駕西狩, 4月 28日條; *壬辰倭亂史*, pp. 50-1.
21) *宣祖實錄, 卷26*, 25年 4月; *壬辰倭亂史*, pp. 51-8.

징발된 1,000여 명의 병력과 백성을 동원하여 도섭(渡涉)이 가능한 한강 바닥을 깊게 파내어 수심을 깊게 함으로써 일본군의 도섭을 막고, 나룻배를 모두 강 북안에 잡아매 놓은 뒤에 제천정(濟川亭: 보광동) 일대에 병력을 배치하여 일본군의 도하를 저지하려 했다. 실로, 도성 방어를 위한 방어 대책이라고 볼 수 없는 대책과 조치였다.

1592년 4월 30일 새벽, 선조는 김명원과 이양원에게 한강과 도성의 방어를 일임한 다음 세자 광해군(光海君)과 함께 전복(戰服: 전투복)으로 갈아입고 100여 명의 수행원을 거느리고 돈의문(敦義門: 서대문)을 빠져 나가 북행길에 올랐다. 선조가 도성을 떠나자 관노(官奴)와 백성들 일부가 폭도로 변하여 장예원과 형조에 불을 질러 이 곳에 보관된 공사(公私) 노비 문서를 불태워 버렸고, 내탕고(內帑庫)에 침입하여 금과 비단 등을 약탈했으며 경복궁, 창덕궁, 창경궁 등의 궁궐에 불을 질렀다. 5월 1일 국왕의 행차를 호위하던 군졸들이 달아났으며 왕은 도중에 수라마저 들 수가 없었다. 저녁에 개성에 도착했을 때는 군중들이 몰려와 상감이 백성을 생각하지 않고 후궁들만 아끼다가 이 꼴이 났다고 하면서 왕을 향하여 돌을 던지는 사람까지 있었다. 그리고 일부 대신은 민심을 수습하기 위하여 선조가 선위(禪位)해야 한다는 의견을 제시하기도 했다.[22] 백성의 원성 속에 모욕과 괴로움을 참고 견디면서 선조는 북행길을 계속했다.

⑦ 한성의 실함

가토(加藤淸正)가 지휘하는 일본 침공군 2군은 5월 2일 정오경 김명원이 지휘하는 병사가 지키고 있던 한강 남쪽에 도착했다. 일본군 제2군은 충주에서 죽산, 용인을 거쳐 북상하여 한강 남안에 도착하여 창검과 기치를 번득이며 위세를 자랑하고 있었다. 가토군은 도하 준비를 서둘렀으나 선박을 구할 수가 없었다. 이에 일본군은 강 북안으로 조총을 쏘아 대면서 무력 시위를 하면서 한껏 위세를 뽐내고 있었다.

일본군의 무력 시위는 즉각적인 효과가 있었다. 강북에서 일본군을 바라본 도원수 김명원은 자신이 거느린 1,000여 명의 병사들로는 일본군의 도하를 저지할 수 없다고 판단하고 무기를 강물에 던져 버렸다. 그리고는 왕이 북상한 임진강 쪽으로 달아나고 말았다. 1,000여 명의 병사들도 뿔뿔이 흩어졌으며, 부원수 신각도 도성으로 들어가 유도대장 이양원과 함께 양주(楊州) 쪽으로 도망하고 말았다. 한강선 방어와 한성 방어는 일본군의 공격에 의해서 무너진 것이 아니고, 이를 방어해야 할 당사자들의 내부 폭동과 이들을 지휘해야 하는 지도자의 공포심에 의해서 스스로 포기된 셈이 되었다. 일본군의 무력 시위는 대단한 효과가 있었다.

---

22) *宣祖修正實錄, 卷26*, 25年 4月, 留都大將 李陽元의 啓辭; *東國戰亂史(外亂篇)*, pp. 197-206.

한성 실함 상황

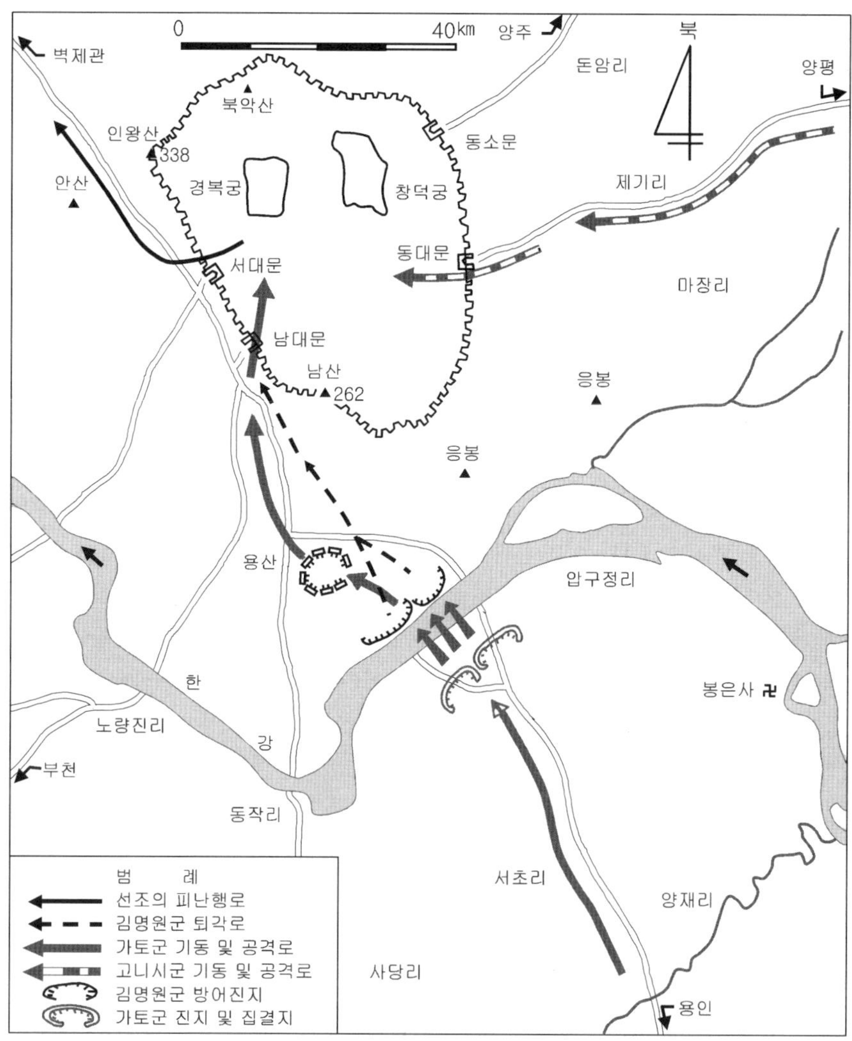

조선군의 한강 방어선이 스스로 무너지자 가토군은 배를 수집하고 뗏목을 만들어 5월 2일 오후 한강 도하를 완료하였다. 가토군은 도하를 완료했으나 한성 내에는 많은 병력이 방어에 임하고 있을 것이라고 판단하여 곧바로 성으로 접근하지 않고 한강 북안에서 전열을 정비하면서 도성 안의 동태를 살폈다. 그러나 성 안은 매우 조용했다. 가토군은 5월 3일 병력을 남대문 쪽으로 진격시켜 그대로 성 안으로 진입하였다. 고니시가 이끄는 제1군도 아무런 저항을 받지 않고 남한강(南漢江)을 도하하여 양근(陽根: 양평)을 거쳐 용진도(龍津渡: 양수리)에서 북한강을 도하한 뒤 5월 3일 동대문에 도착하였다. 일본군 1군과 2군은 5월 3일 각각 동대문과 남대문을 통하여 텅 빈 한성에 무혈 입성하였다. 그 후에 3군도 2군을 후속하여 한성에 입성함으로써 일본 침공군의 선

봉 주력 부대가 조선의 국도를 점령한 셈이 되었다.[23]

개성에 도착한 선조는 1592년 5월 2일 국왕이 도성을 떠나지 않을 수 없게 된 사태에 대한 책임을 물어 영의정 이산해(李山海)와 좌의정 유성룡(柳成龍)을 파직하는 인사를 단행하고, 한성으로 사람을 보내어 이양원과 김명원에게 한성을 잘 지키도록 당부하는 왕의 뜻을 전하도록 했다. 그러나 왕의 사신은 파주에 도착하여 한성이 이미 일본군의 수중에 들어갔다는 소문을 듣고, 개성으로 다시 되돌아가서 이를 5월 3일 왕에게 보고했다. 보고를 받은 왕은 이 날 서둘러 평양으로의 북행길에 올라 5월 7일 평양에서 평안감사 송언신(宋言愼)의 영접을 받았다.[24]

한강 방어선을 포기하고 북상한 도원수(都元帥) 김명원(金命元)과 한성의 방어를 포기한 유도대장(留都大將) 이양원(李陽元)은 임진강선에서 일본군의 진격을 저지할 생각으로 임진강 북안(北岸)에 방어 진지를 편성하고 있었다. 도원수 김명원은 북상한 검찰사 박충간(朴忠侃) 등과 5,000여 명의 병력을 거느리고 임진강 북안 동파진(東坡津) 일대에 방어 진지를 편성하고 있었다. 임진강 상류 연천(漣川)지방의 대탄(大灘: 한탄)에는 유도대장(留都大將) 이양원과 부원수 신각(申恪), 그리고 충주에서 북상한 순변사 이일(李鎰) 등이 대탄 나루터에 병력을 배치하고 일본군의 북상에 대비하고 있었다. 이들은 각각 동파진과 대탄 나루터에 진을 친 다음에 강변의 선박들을 강북으로 집결시키거나 침몰시키고, 부근의 민가들을 헐어 뗏목을 만들 수 있는 목재들을 제거하는 등의 작업을 진행시키면서 일본군의 도하를 저지하려는 준비를 서둘렀다. 조선군의 임진강 방어선이 구축된 셈이다.[25]

⑧ 일본군의 차후 작전 계획

조선군이 임진강 방어선을 구축하고 있는 동안 한성을 점령한 일본군은 휴식을 취하면서 조선의 군정에 필요한 조치를 취하였다. 원래 일본군은 한성을 점령하면 조선의 항복을 받아 조선의 협조를 받아서 명나라를 공격하거나, 최소한 조선을 복속시킬 수 있을 것으로 판단하였다. 그러나 일본군이 한성에 입성하였을 때는 이미 선조는 한성을 떠나 북행길에 오른 후였다. 이런 이유로 5월 중순까지 부산에 상륙한 일본군 4군에서 8군의 병력을 부산에서 한성 사이 요충지에 배치하여 군정과 후방의 안전을 도모하도록 하였다. 모리(毛利吉成)가 지휘하는 4군은 3군을 후속하여 한성에 입성하도록 하였고, 후쿠시마(福島正則)의 5군은 충청도에, 고바야가와(小早川隆景)의 6군은 경상우도지역에, 모리(毛利輝元)의 7군은 낙동강 서안지역에 배치되어 부산에서 선산까지의 낙동강 수로(水路)를 확보하는 역할을 수행하도록 했다. 그리고 침공군 사령관인 우키다(宇喜多秀家)가 이끄는 8군은 한성 점령 보고를 받고 한성으로 이동하였다.

---

23) *前揭書.*
24) *壬辰倭亂史*, pp. 56-7.
25) *前揭書.*

일본의 도요토미(豊臣秀吉)는 한성 점령 보고를 받고 원로 장수들을 조선에 파견하여 군정(軍政)을 담당하도록 조치하였고, 하시바(羽柴秀勝)의 9군을 파견하여 부산지역을 담당하도록 했다.

한성에 도착한 우키다는 지휘관들과의 협의를 거쳐 1군이 평안도로 진격하고, 3군이 이를 후속하여 지원하도록 하였고, 2군은 함경도로 진격하고, 4군이 이를 후속, 지원하기로 하는 북진 계획을 세웠다. 이에 도요토미는 한성 이북으로 진격하는 1, 2, 3, 4군의 지휘관인 고니시(小西行長), 가토(加藤淸正), 구로다(黑田長政), 모리(毛利吉成)를 각각 평안도, 함경도, 황해도, 강원도지역을 관할하여 통치하도록 지명했다.[26] 이와 같이 일본은 조선 전역을 직접 통치하여 군정을 실시함으로써 조선을 실질적으로 복속시키려 하였다.

⑨ 임진강선 방어 전투

일본군의 작전 계획에 따라 5월 10일 한성을 출발하여 파주를 거쳐 임진강에 진출한 가토의 제2군은 강북에서 방어에 임하고 있던 김명원군과 대치하였다. 임진강은 수심이 깊은 데다가 조선군이 임진나루의 배들을 모두 거두어 갔기 때문에 일본군은 강을 도하하기 힘든 상태에 처해 있었다. 가토군은 도하 방법을 강구하기 위하여 며칠 동안 강변에 진을 치고 며칠을 그냥 흘려 보냈다. 이에 김명원은 임진강을 잘 지키고 있다는 장계를 올리고 경기 감사는 이 기회에 공격을 해야 한다는 보고까지 올렸다. 이에 선조는 한응인(韓應寅)을 제도순찰사(諸道巡察使)로 임명하여 평안도지역 지방군 3,000여 명을 주어 도원수의 지시를 받지 말고 독자적으로 일본군을 공격하도록 지시하였다.[27] 전쟁 수행시에 "임금은 전투 수행에 관여하지 말라"는 금기 사항을 선조가 위반한 것이다.

이 때 일본군은 기계(奇計)를 사용하였다. 한성의 고니시는 5월 13일경 조선에 익숙한 대마도 도주(島主) 소오 요시토시(宗義智) 휘하의 야나가와(柳川調信)를 임진강선에 보내서 강 남안에 배치되어 있던 가토군 병력을 후방으로 철수시키고 15일과 16일 두 차례에 걸쳐 조선군측에 강화 요구서를 보냈다. 임진강 남안에 배치되어 있던 가토군이 소수의 병력만 남겨 놓고 주 병력을 파주로 이동시키면서 17일에는 강변의 막사를 헐고 취사 도구와 병기, 물자 등을 싣고 퇴각하자, 조선군의 방어사 신할(申硈)은 즉시 일본군을 추격하려 했다. 선조로부터 즉시 일본군을 공격하라는 지령을 받은 한응인이 이 무렵 도착하여 신할의 주장을 옹호함에 따라 장거리 행군에 지친 평안도지역 지방군은 휴식을 취하지 못하고 일본군의 추격에 참가하였다. 조방장 유극량(劉克良)은 경솔하게 강을 건너 적을 공격하는 것은 적의 계략에 빠질 우려가 있다는 점을 지적하면서 이를 반대하였으나, 방어사 신할의 질책만 들었다. 신할이 먼저 도강하자 유극량, 한응인도 합세하여 강을 건넜다. 도강한 조선군은 일본군의 경계 부대 진지를 단숨에 휩쓸었다. 이에

26) *壬辰倭亂史*, pp. 58-60.
27) *宣祖修正實錄, 卷26,* 25年 5月條; *壬辰倭亂史*, pp. 60-3.

임진강선 방어 전투

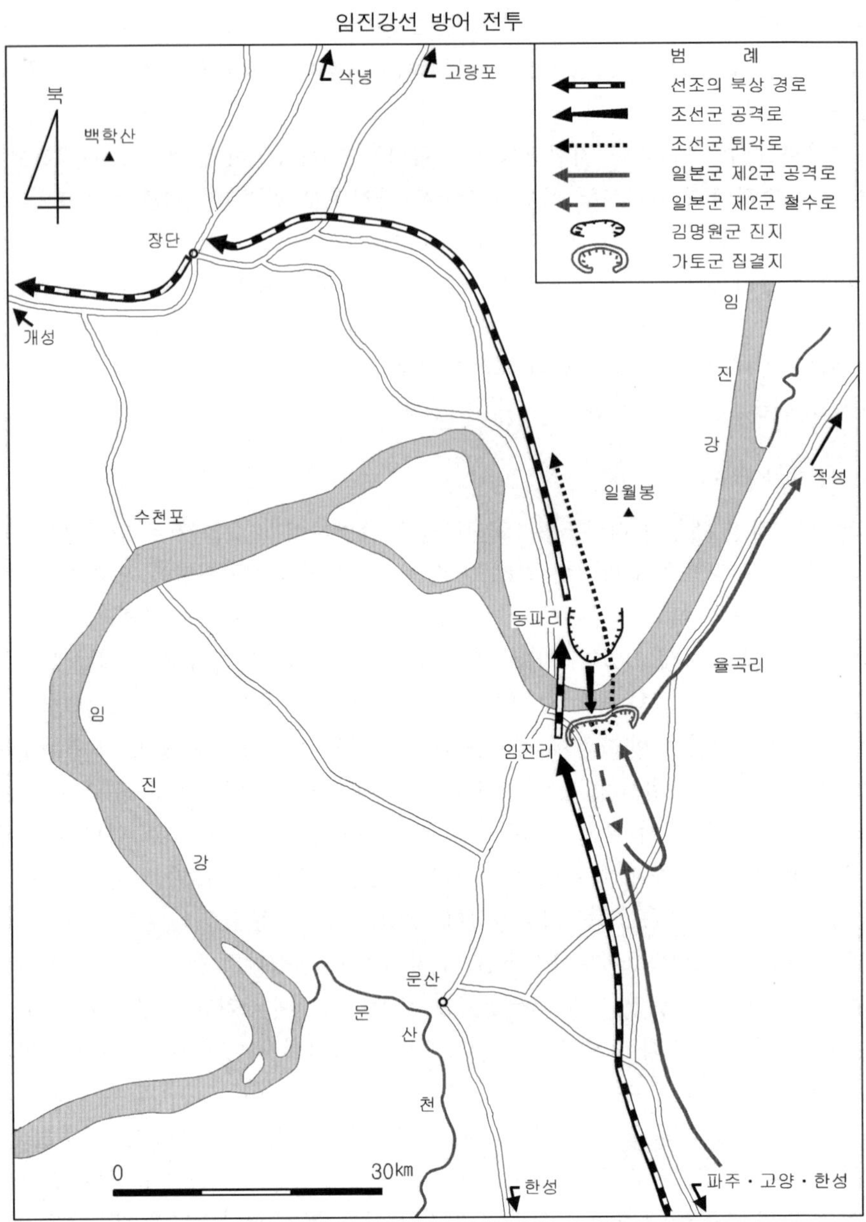

조선군은 승세를 잡았다고 판단하고 병사들을 독려하여 추격을 감행하려 했다. 그러나 파주 쪽으로 철수하던 가토군은 조선군의 도강 공격 소식을 전해 듣고 즉시 병력을 동원하여 조선군에 반격을 가해 왔다. 수적으로 열세한 조선군은 강을 뒤에 두고 일본군과 싸워야만 했다.[28] 조선군이 일본군의 유인 전술(誘引戰術)에 말려든 격이 되었다.

28) *前揭書.*

임진강으로 퇴로를 차단당한 조선군은 사력을 다해서 싸웠으나 중과부적(衆寡不敵)으로 전멸되고 말았다. 일본군을 추격하자고 주장했던 방어사 신할(申硈)은 물론 이를 반대했던 조방장 유극량(劉克良)도 모두 전사해 버렸다. 강북에서 조선군이 전멸되는 광경을 지켜볼 수밖에 없던 김명원(金命元)군도 사기가 떨어져 있었다. 이 때 겁이 난 검찰사 박충간(朴忠侃)이 말을 타고 도망했다. 병사들이 "도원수가 도망친다"고 소리 지르며 같이 도망치자, 도원수 김명원은 "나 여기 있다"고 소리 지르며 병사들을 수습하였으나, 겨우 1,000여 명에 불과한 인원만 남게 되었다. 한강에서와 마찬가지로 김명원은 임진강선의 방어를 포기하고 평양으로 북상하고 말았다. 5월 17일, 추격해 온 조선군을 전멸시킴으로써 조선군의 임진강 방어선을 무너뜨린 가토군은 도하 수단이 없어서 임진강을 곧바로 도하하지는 못했다. 그리하여 가토군은 임진강 상류 쪽으로 이동하여 5월 27일에 이양원(李陽元)군이 방어선을 펼치고 있던 대탄(大灘)에 도달했다. 일본군이 나타나자 이양원군도 제대로 싸워 보지도 못하고 흩어지고 말았다. 가토군은 대탄에서 임진강을 도하하여 북상하고, 가토군이 임진강을 도하한 후 한성의 고니시군은 6월 1일 북진을 개시하기에 이르렀다. 이로써 임진강 방어선도 맥없이 무너지고 말았다.29)

⑩ 평양성 전투

5월 27일, 평양에 도착한 김명원은 임진강 방어선이 무너졌음을 조정에 보고하였다. 사태가 이렇게 전개되자 평양에 있던 조정은 명나라에 원병을 청하기로 결정하고, 5월 29일 유몽정(柳夢鼎)을 요동에 파견하면서 왕자 신성군(信誠君)과 정원군(定遠君)을 영변으로 보냈다. 그리고 평양 감사와 병사는 이 때부터 평양성의 방어 시설을 점검하면서 방어 태세를 점검하였다. 6월 1일 평양의 위기가 고조되자 왕의 평양 퇴피(退避) 문제가 다시 문제가 되었다. 정철(鄭澈) 등은 왕이 퇴피해야 된다고 주장한 반면, 좌의정 윤두수(尹斗壽), 순찰사 이원익(李元翼) 등은 평양성을 고수해야 된다고 주장했다. 그러나 선조는 6월 7일 영변으로 퇴피하기로 결정하고 윤두수를 평양 유도대장(留都大將)으로 임명하여 김명원, 이원익 등과 평양을 지키도록 지시하였다.30) 선조의 북행길은 계속되었다.

선조의 북행(北行)을 재촉한 것은 일본군의 북상(北上)이었다. 실제 일본군의 북상은 조선군의 방어 실패로 빠르게 진행되었다. 5월 27일 대탄에서 임진강을 도하한 일본군 2군(가토)은 개경에서 함경도 방향으로 진출하였고, 6월 1일 한성을 출발한 고니시의 제1군과 이를 지원하는 구로다의 제3군은 조선군의 저항을 받지 않고 황해도를 거쳐 6월 8일에는 대동강(大同江)을 사이에 두고 평양성을 바라보는 동대원(東大院) 일대에

29) *前揭書*.

30) *宣祖實錄, 卷27*, 25年 6月 庚寅條; *再造藩邦志, 1*, 대신들의 건의 내용; *練藜室記述, 卷15*, 壬辰倭亂, 大駕西狩, 6月 1日, 10日條; *壬辰倭亂史*, pp. 63-8.

진영을 구축하였다. 유도대장 윤두수와 유성룡은 도원수 김명원, 평안감사, 병사 등과 함께 3,000여 명의 병력으로 평양성을 지키고 있었다. 유도대장 윤두수는 평안감사 송언신(宋言愼)을 남문인 대동문(大同門), 평안 병사는 부벽루(浮碧樓), 계속적으로 퇴각한 순변사(巡邊使) 이일(李鎰)은 강 하류의 나루터를 수비하도록 하고, 을밀대(乙密臺)는 부근의 소나무에 의복을 입혀 이를 지키는 척 가장하고 도섭이 가능한 능라도(綾羅島) 부근의 왕성탄(王城灘)에는 수탄장(守灘長) 오응정(吳應鼎)군을 특별히 배치하여 평양성을 지키도록 조치하였다.31) 선조의 북행 길을 멈추게 하기 위하여 조선군은 평양을 지켜 내려 하고 있었다.

그러나 조선군은 일본군의 평양 진입로를 알려 주는 작전을 수행하여 오히려 낭패를 자초하고 말았다. 고니시군은 대동강 남안의 모래밭에 진을 구축한 다음 도하 장비가 없어 대동강을 도하하지 못하고 대동강의 대안(對岸)에 사거리가 짧아 효과도 없는 조총 사격만 하면서 며칠을 보내고 있었다. 이를 본 도원수 김명원은 일본군이 지쳐서 전의(戰意)를 상실했다고 판단하여 밤중에 일본군을 기습하기로 결정했다. 이러한 판단과 결정에 따라 조선군 400여 정병은 능라도 쪽에서 대동강을 건너 강 남안의 일본군 진지를 급습하였다. 조선군 정병은 몇 명의 일본군 장수를 사살하여 일본군에게 큰 타격을 입혔다. 그러나 후방에 있던 구로다군이 역습을 가하여 전세는 순식간에 역전되었다. 급한 나머지 조선군은 그들이 타고 갔던 배를 버리고 왕성탄(王城灘)의 얕은 강물을 걸어서 퇴각하고 말았다. 도하 장비가 없어 대동강 남안에서 고심을 하고 있던 고니시는 그제야 왕성탄이 도섭 가능한 지점이라는 사실을 간파하고, 전군을 왕성탄으로 도섭시켜 진격하도록 하였다. 조선군의 기습 작전이 일본군에게 대동강의 도섭 지점을 알려 주는 결과만을 가져왔다.

왕성탄을 수비하던 조선군은 이곳을 강습 도하하여 밀어 닥치는 일본군을 막아내지 못했다. 일본군은 대동강을 건너 모란봉(牧丹峰)을 점령하였다. 이에 조선군 유도대장(留都大將)과 도원수(都元帥)는 평양성의 모든 병기를 풍월루(風月樓)의 연못에 모두 버리고 순안(順安)으로 후퇴하였고, 이원익 등은 왕을 뒤쫓아갔고, 평안감사와 병사는 영변의 본영으로 후퇴하여 평양성은 무방비 상태가 되었다. 6월 15일, 평양성이 비어 있는 사실을 확인한 고니시(小西行長)군은 평양으로 입성하게 되었고, 조선군이 남겨 놓은 10만 석의 양곡까지 확보하였다. 1592년 4월 14일 부산에 상륙한 고니시 군은 그로부터 2개월 만에 고구려(高句麗)의 왕도(王都)였던 평양을 점령하였다.32) 일본군의 진격 속도는 제법 신속하였다.

31) *前揭書.*
32) *前揭書.*

평양 전투

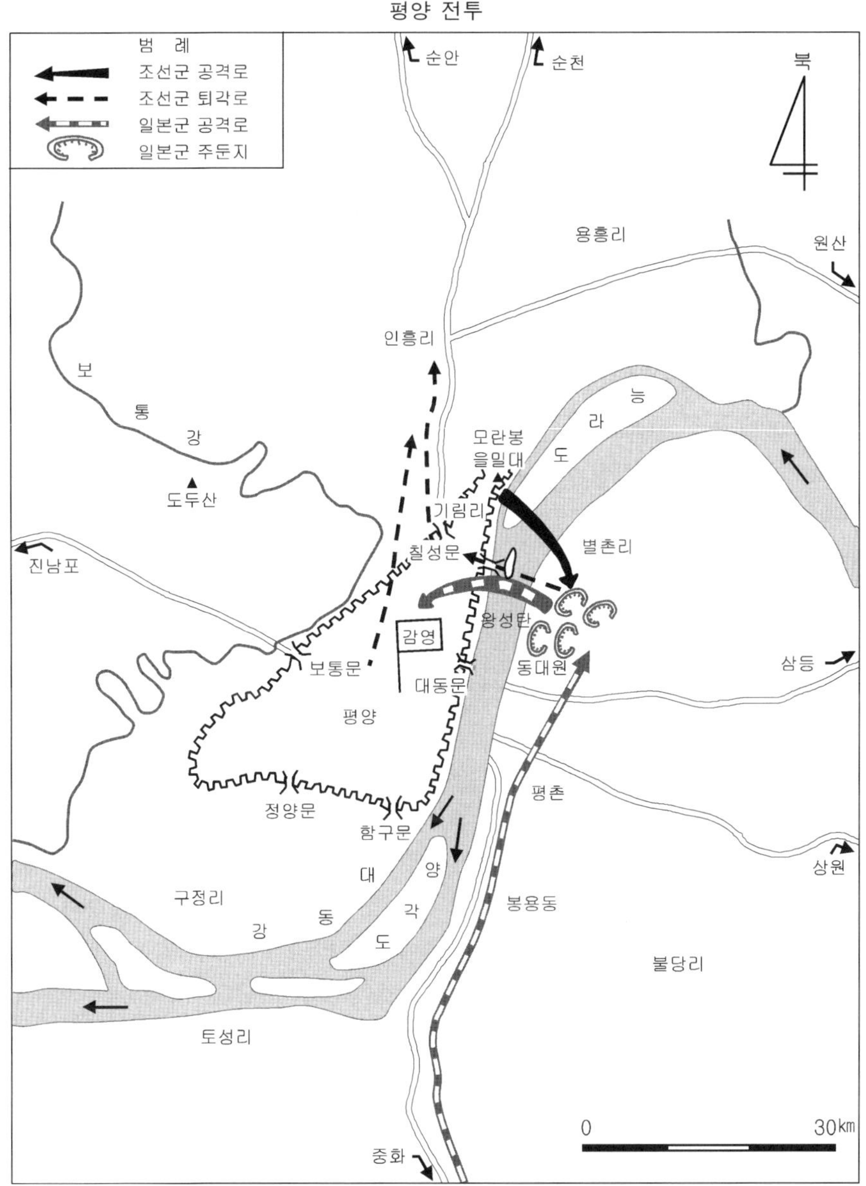

평양성을 포기한 후 6월 14일, 선조는 영변에서 왕세자 광해군(光海君)을 강계(江界)로 보내어 분조(分朝)를 실시하고, 자신은 박천(博川), 가산(嘉山), 곽산(郭山), 선천(宣川), 용천(龍川)을 거쳐 6월 22일 국경 지대의 의주(義州)까지 북상하여 의주 목사의 관아(官衙)를 행궁(行宮)으로 삼았다. 선조는 조선의 끝까지 북상한 셈이 되었다. 여기에서 24-5일 간에는 선조가 요동(遼東)으로 갈 것인가, 압록강 상류 창성(昌城)으로 갈 것인가, 또는 해로를 이용하여 전라도(全羅道) 지방으로 남하할 것인가를 논의하였다.

결국 국왕이 나라를 떠나서는 안 된다는 명분과 국왕의 안전을 도모한다는 실제를 고려하여 국왕이 의주에 남아 있기로 결정을 보았다.[33] 이로써 조선 조정은 의주에 자리를 잡고 일본군의 선봉 부대는 평양에 진영을 구축하여 상호 대치 상태에 돌입하게 되었다.

⑪ 함경도지역 상황

1592년 5월 27일, 임진강을 도하한 가토(加藤淸正)의 제2군은 개성에서 함경도 방향으로 진로를 잡아 금천(金川), 곡산(谷山)을 거쳐 6월 초순 황해도와 함경도의 경계인 노리령(老里嶺)을 넘어 함경도의 법동(法洞)으로 진입했다. 모리(毛利吉成)가 지휘하던 제4군은 6월 1일 한성을 출발하여 강원도 방면으로 공격 방향을 잡아 김화(金化), 금성(金城)을 거쳐 강원도 북단의 회양(淮陽)으로 진출하여 6월 5일 회양성을 포위했다. 그리고 모리군은 회양부사 김연광(金鍊光) 등의 결사적인 저항을 물리치고 회양성을 함락시킨 뒤에, 근왕병(勤王兵: 의병)을 모집하기 위해서 강원도로 파견되었던 왕자 순화군(順和君) 일행이 함경도로 향했다는 말을 전해 듣고, 강원도와 함경도의 경계인 철령(鐵嶺)으로 향했다.[34] 가토군과 모리군은 함경도와 강원도지역의 점령과 조선의 왕자들을 포로로 잡기 위해 진격을 서두르고 있었다.

철령은 함경도 남병사(南兵使) 이혼(李渾)이 지키고 있었다. 그러나 이혼군은 6월 12일 회양성을 함락시킨 4,000여 명의 모리군의 선봉 부대가 기세 당당하게 철령 고갯마루로 접근하자 그 기세에 눌려 주눅이 들어 버렸다. 이 즈음에 일본군의 대병력이 황해도의 곡산(谷山) 방면에서 노리령(老里嶺)을 넘어 함경도로 진입했다는 소문이 전해졌다. 이에 이혼군은 퇴로(退路)가 차단당할 우려가 있다고 판단하여 모리군이 철령에 도착하기도 전에 뿔뿔이 흩어지고 말았다. 철령의 방어선은 일본군의 공격이 아닌 조선군의 방어 포기로 무너졌다. 철령이 일본군에게 개방되었다는 소문이 알려지자 함경도 고을의 수령(守令)들은 성읍(城邑)을 버리고 산속으로 자취를 감추었다. 아무런 저항을 받지 않고 철령을 넘은 모리의 제4군은 6월 17일 안변(安邊)에서, 황해도에서 함경도로 진입한, 가토의 제2군과 합류한 후에 그들의 담당 지역인 강원도의 장악을 위하여 통천을 거쳐 강릉으로 남하하였다.[35]

함경도를 담당한 가토는 함흥으로 북상하여 조선의 두 왕자가 함경북도로 갔다는 사실을 알고, 북도에 이르는 중간 지점인 북청(北靑), 단천(端川) 등에 병력을 배치하여 후방의 안전을 도모하면서 마천령(摩天嶺)을 넘어 북도(北道)에 진입하려 하였다. 한편 함경북도에 들어간 두 왕자 일행은 경성(鏡城)에 본영을 두고 있던 북병사 한극함(韓

33) *宣祖實錄, 卷27,* 25年 6月 壬子條; *壬辰倭亂史,* p. 68.

34) 왕자들이 함경도에 들어가게 된 이유는 근왕병을 모집하자는 유성룡과 이항복의 건의에 따라 제1왕자 임해군(臨海君)은 함경도, 제6왕자 순화군(順和君)은 강원도로 파견하였다. 그러나 한성이 일본군에 함락되고 일본군이 한성 근교에서 약탈을 저지른다는 소문과 강원도 역시 일본군의 침공을 곧 받게 될 것이라는 소문이 나돌아 두 왕자가 같이 함경도로 들어가게 되었다. *壬辰倭亂史,* pp. 68-73 참조.

35) *前揭書.*

克諴)에게 일본군의 진격을 저지하도록 하고 회령(會寧)으로 도피했다.

북병사 한극함은 북도 6진의 군사 1,000명으로 북도의 관문인 마천령을 지키려 했다. 그러나 이미 일본군이 마천령을 넘어 그 선봉 부대가 7월 18일 해정창(海汀倉: 성진)에 도착하였기 때문에 그 곳에서 일전을 벌이게 되었다. 7월 18일 저녁, 북병사는 평지에서 북도의 기병을 운용하여 일본군을 격파하려 했다. 그러나 일본군은 전투를 회피하고 창(倉) 안으로 들어가 곡식 포대를 쌓아 놓고 방어 태세를 취했다. 이에 한극함은 승기(勝機)를 잡았다고 판단하여 일본군을 포위 공격하였다. 일본군은 조선군에게 조총 사격을 가하면서 응전하여 전세가 조선군에게 불리하게 전개되었다. 북병사는 병력을 동북쪽 봉수치(烽燧峙)로 철수시켜 밤을 새워 전열을 정비한 후에 이튿날 새벽 다시 일본군을 공격하려 했다. 그러나 7월 19일 새벽, 밤중에 은밀히 봉수치를 포위한 일본군의 기습 공격을 받아 조선군 병사들은 흩어지고 북병사 한극함은 두만강 쪽으로 달아나고 말았다. 이제 함경북도 역시 일본군의 진격을 저지할 조선군이 남지 않아 무방비 상태가 되었다.

함경북도의 조선군이 궤멸되자 일본군의 진격의 저지는커녕 북도 내 치안을 유지할 병력조차도 남지 않게 되었다. 이러한 상황이 전개되자 명천(明川)의 사노(寺奴) 정말수(鄭末秀), 회령(會寧)의 토관진무(土官鎭撫) 국경인(鞠景仁), 경성의 관노(官奴) 국세필(鞠世弼) 등이 반란을 일으켜 일본군과 내응(內應)하였다. 특히 회령의 국경인은 7월 23일 회령에 머물고 있던 두 왕자(臨海君과 順和君)와 수행원 그리고 남병사와 부사 등을 포박하여 가토군에게 넘겨 주었다. 그리고 경홍(慶興) 사람들은 북병사 한극함을 사로잡아 일본군에게 넘겨 주었으며, 갑산(甲山)의 반민(叛民)들은 산속에 숨어 있던 전 남병사 이혼(李渾)을 살해하기도 했다. 조선군이 사라진 후에 일본군은 북도의 반민(叛民)들 도움을 받아 두 왕자도 손쉽게 사로잡고, 북도 전역도 쉽게 장악할 수 있었다.

함경남북도를 장악한 가토(加藤淸正)는 길주(吉州)에 부장(副將) 가토(加藤安政)군을 배치하여 길주 이남지역은 일본군이 직접 군정을 실시하도록 하고 길주 이북지역은 회령의 국경인, 경성의 국세필, 명천의 정말수 등에게 판형(判刑), 예백(禮伯) 등의 일본 관직을 주어 각각 관할지역을 통치하도록 했다. 그리고 가토는 조선의 두 왕자를 인질로 잡아 안변(安邊)으로 돌아와 주둔하였다. 일본군은 6월 17일 함경남도에 진입한 후 한 달 만에 남도를 장악하고, 마천령을 넘어 북도에 진입한 지 한 달이 채 못 되어 북도까지 장악하였다.[36]

36) *前揭書.*

일본군의 북침 상황

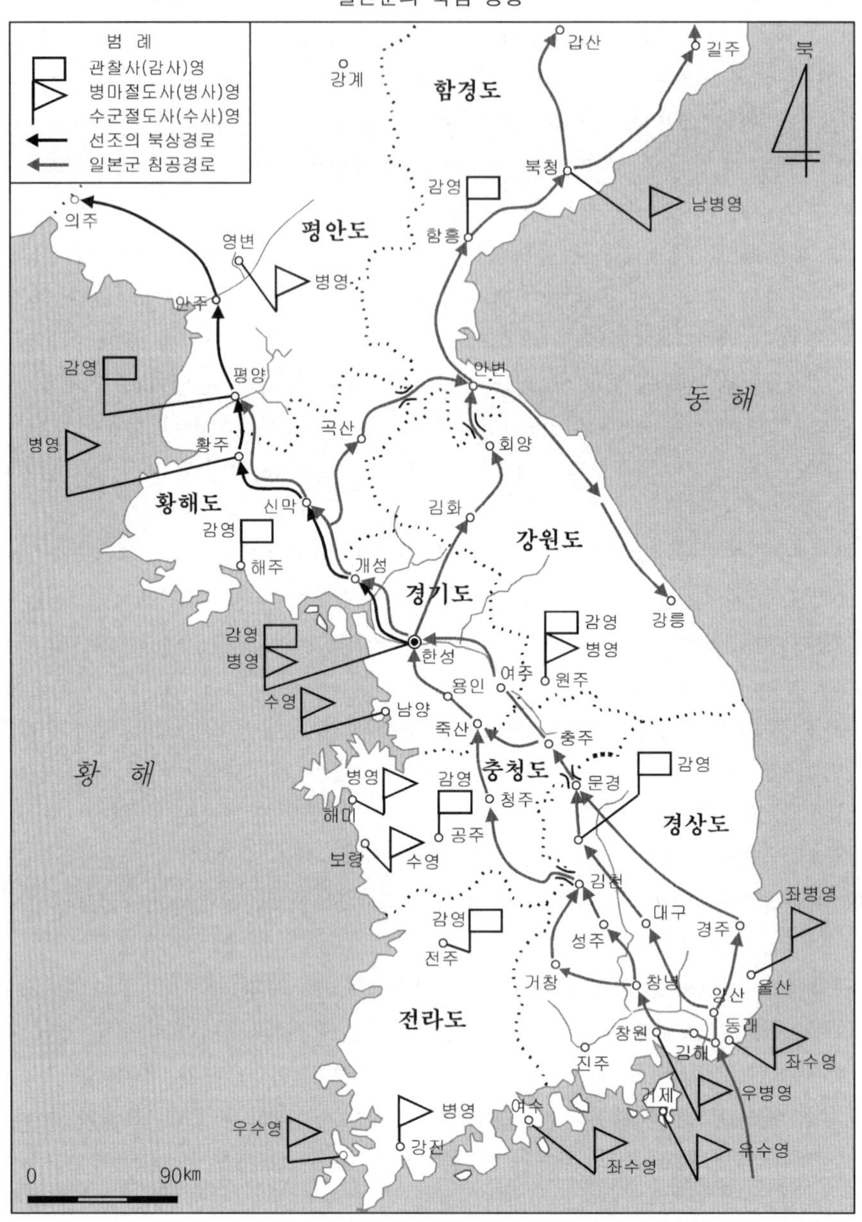

조선에 침공한 일본군은 1592년 4월 14일 부산지역에 상륙하여 전투를 개시한 지 3개월 반 만인 7월 말경 평안도와 함경도까지 진출하였다. 국방 부재(國防不在) 속에 일본군의 침공을 받은 조선이 받은 치욕과 곤욕이 아닐 수 없었다. 육상에서는 조직적인 조선 관군의 저항이 거의 종식됨에 따라 국가가 위기에 처했으나, 이를 좌시(坐視)할 수 없다고 전국 각지에서 일어난 의병(義兵)들이 지방 수령이나 유지를 중심으로 일본

군에게 계속적으로 저항하여 조선이 아직 건재하다는 사실을 상기시켜 주고 있었으며, 해상에서는 이순신(李舜臣)이 지휘하는 조선의 수군(水軍)이 일본 수군의 해상 우회를 저지함으로써 일본군이 수립한 수륙 병진(水陸併進)을 불가능하게 하면서 조선의 국가적 자존심을 유지시켜 주고 있었다. 그러나 자국을 지킬 수 없는 상태에서 맞이한 일본군의 침공과 이를 격퇴시키기 위해서 명나라의 도움을 받아야만 했던 조선의 상처는 이래저래 더욱 깊어만 갔다.

(2) 의병의 봉기와 한성 이남지역의 전투

조선을 침공해 온 일본군에 맞서 싸운 의병(義兵)은 조정(朝廷)과 관(官)에서 초유(招諭)한 징병(徵兵)에 가까운 의병과 전직 수령(守令)이나 지방의 유지(有志)들의 모병(募兵)에 자발적으로 응한 의병으로 크게 대별하여 규정할 수 있다.

조정에서 징발한 의병은 주로 왕의 칙명에 의해서 근왕군(勤王軍)의 형태로 구체화되었다. 일본군이 침공했다는 소식이 전해지자 선조는 경상 우병사로 임명하여 임지로 향하던 김성일(金誠一)을 과거 통신사로서 허위 보고를 했다는 이유로 체포하여 한성으로 압송하게 했으나, 도중에 그를 석방하여 경상우도 초유사(招諭使)로 임명하여 전지에서 의병 모집과 군량 조달을 하라는 임무를 부여하였다. 또한 선조는 한성이 함락된 후에 두 왕자를 함경도와 강원도에 보내어 근왕병을 모집하도록 했으며, 특히 가용병력 전부를 임진강 방어선에 투입하면서 세자시강원(世子侍講院) 보덕(輔德)과 심대(沈岱)를 남도(충청, 전라, 경상도)로 파견하여 남도 근왕군을 모집하여 한성을 수복하도록 부탁하면서 자신은 개성을 떠나 평양으로 향했다. 이와 같이 왕이 국난을 극복하기 위해서 일반 백성들에게 호소, 징발하여 근왕군이 구성되었다.

조정의 호소와 권유에 의해서 모집된 근왕병(勤王兵)을 관 주도하에 형성된 의병이라고 본다면, 일본군이 상주(尙州)를 점령한 4월 하순경 의령(宜寧)의 유생(儒生) 곽재우(郭再祐)의 호소에 의해서 기병(起兵)된 병력과 이를 이은 팔도 각지의 의병은 자생적인 의병 집단들이라고 볼 수 있었다. 옥천(沃川)의 조헌(趙憲), 경상도의 정인홍(鄭仁弘), 김면(金沔), 손인갑(孫仁甲), 김준민(金俊民) 등과 전라도의 고경명(高敬命), 유팽로(柳彭老), 최경회(崔慶會), 김천일(金千鎰) 등과 충청도의 신간수(申簡秀) 등, 경기의 홍언수(洪彦秀) 부자, 황해도의 이정암(李廷馣), 평안도의 양덕록(楊德祿), 함경도의 정문부(鄭文孚) 등의 수많은 의병장들이 이끄는 자생 의병 집단이 전국에 걸쳐서 출현하였다. 특히 산사(山寺)에서 수도를 하던 유정(惟政), 휴정(休靜), 영규(靈圭), 처영(處英) 등의 승병장(僧兵將)들이 지휘하던 승병(勝兵)들도 의병에 가담하여 일본군과 싸웠다. 1592년 말 조선 전국에 100여 개에 달하는 크고 작은 의병 집단이 존재하였다. 실로 자생적인 의병의 봉기는 거국적이었다.[37]

---

37) *壬辰倭亂史*, pp. 74-117; 陸軍士官學校 戰史學科, *韓國戰爭史*, pp. 66-72.

이러한 두 범주의 의병 부대들은 상호 협조하면서 일본군의 점령지역 진입이나 후방 기지와 병참선의 확보를 매우 어렵게 만들거나 성(城)을 고수하는 등 관군들의 작전 수행보다 더 효과적인 결과를 빚어내기도 했다. 자생적인 의병들의 활동은 일본군이 한성을 점령하고 조선 전지역을 분할하여 점령하기 위하여 행동을 개시함에 따라 각 지역에서 본격적으로 가시화되었다.[38]

① 남도 근왕군의 북진과 용인 전투

최초 대규모로 동원된 의병은 전라 감사 이광(李洸)이 징발한 근왕병(勤王兵)이었다. 일본군이 경상도에 침공하여 북진하고 있다는 소식을 들은 이광은 4월 29일 지역 내에서 8,000명의 병사들을 긴급히 징발하여 북상하였다. 그러나 5월 4일 공주에 도착한 이광군은 선조가 이미 파천(播遷)하고 일본군이 한성을 점령했다는 소식을 듣고 회군하였다. 그러던 중에 조정에서 파견된 심대(沈岱)가 회군을 질책하고 다시 근왕군의 모집과 진격을 종용하자 이광은 전주, 나주, 광주지역의 장정 4만여 명을 모아 자신과 방어사 곽영(郭嶸) 지휘하에 각각 2만 명씩 2개 군으로 편성하여 이광군은 5월 19일 전주를 출발, 예산(禮山)을 거쳐 온양(溫陽) 쪽으로 북상하였다. 이 때 경상 감사 김수(金睟)도 100여 명을 이끌고 이광군의 대열에 참가하여 북상했다. 곽영군은 20일 전주를 출발하여 여산(礪山), 공주(公州)를 지나 북상하였다. 충청 감사 윤선각(尹先覺)도 지역 내에서 8,000여 명의 병력을 모아 공주에서 온양으로 이동하였다. 5월 24일, 온양에 도착한 하삼도(下三道: 충청, 전라, 경상도) 감사들은 임전 태세를 점검한 다음, 26일 진위(振威: 오산)에 도착했다. 진위에 도착한 감사들은 “남도 근왕군은 수원으로 북진하여 남도와 한성 간의 통로를 확보한 다음에 한성으로 직진한다”는 작전 목표를 세웠다. 비가 계속 내렸기 때문에 며칠 동안 진위에 머물던 5만여 명의 남도 근왕군은 6월에 수원으로 북진했다. 남도 근왕군은 임진강선의 조선군과 협조하여 한성을 수복한다는 목표 달성을 위해서 진격을 계속했으나 위세를 과시하는 것만큼 전투력이 강한 편은 아니었다.[39]

남도(南道) 근왕군(勤王軍)은 용인에서 일본군의 소규모 병력과 조우하였다. 용인에는 와키사카(脇坂安治)가 지휘하는 일본 수군 병력 600여 명이 용인 북쪽의 산기슭에 목책을 구축하고 죽산(竹山)-한성(漢城) 간의 통로를 지키고 있었다. 당시 와키사카는 1,000여 명을 이끌고 한성에 머무르고 있었다. 6월 5일 아침, 근왕군은 일본군 진지를 공격하였으나, 일본군은 조총 사격으로 조선군의 접근을 저지하고 방어에 임하면서 6월 3일 요청을 한 와키사카의 본대가 한성에서 증원되기만을 기다리고 있었다. 일본군의 조총 사격으로 일본군 진지에 접근하지 못한 근왕군은 일본군 진지를 포위하고 수적인 위세를 과시하면서 일본군이 진지 밖으로 출격하기만을 기다리고 있었다. 일본군

38) *前揭書.*
39) *前揭書.*

과 대치하고 있던 조선군은 6월 5일 오후가 되자 숲속에 모여 앉아 휴식을 취할 정도로 예기(銳氣)가 둔화되어 있었다. 이 때, 한성에서 내려온 와키사카의 본대가 도착하여 근왕군의 동측방을 공격하자 움직일 것 같지 않았던 진지 내 일본군도 책문(柵門)을 열고 출격하였다. 조총 사격과 함께 창검을 휘두르면서 공격하는 일본군에 놀라, 조선 병사들은 앞을 다투어 도망치고 말았다. 군관들이 힘을 다해 싸웠으나 근왕군의 선봉 부대는 조우전에서 패배하고 말았다.

전라감사 이광은 6월 5일 오후 4시경 용인 서북쪽의 광교산(光敎山) 골짜기로 물러나 우거진 숲속에 진을 구축하고 잔여 병력을 수습한 다음, 6월 6일 일본군을 다시 공격하려고 결심했다. 6월 6일 아침, 이광은 조식(朝食)을 끝내고 일본군을 공격하려 했다. 그러나 아침 식사중에 일본군이 먼저 기습을 해 왔다. 전날 오후 이광군이 광교산으로 퇴각하는 것을 관찰한 일본군이 밤에 이동하여 경계병도 배치하지 않고 식사하고 있던 조선군을 급습하였던 것이다. 기습을 당한 조선군은 1,000여 명이 조금 넘는 일본군과 싸워 볼 생각도 하지 않고 달아나기에 급급하여 서로 밟고 밟히는 참상을 연출해 내고 있었다. 이로써 삼도 근왕군은 그대로 분산되어 전라감사 이광(李洸)은 전주로, 충청감사 윤선각(尹先覺)은 공주로, 경상감사 김수(金睟)는 경상도로 되돌아가고 말았다. 5만 여 명의 남도 근왕군이 2,000여 명의 일본군에게 참패를 당한 셈이었다. 이로써 관이 주도한 근왕군(勤王軍) 형태의 작전은 한계를 드러내게 되었다.[40]

② 일본군의 조선 점령 계획

일본군은 주력 선봉 부대가 중, 동, 서로를 통하여 진출하여 한성을 점령한 후에 1592년 5월 중순 조선의 분지(分地)계획에 따라 1, 2, 3, 4군은 평안도, 함경도, 황해도, 강원도를 점령하고, 5, 6, 7군이 한성 이남지역을 담당하도록 했다. 그리하여 후쿠시마(福島正則)가 지휘하는 5군은 경기 남부, 충청, 경상 북부와 동부에 배치되어 중로(中路)의 보호와 지역을 확보했고, 고바야가와(小早川隆景)의 6군과 모리(毛利輝元)의 7군은 낙동강 서쪽 경상우도의 김천(金泉), 선산(善山), 성주(星州)지역에 집결하여 낙동강의 수로를 보호하면서 전라도로 진입할 준비를 갖추게 하였다. 침공군의 사령관격인 우키다(宇喜多秀家)의 8군은 한성에 머무르면서 경기지역을 확보하고 침공군의 작전을 지휘했으며, 뒤이어 증원된 하시바(羽柴秀勝)의 9군은 부산지역에 주둔시켜 후방 기지의 확보 임무를 부여받았고, 10군의 일부 병력은 용인지역으로 추진되어 양지(陽智)에 거점을 구축하도록 하였다. 그곳에 있던 수군 와키사카(脇坂安治)군은 남해안에서 수군 본연의 임무를 수행하고 일부는 밀양에서 선산까지 배치하여 5군과 더불어 부산-한성 간의 병참선을 확보하도록 했다. 각 군에게 임무가 부여되자 일본 침공군은 6월 초부터 각 군의 담당 지역으로 진입하기 시작했다.

---

40) *前揭書.*

③ 의병 전투

전국에서 형성된 의병 집단들이 펼친 의병 전투는 물론 전국적인 범위로 수행되었다. 이들 의병 집단은 독자적인 작전을 구사하기도 했고, 때로는 관군들과 협조하여 작전에 참가하기도 했다. 그리하여 일본군의 보급선을 차단하거나 위협하고 일본군의 주둔지를 공격하기도 했으며, 일본군이 맡은 점령지역의 진입을 차단하고 전체적으로도 일본군의 작전 계획 집행에 차질을 초래시키는 작전을 수행하기도 했다. 전국적인 범위로 수행되어진 의병 전투는 향토와 친족을 지킨다는 소박한 의무감에서부터 국민으로서 국민을 괴롭히는 일본군과 싸워야 된다는 고귀한 사명감에 이르기까지 각자의 입장에 따른 책임의식의 구현으로 수행되어졌다.

가. 정암진 전투

전라도를 점령하도록 계획되어 있던 고바야가와(小早川隆景)는 먼저 창원(昌原)에 주둔하고 있던 승장(僧將) 안고쿠지(安國寺惠瓊)군에게 전라도로 진격하라는 명령을 내렸다. 명을 받은 안고쿠지는 한술 더 떠서, 5월 23일 자신을 전라감사라고 자칭하고 연도(沿道)의 각 지방 수령들에게 감사 행차를 영접하라는 선문(先文: 통고문)을 발송하는 등의 객기(客氣)를 부리면서, 함안, 의령(宜寧), 함양, 남원을 거쳐 전주로 진입하려고 했다. 안고쿠지군은 창원에서 함안(咸安)을 거쳐 5월 24일 정암진(鼎岩津) 대안(對岸)에 도착했다. 안고쿠지군은 주민들을 동원하여 도하 지점을 선정하고 일부 병력을 도하시켜 남강(南江) 북안(北岸)에 위치한 정암진에 대한 지형 정찰을 실시하도록 했다. 일본군 정찰대는 정암진의 강안(江岸)이 늪지이기 때문에 대부대의 기동이 곤란하다는 것을 발견하고, 그들이 비교적 용이하게 통과할 수 있는 지점에 나무를 꽂아 통로 표시를 해둔 다음에 남강을 건너 다시 돌아갔다. 안고쿠지군의 남강 도하 준비는 완벽하게 보였다.

그러나 정암진에는 의령(宜寧)에서 기병(起兵)한 곽재우(郭再祐) 의병(義兵)이 매복 진지를 편성하고 있었다. 의령 유생 곽재우는 일본군의 침공을 받아 경상감사 김수(金睟)를 비롯하여 지방의 수령들이 도망하기에만 급급한 실태에 분개한 나머지 가산(家産)을 털어 향리에서 의병을 일으키고, 자신은 비단 홍의(紅衣) 전포(戰袍)를 입고 스스로 "천강홍의장군(天降紅衣將軍)"이라고 지칭하였다. 이에 호응한 청년이 수백 명에 이르자 곽재우는 초계(草溪) 관아에 방치된 관군의 무기로 군사들을 무장시키고 훈련 판관 심대승(沈大承)을 선봉장, 전훈련원 봉사 권란(權鸞)을 돌격장으로 삼아 부대를 편성하였다. 이렇게 구성된 곽재우 의병 부대가 정암진에 매복하여 의령으로의 일본군 진격을 저지하려 하고 있었다.

곽재우군은 일본군 정찰대의 행동을 숨을 죽이고 관찰하고 있다가, 그 날밤 야음을 틈타 일본군 정찰대가 꽂아 놓고 간 표지 막대를 늪지로 향하도록 옮겨 꽂아 놓고 일본군의 진격을 기다렸다. 이튿날 안고쿠지군의 선발대가 다시 남강을 도하했다. 그들은 표지 막대가 옮겨진 사실을 모르고 그 방향으로 이동하다가 늪에 빠져 버렸다. 이에 곽재우 군은 그들을 공격하여 궤멸시키고 뒤에 본대가 도하하여 정암진에 상륙하자, 곽재우는 자신과 같은 전포를 입은 10여 명을 사방에 배치하여 교대로 출몰(出沒)시킴으로써 일본군을 혼란에 빠뜨린 다음, 공격을 감행하여 이들을 함안으로 격퇴시켰다.[41] 곽재우군의 저항에 부딪혀 경상도 서부 내륙을 통한 전라도의 진입이 어렵게 된 안고쿠지군은, 한성에서 남하하는 고바야가와군과 김천(金泉)에서 합류한 다음, 무주(茂朱)와 금산(錦山)을 거쳐 전주에 입성하려는 계획하에 6월 초순 성주(星州)로 북상하였다.

나. 전라도지역의 전투

전라도에서는 근왕군을 이끌고 북상하였다가 용인에서 일본군에게 패배를 당하고 남하한 감사 이광(李洸)과 방어사 곽영(郭嶸)이 6월 중순에 복귀한 즉시 조방장(助防將) 등과 더불어 잔여 병력을 수습하여 일본군의 침공에 대비하였다. 방어사 곽영은 일본군이 경상도 쪽에서 침입할 것으로 판단하여 자신은 금산(錦山) 길목을 지키고, 조방장(助防將) 이유의(李由義), 이계정(李繼鄭), 장의현(張義賢) 등을 함안(咸安)-남원(南原) 간의 팔양치(八良峙), 안의(安義)-진안(鎭安) 간의 육십령(六十嶺), 지례(知禮)-무주(茂朱) 간의 부항령(釜項嶺)에 배치하여 일본군이 소백산맥(小白山脈)을 넘지 못하게 하여 그들의 전라도 진입 자체를 봉쇄하려 했다.

그러나 함안에서 북상한 안고쿠지(安國寺惠瓊)군과 한성에서 조령(鳥嶺)을 거쳐 남하한 고바야가와(小早川隆景)군은 김천에서 합류하여 지례를 거쳐 부항령(釜項嶺)을 넘어, 안고쿠지군은 6월 19일에 무주를 점령하고 6월 23일에는 고바야가와군이 금산을 점령하였다. 무주와 금산을 점령한 일본군은 무주와 금산을 전라도 침입의 거점으로 삼아 김천지역의 일본군과 연결하면서 용담(龍潭)-진안 방향으로 진출할 태세를 갖추면서 주변지역을 약탈하고 있었다. 새로운 상황이 전개되었다.

전라감사 이광(李洸)은 일본군이 전주와 남원을 공격 목표로 삼고 있다는 점을 인식하고 이에 따른 방어 편성을 실시했다. 방어사 곽영에게는 800여 명의 병력을 증원하여 진산(珍山)에서 고바야가와군이 전주로 서진하는 것을 막도록 하고, 팔량치를 지키고 있던 이유의군에게 남원지역의 병력을 보충시켜 무주 남쪽의 송현(松峴)에 배치시켜 무주의 안고쿠지군의 남원 진격에 대비시켰다. 그리고 이광은 남원지역의 병력이

---

41) *前揭書*, 곽재우는 감사 곽월(郭越)의 아들로 왜란이 발발하자 부친의 묘소에 가서 "아버지께서 살아계셨다면 왜놈들의 침략이 어찌 이처럼 심하겠습니까?" 하면서 장정들이 모여 정암나루(鼎岩津)를 지키면 우리 고장을 보전할 수 있다고 설득하여 의병을 모았다. 그는 이후에 일본군이 있다는 데는 어디나 출병하여 다른 지역의 의병 또는 관군과 협동하여 일본군 공격에 가담하였다. 특히 그는 병사들에게 "적의 머리를 베어 전공을 자랑하는 것은 국가를 위하는 성심이 아니다"라고 말하면서 왜군의 수급을 조정에 올리는 일이 없었다. 곽재우는 1593년 8월 통정대부(通政大夫)로 승진되어 성주목사로 임명되었고, 1594년 8월 진주목사에 임명되었으며, 1596년 판결사(判決事)로서 경상도 방어사에 임명되었다. 그 후에 병사, 통제사, 함경감사, 좌윤(左尹) 등을 제수받았으나 모두 취임하지 않았다. 그리고 일본군이 완전히 철수하자, "고양이를 기르는 것은 쥐를 잡기 위해서이다. 이제 이미 적이 평정되어 내가 할 일이 없어졌으니, 나는 떠나는 것이 옳다"라는 말을 뒤로 하고 산속에 들어가 신선술을 연마하여 1년이 넘도록 일반 음식을 먹지 않아도 건강하게 지낼 수 있는 경지에까지 이르렀다 한다. *東國戰亂史(外亂篇)*, pp. 237-40 참조.

송현의 방어에 투입됨에 따라, 광주목사로 있던 권율(權慄)을 남원 수성장(守城將)으로 임명하여 남원성을 지키도록 하고, 전 전적(典籍) 이정란(李廷鸞)을 전주 수성장(守城將)으로 임명하여 주변의 병사들을 끌어 모아 전주성을 지키도록 조치했다.[42]

7월 초 고바야가와군은 금산에서 진산, 고산(高山)을 거쳐 전주로 향하고, 안고쿠지군은 무주에서 진안으로 남하하여 전주로 진출하려는 분진합격(分進合擊)의 개념으로 진격해 왔다. 이에 이광은 김제 군수 정담(鄭湛)과 나주 판관 이복남(李福男)으로 하여금 진안의 일본군이 전주로 진출하는 것을 막도록 하고 남원의 권율도 이들을 지원하도록 했다. 명령을 받은 이들은 진안 서쪽의 요충지인 웅치(熊峙: 곰티재)에 진지를 구축하였다. 뒤이어 전 만호 황박(黃璞)이 전주에서 200여 명의 의병을 이끌고 웅치로 달려가 이들을 증원하였다. 그리하여 정담은 웅치 정상(頂上), 이복남은 중복(中腹), 그리고 황박은 하록(下麓)에 병력을 배치하여 3선의 목책 방어선을 구축하였다.[43]

안고쿠지군은 7월 7일 진안에서 전주로 진격하다가 웅치를 넘게 되었다. 먼저 제1선의 황박부대가 일본군을 공격하였고, 2선의 이복남군의 지원을 받아 일본군을 격퇴시켰다. 8일 일본군은 다시 공격해 왔다. 1선이 중과부적으로 무너지고 2선도 무너졌다. 황박부대와 이복남부대는 정상에 위치한 3선 부대에 흡수되어 결사적으로 항전했다. 후퇴할 것을 건의한 부장의 건의를 물리친 정담은 끝까지 병력을 지휘하여 일본군을 물리쳤다. 해가 서산에 기울자 일본군은 공격을 중단하고 물러났다. 그런데 이 때, 병사들은 화살을 보급해 달라고 큰소리로 외쳐 댔다. 일본군은 화살이 바닥난 사실을 알아차리고 방향을 바꾸어 웅치 정상을 다시 공격해 왔다. 조선군은 백병전을 벌이면서 싸웠으나 장담과 부장이 전사하고 진지가 무너져 후퇴하고 말았다. 전라감사 이광은 일본군이 웅치를 돌파하고 전주로 진격하자 금구(金溝)로 도망하고, 일본군은 9일 전주성에 도착했다.

전주 수성장 이정란은 성 위에 의병(疑兵)과 기치를 많이 세워 성의 방어가 매우 견고한 것처럼 가장했다. 전주성에 도착한 일본군은 성 밖을 정찰하면서 섣불리 공격을 하지 않고 있다가 무주로 후퇴하고 말았다. 금산에서 이치(梨峙: 배티재)를 넘어 전주를 공격하려던 고바야가와군이 이치를 넘지 못하고 금산으로 철수해 버렸기 때문이었다.

일본군의 전주성 점령을 저지한 이치(梨峙)는 권율이 지키고 있었다. 원래 권율은 남원을 방어하던 중 웅치(熊峙)로 접근하는 일본군을 방어하고 있던 정담(鄭湛)군을 지원하기로 되어 있었으나, 웅치로 이동하던 도중에 금산의 일본군이 이치(梨峙)를 넘어 진출할 태세를 취함에 따라 이치로 달려가 그 곳에서 방어진지를 구축하고 있었다. 권율은 나무를 베어 목책을 세우고 목책 주변의 숲과 통로 요소에 거마(拒馬), 녹채(鹿砦), 함정(陷穽), 철질려(鐵蒺藜) 등으로 장애물 지대를 설치하는 한편, 정상에는 오색기치를 세우고 북과 징, 꽹과리와 나팔 등을 울려 전세를 과시하였다. 그리고 골짜기

---

42) *前揭書.* 특히, *壬辰倭亂史,* pp. 84-6 참조.

43) *前揭書; 亂中雜錄, 1,* 壬辰 上, 7月 8日條.

에 연기를 피워 일본군의 관측을 방해하고 돌과 화살을 많이 확보하여 일본군의 공격에 대비하고 있었다.

고바야가와는 금산성에 일부 병력을 남겨두고 주력으로 7월 8일 이치의 권율군을 공격하였다. 권율군은 동복 현감 황진(黃進)의 지휘하에 활을 쏘는 조와 돌을 던지는 조로 구분하여, 구령 "하나 둘"에 활을 쏘고, "셋 넷"에 돌을 던짐으로써 일본군에게 연속적인 사격을 가하여 목책으로 진격하는 일본군을 살상하였다. 황진이 적탄에 부상을 입어 사격 지휘를 못 하게 되자, 일본군이 목책 일부를 무너뜨리고 진내에 돌입하였다. 이 때 권율은 즉시 예비대를 투입하여 역습을 가하여 돌파구를 봉쇄하고 진내에 들어온 일본군을 격멸하였다. 고바야가와는 일본군의 사상자가 늘어나자 오후 4시경 병력을 진산(珍山)으로 철수시켰다. 진산에서 고바야가와는 진산 서북쪽 연산(連山)에서 조선군 대부대가 금산으로 진격하고 있다는 첩보를 입수하고, 이치를 공격하는 동안 이 부대가 금산을 점령할 가능성이 있다고 판단하여 병력을 금산으로 철수시켜 진산(珍山)-고산(高山)을 거쳐 전주성으로 진격하는 것 대신 금산의 방어 태세를 강화했다.[44] 이 결과 전주성을 진격하려던 일본군은 무주(茂朱)와 금산을 점령한 채 방어에 임하고 있었다.

권율군이 이치에서 고바야가와군과 싸우고 있을 때 연산에서 진산으로 이동중에 있었던 부대는 의병장 고경명(高敬命)의 의병과 전라도 방어사 곽영(郭嶸)의 관군 부대였다. 고경명은 5월 22일 선조가 파천(播遷)하였다는 소식을 듣고 비분강개(悲憤慷慨)하여 26일 김천일(金千鎰)과 의병을 일으키기로 합의하고, 29일에는 담양에서 유팽로(柳彭老), 안영(安瑛), 양대박(梁大樸) 등과 기병하여 6월 11일 전주에 도착했다. 전주에서 7,000여 명의 의병을 지휘하게 된 고경명은 나주에서 의병을 모집하고, 근왕하기 위해서 북상하는 김천일과 합류하여 6월 22일 북상길에 올랐다. 6월 27일 여산(礪山)에 도착한 고경명군은 일본군이 무주, 금산지역에 침공하였다는 정보를 입수하고 연산(連山)으로 진격방향을 바꾸면서, 당시 금산 서쪽의 진산에 진을 치고 있던 방어사 곽영에게 연락하여 금산에 있는 일본군을 협동 공격하자고 제의하였다. 곽영은 즉시 부대를 이끌고 연산으로 이동, 고경명군과 합류하여 금산으로 진격하였다. 고경명과 곽영부대는 진산을 거쳐 금산으로 진격하여 7월 9일 고바야가와군을 공격하기로 결정했다.[45]

고경명군과 곽영군은 7월 9일 고바야가와군을 공격했다. 그러나 일본군은 전날 이치 전투에서의 손실이 컸던지 조총으로 조선군의 접근을 저지하는 정도의 대응밖에 하지 않았다. 이에 조선군은 성 밖의 가옥을 불태워 일본군의 시야를 방해해 가면서 공격을 했으나, 성 안으로 진입은 하지 못하고 날이 저물었다. 조선군은 성 밖에서 야영을 하면서 다음날의 공격을 준비하였다. 그 날 밤 일본군은 야음을 틈타 고경명군을 기습했으나, 이에 대비한 고경명군은 이를 격퇴하였다.

44) *宣祖修正實錄, 卷26,* 25年 7月條; *亂中雜錄, 1,* 壬辰 上, 7月 10日條; *壬辰倭亂史*, p. 88.
45) *練藜室記述, 卷16, 壬辰義兵, 高敬命, 柳彭老條; 壬辰倭亂史*, pp. 88-90.

고경명군의 기동과 금산성 공격

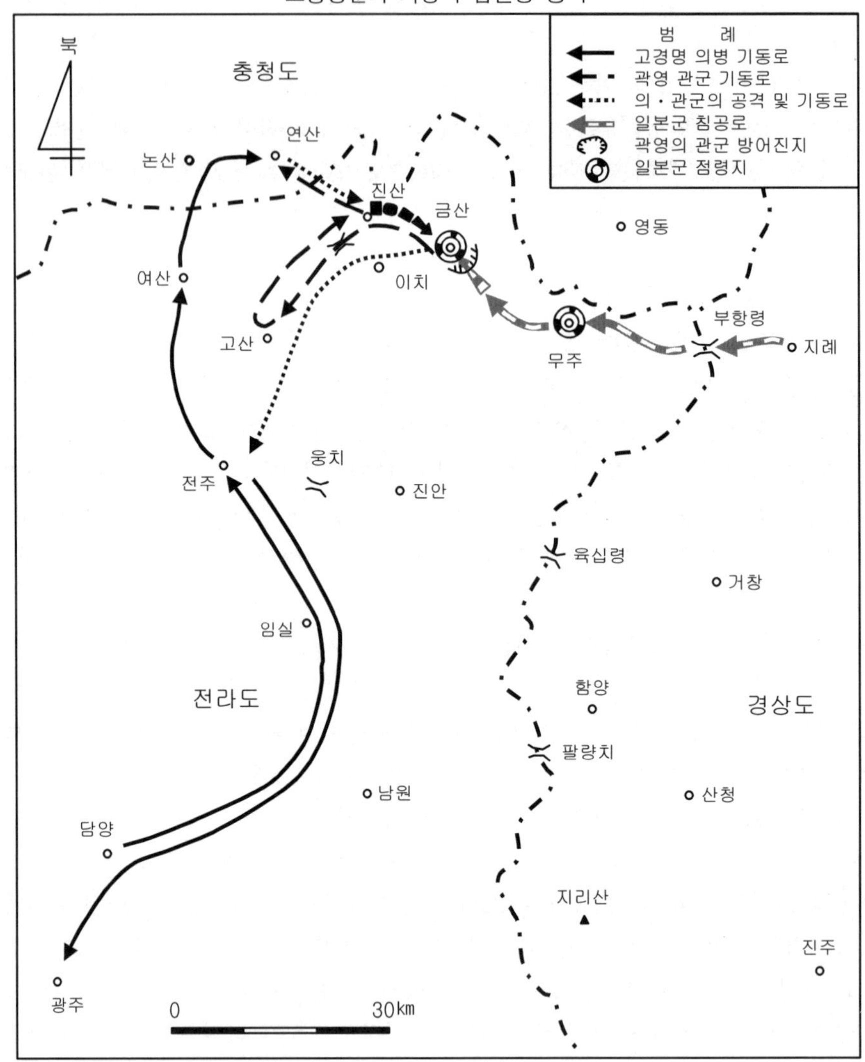

그러나 7월 10일, 고경명군이 서문 공격을 준비하고 있을 때, 측방의 관군 영암(靈岩)부대가 일본군의 기습을 받아 무너지고 뒤이어 광주(光州)부대와 홍덕(興德)부대가 무너지고 말았다. 심지어 방어사 곽영(郭嶸)마저 싸우기를 포기하고 달아나 버렸다. 관군이 무너졌다는 사실이 의병들에게 알려지자 의병들도 동요하기 시작했다. 일본군은 이렇게 혼란한 틈을 타서 고경명군을 강타하였다. 진영이 무너지자 고경명의 측근 유팽로(柳彭老)가 후일을 도모해야 한다면서 후퇴를 주장했으나, "나는 화를 면치 못할 것이니 자네는 빨리 탈출하라" 말했다. 이에 유팽로는 "내 어찌 대장을 버리겠습니까. 함께 의병을 일으켜 도모하다가 실패하면 같이 죽는 것이 도리입니다"라고 답하면서 떠나가지 않았다. 고경명(高敬命)은 탈출을 거부하고 끝까지 싸우다가 그와 같이 싸운

유팽로, 안영(安瑛), 그리고 아들 인후(因厚) 등과 장렬한 최후를 전장(戰場)에서 마쳤다.[46] 고경명군은 전주를 점령하기 위해서 이치(梨峙)로 진군했던 일본군의 배후를 공격하여 이들의 전주 공격을 무력화시켰으나, 금산성을 탈취하지는 못했다.[47]

금산(錦山) 전투에서 의병장(義兵將) 고경명(高敬命)이 전사했다는 소식이 전해지자 조선인은 일본군에 대한 적개심이 고조되어 전국 각지에서 의병(義兵) 봉기에 참여하였다. 특히 5월 초에 충청도 옥천(沃川)에서 기병한 의병장 조헌(趙憲)은 고경명의 원수를 갚기 위하여 금산의 일본군을 공격하려고 하였다. 영규(靈圭)가 지휘하는 승병 1,000여 명과 관군 500여 명과 더불어 청주성을 8월 2일에 공격하여 이를 탈환한 조헌은 군량이 부족하여 의병을 일단 해산한 다음, 8월 15일 유성(儒城)에서 다시 의병을 일으켜 금산을 공격하기로 계획을 세웠다. 그리고 조헌은 용인 패전(1592. 6. 5.-6.)의 책임을 물어 파직된 이광 후임으로 전라감사가 된 권율에게 8월 17일 금산을 협동 공격하자고 제의하였다. 휘하의 전라도군이 아직 출전 태세를 갖추지 못했으므로 금산성 공격을 연기하자는 권율의 답신을 받지 못한 조헌은, 권율군이 현장에 도착하지 않았음을 확인하고서 단독으로라도 금산성을 공격하려고 8월 17일 공격 준비를 하였다. 그러나 금산성의 고바야가와군은 조헌군의 병력이 많지 않다는 사실을 알고, 공격 준비를 하는 조헌군의 배후를 야간에 차단하였다. 이러한 사실을 모른 조헌군은 8월 18일 공격하려고 행동을 개시하였다. 이 때, 일본군이 출성하여 조헌군에게 선제 공격을 가해 왔다. 이와 동시에, 전날 밤 조헌군의 배후를 차단한 일본군도 협공을 하였다. 포위 상태에 빠진 조헌군은 종일 혈전을 벌였으나 조헌과 승병장 영규(靈圭)를 비롯한 700여 명의 의병들이 전사하였다. 금산성 공격은 또 실패하였다.[48]

고바야가와군은 금산성에 대한 두 번의 공격을 물리쳤으나 그들이 입은 타격도 적지 않았다. 더구나 금산성을 공격한 고경명군과 조헌군의 기개(氣槪)를 결코 과소 평가할 수가 없었다. 그리하여 고바야가와는 전라도 점령 계획을 포기하고, 금산과 무주 지역에서 약탈한 물자를 옥천과 지례로 옮기고, 9월 7일 무주의 병력을 금산으로 이동시켜 합류하게 하였다. 그리고 고바야가와군은 9월 하순에 경기도로 북상하여 개성에서 한성 북방의 방어를 담당하게 되었다. 전라도와 충청도의 의병들이 일본군의 전라도 점령을 막고 고향을 지켜 내었다.[49]

---

46) *前揭書*. 첨지중추부사(僉知中樞府事)를 지낸 고경명은 대사간 고맹영(高孟英)의 아들로 1558년 장원급제하여 벼슬길에 올랐다. 그는 벼슬에서 물러나 광주에서 있던중, 선조가 파천하고 한성이 함락되었다는 소식을 듣고 밤낮으로 통곡하다가, 전라 감사 이광이 금강까지 북상하였다가 선조의 파천과 한성의 함락 소식을 듣고 회군하였다는 소식을 듣고 이광에게 편지를 써서 이를 준엄하게 책망하기도 했다. 그래서 그는 60세의 나이에 종사관 유팽로와 담양에서 의병을 일으키게 되었다. 고경명과 그의 아들 인후의 전사 소식을 들은 선조는 크게 슬퍼하면서 고경명은 예조판서 대제학을 증직하고 다시 좌찬성을 추증하였으며, 아들 인후는 예조참의, 유팽로에게는 사간, 안영에게는 장악원 첨정(僉正)을 추증하였다. *東國戰亂史(外亂篇)*, pp. 251-4 참조.

47) *前揭書*.

48) *壬辰倭亂史*, pp. 92-5.

49) *前揭書*.

다. 경상우도지역의 전투

의령(宜寧) 의병장(義兵將) 곽재우(郭再祐)가 전라도로 진출하려던 안고쿠지(安國寺惠瓊)군을 정암진(鼎岩津)에서 저지함으로써 일본군은 남강(南江) 북쪽의 경상우도지역으로 침공할 수가 없었다. 이에 부산에 집결해 있던 하시바(羽柴秀勝)가 지휘하던 제9군은 1592년 6월 일부 병력을 차출하여 현풍(玄風), 창녕(昌寧), 영산(靈山)에 배치하여 낙동강 수로를 보호하고 낙동강 서쪽 경상우도로 진입하려 하였다. 곽재우는 7월에 현풍에 출동하여 현지 주민들의 도움을 받아 교란 작전을 수행함으로써 그곳에 주둔하고 있던 일본군 병력이 자진해서 대구로 철수하도록 강요했다. 현풍성을 수복한 곽재우는 창녕의 의병 부대와 합세하여 창녕을 탈환하고 의령으로 귀환하여, 삼가(三嘉), 합천(陜川)지역에서 병력의 증원을 받은 다음에 낙동강을 건너 영산을 3일 동안 포위하여 영산마저 탈취하였다. 이로써 곽재우군은 일본군의 전라도 진출을 저지하고, 나아가서 일본군의 경상우도 진입 시도를 차단하면서, 일본군이 낙동강 수로를 이용하지 못하도록 하여 일본군의 원활한 작전 수행을 방해하였다.[50)]

경상도의 점령군으로 5월 18일 성주(星州)를 점령한 모리(毛利輝元)의 제7군은 후방통로의 확보를 위해서 낙동강변의 무계(茂溪)를 점령하여 보루를 구축하였다. 일본군이 성주에 주둔하면서 무계에 진지를 구축하고 남쪽지방에 위협을 가하자, 고령, 합천지역에서 의병이 봉기(蜂起)하였다. 고령에서는 전 사헌부 장령 정인홍(鄭仁弘)이, 합천에서는 전 공조좌랑 김면(金沔)이 의병을 모집하였다. 정인홍은 전 첨사 손인갑(孫仁甲)과 협의하여 먼저 무계의 일본군 진지를 점령하여 성주와 현풍 간의 일본군 보급로를 차단하고 성주까지 탈환하기로 결정하고, 5월 29일 전 병력을 고령에 집결시켰다. 일본군의 위협에 향토를 지키려는 의병이 일본군 구축 작전을 구상하였다.

의병은 먼저 산발적으로 일본군을 공격하였다. 6월 5일 손인갑이 이끈 300여 명의 의병이 무계의 일본군 진지를 기습하여 막사를 태우고 일본군을 살상했으나, 진지는 점령하지 못하고 고령으로 철수하였다. 손인갑이 낙동강의 일본 화물선을 공격하다가 전사하자, 정인홍은 김면(金沔)의 부장인 김준민(金俊民)으로 하여금 손인갑의 병력을 지휘하여 7월에 무계를 다시 공격하도록 했다. 김준민군은 무계의 일본군 초소와 취사장, 창고 등을 파괴하고 철수하였다. 의병 부대의 계속적인 공격을 받은 일본군은 무계 진지를 포기하고 성주로 철수하여 그곳의 병력과 합류하였다.

당시 성주에는 6월 중순에 고바야가와군이 전라도 진입을 위해서 지례로 기동하여 일본군 주장 모리(毛利輝元)의 주력 부대가 성주 북쪽 개령(開寧)으로 이동하게 됨에 따라, 가쓰라(桂元綱)가 지휘하는 모리군의 일부 병력만 주둔하고 있었다. 정인홍과 김면은 성주를 공격하기 위해서 병력을 이끌고 8월 21일 성주성에 도착했다. 일본군은 조총만 쏘아 의병의 접근을 막으면서 개령에서 모리의 증원군이 도착하기만 기다리고

50) *壬辰倭亂史*, pp. 99-101.

곽재우군의 낙동강지역 활동

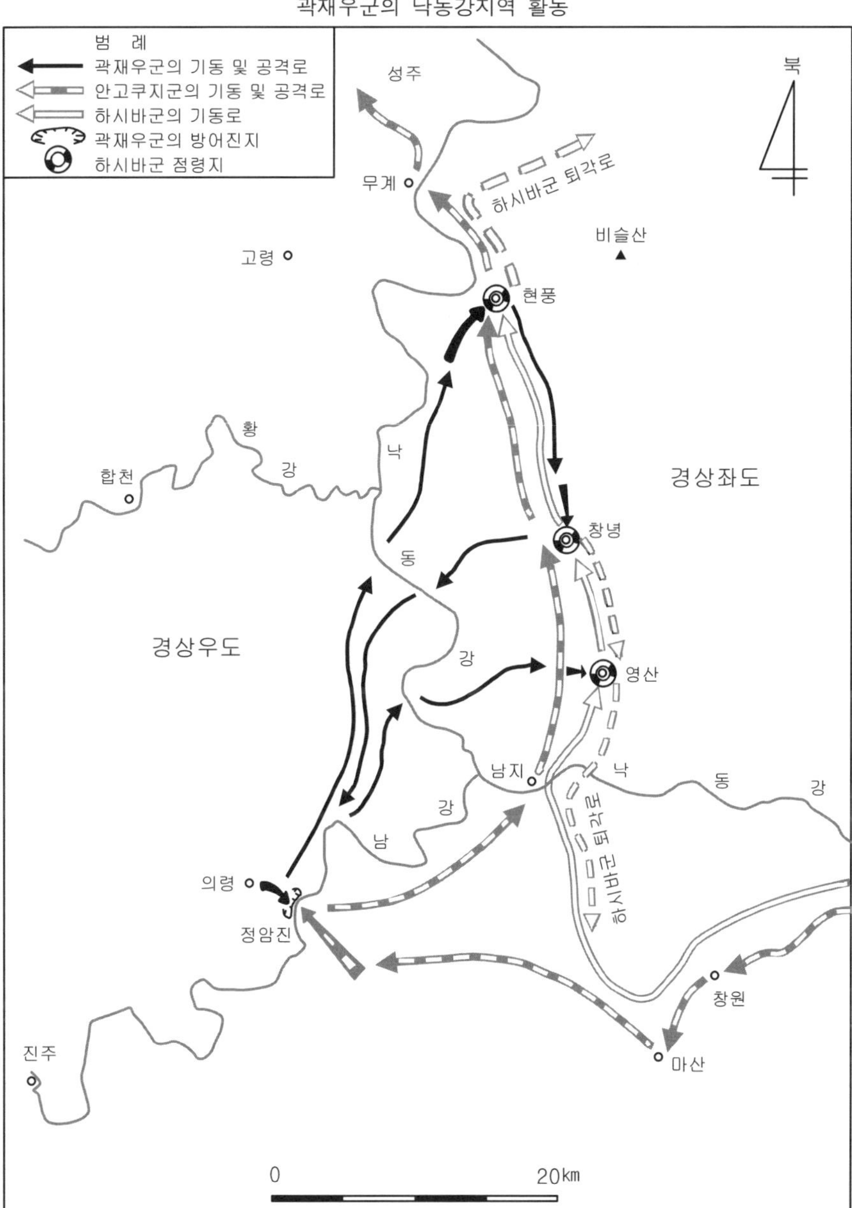

있었다. 8월 22일 의병은 운제(雲梯), 비루(飛樓), 충차(衝車) 등의 공성 장비를 갖추어 놓고 성주성 공격 준비를 서두르고 있었다. 이 때 개령에서 내려오는 모리의 증원군이 의병의 측방을 강타하여 의병의 성주성 공격은 무산되고 말았다. 그러나 의병들의 향토 방위 의식과 결의는 무산되지 않았다.51)

51) 경상도지역의 의병 활동에 대해서는 *壬辰倭亂史*, pp. 95-117 참조.

일본 침공군은 최초 수륙병진(水陸併進) 전략으로 조선을 쉽게 점령하려 했다. 그러나 이순신이 지휘하는 조선 수군의 일본군 진출 봉쇄로 이 전략이 효용성을 잃자, 김해, 창원을 거점으로 육상으로 전라도 진입을 기도하였다. 이것도 곽재우군의 선전으로 무산되어 일본군은 전라도 진입 자체를 포기해야 하는 사태가 발생하였다. 더구나 7월의 한산도(閑山島) 해전에서 일본군의 수군이 패배함으로써 일본 수군 활동이 거의 불가능하게 되자, 일본군은 진주성을 탈취하여 이를 거점으로 삼아 전라도로 진출하려는 새로운 계획을 세우게 되었다.

일본 수군(水軍)의 연전연패(連戰連敗)로 남해안의 해안 거점 확보가 불가능하고 전라, 충청도로의 우회가 불가능하게 되자, 일본군은 육로(陸路)로 서진(西進)하여 해안 거점과 전라도 진입로를 확보한다는 방침을 정하고 한성에 주둔하고 있던 병력 일부를 김해로 남하시켜 진주성 공격을 계획하였다. 도요토미(豊臣秀吉)의 독촉과 격려를 받은 한성의 일본군 사령관 우키다(宇喜多秀家)는 9월 초순 도요토미가 파견한 7인의 군사 행정관 중에서 가토(加藤光泰), 기무라(木村重玆), 하세가와(長谷川秀一) 등 3명과 일본군 병력을 김해에 파견하여 진주성 공격을 계획하도록 했다. 이로써 일본군은 진주성 공격을 위해서 원로 장수들의 자문까지 받으면서 약 2만여 명의 병력을 집결시켰다.

경상도 초유사(招諭使)에서 경상우도 감사로 임명된 김성일(金誠一)은 대규모의 일본군이 진주로 향했다는 소식을 듣고, 진주 근방의 병사들을 진주로 집결하도록 하여 진주 목사 김시민(金時敏)의 지휘하에 진주성의 방어 태세를 강화하고, 전라도에 급사(急使)를 파견하여 전라감사와 전라 좌, 우 의병장의 지원을 요청했다. 그리하여 진주성 안에는 목사 김시민과 함께 판관 성수경(成守慶), 곤양군수 이광악(李光岳) 등이 3,800여 명의 병력으로 결전 태세를 가다듬고 있었다. 진주성 외각에는 의병장 곽재우가 급파한 심대승(沈大承)군과 고성 의병장 최강(崔堈) 및 이달(李達)군, 전라 좌의병장 임계영(任啓英)군, 우의병장 최경회(崔慶會)군 등이 수성 작전(守城作戰)을 지원할 태세를 갖추고 있었다. 일본군과 진주성에 모인 조선군과의 일대 결전이 예상되었다.

일본군 2만여 명은 9월 24일 김해성을 출발하여 진주로 향했다. 창원에 있던 경상우병사는 창원 동쪽 노현(露峴)에 2,000여 명의 병력을 배치하고 일본군을 막으려 했으나, 중과부적으로 창원까지 포기하고 진주 쪽으로 후퇴하여 진주 동문 밖에 진을 치고 있었다. 9월 26일 함안에 도착한 일본군은 그곳에서 병력을 2개 군으로 나누어 전열을 정비한 뒤에, 10월 3일 1만여 명의 선발대를 진주로 진격시켜 진주 동쪽의 마현(馬峴)으로 진출시켰다. 여기서 일본군 선발대는 경상 우병사가 이끄는 병력을 공격하여 이들을 전멸시켰다. 일본군의 주력은 10월 6일 아침에 남강을 도하하여 진주성을 포위하고 10월 8일 아침부터 본격적인 공격을 개시했다.

일본군의 진주성 공격은 거의 필사적이었다. 일본군은 사다리와 나뭇단을 성벽에 기대어 놓고 그것을 밟고 기어올라 성벽을 넘으려 하였고, 바퀴가 달린 3층 누각을 성 밑에 접근시켜 놓고 그 속에서 성 안에 조총 사격을 가하면서 성벽을 기어오르는 일본군의 성내 진입을 보장하려 했다. 대문짝이나 마루청 표면에 흙을 발라 불에 견디게 하여 성 밖 100여 보 지점에 늘어 세워 놓고 그 뒤에서 사격을 하면서 공격했고, 성 안에 불화살을 쏘아 대기도 했다.

그러나 일본군의 필사적인 공격을 막는 조선 군민도 필사적이었다. 성 안의 군과 민은 진주목사 김시민의 지휘 아래 활을 쏘아 일본군의 성 접근을 막고 성벽을 기어오르는 일본군에게 돌을 던지거나 끓는 물을 끼얹어 아래로 떨어뜨렸다. 성벽에 접근한 공성 장비는 자루가 긴 도끼와 낫 또는 현자총통(玄字銃筒)을 쏘아 이를 파괴하고 성벽에 달라붙은 일본군은 비격진천뢰(飛擊震天雷)를 쏘아 이들의 등성(登城)을 막아냈다. 성 안에는 물을 준비하여 불화살로 인한 화재를 막았으며, 이러한 수성 작전에 남녀노소가 모두 동원되었다.

10월 8일 밤이 깊었다. 이제는 의병이 일본군을 괴롭힐 차례가 되었다. 전라도와 경상도에서 집결한 의병들은 밤이 되자 진주성 주변의 고지에서 횃불을 들고 고함을 치고 다니면서 일본군의 휴식을 방해하였다. 때로는 성 안의 병력과 합세하여 일본군을 협격할 기세를 보이기도 하면서 일본군을 괴롭혔다. 일본군은 9일 아침에 일부 병력을 차출하여 주변의 의병들을 공격하면서 진주성 공격을 실시했다. 그러나 병력이 분산된 진주성 공격도 효과를 거두지 못했고 의병들을 공격한 소부대들도 많은 피해를 입었다. 일본군은 다른 방법을 생각해 내야만 했다.

양일 간의 공격이 효과를 거두지 못하자 일본군은 9일 저녁 성 안의 병력을 밖으로 유인해 내기 위해서 기계(奇計)를 사용했다. 일본군은 밤중에 그들 진영에 불을 밝혀 놓고 병기와 물자들을 실은 수레를 철수시켜 마치 퇴각하는 것처럼 가장하고 성 밖의 요소 요소에 병력을 배치하여 성 안의 병력이 성 밖으로 출격하기를 기다렸다. 그러나 이러한 일본군의 유인 전술을 파악한 김시민은 성 안의 방어 태세만 강화하고 성 밖으로 병력을 출격시키지 않았다. 일본군은 유인전술이 실패하자 10월 10일 아침 총공격을 가해 왔다. 조선 군민은 포를 쏘고 활을 쏘며 일본군의 성벽 접근을 차단하고 성벽을 기어 올라오는 일본군에게 돌과 끓는 물, 불붙은 짚단 등을 쉴 새 없이 퍼부으면서 이들의 성내 진입을 막았다. 이러한 와중에서 김시민이 적탄에 맞아 중상을 입고 쓰러지기도 했으나(이로 인해 후에 사망함) 곤양군수 이광악(李光岳)이 목사 대신 작전을 지휘하여 진주성을 지켜냈다. 전의(戰意)를 상실한 일본군은 진주성의 공격을 포기하고 창원성으로 퇴각하였다. 4,000여 명의 조선군과 민, 그리고 의병들이 2만여 일본군의 공격을 물리친 것이다.

진주성의 고수는 조선 관군과 의병, 그리고 갑남을녀(甲男乙女)가 흘린 피와 땀으로 얻은 결과였다. 10월 6일부터 10일까지의 일본군 총공격을 견디어 낸 진주성 전투는 임진왜란이 일어난 후에 육전(陸戰)에서 최초로 거둔 대규모 방어 작전의 승리로서 이순신(李舜臣)의 한산대첩(閑山大捷)과 권율(權慄)의 행주대첩(幸州大捷)과 더불어 임진 3대첩의 하나로 기록되었다. 실로 조선 군민이 거둔 값진 승리였다.[52]

진주성 전투

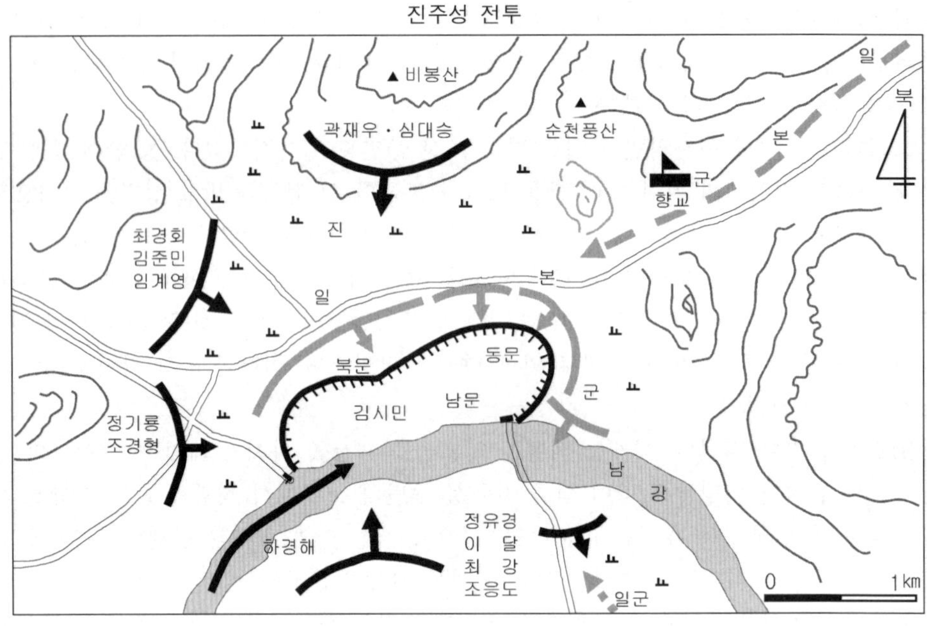

진주성 방어 전투의 승리는 조선 관군과 의병에게 새로운 활력소가 되었다. 진주성 전투가 끝난 뒤에 경상우도에 모인 의병들은 성주(星州)와 개령(開寧)의 일본군을 몰아내는 작전을 전개하였다. 김면(金沔)군은 전라 좌, 우 의병의 지원을 받으면서 북진하여 개령에 있는 모리군 본진을 위협하였다. 성주에 있던 일본군은 주변지역을 약탈하면서 고령의 정인홍(鄭仁弘)군에게 압력을 가했다. 이에 경상우도 감사 김성일은 전라도에 머물고 있던 체찰사(體察使) 정철(鄭澈)에게 전라도군의 증원을 요청하여 운봉현감 남간(南侃)과 구례현감 이춘원(李春元)이 이끄는 5,000여 명의 병력이 정인홍군을 지원하도록 조치가 이루어졌다. 그리하여 이들 김면군과 전라 좌, 우 의병, 정인홍군과 전라도 증원군은 결국 성주와 개령의 일본군을 몰아내는 데 성공하였다. 진주성의 승리는 분명 조선 관군과 의병들에게 자극과 희망을 주었고, 일본군에 대한 일방적인 두려움을 해소시켜 공격적인 작전 수행을 가능하게 만든 계기가 되었다.

경상우도 의병과 전라 의병들은 진주를 지킴으로써 일본군의 전라도 진출을 막아 전라도지역에서의 군량 조달을 불가능하게 만들었으며, 성주와 개령을 탈환함으로써 1593년 계사년에 이르러서는 일본군의 병참선을 부산에서 한성에 이르는 통로 중에서 부산에서 밀양-청도-대구-선산-함창-문경-조령으로 이어지는 중로(中路)만으로 제한하여 한성에 주둔하고 있던 일본군 주력의 작전을 제한시켰고, 후방 차단에 대한 불안을 떨쳐 버리지 못하게 만들었다. 더구나 경상 우병영의 돌격장인 정기룡(鄭起龍)과 상주 의병장 정경세(鄭經世), 함창 의병장 이봉(李逢) 군이 상주와 함창 부근지역을 장악

52) *宣祖修正實錄, 卷26,* 25年 10月條; *壬辰倭亂史*, pp. 105-11.

함에 따라 일본군의 후방 병참선 차단 위험은 더욱 가중되어 일본군 작전에 많은 지장을 주었다. 이와 같이 전라도와 경상도 의병들은 서로 협조하여 일본군의 후방 기지와 병참선의 안전을 위협함으로써 일본군의 작전 수행을 효과적으로 제한하였다.[53]

라. 경상좌도지역의 전투

경상좌도는 일본군의 최초 침공을 받아 주요 지역이 초토화되는 전화를 입어 군사 및 행정 체계가 거의 마비된 상태였다. 조정에서도 이를 간파하여 영천(永川) 출신의 김륵(金玏)을 안집사(安集使)로 임명하여 경상우도의 초유사(招諭使) 김성일(金誠一)과 더불어 경상도지역의 모병과 군무를 통괄하도록 조치하였다. 그러나 경상좌도는 6월에 이르기까지 일본군에 대한 저항 태세가 확립되지 못했다. 그러다가 6월 초순에 전라감사 이광(李洸)군을 따라 근왕하다가 남하한 밀양 부사 박진(朴晉)이 경상 좌병사로 임명되어 신령(新寧)에 도착함으로써 좌도의 군사 활동이 재개되었다. 그러나 영천지역에서는 관군이 의병을 일방적으로 통제하려고 했으나, 의병들은 이러한 사실을 우도의 초유사 김성일에게 보고하여 독자적인 조직을 유지할 수 있게 되었다.

김성일에 의해서 의병장으로 임명된 권응수(權應銖)는 영천지역의 의병을 통합 지휘하여 하양(河陽) 의병장 신해(申海)와 더불어, 안강(安康)에 본진을 두고 있던 좌병사 박진(朴晉)으로부터 무기를 지원받아 영천성 공격에 나섰다. 권응수군은 신령에서 영천으로 이동하여 7월 26일 성을 공격하였다. 권응수가 500여 명의 결사대를 영천성으로 접근시키자, 일본군도 나와서 이들에게 선제 공격을 가했다. 그러나 권응수군이 맹공을 가하자 이들은 30여 구의 전사자를 남기고 성 안으로 들어갔다. 이 여세를 몰아 권응수군은 26일 밤에 고층 누각과 사다리 등을 이용하여 성벽을 넘어 성 안으로 진입하였다. 이 때 마침 강풍이 불어 일본군이 조총에 화약을 장전할 수가 없었다. 조선 의병들은 창검으로 일본군을 무찌르면서 일본군 화약고에 불을 질렀다. 화약고가 폭발하여 진영이 화염에 휩싸이자 일본군은 성을 탈출하여 경주로 달아나고 말았다. 27일 낮 영천성을 수복한 권응수군은 200여 필의 말과 900여 점의 조총, 창검 등을 노획하고 경주를 공격하기 위한 준비에 들어갔다.[54]

경상 좌병사 박진은 권응수군이 단독으로 영천성을 탈환하자 의병과 관군을 통합 지휘하여 8월 20일에 경주를 공격하였다. 그러나 후방에 있던 박진군이 경주의 위기를 구하기 위해서 북상한 일본군의 기습을 받아 600여 명의 손실을 입었기 때문에 안강(安康)으로 후퇴하여 전열을 정비하였다. 박진군은 9월 8일 저녁 무렵 안강을 출발하여 밤중에 경주성 북문 밖에 도착했다. 경주성의 일본군은 조총을 쏘아 대며 조선군의 접근을 저지하려 했다. 박진은 화포장 이장손(李長孫)이 발명한 신형 무기인 비격진천뢰(飛擊震天雷)를 성 안으로 발사하였다. 비격진천뢰는 구형(球形)의 철제 주물 속에

53) *前揭書.*
54) *宣祖實錄, 卷30,* 25年 9月 壬申條; *宣祖修正實錄, 卷26,* 25年 8月條; *壬辰倭亂史*, pp. 113-7.

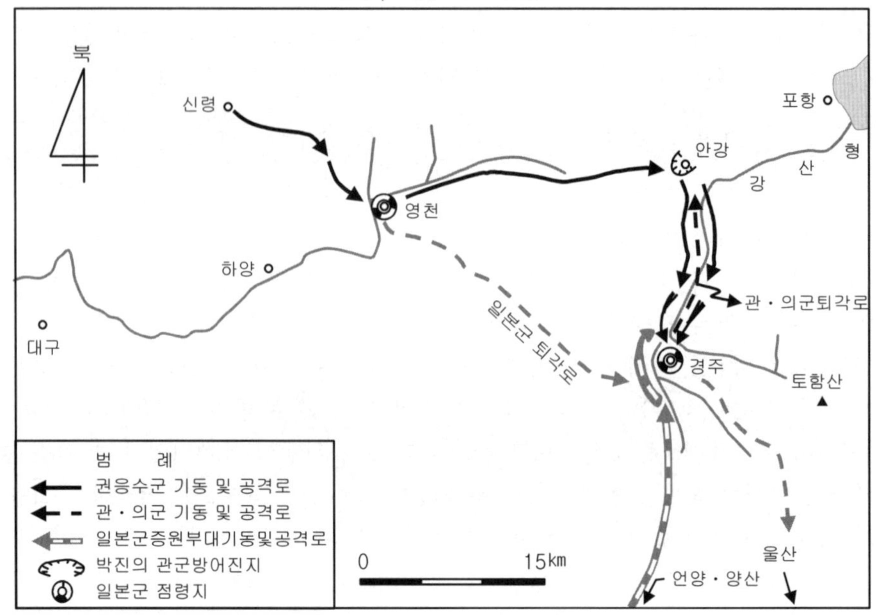

화약과 철편을 넣어 만든 일종의 시한폭탄(時限爆彈)이었다. 이 폭탄을 대완구(大碗口)와 같은 발사기에 넣어 사격하면 목표 지점에 낙하한 후에 도화선의 길이에 따라 일정한 시간이 지나면 폭발하도록 되어 있었다. 첫 발의 비격진천뢰 사격에 일본군 30여 명이 사상되자 일본군은 놀랐고, 계속되는 여러 발의 사격으로 일본군은 혼란에 빠졌다. 일본군은 9일 아침 경주 남문을 열고 나와 울산으로 후퇴해 버렸다. 박진이 지휘한 의병과 관군이 9월 9일 경주를 수복하였다.

이와 같이 경상좌도의 의병도 관군의 도움을 받거나 관군과 더불어 영천성과 경주성을 수복하고 일본군의 경상좌도 요충지를 탈환하여 부산과 한성을 잇는 일본군의 병참선을 위협하게 되었다.

④ 의병의 조직과 전술

외부의 침공이 있을 때마다 일반 백성들의 저항은, 적극적이건 소극적이건 간에, 국난 극복의 원천이 되어 왔다. 임진년 일본군이 조선을 침공했을 때도 이 점은 마찬가지였다. 더구나 지방 수령들이나 장수들의 실정(失政)은 민심의 이반 현상을 가속시켰고 초전에서 관군들의 조기 패배는 현직 관료나 지휘관들의 대민 신뢰를 극도로 저하시켜 버리고 말았다. 이러한 상황에서 일본군의 약탈과 살상 행위를 방관할 수만은 없게 된 일반 백성과 유생, 천민, 그리고 승려들은 자신의 가족과 고향, 중생(衆生)들을 구하자는 명망 있는 전직 관료나 지방 유생과 고승(高僧)들의 기병(起兵) 호소에 호응하여 의병(義兵)에 가담하게 되었다. 선조 일행의 북행길을 막으며, “같이 죽고 같이 살자"고 부르짖으며 의지할 곳을 찾고 있던 일반 백성들은 평소 명망이 있고 존경과 신뢰를 받아 오던 전직 관료, 유생, 고승들이 의병을 모집하면 이에 적극적으로 호응하여 일본군과 싸우게 되었다. 이러한 의병 집단은 전라도와 경상도뿐만 아니라 평안도와 함경도, 경기도와 충청도, 황해도, 그리고 다른 지역에서도 자생적으로 발생하여 일본군의 주둔 진지와 보급로를 위협하였다.

비교적 작은 규모로 운용된 의병 집단들의 전술은 비정규적인 특성을 지닐 수밖에 없어서 일본군의 현지 주둔과 보급의 곤란을 더욱 가중시키는 데 매우 효과적이었다. 특히 의병들은 현지 지형을 잘 알고 있었기 때문에 일본군을 치고 달아나는(hit and run away) 식의 공격 방법을 구사하여 일본군을 괴롭히고 이들의 추격을 따돌리는 전형적인 유격 전술을 구사하였다. 의병장 곽재우는 자신과 같은 복장을 입힌 10여 명의 홍의장군(紅衣將軍)을 여기저기에서 출몰(出沒)시킴으로써 일본군을 혼란시켜 이들을 격퇴하는 전투 수행 방식을 채택하기도 했다. 그리고 이들 의병 집단은 관군과 협조하여 공성전을 수행하기도 하고, 공성전을 펼치고 있는 일본군의 주위에서 일본군이 공성(攻城)에 전력을 투입할 수 없도록 일본군의 전력을 분산시켜 조선 군민들이 수성(守城)할 수 있도록 협동 작전을 수행하기도 했다. 또한 의병들은 일본군의 작전이 부산과 한성 간의 병참선 확보와 낙동강 수로의 보호 등과 같이 전국적으로 수행되어지기 때문에 자신들의 지방이나 향토의 범위를 초월하여 상호 지원하면서 작전을 수행하는 것을 마다하지 않았다. 따라서 전라도 의병들이 경상도지역에 위치한 성을 탈환하는 작전에 많이 참여하는 것이 통례로 되어 있었다. 이와 같이, 의병들은 비교적 자유롭게 지역을 오가면서 자유로운 방법으로 일본군과 싸웠다.

관군이 조기에 와해되자, 조정에서는 의병들의 봉기를 장려하게 되어 여기저기서 많은 의병 집단들이 생겨 났다. 의병 집단들의 난립은 지방의 향토 방위에 대해서는 매우 효과적이었으나, 거기에서 비롯되는 문제점도 나타나기 시작했다. 의병들의 현직 지방 수령(守令)이나 무장(武將)들에 대한 멸시와 작전권의 독자적인 행사는 관군과 의병 간의 불필요한 마찰 요인이 되어 양 집단간의 갈등을 증폭시켜 효율적인 협동 작전 수행에 지장을 초래하였고, 더구나 가짜 의병이 출현하여 전투 행위는커녕 도둑질을 일삼는 사태까지 발생하였다. 이러한 부작용으로 일본군의 진격이 평양에서 저지되고 명군의 지원이 가시화되자 조정에서는 의병의 관군화를 추진하여, 의병을 전투 지원 임무에 종사하게 함으로써 관군 중심의 작전 지휘 및 수행 체제를 수립하였다. 이러한 조정의 조치로 시간이 지남에 따라 의병은 관군화되었으며, 독자적인 의병은 보급과 지원의 곤란을 겪어 임진왜란 초기와 같은 전투력을 발휘하지 못하게 되었다. 이러한 부작용과 결과적 현상에도 불구하고, 일본군 침공을 받아 조선 전국에서 일어난 의병 집단은 관군의 저항이 조기에 종식된 상황에서 조선이 동원할 수 있었던 가장 효과적인 전투력일 수밖에 없었다.

(3) 조선 수군과 해전

수륙병진(水陸倂進)으로 조선을 손쉽게 점령한다는 일본 침공군의 전략을 기본적으로 무력하게 만든 것은 이순신(李舜臣)이 지휘하던 조선의 수군이었고 조선 수군이 펼친 해전의 결과였다. 일본군은 주력군을 한성으로 진격시키면서 전라도와 충청도는 해안으로 우회하여 점령함으로써 신속하게 조선을 점령하여 조선을 명나라 공격의 전진기지로 삼으려 했다. 육상에서 진격한 일본군은 경상좌도의 주요 거점을 점령하고 신속하게 북진을 계속하여 탄금대에서 신립(申砬)의 관군을 격파하고, 한강 방어선을 무력 시위로 무너뜨려 부산에 상륙한 지 20일 만에 한성에 입성하였다. 그러나 육상에서의 신속한 진격과는 대조적으로 해상에서의 우회는 불가능했다. 이순신이 지휘한 조선 수군의 적극적인 공세적 방어 작전이 이를 불가능하게 만들었기 때문이다. 육전에서 연이어 올라오는 패전(敗戰) 보고에 지친 조선 조정과 선조는 이순신이 올리는 승전(勝戰) 장계에 그나마 생기(生氣)를 유지할 수 있게 되었다.

일본군의 침공 당시에 경상도와 전라도에 각각 좌우 수영(水營)이 설치되어 남해안을 방어하고 있었다. 경상도에는 좌수사(左水使) 박홍(朴泓)과 우수사(右水使) 원균(元均)이 동래 해안의 좌수영과 거제 가배량(加背梁)의 우수영에서 낙동강 하구(河口)를 경계로 하는 경상좌도의 해안(부산-울진)과 경상우도의 해안(낙동강 하구-하동 남해안)과 도서지역을 방어하고 있었다. 전라도에도 좌수사 이순신(李舜臣)이 여수(麗水)의 좌수영에서 여수-해남 간의 해안을, 우수사 이억기(李億祺)는 해남에서 부안까지의 해안을 방어하고 있었다. 이들 수사들은 70-80척의 크고 작은 함선과 이에 따른 수군 병력을 장악하여 해당 지역의 경비, 치안, 방어 책임을 맡고 있었다.

특히 전라(全羅) 좌수사(左水使) 이순신은 두만강변 변방에서의 무관 생활을 시작으로 훈련원(訓練院) 봉사(奉事), 발포(鉢浦) 만호를 거쳐 정읍(井邑) 현감(縣監)직에 있다가 1591년 좌의정 유성룡(柳成龍)의 추천에 의해서 전라 좌수사로 발탁이 되었다. 그는 부임과 동시에 전선(戰船)을 보수하고 거북선(龜船)을 건조하는 등 해상 방어 태세를 철저하게 하고, 병사들의 훈련을 강화하여 일본군의 침공에 대비하는 노력을 게을리하지 않았다.

일본군의 대규모 침공이 개시되자, 경상 좌수사 박홍은 수영을 버리고 내륙의 언양(彦陽)으로 달아나 버리고, 경상 우수사 원균은 70여 척의 함선을 스스로 침몰시키고 수군 병력을 전부 해산시킨 다음에 옥포(玉浦) 만호 이운룡(李雲龍)과 영등포(永登浦) 만호 우치적(禹致績) 등과 함께 남해도(南海島) 쪽으로 달아나고 말았다. 경상도 좌우 수사와 수군이 스스로 무너지자 일본 침공군 선단은 아무 저항 없이 부산 앞바다로 접근할 수 있었고, 구키(九鬼嘉隆), 가토(加藤嘉明), 토도(藤堂高虎) 등이 지휘하는 일본 수군(함선 700여 척과 9,000여 명의 병력)은 아무런 방해를 받지 않고 무방비 상태인 남해안의 해안과 도서에 상륙하여 살인과 약탈을 자행할 수 있었다. 더구나 남해도 부근

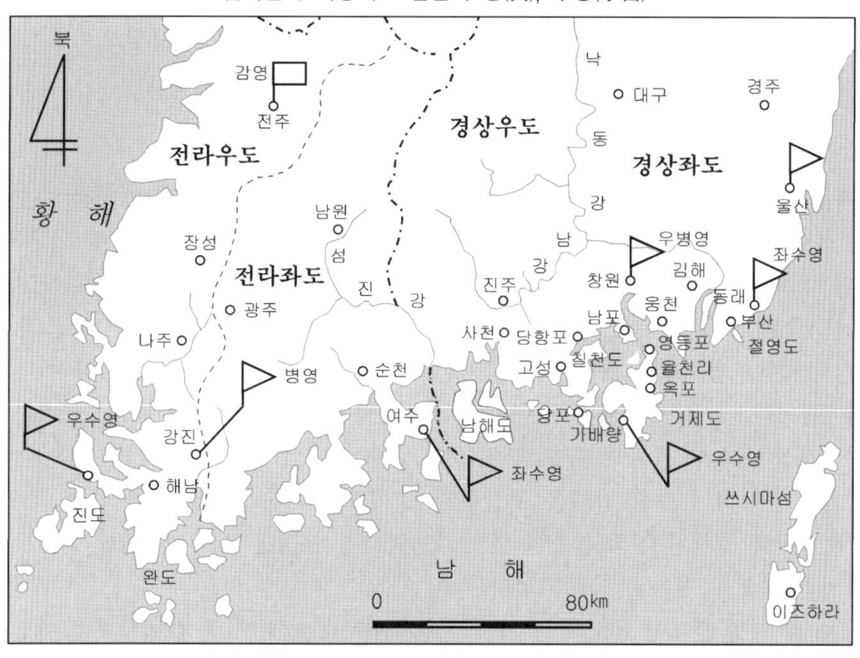

남해안의 지형과 조선군의 병(兵), 수영(水營)

에서 일본군의 동태를 살피며 10여 일을 낭비한 원균은 일본 수군이 거제도 방향으로 진출하고 있다는 소문을 듣고 나머지 함선마저 버리고 육지로 도주하려고 했다. 이에 옥포 만호 이운룡은 남해(南海)는 전라, 충청도로 가는 해로(海路)의 요지이기 때문에 전라도 수군의 도움을 요청해서라도 남해 해로를 지켜야 한다고 주장하였다. 원균은 이를 받아들여 전라 좌수사 이순신(李舜臣)에게 도움을 요청하게 되었다. 실로 어처구니없는 상황이 전개된 셈이다.[55)]

경상 우수사 원균으로부터 구원 요청을 받은 이순신은 휘하 장수들을 소집하여 경상 해역으로의 출동 문제를 논의하였다. 대부분의 장수들은 조정의 명령 없이는 전라도 해역을 벗어날 수 없고, 또 여력도 없으므로 경상도 해역으로의 출동은 불가하다는 의견을 개진하였다. 그러나 녹도(鹿島) 만호 정운(鄭運)과 군관 송희립(宋希立)만은 "적을 치는 데 담당 구역을 따질 수 없는 것이며 경상도 해역에서 일본군을 막지 못하면 전라도 해역도 위험에 처하게 된다"고 주장했다. 이에 전라 좌수사 이순신(李舜臣)은 경상도로 출동할 결심을 굳혔다. 이 무렵, 4월 27일 조정으로부터 "경상 우수사 원균과 합세하여 적선(敵船)을 공파(攻破)하라"는 요지의 명령이 선전관(宣傳官)을 통하여 이순신에게 하달되었다. 이순신은 5월 5일 거제도 서쪽 미륵도(彌勒島)의 당포(唐浦) 앞바다에서 원균과 합류하기로 하고 이 사실을 전라 우수사 이억기(李億祺)에게 통보하여 전라 우수군도 경상 수군 지원에 참여할 것을 요청하였다. 전라도 수군이, 실제로

55) *壬辰倭亂史*, pp. 117-20.

사라져 버린, 경상도 수군과 함께 일본 수군과 싸우기 위해서 출동하게 되었다. 이로부터 4차에 걸친 출동과 해전(海戰)을 치러 남해안의 제해권을 확보함으로써 일본 수군의 남해안 해안 기지 확보와 우회를 봉쇄하였다.[56]

① 제1차 해전

판옥선(板屋船: 대형 전선) 24척과 협선(挾船: 중형선) 15척, 포작선(鮑作船: 소형 쾌속선) 46척으로 구성된 선단(船團)을 이끌고 출전한 이순신의 수군은 한성이 일본군에게 함락된 다음날, 1592년 5월 4일 여수항을 출항하였다. 이순신 함대는 중위장(中衛將) 이순신(李純信)을 비롯하여 중부장(中部將)과 전, 후, 좌, 우부장, 좌우 척후장(斥候將), 한후장(捍後將), 참퇴장(斬退將), 돌격장(突擊將), 유격장(遊擊將)까지 임명하여 작전 지휘 체계를 갖추어 출진하였다. 이순신 함대는 5월 6일 아침에 당포(唐浦) 앞바다에 도착하여 경상 우수사 원균과 옥포 만호 이운룡(李雲龍)이 끌고 온 4척의 판옥선과 2척의 협선을 추가하여 연합 함대를 구성하였다. 이로써 이순신(李舜臣)은 전라 좌수군과 경상 우수군을 통합한 91척(판옥선: 28척, 협선: 17척, 포작선: 46척)의 연합 함대를 지휘하여 일본 수군을 찾아나서게 되었다.[57]

이순신의 연합 함대는 6일 밤을 거제도의 송미포(松未浦)에서 지내고 7일 아침 가덕도(加德島)의 천성포(天城浦)로 항진하던중, 척후선이 옥포(玉浦) 앞바다에서 일본군 선단을 발견하여 옥포로 진로를 바꾸었다. 이순신의 함대가 옥포에 도착했을 때 일본 수군은 50여 척의 배를 정박시켜 놓고 주변지역에서 노략질한 재물들을 배에 싣고 있었다. 옥포 만호 이운룡이 선봉으로 돌격을 감행하자 일본군은 해안선을 따라 황급히 탈출하려 했다. 이순신 함대는 일본선을 해안 포구로 압박하고 총통(銃筒)과 궁시(弓矢)를 쏘면서 이들을 맹렬하게 공격하였다. 일본군의 일부는 사력을 다하여 포위망을 뚫고 포구를 탈출했으나, 나머지 대부분은 해안으로 도망쳐 산속으로 도주하였다. 이로써 이순신 함대는 일본 수군과 최초의 접전인 옥포해전(玉浦海戰)에서 일본 수군의 대소 함선 26척을 격침시키고 다수의 일본군을 살상하는 전과를 거두었다.

옥포해전을 승리로 장식한 이순신 함대는 거제도의 북단 영등포(永登浦)에서 5월 7일 밤을 지내기로 하고 묘박(錨泊) 준비를 하던 중에 오후 4시경 인근 해상에서 5척의 일본 대형 전함이 지나가고 있다는 보고를 접수하고 다시 출항하여 이를 추격하였다. 일본 수군은 이순신 함대를 보고 해상 도피가 어렵다고 판단하여 초리도(初里島) 동쪽

---

56) 이순신이 지휘하던 조선 수군의 해전(海戰)에 대한 전반적인 상황은 *東國戰亂史(外亂篇)*, pp. 220-32; *壬辰倭亂史*, pp. 119-42; *韓民族戰爭通史, III, 朝鮮時代 前篇*, pp. 188-202 등에 요약하여 기술되어 있음.

57) 이순신 함대의 지휘관은 아래와 같았다. *壬辰倭亂史*, pp. 120-1 참조.

중위장(中衛將)	이순신(李純信),	중부장(中部將)	어영담(魚泳潭)
전부장(前部將)	배흥립(裵興立),	후부장(後部將)	정 운(鄭 運)
좌부장(左部將)	신 호(申 浩),	우부장(右部將)	김득광(金得光)
좌척후장(左斥後將)	김인영(金仁英),	우척후장(右斥後將)	김 완(金 浣)
한후장(捍後將)	최대성(崔大成),	참퇴장(斬退將)	배응록(裵應祿)
돌격장(突擊將)	이언량(李彦良),	유격장(遊擊將)	나대용(羅大用)

제1차 해전 상황

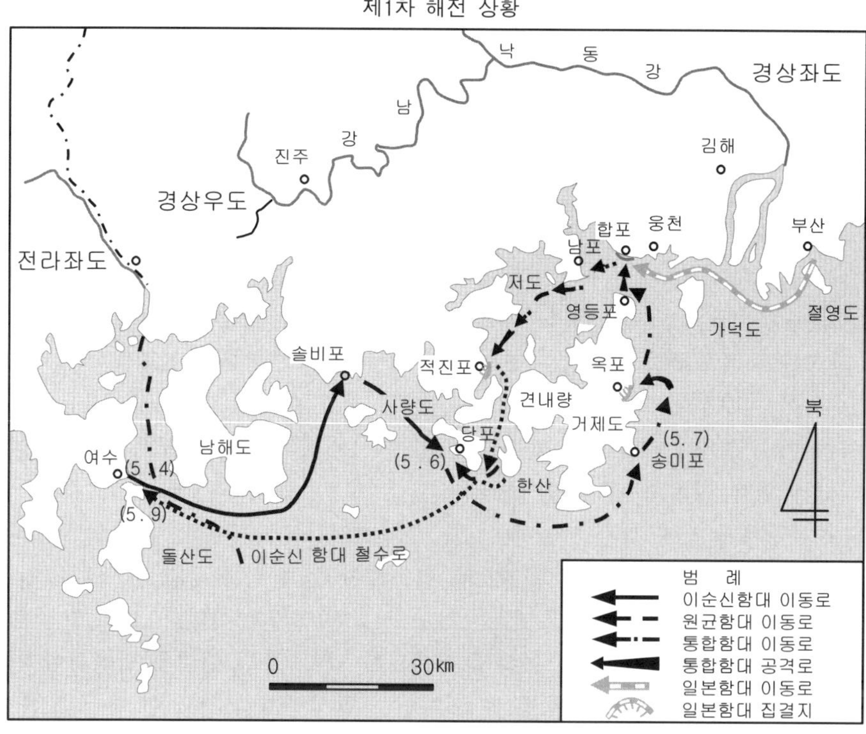

을 돌아 북상하여 가까운 육지인 합포(合浦)에서 배를 버리고 육지로 도주하였다. 이에 이순신군은 대함 4척과 소함 1척을 격침시키고 합포의 서남쪽 남포(藍浦)에서 그날 밤을 보냈다. 5월 8일 아침, 이순신 함대는 저도(猪島)를 거쳐 고성(固城) 쪽으로 서남진하면서 수색 작업을 벌이던 중, 척후선이 적진포(赤珍浦)에 일본 선박 13척이 정박 중인 것을 포착하고 적진포로 향했다. 이순신 함대는 노략질을 하고 있던 일본 수군의 대형 선박 10척과 중형 선박 1척을 격침시키고 선창 주변에 숨어 있던 잔적을 소탕하였다. 그리고 이순신 함대는 5월 9일 여수의 본영으로 귀환하여 차후 작전을 위해서 부대 정비를 실시하였다.

이순신이 지휘하는 전라 좌수군이 주축이 된 전라, 경상 연합 함대는 5월 5일부터 9일까지 제1차 출전 기간 동안에 옥포(玉浦), 합포(合浦), 적진포(赤珍浦)에서 일본 수군의 함정 42척을 격침 또는 소각시키고 다수의 일본군을 사살하는 전과를 거두었다. 이순신은 1차 출정 기간중에 선조가 서행(西幸)한 사실을 알고 해로를 통하여 장계(狀啓)를 조정에 보내어 출전 결과를 보고하였다. 육전에서 연전연패(連戰連敗)하여 낙심하고 있던 선조는 이순신의 승전보(勝戰報)에 기대와 안도감을 감추지 않았다. 조정은 이순신의 장계에 적힌 전공에 따라 장병들에게 포상을 실시하고, 5월 23일에 이순신을 가선대부(嘉善大夫: 종 2품)로 승진시켰다. 조정의 안도감과 기대가 현실로 반영되었다.58)

58) *宣祖修正實錄, 卷26,* 宣祖 25年 5月條; 李肯翊, *練藜室記述, 卷16, 李舜臣篇,* 李殷相 譯註, *李忠武公全書*

② 제2차 해전

일본 수군은 이순신의 함대와의 초기의 접전에서 많은 피해를 입었음에도 불구하고 조선 서해안으로의 진출을 포기하지 않았다. 전라 좌수사 이순신은 일본 수군이 경상도 해안에 다시 출몰한다는 소식을 전해 듣고 전라 우수사 이억기(李億祺)와 재출동을 협의한 결과, 6월 3일 전라 좌우 수군이 여수에 집결하여 경상도로 출동하기로 결정했다. 그런데 5월 27일, 경상 우수사 원균이 일본 함정 10여 척이 사천(泗川), 곤양(昆陽) 해안까지 침입하여 경상 우수영의 함정을 노량(露梁)으로 이동했다는 급보를 받았다. 이에 이순신은 전라 우수사 이억기에게 경상도 남해안의 상황이 심상치 않다고 통보하고 신속하게 좌수군과 합류할 것을 종용하면서 출전 준비를 서둘렀다. 5월 29일 이억기 수군이 여수항에 도착하지 않자, 이순신은 군관 이사공(李思恭)을 잔류대장으로 임명하여 여수 본영을 지키도록 하고 이억기 수사에게 곧 합류하도록 전달하면서 좌수영의 함대만을 이끌고 다시 출전하였다.

이순신은 2차 출전에 그가 창안하여 건조하게 한 거북선(龜船)을 이끌고 나갔다. 거북선은 선체(船體)를 0.4척(尺)인 목판으로 건조하여 선체 위를 장갑 덮개로 덮어 적병의 접근을 거부하고, 선체를 보호할 수 있는 장갑선(裝甲船)이었다. 그리고 거북선의 머리인 용두(龍頭)는 진출입이 가능하게 설계되어 있어, 유황 연기를 발산하여 연막차장도 가능했고, 일본 누각선의 포장 등을 화염을 발사하여 공격도 할 수 있도록 설계되어 있었다. 그리고 거북선 양면에는 각각 22문의 각종 총통을 발사할 수 있는 총안(銃眼)이 설치되어 있었고, 노 20개와 돛을 병행하여 사용할 수 있도록 설계되어 방호력과 파괴력, 기동력을 동시에 갖춘 전함이었다. 그리하여 거북선은 적선(敵船) 사이로 돌진하여 공격할 수 있는 장비와 능력을 보유하고 있었다.[59]

이순신은 거북선을 포함한 전라 좌수영의 함선 23척을 이끌고 노량으로 진출하여 하동(河東)포구에서 전선 3척을 이끌고 대기하고 있던 원균과 합류하였다. 이순신 함대는 곤양(昆陽)을 지나면서 일본 전함 1척을 추격하여 일본군이 육지로 도망하면서 유기한 적선을 소각하고 사천(泗川)으로 항진하였다. 사천에 도착한 이순신은 적선 13척이 사천 선창의 해안에 정박해 있고, 수백 명의 병력은 사천 선창 주변에 늘어서 있는 것을 목격하였다. 이 때는 간조기(干潮期)로 수심이 얕은 상태였기 때문에, 이순신은 함대를 해안에 근접시킬 수 없다고 판단하고 적선을 바다로 유인하여 이를 격파하는 전술을 구상했다. 이에 따라 이순신 함대는 선수(船首)를 돌려 외해(外海)로 후퇴하였다. 일본군은 이순신의 함대가 후퇴하는 것으로 판단하고 병력을 승선시켜 이순신 함대의 후미를 추격하였다. 이순신은 대형 전함인 판옥선(板屋船)이 활동할 수 있는 곳까지 후퇴하여 적선을 유인한 다음에 선수를 돌려 전투 대형을 갖추고, 일본군이 미처 전투 대형을 갖추기

(1960), *上, 卷2,* 玉浦破倭兵狀; 震檀學會, *韓國史, 近世前期篇,* p. 629; *東國戰亂史(外亂篇),* pp. 221-3; *壬辰倭亂史,* pp. 121-4; *韓民族戰爭通史, Ⅲ, 朝鮮時代 前篇,* 188-91.

59) 高聖勳, *忠武公과 거북선*(한솔, 1986), pp. 89-153.

전에 거북선을 선두로 공격을 감행하였다. 이 때 만조기(滿潮期)가 되어 이순신은 일본군의 전 함정을 선창까지 밀어붙이게 되었다. 이순신은 작전 지휘 중에 왼쪽 어깨에 적탄을 맞았으나 작전을 지휘하여 일본 전함 13척을 격파하는 전과를 올렸다. 사천 선창까지 몰린 일본 수군은 육지 병력의 지원 사격으로 육지에 상륙하여 도주하기도 했으나, 대부분의 병력은 함선과 함께 수장되고 말았다. 일본의 전함을 격파한 이순신 함대는 모자랑포(毛自郞浦)로 이동하여 밤을 새우면서 이순신 등 부상 장병들을 치료하였다.[60]

이순신 함대는 6월 1일 정오경 모자랑포를 출발하여 삼천포 앞바다를 지나 사량도(蛇梁島)에서 하룻밤을 보내고, 2일 아침 미륵도(彌勒島)의 당포(唐浦)에 적선들이 정박하고 있다는 정보를 입수하고 당포로 진출하였다. 당포에 도착한 이순신 함대는 당포에 호화스럽게 장식한 지휘선인 누각선을 포함한 큰 전함 9척과 중, 소 전함 12척이 정박해 있음을 발견하였다. 일본군 병력은 민가에서 노략질을 하고 있었다. 이순신은 거북선으로 적 선단을 양분하고 전 함대를 동원하여 양분된 적 선단을 공격하도록 했다. 거북선은 대장군전(大將軍箭), 철환(鐵丸), 단석(團石) 등을 사격하여 적선을 격파하거나 선체를 부딪쳐 격침시켰다. 판옥선도 총통과 궁시 사격을 하고, 쇠갈구리로 적선을 끌어당겨 발화통(發火筒)을 던져 폭파시키거나 적선 위에 올라가서 백병전을 수행하여 일본군을 사살하였다. 이러한 혼전이 계속되는 가운데, 이순신 함대의 중위장인 권준이 누각선에서 전투를 지휘하고 있던 일본군의 지휘관을 활로 쏘아 물 속에 떨어뜨렸다. 이를 본 군관 진무성(陳武晟)이 바다에 뛰어들어 적장의 목을 베었다. 이에 일본군은 사기가 떨어져 항전을 포기하고 육지로 도피하였다. 이순신 함대는 계속 일본군을 압박하여 적함 21척을 모두 격침시켰다. 이 때 거제도 쪽에서 적선 20여 척이 접근하고 있다는 보고가 들어오자, 이순신은 당포에 상륙하여 일본군을 섬멸하려던 계획을 바꾸어 접근해 오는 일본군 선단을 향해서 항진을 계속해 나갔다. 당포 앞바다에서 이순신 함대가 진로를 가로막자 일본군 선단은 기수를 돌려 서남쪽의 추도(楸島) 쪽으로 도주하고 말았다. 날이 저물어 추격을 중지한 이순신 함대는 6월 3일 아침 수색을 했으나 적선을 발견하지 못했다. 그리고 이순신은 4일에 당포에서 크고 작은 전함 25척을 거느린 전라 우수군과 당포에서 합류하여 50여 척의 함대를 지휘하게 되었다.

착량포(鑿梁浦)에 정박하여 6월 4일 밤을 보낸 50여 척의 이순신 함대는 6월 5일 아침 고성(高城)의 당항포(唐項浦)에 일본군 함선이 정박하고 있다는 정보를 입수하고 착량포를 떠났다. 견내량(見乃梁)을 통과한 이순신 함대는 당항포로부터 8km 정도 떨어진 양도(洋島) 앞바다에 도착하여 먼저 척후선을 파견하고 4척의 전함을 해협 입구에 배치한 다음에, 8km의 긴 해협을 따라 일렬 종대로 함대를 당항포로 진입시켰다. 당항포 포구에는 누각선 3척을 비롯하여 대형 전함 9척, 중형 전함 4척과 소형 전함 13척이 정박중이었다. 일본 수군은 이순신 함대가 진입하자, 일제히 조총 사격을 하며 응전 태세를 갖

60) 李舜臣, *亂中日記*, 壬辰年 5月 29日條; *宣祖修正實錄*, *卷26*, 25年, 5月條; *李忠武公全書*, *上*, *卷2*, 唐浦破倭兵狀; *壬辰倭亂史*, pp. 125-6.

추었다. 이순신은 일본군이 전세가 불리하면 육지로 상륙하여 양민을 괴롭히면서 탈출할 가능성이 있다고 판단하고 일본 함대를 포구 밖으로 유인하여 격멸하기로 하였다. 이에 따라 이순신이 함대를 외해(外海) 쪽으로 철수시키자 일본 함대는 누각선을 선두로 이순신 함대를 추격하였다. 조선 수군은 일본 함대를 포구 밖으로 끌어 낸 다음 신속히 진형(陣形)을 바꾸어 포위망을 형성하고 거북선을 출격시켰다. 거북선은 일본군 조총사격에도 아랑곳하지 않고 적진 깊숙이 돌입하여 누각선의 누각을 파괴하였다. 이 때 거북선을 뒤따르던 판옥선의 병사들이 화전(火箭)을 쏘아 누각선의 장식 휘장에 불을 질렀다. 누각선은 순식간에 화염에 휩싸였고, 적장은 조선군의 화살에 목숨을 잃었다. 전의를 상실한 일본군 함대는 당항포의 외해에서 거의 격침되었고, 당항포로 도피했다가 이튿날 새벽에 탈출하려던 나머지 함정들도 입구를 지키고 있던 전부장(前部將) 이순신(李純信)에 의해서 전부 격침되고 말았다. 당항포 해전에서 이순신의 연합함대는 26척의 일본군 함선과 수군 병력을 모두 수장시키는 전과를 획득하였다.

당항포 해전에서 승리를 거둔 조선 수군은 고성 앞바다에 있다가 6월 7일 다시 인근해의 수색 작업에 착수하였다. 그러던 중 가덕도(加德島)와 거제도(巨濟島) 사이에서 적선을 발견했다는 보고를 받고, 함대의 진로를 가덕도 쪽으로 향했다. 이를 알아챈 일본군의 대형 전함 5척과 중형 전함 2척이 거제도 동남쪽의 율천리(栗川里) 앞바다에서 부산 쪽으로 도피하고 있었다. 조선 수군은 이들 함정을 추격하였다. 이들은 배의 무게를 가볍게 하기 위해서 약탈했던 물건들을 바다에 내던지면서 거제도 해안으로 접안시켜 육지로 도망하려 했다. 그러나 일본군의 전함이 해안에 접안하기 전에 조선 수군이 신속하게 해안에 접근하여 이를 포위하였다. 그리하여 일본군은 소수의 병력만이 상륙하여 목숨을 구했고 나머지는 함선과 함께 수장되었다. 이 선단을 지휘한 왜장(倭將) 구루시마(來島通久)는 간신히 거제도에 상륙하여 목숨을 건졌으나 선단이 섬멸되자 자결하고 말았다. 조선 수군은 율천리에서의 승세를 몰아 몰운대(沒雲臺) 부근까지 수색 작전을 펼치고 6월 8일과 9일 진해만(鎭海灣), 웅천만(熊川灣) 등을 수색했으나, 일본군의 함정을 발견하지 못하고 견내량을 지나 미륵도(彌勒島)의 당포(唐浦)에서 6월 9일 밤을 보냈다. 6월 10일 남해도의 최남단인 미조항(彌助項)에 도착하여 일본군 함정 수색 작전을 종결하고 각기 자기 진영으로 복귀하였다.

이순신이 지휘한 조선 수군은 5월 29일부터 6월 10일까지 약 10여 일 간의 2차 출전에서 네 차례에 걸친 해전을 치러 일본선 72척을 격침시키고 88명에 이르는 일본군의 목을 베는 전과와, 많은 수의 일본군을 사살하는 전과를 획득하였다. 조선군의 함정은 하나도 피해를 입지 않고, 다만 병사 14명이 전사하고 36명이 부상하는 피해만을 입었다. 이순신은 여수 본영으로 귀환하여 제2차 출전 결과에 대한 상세한 전투상보를 장계로 조정에 올렸다. 이에 선조는 공로를 치하하여 이순신을 자헌대부(資憲大夫: 정 2품)로 승진시켰다. 이로써 이순신이 이끄는 조선 수군은 조선 조정에게 승전보를 올리는 유일한 관군이 되었다.[61)]

제2차 해전 상황

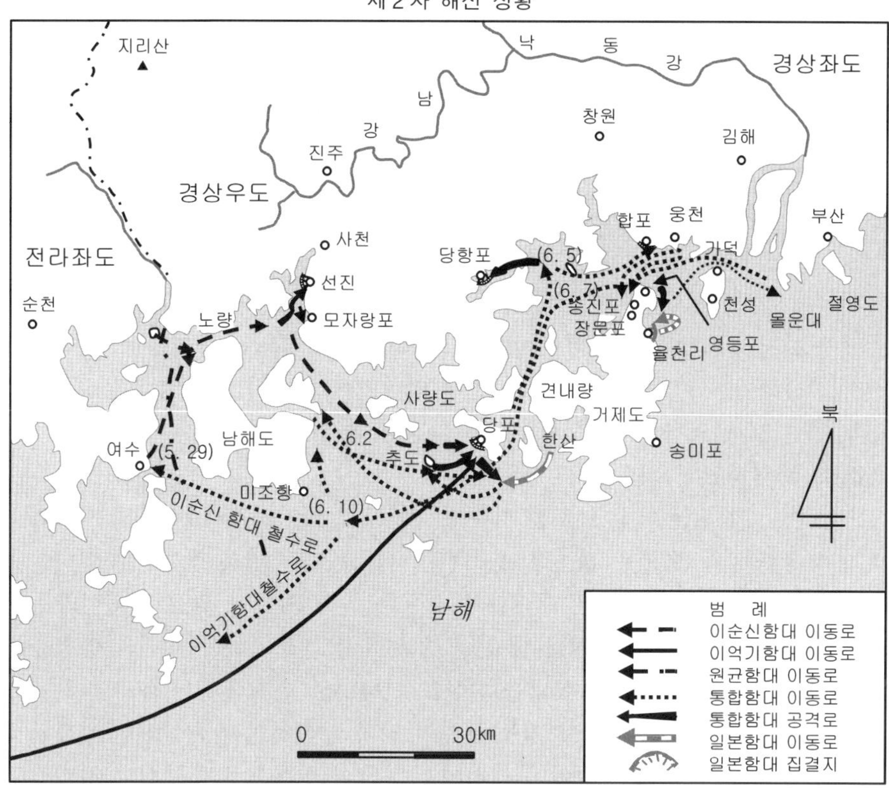

③ 제3차 해전

일본의 도요토미(豊臣秀吉)는 6월 28일 연전연패(連戰連敗)하는 일본 수군을 질책하고 구키(九鬼嘉隆), 가토(加藤嘉明), 와키사카(脇坂安治) 등 수군의 장수들이 협력하여 조선 수군을 격파하라는 명령을 내렸다. 육전(陸戰)에서의 연전연승(連戰連勝)과는 정반대의 현상이 해전(海戰)에서 벌어지고 있는 데 대한 도요토미의 불만은 대단했다. 이러한 상황이 전개되자 일본군은 당시 웅천(熊川)에 집결해 있던 와키사카의 함대와 부산포(釜山浦)를 지키고 있던 구키, 가토 함대가 연합하여 조선 수군을 격멸할 계획을 세우고 있었다. 일본 수군의 이와 같은 계획에 따라 남해안에서의 일본 수군의 활동이 현저하게 증가되었다.

이순신(李舜臣)은 이러한 남해안에서의 일본 수군의 움직임과 공세를 완전히 봉쇄하기 위해서 전라 우수사 이억기와 협의하여 세 번째의 출전에 나섰다. 1592년 7월 5일, 전라 좌, 우수사는 여수의 좌수영에서 작전회의를 개최한 다음, 6일 각각 함대를 이끌고 노량에서 경상 우수사 원균과 합류하였다. 조선 수군의 연합 함대는 이순신의 함정

61) *亂中日記*, 壬辰年, 5月 29日, 6月 1日-10日; *李忠武公全書, 上, 卷2*, 唐浦破倭兵狀, 唐項浦破倭兵狀; *壬辰倭亂史*, pp. 124-31; *韓民族戰爭通史, Ⅲ, 朝鮮時代 前篇*, pp. 191-6; *東國戰亂史(外亂篇)*, pp. 223-7.

40척, 이억기의 25척, 원균의 7척으로 편성된 72척의 선단으로 구성되어 이순신이 지휘하였다. 조선 함대는 창선도(昌善島)에서 하루를 쉬고 7일 저녁 2차 해전시의 격전장이었던 당포(唐浦)에 도착하였다. 함대가 당포 앞바다에서 정박 준비를 하던 중에 주민들로부터 70여 척의 적선이 영등포(永登浦)에서 견내량(見乃梁)으로 진입하여 정박하고 있다는 제보가 들어왔다. 이에 조선 수군의 3수사는 이 정보가 사실이라는 것을 확인하고, 밤 사이에 결전 태세를 가다듬었다.

견내량에 정박하고 있던 일본 함정들은 와키사카가 지휘하는 함대였다. 와키사카는 당시 일본에서 명성을 날리고 있던 수군의 장수로서 조선 수군을 격멸하라는 도요토미의 질책성 지시를 받고 자신의 함대만으로 조선 수군 정도는 무찌를 수 있다고 판단하였다. 그리하여 구키와 가토 함대가 웅천 앞바다에 도착하기 전인 7월 6일 72척(대함 36척, 중함 34척, 소함 12척)으로 구성된 자신의 함대만을 이끌고 7일 오후에 견내량(見乃梁)에 도착하였던 것이다.

조선 수군은 7월 8일 아침 당포를 떠나 견내량으로 전진하였다. 한산도 서쪽의 해로를 따라 북상한 조선 수군은 견내량 포구에 정박하고 있던 일본 함대를 확인하고 전투태세를 취했다. 이 때 이순신은 견내량의 포구가 좁고 암초가 많은 해협이라는 점과 일본군이 상황이 불리하면 언제나 배를 버리고 육지로 도망하여 육지의 양민들을 학살한다는 점을 고려하여, 일본 함대를 한산도 앞바다로 유인해서 이를 섬멸하기로 했다. 한산도 앞바다는 수심이 깊고 기동 공간이 넓어 판옥선이나 거북선의 원활한 기동을 보장해 줄 뿐만 아니라 상황이 불리하여 일본군이 한산도로 도주한다 하더라도 한산도는 무인도나 다름이 없었기 때문에 민간인의 피해가 없고 도주한 일본군도 오래 버티지 못하고 자멸할 것이라고 이순신은 판단했다. 이러한 판단과 계획으로 이순신은 몇 척의 판옥선을 견내량 포구 쪽으로 접근시켜 일본군을 자극하였다.

이순신이 파견한 수척의 판옥선(板屋船)들이 일본 수군 함대에 접근하자 일본의 수장(水將) 와키사카는 전 함대를 동원하여 이를 공격하였다. 조선 수군 판옥선들은 당황한 척 선수(船首)를 돌려 한산도 쪽으로 후퇴하고 조선 수군 함정도 징을 치며 한산도 앞바다 쪽으로 물러났다. 와키사카는 자신의 함대의 규모와 위용에 겁이 나서 조선 수군 함대가 후퇴한다고 판단하고 더욱 기세를 올려 조선 수군의 함대를 추격하였다. 일본군의 함대가 한산도 앞바다에 이르자 조선 수군은 북을 일제히 울려 퇴각을 멈추고 진형(陣形)을 형성했다.

한산도 앞바다에서 이순신이 펼친 진형은 학익진(鶴翼陣)으로서 학이 날개를 양 옆위로 펴고 춤을 추는 형상을 모방한 진법(陣法)이었다. 이 형태는 횡진(橫陣)으로서 양측 날개가 앞으로 향한 형상을 띠고 있다. 다시 말하여, 영문 알파벳의 V자를 전방을 향해서 양 옆으로 더 벌려 놓은 듯한 모양을 한 진형(one-line-ahead formation)이다. 이 진형은 일본 수군의 함대를 양 손으로 감싸서 포위한 듯한 형상으로 사정거리가 길지 않고 명중률이 떨어지는 당시의 포 화력을 일본 함대에 집중시킬 수 있는 장점을 지니고 있었다. 그러나 일본 수군 함정의 집중적인 공격에 의해서 조선 함대의 중앙이 돌파될 경우에는 조선 수군이 양분(兩分)될 위험성도 동시에 지니고 있는 진형이요, 진법이었다. 이러한 학익진을 편 조선 함대는 일본 함대를 완전히 포위한 다음에 총통으로 일본 함정을 격파하고 기울어지는 적선에 뛰어 올라가서 백병전을 벌이기도 했다. 거북선은 적진 속에서 좌충우돌(左衝右突)하면서 적선을 파괴하였고 휘장으로 장식한 누각선(樓閣船)은 화공으로 이를 공격하여 소각시켰다. 이순신은 이와 같이 상대를 양 팔로 안은 듯한 학익진으로 적 함대를 포위하여 총포의 화력을 적 함대에 집중함으로써 이를 격파하는 전법(戰法)으로 일본 수군의 주력과 일전을 겨루었다.

한산도 해전은 조선 수군의 결정적인 승리로 막을 내렸다. 조선 수군의 포위망 안에 든 적선 50여 척은 차례로 격침되었으며, 와키사카의 부장(副將) 와키사카(脇坂左兵衛)와 와다나베(渡邊七右衛門)를 비롯한 수백 명의 병사들은 수장되었고, 마나베(眞鍋左馬)는 400여 명의 병사들과 배를 버리고 한산도로 도피했으나 패전의 책임을 지고 자결하였으며, 나머지 병사들은 뗏목을 만들어 간신히 탈출하였다. 와키사카는 구사일생(九死一生)으로 포위망을 탈출하여 김해성으로 들어갔다. 한산도의 해전으로 조선 수군은 적선 66척(누각선 7척, 대형 전함 35척, 중형 전함 17척, 소형 전함 7척)을 격침시켰으며 적병 100여 명의 목을 베는 전과를 거두었다. 이순신이 지휘한 조선 수군의 일방적인 승리였다.[62] 이로써 한산도 해전은 임진왜란의 3대첩(大捷) 중의 하나가 되었다.

한산도 해전에서 와키사카 함대를 격파한 이순신의 조선 수군은 7월 8일 밤을 견내량에서 보내고 9일 낮에 가덕도(加德島)로 항진하면서 적정을 수집하던 중, 일본 전함이 가덕도의 서북쪽 안골포(安骨浦)에 정박해 있다는 정보를 입수하였다. 안골포에 있던 일본 함대는 구키와 가토가 지휘하는 함대로서 원래 와키사카와 더불어 조선 수군을 격멸하도록 계획되어 있던 함대였으나 와키사카가 먼저 함대를 이끌고 한산도에 출전하였기 때문에, 합류하지 못하고 한산도 해전이 끝난 후인 7월 9일 아침에야 안골포에 머물면서 조선 수군의 동태를 살피고 있던 중이었다. 그러나 조선 수군은 풍랑이 심하여 안골포로 향하지 못하고 거제의 칠천도(漆川島)에서 9일 밤을 지낸 뒤에 10일 새벽에 안골포로 직행하였다.

안골포에는 3층 누각선 1척과 2층 누각선 2척이 포구(浦口)의 외해(外海)를 경계하고 포구 안에는 크고 작은 전함들이 정박해 있었다. 이순신은 안골포의 포구가 협소하고 간조시에는 수심이 매우 얕기 때문에 적선을 밖으로 유인하여 이를 격파하려고 유인 작전을 구사하였다. 그러나 일본 수군은 이에 말려들지 않았다. 이에 이순신은 몇 개 제대의 타격대를 편성하여 일본 함정을 교대로 타격하는 전법으로 일본군을 공격하였다. 이에 따라 조선 수군의 기동 타격대는 차례대로 포구에 정박해 있는 일본 함정에 접근하여 총통, 궁시 등으로 사격하여 조총으로 대항하는 일본 수군의 병력을 살상

62) *李忠武公全書, 上, 卷2,* 見乃梁破倭兵狀; *東國戰亂史(外亂篇),* pp. 227-30; *壬辰倭亂史,* pp. 131-8; *韓民族戰爭通史, Ⅲ, 朝鮮時代 前篇,* pp. 196-9.

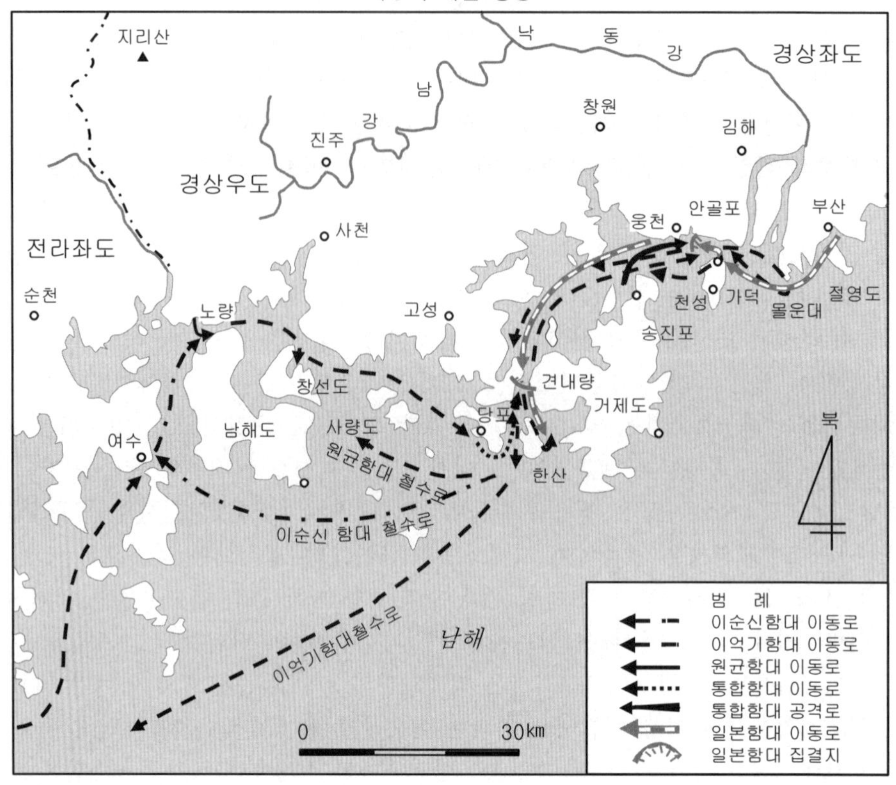

하고 선박을 격파하였다. 이와 같은 "치고 달아나는(hit and run away)" 식의 윤번기동타격전법(輪番機動打擊戰法)으로 조선 수군은 20여 척의 일본 함정을 격파하고 날이 저물자 포구 밖에서 밤을 새우고, 11일 새벽에 다시 안골포 포구를 포위했으나 일본 수군은 남은 20여 척의 함선에 병력을 싣고 저녁에 안골포를 빠져 나가고 없었다. 조선 수군은 낙동강 하구까지 진출하였다가 12일 한산도 앞바다에 돌아와 작전을 종료하고 각각 본영으로 귀환하였다.

조선 수군은 제3차 해전인 한산도, 안골포 해전에서 적선 76척을 격침시켜 일본 수군의 명장인 와키사카(脇坂安治)의 함대를 섬멸함으로써 남해에서의 제해권을 확보하게 되었다. 한산도 해전의 승전보(勝戰報)가 조정에 전해지자 선조는 이순신을 정헌대부(正憲大夫, 정 2품)로, 이억기와 원균은 가선대부(嘉善大夫, 종 2품)로 각각 품계를 승급시켰다. 그리고 유성룡은 훗날 징비록(懲毖錄)에서 한산도 해전을 다음과 같이 기록하였다.

> 적은 본래 수군과 육군이 서쪽으로 병진하려 하였는데, 이 전투로 그들의 한쪽 팔이 잘리게 되었으므로 그들이 비록 평양을 점령하였으나 고립되어 더 이상 전진하지 못하였다. 이로써 우리 나라는 전라, 충청도와 황해, 평안도의 해안을 보전할 수 있게 되었으며… 중국도 요동(遼東) 지방과 산동(山東) 반도 지방이 위협을 받지 않게 되어, 명나라 원병이 우

리 나라를 지원할 수 있게 된 것이니, 이 모두가 한산도 해전의 승리에서 얻어진 것이다.[63]

이와는 극히 대조적으로 와키사카의 한산도 패전 소식을 전해 들은 도요토미는 와키사카를 크게 질책하면서 와키사카와 일본 수군에게 해전을 중지하고 거제도에 성을 쌓아 구키(九鬼嘉隆)와 가토(加藤嘉明) 등과 같이 이를 굳게 지키라는 명령을 내렸다. 이로써 일본 수군은 남해안에서 제대로 활동을 하지 못하고 거제도의 성만 굳게 지키게 되었다. 남해안의 제해권은 조선 수군이 확보하였다.

④ 제 4 차 해전

한산도 해전에서의 패전 이후에 일본군의 조선 점령 전략에 커다란 변화가 있었다. 원래 해상에서의 우회를 통한 해안 거점을 확보, 확장하여 조선의 호남과 충청지방을 완전히 점령하려 했던 일본군은 해상에서의 우회가 불가능하게 되자, 육상으로 조선 서남부지역의 진입과 점령을 시도하게 되었다. 그리하여 일본군은 8월 중순부터 진주성 공격 준비를 서두르면서 소요 병력을 한성 주둔 일본군 중에서 차출하였다. 이에 따라 일본 침공군 총 사령관 우키다(宇喜多秀家)와 함께 한성에 주둔하고 있던 가토(加藤光泰), 기무라(木村重茲), 오카모도(岡本重政) 등의 군사가 8월 하순에 경상도로 남하하였다. 일본군은 진주성 공격에 필요한 병력을 남하시켜 김해에 집결시키고 약탈한 물자들은 낙동강 수로를 이용하여 부산으로 후송하였다. 이러한 일본군의 부산한 움직임은 조선측도 감지할 수 있을 정도로 수선스럽게 진행되었다.

일본군의 남하와 약탈 물자의 부산 수송은 북침했던 일본군이 퇴각하는 것으로도 해석되어질 수 있는 여지가 있었다. 경상 감사 김수(金睟)도 일본군의 움직임을 일본군이 퇴각하는 것으로 판단하고 이를 전라 좌수사 이순신에게 통보하였다. 이순신은 이 통보를 받고 퇴각하는 일본군의 퇴로를 차단하여 격멸하라는 뜻으로 해석하고, 전라 우수사 이억기와 협의하여 일본군의 해상 퇴로를 차단하기로 결정하였다. 한산대첩(閑山大捷) 이후에 일본 수군의 활동이 없어 전력 강화에 전념하던 전라 수군이 다시 출동하게 되었다.

이순신의 전라 좌수군과 이억기의 우수군은 1592년 8월 24일 여수항을 출항하여 남해의 관음포(觀音浦)에서 밤을 지내고 25일 사량(蛇梁) 앞바다에서 경상 우수사 원균의 함대와 합세하였다. 전력 증강으로 전라, 경상 연합 함대는 판옥선 74척, 협선 92척 등 166척의 전선을 보유한 규모의 함대로 변모되어 있었다. 조선 수군은 당포(唐浦)와 거제도를 거쳐 8월 27일에는 웅천(熊川)의 원포(院浦)에 도착하여 정보를 수집한 결과, 진해, 창원, 고성 등지의 일본군이 철퇴하였고 낙동강 하구의 함선들이 부산으로 이동했다는 정보를 입수하였다. 이에 이순신과 수사들은 일본군이 철군하려는 것으로 판단하고 낙동강 하구를 봉쇄하기로 결정하여 28일과 29일 낙동강 하구에서 적선을 기다렸으나, 29일 낮에 바다로 나오는 적선 6척을 격침시킨 것 외에는 별다른 상황이 없었다. 이에

63) *懲毖錄, 卷1;* 引用文, *壬辰倭亂史*, p. 137, 漢文 引用文, 주 105, p. 296 참조.

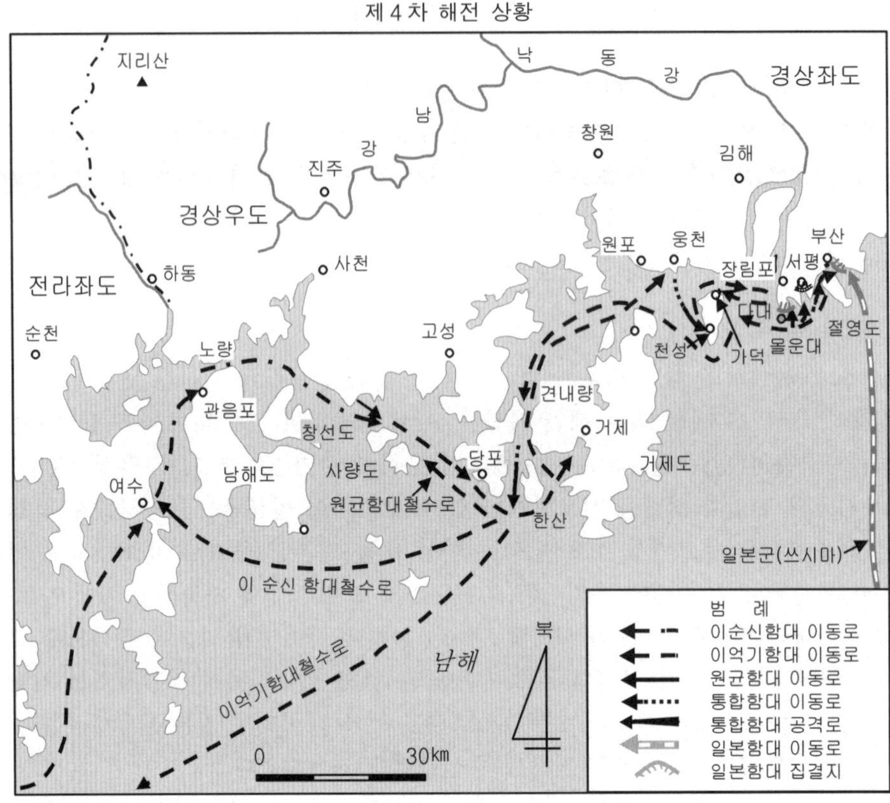

제4차 해전 상황

세 수사는 일본군이 이미 부산으로 철수했다고 판단하여 29일 밤, 가덕도(加德島) 북안에 함선을 정박시키고 작전 계획을 다시 세우게 되었다. 이순신과 수사들은 부산포의 일본군 본진을 공격하여 일본군의 해상 활동 근거지에 타격을 가하기로 결정하였다.[64]

이 때 일본군의 전진 기지인 부산포에는 성주(星州)에서 남하한 하시바(羽柴秀勝)의 주력 부대와 일본 본국으로부터 증원된 수군 병력 8,000여 명이 주둔하고 있었으며 430여 척의 함정이 집결되어 있었다.

조선 함대는 9월 1일 새벽 가덕도를 떠나 부산포로 진출하였다. 연합 함대는 도중에 다대포(多大浦) 앞바다에서 일본 전함 5척, 다대포 포구에서 8척, 서평포(西平浦) 앞바다에서 9척, 절영도(絶影島)에서 2척의 적선을 발견하고 이들을 격침시키면서 부산포에 이르렀다. 절영도에 도착한 조선 연합 함대는 척후선을 파견하여 부산포 일대의 적정을 살피도록 했다. 이 결과 부산포 동쪽 산기슭 해안에 400여 척의 함선이 정박하고 있으며 병력 다수가 해안선을 따라 진지를 구축하여 방어에 임하고 있다는 사실을 알게 되었다. 이순신과 수사들은 적선의 수가 많기 때문에 적선이 전투 태세를 갖추기 전에

64) *亂中日記*, 壬辰年, 8月 24-8日條; *李忠武公全書, 上, 卷2*, 釜山破倭兵狀; *壬辰倭亂史*, pp. 138-42; *東國戰亂史(外亂篇)*, pp. 231-2; *韓民族戰爭通史, Ⅲ, 朝鮮時代 前篇*, pp. 199-202.

연속적인 기습 타격을 가하여 적선을 격파한다는 전법을 택하기로 하였다. 그리하여 170여 척의 전함대를 장사진(長蛇陣)으로 전개시켜 종대(縱隊) 대형으로 포구에 돌진하여 적선을 격파하도록 하였다. 미처 전투 준비를 갖추지 못한 일본 수군은 배를 버리고 육지로 올라가 육군 병력과 함께 조총과 활을 쏘며 대항하였다. 이에 조선 수군은 활로 해안의 적병을 견제하면서 각종 총통으로 장군전(將軍箭), 장편전(長片箭), 피령전(皮翎箭), 대기전(大岐箭) 등을 발사하여 일본군 전함들을 격파하였다. 이런 와중에 이순신의 우부장(右部將) 녹도(鹿島)만호 정운(鄭運)이 적탄에 맞아 전사하였으나 이순신 수군은 계속 화공(火攻)을 적선에 퍼부어 여러 척을 화염에 휩싸이도록 하였다. 조선 수군은 100여 척의 일본군 전함을 소각시킨 뒤에 날이 어두워지자 부산포에서 철수하여 자정 무렵에 가덕도에 도착하였다. 그리고 9월 2일, 각각 본영으로 개선하였다.[65]

불의에 부산포 습격을 받아 100여 척의 함선까지 잃어버린 일본 수군의 활동은 더욱 위축되었다. 그리하여 일본 수군은 조선 수군과의 전투보다는 부산포의 기지 보호와 일본과 부산 간의 병참선 확보에 급급하였다. 일본 수군은 조선 수군, 특히 이순신 함대와의 접전을 회피하고 있었다. 한두 번 당한 것이 아니었기 때문이었다. 실로 육지에서 치러진 진주성 전투에서의 성공적인 방어와 이순신이 벌인 연전연승(連戰連勝)의 남해안 해전 결과는 일본군의 서진(西進)을 봉쇄하였을 뿐만 아니라 계속되는 북행길에 지친 조정과 일본군에게 온갖 시달림을 당해 온 조선인들에게 위안을 안겨 준 쾌거(快擧)가 아닐 수 없었다.

⑤ 조선 수군의 전략과 전술

조선 수군이 일본 수군을 패배시킨 것은 결코 우연한 결과가 아니었다. 조선 수군이 가진 장비와 무기의 성능이 일본 수군의 것보다 효과적이었으며, 조선 수군을 지휘한 장수의 지휘도(指揮道: leadership)가 일본 수군의 것보다 더 진실되고 우수했으며, 작전에 임하는 수군 병사들의 임전 의지와 태세가 일본 수군 병사들보다 더 절실하고 진지했기 때문이었다. 그리고 작전의 명분상 남의 나라를 침공하여 선량한 양민을 학살하고 약탈하는 일본 수군의 명분보다 양민의 생명과 재산을 보호하려는 조선 수군의 명분이 더욱 절실하였다. 이러한 명분과 능력의 차이로 조선 수군은 일본 수군을 패배시킬 수 있었다.

조선 수군의 주력함인 판옥선(板屋船)은 일본 수군의 누각선(樓閣船)이나 층각선(層閣船)이 가지고 있지 않은 용골(龍骨: ship's main frame)을 가지고 있었다. 배 밑에 용골을 지니고 있던 판옥선은 물과의 수평 접촉 면적이 넓어, 상대적으로 속도가 느리고 기동성이 약간 떨어지는 단점을 가지고 있었다. 이에 반해서 일본의 함정은 물과의 접촉 상태가 비스듬하게 되어 있어서 빠르게 항진할 수 있는 장점을 지니고 있었다. 그러나 당시의 해전에서는 흔히 선체와 선체끼리 부딪히는 당파전술(撞破戰術)을 많이

---

65) *前揭書.*

운용하였기 때문에 용골이 있는 조선의 판옥선이 선체가 튼튼하고 안정적이라는 점에서 매우 유리한 위치에 있었다. 특히 거북선은 일본군의 직접 사격으로부터 조선 수군 병사들을 보호할 수 있고, 일본 함정과 직접 부딪히면서 작전을 수행할 수 있는 장점과 특징을 지니고 있었다. 이와 같이 조선 수군이 장비하고 있던 주력함인 판옥선은 일본 수군의 것보다 항진 속도가 떨어지고 수심이 얕은 곳에서의 융통성은 덜한 편이나, 선체와 선체끼리 부딪히는 당파전술(撞破戰術) 구사에 효과적이었으며, 특히 거북선은 수군 병사들까지 보호하면서 일본군 누각선의 층각(層閣)까지 화공으로 공격할 수 있는 장점을 지니고 있어서, 이에 맞는 전술을 구사할 경우에 일본 수군을 패배시킬 수 있는 요인이 되었다.

조선 수군이 가지고 있던 총통(銃筒) 중심의 무기는 일본 수군이 보유하고 있던 조총(鳥銃) 위주의 무기보다 해전에서 선체를 파괴하는 데 더욱 효과적이었다. 일본군이 무장한 조총은 육전에서의 인마(人馬) 살상에는 활이나 창, 칼보다 더욱 효과적이었다. 그러나 해전에서 조총 사격만으로는 선체를 파괴할 수 없고, 조총의 명중률도 저하되어 수군의 살상률이 낮을 수밖에 없었다. 그에 반하여 조선 수군이 장비한 천자총통(天字銃筒), 지자총통(地字銃筒), 현자총통(玄字銃筒) 등의 총통과 대완구(大碗口)에서 발사되는 비격진천뢰(飛擊震天雷)와 각종 전(箭) 등은 명중률에서는 조총에 비해서 저조하나, 선체를 파괴할 수 있는 위력을 지니고 있었기 때문에 해전에서의 효과는 조총에 비할 바가 아니었다. 따라서 조총과 활을 장비한 일본 수군은 총통과 활을 장비한 조선 수군을 이길 수가 없었다. 이 점이 조선 수군을 승리로 이끈 하나의 요인이 되었다.

실전에서 이러한 장비와 무기의 우수성을 보장받을 수 있도록 적절한 전략과 전술을 구사할 수 있는 작전 수행 능력의 보유가 조선 수군에게 승리를 안겨 준 가장 중요한 요인이 되었다. 이순신(李舜臣)이 이를 보장해 주었다. 이순신은 조선 수군이 지닌 장점과 단점을 정확히 파악하고 있어서 거기에 적합한 전술과 전략을 구사하였다. 기동성이 떨어지는 조선 수군 함정을 수심이 얕고 기동 공간이 좁은 포구(浦口) 안으로 진입시키지 않았고, 진입이 불가피할 경우에는 거기에 맞는 전술 대형을 취하도록 했으며, 일본 수군의 주력을 넓은 바다로 유인한 다음에 기동 공간을 확보해 놓고 접전을 실시하였다. 일본 수군이 준비를 갖추기 전에 부산포에 정박한 일본 함정을 공격할 필요가 있을 때 이순신은 조선 수군의 함선을 장사진(長蛇陣)으로 편성하여 종대로 포구에 있는 일본 함정을 공격하게 하였다. 견내량에 있는 일본 수군 주력을 한산도 앞바다로 유인하여 기동 공간을 확보하고 이를 격파하기도 했다. 또한 이순신은 조선 수군이 보유한 화력을 집중적으로 운용하기 위해서 선단(船團)의 중앙이 돌파되어 양분될 위험성이 있으나 화력의 집중이 용이한 학익진(鶴翼陣)을 펴서 일본 수군을 격멸시키는 안목과 지혜, 그리고 용기를 가지고 있었다. 특히 이순신은 일본 수군이 상황이 불리할 때마다 육지로 상륙하여 도망하면서 양민을 괴롭힌다는 점을 간파하여, 일본 수군을 끝까지 추격하지 않고 포구를 빠져 나갈 때 이를 격멸하려 한 작전외적인 상황까지 고려하였던 것이다. 이와 같이 조선 수군이 지닌 장단점을 파악하고 상황에 맞는 적절한 전략과 전술을 창안, 운용할 수 있는 이순신의 판단력과 추진력이 조선 수군에게 승리를 안겨 준 가장 중요한 요인이 되었다.

이순신의 지휘도는 단지 우수한 전략, 전술적 판단과 이에 근거한 가장 적절한 전략 전술의 운용 능력에 있었던 것만은 아니었다. 인간으로서 가장 강직하고 정직한 이순신은 특히 자기 자신에게 가장 엄격하였다. 그리고 장수로서의 자질 향상을 위해서 끊임없는 노력을 게을리하지 않았다. 낮에는 병사들의 훈련 실시와 감독, 그리고 자신의 전기(戰技)를 연마하는 데 시간을 보냈고, 밤에는 병서(兵書)를 숙독하여 작전 구상, 수행에 필요한 장수로서의 자질 향상에 시간을 보냈다. 병사들에게 엄격한 군율(軍律)을 강요하기에 앞서 자신에게 엄격하였으며, 병사들의 전투 행위가 헛되지 않도록 하기 위해서 항상 병법(兵法)을 연구하고 이를 실전에 응용하였다. 그리하여 이순신과 같이 있으면 항상 옷깃이 여미어지고, 이길 수 있고, 결코 헛되이 죽지 않는다는 인간적인 그리고 직업적인 신뢰(信賴)를 갖게 만들었다. 특히 가족(家族)과 동족(同族)을 구하고 보호해야 한다는 이순신의 요지부동(搖之不動)한 신념은 병사들의 전투 의지를 더욱 확고하게 만들어 전투를 승리로 이끌게 한 중요한 요인이 되었다. 이와 같이 조선 수군 지휘관인 이순신의 인품과 자질, 그리고 애국애족(愛國愛族)의 자세는 조선 수군을 승리의 수군으로 만든 근본적인 요인이 되었다.

일본 수군과의 싸움에서 조선 수군이 승리하게 된 요인은 이와 같이 물질적, 정신적인 요소가 망라되어 있었다. 임진왜란 직전에 전라 좌수사로 임명된 이순신은 일본군의 침공에 대비하여 전선(戰船)을 건조하고 화약과 총통을 제조, 개량하였으며 수군 병사들의 훈련과 자신의 전술, 전략적 기량을 연마하는 데 조금도 게을리하지 않았다. 이러한 지휘관의 바른 몸가짐, 현명한 판단, 구체적인 계획과 이의 실천 등이 바로 일본 수군의 서진(西進)을 통한 수륙병진(水陸倂進)의 일본군 침공 전략을 무효화시킬 수 있었던 조선 수군의 전력(戰力)을 형성해 놓았다. 따라서 일본 수군과의 접전에서 전투를 승리로 이끌 수 있었던 정신적인 요소는 물론, 이를 가능하게 하는 물질적인 요소의 구비 역시 한 인간으로서, 또 한 지휘관으로서 주어진 사명과 역할을 충실하게 수행한 이순신(李舜臣)의 유비무환(有備無患)의 정신과 애국애족(愛國愛族)의 마음가짐에서 비롯되었다고 볼 수 있다.

(4) 조선과 명 연합군의 반격

조선 조정의 명나라 원병 요청은 조속하게 이루어지지 않았다. 조선 조정은 4월 하순 일본군의 침공 사실을 요동(遼東)에 알려 주었고, 5월 7일에 선조가 평양에 도착하자 역관(譯官)을 요동에 파견하여 사태가 심상치 않음을 알려 주었다. 그러나 조정이 지켜지리라 믿었던 임진강 방어선이 무너지자 조선 조정은 5월 중순경 명나라에 사신을 보내 원병(援兵)을 요청하면서, 최악의 경우에 조선 국왕의 요동 피난을 수용하도

록 요청하였다.66)

조선의 원병 요청을 받은 명 나라 조정은 여러 가지 문제를 검토하였다. 명의 병부상서(兵部尙書) 석성(石星)은 일본군이 조선을 점령하면 그들은 곧 요동을 침범할 것이고 산해관(山海關)을 넘어 북경(北京)을 위협할 것이라고 말하면서, 명나라의 안전을 위해서 조선에 출병하여 일본군을 축출해야 한다고 주장했다. 그러나 명의 조정 일각에서는 일본이 명나라를 치기 위해서 조선과 공모했을 가능성도 있다는 의견이 대두되었다. 그리하여 명나라는 두 가지 조치를 취했다. 하나는 조선의 왜란이 중국으로 확대되는 것을 막기 위하여 대동강(大洞江)선에서 일본군의 북상을 저지하고 평양을 탈환할 목적으로 요동 병력 일부를 조선에 급파한다는 것이었다. 두 번째는 조선에 사신을 파견하여 조선의 상황을 직접 확인한 다음에 대규모의 조선 출병을 결정한다는 것이었다. 당시 명나라는 1592년 3월 영하(寧夏)지방에서 반란이 일어나 많은 병력이 이의 진압에 동원되었기 때문에 당장 조선 출병을 감행할 여력이 없었다. 그리하여 우선 일본군의 북진을 저지하고, 대규모의 출병은 나중에 실시하기로 하였다. 이러한 이유로 명의 조정은 7월 26일 정식으로 조선 출병을 결정하고도 당장 이를 실행에 옮길 수가 없었다.67)

먼저 일본군의 북진을 대동강선에서 저지하고 평양을 수복하는 임무를 띠고 요동 부총병 조승훈(祖承訓)이 지휘하는 3,000여 명의 병력이 6월 중순에 압록강을 건넜다. 조선 조정은 유성룡(柳成龍)을 접반사(接伴使)로 삼아 명군을 영접하게 하고 군량을 준비하면서 대녕강(大寧江), 청천강(淸川江)에 부교(浮橋) 등을 설치하여 명군의 작전을 도왔다. 조승훈의 명군은 순안(順安)을 거쳐 강행군으로 7월 17일 새벽 평양 부근에 도착했다. 이 무렵 조선군의 척후장으로부터 일본군이 평양에서 철수하고 소수의 수비 병력만 남아 있다는 보고가 들어왔다. 일본 고니시(小西行長)가 이끄는 1군과 함께 평양에 입성했던 구로다(黑田長政)의 3군이 그들의 담당 지역인 황해도로 이동하기 위해서 평양성을 떠난 것을 일본군이 평양에서 전면적으로 철수한 것으로 오판하고 일본군의 평양 철수를 보고했던 것이다. 도원수 김명원으로부터 이 보고 내용을 전달받은 조승훈은 평양성을 조기에 탈환할 수 있는 절호의 기회라고 판단하고 밤새도록 행군을 실시하여 평양성에 다다랐다.

조승훈군이 보통문(普通門)을 통과하여 대동문(大同門)으로 진출하였으나 아무런 저항도 받지 않았다. 조승훈은 일본군이 성을 빠져 나간 것으로 간주하고, 경계 태세도 갖추지 않은 채 종대 대형으로 평양 중심가로 접근하였다. 그러나 후미 부대가 보통문에 다다랐을 때, 골목 양쪽에 매복해 있던 일본군의 기습적인 공격을 받아 순식간에 섬멸적인 타격을 입고 말았다. 일본 고니시군은 거짓 정보를 흘려 명군을 방심시킨 다음에, 평양성을 텅 빈 것처럼 위장하여 명군을 성 안으로 유인하여 섬멸하였다. 평양성에서 구사일생으로 탈출한 조승훈은 안주성(安州城)에서 수십기의 병력을 수습하여

66) *宣祖修正實錄, 卷26,* 25年 7月條; *壬辰倭亂史*, pp. 143-8.
67) *前揭書.*

유성룡의 만류에도 불구하고 장비를 정비해야 한다고 말하면서 청천강을 넘어 북상하여 요동으로 되돌아가고 말았다. 요동에 돌아간 조승훈은 “조선군의 한 진영이 적에게 가담하였기 때문에 패전하였다”고 허위 보고를 하였다.[68]

명나라는 당시 영하(寧夏)지방의 반란을 진압하기 위하여 많은 병력을 투입하고 있었기 때문에 조선 출병을 당장 시행할 수가 없었다. 명은 외교적으로 일본군의 북진을 저지하려 했다. 이에 따라 명은 심유경(沈惟敬)을 유격장군(遊擊將軍)으로 임명하여 8월 조선에 급파하였다. 조선에 파견된 심유경은 고니시와 회담을 갖고 명과 일본이 화친을 한다는 조건으로 9월 1일부터 50일 간 잠정적으로 전투를 중지한다는 휴전을 성립시켰다. 일본군은 당시 조선 각지에서 활동하는 의병들의 유격 작전으로 병참선의 안전한 확보가 필요했고 군량의 확보를 위해서 호남의 점령이 필요했으나, 일본 수군이 이순신의 조선 수군에 의해서 연전연패(連戰連敗)하여 호남으로의 진출이 봉쇄당하자 육로(陸路)를 통한 호남으로의 진격을 위해서 진주성을 확보해야만 할 상황에 직면해 있었다. 명나라도 영하지방의 반란이 평정될 때까지는 대규모의 병력을 조선에 보낼 수 없는 사정에 처해 있었다. 이러한 양측의 속 사정은 양 군간, 잠정적이나마, 휴전을 성립시키는 요인으로 작용하였다. 이와 같이 일본과 명나라는 조선을 도외시한 채 잠정적인 휴전 상태에 들어갔다.

일본군과 성립된 휴전은 명나라측 사정이 정상화됨에 따라 의미를 잃어갔다. 명나라가 9월에 영하의 반란을 진압하자, 명의 조정은 조선과 요동은 순치(脣齒)의 관계로 연결되어 있기 때문에 조선을 지키지 못하면 요동도 지킬 수 없다는 판단 아래, 평양 수복을 위해서 조선에 다시 출병하기로 결정했다. 이러한 명 조정의 결정에 따라 동정군(東征軍)이 편성되어 병부우시랑(兵部右侍郎) 송응창(宋應昌)이 동정군의 경략(經略)으로서 군사 행정 책임을 맡고, 제독(提督) 이여송(李如松)이 실병(實兵) 지휘를 하도록 하였다. 동정군은 9월부터 출병 준비를 실시하여 12월 하순에 결빙(結氷)된 압록강을 도하하려는 계획을 세웠다. 이여송은 12월 8일 4만여 명의 군사를 중, 좌, 우 3군으로 나누어 이여백(李如栢), 양원(楊元), 장세작(張世爵) 등 3명의 부총병관(副摠兵官)을 지휘관으로 각각 임명하고, 요양(遼陽)으로 진출하였다. 그리고 부총병관 왕필적(王必迪)에게 1,000명의 병사를 주어 선발대로 12월 13일 압록강을 건너도록 하였다. 이여송은 동정군의 규모를 10만이라고 선전하면서 12월 25일 압록강을 건너 의주(義州)에서 선조의 영접을 받았다. 원래 이여송의 소부(祖父)가 평안도에서 살던 조선인이었다는 사실은 선조의 이여송 영접을 한층 각별하게 만들었다. 선조의 각별한 대접을 받은 이여송은 1593년 1월 2일 안주(安州)에 있는 유성룡과 평양성 탈환 작전에 관한 의견을 교환한 뒤에 1월 4일 숙천(肅川)에 도착하여 평양성 공격 준비에 착수하였다. 이로써 일본군과 명과의 잠정적인 휴전은 의미를 상실하게 되었다.[69]

---

68) *前揭書.*

69) *東國戰亂史*, pp. 285-306; *壬辰倭亂史*, pp. 147-52; *韓民族戰爭通史, III, 朝鮮時代 前篇*, pp. 204-8.

① 평양성 탈환

명나라 동정군 사령관 이여송은 1593년 1월 4일 사대수(査大受)를 선봉장으로 평양의 고니시군 진영에 파견하여 접촉을 시도하도록 하였다. 사대수는 순안(順安)으로 남하하여 명 조정이 일본과의 화친을 승인하였고, 심유경(沈惟敬)이 다시 와서 화의를 논의할 것이라고 일본군을 속여 영접차 보낸 일본군 20여 명을 기습적으로 사살해 버렸다. 이러한 보고를 받은 이여송은 즉시 병력을 기동시켜 6일 오전에 평양성 교외에 도착하여 공성 준비를 서둘렀다. 조선 조정도 도원수 김명원 휘하에 순변사(巡邊使) 이일 등과 휴정(休靜)이 지휘하는 승병 2,000여 명을 포함하여 약 1만여 명의 병사로써 명의 동정군과 더불어 평양 탈환 작전에 참여하도록 조치하였다. 조선과 명의 연합군이 평양성 탈환 작전에 투입되었다.

조선과 명의 연합군은 1593년 1월 6일 평양성 공격을 개시했다. 명군은 조선 승군의 지원을 받아 동쪽의 모란봉(牧丹峰)을 공격하여 서전(緖戰)을 승리로 장식했다. 한편 1월 4일 사대수 일행을 영접하러 보낸 병사들이 사살되었다는 소식을 들은 고니시는 평양 후방에 주둔하고 있던 오토모(大友吉統)군에게 병력 증원을 요청하고, 수성 태세를 가다듬었다. 그러나 오토모군이 먼저 철수해 버려 1월 7일까지 일본 증원군이 도착하지 않자, 평양 주둔 일본군 수뇌부는 철수할 것인가, 고수할 것인가를 논의한 끝에 증원군을 다시 요청하고 평양성을 고수하자는 고니시의 의견에 따라 방어 준비를 서둘렀다. 1월 8일 이여송군은 아침부터 각종 포를 성문(城門) 전방에 방렬시켜 집중적인 사격으로 성문을 파괴한 다음 병력을 돌진시켰다. 특히 1592년 7월 평양성 공격에 실패한 조승훈(祖承訓)은 명 조정으로부터 백의종군(白衣從軍)의 명을 받고 조선군 복장으로 변장한 군사들을 이끌고 함구문(含毬門)으로 돌진하여 조선군을 경시하고 있던 일본군을 기만하였다. 명군과 조선군은 마침내 평양의 외성(外城)을 점령하고, 중성(中城)에 돌입하여 고니시(小西行長)군을 만수대(萬壽臺)와 을밀대(乙密臺) 쪽으로 압박하였다. 일본군이 곤경에 처하게 되었다.

그러나 이 때 이여송은 병력을 평양성 밖으로 일단 철수시킨 다음에, 고니시에게 서신을 보내 일본군이 평양에서 스스로 물러가도록 종용하였다. 위기에 처한 고니시군은 이여송으로부터 퇴로를 차단하지 않는다는 보장을 받고 이 날 밤에 평양을 떠나 얼어붙은 대동강을 건너 남하하였다. 1593년 1월 9일, 조선과 명의 연합군은 일본군이 떠난 평양성에 입성하여 평양을 수복하였다. 평양이 일본군에게 점령당한 지 약 7개월 만에 수복되었다. 이 때 조선의 도체찰사 유성룡은 일본군이 평양을 떠났다는 소식을 듣고 황해도 방어사 등에게 이를 추격시켰으나, 고시니군에게 큰 타격을 주지는 못했다. 조선과 명의 연합군은 비교적 쉽게 평양을 탈환했으나 평양 탈환 작전 결과는 일본군을 격멸해야겠다는 조선측의 입장과 중국에 대한 위협을 제거하면 된다는 명나라측의 입장 차이가 드러난 결과를 보여 주었다.[70] 그리고 평양 탈환 작전은 조선을

70) *宣祖修正實錄, 卷27,* 26年 1月條; *前揭書.*

평양성 탈환 작전 상황

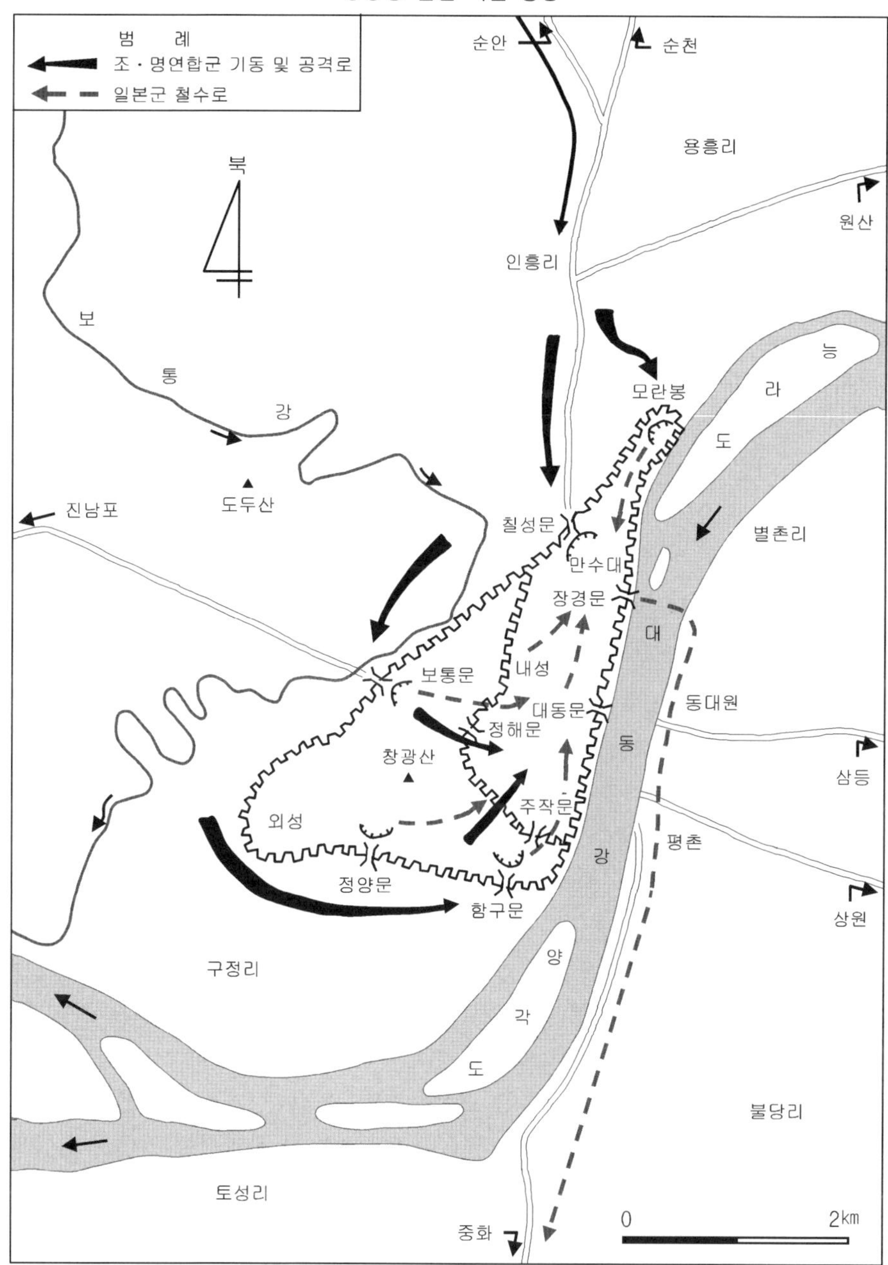

지원하러 왔다는 명나라 군대의 여러 가지 요구를 충족시켜 주기 위해서 많은 노력과 인내가 필요하다는 점도 상기시켜 주었다.

한성의 우키다(宇喜多秀家)는 1월 13일 고니시군이 평양에서 철수하였다는 보고를 접수하였다. 우키다는 즉시 한성에 주둔하고 있던 원로 장수를 비롯한 장수들과 작전

회의를 개최하여 토의한 결과 한성 이북의 일본군을 철수시켜 한성 방어를 강화하기로 결정하고, 백천(白川)의 구로다, 개성의 고바야가와, 함경도의 가토군에게 한성으로의 철수 명령을 하달했다.

평양에서 철수한 고니시군은 봉산(鳳山), 용천(龍泉)을 경유하여 구로다(黑田長政)군이 주둔하고 있던 백천에서 부대를 수습하여 한성으로 향했다. 고니시군과 봉산을 지키고 있던 오토모군이 후퇴하자 일본군은 한성 이북의 전 병력을 한성으로 철수시켜 한성의 방어에 주력하게 되었다. 고니시의 증원 요청을 외면하고 철수한 6,000여 명의 오토모(大友吉統)는 한성에서 고니시군과 합류했으나, 오토모는 지휘권을 박탈당하기도 했다. 한성의 일본군 사령관 우키다의 명령에 의해서 개성에 주둔하고 있던 고바야가와(小早川隆景)군과 백천의 구로다군이 한성으로 철수함에 따라 평양에서 고니시군을 추격한 중협대장(中挾大將) 이여백군과 조선군은 1월 19일 개성에 무혈 입성하게 되었다. 이여송은, 그러나 평양성이 탈환되어 중국에 대한 직접적인 위협이 제거된 것으로 판단하고 평양성에 머무르면서 일본군의 추격보다는 명군의 전열 정비에 열중하고 있었다. 이 덕분에 한성 이북에 배치되어 있던 일본군은 별다른 손실 없이 한성으로 집결할 수 있었다. 조선측의 조바심과 명군측의 여유는 커다란 대조를 이루고 있었다.

② 함경도지역의 상황

함경도에 침입한 가토(加藤淸正)는 국경인(鞠景仁), 국세필(鞠世弼) 등의 반란 세력의 협조로 함경도 북부지역을 손쉽게 장악한 뒤에 길주(吉州) 이남지역에만 일본군을 배치하고 자신은 안변(安邊)에 본진을 두고 있었다. 그러나 북평사(北評使)인 정문부(鄭文孚)가 경성(鏡城)지역에서 의병을 일으켜 회령(會寧)과 명천(明川)지역의 반란 세력을 토벌한 뒤에 길주성의 일본군을 고립시켰다. 이에 마천령(摩天嶺)의 남쪽에 위치한 일본군이 수차례에 걸쳐 길주성에 고립된 일본군을 구출하기 위해서 진출했으나 정문부군은 이를 격퇴하였다. 길주성 안에 고립된 일본군은 규슈(九州) 출신들이라 함경도의 혹한에 온갖 고초를 겪고 있었다. 이 즈음에 가토는 평양의 고니시군이 조선과 명군의 공격을 받고 한성으로 철수했다는 소식을 전해 들었다. 가토는 조선과 명의 연합군이 계속 남진할 경우에 안변과 한성 간의 통로가 차단될 위험성이 있다는 점에 불안을 느끼고 있던 차에, 한성의 본영으로부터 철수하라는 명령을 받았다. 이렇게 되자 가토는 길주에 고립된 일본군을 구출하여 한성으로 철수해야겠다는 판단을 하고 자신이 직접 길주로 출동하였다.

가토가 직접 길주로 진출했다는 소식을 들은 정문부는 길주 서남쪽 단천(端川) 공격을 중지하고 길주의 포위망을 두텁게 하였다. 가토군과 정문부군은 길주 바로 남쪽 백탑교(白塔郊)에서 1593년 1월 28일 폭설이 내리는 가운데 하루 종일 혈전을 전개한 결과, 양 군 모두 적지 않은 피해를 입었다. 이에 정문부군은 길주 후방 명천으로 철수하여

함경도지역의 상황

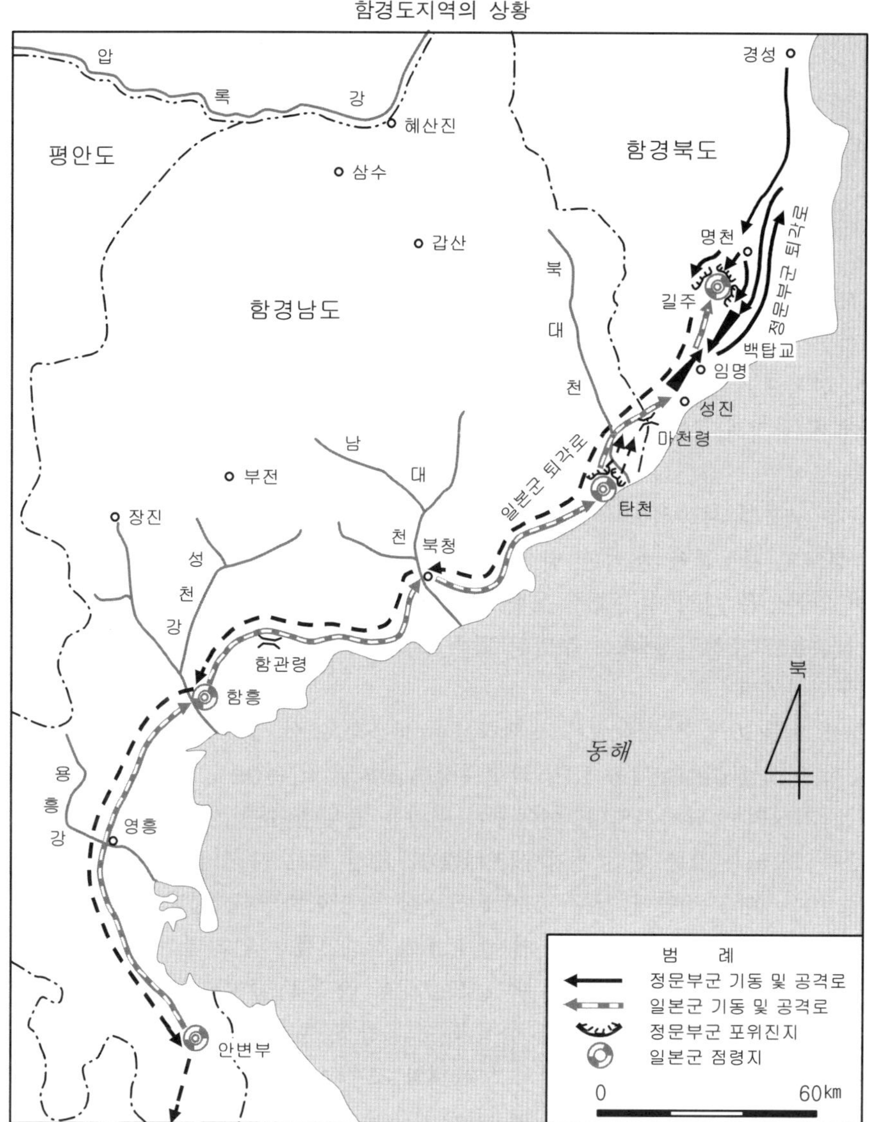

전열을 정비하였으며, 일본군은 길주에 진입하고 길주성에 고립되어 있던 일본군을 구출하여 28일 밤에 안변으로 후퇴하였다. 그리하여 가토는 길주 이남지역의 일본군을 2월 20일까지 함흥으로 집결시켜 안변으로 이동시키고 안변(安邊)의 병력을 한성으로 철수시켰다.

가토는 함경도지역의 일본군을 안전하게 철수시키기 위해서 조선과 명나라 연합군을 평양에 묶어 둘 필요가 있다고 판단하고 이를 위한 심리전을 구사하였다. 그는 길주성의 일본군을 구출할 때 자신이 직접 관북(關北)지방을 평정한다고 선전했던 것과 같이, 가토가 함경도에서 양덕(陽德)-맹산(孟山)을 거쳐 평양을 공격하여 한성으로 남진중인 조선과 명 연합군의 배후를 차단할 것이라는 소문을 퍼뜨렸다. 이러한 헛소문을 이용한 가토의 심리전으로 이여송(李如松)의 관심을 평양성 확보에 집중시킴으로써, 가토군은 측후방의 위협을 받지 않고 2월 말에 한성으로 안전하게 철수할 수 있었다.71)

③ 수도권지역의 상황과 벽제관 전투

일본 침공군 사령관 우키다(宇喜多秀家)는 한성 이북의 병력을 한성으로 집결시켰다. 1593년 1월 18일 고니시군의 한성 입성을 시작으로 한성 이북의 서부지역에 배치되어 있던 일본군은 1월 하순에 한성으로 집결하였다. 한성 주변에 배치되어 있던 일본군이 한성으로 집결하고 50여 만의 명군이 일본군을 추격하고 있다는 소문이 한성에 퍼지자, 한성의 주민들은 성 안에서 봉기하여 조선과 명의 연합군에 내응하려는 움직임을 보이기 시작했다. 이러한 성 안의 동향을 감지한 일본군은 1월 24일 성 안의 장정들을 모조리 사살하고 건물을 불태워 한성 주민들의 봉기를 사전에 봉쇄하는 한편, 함경도의 가토군을 제외한 전 병력을 동원하여 한성의 수비 태세를 강화하였다. 이로써 일본군은 아직 철수하지 못한 함경도의 가토군과 한성에서 조령(鳥嶺)에 이르는 병참선을 확보하기 위해서 투입된 병력을 제외한 약 5만여 명의 병력을 한성의 방어에 투입하였다.

평양에 머물고 있던 이여송은 도체찰사 유성룡과 조선 중신들의 권유에 못이겨 고니시군이 한성에 도착한 1월 18일 좌협대장(左挾大將) 양원(楊元)군과 조선 기병 3,000여 명을 거느리고 남하하였다. 이여송이 평양을 출발한 18일, 의주의 선조도 남행을 시작했다. 분조(分朝)를 했던 광해군(光海君)도 19일 종묘 사직의 신주(神主)를 받들고 성천(成川)을 떠나 20일에 정주(定州)에서 선조를 맞이하였다. 한편 1월 19일 개성에 입성한 이여백(李如栢)군은 이여송의 본대가 도착하기를 기다리면서 명군과 조선군으로 구성된 척후 선봉 부대를 한성 쪽으로 보내어 적정을 살피도록 하였다. 조선과 명군의 척후 선봉대는 임진강을 건너 한성 근교의 창릉(昌陵: 고양군 소재 예종릉)까지 진출하여 1월 25일 철수하는 가토군의 수색대와 조우하여 격전을 치른 끝에 가토군 60여 명을 사살하고 개성으로 귀환하여 이 사실을 급히 보고하였다. 임진강을 건너서 일본군을 공격하였다는 보고를 받은 이여송은 일본군의 전세가 그렇게 강하지 않다는 점을 간파하고, 1월 26일 이른 아침에 친위병 3,000기의 기병과 본대의 기병 부대를 이끌고 개성을 떠나 임진강을 건너 오산리(梧山里: 한성 북방 32km 지점)에 진영을 구축하였다.

한성의 일본군은 가토의 수색대가 1월 25일 조, 명 연합군의 선봉대와 접전했다는 보고를 받고, 조선과 명군이 한성 부근까지 접근했다는 사실을 알게 되어 이에 대한 적극적인 대응책을 수립하였다. 일본군은 개성에서 철수하여 서대문 밖에 진을 치고

71) *壬辰倭亂史*, pp. 152-6.

있던 고바야가와를 선봉장으로 삼아 2만여 병력을 4개 군으로 나누어 전방에 추진 배치하고, 우키다는 2만 1,000여 명의 주력을 지휘하여 본대로서 조, 명 연합군과 일전을 수행하며, 전력이 약화된 1만여 명의 고니시와 오토모군으로 하여금 한성을 수비하도록 하였다. 이러한 계획에 따라 한성의 일본군은 선봉군을 여석현(礪石峴: 한성 서북쪽 12km 지점)에, 주력을 그 후방에 배치하여 조선과 명 연합군의 남진을 저지하여 한성을 지키려 했다.

벽제관(碧蹄館) 전투라고 이름지어진 여석현에서의 전투는 조선과 명군의 공격으로 시작되었다. 명군 부총병관(副摠兵官) 사대수(査大受)와 방어사(防禦使) 고언백(高彦伯)이 지휘하던 조, 명 연합군의 선봉군 기병 3,000여 기는 1월 27일 아침, 여석현에 방어진지를 구축하고 있던 고바야가와군의 제1대인 다치바나(立花統虎)군을 공격하였다. 일본군은 허약한 병사들을 전면에 배치하여 패주하면서 공격군을 진흙 수렁이 되다시피 한 좁은 통로로 유인하였다. 이 때, 연합군 기병의 말이 진흙에 빠지자 산 뒤에서 숨어 있던 1만여 명의 일본군이 반격해 왔다. 짧은 칼만을 소지하고 진흙 수렁에 빠진 명나라 북방 기병은 조총과 긴 칼을 가진 일본 보병에 매우 취약하였다. 조, 명 연합군 선봉대가 고전하고 있을 때, 명군 본대의 선봉군인 이녕(李寧)군 7,000여 명이 망객현(望客峴: 한성 서북쪽 14km 지점)을 넘어와 증원되었다. 이 때 이여송은 일본군을 쉽게 격파할 수 있을 것으로 판단하고, 호위 기병 수백 기만을 거느리고 벽제관(碧蹄館: 한성 서북쪽 18km 지점)을 거쳐 격전장으로 달려갔다. 그러나 이여송의 호위 기병들은 망객현 남쪽 주막리(酒幕里) 일대에서 고바야가와군의 기습을 받아 궤멸되고, 이여송은 겨우 목숨을 부지하여 벽제관, 혜음령(惠陰嶺)을 거쳐 파주로 퇴각하고 말았다.

한편 우키다가 지휘하는 일본군의 본대는, 고바야가와군이 명의 이여백(李如栢)군과 접전을 벌이고 있던 동안 주막리 서쪽으로 우회하여 조, 명 연합군의 우측방을 공격하였다. 이 때 명의 좌협대장(左挾大將) 양원(楊元)군이 조, 명 연합군의 우측방으로 진출하여 우키다군과 싸워 이들의 공격을 격퇴시켰다. 우키다군은 이로써 공격을 중지하고 철수하였으나 양원군도 진흙탕의 도로 사정 때문에 일본군을 추격하지 못하고 퇴각하고 말았다. 이에 따라 이여백군도 적지 않은 피해를 입고 파주로 후퇴하였다. 일본군의 전진 방어로 한성 진출이 어렵게 된 명군은 벽제관 전투에서 일본군이 결코 호락호락하지 않다는 사실을 알게 되었다.72)

허겁지겁 파주로 빠져나온 이여송은 후방으로 계속 철수하려고 했다. 1월 28일 임진강을 건너 동파역(東坡驛)으로 철수한 이여송은, 명군 주력을 이끌고 개성으로 철수하면 임진강 이북지역의 방어가 불가능하기 때문에 적정을 관망한 후에 개성 철수 여부를 결정하자는 유성룡의 간곡한 만류에도 불구하고, 29일 개성으로 철수하였다. 개성에 도착한 이여송은 여기에 그치지 않고 군량이 부족하다는 이유로 평양으로 북상하려고 했다. 이 때, 전라도의 양곡 2만 2,000여 석과 황해도의 마초 수만 석이 해로로

72) *東國戰亂史*, pp. 303-5; *壬辰倭亂史*, pp. 158-61; *韓民族戰爭通史, III, 朝鮮時代 前篇*, pp. 210-3.

벽제관 전투 상황

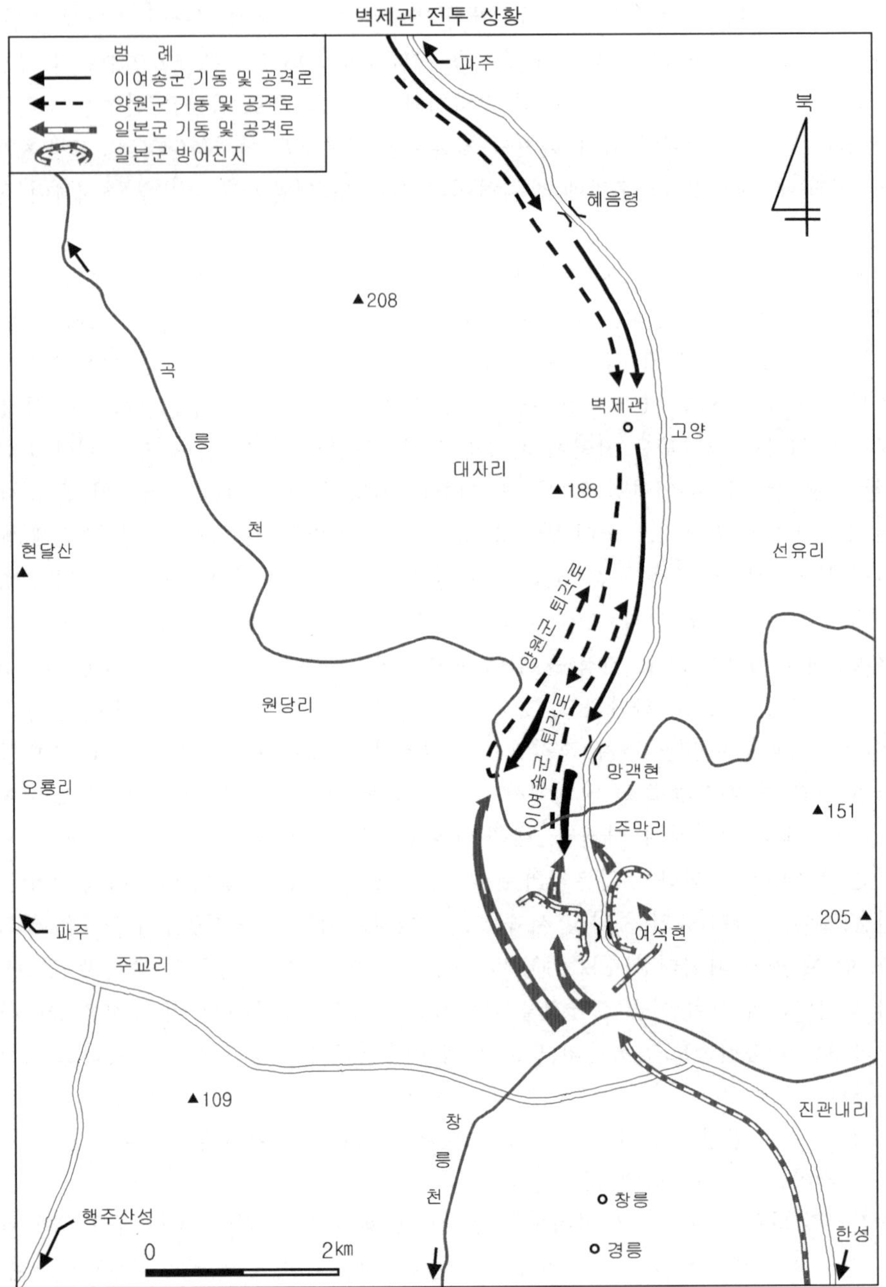

운반되어 개성에 도착하였다. 군량과 마초가 확보되었으나, 이여송은 때마침 전달된 "가토군이 양덕(陽德), 맹산(孟山)을 거쳐 평양을 공격하려 한다"는 소식을 듣고, "평양을 지키지 못하면 명군의 후방이 차단되니 우선 평양을 지켜야 한다"고 말하면서, 유격장군 왕필적(王必迪)군만을 개성에 남겨 두고 주력을 이끌고 평양으로 철수해 버렸

다. 함경도에 진출했던 가토가 자신 부대의 안전한 한성 철수로의 확보 목적상, 평양의 명군을 고착시키기 위해서 퍼뜨린 평양 공격 위협 소문이 효과를 발휘하였다. 이로써 명군의 주력은 평양으로 철수하고 말았다.[73]

④ 행주산성 전투

전라감사 권율(權慄)은 한성과 부산 간 일본군의 병참선을 차단하고 한성을 수복한다는 거대한 구상을 실현시키기 위하여 약 1만여 명의 병력을 이끌고 전주에서 한성으로 북상하였다. 권율군은 북상 도중 수원 남쪽의 독성산성(禿城山城)에서 우키다군에게 포위 공격을 받았으나 전투력의 상실 없이 우키다군을 물리치고, 전라 병사 선거이(宣居怡)군을 용인(龍仁)의 광교산(光敎山) 일대에 진을 치게 하여 일본군의 주의를 끌게 만들고 자신은 은밀하게 북상하여 양천(陽川)에서 한강을 건너 행주산성으로 들어갔다. 권율군이 행주에 진을 치자 용인 광교산의 선거이군, 양천현 일대의 소모사(召募使) 변이중(邊以中)군, 통진(通津)의 충청감사 허욱(許頊)군, 강화의 창의사(倡義使) 김천일(金千鎰)군, 그리고 파주의 명 부총병관(副摠兵官) 사대수(查大受)와 도원수(都元帥) 김명원(金命元)군 등이 한성을 원거리에서 포위하고 있는 형상이 되었다. 그러나 이 당시 일본군은 벽제관에서 조, 명 연합군의 공격을 물리치고 한성을 지키고 있어 사기가 높아 있었다.

권율은 처영(處英)의 승병을 포함하여 2,300여 명의 군사를 이끌고 해발 120m 야산에 설치된 목책(木柵)을 이중으로 설치하여 보강하고 참호를 주위에 파게 하여 방어태세를 갖추었다. 인근의 주민들을 성 안으로 수용하여 방어 인원을 증가하고, 돌멩이 발사기인 수차석포(水車石砲)와 변이중이 제작한 화차(火車)를 여기 저기 배치했다. 근접에서 적병의 면전에 뿌릴 재를 담은 수천 개의 보자기와 물을 끓일 수 있는 가마솥 등도 준비하였다. 권율은 일본군의 침공을 격퇴하기 위해서 만반의 준비를 갖추었다.[74]

일본군은 행주산성에서 권율군이 진지를 구축하자, 이를 이여송군의 대대적인 한성 공격에 앞서 한강 수로(水路)를 이용하여 군량을 집적하기 위한 사전 진지 구축으로 판단하고 행주산성의 조선군을 격멸하기로 하였다. 일본군은 3만여 명의 병력을 7개 제대로 편성하여 행주산성 공격을 준비하였다. 제1대(隊)는 고니시(小西行長), 2대는 이시다(石田三成)와 마에노(前野長康), 3대는 구로다(黑田長政), 4대는 우키다(宇喜多秀家), 5대는 요시카와(吉川廣家), 6대는 모리(毛利元康)와 고비야기와(小早川秀包)군으로 편성하였다. 결의에 찬, 그러나 초조해 하는 3,000여 명의 권율군은 방어태세를 가다듬었고 벽제관 전투에서 조, 명 연합군을 격퇴시켜 자신감으로 가득 찬 3만여 명의 일본군은 공격 준비를 완료하였다.

---

73) *懲毖錄, 卷1*; *壬辰倭亂史*, p. 161; *東國戰亂史(外亂篇)*, pp. 304-5.

74) *宣祖實錄, 卷35*, 26年 2月 23, 24日條; *宣祖修正實錄, 卷27*, 26年 2月條; *亂中雜錄, 2*, 癸巳, 2月條; *練藜室記述, 卷16*, 權慄幸州之捷; *壬辰倭亂史*, pp. 161-6; 李炯錫, *壬辰戰亂史 中* (壬辰戰亂史刊行委員會, 1976), p. 703.

행주산성 전투 상황

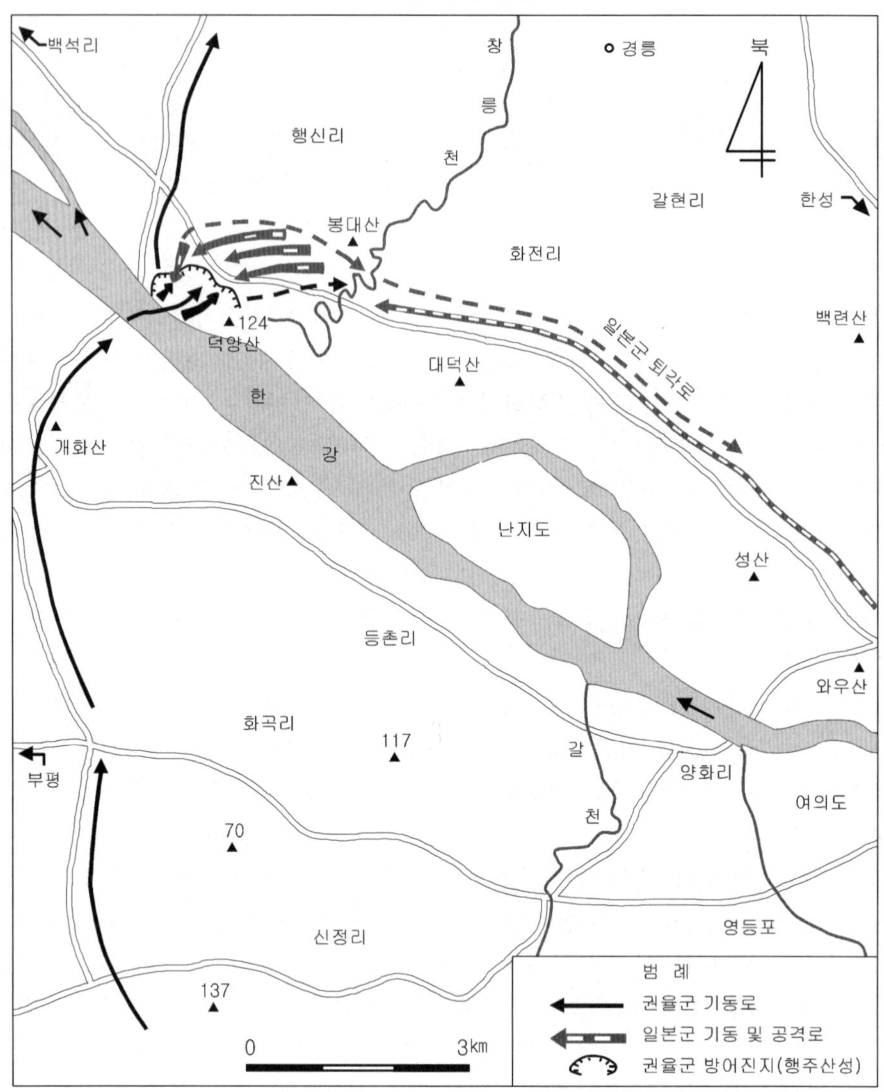

행주산성 전투는 일본군의 공격으로 시작되었다. 1593년 2월 12일 이른 아침, 자신만만한 일본군의 1대가 공격을 개시했다. 이에 권율은 일본군의 예상 접근로에 궁수(弓手)들을 집중 배치하고, 일본군이 근거리에 접근하였을 때 신호에 따라 사격을 실시하여 살상률을 높이려 했다. 일본군이 공격하자 권율은 각종 총통, 화차, 수차석포, 궁시 등을 일제히 발사하여 1대를 물리쳤다. 2, 3대도 같은 방법으로 물리치고 일본군 사령관 우키다는 부상을 당하기도 했다. 5대의 요시카와군은 책성(柵城)의 일부를 불태우며 저돌적인 공격을 가해 왔다. 권율군은 미리 준비해 놓은 물을 퍼부어 불을 끄면서 5대의 공격도 막아냈다. 뒤이어 6대가 서북쪽의 승군 진영을 돌파하려 했다. 이

에 승군은 준비해 놓은 재를 뿌려 이들을 격퇴하였으며, 7군도 승군의 방어 진지를 돌파하지 못했다. 일본군의 이와 같은 파상공격(波狀攻擊)은 오전 6시경부터 오후 6시경까지 9차례나 계속되었다. 권율군도 화살이 바닥나고 지쳐 있었다. 이를 간파한 일본군은 저녁 무렵에 더욱 거세게 공격을 가해 왔다. 이 때 경기 수사 이빈(李蘋)이 소형선박 두 척 분의 화살을 한강 수로를 이용하여 권율군에 보급하여 주었다. 권율군의 사기는 다시 오르고 일본군의 공격 기세는 둔화되었다. 일본군은 손실이 계속 증가되고 날도 저물어 공격을 계속할 수 없다고 판단하여 퇴각하였다. 권율군은 일본군이 전사자의 시체를 모아 불태우고 퇴각하자, 추격대를 보내어 130여 명의 낙오병을 사살하였다. 일본군의 공격으로 시작된 행주산성 전투는 권율군의 부분적인 추격으로 막을 내렸다.75)

전투를 승리로 마감한 권율은 전투 결과를 행재소에 보고한 후에 행주산성에 대한 일본군의 재공격을 회피하고 조선과 명 연합군과의 연결을 위하여 파주산성으로 이동하여 사대수(査大受)의 명군과 김명원(金命元)의 조선군과 더불어 파주산성에 주둔하였다. 이로써 행주대첩(幸州大捷)은 이순신의 한산대첩(閑山大捷) 및 김시민의 진주대첩(晋州大捷)과 더불어 임진왜란의 3대첩(大捷)으로 기록되었다. 이순신의 한산도 해전과 같이 일본군을 적극적으로 유인하여 섬멸한 경우는 아니었으나, 한 방어 거점을 확보하여 일본군의 전력을 심하게 약화시켜 일본군의 한성 점령을 포기하도록 강요한 행주 전투의 결과는 해로(海路)를 통한 서진(西進)이 불가능하게 된 일본군의 서진(西進)을 진주성을 지켜 냄으로써 봉쇄한 진주성 전투가 가져다 준 결과와 맞먹는 의의를 지니고 있었다.

⑤ 일본군의 한성 철수

행주산성의 전투 결과는 조선군과 일본군에게 상반된 반향을 불러일으켰다. 행주산성 방어전에서의 승리를 쟁취한 조선군은 눈에 띄게 활발한 활동을 전개하였고 한성의 수복도 머지않았다는 기대감에 벅차 있었다. 강화의 창의사 김천일(金千鎰)과 전 전라 병사 최원(崔遠), 경기 수사 이빈(李蘋), 충청 수사 정걸(丁傑) 등은 선박을 이끌고 용산(龍山), 서강(西江) 등지에 출몰하여 일본군을 위협하는 활동을 전개하였다. 이와는 대조적으로 행주 전투 이후 사기가 떨어진 일본군은 한성에서의 장기 주둔이 사실상 불가능하다는 사실을 인정하고 함경도의 가토군이 한성에 입성한 후인 2월 29일 작전회의를 개최하였다. 여기에서 일본군 지휘관들 17명은 군량 부족과 지원의 어려움을 토로하고 전라, 경상 양도에서 보급 지원이 용이한 지역을 점령하여 장기전 계획을 수립하는 것이 타당하다고 도요토미에게 건의하였다. 도요토미는 이 건의를 받아들여 3월 중순경 한성 철수 명령을 하달하였다. 행주에서의 전투 결과는 양측에게 다른 행동을 요구하였다.

---

75) *前揭書.*

한성에 주둔하고 있던 일본군은 한성에서의 철수 명분과 실리를 동시에 챙기려는 속셈으로 조선군을 무시하고 명군측에 강화 의사와 조건을 제시하였다. 일본군은 명군에게 명이 강화사를 일본에 파견하고 명군이 요동으로 철수하면 조선 왕자를 조선에 송환하고 4월 8일부로 한성에서 철수하겠다는 뜻을 명군측에 전했다. 명군은 되도록 전투를 하지 않고 강화를 통하여 일본군을 조선에서 물러가게 하려고 일본군측의 요구를 수용하였다. 그러나 조선군은 일본군과의 강화를 거부하고 한성을 독자적으로 공격하려는 의도를 감추지 않았다. 이에 조, 명 연합군의 작전 지휘권을 가진 경략(經略) 송응창(宋應昌)은 "조선군은 일본군에 대한 공격을 전면 중단하라"는 지시까지 내리는 사태가 발생하였다. 온갖 고난과 고초를 경험한 조선군과 명에 대한 위협을 제거한다는 의도하에 조선군을 돕는다는 명분을 내세워 출동한 명군의 일본군에 대한 입장이 현저하게 다르다는 점이 명확하게 드러난 사례였다.

경략 송응창은 그 당시까지 일본측과 강화 회담을 주도해 온 심유경(沈惟敬)에게 일본까지 가서라도 도요토미의 항서(降書)를 받아 오라고 지시함으로써 명의 체면을 유지하려는 몸짓을 취하면서, 자신의 책사(策士)인 사용재(謝用梓)와 서일관(徐一貫)을 명 조정의 강화사(講和使)로 위장하여 한성으로 보내서 일본군측의 요구를 수용한다는 태도를 취했다. 한성의 일본군은 4월 17일 한성에 도착한 명의 강화사 일행을 환영하면서 4월 18일 한성에서 철수를 시작했다. 그러나 5만 3,000여 명의 일본군은 조선의 두 왕자는 물론, 명의 강화사까지 인질로 잡아 자신들의 안전한 철수를 보장하면서 포로가 된 1,000여 명의 조선인들을 앞세우고 풍악(風樂)까지 울리면서 안전하게 중로(中路)를 거쳐 경상도로 철수하였다. 한편 파주의 이여송은 경략의 명령이라는 이유로 일본군을 추격하지 않았을 뿐만 아니라 부하를 시켜 노량진(鷺梁津)의 선박을 통제함으로써 권율의 일본군 추격 시도를 봉쇄해 버렸다. 이와 같이 일본군은 일본군과의 전투를 회피하려는 명군의 직접적인 도움을 받아 안전하고도 편안하게 개선군처럼 철수하였던 것이다.

조선과 명의 연합군은 일본군이 비워 준 한성에, 한성을 내놓은 지 1년여 만인 1593년 4월 20일 입성했다. 조정 중신들도 4월 24일 한성에 입성하여 치안 유지와 주민들의 구제에 힘쓰면서 선조의 환도(還都)에 대비하였다. 그러나 춘궁기의 식량 부족과 전염병의 만연으로 선조의 환도는 10월 초에야 이루어졌다. 폐허화되었던 한성이었지만 1593년 가을에 접어들자 도성으로서의 안정과 면모가 점차 회복되어 갔다.

⑥ 일본군의 재배치

강화(講和)라는 손쉬운 방법으로 일본군을 조선에서 철수만 시키면 된다는 판단을 내린 경략(經略) 송응창(宋應昌)은 일본군이 한성에서 철수하여 경상도에 도착할 때까지 10여 일이 지나도록 조선의 두 왕자를 석방하는 등의 진지함을 보이지 않자, 이여송에게 일본군을 추격하도록 명령했다. 이 명령에 따라 명군은 1593년 5월 초 한강을 건너 명군이 이용한 중로(中路)를 이용하여 남하하였다. 명군이 남진하자 상주, 선산,

안동, 대구 등지에 주둔하고 있던 일본군은 다시 철수하여 밀양(密陽) 이남지역으로 이동하여 명군과의 접촉을 피하려 했다. 이여송과 송응창은, 부총병(副摠兵) 유정(劉綎)군을 성주(星州), 오유충(吳惟忠)군을 선산(善山), 조승훈(祖承訓)군을 거창, 사대수(査大受)군을 남원・전주지역에 배치하여 일본군에게 압박 아닌 압박을 가하면서, 자신들은 한성에 머물러 있었다.[76] 명군이 일본군을 추격하자 조선 조정은 충청, 전라, 경상 3도에 선전관을 급파하여 일본군을 공격하고, 전라 좌수사 이순신에게 명하여 일본군의 해상 탈출을 봉쇄하라고 지시하기도 했다. 당시까지 전쟁을 겪어 온 조선은 현실적으로 이를 실행에 옮길 능력을 보유하고 있진 않았다. 명군의 의도적인 방치와 조선군 전투력 부족의 결과로 일본군은 조명 연합군의 공격이나 방해를 받지 않고 무사히 한성을 빠져 나온 뒤에 경상도지역의 안전 지대로 철수하였다.

일본군은, 침공군이 조선에 상륙을 마친 1592년 7월 도요토미의 지시에 따라, 동해안의 서생포(西生浦: 울산 남쪽 24km 지점)로부터 거제도에 이르는 해안 및 도서지역 10여 곳에 12개의 본성(本城)과 6개의 지성(枝城)을 축조하기 시작하였다. 한성의 일본군이 철수하여 경상도지역에 도착하였을 때는 이 성들이 거의 축조가 완료되었고 철수한 일본군이 점령하여 방어에 임할 수 있는 상태가 되어 있었다. 따라서 일본군은 조선과 명 연합군의 방해도 받지 않은 상태에서 준비된 진지로 철수를 완료하게 되었다.

⑦ 진주성 전투

1592년 10월 호남으로의 진출을 위하여 진주성을 공격하다가 실패한 일본군은 진주성 전투의 실패를 그들의 침공 계획에 차질을 초래한 충격적인 사실로 받아들이고 있었다. 한성 이북의 일본군이 한성으로 퇴각하였다는 보고를 받은 도요토미(豊臣秀吉)는 우키다에게 한성을 확보할 수 있건 없건 간에 진주성을 공격하라는 예비 명령을 하달했다. 그 후 한성에서 일본군의 철수가 완료될 무렵인 5월 20일, 도요토미는 진주성 공격에 관한 전략을 하달했다. 병력 규모는 9만 3,000명으로 하고 부산을 확실히 확보하며, 특히 수군 부대를 가덕도(加德島)에 위치시켜 조선 수군의 부산 공격에 대비하도록 하라는 내용이었다.[77] 그리고 도요토미는 조선의 왕자와 대신 등은 송환하고 진주성을 공격하여 전라도에 침공하라는 지시를 우키다에게 전달하였다. 진주성을 공격하라는 명령이 1593년 6월 상순에 일본군 진영에 전달되었다. 이에 우키다는 공격 부대들을 창원, 김해지역에 집결시켜 공격 준비를 갖추었다. 도요토미의 진주성 공격 명령을 받은 고니시(小西行長)는 심유경에게 진주성을 비워 인명의 손실을 피하도록 통고하였다. 이에 명의 송응창과 부총병 유정은 일본군측에 진주성 공격을 중지하라는 서신을 보냈으나, 명군측의 압력에도 불구하고 도요토미의 지시를 받은 일본군의 진주성 공격은 돌이킬 수 없는 사안(事案)이 되고 말았다.[78]

---

76) *再造藩邦志, 3,* 大東野乘, 5月 李如松의 命令; *壬辰倭亂史*, pp. 168-9; *韓民族戰爭通史, III, 朝鮮時代前篇*, pp. 216-7.

77) *壬辰戰亂史, 上*, pp. 169-71; *壬辰倭亂史*, pp. 169-70.

일본군의 진주성 공격 계획을 알게 된 조선측의 대응은 신속하고 단호했다. 명군을 접대하기 위해서 상주에 있던 진주목사 서예원(徐禮元)과 판관 성수경(成守慶)은 즉시 진주로 복귀하였으며, 창의사 김천일(金千鎰), 경상 우병사 최경회(崔慶會), 충청 병사 황진(黃進), 사천 현감 장윤(張潤)과 1592년 6월 진산(珍山) 전투에서 순절한 고경명(高敬命)의 장남 고종후(高從厚)를 비롯한 의병장들은 휘하 군인들을 이끌고 진주성에 집결하였으며, 진주성 부근 고을의 부사, 현감, 현령 등도 성에 집결하였다. 이러한 과정을 거쳐 진주성에는 3,500여 명의 병사와 6만여 명의 주민들이 진주성에 입성하여 방어 태세를 갖추었다. 진주성에 모인 조선 군민들은 김천일(金千鎰)과 최경회(崔慶會)를 도절제사(都節制使)로 추대하고 황진(黃進)을 순성장(巡城將)으로 삼아 진주성을 사수(死守)하기로 결의를 다졌다.[79]

일본군은 1593년 6월 15일, 창원에서 진주성 공격길에 나섰다. 진주성으로 이동하면서 일본군은 함안에 주둔하고 있던 전라감사 권율이 지휘하여 방어에 임하고 있던 조선군을 격파하고 16일 함안을 점령하였다. 일본군은 함안에서 병력을 양분하였다. 제1진은 정암진(鼎岩津)으로 이동하여 그곳에서 의령을 방어하고 있던 곽재우(郭再祐)군을 물리치고 의령으로 진출하였고, 다른 1진은 함안의 서남쪽 반성(班城)을 경유하여 진주성으로 진격하였다. 의령으로 진출한 일본군의 선발대가 6월 20일 진주성의 동북쪽 4km 지점에 위치한 마현(馬峴)까지 진출하였고 21일에 본대가 그곳에 도착하였다. 함안에서 서남쪽으로 진출한 일본군의 병력도 진주성에 도착하여 6월 22일 오전에 진주성 공격 배치를 완료하였다. 가토(加藤淸正)가 지휘하던 제1대는 진주성의 북쪽, 고니시(小西行長) 휘하의 제2대는 서쪽, 우키다(宇喜多秀家)의 제3대는 동쪽을 담당하여 예비대를 제외한 약 7만여 명의 일본군이 진주성 공격에 참가하였다. 3,500여 명의 병사와 6만여 명의 주민들이 지키고 있던 진주성에 일본 침공군의 주력이 투입되었던 것이다.

진주성에 대한 일본군의 공격은 6월 22일부터 격렬하게 시작되었다. 그러나 주간 공격은 효과를 거두지 못했다. 야간에도 공격해 왔으나 이를 예견하고 미리 대비한 조선군의 대응으로 실패하고 말았다. 이튿날 일본군은 조총을 사격하면서 집중적인 공격을 해 왔다. 남원에 주둔하고 있던 명군도 일본군의 기세에 눌려 구례까지만 진출하고 관망만 하고 있었기 때문에 진주성의 조선 군민들은 일본군의 포위 속에 고립무원(孤立無援)의 상태에서 수성 의지를 다지고 있었다. 몇 차례의 공격이 실패로 끝나자 일본군은 6월 25일부터 진주성 동문(東門) 밖에 토산(土山)을 쌓아 망루(望樓)를 설치한 다음, 그 곳에서 성 안으로 조총을 사격하였다. 이에 성 안에서도 수성장(守城將) 황진(黃

---

78) *前揭書.*

79) 1592년 6월 전라도 나주에서 의병을 일으킨 김천일(金千鎰)은 몸이 약하여 병을 자주 앓았으나 의연히 의병을 일으켰다. 그는 근왕하기 위하여 북상하여 장단(長湍)의 일본군을 공격하기도 하였고, 조정으로부터 창의사(倡義使)라는 직함을 받고 강화도를 지키다가 한성에 진입하였다. 이 때 조정에서 일본군을 추격하라는 명령을 받고 아픈 몸을 일으키며 "호남은 우리 나라의 뿌리이며, 진주는 호남의 병풍이요 울타리이다"라고 말하면서 진주성으로 직행하였다. *東國戰亂史(外亂篇)*, pp. 254-7 참조.

進)의 지휘 아래 토산을 쌓아 현자총통(玄字銃筒)으로 망루를 격파하고 일본군의 화공도 무력화시켰다. 6월 27일, 일본군은 방호가 잘된 새로운 공성 기구인 귀갑차(龜甲車)를 동원하였으나 진주성의 군민들은 이를 소각하였다. 그러나 계속 내리는 비로 토성(土城)이 무너지고 성 안의 화살과 장비 그리고 군민들의 기력도 떨어져 가고 있었다. 일본군은 항복하라는 전단을 살포한 뒤에 6월 28일, 서문 쪽으로 대규모 공격을 감행하였다. 전투를 진두 지휘하던 황진(黃進)과 최경회(崔慶會)가 적탄에 맞아 쓰러지자, 진주성 군민들의 사기마저 떨어졌다. 6월 29일, 일본군은 비에 젖어 무너진 성벽을 넘어 귀갑차를 앞세우고 성 안으로 물밀듯이 진격하였다.

성 안으로 진입한 일본군을 맞아 싸우던 진주성의 군민들은 남강(南江)을 뒤로 하고 촉석루(矗石樓) 쪽으로 밀려 최후의 결전을 벌였으나 중과부적(衆寡不敵)의 약점은 극복할 수가 없었다. 방어를 하던 진주성의 조선 병사들과 주민들은 무기와 자신들을 남강 물 속에 던져 포로가 되는 치욕보다 자진(自盡)의 명예를 택했다. 진주성의 작전을 총 지휘하던 김천일(金千鎰)은 촉석루 위에 있었다. 아들 상건(象乾)과 막하 측근들이 옆에서 "장차 어찌 하시렵니까!" 하며 울부짖었다. 이에, 김천일은 "나는 의병을 일으키던 날, 이미 죽음을 각오하였다. 다만, 너희들이 가엾구나" 하고, 일어나서 북쪽 행재소(行在所)를 향하여 절을 올린 다음, 먼저 병기를 물 속에 던진 후에, 아들 상건을 껴안고 남강 물 속에 몸을 던졌다. 나머지 장수와 참모들도 따라 강물에 몸을 던지는 사람들이 많았다. 진주성은 이렇게 함락되었다. 진주성의 함락과 함께 진주성을 지키던 6만여 명의 주민과 3,500여 명의 병사들도 몰락하고 말았다.[80)]

1593년 6월 29일 진주성에 진주한 일본군은 1592년 10월 진주성 공격의 실패에 대한 철저한 복수를 자행하였다. 주민들을 모두 살육하였고 지역은 철저하게 초토화시켰다. 진주성을 초토화시킨 일본군은 병력을 양분하여 1진은 단청, 산청 등지로 진입시키고, 다른 2진은 섬진강을 따라 구례, 곡성까지 진출시켜 약탈과 살육을 자행하다가 7월 9일 진주로 다시 집결하여 경상도의 주둔지로 향했다. 그리하여 가토군은 서생포(西生浦), 모리(毛利吉成)군은 임랑포(林良浦), 구로다군은 기장(機長), 요시가와군은 동래(東萊), 모리(毛利元康)군은 부산(釜山), 나베시마군은 김해(金海), 고바야가와군은 가덕도(加德島), 와키사카군은 안골포(安骨浦), 고니시군은 웅천(熊川), 시마즈(島津義弘)군은 거제도(巨濟島)에 주둔하였다. 일본군은 주둔지에서 전열을 재정비하고 강화에 집착하고 있던 명군의 동태를 살피면서 새로운 상황 전개에 대처하고 있었다.

---

80) *宣祖實錄, 卷40,* 26年 7月 10, 12, 13, 15, 16日條; *宣祖修正實錄, 卷27,* 26年 6月條; *亂中雜錄, 2,* 6月 15日-29日條; *練藜室記述, 卷16,* 晋州城陷明兵撤還. 특히 선조는 김천일의 자진 소식을 듣고 크게 슬퍼하여 그에게 찬성을 증직하고 제문을 지어 치제하였다. 나주 사람들은 나주의 서쪽 옥정봉(玉井峯) 아래에 정열사(旌烈祠)를 세우고 그를 제사하였다. *東國戰亂史(外亂篇),* pp. 254-7 참조.

진주성 전투 상황

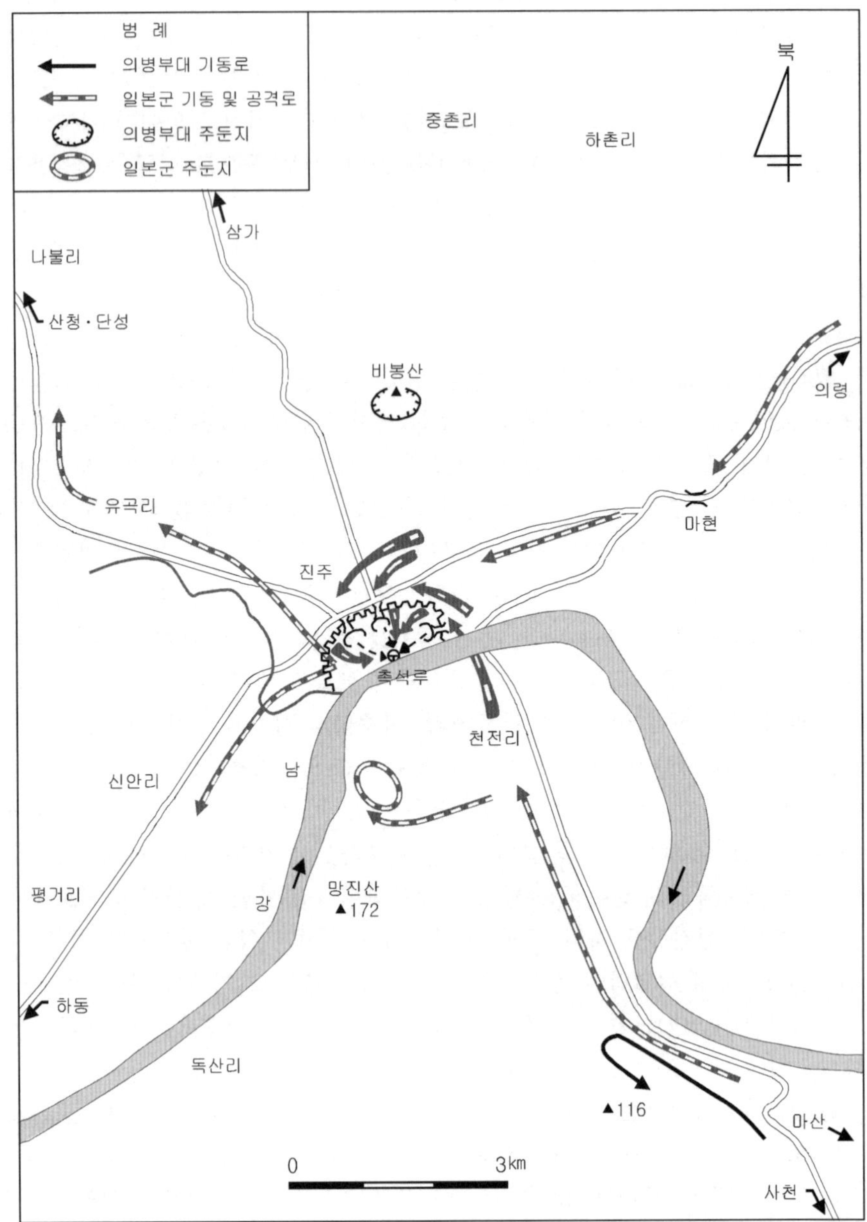

5) 강화 교섭의 전개와 실패

임진왜란시 일본군과 조선군 그리고 일본군과 명군 사이에 강화의 제의와 교섭이 있어 왔다. 그러나 일본군은 강화의 제의와 교섭 자체를 자국군 작전 수행의 편의 증진과 작전 목적 달성의 방편으로 활용하였기 때문에 강화의 성립이 아예 불가능한 경우가 대부분이었다. 최초 일본군은 조선에게 명나라를 침공하기 위한 길을 비켜 달라고 하면서 억지 조건을 제시하기도 했고, 병참선의 신장으로 효과적인 작전 수행이 어렵게 되자, 조선과 화의를 성립시켜 전쟁을 조기에 끝내면서 조선을 통제하려는 의도하에 강화를 제의하기도 했다. 명군이 개입하여 전세가 불리해지자 일본군은 안전한 철수를 보장받기 위해서, 이번에는 조선군을 제쳐놓고 명군과 직접 잠정적인 화의를 성립시키기도 했다. 이러한 일본군의 태도는, 피해가 따를 수밖에 없는 접전을 통한 일본군의 철수를 강요하기보다, 강화를 통해서 일본군을 철수시킬 수 있다고 안이하게 사태를 파악하면서 이를 희망하기도 한 명군 수뇌부의 태도를 이용하려는 계산의 결과에서 비롯된 것이었다. 결국 일본의 도요토미는 일본군의 전력이 어느 정도 회복되자, 조선의 왕자들을 석방한 대가, 즉 조선 영토의 할양이나 세공(歲貢)의 제공과 같은 대가가 부족하다는 이유를 들어 강화를 거부하고 조선의 재침공을 단행하게 되었다. 이와 같이 일본의 수뇌부와 일본군은 강화의 제의와 교섭을 일본의 대륙 정책과 일본군의 조선 통제 전략의 한 수단으로 활용하려는 의도를 지니고 있었기 때문에, 전쟁의 종결과 전쟁 전 상태와 평화의 회복을 원하는 의미에서의 강화의 성립은 사실상 불가능하였다.

조선 침공에 나선 일본군은 침공 후에 조선 조정에 직, 간접적으로 화의를 제의해 왔다. 그러나 이러한 일본군의 화의 조건은 명나라에 가는 길을 열어 달라는 것이었다. 그러면서 일본군이 전투를 하지 않을 수 없었던 이유를 조선이 명나라로 가는 조공 길을 열어 주지 않았다는 점을 들었다. 평양을 점령한 고니시는 1588년 조선의 선위사(宣慰使)로서 부산에서 일본 사신을 접대한 바 있던 대사헌(大司憲) 이덕형(李德馨)을 지목하여 강화 회담을 갖기를 희망했다. 이에 조선 조정은 이덕형을 파견하여 일본군 대표와 대동강상에서 회담을 가졌다. 그러나 일본측 대표는 일본이 조공을 바칠 수 있도록 명나라로 가는 길을 열어 달라고 주장한 반면, 조선의 이덕형은 명나라로 가려면 해로(海路)를 통하여 절강성(浙江省)으로 향하면 되지 않느냐 하는 점을 지적하면서 일본이 진정으로 화의를 원한다면 일본군이 먼저 철수한 다음에 화의를 논의하자고 주장하여 최초의 공식적인 강화 회담은 결렬되고 말았다.

명과 일본군과의 접촉은 강화의 성립에 대한 진지함보다는 양측의 사정과 계산에 의해서 잠정적인 성격을 띤 미봉책에 불과한 것이었다. 명군의 공식 개입에 앞서 명의 제의로 일본군과 10월 20일까지 50일 간의 휴전이 성립된 것은 명의 파병 준비의 미비와 일본군의 보급 문제 해결이라는 양측의 이해와 계산이 상호 합의점을 찾은 결과였다고 볼 수 있었다. 명군의 출병 준비가 갖추어지지 못하자 다시 명나라는 사신을 보내어 일본군은 한강을 경계로 하여 그 이남지역에 주둔하라는 요구를 내놓았다. 이에 일본군은 일본의 봉공을 허락하라는 요구로 이에 맞섰다. 이에 명나라 사신은 그 문제는 명 황제의 허락이 필요하다는 점을 들어 1593년 1월 15일까지 휴전을 연장하는 데 성공했다. 일본군의 고니시는 명나라 사신이 한강 이남으로 철수하여 그 곳에 주둔하라는 제의를 심각하게 받아들이고, 명나라 사신은 명군이 출병 준비에 필요한 시간을 확보했다는 점에서 양측은 또 다시 휴전에 동의하였다. 이와 같이, 조선을 제쳐놓고 이루어진 명과 일본군과의 상호 접촉과 이에 따른 휴전의 합의는 양측의 계산과 기대에서 비롯된 잠정적인 화의에 불과하였다.

명군이 조선에 출병하여 평양을 수복하고 일본군이 한성으로 철수하였으나, 벽제관 전투에서 남진이 일본군에 의해서 저지되자 명군측에서도 화의를 통하여 전쟁을 종결하는 것이 바람직하다는 의견이 개진되었다. 일본군측도 행주산성 전투에서의 패배 이후로 한성의 고수가 어렵게 되자 철수의 명분을 찾기에 부심하고 있었다. 이 때 명군측에서 먼저 조선의 영토를 반환하고 조선의 두 왕자와 대신들을 송환하며 도요토미가 명의 황제에게 사죄하는 글을 바치면 일본 국왕으로 책봉한다는 조건을 제시하며 강화를 제의하였다. 이러한 명군의 제의에 일본군측은 명이 일본에 강화사(講和使)를 보낼 것과 명군을 요동으로 철수시킬 것을 요구하면서 일본군은 조선 두 왕자의 석방과 4월 8일부로 한성에서 철수한다는 것을 제의하였다. 이러한 일본군의 제의가 명 조정에 의해서 쉽게 받아들여질 것으로 판단하지 않은 경략 송응창(宋應昌)은 자신의 재량에 따라 부장인 사용재(謝用梓)와 서일관(徐一貫)을 명나라 조정에서 정식으로 파견한 사신으로 위장하여 4월 17일 한성의 일본군 진영에 보내고 일본군의 철수를 종용하였다. 이로써 명군은 일본군을 철수시키고, 일본군은 고수가 어려운 한성으로부터 철수하는 명분과 안전한 철수를 보장받으면서 경상도 해안지역으로 철수하게 되었다. 임시 방편적인 잠정 합의의 이행은 사실상 기대하기가 힘들었다. 안전하게 철수한 일본군은 조선의 왕자들을 석방하지 않았고, 명군은 뒤늦게 일본군을 추격하였다. 일본군은 접전 의지가 박약한 명군의 상태를 파악하고 자신들의 안전한 철수를 위해서 잠정적인 화의에 동의하였던 것이다.

일본은 무력 침공을 통해서 조선을 점령하고, 가능하면 명나라까지 진출하려 했으나, 실제로 침공 작전을 수행한 결과는 명의 침공은 물론 조선의 완전 점령도 불가능하다는 점을 보여 주고 있었다. 조선 의병들의 활동이 조선 점령을 불가능하게 만들었고, 특히 명군의 조선 진출은 이를 더욱 불가능하게 만들었다. 그러나 일본군은 조선에 출병한 명군이 싸우지 않고 일본군을 조선에서 물러나게 하려는 의도를 가지고 있고 평양에 대한 위협을 가하지 않는다는 보장만으로도 명군과 강화를 성립시킬 가능성이 있다고 판단하여 한성 이남의 조선 영토를 할양받는 조건을 내걸어 명과 강화를 성립시키려 하였다. 정책적으로 일본은 조선 전역의 점령과 장악이 불가능하다면 조선이 일본에 항복하고 한성 이남의 영토를 할양받으면 일차적인 전쟁 목적을 달성한다고 보았다.

도요토미는 명군이 보낸 명의 위장 사절과 이들과 같이 나고야에 도착한 측근 참모인 3봉행(奉行: 石田三成, 增田長城, 大谷吉繼)과 고니시(小西行長)에게 강화의 성립을 위한 다른 조건과 더불어 "조선 4도(道: 경기, 충청, 전라, 경상도)를 일본에 할양할 것을 조건으로 제시하였다. 도요토미는 나고야 강화회담이 끝나고 6월 28일 귀로에 오른 명의 사신 사용재(謝用梓)와 서일관(徐一貫)에게 일곱 가지의 조건을 제시하였다. 첫째, 명의 공주를 일본 국왕의 후비로 보낼 것, 둘째, 명과 일본 간의 무역을 재개할 것, 셋째, 명일 양국의 통교를 문서로 보장할 것, 넷째, 조선의 4도를 일본에 할양할 것, 다섯째, 조선의 왕자와 대신을 일본에 볼모로 보낼 것, 여섯째, 조선의 중신이 일본에 영원한 항복을 서약할 것, 일곱째, 일본은 포로가 된 조선의 두 왕자와 대신을 송환한다는 내용이었다. 포로가 된 조선의 왕자를 송환한다는 것 이외에는 전부 요구하는 내용의 조건을 제시한 것이다.[81]

그러나 이러한 일본의 조건은 명 조정에 전달되지 않았다. 심유경(沈惟敬)은 일본의 요구를 명 조정이 들어 줄 가능성이 없다는 점을 인식하고 고니시에게 일본의 항복 문서를 요구하였다. 고니시는 어떻게 해서든지 강화를 성립시키려는 의도 아래 조선이 명에 이르는 조공길을 막았기 때문에, 조선을 공격했다는 점을 밝히고 명이 일본에 번왕(藩王)의 칭호를 내려 주면 일본은 명의 신하가 되어 영원히 공물을 바치겠다는 내용의 문서를 작성하여 심유경에게 주었다. 그러나 이렇게 경미한 조건과 조치 등을 담은 강화의 조건조차도 명의 조정은 받아들이지 않았다. 송응창(宋應昌)과 심유경이 조정의 허락도 받지 않고 일본에 봉공(封貢)을 허락했다는 이유로 명은 1593년 12월에 송응창을 파직하고, 병부좌시랑(兵部左侍郎) 고양겸(顧養謙)을 임명하였다. 그러던 중에 1594년 2월 말 북경에 도착한 조선의 사은사(謝恩使) 김수(金睟)의 전황 설명에 따라 명은 무력으로 일본군을 격퇴시키는 것이 바람직하다는 논의가 우세하여 강화 회담의 진척은 없었다. 그런데 1594년 12월 13일 고니시가 작성한 허위 항복 문서를 가진 일본 납관사 일행이 북경에 도착하여 고니시의 문서가 명나라 조정에 접수되었다. 문서를 검토한 명의 신종(神宗)은 일본이 침공을 뉘우치고 있다는 판단을 내리고 도요토미의 봉왕(封王)은 허락하되 입공(入貢)을 허락하지 않는다는 방침을 세우고 일본에 책봉사(冊封使)를 파견하기로 결정했다. 이와 같이 도요토미의 요구는 명 조정에 전달되지 않았고, 이에 따라 명의 일본에 대한 자세도 현실적이지 못했다.

그러나 명군측의 "선철병 후강화(先撤兵 後講和)" 주장과 일본군측의 "선강화 후철병(先講和 後撤兵)" 주장이 팽팽하게 맞서 쉽사리 조정되지 않았다. 결국 명나라는 책봉사를 한성에 파견하여 일본군의 철수를 요구하기로 하고 책봉사를 조선에 파견하였다. 그러나 일본군은 병력을 철수시키지 않고, 명의 책봉사를 부산으로 유인하는 데 성공했다. 그리고 고니시와 심유경은 먼저 일본에 건너가서 도요토미의 측근 승려에게 명의 책봉 고명(誥命)과 유서(諭書) 내용 중에 도요토미의 비위를 거스르는 내용이 있으면 이를 순화시켜 보고하도록 사전 공작까지 해 놓았다. 명의 책봉사 일행은 1595년

---

81) *宣祖實錄, 卷44,* 26年 11月 21日條; 조선과 일본군, 명군과 일본과의 강화 제의와 회담 단계와 내용은 *壬辰倭亂史*, pp. 175-212와 *韓民族戰爭通史, III, 朝鮮時代 前篇*, pp. 220-33에 잘 정리되어 있음.

9월 2일 오사카에 도착하여 명의 황제가 내린 금인, 고명, 관복 등을 전달하고, 도요토미를 일본 국왕으로 책봉하는 의식을 치르려 했다. 그러나 도요토미는 “그대를 일본 국왕으로 삼노라”라는 내용만 있고, 7개항에 대한 아무런 화답이 없는 것을 알고 “내가 일본의 왕이 되려면 내 뜻대로 하면 되는 것이지 구태여 명나라의 책봉을 받을 이유가 어디에 있는가?” 하면서 책봉을 거부하고, 책봉사와 통신사의 즉각 퇴거를 명했다. 명나라와 일본과의 강화 교섭은, 양측 대표들의 중간 농간(弄奸)이 있었긴 했으나 양측이 내세운 조건을 양측이 수용할 태세가 되어 있지 않은 상태에서 처음부터 성립되기가 어려운 상태에 있었다.

도요토미는 강경 노선을 취한 가토(加藤清正)의 의견을 받아들여 조선을 재침공하기로 결정하고 고니시로 하여금 조선에 다시 출정하여 공을 세워 속죄를 하도록 명령했고, 명나라 조정은 조정을 속이고 강화 교섭 과정이 명의 국가적 위신을 크게 손상시켰다고 결론짓고 강화 교섭에 직·간접으로 관여했던 병부상서 석성과 경략 손광, 그리고 심유경을 옥에 가두고 조선 문제에 적극적으로 개입할 것을 결정하였다. 이로써 일본군은 1597년 7월 또 다시 조선을 침공하여 정유재란(丁酉再亂)을 유발시켰다. 일본은 강화를 통해서 전쟁 수행으로 탈취하지 못한 실리를 확보하려는 계획이 수포로 돌아가자 다시 무력을 사용하여 조선의 항복과 점령을 쟁취하려고 조선 침공을 감행하였다.

6) 일본군의 재침공

(1) 일본의 침공군과 공격 계획

한성에서 철수하여 경상도 해안 일대에 축조한 20여 개의 본성(本城)과 지성(枝城)에 주둔하고 있던 일본군은 명과의 강화 회담의 진행에 따라 병력을 일본으로 철수시켰다. 그러나 일본군은 명의 책봉사(冊封使)가 파견되면 전 병력을 철수시키겠다는 약속을 지키지 않고 1596년 6월경 부산(1만 명), 안골포(5,000명), 가덕도(1,000명), 죽도(1,000명), 서생포(3,000명) 등지에 2만여 명의 주둔군을 유지하고 있었다. 도요토미가 명의 책봉사를 접견한 뒤에 그가 제시한 강화 조건이 충족되지 않았음을 확인하고 1597년 2월에 조선을 재침공하기로 결정하자, 도요토미의 명령를 받은 장수들은 즉시 각자의 주둔지로 돌아가서 재침공 준비를 서둘렀다. 특히 고니시(小西行長)는 강화 회담 실패의 책임을 지고 처형될 위기에 처했으나, 도요토미로부터 전공을 세워 벌을 면하도록 하라는 처벌 유예(處罰猶豫) 명령을 받고 침공군에 합류하였다. 강화를 통한 전쟁의 목적 달성에 실패한 도요토미는 다시 재침공을 실시하여 전쟁의 목적을 달성하려 했다.

조선의 재침공을 결정한 도요토미는 육군 11만 5,000여 명과 수군 7,200여 명과 조선에 주둔하고 있던 2만여 명을 포함한 약 14만여 명의 병력을 침공 작전에 투입하고 고바야가와(小早川秀秋)를 침공군 사령관으로 임명하였다.[82] 조선 재침공의 명령에 따라, 가토의 제1군은 1597년 1월 14일 부산의 다대포(多大浦)에 상륙하여 양산을 거쳐 울산의 서생포(西生浦)에 집결하고 뒤이어 웅천(熊川)에 상륙한 고니시군은 웅천지역에 집결하여 경쟁적으로 작전 준비를 서둘렀다.

일본 침공군의 선봉군인 1, 2군이 거점을 확보하고 작전 준비를 마치자 도요토미는 1597년 2월 21일, 작전 지침을 하달하였다. 작전 지침의 주 내용은 첫째, 전라도는 철저하게 점령하고, 충청도와 경기도와 기타 지역은 가능하면 점령할 것, 둘째, 점령 작전이 종료되면 성주를 임명하고, 방어 준비를 철저하게 할 것, 셋째, 7인의 감군(監軍)은 작전 상황을 정확히 보고하고, 상벌을 명확하게 집행할 것, 넷째, 선봉을 다투어 작전을 그르치지 말 것, 다섯째, 명의 대병력이 한성에서 5-6일 정도 걸리는 거리까지 진출하면 즉시 보고할 것 등을 포함하고 있었다.[83] 도요토미는 전쟁의 목적을 조선의 점령에서 전라, 경상도의 확실한 장악으로 축소 조정하였다. 임진년의 침공에서는 조선을 점령하고 명나라까지 침공한다는 목적을 수립했으나, 명군의 개입으로 무산되자 명과의 강화 교섭 과정에서 조선의 전라, 경상, 충청 등의 하삼도(下三道)로 축소 조정되었다가 1597년 재침공시에는 전라, 경상도의 확실한 점령으로 조정되었다. 이러한 도요토미의 판단은 임진년의 침공시에 조선 전역을 거의 점령하고도 이를 확보하지 못한 이유를 전라와 경상도의 확실한 점령과 확보가 보장되지 못했다는 점을 인식하고 있었다. 따라서 도요토미는 경상, 전라도의 확실한 장악을 먼저 달성하고 다음 목표를 선정하는 식으로 침공 작전을 수행하려 했다. 이러한 판단과 계획으로 일본의 도요토미는 조선을 재침공하였다.

(2) 조·명 연합군과 방어 계획

임진년의 일본군 침공을 효과적으로 저지할 수 없었던 조선 조정은 일본과 명과의 강화 교섭이 진행되는 동안 전력을 강화하기 위한 온갖 노력을 아끼지 않았다. 먼저 중국의 절강(浙江)지방에 침입한 왜구를 격퇴한 경험을 토대로 엮은 척계광(戚繼光)의 기효신서(紀效新書)라는 병서에 근거한 절강병법을 도입하고 군사 훈련을 실시하기 위하여 1594년 한성에 훈련도감(訓練都監)을 설치하였다. 조총을 가지고 단병 접전도 능숙한 일본군을 상대로 싸우기 위하여 조선군을 포수(砲手: 총포병), 사수(射手: 궁시병),

---

82) 일본군의 편성은 다음과 같았다. *壬辰戰亂史*, *下*, p. 983; *壬辰倭亂史*, p. 217 참조.

제1군:	가 토(加藤淸正)	10,000명
제2군:	고 니 시(小西行長)	14,700명
제3군:	구 로 다(黑田長政)	10,000명
제4군:	나베시마(鍋島直茂)	12,000명
제5군:	시 마 즈(島津義弘)	10,000명
제6군:	조오소가베(長曾我部元親)	13,000명
제7군:	하치스가(蜂須賀家政)	13,000명
제8군:	모 리(毛利秀元)	30,000명
	우 키 다(宇喜多秀家)	10,000명

83) *壬辰倭亂史*, p. 218.

살수(殺手: 창검병) 등 3수병 2,000여 명을 선발하여 다양한 전기(戰技)를 연마하도록 하였다. 그리하여 한 병사가 포수, 사수, 살수의 역할을 경우에 따라서 자유롭게 수행하도록 전기(戰技)를 숙달시키려 했다. 지방에서는 의병(義兵)과 승병(僧兵)을 관군에 편입시켜 인원을 보충하고 전화의 피해가 비교적 적었던 충청, 전라, 황해도에 조총을 비롯한 화기를 생산하도록 하였다. 그리고 지방에도 다양한 전기(戰技)를 발휘할 수 있는 속오군(束伍軍)을 편성하여 지방군도 일본군을 제압할 수 있는 기량을 갖추도록 했다. 그러나 군량의 부족으로 도망병이 속출하여 다양한 전기를 구비시킬 수 있는 병력의 확보가 어려웠고 재정의 결핍으로 화기의 제조는 부진하였다. 따라서 조선 조정은 새로운 군제와 무기의 도입 및 보급의 확충을 통하여 전력 증강을 도모하였으나 조선군 단독으로 일본군과 대적하기는 어려운 형편에 처해 있었다.[84]

명군도 일본군의 재침공에 잘 대비되어 있던 상태는 아니었다. 전투보다는 강화 교섭에 의해서 일본군을 조선에서 철수하도록 하겠다는 명군의 지휘부는 일본군이 경상도 해안에 주둔하게 되자, 1593년 8월 하순에 조정의 승인을 받아 3만의 병력을 이끌고 요양으로 돌아갔다. 1594년 9월 남원에 주둔하고 있던 5,000여 명의 유정(劉綎)군도 철수해 버렸다. 그리고 명군은 압록강 부근에서 수십만의 정예부대가 출동 대기하고 있다고 일본군을 위협하면서 부산에서 호남지방을 거쳐 북경에 이르는 매 12km에 5명씩의 파발(擺撥) 병력을 배치하여 일본군의 동향을 감시하고 조선과 연락을 유지하는 임무를 수행하도록 했다. 그러나 명군의 전투 병력이 철수하여 일본군의 침공에 즉각적으로 대처할 수는 없었다.[85]

이와 같이 조선군의 대비 능력과 태세는 한계가 있었고 명군도 전투력을 철수시킨 시점에서 일본의 침공군은 경상도 해안지역에서 진격 준비를 서두르는 상황이 전개되었다.

조선의 준비는 형식적이고 소극적이었다. 1596년 명의 책봉사와 같이 일본에 간 조선측 통신사 황신(黃愼)이 일본이 재침을 노리고 있다는 보고를 해 오자, 조정은 영의정 유성룡의 건의에 따라 청야입보(淸野入保)의 개념에 입각하여 주민들을 가제 도구와 식량을 가지고 가까운 산성으로 옮기도록 조치하였다. 그리고 양주에서 광주에 이르는 남한강의 도섭 가능한 지역에 방어사를 파견하여 일본군의 도하 북상을 저지하도록 하였다. 특히 조정은 일본군에 관한 정보를 얻기 위하여 조선 진영에 드나드는 요시라(要時羅) 등에게 정 3품의 벼슬인 첨지중추부사(僉知中樞府事)를 제수하고 은(銀) 80냥까지 주었으나, 일본군에 관한 정보의 수집은커녕, 이순신을 제거하려는 일본군의 음모에 조선의 조정이 놀아나는 엄청난 재앙을 자초하고 말았다. 결국 조선 조정의 전쟁 수행에 대한 식견과 능력 부족은 일본군의 침공에 대한 방어 작전조차 불가능하게 만들었고 강(江)과 성(城) 등의 자연 및 인공 장애물의 뒤에서 보호나 받으려는

84) *韓國軍制史, 近世朝鮮後期篇*, pp. 13-6; 20-2; *壬辰倭亂史*, pp. 213-4.
85) *亂中雜錄, 3*, 甲午 8月 12日條; *壬辰倭亂史*, pp. 214-5.

개념의 방어 계획을 구체화시켰을 뿐이었다.

명나라는 강화 교섭의 진행에 따라 조선에 파견한 동정군(東征軍)을 1594년 9월까지 요동지방으로 철수시키고 파발(擺撥)을 위한 병력만 조선에 유지하고 있었다. 그러나 명은 강화 교섭이 결렬되고 조선의 청원사 정기원(鄭期遠)이 명나라를 방문하여 재출병을 요청하게 됨에 따라 1597년 3월 15일 양호(楊鎬)를 경리조선군무(經理趙鮮軍務)로, 3월 29일 형개(邢玠)를 경략어왜겸리양향(經略禦倭兼理糧餉)으로 각각 임명하고 제독 마귀(麻貴) 휘하에 부총병(副摠兵) 양원(楊元), 오유충(吳惟忠), 이여매(李如梅) 등으로 실병(實兵)을 지휘하게 하여 조선에 동정군(東征軍)을 다시 파병하였다.

명의 동정군 지휘관으로 임명된 마귀(麻貴)는 1597년 5월 9일 요양에 도착하여 출동 준비를 갖춘 다음 5월 18일 1만 7,000여 명의 병력을 이끌고 압록강으로 향하면서 경략 형개에게 일본군의 방어가 허술한 부산을 직접 공격하자고 건의하여 승인을 받고 선발 부대를 남원, 전주, 충주, 성주 등지로 파견하였다. 마귀의 지시에 따라 부총병 양원은 3,000명을 거느리고 남원으로, 유격장(遊擊將) 진우충(陳愚衷)군 2,000명은 전주로, 부총병 오유충의 4,000 병력은 충주로, 유격장 모국기(茅國器)군 3,000명은 성주로 출동하였다. 그러나 마귀는 한성 부근에 도착하여 일본군의 근거지인 부산이 너무 멀어 공격을 위한 병참선의 확보가 어렵다고 판단하고 부산의 직접 공격 방침을 수정하여 각 부대들은 주둔지에서 군량을 비축하면서 전력을 강화시켜 차후 작전에 대비하도록 명령하였다. 그리고 경리 양호 일행은 평양에 머물고 마귀는 7월 3일 한성에 도착하여 한성 이남의 전투 부대들을 지휘하기 위한 본영을 설치하였다. 명군의 주력 부대의 뒤를 이어 1597년 9월 19일 부총병 이여매(李如梅)가 1만 5,000의 병력을 이끌고 한성에 도착함으로써 조선에 파견된 명군은 조선 각지에 전진 배치된 병력을 포함하여 6만여 명에 이르러 명실상부한 원정군의 구색을 갖추게 되었다.[86]

조선군의 청야입보(淸野入保)에 의한 수성(守城) 방어와 명군의 전진 배치로 조명 연합군의 방어는 제모습을 갖추어 갔으나, 일본 침공군의 공격보다는 일본군의 공격을 방어로써 저지하고, 이러한 작전 수행으로 일본군에게 피해를 가하여 이들을 철수시킨다는 소극적인 작전 개념을 상정하고 있었기 때문에, 이러한 작전 개념과 형태가 지닌 근원적인 한계를 벗어날 수는 없었다. 결국 전장의 주도권을 일본군에게 넘겨 주고 작전을 수행하겠다는 조선과 명 연합군은 적극적으로 일본군을 격퇴시킨다는 개념보다는 효과적인 방어 작전을 수행함으로써 일본군이 군사적인 방법에 의한 조선의 점령이 불가능하다는 인식과 판단을 내려 그들 스스로 물러나도록 한다는 개념하의 방어 작전을 구사하려 하였다. 따라서 조·명 연합군이 펼칠 작전의 성과는 효과적인 방어 작전을 수행할 수 있는가와 일본군이 철수하거나 퇴각할 경우에 이들을 얼마나 효과적으로 반격할 수 있느냐 하는 여부(與否)와 정도에 달리게 되었다.

86) *壬辰倭亂史*, pp. 224-5.

(3) 일본군의 침공과 작전 경과

일본군의 수뇌부는 본격적인 재침공에 앞서 남해안의 제해권을 장악하기 위한 사전 공작과 작전을 실시하였다.

일본군 지휘부는 임진년 침공시에 호서와 호남을 장악하지 못해서 조선을 완전하게 굴복시키지 못했고, 호서와 호남을 장악하지 못한 것은 이순신의 조선 수군이 남해안의 제해권을 장악하고 있었기 때문이었다고 판단하고 본격적인 전라, 충청도로의 진격에 앞서 삼도수군통제사(三道水軍統制使) 겸 전라좌수사(全羅左水使)인 이순신(李舜臣)을 제거하기 위한 공작을 먼저 진행시켰다. 강화 회담을 주도하여 온건파로 알려진 고니시(小西行長)와 가토(加藤淸正) 간에 알력이 있다는 점은 조선 조정에도 알려진 사실이었다. 강화 회담의 실패로 참형을 면하고 다시 출정에 나선 고니시는 이순신을 제거하여 전공을 세우려는 의도하에 조선 조정으로부터 벼슬까지 받은 요시라(要時羅)를 통하여 허위 정보를 조선측에 전달하도록 했다. 이러한 임무를 띤 요시라는 경상 우병사 김응서(金應瑞)를 방문하여 "고니시는 가토로 인해서 강화 회담이 결렬된 것에 불만이 있어 조선 수군이 가토를 제거해 주기 바란다. 가토는 1월 21일에 조선에 올 것인즉 그 때 조선 수군이 해상에 매복해 있다가 급습하면 그를 생포할 수 있다"는 정보를 제공하였다. 조선 조정은 이 확인되지 않은 정보를 믿고 도원수(都元帥) 권율(權慄)을 한산도에 보내 이순신에게 출동 명령을 하달했다. 그러나 이순신은 간교한 일본인이 제공한 정보는 허위 정보일 것이며, 사실이라면 반드시 복병이 있을 것이라는 점을 들어 출동을 거부하고 수색 활동을 강화하였다. 고니시는 이순신을 유인하여 제거하려는 자신의 초기 계략이 실패로 끝나자 조선 조정이 이순신을 제거하도록 다시 요시라를 파견하여 1월 14일 이미 조선에 상륙해 있던 "가토군이 7일 간이나 해상에 머물다가 21일 예정대로 상륙하였다"고 전하면서, 조선 수군이 출동하지 않은 점을 힐책까지 하였다. 이에 조선 조정은 원균을 지지하는 서인(西人)들의 주장에 따라, 1592년 2월 이순신과의 알력으로 충청 병사로 전출되어 육군을 지휘하고 있던 원균을 통제사로 임명하고, 2월 26일 이순신을 체포하여 한성으로 압송하도록 했다. 일본군은 그들이 유인하여 제거하려던 이순신을 조선 조정이 제거하도록 하는 공작을 성공적으로 완수하였다.

원균이 지휘하는 수군은 이순신의 수군과 달랐다. 이순신은 1593년 7월 15일 한산도에 진영을 구축한 지 3년 7개월 동안 둔전을 실시하여 군량을 비축하고, 무기와 선박의 제조는 물론 끊임없는 훈련을 통하여 강한 조선 수군을 육성해 놓았던 것이다. 그러나 3년 7개월이 지난 1597년 2월 26일 삼도수군통제사는 조정을 배반한 죄목으로 그 동안 모았던 군량미 9,914섬과 화약 4,000근, 300문의 총통을 원균에게 인계하고 함거(檻車: 죄인이 타는 수레)에 몸을 실었다. 병사들도 울고 주민들도 울었다. 이순신 휘하에서 목숨을 부지했던 병사와 이를 울타리로 생업에 종사했던 주민들은 자신들의 운명을 가늠하기 어렵다는 두려움과 곧고 인자한 통제사가 하루 아침에 죄인이 되어 떠나야 되는 현실에서 비롯된 서러움으로 울었다. 원균은 작전회의 장소를 연회 장소로 바꾸는 등 이순신이 제정한 모든 법령과 관습을 바꾸었다. 원균은 술을 좋아하고 주정이 심하여 형벌에 척도와 법도가 없어 명령이 시행되지 않았다. 이러한 지휘도(指揮道)의 부재와 공평성(公平性)의 훼손(毁損)으로 수군의 제장(諸將)들과 마찰이 있어 지휘 계통이 확립되지 못하여, 조선 수군의 전력은 크게 약화되기에 이르렀다. 원균이 지휘하는 조선 수군은 이순신의 수군이 아니었다.[87]

한성으로 압송된 이순신(李舜臣)의 죄목은 세 가지였다. 첫째, 조정을 속여 임금을 업신여긴 죄, 둘째, 적을 놓아 주어 나라를 저버린 죄, 셋째, 남의 공로를 빼앗은 방자한 죄가 그것이었다. 감옥에 갇힌 이순신은 한 차례 무서운 고문을 받았다. 이순신이 고문을 받았다는 소식이 전해지자 이순신을 알고 있던 사람들은 혹시 자신들의 이름이 거론되지나 않았을까 하고 전전긍긍하는 모습을 보이기도 했다. 동서 양인으로 나누어 당파적인 이해만을 위해서 정쟁(政爭)을 일삼던 당시의 정치 상황에서 고문을 받는 죄인의 입에서 자신들의 이름이 거론된다는 것은 바로 투옥과 죽음으로 이어질 가능성이 매우 높기 때문이었다. 그러나 이순신은 당시의 졸부(拙夫)들과는 다른 인간이었다. 이순신의 인간 됨됨이와 장수로서의 재질을 잘 알고 있던 판중추부사(判中樞府事) 정탁(鄭琢)은 이순신을 살려야 한다고 판단하여 목숨을 건 상소문을 올렸다. 신구차(伸救箚)로 알려진 정탁의 상소문은 이순신을 우선 살려야겠다는 생각으로 고문만은 더 이상 가하지 말아 달라는 내용을 머리에 실었다. 그리고 재능을 가진 인재는 함부로 하지 않아야 됨을 지적하면서, 하물며 장수의 재질을 가지고 왜적을 맞아 싸워 전공(戰功)을 세운 인재를 공을 무시하고 벌만 내린다면 어느 누가 공을 세우려 할 것이며 누가 국가를 위해서 더 노력할 것인가 라는 가장 완곡한 내용의 상소문을 선조에게 올렸다. 신구차로 알려진 상소문은 이순신을 죽여야 된다고 주장했던 사람들과 선조의 양심을 건드렸다. 일본군이 쳐들어오기가 무섭게 도망길에 올랐던 자신들과는 달리 일본 침공군과 목숨을 걸고 싸워 이겼던 장수를 죽이기에는 자신들의 입장이 떳떳하지 못했다. 선조는 이순신을 석방하여 백의종군(白衣從軍)을 명하여 명예를 회복하도록 했다. 누가 명예를 회복해야 되는지가 불분명한 상태였으나 석방되는 이순신은 아무 말이 없었다. 1597년 4월 1일 석방된 이순신은 남하하던 도중, 아들의 압송 소식을 듣고 배를 타고 오다가 83세를 일기로 세상을 떠난 모친의 시신을 아산(牙山) 백암리에 모시고, 4월 19일 길을 재촉하여 6월 8일 도원수 권율에게 백의종군 신고를 마쳤다. 1597년 2월 26일 죄인으로 끌려갔던 통제사 이순신(李舜臣)은 3개월 반 만인 6월 8일 무등병의 신분으로 다시 전장에 나타났던 것이다.[88]

이순신을 제거한 일본 침공군은 바다에서 별로 지장을 받지 않고 활동하였다. 이에

---

87) *東國戰亂史(外亂篇)*, pp. 335-45; *壬辰倭亂史*, pp. 236-43; *韓民族戰爭通史, III, 朝鮮時代 前篇*, pp. 245-49; 이은상, *충무공정신*(육군본부, 1975), pp. 233-323.

88) *前揭書*. 특히, *충무공정신*, pp. 252-5.

도원수 권율과 도체찰사 이원익은 원균에게 전선을 총집결하여 한산도 앞바다를 지키는 한편 적극적으로 일본 수군의 해로를 봉쇄하는 작전을 수행하도록 지시했다. 그러나 원균은 지상에서 육군이 안골포와 웅포의 일본군을 먼저 공격해야 수군이 출동할 수 있다는 장계를 올리기까지 했다. 1597년 7월 초순 일본군은 600여 척의 대규모 선단을 이끌고 부산에 입항하였다. 도원수 권율은 원균에게 이 일본 함대를 공격하라고 명령하였다. 권율의 재촉과 더불어 벌까지 받은 원균은 할 수 없이 7월 14일 새벽에 전라 좌수군, 이억기(李億祺)의 전라 우수군, 배설(裵楔)의 경상 우수군, 최호(崔湖)의 충청 수군 등 100여 척의 함선을 이끌고 견내량, 가덕도를 지나 부산으로 항진하였다. 원균이 이끄는 조선 수군의 움직임은 웅천(熊川), 안골포(安骨浦), 가덕도(加德島)로 이어지는 일본군의 연락망을 통하여 일본 수군과 육군에 전달되었다. 그리하여 토도(藤堂高虎), 와키사카(脇坂安治), 가토(加藤嘉明) 등이 지휘하는 수군과 고니시(小西行長)와 시마즈(島津義弘) 등이 이끄는 육군이 조선 수군을 맞아 싸울 태세를 갖추었다. 일본군은 이순신이 제거된 조선 수군을 겁내지 않았다.

권율의 명령에 따라 출동한 조선 수군은 7월 14일 하루 종일 항진하여 절영도(絶影島) 앞바다에 도착했다. 그러나 주위의 수색이나 경계를 소홀히 하고 부산으로의 항진에만 열중했던 조선 수군은 일본군의 유인 전술에 말려들어 일본 수군의 공격을 받고 고전을 치러야만 했다. 간신히 전열을 수습하여 가덕도를 거쳐 거제도 북단의 영등포(永登浦)에 도착한 조선 수군은 식수를 보충하기 위해서 병력을 상륙시켰다. 그러나 그곳에 매복하고 있던 일본군의 기습을 받아 400여 명의 병사를 잃고 칠천도(漆川島)로 이동하였다. 조선 수군은 칠천도 해상에서 작전회의를 열었다. 경상 우수사 배설(裵楔)은 수군을 한산도 본영으로 철수시켜 전열을 정비한 다음 다시 출동하자는 의견을 내놓았으나, 원균은 현지에서 결전을 감행하기로 했다. 그러나 밤에 접근한 일본 수군은 7월 15일 새벽 조선 수군을 기습 공격하여 접전을 벌였다. 중과부적으로 조선 수군은 칠천도 해안에 상륙을 시도했으나 일본군의 추격을 받고 원균을 비롯한 전라 우수사 이억기(李億祺), 충청 수사 최호(崔湖) 등이 전사하였다. 다만 경상 우수사 배설만이 12척의 전함을 이끌고 포위망을 탈출하여 한산도의 본영을 불태우고 전라도 쪽으로 퇴각하였다.[89] 칠천량 해전의 결과 조선 수군은 사실상 와해되어 남해안의 제해권은 일본군의 손아귀에 들어가고 말았다.

허위 정보를 제공하여 이순신을 제거하게 하고 조선 수군의 출병을 종용하여 이를 칠천량 해전에서 섬멸시킨 일본군은 본격적인 육상 작전에 돌입하였다. 일본 침공군의 총 사령관인 고바야가와(小早川秀秋)는 1597년 8월 3일 일본 침공군을 좌군(左軍)과 우군(右軍), 2개 군으로 편성하여 전라도의 중심인 전주를 목표로 진격 명령을 하달하였다. 고바야가와는 우키다(宇喜多秀家)를 대장으로 고니시(小西行長), 시마즈(島津義弘), 하치스카(蜂須賀家政)군 등 4만 9,600여 명으로 좌군을 구성하여 남해안을 따라 고성,

---

89) *前揭書.*

칠천량 해전 상황

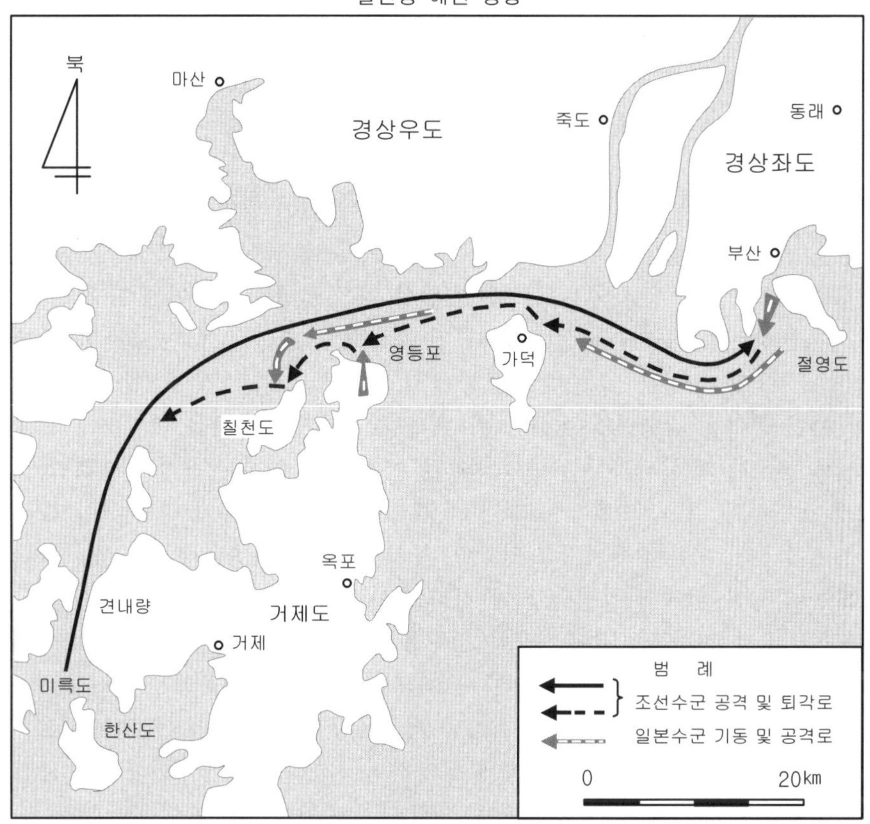

사천, 하동으로 서진하여 구례, 남원을 공략한 다음 전주로 향하도록 했다. 우군은 모리(毛利秀元)를 대장으로 가토(加藤淸正), 구로다(黑田長政), 나베시마(鍋島直茂)군 등 6만 4,300여 명으로 구성하여 낙동강을 도하하여 거창, 안의, 진안을 경유하여 전주로 진출하도록 했다. 그리고 토도(藤堂高虎), 가토(加藤嘉明), 와키사카(脇坂安治) 등이 지휘하는 수군 7,200여 명은 좌군과 병진하여 하동으로 진출한 다음에 섬진강(蟾津江)을 거슬러올라가 구례에서 좌군과 합류하도록 하였고, 부산포, 서생포, 안골포, 가덕도, 죽도 등에 구축해 놓은 성(城)에는 1,000명에서 1만 명에 이르는 수성군(守城軍)을 잔류시켜 이들 성을 확보하도록 했다.

일본군 우군의 선봉 부대인 가토군은 서생포에서 7월 25일 출발하여 양산에서 우군의 본대와 합류한 다음 밀양을 거쳐 창녕으로 진출하였다. 가토군은 의병장으로서 경상 우도 조방장(助防將)으로 임명된 곽재우(郭再祐)가 낙동강 연안의 군민들을 거느리고 방어에 임하고 있던 창녕의 화왕산성(火旺山城)을 공격하려 했으나, 산성의 산세가 험하고 방어 태세가 견고하여 이의 공격을 포기하고 성을 우회하였다. 가토군은 낙동강을 건너 김해, 창원, 진주를 거쳐 합천(陜川)으로 진출한 나베시마군과 합류하였다.

일본의 우군은 합천에서 거창으로 진출하여 전열을 정비하고, 주력은 안의를 거쳐 육십령(六十嶺)을 넘어 진안으로 향하고, 일부 별동대는 안의에서 함양, 운봉을 거쳐 남원으로 향하게 하여 산속에 감추어 둔 곡식을 탈취하도록 했다.

안의(安義)를 거쳐 육십령으로 향하던 가토군은 안의 북쪽에 위치한 황석산성(黃石山城)을 공격하였다. 산성은 도로에서 떨어져 있었기 때문에 일본군의 진로를 방해하지 않았으나, 가토군은 조선의 청야(淸野) 작전으로 인하여 군량의 확보가 어려웠기 때문에 성을 탈취하여 성내에 비축되어 있는 식량을 손에 넣어야만 했다. 일본군은 8월 16일 성을 포위하고 항복을 권유했으나 성 안의 조선 군민들은 결연한 항전 결의를 보였다. 황석산성은 안의현감 곽준(郭䞭)과 전 함양군수 조종도(趙宗道)와 전 김해부사 백사림(白士霖) 등이 병사 및 주민들과 함께 지키고 있었다. 그러나 8월 16일 밤에 일본군이 야간 공격을 감행하자 이에 놀란 백사림이 자기 가족들을 비밀리에 탈출시키고 자신도 성에서 빠져 나가기 위하여 성문을 여는 틈에 일본군이 성 안으로 돌입하였다. 조선 군민들은 결사적으로 싸웠으나 곽준, 조종도 등과 500여 명의 사상자가 발생하고 성은 일본군 수중에 들어가고 말았다. 황석산성을 탈취한 일본군은 성 안의 곡물들을 모두 약탈한 뒤에 육십령을 넘어 전라도로 침입하였다.[90]

남해안을 따라 전라도로 진출하도록 명령을 받은 일본군 좌군은 7월 중순 원균이 이끄는 조선 수군을 섬멸하고 남해안에서 제해권을 확보한 다음에는 장애를 받지 않고 진격할 수 있었다. 우키다가 총지휘하던 좌군은 7월 29일 부산, 웅천, 안골포, 가덕도 등지에서 선박으로 이동하여 고성에 상륙하여 사천으로 향했다. 좌군은 사천에서 전열을 정비한 다음에 8월 5일 하동으로 진출하고, 여기에서 수군과 합류하였다. 좌군의 선봉인 시마즈군은 8월 7일 텅 빈 구례를 점령한 가운데 주력은 11일 하동을 출발하여 우군보다 한 발 앞서 전라도에 진입하였다.

일본군 좌군이 구례를 지나 남원으로 향하고 있을 때, 남원에서는 1593년 이여송과 같이 조선에 출전한 바 있던 부총병 양원(楊元)이 지키고 있었다. 6월 중순에 남원에 도착한 양원은 성을 보수하고 방어 시설을 보강하는 한편 조선군의 병력을 여기저기서 끌어모아 1,000여 명의 조선군과 3,000여 명의 명군을 지휘하여 방어에 임하고 있었다. 그리하여 동문은 중군(中軍) 이신방(李新芳)군이 맡고, 서문은 천총(千摠) 모승선(毛承先)군, 남문은 천총 장표(將表)군, 북문은 병사(兵使) 이복남(李福男)군이 담당하여 방어 태세를 가다듬고 있었다.

남원에 도착한 일본군은 8월 14일 남원성을 포위하고, 병력을 4개 제대로 나누어 동, 서, 남, 북문을 공격할 준비를 갖추었다. 동문은 모리와 하치스가군, 서문은 고니시, 소오, 와키사카군, 남문은 우키다와 토도군, 북문은 시마즈와 가토군이 공격하도록 했다. 부총병 양원은 전주의 유격장 진우충(陳愚衷)에게 지원을 요청했으나, 진우충은

---

90) *宣祖實錄, 卷92*, 30年 9月 1日條; *宣祖修正實錄, 卷31*, 30年 8月條; *亂中雜錄, 3*, 丁酉 8月 15日條; *練藜室記述, 卷17*, 黃石山城敗沒; *壬辰倭亂史*, pp. 220-4; *韓民族戰爭通史, III, 朝鮮時代 前篇*, pp. 236-8.

경상도지역의 일본군 재침공 상황

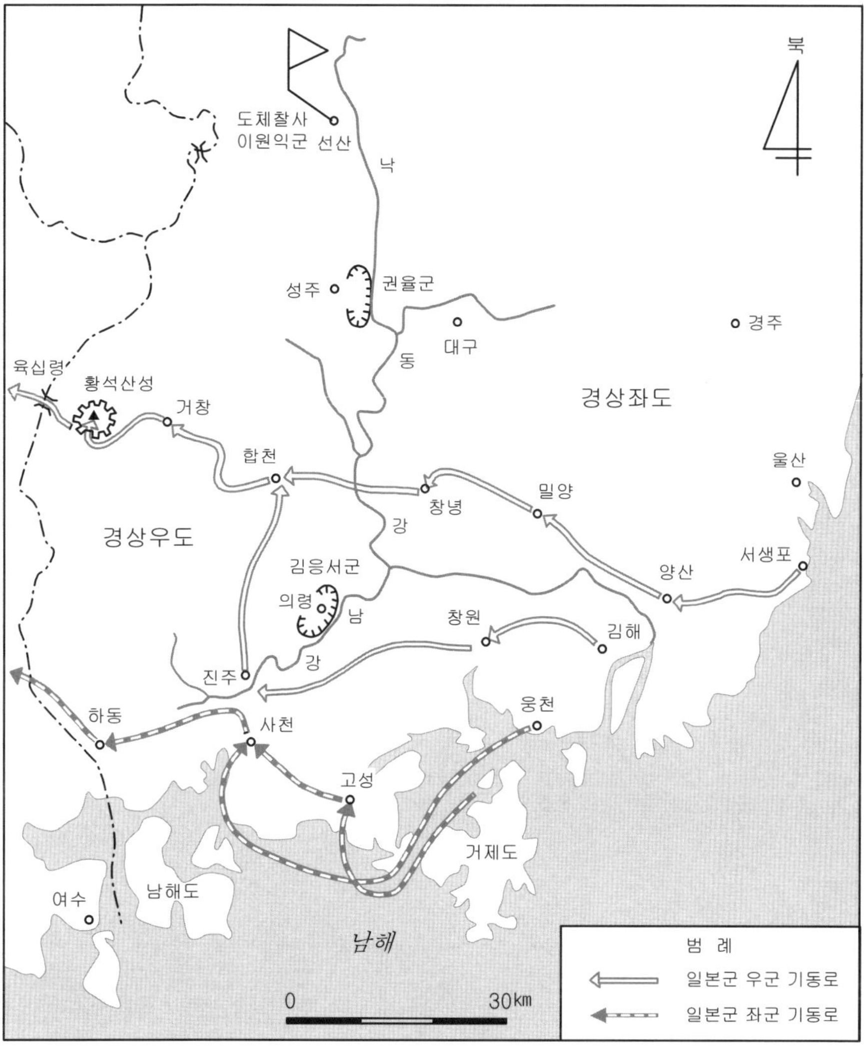

전주성을 비울 수 없다는 이유로 지원 요청을 무시해 버렸다. 고립무원의 남원성 수비 병력은 8월 16일 남원-전주 간 통로를 차단하고 공격해 오는 일본군과 격전을 벌였다. 일본군은 공성 기구를 세워 놓고 성 안에 조총사격을 실시하고, 사다리를 성벽에 기대어 놓고 성 안으로 돌입하였다. 남문과 서문 쪽으로 일본군이 돌입하여 조선군의 후방을 압박하였다. 북문을 지키고 있던 병사 이복남과 부장들은 상황이 걷잡을 수 없이 악화되자 화약고에 불을 지르고 그 속에 뛰어들어 자결하고 말았다. 동, 서, 남문을 지키던 지휘관은 모두 전사하고 양원만이 50여 기를 이끌고 포위망을 탈출하였다. 일본군은 8월 17일 아침에 남원성을 완전히 점령한 후 전열을 정비한 다음에 전주로 향하고,

전라도지역의 일본군 재침공 상황

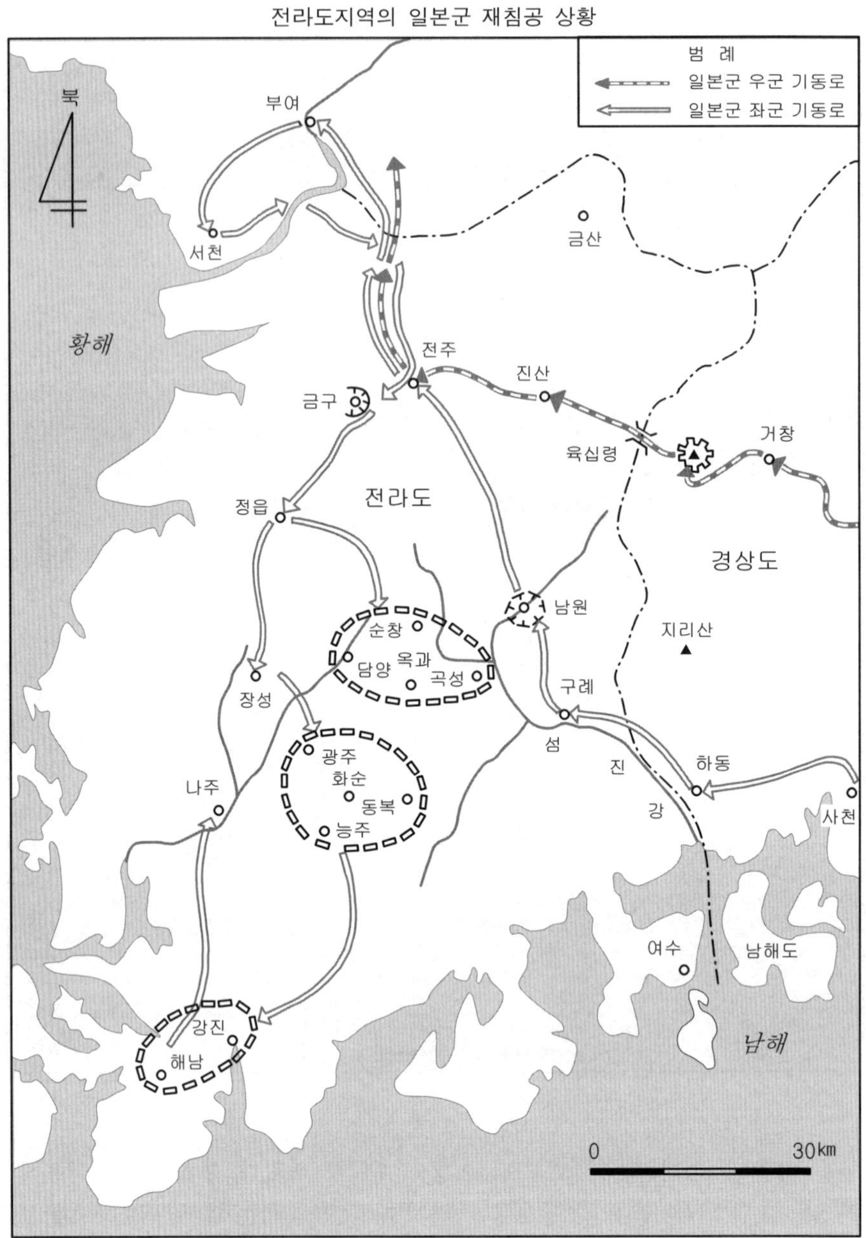

좌군과 합세하여 남원성 공격에 참여했던 일본 수군은 하동으로 남하하여 수군 본연의 임무에 복귀하였다.

전주성을 지키고 있던 유격장 진우충과 전주 부윤 박경신은 남원성 함락 소식을 듣고 공주로 달아나 버려 일본군이 도착하기도 전에 전주성은 빈 성이 되어 있었다. 일본군 좌군은 1597년 8월 19일에 전주성에 무혈 입성하였고, 이를 이어 우군의 본대 역시 진안을 거쳐 전주에 진출하였다. 거창에서 분리되었던 우군의 별군도 운봉으로 진출하여 장수 등지를 거치면서 약탈을 자행하다가 전주의 본대와 합류하였다.

전주에서 전열을 정비한 일본군 사령관 고바야가와는 전라도를 장악하고 연안 해로(海路)를 동시에 통제하기 위해서 좌우군에게 새로운 임무를 부여하였다. 우군은 계속 북진하여 충청도를 점령하고, 좌군은 일단 충청도 지경까지 진출하였다가 남하하여 전라도를 장악하고 연안 해로를 완전히 통제하여 해로를 통한 조선군의 연결 통로를 차단하는 임무를 수행하도록 했다.[91]

일본군 좌우군은 8월 29일에 전주를 출발하여 청야 작전으로 무인지경(無人之境)이 된 만경평야를 지나 여산을 거쳐 충청도에 진입하였다. 충청도에 진입한 우군은 북진을 계속하고, 좌군은 남하하여 해안선을 따라 전라도의 평야 지대를 관통하는 내륙 통로를 이용하여 보급 문제를 해결하고, 전라도의 해안선을 봉쇄하려고 했다. 북진을 계속하던 우군은 가토군을 선봉으로 공주를 무혈로 점령한 다음, 가토군을 청주 방면으로 진출시키고, 구로다군은 천안으로 북상시켰다. 이러한 과정을 거쳐 일본군 좌우군은 9월 중순경까지 전라, 충청도의 중요 지역을 장악하였으나 산성으로 피난한 주민들을 장악하지는 못했다.

조선 조정은 일본군이 전라도를 점령하고 충청도까지 진출하자, 평안도 장정들을 모집하여 한강선 방어 태세를 강화하는 한편, 명군에게 일본군의 북진을 저지해 줄 것을 요청하였다. 1597년 9월 3일 한성에 도착한 경리 양호(楊鎬)는 제독 마귀(麻貴)에게 병력을 남파하여 일본군의 북진을 저지하라는 명령을 내렸다. 이에 마귀는 9월 5일 기병 2,000여 기를 남파시키고 뒤이어 2,000여 기를 증파하였다. 부총병 해생(解生)이 지휘한 명군 기병 부대는 급행군으로 9월 7일 새벽에 평택을 지나 날이 밝기 전에 직산(稷山) 남쪽 1km 지점인 삼거리에 도착하였다. 일본군의 우군 선봉인 구로다군의 선발부대는 삼거리에 이르렀을 때 명군을 발견하고 공격 준비에 들어갔다. 이에 명군도 방어 태세를 갖추어 일본군과 대치하게 되었다.

일본군이 먼저 공격을 개시하였다. 일본군은 조총 사격을 퍼붓고 나서 아침 햇살에 번뜩이는 칼을 휘두르며 명군 진영에 저돌적인 공격을 해 왔다. 명군도 포격으로 맞서고 백병전을 수행하여 많은 일본군을 살상하였다. 이에 구로다는 천안의 본대에 지원을 요청하고, 병력을 좌우 두 제대로 나누어 전개시키고 명군에 사격을 퍼부었다. 오후가 되자 증파된 2,000여 기의 명군이 도착하여 해생은 중, 좌, 우 부대로 일본군을 공격하였다. 그리하여 4,000여 기의 명군 기병과 5,000여 명의 일본군 보병과 치열한 전투가 벌어졌다. 양 군이 혼전을 벌이고 있던 중에 천안에서 증원된 일본군 기병이 전투에 가세하였으나, 명군의 기병이 일본군 보병을 압도하여 이들을 격퇴하였다. 구로다군이 직산에서 철수하자 기세가 꺾인 일본군 우군은 경기도 진격을 포기하고 청주, 보은을 거쳐 김천으로 철수하기에 이르렀다. 실로 직산 전투는 일본군의 북진을

91) *壬辰倭亂史*, pp. 226-30.

직산 전투 상황

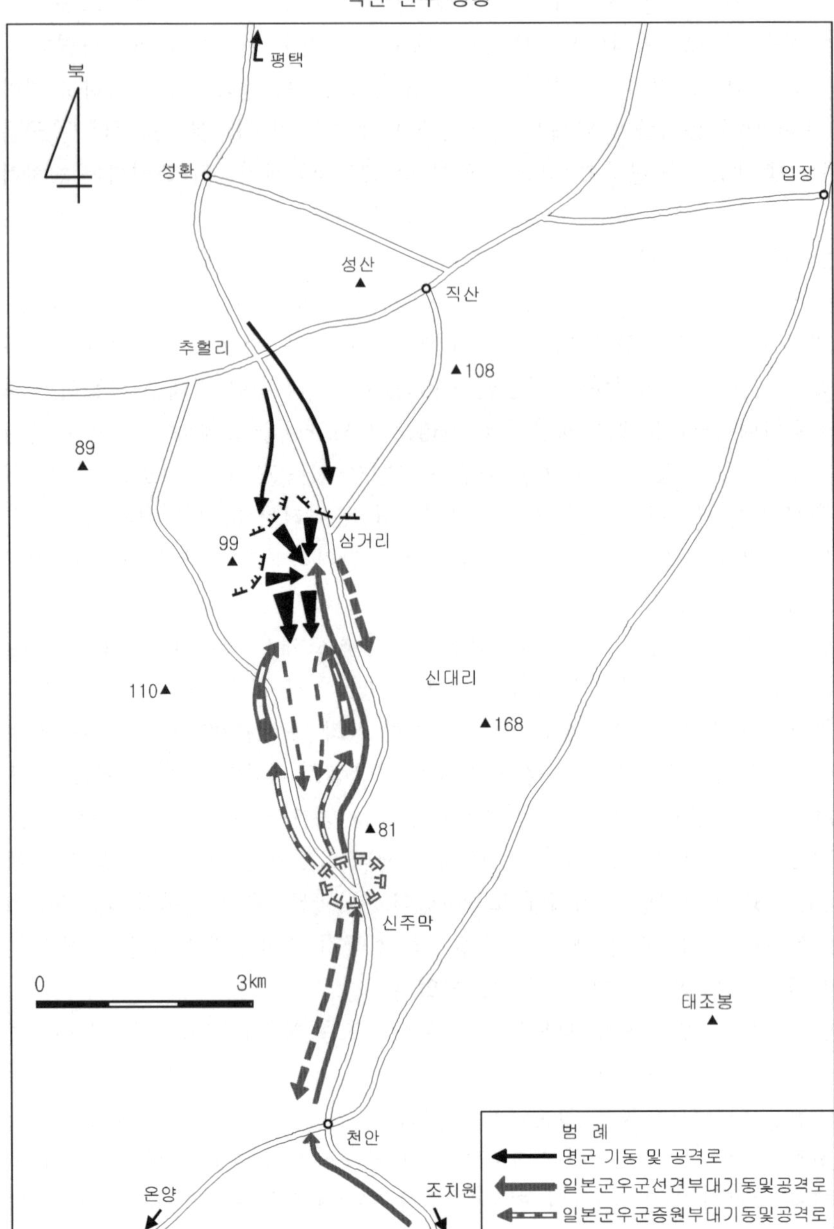

저지한 결정적인 결과를 조·명 연합군에게 안겨 준 전투였다.92)

직산 전투에서 패한 일본군 우군은 추풍령(秋風嶺)과 조령(鳥嶺)을 넘어 경상도지역으로 남하하고, 좌군은 전라도로 남하함으로써 일본군은 1597년 9월 중순 이후로 육상

92) *宣祖修正實錄, 卷31,* 30年, 9月條; *亂中雜錄, 3,* 丁酉 9月 6日條; *壬辰倭亂史*, pp. 233-6.

전투에서 수세를 취하게 되었다.

(4) 이순신의 재기용과 명량해전

칠천량해전에서 원균이 지휘하던 조선 수군이 전멸하자, 조선 조정은 권율 휘하에서 백의종군(白衣從軍)하던 이순신(李舜臣)을 1597년 7월 22일 다시 통제사로 기용하고 수군을 재정비하여 일본 수군의 서진(西進)을 저지하도록 했다. 이순신은 일본 침공군 총대장인 고바야가와가 전라도로 진격 명령을 하달한 즈음인 8월 3일 통제사 임명장을 받고 지체없이 임지로 떠났다. 통제사 이순신은 일본군을 피하기 위하여 구례, 곡성을 거쳐 8월 14일 보성(寶城)에 도착하였다. 이 동안 이순신은 120여 명의 병력을 모았고 18일 장흥의 회령포(會寧浦)에서 9척의 전함을 수습하였으며, 회령포에서 선박으로 해남반도를 돌아 29일에는 벽파진(碧波津)에서 전라 우수사 김억추(金億秋)의 전함 3척을 수습하여 총 12척의 전함을 보유하게 되었다.[93)]

이순신이 전공(戰功)이 있다고 정헌대부(正憲大夫: 정 2품)까지 증직해 놓고, 죄인이라고 끌어올려 무서운 고문을 가한 뒤 백의종군(白衣從軍)을 명하고, 원균의 칠천량해전 패배 이후에 다시 삼도수군통제사로 임명하여 중책을 맡긴 조선 조정은 수군이 이미 와해되었다고 판단하여 이순신에게 해전(海戰)을 포기하고 육지에서 싸울 것을 명하였다. 그러나 이순신은 임진년 이후 5-6년 간 일본군이 충청, 전라도지방을 넘보지 못한 것은 수군이 이들의 해상 우회 기도를 성공적으로 차단하였다는 점을 지적하면서, "… 신에게는 아직도 싸울 수 있는 전함이 12척이나 있으니 죽을 각오로 싸우면 능히 승산이 있습니다. … 전함의 수가 비록 적다고는 하나 보잘것없는 신이 아직 죽지 않고 있으니, 왜적이 감히 우리를 가볍게 보지 못할 것입니다"라는 장계를 올려 수군이 육전(陸戰)보다 해전(海戰)을 수행해야 한다고 주장했다.[94)] 조정은 이에 따를 수밖에 없었다. 이리하여 이순신은 12척의 전함으로 일본 수군의 대규모 선단과 맞서게 되었다.

조선 수군의 존폐 여부가 논의되고 있을 때, 일본군은 남원을 거쳐 전주까지 점령하여 전라도를 석권하고 있었으며, 남원성 전투에 참가했던 일본 수군은 남원성 탈취 후에 육군의 북진과 더불어 해로를 이용하여 서해안으로 북상하기 위하여 하동으로 남하하여 수군 본연의 임무로 복귀하였다. 330여 척의 전함을 보유한 일본 수군은 9월 7일, 일본의 육군이 직산에서 싸우고 있을 때 해남반도 남단 어란포(於蘭浦)까지 진출하여 서해로 진출하기 위해서 명량수로(鳴梁水路)를 통과할 준비를 갖추고 있었다. 명량수로는 화원반도(花園半島)와 진도(珍島) 사이의 좁은 수로로서 조수의 간만시에 유속이 빠르고, 암초가 많아 대형 선박과 대규모 선단의 통과에 부적합한 수로였다. 그러

---

93) *亂中雜錄, 3,* 丁酉 7月 7, 11, 16日條; *再造藩邦志, 4,* 漆川梁海戰; *練藜室記述, 卷17,* 丁酉倭寇再出; *宣祖修正實錄, 卷31,* 30年 7月條; *壬辰倭亂史,* pp. 239-43.

94) *宣祖修正實錄, 卷31,* 30年 7月條; *壬辰倭亂史,* pp. 240-1에 인용.

나 일본 수군은 서해로 진출하기 위해서 진도를 우회하는 해로를 택하지 않는 한 이 해로를 이용할 수밖에 없었다.

일본 수군이 어란포(於蘭浦)에 진출했다는 보고를 받은 이순신은 9월 15일 진영을 벽파진에서 명량수로(鳴梁水路) 서쪽의 전라 우수영으로 이동하고, 간조와 만조시에 명량수로의 조수가 역류하는 현상과 수로의 협소함을 이용하여 일본 수군을 격파하기로 계획하였다. 그러나 이순신은 부하들에게 전법을 설명할 수가 없었다. 12척으로 일본군의 대규모 선단을 맞아 싸우는데 전법이 통할 리 없다는 것을 잘 알고 있었기 때문이었다. 병법을 조금이라도 아는 사람은 이런 경우에 어떻게 해야 된다는 점을 말할 수가 없었다. 병법을 잘 알고 있던 경상 우수사 배설(裵楔)은 육지에 올라가 육전을 돕자고 주장하다가, 그의 의견이 받아들여지지 않자 병을 치료하겠다고 육지에 올라가 도망칠 정도의 상황이었기 때문이었다. 배설은 후에 선산(善山)에서 권율이 발견하여 참형에 처해졌으나, 경상 우수사까지 두려움을 느끼고 있었던 상황에서 이순신은 다만 "죽기를 다하면 살고, 살기를 바라면 죽는다(必死則生 必生則死)"라는 말을 할 뿐이었다. 그리고 이순신은 100여 척의 피난민 선박을 12척의 전함 뒤에 배치하여 대규모 선단인 것처럼 위장하고 12척의 전함으로 선제 공격을 가하기로 계획을 세워 놓았다. 그러나 조선 수군 장수와 병사 모두 불안한 마음을 감추지 못하고 있었다.

1597년 9월 16일 아침, 130여 척의 일본군 함선이 우수영으로 향하는 밀물을 타고 명량수로로 진입하였다. 보고를 받은 이순신은 12척의 전함을 이끌고 출동하여 명량수로 서쪽 출구를 봉쇄하였다. 밀물을 타고 수로의 동남쪽 입구로 진입한 일본 함대는 종대 대형으로 수로를 통과하려 했다. 일본군 선단이 명량수로 서북쪽에 도달하자, 이순신은 선두에 서서 일본군 전함에 집중적인 공격을 가했다. 뒤따르기를 꺼려하는 부하들을 호령하면서 12척의 전함으로 일본군의 선두 전함을 그야말로 필사적으로 공격하였다. 일본군 함대의 선두 제대는 전투 대형도 제대로 갖추지 못한 상황에서 조선 이순신 함대의 공격을 받아 큰 혼란에 빠졌으며 때마침 간조가 되어 동남쪽으로 역류하기 시작한 조수의 급류로 그들 함선끼리 부딪히기도 하였다. 이러한 틈을 이용하여 12척의 조선 수군 전함은 일본군 수군 선두 제대의 함정 31척을 격침시키고 두 명의 수군장(來島通總, 波多信時)과 수군 지휘관 토도(藤堂高虎)에게 중상을 입히는 전과를 획득하였다. 일본 수군의 선두 제대를 뒤따르던 일본 함대의 본대는 명량수로를 통과하지 못하고 뱃머리를 돌려 돌아가고 말았다. 12척으로 구성된 이순신의 수군 선단이 130여 척의 일본군 선단을 격퇴시킨 것이다.[95]

1597년 7월 조선에 다시 침공하여 경상, 전라, 충청, 경기 등 한성 이남지역을 장악하려던 일본군은 9월 7일 직산(稷山) 전투의 패전과 9월 16일 명량(鳴梁)해전의 패배로 인하여 전세(戰勢)가 꺾이기 시작했다. 특히 이순신이 지휘한 12척으로 구성된 조선 수군에게 저지된 서해안 우회 기도는 육상에서의 패배와 더불어 일본군의 전라도 점

95) *壬辰倭亂史*, pp. 242-3; *韓民族戰爭通史, III, 朝鮮時代 前篇*, pp. 247-9.

명량해전 상황

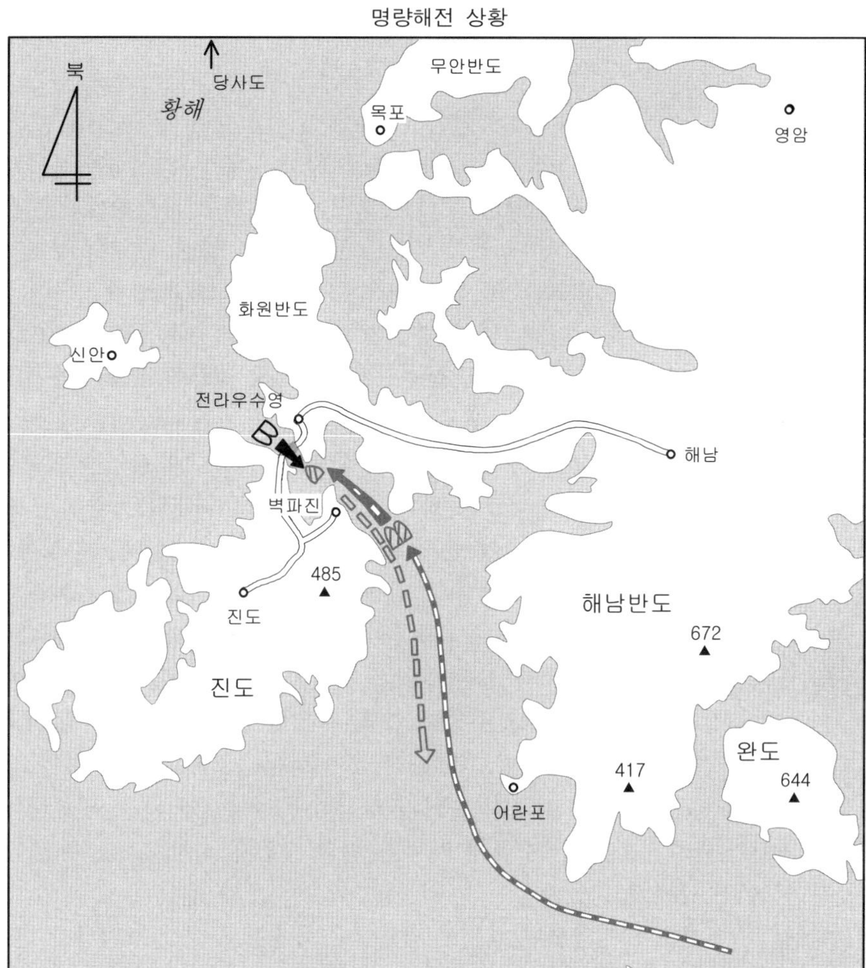

령과 서해안 해로의 봉쇄를 어렵게 하여 더 이상의 북진을 사실상 불가능하게 만들었다. 명량해협의 지리적 조건과 만조와 간조시에 방향이 서북쪽에서 동남쪽으로 바뀌는 조수의 흐름을 이용하여 일본 수군을 격파한 조선 수군은 무안 앞바다의 당사도(唐沙島)로 진영을 옮겨 일본군의 동태를 살피다가 서해안의 여러 섬에서 병력을 보충하여 해남의 전라 우수영으로 복귀하였다. 이로써 일본 수군의 서진(西進)은 사실상 차단된 셈이 되었다. 이와 같이 명량해전의 결과는 수륙병진(水陸併進)에 근거한 일본군의 작전 계획 자체를 무력하게 만든 결정적인 전기(轉機)를 제공하였다.

7) 조·명 연합군의 재반격

(1) 일본군의 철수

1597년 7월 재침공을 단행한 일본군은 전라도를 장악하고 충청도로 북진하였으나 9월 7일 직산 전투에서 패배하여 경기도 진입을 포기하고 남하할 수밖에 없었다.

추풍령을 거쳐 남하한 우군(右軍)의 주력 부대는 김천, 성주, 창녕, 밀양을 거쳐 모리(毛利秀元)군을 양산, 구로다(黑田長政)군을 동래를 거쳐 기장성(機張城)에 주둔시키고, 가토(加藤淸正)군을 충주에서 조령을 넘어 별군을 팔공산(八公山)의 공산성(公山城)으로 보내어 이를 공격하게 하면서, 주력은 상주, 안동을 거쳐 대구에서 별군과 합류한 뒤에 영천, 경주를 거쳐 10월 8일에 서생포성(西生浦城)에 들어가 주둔하도록 하였다. 이로써 일본군의 우군(右軍)은 10월 중순경 다시 경상도지역으로 철수하기에 이르렀다.

충청도에 진입한 다음에 다시 전라도로 남하한 일본군 좌군(左軍)은 9월 상순에 은진, 여산을 통과하고 중순에는 금구(金溝)를 통과하여 9월 15일 정읍(井邑)에 도착하였다. 정읍에 도착한 일본군 좌군은 김제, 나주, 강진, 해남, 순천 등 기후가 온화한 전라도 곡창지대에 주둔하기로 결정하였으나, 9월 16일 명량해전에서 일본 수군이 패배하여 전라도 해안 진출이 봉쇄됨으로써 일본 육군을 지원할 수 없게 되자 10월 6일에 남원으로 이동하여 장기 주둔 채비를 갖추었다. 그러나 10월 16일 명군의 제독 마귀(麻貴)가 임실에 도착하고 부총병 이여매(李如梅)와 해생(解生), 그리고 유격장들이 남원성을 압박하고 전라도 해안지역은 조선 수군의 장악하에 들어가게 되자, 일본군 좌군은 퇴로의 확보가 용이하고 조선 수군의 세력권 밖인 순천과 사천, 고성, 창원, 김해 등지에 분산하여 주둔하게 되었다.

1597년 8월 초 전라도에 진입했던 일본군 좌우군은 북진을 사실상 포기하고 전라도와 경상도 해안 및 도서의 안전 지대로 집결하여 기존의 성곽을 보수하고 새로운 성을 신축하여 장기 주둔 태세를 갖추었다. 그리하여 고성(固城)에 모리(毛利吉成)군, 남해(南海)에 소오(宗義智)군, 창원(昌原)에 나베시마(鍋島直茂)군, 왜교(倭橋)에 고니시(小西行長)군, 양산(梁山)에 구로다(黑田長政)군, 울산(蔚山)에 가토(加藤淸正)군, 사천(泗川)에 시마즈(島津義弘)군이 각각 주둔하여 장기전에 대비하였다.[96]

(2) 조·명 연합군의 공격

일본군이 전라, 경상도의 해안지역으로 철수하여 왜성을 구축하고 방어 태세를 취하자, 명의 동정군(東征軍) 수뇌들은 한성에 모여 일본군 공격에 대해서 논의했다. 경리(經理) 양호(楊鎬)는 1597년 11월 울산의 가토군을 먼저 공격하여 일본군의 우익을 절단한다는 개념하에 경략(經略) 형개(邢玠)와 더불어 울산의 일본군 공격 계획을 수

---

96) *壬辰倭亂史*, pp. 244-6; *韓民族戰爭通史, III, 朝鮮時代 前篇*, p. 250.

립하였다. 경리 양호와 제독 마귀는 좌협(左挾) 부총병(副摠兵) 이여매군 1만 2,600명과 우협 부총병 이방춘(李芳春)군 1만 1,600명을 거느리고 충주, 안동, 경주를 거쳐 울산의 가토군을 공격하고, 중협 부총병 고책(高策)은 1만 1,700명으로 천안, 전주, 남원으로 이동하여 순천의 고니시군을 견제하도록 했다. 조선군도 각각 좌, 우, 중협군을 지원하도록 했고, 도원수 권율은 조·명 연합군의 숙영지와 주둔지를 사전에 정찰하는 임무를 부여하였다. 이에 따라 충청 병사가 지휘하는 2,000여 명은 좌협군, 경상 우병사의 1,300여 명은 우협군, 그리고 경상 좌병사가 이끄는 2,200여 명의 병력은 중협군을 지원하도록 했다. 영의정 유성룡은 군량과 마초 공급 책임을 맡고, 선조는 경리 양호와 함께 남하하여 작전 전반을 지휘하였다.

일본군에 대한 반격 계획이 결정되자 경리 양호와 제독 마귀는 3협군을 11월 27일 동작진(銅雀津) 일대에 집결시켜 출동 준비를 갖추게 한 다음, 12월 4일 명군은 마귀군의 선발대를 선두로 12월 8일까지 한성을 떠났다. 동정군은 남하 도중에 고니시군을 견제하기로 한 중협군도 울산 원정 부대에 포함시켜 약 5만여 명의 조·명 연합군 병력은 충주, 조령, 안동, 영천을 경유하여 12월 21일 경주에 도착했다. 여기에서 좌협대장을 부총병 팽우덕(彭友德)으로 교체하고, 계속 울산으로 남진하였다.

① 제1차 도산성(島山城) 전투

일본군은 울산 동쪽 2km 지점 태화강(太和江) 연안에 섬처럼 우뚝 솟아 있는 도산(島山: 50m 고지)에 성을 구축하여 주둔하고 있었다. 이 성은 가토가 설계한 것으로서 11월 10일부터 1만 6,000여 명을 동원하여 12월 하순경 완성 단계에 있었다. 동정군은 12월 21일 경주를 출발하여 3협군을 도산성으로 직행하도록 하고 중협군의 일부를 언양(彦陽)으로 우회시켜 서쪽에서의 일본군 증원을 차단하도록 했다. 언양으로 우회한 동정군은 22일 언양의 일본군 500여 명을 격멸하였고, 23일 3협군의 선봉이 울산에 도착하였다. 도산성의 일본군은 조·명 연합군이 울산으로 접근하자 울산 남방 50km 지점인 서생포(西生浦)에 있던 가토에게 긴급 지원 요청을 하였다. 이에 가토는 20여 명의 막료와 함께 쾌속선으로 도산성에 도착하여 방어 태세를 가다듬었고, 일본군 지원 병력은 그 뒤를 따랐다. 이리하여 조·명 연합군과 일본군은 공격과 방어가 뒤바뀌어 일본군이 방어 태세를 취한 가운데 대치 상태에 돌입하였다.[97]

조·명 연합군은 1597년 12월 24일 새벽 도산성을 공격하였다. 연합군은 공격 초기에 일본군 200여 명을 사살하고, 좌, 우, 중협군이 동, 서, 북의 3면에서 성을 포위하여 일본군을 포위하였고, 20-30여 척에 분승하고 도산성을 지원하기 위해서 태화강 입구에 도착한 일본군을 염포로 물리쳤다. 그러나 연합군은 일본군의 완강한 저항과 염포에 정박해 있던 일본 증원군 때문에 과감한 공성 작전을 수행하지 못했다. 12월 27일부터는

97) *宣祖實錄, 卷94,* 30年 11月條; *再造藩邦志, 4,* 丁酉年 11月; 5, 己巳年 1月; *練藜室記述, 卷17,* 楊鎬進攻島山; *明史, 卷259, 列傳147, 楊鎬傳, 卷238, 126, 麻貴傳; 壬辰戰亂史, 中,* pp. 1,043-4; *壬辰倭亂史,* pp. 246-51; *韓民族戰爭通史, Ⅲ, 朝鮮時代 前篇,* pp. 250-2.

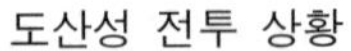

도산성 전투 상황

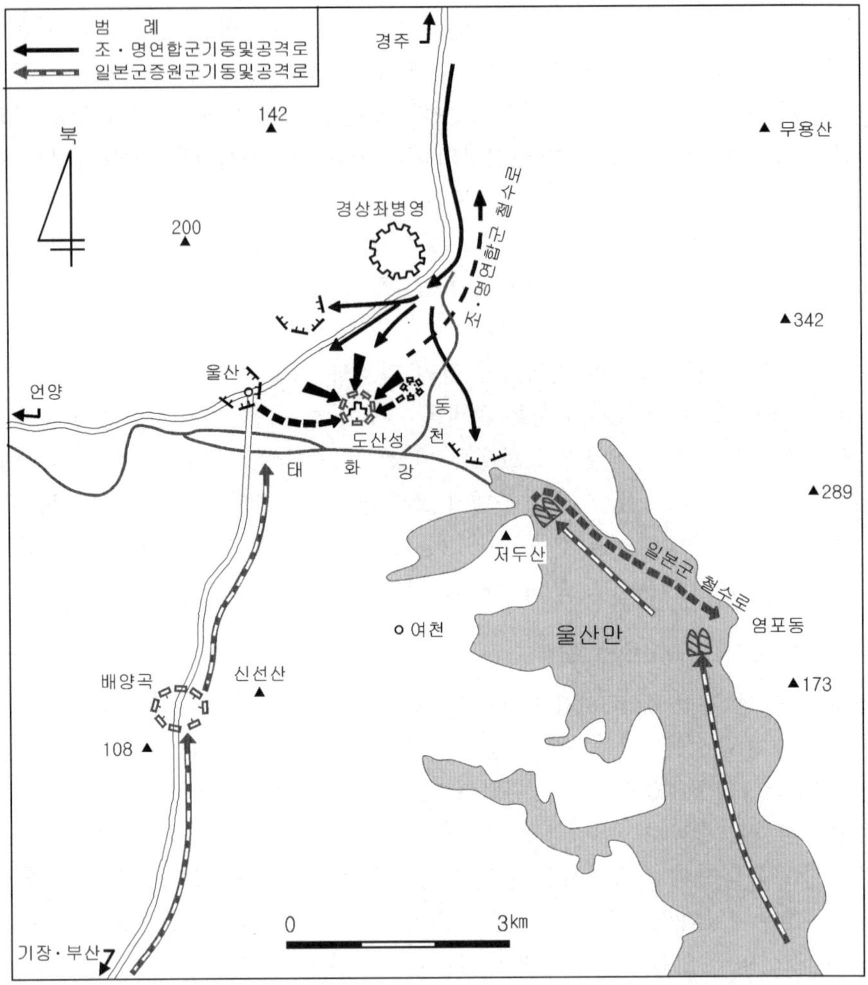

혹한에 비까지 내려 연합군의 사기는 크게 저하되었다. 이러한 상황에서 29일에는 도원수 권율이 도산성에 화공(火攻)을 가하여 승기를 잡아 보려고 시도했으나 실패하였다. 그리하여 도산성 공방전은 1598년 1월 2일까지 소강 상태에 머물러 있었다.

도산성 안의 일본군은 연합군의 공격보다는 군량과 식수의 결핍으로 더욱 곤란을 겪고 있었다. 원래 도산성의 축조 공사를 맡았던 모리와 아사노군은 성이 완공됨에 따라 도산성을 가토군에게 인계하고 부산으로 이동하기 위해서 군량을 먼저 부산으로 이동시켜 놓은 상태에서 조·명 연합군의 공격을 받았기 때문이었다. 태화강 물을 식수로 사용하였으나, 성이 포위됨에 따라 식수난도 심각해져서 말을 죽여 그 피를 마셔야 할 정도였다. 이와 같은 도산성의 위기를 해소하기 위해서 일본군은 양산, 부산, 서생포는 물론, 순천, 죽도, 남해 등지에서까지 증원 병력을 차출하여 수륙 양로를 통하여 울산에 집결시켰다. 그리하여 일본군은 1월 3일까지 울산 서쪽, 남쪽, 그리고 염포 등지에 약 1만 3,000여 명의 증원군을 집결시켰다.

명군의 경리 양호(楊鎬)는 일본군의 증원군에 의해서 역포위당할 가능성을 배제할 수 없는 상황이 전개되자 일본군이 도산성에 도착하기 전에 도산성을 함락시키기 위하여 1월 4일 전 병력을 동원하여 도산성을 공격하였다. 조・명 연합군은 아침부터 도산성을 포위하고 화공을 가하여 일본군을 성에서 몰아내려 하였다. 그러나 사상자만 늘어나고 일본군은 성에서 나가지 않았다. 시간이 흐름에 따라 오히려 연합군이 일본군 증원 병력에게 퇴로를 차단당할 위협이 증대되었다. 양호는 1598년 1월 4일 밤, 철수 명령을 내려 전군을 경주로 철수시켰다. 10여 일 간에 걸친 조・명 연합군의 도산성 공격은 결코 적지 않은 사상자만 남긴 채 무위로 끝나고 말았다.

일본군은 1,200여 명의 전사자, 100여 명의 포로, 수천 명의 부상자를 감수해야 했으나, 전 방어 병력이 아사(餓死) 직전에서 구출되는 행운을 누릴 수 있었다. 연합군도 손실이 결코 적지 않아 명군은 전사 1,000여 명, 부상 3,000여 명에 이르는 피해를 입었고, 조선군의 피해도 전사 300여 명, 부상 900여 명에 이르렀다. 도산성을 공격한 조・명 연합군과 성을 지키던 일본군은 비슷한 정도의 피해를 입고, 전투전과 변동이 없는 상태를 유지하면서 전투를 마감하고 다시 대치 상태에 들어갔다.[98]

(3) 일본군의 전력 약화

도산성 공방전은 아무런 현상적 변동없이 끝났기 때문에, 조・명 연합군의 도산성 탈취 실패로 기록되었지만, 도산성을 지키던 일본군이 겪었던 참담한 식수난과 식량난은 평지에 구축된 성을 지키는 일본군에게 결코 적지 않은 심리적 불안감을 안겨 주었다. 그리하여 도산성과 비슷하게 축조된 양산과 순천의 왜성(倭城)은 포기해야 된다는 의견이 대두되기도 했다. 이 같은 분위기를 감지한 도요토미는 일본군 장수들에게 축조된 왜성을 반드시 고수하라는 엄명을 내렸다. 그러나 일본군 장수들은 기회가 있을 때마다 도요토미에게 자신의 건강이 나쁘다는 이유를 내세워 일본 귀국을 희망하여 1598년 5월까지 우키다를 비롯한 일본군 장수들과 7만 5,000여 명의 병력이 일본으로 귀환하고 6만 4,000여 명만이 조선에 잔류하게 되었다. 일본 침공군 장수와 병사들은 별다른 기대나 기약 없이 조선에 주둔하기보다는 일본으로의 철군을 원하게 되었다.

조・명 연합군 역시 도산성 전투의 후유증이 적지 않았다. 경리 양호(楊鎬)가 6월 14일 파직되고 천진순무(天津巡撫) 만세덕(萬世德)이 새 경리로 임명되었고, 왜성 부근에서 약탈하는 일본군을 저지하기 위한 소규모의 군사적인 활동을 제외하고는 전투력을 회복하는 데 심혈을 기울이고 있었다. 사천지역을 장악하고 있던 시마즈(島津義弘)군은 식량의 부족으로 도산성의 일본군이 혹독한 시련을 겪었다는 사실을 알고 수백 명

98) *前揭書.*

혹은 수천 명씩으로 구성된 제대를 파견하여 주변지역을 약탈하게 하였다. 이에 경상우병사 정기룡(鄭起龍)과 부총병(副摠兵) 해생(解生) 및 이녕(李寧)군은 이들 약탈 부대를 삼가(三嘉), 함양(咸陽), 곤양(昆陽) 등지에서 격멸하였다. 해상에서도 조선 수군 이순신군과 명의 계금(季金)군은 고금도(古今島)와 고흥반도(高興半島) 일대에서 출몰하는 일본 수군을 격파하는 소규모 접전을 치렀다. 이와 같이 도산성 전투 이후에는 양측 모두가 전열을 정비하면서 관망하는 태세를 취하고 있었다.

재차의 침공 작전에도 불구하고 조선 침공의 목적 달성이 어렵게 되자 일본군의 장병들은 일본으로의 철군을 바라고 있었다. 이 때 1598년 8월 18일, 조선 침략을 주도한 도요토미(豊臣秀吉)가 63세로 병사하였다. 이러한 상황에서 과도기의 실력자로 부상한 도쿠가와(德川家康), 마에다(前田利家), 우키다(宇喜多秀家), 모리(毛利輝元) 등 4대로(四大老)는 도요토미의 사망 사실을 비밀로 하고 도요토미의 명의로 철군 명령을 하달하였다. 안전한 철군을 위해서 화의를 성립시키고 이를 보장하기 위하여 조선 왕자를 볼모로 하거나 조선에서 공물을 바치는 식의 보장책을 강구하도록 지시하였다. 이러한 철수 명령은 1598년 10월 중에 순천(왜교)의 고니시, 사천의 시마즈, 울산(도산)의 가토에게 전달되었다. 조선이나 명의 조정과 사실상 화의의 성립이 불가능한 상황에서 철군 명령을 받은 현지 일본군 지휘관들은 현지에서 대적하고 있던 조·명 지휘관들과의 화의를 성립시켜 철수하거나 은밀하게 철수하는 수밖에 다른 도리가 없었다.[99]

(4) 조·명 연합군의 최후 공세

경리(經理)로 부임한 만세덕과 경략(經略) 형개(邢玠)는 조선의 지형상 병력의 대규모 집중 운용보다는 지리적 여건에 따라 병력을 분산하여 공격하는 것이 효과적이라고 판단하여, 육군 3개 군과 수군이 4개 방향으로 일본군을 공격하여 격멸시킨다는 계획을 세웠다. 이러한 구상에 따라 조명 연합군은 4개의 군으로 울산(도산), 사천, 순천(왜교)을 동시에 공략하기로 하였다. 제독 마귀(麻貴)가 지휘하는 2만 4,000명의 동로군(東路軍)은 울산과 서생포지역을 공략하고, 이를 경상좌병사 김응서(金應瑞)군 5,500명이 지원하기로 하고, 제독 동일원(董一元)의 1만 4,500명은 중로군(中路軍)으로써 경상우병사 정기룡(鄭起龍)군 2,300명의 지원을 받아 사천성지역을 공략하고, 1만 3,600명의 유정(劉綎) 제독군은 전라 병사 이광악(李光岳)군 1만 명과 서로군(西路軍)을 편성하여 순천지역을 공략하기로 하였다. 그리고 명의 도독(都督) 진린(陳璘)군 1만 3,200명과 조선 수군통제사(水軍統制使) 이순신(李舜臣)군 7,300명은 수로군(水路軍)으로서 해상에서 서로군(西路軍)의 왜교(倭橋)성 공격을 지원하면서 일본군의 퇴로(退路)를 차단하는 임무를 수행하도록 했다. 이와 같이, 조명 연합군은 일본군을 조선에서 몰아내기 위한 공격 계획을 수립하였다.

---

99) *前揭書.* 특히, *壬辰倭亂史*, pp. 251-3.

조・명 연합군의 4로 병진 계획

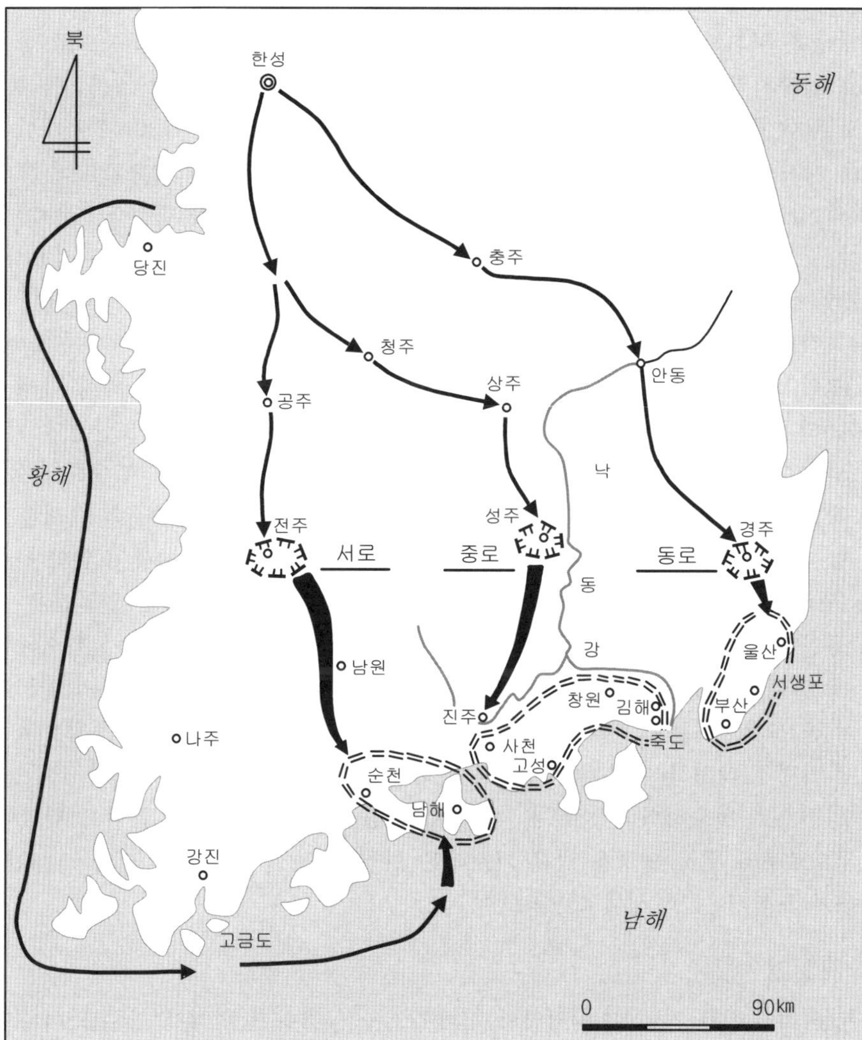

1598년 8월 말까지 준비를 완료한 조명 연합군은 출동 병력을 20만이라고 과대 선전하면서 9월 초 동로군(東路軍)은 울산(蔚山)의 도산성(島山城), 중로군(中路軍)은 사천성(泗川城), 서로군(西路軍)은 순천(順天)의 왜교성(倭橋城)을 공격하기 위해서 진격하였다. 수로군(水路軍) 역시 서로군의 왜교성 공격을 지원하고, 일본군의 퇴로를 차단하기 위한 준비를 마치고 서로군의 남하를 기다리고 있었다. 이로써 조명 연합군은 일본 침공군에 대한 최종 공세 작전을 개시하였다.

① 제2차 도산성 전투

동로군을 지휘하던 마귀 제독은 경주에서 부총병 해생(解生)군을 선봉으로 삼아 울산으로 진출시키고 지휘동지(指揮同知) 설호신(薛虎臣)군과 김응서의 조선군을 동래지역으로 보내어 울산과 부산의 통로를 차단하게 함으로써 도산성(島山城)에 대한 공격작전을 개시하였다. 9월 11일, 울산지역에 도착한 해생군은 도산성 밖으로 진출한 1,000여 명의 일본군을 격파하고 도산성 서북쪽 1.5km 지점에 위치한 학성산(鶴城山)을 탈취하여 도산성 공격의 발판을 확보하였다. 동래지역으로 진출한 설호신과 김응서군은 9월 19일에 동래지역의 일본군을 몰아내고 울산과 부산 간의 통로를 봉쇄하였다. 이로써 본격적인 도산성 공격을 위한 사전 준비가 완료되었다.[100)]

1598년 9월 21일 경주를 출발한 동로군의 주력 2만여 명은 마귀의 지휘 아래 도산성 북쪽의 경상좌병영에 도착하여 22일부터 도산성을 공격하였다. 도산성의 가토는 소규모 병력으로 마귀군을 성 가까이로 유인하여 성 안에서 대규모 부대를 출동시켜 이를 격멸하는 전법을 구사하였다. 이에 명군은 성에서 출격한 일본군의 측방을 신속하게 공격하여 이를 격멸하고 승세를 이용하여 성까지 접근하여 왜성 주위의 책성(柵城)을 불태워 버렸다. 일본군은 더 이상 성에서 나오지 않았다. 명군은 일본군을 성 밖으로 유인하기 위해서 부대를 퇴각시키는 등의 온갖 수단과 방법을 동원했으나 일본군은 성 안에서 조총 사격으로 명군의 접근만 막고 있었다. 이 무렵 부산의 일본 구원병력이 곧 도착한다는 소문을 듣게 된 마귀는 9월 29일 중장비를 울산 북방으로 철수시키고 기병을 배치하여 일본군의 추격에 대비하도록 조치한 다음에 10월 6일 경주를 거쳐 영천으로 철수하였다. 이로써 제2차 도산성 전투도 성과없이 끝나고 말았다.

본국으로부터 철군 명령을 받은 가토군은 11월 18일 성을 불태운 다음에 부산으로 철수하여 도산성은 빈 성이 되었다.[101)]

② 사천성 전투

중로군(中路軍)은 사천(泗川)지역의 시마즈군을 공격하기 위해서 성주를 떠나 고령을 거쳐 9월 19일 진주에 도착하였다. 일본군은 선진리(船津里)에 사천신성(泗川新城)을 구축하고 1만여 명의 주력을, 사천성(泗川城)에는 2,000여 명, 그리고 남강 남안(南岸)에 3개의 요새를 구축하여 1,000여 명의 병력을 배치해 놓고 있었다. 중로군의 선발대가 19일에 남강의 일본군 경계 진지를 급습하자 일본군은 남강 남안의 일본군 병력을 사천성으로 철수시켜 사천성의 방어 능력을 보강하였다. 9월 20일 남강을 도하한 중로군은 텅빈 일본군 요새를 불태우고 사천성으로 진출하자, 시마즈는 사천성의 병력에게 사천신성으로의 철수를 명령하였다. 그러나 중로군은 철수 준비중인 사천성의 일본군을 공격하여 큰 손실을 입혔다. 그리고 29일 사천성을 무혈 점령하여 일본군의

---

100) *宣祖實錄, 卷104,* 31年 9月條; *壬辰倭亂史,* pp. 253-7; *韓民族戰爭通史, III, 朝鮮時代 前篇,* pp. 252-5.
101) *前揭書.*

사천성 전투 상황

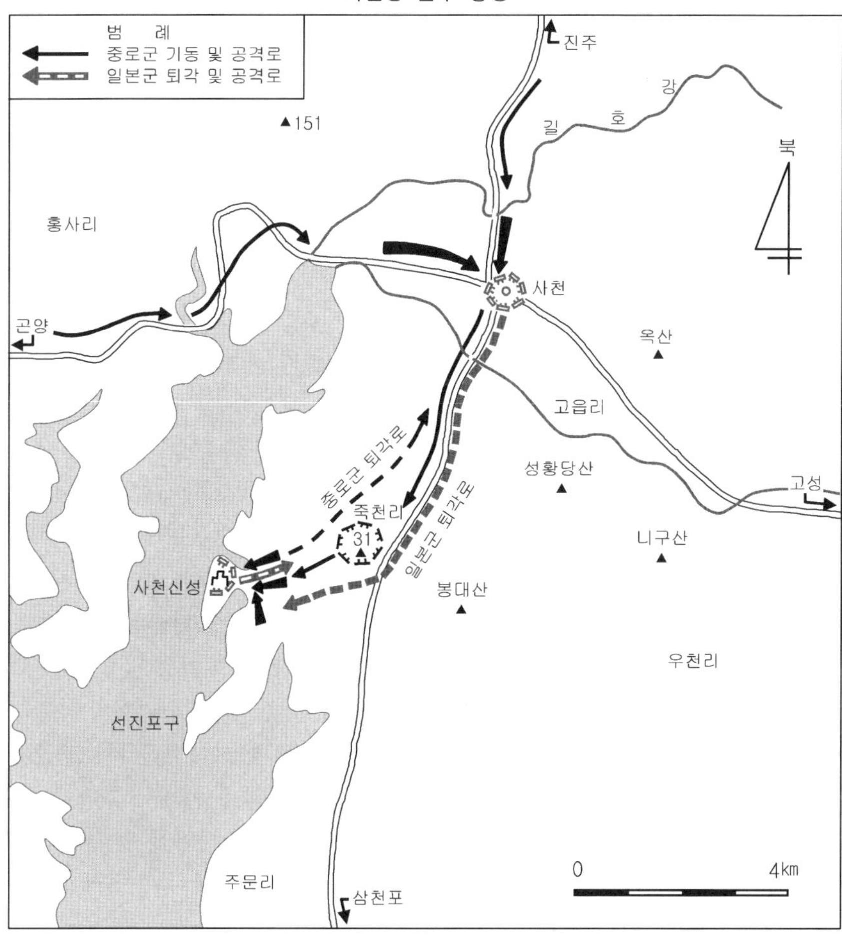

군량을 소각하고, 전열을 정비하였다. 중로군의 사천지역 공격은 순조롭게 진행되었다.[102)]

사천성을 점령한 중로군은 일부 병력을 그곳에 남겨 놓아 고성(固城)으로부터의 일본군 증원을 차단하도록 하고, 10월 1일 사천신성을 공격하였다. 사천신성의 동문을 공격한 명군은 불랑기포(佛狼機砲)와 벽력포(霹靂砲)를 쏜 후에 돌격을 감행하였다. 그러나 일본군은 조총 사격을 계속하면서 명군의 성내 진입을 봉쇄하였다. 피해가 늘어나 명군이 고전하고 있을 때, 명군 진영에서 불랑기포가 오발되어 명군의 탄약고가 폭발하였다. 명군이 우왕좌왕하고 있을 무렵에 일본군은 총출동하여 명군을 공격하였다. 명군은 전열이 흐트러져 진주 쪽으로 철수하였다. 일본군은 남강까지 명군을 추격하고

102) *宣祖實錄, 卷105,* 31年 10月條; *亂中雜錄, 3,* 9月 26日條; *壬辰倭亂史,* pp. 257-9; *韓民族戰爭通史, III, 朝鮮時代 前篇,* pp. 255-7.

다시 사천신성으로 복귀하였다. 일본군에게 쫓긴 명군은 남강을 도하하면서 많은 익사자가 발생하는 등 약 3,000여 명의 사상자를 내고 삼가, 합천을 거쳐 성주로 퇴각하고 말았다. 이로써 중로군의 사천성 공격도 피해만 입은 채 무위로 끝나고 말았다.[103)]

중로군은 성주에서 전열을 정비한 다음, 11월에 사천성으로 다시 출동할 준비를 갖추었으나, 일본군이 11월 16일 사천신성에서 철수하였기 때문에 17일에 사천신성을 무혈 점령하였다.

③ 왜교성 전투

제독 유정이 지휘하는 서로군(西路軍)은 1598년 9월 중순 전주에 집결하여 왜교성(倭橋城) 공격을 위하여 본대와 좌, 우, 중협군(中挾軍)을 구성하였다. 그리하여 부총병 이방춘(李芳春)이 지휘하는 좌협군 8,000여 명은 전주에서 구례, 광양으로 진출하고 부총병 오광(吳廣)의 5,600여 명은 전주에서 순창, 낙안으로 진출하고 부총병 조희빈(曺希彬)의 1만여 명은 전주에서 곡성, 순천, 그리고 유정(劉綎)의 본대는 중협군과 같이 순천으로 이동하였다. 권율이 지휘하는 조선군 1만여 명도 삼협군에 나누어 배속하여 명군과 합동 작전을 수행하도록 했다. 순천 동남쪽 12km 지점에 위치한 선월리(船月里)에 축조된 왜교성(倭橋城)은 성의 동, 남, 북쪽은 광양만(光陽灣)에 연해 있고 고니시군 1만 4,000여 명이 이를 지키고 있었으며, 이들은 500여 척의 선박을 성의 북쪽 해안에 정박시키고 있어 병력을 해상으로 철수시킬 준비를 갖추고 있었다.[104)]

9월 19일 순천에 도착한 유정은 먼저 기계(奇計)를 써서 고니시를 사로잡으려고 화의를 논의하자고 제의하였으나 기도가 사전에 노출되어 실패하였다. 그리하여 유정군은 왜교성을 포위하고 목책을 설치하는 등 공격 태세를 갖춘 다음에 21일 왜교성을 공격하였다. 한편 유정군과 해상에서 협동 작전을 수행하도록 계획된 수로군(水路軍)은 18일 나로도(羅老島)를 떠나 20일에 광양만에 도착하여 조선 수군의 일부로 노량(露梁) 수로를 봉쇄하고 일본 수군의 광양만 접근을 막으면서 주력은 왜교성에서의 일본군 탈출을 저지하고, 왜교성에 포격을 가하여 서로군을 지원하였다. 그러나 수륙 양면의 협동 작전이 쉽지 않았다. 이에 유정은 성의 공격을 중지하고 22일부터 운제(雲梯), 비루(飛樓), 포차(砲車) 등의 공성 장비를 제작하여 10월 2일에 수륙 합동으로 성을 공격하기로 하였다.

유정의 서로군과 진린(陳璘)의 명 수군, 그리고 이순신의 조선 수군은 왜교성에 대한 공격을 실시했다. 유정군은 공성 장비를 성 가까이 접근시켜 공격하려 했으나 공성 장비가 너무 무거워 쉽사리 성벽에 접근시킬 수가 없었고, 이 과정에서 일본군의 집중적인 사격을 받아 800여 명의 명군이 사살되고 공성 장비도 소실되고 말았다. 조선 수군도 앞장서서 육전대(陸戰隊)로서 지상 전투에 참가하였으나 성과는 별로 없이 여러

---

103) *前揭書.*

104) *壬辰倭亂史*, pp. 260-3; *韓民族戰爭通史, III, 朝鮮時代 前篇*, pp. 257-9.

왜교성 전투 상황

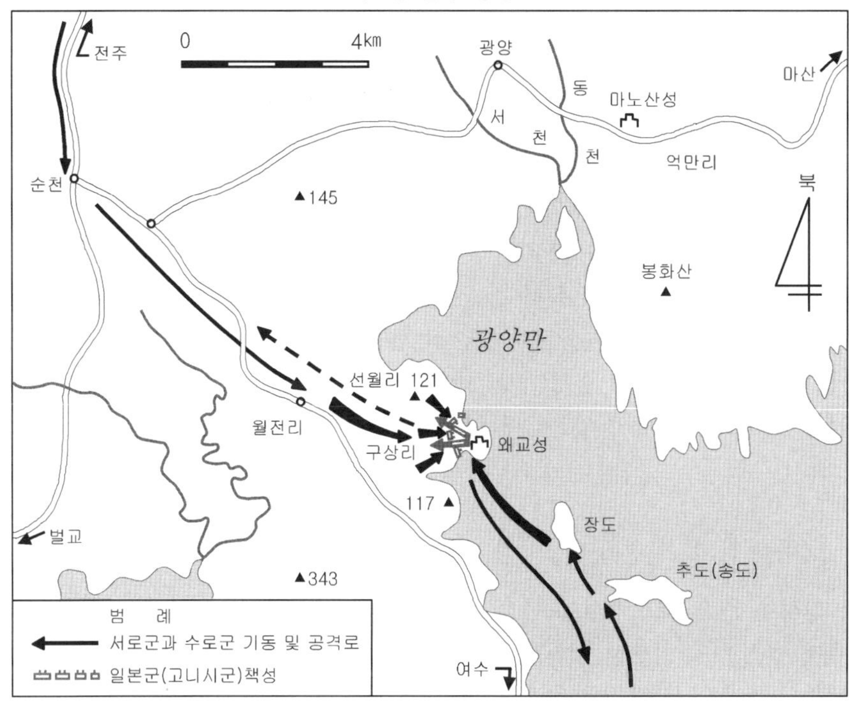

장령들이 전사하고 부상당하는 피해만 입었다. 10월 3일 육군과 협조하여 왜교성을 공격하기로 하여 수군의 일부가 왜교성에 상륙하였으나, 유정군이 불참하고 간조시에 수군의 선박이 좌초되어 크고 작은 23척의 선박이 파괴, 소실되는 피해만 입었다. 4일에도 유정군의 전투 불참으로 왜교성의 공격은 성과없이 끝나고 말았다. 고니시로부터 뇌물을 받았을 뿐만 아니라, 사천성의 공격도 무위로 끝났다는 소식을 들은 유정은 6일 조선군을 먼저 철수시키고, 7일 야간에는 1만여 명만 현지에 남겨 놓고, 주력을 순천 서북쪽 부유(富有)로 철수시켜 버렸다. 육로군의 철수를 반대한 수군도 할 수 없이 10월 9일 광양만에서 철수하여 12일 나로도(羅老島)로 이동하였다. 이로써 서로군(西路軍)의 왜교성 공격도 무위로 끝나고 말았다.105)

전라, 경상도 해안에 진지를 구축하고 있던 일본군을 격멸하려던 조·명 연합군의 야심적인 공세는 성공적이지 못했다. 동로군(東路軍)의 도산성(島山城) 공격, 중로군(中路軍)의 사천성(泗川城) 공격, 서로군(西路軍)의 왜교성(倭橋城) 공격 모두가 실패로 끝났다. 일본군은 더 이상 물러설 곳이 없다는 결의로 싸움에 임했던 반면 조선을 지원하던 명군은 물러날 곳이 있었다. 일본군을 하나라도 더 사살하여 하루라도 빨리 조선

105) *亂中日記, 4,* 10月 2日條; *宣祖實錄, 卷105,* 31年 10月條; *亂中雜錄, 3,* 戊戌, 10月; *再造藩邦志, 5,* 戊戌, 10月 記事; *東國戰亂史(外亂篇),* pp. 373-8; *壬辰倭亂史,* pp. 260-3; *韓民族戰爭通史, III, 朝鮮時代 前篇,* pp. 257-9.

땅에서 내쫓아야겠다는 조선군의 결의는 강했으나 능력이 없었다. 그리고 명군의 병참선은 신장되어 있었고 조선의 병참 지원 능력은 한계가 있었다. 그러나 일본은 남해안에 위치하여 비교적 짧은 병참선을 유지하고 있었고 주위의 곡창 지대를 약탈하여 부족한 군량을 조달하고 있었다. 일본군은 1597년 7월 재침공 작전이 수월하게 진행되지 않자 10월부터 남해안 주둔지에 축성을 실시하여 장기 주둔 태세를 갖추었다. 이에 반해 명군은 공성 작전에 대한 준비보다는 조선의 극진한 대접을 요구했고, 공격할 성에 이르러서야 공성 장비를 제작하는 등의 부실한 태도를 취하고 있었다. 그리고 일본군은 수성에 효과적인 조총을 보유하고 있어서 조선군과 명군의 병력이 성벽에 접근하기가 결코 쉽지 않았다. 특히 육군과 수군의 협동 작전은 잘 이루어지지 못했고, 일본군의 뇌물 공세는 일본군의 수성(守城) 작전을 돕는 효과적인 수단이 되었다. 이와 같은 정신적, 현상적인 이유로 일본군에 대한 조·명 연합군의 공격은 실패로 끝나고 말았다.

(5) 노량해전과 일본군의 퇴각

철군 명령을 받은 왜교성의 고니시(小西行長)는 안전한 철수를 보장받기 위해서 유정과 휴전 협상을 벌이면서 남해의 소오(宗義智)군과 사천의 시마즈(島津義弘)군과는 사천 남쪽의 창선도(昌善島)에 집결하기로 협의하였다. 약 한 달 간의 협상 끝에 고니시와 유정은 상호 인질을 교환하는 조건으로 휴전을 성립시켰다. 일본군과 명군은 이에 40여 명의 인질을 상호 교환하였다. 일본군은 11월 10일 왜교성의 모든 물자와 장비를 유정군에게 인계하고 부산으로 철수하며 유정은 고니시군의 안전한 철수를 보장하기로 타결을 본 것이다. 그러나 진린의 수군은 유정의 육군과는 달리 일본군에 대한 전의와 투지가 왕성하였다. 11월 10일 일본군이 철수할 것이라는 정보를 입수한 진린과 이순신은 500여 척으로 연합 함대를 편성하여 11월 9일 나로도에서 광양만으로 급진하였다. 명의 유정(劉綎)과 진린(陳璘)은 일본군에 대한 상호 입장이 달랐다.

유정과 휴전을 성립시킨 고니시는 11월 10일 철수 준비를 완료하고, 13일 10여 척의 선발대를 출발시켰다. 그러나 이 선발대는 조·명 연합함대의 공격을 받아 피해를 입고 다시 왜교성으로 돌아갔다. 고니시는 유정에게 이를 항의하자 유정은 진린에게 강화를 요청하라고 했다. 이에 고니시는 진린에게 은 100냥과 보도(寶刀) 50자루를 선물로 주면서 강화를 요청하였다. 진린은 이를 허락하고 이순신에게도 이의 허락을 종용하였다. 그러나 이순신은 진린의 요구도 거절했고, 고니시의 뇌물 공여도 단호하게 거절하였다.

상황이 이렇게 전개되자 고니시는 창선도에 집결하여 고니시군을 기다리던 소오군과 시마즈군에게 도움을 요청하였다. 고니시가 구원을 요청한 것을 간파한 이순신은 진린을 설득하여 먼저 일본군의 구원 부대를 격파하기로 하고 11월 18일 노량 앞바다에 진출하여 구원 부대가 통과할 길목을 차단하였다. 진린의 수군은 좌협으로서 죽도

노량해전 전투 상황

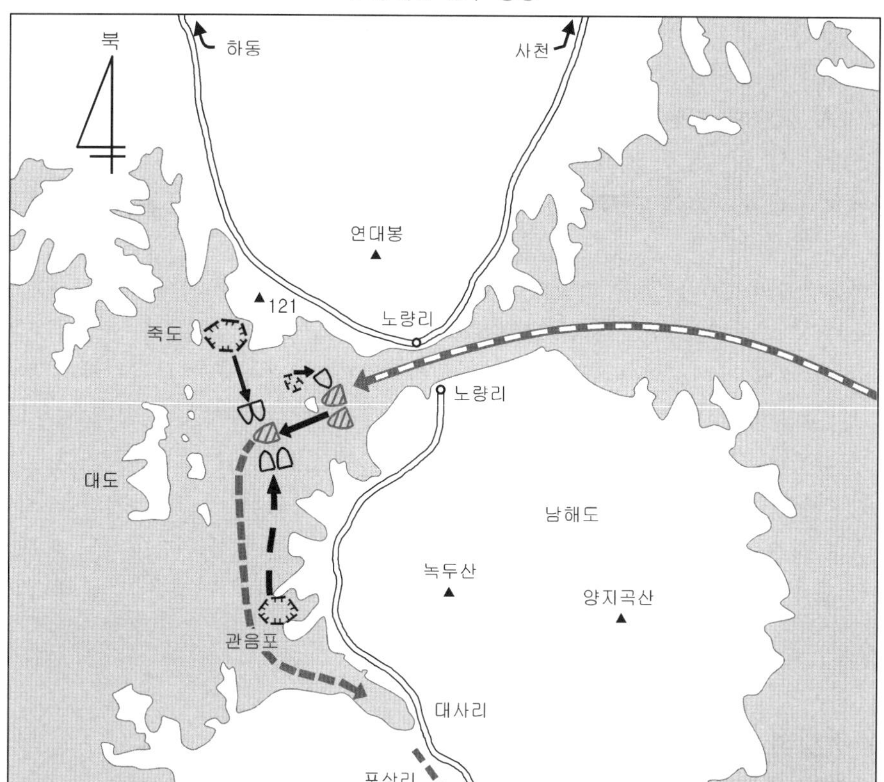

부근에, 이순신군은 우협으로서 관음포 부근에서 진을 치고 일본군을 기다리고 있었다. 한편 창선도에서 고니시군을 기다리고 있던 시마즈는 고니시의 구원 요청을 받고 거제도의 다치바나(立花宗茂)군과 부산의 다카하시(高橋直次)군의 협조를 얻어 500여 척의 함대(1만 2,000명)를 지휘하여 11월 18일 광양만으로 향했다. 이제, 양군의 접전은 피할 수 없게 되었다.

11월 18일 심야에 척후선으로부터 대규모 일본 선단이 노량해협을 통과하여 대도(大島) 쪽으로 이동하고 있다는 보고를 받은 연합 수군은 19일 새벽 노량 앞바다에 집결하여 일본군 함대의 진로를 막았다. 일본군은 선제 공격으로 기선을 제압하려고 하였으며 그 기세로 진린의 대장선을 포위하기까지 했다. 그러나 조선 수군과 명 수군은 성능이 우수한 각종 포를 사격하며 일본군 전함을 격파하였다. 특히 이순신은 직접 선두에서 진린의 대장선을 구출함은 물론 일본군의 전함을 닥치는 대로 격파하였다. 전세는 역전되었다. 일본군 전함 일부는 선수를 돌려 퇴각하였고 미처 퇴각하지 못한 일부는 배를 버리고 남해도의 서북 해안이나 관음포 쪽으로 탈출하였다. 이 전투를 지휘하던 이순신은 승기를 잡은 결정적인 순간에 일본군의 유탄에 맞아 전사하였다. "지금 싸움이 한창이니 내가 죽었단 말을 하지 마라"라는 유언을 남기고 이순신은 눈을 감았다. 전투를 계속한 연합 수군은 일본군을 격파하였다. 전투가 끝난 후에 이순신이 전사하였다는 사실을 알게 된 명군 도독(都督) 진린(陳璘)은 배 위에서 세 번씩이나 넘어지면서 이순신의 죽음을 애도하였고, 조선군은 물론 명군도 엉엉 울면서 이순신의 죽음을 서러워하였다.106)

노량해전에서 200여 척의 전함과 500여 명의 병력을 상실한 시마즈군은 왜교성에 접근조차 못 하고 퇴각했으나, 왜교성의 고니시군은 노량에서 해전이 진행되는 동안 11월 20일 새벽 남해도의 남단을 우회하여 철수하였다. 고니시군이 철수하지 못하여 20여 일 동안이나 부산에 머물렀던 일본군은 고니시군이 합류하자 11월 24일부터 철군을 시작했다. 일본군은 11월 24일부터 26일까지 부산을 떠나 대마도를 거쳐 12월중에 일본 본토에 도착했다. 이로써 1592년 조선을 점령하여 명의 침공 기반을 조성할 목적으로 시작되고, 1597년 한성 이남의 하삼도(경상, 전라, 충청도)만이라도 확보하기 위해서 재차 침공함으로써 7년 간 진행되었던 조선과 일본과의 전쟁은 막을 내리게 되었다.

8) 전쟁의 결과 및 영향

임진왜란과 정유재란으로 구성된 조선과 일본과의 전쟁은 조선과 일본 뿐만 아니라 명나라까지 전쟁에 참여함으로써 양국간 전쟁이 아닌 다국간 전쟁으로 지역 분쟁의 성격을 지니고 있다. 일본이 조선을 침공하면서 내세운 명분적 이유를 명나라로 진출하기 위하여 조선을 확보할 필요가 있다는 판단에 두고 있었기 때문에 일본의 조선 침공은 명시적으로 명나라까지를 포함한 전쟁을 가상하고 있었다. 명나라도 요동지역과 북경의 안전을 보장하기 위해서는 일본이 조선을 점령, 확보하는 사태의 진전은 막아야 되겠다는 판단하에 명군을 조선에 파견하여 일본군과 대적하도록 하였다. 이와 같이 조선을 침공하여 이를 점령, 확보하여 중국까지 진출하려는 일본과 일본의 조선 점령을 방치할 경우에 자국의 안전을 보장하기 어렵다고 판단하고 군대를 파견하여 일본군의 조선 점령을 저지하려는 명나라는 현상적으로 나타난 조선과 일본 간의 전쟁을 지역의 전쟁으로 변질시킨 충분한 요인이 되었다. 따라서 조선과 일본의 전쟁은 지

---

106) *李忠武公全書, 下, 卷13,* 附錄 5, 紀實 上, 宣廟中興志; *卷10,* 附錄 2, 宋時烈 撰 露梁廟碑文; *亂中雜錄, 3,* 戊戌 11月 12, 19日條; *再造藩邦志, 5,* 戊戌 11月 19, 22, 24日條; *東國戰亂史*(外亂篇), pp. 378-82; *壬辰倭亂史*, pp. 263-7; *韓民族戰爭通史, III, 朝鮮時代 前篇*, pp. 260-2. 선조는 이순신을 우의정으로 증직하고(1598년 12월 4일), 이로부터 6년 후에 좌의정으로 추증하고 덕풍부원군(德豊府院君)에 봉하면서, 선무 1등 공신으로 책정했다. 이순신에게 1643년, 인조 21년에 충무(忠武)의 시호가 내려졌고, 그는 1793년 정조 17년에 영의정으로 추증되었다. 그리고 정조대왕은 충무공신도비문(忠武公神道碑文)을 손수 지어 이순신의 업적을 기렸다. 이은상, *충무공정신*, p. 336 참조.

역 내 국제전의 성격을 지니게 되어 참가 개별국가 내부의 권력 구조나 사회 변화는 물론, 지역 내의 세력 판도에까지 영향을 미치게 되었다.

전쟁에 참여한 병력도 결코 적지 않아 임진년에 일본군은 약 20만여 명의 병력을 침공군으로 투입하였고 조선군은 6만의 병력이 방어에 임하였으며, 조선의 요청에 따라 7만 명이 넘는 명군도 조선에 출동하였다. 이 중에서 조선군의 손실률이 제일 높아 80%가 넘는 5만이 손실되었으며, 일본군도 50%에 가까운 8만 8,000명이 손실되었고, 명군도 투입 병력의 35%인 2만 5,000명의 손실을 기록하고 있다. 정유년에는 14만 명이 넘는 일본군이 재침에 가담하여 이 중에서 2만 9,000명이 손실되었고, 조선군도 3만 7,600명 중에서 2만 명이 손실되었고, 명군은 11만 7,000명 중에서 5만 8,700여 명이 손실되었다. 이와 같이 일본군은 총 투입 병력 34만여 명 중에서 35%가 손실되었고, 조선군은 9만 7,600명 중에서 7만 명이 손실되었으며, 명군도 19만 1,000여 명 중에서 44%의 손실률을 기록하고 있었다. 결국 조선과 일본의 전쟁은 일본군 침공 병력의 35%, 조선군 방어 병력의 72%, 명나라 지원 병력의 44%가 손실된 인명 피해를 남겨 놓았다.107)

전쟁으로 인한 물적 피해 역시 엄청난 수준이었다. 전쟁의 주 전장이 된 조선은 경작 가능한 거의 전 국토가 일본군의 침략으로 유린되었으며, 명 지원군의 군량과 마량을 제공하기 위하여 영의정 책임하에 국가의 역량이 집중되었다. 그리하여 조선은 명군에게 군량 23만여 석과 마량용 대두 15만여 석을 제공했다는 기록과 명나라도 68만여 석의 군량을 조선으로 운반해 왔다고 기록하였다. 일본도 정유재란에 투입할 군량의 매입에만 은 800만 냥이 소요되었다는 기록이 있다. 이러한 단편적인 자료들로만 미루어 보아도 일본과 조선, 명나라는 침공, 방어, 지원을 위하여 엄청난 물적 부담과 피해를 감수해야만 하였다. 특히 전쟁의 주 전장이 된 조선은 전 국토가 거의 초토화되었고, 국가의 재정은 파탄지경에 이르렀으며, 전쟁으로 인한 후유증을 회복하지 못한 가운데 다시 정묘호란(1627)을 치르게 되었다.108)

임진왜란과 정유재란으로 구성된 일본의 조선 침공 전쟁은 조선에는 엄청난 인적, 물적 피해를 안겨 주었고, 일본과 명에게는 권력 구조와 왕조의 변화를 재촉하는 계기를 제공하였다. 조선과 명이 일본군의 침공을 맞아 싸우고 있을 동안 만주에서 여진족은 후금(後金: 후에 淸)을 세워 명에 대한 공세를 취하게 되었고, 결국 임진왜란 후 64년 만에 명의 왕조를 대신하게 되었다. 일본에서도 도요토미(豊臣秀吉)가 죽자 도쿠가와(德川家康)가 도쿠가와 막부를 탄생시켜 권력을 장악하게 되었다. 조선도 일본 침공군과 싸우는 과정에서 많은 사람들의 신분 상승으로 신분제도 자체가 무의미하게 되는 계기가 되었으며, 농업 생산력의 증가는 둔화되고 세금을 내지 않는 면세전(免稅田)의 증가로 국가 재정은 나빠지고, 왕조는 그대로 유지되었으나 왕권이 약화되는 경향

107) *壬辰倭亂史*, p. 285에 인용된 도표 참조.
108) *前揭書*, pp. 286-7.

이 가속화되었다. 이와 같이 조선과 일본의 전쟁은 일본 내의 권력 구조, 명 왕조의 운명, 조선 왕조의 내부적 변화를 재촉하는 계기가 되었다.

왜구(倭寇)가 아닌 왜군(倭軍)으로서 감행된 일본의 조선 침공은 무엇보다도 일본에게 조선 침공과 대륙 진출의 미련과 가능성을 버리지 못하게 만든 계기를 제공하였다. 조·일전쟁은 명군의 지원이 없었더라면 조선의 점령이 가능했고, 대륙 진출을 위한 첫 단계로서 조선을 점령하려면 중국의 왕조를 먼저 무력화시켜야 된다는 인식을 일본이 갖도록 만들었다. 이러한 일본의 국가적 인식은 후에 일본이 서구 문물을 신속히 흡수하여 근대국가로 변모되었을 때, 잠재 의식 속에서 현실 세계로 구체화되어 나타나게 되었다. 이와 같이 결과적 현상이긴 하지만 왜구로서가 아닌 왜군으로서 조선에 침공함으로써 일어난 조선과 일본과의 전쟁은 대륙 진출의 미련과 가능성을 일본인들에게 심어 준 역사적 사건으로 볼 수 있다.

일본의 조선 침공으로 비롯된 조·일 전쟁은 조선에게 자위적 역량의 보유가 얼마나 중요한가를 일깨워 주는 커다란 계기가 되었다. 그리하여 조선은 무기 제조 기술을 개발하고 병제를 정비하는 등의 노력을 기울였으나, 실질적인 군비 강화 노력을 기울일 기회를 놓치고 다시 만주에서 일어난 후금(後金)의 공격에 노출되고 말았다. 조선은 성곽에 의지한 소극적 방어 개념과 체제를 국가 방위의 기본으로 삼았기 때문에 사실상 방어도 할 수 없는 방위 개념과 체제가 지닌 한계를 극복하지 못하였다. 특히 조선은 외부의 침략과 침공에 노출되어 국가의 모습을 제대로 유지하지 못할 지경에서도 내부적인 갈등을 극복하지 못하여, 결국 대륙 진출의 미련을 버리지 못한 일본의 침공에 국가와 왕조의 운명을 맡겨야 하는 비운을 감수해야만 했다.

3. 조선과 청의 전쟁

1) 전쟁의 배경

조선(朝鮮)과 청(淸)의 전쟁은 만주지역의 여진족(女眞族) 국가인 청(淸: 최초에는 後金)이 1627년과 1636년 두 차례에 걸쳐 조선을 침공함으로써 치러진 전쟁이었다.

원래 여진족(女眞族)은 한반도의 왕조 국가들과 밀접한 관계를 유지해 오고 있었다. 여진족은 한반도의 동북방지역과 만주지역에 분산 거주하면서 한반도의 왕조 국가들과 선린 관계를 유지하려고 했다. 여진족은 12세기 초 금(金)나라를 건설하여 약 1세기 동안 중국 대륙의 북부지역을 지배하여 위세를 떨치기도 했으나, 새로이 등장한 몽고가 금을 멸망시킨(1234년) 후에는 여러 부족으로 분산되어 원시적인 농경 생활을 영위하면서, 때로는 조선과 중국의 국경을 침범하기도 했다. 몽고의 원(元)을 대신한 명(明)

은 여진족을 직접 통치하지 않고, 여진족의 내부 분열을 조장하여 상호 대립적인 관계를 유지시켜 명에 대해서 도전하지 못하도록 함으로써 영향력을 유지하는 정책을 수행하였다. 조선도 여진과 교린정책(交隣政策)을 취하여 평화적인 관계를 유지하려 하였다. 이러한 조선과 명의 소극적인 정책에도 불구하고 여진족은 16세기 말까지 통일을 이루지 못하고 분열된 상태로 남아 있었다. 분열된 여진족은 조선이나 명에 대해서 위협적인 존재가 되지 못했다.

그러나 만주에 대한 명의 영향력 약화와 이에 따른 몽고족의 세력 확충은 여진의 민족 의식을 고취시키게 되었고, 이를 계기로 심양(瀋陽) 동쪽 홍경(興京) 일대의 건주여진(建州女眞)의 추장 누루하치가 여진을 통일하기 위하여 세력을 확장해 나갔다. 이와는 대조적으로 명은 16세기 중엽부터 국정이 문란해지고 각지에서 농민들의 반란이 일어나는 등 말기적인 현상이 표출되기 시작하였다. 명은 북방의 몽고족과 남방 왜구들의 침입으로 인한 피해를 떨쳐 버릴 수 없었고, 1592년부터 1598년까지 자행된 일본의 조선 침공을 저지하기 위하여 조선과 공동으로 대처함으로써 많은 국력 소모를 강요당하게 되었다. 이러한 틈을 타서 누루하치는 16세기 말부터 17세기 초에 이르는 20여 년 동안 여러 여진 부족을 통합하여 1616년 1월 홍경(興京)에서 대한(大汗)에 올라 후금(後金)을 세우고 태조가 되었다. 누루하치는 1618년 3월 명에 대해서 선전 포고를 하고 요동지역의 농경지를 점령하기 위해서 이 지역으로 출동하여 무순(撫順)과 청하(淸河)를 점령하였다. 후금의 침공을 받은 명은 왜란 때 조선에 출정한 바 있던 양호(楊鎬)를 요동 경략(遼東經略)으로 임명하고 조선에 원병을 요청하여 후금의 수도인 홍경(興京)을 공략하려 하였다. 이로써 명(明)과 조선(朝鮮), 그리고 신흥 여진 국가인 후금(後金)과의 관계가 복합적으로 얽히게 되었다.

선조의 뒤를 이은 광해군(光海君, 1609-1623 재위)은 명으로부터 파병 요청, 후금으로부터는 중립을 요구하는 국서를 1618년 4월과 5월에 각각 접수하였다. 파병 요청과 중립 요구를 접한 조선은 매우 난처한 입장에 처하게 되었다. 광해군은 과거 조선을 도와 일본군의 침공을 격퇴시킨 명의 파병 요청을 거절할 수도 없고, 그렇다고 쇠퇴기의 명을 도와 지역적으로 가까운 곳에 위치한 신흥 세력인 후금과 적대적인 관계에 돌입하여 또 다른 전쟁을 치를 수도 없는 처지에 놓이게 되었다. 이리하여 조선 조정은 가능한 한 원병 파견을 지연시키면서 명과 후금과의 전황(戰況)을 지켜보는 방향으로 방침을 정하고 사태를 관망하는 태도를 취했다. 그러나 6월에 원병을 요청하는 간절한 호소가 담긴 명나라 신종(神宗)의 칙서(勅書)를 받은 조선은 더 이상 원병 파견을 지연시킬 수 없게 되었다. 이에 조선은 의정부(議政府) 참찬(參贊) 강홍립(姜弘立)을 도원수(都元帥)로 삼아 각 도에서 선발한 포수(砲手) 3,500명, 사수(射手) 3,500명, 동사수(同射手) 3,000명 등 1만 명의 원군을 파병하였다. 광해군은 도원수 강홍립에게 "명과 후금의 전세 여하에 따라서 태도를 결정하라"는 밀지(密旨)를 내리면서 명나라 장수의 지휘를 받기보다는 주체적인 위치에서 전투에 임하라는 명령을 내렸다.[109] 광해군의 명분과 실리를 동시에 챙기자는 자세에서 비롯된 고도한 술책의 한 단면이었다.

강홍립이 지휘하는 조선의 원병은 1619년 2월 중순 압록강을 건너 명군과 합류하여 연합 전선을 형성한 다음에 후금의 수도인 홍경(興京)으로 진격했다. 조선군과 명군은 홍경(興京)의 서쪽으로부터 동남쪽에 이르는 선으로 배치되어 홍경을 공략하려 하였다. 그러나 홍경의 서쪽 50km 지점인 사르후에 위치하고 있던 명군의 주력 부대가 후금군에게 대패하자 조선군은 후방 퇴로를 차단당하였다. 후금군에 의해서 포위된 조선군은 좌우영에서 전투가 벌어져 좌조방장(左助防將)과 장병들이 전사하는 손실이 발생하였다. 이에 중영(中營)의 도원수 강홍립은 후금군에 항복하여 더 이상의 손실 없이 전투가 종료되었다. 후금군에 투항한 강홍립은 조선군의 출병은 명과의 특수한 관계에서 비롯된 어쩔 수 없는 조치였음을 설명하고, 후금과의 평화적인 관계를 원하는 조선의 의도를 전달하였다. 후금의 누루하치는 명과의 대결에서 조선과 평화적인 관계를 유지하여 배후에 위협 세력을 갖지 않으려고 이를 이해하려는 태도를 보였다. 그리하여 조선군의 일부를 송환하면서 후금이 조선에 대해서 평화적인 입장을 취하고 있다는 점을 전달하였다.

후금과의 관계 악화로 인해서 전쟁에 휘말릴 가능성을 없애는 것이 조선에 유리하다고 판단한 광해군은 답서를 보내 후금을 무마하려고 했다. 그러나 조정의 반대에 부딪혀 평안 감사 명의로 작성된 답서만을 보내 평화적 우호 관계의 유지를 지지한다는 입장을 후금에 전달했다. 이러한 조선의 무성의한 태도를 감지한 후금의 대조선 강경파들은 조선 사신과 투항 조선군들을 살해하고 조선에 무력을 사용해야 한다는 주장을 내세웠다. 그러나 후금의 현실파들은 명과의 전쟁중에 조선을 너무 자극하여 관계를 악화시키는 것은 후금에 이롭지 못하다는 입장을 개진하여 강경파들을 설득하였다. 그리하여 후금은 7월 중순 조선 사신편에 후금과의 동맹 체결을 제의하였다. 그러나 조선은 후금이 먼저 투항한 조선 장병들을 송환하는 우호적인 조치를 취해야 동맹 관계의 수립이 가능하다는 국서를 후금에 보내면서 오히려 북방의 방비를 강화하는 조치를 취했다. 이로써 양국 관계는 불안한 소강 상태에 머물게 되었다. 그러나 명과의 의리를 지켜야 한다는 조선측의 명분론자들과 조선에 대해서 무력을 사용해서라도 이를 굴복시켜야 한다는 후금의 강경론자들은 조선과 후금과의 무력충돌을 언제라도 구체화시킬 수 있는 불씨로 남아 있었다.

명과 후금과의 대결에서 광해군이 취한 외교적 중립 노선은 원병을 요청하는 명나라와, 명과의 대결에서 조선과 동맹 관계를 원하는 후금으로부터 환영을 받지는 못했다. 1619년 8월 명은 조선에 후금 정벌을 지원할 포수(砲手)의 파견을 요청해 왔다. 그러나 조선은 후금과의 갈등을 피하기 위해서 이를 거절하고 중립적인 자세를 취했다.

---

109) *光海君日記, 卷130,* 10年 7月 4日條; *卷139,* 11年 4月條; *卷137,* 11年 2月 2, 3日條; *仁祖實錄, 卷1,* 仁祖 元年 3月條; *承政院日記,* 仁祖 元年 3月條; 國防部戰史編纂委員會, *丙子胡亂史*(1986), pp. 7-19; *韓民族戰爭通史, III, 朝鮮時代 前篇,* pp. 292-9.

이에 대해서 명은 조선의 태도를 통렬하게 비난하기에 이르렀다. 조선과 명과의 관계가 이로써 소원해지기 시작했다. 그러던 중, 1621년 3월 후금은 심양(瀋陽)과 요양(遼陽)을 장악하여 만주 전지역을 장악하게 되었다. 이러한 와중에서 명의 요동유격(遼東遊擊) 모문룡(毛文龍)군은 평안도지역으로 이동하여 그 곳으로 이주해 온 한인 및 친명 여진족들과 후금의 배후를 위협하게 되었다. 이에 후금은 조선에게 조선으로 입국한 한인 및 친명 여진인의 송환과 모문룡군의 축출을 요구하면서, 후금군을 동원하여 모문룡군 진영을 공격할 계획을 수립하였다. 불안을 느낀 모문룡군은 1622년 2월 방어에 유리한 철산 앞바다의 가도(椵島)로 진영을 옮겨 장기 항전 태세를 갖추어 후금의 배후를 교란하고, 조선에 군량과 병기의 조달을 요구하기도 하여 명과 후금과의 대결에서 중립적인 정책을 취하는 조선의 입장을 난처하게 만들었다. 조선은 여기에 대해서 별다른 조치를 취하지 않고 방관적인 태도를 취했으나, 이러한 조선의 태도에 대해서 후금은 매우 못마땅한 감정을 가지게 되었다. 이와 같이 명과 후금과의 분쟁에 말려들지 않으려고 중립적인 태도를 취하는 조선에 대해서 명(明)과 후금(後金) 모두, 각각 다른 입장에서 매우 달갑지 않게 생각하고 있었다.

명과 후금과의 세력 각축전에서 중립적인 태도를 취하는 광해군의 외교 정책에 대해서 조선 내부에서도 불만의 소리가 나왔다. 대내적으로 국정을 쇄신하여 임진, 정유왜란으로 입은 피해를 복구하고 국가 재정을 충실하게 하여 민생을 안정시키고 국방을 강화하는 부국강병(富國强兵)을 도모한 광해군은 대외적으로도 명청 교체기에 중립적인 태도를 취함으로써 조선을 명과 청 간의 전쟁에 휘말려들지 않도록 갖은 노력을 기울였다. 그러나 유교적 대의명분(大義名分)을 중시하던 서인(西人)들은 광해군의 현실적인 중립 노선을 반대하였으며, 특히 광해군이 형(臨海君)과 아우(永昌大君)를 죽이고 모후인 인목대비(仁穆大妃)를 서궁(西宮)에 유폐시키는 등의 비윤리적인 처사를 자행하자 이를 지나쳐 버리지 않았다. 광해군의 중립 외교를 반대하던 서인들은 1623년 3월 반정을 일으켜 광해군을 폐위시켜 유배보내고, 광해군의 조카인 능양군(綾陽君)을 추대하여 서인 정권을 수립하였다. 인조(仁祖)의 서인 정권은 즉시 광해군의 중립 외교 정책을 폐기하고 유교적 대의명분에 입각한 친명배금정책(親明排金政策)을 채택하였다.

조선과 명은 200여 년간 우호를 다져 왔으며 명이 임진왜란시에 조선을 원조해 주었기 때문에, 광해군의 기회주의적인 중립 정책은 조선을 "오랑캐의 나라"로 전락시킨 오류를 범했다는 내용의 인목대비(仁穆大妃) 교서(敎書)가 1623년 3월 14일 인조 즉위와 동시에 발표되었다.[110] 이러한 조선의 외교 정책은 가시적인 조치가 뒷받침해 주었다. 가도(椵島)의 모문룡 진영에 접반사(接伴使)가 파견되어 지원을 약속했고 후금이 요동을 점령하여 명에 이르는 육로가 봉쇄되었기 때문에, 해로를 통하여 명에 사신을 파견하여 인조 반정의 합법성을 인정받고 명과의 관계를 회복하였다. 그리고 서북 요

110) *仁祖實錄, 卷1,* 元年 3月 14日條; *丙子胡亂史,* pp. 24-5에 교서 내용 인용.

충지에 하삼도에서 차출한 1만여 명의 병력과 훈련도감의 정예병 2초(二哨: 약 250명)를 배치하여 후금의 침공에 대비하도록 했다. 조선은 후금과의 일전도 불사한다는 각오 아래 가도의 모문룡군에게 군량과 병기를 지원하고 요동으로부터 이동해 오는 한인과 여진인들을 무제한 받아들이는 시책을 채택하였다. 조선이 친명배금정책을 가시적으로 구체화함에 따라 광해군의 중립 정책으로 구축된 조선과 후금 간의 소강 상태의 관계는 급속하게 악화되기 시작했다.

조선과 후금과의 악화된 관계를 더욱 악화시키고 조선 서북지역의 방어 태세를 약화시킨 사건은 이괄(李适)의 난이었다. 1624년 1월 22일, 인조반정에 참가하여 공을 세운 평안 병사 겸 부원수 이괄은 반정 후의 논공행상(論功行賞)에 불만을 품고 안주지역에 집결되어 있던 1만여 명의 병력을 이끌고 반란을 일으켰다. 이괄의 반란군은 2월 10일 수도 한성(漢城)을 점령하는 위세를 떨치고 국왕이 공주로 파천까지 하는 사태가 발생하였다. 이괄의 반란은 도원수 장만(張晩)과 안주방어사 정충신(鄭忠臣) 등의 활약으로 겨우 진압되었으나, 서북면 방어 병력의 절반 가량이 소모되어 조선의 서북 방어력의 약화를 초래하였다. 특히 이괄의 잔당인 한윤(韓潤), 정매(鄭梅) 등이 후금으로 망명하여 광해군의 폐위와 인조반정의 부당성을 역설하고 조선의 대명 협조 관계의 실상을 폭로함으로써, 악화된 조선과 후금 간의 관계를 더욱 악화시키고 조선 서북지역의 방어력이 약화되었음을 지적하면서 후금의 조선 침공을 부추기기도 하였다. 그리하여 명과의 대결에서 조선과의 관계 악화를 원하지 않았던 후금은 명과의 대결에 앞서 후방의 안전을 도모한다는 개념을 택하여 조선에 대해서 먼저 무력을 사용하기에 이르렀다.

특히 1621년 이래 가도(椵島)에 진영을 구축한 모문룡군은 1623년 인조반정 후에는 조선의 지원을 받아 철산(鐵山), 사량(蛇梁), 신미도(身彌島) 등지에 분진(分鎭)을 설치하고, 압록강 동안(東岸)의 후금지역인 남 만주의 안산역(鞍山驛) 등지까지 공격하여 후금의 배후를 위협하였다. 모문룡군의 후금지역에 대한 유격 활동과 조선의 지원은 후금의 요서 진출에 커다란 장애가 되었고 대명 전선에도 영향을 끼쳤다. 이러한 가운데 1626년 1월 누루하치는 산해관(山海關) 이남지역으로 진격하기 위하여 명의 방어선을 돌파하고 영원(寧遠)을 공격하여 이틀 동안의 치열한 공방전을 전개했으나, 성을 탈취하지 못하고 누루하치 자신이 명군의 포격에 부상을 입고 후금군을 후퇴시켜야만 했다. 누루하치는 영원 공격전에서 입은 부상이 악화되어 1626년 8월 11일에 사망하고, 그의 여덟째 아들인 홍타이지(皇太極)가 대한으로 계승하여 후금의 태종이 되었다. 후금의 태종은 조선에 대해서 강경책을 주장했던 장본인으로서 명에 대한 공격이 부진한 것을 조선을 정복함으로써 만회하고, 대명전(對明戰)에 앞서 배후 위협을 제거함으로써 대명결전(對明決戰)에 후금의 총력을 집중한다는 개념으로 조선에 대한 침공을 결정하였다.

2) 후금의 군비와 침공 계획

후금(後金)의 군 조직과 군사력은 여진(女眞)의 생활과 밀접한 연관을 맺고 있다. 여진은 10명으로 구성된 "니루"(牛彔)라는 소집단을 수렵과 전투의 기본 단위로 삼아 왔다. 니루의 구성원은 "니루 에젠"(牛彔額眞)이라는 지휘자를 선출하고, 그의 지휘를 받았다. 그리고 여진족은 매년 가을에 개최되는 수렵 대회에 모여 여러 니루를 통합한 "잘란"(甲喇)이라는 상부 조직을 결성하고, 니루 에젠들이 모여 잘란의 지휘자인 "잘란 에젠"(甲喇額眞)을 선출하고, 그의 지휘를 받았다. 이러한 여진족의 기본 생활에서 비롯된 조직이 바로 후금군의 기본 구조가 되었다.[111]

건주여진(建州女眞)의 지휘자 누루하치가 16세기 말부터 17세기 초에 걸쳐서 주위의 여러 여진 부족을 통합함에 따라, 인구의 증가와 더불어 빈번한 전투 수행에 맞는 군사 조직의 결성이 필요하게 되었다. 누루하치는 이러한 요구에 따라 1601년 니루의 정원을 100명으로 늘리고 4개의 니루를 편성하여, 이들 니루에게 황(黃), 홍(紅), 남(藍), 백(白)의 군기(軍旗)를 각각 지니도록 하여 4기병제(旗兵制)를 확립하였다. 이로써 누루하치는 400명의 상비 병력을 지니게 되었고 이를 근간으로 병력을 증강시켜 나갔다. 누루하치는 1611년 니루의 병력을 300명으로 증가시킨 뒤에 5개 니루로 1개 잘란(1,500명), 5개 잘란으로 1개 "구사"(固山: 7,500명)를 편성하고, 구사의 지휘관인 "구사 에젠"(固山額眞)과 부지휘관인 "메이렌 에젠"(梅勒額眞)을 두어 병력을 지휘하도록 했다. 이로써 누루하치는 100개 니루, 20개 잘란, 4개의 구사로 구성된 3만 명의 상비군을 보유하여 4개의 구사가 4색기를 사용하도록 하였다. 누루하치는 병력의 숫자가 증강됨에 따라 1615년, 기존의 4기 조직에 부가하여 4기를 증편하여 총 8개의 구사를 편성하였으며, 구사 에젠 위에 1인의 "베이레"(貝勒: 固山王)를 두었다. 그리고 종전의 4기는 정황(正黃), 정홍(正紅), 정람(正藍), 정백(正白)이라 부르고 추가된 4기는 양황(鑲黃: 홍색 테를 두른 황기), 양홍(鑲紅: 백색 테를 두른 홍기), 양람(鑲藍: 홍색 테를 두른 남기), 양백(鑲白: 홍색 테를 두른 백기)으로 지칭되어 누루하치는 200개의 니루, 40개의 잘란, 8개의 구사로 구성된 6만 명의 정규군을 보유하게 되었다. 이와 같이 구성된 8기병(旗兵)은 후금(後金)과 청조(淸朝)의 기본적인 군사 조직이 되었다.[112]

조선 침공(정묘호란) 직전인 1626년 누루하치의 뒤를 이어 대한(大汗)이 된 후금(후에 淸) 태종은 8기의 지휘관 명칭을 개정하여 구사 에젠을 총관대신(總管大臣)으로 개칭하고, 메이렌 에젠을 2인으로 증가하여 좌관대신(佐管大臣)으로 개칭하여 군법 업무를 관장하여 총관대신을 보좌하도록 하였다. 당시 후금의 병력은 6만 명 수준을 유지하고 있었다. 그러나 정묘호란(1627년) 후 1634년 청 태종은 군제상의 병종 명칭을 중국식으로 바꾸면서, 몽고군을 따로 좌우익군으로 편성하고 한병(漢兵)은 한군(漢軍),

---

111) *丙子胡亂史*, pp. 37-40.
112) *前揭書*.

천우(天佑)병, 천조(天助)병 등으로 호칭하였다. 특히 조선에 대한 2차 침공(병자호란) 전에 청 태종은 8기에 소속되어 있던 몽고군을 분리하여 몽고팔기군(蒙古八旗軍)을 창설하여 병력을 증강시켜 7만 7,000명의 정규군을 보유하였다. 그리고 여기에 여진, 한인, 몽고인 등으로 혼합 편성된 예비 병력 10여 만 명도 동원 가능하였다. 따라서 병자호란(丙子胡亂, 1636-7)시에 청(淸)은 약 20여 만의 병력을 동원할 수 있었다.[113]

8기병(旗兵)을 근간으로 편성된 후금(後金: 淸)의 병력 운용은 기의 신호로 이루어졌다. 기동 공간이 넓은 지역에서는 8기가 나란히 8로(路)로 병진(竝進)하기도 했으며, 기동 공간이 협소한 경우에는 8기가 각각 다른 길로 분진(分進)하여 일제히 상대를 공격하는 전법을 구사하였다. 전투시에는 철갑과 창검으로 중무장한 부대가 선두에서 진격하고, 경갑(輕甲)과 궁시(弓矢)로 경무장한 부대가 이를 후속하였으며, 기병부대는 후미에서 창검병과 궁병부대를 지원하다가 상대의 측방을 공격하거나 후미를 차단, 또는 추격하는 임무를 수행하였다. 이와 같이 후금군은 보병과 기병을 배합해서 운용하여 공성(空城)과 야지(野地) 전투를 수행할 수 있는 능력을 보유하고 있었다.

후금의 태종은 8기병(旗兵)을 직접 관장하여 대한(大汗)의 직할 통치 체제를 구축한 다음에, 1627년 1월 8일, 패륵(貝勒) 아민(阿敏)을 총대장으로 삼아 3만 6,000명의 조선 침공군을 편성하고 이를 6,000명씩 구성된 6개 군(軍)으로 편성하여 지휘관을 임명하였다. 1군은 패륵 아민이 직접 지휘하고, 2군은 패륵 지르갈랑, 3군은 패륵 아지게, 4군은 패륵 데두, 5군은 패륵 요토, 6군은 패륵 서이도가 각각 지휘하도록 했다. 그리고 태종은 출정에 앞서 조선에서 활동하는 모문룡(毛文龍)군을 제압하여 후방의 근심을 제거하려는 것임을 밝히는 조칙(詔勅)을 내렸다. 그리고 태종은 이를 위해서 후금의 침공군은 모문룡군의 진영을 점령 또는 무효화시키는 작전과 조선의 항복을 받기 위하여 신속하게 조선의 수도 한성으로 진격하는 작전을 동시에 실시하도록 지시했다.[114]

모문룡군을 제거하고 조선의 항복을 받아 대명전(對明戰)에서 후방의 안전을 도모한다는 목적을 달성하기 위해서 조선 침공에 나선 후금군 사령관 아민은, 사르후 전투에서 항복한 조선의 도원수 강홍립(姜弘立)을 비롯한 조선의 항장들을 향도로 삼아 압록강을 비롯한 강들이 얼어 병력의 기동에 장애가 되지 않는 겨울을 택하여, 1627년 1월 8일 수도 심양(瀋陽)을 출발하였다. 후금군은 1월 12일 조선의 국경 관문인 의주(義州)의 북쪽 압록강 가운데 위치한 승애도(勝艾島), 막사도(幕沙島), 어적도(於赤島), 구리도(九里島), 송도(松島) 등에 도착하여 병력을 집결하고, 우선 의주(義州)를 고립시켜 이를 점령한 후, 각 군별로 구체적 임무를 부여하여 세부 작전 계획을 하달하기로 하였다. 후금군의 조선 침공으로 인한 정묘호란(丁卯胡亂)이 시작되었다.

---

113) *前揭書;* 中華民國 三軍大學 編著, *中國歷代戰爭史 第15冊,* pp. 4-7, 36-46.
114) *丙子胡亂史,* pp. 48-50.

3) 조선의 군비와 방어 계획

조선의 방위는 기본적으로 중앙군인 경군(京軍)과 지방군인 향군(鄕軍)에 의해서 이루어졌다. 경군은 5위체제가 근간이 되어 궁성 수비와 수도 방어의 임무를 수행하였으며 향군은 육군과 수군으로 나뉘어 각 도에 병영(兵營)과 수영(水營)을 설치하고 병마절도사(兵馬節度使)와 수군절도사(水軍節度使)가 예하의 거진(巨鎭)과 진(鎭) 등을 지휘하여 지역 방어를 담당하였다. 조선 초기에 수립된 거진(巨鎭)을 중심으로 한 진관 체제(鎭管體制)에 의한 독립적인 방어 개념은 임진왜란시에 제승방략(制勝方略) 개념으로 바뀌었으나, 이의 실천적 효율성이 보장되지 못하자 다시 지방 중심의 방어 개념과 지방군의 강화를 도모하게 되었다. 임진왜란시에 일본군의 조총과 단검을 활용하는 장병과 단병 전법에 궁시(弓矢) 위주의 조선군이 패배하자, 조선은 1593년 훈련도감(訓鍊都監)을 신설하여 포수(砲手: 銃砲兵), 사수(射手: 弓矢兵), 살수(殺手: 槍劍兵)의 세 가지 훈련을 실시하여 장병과 단병을 배합하는 전술을 구사할 수 있는 삼수병(三手兵) 체제를 갖추려 하였다. 그러나 중앙에는 지방군이 교대로 근무하여 병력을 충당하였으나 이것이 제대로 시행되지 못했고, 경비를 부담할 재정적 능력이 있는 사람은 병역을 피할 수 있었기 때문에 실제 병력의 규모와 군비는 기록상의 것과는 매우 다른 상태에 머물러 있었다.

인조(仁祖)반정 이후 조선은 친명배금정책(親明排金政策)을 노골적으로 구체화하고 중앙군과 지방군의 병력을 증강하여 후금군의 침공을 막아 보려는 노력을 기울였다. 조선은 중앙 상비군을 강화하기 위해서 호위청(扈衛廳), 어영청(御營廳) 등 새로운 군영을 창설하였다. 호위청은 인조반정에 참여한 병력을 정규군에 편입시켜 500명의 병력을 확보하였고, 어영청은 국왕이 개성까지 친정(親征)하여 후금에 대한 항전 의지를 고무시킨다는 개념하에 국왕의 친위 병력으로서 정예병 260명을 확보하였다. 그리고 수도의 방어력을 강화하기 위하여 수도권에서 모집한 3,000여 명의 삼수병을 수도 방위에 투입하였으며, 서북 변경지역의 방어를 위해서 하삼도지역에서 1만 5,000여 명을 징발하여 서북지역에 배치함으로써 3만여 명의 서북 방어 병력을 강화하였다. 이러한 노력으로 인조 집권 초기에 수도 방위를 위해서 훈련도감군 2,700명, 호위군 500명, 어영군 260명, 수도권군 3,000명 등 6,500명 규모의 중앙군과 서북방에 배치된 3만여 명의 지방군을 보유하게 되었다.

그러나 이괄(李适)의 반란 이후에 중앙군은 강화되고 지방군은 감소되는 변화를 가져왔다. 이괄의 난 이후에 호위청과 어영청의 병력은 각각 1,000명으로 증강되고, 경기 북부지역의 수도권 병력을 증강시켜 2만 명 규모의 총융청(摠戎廳)을 창설하였다. 유사시에 수도를 방어하기 어려울 경우 국왕은 강화도로 이동하고 세자는 남한산성으로 이동하여 방어에 임하여 침공군의 예봉을 둔화시킨 다음에 각 도의 군사들을 집결시켜 반격 작전의 주역을 담당한다는 부대로서 총융청(摠戎廳)을 신설한 것이다. 이러한 개념에 따라 강화도에 총융청 병력 7,000명을 주둔시켜 방어 태세를 강화하고 남한산성을 축조하도록 하였다. 이로써 이괄의 반란이 평정된 뒤에 중앙군은 2만 5,000명 수준으로 강화되었다. 그러나 서북 방면의 병력은 1만 명 수준으로 격감되었지만 이의 증강은 사실상 어려운 형편이었다. 그리하여 조선은 서북면의 제1선 방어가 실패할 경우에 수도권에서 침공군의 예봉을 꺾어 이를 격퇴시킨다는 개념 아래 수도권의 방어 태세를 강화하였다.

조선은 거의 와해된 서북면의 방어 태세를 강화하기 위하여 1624년 6월에 도원수 장만(張晩)을 도체찰사(都體察使)로 승진시켜 제한된 병력이지만 서부 국경지역의 요충지인 의주, 용천, 정주, 영변, 안주, 평양 등지의 방어 태세를 강화하여 침공군의 수도권 진출을 저지하려는 노력을 기울였다. 조선 조정은 침공군의 침입 경로를 의주, 용천, 철산, 정주, 안주를 연하는 남쪽 경로와 벽동, 창성, 삭주, 귀성, 태천, 영변, 안주를 연하는 북로(北路)로 상정하고 이 두 경로상의 진지를 정비하는 노력도 게을리하지 않았다. 의주 주변의 백마산성(白馬山城), 용골산성(龍骨山城), 능한산성(凌漢山城) 등의 방비 태세를 강화하도록 하였다. 특히 1626년 8월에 이르러 후금의 동태가 심상치 않다는 보고를 받은 조선 조정은 훈련도감군 250명과 하삼도 군사 5,000명을 서북지방에 보내고 11월에는 함경도 남부지역의 병력 2,000명을 평안도로 이동시켜 서북면의 방어력을 보강하였다. 이러한 조선 조정의 조치로 서북면의 조선군 병력은 1만 6,000명에 이르렀으나 후금군의 대규모 침공을 저지하기에는 부족함이 많았다.[115]

4) 정묘호란의 작전 경과 및 주요 전투

항복한 조선의 도원수 강홍립(姜弘立) 등과 이괄의 반란 이후 후금으로 망명한 한윤(韓潤) 등을 향도로 삼아 1627년 1월 8일 심양(瀋陽)을 출발하여 1월 12일 의주(義州) 전방에 도착한 아민(阿敏)의 후금군은 정찰 기병을 파견하여 의주의 방비 태세를 정찰하는 한편, 압록강 도하 준비를 서둘렀다. 이와 동시에 지르갈랑이 지휘하는 제2군을 의주 북방 64km 지점에 위치한 창성진(昌城鎭)으로 진출시켜 이를 공격하게 함으로써 압록강 중, 상류의 거점과 의주 사이의 연락과 협조를 차단하였다. 의주에 대한 공격 태세를 가다듬은 아민은 "성중의 모든 장병은 무장을 풀어 항복하고 남쪽에서 온 병사들은 고향으로 돌아가라. 그렇지 않으면 한 사람도 남기지 않겠다"는 내용의 항복을 촉구하는 통첩을 의주성에 보냈다.[116]

---

115) *丙子胡亂史*, pp. 27-33.
116) *練藜室記述*, *卷25*, 丁卯虜亂條; *丙子胡亂史*, pp. 50-4.

(1) 의주성 전투

의주성은 부윤(府尹) 이완(李莞)이 약 3,000명의 병력을 거느리고 방어에 임하고 있었다. 이완은 이순신(李舜臣)의 조카로서 임진왜란에 참전하여 용맹을 떨친 무장이었다. 이완은 후금군의 대병력이 압록강 대안에 집결하고 있다는 보고를 받고, 이를 공격하는 것은 불가하다고 판단하고 성을 굳게 지키면서 증원군이 도착하면 반격을 가하여 후금군을 압록강 북안으로 격퇴시킨다는 방침을 세우고 의주성의 방어 태세를 강화하였다. 그리고 침공을 준비하는 후금군의 정황을 귀성에 본영을 두고 있던 평안 병사 남이흥(南以興)에게 보고하였다.

1627년 1월 13일 얼어붙은 압록강을 건넌 후금군은 3, 4, 5군으로 하여금 창성-의주, 용천-의주, 선천-의주 간의 통로를 차단하게 하고, 1군과 6군으로 의주성에 대한 포위망을 구축하고 항복을 요구하는 통첩을 의주성에 보냈다. 항복 통첩을 받은 이완과 판관 최몽량(崔夢良)은 이웃 나라의 도리가 이웃을 침공하는 것이냐고 후금의 사자를 꾸짖어 내쫓고, 의주성의 사수 의지를 가다듬었다.[117]

후금군은 1월 13일 정오경부터 의주성을 공격하였다. 저녁까지 공격을 계속했으나 의주성은 함락되지 않았다. 저녁에도 후금군은 공격을 가했다. 의주성의 조선군도 횃불을 밝혀 가면서 각종 총통, 화기와 활을 쏘아 대고 돌을 던져 후금군의 성 진입을 막았다. 공방전이 계속되는 동안 후금군도 100여 명의 사상자가 발생하고, 조선군도 화약과 화살이 바닥나게 되었다. 이렇게 되자 성내의 군민들도 사기가 떨어져 성을 이탈하는 사람이 속출하였다. 후금군은 성내에서 탈출한 조선군 병사들을 포로로 잡아 의주성 서문 밖 300m 지점에 있는 수로(水路)와 의주성 서쪽의 수문을 연결하는 통로가 있음을 알아내고, 향도 한윤(韓潤)으로 하여금 사냥꾼으로 가장한 100여 명의 병력을 이끌고 수문을 통하여 의주성 안으로 진입하도록 하였다.

1월 14일 새벽, 수로를 통하여 성 안으로 잠입한 후금군이 의주 성 안의 민가와 군기고 등에 불을 질렀다. 의주성 안의 여러 곳에서 불길이 치솟아오르자, 성 밖의 후금군은 일제히 성으로 육박하여 남문을 돌파하고 서문과 동문을 차례로 돌파하였다. 부윤 이완은 서문의 장대(將臺)에서 전투 지휘를 하다가 후금군의 화살에 맞아 전사하고, 동문의 수비군을 지휘하던 최몽량은 후금군의 포로가 되어 투항 권유를 뿌리치고 끝까지 항거하다가 죽음을 당하였다. 의주성의 지휘부가 순국하자 대부분의 조선군은 항복하였고 항거한 병사들은 처형을 당했다. 항복한 조선군은 머리를 후금군과 같이 깎게 하여 그들의 군사에 편입시키고, 성내의 민가들과 주변에 병사를 보내 약탈과 살육을 자행하였다. 이로써 의주성은 후금군의 수중에 들어가고 말았다.

117) *前揭書.*

후금군의 의주 공격 상황

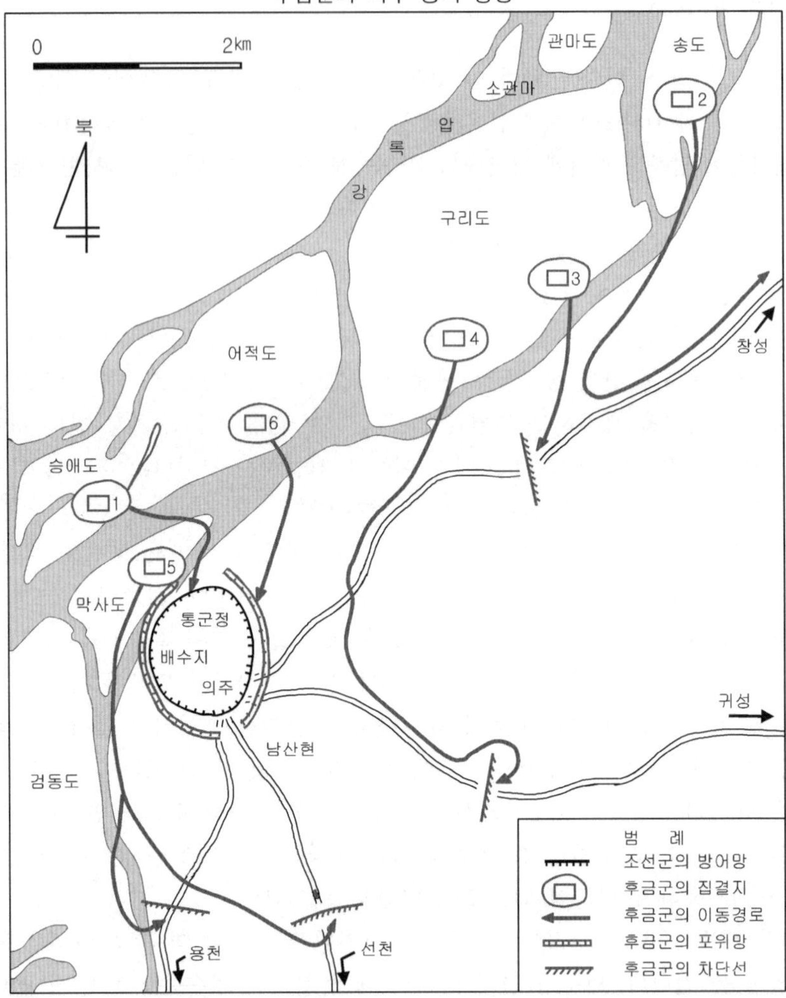

(2) 창성진 전투

후금의 제2군은 1월 13일 새벽 창성진 부근에 도착하여 창성진(昌城鎭)을 포위하였다. 당시 창성진에는 부사(府使) 김시약(金時若)이 600여 명의 병력을 이끌고 방어에 임하고 있었다. 후금군은 200여 명으로 창성진 주변의 도로망을 봉쇄하고 창성진에 사자를 보내 항복을 권유하는 통첩을 보냈다. 후금군의 기세에 눌린 창성진의 방어군들은 성에서 탈출하거나, 성을 탈취하여 후금군에게 항복하자는 병력도 있었다. 이에 부사 김시약은 자신은 왕명에 의해서 창성진을 지키기 위하여 싸우다 죽을 것임을 천명하고 부하들에게 마음대로 하라는 재량을 부여하였다. 부사의 이러한 의연함에 병사들도 같이 싸우기로 하여 항복 권고를 거절하고 방위 태세를 가다듬었다.

항복 권고가 받아들여지지 않자 후금군은 1월 13일 오후 공격을 실시했다. 조선군은 오후 늦게까지 후금군의 공격을 격퇴하기 위하여 혈전을 벌였다. 그러나 이런 과정에서 조선군의 손실은 적지 않았고, 병사들은 피로에 지쳐 있었다. 조선군의 전력이 약화되었다는 사실을 간파한 후금군은 이 날 자정에 대규모 공격을 감행하였다. 조선군은 성을 넘어오는 후금군에게 육탄(肉彈) 돌격까지 감행했으나, 후금군은 성 안으로 진입하는 데 성공하였다. 혈전을 거듭한 끝에 부사 김시약과 수십 명의 장병이 포로로 잡히고 창성진은 후금군의 수중에 들어가고 말았다. 후금 2군을 지휘하는 지르갈랑은 창성진에 소수의 병력을 남겨 두고 주력을 이끌고 의주로 이동하였다. 후금군이 의주로 이동하는 도중, 지르갈랑은 김시약의 충의를 높이 평가하고 항복을 권유했으나, 김시약은 이를 거절하고 비장한 최후를 마쳤다.

(3) 후금군의 기동 계획

의주(義州)와 창성진(昌城鎭)을 탈취하고 의주에서 전열을 정비한 후금군은 각 부대별로 구체적인 임무를 부여하고, 임무에 입각한 기동로를 배정하였다. 후금군은 조선군이 침공로로 판단한 서북면 북로(北路)를 이용하지 않고 의주-정주-안주에 이르는

의주 점령 이후 후금군의 기동 계획

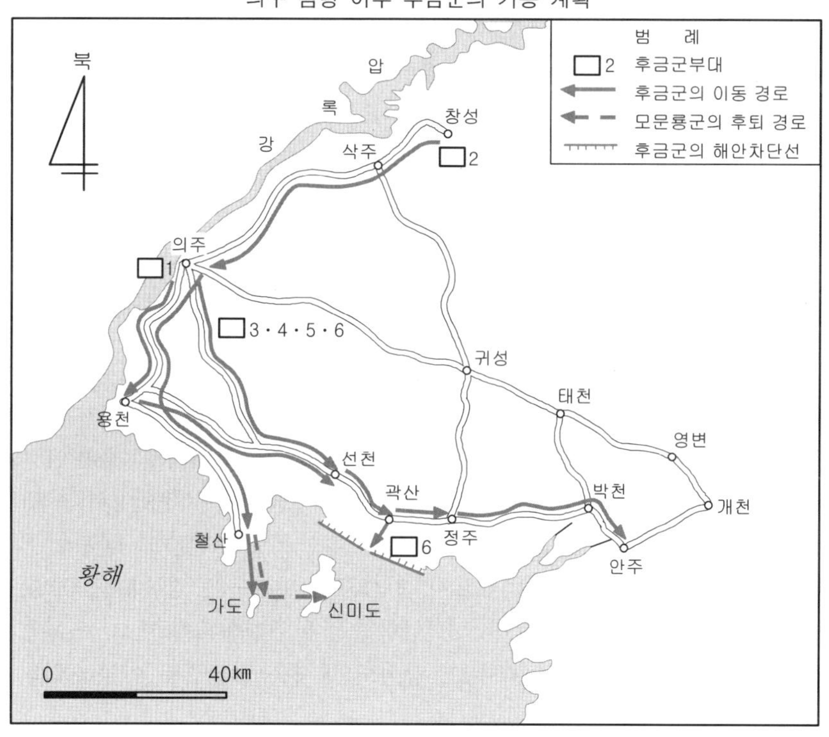

남로(南路)를 주 기동로로 이용하려 했다. 후금군은 이에 따라 1군은 용천을 함락시키고 안주로 향하도록 하고, 2군은 철산과 모문룡군의 본진이 있는 가도(椵島) 및 신미도(身彌島)를 공략한 후에 청천강 이북지역을 경계하고, 3, 4, 5군은 선천, 곽산, 정주를 공략한 다음에 안주로 직행하도록 하고, 6군은 3, 4, 5군과 같이 이동하여 곽산을 공략한 후에 신미도 방면의 해안에서 모문룡군의 패잔병을 섬멸하도록 했다. 이러한 기동계획에 따라 아민의 1군은 용천으로 향하고, 2군은 용천을 우회하여 철산으로 향했으며, 3, 4, 5, 6군은 의주에서 선천을 향해서 진격하였다.

(4) 조선의 초기 방어 계획

1627년 1월 13일 후금군이 압록강을 넘어 국경을 침공했다는 보고가 조선 조정에 접수된 날이 1월 17일이었다. 당시 가도(椵島)의 모문룡 진영에 파견되어 있던 접반사(接伴使)의 장계가 1월 17일에 조정에 접수된 것이다. 장계를 받은 조정은 사태의 심각성을 인식하고 중신들을 소집하여 후금군의 침공을 격퇴하기 위한 대책을 논의하였다. 오랜 시간의 논의 후에 조선 조정은 청천강 이북에서 후금군의 진격을 저지하는 것은 불가능하다고 판단하고, 청천강 이남지역에서 축차적인 방어선을 구축하여 지연전을 펼치면서 하삼도(충청, 전라, 경상도)의 병력을 차출하여 후금군을 격퇴한다는 방어 전략을 수립하였다. 이에 따라 조정은 안주를 중심으로 하는 청천강 이남지역을 제1방어선, 황주 일대에 제2방어선, 평산 일대에 제3방어선을 설정하여 지연전을 수행하도록 하고 하삼도의 병사(兵使)들에게 할당된 병력을 이끌고 남한산성으로 집결하도록 하는 방어 계획을 구체화하였다.[118]

조선 조정은 4도 도체찰사(都體察使) 겸 도원수(都元帥)에 장만(張晩)을 임명하여 방어 작전을 지휘하도록 하고 축차적으로 설정된 방어선에 방어 책임자를 임명하여 후금군의 진격을 저지하려 하였다. 안주를 중심으로 설정된 제1방어선은 귀성에 주둔하고 있던 평안병사 남이홍이 고수하여 후금군을 저지하도록 하고, 평안 감사로 하여금 안주 방어선의 후방 지원 업무를 수행하고 안주의 제1방어선이 돌파되면 평양성을 고수하여 후금군의 남진을 지연시키는 임무를 부여하였다. 제2방어선은 황주-송림 일대에 구축하여 황해병사 정호서(丁好恕)가 이를 지켜 후금군의 진출을 저지하도록 했다. 도원수 장만은 평산에 지휘소를 설치하여 봉산-재령을 잇는 선에서 제3방어선을 형성하여 후금군의 개성, 한성 진출을 저지하도록 했다. 그리고 수어사 이서(李曙)로 하여금 남한산성에서 증원군이 도착하는 대로 이를 평산으로 추진하고, 국왕이 강화도로 파천할 경우에는 이를 엄호하도록 했으며, 하삼도의 병사들은 경상도 2,000명, 충청도 5,000명, 전라도 3,000명의 병력을 이끌고 남한산성에 집결하도록 했고, 수사들은 명에 의하여 강화도로 진출할 준비를 갖추고, 강원도 병력은 평산으로 이동하도록 지시를

118) *仁祖實錄, 卷15,* 5年 正月 17日條; *丙子胡亂史,* pp. 72-5.

조선의 초기 방어 계획

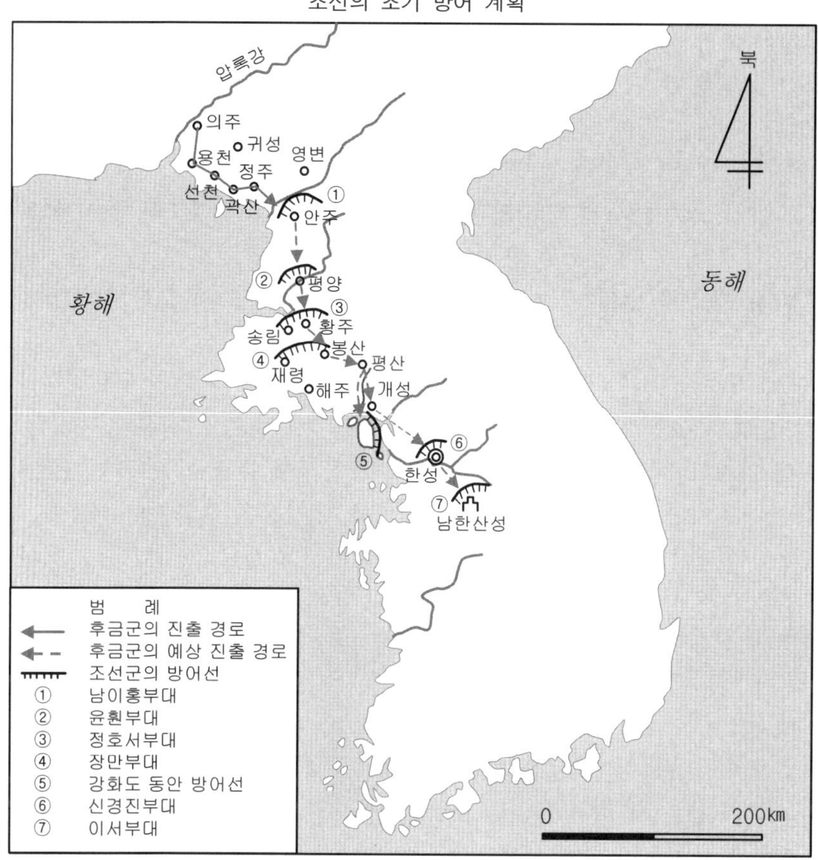

내렸다. 그리고 안주의 제1방어선이 돌파될 경우에 국왕은 강화도로 이동한다는 것도 명시적으로 계획하였다.119)

이와 같이 조선 조정은 축차적인 3개의 방어선을 설정하고 이 방어선을 지탱할 책임자를 임명하여 후금군의 남진을 되도록 저지, 지연시켜 하삼도에서 증원될 병력을 이용하여 반격을 가함으로써 후금군을 격퇴시키려는 방어 계획을 수립하였다. 그러나 이러한 방어 계획은 병력과 지원 면에서 확실한 뒷받침이 보장되어야만이 계획으로서 가치를 발휘할 수 있는 성질의 것이었다.

(5) 용골산성 전투

1627년 1월 13일 압록강을 도하하여 14일 새벽까지 의주(義州)와 창성진(昌城鎭)을 점령한 후금군은 기동 계획에 따라 부대를 남진시켰다. 1월 15일 용천으로 진격한

119) *前揭書.*

제 1군은 용천부 내로 무혈 입성하였다. 용천 부사 이희건(李希建)이 1월 14일 의주와 창성진이 후금군의 수중에 들어갔다는 첩보를 입수하고, 휘하 군사 500명과 용천부 내의 백성들을 용천 동쪽 4km 지점에 위치한 용골산성(龍骨山城)으로 이주시켰기 때문이었다. 용천을 무혈 점령한 후금군 대장 아민(阿敏)은 1군의 주력을 선천으로 남하시켜 선천, 곽산, 정주 등을 공략하기 위해서 남하중인 3, 4, 5, 6군과 합류하도록 하고, 1군에서 2,000명의 병력을 차출하여 용골산성을 공격하도록 조치했다. 용골산성 공략 임무를 맡은 후금군은 용골산성 주변의 서사령(西沙嶺), 동사령(東沙嶺), 건룡동(乾龍洞), 옹장곡(甕藏谷) 등지에 병력을 분산 배치하고 용골산성의 공격 준비를 갖추었다.

후금군의 기세에 눌린 용골산성 내 조선 군민들 중 일부는 후금군과 내통하여 항복하려는 기도까지 있었으나, 부사 이희건은 이들을 처단하고 민심을 수습하여 수성(守城) 결의를 다졌다. 이희건은 적극적인 방어를 구상하여 중군 이충걸(李忠傑)과 협수장(協守將) 장사준(張士俊)에게 성의 방어를 일임하고, 자신은 후금군의 배후를 교란시키는 유격전을 수행하기 위해, 100여 명의 병력을 이끌고 성문을 나섰다. 그러나 이희건군이 성문을 나서자마자 후금군의 포위 공격을 받아 전원이 전사하였다. 이 여세를 몰아 후금군은 성을 공격하였다. 성내의 민심이 다시 동요되었다. 이에 중군 이충걸이 도망하고 협수장 장사준도 후금군에게 항복하고 말았다. 관군에 의한 용골산성의 지휘체계는 이로써 마비되고 성의 운명도 경각에 달려 있었다.[120]

그러나 성내에 남아 있던 조선 군민들은 후금군과 맞서기를 주저하지 않았다. 그들은 스스로 의병(義兵)이 되어 성내에 피난해 있던 전 영산 현감 정봉수(鄭鳳壽)를 대장으로 추대하여 성을 지키기로 하였다. 이제 관군이 아닌 의병들이 용골산성의 방어 작전을 전담하게 되었다. 군민들의 추대에 의해서 의병 대장이 된 정봉수는 관군 잔여 병력과 성내의 주민들로 의병 부대를 편성하고 김종민(金宗敏)을 중군, 이광립(李光立)을 협수장으로 임명하여 성의 방어 태세를 강화하였다.

후금군은 용골산성의 방어 작전을 지휘하던 부사(府使)가 전사하고 중군(中軍)이 도망하고 협수장(協守將)이 항복한 상황이 전개되자, 용골산성을 쉽게 점령할 수 있을 것이라고 판단하여 약 1,000여 명의 병력으로 공격해 왔다. 그러나 성중의 남녀가 사력을 다하여 후금군의 공격을 물리쳤을 뿐만 아니라 막대한 피해까지 입혔다. 성 안의 방어 태세와 의지가 의외로 강하자 후금군은 항복한 장사준(張士俊)을 내세워 항복을 권유하도록 했다. 1월 16일 장사준은 후금군의 향도가 되어 성 주변에 700여 명의 후금군을 매복시켜 놓고 10여 기의 호위병과 성 밑으로 다가와 위협조의 항복을 권고하였다. 이 때 성 밖에 매복시켜 둔 조선 군민들이 장사준 일행을 급습하여 이들 모두를 죽였다. 이렇게 되자 주변의 후금 병사들이 성을 향해 돌격하였다. 이에 성 안의 의병들도 성 밖으로 달려나가 후금군의 기병 병력과 혼전을 벌였다. 이 격전에서 후금군의

120) *丙子胡亂史*, pp. 58-66; *韓民族戰爭通史, III, 朝鮮時代 前篇*, pp. 313-8.

후금군의 용골산성 포위

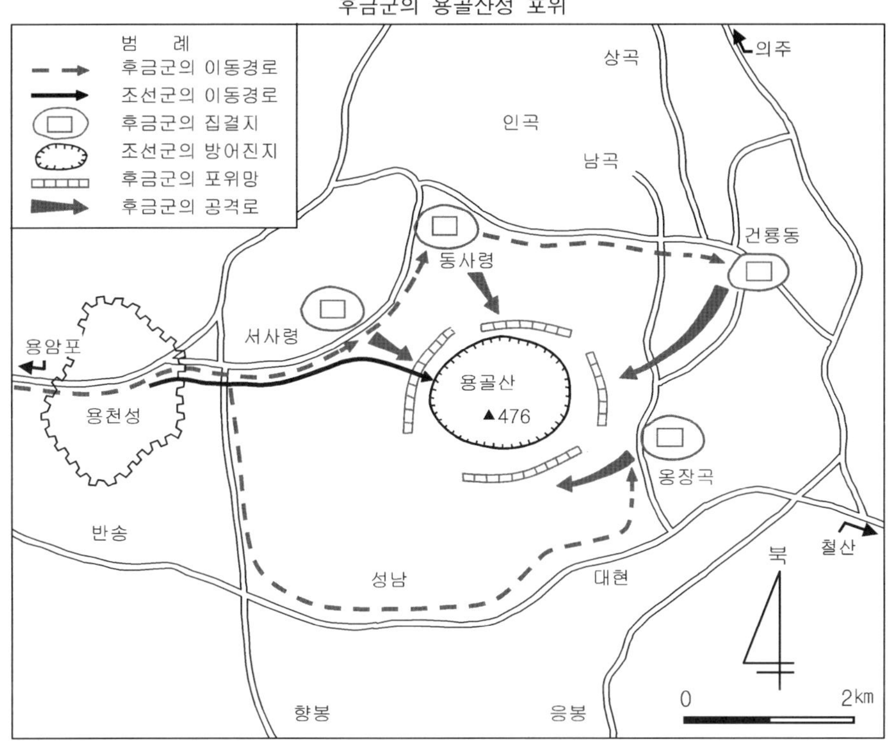

기병은 거의 사살되어 말을 빼앗기고 본진으로 후퇴하고 말았다. 그리고 후금군은 1627년 3월 3일 조선과 후금군 간에 화의가 성립될 때까지 더이상 용골산성을 공격하지 못했다.121)

(6) 후금군의 가도 공격

모문룡군의 진영을 공격하기로 되어 있던 후금 제2군은 1627년 1월 15일에 철산으로 직진하여 사포(蛇浦)에 위치한 모문룡군의 분진(分鎭)을 급습하여 이를 점령하고 본진인 가도(椵島)를 공격하였다. 가도에는 약 4만여 명의 모문룡군 병력이 주둔하고

121) 화의가 성립된 후에도 용골산성의 의병 부대가 해산을 거부하자 후금군 대장 아민은 3월 27일 의수, 곽산 일대의 후금군을 동원하여 성을 공격하였다. 용골산성의 의병들은 이를 물리쳤다. 굴욕적인 화의를 성립시킨 조선 조정도 용골산성의 분전을 높이 평가하여 정봉수를 용천부사 겸 조방장으로 임명하고 평안감사와 부원수 정충신(鄭忠臣)에게 해로를 통하여 용골산성에 군량과 군기를 보급해 주도록 명령하기까지 했다. 의병들이 해산을 하지 않고 저항하면 화의를 파기하겠다는 후금군의 위협에 조선 조정은 "후금군이 빨리 철수하는 것이 해결책이다"는 답변을 주기도 했다. 이에 후금군은 4월 13일 1만여 명을 동원하여 용골산성을 공격하였다. 그러나 이것도 격퇴되었다. 후금군의 공격을 수없이 격퇴한 용골산성의 조선 군민들은 기아와 질병에 시달려 많은 사람이 죽어 갔다. 그리하여 1627년 6월 중순경 850여 명의 장정과 1,000여 명의 노약자들만 남게 되었다. 사태가 이 지경에 이르자, 정봉수(鄭鳳壽)는 6월 14일 남은 인원을 이끌고 용골산성을 떠나 철산(鐵山) 서쪽 16km 지점에 위치한 대계도(大鷄島)로 이동하였다. 이로써 후금군의 침공 후 6 개월에 걸쳐 후금군의 공격을 막아 냈던 용골산성의 저항은 중단되고 말았다. *仁祖實錄, 卷16,* 5年 4月條; *練藜室記述, 卷25,* 丁卯虜亂條에 인용된 日月錄; *丙子胡亂史*, pp. 61-6 참조.

있었으나, 이들은 실전 경험도 부족하고 전투 의지도 박약한 상태에 있었다. 후금군이 이들을 공격하자 모문룡군은 가도의 본진을 포기하고 가도 동쪽 12km 지점에 위치한 신미도(身彌島)로 철수하고 말았다. 그러나 해상 전투에 익숙하지 못한 후금군은 모문룡군을 더이상 추격하지 못하고 그들이 점령한 사포와 가도 일대에 분산 주둔하여 모문룡군과 조선군이 수륙(水陸)에서 협동 작전을 수행하지 못하도록 견제하는 임무를 수행하였다. 조선 침공 원인 중의 하나인 모문룡군의 무력화는 이로써 달성된 셈이 되었다.

(7) 능한산성 전투

후금군은 1군의 주력과 3, 4, 5, 6군을 투입하여 선천, 곽산, 정주 등을 신속하게 점령하고 안주(安州)에 대해서 집중 공세를 취하려고 하였다. 후금군이 남하하고 있다는 소식이 전해지자 이 지역의 수령인 선천부사 기협(奇協), 곽산군수 박유건(朴有健), 정주목사 김진(金搢)은 관할지역의 군사와 백성, 그리고 무기와 양곡들을 곽산 동쪽 4km 지점에 위치한 능한산성(凌漢山城, △421)으로 옮겨 방어 태세를 갖추었다. 능한산성은 선천, 곽산, 정주에 이르는 도로를 감제할 수 있는 요충으로서 산성 수비군 1,000여 명이 상주하여 이를 지키고 있었으나 세 고을의 군민들이 이 곳에 집결함으로써 산성의 군민은 약 1만여 명으로 증가하였다. 이들 군민들은 후금군의 공격에 대비하여 방어 태세를 갖추었다.

후금군의 주력은 텅 빈 선천과 곽산을 무혈 점령하고 능한산성에 대한 공격 준비에 들어갔다. 후금군은 먼저 선천, 곽산, 정주 간의 연결 통로를 봉쇄하고 계획대로 6군의 병력을 곽산 서쪽 해안인 신동포(新洞浦), 유사포(楡泗浦), 용연(龍淵), 방축포(防築浦) 등에 배치하여 신미도(身彌島)의 모문룡군과 능한산성의 조선군이 상호 호응할 가능성을 제거하였다. 능한산성을 철저하게 고립시킨 후금군은 1월 15일 공격 부대를 5개 제대로 나누어 산성을 포위한 다음, 항복 권고문을 성 안으로 보냈다. 그러나 조선군은 항복을 거부하고, 정주목사 김진의 지휘 아래 선천부사 기협은 성의 동남쪽, 곽산군수 박유건이 성의 서북쪽을 방어하기로 정하여 수성 태세를 가다듬었다. 조선군의 회유가 실패로 끝나자, 후금군은 1월 15일 오후 4시경 공격할 태세를 갖추었다.

후금군은 먼저 산성 주위의 수림 지대에 불을 질러 화공(火攻)으로 산성을 공격하였다. 그러나 성 안의 주민들이 혹한기에 화목(火木)으로 사용하기 위해서 성 안과 주변의 나무들을 베었기 때문에 후금군의 화공은 아무런 실효를 거두지 못했다. 화공에 실패한 후금군은 산성의 서, 남문 쪽에 병력을 집중하여 공격하였으나, 성벽을 기어오르는 후금군은 성 안에서 굴려 내리는 돌멩이에 맞아 땅에 떨어지곤 하였다. 정면 공격으로는 성을 함락하기가 어렵다고 판단한 후금군은 기계(奇計)를 사용하기로 결정하였다. 후금군은 먼저 1월 15일 어두운 저녁에 1,000여 명의 병력을 능한산성 후면의 계곡으로 우회시켜 북문을 기습 공격할 준비를 갖추게 하였다. 그리고 후금군은 성의 정면인 동, 서, 남쪽 성벽 부근에 사다리를 걸쳐 놓은 다음에 짚과 풀로 사람의 형상을 만들어 세워 놓고 북을 치고 함성을 지르면서 조선군의 주의를 이 곳에 집중시키면서, 북문 쪽으로 우회한 병력으로 기습 공격하게 함으로써 북문을 돌파하였다.

능한산성의 북문을 돌파한 후금군은 성 안으로 진입하여 산성 내의 민가와 화약고에 불을 질러 동, 서, 남문 쪽을 방어하고 있던 조선군의 배후를 위협하였다. 이에 조선군 진영은 걷잡을 수 없는 혼란에 빠져 전열이 흐트러지기 시작했다. 성 안에서 불길이 치솟자 동, 서, 남문 밖에서 기세를 올리고 있던 후금군이 이들 성문을 돌파하고 성 안으로 진입하였다. 이로써 능한산성의 공방전은 하루를 넘기지 못하고 조선군의 패배로 끝나고 말았다. 정주목사 김진과 곽산군수 박유건은 항복하고 선천부사 기협은 후금군의 항복 권유를 뿌리치고 휘하의 장병들과 끝까지 저항하다가 전사함으로써 능한산성은 완전히 후금군에게 함락되고 말았다.[122]

후금군의 능한산성 포위 공격

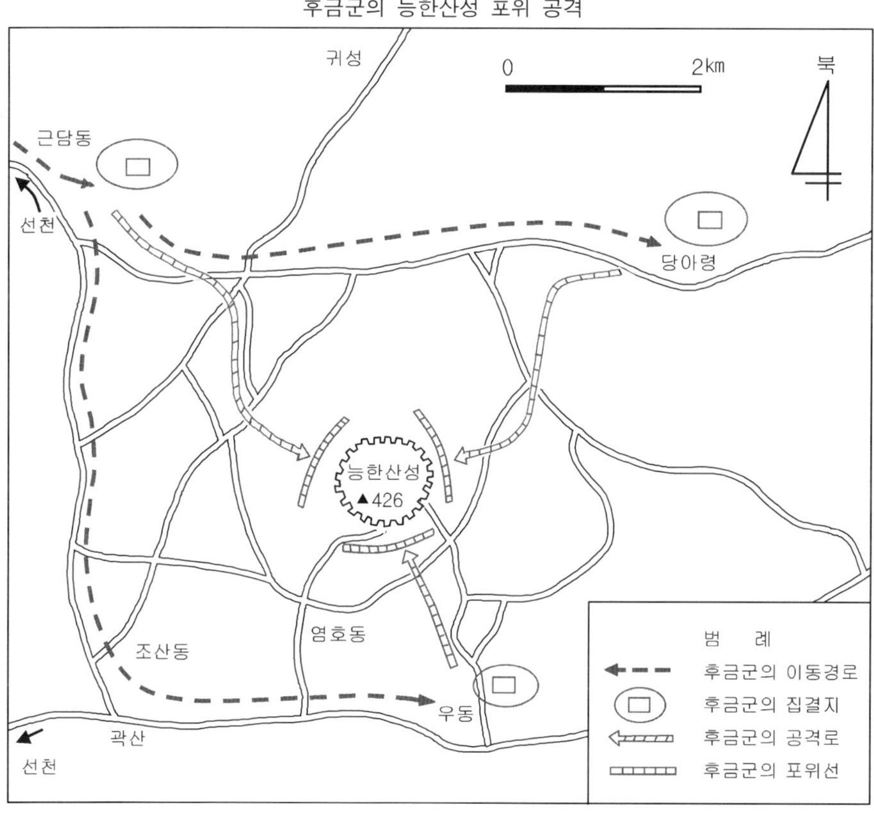

122) 후금군은 박유건과 김진의 처첩(妻妾)을 능욕하고 진중 막사 안에 가두어 두었다고 한다. 그리고 행군할 때는 박유건과 김진으로 하여금 그들 처첩의 말고삐를 잡게 하였다. 박유건과 김진이 그 아내들의 부정(不貞)을 책망하자, 아내들은 그들 남편의 불충(不忠)을 꾸짖었다고 한다. *東國戰亂史(外亂篇)*, pp. 49-50 참조.

(8) 안주성 전투

1627년 1월 15일에 능한산성을 점령한 후금군은 산성 주변에 배치되었던 병력을 1월 16일까지 정주에 집결시켜 전열을 정비한 후에 남쪽으로 진출하여 1월 19일에는 안주 북방 16km 지점에 위치한 박천(博川)을 유린하고 청천강으로 접근하였다. 그리고 얼어붙은 청천강을 건너 안주성(安州城) 북방에 포진하였다. 1월 20일, 후금군 2만여 명은 안주성을 포위하고 안주성에 사자를 보내 항복을 권유하였다.

안주는 고구려 을지문덕(乙支文德)이 수군을 궤멸시킨 살수대첩(薩水大捷)의 현장이기도 한 요새로서, 높이 4m, 길이 1,500m의 석성으로 둘러싸여 있었으며, 성 안에 18군데의 우물과 샘이 있고 중앙에 군창(軍倉)이 있는 방어의 요지였다. 당시 이곳은 귀성에 주둔하고 있던 평안병사 남이흥(南以興)이 안주로 군사를 이동시켜 강계, 개천, 증산, 태천, 맹산, 영유, 박천 등의 군사와 황해도 별승군(別勝軍) 1,700여 명을 모아 약 3,000여 명의 병력을 지휘하여 방어 태세를 갖추고, 평안감사 윤훤(尹萱)에게 장계를 올려 증원병을 요청해 놓은 상태였다. 후금군의 항복 권유를 받은 남이흥은 이를 거절하고 후금군의 화공에 대비하여 성 안의 민가를 불태우면서 결사항전의 결의를 다졌다. 그리고 중군(中軍)이라는 직함을 가진 군관을 후금군 진영에 보내 이러한 결의를 전달했다. 후금군 총대장 아민은 후금 진영을 방문한 조선 군관에게 다시 항복을 권유하였다. 후금 진영에서 돌아온 군관에 의해서 후금군의 규모가 2만 명에 이른다는 보고를 받은 조선군 진영은, 한때 술렁이는 소요가 있었으나, 안주목사 김준(金俊)의 비장한 호소 후에 끝까지 싸우기로 결정하고 이를 후금군에 통보하였다.

항복을 하지 않고 싸우겠다는 조선군의 최후 통첩을 받은 후금군의 아민(阿敏)은 1월 21일 새벽에 안주성을 공격하였다. 새벽 안개로 지척을 분간할 수 없는 상황에서 후금군은 북과 꽹과리 그리고 나팔까지 불어 대며 안주성에 접근하여 1만 4,000여 명의 병력을 산개시켜 성벽을 기어오르게 하였다. 그리고 나머지 6,000여 기병은 성 주위를 맴돌면서 성에 대고 사격을 실시하여 성벽을 기어오르는 병력을 엄호하였다. 성 안의 조선 군민은 원거리의 후금군은 대포 사격으로, 근거리의 후금군은 화살을 쏘아 저지하고 성벽을 기어오르는 후금군은 돌과 물을 던지고 퍼부어 공격을 저지하였다. 후금군은 선두 공격 제대가 공격에 실패하자, 2, 3제대를 계속 투입하여 파상 축차 공격을 가해 왔다. 안주성의 조선 군민은 이러한 후금군의 계속되는 공격을 막아냈다. 후금군은, 공격은 실패하고 사상자만 늘어나자, 정오경에 병력을 2km 정도 철수시켜 사상자를 수습하고 부대를 재정비하였다.

후금군은 오후에 다시 공격을 개시하였다. 오후 4시경 후금군은 조선군의 맹렬한 사격을 무릅쓰고 성의 동남 성첩에 운제(雲梯)를 거는 데 성공하였다. 후금군은 이 "구름사다리"를 타고 성 안으로 돌입하여 조선군과 백병전을 벌였다. 조선군의 전열이 흔들리자 후금군은 서북방과 동북방의 성벽에도 운제를 걸었다. 성 안으로 진입한 후금군이

안주성 전투 상황

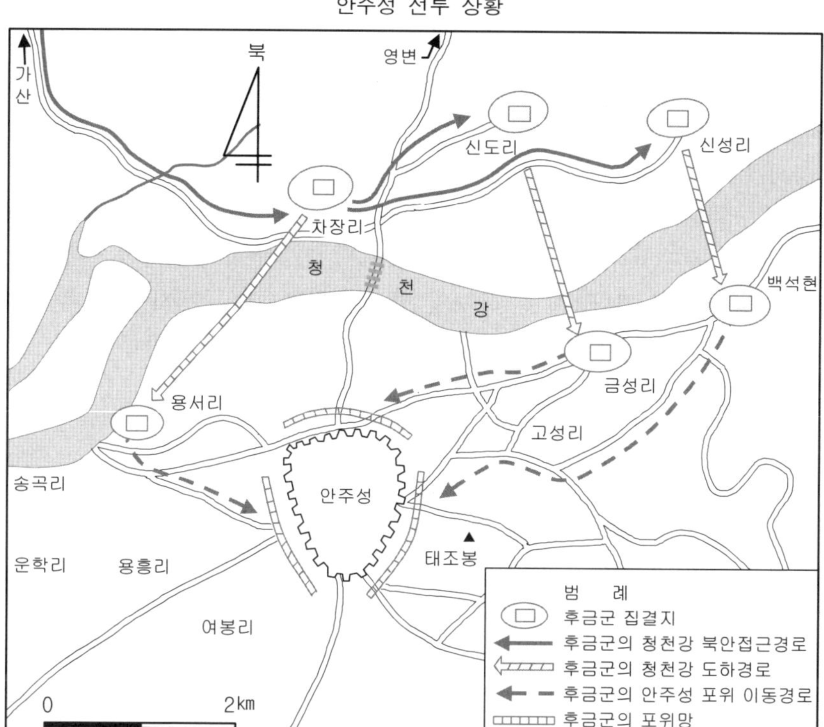

4대문에 불을 지르자 후금군은 이들 대문을 부수고 성 안으로 쇄도하여 조선군은 궁지에 몰리게 되었다. 시간이 지날수록 조선군의 사상자는 늘어만 가고 중과부적(衆寡不敵)의 정도는 심해져 갔다. 남문에 서서 화살을 쏘아 대며 조선군을 지휘하던 평안 병사 남이홍과 안주목사 김준은 후금군에 밀려 관아(官衙)까지 후퇴하였다. 관아를 포위한 후금군은 다시 항복을 권유하였다. 그러나 평안 병사 남이홍은 항복을 거부하고, 조정에 당시 외로운 안주성이 함몰되려 하고 있다는 상황을 적은 다음에 평안감사의 지원이 없이는 죽음만이 있을 뿐이라는 내용의 마지막 장계를 올리고 이러한 결의를 후금군 진영에 전달하였다.[123)]

"죽음으로 일전을 결하겠다"는 평안 병사 남이홍(南以興)의 결의를 전해 들은 후금군 총대장 아민(阿敏)은 1627년 1월 21일 오후 6시경, 후금군에게 공격 명령을 내렸다. 후금군의 공격을 저지하는 평안 병사 남이홍과 안주목사 김준 등 다수의 장령(將領)들은 몸에 화약 포대를 감고 관아를 방어하기 위하여 몰려드는 후금군에게 활과 총포를 쏘면서 항전을 계속했다. 안주의 관아 방어선이 무너지자 최후의 순간이 도래하였다고 판단한 남이홍은 포로가 되어 구차한 목숨을 이어 가기보다는 죽음을 택하기로 작정

123) *練藜室記述*, *卷25*, 丁卯虜亂條에 인용된 日月錄, 朝野紀聞 참조; *丙子胡亂史*, pp, 79-80에 재인용된 내용 참조.

하고, 미리 준비했던 횃불로 화약고 주변에 쌓인 섶에 불을 당겼다. 요란한 폭음과 함께 안주 관아는 불기둥으로 변하고 평안 병사 남이홍(南以興)과 안주목사 김준(金俊) 부자를 포함한 많은 장령들이 비장한 최후를 마쳤다. 후금군의 총대장 아민(阿敏)은 안주 관아의 폐허를 보고 머리 숙여 조의를 표하면서 남이홍을 비롯한 조선의 순국 장령들의 충의를 기렸다. "조선은 충의(忠義)의 나라라더니 내 이제 그 참모습을 이 두 눈으로 보았도다" 하면서 포로로 잡힌 수백 명의 조선 백성을 석방하며, "내 조선 장병들의 충의에 감동된 바 있어 너희를 석방하노니, 각기 고향에 돌아가 안심하고 생업에 종사하라"고 말했다 한다.[124] 결국 평안 병사 남이홍과 안주목사 김준 등 장령들은 안주성은 지키지 못했지만, 수백 명 백성들의 생명은 지켜 준 셈이 되었다.

(9) 후금군의 평양, 황주 진출

조선군이 설정한 제1차 방어선인 안주성을 함락시킨 후금군은 평양성을 향하여 남진을 계속하였다. 당시 평양성에는 평양감사 윤훤(尹萱)이 8,000여 명의 병력을 지휘하여 방어하고 있었다. 안주성이 위급하다는 급보와 병력 증원 요청을 받았지만, 평양감사 윤훤은 평양을 방어해야 한다는 이유를 내세워 병력의 증원을 거절하였다. 그러나 안주성이 함락되고 후금군이 남진하고 있다는 소식이 전해지자, 평양성 안의 민심이 동요되어 도망하는 병사와 백성의 숫자가 늘어갔다. 윤훤이 민심을 진정시키고 군 기강을 바로잡으려 했으나 커다란 효과없이 성을 빠져 나가는 인원만 늘어갔다. 1월 23일, 후금군이 평양성 부근에 도착하여 공격 태세를 갖추었을 당시에 평양성에는 2,000여 명의 노약자들만 성을 지키겠다고 남아 있었다. 사태가 이 지경에 이르자 종사관 홍명구는 평안감사에게 산중으로 피하여 후일을 도모하자고 권유하고, 감사는 이를 받아들여 40여 명의 군관을 데리고 성을 빠져 나가 평양 동북방 40km 지점인 성천(成川)의 남창(南倉)으로 이동하였다. 이로써 평양성은 관군(官軍)이 아닌 민군(民軍)이 지키게 되었다.

평양성을 공격하려던 후금군은 평양감사가 평양성에서 다른 곳으로 이동했다는 사실을 알고 성내로 그냥 진입하려 하였다. 그러나 평양성에 그대로 남아 있던 2,000여 명의 평양 주민들은 전 판관(判官) 김준덕(金俊德)을 의병장으로 추대하여 성문을 굳게 닫고 항전 태세를 취했다. 후금군은 여러 차례에 걸쳐 항복을 요구했으나 평양성의 주민들은 이를 거절하였다. 이에 후금군은 평양성을 지키고 있던 민간인들을 무시하고 남진을 계속하기로 결정하고 평양성 밖에 진영을 설치하여 병력을 휴식시킨 다음, 대동강을 건너 황주로 남진하였다.

황주에서 5,000여 명의 황해도 병력을 지휘하여 제2방어선을 구축하고 있던 황해 병사 정호서(丁好恕)는 후금군의 진격을 저지할 태세를 갖추고 있었다. 그러나 평양감사

---

124) *前揭書; 丙子胡亂史*, pp. 80-1.

가 평양성을 버리고 성천으로 옮겨 갔다는 소식을 전해 들은 정호서는 자기 휘하의 소수 병력으로는 후금군을 상대할 수 없다고 판단하여 1월 25일 병력을 이끌고 봉산으로 후퇴하고 말았다. 이로써 황주를 중심으로 한 제2전선은 자의적으로 무너지게 되었다. 조선군의 황주 방어선이 스스로 무너지자 후금군은 1월 26일 봉산 서쪽 산산(蒜山)까지 아무런 저항을 받지 않고 진출하였다.[125]

(10) 조선 조정의 새로운 방어 계획

안주 방어선이 무너지고 평양과 황주마저 후금군이 아무런 저항을 받지 않고 통과하였다는 전보를 접한 조선 조정은 평산을 중심으로 봉산-재령을 연하는 제3방어선의 확보도 어려울 것이라는 판단을 내리고, 임진강, 한강, 강화도 동안(東岸), 금강과 소백산맥 일대에 새로운 방어선을 설정하여 후금군의 진출을 저지하려 했다. 도원수 장만(張晩)과 부원수 정충신(鄭忠臣)으로 하여금 서북면에서 후퇴한 병력과 함경, 강원 양도의 병력을 통합하여 임진강 방어선을 지키도록 했다. 그리고 총융사 이서(李曙)는 남한산성에 본영을 두고 총융청군과 하삼도군을 지휘하여 한강 방어선을 지키도록 하였다. 수군통제사 구인후(具仁垕)는 강화도 동안에서 후금군의 도하를 저지하고, 하삼도의 군사는 금강과 추풍령, 조령, 죽령 등지의 소백산맥 일대를 방어하여 후금군의 남진을 멈추게 하도록 하였다.[126]

새로운 방어 계획의 수립과 더불어 조선 조정은 임진왜란 때와 마찬가지로 분조(分朝)를 실시하기로 하는 한편, 후금군의 남하를 지연시키고 조선군의 방어 태세를 강화하는 데 필요한 시간을 벌면서, 궁극적으로는 화의를 성립시켜 후금군을 철수시키기 위하여 1월 23일 진창군(晋昌君) 강인(姜絪)을 후금군 진영에 파견하여 화의를 모색하도록 조치하였다. 그리고 1월 27일 국왕은 영의정 등 중신들을 거느리고 강화도로 피난하고 세자는 도체찰사 등을 대동하고 하삼도의 의병을 모집하여 근왕(勤王)하기 위하여 전주(全州)로 남하하면서, 김상용(金尙容)을 유도대장(留都大將)으로 임명하여 한성을 방어하도록 하였다. 후금 진영에 파견된 강인은 1월 27일 평양 남쪽 중화(中和)에서 후금군을 만나 조선의 국서를 전달하면서 후금군의 출병 이유를 묻고 신속한 철군을 요구하였다. 이와 같이 조선 조정은 방어를 통한 후금군의 남진 저지와 명예로운 화의를 통한 후금군의 철수를 동시에 추구하고 있었다.[127]

그러나 1월 27일 국왕이 강화도로 피난하고 세자가 전주로 떠나자 한성의 백성들은 무능한 조정을 원망하고 산간 벽지로 피난하거나 일부 백성들은 민가를 약탈하고 공공 건물에 불을 질렀다. 한성은 그야말로 아수라장으로 변하고 말았다. 임진왜란 때 선조가 의주로 파천했을 당시와 비슷한 사태가 발생하였다. 한성의 치안은 마비 상태

125) *丙子胡亂史*, pp. 82-7.
126) *仁祖實錄*, *卷15*, 5年, 正月 24, 25, 26, 27, 28日條; *丙子胡亂史*, pp. 87-90.
127) *前揭書*.

에 빠졌고, 약탈과 방화로 인하여 비축된 군량마저 탕진되고 말았다. 한성의 수비군도 국왕을 호위한다는 구실로 한성을 빠져 나가게 됨에 따라, 유도대장 김상용도 한성을 포기하고 남아 있는 병력을 수습한 후에 겨우 200여 석의 군량만을 싣고 강화도로 이동하여 한성은 명실공히 무방비 상태로 방치되었다.128)

(11) 의병의 봉기

외부의 침공이 있을 때마다 가족과 고향을 보호하고 침공군을 격퇴해야 한다는 실리와 명분을 바탕으로 조선 각 지역에서 의병(義兵)이 결성되었다. 후금군이 조선을 침공하였을 때도 조선 전국 각지에서 의병이 일어났다. 후금군의 침공을 먼저 받은 선천, 용천, 정주 등지에서는 이미 자생적인 의병이 조직되었다. 선천 주민 2,000여 명은 지득남(池得男)을 중심으로 의병을 결성하였고 용천의 유생 이립(李立), 철산의 김려기(金勵器) 등과 정주의 주민들은 스스로 의병을 조직하여 후금군을 상대로 유격전을 수행하여 이들의 배후를 위협하고 교란하는 작전을 수행하였다. 특히 평양감사가 유격전을 수행한다는 핑계를 대면서 평양성을 빠져 나간 후에 평양성 주민들은 전 판관(判官) 김준덕(金俊德)을 의병장으로 추대하여 평양성을 사수할 것을 결의하고 후금군의 평양성 진입을 봉쇄하기도 했다. 자산과 용천에서도 고을 유지를 중심으로 의병을 조직하여 마을과 마을 사람들을 지켜 내기도 했다. 이와 같이, 서북지방에서는 자생적인 의병이 결성되어 자전자수(自戰自守)의 자위책(自衛策)을 강구하였다.

의병의 봉기는 후금군이 조선을 침공한 후 일 주일이 지난 1월 19일 인조가 죄기교서(罪己敎書)를 발표하면서 전 호군(護軍) 김장생(金長生)을 양호호소사(兩湖號召使), 장현광(張顯光)을 영남호소사(嶺南號召使)로 위촉하여 의병을 모집하고 근왕(勤王)하도록 함으로써 전국적으로 확대되었다. 1월 22일 연산의 본가에서 인조의 유지를 받은 김장생은 팔십 노구를 이끌고 호남의 각 고을에 격문을 발송하여 의병의 봉기를 호소하였다. 김장생은 기호(畿湖)지방 유림(儒林)의 거두로서 그의 호소는 각지의 호응을 불러일으켜 호남, 호서 각지에서 의병이 결성되어 그의 휘하에 운집하였다. 김장생은 전주에 분조하고 있던 세자 일행이 후금군의 평산 진출 소식을 듣고 다시 영해(嶺海: 한산도)로 분조하려 하자 이를 적극 만류하면서 군량과 병력을 모집하여 반격을 개시할 태세를 갖추어 나갔다.

그러나 3월 3일 조선과 후금 사이에 화의가 성립되어 양호(兩湖) 의병의 근왕은 불필요하게 되었고 세자도 환궁하게 되었다. 왕명에 의하여 강화도에 온 김장생과 의병장들은 3월 15일 국왕을 배알하고 인조의 극진한 인사와 치하에 감사하면서 의병을 해산하였다. 양호 의병들은 후금군과 전투는 하지 않은 채로 해산되었으나, 조선의 후방 방어 체제가 만만치 않음을 후금군에게 인식시켜 조속한 화의 성사를 재촉하는 요

128) *丙子胡亂史*, p. 90.

인으로 작용했을 가능성은 있었다. 특히 의병의 모집과 결성에서 양반, 서민의 계급적 차별을 초월하여 국가가 처한 환란(患亂)을 극복한다는 일념이 상하를 결집시키는 요인이 되었다는 점은 국방력이 부실한 조선으로서 매우 다행스런 현상이었다.[129]

5) 화의 교섭과 성립

통상 화의(和議) 제의는 공격하는 측과 방어하는 측에서 각각 다른 목적과 의도를 가지고 실시되는 경우가 많다. 공격하는 측은 화의 제의를, 넓은 범주 차원에서 보면 방어 작전을 수행하는 당사국이 전쟁의 결과로 빚어지는 피해를 동반한 굴욕적인 항복보다 화의를 통한 항복을 택하도록 말로써 강요하는 수단으로 활용하거나, 실질적인 작전 면에서는 요새나 성을 공격하기에 앞서 방어에 임하고 있는 측의 수성(守城) 의지를 약화시켜 아예 공성 작전의 수행 없이 성을 점령하려는 수단으로 사용하거나 수성 결의를 약화시켜 공성 작전을 쉽게 수행하려는 의도의 표현으로 활용된다. 방어를 하는 측에서는, 화의 제의와 교섭을 공격 작전의 강도와 속도를 지연시켜 방어 태세와 능력을 강화하려는 의도로 이를 이용하려 하거나, 아니면 실제로 전투 수행 직전에 상대의 예봉을 좀 둔화시켜 방어에 도움을 주기 위한 임시 방편으로 운용하기도 한다. 이러한 식의 화의 제의는 사실상 전쟁 수행에 동원되는 하나의 기계(奇計)로 볼 수 있기 때문에 진지함이 결여되어 전쟁의 치열한 정도만을 높여 놓는 부작용을 가져다 주는 경우가 대부분이다.

그러나 공격하는 측이나 방어에 임하는 측이 자신들이 지닌 역량의 한계에 부딪혀 화의를 제의하고 이에 응하게 되어 화의 교섭이 진행될 경우에는 화의가 성립될 가능성이 높은 것은 사실이다. 이러한 경우에도 양측이 지닌 공격과 방어 작전 수행 능력 보유 여분(餘分)의 정도가 성립된 화의 내용의 호(好), 불호(不好)를 결정짓는 중요한 요소가 되어 왔다. 공격력의 여분이 더 많이 남아 있는 상태에서의 화의 성립은 당연히 공자(功者)에게 유리한 화의 내용이 포함될 것이고, 방어력의 여분이 더 많은 경우에서의 화의는 방자(防者)에게 호의적인 화의 성립이 가능한 것이 사실이다. 따라서 화의 제의와 교섭, 그리고 성립은 전장에서의 전투 행위와 병행하여 이루어질 수 있고 화의 제의 자체의 성격이나 화의 성립 여부와 성립된 화의 내용의 성격에 관한 일반적인 명제는 조선과 후금군 사이에서 진행된 상호 화의 제의, 교섭, 성립의 전 과정과 내용면에서도 그대로 적용 가능한 성질의 것으로 나타나 있었다.

정묘호란(丁卯胡亂)에서 조선을 침공한 후금군이 먼저 화의를 제의하였다. 1627년 1월 13일 압록강을 건너 14일 의주를 점령한 후금군은 총사령관 아민(阿敏)의 이름으로 된 국서를 평안감사 윤훤(尹萱)에게 보내어 조선측에 화의를 제의하였다. 후금군은 3만

129) 金喜, *兩湖擧義錄, 卷1,* 兩湖擧義事蹟; *丙子胡亂史*, pp. 90-8.

6,000여 명의 병력을 동원하여 조선을 침공하였으나 명군과 대치하고 있는 상황에서 후금이 요구하는 사항만 조선이 받아들일 경우에 구태여 많은 전력을 소모하면서 군사 작전을 수행할 필요가 없기 때문이었다. 그러나 1월 18일 윤훤의 장계를 접수한 조선 조정은 후금군이 일방적으로 조선을 침공하고 화의를 제의하는 것은 조선을 우롱하는 처사라고 규정하고 이를 거절하였다. 그러자 후금군은 서북면의 여러 고을을 함락시킨 다음, "서울로 밀고 올라가 조선 국왕과 담판할 수밖에 없다"고 위협하기에 이르렀다. 이에 조선 조정은 후금군이 안주, 평양에 도달하기 전에 화의를 성립시키는 것이 최선의 방책이라고 판단하여 먼저 후금군이 조선을 침공한 이유를 추궁하고 후금군의 철군을 요구하여 국가적인 체통을 유지하면서 화의를 진행시킨다는 방침을 세우고, 1월 23일 진창군(晉昌君) 강인(姜絪)과 역관 박운(朴雲)을 후금 진영으로 파견하여 침공 이유부터 따지고 철군부터 요구하기로 하였다. 이로써 후금군과 조선 조정 간의 화의 교섭이 시작되었다.[130)]

1월 27일 조선측 사신을 통해서 후금군이 침공한 이유가 무엇이며 먼저 철병을 하고 화의를 논의하자는 조선의 입장을 전달받은 후금군의 아민(阿敏)은 1월 28일 아벤과 퉁미나(조선에서 귀화한 후금인)를 후금측 사신으로 조선 조정에 파견하여 침공 이유를 설명한 국서를 전달하도록 하였다. 1월 29일 후금측의 국서를 지참하고 강화도에 도착한 아벤은 처음부터 조선 국왕을 대면하고 국서를 전달하겠다고 주장하였으나 2월 2일까지 4일 간의 논쟁 후에 접대 재신을 통하여 후금의 국서를 전달하였다. 후금은 국서에서 조선이 명을 지원하여 후금군의 배후를 위협하였으나 후금은 항복한 포로들을 석방하는 조치를 취하는 등의 호의를 베풀었는데 조선은 답례는커녕 후금을 적대시한 점과 모문룡군을 잡으라는 후금의 요구를 묵살하고, 오히려 이를 지원한 점, 그리고 후금의 태조가 사망하고 태종이 즉위하였는데도 조선이 조문 사절이나 축하 사절을 보내지 않은 점 등 7개 항을 조선 침공의 주 이유로 들었다. 국서에서 후금은 이에 대한 회담과 화의 교섭 여부를 2월 3일까지 후금군 진영에 알려 줄 것을 요구하면서, 1월 28일부터 5일 간 군사 행동을 중지하고 후금군측에 사신을 보내지 않으면 다시 남진을 계속할 것이라고 위협하였다.[131)]

조선측에서는 2월 3일 강인(姜絪)을 형조판서로 삼아 후금군 진영에 파견하기로 함으로써 조선과 후금군측의 화의 교섭이 본 궤도에 오르게 되었다. 그러나 이후 교섭 과정에서 ① 조선과 명과의 관계 ② 화맹(和盟) 의식과 절차 ③ 예폐(禮幣) 문제 등에서 현격한 이견이 존재하여 화의 교섭이 난항을 거듭하였다. 후금은 조선이 명과의 관계를 단절하고 후금과 "형제지국(兄弟之國)"의 맹약을 맺을 것을 요구하였다. 교섭과 절충을 통하여 양측은 "대의상 명과의 관계는 단절하지 않으나, 명의 연호를 사용하지 않고 조선과 후금은 형제지국의 맹약을 맺는다"는 선에서 조선과 명, 그리고 후금과의

---

130) *仁祖實錄, 卷15,* 5年 正月 18, 22, 23日條; *丙子胡亂史*, pp. 98-100.
131) *淸太宗實錄, 卷2,* 天聰 元年 3月 14日條에 기록된 1월 27日條 내용; *丙子胡亂史*, pp. 100-1.

관계를 정립하기로 합의하였다. 조선은 화맹 의식을 거행하기보다는 수교만으로 화의를 성사시키려 하였다. 그러나 후금은 조선 국왕이 화맹 의식에 참석하여 친서(親誓)하고 형생(刑牲)할 것을 요구하였다. 인조는 친서도 하고 스스로 백마(白馬)와 흑우(黑牛)를 희생하는 형생도 실시할 뜻을 밝히기도 했다. 그러나 양측은 조선의 국왕이 친히 분향하여 하늘에 맹서하고 형생은 대신이 대행하기로 합의를 보았다. 예폐는 후금측이 목면 5만 필 등을 요구하였으나, 조선측이 전쟁으로 국가의 재력이 탕진된 점을 설득하여 조선측이 스스로 액수를 정하기로 합의를 보았다. 그러나 조선측은 후금군의 철병과 포로 교환 문제를 논의하자고 주장했으나, 구체적인 실무 교섭은 화맹 이후에 논의하기로 하고 조선과 후금군 간 화의가 성립되었다.

그리하여 조선은 2월 15일 목면 1만 5,000필과 명주 200필 등의 예폐를 후금군 진영에 가져다 주고 ① 조선과 후금은 형제의 맹약을 맺는다, ② 화약이 성립되면 후금군은 즉시 철수한다, ③ 양국은 서로 압록강을 넘지 않는다, ④ 조선은 명과 단교하지 않는다, ⑤ 양국은 매년 춘추 2차에 걸쳐 사절을 교환하고 압록강 가운데 난자도(蘭子島)에 개시(開市)하여 무역을 한다는 합의를 보았다. 조선과 후금이 화의 조건과 내용에 합의함에 따라 1627년 3월 3일, 인조는 강화도의 행재소 대청에 나가 분향고천례(焚香告天禮)를 행하였다. 인조의 친서가 끝나자 국왕은 즉시 환궁하고 대신들이 형마(刑馬)살우(殺牛)의 절차를 수행하여 화맹(和盟) 의식까지 치렀다. 이로써 조선과 후금 간의 화의가 성립되어 조선은 전화(戰禍)를 줄이고 후금은 병력을 대명전(對明戰)에 전용할 수 있게 되었다.[132)]

1627년 1월 13일에 후금군이 압록강을 건너 조선을 침공함으로써 비롯된 정묘호란(丁卯胡亂)은 1627년 3월 3일 서약한 정묘화약(丁卯和約)으로 종식되었다. 이 화의에 따라 평양성에 주둔하고 있던 3만여 명의 후금군은 3월 20일까지 안주성으로 철수하고, 4월 18일 후금의 수도인 심양(瀋陽)에서 후금 태종의 영접을 받음으로써 철수가 완료되었다. 그러나 후금군은 모문룡을 잡은 후에 돌아간다는 것을 구실로 의주(義州)에 후금군 1,000명, 몽고군 2,000명과 진강에 후금군 300명, 몽고군 1,000명을 주둔시켰다고 통보하고, 이들의 군량 보급을 요구하였다. 몇 차례에 걸친 조선측의 요구로 결국 후금은 9월 7일 잔류 병력을 철수시켰다. 이로써 후금은 1627년 1월 13일 조선을 침공한 후에 3월 3일 화의가 성립되고도 6개월이 지난 후에야 병력을 철수시키는 오만함을 과시하였다.

6) 정묘호란 후의 조선과 후금 관계

형제의 맹약을 맺은 후에 정묘호란을 마감한 조선은 아우의 나라로서 형의 나라인

---

132) *丙子胡亂史*, pp. 98-113.

후금에게 많은 것을 요구당하게 되었다. 그러나 조선은 후금이 원하는 모든 요구 사항을 다 들어주기도 힘들었고 들어줄 의도와 태세도 잘 갖추어진 상태에 있지 않았다. 후금의 무리한 요구와 조선의 거부적 태도는 외교, 경제, 군사 분야에서 양국간 갈등을 유발시켜, 결국 명나라와의 결전을 앞둔 후금이 조선을 다시 침공하는 원인을 제공함으로써 병자호란(丙子胡亂)이 일어나게 되었다.

외교적으로 후금은 조선이 후금의 사신을 명나라의 사신과 동등한 대우를 하도록 강요하였다. 그러나 조선은 이를 거절하였다. 후금은 조선으로 탈출하는 여진인과 한인들을 즉시 후금으로 송환해 줄 것도 강요하였다. 그러나 조선은 이들을 적극적으로 받아들였을 뿐만 아니라, 후금의 송환 요구를 무시하거나 요구의 집행을 지연시켰다. 그리고 조선은 명에서 후금에 항복하려는 사람들의 후금 이동을 방해하는 노력도 서슴지 않았다. 조선과 후금 사이의 이러한 외교적 갈등은 후에 후금의 태종이 국호를 청(淸)으로 바꾸고 황제로 등극하려 할 때 조선이 이를 사실상 거부하는 태도를 취함으로써 후금의 조선 침공을 초래하는 원인이 되었다.

경제적으로, 후금은 조선으로부터의 세폐 징수와 조선과의 교역을 통해서 막대한 경제적 이익을 추구하려 했으나 조선은 이를 거절하고 명과의 교역을 계속하였다. 후금은 정묘화약(丁卯和約)의 후속 조치로 막대한 세폐를 요구함은 물론 압록강의 중강개시(中江開市: 蘭子島의 시장 개설)는 물론 회령(會寧) 개시(開市)도 요구하고, 조선 상인에게 마초료(馬草料), 양미료(糧米料) 등 각종 수수료를 징수하여 조선 상인들에게 과중한 부담을 안겨 주는 불평등 무역을 강요하였다. 이에 조선은 후금과 개시(開市)는 되도록 안 하고 교역량(交易量)도 줄이려는 노력을 기울인 반면, 가도(椵島)를 통하여 활발하게 진행되는 명과의 해상 무역은 증진시켜 나갔다. 또한 조선은 후금의 막대한 세폐 요구를 줄이려는 노력을 계속적으로 전개하여 후금의 비위를 건드리는 것을 마다하지 않았다. 이러한 경제적 갈등 역시 조선과 후금과의 관계를 전쟁 관계로 변화시킨 요인이 되었다.

군사적으로도 정묘화약 후 조선과 후금의 관계는 결코 호의적이지 못했다. 조선은 가도(椵島)와의 교제를 단절하기는커녕, 가도의 여진인과 몽고인들의 후금 투항 기도를 저지하였으며, 후금의 가도 정벌 지원 요청을 거절하였다. 조선이 명군과 협력하여 산동반도에서 반란을 일으켜 후금에 투항하려는 명의 반장(叛將)을 토벌하려 하자 후금은 조선이 후금에 투항해 오는 명군의 통로를 봉쇄하지 말 것과 가도의 정벌과 명과의 전쟁을 위한 군량 조달을 요구해 왔다. 조선은 이를 거절하였고, 오히려 가도의 모문룡군을 지원해 주었다. 명나라 조정에서 자신을 비호하던 세력이 제거되자 명을 배반하고 후금에 투항하려던 모문룡(毛文龍)을 주살한 요동경략(遼東經略) 원숭환(袁崇煥)의 계략을 방치한 조선은 모문룡 제거 후에도 가도의 동강진(東江鎭)에 주둔한 명군과 은밀한 협력 관계를 유지해 나갔다. 명에서 후금으로의 망명을 사실상 방해해 온 조선은 후금으로부터의 망명자들은 서북지역에 거주시키거나 동강진으로 보내기도 하여 후금의 송환 요구에 비협조적인 태도를 취했다. 군사적인 분야에서 후금에 대한 조선의 이와 같은 적대적인 태도는 후금으로 하여금 조선 침공의 불가피성을 인식시켜 준 중요한 요인이 되었다.

조선과 후금의 관계가 악화되어 가고 있을 무렵, 1632년 후금의 태종은 내몽고에 대한 친정(親征)에 성공하여 명의 수도인 북경(北京)으로 진격할 수 있는 우회로(迂廻路)를 확보하게 되었다. 대명전(對明戰)에 대한 유리한 위치를 확보한 후금은 배후의 조선을 확실하게 장악하기 위해 조선에 대해서 후금의 사신을 명의 사신 접대 의례와 같이 할 것과 형제지맹(兄弟之盟)을 군신지의(君臣之義)로 개정할 것, 그리고 세폐를 증액시킬 것 등 세 가지를 강요하였다.[133] 조선은 이를 거절하고, 오히려 세폐의 감액을 요구하였다. 후금은 다시 조선에 국서를 보내 조선이 망명자의 송환을 이행하지 않고 동강진의 명군을 지원하는 일 등을 열거하며 조선이 정묘화약을 이행하지 않는 점을 책망하였다. 이러한 후금의 강압에 대하여 조선의 조야는 정묘화약을 파기하고 후금과의 일전도 불사하자는 여론이 비등하였다.

그러나 조선에 대한 후금의 요구는 정도를 점점 더해 갔다. 후금의 태종은 1635년 12월 우연한 기회에 중국 전역을 지배한 바 있던 원(元) 왕조의 옥새(玉璽)를 손에 넣었다. 후금의 태종은 이것은 자신이 중국을 지배할 상서로운 징조라고 판단하고 국호를 청(淸)으로 고친 후에 황제로 즉위할 것을 결심하였다. 후금의 태종은 1636년 3월 융알다이와 마푸다(馬夫大)를 사신으로 조선에 파견하여 태종의 황제 등극에 조선의 국왕이 앞장서서 찬동할 것과 형제의 예 대신 군신의 예를 취할 것을 요구하였다. 이러한 후금의 요구에 대해서 우의정 이성구(李聖求)와 이조판서 최명길(崔鳴吉)은 후금의 요구를 거절하는 것은 현명하지 못하다는 입장으로 신중론을 주장했으나, 조선 조정과 조야는 후금과의 국교 단절을 요구하는 강경론이 지배적이었으며 유화적인 입장을 취하는 사람을 매도하는 분위기였다. 특히 장령(掌令) 홍익한(洪翼漢), 교리(校理) 윤집(尹集), 수찬(修撰) 오달제(吳達濟)를 비롯한 유생들은 “즉각 후금 사신의 목을 베고 후금과 단교할 것”을 주장하는 상소를 올리기도 했으며, 후금의 사신들이 머물고 있던 객관(客館) 앞에서는 척화를 주장하는 강경론자들의 시위가 끊이질 않았다.[134] 이러한 분위기에서 신변의 위협을 느낀 후금의 사신들은 야음을 틈타 한성을 빠져 도망함으로써 양국의 교섭은 중단되고 말았다.

조선 조정은 정식으로 후금 태종의 황제 즉위와 군신관계(君臣關係)의 수립 요구를 거부하고 후금과의 국교 단절을 선언하였다. 그리고 조정은 긴급히 절화방비(絶和防備)의 교서(敎書)를 하달하여 8도의 감사, 병사 및 수령들에게 군비를 정비하고 의주를 비롯한 서북면 고을의 병기와 군량을 보충하라는 지시를 내려 후금군의 공격에 대비하도록 하였다. 마침 도주하던 후금의 사신들이 평안감사에게 내려진 절화방비(絶和防

133) *仁祖實錄, 卷32,* 14年 2月 24日條; *丙子胡亂史,* pp. 129-33.
134) *仁祖實錄, 卷32,* 14年 2月 21, 24, 25日條; *丙子胡亂史,* p. 131.

備)의 교서를 입수하여 후금의 태종에게 전달함으로써 후금의 태종은 외교적인 교섭과 수단에 의한 조선의 굴복 시도를 단념하고 군사력을 사용하여 조선의 항복을 받아내기로 결심하게 되었다.

후금의 태종은 1636년 4월에 국호를 청(淸)으로 고치고 후금의 여러 친왕(親王)과 몽고왕이 올린 관온인성황제(寬溫仁聖皇帝)라는 칭호를 받아 황제에 등극하고 이 해를 숭덕(崇德) 원년으로 정하였다. 이 때 조선의 춘신사(春信使)로 심양(瀋陽)에 체류하고 있던 조선의 사신 나덕헌(羅德憲)과 이확(李廓)이 신하의 예로써 황제 즉위를 하례할 것을 강요당했으나, 머리털이 잘리는 수모를 극복하고 이를 거부하는 촌극(寸劇)이 연출되기도 했다.[135] 후금은 이에 대청황제(大淸皇帝)의 명의로 조선 사신에게 조선에서 왕자를 보내어 사죄하지 않으면 대군으로 조선을 정벌하겠다는 내용의 국서를 지참하고 귀국하도록 하였다. 조선 사신들은 이 국서를 버리고 내용만을 요약하여 조정에 보고하였으나, 조정과 조야의 척화파들은 청의 국서를 받아 옴으로써 "국가와 군부(君父)를 욕되게 한" 사신과 화친을 주장한 이성구, 최명길 등을 중형에 처할 것을 거듭 주장하였다.

조선 조정의 움직임을 관망하면서 조선 조정의 반응을 주시하고 있던 청 태종은 1636년 11월 다시 "왕자 및 대신과 척화파들을 청에 보내어 문제를 해결하지 않으면 조선에 출병하겠다"는 내용의 최후통첩(最後通牒)을 조선에 보냈다.[136] 결국 절화주전론(絶和主戰論)을 주장하는 조선의 척화론자들과 이들에게 휘말린 조선 조정의 강경대응책과 청의 일전불사(一戰不辭)의 정책 의지는 양국간 외교적 교섭과 절충에 의한 사태의 해결 가능성을 배제하고, 양국을 다시 전쟁의 소용돌이로 몰아넣고 말았다.

7) 청의 재침공 계획

외교적인 방법과 수단에 의한 조선과의 군신 관계(君臣關係) 수립 노력이 수포로 돌아가자 청(淸: 後金) 태종은 조선을 완전히 복속(服屬)시키기 위하여 군사력의 직접 사용을 주저하지 않았다. 청 태종은 명과의 전쟁 상태를 고려하여 되도록 조선에 대하여 무력을 직접 사용하지 않고 외교적인 위협만으로 조선을 굴복시키려 하였다. 그러나 조선이 군신 관계의 용납은커녕, 세폐의 증액이나 사신 접대 의례의 변경조차 거절하고 청과의 일전도 불사하려는 적대적인 정책과 태도를 노골적으로 드러내자, 청 태종은 명 나라를 거꾸러뜨리기 전에 조선을 완전히 복속시켜 대명전(對明戰)에 있어서 후방의 안전을 먼저 도모하고 대명전 후의 후환(後患)을 제거하려는 의도하에 조선 친정을 계획하였다. 그리하여 청 태종은 1636년 12월 13만여 명의 대군을 직접 거느리고 조선 침공길에 나섰다.

---

135) *東國戰亂史(外亂篇)*, pp. 65-71.
136) *丙子胡亂史*, p. 133에 인용된 청 태종의 시한부 통첩내용.

청 태종은 조선 친정에 앞서 대명전선과 후방전선의 안정을 도모하는 조치를 취하였다. 먼저 정친왕(鄭親王) 지르갈랑을 심양에 잔류시켜 군무(軍務)를 총괄하도록 조치하고 패륵(貝勒) 아파타이를 갈해성(噶海城)에 주둔시켜 변방의 일반인과 더불어 대명전선을 방비하도록 하였다. 특히 무영군왕(武英郡王) 아지게를 우장(牛莊)에 주둔시켜 명군이 해로(海路)를 통하여 조선을 지원하지 못하도록 조치하였다. 이와 같이 후방의 전선을 안정시키고 명의 조선 지원을 차단한 청 태종은 청병(淸兵) 7만 8,000명, 한병(漢兵) 2만 명, 몽고병 3만 명으로 편성된 12만 8,000명의 조선 원정군을 1636년 12월 1일까지 심양(瀋陽)에 집결시키고, 침공군을 선봉 부대 6,000명, 좌익군 3만 명, 본군 7만 명, 우익군 2만 2,000명으로 편성하고 지휘 체계를 갖추어 구체적인 조선 침공 계획을 수립하였다.

청 태종은 먼저 선봉 부대와 좌우익군 그리고 본군으로 구분하여 편성된 조선 침공군의 각 군별 임무를 부여하고, 기동로까지 배정하였다. 그리고 주 전투 부대는 6,000명 단위의 청병 군(軍)으로 구성하고 몽고병은 거점 방어, 한병은 주로 보급을 담당하는 치중 부대로 활용하였다. 선봉 부대는 마푸다를 지휘관으로 6,000명의 청 기병을 이끌고 의주-안주-평양-황주-평산-개성-한성을 연하는 통로를 거쳐 한성(漢城)으로 직진, 한성과 강화도 간의 통로를 차단하여 조선 국왕의 강화도행을 막도록 하였다. 좌익군은 5개 군 3만 명으로 구성하여 예친왕(豫親王) 도도가 지휘하도록 하였고, 선봉부대의 뒤를 따라 한성을 우회하여 조선 국왕의 남방 퇴로를 차단하도록 하였다. 본군의 7만 명 중 1, 2, 3, 4군 병력 2만 4,000명은 황제와 함께 좌익군을 따라 이동하면서 의주, 안주, 평양, 황주 등의 성을 공략하거나 우회한 다음에 한성으로 이동하고, 몽고군으로 구성된 5군의 3만 명은 조선 서북 변경의 요진(要鎭)에 500-1,000명씩 잔류시켜 이를 지키거나 감시하게 하고, 한병(漢兵)으로 구성된 본군의 6, 7군 1만 6,000명은 치중을 운반하여 본군을 따르도록 했다. 2만 2,000명으로 구성된 우익군은 예친왕(睿親王) 도르곤이 지휘하여 창성, 귀성, 영변을 공략하고, 안주-평양-황주-개성을 연하는 통로를 경유하여 임진강을 도하, 강화도로 진출하도록 하였고, 2군의 6,000명은 한성으로 진출하여 본군과 합류하도록 하였다. 청 태종은 성의 공략보다 병력을 신속하게 남하시켜 조선 국왕의 한성 탈출을 막아 직접 항복을 받겠다는 개념으로 원정 작전을 수행하려 했다. 이와 같이 청 태종은 선봉 부대로 하여금 조선 국왕의 강화도행, 좌익군은 남행을 차단하고, 우익군은 강화도의 공략, 그리고 본군은 한성과 필요시, 남한산성의 공략을 실시하도록 하여 조선의 완전한 복속을 도모하려 하였다.[137]

---

137) *丙子胡亂史*, pp. 133-6.

8) 조선의 방어 계획

조선의 방어 계획과 태세는 절화주전(絶和主戰)의 주장을 뒷받침할 만큼 강력하지 못했다. 서북지방의 수성(守城)을 통한 청군의 지연과 국왕의 강화도 피난 후의 항전, 그리고 양호(兩湖)지역의 근왕병의 반격에 의한 청군의 격퇴라는 막연한 방어 개념과 의주, 영변, 안주, 평양, 황주 등지에 구축된 산성을 중심으로 한 지연 작전의 실시와 강화도와 남한산성에서의 항전, 그리고 하삼도 근왕군의 반격 작전 수행 등이 방어의 실천 계획이었다. 이러한 방어 개념에 따라 조선은 청군이 침공해 오면 서북 국경 지대의 방어군은 지정된 산성(의주: 백마산성, 용천: 용골산성, 선천지역: 능한산성, 평양: 자모산성, 황주: 정방산성, 평산: 장수산성)으로 입보(入保)하여 최대한 청군의 남하를 지연시켜 강화도와 남한산성을 중심으로 한 수도권 방어 태세를 갖추는 데 필요한 시간을 획득한다는 산성 위주의 방어 태세를 갖추고 있었다. 이로써 조선군은 각 지역의 산성에 3,000-5,000명 정도의 병력을 분산・주둔시켜 상호 협조된 기동 작전의 수행이 거의 불가능한 상태에서 청군의 침공을 받게 되었다.

거점 방어를 위주로 한 이와 같은 조선의 방어 계획은 청군이 산성을 우회하는 작전을 수행함에 따라 현실적으로 전혀 그 실효성을 보장받지 못했다. 청군은 그들의 진출 경로상에 위치한 각 산성을 직접 공격하여 이를 확보하려는 작전보다 각 산성 주변에 소규모의 병력을 잔류시켜 각 산성의 조선군을 방어 지점에 고착시켜 놓고, 주력은 신속하게 한성으로 진출하여 수도권에서 결판을 내려고 신속한 남진을 계획하였다. 이를 위해서 잔류 병력으로 활용할 3만 명의 몽고군을 확보하였으며, 보급의 현지 조달보다는 후방 조달 체계를 갖추고, 치중 병력도 1만 6,000명(청군: 6,000, 한병: 10,000)을 확보하여 본군을 후속하도록 하였다. 따라서 조선의 거점 중심의 방어 계획은 서북지역의 산성에 많은 병력을 고정 배치하도록 되어 있어서 청군이 이를 우회할 경우에는 사실상 조선의 방어력은 보잘것없는 수준일 수밖에 없었다.

청군의 침공 사실을 뒤늦게 알고 난 후에 세운 방어 계획도 계획을 집행할 여유가 없이 청군의 침공을 맞이하게 되어 강화도로 도피해야 할 인조가 할 수 없이 남한산성으로 입성해야 하는 사태가 발생하였다. 이와 같이 조선의 방어 계획은 최초의 것이든 청군의 침공 소식을 듣고 급히 수립된 것이든지 간에 청군의 작전 개념 및 수행을 대처하기 위한 것과는 거리가 멀어 현실적인 효과를 전혀 보장할 수 없는 성질의 것이었다. 청군이 산성 중심의 작전을 거부하고 신속한 남진을 통한 조선 국왕의 파천 봉쇄와 포위에 침공 작전의 중점을 두고 있었기 때문이었다. 척화(斥和)를 부르짖던 감정적 열정과 열의만 가지고 청군의 작전 개념에 대응할 방어 계획을 작성할 수는 없었다. 냉정한 계산과 냉철한 판단에 기초한 분석과 대응책, 그리고 실질적인 준비에 근거한 방어 계획은 감정적인 열정만으로 수립될 수 있는 성질의 것은 분명 아니었다.[138]

9) 병자호란의 작전 경과 및 주요 전투

(1) 서북지역의 상황과 철옹산성 전투

청군의 선봉 부대인 마푸다군 6,000명은 1636년 12월 2일 심양을 출발하여 12월 8일 압록강을 건너 의주를 지나쳐 안주(安州)로 향했다. 예친왕 도도가 지휘하는 좌익군 3만 명도 12월 8일 오후 압록강에 도착하여 강 가운데 있는 승애도(勝艾島), 막사도(幕沙島), 어적도(於赤島), 구리도(九里島), 송도(松島) 등지에 병력을 주둔시키고 의주성의 방어 상태를 정찰하면서 강을 건넜다. 당시 의주성을 방어하고 있던 청북방어사(靑北防禦使) 임경업(林慶業)은 조정의 방어 계획에 따라 3,000여 명의 병력을 이끌고 의주 남쪽 12km 지점에 위치한 백마산성(白馬山城)에 들어가 이를 굳게 지키고 있었기 때문에 청군은 의주성을 무혈 점령하였다. 의주성을 점령한 좌익군 지휘관 도도는 12월 8일 저녁에 4, 5군 1만 2,000명을 백마산성으로 보내 산성에 대한 공격을 개시하였다. 청군의 공격이 시작되자 임경업은 주민들에게 횃불을 들게 하여 위세를 과시하고 청군에게 포격을 가했다. 백마산성의 조선군 위세가 강하다고 판단한 청군의 좌익군도 선봉 부대와 마찬가지로 백마산성을 그대로 두고 한성으로의 남진을 서둘렀다.

본군을 이끌고 12월 3일 심양을 출발한 청 태종도 12월 10일 압록강을 건너 조선으로 진입하였다. 청 태종은 의주, 용천, 곽산, 선천, 정주 등지에 소수의 병력을 잔류시켜 조선군의 동태를 감시하도록 하고 남진을 계속하여 12월 14일에 안주에 도착하였다. 당시 안주성은 평안 병사 유림(柳琳)이 3,000여 명의 병력을 이끌고 방어에 임하고 있었다. 청 태종의 병력이 성 아래로 접근하는 것을 본 유림은 기만 작전으로 청군의 예봉을 둔화시켜 이를 반격하기로 결정하고, 성벽 위의 기치를 눕힌 다음에 청군이 도달할 때까지 정숙을 유지하도록 하였다. 안주성 아래에 도달하여 정적에 잠겨 있는 성벽을 둘러본 청 태종은 안주성을 지키고 있던 장수의 지략이 출중할 것으로 판단하여 이를 지나쳐 버리기로 하고, 풀과 나무를 쌓아 불을 질러 연막을 친 다음에 안주성을 떠나 평양으로 남하하였다.[139)]

좌익군 및 본군과는 이동로를 달리한 예친왕 도르곤이 지휘하는 우익군은 12월 2일에 심양을 출발하여 12월 8일 압록강 중류의 벽동으로 진출한 뒤에 창성, 삭주를 유린하고 귀성과 태천을 거쳐 12월 14일 영변(寧邊)의 철옹산성에 도달하였다. 청군은 철옹산성 주위의 거점을 점거하면서 포위망을 구축하기 시작하였다. 철옹산성은 부원수 신경원(申景瑗)이 3,000여 명의 병력으로 이를 지키고 있었는데, 신경원은 500여 명의 병력을 출동시켜 포위망을 구축하고 있던 청군을 기습적으로 공격하여 적지 않은 타격을 입혔다. 그러나 청군의 진영이 혼란해진 틈을 이용하여 청군 진영 깊숙이 진격한 조선군은 옆 진지에서 출동한 청군 증원군에 의해 포위되어 대부분이 성 내로 돌아오지

---

138) *丙子胡亂史*, pp. 142-5.
139) *丙子胡亂史*, pp. 136-40.

철옹산성(영변) 전투 상황

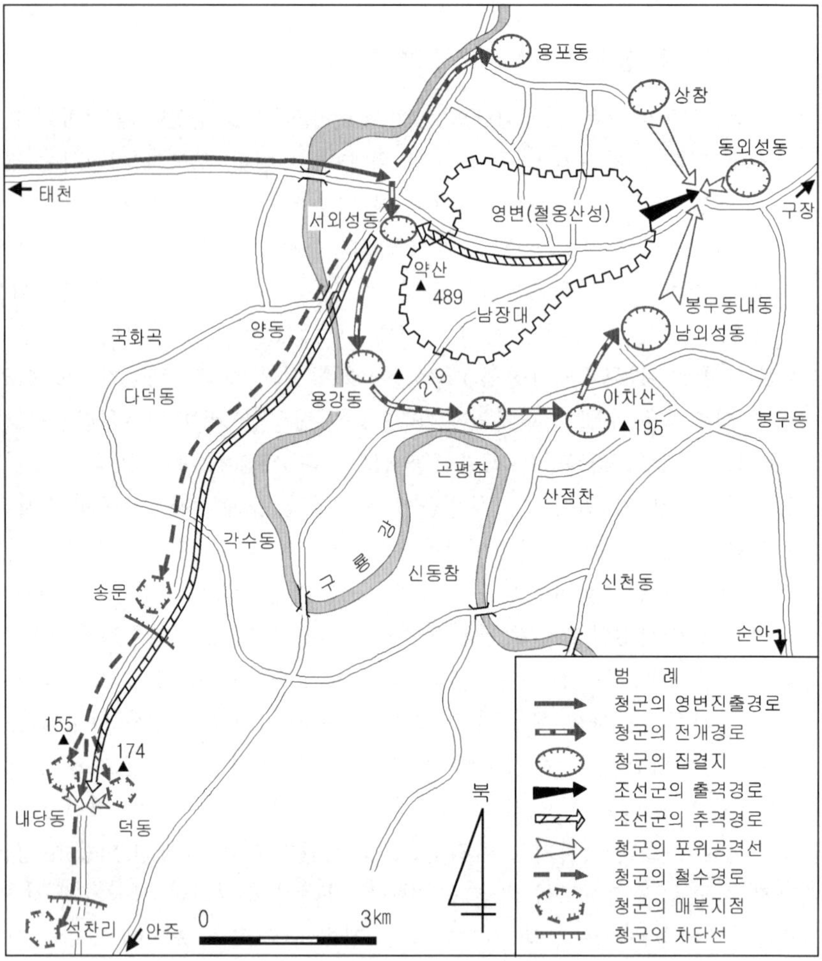

못하고 목숨을 잃거나 산간지대로 흩어지고 말았다. 철옹산성을 포위한 청군은 14일부터 19일에 이르기까지 성을 공격하였으나 실패하였다. 정면 공격으로 성을 함락시킬 수 없다고 판단한 청군은 성 주변 계곡에 병력을 매복시키고 주력을 안주 방변으로 퇴각시켜 조선군을 유인하였다. 청군이 이미 안주로 남하중이라는 보고를 받은 신경원은 성 안의 병력을 총동원하여 청군을 추격하였다. 그러나 철옹산성 남쪽 16km 지점에 매복하고 있던 청군에게 기습을 받아 신경원 자신이 포로가 되는 섬멸적인 타격을 입고 철옹산성도 산성 주변에 숨어 있던 청군에 의해서 함락되었다. 이로써 철옹산성은 청군 우익군의 수중에 들어가고 말았다.[140] 청군 우익군은 남진을 계속하여 12월 20일 안주를 지나 12월 23일 평양 남쪽 중화(中和)에 도달하였다.

140) *前揭書.*

(2) 조선의 새로운 방어 대책과 수도권지역의 상황

1636년 12월 8일 청군이 조선을 침공한 사실은 12월 13일에야 조선 조정에 알려졌다. 황주의 정방산성을 지키고 있던 도원수 김자점(金自點)이 장계를 올려 청군이 조선을 침공했고, 청군의 선봉 부대가 12월 10일 안주(安州)를 통과했다는 사실을 조정에 보고하였던 것이다. 이 보고를 받은 조정은 장시간의 논의를 거듭한 결과, 안주·평양선에서 청군을 저지하기는 불가능하다는 판단을 내리고, 황주에서 청군을 지연시키고 수도권지역에서 지구전을 수행하여 청군의 예봉을 꺾은 다음, 각 도의 근왕병으로 하여금 반격을 가하여 청군을 격퇴시킨다는 방어 계획을 세웠다. 이러한 계획 아래, 황주의 김자점은 황주-송림 일대의 방어선에서 청군의 진격을 지연시키고, 검찰사(檢察使) 김경징(金慶徵)은 훈련도감과 호위청, 어영청, 총융청, 수어청 등의 병력 6,000명을 이끌고 주사대장(舟師大將) 장신(張紳)과 함께 예성강, 임진강, 한강 수로를 방어하였다. 유도대장(留都大將) 심기원(沈器遠)은 훈련도감과 각 청의 군사 6,000명을 지휘하여 청군의 수도 입성을 저지하고, 수어사 이시백(李時白)은 남한산성에 입성하여 남도에서 올라오는 근왕군을 편성하여 강화도와 한성으로 추진하였다. 각 도의 감사, 병사, 수령들은 근왕군을 이끌고 남한산성을 포위한 청군의 배후를 압박하고, 각 도의 수사는 수군을 동원하여 주사대장 장신의 지휘하에 청군의 강화도 진출을 저지하도록 하였다. 그리고 국왕과 세자는 강화도로 파천하도록 하였다. 이와 같은 결정에 따라, 조정은 개성부의 병력을 황주의 도원수 진영으로 이동시키고, 각 도의 감사, 병사, 수사들에게 근왕병을 지휘하여 수도권 방어 작전에 참여하도록 하였다.141)

조정의 중신들이 방어 계획 수립에 분주한 시간을 보내고 있던 12월 13일 늦은 밤에 도원수로부터 두 번째의 장계가 도착하였다. 12월 11일 청군의 선봉 부대가 평양을 통과하였다는 내용이었다. 당황한 조정은 12월 14일 아침 일찍 종묘의 신주(神主)를 모시고 비빈(妃嬪), 왕자(王子), 종실(宗室), 백관(百官)의 가족들을 강화도로 피신시켰다. 이 날 오후에 인조도 세자와 백관을 거느리고 숭례문(崇禮門)을 통하여 한성을 출발, 강화도로 향했다. 그러나 이 때 이미 청군의 일부 병력이 양화진과 개화리에서 한성과 강화도와의 통로를 차단하였다는 보고가 들어왔다. 이에 인조는 강화도의 파천을 보류하고 숭례문의 문루에 머물면서 훈련대장 신경진(申景禛)으로 하여금 돈의문(敦義門) 밖에 병력을 배치하여 청군의 도성 진입을 막도록 하였다. 이에 신경진은 80여 명의 기병을 출동시켜 선제 공격하여 청군의 예기를 꺾도록 하였다. 그러나 조선 기병은 백련산(白蓮山) 동쪽 고갯마루에서 청군과 조우전을 벌이다가 전멸당하고 말았다. 이에 청군은 홍제원(弘濟院)까지 진출하였다. 상황이 매우 급박하게 전개되었다.

한성 함락이 시각을 다투게 되자 이조판서 최명길(崔鳴吉)이 난국 수습을 자원하고 나섰다. 종묘사직이 경각에 달려 있는 상황에서 다른 도리가 없음을 지적한 최명길은

---

141) *仁祖實錄*, *卷33*, 14年 12月 13, 14日條; *承政院日記*, 崇禎 9年 12月 12日條; *丙子胡亂史*, pp. 144-5.

자신이 청군과 대화를 하면서 청군의 예봉을 지연시키는 동안에 국왕 일행이 비교적 수비에 용이한 남한산성으로 입성하여 대책을 강구하도록 촉구하였다. 인조는 최명길을 정사(正使), 이경직(李景稷)을 부사(副使)로 임명하여 청군 진영으로 보냈다. 청군 진영에 도착한 최명길이 청장(淸將) 마푸다(馬夫大)와 회담을 하는 동안 인조는 세자와 백관을 이끌고 동현로(銅峴路: 을지로)를 지나 수구문(水口門: 광희문)을 통하여 한성을 빠져 나갔다. 인조 일행은 살곶이(箭串) 다리를 건너고 마장리(馬場里)를 거쳐 얼어붙은 신천(新川)과 송파(松坡)나루를 건너, 12월 14일 밤 10시경 남한산성에 입성하였다. 세자를 호위하던 병력은 다 도망가고 인조를 호위하던 병사들도 도중에 다 흩어지고 겨우 5, 6명만이 산성까지 따라갈 정도로 참담한 상황이었다. 그러나 인조 일행은 남한산성에서 한숨을 돌릴 수 있게 되었다.142)

인조가 남한산성에 입성함으로써 1636년 12월 15일부터 1637년 1월 30일까지 45일간의 남한산성 방어전이 시작되었다. 남한산성 내에 주둔하고 있던 병력으로는 이를 포위하고 있던 청군의 포위망을 돌파하거나 제거할 수 없는 상황에서 다른 지역에서 한성으로 진출하는 근왕병에게 남한산성을 포위하고 있던 청군의 배후를 위협하여 포위를 풀도록 강압해 주기를 바라면서, 기약없는 방어전에 돌입하게 된 셈이다. 그러나 여러 지역에서 올라오는 근왕병이 청군을 얼마나 위협할지는 알 길이 없었다.

(3) 청군의 한성 봉쇄와 남한산성 포위

인조의 강화도 파천을 막고 인조 일행을 남한산성으로 입성하도록 강요한 청군의 선봉 부대 마푸다군의 진격은 매우 신속하였다. 마푸다가 이끄는 6,000명의 청군 선봉 부대는 1636년 12월 8일 압록강을 건넜고, 12월 10일 안주를 통과하였으며, 14일 개성을 지나 한성 근교의 양철리(梁鐵里: 불광동・대조동 사이)에 도착한 다음에, 행주(行州)와 양화리(楊花里) 방면에 각 1,000명씩의 병력을 진출시켜 한성과 강화도를 연결하는 도로를 차단하였다. 그리고 마푸다는 4,000명의 병력을 이끌고 14일 당일 홍제원(弘濟院)까지 진출하여 인조의 강화도행을 봉쇄하였던 것이다. 여기서 최명길(崔鳴吉)의 지연 술책에 휘말려 14일 하루 동안 홍제원에 머물고 있던 마푸다는 12월 15일 오후 인조 일행이 남한산성에 입성한 사실을 알고 이를 추격하였다. 마푸다는 4,000명의 병력을 이끌고 무악재에서 한성을 우회하여 봉원리(奉元里), 공덕리(孔德里), 두모리(豆毛里), 뚝섬을 거쳐 신천(新川)나루를 도하하여 15일 해질 무렵에 삼전도(三田渡)에 도달했다. 그 날 저녁 마푸다는 100여 명의 기병을 남한산성에 출동시켜 탐색전을 벌인 다음, 16일부터 18일까지 화의 교섭을 진행시키면서 전열을 가다듬었다. 그러나 마푸다는 화의 조건으로서 처음에는 왕제(王弟)의 인질, 16일 왕자(王子)의 인질, 17일 세자의 인질을 요구하면서 교섭을 진행시켜 조선 조정의 논의를 강경 척화(斥和)로 선회하게

142) *仁祖實錄*, *卷33*, 14年 12月 14日條; *練藜室記述*, *卷25*, 仁祖朝 故事本末, 丙子虜亂 丁丑南漢出城條; *丙子胡亂史*, pp. 144-8.

만들기도 했다. 조선 조정을 산성에 가두어 놓은 청군의 마푸다는 유리한 입장을 이용하여 한껏 까다로운 조건을 제시하면서 청 태종의 도착을 기다리고 있었다.[143)]

청군의 선봉 부대가 조선 조정의 강화도 이동을 차단하고 남한산성에 고립, 봉쇄시키고 있을 무렵, 청군의 좌익군 역시 12월 8일 압록강을 건너 의주 남쪽의 백마산성을 공격하지 않고 남진을 서두르고 있었다. 좌익군 선봉 부대는 안주, 평양을 경유하여 12월 14일 황주를 거쳐 봉산에 도달하였다. 좌익군은 5,000명의 병력으로 황주 서남쪽 정방산성(正方山城)을 지키고 있던 도원수 김자점(金自點)이 동선역(洞仙驛)에 배치한 일부 병력의 기습을 받아 적지 않은 타격을 입었으나, 곧 대오를 정비하여 12월 18일 한성에 입성하였다. 한성은 유도대장(留都大將) 심기원(沈器遠)이 6,000여 명의 병력으로 지키고 있었으나, 청군 좌익군 대부대가 접근하자 삼각산(三角山)에 올라 방어선을 구축함으로써 청군의 좌익군은 한성을 무혈로 점령하였다. 한성에 진출한 좌익군은 제5군 6,000여 기병을 조선군이 방어 진지를 구축하고 있던 삼각산(三角山)으로 진출시켜 이를 견제하도록 하고, 예친왕 도도가 이끄는 나머지 2만 4,000명의 주력 부대는 12월 19일 아침부터 살곶이-신천-삼전도를 거쳐 남한산성으로 직행하였다. 남한산성에 도착한 도도는 좌익군 본대 병력을 남한산성의 동, 서, 남방의 요지와 용인, 이천, 여주에 이르는 연결 통로를 차단할 수 있는 지점에 배치하여 남한산성에 대한 원거리 포위망을 구축하였다.

청의 좌익군 및 본군과 진로를 달리한 청의 우익군은 12월 8일 벽동에 진출한 뒤에 창성, 삭주, 귀성, 태천을 경유하여 12월 19일 영변의 철옹산성을 기계(奇計)로써 함락시키고 12월 20일 안주를 거쳐 23일 평양 남방 중화(中和)에 도착하였다. 여기에서 정방산성을 지키고 있던 도원수 김자점이 5,000여 명의 병력을 이끌고 20일 청 좌익군의 후미를 추격하였다는 사실을 알게 된 예친왕 도르곤은 지체 없이 김자점군을 추격하였다. 12월 20일 황주를 출발한 김자점군은 서흥(瑞興), 신계(新溪)를 거쳐 23일 토산 북방 관문산(觀門山)에 진지를 구축하고 있었다. 청 우익군은 23일 중화를 출발하여 주야로 행군을 계속한 끝에 12월 25일 토산에서 김자점 군을 발견하고, 이를 밤 10시경 기습 공격하여 섬멸적인 타격을 입혔다. 김자점은 12월 26일 해가 뜰 무렵에 분산된 병력 2,000여 명을 수습하여 연천, 포천, 청평을 거쳐 양근 방면으로 이동하였다. 이에 도르곤이 지휘하는 청의 우익군은 6,000여 명의 병력을 철원, 연천, 포천 방면으로 진출시키고 본대는 그 진로를 금천(金川)으로 돌려 27일에 개성, 28일에 문산(汶山)에 도착한 뒤에 강화도(江華島) 방면으로 진출하였다.

청 태종 휘하 7만여 명의 청 본군은 선봉 부대와 좌익군을 후속하여 12월 10일 압록강을 건넜다. 그 이후로 청 본군은 12일 곽산, 13일 정주, 14일 안주를 통과하고 그 이후로 평양, 황주, 평산, 개성 등 여러 읍(邑)을 점령하여 본군의 제5군인 몽고병 500-1,000명씩을 잔류시켜 이를 확보하면서 남진을 계속하여 12월 27일 임진강을 도하

143) *丙子胡亂史*, pp. 142, 152.

청군의 이동 경로 및 진출 상황

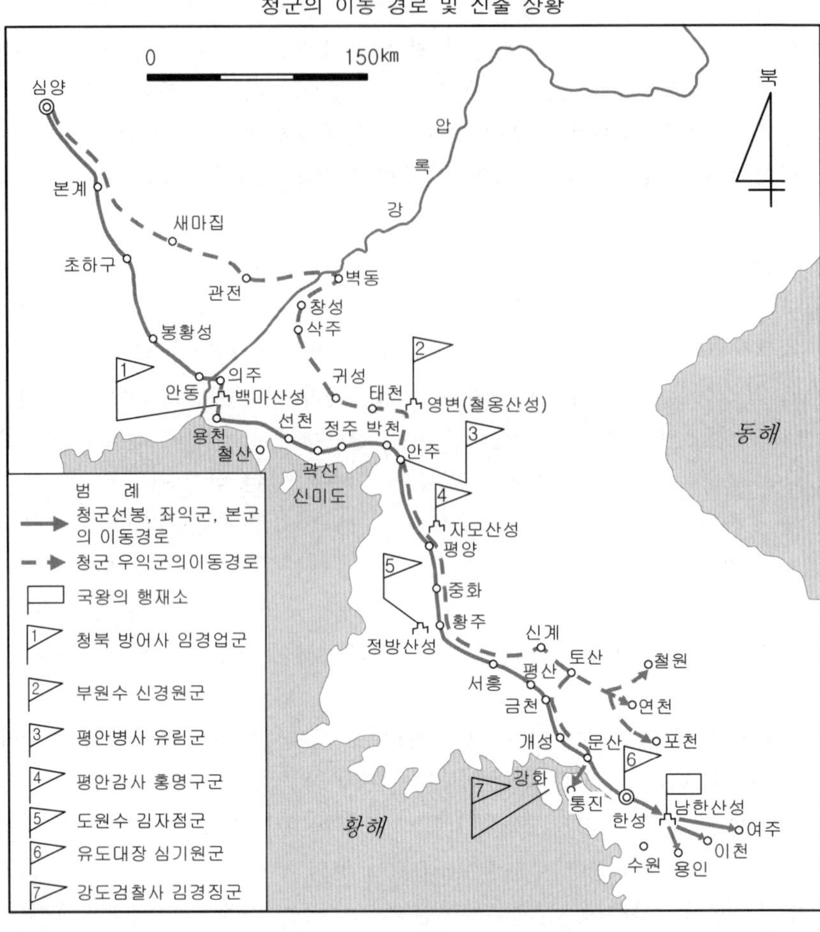

하고, 29일 한성에 도착하였다. 한성에 입성한 청 태종은 본군의 제5군 2만여 명을 한성, 양주 일대에 잔류시키고 자신은 본군의 주력 4만여 명을 직접 인솔하고 29일 당일 한성을 출발하여 남한산성으로 진격하였다. 12월 30일 아침 일찍 청 태종은 부대를 두 방향으로 나누어 1, 2, 3, 4군은 삼전도나루로, 6, 7군은 광나루를 거쳐 도하를 완료하도록 했다. 도하가 완료된 30일 오후 청 태종은 삼전도(三田渡)에 지휘소를 설치하고, 1, 2, 3, 4군을 헌릉(獻陵)과 탄천(炭川) 연변 일대에 배치하고, 6, 7군을 남한산성 북방의 오금리(梧琴里), 광암리(廣岩里), 항리(項里), 신릉(新陵) 일대에 배치하여 군세(軍勢)를 과시하였다. 이로써 조선 침공 청군은 계획상에 명시된 임무를 수행하고 조선의 항복을 받기 위한 포진(布陣)을 완성하였다.144)

남한산성을 포위하면서 그 주위로 전개한 청군의 군세(軍勢)는 숫자면에서도 위압

144) *丙子胡亂史*, pp. 160-2.

적이었다. “청병의 숫자가 얼마나 되는지는 알 수 없으나 흰 눈으로 덮였던 온 산야가 청군이 도착한 후에는 땅 위에 흰 곳이라고는 한 점도 없는 것으로 보아 그 수효가 엄청나게 많다는 것을 알 수 있었다”는 내용을 적은 남한산성 내 관향사(館餉使) 나만갑(羅萬甲)의 기록이 이를 말해 주었다.145) 사실상 청군은 조선 국왕의 강화도 피신을 막고 이를 한성에서 포위, 압박하여 조선의 항복을 국왕으로부터 직접 받아낸다는 목적을 가지고 중간의 거점 등을 우회 또는 견제하면서 신속하게 남진을 계속하였다. 청군은 인조의 강화도행은 막았으나, 비빈과 백관 가족들의 강화도행은 막지 못했고 인조의 남한산성 입성을 허용하고 말았다. 그러나 청군은 강화도에 우익군의 주력을 투입하여 이를 공격하게 하였고, 전 침공군의 주력을 남한산성에 투입하여 조선 국왕의 출성 항복(出城降伏)을 강요할 모든 준비를 갖추었다. 이로써 강화도는 물론, 남한산성 주변에서 청군과 산성을 지키는 조선군, 그리고 산성의 포위를 풀기 위하여 근왕(勤王)하는 조선군과의 산발적인 전투가 발생하였다.

(4) 남한산성 전투

인조가 남한산성으로 입성한 후 남한산성에는 광주(廣州) 진관(鎭管) 소속 5개 읍(여주, 이천, 양근, 지평, 파주)의 군사와 인조를 수행한 경군(京軍)을 합하여 1만 3,800여 명의 병력과 문무 백관 200여 명, 서리 100여 명, 백관의 노복 300여 명 등이 있었다. 이 병력으로 산성을 얼마나 오래 지킬 수 있을 것인지도 의문이었으나, 산성에는 1만여 명이 1개월 정도 지탱할 수 있는 분량인 쌀 1만 4,300여 석, 잡곡 3,700여 석, 피곡(皮穀) 5,800여 석과 장 220여 독이 비축되어 있었다. 그리고 각종 화기 및 궁시 등 수성(守城)에 필요한 장비와 혹한기의 전투 수행에 필요한 장구들도 제대로 갖추어져 있지 못했다. 따라서 척화를 주장하는 만큼의 전투 준비는 갖추어져 있지 못한 실정에서 남한산성에서의 장기적인 방어전 수행은 스스로 한계를 지니고 있었으며, 작전의 효과를 보장하기 어려운 상태에 있었다.

남한산성에 입성한 인조는 어려운 여건하에서도 근왕병이 산성의 포위를 풀어 줄 것이라는 기대를 안고, 도체찰사에 김류(金瑬), 협수사, 관향사 등과 동, 서, 남, 북문의 수비군 대장과 부장 등을 임명한 다음에, 각 수비군에 3,000명의 병력을 배치하고 문무 백관과 종실 노복들까지 배정하여 방어 작전을 지원하도록 하였다. 그리고 도원수, 부원수 및 8도의 감사, 병사들에게 교서를 내려 근왕병을 남한산성에 집결하도록 하는 한편, 명나라에 사신을 급파하여 원병을 요청하였다.146) 인조와 문무 백관 그리고 병사들은 비장한 각오로 산성을 지키려 하였다.

인조 일행의 뒤를 추격하여 12월 15일 남한산성에 도착한 마푸다의 선봉 부대는 4,000여 명에 불과하였고 계속되었던 강행군에 지쳐 있었기 때문에, 화의 교섭을 구실

145) 羅萬甲, *丙子錄*, 急報以後日錄, 12월 30日條; *丙子胡亂史*, pp. 161-2.
146) *丙子錄*, 12월 15日條; *丙子胡亂史*, pp. 149-51.

로 12월 18일까지 별다른 공격을 실시하지 않았다. 12월 18일 세자를 볼모로 보낼 것을 화의의 조건으로 내건 청군의 요구를 거절하고 남한산성의 고수를 결정한 인조는 산성을 순시하면서 병사들의 전의를 돋우었다. 이 때 북문의 조선군은 불시에 성문을 열고 나가 성문 전방의 청군을 공격하여 6명을 사살하는 전과를 거두기도 했다. 12월 19일 남문의 조선군이 성문을 열고 나가 청군을 불시에 공격하여 20여 명을 사살하는 전과를 거두기도 했으며, 12월 21일 동문과 서문의 조선군이 성문을 열고 나가 청군 10여 명씩을 사살하는 전과를 거두었다. 그러나 12월 19일 청의 좌익군 주력이 남한산성을 포위하게 되자, 남한산성 내의 조선군은 근왕병의 지원에 대한 기대의 수준이 변하기 시작했고, 명군의 지원도 기대하기 어렵다는 생각을 가지게 되었다. 명나라는 각 지방의 유적(流賊) 토벌에 여념이 없었고, 산동반도에 있던 약간의 수군을 동원하여 조선을 지원하려 했으나 풍랑으로 이것마저 단념했기 때문이었다. 따라서 남한산성의 조선군은 고립무원의 상태에서 청군의 공격은 물론, 추위와 배고픔과도 싸워야 하는 삼중고(三重苦)에 시달리게 되었다.

그 동안 전열을 정비하고 있던 청군은 12월 22일 약 5,000명의 병력으로 동, 서, 남, 북문에 각 1,000명씩을 투입하여 대규모 공격을 가해 왔다. 청군은 성에 접근하여 화포 사격을 가하면서 기선을 제압한 다음, 운제(雲梯), 당차(撞車) 등을 가지고 각 성문으로 돌진해 왔다. 조선군은 성 안의 화포와 시석(矢石)으로 청군의 접근과 등성을 필사적으로 막아 청군의 공격을 막아냈다. 조선군은 10여 명의 사상자를 내면서 청군 100여 명을 사살하는 전과를 거두면서 이 날 전투를 마감하였다. 12월 23일, 청군은 1만 명을 동원하여 공격을 재개하였다. 그러나 조선군은 소극적인 방어 태세를 지양하고 성문을 열고 적극적으로 청군을 공격하여 미처 공격 준비를 갖추지 못한 청군의 병력을 사살하여 80여 명의 전사자를 내면서 200여 명의 청군을 사살하는 전과를 거두기도 했다. 12월 24일 종일 진눈깨비가 내려 병사들은 극심한 추위에 시달렸다. 이에 인조와 세자도 행궁 마당 한복판에서 진눈깨비를 맞으며 불쌍한 백성을 살려 달라고 하늘에 호소하기도 했다. 밤이 되어 진눈깨비가 그치고 날씨가 온화해지자 병사들은 인조의 지극한 정성에 감복하여 수성 결의를 다짐하기도 했다. 그러나 추위와 굶주림을 결의만으로 이겨 낼 수는 없었다.[147]

두 번에 걸친 대규모의 공격에도 별다른 성과를 거두지 못한 청군은 12월 26일부터 30일까지 산성으로부터 1km 정도 이격시켜 산성과 외부를 연결해 주는 주요 도로상에 수십 개의 목책을 세워 이를 새끼줄로 연결하고, 여러 개의 쇠방울을 매달아 놓아 사람이 넘어가면 경종이 울리도록 설치하였다. 산성과 외부를 이와 같은 식으로 차단하고 난 후에 청군은 간헐적인 공격을 가하여 산성의 조선군을 산성에 고착시키려 했다. 청군은 남한산성을 장기적으로 포위하고 산성 내의 조선군과 이를 지원하려는 근왕병과의 연락을 차단하고 이들의 남한산성 접근을 완전히 봉쇄하려 했다.

---

147) *丙子錄*, 12月 24日條; *丙子胡亂史*, pp. 155-8.

인조의 근왕 호소에 따라 조선 각지에서는 근왕병이 모집되어 남한산성 방향으로 진출하였다. 양근(楊根: 양평)으로 진출한 7,000여 명의 강원도 근왕병 중에서 원주영장(原州營將) 권정길(權井吉)은 1,000여 명을 차출하여 12월 26일 남한산성 남쪽 1km 지점에 위치한 검단산(檢丹山: △542)에 진출하였다. 강원도 근왕병이 검단산에 진을 쳤다는 소식은 남한산성에 있는 조선 군민들의 사기와 기대를 크게 높여 놓았다. 그러나 12월 27일 청군 2,000여 명의 공격을 받은 강원도 근왕병은 초전에서 청군을 격퇴하는 선전(善戰)에도 불구하고, 병력과 화력의 열세를 극복하지 못하고 섬멸적인 타격을 입고 수십 명만이 본대가 있던 양근으로 퇴각하고 말았다. 12월 27일 권정길군이 청군에게 격퇴되었다는 비보가 전해짐으로써 성내의 기대는 한숨으로 변했다. 이외에도 12월 25일에 토산에서 청군에게 패배하고 2,000여 명의 병력을 이끌고 광릉을 거쳐 미원에 도착한 도원수 김자점(金自點)은 삼각산 전투에서 패퇴한 심기원(沈器遠)의 군사 2,000여 명과 함경감사가 이끄는 7,000여 명, 강원감사의 근왕군 6,000여 명을 통합하여 1만 7,000여 명의 병력을 확보하였으나, 여주・이천 등지에서 청군이 남한산성에 이르는 통로를 봉쇄하고 있었고, 전투 태세가 제대로 갖추어지지 않아서 인조가 항복한 1637년 1월 30일까지 청군의 동태만 관찰하면서 미원에 그대로 머물러 있었다. 인조가 기다리던 도원수와 부원수군은 이렇게 움직이질 않았다. 평안 병사 유림(柳琳)이 이끄는 근왕병도 김화 전투에서 청군의 공격을 물리치고 가평까지 진출하였으나, 이미 인조가 항복한 후였다. 충청도와 전라도 근왕병도 1월 2일과 4일 각각 험천현(險川峴: 남한산성 남쪽 16km 지점)과 광교산(光敎山: 남한산성 남쪽 40km 지점)까지 진출하여 남한산성으로 진출하려 했으나 청군의 공격을 받아 각각 공주와 수원으로 퇴각하였다. 경상도의 근왕병 2,000여 명은 1월 2일 여주(驪州)까지 진출하였으나, 1월 3일 청군의 공격을 받고 조령(鳥嶺) 방면으로 퇴각하고 말았다. 이와 같이 인조의 근왕 호소에 따라 조선의 각 지방에서는 근왕군이 모집, 형성되어 남한산성으로 진출하였으나, 병사들의 훈련이 안 된 상태에서 보급까지 부족하여 제대로 작전을 수행하기 어려운 경우가 대부분이었다. 특히 근왕병을 지휘하던 지휘관들의 군사 지식과 경험 부족은 전투 자체를 두려워하여 진군을 겁내는 형편이었다. 따라서 이들 근왕병이 남한산성을 포위한 청군의 배후를 교란하거나 청군에게 반격 작전을 수행하여 전세(戰勢)를 역전(逆轉)시킨다는 것은 사실상 실현되기 어려운 바람에 불과하였다.[148]

근왕병의 지원도 거의 불가능한 상황에서 남한산성의 방어 책임을 맡고 있던 도체찰사 김류(金瑬)는 청군의 기계(奇計)에 속아 산성의 방어 병력을 무모하게 출동시켜 손실을 자초함으로써 조선군의 사기를 크게 저하시킨 사태가 발생하였다. 두 차례에 걸친 대규모 공세에도 불구하고 별로 효과를 달성하지 못한 청군은 약점과 이점을 동시에 노출시켜 조선군을 유인하여 사살하려는 기계(奇計)를 사용하였다. 북문 밖 상사창리(上司倉里)에 주둔하고 있던 청군은 남한산성의 북문 아래 다수의 군사를 매복시

148) *丙子胡亂史*, pp. 188-218.

키고 조선군의 시야에 노출되는 지역에 노약병 약간과 많은 숫자의 우마(牛馬)를 남겨 둔 뒤에 주력을 인접 가지리(可枝里) 방면으로 이동시켜 놓고 조선군의 행동을 주시하고 있었다. 12월 29일, 도체찰사 김류는 북문 밖 상사창리의 청군 진영이 취약한 것을 관찰하고 이를 공격하면 조선의 포로와 우마를 탈취하고 퇴각하는 청군도 섬멸할 수 있다는 판단을 내리고, 출격 명령을 내렸다. 그러나 여러 장수들은 청군의 유인책일 수 있다는 판단을 하여 함부로 출격해서는 안 된다고 주장하였다. 성 안의 장병들도 김류의 명령에 불응하였다. 이에 김류는 출성을 주저하는 수명의 장병을 즉석에서 처단하고 출성 공격 명령을 다시 내렸다. 최초 100여 명의 조선군은 조심스럽게 청군 진영에 접근하였다. 그러나 청군의 반응이 없자 최초 100여 명과 후속하던 200여 명의 조선군은 앞을 다투어 포로와 우마를 거두어들였다. 그러나 이 때 청군은 조선군을 협격하여 혼전을 벌였다. 김류의 고집으로 충분한 양의 화약도 지참하지 못한 조선군이 위기에 빠지자, 김류는 기를 흔들어 퇴각을 명했지만 때는 이미 늦었다. 그리하여 힘이 센 수십 명의 장병만이 살아서 돌아오고 나머지는 전사하는 비운을 맞이하였다. 추위와 배고픔, 그리고 청군의 공격에 맞서 싸워야 했던 조선군은 최고 지휘자의 잘못된 상황 판단과 고집에 의한 명령으로 개죽음을 당해야 하는 현실에서 사기는 물론 전의(戰意)까지 상실하게 되었다.[149]

명나라 군대의 지원은 물론 근왕병의 출현도 기대하기 어려운 상황에서 지휘관의 무식한 판단과 무모한 명령으로 인한 손실까지 감수해야 하는 남한산성 안의 조선군은 싸울 용기를 잃어버렸고, 조정의 백관들은 화의의 조속한 타결만이 난국을 수습하는 길이라는 생각을 갖게 되었다. 그리하여 성 안의 여론은 척화론(斥和論)에서 주화론(主和論)으로 기울기 시작하였다.

더구나 12월 30일 청 태종 휘하의 본군까지 합세함으로써 남한산성 밖의 청군 포위망은 더욱 강화되고 성 안의 사정은 더욱 악화됨에 따라 성 안의 조선 국왕과 군민들의 사기는 점점 떨어져 갔다. 많은 수의 군마(軍馬)가 굶어 죽거나 서로 꼬리를 뜯어 먹기까지 하는 참상이 빚어지고 죽은 군마의 고기를 병사들에게 지급해야 할 지경에 이르러 있었다. 12월 말부터는 식량 배급을 줄여야 했고 노천에서 기거하는 병사들은 동상에 걸려 얼굴 색이 검푸르게 변색되고 손 발이 찢어지거나 썩기도 했다. 남한산성 밖에서 주둔하고 있던 청군 군사들은 산성 주변 일대에 대한 노략질과 약탈을 자행하였으며 부녀자를 잡아서 진중으로 끌어들이고 그에 딸린 아이들은 들에다 버렸기 때문에, 청군 진영 주변에는 추위와 굶주림에 떠는 아이의 울음소리가 그치질 않았고, 죽은 아이들의 시체가 산과 들에 즐비하였다. 남한산성 안과 밖이 아수라장으로 변해 가고 있었다.

149) *丙子錄*, 12月 29日條; *丙子胡亂史*, pp. 159-60.

남한산성 농성 초기의 상황(1636. 12. 15.-12. 30.)

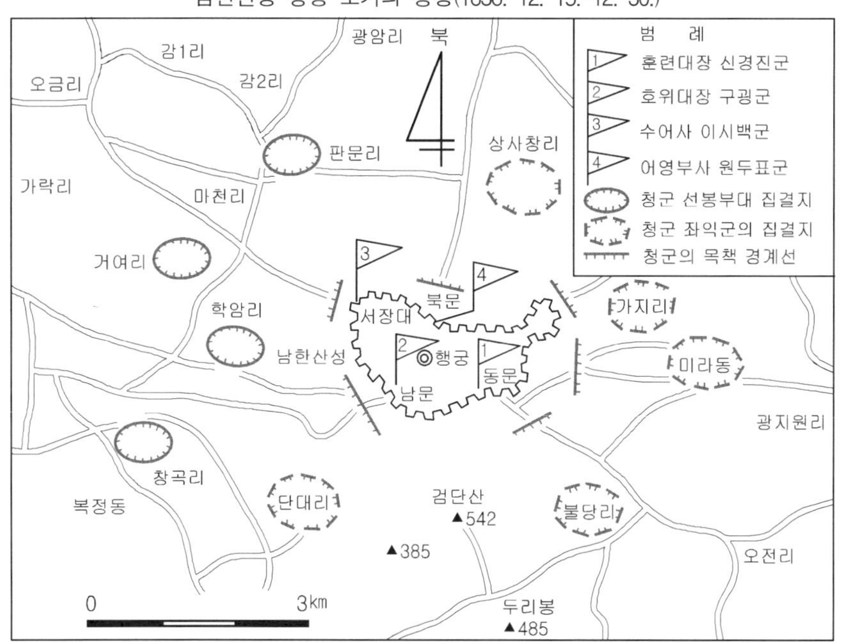

남한산성에도 병자년(1636)이 가고 정축년(1637)이 찾아왔다. 정축년 정월 초하루에는 일식이 있었다. 태양이 얼굴을 감추자 인조와 산성 안의 조선 군민들은 하늘이 청군의 만행을 외면하고 있다는 징조라고 탄식하였다. 자연의 논리보다 음양의 우주관으로 하늘의 조화를 관찰하던 당시 사람들의 당연한 탄식이었다. 사실상 하늘은 청군의 만행을 못 본 체하고 있었다. 정월 초 이틀에는 남한산성의 방어를 꼼꼼하게 챙겨 왔던 이서(李曙)가 세상을 떠났다. 인조도 식음을 전폐하고 그의 죽음을 애도하였으며 성 안의 군민들도 그를 애도하였다. 1월 3일 한성에 주둔하고 있던 몽고군도 한성은 물론 인근지역까지 약탈과 살육을 자행한다는 소문과 청의 우익군이 강화도를 압박하고 있다는 우울한 소문이 들려왔다. 이러는 동안 산성 안의 식량 사정은 더욱 악화되었고, 병자년과 정축년의 추위는 예년보다 혹독하여 성 안의 개원사(開元寺)와 광주 관아의 옥사(獄舍)까지 뜯어서 땔감으로 사용해야 할 지경에 이르렀다.150)

정축년에 들어 별다른 움직임을 보이지 않던 청군은 1월 11일 헌릉에 배치된 본군 제2군의 일부와 단대리에 배치된 좌익군 제3군의 병력 7,000명을 수원, 용인 방면으로 진출시키고, 탄천 일대의 본군 제4군 6,000명을 여주, 이천 방면으로 진출시켜 근왕군의 남한산성 지원을 봉쇄하고 포위 병력을 강화하였다. 이는 분명 조선군에 대한 무력시위를 겸한 병력 이동으로 산성 안 조선군의 전의를 꺾어 항복을 유도하려는 청군의 압박 전술이었다. 1월 16일 청군은 초항(招降)이라고 쓴 깃발을 남한산성 남문 밖 1km

150) *丙子胡亂史*, pp. 162-5.

지점의 고지에 세워 항복을 요구하였으나, 강풍에 쓰러지고 말았다. 1월 18일 북문 수비 조선군 20여 명이 출성 공격하여 청군 6명을 사살하고 다수의 병기와 마필을 노획하였다. 이에 대한 보복으로 1월 19일 청군은 500여 기의 기병으로 서문을 공격하였고 밤에는 수백 명을 동원하여 동문을 기습 공격하였다. 성벽에 운제를 걸고 청군이 성 안에 들어와 한때 고전했으나, 어영별장 이기축(李起築)이 전열을 가다듬고 진두 지휘하여 성 안에 들어온 청군에 역습을 가하여 청군을 물리쳤다. 이에 인조는 이기축의 용기를 높이 평가하고 가선대부(嘉善大夫: 종 2품)의 품계와 완계군(完溪君)의 작위를 수여하였다. 1월 20일과 23일에도 청군을 급습하여 청군에게 피해를 입히는 출성 공격을 감행하였으며, 23일 밤에는 서문을 공격하는 청군의 공격을 맞아 수어사(守禦使) 이시백(李時白)의 진두 지휘 아래 청군의 공격을 물리쳤다. 1월 24일과 25일에는 청군 수백 명이 산성 동문과 남문으로 접근하여 포격을 가해 와서 산성의 동문과 남문 일대의 성벽과 성내의 사창(社倉)과 행궁(行宮) 건물까지 파괴되는 피해를 입혔으나, 동문 밖의 청군 진영의 화약고가 조선군의 포격에 의해서 폭발되고 남문 밖에서 포격을 하던 청군 부대도 조선군의 포격에 의한 사상자가 증가하자 이들 청군들은 퇴각하였다. 청군의 퇴각 소식을 보고받은 청 태종은 모든 장령들을 소집해 놓고 총 공격 명령을 하달하였다. 이와 같이 청군은 남한산성을 쉽게 함락시키지 못하고 있었다.[151]

청 태종의 명령에 따라 청군은 1637년 1월 25일 남한산성에 대한 총 포격을 가해 왔다. 청군은 포위망을 산성 주변 500m 지점까지 압축하면서 총 공격을 단행할 움직임을 보였으나, 포격만을 계속하였다. 청군의 포격으로 남한산성 동쪽 망월대가 파괴되고 대장기가 꺾여 날아갔으며 각 성문의 문루와 성벽 여러 곳이 파손되었다. 조선군도 포격을 계속하면서 파손된 성벽을 신속하게 복구하였다. 청군은 해질 무렵에 포격을 중지하고 심야에 동문에 대한 기습을 시도하였으나, 조선군의 방비 태세가 삼엄한 것을 보고는 공격을 포기하고 말았다. 이로써 청군의 주간 포격은 야간 기습에 필요한 효과를 발휘하지 못하였다. 실로 청군은 막강한 병력을 보유하고 있으면서도 방어력이 약한 남한산성을 함락시키지 못하고 있었다.

남한산성 전투에 결정적인 영향을 미친 것은 청군의 남한산성 공격이 아닌 청군의 강화도 점령이었다.

청군의 침공 보고를 받은 조선 조정은 1636년 12월 14일 판윤(判尹) 김경징(金慶徵)을 강도검찰사(江都檢察使)로 임명하여 비빈, 왕자, 종실 및 백관의 가족을 호위하여 강화도에 먼저 들어가 방비 태세를 강화하도록 임무를 부여하였다. 강화유수 장신(張紳)을 주사대장(舟師大將)으로 임명하여 강화도와 육지와의 해상 통로를 봉쇄하고, 강화도로 집결하는 각 도의 수군을 강화도에 집결하여 이를 지휘하도록 하였다. 그러나 인조의 강화도행이 청군에 의해서 봉쇄되자, 강화도는 자체적으로 김경징의 지휘하에 방어에 임할 수밖에 없었다.

---

151) *練藜室記述, 卷25,* 仁祖朝 故事本末, 丙子虜亂, 丁丑南漢出城條; *丙子胡亂史,* pp. 165-70.

남한산성 농성 중기의 상황(1637. 1. 1.-1. 25.)

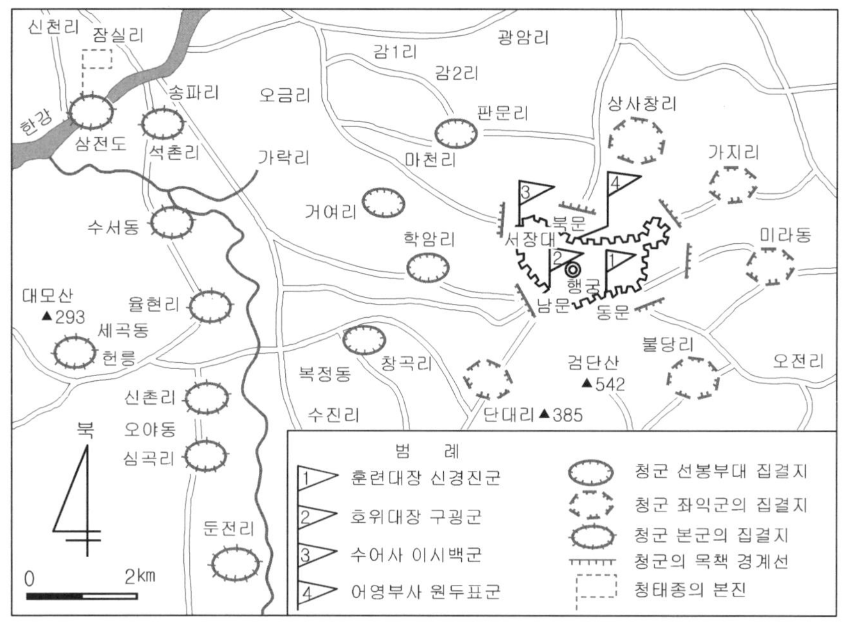

강화도의 방어를 책임진 김경징과 장신은 청군이 수전에 미숙하기 때문에 강화도에 대한 도하 공격을 쉽게 감행하지는 못할 것이라고 안이한 판단을 하고 있었다. 그리하여 이들은 광성진(廣城津) 일대에 약간의 수군만 집결시켜 청군의 동태를 감시하도록 조치하고, 김포 반도 대안의 강화도 해안선 방어를 위해서는 별다른 조치를 취하지 않았다. 김경징은 "청병이 날아올 수는 없다"라고 단정하고 음주가무(飮酒歌舞)를 즐기고 있었다.152)

그러나 청군은 수전에 약하지 않았다. 명으로부터 투항한 반장(叛將) 경중명(耿仲明)이 이끄는 수전에 익숙한 한병(漢兵)이 우익군에 편성되어 있었을 뿐만 아니라 위력적인 장거리포인 홍이포(紅夷砲)를 다수 보유하고 있었기 때문이었다. 수전 능력이 보강된 청군은 12월 30일 통진(通津)에 도착하여 바로 강화도를 공격하려 했으나, 배가 준비되지 않아서 1637년 1월 21일까지 예성강, 임진강, 한강 하류에 널려 있던 배를 모아 수리하고, 주둔 지역의 민가를 헐어 배를 제작하였다. 그리고 청군은 육지에서 만든 다수의 배와 뗏목을 염하(鹽河)로 운반하여 도하 수단을 확보하였다.

통진 가수(假守)로부터 1월 21일, 청군의 동태가 심상치 않다는 보고를 받은 김경징은 그제서야 강화부성과 통진 대안에 병력을 배치하고, 충청수사 강진흔(姜晋昕)의 수군을 갑곶에 배치하면서, 주사대장 장신의 수군으로 하여금 갑곶의 충청 수군을 지원하도록 조치하였다. 그러나 이러한 조치는 매우 급하게 이루어져 여기저기 중요하다고

152) *東國戰亂史(外亂篇)*, pp. 92-3; *丙子胡亂史*, pp. 176-7.

생각되는 곳에 병력을 분산 배치하는 결과를 낳았고, 준비 태세를 제대로 갖추지 못한 상태에서 청군의 공격을 맞게 되었다.

강화도 공략 준비를 완료한 청군은 1월 22일 새벽 100여 척의 배와 뗏목에 50-60명씩 병력을 분승시킨 후에 갑곶 연안의 충청수사 강진흔의 선단에 포격을 가하면서 돌진하였다. 강진흔은 전함 7척과 200여 명의 수군을 거느리고 있다가 청군의 공격을 받아 분전하여 청군의 전함 10여 척을 격침시켰으나, 중과부적으로 전황은 조선 수군에게 불리하게 전개되었다. 22일 새벽에 갑곶에 도착한 장신의 수군이 청군 선단의 배후를 공격하여 청군 전함 수척을 격침시키자, 청군이 선단 일부를 선회시켜 반격 태세로 전환하였다. 이에 장신은 청군 선단의 기세에 눌려 징을 울려 자신의 선단을 후퇴시켜 광성진으로 퇴각하고 말았다. 장신 수군의 지원으로 위기에서 벗어날 것으로 판단한 충청 수군은 장신 선단의 퇴각으로 인하여 청군 수군의 집중적인 공격을 받아 궤멸적인 타격을 입고, 강진흔을 비롯한 수십 명의 장졸들만 겨우 청군의 포위망을 뚫고 월곶으로 도망갈 수 있었다.

강진흔의 충청 수군이 궤멸되자 강도검찰사(江都檢察使) 김경징(金慶徵)은 해안의 병력을 강화성으로 후퇴시키라는 명령을 내리고 자신은 광성진(廣城津)으로 가서 장신(張紳)과 함께 육지로 달아나 버렸다. 중군 황선신(黃善身)을 비롯한 100여 명의 장병들은 청군의 상륙을 저지할 목적으로 해안선 방어 진지를 고수하고 있었으나, 소수의 병력만이 해안선을 지키고 있다는 사실을 간파한 청군 1,000여 명의 돌격을 백병전으로 막다가 전원이 전사하였다.

갑곶나루의 저지선을 돌파한 청군은 강화성으로 진출하여 성을 포위하고 항복을 요구하였다. 3,000여 명의 병력을 이끌고 강화성을 지키고 있던 원임대신(原任大臣) 김상용(金尙容)은 청군의 항복 요구를 거절하고 방어 태세를 강화하였다. 청군은 1637년 1월 22일 낮에 강화성에 대한 공격을 개시하였다. 청군은 강화성에 대해서 포격을 가한 다음에 운제와 당차 등의 공성 기구를 앞세우고 성벽을 향해 돌진하였다. 조선군은 총포와 궁시로 청군의 성내 진입을 저지했으나, 탄약과 화살이 떨어져 청군의 성내 진입을 막을 수가 없었다. 남문 문루에서 작전을 지휘하던 김상용은 최후의 순간이 왔다는 것을 깨닫고, 화약 상자에 걸터앉아 "나라의 치욕이 이 지경에 이르렀으니 이 늙은 몸이 더 이상 살아서 무엇하겠는가? 나는 이 성과 함께 최후를 마치려니와 여러분은 어서 이 자리를 피하여 후일에 국가의 치욕을 씻도록 하라" 하며 화약 상자의 불심지에 불길을 당겼다.[153] 많은 대신과 남녀가 강화성을 지키다가 전사하거나 순절하였으며 많은 부녀자들은 정절을 지키기 위하여 스스로 목숨을 끊었다.

153) *練藜室記述, 卷26,* 江都殉節人條; *丙子胡亂史,* pp. 182-5.

청군의 강화도 공략 상황

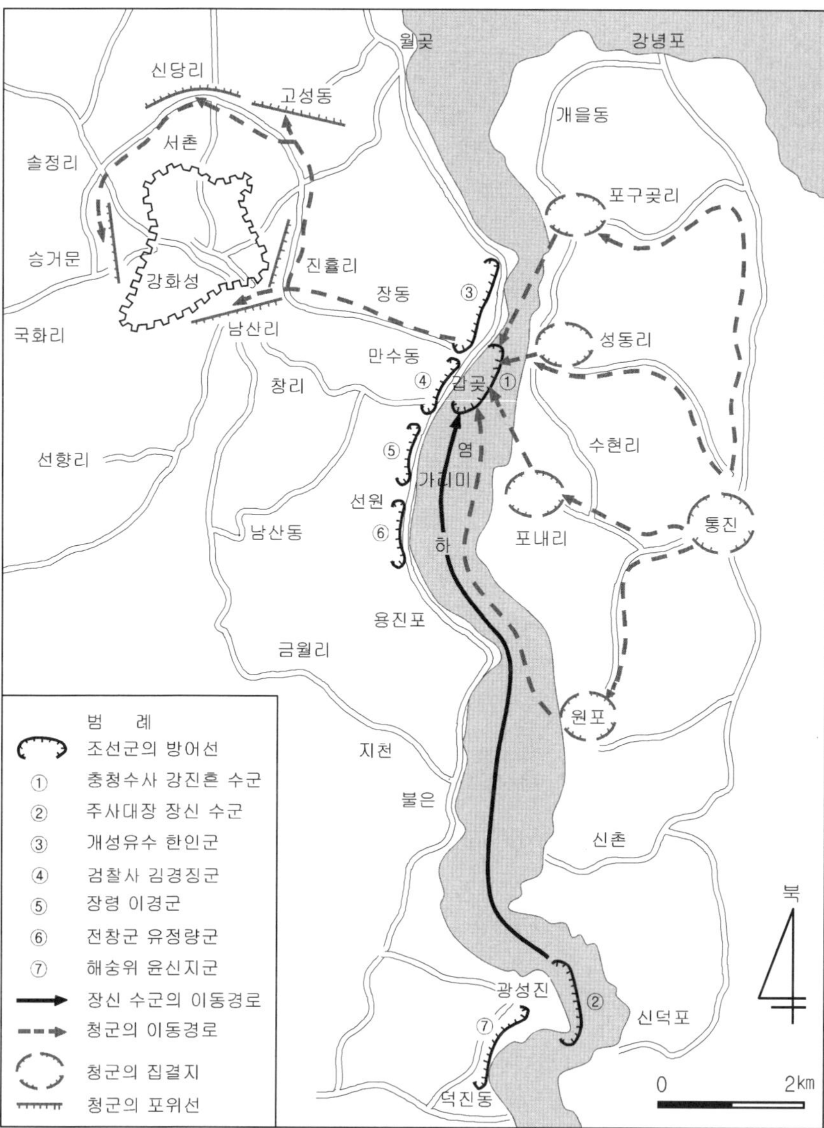

강화성을 함락시킨 우익군 지휘관 도르곤은 비빈, 왕자, 종실 등이 머물고 있던 관아를 포위하고 항복을 요구하였다. 이에 인조의 제2왕자인 봉림대군(鳳林大君: 孝宗)은 더 이상의 항전과 희생은 무의미하다는 판단을 내리고 강화도 내 백성들에 대한 살육과 약탈 금지와 비빈, 왕자, 종실, 백관 및 가족들의 신변 보장 등을 조건으로 청군의 항복 요구를 수락하였다. 1월 22일 봉림대군이 청군 진영으로 가서 청군 지휘관 도르곤과 회담을 하였다. 여기에서 도르곤은 강화도가 함락되었다는 사실을 남한산성에 알리는 서찰을 작성해 줄 것과 강화 성중에 있던 200여 명의 비빈, 왕자, 종실, 백관 및

가족들을 23일 남한산성으로 이동시키는 데 협조할 것을 요구하였다. 봉림대군은 서찰은 무방하나 인원의 이동은 반대한다고 하였다. 그러자 도르곤은 병사들을 풀어 놓아 약탈과 노략질을 하면서 위협을 가하였다. 봉림대군은 할 수 없이 청군의 요구를 들어 주었다. 이로써 강화도에 머물고 있던 비빈, 왕자, 종실, 백관 및 가족들은 1월 26일 강화도를 떠나 1월 27일 아침에 삼전도에 위치한 청 태종의 본영 밖에 설치된 수십 개의 장막에 분산 수용되었다.[154]

강화도의 함락과 강화도에 거주하던 비빈, 왕자, 종실, 백관 및 가족들이 청군의 포로가 되어 삼전도(三田渡)에 수용되어 있다는 사실은 남한산성 전투에 결정적인 영향을 미친 요소가 되었다.

1637년 1월 26일, 청군측은 그들이 1월 22일 강화도를 함락하고 그 곳에 있던 비빈, 왕자, 종실, 백관 및 가족들을 포로로 하였다는 사실을 통보하고 조선 국왕의 출성 항복을 요구하였다. 고립무원의 상태에서 악전고투를 거듭하던 남한산성에 강화도 함락과 가족들이 포로로 잡혀 있다는 사실이 알려지자 산성을 방어하던 백관과 군민들은 실망과 절망의 기색을 감추지 못했다. 1월 27일 아침, 청군은 남한산성의 목책의 경비를 강화하는 한편, 병력을 산성 바로 앞까지 전진시켜 총공격을 실시할 태세를 갖추었다. 그리고 청군은 공성 작전시에 조선군의 총포 사격으로부터 보호를 받기 위해서 만든 커다란 목인(木人) 수십 개를 여러 곳에 세워 놓았다. 산성의 포위망을 강화한 청군은 직접 공격은 하지 않고 포격만을 계속하여 가뜩이나 사기가 떨어진 조선 군민을 압박하면서 조선 국왕의 항복을 재촉하려 했다. 이러한 청군의 무력 시위는 1월 28일까지 계속되었다.

강화도가 함락되고 그 곳에 있던 인원이 포로로 잡힌 사태가 발생하자, 남한산성 안에서는 척화와 주전론이 현실적인 설득력을 잃어가고 화의와 주화론이 현실적인 해결책으로 등장하게 되었다. 성중에서 열린 중신회의에서 장시간의 논란 끝에 김상헌(金尙憲), 정온(鄭蘊), 윤집(尹集), 오달제(吳達濟) 등 척화론자들의 극렬한 반대 의견에도 불구하고 국왕이 출성하여 항복한다는 방침이 결정되었다. 조선이 "국왕의 출성 항복"이라는 청국측의 요구를 수락한다는 의사를 청국측에 전달하자 양측의 화의는 급속도로 진전되어 정축화약(丁丑和約)의 내용이 다듬어지게 되었다. ① 조선은 청에 대해서 군신의 예를 지키고 ② 조선 국왕은 청이 책봉하고 청의 연호를 사용하며 ③ 조선은 명과 국교를 단절하고 명으로부터 받은 옥새와 국왕 승인서를 청 황제에게 바치고 ④ 조선은 세자·왕자 및 대신 자제를 청에 인질로 보내며 ⑤ 조선은 가도(椵島) 공략에 참여하며 차후 청이 요청하는 병력과 군량을 조달한다는 내용이었다. 사실상 무조건 항복에 가까운 항복이었다. 합의가 이루어짐에 따라 청군은 1월 28일 오후부터 산성

154) 강화도 검찰사 김경징(金慶徵)은 인조 반정의 원훈인 영의정 김류(金瑬)의 독자였으나, 대간의 탄핵을 받아 인조는 할 수 없이 1637년 9월 21일에 그를 사사(賜死)하였다. *仁祖實錄, 卷35,* 丁丑 9月 21日條; *丙子胡亂史*, pp. 313-4, 주 145 내용.

포격을 중지하여 군사 행동을 마감하였다.155)

기본적인 내용의 합의를 거쳐 조선과 청은 구체적인 실무 사항들을 합의하였다. 항복 의식은 1월 30일 삼전도(三田渡)에 축조된 수항단(受降檀)에서 수행하고 조선 국왕과 세자는 남색 융복(戎服: 군복)을 입고 남한산성의 서문으로 나와 수항단으로 향하도록 하였다. 항복 의식이 종료된 후에 조선 국왕은 한성으로 귀환하고 세자, 대군, 백관 자제는 심양으로 가며, 출성 항복과 동시에 청군은 철군하고, 1월 27일 이전의 포로는 심양으로 이송하며 이후의 포로는 석방하도록 합의되었다. 양측의 합의가 끝나자 청 태종은 출성 항복과 동시에 명나라로부터 받은 옥새(金印)와 국왕 임명서(誥命)를 청 태종에게 바칠 것과 명나라와의 국교를 단절하고 청국 연호를 사용하는 등의 합의 사항 이행을 촉구하고, 매년 사절을 파견하고 성의 신, 증축을 금하며 매년 일정한 품목과 수량의 세폐를 보낼 것을 국서에 명시하였다. 청의 조선에 대한 통제를 완전히 하려는 청 태종의 의도가 국서로 전달되었다.156)

10) 조선의 항복

1637년 1월 30일, 조선의 국왕이 남한산성을 나와 청 태종에게 항복하는 날이었다. 이 날 이른 새벽 오전 6시경, 인조는 세자, 대신, 승지, 각 조(曹)의 당상관 및 낭관(郎官)과 호위군 500명을 거느리고 남한산성의 서문을 빠져 나갔다. 남색의 군복을 입은 인조와 세자 및 수행원들은 삼전도에 설치된 수항단으로 무거운 발걸음을 옮겼다.

청 태종은 조선 국왕 일행이 수항단 가까이 접근해 오자 자리에서 일어나 조선 국왕을 기다렸다. 조선 국왕은 말에서 내려 단 아래로 나아가 단상의 청 태종을 향하여 "삼배구고두(三拜九叩頭)"의 예를 행하였다. 세 번 절하고 아홉 번 머리를 조아리는 삼배구고두의 예행(禮行)은 여진족(女眞族)의 천자배알의식(天子拜謁儀式)이었다. 이러한 의식을 조선 국왕이 행함으로써 청과 조선은 군신관계(君臣關係)를 공식화한 셈이 되었다. 조선 국왕이 삼배구고두의 예를 행한 후에 대국에 항거한 죄를 용서해 줄 것을 청원하자 청 태종은 조선 국왕을 용서한다는 조칙을 내렸다. 그리고 청 태종은 조선

155) 출성 항복이 결정되자 김상헌과 정온은 자살을 기도하였고, 오달제(吳達濟)와 윤집(尹集)이 척화파를 대표하여 1월 29일 청군측에 끌려가게 되었다. 인조는 어의를 보내어 김상헌과 정온을 치료하게 하였다. 오달제와 윤집은 끌려가기 전에 행궁의 인조에게 하직 인사를 올리자, 인조는 그들을 위로하면서 술을 하사하니 이들은 이 지경에 이르러 죽지 못한 것을 사죄하고 죽을 수 있게 된 것이 오히려 다행이라고 말하면서 영결을 고했다. 이에 인조는 "그대들의 부모와 처자는 내가 종신토록 잘 보살필 것이니 더 이상 염려 말라"는 말로 그들을 전송하였다. 이들과 평양 서윤 홍익한(洪翼漢)은 청국의 수도인 심양으로 압송되었다. 윤집, 오달제, 홍익한은 청 태종의 회유를 물리치고 척화의 당위성을 주장하면서 처형되었다. 청국은 1641년 정월에 척화를 주장했던 김상헌을 심양으로 압송하여 구금하고 화의를 주장했었지만 명나라와 내통했다는 죄목으로 최명길을 그 해 가을에 심양으로 압송하여 김상헌 옆방에 구금하였다. 남한산성에서 청나라에 대해서 척화(斥和)와 주화(主和)를 주장했던 두 대신이 청나라의 수도 심양에서 같이 구금되었던 것이다. 그러나 1643년 8월 청 태종이 사망한 후에 김상헌과 최명길은 1645년에 세자와 함께 조선으로 돌아올 수 있었다. *仁祖實錄, 卷34,* 15年 正月 28日條; *丙子錄,* 1月 28日條; *丙子胡亂史,* pp. 172-3; *東國戰亂史(外亂篇),* pp. 113-26.

156) *前揭書; 韓民族戰爭通史, III, 朝鮮時代 前篇,* pp. 390-4.

국왕을 인도하여 청국의 여러 제후왕(諸侯王)의 윗자리에 해당하는 황제 좌측 서향 좌석에 앉도록 하였다. 군악이 연주되는 가운데 연회가 진행되었고, 연회가 끝나자 청 태종은 조선 국왕에게 초구(貂裘: 돼지 가죽 갑옷) 두 벌을 선사하였다. 이에 인조는 한 벌을 입고 단 아래로 내려가 또 다시 삼배구고두(三拜九叩頭)의 예로 이를 사례하였다. 이로써 청 태종에 대한 조선 국왕의 항복 의식은 끝이 났다.

인조는 항복 의식이 끝나자 청 태종에게 작별을 고하고 500여 명의 조선군과 100여 기의 청군 기병의 호위 아래 송파나루를 거쳐 살곶이다리를 지나 홍인문(興仁門: 동대문)을 통하여 밤늦게 한성으로 돌아왔다. 이로써 청군이 조선에 침공한 지 50여 일 만에 병자호란(丙子胡亂)은 일단 종결되었다. 그러나 인조가 돌아온 한성은 텅 비어 있었다. 성 안의 백성들이 산간으로 피해 버리거나 청군의 포로가 되었기 때문에 한성에는 인적이 없었다. 이제 조선은 전쟁의 후속 조치로서 정명원조(征明援助), 포로송환(捕虜送還), 조청관계(朝淸關係)의 정립(定立) 등 어려운 문제를 해결해야만 했다.

11) 조선과 청의 전쟁 결과 및 영향

인조가 남한산성에서 출성하여 항복한 후, 2월 1일 남한산성의 조선군이 철수하자 청군도 2월 2일부터 철수를 시작하였다. 청 태종이 지휘하던 본군 주력은 삼전도를 도하하여 포천, 연천, 황주, 평양, 안주, 의주를 거쳐 심양으로 철수하였고, 청 좌우익군 주력은 개성, 평산, 평양, 안주, 의주를 거쳐 철수하였다. 본군의 몽고군은 청평, 금화, 평강, 귀성, 삭주, 벽동을 거쳐 만주로 철수하였으나, 본군의 6군(테두군)과 7군(한병)은 용산에서 해로를 이용하여 철산에 도착한 후에 조선군과 협조하여 1637년 4월 13일 가도(椵島)의 명군을 섬멸하고 4월 15일 압록강을 건너 심양으로 철수하였다. 그리고 우익군 제1군은 조선의 세자 일행을 동행하여 개성, 평산, 황주, 평양, 안주를 거쳐 3월 3일 의주에 도착하여 가도 공격 작전의 추이를 관찰하면서 그곳에서 머물다가 4월 1일 압록강을 건너 10일 심양에 도착하였다. 이로써 1637년 2월 2일 남한산성에서 철군을 시작한 청군은 철군을 시작한 지 두 달 반 만에 조선 영내에서 완전히 철수하였다. 그러나 청의 재촉과 강요에 의해서 1639년 2월, 삼전도(三田渡) 나룻가에 세워진 높이 3.95m, 폭 1.4m의 전승기념비인 대청황제공덕비(大淸皇帝功德碑)는 조선을 정복한 청 태종의 공덕을 기린 내용의 비문이 표면의 좌우면에 몽고문(蒙古文), 만주문(滿洲文), 그리고 후면에 한문(漢文)으로 새겨져 있어서 조선 항복의 역사적 사실을 지울 수 없게 만들었다.157)

청은 1637년 1월 30일 조선의 항복을 받아 군신관계(君臣關係)를 정립하고, 이어서 4월 13일, 1621년부터 17년 동안 요동의 명군이 주둔하여 조선의 협조하에 청의 배후를

157) 비문의 내용은 *丙子胡亂史*, pp. 264-8에 기록되어 있음.

위협했던 가도(椵島)의 동강진(東江鎭)을 소멸시킴으로써 대명전(對明戰)에 전력을 기울일 수 있게 되었다.

그러나 청의 대명전 수행에 따라 제기된 조선에 대한 원병 요구는 조선과 청나라 간에 새로운 문제를 야기시켰다. 1637년 9월 청 태종은 명의 금주(錦州)를 공격하기 위하여 전군에 동원령을 내리고 조선에도 10월까지 5,000명의 원병을 보내도록 요구하였다. 대다수의 중신들은 청의 요구에 응하자는 입장을 취했으나, 이번에는 병자호란을 종결시키기 위하여 화의를 주장했던 좌의정 최명길이 반대하고 나섰다. 최명길은 자청하여 10월 29일 심양에 가서 청 태종과 대면하였다. 청 태종의 책임 추궁을 받은 최명길은 어찌 오랫동안 우호 관계를 유지해온 명나라를 치는 데 조선이 병력을 보낼 수 있겠는가 하는 점과 전화를 극복하지 못한 상황에서 모병과 파병의 불가함을 역설하였다. 이에 청 태종도 최명길을 "의리를 중히 여기는 대장부"라고 인정하여 조선에 파병 요구를 삼갔다. 그러나 조선은 1639년의 파병 요구는 수용하여 평안 병사 임경업(林慶業)을 상장으로 하여 6,000명의 병력을 요하 하구 우장(牛莊)으로 보냈다. 그러나 임경업은 조선의 파병이 부득이한 처사임을 명군에게 알리고 청군과 비협조적인 태도를 취했다. 이에 청 태종은 조선군을 귀환시키고 사신을 한성으로 보내 인조에게 엄중한 항의를 하였다. 1641년에도 청의 요구에 의해서 조선군 2,000여 명이 심양으로 파병되었으나, 조선군은 명군과의 접전을 회피하거나 명군에게 총알 없는 총을 발사하는 등의 행위를 서슴지 않았다. 따라서 청은 대명전에 조선군의 원병을 계속 요청하였으나 실질적인 도움을 얻지 못하고 조선 조야의 반청 의식만 조장하는 결과를 자초하였고, 조선 조정은 청의 강압적인 요구와 조선 조야의 반대 사이에서 난처한 위치에 처하게 되었다.158)

조선은 청에 끌려간 포로의 송환에 따른 문제를 해결해야만 했다. 청은 포로를 풀어주는 대신에 속전(贖錢)을 요구했다. 조선 조정은 되도록 낮은 속가(贖價)로 포로 문제를 일괄 타결하려 했으나, 조선의 사대부 집안의 가족 포로의 밀거래에 의한 개별적인 송환 교섭으로 포로의 속가가 폭등하여 조선의 일반 백성들은 자신들 가족의 송환을 엄두도 내지 못하는 경우가 발생하였다. 이러한 상황이 전개되자 포로의 탈출이 늘어났고 이에 따라 청국의 탈출 포로 재송환의 압력이 가중되었다. 그리하여 멀쩡한 변방 조선인이 탈출한 포로가 되어 전시가 아닌 평시에 포로가 되는 경우가 발생하였다. 포로 송환 문제는 속가와 탈출 포로의 처리 문제로 조선의 입장을 더욱 곤혹스럽게 만들어 약소국의 인간적인 비애를 더욱 가중시켰다. 이에 못지 않게 곤혹스런 포로 문제는 청군에게 끌려갔다가 돌아온 환향녀(還鄕女) 문제였다. 부녀자를 지켜 주어야 할 남자들의 무기력과 무책임으로 청군에게 포로가 되어 갖은 모욕을 감수해야 했던 환향녀들은 집안의 수치로 간주되어 가문으로부터 축출되었고, 이것이 커다란 사회 문제가

158) *練藜室記述, 卷26,* 仁祖朝 故事本末, 遲川行狀; *仁祖實錄, 卷41,* 18年 7月 7, 11日條; *丙子胡亂史,* pp. 250-5.

되었다. 인도적인 해결책으로 이들을 포용하자는 최명길의 주장은 명분과 절의를 주장하는 여론에 밀리고 말았다. 이와 같이 남자 포로의 송환은 속전(贖錢)의 지불이라는 금전 문제를 야기시켰고, 송환된 부녀자 포로는 인도(人道)와 명분(名分)의 도덕적 문제를 야기시켜 병자호란(丙子胡亂)의 후유증을 더욱 쓰리게 만들었다.

병자호란의 결과로 빚어진 가장 현저한 변화는 조선의 대외적 위상이었다. 명과의 우호 관계를 유지하면서 명의 도움으로 일본의 침공을 물리친 바 있던 조선은 명과의 국교를 단절하고, 조선이 야만시해 오던 여진족(女眞族)이 세운 청(淸)나라와 군신(君臣)이라는 불평등 관계를 수립하게 되었다. 이러한 관계의 수립도 정상적인 외교 교섭이 아닌 전장(戰場)에서의 항복(降伏)을 통하여 구체화되었다. 이로써 조선의 국왕은 청 황제의 봉함을 받으면서 사사건건 간섭을 벗어날 수 없게 되었고, 나중에는 조선 스스로 청에 대해서 종속적인 의존에 익숙해진 왕조로 변화된 것이 병자호란의 결과에서 비롯되었다. 외교의 실패와 전쟁의 패전을 동시에 받아들인 항복을 통하여 수립된 이러한 관계는 조선의 대외적 위상을 결정적으로 손상시켜 후일에 조선을 청의 속국(屬國)으로 취급하는 일본과 서구 열강들의 대조선관(對朝鮮觀)에까지 영향을 미치게 되었다. 병자호란의 결과에서 비롯되어 조선은 명실공히 청의 속국으로 변했고, 청일전쟁(1894-5)에서 청국이 일본에게 패하여 청한종주권(淸韓宗主權)을 상실할 때까지 240여 년간 청국의 정치적 영향을 받게 되었다.

조선과 청의 전쟁이 가져다 준 경제, 사회적인 변화는 거의 혁명적이었다. 사회의 신분 및 경제 기반이 거의 전부 붕괴되었기 때문에, 양반 계층의 경제적, 사회적 기반이 무너지고 지배 계층의 권위가 거의 실추되었다. 그리하여 현실적으로 정권을 잡지 못하면 직위는 물론 경제적인 기반까지도 잃어버리는 경우가 통상이어서 지배 계층간의 분화와 정쟁(政爭)이 심해졌고, 이의 정도도 필사적인 수준까지 도달하게 되었다. 이러한 정쟁은 사회적으로 지배 계층의 권위를 더욱 실추시키게 되었고, 경제 기반을 잃은 양반의 생활은 양인이나 상민과 다를 바가 없이 되어 사회 신분 질서의 붕괴를 가속화시켰다. 사상적으로도 명분(名分)보다는 실질(實質)을, 공론(空論)보다는 현실(現實)을 직시하여 사회적인 모순을 극복하고 경제적인 부를 축적하여 국가를 부강시키고 민생을 윤택하게 해야 한다는 실학(實學)이 등장하였다. 이러한 주장은 기존의 체제 변화를 꺼리고 두려워하는 폐쇄적인 경향을 적극적으로 극복하지는 못했으나, 기존의 신분 개념을 변화시키고 세제의 개혁을 통한 경제 활동을 활성화시킨 사상적 원천과 근간이 되었다. 이와 같이 청군의 침공과 이에 따른 기존 질서의 붕괴는 조선 사회의 전면적 변화를 요구한 요인이 되었다.

청과의 전쟁 후에 조선은 군제를 재편하고 군비를 보강하는 노력을 강화하였다. 먼저 청에 대한 항복으로 무장을 해제당한 것과 같은 상태에 놓인 조선은 먼저 남한산성을 보수하고 각 성루에 중화기를 설치하는 등의 복구 작업을 진행시켰다. 남한산성 수어청의 강화는 청의 간섭과 재정의 압박으로 크게 진척되지는 못했다. 그러나 청이 명의 의종(毅宗)을 자진케 한 이자성(李自成)의 농민반란군을 토벌하고 1644년 9월 수도를 북경(北京)으로 옮겨 중국을 통치하고 조선에 대한 강경책을 다소 완화함에 따라 조선의 반청 분위기는 북벌론(北伐論)으로 대두되기까지 하였다. 소현세자(昭顯世子)의 사망으로 세자가 된 봉림대군(鳳林大君)이 1649년 5월 인조의 뒤를 이어 효종(孝宗)으로 즉위하자 북벌론이 구체적인 조치로 뒷받침되었다. 효종은 반청 성향이 강한 김집(金集), 김상헌(金尙憲), 송시열(宋時烈), 송준길(宋浚吉) 등을 등용하여 정규군 1만 명을 양성하여 요동, 심양 일대를 점령하고 명의 유민과 조선의 포로와 협조하여 청을 타도한다는 북벌의 구체적인 방안을 마련하였다. 그러나 중국을 통치하게 된 청이 전성기를 맞이하였고, 조선인의 병역에 대한 기피와 거부 경향, 재정의 압박, 반청 의식의 약화 등으로 북벌론은 구체적으로 현실화되지 못했다. 감정적인 반청자주의식(反淸自主意識)에 기초한 군비 강화와 북벌 계획은, 이와 같이, 조선의 재정적 한계, 일반인의 병역 거부와 기피, 그리고 총과 칼을 다루는 무관직(武官職)의 천시(賤視)와 풍류(風流)를 읊고 즐기는 문관(文官)의 중시(重視) 풍조를 극복하지 못한 채 하나의 바람으로 끝나고 말았다.

이와 같이 정묘호란(丁卯胡亂)과 병자호란(丙子胡亂)으로 기록된 조선과 청의 전쟁은 정치·사회적으로 조선의 대외적 위상을 변화시키고 대내적인 변화를 촉진시킨 요인으로 작용한 것 외에도, 명나라의 멸망을 재촉하고 여진족(女眞族)이 세운 청(淸)나라가 중국을 지배하는 커다란 변화를 현실화하게 되었다. 군사적으로는 조선의 거점을 중심으로 한 소극적 방어 태세로서는 방어 자체도 보장받지 못한다는 교훈을 남겼으며, 자위력의 뒷받침이 없는 감정적인 척화(斥和)만으로는 국체(國體)를 보존하지 못한다는 사실을 입증시켰고, 군사력이 부족할 경우에는 전쟁을 치르는 것보다는 전쟁을 막는 외교적 노력이 중요하다는 점을 인식시켜 주었다. 결국 조선과 청의 전쟁은 국가 간의 관계 설정이나 문제의 해결은 감정적인 대응이나 대처로 이루어지는 것이 아니고 국력과 군사력의 뒷받침을 받는 냉정한 판단과 계산, 그리고 대응에 의해서 이루어진다는 사실을 일깨워 주고 있었다.

4. 조선 말기의 분쟁과 전쟁

조선은 19세기 초반에 접어들면서부터 내부적인 병폐(病弊)와 외부적인 시련(試鍊)에 직면하여 말기적 현상을 나타내기 시작하였다.

조선은 내부적으로 정치, 경제, 군사적 권위와 기강이 무너지는 병폐에 직면하였다. 19세기 초부터 조선의 국왕들이 어린 나이에 즉위하여 왕을 보좌하는 외척(外戚)들에 의한 세도정치(勢道政治)가 정착되어 정국을 혼란과 혼돈의 도가니로 만들기 시작했다. 왕도정치(王道政治)와 다른 세도정치(勢道政治)는 변태적인 정치 질서로서 정치의 정도(正道)는 사라지고 패도(覇道)와 사도(邪道)가 정치를 지배하여 힘있는 세도가(勢道家)에게 아첨하는 무리가 요직을 독점하고, 매관매직(賣官賣職)이 보편화되어 국가의 기강은 물론, 재정의 근본을 문란시키는 병폐를 자아냈다. 매관매직을 통하여 임명된 관리들은 민생의 안정이나 행정의 쇄신에는 관심이 없고, 사리사욕을 채우는 데 심혈을 기울여 일반 백성들은 수탈(收奪)당했고 국가의 재정은 고갈되어 갔다. 국가 재정의 기본인 삼정(三政) 곧 전정(田政), 군정(軍政), 환곡(還穀)은 정상에서 이탈되어 토지에 세금은 과중 부과되고 여분(餘分)은 관리가 착복하였으며, 군역을 면제해 주는 대신 군포(軍布)를 받아서 군비(軍費)로 충당하는 군정도 농민에게만 해당되었고, 군역도 결국 농민들만의 몫이 되었다. 춘궁기에 농민에게 곡식을 대여하고 추수기에 10%를 가산하여 회수하는 빈민(貧民) 구제를 위한 일종의 사회보장제도는 관영(官營) 고리대금업으로 변질되어 악용되었다. 이러한 인폐(人弊)에 부가하여 해마다 찾아온 자연 재해(災害)와 전염병은 사회적인 불안을 더욱 가중시키게 되었다. 이와 같은 정치, 경제, 군사적인 병폐와 자연적인 재해는 사회의 동요(動搖)를 불러와서 1812년의 홍경래(洪景來) 난(亂)으로 표출되기도 했다.

내부적인 병폐와 동요를 극복하지 못한 조선은 19세기 이래로 가시화된 서세동점(西勢東漸)의 물결을 헤쳐 나가야 하는 외부적인 시련에도 직면하였다. 영국과 청국 간에 치러진 아편전쟁(1840-2) 후에 체결된 남경조약(南京條約)과, 뒤이어 영국, 프랑스의 무력 위협에 굴복하여 1860년에 체결된 북경조약(北京條約)은 동양의 강국인 청나라를 서구(西歐)의 식민지나 다름없는 상태의 국가로 전락시키고 말았다. 일본은 1853년 미국의 페리(Mathew C. Perry) 제독이 펼친 포함외교(砲艦外交: Gunboat diplomacy)의 결과 1854년 미국과 미일 화친조약(美日和親條約)을 체결하고, 1868년 막부(幕府) 체제를 청산하면서 명치유신(明治維新)을 단행하여 근대화를 위한 적극적인 부국강병(富國强兵) 노력을 기울였다. 동양 3국 중에서 청과 일본이 서구 세력에 의해서 개방이 강요되어 그들과 불평등한 관계를 설정한 상태에서나마 나름대로의 근대화 과정을 밟고 있는 동안, 조선은 위정척사론(衛正斥邪論)에 입각하여 서양 사상, 종교, 문물의 배척은 물론, 국가 전체를 서세의 영향으로부터 봉쇄하는 쇄국주의(鎖國主義)로 서세동점(西勢東漸)의 물결을 차단하려 하였다.

조선은 이러한 척사론에 근거한 쇄국주의 정책을 채택함으로써 서양에 기원을 둔 천주교(天主敎)를 박해하여 신도는 물론 외국인 신부까지도 처형하였으며, 서구의 통상(通商) 제의(提議)도 거절하였다. 그리하여 프랑스 신부가 처형되자, 이에 대한 책임 추궁을 위하여 프랑스 군함이 강화도에 침공함으로써 병인양요(丙寅洋擾, 1866)가 발생하였으며, 통상을 원하던 미국의 상선(商船)이 소실(燒失)된 것에 대한 보복으로 미군 함정이 또 강화도에 침공하여 신미양요(辛未洋擾, 1871)가 역사에 기록되기에 이르렀다.

그러나 1873년 쇄국정책을 고집한 실권자인 흥선대원군(興宣大院君)이 정계에서 물러나고 고종(高宗)이 친정(親政)을 하게 되자, 민비(閔妃)를 중심으로 한 개화파 세력들은 문호를 개방하고 서구의 근대 문물을 도입하려는 태세를 갖추었다. 이 때 일본은 미국이 그들을 개방시켰던 방식대로 군함 운양호(雲揚號)를 강화도에 접근시켜 대대적인 무력 시위를 하면서 조선의 개방과 조약 체결을 요구하였다. 일본의 포함외교(砲艦外交)의 결과 조선은 1876년 강화도조약(江華島條約)을 일본과 체결하게 되었다. 일본은 이 조약으로 조선에서의 치외법권(治外法權)과 해안 측량권을 인정받고 그들의 정치, 군사적인 입지를 강화할 수 있는 기반을 조성하여 조선 내의 친일파를 통한 조선 국내 정치 참여도 가능하게 되었다. 일본의 조선 진출을 불안한 시선으로 바라본 청국은 조선의 대외 관계를 다변화시킴으로써 조선 내에서 일본의 배타적 지위 확보를 견제하려 하였다. 일본은 일본대로 전통적인 청한종주권(淸韓宗主權)을 주장하는 청국의 조선 내에서의 입지 약화를 위해서 청국에 대한 조선의 독립적인 위치 확보와, 이를 가시화하기 위한 조선의 다원화된 외교 관계 수립을 환영하였다. 청국과 일본의 동상이몽(同床異夢)적 판단과 이러한 견해의 일치는 조선의 문호 개방을 촉진시키는 요인이 되었으며, 조선은 청국과 일본의 주선으로 1882년에 미국과 수호통상조약을 체결한 것을 비롯하여 영국, 독일, 러시아, 프랑스 등과 각각 수호 조약을 체결함으로써 서구 열강에게 문호를 개방하기에 이르렀다. 이로써 조선에서 청국, 일본, 러시아, 영국, 미국 등의 열강이 각각 다른 계획서와 계산서를 가지고 각축을 벌이게 되었다.

서세동점(西勢東漸)의 물결을 헤쳐 나가는 과정에서 배타적인 쇄국정책(鎖國政策)과 수용적인 개방정책(開放政策)을 연속적으로 택했던 조선은 서구 열강인 프랑스와 미국과는 분쟁의 당사국으로, 주변 열강들에게는 전쟁의 목표 대상국으로 국가의 모습이 변해 가는 과정을 밟아 나갔다. 조선이 척사(斥邪)에 입각한 쇄국정책을 취하고 있는 동안 프랑스 천주교 신부를 처형한 대가로 병인양요(丙寅洋擾)를 치러야 했고, 통상을 거절하고 미국 상선과 선원을 살해한 대가로 신미양요(辛未洋擾)를 치러야만 했다. 그러나 수용적인 개방 정책을 택한 조선은 운양호 사건을 계기로, 서세의 물결에 적극적으로 순응하여 근대화를 서둘러 국력을 강화한 일본이 근원지인 동세서점(東勢西漸)의 물결에 노출되고 말았다. 이에 더하여, 조선은 1860년 북경조약에 의해서 중국으로부터 연해주(沿海州)를 할양받아 조선과 국경을 접하게 된 러시아의 북세남점(北勢南漸) 물결에도 노출되었다. 러시아가 조선에서 영향력을 확대해 나가자 영국이 또한 조선에 관심을 가졌고, 선의(善意)의 중재자로서 중국에 대해서 "기회균등정책(open door policy)"을 표방하고 있던 미국도 초대되었다. 이러한 각축의 소용돌이 속에서 기존의 대조선(對朝鮮) 종주권(宗主權)을 유지하려던 청(淸)국과 이를 제거하려는 일본(日本) 사이에 청일전쟁(1894-5)이 일어났고, 청국을 대신하려던 러시아와 이를 축출하려는 일본과의 사이에 러일전쟁(1904-5)이 일어나, 조선은 자국의 운명을 주위의 열강들에게 맡겨야 하는 상황 전개를 그저 바라만 보아야 하는 비운을 맞이했다.

한반도 내외의 이와 같은 소용돌이 속에서 조선이 말기에 치러야 했던 병인(丙寅), 신미(辛未) 양요와 청일, 러일전쟁은 조선이 분쟁 당사국이었건 아니었건 간에 사실상 조선 왕조와 국가의 운명에 결정적 영향을 끼친 소요(騷擾)와 전쟁이었다.

1) 병인양요

위정척사론(衛正斥邪論)에 근거한 천주교의 배척과 천주교 신도와 프랑스 신부의 처형은 프랑스와 조선의 충돌을 야기시켜 병인양요(丙寅洋擾)라는 사건으로 확대되었다. 중국의 명나라로부터 비공식적으로 전래된 천주교는 천주 앞에서 인간이 평등하다는 평등 사상을 바탕으로 하고 있기 때문에 인간의 위계적 위상에 따르는 차등적 예(禮)를 중시하던 보수적인 유학자들은 이를 사교(邪敎)로 단정하여 이단시하였다. 특히 18세기 후반에 양반 사회가 붕괴되어 정계에서 소외된 양반의 숫자가 늘어남에 따라 이들 사이에서 천주교를 신봉하는 경향이 나타났고, 이것이 상민(常民)과 천민(賤民) 계층에까지 확대되는 추세를 보였다. 그리하여 조선 조정은 1785년 천주교 포교 금지령을 반포하였고 1801년 신유사옥(辛酉邪獄) 때부터 외국의 신부와 조선 신도들이 유배, 처형되기 시작하였다. 이를 이어 1839년의 기해사옥(己亥邪獄)에서 3명의 프랑스 선교사가 처형되어 조선과 프랑스 간 분쟁의 소지를 내포하게 되었다. 조선 조정의 계속적인 천주교 박해에도 불구하고 천주교의 신도는 계속 늘어만 갔다. 이에 정권을 잡고 있던 흥선대원군은 최초에 천주교에 대해서 이해하는 듯한 태도를 취했으나, 자신의 정치적 입지를 고려하여 천주교에 대한 가혹한 탄압을 시작하였다. 조선 조정은 1866년 2월에 천주교 금압령을 반포하고 3월 29일까지 9명의 프랑스 신부와 8,000명의 조선인 신도를 처형하였다. 이러한 병인사옥(丙寅邪獄)의 전말은 조선을 탈출하여 1866년 7월 8일 청국 즈푸항(芝罘港)에 도착한 리델(Ridel) 신부가 프랑스 극동함대 사령관 로즈(P. G. Roze) 제독에게 제보함으로써 조선의 천주교도 처형 사실이 알려졌고 이것이 병인양요(丙寅洋擾)의 직접적인 원인이 되었다.[159)]

프랑스 해군성은 1866년 9월 7일부로 조선에 대해서 독자적인 군사 행동을 취해도 좋다는 나폴레옹 3세의 공식 명령서를 프랑스 극동 함대 사령관 로즈 제독에게 하달하였다. 그러나 이 명령서에는 조선의 내륙을 목표로 하지 말고 절대적으로 성공할 확신이 있을 때, 로즈 제독의 휘하 병력만으로 군사 행동을 취해도 무방하다는 조건이 명시되어 있었다.[160)] 프랑스 로즈 제독은 조선 원정에 대한 복안을 본국의 해군성에 보고하고, 전면적인 침공에 앞서 무력 시위와 해로의 탐사 및 한강수로의 입구를 발견하기 위하여 3척의 군함을 이끌고 1866년 9월 18일 즈푸항을 떠나 조선으로 진출하였다. 프랑스 군함은 풍도(楓島), 팔미도(八尾島), 초지진(草芝鎭)을 거쳐 한강을 거슬러올

---

159) 國防軍史硏究所, *韓民族戰爭通史, IV, 朝鮮時代 後篇*(1997), pp. 34-45.
160) *前揭書.*

라가 9월 25일 난지도(蘭芝島)의 대안인 염창항(鹽倉港)에 정박하였다. 그러나 한강을 따라 이양선(異樣船)이 올라오자, 조선측은 차단선(遮斷線)을 설정하고 전선(戰船)을 배치하여 프랑스 군함의 진출을 저지하였다. 이에 프랑스 군함은 이를 포격하였고 조선 전선도 이에 맞서 각종 화포와 총통 등으로 응사하였으나, 근대화된 프랑스 함포에 적수가 되지 못했다. 차단선은 무너지고 3척으로 구성된 프랑스 함대는 양화진(楊花津)을 거쳐 서강(西江)까지 항진하여 수심을 측정하기도 했다. 조선 조정은 염창항의 프랑스 함대가 조선 수군을 격파했다는 보고를 받고 훈련도감의 병력 900여 명을 현장으로 출동시켰으나, 프랑스 함대가 9월 27일 선수를 돌려 서강을 떠났기 때문에 더 이상의 충돌은 없었다. 프랑스 함대는 9월 30일 영종도(永宗島) 앞 작약도(芍藥島)를 떠나 10월 3일 즈푸항으로 귀환하였다. 프랑스 로즈 제독은 조선의 사전 탐측을 통하여 1866년 8월 대동강상에서 서양 선박 1척이 불에 타고(General Sherman 호: 辛未洋擾의 원인을 제공한 사건), 조선이 천주교를 발본색원(拔本塞源)하라는 명령을 지방 수령들에게 하달했다는 사실을 확인하게 되었다.

사전 탐색과 탐측을 마친 프랑스 로즈 제독은 청국과 일본 요코하마에 주둔하고 있던 해군을 총동원하여 군함 7척과 1,000여 명의 프랑스 원정군을 편성하여 10월 10일 즈푸항 근처에서 훈련을 실시한 다음, 10월 11일 즈푸항을 떠나 조선 원정길에 올랐다. 그는 12일 18시경 서해안 남양만 앞바다 입파도(立波島)를 거쳐 13일 작약도(芍藥島)와 호도(虎島) 사이에 닻을 내리고, 14일 3척을 작약도에 잔류시킨 다음에 4척의 군함을 이끌고 강화해협을 통과하여 정오경에 갑곶진(甲串津)까지 진출하였다. 10월 14일 저녁에 프랑스군이 상륙한 사실을 안 강화 유수부는 사신을 파견하여 퇴거를 요구하였으나 프랑스군은 15일에 강화읍성의 동문과 남문을 정찰하였다. 동문에서는 치열한 공방전 후에 조선군이 저항을 포기하고 성 밖으로 탈출해 버리기도 하였다. 남문도 프랑스군의 정찰대에게 탈취되고 말았다. 그러나 프랑스군 정찰대는 강화성에 대한 정찰을 마치고, 갑곶진의 기지로 철수하였다. 정찰대의 보고를 받은 로즈 제독은 강화성을 아예 점령하여 한강 수로를 차단함으로써 조선 조정에 압력을 가하기로 하고, 10월 16일 아침 8시 3개 제대를 강화성으로 진격시켰다. 이로써 프랑스군과 조선군 사이에 본격적인 공방전이 펼쳐졌다.

강화 유수는 병력을 동문과 남문에 집중적으로 배치하여 프랑스군의 공격에 대비하고 있었다. 프랑스군이 남문으로 접근하자, 그들이 100m 지점에 접근할 때 일제히 소총과 총통을 동원하여 일제 사격을 실시하였다. 이에 프랑스군은 성능이 우수한 대포 사격을 실시하여 남문을 파괴하고 정면 공격을 감행하였다. 이에 조선군은 성을 포기하고 탈주하였으며, 강화 유수는 강화도 서북단 송산(松山)으로 피신하였다. 이로써 한강 수로를 통제할 수 있는 강화성은 프랑스군의 수중에 떨어지고 말았다. 강화성을 점령한 로즈 제독은 포고문을 발표하여 프랑스군의 출동은 프랑스 신부를 살해한 조선 조정을 응징하는 데 있다는 점을 발표하고, 프랑스군 병사들에게는 주민들에게 피해를 입히지 않도록 지시하면서 월곶진(月串津)에 군함을 파견하여 한강 수로를 봉쇄하였다. 로즈는 한강 수로의 입구인 강화해협을 봉쇄하기만 하면 조선 조정의 사과와 보상, 그리고 조선과의 통상을 교섭하는 등 자신의 요구를 관철할 수 있을 것이라고 낙관하고 있었다.[161)]

1866년 10월 15일 강화도가 프랑스군의 공격에 직면하고 있다는 보고를 받은 조선조정은 훈련대장 이경하(李景夏)를 기보연해도순무사(畿輔沿海都巡撫使)로 임명하여 2,000여 명의 병력을 급편하여 강화도로 파견하였다. 조선군은 17일 아침 양화진(楊花津)을 떠나 18일 해질 무렵에 통진(通津)에 도착하였다. 통진에 주둔하면서 강화해협 통과를 위한 선박을 준비하는 동안에 중군 이용희(李容熙)는 "국법을 어기며 타국의 종교를 전교하는 행위의 불법성과 조선의 호의를 무시하고 조선을 침공한 프랑스군의 즉각적인 철수"를 요구하는 내용의 격문을 프랑스 로즈 제독에게 전달하였다. 이에 대하여 로즈 제독도 "선교사를 학살한 데 대한 책임을 물어 조선의 3정승(政丞)의 처벌과 전권대사를 프랑스 진영에 파견하여 수호조약(修好條約)을 체결할 것"을 요구하는 답신을 보냈다. 이러한 양측의 강경 입장은 교섭의 가능성을 일축하였다.[162)]

조선측의 강경한 입장과 조선군의 통진 진출에 불안을 느낀 로즈 제독은 70여 명의 프랑스 정찰대를 갑곶진(甲串津)의 대안 문수산성(文殊山城)으로 급파하여 정찰을 실시하도록 하였다. 조선군은 문수산성 남문과 부근 민가에 잠복하고 대기하다가 프랑스군 배가 접안(接岸)하기 직전에 기습 공격하여 3명을 사살하고 2명에게 부상을 입혔다. 그러나 조선군은 프랑스군의 우세한 화력으로 다수의 사상자를 안고 문수산성에서 철수하고 말았다. 프랑스군 정찰대는 문수산성을 점령하고 이 지역을 정찰한 다음에 강화도 본진으로 복귀하였다. 강화성 점령 이후 조선군을 얕잡아 보면서 자만과 오만에 도취되어 있었던 프랑스군도 그들이 입은 전투 손실로 인하여 사기가 떨어지고 공포심까지 지니게 되었다.

순무영(巡撫營)의 중군(中軍) 이용희(李容熙)와 천총(千摠) 양헌수(梁憲洙)가 지휘하여 10월 18일 통진에 도착한 조선군은 11월 1일에 이르러서야 소형 어선 5척을 확보할 수 있었다. 그러나 이를 이용하여 프랑스 군함이 정박하고 있던 갑곶리(甲串里)로 직접 도하 공격을 할 수는 없었다. 이에, 양헌수는 정병 500명을 선발하고 통진 남쪽 덕포에서 강화도의 광성나루로 도하하여 정족산성(鼎足山城)을 먼저 점거하여 강화성을 공격하는 간접 접근(indirect approach) 방식의 공세를 취하자고 제의하였다. 이에 중군 이용희가 동의함으로써 양헌수군은 11월 7일 저녁부터 11월 8일 새벽까지 3개의 진으로 나누어 강화해협을 도하한 후에 프랑스군에게 발각되지 않고 정족산성으로 집결을 완료하였다. 정족산성을 점거한 양헌수는 산성의 4대문에 50-150여 명씩 배치하여 방어 태세를 강화하였다. 조선군이 정족산성을 점거하고 방어 태세를 강화하자 부근의 주민

161) *韓民族戰爭通史, IV, 朝鮮時代 後篇,* pp. 55-9.
162) *高宗實錄, 卷3,* 高宗 3年 9月 11日條; *韓民族戰爭通史, IV, 朝鮮時代 後篇,* pp. 63-5.

들도 합세하여 조선군을 도왔기 때문에 조선군의 사기는 매우 높았다. 정족산성을 점령한 천총 양헌수는 백성들이 보내 준 소를 잡고 산신제(山神祭)를 올려 승전(勝戰)을 기원하면서 필승의 결의를 다졌다.

정족산성에 500여 명의 조선군이 진지를 구축하여 항전 준비를 하고 있다는 보고를 받은 로즈 제독은 육전대장(陸戰隊長) 올리비에(Olivier) 대령에게 이 사실을 확인하도록 지시하였고, 올리비에 대령은 11월 9일 150명의 병력과 리델 신부를 안내 겸 통역으로 대동하고 정족산성으로 떠났다. 프랑스군이 정족산성으로 접근하고 있다는 보고를 받은 양헌수는 각 문의 경계를 강화시키고 정족산 어귀에 약간의 병사를 매복시켜 프랑스군의 주의를 혼란시키는 의병지계(疑兵之計)를 사용하였다. 그리고 병사들에게는 프랑스 병력이 유효사거리 안에 진입하였을 때 사격을 실시하도록 지시하여 방어태세를 가다듬고 있었다.

정족산성에 접근한 프랑스군은 산성 어귀에 매복된 조선군의 유인조에게 사격을 가하면서 이들을 추격하느라 자신들의 위치를 조기에 노출시켰다. 이를 신호로 방어 준비에 들어간 산성의 조선군은 프랑스군 주력 부대가 지근거리까지 접근하기를 기다리며 숨을 죽이고 있었다. 프랑스군이 전방 100m 지점까지 접근하자, 조선군은 조준 사격을 실시하여 프랑스군을 공격하였다. 조선군을 경시하고 진격하던 프랑스군은 기습적인 사격으로 사상자가 발생하자, 이들을 후송하고 집중적인 공격을 가해 왔다. 그러나 지형의 이점을 이용한 조선군의 대응 사격으로 프랑스군의 사상자만 증가되었다. 올리비에 대령은 실제 전투 가능한 80여 명의 병력으로는 승산이 없다고 판단하여 퇴각을 결심하고, 요소 요소에 복병을 배치하여 조선군의 추격에 대비하면서 병력을 후퇴시켰다. 30여 분간 치열하게 진행된 접전에서 조선군은 1명이 전사하고 4명이 부상을 입는 피해로 프랑스군의 공격을 물리치고 프랑스군이 남기고 간 치중 장비, 말과 노새, 그리고 총기와 화약 등을 전리품으로 획득하였다. 화약이 거의 바닥이 난 조선군은 프랑스군의 재공격에 대비하면서도 불안감을 감추지 못하고 있었으나, 올리비에군이 재공격을 단념하고 철수해 버려 정족산성의 전투는 조선군의 승리로 막을 내렸다.[163]

정족산성에서 11월 9일 오후 6시경 갑곶리로 철수한 올리비에 대령의 보고를 받은 로즈 제독은 큰 충격을 받고 조선 해역에서 완전히 철수하기로 결심하고, 11월 10일까지 승선을 완료한 후, 11월 11일 새벽 만조기(滿潮期)에 강화해협을 빠져 나가기로 하였다. 이에 따라 로즈는 월곶진(月串津)에 정박하고 있던 함대에 연락하여 갑곶리(甲串里)로 합류하도록 하고 10일 아침부터 노획물을 본선에 싣기 시작했다. 노획물 중에는 20만 프랑에 해당하는 18개 상자의 은괴(銀塊)와 마니산 사고(史庫)에 보관중이던 조선왕조 실록 887책과 세계 최고(最古) 금속활자본으로 공인된 직지심체절요(直指心體節要: 일명 直指心經) 등이 포함되어 있었다.[164]

---

163) *韓民族戰爭通史, IV, 朝鮮時代 後篇,* pp. 70-4.

프랑스 함대 침공 상황(1866. 10. 12-11. 9)

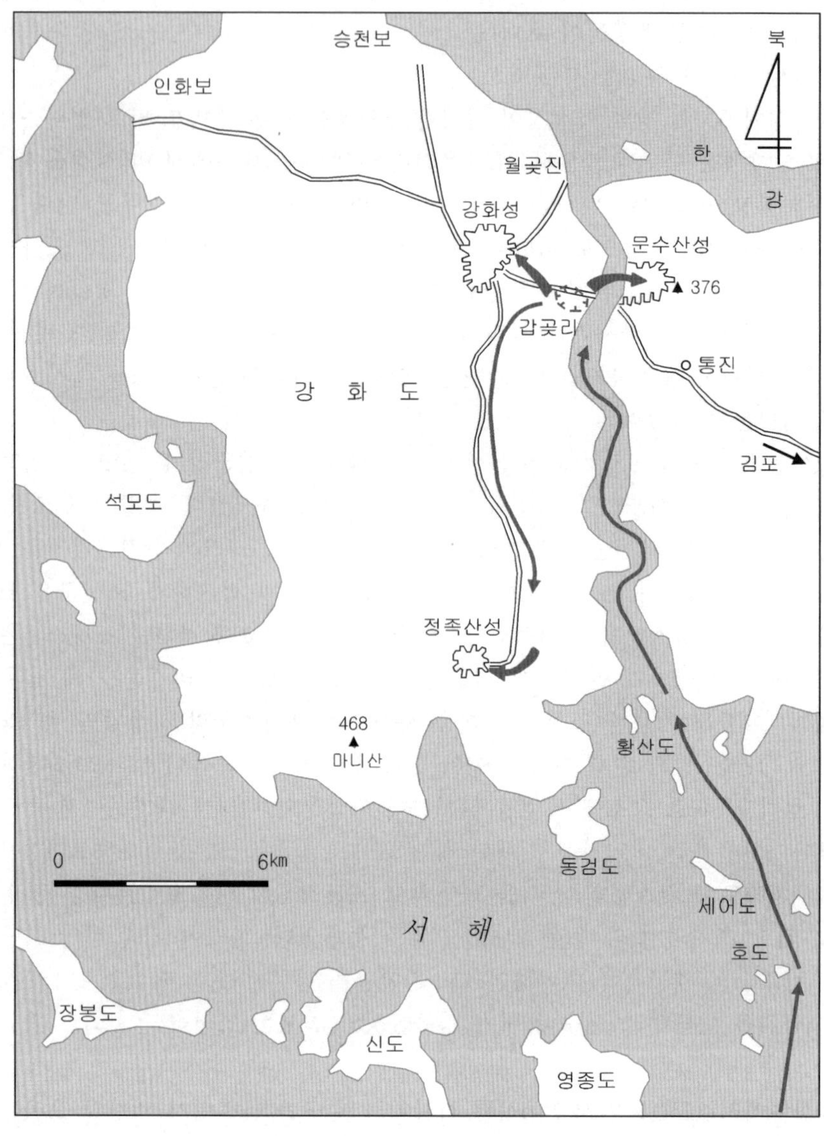

프랑스 함대는 11월 11일 새벽 6시경 갑곶나루를 떠나 작약도(芍藥島)에서 정박하고 있던 3척의 군함과 합류한 다음에 청국의 즈푸항(芝罘港)으로 귀항을 서두르게 되었다. 이로써 1866년 10월 14일부터 11월 9일까지 약 25일 동안 강화 유수부와 갑곶진을 장악하고, 프랑스 신부 살해의 책임을 추궁하면서 조선과의 통교(通交)를 시도하던 프랑스 함대가 프랑스인들은 물론 서구 열강들에게도 실망을 안겨 준 채 철수하고 말았

164) *前揭書*, pp. 59, 88.

다. 이와 같은 시작, 과정, 결과를 기록한 병인양요(丙寅洋擾)는 끝났다. 그러나 프랑스 함대의 침공과 철수는 이를 물리친 조선인들의 척사(斥邪) 의지를 한층 고양시켜 조선 조정의 천주교 탄압과 쇄국정책을 더욱 강화시키는 계기가 되었다.

2) 신미양요

미국 대륙 내에서의 서부 개척을 마감한 미국은 태평양 너머에 위치한 동아시아지역을 다른 차원의 서부(西部)로 간주하였다. 서부 개척을 가능하게 하면서 서부로의 진출 과정에서 확고하게 형성된 미국의 개척정신(pioneership)은 국경을 초월하여 미국의 영향력과 이익을 확대시키려는 확장된 개척정신(frontiership)과 결부되어 현실적인 추진력을 지니고 있었다. 더구나 "유색 인종을 개화시키는 것이 미국과 미국인에게 부여된 책임이다"라고 생각하는 미국 중심의 인종적 우월감에 바탕을 두고 형성된 미국식의 소명감(manifest destiny)은 이러한 추진력의 속도와 강도를 한껏 고양시켜 놓았다. 미국이 스스로의 경험을 통해서 다듬은 서부 개척과 서부로의 진출은 19세기 이래 유럽 열강이 추진해 온 동부로의 진출과 동아시아지역에서 조우하게 되었다. 아편전쟁(1840-2)을 통하여 영국이 중국 내에서의 우세한 위치를 확보하고, 유럽 열강이 이의 뒤를 잇자, 미국 역시 1854년 일본을 개방시키고 중국에 대해서는 기회균등(equal opportunity)을 강조하는 개방정책(open door policy)을 제창하고 나섰다. 영국이 주도적으로 개방한 중국과 미국이 개방한 일본 사이에서 쇄국(鎖國)의 빗장을 풀지 않고 있던 조선에 대한 미국 정부의 관심 정도는 그렇게 높지 않았으나 어느 곳, 어느 나라와도 교역을 통하여 이윤을 남기겠다고 하는 상인들과 어느 곳, 어느 나라에서건 기독교의 복음을 전파하겠다는 선교사들의 조선에 대한 관심은 결코 적지 않았다. 이러한 민간인의 조선에 대한 관심이 유럽의 동진(東進)과 미국의 서진(西進)이 조우하게 된 조선에서, 조선과 프랑스와의 접촉에 이어 조선과 미국의 접촉을 유발시킨 근원적인 요인으로 작용하였다.

미국 선적의 군함 제너럴 셔먼(General Sherman)호는 1866년 여름에 중국의 천진(天津)항에 도착하여 영국 메도스(Meadows) 무역회사와 용선계약(傭船契約)을 맺음으로써 무역선이 되었다. 제너럴 셔먼호는 비단, 유리 제품, 아연관 등을 싣고 유사시에 대비하여 무장을 갖춘 다음 1866년 7월 29일 즈푸항(芝罘港)으로 이동하였다. 셔먼호는 즈푸항에서 해로(海路) 안내와 화폐 감정을 위하여 2명의 청국인을 고용하고 영국인 토마스(R. J. Thomas) 목사를 통역인으로 승선시켜 미국인 3명, 영국인 2명, 청국 및 말레이시아인 17명, 미국의 흑인 노예 2명 등 총 24명의 승무원을 싣고, 1866년 8월 9일 조선으로 출항하였다.[165]

---

165) *韓民族戰爭通史, IV, 朝鮮時代 後篇*, pp. 101-18.

셔먼호는 8월 중순 조선 해역에 진입하여 백령도(白翎島)의 두모포(豆毛浦)에 정박한 후에 토마스 목사가 선교용 성경책과 팜플렛을 주민에게 나누어 주고 마침 청국 상선을 만나 청국 상선의 안내를 받아 대동강 어귀로 항진하였다. 셔먼호가 8월 16일 평안도 용강현(龍岡縣) 다미면(多美面) 부근에 정박하자 용강 현령은 헤엄을 잘 치는 문정관(問情官)을 셔먼호에 파견하여 셔먼호가 무엇을 위해서 어디로 가는가를 물었다. 이에 셔먼호의 토마스 목사는 셔먼호가 장사를 하기 위하여 평양으로 간다고 말하면서 무기들을 보여 주는 시위도 서슴지 않았다. 용강 현령은 이 사실을 평안 병사에게 보고하였고, 평안 병사는 대동강 연안의 관계관들에게 셔먼호의 동태를 감시하여 보고하도록 지시하였다. 셔먼호가 대동강을 거슬러올라가 재령강(載寧江)이 대동강에 합류되는 황주목(黃州牧) 삼전면(三田面)에 도착하자, 황주 목사는 심문을 통하여 셔먼호가 조선의 종이, 쌀, 인삼, 금 등과 서양 상품을 교역하러 왔고 평양까지 진출할 것이라는 사실을 알아냈으나, 황주 목사는 쌀, 쇠고기, 계란, 채소 등을 주면서 청국으로 돌아갈 것을 요구하였다. 여기에서 청국 상선은 돌아갔으나, 셔먼호는 단독으로 항진하여 8월 20일 평양부 관내에 도착하였다. 이에 평안 병사는 문정관을 파견하여 일용품을 지급하면서 회항을 요구하였다. 그러나 셔먼호는 소형 선박으로 수심을 측정하고 구경 나온 조선인들에게 성경책을 나누어 주는 등 포교 활동까지 벌였다. 조선측의 회항 요구에도 불구하고 셔먼호는 만경대(萬景臺) 아래까지 진출하여 교역을 마친 후에야 돌아가겠다는 주장을 굽히지 않았다.

셔먼호가 집중 호우로 수량이 많아진 대동강을 한사정(閑似亭) 부근까지 거슬러올라가서 정박한 후에 수량이 줄어들자 소형 정찰선으로 수심을 측정하는 등 활동을 재개하였다. 이에 조선군도 선박으로 이를 저지하였으나, 오히려 이 정찰선에게 나포되어 조선군 중군 이현익(李玄益) 등이 억류되는 사태가 발생하였다. 이들의 석방을 요구하자 셔먼호측에서는 석방 대가로 쌀 1,000석과 금, 은, 인삼 등을 요구하였다. 조선측은 이를 거절하고 무력 시위를 하였다. 이에 셔먼호는 총격으로 조선군을 물리치고 정박지를 8월 29일 서쪽으로 이동하였다. 이 때 셔먼호의 선원들은 식수와 식량을 탈취하기 위하여 강안(江岸)에 상륙하였다가 회항을 요구하는 주민 7명을 사살하고 5명을 부상시키는 유혈사태를 일으켰다. 이러한 사태가 발생하자 평안 감사는 9월 5일 셔먼호에 대한 화공(火攻)용 선박 2척을 은밀히 접근시켰으나 실패하였다. 이러한 과정에서 셔먼호는 접근하는 조선군에게 사격으로 응사하여 이를 물리쳤으나, 탄약을 다 소모하고, 수심이 얕은 모래톱에 선체가 좌초되어 기동이 불가능한 상태가 되었다. 셔먼호가 기동이 불가능하게 되자 조선군은 화공용 선박을 셔먼호에 접근시켜 불길을 당겼다. 불길에 휩싸인 셔먼호는 전소되었고, 일부 헤엄쳐 나온 승선원들은 흥분된 조선인들에 의해서 타살되어 전원이 사망하였다.[166] 그리하여 조선에 이르는 항로를 탐사하고 조선과의 교역을 하겠다고 1866년 8월 9일 중국의 즈푸항(芝罘港)을 출항한 제너럴 셔먼

166) *前揭書.*

(General Sherman)호는 1866년 9월 5일 승선원과 함께 완전히 사라져 버리고 말았다.

1866년 9월에 발생한 셔먼호 사건은 미궁에 빠져 있었으나, 그 해 9월 말과 10월 초에 행해진 프랑스 극동함대의 조선 출동으로 알려지게 되었다. 미국 공사 벌링게임(A. Burlingame)은 11월 하순 조선 침공에 실패하고 돌아온 프랑스 로즈 제독으로부터 정보를 수집하고 청국의 총리아문에게 조선에 대해서 제재 조치를 취해 줄 것을 요구하는 한편, 영국과 프랑스에 응징을 위한 공동 출병을 요구하였다. 양국이 소극적인 반응을 보이자 벌링게임은 독자적인 해결책을 모색하기 위하여 미국 아시아 함대 사령관(H. H. Bell)에게 사건의 진상 파악을 요구하였다. 진상 파악 요구를 받은 벨 제독은 즈푸항에 있던 슈펠트(R. W. Shufeldt) 대령에게 조선으로 출동하여 사건의 진상을 파악하도록 지시하였다. 지시를 받은 슈펠트 대령은 셔먼호를 대동강 어귀까지 안내했던 청국 상인 우문태(于文泰)를 대동하고, 1867년 1월 21일 즈푸항을 떠나 23일 황해도 월내도(月乃島) 근해에 정박한 다음 연안에 상륙하여, 조선 조정에 사건 진상을 묻는 서신을 조선인에게 전달하고 회답을 기다리게 되었다. 그로부터 수일 후에 장현 현감이 슈펠트를 방문하여 조선 조정의 공식적인 답변은 후에 전달할 것이나, 자신은 셔먼호에 대한 것은 전혀 아는 바가 없다고 잘라 말하면서 즉각적인 회선을 요구하였다. 그러나 슈펠트는 셔먼호가 대동강에서 침몰하였고 선원 일부가 살아 있을 수 있다는 느낌을 지닌 채 즈푸항으로 귀항하였다. 청국의 미국 공사관은 그 동안의 활동과 교섭 경위를 국무성에 보고하면서 아시아 함대에도 협조를 요청하였다. 이에 벨 제독은 페비거(J. C. Febiger) 대령을 다시 조선에 파견하여 자세한 진상을 파악시켰다. 1868년 4월 10일 황해도 풍천(豊川)에 도착한 페비거 대령은 슈펠트 대령이 보낸 서신에 대한 답신을 요구하며 생존 선원의 석방을 요구하는 서신을 전달하였다. 이에 조선 조정은 청국 예부에게 이미 발송한 서신의 사본을 이들에게 전달하였다. 셔먼호는 선원들의 난폭한 행동으로 평양 군민들을 자극하여 무력 충돌을 일으켰으며 선원은 모두 사망하였다는 내용이었다. 셔먼호 사건에 대한 사실이 밝혀지자 청국 주재 미국 영사는 1868년 9월 28일 미 본국에 해군 함대를 파견하여 조선을 개국시키자는 제안을 하였으나, 미 해군성의 반대로 실현되지는 못했다. 이로써 셔먼호 사건의 전모가 밝혀지게 되었으나 미국의 가시적인 행동이 즉각 취해지진 않았다.

그러나 1869년, 남북전쟁(1861-5)의 북군 사령관 그란트(Ulysses S. Grant)가 대통령으로 당선되어 그란트 행정부가 출범하고 새로운 국무장관(Hamilton Fish)이 들어서자, 미국의 대외 정책은 적극적인 개입과 영향력 확대를 지향하여 미국의 국익을 보호하고 증진하는 제국주의(imperialism)적 성격을 띠게 되었다. 이에 따라 미국 정부는 조선에 대한 함대 파견과 외교 교섭단 파견 문제를 긍정적으로 재검토하여 이에 대한 전권을 로(F. F. Low) 주청(駐淸) 미국 공사에게 위임하였다. 전권을 위임받은 로 공사는 조선에 대한 포함외교(砲艦外交)를 수행할 것을 국무성에 보고하고, 1871년 5월 8일 상해를 떠나 12일 일본의 나가사키항(長崎港)에서 미국 아시아 함대와 합류하였다. 나가사키에 집결한 미국의 아시아 함대는 군함 5척, 대포 85문과 해군 및 해병대 1,230명으로 조선 원정군을 편성하여 1871년 5월 16일 나가사키항을 출발하여 조선으로 향했다.

나가사키를 출항한 미국 아시아 함대는 5월 19일 충청도 해미현 앞바다를 거쳐 23일 입파도(立波島), 29일 작약도(芍藥島)를 거쳐 30일 강화도 해협에 진입하여 탐사 활동을 전개하였다. 강화해협에는 초지진(草芝鎭)에서부터 갑곶(甲串)나루에 이르기까지 20km에 걸친 해안에 조선군이 포대를 설치하고 경계하고 있었다. 미해군 탐사대가 광성진(廣城津)에 도달하자 조선군이 포격을 가했다. 이에 미군도 포격을 가하였다. 약 15분 간 계속된 포격전에서 화력이 절대적으로 열세한 조선군은 진지마저 포기해야만 했다. 쇠뭉치 정도를 쏘아 대는 조선군의 포는 미군의 8인치 포를 당해 낼 수 없었고, 조선군의 화승총(火繩銃)은 미군의 레밍턴(Remington) 소총과 상대가 되지 못했다. 조선측은 6월 6일 홍선대원군의 친서를 보내 조선군 수비대의 행위가 정당방위라는 점을 강조하고 미군 군함의 철수를 요구하였다. 그러나 미군은 철수 대신 조선의 사과를 군사 행동으로 요구하기 위하여 강화도에 대한 상륙작전을 시행하기로 결정하였다.[167]

강화도 상륙 계획에 따라 미군은 상륙 부대로 해군 546명과 해병 105명 등 총 650명을 편성하여 2일 간의 개인 식량을 휴대시킨 다음 6월 10일 오전 10시 30분 작약도 근해의 정박지를 출발하여 정오경에 초지진(草芝鎭) 상륙을 시도하였다. 조선군은 포격을 하며 이를 저지하려 했다. 그러나 미군측이 쏘아 대는 화포는 초지진 진지를 파괴하고 조선군 다수를 살상하였다. 조선군은 진지를 포기하고 후방으로 퇴각하였다. 미군은 텅 빈 초지진을 점령하고 야간 역습에 대비하면서 초지리(草芝里)에 숙영지를 준비하고 있었다. 조선군은 미군을 야간에 기습하였으나 이에 대비하고 있던 미군에게 더 큰 피해를 입고 광성진(廣城津)으로 퇴각하고 말았다. 이로써 미군은 쉽게 초지진을 확보하였다.

초지진을 점령한 미군은 6월 11일 새벽에 덕진진에 대한 포격을 가하여 조선군 수비대를 퇴각시킨 다음, 이를 무혈 점령한 후에 조선군의 역습까지 격퇴하고, 정오가 지난 시간에 광성보(廣城堡)에 대한 공격을 개시하였다. 미군은 광성보 일대에 함포 사격과 상륙군의 곡사포 사격을 퍼부은 다음에 지상에서 공격을 개시했다. 광성보의 조선군은 서, 남, 북에서 협공을 당하여 미군과 백병전을 벌이면서 방어에 임했으나, 화력과 전력의 열세를 극복하지 못한 채, 350여 명이 전사하고 부상자 20여 명만이 포로가 되었다. 미군은 3명이 전사하고 10여 명이 부상을 당하는 경미한 피해만 입었다. 광성보를 점령한 미군은 근대적인 총기 한 자루도 갖지 못한 상황에서 목숨을 초개같이 바쳐 싸우는 조선군의 투쟁 정신에 커다란 충격을 받았다.[168] 미군 상륙부대는 광성보 일대에서 숙영을 한 다음에 6월 12일 각종 노획품과 조선군 포로들을 배에 옮겨 싣고 강화해협을 빠져 나와 모함이 있는 작약도(芍藥島) 근해의 정박지로 철수하였다.

---

167) *韓民族戰爭通史, IV, 朝鮮時代 後篇,* pp. 126-34.

168) 김원모(金源模), *近代韓美交涉史*(1979), p. 329. 그리고 광성보 전투에서 전사한 미군 병사 3명은 미국이 수여하는 최고의 무공훈장인 명예훈장(Medal of Honor)을 받고 지금도 그들의 이름이 펜타곤 복도에 새겨져 있다.

덕진진 및 광성보 전투 상황

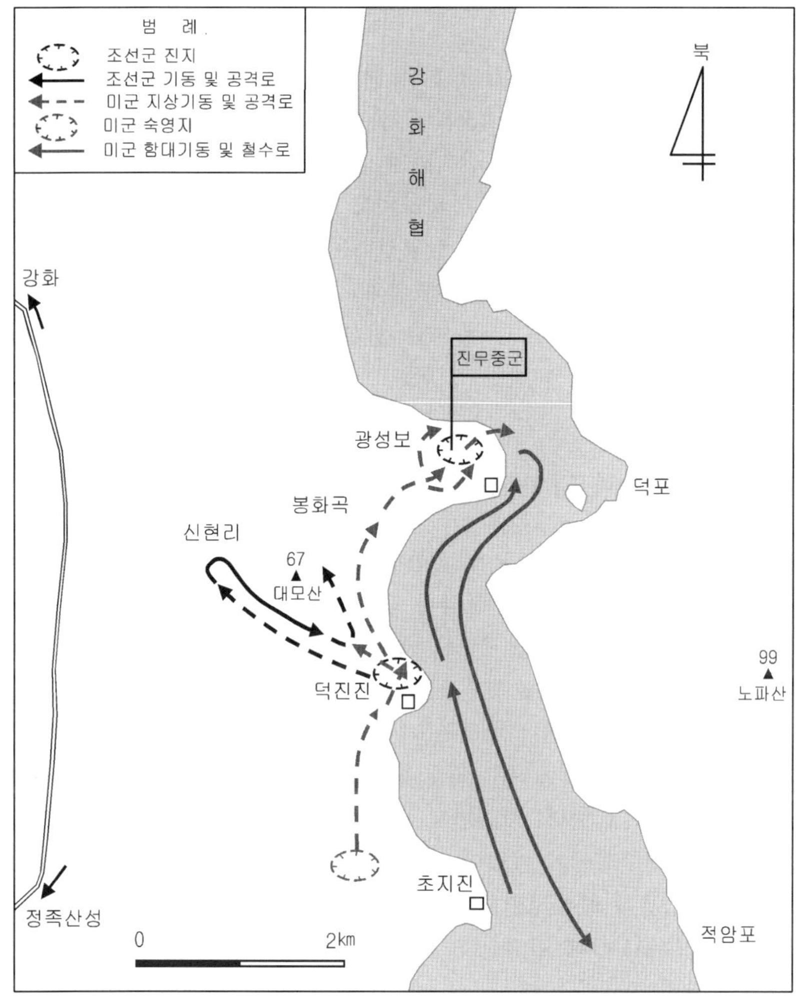

상륙 부대를 통하여 무력 시위를 한 후 6월 12일 10시 30분경 작약도 앞바다 모함기지로 상륙 부대를 철수시킨 미군은 한국측의 반응을 기다렸다. 12일, 율도(栗島) 백사장에 설치된 장대 끝에 매달린 부평 부사의 첫 반응은 미군의 강화도 침공을 비난하는 내용의 전문이었다. 미국 아시아 함대측도 6월 13일 동일한 방법으로 강화 유수에게 조선군 포로는 치료가 완료되면 송환하겠다는 뜻을 전했다. 그러나 조선측의 반응은 무반응이었다. 그리하여 미군은 6월 14일 9명의 조선 포로를 무조건 석방하면서 아시아 함대의 출정 정당성을 주장하고 양국간 필요한 사항을 협의하기 위하여 고위 관리의 파견을 요청하였으나, 20일 부평 부사는 서한을 통하여 이를 거절당하였다. 로 공사는 조선측이 강경한 입장을 고수하자 7월 2일 항의 서한을 조선측에 전달하고, 7월 3일 작약도 정박지를 떠나 7월 5일 즈푸항(芝罘港)으로 귀환하였다. 이로써 1871년 5월

19일 조선 해역에 들어가 7월 3일까지 펼친 미국의 포함외교(砲艦外交)는 결실을 맺지 못한 채 무위로 끝나고 말았다.

1866년 프랑스 함대에 이어 1871년 미국 함대의 침공까지 격퇴시켰다고 판단한 조선은 척화(斥和)에 의한 쇄국정책(鎖國政策)을 더욱 강화하였고, 군사적으로 절대적인 우위를 확보하고 강화도의 조선군 진지까지 점령하면서도 통상조약의 체결은커녕 제너럴 셔먼호 사건에 대한 조선측의 사과조차도 받아 내지 못한 신미양요(辛未洋擾)의 결과는 미국 내에서 미국의 위신이 손상되었다는 여론을 불러일으키기도 했다.[169] 이와 같이 프랑스와 미국의 조선에 대한 포함외교(砲艦外交: gunboat diplomacy)는 성공적이지 못했다. 그러나 미국으로부터 배운 일본의 조선에 대한 포함외교(砲艦外交)는 주위의 여건 변화에 힘입어 대단한 성공을 거두게 되었다.

3) 운양호의 침공과 강화도조약

일본은 1854년 미국의 포함외교에 굴복하여 국가를 개방하고, 신속하게 서방의 문물을 받아들임으로써 일본을 서구 열강과 같은 강국으로 탈바꿈시키려는 노력을 경주하였다. 일본은 먼저 국력을 분산시키는 막부 체제를 1868년에 청산하고 왕정 복고를 단행하여 강력한 중앙 집권적 권력구조를 정착시켜 국가적인 차원에서의 부국강병(富國强兵)을 도모하기 위한 명치유신(明治維新)을 단행하였다. 정치적인 권력 집중을 달성한 일본은 이를 서구 열강에 통보하고 최소한 형식적으로나마 서구 열강과 어깨를 나란히 하려는 의사를 밝혔다. 그러면서 일본은 서구 열강들이 행해 온 모든 정책과 태세를 모방하는 데 주저함이 없었다. 내부적으로 중앙 집권적인 권력 행사를 통하여 일본은 국가의 부(富)를 증진시키고 이를 바탕으로 병(兵)을 강하게 유지하여 내부적인 부를 더욱 증진시키는 데 필요한 외부적인 영향권(影響圈)의 확보와 확대를 도모하려는 의도를 감추지 않았다. 이를 위해서 일본의 시선은 대륙으로 향했고, 대륙으로의 진출 발판으로서 조선에 시선과 관심을 집중하였다. 명치유신으로 탈바꿈된 일본은 먼저 조선에 대해서 일본과의 수교를 요청하였다.

일본의 조선에 대한 수교 요청은 최초 문서상으로 이루어졌다. 일본은 전례에 따라 대마도주(對馬島主)를 통하여 조선과의 수교를 추진하였으나 성과를 거두지 못하자, 명치(明治) 정부가 직접 수교 교섭에 나서 1869년 12월 사신을 파견하여 조선과의 교섭을 시도하였고, 1870년 10월 외무성의 고위 관리를 파견하여 수교를 성사시키려 했다. 그러나 조선은 일본의 천황(天皇)을 인정하지 않고 국서(國書)의 내용이 오만하다는 이유로 수교를 거부하였다. 이에 동래부에 파견되어 교섭에 참여한 일본 관리는 조선을 정벌하자는 의견을 건의하기도 했다. 이렇게 제기된 정한론(征韓論)은 명치유신

169) Thomas G. Patterson, et al., *American Foreign Policy: A History*(Lexington, Mass.: D. C. Heath and Company, 1977), p. 177.

이래 실직한 무사(武士)들의 관심을 해외로 전환시키려는 정치가들의 방편으로도 이용되어 상당한 호소력을 지니게 되었다. 이러한 정한론은 일본 정부로 하여금 조선에 대하여 좀더 강경한 태도를 취하도록 자극하여 일본은 1872년 재차 수교 교섭 사신을 조선에 파견하면서 군함 2척을 동래항까지 진출시켰다. 일본 정부는 조선이 받들고 있던 청국(淸國)과 대등한 위치에서 1871년 7월에 조약을 체결했다는 사실을 조선에 알려주면서 무언의 압력을 가하려 했다. 그러나 해당 지방 수령의 완강한 일본 국서 접수 거부로 일본의 수교 노력은 무산되고 말았다. 이러할 즈음 일본에서는 성급한 정한론(征韓論)보다는 신중한 부국강병론(富國强兵論)이 우세하여 이로 인한 정계 개편까지 이루어져 조선과의 수교에 대한 노력이 미루어지는 듯했다. 1873년 11월, 조선에서 흥선대원군(興宣大院君)이 물러나고 고종의 친정(親政) 체제가 구축되는 변화가 일어나자 일본은 1874년 5월 다시 사신을 조선에 파견하여 수교 교섭을 벌이면서 운양호(雲揚號)를 포함한 3척의 군함을 조선 해역에 파견하기로 결정하였다. 수교를 위한 외교 교섭과 군함에 의한 위협을 동시에 실시하겠다는 심산에서였다. 그러나 조선은 일본의 외교 문서에 "대일본(大日本)," "황상(皇上)" 등의 용어를 사용하고 있다는 점을 들어 일본의 수교 교섭 제의를 거절하였다. 이에 일본은 문서에 의한 수교 교섭의 한계를 인식하고, 무력 시위와 "의도적으로 유발시킬 충돌(to be intentionally provoked clash)"을 빌미로 삼아 조선과의 수교를 성사시키려 하였다.

조선과의 교섭 구실이 될 '충돌'의 조성은 운양호가 담당하였다. 일본 해군성으로부터 "조선 동, 남, 서해안에서 청국 우장(牛莊) 해변까지 항해 연구를 하라"는 모호한 명령을 받은 운양호는 1875년 4월 21일 부산항에 입항하였다. 이에 조선의 왜학훈도(倭學訓導)인 현석운(玄昔運) 등 18명의 관원들은 운양호를 방문하여 불법 입항을 항의하였다. 그러나 운양호의 함장 일본 해군 소좌는 해양 탐사를 한다고 말하면서 조선 관원들이 승선한 상태에서 해상 훈련을 실시한다는 핑계로 함포 사격을 실시하여 이들을 놀라게 하는 등의 겁을 주는 행위를 서슴지 않았다. 조선 관원들에게 겁을 준 운양호는 5월 17일 부산항을 떠나 조선 해역에 대한 정밀 탐사를 계속하다가 나가사키로 회항하기도 하였다. 그런 후에 운양호는 다시 8월 20일 월미도 앞바다로 항진하여 그곳에 정박해 있다가, 21일 강화도의 동남쪽 초지진(草芝鎭) 앞 해상에 닻을 내렸다. 초지진과 초지진의 포대가 관측되자 일본군 20여 명은 소형 선박으로 옮겨 타고 초지진의 포대로 접근하였다. 해양 탐사를 하는 척하면서 조선군 해안 수비대의 포격을 유도하자는 심산이었다. 낯선 이양선(異樣船)이 접근하자 일본군의 바람대로 초지진의 조선군 해안 수비대는 포격을 가했다. 조선군이 먼저 포격을 가하자 일본군은 더 이상 접근하지 않고 소총으로 사격하면서 신호탄을 발사하고 모함인 운양호로 귀환하였다. 조선군이 먼저 사격을 하여 의도된 목적을 달성했다는 신호탄의 의미를 알 수 없었던 조선군은 포를 쏘아 댔으나, 포의 사정 거리가 짧아 운양호를 타격할 수는 없었다. 그러나 근대화된 대포를 장착한 운양호는 함포 사격을 퍼부어 초지진을 삽시간에 파괴

운양호 침공 상황(1875)

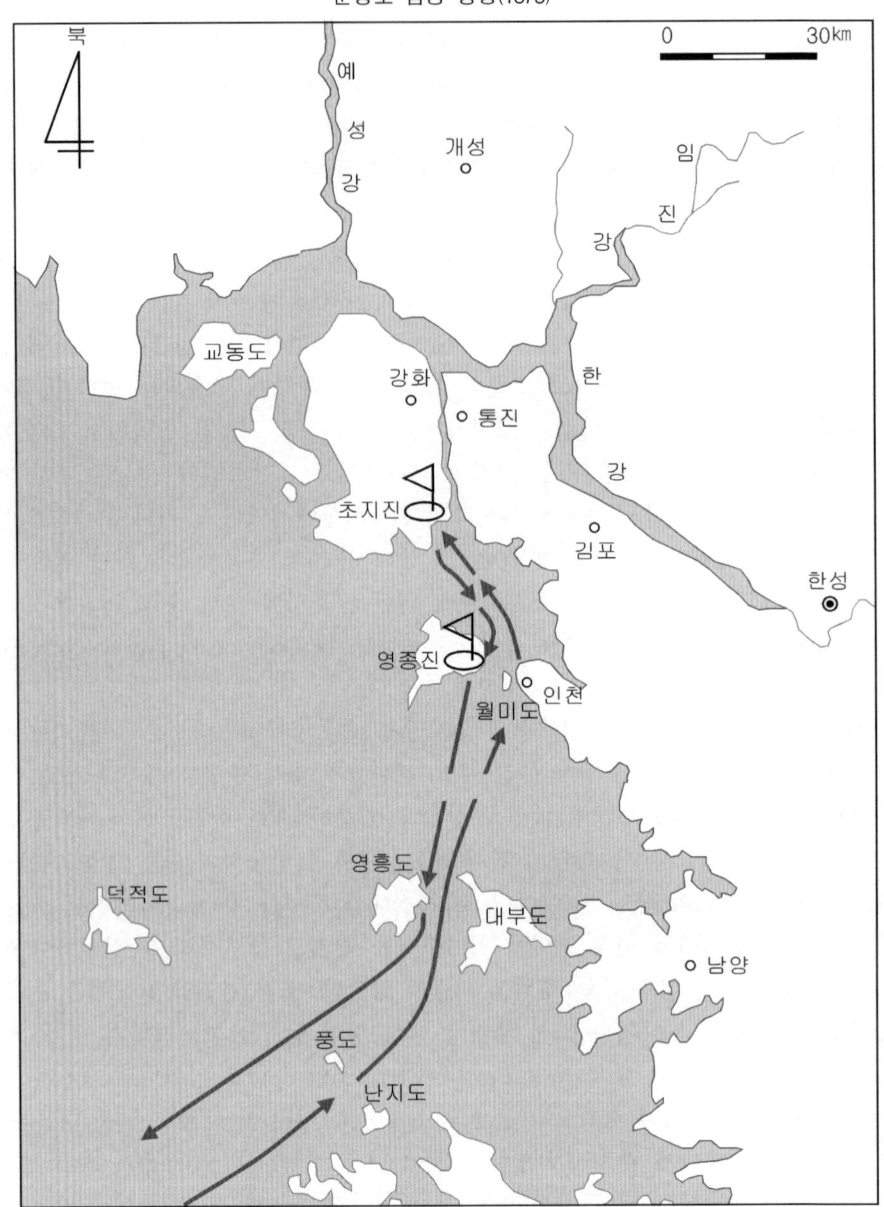

하고 말았다. 그런 다음에 운양호는 해안 수심이 얕은 초지진의 상륙을 포기하고 초지진 앞 황산도(黃山島)에 상륙하여 약탈을 자행한 후에, 영종도 해안에 접근하여 영종진(永宗鎭)을 포격하면서 이를 점령하고 이 곳의 대포와 총 등을 노획한 다음에 조선 해역을 떠나 나가사키로 회항하였다. 국적도 모르고 막연히 이양선(異樣船)에 의해서 초지진과 영종진이 공격을 받았다는 보고를 받은 조선 조정은 잦은 이양선의 출몰에 우

려를 표명하는 정도의 반응을 보였다. 그러나 운양호는 조선을 압박할 '충돌'의 조성 역할을 훌륭하게 연출하여 이를 현실의 사건으로 기록되도록 하는 임무를 성공적으로 수행하였다.

일본 정부는 "스스로 조작한 자작극에 스스로 흥분하여" 조선에 대해서 좀더 강경한 무력 시위와 함께 좀더 강경한 어조의 수교를 요구하기로 하고, 조선의 종주국(宗主國) 역할을 해 온 청국(淸國)의 입장을 타진하여 조선에 대한 전략을 수립하려 했다. 일본은 먼저 청국의 입장을 타진하였다. 청국의 외교 실력자 이홍장(李鴻章)은 일본과 조선과의 전쟁을 원하지 않았다. 조선과 일본이 전쟁에 돌입할 경우에 청국은 조선을 원조할 입장이 되지 못하고, 그럴 경우에 일본이 조선을 장악하게 되면 청국이 일본의 다음 목표가 될 가능성이 있기 때문에 오히려 조선과 일본의 수교를 인정하고 조선의 외교 관계를 다변화하여 일본을 견제하는 것이 바람직하다고 판단하였다. 이에 따라, 이홍장은 조선과 일본의 수교를 반대하지 않고, 조선의 개항을 종용하기로 결정하였다. 청국의 입장을 확인한 일본은 1875년 11월 12일 육군중장 구로다(黑田淸隆)를 전권변리대신(全權辨理大臣)으로 임명하고 11월 22일 4척의 군함과 4척의 기선을 동원하여 무력 시위를 하는 가운데 부산으로 입항시켰다. 부산에 도착한 구로다는, 조선이 일본의 전권대사를 강화도에서 맞이하지 않으면 군함을 한성까지 직행시키겠다는 협박을 곁들이면서, 12월 23일 부산항을 떠나 북상하였다. 1876년 1월 4일 강화도 앞바다에 도착한 일본 전권대사 일행은 남하를 거부하고 회담을 강력히 요구하였다. 이에 조선 조정은 어영대장(禦營大將) 신헌(申櫶)을 판중추부사(判中樞府事)로 임명하여 구로다 일행을 접견하도록 하였다. 조선이 그렇게 피하려던 회담이 일본의 무력 시위와 협박에 의해서 열리게 되었다.

신헌(申櫶)이 이끄는 조선 대표와 구로다(黑田淸隆)의 일본 대표단은 1876년 1월 17일(양력 2월 11일)에 만났으나 회담 분위기는 결코 호의적이지 않았다. 구로다는 운양호 사건에 대한 책임을 조선측에 전가하고 이를 문책하는 어조로 일본의 입장을 밝혔다. 18일 2차 회담에서 구로다는 13개조의 조약문을 조선측에 제시하면서 10일 내에 수용 여부를 회답하도록 요구하였다. 19일 회담에서 구로다는 일본이 제시한 대로 조약이 성립되지 않을 경우에는 군사력을 동원하여 이를 강제로 체결하겠다는 위협까지 서슴지 않았다. 이에 신헌은 일본측의 요구를 거부하면서 병력을 동원하겠다고 위협하는 일본측의 오만함을 힐책하였다. 그리고 신헌은 이러한 일본측의 요구와 공갈 내용을 조선 조정에 보고하였다.

신헌의 보고를 받은 고종은 1월 20일 중신회의를 소집하여 일본과의 조약 체결 문제를 논의하였다. 그러나 회의의 결과, 결론은 없이 일본의 성토와 신중론 정도의 개진이 있었을 뿐이었다. 이러한 와중에서 당시 왕세자 책봉 사절로 한성에 머물고 있던 청국 사절이 일본의 수교 요구를 받아들여 개항하는 것이 좋겠다는 이홍장(李鴻章)의 뜻을 전달함에 따라 조정의 중론은 개항을 받아들이는 쪽으로 기울어져 일본과의 수교를 결정하게 되었다. 조정은 결정 사실을 신헌에게 통보하고 이에 신헌은 1876년 2월 3일(양력 2월 27일) 전문(前文)과 12개조로 구성된 조약을 체결하였다.

이 때 체결된 "조일수호조규(朝日修好條規)"는 강화도조약(江華島條約), 병자수호조약(丙子修護條約)으로도 불리는 불평등조약(不平等條約)으로서 조선이 열국에 문호를 개방한 최초의 조약이 되었다. 이것은 조선인의 일본 내 활동과 권리의 보장 조항은 찾아볼 수 없고 일본과 일본인의 조선 내 활동과 권리의 보장 조항만이 나열된 전형적인 불평등 조약이었다. 일본은 미국과 영국 그리고 프랑스가 동아시아로 세력을 확장하면서 지역 국가들과 맺은 각종 조약의 내용 중에서 일본에 유리한 조항만을 참조하여 이를 조선에 강요하였던 것이다. 조선 내 지정된 장소에서의 무역과 일본의 상행위 보장, 일본 군함과 상선이 시행하는 조선 영해 내 자유로운 항해, 탐사 활동의 보장, 일본 영사관 설치 등의 일본측 권리의 보장이 전부였고, 조선측에 대한 이들 활동과 권리, 조치의 대칭적 보장은 없었다. 결국 프랑스나 미국보다 조선과의 수교를 더욱 원하던 일본이 포함외교(砲艦外交)라는 프랑스와 미국의 방식을 빌려 조선을 개항시켜 조선의 최초 조약 체결국이 된 셈이다.170)

조선과 일본이 조약을 체결함으로써 최소한 일본은 조선이 조약 체결 당사국으로서 청의 속국이 아닌 독립국이라는 점을 가시화하여 청의 조선에 대한 배타적인 위치를 약화시키는 효과를 구체화시켰다고 보았으며, 청국은 조선을 배타적으로 도울 수 있는 능력이 없는 상태에서 조선의 대외 관계를 다원화시킬 수 있는 시발점을 조선과 일본의 수교가 열어 주었다는 데서 위안을 찾게 되었다. 이로부터 일본의 조선에서의 활동은 매우 활발하게 진행되었고, 조선 내에서 일본과 청국의 대립은 본격적으로 시작되었다. 조선은 일본과의 수교를 계기로 서구 열강에게도 문호를 개방하여 본격적으로 서구 문물을 수용하려는 태세를 갖추었다. 고종은 1880년 새로이 도입될 문화의 수용 기구로 통리기무아문(統理機務衙門)을 설치하는 한편, 군제를 개편하여 신식 군대인 교련병대(敎鍊兵隊: 別技軍)를 창설하고 일본인 교관을 채용하여 훈련을 담당하도록 했다. 그리고 1881년에는 일본에 조사시찰단(朝士視察團: 紳士遊覽團)을 파견하고 청국에는 영선사(領選使)를 파견하여 이들 양국으로부터 선진 문물을 도입하려고 하였다. 조선은 1882년에는 미국(5. 22), 영국(6. 6), 독일(6. 30) 등과 수호통상조약(守護通商條約)을 체결하였다. 자국 중심적인 판단과 계산에 근거하여 조선의 대외 관계 다원화를 지원한 일본의 도움과 청국의 묵인으로 조선은 동도서기론(東道西器論)에 이론적 근거를 두어 외교 관계를 다원화하고, 선진 문물을 받아들이기 시작했다.

---

170) *日省錄*, 高宗 12年, 10月, 11月, 13年 1月, 7月; 운양호 사건과 강화도조약 체결 과정은 *韓民族戰爭通史, IV, 朝鮮時代 後篇*, pp. 148-67 참조.

4) 조선과 청·일전쟁(1894-5)

대원군을 몰아낸 후 정권을 잡고 개화를 추진했던 민씨 일파는 신식 군대인 교련병대(敎鍊兵隊)를 우대하고 구식 군대인 영병(營兵)을 홀대하였다. 이에 구식 군대는 1882년 6월 군란(軍亂)을 일으켜 민씨 척족(戚族)의 고관과 일본인 교관을 살해하고 일본공사관을 습격하면서 화살을 민비(閔妃: 明成皇后)에게로 돌렸다. 이에 민비는 충주로 피난하고 고종의 요청에 따라 흥선대원군이 다시 집권하게 되었다.

조선에서 임오군란(壬午軍亂)이 일어나자 청국은 이를 조선 내정 간섭의 기회로 삼고 정여창(鄭汝昌), 마건충(馬建忠), 오장경(吳長慶), 원세개(袁世凱) 등으로 하여금 4,000명의 청병을 이끌고 조선에 출동하도록 하였다. 청국이 군란 선동의 책임을 물어 대원군을 청국으로 데려가 억류함에 따라 정권을 다시 장악한 민씨 일파는 친청파(親淸派)로 변신하였고, 조선의 내정은 청국의 영향하에 놓이게 되었다. 일본은 임오군란에서 입은 피해를 조선 정부로부터 보상받고, 일본 공사관의 보호를 위하여 일본군의 주둔을 명시한 제물포조약(濟物浦條約)을 조선과 1882년 8월에 체결함으로써 일본군이 합법적으로 조선에 주둔할 수 있는 길을 열어 놓았다. 그러나 조선의 친청사대(親淸事大)의 경향이 심화되자, 개화 정치인들의 불만이 심화되어 갑신정변(甲申政變)이라는 비상적인 방법에 의한 개혁이 시도되었다. 수구파를 제거하고 개화당의 새로운 내각을 수립하여 개혁을 단행하려던 1884년 12월의 갑신정변은 일본군의 침묵과 청군의 직접 개입으로 인하여 '삼일천하(三日天下)'로 끝나고 말았다. 이 사건으로 조선에서 청국의 입지는 강화되었고 일본의 세력은 약화되었다. 그러나 조선 내 현지 주둔 병력이 적은 일본으로서는 수수방관(袖手傍觀)이 최선의 선택이었다. 이에 일본은 1885년 3월 청국과 천진조약(天津條約)을 체결하여 조선에서 동시에 철병하고 이후에 양국이 조선에 출병할 경우에는 사전에 이를 통고하도록 합의하였다. 조선에 대한 집착이 결코 덜하지 않았지만 일본은 때를 기다리는 인내를 감수하고 있었다. 결국 임오군란(壬午軍亂)은 민씨 일파의 색깔을 친일개화(親日開化)에서 친청사대(親淸事大)로 바꾸어 놓아 갑신정변(甲申政變)을 재촉하였으나, 천진조약(天津條約)에 의해서 청국과 일본군이 공동으로 철수함에 따라 외관상으로는 커다란 변화를 초래하지 않고 마무리되었다. 그러나 임오군란은 조선을 확보하기 위해서는 조선을 청국의 영향권 밖에 두어야 한다는 일본의 판단과 결의를 굳게 만든 계기를 제공하였다.

임오군란이 개화에 따른 소외와 홀대로 인하여 발생한 사건이라면, 얼마 전까지 위정척사론(衛正斥邪論)의 기치 아래 쇄국을 주장하던 조선 조정이 동도서기론(東道西器論)을 내세워 편의적으로 외부의 세력과 결탁하여 파당적인 이익만을 챙기는 작태에 대한 반발로 발생한 사상이 동학(東學)이요, 이를 신봉하는 농민들의 봉기가 동학란(東學亂)이었다. 동학은 서학(西學: 천주교)은 물론 유교와 불교, 도교의 논리도 배척하고 "인내천(人乃天)"이라는 평등 사상을 표방하면서 안으로는 폭정을 일삼는 관리를 제거하고 농민을 구하자는 제폭구민(除暴救民)과 보국안민(輔國安民)을 주장하고, 대외적으로는 서양은 물론 일본도 배척한다는 척왜양이(斥倭洋夷)를 천명하였다. 1894년 1월에 전라도 고부 군수 조병갑(趙秉甲)의 학정에 항거하여 전봉준(全琫準)이 주도한 동학군은 전주까지 점령하였다.

동학군의 위세가 걷잡을 수 없게 되자, 조선 조정은 청국에 파병을 요청하면서 동학군과 타협을 시도하였다. 청국은 조선이 파병을 요청하자 조선에 3,500명의 병력을 출동시켰으나, 천진조약의 조문과는 달리 청군이 아산만에 상륙한 후에야 일본에 이를 통보하였다. 일본도 청국의 사후 통보를 항의하고 7,000명의 일본군을 인천으로 급파하였다. 그러나 양국군이 조선에 도착한 즈음 동학농민군은 조정의 폐정개혁(弊政改革)의 약속을 받고 해산된 상태였다. 이에 조선은 양국군에게 철군을 요청하였다. 청국은 이에 동의하여 일본과 동시 철군을 제의하였다. 일본은 대신 또 다른 내란을 방지하기 위한다는 명분을 내세워 공동으로 조선의 내정 개혁 추진을 제안하였다. 친청사대(親淸事大) 태세를 취하고 있던 조선 조정에 대한 일본의 간섭을 자초할 이유가 없던 청은 일본의 공동 개혁 추진 제의를 외국의 내정 간섭이라고 거절하였다. 청의 거절을 기다렸다는 듯이 일본은 인천에 도착한 일본군을 남하시켜 1894년 7월 29일 자정에 성환(成歡)에서 진지를 구축하고 있던 청군을 공격하였다. 이로써 일본군과 청군의 전투는 시작되었고 8월 1일 일본과 청국은 동시에 선전포고를 하여 양국간 전쟁을 공식화하였다. 조선 내부의 문제로 발생된 동학란이 청국과 일본의 전쟁을 가져온 원인이 되었다.

청국(淸國)과의 일전(一戰)을 상정한 일본의 전쟁 준비는 매우 철저하였다. 대륙으로의 진출을 위해서 조선의 확보를 필수적인 단계로 간주한 일본은 조선을 청국의 영향권 밖에 묶어 두기 위해서 조선과의 조약 체결, 조선 대외 관계의 다변화 등을 통하여 조선의 독립적인 위치를 보장하려 하였다. 그리고 일본은 조선 내부의 친일적인 정권을 확보하려 했으나 이것이 뜻과 같지 않자, 청국의 조선에 대한 영향력을 제거하기 위해서 청국과의 전쟁을 상정하고 이에 대한 계획을 수립해 놓고 있었다. 일본군의 작전 개념은 육전과 해전을 동시에 수행하여 해전의 결과에 따라 지정된 계획을 채택하기로 하였다. 이에 따라 일본은 전쟁 초기에는 해전에 관계없이 조선에 출동한 청군을 격퇴하고 해전에서 일본이 승리하면 일본군을 발해만을 통하여 육지로 진격시키면서 조선을 통하여 진격한 일본군과 협동 작전을 실시하여 북경으로 진격하게 하고, 그렇지 않을 경우에는 방어에 치중한다는 계획을 세웠다. 이러한 개념과 계획을 보장하기 위해서 일본은 2만여 명으로 각각 편성된 7개의 야전 사단과 48개의 예비 보병 대대를 동원할 태세를 갖추고 있었다.

성환 전투에서 기선을 장악한 일본군은 평양도 쉽게 탈취하여 일단 조선에 출병한 청군을 만주로 쫓아 버렸다. 일본 해군도 아산(牙山) 앞바다의 풍도(豊島)와 요동(遼東)반도 여순(旅順) 근해 해전에서 승리를 쟁취하여 황해의 제해권을 확보하였다. 이에 일본군은 요동반도에 상륙하여 여순과 대련을 점령하고 산동반도의 청국 해군 기지인 위해위(威海衛)도 점령하면서, 한국에서 진출한 일본군과 합류하여 요하 하류지역을 장악하였다. 그리고 1895년 3월 20일경 발해만을 건너 북경으로 직진하기 위해서 7개 사단과 예비 병력 약 20만을 확보하였다. 그러나 청국이 강화를 요청하여 1895년 4월 17일에 시모노세키 조약(馬關條約)을 체결함으로써 청일전쟁(1894-5)은 끝났다.

일본은 시모노세키 조약을 통하여 청국으로부터 요동반도(遼東半島)와 대만(臺灣)을 할양받고 배상금 3억 4,405만 원(圓)을 받았다. 무엇보다도 일본은 조선으로부터 청의 세력을 완전히 축출한 결과를 전쟁의 승리로 확보하였다. 그러나 조선은 국토가 청일전쟁의 전장(戰場)이 되었고 일본군의 이동로가 되었으나, 아무런 항변도 할 수 없는 처지가 되어 있었다. 과거 1592년 일본이 명나라를 치러 가는 길을 비켜 달라고 하는 요구를 거절하며 일본군과 싸우려 했던 조선도 아니었다. 청일전쟁에서 청국이 패배한 결과 조선에서의 일본 위치는 청국이 누리던 몫만큼 강화되었다.[171]

5) 조선과 러 · 일전쟁(1904-5)

청일전쟁(1894-5)의 결과 한반도에서 청국이 떠나자 러시아가 등장하였다. 러시아는 우선 요동반도(遼東半島)를 할양받으려는 일본에 대해서 독일 및 프랑스와 더불어 반도의 환부를 요구하고, 이를 실현시켜(三國干涉, 1895), 일본의 만주 진출을 저지하였다. 러시아가 주도한 삼국 간섭에 일본이 굴복하는 것을 목격한 조선 정계에서는 배일친러(排日親露)의 기운이 싹트기 시작하였고, 민비(閔妃)는 이를 이용하여 일본을 견제하려 하였다. 이에 따라 친러파인 이범진(李範晉), 이완용(李完用), 이윤용(李允用) 등의 친러내각이 들어서고 박영효(朴泳孝), 김홍집(金弘集) 등의 친일파가 축출됨으로써 러시아가 조선의 내정에 깊이 간여하게 되었다. 이에 일본은 군인 출신의 미우라(三浦梧樓)를 새 공사에 임명하여 약화된 친일 세력의 강화를 도모하도록 하였다.

미우라는 군인 출신답게 고종 위에서 영향력을 행사하는 민비를 물리적으로 제거하고 친일내각을 구성하기로 하였다. 미우라는 1895년 8월 20일 새벽에 일본 공사관 수비대와 훈련대원, 일본 낭인(浪人) 수십 명을 왕비의 거처인 건청궁(乾淸宮)으로 난입시켰다. 이들은 왕비의 침전인 곤녕각(坤寧閣)에서 민비를 시해하고 시신을 후원의 숲에서 소각하였다. 이른바 을미사변(乙未事變)을 일으킨 것이다. 일본 세력은 민비를 제거하고 민비와 대립했던 홍선대원군을 다시 등장시켜 김홍집을 중심으로 하는 친일내각을 구성하여 정권을 장악하였다. 정권을 장악한 친일파들은 이범진, 이완용, 이윤용을 해임하고 고종을 협박하여 "민비가 친당(親黨)을 끌어들여 왕의 총명을 가리고 정치를 어지럽혀 그 죄가 크므로 폐하여 서인(庶人)으로 한다"는 조칙을 발표하도록 하

171) *韓民族戰爭通史, IV, 朝鮮時代 後篇,* pp. 171-95; 陸軍士官學校, 戰史學科, *世界戰爭史*(1997), pp. 153-72.

였다.[172] 고종은 이러한 공포 분위기 속에서 정사를 볼 수 없었으며, 모든 권한은 친일파가 행사하였다.

을미사변으로 민심이 흉흉해지자 친일내각은 을미개혁을 단행하여 분위기를 바로잡으려 하였다. 친일내각은 1895년 11월 17일 태양력의 사용, 종두법과 우편제도의 실시, 군제의 개편 및 단발령(斷髮令)을 발표하고, 이를 1896년 1월 1일부터 시행한다고 공포하였다. 고종은 단발령을 반대하였다. 그러나 1896년 1월 15일 고종이 솔선체행(率先體行)이라는 미명 아래 머리를 깎였고, 황태자와 정부 요인들이 뒤를 따랐다. 친일 내각은 민중들의 반발을 무릅쓰고 전국 각지에 순검을 파견하여 강제로 머리를 깎았다. 그러나 단발령을 비롯한 친일파의 개혁 조치는 을미사변(乙未事變)으로 가뜩이나 고조된 배일(排日) 감정을 폭발시키는 기폭제가 되었다. 이로써 전국 각지에서 의병이 일어나 친일적인 지방 관원과 관군 및 일본군을 공격하였다. 친일파 내각은 중앙군인 친위대와 일본군을 지방으로 파견하여 의병을 진압하려고 하였다.

친일 내각이 의병의 진압에 여념이 없는 틈을 이용하여 미국 공사관과 러시아 공사관에 은신해 있던 친러파 인사들은 러시아 공사 웨베르(K. Waeber)의 도움을 받아 1896년 2월 11일 고종과 왕세자를 러시아 공사관으로 옮겼다. 고종은 궁중에서 올리는 음식에 독이 들어 있을지도 모른다는 의심과 대원군과 친일파 관료 및 일본인들이 공모하여 자신을 폐위시키려 할지 모른다는 의구심 때문에 러시아 공사관으로 거처를 옮기기로 하였다. 아관파천(俄館播遷)이 이루어진 셈이다. 아관파천 후에 친일내각의 대신들은 역적으로 규정되고 체포령이 내려졌다. 이에 따라 김홍집과 고종의 머리를 깎은 정병하와 어윤중은 군중들에게 타살되었고, 나머지는 유배형을 받거나 일본으로 망명하여 내각은 새로이 구성되었다. 이범진, 이완용, 이윤용이 내각의 요직을 겸한 새 내각은 갑오, 을미 개혁을 비난하고 단발령을 폐지하였다. 고종이 러시아 공사관에 체류하고 있던 기간(1896. 2.-1897. 2.) 동안 일본은 이권 사업에서 배제되었으며, 일본이 주도한 개혁 조치들은 거부되었고, 조선은 자주적인 개혁을 추구하려는 의도하에 1897년 10월에는 대한제국(大韓帝國)을 선포하기에 이르렀다.

조선에서의 영향력을 확보한 러시아는 1898년 청국으로부터 여순(旅順), 대련(大連)을 조차하고, 그 해 4월에 일본과 더불어 대한제국(大韓帝國)의 주권을 확인하는 내정불간섭 의정서를 조인하였다. 그리고 1899년 중국의 의화단(義和團) 사건이 만주까지 확대되자 러시아는 동청철도(東淸鐵道)의 보호라는 명목으로 17만의 러시아 병력을 만주에 진주시켜 만주지역의 군사, 행정권을 장악하였다. 일본은 한국에서 러시아 세력이 강화되고 청국과 만주지역에 대한 러시아의 장악이 가시화됨에 따라, 러시아와 대립 관계에 있던 영국과 1902년 영일동맹을 체결하고, 러시아군의 만주 철수를 주장하였다. 이에 러시아는 청과 만주환부조약을 체결하여 1903년 10월 8일까지 3회에 걸쳐 만주에서 병력을 철수하기로 약속하였다. 그러나 러시아는 2회 철수 기한을 넘기고

172) *高宗實錄, 卷32,* 高宗 32年 乙未 8月 22日條; *韓民族戰爭通史, IV, 朝鮮時代 後篇,* pp. 196-9.

1903년 8월에는 극동총감부(極東總監府)를 설치하였다.

만주를 차지하고 있으면서 이를 기정사실화하려는 러시아와 만주를 차지하기 위해서 러시아를 만주에서 내쫓아야 하는 일본과의 관계는 급속히 악화되어 양국의 이해를 조정하기 위한 양국의 교섭은 1903년 8월부터 1904년 2월까지 계속되었으나, 조정이나 타협의 가능성은 보이지 않았다. 러시아가 시간을 끌고 있다고 본 일본은, 당시 즉각 동원 가능한 현지 해군력과 육군, 그리고 철도 등을 이용한 지원 능력은 일본이 우세하다고 판단하여, 2월 8일 야간에 여순항의 러시아 극동 해군을 기습 공격하고 2월 10일 러시아에 선전 포고를 하여 전쟁을 통한 문제 해결을 시도하였다. 일본을 얕잡아 보고 있던 러시아도 내부 혁명 세력인 볼셰비키의 확산을 저지하는 데 "이길 수 있는 조그마한 전쟁(a small victorious war)"이 필요하다고 보아 일본의 도전 행위를 그렇게 언짢아하지는 않았다. 일본 역시 러시아와의 장기전에는 승산이 없을지는 몰라도 러시아가 내부의 홍역과 군수 지원의 어려움으로 장기간의 전쟁을 감당하지는 못할 것이라는 판단을 하고, 단기전에서 승리를 확보하여 러시아를 한반도와 만주에서 철수하도록 하는 것은 가능하다고 보았다. 이와 같은 양국의 판단과 계산으로 1904년 러일 전쟁이 시작되었다.

일본과의 전쟁이 일어나자 한국의 러시아 공사관이 철수하여 한국은 일본의 후방 요충지로 변하고 말았다. 그리고 이용구(李容九), 송병준(宋秉畯) 등의 친일파들이 일진회(一進會)를 결성하여 일본의 앞잡이 노릇을 톡톡하게 해 내었다. 한국에서의 정치 판도도 이에 걸맞게 바뀌어 갔다.

일본은 보급의 곤란을 무릅쓰고 요양(遼陽), 여순(旅順), 봉천(奉天) 전투에서 승리하여 육전에서의 기세를 올렸다. 육전에서의 패배로 낙심한 러시아는 아프리카의 희망봉을 돌아 대마도 해협을 거쳐 동해에 진출한 러시아의 발틱함대마저 1905년 5월 27일과 28일 간의 해전에서 일본 해군에게 패배하자, 미국의 중재를 받아들여 1905년 9월 5일 "포츠머스(Portsmouth)조약"을 조인함으로써 1년 4개월 간 지속된 일본과의 전쟁을 마감하였다. 이로써 러시아와 일본 간의 전쟁은 일본의 승리로 막을 내렸다.[173)]

서구 제국의 하나인 러시아가 동양의 신흥 '서구' 국가인 일본에게 패배한 사실은 러시아와 세계 열강에게 커다란 충격을 안겨 준 사건이었고, 한국에게는 치명적인 사건이 아닐 수 없었다. 1854년 미국에 의해서 개방되고 1868년 명치유신을 통하여 개혁을 추진한 동양의 조그마한 국가인 일본이 거대한 제국 러시아와 겨루었을 뿐만 아니라, 이를 이겼다는 사실은 서구 열강에게 큰 충격이 되었다. 러시아는 조그마한 승리는커녕 내부의 홍역을 더욱 악화시키는 패배를 삼켜야 했고, 일본은 청국과 러시아와의 전쟁에서 승리한 대가로 미국의 인정하에(The Taft-Katsura Memorandum of 1905, 1905. 7. 29) '승자의 몫(lion's share)'으로 한반도를 손아귀에 넣을 수 있게 되었다. 자위(自衛) 능력이 없이 주위 열강들의 싸움에서 이쪽 저쪽 지켜봐야 했던 대한제국(大

---

173) *世界戰爭史*, pp. 173-91; *韓民族戰爭通史, IV, 朝鮮時代 後篇*, pp. 196-205, 242-6.

韓帝國: 韓國)으로 탈바꿈한 조선(朝鮮)은 청국과 러시아를 패배시킨 일본의 전리품으로 변하고 말았다. 이로써 한국은 일본에 의해서 1905년 을사보호조약(乙巳保護條約)으로 외교권이 박탈되었고, 1910년에는 일본에 합병되는 왕조적, 국가적, 민족적 치욕을 감수해야만 하였다.

5. 조선시대 전쟁의 분석과 교훈

한반도에 존재해 온 왕조와 국가들은 주로 북방 민족과 한족(漢族) 국가 혹은 왕조들의 침공으로 전쟁을 치러 왔다. 북방 종족이 통일된 부족 국가를 형성하여 중국으로 진출하려 할 경우에, 이들은 중국과 우호관계를 유지하고 있던 한반도 내 왕조나 국가들을 먼저 굴복시켜 중국의 왕조나 국가들과 연합전선을 형성하지 못하도록 하기 위해서 한반도의 국가들을 침공하는 경우가 있었다. 중국 내에서 왕조가 바뀔 경우에 기존의 왕조와 우호관계를 유지해 온 한반도 내 국가와 신흥 중국 왕조와의 마찰로 빚어진 전쟁도 있어 왔다. 그리고 중국의 내부 혼란기에 한반도 국가들은 인접한 왕조와 제후국들과의 지리적인 근접에 따른 충돌로 전쟁을 치른 경우도 있었고, 중국의 왕조가 일방적으로 벌이는 영향권 확장 전쟁의 대상이 되어 전쟁을 치른 경우도 있었다. 이와 같이 한반도에 자리를 잡아 온 왕조나 국가들은 주로 북방으로부터 침공을 받아 전쟁을 치러 왔다.

그러나 조선은 전통적으로 있어 온 북방에서의 침공으로 인한 전쟁에 부가하여 한반도 해안과 연안에 대한 약탈과 노략질을 일삼아 오던 왜구(倭寇)가 왜군(倭軍)이 되어 노략질이나 약탈이 아닌 침공을 감행해 옴으로써 강요된 일본과의 전쟁도 치렀다. 통일된 일본의 수장(首將)이 되었으나 지역적인 연고와 지지기반이 허약한 자신의 위치를, 부장(副將)들의 지역 기반을 약화시킴으로써, 강화시키려는 술책의 하나로 조선 침공을 강행한 도요토미(豊臣秀吉)의 정치적 놀음으로 조선은 일본과 전쟁을 치르게 되었다. 명나라의 도움을 받아 일본의 침공을 물리칠 수 있었으나, 일본의 이러한 침공은 일본의 대륙 진출 의지를 자극하여 후일에 일본의 대륙 침공의 가능성을 예시해 주는 계기가 되기도 했다. 남쪽으로부터의 침공과 더불어, 조선은 전통적으로 있어 온 북방에서의 침공으로 인한 전쟁도 치러야 했다. 여진족(女眞族)이 세운 청(淸)나라는 명나라와의 일전(一戰)을 수행하기 전에 명나라와 우호관계를 유지해 온 조선을 굴복시켜 후방의 안전을 도모함은 물론 명과 조선의 연합 전선의 형성을 방지하고, 가능하면 명나라를 정복하는 데 조선의 지원을 강요하기 위하여 조선을 침공하였다. 조선은 이에 굴복하여 국왕이 삼배구고두(三拜九叩頭)의 예로 청나라와 군신 관계를 맺게 되었다. 이로써 조선은 청과의 불평등 관계를 유지하면서 국가의 면모를 유지해 나갔다.

그러나 조선은 19세기 말에 서세동점(西勢東漸)의 물결을 거스르면서 병인양요(丙寅洋擾)와 신미양요(辛未洋擾) 등의 충돌을 치렀으나 운양호사건(雲揚號事件)으로 인한 일본의 물결은 거스르지 못하고 국가를 개방하고 말았다. 이후에 조선은 전쟁의 주체가 아닌 객체가 되어 대륙 진출의 발판인 조선을 확보하기 위해서 일본이 일으킨 청국과 일본의 전쟁(1894-5)과 러일전쟁(1904-5)에 휘말려 들게 되었다. 자국의 운명을 결정지어 주는 전쟁에서 조선은 아무 역할도 할 수 없는 지경에 처하게 되었으며, 일본의 강요하에 후방 기지와 이동로를 제공하는 처지로 전락되고 말았다. 조선은 이와 같이 북방의 침공, 남방의 침공, 서구 열강의 침공, 그리고 조선을 쟁탈 대상으로 하는 주변 국간 전쟁으로 인한 각종 전쟁을 치르면서 주체 또는 방관자의 역할을 수행하였다. 실로 조선은 한 국가가 치를 수 있는 온갖 종류의 전쟁을 치른 셈이 되었다.

온갖 종류의 전쟁을 치른 조선은 온갖 종류의 위협을 대처하기에는 역부족인 방위 개념과 체제 및 능력을 갖추고 있었다.

조선의 방위 개념은 한반도에서 존재해 온 국가들이 채택해 온 청야입보(淸野入保)였다. 이 개념은 외부의 침공이 있을 경우에 주변에서 침공군이 사용할 수 있는 식량과 도구 등을 모두 가지거나 치우고 지역 주민과 병사들이 성곽에 의해서 보호된 요새로 입성하여 이를 지킴으로써 원정군이 지닌 보급상 약점의 효과를 극대화하여 스스로 물러나게 만든다는 소극적 방어 개념이었다. 물론 고구려의 을지문덕(乙支文德)은 물러나는 수군(隋軍)을 공격하여 궤멸시킨 전과를 획득하기도 하였으나, 이 개념은 근본적으로 작전의 주도권을 침공군에게 넘겨준 상태에서 소극적으로 작전을 수행하기 때문에 전투나 전쟁의 결과는 침공군의 역량과 계획에 따라 결정되는 근본적인 취약점을 지니고 있었다. 특히 몽고의 고려 침공과 같이 침공군의 기동력이 뛰어날 경우에는 요새의 고수가 전투나 전쟁의 결과에 큰 영향을 미칠 수 없는 것이 통상이었다. 그리고 인구수가 증가된 상태에서의 청야입보는 실질적으로 이를 적용하는 데 한계가 있기 때문에 청야입보에 의한 고구려의 방어와 인구가 증가된 조선의 방어는 효과면에서 다른 결과를 나타내 주었다. 이러한 방위 개념의 약점을 이용하여 청 태종은 요새를 우회하고 소수의 병력으로 요새의 병력을 견제하면서 신속하게 남하하는 공격 전술을 택함으로써 조선의 방위 개념을 무력화시킬 수 있었다. 이와 같이 조선은 부실하고 현실적이지 못한 방위 개념을 채택하여 스스로를 방위하려 했다.

조선의 방위 체제 역시 건실하지 못했다. 조선은 주변지역에 진(鎭)을 설치하고, 이들을 거진(巨鎭) 중심으로 통합하여 국가를 방위하려 했다. 이른바 진관체제(鎭管體制)로 알려진 이 방위 체제는 지휘 통일은 기할 수 있었으나, 진관의 병력이 소규모일 경우에는 우세한 침공군에 의해서 각개 격파될 가능성이 있었고 이것이 1555년 을묘왜변(乙卯倭變)에서 사실로 나타났다. 이렇게 되자 조선은 분군법(分軍法)에 의해서 지역별로 병력을 모은 다음에 서울에서 경장(京將)이 내려가 이 병력을 통합 지휘하여 침공군과 대적하는 이른바 제승방략(制勝方略)이라는 방위 체제를 채택하였다. 그러나 대규모 병력을 집결시키기 위하여 고안된 이 체제는 더 많은 단점을 지니고 있었다. 병력만 집결시키면 된다는 지방의 수사(水使), 병사(兵使)들의 소극적인 지휘를 유발했고, 시간을 다투는 전투 상황에서 침공군의 진격보다 경장이 늦게 도착하였을 경우에 전투도 수행하지 못하고 병력이 해산되는 경우가 발생할 수 있으며, 소규모의 침공에도 전국이 소요에 휘말릴 가능성이 있고, 생면부지(生面不知)의 병사를 지휘해야 하는 경장의 작전 지휘의 효율은 그만큼 저하될 수밖에 없는 경우가 나타날 것이 명약관화(明若觀火)하였다. 임진왜란 때 신립(申砬)의 탄금대(彈琴臺) 전투가 거의 유일한 관군의 육전(陸戰)이었다는 사실이 이를 입증해 주었다. 그 후에 다시 진관 체제를 강화하였으나 이 체제가 지닌 약점은 교정되지 못한 상태였다. 이와 같이 조선의 방위 체제는 기본적인 취약점을 극복하지 못한 채 형식적으로 수립되어 있었다.

조선이 유지해 온 취약점이 많은 방위 체제를 더욱 취약하게 만든 것은 동원 체제의 부실이었다. 조선은 군역(軍役)을 면제받을 수 있는 방법을 공식화하여 군비(軍費)를 충당하고 있었다. 방군수포(放軍收布)라는 이 제도는 누구나 일정한 양의 포(布)를 납부하면 군역을 면제받을 수 있었다. 이렇게 하여 거두어들인 포는 수사, 병사들의 생활 비용과 일상 경비 등으로 사용되었다. 국가 재정 형편상 어쩔 수 없는 조치이기는 하였으나 여기에서 발생된 부작용은 조선의 방위 체제를 거의 무력하게 만들었다. 건장한 청장년은 거의 군역을 피할 수 있었고 생활력이 없는 신체 부적격자가 대역(代役)을 하는 경우가 많아 그나마도 유지되는 병력의 상태는 말이 아니었다. 특히 경군(京軍)의 대다수 병력은 지방에서 번상(番上)을 통하여 중앙에서 근무하는 병력이었으나 이들 역시 신체가 부실한 인원이 여유가 있는 장정들을 대신하여 근무하는 대립(代立)이 보편화되어 있었기 때문에 경군의 상태도 부실을 면치 못하였다. 군무(軍務)는 피할 수 있고, 이를 피하지 못하면 형편이 가난하거나 세도가 없는 집안이라는 사실이 보편화됨에 따라 조선의 방위를 담당한 방위력의 수준은 말이 아니었다. 임진왜란이 발발하였을 때 수도에서 300여 명의 병력밖에 소집할 수 없었던 현실이 이를 말해 주고 있었다. 그리하여 외부의 침공이 있을 때마다 조선의 국왕은 의병(義兵)의 봉기(蜂起)와 근왕(勤王)을 호소하여 많은 전직 관료와 유생, 그리고 일반인의 호응을 불러일으키긴 하였으나 남한산성(南漢山城)에 갇힌 조선의 국왕을 구할 정도의 강한 근왕병(勤王兵)은 아니었다. 조선은 이와 같이 평시의 상비 병력이 부족하거나, 있어도 부실한 상태에 있었기 때문에 외부 침공을 격퇴시키고 반격 작전을 수행하기에는 부족하고 부적합한 방위력을 보유하고 있었다.

외적의 침공이 있을 때마다 조선 각지에서는 의병이 봉기하여 조직되었고, 이들은 침공군의 후방을 위협하거나 점령을 어렵게 만든 경우가 많았다. 그러나 청나라와 러시아를 패배시킨 일본의 횡포에 대항하여 여기저기서 의병이 일어나 일본의 한국 합병을 저지하려 하였으나 결과는 일본의 의도대로 진행되어 정착되고 말았다. 이러한 일제에 항거하여 3·1 운동도 일어났고, 이것이 계기가 되어 해외에 망명 정부가 결성되고 비교적 조직적인 독립운동도 전개되었으나, 이러한 노력의 결집과 조직화를 위한 통솔력과 지도력은 부족하거나 분열되어 한국민의 민족적 역량을 집중시키지는 못했다. 따라서 산발적인 봉기와 항거가 침공군의 무력 사용이나 침략국의 결집된 강요를 무효화시키지 못하고 말았다.

조선이 치른 전쟁과 조선이 왕조와 국가의 운명을 타국에 맡긴 채 개별적인 항거와 울분을 토로하는 것 이외에 아무런 행위를 취할 수 없었다는 역사적인 사실은 국가의 방위와 국체의 보존은 단순한 항거와 울분만으로 보장될 수 있는 사안(事案)이 아니라는 것을 알려 주고 있다. 조선이 국가와 국체를 보존하기 위해서는 조선의 조정은 물론 조선인들도 침공을 무효화시킬 수 있는 평시의 방위력과 이를 뒷받침할 수 있는 국력의 배양을 최우선의 과제로 삼아서 최선의 노력을 기울이고, 응분의 희생을 감수했어야만 했다. 일본군의 침공을 예견하고 10만의 병력을 길러야 된다고 주장한 이율곡(李栗谷)의 예지와 탁견이 필요했으며, 평시에 일본군의 침공에 대비하여 거북선(龜船)을 제조하고 훈련을 강화하며 자신의 전략적 식견과 지혜를 가다듬는 것을 게을리하지 않았던 이순신(李舜臣)의 의지와 대비가 필요했다. 당쟁과 당파적인 이해에만 집착했던 조선의 지도층은 이를 알 턱이 없었고, 이러한 국가적 노력의 중요성을 알지 못한 지도층이 이끌어 가던 조선은 국가적 위기에 대한 대처 능력을 제대로 갖출 수가 없었다. 조선의 전쟁사(戰爭史)와 흥망사(興亡史)는 국가의 모습을 제대로 갖추고 이를 지키기 위해서는 어떠한 식견과 조치가 필요하고, 어떠한 사고와 행위는 근절되어야 하는가를 우리에게 일깨워 주고 있다.

제 6 장　한국전쟁(6 · 25 전쟁)

1. 전쟁의 배경과 원인
2. 북한의 전쟁 계획과 군사력
3. 한국의 방어 계획과 군사력
4. 남북한 군사력 및 태세 비교
5. 북한군의 침공과 초기 전투
6. 미국과 유엔의 대응
7. 소련의 외형적 침묵과 내부적 움직임
8. 한강선 방어와 미 지상군의 전선 투입
9. 지연전
10. 낙동강 방어선의 구축과 교두보 방어 작전
11. 해 · 공군 작전
12. 인천상륙과 서울탈환작전
13. 낙동강 방어선 돌파와 전과 확대
14. 북 진
15. 중공군의 개입
16. 중공군의 공세
17. 반 격
18. 휴전 모색과 전선 교착
19. 지리산 공비 토벌 작전
20. 교착된 전선의 설전과 혈전
21. 반공 포로 석방과 이승만 대통령의 동맹 외교
22. 휴 전
23. 한국전쟁의 결과 · 성격 · 영향

제 6 장 한국전쟁(6 · 25 전쟁)

1. 전쟁의 배경과 원인

전쟁사에 나타난 모든 전쟁은 전쟁이 일어나게 된 시대 · 상황적 배경, 주어진 배경을 이용하거나 새로운 상황을 조성하여 전쟁을 현재화(現在化)시킨 원인에서 비롯되어 구체화되었다. 어떤 전쟁이 어떤 시기에 어떤 장소에서 특정한 상대와 그렇게 치러진 데에는 전쟁이 그렇게 치러지게 되기까지 펼쳐진 길고 짧은 단락(段落)의 시대적, 지역적 상황이 배경을 이루고 있다. 전쟁은 또한 주어진 시대 · 상황적 배경하에서 자연 발생적으로 발생하는 자연적 현상이 아니고, 시대와 공간적 상황을 공유하고 있는 정치 집단들의 정책 의지 및 이의 집행 결과와 연관된 원인에서 비롯되는 인위적인 현상이다. 전쟁의 원인은 무력을 사용하여 정치적 목적을 달성하려 한 정치 집단이나 무력 사용을 강요당한 두 정치 집단 간 정책적 의지와 상호 관계에서 찾을 수도 있고, 이들 전쟁 당사자를 후원하거나 원조하고 있는 주변 정치 집단들의 정책적 의지 및 상호 관계와 이들 집단들과 전쟁 당사자 간의 복합적인 정치 관계에서도 찾아볼 수 있다. 그러나 전쟁은 결국 전쟁 당사자 사이에 조성된 전략적 불균형에 기초하여 한쪽 편이 가진 승리에 대한 확신이나 승리 가능성에 대한 확실한 판단을 기초로 현실화되는 것이 통상이다. 승리에 대한 확신이나 승리 가능성에 대한 확실한 판단을 가능하게 해 주는 전쟁 당사자간에 조성된 전략적 불균형은 당사자들만의 의지와 노력에 의해서만 조성되지는 않는다. 전쟁 당사자와 이들을 지원하거나 견제하는 주변 정치 집단들간의 관계 속에서 조성되고 그 정도가 결정되는 경우가 대부분이다. 따라서 전쟁은 누증적으로 정착된 배경과 특정한 상황하에서 여러 정치 집단들의 정책적 의지와 상호 작용에 의해서 조성된 전략적 불균형에 바탕을 둔 원인에서 비롯되어 현실로 나타나게 된다고 볼 수 있다.

한반도에서 1950년에 일어난 한국전쟁도 독특한 시대 · 상황적 배경하에서 조성된 전략적 불균형과 이를 이용하여 정치적 목적을 달성하려는 정책적 의지에 바탕을 둔 원인에 의해서 현재화(現在化)되었다.

1) 태평양전쟁(1941-5)과 한반도의 위상 변화

한국전쟁의 배경을 논함에 있어서 가장 중요한 연대와 사건으로서 일본의 진주만 기습 공격으로 빚어진 태평양전쟁(1941-5)의 시작과 이에 따른 한반도의 위상 변화를 들지 않을 수 없다. 과거 청일전쟁(1894-5)과 러일전쟁(1904-5)에서 승자로 등장한 일본에 대해서 "승자의 몫(lion's share)"으로 일본의 대한제국 병합을 인정했던(The Taft-Katsura Agreement of 1905) 미국은 일본이 만주를 점령하고 중국과의 전쟁 관계에 돌입하자 이를 인정하지 않는다는 입장(non-recognition policy)을 명백하게 천명하였으나, 일본의 제국주의적 팽창 의욕을 제어하지는 못했다. 한국민도 일본의 식민 통치를 종식시키고 잃었던 독립을 다시 찾기 위해서 온갖 노력과 항쟁을 마다하지 않았으나 이를 실현시키지는 못했다. 그러나 일본이 진주만을 공격함으로써(1941. 12. 7.) 미국에 대한 일본의 상대적 위치가 적대국으로 변하자, 한반도의 위상도 변화되기에 이르렀다. 미국은 당연히 과거 청일, 러일전쟁의 승자로서 일본이 누리던 특권을 인정하지 않게 되었고, 이러한 미국의 태도 변화는 과거 일본에게 주어진 승자의 몫인 한반도의 위상이 달라지는 계기를 제공하였다. 일본에게 "승자의 몫(lion's share)"으로 주어졌던 한반도가 일본이 "훔쳐간 땅(stolen property)"으로 그 위상을 달리하게 되었다. 이로부터 한반도는 일본과 분리되어 주인을 찾아 주어야 하는 지역으로서 국제적인 관심 대상 지역으로 변하였다.

태평양전쟁을 주도적으로 수행하고 있던 미국은 한반도의 장래에 대해서 정책적 관심을 기울이기 시작하였다. 먼저 미국은 한국과 한국민은 자유와 독립이 보장되어야 한다는 기본 입장을 확립하였다. 그러나 미국 정부는 한국이 독립을 지키지 못하고 주변 열강의 각축장이 되었고, 각축전에서 승리한 일본이 한국을 병합했던 역사적 사실을 기억하고 있었으며, 일본을 패배시키는 것이 최우선의 과제인 전쟁 상황에서 소련과 견해를 달리할 수 있는 한국 문제를 제기하는 것이 바람직하지 않다는 점을 고려하고 있었다. 태평양전쟁에서 전세가 연합국에게 유리하게 전개됨에 따라, 미국 정부는 어떤 한국민이 한국 정부를 구성해야 되는가에 대한 언급은 하지 않는 상태에서 연합국이 "한국의 자유와 독립"을 보장하는 공식적인 의지를 표명할 필요가 있다고 보았으며, 한국민으로 하여금 완전한 독립을 준비시키는 데 국제연합(the United Nations)이 일정한 책임을 떠맡아야 된다는 견해를 공식화하였다.[1] 미국 정부는 여기에서 세 가지를 명백하게 하였다. 하나는 궁극적인 한국의 자유와 독립의 보장이고, 다른 하나는 한국민이 자유와 독립을 지켜 나갈 수 있게 하기 위한 국제 연합의 적극적인 개입이고, 마지막 하나는 한국 정부를 주도할 한국민 문제에 대한 논의의 유보였다.

적절한 과정을 거쳐 한국의 자유와 독립을 보장한다는 미국의 한국에 대한 정책은 1943년 11월 카이로 회담(the Cairo Conference)에서 천명되었다. 미국의 루스벨트 대통령(Franklin D. Roosevelt, 1882-1945), 영국의 처칠 수상(Winston S. Churchill, 1874-1965), 중국의 장개석(蔣介石, 1887-1975) 총통은 1943년 11월 22일에서 26일까지 이집

1) United States Policy Regarding Korea, 1941-1945, p. 32, Selected Records Relating to the Korean War, Truman Papers, Truman Library, Independence, Missouri, U. S. A.

트 카이로에서 만나 일본의 무조건 항복, 일본이 훔쳐간 영토의 원상 복귀, “순서에 따른(in due course)” 한국의 자유와 독립의 보장, 연합국간의 상호 협조 등을 밝히는 “카이로 선언(the Cairo Declaration)”을 발표하였다.[2)] 여기에서 한국의 자유와 독립을 보장하기 위한 순서와 절차는 명기되지 않았으나, 강대국 중심의 유엔에 의한 한국의 신탁통치(trusteeship)를 내포하고 있었다. 카이로 회담 후에 루스벨트 대통령과 처칠 수상은 테헤란으로 가서 스탈린 수상(Joseph V. Stalin, 1879-1953)을 만나 카이로 선언에 대해서 스탈린과 회담을 가졌다. 여기에서 스탈린은 카이로 선언을 지지하는 입장을 밝히고, 특히 루스벨트 대통령이 미국의 필리핀 경험에 비추어 한국은 40년 정도의 신탁통치를 거친 후에 독립되어야 한다는 말을 하자, 스탈린은 “한국이 독립되어야 한다는 것은 당연하다(It is right that Korea should be independent)”라고 말함으로써 한국 독립에 대한 그의 지지 의사를 표명하였다.[3)] 이로써 미국, 영국, 중국, 소련 등 연합국 지도자들은 카이로와 테헤란에서 한국의 장래 문제를 공식적으로 논의하였다.

한국 문제는 1945년 2월 얄타(Yalta)에서 열린 연합국 수뇌 회담에서 논의되어 중요한 사항이 결정되었다. 미국의 루스벨트 대통령은 스탈린에게 한국에 대한 미국, 소련, 중국의 3국에 의한 신탁통치안을 제의하였다. 이에 스탈린은 영국을 제외하면 처칠 수상이 가만히 있지 않을 것이라는 의견을 제시하여 영국도 포함시키는 것으로 결론을 내렸다. 스탈린은 루스벨트에게 한국에 외국 군대를 주둔시킬 것인가에 대해서 물었을 때, 루스벨트는 외국군의 한국 주둔을 생각하지 않고 있다고 답변하였고, 스탈린도 이 결정을 받아들였다. 한국을 비롯한 일본의 점령지 전반에 대한 신탁통치안에 대해서 영국의 처칠 수상도 반대의사를 표명하지 않았기 때문에, 한국에 대한 신탁통치안은 수용하고, 외국군의 한국 주둔은 반대한다는 중요한 사항이 얄타 회담에서, 최소한 표면상으로는 대수롭지 않게 결정되었다.[4)] 따라서 한국은 미국, 영국, 소련, 중국에 의해서 신탁통치를 받은 후에 독립이 주어지고, 한국에 외국군은 주둔하지 않는다는 방침이 가시화되었다.

독일이 패망한 후 1945년 7월에 열린 포츠담 회담(Potsdam Conference)에서는 한국에 대한 군사 작전과 연관된 중요한 사항이 미국과 소련의 군사 지도자 사이에 논의되었다. 소련의 태평양전쟁 참전 문제를 논의하는 가운데 안토노프(Alexei E. Antonov)

---

2) U. S. Department of State, *A Historical Summary of United States-Korean Relations, 1834-1962* (Washington, D. C.: Government Printing Office, 1962), p. 10.

3) Memo of Luncheon Conversation among President Roosevelt, Prime Minister Churchill, and Premier Stalin, November 30, 1943, in United States Policy Regarding Korea, 1941-1945, p. 32, Selected Records Relating to the Korean War, Department of State, Truman Papers, Truman Library, U. S. A.

4) Bohlen Minutes, February 8, 1945, *Foreign Relations of the United States (FRUS), 1945, The Conferences at Malta and Yalta,* p. 770; Memo for Admiral Leahy, the White House, November 10, 1945, Record Group (RG) 59, 740.00119 Control (Korea)/11-1045, US National Archives, Washington, D. C., U. S. A.; Robert E. Sherwood, *Roosevelt and Hopkins: An Intimate History* (New York: Harper and brothers, 1948), p. 868.

소련군 참모총장은 미국의 육군 참모총장 마셜(George C. Marshall) 장군에게 미군이 소련군과 더불어 한반도 침공 작전을 수행할 수 있는가를 물었다. 이에 마셜은 미군이 한반도에 상륙작전을 고려하고 있지 않으며, 특히 가까운 장래에 이를 구상하고 있지 않다고 말했다. 그러면서 한반도는 일본 규슈에서 미국의 공군력으로 제압할 수 있다고 마셜은 덧붙였다. 그런 후에 양측 참모총장은 북위 41도에서 42도 사이의 한반도를 동남에서 서북으로 가로지르는 해상과 공중 작전선에 합의하였다.[5] 이로써 소련 군부는 미군이 한국에 상륙할 계획이 없으며, 전략적으로 미군은 한국을 그렇게 중시하지 않는다는 점을 간파할 수 있었다.

이러한 과정을 통하여 미국을 위시한 연합국은 한국 문제에 대하여 중요한 합의를 도출하였으며, 대일 연합 군사 작전에 대한 실천적인 의견을 교환하였다. 한국의 정치적 장래 문제에 대하여 연합국은 첫째, 한국은 궁극적으로 자유와 독립이 주어지며, 둘째, 주어진 자유와 독립의 보존에 필요한 한국민의 자치 역량 배양과 연합국들간 이의 현실적 보장을 위해서 미국, 영국, 소련, 중국은 한국에 대한 신탁통치를 일정 기간 시행한다는 점을 합의하였다. 그리고 소련은 독일의 패망일(1945. 5. 9.)로부터 2~3개월 내에 대일전에 참가한다는 종전의 약속을 준수하고, 미군은 대일 작전에서 소련군과 공동으로 한반도 침공 작전을 수행할 계획이 없다는 점을 확인하였다. 당시에 미국은 일본 본토에 직접 상륙할 계획을 수립해 놓고 있었고, 일본 규슈 기지에서 공군력으로 한반도는 통제가 가능하다고 판단하였기 때문에, 한반도에 대한 상륙 계획을 가지고 있지 않았다. 연합국, 특히 미국과 소련 간에 이루어진 이러한 합의와 의견의 개진은 한국과 한국민의 정치적 장래에 지대한 영향을 미칠 수 있는 성질의 것들이었다.

그러나 미국의 일본에 대한 원자탄 투하(1945. 8. 6.; 9.)와 소련의 대일전 참전(1945. 8. 9.)으로 빚어진 일본의 급작스런 붕괴는 한반도에 대한 미국의 신속한 대응책 마련을 재촉하게 되었다. 특히, 8월 9일 대일 선전포고와 더불어 한반도로 급속하게 내려오는 소련군의 진격은 미국과 미군의 정책 및 전략적 관심을 불러일으킬 사건이 아닐 수 없었다. 독일의 패망 이후에 소련과의 접촉에서 소련은 한번 점령한 지역을 결코 양보하지 않으려는 성향이 강하다는 사실을 간파한 미국은 태평양전쟁에서 일본의 군정에 소련을 배제해야겠다는 강한 정책 의지를 지니고 있었다. 일본의 군정에 소련이 참여하지 못하도록 하기 위해서는 소련군의 진격을 되도록 일본으로부터 멀리 떨어진 곳에서 멈추게 해야 할 필요가 있었다. 1945년 8월 10일 일본이 항복 의사를 밝히자, 미국의 정책결정자들은 극동에서의 작전 한계선과 일본군의 항복을 접수할 주체를 신속하게 선정해야만 하였다.[6]

---

5) Minutes of the Tripartite Military Meeting Held in Cecilienhof Palace, Badelsberg, Germany, July 24, 1945, in United States Policy Regarding Korea, 1941-1945, Selected Records Relating to the Korean War, State Department, Truman Papers, Truman Library.

6) US Department of State, *Bulletin, XIII*, p. 205.

2) 38선의 등장과 한반도의 분할

일본군이 어디에서 누구에게 항복할 것인가를 결정해 주는 명령은 신속하게 작성되어 맥아더(Douglas A. MacArthur, 1880-1964) 사령부에 전달되어야만 했다. 일반 명령 제1호(General Order No. 1)와 이에 담길 항복 지역과 작전 경계선에 관한 내용의 초안은 당시 국무-육군-해군성 정책협의회(the State-War-Navy Coordinating Committee, SWNCC)에서 작성되어 합동참모본부(the U.S. Joint Chiefs of Staff)의 승인과 국무, 육군, 해군 장관의 재가와 대통령이 결재하는 순서를 거쳐 현지 사령관에게 명령으로 하달되었다. 육군성의 정책기획반장 본스틸(Charles H. Bonesteel) 대령은 1945년 8월 11일 새벽, 최초 극동에서의 미소간 작전 한계선으로 북위 38도선을 제시하였다. 본스틸 대령과 러스크(Dean Rusk) 중령은 소련군은 이미 한반도에 들어와 있고, 미군은 한반도로부터 600마일 떨어진 오키나와에 머물고 있다는 점과 38도선이 한반도를 대략 반으로 나누고 서울과 인천을 남쪽에 포괄하고 있다는 점을 고려하였다. 이 안이 제시되자 해군측 대표는 요동반도의 여순(旅順)과 대련(大連)을 포함할 수 있는 39°선을 작전 한계선으로 제시하였다. 그러나 이 선을 확보하기 위한 점령군이 한반도로부터 너무 멀리 떨어져 있다는 문제를 제시한 육군 대표와 대련보다 한반도가 더 중요하다는 국무성 대표의 의견을 참작하여 3성조정위원회(SWNCC)는 38도선을 극동에서의 작전 한계선으로 결정하여 일반 명령을 작성하였다. 작성된 명령 초안은 "서울을 확보할 수 있고 신탁통치시에 영국과 중국에 할애(割愛)할 지역적 공간이 있다"는 논평을 곁들인 합동참모본부의 승인을 받은 후 국무, 육군, 해군 장관의 재가를 거쳐 트루먼(Harry S. Truman, 1884-1972)의 결재를 받아 일반 명령 제1호(General Order No. 1)로 확정되었다.[7)]

미국 트루먼 대통령의 결재로 확정된 명령의 내용은 즉시 소련의 스탈린에게 보내졌다. 스탈린은 명령 초안에 대한 답신에서 극동의 작전 한계선으로 제시된 북위 38도선에 대해서 이의(異議)를 제기하지 않음으로써 미국의 제안을 받아들였다.[8)] 이로써 극동에서의 소련군과 미군의 작전 한계선이 설정되어 38도선 이북의 일본군은 소련군에게 항복하고 이 선 남쪽의 일본군은 미군에게 항복하도록 정해졌다.

이와 같이 결정된 극동의 작전 분계선 38도선은 소련의 일본 군정 참여를 저지하기

---

7) SWNCC Meeting Minutes, August 12, 1945, *FRUS, 1945, VI,* p. 645; James F. Schnabel, *Policy and Direction: The First Year* (Washington, D. C.: G. P. O., 1972), pp. 8-9; J. Lawton Collins, *War in Peacetime* (Boston: Houghton Mifflin, 1969), pp. 25-6. 당시 38°선 책정에 관여했던 딘 러스크(Dean Rusk, 후에 국무장관이 됨)는 나중에 "소련이 38°선보다 더 남쪽의 경계선을 요구할 것이라고 생각했는데 38°선을 받아들여서 다소 의아하게 생각했다"고 술회하였다. Memo, Dean Rusk, *FRUS, 1945, VI,* p. 1039 참조.

8) Stalin to Truman, telegram, August 16, 1945, enclosed in Memo, From Admiral Leahy to General Marshall, April 29, 1947, RG 59, 740.00119 Control(Japan)/4-2947, NA. 트루먼 대통령은 일반 명령 제1호의 내용을 1945년 8월 15일 영국의 처칠 수상에게도 발송하였다.

위하여 되도록 일본에서 멀리 떨어진 지역에서 소련군의 진격을 멈추게 해야 된다는 미국 정부의 정치적 고려와 군사적인 편의를 상정하고 설정되었다. 그러나 일본군의 항복 접수와 소련의 일본군정 참여 배제를 고려하여 설정된 38도선은 북한과 남한을 점령한 소련과 미국이 형성한 전세계적인 냉전 구조와 한국민의 내부적 대립 구조가 연관되어 한국에서 전쟁을 구체화시킨 배경의 일단(一端)이 되었고, 한반도의 분단을 대결 구조로 변화시켜 전쟁을 유발시킨 원인의 시발점이 되었다.

소련군의 남진을 일정한 선에서 저지하고, 미군과 소련군이 일본군의 항복을 분리하여 접수한다는 군사적인 고려에서 미국과 소련이 합의한 북위 38도선은 분명하게 한반도를 남북으로 나누어 놓았다. 38도선은 한반도를 지리적으로 둘로 나누어 놓았을 뿐만 아니라, 소련은 북한을 점령하고 미군은 남한을 점령하여 군정을 실시함으로써 한반도를 이념적으로도 동서로 나누어 놓고 말았다. 한반도의 지리적인 남북 분할과 이념적인 동서 분할은 일본의 식민 통치를 거치면서 민족의식이 희박해진 한국민을 둘로 갈라 놓고 말았다. 이와 같이 미국의 정치적, 군사적 고려에 의해서 극동에 그어진 북위 38도선은 현상적, 실질적, 정치·이념적인 면에서 한국과 한국민을 둘로 갈라 놓아 결국 한반도에서 전쟁을 구체화시킨 원인의 근원이 되었다.

3) 전쟁의 원인

한국 전쟁(1950-3)을 구체화시킨 직접적 원인은 크게 세 가지 범주에서 찾아볼 수 있다. 첫째는 북한을 점령한 소련의 적극적인 대한(對韓)정책과 전략에서 찾을 수 있고, 둘째는 남한을 점령한 미국의 소극적인 대한정책과 전략에서 찾을 수 있으며, 셋째는 한국민, 특히 남북한 정치 지도자들의 민족의식 결여에서 찾아볼 수 있다. 북한을 점령한 소련과 남한을 점령한 미국의 대한정책 및 전략 개념과 개입 정도의 차이는 한반도 내 전략적, 군사적 불균형을 초래·심화시켜 전쟁의 한 원인이 되었다. 일제의 식민 통치와 전쟁 동원으로 폐허가 된 남한과 북한의 역량과 모습은 이를 점령하고 군정을 실시한 미국과 소련에 의해서 얼마든지 다르게 변모될 수 있는 상황에서 소련의 지원을 받은 북한이 남한을 공격할 수 있게 되었기 때문이다. 이에 부가하여 민족 의식이 결여된 한국민, 특히 남북한 정치인들은 외부의 영향을 배제 또는 감소시켜 민족적 손상이 없는 대승적 민족 통합의 추진보다는 자신들의 정치적 영향력을 확대시키는 방향에서의 소승적 민족 통합을 우선으로 간주하여 외부의 영향을 오히려 이용하려는 의지와 태세를 갖추고 있었다. 이러한 한국 정치인들의 민족 의식 결여와 대승적 민족 통합을 도외시한 정치적인 욕구는 미국과 소련의 전세계적인 대립 구조를 한반도에 내재화(內在化)시켜 한반도에서 전쟁을 유발시킨 또 하나의 원인으로 나타났다. 이와 같이 한반도를 실질적으로 점령하여 군정을 실시한 미국과 소련의 대한반도정책과 전략 개념 및 태세와 이에 따른 개입 정도의 차이, 그리고 민족의 장래보다는 정치적 욕구가 앞선 남북한 정치인들의 민족 의식 결여는 한반도 내의 전략적 불균형을 조성하고 정치적, 군사적 대립을 심화시켜 한국전쟁을 유발시킨 원인이 되었다.

(1) 미국과 소련의 대한반도 정책과 전략 차이

북한의 군정을 실시한 소련은 상대적으로 적극적인 대한정책과 전략을 가지고 있었다. 미국의 원자탄 투하로 일본의 붕괴가 눈앞의 현실로 다가서자, 소련은 대일 선전포고와 동시에 병력을 한반도에 진주시킴으로써 미국의 정책입안자와 결정자들을 긴장시켰으며, 38도선이 작전 한계선으로 책정되어 북한의 군정을 시작하면서, 1940년 여름에 창설된 소련 88정찰여단의 1대대장으로 근무한 김일성(金日成) 대위 등 조선인 50명을 여단 해체와 동시에 1945년 9월 북한에 입북시켜 지역별 인민위원회를 구성하는 핵심 세력으로 삼았다. 소련은 이들로 하여금 지주(地主)들의 토지를 몰수하게 하고 이를 농민들에게 분배해 주면서 공산 사회에 대한 동경과 환상을 일반 대중에게 심어 주도록 하였다.[9] 이와 병행하여 소련군은 북한의 공산 세력과 민족주의 세력을 포섭하는 노력도 기울여, 소련군에 협조하는 동조자는 포섭하고, 비협조자들의 남한 탈출을 방조하거나 이들을 구금하는 방법으로 "바람직하지 않은 사람(the undesirables)"들을 제거하는 숙청 작업도 게을리 하지 않았다. 이와 같이 북한의 소련 점령군 지휘관인 치스챠코프(Ivan Mikhailovich Chistiakov) 중장은 경제적인 문제와 북한으로부터 남하하는 피난민 문제를 협의하기 위해서 소련 지휘관과 협의를 원하는 남한의 미군 지휘관인 하지(John R. Hodge) 중장의 요구를 무시한 채 북한의 "소련화(sovietization)"에 여념이 없었다.[10]

북한을 점령한 소련군 지휘관의 비협조적인 태도는 소련 정부와 미국 정부 간 어떠한 형태의 정책적 합의를 요구하고 있었다. 이러한 현지 지휘관의 요구는 미국 정부로 하여금 다시 한 번 한국에 대한 미국의 정책을 점검하도록 하였다. 실무 차원에서 여러 가지 문제와 장단점을 고려한 후에 미국 국무, 육군 장관은 한국에 대한 미국의 정책으로서 첫째, 인위적인 분단으로 인한 현지 미소 군정(軍政)간의 합의의 도출, 둘째, 군정의 종식, 셋째, 4 국에 의한 신탁통치, 넷째, 국제 연합 기능이 정상화되면 국제 연합에 의한 신탁통치의 실시라는 기존의 미국 대한정책을 확인하였다.[11] 이러한 기존의 대한정책을 재확인한 미국 국무장관은 당시의 주소 미국 대사인 해리만(W. Averell Harriman)에게 한국 문제에 대한 소련의 입장을 확인하도록 하였다. 소련 정부와 접촉

---

9) 소련군 88 정찰여단 김일성 대대에서 러시아어 통역 장교로 근무한 유성철(한국전쟁 초기 민족보위성 작전국장)과의 면담내용, 1990. 9. 13. 서울.

10) Memo by Hodge to MacArthur, September 24, 1945, RG 59, 895.01/9-2645, NA; *FRUS, 1945, VI,* p. 1067; MacArthur to the JCS, October, 1945, *Ibid.*, p. 1072.

11) Memo by the Director of the Office of Far Eastern Affairs (John J. Vincent) to Colonel L. Vittrup, War Department, November 7, 1945, *FRUS, 1945, VI,* p. 1113; The Assistant Secretary of War (James J. McCloy) to the Under Secretary of State (Dean Acheson), November 3, 1945, *Ibid.*, pp. 1124-5.

을 가진 해리만 대사는 "소련 정부가 국제 연합에 의한 한국의 신탁통치를 진지하게 고려하는 것 같지 않다"는 내용과 "소련은 한국 문제가 본격적으로 논의되기 전에 북한에서 소련의 정치적 기반을 강화하는 데 모든 노력을 경주하고 있는 것 같다"는 내용의 보고를 워싱턴에 보내왔다.[12] 북한을 점령하여 한반도의 반을 차지한 소련 정부는 4대국에 의한 한국의 신탁통치를 통하여 미국 이외에 영국과 중국을 더 상대해야 하는 번거로움과 수적인 열세를 자초하지 않으려는 정책 의지를 감추지 않았다.

미국과 소련의 대한정책에 대한 입장 차이는 1945년 12월에 모스크바에서 열린 미·영·소 외상(外相) 회담에서 명백하게 나타났다. 미국의 번즈(James F. Byrnes) 국무장관은 1945년 12월 17일 "한국의 통일 정부(United Administration for Korea)"라는 제목의 비망록(memorandum)에서 그는 "5년을 넘지 않는 4대국 신탁통치를 통한 한국의 독립 정부 수립"을 위해서 남북한의 미소 군 지휘관들의 공동 노력을 강조하였다.[13] 미국의 회담 대표가 미국의 입장을 밝히자, 소련의 몰로토프(V. M. Molotov) 외상(外相)도 "한국에 대하여(Regarding Korea)"라는 비망록을 1945년 12월 20일 배포하여 소련의 입장을 밝혔다. 이를 통하여 소련은 4국에 의한 한국의 신탁통치라는 용어를 지워버리고 미국과 소련 군정 대표로 구성되는 "미소 공동위원회(The Joint American-Soviet Commission)"의 구성을 제의하였다. 몰로토프는 이 위원회를 통하여 한국민의 정치, 경제, 사회 발전에 필요한 조치를 논의하고, "민주적인" 한국의 정당과 사회 단체로 임시 정부를 구성하여 한국에 독립 정부를 수립하자고 제안하였다.[14] 결국 미국과 소련의 구상이 모스크바 회담의 선언문에 동시에 반영되어, 미소 공동위원회를 설치하여 한국 임시 정부을 수립하고 신탁통치를 위한 여건 조성과 한국 독립에 관한 모든 문제를 이 위원회에서 논의한다는 내용의 합의문이 1945년 12월 27일 발표되었다.[15]

한국의 신탁통치안이 발표되자 한국민의 전부는 이를 받아들이지 않았다. 심지어 한국의 공산주의자들도 이를 받아들이지 않았다가, 소련의 입장이 전달되자 모스크바 선언의 열렬한 지지 세력이 되기도 하였다. 소련이 이러한 한국민의 반대를 정치적으로 이용할 목적으로 한국의 공산당에게 모스크바 선언을 지지하도록 지시하였기 때문이었다. 모스크바 선언 중에서 한국의 장래에 대한 미국의 신탁통치안이 받아들여지지 않는 상황에서, 소련은 한국의 공산주의자들로 하여금 선언문에 내포된 소련의 의지를 존중하도록 하여 이들을 모스크바 선언을 존중한 유일한 정치 세력으로 등장시킴으로써 이들 중심의 한국 임시 정부 구성에 필요한 조치를 취하고, 다음 행보(行步)를 준비하고 있었다.

---

12) Harriman to Secretary of State, Byrnes, November 12, 1945, *FRUS, 1945, VI,* p. 1122.

13) Memo by the United States Delegation, December 17, 1945, *FRUS, 1945, II,* pp. 641-3.

14) Memo by the Soviet Delegation, December 20, 1945, *Ibid.*, pp. 699-700.

15) The Communique Agreed at the Moscow Conference, *FRUS, 1945, VI,* pp. 1150-51.

미국과 소련의 합의하에 구성된 미소 공동위원회의 최초 모임(1946년 3월 20일, 서울)에 참석한 소련 대표단의 대표인 슈티코프(Terenti F. Shtykov) 중장은 대표 연설에서 "…한국은 진정한 민주, 독립 국가가 되어야 하고 장차 한국이 소련 침공을 위한 기지가 되지 않도록 하기 위하여 소련에 우호적이어야 한다"고 선언하였다. 그는 한국에서의 임시 정부 구성에서 모스크바 결정을 존중하지 않은 "반동적이고 비 민주적인 한국인 집단(reactionary and anti-democratic group of Koreans)"은 제외되어야 한다고 주장하였다.[16] 소련 대표의 이러한 주장은 모스크바 결정을 존중한 공산당을 제외한 한국의 모든 정당이나 한국민은 임시 정부 구성에 참여할 수 없다는 내용으로서 한국 임시 정부를 공산 정부로 구성하겠다는 정책적 의지의 표명이었다. 모스크바 결정을 존중하지 않은 한국민들을 임시 정부 구성에 참여시킬 수 없다는 소련의 주장과 모든 한국인은 모스크바 결정도 반대할 수 있는 "표현의 자유"를 누릴 수 있는 권리가 있기 때문에, 모든 한국인은 임시 정부 수립에 참여할 수 있다는 미국의 주장은 타협점을 발견할 수가 없었다. 결국 미소 공동위원회는 공동 보고서의 제출조차 합의하지 못하고 1947년 8월 20일 미국측의 일방적인 보고서의 제출을 끝으로 결렬되고 말았다. 미소 공동위원회가 결렬되자, 미국은 워싱턴에서 4대국 회담을 열자고 제의했으나, 소련은 이를 일축해 버렸다. 이로써 미국과 소련 간에 한국 문제에 대한 논의는 사실상 종언을 고하게 되었다. "통일 한국 정부는 소련에 우호적이어야만 한다"는 소련의 의지와 "통일 한국 정부는 모든 세계가 받아들일 수 있어야 한다"는 미국 의지와의 타협이 불가능했기 때문이었다.

미국은 소련과의 협의를 통해서 한국 문제에 대한 해결책을 찾지 못하자 한국이 지닌 정치적, 전략적 가치를 평가하면서 다른 해결책을 모색하였다. 미국 군정에 참여하고 있던 정치고문, 제이콥스(Joseph E. Jacobs)는 한국에 대한 미국의 불명확한 개입 태도는 미국의 국가적 위신을 실추시키킬 뿐이라는 점과 미국식 민주주의는 돈으로 사서 한국민들에게 줄 수 있는 것도 아니고 강제적으로 주입시킬 수 있는 문제도 아니라는 점을 지적하면서, 세계적 차원에서 본 소련과의 대결에서 한국의 전략적 가치를 분석하여, 가치가 있다고 판단하면, 보다 적극적으로 개입하여 한국을 보루(堡壘)로 만들든지, 아니면 한국에서 되도록 빨리 명예롭게 철수하는 것이 필요하다는 의견을 워싱턴에 보냈다.[17] 이에 트루먼 대통령은 미국의 전세계적인 개입을 평가하고, 어느 곳에서 안전하게 철수할 수 있는가를 검토하라는 지시를 하달하였다. 대통령의 지시에 따라 미국의 합참본부(the U.S. Joint Chiefs of Staff)는 한국의 전략적 가치에 대한 평가를 내렸다. 미국 합참본부는 당시의 상황에서, 극동에서의 분쟁 발생시 한반도는 우회 가능하고 한반도는 지상 작전보다는 공군 작전으로 제압이 가능하며, 한국에 주둔하고 있던 4만 5,000명의 미군은 전략적으로 중요한 다른 지역에서 운용하는 것이 더

16) *The New York Times*, March 21, 1946.
17) Jacobs to Secretary of State, September 19, 1947, *FRUS, 1947, VI*, pp. 803-7.

욱 바람직하다는 이유를 들어 한국의 전략적 가치를 거의 인정하지 않고 한국에서의 미군 철수를 주장하였다.[18] 합참본부의 한국에 대한 전략적 평가를 받은 미 국무장관은 한국 문제를 유엔에 상정하기로 하고, "미국이 한국에서 허겁지겁 달아난다는 인상을 세계 각국에 주지 않으면서 한국에서 신속하고 명예롭게 철수"하기로 하는 건의를 하여 대통령의 재가를 받았다. 그리고 그 당시에 주둔군의 철수를 주장하던 소련에게도 한국 문제가 유엔에 상정되었기 때문에 모든 문제를 유엔에서 논의하는 것이 순리라는 입장을 전달했다.[19] 이로써 미국은 한국의 장래에 대해서 단독적인 책임을 떠맡지 않고, 소련과의 단독 설전(舌戰)과 신경전(神經戰)도 회피하기 위하여 한국 문제를 유엔의 문제로 만들어 버렸다.

북한의 소련화(sovietization)에 열중하던 소련과 한국 문제의 국제화(internationalization)를 추진한 미국의 정치·전략 태세의 차이가 현실적으로 구체화되기 시작하였다.

유엔에서의 토의와 설전을 거친 후에 유엔총회는 1947년 11월 14일 유엔 감시하에 한국에서 총선을 실시하여 통일 한국 정부를 수립하자는 미국이 제출한 결의안을 통과시켰다. 그러나 소련은 이를 전면적으로 거부하였으며, 유엔 감시단의 북한 입북마저 거절하였다. 이에 유엔은 선거 가능한 남한지역에서 선거를 실시하여 1948년 8월 15일 대한민국 정부를 탄생시켰고, 이에 맞추어 소련은 1948년 9월 9일 북한에서 조선민주주의 인민공화국을 탄생시켰다. 이로써 소련군의 남진을 저지하고 일본군의 항복 접수를 용이하게 한다는 취지에서 미국이 제안한 북위 38도선은 국경선으로 변하고 말았다. 편의적인 한반도의 분단이 인위적으로 고착되어 한반도에서의 대립 구조는 미국과 소련이 벌이는 전세계적인 대립 구조와 직간접적으로 연관되어 정착되기에 이르렀다.

(2) 한반도 내 좌우 대립

편의적인 한반도의 분단을 정치적인 분단으로 고착시킨 데는 미국과 소련의 타협 불가능한 입장 차이에 부가하여 가능한 지역에서 자신들의 세력권을 먼저 형성하고자 했던 남북한 정치인들의 역할이 한몫을 담당하고 있었다. 소련의 지원을 확보한 북한의 김일성이나 남한의 이승만과 북한에서 남하한 한국인들이 주축이 된 우익 세력은 우선 가능한 지역에서 정치적인 영향력을 확보해야 한다는 판단을 내리고 한반도의

---

18) Memo for the Joint War Plans Committee, sub.: Guidance for the Preparation of a Joint Outline War Plan, August 29, 1947, RG 319, ABC 381 Global Estimate(16 July 47), NA; A Report by the Joint Strategic Survey Committee on Military Importance of Korea, September 24, 1947, RG 218, CCS 383.21 Korea(3-19-45), sec., 13, NA; Memo by the Secretary of Defense(James Forrestal) to the Secretary of State(George C. Marshall), September 26, 1947, *FRUS, 1947, VI,* pp. 817-8; Harry S. Truman, *Memoirs, II: Years of Trial and Hope*(Garden City, New York: Doubleday, 1963), pp. 325-6.

19) Memo by the Director of the Office of Far Eastern Affairs(Butterworth) to the Under Secretary of State(Lovett), sub.: Presentation of Korean Problem to the United Nations, October 1, 1947, *FRUS, 1947, VI,* pp. 820-1; The Acting Secretary of State to the Embassy in the Soviet Union, October 17, 1947, *Ibid.*, pp. 836-7.

정치적인 분단도 마다하지 않으면서 상대를 비난하기에 급급하였다. 남한의 좌익 세력들은 분단의 정치적 고착을 반대하였으나 이들 역시 정치적으로 비교적 자유스러운 지역인 남한 내에서 자신들의 정치적 영향력이 축소된다는 상황 인식하에 분단을 반대하였다. 그러나 한국 임시 정부의 수반을 지낸 김구(金九)와 한국의 간디로 알려진 김규식(金奎植)은 남한에서만의 선거는 민족의 분단을 고착시키는 결과를 가져온다고 주장하면서, 북한 인민위원회 위원장인 김일성(金日成)에게 통일 정부 수립을 위한 대책을 논의하자는 제안을 하였고, 1948년 4월 19일 평양에서 개최된 남북 대표자 연석회의에 참석하기도 하였다. 그러나 이 연석회의는 완전히 통제된 가운데 진행되어 유엔과 유엔 한국임시위원단의 행위를 비난하고 미군의 조기 철수를 강력히 요구하는 성명서를 일방적으로 채택함으로써 통일 정부 수립을 위한 방안 모색보다는 공산주의자들의 선전 목적을 달성한 후에 막을 내렸다. 이러한 북한 공산주의자들의 행위에 실망한 "순진한" 두 김 씨는 자신들이 성명서에 서명하지 않고 비서들이 대신하도록 하였으나, 이들은 이로 인해서 후에 신체적 생명과 정치적 생명을 마감해야 하는 비운을 자초한 셈이 되었다. 실로, 민족의 통합이나 통일정부 수립보다는 자신들의 영향력을 우선 확보하려던 남북한 정치 세력과 정치 풍조는 외부의 간섭을 배제하고서라도 한국을 통일 국가로 만들어야 하겠다는 민족의식이 끼어들 틈을 주지 않았고, 편의적인 분단을 정치적으로 고착시키는 데 한 몫을 담당하였다.

그러나 이렇게 한국의 분단을 고착시키는 데 기여한 이들 남북한의 정치 세력들은, 역설적으로 분단된 상태를 받아들이지 않았을 뿐만 아니라 이를 자신들의 주도하에 해소하겠다는 정책적 의지를 감추지 않아 한국전쟁의 한반도내적 원인을 조성시키기까지 하였다. 이와 같이 남북한의 정치인들, 특히 북한의 공산주의자들은 편의적인 분단을 정치적으로 고착시키고, 이를 해소하기 위한 수단으로써 무력 사용까지 불사하려는 의도를 지니고 있어서 한국전쟁의 한 원인을 제공한 장본인들이 되었다. 그리하여 남한에서는 "북진통일"이라는 구호가 난무하였고, 북한에서는 "남조선 해방"이라는 용어가 남용되기에 이르렀다.

(3) 한반도 내외의 정치 · 전략적 불균형 조성

한국에서 전쟁이 일어난 가장 결정적인 원인은, 한반도 내에 한국과 조선을 탄생시킨 미국과 소련의 대한반도정책과 전략, 그리고 이들 국가의 지원의 차이로 남북한간 전략적 불균형이 조성됨에 따라, 정책수단으로서 전쟁의 효용성(效用性)이 보장되고 전쟁이 승패(勝敗)로 마감될 가능성이 표출되었다는 점이었다.

남한에서 군정을 실시한 미국 정부, 특히 미국 군부는 남한에 주둔하고 있던 미군을 빨리 철수시키려 하였다. 그리하여 미국의 합참본부는 융통성 있는 철수 시기를 주장하는 국무성 관리들의 주장에도 불구하고 1948년 8월 15일부터 미군을 철수하여 12월 15일까지 철수를 완료하겠다는 계획을 세웠다. 그러나 남한의 미군 지휘관이나 정치

보좌관 등은 미군의 조기 철수로 3년 간의 미국 노력이 허사(虛事)로 돌아갈 가능성이 있다는 점을 지적하면서 철수 완료 시기는 융통성 있게 정하는 것이 바람직하다는 건의를 하였다. 이와는 반대로 1948년 9월 15일 북한의 최고 인민회의는 외국군의 철수를 촉구하는 결의안을 통과시켰다. 소련은 9월 18일, 이를 받아들이고 1948년 말까지 소련군을 철수시킨다는 점을 미국에 통보하면서 미국도 소련과 보조를 같이하기를 원한다는 입장을 전달했다. 이러할 즈음, 남한에서는 제주도 폭동사건(1948. 4. 3.), 여순반란사건(1948. 10. 19.), 대구 폭동사건(1948. 11. 2.) 등이 일어나 한국의 이승만 대통령으로 하여금 미국의 트루먼 대통령에게 한국군이 내부의 위협을 제거할 때까지 미군의 철수를 연기해 달라는 청원을 하도록 만들었고, 한국 국회도 미군 철수 연기를 호소하는 결의안을 통과시키게 되었다.[20] 이러한 사태의 진전을 감안한 미국 국무부는 철군 완료 시기를 늦추자는 견해를 밝혔으나 합참본부와 국방부는 계획대로의 철수를 주장하였다. 이에 미국의 안보회의(U. S. National Security Council)가 미군의 철수 완료 시기를 1949년 6월 30일로 연기하는 것을 건의하여 트루먼 대통령의 재가를 받았다.[21] 이로써 미국은 주한 미군을 1949년 6월 30일까지 철수하기로 결정하였다.

결정된 대로 주한 미군은 불안한 한국민의 시선을 뒤로 하고 1949년 6월 30일 500여 명의 군사고문단만을 남겨 놓은 채 한국을 떠났다. 한국의 이승만 대통령은 미군이 떠나기 전에 "38선을 넘어서 공산군이 침공해 올 경우에 미국이 무엇을 도와줄 것인가를 대답해 달라"는 호소를 하였지만 미군은 계획대로 한국을 떠났다.[22] 한국의 이승만 대통령은 1949년 8월 미국의 트루먼 대통령에게 군사 원조를 구걸하는 편지를 보내면서, "우리는 2일 분의 탄약만 보유하고 있습니다. … 우리는 38선 이북의 영토를 공격하지 않을 것입니다"라고 다짐하기도 했다.[23] 이에 트루먼 대통령은 "감당할 수 없는 대규모 군사력의 유지보다 건실한 경제 개발이 훨씬 더 중요하다"는 내용의 편지를 이승만 대통령에게 보내면서 한국 대통령의 간곡한 군사 원조 요청을 거절하였다.[24] 그리고 미국 정부는 나중에 "북한의 전면 침공이 있을 경우에 한국 정부는 유엔 총회나 안보이사회에 도움을 요청하기 바란다"는 회답을 보내 왔다.[25] 그리고 주한 미국대사가 요청한 2,000만 달러의 군사 원조액을 1,000만 달러로 삭감하면서, 한국에 군사 원조를 더 해 줄 예산과 명분도 없다는 점을 명백하게 하였다.[26] 대신에 미국 행정부는

20) Muccio to Secretary of State, November 17, 1948, RG 59, 740.00119 Control (Korea)/11-1748, NA; Selected Records Relating to the Korean War, Department of Defense, Truman Papers, Truman Library.

21) Memo for the President, sub.: A Summary of the Discussion at the 36th Meeting of the NSC, March 23, 1949, NSC Meetings, President Secretary's File, Truman Papers, Truman Library.

22) President Rhee's Press Statements, in Muccio to Secretary of State, May 7, 1949, *FRUS, 1949, VII,* pp. 99-3, 1011-2.

23) President of the Republic of Korea(Syngman Rhee) to President Truman, August 20, 1949, *FRUS, 1949, VII,* pp. 1075-6; Ordnance Inventory attached to the letter, RG 319, P&O 091 Korea, sec., 1-E, case 16, book I, sub. nos., 1-4, NA.

24) President Truman to President Rhee, September 26, 1949, *FRUS, 1949, VII,* pp. 1084-5.

25) The Secretary of State to the Embasy in Korea, December 14, 1949, *Ibid.,* p. 1108.

경제협력기구(ECA: Economic Cooperation Administration)를 통하여 3년 간에 걸쳐 3억 5,000만 달러 정도의 경제 원조를 한국에 제공하려 했으나, 미국 국회는 1950년 회계연도에 한국 원조액을 5,000만 달러로 삭감하고, 한국전쟁이 발발한 후인 1950년 6월 29일까지도 이를 승인하지 않고 있었다.[27] 이와 같이 미국 정부는 한국을 하나의 부담으로 간주하고 한국의 안보와 경제 발전에 대한 단독적인 책임은 물론 개입도 달가워하지 않고 있었다.

한국에 대한 단독적인 개입을 회피하려는 미국의 정책 및 전략은 1950년 1월 12일에 미국의 신문기자협회에서 행한 미 국무장관(Dean Acheson)의 연설에서 그 일단이 드러났다. 애치슨은 미국이 일본의 방어를 위해서 전적으로 개입하고 있다고 언급하면서 미국의 극동방위선은 필리핀에서 유구열도, 일본을 지나 알류샨열도로 이어진다고 밝혔다. 그리고 이 방위선 밖의 지역에서의 침공은 일차적으로 지역 주민들이 저지하고 다음에 유엔헌장에 의한 모든 문명 세계의 개입에 의존하여 저지되어야 한다고 말했다. 미국 정부 내의 어느 누구도 애치슨의 연설 내용에 대해서 이의(異議)를 제기하지 않았다.[28] 미국의 대한정책과 전략의 내용은 애치슨의 연설에 담겨 있었고 미국 대한정책과 전략의 실제는 1,000만 달러에 해당하는 1950년도의 군사 원조 중에서 한국전쟁 전에 수백 달러 상당의 통신선만이 한국에 도착되었다는 사실에 실려 있었다. 실제로 한국은 미국의 전략적 안목에서 보면 "하나의 자산이라기보다는 부담(a burden rather than an asset)"에 불과하였다.[29]

이와는 극히 대조적으로 소련은 북한을 하나의 자산(資産)으로 간주하였다. 먼저 북한의 군정을 실시한 소련은 남한의 미군정 지휘관의 접촉 요구에도 불구하고, 양국 군정 당국과의 논의와 협조보다는 북한의 소련화에 주력하였으며, 모스크바 외상 회담에서 합의되어 1946년 3월 20일, 서울에서 개최된 미소공동위원회에서 슈티코프 대표를 통해서 "통일 한국정부는 소련에 우호적이어야 한다"는 점을 천명하도록 하였다. 그리고 한국 임시 정부 수립에 모스크바 결정을 반대한 한국의 정당이나 사회 단체를 제외하자고 주장하여 공산당이나 공산주의자들만의 임시 정부 수립을 끝까지 고집함으로써 미소공동위원회를 통한 한국 문제 협의를 사실상 중단시켜 버렸다. 한국 문제가 유엔으로 넘어간 후에도 소련은 유엔 감시하에 총선거 실시를 통해서 한국에 통일 정부를 수립하자는 유엔의 결정을 거부하고 유엔 한국임시위원단의 입북을 거부해 버렸다.

---

26) Memo by the Acting Director of the Mutual Defense Assistance Program(Ohly) to the Assistant Secretary of State for the Far Eastern Affairs(Rusk), May 10, 1950, *FRUS, 1950, VII,* pp. 82-3.

27) Truman, *Memoirs, II,* p. 329.

28) Speech, Dean Acheson to the National Press Club, January 12, 1950, U. S. Congress. Committee on Armed Services and Committee on Foreign Relations, *Military Situation in the Far East and the Facts Surrounding the Relief of General of the Army Douglas MacArthur from His Assignments in that Area* (Washington, D. C.: G. P. O., 1951), part II, pp. 1811-2; Dean Acheson, *Present at the Creation: My Years in the State Department* (New York: W. W. Norton & Co., 1969), 357-8.

29) Ohn, Chang-Il, "The U.S. Joint Chiefs of Staff and U.S. Policy and Strategy Regarding Korea, 1945-1953," unpublished Ph. D. dissertation, University of Kansas, 1983, p. 87.

이에 유엔이 남한에서 선거를 통하여 한국 정부를 수립하자, 소련도 북한에서 조선 정부를 수립하여 그들이 차지한 북한을 끝까지 장악하였다. 북한 정권을 수립한 소련은 북한 정부를 통하여 자신들의 입장에 맞는 요구를 제안하게 하고, 거기에 맞는 조치를 취하는 방식으로 대 한반도정책과 전략을 구체화하였다. 북한군을 상대적으로 강하게 증강시켰다고 판단한 소련은 북한의 최고인민회의가 통과시킨 외국군 철수 건의안을 수용하여 1948년 말까지 소련군을 철수하겠다고 미국에게 통보하면서 미국도 이와 상응한 조치를 취할 것을 주장하였다. 이와 같이 소련은 북한을 반드시 확보해야 할 자산으로 간주하고, 이를 확보할 조치들을 취하였다.

소련 수상 스탈린은 한국 문제를 다루는 데 있어서 조심스러우면서도 적극적인 태도를 취하였다. 김일성(金日成)과 박헌영(朴憲永)이 소련과 북한 간에 우호·협력 조약의 체결을 요구한다는 보고를 받은 스탈린은 1949년 1월 17일, 슈티코프 주북한 소련대사를 통하여 한반도가 분단된 상태에서 소련과 북한이 동맹 관계를 맺는 것은 남한 정부가 이를 분단을 영구적으로 고착시키려는 처사라고 비난할 가능성이 있으며 이것은 미국과 소련 관계를 복잡하게 만든다는 이유를 들어 거절하고, 소련과의 조약 체결이 불가능하다면 소련이 북한을 비밀리에 원조한다는 합의만이라도 체결하자는 주장도 잠재웠다. 이러한 북한 김일성의 요구 등이 제기되고 38도선상에서의 남북한간 충돌 사건이 계속 보고되는 상황에서, 스탈린은 한국에서 전개되고 있는 사태에 대한 김일성과 박헌영의 의견을 들어보기 위해서 이들을 모스크바로 불렀다.[30)]

1949년 3월 5일, 모스크바에서 스탈린은 김일성과 박헌영이 이끌고 온 북한 대표단을 접견하는 자리에서 38도선에서의 충돌 사건과 북한군의 상태에 관하여 몇 가지 질문과 대화를 나누었다. 이 자리에서 김일성이 북한군은 해안 방어 능력이 없다는 점과 이에 대한 소련의 원조를 요구하였다. 이에 스탈린은 남한에 미군이 남아 있는가, 남한의 병력은 얼마인가를 물어 봤다. 김일성은 2만 명에 달하는 미군이 아직 남한에 남아 있으며, 남한 병력은 6만에 이른다고 답변하였다. 스탈린은 김일성에게 "그들을 두려워하는가?"라고 물었다. 김일성은 결코 두렵지 않다고 대답하면서 해군 부대를 원한다고 말했다. 그러자 스탈린은 어느 쪽 군대가 강한가라고 물었다. 이번에는 박헌영이 "우리 군대가 강합니다"라고 답변하였다. 여기까지 대화가 진행되자 스탈린은 "우리는 당신들에게 해군을 지원해 줄 것이며 당신들은 군용기도 갖추어야 할 것이다"라고 말함으로써 해군력 뿐만 아니라 공군력까지 지원하겠다는 의도를 분명히 하였다. 스탈린은 남한군의 38도선 침공 사건에 대하여 질문하면서 남한군이 스스로 물러났는가 아니면 북한군이 이를 격퇴시켰는가를 물었다. 이 질문에 김일성은 북한군이 남한군을

---

30) 암호전문, 평양으로부터, 1949. 1. 17; 2. 4, 슈티코프, 大韓民國 外務部 譯, *韓國戰爭 關聯 蘇聯極秘外交文書*(이후 *蘇聯極秘外交文書*), *3*, p. 1; Evgeniy P. Bajanov and Natalia Bajanova, *The Korean Conflict, 1950-1953: The Most Mysterious War of the 20th Century---Based on Soviet Secret Archives* (unpublished), pp. 1-6; 김광린 번역, *소련의 자료로 본 한국전쟁의 전말* (도서출판 열림, 1998), pp. 9-14.

격퇴시켰다고 대답하였다. 김일성의 답변을 들은 스탈린은 “38선은 평온해야 한다. 이것은 매우 중요하다”라고 말했다.[31] 38선에서 일어난 남북한 충돌 사건에 대한 실상을 파악하고 난 스탈린은 38선에서의 분쟁이 확산되는 것에 대해 우려를 표시하면서도 북한군의 증강에 대한 확답을 함으로써 적극적인 대북한 지원을 약속하였다.

스탈린으로부터 북한군의 증강을 위한 지원을 약속받은 김일성은 이틀 후인 1949년 3월 7일 크렘린에서 있었던 스탈린과의 회담에서 남한 공격을 허락해 줄 것을 스탈린에게 요청하였다. 김일성은 여러 가지 이유를 들어 북한의 남한 공격에 대한 필요성과 이의 성공 가능성을 제시하면서 다음과 같이 스탈린에게 남한 공격을 허락해 줄 것을 간청하였다.[32]

> ....
>
> 김일성: 스탈린 동무, 현재 상황으로 보아 군사적 수단에 의해서 전국을 해방하는 것이 필요하고 가능하다고 우리는 믿고 있습니다. 남쪽의 반동 세력들은 평화적인 통일에 결코 동의하지 않을 것이며, 북쪽을 침공할 정도로 그들이 강해질 때까지 조국의 분단을 고착시킬 것입니다. 우리는 현재 주도권을 장악할 수 있는 최선의 기회를 맞고 있습니다. 우리의 군대가 보다 강하며 이와 더불어 우리는 남쪽의 강력한 유격작전의 도움을 받고 있습니다. 또한, 남한의 친미정권을 경멸하는 남쪽 주민들은 우리를 확실하게 도울 것입니다.
>
> 스탈린: 남쪽으로 진격해서는 안 됩니다. 첫 번째로, 조선인민군은 남한군에 대해서 압도적인 우위를 확보하고 있지 못합니다. 두 번째로, 남한에 미군이 주둔하고 있으며 전쟁이 일어날 경우에 개입할 것입니다. 세 번째로, 38선에 관한 소련과 미국 간의 합의는 아직도 유효하다는 사실을 잊어서는 안 됩니다. 만약에 이 합의를 우리측이 파기한다면 미국이 간섭할 것이라고 믿는 이유가 더 설득력을 갖습니다.
>
> 김일성: 그것은 가까운 장래에 조선을 통일할 기회가 없다는 것의 의미인가요? 우리 인민들은 다시 합쳐지기를 원하고 있고 반동정권과 주인행세를 하는 미국의 굴레에서 빨리 벗어나기를 열망하고 있습니다.
>
> 스탈린: 적이 공격 의도를 가지고 있다면 조만간 공격을 개시할 것입니다. 이 공격에 대응하여 당신은 반격을 개시할 좋은 기회를 갖게 될 것입니다. 그렇게 되면 동무측의 행동은 이해되고 모두의 지지를 받게 될 것입니다.

이와 같이 김일성은 1949년 3월 7일에 공식적으로 스탈린에게 남한의 무력 침공을 요청하였으나, 스탈린은 아직은 기회와 여건이 성숙되지 않았다는 점을 내비치면서 적

---

31) *蘇聯極秘外交文書, 3,* pp. 6-10; Stalin's conversation with the DPRK's government delegation, headed by Kim Il Sung, March 5, 1949, Archives of the President of Russia, pp. 1-11, quoted in Bajanov's *The Korean Conflict, 1950-1953: The Most Mysterious War of the 20th Centrury,* pp. 4-6; 김광린, 역, *한국전쟁의 전말,* pp. 13-14.

32) Conversation between Stalin and governmental delegation of the DPRK headed by the Chairman of Cabinet of Ministers of the DPRK Kim Il Sung, March 7, 1949, Archives of the President of Russia, pp. 3-4, quoted in *The Korean Conflict of 1950-1953: The Most Mysterious War of the 20th Century,* pp. 17-8; *한국전쟁의 전말,* pp. 27-8.

이 공격할 경우에 실시되는 반격 작전 이외의 군사 작전은 수행할 수 없다는 점을 명백히 하였다.

이로부터 김일성은 무력 사용에 의한 "남조선 해방"의 당위성과 효용성을 내세운 그의 주장을 반복하여 되풀이하였다. 특히 1949년 6월 30일 미군이 남한에서 철수함으로써 미소 점령군의 한반도 철수가 마무리되자, 38선에 대한 미국과 소련의 합의는 의미를 상실했다고 주장하면서 북한 주재 소련 대사인 슈티코프에게 남침 승인과 소련의 군사적 지원을 요청하였다. 슈티코프는 남한의 군사력이 강화되었고 미국과 여러 나라들이 남한을 인정하였으며, 미국이 남한의 침공을 소련에 대한 대규모 공격 구실로 삼을 수 있고, 북한군이 절대적인 우세를 확보하지 못하고 있다는 점을 들어 김일성의 남침 주장에 제동을 걸었다.[33]

그러나 김일성의 남침에 대한 집념은 호락호락하지 않았다. 슈티코프가 모스크바에서 휴가중일 때 김일성은 남일과 함께 1949년 9월 3일 소련 공사를 만나서 머지않아 남한군이 옹진반도와 해주를 점령할 계획을 가지고 있다는 말을 하면서 북한이 먼저 남한을 공격할 필요가 있다고 주장하였다. 이 때 남일은 만약에 국제적인 상황만 좋아지면 북한군은 2주 내에 남한을 점령할 수 있다고 장담하면서 길어야 2개월을 넘기지 않을 것이라고 자신 있게 말했다.[34] 이것이 불가능하면 옹진반도와 개성지역을 점령하는 국지적 작전이라도 수행할 수 있어야 한다고 주장했다. 이러한 내용은 즉시 스탈린에게 보고되었고, 이에 대해서 스탈린은 즉시 남한의 군사력은 어떠하며 남한에서의 게릴라 활동 상황은 어떻고, 북한군이 남침할 경우에 남한 주민이 북한군을 도울 수 있는 내용이 무엇이며, 미군이 아직도 남한에 남아 있는지와 개입 여부, 북한군은 스스로 어떻게 자신들을 평가하고 있는지, 그리고 이러한 문제에 대한 현지 소련 대사관은 어떠한 결론을 내릴 수 있는지를 분석하여 보고하도록 지시하였다. 이러한 지시를 받은 툰킨(G. I. Tunkin) 공사는 1949년 9월 12일과 13일에 김일성과 박헌영을 만나 의견을 교환한 후에, 모스크바에 답신 전문을 보냈다. 김일성과 박헌영은 38선에서의 접전을 통해서 나타난 남한군의 전력과 훈련 상태는 매우 저조하다고 말했으며 박헌영은 남한의 게릴라로부터 많은 도움을 받을 수 있다고 말했으나, 김일성은 별로 기대를 하지 않고 있다고 보았고, 김일성과 박헌영은 전쟁이 발발할 경우에, 미국은 일본군과 중국 국부군으로 남한을 지원하고 미군은 해상과 공중 지원을 하면서 고문관 정도는 파견할 것으로 판단하였고, 북한군이 남한군보다 훨씬 강하고 우세하다는 내용이 전문에 포함되어 있었다. 그러나 툰킨 공사는 당시에 북한이 전쟁을 일으키는 것이 "현명하지 않다는(not sensible)"는 자체 분석을 담은 보고서를 첨부하여 전문을 발송하였다. 북한에 있는 대사관의 보고 전문을 받은 소련공산당 중앙위원회 정치국은 1949년 9월

---

33) *前揭書*.

34) Tunkin's cable to the Kremlin, September 3, 1949, Archives of the President of Russia, pp. 1-3, quoted in Bajanov's *The Korean Conflict of 1950-1953*, pp. 19-29; 김광린, 역, *한국전쟁의 전말*, pp. 26-39.

24일에 북한의 남침을 승인하지 않는 명령을 슈티코프 대사에게 내렸다. 북한군의 준비가 아직 만족할 만큼 되어 있지 않고 미국은 이 문제를 유엔에 제기하여 북한의 침략을 비난하고 미군을 남한에 파견할 가능성이 남아 있으며, 북한이 남북한 인민들의 지지를 얻기 위한 평화적인 통일을 호소하는 노력을 충분히 기울이지 않았다는 것이 이유로 지적되었다. 이 지시문에서 스탈린은 "남측이 북침을 개시할 경우에는 동무는 준비를 갖추고 있다가 상황에 따라 행동하여야 함"이라는 내용을 직접 삽입하였다.[35] 1949년 3월 7일 김일성과의 면담에서 밝힌 대로, 남침은 안 되고 북침에 대한 반격 작전은 가능하다는 스탈린의 입장 또한 견고하였다.

1949년 10월 4일, 슈티코프 대사는 스탈린의 명령을 김일성과 박헌영에게 전달하고 그들의 반응을 스탈린에게 보고하였다. 슈티코프는 김일성과 박헌영이 소련의 입장을 냉정하게 받아들였으며, 김일성은 "O. K."라고 말하고, 박헌영은 소련의 논리가 옳다고 말하면서 남한에서의 유격 활동을 강화시킬 필요가 있다는 말을 했다고 보고하였다.[36] 그러나 북한의 김일성과 박헌영은 스탈린이 북한군이 준비 되고 국제적인 여건이 성숙되면 북한의 남한에 대한 군사 행동을 완전히 봉쇄하지는 않을 것이라는 심증(心證)은 결코 버리지 않고 있었다.

김일성을 비롯한 북한의 공산주의자들은 무력 사용을 통한 "남조선 해방"이라는 주장을 버리지 않고 북한군을 강화시켜 나가면서, 이에 대한 스탈린의 승낙을 기다리고 있었다. 중국공산당이 1949년 10월 1일 정부를 수립하여 12월 장개석(蔣介石)을 대만으로 축출함으로써 중국대륙을 석권하고, 1950년 1월 미국이 한반도를 미국의 극동방위선에서 제외했다는 사실을 미 국무장관이 발표하자 김일성은 다시 스탈린을 졸라대기 시작했다. 1950년 1월 17일, 외상 박헌영이 주관한 만찬장에 참석한 소련 대사에게 김일성은 중국이 본토를 해방했으니 다음은 조선이 남조선을 해방시킬 차례라는 점을 강조하면서, 중국의 모택동(毛澤東)도 전에 중국에서 전쟁이 종결되면 조선을 돕겠다고 약속한 바 있다는 점을 강조하였다. 그리고 김일성은 조선 "인민군"이 이승만 군대보다 훨씬 강하다고 말하면서 스탈린의 면담을 요청하였다. 그러면서 김일성은 그 자신이 공산주의자로서 훈련을 받은 사람이기 때문에 독단적으로 공격 작전을 수행하지 않을 것이라는 견해를 밝히면서, "스탈린 동무의 명령은 자신에게 있어서는 법(orders given by Stalin are law for him)"이라는 입장을 빼놓지 않고 말했다. 이러한 대화 내용은 즉시 스탈린에게 보고되었다. 이 보고를 받은 스탈린은 여러 가지 사항을 검토한 후에, 1950년 1월 30일, 평양에 있는 소련 대사에게 "김일성 동무의 불만은 이해가 되나, 남조선에 대하여 취하려는 큰 일은 완전한 준비가 필요하고 큰 위험이 없도록 잘

35) Tunkin's cable to the Cremlin, September 14, 1949; Embassy's analysis of the political and economic situation in South and North Korea, September 15, 1949; Decision of the Politburo of the CC of the All-Union Communist Party (Bolshevik), No. P71/191, Question N 191, September 24, 1949, quoted in *Ibid*; *蘇聯極秘外交文書, 3,* pp. 27-52.

36) Shtykov's cable to Stalin, October 4, 1949, quoted in Bajanov's *The Korean Conflict of 1950-1953,* p. 34; 김광린, 역, *한국전쟁의 전말,* p. 44; *蘇聯極秘外交文書, 3,* p. 53.

조직되어야 한다. 이를 위해서 나는 김일성을 만나고 그를 도울 준비가 되어 있다"는 내용의 전문을 발송하였다. 슈티코프 소련 대사로부터 스탈린이 남침 계획을 승인하고 이를 위해서 김일성을 만날 것이고 또 김일성을 도울 준비가 되어 있다는 소식을 들은 김일성은 기쁨을 감추지 못했다.[37] 드디어 김일성의 남침 구상은 스탈린의 승인하에 소련의 전폭적인 지원을 받게 되었다.

김일성에게 청신호(青信號)를 보낸 스탈린의 행보는 신속하고 열정적이었다. 김일성에게 남한의 무력 공격에 대한 청신호를 보낸 스탈린은 당시 모스크바에 머물고 있던 모택동과 북한군의 전력 강화를 위한 필요성과 가능성을 논의하였다. 스탈린의 지원 약속을 받은 김일성도 1950년 2월 4일 소련 대사를 방문하여 3개 사단을 더 증강하여 총 10개 사단 규모의 병력을 유지하려 한다는 의사를 밝혔다. 이 보고를 받은 스탈린은 3개 사단의 증설을 허락하고 이 사단들은 경험 있는 장교로 구성되어야 하고 잘 훈련된 병사로 충원되어야 하며, 그리고 현대 장비로 무장된 정예사단으로 만들어야 한다는 지시까지 곁들였다. 이 소식을 전해 들은 김일성은 스탈린에게 전폭적인 지원에 감사하다는 인사를 전해 주기를 바란다는 말을 잊지 않았다.[38] 이와 같이 일단 남침 계획을 승인한 스탈린의 김일성 지원은 가히 전폭적이었다.

김일성과 박헌영은 소련이 제공한 특별기편으로 1950년 3월 30일 모스크바에 도착하여 4월 25일까지 머물렀다. 이 기간 동안에 스탈린과 김일성은 세 차례 회담을 가지면서 여러 가지 문제를 논의하였다. 스탈린은 국제적인 환경이 많이 변하여 한국의 통일에 대해서 보다 적극적인 대책을 강구할 수 있게 되었다는 점을 밝혔다. 먼저 중국 공산당의 승리는 한반도에서 적극적인 행동을 취할 수 있는 환경을 조성했으며, 미국이 새로운 중국 정부에 도전하지 않고 있다는 점이 고무적이라고 말했다. 두 번째로는 중국과 소련이 동맹 조약을 서명함으로써 미국은 아시아의 공산주의자들에게 도전하는 것을 더욱 망설일 것이고, 실제로 미국의 분위기는 아시아에 간섭하지 말자는 분위기이며, 세 번째로는 이 분위기를 소련의 원자탄 보유 사실이 더욱 고조시키고 있기 때문에 평양에서 공산주의자들의 입장은 매우 강화되어 있다고 말했다. 김일성의 남침 계획의 승인 이유를 말하고 난 후에 스탈린은 "해방전쟁" 수행에 필요한 "호오(好惡)" 조건을 따져 봐야 한다고 말하면서, 첫째로 미국의 개입 여부와 둘째로는 중국이 이를 반드시 인정해야 한다는 두 가지 문제를 제기하였다. 이에 김일성은 미국은 북한을 지원하고 있는 소련과 중국과의 대전(大戰)을 원하지 않기 때문에 개입하지 않을 것이라는 입장을 밝혔고, 모택동이 몇 차례에 걸쳐서 중국 혁명이 완성된 후에는 조선의 해

37) Stalin's cable to Ambassador Shtykov, January 30, 1950; Shtykov's cable to Stalin, January 31, 1950, Archives of the President of Russia, quoted in The *Korean Conflict of 1950-1953*, pp. 36-7; *한국전쟁의 전말*, pp. 47-8; *蘇聯極秘外交文書, 3,* pp. 60-65.

38) Stalin's cable to Shtykov, February 2, 1950; Shtykov's cable to Stalin, February 4, 1950; Stalin's cable to Ambassador Shtykov, February 9, 1950; Shtykov's cable to Stalin, February 10, 1950, Archives of the President of Russia, quoted in Bajanov's *The Korean War of 1950-1953*, pp. 37-8; *한국전쟁의 전말*, pp. 48-50.

방 노력을 지원하겠다고 말한 것을 지적하면서, 중국은 필요하다면 병력도 지원해 줄 것이라고 말했다.[39)]

일반적인 정세와 조건 등을 의논한 김일성과 스탈린은 전쟁 준비와 계획에 대해서도 깊이 있는 대화를 나누었다. 스탈린은 전쟁 준비는 완벽하게 해야 한다는 점을 강조하면서 모든 병력은 최상의 준비 태세를 갖추어야 한다고 말했다. 그리고 스탈린은 화력과 기동력이 증강된 정예 공격사단을 편성하고 이에 대한 요구는 충분히 충족될 것이라고 말했다. 특히 스탈린은 공격 계획은 세 단계로 작성되어야 하며 첫 번째로는 병력을 38선에 가까운 지정된 곳에 집결시키고, 두 번째로는 북한의 최고 권력기구는 남한이 반드시 거절할 새로운 평화적인 통일 방안을 제의하여 남한이 이를 거절하면 즉시 반격할 수 있도록 준비하고, 세 번째로 김일성이 제시한 대로 옹진반도에서 남한군과의 접전을 유도하여 어느 쪽이 먼저 전투를 개시했는지를 위장하는 방편으로 이용하고, 네 번째로 미국이 개입할 시간과 여유를 가질 수 없도록 전쟁은 신속하게 수행되어야 하며, 다섯 번째로 소련은 미국이 지상군을 파견하여 전쟁에 개입하더라도 전쟁에 개입할 수 없다는 것을 이해하고 김일성에게 모택동과 잘 협조할 것을 권유하였다. 이에 김일성은 전쟁을 3일 정도에 끝낼 것이기 때문에 미국의 개입 가능성은 없다고 말하면서 남한에서의 게릴라의 활동이 증가되는 추세에 있다는 점을 지적하였다. 그리고 김일성과 스탈린은 1950년 여름까지 북한군은 완벽하게 동원될 것이며 그 때까지 소련 고문관들의 도움을 받아 북한군 참모부는 상세한 공격 계획을 작성한다는 데 합의를 보았다.[40)] 스탈린의 전쟁 지도는 매우 자세하고 자상하였다.

스탈린의 요구대로 김일성과 박헌영은 모택동의 동의와 참여를 확보하기 위하여 1950년 5월 13일 중국으로 가서 5월 15일까지 머물렀다. 여기에서 김일성은 모택동에게 병력의 집결, 평화적 통일 방안 제의, 남한의 방안 거절과 동시에 군사작전 개시로 구분되는 3단계 침공 계획을 설명하였다. 이러한 계획에 동의한 모택동은 각 제대별 지휘관에게 명확한 임무를 부여하고 신속하게 작전을 수행할 것이며, 도시 공격에 시간을 낭비하지 말고, 적 전투력 격파에 모든 노력을 경주하라는 충고까지 곁들였다. 그리고 모택동은 미군의 개입 가능성을 지적하였다. 이에 김일성은 미군의 개입 가능성을 일축하면서 중국에서 전투를 수행하지 않고 철수한 미국은 극동에 군사적으로 개입할 의사를 표시하지 않고 있다고 말했다. 모택동은 또한 38선에 대해서 미국과 합의를 한 바 있는 소련보다 미국과의 아무런 연관이 없는 중국이 북한을 원조하기가 쉬울 것이라는 점도 지적함으로써 김일성과 스탈린과의 합의 사항을 받아들였다.[41)]

---

39) Report on Kim Il Sung's visit to the USSR, March 30-April 25, 1950, Prepared by the International Department of the CC of the All-Union Communist Party (Bolshevik), Archives of the President of Russia, quoted in *The Korean Conflict of 1950-1953*, pp. 40-42; *한국전쟁의 전말*, pp. 52-5.

40) *前揭書*.

41) Roshin's cable to Stalin, May 16, 1950, Archives of the President of Russia, quoted in *The Korean Conflict of 1950-1953*, pp. 50-53; *한국전쟁의 전말*, pp. 56-68.

이로써 김일성이 요구하고 스탈린이 승인, 지원하고 모택동이 동의, 참여한 "남조선 해방전쟁"이 시작되려 하고 있었다.

스탈린의 지도와 지원은 전쟁 개시 직전까지도 계속되었다. 소련 작전고문관의 지도를 받아 북한군은 1950년 6월 15일, 세부적인 남한 침공 계획을 완성하였다. 이 계획에 의하면 북한군은 1950년 6월 25일 새벽에 공격하도록 되어 있었다. 이 계획은 3단계의 작전으로 구상되어, 첫째 단계로서 북한군은 옹진반도에서 국지적 접전을 시작하면서 주력은 남한의 서해안으로 진격하고, 둘째 단계로서 서울과 한강, 그리고 춘천과 강릉도 장악하여 남한군 주력을 서울 근방에서 포위 섬멸하고, 셋째 단계로서 남한의 잔적을 소탕하고 주요 도시와 항구를 점령하여 "남조선을 해방"시키는 것이었다. 그러나 김일성은 6월 20일 상륙용 함정의 신속한 지원을 요청하고, 6월 21일에는 남한군이 북한군의 침공 사실을 알게 되었다는 핑계를 대면서 옹진반도에서의 서전(緖戰)을 생략하고, 전면적인 공격을 실시하겠다고 소련 대사를 통하여 스탈린에게 보고하였다. 이러한 보고를 받은 스탈린은 6월 21일 즉시 상륙용 함정을 필요한 만큼 지원해 준다는 약속과 함께 소련인을 운용하지 말라는 단서를 달았고, 수정 제시된 김일성의 공격 작전 개시 구상도 승인하였다.[42] 스탈린의 김일성 지원과 지도는 이와 같이 거의 전폭적이었다.

북한군의 남침이 계속되어 전투 행위가 진행되었던 한국전쟁의 전 과정을 통하여 스탈린과 소련의 전쟁지원과 지도는 끊이지 않고 지속되었다. 1950년 7월 1일 스탈린은 왜 미국의 공중 폭격과 개입에 대해서 항의 성명을 발표하지 않느냐 하고 질책하기도 하고 미 지상군이 오산(烏山) 북방 죽미령(竹美嶺)에 투입됨으로써 미군의 개입이 확실시되자 스탈린은 중국의 주은래에게 한만국경에 의용군(義勇軍) 형식으로 중국군 9개 사단을 즉시 집결시켜 "적군"이 38선을 넘어 북진하는 경우를 대비하도록 하는 것이 필요하다는 내용의 전문을 전달하도록 하였다. 그리고 북한군을 2개 군단으로 편성하고 전선사령부를 설치하며 김일성 자신이 최고사령관의 직책을 맡고 작전을 지휘하도록 한다든지 비행사단을 한반도 내까지 보내 북한군과 중공군을 지원하도록 하는 등의 작전 지도와 지원을 하기도 하였다. 그러면서 스탈린은 준비 포사격과 보병의 지원이 없는 상태에서 전차(戰車)를 투입하여 왜 전차의 손실을 자초하는가 하는 전술 지도까지도 서슴지 않았다. 전쟁이 어려운 국면에 접어들었을 때, 스탈린은 김일성에게 소련이 1919년 내전(內戰) 당시 연합국의 간섭이 진행되는 동안 소련이 겪은 어려움을 예로 들면서 이를 극복하도록 독려하기도 했으며, 유엔군이 38선을 넘자 김일성에게 만주나 소련지역으로 철수하라는 명령까지 내려 김일성과 중공을 동시에 자극함으로써 중공이 직접 병력을 파견하도록 만들기도 하였다. 전쟁의 마무리 단계에서도 휴전 회담의 진행 절차와 내용에 대해서 중공을 통하여 간접적으로 조정하였고 중공

---

42) Shtykov's cable to Stalin, June 20, 21, 1950; Stalin's cable to Shtykov, June 21, 1950, Archives of the President of Russia, quoted in *The Korean Conflict of 1950-1953*, pp. 58-60; *한국전쟁의 전말*, pp. 69-76.

이 회담 진행을 서두를 때는 미군과의 전투를 통하여 중공군의 전투 기량을 증진시킬 수 있다는 점을 지적하면서 이를 늦추도록 하였다. 스탈린이 세상을 떠난 후에도 소련은 김일성이 휴전 조약 서명식에 참석하지 않는 것이 바람직하다는 지시를 내려 그렇게 서명 절차가 진행되도록 조정하였다. 이와 같이 스탈린과 소련의 한국전쟁 지도와 지원은 지속적이고 거의 전면적으로 진행되었다.[43)]

이와 같이 미국과 소련의 대한정책과 전략의 강도와 심도 차이는 북한과 남한의 전략적, 군사적 불균형 조성의 원인이 되었고, 이렇게 조성된 전략적 불균형은 북한의 김일성과 이를 지원한 소련의 스탈린, 중국의 모택동에게 정치·이념적 목표를 달성하기 위한 수단으로서 전쟁의 효용성과 전쟁에서의 승리 가능성에 대한 기대치를 높여 놓기에 충분한 원인적 근거가 되었다. 특히 "인민해방전쟁"이라고 공산주의자들이 자칭했던 중국 내전에서의 모택동의 승리와 이러한 결과의 초래를 방관한 미국의 정책 태세는 김일성이나 이를 지원하는 스탈린, 모택동에게 이러한 전쟁의 효용성을 더욱 인정하게 만든 사실적 요인이 되었고, 이러한 전쟁에서 승리의 가치와 가능성을 더욱 소중하게 인식하도록 만들었다. 공산주의 지도자들의 이른바 "인민해방전쟁" 효용성과 결과에 대한 효용 가치의 인식과 무력 사용이 바로 한국전쟁의 주요한 원인이 되었다.

(4) 공산측의 무력 사용

한국전쟁의 원인을 논함에 있어서 많은 주장과 논설이 있어 온 것이 사실이다. 스탈린의 주도설(主導說), 중소의 음모설(陰謀說), 미국의 유도설(誘導說) 등 많은 설(說)과 주장(主張)이 있다. 전쟁의 원인과 성격을 규명하는 입장에 따라 전통주의(傳統主義), 수정주의(修正主義), 그리고 절충주의(折衷主義) 등의 단어도 나타나 있다.[44)] 이렇게 다양한 설(說)과 주장(主張), 그리고 주의(主義)까지 나타나 있는 이유는, 넓게 보아서는 인간이 엮어낸 사회 현상이 간단하게 지적(指摘) 가능한 원인으로 발생하지 않는다는 것을 의미하고, 좁은 의미로 보아서는 한국전쟁 역시 사회 현상의 하나로서 복합적인 원인과 성격을 머금을 수 있다는 것을 의미하기도 한다.[45)]

그러나 전쟁으로 이어지는 시대·상황적 배경은 복합적인 성격을 나타낼 수 있으나, 전쟁을 불러일으키는 직접적인 원인은 대치하고 있는 전쟁 당사자간 전략적, 군사적 불균형이 조성되고 이에 기초하여 어느 한 당사자가 무력 사용의 효용성과 승리의 가능성이 있다고 판단하여 무력을 사용하는 데 있다. 다시 말하여 잠재적인 전쟁 당사

---

43) 이와 같은 내용은 Evgeniy Bajanov와 Natalia Bajanova가 소련의 극비 문서와 전문을 모아 편집, 저술한 *The Korean Conflict of 1950-1953: The Most Mysterious War of the 20th Century—Based on Secret Soviet Archives*—라는 저작과 김광린이 이를 번역하여 출간한 *한국전쟁의 전말*(1998)에 자세하게 수록, 기술되어 있다. 구체적 지시와 전문내용은, *蘇聯極秘外交文書, 3,* pp. 73-176 참조.

44) 김학준, *한국전쟁-원인·과정·휴전·영향* (서울: 박영사, 1989), pp. 1-102.

45) 류재갑, "전쟁의 역사적 배경"과 김학준, "전쟁의 원인," 전쟁기념사업회, *한국전쟁사, 제 1권: 요약통사* (1990), pp. 8-74; 75-113의 제1장 및 제2장에 한국전쟁의 역사적 배경과 원인이 설득력 있게 요약되어 있음.

자 중 하나가 무력을 사용하여 정치·이념적 목적을 달성할 수 있다고 판단할 정도로 전략적, 군사적 불균형이 조성되어 있을 때 전쟁은 현재화(現在化)되기 마련이다. 그러나 전략적 불균형이 조성되어 있다고 반드시 전쟁이 일어나는 것은 아니다. 전략적 불균형이 조성되어 있는 상황에서도 전쟁 의지가 없을 경우에는 전쟁이 일어나지 않는다. 하지만 전략적, 군사적 불균형이 전쟁 의지를 가진 측이 인위적으로 조성하였을 경우에는 이것이 전쟁의 직접적 원인이 되는 것이다. 왜냐하면 이렇게 조성된 군사적 불균형은 이를 조성한 측에게 승리의 가능성을 현실적으로 비쳐 주기 때문이다.

따라서 한반도에서 남북한간에 조성된 전략적 불균형은 북한 김일성과 이를 지원하는 소련의 스탈린과, 중국의 내전에 참여한 한국인을 북한에 보내준 모택동 등에 의해서 의도적으로 조성되었고, 이로 인해서 공산측이 승리할 수 있다는 가능성을 높여 놓았기 때문에 한반도에서 전쟁이 일어났던 것이다. 이와 같이 한국전쟁은 김일성과 이를 지원한 스탈린과 모택동의 전쟁 의지와 이로써 조성된 군사적, 전략적 불균형, 그리고 공산측의 무력 사용에서 원인을 찾는 것이 당연하다.

결론적으로 한국전쟁은 김일성을 비롯한 북한 공산주의자들의 정치·이념적 목적 달성을 위한 전쟁 불사(不辭) 의지와, 이를 승인하고 전폭적으로 지원한 소련의 스탈린과 이를 동의하고 적극적으로 참여한 중국 모택동의 대한정책과 전략에서 근본적 원인을 찾을 수 있다. 공산측의 적극적인 대한정책 및 전략과 한국을 지원하는 소극적인 미국의 대한정책과 전략은 한반도 내에서의 전략적, 군사적 불균형을 조성시켰고, 이렇게 조성된 전략적, 군사적 불균형은 공산측에게 승리에 대한 낙관적인 판단을 하도록 만들어 직접적인 군사적 행동을 촉발시킨 실질적 원인이 되었다. 김일성의 전쟁의지, 스탈린과 모택동의 적극적인 지원과 참여, 이로써 형성된 전략적 불균형과 승리의 가능성 증대 등의 한국전쟁 원인은 물론 미국과 소련 혹은 공산권(共産圈)과 서구권(西歐圈) 간에 가시화된 세계적 차원의 이념적 대립 및 세력 다툼과 연관을 맺고 있는 것은 사실이나, 미국과 소련 간의 세력 다툼과 동서 이념 대립만으로 승리의 가능성이 내다보이지 않는 데도 불구하고 공산측이 한반도에서 전쟁을 시작한 것은 아니었다. 한국에 대한 미국의 적극적인 지원이 있어서 한반도에서 전략적, 군사적인 균형이 이루어졌다고 가정할 경우에는 한반도에서 공산측의 승리 가능성은 희박해졌을 것이고, 이에 따라 전쟁이 현재화되지 않을 가능성은 높아졌을 것이기 때문이다. 한국전쟁의 원인은 따라서 김일성의 집요한 전쟁의지, 스탈린과 모택동의 전폭적인 지원과 참여, 미국의 소극적인 대한정책과 전략, 이로써 조성된 한반도 내에서의 전략적, 군사적 불균형 및 이에 따른 승패 구분 가능성의 가시화, 여건과 능력면에서 전쟁의 신속한 종결과 승리를 내다본 공산측의 판단과, 이에 근거한 북한의 무력 사용 등으로 요약할 수 있다.

전쟁을 정치·이념적 수단으로 동원할 수 있는 한반도 내외의 정치적 여건 형성과 한반도 내 군사·전략적 불균형의 조성, 그리고 북한과 이를 지원한 공산측의 전쟁 의지와 군사력의 사용이 한국전쟁을 현재화(現在化)시켰던 것이다.

2. 북한의 전쟁 계획과 군사력

북한 김일성의 전쟁 계획은 철저한 군사적 준비와, 대남 교란과 병행한 정치적 평화통일 제안, 그리고 신속한 초기 결전과 남한의 점령 등 크게 3단계로 계획·구상되었다.

김일성은 소련의 군정과 밀접한 관계를 유지하면서 "조선인민군"의 기초를 닦아 나갔다. 소련군이 북한에 진주할 때에 북한에는 자생적으로 조직된 보수계 민족 세력의 "자위대(自衛隊)"와 국내 공산세력의 "치안대(治安隊)"가 있었다. 여기에 김일성은 소련파 공산세력을 중심으로 "적위대(赤衛隊)"를 조직하였다. 소련군의 지원을 받은 김일성 일파는 지방의 인민위원회를 설치하여 세력을 확장하고 "민주청년동맹"을 결성하여 자위대와 치안대 세력을 압도하였다. 소련 군정은 사설 무장 단체들은 해체하고 1945년 10월 "보안대(保安隊)"를 창설하였으며, 보안대만으로는 치안과 경계가 어렵다는 이유를 들어 1946년 1월 "철도보안대(鐵道保安隊)"를 창설하고 엄격한 신원 조사를 거쳐 인원을 충원하여 "조선인민군"의 전신으로 삼았다. 그리고 1946년 8월 15일 "보안간부 훈련대대부"를 설치하여 평양학원과 중앙보안학교를 통할하고 3개 직할대대와 4개의 훈련소를 두었다. 1947년 2월 북조선 임시인민위원회에서 "임시"라는 글자를 제거하고 정권을 장악한 김일성은 1947년 5월 보안간부 훈련대대부를 "인민집단군 총사령부"로 개칭하고, 1, 2, 3훈련소를 각각 경보병 1, 2사단과 3독립혼성여단으로 증편하여, 소련제 무기로 장비시켰다. 북한의 김일성은 1948년 2월 8일 "조선인민군"의 창설을 선언하고, "인민군총사령부"를 설치하여, 6월부터 징병을 실시하였다. 북한은 1948년 9월 9일 이른바 "조선민주주의 인민공화국"을 수립하였으며, 인민군총사령부를 "민족보위성"으로 승격시켜 4개 사단으로 증편된 "인민군"을 통할하고 1947년에 창설된 115전차연대와 1945년 "신의주항공대"로 시작된 공군, 그리고 1946년 12월 "해군경비대"를 해군으로 승격시켜 통할하였다. 이와 같은 과정을 거쳐 북한의 김일성은 북한의 정권을 장악하고 소련 점령군과 스탈린의 지원을 받아 "조선인민군"을 증강시켜 나갔다.[46)]

소련군정과 소련정부는 북한을 소련의 변방 보루로 만들기 위해서 김일성이 이끄는 북한을 강하게 무장시키는 노력을 기울였다. 소련군은 1948년 말에 북한에서 철수하면서 많은 양의 중화기를 북한군에 인계하고, 북한군 사단마다 150여 명의 교육·훈련 전문 군사 고문단을 잔류시켜 북한군의 편성과 교육·훈련을 지도하였다. 소련정부는 또한 1948년 12월 25일 북한의 군사 대표단을 모스크바에 불러, 중국의 조선인들을 입북시켜 북한군을 증편하고, 500여 대의 전차를 지원하며 6개의 공격 사단을 비롯하여 22개의 사단을 보유한 북한군을 육성한다는 내용에 합의하고, 소련 대사로서 북한에

46) 육군사관학교 전사학과, *한국전쟁사* (서울, 일신사: 1996), pp. 188-191.

있는 슈티코프 대장 외에 크바노프 중장, 챠트코프, 카라제프, 챠자로프 소장 등을 포함한 40여 명의 기갑, 정보, 작전 분야의 전문가로 구성된 특별군사사절단을 편성하여 북한에 파견하기로 하였다. 소련과의 합의에 따라, 북한 대표단은 모스크바에서 평양으로 돌아오는 도중에 1949년 1월 만주 "하얼빈"에서 중국 대표와 만나 동북 의용군 출신 조선인 2만 8,000여 명을 1949년 말까지 3회에 걸쳐서 북한에 보내 주기로 합의하였다. 그러나 1949년 3월 17일에 스탈린과 김일성은 "조·소 비밀군사협정"과 "조·소 경제문화협정"을 체결하면서 근대화된 전차와 공군으로 무장된 북한군의 육성은 일본까지 위협하여 미국과 소련의 관계를 더욱 악화시킬 우려가 있다고 판단하여 그 규모를 축소하기로 하고, 22개 사단 대신에 6개 사단과 3개의 기계화부대 등 약 7개 사단 규모의 북한 지상군과 150대(전투기 100대) 규모의 공군을 보유하기로 하였다. 그리고 소련은 100여 명 규모의 군사고문단이 북한군의 편성과 훈련 등을 돕기로 하고 소련의 주재 아래 북한과 중공은 조·중 상호방위협정을 체결하였다. 이렇게 축소·수정된 계획에 따라 북한은 1949년 5월 16일에는 115전차연대를 105전차여단(107, 109, 203 연대)으로 증편하면서, 500여 대, 2개의 전차사단 대신에 242대로 장비된 1개의 전차사단만을 창설하기로 하였다. 특히 소련정부는 중국과 1949년 10월 "하얼빈협정"과 "모스크바협정"을 체결하고, 1950년 2월 14일에는 동맹 관계를 맺음으로써 소련의 북한 지원에 중국을 끌어 들일 수 있는 공조 체제를 갖추게 되었다. 이와 같이, 소련은 북한을 조심스럽게 무장시켜 "전쟁"을 정책 수단으로 선택할 경우에 대비한 군사적 준비를 갖추도록 하였다.[47]

소련과 중국의 지원을 받아 김일성은 북한군의 규모와 전력을 강화시켜 나갔다. 1949년 초에는 독소전쟁에서 스탈린그라드 전투(Stalingrad Battle, 1942. 9. 30.-1943. 2. 2.)에 참가했던 조선인 병력 5,000명이 입북하여 105전차여단에 배속되었고, 1949년 7월에는 중공군 166사단 1만여 명이 북한군 6사단, 8월 말에는 164사단 1만여 명이 입북하여 5사단으로 개편되었다. 이어서 1950년 5월 초에는 중공군 20사단 출신과 여러 부대에 산재해 있던 조선인 1만여 명이 입북하여 북한군 7사단(12사단으로 개칭)으로 되었다. 이렇게 하여 1949년과 1950년 초에 약 3만 5,000여 명의 해외 조선인 병력이 북한에 들어와 북한군에 편입되었다. 그리고 1950년 1월 30일 스탈린의 남침 승인하에 북한은 3개의 민청훈련소를 승격시켜 10, 13, 15사단을 편성함으로써 10개의 사단을 보유하게 되었고, 200여 대의 항공기를 장비한 공군과 상륙용 함정 및 소규모 전함을 소유한 해군까지 갖춘, 남한과 비교하여 상대적으로 막강한 군사력을 보유하게 되었다. 이와 같이 소련은 북한에게 중장비와 전술지도를 제공하고, 중공은 내전에서 전투 경험을 쌓은 병력을 제공하여 북한의 군사적 준비와 대비를 갖추도록 하였다.[48]

---

47) 한국 육군본부 정보참모부, *6·25 南侵分析* (1970), pp. 11-6; 육군사관학교 전사학과, *한국전쟁사*, pp. 191-3; Bajanov's *The Korean Conflict of 1950-1953*, pp. 4-9.

48) *前揭書*.

북한 김일성의 전쟁계획 중에 빼놓을 수 없는 부분은 북한의 무력사용 효과를 극대화할 수 있도록 하는 대남 교란과 무력 사용 자체를 합리화시킬 수 있는, 남한이 거절할 수밖에 없도록 작성된, 정치적인 평화통일 제안이었다. 이것 역시 스탈린의 지도하에 계획되고 시행되었다. 스탈린은 최초 김일성의 남침 공격 제안을 거절하면서 지적한 이유로서 북한군의 절대적인 우세 미확보, 대내외 여건 조성의 미흡, 평화적인 제안 제시에 의한 한국인의 여론 환기 및 지지 확보의 미흡을 들은 바 있었다. 스탈린은 1950년 1월 30일 남침 계획을 승인하고 3월 30일 준비를 지시하면서 대남 교란과 더불어 "인민"의 지지획득에 더욱 노력하고, 남한이 받아들일 수 없는 내용으로 작성된 평화통일 방안을 제시하여, 이를 남한이 거절하도록 하게 함으로써 무력 사용을 정당화시키라는 지시를 내린 바 있었다.[49] 김일성은 이에 따라 남한 출신 남로당계 열성분자들을 계속 남파시켜 남한의 후방지역을 교란시키고 군 및 정부 요직의 인사들을 포섭하는 노력을 기울이는 한편, 766부대를 창설하여 전투시에 후방 교란과 정규 침공군의 선도를 개척하도록 하는 임무를 부여하였다. 그리고 북한은 1949년 6월 25일 이름만 있는 북한의 여러 정당·사회 단체들의 이름을 빌려 "조국통일 민주주의 전선"이라는 유령단체를 조성하여, 이로 하여금 남한의 각 기관과 단체 및 유엔 한국 위원단에게 "평화적 조국통일 방책"을 담은 유인물을 통하여 남북한 총선거를 실시하자고 주장하면서, 그 전제 조건으로서 미군은 물론 한국 유엔 위원단도 철수하고, 공비와 유격대 토벌에 참가한 한국군을 해산시킬 것이며, 최종적으로 북한 헌법을 채택해야 한다는 것을 주장하도록 하였다. 1950년 6월에 접어들어서 북한은 평화적인 통일 방안을 제시하였다. 해방 5주년인 8월 15일 최고 인민회의를 개최하기 위하여 8월 5일에서 8일 사이에 남북 총선거를 실시하고 이의 절차 및 조건을 논의하기 위해서 6월 15일과 17일 사이에 남북의 "민주주의 정당과 사회단체" 대표자회의를 해주 또는 개성에서 개최하자고 제의하였다. 그리고 남한 대표가 6월 10일 개성 서북방 여현(礪峴)역에 나와서 "평화통일 호소문"을 받아 가라고 하였다. 그러나 유엔 한국위원단은 북한 대표와 여현에서 회담을 갖자고 하는 제의를 단호하게 거절하였다. 6월 10일에는 그들이 구금하고 있던 조만식(曺晩植) 선생과 남한에서 감금하고 있던 지하공작대장 이주하(李舟河)와 김삼룡(金三龍)을 교환하자고 제의하는가 하면, 6월 21일 서울 또는 평양에서 남북 국회 대표자회의를 갖자고 제의하기도 했다. 북한은 이러한 제의를 하는 동안에 작전 회의를 주도하면서, 겉으로는 평화적인 몸짓을 내보여 작전 수행상 전쟁 개시의 기습 효과를 도모하고, 개전의 구실과 명분을 축적하려 하였다. 김일성은 스탈린의 지시대로 평화적인 몸짓을 가시화하는 단계를 전쟁계획에 반영하고 이를 실행에 옮겼다.[50]

---

49) Report on Kim Il Sung's visit to the USSR, March 30-April 25, 1950, *op. cit.*
50) *한국전쟁사*, pp. 193-6.

북한군의 남침 계획

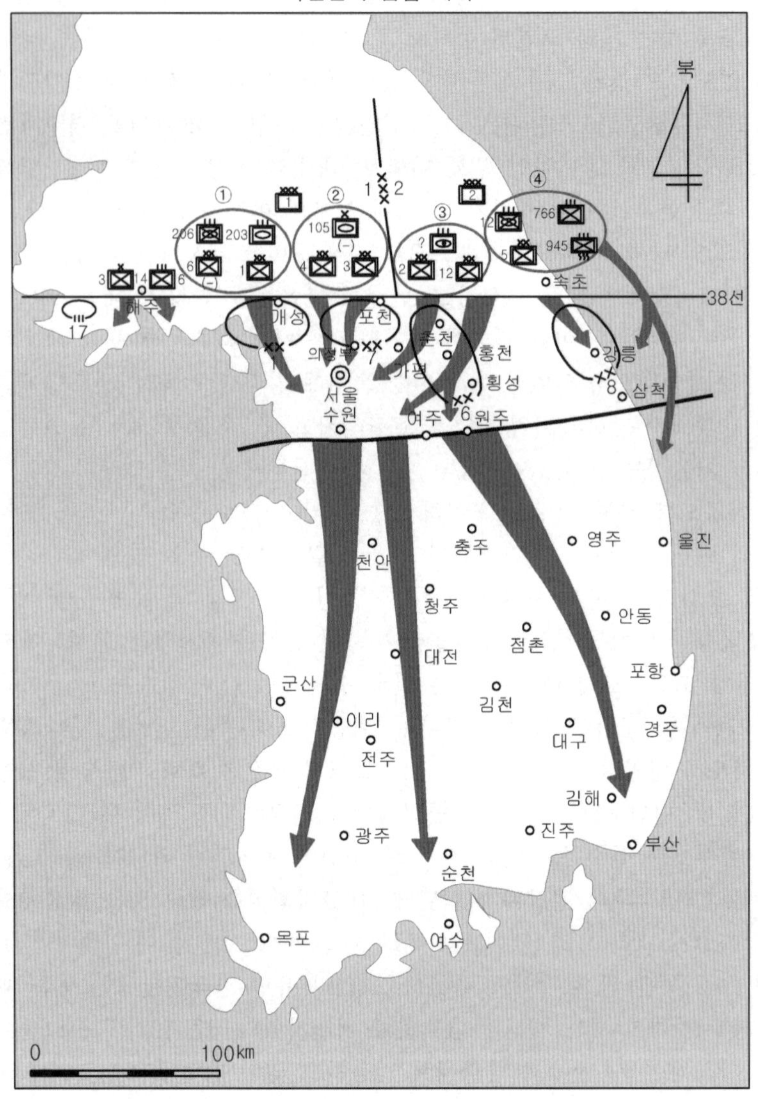

북한의 전쟁 계획으로서 가장 중요한 단계는, 무력을 사용하여 초기에 남한군을 섬멸하고 잔류 병력을 소탕한 다음 신속하게 남한 전지역을 점령하는 세 번째 단계였다. 실제로 북한군은 전투를 수행하는 이 세 번째 단계를 다시 3단계로 구분하여 전투를 수행하도록 계획하였다. 1단계는 기습적으로 침공하여 한국군을 서울 북방에서 3중 포위(개성-문산, 의정부-서울, 춘천-서울 축선)를 실시하고 동해안의 한국군의 전후를 차단·분리함으로써 전방에 배치되어 있던 한국군의 주력을 초기에 섬멸하고, 2단계로서 한강을 도하한 병력과 춘천-홍천으로 진격한 북한군이 수원선에서 다시 양익 포위를 실시하여 한국군의 나머지 주력을 섬멸하고 남쪽에서 올라오는 증원을 차단하면

서 수원, 원주, 삼척을 잇는 선을 3일 안에 확보하고, 3단계로서 잔여 한국군을 소탕하면서 남해안까지 진출하여 남한 전지역을 신속하게 점령하는 것으로 계획하였다. 해방 후에서 전쟁 전까지 흔히 있어 왔던 38선에서의 접전(接戰)과 간첩들의 보고를 통해서 한국군의 전력이 매우 약하다는 것을 잘 알고 있던 북한의 김일성은, 이러한 전투 수행 단계를 빠르면 2주, 늦어도 2개월 안에 마무리하겠다고 장담한 바 있었고, 그러한 기대 속에 전투 수행 계획을 작성하였다.[51] 이와 같이 김일성과 북한군은 신속한 전투 수행을 통한 한국군의 섬멸과 신속한 남한 점령으로 현상을 변경시키고, 이를 "기정사실화(fait accompli)"함으로써 현실로 구체화될지도 모르는 미군의 개입을 무의미하게 만들 수 있다는 확실한 판단하에 소련 군사고문단과 더불어 침공 작전 계획을 마련하였다. 김일성을 지원한 스탈린과 모택동도 미국의 일본군이나 장개석 군대의 활용과 미군의 직접 개입 가능성에 따른 약간의 위험 요소는 인정했으나, 당시의 한국군과 북한군 사이에 형성된 전력의 불균형이 현상의 신속한 변경과 변경된 현상의 기정사실화를 확실하게 보장해 줄 수 있다는 판단하에 김일성의 침공 작전 계획을 승인하고 지원하였다.

이와 같이 북한의 전쟁 계획은 군사력의 사용만을 전제로 한 계획이 아니라, 군사력의 사용 효과를 극대화하기 위한 정치, 심리적인 구상과 계획까지를 내포하고 있는 복합적인 계획이었다. 물론 공산주의자들이 정치·이념적인 목적을 달성하기 위하여 모든 분야의 수단을 동원·운용하는 것은 극히 당연한 일이나, 북한이 남한을 침공하게 되기까지 스탈린과 모택동, 그리고 김일성 사이에서 논의되고 모의된 결과로 빚어진 한반도에서의 전쟁 계획은 이러한 공산주의식 전쟁의 성격을 그대로 반영하고 있었다. 남한을 교란시키면서 평화통일 방안을 제시하여 민심을 붙들고, 이 평화통일 방안의 내용은 남한이 반드시 거부하도록 구성하여 무력침공의 구실과 명분을 축적함과 동시에 남한군의 대비 태세를 이완시켜 기습적인 전쟁의 개시가 되도록 하며, 서울과 수원 북방에서 2중 포위를 실시하여 한국군의 주력을 섬멸하고, 수원-원주-삼척선을 3일 만에 점령한 다음 한국군의 잔여 병력을 소탕하면서 신속하게 남한지역을 점령하고, 이를 기정 사실화함으로써 뒤늦게 구체화될 수도 있는 미군의 개입을 무의미하게 만들어 "남조선 해방"이라는 전쟁의 목적을 달성하겠다는 북한의 전쟁 계획은, 실로 모든 분야의 수단과 방법을 총동원한 전면적인 성격을 띤 전쟁 계획이었다.

전쟁 수행상 핵심 역할을 수행할 북한 군사력의 준비 또한 전면적이었다. 북한군은 소련의 무기와 장비, 전쟁지도, 중국의 병력 지원에 힘입어 1개의 전차 사단 및 3개의 정예 사단을 포함한 10개의 전투 사단과, 200여 대에 가까운 전투기를 장비한 공군 및 30여 척의 경비정과 상륙용 함정을 가진 해군을 보유한 현대군이 되었다. 그리고 북한군은 소련의 계속적인 지원 약속을 받아 놓았고, 소련 스탈린의 주선하에 미군의 개입이

51) Tunkin's cable to the Kremlin, Spetember 3, 1949, *op. cit.*; 북한의 남침계획은 國防軍史硏究所, *韓國戰爭(上)* (1995), pp. 78-82; *한국전쟁사*, pp. 201-3.

있을 경우에는 중공군의 개입까지 약속을 받아 놓았다. 이와 같이 북한군은 즉시 가용한 병력면에서도 한국군에 비해서 절대적인 우세를 확보하였고, 무기와 장비는 물론 병력의 훈련과 부대 훈련면에서도 우위를 누렸으며, 지휘관들의 전투 경험과 전술 지휘능력면에서도 우수한 상태에 있었다. 그리고 남한 각지에서 출몰하는 게릴라를 소탕하기 위해서 남한 전역에 배치되어 있던 한국군에 비하여 병력의 집중적인 운용면에서는 북한군이 더욱 유리하고 우세한 위치를 차지하고 있었다. 명실공히 북한군은 한국군보다 월등한 우세를 확보하고 있었고, 이것을 스탈린과 모택동이 가능하게 만들어 주었다.

북한군 전력의 상대적인 우세와 더불어 소련의 원자탄 보유와 중공의 중국 대륙 석권, 그리고 미국의 극동방위선 설정에 따른 미온적인 대한정책과 전략의 가시화 등으로 조성된 여건은 북한 군사력의 사용 효과를 더욱 보장해 줄 수 있을 것으로 판단되었다. 북한군은 이러한 능력과 여건을 고려하여 전쟁 계획과 남한 침공 작전 계획을 작성하여 남한까지 "해방시킨" 공산 정권을 한반도에 수립하려 하였다. 1949년 3월 7일, 김일성이 스탈린에게 남한 공격을 건의하자, 스탈린은 북한군이 남한군에 비해서 "절대적인 우세(an overwhelming superiority)"를 확보하지 못한 점, 남한에 아직 미군이 주둔하고 있는 점, 38선에 대한 미국과 소련의 합의가 아직도 유효한 점 등을 들어 김일성의 남한 침공을 만류했으나, 소련과 중공의 북한 지원과 미국의 미온적인 한국 지원으로 북한군이 한국군에 비해서 월등한 전력을 보유하게 되었고, 미군이 남한에서 철수했으며, 미국이 자국의 극동 방위선에서 한반도를 제외한 상황에서 1949년 스탈린이 지적한 장애 요인이 제거된 셈이 되었다.[52] 이러한 상황이 전개되자 김일성은 스탈린의 지침에 준하여 평화적인 제안으로 무력 공격을 위장한 다음, 신속하게 남한을 점령하여 미군의 개입 효과를 배제하는 작전 계획을 세우고, 이를 구현시킬 군사력을 준비하였던 것이다.

3. 한국의 방어 계획과 군사력

북한의 남한 공격 준비와는 대조적으로 남한의 국토 방어 준비는 매우 허술하였고, 소련과 중공의 북한에 대한 전폭적인 지원과는 대조적으로 미국의 남한 지원은 매우 상징적이었다. 남침 계획을 승인한 후에 3개 정예사단을 편성하라는 소련 스탈린의 북한 지원과는 대조적으로 미국은 한국에 105mm 야포의 지원도 망설이고 있었다.[53] 이와 같은 상황하에서 한국군의 증강은 어려웠고, 이에 따라 한국군의 방어 계획도 전방

52) Conversation between Stalin and the DPRK's delegation headed by Kim Il Sung, March 7, 1949, Moscow, *op. cit.*

53) "Should the Department of the Army Reconsider and Approve 105 mm Howitzer for Issue to the Korean Constabulary?" August 3, 1949, in Memo for General Wedemeyer, subject: Korean Request for U. S. Arms and Ammunition, August 23, 1948, RG 319, P&O 091 Korea, sec., IV and V, cases 51-66, NA; JCS Decision on the Position of the United States with Respect to Korea, March 21, 1949, *FRUS, 1949, VII,* pp. 967-8.

에 배치되어 있던 각 사단(1, 7, 6, 8사단과 옹진반도의 17연대)의 방어 계획을 종합하여 육군 본부의 방어 계획으로 삼을 정도였다. 따라서 한국군의 방어 계획은 38선에서 지역방어를 실시하고 축차적인 방어선을 설정하여 후방의 지원 병력이 증원되면 38선을 회복한다는 막연한 개념하에 수립되어 있었다. 더구나 남한의 전쟁 지도부는 전투 경험보다는 다른 경험을 많이 가지고 있어서, 예로서 당시의 국방장관 같은 사람은 미국의 지원이 없을 경우에는 단독으로라도 북진을 하여 통일을 이루어내야 한다는 등의 발언을 서슴지 않아, 오히려 북한의 전력 증강과 소련의 북한 지원을 합리화하고, 무력 사용의 당위성을 주장하는 데 필요한 명분적 구실을 제공하기도 했다.[54] 이와 같이 한국의 방어 계획과 태세는 조직적이지 못했고, 이를 위한 군사력은 부실했으며, 방어를 위한 전쟁 지도 및 작전 수행 능력은 건실하지 못했다.

한국군은 1949년 말 북한군이 전력을 증강하고 있을 때, 사태의 심각함을 인식하고 1950년 봄에 북한군이 남침할 가능성이 있다는 판단을 하였다. 별다른 고려 없이 큰소리를 쳐오던 국방장관도 1950년 5월 10일에 있었던 외국기자들과의 회견에서 "북한군이 대거 38선으로 이동하고 있어 침입의 위험이 있다"는 말을 하였다.[55] 사태가 심각해지자 육군본부는 1950년 초 예하 전방 각 부대의 작전 명령을 종합하고 육본 자체의 판단과 분석을 가미하여 1950년 3월 25일에 작전명령 38호를 작성하였다. 이 명령에 의하면 한국 육군은 북한군이 철원-연천-의정부 축선에 주력을 투입하고, 조공은 개성-문산-서울 축선으로 향할 것으로 판단하였다. 이 같은 분석에 따라 한국군의 방어 개념은 38선을 고수하는 지역 방어를 위주로 하고, 이 임무는 38선에 배치된 옹진반도의 17연대, 개성, 문산지역의 1사단, 의정부지역의 7사단, 춘천지역의 6사단, 강릉지역의 8사단이 맡도록 하였다. 전방 사단이 38선상에서 북한군의 진출을 지연시키고 있는 동안 후방의 3개 사단(대전의 2사단, 대구, 부산지역의 3사단, 광주, 전주지역의 5사단)과 수도경비사령부 병력을 전방에 투입하여 38선을 회복한다는 것이었다. 그러나 전방 사단의 방어를 어떻게 지원하고 이를 협조시키며, 후방의 병력을 언제 어떻게 전방으로 이동시킨다는 개념과 계획은 수립되어 있지도 않았고, 다만 후방 사단에게 전방의 몇 사단을 지원하라는 명령만 적어 놓고 있었다. 사실상 구체적인 사항을 고려하여 구체적인 계획을 수립해도 이를 집행할 능력과 수단을 육군본부가 보유하고 있지 못한 형편이었다. 이와 같이 한국군의 방어 계획은 다분히 개괄적이어서 전방의 사단은 어느 지역에서 어느 지역에 이르는 38선을 방어하고 후방의 어느 사단은 전방의 어느 사단을 지원하여 38선을 회복한다는 식의 방어 계획만을 수립해 놓고 있었다.

남한에서 군정을 실시한 미군정 당국도 미군 철수에 대비하기 위해서 남한의 군사력을 건설할 필요를 느끼고 있었다. 그리하여 24군단장 하지(John R. Hodge) 중장은

54) Shtykov's cable to Moscow, January 1, 1950, Archives of the President of Russia, pp. 1-2, quoted in Bajanov's *The Korean Conflict of 1950-1953*, pp. 12-3.

55) 한국 전쟁기념사업회, *한국전쟁사, 제3권: 북한군 침공과 한국군 방어*(1992), pp. 23-9.

1945년 11월 13일 군정법령 28호로 "국방사령부(Office of the Director of the National Defense)"를 설치하고 24군단 헌병 참모(Lawrence E. Shick 준장)를 책임자로 임명하였다. 국방사령부는 남한의 군사력을 3개 육군 보병사단으로 구성된 1개 군단, 공군은 1개의 수송중대와 2개 전투비행중대로 편성하여 육군과 공군 병력 4만 5,000명과 5,000명의 해군과 해안 경비대를 합하여 총 5만 명 규모의 군대를 창설하려 하였다. 그러나 미국 행정부는 미소공동위원회가 열리는 때에 한국군의 창설은 바람직하지 못한 소련의 반응을 유발할 우려가 있다는 점을 의식하여 이 계획에 반대하였다. 이에 따라 미군정은 2만 5,000명 규모의 필리핀식 경찰예비대(Police Constabulary)를 창설하기 위한 "Bamboo Plan"을 작성하였다. 이 계획에 따라 미군정은 우선 남한 8도에 1개 중대씩의 병력을 확보한 후에 이를 단시일 내에 연대로 확장하기로 하였다. 그리고 통역관 장교를 양성하기 위하여 군사영어학교(Military Language School)를 서대문구 냉천동 감리교신학교에 설치하였다. 이 군사영어학교는 1946년 4월 30일 폐교되고 5월 1일에는 국방경비대 사관학교가 태릉에서 개교되고, 1948년 8월 15일 정부가 수립되자 육군사관학교로 개칭되어 오늘에 이르고 있다. 이와 같이 미군정 당국도 남한의 치안과 방위를 위하여 한국군을 창설하려 했다.[56]

미군정은 Bamboo 계획에 따라 1946년 1월 15일에 남한의 8개도에 1개 중대씩을 창설하였다. 이 8개 중대는 곧 8개 연대로 확장되었고, 1947년 12월에는 3개 여단, 1948년 7월에는 5개 여단(15개 연대)으로 증편되었다. 미군정 당국은 국방사령부 산하의 경무국을 독립시키고 군사국을 "국방부(Department of National Defense)"로 개칭하였으나, 미소공동위원회를 의식하여 다시 "국내경비부(Department of Internal Security)"로 다시 개칭하고 "남조선국방경비대"도 "조선경비대"로 명칭을 바꾸었다. 이러한 과정을 거쳐 한국군은 1947년 말에는 3개 여단 2만 명, 한국정부 수립 직전에는 5개 여단 5만 명이 채 되지 않은 병력을 가졌으나, 무장은 극소수의 경기관총을 제외하고는 소총이 전부였으며, 이 또한 일제 소총이거나 미군의 잉여 무기에 불과하였다. 1947년 3월 말, 하지 중장이 미 하원에서 행한 비밀 증언에서 북한의 병력이 12만 명에서 15만 명 정도로 추산된다고 한 내용을 참조하면, 숫자상으로 5만 명도 되지 않는 한국군의 상태는 실로 열세하다기보다는 저열한 편이었다.[57]

한국 정부가 수립될 당시 약 5만 명으로 시작된 한국 육군은 이들 병력조차도 무장시킬 무기가 없어 유엔 한국위원단도 "한국 육군은 소화기와 자동화기만으로 70%밖에 무장되어 있지 않다"고 밝혔고, 1949년 한 미 군사고문관은 한국 육군은 애국심 하나만을 제외하면 "1775년 독립전쟁 당시 미군과 비슷한 수준"이라고 평가하였다. 이를 인식한 이승만 대통령은 미국의 트루먼 대통령에게 북한 공산주의자들의 침공에 대비하기 위하여 군사 원조를 애걸하였으나, 미국 정부는 "한국이 부담할 수 없는 대규모

56) 육군사관학교, 전사학과, *한국전쟁사*, pp. 178-82.

57) *前揭書*.

의 군사력 유지보다는 건실한 경제 개발이 중요하다"라는 원론적인 강론을 대답으로 주었고, 이승만 정부가 국내 반공의식을 강화하고 국민의 결속을 다지자는 목적으로 외쳐대는 "북진통일"과 "공산주의타도"라는 구호의 위험성을 지적하였다.

한국의 해군도 해방 직후 조직된 해사대(海事隊)를 근간으로 해방병단(海防兵團)으로 인가되었다가 한국해안경비대로 개칭되어 해군의 모체가 되었다. 이렇게 창설된 해군은 1948년 제주도 폭동사건과 여순 반란사건 진압작전에 참가하여 지대한 역할을 수행하고, 1949년 해병대를 창설하면서 1949년 5월에는 해군병학교를 토대로 해군사관학교로 개교하여 모습을 갖추어 나갔다. 해군은 미군으로부터 소규모 함정을 인수하여 이를 보수・보유하는 등 증강 노력을 기울이고, 함정건조를 위한 모금으로 미국으로부터 PC 701함을 구입하여 이를 1950년 4월 10일에 진해항으로 끌고 오기도 하였다. 그 후에 미국으로부터 702, 703, 704함을 계속 구입하였으나, 이들 함정이 하와이에 기항하고 있을 때 한국전쟁이 발발하였다. 이러한 노력을 기울인 해군은 1950년 6월 25일 당시 29척의 경비정과 7,000명을 보유한 상태였다.[58)]

육군과 더불어 발족된 공군은 1948년 육군항공사령부로 되었다가, 1949년 1월에는 육군항공사관학교를 창설하여 장교를 양성하고, 1949년 10월 1일 공군으로 독립하여 공군사관학교를 가진 편제상 공군의 모습을 갖추었다. 그러나 공군은 주로 경비행기인 연락기를 보유하고 있었으며, 애국기 헌납 운동을 펼쳐 항공기의 판매를 미국에 요청했으나 거절당하고, 캐나다에서 AT-6형 훈련기 10대를 구입하여 1950년 5월 14일 여의도에서 이승만 대통령이 이를 "건국기"라고 명명하는 정도를 가지고 자랑스러워해야만 했다. 그러나 이후에는 항공기의 추가 구입이나 미국의 지원도 없었기 때문에, 한국 공군은 22대의 연락기와 연습기만으로 북한의 YAK 전투기를 대적해야만 했다.[59)]

이와 같이 한국군은 협조되지 않은 방어 계획과 이마저 제대로 수행할 수 없는 군사력을 보유하고 있었다. 특히 북한이 대남 교란을 강화시키면서 무력을 사용하기 전에 펼친 평화적인 몸짓과는 달리, 국민의 반공 의식을 고취시키고 국민적 단결을 도모한다는 취지에서 내세웠던 "북진통일" "공산주의 타도" 등의 구호는 한국군의 군사력을 증강시키는 데 필요한 미국의 군사 원조의 획득을 더욱 어렵게 만들었다. 다른 모든 분야의 노력이 군사력의 증강과 군사력의 사용을 돕기 위하여 집중적으로 지향되었던 북한과 침묵 속에 북한을 지원한 소련과 중공과는 달리, 한국은 각 분야의 노력을 집중시켜 국가를 방위하기보다는 각 분야가 서로 상충되는 역할을 수행함으로써 국가적 노력이 분산되었고 국내 정치는 대외 외교를 뒷받침하지 못했다. 이러한 결과 한국군은 소총과 훈련기, 북한군은 전차와 전투기로 무장되는 현상을 초래하였고, 이러한 현상은 북한 김일성과 공산 지도층으로 하여금 전쟁에서 승리할 수 있다는 확신을 갖도록 만들었다.

---

58) *前掲書.*
59) *한국전쟁사*, pp. 186-7.

4. 남북한 군사력 및 태세 비교

1) 전쟁 및 작전 계획

북한의 전쟁 계획은 분명히 주어진 현상을 변경시키려는 공세적인 침공 계획이었다. 먼저 북한을 점령한 소련은 한반도를 "극동의 폴란드"로 보아 한반도에 수립될 통일 정부는 소련에 "우호적"이어야 한다는 정책을 명확히 하고, 이러한 정책적 목표 달성은 "스탈린의 명령을 법으로 간주하는 김일성"을 통해서 구현하려 하였다. 소련의 대한반도정책 태세를 감지한 김일성은 처음부터 무력의 사용을 통해서 소련에 "우호적"인 한반도 통일 정부를 수립하려는 주장을 내놓았다. 이에 스탈린은 최초에는 한국군에 비해서 북한 군사력의 월등한 우세가 확보되지 않았다는 점, 여건이 성숙되지 않았다는 점, 38선에 대한 미국과의 합의가 유효하다는 점 등을 고려하여 김일성의 요구를 수용하지 않았다. 미국의 개입 가능성이 크기 때문에 위험의 비중이 크고 이에 따라 승산(勝算)이 희박하다는 이유로 스탈린은 최초에 김일성의 요구를 수용하지 않았다. 그러나 미군이 한국에서 철수하고(1949. 6.) 소련이 원자탄을 보유했고(1949. 8.) 중공이 중국 대륙을 장악했으나(정권수립: 1949. 10. 1.; 장개석 대만 철수: 1949. 12.) 미국이 이를 방관했으며, 더구나 미국이 대만과 한반도를 미국의 극동방위선에서 제외했다는 사실을 발표하기에 이르자, 스탈린은 1950년 1월 30일, 한반도에서 "행동"을 취할 수 있는 여건이 조성되었다고 판단하여 김일성의 무력 남침 요구를 수용하였다. 스탈린은 이제 북한군만 강화시켜 한국군에 비해서 "월등한 우세(an overwhelming superiority)"를 확보시키기만 하면 승산이 있다고 보았던 것이다. 스탈린은 북한군을 대대적으로 강화시키면서 무력 사용의 명분을 축적하기 위한 구실을 마련하기 위하여 남한이 반드시 거절할 수밖에 없는 내용의 평화 통일안을 제의하도록 지도까지 하였다. 이에 따라 북한군은 강화되었고, 북한은 남한이 수용할 수 없는 조건을 전제로 한 평화통일안을 제시하면서 전쟁 계획을 수립하였다. 북한의 김일성과 이를 지원하는 소련의 스탈린, 중국의 모택동은 한반도에서 한국 정부를 제거하고 공산정부를 세우기 위한 수단으로 전쟁을 채택하게 되었다. 소련과 중공의 지원을 받은 북한의 전쟁 계획은 이와 같이 남한의 무력 침공을 전제로 한 공세적인 계획이었다.

남한을 제거하기 위해서 수립된 전쟁 계획은 공격 작전 계획이었다. 북한은 남한을 침공하기 위한 공격을 처음에는 서전(緖戰)과 본전(本戰)으로 구분하여 실시하려 했으나 기습적인 공격과 이의 효과를 증대시키기 위하여 서전(緖戰)을 생략하기로 하였다. 북한은 최초 남침 공격 작전을 합리화시키기 위하여 옹진반도에서 국지적인 전투 행위를 실시하여 한국군의 38선 북침을 유도함으로써 이를 전면적인 남침 공격 작전의 구실로 삼으려 했다. 그러나 김일성은 남침 개시 5일 전에 한국군이 북한의 남침 계획을 알았다는 핑계를 붙여 스탈린에게 옹진반도에서의 서전(緖戰) 없이 전면 남침 공격 작전을 실시하겠다고 건의하여 승인을 받았다. 그리고 남한 공격 작전 단계를 3단계로 설정하였다. 38선과 서울 사이에서 3중 양익포위를 실시하여 한국군의 주력을 섬멸하고, 수원에서 다시 양익 포위를 실시하여 후퇴한 주력을 섬멸하면서 남쪽에서 올라오는 증원군을 차단하여 섬멸한 다음, 남한지역의 잔여 병력을 소탕하면서 남한을 점령하는 3단계를 설정해 놓았다. 전쟁의 신속한 종결을 위해서 북한군은 수원과 삼척선을 3일 만에 점령하기로 작정하였다. 그 후의 작전은 남한에서 활동하는 유격대와 이에 동조하는 주민들의 협조를 받아 비교적 순조롭게 진행될 것으로 내다보고 있었으나, 김일성은 유격대의 도움에 크게 기대하지 않고 북한군에 의해서 남한 점령을 신속하게 종결하려 하였다. 이와 같이 북한의 작전 계획은 공격 작전 계획이었고, 이를 위해서 초전의 기습과 신속한 포위 및 차단에 의한 한국군 주력의 조기 섬멸, 그리고 신속한 남진에 의한 남한 지역의 조기 점령을 목표로 하고 있었다.

이와는 극히 대조적으로 한국의 전쟁 계획은 주어진 현상을 지키려는 수세적인 방어계획이었다. 1949년 6월 30일, 마지막으로 한국을 떠난 미군을 불안한 눈초리로 바라본 한국 정부와 한국민을 대변하여 한국군은 2, 3일 동안 사용할 수 있는 탄약밖에 가지고 있지 못하다는 실정 호소와 함께 미국에 군사원조를 요청했던 한국의 이승만 대통령에게 주어진 것은 한국군이 필요한 무기와 탄약 대신 "경제 개발이 더욱 중요하다"는 트루먼 미국 대통령의 충고가 거의 전부였다. 이러한 상태에서 이승만의 한국 정부는 한국민을 단합시키고 한국민과, 가능하다면 미국 정부를 자극하기 위하여 분단된 상태로서는 살 수 없으니 단독으로라도 "북진통일"을 해야겠다는 말을 구호로 자주 사용하였다. 그러나 한국 정부가 한국군의 증강이 어려운 상황에서 국민을 단합시키고, 미국을 자극한다는 희망 섞인 의도로 사용된 "공격적인 구호"는 한국민에게는 "바람의 기대"만 부풀려 놓았고, 한국군의 증강을 위해서 무기를 공급해 줄 수 있는 거의 유일한 국가인 미국 정부의 "불안한 우려"를 자아내어 한국군이 필요한 무기와 탄약의 조달을 거의 불가능하게 만들었다. 빈약하게 무장된 한국군은 넓은 정면의 38선을 지켜야 했고 후방지역에서 활동하는 게릴라들과 싸워야 했다. 그리하여 한국의 전쟁 계획은 한국 정부가 구호로 삼은 "북진통일"과는 거리가 먼 "남한방어"조차 보장할 수 없는 수세적인 방어계획이었다.

북한의 무력 남침을 저지하기 위해서 수립된 한국군의 전쟁 계획은 지역 방어 개념에 의한 방어 계획이었다. 서쪽의 옹진반도에서 동쪽의 양양에 이르는 결코 짧지 않은 38선을 지키던 한국군은 후방의 지원을 기대하기 힘든 상황에서 사실상 "엉성한" 방어진지와 추진진지 점령 계획 정도의 방어 계획을 세워 놓고 있었다. 한국의 육군 본부는 이렇게 수립된 전방 사단의 방어 계획을 취합하여 육군의 방어 계획을 작성하였다. 그리하여 17연대는 옹진반도를 지키다가 사정이 여의치 않으면 인천으로 철수하도록 되어 있었고, 1사단은 개성・문산지역, 7사단은 동두천・포천지역, 6사단은 춘천・인제지역, 8사단은 강릉과 동해안지역에서 지역 방어를 실시하여 38선을 "끝까지" 지키도록 하였으며, 대전의 2사단, 대구의 3사단, 광주의 5사단은 명에 따라 북상하여 전방 사단을 지원하여 38선을 회복하도록 되어 있었다. 육군본부는 전방 사단만으로는 38선을 지켜 내기가 힘들다는 것을 인식하고 후방 병력을 북상시켜 38선을 회복한다는 내용의 작전 계획과 명령을 작성해 놓고 있었다. 한국 정부와 일부 정치인들이 외쳐대는 구호와는 달리 육군본부의 작전 계획 어느 구석에도 38선을 넘어 북진(北進)을 도모한다는 구절은 찾아볼 수가 없었다. 이와 같이 한국군의 전쟁 계획은 방어 작전 계획이었으며 이를 위한 구체적인 실천 사항조차도 명시되지 못한 것이었다.

이와 같이 북한의 전쟁 계획은 공세적인 남한의 침공 계획이었고 한국의 전쟁 계획은 수세적인 남한의 방어 계획이었다. 북한의 전쟁 계획은 다른 모든 분야와 협조된 계획이었던 것인 데 반하여, 남한의 전쟁 계획은 군사적인 분야에 국한된 것이었고 이것조차도 전방 각 사단의 방어 계획을 통제나 조정없이 그대로 종합한 것에 불과한 것이었다. 북한의 공격 계획은 잘 협조된 상태에서 기습과 섬멸, 전과 확대, 소탕과 점령의 3단계로 구분되어 있는 데 비하여 남한의 방어 계획은 전방 사단이 38선에서 지연전을 전개하고 후방의 병력 지원을 받아 38선을 회복한다는 계획으로서 방어 개념도 막연하고, 보장 여부도 확신할 수 없는 계획이었다. 북한의 침공과 공격, 남한의 저지와 방어가 한반도의 두 정부가 택한 전쟁과 작전 계획의 핵심 개념이었다.

2) 병력과 장비

한국의 병력이 약 10여만인 데 비하여 북한은 약 20여만의 병력을 보유하고 있었다. 특히 북한은 중공군이나 소련군과 전투를 통하여 전기(戰技)를 익힌 약 5만 명의 병력을 국내로 유입시켜 전력을 증강할 수 있었다. 병력에 부가하여 북한은 또한 장비의 우세를 점유하고 있었다. 한국군이 장비하고 있지 않은 전차(戰車)는 물론 자주포(自走砲)까지 장비하고 있었으며 숫자 또한 결코 적지 않았다. 북한군이 장비한 122mm 야포는 한국군의 105mm 포를 제압하였고, 특히 한국군이 연락기와 훈련기만을 몇 대 가지고 있었던 것에 비하여 북한군은 전투기와 폭격기까지 소련으로부터 들여와 배치하고 있었다. 이와 같이 북한군은 병력과 장비면에서 한국군과는 비교가 되지 않을 정도로 우세한 상태에 있었다. 스탈린이 바라고 지원해 준 대로, 북한군은 한국군에 비해서 "월등한 우세(an overwhelming superiority)"를 확보하고 있었다.[60]

---

60) *한국전쟁사*, p. 197.

남북한 군사력 비교

구 분		한 국 군	북 한 군
육 군	병 력	경장비 사단 : 8 (21개 연대) 독립 연대 : 1 기타 지원부대 등 합 계 : 94,974명	중장비 사단 : 7 (30개 연대) 예비 사단 : 3 전차 여단 : 1 기타 기계화보병 연대, 38경비대, 특수 부대 등 합 계 : 182,680명
	궤도차	장갑차 : 27	T-34 전차 : 242대 장갑차 : 54대 SU-76자주포 : 176문
	곡사포	105mm M3 : 91문 (3문은 사용불가)	122mm : 172문 76mm : 380문
	박격포	81mm : 384문 60mm : 576문	120mm : 226문 76mm : 1,142문 61mm : 360문
	대전차 화 기	57mm 무반동총 : 140정 2.36″ 로켓포 : 1,900문 (T-34 전차 파괴 불가능)	45mm : 550정
	대공(對空) 화기	없 음	85mm : 12문 37mm : 24문 14.5mm 기관총 : 다수
해 군	병 력	7,715명	4,700명
	함 정	경비정 : 28척	경비정 : 30척 해안포 : 다수
공 군	병 력	1,897명	2,000명
	항공기	L-4 : 8대 L-5 : 4대 T-6 : 10대 합계 : 22대	YAK-9 IL-10 IL-2 기타 등 합계 : 210대
해 병	병 력	1,166명	9,000명
총 계	병 력	105,752명	198,380명

3) 전쟁지도 및 작전 지휘 능력과 훈련 수준

병력과 장비의 우세와 열세라는 유형적(有形的) 요소와 더불어 전쟁 수행과 결과에 지대한 영향을 미치는 요소는 전쟁 당사국 정치 지도층의 전쟁지도 능력과 수완, 군 지휘관들의 작전 지휘 능력, 그리고 병사들의 훈련 수준과 같은 무형적(無形的) 요소를 들 수 있다. 평시에 군사력을 준비하고 동맹 관계를 유지하며 전시에 이를 운용할 군 지휘관을 임명하는 기능은 전쟁 단위체인 국가의 정치 지도자가 수행하는 역할이다. 군사력의 준비를 위해서 국가의 자원을 배분하고 이것이 부족할 경우에는 동맹국의 도움을 확보하여 부족한 부분을 메우고, 이렇게 해서도 부족하면 동맹국의 직접적인 원조를 보장받아야 하는 역할은 정치 지도자가 담당해야 할 중요한 국가 안보상의 책임이다. 특히 준비된 군사력을 유사시에 동원, 운용하는 전략과 전술 개념을 개발해야 하는 능력 있는 군 지휘관의 임명은 정치 지도자의 중요한 권한과 임무에 속한다. 우세하거나 열세한 군사력을 효율적으로 운용하여 신속한 공격 작전이나 완만한 지연 작전을 성공적으로 수행하고 반격을 가하여 상대의 전쟁 목적 달성을 불가능하게 만들 수 있는 능력 있는 군 지휘관의 임명은 국가 안보상 매우 중요한 요소이기 때문이다. 주어진 여건과 상황에 맞는 작전 개념과 전술을 개발해야 하는 군사 지휘관들의 작전 지휘 능력도 전쟁의 결과에 지대한 영향을 미치는 요소가 된다. 그리고 이러한 작전 개념과 전술을 전투장에서 보장해 주어야 하는 병사들의 훈련 정도와 수준 역시, 좁게는 전투, 넓게는 전쟁의 결과를 좌우하는 요소가 된다. 이와 같이 한 국가의 전쟁 지도, 작전 지휘 능력과 병사들의 훈련 수준과 이에 따른 전기(戰技) 및 사기(士氣)의 수준 등 무형적(無形的) 전력(戰力) 요소는 유형적(有形的) 요소와 더불어 전쟁의 결과를 결정지어 주는 요인이 된다.

북한의 김일성과 남한의 이승만이 대변하는 남북한 양측 정치 지도층의 전쟁에 대한 군사적 노력과 이를 위한 군사외교 노력은 매우 대조적이었다. 김일성은 일단 소련의 군정과 "순종적인" 협조 관계를 유지하면서 북한 내 지방 인민위원회의 구성을 주도하였으며, 88정찰여단 시절부터 소련군과 맺었던 유대 관계를 더욱 심화시켜 스탈린의 인정까지 확보하는 적극성을 보였다. 그리고 난 후에 김일성은 소련군 현지 지휘관을 통하여 남한의 무력 침공에 의한 "남조선 해방"의 필요성과 당위성을 주장하여 이 의견이 스탈린에게까지 보고되도록 하였다. 김일성은 스탈린을 만나 남침에 의한 한반도 통일의 필요성을 역설하여 결국에는 스탈린의 동의를 얻어내고 스탈린의 적극적인 지원까지 확보하였다. 이에 비해서 한국의 이승만은 미국의 군정 당국과 "순종적인" 관계 수립을 거부하였고, 미군의 철수 후에도 한국군의 방어력 강화를 위한 미국의 군사원조를 충분하게 확보하지 못했다. 스탈린과의 직접적인 면담을 끈질기게 주장하여 이를 관철시킨 김일성과는 달리 이승만은 트루먼을 만날 계획을 가지고 있지 않았으며, 트루먼의 한국에 대한 정책적 관심을 확보하는 데 큰 성공을 거두지 못했다. 물론 미국과 소련의 대한반도정책과 전략의 차이에서 비롯된 근원적인 한계로 인하여 미국의 대한 지원이 상징적인 수준을 넘기 힘들었으나, 스탈린에 대해서 순종적인 김일성과 미국에 대해서 대등한 입장을 취했던 이승만이 펼친 군사 외교의 성과는 차이가 있었다. 이와 같이 미국과 소련의 대한정책과 전략의 차이와 김일성과 이승만의 대소, 대미 군사외교 성과의 차이는 결국 한국과 북한이 지닌 군사력의 차이로 구체화되기에 이르러 한반도의 전략적 불균형을 심화시킨 요인의 하나가 되었다.

북한의 김일성이 전쟁 준비를 하면서 온갖 선전과 대남 교란을 책동하고, 특히 전쟁 준비를 마치고 난 후에 이를 은폐하고 개전의 구실을 만들기 위하여 남한이 받아들일 수 없는 평화 통일안을 제의한 것과는 대조적으로 한국의 이승만 정부는 정치적 목적으로 내세운 "북진통일" 등의 구호를 사용하며 허세(虛勢)를 과시하는 것을 주저하지 않았다. 북한의 김일성은 스탈린의 지원과 지시에 힘입어 군사력을 강화하고, 남침을 위한 준비와 병력 집결을 진행시키며 남한에 대해서 남한이 수용할 수 없는 조건을 내걸고 평화적 통일 방안을 제시하여, 북한의 남침 기도와 준비를 은폐하면서 남한의 제안 거부를 무력 사용의 구실로 이용하려는 고도한 정치적 술책(術策)을 구체화하였다. 이와는 대조적으로, 한국 정부 당국자들은 일반 국민의 "북진통일" 주장을 부추기는 발언을 서슴지 않으면서 북한의 남침에 대한 우려 속에서도 이에 대한 대비는 소홀히 한 치명적인 과오를 범하였다. 특히 신성모(申性模) 국방장관은 북한의 남침 위협을 심각하게 보면서도 1950년 1월 24일 내외신 기자회견에서 "실지 회복을 위한 모든 준비가 다 되어 있으므로 명령만 기다리고 있다"고 말하는가 하면 5월 10일에도 북한의 남침 가능성을 우려하면서도 "현재 우리 해군은 일단 유사시에 동서 이북에 대한 하고 싶은 행동을 어디까지든지 할 수 있는 능력을 갖추고 있다"는 말을 서슴지 않았다.[61] 이러한 한국 정부의 태도와 공격적인 구호는 미국이 대한 군사 원조 제공을 꺼리는 하나의 구실을 제공하였으며, "북한을 침공하지 않을 테니 군사 원조를 해 달라"는 이승만 대통령의 애절한 요청도 도외시하는 미국의 냉랭함을 더욱 냉랭하게 만들고 말았다. 이와 같이 소련의 원조는 물론 훈수(訓手)까지 확보한 김일성 정부와, 그렇지 않아도 확보가 어려운 미국의 군사 원조 제공을 더욱 확보하기 어렵게 만든 한국 정부의 군사 외교 성과는 군사적인 공격과 방어만큼이나 차이가 있었다.

한국과 북한의 작전 지휘 체계와 군사 지휘관들의 작전 지휘 능력과 경험에도 차이가 있었다. 소련의 군사고문관과 김일성에 의해서 구축된 전쟁 준비 및 수행을 위한 지휘체계는 일사불란하였고, 특히 남침 개시 전에 스탈린은 편성 및 교육 훈련을 담당했던 소련의 군사고문관들을 작전 수행을 담당할 바실리예프 중장을 단장으로 하는 고문관들로 교체하여 북한군의 작전을 지도하였다. 그리고 북한군의 전방 사단장들은 중국의 내전에서 사단급 지휘관과 참모를 역임한 경력이 있는 사람들을 배치하였고, 이들 역시 소련군 고문관들의 철저한 지도와 감독을 받고 있었다.[62] 북한은 대규모 작전회의를 개최하여 남침 작전 전반에 대한 조율과 협조를 도모하였고, 특히 6월 훈련 계획표에 6월 20일부터 24일까지 장비수리 및 통신 훈련을 실시하면서 이동하여 6월 24일 공격 대기 지점에 집결하도록 하는 치밀함을 보여 주었다.[63] 이와는 대조적으로,

---

61) 한국 전쟁기념사업회, *한국전쟁사, 제3권: 북한군 침공과 한국군 방어*(1992), pp. 27-9.

62) 슈티코프전문, 1950. 2. 23, *蘇聯極秘外交文書, 4,* p. 48; A. M. Vasilievsky 외 11인, *레닌그라드로부터 평양까지*(소련 과학 아카데미 편), 한국판 번역본(1989); *6·25 南侵分析,* pp. 12-13.

63) 조선 인민군 제531군 부대, "6월分 일歷表 發送에 관하야," 1950년 5월 23일, 平壤市, 部隊長 무 정, 이

한국의 국방장관은 대통령을 대신하여 한국군을 지휘 감독할 자질이 부족하였으며, 1950년 4월 10일 재기용된 채병덕(蔡秉德) 육군 참모총장도 30대의 전 일본군 병기장교 출신이었다. 그리고 육군본부는 8개 예하 사단을 직접 지휘하도록 되어 있었으나, 통신 장비가 없던 당시의 상황과 육군본부의 지휘, 통제 능력의 결핍으로 각 사단을 통제, 조정할 수 없는 형편에 있었다. 북한에 대한 정보 수집 능력도 부족하여 북한군이 남침 준비를 마치고 부대 이동을 개시한 6월 10일, 한국의 육군본부는 전방 부대 주요 지휘관과 참모들을 대규모로 교체하는 인사를 단행하는 과오를 범하게 되었다.[64] 결국 북한군은 전쟁을 치르기 위한 지휘 체계와 능력을 구비하고 있었던 데 비하여, 한국군은 전쟁을 독자적으로 치른다는 각오와 이에 대한 능력과 대비 태세를 제대로 갖추지 못한 상태였다는 점을 부정할 수 없었다.

전쟁 지도와 작전 지휘 능력의 상대적 결핍에 부가하여, 한국군 병사들의 훈련 수준도 매우 미흡한 상태에 있었다. 중국 내전과 스탈린그라드 전투에서 실전 경험이 있던 조선인 병사들을 대거 입북시켜 전력을 증강한 북한군은 38경비 1여단과 3여단을 38선상에 배치하여 경계를 담당시키면서 주력 부대는 그 후방에서 사단급 훈련과 보·전·포(步戰砲) 합동 훈련까지 실시하여 소련 군사고문관을 만족시켰고, 1950년에 들어서는 서울을 중심으로 한 남한 지형을 연구하면서 대규모 남침 예행 연습까지 실시하였다. 한국군도 북한군의 남침 위기가 고조되자 1950년 1월 교육각서 제1호를 하달하여 3월 말까지 분대 전술부터 대대 전술에 이르기까지 모든 훈련을 완료하도록 지시하였으나, 전방 사단은 38선 경계 임무, 후방 사단은 공비토벌 임무 수행에 훈련시간을 확보할 여유가 없었다. 육군본부는 다시 3월 14일 교육각서 제2호를 하달하여 6월 1일까지 대대 훈련을 완료할 것을 지시했으나, 수도 경비사 연대와 전방 사단의 1, 2개 연대 정도만이 대대 훈련을 완료하였고, 다른 모든 부대는 중대 훈련조차도 50% 정도밖에 완료하지 못한 상태에 있었다. 이 같은 실정을 파악한 미 군사고문단은 훈련 완료 시기를 7월 말로 다시 연기하도록 하였으나 그 이전에 북한군의 침공으로 전쟁에 돌입하게 되었다. 이와 같이 사단급 훈련과 보·전·포(步戰砲) 합동 훈련까지 마친 북한군과 중대급 훈련을 겨우 마친 한국군 병사들의 훈련 수준 차이와 병력 및 장비의 우열은 바로 초기 전투의 결과로 나타나게 되었다.

훈련계획표는 미국 연방 문서보관소(National Archives) 예하 메릴랜드(Suitland Maryland)에 위치한 일반문서보관분소(General Archives Division)에 있는 노획문서철에 보관되어 있는 문서 중의 하나로서, 6월 포병 훈련에 관해서 "조선 인민군" 포병사령부에서 작성된 것임. 이 계획표에 의하면 포병 참모부 훈련은 6월 11일부터 13일까지 마치고, 무선특수훈련은 6월 15일에서 17일, 포병 수리소장 훈련은 6월 15일부터 24일까지로 계획되어 있어서 집결진지로 이동하기 전과 이동중에도 계속 실시하도록 계획되어 있었고, 통신 훈련은 이동 직전부터 이동간인 6월 20일부터 24일까지 실시하도록 계획되어 있었다.

64) *6·25 南侵分析*, pp. 52-3.

4) 병력의 배치 및 준비 태세

한국군과 북한군은 병력의 배치와 운용면에서도 커다란 차이를 나타내 보였다. 북한군이 소련의 도움을 받아 육성한 3개의 정예사단과 4개의 정규사단 등 10개 사단을 38선 지역에 집중시키고 YAK 전투기와 상륙용 주정까지를 동원하여 남침 공격을 감행할 태세를 갖추고 있을 때, 한국군은 남쪽의 공비 토벌 작전 수행으로 인하여 병력을 전 남한지역에 분산 배치하고 있었다. 그리하여 명목상 8개 사단을 유지하고 있던 한국군은 1개 사단으로 전차와 자주포로 증강된 북한군 2개 사단의 공격을 막아야만 했다. 그러나 38선상을 경계하던 전방 사단들도, 사단 후방 지역의 공비 토벌의 필요에 따라 병력을 38선에 연하여 횡적으로 배치하지 못하고 종대로 배치하고 있었기 때문에, 북한군 2개 사단의 침공을 1-2개 연대로 막아야 할 정도였다. 그리고 이들 병력마저도 기동력이 없어서 측방 지원은커녕, 필요시 철수조차도 제대로 수행하기가 곤란한 지경에 처하여 고립되는 경우가 발생할 소지가 있었다. 그리하여 개성・문산지역은 한국군 1사단이 전차로 증강된 북한군 1사단과 6사단의 공격을 저지해야 했고, 동두천・포천지역에서는 7사단이 북한군 주력인 3, 4사단과 105전차여단의 공격을 막아야 했으며, 인제・춘천지역의 6사단은 자주포의 지원을 받는 북한군 2, 12사단의 공격을 저지시키고, 동해안의 8사단 2개 연대는 766부대와 945육전대, 독립 기계화 보병 연대로 증강된 북한군 5사단의 남침을 저지해야만 하였다.[65] 이와 같이 전방에 배치되어 있던 4개의 한국군 사단과 옹진반도의 독립연대는 자신들보다 2배 이상이 많은 북한군의 공격을 막고, 남진을 저지해야 할 형편이었다.

공격 작전을 수행하기로 결정함으로써 전쟁의 주도권을 잡고 있던 북한군의 준비태세는, 스스로 정한 기준과 시일에 맞추어 군사력을 증강하여 왔기 때문에 남침을 개시한 그 날에는 거의 완벽한 수준이었다. 그러나 한국군의 처지는 이와는 달랐다. 한국군은 최초 북한의 남침 공격이 1950년 3, 4월경에 감행되리라고 판단하였다. 이 기간은 그대로 지나갔다. 한국군은 다시 5월 1일 노동절을 전후한 북한군의 남침과 폭동에 대비하여 4월 27일부터 5월 3일까지 대기 및 경계 태세를 발령하였다. 또 5월 30일 총선거를 대비하여 5월 9일부터 6월 2일까지 대기 및 경계 태세를 취하도록 하였다. 한국국은 다시 북한의 평화 공세에 대한 경계 조치로서 6월 11일부터 23일까지 비상경계태세를 발령하였다. 그러나 한국군은 특별한 징후가 없다는 이유로 6월 22일에 6월 23일 24 : 00시를 기하여 비상경계태세를 해제한다는 명령을 예하 부대에 하달하였다. 북한군이 공격 대기 지점에 집결하여 최고의 경계 태세와 공격 기세를 올리고 있을 때 한국군은 비상경계령을 해제하고 6월 24일 저녁에는 육군회관 준공연회가 열려 채병덕(蔡秉德) 참모총장 이하 육군본부 참모, 수도권 지역 지휘관들이 참석하여 밤늦도록 연회를 즐기고 있었고, 전후방의 장병들은 외출, 외박, 휴가를 떠나 자리를 비우고 있

65) *한국전쟁사*, pp. 199-200.

었다. 육군 참모총장 이하 주요 간부들이 술에 취해 있을 때 북한군은 공격의 예봉(銳鋒)을 더욱 날카롭게 하고 있었다. 이와 같이 최고의 공격 태세를 유지하고 있던 북한군과 최악의 경계 태세를 취하고 있던 한국군의 준비 태세는 병력과 장비의 열세, 전쟁 지도 및 작전 지휘 능력과 훈련 수준의 차이로 벌어진 전력(戰力)의 우열(優劣)을 더욱 심화시켜 북한군에게 개전(開戰)의 기습(奇襲) 달성을 완벽하게 보장해 주었다.

한국전쟁의 직접적인 원인이 된 남한과 북한 사이에 형성된 전략적 불균형은 병력과 장비, 전쟁 지도 및 작전 지휘 능력과 훈련 수준, 병력의 배치와 준비 태세면에서 현저하게 표출되어 있었다. 더구나 이 전략적 불균형이 한국과 북한을 지원하는 미국과 소련의 지지와 지원의 차이로 단시간 내에 형성되었기 때문에, 이를 이용하여 "남조선을 해방"시키겠다는 김일성과 북한 공산주의자들의 승리에 대한 자신감을 더욱 불러일으킨 요인이 되었다. 남한 각지에서 활동하고 있던 유격대와 간첩들에 의해서 남한의 실정은 물론 한국군의 대비 태세도 비교적 정확하게 파악하고 있던 북한의 김일성은 어쩌면 한국군의 대비 태세를 북한군의 기습 공격 효과를 극대화할 수 있는 방향으로 정착시키기 위한 적극적인 공작을 수행했는지도 모를 일이었다. 결국 남북한간에 조성된 군사력의 유형적(有形的)인 요소와 무형적(無形的)인 요소의 상대적 우열(優劣)은 한국전쟁의 초기 전투에서 승패(勝敗)의 결과로 나타나게 되었다.

5. 북한군의 침공과 초기 전투

1950년 6월 25일 일요일 새벽, 국경선으로 변한 한반도의 38선 일대에는 가랑비가 내리고 짙은 안개가 드리워 있었다. 전날 저녁부터 내린 비는 빗발이 약해졌으나 산과 들을 이미 흠뻑 적셨고, 낮게 깔린 새벽 안개는 아직도 가시지 않은 어둠과 더불어 시야를 더욱 흐리게 하고 있었다. 비상 경계령이 해제되어 외출, 외박, 휴가 등이 허용된 남쪽의 전선은 그저 평온하기만 했다. 내무반의 병사들은 주말의 단잠에 빠져 있었고 여기저기 이가 빠진 경계 초소의 초병들도 반쯤 감긴 눈을 억지로 뜨고 고향의 부모와 이쁜이, 꽃분이를 생각하며 다음 외박과 휴가를 연상하고 있었다. 그러나 주말의 단잠을 깨고 초병들의 눈을 크게 뜨도록 만든 것은 여느 때와 다른 북한군의 집중 포사격이었다. 북한군의 공격 준비 사격이 시작되었고 이어서 전차를 앞세운 병력이 38선을 돌파하였다. 한국전쟁(The Korean War)이라고 불리는 6·25 전쟁은 이렇게 시작되었다.

북한군은 38선 전역에서 일제히 공격을 개시하였다. 북한군은 최초 옹진반도에서 먼저 전투 행위를 시작하여 한국군의 38선 이북 침공을 유도함으로써 이를 남침의 구실로 삼으려 했으나 기습의 효과를 최대한으로 달성하기 위하여 서전(緖戰)을 생략하고 전 전선에 걸쳐 전면적인 침공을 단행하였다. 북한군은 서쪽의 옹진반도에서부터 동해안에 이르기까지 1,600여 문 이상의 각종 야포와 박격포가 불을 뿜는 가운데 38경비여단은 물론 7개의 보병사단, 1개의 전차여단, 수개의 특수 독립연대 등 약 12만에 가까운 병력과 250여 대의 전차를 전선에 투입하였다. 북한군 1군단(제 1 보조 지휘소)은 주공으로서 서울 점령을 목표로 4개의 보병사단을 동원하여 1, 6사단은 105전차여단의 203전차연대와 206기계화 보병연대의 지원하에 개성-서울 축선으로 공격시키고, 군단의 주공인 3, 4사단과 105전차여단(-)은 철원, 연천 일대에서 의정부를 거쳐 서울을 점령하기 위하여 38선을 돌파하였다. 조공으로서 2군단(제2 보조 지휘소)은 3개 사단과 수개의 특수임무 부대로 춘천, 원주, 수원으로 진격하여 한국군의 전방 병력의 퇴로와 남쪽에서 올라오는 증원 병력과의 연결을 동시에 차단함으로써 1군단의 작전을 지원하고 중부와 동해안지역을 확보하는 임무를 달성하려 하였다. 이러한 작전 개념으로 2군단은 전차와 SU-76 자주포 부대로 증강된 2, 12사단을 춘천과 인제지역에 투입하고, 766유격부대와 945육전대 및 기계화 보병부대로 보강된 5사단을 강릉지역에 투입하였다. 그리하여 신속하게 남한을 점령하고 이를 기정 사실화함으로써 혹시 구체화될지도 모르는 미군의 개입을 불가능하거나, 의미없게 만들어 이른바 "남조선을 해방"시키려 하였다.

"남조선 해방"이라는 목적을 달성하기 위한 북한의 남침은 철저하게 은폐되었고, 이를 위한 준비는 주도면밀하게 진행되어 개전(開戰)의 기습을 달성하였다. 북한은 "미제와 리승만 괴뢰도당은 조국의 평화적 통일을 실현하기 위한 공화국 정부의 합리적인 방안들을 거부하고 1950년 6월 25일 드디어 공화국 북반부에 대한 무력 침공을 개시하여 조선 인민을 반대하는 침략 전쟁을 일으켰다"고 말하면서, "적들은 해주, 금천, 철원 및 그밖의 여러 방향들에서 38도선 이북지역으로 1~2킬로미터까지 쳐들어왔다"고 주장하고, 1950년 6월 25일 내각 비상회의에서 김일성이 "우리 인민군대는 적들의 침공을 좌절시키고 즉시 결정적인 반공격전을 개시하여 무력 침범자들을 소탕하여야 하겠습니다라고 교시하시었다"고 말하고 있다.[66] 그러면서 북한은 "… 원래 군사학상으로 볼 때 적의 공격을 좌절시키고 반공격으로 넘어가려면 적의 공격 력량보다 몇 배의 력량이 준비되어 있어야 한다. … 그러나 위대한 수령 김일성 동지께서 적들의 발광적인 침략전쟁 준비책동을 예리하게 통찰하시고 적들이 일으킬 전쟁에 대처할 수 있는 준비를 미리 튼튼히 갖추도록 현명하게 이끄심으로써 인민군대는 적들의 침공을 즉시에 좌절시키고 반공격으로 넘어갈 수 있었다"고 밝히고 있다.[67] 북한군은 이와 같이 심중에만 있던 남한군의 북침을 가정하여 이를 남침의 구실로 삼았으며, 남침을 위해서 준비해 온 "적의 공격 력량보다 몇 배의 력량"을 갖춘 군사력을 사용하였다. 실

66) 조선 사회과학원 력사연구소, *조선전사 25: 조국해방전쟁사, 1* (평양: 과학, 백과사전출판사, 1981), pp. 65, 70, 109.
67) *前揭書*, p. 110.

로 북한의 남침 은폐와 준비는 초전의 기습을 달성하여 열세한 한국군이 받은 충격을 더욱 심화시켰다.

한없이 조용한 1950년 6월 25일 일요일 새벽 4시경(동해안의 후방 상륙부대는 새벽 2시경 상륙), 북한군은 옹진반도에서부터 개성·문산지역, 의정부지역, 춘천지역, 그리고 동해안지역에 이르는 전 전선에 집중 포화를 퍼부으면서 38선지역에 배치되어 있던 한국군을 동시에 공격하였다. 북한군은 철저한 은폐와 준비를 통하여 기습을 달성하였고, 한국군은 기습을 당하게 되었다. 병력과 장비가 열세한 상태에서 기습까지 당한 한국군은 초기 전투에서 선전분투(善戰奮鬪)했으나, 전력(戰力)의 열세와 기습의 충격을 극복하지 못한 채 힘든 전투를 강요당하게 되었다.

1) 한국정부와 한국군의 대응과 조치

1950년 6월 25일 이른 새벽, 38선 전지역에서 들려온 포성과 총성이 이전의 것들과 다르다는 사실이 판명된 9시 30분경, 채병덕 육군 참모총장은 남쪽의 2, 3, 5사단을 서울 북방 의정부지역에 투입하기로 결정하고, "적 지상군은 4~5만 명이며 전차 94대가 동반하고 있다"고 말하면서, "국군은 이 적을 격퇴중에 있다"고 국무회의에서 보고한 후 이를 기자들에게 발표하였다.[68] 그러나 북한군이 임진강을 도하하고 울진·삼척지역에 상륙하고 포항에까지 상륙했다는 소문이 전해지는가 하면, 오후에 날씨까지 맑아져 북한 공군기가 김포비행장의 연료 저장소를 불태우고, 여의도비행장에 기총소사(機銃掃射)까지 실시하자, 서울 시민은 불안에 떨고 정부와 군은 침울한 분위기에 싸여 있었다. "국군 장병은 즉시 원대로 복귀하라"는 지프차의 마이크 소리, 북한 공군기의 공습, 시가지를 질주해 북으로 달려가는 군용트럭 등을 보고 들으며 서울 시민들은 불안에 떨었으나, "전쟁이 나면 곧 평양을 점령하고 북한 전지역을 수복한다"고 장담한 정부와 군의 호언 장담을 상기하면서 안도의 기운을 되찾으려 하고 있었다. 특히 라디오 보도를 통해서 흘러 나오는 전황 보고는 마치 한국군이 북한군의 침공을 격퇴하고 있는 것처럼 전하고 있어서 6월 25일 서울 시민은 등화관제(燈火管制) 속에서나마 안심하고 잠을 청할 수 있었다. 이와 같이 6월 25일, 서울은 평온한 가운데 아침을 맞이하고 불안과 긴장 속에서 낮을 보낸 다음, 정부와 군의 "시원스런" 전과 발표로 다시 평온한 저녁을 맞이하였다.[69]

북한군의 남침이 개시되던 바로 그 날, 한국 정부와 한국에 있던 유엔대표 기구도 신속하게 움직였다. 정부는 긴급 국무회의를 소집하여 미국에 긴급 군사원조를 요청하기로 결정하고, 국회는 이승만 대통령에게 조속한 사태 수습을 강조하였다. 그리고 정부는 국민들에게 "염려 말라"는 방송을 내보냈다. 유엔한국임시위원단(UNTCOK: The

68) 大韓民國 國防部 政訓局 戰史編纂委員會, *韓國戰亂一年誌* (단기 4284, 서기 1951), p. B11.
69) *前揭書.*

United Nations Temporary Commission on Korea)은 즉시 한국에서 일어난 사태를 유엔에 보고하고 6월 25일 저녁 방송을 통하여 북한에게 전투 행위의 중지를 요구하였다.[70] 그러나 북한군은 공격을 멈추지 않았고 한국 정부와 유엔한국위원단은 한국군이 이를 저지시켜 주기만 바라고 있었다.

속시원한 전황 보고를 기다리는 한국정부와 서울 시민의 기대를 충족시켜야 했던 채병덕 육군 참모총장은 의정부지역에서의 조기 반격을 구상하고, 우선 가용한 2사단 병력으로 의정부에서 포천으로 공격하라는 명령을 하달하였다. 그러나 병력이 충분하지 못한 상태에서의 축차적인 반격은 축차적인 병력의 소모만 초래한다는 2사단장의 의견은 무시되었다. 육군 참모총장은 어떠한 명령이든지 공격 명령을 하달해야만 하는 상황에 처해 있었다. 의정부에서의 반격은 실패로 끝났다. 또 다른 반격을 위해서 2사단은 대전에서, 3사단은 대구에서, 5사단은 광주에서 북상길을 서둘렀으나 육군 지휘부의 조급함을 충족시킬 만큼 부대의 이동은 신속하지 못했다.

한국 정부가 미국과 유엔에 원조를 요청하고 후방의 사단들이 반격을 위해서 이동하고 있는 동안, 38선 전역에 배치된 병력들은 있는 힘을 다하여 북한군과 싸우고 있었다. 그러나 강력한 지원 화력과 전차의 엄호를 받으며 공격해 오는 북한군을 효과적인 대전차포 하나 갖지 못한 열세한 한국군이 저지하기에는 중과부적(衆寡不敵)이었고, 수류탄과 화염병을 집어 들고 북한군 전차의 전진을 막으려던 각개 병사들의 투지(鬪志)만으로 굴러오는 전차를 멈추게 할 수는 없었다. 전선은 뒤로 밀리다 못해 와해되고 자력으로 이를 회복할 가능성은 점점 멀어져 갔다. 실로 참담한 지경이 아닐 수 없었다.

한국 정부와 한국군 수뇌부의 전쟁 지도 역시 혼란을 가중시키고 있었다. 1950년 6월 27일 새벽 1시, 한국정부와 국회는 긴급 국무회의와 긴급회의를 소집하고 수도를 6월 27일 이른 새벽에 수원으로 옮길 것을 결정하였으며, 이승만 대통령은 신성모(申性模) 국방장관의 강권으로 27일 03 : 00시에 경무대를 떠나 피난길에 올랐다. 그리고 27일 06 : 00시에 정부는 수원 천도를 발표하였다. 한국군 수뇌부도 의정부의 탈환 기도가 무산되고 창동(倉洞) 저지선마저 무너지자, 27일 오후에 육군본부는 시흥(始興)으로, 해군본부는 대전(大田)으로, 공군본부는 수원(水原)으로 옮길 것을 결정하였다. 27일 오전 극비리에 시흥 보병학교로 철수한 채병덕(蔡秉德) 육군 총참모장은 군사고문단장 라이트(H. S. Wright) 대령으로부터 미국 합참본부의 결정으로 맥아더사령부가 전방지휘소(ADCOM : Advance Command and Liaison Group in Korea)를 서울에 설치・운용한다는 보고와 함께 서울 복귀를 권고받고, 27일 오후 다시 서울 용산으로 복귀하였으나 전세의 전환은 어려운 상태에 있었다. 그러나 27일 밤 11시, 이미 서울을 빠져나간 이승만 대통령의 녹음된 목소리가 라디오를 통한 특별 방송으로 흘러나왔다. “미국의 적극적인 군사 원조가 있을 터이니 국민은 총궐기, 반란분자들을 퇴치하여야

70) *前揭書.*

한다"는 내용이었다.[71] 그러나 정부는 이미 대전으로 내려가 있었다. 한국 정부와 한국군 지도부의 이러한 행동으로, 불안과 안도, 안도와 불안, 공포와 안도가 교차되는 상황 속에서 이래저래 혼란스러웠던 100여만의 서울 시민은 피난도 가지 못한 채 점령군 치하에서 갖은 고초를 겪어야 했으며, 한국정부와 한국군의 대민 신뢰는 큰 손상을 입고 말았다.

2) 옹진반도 전투

삼면(三面)이 바다로 둘러싸여 있고 육지로 연결된 북쪽은 38선으로 남북한군이 대치하고 있던 옹진반도(甕津半島)는 한국군에게 섬 같은 지역이었다. 지형적으로 이 지역은 옹진 북쪽 8km 지점의 국사봉(國師峰, 527m)이 한국군의 관측을 제한하고 있었으나, 한국군은 비교적 유리한 위치에서 방어에 임하고 있었다. 그러나 북한군은 육상 보급로를 유지할 수 있었던 데 비하여 한국군은 해상 보급로가 유일한 병참선이었으며, 당시의 연락선으로 9시간이나 소요되는 먼 길이어서 이 지역의 한국군 방어 작전은 한계가 있었다. 특히 남쪽에서 개성을 거쳐 옹진에 이르는 육상 보급로 중 해주(海州)를 포함한 일부 지역이 38선 이북에 위치하여 북한군 수중에 있었기 때문에, 한국군은 좌·우측 해안이 북한군에게 완전히 노출되어 효과적인 방어 임무를 수행하기 어려운 처지에 놓여 있었다.[72]

38선 이남 옹진반도는 한국군 17연대가 방어하고 있었다. 원래 이 지역은 17, 18연대가 방어하고 있었으나, 소강 상태가 계속되자 1950년 3월 1일부로 18연대를 철수시켜 수도경비사령부로 예속시키고 17연대가 단독으로 이 지역을 방어하고 있었다. 17연대장(白仁燁 대령)은 45km의 정면에 2개 대대를 배치하고 1개 대대는 예비대로 편성하여 교육 훈련을 시키면서 매 2개월마다 전방대대와 임무를 교대하도록 하였다. 그리하여 6·25 직전에는 3대대가 반도의 동쪽, 1대대가 서쪽, 경찰병력 1대대가 서쪽 해안의 방어를 담당하고 있었다. 이와 대치하고 있던 북한군은 3경비여단(여단장: 崔賢 소장)으로 사령부를 죽천(竹川: 옹진 북쪽 22km)에 두고 있었다. 북한 3경비여단은 5개 대대를 전방에 배치하고, 1개 대대를 죽천에 예비로 가지고 있었다. 그러나 북한군은 옹진반도 침공 작전을 위해서 침공 직전인 6월 23일 3경비여단의 3개 대대를 옹진반도의 좌측에 위치한 옥동(玉洞)에 집결시키고, 6사단 1연대와 105전차여단의 일부를 취야(翠野: 옹진 동북쪽 23km)로 이동시켜 공격 준비를 완료한 다음 숨을 죽이고 있었다.[73]

옹진반도에 투입된 한국군과 북한군의 전투 병력 및 장비의 불균형은 매우 심했다.

---

71) *韓國戰亂一年誌*, p. B12.
72) 國防部 戰史編纂委員會, *韓國戰爭史, 1* (1977), pp. 462-3.
73) *韓國戰爭史, 1*, pp. 460-1; *한국전쟁사, 제3권: 북한군 침공과 한국군 방어* (1992), pp. 40-7.

한국군은 17연대와 7포병대대, 대전차포중대 병력 3,300여 명과 기타 지원부대를 합하여 3,600여 명에 불과했으나, 북한군은 3경비여단과 6사단 1연대 병력 및 지원부대 병력 등 약 1만 5,000여 명에 이르렀으며, 장비도 한국군은 105mm 곡사포 15문, 57mm 대전차포 6문, 박격포 30문, 2.36″ 로켓포와 기관총 25정을 보유하고 있었으나, 북한군은 전차와 장갑차 각각 8대, 122mm 곡사포 12문, 76mm 곡사포를 비롯한 각종 포 196문을 보유하고 있었다. 이와 같이 병력과 장비면에서 옹진반도의 한국군은 북한군에 비해서 열세한 위치에 있었다.[74]

북한군과 한국군의 작전 계획은 물론 공격과 방어로 나뉘어 있었다. 북한군은 17연대의 방어 병력을 양분하고 옹진반도의 퇴로인 사곶리(沙串里)와 부포리(釜浦里)에 이르는 두 통로를 차단하여 한국군을 섬멸한다는 계획을 수립하였다. 그리고 3경비여단이 사곶리로 향하고 6사단 1연대는 부포리로 신속하게 진격하여 작전을 종결시키고, 작전이 종료된 후에는 이 지역을 3여단에게 인계하고 6사단 병력은 본 사단 병력과 합류하여 김포지역으로 남진하도록 계획되어 있었다. 이에 비하여 한국군 17연대는 국지적인 분쟁일 경우에 북한군에게 최대한 피해를 입히면서 현 전선을 고수하고 북한군의 공격이 심할 경우에는 북한군에게 타격을 주면서 증원부대가 도착할 때까지 지연전을 실시하며, 이것이 불가능할 경우에는 옹진반도에서 해상으로 철수하여 병력을 다른 곳으로 투입한다는, 사실상 옹진반도를 포기한다는 계획을 가지고 있었다.[75] 이와 같이 북한군과 한국군은 공격과 방어 계획을 수립하고 이를 실천에 옮기려 하고 있었다.

한국군 17연대장은 북한군의 동태가 심상치 않다는 인식을 가지고 있었으나 북한군의 전면 남침이 감행되리라고 판단하지 못하고 있었다. 그러나 북한군은 1950년 6월 25일 새벽 4시경 동쪽의 3대대와 서쪽의 1대대 정면을 기습 공격하였다. 북한군의 공격을 받았다는 보고를 받은 연대장은 4시 40분경 2대대장에게 출동준비 명령을 하달하고, 포병대대장에게는 1, 3대대 전면에 포병 지원을 실시하도록 하였다. 그리고 5시 50분경 동측의 3대대와 연락이 두절되었다는 보고를 받고 6시 10분경, 좌측 1대대장(김희태 소령)이 전사했다는 보고를 받았다. 이 때에도 연대장은 북한군이 3대대 지역에서 양동(陽動)작전을 실시하면서 1대대 지역에 주력을 투입하여 옹진(甕津)을 탈취하려는 것으로 판단하고, 2대대장에게 1개 중대를 연대 예비로 남겨 놓고, 대대 병력을 이끌고 1대대를 지원하도록 조치하였다. 그러나 북한군의 주력이 전차를 앞세우고 3대대를 공격하자, 연대장도 옹진을 떠나 부포리로 가는 중간 지점인 강령(康翎)으로 연대본부를 옮기고 3대대본부와 같이 행동하였다. 더구나 낮 12시경, 동서를 잇는 양원(陽院)이 북한군의 수중에 들어감으로써 동서의 연락조차 끊기자 17연대 병력은 혈전을 수행하면서 퇴로를 개척해야만 했다. 북한군이 공격을 개시한 지 8시간 만에 17연대의 방어선은 무력하게 무너지고 말았다.[76]

---

74) *前揭書.*

75) *韓國戰爭史, 1*, pp. 462-492; *陸軍戰史, 2卷*, pp. 68-70; *한국전쟁사, 제1권*, pp. 143-4; *제3권*, pp. 42-3.

옹진반도 전투

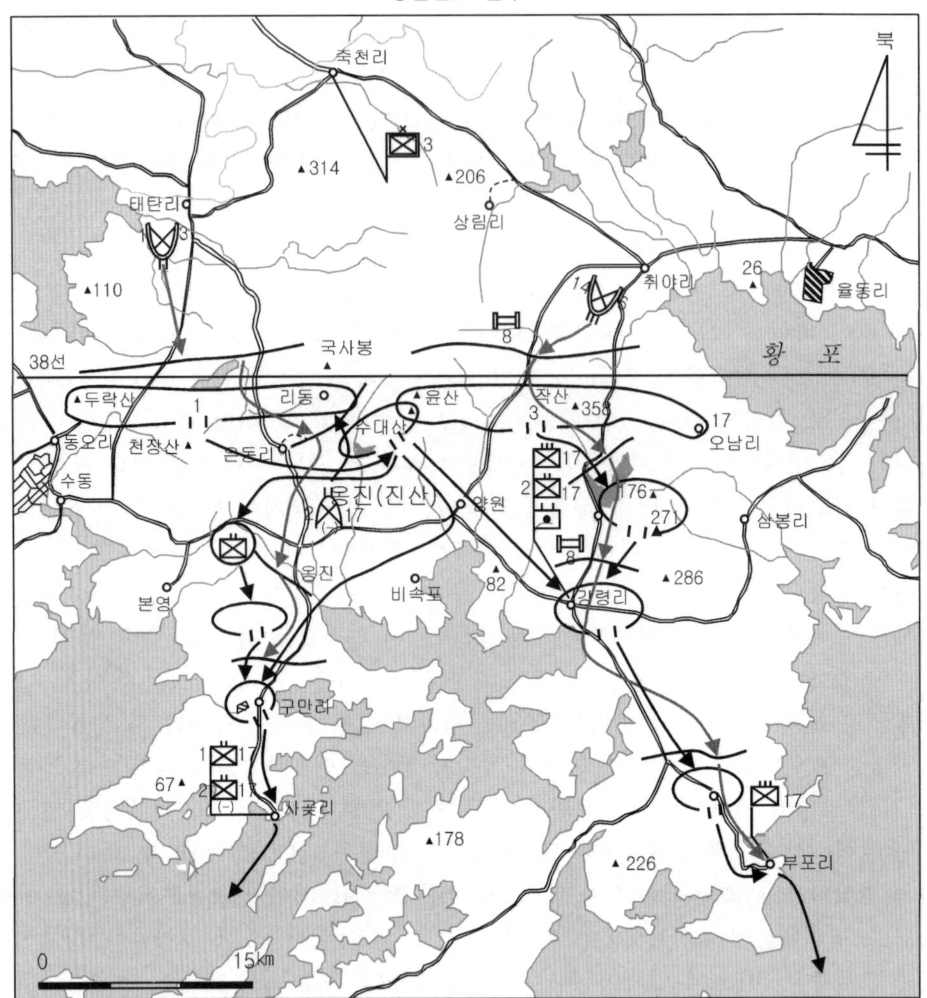

연대장은 옹진반도의 서쪽에서 싸우고 있던 1, 2대대의 철수로를 확보하기 위해서 강령 북쪽에서 북한군의 진격을 저지하려 했으나 실패하고 3대대의 철수를 엄호하는 정도의 임무만 수행하였다. 연대장은 이에 6월 25일 밤 11시 30분, 부포항에 도착한 LST-801 함정에 3대대 병력을 승선시켜 6월 26일 오전 11시 이를 철수시키고 자신과 포병 대대장은 부근 섬에서 구한 조각배를 타고 6월 26일 오후 2시경 부포리를 떠나

76) *前揭書*. 북한의 김일성은 1950년 6월 25일 11:00시경에 평양 방송을 통하여, "조선인민군은 자위조치로서 반격을 가하여 정의의 전쟁을 시작하였다"라고 말하고, 오후 1시 35분경에 "남조선이 조선의 평화제의를 거절하고 이날 아침 옹진반도에서 해주(海州)로 조선을 공격하였으며, 이는 조선의 반격이라는 중대한 결과를 가져왔다"라고 말했으나, 한국군 17연대는 해주 공격은커녕 북한군의 침공을 막지 못하고 동서 연락마저 두절되어 사실상 각개 철수를 해야 하는 지경에 처해 있었다. *韓國戰爭(上)*, p. 110.

오후 7시경 연평도(延坪島)에 도착하였다. 한편 사곶리로 철수하라는 명령을 받은 2대대장(송호림 소령)은 1, 2대대를 7개 중대로 편성하여 사곶에 도착했으나 철수할 배가 없었다. 이에 건너편 용호도(龍湖島)의 경비정을 불러 병력의 일부를 일단 용호도로 철수시켰다. 그러나 26일 오후 1시경 사곶에 도착한 아군 LST 한 척은 이를 북한 함정으로 알고 숨어 있던 한국군 병사들을 찾을 수가 없었다. LST를 떠나 보낸 후에 1, 2대대 병사들은 여기저기서 주워 모은 선박으로 천신만고 끝에 6월 27일 아침 7시, 연대장이 이곳을 떠난 지 5시간 후에 연평도에 도착하였다. 그리고 난 다음 17연대 병력은 각각 다른 시간에 인천으로 철수하여 신성모(申性模) 국방장관으로부터 대전에 피난중인 정부의 경호 임무를 부여받고 이동하여 6월 30일 대전에서 "눈물겨운" 합류를 함으로써 6일간의 방어와 철수 작전을 완료하였다.[77]

옹진반도 전투에서 17연대는 북한군 전차 5대와 장갑차 5대를 파괴하고 580여 명의 북한군을 사살하는 전과를 거두기도 했으나, 장교 12명과 병사 101명이 전사하고 4명의 장교와 60여 명의 병사가 실종되었으며 370여 명의 장병이 부상당하는 피해를 입기도 했다. 전세가 악화되어 7월 3일 한강방어선이 무너지자 6월 30일 신임 총참모장으로 임명된 정일권(丁一權) 소장의 명에 의하여 대전에서 정부의 경호 임무를 담당하던 17연대는 1개 대대만 경호 임무를 맡고 나머지 병력은 7월 4일 서정리(西井里)에 투입되어 방어 작전을 수행하였다.[78]

3) 개성·문산지역 전투

한국군 1사단이 방어를 담당하고 있던 개성(開城)·문산(汶山)지역은 38선을 연하여 동쪽에는 경기도 고랑포(高浪浦)에서 서쪽으로 황해도 청단(靑丹)에 이르는 90km의 넓은 정면을 가지고 있었다. 서쪽 지역은 북에서 남으로 예성강(禮成江)이 흐르고 있어 동쪽의 예성강과 북쪽의 38선이 연안(延安)을 중심으로 하는 연백평야(延白平野) 지대를 반도와 같은 지역으로 만들어 이 지역을 방어하는 한국군이 고립될 수 있는 지형적 특성을 나타내고 있다. 개성(開城)은 북한측에 위치한 송악산(松嶽山, 486m)으로부터 완전히 감제를 당하여 방어하기가 매우 어렵고, 동북쪽에서 서남쪽으로 흐르는 임진강(臨津江)은 서울을 방어하는 데 필요한 천연 장애물이 되기도 했으나, 개성을 방어하던 부대의 철수로 확보에 어려움을 안겨 주었다. 이러한 지형적 특성에 따라 개성·문산지역을 방어하는 한국군 1사단은 임진강의 남안(南岸)을 따라 주 방어 진지를 구축할 수밖에 없는, 그렇기 때문에 연백평야와 개성의 조기(早期) 포기(抛棄)를 강요당

---

77) *한국전쟁사, 제1권*, pp. 146-7; *제3권*, pp. 40-7; *한국전쟁사*, pp. 207-8; *韓國戰爭(上)*, pp. 119-120; *韓國戰爭史, 1*, pp. 460-493.

78) *前揭書*. 이승만 대통령은 1950년 6월 30일 정일권(丁一權) 소장을 3군 총사령관 겸 육군 총참모장으로 임명하고, 채병덕(蔡秉德) 소장은 국방예비군 총사령관으로 임명하였다. 丁一權, *전쟁과 휴전* (동아일보사, 1986), pp. 34-8; *韓國戰爭(上)*, p. 199에 인용된 이승만 대통령의 친필 임명장 참조.

할 수 있는 상황에 처해 있었다. 특히 여름철에는 고온 다습한 날씨로 예성강과 임진강의 수량이 늘어나 공격과 방어 작전에 영향을 미치는 정도가 심화될 가능성이 있었다. 이와 같이 개성·문산지역은 한국군의 방어에 불리한 지형과 기상 조건을 지니고 있었다.

북한군은 중공군 출신으로 편성된 6사단(사단장: 方虎山 소장) 2개 연대와 105전차여단에서 증원된 206기계화 보병연대를 개성 정면에 투입하고, 역시 105전차여단에서 증원된 203전차연대의 증원을 받은 1사단(사단장: 崔光 소장)을 고랑포 일대에 투입하여 문산을 거쳐 서울의 서남 방향으로 진격하려 하였다. 6사단은 예하 3개 연대 중 1개 연대는 옹진반도에 투입하고 나머지 병력과 증원부대를 여현(礪峴)에서 개성 방향으로 공격하기 위해서 대기시켰고, 1사단은 주력과 지원부대를 구화리(九化里)에서 고랑포 쪽으로 남진시키기 위하여 배치하였다. 이 지역에서 경계 임무를 수행하던 3경비여단은 옹진반도 작전에 투입되었고, 7여단은 초기 전투 후에 예비로 전환하도록 계획되어 있었다.[79)]

증강된 2개 사단의 북한 침공군과 맞서 한국군 1사단(사단장: 白善燁 대령)이 이 지역을 방어하고 있었다. 1사단은 예하에 보병 11, 12, 13연대와 1개 포병대대 및 1개 공병 대대를 보유하고 있었다. 1사단은 12연대를 개성, 연안지역, 13연대를 문산지역에 배치하고 11연대를 사단 예비로 사단사령부가 있는 수색에 위치시키고 있었다. 1사단은 우측에 한국군 7사단(사단장: 劉載興 준장)과 적성(積城)에서 경계를 이루고 있었으며, 좌측은 해주만(海州灣)을 사이에 두고 옹진반도를 방어하고 있던 17연대와 인접하고 있었다. 1950년 4월 22일 사단장에 부임한 백선엽 대령은 90km의 넓은 정면을 다 방어할 수는 없다는 판단을 내리고 임진강이라는 자연장애물을 이용한 주방어선을 구축하는 새로운 방어 계획을 세워놓고 있었다. 이에 따라 사단은 예비대를 보유할 수는 있었으나 일단 유사시에 개성, 연백지역을 포기해야 하는 결과를 감수할 수밖에 없었다.[80)]

이에 비해서 북한군은 6사단 병력으로 신속하게 옹진반도와 개성을 점령하고 김포반도에 상륙하게 하여 서울을 서남쪽에서 공격하도록 하였으며, 1사단과 증원부대는 고랑포와 문산을 잇는 축선으로 공격하도록 하였다. 이로써 동두천(東豆川)과 포천(抱川)에서 의정부를 거쳐 서울로 진격하게 되어 있던 4사단 및 3사단과 더불어 한강 이북에서 서울을 양측방에서 공격하도록 하였다. 이러한 기동은 또한 춘천(春川)에서 가평(加平)을 거쳐 서울을 동측방에서 공격하려는 북한군 2군단의 기동 계획과 더불어 3중 포위기동의 형태를 이루고 있었다. 북한군의 이와 같은 공격 계획은 서울 북방에서 한국군의 주력을 포위·섬멸하고 신속하게 서울을 점령한다는 목표로 수립되었다. 따

79) *韓國戰爭史, 1*, pp. 394-5; *陸軍戰史*, pp. 24-6; *한국전쟁사, 제1권*, pp. 147-56; *제3권*, pp. 47-60; *한국전쟁사*, pp. 208-11; *韓國戰爭(上)*, pp. 116-9; 白善燁, *軍과 나* (대륙연구소, 1990), pp. 28-47.

80) *前掲書*. 특히, *軍과 나*, p. 30.

라서 서울 공격의 일익을 형성하는 북한군 6사단과 1사단의 공격은 초전에 한국군 섬멸과 서울의 조기 점령을 위해서 중요한 한 축을 형성하고 있었다.[81]

한국군 1사단은 개성 동쪽 대원리(大院里)로부터 황해도 연백평야의 서쪽 청단(青丹)까지 12연대(연대장: 全盛鎬 대령)를 배치하고, 대원리에서 고랑포에 이르는 지역에 13연대(연대장: 金益烈 대령)를 배치해 놓고 있었다. 63km의 정면을 맡고 있던 12연대는 다시 서쪽에 3대대, 개성을 포함한 동쪽에 2대대를 배치하고 1대대를 예비로 보유하고 있었다. 27km의 정면을 맡고 있던 13연대는 3대대로 하여금 38선의 경비를 맡게 하고 연대 주력은 임진강 남안에 구축한 진지를 점령하여 방어임무를 수행하도록 하고 있었다. 따라서 북한군 6사단과 1사단이 개성과 고랑포를 공격해 왔기 때문에 개성지역의 방어를 맡은 12연대 2대대와 임진강 서쪽 38선 경비를 맡고 있던 13연대 3대대가 먼저 북한군과 접전을 하게 되었다. 실로 1사단의 2개 대대가 전차로 증강된 2개 사단의 공격을 받은 셈이 되었다. 이와 같이 넓은 정면을 방어해야 하는 1사단의 방어배치는 엉성하기 그지없었다. 더구나 북한군의 공격이 개시되었을 때 사단장(白善燁 대령)은 6월 15일부터 3개월 예정의 고급간부 교육을 시흥(始興)의 보병학교에서 받고 있었으며 장병들 거의 절반이 모처럼의 외출, 외박, 휴가 등으로 자리를 비우고 있었다.[82]

북한군 6사단은 개성 정면의 12연대 2대대를 공격하면서 단절된 경의선(京義線) 철로를 복구한 후 철로를 이용하여 12연대 본부와 예비대대가 위치한 개성역에 1개 연대를 추진시켜 12연대를 전후에서 협격(挾擊)하였다. 전후에서 협격을 당한 12연대장은 2대대 지역을 다녀와서 서쪽의 3대대와 연락을 취하려 했으나 이미 연락이 끊겨 있었다. 6월 25일 아침 9시 30분경 개성이 북한군의 수중에 들어가자 연대장은 2대대장으로 하여금 특공대를 편성하도록 명령하여 개성 남쪽을 공격하였으나 개성을 탈환할 수는 없었다. 연대장은 이 특공대가 개성을 습격하고 철수하자 1대대 잔여 병력 40여명을 이끌고 오후 3시경에 임진강 철교를 통하여 문산으로 철수하였다. 2대대 병력도 퇴로가 차단되어 25일 17시경 개성 남쪽 영정포(嶺井浦)를 통하여 강화도로 철수하였고, 연안(延安)에 있던 3대대 본부와 주력은 25일 오후 1시경 연안 남쪽 석포(石浦)에서 어선을 이용하여 강화도로 철수하였다. 사단의 서단(西端)인 청단(青丹)을 지키고 있던 3대대 1개 중대는 간조시에 육로로 연결되는 용매도(龍媒島)까지 걸어가 거기서 배를 얻어타고 인천으로 철수하였다. 이로써 12연대는 연대본부와 일부 병력을 제외하고는 주력이 해상으로 철수하였으며, 더구나 연대장이 부상을 당하여 후송까지 되는 비운을 맞이하였다.[83]

---

81) "조선 인민군 선제 타격계획," 1992년 8월 29일, Dr. Gavriil Korotkov(a senior fellow at the Russian Defense Ministry's Institute for Military History)에 의해서 공개된 북한군 남침계획, *The Korea Herald*, August 30, 1992; *韓國戰爭(上)*, p. 81에 인용.

82) *前揭書.* 특히, *軍과 나*, pp. 28-30.

83) *前揭書. 軍과 나*, pp. 31-2.

고랑포지역의 경계를 맡고 있던 13연대 3대대는 전차의 지원을 받는 북한군 1사단의 공격을 받았다. 북한군의 공격 규모가 전면적이라는 것을 파악한 13연대장은 3대대로 하여금 최대한 지연전을 실시하면서 임진강 남안(南岸) 연대 예비대가 위치한 금곡리(金谷里)로 집결할 것을 지시하였다. 몰려오는 전차에 대하여 2.36″로켓포와 81mm 박격포를 쏘아댔으나 아무 소용이 없었다. 이에 대대장은 특공조를 편성하여 북한군 전차에 수류탄을 투척했으나 이것 역시 아무 소용이 없었다. 13연대 3대대는 나룻배를 이용하여 임진강을 건너 25일 밤 10시 30분경에 금곡리로 철수하였다. 13연대 1대대는 25일 10시 30분경 탄약을 분배받고 파평산(坡平山, 490m) 전방에서 북한군 전차에 대하여 2.36″포켓포를 쏘아댔으나 소용이 없었다. 이에 1대대장은 2개 분대의 특공조를 편성하여 이들에게 박격포탄 몇 개씩을 묶어 주어 보냈다. 이들이 전차에 뛰어들어 4-5대의 전차를 파괴하고 산화(散華)하였다. 임진강 남안을 따라 개석동(介石洞) 일대에 진지를 편성하고 있던 2대대도 북한군과 500m 간격을 두고 총격전을 벌이고 있었다.[84)]

보병학교에서 교육을 받고 있던 1사단장(白善燁 대령)은 6월 25일 아침 7시경 서울 신당동 자택에서 북한군의 대규모 침공 보고를 받았다. 사단장은 육본에 신고를 마치고 사단장 대리 근무를 하면서 남대문 쪽에 살고 있던 11연대장(崔慶祿 대령)과 함께 수색(水色)에 위치한 사단사령부에 도착해 보니 이미 개성은 함락되었고, 12연대와는 연락이 끊겨 있었으며, 13연대는 교전중이었고, 11연대는 병력을 모으고 있었다. 사단장은 즉시 11연대를 임진강 철교가 있는 문산 돌출부 진지를 점령하도록 지시하고 12연대의 주력이 철수하면 임진강 철교를 폭파하도록 명령한 후, 12연대를 기다리고 있었다. 그러나 얼마 지난 다음 임진강 철교를 건너온 12연대는 얼굴에 상처를 입어 피를 흘리고 있던 53세의 연대장과 40여 명의 병사가 전부였다. "큰일 났구나!" 생각한 사단장은 임진강 철교의 폭파를 지시했으나 철교는 폭파되지 않았다. 그리고는 북한군이 들이닥쳤다. 북한군의 주력과 전차가 고랑포 쪽으로 공격한 것이 그래도 다행이었다.[85)]

북한군의 전면 남침이 확인된 6월 25일 아침, 육군 총참모장 채병덕(蔡秉德) 소장은 후방에 위치한 2, 3, 5사단에게 즉시 서울로 이동하라는 작전명령 84호를 하달하고, 오후에는 육군보병학교와 육군사관학교 교도대로 "서울특별연대(연대장: 兪海濬 중령)"를 편성하여 1사단장의 지휘를 받도록 하였다. 육군본부의 이러한 조치로 6월 25일 오후 늦게 육사 및 보병학교 교도대대가 열차편으로 문산에 도착하여 12연대를 잃다시피 한 1사단의 큰 힘이 되었다. 1사단장은 보병학교 교도대대를 문산의 11연대 지역에, 육사 교도대대를 13연대의 적성지역에 투입하였다. 그러나 병력의 부족은 여전하였다.

---

84) *前揭書.*
85) *前揭書. 軍과 나*, pp. 28-32.

한국군 1사단은 북한군의 기습에 당황하여 하루를 보냈으나 26일에는 제정신을 차리기 시작했다. 사단장은 부상으로 후송된 12연대장 후임으로 육본 정보국 차장(金點坤 중령)을 요청하고 병력의 증원 요청도 빼놓지 않았다. 11연대는 26일 정오에 증원된 보병학교 교도대대와 6포병대대를 역습에 투입하여 북한군을 임진강까지 몰아붙이기도 했으나 진지를 강화한 침공군에 의해 저지되고 말았다. 우측의 13연대도 15문의 포와 특공대들의 육탄(肉彈) 공격으로 전차의 신속한 남진을 막긴 했으나 이를 파괴하지는 못했다. 이러한 병사들의 적극적인 반격에도 불구하고 6월 26일 저녁에는 파평산과 문산을 잇는 1사단의 방어선이 무너지기 시작하였다. 사단장은 할 수 없이 38선과 서울 중간쯤에 위치한 봉일천(奉日川)과 금촌(金村)을 잇는 방어선으로의 철수를 명령하였다. 6월 26일 밤 9시 30분경, 사단장은 사단지휘소를 봉일천 초등학교에 설치하고 미리 계획된 봉일천-금촌 방어진지에 병력을 위치시켰다. 명령을 제때 받지 못한 부대는 뒤늦게 도착하여 혼란이 야기되었으나 방어선의 유지는 이루어졌다. 특히 육사 교도대대와 수도경비사령부 소속 대전차포 1개 중대와 장갑차 1개 소대가 도착하였고, 26일에는 5사단(사단장: 李應俊 소장) 예하 15연대 1개 대대와 20연대 1개 대대가 열차편으로 증원되고, 보병학교에서 교육중이던 15연대장(崔榮喜 대령)이 합류하고 12연대장으로 김점곤(金點坤) 중령이 부임하여 사단의 전열이 갖추어지게 되었다.[86]

봉일천, 금촌지역에서 방어 진지를 편성하고 있던 1사단 장병과 증원 부대 장병들은 모든 수단을 다하여 북한군의 진격을 저지하려 하였다. 임진강 철교를 폭파하지 못한 공병대대는 부대대장(金永錫 소령)을 대장으로 21명의 특공대를 조직하여 유서를 남긴 후 TNT 묶음 속에 수류탄을 넣은 전차 폭약을 가지고 북한군의 전차를 기다리다가 이들의 전초병을 사살하고 돌아오기도 하였다. 좌측 11연대 전방에는 15연대 1대대와 20연대 3대대가 배치되어 2중 방어선을 구축하여 1사단과 증원부대 병력들도 초조한 가운데 자신감을 회복해 가고 있었다. 27일 아침, 북한군은 전차를 앞세우고 국도를 따라 남진하기 시작하였다. 1사단과 증원 병력은 대전차포사격, 포병사격, 육탄공격 등 온갖 수단과 방법을 다하여 북한군의 남진을 막고 있었다. 이날 오후에 육본의 전략지도반장(戰略指導班長)의 자격으로 1사단을 방문한 김홍일(金弘壹) 소장은 봉일천, 금촌지역에서 싸우는 장병들의 임무 수행에 감탄하면서도 한강선(漢江線) 방어를 위한 병력보존상 한강 이남으로 철수하는 것이 바람직하다는 의견을 제시하였고, 1사단장도 이에 동의하였다. 그러나 이를 건의받은 채병덕(蔡秉德) 총상은 현신시 사수(死守)를 명하였다. 이에 1사단은 28일 오전 8시에 전방 11, 13연대를 공격으로 전환시키고 15연대와 서울 특별연대로 하여금 이들 전방 부대를 초월하여 반격하도록 하는 반격 계획을 예하 부대에 하달하여 봉일천 진지를 사수하려 하였다.[87]

---

86) *軍과 나*, pp. 36-7; 國防部, 戰史編纂委員會, *38度線初期戰鬪: 西部戰線篇*(1985), pp. 74-5; *한국전쟁사, 제1권*, pp. 152-3.

87) *軍과 나*, p. 40; *韓國戰爭史, 1*, p. 449.

개성·문산지역 전투(1950. 6. 25.-6. 28.)

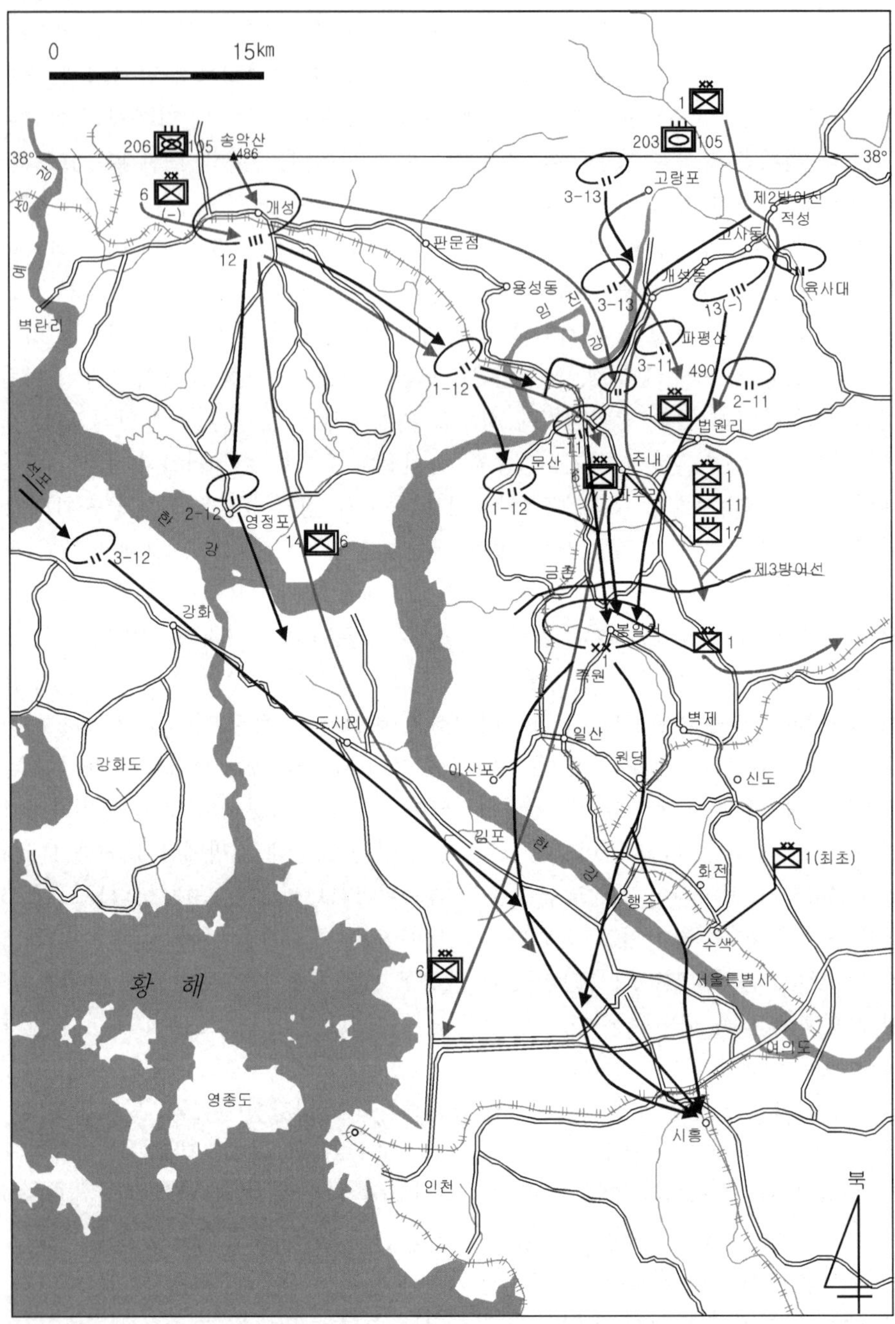

한강교가 폭파되고 육군본부가 수원으로 이동했다는 사실을 모른 1사단장은 28일 아침 계획대로 반격을 실시하여 금촌 북방 1~2km 정도를 진출하였다. 그러나 이날

정오경에 서울이 함락되었다는 첩보가 입수되었고 서울로 갔던 환자 수송차와 탄약을 수령하러 갔던 포차도 되돌아왔다. 그리고 포병대대장은 더이상 쏠 포탄이 없다고 보고하였다. 엎친 데 덮친격으로 미공군기가 사단 좌익부대에 오폭(誤爆)까지 하고 있었다. 이에 사단장은 6월 30일 오전 8시까지 전 부대를 시흥으로 철수하여 보병학교에 집결시킨다는 결심을 굳혔다. 그리고 시흥 보병학교에 재집결한다는 두서없는 명령을 하달하였다.[88]

그러나 사단은 이동할 수단이나 한강을 도하할 장비가 없었다. 각개 부대와 각자가 알아서 철수하고 한강을 건너야만 했다. 11연대는 이산포(二山浦), 15연대는 행주(幸州), 13연대 3대대와 15연대 3대대는 난지도(蘭芝島)를 통하여 한강을 도하하였다. 이 밖의 부대들도 28일 저녁과 29일 아침 사이에 행주와 이산포를 거쳐 한강을 도하하였다. 장병들은 민간인 나룻배를 빌려 타거나 주위의 초가를 헐어 뗏목을 만들어 개인별로 한강을 건넜다. 사단장과 사령부 요원들도 행주나루를 거쳐 한강에 도착하였다. 이때 김포 쪽에서는 북한군의 진입을 알리기라도 하듯 여기저기서 연기가 솟아오르고 있었다.

군인은 전투에서 이겨야만 군인다운 품위를 유지할 수 있었다. 목숨을 건 육탄공격은 물론 피를 토하는 접전을 수행하면서 북한군의 남진을 지연시켰음에도 불구하고, 후퇴하는 장병들의 모습은 초라하기 짝이 없었다. 후퇴 도중 간간이 마주친 민간인들의 무표정 속에서 그들이 숨기고 있던 "원망과 배신감을 읽을 수 있었다"고 술회한 사단장의 실토가 이를 말해 주고 있다.[89] 사단장과 사단 사령부 요원들은 논두렁 길을 따라 시흥 쪽으로 걸어 29일 동틀 무렵 시흥역에 도착했다. 사단장은 즉시 보병학교로 갔다. 거기에서 그는 미군 고문관에게 설탕물을 달라고 하여 굶주린 배를 달랬다. 설탕물이 그렇게 좋은 줄 몰랐다. 그곳에는 "시흥지구전투사령부"가 설치되어 김홍일 소장이 사령관을 맡고 있으면서 한강선을 지키기 위하여 전열을 정비하고 있었다. 1사단장 백선엽 대령을 본 사령관은 김포지구가 위급하니 병력을 이끌고 그곳으로 갈 수 없느냐고 물었다. 그러나 1사단은 병력이 채 집결되지도 않았고 지칠 대로 지쳐 있었다. 재편성이 필요했다. 그리하여 1사단은 사령부의 예비대가 되어 재편성을 하게 되었다. 이로써 전차와 기계화 보병연대로 증강된 북한군 1, 6사단의 기습공격으로 시작된 개성·문산지역의 전투는 그 지역을 방어하던 한국군 1사단의 철수로 막을 내렸다.[90]

---

88) *前揭書.*

89) *軍과 나*, p. 42.

90) *前揭書.*

4) 의정부지역 전투

북한이 장악하고 있던 철원(鐵原), 김화(金化)지역에서 동두천(東豆川)과 포천(抱川)을 거쳐 의정부에 이르는 두 개의 양호한 도로는 한반도 지형에서는 흔치 않게 500m에서 1000m의 폭을 가진 주요 접근로가 될 수 있었다. 또한 의정부(議政府)에서 창동(倉洞)과 미아리(彌阿里)를 거쳐 서울에 이르는 도로 역시 전차가 횡으로 전개하여 기동할 수 있는 양호한 접근로 역할을 할 수 있는 상태였다. 동두천과 포천에서 의정부를 거쳐 서울에 이르는 접근로는 개성·문산지역에 위치한 임진강과 같은 자연 장애물이 없어 전차와 기계화부대의 집중적인 운용이 가능한 장점을 지니고 있었다. 이 지역의 광천산맥(廣川山脈)과 천보산맥(天寶山脈)의 산과 봉우리들은 종으로 배열되어 있어서 방어에 불리하고 공격에 유리한 지형적 특성을 보여 주고 있었다. 전차와 기계화부대를 주요 도로를 따라 전진시키면서 남북으로 연결되어 있는 주요 고지에 연하여 보병부대를 투입하여 협동 작전을 수행하기 편리한 지형이었다. 북한군은 이와 같은 지형적인 특성에 부가하여 특히 소련제 무기와 장비를 나진(羅津)이나 원산(元山)에 하역시켜 경원선을 이용하여 전선으로 직접 이동시킬 수 있었기 때문에 이 지역에 남침 작전의 주력을 투입하였다.

북한군이 지형과 보급면에서 이 지역에 주력을 투입하였고, 한국군도 이 지역에 북한군 주공이 지향될 것이라고 판단하였다. 그러나 북한군이 이 지역에 105전차여단으로 증강된 최정예 3, 4보병사단을 투입하여 서울을 조기에 점령하려한 반면에, 한국군은 2개 연대만을 현지에 배치하고 있던 7사단만으로 북한군의 주공을 저지하려 하고 있었다. 서울 점령의 임무를 맡은 북한군 제 1군단(군단장: 金雄 중장)은 6월 12일경 평강(平康)에 지휘소를 설치하고 4사단(사단장: 李權武 소장)을 동두천 북방 전곡(全谷), 3사단(사단장: 李英鎬 소장)을 포천 북쪽 영평천(永平川)에 배치하였다. 그리고 105전차여단(여단장: 柳京洙 소장)의 107전차연대를 4사단, 109전차연대를 3사단과 협동 공격하도록 하고 나머지 전차는 예비로 보유하고 있었다. 이 같은 북한군의 주공 부대와 맞설 한국군 7사단(사단장: 劉載興 준장)은 예비대도 보유하지 않은 채 2개 연대로서 동쪽의 사직리(社稷里: 이동 남쪽)에서 서쪽의 적성(積城)까지 47km의 정면을 방어하고 있었다. 7사단은 원래 1, 3, 9연대를 가지고 있었으나 1950년 6월 1일부로 3연대가 수도경비사령부로 소속이 변경되어 사단을 떠났고, 6월 13일부로 사단에 배치되도록 된 2사단의 25연대가 도착되지 않아 6·25 당시에는 2개 연대 병력만 보유하고 있었다. 그리하여 사단은 1연대를 동두천 정면에, 9연대를 포천 정면에 배치하여 경계와 교육·훈련을 실시하도록 하였다. 이에 따라 각 연대는 1개 대대를 경계 진지에 배치하고 2개 대대는 의정부지역에서 교육, 훈련을 실시하면서 3개월마다 임무를 교대하여 전기(戰技)를 연마하고 있었다.[91] 결국 7사단의 2개 대대가 최초 105전차여단으로 증

91) *韓國戰爭史, 1*, pp. 317-9; *한국전쟁사, 제1권*, pp. 156-63.

강된 북한군 정예 3, 4사단의 공격을 맞이한 셈이 되었다.

의정부지역에서 공격한 북한군과 이를 막아야 할 한국군 간 병력과 장비의 불균형은 매우 심했다. 북한군은 2개 정예사단 병력 2만 4,000명, 105전차여단 병력 4,000명을 합하여 2만 8,000명의 병력을 보유하고 있었으나, 2개 연대만 유지하고 있던 7사단은 1, 9연대 병력과 포병 및 공병 등을 합하여 6,800여 명의 병력을 보유하고 있었으며 비상경계령의 해제와 더불어 실시된 농번기 휴가, 외박, 외출 등으로 사단의 실제 병력은 4,500여 명밖에 없어서 편제상 병력의 불균형을 더욱 심화시키고 있었다.[92] 무기와 장비의 불균형은 더욱 심하여 북한군이 전차 156대, 자주포 62문, 122mm 유탄포 48문, 120mm 박격포 52문, 82mm 박격포 162문 등 많은 지원화기를 보유하고 있는 데 비하여 한국군 7사단은 105mm 곡사포 15문, 81mm 박격포 67문, 그리고 2.36″ 로켓포 409문을 보유하고 있을 뿐이었다.[93] 이러한 병력과 무기 및 장비의 불균형은 전투장에서의 승패를 결정해 주는 결정적인 요소가 되었다.

1950년 6월 25일 새벽, 의정부지역에는 가랑비가 내리고 짙은 안개가 산과 골짜기를 덮고 있었다. 휴가, 외출, 외박을 나가지 못한 병사들은 조용한 6월의 마지막 휴일을 맞아 새벽잠에 빠져 있었다. 이렇게 한가로운 분위기는 병사들의 막사에만 깃들어 있었던 게 아니다. 7사단장은 전날밤 용산에 위치한 육군회관 개관 연회에 참석한 후에 서울 신당동(新堂洞) 자택에 있었으며, 사단 참모장은 25연대 이동 문제를 협조하기 위하여 온양(溫陽)에 내려가 있었고, 정보참모와 부관참모는 보병학교의 고등군사반에서 교육을 받고 있었으며, 군수참모는 이태원(梨泰院)의 숙소에 나와 있었다. 이와 같이 병사들의 전투 기능 못지않게 사단의 지휘·참모 기능도 여름철의 휴일답게 이완되어 있었다.[94]

한가로운 한국군 7사단 정면에 들이닥친 북한군은 주공 병력이었다. 새벽 3시 40분경 공격 준비사격을 개시한 북한군은 7사단의 경계 진지만을 골라서 포격을 집중시켰다. 4시 30분경에 북한군은 포사격의 사정거리를 한국군 후방 쪽으로 연신(延伸)함과 동시에 전차를 앞세우고 전 전선에서 공격을 감행하였다.

동두천지역에서 방어를 하고 있던 7사단 1연대는 2대대를 전방에 배치하여 21km의 정면을 경계하고 있었다. 그리고 연대는 1개 중대 정도의 병력만 남겨 놓고 나머지는 외출, 외박을 내보냈다. 연대장은 취임 한 달 남짓되어 부대 실정을 파악하는 중이었고, 1대대장은 보병학교 고등군사반 교육을 받고 있었으며, 3대대장은 6월 30일부로 참모학교 입교 명령을 받아 놓고 있었다. 결국 1연대는 전방 1개 대대와 후방 1개 중대가 전차로 증강된 북한군 4사단의 공격을 받게 된 셈이었다. 연대장은 1, 2대대를 동두천 북방 마차산(磨叉山)과 소요산(逍遙山)에 배치하여 동두천을 방어했으나, 포탄과

92) *韓國戰爭史, I*, pp. 317-20. *陸軍戰史, II卷*, 34, 5 페이지에는 북한군 3만 4,000, 한국군 2만 5,000명으로 기록되어 있으나, 이 숫자는 지역 내 투입된 예비병력과 증원병력을 합한 숫자임.

93) *前揭書.*

94) *한국전쟁사, 제1권*, p. 158.

탄약마저 고갈되어 동두천을 포기하고 덕정(德亭)으로 후퇴하여 급편진지를 편성하였다.[95]

포천지역 26km 정면의 방어를 맡고 있던 9연대의 사정도 별로 나을 게 없었다. 다행스럽게도 9연대장은 북한군의 동태가 심상치 않음을 간파하고, 예하 대대장들의 양해하에 연대 전 병력을 영내에 대기시키고 별 이상이 없으면 6월 25일 외출을 실시하도록 조치하였기 때문에, 연대의 주력은 금오리(金梧里)에 있었고 전방의 2대대도 경계를 소홀히 하지 않았다. 이렇게 준비된 상태에서 북한군 3사단의 공격을 받은 2대대는 양문리(梁文里) 남쪽 만세교(萬世橋)에서 57mm 무반동총으로 북한군 전차를 사격하였으나 아무 소용이 없었다. 연대는 즉시 병력을 탄장(炭場) 일대의 주진지로 추진시켜 저항했으나, 6월 25일 오후 2시경 진지가 돌파되어 연대는 광릉(光陵)을 거쳐 퇴계원(退溪院) 방향으로 철수하고 북한군 3사단은 포천까지 진출하였다.[96]

북한군의 전면 침공 보고를 받고, 6월 25일 06 : 00시 사단에 도착한 7사단장(劉載興 소장)은 8시경 전방 양개 연대의 경계진지가 무너지고 북한군의 전차와 병력이 남진하고 있다는 보고를 받았다. 사단장은 즉시 육군본부에 증원을 요청하고 5포병대대를 양분하여 양 연대를 지원하도록 지시하면서, 공병들로 하여금 동두천의 주요 교량을 폭파하도록 하였다. 상황이 급박해지자 채병덕(蔡秉德) 총참모장은 10시경 사단 사령부에 들려 수도경비사령부 3연대를 7사단에 배속하여 3연대가 오후 2시경 도착하였다. 사단장은 3연대를 포천 방면에 투입하였으나 포천 남방 송우리(松隅里)에서 북한 3사단에게 격퇴되고 말았다. 육본 명령에 따라 2사단 2대대가 6월 25일 18 : 00시경 의정부에 도착하였으나, 이 때는 북한군이 포천과 동두천을 장악하고 있었다.

의정부를 지켜 서울을 방어해야겠다고 판단한 채병덕 육군 총참모장은 모든 가용한 병력을 동원하여 7사단을 지원하였다. 6월 25일 두 차례나 의정부전선을 시찰한 최병덕 총참모장은 수도경비사 18연대를 7사단에 배속시키고 포병학교의 제2교도대대(대대장: 金豊益 소령), 2개 대전차포 중대, 기갑연대의 기갑소대, 육군사관학교 생도대대(대대장: 趙岩 중령)와 경찰대대까지 의정부지역에 배치하였으나, 의정부에서 반격에 가담할 수 있는 병력은 3,000명을 넘지 못했고 대전차 화기도 미약하였다. 그리하여 서울을 포기하고 한강선 방어를 견고하게 하자는 의견이 조심스럽게 대두되기도 했으나 정치, 심리적인 이유에서 군 수뇌부는 서울의 고수 주장을 굽히지 않았다.[97] 6월 26일 새벽 1시 의정부를 방문한 채병덕 총장은 7사단장(劉載興 준장)과 2사단장(李亨根 준장)을 불러 26일 오전 8시 7사단은 동두천, 2사단은 포천 방향으로 역습을 감행하라는 명령을 하달하였다. 7사단장은 난색을 표시하다가 이를 수락했으나, 2사단장은 병력이 부족한 상태에서의 반격보다 한강선 방어를 강화하는 것이 타당하다고 건의하였

---

95) *韓國戰爭史, 1*, pp. 342-3; *前揭書*, p. 159.
96) *韓國戰爭史, 1*, pp. 325-338; *한국전쟁사, 제1권*, p. 159.
97) *韓國戰爭史, 1*, p. 358; *한국전쟁사, 제1권*, p. 160.

다. 이에 채 총장은 화를 내면서 명령을 이행하지 않으면 군법회의에 회부하겠다고 말하고 옆에 있던 5연대 2대대장에게 직접 반격작전을 명령하였다.[98] 이유야 어쨌든 간에 채병덕 총장의 의정부 고수 결심과 서울 사수 결의는 누구도 말릴 수가 없었다.

채병덕 총장으로부터 반격 명령을 받은 두 사단장은 정확한 적정(敵情)을 파악할 수 없는 상태에서 반격 작전을 시행하였다. 2사단 병력이 먼저 26일 새벽 3시경 금오리(金梧里)를 떠나 포천으로 향했다. 축석령(祝石嶺)에 한국군 3연대가 배치되어 있을 것이라고 판단한 2사단 병력은 아군 대신 적군을 만났다. 7사단장의 명에 따라 1연대는 26일 오전 8시에 동두천 쪽으로 진격하고 배속된 18연대는 동두천 서쪽에 위치한 봉암리(鳳岩里)를 탈취하기 위하여 9시경에 덕정(德亭)에 도착하여 전열을 가다듬고 있었다. 1연대는 동두천에 진입하였고 18연대는 덕정 북방 4km 지점을 통과하였다. 그러나 12시경 7사단장으로부터 18연대는 현지에서 방어에 임하라는 지시를 받았고, 오후 2시경 1연대는 신속하게 창동으로 철수하라는 명령을 받았다. 2사단의 병력이 북한군의 진격을 막지 못했기 때문이었다. 축석령에서 아군 대신 적군을 만난 2사단은, 포병학교에서 올라온 2교도대장(金豊益 소령)이 북한군 전차 가까이 50m까지 접근하여 직접 조준사격을 실시하며 산화(散華)한 덕택으로, 북한군 전차를 멈추게 하면서 16연대까지 투입하였으나 전차로 증강된 북한군 3사단의 진격을 멈추게 할 수가 없었다. 그리하여 2사단 병력의 후미를 바짝 뒤쫓아 남진하던 북한군 3사단은 6월 26일 오후 1시경 의정부에 진입하였다. 의정부 남쪽 5km 지점에서 후퇴하는 2사단 병력과 사단장을 본 채병덕 총장은 양팔을 벌리면서 "이 이상 일보도 후퇴할 수 없다"고 소리를 쳤으나 아무 소용이 없었다. 화가 난 채 총장은 반격 작전 실패의 책임을 물어 2사단장을 해임하고 유재흥(劉載興) 7사단장을 "의정부지구 전투사령관"으로 임명하여 2사단도 지휘하도록 조치하고, 25연대장에게 백석천(白石川)으로 올라가 적을 저지・격멸하라는 명령을 하달하였다.[99]

의정부가 북한군의 손아귀에 들어가자 의정부 북방에서 싸우던 1, 3, 18연대와 5, 16연대의 나머지 병력과 지원부대 병력들은 창동(倉洞)에서 방어선을 구축하기 위하여 의정부를 우회하거나 다른 곳으로 철수할 수밖에 없었다. 1연대는 송추(松湫)를 거쳐 우이동(牛耳洞)으로 철수하고 3연대는 양수리(兩水里) 방향으로 후퇴하였고 18연대는 병력을 보존하여 한강선 방어에 임하는 것이 낫다는 판단하에 삼송리(三松里)를 거쳐 28일 밤 행주(幸州)에서 한강을 도하하였다. 5연대와 16연대는 의정부 서남쪽을 통과하여 27일 아침 창동(倉洞)으로 철수하였다. 한편 백석천(白石川)에서 북한군의 진격을 저지하라는 명령을 받은 25연대는 26일 오후 3시경 의정부 남쪽 1km 지점의 백석교(白石橋) 근방에서 저지 진지를 편성하고 북한군의 남하를 기다렸다. 북한군의 전차가 나타나자 각종 소총, 기관총, 박격포를 쏘아댔으나 별다른 효과가 없었다. 이때 2대대

---

98) *韓國戰爭史, 1*, p. 359; "李亨根 예비역 대장의 증언," pp. 386-7.
99) *韓國戰爭史, 1*, p. 374; *한국전쟁사, 제1권*, p. 161.

5중대 화기소대의 한 분대장이 2.36″ 포켓포 하나를 들고 다리 및 가까이 접근하여 다섯번째 전차의 궤도를 명중시켜 이를 파괴시키고 여섯번째 전차의 포사격을 받아 사수와 분대장이 산화하고 말았으나, 이 용감한 분대장의 전차 파괴로 한국군은 창동 방어선 구축에 필요한 귀중한 시간을 확보할 수 있었다. 중간 전차가 파괴되자 뒤 따르던 5대의 전차는 의정부로 되돌아갔고, 먼저 수유리(水踰里)까지 진출한 4대의 전차는 그곳에 집결하고 있던 3연대의 사격을 받고 무차별 응사를 실시하다가 후속 전차가 되돌아간 것을 알고 되돌아갔다. 되돌아가는 전차 4대의 사격을 받은 25연대 2대대는 도봉산(道峰山)을 넘어 능곡(陵谷)을 거쳐 행주에서 한강을 건넜고, 북한군의 보전포(步戰砲) 공격을 받은 25연대본부와 3대대는 27일 새벽 미아리로 철수하고 말았다.[100)]

후방 사단의 증원만을 기다릴 수 없었던 채병덕(蔡秉德) 총참모장은 서울지역에 위치한 모든 군사학교의 기간 요원과 피교육생을 통합하여 수도방위 특별연대를 편성하도록 지시했었다(1950년 6월 25일 14：00시에 명령 하달). 이 명령에 따라 보병학교와 육군사관학교의 교도대와 생도대가 통합 연대를 편성하도록 되어 있었다. 그러나 의정부지역의 전황이 급박하게 전개되자 총참모장은 두 학교의 교도대는 통합 편성하여 1사단에 배속시키고, 육군사관학교 생도대대는 별도로 편성하여 7사단의 동측방을 방어하도록 지시를 변경하였다. 이에 육사교장(李俊植 준장)은 교무처장(趙岩 중령)을 대대장으로 임명하여, 임관을 1개월 앞둔 1기생 263명과 입교한 지 25일밖에 안 된 2기생 334명을 합친 597명으로 생도대대를 편성하여 퇴계원(退溪院) 북방 내리(內里)에 저지진지를 구축하도록 조치하였다. 중화기도 없이 개인당 소총탄 10-15발 정도만 휴대하고 출동한 전투경찰대 300여 명도 육사 생도대대 옆에 배치되었다. 이와 같이 서울지역의 군사 학교 피교육생은 물론 아주 경미한 무장을 한 전투경찰까지 전선에 투입되었다.[101)]

피난민으로 가장한 편의대(便衣隊)를 먼저 투입하여 한국군 배치 상황을 확인한 북한군은 6월 26일 오후 무장이 약한 경찰대대를 먼저 공격하고 그 여세를 몰아 생도대대를 공격하였다. 감투정신이 강한 생도들은 참호 속에서 백병전까지 수행하여 북한군의 남진을 저지하고 있었다. 그러나 중과부적의 상태에 있던 생도대대는 의정부 전선이 무너지자 27일 오후 7시 육군사관학교 본부에 집결하라는 명령을 받고 진지를 포기하였다. 그리하여 27명의 생도를 잃어버린 생도대대는 육사에 모여 퇴계원 쪽을 지켜보며 서울 방어전에 참가하게 되었다.

의정부를 빼앗기면 서울의 방어가 어려울 것으로 판단한 한국군은 당시 가용한 전병력을 투입하여 북한군 주력의 진격을 저지하려 했으나, 병력과 장비의 열세를 호국의지와 감투 정신만으로 메울 수는 없었다. 초기 접전의 패배는 축차적인 병력의 투입만으로 만회될 수 없었으며, 오히려 축차적인 병력의 소모만을 강요당하여 보존해야 할

---

100) *韓國戰爭史, 1*, pp. 377-9; *한국전쟁사, 제1권*, p. 162.
101) *前揭書.*

의정부지역 전투(1950. 6. 25-6. 26. 16 : 00)

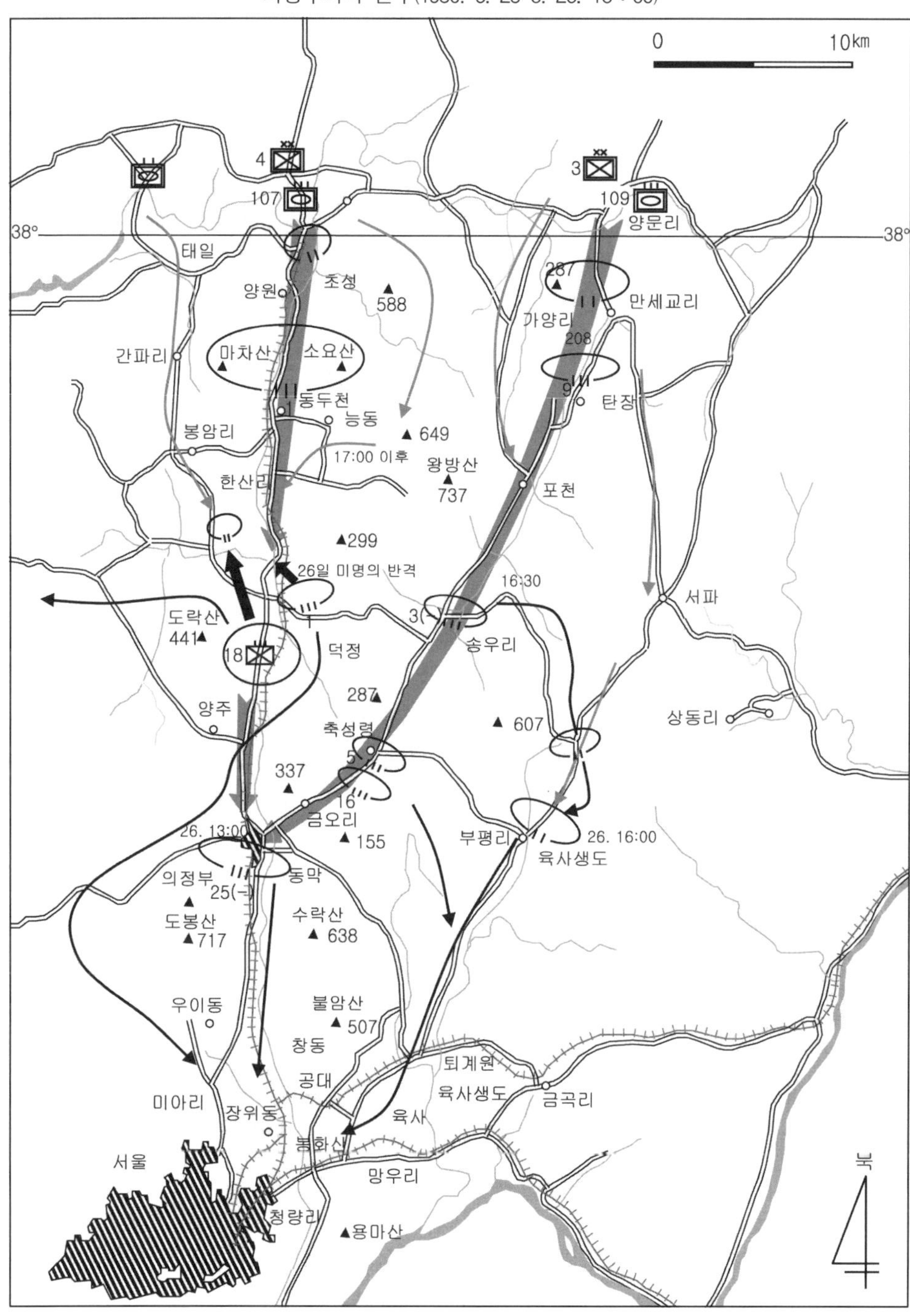

전력의 손실을 초래하였다. 의정부지역에서의 초기전에서 2,700여 명의 북한군을 사살한 것으로 파악하고 있었으나, 한국군은 2,800여 명의 전사자와 3,000여 명이 넘는 실

종자를 기록하여 상대적으로 엄청난 피해를 입고 말았다.[102]

5) 서울 방어 전투

의정부가 북한군에게 함락되자, 채병덕 총참모장은 가용한 육군의 전 역량을 창동(倉洞)방어선에 집중하고, 이를 의정부지구 전투사령관으로 임명한 7사단장이 통합 지휘하여 방어선을 지키도록 하였다. 그러나 사령관은, 통신 연락 수단도 없고 부대간 상호 협조하에 후퇴한 상황도 아니었기 때문에, 어느 곳에 어떤 부대가 위치하고 있는지조차 제대로 파악하지 못한 상태에서 창동선 방어 명령을 하달하였다. 사령관이 내린 명령에 의하면, 5연대가 16연대를 통합 지휘하여 창동 북동쪽 2km 지점에서 북서쪽 2km 지점까지 방어하고, 3연대는 수유리, 25연대는 우의동지역에서 북한군을 저지하고, 1연대는 사령부의 예비, 105mm 6문을 보유하고 있는 포병학교 포대는 사령부 일반 지원, 그리고 공병대는 창동에서 미아리 사이의 교량 폭파 임무가 주어졌다. 그리고 퇴계원 방면은 육사 교장의 지휘하에 육사 생도대대가 방어에 임하고 있었다. 채병덕 총참모장은 창동지역에서의 작전을 협조, 통제할 목적으로 유학 대기중에 있던 전 육본작전국장(姜文奉 대령)을 전방 지휘소장으로 공릉동에 위치시켰다. 그러나 2, 7사단장과 육사 교장은 이의 존재조차 모르고 있었다. 그뿐 아니라 후퇴하는 병사들을 수습하여 이를 지휘할 필요가 있다고 판단한 육본에서는 "장교연대"를 편성하여 창동지역에 보냈으나, 병사들이 생면부지(生面不知)의 장교 밑에서 싸우기를 거부하자 이들을 연락 장교단에 보내는 촌극(寸劇)이 벌어지기도 하였다. 어쨌든 간에 채병덕 총장의 창동 방어와 서울 사수 결의는 대단하였다.[103]

이렇게 얇게 구축된 창동 방어선을 공격한 북한군은, 서울 점령을 서로 다투고 있던, 전차로 증강된 주력 3, 4사단이었다. 이들 사단은 80여 대의 전차와 122mm 곡사포를 비롯한 각종 야포와 박격포의 지원을 받고 있었으며 지휘 체계도 단일화되어 있었다. 의정부를 점령한 북한군은 27일 새벽 창동 방어선에 공격을 개시하였다. 한국군 25연대의 선전(善戰)에 잠시 주춤하던 북한군은 10시경 포사격과 동시에 전차를 투입하였다. 그러나 한국군의 상황은 달랐다. 11시경 사령부의 일반 지원 임무를 맡고 있던 포대가 포탄이 떨어지고, 극도로 지친 병사들은 방어선을 지킬 수 없는 지경에 처했다. 이들을 독려하며 싸우던 1연대장(咸俊鎬 대령)이 전사하는 등 치열한 방어전을 펼쳤으나 중과부적의 상태를 만회할 수는 없었다. 이에 사령관은 오전 11시경 미아리로 철수하라는 명령을 하달하고 사령부도 미아리로 옮겼다. 창동 방어선이 무너진 셈이다.

미아리 방어선은 서울의 고수를 위한 최후의 방어선이었다. 미아리는 경원(京元) 도로를 감싸고 있는 고개로서 한국군은 이를 봉쇄하여 북한군의 서울 진입을 저지하기

102) *韓國戰爭史, 1*, pp. 380-5; *陸軍戰史, II卷*, pp. 34-40; 전쟁기념사업회, *한국전쟁사, 제1권*, pp. 162-3.
103) *韓國戰爭史, 1*, pp. 502-10; *한국전쟁사, 제1권*, p. 164-5; *제3권*, pp. 73-4.

서울 방어 전투(1950. 6. 26-6. 28.)

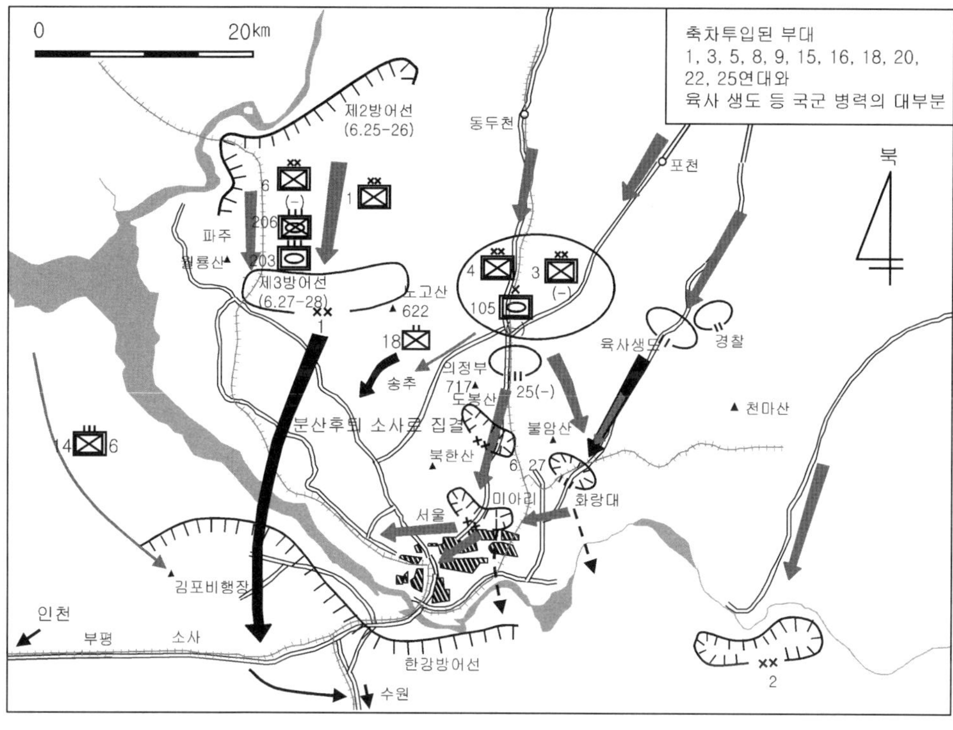

위해서 전력을 투입하였다. 한국군은 미아리 방어선에 병참, 경리, 병기 등 서울지역에 있던 모든 지원부대 병력까지 총동원하여 약 3,000여 명의 병력을 종심 있게 배치하였다. 그리고 미아리고개 우측은 육사교장(李俊植 준장)이, 좌측은 7사단장(劉載興 준장)이 작전 지휘를 담당하였다. 애국부인회(愛國婦人會) 회원들까지 방어지역에 나와서 장병들에게 나누어 줄 주먹밥을 만들고 있었다. 실로 전력을 기울인 방어 준비였다.

북한군은 비가 내리는 6월 27일 오후 5시 공격을 개시하였으나 미아리의 한국군은 이를 격퇴하였다. 빗줄기는 굵어지고 사방에는 어둠이 짙게 깔리고 있었다. 한국군 병사들은 빗물이 차오르는 개인호에서 밖으로 나와 주위의 처마 밑으로 들어가 비를 피했다. 한차례의 공격을 격퇴시킨 안도감 속에 겹치는 피로와 배고픔을 이기지 못하고 잠에 곯아떨어지는 자가 많았다. 저녁 11시경 비는 멎었다. 그런데 이때 서울 상공에는 여기저기서 총성이 들리면서 예광탄이 하늘로 치솟고 있었다. 미아리의 병사와 지휘관들은 이를 예사로 보았으나, 이것이 피난민으로 가장하여 서울로 잠입한 북한군의 유격대와 편의대들이 북한군에게 보낸 신호였다. 북한군 4사단은 밤 12시를 기하여 전차를 앞세우고 공격을 개시하였다. 한국군은 57mm 대전차포와 2.36″ 로켓포를 쏘아댔지만 북한군 전차는 미아리고개를 유유히 넘었다. 또한 북한군은 홍릉(洪陵) 방면으로 전차를 진입시켜 이 중 2대가 미아리 방어선 후방까지 진출하였다. 이렇게 되어 미아리 방어선은 6월 28일 새벽 어이없이 무너지고 말았다. 북한군이 전면 남침을 개시한 지 3일 만의 일이었다.[104]

태릉지역에 배치되어 퇴계원에서 남진하는 북한군의 공격을 막고 있던 9연대 1대대와 생도대대는 미아리 방어선이 무너지자 명에 의해서 6월 28일 10시경 광장동으로 철수하였다. 그러나 철수 명령을 받지 못한 일부 생도와 병사들은 불암산(佛岩山)으로 들어가 주민과 승려들의 협조하에 유격 활동을 전개하며 “불암산 호랑이”라는 애칭까지 받았으나, 9·28 서울 탈환 후에 북한군이 끌고 가던 100여 명의 주민을 탈출시키고 초야의 이슬로 사라진 비사(悲史)를 남기기도 했다. 울분과 기개만으로 싸울 수는 없었다.[105] 더욱 서글픈 점은 28일 새벽, 미아리 방어선 후방에 2대의 북한군 전차가 나타났다는 보고에 채병덕 총참모장이 한강교 폭파를 명령하여 28일 새벽 2시 30분경 한강교가 폭파되었고, 이로써 서울 시민은 물론 강북에서 싸우고 있던 한국군 부대와 병사들의 퇴로가 차단되었다는 사실이다. 이제 서울은 완전히 무방비 상태가 되었다.

6) 춘천지역 전투

한반도의 중앙 부분에 위치하여 38선을 연한 작전지역 내에서 동서와 남북을 연결하는 교통의 요지인 춘천(春川)을 중심으로 한 춘천지역은 북한군이 서울과 중부지역으로 진출하는 데 반드시 확보해야 할 지역이었다. 북한강(北漢江)과 소양강(昭陽江)이 만나는 곳에 위치한 춘천은 경춘(京春)철도와 가도로 서울과 연결되어 있고 홍천(洪川)과 원주(原州)를 잇는 남북종단로의 시발점이기도 하였다. 그러나 춘천지역은 북에서 남으로 연결되는 주요 접근로가 대개 산간지역 사이를 달리는 주요 도로이기 때문에 주요 고지를 잘 방어할 경우 북한군의 남침을 잘 저지할 수 있는 지리적 조건을 구비하고 있었다. 특히 춘천 북방의 수리산맥(水利山脈)은 횡격실(橫隔室)로 되어 있어서 춘천의 방어에 유리하였고, 인제(麟蹄)에서 홍천에 이르는 도로 역시 주변의 고지군(高地群)이 방어에 유리하도록 배열되어 있어서 이들 고지에 충분한 병력과 장비로 보강된 방어 진지를 편성하면 북한군의 진격을 저지할 수 있는 지형상 이점을 가지고 있었다. 전반적인 지형은 험준한 산악과 불규칙한 지형조건 그리고 울창한 삼림으로 인하여 시계가 제한되고 직사화기와 더불어 곡사화기가 요구되는 지형이었다. 여름철에는 특히 기온이 높고 강수량이 많아 공격과 방어를 위한 시야의 제한을 받을 수 있으나, 계절풍인 동남풍은 남쪽에서 방어하는 한국군에게 약간 유리한 기상 조건을 가지고 있다. 이와 같이 춘천지역의 지형과 기상은 전반적으로 방어에 유리한 상태에 있었다.

북한 침공군의 조공으로서 1950년 6월 11일 화천(華川)에 사령부를 설치하고 남침

---

104) *韓國戰爭史, 1*, p. 510; *한국전쟁사, 제1권*, p. 166.
105) *前揭書; 韓國戰爭史, 1*, p. 352.

준비에 들어간 2군단(군단장: 金光俠 소장)은, 예하 2개 보병사단과 1개 독립전차연대를 춘천지역에 투입하고 1개 보병사단과 1개 유격부대(766부대: 吳振宇 총좌)와 549 육전대(陸戰隊)를 동해안에 투입하였다. 2군단은 2사단(사단장: 李靑松 소장)으로 하여금 춘천을 6월 25일 당일 점령한 다음에 강촌(江村), 가평(加平) 방향으로 진격하여 서울의 동남 방향으로 진격하도록 하고, 12사단(사단장: 全宇 소장)은 홍천(洪川)을 점령하고 원주로 주력을 남하시키고 일부는 수원으로 향하게 하였다.[106] 그리고 5사단(사단장: 馬相喆 소장)을 유격부대 및 육전대와 동시에 동해안지역에 투입하였고 15사단(사단장: 朴成哲 소장)은 군단예비로 화천에 위치시켰다.[107]

춘천지역에서 북한군 2, 12사단의 공격을 막아야 했던 한국군은 원주(原州)에 사단사령부를 두고 있던 6사단(사단장: 金鐘五 대령)이었다. 6사단은 경기도 가평군 적목리(赤木里)에서 강원도 인제군 현리(縣里) 동북방 10km 지점까지 160km가 넘는 경계 및 방어 정면을 2개 연대에게 맡기고 1개 연대는 예비로 원주에 두고 있었다. 6사단장은 홍천에 지휘소를 둔 2연대(연대장: 咸炳善 대령)를 인제・홍천지역에 배치하고, 춘천에 지휘소를 설치한 7연대(연대장: 林富澤 중령)를 춘천 방어에 투입하고, 19연대(연대장: 閔丙權 중령)를 예비로 원주에 주둔시켰다. 이 중에서 7연대는 1949년 2월 20일 사단으로 예속되어 방어지역에 익숙해 있었으나 남원지역에서 공비토벌작전을 수행하다가 1950년 5월 1일 원주에 도착한 19연대나, 옹진의 은파산전투(銀波山戰鬪: 1949. 8. 13-11. 5.)에 참가했다가 1950년 6월 20일에야 홍천에 도착하여 사단에 예속된 2연대는 전투 정면의 지형 숙지는 고사하고 짐도 제대로 풀지 못한 상태에 있었다. 더구나 사단장은 1950년 6월 10일 부임하여 상황 파악도 제대로 마치지 못한 상태에서 북한군의 침공을 막아야 했다.[108]

춘천지역에서 공격 작전에 투입된 북한군과 이를 방어해야 하는 한국군과의 전력 차이는 다른 지역에서와 마찬가지로 매우 컸다. 먼저 북한군은 군단사령부 요원 5,000명을 제외하고서도 약 3만 5,000여 명의 병력을 유지하고 있었다. 2사단과 예비 사단인 15사단이 각각 1만 1,000명의 병력을 유지하고 있었으며, 12사단은 1만 2,000명, 그리고 독립전차연대는 1,100명의 병력을 유지하고 있었다. 이에 반해서 한국군 6사단은 9,300명의 병력을 유지하고 있었고 군량미 부족으로 외출, 외박을 적극적으로 실시하라는 육군본부의 지시에 따라 접전 당일에는 약 1/3의 병력이 부대를 떠나 있었다. 양측이 보유한 무기와 장비의 불균형은 병력상 차이보다 한국군측에 더욱 불리하였다. 북한군의 지원

106) 홍천을 점령하기 위하여 투입된 북한군 사단을 최초에는 7사단으로 판단하였다. 이유로서 이 사단의 주축이 된 중공군 20사단이 최초 7사단 요원으로 북한에 들어왔기 때문이었다. 그러나 포로의 진술에 의하면 남침 직전에 12사단으로 사단 명칭을 바꾸었다고 진술한 기록이 있으며 2사단 작전 명령에도 인접 사단을 12보사로 지칭하고 있는 점으로 미루어 처음부터 12사단이라는 명칭하에 남침을 감행한 것으로 판단된다. 특히 1990년에 한국에 다녀간 전 북한 민족보위성 작전국장인 유성철(兪成哲)도 최초부터 12사단이 투입되었다고 증언하고 있다. 유성철과의 면담, 1990. 9. 13. 서울; 2사단 작전명령 참조.

107) *韓國戰爭史, 1*, p. 246; *한국전쟁사, 제1권*, pp. 168-9.

108) *前揭書; 6・25 南侵分析*, "軍指揮官의 人事移動," p. 58.

북한군 2사단 전투명령 1호

(국방군사연구소 소장)

화력은 122mm 야포 36문, 76mm 야포 108문, 120mm 박격포와 82mm 박격포가 각각 240문씩 480문, 독립 전차연대의 전차가 30대였던 반면에, 한국군 6사단은 105mm 곡사포 15문(이 중 2문 고장, 후송), 57mm 대전차포 12문, 그리고 2.36″로켓포 276문이 전부였다. 북한군과 한국군의 병력과 장비의 차이에 부가하여 양측의 전력 차이를 더욱 심화시킨 것은 훈련 수준과 전투 당시의 준비 태세였다. 한국군은 휴일 분위기에 휩싸여 있었으나 북한군은 공격의 예봉을 날카롭게 하고 있었으며, 북한군은 사단급 훈련과 보·전·포 합동 훈련까지 마친 상태였으나 한국군은 넓은 정면의 경계 임무와 공비 토벌 임무 수행 등으로 중대급 훈련을 마친 상태에 머물고 있었다.[109] 병력과 장비, 훈련 수준, 그리고 전투준비 태세면에서 한국군은 북한군에 비해서 열등한 수준을 유지하고 있었다.

북한군의 공격 계획은 잘 협조된 계획인 데 비하여 한국군 6사단의 방어 계획은 상부와 인접 부대의 지원이나 협조가 없이 수립된 독자적인 계획이었다. 춘천지역에 투입된 북한군 2군단의 주력은 서부지역에서 서울을 점령하기 위하여 공격하는 1군단의 정면을 방어하는 한국군의 병력을 분산시켜 1군단의 서울 점령을 용이하게 함은 물론 홍천, 원주를 거쳐 이천, 수원 쪽으로 우회하여 서울 북방의 한국군과 이를 지원하기 위하여 남쪽에서 올라오는 증원군을 분리시켜 이를 격파하려는 작전 계획을 가지고 있었다. "서울의 서북과 북쪽, 동남과 남쪽으로 각각 우회하여 38선 지역의 국방군과 횡성, 원주, 이천 및 수원의 서남과 남쪽에서 전방을 지원하고 있는 국방군을 분리시켜 서울을 위시한 한강 이북의 여러 도시를 해방시키는 것이었다"고 규정한 초기 작전 목표를 달성하기 위하여 춘천지역에 투입된 북한군 2군단 주력은 서울의 동측방 우회 공격, 남쪽으로부터 올라오는 한국군 증원병력의 차단, 그리고 중부지역으로의 진격 등 매우 중요한 역할을 맡고 있었다.[110] 한국군 6사단의 방어 계획은 최초에 7연대를 춘천지역, 2연대를 홍천지역에 배치하여 방어에 임하고, 19연대를 투입하여 역습을 감행하여 공세로 전환한다는 개념 아래 포병은 집중 운용하고 공병은 각 연대에 1개 중대씩 배속하여 운용하는 방어 계획을 보유하고 있었다.[111] 이와 같이 북한군은 협조된 공격, 한국군은 독립적인 방어 계획을 수립해 놓고 있었으나, 한국군은 지원 및 협조면에서 문제점을 해소할 대책을 세울 수 없는 상태에 있었다.

봄가뭄 후에 간신히 모를 낸 농부의 시름을 덜어 주려는 듯이 부슬비가 조금씩 내리기 시작한 6월 19일 새벽, 7연대 지역에 북한군 전사(戰士: 박철호) 한 명이 중요한 정보를 가지고 귀순해 왔다. 귀순해 온 병사는 북한군 2사단 포병연대 소속 SU-76 자주포 승무원으로서 "2사단이 38선 부근에서 야외 훈련을 실시한다면서 6월 12일 원산(元山)을 떠나 약 1주일 간 야간 행군을 계속하여 철원(鐵原)과 김화(金化)를 거쳐 6월 18일 밤에 화천 남쪽 신포리(新浦里) 부근 모래밭에 집결해 있다"는 정보를 제공했으며 자신은 전쟁이 싫어서 귀순했다는 진술을 하였다. 춘천지역의 방어를 맡고 있던 7연대장(林富澤 중령)은 사단장(金鐘五 대령)에게 이를 보고하고 비상 경계 태세를 취함과 동시에 연대 수색중대원을 신포리지역에 잠입시켜 확인한 결과 화천(華川)과 신포리(新浦里)를 잇는 도로상에 400여 대의 차량이 줄지어 있고, 신포리 부근 모래밭에는 1개 연대 규모의 병력이 집결하고 있는 것을 확인하였다. 귀순 병사의 진술은 사실이었다. 그리고 연대 수색대는 구만리(九萬里) 부근 화천(華川)강에 수십 문의 야포가 남쪽

109) *韓國戰爭史, 1*, pp. 245-9; *한국전쟁사, 제1권*, pp. 169-70.
110) 조선과학원 력사편찬과, *조선인민의 정의의 조국해방전쟁사*(평양, 1961), p. 41; *조선전사, 25*, p. 108; *韓國戰爭史, 1*, pp. 50-51; *한국전쟁사, 제1권*, p. 170.
111) *韓國戰爭史, 1*, p. 250; *한국전쟁사, 제1권*, p. 170.

으로 포구를 열고 방열되었다는 것도 알아냈다. 이 사실도 6사단장에게 보고되었다. 6사단의 보고를 받은 육군본부에서는 다른 사단 정면은 별다른 징후가 포착되지 않는다고 말하면서 6월 24일부로 비상 경계령을 해제하고 외출, 외박, 휴가를 실시하도록 지시하였다.[112] 그러나 6사단장은 경계를 강화하고 휴가, 외출 등은 연대장 재량에 의해서 실시하도록 하는 최소한의 조치 정도만 취하였다. 사실상 육군본부는 한국전쟁 전에 수집할 수 있었던 가장 중요한 정보를 무시하여 흘려보내고 말았다.

1950년 6월 25일 새벽 4시경 내리던 빗발이 가늘어지자 6사단 정면에 북쪽으로부터 포탄이 "쉭 쉭" 소리를 내며 떨어졌다. 북한군 2사단과 12사단이 춘천 북방과 인제 남방지역에서 동시에 전면 공격을 감행해 왔다.

북한군 2사단은 7연대지역을 정면으로 공격하면서 일부 병력을 북한강 계곡으로 침투시켜 7연대의 퇴로를 차단하고 춘천 북방에서 7연대를 섬멸하려고 하였다. 7연대는 전방 부대로서 북한강 계곡에 3대대, 소양강 북방에 2대대를 배치하고 1대대를 예비로 보유하고 있었다. 전면 침공을 받은 7연대장은 각 대대에게 현진지 고수를 명하고 16포병대대로 하여금 춘천 북방 발산리(鉢山里)와 수리봉(水利峰) 선에 저지 사격을 지향하도록 지시한 후, 통신이 두절된 상황에서 자신이 직접 상황을 파악하기 위하여 소양강 너머 우두산(牛頭山)에 관측소를 추진, 설치하였다. 7연대는 북한강 계곡에 예비대인 1대대를 투입하여 병력과 장비의 열세에도 불구하고 지형의 이점을 활용하여 북한군 2사단의 공격을 막아냈다. 특히 16포병대대(대대장: 金聖 소령)는 화력을 집중하여 춘천 북방 개활지에서 춘천을 점령하기 위하여 집중적으로 공격해 오는 2사단에게 막대한 타격을 입히면서 공격을 저지하였다.[113]

특히 6월 25일 오후 2시경, 춘천 북방 옥산포(玉山浦)에서 방어하고 있던 7연대 1대대 57mm 대전차포 중대 2소대장 심일(沈鎰) 소위는 그가 보유한 화기로 SU-76 자주포(T-24 전차 차체를 개량하여 76.2mm 포를 탑재하여 전차로 오인되었음)를 파괴하지 못하자, 중대장의 만류에도 불구하고 휘발유 병과 수류탄을 가지고 5명의 특공대원과 함께 북한군 SU-76 자주포가 다가오는 길목 소나무 숲속에 숨었다. 자주포가 30m 전방까지 다가오자 이들은 57mm 전차포를 발사하여 자주포의 측면 궤도를 명중시켰다. 안하무인(眼下無人)격으로 당당하게 다가오던 자주포가 기우뚱하며 멈추고 포탑 뚜껑이 열리면서 승무원이 얼굴을 밖으로 내밀었다. 이때 특공조가 승무원을 사살하면서 포탑 속으로 수류탄을 밀어넣고 뛰어내리는 순간 자주포는 폭음과 함께 폭발하였고, 뒤이어 수류탄 세례를 받은 2번 자주포도 폭발하고 말았다. 날씨가 더워 전차 승무원들이 포탑 뚜껑을 열어 놓고 있었기 때문에 심일 특공대가 수류탄과 화염병을 포탑 안

---

112) 林富澤, *洛東江에서 楚山까지*(1996), pp. 68-73.

113) 춘천을 점령한 북한군은 16포병대대장을 하숙시켰다고 하숙집 주인을 반동분자로 체포하였다. 다행히 탈출에 성공한 하숙집 주인은 북한군 장교가 "그놈(金聖 소령) 때문에 1개 연대가 전멸당했다"고 얘기하는 말을 들었다고 증언하였다. *韓國戰爭史, 1*, p. 281; *洛東江에서 楚山까지*, pp. 102-6. 참조. 최초 투입된 북한군 2사단 병력은 병력과 장비 약 50% 정도의 손실을 보았다.

으로 쉽게 밀어넣을 수 있었다. 애석하게도 특공대원 한 명이 북한군의 총탄에 맞아 전사하였으나, 굴러오는 "쇳덩이"를 보며 풀이 죽어 있던 7연대 병사들은 "우리도 전차를 파괴할 수 있다"는 자신감을 갖게 되어 더욱 사기가 오르게 되었다. 이때부터 심일 소위는 1951년 1월 26일 전사할 때까지 언제나 최전선에서 앞장서서 싸워 전공(戰功)을 세운 결과로 1951년 9월 17일 태극무공훈장이 추서되었다.[114] 심일 특공대 등의 활동과 16포병 대대의 지원을 받은 7연대 장병들은 피나는 방어전으로 개전(開戰) 당일 춘천(春川)을 점령하려던 북한군 2사단의 기도(企圖)를 물거품으로 만들어 버렸다.

한편 진짜 전차(戰車)로 증강된 북한군 12사단은 6월 25일 새벽 인제(麟蹄)지역을 공격하였다. 그러나 북한군 12사단의 최초 공격부대는 강원도 인제군 관대리(冠大里) 남쪽 500m 지점에 위치한 38교(橋, 현재는 소양댐 건설로 水沒되었음)를 지키고 있던, 증강된 1개 소대 병력에 의해서 2시간이나 남진을 하지 못하고 있었다. 38교를 지키고 있던 2연대 1대대 1중대 2소대장(朴炳浩 소위)은 "부대장"이라는 별명을 가지고 있었다. 이는 38교의 중요성을 인식한 2연대장(咸炳善 대령)이 2소대에 경기관총 2정, 2.36″ 로켓포 4문, 60mm 박격포 2문, 그리고 2개 분대의 추가 병력을 배속시켰기 때문이었다. 박병호 소위 역시 이러한 연대장의 관심과 조치에 걸맞게 무거운 책임감을 느끼고 있었다. 북한군의 공격 준비 사격이 거의 끝날 무렵인, 1950년 6월 25일 새벽 4시 30분경, 강변의 자갈 소리로 많은 병력이 움직이고 있다는 것을 직감한 박 소위는 "나의 명령에 의해서만 사격을 개시하라"는 명령을 내리고 소대원과 더불어 숨을 죽이고 있었다. 총을 손으로 받쳐들고 허리까지 차오른 강물을 건너온 북한군 병사들이 미처 산개를 완료하기 전에 박 소위는 "사격개시" 명령을 내렸다. 북한군의 1차 공격은 이렇게 해서 실패했다. 한국군의 38교 방어가 허술하지 않다는 것을 파악한 북한군은 38교 동쪽의 수리봉(修理峰: 873고지)과 서쪽의 막장리로 병력을 우회시켜 38교를 수비하던 2소대의 퇴로를 차단하면서 소대 정면을 강타하였다. 38교 방어소대 진지는 완전히 유린되었다. "사단장님의 명령 없이는 후퇴할 수 없다"고 소리치면서 주위를 돌아본 박 소위는 다섯 명만이 살아 있음을 확인하였다. 중과부적(衆寡不敵)의 한계를 뛰어넘을 수는 없었다. 명령 없이 진지를 북한군에게 넘겨주고 많은 부하마저 목숨을 잃게 한 박 소위는 비감한 생각에 자결하려 하였다. 그러나 옆의 이규선(李圭善) 중사가 말렸다. 어론리(於論里)로 철수하여 연대장을 만난 박 소위는 고개만 숙이고 있었다. 그러나 연대장은 "박 소위가 혈전으로 2시간이나 적을 막았기 때문에 아군은 예비대를 투입할 수가 있었소" 하며 찬사를 보냈다. 그리고 후에 금성화랑훈장까지 수여하였다.[115]

2연대는 예비대인 2대대를 투입하여 전방으로부터 지연전을 펼치면서 철수한 1대대

114) 심일(沈鎰) 소위는 서울대학교 사범대학 2학년 재학중 전쟁이 발발하자 나라를 지켜야 된다고 하면서 군에 입대하여 용감하게 싸워 위국헌신(爲國獻身)의 표상이 되었다. 심일 중위의 훈장은 그의 부친인 심기연(沈基淵) 씨가 받았다. 전투상황은 *韓國戰爭史, 1*, pp. 278-9; *洛東江에서 楚山까*지, pp. 96-99; 심기연 부친의 증언은 *韓國戰爭史, 1*, p. 309에 수록되어 있음.

115) *韓國戰爭史, 1*, pp. 251-2; *한국전쟁사, 제1권*, pp. 172-3.

와 자은리(自隱里)에서 방어선을 구축하고 북한군 12사단 병력의 남진을 저지하려 하였다. 그러나 2연대는 현리(縣里) 정면을 방어하고 있던 3대대가 북한군의 압력에 후퇴를 거듭함에 따라 6월 26일 오후 자은리 방어선을 포기하고 홍천 동북방 30km 지점에 위치한 큰말고개(大馬峴)로 철수하여 방어선을 구축하였다.

이럴 즈음에, 북한군 2군단장과 한국군 6사단장의 상황 판단과 조치는 자신이 지휘하는 공격과 방어 부대의 작전 수행상 약점을 보완하는 방향으로 설정되었다. 북한군 2군단장은 6월 25일 공격 당일 춘천의 확보는커녕 춘천을 공격하는 2사단의 피해가 심각하다는 판단을 하고 홍천지역에 투입한 12사단의 2개 연대를 이동시켜 춘천 공격에 가담하도록 하는 조치를 취하였다. 그는 춘천을 빨리 점령하고 서울의 동남부로 진출해야 하는 2사단의 임무가 더욱 중요하다고 판단하였다. 한편 춘천 방어가 중요하다고 판단하고 사단예비인 19연대를 춘천지역에 투입하여 북한군 2사단의 춘천 점령을 저지하고 있던 한국군 6사단장은, 6월 27일 이른 아침 2연대지역을 방문하여 인제와 현리 방면에서 전차와 자주포로 증강된 북한군 12사단의 공격을 받은 2연대가 현리 방면을 지키던 3대대와의 교신도 단절되고 병력도 부족하다는 사실을 파악하였다. 2연대는 홍천 가까이 서북방 큰말고개에 방어선을 형성하고 있었다. 사단장은 이러한 상황 전개로 6사단의 철수로 확보가 어렵다고 판단하게 되자, 사단 지휘소가 위치한 춘천의 봉의산(鳳儀山)에 돌아와 춘천지역에 투입된 19연대와 포병의 주력으로 하여금 2연대의 방어를 지원하도록 조치하였다. 춘천 점령이 더욱 중요하다고 판단하여 홍천을 공격하던 12사단 주력을 춘천 공격에 가세하게 한 북한군 2군단장의 조치와, 철수로 확보를 위하여 홍천의 방어가 더욱 중요하다고 판단하여 춘천 방어에 투입하였던 사단예비 19연대 병력과 16포병대대 주력을 홍천지역 방어에 투입한 한국군 6사단장의 조치는, 공격과 방어 작전을 수행하는 양측 지휘관들의 주요 관심의 차이를 나타내는 결과였다. 결국 6사단장의 조치는 춘천 방어 병력의 약화를 초래할 수밖에 없었다.[116]

이 때, 6사단장은 육군본부 참모부장(金白一 대령)과 통신 접촉을 할 수 있었다. 육군본부 참모부장은 서부전선이 무너져 육군본부가 시흥으로 철수한다는 내용과 6사단은 사단장의 판단에 따라 중앙선을 중심으로 한 중부전선에서 지연전을 수행하기 바란다는 내용의 지시사항을 전달하였다. 그리고 통신이 다시 두절되었다. 이로써 전선의 일반적 상황을 파악한 6사단장은, 7, 2연대는 현진지를 되도록 고수하고 19연대로 하여금 홍천지역에서 제 2방어선을 형성하도록 하여, 7, 2연대의 철수를 엄호하고 16포병대대의 주력으로써 2연대를 지원하도록 하는 작전 명령을 하달하였다.[117] 이러한 사단장의 조치에 따라 19연대와 16포병대대의 주력은 6월 27일 오후 홍천으로 이동하여, 19연대 3대대는 전차특공대를 편성하여 2연대의 방어를 지원하게 하고, 19연대 주력은 홍천과 춘천, 그리고 인제를 잇는 도로를 동시에 감제할 수 있는 망령산(望嶺山)에 진지를 구축하

---

116) *韓國戰爭史, 1*, pp. 262-3; *한국전쟁사, 제2권*, p. 173; *韓國戰爭(上)*, pp. 136-7; *한국전쟁사*, pp. 219-222.
117) 6사단 작전명령 제32호(1950. 6. 27.), 國防軍史硏究所 所藏.

여 홍천 방어에 임하도록 하였다. 그리고 16포병대대의 주력은 2연대 화력 지원 임무에 임하였다. 한편, 7연대는 연대직할대로 새로운 예비대를 편성하고 19연대가 방어하고 있던 지역에 투입하여 방어 태세를 가다듬었으나, 소양강 방어선의 방어력은 약화된 상태였다.

6월 27일 오전 소양강 도하에 실패한 북한군은, 이날 오후 12사단 병력과 전차로 증강된 2사단을 투입하여 춘천을 탈취하기 위한 대대적인 공격을 가해 왔다. 춘천의 7연대는, 19연대의 병력이 홍천지역의 큰말고개 방어에 전용되어 병력이 부족한 상태에서도 잘 싸웠으나, 소양강 방어선을 유지할 수는 없었다. 7연대는 차후 반격 작전을 고려하여 소양강교의 폭파 준비를 하지 않았기 때문에 북한군의 전차와 자주포 등은 아무런 지장을 받지 않고 남진을 서두를 수가 있었다. 소양강 방어선이 무너지고, 7연대가 춘천 남쪽 원창(原昌)고개에 28일 정오경 엄호 병력으로서 2대대를 배치하고 홍천으로 철수하자, 춘천은 북한군의 수중에 떨어지고 말았다. 공격 당일인 25일 내로 춘천을 점령하려던 북한군은 27일 저녁에야 춘천에 진입하였다.

공격 속도가 늦어져 초조해진 북한 2군단은 28일에도 원창고개와 큰말고개에서 공격의 고삐를 늦추지 않았다. 이날 아침 9시경, 북한군 12사단 잔여 병력은 전차 및 자주포 10여 대를 앞세우고 큰말 고개의 2연대를 공격해 왔다. 그러나 16포병대대의 포병 사격은 북한군 전차와 보병을 일단 분리시키고, 전방에 배치되어 있던 이름이 알려지지 않은 한 기관총 사수는, 이들 보병을 사살하고 자신도 전차포와 기관총 사격으로 산화하였다. 보병의 엄호를 받지 못한 북한군 전차 10여 대는, 한국군의 57mm 대전차포 사격에도 불구하고 유유하게 고개를 올라오고 있었다. 이때 2연대 57mm 대전차포중대 2소대 1분대장(金學斗 일등중사)이 철갑탄으로 북한군 선두 전차의 측방 궤도를 명중시켜 이를 정지시켰다. 이어 2번 전차에 대해서도 사격을 계속하였다. 이러한 시점에 19연대 대전차 특공대원(趙達珍 일병)이 1번 전차에 뛰어올라 포탑 안에 수류탄을 넣고 뛰어내렸다. 전차 특공대원들의 계속적인 육탄공격으로 북한군이 몰고 내려온 10대의 전차가 큰말고개의 오르막길에서 파괴됨으로써 한국전쟁 초기의 최대 전차 격멸전으로 기록되었다.[118] 춘천의 남쪽 원창고개를 방어하고 있던 7연대 2대대도, 원창고개가 횡격실(橫隔室)이고 방어 정면이 급경사를 이루고 있는 지형적인 이점을 충분히 활용하여 28일 오후 전개된 북한군 2개 연대의 공격을 격퇴하였다. 한국군의 방어력을 얕잡아 본 탓인지 정면 공격을 위주로 하면서 공격작전을 수행해 온 북한군 2군단은, 누적되는 병력과 장비의 피해에도 불구하고 작전이 지연되는 상황을 타개하기 위하여 정면 공격이 아닌 다른 공격 방법을 찾아야만 하였다.

7연대 2대대가 원창고개, 19연대 3대대와 16포병대대로 증강된 2연대가 큰말고개에서 북한군 2사단과 12사단의 공격을 저지하고 있을 때 6사단장은 육군본부로부터 새로운 작전 명령을 접수하였다. 6월 28일 L-5 연락기로 사단사령부에 도착한 육본 작

118) 金聖 16포병대대장의 진술 내용, 1977. 7. 1. 國防軍史硏究所 所藏; *韓國戰爭(上)*, pp. 138-40.

전국장(張昌國 대령)은, "원주에 새로운 방어선을 구축하여 동해안에서 철수하는 8사단을 엄호하고, 1개 연대를 이천(利川)에 배치하여 노출된 측방을 보호하라"는 육본의 명령을 전달하였다. 이에 6사단장은 8사단이 원주로 이동하려면 최소한 48시간이 필요할 것이라고 판단하고, 홍천과 횡성지역에서 북한군의 진격을 최대한 지연시키기로 방침을 세운 다음, 각 연대로 하여금 가능한 한 오래 현진지를 고수하도록 하였다.[119]

북한군 2군단은 6월 29일 원창고개와 큰말고개에 새로운 방법으로 공격을 감행하였다. 6월 29일 아침 북한군은 2개 연대를 동원하여 원창고개의 7연대 2대대를 공격하였다. 7연대 2대대는 유리한 지형을 이용하여 이를 격퇴하였다. 그런데 11 : 00시경 북한군 1개 대대 정도가 백기(白旗)를 흔들며 방어 진지 정면으로 접근하였다. 이에 2대대 병력은 북한군이 항복하는 것으로 판단하고 이들을 받아들일 준비를 하면서 마음을 놓고 있었다. 그러나 진지 20m 전방까지 접근한 북한군은 뒤에 숨겼던 다발총을 난사하면서 진내로 진입하였다. 육박전이 벌어졌으나 기습을 당한 2대대는 방어진지를 빼앗기고 말았다. 7연대 2대대가 원창고개에서 북한군의 공격을 받고 있을 때 큰말고개의 2연대도 12사단 병력의 공격을 받고 있었다. 12사단 병력은 정면 공격 대신 정면에 대해서는 견제공격을 가하면서 고개의 동측방 고지(청벽산, 451m)를 점령하고 서쪽의 양지마을 쪽으로 병력을 우회시켜 2연대의 퇴로를 차단하려 하였다. 2연대는 퇴로가 차단될 위험에 빠지게 되었다. 춘천 남방 원창고개의 요새 진지가 무너지고 홍천 서북방의 큰말고개(大馬峴)의 2연대가 양측에서 포위될 위기에 봉착하자 6사단장은 사단 전 병력에게 홍천 남쪽으로의 철수를 명하였다. 이에 따라 7연대와 2연대, 19연대, 그리고 16포병대대와 공병대대도 6월 29일 홍천으로 철수하였고 가평(加平)지역에서 북한군의 남진을 저지하던 7연대 3대대 10, 11중대도 횡성(橫城)을 경유하여 6월 30일 삼마치(三馬峙)고개에서 연대 주력과 합류하였다.[120] 북한군의 투항을 가장한 기습 공격과 정면을 견제하고 양익으로 우회하여 퇴로를 차단하려는 기계(奇計)와 우회(迂回) 전술이 6사단의 철수를 재촉하였다.

북한군의 남침 공격을 맞아 3일 간 춘천을 확보하면서 잘 싸웠던 한국군 6사단은 6월 30일까지 8사단이 원주(原州)에 도착하지 않은 상황에서 북한군이 여주·이천 방향으로 남하할 징후를 발견한 다음 원주 방어를 포기하고, 7월 1일 2연대를 충주(忠州)로, 19연대를 이천(利川)으로 이동시키고 7연대로 하여금 치악재에서 8사단의 철수를 엄호한 다음 충주로 이동할 것을 명령함으로써 춘천지역에서의 초기 전투를 마감하였다. 5일 간에 걸친 춘천·홍천지역의 전투에서 한국군 6사단은 북한군 2사단의 서울 동남방 조기 진출을 저지하면서 북한군 2, 12사단에게 치명적인 타격을 입혔다. 이러한 결과 북한의 김일성은 7월 초에 이청송(李靑松) 2사단장을 최현(崔賢)으로, 12사단장 전우(全宇) 소장을 최충국(崔忠國) 소장으로, 2군단장 김광협(金光俠)을 2군단 참모장으로 하고

---

119) *韓國戰爭(上)*, p. 141.

120) 전쟁기념사업회, *한국전쟁사, 제1권*, pp. 173-4; *제3권*, pp. 81-101; *韓國戰爭(上)*, pp. 138-41; *한국전쟁사*, pp. 221-2.

춘천지역 전투(1950. 6. 25.-6. 28.)

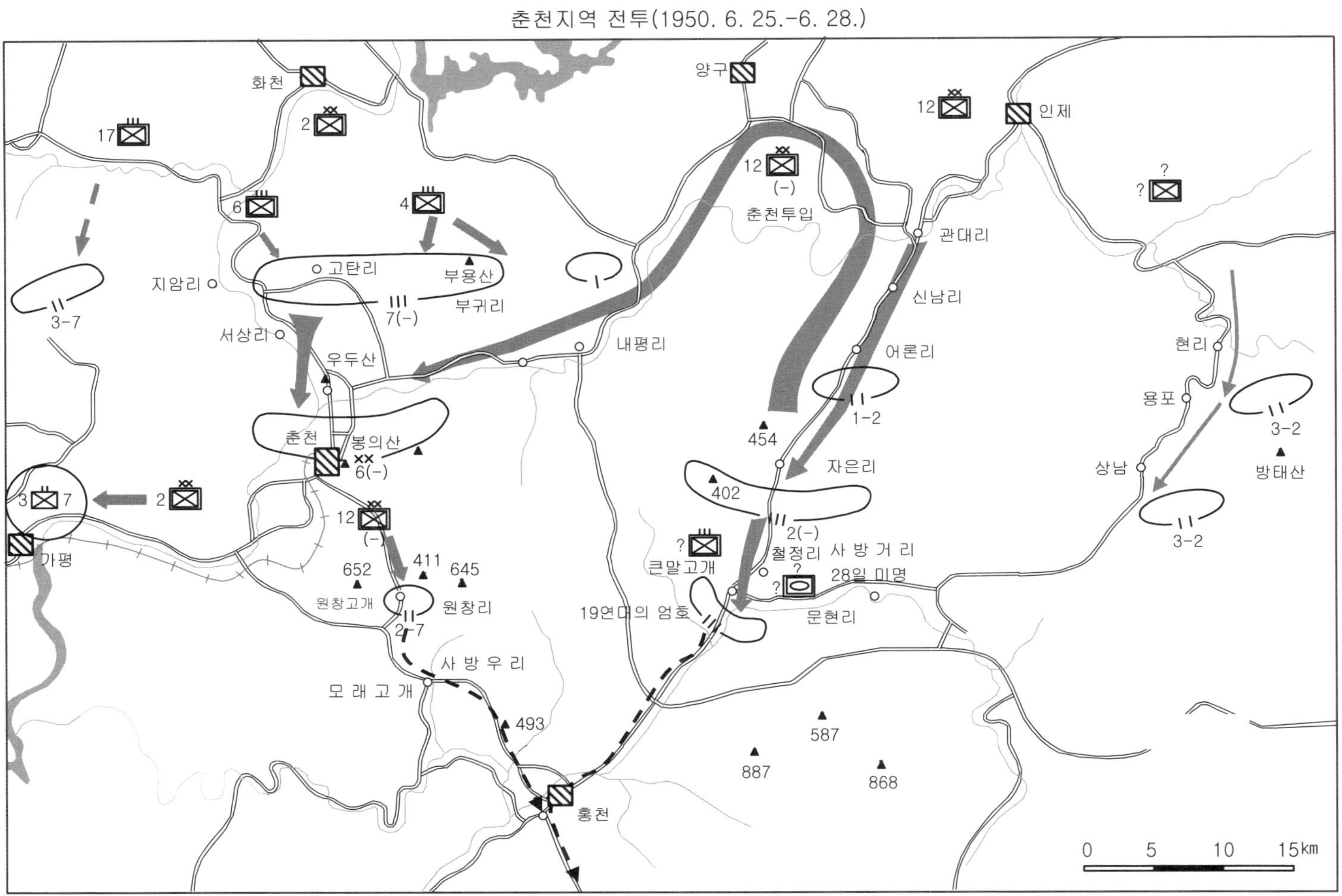

2군단장에 김무정(金武亭) 중장을 임명하여 2군단 지휘부를 교체하였다. 한국군 6사단의 전과는 특기할 정도로 6,800여 명의 손실을 북한군에게 강요하였으며 120여 명의 포로와 18대의 전차 및 자주포를 파괴하였다. 6사단의 손실은 그렇게 크지 않아 전사 200명, 부상 350여 명, 1,300여 명의 실종자가 발생했으나 이들은 후에 대부분 부대로 복귀하였다.[121] 병력과 장비의 열세 속에서 북한군 2군단 주력의 공격을 맞아 펼친 한국군 6사단의 방어는, 반격 작전을 상정(想定)하고 38선 남쪽 300m 지점에 위치한 모진교(母津橋)와 춘천 북방 소양교(昭陽橋)를 폭파하지 않아 북한군의 자주포와 전차 전진을 효과적으로 저지하지 못하는 등의 방어 작전 수행상의 문제점에도 불구하고, 매우 훌륭한 것이었다.

7) 동해안지역 전투

남북으로 달리고 있는 태백산맥(太白山脈)에 의해서 한반도의 내륙과 원활한 소통을 방해받고 있는 동해안지역은, 해상으로부터의 대규모 지원이 보장되지 않는 한 대규모의 작전 수행은 어려운 지역이다. 해안을 따라 남북으로 연결되는 도로는 동해안지역의 작전 수행에 주요한 작전선(作戰線)이지만, 굴곡이 심하고 해안포 사격에 노출되어 있어서 동해(東海)에서의 제해권 장악 여부에 따라 기계화부대의 기동 등을 포함한 작전 수행상 이용 가치를 보장받을 수 있는 한계를 지니고 있다. 동해안의 남북으로 연결된 해안로는, 강릉에서 대관령을 통하여 내륙으로 연결되어 있어서 강릉의 확보가 지역 방어와 내륙의 지원 확보를 위해서 매우 중요한 요소가 된다. 동해안지역은 특히 바다로 북한과 연결된 해안선을 가지고 있기 때문에, 해안 침투와 침투 병력의 내륙 산간 진출을 봉쇄하기 위해서는 해안도로의 주요한 거점 확보가 중요시되며, 이를 방어해야 하는 한국군측에서는 병력의 종심(縱深) 분산 배치를 강요당하는 지형적 특성을 지니고 있었다. 6월 하순의 기상은 고온 다습하고, 특히 새벽녘에는 해안선 특유의 안개가 짙게 깔려 시계를 제한하고, 이러한 상태는 파도소리와 더불어 침공하는 북한군의 후방 침투를 용이하게 해 주는 요인이 되었다. 이와 같이 동해안지역은 작전 형태와 규모면에서, 공격하는 북한군측이 더 많은 융통성을 누릴 수 있는 지형적 특징을 나타내고 있었다.

동해안지역에서 전면적인 남침을 강행한 북한군은 2군단 예하 5사단(사단장: 馬相喆 소장)과 유격부대인 766부대(부대장: 吳振宇 총좌), 그리고 945 육전대(陸戰隊)였다. 양양(襄陽)에 사령부를 둔 5사단은 원래 중공군 164사단, 조선인 병력 1만 명으로 창립된 사단으로서 중국 내전에서의 전투 경험을 쌓은 병력을 보유하고 있었다. 회령(會寧)의 제3군관학교를 모체로 창설된 766부대와 945부대는 동해안의 후방 상륙과 침투를 위

121) *前揭書; 韓國戰爭史, 1*, p. 307; *한국전쟁사, 제1권*, p. 174.

해서 투입되었다. 이들 북한군의 공격을 막아야 하는 한국군은 강릉에서 창설된 8사단(사단장: 李成佳 대령)으로서 2개 보병연대와 18포병대대와 야전공병대대를 지원 부대로 보유하고 있었다. 전면 남침전에도 북한군은 후방 교란과 민심 이탈을 목적으로 한 작전을 수행하고 있었기 때문에 8사단은 10연대(연대장: 高根弘 중령)에게 38선 경비 및 오대산 공비 토벌 임무를 맡겼고, 삼척(三陟)에 본부를 둔 21연대(연대장: 金容培 중령)에게 후방지역의 공비 토벌과 해안선 경계 임무를 부여하였다. 이와 같이 공격을 위해서 병력을 집중한 북한군과는 달리 동해안지역에 있던 한국군 8사단은 2개 연대로써 38선의 경비는 물론 지역의 공비 토벌과 해안선 경계를 담당하여 부족한 병력을 남북으로 길게 배치해 놓고 있었다.[122]

동해안지역에서 공격을 실시한 북한군과 이를 방어한 한국군 사이의 병력과 장비의 우열(優劣)은 다른 지역에서와 마찬가지로 확연하게 드러나 있었다. 북한군은 5사단, 766부대, 945부대, 그리고 이 지역의 경비를 맡고 있던 38경비 1여단 병력까지 합하여 약 2만여 명의 병력을 보유하고 있었다. 중국에서 실전 경험을 쌓은 5사단은 함경북도 요성(鐃城)에서 소련 전술 교범에 의거한 사단 공격 훈련까지 마쳤고, 766부대는 강력한 유격 훈련, 그리고 945부대는 상륙 훈련까지 마친 상태여서 전차의 투입이 없었다해도 북한 침공 부대는 매우 막강한 정예 병력을 보유하고 있었다. 이와는 대조적으로 한국군 8사단은 2개 연대로 감소 편제로 운용되고 있었으며 병력은 7,000여 명에 불과하였고, 이마저 남북으로 배치되어 공비 토벌과 경계 임무의 수행으로 소부대 전투 훈련 이외에는 별다른 교육이나 훈련을 받지 못한 상태에 머물러 있었다. 지역의 북한군과 한국군이 보유한 무기와 장비의 불균형은 양측의 전력(戰力) 차이를 더욱 심화시키고 있었다. 북한군은 SU-76 자주포 16문, 122mm 야포 12문, 120mm 박격포 18문, 82mm 박격포 81문, 76mm 직사포 36문, 45mm 대전차포 48문, 그리고 수백 문의 61mm 박격포를 보유하고 있었다. 한국군은 105mm 곡사포 15문, 57mm 대전차포 12문, 81mm 박격포 24문, 60mm 박격포 38문과 2.36″ 로켓포 128문을 보유하고 있었다.[123] 양측이 보유한 병력과 장비의 불균형은 병력의 구성과 배치, 그리고 훈련 정도의 차이 등으로 그 정도가 더욱 심화될 수 있다는 것을 상정하기란 그렇게 어려운 일이 아니었다.

북한군의 공격 계획은 먼저 해상 육전대를 한국군 8사단 직후방에 침투시켜 8사단 10연대를 고립시킨 다음 남북에서 협격하고, 766부대를 삼척의 21연대 후방에 상륙시켜 이를 고립시킴과 동시에 이들 병력을 945육전대와 더불어 다시 남북에서 협격하여 8사단 병력을 각 연대별로 분리·섬멸하고, 766부대 병력을 내륙 산간으로 침투시켜 중부지역에서 남진하는 북한 2군단 주력의 진출을 돕는다는 개념의 작전계획을 수립하였다.[124] 이에 대해서 한국군 8사단은 주문진(注文津) 남쪽 10km 지점에 있는 연곡

---

122) *韓國戰爭史, 1*, pp. 192-5; *한국전쟁사, 제1권*, pp. 174-6; *제3권*, pp. 103-6; *韓國戰爭(上)*, pp. 141-2.
123) *前揭書.*

천(連谷川)을 연해서 주저항선을 구축하고, 그로부터 남쪽으로 8km 지점에 위치한 사천(沙川)을 연하는 선에 예비 진지를 구축하여 북한군을 저지하고, 증원 부대를 지원받아 반격으로 전환하여 38선을 회복한다는 방어 작전 계획을 수립해 놓고 있었다. 이를 위해서 8사단은 좌측에 10연대, 우측에는 21연대를 추진하여 북한군의 진격을 격퇴하고 18포병대대의 1개 포대가 10연대 직접 지원, 나머지는 사단 일반 지원 임무를 수행하도록 하고 공병대는 장애물 설치 및 필요시 교량 폭파 임무를 수행하도록 하였으며 21연대의 1개 대대는 지역 주민과 협조하여 해안 경계 임무와 침투 병력의 격퇴 임무를 수행하도록 하였다.[125] 북한군과 한국군의 공격과 방어 계획은 별다른 문제점을 안고 있지 않았으나, 한국군 8사단은 북한군이 8사단 병력을 남북으로 분리, 고립시켜 이를 각개 섬멸하려 한다는 사실을 알지 못했으며, 병력과 장비면에서의 열세 속에 증원 부대의 지원이 가능하다는 점을 계획에 반영할 수 없는 상태에 있었다.

1950년 6월 25일 새벽, 전날 밤부터 내린 비는 이슬비로 변하여 그 기세가 약화되었으나 산과 들은 흥건히 젖어 있었고 안개가 자욱히 내려앉아 앞이 잘 보이지 않았다. 한국군 8사단은 전방의 징후가 심상치 않아 외출, 외박 등을 자제하고 있었으나 동해안의 남쪽 지역의 주말 새벽은 그저 조용하기만 했다. 그러나 북한군은 전면 공격에 앞서 강릉 남쪽 정동진(正東津)의 해안 마을에 해상육전대 병력을 상륙시켜 8사단의 전후방 연대를 차단하기 위하여 부산을 떨고 있었다. 정동진에 상륙한 북한군 육전대 병력이 해안 마을 사람들을 동원하여 해안에 접안한 수송선에서 하역한 탄약과 보급품을 근처 뒷산으로 옮기고 있던 04 : 00시경, 북한군 5사단은 공격 준비 사격을 위한 포문을 열었다.[126] 8사단 참모들이 05시 30분에 모였으나 북한군의 포격은 항상 있어온 국지적인 도발일 것이라고 판단하였다. 그러나 전방 10연대장으로부터 북한군의 병력은 연대 규모라는 보고와 사단장을 방문한 강릉경찰서장으로부터 정동진에 북한군이 상륙하여 일부는 북상하고 일부는 남하중이라는 말을 들은 8사단장은 상황이 심상치 않음을 직감하고 06 : 00시 사단 작전회의를 소집하였다. 그리고 보고는 되지 않았으나 07 : 00시에 삼척 남쪽 임원진(臨院津)에 766부대 병력이 상륙하여 일개 부대는 삼척으로 북상하고 다른 부대는 태백산맥으로 침투하고 있었다. 북한군이 전방과 후방에서 동시에 공격하고 있다는 사실을 파악한 사단장은 10연대로 하여금 현 전선을 고수하고, 삼척에 위치한 21연대를 강릉에 집결시켜 강릉을 고수하고, 육군본부에 1개 연대의 증원과 연락기를 요청하며, 증원 부대가 도착하면 반격을 실시하여 38선을 회복한다는 작전 방침을 하달하고, 이를 위한 조치를 지시하였다. 그러나 육군본부로부터 "사단장의 재량에 따라 최선을 다할 것이며 1개 연대의 증원은 서울 방어가 더 긴급하므로 불가능하다"는 통보를 받고 통신이 두절되었다.[127] 이제 8사단은 증원 부대

---

124) *조선전사, 25*, pp. 115-6.
125) *韓國戰爭史, 1*, pp. 197-9; *한국전쟁사, 제1권*, pp. 176-7.
126) 6·25 당시 정동진 해안가에 거주하던 신채란의 증언(1990. 5. 25.), 國防軍史研究所, 資料室 所藏. *韓國戰爭(上)*, pp. 142-3.

의 지원 없이 단독으로 방어, 철수 혹은 반격 작전을 수행해야만 했다.

육군본부로부터 전반적인 상황을 통보받은 8사단장은 하루 이틀에 끝날 성질의 전쟁이 아니라고 판단하고 이에 대한 대비책을 수립하였다. 이미 10연대로 하여금 현진지를 고수하고 21연대를 강릉으로 북상하도록 지시한 사단장은 6월 25일 10 : 00시를 기하여 작전지역 내 계엄령을 선포하고 모든 군수품을 대관령 너머 진부리(珍富里)로 소산(疏散)시키는 한편, 군인 가족에게 비상 식량과 봉급을 지급하여 소개(疏開)시키면서 주민들의 피난 계획까지 수립하고 민간 차량을 징발하여 사단의 기동력을 확보하였다. 사단의 이러한 장기전 대비와 대책의 강구는 민간인의 신뢰를 얻어 이들의 적극적인 협조하에 탄약, 보급품의 운반과 구호사업이 순조롭게 진행되었다.[128)]

그러나 전선의 상황은 순탄하지가 않았다. 북한군은 5사단의 증강된 2개 연대를 10연대 정면에 투입하고 1개 연대는 8사단의 좌익 산간 도로를 이용하여 광원리(廣院里)를 지나 월정사(月精寺) 방향으로 진격시켰다. 그리고 945부대의 주력을, 정면 공격 전에 강릉 동남쪽 20km 지점에 위치한 정동진(正東津)에 상륙시켜 10연대와 21연대의 연결을 미리 차단하고, 766부대의 주력은 삼척 남쪽 30km 지점에 위치한 임원진(臨院津)에 상륙시켜 태백산맥으로의 진출과 21연대를 남쪽에서 공격하도록 하여, 북한군의 진로 개척과 한국군의 효과적인 상호 지원을 차단하려 하였다. 상황이 이렇게 전개되자 강릉으로 북상하라는 명령을 받은 21연대는, 해안로가 정동진에서 차단되었다는 사실을 알고, 삼척에서 북평을 거쳐 내륙의 송계리(松溪里)로 우회하여 강릉에 집결하였다. 이때 북한군 5사단은 이미 주문진(注文津)을 점령하였다.

주문진을 점령한 북한군 5사단은 6월 26일에는 별다른 공세를 취하지 않고 있다가 27일 새벽 맹렬한 공격을 개시하였다. 8사단장은 사단 공병대와 지원 부대로 구성된 혼성 예비대대와 21연대 3대대를 연곡천 방어에 투입하고 21연대의 주력은 강릉 남쪽을 방어하도록 하였다. 그러나 연곡천의 10연대는 북한군 우회 병력의 공격으로 인하여 좌측방이 노출되어 정오경에 연곡천 방어 진지를 포기하고 말았다. 공격해 오는 북한군은 후방의 포병 진지까지 침투하여 포병 병사들과 백병전을 벌이기도 하였다. 사단장은 승산 없는 전투를 피하고 병력을 보존하여 반격 작전을 수행할 것을 결심하고, 27일 14 : 00시경 사단 병력을 대관령으로 철수시켰다. 이에 따라 8사단 본부와 10연대는 유천리(楡川里)에 집결하고 21연대는 그 전방 횡계리(橫溪里)에 집결하였다. 8사단의 철수로 북한군은 27일 밤 9시 50분경 강릉으로 진입하였다.

사단 병력 거의 전부를 손실 없이 철수시킨 8사단장은 28일 아침 21연대로 하여금 강릉 탈환을 위한 반격을 실시하도록 명령하였다. 6월 28일 아침, 21연대는 105mm 곡사포 2문의 지원과 10연대 1대대의 우측방 엄호를 받으면서 강릉 탈환 작전을 시작

---

127) *韓國戰爭史, 1*, pp. 207-8; *38度線 初期戰鬪*, pp. 214-8; *韓國戰爭(上)*, pp. 142-3; *한국전쟁사, 제3권*, pp. 107-8.

128) *韓國戰爭(上)*, pp. 143-4.

동해안지역 전투(1950. 6. 25.-27.)

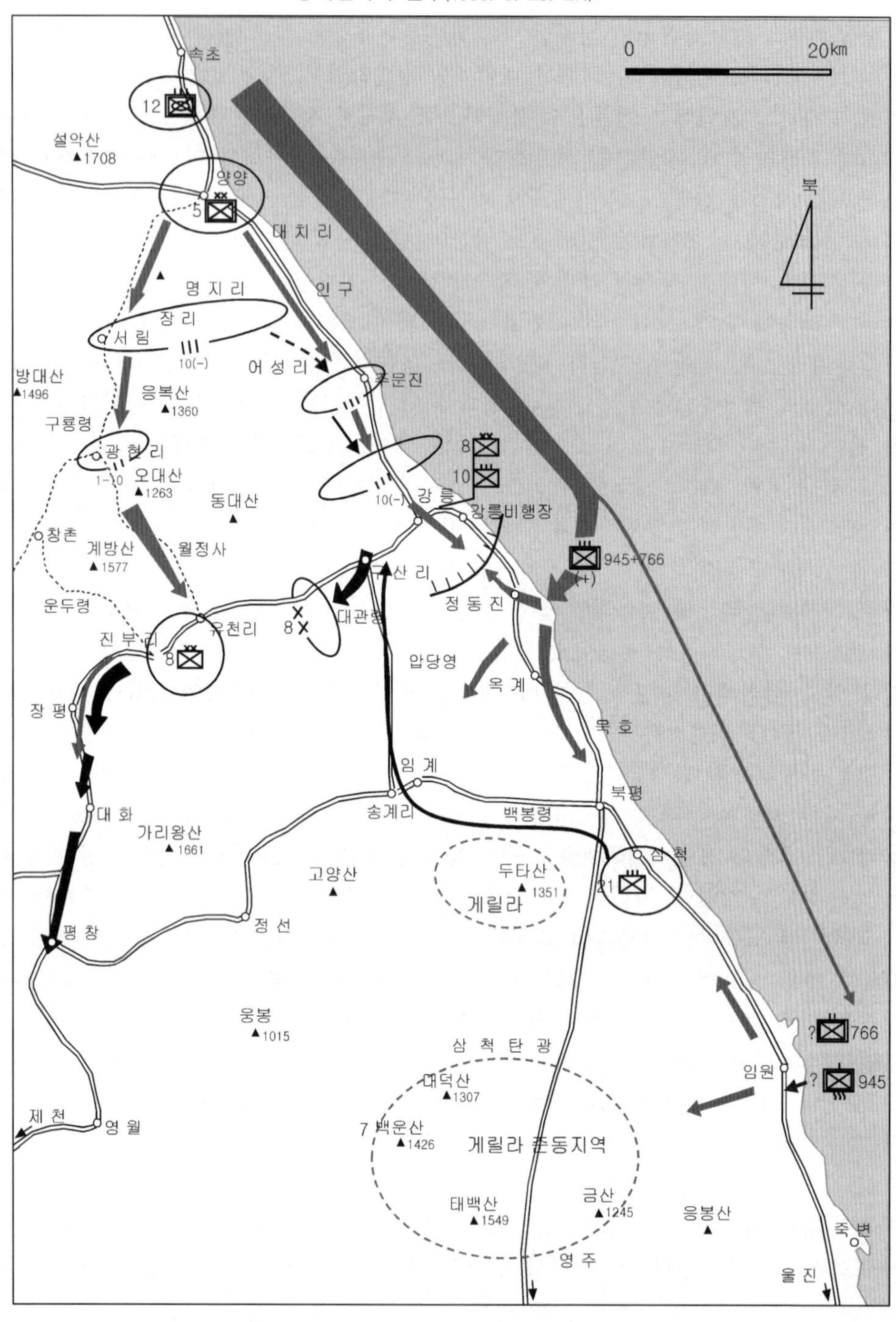

하였다. 강릉을 점령하고 별다른 경계 대책을 강구하지 않은 북한군을 기습한 21연대

는 경포대까지 진출하였다. 그러나 이때 원주의 6사단과 극적인 통화가 이루어져 "원주로 철수하라"는 육본의 명령을 받은 8사단장은 강릉 탈환 공격을 중지시키고 21연대를 대관령으로 철수시켰다. 이리하여 유천리(楡川里)와 하진부리(下珍富里)에 집결한 8사단 병력은 원주를 향해 차량 행군을 하였다. 그러나 평창군(平昌郡) 대화리(大和里)에서 피난민을 통하여 횡성(橫城)에 이미 북한군이 진격했다는 첩보를 듣고 사단장은 진로를 바꾸어 평창과 영월을 거쳐 7월 2일 오전 11시경 제천(堤川)으로의 철수를 완료하였다.[129] 이로써 8사단은 병력의 손실이 거의 없이 철수할 수 있었다.

예비대도 없이 남북으로 협격을 받은 동해안의 8사단은 외출, 외박을 삼가고 경계 태세를 갖추고 있었던 덕택으로 많은 병력손실이나 커다란 혼란 없이 방어에 임할 수가 있었다. 그리고 사단장의 사전 인원 소개(疏開)와 물자 소산(疏散) 조치로 오히려 주민들의 신뢰와 협조를 받아 작전을 수행할 수 있었으며, 불필요한 병력의 손실을 자초하는 무모한 작전을 수행하지 않은 이유로 8사단은 건제를 유지하면서 제천까지 철수할 수 있었다. 그러나 동해안을 지키던 8사단이 대관령을 넘어 제천으로 철수함에 따라, 동해안은 완전히 무방비 상태로 북한군의 남진에 노출되어 별도의 방어 대책과 조치가 필요하게 되었다.

8) 초기 전투 분석

초기 전투를 치른 결과 북한군의 공격 작전과 한국군의 방어 작전은 나름대로의 타당성과 문제점을 동시에 노출시키고 있었다. 북한군은 한국군의 이완된 방어 태세와 미비한 준비 태세 덕택으로 완전한 기습 공격을 감행하여 전투를 개시하였으나 기습 달성에 걸맞는 정도의 신속한 전과 확대를 실시하지 못한 미진함을 보여 주었다. 이와는 대조적으로 북한군에게 완전히 기습을 당한 한국군은 개전 직후의 극심한 혼란에도 불구하고, 병력과 장비 및 훈련과 작전지휘면에서 거의 절대적으로 우세한 북한군의 남진을 북한군이 수립한 계획대로 진행되도록 허용하지는 않았다. 북한군의 공격과 한국군의 방어가 이와 같은 타당성과 한계를 동시에 보여 준 원인과 이유는, 양측의 병력과 장비 운용 방식과 초기 전투 수행 과정에서 지휘관들과 병사들이 취한 조치와 감투 정신 등에서 찾아볼 수 있다.

먼저 북한군은 완전한 기습 달성으로 전쟁을 시작하였다. 38선은 평온해야 된다는 스탈린의 요청에 따라 1949년 말부터 1950년에 이르기까지 38선 지역은 평화스러웠다. 그리고 1950년 1월 30일 스탈린이 김일성의 남침을 승인하고 전폭적인 지원을 통하여 북한군을 강화시키는 동안, 스탈린의 지시에 가까운 권고에 의하여 북한은 38선을 평온하게 유지하였고, 한국이 받아들일 수 없는 조건을 내세운 평화 통일 방안을 제시하

---

129) *韓國戰爭史, 1*, pp. 191-243; *한국전쟁사, 제1권*, pp. 174-8; *제3권*, pp. 112-4; *韓國戰爭(上)*, pp. 147-8; *한국전쟁사*, pp. 222-5.

여 평화적 통일에 대한 위장된 진지함을 보여 주기도 하였다. 한국군은 최초에 이러한 상황 전개를 회의적으로 바라보면서 1950년 5월 1일 노동절, 5월 30일 총선거, 북한의 남침 작전회의(1950. 6. 10.) 후의 평화 공세에 대해서 경계 태세를 가다듬고 있었다. 그러나 계속되는 경계 태세 유지에도 불구하고 북한의 남침 징후가 나타나지 않자, 드디어 한국군은 6월 23일 24 : 00시부로 모든 경계 태세를 해제하고 말았다. 이러한 분위기 속에서, 특히 한국군은 춘천의 6사단 방어지역에서 귀순한 북한군 병사가 밝힌 북한군의 침공 준비에 대한 정확한 진술까지 무시해 버렸다. 평온한 38선, 북한의 평화 제의, 계속되는 경계 태세 유지로 오히려 이완된 한국군의 경계 태세와 비상경계령의 해제, 은밀한 북한의 침공 준비 등은 1950년 6월 25일 새벽의 북한군 전면 남침을 완전한 기습으로 만드는 데 충분한 배경적 요인이 되었다. 이러한 배경하에 감행된 북한군의 남침은 실로 기습적인 공격으로 시작되어 한국군에게 막대한 충격을 안겨 주었다.

북한군은 기습적인 공격과 병력 및 화력의 절대적인 우세로 한국군의 전방 방어진지를 신속하게 돌파하였다. 옹진반도를 지키고 있던 한국군 17연대의 방어 진지는 이를 양분하여 돌파하고 개성·문산지역에서는 한국군의 방어병력을 전후에서 공격하거나 양 측방으로 우회하여 이를 쉽게 돌파했으며, 춘천·홍천지역에서는 정면 공격을 감행하면서 홍천으로 우회하여 퇴로를 위협함으로써 돌파를 용이하게 달성하려 하였다. 특히 동해안 지역의 전방 방어와 공비 토벌 임무 수행을 위하여 종심으로 배치되어 있던 8사단 병력에 대해서 북한군은 육전대와 유격대 병력을 후방에 조기 투입하여 병력을 남북으로 양분시켜 이들의 상호 지원을 차단하고 각개 격파하는 방식으로 공격하였다. 이러한 기습적인 초기 공격으로 북한군은 춘천·홍천지역에서의 부진함은 있었으나, 한국군의 방어 진지를 쉽게 돌파할 수 있었다. 북한군의 기습적인 공격은 외출, 외박, 휴가 등으로 느슨해진 6월의 마지막 휴일 분위기에 젖어 있던 한국군의 진영을 쉽게 혼란에 휘몰아 넣어 기습의 부수적인 효과까지 발생시킴으로써 초기 공격에 의한 손쉬운 돌파를 더욱 보장받고 있었다. 병력과 장비의 절대적인 우세를 확보한 북한군의 기습 공격은 이완된 방어 태세를 갖추고 있던 한국군의 방어 진지를 쉽게 돌파하였다.

그러나 비교적 손쉽게 한국군의 방어선을 돌파한 북한군은 그들이 계획했던 대로의 신속한 전과 확대와 남진(南進)을 스스로 확보하지는 못했다. 개성·문산지역의 전선은 봉일천(奉日川), 금천(金川)선에서 머뭇거렸으며, 의정부 전선도 한국군이 거의 와해되다시피 했으나 서울로의 신속한 진출은 한국군의 결사적인 돌격전으로 지연되었고, 미아리 방어선의 붕괴도 한국군의 한강교 조기 폭파가 결정적인 원인을 제공했으며 서울 점령 후의 남진은 도하 장비와 보급의 제한으로 지연되는 현상이 빚어졌다. 특히 춘천지역에서는 개전 당일 춘천을 점령하고 가평을 통해서 서울 동남쪽으로 진격하여 수원선까지 3일 안에 진격하려던 계획이 무산될 정도로 전과 확대와 진출이 지연되었다. 북한 2군단의 무리한 정면 공격과, 상대적으로 빈약한 한국군의 포병 사격으로 입은 막대한 피해는 북한 2군단을 우회 공격보다 정면 공격에 더욱 집착하도록 만들어 이 지역에서의 전과 확대와 진출을 더욱 지연시켰다. 동해안지역에서도 북한군은 한국군을 전후에서 차단하여 협격하려는 계획에 따라 초기의 기습을 달성한 후에 신속한 전과 확대를 위한 신속한 작전 수행을 소홀히 하여 8사단 병력의 강릉 합류를 허용했고, 대관령을 통한 안전한 철수를 가능하도록 하였다. 이와 같이 북한군은 개전(開戰)의 기습 공격으로 달성한 방어 진지 돌파를 신속한 전과 확대와 남진으로 효과적으로 연결시키지 못한 미진함을 보여 주었다.

북한군이 신속한 돌파 후에 과감한 전과 확대와 진출을 하지 못한 주요한 이유는 북한군이 한국군의 방어 능력과 의지를 과소 평가하여 병력을 분산 운용했다는 점이다. 실로 북한군은 한국군에 비하여 병력과 장비면에서 절대적인 우세를 확보하고 있었다. 더구나 한국군이 후방 지역의 공비 토벌 임무 수행을 위해서 남한 전지역에 분산・배치되어 있었기 때문에 38선상 최초 접전 지역에서의 전력 불균형은 더욱 심했으며, 이완된 한국군의 휴일 방어 자세는 이를 더욱 북한군에게 유리한 조건을 형성해 주고 있었다. 이러한 상황을 잘 파악하고 있던 북한군은 그들의 우세한 병력을 집중 운용하기보다는 전 전선에서의 우세를 확보하여 한국군의 방어 병력을 분산시킴으로써 방어 진지를 돌파하고 신속하게 남진함으로써 서울 북방에서 1차, 수원지역에서의 2차 포위망을 형성하여 전방 방어를 하고 있던 한국군을 섬멸하는 한편, 후방으로부터의 증원을 차단하고 이후에 증원에 참가한 한국군까지 쉽게 섬멸하려는 대담한 계획을 수립하였다. 당시의 병력과 장비의 우열은 사실상 이러한 결과를 보장해 줄 것으로 판단하기에 충분할 정도였다. 그러나 북한군은 미아리 방어에 임하고 있는 병사들을 방치한 채 한강교를 폭파시키는 한국군 지휘부의 무분별한 작전지도 능력과 수량적인 전력의 우열은 잘 파악하고 있었으나, 화염병과 수류탄으로 전차에 뛰어들어 이를 포탑 안에 던져 넣는 한국군 초급 장교와 병사들의 전의(戰意)는 잘 파악하고 있지 못했다. 한국군 병사들의 무모하다시피 한 특공작전(特攻作戰)으로 북한군 전차의 진격은 주춤거렸고 한국군 병사들의 전차에 대한 두려움은 다소나마 가셨으며, 이들의 사기는 진작되어 열세한 방어력을 보완하고 있었다. 그리고 북한군은 우세한 병력과 장비를 분산 운용하여 전 전선에서의 우세를 확보하고 이를 이용한 포위 기동으로 섬멸전을 수행하려 했기 때문에 한국군의 선방(善防)으로 인해서 발생할 수 있는 우발 사태를 반전(反轉)시키는 데 필요한 예비 병력의 확보가 어렵게 되었다. 이에 따라서 신속한 전과 확대와 진격을 위한 예비 전력의 보유가 사실상 불가능하였다. 이와 같이 북한군은 한국군 전력에 대한 비관적 판단과 이를 기초한 낙관적인 침공 계획의 수립으로 병력의 집중 운용을 소홀히 하였고, 이러한 결과, 전 전선에서 신속하게 이루어진 돌파를 충분히 활용하여 과감한 전과 확대와 신속한 남진을 손쉽게 달성하지 못하였다.

상급 부대의 통제와 인접 부대 간 협조의 부재(不在) 속에서 북한군의 공격을 막아야 했던 한국군 사단들은 병사들의 울분과 적개심에 바탕을 둔 특공 작전에 의한 전투 수행으로 북한군의 전차와 자주포의 전진을 막아야만 하였다. 그러나 중과부적(衆寡不

敵)의 논리는 거스를 수 없었기 때문에 1사단은 각개 철수, 7사단은 거의 와해되다시피 되었다. 다행스럽게도 6사단과 8사단은 병력을 집결시켜 철수할 수 있었으나, 이로 인하여 동해안지역이 북한군의 공격에 완전히 노출되었다. 이러한 현실적인 한계 속에서도, 특히 개전 당일 점령하기로 계획되어 있던 춘천을 3일 간 지키면서 지형의 이점을 이용하여 보잘것없는 화력이나마 집중함으로써 북한군에게 막대한 타격을 입힌 6사단의 방어는, 북한 2군단에게 홍천 축선에 투입한 12사단 병력까지 전용(轉用)하도록 강요하여 남침 계획 자체를 어긋나게까지 하는 결과를 낳게 만들었다. 절대적으로 열세한 병력과 장비를 가지고 북한군의 공격을 막아야 했던 한국군은, 우세한 전력을 분산 운용함으로써 예비전력을 충분하게 확보하지 못한 북한군의 판단과 계획 때문에 그나마 그렇게라도 초기의 방어작전을 치러낼 수 있었다.

그러나 초기전투 수행 이후에 한국군은 더이상 전투를 계속할 수 있는 여력(餘力)을 보유하지 못하고 있었다. 특히 한강교의 조기 폭파로 한강 이북에 무기와 장비를 남겨놓고 철수해야 했던 서울·경기지역의 사단들은 전투력을 거의 상실한 상태에 있었다. 외부의 해공군 지원만으로 호전될 상황은 결코 아니었다. 지상에서 싸울 병력과 장비가 무엇보다도 필요한 상황이었다. 전차를 앞세우고 남진하는 북한군의 주력과 대적할 수 있는 병력과 장비의 지원없이는 전선의 회복은 물론 전선의 안정도 확보할 수 없는 전황이 펼쳐지고 있었다.

6. 미국과 유엔의 대응

1) 미국과 유엔의 신속한 초기 대응과 조치

1950년 6월 25일 오전 8시, 무쵸(John J. Muccio) 주한 미국 대사는 공사로부터 북한군이 전면 남침해 왔다는 소식을 들었다. 미국 대사와 공사는 8시 30분 사무실에서 만나 워싱턴에 보낼 전문 초안을 작성하였다. 이들은 전문 작성에 신중을 기하면서 당시 어떤 상황이 전개되고 있는지는 명확하지 않다는 말을 전문에 포함시켰다. 그리고 그들은 이 전문을 국무부로 발송하였다.[130] 1950년 6월 25일 오전 9시가 조금 지나서 북한군의 남침 사실을 담은 전문이 워싱턴으로 발송되었다. 이 전문은 워싱턴 시간으로 1950년 6월 24일 밤 10시 15분경 해독이 되어 극동국(the Bureau of Far Eastern Affairs)에서 근무하는 당직 관리(W. Bradley Connors)의 손으로 넘겨졌다. 이때부터 워싱턴의 전화선이 바빠지기 시작하였다.[131]

130) Transcript, John J, Muccio, Oral History Interview, pp. 30-31, Truman Library; The American Ambassador in Korea(Muccio) to the Secretary of State, June 25, 1950, *FRUS, 1950, VII*, pp. 125-6.

이 당시 워싱턴은 한가한 주말 분위기에 젖어 있었다. 트루먼 대통령은 미주리주 인디펜던스(Independence, Missouri)의 고향 집에서 주말을 보내고 있었으며, 애치슨 국무장관도 메릴랜드주에 있는 농장에서 쉬고 있었다. 국방장관(Louis A. Johnson)과 합참의장(the JCS Chairman, Omar N. Bradley)은 극동 시찰에서 귀환중에 있었고, 콜린스(J. Lawton Collins) 육군 참모총장은 체사픽 만(the Chesapeake Bay)에 있는 별장에서 주말의 여유를 즐기고 있었다. 국무부의 러스크(Dean Rusk) 극동 담당 차관보는 워싱턴의 조지타운(Georgetown) 지역에서 언론인과 식사를 즐기고 있었다. 미국의 정책입안자(policymakers)들은 무덥고 후덥지근한 워싱턴을 떠나 주말의 휴일을 여유롭게 보내고 있었다.[132] 워싱턴의 휴일도 한가롭기는 마찬가지였다.

그러나 한국에서 날아온 북한군의 전면 남침 소식은 워싱턴의 주말을 가장 바쁜 날로 만들었고, 미국 정부의 신속한 결정을 재촉하였다. 한국의 미국 대사관으로부터 북한군의 남침 소식을 접수한 국무부의 당직 관리는 극동 담당 국무차관보와 육군에 이 소식을 전달하였다. 북한군의 무력 침공 소식을 들은 러스크 국무차관보와 육군 장관(Frank Pace, Jr.)은 밤 10시 30분경에 국무부에 도착하였다. 국무부에 도착한 러스크 차관보는 국무장관에게 소식을 전하고 장관의 허락을 받아 백악관에도 연락하여 대통령에게 보고하도록 하였다. 한국에서 무력 충돌에 대한 소식을 보고받은 국무차관, 유엔 담당 차관보(John D. Hickerson) 등이 국무부에 도착하여 전화상으로 국무장관과 한국 사태를 논의하였다. 여기에서 유엔을 통한 사태의 수습이라는 기본 입장이 정리되었다. 국무부의 입장을 정리한 애치슨 국무장관은 11시 20분경, 미주리에서 쉬고 있는 트루먼 대통령에게 전화를 걸어 한국에서의 상황을 설명하고 유엔 안전보장이사회(the UN Security Council)의 긴급회의 소집을 제안하였다. 트루먼 대통령은 이를 수락하고 워싱턴으로 긴급하게 귀환할 의사를 표시하였다. 그러나 국무장관은 사태가 명확해질 때까지 시간이 필요하기 때문에 급히 귀환할 필요가 없다는 의사를 표시하여 대통령의 야간 비행을 만류하였다. 그런 다음에 애치슨 국무장관은 유엔 담당 차관보를 전화로 불러 유엔 안전보장이사회의 긴급회의 소집을 요청하도록 지시하였다. 장관의 지시를 받은 유엔 담당 차관보는 리 유엔 사무총장(the Secretary General of the United Nations, Trygve Lie)에게 전화를 걸어 한국 사태를 설명하고 이를 유엔 안보이사회에 상정하려 한다는 미국 정부의 의사를 전달했다. 한국 사태에 대한 소식과 미국 정부의 의도를 전해 들은 리 유엔 사무총장은 흥분된 어조로 "이것은 유엔 헌장의 위반이야(That's a violation of the United Nations Charter!)"라고 말하면서 그가 할 수 있는 한 최선을 다하겠다는 의사를 표시하였다.[133] 한국에 있는 미국대사관으로부터 북한군의

131) Editorial Note, *FRUS, 1950, VII*, pp. 126-7.

132) Dean Acheson, *The Korean War* (New York: W. W. Norton & Co., Inc., 1971), pp. 15-6; Thomas G. Patterson, et al., *Amerian Foreign Policy: A History* (Lexington, Mass.: D. C. Heath and Co., 1977), pp. 471-2.

133) Truman, *Memoirs, II*, pp. 331-2; Acheson, *The Korean War*, pp. 15-6; Editorial Note, *FRUS, 1950, VII*, pp. 126-7; Glenn D. Paige, *The Korean Decision, June 24-30, 1950* (New York: The

남침 소식을 접수한 지 2시간도 채 되지 않아 미국 정부는 한국 사태를 유엔을 통하여 해결한다는 기본 입장과 정책을 구체화하였다. 실로 대단히 신속한 정책 결정이었다.

국무장관에게 각군 장관 및 각군 참모총장들과 협의하여 방책을 수립하여 건의안을 작성하라는 지시를 내리고, "인디펜던스(Independence)"라고 명명한 대통령 전용기에 몸을 싣고 워싱턴으로 돌아오는 트루먼 대통령은 여러 가지 상념(想念)에 젖어 있었다. 그는 북한이 단독으로 미국과 유엔의 권위에 도전하면서 무력을 사용했다고 생각하지 않았다. 소련이 북한을 이용하여 공산권의 확대를 도모하고 있다는 판단을 하면서, 과거 강자가 약자를 공격한 역사적 실례, 즉 히틀러(Adolf Hitler, 1889-1945), 무솔리니(Benito Mussolini, 1883-1945), 그리고 일본 군국주의자들이 주위의 약소국을 공격하여 그들의 세력권을 확대하여 결국 세계대전까지 치를 수밖에 없었던 경우를 생각하였다. 그리고 한국의 무력 침공은 이러한 경우와 다를 바가 없다는 판단을 하였다. 이에 트루먼 대통령은 "만약에 이러한 침략 행위를 방치할 경우에는 유엔의 기반과 원칙이 무너질 가능성이 있다"고 보았다. 생각이 여기까지 미친 트루먼 대통령은 전용기의 전송 담당자를 불러 애치슨 국무장관에게 "최고 민간, 군 정책 보좌관들과의 회의를 블레어 하우스(the Blair House, 백악관이 수리중이라 이곳을 대통령 집무실로 사용하고 있었음)에서 개최하도록 하라"는 통신문을 타전하도록 지시하였다.134) 트루먼 대통령은 한반도에서 소련을 주축으로 하는 공산권의 도전 행위를 결코 방관하지 않겠다는 방향으로 그의 생각을 굳혀 가고 있었다.

한편 미국의 요청으로 1950년 6월 25일 오후(뉴욕 시간)에 긴급 소집된 유엔 안전보장이사회는 북한군의 남한 침공이 "평화의 파괴 행위(a breach of the peace)"라고 규정하였다. 그리고 이사회는 북한에게 적대 행위를 중지하고 병력을 전쟁 전의 상태로 철수시킬 것과 유엔 회원국들에게 지역의 평화를 파괴하는 북한에 대한 지원을 자제하고 이를 회복시키기 위한 유엔의 노력을 지원할 것을 촉구하는 결의안을 통과시켰다. 소련 대표가 참석하여 거부권을 행사하면 어떻게 할가 하는 미국의 우려 속에서 이 결의안은 소련의 거부권 행사 없이 안보이사회를 무난하게 통과하였다. 소련이 대만으로 쫓겨난 장개석 정부가 중국을 대표할 수 없다는 이유로 안보이사회 참석을 거부하고 있었기 때문이었다. 이로써 유엔은 북한군의 남한 공격을 평화의 파괴 행위요 평화 유지 기관인 유엔에 대한 도전으로 규정하고, 이러한 침략을 격퇴하기 위해서 노력하는 유엔을 돕는 모든 행위를 합법화시켰다.135)

유엔이 사실상 미국의 모든 원조 행위를 합법화해 준 상황에서 미국의 주요 정책결정자들은 "유화가 아닌 단호한 조치(no appeasement and get tough)"를 취해야 한다는 정서를 나타내었다. 트루먼 대통령은 평화와 유엔의 존립을 위해서 적나라한 도전 행

Free Press, 1968), pp. 88-96.

134) Truman, *Memoirs, II*, pp. 332-3.

135) US Department of State, *Bulletin, XXIII*, pp. 4-5; Resolution Adopted by the United Nations Security Council-June 25, 1950, *FRUS, 1950, VII*, pp. 155-6; *The New York Times*, June 26, 1950.

위를 방관하지 않겠다는 입장을 분명히 하였고, 애치슨 국무장관도 안보이사회에서의 결의안 정도로써 이 도전을 마무리하지 않겠다는 의도를 감추지 않았다.[136] 콜린스 육군참모총장도 북한군의 침공은 "해방전쟁이라고 하는 연속적인 행위의 최초 도전으로 간주하고, 미국이 일본의 식민치하에서 해방되는 것을 도운 나라에 대한 침공을 미국이 방관할 수는 없다"는 점을 지적하였다.[137] 미국 대통령 특사 자격으로 한국을 방문하여 1950년 6월 19일 한국 국회에서 연설까지 한 덜레스(John Foster Dulles, 아이젠하워 정부의 국무장관) 대사는 "한국이 적나라한 무력 침공으로 멸망당하는 동안 이를 방관하는 것은 세계전쟁으로 이어지는 비참한 사태의 시작을 의미하는 것"일 수 있다고 주장하였다.[138] 이러한 미국의 주요 정책결정자들의 입장은, 1950년 6월 25일 일요일 저녁, 블레어 하우스 최고 정책입안자(high-level-policymakers) 모임에서 그대로 표출되었다.

트루먼 대통령의 요청에 의해서 미국 정부의 주요 안보 정책입안자들이 워싱턴 시간으로 6월 25일 일요일 밤 7시 30분에 대통령관저에 모였다. 여기에는 국무, 국방 장관을 비롯하여 3군 장관, 합참의장, 3군 참모총장, 국무차관, 극동 및 유엔담당 국무차관보와 대통령 특명대사 등이 자리를 함께 하고 있었다. 간단하게 저녁식사를 마친 대통령은 애치슨 국무장관에게 토의를 시작하도록 요청했다. 애치슨 국무장관은 그날 오후에 소집된 유엔안보이사회에서 통과된 결의안에서 북한의 침략을 평화의 파괴 행위로 규정하였고, 북한에게 적대 행위를 중지하고 병력을 전쟁 전의 상태로 철수시킬 것을 촉구하면서 유엔 회원국들에게 유엔의 평화 회복 노력을 지원할 것을 당부하였다는 내용을 설명하였다. 국무장관은 이어서 대통령이 한국 사태에 관하여 몇 가지 고려할 사항을 제시하였다. 맥아더로 하여금 한국에 추가로 탄약을 공급하도록 지시할 것인가? 대만이나 다른 지역에 대한 예방 조치들은 어떤 것이 있는가? 한국에 있는 미국인들의 안전한 철수를 보장하기 위하여 해공군의 작전 수준과 범위는 어떠해야 하는가? 이러한 문제를 제시한 애치슨 국무장관은 맥아더의 추가적인 탄약 보급, 7함대의 대만해협 파견, 인도차이나에 대한 원조의 증가 등을 건의하였다. 콜린스 육군참모총장은 맥아더와의 통화 내용을 보고하면서 일본에 있는 F-51(mustang fighter)전투기를 한국군에 공급하는 것과 한국에 현지 조사단 파견을 건의하였다. 이에 대해서 해군참모총장은 찬성 의사를 표시하였으나, 합참의장(Omar N. Bradley)은 한국군이 잘 다룰 수 없는 전투기를 한국군에 제공하기보다는 필리핀의 수빅 만(Subic Bay)에 있는 함대를 한국에 파견하여 "북한 상륙 병력을 놀라게 하여 쫓아버리는 것이 어떤가"하는 매우 "순진한" 제안을 하기도 하였다. 공군참모총장(Hoyt S. Vandenberg)은 극동에 위치한 소련 공군력을 상세하게 보고하였다.[139]

---

136) Acheson, *The Korean War*, p. 20; *Present at the Creation*, p. 405.

137) Collins, *War in Peacetime*, p. 4.

138) The text of speech, "The Korean Experiment in Representative Government," Department of State, *Bulletin, XIII*, pp. 12-3.

아무 말없이 보고와 건의를 청취하던 트루먼 대통령은 공군참모총장에게 "미 공군은 극동에 있는 소련 공군기지를 무력화(knock out)시킬 수 있는가?"라고 물었다. 그러자, 공군참모총장은 "만약 우리가 핵을 사용하면 가능합니다"라고 답변하였다. 이 때 육군장관은 한국에 지상군을 보내는 방안에 대해서 회의적인 견해를 나타냈다. 이에 대해서 국방장관, 공군장관, 합참의장도 지상군 파견은 바람직하지 않다는 의견을 개진하였다. 국무부 관리들은 지상군 파견 여부에 대한 심도 있는 의견 개진을 유보하고 모든 조치와 가능성을 고려할 수 있다는 국무장관의 견해에 동조하는 의견을 내놓았다. 결국 미국 국방 정책에 관여하고 있던 민간, 군 정책입안자들은 미 지상군의 한국 파병에 회의적인 입장을 취하고 있었다. 트루먼 대통령은 다양한 의견과 견해를 그저 듣기만 하고 있었다.[140)]

자연스러운 분위기 속에서 제시된 여러 가지 건의와 의견을 경청하던 트루먼 대통령은 몇 가지 지시를 내렸다. 그는 한국군에 추가적인 탄약의 보급, 7함대의 대만해협 파견, 그리고 소련 극동공군기지의 무력화 계획의 작성을 지시하였다. 그러면서 이 무력화 계획은 어디까지나 계획을 작성하라는 것이지 이를 행동에 옮기라는 명령이 아님을 분명하게 밝혔다. 공군참모총장의 답변대로 소련의 극동공군기지를 무력화시키려면 핵무기의 사용계획이 포함되어야 하기 때문이었다. 그러나 트루먼 대통령은 지상군 파견 문제에 대해서는 전혀 언급을 하지 않으면서, 미국은 평화를 회복하려는 유엔을 위해서 모든 조치를 강구하고 있음을 상기시키기도 하였다.[141)] 이제 유엔 결의안이 요구한 대로 미국은 유엔의 평화 회복과 유지 노력을 지원하게 되었다.

미국 국방부와 합참은 트루먼 대통령의 명령을 전달하고 이를 구체화하기 위해서 신속하게 움직였다. 이들은 일본에 있는 맥아더와 교신을 통하여 한국 전선에 조사단을 파견하여 정확한 상황을 파악하여 보고하고, 한국군에게 필요한 장비와 탄약을 지급하며 미국인들의 안전한 철수를 위하여 해공군 작전을 수행하고, 7함대를 대만해협으로 파견하라는 명령을 내렸다. 공군참모총장은 극동에 있는 미공군에게 적기에 대하여 "공세적 행동(aggressive action)"을 취할 것을 지시하였다. 그리고 해군참모총장은 당시 워싱턴을 방문하고 있던 7함대 사령관(Arthur D. Struble)과 한국 사태를 논의하면서 결국 미 지상군이 투입될 것 같다는 그의 직감을 말하기도 하였다.[142)] 유엔을 위한 미국의 개입이 가시화되기 시작하였다.

호전될 기미를 보이지 않는 한국 전선의 전황 보고 속에 미국 행정부의 민군 지도자들은 6월 26일 밤 9시에 대통령 관저에 모였다. 공군참모총장이 미군 전투기가 야크기(YAK)를 최초로 격추시켰다는 보고를 하자, 트루먼 대통령은 "이것이 마지막이 되지

---

139) Memo of Conversation, *FRUS, 1950, VII*, pp. 157-161.
140) *前揭書*.
141) *前揭書*.
142) The JCS and National Policy, part III, pp. 80-89, Record Group 218: Records of the United States Joint Chiefs of Staff(RG 218), NA.

않기를 바란다(I hope it is not the last)"고 말하였다. 이어서 애치슨 국무장관이 해공군 작전 수행상 제한을 철폐할 것을 건의하였다. 트루먼은 이를 즉시 승인하면서 "아직 38선 이북지역에서는 작전 수행을 하지 말라"는 조건을 달았다. 그리고 인도차이나에 원조를 증액하고, 대만의 장개석이 또 다른 "불장난(the ball game)"을 하지 않도록 하라고 지시하였다. 유엔 담당 국무차관보가 유엔에서 통과시킬 결의안에 유엔 회원국 모두에게 침략 격퇴를 위한 원조를 요청할 계획이라고 보고하자, 대통령은 "여기에는 홍콩까지 포함된다"는 점을 강조하기도 하였다. 그리고 지상군 파견시 국가적 차원의 동원이 필요하다는 인식 아래 합참본부에 이를 위한 계획을 작성하도록 지시하였다.[143] 이러한 종류의 침략 행위를 가만 놔두지 않겠다는 트루먼 대통령의 의지가 가시화되고 이의 실행을 위한 준비가 구체화되기 시작하였다.

여기까지의 조치를 진행시킨 트루먼 대통령은 다음 단계의 조치를 위해서 미국 의회와 국민의 지지를 필요로 하였다. 1950년 6월 27일, 트루먼은 미국 의회 지도자들을 초청하여 이들에게 당시까지 행정부가 취한 조치와 미국이 유엔에 상정할 결의안의 내용을 설명하고 의회 지도자들의 의견을 들었다. 의회 지도자들은 당시까지 취한 조치를 지지하고 결의안 초안의 자구를 수정할 정도의 의견 제시를 하였다. 의회 지도자들과의 모임 후에 트루먼 대통령은 미국이 유엔의 평화 회복 노력을 지원하고 있다는 성명서를 발표하였다. 대통령의 성명서는 국민의 전폭적인 지지를 받았다. 전투 행위를 개시함에 있어서 미국 의회의 고유권한을 침해했다는 일부 의원들의 비난에도 불구하고 미국 하원은 대통령의 성명서를 박수로 지지했으며 상원은 대통령에게 주방위군을 소집할 수 있는 권한 부여를 만장 일치로 통과시켰다.[144] 트루먼 대통령의 조치와 계획은 민주, 공화 양당은 물론 미국 국민의 지지를 받았다.

북한이나 이를 지원하는 소련이 유엔의 "경고성" 결의안 하나로 이미 시작한 군사행동을 멈출 상대는 아니었다. 한국정부는 북한군의 무력 침공으로 빚어진 사태를 수습할 수 없게 되자 유엔에 원조를 요청하게 되었고, 미국도 침략을 격퇴하기 위해서 싸우고 있던 한국에 모든 지원을 제공해 주자는 내용의 결의안을 유엔에 상정하였다. 유엔 안전보장이사회는 6월 27일에 열린 제474차 회의에서 미국이 제안한 결의안을 통과시켰다. 북한이 남침 공격을 실시하여 평화를 파괴하고 6·25 유엔 결의안을 이행하지 않았으며 한국정부가 유엔에 도움을 요청해 온 사실을 상기시키면서, 6·27 결의안은 침략을 격퇴하여 국제 평화와 지역의 안전을 회복하는 데 필요한 원조를 한국에 해 줄 것을 전 유엔 회원국에게 호소하고 있었다.[145] 6·27 유엔 결의안이 나타남으로

143) Memo of Conversation, June 26, 1950, *FRUS, 1950, VII*, pp. 178-183; Truman, *Memoirs, II*, pp. 336-8.

144) Statement issued by the President, June 27, 1950, *FRUS, 1950, VII*, pp. 202-3; Truman, *Memoirs, II*, pp. 338-9; *U.S. Congressional Record*, 81st Congress, 2nd session, pp. 9327-47; *The New York Times*, June 27, 1950.

145) Resolution Adopted by the United Nations Security Council, June 27, 1950, *FRUS, 1950, VII*, p. 211.

써 미국을 포함한 전 유엔 회원국은 한국이 싸우는 데 필요한 모든 원조를 제공할 수 있게 되었다.

그러나 유엔의 "경고성" 결의안이나 미국 대통령의 "단호한" 성명서와 미국민의 "전폭적"인 지지율만으로 소련이 지원해준 T-34 전차를 앞세우고 내려오는 북한군의 남진을 멈추게 할 수는 없었다. 병력과 장비의 절대적인 열세 속에서 공비 소탕으로 분산배치되었던 한국군은 화염병과 수류탄으로 전차를 저지하면서 처절하게 싸웠으나 초기전투에서 참담한 패배와 후퇴를 감수할 수밖에 다른 도리가 없었다. 미국과 유엔의 행동과 지원이 필요했다.

2) 맥아더의 전선 시찰

워싱턴과 뉴욕에서의 신속한 조치에 못지않게 맥아더 사령부가 있는 일본 동경에서의 행동도 매우 민첩하였다. 한국에서의 남침 보고를 받은 맥아더(Douglas A. MacArthur, 1880-1964) 장군은 6월 27일 현지 조사단을 한국에 파견하고, 사령부의 전방지휘소(ADCOM: General Headquaters Advance Command and Liasion Group)를 한국에 설치하여 처치(John J. Church) 준장을 지휘소장으로 임명하였다. 전방지휘소장의 임무는 무쵸 주한 미국대사와 협조하여 주한 미국인을 안전하게 철수시키고, 한국군이 계속 싸울 수 있도록 한국군의 지휘부의 사기를 올려 주는 데 중점이 주어졌다. 2,001명의 미국 관리 및 군인 가족은 비행기와 해상 수송 수단을 이용하여 27일까지 일본으로 철수하였으나, 한국군 지휘부의 사기는 오르지 않았고 한국군의 전력은 한계점에 도달하여 전세는 점점 악화되었다.146)

서울이 북한군의 수중에 들어갔다는 보고를 받은 맥아더는 사태의 심각한 정도가 안이한 판단을 허용하지 않는다고 보고 직접 한국 전선을 시찰하기로 결심을 굳혔다. 비행 조건과 실전 상황을 고려하여 한국전선 시찰을 찬성하지 않은 참모들의 반대 의견에도 아랑곳하지 않은 맥아더는 "바탄(Bataan)"이라고 이름지어진 그의 전용기에 몸을 실었다. 태평양전쟁 초기에 필리핀의 바탄반도에서 치른 혈전을 잊지 않겠다는 그의 의지가 반영된 이름을 가진 "바탄"호는 1950년 6월 29일 오전 11시 15분 북한군 YAK 전투기의 기총소사 환영을 받으며 수원비행장에 내렸다. 한국의 이승만 대통령, 채병덕 참모총장, 무쵸 주한 미국대사와 전방 지휘소장 처치 준장의 환영도 받았다. 수원비행장 주위에 위치한 조그마한 학교 건물 안에 들어선 맥아더 원수는 전황보고를 받았다. 처치 전방지휘소장은 간략한 전황을 설명하고 당시 약 8,000여 명의 한국군 병력만이 소재가 확인되어 있다는 보고를 하였다. 무쵸 대사와 약간의 대화를 나눈 맥아더는 "자, 나는 이론적으로 많이 들어왔오. 이제 내가 가서 내 눈으로 직접 이들

146) James F. Schnabel, *Policy and Direction: The First Year* (Washington, D. C.: G. P. O., 1972), pp. 71-2.

병력을 보아야겠소…"라고 말했다. 세 대의 지프차에 나누어 탄 일행은 한강 남쪽의 제방에 도착하였다. 여기서 그들은 서울을 점령한 북한군이 쏘아대는 박격포탄의 환영을 받았다.[147] 기총소사와 박격포탄의 환영을 받았으나 전진(前塵) 속에서 일생을 살아온 맥아더 장군은 그저 태연하기만 했다.

극적인 순간을 더욱 극적으로 만드는 데 천부(天賦)의 자질(資質)을 보유한 맥아더 장군은 서울 남쪽 한강 둑에서도 예외를 기록하지 않았다. 여기 저기 산발적으로 떨어지는 북한군의 박격포탄에도 아랑곳하지 않는 70세의 노장군(老將軍) 맥아더 원수는 쌍안경을 들어 강북을 바라보았다. 그리고 바로 옆의 개인호 속에 들어 있던 한국군 병사에게 물었다. "자네는 언제까지 그 호 속에 있을 셈인가?" "각하께서도 군인이시고 저 또한 군인입니다. 군인이란 모름지기 명령에 따를 뿐입니다. 저의 상사로부터 철수 명령이 내려지든가 아니면 제가 죽는 순간까지 이곳을 지킬 것입니다." 한 일등중사의 대답이었다. 통역을 통해서 이 말을 전해 들은 노병(老兵)은 신병(新兵)의 어깨를 두드리며 통역에게 말했다. "그에게 말해다오. 내가 동경으로 돌아가서 지원 병력을 보내 줄 터이니 안심하고 싸우라"고.[148] 서울을 점령한 북한군이 쏘아대는 박격포탄이 산발적으로 떨어지던 한강 남쪽 둑에서 또 하나의 극적인 순간이 연출되었다.

"바탄"이라고 명명된 C-54 맥아더 전용기는 6월 29일 18시가 조금 지나서 수원비행장을 떠났다. 수원에서 한강 둑까지 가는 동안 아무 말 없이 짐을 잔뜩 짊어지고 남쪽으로 정처없는 발길을 옮기는 피난민들의 행렬과 불타는 서울의 모습, 그리고 그래도 한강선을 지키겠다고 호 속에 들어앉아 있던 지친 한국군 병사들의 가상함을 목격한 맥아더 장군은 한국군의 자체 방어 능력이 이미 소진되었다는 판단을 내렸다. 그리고 그는 어떻게 하면 한국의 공산화를 막아서 아시아의 공산화를 미연에 방지할 것인가를 생각하였다. 결론적으로 그는 해공군의 지원만으로는 사태의 반전이 어렵고, 지상군을 투입하더라도 신장된 병참선을 차단하기 위한 전략적 우회 기동작전이 필요하다고 판단하였다. 인천에 상륙한다는 구상이 태동되었던 것이다.[149]

생각이 여기까지 미친 맥아더 장군은 펜을 들어 긴급 보고서를 작성하기 시작하였다. 내부 치안을 위해서 경무장된 한국군은 소련에서 공급해준 전차와 자주포로 중무장된 북한군의 남진을 멈추게 하거나 이들과 대항해서 싸우거나 반격을 가할 능력이 없다는 점을 지적한 맥아더는 미 지상군의 개입이 절실하다는 내용을 적었다. 그리고

147) Douglas MacArthur, *Reminiscences* (New York: Fawcett World Library, 1965), p. 377.

148) *韓國戰爭史, 1*, pp. 722-3. 시흥지구 전투사령부 참모장 김종갑(金鍾甲) 참모장의 통역 및 증언내용. 비가 내리던 하네다공항을 6월 29일 06시 10분 이륙한 맥아더 장군은 08시경 그를 수행한 극동공군 사령관(George E. Stratemeyer)에게 북한에 위치한 비행장을 은밀하게 공격하도록 명령하였다. 그리고 당시 수원비행장에는 맥아더 장군이 탄 비행기와 비행장을 보호하기 위하여 57mm 고사포대대의 일부(33명의 장사병)가 M-55 기관총을 가지고 비행장을 보호하고 있었다. 이들은 29일 16시 15분경에 활주로를 공격하는 북한기 4대 중 1대를 격추시키고, 20시경 나머지 3대의 북한기를 공격하기도 하였다. 사실상 이 병력은 비행장 활주로 보호가 목적이었지만 한국전쟁 발발 후 최초로 북한군과 적대행위에 들어간 미군 병력이 되었다. Roy E. Appleman, *South to the Nakdong, North to the Yalu* (Washington, D. C.: G. P. O., 1961), p. 44 참조.

149) MacArthur, *Reminiscences*, p. 378.

지상군의 개입 없는 해공군의 작전은 결정적일 수 없으며, 육·해·공군의 협동 작전 없이는 “우리의 임무는 최상으로 수행되어 보았자 인명과 재산 그리고 명예면에서 불필요하게 비싼 값을 치르게 되거나, 최악의 경우에는 실패할지도 모른다”라고 말하면서 결론을 맺었다.150) 한국에 지상군을 파견하여 삼군(三軍) 협동 작전을 수행해야 한다는 현지 사령관의 긴급보고는 워싱턴의 새벽 공기를 흔들어 놓기에 충분하리만큼 충격적이었다.

3) 트루먼의 미 지상군 파병 결정

워싱턴 시간으로 6월 29일 24시경에 맥아더의 미 지상군 파병 요청을 받은 미 육군 참모총장은 이를 허가해 줄 권한이 없었다. 미국 대통령이 결정할 사안이었다. 콜린스 참모총장은 한국의 전황과 맥아더 현지 사령관의 판단 및 의도를 좀더 정확하게 파악하기 위해서 동경의 극동군 사령부와 텔레타이프 회담(teleconference)을 열었다. “미 지상군을 전투지역에 보내는 것은 대통령의 재가를 받아야 되기 때문에 몇 시간(several hours)이 더 필요하다. 그러나 1개 전투단(regimental combat team)을 부산 기지에 이동시켜 미국민의 안전한 철수를 지원하는 것은 가능하다.” 6월 30일 03시 40분경 펜타곤에서 동경에 보내진 첫번째 전문이었다. “미 지상군이 한국에서 운용될 수 있다는 식의 지침은 촉박한 시간과 명확한 결정이 요구되는 현상황에 부적합하다.” 동경에서 보낸 송신이었다. “6월 29일 오후에 백악관 회의에서 받은 인상은 대통령이 미 지상군의 전투지역 투입을 심각하게 고려하고 있는 것 같았다. 현재 상황에서 일개 전투단의 부산지역 이동만으로 충분하지 않은가?” 펜타곤의 다음 전문이었다. 그러나 동경에서의 답신은 없었다.151) 최초의 요구를 들어 달라는 무언의 압력이었다. 맥아더는 충분히 그럴 만한 인물이었다.

동경으로부터 받은 무언의 압력을 인지한 콜린스 참모총장이 깜깜한 새벽이지만 행동을 취할 수밖에 없었다. 참모총장은 육군장관에게 전화를 걸어 맥아더 장군이 요구한 지상군 파병의 절박성과 긴급성을 보고한 다음에 이 문제에 대한 대통령의 재가를 요청하였다. 육군장관의 보고를 받은 트루먼 대통령은 힘들이지 않고 1개 전투단의 전선 투입을 승인하였다. “1개 전투단을 전선에 투입하겠다는 귀하의 건의는 승인되었다. 병력 증원에 대해서는 차후 지시가 내려질 것이다.” “잘 알았다. 더이상 전할 말이 있느냐?” 동경으로부터 답신을 받은 육군 참모총장은 “여기에 있는 요원 모두는 귀하의 신속한 상황 보고를 높이 평가한다. 축하한다. 그리고 행운을 빈다. 우리는 귀하와 귀하의 사령부를 신임하고 있다. 더이상 보낼 사항은 없다”고 타전하였다. 미국의 트루먼 대통령은 미 지상군의 한국 파병을 워싱턴 시간으로 1950년 6월 30일 새벽에 결

---

150) MacArthur, *Reminiscences*, pp. 378-80; Schnabel, *Policy and Direction*, pp. 77-8.
151) Collins, *War in Peacetime*, pp. 21-2.

정하였다. 이와 같은 과정을 거쳐 미 지상군이 한국 전선에 투입됨으로써 미국은 유엔의 평화 유지와 회복 노력을 지원하기 위하여 한반도에 육·해·공군을 투입하였다.[152)]

워싱턴 시간으로 6월 30일 08시 30분, 6월 25일부터 한국 사태를 논의하기 위하여 모여 왔던 미국 정부의 민군 정책결정자들이 대통령 집무실에 모였다. 트루먼 대통령은 그 날 새벽 자신이 미 지상군을 한국에 파견하는 것을 승인한 결정을 설명하고 추가적인 병력 증원에 대해서 의견을 물었다. 2개 사단을 더 파병하겠다는 맥아더의 건의는 쉽게 승인되었다. 셔먼(Forrest P. Sherman) 해군 참모총장이 북한 전역의 해군 봉쇄(naval blockade)를 건의하자 대통령은 이를 승인하였다. 트루먼 대통령은 대만의 장개석(蔣介石) 총통이 제의한 3만 3,000명의 병력 지원을 받아들일 의향을 가지고 있었다. 그러나 애치슨 국무장관은 자유중국군이 한국 전선에 들어옴으로써 발생할 수 있는 정치·군사적 문제와 장개석 군대의 전투 능력 문제를 들어 반대 의사를 표시하였다. 결론은 장개석 군대의 한국 파병 제의를 "가능한 한 정중하게(as politely as possible)" 거절하기로 결정하였다.[153)] 북한군의 침공이 개시된 지 5일 만에 미지상군의 전선 투입, 북한의 해군 봉쇄, 장개석 군대의 파병제의 거절 등 주요한 사항들이 결정되었다.

한국 전선에 미 지상군을 직접 투입한다는 결정은 다분히 미국 트루먼 행정부가 내다본 전세계 차원의 정략적(政略的) 판단을 기초로 하여 내려졌다고 보아진다. 실제로 미국 국무부는 소련이 한반도 전역을 공산화하는 것을 막아야 되겠다는 정치적인 판단은 하고 있었으나, 미국의 합참본부는 한반도의 전략적 가치를 높게 평가하지 않았었다. 그리하여 미국은 한반도 문제를 유엔이라는 국제 기구에 상정하여 세계 열강의 지원과 감시하에 소련의 한반도 장악을 거부하면서 한반도 장래에 대한 미국의 단독 책임(unilateral responsibility)을 회피하려 하였다. 이러한 태도에도 불구하고 미국은 북한군의 남침을 단순하게 한국의 장래 문제와 연관된 것만으로 받아들이지 않았다. 미국은 북한이 자체의 판단과 역량만으로 남한을 침공할 수 있다고 생각하지 않았다. 북한의 뒤에는 소련과 중공의 지원이 있었고, 주로 소련이 개입하였다는 판단을 하고 있었다. 특히 미국의 트루먼 대통령은 중국이 공산화된 직후에 일어난 한국에서의 무력 행사는 공산권이 계획하고 있던 세력권 확대 기도의 시작일 수도 있다는 생각을 하고 있었다. 그리하여 그는 이러한 공산권 확대를 위한 "침략의 사슬고리(chain of escalation)"를 어디선가 끊어야 또 다른 히틀러, 또 다른 대전(大戰)을 막을 수 있다고 판단하였다. 트루먼 대통령은 영국의 유화정책(宥和政策)이 히틀러의 욕망을 잠재우지 못했음은 물론 이를 더욱 부추겼다는 생각을 하였고, 군국주의 일본의 침략을 미국의 현상

---

152) The JCS to MacArthur, June 30, 1950, *FRUS, 1950, VII*, pp. 250-3; Collins, *War in Peacetime*, pp. 22-3.

153) Truman, *Memoirs, II*, p. 343; Acheson, *Present at the Creation*, p. 412; Collins, *War in Peacetime*, p. 23; Paige, *The Korean Decision*, p. 257.

변경 "불인정 정책(non-recognition policy)"이 막지 못했다는 역사 인식을 가지고 있었다. 따라서 트루먼 대통령은 공산권의 확대 기도를 어디선가 봉쇄해야 한다고 생각하였다. 다른 말로 표현하여, 소전(小戰)을 불사해야 대전(大戰)을 막을 수 있다고 판단하였다. 트루먼 미국 대통령의 이러한 역사 인식과 정략적(政略的) 판단이 전략적 가치가 별로 없다고 판단했던 한국에 미국 육·해·공군 투입을 가능하도록 만들었다.[154)]

4) 7·7 유엔 결의안과 유엔군 사령부의 구성

한국에 대한 북한의 침공을 평화의 파괴행위로 규정하고 북한에게 전쟁 전의 상태로 복귀하라는 6·25 유엔 결의안에도 불구하고 북한군의 남진이 계속되자, 유엔은 다시 유엔 회원국들에게 북한군의 침공을 저지하기 위해서 싸우는 한국을 원조해 주도록 권고하는 6·27 결의안을 통과시킨 바 있었다. 미국의 지상군 투입결정도 이 결의안에 근거를 두고 정당화되었다. 그리고 이 결의안이 통과된 후에, 영국, 오스트레일리아, 뉴질랜드, 캐나다, 네덜란드, 자유중국 등이 전투 병력의 파견을 제의하였다. 서방 국가들의 전투 병력 파병제의가 잇따르자 유엔은 이들 회원국들의 전투병력을 어떻게 구성하여 한국을 지원하느냐 하는 문제를 해결하기 위한 또 하나의 결의안이 필요하였다.

유엔 안전보장이사회는 1950년 7월 7일 한국을 지원하는 미국과 모든 회원국 군대의 법적 지위와 한국에서의 작전을 수행하는 유엔군의 지휘 체계를 규정하는 새로운 결의안을 통과시켰다. 소련 대표가 참석하지 않은 가운데 열린 안보이사회에서 찬성 7(미국, 영국, 프랑스, 자유중국, 쿠바, 에콰도르, 노르웨이), 기권 3(이집트, 인도, 유고슬라비아)으로 반대표가 없이 통과된 이 결의안은 북한의 침공을 평화의 위협으로 규정하고, 이와 맞서 싸우는 한국을 지원할 것을 호소한 두 결의안(6·25, 6·27)을 상기시키면서 유엔 회원국들의 적극적인 호응을 환영한다는 내용으로 시작되었다. 이 결의안은 미국에게 한국에서 유엔군의 작전을 지휘할 유엔군 사령부을 구성하고 사령관을 임명해줄 것을 요청하였으며, 유엔군 사령부는 병력을 파견한 국가들의 국기와 더불어 유엔기를 사용할 수 있고, 미국으로 하여금 유엔군 사령부가 취한 방책(the course of action)에 대해서 유엔 안보이사회에 보고하도록 하였다. 이로써 미국은 한국에서의 유엔군의 작전을 지휘, 통제할 수 있는 권한을 부여받았다.[155)] 이제 미국은 유엔의 평화회복 노력의 하나로 한국에서의 유엔군 작전을 주도적으로 수행할 명분적, 법적, 실질

154) Truman, *Memoirs, II*, pp. 332-3. 실제로 미국 국방장관이나 합참의장, 그리고 각군 장관 등은 한국에 지상군을 파견하는 것을 별로 반가워하지 않았다. 당시 각군 참모총장들도 당시의 참전결정이 "불가피했고 건실한(unavoidable and sound)" 결정이었다고 평가했으나, 그들의 지지는 한국에서 가능한 한 빨리 지상군을 철수시킬 수 있을 것이라는 바람 및 판단과 연관되어 있었다고 후에 밝히고 있다. "Testimony of Admiral Sherman," and "Testimony of General Vandenberg," *MacArthur Hearings, part II*, pp. 1650 and 1476 참조.

155) Resolution Adopted by the United Nations Security Council, July 7, 1950, *FRUS, 1950, VII*, p. 329.

적 권한과 책임을 떠맡게 되었다.

유엔으로부터 한국에서의 유엔군 작전 통제권을 위임받은 미국은 미군의 지휘 체계를 그대로 활용하였다. 미국의 대통령이 한국에서의 작전 수행을 위한 통수권을 행사하도록 되어 있었다. 이에 트루먼 대통령은 미국의 합참본부(합참의장, 육・해・공군 참모총장)를 한국에서의 작전을 수행하는 기관(executive agency)으로 임명하였다. 미국의 합참본부는 극동 미군사령부를 유엔군 사령부로 지명하여 당시 사령관인 맥아더 장군을 유엔군 사령관에 임명하였다. 이로써 미국의 합참본부는, 다른 군사적 문제에 부가하여, 한국에서의 유엔군 작전에 대한정책과 전략 수립에 필요한 군사적 분야 자문을 국가안보회의(National Security Council: 대통령, 부통령, 국무・국방・재무 장관 등으로 구성; CIA 국장과 합참의장은 고정적으로 참석함)를 통하여 실시하고, 한국 작전 수행에 필요한 전략과 지침을 유엔군 사령부에 하달하는 임무를 수행하게 되었다.[156] 이와 같이, 한국에서의 유엔군 작전은 미국의 대통령의 통수권하에, 미국의 합참본부가 지도하여 극동 미군 사령부가 수행하는 지휘체계를 갖추었다.

한국에서 실제 작전을 수행할 유엔군 사령부는 극동 미군 사령부로서 당시에 연합군 최고 사령관, 극동군 사령관, 극동 미 육군사령관의 직함을 지니고 있던 맥아더 장군이 지휘하고 있었다. 극동 미군사령부가 유엔군 사령부로 지정됨에 따라 맥아더는 기존의 직함에 유엔군 사령관이라는 직책과 직함이 추가되었고 이 사령부 예하의 병력은 당시까지 수행하던 고유임무에 한국에서의 전투 수행이라는 막중한 임무가 추가되었다. 이 사령부 예하에는 4개의 보병사단(1기병, 7, 24, 25)을 일본에 보유하고 있었으며, 해군은 순양함 1척, 구축함 4척과 상륙 작전 및 수송용 선박을 몇 척 가지고 있었다. 극동 해군은 아니었으나 지역 내에 7함대가 있어서 항공모함 1척, 중순양함 1척, 구축함 8척, 잠수함 3척 등이 있었다. 극동 공군은 350대의 전투기, 100여 대의 폭격기 등 1,172대의 항공기를 보유하고 있었다.[157] 유엔군 사령관은 일본의 안전에 지장을 주지 않는 범위 내에서 이들 병력과 장비를 운용하여 한국전을 수행할 수 있었다.

유엔의 결의에 의해서 한국에서의 작전을 전담할 유엔군 사령부가 창설되자 한국의 이승만 대통령은 작전 수행의 통합적 효율성을 보장함으로써 신속하게 전쟁을 종결시키기 위하여 한국군의 작전 통제권을 유엔군 사령관에게 위임하는 조치를 취했다. 이승만 대통령은 7월 14일부로 작성된 공한(公翰)에서 "한국에서 현재와 같은 적대 행위가 계속되는 동안 한국군의 작전 통제권을 유엔군 사령관에게 위임한다"는 점을 명기하고 이를 맥아더 장군에게 발송하였다. 발송하기 전에 이승만 대통령은 정일권 총참모장을 불러 어려움이 있더라도 미국과 유엔의 도움이 필요한 시점에서 불가피한 조치였음을 설명하고 언제라도 작전 통제권을 회수할 수 있다는 점을 밝히기도 하였다.

156) Lawrence J. Korb, *The Joint Chiefs of Staff: The First Twenty-Five Years* (Bloomington: Indiana University Press, 1976); Collins, *War in Peacetime*, pp. 36-41.

157) *South to the Nakdong, North to the Yalu*, pp. 49-52.

이러한 조치로 한국군과 미군, 그리고 모든 유엔 회원국 군대의 작전 통제 체제가 유엔군 사령관을 정점으로 일원화되었다.[158)]

이로써 한국전쟁을 수행할 체제와 조직은 갖추어졌으나 한국전쟁의 성공적인 수행을 위해서는 미군을 비롯한 유엔군의 전선 투입이 얼마나 신속하게 이루어지느냐 하는 것이 문제였고, 이들 병력이 전선에 투입되는 동안 한국군이 북한군의 남진을 얼마나 효율적으로 지연시킬 수 있느냐 하는 것이 또 다른 문제였다. 북한군의 진출 속도와 유엔군의 투입 속도 중에서 어느 것이 더 빠른가가 한국전 수행의 관건이 되었다. 이와 같은 시간과의 싸움은 한국군의 전선 지탱 능력이 결과의 호오(好惡)를 좌우할 수밖에 없었다. 한국군 단독으로 전선을 어느 정도와 기간 동안 유지시켜 주어야만이 유엔군의 개입이 의미가 있기 때문이었다.

7. 소련의 외형적 침묵과 내부적 움직임

한국전쟁 발발 후, 미국이 공개적으로 "떠들석하게" 움직인 것과는 대조적으로, 소련은 외형적으로 "의미있는" 침묵을 유지하고 있었다. 한반도가 소련의 침공을 위한 발판이 되어서는 안 된다는 이유로 한반도에서의 통일 정부는 소련에 우호적이어야 한다는 대한반도정책을 유지한 소련은 미국의 신탁통치안을 거부하고, 유엔의 통합 정부수립 방안을 거부하면서 자국이 군정을 실시한 북한을 물리적으로 강화시켜 이로 하여금 한반도에서 소련에 "순종적인" 통일 정부를 수립하도록 하였다. 이를 위해서 소련은 북한의 군사 역량을 충분하게 강화시키면서 이를 사용하여 "남조선"을 해방시킬 여건이 조성되기를 기다렸다. 전후에 조성된 냉전 구조하에서 미국이 중국 대륙의 공산화를 방관하는 한편, 대만과 한반도를 미국의 배타적인 극동 방위선에서 제외하고 소련이 원자탄 개발로 미국의 핵독점이 붕괴하자, 소련은 한반도에서 "행동"을 취할 수 있는 상황 여건이 조성되었다고 판단하였다. 그리하여 소련은 김일성의 "남조선 해방 운동"을 성공적으로 마무리할 수 있도록 북한군을 더욱 강화시켰다. 소련의 이러한 적극적인 대한반도정책과 전략, 그리고 이를 구체화시키기 위한 북한 김일성에 대한 적극적인 지원 등은 북한의 군사력을 남한의 것보다 훨씬 강하게 만들었고 이를 사용한 전쟁에서 북한의 승리 가능성과 이에 대한 기대를 한껏 높여 놓았다. 이러한 기대 속에 한반도에서 전쟁이 일어났고 북한군의 초기 침공은 외견상 성공적으로 보였다. 이러한 사태 진전에 대해서 미국과 유엔이 부산하게 움직였으나, 한반도에서 전쟁을

---

158) 公翰의 表題는 "The Korean President Syngman Rhee to the American Embassy (July 15, 1950)"로 되어 있고, 내용은 Dear General MacArthur(July 14, 1950)로 시작되고 있다. 國防部 戰史編纂委員會, *國防條約集, 제1집, I, 1945-1980* (1981), p. 630; *FRUS, 1950, VII*, p. 388. 정일권과의 대담 내용은 丁一權, *전쟁과 휴전*, pp. 76-8 참조.

연출한 소련은 겉으로 침묵을 유지하고 있었다.

한국전쟁 초기 소련의 침묵은 여기 저기에서 나타나고 있었다. 중국 공산당이 중국 대륙을 차지하고 난 후에 소련은 대만으로 축출된 자유중국이 전 중국을 대표하여 안전보장이사회의 상임이사국으로 자리를 잡고 있는 것에 반대하여 안전보장이사회의 참석을 거부하고 있었다. 그리하여 미국은 한국에서의 전쟁에 필요한 결의안을 소련의 거부권 행사 없이 통과시킬 수 있었다. 미국과 유엔이 북한의 무력 침공을 한반도와 지역 평화는 물론 세계 평화의 파괴 행위로 규정하고, 서방 국가들의 언론이 이를 규탄하는 기사와 논평을 실어도 소련은 이에 대해서 왈가왈부를 하지 않았다. 영국이 북한군을 38선 이북지역으로 철수시키고 한반도 문제의 평화적 해결책을 모색하자는 제안을 해왔을 때도, 소련은 이러한 제안을 "방자하고 수용할 수 없는 요구(a demand arrogant and unacceptable)"라고 일축하면서, 한국 내부 문제를 외부에서 간섭하는 것은 온당치 못하며 이 문제는 중공과 소련이 참여하고 북한 대표가 참석한 가운데 유엔의 안보이사회에서 논의할 문제임을 명백히 하는 정도의 입장만을 표명하였다.159) 이와 같이 소련은 한국전쟁에 대해서 공식적으로는 침묵을 지키고 있었다.

외견상의 침묵과는 달리, 소련은 내부적으로 매우 바쁘게 움직이고 있었다. 1950년 7월 1일, 스탈린은 평양에 있는 소련 대사에게, 상황이 어떻게 진행되고 있는지 알려주지 않는다는 점을 질책하면서 북한의 지도층이 미국의 공습에 대해서 놀랐는지 아니면 이에 대해서 꿋꿋하게 대항하고 있는지를 알리라고 독촉하였다. 그리고 스탈린은 왜 북한이 미국의 공습에 대해서 항의 성명을 발표하지 않고 있는지를 따지고 이 항의 성명은 반드시 발표되어야 한다는 점도 확실하게 하면서, 북한이 요구한 탄약과 장비는 7월 10일까지 지원될 것임을 확인하였다. 이에 대해서 평양의 소련대사는 북한군이 서울을 점령한 후에 북한 주민들은 정치적으로 자신감을 보여 주었으나 미군의 공습으로 다소 스산해졌으며, 김일성과 박헌영도 미군의 개입으로 조성된 보급상의 어려움을 인식하고 있다는 보고를 하면서, 김일성이 추가적인 보병, 전차, 해군 부대의 증설을 요구하고 있다고 보고하였다. 그리고 김일성이 중부전선에서의 북한군 진격이 느린 것을 불평하면서 강계(江界)와 청진(淸津)에 대한 미군의 공습으로 인한 보급로 확보의 어려움을 토로하고, 보급품을 만주(滿洲)에서 안동(安東), 신의주(新義州)를 거쳐 평양(平壤)으로 신속하게 조달해 주기를 바란다는 사실도 보고하였다. 그리고 김일성이 효율적인 작전 통제를 위하여 군 편제를 어떻게 바꾸는 것이 좋겠는가 하는 점도 소련대사(Shtykov)와 군사고문단장(Vasiliev)에게 물었다는 점도 보고되었다.160)

---

159) Coded message N 37220/sh, 8th Direct, General Staff, July 13, 1950, quoted in Bajanov and Bajanova, *The Korean Conflict, 1950-1953: The Most Mysterious War of the 20th Century--Based on Secret Soviet Archives--*(unpublished), p. 66.

160) *蘇聯極秘外交文書, 4,* pp. 73-75; Coded message N 34691/sh, July 1, 1950, the 8th Directorate of the General Staff, Soviet Armed Forece, p. 104; Coded message N 405809, July 2, 1950, the 8th Directorate of the General Staff, Soviet Armed Forces; Coded message N 405840, July 4, the 8th Directorate of the General Staff, Soviet Armed Forecs, from Pyongyang, p. 1, quoted in *The Korean Conflict, 1950-1953,* pp. 61-4.

이러한 북한의 요청과 자문에 대하여 소련은 매우 신속하게 대응하였다. 효율적인 작전 통제를 위한 군 조직 개편 문제에 대해서는 현지의 소련 대사와 군사고문단장이 직접 자문에 응하도록 하였다. 이들은 육군의 효율적인 작전 통제를 위하여 김일성이 최고사령관직을 맡고, 그 예하에 민족보위성이 후방의 병력 증원과 보급 지원 임무를 수행하며, 전선사령부를 창설하여 전방 작전을 통합 지휘하도록 하면서, 좌우측에 각각 증강된 군단급으로 편제를 유지하여 이 지역 작전을 통합 지휘하는 것을 제시하였다. 그리고 이들은 전선사령관에 김책(金策)을 좌측 군단장에 김무정(金武亭), 우측 군단장에 김웅(金雄)을 임명하고, 전선사령부 참모장에 강건(姜健)을 임명하도록 권고하였다. 그리고 스탈린은 7월 6일에 북한에게 2개 사단, 두 개의 전차연대, 12개의 독립대대를 장비할 수 있는 전차와 장비, 탄약을 안동과 신의주를 거쳐 지원할 것을 긴급히 전하면서, 새로운 부대의 창설보다는 당시의 사단 규모를 1만 2,000명 수준으로 확대 편성하는 것이 매우 중요하다는 조언을 하였다.[161)]

스탈린은 또한 미군이 참전한 새로운 상황에 대처하기 위해서 중국이 해줄 것을 요청하였다. 1950년 7월 5일, 스탈린은 중국의 모택동(毛澤東)과 주은래(周恩來)에게 “적이 38선을 돌파할 경우에 북한에서의 의용군 활동(volunteer activities)을 위하여 9개 중국군 사단을 한만(韓滿)국경 근방에 즉시 집결시키는 것이 옳다”고 생각한다는 내용과 소련이 이들 부대들을 공군력으로 보호하겠다는 내용의 전문을 발송하였다. 그리고 7월 8일에는 북한에 중국 대표를 파견하여 중국과 북한 간에 의사 소통이 원활하게 이루어지는 것이 좋겠다는 내용을 다시 전달하였다. 그리고 7월 13일에는 다시 모택동과 주은래에게 중국이 9개 사단을 한만국경지역에 집결시키면 124대의 최신 제트 전투기를 보유한 전투비행사단을 중공군에 공급할 예정이고, 2-3개월 훈련을 거쳐 중공군 조종사를 양성하고 필요한 장비도 공급하겠다는 전문을 보냈다.[162)] 스탈린은 미군의 개입이 확실해진 상황에서 한국전쟁을 미국과 북한 및 중공 간의 충돌로 만들고 소련은 이를 간접적으로 지원하는 형태의 전쟁을 치르려는 의도를 가지고 있었다. 스탈린은 미국과 간접적인 전쟁을 치러 “미국을 곤혹스럽게 만들려는” 의도를 가지고 있었는지 모른다.[163)] 어쨌든, 소련은 미국의 개입이 확실시된 상황에서 중공군을 한국전에 투입

---

161) *蘇聯極秘外交文書, 4*, pp. 76-80; Coded message N 35678, July 6, 1950, Stalin to Shtykov, quoted in *The Korean Conflict, 1950-1953*, pp. 65-6.

162) *蘇聯極秘外交文書, 4*, pp. 81-82; Coded message N 3172, July 5, 1950, Stalin to Zhou Enlai; N 3231, July 8, 1950, Stalin to Mao Zedong; N 3805, July 13, 1950, Stalin to Mao Zedong and Zhou Enlai, quoted in *The Korean Conflict, 1950-1953*, pp. 86-87.

163) 소련의 스탈린은 미국이 중국의 공산화를 방관하였듯이 한국에서의 군사 행동을 지원하고 이를 승인하였을 당시에는 한국의 공산화 역시 미국이 이를 방치할 가능성이 많은 것으로 판단했었다. 그러나 스탈린은 미국의 개입 가능성을 완전히 지울 수 없었기 때문에 미국의 개입이 있더라도 소련 지상군의 개입을 기대하지 말라는 언질을 김일성에게 주고 이러한 사태 진전에 대비하여 김일성에게 한국전 수행 계획을 모택동에게 알리고 중공의 확실한 지원을 약속받도록 조치하기도 하였다. 미국이 전쟁 초기에 개입을 확실하게 하자 스탈린은 미국의 개입 즉시 한국전쟁을 미국과 중공 간의 전쟁으로 만들려는 의도를 감추지 않았다. 그리하여 중공군의 한만 국경 집결과 이의 대가로 중공군에게 최신예 전투기로 장비된 비행사단의 공급을 제시하였다. 그러면서 소련은 침묵을 계속 유지하려 하였다. 여기에서 왜 소련이 미군의 참전을 허용한 유엔의 안보이사회의 결의안을 부결시키지 않았는가? 소련이 거부권을 행사하면 소련이 북한을 지원한 것이 드러나기 때문에 소련은 이를 피했는가?, 미국이 개입

하려는 의도를 내부적으로 구체화하면서 계속 시치미를 떼고 있었다.

이와 같이, 소련과 스탈린은 겉으로는 침묵을 유지하고 있었으나, 유엔을 통한 미군의 개입으로 전개된 새로운 상황에 대처하기 위하여 북한군의 효율적인 작전 통제를 위한 조언과 북한군의 전력을 증강시키기 위한 지원을 약속하면서, 중공군의 개입 준비를 채근질하고 있었다. 스탈린은 북한군과 중공군을 미군과 상대하도록 하여 소련군 대신 이들로 하여금 미군과 싸우게 하는 대리전(代理戰)을 구상하여 미국의 위세를 꺾으려 했을지 모른다. 그러나 유엔과 미국이 북한군의 침공을 저지하기 위해서 신속하게 움직이고 있던 동안 소련과 스탈린은 미국과 유엔의 이러한 조치가 행동으로 현실화되기 전에 북한군의 신속한 작전으로 남한을 점령하게 하려는 지원을 아끼려 하지 않고 있었다. 이로써 스탈린의 지원하에 이루어지는 북한군의 남진과 이를 저지하려는 한국군 및 유엔군 간의 치열한 전투가 전장(戰場)에서 구체화되었다.

8. 한강선 방어와 미 지상군의 전선 투입

한국군이 한강 방어선을 얼마나 오래 지탱할 수 있는가 하는 문제는 한국의 방위를 위해서 지원되는 미군을 주축으로 하는 유엔군의 전선투입을 의미있게 해 주느냐 아니면 무의미하게 하는냐를 가늠하는 척도가 될 수 있었다. 한강교의 조기 폭파로 개별적으로 한강을 도하해야 했던 한국군은 중화기는 물론 개인 화기까지도 보유하고 있지 않았다. 이러한 상황에서 서울을 점령하여 "서울 사단"이라는 칭호까지 받으면서 도하 준비를 서두르는 북한군과는 대조적으로 후퇴해 온 병력을 시흥에서 모아 "혼성 사단"으로 편성하여 한강선으로 추진해야 하는 한국군의 전력은 말이 아니었다. 그러나 약화된 전력이나 악화된 전황에도 불구하고 한국군은 미군의 전선 투입을 의미있게 하기 위해서 한강 방어선을 되도록 오래 지탱하여 북한군의 남진을 지연시켜야만 하였다.

1) 한강교 조기 폭파와 영향

서울을 사수하겠다던 한국군의 결의에도 불구하고 서울을 방어하기 위해서 구축한 미아리 방어선은 약하기만 하였다. 6월 27일 14시경, 창동 방어선이 무너지고 그 날 저

하여도 승산이 있다고 판단하였는가?, 무엇을 노리고 있었는가?, 아니면 어떤 어부지리(漁父之利)를 얻으려고 그랬는가? 북한과 중공군을 싸우게 하면서 소련이 최종적인 결정권을 행사하는 것이 공산권의 질서 구축에 필요하다고 판단하여 소련이 그러한 배열을 택했는가? 아니면, 소련군이 직접 개입할 경우에 미국과 소련이 전면전으로 돌입할 가능성이 있었기 때문에, 이러한 사태의 진전만은 피하려 했는가? 이러한 모든 문제에 대한 소련과 스탈린의 판단은 어떠했는가 하는 것은 소련의 자료와 중국과 북한의 자료들이 더 공개됨으로써 밝혀질 성질의 것들이다.

녁, 북한군의 전차가 홍릉 쪽으로 돌아 돈암동에 나타나자 미아리 방어선도 무너지기 시작하였다. 시내에 전차가 진입하였다는 보고를 받은 채병덕(蔡秉德) 총참모장은 공병감에게 한강교 폭파 명령을 내리고 시흥으로 향하면서 한강 이북에서의 작전은 참모부장(金白一 대령)으로 하여금 지휘하도록 하였다. 이때 미아리 지구 전투를 지휘하던 육사교장과 2사단장이 육군본부에 도착하여 아직 병력이 강북에 남아 있는 가운데 한강교의 폭파는 부당하다고 주장하였다. 참모부장은 이에 동의하고 작전국장을 현지로 보내 한강교의 폭파를 중지하도록 하였다. 그러나 이들이 피난민 대열을 간신히 뚫고 중지도(中之島)에 도달했을 때 섬광과 폭음이 하늘에 번뜩이고 울려 퍼졌다. 10분 후에 두번째의 섬광과 폭음이 또 퍼졌다. 한강교가 폭파된 것이다. 시간은 6월 28일 새벽 2시 30분경이었다. 그러나 경인 상행선은 폭파되지 않았고 경부 복선 철교는 불완전한 상태로 폭파되었다. 교량 위의 군인, 피난민 등의 일부는 희생되었고 장비와 차량은 강물 속으로 사라졌다.[164] 아비규환(阿鼻叫喚)의 참상이 빚어졌다.

서울 시민과 국민들은 한강교가 폭파되기 직전까지 국군이 후퇴한다는 전황 소식을 듣지도 않았고, 한강 북쪽에서 싸우던 병사들은 한강교가 그렇게 일찍 폭파되리라고 생각하지도 않았다. 북한군의 침공이 개시된 지 3시간 후에 중앙방송을 통해서 나간 최초의 방송은 휴가, 외출, 외박중인 장병의 귀대를 목적으로 방송이 실시되었기 때문에 국민과 장병을 안도시키는 내용의 방송이 흘러나갔다. 6월 25일 정오의 방송은 실제와 거리가 너무 멀었다. 38선 전역과 동해안지역에서 전선이 돌파되는 등 악화되고 있는 상황하에서도 한국군은 "명령이 없어 38선을 넘어 공세 작전을 취할 수 없는 고충이 있으니 전 국민은 안심하고 국부전황(局部戰況)에 특히 동요되지 말라"는 당부까지 곁들였다. 6월 26일 아침에는 옹진반도의 17연대가 해주로 진입했다는 보도와 동두천에서 7사단의 반격이 성공했다는 보도가 있었으며, 그 날 저녁에는 "내일(27일) 100대의 비행기가 와서 우리를 지원한다"는 허위 보도까지 방송을 통해서 나갔다. 그러나 27일 오전 6시 정부가 수원으로 이동한다는 보도가 나가자 서울 시민들은 할말을 잊어버렸다. 그러나 이 보도는 곧 취소되었다. 그리고 27일 밤 10시부터 11시 사이에는 그 날 새벽 3시 특별 열차편으로 서울을 빠져 나간 이승만 대통령의 녹음 방송이 나갔다. "유엔이 우리를 도와 싸우기로 작정했으니 국민들은 총궐기하여 공산 침략자들과 싸우라"는 내용이었다. 그러나 이 때는 미아리 방어선이 무너진 시각이었다. 그리고 이로부터 약 3시간 30분 후인 28일 02시 30분 한강교가 폭파되었던 것이다.[165] 서울 시민들은 전투 상황이 악화되고 있으니 피난을 떠나라는 말을 들은 적이 없었고, 미아리와 봉일천, 태릉지역의 방어선을 지키고 있던 국군 병사들은 북한군의 진격을 저지하기 위하여 한강교를 폭파할 예정이니 한강 이남으로 철수하라는 명령을 받은 적이 없었다.

---

164) 國防部 戰史編纂委員會, *韓國戰爭史, 1*, pp. 545-6.
165) *韓國戰爭史, 1*, pp. 608-9.

정치적, 전략적, 전술적 측면에서 한강교의 폭파시기는 부적절하였고 너무 빨랐다. 서울 시민에 대해서 정확한 전황 보도와 소개(疏開) 계획 없이 갑자기 폭파된 한강교는 서울 시민을 고스란히 북한군 치하에 방치하였고, 이로써 한국 정부의 대민 신뢰는 훼손되고 서울 시민이 서울을 떠나지 않고 "해방군"을 환영하였다는 보도 자료를 북한에게 제공해 준 결과를 빚어냈다. 전략적으로 갑작스런 폭파는 수많은 인적, 물적 자원을 북한군 치하에 방치하여 북한의 인적, 물적 동원력을 증가시켰으며 한국의 동원 정도를 그만큼 저하시키고 말았다. 전술적으로 한강교의 조기 폭파는 한국군의 차후 방어력을 급격하게 저하시켰다. 너무 이른 한강교의 폭파는 북한군의 진로를 차단하기보다는 한국군의 철수로를 차단한 셈이 되었다. 중장비와 개인 화기까지 북쪽에 남겨두고 한강을 도하해야 했던 병사들의 사기는 저하되었고 이들을 다시 모아 한강선을 방어해야 했던 한국군의 전력은 말이 아니었다. 북한군 역시 "한강다리의 폭파로 서울 일대에서 괴뢰군 주력을 포위 소멸할 수 있는 매우 유리한 조건이 주어진 가운데 서울에 대한 총공격을 개시했다"고 적어 놓고 있어서 한강교의 조기 폭파는 북한군의 전진로를 차단한 것이 아니라 한국군의 퇴로를 막아 오히려 북한군의 작전을 도와준 셈이 되었다.[166] 이와 같이 한강교의 조기 폭파는 정치적, 전략적, 전술적 실패작이었다.

2) 시흥지구 전투사령부와 한강선 방어

6월 28일 오전, 수원에 도착한 채병덕 총참모장은 시흥지구에 전투사령부를 신설하고 사령관에 김홍일(金弘壹) 소장을 임명하여 한강선 방어 작전을 지휘하도록 하였다. 28일 오후 2시경 시흥에 도착한 김홍일 소장은 시흥의 보병학교에 사령부를 두고 7사단 참모장(金鍾甲 대령)을 사령부 참모장에 임명하여 진영을 갖춘 다음에 시흥과 안양 두 곳 민가에 취사장을 설치하여 배고픈 병사들의 배를 채우도록 조치하였다.

참모진의 편성을 마친 김 소장은 가용한 병력을 동원하여 한강선 방어 부대 편성에 들어갔다. 부대의 편제를 제대로 유지하여 철수한 사단이 없었기 때문에 사단 앞에 "혼성"이라는 두 글자가 붙을 수밖에 없었다. 주먹밥으로 허기를 채운 병사들이 500여 명만 집결이 되면 혼성 ×대대라는 부대명이 부여되어 다시 혼성 사단에 배속되어 한강선으로 보내졌다. 2~4개의 혼성대대로 편성된 혼성 수도사단은 영등포지역에, 혼성 7사단은 노량진지역에 배치되었고 혼성 2사단은 신사리(新沙里)에서 급편 진지를 편성한 기갑연대 기병대대와 더불어, 말죽거리에서 방어 진지를 편성하였다. 김포지구는 이 지역 전투사령부가(사령관: 桂仁珠 대령) 방어를 맡도록 하였다. 그리고 행주지역에

166) 조선 사회과학원 력사연구소, *조선전사, 제25권: 현대편, 조국해방전쟁사, 1*(평양: 과학·백과사전출판사, 1981), p. 124. 한강교 폭파자체도 문제가 있었다. 28일 새벽 폭파에서 광진교, 한강대교, 경인 하행선은 완전하게 폭파되었으나 경인 상행선과 경부 복선 철교는 폭파 상태가 불완전하여 한국군의 철수에 이용될 정도였다. 경인 상행선은 후에 B-29 폭격기에 의해서 폭파되었으나, 경부 복선 철교는 한국군의 폭파 시도에도 불구하고 북한군이 이를 탈취, 교판을 수리하여 전차를 남진시키는 데 사용하였다. 따라서 한강교 폭파는 여러 차원에서 많은 문제를 야기시켰다고 보아진다.

서 개별적으로 한강을 도하한 1사단은 시흥지구 전투사령부의 예비로 삼았다. 이로써 한국군은 한강선 방어를 위한 전투 편성을 마친 셈이 되었으나 서울을 점령한 북한군 3, 4사단과 사단으로 승격한 105전차사단 앞에 붙은 "서울"사단의 칭호와 이에 맞서 한강선 방어에 투입된 한국군 사단 앞에 붙여진 "혼성"사단의 별칭은 야릇한 대조를 이루고 있었다.

한강선 방어를 위한 편성을 마친 김홍일 사령관은 한강선 방어 명령을 하달하였다. 시흥지구 전투사령부는 한강선을 고수하려 한다는 점을 밝히고 혼성 2사단은 신사리에서 이수교(梨水橋: 동작동) 정면, 혼성 7사단은 동작동에서 대방동 정면, 혼성 수도사단은 신길동에서 양화교 정면을 방어하도록 하고, 정보학교와 각병과학교 학생 및 12연대 2대대로 급편된 김포지구 전투사령부는 경인가도를 확보하도록 명령하였다. 이 지역을 담당한 각 사단은 북한군의 전진을 저지하고, 특히 한강선을 방어하는 부대는 북한군의 도하를 철저하게 분쇄하라는 지시와 피난민에 대한 검색을 철저하게 수행하여 북한군 편의대(便衣隊)의 후방 침투를 차단하라는 지시를 받았다. 한강선 방어를 위한 명령을 내린 시흥지구 전투사령부는 시흥의 보병학교에 위치하고 있었으나 통신수단의 부족으로 혼성 수도사단과 7사단의 작전을 지휘하는 정도에 머물러 있었으며, 김포지구 전투사령부는 거의 독자적인 작전을 수행하였고 혼성 2사단도 관악산(冠岳山)이 가로막혀 수원의 육군본부 지휘하에 놓이게 되었다.[167] 고수, 저지, 분쇄 등의 용어가 적힌 시흥지구 전투사령부의 명령이 하달되었으나, 이의 보장은 한강선에 배치된 병력이 담당해야 할 몫이었다.

3) 한강선 방어 작전의 경과

영등포지역에 배치된 혼성 수도사단은 혼성 2개 대대와 5사단 병력일부를 배속받아 마포·서강지역의 북한군 4사단과 대치하였고, 혼성 7사단은 4개 대대의 병력을 배속받아 노량진지역에서 북한군 전차와 주력의 남진을 저지할 목적으로 배치되어 있었다. 그러나 급편된 혼성 대대장들은 자신이 지휘하는 병사를 알지 못했고, 이들 병사들도 자신들의 원소속 부대가 확인이 되면 즉시 원대로 복귀하는 것이 통례로 되어 있어서 효율적인 전투 지휘가 이루어질 수 없었다. 이에 따라 한강선 방어는 질서 있고 조직적인 작전 수행을 기대하기 힘든 상황에서 실시될 수밖에 없었다.

노량진지역의 방어를 맡은 혼성 7사단(사단장: 劉載興 준장)은 지휘소를 대방동(전 공군본부 자리)에 두고, 사단 수용소를 성남중학교에 설치하여 전열을 가다듬었다. 그리고 사단은 노량진-영등포 간 도로와 철로변에 1연대와 혼성 공병대대, 흑석동과 동작동지역에 9, 20연대 병력과 혼성대대, 그리고 15연대 1, 3대대와 25연대 2대대를 수

---

167) *韓國戰爭史, 1*, pp. 710-1.

도고지에 배치하여 노량진과 영등포를 잇는 도로와 철로를 감제하도록 하였다. 그러나 7사단장은 자신이 28일 아침에 자신이 건너온 "파괴되지 않은" 철교가 마음에 걸려 공병에게 이의 절단을 명령하였다. 그러나 공병은 경부 복선 철교 남단의 교대(橋臺) 연결 부분을 약간 이탈시키는 정도의 폭파밖에 할 수가 없었다. 북한군의 방해도 있었지만 공병은 더이상 폭약이 없었다. 다행히 경인 상행선은 29일 요청한 B-29에 의해서 단절되었지만 경부 복선 철교는 완전히 단절되지 못했다. 불안한 가운데 혼성 7사단은 방어에 임하고 있었다.[168)]

한편 영등포지역에 투입된 혼성 수도사단(사단장: 李鍾贊 대령)은 의정부 정면에 증원된 3연대와 18연대의 행방조차 확인되지 않은 상태에서 비교적 건재가 유지된 8연대 3대대를 근간으로 하여 18연대의 1개 대대와 57mm 대전차포 소대병력으로 방어진지를 편성하였다. 1개 연대 규모에도 못 미치는 병력으로 영등포지역을 방어해야만 하였다. 6월 29일, 참모들의 반대를 무릅쓰고 북한군이 쏘아대는 박격포탄의 "환영"을 받으면서 한강변에 도착한 맥아더 장군의 격려가 수도사단 병사들의 사기는 높여 주었으나, 사단은 부족한 병력의 보충 방법과 필요한 예비대의 확보 대책은 세울 수가 없었다.

서울을 점령한 북한군은 6월 29일 정오가 지나자 한강도하를 시도하였다. 북한군은 흑석동과 본동 사이 남쪽 한강변에 소대규모의 병력을 도하시켜 진지를 구축하였다. 한국군 9연대와 20연대 병력은 이들의 일부를 수장시키고 소련제 기관총과 체코제 소총을 노획하기도 했으나, 북한군의 도하 병력이 늘어 진지를 완전히 소멸시키지는 못했다. 여의도 북단에서도 북한군의 도하가 시작되었다. 한국군은 81mm 박격포 4문을 가지고 여의도 서북단 구릉 지대까지 진출하여 강북을 향해 10여 발의 포탄을 사격하였으나, 북한군의 집중 포격으로 박격포를 가지고 추진했던 병력은 전원이 전사하고 말았다. 이러한 와중에서 북한군은 김포 가도 쪽에서 도하 거점을 확보하여 양측은 총격전을 전개하였다. 이러는 가운데, 6월 29일 밤이 깊었다.[169)]

노량진, 영등포지역의 작전과는 커다란 연관을 맺지 않고 진행된 김포지역의 전투도 격렬한 정도를 더해 가고 있었다. 육군본부는 6월 26일에 남산 정보학교장(桂仁珠 대령)을 김포지구 전투사령관으로 임명하여 보국대대와 시흥의 각종 후보생들을 이 지역에 투입하여 방어에 임하도록 하였다. 그러나 6월 27일에 김포지역에 상륙한 북한군 6사단 병력이 28일 김포를 점령하고 김포지역 전투사령관이 실종(후에 전지 이탈로 확인됨)되는 사태가 발생하였다. 이에 시흥지구 전투사령관은 3사단 참모장(禹炳玉 중령)을 임명하여 비행장을 탈환하도록 명령하여 비행장을 탈환하도록 하였으나, 이것이 여의치 않자 참모장은 지프차를 타고 활주로를 질주하면서 북한군을 향해 기관총을 난사하다가 차량과 함께 화염에 휩싸이고 말았다. 이를 바라본 사령관은 원미산(遠美

168) *前揭書*, p. 718.
169) *前揭書*, pp. 720-4.

山, 소사 동북쪽 1.5km 지점)에 올라 한 발의 권총탄으로 자신의 일생을 마감하고 말았다. 이에 시흥 전투사령부는 소사에 집결하고 있던 18연대장(任忠植 중령)을 새로 김포지구 전투사령관으로 임명하여 경인가도를 지키도록 하였다.170)

서울의 서남쪽 한강 방어선에서의 접전이 지속되는 동안 동남쪽 한강 방어선도 제 모습을 갖추어 가고 있었다. 말죽거리 일대에 배치된 혼성 2사단은 기갑연대 기병대대를 신사리지역에 배치하고, 5·16·25연대의 병력을 한강변에 배치하고, 3연대를 과천에 이르는 남태령(南泰嶺)에 배치하였다. 그리고 6월 29일에는 증원된 16연대 병력으로 남태령의 방어를 보강하고, 보병학교 연대(연대장: 兪海濬 중령)를 사단 예비로 과천에 위치시켰다. 6월 28일 광나루에서 한강을 건너 수원에 집결한 사관생도 연대는 생도대장(張斗權 대령)의 지휘 아래 천호동에 배치되어 북한군의 도하를 저지하도록 총장의 지시를 받았다. 이렇게 방어 진지를 갖추는 동안 청담리로 도하를 시도하는 1개 소대의 북한군과 접전을 전개한 기병대대는 이들을 수장시키는 전과를 거두고 강북에 박격포 사격을 실시하기도 하였다.171) 그러나 동남쪽의 한강 방어선은 상대적으로 조용하였다.

북한군은 6월 30일 한강선을 돌파하기 위하여 본격적인 공격 작전에 돌입하였다. 노량진, 영등포지역은 물론, 오류동, 소사, 신사리, 말죽거리지역에서 북한군은 공세를 취하였다.

여의도에서의 6월 30일 아침은 북한군과의 혈전으로 시작되었다. 북한군은 8연대(연대장: 徐鍾喆 중령)의 방어선을 뚫지 못하고 여의도 비행장만을 점령하고 있었다. 이에 연대장은 이들 병력의 진지가 공고해지기 전에 이를 격퇴하기 위해서 3대대 11중대 병력을 투입하였다. 격전 끝에 11중대는 비행장을 점령하였으나, 곧이어 마포와 신촌에 방열된 북한군 포의 집중 포격을 받았다. 이러한 포화 속에서 본 진지로 철수를 하지 못한 채 11중대 병력은 비행장 내의 격납고로 대피하였다. 그러나 이때 북한군의 포격으로 격납고가 화염에 휩싸이게 되자 중대장과 중대원이 산화하는 등 많은 피해를 입었다. 집중되는 북한군의 포화로 혼성 수도사단은 사단 지휘소까지 후방(동양 맥주공장)으로 옮겨야 했으나, 북한군 4사단의 본격적인 도하는 막아냈다.172)

영등포지역에서 북한군의 도하는 7월 1일 04시경에 시작되었다. 북한군 4사단은 마포나루터에서 뗏목과 나룻배에 병력과 장비를 나누어 싣고 밤섬(栗島)을 점령한 다음에 여의도를 통하여 김포 가도 제방으로 들이닥쳤다. 그러나 이 제방을 지키고 있던 한국군은 전차 없이 병력의 우세만을 믿고 개활지를 횡단해서 공격하는 북한군을 지형의 이점을 이용하여 격퇴하였다. 북한군은 7월 2일 다시 공격해 왔다. 이날 북한군

170) *前揭書*, pp. 685-9.
171) *前揭書*, pp. 739-40.
172) *前揭書*, pp. 727-8.

은 전날 여의도를 점령한 병력까지 합세하여 공격해 왔다. 8연대도 1개 중대를 선발하여 여의도비행장을 공격하도록 하는 등 공세적인 방어를 실시하여 북한군을 밤섬 쪽으로 퇴각시켰으나, 대대장(李哲源 소령)과 중대장(金仁杰 대위), 그리고 박격포 사격을 지휘하던 10중대장(羅承緖)이 전사하는 등 8연대도 엄청난 피해를 감수해야만 하였다. 8연대 좌측에서 방어를 하고 있던 18연대 1대대 역시 난지도(蘭芝島)에서 양화진(楊花津)으로 공격하려는 북한군과 치열한 접전을 벌이고 있었다. 중대장 대리를 하고 있던 한 중위(崔圭鉉)는 "이날 종일 앉아서 적의 포탄을 맞았다. 어떤 병사는 호 속에 포탄이 떨어져 형체도 없어지고 말았다. 병사들이 할 수 있는 일이란 오직 한가지 적의 포탄에 맞지 않게 해 주십사 하고 기도하는 것뿐이었다. 이 날 …등 병사 10명이 전사하고, 중대 선임하사가 실종되었으며, 두 명의 병사가 부상을 당했다. 모두가 적의 포탄에 의한 것이다…"라고 기록하여 당시의 상황을 설명해 주고 있었다.[173] 실로 참담한 처지에서 영등포지역의 한국군은 북한군의 도하를 저지하고 있었다.

노량진지역에서도 6월 30일, 북한군 3사단의 병력이 포병의 지원하에 본격적인 도하 공격을 시도하여 전날 확보한 흑석동의 한강변 고지로부터 동작동 뒤쪽 고지로 진출하려 하였다. 특히 북한군은 파괴가 되지 않은 경인선 상행선을 이용하여 전차까지 진출시키려 하였다. 이에 한국군은 공중 폭격을 요청하였고, 미군 19폭격전대 B-29 15대가 경인 상행선을 폭파하여 북한군의 도하 증원을 차단하고, 이미 도하한 북한군을 최초의 위치에 고착시켰다. 그리고 15, 25연대 병력은 한강을 건너와 도하거점을 확보하려던 북한군을 공격하여 30여 명의 손실을 무릅쓰고 북한군을 수장시킨 다음 소총 100여 정과 수류탄 300여 발 등을 노획하는 전과를 올리기도 하였다. 이로써 한국군 병사들은 전차를 동반하지 않는 북한군과는 싸워서 이길 수 있다는 자신감을 갖게 되었다. 그러나 북한군은 7월 1일 경부 복선에 새로운 교판을 끼는 작업을 하면서 맹렬한 공격을 가해 왔다. 그리하여 혼성 7사단은 사단 사령부를 더 남쪽(서울 공업중학교)으로 옮겨야만 하였다. 7월 2일도 전날과 다름없는 공방전이 계속되어 흑석동 뒷산, 본동, 수도고지를 연결하고 있는 방어선에서 한국군은 치열한 공방전을 실시하였다. 그러나 혼성 7사단 병력은 한강방어선을 지켜내고 있었다.[174]

김포지구 전투사령부가 맡고 있던 오류동, 소사지역에서도 전투가 가열되어 경인가도가 차단될 위기에 처해 있었다. 6월 30일 북한군 6사단 병력은 전차를 앞세우고 소사를 공격하였다. 한국군의 완강한 저항에도 불구하고 이 날 오후에 북한군은 소사 북쪽 2km 지점 고지까지 진출하였다. 이에 김포지구 전투사령관은 후보생 대대와 경찰 1개 소대를 투입하여 고지를 다시 탈환하기도 했으나, 김포지역의 한국군은 지칠 대로 지쳐 있었다. 이러한 상황을 파악한 시흥지구 전투사령관은 29일 시흥에 도착한 5사단 15연대를 김포지역에 투입하기 위하여 15연대장(崔榮喜 대령)을 김포지구 전투사령관

173) *前揭書*, pp. 727-33.
174) *前揭書*, pp. 725-31.

으로 임명하였다. 신임 사령관은 15연대의 1, 2대대, 20연대의 1대대, 18연대의 2, 3대대, 1개의 공병대대 등 총 6개 대대를 지휘하여 북한군이 탈취한 오류동-소사 간 도로 북방을 잇는 고지군을 탈취하여 경인가도를 확보하려 하였다. 7월 1일 공격을 개시하여 이들 고지를 탈취한 15연대장은 7월 2일 여세를 몰아 북쪽의 고지를 탈취하려 하였으나 성공을 거두지 못했다. 그러나 김포지구 사령부는 이때까지 경인가도는 확보하고 있었다.[175]

7월 2일까지 엉성한 채로 안정된 방어선을 유지하고 있던 영등포, 노량진, 오류동-소사지역과는 달리 신사리, 말죽거리로 이어지는 한강선 방어 상태는 불안하였다.

북한군 3사단은 6월 30일 일부 병력을 흑석동-동작동지역으로 도하시키고 주력을 신사리-말죽거리로 투입하였다. 북한 3사단 주력의 공격을 받은 신사리의 기병대대는 강안(江岸)에 올라 붙는 병력과 싸우랴, 포탄과 파편, 포성과 총성에 놀라 뛰는 말을 붙잡으랴 정신을 차릴 수가 없었다. 이러한 와중에서 한 중대장이 타던 말은 한강을 건너 한남동 쪽으로 향하고 있었다. 적과 아군을 구분할 턱이 없던 말은 소란스러운 가운데 강북에 있던 자기 집을 찾아가고 있었다. 기병대대 병사들은 자기 집을 찾아가는 말을 쏠 수가 없었다. 그리하여 한강을 건넌 말은 연대본부 근처에 있던 중대장 집을 찾아가 아직 피난을 떠나지 못한 중대장의 가족들을 놀라게 하기도 하였다. 이러한 혼란 속에서 전투를 치른 기병대대는 진지를 포기하고 철수하였다. 기병대대의 진지가 북한군에 유린되자, 역삼리에 있던 3연대는 신사리로 병력을 추진시켜 북한군 선발대 1개 중대를 격멸하고 추진중이던 76mm 포 5문과 장갑차 등을 파괴하는 전과를 올리기도 했으나, 화력의 열세를 극복할 수 없던 3연대는 철수할 수밖에 없었다. 이에 혼성 2사단장(林善河 대령)은 수원에서 증원된 5연대를 말죽거리 동쪽 고지(95m)에 배치하고 3연대를 과천으로 철수시켰다. 그리하여 2사단은 5, 16연대로 말죽거리 95고지, 우면산, 남태령선을 방어하게 되었다.[176]

천호리에서 진지를 구축하고 있던 사관생도대 병력은 6월 29일 피난민을 가장하여 한강을 건너오던 북한군 편의대 3명을 잡아 심문한 결과 북한군 주력이 신사리 쪽으로 도하할 것이라는 첩보를 입수하고 이를 육군본부에 보고하였다. 육군본부는 생도대 병력을 6월 30일 오후에 철수시켜 판교 남쪽 3km 지점인 금곡리(金谷里)로 진지를 옮기도록 조치하고 말죽거리에서 판교(板橋)-풍덕천(豊德川)-수원(水原)을 잇는 접근로를 보호하기 위하여 육사교장을 사단장으로 임명하여 혼성 3사단(사단장 : 李俊植 준장)을 편성하고 수원지구 전투사령부 예하 25연대병력을 3사단에 배속하여 금곡리에 추진 배치하였다. 그리하여 육사생도대와 800여 명의 25연대가 금곡리에 방어 진지를 편성하여 수원 동북쪽 접근로를 보호하려 하였다.[177]

---

175) *前揭書*, pp. 690-7.
176) *韓國戰爭史, 1*, pp. 741-2.
177) *前揭書*, p. 743.

한강선 방어(1950. 6. 30.-7. 4.)

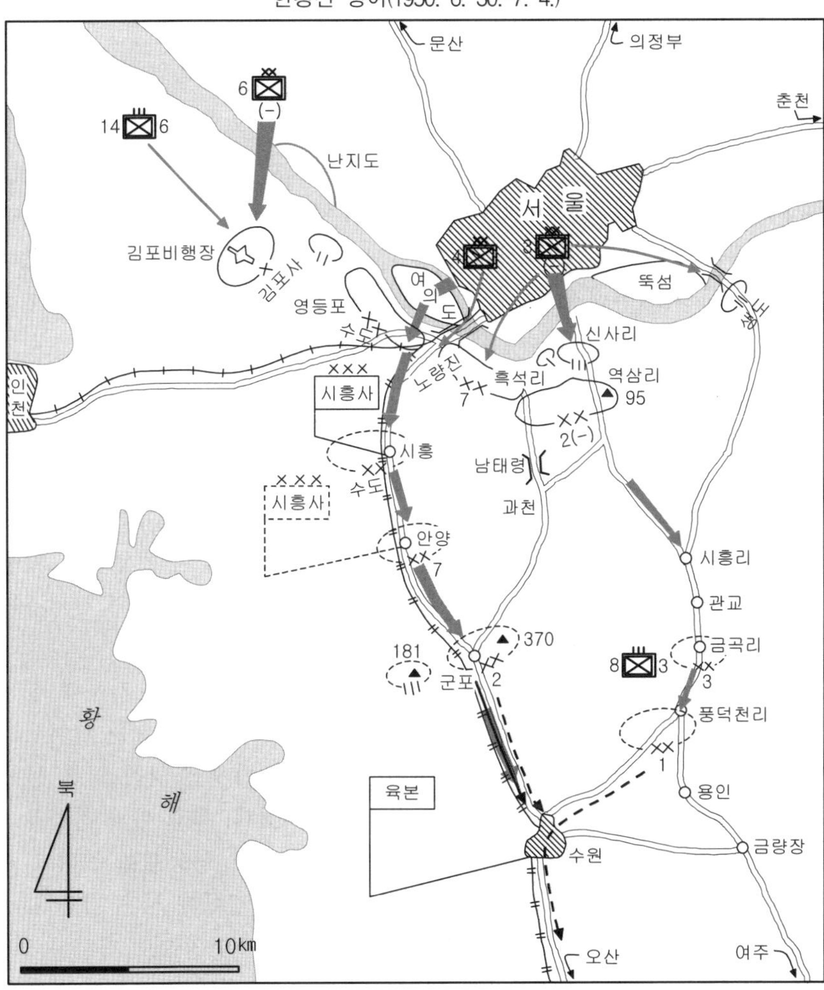

노량진에서 시흥과 안양을 잇는 경부가도의 방어를 시흥지구 전투사령관에게 일임하고 주로 말죽거리와 금곡리지역의 방어작전을 지휘하던 채병덕(蔡秉德) 총참모장이 7월 1일 물러나고 정일권(丁一權) 소장이 총장으로 취임하였으나, 전황은 좀처럼 호전될 기미를 보이지 않고 있었다. 새로 임명된 정일권 총장은 말죽거리의 방어가 수원의 동북방 도로의 통제는 물론 시흥 전투사령부 병력의 퇴로를 보호하는 데 중요하다는 판단을 하고, 이 지역의 방어를 강화하기 위하여 육사 부교장(李翰林 대령)을 2사단장에 임명하고 2사단장(林善河 대령)은 한국군과 미군 간의 유기적인 협조를 위하여 한미 연락장교 단장에 임명하였다. 신임 2사단장은 즉시 말죽거리로 향했으나, 가는 도중에 피아 구별이 서투른 미 공군기의 기총소사를 받아 부관이 전사하는 등의 우여곡

절을 겪기도 하였다. 현지에 부임한 2사단장은 진지를 순회하면서 야간의 방어선 고수를 독려하였다.[178)]

그러나 북한군 3사단(사단장 : 李英鎬 소장)은 수원으로의 우회 공격을 위한 공격을 늦추지 않았다. 북한군 3사단 선발대 1개 대대는 7월 1일 새벽, 금곡리 부근에 진지를 편성하고 있던 생도대와 25연대를 공격하였다. 집중적인 공격을 받은 생도대는 04시부터 08시까지 진지를 고수했으나 더이상 버틸 수가 없어 진지를 버리고 금곡리 쪽으로 후퇴하였다. 이에 25연대 병력이 역습에 나서 진지를 다시 탈환했으나, 3대대장(高東晰 소령)이 전사하고 연대장(金炳徽 중령)이 부상을 당하게 되자 이들도 생도대를 따라 금곡리로 철수하였다. 이때 수원에서 급파된 22연대가 금곡리에 도착하여 생도대, 25연대와 더불어 급편 진지를 편성하여 북한군의 진격을 저지하려 하였다. 7월 2일 새벽에 3사단 주력은 신사리에서 한강을 도하하여 5연대 진지를 돌파하였다. 상황이 이렇게 전개되자 2사단장은 사단 지휘소를 군포(軍浦)로 옮기고, 16연대를 우면산, 3연대를 과천 동남쪽 348고지로 이동시켰다. 이로써 말죽거리에서 판교 북쪽 시흥리까지의 도로가 북한군에게 개방되었고, 시흥 전투사령부 예하 병력의 측방 엄호가 매우 중요한 문제로 등장하였다.[179)] 이와 같이 경인가도와 영등포, 노량진에서의 전황과는 달리 한강 방어선 우측방의 전황은 상대적으로 좋지 않은 편이었다.

수원의 동북방 접근로인 말죽거리-금곡리지역 전황이 좋지 않은 가운데 한강 방어선은 그런대로 유지되었으나, 7월 3일 새벽 북한군 전차가 한강 철교를 넘어오자 한강 방어선이 무너지기 시작하였다. 7월 3일 04시경, 경부선 하행선 남쪽 연결 부위의 수리를 끝낸 북한군 4사단은 4대의 전차를 종대로 도하시켰다. 철교 위의 전차를 한국군은 막을 수단이 없었다. 북한군 전차는 전차포를 쏘아대며 영등포를 누비고 다녔다. 사태가 이렇게 전개되자 시흥지구 전투사령관은 수도사단장에게 시흥 남쪽 2km 지점의 고지를 점령하여 북한군의 진격을 지연시키고, 7사단은 안양으로 집결하도록 하였다. 그리고 김포지구 전투사령관에게도 안양으로 철수할 것을 지시하고, 시흥지구 전투사령부도 안양으로 옮겼다. 이에 따라 수도사단은 시흥 남쪽 고지를 점령하고, 김포지역에서 오는 18연대는 수도사단 8연대를 증원하고, 15연대는 수도사단의 좌측 후방을 엄호하도록 조치하고, 김포지구 전투사령부를 공식적으로 해체하였다. 육군본부는 7월 2일 군포로 이동한 2사단도 시흥 전투사령부의 철수를 엄호하라는 임무를 부여하고, 1사단에 육사 생도대대를 배속하여 성남(城南)에서 수원에 이르는 도로로 진출하는 북한군 3사단의 진격을 저지하여 시흥 전투사령부 병력의 철수를 엄호하는 임무를 부여하고 사단을 풍덕천(豊德川)으로 진출시켰다.[180)] 이와 같이 한국군은 한강 방어선을 고수하지 못한 채 시흥・안양・군포・풍덕천 등지에 병력을 배치하여 북한군의 남

178) *前揭書*, p. 748.
179) *前揭書*, pp. 747-51.
180) *前揭書*, pp. 753-5.

진을 저지하면서 시흥지구 전투사령부 병력의 안전한 철수를 보장하려 하였다.

전황이 이렇게 전개되자 7월 3일 08시, 정일권 참모총장은 한강선 방어에서 시간을 버는 지연전으로 전환하라는 내용의 작전명령 18호를 하달하였다. 북한군의 한강 도하를 기정 사실화한 작전명령은 현 전선에서 지연전을 실시하면서 시흥지구 전투사령부 병력은 오산(烏山)으로 집결하고, 1사단은 풍덕천지역에서 저지 진지를 구축하여 시흥지구 전투사령부 병력의 철수를 엄호한 후에 오산으로 집결하고, 공병감과 통신감은 수원과 오산 간 도로 파괴와 통신망 확보를 각각 수행하도록 하였다. 그리고 육군본부도 오산으로 철수하였다.[181)]

초기 전투에서의 탈진 상태를 극복하고, “혼성”사단을 편성하여 “서울”사단이라는 오만한 이름을 달고 한강을 도하하려는 북한군과 맞서 싸운 한국군은 그런대로 한강 방어선을 6일 정도 유지하였다. 탄약은 물론 주먹밥도 제대로 얻어먹지 못하고 방어 진지의 개인호 속에서 북한군이 쏘아대는 포화에 죽고 다치고 지친 한국군이었지만, 유엔군의 참전을 의미있게 하기 위해서는 한강 방어선을 최소한 1주일 정도는 유지해야 한다는 사명감으로 방어선을 유지하였다. 대규모 도하 장비가 부족한 상태에서 자축의 분위기에 젖어 있던 북한군의 완만한 행동 역시 한국군의 한강선 방어를 도와준 셈이 되었다. 그러나 채 파괴되지 않은 철교를 복구하여 한강교를 건너오는 북한군 전차를 멈추게 할 수단을 가지고 있지 않았던 한국군은 한강 방어선을 다시 포기해야만 하였다. 그러나 초기 전투 수행과 한강교의 조기 폭파로 인하여 거의 와해되다시피 한 한국군이 “혼성”사단이라는 이름 아래 엉성한 채로 수행한 한강선 방어 작전은 유엔군 지원을 위한 시간을 확보했다는 차원에서 더없이 귀중한 작전이었다.

4) 북한군의 전과 확대와 한국군의 지연전

북한군 4사단은 105전차사단의 전차를 앞세우고 7월 4일에 본격적으로 경부가도를 따라 남진을 개시하였다. 북한군은 8연대와 18연대의 진지를 유린하고 정오경에는 2선인 7사단 방어 진지까지 돌파하였다. 군포(軍浦) 동남쪽 5km 지점에 위치한 2사단 진지에서는 김홍일 전투사령관이 공병을 지휘하여 대전차 장애물을 설치하였으나 남진하는 전차의 진격을 저지할 수는 없었다. 수원의 동북방 풍덕천(豊德川)에서도 한국군 1사단은 북한군 3사단의 공격을 한때 격퇴하기도 했으나, 수원 북쪽 근교에 북한군 전차가 출현하여 퇴로가 차단될 위험에 처하자 오산으로의 철수길에 올랐다. 경부가도에서의 전황이 이렇게 전개되자 육군본부는 일본에서 공수된 대전차지뢰를 수원의 북문 근방에 매설하고, 7월 4일 오후 늦게 수원을 떠나 평택으로 향했다. 이로써 북한군은 7월 4일 하루 동안 영등포에서 수원에 이르는 40km를 진격하고, 한국군은 그만큼

---

181) *韓國戰爭史, 1*, pp. 751-2.

의 후퇴를 강요당한 셈이 되었다.[182] 이제 유엔군의 신속한 전투 참여만이 절실하게 요구되는 지경에 이르렀다.

경부가도를 중심으로 공격을 감행하고 있던 북한군과 이를 저지하면서 지연전을 펼치고 있던 한국군은 공격과 방어 작전만큼이나 대조적인 모습을 띠고 있었다. 서부지역에서 주공을 담당한 북한군 1군단의 3, 4사단이 수원까지 진출하여 대오를 정비하고 있는 동안 6사단은 인천을 점령하고 주공사단을 후속하고 있었으며, 1사단은 수원선에서 용인-청주로 방향을 전환하여 2군단을 후속하고, 이천(利川) 부근의 2사단은 1군단에 배속되어 6사단과 더불어 주공 3, 4사단의 좌우측방을 엄호하면서 남진을 계속할 준비를 갖추고 있었다. 이에 비해서 수원까지 북한군에게 내주고 후퇴를 거듭하던 한국군은 오산(烏山) 부근에서 일본으로부터 한국 전선에 공수되어온 최초의 미지상군인 "스미스"부대를 보고 용기를 얻기도 했으나, 10여 일 간의 전투를 치르면서 지칠 대로 지쳐 있었다. 더구나 "한강 이북지역은 적 지역이다"는 지침만을 받고 출격하여 금강(錦江)을 한강으로 잘못 알고 폭탄을 퍼부어대는 미군기의 오폭(誤爆)까지 지친 한국군 병사들을 괴롭혔다. 공격 작전에 사기가 올라 있는 북한군과 후퇴와 피로로 지쳐 있는 한국군의 모습은 사뭇 대조적이었으나, 미 지상군이 전장(戰場)에 출현하여 전국(戰局)은 새로운 국면으로 접어들었다.[183]

중동부지역에서 조공의 임무를 수행한 북한군 2군단은 2사단과 12사단을 춘천지역에 투입하여 춘천을 신속하게 점령하고, 서울의 동북방과 이천-수원 쪽으로 포위의 일익(一翼)을 담당하려 하였다. 그러나 춘천을 지키던 한국군 6사단의 선전(善戰)으로 이를 봉쇄당하자, 춘천과 홍천을 점령한 북한군은 예비로 있던 15사단까지 투입하여 남쪽으로의 진격을 재촉하였다.

홍천을 내준 6사단은 횡성지역에서 저지 진지를 편성하려 했으나, 원주 사령부를 방문한 육군본부 작전국장으로부터 1개 연대를 이천으로 보내 사단과 시흥 전투사령부와의 간격을 방어하고, 원주를 확보하여 동해안 8사단의 철수를 엄호하라는 지시를 받았다. 6사단장은 원주의 방어가 불가능하다는 의견을 제시하고, 8사단장과의 통화를 통하여 1개 연대로 8사단의 철수를 엄호하면서 1개 연대는 이천, 그리고 사단 주력은 충주로 철수시키기로 하였다. 이에 따라 6사단은 7연대를 원주, 2연대는 충주로 이동시키고 19연대를 이천으로 이동시켜 동으로 이천(利川)에서 서로 원주(原州)에 이르는 60km 정면을 방어하고, 충주(忠州)에서 남한강 상류까지를 담당하게 되었다.[184]

사단장의 명령에 따라 원주로 철수한 7연대는 7월 1일 아침 원주 동남쪽 1.5km 지점에 위치한 신림(神林)고개 남쪽 기슭에 진지를 편성하였다. 그날 저녁 8시경 연대 진지 앞에 북한군 장갑차가 나타나 전방의 1, 3대대 병력이 이를 기습 사격하여 150여

182) *前揭書*, pp. 756-8.
183) *前揭書*, pp. 759-60.
184) *韓國戰爭史, 1*, pp. 301-4.

명의 북한군을 사살하는 전과를 거두기도 하면서 계속되는 북한군의 탐색 공격을 막아내고 있다가, 7월 2일 새벽 5시경에 도착한 8사단 10연대에게 진지를 인계하고 충주로 향하여 충주중학교에서 재편성을 하였다.[185] 강행군을 계속하여 7월 2일 07시경 이천에 도착한 19연대는 북한군의 보급중대를 급습하여 많은 노획물을 획득하기고 하였으나, 7월 3일 야포를 들이대고 공격해 오는 북한군의 공격을 저지할 수가 없었다. 이에 사단장은 북한군과의 접촉을 유지하면서 진천(鎭川)으로 철수하여 방어 진지를 편성하도록 지시하고, 이로써 발생한 40km의 간격을 메우기 위하여 충주에서 재편성중인 7연대를 충주의 서북방 무극리(無極里)와 병암리(屛岩里)로 추진 배치하였다. 이에 따라 7연대장은 2대대를 무극리 북방 병암리로 직진시키면서, 3대대는 음성으로 우회시키고, 1대대는 예비로 확보하였다. 7월 4일 08시 충주를 떠난 7연대 2대대는 10시경 동락리(同樂里)에 이르렀을 때 모도원(毛陶院)에 북한군 1개 중대가 장갑차를 앞세우고 남하한다는 보고를 받고 이를 공격하였으나, 19시 30분경 북한군 1개 연대가 남하하고 있음을 발견하고, 동락리로 철수하여 급편진지를 구축하였다. 이에 7연대장은 1대대를 병암리로 진출시켜 북한군의 진출을 기다리고 있었다. 그리고 7월 5일 아침까지 음성지역에서는 별다른 상황 없이 불안한 정적(靜寂)만이 드리워져 있었다.[186] 이와 같이 중부전선에서의 6사단은 건재를 유지하면서 지연전을 수행하고 있었다.

동해안지역에서 북한군 5사단과 766유격부대 및 549육전대의 공격을 받은 8사단은 전후방에서 압력을 받아 대관령을 넘어 중동부지역으로 철수하게 되어 동해안지역은 사실상 북한군의 진격에 무방비 상태나 다름없이 되었다. 8사단장은 대관령에서 6월 28일 강릉 반격을 준비하고 있던 때 원주의 6사단 사령부에 와 있던 육본 작전국장과 연락이 되어 원주로 철수하라는 육본의 명령을 알게 되었다. 육본 지시에 따라 8사단장은 강릉 반격을 중지하고 6월 29일 06시 300여 대의 차량으로 진부리(珍富里)를 출발하였다. 행군 도중에 횡성지역에 북한군이 나타났다는 소식을 들은 사단장은 원주로 가는 것을 포기하고 평창을 거쳐 7월 2일 11시경 제천(堤川)에 도착하였다. 제천에 도착한 8사단장은 10연대를 원주로 추진시켜 사단의 철수를 엄호한 6사단 7연대와 원주를 탈환하도록 명령하였으나, 7연대가 충주로 철수하자 10연대는 7연대의 진지만을 점령하였다. 이때 충주로 이동하라는 이상한 전문(電文)이 날아들었다. 이를 이상하게 여긴 사단장은 병력을 집결시켜 대구를 통하여 이동하게 하고, 자신은 대전으로 가서 명령 하달 여부를 확인하였다. 육본에서 명령을 내린 적이 없다는 사실을 확인한 사단장은 병력이 안동에 도착했을 때 병력을 다시 복귀시켜 7월 6일 18시경 단양(丹陽)에 도착하여 지연전을 실시하였다.[187] 이와 같이 8사단은 병력의 무모한 손실 없이 중부지역에서 지연전을 실시할 수 있었다.

---

185) *前揭書.*
186) *前揭書.*
187) *韓國戰爭史, 1*, pp. 238-9.

그러나 동해안을 지키던 8사단이 중동부지역으로 철수함에 따라 육군본부는 부산에 있던 3사단 23연대를 울진 북방으로 추진시켜 동해안에서 북한군의 남진을 저지하도록 하였다. 그리고 이 지역에는 미국 해군 함정의 화력과 공군의 공중공격이 대폭 보강되어 23연대의 방어를 지원하게 되었다.

이와 같은 긴급조치로 한국군은 병력을 여기저기에 배치하였으나 전 전선에 걸쳐 주요한 거점만을, 그것도 부족한 병력으로, 점령하는 정도의 방어선을 구축할 수밖에 없었기 때문에 미군과 유엔군의 신속한 지원이 매우 절실하게 요구되었다.

5) 미 지상군의 전선 투입과 한국군의 재편성

미 지상군이 한국 전선에 투입됨에 따라 한국군과 미군 간에는 연합전선이 형성되었고, 양군간에 작전 지역과 임무에 대한 조정이 필요하게 되었다. 미 지상군의 투입이 결정되고 "스미스" 특수임무부대(Task Force Smith)가 한국 전선에 도착하자 새로 임명된 정일권 참모총장은 미극동군사령부 전방 지휘소가 위치한 대전에서 처치(John H. Church) 준장과 차후 한미군 간 합동 및 연합작전 수행에 관한 전반적인 문제를 논의하였다. 7월 1일, 두 사람은 미 공군의 지원 강화, 한국군의 재정비, 탄약 및 장비의 긴급 지원 등에 대하여 협의를 가졌고 7월 2일에는 스미스부대의 수송 및 배치와 미군과 한국군과의 작전지역 분담, 장차 작전의 구상 등 한미간 합동 및 연합작전에 대해서 포괄적인 합의를 도출하였다. 이에 따라 한국군은 한강 방어선을 되도록 오래 지탱하고, 경부국도로 진출하는 미 24사단의 진출을 엄호하며, 미 24사단이 경부국도를 포함한 서부지역의 방어를 맡고, 한국군은 그 이동지역을 담당하도록 하였다. 그리고 양군은 평택-안성-충주-울진을 잇는 선을 최초 저지선으로 하여 방어에 임하도록 합의하였다.[188] 이러한 합의에 근거하여 한국군은 스미스부대가 오산 북방에 진지를 편성한 7월 4일, 시흥지구 전투사령부 병력이 평택으로 철수하게 되자, 이 부대들로 제1군단을 창설하여 중동부전선을 방어하려 하였다.

한국군은 7월 5일부로 시흥지구 전투사령부로써 1군단을 창설하고 사령부 예하의 "혼성" 수도 1, 2, 3, 5, 7사단을 수도 1, 2사단의 3개 사단으로 재편성하였다. 이에 따라 육군은 수도 1, 2, 6, 8사단 등 5개 사단과 기갑, 17, 23연대 등 3개 독립 연대로 재편되었다. 대대급 조직이 거의 와해되다시피 한 3, 5, 7사단을 해체하여 수도 1, 2사단의 부족한 병력을 보충하였다. 그리하여 육군본부는 수도 1, 2사단으로 구성된 1군단으로 하여금 경부국도 동쪽의 중부지역의 방어를 담당하게 하고, 6사단은 충주지역, 8사단은 단양지역, 23연대는 동해안지역을 방어하도록 배치하여 북한군의 남진을 저지, 지연하도록 하였다. 그러나 병력이 보충된 수도 1, 2사단의 병력도 7,000명 수준으로

---

188) 國防部 戰史編纂委員會, *韓國戰爭史, 第2卷*(이후 *2*로 표기, 1979), p. 116.

병력의 부족 현상은 해소되지 않고 있었다.[189] 미군의 전쟁 참여로 한국군은 7월 3일부터 미군으로부터 105mm 곡사포 및 M-1 소총과 탄약 등을 보급받기는 했으나 우선순위는 미군을 앞지를 수 없었고, 부족한 병력으로 광정면의 방어를 담당하고 있었기 때문에 한국군의 방어 태세는 취약한 상태에 머물러 있었다.

유엔을 통한 미 지상군의 신속한 개입이 현실화되자, 북한군은 김일성을 최고사령관으로 삼아 전선사령부를 설치하고 후속하던 13, 15예비사단을 전방에 투입하면서 내무성 소속의 3개 국경경비여단을 7, 8, 10전투사단으로 개편하고, 전시동원령을 내려 남침의 강도와 속도를 증가시키기 위하여 전력을 기울였다. 서부전선에서는 105전차사단을 후속하여 북한군 4사단이 공격을 선도하고, 3사단과 6사단이 이를 뒤따르고 있었다. 중부전선에서는 2사단이 이천에서, 15사단이 장호원(長湖院)에서 남진하고 있었고 충주 방면에는 1사단과 12사단, 그리고 제천에는 8사단이 공격해 들어왔다. 그리고 동해안에는 5사단이 남진하고 있었으며, 태백산지역에서는 766부대 등이 침투하여 후방지역의 교란과 공격부대의 전진로를 개척하려 하였다. 이와 같이, 북한군은 미군의 개입으로 빚어진 새로운 상황에 대처하여 미군의 대규모 증원이 이루어지기 전에 "남조선을 해방"시키기 위하여 총력을 기울이고 있었다.

북한군이 공격의 고삐를 바짝 당기고 있을 때, 미 24사단 21연대 1대대를 주축으로 편성된 스미스부대의 뒤를 이어 미 24사단 34연대가 7월 5일 평택·안성지역에 배치되고 3개 사단으로 편성된 한국 육군 1군단이 진천(鎭川)·음성(陰城)·증평(曾坪)으로 투입됨에 따라, 경부국도를 중심으로 한 서부지역의 방어 편성이 제모습을 갖추어 나아갔다. 그리하여 경부국도를 포함한 서부지역의 방어 편성에 이어 중부전선에 6, 8사단과 동해안지역의 23연대는 상호 지원이나 협조를 제대로 수행하지 못하고 있었지만, 주어진 지역을 방어하고 있었다. 그러나 동해안과 중동부지역을 지형적으로 나누어 놓은 태백산맥지역은 북한군의 침투에 그대로 노출된 상태로 방치되고 있었다.

한국 육군이 재편성을 통하여 미 지상군과의 연합전선을 형성한 것과 보조를 맞추어 한국 해공군도 전력을 보강하고 지상군과의 합동작전 및 유엔 해공군과의 연합작전 체제를 정비해 나갔다. 공군은 7월 2일 F-51 전투기(Mustang)를 보유하게 됨에 따라 6일에는 전투비행단과 정찰비행단을 편성하고 한국군에 대한 정찰 지원과 미 공군과의 연합작전으로 근접 항공 지원 임무를 수행할 수 있게 되었다. 이 과정에서 전투비행단장 이근석(李根晳) 대령이 7월 4일 안양 상공에서 북한군 전차를 공격하다가 전사하기도 하였다. 미공군은 7월 5일 대전에 공지(空地)합동작전본부를 설치하여 지상군과의 협조 체제를 갖추어 공지 작전의 효율성을 높이고 작전중에 오폭(誤爆) 사고를 감소시키는 체제를 수립하였다.[190] 해군은 실질적으로 6월 27일부터 미 해공군과 연합작전에 들어가 동서 양 해안에서 해상작전 및 지상군 지원작전을 실시하였다. 특히 해

189) *前揭書*, p. 122.
190) *韓國戰爭(上)*, pp. 203-8.

군은 6월 30일에 37도선을 경계로 그 북쪽을 미해군이 담당하여 북한 해역을 봉쇄함에 따라 37도선 이남지역은 한국 해군이 담당하여 봉쇄 임무를 담당하였다. 그러나 함포 연락장교 등이 지상군에 파견되지 않아 미군 고문관들이 이 임무를 수행함으로써 효과적인 지상작전 지원 임무 수행에 어려움을 겪고 있었다.[191]

미 지상군의 전선 투입과 한국 육군의 재편성, 그리고 한국 해공군의 강화로 한국전쟁을 수행하기 위한 기본적인 태세는 갖추어졌으나, 열세한 한국군의 전력을 얼마나 빨리 보강하고 미군의 증원을 얼마나 신속하게 현실화시키느냐 하는 것이 전선(戰線)을 안정시켜 전세(戰勢)를 얼마나 신속하게 반전(反轉)시키느냐를 결정지어 주는 관건(關鍵)일 수밖에 없었다.

9. 지연전

초기 전투와 한강 방어 전투를 치른 후에 거의 소진되다시피 한 한국군의 전력만으로는 효과적인 지연전의 수행은 물론 반격을 통하여 전세(戰勢)을 반전시키기는 거의 불가능한 상태였다. 미 지상군의 참전과 한국군의 무기와 장비가 훨씬 보강되어야만 효율적인 지연전도 수행이 가능할 정도였다. 전쟁 전에 명목적이나마 존재하던 한국 육군 8개 사단은 5개 사단으로 축소되었고, 사단 숫자를 줄여 병력을 보충한 사단의 병력도 8,000명을 넘지 못했으며 장비는 소총사단의 수준에도 미치지 못한 상태에 있었다. 이러한 상태의 병력으로 전차와 자주포 등 소련제 무기를 앞세우고 내려오는 북한군의 남진을 저지하기에는 중과부적(衆寡不敵)이었다. 예비 병력이 없는 상태에서 종심(縱深)없이 구축된 방어선을 구축하여 동서로 이어진 전선(前線)을 유지하기란 매우 어려운 일이었다. 미 지상군이 한국전에 참전하여 경부국도로 남진하는 북한군의 주력을 저지하기로 함에 따라 한국군은 중동부전선을 방어하게 되어 그나마 다행이었다. 그러나 한국군은 결코 좁지 않은 중동부전선을 방어하면서 효과적인 지연전을 수행해야만 하였다.

1) 경부국도상 지연전

미국의 트루먼 대통령으로부터 일본의 안전에 지장이 없는 한 맥아더사령부 예하의 어떠한 병력도 한국 전선에 투입할 수 있다는 승인을 받은 맥아더 장군은 워커(Walton H. Walker 중장) 8군 사령관에게 신속하게 병력을 한국 전선에 투입하라는 지시를 하달하였다. 워커 중장은 24사단장(William F. Dean 소장)에게 1개 연대병력과 사단 지휘

---

191) *前揭書.*

부를 전선에 투입하라는 명령을 다시 내렸다. 명령을 받은 24사단장은 비교적 전력이 강한 21연대를 선두 부대로 한국에 공수(空輸)투입하려 하였다. 그러나 극동 공군사령부의 수송기가 부족하여 21연대 1대대의 B, C 중대와 52포병대대 A포대로 전투 임무부대를 편성하여 선발대로 한국 전선에 투입하기로 하였다. 이때 미군은 예산상 이유로 감소 편성되고 있어서 연대에 2개 대대만 편성되었고, 4개 중대로 편성된 1개 대대도 병력이 완전히 충원되어 있지 않았다. 따라서 21연대 1대대 B, C중대도 3대대로부터 병력 충원을 받아야만 하였다. 1939년 미국 육사(일명 West Point)를 졸업하고 과달카날 전역에서 대대를 지휘한 바 있던 34세의 유능한 대대장인 스미스(Charles B. Smith) 중령은 1950년 7월 1일 새벽 03시 주둔지에서 차량 행군을 시작, 08시가 조금 지나서 "이타스케(Itazuke)"비행장에 도착하여 24사단장에게 한국 전선 파견 신고를 마쳤다. 사단장은 스미스 중령과 악수를 나누며, "부산에 가거던 대전으로 가서 처치 장군을 만나라. 그를 만날 수 없으면 가능한 한 북쪽으로 올라가서 북한군의 진격을 저지하라. 이것이 내가 가진 정보의 전부이고 더 이상 정보가 없어 미안하다. 귀관과 귀관이 지휘하는 병사들에게 하느님의 가호가 있기를 빈다"라고 명령 반 부탁 반의 명령을 하달했다.[192] "미국의 위력을 과시(the arrogant display of American muscle)"할 최초의 미 지상군 부대는 이렇게 한국 전선으로 향하게 되었다.

최초로 한국전에 투입된 미 지상군 스미스부대의 전선 투입 과정은 순탄하지 않았다. 신고를 마친 400여 명의 스미스부대는 가용한 6대의 C-54 수송기를 이용하여, 궂은 날씨로 한 차례 일본으로 회항(回航)하는 소동을 치른 후에야, 부산으로 공수되었다. 그러나 부산비행장 활주로 상태의 악화로 C-54 수송기 대신 작은 규모의 C-47 수송기를 사용하게 되어 스미스부대로 편성된 두 개의 75mm 무반동총반과 두 개의 4.2″ 박격포반은 공수할 수가 없었다.[193] 원래 편성된 것보다 화력이 감소된 스미스 부대는 7월 1일 밤 8시 부산역에서 기차에 올라 대전으로 향했다. 미 지상군을 환영하기 위하여 부산 시민과 학생들이 동원되었고 군악대까지 역에 나와 이들을 환송하였다. 스미스부대의 보병들은 7월 2일 08시 대전에 도착하였다. 스미스전투부대의 일원으로서 보병을 지원하기 위하여 대대장(Miller O. Perry 중령)이 직접 지휘하는 52포병대대 A 포병중대 병력 134명은 간신히 LST를 구하여 포 6문, 차량 73대와 1,200여 발의 포탄을 가지고 7월 2일 저녁 부산에 도착하였다. 24사단 선발대로 한국 전선에 투입된 스미스부대와 같이 한국에 오려던 사단장도 부산비행장의 불량한 활주로 상태와 대전의 불량한 기상 상태로 두 번씩이나 일본으로 회항(回航)한 후에 7월 3일 오전 10시 30분 짙게 깔린 황해(黃海)의 안개 밑으로 비행하여 대전에 도착할 수 있었다. 대전에 도착하여 7월 4일 01시부로 주한미군(駐韓美軍) 사령관으로 한국에서의 작전을 지휘하게

192) Roy E. Appleman, *South to the Nakdong, North to the Yalu* (Department of the Army, Washington, D. C.: G. P. O., 1961), p. 60; T. R. Fehrenbach, *This Kind of War* (New York: The Macmillan Co., 1963), p. 97.

193) Clay Blair, *The Forgotten War* (New York: Times Books, 1987), pp. 94-5.

된 딘 소장은 "전쟁터에 나가는 것 자체가 이렇게 힘든 줄은 미처 몰랐다"는 말을 하지 않을 수 없었다.[194] 스미스부대를 선두로 한국전쟁에 파견된 미 24사단의 전선 투입은 결코 쉽지 않게 이루어졌다.

미 24사단 선발대로서 부산으로 공수된 스미스전투부대는 7월 1일 20시경 부산역을 출발하여 7월 2일 08시경 대전에 도착하였다. 극동 미군 사령부 전방 지휘소장 처치 준장은 스미스 중령을 반갑게 맞이했다. 그리고 지도를 보고 상황을 설명하면서 "우리는 윗부분에서의 상황은 거의 없다. 우리가 필요한 것은 전차를 보고도 도망치지 않을 사람을 위쪽에 배치하는 것이다. 우리는 당신을 올려보내서 한국군을 지원하고 그들의 사기를 북돋아 주려 한다"는 말로 임무를 부여하였다.[195] 스미스 중령은 병사들을 숙영지로 보내고 참모들과 진지 정찰에 나섰다. 스미스 중령은 오산(烏山) 북방 5 km 지점에 위치한 죽미령(竹美嶺)지역에 저지 진지를 구축하기로 하고, 북한 전투기의 공격을 받지 않고 대전으로 돌아왔다. 스미스부대는 7월 2일 밤 기차로 평택으로 이동하여 평택과 안성에 각각 1개 중대씩 배치하고, 부대 지휘소를 평택에 위치시켰다. 그러나 여기에서 스미스부대는 적에 대한 정보나 활동보다 아군이 아군을 공격하는 장면과 소식을 듣게 되어 씁쓸한 느낌을 가졌다. 7월 3일 평택에서 극동 공군이 한국군 화물열차를 폭격하는 것을 목격하였고, 그 날 오후에는 수원에 있는 한국군을 공격하다가 한국군의 소총에 맞아 수원비행장에 불시착하여 한국군의 포로가 된 미군 조종사에 대한 얘기도 들었다.[196] 7월 4일에는 일본에서 LST로 부산에 도착하여 추진된 52포병대대장과 합류한 스미스 부대장은 진지 점령 전 마지막 진지 정찰을 실시하여 보병과 포병의 위치를 확정지었다.

한편 어렵게 대전에 도착하여 주한미군 사령관으로 7월 4일부로 한국에서 미군 작전을 지휘하게 된 24사단장은 당시의 전방 지휘소(ADCOM) 처치 준장을 부사령관으로 임명하여 작전 지휘 태세를 갖추었다. 그리고 그는 이어서 그를 돕기 위해서 대전에 도착한 25사단 포병사령관 바스(George B. Barth) 준장을 평택에 보내서 스미스 중령에게 처치 준장의 명령대로 오산 북방에서 진지를 편성하여 방어에 임하도록 다시 지시하였다. 미 지상군의 한국전 참여가 현실로 구체화되었고, 북한군은 한국군이 아닌 미군과 전투를 하게 되었다. 실로 북한군이 남침을 개시한 지 10여 일 만의 일이었다.

(1) 죽미령 전투

스미스부대 병력은 후퇴하는 한국군 병사들과 피난민을 헤치고 북쪽으로 이동했다.

---

194) *South to the Nakdong, North to the Yalu*, pp. 62-4; William F. Dean, as told to William L. Worden, *General Dean's Story* (New York: Viking Press, 1954), p. 17; *The Forgotten War*, pp. 94-5.

195) *South to the Nakdong, North to the Yalu*, p. 61.

196) *前揭書*, p. 62.

일본 점령군으로서 여러 가지 특권을 누리면서 생활하다가 한국 전선에 투입된 미군 병사들은 한국이 지내기 어려운 지역이라는 것을 실감하고 있었다. 그칠 줄 모르게 쏟아지는 비는 포장이 안 된 도로를 온통 진흙탕으로 만들었고, 밭에 뿌려진 인분(人糞) 냄새는 미군 병사들의 눈쌀을 찌푸리게 만들었다. 미군 병사들은 후퇴하는 한국군 병사들과 피난민들을 "한심스런" 눈으로 바라보기도 하였고, 스미스 중령은 북한군 전차의 남진을 막기 위하여 교량을 폭파하려는 한국군 공병들을 나무라며 장치하려던 폭약을 강물에 던져 버리기도 하였다. 미군 병사들과 지휘관들의 사기는 매우 높아 후퇴나 패배는 아예 생각하지도 않고 있었으며, 북한군이 미군과 싸운다는 사실을 알기만 하면 즉시 그들 스스로 철수할 것이라는 생각을 하고 있었다.[197] 실로 미군 병사들과 지휘관들은 자신들의 전력을 매우 높게 평가하고 있었다.

그러나 북한군과 싸워온 한국군의 생각은 달랐다. 7월 2일, 충청남도 도청에 집결한 스미스부대원들을 바라본 정일권 참모총장은 총장실 고문관을 불러 미군이 "첫 전투를 잘 해야 할 텐데 어떻게 생각하오?"라고 물었다. 총장실 고문관은 "장교와 하사관들을 만나보았는데 아주 자신만만합니다"라고 대답하였다. 정 총장은 자신이 보기에는 걱정이 된다고 하였다. 이에 고문관은 규모가 작아서 그러느냐고 물었다. 이에 정 총장은 스미스부대가 가지고 온 대전차 무기가 75mm 무반동총 2정, 2.36″ 로켓포 6문, 105mm 곡사포 6문에 대전차포탄이 6발에 불과하다는 점을 지적하면서, 북한군이 몰고 내려오는 전차는 태평양전쟁 때의 일본군 전차와는 다르며 바로 한국군이 밀리는 이유가 여기에 있다고 말하였다. 총장실 고문관도 긴장하면서 24사단장이 7월 3일 대전에 도착할 예정이니 만나서 의견을 교환하는 것이 좋겠다는 제안을 하였다. 그런 후에 정 총장은 육본 예비로 있던 17연대장을 불러 스미스부대를 지원해야 할 것 같다고 말했다.[198] 7월 3일 밤 10시 정 총장은 충청남도 도청 2층에 설치한 24사단 사령부에서 딘 소장을 만났다. 1948년 8월 15일 한국 정부수립 때까지 10개월 간 군정장관을 지낸 바 있던 딘 소장은 정 총장과는 구면이었다. 반갑게 악수를 나눈 후에 곧 회의가 시작되었다. 딘 소장은 먼저 미군의 출동 계획을 설명했다. 24사단에 이어 일본 오사카(大阪)에 주둔하고 있던 25사단이 7월 10일, 동경(東京) 주둔의 1기병사단도 7월 18일까지 한국에 도착한다고 밝혔다. 출동 계획에 이어 전황 설명이 끝나자 정 총장은 스미스부대가 가져온 무기로는 북한군의 T-34 전차와 대적할 수 없다고 말했다. 이에 미군 참모가 75mm 무반동총과 2.36″ 로켓포가 있다고 대답하였다. 정 총장은 그걸로 T-34 전차를 쏘아본 적이 있느냐고 물었다. 아무 대답이 없었다. 한국군도 그런 무기는 가지고 있으나 T-34 전차에는 아무 소용이 없다고 말했다. 이때 딘 소장이 나섰다. 한국군이 10여 대의 전차를 파괴했다는 보고를 들었다는 말을 하였다. 정 총장은 그

197) *The Forgotten War*, p. 98; *This Kind of War*, p. 98.

198) 실제로 17연대는 7월 3일 평택(平澤)과 오산(烏山) 중간 지점인 서정리(西井里)에 배치되어 강둑을 따라 개인호를 파고 있을 때, 오스트레일리아(호주) 공군기가 17연대 병력을 적으로 알고 기총소사를 하여 연대장(白仁燁 대령)이 다리에 관통상을 입고 대구 육군병원으로 후송되는 사건이 있었다.

결과는 한국군의 “육탄공격(肉彈功擊)”에 의한 결과임을 말하고 스미스부대원에게 이러한 방법을 기대할 수 있느냐는 반문을 던졌다. 이에 딘 소장은 군수참모에게 3.5″로켓포를 급송해 달라는 지급 요청을 극동 미군사령부에 전달하도록 지시하였다.[199] 북한군과 맨 몸으로 싸우다시피 한 한국군은 최초로 투입된 스미스부대가 초전(初戰)을 잘 치러줄 것을 바라는 만큼, 특히 그들이 가져온 대전차 무기를 본 후에는 이 부대가 치를 전투 결과에 대한 회의와 우려를 감출 수가 없었다.

7월 5일 새벽 3시 방어 진지에 도착한 스미스부대는 병력과 화기를 배치하였다. 죽미령(竹美嶺)지역에는 경부국도가 좌측, 철로가 우측으로 지나고 있었다. 스미스부대장은 도로와 철로 사이의 공간에 병력을 배치하여 도로와 철로를 동시에 감제하면서 방어에 임하려 하였다. 그리하여 그는 좌측 도로를 포함한 좌측 능선에 B중대를, 철로 좌측편에 위치한 진지 내 우측 고지에는 C중대를 배치하고, 75mm 무반동총 1정씩을 각 중대지역에 배치시키고, 4.2″박격포를 B중대 후방 400m 지점에 배치하였다. 52포병대대장은 보병 진지 후방 2000m 지점에 5문의 포를 배치하고 1문의 포는 6발의 대전차포탄을 주어 보병과 포병 진지 중간 언덕에 배치하였다. 비가 내리는 7월 5일 아침, 오산 북방 죽미령에는 540명의 미군(보병 장교 17명, 병사 389명, 포병 장교 9명, 병사 125명)이 북한군의 남진을 기다리면서, C레이션으로 아침을 먹고 있었다.[200] 후퇴하는 한국군을 한심하게 바라보았고 교량에 폭약을 설치하던 한국군 병사들을 혼내주었던 미군 장교와 병사들은 북한군도 우습게 보고 있는 분위기였다.

비가 하염없이 내리는 아침이었지만 스미스 중령은 수원까지 관측할 수 있었다. 아침 7시가 조금 지나서 수원 가까이에서 북한군의 움직임이 있었다. 그로부터 30분 후, 북한군의 전차대열이 나타났다. 아침 8시경, 8대의 전차가 한 묶음이 되어 굴러오고 있었다. 전방 관측 장교는 후방의 포병 진지에 사격 요청을 하여 8시 18분경 두 발의 고폭탄을 발사했다. 사거리 조정을 마친 포가 계속 포탄을 퍼부었지만 북한군 전차는 멈추지 않고 굴러오고 있었다. 75mm 무반동총을 감추고 있던 스미스 중령은 북한군 전차가 700야드 내로 접근하자 사격 명령을 하달하고 2.36″로켓포도 발사했다. 전방으로 추진된 포도 대전차포탄을 발사했다. 무엇에 맞았는지 선두 전차 2대가 멈췄다. 그 중 한 대가 불이 나서 타자, 3명의 승무원이 튀어나왔다. 세번째로 튀어나온 병사가 총을 가지고 나와서 미군 기관총 부사수를 사살하였다. 그는 한국 전선에서 최초의 미군 전사자가 되었다. 북한군 병사 3명은 미군의 총에 맞아 죽었으며, 이들은 미 지상군 병력이 한국전에서 사살한 최초의 북한군이 되었다. 그러나 세번째 전차는 아무 일이 없었다는 듯이 남쪽으로 향하고, 그 뒤를 이어 총 33대의 전차가 보병 진지를 지나쳐 갔다. 스미스부대는 대전차포탄이 떨어졌고 나머지 화기는 이들 전차를 멈추게 할 수가 없었다. 한국 전선에서 미군과 북한군 간의 최초 접전은 9시경 일단 끝났다.[201]

---

199) *전쟁과 휴전*, pp. 53-7.
200) *South to the Nakdong, North to the Yalu*, pp. 65-8.

보병 진지를 그냥 지나치는 북한군 전차를 보낸 미군 병사들은 "아마 저 친구들이 우리가 미군인지 알아보지 못해서 그냥 지나쳤을 거야!"하며 후방에 위치한 포병들에게 북한군 전차가 보병 진지를 통과했다는 사실을 알려 주었다. 전달을 받은 포병은 대전차포탄이 없어 고폭탄으로 전차 사격을 실시했으나 별 소용이 없었다. 상황이 이렇게 되자 페리 중령이 직접 2.36″ 로켓포를 들고 북한군 전차에 근접하여 이를 멈추게 하였다. 북한군 병사 2명이 전차 안에서 튀어나와 포병 대대장에게 사격을 가하여 대대장은 다리에 총상을 입었으나 미군 병사들은 이들을 사살하였다. 다른 하나의 전차도 포병 로켓포조의 공격에 의해서 정지되었다. 결과적으로 북한군의 전차는 죽미령의 스미스부대 포병 진지까지 통과하면서 4대가 움직일 수 없게 되고 3대가 부서지는 피해를 입었으나, 나머지는 오산을 향해 남진을 계속해 갔다.[202] 북한군의 마지막 전차가 지나간 죽미령의 스미스부대 진지는 불안한 정적이 찾아왔다.

전차가 스미스부대 진지를 통과한 지 한 시간이 지났을 무렵 수원 쪽에서 남진하는 북한군 병력이 접근하고 있는 것이 관측되었다. 비가 그지없이 내리는 가운데 북한군 4사단 병력이 10km의 행군 대열을 유지하면서 남진하고 있었다. 3대의 전차를 앞세운 북한군 대열은 한 시간 후면 스미스부대 진지에 도착할 것으로 판단되었다. 미군 병사들은 숨을 죽이고 이들을 기다리고 있었다. 어떤 병사들은 "저 친구들이 우리 미군을 알아보고 빨리 철수해야 할 텐데…" 하는 바람과 불안이 엇갈린 가운데 전방을 주시하고 있었을지 모를 일이었다.

북한군의 전차와 호송 트럭이 죽미령 진지 1,000야드 전방에 접근하였을 때 스미스 중령은 "그들을 엄벌에 처하라(Throw the book at them)"라는 명령을 하달했다. 박격포, 기관총이 불을 뿜었다. 북한군 트럭이 불에 타고 한 북한군 병사는 공중으로 튀어오르기도 하였다. 곧이어 3대의 북한군 전차가 접근하여 전차포와 기관총을 발사하였고 북한군 보병은 트럭에서 내려 산개대형을 취하면서 전투 준비에 돌입하였다. 이때 스미스 중령의 시계는 정오가 가까운 11시 45분을 가리키고 있었다.[203] 미군과 북한군 보병의 접전이 시작되었다.

이로부터 약 3시간 동안 북한군과 싸운 스미스부대는 포병과의 연락도 두절되었고, 소총탄도 다 떨어져서 더 이상 싸울 수가 없었다. 미군 병사들은 북한군이 "구식 소총으로 무장된 바지부대(a motley horde armed with old muskets)"가 아님을 알았다. 더구나 북한군은 화력을 집중하고, 능숙한 침투, 양익포위, 후퇴로의 화력 차단 등을 운용할 줄 아는 훈련된 군대라는 점도 알게 되었다. 스미스 중령은 할 수 없이 우측에 있던 C중대를 먼저 철수시켰다. 그러나 나중에 철수한 B중대 2소대는 철수 명령도 전달이 되지 않았다. 부상이 경미한 미군 병사들은 본대와 합류하여 철수했지만 중상자들은 어쩔 도리가 없어 그 후 영영 다시 보지 못했다. 포병대대장과 합류한 스미스 중령은

201) *前揭書*, pp. 68-70.
202) *前揭書*, pp. 70-2.
203) *South to the Nakdong, North to the Yalu*, p. 73.

죽미령 전투(1950. 7. 5.)

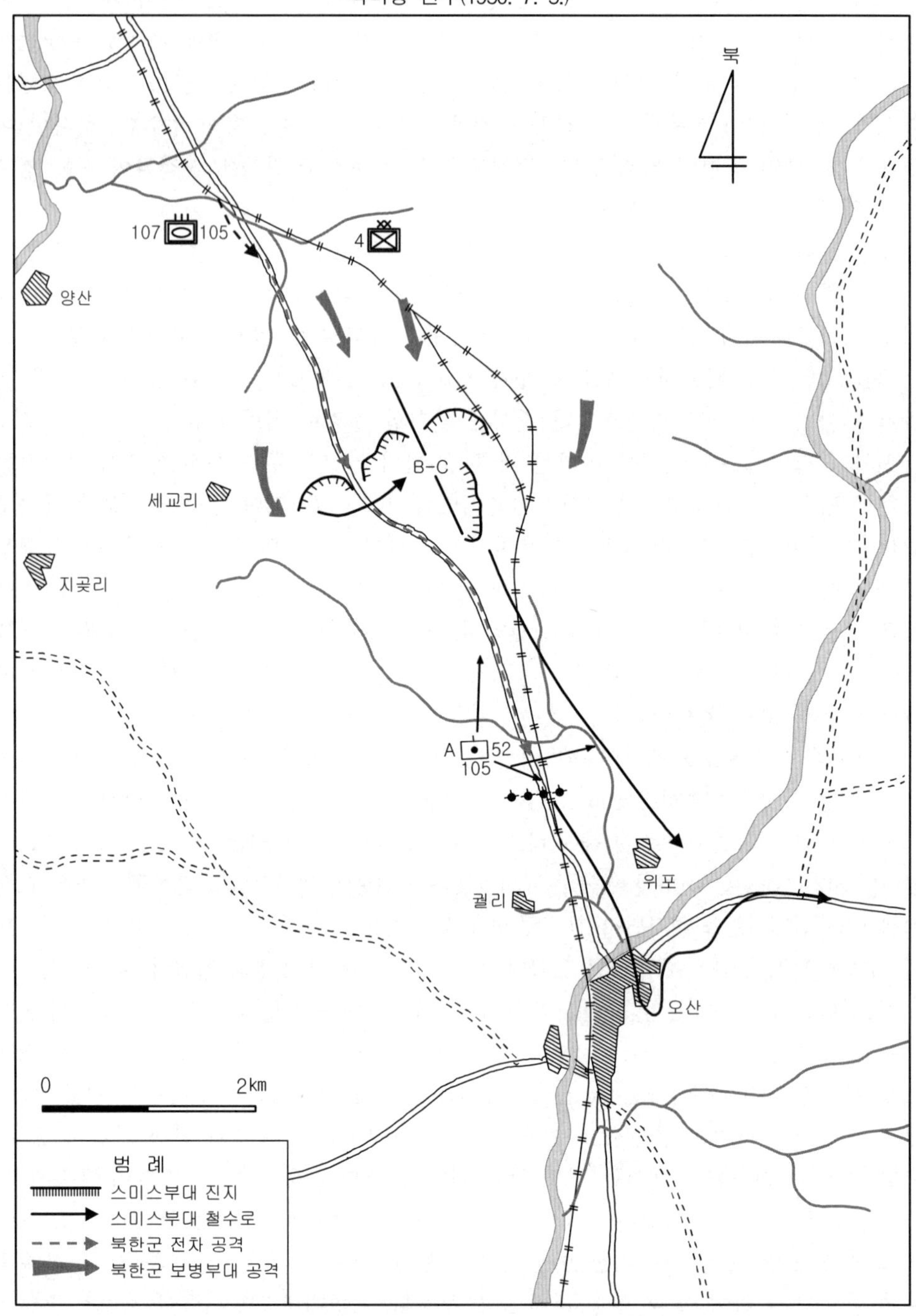

잔류병을 이끌고 북한군 전차가 진입했을지도 모르는 평택(平澤)을 피해 안성(安城)을 경유하여 7월 6일 천안(天安)에 도착하였다. 다행스럽게 북한군은 미군이 버린 무기와

탄약, 그리고 C레이션에 만족했던지 스미스부대를 추격하지 않았다. 철수 명령을 제대로 받지 못한 B중대원은 며칠 후에 오산에 도착하기도 하고, 어떤 병사는 동해안, 어떤 병사는 서해안에서 조각배를 타고 부산에 도착하기도 하였다.[204]

미 지상군으로서 최초로 수행한 죽미령(竹美嶺) 전투 결과, 540명의 스미스부대원 중에서 150여 명이 전사하고 포병대대 소속 장교 5명과 병사 26명이 실종되었으며, 거의 대부분의 미군 장비가 버려져 미군의 피해는 결코 적지 않았다. 미군의 피해보다는 적었으나 북한군 4사단도 42명의 전사자와 85명의 부상자, 전차 4대가 파괴되는 손실을 입었다.[205] 미군과 북한군이 벌인 첫 전투치고는 요란한 수준이었다. 그러나 죽미령 전투 결과 중에서 가장 큰 피해는 경부국도상에 투입되는 24사단 병력과 미군의 선전(善戰)으로 전선을 회복하려던 한국군이 받은 심리적 충격이었다. 스미스부대의 패배는 미군 병사들에게 미군의 전술과 무기가 훈련된 북한군의 겁없는 진격을 저지할 수 있을까 하는 의구심을 안겨 주었고, 이 심리적 불안이 병사들의 사기를 떨어뜨리는 요인으로 작용하였다. 미군의 도움을 학수고대(鶴首苦待)하던 한국군의 실망과 불안감도 결코 적지 않았다. 죽미령 전투 패배가 미군과 한국군에게 안겨준 심리적인 충격은 실질적인 피해 못지 않은 심각함을 보여 주고 있었다.[206]

그러나 한국전에 미 지상군이 참전하여 전투를 수행했다는 사실은 실제로 한국전을 연출한 소련의 스탈린과 이를 지원한 모택동, 그리고 이를 실행에 옮긴 김일성에게 큰 고민을 안겨 주었다. 이들은 김일성을 제외하고, 미군의 개입 가능성을 완전하게 배제하지는 않았으나 미 지상군이 그렇게 빨리 참전하리라고는 판단하지 못했다. 1950년 7월 2일, 중국의 주은래는 일본 점령 미군 약 6만 명이 한국 전선에 투입된다는 사실과 북한이 미군의 개입 가능성을 과소 평가한 점을 지적하면서 중국은 미군이 38선을 넘을 경우에 의용군의 형태로 중공군을 투입할 것이고, 이를 위해서 만주지역에 3개군 12만 명을 집결시켰는데 이에 대한 소련 공군의 보호가 가능한지를 스탈린에게 물었다.[207] 이에 7월 5일, 스탈린은 9개의 중공군 사단을 한만국경에 배치할 것을 권유하고 이들 병력에 대한 소련 공군의 보호를 약속하였다. 그리고 7월 8일에 스탈린은 한 걸음 더 나아가 중국의 모택동에게 중국이 이들 9개 사단을 전개시키면 소련은 124대의 제트 전투기 사단으로 이들 사단을 보호할 것이며 중국 조종사를 훈련시켜 중공군에게 이들 전투기와 장비를 제공하겠다는 내용의 전문을 발송하였다.[208] 김일성은 미군의 개입이 가시화되자 소련 군사고문단의 충고를 자청했고 이에 대해서 소련 군사고문단은 보다 효율적인 전쟁 수행을 위해서 김일성이 직접 총사령관이 되어 전쟁

---

204) *前揭書*, p. 76.

205) *前揭書*.

206) *South to the Nakdong, North to the Yalu*, p. 76; T*he Forgotten War*, pp. 101-3; *전쟁과 휴전*, pp. 61-4.

207) *蘇聯極秘外交文書, 2,* pp. 31-32; Roshin's cable to Moscow, July 2, 1950. Coded message N 1112-1126, quoted in *The Korean Conflict, 1950-1953*(unpublished), pp. 85-6.

208) *蘇聯極秘外交文書, 2,* p. 33; Coded messages N 3172, July 5, 1950, Stalin to Zhou Enlai; N 3231, July 8, Stalin to Mao Zedong, quoted in *The Korean Conflict, 1950-1953*(unpublished), pp. 86-7.

을 총 지도하고 전선사령부를 구성할 것을 제안하였다.209) 이와 같이 죽미령 전투로 인하여 미 지상군이 개입한 것이 확실하게 드러나자 스탈린과 모택동, 김일성은 새로운 전황 전개에 따른 조치를 은밀하게 취하고 있었다.

실로 죽미령 전투는 미군에게 북한군의 전력을 다시 평가하게 한 요인을 제공하였고, 공산측에게는 미군이 개입함으로써 전개된 새로운 전황에 맞는 새로운 전쟁지도, 전략 및 전술의 모색과 이에 따른 지원을 강화하는 계기를 제공하였다.

(2) 평택·천안지역 전투

오산(烏山)지역에서 전투가 진행되고 있는 동안 미 24사단 34연대의 2개 대대는 평택(平澤)·안성지역에 저지 진지를 편성하고 방어에 임하고 있었다. 34연대 1대대는 평택 북방 경부국도상에 진지를 구축하고 있었고, 3대대(-)는 안성에서 남쪽으로 이어지는 도로를 중심으로 진지를 편성하고, 연대본부는 3대대에서 차출된 L중대를 예비대로 삼아 성환(成歡)에 위치하고 있었다. 스미스부대의 전황을 모르고 있던 34연대는 7월 5일 오후 서정리(西井里) 부근에 추진된 2.36″로켓포조가 오산을 통과한 북한군 전차에 사격을 가했으나 전차를 파괴하지 못하고, 전차의 기총소사로 전사한 한 명의 병사를 안고 평택으로 철수함으로써 북한군 전차가 오산을 통과했다는 사실을 알게 되었다. 그로부터 몇 분이 지난 후에 스미스대대를 지원한 포병 대대장이 안성으로부터 도착하여 스미스전투부대가 어떻게 되었는가를 말했다. 이로부터 스미스부대가 어떻게 되었다는 사실을 안 34연대 1대대는 진지 전방에 위치한 교량을 파괴하고 진지를 강화하였다. 그곳에 있던 사단 포병사령관(Barth 준장)은 대대장에게 최대한 진지를 고수하고 우회를 당하여 퇴로차단이 우려되는 상황에서는 철수하도록 지시하였다. 그러나 34연대 1대대는 불안한 가운데 7월 5일 저녁을 맞이하였고, 안성에 배치되어 있던 3대대도 불안하기는 마찬가지였다. 이와 같이 오산 북방에 추진되었던 스미스부대의 뒤를 이어 평택과 안성에 배치된 34연대 병력은 불안한 가운데 7월 5일 저녁, 개인호 속에서 불어나는 물을 퍼내며 평택 북쪽에 편성된 진지를 지키고 있었다.210)

비가 내리고 안개가 자욱한 7월 6일 아침, 34연대 1대대장은 멀리서 13대 정도의 전차를 앞세우고 남진해 오는 북한군 병력을 관찰하였다. 이들은 북한군 105전차사단과 4사단 병력이었다. 북한군의 접근을 확인한 1대대장은 북한군이 파괴된 교량에 도착하여 머뭇거리고 있을 때, 4.2″박격포를 발사하도록 미리 지시해 놓았었다. 북한군이 파괴된 교량에서 전차를 멈추고 보병에게 개천을 건너게 하고 있는 것이 관측되자, 4.2″박격포 첫 발이 발사되어 평택 전투가 시작되었다. 박격포탄은 북한군의 트럭 하나를 파괴했으나, 북한군 전차포가 불을 뿜기 시작했다. 그리고 북한군 보병이 대대진지를 양쪽에서 포위하려고 산개하기 시작했다. 그리하여 대대장은 중대장에게 철수

209) *前揭書*, pp. 63-5.
210) *South to the Nakdong, North to the Yalu*, pp. 77-80.

명령을 하달하고 자신도 대대 지휘소로 복귀하였다. 여기에서 연대 작전 주임과 상의한 결과 34연대 1대대의 철수 시간은 대대장의 재량에 맡긴다는 연대장의 의사를 확인하고 대대 병력의 천안 철수를 지시하였다. 그리하여 평택 북방에 배치되어 있던 34연대 1대대는 7월 6일 이른 저녁에 천안으로 철수를 완료하였다. 그러나 1대대는 많은 장비를 버리고 병력도 분산되어 후퇴하였기 때문에 전력이 매우 약화된 상태에 있었다.

그리고 34연대 3대대도 안성에서 열차와 자동차로 철수하여 저녁 늦게 천안에 도착하여 집결하였고, 1대대는 7월 6일 오전에 천안으로 추진된 21연대 1대대(A, D 중대; B, C 중대는 스미스부대로 편성되어 죽미령에서 전투를 치렀음)가 천안 남쪽 3km 지점 경부국도 동쪽에 편성하고 있던 진지의 도로 서쪽에 대대 진지를 구축하였다. 24사단장의 위임하에 24사단의 전방 작전을 지휘해온 25사단 포병사령관(Barth 준장)은 24사단 병력을 평택과 안성으로 분리하는 것보다는 천안에 집결시켜 방어를 하는 것이 합당하다는 판단하에 34연대장에게 그렇게 하도록 지시하였다.[211] 34연대장은 25사단 포병사령관이 자신에게 지시하는 것이 좀 어색하였으나 연대의 병력을 한곳에 집결시켜 방어하는 것이 합당하다는 생각으로 그의 의견에 이의를 제기하지 않았다. 그러나 이러한 조치는 24사단장의 의도와는 완전하게 다른 것이었다.[212]

34연대 병력이 천안으로 철수하였다는 보고를 받고 천안에 달려온 24사단장(William F. Dean 소장)은 천안으로의 철수를 질책하면서 평택으로의 반격을 지시하였다. 그리고 24사단장은 25사단 포병사령관(George Bittman Barth 준장)을 대전으로 내려보내고 34연대장(Jay B. Loveless 대령)을 교체할 생각을 하였다. 반격 명령을 받은 34연대장은 7월 7일 아침 연대 정찰 및 수색소대를 선두로 3대대를 평택 방향으로 추진시켜 북한군과 접촉을 유지하도록 명령하였다. 그러나 오후에 들어서 북한군의 압력을 받은 34연대 3대대 병력은 더 이상 진격하지 못하고 후퇴하고 있었다. 이때 24사단 부사단장이 34연대 지휘소에 도착하여 그날 오전에 34연대 지휘소에 도착해 있던 마틴(Robert R. Martin) 대령을 새로운 34연대장으로 임명한다는 임명장을 전달하였다. 새로 연대장에 임명된 마틴 대령은 연대 작전 주임(John Dunn 소령)에게 3대대의 후퇴를 멈추고 다시 원 진지로 복귀할 것을 지시하였다. 임무를 맡은 던 연대작전 주임은 보병과 포병, 그리고 지원 병력이 뒤엉켜 후퇴하는 3대대 병력의 후퇴를 멈추게 하고 대대장을 찾지 못한 채 대대 작전장교(S-3, Boone Seegers 소령) 등을 두 대의 지프차에 태우고 모범을 보이기 위해서 부대원들 앞으로 나갔다. 그러나 이들은 곧 북한군의 습격을 받았다. 연대 작전주임과 대대 작전장교는 중상을 입었다. 바로 뒤에서 쫓아오던 중대는 북한군 40여 명의 사격을 받고 엎드리고 있다가 중대장의 후퇴 명령에 따라 후퇴하고 말았다. 대대 작전장교는 사망하고 연대 작전주임은 포로가 되어 38개월의 포로 생활을 견디어 내야만 했다. 38개월의 포로 생활을 마친 던 소령은 “직업군 장교가 지휘한

211) *前揭書*, pp. 80-2.
212) *The Forgotten War*, pp. 104-7.

미군의 정규 부대가 적보다 10배나 많은 병력을 가지고 있으면서도 그들의 전우를 버리고 몇 명의 훈련된 적군이 장악하고 있는 전장(the field in possession of a few trained monkeys)을 이탈했다는 것을 생각하는 것은 구역질나는 일이 아닐 수 없다"고 당시의 치욕적인 경험을 토로하고 있었다.213)

연대장을 맡고 난 후에 겪은 최초의 불명예를 극복하기 위해서 마틴 대령은 자신이 직접 3대대 병력을 지휘하면서, "내가 연대장으로 있는 한 연대는 한 치의 철수도 허용하지 않는다(as long as I'am in command, this regiment will not withdraw another inch.)"라고 선언하고 7월 7일 저녁 천안 서쪽에서부터 천안시 북방에 저지 진지를 구축하였다. 이때 63포병대대가 천안에 도착하여 34연대를 지원하여 천안 동쪽에서 천안으로 접근하는 북한군 전차 2대를 파괴하기도 하였다. 그러나 북한군 4사단(사단장 : 李權武 소장)은 북한군 107전차연대의 전차를 앞세우고 5연대를 정면, 16연대를 좌익, 18연대를 우익으로 천안을 공격하였다. 천안에 북한군 전차가 진입하자 자정이 지난 후에 연대장은 80여 명의 병력을 이끌고 천안 시내로 진입하였다. 한참 동안 소식이 없다가 다행히도 7월 8일 새벽 2시 20분경 연대장은 천안에서 빠져나와 천안에 이르는 보급로가 개통되었다. 날이 밝기 전에 연대장은 2개 소총중대를 이끌고 다시 천안에 들어갔다. 그리고 천안에 잠입한 북한군 전차를 2.36″로켓포와 수류탄으로 파괴하였다. 그러나 7월 8일 오전 8시경 연대장은 2.36″로켓포를 들고 북한군 전차를 겨냥하다가 전차포에 맞아 전사하고 말았다. 이로써 34연대는 연대장을 잃고 3대대는 천안에서 철수하였다. 지휘관이 직접 일선에 나서서 전투를 수행해야만 되었던 당시의 상황에서 34연대장(Robert R. Martin 대령)이 한국전에서 최초로 전사한 연대급 지휘관이 되었다.214)

유엔군 사령부의 설치로 유엔군 사령관에 임명된 맥아더 장군은 워커(Walton H. Walker 중장) 8군 사령관에게 한국전 수행 임무를 부여하였다. 임무를 부여받은 워커 중장은 7월 8일 오전 대전에 도착하였다. 워커 중장은 7월 13일 주한 미군사령관으로 정식 취임하기에 앞서 24사단의 전투 상황을 미리 파악하기 위해서 대전에 왔다. 딘 소장 이하 마중나온 참모들과 악수를 나눈 워커 중장은 "자 가 봅시다"하면서 지프차에 털석 올라탔다. 34연대 1대대와 21연대 1대대(-)가 진지를 구축하고 있던 천안 남쪽 고지에 도착한 워커는 천안에서 철수하고 있던 34연대 3대대 병력을 보았다. 그리고 34연대장이 천안에서 전사했다는 소식도 들었다. 워커는 검은 연기가 여기저기서 솟아오르는 천안 시내를 망원경을 통하여 말 없이 바라보았다. 전선 시찰 도중에 "심상치 않다"는 말을 되풀이 하면서 딘 소장에게 다음은 어디서 막을 작정이냐고 물었다. "대전입니다"라고 대답하는 딘 소장에게 "대전을 최대한 지키시오. 늦어도 7월 13일까지 미 8군 사령부를 대구에 설치할 계획이오. 그때까지 시간이 필요하오"라고 말하면서

213) Dunn to Appleman, June 17, 1955, quoted in *South to the Nakdong, North to the Yalu*, p. 85; *the Forgotten War*, p. 110.

214) 7월 11일 극동 미군사령부는 마틴 대령에게 한국전에서 최초로 십자무공훈장(the Distinguished Service Cross Medal)을 추서하였다. *South to the Nakdong, North to the Yalu*, p. 87.

평택·천안지역 전투(1950. 7. 5.-7. 8.)

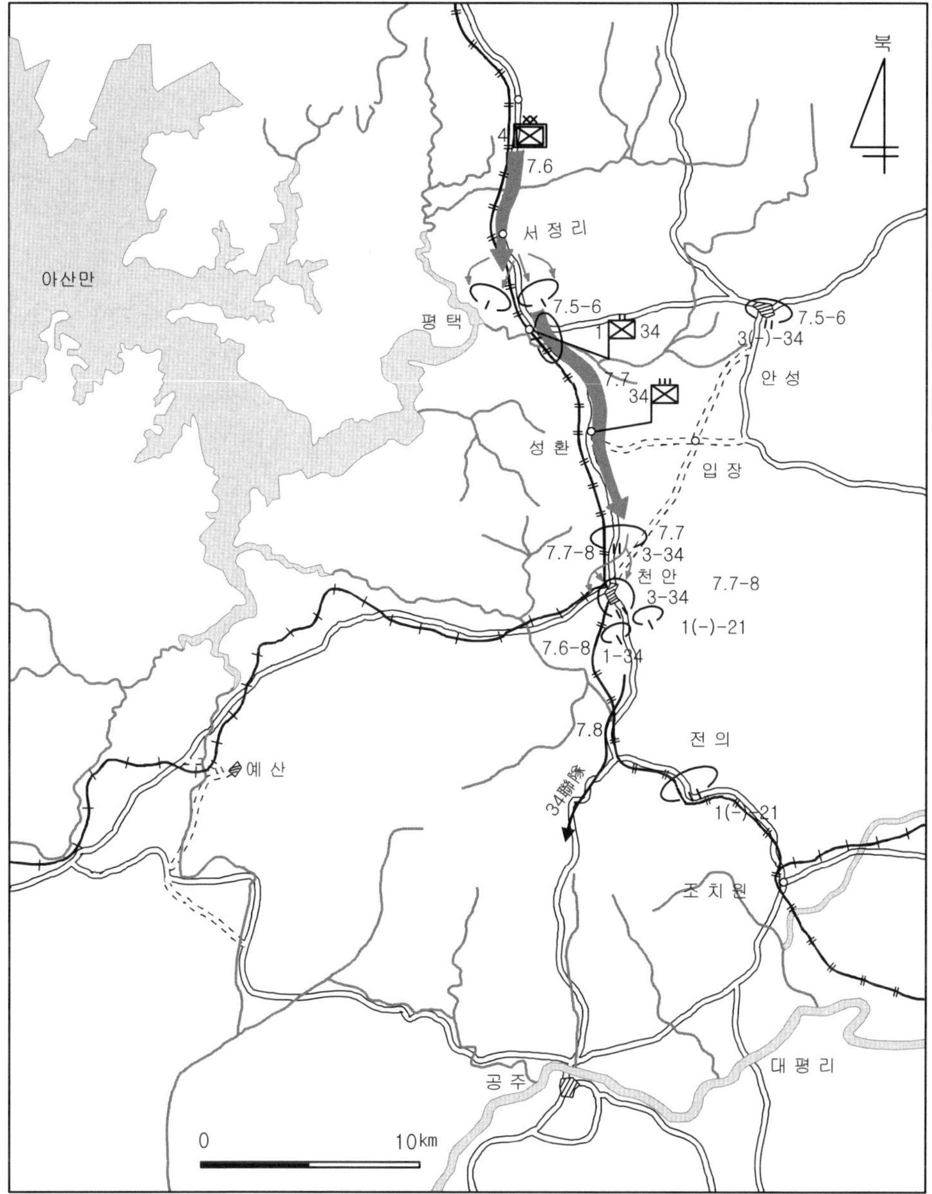

대전에 도착한 워커 중장은 차 한잔 나누지도 않고 일본으로 돌아갔다.[215]

딘 소장은 34연대장에 부연대장 웨들링턴(Robert L. Wadlington) 중령을 임명하고 공주(公州)지역의 금강(錦江)선으로 철수하여 방어선을 구축하도록 하고 21연대는 경부국도상

215) *전쟁과 휴전*, pp. 72-3; *South to the Nakdong, North to the Yalu*, p. 88.

조치원(鳥致院)에서 최대한 지연전을 수행하도록 조치하였다. 그리고 딘 소장은 사단의 19연대를 투입하여 금강선에서 북한군의 진격을 저지하려 하였다. 이로써 스미스부대에 의한 죽미령 전투에 이어 24사단 34연대의 평택·천안지역 전투도 막을 내리게 되었다.

34연대는 천안 전투에서 많은 병력과 장비를 잃어버렸다. 특히 3대대는 병력의 2/3가 전사하거나 실종되어 175명만이 천안을 빠져 나올 수 있었으며, 박격포와 기관총은 물론 많은 개인 화기조차도 상실된 상태에 있었다. 대대의 작전장교가 전사하고 대대장을 대신하여 대대를 지휘하던 연대 작전장교가 포로가 되는 상황이 벌어졌으며, 무엇보다도 34연대는 연대장(Jay B. Loveless 대령)이 전투 현장에서 교체되었을 뿐만 아니라 교체된 연대장(Robert R. Martin 대령)이 천안 시내에서 북한군 전차포에 맞아 전사하는 사태가 발생하였다. 병사들이 제대로 싸우려들지 않고 훈련도 제대로 되지 않은 상태에서 지휘관들이 전방에 나서게 되었고, 이에 따라 지휘관이 좋은 표적이 되었던 것이다. 평택·천안지역 전투가 34연대의 패배로 끝나게 되자 북한군의 전력을 과소 평가하던 현지의 사단장은 105mm 대전차포탄과 3.5″로켓포를 긴급하게 요청하였다. 이제 미군도 한국군이 왜 북한군의 초기 진격을 저지하지 못했는가 하는 이유를 알게 되었다.

(3) 전의·조치원지역 전투

천안(天安)을 포기한 24사단장은 금강(錦江)선에서 북한군의 전진을 저지하기 위해서 7월 8일 오후 금강 방어에 필요한 작전 명령을 하달하였다. 총력을 다하여 금강선을 방어함으로써 최대한 지연전을 감행한다는 점을 밝힌 사단 작전 명령은 34연대로 하여금 공주(公州)에 이르는 도로상에서 북한군의 전진을 지연시키고, 21연대는 조치원(鳥致院) 북방에서 북한군의 전진을 저지하도록 하였다. 사단장은 11포병대대의 155mm 1개 포대, 78전차대대(M-24 경전차)의 A중대와 3전투공병 B중대로 하여금 21연대를 직접 지원하도록 조치하였다. 그리고 3전투공병대대는 34연대가 담당한 공주 북방 도로에 전차 장애물을 설치하고 금강을 지나는 모든 교량을 폭파할 준비를 갖추도록 하였다. 특히 21연대는 조치원 고수(固守)는 물론 청주(淸州)지역의 한국군 좌측방을 보호하는 임무도 부여받았다. 24사단장은 금강에 이르는 북한군의 진격을 최대한 지연시키고 금강 남쪽에서 저지선을 형성하여 대전(大田)을 끝까지 고수하려 하였다.[216]

조치원(鳥致院) 고수 임무를 부여받은 21연대장은 3대대를 조치원 북방 미곡리(美谷里)에 배치하고, 34연대를 지원하기 위하여 천안 남쪽에서 진지를 편성하고 있던 1대대(A, D중대)를 전의(全義) 남쪽의 경부국도상 동서 고지에 진지를 편성하여 3대대 진지 북방에서 북한군의 전진을 일차로 지연시키도록 하였다. 21연대는 7월 9일 오전까지 저지 진지 구축을 완료하고, 3대대는 81mm 박격포와 4.2″박격포 기점 사격을 완

216) *South to the Nakdong, North to the Yalu*, p. 90.

료하였으며, 공병은 진지 전방의 교량을 폭파하여 북한군 전차의 진격을 저지하려 하였다.

북한군의 공격은 7월 9일 정오경에 시작되었다. 11대의 전차를 앞세운 북한군 병사 200-300명이 21연대 1대대지역으로 접근해 왔다. 이에 전방 관측장교의 요청으로 이들에 대한 항공 폭격과 포격이 가해졌다. 5대의 전차가 파괴되고 천안-전의 간 도로를 따라 이동하던 200여 대의 차량 중 100여 대가 불에 타면서 이날 북한군의 공격은 일단 정지되었다. 7월 10일 아침 짙은 안개가 걷힐 무렵에 북한군은 전차를 이동시켜 진지 정면에 공격을 가하면서 좌우로 보병이 공격해 왔다. 연대장의 진두 지휘 아래 21연대 1대대는 박격포, 포병, 항공기의 지원을 받고 싸웠으나 대대의 A중대가 북한군의 집중 공격으로 1/3이 희생되었다. 연대장은 할 수 없이 20%의 병력을 잃은 1대대 병력과 같이 철수하였다. 그러나 논으로 철수하는 도중에 유엔군 항공기의 공격을 받아 죽을 고비를 넘기기까지 하였다. 연대장은 1대대를 조치원으로 철수시키고 후방에 있던 3대대 병력을 동원하여 북한군이 재편성을 완료하기 전에 빼앗긴 1대대 진지를 탈환하도록 하였다. 3대대는 한국 전선에서 최초로 전차의 지원을 받으면서 반격 작전을 수행하여 1대대 진지를 탈취하였다. 그러나 거기에서 1대대 병력은 손이 뒤로 묶인 채 살해된 6명의 미군 병사들의 죽음을 확인하고 북한군의 잔인함을 목격하기도 하였으나, 1대대가 버리고 간 대부분의 장비를 확보하였다. 이 반격 작전에서 최초로 한국 전선에 투입된 미군 전차(M-24 경전차)는 북한군 전차 1대를 파괴하였으나 2대를 잃어버리는 신통치 않은 전과를 거두기도 하였다. 21연대가 34연대 뒤를 이어 경부국도에 투입되어 치른 전투는 7월 10일 오전 1대대가 철수하고 3대대가 역습을 통하여 1대대 진지를 탈환하는 것으로 일단락지어졌다.[217)]

7월 10일 오후는 유엔군 공군에게 주어진 반나절이었다. 평택의 파괴된 교량 북쪽에 북한군 전차와 차량이 늘어서 있다는 보고를 받은 5공군은 B-26폭격기, F-80 · F-82 전투기 등 모든 가용한 항공기를 동원하여 이를 폭격하였다. 전방 관측장교는 38대의 전차, 7대의 장갑차, 117대의 트럭, 그리고 많은 수의 북한군 병력이 살상되었다고 보고하였다. 7월 10일 오후의 폭격 결과는 관측장교의 보고가 약간 과장되었다고 하더라도 한국전 개입 이래 한번의 공격으로 최대의 전차를 파괴한 유엔 공군의 쾌거로 기록되었다. 그리하여 7월 10일은 한국 전선에 미국 전차가 최초로 투입된 날이기도 하였고, 유엔 공군이 한국전 개입 이래 한차례 공격으로 최대의 전과를 거둔 날이기도 하였다.[218)]

---

217) *South to the Nakdong, North to the Yalu*, pp. 90-4.

218) *前揭書*, pp. 94-5. 실로 미 공군, 해군, 해병 항공기와 오스트레일아 공군기로 구성된 유엔 공군은 미 지상군이 개입하기 전에 한국군을 지원해온 유엔군이었다. 유엔 공군은 7월 3일 큐슈의 이타즈케(Itazuke) 공군기지에 연합작전센터(Joint Operations Center)를 설치하여 한국작전을 지원하게 되었다. 이 센터는 7월 5일 대전으로 이동하였다가, 7월 14일 대구로 이동하였고, 7월 20일에는 중 통신장비를 보급받고 전술항공통제소로 확대되어 5공군 전방사령부로서의 기능을 수행하게 되었다. 최초 5공군은 T-6연습기를 사용하여 적지에서 표적을 탐지하고 이를 지상이나 공군 조종사에게 알려주어, 지상 포화를 유도하고 전폭기가 표적을 탐지하는 역할을 수행하였다. 최초에 5공군은 F-51 전폭기를

7월 10일 오후 유엔 공군의 폭격으로 북한군의 공세가 주춤했으나, 21연대장은 북한군의 공격이 곧 있을 것이라는 판단을 하고 1대대 진지를 탈환한 3대대 병력을 자정 이전에 1대대 진지 후방에 위치한 원 진지로 철수시켰다. 한편 조치원으로 철수한 21연대 1대대 A, D중대는 대전에서 205명의 보충병을 충원받고 7월 11일 새벽에 조치원으로 올라온 B, C중대(스미스부대 보병)와 합류하여 완전한 대대의 모습을 갖추게 되었다. 스미스(Charles B. Smith) 중령은 한국전에서 최초로 모아진 1대대를 지휘하여 7월 11일 아침 7시 30분경 조치원 북방 3km 지점, 3대대 진지 후방 6km 지점에 저지진지를 편성하였다. 이로써 21연대 1·3대대는 조치원 고수를 위한 방어 편성을 마쳤다.

북한군 4사단을 초월한 3사단은 안개가 자욱하게 덮인 7월 11일 새벽 6시 30분 21연대 3대대 진지에 대해서 공격을 가해 왔다. 전차를 앞세우고 박격포를 쏘아대며 병력을 양측방으로 우회시켜 3대대 진지를 유린하였다. 치밀한 공격 준비와 잘 협조된 공격을 감행한 북한군 3사단 병력의 공격에 대항하여 3대대는 필사적인 저항을 하였으나, 대대장과 정보장교가 전사하고 작전장교와 인사장교가 실종되어 지휘 체계가 무너졌다. 3대대는 60% 이상의 병력 손실과 90% 이상의 장비와 무기를 잃어버린 후에 조치원으로 철수하였다. 7월 12일 새벽에 북한군 2,000여 명이 1대대를 공격하였다. 이에 연대장은 더 이상의 피해를 줄이기 위하여 병력이 열세한 가운데 신병이 다수를 차지하고 있던 1대대를 철수시키고 이를 사단장에게 보고하였다. 이에 따라 21연대는 조치원에서 철수하여 7월 12일 오후 4시까지 금강(錦江) 이남으로 철수를 완료하였다. 그러나 이 시간 2개 대대로 구성된 연대의 병력은 325명에 불과하였으며 3대대 병력은 64명뿐이었다. 계속 철수병력이 도착하여 숫자가 늘어났으나 병력의 부족은 메울 수가 없었다.[219]

한편 전의(全義)지역의 전투 이후에 공주(公州)로 공격 방향을 잡은 북한군 4사단은 34연대를 추격하고 있었다. 34연대 1대대가 철수를 엄호하고, 78전차대대에서 배속된 4대의 M-24전차가 철수를 돕고 3전투공병대대 D중대가 철수로를 따라 폭파를 담당하였으며, 3대대와 63포병대대가 철수를 선도하고 있었다. 그러나 7월 11일 오후, 북한군은 3대의 전차를 파괴하였다. 2대는 북한군 포병 사격으로, 1대는 북한군 보병에 의해서 파괴되었다. 이러한 과정을 거쳐 34연대본부와 63포병대대는 7월 12일 금강을 건넜고 엄호를 맡은 1대대는 저녁에 금강을 건너 금강 남쪽에 진지를 구축하였다. 그리고 북한군이 교량을 건너기 시작하면 금강교를 폭파하라는 사단장의 명에 따라 L중대로 하여금 금강교를 지키게 하고 전초를 설치하였다.[220]

이로써 24사단 병력은 금강을 따라 방어선을 구축하였다. 그러나 이 방어선은 약하기가 이를 데 없었다. 원래 예산 절감으로 인하여 사단의 각 연대는 2개 대대만으로

사용하여 근접지원 임무를 수행했으나, 후에 F-80·82 등의 제트 전투기를 동원하였다. 이에 부가하여 5공군은 B-26·29 등을 동원하여 후방 차단과 근접지원 임무까지 수행하였다. *前揭書*, pp. 95-6.

219) *South to the Nakdong, North to the Yalu*, pp. 98-100.

220) *前揭書*.

편성되었고 이들마저 감소 편성되어 있었다. 그리고 이들 병력은 계속되는 전투로 인하여 많은 병력이 손실되었으나 보충은 거의 이루어지지 않고 있었다. 이러한 상태에서 많은 장비와 무기마저 버리고 철수를 계속하여 미 24사단의 전력은 말이 아니었다. 그리하여 24사단장은 포항에서 한국군의 작전을 지원하고 있던 19연대와 13포병대대를 대전으로 이동시키는 조치를 취하여 사단의 전력을 강화하려 하였다. 그러나 24사단은 경부국도를 따라 남진하는 북한군 정예 3, 4사단과 105전차사단의 공격을 막아 이를 지연시킴으로써 북한군의 신속한 남진을 저지하면서 한국군의 철수와 재편성을 위한 시간을 벌어 주고 있었다.

2) 중동부지역 지연전

미 지상군이 경부국도상에서 지연전을 펼치게 되자 한국군은 중동부전선을 맡게 되었다. 한국군은 미군이 평택-안성선을 지켜 주기를 기대하면서 7월 5일 평택에서 1군단을 창설하였다. 한강선 방어에 투입되었던 혼성사단들을 통폐합하여 수도사단, 1사단, 2사단으로 편성하고, 군단장(金弘壹 소장)과 사단장(수도: 金錫源 준장; 1: 白善燁 대령; 2: 李翰林 대령)을 임명하였다. 그리하여 경부국도에서 지연전을 수행하는 미군의 우측방에 1군단, 충주지역에 6사단, 단양 지역에 8사단, 동해안지역에는 3사단 23연대가 지연전을 실시하게 되었다. 새로 편성된 1군단 군단장은 미군의 우측방을 방어하기 위하여 7월 7일 군단사령부를 성환에서 청주로 옮기고 수도사단을 진천지역에, 1사단을 음성지역에 투입하여 진천-음성 사이에 강력한 방어선을 구축하고 2사단을 군단예비로 삼았다. 6사단과 8사단은 각각 독자적인 작전을 수행하여 충주와 단양지역에서 북한군의 남진을 저지하려 하였고, 23연대는 동해안에서 북한군의 전진을 막고 있었다. 그러나 넓은 정면을 부족한 병력으로 방어해야 하는 한국군의 고충은 이만 저만이 아니었다.

한편 북한군은 초전(初戰) 승리의 전과를 확대하면서 미군의 참전으로 빚어진 새로운 상황을 타개하기 위한 조치로 김일성이 전쟁 수행을 총괄하고, 전선사령부(前線司令部)를 창설하여 작전을 독려함으로써 최대한의 공격 속도를 유지하려 하였다. 그리고 북한군은 "적들에게 숨돌릴 사이를 주지 않고 련속적인 타격을 가하여 금강과 소백산줄기 계선을 유지하려는 미제 침략군의 기도를 파탄시키고 적의 기본 집단을 대전과 소백산 줄기의 동남부에서 각개 포위 소멸함으로써 남해와 대구 방향으로 신속히 진출할 수 있는 유리한 조건을 마련하는 것"이라는 목표와 작전 개념을 설정하고, 이를 구체화시키려 하였다.[221] 이러한 작전 목표와 개념을 실천에 옮기기 위하여 북한군은 3·4사단과 105전차사단을 경부국도상에서 주공으로 진출시키고 주공의 우측인 서

221) *조선전사*, *25*, p. 169.

해안으로 6사단, 주공의 좌측으로 2·15·1·13·8·12사단으로 중부전선을 압박하면서, 5사단과 766부대 요원을 동해안 및 태백산 줄기에 투입하였다.

이와 같이 중부 및 동부전선에서는 "최대한 타격을 주면서 신속하게 진격하여 한국군을 소멸시킨다"는 북한군의 작전 개념과 "북한군의 진출을 저지시켜 유엔군의 증원하에 전세를 반전시킨다"는 한국군의 작전 개념이 맞서게 되었다.

(1) 진천·청주지역 전투

경부국도를 미군에게 맡기고 미군의 우측 방어를 담당한 한국군 1군단은 수도사단을 진천(鎭川), 1사단을 음성지역에 투입하여 북한군의 남진을 저지하려 하였다.

북한군 2사단은 춘천 전투에서 심한 피해를 입었으나 병력을 보충받아 1만 2,000명의 인원과 전차 10대, 자주포 12문, 122mm 곡사포 26문 등 각종 포를 장비하고 진천 북방으로 접근하고 있었다.[222] 북한군 주공 좌측으로 남하하는 북한군 2사단은 진천-청주를 거쳐 대전의 우측방을 위협하려 하였다. 7월 6일 진천으로 이동한 수도사단은 이천(利川)에 배치되었던 6사단 19연대를 밀치고 진격하고 있던 북한군 2사단의 남진을 저지하기 위하여 재편성이 완료되지 않은 1연대를 진천 북단 백곡천(栢谷川)에 배치하여 급편 진지를 구축하도록 하고, 이동중인 8·18연대를 진천 남쪽 봉화산과 문안산에 배치하려 하였다. 특히 7월 7일 새로 부임한 사단장(金錫源 준장)은 1연대를 진두지휘하여 방어에 임했으나, 7월 8일 북한군 2사단의 공격을 받은 1연대는 진천을 포기해야만 하였다. 진천을 북한군에게 넘겨준 수도사단은 현지에 도착한 8·18연대와 증원된 군단 예비 2사단 20연대와 육군본부로부터 지원된 17연대(-), 독립기갑연대, 1포병단 1개 포대(105mm 4문)로 진천 남쪽에서 방어선을 구축하였다. 사단장은 18연대를 문안산, 8연대를 봉화산, 2사단 20연대를 봉화산 우측, 그리고 독립기갑연대를 중앙 잣고개에 배치하고, 17연대(-)를 사단 예비로 삼아 방어 편성에 들어갔다.[223]

그러나 북한군 2사단은 수도사단의 방어 진지 구축을 허용하지 않고 7월 9일 아침, 공격을 가해 왔다. 진두 지휘를 한 사단장은 후퇴와 행군에 지친 병력을 이끌고 방어에 임하였으나, 결국 수차례의 접전 후에 주 저항선인 문안산-봉화산을 포기하고 후퇴하였다. 이에 사단장은 공격이 최선의 방어라는 개념 아래, 진천을 탈환하기 위한 반격작전을 실시하였다. 사단장은 8연대를 좌, 1연대를 우, 기갑연대를 중앙으로 투입하고 17연대(-)와 20연대를 양측방, 18연대를 사단 예비로 하고, 2사단의 16연대를 우측방에 추가 투입하여 반격을 실시하였다. 사단장의 진두 지휘하에 수도사단은 봉화산, 문안산을 다시 탈취하고 북한군의 역습을 18연대를 투입하여 격퇴하였다. 그 날 자정 무렵, 북한군 2사단의 집요한 반격이 실시되어 문안산을 빼앗기고 다시 빼앗는 접전을

222) "Interrogation Reports, North Korean 2nd Division, 손대광 소좌, 19 Sept. 1950," 國防軍史硏究所 所藏.
223) *韓國戰爭(上)*, pp. 216-7.

진천 · 청주지역 전투(1950. 7. 6.~7. 12.)

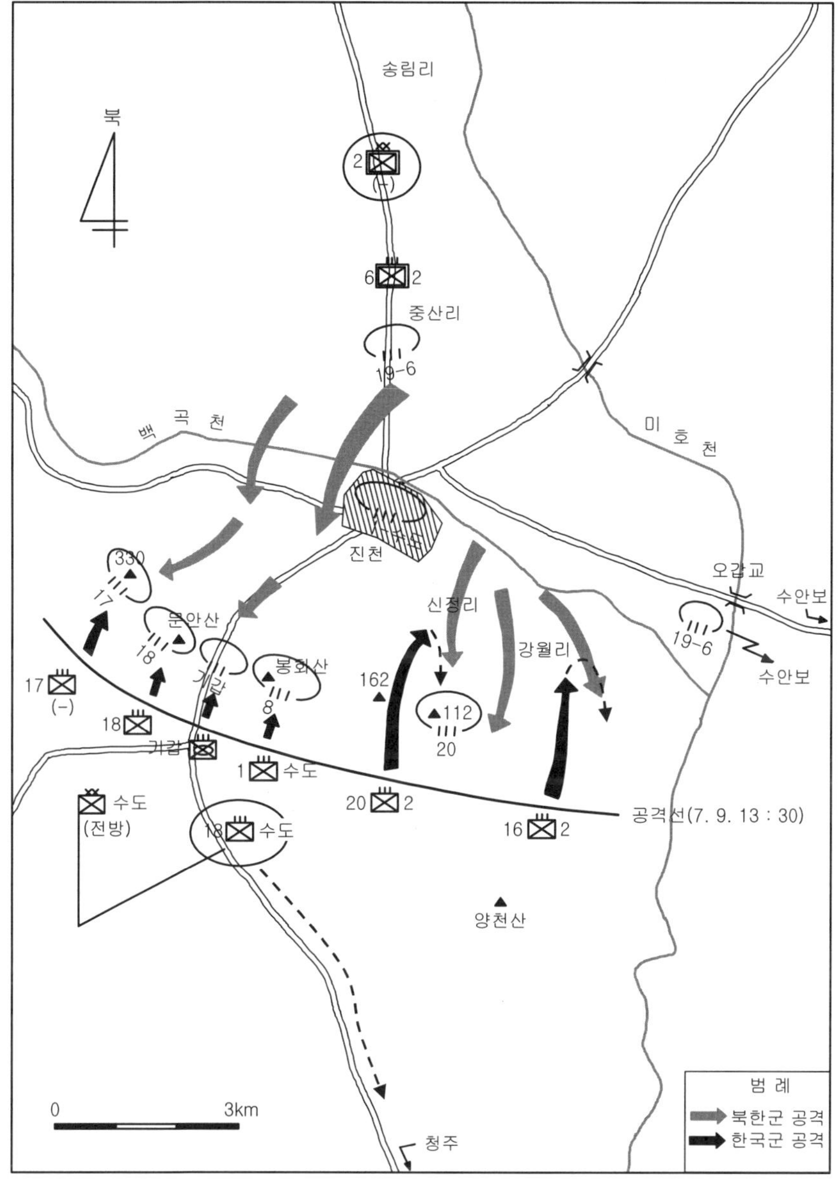

치렀다. 일단 주 저항선을 회복하고 이를 확보한 수도사단은 진천의 탈환을 계획하고 있었다. 그러나 청주로 철수하라는 군단의 명령에 따라 수도사단은 7월 10일 저녁에 17연대(-)와 20연대의 엄호하에 청주로 철수하게 되었다.

수도사단이 철수를 서두르고 있을 무렵 북한군 2사단장(崔賢 소장)은 병력을 우회시켜 수도사단의 배후를 차단하려 하였다. 그러나 이때, 지원 요청을 받은 B-26, B-29편대가 출동하여 진천과 신정리 일대를 1시간 이상 폭격하여 공격 대열을 와해시켰고, 뒤이어 F-51전투기가 출격하여 네이팜탄을 투하하여 수도사단의 철수를 엄호하였다. 유엔 공군기의 엄호를 받고 철수한 수도사단은 청주 북쪽 미호천(美湖川) 남방에 8, 1, 18연대를 배치하여 급편 진지를 편성하였다. 수도사단의 후퇴를 알아차린 북한군 2사단은 11일 아침 미호천까지 진출하였다. 수도사단은 항공 지원과 군단 포병 지원을 요청하여 이들의 집결지를 강타하였으나, 이미 미군이 조치원에서 철수한 상황에서 청주의 방어는 많은 희생이 뒤따를 것이라고 판단하고 군단은 수도사단을 청주 이남으로 철수시키기로 하였다. 이에 따라 수도사단은 7월 13일에 미호천 진지를 떠나 청주 남쪽으로 철수하였다.

(2) 음성·괴산지역 전투

음성(陰城)은 북으로 장호원(長湖院)에서 증평(曾坪)과 충주(忠州)로 이어지는 교통의 요지로서 북한군의 주요 점령목표가 되었다. 북한군 15사단(朴成哲 소장)은 7월 3일 장호원에 투입되어 48, 49연대를 전방에 전개하고 50연대를 예비로 확보하여 음성을 점령하려 하였다. 2군단 예비로 있다가 투입된 15사단은 1만 명의 병력과 장갑차 20여 대, 122mm 곡사포 12문 등 각종 포를 보유하고 있었으나 훈련 정도와 전투 경험은 부족한 상태에 있었다. 그러나 그동안 전투 손실이 많았던 한국군 사단들과는 달리 완전한 편제를 유지하고 있었다.224)

재편성된 1군단 1사단이 맡게 될 음성지역은 6사단 7연대가 북한군 15사단과 접촉을 유지하고 있었다. 6사단 7연대는 7월 4일 장호원, 충주로 남하하는 15사단의 남진을 저지하고 장호원을 확보하라는 명령을 받고, 우선 2대대를 진출시켰다. 2대대는 동락리(同樂里)에서 북한군과 조우하게 되자, 연대장은 북한군이 이미 무극리(無極里)와 생극(笙極)까지 진출한 것으로 판단하였다. 그런데 7월 5일 연대는 1개 대대를 진천(鎭川)에 진출시켜 이천(利川)에서 철수하는 19연대를 지원하라는 명령을 받아 장호원 쪽으로 향하던 2대대를 진천으로 전환시키고 1대대를 무극리, 3대대를 생극을 공격하도록 하였다. 이러한 상황에서 수도사단이 진천으로 진출하자, 2대대는 7연대로 복귀하여 연대 예비가 되었다. 이와 같이 1사단이 음성지역에 도착할 때까지 6사단 7연대가 음성지역을 지키고 있었다.225)

북한군 15사단과 한국군 6사단 7연대 병력은 7월 5일 무극리에서 음성에 이르는 도로상 기름고개와 생극(笙極)에서 신양리(新陽里)에 이르는 도로상 동락리에서 조우하게 되었다. 7월 6일 1대대는 무극리를 점령하였으나 북한군의 공격을 받아 기름고개로 물러나고, 동락리에서 북한군의 공격을 받은 3대대도 7월 6일 후퇴하여 가엽산(加葉山,

224) 15사단은 남한에서 징집한 병사들도 포함되어 있어 사기는 높은 편이 아니었다. "Interrogation Reports, North Korean 15th Division, 장기화 전사, 20 September 1950," 國防軍史硏究所 所藏.

225) 國防部 戰史編纂委員會, *鎭川-化寧場戰鬪*(1991), p. 131.

710고지) 남쪽 290고지를 점령하여 신양리를 지키고 있었다. 상황이 이렇게 전개되자, 7연대장은 3대대장을 질책하고 2대대를 동락리 남쪽 부용산(芙蓉山, 644고지)에 배치하여 중앙을 강화하면서 1대대지역에는 사단으로부터 지원받은 19연대 2대대를 증원하여 방어를 강화하였다. 한편 북한군 15사단 병력은 동락리에서 3대대가 철수했다는 주민들의 제보와 신양리까지 정찰한 결과 한국군이 없다는 사실을 확인하고, 7월 6일 밤부터는 경계를 소홀히 하고 동락리에서 숙영한 후 7월 7일 새벽 다시 남진을 준비하고 있었다.

동락리에서 철수했다고 연대장의 질책을 받은 3대대장은 정찰 활동을 통하여 동락리와 신덕저수지에 북한군이 있다는 사실을 확인하고 이를 공격할 준비를 갖추고 있었다. 날이 밝아지자 3대대 9중대는 동락리 서남쪽 용원리(龍院里)에서 이동하는 북한군의 선두 차량을 공격하였다. 북한군은 소규모의 한국군이 공격하는 것으로 판단하고, 첨병 중대만을 투입하고 주력부대는 경계 조치도 취하지 않은 상태에서 차량에 탑승한 채 대기하고 있었다. 이에 3대대는 측방에서 이들을 공격하였다. 이때 총성을 들은 2대대도 동락리 앞 도로에 병력을 가득 태운 북한군 차량을 관측하고, 이를 공격하였다. 방심하고 있던 북한군 15사단 병력은 6사단 7연대 2, 3대대의 기습공격을 받자 저항을 할 엄두도 내지 못하고, 차량과 장비를 버리고 분산·도주하였다. 북한군이 버린 차량에는 박격포, 기관총 등 많은 공용 화기와 탄약이 그대로 남아 있어서 7연대는 많은 장비를 노획하였으나, 정오경에 북한군이 역습에 나서자 7연대 2, 3대대는 명에 의해 동락리 남쪽으로 철수하였다. 그러나 북한군은 7월 7일 밤 "한국군이 철수했다"는 허위 제보를 했다는 이유로 많은 부락민을 학살하는 잔인한 행위를 자행하기도 하였다.[226)]

동락리(同樂里) 전투 결과 6사단 7연대는 북한군 15사단 48연대에게 치명적인 타격을 입히고, 연대 군수참모를 비롯한 포로 132명을 포획하고 각종 포 54문, 차량 75대 등을 노획함으로써, 개전 후 최대의 승리를 거두었다. 동락리 전투를 통하여 한국군은 병력과 장비의 열세에도 불구하고 북한군을 섬멸할 수 있다는 자신감을 갖게 되었다. 이 전투 결과 한국군이 노획한 무기와 장비를 통하여 북한군은 소련이 무장시켰다는 사실이 백일하에 드러나게 되었다. 동락리 전투에서 세운 전공(戰功)으로 6사단 7연대는 대통령 부대 표창을 받았고 7연대 장병은 1계급 특진의 영예가 주어졌다.[227)] 이승만(李承晚) 대통령도 "이 전과는 표창하는 것만으로 끝날 것이 아닙니다. 무궁토록 기념해야 됩니다. 그리고 싸움에서 전사한 장병과 부상한 장병에게는 더 많은 상을 주도록 해야 할 것이오. 나는 이 같은 기쁜 소식이 반드시 있을 것이라고 믿고 있었는데 비로소 소원을 풀었구먼. 참으로 장하고 훌륭한 용사들이오"라고 말하면서 기쁨을 감추지 않았다.[228)] 전쟁 상황에서 승리만큼 귀한 것은 없었다.

---

226) *洛東江에서 楚山까지*, pp. 169-79.
227) *전쟁과 휴전*, pp. 73-4; *洛東江에서 楚山까지*, pp. 180-2.

음성 · 괴산지역 전투(1950. 7. 5.-7. 11.)

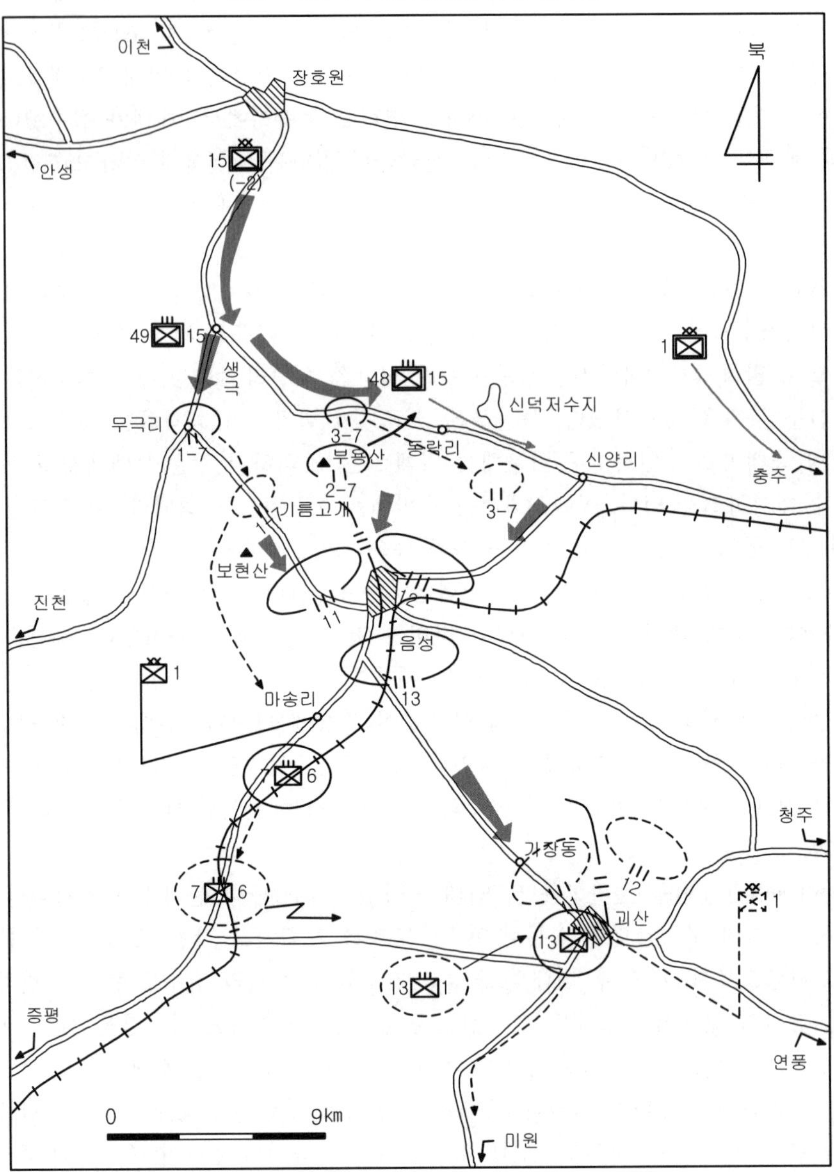

음성지역을 방어하라는 명령을 받은 1사단은 증평(曾坪)에서 정비를 마친 다음에 7월 8일 15시부로 7연대로부터 음성지역을 인수하여 방어 태세를 갖추었다. 1사단장은 음성을 중심으로 무극리로 통하는 도로를 포함한 서쪽에 11연대, 신양리에서 음성에 이르는 동쪽에 12연대, 그리고 13연대를 음성 남쪽에 예비로 확보하고 음성 방어에 임

228) *전쟁과 휴전*, pp. 73-4에서 인용.

했다. 1사단의 전개가 완료되자 7연대는 18시경 음성 남쪽으로 철수하여 1사단 좌측방을 엄호하였다. 북한군 15사단 49연대 병력은 7연대가 철수하자, 한국군이 철수한 것으로 판단하고 11연대지역으로 종대 대형으로 접근하다가 105mm 곡사포 등의 사격을 받고 분산하였다. 1사단이 북한군 15사단의 최초 접근은 막아냈다.

그러나 북한군 15사단은 7월 9일 새벽에 무극리-음성, 중앙 산악 지대, 신양리-음성 간 접근로를 이용하여 공격을 개시하였다. 15사단은 음성 동서쪽에 배치된 11연대와 12연대 정면으로 장갑차 8대의 지원하에 2개 연대 병력을 투입하였다. 1사단은 이 공격도 저지 사격과 역습으로 격퇴하였다. 그러나 7월 10일 새벽 북한군 15사단은 다시 공격을 개시하였다. 11연대 정면이 돌파되기 시작하여 1사단이 위험한 지경에 처하게 되었다. 이때 군단은 서쪽의 전선이 청주로 남하하고 동쪽도 수안보 부근으로 남하하자, 1사단에게 지연전을 실시하면서 괴산을 경유하여 미원(米院)으로 철수하라는 명령을 하달하였다. 이에 따라 1사단은 7월 10일 낮부터 13연대의 엄호하에 철수를 개시하여 괴산 북쪽에 새로운 방어 진지를 편성하고, 이 때까지 1사단을 지원하던 7연대도 6사단으로 복귀하였다. 북한군 15사단은 11일부터 괴산의 1사단 방어 진지를 공격하여 12일에는 1사단 좌측방에서 격전이 벌어졌다. 상황이 이렇게 전개되자 1사단은 12일 밤에 미원으로 철수하였다.[229] 이로써 6사단 7연대와 1사단이 치른 음성지역 전투는 7연대가 거둔 동락리(同樂里)의 쾌거에도 불구하고 한국군의 음성 포기로 막을 내렸다.

(3) 충주 · 수안보지역 전투

한국군과 미군의 연합전선이 형성될 무렵 충주(忠州)지역의 방어는 6사단 2연대(-)가 단독으로 맡고 있었다. 6사단은 홍천에서 철수하여 7월 3일 충주에 집결하였으나, 시흥지구 전투사령부 병력의 우측방을 보호하라는 육본의 명령에 따라 19연대(+)와 7연대가 이천과 여주 방면에서 엄호 작전에 투입되었기 때문이었다. 2연대는 원주-충주 간 접근로에 방어 중점을 두고 남한강을 연하여 1대대를 서쪽, 3대대를 동쪽에 배치하고 수색중대를 계명산 동쪽에 배치하여 방어 진지를 구축하였다. 예비대도 없이 21km의 광정면에 배치된 6사단 2연대는 춘천과 홍천에서의 선전(善戰)으로 사기는 매우 높았으나, 중부지역에서 동과 서, 그리고 남과 북을 잇는 교통의 요새인 충주를 1개 연대(-) 2,000여 명의 병력으로 방어한다는 것은 실로 힘든 임무였다.

충주를 점령하기 위하여 남하하고 있던 북한군 12사단(崔忠國 소장)은 30, 31, 32연대를 가지고 있었고, 병력은 9,000명 정도였다. 북한군 1사단도 이천과 여주를 거쳐 1개 전차연대의 지원을 받으며 충주로 향하고 있었다. 북한군은 2개 사단을 집중하여 충주를 신속하게 점령하고 12사단을 단양(丹陽)으로 전용하여 동부지역의 작전을 지원하려 하였다. 이러한 북한군의 진격 계획에 따라, 충주를 방어하고 있던 6사단 2연대

229) *鎭川-化寧場戰鬪*, pp. 173-81.

(-)는 북한군 2개사단의 공격을 막아내야만 하였다.

북한군 12사단은 7월 7일 정찰대로 한국군의 배치를 정찰한 다음 자정을 기하여 집중적인 공격 준비사격을 실시하고 충주 북방에 배치된 2연대 3대대 진지를 강타하였다. 안개가 자욱하게 낀 가운데 북한군은 전날 미리 준비해 놓은 도선장의 배를 이용하여 소대, 중대 규모로 3대대 전방에 병력을 도하, 침투시켰다. 북한군의 강도 높은 공격 준비 사격으로 피해를 입은 3대대는 중앙과 좌우에서 공격을 받았다. 2연대는 계획된 화력을 집중하면서 북한군의 침투를 저지하였으나, 3대대 좌측에 배치된 1대대 지역과 3대대 좌측에 북한군의 압력이 가중되어 3대대의 좌측이 무너지기 시작하였다. 한편 동측방에서 계명산(雞明山, 775고지)을 우회하여 침투한 북한군 병력은 수색중대가 가까스로 저지하였으나 북한군이 2연대 후방을 차단하여 충주를 점령하려 하였다. 이에 연대장은 증평에 위치한 사단장에게 병력 증원을 요청하는 한편 3대대를 2km 후방의 저지 진지로 후퇴시키고 1대대는 음성에서 충주에 이르는 접근로를 잘 지키도록 지시하였다. 2연대의 긴박한 상황을 보고받은 사단장은 19연대를 지원하던 2연대 2대대를 원대 복귀시키고 19연대의 1개 대대도 지원하도록 조치하였다. 그러나 3대대와 수색중대 및 직할대도 북한군의 압력에 못이겨 충주 남쪽으로 후퇴하고 있었다. 이에 연대장은 1대대를 충주 남쪽으로 집결시키고 7월 8일 저녁 무렵에 도착한 2대대와 19연대 2대대로 7월 9일 05시에 충주를 탈환하려고 준비를 서둘렀다. 이때 충주를 점령한 북한군 12사단은 7월 8일 오후에 서울에서 충주로 진출한 북한군 1사단에게 충주를 인계하고 단양(丹陽)으로 진출하고 있었으며, 충주를 인수한 1사단은 109전차연대의 지원을 받아 남진을 준비하고 있었다.230)

충주에서 일어나고 있던 북한군 12사단과 1사단의 임무 교대를 알 턱이 없던 2연대장은 7월 9일 새벽에 1, 2대대와 19연대 2대대로 충주 탈환 작전을 개시하였다. 수회리에서 북쪽으로 진격한 2개 대대는 두룽산과 대림산을 점령하고 북쪽으로 진출하였으나 장갑차를 동반한 북한군 1사단 병력이 대대 사이의 도로를 돌파함으로써 퇴로가 차단되었다. 이에 연대장은 먼저 철수한 1대대와 예비로 있던 3대대로 하여금 수안보 방어를 강화하도록 하고 2대대는 최선을 다하여 수안보로 철수하도록 지시하였다. 한편 충주 우측방으로 우회시킨 19연대 2대대는 목벌리에서 식사를 하던중 단양으로 향하던 북한군 12사단 31연대의 공격을 받아 대혼란에 빠져 남한강에 뛰어들어 강을 거슬러올라가 수안보로 철수하였다. 이로써 6사단 2연대의 충주 탈환 작전은 실패하고, 2연대는 수안보의 방어 태세를 가다듬고 있었다.231)

6사단 2연대는 수안보지역의 방어 진지를 19연대에게 인계하고 수안보에 집결하여 재편성에 들어갔다. 이 때 유엔 공군기 1개 편대가 1시간 간격으로 두 차례 출격하여 북한군의 집결지를 강타하였고 북한군도 새로운 공격 준비를 하기 위한 준비에 들어가

230) *前揭書*, pp. 231-2.
231) *前揭書*.

충주 · 수안보지역 전투(1950. 7. 6.~7. 11.)

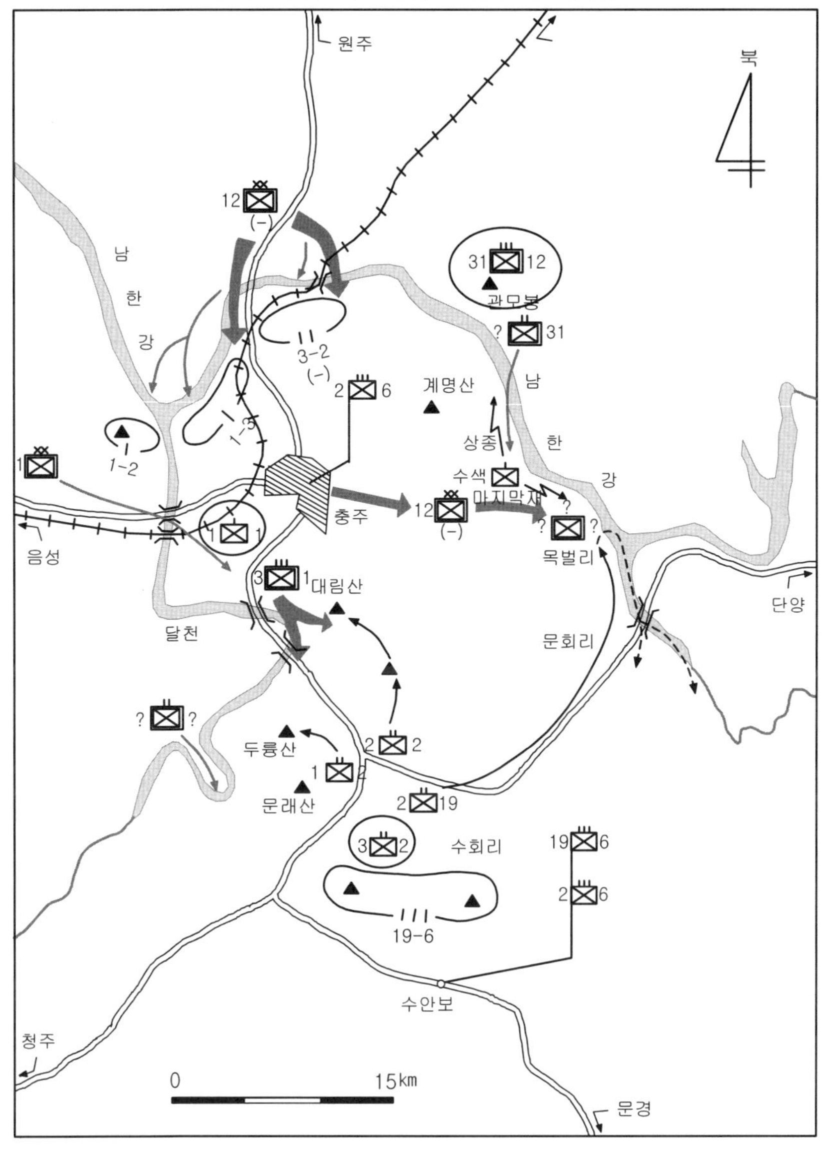

한국군과의 접촉을 하지 않고 있었다. 이로써 북한군은 충주를 점령했고, 북한군 1사단과 한국군 6사단은 또 다른 공격과 방어를 준비하고 있었다.

(4) 제천 · 단양지역 전투

동해안 강릉에서 대관령을 넘어 철수한 한국군 8사단은 제천에 위치하여 제천(堤川)과 단양(丹陽)에 이르는 중앙선 축선을 방어하고 있었다. 8사단장(李成佳 대령)은 7

월 2일 제천에 도착한 후에 10연대(+)를 원주 방향의 신림(神林)으로 추진시켜 원주에서 남진하는 북한군의 진격을 차단하고 21연대(-)를 평창과 영월에서의 북한군의 남진에 대비하고 있었다. 그러나 7월 4일 오후에 갑자기 충주로 이동하라는 전문을 접수하였다. 사단장은 중앙 축선을 비워 두고 충주로 이동하라는 명령에 의문을 품었으나, 통신망의 두절로 이를 확인할 길이 없었다. 8사단장은 제천에서 충주에 이르는 측방통로가 차단된 사실을 알고 전투로 지친 병사들을 이끌고 이 통로를 개척하여 충주로 이동하기보다, 7월 5일 02시에 철도를 이용하여 병력을 안동과 대구를 거쳐 충주로 향하게 하였다. 그리고 자신은 차를 몰아 대전의 육군본부로 달려가서 명령 하달 여부를 조회하였다. 8사단의 충주 이동 명령을 하달한 적이 없다는 사실을 확인한 사단장은 다시 제천을 확보하라는 명령을 받은 다음에 비행기로 대구에 가서 병력을 실은 기차를 돌려 7월 6일 18시에 단양으로 복귀하였다. 이때 단양의 남한강 교량은 공병이 폭파하였으나, 영월(寧越)에서 남하한 북한군 8사단의 전위(前衛)부대가 남한강 대안(對岸)까지 진출해 있었다. 결국 한국군 8사단은 충주로 이동하라는 잘못된 명령으로 제천을 북한군의 수중에 넘겨주고 단양에 방어 진지를 구축할 수밖에 없었다.[232]

단양에 도착한 8사단은 21연대를 남한강을 따라 서북방으로 배치하고, 10연대를 단양에 예비대로 보유하여 방어 진지를 편성하였다. 이때 8사단은 청년방위대원 500명을 포함하여 6,000여 명이었고 장비는 105mm 곡사포 13문을 포함하여 개전 초의 전력을 유지하고 있었다.

단양을 점령하려는 북한군은 8사단(사단장; 吳白龍 소장)으로서 7월 초 강릉에서 38경비 1여단을 근간으로 창설되어 예하에 81, 82, 83연대와 포병연대로 편성되었고, 병력은 1만여 명에 이르고 주요 장비는 122mm 유탄포 10문, 120mm 박격포 12문 등 각종 포를 보유하고 있었다.[233] 북한군 8사단은 남한강을 도하하여 국군 8사단을 격멸하고 안동(安東)을 조기에 점령할 목적으로 7월 6일 사단지휘소를 평동리(坪洞里)에 설치하고, 1개 연대를 남한강변에 추진해 놓고 있었다.[234]

단양(丹陽)지역에서의 접전은 한국군 8사단에 의해서 시작되었다. 피난민으로부터 북한군 8사단의 전방지휘소가 단양 북방 15km 지점인 매포리(梅浦里)에 추진되어 있고 경계도 소홀하다는 첩보를 입수한 8사단은 우선 1개 대대 병력으로 이를 공격하고 반격 작전을 실시하기로 계획하였다. 이에 따라 10연대 1대대는 7월 7일 23시에 단양을 출발하여 중방리(中坊里)에서 남한강을 도하한 후 7월 8일 04시경 평동리 바로 남쪽 고지까지 진입하여 북한군의 전방지휘소를 관측하였다. 매포초등학교에 위치한 북한군 8사단 전방지휘소에는 100여 필의 말과 10문의 소구경포, 소형 장갑차와 보급품을 실은 몇 대의 트럭이 있었다. 북한군은 전선이 12km 정도 떨어져 있다는 안도감에

---

232) *South to the Nakdong, North to the Yalu*, p. 104; *한국전쟁사*, pp. 282-3; 國防部 戰史編纂委員會, *丹陽-義城戰鬪*(1987), pp. 22-3. 그러나 8사단 충주 이동 명령의 착오 경위는 밝혀지지 않고 있다.
233) GHQ FEC, History of the North Korean Army, section 5, p. 66.
234) *韓國戰爭(上)*, pp. 227-9.

서 경계도 소홀히 한 채 잠에 취해 있었다. 1대대는 2중대를 주공으로 하여 삼면에서 공격을 감행하였다. 불의에 습격을 받은 북한군은 우왕좌왕하면서 분산, 도주하였다. 그러나 1대대는 주위에 집결해 있던 북한군 병력의 공격을 받아 20여 명의 사상자를 내면서 분산 철수하여 21시경 단양으로 복귀하였다. 매포리 기습 작전으로 10연대 1대대는 100여 명의 북한군을 사살하고 포 10문, 트럭 3대를 파괴하는 전과를 거두어 북한군을 긴장시켰다.[235)]

그러나 북한군 12사단(30, 32연대)은 7월 8일, 저녁부터 포격과 함께 비가 내려 지척을 분간하기 어려운 상황에서 남한강을 도하하여 남한강 남안 21연대지역에 진출 발판을 확보한 다음, 7월 9일 새벽에 일제히 공격을 개시하였다. 단양 서북쪽 남한강을 지키던 21연대와 단양 북쪽에 배치된 10연대는 북한군 8사단의 공격을 저지하기 위하여 접전을 벌였으나, 특히 21연대는 많은 피해를 입었다. 이에 사단장은 10연대를 21연대와 교대시키고, 21연대를 단양 동남쪽 장림리(長林里)에 집결시켜 사단 예비로 확보하였다. 그러나 북한군 12사단은 7월 9일 저녁에 총공격을 감행하여 10연대 진지를 돌파하고 단양을 점령했다. 단양이 북한군에 의해서 점령되자 8사단장은 10연대로 하여금 서측방을 방어하게 하고 21연대를 북상리(北上里)로 진출시켜 북한군의 진출을 저지한 후에 단양을 탈환하려 하였다. 7월 11일 주간에는 지원 요청을 받은 미공군 F-51 2개 편대의 근접 항공 지원을 받아 북한군의 공격 기도를 사전에 분쇄하였으나, 북한군은 야간부터 공격을 개시하여 8사단의 방어선을 돌파하였다. 8사단장은 상황이 급박하게 악화되자 항공 지원을 요청하고 방어에 임하였다. 그러나 북한군은 7월 12일 아침부터 출격한 미 F-51 2개 편대의 폭격에도 불구하고, 대규모 공격을 실시하여 10연대 진지를 돌파하고 1개 대대를 우회시켜 8사단의 퇴로를 차단하려 하였다. 이에 8사단장은 풍기(豊基)에 이르는 퇴로의 차단을 우려하여 사단 병력을 죽령(竹嶺) 부근으로 철수하도록 명령하였다. 이로써 단양지역에서 벌어진 북한군 12사단과 한국군 8사단의 전투는 일단 막을 내렸다.[236)]

그러나 북한군은 단양(丹陽)에서 풍기(豊基)를 거쳐 영주(榮州), 안동(安東), 영천(永川)에 이르는 접근로를 중요시하여 12사단 이외에 새로 편성한 8사단까지 이 지역에 추가로 투입하고 신속하게 남진하려 하였다.

(5) 울진·영해지역 전투

태백산맥으로 내륙과 단절되다시피 한 동해안지역은 해안선을 연한 동해안 도로가 거의 유일한 기동로였기 때문에 공격과 방어 작전 규모는 지역적으로 제한되었다. 특히 동해안 도로는 동해로 흐르는 크고 작은 하천과 교차되고 이에 따른 횡격실의 지형적 특성으로 방어에 유리한 지역이었다. 그러나 강릉을 방어하고 있던 8사단이 대관령

---

235) *丹陽-義城戰鬪*, pp. 38-43.
236) *前揭書*, pp. 44-66.

을 거쳐 제천으로 철수함에 따라, 동해안지역은 북한군의 남진에 노출된 상태가 되어 육군본부는 부산에 주둔하고 있던 3사단 23연대를 이곳에 투입하여 지연전을 전개하도록 조치하였다. 육군본부의 명에 의해서 동해안 방어에 투입된 23연대는 6월 29일 울진(蔚珍) 남쪽 옥피천(玉避川)에 도착한 다음 울진에서 정찰 활동을 수행하던 250여 명의 549육전대 병력을 분산시키고, 울진 북방에 2대대, 울진에 1대대, 울진 남쪽에 3대대를 배치하여 방어 진지를 구축하였다.

강릉을 점령한 북한군 5사단은 예하 11연대로 한국군 8사단을 추격하게 하고 10·12연대와 사단에 흡수된 549육전대 병력으로 동해안 도로를 따라 저항을 받지 않고 남진을 계속하였다. 울진에서 태백산으로 잠입한 766부대 병력은 남파된 유격대와 지방 공비들과 연계하여 후방 교란과 통신, 보급선 차단 임무를 수행하기 위하여 일월산(日月山), 영양(英陽), 청송(靑松) 쪽으로 남진하였고, 경주-포항선을 신속하게 점령하려는 북한군 2군단의 기동을 지원하려 하였다. 죽변까지 남하하여 집결한 5사단은 549육전대 병력과 한국군의 접전 상황이 일어나자 10연대를 해안도로, 12연대를 산악으로 우회하여 23연대를 공격하였다. 23연대 2대대는 SU-76자주포를 앞세우고 공격하는 2개 연대 병력의 공격을 막을 수 없어서 철수하였다. 이에 23연대장은 울진을 포기하고 7월 1일 평해 북방에 새로운 진지를 편성하였다. 그러나 여기에서도 북한군의 진격을 저지하지 못하고 7월 4일 영해(寧海)까지 철수하였다. 특히 한국군 8사단을 추격하던 북한군 5사단 11연대가 울진에서 본대와 합류하게 됨에 따라 3사단장은 수도권 방어에 동원되었던 22연대를 신속하게 복귀시켜 줄 것을 육군본부에 건의하였다. 그러나 7월 5일 한국군 재편성 계획에 따라 3사단이 해체되어 동해안의 방어는 23연대가 단독으로 전담할 수밖에 없었다. 북한군 5사단이 11연대로 8사단을 추격하게 하는 등 병력을 분산시키고, 766부대와 549육전대도 5사단의 진격에 크게 기여하지 못했기 때문에 그나마도 23연대가 동해안로를 지키고 있었다.237)

동해안에서의 전황이 악화되고 포항에 대한 위기가 고조되자 동경의 맥아더 장군도 이를 우려한 나머지 영일(迎日)비행장을 보수하고 35전투비행단을 이곳에 배치시켜 한국군 23연대를 근접 지원함으로써 북한군 5사단의 남진을 저지하려 하였고, 딘 소장에게 영일비행장의 경계를 책임지도록 지시하였다. 이러한 지시에 따라, 딘 소장은 대구에 집결중인 19연대 3대대를 7월 8일 포항으로 파견하였다. 7월 9일에는 대공포대가 포항에 도착하였으며 영일비행장 활주로 확장 공사를 위한 공병 중장비도 포항으로 향하고 있었다. 그리고 미해군과 공군은 함포 사격과 항공 지원으로 동해안 도로를 따라 남진하는 북한군 5사단에 대해서 공격을 가했다. 이어서 영일비행장에 도착한 35전투비행단도 항공 지원에 가세하여 동해안지역의 방어는 한국군 23연대와 미 해공군에 의해서 이루어지게 되었다.238)

---

237) History of the North Korean Army, section 5, p. 60; *South to the Nakdong, North to the Yalu*, pp. 105-8; *韓國戰爭(上)*, pp. 231-5.

울진 · 영해지역 전투(1950. 6. 29.-7. 11.)

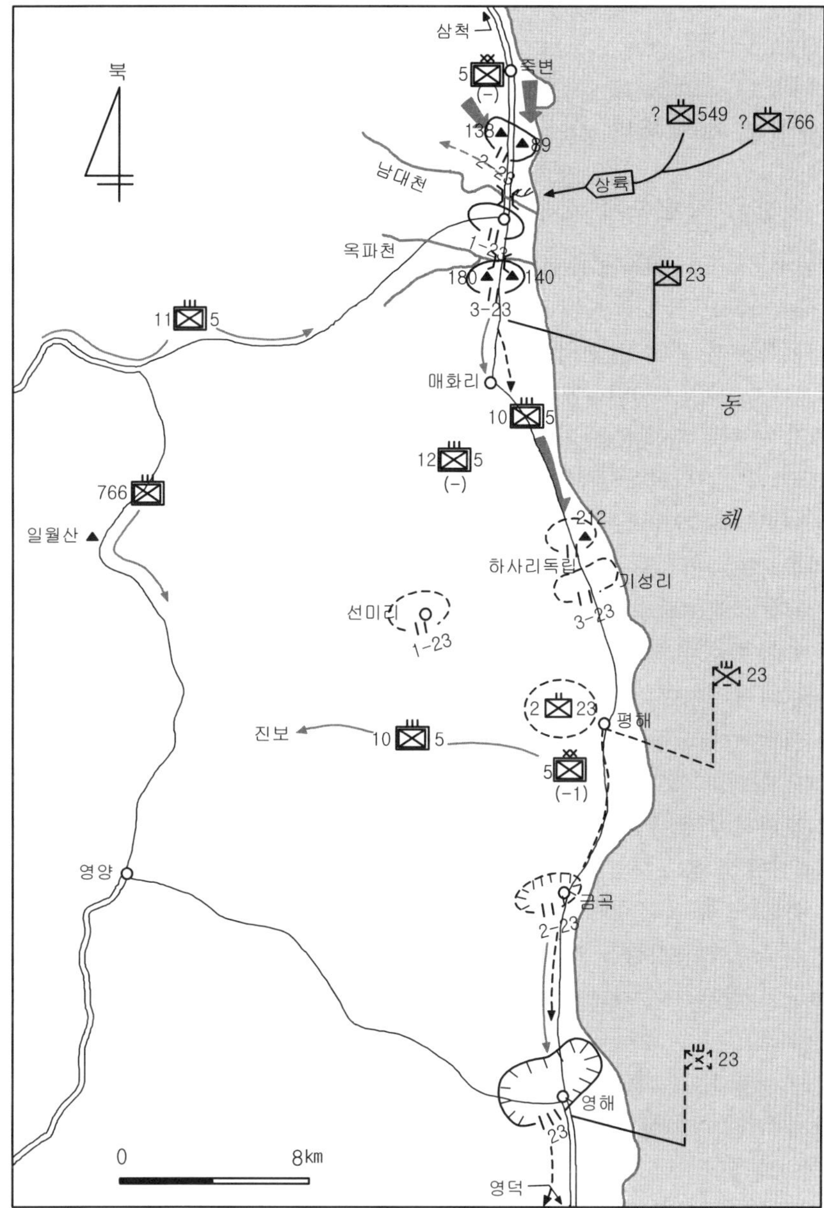

이와 같이 다른 지역과 마찬가지로 동해안에서도 북한군의 진격과 한국군의 저지가 맞서는 가운데, 미 해공군의 집중적인 화력 지원이 북한군 5사단의 남진 속도를 늦추게 하였다. 그러나 내륙지역의 금강-소백산맥선에서 치열한 전투가 개시됨에 따라 동

238) *前揭書.*

해안의 북한군 5사단은 7월 13일, 한국군 23연대와 영해(寧海)에서 다시 부딪히게 되었다.

3) 유엔군 사령부의 창설과 작전 지휘권 통합

(1) 유엔군 사령부의 창설

대한민국(the Republic of Korea)에 대한 북한군의 무력 침공이 평화의 파괴(a breach of the peace)라고 규정하면서(6·25 결의안), 무력 침공을 격퇴하고 한반도의 평화와 안정을 회복하기 위해서 한국을 지원할 것을 권고한 6·27결의안을 통과시킨 유엔 안전보장이사회는 1950년 7월 7일, 한국에서 침략을 격퇴하고 평화와 안정을 회복하기 위해서 싸우는 유엔군을 지휘하게 될 통합사령부(a unified command)의 결성을 미국에 요구하는 결의안을 통과시켰다. 유엔 안보이사회는 이 결의안을 통하여 미국이 유엔군 사령부를 결성하고 사령관을 임명하여 유엔의 깃발 아래 한국에서의 군사 작전을 지휘하고, 미국은 유엔군 사령부가 채택한 방책(the course of action)에 대해서 안보이사회에 보고하도록 하였다.[239] 결의안 통과와 동시에 유엔 사무총장(Trygve Lie)은 유엔 주재 미국대사에게 유엔기를 전하면서 새로 설치될 유엔군 사령부에 게양되기를 희망하였다. 유엔으로부터 한국전 수행 권한을 위임받은 미국의 트루먼 대통령은 미국의 합동참모본부(the U.S. Joint Chiefs of Staff)를 작전 수행 기관으로 지정하였다. 이에 따라 미 합참본부는 7월 8일 맥아더 극동 미군사령관을 유엔군 사령관으로 추천하여 트루먼 대통령의 승인을 받아 이를 발표하고, 7월 10일에 이를 극동 미군사령관에게 통보하였다. 그리고 유엔이 미국에 전한 유엔기는 7월 13일 한국을 방문한 콜린스 미 육군 참모총장이 7월 14일 오전 맥아더 사령관에게 인계하였다.[240] 이로써 한국에서의 침략을 격퇴하고, 평화와 안정을 회복하기 위한 군사 작전을 지휘할 유엔군 사령부가 구성되고, 미 극동군 사령관인 맥아더가 유엔군 사령관으로 임명되었다.

유엔군 사령관으로 임명된 맥아더는 7월 13일 01시부로 8군사령관(Walton H. Walker 중장)에게 주한 미지상군의 작전을 지휘하도록 지시하여 대구에 8군사령부를 설치하였다. 대전에 위치하여 딘 소장과 작전을 협의해 오던 정일권(丁一權) 참모총장은 한국에서의 작전을 지휘하게 될 8군사령관 워커 중장을 만나기 위하여 7월 13일 대구에 도착하였다. 영접 행사를 마친 참모총장은 7월 9일 부산에서 대구에 올라와 있던 이승만 대통령의 호출을 받고 경북 도지사 관사로 향했다. 신성모(申性模) 국방장관과 정일권 참모총장을 앞에 두고 이승만 대통령은 한국군의 작전 통제권 이양에 관한 대통령의

239) "Resolution Adopted by the United Nations Security Council, July 7, 1950," *FRUS, 1950, VII*, p. 329.
240) *War in Peacetime*, pp. 81-5.

공한(公翰)을 내놓았다. 그리고 이들의 의견을 물었다. 신 장관은 이 대통령의 결정을 환영하였다. 그러나 정 총장은 한국군 통수권 및 인사, 조직과 연관된 문제점과 작전 수행상 자율성의 훼손 등의 어려움을 지적하였다. 그러나 이승만 대통령은 미군과 유엔군의 지원이 필요한 처지에 있는 이상 다소 불편한 점이 있더라도 미군과 군사 작전을 원만하게 수행하는 것이 더 중요하다는 점을 고려하여 자신이 결정을 내렸다고 말했다. 이러한 변화가 진행되고 있는 상황에서 정일권(丁一權) 참모총장은 7월 14일 육군본부를 8군사령부 부근에 위치시켜 미8군과 협조하여 작전을 수행할 준비를 갖추었다.[241]

(2) 한국군의 작전 통제권 이양

한국에서의 군사 작전이 미군을 주축으로 하는 유엔군의 통제하에 통합되자, 한국의 이승만 대통령은 7월 14일 한국군의 작전 통제권을 유엔군 사령관에게 위임하여 전시 작전 수행의 통합적 효율성을 증진시키고 미군으로부터 한국군에 대한 지원을 확보하려는 조치를 취하였다. 군사 작전 수행의 자율성보다는 통합적 효율성을 증대시켜 미군의 적극적인 지원하에 전쟁을 신속하게 마무리하려는 한국정부의 조치였다.[242] 이승만 대통령은 한국군의 편제와 인사권의 자율성은 보장되어야 한다고 하면서 작전 수행상 불편한 점을 지적하는 육군참모총장(丁一權 소장)의 우려에 “나는 필요하다고 생각할 때에는 언제라도 작전 지휘권을 되찾아올 것입니다. 이 점을 유의해서 앞으로 미군과 잘 협조하여 이 난국을 헤쳐 나가기 바랍니다”라고 말하면서 결심을 굳혔다.[243] 미군의 원병과 원조가 절실하게 필요한 한국군으로서 작전 통제권의 이양과 이에 따른 작전 수행상 통합 지휘의 보장은 불가항력(不可抗力)의 선택이었는지 모른다. 한국군의 작전 통제권이 유엔군 사령관에게 이양됨으로써 한국에서 싸우는 전 병력은 유엔군 사령관의 통제하여 작전을 수행하게 되었다.

유엔의 요청에 의하여 한국에 파견되는 전 회원국 군대를 통제하고 한국정부의 요청에 의하여 한국군의 작전을 통제하게 된 맥아더 장군은 8군사령관에게 한국에서의 지상군 작전 통제권을 위임하고, 이를 상징적으로 과시하기 위하여 7월 17일 유엔기를 대구에 설치된 8군사령부에 게양하도록 하였다. 그리고 맥아더는 한국 대통령의 한국군 작전 통제권 이양에 관한 이승만 대통령의 공한(公翰)을 유엔 안보이사회에 제출하게 함으로써 이를 공식화하였다. 이로써 한국에서의 군사 작전은 유엔군 사령관의 통제하에 통합되었고, 현지의 지상 작전은 미 8군사령관이 통합하여 수행하고, 해군은 미 극동 해군사령관, 공군은 미 극동 공군사령관이 통합하여 지상군의 지원과 고유 임

---

241) *전쟁과 휴전*, pp. 76-8.

242) Letter from Syngman Rhee to General MacArthur, July 14, 1950, UN Document S/1927, quoted in *FRUS, 1950, VII*, p. 388; 國防部 戰史編纂委員會, *國防條約集, 제1집, vol. 1, 1945-1980* (1981), p. 630.

243) *전쟁과 휴전*, pp. 76-8.

무를 수행하는 작전 지휘 및 수행 체계가 갖추어지게 되었다. 한국군은 미군에 배속된 경우를 제외하고는 한국군 자체의 지휘 계통을 통하여 작전 수행이 이루어져 커다란 알력이나 문제가 발생하지는 않았으나, 38선을 넘어서 북진을 감행한다든가 하는 정치적인 문제와 연관된 군사 작전에 관해서는 지혜로운 대처가 요구되기는 하였다. 어쨌든 한국에서 북한군의 침략을 격퇴하고 평화와 안정을 회복하기 위한 군사작전은 유엔의 요청에 의하여 미국이 주도적으로 수행하게 되었다.

(3) 전선 조정과 한국군의 재편성

미군의 개입이 본격화되고 미군이 경부국도를 중심으로 한 서부전선을 담당함에 따라 한국군도 편제를 재정비하여 중동부전선을 담당하여 지연전을 수행하였다. 한국군은 미 지상군이 경부국도의 방어와 지연전에 투입되자, 7월 5일 시흥지구 전투사령부로 1군단을 창설하고, 수도 1, 2, 3, 5, 7의 6개 사단을 수도 1, 2사단의 3개 사단으로 재편하고, 미군의 동부인 중서부지역의 방어를 담당시키고, 6, 8사단으로 하여금 중동부지역, 그리고 23연대를 동해안 방어에 투입하였다. 그러나 5개 사단으로 넓은 정면을 방어해야 하고, 예비대도 가지고 있지 않은 상황을 타개하기 위하여 전쟁 초기와 같은 8개 사단을 확보하기 위하여 국방부는 해체된 사단의 고유 명칭을 되살려 3(李俊植 준장), 5(李炯錫 대령), 7(閔機植 대령)사단을 복원시키고, 부산에서 9(李鍾贊 대령)사단을 창설하는 일반 명령을 내리기도 하였다.[244] 그러나 기존의 사단에 대한 병력과 장비의 보충도 제대로 이루어지지 못한 상황에서 해체된 사단의 복원이나 새로운 사단의 창설은 당장 실현을 볼 수가 없었다.

전선의 상황이 악화되어 6, 8사단이 이화령(梨花嶺), 조령(鳥嶺), 죽령(竹嶺)선으로 후퇴하여 이들 부대에 대한 작전 통제가 어렵게 되고 이 지역에 북한 2군단의 주력이 집중됨에 따라, 한국군은 7월 12일 함창(咸昌)에서 2군단을 창설하고 육본 참모차장(金白一 준장)을 군단장에 임명하였다. 이로써 육군은 1군단(수도 1, 2사단)과 2군단(6, 8사단), 17, 23, 그리고 기갑연대를 보유하고 금강과 소백산맥선에서 미군과 더불어 방어와 지연전을 펼치게 되었다.[245]

한국군이 새로 편성된 2개 군단으로 전투 임무를 수행하던중 미군 2개 사단(1기병사단, 25사단)이 영동(永同)과 상주(尙州)지역에 투입됨에 따라 한국군은 상주(尙州) 동쪽의 중동부전선을 방어하게 되었다. 이에 한국군은 7월 20일 당시까지 병력 손실이 심한 2사단을 해체하고 2개 군단, 5개 사단으로 육군을 재편하였다. 이에 따라 1군단에 1, 3사단이 배속되었고, 2군단에 6, 8사단, 수도사단은 예비로 전환되었다. 육본은 당시 2군단장(金白一 준장)을 다시 육본참모차장으로 복귀시키고, 1군단 부군단장(劉載興 준장)을 2군단장에 임명하였다. 한미군 간 전선 조정과 한국군의 재편성에 따라 당시 1

244) 국방부 일반명령 제3호(1950. 7. 7.); 육본특명 제11호(1950. 7. 7.).
245) *전쟁과 휴전*, pp. 67-8; *韓國戰爭史, 2*, p. 139.

군단은 작전지역을 미군에게 인계한 후 사령부를 의성(義城)으로 옮기고, 1사단은 춘양(春陽)으로, 수도사단과 17연대는 안동(安東)으로 이동하였으며, 1군단이 1, 3사단으로 동부와 동해안, 6, 8사단으로 구성된 2군단이 중동부지역에서 북한군의 남진을 저지하려 하였다. 그러나 명령에 따라 1군단사령부와 사단들이 이동하려 할 때 전선의 상황이 급변하였고, 1군단이 태백산맥을 사이에 두고 1, 3사단을 지휘하는 데 어려움이 있다는 판단하에 또 다른 편성을 시도하였다. 7월 24일 국방부는 육군의 편성을 다시 실시하여 1군단으로 하여금 수도, 8사단을 지휘하여 영주(榮州)-안동(安東) 축선의 방어를 담당하게 하고, 1사단과 6사단을 2군단예하에 두어 문경(聞慶)-함창(咸昌)-상주(尙州) 축선을 방어하도록 하고, 동해안의 3사단은 육군본부의 직접 지휘하에 두었다.[246] 이로써 한국 육군은 5개 사단으로 중동부전선과 동해안에서 지연전을 수행하게 되었다.[247]

4) 금강 · 소백산맥선 지연전

맥아더 장군으로부터 한국에서의 군사 작전을 지휘하라는 지시를 받은 워커 8군사령관은 7월 13일 대구에 8군사령부를 설치하고 금강 · 소백산맥선에서 북한군의 남진을 저지함으로써 전선을 안정시켜 공세(攻勢)로 전환하는 계기로 삼으려 하였다. 금강과 소백산맥은 지형적 장애물을 형성하여 방어에 유리한 지세를 이루고 있었다. 이러한 지형적 이점을 이용하여 북한군의 진격을 저지하고 방어선을 확보하여 전선을 안정시킨다는 목표를 제시한 워커 장군은 미 24사단을 금강선에 배치하여 군 방어선의 좌익인 공주(公州)-대전(大田)지역에서, 미 25사단을 상주(尙州)지역에 배치하여 한국군과 더불어 중부지역에서 북한군의 남진을 저지하고, 25사단 1개 대대로 1기병사단이 이용할 포항과 영일비행장을 확보하려 하였다. 이와같이 워커 8군사령관은 북한군의 남진을 금강(錦江)과 소백산맥(小白山脈)이라는 지형적 장애물을 활용하여 저지하고 전세를 역전시키려 하였다.

이러한 8군사령관의 방어 구상에 따라 미 24사단은 34연대를 공주(公州)지역, 예비로 있던 19연대(Guy S. Meloy, Jr. 대령)를 대평리(大平里), 그리고 21연대를 예비로 하여 금강선을 방어하고, 미 25사단은 27연대를 의성(義城), 24연대를 상주(尙州)에 진출시켜 한국군을 지원하고, 35연대를 예비로 확보하여 1개 대대를 영일비행장에 투입하였다. 한국군은 1군단(1, 2, 수도사단: 17연대 배속)을 괴산(槐山)-미원(米院)지역에, 2군단(6, 8사단)을 이화령(梨花嶺)-죽령(竹嶺) 간에 배치하고, 3사단 23연대를 영해(寧海) 남쪽에 배치하여 방어에 임하도록 하였다.[248] 이로써 미 8군과 한국군은 금강과 소백

246) 육군본부 작전명령 제57호(1950. 7. 20.); 긴급명령, 제8호(1950. 7. 21.); 국방부 일반명령 제20호(1950. 7. 24.); *韓國戰爭史, 2,* p. 140; *South to the Nakdong, North to the Yalu,* p. 191.

247) *韓國戰爭(上),* pp. 240-2.

산맥을 이용한 방어선을 구축하였다.

이에 대해서 북한군은 속전속결(速戰速決)로 미군과 한국군의 전력을 소멸시킨다는 작전 구상을 가지고 있었다. 북한군은 "적의 기본 집단을 대전과 소백산맥 줄기의 동남부에서 각개 소멸한다"는 기본 방침 아래 예비 병력까지 총동원하였다.[249] 이리하여 북한군은 1군단(2, 3, 4, 6사단)에 105전차사단을 배속하여 금강(錦江)선에 투입하고 2군단(1, 5, 8, 12, 15사단)을 소백산맥(小白山脈)선과 동해안에 투입하여 집중적인 공격을 실시하였다. 그러나 북한군은 인원과 물자 부족에 따른 보급의 한계와 병참선의 신장과 제공권 상실로 인한 병참선 차단으로 인한 보급지원의 어려움을 극복해야만 하였다.

(1) 공주·대평리지역 전투

금강선 방어를 담당한 미 24사단은 7월 12일 오후 금강의 나룻배와 교량을 파괴하고 공주(公州) 정면에 34연대, 조치원에서 대전에 이르는 경부국도상 금강 남안의 대평리(大平里)에 19연대를 배치하고, 21연대를 예비로 확보하여 금강선 방어에 돌입하였다. 특히 대전에 이르는 주 접근로상에 위치한 대평리에는 과거 남북전쟁시에 명성을 떨친 바 있었으며 당시까지 군예비 임무를 수행하여 병력의 손실이 없던 19연대를 배치하고 이 곳을 지키던 21연대를 예비로 전환하였다. 그러나 사단의 방어 정면이 너무 넓은 데다가 사단의 연대는 2개 대대로 감소 편성되어 있었고, 이마저 병력이 부족하였으며, 통신 장비마저 부족한 상태에 있었다. 한국 전선에 최초로 투입된 24사단은 전투를 개시한 지 일 주일 만에 1,500명의 실종자가 발생하였고, 이 중 1,433명이 21연대 병력이었다. 따라서 7월 13일 당시 24사단은 21연대 1,100명, 34연대 2,020명, 19연대 2,276명과 사단 포병 2,007명을 포함하여 1만 1,440명을 유지하고 있었다.[250] 무엇보다도 계속되어온 전투와 후퇴로 24사단 병력은 지쳐 있었고 사기 또한 떨어져 있었다.

금강선에 배치된 미 24사단을 공격할 북한군 주력 3, 4사단과 이를 지원하는 105전차사단도 완전 편성된 병력과 장비를 유지하고 있지는 못했다. 각 사단은 계속되는 전투와 공중 공격으로 40% 이상의 손실을 입어 5,000-6,000명의 병력과 20여 대의 전차와 50여 문의 야포를 보유하고 있었다. 강제로 징집된 인원으로 부족한 병력을 보충하고는 있었으나, 이들 병력은 사기가 높지는 않았다. 그러나 24사단의 34연대 지역에 북한군 4사단, 19연대지역에 북한군 3사단이 공격하여 북한군은 병력과 장비 면에서 상대적인 우세를 확보하고 있었다.[251]

---

248) *韓國戰爭(上)*, pp. 244-5.
249) *조선전사, 25*, pp. 69-70.
250) *South to the Nakdong, North to the Yalu*, p. 122.
251) *前揭書*.

공주지역의 금강선에는 7월 13일까지 북한군 4사단과 미 34연대가 공격과 방어 준비에 전력을 경주하였다. 북한군 4사단은 우선 병력을 도하시킬 수단을 마련하면서 공주 정면에 배치된 전방 병력을 고착시키고 이를 우회할 지점으로 병력을 이동시켰다. 미 34연대는 북한군이 공주 정면에서 도하·공격할 것으로 판단하고 공주 북방 금강 남안(南岸)에 3대대를 배치하고, 1대대를 공주 서남쪽 15km 지점에 배치하여 예비로 삼고, 63포병대대(11포병 A포대 1개 소대 포함)를 3대대와 1대대 사이에 포진시켜 연대를 지원하도록 하고, 연대 수색중대를 공주 서남쪽 금강 남안에 배치하였다. 전방에 배치된 3대대는 방어 정면 좌측으로부터 L, I, K중대를 배치하고, 그 뒤에 박격포를 배치하였다.[252] 그러나 K중대 전원은 전장 피로에 의한 심신 쇠약으로 7월 13일 밤 후송되고, 2개 중대만이 연대 방어 정면에 배치되었다. 이로써 북한군 4사단과 미 34연대는 공격과 방어 준비를 마쳤다.

도하 공격 준비를 마친 북한군 4사단은 5, 18연대를 공주 정면으로, 16연대를 측방으로 우회시켜 도하 공격을 감행하였다. 측방으로 도하하는 북한군 병력이 전방에 배치된 3대대 L중대에 의해서 목격되고 항공에서도 관측되었으나, 북한군 야크기의 공격으로 포병은 도하 최초 단계에서 적절한 포격을 가할 수 없었다. 그리하여 측방에서 도하한 북한군 4사단 16연대 병력은 전방 3대대 후방에 배치된 포병 진지로 향하고 있었다. 이때 북한군의 집중 포화를 받은 L중대가 자의로 철수하여, 이를 모르던 I중대 하나가 연대 정면을 지키고 있었다. 연대 방어 정면을 우회한 북한군 16연대 병력은 포병 진지를 공격하여 1시간 반 만에 이를 탈취하였고, 포탄을 실은 포차의 연쇄적인 폭발로 혼란이 가중되었다. 결국 포병대대는 10문의 곡사포와 70여 대의 차량 손실을 입고 진지를 탈출하였다. 지연 진지 선정에 필요한 정찰을 마치고 돌아와 포병의 피습 상황을 보고받은 34연대장 대리 웨들링턴(Robert L. Wadlington) 중령은 1대대에게 일몰전까지 역습을 가하도록 하였으나, 포병 진지를 점령한 북한군의 완강한 저항에 부딪혀 날이 어두워지자 철수하고 말았다. 이에 연대장 대리는 전방의 I중대를 7월 15일 아침까지 논산(論山)으로 철수시키고 7월 16일 대전으로 철수하였다.[253]

공주를 지키던 34연대가 하루 만에 철수했다는 보고를 받은 24사단장 딘 소장은 대전의 고수가 쉽지 않다고 판단하고, 북한군 4사단에 대한 폭격을 요구하면서 예비로 있던 21연대를 대전 동쪽 고지군(高地群)에 배치하여 한국군 방어지역을 침투하여 남진하는 북한군의 대전 동측 우회에 대비하는 조치를 취하였다. 그러나 15일의 공중공격에도 불구하고 북한군 병력 일부는 공주지역의 금강을 도하하여 15일 저녁에는 논산에 진입하였으나, 중장비는 도하 장비의 부족으로 16일까지도 도하시키지 못하고 있었다.[254]

252) *South to the Nakdong, North to the Yalu*, p. 123.
253) *South to the Nakdong, North to the Yalu*, pp. 123-30.
254) *前揭書*.

공주지역 전투(1950. 7. 14.)

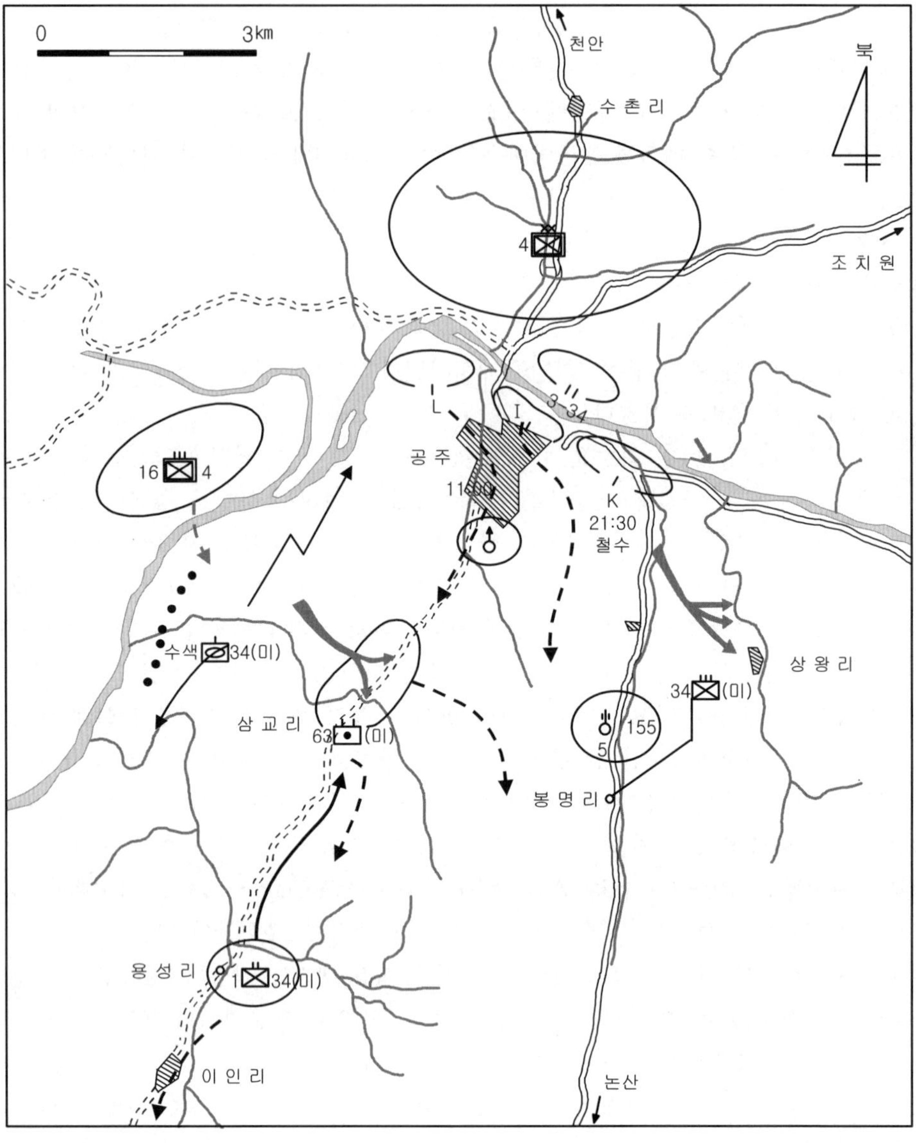

한편 대평리지역을 방어하고 있던 19연대(Guy S. Meloy, Jr. 대령)는 7월 12일부터 방어 진지를 편성하여 1대대를 예상 도하 지점으로 판단되는 대평리 정면에 배치하고, 2대대를 예비로 하는 방어 편성을 하였다. 그리고 동측방 경부철도 쪽에는 E중대를 경계 부대로 배치하고 34연대와 경계를 이루고 있던 서측방에는 2개 소대(+)의 병력과 공병소대, 11포병 대대 1개 포대를 배치하여 측방을 보호하였다. 연대장은 각각 2개 포대로 편성된 52, 13포병대대와 11포병 1개 포대를 1대대 후방에 위치시켜 연대를 지

원하도록 하였다. 그러나 7월 14일 좌측방의 34연대가 돌파되어 좌측방이 노출되자, 19연대장은 예비로 있던 2대대장(McGrail 중령)의 지휘하에 G중대를 주축으로 특수임무부대를 편성하여 좌측방의 방어병력을 강화하였다. 이로써 19연대는 F중대 하나만을 예비로 보유하게 되었다. 그리고 연대는 7월 15일까지 금강상 교량을 폭파하고, 우측의 철교까지 폭파하여 방어 준비를 마쳤다.[255]

도하 공격 준비를 마친 북한군 3사단은 7월 16일 새벽에 야크기의 조명탄 신호에 따라 공격 준비 사격과 더불어 도하 공격을 개시하였다. 19연대 1대대는 북한군이 도하를 개시하기 시작하자 조명탄 사격을 요청하였다. 조명탄이 발사되었으나 북한군 도하 지점을 잘 조명해 주지 못했다. 그래서 1대대는 연대를 통하여 조명탄 발사지역을 약간만 이동해 달라고 요청하였다. 그러나 포병은 보병의 요청을 잘못 해석하고 엉뚱한 방위각을 포대에 하달하여 포대가 포를 다시 방열하느라 상당한 시간 동안 조명탄 지원을 하지 못했다. 이 시간 동안에 북한군 병력이 도하를 완료하여 새벽 4시경 C중대를 우회 공격하였고, 대대 정면의 북한군도 A, B중대 사이를 공격하였다. 1대대의 정면 진지가 돌파되자 연대장은 연대본부와 1대대본부 병력을 동원하여 역습을 감행함으로써 일단 북한군을 격퇴하고 1대대 지역의 상황을 안정시켰다. 연대장은 사단장에게 이를 보고하고 저녁에 연대의 진지를 대전에 가까운 저지 진지로 이동하는 것에 대한 양해를 받았다.[256]

그러나 전황은 연대장이 판단한 것보다 악화되고 있었다. 1대대 지역을 통과한 북한군 병력은 1대대 후방 도로를 차단하려 하였고, 1대대 좌측방으로 도하한 북한군은 연대 예비인 F중대를 견제하면서 후방의 52포병대대를 공격한 다음에 후방의 고지를 점령하여 19연대의 퇴로를 차단하려 하고 있었다. 11, 13포병대대도 북한군의 공격을 받았다. 후방 차단의 위험이 있다는 보고를 받은 연대장은 현장에 도착하여 역습을 위한 부대 편성을 하던중 북한군의 총탄에 맞아 부상을 당했다. 1대대장(Otho Winstead 중령)이 연대의 지휘권을 인수한 다음에 7월 16일 13시 30분경 철수 명령을 하달하고, 전방 부대의 진지 이탈을 지휘하기 위하여 금강 방어선에 도착했으나 전사하였고, 전방 부대의 퇴로는 차단되고 말았다. 사단장은 2대대장에게 전차 2대와 장갑차 6대를 지원하면서 19연대의 퇴로를 개통하려 했으나 무위로 끝나고 말았다. 전방지역에서 퇴로가 개통되기를 기다리던 병력은 먼저 부상당한 연대장을 전차에 실어 차단된 퇴로를 강행 돌파시키고, 자신들은 100여 대의 차량을 불태우고 야지를 횡단하여 개별 철수하기로 결정하였다. 그러나 그곳에 남겨진 40여 명의 부상병과 이들을 돌보던 의무병, 그리고 이들에게 기도를 해주던 군목은 북한군의 총칼에 무참하게 살해되었다. 나머지 19연대 병력은 유성을 거쳐 대전으로 후퇴하였고, 7월 17일 오전, 맥그레일 특수임무부대로 편성되어 피해가 경미했던 19연대의 G중대가 24사단의 최전방 부대로

---

255) *South to the Nakdong, North to the Yalu*, pp. 130-3.
256) *South to the Nakdong, North to the Yalu*, pp. 135-7.

서 유성(儒城)에서 저지 진지를 구축하고 있었을 뿐이었다.257)

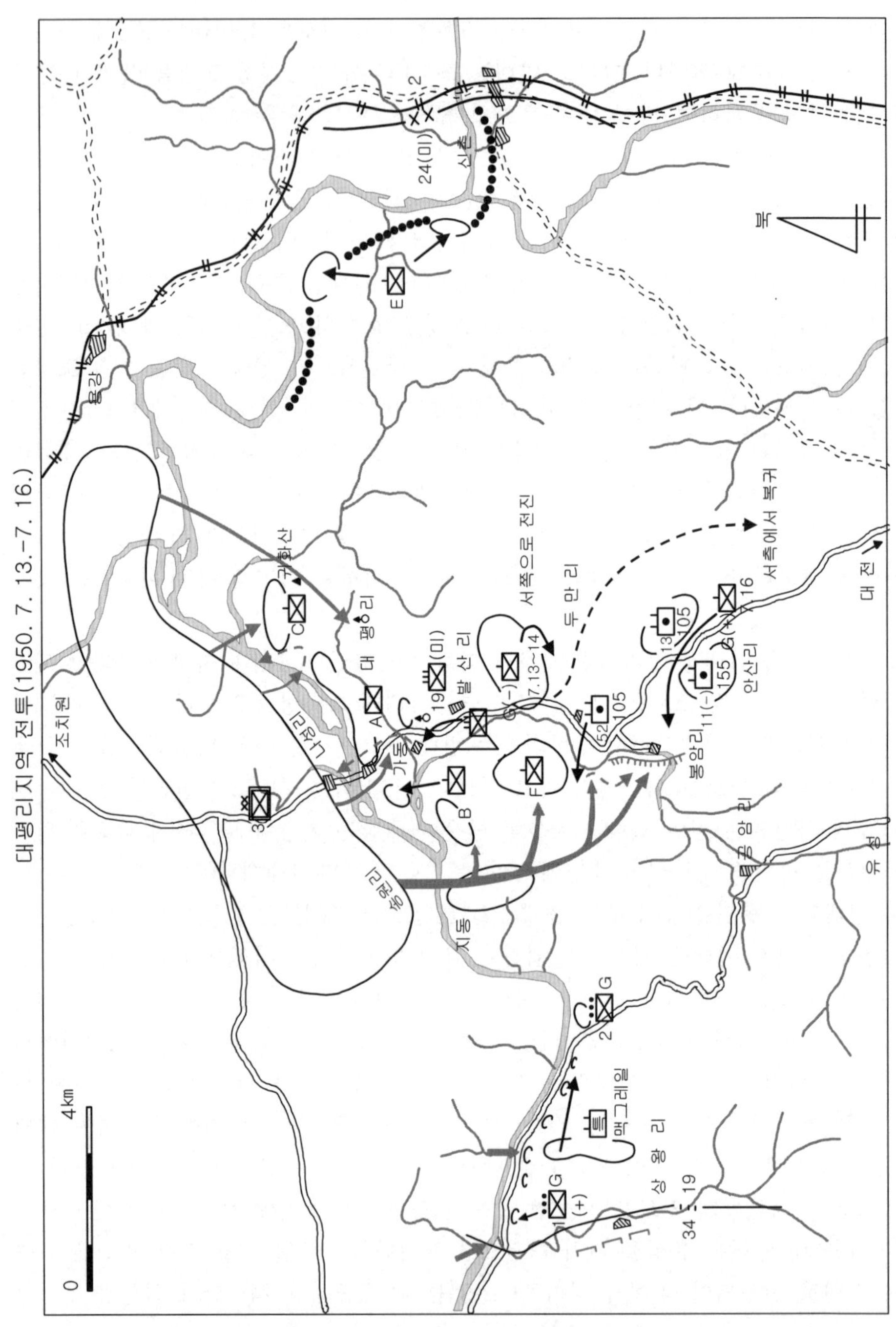

257) *South to the Nakdong, North to the Yalu*, pp. 137-144.

북한군 3사단과 치른 대평리 전투에서 19연대는 막심한 피해를 입었다. 병력과 장비의 손실은 물론 전의(戰意)와 사기마저 큰 손상을 입었다. 19연대의 본부와 1대대는 전 차량과 중장비를 버렸고, 후방에 배치된 11, 13포병대대는 포와 장비를 다 가져올 수 있었으나, 스미스부대를 지원한 바 있던 52포병대대는 8문의 포와 대부분의 장비를 잃고 1문의 포와 3대의 차량만 가져올 수 있었다. 병력의 손실 또한 엄청난 수준이었다. 금강선에 배치되었던 900여 명의 병력 중 7월 17일 대전에 돌아와 신고한 병력이 434명에 불과하였다. 연대본부와 전투 지원 중대를 포함한 직할 부대와 1대대에서 34명의 장교가 실종되었고 이 중에서 30명이 전사한 것으로 판명되었으며, 191명의 연대본부 요원 중에서 57명이 손실되었다. 1대대의 피해가 커서 785명 중 338명이 손실되었고, 2대대는 777명 중 86명, 52포병대대는 393명 중 55명이 손실되는 피해를 입었다. 결국 19연대와 이를 지원한 포병부대는 3,401명 중에서 650명이 손실되어 19%의 손실률을 기록하였다. 7월 17일 오후에 19연대는 재편성을 위하여 대전 동남쪽 60km 지점에 위치한 영동(永同)으로 이동하였다. 실로 19연대에게는 1950년 7월 16일이 "검은 일요일(the Black Sunday)"이었다.[258]

공주(公州)와 대평리(大平里)에서 치른 금강선 전투 결과는 북한군의 예봉이 당시까지 꺾이지 않았다는 사실을 말해 주고 있었다. 개전 이래 끊임없는 미군의 공중 공격으로 인하여 30-40%의 전력이 소진되었는 데도 불구하고, 북한군 3, 4사단은 공격력과 공격 방법에 있어서 미 24사단을 압도하고 있었다. 금강 방어선이 무너지자 미 24사단은 미 1기병사단이 전선에 투입될 때까지 대전(大田)을 고수하여 미군의 개입을 현실적으로 의미있게 해 주어야 할 책무를 수행해야만 하였다. 미 24사단은 북한군이 즐겨 사용해온 침투와 우회에 의한 퇴로 차단을 일삼는 북한군의 침투·견제·포위 전술에 대한 효과적인 대처 방안과 전술을 모색해야만 하였다.

(2) 대전지역 전투

대전(大田)은 서울과 영호남지역을 연결하는 도로와 철로가 교차되는 교통의 요지로서 공격을 감행하는 북한군은 대구(大邱)를 거쳐 부산(釜山)으로 연결되는 경부국도와 호남으로 우회하여 진주(晋州)-마산(馬山) 방향으로 부산을 동시에 공격하기 위하여 대전을 확보할 필요가 있었다. 한편 북한군의 공격을 저지해야 하는 미 24사단은 북한군의 호남 우회를 차단하고 경부국도상 북한군의 진격을 저지하기 위해서는 물론 투입될 후속 부대인 미 1기병사단이 소백산맥지역에서 방어 진지를 편성하는 데 필요한 시간을 갖게 하기 위하여 대전을 확보하거나, 대전에서 북한군의 전진을 되도록 오래 지연시켜야만 하였다. 이러한 의미에서 공격 목적상 대전을 확보해야 할 북한군과 방어 목적상 이를 거부해야 하는 미 24사단간에 치러진 대전 지역 전투는 군사적으로

---

258) *South to the Naktong, North to the Yalu*, pp. 144-5.

매우 중요한 의의를 지니고 있었다.

금강 방어선이 무너지자 24사단장은 대전에서 북한군의 전진을 지연시키려는 의도하에 34연대에게 대전 방어 임무를 부여하고 21연대를 옥천(沃川)에 이르는 퇴로를 보호하기 위하여 대전 동측방 고개에 배치하고, 금산(錦山)에서 대전에 이르는 도로상에 사단 수색중대를 배치하였다. 그리고 전투력이 약화된 19연대는 영동(永同)으로 이동시켜 재편성하도록 조치하였다. 청주에서 대전에 이르는 접근로와 유성과 논산에서 대전에 이르는 접근로를 34연대가 담당한다는 것이 어렵다는 것을 판단한 24사단장은 대전에서 지연전을 전개하다가 북한군에게 방어 진지가 돌파, 포위되기 전인 7월 19일에 대전에서 철수한다는 작전 방침을 세웠다. 사단장의 방침에 따라 새로 부임한 34연대장(Charles E. Beauchamp 대령)은 1대대를 유성(儒城) 쪽의 갑천(甲川)에 배치하고 3대대를 비행장 동쪽 끝에 배치하여 예비로 확보하였으나, 3대대 L중대 1개 소대는 논산 방향의 갑천에 배치하고 I중대(-)는 대전 북쪽 철로변에 경계 부대로 배치하였다. 그리고 사단포병 4개 포대를 혼성 포병대대로 편성하여 비행장에 배치하여 7월 17일 야간까지 일단 대전 방어 편성을 완성하였으나, 워낙 넓은 정면에 적은 병력을 배치한 데다가 통신 장비의 부족과 부실로 배치된 부대간 연결과 상호 연락이 제대로 이루어지지 못한 상태였다. 실로 빈약한 방어 배치가 아닐 수 없었다.[259]

그러나 24사단장의 대전 방어와 지연 계획은 8군사령관의 요구에 의해서 강화되었다. 24사단장은 7월 18일 대전을 방문한 8군사령관으로부터 포항에 상륙중인 미 1기병사단의 영동(永同) 투입을 위해서 7월 20일까지 대전의 고수(固守)가 요망된다는 지시를 받고, 20일까지 대전을 고수하기 위하여 34연대의 방어를 강화하였다. 24사단장은 영동에 있던 19연대 2대대와 금산가도에 배치된 사단 수색중대를 34연대에 배속시키고 7월 10일 사단으로 긴급 공수된 3.5″로켓포도 연대에 지급하여 북한군 전차를 파괴하도록 하였다. 그리고 사단장도 대전에 남아서 34연대의 작전을 독려할 마음을 굳혔다. 7월 20일까지 대전을 지켜 새로 영동지역에 투입될 미 1기병사단에게 방어 진지를 편성할 시간을 확보해야 하는 임무를 받은 24사단장의 결의는 단호하였다.[260]

대전을 점령하겠다는 북한군의 결의도 대단하였다. 북한군은 105전차사단의 전차로 증강된 3, 4사단과 2사단을 동시에 투입하여 3면에서 대전을 공격함으로써 이를 신속하게 점령하려는 계획을 가지고 있었다. 그러나 북한군은 2사단이 진천-청주지역에서 한국군의 저지로 7월 18일까지 청주에 머무르게 되자, 105전차사단으로 증강된 3, 4사단만으로 대전을 공격하기로 하였다. 그리하여 북한군은 금강선에서 전투를 치른 다음 논산을 점령하고 있던 북한군 4사단과 이를 지원하는 107전차연대가 먼저 대전의 서쪽 유성과 논산 방향에서 공격하고, 서남쪽에서 대전을 우회하여 경부국도 남쪽에서 옥천에 이르는 퇴로를 차단하게 하며, 그 뒤를 이어 3사단과 203전차연대가 대전의 서

259) *South to the Nakdong, North to the Yalu*, pp. 146-8.
260) *前揭書*, pp. 148-51.

쪽 유성에서 대전을 공격하면서 서북쪽에서 대전을 우회하여 이를 포위하고, 대전에서 옥천으로 연결되는 퇴로를 경부국도 북쪽에서 차단하려는 계획을 가지고 있었다.[261] 이러한 계획에 따라 북한군은 보병 위주의 병력을 대전의 서북쪽과 서남쪽으로 우회시켜 이를 포위하고 퇴로를 차단하면서, 105전차사단의 전차로 증강된 병력을 대전 시가로 진입시켜 대전을 신속하게 점령하려 하였다.

북한군의 대전 공격은 7월 19일 아침 야크기의 공중 공격으로 시작되었다. 6대의 야크기가 옥천 북방 21연대지역의 철교를 폭격하여 이를 파괴하고 연대본부와 비행장을 폭격하였다. 이 중에서 2대가 26대공포대대 A포대의 대공포 사격으로 격추되었고 옥천 북방의 철교도 곧 복구되었다. 북한군의 공중 공격에 맞서 대구와 포항의 영일비행장에서 출격한 미군 F-51전폭기가 대전의 서쪽과 서남쪽의 북한군 집결지를 폭격하였고, 대평리지역에서 남하하고 있던 전차와 야포도 공격하였다. 이와 때를 맞추어 논산가도에 배치된 수색중대 1개 소대가 북한군 병력과 접전에 돌입하였고, 후방 갑천에 배치된 L중대 1개 소대 진지가 북한군에 유린되었다. 이때 연대장은 때마침 도착한 19연대 2대대 병력을 논산가도에 투입하여 상실된 진지를 회복하고 E, F중대를 배치하여 논산가도에서의 위기를 모면하였으나, 유성 쪽에 배치된 1대대지역에서의 북한군 포격과 공격은 심화되었다. 그리하여 1대대장은 오후 2시경에 북한군의 대규모 공격이 임박했다고 판단하고 연대장에게 그 날 저녁에 철수할 것을 건의하였으나, 연대장은 이를 거절하고 방어 태세를 강화할 것을 지시하였다. 이러는 가운데 연대는 7월 19일 저녁, 금산가도가 차단되고 퇴로인 옥천가도에 북한군이 나타났다는 보고를 접수하였다. 그러나 연대장은 이를 북한군의 후방교란 정도로 판단하고 크게 주의를 기울이지 않았다.[262]

조용한 가운데 대전지역에서의 7월 19일 밤이 깊어 갔다. 간간이 내리는 소낙비만 밤의 정적을 깨고 있었다. 그러나 밤 10시에 1대대장은 대대 지휘소 오른쪽에서 전차가 굴러가는 소리를 들었다. 대대장은 수색대를 보내 이를 확인하려 하였으나 수색대는 영영 돌아오지 않았다. 1대대장은 연대장을 전화로 연결하여 북한군이 이미 대전 시가를 우회했을 것이라고 말하고 다시 철수를 건의하였다. 자정 직전에 대전 남쪽의 금산(錦山)가도에 북한군이 출현했다는 보고를 받은 연대장은 수색소대를 파견하여 이를 확인하려 했다. 7월 20일 새벽 2시 34연대의 퇴로인 옥천(沃川)가도에서 지프차가 북한군의 습격을 받았다는 소식이 전해졌고, 3시경 금산가도로 수색을 나갔던 수색대가 북한군의 사격에 의해서 진출이 저지되었다는 보고가 들어왔다. 조용한 밤에 북한군은 대전을 우회하여 금산과 옥천에 이르는 도로를 완전히 차단하고 있었다. 밤은 조용했으나, 북한군은 바쁘게 움직였고, 34연대장은 이러한 징조의 심각함을 심각하게 생각하지 않았으며, 24사단장은 이러한 사태의 진전 상황을 알지 못하고 있었다.[263]

---

261) *South to the Nakdong, North to the Yalu*, pp. 153, 178; *조선전사, 25*, pp. 188-92.
262) *South to the Nakdong, North to the Yalu*, pp. 152-4.

7월 20일 새벽 3시경, 유성 쪽에 배치된 1대대지역에 북한군의 공격이 시작되었다. 새벽의 어둠을 이용하여 유엔군의 공중 공격으로부터 보호를 받은 북한군은 갑천을 건너 도로 양측에 배치되어 있던 1대대 진지를 공격하고 전차를 이용하여 종심 깊은 침투를 감행하였다. 1대대 진지는 몇 시간 만에 붕괴되고 대대장은 이러한 상황만을 보고하고 철수 보고는 하지 않은 채 대대를 남쪽 19연대 2대대가 배치된 지역으로 철수시켜 버렸다. 새벽에 비행장 쪽으로 정찰을 나갔던 연대장은 1대대 진지를 통과하여 진출하는 북한군 전차 1대를 발견하고, 3.5″로켓포조와 더불어 이를 파괴하였다. 그리고 연대장은 1대대가 진지를 지키고 있을 것으로 판단하고 3대대로 하여금 1대대를 지원하도록 하였으나, 전차를 앞세우고 이미 비행장 부근으로 진출한 북한군 1개 대대 병력에 의해서 좌절되고 말았다. 북한군은 이 때 대전비행장을 포위하고 있었으며, 유성에서 대전에 이르는 도로가 이미 북한군에게 개방되어 있었고, 북한군 4사단에 이어 3사단 주력도 유성에서 대전 시가로 진입하고 있었다. 이미 북한군은 대전에서 금산에 이르는 금산가도와 옥천에 이르는 옥천가도를 차단하고 주력을 대전 시가로 진입시키고 있었다.[264]

전황이 이렇게 악화되고 있는 상황에서도 34연대장과 24사단장은 이를 모르고 있었다. 통신 장비도 부족하였고 이를 가동시키는 배터리의 수명이 한두 시간에 지나지 않아 상하, 인접 부대간의 연락이 두절되기가 일쑤였고, 북한군이 통신 차량을 획득하여 통신을 두절시켰기 때문이었다. 34연대장은 1대대가 진지를 지키고 있고 3대대의 반격이 34연대 1대대 진지와 19연대 2대대 진지 간의 간격을 메워 주고 있을 것이라고 판단하였다. 모든 작전이 계획대로 진행되고 있는 것처럼 보였다.[265]

그러나 상황은 급전직하(急轉直下)로 악화되고 있었다. 3대대장(Lantron 소령)은 09시 30분경 지프차를 타고 나간 후에 돌아오지 않았고(포로가 됨), 비행장은 이미 북한군에 의해서 포위되고 있었으며, 후퇴한 1대대는 19연대 2대대지역을 통과하여 후퇴하고 있었다. 이를 본 19연대 2대대도 무전 차량의 고장으로 34연대에 철수 보고를 하지 않은 채 병력을 철수시켰다. 철수과정에서 G중대의 화기 소대가 박격포탄 소모를 위한 사격을 시행하다가 전원이 전사하는 희생도 치렀다. 34연대 1대대 병력은 대전 시내로 들어가지 않고 대전 남쪽의 보문산(寶文山, 458고지)으로 철수하였다. 대전 시내에는 이미 북한군 전차가 진입하여 새벽에 34연대장은 물론, 정오경 사단장까지 3.5″로켓포조를 이끌고 전차 사냥을 하기도 했다. 그리하여 3.5″로켓포에 의해서 8대, 야포에 의해서 2대의 북한군 전차가 파괴되었고, 유성에 있던 15대의 전차는 항공 공격에 의해서 파괴되기도 하였다. 예하 부대의 상황은 파악하지 못했으나, 대전 시내까지 북한군 전차가 진입한 사실이 드러나자, 사태가 심상치 않다고 판단한 24사단장은 34

---

263) *South to the Nakdong, North to the Yalu*, p. 155.
264) *前揭書*, pp. 157-8.
265) *前揭書*, p. 158.

연대장과 점심을 먹는 자리에서 연대장에게 어두워지기를 기다리지 말고 신속하게 철수하라는 명령을 하달한 다음, 자신은 근처에 있던 전술항공통제반(TACP: the tactical air control party)에 가서 북한군의 집결지에 항공 공격을 요청하기도 하였다.[266] 그러나 이미 악화된 상황을 돌이킬 대책은 없었다.

철수 명령을 받은 34연대장은 34연대 3대대, 포병, 의무중대, 연대본부, 19연대 2대대, 마지막으로 34연대 1대대 순으로 철수 제대와 순서를 편성하였다. 그러나 그는 34연대 1대대와 19연대 2대대가 어디에 있는지조차 모르고 있었다. 이때 전방의 관측장교가 전화를 걸어 와서 동쪽으로부터 대규모 병력이 대전으로 향하고 있다는 보고를 하였다. 동쪽이라는 소리를 들은 34연대장은 이를 옥천가도로 생각하고 이동하는 병력을 21연대 병력이 계획된 34연대의 철수로를 확보하러 오는 것으로 판단하여, 이들에 대한 화력 공격을 유도하지 말라고 지시하였다. 그러나 사실 이들은 금산가도에서 대전으로 이동하는 북한군 병력이었다. 이들 병력은 보문산(寶文山)에서 이 방향으로 진출한 34연대 1대대와 조우하게 되었다. 1대대장은 부대대장(Dunham 소령)에게 자신과 철수한 150여 명의 병력을 지휘하여 금산가도에 저지 진지를 편성하고 북한군이 후방에서 대전으로 진입하는 것을 저지하라는 지시를 내린 다음에 자신은 작전장교와 중화기 중대장 등을 대동하고 금산가도의 진지 정찰에 나섰다. 그러나 이들은 언덕에서 북한군 병사들과 접전을 벌여 대대장과 작전장교, 중화기 중대장, 통역관 등 4명만 살아 남아 수풀 속에 숨어서 북한군 1개 대대 병력이 기관총 등을 거치하는 것을 목격할 수 있었다. 대대장의 지시를 받은 부대대장은 병력을 이끌고 금산가도를 봉쇄하기 위해서 대대장이 지시한 지점으로 이동하는 도중에 북한군의 기습을 받아 치명적인 부상을 입고, 병력은 금산가도에 접근하지도 못한 채 서쪽으로 도주하여 마수리에 있는 유동 골짜기로 철수하여 버렸다. 그러나 이러한 상황 전개는 연대장에게 보고되지 않았다. 이와 같이 34연대는 지원 부대는 물론 예하 부대와도 연락이 이루어지지 않은 상태에서 철수 준비를 하고 있었다.[267]

전술항공통제반에 있던 24사단장 딘 소장은 7월 20일 17시경 34연대 지휘소에 도착하여 연대장을 찾았다. 그러나 15시 이후 연대장을 본 사람이 없었다. 오전에 3대대장(Newton Lantron 소령)이 사라진 것처럼 연대장도 사라져 버렸다. 그러나 딘 소장은 연대장에게 1대대와 연락이 되지 않는 것을 걱정했던 사실을 기억하고 연대장이 1대대장과 연락을 유지하기 위하여 나갔을 것이라고 판단하였다. 그러나 이 때, 34연대장은 철수로를 보호하러 온다는 21연대의 병력과 더불어 퇴로를 확보하기 위하여 대전의 동남쪽으로 차를 몰고 있었다. 가던 도중에 사단 수색중대를 만나 이들에게 퇴로를 지킬 것을 지시하고, 근처의 작은 언덕에 올라 대규모의 북한군이 대전 남쪽에서 옥천가도로 향하고 있음을 관측하였다. 여기에서, 그는 철수하는 보병부대를 정지시켜 옥

266) *South to the Nakdong, North to the Yalu*, pp. 164-5.
267) *前揭書*, pp. 165-6.

천가도를 확보하려 하였으나, 신호를 잘못 인식한 보병은 그대로 철수하고 말았다. 병력을 발견하지 못한 34연대장은 차를 몰아 동쪽에 배치된 21연대 1대대 지휘소로 가서 옥천(沃川)에 위치한 21연대 본부와 통화를 하였다. 이 때 옥천에 있던 부사단장(Pearson Menoher 준장)과 통화가 이루어져, 옥천으로 빨리 와서 상황을 보고하라는 부사단장의 명령을 받았다. 21연대 본부에 도착한 34연대장은 부사단장에게 상황을 보고하고 5대의 전차와 60여 명의 보병을 지원받아 철수로를 개통시키기 위한 반격을 개시하였다. 그러나 2시간 동안의 격전을 치른 후에 21연대 I중대는 대전으로 연결되는 철수로를 개통하지 못하고 탄약을 다 소모하여 철수할 수밖에 없었다. 철수로를 개통시키려던 34연대장도 어쩔 도리가 없었다. 고지에 배치된 연대 병력의 퇴로가 차단될 우려가 있다고 판단한 21연대장은 옥천의 연대본부를 방문한 부사단장으로부터 연대장의 재량하에 철수해도 좋다는 허락을 받아 놓고 철수를 서두르고 있었기 때문이었다. 이로써 북한군이 세천(細川) 터널 앞에서 차단하고 있던 34연대의 철수로인 옥천(沃川)가도는 철수하는 병력 스스로가 개통하여 철수해야만 하였다.[268]

한편 연대장이 없는 34연대 지휘소에 도착한 딘 소장은 34연대의 지휘를 부연대장(Robert L. Wadlington 중령)에게 위임하여 철수를 지휘하도록 하였다. 34연대 부연대장은 금산가도에 있던 사단 수색중대 3소대를 소환하여 철수를 엄호하도록 하고 3대대를 철수 지점으로 이동시키면서 포병과 본부 병력도 가담하도록 하였다. 그러나 이때 병력 집결 장소에 북한군의 박격포탄이 떨어지면서 북한군 공격이 심화되어 가고 있었다. 딘 소장은 도청 건물에 위치한 사단 사령부에 가서 그의 통역관에게 대전의 북쪽으로 철수할 수 있는 도로가 있는가를 물었으나 없다는 대답만 얻었다. 딘 소장은 즉시 34연대 지휘소로 돌아와 빨리 철수하도록 지시하였다. 7월 20일 18시가 조금 지난 후에 34연대와 지원 병력은 철수길에 올랐다.[269]

그러나 미 24사단은 철수조차 제대로 할 수 없었다. 선두에서 철수 병력을 선도하던 34연대 부연대장은 불타고 있던 탄약 트레일러와 길에 넘어져 있던 전신주를 치우기 위하여 정지하였다. 이 장애물을 치우는 동안 북한군의 기관총과 소총 사격을 받았다. 부연대장 일행은 지프차에서 내려 응사를 하면서 두번째 지프차로 하여금 차량을 선도하도록 하였다. 그리고 나중에 선두로 가려 했으나 트럭을 우회할 수가 없었다. 그리하여 이들은 도로를 우회하였으나, 막다른 골목에서 북한군의 사격을 받아 차에서 내려 부근에 있는 산으로 기어올랐다. 그러나 본대의 선두 차량 50여 대는 길을 잘못 들어 막다른 골목인 학교 운동장으로 들어갔다. 거기에서 북한군의 사격을 받은 125명의 장병들은 산으로 들어가 북쪽으로 갔다가 7월 22일까지 후방으로 철수하였고 상당수는 돌아가지 못했다. 나머지 본대는 옥천가도를 향해 철수하였으나 이들도 불타고 있는 도로 양측의 건물 사이에서 북한군의 사격을 받아 가며 차를 몰아야만 하였다.

268) *South to the Nakdong, North to the Yalu*, pp. 168, 174-5.
269) *South to the Nakdong, North to the Yalu*, p. 170.

이 때 24사단장 딘 소장이 탄 지프차가 사거리를 바삐 통과하느라 옥천가도로 좌회전을 하지 못했다. 북한군의 사격이 심하여 다시 돌아서지 못하고 사단장이 탄 지프차는 금산가도를 달려 남쪽으로 향하게 되었다.[270] 여기에서 24사단장(William F. Dean 소장)의 개인적 비극이 시작되었다. 대전을 장악하고 옥천가도까지 차단한 북한군 3·4사단은 미 24사단의 철수를 더욱 어렵게 만들었다.

대전을 벗어나 옥천가도에 들어선 24사단 병력은 북한군의 박격포 사격과 다발총(多發銃) 사격을 여기 저기서 받으면서 실로 영웅적인 철수를 감행하였다. 철수로를 봉쇄하고 박격포 공격을 하던 북한군에 대해서 차에서 뛰어내려 81mm 박격포를 방열하고 그들을 공격하여 퇴로를 개방한 병사, 북한군의 사격을 받는 가운데 부상을 당한 동료들을 장갑차에 옮겨 싣던 병사, 공격을 받은 차에서 내려 부상당한 몸으로 북한군에게 총격을 퍼부어 이들을 사살한 병사 등이 나타났다. 이들 모두는 파괴되지 않은 자신들의 차량을 불태우고 주변의 산악지역으로 도피하여 철수를 해야만 하였다. 그러나 부상병들은 산으로 오를 수가 없었다. 북한군은 24사단을 지원하던 전투 공병대대 소속의 리비(Sgt. George D. Libby) 중사가 탑승한 차량을 공격하였다. 그 차량에 탑승하고 있던 리비 중사를 제외한 전원이 사살되거나 부상을 당했다. 리비 중사는 도로 옆 도랑에 엎드려 북한군에 사격을 가하면서 도로를 건너 부상당한 병사들을 돌보고 있었다. 이 때, 리비 중사는 포병 트랙터(M-5 artillery tractor)를 정지시키고 부상병들을 이 트랙터에 싣고, 트랙터 운전병을 자신의 몸으로 감싸 북한군의 사격으로부터 운전병을 보호하면서 차단된 도로를 질주하여 부상병들을 철수시켰다. 운전병을 감싸고 철수하던 리비 중사는 철수하는 도중에 몇 번씩이나 트랙터를 멈추게 한 다음, 도로에서 신음하던 부상병들을 더 싣고 북한군의 차단선을 돌파하여 철수를 완료하였다. 그러나 유일한 트랙터 운전병을 몸으로 감싸면서 부상병을 철수시킨 리비 중사는 몸과 팔에 많은 총상을 입고 출혈이 심하여 숨을 거두고 말았다. 자신을 버림으로써 많은 부상병을 안전하게 철수시킨 리비 중사에게 한국전에서 최초로 미국의 최고 무공훈장인 명예훈장(the Medal of Honor)이 수여되었다.[271] 실로 대전에서의 철수는 철수하는 병력 모두에게 영웅적인 행동을 요구하고 있었다.

대전에서 철수하던 병력의 상당수는 대전의 동남쪽에서 옥천(沃川)가도로 좌회전하지 못하고 그대로 직진하여 금산(錦山)가도로 들어선 경우가 많았다. 딘 소장도 그 중의 하나였다. 딘 소장은 금산가도로 내려가는 도중에 많은 부상병들을 만났다. 딘 소장은 이들을 자신의 지프차와 도중에 발견한 포병 트랙터에 싣고 내려갔다. 북한군이 금산가도를 봉쇄하고 사격을 가하고 있었기 때문에 딘 소장 일행은 차를 버리고 대전 동남쪽 15km 지점에 위치한 낭월리(朗月里) 북쪽 부근의 산으로 올라가서 어둠이 그들을 숨겨줄 때까지 기다리다가 철수하기로 하였다. 그러나 자정이 조금 지나 부상병

---

270) *General Dean's Story*, p. 39.
271) *South to the Nakdong, North to the Yalu*, pp. 172-3.

이 물을 찾았다. 물을 구하러 가겠다는 딘 소장을 만류하고 부관(Arthur M. Clarke 중위)이 몇 명을 데리고 길을 나섰다. 그러나 앞서 가던 부관은 한참 후에 누구도 그를 따라오지 않는다는 사실을 알고 돌아와 보니 모두가 잠에 빠져 있었고, 사단장도 눈에 보이지 않았다. 딘 소장이 직접 물을 뜨러 갔다는 것이었다. 부관은 잠에 곯아떨어진 병사들을 깨워 7월 21일 새벽 산 정상에 올랐다. 그리고 거기서 하루 동안 사단장의 귀환을 기다렸다. 그러나 딘 소장은 나타나지 않았다. 할 수 없이 클라크 중위는 일행을 이끌고 동쪽 산을 넘어 7월 23일 영동(永同)에 위치한 1기병사단 방어 진지에 도착하였다. 그러나 딘 소장의 행방은 확인할 수가 없었다.[272)]

한편, 금산가도를 지키려 했던 34연대 1대대 병력의 대부분은 북한군의 공격을 받아 흩어진 다음에, 논산 쪽으로 철수하여 7월 23일에는 한국군 트럭을 빌려 타고 가다가 기차로 갈아탄 후에 여수(麗水)로 이동하여 7월 25일 부산에 도착하기도 하였고, 일부는 금산(錦山)을 거쳐 동쪽으로 이동하여 영동에 도착하기도 하였다. 34연대를 지원하던 19연대 2대대는 금산을 거쳐 동쪽으로 이동하여 7월 21일과 22일에 영동에 도착하였다. 이와 같이 대전을 지키던 34연대, 이를 지원하던 19연대 2대대와 사단 수색중대, 공병, 포병 등 지원 부대, 대전 후방에서 퇴로를 지키던 21연대 등 24사단 병력은 거의 각개 단위 부대나 개별적으로 대전을 탈출해야만 하였다.[273)]

대전 전투를 치른 24사단의 피해는 대단하였다. 먼저 사단장이 실종되었고, 대전 전투에 투입된 3,933명의 병력 중 1,150명의 손실을 입었다. 장비의 손실도 대단하여 북한군이 옥천가도를 차단하기 전에 철수한 13포병 B포대, 63포병 B포대, 34연대 I중대를 제외하고는 장비를 거의 버릴 수밖에 없었다. 그리하여 7월 22일 정오, 영동에서 1기병사단에게 전선을 인계한 24사단은 8,660명의 병력만을 집결시킬 수 있었다.[274)]

대전지역의 전투는 대전을 방어하던 4,000여 명의 미 24사단 병력과 1개 전차사단으로 증강된 북한군 2개 사단 간에 치러진 불균형상태에서의 전투였으나, 북한군의 승리로 막을 내렸다. 북한군의 정예 사단인 3, 4사단과 이를 증원한 105전차사단은 정면 공격과 포위 및 우회를 통한 방어 병력의 포위와 퇴로를 차단하는 전술을 구사하여 대전을 방어하고 있던 24사단에 대해서 치명적인 타격을 입혔다. 처음에 4사단이 대전의 정면과 서남쪽으로의 우회를 담당하였고, 그 뒤를 이어 3사단이 정면 공격과 서북쪽으로의 우회를 실시하였다. 그리고 105전차사단의 전차들은 대전 시내로 직진하여 기습적인

---

272) *South to the Nakdong, North to the Yalu*, pp. 176-7. 물을 뜨러 갔던 딘 소장은 어두운 밤길에 낭떠러지로 떨어져 의식을 잃고 말았다. 의식을 회복한 딘 소장은 그로부터 36일 간의 방황 끝에 1950년 8월 25일, 그의 아들이 웨스트 포인트(West Point)에 입교한 지 1주일 정도 지난 즈음에 전라북도 진안(鎭安) 근방에서 북한군의 포로가 되었다. 그러나 1951년 1월 9일, 트루먼 대통령은 생사를 알 수 없던 딘 소장에게 1950년 7월 20일과 21일의 영웅적 행위에 대하여 명예훈장을 수여하고, 이를 백악관에서 딘 소장 부인(Mildred Dern Dean)에게 수여하였다. 북한은 딘 소장이 포로가 되었다는 사실을 1951년 12월 18일에야 발표하였다. 그는 1953년 9월 4일 판문점에서 송환되었다. *General Dean's Story*와 *The Forgotten War*, p. 139 참조.

273) *前揭書*, pp. 175-6.

274) *前揭書*, p. 179.

대전지역 전투(1950. 7. 18.-7. 20.)

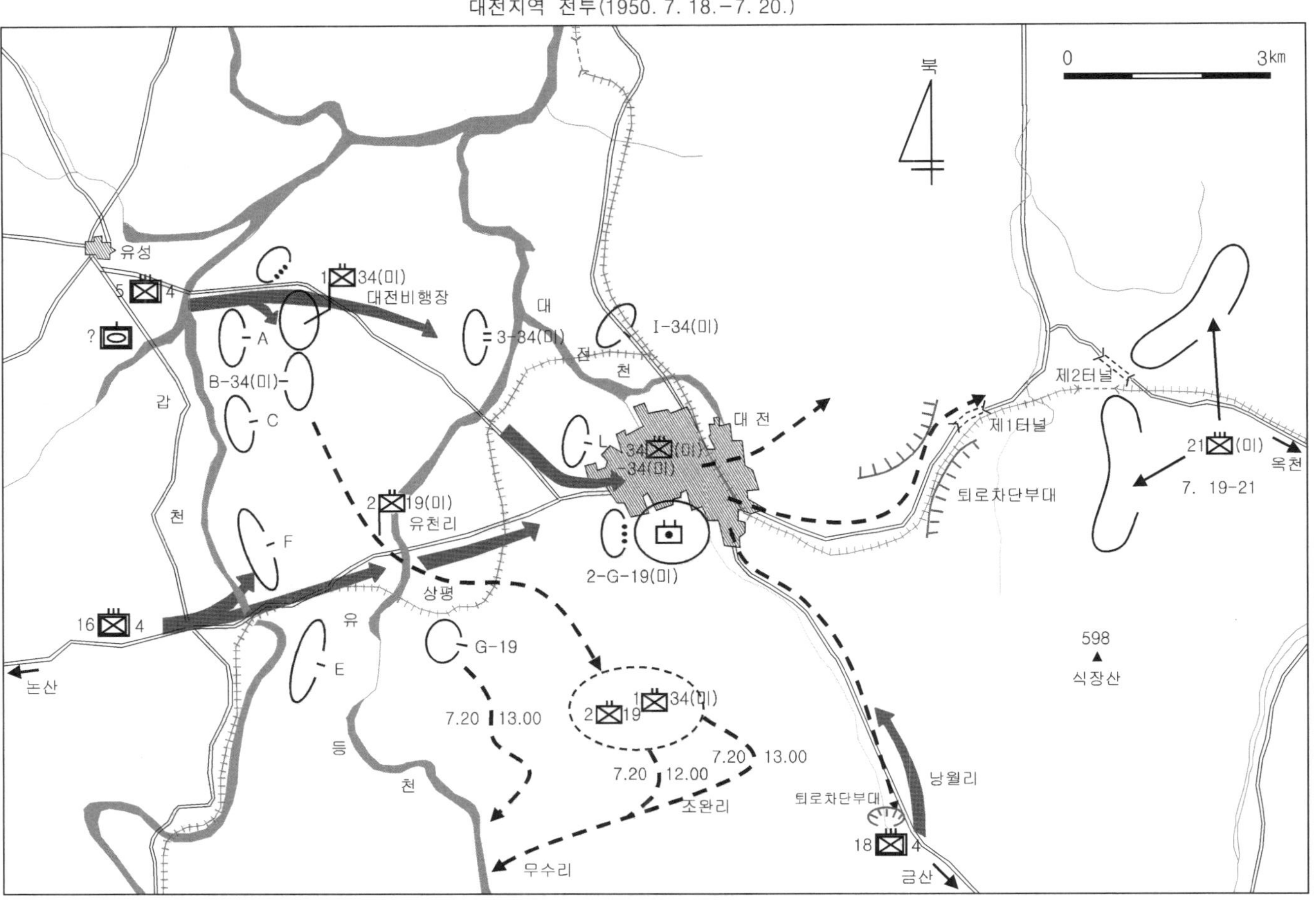

충격을 가함으로써 방어 병력과 민간인의 전의(戰意)를 와해시키려 하였다. 특히 4사단 18연대는 대전과 금산을 연결하는 금산가도를 조기에 봉쇄하고 옥천가도까지 통제하여 24사단 병력의 퇴로를 차단하는 데 결정적인 역할을 담당하였다. 따라서 대전지역 내에서 방어에 임하고 있던 24사단 34연대 1, 3대대와 이를 지원하던 19연대 2대대, 사단 수색중대, 포병과 공병 등의 지원 부대는 작게는 전방 방어 진지가 돌파 및 포위되고 집결지 자체가 포위되었으며, 크게는 철수로를 포함한 대전에 이르는 모든 통로가 봉쇄된 상태에서 전투를 강요당한 셈이 되었다. 이러한 상태를 강요한 북한군 정예부대는 대전을 지키던 24사단 병력의 원만한 철수조차도 허용하지 않았다.

경부국도상에서 북한군 주력의 남진을 저지하기 위해서 7월 5일부터 약 17일 간 싸워온 미 24사단의 전력과 전의는 높은 편이 아니었다. 제2차 세계대전이 끝난 후, 미국 육군은 급속하게 감축되었고, 이에 따라 일본에 주둔하고 있던 미군도 감소 편성을 유지하고 있었다. 보병연대는 2개 대대, 포병대대는 2개 포대로 편성되었고 중대 병력 역시 완전하게 보충된 상태가 아니었다. 전투 경험이 있던 병력은 현역에서 떠났으며 새로 보충된 신병들은 전투의 치열함이나 가혹함을 알지 못했고 훈련 상태도 수준에 미치지 못한 상태였다. 이러한 결과 한국 전선에 최초로 투입되어 북한군 주력과 싸워온 미 24사단은 약 2주 반 동안 2,400명이 넘는 실종자를 포함하여 30% 이상의 병력 손실을 기록하고 있었다. 이 기간 동안에 24사단은 1개 사단을 장비시킬 만큼의 무기와 장비를 잃어버렸다. 훈련 상태와 전의가 저조한 병사들을 지휘하여 전투를 수행해야 했던 사단의 현실은 고급 장교들을 포함한 지휘관들의 손실률을 높이는 요인이 되었고, 결국 사단장까지 실종되는 결과를 빚어내고 말았다. 통신 장비는 부족하였고, 통신 장비를 움직일 배터리는 시효가 지나 한두 시간 안에 장비가 작동을 멈추는 경우가 많았으며, 지도는 낡아서 현지 지형과 맞지 않았고, 정비 기술은 저조하여 자동차와 장비가 못 쓰게 되는 경우가 많았다. 각급 제대에 유능한 지휘관을 보직시키기가 어려웠고, 다른 사단에서 차출되어 새로 보직된 지휘관이 많아 부하들과 생소한 가운데 전투를 수행해야만 하였다. 이와 같이 최초로 한국 전선에 투입되어 북한군 주력과 맞싸운 미 24사단의 전투력은 기대한 것만큼 그렇게 강하지 못했다.[275)]

전기(戰技)와 전의(戰意)가 부족한 병력을 지휘하여 싸워야 했던 미 24사단 지휘관들은, 병사들의 전의를 고양(高揚)시키기 위하여 병사들이 수행해야 하는 임무를 감독하거나 솔선수범하는 일에 집착한 나머지, 지휘관으로서 직위에 걸맞는 상황 판단과 조치를 소홀히 하여 전체적인 작전을 그르치는 경우가 많았다. 따라서 연대장이나 심지어 사단장까지 로켓포를 들고 북한군 전차 사냥을 하기가 일쑤였고 진두 지휘를 하다가 전사하거나 실종되는 경우가 많았다. 특히 대전전투에서 24사단장은 34연대장에게 대전 방어를 맡기고, 사단 수색중대까지도 연대장에게 배속시키고 난 후에도 대전에 남아 있어 3.5″로켓포를 쏘아 북한군 전차를 파괴하는 역할을 하고 있었다. 34연

275) *前揭書*, pp. 180-1.

대장에게 대전 방어를 맡긴 후에 사단장은 연대가 전투를 제대로 수행할 수 있도록 지원해 주고 연대가 쉽사리 탐지할 수 없는 북한군의 우회 및 침투에 대한 대책의 수립, 그리고 철수로의 확보에 더욱 지휘 중점을 두는 것이 마땅했을 것이다. 이 점은 딘 소장이 후에 밝힌 바와 같이 사단장은 대전 시내에서 전차를 파괴하는 것보다 21연대로 하여금 옥천가도를 제대로 지키게 하고, 사단 수색중대를 직접 운용하여 금산가도로 진출하는 북한군을 적시에 탐지하고 이에 대한 대책을 마련했어야 했다. 그리고 고수하기 힘든 대전을 고수하기보다는 대전에서 북한군의 예봉을 둔화시킨 후에 병력을 좀더 일찍 철수시켜 대전에서 옥천에 이르는 옥천가도의 유리한 지형을 이용하여 지연전을 펼치게 하는 것이 더욱 타당하였으며, 이를 위해 대전을 방어하던 34연대를 19일 저녁에 대전에서 철수하도록 하여 대전 동남쪽에서 저지 진지를 편성하도록 하는 것이 더욱 건실한 임무 수행이었다. 다시 말하여 사단장은 북한군의 포위 기도를 파악하고 이에 대한 실질적인 대비를 했어야만 했다. 그러나 본인의 말대로 24사단장은 "나무에 너무 가까이 있어서 숲을 보지 못했다(I was too close to the trees to see the forest)."276)

이러한 문제점에도 불구하고 미 24사단은 대전을 7월 20일까지 고수함으로써 포항을 통하여 한국 전선에 투입된 미 1기병사단이 영동(永同)에 저지 진지를 편성하여 미 24사단으로부터 전선을 인수할 수 있도록 해주었다. 실로 1개 전차사단으로 증강된 2개의 북한군 사단이 감행한 공격을 감소 편성된 1개 연대와 지원 부대 등으로 막아낸다는 것은 현실적으로 불가능한 일이었다. 다만 미 24사단의 지휘관들이 이를 간파하고 거기에 맞는 전투 편성과 지휘를 하여 전투력을 통합적으로 운용했더라면, 24사단은 병력과 장비의 손실을 줄이면서 북한군의 전진을 좀더 효과적으로 지연시킬 수 있지 않았겠느냐 하고 판단할 수 있는 여지는 남아 있었다.

(3) 영동·김천지역 전투

맥아더 장군은 최초 수원 남방이나 최소한 대전 북방에서 북한군의 진격을 저지하여 전선을 안정시킨 다음에 북한군 후방 지역인 인천(仁川)에 상륙작전을 감행하여 전세를 반전(反轉)시킬 목적으로 미 1기병사단을 상륙작전에 투입하려 하였다. 이러한 구상으로 맥아더는 미 24사단으로 하여금 경부국도상에서 북한군의 남진을 막게 하고 미 25사단을 중부지역에 배치하여 한국군을 지원하게 하는 한편, 동해안지역에서는 해공군 화력으로 북한군의 남진을 저지시켜 먼저 전선을 안정시키려 하였다. 그러나 북한군의 남진은 계속되었다. 전선이 안정될 기미를 보이지 않고 경부국도에서 지연전을 수행하고 있던 미 24사단의 전력이 현저하게 약화되자, 맥아더는 미 24사단에 이어 미 1기병사단을 경부국도에 투입하고, 추가적인 병력 지원과 더불어 상륙작전을 위해서 1

---

276) *South to the Nakdong, North to the Yalu*, p. 181.

개의 해병 사단을 요구하기에 이르렀다. 그리하여 미 1기병사단은 1950년 7월 22일 영동(永同)지역에서 싸움에 지친 24사단으로부터 전선을 인수하여 전차로 증강된 북한군 3사단과 대치하게 되었다.

영동지역에 투입된 미 1기병사단은 경보병사단으로서 과거 남북전쟁시의 명성을 기념하기 위하여 1기병사단이라는 원래 명칭을 그대로 사용하고 있었으며, 예하에 5, 7 · 8기병연대를 보유하고 있었다. 그러나 1기병사단도 이미 한국 전선에 배치된 24, 25사단과 마찬가지로, 1개 기병연대에 2개 대대, 1개 포병대대에 2개 포대, 1개 전차중대로 감소 편성되어 있었다. 더구나 24, 25사단을 한국 전선에 투입하면서 1기병사단으로부터 750여 명의 하사관을 차출하였기 때문에, 1기병사단의 전력은 그만큼 저하되어 있었다. 그리고 7월 18일에는 5, 8기병연대만이 포항에 상륙하였고, 7기병연대와 82포병대대는 태풍으로 인하여 7월 22일에야 상륙할 수가 있어서 1기병사단은 24사단이 거의 무력화된 시기에 집중적인 병력의 운용이 사실상 어려운 상태에 있었다. 사단장의 명에 의하여 사단 포병사령관(Charles D. Palmer 준장)이 지휘한 5, 8기병연대 병력은 7월 19일 포항을 떠나 22일 영동에서 미 24사단과 교대하여 방어 진지를 구축하였다.[277)]

사단 병력을 포병 사령관의 지휘하에 영동으로 이동시킨 사단장(Hobart R. Gay 소장)은 대구에 위치한 워커 8군사령관을 만나 명령을 수령하였다. 사단장이 수령한 명령은 복잡하지가 않았다. “영동을 방어하라. 후방에 아군이 없으니 스스로 퇴로를 확보하라. 식량 없이는 살 수 있으나 탄약이 떨어지면 살 수 없다는 사실을 명심하고, 영동에서 대구에 이르는 병참선을 확보하라. 그렇지 않으면 탄약이 떨어지게 될 것이다”라는 요지였다.[278)]

명령을 받은 사단장은 영동에 도착하여 방어 배치에 들어갔다. 그러나 방어 편성에 대해서 8군에서 나온 작전과장과 사단 포병사령관은 의견을 달리하였다. 8군 작전과장은 8기병연대 2개 대대를 대전-영동도로와 무주-영동도로를 감제하여 두 접근로를 차단할 수 있도록 1개 대대씩 배치하는 것을 주장하였고, 사단 포병사령관은 2개 대대를 양 도로에 배치하면 대대가 상호 지원이 불가능한 상태에서 각개 포위 및 격파당할 수 있다는 이유를 들어, 1기병사단 병력을 영동 동쪽 고지에 집중 배치하여 북한군의 진격을 저지하고 24사단 병력은 이 방어 진지를 통과하여 후퇴하도록 하자는 주장을 내놓았다. 사단장은 포병사령관의 견해를 지지하였고, 8군의 공식 확인이 없으면 작전과장의 견해를 수용할 수 없다는 입장을 취하였다. 전화를 통하여 8군은 작전과장의 입장을 공식적으로 확인하였고, 이에 따라 1기병사단장은 8기병연대 1대대를 대전에 이르는 도로, 2대대를 무주에 이르는 도로를 차단하기 위하여 영동의 북서쪽과 남서쪽에 각각 배치하고 5기병연대를 영동의 동쪽 고지에 배치하여 저지 진지를 편성하였다.

---

277) *South to the Nakdong, North to the Yalu*, pp. 195-7.
278) *前揭書*, p. 197.

그리고 8군은 상주(尙州)로 이동중인 25사단 27연대(John H. Michaelis 대령)를 영동의 동북쪽 황간(黃澗)으로 긴급하게 이동시켜 청주에서 보은(報恩)을 거쳐 황간으로 남진하는 북한군 2사단의 진출을 저지하게 하여 1기병사단의 측후방을 엄호하도록 함으로써, 1기병사단과 25사단 27연대로 영동지역에서의 방어를 위한 편성을 완료하였다.[279]

대전을 점령한 북한군은 금강-소백산맥선을 돌파한 후에 신속하게 포항-대구-마산선으로 진출하여 부산을 점령한다는 계획 아래 1군단 3사단을 영동(永同)-김천(金泉) 방향으로 진출시키고, 2사단을 황간(黃澗)으로 남하시켜 3사단의 작전을 돕게 하는 한편, 4사단을 거창(巨昌), 6사단을 진주(晋州) 방향으로 진격시켜 호남으로의 우회 공격을 단행하였다. 2군단은 1사단과 13사단을 문경(聞慶), 15사단을 상주(尙州), 8사단과 12사단을 예천(醴泉)과 안동(安東) 방향으로 투입하였다. 이로써 북한군은 전 전선에서 공세를 강화하여 미군과 한국군의 방어 배치를 분산·약화시킴으로써 전선을 쉽게 돌파하고 전과를 확대하여 부산을 점령하려 하고 있었다.

북한군 3사단은 대전을 점령하고 난 후에 7월 22일 대전을 출발하여 7월 23일 8연대와 전차 일부를 옥천-영동가도로 진출시키고, 7, 9연대를 남쪽으로 우회시켜 무주-영동가도로 진출시켰다. 7월 23일 아침, 북한군 8연대는 전차를 앞세우고 8기병연대 1대대 정면에서 금강 도하 공격을 개시하였다. 8기병 1대대는 포병의 지원하에 3.5″로켓포를 사용하여 3대의 북한군 전차를 파괴하면서 북한군의 공격을 저지하였으나, 우측방으로 우회한 북한군에 의해서 퇴로가 차단될 위협에 직면하였다. 무주에서 영동에 이르는 도로상에 배치된 8기병 2대대는 대대를 우회·침투한 북한군 3사단의 7, 9연대 병력에 의해서 퇴로가 차단되고, 후방에서 2대대를 지원하던 99, 61포병대대가 공격을 받았다. 그리고 2대대장까지 부상을 당했다. 이에 사단은 5기병연대 1대대와 16수색중대를 투입하여 7월 25일 새벽 4시 30분경 퇴로를 잠시 개방함으로써 대대병력이 영동으로 철수할 수 있었으나, 대대의 1개 중대와 수색중대, 전차소대는 공용화기를 버리고 분산 탈출하였고, 돌파작전을 지원하려던 5기병 2대대는 북한군 집결지로 잘못 진입하여 많은 병력과 장비를 잃어버리는 사태도 발생하였다. 포항에 늦게 상륙한 7기병연대 2대대도 영동지역에 도착하여 방어에 투입되었으나 별다른 역할을 하지 못했다. 결국 7월 25일 오전에는 북한군의 후방 침투와 퇴로 차단으로 1기병사단은 영동(永同)을 포기하고 영동 동쪽에 새로운 방어 진지를 편성하였으며, 7월 25일 밤 영동에 진입한 북한군 3사단 주력은 역습에 대비하여 영동의 동쪽에 급편 방어 진지를 구축하였다. 이로써 2일 간 계속된 영동 쟁탈전은 북한군의 영동 점령으로 막을 내렸다.[280]

영동지역에서 북한군이 사용한 전술은 그들이 대전을 점령할 때까지 사용한 전술과 같은 내용과 형태를 지니고 있었다. 정면에서 견제 공격과 침투를 실시하고, 많은 병력을 측방으로 우회시켜 후방의 화력 지원 부대를 공격하고, 퇴로를 차단하여 전방 방

---

279) *前揭書; 韓國戰爭(上)*, pp. 253-4.
280) *South to the Nakdong, North to the Yalu*, pp. 197-200; *The Forgotten War*, pp. 158-60.

어를 불가능하게 만드는 전술이었다. 북한군 3사단은 옥천-영동가도에 배치된 8기병 1대대 병력을 8연대로 공격 견제하고 7, 9연대를 무주-영동가도에 투입하여 8기병 2대대의 퇴로를 차단하면서 옥천가도에 배치된 1대대의 퇴로를 위협하는 작전을 실시하였다. 그러면서 실제 국지적인 전투에서도 정면에서 전방 방어 병력을 견제하고, 측후방으로 우회하여 전방 방어를 불가능하게 만들어 병력의 철수를 강요하는 전술을 채택하였다. 영동에서도 이러한 방식으로 1기병사단의 조직적인 방어를 방해하여 7월 25일 저녁에 영동을 점령하였다. 그러나 제공권을 확보하지 못한 북한군은 미군의 지상 및 공중 화력 공세로 많은 피해를 감수해야만 하였다. 그리하여 북한군 3사단은 7월 24, 25일의 전투에서 2,000여 명의 피해를 입었고, 사단 전력이 5,000명 수준으로 감소되는 결과를 감수해야만 하였다.281)

한편 보은(報恩)에서 영동과 영동의 후방 황간에 이르는 접근로를 지키라는 임무를 부여받은 25사단 27연대는 황간(黃澗) 집결지로부터 7월 23일 저녁에 1대대를 영동 북방 25km 지점에 위치한 상용리(上龍里)로 추진·배치하여 17시에 한국군으로부터 전선을 인수하였다. 방어 편성을 마친 27연대 1대대장은 야간에 척후 분견대를 파견하여 전방을 정찰하였다. 척후 분견대는 북한군 2사단의 선발대와 조우하였고 양측은 사격을 주고받았다. 북한군은 이를 미군의 주 방어선으로 오인하였는지 퇴각하였고, 이에 따라 1대대 병력 척후 분견대도 철수하였으나 6명은 돌아오지 못했다. 7월 24일 새벽 북한군은 짙게 깔린 안개를 은폐로 삼아 공격을 개시하였다. 전차를 앞세운 북한군은 1대대 진지를 돌파하고 군의관까지 사살하였다. 그러나 1대대 병력은 북한군 보병의 침투를 봉쇄하고 3.5″로켓포를 이용하여 북한군 전차를 파괴하였다. 대대의 우측방에서도 전차를 앞세운 북한군의 공격이 심화되었다. 여기에서도 3.5″로켓포와 F-80 전투기의 화력 지원을 받아 방어선을 침투한 북한군 전차를 파괴하였다. 27연대 1대대는 치열한 전투를 수행하면서 7월 24일 저녁까지 방어 진지를 지키고 있었다. 북한군 2사단은 청주에서 배속받은 8대의 전차 중 6대를 잃어버렸고, 27연대 1대대는 진지를 고수하고 있었다. 그러나 연대장은 북한군이 저녁에 포위를 시도할 것으로 판단하고, 이날 저녁에 1대대를 후방에 배치된 2대대지역을 통과하여 은밀하게 철수시킨 다음 2대대로 하여금 1대대 진지를 공격하는 북한군을 포병과 전차 화력을 이용하여 타격할 수 있도록 준비시켰다.282)

27연대 1대대의 철수를 알지 못한 북한군은 2개 대대 병력으로 7월 25일 아침에 비어 있던 1대대 진지를 양익으로 포위하였다. 미 27연대 2대대는 전차, 야포, 박격포, 자동화기와 개인 소총을 총동원하여 북한군을 강타하였다. 기습적인 화력 집중에 당황한 북한군은 섬멸적인 타격을 입고 30여 명이 포로로 잡히기도 하였다. 그러나 북한군 2사단은 병력을 집중하여 27연대 2대대를 압박하였다. 이에 연대장은 79전차대대 A중대

281) *South to the Nakdong, North to the Yalu*, p. 200.
282) *South to the Nakdong, North to the Yalu*, pp. 200-1.

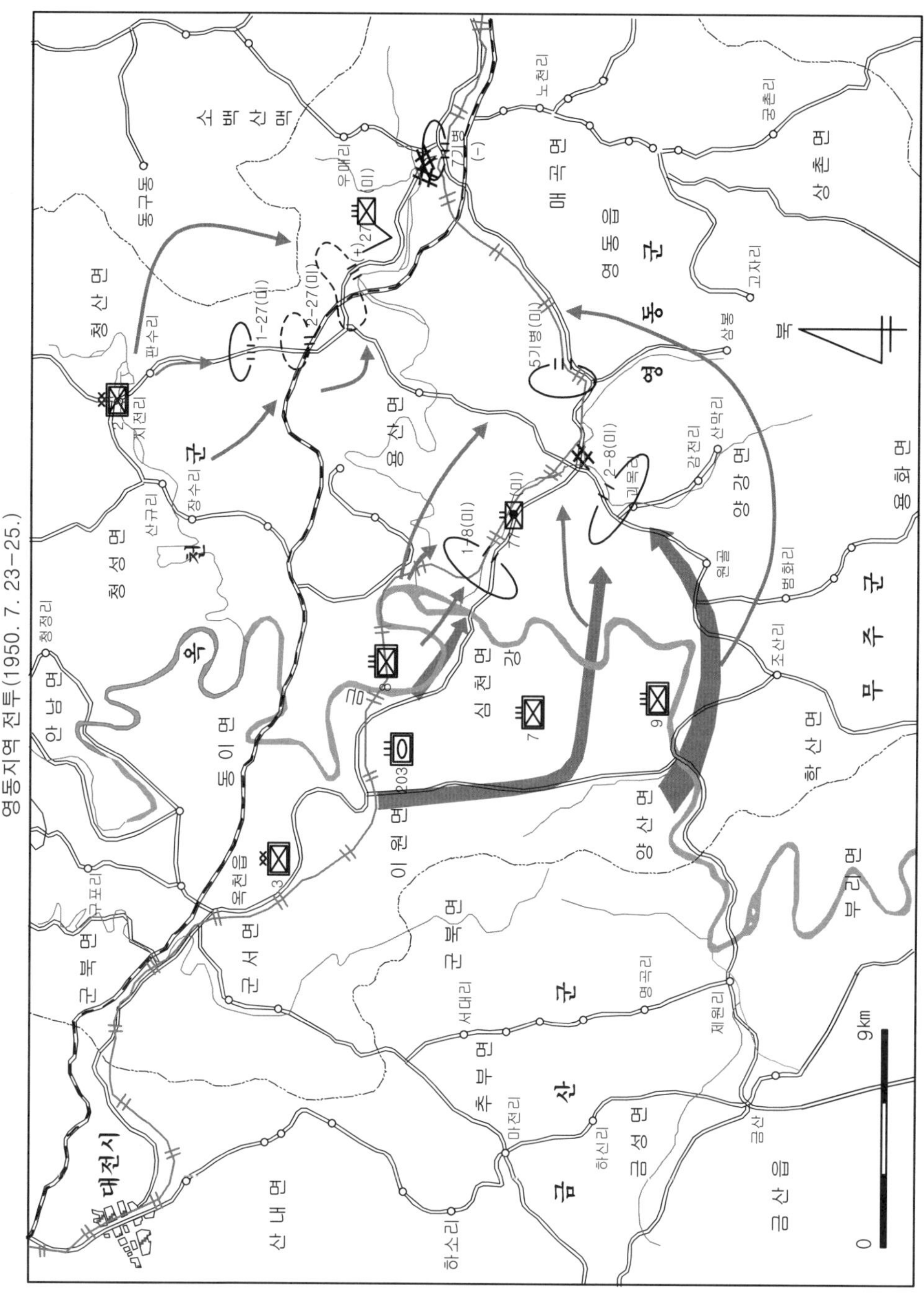

영동지역 전투(1950. 7. 23-25.)

전차 9대와 F중대를 엄호 부대로 삼아 황간 부근의 고지로 병력을 철수시켜 급편 진지를 편성하였다. 북한군의 공격은 계속되었다. 7월 26일에는 포항의 영일비행장의 방어를 7기병연대 1대대에게 인계하고 급히 증원된 35연대 1대대가 27연대의 우측방에 투입되어 위기를 넘기기도 하였다. 그러나 7월 27일에는 포항에서 황간에 도착한 7기병연대 2대대와 27연대 사이를 공격하는 북한군에 의해서 좌측방이 위기에 처하여 많은 사상자가 발생하였다. 7월 28일에는 북한군이 미 27연대의 진지를 돌파하였다. 상황이 이렇게 전개되자 7월 29일, 27연대장은 8군의 허락을 받아 황간의 1기병사단 진지를 통과하여 김천(金泉) 동쪽 2km 지점에 다시 급편 진지를 구축하였다. 이와 같이 미 25사단 27연대는 북한군 2사단에게 막대한 피해를 입혔으나, 결국 그들의 압력을 받아 김천지역으로 철수하고 말았다.[283)]

영동(永同)지역에서 북한군 3사단과 싸우고 있던 미 1기병사단의 우측방을 보호하기 위하여 보은-황간 도로에 투입되어 7월 25일부터 29일까지 5일 간에 걸쳐 지연전을 실시한 미 25사단 27연대는 청주에서 보은을 거쳐 황간으로 진출하는 북한군 2사단의 진출을 지연시키고 그들에게 막대한 피해를 입혔으나, 자신들도 적지않은 피해를 입었다. 북한군 2사단은 3,000여 명의 피해를 입었을 것으로 추산되었으나, 27연대도 전사 53명, 실종 49명을 포함하여 323명의 피해를 입었다. 7월 29일 김천 동쪽에 도착하여 급편 진지를 구축한 27연대장은 이날 오후에 낙동강선 방어를 결정한 8군으로부터 상주(尙州)에 위치한 25사단으로 복귀하는 대신 왜관으로 이동하라는 명령을 접수하여 8군의 소방대(消防隊) 역할을 시작하게 되었다.[284)]

보은(報恩)에서 영동(永同)과 황간(黃澗)으로 이어지는 우측 도로를 따라 남하하는 북한군 2사단의 공격을 미 27연대가 저지하고 있는 동안에, 미 1기병사단은 7월 25일 영동을 포기하고 영동 동쪽 고지에 배치된 5기병연대와 철수한 8기병연대 병력을 통합하여 방어 진지를 편성하고, 포항에서 도착한 7기병연대 2대대를 황간에 위치시켜 예비로 삼아 북한군 3사단의 경부국도 진출을 저지하려 하였다. 7기병연대는 1대대를 영일비행장을 경비하던 25사단 35연대 1대대와 교대시켜 포항에 남겨 두었기 때문에 2대대만을 이끌고 사단에 도착하였다. 7월 26일 새벽, 영동을 점령한 북한군 3사단은 수백 명의 피난민을 앞세워 1기병사단이 설치한 지뢰 지대를 통과시키면서 4대의 전차와 병력으로 정면 공격을 실시하였다. 이에, 1기병사단은 포병의 탄막 사격으로 날이 밝기 전까지 이들을 격퇴하였다. 그러나 북한군 병력이 사단의 좌측방을 우회하여 지례(知禮) 방향으로 전진하고 있다는 보고를 접수한 1기병사단장은 우측방의 27연대도 북한군 2사단의 남진을 봉쇄하지 못하고 있다는 보고를 접수하였다. 사단이 양측으로 포위될 경우에 대구에 이르는 병참선의 확보가 어렵다고 판단한 사단장은 사단 병력을 김천지역으로 철수하도록 명령하고 7월 29일, 27연대가 사단 방어지역을 통과하여 철수한 이후에 27연대를 따라 추풍령(秋風嶺)을 넘어 철수를 개시하였다. 이로써 경부국도상에서 금강과 소백산맥을 잇는 방어선이 무너지게 되었다.[285)]

283) *South to the Nakdong, North to the Yalu*, pp. 201-3; *The Forgotten War*, pp. 160-1.
284) *South to the Nakdong, North to the Yalu*, p. 203.
285) *前揭書*, pp. 203-4.

철수를 결심한 미 1기병사단장은 먼저 8기병연대를 김천(金泉)과 상주(尙州)를 잇는 김천 북방 도로를 연하여 진지를 편성하게 하고, 5기병연대를 김천에서 지례(知禮)를 잇는 도로를 감제하기 위하여 김천의 서남쪽에 배치하는 한편, 황간에 있던 7기병연대는 5, 8기병연대의 철수를 엄호한 후에 김천 서북쪽 10km 지점에 배치하여 경부국도에서 북한군의 전진을 저지하도록 하였다. 8군사령부도 지례를 거쳐 우회하는 북한군이 미 1기병사단의 퇴로를 차단할 위험성이 크다고 판단하여 24사단 21연대 3대대를 1기병사단에 배속시켜 김천-지례도로에 배치하였다. 7월 29일 사단장은 16수색중대를 지례에 보내 적정을 살피도록 하였으나, 지례에 도착해 있던 북한군 3사단 7연대 병력과 교전 상태에 돌입하여 중대장이 전사하는 피해를 입고 밤길을 걸어 7월 30일 아침에 1기병사단 진지로 철수하였다. 강력한 북한군 병력이 지례로 접근하고 있다는 사실을 확인한 1기병사단장은 7월 30일에 5기병연대 1대대 및 21연대 3대대와 99포병대대를 지례로 진출시켰으나 7월 31일, 주변 고지를 점령하고 시내에 박격포탄을 쏘아대는 북한군의 반격으로 인하여 지례 동북쪽으로 철수하고 말았다. 이미 지례에는 북한군 3사단 7, 8연대 병력이 진입하였고, 김천을 우회하여 미 1기병사단을 포위하려 하고 있었다.[286]

북한군 3사단은 7월 31일에 미 1기병사단에 대한 전면적인 공격을 개시하였다. 북한군은 25대의 전차를 앞세우고 경부국도상에 배치된 7기병연대를 공격하였고, 지례 쪽에서도 공격을 가해 왔다. 1기병사단은 포병과 항공 화력의 지원을 받아 7기병연대 정면으로 공격하는 19대의 전차를 파괴하면서 방어선을 지키려 하였으나, 김천이 포위될 위험성은 사라지지 않았다. 특히 7월 31일 낮에는 김천에 침투한 북한군 병력이 사단 지휘소에서 1km밖에 떨어지지 않은 곳에 위치한 8전투공병대대 지휘소를 습격하여 부대대장을 포함한 10여 명이 사상(死傷)당하는 사태가 발생하였다. 105전차사단으로 증강된 북한군 3사단은 미 1기병사단을 계속 공격하여 김천으로 철수시키고, 결국 낙동강선으로 밀어내고 말았다.[287]

포항을 거쳐 미 24사단에 뒤이어 경부국도에서 북한군에게 막대한 피해를 입히고 그들의 진격을 10여 일 간 지연시킨 미 1기병사단의 대가는 결코 가볍지 않았다. 10여 일의 전투 기간 동안에 미 1기병사단은 전사 78명, 실종 419명을 포함하여 497명의 전투 손실을 입었다. 이 기간 동안에 미 1기병사단과 싸운 북한군 3사단의 피해는 더욱 심하여 약 2,000여 명의 전투 손실을 입어 사단의 병력이 5,000여 명 수순으로 감소되었다. 그러함에도 불구하고, 북한군 3사단은 대전 전투에 이어 영동(永同), 김천(金泉)지역 전투에서 미 1기병사단의 낙동강선 후퇴를 효과적으로 강요하였다. 그 결과 북한군 3사단은 서울사단에 이어 근위사단의 칭호까지 수여받게 되었다.[288] 이로써 낙동강 방어선이

286) *South to the Nakdong, North to the Yalu*, pp. 204-5.
287) *前揭書*.
288) *South to the Nakdong, North to the Yalu*, p. 205; *조선전사, 25*, p. 192.

구축되기 전에 실시된 경부국도상에서 미군이 실시한 지연전은 일단 막을 내리게 되었다.

금강과 소백산맥을 연하여 경부국도상에서 미군이 북한군의 남진을 저지하고 있을 때 한국군은 유엔군의 도움을 받아 중부 및 동부 산간지역과 호남지역을 포함한 서남부지역에서 힘겨운 전투를 수행하여 북한군의 진격을 저지하고 있었다. 광활(廣闊)한 지역을 방어하던 한국군은 간헐적인 승리를 쟁취하여 기염을 토하기도 하였으나, 부족한 병력으로 넓은 정면을 방어해야 하는 현실적인 한계를 극복할 수 없어 북한군의 침투와 우회로 인한 측후방의 위협 속에서 끊임없는 철수를 강요당하게 되었다. 이러한 현실적인 어려움에도 불구하고, 경부국도를 방어하던 미군과 그 이외의 지역을 방어하던 한국군은 북한군의 진출을 충분히 지연시켜 낙동강방어선을 구축할 수 있는 시간을 확보하고, 낙동강을 따라 연결된 방어선을 구축함으로써 침투와 우회를 일삼아 오던 북한군 전술의 효용성을 박탈하여 전세(戰勢)를 역전시킬 수 있는 기반을 조성하였다.

(4) 화령장·상주지역 전투

미군이 경부국도를 따라 지연전을 수행하게 되자 한국군은 중부와 동부, 동해안지역에서 북한군의 진격을 저지하게 되었다. 한국군은 경부국도를 방어하고 있던 미군의 우측방이 노출되지 않도록 방어와 지연전을 수행하면서 미군의 전선 조정과 보조를 맞추어 작전을 수행하였고, 동해안과 내륙지역에서 사단과 연대별 작전으로 북한군의 남진을 저지하고 있었다. 특히 중부 내륙지역에서는 소백산맥의 지형적 이점을 이용하여 북한군의 남진을 저지, 지연시키려 하였다. 이에 대해서 북한군은 중서부지역에 2사단을 투입하여 경부국도상에서 지연전을 실시하고 있던 미군의 우측방을 위협하면서 주력 3, 4사단을 측면에서 지원하려 하였고, 13사단의 지원하에 1사단을 문경(聞慶), 15사단을 상주(尙州), 12사단과 8사단을 안동(安東)지역으로 진출시키고, 5사단을 포항(浦項)지역으로 진출시켰다. 이와 같이 북한군은 전전선에서 압력을 가하여 미군과 한국군의 방어력을 분산·약화시킴으로써 침투와 돌파 및 우회 전술을 적용하여 신속하게 부산을 점령하려 하였다.

중서부지역에서 북한군의 남진을 저지하고 경부국도상에 투입된 미군의 우측방을 보호하기 위한 노력을 결집시키기 위하여 편성된 한국군 1군단은 청주와 음성을 북한군에게 내어주고, 청주 남쪽 15km 지점에 위치한 고은리(高隱里)와 청주 동쪽 60km 지점 미원(米院)으로 철수하였다. 1군단은 고은리의 동서쪽 고지에 수도사단(17연대 배속)을 배치하고, 수도사단의 동쪽에 2사단, 음성에서 철수한 1사단을 미원에 배치하여 방어 진지를 편성하였다. 청주를 점령한 북한군 2사단은 대전 전투에 참가하기 위하여 7월 14일부터 남진을 시도하였으나 청주 남쪽에 배치된 수도사단의 반격으로 인해서 진출이 지연되고 있었다.[289]

북한군은 7월 16일 대대적인 공격을 감행하였다. 북한군 2사단은 3개 방향으로 수도

사단과 2사단 방어 진지를 공격하였고 괴산(槐山)에서 전열을 정비한 북한군 15사단도 미원에 위치한 1사단을 공격하였다. 그리고 한국군 1군단 좌측 대평리(大平里)에서도 북한군 3사단이 금강을 도하하여 미 24사단 19연대를 공격하였다. 한국군 1군단은 항공 지원을 요청하여 북한군 공격의 예봉을 꺾고 사단의 방어를 지원하였다. 우측의 1사단은 미원 북쪽 거리고개에서 북한군 15사단의 공격을 저지하고 있었으나 수도사단과 2사단의 방어선을 언제 돌파될지 모르는 상황이 전개되었으며, 대평리의 미 24사단 19연대는 북한군 3사단의 도하공격을 막지 못한 채 진지를 포기하고 유성으로 철수하고 있었다. 상황이 이렇게 전개되자, 군단장은 비교적 경미한 전투를 벌이고 있던 2사단을 이동시켜 대전의 동북쪽 횡격실 회북면(懷北面) 고지군(高地群)에 배치하고, 수도사단을 보은으로 철수시켜 군단의 예비로 삼았다. 이때 1군단은 수도사단 8연대와 사단사령부를 안동으로 이동시키고, 18연대는 예천, 수도사단 1연대와 17연대는 문경지역의 6사단을 증원하라는 육군본부 작전 명령을 받았다(7. 19.). 그리하여 1군단은 먼저 17연대를 중동부지역에서의 방어 작전을 통합·지휘할 목적으로 함창(咸昌)에서 창설된(7월 12일) 2군단으로 보내기 위하여 보은에서 상주를 거쳐 함창으로 이동하도록 조치하였다.[290]

이러할 즈음 북한군은 광정면 우회기동을 통하여 경부국도상의 미군 퇴로를 차단하고 한국군 1, 2군단을 양분시키면서 미군의 후방을 위협하는 기동을 실시하고 있었다. 북한군은 대전 방어에 임하는 미 24사단의 전력이 공주, 대평리 전투를 치르는 동안 현저하게 약해졌다고 판단하고 대전 전투에 참가하려던 2사단이 한국군 1군단 수도사단의 효과적인 지연전 수행으로 진출이 늦어지자, 2사단을 대전 전투에 참가시키지 않고 보은(報恩)을 거쳐 대전 후방에 위치한 영동(永同)으로 진출시켜 미 24사단의 퇴로를 차단하려 하였다. 그리고 북한군은 이화령(梨花嶺)과 조령(鳥嶺)을 통과하여 상주(尙州)로 진출시키려던 1, 13사단의 진출이 한국군 6사단과 이를 지원한 1사단, 그리고 수도사단 1연대에 의해서 저지되자, 보은으로 향하려던 15사단을 괴산(槐山)에서 직접 상주를 거쳐 김천(金泉)으로 진출시켜 한국군 1, 2군단을 분리시키면서, 미군의 후방을 위협하려는 구상을 행동에 옮기고 있었다. 이러한 결과 이화령과 조령지역의 방어를 강화하기 위하여 1군단에서 2군단으로 배속이 변경되어 보은에서 상주를 거쳐 함창으로 이동하려던 한국군 17연대는 상주 서쪽 50km 지점인 보은-상주도로와 괴산-상주도로가 만나는 상주군 화서면(化西面) 화령장(化寧場)지역에서 괴산에서 상주로 진출하려는 15사단 병력과 조우하게 되었다.

수도사단과 같이 보은(報恩)으로 집결중에 함창(咸昌)으로 이동하라는 명령을 받은 17연대장(金熙濬 중령)은 7월 16일 04시경 1대대를 먼저 상주로 출발시켰다. 1대대가 07시경, 화령장지역을 지날 무렵 50세쯤 되어 보이는 한 시골 노인이 차량을 세우면서 어제 밤에 북한군 병력이 괴산 쪽에서 내려와 상주로 내려갔다는 사실을 알려 주면서

289) *鎭川-化寧場戰鬪*(1991), pp. 90-111.
290) *前揭書*, pp. 118-25.

자신은 이를 신고하러 화서면(化西面) 지서로 가는 길이라고 말했다. 그러나 괴산에서 상주로 연결되는 도로가 있다는 사실을 모르고 있던 1대대장(李寬洙 소령)은 이를 믿으려 하지 않았으나, 노인의 태도가 하도 진지하여 행군 대열을 정지시키고 화서지서로 노인과 같이 가서 이러한 사실을 확인하였다. 대대장은 상주로 내려간 병력이 북한군의 선두부대라고 직감하고 대대가 계속 이동할 경우에는 북한군의 행군 대열 사이에서 포위될 위험이 있다고 판단하여 병력을 화령초등학교에 집결시킨 후에 아침 식사를 하도록 하고 자신은 보은-상주도로와 괴산-상주도로가 교차되는 상곡리(上谷里) 지역으로 지형 정찰에 나섰다.[291]

상곡리 정찰에 나선 1대대장은 북한군 전령을 사로잡아 놀라운 정보를 입수하고 입수한 정보에 근거한 판단을 기초로 대대의 작전을 준비하였다. 상곡리지역을 정찰하던 대대장은 자전거를 타고 상주(尙州) 쪽에서 괴산 쪽으로 접어드는 북한군 병사를 붙잡았다. 붙잡힌 병사는 전날 밤 상주 쪽으로 진출한 대대장이 연대장에게 보내는 전령이었다. 이 전령을 심문하고 몸을 수색한 결과, 대대장은 북한군 15사단 48연대가 상주를 점령하려 하고 있고 연대의 선발대는 17일 08시경 상주를 바라볼 수 있는 고지를 점령하고 있었으며, 48연대의 주력은 곧 후속하여 금곡리지역에서 휴식을 취할 것이라는 사실까지 알아내었다. 이에 대대장은 북한군 48연대 후속 병력을 기습 공격하기 위하여 상곡리 일대에 병력을 배치하여 진지를 구축한 후에 위장을 실시하게 하고 대대원들에게 대대장의 사격명령이 있기 전에는 사격을 할 수 없다는 점을 확실하게 주지시켰다.[292] 기습적인 공격으로 북한군에게 결정적인 타격을 입히려는 심산이었다.

7월 17일 16시가 조금 지나서 북한군 행군 대열이 나타났다. 도보부대의 뒤를 이어 각종 포와 포탄을 나르는 40여 대의 우마차가 상곡리지역에 도착하여 휴식을 취하였다. 북한군은 경계를 소홀히 한 채 옷을 벗고 도로 옆을 흐르는 이안천(利安川)에서 목욕을 하기도 하고 낮잠을 자기도 했으며, 일부는 마을로 들어가 밥을 짓기도 하는 것 같았다. 배치된 경계병도 낮잠을 자는지 사라져 보이지도 않았다. 바로 옆에서 목욕을 하거나 낮잠을 자는 북한군 병사들을 바라보고 있던 1대대 병사들은 사격 명령이 내려지기만 기다리고 있었다. 그러나 대대장은 북한군 병사들이 흩어져 있는 상황이 변하기를 기다리고 사격 명령을 내리지 않았다. 19시 30분, 북한군은 식사를 하기 위해서 집결하였고 일부는 식사를 하고 있었다. 이 때가 공격의 적기라고 판단한 대대장은 대대 작전장교에게 적색 오성 신호탄을 발사하도록 하여 사격 명령을 하달하였다. 400여 정의 소총이 불을 뿜었고, 박격포와 기관총도 계속 발사되었다. 식사를 하거나 식사를 하기 위해서 집결해 있던 북한군은 이리저리 뛰면서 쓰러져 갔고, 그때까지 목욕을 하던 병사들은 그대로 쓰러졌으며 살상을 면한 북한군은 마을과 삼밭이나 산으로 도망하느라 정신을 차리지 못하고 있었다. 기습은 대단한 성공이었다.[293]

291) *前揭書*, pp. 205-6.
292) *前揭書*, pp. 208-9.

화령장지역 전투(상곡리 기습: 1950. 7. 17.)

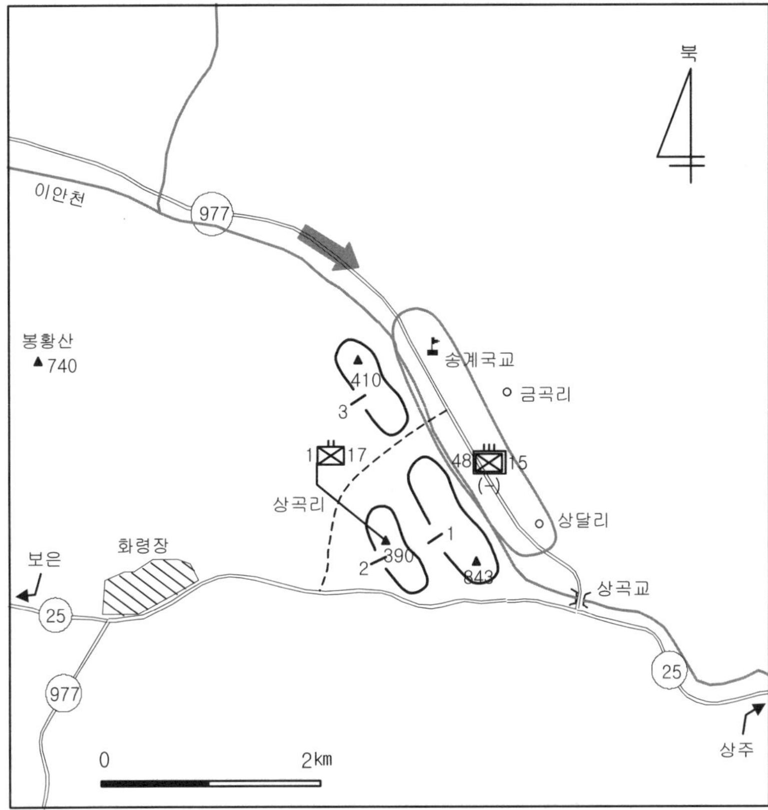

상곡리의 기습 작전이 진행된 지 한 시간이 지난 후에 현지에 도착한 17연대장은 날이 어두워짐에 따라 잔적 소탕작전을 7월 18일에 실시하도록 지시하고 보은에 머물고 있던 2대대와 3대대를 화령장지역으로 이동하도록 하였다. 이에 따라 1대대는 3중대를 북쪽으로 이동시켜 북한군의 퇴로를 차단하고 야간 경계를 강화하였다. 17연대장은 2·3대대가 7월 18일 새벽에 화령장에 도착하자, 청주 전투에서 피해가 컸던 2대대를 화령장에 예비로 삼고 3대대를 상주로 진출시켜 상주지역으로 진출한 북한군 15사단 48연대 선발대를 섬멸하도록 하고, 1대대로 하여금 소탕 작전을 수행하도록 하였다. 상주로 진출하던 3대대는 6사단 1개 대대가 상주에 진출한 북한군을 소탕했다는 소식을 미군 포병대대로부터 전해 듣고 연대장의 명령에 따라 상곡리의 소탕 작전에 합류하였다. 화령장에서의 상황 보고를 받은 육군본부는 2군단으로 배속하려던 17연대를 1군단 예하에 그대로 두어 화령장지역 작전을 계속하도록 하고, 영주(榮州) 동북쪽 50km 지점에 위치한 춘양(春陽)으로 이동시키려던 1사단을 화령장지역에 투입하

---

293) *前揭書*, pp. 209-11.

여 상주에 투입된 미 25사단이 이 지역을 인수할 때까지 북한군을 저지하도록 조치하였다.[294]

7월 18일 10시경, 17연대장은 상곡리지역을 돌아보며 1, 3대대를 격려하면서 북한군 병력이 후속할 것으로 판단하고 수색대를 괴산 방향의 갈령(葛嶺)으로 파견하여 중요한 정보를 획득하였다. 연대 정보주임이 지휘하던 수색대는 12시 30분경 갈령을 넘어오는 북한군 전령(장교) 2명을 생포하였다. 이들은 북한군 15사단장(朴成哲 소장)이 48연대장에게 보고를 하지 않는다고 힐책하는 내용의 전문 1통과, 49연대는 48연대를 후속할 예정이니 48연대는 49연대와 합세하여 한국군 6사단을 공격하고, 김천-대구 방면으로 진출할 준비를 하라는 작전 명령서를 휴대하고 있었다. 이에 17연대장은 15사단장이 아직 48연대가 격멸되었다는 사실을 모르고 있다는 점과 49연대를 곧 후속시킬 것이라는 사실을 알게 되었다. 연대장은 화령장에 예비로 있던 2대대를 상곡리 서북쪽 4km 지점에 위치한 동관리(東觀里)지역에 배치하여 49연대 병력도 격멸하려고 2대대장에게 출동 명령을 내리고, 1대대는 상곡리 진지를 점령하도록 하면서 화령장에 도착하자마자 동분서주(東奔西走)했던 3대대를 예비로 삼았다.[295]

연대장으로부터 출동 명령을 받은 2대대장(宋虎林 소령)은 차량 전복 사고로 전신타박상을 입어 부축을 받으며 진지 정찰에 나섰다. 사실 2대대장은 청주 남쪽 고은리(高隱里) 전투에서 부대대장을 비롯한 80여 명의 병력을 잃은 충격에서 벗어나지 못하고 있었다. 그러나 진지 정찰을 마친 대대장은 승리에 대한 자신감을 가질 수 있었다. 7월 18일 20시경 동관리 남쪽에 위치한 봉황산(740 고지) 전사면(前斜面)에 병력을 배치하였다. 7월 19일 새벽에는 야간에 점령한 진지를 다시 살펴보면서 동관리 마을에 내려가 마을 주민을 대피시키려 하였으나, 마을 젊은이들은 식량을 탈취해 가려는 북한군을 사살한 다음에 이미 피신하였고 3명의 노인은 피신을 거부하였다. 할 수 없이 진지로 돌아온 2대대 병력은 진지의 위장을 보강하면서 북한군의 남진을 기다렸다.

7월 19일 14시경, 전방 중대지역에서 북한군 치중대가 지나가는 것을 사격하여 탄약과 식량을 노획하고 도로에 묻어 있던 핏자국을 지우는 등 소란을 피웠다. 그러나 대대장은 사격 명령 없이 이러한 사태가 일어난 점을 중시하고, 사격군기를 다시 한번 강조하였다. 7월 20일 새벽에 2대대장이 연대장에게 이상 없다고 보고한 후에 전방 7중대로부터 피아를 알 수 없는 병력이 접근하고 있다는 보고를 해왔다. 피아를 확실하게 하라는 명령을 받은 7중대장은 병력이 배낭 같은 것을 메고 있으며 바퀴 달린 기관총을 끌고 간다는 보고를 해왔다. 이에 대대장은 한국군이 한강을 건너면서 배낭을 모두 잃었고 이동시에는 차량에 싣고 다니는 점을 생각하고, 남진하는 병력이 한국군은 아니라고 판단하였다. 그러나 확신할 수는 없었다. 이때 06시 30분경, 대대 맨 우측에 배치된 6중대장이 병력이 중대 정면을 지나가고 있다고 보고하면서 조치가 시급하다고

294) *前揭書*, pp. 212-5.
295) *前揭書*, pp. 216-7.

동관리지역 전투(1950. 7. 20.)

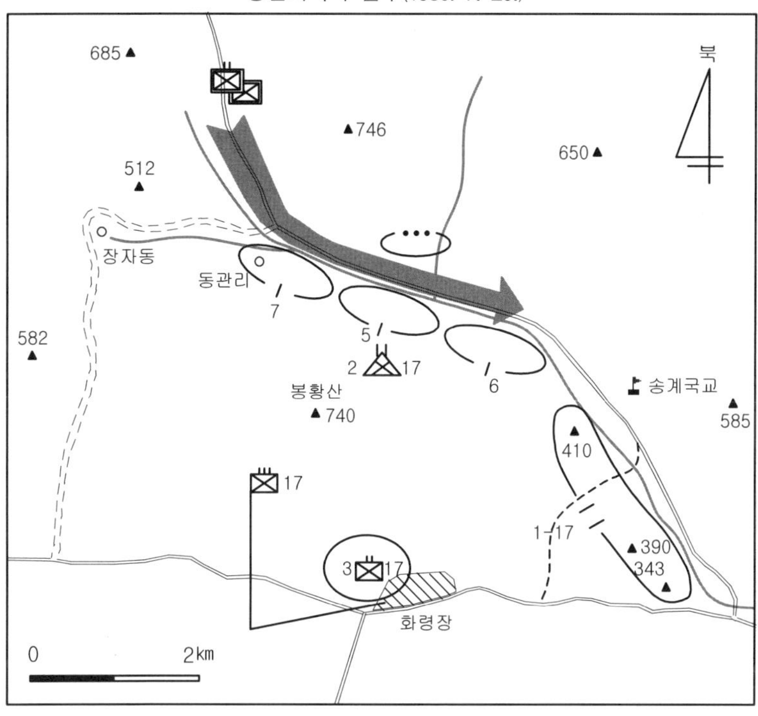

알려 왔다. 대대장은 도박하는 심정으로 사격 명령을 하달하였다. 모든 개인 화기를 최저표척사(最低標尺射)를 할 수 있도록 지지대를 설치하였기 때문에, 화망 안에 들어온 북한군은 살아 남을 수가 없었다. 박격포, 기관총, 소총의 사격을 받은 북한군은 논바닥에 엎드리거나 배수관 속으로도 숨었으나, 2대대 병력은 이들을 모두 소탕하였다. 연락이 두절된 상태에서 총성을 듣고 현지에 도착한 연대장과 함께 온 연대 미군 고문관은 도로와 계곡에 널린 북한군의 시체를 보고 30년 군대 생활을 통해서나 서부극을 통해서 이처럼 통쾌한 전투는 처음 본다고 말하기도 하였다. 7월 20일 14시경 소탕작전을 완료한 17연대 2대대는 사살 356명, 포로 26명, 박격포 16문, 대전차포 2문, 기관총 53정과 소총 186정 등 많은 전리품을 수집하였다.[296]

화령장(化寧場)시역의 상곡리(上谷里)와 동관리(東觀里)에서 매복과 기습 공격을 감행하여 북한군 15사단 48, 49연대를 거의 격멸시킨 17연대는 7월 22일에 1사단이 투입되고 다음날 미 25사단 24연대가 투입될 것이라는 내용을 전달받고, 화령장지역을 지키고 있었다. 7월 22일 북한군 15사단은 나머지 병력으로 17연대 측방을 위협하였다. 17연대는 이미 이 지역에 도착해 있던 미 24연대 지원 포병대대의 지원을 받아 북한군을 저지하다가 한국군 1사단이 연대 양측으로 진출함에 따라 작전지역을 1사단에게 인

296) *前揭書*, pp. 222-7.

계하였다. 국군 1사단은 7월 24일까지 북한군의 진격을 저지하다가 미 25사단 24연대에게 7월 25일 작전지역을 인계하고 17연대와 함께 상주(尙州)로 이동하였다. 이후에 1사단은 7월 25일의 군단 재편성에 따라 2군단으로 배속이 전환되어 6사단을 지원하기 위하여 함창(咸昌)으로 전진하고, 17연대는 대구를 경유하여 합천(陜川) 부근에 투입되었다.

이로써 7월 17일부터 24일까지 약 8일 동안 치러진 화령장지역 전투에서 한국군 17연대는 매복과 기습공격을 가하여 북한군 15사단 2개 연대를 괴멸시키고 많은 장비를 노획하였으며, 소백산맥의 험준한 지형을 뚫고 상주를 점령하고 신속하게 대구로 진출하려던 북한군 전선사령부의 야심찬 계획을 한낮 물거품으로 만들고 말았다. 이 결과 북한군 15사단은 사단장이 경질되고 낙동강전선에서도 제대로 전투력을 발휘하지 못하게 되었으나, 한국군 17연대는 연대장 이하 연대 전장병이 1계급씩 특진하는 영예를 안았다. 이로써 17연대는 동락리 전투에서 승리를 쟁취한 6사단 7연대에 이어서 연대 전장병이 1계급씩 특진한 두번째 연대가 되었다.

미 1기병사단이 경부국도상에서 미 24사단과 교대하여 투입되고 1기병사단의 우측에 미 25사단이 투입되어 상주에 투입되자, 한국군은 7월 24일 1군단을 안동으로 옮기고 수도, 8사단을 지휘하여 영주-안동축선을 방어하도록 하고, 1사단과 6사단을 2군단에 배속하여 문경-함창-상주축선 방어, 그리고 3사단을 육본 직할로 하여 동해안에서 북한군의 남진을 저지하도록 하였다. 이에 따라 1군단은 2사단으로 하여금 7월 23일에 보은-황간축선을 미 25사단 27연대에게 인계하도록 하고, 17연대로부터 화령장지역을 인수한 1사단에게는 보은-상주축선을 7월 25일에 미 25사단 24연대에게 인계하도록 하여 작전지역의 인계를 완료하였다. 7월 25일 1사단과 17연대가 진지를 25사단에게 인계하고 새로운 임무를 수행하기 위하여 떠나는 것을 확인한 1군단은 7월 25일 15시에 상주를 떠나 안동으로 향하여 이날부로 군단에 배속된 수도사단과 8사단을 배속받아 영주-안동축선을 방어하게 되었다. 이제 한국군 1군단은 20여 일 동안 펼친 중서부지역에서의 지연전을 마감하고 중동부지역의 방어를 맡게 되었다.[297]

(5) 이화령·함창지역 전투

한국군 6사단은 수완보에서 철수하여 소백산맥의 요충인 이화령(梨花嶺)과 조령(鳥嶺)지역에 방어 진지를 편성하였다. 이 지역은 험준한 산악지역으로 700-1,000m의 산봉우리들이 줄지어 있고, 북으로 충주에서 남으로 문경과 함창을 잇는 도로 외에는 산간 소로밖에 없어서 방어에 유리한 지형적 조건을 갖추고 있었다. 이러한 점을 고려한 6사단장(金鍾五 대령)은 이화령과 조령을 중심으로 험준한 지형을 이용한 방어 태세를 갖추기 위하여 2연대를 이화령에, 19연대를 조령에 배치하고, 7연대를 예비로 삼아 문경(聞慶)에 사단사령부를 설치하였다. 그리고 16포병대대와 공병대대 등 전투지원부대

297) *前揭書*, pp. 254-6.

들도 전방의 연대들을 지원하도록 하였다.[298]

북한군 2군단은 수안보에 집결한 1사단과 배속된 13사단으로 이화령과 조령에서 방어 진지를 구축하고 있던 한국군 6사단을 공격하려 하고 있었다. 북한군 2군단장은 1사단을 정면에 투입하고 배속된 13사단 2개 연대(19, 21, 23연대는 인천에 있었음)를 이화령 서측방으로 우회시켜 6사단의 전방 병력의 퇴로를 차단하려 하였다. 정면 공격을 담당한 1사단도 1연대를 이화령에 투입하여 공격하고 2연대를 조령으로 우회시켜 이화령에 배치된 6사단 2연대의 퇴로를 차단하도록 하면서 3연대를 예비로 수안보에 보유하고 있었다. 북한군 1사단은 제공권의 상실로 주간 기동이 어려운 점과 지형상 전차의 운용이 어려운 점을 고려하여, 7월 13일 1사단의 선두 부대와 이를 지원할 2개 포병대대를 이화령 전방 연풍(延豐)으로 은밀하게 진출시켜 공격 준비를 갖추도록 하였다. 이렇게 함으로써 북한군은 전체적으로 1사단 1연대의 이화령 정면 공격과 13사단과 1사단 2연대에 의한 양측방에서의 우회 차단을 실시하려는 의도를 감추지 않았다. 여기에서도 북한군은 정면 공격과 우회 차단을 병행하는 전술을 여러 차원에서 사용하려 하였다.

7월 14일, 새벽의 짙은 안개를 은폐물로 삼아 북한군 1사단 2연대는 한국군 6사단 2연대를 공격하였다. 우세한 화력과 병력을 동원하여 들이닥치는 북한군 2연대의 정면 공격으로 6사단 2연대의 진지가 돌파되었으나 이화령 우전방에 배치된 2연대 2대대는 축차 진지를 점령하면서 북한군의 진출을 저지하고 있었다. 이에 밀리고 있던 1, 3대대가 지형의 이점을 이용하여 포병의 지원 사격 아래 역습을 감행하여 오히려 북한군의 퇴로를 차단하였다. 퇴로가 차단된 북한군 2연대는 야포, 장갑차는 물론, 보병 화기까지 버리고 분산, 도주하였으며 6사단 2연대는 이들을 쫓아 연풍(延豐) 삼거리까지 추격하여 사살 800여 명, 포로 7명, 장갑차 3대, 트럭 10대, 포 3문까지 노획하는 전과를 올렸다.[299]

그러나 이화령(梨花嶺) 양측방을 우회하는 북한군의 공격은 위협적이었다. 조령(鳥嶺)을 돌파하기 위하여 산악으로 기동한 북한군 1사단 3연대는 7월 15일 19연대를 공격하였다. 조령 관문에 종심으로 배치된 19연대 2대대와 1대대는 공격해 오는 북한군과 백병전을 치르면서 이들의 공격을 저지하려 했으나, 몇 시간 간격으로 방어 진지가 돌파되어 북한군에게 조령 관문을 빼앗기고 말았다. 조령에서 철수한 19연대는 문경 외각 고지 일대에 새로운 방어 진지를 편성하였으나 이화령을 지키던 2연대의 퇴로가 차단될 위험에 처해 있었다. 한편 이화령 서남쪽에 북한군 13사단 병력이 출현하여 문경을 목표로 우회 공격을 가하려 하자 6사단은 7연대를 백화산지역에 투입하여 이를 저지하였다. 그러나 조령을 점령한 북한군 1사단은 7월 16일, 이를 기점으로 하여 6사단을 양측방으로 공격하고 13사단도 7연대지역으로 공격을 가해 왔다. 이화령의 2연

298) *韓國戰爭(上)*, p. 261.
299) 國防軍史硏究所, *忠州-店村戰鬪*(1992), pp. 86-9.

대와 조령 통로를 맡고 있던 19연대는 사력을 다해 싸웠으나, 방어 진지가 돌파되어 문경을 포기하고 문경 남쪽 남호리(南湖里)로 철수하였으며, 7연대만 포병의 지원하에 성주산 옥녀봉으로 철수하면서 북한군의 서남쪽 우회 기도를 차단하고 있었다. 상황이 이렇게 악화되자 6사단은 항공 지원을 요청하였으나, 두 차례 출격한 유엔 공군기가 오히려 6사단 7, 19연대 병력을 강타하는 어처구니없는 상황이 전개되기도 하였다.[300] 실로 북한군의 우회 공격이 효과를 거두었다.

교통의 요지인 점촌(店村)과 함창-상주 간 도로의 확보가 중요하다고 판단한 2군단은 문경 남쪽에서 부대를 수습하던 6사단을 우회하여 퇴로를 차단하려는 북한군 13사단의 기동을 위협적으로 판단하고, 7월 17일 6사단에게 점촌 북방 영강(江)으로 철수하여 방어 진지를 편성하도록 지시하고, 미군과 협조하여 전차로 증강된 미 25사단 35연대의 지원도 확보하였다. 영강 일대로 철수한 6사단은 전방의 북한군 1사단과 서측방의 13사단의 공격에 대비하여 7연대를 옥녀봉(玉女峰), 2연대를 어룡산(魚龍山), 19연대를 오정산(烏井山, 810고지) 일대에 배치하여 방어 태세를 가다듬었다.

한국군이 점촌과 이로부터 상주에 이르는 도로의 확보가 중요하다고 판단하고 있는 만큼, 북한군도 이의 탈취가 중요하다고 판단하여 공격의 고삐를 늦추지 않고 있었다. 7월 19일 상괴리로 우회한 북한군 13사단 병력이 먼저 공격을 개시하였다. 주공을 7연대로 향하면서 일부 병력을 투입하여 2연대와 7연대 사이를 공격하였다. 7연대는 예비인 2대대까지 투입하였으나 7월 20일 옥녀봉을 빼앗기고 영강 남쪽으로 철수하였다. 북한군은 여세를 몰아 7월 21일부터 포병과 전차의 지원을 받아 6사단의 정면에 대하여 대대적인 공세를 가해 왔다. 7연대와 19연대는 북한군의 공격을 저지하였으나, 중앙의 2연대가 두 방향에서 공격을 받아 어룡산에서 물러남에 따라 북한군은 영강을 도하하여 문경 탄광 부근까지 진출함으로써 6사단의 주저항선마저 돌파될 위험에 처하게 되었다. 그러나 전방에 3개 연대를 배치한 6사단은 투입할 예비대가 없었다. 이에 6사단은 포병 및 항공 지원을 요청하였고 2군단장(劉載興 준장)도 미 25사단장에게 포병과 전차 지원을 요청하였다. 미 공군편대(F-80)가 출격하고, 155mm 포 6문과 전차소대의 지원을 받아 2연대가 다시 어룡산을 탈환함으로써 6사단은 주저항선을 지킬 수 있었다. 7연대도 학도의용군(180명)까지 동원하여 옥녀봉을 탈환하려 하였다. 그러나 7연대는 계속되는 전투로 부대의 재편성이 필요하였고, 6사단을 지원하기 위하여 7월 21일 현지에 도착한 수도사단 1연대와 교대하여 부대 정비에 돌입하였다.[301]

북한군 2군단의 공격과 한국군 2군단의 방어는 계속되었다. 7월 23일 새벽에 북한군 1사단은 전차 7대를 동원하여 문경에서 점촌에 이르는 도로상 영강 교량 부근에서 정면 도하 공격을 실시하였다. 2연대는 지원된 전차와 포병의 지원을 받으며 북한군의 도하를 저지하려 하였으나, 진지가 돌파되고 서측방의 조봉도 빼앗기고 말았다. 이에

300) *前揭書*, pp. 97-116; *洛東江에서 楚山까지*, pp. 194-204.
301) *韓國戰爭(上)*, pp. 264-7.

6사단장은 사단 병력을 유곡리(幽谷里) 일대로 철수시키고 공병과 미군 전차중대로 증강된 7연대를 투입하여 이를 엄호하였다. 6사단은 유곡리에서 반월형 진지를 구축하고, 7월 24일 2, 7연대로 하여금 반격을 실시하도록 하였다. 2연대는 7시간의 공격 끝에 조봉을 탈환하였다. 북한군은 19연대를 집중 공격하여 7연대의 측방을 위협함으로써 7연대의 반격을 무효화시켰으나, 유엔 공군의 항공 지원으로 많은 병력을 잃게 되었다. 1사단의 진출이 지지 부진하자 북한군 2군단은 13사단까지 동북으로 이동시켜 1사단의 공격을 보완하여 유곡리의 한국군 6사단 진지를 돌파하려 하였다. 6사단장은 서측방에 배치된 1연대를 유곡리에 투입하였으나 유곡리를 지키지 못했다. 7월 26일에는 북한군의 포화가 점촌의 사단지휘소까지 떨어져 위기가 심각해지고 있었다. 이때 2군단으로 배속된 한국군 1사단이 함창에서 해체된 2사단 5연대와 20연대의 병력을 11·12연대에 각각 통합 편성하여 함창 서북쪽 6사단 방어 진지와 연결하고, 11, 12연대는 반격 준비를 갖추었다. 한국군 2군단이 북한군 2군단의 공격을 막으려 하였다.[302)]

한국군 2군단은 반격으로 위기를 안정시키려 하였다. 군단장의 명에 의하여 영강 동쪽으로 추진된 1사단(白善燁 준장: 7월 25일부 진급)은 7월 27일 새벽 반격을 실시하여 오정산 일대를 탈환하여 북한군 1사단과 13사단의 퇴로를 위협하였다. 1사단의 반격과 때를 같이하여 6사단도 반격을 개시하여 유곡리와 조봉 일대를 다시 탈환하였다. 북한군 1, 13사단은 많은 병력 손실을 입어 부대 재편성에 들어감으로써 점촌에 대한 위기가 안정되자, 한국군 2군단은 1사단 13연대를 함창 서북방 도로를 방어하도록 하고 11, 12연대를 함창에서 부대 정비를 실시하도록 하였다. 그러나 북한군 2군단은 정면 공격이 실패하자, 1사단 병력을 함창의 서북방으로 우회시켜 점촌 남쪽 함창을 직접 공격하려 하였다. 이에 한국군 2군단장은 정비중인 1사단 11, 12연대를 즉시 함창 서북방에 투입하여 함창에 대한 방어를 강화하였다.

7월 29일 새벽, 북한군 1사단은 한국군 1사단 정면을 공격하였다. 이에 한국군 1사단은 미리 계획된 화력을 동원하여 집중적인 사격을 실시하였다. 한국군의 공습과 화력 공세를 무릅쓰고 북한군 1사단은 수차례 공격을 가했으나, 지상 및 공중 화력으로 보강된 한국군 1사단의 방어 진지를 돌파하지 못했다. 무리한 공격과 한국군의 끊임없는 포격과 공습으로 전투력의 태반을 잃은 북한군 1사단과 13사단은 더 이상 여력(餘力)이 없었다. 이들은 함창 서북방 산악지역으로 잠입하여 부대 재편성에 돌입하였다.

점촌(店村)·함창(咸昌)지역에서 북한군 1, 13사단과 이를 지원하던 109전차연대의 공격을 저지하던 6사단과 이를 지원한 1사단은 7월 31일 낙동강선으로 철수하라는 육군본부의 명령을 받았다. 그리하여 이 지역의 방어 작전을 종결하고 6사단이 1사단의 엄호하에 의성(義城)군 안계(安溪)면 용기리(龍基里)로 철수하고, 1사단은 낙동리(洛東里)로 철수하여 낙동강선 방어 작전에 들어갔다.[303)]

---

302) *前揭書*; *韓國戰爭史*, 2, p. 168.
303) *前揭書*.

이화령·함창지역 전투(1950. 7. 14.-7. 31.)

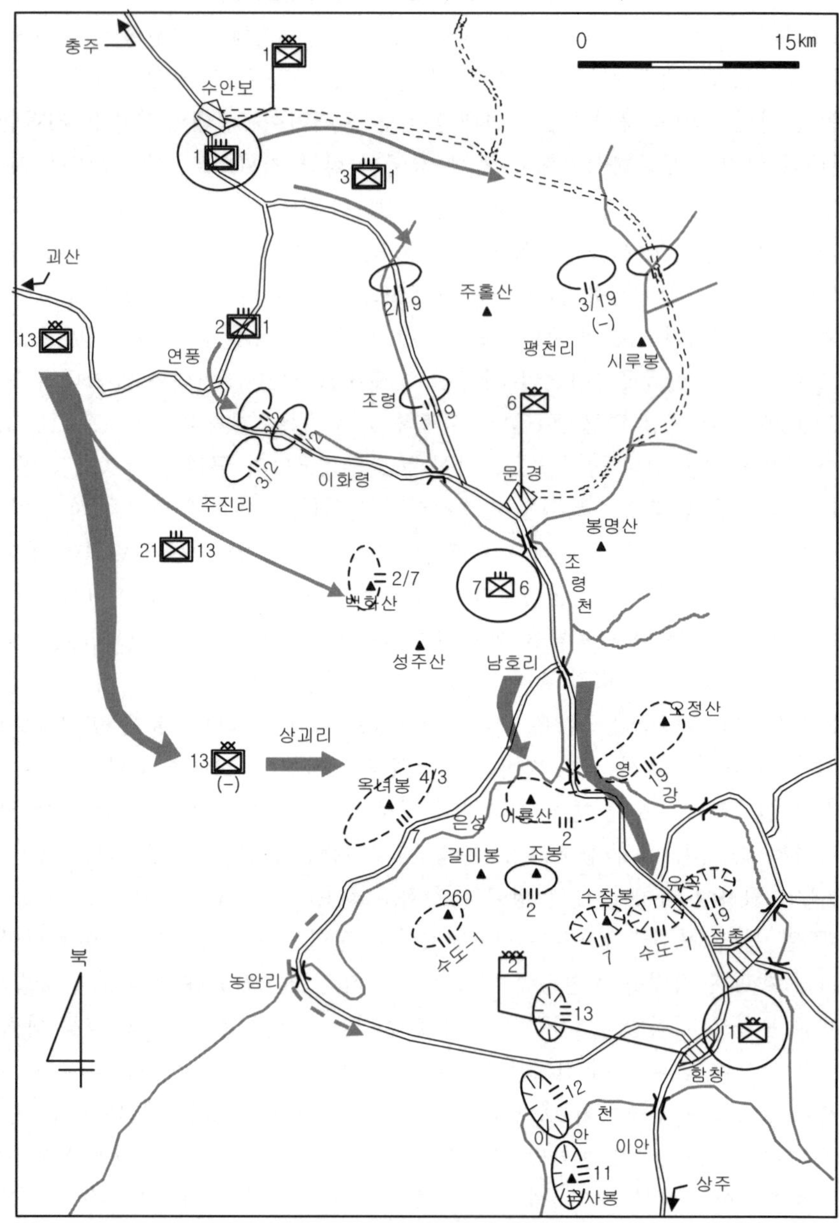

(6) 죽령·안동지역 전투

단양(丹陽)에서 철수하여 7월 12일 밤 죽령(竹嶺)에 도착한 한국군 8사단은 북한군의 추격을 고려하여 죽령에서 방어하는 것보다는 죽령을 넘어 풍기(豊基)에서 북한군을 유인·격멸하기로 작전 방침을 바꾸고 병력을 풍기로 철수시켰다. 풍기는 단양과 안동을 잇는 국도와 철도가 통과하고 사방이 고지로 둘러싸인 분지(盆地)다. 자정 무렵에 풍기에 도착한 8사단장(李成佳 대령)은 차량만 전조등(前照燈)을 밝혀 영주로 이동시킨 다음에 전조등을 밝히지 않고 다시 풍기로 돌아오도록 하여 8사단 병력이 영주로 철수한 것처럼 가장하고 병력을 풍기의 좌우측 고지에 배치하였다. 21연대를 노인봉(老人峰, 377고지)을 포함한 우측 고지에 배치하고, 좌측에는 10연대를 도로와 같은 방향으로 흐르는 남원천(南院川)을 따라 장군봉(將軍峰, 732고지) 전사면에 배치하여 풍기지역을 완전히 감제할 수 있도록 하였다. 그리하여 8사단은 풍기 동남쪽 고지군을 따라 병력을 배치하여 풍기 서북쪽에서 죽령을 넘어 진출하는 북한군을 감제할 수 있도록 V자형의 방어 진지를 편성하였다.[304)]

한국군 8사단을 추격하여 7월 12일 밤 죽령에 도착한 북한군 8사단은 7월 14일까지 재편성을 마친 다음 7월 14일 오전 1개 연대를 풍기로 진출시켰다. 한국군 8사단은 북한군 병력이 풍기로 진입하자 집중 포격과 일제 사격을 퍼부어 북한군에게 타격을 입히고 이들을 격퇴하였다. 7월 15일 새벽, 북한군 1개 연대는 정면돌파를 다시 시도하였으나, 양측에 배치되어 있던 10, 21연대의 화망에 걸려들어 1개 대대 정도의 병력 손실을 입고 후퇴하였다. 이날 오후 북한군은 한국군 방어지역에 포격을 퍼부은 후에 1개 대대 병력으로 10연대 좌전방을 우회공격하였으나 10연대가 이를 격퇴하였다. 한국군 8사단의 유인 전술에 피해를 입은 북한군 8사단은 접촉을 단절하고 재편성에 들어갔다. 이에 따라 한국군 8사단도 부대를 정비하고 육군본부로부터 증원된 1개 포병중대(M-2 105mm 곡사포 6문)를 배속받아 방어 태세를 가다듬을 수 있었다. 계속적인 후퇴만을 거듭하던 한국군 8사단 장병들은 사단장의 유인 전술로 북한군에게 막대한 타격을 입히면서 이들을 격퇴하게 되자 북한군에 대한 두려움을 극복하고 전투에 자신감을 가질 수 있었다.[305)]

북한군 2군단은 풍기 돌파에 성공을 거두지 못하자, 전력이 약화된 8사단을 단양에서 예천(醴泉)을 거쳐 안동(安東)으로 우회 공격하도록 하고 충주에서 단양에 도착한 12사단을 투입하여 풍기-안동축선을 공격하도록 하였다. 북한군 2군단은 8사단의 포병연대까지 12사단의 통제하에 두어 12사단의 화력을 증강시키고 증강된 화력의 집중적인 운용으로 한국군 지원 화력을 무력화시킨 다음 주력을 투입하여 한번에 영주(榮州)까지 진출하려 하였다.

북한군의 공격은 7월 18일부터 시작되었다. 북한군 12사단은 7월 18일 새벽에 한국군 8사단의 주저항선인 장군봉과 노인봉을 공격하였다. 8사단의 진지는 북한군의 집중적인 포격으로 무너지고, 특히 우측의 21연대 진지 좌측이 붕괴되었다. 이때 21연대는 마침 출격한 유엔 공군기의 지원을 받아 축차 진지로 후퇴하여 급편 방어를 실시하였다. 북한군 12사단은 7월 19일 새벽에 10연대 진지를 공격하였다. 10연대는 혈전을 벌였으나 고지군을 북한군에게 내주고 말았다. 이에 사단장은 역습을 실시하여 주저항

---

304) 國防部 戰史編纂委員會, *丹陽-義城戰鬪*(1987), pp. 75-8.
305) *前揭書*, pp. 79-84.

선을 회복하려 하였으나, 7월 20일 북한군의 공격을 받아 사단 방어선 남쪽 고지까지 내주게 되어 영주 외곽으로 철수가 불가피하였다. 다행스럽게도 유엔 공군기 1개 편대가 공격하는 북한군을 강타하고, 21연대 3대대가 영주 방향으로 접근하는 북한군을 기습함으로써 영주(榮州)의 조기(早期) 실함(失陷)을 모면할 수 있었고, 퇴로가 차단당하지 않고 병력을 철수시켜 영주 방어를 위한 방어선을 구축할 수 있었다.[306]

영주 외곽으로 철수한 한국군 8사단은 7월 20일 야간 풍기-영주 도로 서측 고지 일대에 10연대, 동측 고지 일대에 21연대를 배치하여 급편 방어 진지를 구축하였고, 재편성 계획에 의해서 도착한 2사단 25연대 1대대를 21연대에 편입하여 병력을 보충하였다. 8사단장은 2개 연대로써 방어 작전을 수행하는 한계에도 불구하고 각 연대에게 기회가 주어지는 대로 적극적인 파쇄(破碎) 공격을 실시하여 작전의 주도권을 확보하라는 지시를 내렸다. 그리하여 10연대는 7월 20일 자정에 2대대의 2개 중대를 북한군의 침투 예상 접근로상에 매복시켜 침투해 오는 북한군 1개 대대 병력을 격퇴하고 역습까지 감행하는 대담한 작전을 수행하기도 하였다.[307]

한편, 경부국도를 따라 공격하는 북한군 1군단이 7월 20일 대전을 점령하자 중부와 동해안지역에서 진출이 부진한 것을 실감한 북한군 2군단은 T-34전차와 SU-76자주포로 12사단을 증원하여 정면에서 한국군 8사단을 공격하고, 단양에서 재편성을 마친 8사단의 일부 병력을 예천을 거쳐 영주 남쪽으로 우회 기동시켜 한국군 8사단을 협공하도록 하였다. 7월 22일 새벽, 폭우에도 불구하고 북한군 12사단은 8사단 방어 진지 중앙으로 주력을 투입하여 21연대 좌전방 고지를 장악하였다. 21연대장은 25연대 1대대와 대전차포 중대를 동원하여 역습함으로써 이를 다시 탈환하였다. 이에 북한군 12사단은 7월 22일 자정 무렵에 전차 5대와 자주포 4문을 동원하여 또 다시 전면적인 공격을 감행하였다. 10연대는 일진일퇴(一進一退)의 혈전을 벌였으나 최초의 방어 진지를 포기해야만 하였다. 전황이 이렇게 전개되자, 8사단장은 21연대를 10연대의 철수를 엄호하도록 하여 영주 남쪽 10km 지점인 적동리(赤東里)로 철수시켜 저지 진지를 편성하게 하고, 10연대로 하여금 북한군과 접촉을 유지하면서 적동리 남쪽 금광리(金光里)로 철수하여 내성천(乃城川)을 따라 새로운 사단 방어 진지를 편성하였다.[308]

북한군이 영주를 점령하고 예천 북방에 위치하고 있던 북한군 병력이 영주로 향하고 있다는 보고를 받은 육군본부는 수도사단 18연대 일부 병력을 8사단지역으로 투입하여 8사단의 철수를 엄호하도록 하고, 육군 재편성 계획에 따라 해체된 2사단 16연대를 8사단에 편입하여 전력을 보강하였다. 이로써 8사단은 10, 21연대에 이어 16연대를 보유하게 되어 3개 연대를 갖춘 사단이 되었다. 그러나 안동의 북쪽에 위치한 옹천(瓮泉)지역 내성천(乃城川)에서 방어 진지를 편성하고 있던 한국군 8사단은 정면의 북한군 12사단

306) *前揭書*, pp. 85-108.
307) *前揭書*, p. 112.
308) *前揭書*, pp. 114-21.

병력과 서쪽 예천에서 안동으로 향하던 8사단 병력, 태백산을 따라 침투하여 청송(青松)지역에서 안동의 후방을 교란하려는 766부대 병력과 안동과 영덕의 중간 교통의 요지인 진보(眞寶)로 우회한 5사단 10연대의 출현 등 삼면(三面)에서의 위협을 인식하지 않을 수 없었다. 이러한 상황이 전개되자 중동부지역의 방어를 담당한 한국군 1군단은 중앙선 축선상 교통의 요지로서 영천, 대구, 포항으로 연결되는 도로의 교차점인 안동의 중요성을 인식하고 8사단과 수도사단으로 안동을 방어하도록 하였다. 그리하여 한국군 1군단은 8사단을 옹천에서 철수시켜 안동 북방 외곽선에 방어진지를 구축하도록 하고, 6사단에서 배속이 해제되어(7월 28일) 안동 서쪽 풍산(豊山)에 위치한 수도사단 1연대를 안동으로 이동시켜 8사단을 지원하도록 하였으나, 예천에서 북한군 8사단에 의해서 퇴로가 차단되어 2군단으로 배속된 수도사단 18연대는 안동 방어에 동원하지 못했다. 그리하여 한국군 1군단은 8사단 병력을 안동 외곽지역에 좌로부터 10, 21, 16연대 순으로 배치하고 수도사단 1연대를 그 후방에 배치하여 안동을 방어하려 하였다.[309]

북한군 12사단은 7월 30일 새벽 안동 북방 외곽선에 방어 진지를 편성하고 있던 한국군 8사단을 공격하였다. 북한군 12사단은 주력을 중앙 21연대지역으로 투입하고 양측의 10연대와 16연대지역에 조공을 지향하여 3개 방향에서 동시에 공격을 감행하였다. 8사단은 몇 시간 동안에 걸쳐 방어선을 지키려 하였으나, 우측 16연대 진지가 돌파되어 더 이상 방어선 유지가 불가능하게 되자 안동 방어를 위한 최후 저지선인 오산동 일대로 후퇴하여 급편 방어 진지를 편성하면서 공병을 동원하여 전방의 도로를 파괴하고 장애물을 설치하도록 하였다. 그러나 사단의 방어선이 안동으로부터 6km 북방에 위치하여 설정되었기 때문에 안동 시가지에 북한군이 쏘아대는 포탄이 떨어지고 있었다. 7월 31일 새벽 북한군 12사단은 중앙 21연대지역에 주력을 투입하여 다시 공격을 가해왔다. 유엔 공군기의 공중지원을 받은 8사단 병력은 전차를 앞세운 북한군의 공격을 저지하고 있었으나, 새로 지급된 3.5″ 로켓포를 조작 미숙으로 제대로 사용하지 못하여 북한군 전차를 저지하지 못했다. 그리하여 계속되는 북한군의 압력을 받은 8사단은 안동을 방어하기가 어렵게 되었다.[310]

이러할 즈음 육군본부는 낙동강에 방어선을 구축하기로 한 결정에 따라 1군단에게 7월 31일과 8월 1일 야음(夜陰)을 이용하여 안동에서 철수하도록 명령하였다. 한국군 1군단은 기도비닉(企圖秘匿)을 이유로 철수 시간이 임박한 7월 31일 20시 8사단과 수도사단 참모들을 소집하여 작전 회의를 개최하였다. 그러나 군단 참모장(崔德新 대령)이 주관한 작전 회의에서 수도사단(崔慶祿 대령)과 8사단 참모장(崔甲中 중령)은 철수 순위와 방법에 대해서 이견을 좁히지 못하여 자정을 넘기면서까지 회의를 계속하였다. 1군단장(金弘壹 소장)은 철수 개시 시간이 지났는데도 회의가 끝나지 않은 사실을 알고 곧 그가 최초에 구상한 대로 수도사단의 엄호하에 8사단이 먼저 철수하는 것으로

309) *前揭書*, pp. 124-51.
310) *丹陽-義城戰鬪*, p. 150.

결정하였다. 이 때부터 작성한 군단 작전 명령을 가지고 각 사단 참모들이 사단사령부에 도착한 시간이 8월 1일 02시였다. 당시 한국군은 작전 계획이 북한군에게 알려지는 일이 자주 발생하여 1군단은 7월 21일부터 모든 작전 명령은 장교 전령을 통해서만 하달하도록 강력하게 지시해 놓고 있었다. 그리하여 8사단 사령부와 가까운 10, 21연대는 철수 명령을 하달받을 수 있었으나, 사단 사령부와 4km 정도 떨어진 16연대 작전 주임은 연대로 돌아가는 도중에 북한군의 기습 공격을 받아 21연대와 같이 철수했고, 만약의 경우를 대비하여 사단에서 16연대로 보낸 연락장교는 북한군의 포로가 되어 끌려가던중에 간신히 탈출하여 해뜰 무렵에야 16연대에 뒤늦게 도착하였으나, 이 때 16연대는 북한군에 포위되어 혈전을 벌이고 있었다. 이와 같이 철수 명령을 제대로 받은 10, 21연대도 8월 1일 04시경 철수를 시작하였고, 16연대는 아침이 되어서야 북한군의 포위망을 뚫고 주간 철수를 해야만 하였으며, 예하 부대 중 일부는 철수 명령조차 받지 못한 경우도 있었다.[311]

철수 명령은 받은 8사단장은 북한군과의 접촉이 경미한 10·21연대순으로 철수하고 접전중에 있던 16연대는 수도사단 1연대의 엄호를 받으며 후위(後衛)로 철수하도록 명령하였다. 제일 먼저 철수한 10연대와 뒤이어 21연대가 06시 30분경부터 07시 20분 사이에 안동교를 통과하였다. 10연대 2대대는 연대의 후위로서 조금 늦게 안동교에 도착하였다. 그러나 이때 안동 시내에는 편의대로서 침투한 북한군과 총격전이 벌어지고 있었으며, 북한군 일부가 안동교로 직행하여 안동교를 확보할 위험성이 짙어갔다. 이에 8사단장과 현지에서 안동교 폭파를 지휘하고 있던 군단 참모장은 안동교를 폭파하도록 명령을 내렸다. 드디어 안동교와 안동철교는 몇 분 간의 간격을 두고 1950년 8월 1일 07시 30분 폭파되었다. 이 때, 안동교를 건넌 병력은 8, 수도사단본부와 직할대 및 포병과 10, 21연대의 2개 대대 병력이 전부였다. 안동교를 통하여 철수하도록 계획된 12개 대대 중 8개 대대와 2개 연대본부 및 직할대는 북한군의 사격이 집중되는 가운데 낙동강을 도섭으로 건널 수밖에 없었다. 10연대 2대대와 21연대 2대대는 안동교 교각 부근의 여울을 통하여 북한군의 집중 사격을 받으며 철수하여 상당한 피해가 발생하였다. 뒤늦게 철수 명령을 전달받은 16연대는 신병들로 구성되어 있었기 때문에 철수 명령이 하달되자마자 혼란에 빠져 질서 있는 철수가 사실상 어려웠다. 이러한 혼란 속에서 철수를 책임 맡은 3대대장(박영철 소령)과 10중대장(안영호 대위)은 병력을 진두 지휘하여 철수시키다가 북한군의 집중 사격을 받아 전사하고 말았다. 이로써 북한군의 포위망을 뚫고 철수를 해야 했던 16연대는 낙동강을 건너는 과정에서 1,100여 명의 병력이 250명으로 줄어드는 피해를 입고 말았다. 그러나 엄청난 피해에도 불구하고, 8사단장은 그래도 피해가 경미한 10연대와 21연대 3대대를 낙동강 남안 정상동(亭上洞)과 정하동(亭下洞)에 배치하여 북한군의 도하를 저지하고, 21연대 주력과 16연대를 직후방 무릉동(武陵洞)에 집결시켜 부대 정비를 하도록 하였다.[312]

---

311) *前掲書*, pp. 152-6.

안동 철수 작전(1950. 7. 31.-8. 1.)

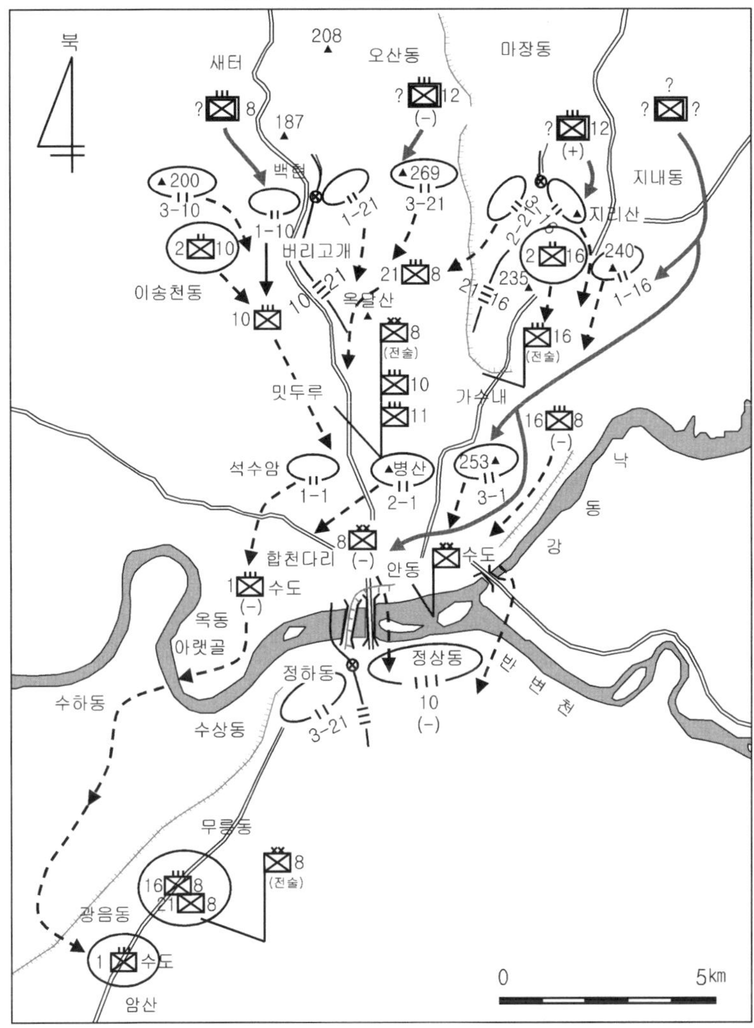

수도사단은 8월 1일 02시경 철수 명령을 하달하고 낙동강 도하 후에 8사단 우측방 낙동강 지류인 반변천(半辺川)으로 이동할 준비를 갖추기 위하여 사단 전술지휘소를 의성(義城)으로 이동시켰다. 명에 의하여 8사단의 철수를 엄호하도록 되어 있던 수도사단 1연대는 8사단의 10연대와 21연대 병력이 통과한 후 8월 1일 06시경 철수를 개시하였으나, 우측방의 3대대와는 모든 통신이 두절되어 행방을 확인할 수가 없었다. 1연대 주력은 안동읍에 도착하였으나, 여기저기서 산발적인 총격전이 벌어지고 있는 상황에서 안동교까지 폭파된 것을 확인하고, 안동 서쪽 합천다리를 거쳐 피난길에 나선 주민들과 얕은 여울로 낙동강을 건너 수하동(水下洞)을 거쳐 광음동(光音洞)에 집결하였

312) *前掲書*, pp. 157-63.

다. 이때 1연대 3대대는 우측방에서 8사단 16연대의 철수를 기다리고 있던중에 북한군에게 측방 공격을 받아 대대가 분산되었다. 3대대장과 예하 지휘관들은 분산된 병력을 수습하여 낙동강까지 철수하여 21연대 2대대와 같이 낙동강을 도하하여 8월 1일 22시경 1연대 주력과 합류하였다. 그러나 2군단으로 배속되었던 18연대는 퇴로가 차단되어 8월 2일 새벽 1시경 의성에 도착하였다. 그리하여 수도사단은 8월 1일 아침에 방어 책임 지역인 반변천(半辺川)에 병력을 배치시킬 수가 없었다.[313)]

결국 한국군 1군단은 안동 철수 작전의 실패로 인하여 막심한 피해를 입고, 8월 1일까지 안동 남쪽 낙동강(洛東江)과 반변천(半辺川) 상의 35km 정면에 방어선을 형성할 수가 없었다. 한국군 1군단이 실시한 안동 철수 작전은 시간의 중요성을 도외시하고, 부대간 협조를 확실하게 지정해 주지 않았으며, 융통성이 결여된 작전 지휘로 엄청난 피해를 자초함으로써 실패한 철수 작전의 실례가 되었다.

철수 작전에서 가장 중요한 요소는 시간이다. 특히 적과의 접촉을 유지하면서 철수를 해야 할 경우에는 적과 싸우면서 철수 준비를 해야 하기 때문에 예하 부대에게 철수에 필요한 시간을 가급적이면 충분하게 확보해 주어야 함은 두말할 필요가 없다. 그러나 안동에서의 철수는 비밀을 유지한다는 의도하에 철수를 위한 작전회의를 뒤늦게 소집하였으며, 사단 상호간의 이견을 상급제대인 군단에서 조정, 지시하지 못한 채 회의에 시간을 너무 많이 소비하였고, 비밀을 유지한다는 목적으로 장교 전령에 의해서만 철수 명령을 전달하도록 하여, 중요한 시기에 연대 작전장교를 회의에 소집하였고, 이로 인하여 명령 전달이 늦어지고, 또 이들 전령이 사로잡히거나 실종될 경우에 명령이 전달되지 못하는 결과를 자초하고 말았다. 특히 시각을 다투고 있을 때 유무선을 사용 못하게 한 조치는 변화무쌍한 전장 상황에 맞지 않는 처사가 아닐 수 없었다. 기도비닉(企圖秘匿)보다 신속성(迅速性)이 더욱 요구될 경우에는 거기에 맞는 조치와 행동이 필요한 것이다.

철수시에 철수와 엄호 임무의 분담이 명확하지 않을 경우에는 철수작전이 실패로 끝나는 경우가 대부분이다. 철수 작전시에는 어느 부대 어느 지휘관이건 간에 엄호 임무를 싫어하기 마련이다. 통상 엄호부대의 피해가 크기 때문이다. 따라서 철수 순서는 상급부대의 분석과 판단에 의해서 이를 지정해 주어야 하고 상급부대는 이를 실시하도록 해야 한다. 그러나 1군단은 이를 명확하게 해주지 못했고, 이를 실행에 옮기도록 지휘권을 행사하지도 못했다. 더구나 8사단과 수도사단 지휘관과 참모들은 군단의 지시에만 따른 부대 지휘를 하였고 독자적인 판단과 방침으로 긴급한 상황에 대처하지 못하여 철수 작전에서 가장 중요한 신속성을 현실적으로 보장하지 못했다. 특히 후방에 침투한 북한군 편의대와 병력의 후방 교란에 대한 대처가 미흡하여 낙동강 북안에 대부분의 병력을 남겨 둔 채 안동교를 파괴하여 제 2의 한강교 폭파를 재현한 셈이 되어 낙동강선 방어에 필요한 병력을 제대로 보존하지 못했다. 그리하여 한국군 1군단은

313) *前揭書*, pp. 164-7.

작전 명령에 지정된 시간과 장소에 병력을 제대로 배치할 수가 없었다.

이와 같이 안동 철수 작전은 철수 작전의 중요성과 이 작전이 요구하고 있는 요소가 무엇인가를 보여 준 실례가 되었다. 자의적으로 철수하는 경우에도 마찬가지이지만, 특히 공격하는 병력에 의한 압력을 받으면서 강압 철수를 실시할 경우에는 철수의 신속성과 철수와 엄호부대 간의 협조가 필수적인 요소이다. 이들 요소는 이를 현실적으로 보장받기 위하여 융통성있는 부대 지휘를 필요로 한다. 그러나 안동 철수 작전은 신속성을 보장하지 못했고, 철수와 엄호부대 간 협조가 부족했으며, 철수부대 제대별 융통성있는 부대 지휘도 시행되지 못했다. 그리하여 한강교 조기 폭파의 악몽이 되살아났으며 낙동강선 방어를 위한 병력의 보존도 보장하지 못했다.

(7) 영해 · 영덕지역 전투

1950년 6월 27일 강릉을 점령한 북한군 5사단은 한국군 8사단이 대관령을 넘어 중부 내륙으로 철수함에 따라, 한국군 병력이 배치되어 있지 않은 동해안지역을 남하하고 있었다. 당시 북한군 5사단은 후방지역에 상륙한 549육전대를 통합하여 병력이 2만여 명에 이르렀고, SU-76자주포 16, 각종 야포 96, 120mm 박격포 18문을 보유하여 강한 전투력을 유지하고 있었으나, 1개 연대를 내륙으로 진출시켜 766부대와 연결을 유지하고 있었고 중서부전선에서의 북한군 진출 속도와 보조를 맞추고 있었기 때문에 남진을 서두르고 있지 않았다. 그리하여 북한군 5사단은 7월 1일에야 울진(蔚珍)에 도달하였다.[314]

동해안지역에서 북한군 5사단의 진출을 막으라는 명령을 받은 3사단 23연대는 7월 1일 신속하게 울진으로 진출하여 북한군 5사단과 접촉을 유지하였으나, 중과부적(衆寡不敵)인 상태에서 지연전을 수행하면서 평해(平海)를 거쳐 영해(寧海)에서 재편성을 실시하고 있었다. 7월 10일 3사단장에 임명된 이준식(李俊植) 준장은 육군본부로부터 23연대와 독립 1대대로 영해-영덕지역을 방어하라는 임무를 부여받았다. 신임 3사단장은 서북 청년단원으로 구성된 독립 1대대와 영등포학원이라고 불린 1개 대대 등 2개 대대와 23연대 병력을 지휘하고 있었으나 병력은 1개 연대 규모였다. 연대 병력으로 우세한 북한군과 정면 대결을 피하기로 한 신임 사단장은 영해와 영덕 간 방어에 유리한 지형에 저지 진지를 편성하여 지연전을 펼치고, 영덕 북방에 주저항선을 설정하여 영덕을 방어하기로 하였다. 동해안을 따라 남진을 거듭해온 북한군 5사단은 전력의 우세에도 불구하고 신장된 병참선과 계속되는 유엔 해공군의 폭격과 포격으로 인하여 주간보다는 야간 공격을 통하여 남진을 계속하고 있었다.[315]

북한군 5사단은 10연대를 진보(眞寶) 방향으로 우회시키고 11, 12연대를 동원하여 7월 14일부터 영해 남쪽 한국군 3사단 진지를 공격하였다. 23연대와 독립 1대대는 병력

---

314) 國防部 戰史編纂委員會, *安康 · 浦項戰鬪*(1986), p. 68.
315) *安康 · 浦項戰鬪*, pp. 70-3.

과 화력의 열세를 극복하지 못하고 진지가 돌파되어 7월 16일, 영덕 북쪽 4km 지점의 활인산, 237고지, 매정동(梅亭洞)을 잇는 축차 진지로 철수하면서 영해와 영덕 간 교량과 터널 및 도로를 파괴하였다. 그리고 유엔 공군기와 함대는 북한군의 집결지와 접근로를 공격하여 이들의 진격을 지연시켰다. 북한군은 이날 낮 동안에는 소규모 부대에 의한 정찰 활동만을 실시하고 오후에는 일체의 활동을 중지하였다. 긴장 속에서 낮을 보낸 한국군 병사들은 7월 1일부터 계속되는 전투에 지쳐 총성이 멎고 밤이 되자, 진지 내에서 졸음을 이겨내지 못하고 있었다. 칠흑같이 어둡고 가랑비가 내리는 밤에 북한군은 한국군 진지를 급습하였다. 한국군 진지는 순식간에 혼란에 빠져 방어 진지는 무너지고 23연대와 독립 1대대는 17일 아침에 영덕의 서북쪽 208고지와 남동쪽 207, 181고지에 급편 방어 진지를 구축하였다. 그러나 이러한 혼란 속에서도 과거 하사관으로 구성된 23연대 특별중대(35명)는 북한군 1개 중대를 급습하여 40여 명을 사살하고 10여 명을 사로잡은 뒤에 연대로 복귀하여, 의기 소침해 있던 23연대 장병들의 사기를 올려주기도 하였다.[316] 그러나 영덕(盈德)은 북한군의 손에 들어가고 말았다.

7월 17일 영덕이 실함되었다는 보고를 받은 미 8군사령관은 포항의 확보를 위하여 영덕을 탈환하도록 강력히 지시하였다. 한국군과 유엔군이 대전, 문경, 안동, 영덕을 잇는 선에서 북한군과 피나는 전투를 벌이고 있던 당시에 포항은 항만과 철로, 도로를 이용할 수 있는 동해안 최대의 병참 기지였고, 지상 작전을 지원하는 유엔 공군 전투비행 대대가 주둔하고 있던 지역이었다. 그리하여 8군사령관은 유엔군 해군 함대사령관과 협조하는 한편, 미 159포병대대 C포대를 북상시켜 한국군 23연대의 영덕 탈환전을 지원하도록 하였다. 이로부터 한국군과 북한군 사이에 영덕(盈德) 쟁탈전이 시작되었다. 7월 18일 05시 50분 유엔군의 해군 함정은 포문을 열어 영덕을 점령한 북한군을 강타하였다. 한국군 23연대는 포격이 개시된 얼마 후에 역습을 감행하여 영덕을 탈환하고, 북쪽의 활인산, 237고지까지 진출하여 방어 진지를 구축하였다. 그리고 3사단은 수도권으로 북상하여 김포지역 전투에 참가한 바 있던 22연대의 조속한 사단 복귀를 육군본부에 요청하였다.[317]

7월 18일 밤, 유엔군 함포와 공군기의 화력 지원이 불가능하게 되자, 북한군 5사단은 1개 연대를 활인산 정면에 집중 투입하여 한국군 23연대 진지의 좌측방을 돌파하고, 19일 아침 09시 30분 영덕으로 진출하였다. 영덕을 다시 빼앗긴 23연대는 영덕의 서쪽 208고지와 동남쪽 207, 181고지에 방어 진지를 편성하고 방어에 임했다. 영덕을 다시 빼앗기자 8군사령관은 5공군사령관, 미 25사단장 및 한국군 3사단 수석 고문관 등과 포항 남쪽 오천(烏川)비행장에서 작전 회의를 열었다. 이들은 영덕지구에 증원할 병력이 없다는 점을 인정하고 한국군 3사단의 화력 지원을 대폭적으로 증강하기로 결정하였다. 이에 따라 동해안의 해군 함정을 순양함 2척과 구축함 6척으로 증강하고 오

---

316) *前揭書*, pp. 73-5.
317) *前揭書*, pp. 75-9.

천비행장의 40전투비행대대, 오천비행장을 경비중인 7기병연대 1대대 D중대의 81mm 박격포 소대를 동원하여 3사단 23연대를 지원하기로 하였다. 전략적으로 중요한 포항의 확보를 위해서 밤이건 낮이건 간에 영덕의 확보가 필요했다.[318)]

그러나 낮에 한국군이 탈환한 영덕을 북한군이 밤에 탈취하는 영덕 쟁탈전은 계속되었다. 7월 21일 새벽, 유엔군 해군과 공군은 영덕에 대해서 맹렬한 포격과 폭격을 가했다. 영덕은 화염과 초연으로 휩싸였다. 이때 23연대는 공격을 실시하여 영덕을 탈환하고 영덕 북방의 좌측 고지군과 매정동(梅亭洞)까지 진출하였다. 그러나 폭풍우가 몰아치는 7월 21일 밤이 깊었다. 북한군은 병력을 23연대의 후방으로 침투시켜 연대 전술지휘소를 습격하였다. 이렇게 절박한 상황 속에서 23연대는 207고지와 181고지를 잇는 공격 개시선으로 다시 철수하여 병력을 수습하고 방어 진지를 급하게 구축하였다. 그러나 계속되는 북한군의 공격으로 7월 21일과 22일 사이에 207고지는 두 번, 181고지는 네 번씩이나 빼앗기고 빼앗는 혈전이 전개되었다. 7월 24일에는 혼란 속에서도 역습을 감행하여 181고지를 빼앗기도 했으나 이들 고지를 탈취하지는 못했다. 한국군은 영덕은 물론 영덕 동남쪽 고지도 탈환하지 못하고 있었다.[319)]

이 무렵 7월 24일 저녁에 3사단장이 기다리던 22연대가 강구(江口)에 도착하여 영덕 쟁탈전은 새로운 국면에 접어들었다. 3사단장은 원래 22연대를 영덕 탈환전에 투입하려고 했으나, 포항 동남쪽 207고지와 181고지를 탈환하지 못하고 있었기 때문에 22연대로 하여금 이들 고지를 탈환하라는 명령을 하달하고, 유엔 해공군의 화력 지원을 요청하였다. 7월 25일 12시부터 함포 사격이 시작되었다. 함포 사격이 집중되자, 북한군 주력은 고지에서 퇴각하기 시작하여 22연대는 가벼운 저항을 물리치고 207고지와 181고지를 탈환하였다. 밤이 되자 북한군의 공격이 시작되었다. 그러나 22연대는 이를 격퇴하고 고지군을 확보하였다. 이에 3사단장은 23연대를 초월 공격시켜 영덕을 공격하기로 하고, 유엔 해공군의 화력 지원을 요청하였다. 7월 27일부터 7함대와 비행대대, 그리고 159포병대대 1개 포대가 영덕을 집중공격하였다. 곧이어 23연대가 영덕을 공격하였으나, 북한군 5사단 병력의 저항으로 치열한 공방전이 전개되었다. 8군사령관도 영덕의 전황을 매 시간마다 보고받는 등의 치열한 공방전을 치른 후에야 한국군 3사단은 8월 2일 18시 영덕을 다시 탈환하여 활인산에서 매정동에 이르는 방어선을 구축하였다. 북한군 5사단(-)은 유엔 해군과 공군이 퍼붓는 포탄과 폭탄에 의한 공격으로 40% 이상의 병력의 손실을 입고 영덕 북방 산간 계곡으로 은신하여 부내 새편성을 하지 않을 수 없었다. 이로써 전투는 8월 5일까지 잠시 소강 상태에 접어들었으나 영덕의 장악은 결코 쉽지 않았다.[320)]

---

318) *前揭書*, pp. 79-80.
319) *安康・浦項戰鬪*, pp. 80-1.
320) *前揭書*, pp. 81-8.

영덕 탈환 작전(1950. 7. 27-8. 2.)

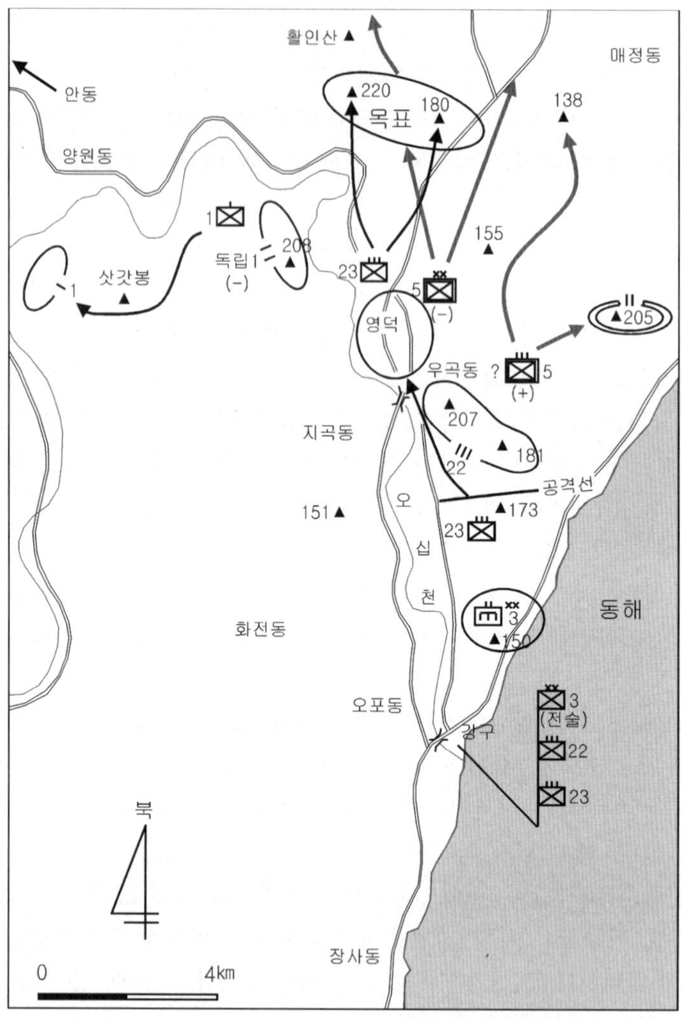

영덕에서 치열한 공방전이 전개되고 있을 때, 진보(眞寶)로 진출한 북한군 5사단 10연대와 태백산으로 침투한 766부대는 진보와 청송(靑松)지역에서 안동의 후방과 영덕의 측방을 위협하려 하였다. 이에 육군본부는 독립 기갑연대를 3사단에 배속하여 진보(眞寶)로 투입하였다. 이에 기갑연대는 연대 주력을 진보 반변천(半辺川) 남안(南岸)에 배치하고 그곳에서 공비 토벌 작전중이던 강원 경찰 대대를 통제하여 기갑연대의 우측방에 배치하였다. 그리고 연대는 장갑차의 엄호하에 경찰 1개 중대 병력으로 청송 주왕산(周王山, 720고지)지역에 집결한 766부대 병력과 공비를 소탕하면서 진지를 구축하였다. 북한군 5사단 10연대 병력은 유엔 공군기의 폭격으로 숨어 있다가 7월 29일 기갑연대 정면에 공격을 가해 왔다. 기갑연대는 최후 저지 사격까지 실시하면서 8월 1

일 새벽까지 북한군을 격퇴했으나 우측의 경찰 대대 진지가 돌파되었다. 퇴로 차단의 위협에 직면한 연대는 진보 남쪽 비봉산(飛鳳山, 671고지) 일대로 물러나고 말았다. 기갑연대는 영덕에서 싸우는 3사단과 연결하려 했으나 실패하고 비봉산 일대에서 북한군 5사단 10연대의 영덕 우회와 766부대의 침투를 차단하고 있다가, 안동 남쪽을 방어하고 있던 수도사단이 청송 동측 35km 지점인 길안(吉安)으로 진출함에 따라 수도사단에 배속되어 방어에 임하게 되었다.[321] 이로써 기갑연대는 북한군 5사단 10연대의 영덕 우회와 766부대의 침투를 차단하여 안동에서 영덕에 이르는 도로를 확보하였다.

이와 같이 한국군과 유엔군은 대전에서 울진에 이르는 금강・소백산맥 방어선을 지키고 전선을 안정시켜 전세(戰勢)를 반전(反轉)시키려 했으나, 이 방어선에서 북한군의 진격을 멈추게 하지 못했다. 유엔 해공군의 제해・제공권 장악과 이들에 의한 북한군의 병참선 차단 및 한국군과 미군에 대한 막강한 화력 지원에도 불구하고, 한국군과 미군은 북한군의 남진을 저지하지 못한 채 전선을 안정시키지 못했다. 특히 넓은 정면을 부족한 병력으로 방어해야 하던 한국군과 미군은 편의대(便衣隊)를 피난민 대열 속에 침투시켜 후방을 교란하면서, 정면을 압박하고 측방으로 우회 공격하여 퇴로를 차단하는 북한군 전술에 효과적으로 대응할 수가 없었다. 공격 작전 수행으로 작전의 주도권을 잡고 있던 북한군은 연결되지 않은 방어선의 약점을 최대한으로 이용하여 정면과 양 측방, 후방에서 한국군과 미 지상군을 공격하여 계속적인 전선의 조정을 강요하고 있었다.

특히 대전을 점령하고 난 후 북한군은 서해안지역으로 우회시킨 6사단과 더불어 주력인 4사단을 호남으로 우회시켜, 작게는 대구의 측방을 위협하고, 크게는 진주, 마산을 통하여 부산으로 진격하려는 의도를 숨기지 않았다. 호남을 우회하려는 이와 같은 북한군의 기도는 경부국도와 그 동부지역의 방어도 제대로 수행할 수 없었던 한국군과 미군에게 커다란 위협이 아닐 수 없었다. 새로이 나타난 이러한 위협은 한국에서의 작전을 지휘하던 미 8군사령관에게 골치 아픈 고민을 안겨 주었다.

5) 서남부 방면 지연전

전쟁 초기에 육군본부는 다른 지역에서와 마찬가지로, 호남지역에 호남지구 전투사령부를 신설하고 사령관에 이형석(李炯錫) 대령을 임명하였다. 미 지상군이 경부국도상에서 방어와 지연전을 수행하고 한국군의 주력이 중부와 동부전선에 투입되자, 7월 5일 실시된 부대 개편 조치로 육군본부는 7월 7일 호남지역의 방어를 위하여 광주지역에서 5사단, 전주에서 7사단을 새로이 편성하여 이형석 대령을 5사단장에 민기식(閔

---

321) *韓國戰爭(上)*, pp. 274-5.

機植) 대령을 7사단장에 임명하였다. 그리고 7월 8일 전북과 전남지구 편성 관구사령부를 구성하여 이들 사단을 편성하도록 하였다. 이러한 지시에 따라, 7월 13일까지 5사단은 15연대 800명, 26연대 1,000명 등이 편성되었고, 7사단은 3연대 2,500명, 9연대 6,000명 등이 편성되었으나, 기존 사단에 대한 지원도 어려운 처지에서 이들 사단은 무기도 지원받지 못하여 이들 병력 중에서 20% 정도만이 개인화기가 지급되었고, 나머지는 소총 대신 목총과 맨손으로 훈련을 실시할 정도였다.[322)]

중동부지역의 방어에 여념이 없던 한국군은 호남지역의 방어를 위하여 무기와 장비를 할애할 여력이 없었다. 그리하여 호남지역에서 급편된 한국군은 충원된 병력에 무기를 지급해 주지 못하고 분산된 부대들을 통합지휘할 체계를 갖추지 못한 채, 북한군의 진격을 저지해야만 하였다. 7월 16일까지 편성을 마친 7사단도 개인 화기조차 없던 맨손 부대였다. 사단장(민기식 대령)은 육군본부에 화기와 탄약의 지급을 요청했으나 아무런 소득이 없었다. 이에 사단장은 육군본부의 승인을 받아 무장을 하고 있던 사단 참보부 요원과 전 보병학교 교도대 요원 등 300여 명만 현지 지역 방어 임무를 수행하고 나머지 3, 9연대 인원은 부산으로 이동시키려 하였다. 전주지역의 방어를 책임지고 있던 전북지구 편성관구사령관(申泰英 소장)은 군산에 상륙한 해병대(高吉勳 부대)를 군산(群山)지역에, "민(閔)부대"라고 불린 7사단 기간 요원을 금강(錦江) 남안(南岸) 일대의 용안(龍安)-웅포(熊浦)지역에, 전북 경찰은 고산(高山)-강경(江景) 일대에 배치하여 담당지역을 방어하도록 하였다. 육군본부도 7월 17일 5, 7사단의 예하 연대가 신병들만 모인 교육대와 마찬가지라고 판단하여 7사단 3연대를 1교육대, 9연대를 2교육대, 5사단 26연대를 3교육대, 5사단 15연대를 5교육대로 개칭하여 전남북 편성관구사령부 지휘하에 두고 신태영(申泰英) 소장을 서해안지구 전투사령관에 임명하여 호남지역의 방어 작전을 지휘하도록 하였다. 이로써 호남지역의 방어를 위한 지휘 체계는 갖추어 지게 되었으나, 병력은 민(閔)부대, 오(吳)부대, 육본 특공대, 기갑연대 기병중대 등의 육군 병력과 해병대, 경찰 병력 등을 망라하여 총 1개 연대 병력에 불과하였고, 장비나 보급은 거의 없는 형편이었다.[323)]

호남지역의 한국군 방어 병력 및 편성과는 대조적으로 호남지역으로 우회 공격하던 북한군은 2개 정예 사단이었다. 초기 전투 후에 한강을 하류에서 도하하여 김포반도와 인천을 점령한 6사단(方虎山 소장)은 북한군 1군단의 우익에 투입되어 남진을 계속하였다. 3사단을 후속하여 대전 전투까지 참석한 북한군 6사단은 대전 전투를 마치고 거창(居昌)-함양(咸陽)지역으로 진출하던 북한군 주공 사단 중의 하나인 4사단과 긴밀한 연락을 유지하면서 서해안과 호남지역으로 신속하게 내려가고 있었다. 그리하여 북한군 6사단은 7월 19일 이리(裡里)와 군산(群山)을 점령하고, 22일에는 전주(全州), 23일에는 광주(光州)까지 진출하였다. 사태가 이렇게 전개되자, 육군본부는 7월 23일에 서

322) 國防部 戰史編纂委員會, *韓國戰爭史, 第2卷(2): 遲延作戰期*(1979), pp. 728-9.
323) *前揭書*, pp. 733-6.

해안지구 전투사령부와 예하 편성 관구사령부를 해체하고, 육본 통제하에 민부대로 하여금 예하 군소(群小) 육군, 해병 부대들을 통합하여 호남지역의 방어 작전을 수행하도록 하였다. 그리고 8군에서도 이 지역의 작전을 중요시하여 고문관(Jackson 대위)을 "민부대"에 파견하여 8군과 협조하도록 조치하였다. 이러한 조치에도 불구하고 북한군 6사단은 광주에서 13연대를 목포(木浦), 14연대를 보성(寶城), 15연대를 순천(順天)으로 진출시키고, 이들 연대는 다시 순천에서 합류하여 하동(河東)으로 진출하였다.324) 이로써 호남지역의 전선(戰線)이 영남지역으로 이동하게 되었다.

대전 전투에 참가했던 북한군 4사단은 금산(錦山)을 지나 덕유산(德裕山)을 넘어 안의(安義)와 거창(居昌)으로 진출하여 미 8군의 서남부 방면을 위협하고 있었다. 7월 23일 항공 정찰 결과 북한군 4사단의 진로를 확인한 미 8군은 이 지역에 병력이 배치되어 있지 않다는 사실도 알고 있었다. 북한군 6사단이 하동-진주 축선으로 진출하여 미 8군의 후방을 위협하고, 4사단이 안의-거창지역으로 이동하여 서남부 방면을 위협하자, 미 8군 사령관은 이 지역을 방어하기 위하여 병력을 배치해야만 하였다. 이와 같이 북한군 4사단과 6사단의 호남지역 우회 기동은 미군과 한국군의 즉각적인 대응을 요구하고 있었다.

미군과 한국군은 즉각 조치를 취했다. 미 8군 사령관은 서남부지역이 위협당하자 7월 24일, 초기 경부국도상 치열한 전투를 마치고 김천(金泉)에서 부대 재편성중에 있던 미 24사단을 진주-함양-거창선으로 투입하였다. 명령을 받은 24사단장(John H. Church 소장)은 7월 25일 19연대(29연대 2개 대대 배속)를 안의(安義)-진주(晋州), 34연대는 거창(居昌), 21연대를 합천(陜川)으로 이동시켰다. 한국의 육군본부도 7월 25일 채병덕(蔡秉德) 소장을 영남지구 전투사령관으로 임명하여 "민부대"를 통합 지휘하여 영남지역을 방어하는 임무를 부여하였다. 1, 2, 3, 5교육대로 편성된 5, 7사단의 각 연대(3, 9, 26, 15연대)는 부산으로 이동시켜 2훈련소에 통합하거나 교육연대를 편성하여 전선에 투입될 준비를 갖추도록 하였다.325) 그러나 서남부지역에 투입될 병력은 이 지역을 방어할 만큼 충분하지 않았다.

(1) 함양·거창지역 전투

남원을 포기하고 운봉(雲峰)에서 지연전을 펼치려던 민부대(閔機植)와 그의 지휘를 받던 김부대(金秉化), 오부대(吳德俊), 해병대(金聖恩 부대)는 장계(長溪)에서 육십령(六十嶺)을 넘어 안의(安義)로 공격하는 북한군 4사단이 거창과 함양(咸陽)으로 접근하여 퇴로가 차단될 위협에 직면하자, 급히 함양으로 철수하였다. 이때 영남지구 전투사령관으로 임명된 채병덕 소장은 현지에 나와, 초기 전투시 의정부에서와 마찬가지로 고수방어를 고집하였다. 그러나 철수하는 한국군 병사들은 계속되는 전투와 계속되는 철

---

324) *South to the Nakdong, North to the Yalu*, pp. 210-11.
325) *韓國戰爭史, 2*, pp. 775-8.

수로 인하여 지칠 대로 지쳐 사기가 떨어져 있었고, 일부 병사들은 피난민 틈에 끼어 부대를 이탈하는 경우가 많아 전투력은 점점 약해져 갔다. 그리하여 고수 방어는 고사하고 축차적인 지연전조차 제대로 수행하기 어려운 상태에 처해 있었다.[326] 그러나 다행스럽게도 한국군 병사들은 이 지역에 급파된 미 24사단 19연대 병력과 협동 작전을 수행하게 되었다.

안의로 진출하는 북한군과 이를 저지하려는 한국군 및 미군과의 전투는 중과부적(衆寡不敵)의 논리에 의하여 결과가 판가름났다. 북한군 4사단은 7월 27일에 장계에서 육십령을 넘어 안의로 주력을 투입하여 전진해 왔으나, 안의 서쪽 30km 지점에 위치한 육십령고개를 지키고 있던 병력은 대대 규모의 경찰이 전부였다. 이들은 7월 27일 새벽 05시 2열 종대로 접근하던 북한군을 기습적인 소총 사격으로 혼란에 빠트려 상당한 효과를 거두었으나, 병력과 화력이 우세한 북한군에게 밀려 안의로 분산 철수하였다. 이때 함양초등학교에 지휘소를 설치한 민부대는 오부대와 김부대를 추진시켜 그곳의 미 24사단 19연대 1대대 A중대와 저지 진지를 편성하도록 하였다. 그러나 19연대 A중대는 오키나와에서 한국전에 투입된 29연대 1대대 B중대에게 진지를 인계하는 중에 있었다. 북한군은 10시경 인계 인수중인 미군을 공격하였다. 포당 연막탄 2발을 가진 4.2″ 미군 박격포 1개 소대의 지원만을 받던 오부대와 김부대는 최초 북한군의 기습 공격으로 6대의 자동차를 잃었고, 17시경 북한군의 공격을 다시 받아 20시경 함양으로 철수하였다. 미 19연대 1대대 A중대로부터 진지를 인수한 29연대 1대대 B중대는 18명(장교 2명, 사병 16명)만이 거창으로 철수하고, 나머지 병력 215명은 전사하고 말았다.[327] 안의가 북한군의 수중에 들어가자 안의에서 남으로 함양, 북으로 거창에 이르는 도로가 북한군의 공격에 노출되는 결과가 되었다.

안의에 북한군이 진주하고 그곳에서 돌아와야 할 오부대 병력 일부와 29연대 1대대 B중대원이 돌아오지 않자, 민부대장과 미군 대대장은 이들과 접촉을 회복하려 했으나 무위(無爲)로 끝나고 말았다. 북한군에 의해서 오부대의 구출기도가 차단됨에 따라 민부대장은 해병대 병력을 수습하여 병력을 함양 동쪽 6km 지점인 화산리(花山里)로 철수시켰다. 그리고 29연대 1대대장과 협의한 끝에 병력의 보존이 무엇보다도 중요하다는 결론을 내리고, 피해를 받은 오부대는 진주로 철수시키고 나머지 병력은 산청(山淸)으로 철수시켰으나, 계속되는 전투와 철수로 인하여 사기는 매우 저조한 상태였다. B중대를 잃은 29연대 1대대장은 B중대와의 접촉을 위해서 전령을 계속 추진시켰으나 북한군의 습격으로 계속 되돌아오곤 하였다.[328]

안의를 점령한 북한군 4사단은 거창 쪽으로 주력을 진출시켰다. 안의와 거창 간 도로를 지키고 있던 미 34연대는 13야포대대 A포대의 지원을 받으면서 방어를 실시하였

326) *韓國戰爭史, 2*, pp. 786-7.
327) *前揭書*, pp. 793-6.
328) *前揭書*, p. 800.

으나, I중대를 잃고 1, 3대대를 거창 동쪽으로 철수시키지 않을 수 없었다. 후방의 포진지까지 북한군의 사격을 받은 34연대는 병력을 합천으로 철수하면서 공병으로 하여금 철저하게 도로를 파괴하여 북한군의 진출을 지연시키도록 하였다. 이 지역에서 미군과 더불어 방어 작전을 수행하던 한국 경찰 및 기타 부대들도 건재를 유지하지 못하고 합천 등지로 분산 철수하였다. 이로써, 함양・거창지역에서 벌인 한국군과 미군의 지연전은 별다른 성과없이 많은 손실을 감수해야만 하였으며, 이 지역 전투 결과는 서남부 지역 방어가 결코 쉽지 않다는 점을 일깨워 주기도 하였다.[329]

함양・거창지역 전투 후에, 민부대는 진주 서북방 산청가도를 점령하여 방어임무에 들어갔고, 해병(金聖恩 부대)은 미군에 배속되어 남강(南江) 남쪽의 방어선을 맡았으며, 29연대 1대대는 진주 동쪽 30km 지점인 함안(咸安)으로 이동하였고, 34연대는 합천에서 방어에 임하게 되었다. 한국군과 미군은 물러서기에도 지쳐 있었다.

(2) 합천지역 전투

거창(居昌)과 함양(咸陽)이 북한군에게 점령당하자, 미 8군사령관은 마산(馬山)으로 투입하려던 한국군 17연대를 거창과 고령(高靈) 사이에 투입하기로 결정하였다. 7월 29일 북한군 4사단의 공격으로 거창에서 철수한 미 34연대는 총병력이 1,150명 정도였고, 대전 전투 이래 장비의 보충도 받지 못하여 통신 수단도 없었고 공용 화기 보유도 30%에 그쳤으며, 개인 장구도 갖추지 못한 상태에 있었다. 특히 계속되는 북한군과의 전투에서 계속적인 피해와 철수를 강요당해 왔기 때문에 미 34연대 병력은 사기가 떨어져 있었다. 이에 비하여 거창과 고령 사이 권빈리(勸彬里)에서 34연대를 지원하다가 이들의 진지를 인수한 17연대는 옹진반도에서 초기 전투를 치른 이래 오산, 진천, 화령장에 이르기까지 전투 경험이 있는 고참병들이 많았고 보급이 비교적 양호하여 사기도 왕성한 편이었다. 병력은 기간병 1,200명 외에 대전에서 모집한 청년 방위대원 1,200명을 포함하여 2,400명에 이르렀고, 장비도 81mm 박격포 17문, 60mm 박격포 13문, 중기관총 10정, 경기관총 17정 등을 보유하고 있었다. 특히, 화령장 전투 승리의 결과로 전 연대원이 1계급 특진의 영광을 누린 경험이 있던 17연대는 북한군을 별로 두려워하지 않았다.[330]

한국군 17연대가 방어 진지를 구축한 권빈리는, 거창과 고령을 잇는 중간 지점으로서 합천(陜川)으로 통하는 도로가 있어서 거창-고령-합천의 중간 지점에 위치한 교통의 요지이다. 그리하여 동으로 현풍(玄風)을 거쳐 대구(大邱)에 이르고, 서쪽으로는 거창을 거쳐 대전과 호남지방으로 연결되며, 남으로는 합천을 거쳐 진주에 이르는 교통의 요충이 바로 권빈리였다. 지형상 기계화부대의 운용에 지장을 받지 않았으나, 산간에서 오전에 내리깔리는 짙은 안개가 기동에 영향을 주기도 하고, 기습을 달성시키는

329) *前揭書*, pp. 801-2.
330) *前揭書*, pp. 807-8.

요인이 되기도 하였다.

7월 30일 거창 동남쪽 6km 지점의 감토봉을 점령한 북한군 4사단 5연대는 7월 31일 17시를 기하여 권빈리 서쪽에 방어 진지를 편성하고 있던 미 34연대를 공격하였다. 34연대장(Charles E. Beauchamp 대령)은 거창에서의 불명예를 씻기 위하여 북한군의 포격 속에서도 1시간 정도 버티면서 격전을 벌였으나 진지를 포기하고 말았다. 미 24사단에 배속된 한국군 17연대가 북한군을 맞았다. 이때 17연대 4중대장이 거창에서 권빈리 쪽으로 질주하는 오토바이(2명 탑승)를 발견했다. 보고를 받은 연대장(金熙濬 대령)은 이를 진내로 깊숙이 유인하여 생포하도록 지시했다. 화령장지역 전투에서 오토바이병을 붙들어 많은 정보를 입수한 바 있던 연대는 이들을 사로잡으려 했다. 북한군 오토바이가 권빈리를 돌아 합천으로 향하는 비탈길을 내려가려 했다. 연대장은 미리 잠복시켜 놓은 연대본부 요원을 지휘하여 이들을 붙잡았다. 17연대장은 이들로부터 북한군이 그날 밤에 공격할 것이고, 그곳에 한국군이 투입되었다는 사실을 모르고 있으며, 그날 밤 북한군 4사단의 암구호가 "국화," "무궁화"라는 것까지 알아내었다. 연대장은 이들로부터 알아낸 첩보를 연대에 하달하는 한편 진지를 보강하고 진전 수색을 강화할 것을 지시하였다.[331] 미 34연대를 격퇴시킨 북한군 4사단 5연대의 무분별한 정찰 행동이 17연대에게 중요한 정보를 제공해 주었다.

북한군은 8월 1일 01시 공격을 개시하여 03시 17연대 방어 진지에 도달하였다. 한국군 17연대 초병이 수하를 요구하고 북한군이 "국화"라고 말하자 17연대 초병은 "무궁화"라고 대답했다. 그날 17연대의 암구호는 "손들엇," "들었다"였으나, 북한군 병력을 유인하기 위하여 북한군의 암구호를 사용하였고, 한국군이 서남부전선에 투입된 줄 모르고 있던 북한군 역시 별다른 의심없이 전진해 오고 있었다. 북한군 1개 중대 병력은 안심하고 한국군 진지에 접근하여 한국군 병사들과 악수까지 청하는 촌극이 벌어지기도 하였다. 바로 이 순간 대대장(李寬洙 중령)은 사격 명령을 내렸다. 대부분의 북한군은 사살되었고, 17연대 1대대는 한 트럭 분의 무기를 노획하였으며, 그 당시까지 인접 고지에서 고전중이던 미 34연대 병력의 철수를 가능하게 해주었다. 인접 고지 후방에 배치된 17연대 2대대도 북한군의 공격을 격퇴하였다.[332]

막심한 피해를 입고 물러났던 북한군 4사단 5연대는 8월 1일 07시를 기하여 다시 공격해 왔다. 09시경 미 34연대 진지를 손에 넣고 권빈리에 있는 연대 지휘소로 향했다. 이에 17연대장은 3대대를 투입하여 34연대가 점령했던 진지까지 북한군을 몰아붙이고, 도로 좌우측에 배치된 1, 2대대 중앙에 위치하면서 만일의 경우에 대비하기 위하여 도로를 따라 권빈리로 철수하였다. 그리고 10시 거창-권빈리 간 도로 남측에 있는 망일산(望日山)을 돌파하여 15시경 북한군 진지 후방까지 진출하였다가 철수하여 북한군의 공격에 대비하였다. 이때 미 24사단장은 17연대를 20시경 고령 부근 덕암리

331) *前揭書*, p. 811.
332) *前揭書*, p. 812.

로 철수시킨 다음 미 8군사령관의 명에 의하여 낙동강선 방어를 위하여 8월 2일 낙동강을 건너 현풍(玄風)으로 철수시켰다. 그곳에서 북한군의 공격에 대비하고 있던 17연대는 8월 7일 한국군 1군단장 명에 의하여 밀양(密陽), 대구(大邱)를 거쳐 청송(靑松)과 의성(義城)의 중간 남쪽 지점인 구산동(九山洞)으로 진출하였다.[333]

합천지역 전투에서 한국군 17연대는 공세적인 방어 작전을 수행하여 미 24사단 34연대의 위기를 해소하고 북한군 4사단의 예봉을 둔화시켰다. 그리하여 한국군 17연대장(金熙濬 대령)에게 한국군 최초로 미국 은성훈장(銀星勳章)이 수여되었다. 이로부터 17연대는 독립연대로서 위급한 곳에 투입되어 낙동강선 방어에 커다란 기여를 하게 되었다.

(3) 하동 · 진주지역 전투

호남으로 우회한 북한군 6사단은 7월 25일 순천에서 주력을 합류시켜 광양(光陽)을 거쳐 하동(河東)으로 진출하였다. 하동으로 진출하던 북한군은 1만 명 정도의 병력과 T-34전차 4대, SU-76자주포 18문, 122mm 유탄포 14문, 76mm 야포 38문, 122mm 박격포 22문 등을 보유하여 비교적 강한 전력을 유지하고 있었다. 특히 북한군 6사단은 옹진반도와 개성 · 문산지역 전투를 치른 후에 한국군이 방어를 하지 않거나 방어상태가 미약한 서해안지역과 호남지역을 저항받지 않고 통과하다시피 하였기 때문에 비교적 높은 사기를 유지하고 있었다.[334]

이와는 대조적으로 이 지역을 방어하려던 한국군과 미군은 강한 편이 아니었다. 호남이 북한군의 수중에 들어가고 영남지역으로 전선이 이동하자, 육군본부는 7월 25일부로 전임 참모총장이던 채병덕 소장을 영남지구 전투사령관으로 임명하여 이응준(李應俊)부대와 민기식(閔機植)부대를 지휘하여 영남지역을 방어하도록 하였으나, 이응준부대는 여수로 철수중에 있었고, 민부대는 함양에서 지연전을 수행하고 있었다. 그리하여 하동지역에는 새로 편성된 5사단 15연대의 병력 100여 명 정도가 집결해 있었다. 이러한 상황을 파악하고 있던 8군 사령관은 김천에서 재편성중에 있던 미 24사단을 서남부지역에 급파하였다. 이에 따라 24사단 19연대(Ned D. Moore 대령)가 진주로 급히 내려갔고, 오키나와에서 지원된 29연대 2개 대대도 19연대에 배속하여 진주지역을 방어하도록 하였다. 그러나 19연대는 연대장이 7월 25일에 부임한 상태였고, 실전 병력은 600명 정도였으며, 장비도 편제표의 35% 정도만을 보유하고 있었다. 29연대 2개 대대는 병력과 장비는 유지하고 있었으나, 영점 조준이나 박격포 시험 사격도 해 보지 않은 훈련 수준에다가 기관총 손질마저 제대로 되어 있지 않은 상태였다. 전진(戰塵) 속에서 단련된 북한군의 공격 태세와 매우 대조적인 방어태세였다.[335]

---

333) *前揭書*, pp. 814-7.
334) *韓國戰爭史, 2*, p. 821.
335) *前揭書*, p. 821.

초기 전투에서 패전한 책임을 통감하고 있던 채병덕(蔡秉德) 소장은 영남지구 전투사령관이라는 직책을 적극적으로 수행하기 위하여 보좌관(丁來赫 중령)을 대동하고 함양(咸陽)에 이어 하동(河東)으로 달려갔다. 그러나 하동에서 지휘할 병력이 없다는 사실을 확인한 채 소장은 보좌관으로 하여금 하동에 남아서 하동으로 철수하는 병력을 수습하면서 정보를 수집하도록 하고, 진주에 있던 미 19연대장을 방문하여 하동의 중요성을 인식시키고, 미군 부대의 고문 자격으로 하동으로 진출하는 19연대 3대대를 수행하였다. 이때 육군본부로부터 "화염병"까지 사용하여 북한군을 하동에서 격멸하라는 지시가 내려졌으나, 채 소장 옆에는 병력이 없는 3연대장(朴炫洙 중령)과 두 명의 부관밖에 없었다.[336]

북한군 1개 대대 규모의 병력이 7월 26일 밤 하동으로 진출하였다. 그곳에 남아 있던 채 소장 보좌관 정래혁 중령은 현지에서 모은 300여 명의 병력을 지휘하여 북한군의 진출을 저지하려 하였다. 그러나 10여 분 간의 사격전을 벌인 후에 12-3명의 병사만 남아 있게 되어, 23시경에 이들도 하동을 빠져 나와 진주로 향했다. 하동 확보를 위해 뒤늦게 출동한 미 29연대 3대대는 하동 진출을 포기하고 중간 지점에서 방어에 임하는 것을 건의하였으나, 하동을 탈환하라는 연대장의 명령을 받았다. 이 명령에 따라 하동으로 진출하던 29연대 3대대가 하동 동쪽 2km 지점인 "쇠고개"에 도착하였을 때 선두가 북한군을 발견하였다. 3대대장(Harold W. Mott 중령)과 채병덕 소장 및 대대참모들은 고갯마루에 올라갔다. 이때 1개 대대 규모의 북한군이 2열 종대로 행군해 오고 있었다. 쌍안경으로 이들을 관찰한 채 소장은 이들이 한국군 복장을 하고 있었기 때문에 이들을 북한군으로 단정할 수가 없었다. "쇠고개"에 미군이 배치된 줄 모르고 접근해 오던 북한군 병력의 선두가 40m 전방까지 이르렀을 때, 채 소장은 소리를 높여 "너희들은 적이냐, 아군이냐?"라고 고함을 질렀다. 이들의 대답은 총탄이었다. 채 소장은 머리에 관통상을 입고 그 자리에서 숨을 거두었고 미군 대대장 및 참모들도 중상을 입었다. 29연대 3대대 지휘는 마비되었고, 지원 나온 공군기 2개 편대도 지상의 무전기가 파괴되어 그냥 돌아가고, 3대대 병력과 몇 명 되지 않은 한국군도 분산되고 말았다. 어처구니없는 일이 순식간에 벌어졌다.[337]

북한군의 진격을 하동에서 저지시킬 수 있을 것이라고 낙관한 미 19연대장은 2대대를 추가로 투입하여 하동을 탈환하려 하였다. 그러나 2대대는 두 명의 중대장을 잃고 52명의 부상자와 349명의 실종자만을 내고 후퇴하였다. 그리고 차량 30대와 전 공용화기와 통신 장비를 모두 잃어버린 손실을 입었다. 그리하여 미 29연대 3대대는 거의 와해되었고, 19연대 2대대도 막심한 피해만 입고 하동은 북한군의 손에 넘어가 버렸다. 하동을 점령한 북한군은 한미 양군이 경부국도와 중·동부지역에서 힘겨운 지연전을 수행하고 있는 동안 방어력이 약한 서남부지역을 강타하려 하고 있었다.[338]

---

336) *前揭書*, pp. 821-2.
337) *前揭書*, pp. 823-7.

북한군의 다음 목표인 진주(晋州)를 방어하기 위해서 미 19연대장은 1대대를 남쪽 20km 지점에 위치한 구호리(舊湖里)에 위치시켜 곤양(昆陽)으로부터 오는 북한군의 공격에 대비시키고, 2대대는 진주 남서쪽 20km 지점에 위치한 원전동(院田洞)에 배치하여 하동에서 진출하는 북한군의 진격을 저지하도록 하고, 미 29연대 1대대는 진주 서북방 산청(山清) 도로를 방어하도록 하였다. 그리고 29연대 3대대는 진주에서 재편성 대기하도록 하였다. 이에 따라 미군 19연대와 29연대 병력은 7월 28일까지 계획된 방어 진지를 점령하였다.[339]

폭우가 쏟아지던 7월 29일 아침, 북한군은 진주로 전진하고 있었다. 방어 병력이 없을 것이라고 판단하고 유유히 전진해 오던 북한군은 원전동에 배치된 19연대 2대대와 싸웠다. 마침 비가 그쳐서 항공 지원을 받은 19연대 2대대는 북한군 차량 25대를 파괴하고, 병력도 200여 명이나 사살하면서 북한군의 진격을 저지하였다. 그리고 이날, 한국전 최초로 M-26 Pershing 전차 3대가 진주에 도착되었으나 팬벨트(fan belt)가 일제 고품이어서 엔진이 과열되기 쉬워 장거리 주행이 불가능한 "앉은뱅이" 포와 같았다. 미군 병력은 1,500여 명 정도였고, 한국군 민부대가 함양에서 1,200여 명의 병력을 이끌고 진주 방어전에 투입되었으나, 보급 부족과 화기 및 탄약이 부족하여 제대로 전투력을 발휘할 수 없었다. 더구나 7월 28일과 30일에 보충된 신병 775명은 중대 진지에 배치되기도 전에 전사, 실종되는 경우가 발생하여 공포 분위기를 더해 주었다. 이러한 상태에서 전투는 계속되었다.[340]

7월 30일 어둠이 드리우자 북한군은 본격적으로 공격해 왔다. 북한군 6사단은 2개 연대를 동원하여 진주의 남서 양측에서 들이닥쳤다. 자정이 지날 무렵 북한군은 과감한 정면 공격과 측방 우회를 감행하였고 병력을 가득 실은 전차는 진주로 직행하였다. 최전방 진지에 배치된 신병들이 자아내는 공포 분위기가 기존의 병사들에게도 스며들어갔다. 폭우와 어둠으로 항공 지원은 불가능했고, 포병대대는 포탄이 떨어져 포지원을 할 수가 없게 되었다. 상황이 이렇게 전개되자 19연대장은 진주의 서쪽과 남쪽에 배치된 병력을 철수시켰다. 그러나 북한군은 철수하는 미군 병력의 뒤를 바짝 따라오고 있었다. 7월 31일 06시 북한군 전차 3대와 자주포 3문이 진주 시내 서쪽 끝까지 진출하여 미군에 대하여 사격을 가하고 있었다.[341]

북한군 전차와 자주포가 진주 서단(西端)까지 진출하여 사격을 가하는 상황이 전개되자 19연대장은 7월 31일 06시 40분 진주에서 철수 명령을 내렸다. 19연대를 지원하던 11, 13포병대대와 29연대 3대대가 먼저 철수하고, 연대 보급품을 후송시킨 다음 연대본부는 08시경 진주에서 철수하였다. 19연대 1대대는 7월 30일 북한군의 공격을 받

338) *前揭書*, pp. 830-1.
339) *前揭書*, pp. 831-2.
340) *South to the Nakdong, North to the Yalu*, pp. 227-9.
341) *前揭書*, p. 230.

왔으나 북한군이 이를 갑자기 멈추자 퇴로가 차단될 위험성이 있다는 판단하에 진주 동쪽으로 철수하였고, 19연대 2대대와 29연대 1대대는 의령(宜寧)을 거쳐 마산 서측방으로 철수하였다. 북한군 6사단은 7월 31일 09시 진주를 점령하였다.[342]

진주가 7월 31일 북한군의 수중에 들어가자 한국군과 미군은 마산(馬山) 방어를 위한 조치를 하였다. 한국군은 개별적으로 진주에서 철수하여 마산으로 이동하였다. 육군본부는 이응준(李應俊) 소장을 서부지구 사령관에 임명하여 민부대(閔機植), 오부대(吳德俊), 해병대(金聖恩), 이부대(李暎奎), 김부대(金秉俊) 등을 지휘하여 마산 방어를 위한 일익을 담당하도록 하였다. 미 24사단장도 7월 31일 밤에 마산 서북쪽 10km 지점에 위치한 중리(中里)로 19연대장(Ned D. Moore 대령)과 24사단에 배속된 25사단 27연대장(John H. Michaelis 대령)을 불러 마산 전방에서 북한군을 격멸하도록 지시했다.[343] 하동·진주지역 전투가 끝나고 마산(馬山) 방어를 위한 작전이 시작되었다.

6) 7월 말 전황과 지휘 결심

7월 말 전선은 매우 불안정했고 위급하지 않은 곳이 없었다. 경부국도상 김천에서 북한군의 진격을 저지하고 있던 미 1기병사단도 그 곳을 지켜낼지 의문시되었고, 상주에 있던 미 25사단의 상태도 마찬가지였다. 중동부지역을 방어하던 한국군도 계속되는 북한군의 압력과 태백산으로 침투한 북한군 병력의 후방 교란과 보급로 차단 위협을 제거하지 못한 채, 부족한 병력을 가지고 넓은 정면을 방어하고 있었다. 동해안지역은 거의 전적으로 유엔군의 해공군 화력에 의존하여 방어와 지연전을 전개하고 있었으며, 특히 경부국도 서남부지역인 호남으로 우회하는 북한군의 진출은 한국군 민부대, 김부대, 오부대, 해병대, 경찰 병력이 저지하고 있는 정도였다. 그리하여 8군 사령관은 김천에서 재편성중에 있던 미 24사단을 서남부지역으로 급파하여 이 방향으로 우회하는 북한군 4, 6사단의 진출을 저지하려 하였으나, 북한군의 거창, 진주 점령을 막지 못했다. 서남부지역의 방어와 지연전은 뼈대만 앙상하게 남아 있던 미 24사단과 몇 개의 한국군 부대만으로 수행되어질 성질의 것이 아니었다. 이와 같이 7월 말 전선은 보강(補强) 및 보충(補充)이 시급한 상황이었다.

넓은 정면을 부족한 병력으로 방어해야 하는 한국군과 미군은 연결된 전선을 유지할 수가 없었고, 연결되지 않은 전선은 북한군의 우회와 침투 전술의 효용성을 보장해주어, 한국군과 미군의 후방과 퇴로의 확보를 위협하고 있었다. 더구나 한국군과 미군이 택할 수밖에 없던 거점 중심의 분산 방어와, 분산됨으로써 부족하게 된 방어 병력은 북한군의 정면 공격도 제대로 막지 못하여 한국군과 미군의 철수를 더욱 강요하였다. 특히 호남으로 우회하여 8군의 측방과 후방을 전략적으로 위협하는 북한군의 기동

---

342) *前揭書*, p. 231.
343) *South to the Nakdong, North to the Yalu*, p. 236.

은 이 지역의 방어를 위한 추가적인 병력의 필요성을 더욱 절실하게 만들었다. 이와 같이 연결되지 않은 전선이 가져온 전술적 피해와, 연결되지 않은 방어선마저도 형성되어 있지 않은 서남부지역에 대한 전략적 고려는 획기적인 지휘 결심을 촉구하고 있었다.

전선을 연결하여 북한군의 침투와 우회를 봉쇄하고, 서남부지역을 방어하여 8군의 측방과 후방을 보호해야 한다는 현실적 요구는 8군사령관의 신속한 조치를 요구하고 있었다. 간헐적으로 이어진 기존의 전선을 연결하고 서남부지역 방어를 위한 병력을 확보하기 위하여 8군사령관은 전선을 축소 조정하기로 결심하였다. 7월 26일 8군사령관은 전선을 안정시키고 공세로 이전할 수 있는 기반을 조성하기 위하여 계획된 진지를 점령할 것이라는 작전 명령을 하달하였다. 8군사령관의 구상은 낙동강을 연하여 방어선을 형성함으로써 전선을 연결시키고, 병력을 절약하여 서남부지역의 방어 병력은 물론 예비 병력까지 확보한다는 것이었다. 낙동강이라는 자연적인 장애물을 이용하여 북한군의 진격을 멈추게 하고, 방어선을 연결시켜 북한군의 침투와 우회를 봉쇄하고 후방의 안전을 확보하여 전선을 안정시킴으로써 반격의 기반을 다지려는 구상이었다. 명령을 하달하고 난 8군사령관은 7월 26일 동경의 맥아더 사령부에 전화를 걸었다.

맥아더의 참모장(Edward M. Almond 소장)이 8군사령관(Walton H. Walker 중장)의 전화를 받았다. 8군사령관은 북한군이 너무 가까이까지 진출해 있기 때문에 파괴되거나 잃어버렸을 경우에 대체가 불가능한 8군 통신 장비의 보존을 위해서도 사령부를 대구에서 부산으로 옮기겠다고 말하면서, 사령부의 부산(釜山) 이전에 대한 맥아더의 승인을 요구하였다. 이에 대해서 맥아더의 참모장은 사령부의 부산 이전이 8군과 한국군에게 나쁜 영향을 미칠지 모르고, 8군이 한국에서 철수할지 모른다는 생각을 불러일으킬 가능성이 있다는 우려를 표시하였다. 8군사령관의 전화를 받은 맥아더의 참모장은 8군사령관의 건의 내용을 맥아더에게 보고하면서 맥아더가 직접 대구에 가서 8군사령관과 대화를 나눌 것을 건의하였다. 보고를 받은 맥아더는 30분 후 참모장을 불러 대구에 있는 8군사령부 방문을 준비하라는 지시를 내렸다.[344]

7월 27일 목요일 아침 10시, 참모장과 몇 명의 장교들을 대동한 맥아더 일행이 대구에 도착하였다. 워커 8군사령관의 영접을 받은 맥아더는 혹시 무슨 일이 일어나지 않을까 하면서 여기저기를 두리번거리는 주위 사람들과는 달리 여유 있는 모습으로 8군사령부로 향했다. 90분 간 지속된 회담에서 맥아더는 8군사령관의 요구에 대한 언급이나 이에 대한 시시비비(是是非非)도 언급하지 않았다. 그는 다만 8군이 현진지를 고수하여야 하고 계속되는 철수를 중지해야 한다는 점을 강조하면서 한국에서의 철수, 즉 한국에서 "던커크(Dunkirk)"는 없다고 선언하였다. 그리고 맥아더는 대구를 떠났다.[345]

맥아더의 격려와 명령을 동시에 받은 8군사령관은 7월 29일 상주(尙州)에 위치한 미

344) *South to the Nakdong, North to the Yalu*, pp. 206-7.
345) *前揭書*, p. 207.

25사단 사령부를 방문하여 사단 참모들에게 전선을 고수하라는 명령을 하달하였다. "사수(stand or die)"라는 제목으로 소개된 이 연설에서 8군사령관은 2일 전에 맥아더가 한국을 방문하여 해병부대와 2개 연대, 그리고 추가 병력을 증원해 줄 것을 약속했다는 점을 밝히면서, 현 전선을 사수할 것을 요구하였다. 그는 한국에서의 "던커크"나 "바탄(Bataan)"은 있을 수 없고, 따라서 부산으로의 철수는 없다고 못박기도 했다. 그러면서 그는 북한군에게 포로가 되기보다는 싸우다 전사하는 것이 훨씬 낫다는 사실을 강조하고, 8군은 전선을 지킬 수 있고 승리할 수 있다는 점을 상기시키기도 하였다. 그러나 8군사령관의 연설이 있은 지 2일 후 미 25사단은 다시 후퇴해야만 하였고, 김천지역의 1기병사단 병력도 중장비를 버린 채 트럭을 타고 다시 후퇴하게 되었다. 8군사령관이 내린 "사수(stay and die where you are)" 명령의 효과는 한계가 있었다.346)

다급해진 7월 말 전황(戰況)을 극복하고 전세(戰勢)를 반전시키기 위하여 8군사령관은 낙동강을 연한 방어선을 형성하여 이를 고수한 다음에 공세로 이전한다는 계획을 구체화하였다. 이러한 구상에 따라 한국군과 미 8군은 8월 1일부터 낙동강 방어선 구축에 돌입하였다. 증원에 필요한 시간을 벌기 위하여 공간을 양보해 온 지연전을 마감하고, 낙동강 교두보를 기지로 삼아 전세(戰勢)를 수세(守勢)에서 공세(攻勢)로 전환시킨다는 구상에 따른 조치였다. 이로써 한국에서 한국군과 미군의 작전은 지연(遲延)과 철수(撤收)에서 방어(防禦)와 고수(固守)로 개념이 바뀌게 되어 전쟁은 새로운 국면에 접어들었다.

부산 교두보(the Pusan Perimeter)라고 불리는 지역을 확보하기까지 한국군과 미군은 엄청난 대가를 치러야만 하였다. 한국군은 전사와 실종, 부상자를 합하여 약 7만여 명의 전투 손실을 입었고, 미군 역시 전사 1,884명, 실종 523명을 비롯한 6,003명의 전투 손실을 기록하고 있었다. 이러한 손실은 2차 세계대전시 노르망디 상륙작전중 오마하 해변(Omaha Beach)에서 입은 손실(2,000명)의 세 배였고, 진주만 기습 공격으로 입은 손실(3,600명)의 두 배에 해당되는 숫자였다. 낙동강 교두보를 확보하기 위하여 한국군과 미군은 7만 6,000여 명의 인명 피해와 엄청난 규모의 장비 및 재산 피해를 감수해야만 하였다.347)

한국군과 미군을 여기까지 밀어붙인 북한군의 손실도 결코 적지 않았다. 극동 미군사령부는 한국군의 전과 보고를 감산하여 북한군의 손실을 3만 1,000여 명으로 계산했으나, 미국 육군성은 3만 7,500여 명으로 추산하였고, 포로들의 진술을 토대로 한 실질적인 피해 통계는 5만 8,000여 명에 이르고 있었다. 이러한 통계 숫자로 보아 북한군이 입은 전투 손실은 5만여 명에 이르렀다. 북한군의 전차는 40대 수준으로 감소되었고, 북한군 사단의 병력은 5,000여 명에서 9,000여 명에 이르는 병력을 보유하고 있었다. 이에 따라, 북한군의 전투 병력은 약 7만여 명으로 추산되었다.348)

---

346) *前揭書*, pp. 208-9.

347) *South to the Nakdong, North to the Yalu*, pp. 262-3; *The Forgotten War*, pp. 172-3.

이러한 결과 1950년 8월 1일, 유엔군은 미군 3만여 명과 한국군 4만 5,000여 명의 병력을 유지하여 7만여 명의 병력을 유지하고 있던 것으로 추산된 북한군보다 병력의 우세를 확보하게 되었으며, 8월 4일에는 유엔군이 9만 2,000여 명의 병력을 보유하게 되어 병력의 우세를 확보하게 되었다. 이러한 병력의 우세는 부산 교두보를 지켜낼 수 있는 기본적인 요인이 되었다.[349] 그러나 전장에서 수세(守勢)를 공세(攻勢)로 전환(轉換)시키는 데 필요한 요소는 단순한 물량적인 우세의 확보만은 아니었다.

10. 낙동강 방어선의 구축과 교두보 방어 작전

1) 낙동강 방어선의 구축

낙동강을 따라 방어선을 구축한다는 구상은 금강-소백산맥선에서의 지연 작전이 한계점에 달한 7월 17일경부터 가시화되었다. 7월 17일은 공식적으로 한국군의 작전 통제권이 유엔군사령관에게 위임된 날이었으며, 대구 8군사령부에 유엔기가 게양되어 8군사령관이 한국에서의 유엔 작전을 지휘하게 된 날이기도 하였다. 7월 18일 아침 일찍 8군사령관 워커 중장과 한국 육군참모총장 겸 육・해・공군 사령관인 정일권 소장은 경비행기를 같이 타고 대전(大田)전선 시찰에 나섰다. 왜관 상공을 지날 때, 워커 중장이 아래쪽을 가리키면서 무언가 말을 하고 있었다. 비행기의 엔진 소음으로 말을 알아들을 수 없던 정일권 참모총장은 아래를 내려다보았다. 아래는 낙동강이 흐르고 있었다. 워커 장군의 뜻을 짐작한 정일권 소장은 엄지손가락을 세웠고, 워커 장군도 엄지손가락을 세웠다. 낙동강선에서 방어를 하겠다는 워커 중장의 의중이 드러난 경우였다. 이로부터 8군사령관과 참모들은 낙동강을 방어선으로 선정하여 이를 고수하고, 이 선에서 반격을 실시한다는 계획을 구체화시켰다. 구체화된 계획은 7월 26일 예비명령으로 하달되었다.[350]

낙동강 방어선은 낙동강을 연하여 설정된 방어선으로서 8군사령관이 지정한 최후 방어선이라는 의미에서 "워커 라인(Walker Line)"이라고도 불리어졌으며, 낙동강 방어선으로 둘러싸인 지역은 "낙동강 교두보" 또는 부산을 중심으로 형성된 지역이라고 하여 "부산 교두보"라고 불리어지기도 하였다. 낙동강 방어선은 낙동강을 따라 설정되었으며, 부산 교두보는 남쪽의 마산(馬山), 서쪽에서 북으로 남지(南旨), 왜관(倭館), 낙정리(洛井里)를 거쳐 동으로 영덕(盈德)으로 이어지는 방어선과 남해(南海) 및 동해(東海)로 둘러싸인 직사각형 모양의 지역을 포괄하고 있었다. 마산 서쪽 진동리(鎭東里)에

---

348) *前揭書.*
349) *South to the Nakdong, North to the Yalu*, pp. 263-5; *The Forgotten War*, pp. 172-3.
350) 丁一權, *전쟁과 휴전*, pp. 78-9; *South to the Nakdong, North to the Yalu*, p. 206.

서 남강(南江)과 낙동강(洛東江)이 교차하는 남지까지는 서북산(西北山, 738고지) 등의 고지군으로 연결되어 있고, 남지에서 왜관을 거쳐 낙정리로 이어지는 방어 정면은 강폭(江幅) 400~800m, 수폭(水幅) 200~400m, 수심(水深) 1~1.5m의 낙동강이 흐르고 있었으며, 낙정리에서 동쪽으로 이어지는 방어선은 낙동강의 상류 남쪽의 험준한 산악지대로 연결되어 있었다. 낙동강 방어선은 남해(南海), 남강(南江), 낙동강(洛東江), 동북부 산악지대를 따라 설정되어 외각 방어선의 유지가 용이하였고, 부산 교두보는 부산을 기점으로 비교적 발달된 도로망으로 연결되어 있어서 내선작전(內線作戰) 개념에 의한 기동방어(機動防禦)가 용이한 지역이었다.

8군은 낙동강 방어선상에 병력을 배치함에 있어서 강력한 화력과 기동력을 보유한 미군 사단을 낙동강변 개활지 정면을 가진 왜관 남쪽지역에 배치하고, 산악지대에서 북한군의 진격을 효과적으로 저지한 한국군 사단은 왜관의 동북부 산악지대를 맡도록 하였다. 이에 따라 한국군과 미군을 비롯한 유엔군은 왜관 동북쪽 작오산(鵲烏山, 303고지) 북단에 협조점을 설치하고 그 남쪽 낙동강변과 남해안까지는 미 1기병사단, 24사단, 25사단을 차례로 배치하고, 협조점에서 낙정리, 영덕에 이르는 동북부 산악지대에는 한국군 1, 6, 8, 수도, 3사단을 차례로 배치하여 방어에 임하도록 하였다. 8군사령관은 전 유엔군 부대에게 8월 1일 당시의 전선에서 낙동강 동안(東岸)과 남안(南岸)으로 철수하여 늦어도 8월 3일까지 낙동강 방어선을 구축하도록 명령을 하달하였다.[351)]

8군사령관은 낙동강 방어선의 구축에 있어서 마산(馬山)지역의 방어가 필수적이라고 판단하여 8월 1일 상주에 배치된 미 25사단을 전투가 진행중인 김천지역과 왜관을 경유하여 마산지역에 투입하였다. 이를 시작으로 미 24사단도 권빈리(勸彬里) 후방 산제리(山際里)에 배치된 한국군 17연대의 엄호하에 창녕(昌寧)·영산(靈山)지역으로 8월 3일까지 이동하였고, 엄호를 마친 한국군 17연대는 미 24사단에 배속되어 현풍지역을 방어하게 되었다, 미 1기병사단도 8월 3일까지 왜관을 통하여 낙동강 동안(東岸)으로 이동을 완료하였고, 8월 3일에는 왜관의 철교와 인도교를 폭파하였다. 한국군 1사단도 낙동강 동안으로 이동하여 왜관 동북쪽에서 낙정리 간에 방어 진지를 편성하였고, 6사단도 1사단 우측 군위(軍威) 북방 산악지대에 방어 진지를 구축하였다. 안동에서 철수한 8사단은 의성(義城) 북방 산악지대, 수도사단은 청송(靑松)지역에 진지를 구축하였고, 동해안은 3사단이 방어하고 있었다. 이로써 한국군 및 유엔군은 1950년 8월 4일 01시까지 왜관을 서북 첨단으로 한 낙동강 방어선을 구축하여, 왜관으로부터 영덕에 이르는 북측면은 한국군, 낙동강과 남강이 교차하는 남지(南旨)를 거쳐 남해에 이르는 서측면은 미군이 방어를 담당하게 되었다.[352)]

낙동강 방어선 형성을 가능하게 해 준 가장 중요한 요인은 유엔 공군과 해군의 전술, 전략적 화력 지원이었으며, 유엔 공군과 해군의 이러한 지원으로 인한 북한군의

351) *South to the Nakdong, North to the Yalu*, pp. 248, 252.
352) 육군사관학교 전사학과, *한국전쟁사*, pp. 286-90.

낙동강 방어선의 구축(1950. 7. 31.-8. 4.)

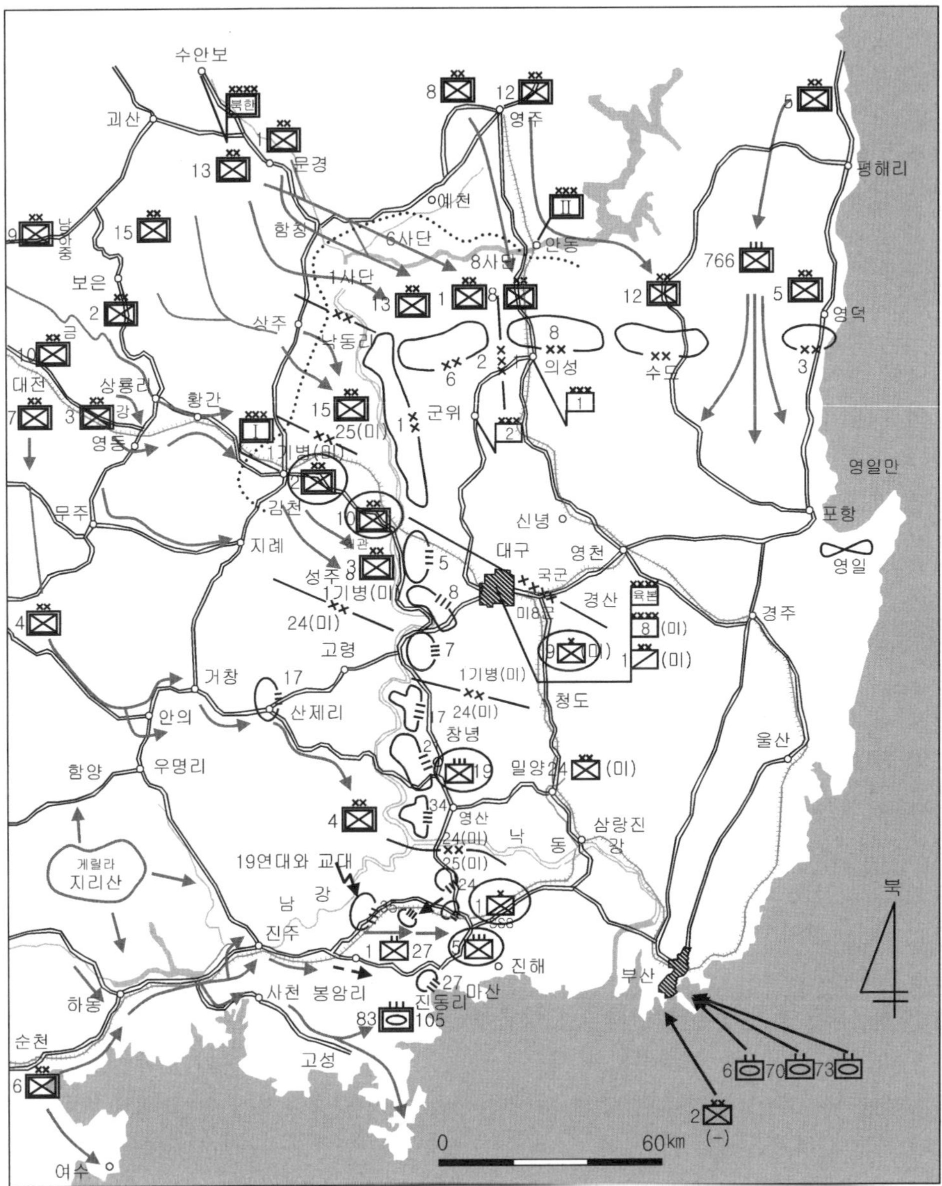

전력 약화는 낙동강 방어선을 방어하기 위한 작전에도 지대한 영향을 미쳤다. 미 공군, 해군, 해병대의 항공기와 호주 공군기로 구성된 유엔 공군력은 북한군의 병력과 전차에 대한 공격은 물론, 후방 보급기지와 보급 수송 수단을 공격하여 북한군의 진격 속도를 늦추었으며, 특히 중간 보급 기지인 원산과 흥남지역을 폭격하여 북한군의 보급 사정을 악화시켰다. 그리고 유엔 공군은 평양과 원산, 함흥의 물품 적재소를 폭격하고

철로와 도로를 파괴하여 부족해진 보급품의 소통조차 어렵게 만들었다. 그리하여 7월 중순부터는 북한군 병력, 전차, 차량의 주간 이동을 사실상 봉쇄하였고, 주간 보급 수송도 거의 차단할 정도였다. 극동 공군은 7월 말까지 8,600회의 출격을 실시하여 근접항공 지원, 후방 차단, 전략 폭격 및 긴급 수송 임무를 수행하였고, 특히 유엔 해군은 해주를 포함한 북한 연안지역에 위치한 수송 수단을 파괴하였으며, 방어 병력이 부족한 동해안지역에서 북한군의 진출을 지연시키는 데 결정적인 지원을 하였다. 유엔 공군력과 해군력은 전투 병력의 증원에 필요한 시간을 확보하고, 낙동강 방어선 형성 자체가 가능하도록 하는 데 지대한 기여를 하였고, 낙동강선까지 진출한 북한군의 전력을 현저하게 약화시켜 한국군과 유엔군이 낙동강 방어선을 지킬 수 있도록 해주는 데 커다란 역할을 수행하였다.[353)]

이와 같이 형성된 낙동강 방어선은 한국전쟁 수행상 중요한 의의를 지니고 있었다. 첫째, 이 선은 값비싼 희생과 노력을 치르고 확보한 최후의 저지선이었다. 더 이상 후퇴할 명분과 장소가 없었기 때문이었다. 둘째, 이 선은 한국군과 유엔군이 반격에 필요한 공간적 기반을 제공할 수 있는 선이었다. 셋째, 연결된 낙동강 방어선이 구축됨으로써, 연결되지 않은 방어선에 대한 침투와 우회, 정면 공격을 통한 전후방 동시 공격을 구사해 온 북한군 전술의 효용성은 크게 삭감되었으며, 한국군과 유엔군은 최초로 "전방에 적, 측방에 아군, 후방에 아군 기지"를 갖는 전술교범상의 방어선을 가질 수 있게 되었다. 넷째, 낙동강 방어선은 강과 산악지대를 따라 구축된 방어선으로서 북한군의 진출을 자연 장애물을 이용하여 최대한 저지할 수 있는 천연적(天然的) 방어선이었다. 다섯째, 낙동강 방어선으로 둘러싸인 지역은 부산을 중심으로 양호한 도로망이 발달되어 있어서 신속한 보급 지원은 물론 기동 예비대를 적시적소(適時適所)에 투입할 수 있는 내선작전(內線作戰)의 이점을 최대한 활용할 수 있는 조건을 갖추고 있었다. 낙동강 방어선은 이와 같이 한국전쟁 수행상 매우 중요한 전술적, 전략적 의미를 지니고 있었다.

그러나 낙동강 방어선에서 치열한 접전이 전개되던 8월 초 맥아더는 낙동강 방어선 후방에 예비 방어선을 준비하도록 지시하였다. 낙동강 방어선의 유지가 어려울 경우에 대비하여 부산을 중심으로 한 주변 해안의 상륙 거점을 확보하기 위한 예비 방어선이었다. 8군 사령관은 8월 11일 8군 공병참모 데이비드슨(Garrison H. Davidson) 준장에게 예비 방어선을 선정하도록 지시하였다. "데이비드슨 라인(Davidson Line)"이라고 알려진 이 예비 방어선은 동으로 울산(蔚山) 동북방 20km 지점인 서동리(瑞東里, 경남북 道界)로부터 밀양 북방의 유천(楡川), 서쪽의 무안리(武安里)를 거쳐 마산 동북방 고지로 연결되고 있었다. 이 예비 방어선은 미 25사단, 미 2사단과 현지 주민들의 협조로 9월 1일까지 약 90km의 진지 구축공사를 마무리하였다. 이로써 낙동강 방어선은 예비 방어선까지 갖춘 방어선이 되었으나, 8군사령관은 기동 공간이 좁은 예비 방어선으로

---

353) *South to the Nakdong, North to the Yalu*, pp. 255-7.

서는 반격의 기반을 조성할 수 없다고 판단하여 낙동강 방어선을 고수하려는 방침을 더욱 확고하게 유지하였다.[354]

낙동강을 연하여 방어선이 구축되자, 한국민과 한국군도 이를 고수하여 전세를 반전시키겠다는 결의와 희망을 표시하였다. 특히 8월 3일, 한국군 참모총장(丁一權 소장)은 한국군과 유엔군의 전력이 북한군 전력보다 우세하다는 내용을 발표하여 국민을 안심시키고, 한국군의 전의를 가다듬고 사기를 높이려 하였다.[355] 사실상 더 이상 물러설 곳도, 피할 곳도 없었던 한국민과 한국군이 가진 낙동강 방어선 고수 의지는 더욱 확고하였다. 그러나 이 방어선을 돌파하여 부산까지 진출함으로써 제2의 해방을 완성시키겠다는 북한 지도층의 의지와 북한군의 공격 역시 결코 만만할 수가 없었다. 낙동강 방어선을 고수하여 반격으로 전세를 바꾸겠다는 한국군과 유엔군측의 의지와, 이를 돌파하여 "남조선을 해방"시키겠다는 북한과 북한군측의 의지는 낙동강 방어선상에서 8월과 9월에 벌어진 공방전(攻防戰)의 치열한 정도를 극한(極限)으로 끌어 올리기에 부족함이 없었다.

2) 한미 양군과 북한군의 대치 상황

8월 1일 하달된 8군의 작전 명령은, 한국군과 미군 각 군단과 사단으로 하여금 8월 2일과 3일 당시의 전선인 낙동강 외곽 방어선인 마산 서쪽 서북산(西北山), 합천 북쪽 산제리(山際里), 지례(知禮) 동쪽, 김천(金泉), 상주(尙州), 예천(醴泉), 안동(安東), 진보(眞寶)와 영덕(盈德)을 잇는 X선에서 북한군을 지연시키면서 낙동강 방어선에 대한 지형 정찰을 실시하고, 8월 4일부터는 계획된 낙동강 방어선, 즉 마산(馬山) 서쪽 서북산 지역으로부터 남지(南旨), 왜관(倭館), 낙정리(洛井里)를 거쳐 군위(軍威) 북쪽 고지군, 의성(義城)과 청송(靑松) 북방을 통하여 영덕(盈德)을 잇는 Y선에서 북한군의 진출을 저지하도록 요구하였다.[356]

8군이 하달한 작전 명령에 따라 한국군과 미군 부대는 이동을 개시하였다. 그러나 북한군의 압력은 계속되었다. 특히 서남부지역에서 8군의 서측방과 배후를 위협하는 북한군 4, 6사단의 진출은 가히 위협적이었다. 그리하여 8군은 남쪽의 새로운 방어 진지로 이동하려던 미 25사단을 마산(馬山)으로 이동시켜 증원된 병력과 더불어 진주(晋州)지역으로 역습을 가하여 북한군의 위협을 제거하고, 가능하다면 전세(戰勢)까지 반전시키려 하였다. 이러한 계획 변경에 따라, 미 25사단 35연대는 8월 3일 10시, 24연대는 19시 30분 마산지역으로의 이동을 완료하였다. 이 지역을 지키고 있던 미 24사단은,

354) *South to the Nakdong, North to the Yalu*, pp. 391-2.

355) 國防部 政訓局, *韓國戰亂1年誌*, pp. A60-2.

356) EUSAK WD, G-3 Section, annex 3, 1 August 1950. Annex 3 includes a copy of the directive, Plan D, MAP VI; *South to the Nakdong, North to the Yalu,* p. 250.

25사단이 배치될 때까지의 시간을 확보하기 위하여 8월 2일 새벽에 배속받은 29연대 2대대와 25사단 27연대 1대대로 하여금 중암리(中岩里)와 진동리(鎭東里)에서 진주 방향으로 역습을 실시하도록 하였다. 27연대 1대대는 진주고개까지 진출하여 항공기의 지원 아래 북한군 차량보급부대를 격파하고, 이들의 역습까지 격퇴하는 전과를 올리기도 하였다. 그런 다음 24사단 19연대는 25사단 35연대에게 중암리 진지를 인계하고 8월 3일 창녕으로 이동하였다. 지례-김천에서 왜관으로 이동한 미 기병 1사단도 8월 3일까지 낙동강 동안으로 철수하고, 피난민의 희생을 무릅쓰고 왜관의 철교와 인도교도 폭파하였다. 함창에서 북한군을 저지하고 있던 한국군 2군단 1사단도 8월 1일 밤에 북한군과 접촉을 단절하고, 상주의 미 25사단 엄호하에 낙정리로 이동하여 8월 3일 저녁까지 새로운 진지를 점령하였다. 함창-점촌에서 방어하고 있던 한국군 6사단도 용기동(龍基洞)으로 이동하라는 명령을 받고, 8월 3일까지 새로운 진지 편성을 완료하였다. 한국군 1군단 예하인 8사단과 수도사단은, 촉박한 철수 시간과 수도사단의 엄호 미비, 안동교와 철교의 폭파 등으로 막심한 피해를 입으면서 철수하였다. 8사단은 안동-의성 간 도로를 방어하고, 수도사단은 의성 동북쪽 길안(吉安)지역으로 이동하여 방어편성에 들어갔다. 동해안지역에서 지연전을 펼치고 있던 한국군 3사단은 임무를 계속 수행하라는 명령에 따라 영덕(盈德)을 방어하기 위하여 진지를 강화하고 있었다. 이와같이 한국군과 미군은 8월 3일까지 계획된 낙동강 방어선 진지를 점령하였고, 한국 육군본부와 미 8군사령부는 대구(大邱)에, 한국군 1군단사령부는 의성(義城), 2군단 사령부는 군위(軍威)에 위치하여 작전을 지휘하였다.

전선을 축소하여 낙동강 방어선을 구축하고 이를 점령하였으나, 한국군과 미군 사단이 방어할 정면은 그렇게 줄어들지 않았다. 한국군 1사단은 왜관에서 낙정리까지 도상 거리로 42km, 6사단은 낙정리에서 상아동까지 26km 정면을 담당하였고, 8사단은 상아동에서 구미동까지 20km, 수도사단은 구미동에서 청송까지 24km, 3사단은 영덕 정면 16km를 담당하였다. 미 1기병사단은 왜관에서 현풍까지 35km, 미 24사단은 국군 17연대와 더불어 현풍에서 남지까지 40km, 미 25사단은 5연대 전투단과 민부대 등과 함께 남지에서 진동리까지 37km의 정면을 방어하였다. 특히 한국군이 담당한 지역은 산악지역으로, 부족한 병력을 유지하고 있던 한국군이 전 지역을 방어할 수는 없었고, 더구나 태백산맥으로 연결되는 지역의 방어는 거의 이루어지지 못한 형편이었다. 따라서 한국군이 방어하는 지역은 전선이 완전히 연결되지 못하여, 산악 지형을 이용한 북한군의 침투가 여전히 가능한 채로 남아 있었다.[357)]

부산을 8월 15일에 해방하여 해방 5주년 기념식을 서울에서 개최할 수 있도록 하자는 김일성의 독려를 받은 북한군 전선사령관(金策 대장)은, 김천에 위치한 1군단장(金雄 중장)과 안동에 있는 2군단장(金武亭 중장)을 독려하여 공격 작전을 지휘하고 있었다. 북한군은 낙동강 방어선에 1개 전차사단으로 증강된 10개 사단을 투입하고 예비

---

357) *South to the Nakdong, North to the Yalu*, pp. 252-5; *韓國戰爭(上)*, p. 300.

10사단을 남하시키는 한편 7, 9사단을 서울에 집결시켜 전선 투입 준비를 서두르고 있었다. 1군단을 미 8군 정면, 2군단을 한국군 방어 정면에 배치하였다. 그리하여, 마산지역의 미 25사단 정면에는 북한군 6사단과 105전차사단의 83차량화연대가 배치되어 있었고, 창녕・영산지역의 미 24사단, 한국군 17연대 정면에는 북한군 4사단, 대구 서측방 왜관지역의 미 1기병사단 정면에는 북한군 3사단과 김천에 위치한 2사단, 그리고 10사단이 증원되고 있었다. 왜관 북방 한국군 1사단 정면에는 북한군 15사단과 13사단의 일부가 배치되어 있었으며, 6사단 정면에는 북한군 13사단의 일부와 1사단, 한국군 8사단 정면에는 북한군 8사단, 한국군 수도사단 정면에는 북한군 12사단, 동해안에 위치한 한국군 3사단 정면에는 북한군 5사단과 766부대가 대치하였다. 북한군은 105전차사단의 전차(40여 대)를 1, 2군단에 분배하여 대구 정면과 필요한 지역에 투입하였다.[358]

낙동강 방어선을 방어, 공격하려고 대치한 한국군・유엔군과 북한군의 병력은, 전체적으로 비교할 때 방어하는 한국군과 미군이 약간 우세한 편이었다. 그러나 한국군과 북한군은 1개 사단에 5,000~9,000명을 보유하고 미군 사단은 1만 명이 넘는 병력을 유지하고 있었기 때문에, 병력 숫자만으로 보아서는 한국군 사단은 병력이 조금 많은 북한군의 공격을 막아야 했고, 미군 사단은 우세한 위치에서 방어에 임하게 되었다. 그러나 화력과 장비면에서는 미군 사단이 훨씬 우세한 편이었으며, 5연대전투단이 증원된 미 25사단은 83차량화연대로 증강된 북한군 6사단보다 우월한 전력을 보유하고 있었다.[359] 특히 8군에 증원될 미 2사단과 해병 1여단이 부산에 곧 도착하도록 되어 있어 부산 교두보를 방어하는 전력은 강화될 전망이었다.

3) 북한군의 공격 계획과 유엔군의 방어 계획

계속되는 전투와 유엔 항공기의 기총소사 및 폭격으로 1개 사단 병력이 7,000명 정도로 감소된 북한군은 병참선의 신장과 유엔 공군기의 후방 차단으로 인한 보급 지원의 악화로 속전속결(速戰速決)의 공격 계획을 세울 수밖에 없었다. 신속한 공격에 의한 방어선 돌파와 과감한 전과 확대를 통한 전투와 전쟁의 승리를 위해서는 우세한 병력과 화력이 필요하였다. 그러나 북한군은 우세한 병력이나 화력을 확보하기가 쉽지 않았다. 더구나 7월 중순부터 북한군은, 유엔의 제공권 장악으로 주간 이동이나 작전을 피하면서 야간이나 이른 새벽에 공격을 개시하거나, 공중 지원이 불가능한 궂은 날씨에 작전을 수행하여 목표를 점령하는 경우가 대부분이었다. 그러면서 북한군은 편의대를 후방에 침투시켜, 방어하는 한국군과 미군의 후방을 교란하거나 퇴로를

358) *South to the Nakdong, North to the Yalu*, pp. 252-5; *한국전쟁사*, p. 290.
359) *韓國戰爭(上)*, pp. 301-2.

차단하여 방어나 지연전을 제대로 수행할 수 없도록 함으로써 정면 공격과 우회 · 포위로 이루어지는 정규 작전을 보좌해 왔다. 북한군은 부족한 병력으로 유엔군의 공중 공격을 피하면서, 연결된 방어선을 신속하게 돌파하여 전과를 확대시킬 수 있는 공격 계획과 방법을 찾아내야만 하였다. 다시 말하여 북한군은 열세한 병력과 불충분한 보급 지원하에서 속전속결을 보장할 수 있는 공격 전략과 전술을 모색하지 않으면 안 되었다.

북한군은 여러 방향에서 공격하여 유엔군을 분산시킴으로써 국지적(局地的) 우세를 확보하여 방어선을 돌파하고, 이를 확대하여 승리를 거두려 하였다. 그리하여 북한군은 마산지역, 창령 · 영산지역, 대구지역, 의성 · 영천지역, 경주 · 포항지역 등 공격 가능한 모든 방향에서 동시에 공세를 취하여 유엔군을 분산시키고 방어 병력을 약화시킴으로써 전선을 돌파하려 하였다. 북한군은 이러한 공격 계획과 방법을 8월과 9월에 실시된 공세에 그대로 적용하였다. 낙동강의 도하는 주로 야간에 실시하고 이른 새벽에 공격을 개시하여 유엔군의 공중 지원이 가능할 정도로 날이 밝았을 때는 방어하는 병력과 혼전(混戰)상태에 돌입함으로써 유엔군의 공중 공격을 피하려 하였다. 일단 돌파가 이루어져 방어 병력이 철수하면 이들의 후미를 바짝 추격함으로써 유엔군의 공중 공격을 어렵게 만들고, 전과 확대를 도모하고자 하였다. 이와 같이 북한군은 전 방향에서 동시에 공격하여 유엔군을 분산시킴으로써 국지적 우세를 확보하려 하였고, 야간 도하, 이른 새벽 공격과 돌파, 오전의 혼전과 과감한 추격을 실시하여 낙동강선 전투의 승리와 전쟁의 승리를 쟁취하려 하였다.

북한군의 "전방향 압박전략과 전술(all-court-pressing strategy and tactics)"에 대해서 유엔군은 "전방향 땜질전략과 전술(all-court-filling strategy and tactics)"로 맞서려 하였다. 기동예비대를 운용하여 돌파된 전선을 원상 회복시키고, 화력을 동원하여 북한군의 증원 능력을 박탈하여 전과 확대를 방지한다는 방어 계획이었다. 내선상의 이점을 충분히 활용하여 항상 예비대를 확보하고, 확보된 예비대가 이미 투입되었을 경우에는 상황이 덜 다급한 전선에 배치된 병력으로 특수 임무부대(special task force)를 편성하여 위급한 전선에 투입한다는 고도한 기동 방어 개념에 입각한 계획이었다. 유엔군은 우세한 화력을 동원하여 북한군의 공격 능력과 증원 능력을 박탈하고, 우수한 보급 지원으로 한국군과 미군의 전력을 극대화하여 낙동강을 방어하고 반격으로 전환한다는 계획을 세우고 있었다. 이러한 유엔군의 전략과 전술은 북한군에 의한 돌파가 이루어진 후에는 예비대를 즉각 투입하여 역습을 감행하고, 화력으로 북한군의 증원 능력을 차단하여 전과 확대를 저지하며 돌파된 전선을 원상 복귀시킨다는 비교적 소극적인 방어 개념과, 사전에 북한군의 집결지를 강타하여 공격 자체를 실시할 수 없도록 한다는 적극적인 방어 개념을 동시에 머금고 있었다. 이와 같이 낙동강 방어선에 배치된 유엔군은 막강한 화력과 보급 지원을 배경으로 강화된 기동 방어를 실시하여 교두보를 지키고, 반격의 기반을 구축하려 하였다.

4) 북한군의 8월 공세

광복절인 8월 15일까지 부산을 점령하겠다는 목표로 북한군은 8월 공세를 구상하였다. 북한군은 낙동강 방어선 서남부지역과 경주·포항지역을 공격하여 유엔군의 병력을 분산시킴과 동시에, 대구의 정면과 좌우측을 집중 공격하여 우선 대구를 점령하고, 궁극적으로 부산을 점령한다는 개념 아래 낙동강 방어선 전지역에 대한 공격을 실시하였다.

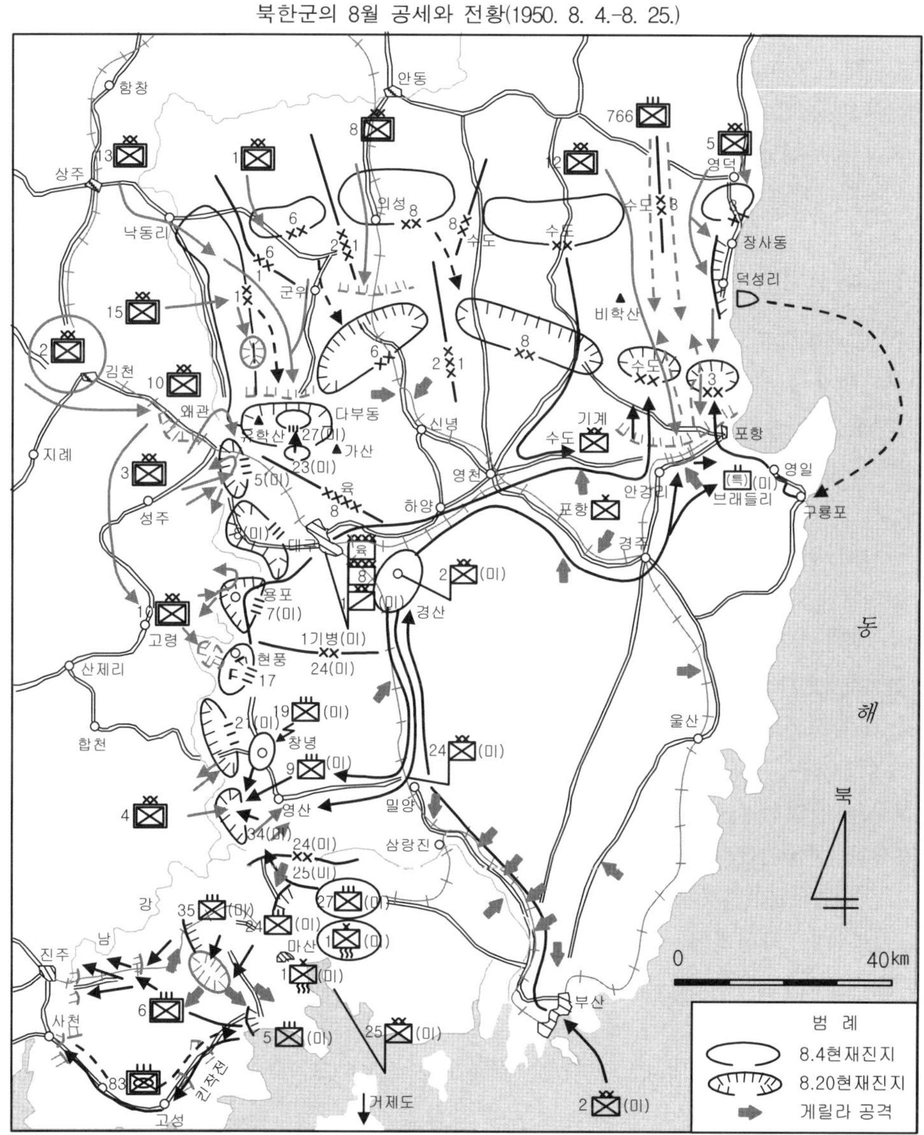

북한군의 8월 공세와 전황(1950. 8. 4.-8. 25.)

이러한 북한군의 공격 개념은 대구 정면의 공격과 함께 대구에서 부산 쪽을 바라보면서 2중 양익포위를 실시하겠다는 것이었다. 대구 가까운 양측에서의 양익포위로 대구정면의 방어력을 약화시키고 대구의 후방을 차단하여 먼저 대구를 점령한 다음, 대구에서의 정면 공격과 마산과 포항 쪽에서 진행되는 양익포위로 부산을 점령하겠다는 구상이었다. 따라서 북한군은 먼저 대구 점령에 공세 작전의 중점을 두면서 마산과 포항 쪽으로의 공격으로 부산 진출을 위협함으로써 유엔군이 대구지역에 병력을 집중할 수 없도록 하거나, 이 지역에서 돌파와 전과 확대가 가능하면 부산까지 진격하는 공격작전을 수행하도록 하였다. 이러한 개념하에 구체화된 북한군의 공세는 모든 방향에서의 공격이 하나 하나 매우 중요한 역할을 수행하도록 되어 있었다. 마산과 포항지역에서는 유엔군을 타격하여 유엔군 병력의 대구지역 전용(轉用)을 막으면서 부산을 위협해야 하고, 창녕이나 영천지역으로의 공격은 대구 정면의 방어력을 분산시키면서 대구의 후방을 차단해야만 하였다. 이러한 개념과 기대 속에 북한군은 낙동강 전 방어선에 걸쳐 8월 공세를 시작하였다.

(1) 대구지역 전투

시간이 결코 그들에게 호의적이지 않다는 사실을 간파한 북한군은 속전속결에 의한 전투와 전쟁의 승리를 쟁취하려 했다.

이러한 개념에 근거하여, 북한군은 8월 초 1군단의 3, 10사단과 2군단의 15, 13, 1사단 등 총 5개 사단과 105전차사단의 지원 부대를 투입하여 대구를 공격하려 하였다. 북한군은 한국군 2군단(1, 6사단) 정면에 그들 2군단에 속한 15, 13, 1사단을 투입하고, 미 1기병사단 정면에는 1군단 3사단과 10사단을 투입하여, 주로 한국군 1, 6사단지역을 돌파함으로써 북방에서 대구로 진출하려 하였다. 이러한 계획에 따라 북한군은 김천에서 재편성을 마친 15사단과 상주에서 부대를 재편한 13사단을 한국군 1사단, 1사단을 한국군 6사단 정면에 투입하였다. 북한군은 대구 서측방에 위치한 미 1기병사단을 공격, 고착시키면서 대구 북방의 한국군 1, 6사단을 강타하여 대구를 점령하려는 계획을 수립하였다.

대구를 점령하려는 북한군 5개 사단의 공격을 저지할 병력은 3개 사단으로서 미 1기병사단, 한국군 1, 6사단이었다. 대구 서북방 왜관(倭館) 북방 고지에서 낙동강을 따라 북으로 낙정리(洛井里)까지의 정면은 한국군 1사단, 왜관에서 남쪽으로 현풍까지는 미 1기병사단, 낙정리에서 의성 서북쪽 산악지대까지는 한국군 6사단이 방어하고 있었다. 한국군 1사단은 남쪽으로부터 13, 11, 12연대를 배치하였으나, 넓은 정면에 연대를 배치하여 연대간 간격을 다 메울 수는 없었다. 더구나 1사단 우측의 6사단은 좌측 용기동(龍基洞) 전방에 19연대, 그 우측에 2연대를 배치하고 7연대(-)를 예비로 확보하였으나, 1사단과 6사단 사이 약 4km 정도의 간격은 메울 수가 없었다. 왜관 남쪽에 배치된 미 1기병사단은 왜관으로부터 남쪽으로 5, 8, 7(-)기병연대 순으로 배치하고, 7기병

연대 1개 대대를 예비로 확보하였다.[360]

재편성을 마친 북한군은 8월 4일 밤부터 낙동강을 도하하여 공격을 개시하였다. 북한군 13사단이 8월 4일 밤 도하를 시작하여 21연대가 5일까지 도하를 마쳤고, 5일 밤에는 19연대, 6일 밤에는 23연대가 도하를 마침으로써 북한군 13사단은 낙동강을 건너 한국군 1사단 12연대 진지를 야간에 공격하였다. 12연대는 이를 물리치면서 진지를 지켜내고 있었다. 북한군 1사단은 8월 6일과 8일 사이에 상주지역에서 낙동강을 도하하여 한국군 6사단 19연대 정면을 공격하였고 19연대 좌측 진지가 돌파되었다. 이에 6사단은 7연대 1대대를 투입하여 전선을 회복하려 했으나 중과부적(衆寡不敵)이었다. 북한군 15사단도 8월 7일경에 선산(善山)과 구미(龜尾)지역에서 수심이 1.2m의 강에 "수중교(水中橋)"를 부설하여 병력과 중장비를 도하시키고, 11연대와 13연대 정면을 공격해 왔다. 일명 "수중가도(水中街道)"라고도 불리던 수중교는 강 밑바닥에서부터 수면 밑 30cm 정도까지 암석, 목재 혹은 모래와 자갈을 채운 가마니를 쌓아 올려 수중도로(水中道路)를 만들어 차량과 중장비를 도하시키는 방식으로 2차대전시 소련군이 자주 사용한 도하 방법이었다. 수중교를 이용함으로써 북한군은 항공 관측에 탐지되지 않고 병력과 장비를 도하시켜 한국군 1사단 정면을 공격하였다. 11연대는 항공 지원을 요청하여 북한군 전차 4대와, 특공조를 투입하여 5대를 파괴하면서 진지를 지키고 있었으며, 13연대도 방어선이 돌파될 위기에 처했으나, 예비로 전환된 12연대(-)의 특공조가 북한군 전차 4대를 파괴하였다. 이에 맞추어 13연대가 역습을 실시하여 북한군을 낙동강 서쪽으로 격퇴하였다. 1사단은 항공 지원을 요청하여 북한군이 축조한 수중교를 집중 폭격하였다.[361] 그러나 넓은 정면을 방어하고 있던 한국군 1사단과 6사단은 중과부적(衆寡不敵)의 현실을 극복할 수가 없었다.

8월 9일 03시 북한군 3사단은 미 1기병사단에 대한 도하 공격을 개시하였다. 북한군 선두부대는 왜관교 남쪽 3km 지점에서 소총을 머리에 받쳐 들고 도하를 실시하였다. 미 1기병사단 5기병연대는 이를 조금 늦게 발견하고 사격을 집중하였다. 곧 이어 북한군 7, 9연대의 주력이 5, 8기병연대 사이 낙동강으로 강행 도하를 실시하였다. 이에 5기병연대장은 조명탄 사격으로 정면을 밝힌 다음 온갖 화력을 집중하여 북한군 도하 병력을 거의 궤멸시켜 북한군 일부만이 후퇴할 수 있었다. 미 1기병사단장은 사단 예비로 있던 7기병연대 1대대를 투입하여 이미 낙동강을 도하하여 경부철도와 도로를 감제할 수 있는 금무봉(268고지, 일명 삼각고지)을 장악하고 있던 북한군 선두부대 병력을 섬멸하였다. 이로써 서울을 점령하여 "서울사단," 대전을 점령하여 "근위사단"이라는 칭호까지 부여되었던 북한군 3사단은 2,500여 명의 패잔병과 더불어 격퇴되었다.[362]

---

360) *South to the Nakdong, North to the Yalu*, pp. 335-7.

361) 國防部 戰史編纂委員會, *多富洞戰鬪*(1981), pp. 73-5, 113. 한국군 1사단 13연대는 8월 말경 연대장 최영희(崔榮喜) 대령이 과거 자신이 지휘하던 5사단 15연대에 대한 애착이 있어 그의 건의에 따라 15연대로 개칭되었다. 白善燁, *軍과 나*, pp. 73-4 참조.

북한군 3사단의 도하 공격이 무위로 돌아가자 북한군 1군단장은 숙천(肅川)에서 출발하여 8월 8일에야 왜관에 도착한 10사단으로 하여금 고령(高靈)에서 현풍(玄風)으로 공격하도록 명령하였다. 8월 11일 고령에 집결한 북한군 10사단은 25연대를 북쪽, 29연대를 남쪽에 배치하고, 27연대를 예비로 하여 도하 공격을 감행하였다. 29연대 병력은 8월 11일 밤 아무런 방해를 받지 않고 도하를 실시하여 미 1기병사단과 24사단의 접경 지역인 현풍지역 일대에 진출하였다. 북쪽의 북한군 10사단 25연대 병력은 8월 12일 새벽 03시경 도하를 실시하여 고령-대구 간 도로 용포(龍浦)까지 진출하였으나, 77포병대대의 지원을 받은 7기병연대 2대대가 항공화력까지 동원하여 이를 격퇴하여 북한군 10사단 병력은 낙동강 동안에 거점을 확보하지 못하고 철수하였다. 이로써 미 1기병사단 정면은 잠시 소강 상태에 접어들었다. 그러나 30년 만에 찾아온 여름 가뭄으로 낙동강 수심이 1m 정도로 낮아져 거의 어느 곳에서나 도섭이 가능하였기 때문에 북한군 10사단의 대규모 도하 공격이 끝났다고 볼 수는 없었다.[363]

이 때, 왜관 북쪽 한국군 1, 6사단 정면에서의 전황은 더욱 급박하게 진행되었다. 북한군 2군단은 15, 13, 1, 8사단을 총동원하여 칠곡(漆谷), 군위(軍威), 의성(義城)으로 돌진하여 대구를 점령하려 하였다. 이에 한국군은 전선을 축소하여 왜관 북방 작오산(鵲烏山, 303고지)에서 328고지, 수암산(水岩山, 519고지), 유학산(遊鶴山, 839고지)을 포함한 다부동(多富洞)지역, 군위(軍威), 보현산(普賢山, 1124고지)을 잇는 "최후저지선"으로 다시 설정된 Y선에서 북한군의 진격을 저지하라는 명령을 하달하였다.[364] 육본 명령에 따라 한국군 1사단은 낙동강변 전투를 마감하고 8월 12일 야간에 철수를 개시하여 다부동을 중심으로 한 새로운 방어선으로 이동하였고, 우측의 6사단도 군위 남쪽을 흐르는 위천(渭川) 북방 고지로 철수하였다. 한국군 1사단이 점령할 다부동지역은, 좌로는 328고지, 수암산, 유학산으로 연결되는 횡격실 고지와 우로는 가산(架山, 902고지), 팔공산(八公山, 1192고지)의 능선이 동서로 연결되어 있고, 우측의 6사단이 점령할 지역도 동서로 흐르는 위천(渭川)을 따라 북쪽에 횡격실의 고지군이 위치하고 있어서 방어에 유리한 지형 조건은 갖추고 있었으나, 여전히 20km가 넘는 넓은 정면이었다. 그러나 한국군은 이 지역에서 북한군의 진격을 저지하여 대구를 끝까지 방어해야만 하였다.

한국군 1, 6사단은 후방 진지를 점령하는 것도 쉽지 않았다. 1사단은 8월 13일 병력을 다부동에 집결시킨 후에 13연대를 좌측 328고지, 12연대를 수암산과 유학산 일대, 11연대를 신주막, 천평동(泉坪洞) 일대의 계획된 진지로 투입하였다. 그러나 북한군 3사단 일부 병력은 328고지를 공격해 오고 있었으며, 북한군 15사단은 12연대보다 한발 앞서 유학산에 진출해 있었고, 북한군 13사단은 11연대가 병력을 미처 배치하지 못한

---

362) *South to the Nakdong, North to the Yalu*, pp. 339-42.

363) *South to the Nakdong, North to the Yalu*, pp. 342-3.

364) 육본 작전명령 제119호, 제2군단 작전명령 제12호(1950. 8. 12.). 여기에서 Y선은 낙동강 방어선 구축 시의 Y선과 구별되는 것으로서 왜관 북방 포남동(浦南洞)-수암산(水岩山, 519고지)-유학산(遊鶴山, 839고지)-신주막(新酒幕, "새술막"이라고도 부름)-군위(軍威)-보현산(普賢山, 1124고지)을 잇는 "최후저지선"으로 설정된 방어선임.

신주막지역의 674고지를 먼저 점령하고 있었다. 한국군 1사단이 철수하면서 바로 진지를 점령하지 않고, 다부동에 병력을 집결시킨 다음 전방으로 추진 배치시키는 동안 북한군이 먼저 주요 지점으로 진출하였기 때문이었다. 우측의 6사단도 7연대를 전차 접근로인 군위(軍威)-효령(孝令) 도로에, 2연대와 19연대 1대대를 의성(義城)-의흥(義興) 도로를 방어하도록 위천(渭川) 북방 고지군에 배치하고, 병력 손실이 많았던 19연대(-)를 의흥에 집결시켜 300여 명의 학도병을 보충하여 부대 재편성을 실시하도록 하였다. 이럴 즈음 북한군 1사단은 군위(軍威), 8사단은 의성(義城)에 집결하여 신속하게 남하할 준비를 갖추고 있어서 6사단은 방어 진지 편성을 서둘러야만 하였다. 이와 같이 한국군 1, 6사단은 진지 편성과 강화를 위한 시간조차도 부족한 상태에서 "최후저지선"이라고 설정된 방어선을 점령하였다.[365]

1950년 8월 15일 부산을 점령하여 이른바 "남조선을 해방"시키겠다는 북한 지도층의 의지가 강한 만큼 낙동강 방어선에 대한 북한군의 공격 기세는 결코 누그러지지 않았다.

대구 지역도 예외가 될 수 없어, 북한군은 축소된 저지선에 배치된 한국군 1, 6사단 정면은 물론 미 1기병사단 정면에서 대규모의 공격을 감행하였다. 한국군 1사단 좌측에서 13연대와 북한군 3사단 병력은 328고지를 빼앗고 빼앗기는 쟁탈전을 계속하고 있었고, 12연대는 북한군 15사단이 점령하고 있던 유학산을 빼앗기 위하여 공격을 반복하고 있었으며, 우측 11연대는 7대의 전차를 앞세운 북한군 13사단의 공격을 받아 후방 3km 지점인 진목동(眞木洞)으로 철수하기에 이르렀다. 이로써, 도로 양측 고지에서는 북한군이 남쪽에서 북쪽에 있는 한국군을 공격하는, 공수(攻守)의 방향이 뒤바뀌는 혼전(混戰)을 거듭하고 있었다.[366] 우측의 한국군 6사단도 좌측의 7연대가 북한군 1사단의 공격을 받아 효령(孝令)으로 후퇴하였고, 2연대도 북한군 8사단 정찰대와 접촉하는 등 긴박한 상황이 전개되었다. 7연대는 포병과 항공 지원하에 역습을 감행하여 원진지를 회복하면서 혈전을 거듭하고 있었다. 8월 17일 새벽에 북한군 8사단의 공격을 받은 2연대와 19연대 1대대는 막심한 피해를 입으면서 겨우 방어선을 유지하고 있었다.[367] 한편 8월 11-12일 도하 공격에 실패한 북한군 10사단은 8월 14일 새벽 예비인 27연대까지 동원하여 대대적인 공격을 감행하였다. 선발대가 용포(龍浦)에 거점을 확보하고 주력이 도하를 개시하였다. 이 무렵 북한군 3사단 병력이 미 1기병사단지역의 왜관 북쪽에서 경부국도와 철로를 감제할 수 있는 작오산(鵲烏山, 303고지)을 공격해 왔다.[368] 이와 같이 8월 14일과 15일, 대구지역의 위기는 절정에 달했다. 김일성(金日成)이 "광복절 부산 점령"이 무산되자 8・15를 "대구 점령의 날"로 정하고 북한군을

365) *軍과 나*, pp. 62-3; 國防部 戰史編纂委員會, *新寧・永川戰鬪*(1984), pp. 17-19.
366) *軍과 나*, pp. 63-4.
367) *新寧・永川戰鬪*, pp. 97-100.
368) *South to the Nakdong, North to the Yalu*, pp. 344-5.

몰아대고 있었기 때문이었다.[369)]

미 1기병사단은 북한군 10사단과 3사단 병력을 격퇴하여 위기를 안정시켰으나, 한국군 1, 6사단은 방어 정면에서 혈전을 계속하고 있었다. 미 7기병연대 2대대는 용포로 진출한 북한군 10사단 병력에 대해서 포병 화력과 항공 화력을 집중시키면서 역습을 실시하여 북한군 10사단에게 막대한 피해를 입히면서 이들을 격퇴하였다. 이 때 77포병대대는 최대 발사 속도로 1,860발의 포탄을 쏘면서 보병을 지원하였고, 낙동강을 건너 퇴각하는 북한군을 강타하여 북한군의 피해를 가중시켰다. 이로써 2,500여 명의 손실을 입은 북한군 10사단은 재기 불능 상태가 되어 고령(高靈)으로 철수하고 말았다.[370)] 미 5기병연대는 작오산(鵲烏山) 정상에서 고전하고 있던 1개 중대와 박격포 소대를 구출하기 위해서 증강된 1개 중대 규모의 병력을 투입하였으나, 북한군의 박격포 사격에 의해서 좌절되었다. 그러나 8월 17일 공중 네이팜탄 공격과 포병의 지원 사격으로 마침내 작오산을 무혈 점령하였다. 이로써 미 1기병사단 정면의 위기는 수습되었으나, 8월 15일 한국군 1, 6사단 정면에서는 백병전(白兵戰)이 벌어져 수류탄을 주고받는 혈전(血戰)이 계속되었고, 특히 1사단 정면의 상황은 그 정도가 매우 심하여 최후 저지선으로 선정했던 지역 중에서 수암산 일부와 다부동만을 장악하고 있을 뿐이었다.[371)]

이때 대구 전선의 위기가 고조되고 대구의 방어가 의문시되자, 맥아더는 대구지역의 위기를 해소하기 위해서 8월 14일 미극동공군사령관(George E. Stratemeyer 중장)을 불러 부산 교두보를 위협하는 대구 정면에 융단폭격(絨緞爆擊: carpet bombing)을 지시하였다. 이에 미 1기병사단장은 왜관 서북쪽지역인 낙동강과 왜관-다부동 사이까지 폭격에 포함시킬 것을 요구했으나, 맥아더사령부는 미 1기병사단과 한국군 1사단 병력에 대한 피해 발생을 우려하여 이를 반대하고, 한국군 1사단의 방어 정면의 낙동강 서안(西岸) 5.6×12km지역을 표적으로 선정하였다. 8월 16일 11시 58분부터 12시 24분까지 미극동공군사령부 98대의 B-29기가 960톤의 폭탄을 표적지역에 투하하였다. 북한군 병력이 이미 낙동강 동안(東岸)으로 이동한 후여서 북한군 병력 피해는 확인되지 않았으나, 낙동강 서쪽에 배치되어 있던 북한군의 포병과 지원부대는 막심한 피해를 입었다. 항공 근접지원이 더 효과적이라고 판단한 8군사령관의 건의에 의해서 19일로 예정되었던 2차 융단폭격은 취소되었으나, 막강한 화력을 동원하여 실시한 융단폭격이 북한군의 사기를 떨어뜨리고 한국군의 사기를 올려놓은 심리적 효과는 대단하였다.[372)]

막강한 화력 지원과 융단폭격으로 인한 피해에도 불구하고 대구를 점령하려는 북한군의 공격은 수그러들지 않았다. 북한군은 13사단을 투입하여 한국군 1사단이 장악하

369) 이러한 사실은 북한 포로의 심문 결과 밝혀진 내용이었다. *軍과 나*, p. 63 참조.
370) *South to the Nakdong, North to the Yalu*, pp. 344-5.
371) *South to the Nakdong, North to the Yalu*, pp. 344-50; *軍과 나*, pp. 63-5.
372) *South to the Nakdong, North to the Yalu*, pp. 350-3; *軍과 나*, p. 65.

고 있던 다부동 서쪽을 공격하기 위하여 병력을 집결시키고 있었으며, 1, 8사단을 군위, 의성축선으로 공격하도록 하면서, 일부 병력을 다부동 동쪽 가산(架山)으로 진출시켜 다부동을 포위하려 하였다. 그러면서 유학산을 점령하고 있던 15사단을 의성으로 전환시켜 영천(永川) 방향으로 투입시킬 준비를 하고 있었다. 상황 전개를 주시하고 있던 8군사령관은 한국군 1사단만으로 다부동 방어선을 유지할 수 없다고 판단하고, 8월 17일 군예비로서 24사단에 배속되어 영산(靈山)에서 전투를 치른 후에 8월 16일 경산(慶山)에 도착한 미 25사단 27연대를 다부동에 투입하고, 미 2사단 23연대도 예비로 투입하였다. 육군본부도 8사단 10연대를 1사단에 배속시켜 가산(架山)에 투입하였고, 포항지역에 투입하였던 7사단 5연대(민부대)와 독립기갑연대를 6사단에 배속시켜 가산지역에 투입함으로써 다부동과 가산지역에서 북한군 돌파를 저지하려 하였다. 이러할 즈음 8월 18일 새벽 가산에서 침투한 북한군 편의대의 일부가 대구역에 박격포탄을 몇 발 쏘아 위기를 고조시키는 사건이 발생하였다. 이 충격으로 한국 정부가 부산으로 이동하고 피난령이 하달되는 등 소란이 일어나기도 했다. 사태는 간신히 수습되었으나 대구지역에서의 위협을 제거해야 할 필요성은 더욱 절실해지고 있었다.[373)]

8군의 명령에 따라 한국군 1사단과 미 27연대는 반격을 통하여 다부동전선을 안정시키려 하였다. 그리하여 미 27연대는 전차 중대를 도로상에, 2개 보병대대를 도로 좌우 낮은 능선에 배치하여 돌격하고, 한국군 1사단은 미 27연대의 좌우측 고지에서 병행 공격하려 하였다. 8월 19일 아침 한국군 1사단 11연대와 13연대가 역습을 실시하여 약간 전진하였으나 전선을 돌파하지는 못했다. 8월 20일 한국군 1사단 좌익 13연대는 328고지를 간신히 유지하고, 중앙의 12연대는 유학산을 공격하였으나 탈취하지 못하고 있었다. 우익의 11연대는 증원된 병력(8사단 10연대, 민부대, 기갑연대)과 더불어 6사단과 연결을 유지하고 있었다. 8월 20일 북한군은 소극적이었다. 북한군은 다부동전선의 돌파가 어렵게 되자 15사단을 영천 방향으로 전환시키면서 전선을 조정하고 있었기 때문이었다. 그리하여 한국군 1사단장과 미 27연대장은 역습을 통하여 다부동전선의 원상 복귀를 도모하기로 결정하였다.[374)]

8월 21일 한국군 1사단과 미 27연대 병력이 반격을 개시하려 할 즈음, 북한군이 먼저 공격에 나서 기선을 제압했다. 북한군은 박격포와 수류탄으로 아군의 역습을 저지하고 병력을 동원하여 공격해 왔다. 미 27연대는 공격을 중지하고 방어 태세를 취했다. 그러나 미 27연대 좌측 능선을 엄호하던 11연대 1대대(金在明 소령)가 북한군에게 고지를 탈취당하고 다부동 쪽으로 후퇴한다는 보고가 들어왔다. 8군사령부에서 1사단장에게 질책의 전화가 날아왔다. 이에 사단장은 현지에 나가 지칠 대로 지친 병사들을 격려하고, 이들 앞에서 돌격에 가담하여 빼앗겼던 고지를 다시 탈환하였다. 8월 21일 밤, 북한군은 새로 보급된 전차를 앞세우고 27연대를 총공격하였다. 미 27연대는 가용

---

373) *South to the Nakdong, North to the Yalu*, pp. 353-5; *軍과 나*, pp. 65-6.
374) *South to the Nakdong, North to the Yalu*, pp. 357-8; *軍과 나*, p. 69.

포와 전차를 동원하여 5시간에 걸친 북한군의 공격을 격퇴하였다. 한국전쟁에서 전차전이 벌어진 셈이었다. 미군들은 천평동(泉坪洞)에서 진목동(眞木洞)까지의 4km 직선계곡(溪谷) 회랑(回廊)을 "볼링 앨리(Bowling Alley)"라고 불렀다. 전차를 앞세운 북한군이 미군 뒷산에 쏘아대는 전차포의 포탄 터지는 소리가 마치 볼링장에서 볼링 볼(ball)을 던져 핀(pin)을 맞출 때 나는 소리와 비슷하다고 하여 붙인 이름이었다. 긴박하고 처참한 전투장을 볼링장이라고 부를 수 있는 "전장(戰場)의 해학(諧謔)"이었다. 이로써 8월 21일 밤, 북한군의 다부동 공격은 무위로 끝나고 말았다.[375)]

8월 22일 전세(戰勢)는 한국군 쪽으로 기울어졌다. 오전에 북한군 13사단 포병연대장(정봉욱 중좌. 후에 육군소장으로 진급하여 논산훈련소장 역임 후 예편)이 귀순해 오고, 그의 진술에 따라 은폐되어 있던 13사단의 포진지를 유엔 전폭기가 강타하여 이를 무력화시켰다. 한국군 1사단 12연대가 야간 기습을 감행하여 8차례의 역습 끝에 유학산(遊鶴山)을 탈환하였다. 그리고 후방의 포병 진지를 기습하려고 가산(架山) 능선을 따라 침투한 공산군을 미 23연대가 격전 끝에 격퇴하였다. 긴박한 낙동강 전선의 상황과 맥아더가 구상하고 있던 인천(仁川)으로의 대우회 기동 작전에 대한 타당성을 살펴보기 위해서 동경에 온 미 육군참모총장 콜린스 대장이 다부동지역을 방문하여 낙동강 전선이 안정될 수 있다는 판단을 내리고 워싱턴으로 돌아갈 수 있게 되었다.[376)]

그러나 8군과 한국군의 기민한 병력 증원에도 불구하고 다부동전선은 여전히 불안하였다. 8월 22일 밤 북한군은 야간 공격을 해 왔고, 23일 북한군 1사단 1연대 병력이 8사단 10연대가 지키고 있던 고지(741고지)를 점령하였다. 일부 병력이 가산(架山)까지 침투하였으며, 이들은 11연대 지휘소와 미군의 포병 진지를 공격하였다. 이에 따라 미 27연대는 "볼링장 계곡(the Bowling Alley)"에서 반격을 실시하여 신주막(新酒幕)까지 진출하고, 미 23연대와 한국군 10연대, 기갑연대는 공격 작전을 전개하여 가산 일대로 침투한 북한군을 격멸하고, 10연대가 지키던 고지까지 탈환하였다. 이로써 다부동 동측방의 위협은 완전히 해소되었다. 그리하여 한국군 1사단은 8월 24일 당초 "최후 저지선"으로 설정했던 328고지-수암산(水岩山)-유학산(遊鶴山)-741고지를 잇는 Y선을 회복하고, 고지를 연하는 선에서 북한군을 내려다보면서 방어에 임할 수 있게 되었다.[377)]

다부동전선이 안정되자 8군사령관은 8월 25일부로 미 27연대를 철수시키고, 8월 31일 마산지역에 다시 투입하였으며, 미 23연대는 그대로 대구 북방에 위치시켰다. 그리고 8월 말 미 2사단 병력 전부가 미국 본토로부터 증원되고, 영국 27여단이 부산에 도착하자, 8군사령관은 미군 방어 정면을 넓히고, 한국군 정면을 축소하는 조치를 취하여 다부동지역을 미 1기병사단에게 인계하도록 하였다. 한국군 1사단은 가산(架山)에서

375) *South to the Nakdong, North to the Yalu*, pp. 358-9; *軍과 나*, p. 70.

376) *South to the Nakdong, North to the Yalu*, p. 361; *軍과 나*, pp. 70-71; Collins, *War in Peacetime*, pp. 107-110.

377) *韓國戰爭(上)*, pp. 318-9; *軍과 나*, pp. 70-2; *South to the Nakdong, North to the Yalu*, pp. 362-3; 國防部 戰史編纂委員會, *多富洞戰鬪*(1981), pp. 41-122.

대구지역 전투(1950. 8. 4.-8. 24.)

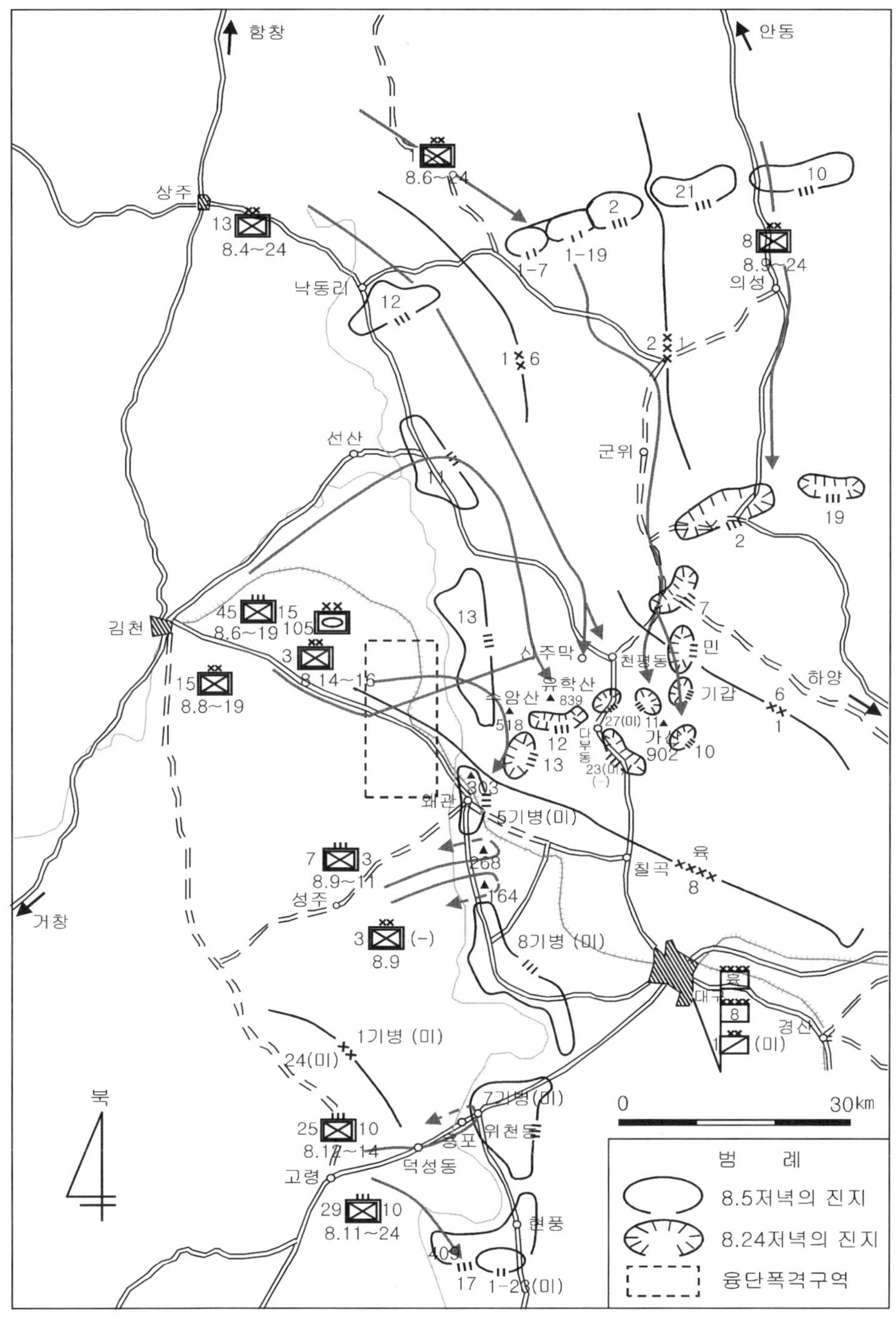

신녕(新寧)-의성(義城) 간 도로까지 12km의 팔공산(八公山) 기슭을 방어하도록 계획하였다. 이에 따라 한국군 1사단은 8월 26일부터 방어 진지를 미 1기병사단에게 인계할 준비를 하면서 수색 정찰 활동을 강화하고 있었다. 이때 1사단 12연대 수색대대 1소대장 대리 배성섭(裵星攝) 특무상사 외 11명의 수색정찰대는, 8월 27일 새벽 북한군 13사단사령부를 습격하여 다수의 병력을 사살하고 군관 2명을 포함한 3명의 북한군을 포로로 잡아 귀환하는 전과를 올려 2계급 특진과 상금을 받았다. 이로써 북한군 8월 공세는 그 기세가 꺾였고 다부동전선도 안정되었다.[378]

대구지역에 위기를 몰아왔던 다부동전선을 안정시키기 위하여 한국군은 엄청난 희생을 감수해야만 하였다. 북한군의 손실은 약 6,000명으로 추산되었으나 한국군 1사단은 장교 56명을 포함하여 2,300여 명이 전사하였다. 한국군을 지원한 미 27연대, 23연대, 그리고 한국군 10연대가 입은 피해까지 합하면, 아군의 피해도 북한군의 그것보다 결코 적지 않았다. 후방에서 증원되는 청년 학생들은 소총사격이나 수류탄 투척 훈련을 받을 틈이 없어 실전에서 이를 익혀야만 하였고, 인근의 주민들은 포화를 무릅쓰고 탄약, 식량, 물과 보급품을 등으로 져 올렸다. 인명 피해가 너무 많아 육군본부에서 실태 조사를 할 정도였고, 미군들에게 진지를 인계할 때 미군들은 사체(死體)를 치워 주지 않으면 진지를 인수하지 않겠다고까지 할 정도였다. 후에 당시 1사단장을 역임한 노병(白善燁 예비역 대장)의 "살아 남은 자의 훈장은 전사자의 희생 앞에서 빛을 잃는다"는 술회는 결코 과장된 표현이 아니었다.[379] 그러나 더 치열한 전투가 한국군과 미군의 더 많은 희생을 요구하고 있었다.

(2) 낙동강 돌출부지역 전투

대구 서측방 현풍(玄風)에서 낙동강과 남강의 합류 지점인 남지(南旨)까지 37km의 방어 정면은 미 24사단이 방어하고 있었다. 이 지역에서의 낙동강은 하폭 300-400m, 수심 2-4m로 굴곡이 심한 S자 모양으로 흐르고 있어서 하천 길이가 60km에 이르고 여러 곳에 돌출부를 형성하고 있다. 특히 창녕과 영산지역에서는 낙동강이 서쪽으로 크게 돌출되어 흐르고 있어서 이 지역은 낙동강 돌출부지역이라고 불리어졌다. 군사적으로 이 지역은 낙동강 서쪽에서 대구의 배후로 진출할 수 있고, 창녕과 영산을 거쳐 대구에서 부산에 이르는 교통의 요지인 밀양으로 진출하기 용이한 접근로를 지닌 지역이다. 따라서 북한군은 이 지역의 낙동강 방어선을 돌파하여 대구의 후방을 위협하고, 밀양(密陽)으로 진출하여 대구에서 부산에 이르는 보급로를 차단하려 하였다.

낙동강 돌출부지역의 방어를 담당한 미 24사단은 8월 2일과 3일에 낙동강 서쪽 산제리(山際里) 부근에서의 지연전을 끝으로 낙동강을 도하하여 34연대를 영산, 21연대를 창녕, 배속된 한국군 17연대를 현풍지역에 배치하고, 19연대를 창녕에 예비로 확보

---

378) *前揭書.*
379) *軍과 나*, p. 72.

하였다. 그러나 당시 24사단의 전력은 40% 정도에 불과하였고, 넓은 정면을 담당하여 부대간 간격이 4-5km나 되었다. 더구나 미 24사단은 8월 7일 배속된 한국군 17연대가 대구로 이동함에 따라 사단 수색중대, 공병대대(-), 78전차대대(-)로 하이저(Hyzer) 특수임무부대를 편성하여 현풍지역에 투입해야만 했다. 미 24사단장은 합천 일대에 집결해 있던 북한군 주력이 창녕지역으로 주력을 집중할 것으로 판단하고, 사단 예비대 19연대를 창녕에 위치시켜 북한군의 도하공격을 저지하려 하였다. 미 24사단 정면에서 낙동강 도하 공격을 준비하고 있던 북한군 4사단도 합천 부근에 7,000여 명의 병력을 집결시켰으나, 1개 연대가 약 1,500명 정도를 보유하고 있어서 대담한 도하 공격을 감행할 처지는 아니었다. 그러나 8월 15일까지 부산을 점령해야 한다는 명령이 북한군의 전력을 실제 이상으로 강화시키는 요인으로 작용하고 있었다.[380)]

북한군 4사단은 8월 5일 자정 무렵 낙동강 도하 공격을 개시하였다. 미 24사단장의 판단과는 달리 북한군 16연대는 주력을 영산 정면 오항(烏項)나루터로 투입하고, 일부를 창녕 정면 부곡리(釜谷里)로 투입하였다. 북한군 병사들은 옷을 벗어 장비와 함께 머리에 얹고 어깨까지 차는 강물을 건너 공격하였다. 오항으로 공격한 북한군 주력은 전방 방어선을 돌파하고, 34연대 3대대본부를 위협하여 이를 철수하도록 하고 오봉리의 포병 진지도 위협하였다. 이에 34연대장은 강리(講里)에 있던 1대대를 역습에 투입하여 북한군이 점령한, 네잎 클로버와 같은 모양이라고 하여 그렇게 이름이 붙여진, 클로버 고지(Coverleaf Ridge, 165고지) 일부를 탈환하였다. 미 24사단장은 북한군 주력이 영산 정면으로 향하고 있다는 것을 파악하고, 19연대로 하여금 오항 일대를 공격하게 하고 사단 수색대는 부곡리의 북한군을 격퇴하도록 하였다. 그리고 사단은 항공 지원을 요청하여 박진(泊津), 오항(烏項)나루와 부곡리(釜谷里)로 후속 도하하려는 북한군을 저지하였으나, 북한군이 확보하고 있던 오항과 부곡리의 공격 거점은 완전하게 제거하지 못하고 있었다. 8월 7일 아침, 19연대와 34연대 B중대가 계속 역습을 취했으나 혹심한 더위, 식량과 식수가 부족하여 고통을 받고 있던중에 설상가상(雪上加霜)으로 유엔 공군기까지 미군에게 기총소사와 폭격을 가하여 실패하고 말았다. 오히려 북한군은 클로버 고지를 점령하고 오봉리(吾鳳里) 능선까지 진출함으로써 영산 주보급로를 감제하고 밀양까지 관측할 수 있는 지점을 확보하였다. 낙동강 돌출부지역 방어선이 돌파될 위험성이 현실화되었다.[381)]

낙동강 돌출부지역의 상황이 악화되자, 미 8군사령관은 8군 예비로 있던 미 2사단 9연대를 즉시 이곳에 투입하였다. 미 24사단장은 8일 도착한 9연대장(John G. Hill 대령)에게 돌출부로 침투한 북한군을 몰아내라는 명령을 하달하였다. 9연대는 8일 16시 사단의 포 지원하에 1대대를 클로버 고지, 2대대를 오봉리 능선을 목표로 반격을 가했으나, 야간 행군으로 인한 피로, 적정과 지형의 미숙, 전투 경험 부족 등의 이유로 많은

---

380) *South to the Nakdong, North to the Yalu,* p. 293.
381) *South to the Nakdong, North to the Yalu,* pp. 291-9.

손실을 입으면서 실패하고 말았다. 8월 10일에 미 24사단은 9연대와 19연대 2대대로 공격을 가하여 클로버 고지 일부를 탈환하였으나, 결국 다시 철수하였다. 이 결과 19연대의 소총중대 병력은 100명 이하로 감소되었다. 이에 사단장은 8월 10일에 9연대장에게 돌출부지역 작전 지휘권을 부여하고, 9, 34, 19연대와 21연대 1대대로 힐특수임무부대(Task Force Hill)를 편성하여 8월 11일 아침 공격을 개시하여 돌출부 내의 북한군을 구축(驅逐)하도록 하였다.[382)]

그러나 북한군이 선수(先手)를 쳤다. 북한군 4사단은 전투가 계속되는 동안 야간을 이용하여 오항과 박진나루에 수중교(水中橋) 가설을 완료하고, 8월 11일 새벽까지 대규모의 병력과 전차, 박격포 및 야포를 도하시켰다. 북한군의 이런 준비를 알 수 없었던 힐부대가 8월 11일 아침 공격 개시선에서 대기하고 있을 때, 북한군은 힐부대를 먼저 공격하였다. 포병 지원 사격까지 곁들인 북한군의 기습 공격에 21연대 1대대가 집결지에서 와해되는 등 힐특수임무부대는 공격도 해보지 못하고 대혼란에 빠졌다. 힐부대의 공격 계획이 무산되자 24사단장은 방어로 전환하여 진지를 확보하도록 명령하였다. 북한군이 선수를 친 것이다.[383)]

또한 북한군은 정면에서 미 24사단을 압박하면서 18연대를 사단 좌측방인 영산(靈山) 방향으로 진출시켜 영산을 포격하였다. 영산에 북한군이 진출하자 미 24사단장은 14공병대대를 영산으로 투입하고, 8월 12일 힐 대령으로 하여금 9연대 1개 중대와 박격포 소대를 투입하여 영산에 이르는 보급로를 차단하고 있던 북한군을 공격하도록 하였으나, 오히려 역습을 받아 실패하였다. 이에 8군사령관은 영산지역으로 침투한 병력이 2개 대대 정도라고 판단하고 예비로 있던 27연대를 투입하였다. 먼저 현지에 도착한 27연대 2대대가 8월 12일 항공기의 지원하에 북한군 차단 병력과 조우하여 이를 공격하였고, 13일에는 27연대 전 병력과 14공병대대, 밀양에서 지원된 미 2사단 23연대 1대대와 더불어 영산으로 침투한 북한군을 공격하여 이를 소멸시켜 영산의 위기를 진정시켰다. 그리고 27연대는 다시 군예비로 전환되었다.[384)]

미 24사단장은 영산의 위기가 해소되자 돌출부지역의 북한군 병력을 구축하기 위하여 8월 14일 아침 다시 공격하도록 힐부대에게 명령을 하달하였다. 힐부대는, 일기가 좋지 않아 최초 계획된 전투기 100여 대의 항공 지원이 취소되었음에도 불구하고 공격을 강행하였다. 9연대가 클로버 고지에 도달하였으나, 북한군의 완강한 저항에 부딪혀 15일까지 여러 차례 그 곳을 뺏고 빼앗기는 백병전을 수행하였다. 전투를 치르는 동안 각 중대별로 대부분의 장교가 전사 또는 부상당하는 피해를 입었다. 그리고 오봉리 남쪽에 투입된 21연대 1대대는 북한군에게 포위되어 많은 희생을 감수하면서 철수하였다. 힐부대는 근접전에서 너무 많은 피해를 입어 전투력이 거의 소멸되

---

382) *前揭書*, pp. 299-301.
383) *前揭書*, p. 302.
384) *前揭書*, pp. 302-4.

었다. 그리하여 24사단장과 9연대장은 전력이 회복될 때까지 방어에 임하기로 결정하였다.[385]

그러나 8군사령관의 생각은 달랐다. 8월 15일경, 낙동강 방어선 어느 곳 하나 위급하지 않은 곳이 없었고, 따라서 8군의 예비대가 필요하지 않은 곳이 없었다. 마산지역에서 공세를 취하여 그곳의 위협을 제거하고, 가능하면 반격의 전기(轉機)를 만들기 위하여 투입된 "킨특수임무부대(Task Force Kean)"의 공세도 신통치 않았고, 돌출부지역에서의 힐특수임무부대의 공격도 실패하였으며, 대구 북방으로 북한군이 들이닥치고 있었다. 동해안지역에서는 북한군 5사단이 포항에 진입하여 경주로 진격할 태세를 갖추고 있었다. 낙동강전선 모든 곳이 다 위급하였으나, 8군사령관은 낙동강 돌출부지역을 장악하여 대구 후방의 위협을 제거하고 대구와 부산 간의 병참선을 안전하게 유지하는 것이 무엇보다도 중요하다고 판단하였다.

8월 15일 아침, 화가 잔뜩 나서 24사단 사령부가 위치한 밀양(密陽)에 내려온 8군사령관(Walton H. Walker 중장)은 24사단장(John H. Church 소장)에게 "해병 여단을 줄 테니 사태를 신속하게 해결하라"는 명령을 내렸다. 마산에서 밀양으로 올라오고 있던 1해병여단을 8월 15일부로 24사단에 배속하고, 8월 17일 공격을 개시하여 낙동강 돌출부 동안(東岸)에 진출한 북한군을 완전하게 몰아내도록 명령하였다. 영산과 밀양 축선으로의 북한군 공격이 매우 위험하다고 판단하고 있던 8군사령관은 그가 보유한 가장 강력한 예비대인 1임시해병여단(the 1st Provisional Marine Brigade)을 투입하여 낙동강 돌출부에서 북한군을 완전하게 몰아내려 하였다.[386]

이번에도 북한군이 먼저 공격하였다. 계획된 공격 개시일 하루 전인 8월 16일, 북한군은 대규모 공격을 가해 왔다. 미 9연대가 클로버 고지에서 많은 손실을 입고 철수하였으며, 19연대와 34연대도 격전을 치른 후에 오항(烏項) 고지를 잃었다. 또한 미 24사단 우측 현풍(玄風) 정면에는 북한군 10사단 29연대 2개 대대가 강변 고지를 점령하였다. 북한군 10사단 병력은 돌출부 작전중에도 이 고지에 머물고 있었으며, 북한군 2군단이 대구를 점령할 때까지 현풍지역에 머물러 있도록 되어 있어서 움직이질 않고 있었으나, 8군사령관은 이 병력의 움직임에 대해서 많은 관심을 기울이게 되었다.[387]

8군사령관의 질책과 멸시 속에 해병여단을 배속받은 미 24사단장은 5해병연대를 좌측에서 오봉리(吾鳳里) 능선, 9연대를 중앙에서 클로버 고지, 34, 19연대를 우측에서 클로버 고지 우측과 오항 고지를 공격하게 하고, 목표 점령 후 9연대로 하여금 북한군을 축출하도록 계획을 세웠다. 공격 개시 시간은 함재기(艦載機)의 지원이 가능한 8월 17일 08시로 결정하였다. 그러나 해병연대장은 해병이 먼저 공격하여 오봉리 능선을 점령한 다음, 그 선을 공격 개시선으로 삼아 공격 작전을 전개하자는 주장을 내놓았다.

385) *前揭書*, pp. 304-7.
386) *前揭書*, pp. 308-9.
387) *South to the Nakdong, North to the Yalu*, pp. 309-10.

낙동강 돌출부지역 전투(1950. 8. 5.-8. 17.)

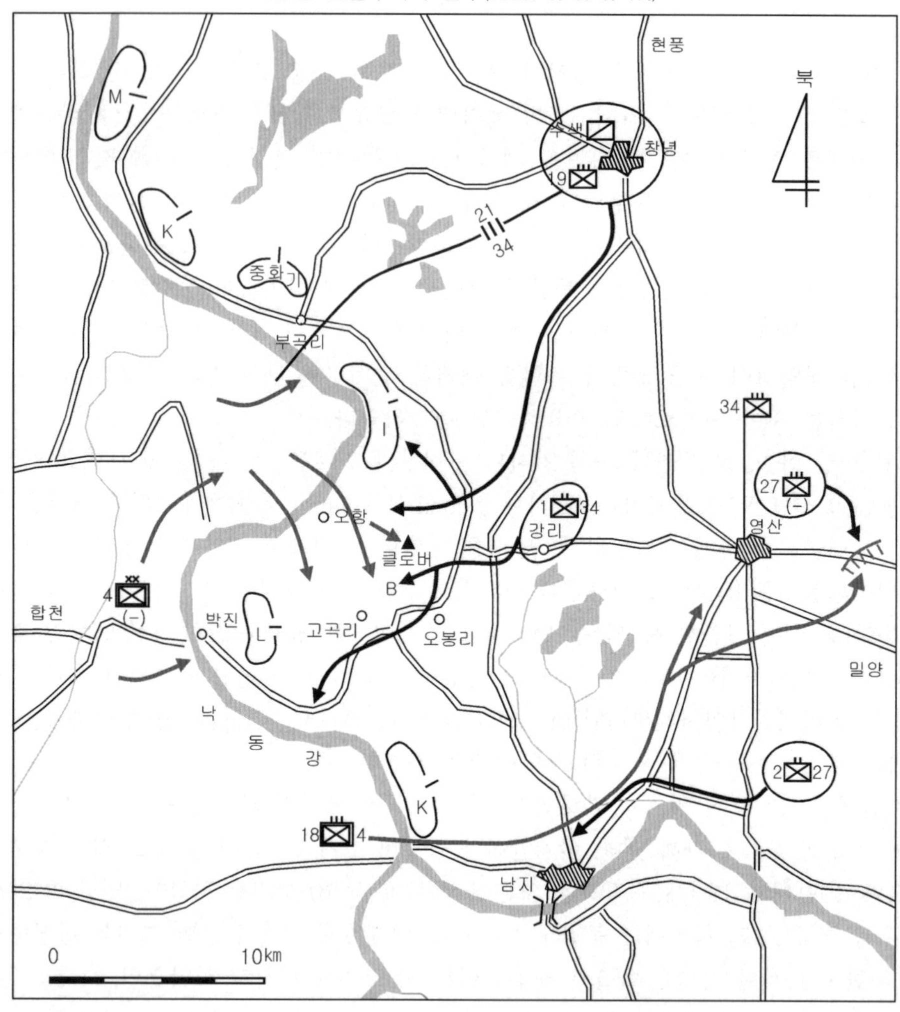

미 24사단장은 최초 해병연대와 9연대의 협조된 공격으로 오봉리 능선과 클로버 고지를 우선 확보하려는 계획을 세웠으나, 해병대의 오봉리 능선 확보와 더불어 전면적인 공격 작전을 수행하는 방향으로 공격 작전 계획을 변경하였다.[388)]

해병대의 요청에 따라 변경된 계획에 의해서 8월 17일 07시 35분 49문의 야포 공격이 개시되었고, 해병대 함재기 코르세어(Corsair) 전폭기 18대가 오봉리 일대에 폭탄을 퍼부었다. 그리고 5해병 2대대가 전진하였다. 클로버 고지 남단과 오봉리로부터의 북한군의 저항도 만만치 않아 1개 소대 병력만이 고지 정상에 진출하였을 뿐, 정상을 확보하지는 못했다. 해병 2대대는 76시간의 전투에서 60%의 병력 손실을 입었다. 해병

388) *前揭書*, pp. 310-12; *The Forgotten War*, pp. 209-210.

연대장은 1대대를 2대대와 교대시켜 다시 공격하려 하였다.[389]

해병대의 선도(先導) 공격이 별다른 효과를 거두지 못하자, 미 24사단장은 최초 계획대로 전 부대에 대해서 공격 명령을 하달하고, 오봉리와 클로버 고지 일대에 동시 공격 준비 사격을 실시하였다. 특히 고지 후사면(後斜面)의 참호 속에 있는 북한군을 살상하기 위하여 일정 높이의 공중에서 폭발하는 VT신관을 장착한 포탄을 사격하였다. 9연대와 해병대는 16시에 공격을 개시하여 9연대는 클로버 고지, 해병대는 오봉리 능선상 고지를 점령하였다. 이에 북한군은 전차 4대를 동원하여 클로버 고지와 오봉리 사이 도로를 따라 반격해 왔다. 해병대는 즉시 항공 지원을 요청하고 M-26전차를 전방으로 추진하는 한편 75mm 무반동총과 3.5″로켓포를 길 옆에 배치하였다. 북한군 전차 3대는 지상 화력에 의해서 파괴되었고, 1대는 항공기가 파괴하여 북한군의 역습을 무력화시켰다. 저녁 무렵 19연대도 포와 항공기의 화력 지원 아래 오항 고지를 탈환하였지만 19연대와 34연대는 많은 피해를 입었다. 주요 고지를 점령한 미 24사단과 해병대는 8월 18일까지 소탕전을 전개하면서 낙동강에서 합류함으로써 낙동강 돌출부의 북한군을 축출하였다.[390]

낙동강 돌출부지역 전투에서 북한군 4사단은 모든 중장비와 무기를 거의 잃었고, 병력도 3,500명 수준으로 감소되었다. 북한군 4사단은 인원과 장비의 손실을 보충하지 못한 채 낙동강전선에서 이탈하고 말았다. 그러나 북한군 4사단은 낙동강 돌출부지역에서 축출된 8월 19일 대전 전투에서 거둔 "혁혁한 전과와 업적"으로 "근위사단"이라는 칭호가 수여된 "명예"를 안게 되었다. 낙동강 돌출부에서 북한군을 몰아낸 후 미 8군은 1해병여단의 24사단 배속을 해제하고, 창원(昌原)으로 이동시켜 8군예비로 전환시켰다. 실로 8군은 마산지역에서 "킨특수임무부대"의 공격을 방어로 전환시키고 해병을 투입함으로써 낙동강 돌출부에서의 위협을 제거하여 창녕·영산지역에서의 낙동강 방어선 돌파를 막았다.

(3) 마산지역 전투

낙동강 방어선을 뚫고자 하는 북한군의 노력은 전체적으로 협조된 가운데 거의 필사적이었다. 방어선 내에 이미 침투되어 있던 게릴라들의 후방교란작전과 더불어 전방에 위치하고 있던 정규 병력은 대구 정면에서 한국군과 미군을 압박하는 한편, 의성(義城)과 청송(青松)에서 영천(永川), 창녕(昌寧)과 영산(靈山)을 거쳐 밀양(密陽)으로 양익포위를 실시하여 대구의 후방을 위협하고, 포항(浦項)과 마산(馬山)에서 차후 양익포위를 실시하여 부산으로 진격하려 하였다. 이러한 북한군의 의도는 낙동강 방어선에 이르기까지 정면을 압박하고, 양익으로 포위하거나 우회하여 전투를 승리로 이끌었던 그들의 전술 개념을 낙동강 방어선에 확대 적용하여 방어선을 와해시키고, 8월 15일까

---

389) *South to the Nakdong, North to the Yalu*, pp. 310-3.
390) *前揭書*, pp. 315-8.

지 부산을 점령하겠다는 북한의 정치적 의지를 반영하고 있었다. 그리하여 북한군은 낙동강 방어선 전 방향에서 방어선을 돌파하기 위하여 모든 노력을 기울이게 되었다.

특히 105전차사단의 83기계화연대를 배속받아 기동성을 강화한 북한군 6사단의 진주·마산지역 진출은 8군사령관의 심각한 우려를 자아낼 만큼 위협적이었다. 8군 사령관은 이 지역에 오키나와에서 증원된 29연대를 배속하여 미 24사단 19연대를 내려 보내어 한국군(민부대, 오부대, 해병대 등)과 진주를 지키라고 했지만, 7월 31일 진주는 북한군의 수중에 들어가고 말았다. 이에 8군사령관은 보은(報恩)-황간(黃澗)선에서 지연전을 수행한 미 27연대를 급히 마산지역으로 내려 보냈으나 불안하기는 마찬가지였다. 그리하여 8군사령관은 방어선을 낙동강선으로 축소시키면서 상주(尙州)에 있던 미 25사단을 8월 1일에 마산으로 이동시켜, 반격으로 북한군의 진출을 저지하라는 명령을 하달하기에 이르렀다.[391]

미 25사단을 마산지역으로 내려 보낸 미 8군사령관은 가용한 병력을 동원하여 마산지역에서 반격 작전을 계획하도록 지시하였다. 이에 따라 8군 작전참모부는 당시 가용한 병력으로 8월 5일에서 10일 사이에 진주까지 진격하는 반격 작전과, 8월 15일까지 도착하도록 되어 있던 미 2사단과 3개의 전차대대를 포함한 병력으로 마산지역에서 역습을 실시하여 진주, 순천, 전주, 논산을 거쳐 금강선까지 진출하는 대규모 반격 작전 등 두 가지 방책을 내놓았다. 이들 두 가지 방책을 검토한 8군은 병력과 지원 능력의 한계를 인식하고 진주를 점령하는 반격 작전을 수행하여 대구 정면의 북한군 압력을 완화시키는 방책을 택했다. 이에 따라 8군사령관은 5공군에게 8월 5일과 6일에 마산과 남강(南江) 사이와 남강 서북쪽에 대규모 폭격을 실시할 것을 요청하는 한편, 지역 내 한국군(민부대, 해병대) 및 5연대전투단과 전차와 포병으로 증강된 6개 보병대대로 구성된 1임시해병여단을 25사단에 배속시켜 25사단장(William B. Kean 소장)의 이름을 붙여 "킨특수임무부대(Task Force Kean)"를 편성하고, 8월 6일에는 25사단장에게 8월 7일 06시 30분 공격하도록 명령을 하달했다.[392] 한국전에서 최초로 미군에 의한 사단급 반격 작전이 구체화되었다.

미 25사단장은 먼저 8군 계획에 따라 29연대를 해체하여 27연대와 35연대를 3개 대대로 편성하고, 27연대를 8군예비로 전환시킨 다음 5연대전투단을 배속받았다. 이로써 킨부대는 미 25사단 35, 24연대와 5연대전투단, 1임시해병여단, 1해병전차대대, 89중전차대대, 87전차중대 및 한국군(민부대, 해병대, 경찰중대)으로 구성되어 총병력 2만여 명, 전차 100여 대, 야포 100여 문을 보유하게 되었다. 이에 비해서 105전차사단 83기계화연대의 지원을 받는 북한군 6사단은 약 7,500여 명의 병력과 25대의 전차 및 36문의 야포를 보유하고 있었다.[393] 따라서 마산지역에서의 전력의 우세는 반격 작전을 실시

---

391) 國防部 戰史編纂委員會, *韓國戰爭史, 第3卷*(1970), p. 252; *South to the Nakdong, North to the Yalu*, pp. 248-9; *The Forgotten War*, p. 179.

392) *South to the Nakdong, North to the Yalu*, pp. 266-7.

393) *前揭書*, pp. 267, 269-70.

하려는 킨부대가 확보하고 있었다.

킨부대의 반격 계획은 마산에서 진주에 이르는 3개 도로를 따라 1개 연대씩 진출시켜 진주를 탈환한다는 것이었다. 35연대는 북쪽의 양호한 도로를 따라 무촌리(武村里)로 진격하고 5연대전투단은 진동리(鎭東里)에서 무촌리로 진격한 후에 35연대와 합류하여 진주고개를 공격하며, 5해병연대는 남쪽 고성(固城)을 통하는 남쪽 도로를 따라 사천(泗川)을 거쳐 진주 동남쪽을 공격하도록 하였다. 24연대와 한국군은 마산 전방 서북산(西北山) 일대에 침투하여 보급로를 차단하고 있던 북한군을 소탕하여 진동리와 함안(咸安)을 잇는 남북간 측방도로를 확보하는 임무를 부여받았다.[394] 그러나 이 무렵 북한군 6사단 병력은 서북산 일대에 침투해 있었으며, 6일 밤에는 주요 지역에서 보급로를 차단하고 진동리 주변의 감제 고지를 장악하여 이 지역을 소탕해야 할 미 24연대가 함안(咸安)까지 철수하고 말았다. 그리하여 24연대장이 교체되는 사태까지 발생하였다.[395]

서북산(西北山)을 북한군이 장악하고 있는 등 후방지역의 불안에도 불구하고, 8월 7일 킨부대는 예정대로 공격을 개시하였다. 35연대는 항공기의 지원을 받아 2대의 북한군 전차를 파괴하고, 350여 명의 북한군을 살상하면서 진격하여 북한군 6사단 사령부로 추정되는 곳을 지나 저녁 무렵에 무촌리까지 진출하였고, 8일에는 북한군의 역습을 격퇴하고 남강까지 수색대를 보내기도 하였다. 그러나 5연대전투단의 공격은 처음부터 잘못 진행되어 갔다. 짙은 안개 속에서 1대대는 진동리에서 출발하여 무촌리로 향하지 않고 해병대가 진출할 고성 쪽으로 향하고 있었다. 서북산 남쪽 기슭의 "여우고지"를 점령하고 있다가 8월 7일 아침 이를 5해병에게 인계하고 서쪽으로 진격하려던 2대대는 아침부터 북한군의 포위 공격을 받고 있었으며, 고지를 인수하려 출동한 해병 2대대가 도착하여 혼전(混戰)이 전개됨으로써 "누가 누구를 공격하는지" 모르는 상황이 벌어졌다. 날씨마저 무더워 고지를 공격하던 해병 2대대는 북한군의 사격에 의한 피해보다 일사병 환자가 더 많이 발생하는 사태가 빚어졌으며, 포위된 5연대 2대대는 항공기에서 투하되는 물과 보급품을 받아야만 하였다. 더구나 미군 전차가 통신선마저 절단하여 통신이 불통됨으로써 악화된 사태를 더욱 고약하게 만들었다. 진동리(鎭東里)지역의 상황이 악화되자 킨소장은 8월 7일 오전 11시 20분 27연대 진지를 인수한 1임시해병여단장(Edward A. Craig 준장)에게 진동리지역 작전 통제권을 부여하여 사태를 수습하도록 하였다.[396]

8월 8일 오전, 항공 지원을 받은 5해병 2대대는 여우 고지를 공격하여 북한군 병력을 격퇴하고, 5연대전투단 2대대를 구출한 다음 고지를 확보하였다. 고지를 인계하고 내려온 5연대 2대대는 5연대전투단 1대대가 확보했어야 했던 도로 교차점 서북쪽에

394) *前揭書*, p. 269.
395) *前揭書*, pp. 270-1.
396) *前揭書*, p. 272.

있는 고지를 점령하라는 명령을 받고 이를 공격하였으나 실패하였다. 8월 8일 오후, 화가 잔뜩 난 킨 소장이 그곳에 도착하여 5연대장이 보는 앞에서 5연대전투단 2대대장에게 "오늘밤 안에 고지를 확보하라(I want that hill tonight)"는 명령을 하달하였다. 그리하여 2대대장은 전투에 지친 2개 중대 병력을 이끌고 야간 공격을 실시하여 "죽을 힘을 다하여" 고지를 점령하였다. 그리고 해병 3대대와 24연대 2대대가 진동리 동쪽 감제 고지를 점령하고 있던 북한군 병력을 공격하여 9일 정오 무렵에서야 이를 탈환하였다. 해병 1대대는 이 날 오후 5연대전투단 1대대가 3일 동안 장악하고 있던 고성 쪽 해안의 고지를 인수하여 고성으로 진출할 준비를 갖추고, 5연대전투단 1대대는 뒤로 이동하여 고성이 아닌 무촌리로 연결되는 도로에서 서쪽으로 공격할 준비를 갖추게 되었다. 이로써 진동리지역에서 북한군의 위협이 제거되었고, 1임시해병여단장에게 부여되었던 진동리지역 작전 통제권도 정상으로 환원되었다.[397]

진동리지역의 북한군 위협을 제거한 킨부대는 진주(晋州) 점령을 목표로 반격 작전을 다시 시작하였다. 고성 쪽으로 향하던 해병의 진출은 최초에는 순조로웠다. 8월 11일, 고성 부근에 도착한 해병은 우연하게 위장된 북한군 83차량화연대 병력의 일부를 발견하고, 항공 지원을 요청하여 북한군 병력 200여 명을 사살하고, 차량 56대, 오토바이 45대를 파괴하는 전과를 거두기도 하였다. 그러나 8월 12일, 해병은 사천 서쪽 6km 지점에서 북한군 6사단 15연대 병력과 83차량화연대 병력의 저항에 직면하여 치열한 전투를 벌이게 되었다.[398]

8월 10일, 중앙도로를 이용하여 진동리에서 무촌리로 향하던 5연대전투단은 서북산 남쪽 기슭 봉암리(鳳岩里) 고개에서 이곳 고지를 장악하고 있던 북한군 6사단 13연대의 기습 공격을 받았다. 5연대전투단장은 1대대를 도로의 북쪽 고지, 2대대를 남쪽 고지를 공격하도록 하고 3대대를 무촌리로 우선 진출시켰다. 3대대를 먼저 진출시킨 5연대장은 1대대로 하여금 봉암리 서북 고개를 점령하도록 하여 이의 엄호하에 2대대, 연대 치중대, 포병 순으로 이곳을 통과시키고, 1대대를 후위로 하여 봉암리 계곡을 빠져나가려 하였다. 25사단장은 진주-사천선을 신속하게 점령, 확보하라는 8군사령관의 지시를 고려하여 신속한 주간 이동을 원했으나, 연대장은 피해를 고려하여 야간 이동을 건의하여 그렇게 하기로 승낙을 받았다. 그러나 1대대가 봉암리 서북쪽 발산리(鉢山里) 고개를 점령할 무렵, 25사단장으로부터 2대대와 1개 포대만을 즉시 이동시키고, 나머지는 날이 밝을 때까지 현위치에서 대기하라는 무전이 연대장에게 전달되었다. 이 명령을 이행하면 봉암리 계곡에는 엄호 병력이 없는 연대본부, 90, 159, 555포병대대, 중박격포, 근무 및 의무중대만이 남게 되는 결과가 되기 때문에, 5연대전투단장은 이를 항의하려 했으나 통신이 두절되어 명령대로 2대대와 1개 포대를 무촌리 방향으로 이동시켰다. 사단에서는 이러한 상황 전개를 짐작하고 후방의 24연대 3대대로 하여금

397) *前掲書*, pp. 273-4.
398) *前掲書*, pp. 274-6.

5연대전투단을 지원하도록 하였다.[399] 그러나 봉암리지역의 상황은 여전히 불안하였다.

8월 11일 자정 무렵, 북한군은 발산리 고개를 점령하려던 1대대를 공격하였다. 사방에서 북한군의 공격을 받은 1대대장은 철수를 건의하였고, 5연대전투단을 증원하기로 한 24연대 3대대는 서북산 남쪽에서 북한군의 공격을 받아 봉암리에 도착하지 못하고 있었다. 이에 5연대장은 봉암리 고개 일대가 북한군에 의해서 포위되었다고 판단하여 날이 밝기 전에 병력을 신속하게 무촌리로 이동시킬 것을 결심하고, 전 부대에게 전진 명령을 하달하였다. 연대본부의 차량이 선두에 서고, 포병이 뒤를 따르고, 발산리 고개의 1대대가 엄호 임무를 마치고 후속하도록 하였다. 북한군은 연대본부 차량을 보낸 후 출발하려던 포병부대를 삼면에서 공격하였다. 2대의 전차를 앞세운 북한군의 공격을 받은 포병부대는 자체 방어를 실시하며 북한군의 공격에 대응하다가 새벽 무렵 함재기의 근접 지원을 받아 탈출하였으나 입은 피해는 이루 말할 수 없었다. 555포병대대는 2개 포대에서 사상자 180명, 105mm 포 8문, 90포병대대는 사상자 190명, 155mm 포 6문, 차량 26대의 손실을 입어 포병은 봉암리 계곡을 “피의 계곡” 또는 “포병의 무덤”이라고 일컬었다. 발산리 고개에서 공격을 받은 1대대도 C중대의 경우 180명 중에서 23명만이 복귀할 정도의 피해를 입고 무촌리로 향하였다.[400] 실로 엄청난 손실이었다.

봉암리 계곡의 포병을 구출하라는 명령을 받은 5연대전투단 2대대가 8월 11일 정오경 현지에 도착하였으나, 전투는 이미 끝나 있었고 5연대전투단을 지원하라는 명령을 받은 24연대 3대대는 현지에 도착조차 할 수 없었다. 킨 소장의 명령으로 봉암리 계곡으로 진출하던 해병 3대대는 봉암리 후방지역 곡안리(谷安里)에서 공격하는 북한군의 공격을 물리친 다음 봉암리로 향하려 하였으나, 해병여단이 8군예비로 전환됨에 따라 5연대전투단 2대대에게 진지를 인계하고 철수하였다. 한편 서북산 일대를 점령하고 있던 24연대는 한국군(민부대, 해병대, 경찰대 등)을 진동리 부근에 배치하여 후방 보급로를 확보하도록 하고, 서북산 일대에서 북한군 소탕 작전을 펼쳤으나 북한군을 완전하게 소탕하지는 못하고 있었다. 이와 같이 8월 12일경, 킨부대는 북쪽 도로상에서는 35연대와 5연대전투단 3대대 병력이 합류하여 진주 고개까지 진출하였으나, 진주-사천선의 확보는커녕 후방의 위협조차도 완전하게 해소시키지 못하고 있었다.[401]

이 무렵 미 8군은 예비대의 확보가 시급하였다. 대구 북방에서 북한군의 공격이 강화되고 있었고, 영산지역의 전황이 악화되고 있었으며, 한국군 3사단이 포항 북방 30km 지점에 위치한 장사동(長沙洞)에서 포위되는 등 낙동강전선의 상황이 악화되고 있었기 때문이었다. 이에 따라 8군은 8월 12일 저녁 반격 작전을 중지시키고, 27연대와 1임시해병여단을 8군 예비로 확보하여 창녕·영산 돌출부지역으로 이동시키고,

---

399) *前揭書*, pp. 276-7.
400) *前揭書*, pp. 276-86.
401) *前揭書*.

마산지역 전투(1950. 8. 7.-8. 12.)

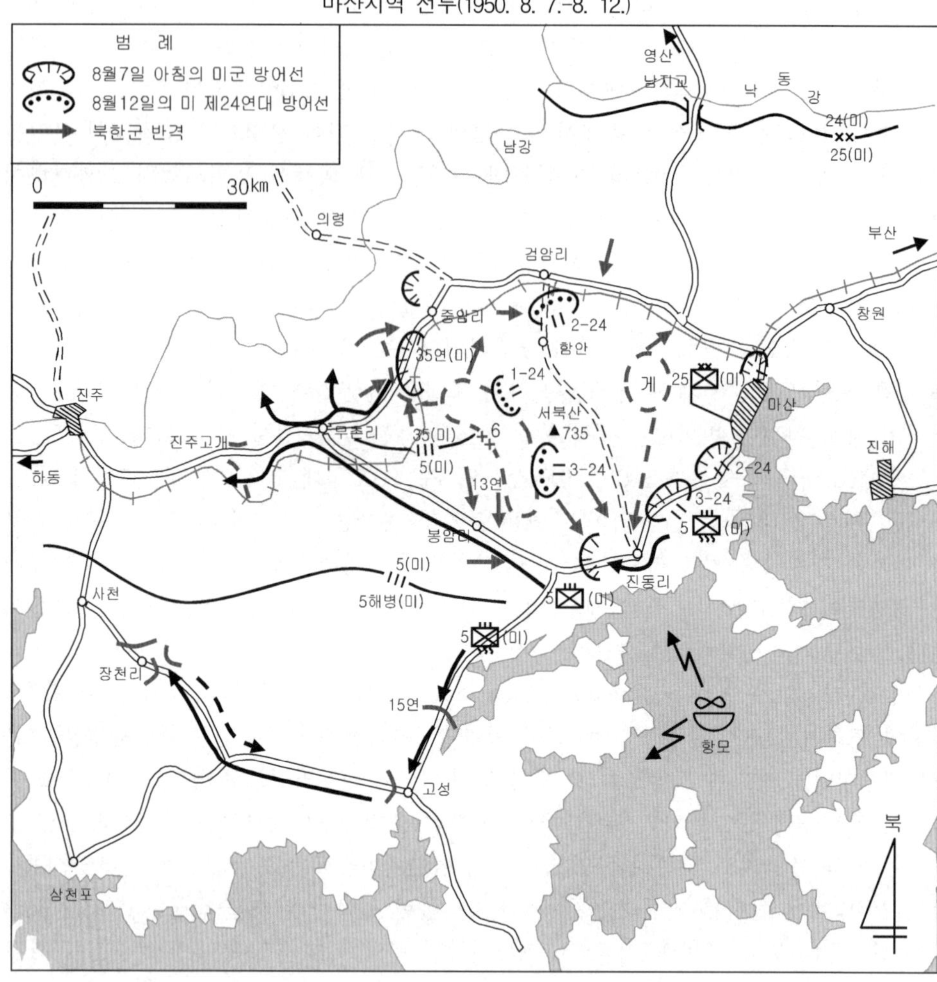

5연대전투단을 철수시켰으며, 한국군을 배속 해제하여 민부대를 포항으로 이동시켰다. 8군의 명령에 따라 킨 소장은 킨부대를 8월 13일 자정부로 철수시켜, 8월 14일부터 남지(南旨)·함안(咸安) 간에 35연대, 중앙의 서북산(西北山) 일대에 24연대, 남쪽 진동리(鎭東里)까지는 5연대전투단을 배치하여 주방어선을 구축하였다. 8월 16일 킨특수임무부대는 해체되었고, 최초의 사단급 반격 작전은 막을 내렸다. 그러나 이후에도 8월 말까지 서북산(西北山)의 주인이 19차례나 바뀌는 등의 접전은 계속되었고, 한국 해병대도 통영반도로 진출하는 북한군 7사단 병력의 진출을 저지하고 있었다.[402]

미 25사단장을 지휘관으로 구성되었던 "킨특수임무부대(Task Force Kean)"가 수행한 7일 간의 반격 작전은 진주(晋州)를 탈환하려는 목표를 달성하지는 못했으나, 마산

402) *South to the Nakdong, North to the Yalu*, pp. 286-8.

지역의 위기를 안정시키는 결과를 가져왔다. 많은 병력 손실과 장비의 피해에도 불구하고, 킨부대는 북한군 6사단에게 막대한 피해를 입혀 사단의 병력을 3,000-4,000명 수준으로 감소시킴으로써 작전 수행에 대한 자신감을 가질 수 있게 되었으나, 북한군의 전력이 아직도 만만치 않다는 사실과 전세(戰勢)의 전환이 얼마나 어려운가를 실감하게 되었다. 특히 낙동강전선을 방어하기 위하여 8군은 예비대 확보 필요상 마산지역에서의 공격을 방어로 전환시키고, 확보된 예비대를 위험한 지역에 즉시 투입함으로써 긴박한 가운데서도 능숙한 작전 지휘를 수행하는 기민함을 보여 주기도 하였다.

(4) 포항지역 전투

대구 동북방의 낙동강 방어선을 방어하기 위해서 한국군은 1군단 예하 8사단과 수도사단을 중동부지역에, 3사단은 동해안지역에 배치하여 북한군을 저지하도록 하였다. 이에 따라 8사단이 의성(義城) 일대에 배치되어 안동-영천 간 도로를 방어하고, 수도사단은 황학산(黃鶴山, 782고지) 전방 길안(吉安)에서 의성과 청송 사이의 접근로를 방어할 수 있도록 방어 진지를 편성하였다. 3사단은 영덕(盈德)을 방어하고, 북한군의 동해안 진출을 저지하는 임무가 부여되었다. 그러나 이 지역에서 한국군은 3개 사단으로 넓은 정면을 방어할 수밖에 없어서 낙동강 방어선으로 방어선이 축소된 후에도 이 지역에서는 연결된 방어선을 유지하기가 불가능하였고, 북한군의 침투에 대한 효과적인 대비책을 수립하기가 매우 곤란하였다.

대구의 동북부지역에서 공격하던 북한군 2군단은 예하의 15, 13, 1사단을 대구지역에 투입하고, 8사단은 안동-의성-영천 축선, 12사단을 청송-안강-경주 축선, 5사단을 포항으로 투입하였다. 태백산으로 침투시켜 보현산(普賢山, 1124고지)과 비학산(飛鶴山, 763고지) 일대에서 활동하고 있던 766부대로 하여금 12사단과 5사단의 공격 작전을 지원하도록 하였다. 그리하여 15, 13, 1사단은 대구의 정면과 측방을 공격하게 하고, 8사단은 대구의 측후방, 12사단과 5사단은 포항축선으로 공격하여 부산으로 진출시키려 하였다. 이 지역에서 북한군 2군단은 대구를 중심으로 포위와 우회 기동을 통한 공격 작전으로 대구와 부산을 동시에 점령하려는 북한군 8월 공세의 일익(一翼)을 담당하여 공격할 준비를 갖추고 있었다.

낙동강 방어선의 다른 지역에서와 마찬가지로 북한군은 8월 5일 공격을 개시하였다.

북한군 8사단은 한국군 8사단을 공격하였다. 한국군 8사단은 의성(義城)으로 철수하여 의성 북쪽 고지 일대에 21, 10, 16연대를 배치하여 방어 진지를 편성하였다. 한국군 8사단은 8월 9일 북한군 8사단을 기습하여 8사단 83연대 1개 대대를 섬멸하는 전과를 거두고, 뒤이어 투입되는 82연대에게도 막심한 피해를 입히면서 탈취한 고지에서 철수하였다. 한국군 8사단은 전차를 앞세우고 공격하는 북한군 8사단의 공격을, 항공 지원을 요청하여 저지하였으나, 중과부적으로 의성에서 철수하여 8월 12일 육본의 전선 축소 계획에 따라 6사단에게 방어지역을 인계하고, 보현산지역을 방어하게 되었다. 그러나 한국군의 역습과 화력 공격으로 피해를 입은 북한군 8사단도 의성 남쪽에서 부대를 재정비하고, 증원 병력을 기다리면서 영천으로의 진출 기도를 사실상 포기하고 있었다.403)

북한군 12사단은 수도사단을 전방과 후방에서 동시에 공격하였다. 수도사단은 좌측 추목동(楸木洞) 일대에 배치된 1연대 후방이 북한군의 기습을 받고, 사단 지휘소까지 습격을 받아 방어선이 와해되었다. 사태가 이렇게 되자 1연대는 사단장의 승인하에 의성(義城)으로 분산 철수하였고, 1연대 우측에 배치된 18연대와 독립기갑연대는 퇴로가 차단되었다. 퇴로가 차단된 두 연대도 8월 6일까지 우회로를 이용하여 의성으로 철수하게 되었다. 수도사단이 의성(義城)으로 철수하자 청송(靑松)과 기계(杞溪)를 거쳐 포항(浦項)에 이르는 접근로가 무방비 상태로 방치되었다. 북한군 12사단은 한국군의 저항을 받지 않고 남진을 계속하여 8월 9일에는 기계(杞溪)를 점령한 후 보현산 일대에서 활동하던 766부대와 합류하고, 포항으로 진출할 태세를 갖추었다.404)

동해안에서 지연전을 전개하고 있던 한국군 3사단도 8월 5일 야간부터 북한군 5사단의 대규모 공격을 받기 시작하였다. 한국군 3사단은 유엔 공군기의 화력 지원을 받아 가면서 영덕 남쪽의 207, 181고지를 지키려 하였으나, 방어 진지가 돌파되면서 방어선이 무너졌다. 3사단장은 8월 6일, 22연대를 공격시켜 유엔 공군기의 로켓과 네이팜탄 공격과 함포 지원하에 고지를 다시 탈환하였다. 이러는 동안 강구(江口)에 위치한 사단사령부가 후방으로 침투한 북한군의 박격포사격을 받아 사단의 지휘 체계가 한동안 마비되었다. 이에 3사단장(李俊植 준장)이 교체되어 신임 사단장(金錫源 준장)이 부임하였다. 3사단장은 23연대를 22연대 좌측에 배치하여 북한군의 침투와 우회를 봉쇄하도록 하고, 방어 태세를 가다듬었다. 8군 사령관은 강구 남쪽 오십천교(五十川橋)를 반드시 확보하도록 명령하였다.405)

북한군은 8월 8일 야간에 22연대를 공격하였다. 22연대는 사상자가 계속 발생하고 탄약마저 떨어지자, 남쪽으로 분산 철수하게 되었다. 이 때 오십천교를 건너 남쪽으로 철수한 22연대장은 북한군의 추격을 차단하기 위해서 오십천교 폭파를 명령하여, 8월 9일 05시 오십천교가 폭파되었다. 이 때문에 오십천 북방에서 싸우던 22연대 1개 대대 병력은 분산하여 강을 건넜으나 많은 익사자가 발생하였다. 오십천교는 사단장의 지시에 의해서만 폭파하도록 계획되어 있었으나 일선 연대장이 이를 폭파시킴으로써 사실상 영덕과 강구지역에서의 작전은 종료되었고 한국군 3사단은 강구 남쪽 장사동(長沙洞)으로 철수하게 되었다.406)

---

403) *South to the Nakdong, North to the Yalu*, pp. 320-1.

404) 수도사단 방어 실패에 대한 지휘책임을 물어, 육군본부는 1950년 8월 7일부로 사단장 김석원(金錫源) 준장을 해임하고, 백인엽(白仁燁) 대령을 사단장으로 임명하였다.

405) *South to the Nakdong, North to the Yalu*, p. 323.

406) *前揭書*, p. 324; 國防部, 戰史編纂委員會, *安康·浦項戰鬪*(1986), p. 95. 오십천교 폭파사건으로 22연대장(강태민 중령)은 해임과 동시에 군법회의에 회부되었다.

강구 남쪽으로 철수한 3사단은 23연대를 오십천 남쪽에 배치하고, 22연대를 남호동(南湖洞)으로 이동시켜 재편성을 실시하였다. 이때 8월 10일 북한군 5사단 병력이 3사단 후방으로 우회하여 홍해지역에서 포항으로 접근함에 따라 3사단의 퇴로가 차단될 위기에 처하게 되었다. 8군사령관은 한국군 3사단으로 하여금 포항 북쪽에서 계속 북한군의 남진을 저지하도록 하고, 포항과 영일비행장 방어를 위해서 경산(慶山)에 있던 미 2사단장에게 특수임무부대를 편성하여 이를 방어하도록 하였다. 이에, 미 2사단 부사단장 브레들리(Joseph S. Bradley) 준장이 9연대 3대대와 포병으로 "브레들리 특수임무부대"를 편성하여 8월 10일 저녁 영일비행장 방어 임무를 인수하였다. 그러나 주력보다 늦게 출발한 3대대 K중대와 15포병대대 C포대는 자정경에 북한군의 기습을 받아 70여 명의 손실을 입고 경주로 철수하여 브레들리부대와 합류하지 못하는 사태가 발생하였다. 이것은 포항지역으로 침투한 북한군 766부대 병력이 포항 서쪽 도로를 차단하고 있었기 때문이었다.[407)]

한편 북한군 5사단이 강구에 진입하고 있을 때, 북한군 12사단은 무방비 상태에 있던 포항의 서북쪽 20km 지점에 위치한 기계(杞溪)를 점령하였다. 이에 한국군 1군단은 군단 참모장(李成佳, 8. 4,-8. 24일 간 보직 후 다시 8사단장에 보임됨)에게 포항지구 전투사령부를 편성하게 하여 학도병 등으로 신편중인 25연대 병력을 이끌고 기계로 진출하도록 하고, 17연대와 민부대, 신편중인 26연대를 배속하여 기계를 탈환하도록 조치하였다. 1군단은 또한 의성에 집결한 수도사단(-)을 안강(安康)으로 이동시키고, 수도사단 18연대와 독립기갑연대를 기계 서북쪽 후방지역인 현동(縣東)으로 진출시켜 포항지구 전투사령부와 협조하여 기계를 남북에서 공격하도록 하였다. 포항지구 전투사령부 병력과 수도사단(-)은 8월 11일 아침 공격을 개시하였으나, 북한군 12사단 병력이 점령하고 있던 기계를 탈취하지는 못했다.[408)]

포항을 둘러싸고 이러한 사태가 벌어지고 있을 때, 8월 11일 새벽 북한군 766부대와 5사단 일부 병력이 포항으로 진입하였다. 당시 포항에는 군경, 학도의용군, 청년방위대 등으로 구성된 2개 소대 병력만이 경계를 하고 있었고, 3사단 후방지휘소, 해군경비부, 공군지상부대가 위치하고 있었다. 장갑차 5대를 앞세우고 공격하는 북한군을 맞아 포항 경비 병력은 포항여자중학교에서 근접전을 전개하였으나, 북한군 정규 병력의 진입을 저지하지는 못했다. 이 근접전에서 학도 의용군 47명이 희생되었고, 포항은 북한군 수중에 들어가고 말았다. 3사단 후방사령부는 우선 군수품을 구룡포로 옮긴 다음, 포항 남쪽 형산강(兄山江) 교량(橋梁)에서 철수 병력을 수습하였으나, 포항을 탈환할 엄두는 낼 수가 없었다.[409)]

포항이 실함되고 포항 남서쪽 고지에서 북한군이 영일비행장에 포격을 가했다는 보

---

407) *South to the Nakdong, North to the Yalu*, pp. 325-6.

408) 육군본부 작전명령 제116호(1950. 8. 10.); Periodic Operations Report, Korean Army, No. 81(1950. 8. 11.); *South to the Nakdong, North to the Yalu*, p. 327.

409) *韓國戰爭(上)*, p. 326.

고를 받은 8군사령관은 포항 일대에 공중, 함포 사격을 집중시키는 한편, 미 9연대 전차 1개 소대를 영일비행장으로 보내서 그곳의 방어를 강화하고, 한국군 17연대를 투입하여 영일비행장을 위협했던 포항 남서쪽 고지를 확보하도록 하였다. 이에 따라 포항에 대한 폭격과 함포 공격이 집중되었고, 17연대는 안강 북쪽으로 진출하여 포항지역의 위기를 일단 진정시켰으나, 영일비행장에서 지상군 작전을 지원하던 40전투비행대대(45대의 F-51전투기)는 항공기와 중장비를 8월 13일과 14일에 철수시키고 말았다.[410]

육군본부의 전선 축소 계획에 따라 8월 13일, 8사단이 보현산(普賢山) 일대에서 진지를 편성하고, 수도사단사령부와 1연대가 안강에 도착하자 한국군 1군단장은 8월 13일부로 수도사단장이 지역의 작전을 지휘하도록 하였다. 8월 12일부터 해병대와 더불어 안강 북쪽으로 진격하던 17연대는 공군과 포병의 화력 지원을 받으면서 안강 서북쪽으로 진출하여 8월 16일 포항 서남쪽 고지를 탈환하였다. 민부대는 포항 쪽으로 전진하였고 포항전투사령부 병력은 안강 북쪽으로 진격하였으며, 수도사단 1연대는 기계 동남쪽 고지의 북한군을 격퇴하면서 기계 서측방으로 진격하였다. 현동(縣東) 쪽에서 남하하던 18연대 병력은 기계 서측방 용기동(龍基洞)지역을 점령하여 기계의 서측방을 위협하였다. 북한군 12사단은 부분적으로 역습을 시도하였으나, 퇴로가 차단될 위협을 인식하고 북쪽의 비학산(飛鶴山, 763고지)지역으로 퇴각하기 시작하였다. 이에 수도사단장은 8월 18일 새벽 총공격 명령을 하달하였다. 남쪽의 17연대와 북쪽의 18연대는 북한군에게 결정적인 타격을 주면서 진격하여 8월 18일 오후에 기계로 진입하였다. 수도사단은 1,200여 명의 북한군을 사살하고 다량의 장비를 노획하면서 기계지역의 위기를 해소시켰다.[411]

수도사단은 8월 20일까지 기계에 남아 있던 북한군 소탕을 완료한 다음 기계 북쪽 고지 일대에 18연대를 좌, 17연대를 우에 배치하고 1연대를 예비로 보유하여 방어 태세를 가다듬었다. 북한군 12사단은 기계 전투에서 입은 손실로 766부대를 흡수하고 2,000여 명의 신병을 보충받았으나 사단 병력이 5,000명에 지나지 않았다. 기계 탈환 작전이 마무리되자 1군단은 명령에 따라 26연대를 3사단에 배속시키고, 기갑연대를 영천으로 이동하도록 하였으며 해병대는 원대 복귀시켰다. 이로써 안강·기계지역의 위기는 수습되었고 북한군은 재편성에 들어갔으며, 전세는 한국군에게 유리하게 전개되는 것처럼 보였다. 그리하여 북한군의 전력이 약화되었다고 판단한 수도사단은, 부대 재정비에 노력을 기울이고 있던 북한군 12사단과는 대조적으로 비학산에 대한 공격을 계속하게 되었고, 이에 따라서 전력을 소비하고 있었다.[412]

한편 포항 북방 장사동(長沙洞)에서 퇴로가 차단된 한국군 3사단은 8월 15일 철수명령을 수령하였다. 먼저 사단에 보내진 헬리콥터를 이용하여 부상자를 공중 철수시키

410) *South to the Nakdong, North to the Yalu*, pp. 329-30.
411) *安康·浦項戰鬪*, pp. 52-9.
412) *South to the Nakdong, North to the Yalu*, pp. 331-2; *安康·浦項戰鬪*, pp. 21-67.

고, 극도의 비밀을 유지한 상태에서 사단은 8월 17일 06시경 해상 철수를 시작하여 10시 30분까지 사단 병력 9,000명, 경찰 1,200여 명, 노무자 1,000여 명 등이 완전하게 철수를 완료하였다. 사단이 철수를 개시할 즈음, 북한군은 장사동 주변의 고지에서 박격포와 기관총 사격을 가하였으나 유엔 공군기의 포격에 의해서 저지되었다. 3사단은 구룡포(九龍浦)로 철수하여 신병을 보충받아 재편성을 완료하고, 8월 18일 포항 남쪽으로 진출하라는 명령을 받았다.413)

포항을 탈환하기 위하여 포항 남서쪽 5km 지점에 위치한 효자동(孝子洞)까지 진출한 민(閔)부대 2대대는, 전투정찰대를 포항 시내에 진입시켜 유엔군의 포격과 폭격으로 인하여 시내에 북한군이 많지 않다는 사실을 확인하고, 8월 18일 04시에 포항으로 진입하였다. 뒤이어 1대대가 진입하였고 미 브레들리특수임무부대도 전차소대를 지원하여 민부대의 포항 탈환 작전을 지원하였다. 민부대는 북한군 포로 180명, 야포와 박격포 53문, 기관총 160정, 소총 940정을 노획하는 전과를 거두면서 포항을 탈환하고, 8월 19일 3사단에게 진지를 인계한 다음 대구로 이동하여 7사단 5연대로 개편된 후에, 6사단에 배속되어 신녕(新寧)지역 전투에 투입되었다.414)

8월 19일 포항을 인수한 한국군 3사단은 20일에는 도음산(禱陰山, 385고지)에 배치된 26연대를 배속받음으로써 22, 23연대와 더불어 3개 연대를 보유하게 되어 포항 북방의 서쪽 도음산에서부터 동쪽 양덕동에 이르는 방어선을 구축하고, 26연대, 22연대, 23연대를 횡으로 배치하여 방어 진지를 편성하였다. 8월 21일 야간에 북한군 5사단은 포항 북방에서 포항을 감제할 수 있는 93고지(양덕동 북쪽 무명 고지)를 공격하였으나, 23연대 1대대가 이를 격퇴하고 고지를 지켜냈으며, 다른 지역에서는 소강 상태가 지속되어 다음 작전을 준비하게 되었다.415)

북한의 김일성(金日成)이 1950년 7월 20일 수안보(水安堡)에 위치한 북한군 전선사령부(前線司令部)에 내려와 8월 15일까지 부산을 점령하여 "남조선을 해방"시키라는 명령에 의하여 실시된 북한군의 8월 공세는 8월 20일을 전후로 하여 일단 종료되었다. 북한군은 8월 공세를 통하여 부산을 점령하지 못하였을 뿐만 아니라 대구도 점령하지 못했으며, 서남부의 마산과 동부의 포항도 장악하지 못했다. 낙동강 서부지역에서는 낙동강을 도하하여 진지를 구축하지 못했으며, 낙동강 방어선 동북부지역에서 북한군의 진출은 왜관-다부동-의흥-기계-포항선에서 저지되었던 것이다. 낙동강 방어선을 지키고 있던 미군과 한국군은 전선이 돌파될 때마다, 유엔 공군과 해군의 엄청난 화력 지원 아래 가용한 기동 예비대를 투입하고 특수임무부대를 구성하여 돌파를 저지하면서 방어선을 지켜내었다. 맥아더는 낙동강 전선의 안정이 확보되지 않으면 대규모 우회

413) *South to the Nakdong, North to the Yalu*, pp. 330-1; *安康・浦項戰鬪*, pp. 110-7.
414) *安康・浦項戰鬪*, pp. 117-8.
415) *前揭書*, pp. 119-20.

포항지역 전투(1950. 8. 11.-8. 20.)

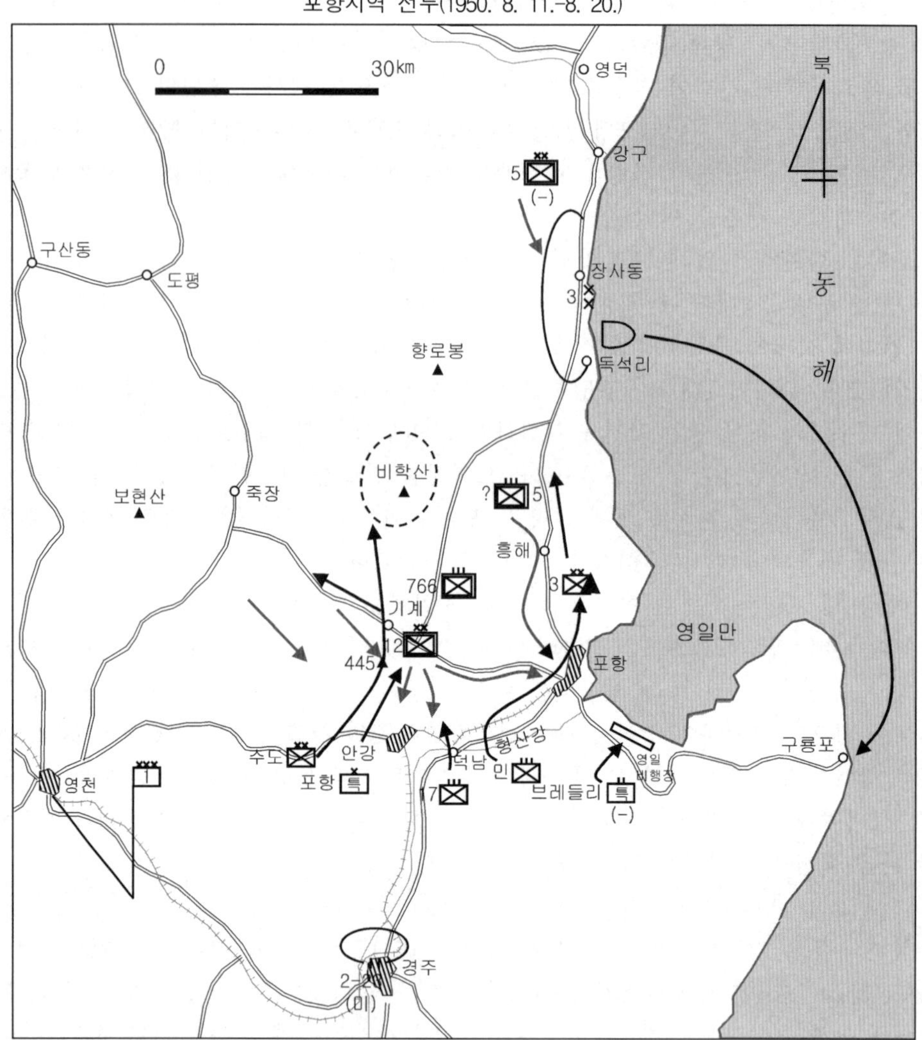

반격 작전인 인천상륙작전을 실시하기 어렵다는 판단하에, 상륙작전에 투입할 해병까지 투입하여 낙동강전선을 고수하려 하였다. 이 결과 북한군의 8월 공세는 소기의 목적을 거두지 못한 채 종식(終熄)되어 낙동강전선은 소강 상태를 유지하고 있었으나, 전선을 따라 조성된 긴장 상태는 가시지 않고 있었다.

5) 미국의 우려와 소련의 격려

낙동강 방어선 전전선에서 감행된 북한군의 8월 공세와 이로 인해서 빚어진 위기는 미국 정부의 우려를 자아냈다. 북한군의 공격이 심화되고 여기저기서 전선이 돌파되자, 워싱턴에서는 유엔군이 과연 한국에서 이른바 "평화유지 활동"을 지속할 수 있는가에 대한 의문과, 미 8군이 한국에서 철수해야 되지 않을까 하는 우려가 제기되었다. 특히 한국에서의 군사작전을 수행할 권한과 책임을 부여받은, 맥아더의 한국전 수행전략과 계획을 잘 알고 있던 미국 합참본부(the U.S. Joint Chiefs of Staff)는 부산 교두보의 확보조차도 어려운 상황에서 과연 "인천상륙작전"이 가능할 것인가에 대한 군사적 회의를 품게 되었다. 이에 따라 합참본부는 육군 참모총장(J. Lawton Collins 대장)과 해군 참모총장(Forrest P. Sherman 제독)을 동경으로 파견하여 낙동강전선의 상황을 살피고, 맥아더가 구상한 인천상륙작전의 구체적인 계획과 타당성, 가능성에 대해서 맥아더와 협의를 하도록 조치하였다. 미 합참본부는 과연 미군을 주축으로 한 유엔군과 한국군이 부산 교두보를 지켜낼 수 있을 것인지, 부산 교두보를 확보한 후에도 과연 인천으로의 상륙이 가능하고 타당한 것인지에 대한 우려를 떨쳐 버릴 수가 없었다.[416]

1950년 8월 21일 동경에 도착한 미 육・해군 참모총장 일행은 8월 21일 아침 미 극동 해・공군 사령관을 대동하고 미 8군사령부가 위치한 대구에 도착하여 전황 보고를 들었다. 미군과 한국군이 낙동강 방어선을 지켜낼 수 있다는 8군사령관의 보고를 들은 육군 참모총장은 먼저 대구 정면 다부동지역을 방문하여 한국군 1사단과 미 27연대가 북한군의 공격을 막아내고 있는 모습을 보고, 낙동강 서남부지역에 배치된 미군 사단들을 방문한 다음 동경으로 귀환하였다. 낙동강 전선을 방문한 미 육군 참모총장은 비록 전황은 급박한 위기의 연속이지만 미군과 한국군이 낙동강 방어선을 지켜 낼 수 있을 것이라는 확신을 가지게 되었다. 그리고 그는 8월 23일 동경에서 인천상륙작전에 대한 협의를 마친 다음 워싱턴으로 귀환하여 미국 대통령, 의회, 국민에게 미군과 한국군이 부산 교두보를 지켜낼 수 있을 것이라고 보고하였다.[417] 군사 전문가로서 미 육군 참모총장의 이러한 보고는 미국의 우려를 잠재울 수 있었다.

북한의 김일성을 지원하여 한반도에서의 "해방전쟁"을 실제로 지휘하고 있던 소련의 스탈린은 "부산을 해방시키지 못한" 김일성을 위로하고 있었다. 미군의 개입으로 인하여 한반도에서의 "해방전쟁"이 새로운 단계로 접어든 후, 장비와 소련 군사고문관의 추가 지원을 요청한 김일성에게, 소련의 스탈린은 2개 사단분의 장비와 두 개의 전차여단과 12개의 보병대대를 위한 전차 및 장비 지원과 군사고문단의 증원을 약속하면서, 북한군의 사단 병력을 1만 2,000명으로 증원시켜 운용하라는 권고를 한 바 있었다.[418] 그러나 격렬한 8월 공세에도 불구하고 북한군이 부산을 점령하지 못하고, 미군의 막강한 화력 공격에 심한 피해를 입고 있던 상황에서, 스탈린은 김일성에게 "격려와 위로"의

416) Collins, *War in Peacetime*, p. 108.

417) *前揭書*, pp. 108-110; Harry S. Truman, *Memoirs, II*, pp. 408-9.

418) *蘇聯極秘外交文書, 3*, p. 80; Coded message N 35678, July 6, 1950, Stalin to Shtykov; Coded message N 405976/sh 8th Direct, General Staff, July 8, 1950, quoted in Evgeniy P. Bajanov and Natalia Bajanova, *The Korean Conflict, 1950-1953: The Mysterious War of the 20th Century-- Based on Secret Soviet Archieves*(unpublished), pp. 65-6.

서신을 발송하였다. 이 서신에서 스탈린은 "김일성의 위대한 투쟁에 대한 칭송과 더불어 궁극적인 승리를 기약하면서," 당시의 북한군이 겪고 있던 어려움은 소련군이 내전(內戰)과 대독전(對獨戰)에서 겪은 어려움보다는 훨씬 덜하다는 사실을 지적하고, 북한이 결코 외롭지 않다는 점을 강조하는 한편, 소련은 앞으로도 계속 북한을 지원할 것임을 다짐하였다. 그러면서 "공군력을 분산시키지 말고 집중 운용하라"는 충고와 "전차의 운용에 있어서 사전에 반드시 포병 지원 사격을 실시하라"는 충고를 아끼지 않았다.[419]

이에 대해서 북한의 김일성은 이러한 스탈린의 격려와 위로에 대해서 감격을 금하지 못하였다. 그리하여 그는 8월 30일 "조선 노동당 중앙위원회 정치분과회의"를 소집하여 스탈린의 격려와 위로 편지에 공식적인 회답을 보내기로 결정하였다. "우리는 당신의 배려에 깊은 감동을 받았습니다. 그리고 우리는 우리들의 친애하는 스승님의 격려와 충고에 감사를 드리기로 결정하였습니다. 조선 인민이 벌이는 투쟁의 결정적인 시기에 우리는 당신으로부터 성원을 받았습니다. 우리는 또 다시 조선을 노예로 전락시키려는 미제국주의자들과의 투쟁에서 최후의 승리를 쟁취할 것을 진심으로 다짐하고 있습니다. 자주 독립과 자유를 위한 명예로운 투쟁에서 우리는 당신의 어버이 같은 배려와 지원을 한결같이 느끼고 있습니다."[420] 스탈린과 소련의 지원이 절대적으로 필요한 만큼 김일성과 북한 노동당이 스탈린에게 보내는 회신의 내용은 구구절절(句句節節) 충성스럽기 이를 데 없었다.

이와 같이 낙동강전선에서 북한군과 유엔군 및 한국군 사이에 벌어진 8월 공방전의 결과로 빚어진 방어선의 돌파와 저지는 미국과 소련에게 결코 외면할 수 없는 충격을 안겨 주었다. 신속한 지상군 투입과 병력의 증원, 엄청난 화력 지원, 그리고 병력의 절약을 위한 전선의 축소에도 불구하고, 전선이 안정되지 못한 전황을 보면서 미국은 "우려"를 금치 못했다. 물자와 장비의 헌신적인 지원에도 불구하고, 돌파된 낙동강전선에서 전과 확대가 되지 못하고 다시 원상태로 복원되는 전황을 보면서 소련은 지원 약속과 군사적인 충고를 곁들인 "격려"를 아끼지 않았다. 이에 따라 미국과 소련은 우려와 격려 속에 병력과 장비를 지원함으로써 미국은 전세를 역전시키려 하였고, 소련은 공격의 기세를 더하려 하였다.

6) 북한군의 9월 공세

낙동강 방어선을 돌파하여 부산을 점령하려는 북한군의 의지는 결코 꺾이지 않고 있었다. 김일성(金日成)을 최고사령관으로 삼아 전선사령부 예하 1, 2군단으로 단일 지

---

419) *蘇聯極秘外交文書, 4,* pp. 53-55; Coded message N 75021, 28 August 1950, the 8th Directorate of the General Staff, Armed Forces of the Soviet Union, pp. 1-2; Politburo of the CC of All-Union Communist Party(Bolshevik), Decision of September 7, NP 78/73, Extract from the minutes N 78 of Politburo meeting, 73, Questions of Korea, p. 1, quoted in *The Korean Conflict, 1950-1953,* pp. 67-9.

420) *蘇聯極秘外交文書, 4,* pp. 56-59; Coded message N 600047/sh, August 31, 1950, From Shtykov to Stalin with the text of the letter from Pyongyang, quoted in *The Korean Conflict, 1950-1953,* p. 67.

휘 체계를 가진 북한군은 8월 공세에 이어 9월 공세를 준비하고 있었다. 김일성 밑에 최용건(崔庸健)이 민족보위상(民族保衛相) 겸 부사령관으로서 후방 지원 임무를 수행하고 있었으며, 전선사령관 김책(金策)과 그의 참모장 강건(姜健)이 실제 공격 작전을 지휘하고 있었다. 그리고 실제 왜관 남쪽 낙동강 서부지역은 북한군 1군단(金雄 중장)이 맡고, 대구 북방에서 동해안에 이르는 동북부지역은 2군단(金武亭 중장)이 맡아서 공격 작전을 수행하고 있었다.[421] 북한군은 부산 점령이라는 목표를 달성하지 못한 8월 공세의 결과를 결코 받아들이지 않고 있었다. 그리하여, 북한군은 유엔군의 병력이 증원되기 전에 다시 공세를 취하여 부산을 점령함으로써 “남조선을 해방”하려 하였다.

9월 공세에서 북한군은 총 13개 보병사단과 1개 전차사단, 2개의 독립전차여단, 경비부대 등을 전선에 투입하였다. 낙동강 서안 1군단지역에는 북쪽으로부터 10, 2, 4, 9, 7, 6사단을 투입하였고, 105전차사단 일부 병력과 T-34전차 43대를 보유한 16전차여단이 이를 지원하였고, 6사단 후방에는 104경비여단이 배치되어 있었다. 2군단지역에는 대구 서북방에서부터 3, 13, 1, 8, 15, 12, 5사단이 동해안까지 늘어서 있었으며, 105전차사단 병력과 40대의 전차를 보유한 17전차여단이 이들 사단들을 지원하고 있었다. 특히 16, 17전차여단은 스탈린의 지원 약속에 따라, 8월 23일경에 평양에서 편성된 부대로서 각 여단은 2개 전차대대(대대별 4개 전차중대)로 구성되었고, 야간에 열차를 이용하여 낙동강전선에 투입되었다. 북한군의 사단 숫자는 많았으나 병력은 그렇게 많지 않아 총 9만 8,000여 명 정도를 유지하고 있었고, 그나마 병력의 1/3 정도는 남한지역에서 의용군이라는 명목으로 징집한 신병으로 채워져 있었다. 북한군 사단은 적게는 5,000명(2, 12사단 등)에서 많게는 1만 명(6사단) 정도에 이르고 있었으며, 16, 17전차연대는 각각 500명씩 보유하고 있었다.[422] 그리고 북한군의 보급사정은 좋지 않아 이들 병력들의 사기는 높은 편이 아니었다.

북한군은 1군단 2개, 2군단 3개 등 5개의 공격 집단을 구성하여 낙동강전선을 돌파하고, 돌파한 전과를 확대하여 대구와 부산을 점령하여 낙동강 교두보를 확보하려 하였다. 1군단지역에서는 서남쪽의 6, 7사단이 미 25사단 방어지역인 마산을 점령한 후 부산으로 진출하려 하였고, 2, 4, 9사단은 창녕, 영산을 거쳐 밀양으로 진출하여 대구에서 부산에 이르는 경부도로와 철로를 차단하고, 10사단은 고령에 위치하여 현풍지역을 노려봄으로써 대구 남서측방을 위협하려 하였다. 2군단지역에서 3, 13, 1사단은 미 1기병사단과 한국군 1사단 지역을 돌파하여 대구로 향하고, 8, 15사단은 한국군 6, 8사단 지역을 뚫고 하양(河陽)과 영천(永川)을 점령하여 대구에서 포항에 이르는 도로와 대구에서 경주에 이르는 도로와 철로를 차단하고, 대구에 대한 포위를 실시하도록 하였다. 동해안지역의 12, 5사단은 한국군 수도사단과 3사단을 공격하여 포항과 영일을 점

421) *South to the Nakdong, North to the Yalu*, p. 394. 전선사령부 참모장 姜健은 9월 8일 안동 부근에서 지뢰사고로 사망함.

422) *前揭書*, pp. 394-5.

령한 후 경주를 거쳐 부산으로 진출하도록 하였다. 북한군은 이러한 공격 계획을 가지고 1군단은 8월 31일 23시 30분 공격을 개시하고, 2군단은 이보다 약간 늦게 9월 2일 18시에 공격을 실시하여 낙동강선 방어에 임하고 있던 유엔군과 한국군의 방어력을 분산시킨 다음에 전선을 돌파하려 하였다.[423]

낙동강 방어선을 방어하기 위하여 유엔군과 한국군은 방어 정면을 조정하고 방어부대를 전환시켜 교두보를 지키려 하였다. 8군사령관은 미 25사단을 마산지역에 배치하고, 그동안 8군예비로 운용하던 27연대를 미 25사단에 원복시켜 35, 24연대와 함께 마산지역을 방어하도록 하였다. 그리고 창녕·영산지역에는 9, 23, 38연대로 편성된 미 2사단을 투입하고, 그곳을 방어하고 있던 미 24사단을 8군 예비로 전환하였다. 그러면서 미 24사단의 34연대를 명목만 남겨 놓고 해체하여 19, 21연대를 보강한 다음, 19연대와 11포병대대를 2사단에 배속시켜 낙동강 돌출부지역의 방어를 강화하고, 마산지역에 투입되었던 5연대전투단을 24사단에 배속하여 8군 예비로 삼아 경산(慶山)에 위치시켰다. 8월 29일에 부산에 도착한 영국군 27여단은 미 2사단의 작전통제하에 현풍(玄風)지역에 배치하여 대구 서남측의 위협에 대비하도록 하였다. 미 1기병사단은 왜관 남쪽에서부터 대구 북방 다부동(多富洞)과 가산(架山)까지의 지역을 방어하도록 하였다. 한국군도 1사단을 미 기병사단 우측에 배치하여 신녕(新寧)의 팔공산(八公山) 지역을 방어하도록 하고, 6사단은 신녕-영천 도로, 8사단은 화북(華北)에서 영천에 이르는 도로를 방어하도록 하였다. 수도사단을 기계(杞溪)·안강(安康)지역에 배치하여 경주 축선을 방어하도록 하고, 포항 북방에 배치된 3사단으로 하여금 포항을 방어하도록 하였다. 유엔군과 한국군은 방어 정면과 부대의 전환을 8월 30일까지 완료하도록 하여, 부산 교두보의 전 전선에 걸쳐 감행될 또 다른 북한군의 공세에 대비하였다.[424]

낙동강선 방어를 위해서 유엔군과 한국군은 우세한 전력을 확보하고 있었다. 먼저 유엔군은 제공·제해권을 확보하고 있었다. 이로 인해 북한군은 보급 수송은 물론 공격 개시 시간까지도 주간을 피하고 있을 정도였다. M46 패튼 전차를 장비한 1개 전차대대를 비롯하여 M26 퍼싱 전차와 M4A3 셔만 전차를 균등하게 보유한 5개 전차대대 등 6개의 독립 전차대대가 한국전선에 투입되었고 이들 대대가 보유한 414대의 전차와 4개의 연대 전차중대, 수색정찰 경전차 중대의 전차까지 합하여 유엔군은 당시 약 600여 대의 전차를 보유하고 있었다. 이에 비해서 북한군은 기존의 105전차사단 전차와 새로 투입된 16, 17전차여단의 전차(83대)를 합하여 100여 대의 전차를 보유하고 있었으며, 전차의 화력도 북한군이 열세하였다. 유엔군의 병력도 한국군, 미군, 영국군, 미 극동 공군과 해병여단을 포함하여 18만여 명에 이르렀고, 미 극동 해군, 오스트레일리아 공군까지 동원하면 그보다 많았다. 이에 비하여 북한군의 지상 병력은 9만 8,000여 명에 불과하였다. 더구나 8월 30일 미 714철도수송대대가 한국에 도착하여 낙동강선 방어와 공세

423) *前揭書*, pp. 395-6.
424) *前揭書*, pp. 389-90.

작전에 필요한 보급 수송 체제를 갖추게 되었다. 북한군은 신장된 보급선을 유지하고 있었고, 이를 이용한 보급품의 수송마저도 유엔 공군기의 계속적인 차단 작전으로 인하여 방해를 받아 보급 지원의 곤란을 겪고 있었다.[425] 이와 같이 병력과 화력 및 보급 지원 등 모든 범주에서 북한군의 전력은 유엔군과 한국군에 비해서 열등한 편이었다.

유엔군의 작전 지휘 능력 역시 북한군보다 월등하게 우수하였다. 물론 북한군 사단장이나 군단장들은 과거 중국 내전이나 일본과의 전쟁을 치르는 과정에서 다듬어진 전투 지휘 능력을 갖추고 있었으나, 한국전쟁을 지휘하던 맥아더와 전투를 수행하던 워커, 인천상륙작전을 준비하던 알몬드(Edward M. Almond 소장)는 "내로라" 할 수 있는 군 지휘관들이었다. 1차 세계대전과 태평양전쟁에서 군사적 천재로서 자리를 굳힌 맥아더의 명성은 다른 언급이 필요하지 않았고, 8군사령관 워커도 2차 세계대전시 패튼(George S. Patton 대장)이 지휘하던 3기갑군의 선봉 군단인 20군단장을 역임한 역전노장(歷戰老將)이었다. 명령에 이의를 달지 않는 그의 성격과 공격적인 작전 수행으로 공격적인 패튼까지 워커를 칭찬했고, 맥아더 역시 그를 인정하고 있었다. 맥아더의 참모장으로서 인천상륙작전에 투입될 10군단장으로 임명된 알몬드 소장은 1915년 버지니아 주립사관학교를 졸업하였으며, 1차대전 때 은성훈장 등 많은 훈장을 받은 역전노장이었다. 그는 미 육사를 졸업한 외아들을 2차대전 때 잃고 외동딸의 사위마저 전쟁터에서 잃은 불운한 군인이기도 하였다. 그보다 후임인 콜린스 대장이 미 육군참모총장이 되어 승진의 기회는 없었으나, 맥아더의 그에 대한 신임은 매우 두터웠다. 미군 사단장들도 전진(戰塵) 속에서 닦여진 지휘력과 통솔력을 지니고 있었으며, 한국군 사단장들도 전쟁을 치르는 동안 건실하게 작전지휘 능력이 다져진 지휘관들이었다.[426] 이와 같이 유엔군과 한국군의 지휘 체계와 지휘 능력은 북한군에 비해서 월등하게 우수하였다.

이러한 작전 지휘 능력을 갖춘 유엔군과 한국군이었지만 북한군의 공격 기세가 꺾여지지 않는 이상, 낙동강선에서 방어를 할 수밖에 없었다. 낙동강 방어선은 8군사령관인 워커의 개념에 의해서 치러지고 있었다. 8군사령관은 "반격을 통한 방어"를 강조하면서 강력한 화력 지원으로 북한군의 전력을 소모시키고, 강력한 예비대를 신속하게 투입하여 전 전선을 안정시키려 하였다. 특히 워커는 전선이 조금이라도 한가하면 그곳에서 예비대를 차출하여 급한 불을 끄는 "소방전술"도 구사하여 위기를 극복해 가면서, 위험한 곳에는 항상 자신이 직접 나타나서 작전을 독려하는 적극적인 지휘를 서슴지 않고 있었다. 그가 증원을 요청하러 나타난 한 장군에게 "관(棺) 속에 누워 있지 않는 한, 전선을 이탈한 당신을 다시는 보고 싶지 않다"는 말을 할 정도로 공격(攻擊)과 고수(固守)를 강조하였다.[427] 낙동강 방어선의 상황이 다급하면 할수록 인천에

---

425) *前揭書*, pp. 379-396, 특히, pp. 382, 395 참조.
426) *The Forgotten War*, pp. 32-5.
427) *South to the Nakdong, North to the Yalu*, p. 417.

북한군의 9월 공세 개괄(1950. 9. 1.-9. 15.)

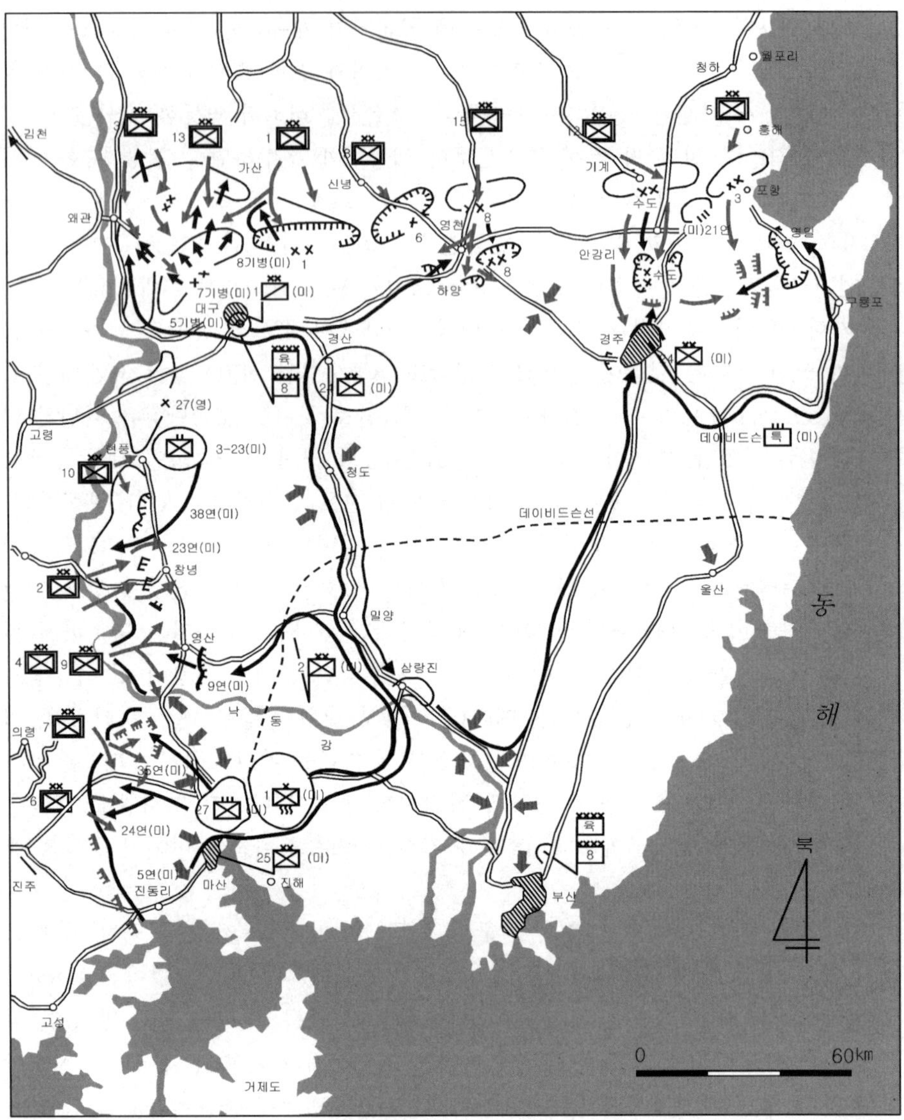

상륙하여 북한군의 "목줄"을 죄어야 한다고 판단하고 있던 맥아더의 구상(構想)과 성격을 잘 알고 있던 워커는 귀중한 예비대인 "해병대"를 맥아더가 빼내기 전에 낙동강 전선을 안정시켜야 된다는 점을 잘 알고 있었다.

그러나 9월 공세라고 이름지어진 북한군의 공세는 8월의 것보다 결코 덜 지독하지 않았다. 오히려 더 지독하고 격렬하여 낙동강 전 전선에서 위기가 조성되었다.

(1) 북한군의 공격과 낙동강 방어선의 위기

낙동강에서의 북한군 공격은 낙동강 서남부지역에서 8월 31일 한밤중에 먼저 개시하고, 동북부지역에서는 9월 2일 저녁에 실시하는 것으로 계획되어 있었다. 보다 정확하게 말하여 북한군은 낙동강 서남부지역에서 1군단이 8월 31일 23시 30분 시작하여 먼저 미 8군의 예비대를 그쪽으로 투입하도록 한 다음 동북부지역의 2군단이 9월 2일 18시에 공격을 개시하여 전선을 돌파하는 것으로 계획되어 있었다.[428] 유엔군의 폭격이나 포격에 의한 화력 지원이 맹렬하고 효과적이어서 그들에게 막대한 피해를 강요하기 때문에 북한군은 공격 개시 시간을 저녁이나 한밤중으로 잡았다. 북한군은 유엔군과 한국군이 혼전을 벌일 아침에는 양측 병력들이 서로 섞여 유엔군의 포격과 폭격을 피할 수 있다는 예측과 판단에서 공격 개시 시간을 그렇게 잡았던 것이다.

① 기계·포항지역 전투

낙동강 방어선 동북부지역을 맡고 있던 북한군 2군단의 공격은 낙동강 서남부지역의 1군단보다 늦게 9월 2일에 개시되는 걸로 알려졌으나 포항(浦項)·기계(杞溪)지역에서의 북한군 공격은 8월 27일에 시작되었다. 이 지역을 방어하고 있던 한국군과 미군은 8월 공세에서 입은 북한군의 피해가 워낙 커서 다시는 공격을 가할 수 없을 것으로 판단하고 있었다.[429] 한국군의 이러한 판단과 예측과는 달리, 5,000여 명 정도의 병력을 유지하고 있다는 북한군 12사단은 8월 27일 04시, 기계 북방에서 방어 진지를 구축하고 있던 수도사단 17연대 우측의 1개 중대를 강타하였다. 17연대 우측방과 우측의 18연대 좌측방이 노출되어 수도사단의 양개 연대는 할 수 없이 기계를 포기하고 후방으로 5km 정도 후퇴하였다. 북한군의 피해가 심할 것이라는 판단을 내리고, 공세를 유지하면서 전장의 주도권을 장악하려 했던 수도사단의 병력은 피로한 상태에서 북한군의 공격을 받아 기계 북방의 방어선을 포기하고 말았다. 동부지역에서 벌어진 이러한 사태는 8월 27일 일요일 아침 대구에 있던 8군사령관을 긴장시키고도 남을 충격을 가져다 주었다.[430]

8군사령부에서 실시된 상황 브리핑(briefing)을 듣고 난 8군사령관은 우려의 빛을 감추지 못했다. 북한군의 다음 공격에 대비하여 방어 정면을 조정하면서 방어 부대까지 교대시키고 있는 상황에서 포항·기계지역에서의 방어선 붕괴는 결코 바람직하지 않았기 때문이었다. 당시 상황 브리핑에는 군단장 요원으로 한 달 전에 도착한 콜터(John B. Coulter) 소장도 참석했다. 예하 군단장의 도움 없이 군사령관으로서 예하 사단의 작전을 직접 지휘해 온 워커이었지만, 자신과 한마디 상의없이 맥아더가 임명한 59세의 군단장 요원을 그는 그렇게 환영하지는 않았다.[431] 그러나 동부지역에서 북한

428) GHQ FEC, History of the North Korean Army, pp. 57, 65, 73; 특히, p. 65에 있는 이학구 13사단 참모장의 노트에서 수록된 2군단장 金武亭의 명령요지; *前揭書*, pp. 395-6.

429) *前揭書*, p. 398.

430) *South to the Nakdong, North to the Yalu*, p. 398; *安康·浦項戰鬪*, pp. 132-6.

군의 공격이 시작된 당시에 워커는 그가 필요했다.

8군사령관은 콜터 소장을 공식적으로 8군부사령관에 임명하여 한국군 1군단과 미 21연대, 9연대 3대대, 1개 중대가 빠진 73중(中)전차대대를 지휘하여 포항지역의 위기를 해소하도록 하였다. 명령을 받은 콜터 소장은, 1815년 뉴 올리언스(New Orleans) 전투에서 영국군을 격파하여 승리를 거둔 장군(Andrew Jackson)의 이름을 따서 이 혼합부대를 "잭슨 특수임무부대(Task Force Jackson)"라고 호칭하고, 8월 27일 12시부로 이 부대들의 작전 통제권을 행사하게 되었다. 콜터 소장은 경주 한국군 1군단 사령부가 있던 건물에 그의 사령부를 설치하고, 한국군 1군단장과 참모들에게 붕괴되지 않는 방어선의 유지가 얼마나 중요한가를 강조하였다. 콜터 소장에게 부여된 임무는 한국군 1군단이 방어하고 있던 영천 북방(8사단)에서부터 포항에 이르기까지의 전선을 신속하게 안정시키는 것이었다. 콜터 소장은 8월 28일 미 21연대를 주축으로 반격을 실시하려 하였으나, 막심한 피해를 입고 지쳐 있던 수도사단 병력은 반격할 수 없다는 한국군 1군단장의 만류로, 반격 계획을 연기하였다. 반격을 통하여 전선을 안정시켜야 한다는 워커의 명령을 받았지만, 콜터 소장은 한국군 지휘관의 이러한 권고를 받아들일 수밖에 없어서 우선 방어 태세를 가다듬기로 하였던 것이다.432)

포항 북쪽에서 방어 진지를 편성하고 있던 한국군 3사단도 8월 27일 새벽에 북한군 5사단의 공격을 받았다. 공격을 받은 한국군 3사단은 포항으로 철수하였다. 이때 미 고문단으로부터 역습을 권고받은 3사단장(金錫源 준장)은 병사들이 너무 지쳐 역습을 수행할 수 없다고 하였다. 사태가 이렇게 전개되자, 콜터 소장은 미 21연대를 포항 북쪽 3사단 방어지역에 투입하여 방어에 임하도록 하였으나, 야간에 북한군의 압력은 가중되었다. 8월 29일에는 미군 전차와 포병의 지원을 받은 수도사단 병력이 역습을 감행하여 기계를 탈환하고 북한군의 야간 역습까지 격퇴했으나, 새벽에는 기계를 다시 내놓아야만 하였다. 이에 미 항공모함에서 전폭기가 출격하여 기계를 점령한 북한군 12사단을 공격하고, 한국군 3사단도 미 전차대대의 지원을 받아 역습을 감행하고, 포항 연안에 정박하고 있던 전함은 북한군 5사단에 대해서 1,500발이 넘는 5인치 포탄을 퍼부었으나, 포항 북쪽의 93고지를 탈취하지는 못하였다. 유엔군의 엄청난 공중·해상 화력 공격에도 불구하고 포항과 기계지역의 전투는 8월 말까지 치열한 정도가 수그러들지 않았으며, 학도병까지 동원하여 싸워온 한국군 수도사단과 3사단의 전력은 거의 고갈 상태에 도달해 있었다.433)

포항·기계지역의 서전(緖戰)에서 기선을 잡은 북한군은 9월 2일 새벽 협조된 공격을 감행하였다. 북한군 12사단은 9월 2일 01시 30분, 한국군 수도사단 17, 18연대 사이의 간격으로 침투한 2,500여 명의 병력과 더불어 수도사단을 강타하였다. 수도사단 17,

431) *The Forgotten War*, p. 261.
432) *South to the Nakdong, North to the Yalu*, pp. 398–9; *安康·浦項戰鬪*, pp. 136–9.
433) *South to the Nakdong, North to the Yalu*, pp. 400–1; *安康·浦項戰鬪*, pp. 140–5.

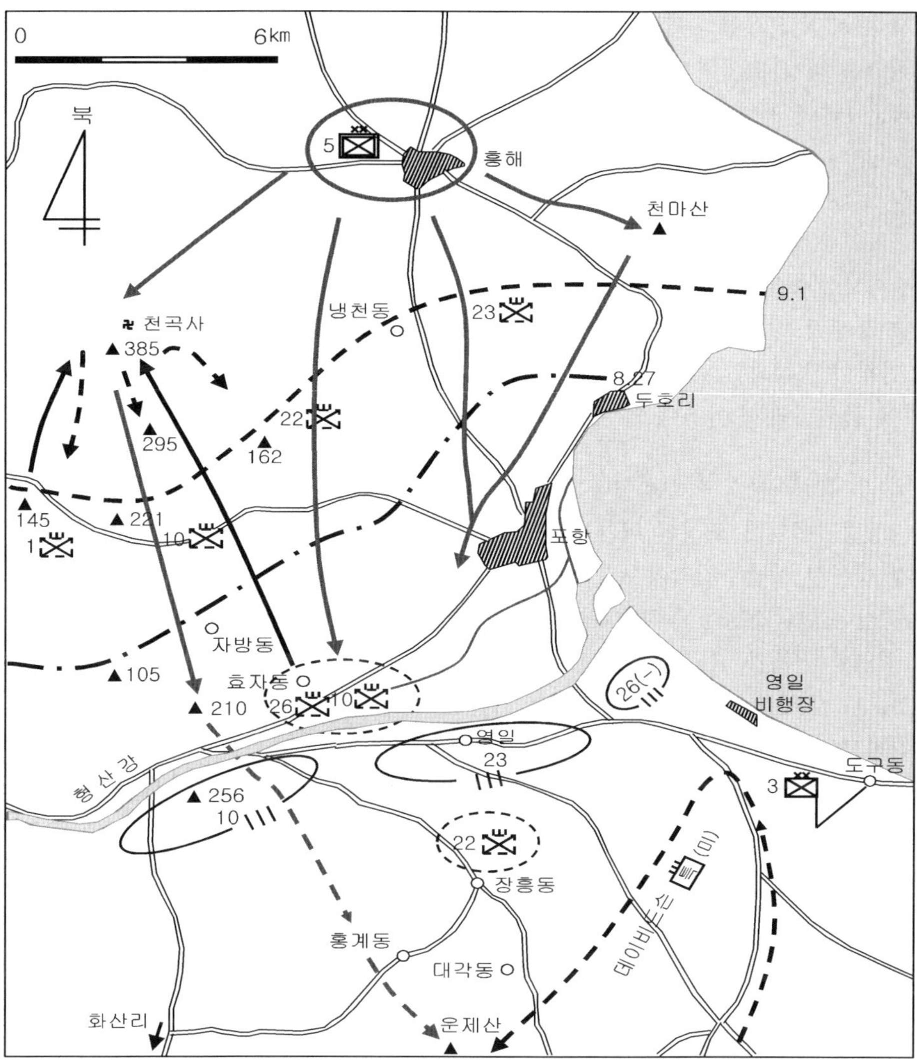

포항지역 전투(1950. 8. 27.-9. 15.)

18연대는 점령하고 있던 고지를 내놓고 철수하여 9월 3일 새벽, 북한군은 안강(安康) 동쪽까지 진출하였다. 포항의 한국군 3사단도 미군 항공, 함포 및 지상 포화의 화력 지원을 받으면서 싸우고 있었으나, 포항을 지켜 내기가 힘들었다.[434]

상황이 악화되자 잭슨특수임무부대장 콜터 소장은 미 21연대 3대대를 안강 동쪽 삼거리 지점에 배치하여 경주-포항 간 도로를 지키게 하고, 나머지 연대 병력은 경주 북방에 위치시켜 예비대로 확보하였다. 8군사령관도 한국군 7사단 5연대를 영천, 3연대를 경주에 급파하고, 영일비행장을 지키고 있던 미 9연대 3대대와 전차중대 및 15포병

434) *前揭書.*

대대를 콜터 소장에게 배속시킴으로써 영일비행장에 2개의 고사포 포대만 남겨두는 비상 조치를 취하였다.[435)]

이러한 비상 조치에도 불구하고 상황은 계속 악화되어 갔다. 9월 3일과 4일 사이에 한국군 1군단 전선은 붕괴에 직면하고 있었다. 9월 3일 02시 20분 북한군 12사단은 안강(安康)에 진입하였고, 북한군과 수도사단 병력이 어울려 싸우고 있던 04시경부터는 지원 포화도 사격을 멈추어야만 하였다. 포탄은 한국군과 북한군을 구별할 수 없었기 때문이었다. 미군이 반격에 나섰으나 소용이 없었다. 9월 4일 북한군은 경주 북방 5km 지점까지 진출하였다. 이 지역을 지키고 있던 한국군 수도사단과 3사단 사이에 약 4km의 간격이 생겼고, 영천을 지키고 있던 한국군 8사단과 수도사단 사이에도 13km에 달하는 간격이 형성되었다. 포항에 대한 북한군 5사단의 공격도 심화되어 포항은 결국 9월 5일에 북한군의 손아귀에 들어가고 말았다.[436)]

② 마산(馬山)·영산(靈山)·창녕(昌寧)지역 전투

낙동강전선에서 조성된 위기는 동북부지역에 국한되어 재현된 것만은 아니었다. 낙동강 방어선 서남부지역에서도 사정은 마찬가지였다. 9월의 최초 2주일 간 벌어진 전투 손실은 한국전쟁을 통하여 단위 시간 동안에 입은 손실 중에서 최고를 기록할 정도로 치열한 전투가 되었다. 병력과 화력 및 보급 지원의 우세를 확보하고 있던 유엔군이었으나 공세를 계속해온 북한군의 기세를 꺾는다는 것이 얼마나 어려운 일인가를 실감하고 있었다.

제공권을 확보하지 못하고 있다는 사실을 정확하게 알고 있던 북한군의 공격 준비는 매우 철저하고 치밀하게 진행되었다. 미 2사단과 25사단이 방어에 임하고 있던 낙동강 서남부지역을 공격하려는 북한군은 무엇인가를 부지런히 준비하고 있었다. 특히 마산지역을 지키고 있던 미 25사단 지역의 북한군은 남강(南江)을 가로지르는 3개의 수중교(水中橋)를 건설하였다. 유엔 공군기가 주간 폭격으로 이를 부분적으로 파괴하면 북한군은 야간 보수를 통하여 이를 원상으로 복구하였다.[437)] 북한군은 제공권을 확보하지 못한 상태에서 야간(夜間)과 미명(未明) 공격을 위주로 하는 공격 방법을 택하여 유엔군의 공중 공격을 피하려 했다. 날이 밝을 즈음에는 미군과 100-150m 정도 근접한 상태를 항상 유지함으로써 유엔의 전폭기가 피아군을 구별할 수 없도록 하여 공중 공격도 피하고, 계속적인 추격도 감행하는 양면의 효과와 전과(戰果)를 보장하려 하였다.[438)] 북한군은 수중교를 가설하여 중장비를 도하시키고, 야간 공격과 주간 근접전을 통하여 전투 손실을 최소화하면서 계속적인 공격 기세를 유지하여 목표를 달성

435) *South to the Nakdong, North to the Yalu*, p. 402.

436) *South to the Nakdong, North to the Yalu*, pp. 402-5; *安康·浦項戰鬪*, pp. 148-71. 한국군은 8사단을 2군단에 배속하고(1950. 9. 5. 10:30), 1군단장에 김백일 준장, 수도사단장에 송요찬 대령, 3사단장에 이종찬 대령으로 교체, 임명(9. 1.), 전열을 재정비하였다.

437) *South to the Nakdong, North to the Yalu*, p. 437.

438) 전투 수행 방식에 관한 북한군 6사단장 방호산(方虎山)의 1950년 8월 24일 훈시문, *前揭書*, p. 438.

하려 하였다.

낙동강 서남부지역의 북한군 1군단은 8월 31일 22시부터 6, 7사단을 마산의 미 25사단 정면, 2, 9, 4사단을 창녕・영산지역의 미 2사단 정면에 투입하여 9월 3일까지 마산, 진해를 거쳐 김해(金海)를 점령하고, 창녕, 영산을 거쳐 밀양(密陽)과 삼랑진(三浪津)을 점령한다는 목표를 세우고 공격을 감행하였다.

북한군 6, 7사단은 남지(南旨)에서 남해안까지 50km의 정면을 방어하고 있던 미 25사단지역을 공격하였다. 북한군 6사단은 8월 31일 자정 직전에 미 25사단 24연대지역을 공격하였다. 북한 6사단 2개 연대는 함안(咸安)을 잇는 도로를 집중 공격하면서, 남쪽 5연대지역에는 포화만 퍼부었다. 이와 동시에 북한군 7사단은 35연대가 지키고 있던 의창(義昌)지역을 공격하였다. 북한군 6사단의 공격을 받은 24연대지역은 혼란이 조성되었고, 후방의 지원 부대(159포병대대 C포대)가 북한군 침투 병력의 기습을 받기도 하였다. 35연대가 지키고 있던 지역도 몇 군데가 돌파되었다. 9월 1일 아침, 미 25사단 지역의 방어선에 몇 군데 흠집이 발생하였으나 미 25사단은 그런대로 방어선만은 유지하고 있었다.439)

창녕・영산지역을 방어하고 있던 미 2사단지역의 상황은 더욱 심각하였다. 북한군 9사단과 4사단이 영산(靈山) 정면을 공격하였고, 창녕 정면에는 북한군 2사단이 들이닥쳤기 때문이었다. 삼랑진 점령을 목표로 한 북한군 9사단의 주력은 남지읍 박진(泊津)나루를 건너 미 9연대를 공격하였다. 이때 9연대는 낙동강 서쪽 4km 지점에 북한군 사단 사령부가 있다는 정찰 결과에 따라, 이를 습격하려는 기습 작전을 준비하고 있었다. "만주작전(Operation Manchu)"이라고 불린 특공 작전을 수행할 "만주 특수임무부대(Task Force Manchu)"는 D, H중대에서 1개 소대씩 차출하여 구성되었다. 이들 습격조는 8월 31일 저녁 박진나루터가 보이는 고지(209)까지 진출하여 낙동강 도하 준비를 갖추고 있었고, 9연대장과 작전장교도 그곳에서 이들을 격려하고 있었다. 그러나 북한군 9사단 병력이 먼저 도하 공격을 감행하여 전방 중대의 중화기 소대를 덮치고, 이들 습격조도 공격하였다. 연대장은 그곳을 빠져 나올 수 있었으나 연대 작전장교는 빠져 나오지 못하고 말았다. "만주 작전"은 즉시 취소되었고, 9연대는 먼저 돌파된 방어선을 회복해야만 하였다.440)

그러나 방어선의 회복은커녕 사태의 수습 자체가 쉽지 않았다. 9연대는 전방이 뚫리자 9월 1일 새벽 03시, 연대가 보유한 유일한 예비대(E 중대)를 전방에 투입하여 영산 서쪽 10km 지점에서 영산에 이르는 주 도로를 지키도록 하였다. 그러나 이 예비중대가 계획된 지점에 도착하기 전에 이미 침투해 있던 북한군의 공격을 받아 중대장이 전사하고, 이 병력을 따라나섰던 사단장 부관마저 전사하고 말았다. 클로버 고지와 오봉리 능선마저 북한군에게 탈취당하고 영산과 낙동강 사이에 위치한 긴요한 방어지역마

---

439) *前揭書*, pp. 440-3.
440) *前揭書*, pp. 446-7.

저 확보하지 못한 9연대는 영산에 위치한 연대본부의 안전도 보장할 수 없는 처지에 놓이게 되었다.[441]

낙동강에서 창녕에 이르는 두 도로를 방어하고 있던 미 2사단 23연대도 북한군 2사단의 공격을 받았다. 한밤중에 북한군이 횃불을 손에 받쳐 들고 낙동강을 건너고 있다는 보고를 받은 미 23연대장(Paul F. Freeman 대령)은 즉시 포병 화력을 이들에게 퍼부었다. 그러나 몇 개의 횃불만 사라지고 나머지는 사라지지 않았다. 조금 있다가 23연대 진지에는 북한군이 던진 수류탄이 떨어지기 시작하였다. 전방의 1개 중대(C)가 20명만 남고 와해되었다. 다른 중대(B)도 많은 사상자를 내고 퇴각했다. 연대장은 사단 예비대에서 2개 중대(E, F)를 얻어 전방에 투입하였으나 별 효과가 없었다. 23연대 본부중대와 기타 보급 부대원들이 창녕 서북방 8km 지점에서 북한군의 진격을 멈추게 하였으나, 매우 불안한 상황이 가시지 않고 있었다.[442]

더구나 9월 1일 오전에는 북한군이 영산과 창녕을 남북으로 잇는 도로를 차단하여 미 2사단은 북쪽지역에 있던 38, 23연대 및 포병이 남쪽의 9연대와 분리되었다. 이에 2사단장은 할 수 없이 창녕 북방 10km 지점에 사령부를 두고 있던 포병사령관(Loyal M. Haynes 준장)으로 하여금 북쪽의 사단 병력을 지휘하도록 하고, 남쪽에 있던 9연대와 2전투공병대대, 72전차대대 등과 기타 사단 부대들을 부사단장(Joseph S. Bradley 준장)이 지휘하도록 조치하였다. 사단이 두 개의 특수임무부대, 즉 헤인즈부대와 브레들리부대로 분리되었던 것이다. 더욱 곤혹스러운 점은 사단 사령부와 전방 연대와의 교신도 끊어지고 사단 예비대마저 거의 없어 2사단은 위기에 대처할 능력이 전혀 없는 상태에 처해 있었다는 것이다.[443]

낙동강 서남부지역이 위태롭게 되자 8군사령관은 세 가지 조치를 취했다. 먼저 그는 9월 1일 오전 9시, 미 극동 공군에게 낙동강 서남부지역의 전장을 고립시키기 위하여 이 지역에 대한 집중적인 공중 공격을 요청하였다. 그리고 그는 그 날 정오에 미 2사단사령부를 방문하여 사수(“stand or die” defense)를 명령하였다. 낙동강 서남부지역이 돌파되어 밀양이 북한군의 수중에 들어갈 경우 경부 도로와 철로가 차단되고, 그렇게 되면 대구전선의 유지가 불가능하게 되어 또 다른 후퇴를 강요당할 수밖에 없다고 판단한 8군사령관은 그가 운용할 수 있는 예비대를 계산해 보았다. 그가 운용할 수 있는 예비대는 2개 대대의 영국 27여단 병력, 마산지역에서 27연대와 교대하고 대구 지역에 투입하려 했던 5연대전투단, 경산의 24사단사령부와 같이 있던 19연대 등 3개 연대였다. 그러나 인천상륙작전을 위해서 부산으로 이동하려는 해병여단의 5해병연대 등은 맥아더의 승인을 받아야 운용할 수 있는 병력이었다. 8군사령관은 24사단사령부와 19연대, 1임시해병여단에게 즉시 출동할 수 있는 준비를 갖추도록 예비 명령을 하달하였다.[444]

---

441) *前揭書*, p. 448.
442) *前揭書*, pp. 448-50.
443) *前揭書*, pp. 451-3.

영산 · 창녕지역 전투

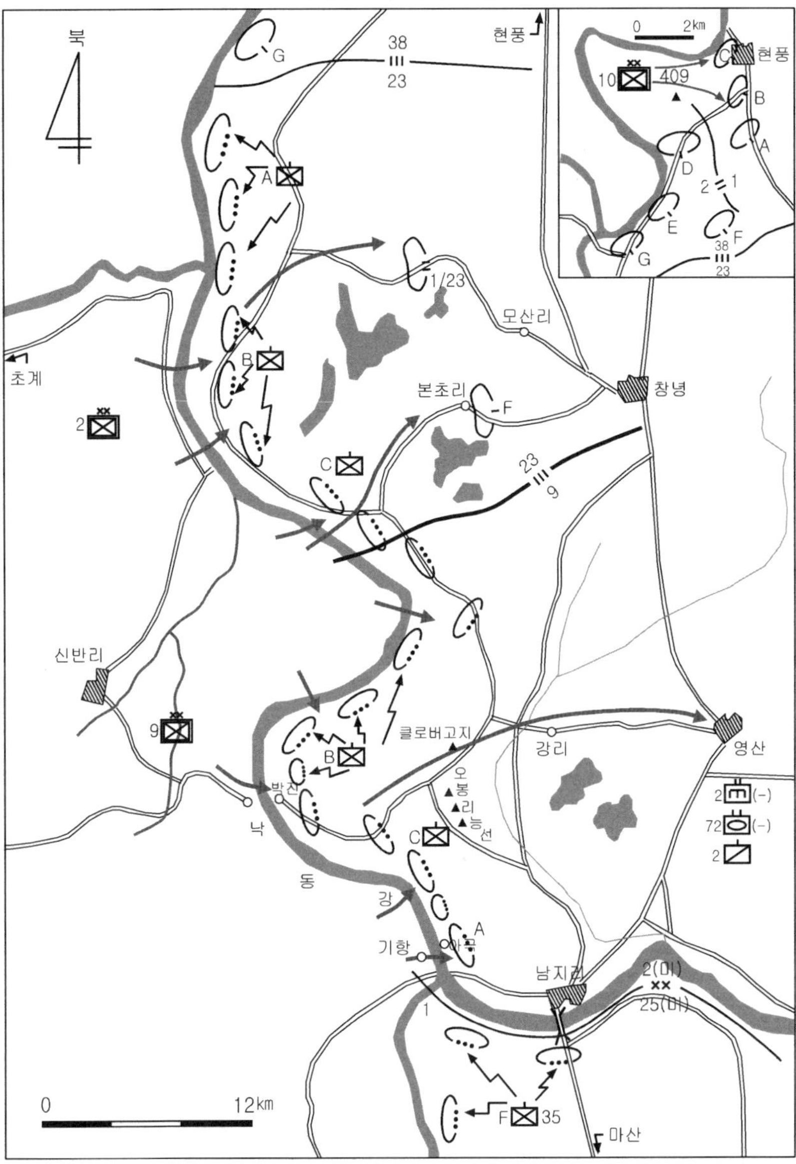

이와 같이 8군사령관은 공중 공격 강화, 현지 방어 사단의 사수 의지 고양, 가용한 예비대를 투입하여 낙동강 서남부지역의 위기를 해소하려 하였다. 그러나 가장 확실한 위기 해소 방안은 예비대 투입을 통한 전선의 안정이었다.

9월 2일 09시 35분, 북한군 9사단은 영산 남쪽에 있던 2전투공병을 격파하고 영산에서 밀양에 이르는 도로를 차단하려고 동쪽으로 기동하고 있었다. 8군사령관 워커는 즉

444) 前揭書.

시 동경에 전화를 걸었다. 1해병여단을 사용하겠다는 허락을 맥아더로부터 받기 위해서였다. 이미 사태를 예견한 듯한 맥아더가 전날 참모에게 "워커가 필요하다면 해병대를 사용하도록 하라"고 지시를 내린 바 있었기 때문에 워커는 맥아더의 참모로부터 곧 승낙을 얻을 수 있었다. 전화를 끊고 8군사령관은 1임시해병여단을 미 2사단에 배속하여 반격을 실시하도록 하였다. 해병대가 주축이 된 미군의 역습은 9월 3일 오전 08시 55분에 실시되었다. 9월 3일 하루 동안 5해병의 1대대와 2대대는 34명의 전사자와 157명의 부상자를 내며 역습을 실시했고, 미 9연대는 해병을 초월한 역습을 실시하여 북한군의 영산 점령을 막아냈다. 9월 4일도 역습을 계속하여 북한군 9사단의 전방사령부로 보이는 지점도 점령하고, 그들이 버리고 간 2대의 T-34전차도 볼 수 있었다. 그러나 9월 4일 밤, 북한군은 5해병연대 옆에 있던 9연대를 공격하였다. 비가 억수같이 내리는 가운데 육박전을 벌이면서 전투를 계속했으나, 악화된 전황이 쉽게 호전되지는 않았다.445)

창녕을 지키고 있던 미 2사단 23연대와 38연대도 고전(苦戰)을 치르고 있기는 마찬가지였다. 북한군의 공격을 받은 23연대와 38연대는 최초 방어 진지를 포기하고 후방에 방어 진지를 구축하여 방어를 하고 있었다. 그러나 9월 2일 17시경, 북한군이 다시 공격을 개시하여 38연대는 진지를 포기하였고, 23연대 1대대는 최초 1,100명에서 9월 4일에는 600명으로 줄어들 정도로 치열한 전투를 치르면서 창녕(昌寧)을 지키고 있었다.446)

마산지역을 방어하고 있던 미 25사단도 치열한 전투를 강요당하고 있었다. 의창(義昌)지역에 배치된 35연대는 북한군 7사단의 공격을 비교적 잘 막아내고 있었으나, 함안(咸安)지역의 24연대는 북한군 6사단의 공격을 받아 전선을 유지하지 못하고 있었다. 5연대전투단과 교대한 27연대가 역습에 나서고 5공군의 화력 지원으로 마산(馬山)을 지키고 있었다. 그러나 여기저기서 치열한 공방전이 계속되어 사태를 미리 예견하기 힘든 상태였다.447)

③ 대구·영천지역 전투

대구(大邱)와 영천(永川) 정면 역시 평온할 리가 없었다. 북한군 2군단은 8, 15사단을 신녕(新寧)과 화북(華北) 방향에서 영천(永川)을 공격함으로써 대구 동측방과 경주의 서측방을 위협하면서 대구지역의 예비대를 전용하도록 강요하고, 대구 북쪽 정면에 3, 13, 1사단을 투입하여 대구를 점령하려 하였다. 이에 대해서 유엔군은 한국군 6사단을 신녕지역, 8사단을 화북지역에 배치하여 북한군 8, 15사단의 공격을 막도록 하고, 대구 서북방 왜관(倭館)·다부동(多富洞)지역에는 미 1기병사단, 그 우측 팔공산(八公山)지역에는 한국군 1사단을 배치하여 방어에 임하도록 하였다. 그러나 대구지역의 전황도 위기 상황의 연속이었다.

---

445) *前揭書*, pp. 462-5.
446) *前揭書*, p. 468.
447) *前揭書*, pp. 470-6.

대구의 동북방 교통의 요충인 영천을 점령하여 대구와 경주의 측방을 위협하려는 북한군 2군단은 8사단을 한국군 6사단이 지키고 있던 신녕-영천 축선으로 투입하였고, 15사단을 한국군 8사단이 지키던 구산동-화북-영천에 이르는 소로를 따라 진출시켜 공격하도록 하였다.

한국군 6사단은 북한군 8사단의 진격을 저지하였고, 특히 화산(華山, 828고지)과 신녕(新寧) 사이 골짜기에서 북한군 8사단의 병력을 거의 괴멸시켰으며 항공 및 지상 화력을 동원하여 이 사단을 지원하던 17전차여단의 전차 21대를 파괴하는 전과를 거두었다. 그러므로 9월 3-4일경에는 북한군의 산발적인 공격만 있었고 9월 6일에는 유엔군의 엄청난 공중 공격과 화력 지원으로 북한군은 피할 곳조차 찾기 어려운 지경에 있었다. 한국군 6사단(金鐘五 준장)은 "춘천바위"라는 별칭에 걸맞게 북한군 8사단의 공격을 저지하고 있었을 뿐만 아니라 그 전력을 거의 파괴시키고 있었다.[448)]

한국군 8사단이 지키고 있던 영천 북방지역은 사정이 달랐다. 9월 2일 밤 공격을 개시한 북한군 15사단은 공격 4일 만에 영천으로 들이닥쳤다. 북한군 15사단은 한국군 8사단 후방에 전차를 투입시켜 한국군 8사단을 당황하도록 만들었다. 9월 3일에는 우측의 16연대의 방어 진지가 무너지자 9월 4일, 8사단은 영천 북방 대천동(大川洞)과 평천동(平泉洞)을 연하는 선까지 철수하여 좌측에 21연대, 중앙에 16연대와 3연대 1대대, 그리고 우측에는 7사단 5연대를 배치하였다. 영천 북방이 다급해지자 육군본부는 9월 4일 신녕에서 작전중이던 7사단 8연대를 8사단에 배속시켜 영천 북방의 방어를 강화했다. 그러나 북한군 15사단은 9월 5일 자정, 3개 방향으로 공격을 개시하여 8사단의 중앙을 돌파하였다. 할 수 없이 8사단은 영천 북방으로 물러나 새로운 진지를 편성하였고, 육군본부는 대구·영천지역 전투의 일원화된 지휘를 위하여 8사단을 1군단(수도, 3)에서 2군단(1, 6, 8사단)으로 배속을 전환시켜 영천을 고수하려 하였으나, 상황이 급박하였다.[449)]

대구 정면의 북한군 3, 13, 1사단도 대구를 점령할 목적으로 3면에서 대구를 공격하였다. 북한군 3사단은 대구 서북방 왜관에서, 13사단은 대구 북쪽 산악지대에서, 1사단은 대구 동쪽 산악 능선을 따라 공격할 준비를 갖추고 있었다. 이에 맞서 영국군 27여단이 대구 서남쪽 고령(高靈)과 대구를 잇는 도로를 막고 있었으며(9월 5일), 미 1기병사단이 왜관(倭館)과 가산(架山)지역을 방어하고 있었고, 대구 동북방에는 한국군 1사단이 팔공산(八公山)에서 하양(河陽)에 이르는 지역을 방어하고 있었다. 대구 정면에 배치된 유엔군과 한국군도 북한군의 동향을 주시하고 있었다.[450)]

낙동강 서남부지역에서 감행된 북한군의 공격에 대해서 주의를 기울이면서 9월 1일, 8군사령관은 대구지역의 1기병사단에게 공격을 명령하였다. 8군의 요청에 따라 극동

---

448) *South to the Nakdong, North to the Yalu*, pp. 408-9.
449) *前揭書*, p. 409; 國防部 戰史編纂委員會, *新寧·永川戰鬪*(1984), pp. 252-8.
450) *South to the Nakdong, North to the Yalu*, pp. 411-2.

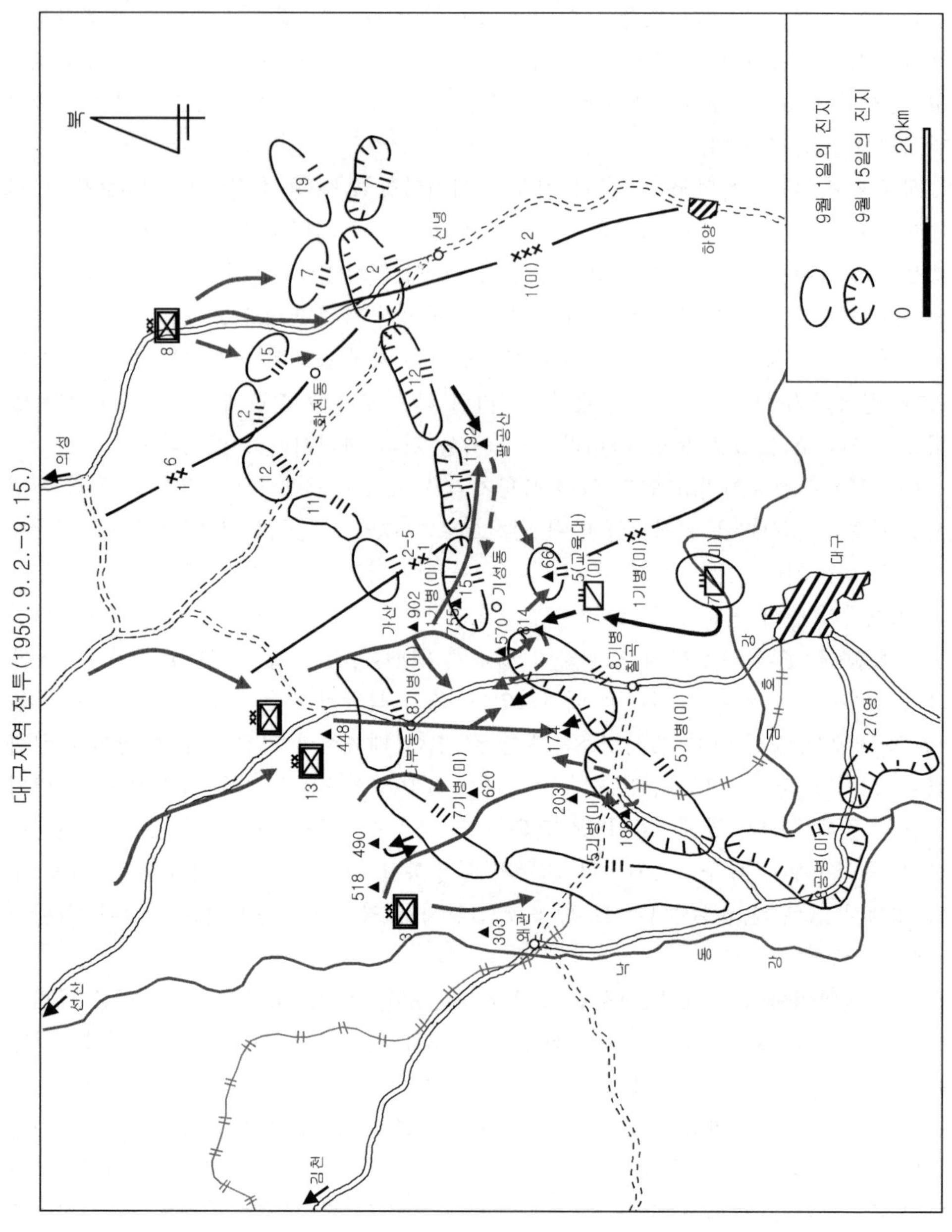

대구지역 전투(1950. 9. 2.-9. 15.)

공군은 9월 2일 아침 왜관을 감제할 수 있는 북측 고지(518, 346고지)에 37분 간에 걸쳐 폭탄과 네이팜탄을 투하하여 불세례를 퍼부었다. 이어서 포병화기가 불을 뿜었다. 9월 2일 오전 10시경, 미 1기병사단 7기병연대는 518고지를 공격하였으나 실패하고 말았다. 최소한의 병력으로 북한군을 공격한다는 개념하에 공격을 실시하여 전방에 1개 제대, 후방에 2개 제대를 배치하는 방식으로 공격을 하다 보니 강력하게 구축된 고지를 궁극적으로 1개 분대가 공격하는 모양이 되어 오후에는 철수해야만 하였다. 9월 3일 정오 7기병 3대대를 투입하여 공격을 했으나 결과는 마찬가지였다. 최소한의 병력을 진출시켜 1,200여 명이 방어하고 있던 고지를 점령하기는 불가능하였다. 이때 7기병연대는 후방에 북한군이 나타나자 불안해지기 시작했다.451)

미 1기병사단의 우측에 있던 8기병연대는 북한군 13사단의 공격을 받아 다부동을 포기하고 철수해야만 하였다. 이로써 1기병사단은 왜관과 다부동에 걸친 방어선을 포기하게 되었고, 한국군 1사단 사이에 형성된 간격으로 침투한 북한군은 9월 3일 가산(架山)을 점령하였다. 한국군 1사단도 물러서야만 하였다. 이제 북한군은 대구를 향해 공격해 내려올 수 있는 고지들을 점령했다. 그리하여 후방으로 침투한 북한군 게릴라들은 대구 부근의 고지에서 대구 시내를 향하여, 몇 발 되지는 않았으나, 박격포탄을 쏘아댔다.452)

이와 같이 9월 3-4일을 전후한 낙동강 방어선의 전황은 아군에게 불리하기 짝이 없었다. 북한군 8월 공세의 실패로 안심을 하고 있던 기계・포항지역에서는 포항이 북한군 수중에 들어가고 경주가 위협을 받고 있었으며, 영천이 실함 위기에 처해 있었고, 대구 시내에는 박격포탄이 떨어지고 있었다. 서남부지역의 상황은 하도 다급하여 인천상륙작전에서 주역을 담당할 해병대까지 역습에 가담시켜야 할 판이 되었다. 아군이 병력과 화력의 우세와 더불어 제공권과 제해권까지 확보하고 있다는 사실을 잘 알고 있던 대구의 워커 장군이나 동경의 맥아더 장군도 실로 난감하기 짝이 없었다. 결코 "하찮은 적"에게 질 수 없고 져서도 안 된다는 것을 알고 있던 두 주역들이었기에, 9월 초 낙동강전선의 상황은 이들에게 이해되지 않는 부분이 너무 많았던 것이다. 그러나 현실은 현실이었다. 북한군의 9월 공세는 8월의 그것보다 더 지독했던 것이다.

(2) 유엔군 사령관의 결정과 8군사령관의 결단

인천상륙작전의 주역인 1해병여단까지 전선의 역습 부대로 투입해야만 했던 낙동강전선의 9월 초 전황은 동경에서 상륙작전을 준비하고 있던 주역들의 관심을 끌기에 충분할 정도의 위기 상황이었다. 특히 인천상륙작전이 너무 위험스럽다고(too risky) 주장해 온 해군측은 상륙작전을 위한 병력 증강은 고사하고, 거기에 투입할 주력인 해병대까지 낙동강전선에 투입하여 전력을 약화시키는 것 자체를 못마땅하게 생각하고 있었다. 그러나 육군측에서는 상륙작전 수행을 위해서 낙동강 전선이 어느 정도는 안정이 되어야 하고, 이를 위해서 해병들의 일시적인 전선 투입은 불가피한 조치라는 입장을 취하고 있었다. 둘 다 맞는 주장이었다.

9월 3일, 동경에 있는 유엔군 사령부에서는 아침부터 격한 토론이 벌어지고 있었다.

451) *前揭書*, p. 414.
452) *前揭書*, pp. 411-26.

극동함대 사령관 조이(C. Turner Joy 중장) 제독, 제7통합함대 사령관 스트러블(Arthur D. Struble 중장) 제독, 상륙군 사령관 도일(James H. Doyle 소장) 제독, 제1해병사단장 스미스(Oliver P. Smith 소장) 장군 등 해군측 지휘관과, 10군단장 알몬드(Edward Almond 소장) 장군, 그의 참모장(Clark L. Ruffner 소장), 유엔군 사령부 작전참모(Edwin K. Wright 소장) 등 육군측 장군들이 모여 앉아서 해병대의 낙동강전선 투입이 타당한가에 대해서 9월 2일에 이어 토론을 벌이고 있었다. 해병대 대신 미 7사단 32연대를 대신 상륙병력으로 사용하면 어떻겠는가 하는 의견을 알몬드 소장이 내어 놓자, "안 된다" "할 수 없지 않느냐"하는 입장이 맞섰던 것이다. 이때 스트러블 제독이 5해병연대를 빼내고 미 7사단 17연대를 부산에 정박시켜 긴급할 경우에만 운용하도록 한 후에 상륙군 후미에 합류시키는 것이 어떠냐 하는 절충안을 제시하였다. 그러나 결론이 나지 않았다. 맥아더 장군만이 내릴 수 있는 결론이었다.[453)]

10군단장 알몬드 소장이 맥아더 장군에게 가서 토론 내용을 보고하고 지휘 결심(command decision)을 요청하였다. 맥아더는 옥수수 속대(corncob)로 만든 곰방대로 담배를 피워 물고 참모장 겸 10군단장의 보고를 듣고 있었다. 곰방대를 입에서 뗀 맥아더는 낮은 목소리로 "해병대를 돌려주어야 한다고 워커에게 말해 주게"라고 말하고 깊은 상념에 잠겼다.[454)] 맥아더의 결정이 내려졌다.

9월 4일 아침, 동경에서 날아온 유엔군 사령부 작전참모로부터 해병대를 돌려주라는 맥아더의 결심을 통보받은 워커의 얼굴에는 고뇌의 빛이 역력했다. 영산지역에서 실시한 역습이 결정적인 전과를 거두지 못하고 있던 시점에서 해병대를 돌려준다는 것은 고통스러운 일이 아닐 수 없었다. 전선 상황 악화로 육군의 자존심을 버린 지 이미 오래된 워커 장군이기에 더욱 그러했다. 명령을 받은 워커는 해병대를 미 24사단과 교대하기로 하고 필요한 명령을 작성하도록 지시하였다. 그러나 동부지역의 전황 악화로 24사단을 동부에 투입시키기 위하여, 워커는 해병대를 9월 5일 자정까지 운용할 수 있도록 맥아더의 허락을 받았다.[455)] 낙동강전선은 어느 곳 하나 위기에 처하지 않은 곳이 없었다.

9월 4일, 어둠이 깔릴 무렵 낙동강전선의 상황은 더욱 악화되어 갔다. 특히 대구 북방과 동부지역은 전선 유지가 불가능할 것같아 보였다. 그리하여 8군은 낙동강선 후방에 구축해 놓은 데이비드슨 라인(the Davidson Line)으로 철수할 것인가를 결정해야만 되었다. 9월 4일 밤, 8군사령관은 부사령관 콜터 소장과 각 사단장들을 집합시켜 이 문제를 논의하였다. 8군사령관 워커 중장은 그가 신임하는 작전참모 대브니(John A. Dabney) 대령의 의견을 물었다. 지목을 받은 작전참모는 확실한 정보나 확고한 자신은 없었으나, 지금까지의 예로 보아서 북한군의 공격은 하루나 이틀이면 시들해지고 마는 것이

453) *The Forgotten War*, pp. 251-2.

454) U.S. Marine Corps, *U.S. Marine Operations in Korea, I*(Washington, D. C.: GPO, 1954), pp. 139-41; *The Forgotten War*, p. 252.

455) *前揭書*.

통례였기 때문에 이번에도 그렇게 되지 않겠는가라고 말했다. 참으로 자신 없는 답변이었다. 이와는 반대로 도처에 돌파구가 형성되어 험한 모습을 보인 낙동강 방어선이 지켜질 수 없다는 의견 역시 만만치 않았다. 이 문제에 대한 갑론을박(甲論乙駁)이 진행된 후에 워커는 만일의 경우를 대비하여 9월 5일 05시부로 유효한 철수 명령을 작성해 놓고 좀더 상황을 지켜보자는 제안을 수용하였으나, 철수 명령은 하달되지 않았다. 8군사령관이 철수를 하지 않겠다는 결단을 내렸기 때문이었다.456)

워커는 8군사령부를 부산의 동래로 옮기기로 하였다. 한번 파괴되면 복구나 대체가 불가능한 군사령부의 지휘・통신 시설의 유지상 어쩔 수 없는 결단이었다. 그러나 자신을 포함한 작전 지휘 요원은 대구의 전방사령부에 남아 작전을 지휘하도록 하였다. 한국 육군본부도 동래로 내려갔다. 사태가 이렇게 전개되자, 민심의 소요가 일어났으며 소위 "저명인사"라고 하는 사람들은 대마도로 피난하기도 하고 대만으로 탈출할 준비를 하는 등 추한 모습을 연출하기도 하였다.457)

낙동강 방어선을 지키겠다는 워커 장군의 결단을 비웃기라도 하듯이 9월 5일에 실시된 북한군의 공격은 매우 저돌적이었다. 방어선 곳곳에서 사상자와 행방 불명자가 속출하였다. 미군은 이 날 하루 1,245명의 손실을 기록하여 하루 사상자로서 최고의 숫자를 기록하였고, 한국군의 사상자는 이보다 훨씬 많았다.

그러나 워커는 철수 명령을 하달하지 않았다. 그리고 하루 동안 더 사용할 수 있다는 해병대는 9월 6일 00시 15분 전선을 떠나 부산으로 향했다. 낙동강 방어선을 지켜내야 한다는 8군사령관 워커의 결단과 낙동강전선에서 북한군의 압력이 거세어질수록 인천상륙을 조기에 과감하게 시행해야 한다고 판단한 맥아더의 결정이 동시에 현실화되었던 것이다.458)

대구와 동경에서 이와 같이 숨막히는 순간 속에 결정과 결단이 이루어지고 있는 동안 워싱턴에서도 가만히 있지 않았다. 낙동강 방어선에서의 전황이 심각해지면 심각해질수록 미 합참본부는 인천상륙작전의 위험성과 무모함이 더욱 생생하게 보였다. 이미 인천 대신 군산을 추천했던 합참본부는 맥아더의 생각이 변했는가를 알고 싶었다. 이에 미 함참본부는 더 이상 지원해 줄 병력이 없다는 점을 상기시키면서 맥아더의 의중을 떠보았다. 이에 대해서 맥아더는, 계획은 변함이 없고 부산 교두보에서의 전황은 그렇게 심각하지 않으며, 인천상륙작전의 성공 여부는 낙동강전선의 상황과는 별개의 문제라고 지적하면서, 예비 진지(the Davidson Line)까지 준비해 놓았나는 점을 상기시켰다. 그리고 그는 인천상륙작전이야말로 북한군에게 "결정적인 타격(a decisive blow)"을 줄 수 있는 "유일한 희망(the only hope)"임을 강조하였다. 맥아더와 이러한 접촉을 가진 합참본부는 1950년 9월 8일 트루먼 대통령에게 인천상륙작전에 대한 보고를 하

456) *South to the Nakdong, North to the Yalu*, pp. 415-6.
457) 日本陸戰史硏究普及會, 編, *朝鮮戰爭, 第2卷: 釜山橋頭堡確保*(1967), 陸軍本部, 譯, *韓國戰爭, 第2卷*(1986), p. 289.
458) *South to the Nakdong, North to the Yalu*, pp. 465-6.

였다. 트루먼 대통령은 인천에 상륙하는 구상을 흔쾌히 승인하였다.[459] 낙동강전선의 상황이 급박한 때에 워싱턴의 트루먼 대통령은 북한군 후방으로의 대우회 작전인 인천상륙작전을 최종적으로 승인하였던 것이다.

이제 낙동강전선이 안정될 일만 남아 있었다.

(3) 전세의 전환

북한군의 공세는 9월 5일을 고비로 한풀 꺾이기 시작했다. 물론 대구 정면과 낙동강 방어선의 동북방지역에서의 북한군 공세는 매우 날카로워 영천이 실함되고 경주가 위협받기도 하였으나, 북한군은 그들에게 유리하게 전개된 한 국면(局面)의 전황(戰況)을 그들에게 더욱 유리하게 확대시킬 여력(餘力)이 없었다. 날씨만 허용하면 퍼부어 대는 유엔군의 공중 화력은 북한군의 보급 지원을 곤란하게 하였을 뿐만 아니라, 병력이 숨을 곳조차 찾기 어렵게 만들었다. 북한군이 즐겨 사용할 수밖에 없던 야간 전투와 산악 전투 역시 효용성의 한계에 부딪혀 전반적인 상황을 호전시키지는 못했다. 그러나 이렇게 절박한 상황에서도 북한군 공격은 때때로 더욱 날카로워져 대우회 공격을 통한 전세의 전환을 도모하던 유엔군과 한국군의 지휘부를 더욱 곤혹스럽게 만들고 있었다.

① 낙동강 서남부지역 전투

위기감이 감돌던 낙동강 서남부지역은 영산 서쪽에서 해병대를 주축으로 9월 3일부터 5일까지 실시한 역습에 의하여 먼저 안정되어 가고 있었다. 낙동강과 영산 사이의 고지(클로버 고지 등)는 아직도 북한군의 손에 들어 있었으나, 9월 6일 해병대가 떠난 후에도 북한군 4, 9사단은 공격을 하지 못하고 있었다. 북한군 4, 9사단은 유엔군의 막강한 공중, 전차, 포병 화력을 극복하고 결정적인 시간과 장소에 병력을 집중할 수 있는 기동, 병참 능력을 보유하지 못했다. 그리하여 북한군은 이 지역에서 초기의 돌파에도 불구하고 돌파된 전과를 확대시키지 못하고 있었다.[460]

영산의 북쪽에 배치된 미 23연대와 38연대가 방어하고 있던 창녕지역에서도 전방에서는 공방전을 되풀이하면서 후방으로 침투한 북한군의 소탕을 위해서 전투 경찰 병력이 투입되는 등 결코 쉽지 않는 전투가 치러지고 있었다. 특히 9월 8일 새벽에 북한군 2사단은 병력을 총동원하여 공격을 해왔다. 통상의 방법과는 달리 주간에도 계속 공격을 해왔다. 9월 9일 23연대는 한때 본부중대까지 투입할 정도로 심한 전투를 강요당했다. 그리하여 북한군의 공격이 멈춘 9월 9일 12시가 조금 지난 시간에 23연대는 38%의 전력만을 유지할 정도였다. 그러나 북한군 2사단도 다시는 조직적인 공격을 할 수 없을 정도의 전투 손실을 입었다.[461]

---

459) *War in Peacetime*, p. 129; *Truman, Memoirs, II*, p. 409.
460) *South to the Nakdong, North to the Yalu*, p. 466.

9월 5일, 미 1기병사단에 배속되어 방어에 임하고 있던 23연대 3대대로부터 영국군 27여단이 인수한 현풍지역은 의외로 조용하였다. 조용한 정도가 8군사령관이 생각한 정도를 훨씬 넘었다. 현풍지역에는 북한군 10사단 병력이 낙동강을 건너 현풍 동북방 돌출부지역의 재니산(409고지)를 점령하고 모여 있었으나 별다른 움직임 없이 방어만 하고 있었다. 미 1기병사단에 배속되어 현풍지역의 방어를 맡게 된 영국군은 9월 6일 정찰 임무를 부여하여 1개 중대를 그 지역으로 보냈다. 영국군 정찰 병력과 북한군 사이에 접전이 있었다. 북한군 병력은 고지로 후퇴했으나 영국군 중대장과 당번병이 부상을 당했다. 중대장의 명령에 따라 부상당한 중대장과 당번병을 남겨둔 채 중대 병력은 철수했다. 그러나 두 사람은 그 후 다시 볼 수 없었다. 한국전선에서 영국군이 처음으로 경험한 북한군의 매운 맛이었다. 만약에 여기에 있던 북한군 10사단이 동쪽으로 진격하여 대구 남측을 위협했더라면 낙동강 방어선 서남부지역의 위기는 한층 고조될 것이 뻔한 이치였다. 그러나 북한군 10사단은 위와 같은 소규모의 접촉 외에는 별다른 움직임이 없었다. 불안한 워커 중장은 그의 참모차장(Eugene M. Landrum 대령)을 지명하여 하루에 두 번씩 북한군 10사단의 동태를 보고하도록 하였다. 북한군 포로의 진술에 따르면 북한군 10사단은 북한군 2군단이 대구를 점령한 후에 움직이기로 계획되어 있다고 하였으나, 워커 장군으로서는 도저히 이해가 되지 않았다.[462] 이유야 어쨌든지 간에 이 지역은 조용했다.

마산 정면에서도 치열한 전투가 진행되었으나 북한군 6, 7사단의 공격 능력은 한계가 있었다. 미 35연대는 전・후방에서 몰아닥치는 북한군의 공격을 받아 "더 이상 후퇴할 곳이 없다"는 연대장의 결의 아래 진지를 지켜내고 있었다. 그러나 흑인 병사들로 구성된 24연대의 전선은 무너졌다. 35연대 지역도 북한군과의 혼전이 계속되면서 상황을 예측하기가 힘들어 9월 6일 27연대를 역습에 투입하여 전세를 바로잡으려 했다. 그러나 9월 6일에는 전세가 불리하여 마산 시민을 소개시키고 9월 11일까지 계속 이들을 철수시켰다. 9월 9일 유엔군 전투기(F-82)가 남지에서 낙동강을 건너는 교량까지 폭파하는 사고가 있었으며, 미 24연대장이 북한군 저격병의 사격으로 중상을 입기까지 하였다. 북한군은 많은 희생을 무릅쓰고 함안(咸安)과 진동리(鎭東里)를 남북으로 잇는 도로를 감제할 수 있는 서북산(西北山, 738고지) 동쪽 전투산(戰鬪山, 655고지)을 점령하였다. 이러한 전과에도 불구하고 북한군은 자체 포병 화력의 부족과 유엔군의 제압 사격으로 전과를 확대시키지는 못하고 있었다. 미 25사단 후방으로 침투한 북한군 게릴라들은 마산에서의 소요를 더욱 부추기고 있었다. 마산지역에서의 전황 역시 긴박한 상황의 연속이었다. 그러나 북한군이 초기의 전과를 더욱 확대시킬 전력이 부족하여 그들의 공격 기세가 꺾어짐에 따라 긴박한 상황 속에서도 전세의 흐름이 바뀌어 가고 있음을 감지할 수 있었다.[463]

---

461) *前揭書*, pp. 468-9.
462) *前揭書*, p. 470.
463) *前揭書*, pp. 470-487.

② 대구지역 전투

낙동강 서남부지역의 사정과는 달리 낙동강 동북부지역의 미군과 한국군은 위태로운 위기를 맞고 있었다. 9월 5일 대구 정면 미 1기병사단의 전선은 붕괴되기 시작했다. 미 7기병연대의 수암산(水岩山) 공격은 성공할 가망이 없었으며, 가산(架山)의 탈환도 불가능했고, 다부동의 8기병연대 뒤에는 북한군 13사단이 침투하기 시작했다. 8군사령관의 승인을 받아 철수를 명령한 미 1기병사단장도 새로운 방어선을 구축할 시간이 없어 계속적인 역습을 통하여 새로운 전선을 유지할 것을 결심하고, 워커 장군과 마찬가지로 중요 지점에 대한 계속적인 역습을 강조했다. 그러나 미 1기병사단은 9월 5일 저녁에 쏟아지는 폭우로 인하여 역습은 고사하고, 철수도 어려운 지경에 처하게 되었다.[464]

왜관 남쪽에서 가산에 이르는 미 1기병사단의 전선이 무너지자, 8군사령관은 가산지역을 한국국 1사단이 담당하도록 전투지경선을 조정하여 한국군 1사단이 가산을 탈취하도록 명령하였다. 그러나 이때 한국군 2군단(1, 6, 8사단)은 8사단이 맡고 있던 영천 방어선이 무너져 1사단 11연대(-1대대)를 영천으로 전용해야 하는 처지에 있었다. 명령에 따라 미 1기병사단은 9월 6일 밤에서 7일까지 철수하여 5기병연대를 왜관-대구 도로에, 8기병연대를 다부동-대구 도로를 방어하도록 전방에 배치하고, 7기병연대를 예비로 확보하였다. 한국군 1사단도 사단 좌측, 가산 후방에 15연대, 중앙에 11연대 1대대, 우측에 12연대를 배치하였다. 이로써 미 1기병사단과 한국군 1사단은 일단 새로운 방어 진지를 편성하였다.[465]

대구 북방 왜관(倭館)과 가산(架山)을 점령한 북한군은 여세를 몰아 대구를 점령하기 위하여 공격을 강화하였다.

9월 6일, 가산을 점령한 북한군 13, 1사단은 다부동 남쪽 도로를 차단하고 다부동-대구 간 도로를 감제할 수 있는 570고지를 점령하여 대구 공격을 위한 준비를 가다듬었다. 그러나 미 1기병사단 수색중대 전차가 도로를 차단하고 있던 북한군을 공격하여 분산시키고 유엔 전폭기가 570고지를 강타하여 북한군은 공세를 멈추었다. 그러나 북한군은 9월 10일 새벽에 공격을 재개하여 일부 병력을 도덕산(道德山, 660고지) 일대로 진격시키고 일부 병력을 팔공산으로 진격시켰다. 그리고 11일부터 북한군은 8기병연대의 우측방을 공격하고 남쪽 314고지를 공격하였다. 도덕산에 배치된 한국군 5신병대대는 진지를 지켜냈으나, 미군이 지키던 314고지는 북한군에게 빼앗겨 대구 북방의 위기가 고조되었다. 이 때 미 1기병사단은 9월 12일, 7기병연대 3대대를 역습에 투입하여 치열한 접전 끝에 314고지를 탈환하였으나, 2개 중대의 전 장교와 458명의 병력 손실을 감수해야만 하였다. 북한군도 700여 명의 손실을 입고 314고지를 다시 탈환하지 못하고 있었다.[466] 이로써 대구 북방의 전선은 일단 소강 상태로 접어들었다.

---

464) *South to the Nakdong, North to the Yalu*, pp. 417-30.
465) *前揭書*, p. 430.
466) *前揭書*, pp. 432-5.

한편 9월 7일과 8일, 왜관을 점령한 북한군 3사단은 9일 왜관 동남쪽 미 5기병연대의 새로운 진지를 공격하여 진지 내의 345고지를 점령하였다. 이에 5기병연대 1대대는 네 차례에 걸친 역습을 통하여 진지를 다시 탈취하였다. 그러나 북한군은 옆의 174고지를 공격하여 이를 탈취하였다. 다시 미 5기병연대 병력이 공격하여 이를 탈취하였다. 그러나 다시 빼앗겼다. 이와 같이 이 고지를 뺏고 빼앗기기를 일곱 차례나 하면서 9월 14일까지 미 5기병연대는 고지의 한쪽 면만을 차지하고 있었고, 다른 면은 북한군이 차지하고 있었다. 미 5기병연대의 방어지역에서 이와 같은 고지 쟁탈전이 계속되었으나, 5기병연대 병력은 물론 북한군도 지쳐 있어서 이로부터 약 1주일 간 양측은 서로 수류탄을 던지는 근접전만을 되풀이하고 있었다.[467]

대구 북방 여기저기서 고지 쟁탈전이 전개되고 전투의 치열함이 결코 감해지지 않고 있었으나, 9월 12일 대구 북방전선은 교착된 상태로 안정되고 있었다. 한국군 1사단도 미 1기병사단과 더불어 9월 14일에는 가산성 가장자리까지 진출하였다. 대구 북방이 위기에 처하자 한국 경찰 14개 대대가 대구 주위에서 호를 구축하고 방어선을 형성하여 최후 저지선을 형성하고 있었다. 그러나 미 1기병사단과 한국군 1사단은 9월 14일 대구 북방 10km 지점에서 방어선을 유지하고 있었다. 이제 유엔군과 한국군은 낙동강 전선을 안정시키고 대 반격 작전을 준비하고 있었다. 이에 따라 한국군 1사단은 소속이 미 1군단으로 변경되어 낙동강 방어선을 돌파할 준비를 갖추게 되었으며, 북한군의 대구 점령기도는 좌절되고 말았다.[468]

③ 영천 전투

대구·영천(永川)지역의 통일된 작전 지휘를 위해서 9월 5일부로 8사단을 배속받은 한국군 2군단장(劉載興 준장)은 이 날 오후, 영천이 위기에 처해 있을 때 군단 작전 회의를 소집하였다. 회의에는 6사단장(金鐘五), 1사단장(白善燁), 군단참모장(李翰林), 군단 작전참모가 참석하였다. 이 회의에서 군단장은 북한군이 영천에 주력을 투입하고 있다는 판단을 하고 1사단과 6사단에서 1개 연대씩 차출하여 방어력을 보강하여 영천을 고수하기로 결정하였다. 6사단과 1사단도 북한군의 위협을 받고 있던 상황에서 1개 연대씩을 차출한다는 것은 매우 어려운 일이었으나 영천을 북한군이 장악했을 경우에는 대구와 경주의 측방이 동시에 위협을 받는다는 군단장의 판단을 사단장들이 받아들였다.[469] 그리하여 1사단은 11연대(-1대대), 6사단은 19연대를 영천으로 투입하였고, 군단장은 미 1기병사단과 8군사령부를 방문하여 전차 지원을 요청하였다.

북한군은 9월 6일 새벽 폭우를 무릅쓰고 수대의 전차를 앞세워 영천으로 진입하였다. 기습을 당한 한국군 16, 8연대는 북한군의 진격을 저지하지 못하고 영천 남쪽으로

---

467) *前揭書*, pp. 420-1.
468) *多富洞戰鬪*, p. 295; *軍과 나*, pp. 73-5.
469) *軍과 나*, p. 75.

철수하였고, 영천을 점령한 북한군은 경주로 진격하였다. 8사단 정면 중앙에 돌파구가 형성되자 사단의 양측방에서 북한군의 진격을 막고 있던 21, 5연대는 상호 연락이 두절된 상태에서 교전을 하고 있었다. 9월 5일 오전에는 8사단 공병대대가 지원 나온 전차 1개 소대(5대)의 지원을 받아 영천으로 진입하여 영천역을 지키고 있던 소수의 북한군 병력을 격퇴하고, 40여 대의 차량과 10여 문의 대전차포를 노획하면서 영천을 탈환하였다. 그러나 9월 6일 오후 21연대를 공격하던 북한군 15사단 45연대가 103치안연대, 독립 73연대에게 21연대 공격 임무를 인계하고 영천 방면으로 남하하여 공격해 와서 다시 영천역에서 물러나게 되었다. 9월 6일 오후에는 군단에서 지원된 1사단 11연대(-)가 영천 남쪽에서 방어 준비를 갖추고 6사단 19연대가 21연대 우측방에 투입되었다. 이로써 8사단은 북으로부터 21, 19연대, 영천에는 사단 공병대대와 5연대 일부, 그 남쪽에는 11연대(-)가 배치되어 대구 방면으로의 돌파 저지선을 구축하고 16연대와 3연대 일부를 예비로 확보하여 방어선을 구축하였다. 이때 북한군은 103치안연대와 73독립연대로 하여금 21연대를 공격하여 돌파구를 확대하고 50연대를 비롯한 3개 연대를 투입하여 강력한 돌파를 감행하려 하였다.470)

한편 신녕(新寧)지역의 6사단은 19연대를 영천으로 투입하면서 방어 진지를 조정하여 의성-영천 도로상 좌우측에 2연대, 그 우측 화산(華山, 828고지)에 7연대를 배치하였다. 북한군 8사단은 19연대의 영천 전환을 알아차리고 9월 5일부터 포격을 가한 다음에 9월 6일 아침, 날씨가 흐려 공중 공격을 회피할 수 있을 것으로 판단하고, 화산 일대에 주공을 지향하여 주간 공격을 감행해 왔다. 한국군 6사단은 포격을 가하면서 항공 화력을 요청하여 무방비 상태에서 방심하고 있던 북한군을 집중 공격하여 큰 타격을 입혔다. 기회를 포착한 좌측의 2연대가 북한군의 전방 방어 진지를 공격하여 전과를 확대하여 북한군 8사단의 주력 부대가 궤멸되다시피 되었고, 이날 이후 북한군 8사단은 소규모 습격 작전 이외의 공격 작전을 수행할 수 없게 되었다.471) 이로써 한국군 6사단은 신녕에서 영천을 우회 공격하려는 북한군 8사단의 진출을 차단하였으며, 사실상 8사단을 전선에서 이탈시키는 전과를 거두었다.

영천의 위기는 아직 가시지 않았으나 북한군의 공격 기세는 꺾여지고 있었다. 21연대는 9월 7일 북한군 103연대의 공격을 격퇴하였고, 6중대는 사살 300여 명, 포로 93명, 2트럭분의 소화기를 노획하는 전과를 얻었고, 19연대도 북한군의 보급 부대를 공격하여 차량 30여 대를 파괴하고, 200여 명을 사살하는 전과를 거두기도 하였다. 공병대대도 영천 남동쪽의 도로를 차단하고 있던 북한군을 공격하여 200여 명을 사살하는 전과를 거두었다. 육군본부도 북한군의 주력이 경주로 향하고 있다는 보고를 받고 안강에서 전투중인 26연대 3대대를 아화리에 배치하여 이들을 저지하도록 하였다. 21연대는

470) *新寧·永川戰鬪*, pp. 269-71.

471) *前揭書; 新寧·永川戰鬪*, p. 172에 인용된 북한군 병사의 일기에 “9월 6일 전투에서 적 포격과 공중폭격으로 주력부대가 궤멸되었다”라고 적혀 있었다.

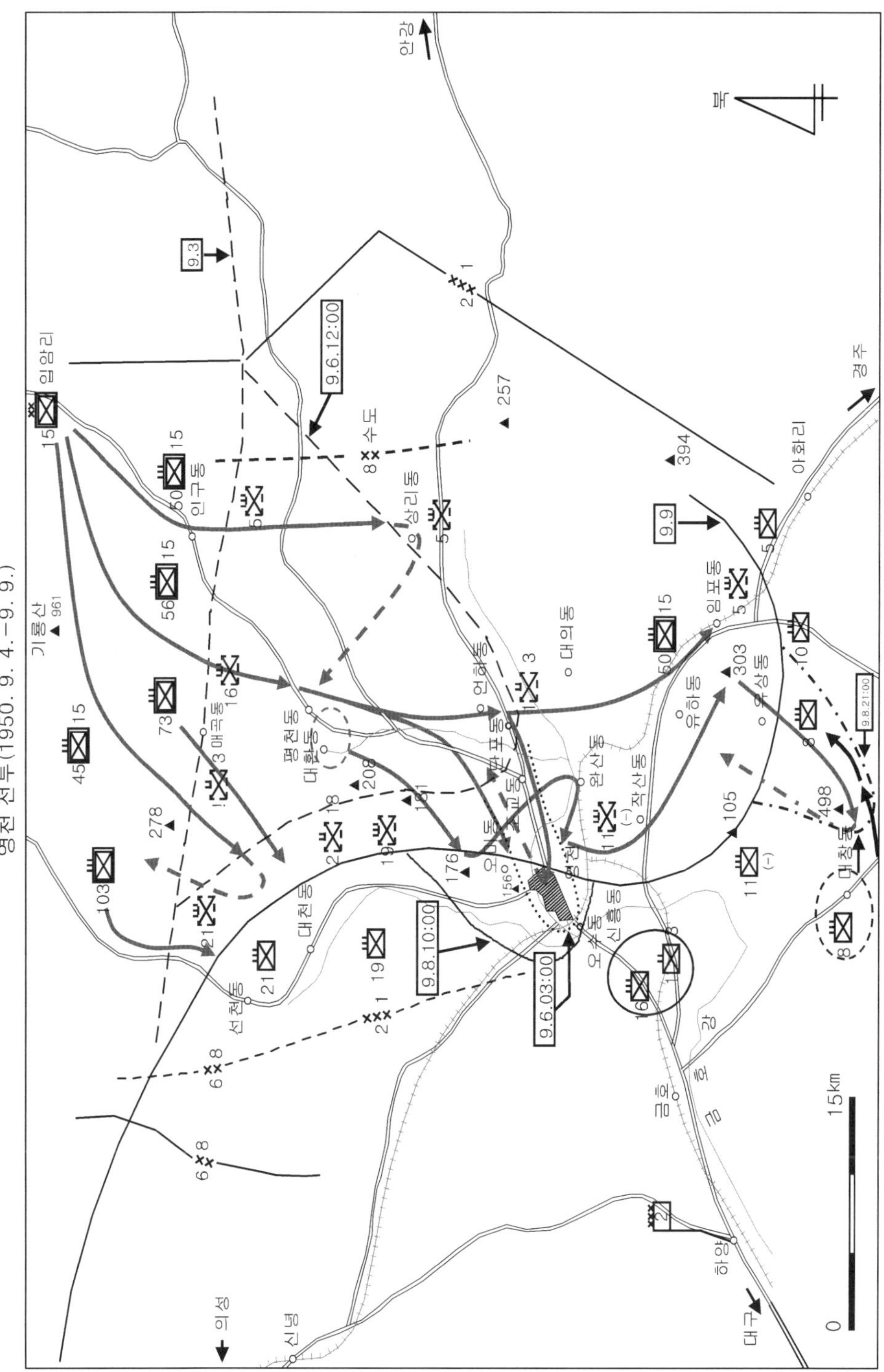

영천 전투(1950. 9. 4.－9. 9.)

영천 전투(1950. 9. 9.－9. 13.)

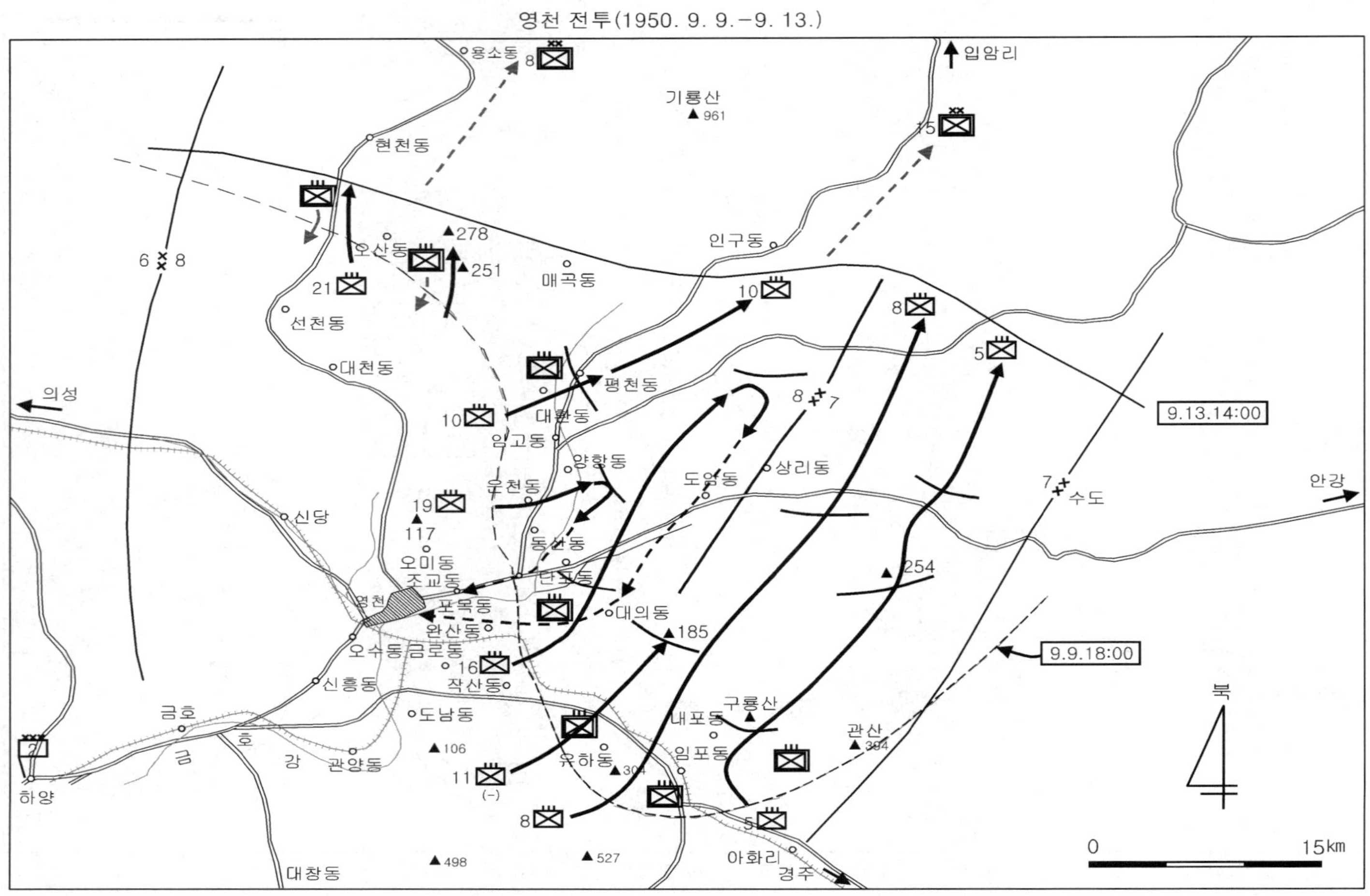

9월 8일부터 73독립연대의 공격을 받았으나 이를 격퇴하였고, 19연대는 이 날 오후 한 때나마 영천을 재탈환하기도 하였다. 그리고 3사단에 배속되어 포항지역에 투입되었던 10연대가 원대 복귀하여 아화리의 26연대 3대대와 임무를 교대하여 좌우측의 8연대와 5연대와 협조하여 방어선을 구축하게 되었다. 이로써 9월 9일, 낚씨 바늘 모양으로 형성된 돌파구를 따라 21, 19, 16, 3연대 1대대, 11, 8, 10, 5연대가 배치되어 돌파구를 봉쇄할 방어선이 형성되었다.[472)]

한국군은 9월 10일 총 반격을 개시했다. 한국군 2군단은 북쪽의 21, 19연대로 하여금 북한군의 퇴로를 차단하도록 하고 남쪽에서는 5연대를 선두로 5개 연대가 반격을 개시하였다. 5연대는 임포동(林浦洞)으로 진출하면서 50대의 차량과 10문의 야포를 파괴하였고, 8, 11연대도 미군 전차의 지원을 받으며 유하동(柳下洞) 방향으로 진출하였으며, 16연대도 퇴각하는 북한군을 추격하여 대의동(大儀洞)까지 진출하였다. 21연대 역시 퇴각하는 북한군을 추격하여 북한군 15사단이 군단에 증원 부대를 요청하는 작전 문서와 포로를 획득하기도 하였다. 11연대가 1사단으로 복귀함에 따라 8연대는 5연대와 더불어 임포동(林浦洞) 부근의 북한군 56연대본부를 공격하여 이를 축출함으로써 5일 동안 차단되었던 영천-경주 간 도로를 개통시켰으며 북한군은 거의 궤멸된 상태에서 후퇴를 거듭하게 되었다. 이들 연대들은 진격을 계속하여 9월 12일까지 북한군 9월 공세 이전의 8사단 방어선을 회복하였고, 북한군 15사단의 전투력은 거의 소멸되었다.[473)]

영천 전투는 낙동강 방어선을 방어할 수 있는가를 판가름해 준 중요한 전투였다. 특히 9월 6일, 대구와 경주가 위협을 받고 있을 때 영천이 돌파되어 낙동강 방어선 동북부지역의 위기는 절정에 이르렀었다. 북한군 2군단은 영천을 점령하여 경주와 대구의 측방을 위협하기 위하여 5개 연대를 영천에 투입하였고, 이에 맞선 한국군 2군단은 8사단, 신편 7사단, 1, 6사단에서 1개 연대씩을 차출하여 3개 사단 병력과 미군 전차를 이곳에 투입함으로써 영천의 위기를 해소시키면서 북한군 15사단의 전투력을 박탈해 버렸다. 한국군은 영천 전투에서 북한군 사살 3,800여 명, 포로 309명, 전차 5대 파괴, 장갑차 2대, 차량 85대, 소화기 2,327정 등을 노획하는 전과를 거두었다. 영천 전투 결과 북한군 2군단의 9월 공세는 사실상 실패로 막을 내리게 되었다. 한국군은 육군본부와 2군단의 적절하고 과감한 병력 전환과 투입, 유엔군의 전차 및 항공 지원으로 영천에서 승리를 굳혀 낙동강 방어선을 지킬 수 있었다.[474)]

④ 포항(浦項)지역 전투

포항이 북한군의 수중에 들어가자, 8군사령관은 9월 6일, 미 24사단 병력을 포항지역에 투입하면서 "잭슨특수임무부대"를 "처치특수임무부대(Task Force Church)"로 개

---

472) *前揭書*, pp. 275-83.

473) *韓國戰爭(上)*, pp. 370-1; 육군본부, *永川大會戰*(1995), pp. 190-220.

474) *前揭書*.

칭하여 24사단장(John H. Church 소장)의 책임하에 이 지역에서 북한군의 위협을 제거하도록 하였다. 이 지역의 방어를 책임지게 된 24사단장은 분산된 역습보다 병력을 집결시켜 건실한 방어를 하여 먼저 북한군의 전력을 소모시킨 다음에 역습을 취하는 것이 타당하다고 판단하였다. 그리하여 병력을 일단 경주에 집결시켜 경주 북방을 방어하도록 하고, 부사단장 데이비드슨에게 19연대(-3대대), 9연대 3대대, 연대 전차중대, 3포병대대, 15포병대대 C포대, 3전투공병대대 A중대를 주어 특수임무부대를 편성하여 포항의 위기를 해소하도록 하였다. 이로써 한국군 수도사단과 미 24사단 주력이 경주를 방어하고 데이비드슨특수임무부대와 한국군 3사단이 포항을 탈취하고 영일비행장을 확보하라는 임무를 부여받았다.[475)]

이에 반하여 북한군 12사단과 5사단은 한국군 수도사단과 3사단 정면에서 공격을 실시하고, 특히 5사단은 수도사단과 3사단 사이의 간격으로 주력을 침투시켜 3사단의 후방을 차단함으로써 이의 철수를 강요하는 형태의 공격을 감행하였다.

북한군 12사단은 경주를 점령하기 위하여 무릉산(武陵山, 459고지) 능선을 따라 수도사단을 공격하였다. 수도사단 중앙의 3연대 진지가 돌파되고, 17연대의 곤제봉(昆梯峰, 293고지)도 탈취당했으며, 우회한 북한군 1개 대대 병력에 의해서 증원된 미 19연대 3대대 진지도 돌파되었다. 수도사단장은 즉시 기갑연대 3대대를 투입하여 과감한 역습을 감행하여 3연대 진지를 탈환하고, 17연대도 역습을 실시하여 돌파 확대를 저지하고, 미 19연대 주력이 후방으로 침투한 북한군을 격퇴함으로써 일단 위기를 넘기게 되었다. 이때부터 양측은 안강과 경주에 이르는 도로를 감제할 수 있는 곤제봉 확보를 놓고 치열한 고지 쟁탈전을 벌였다. 한국군 17연대는 곤제봉을 빼앗긴 후에 15회에 걸친 역습을 감행하여 7차례나 이를 뺏고 빼앗기는 처절한 전투를 치렀다. 전투중 대대장과 장교들 대부분이 전사하여 연대장은 연대 내 하사관을 현지에서 임관시켜 투입해야만 되었다. 9월 11일, 연대장은 특공대를 투입하여 북한군 기관총 진지를 무력화시켜 9월 12일 밤에 곤제봉을 탈취하였으나, 특공대원들이 유엔군의 지원 폭격으로 전사하는 비운을 맞기도 하였다. 이러한 비운에도 불구하고, 수도사단은 안강 남쪽의 주저항선을 회복하게 되었다.[476)]

포항을 내놓고 형산강(兄山江) 남쪽에서 방어 진지를 편성하고 있던 한국군 3사단 지역도 위기를 맞고 있었다. 영천으로 원복 명령을 받은 10연대는 22연대가 진지를 인수하기 전에 철수함으로써 북한군 5사단 병력이 뒤를 이어 이 지역으로 침투하고, 이들 병력이 수도사단과 3사단 사이의 간격으로 깊숙하게 진출하여 9월 8일 3사단 후방에 위치한 운제산(雲梯山, 482고지)을 점령하였다. 위기가 닥쳐왔다.

---

475) *South to the Nakdong, North to the Yalu*, p. 406.
476) *安康·浦項戰鬪*, pp. 178-192.

안강·포항지역 전투

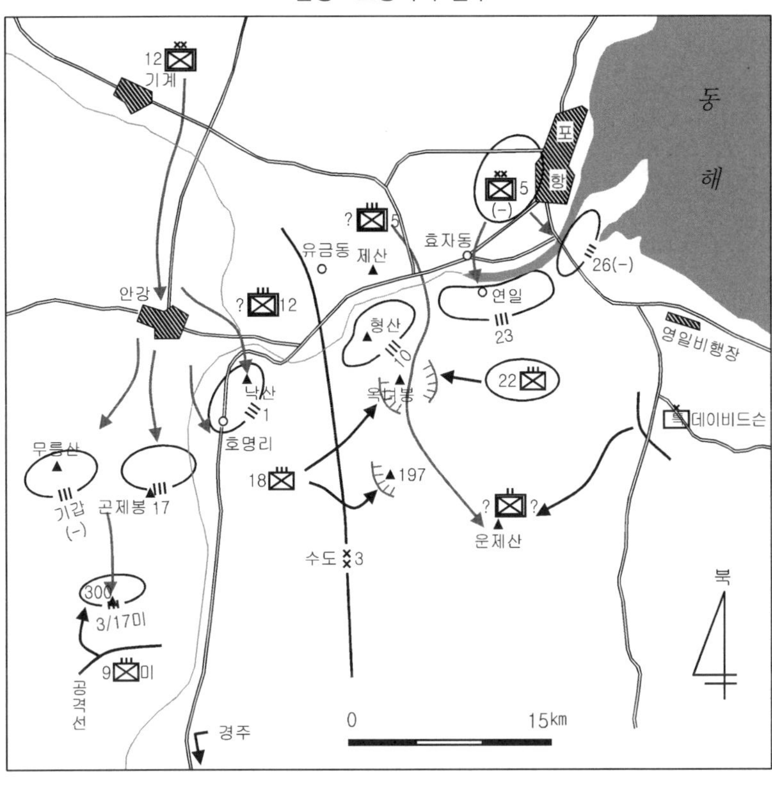

운제산 탈취를 위한 역습 작전이 필요했다. 미 24사단장은 데이비드슨특수임무부대를 경주로부터 남으로 우회시켜 9월 10일 영일비행장에 투입하였다. 그리고 한국군 1군단장(金白一 준장)은 18연대를 군단 예비로 전환하여 운제산 서남쪽으로 추진시켜 북한군의 경주 진출을 차단하고, 8사단에 배속되었던 26연대를 원복시켜 운제산 우측방에 배치하여 영일비행장을 보호하도록 하였다. 9월 10일 1군단장은 18연대 1대대를 투입하여 운제산 북쪽 197고지를 탈환하고, 2대대를 그 북쪽 옥녀봉 서쪽 고지 일대로 진출시켰다. 이때 3사단 22연대가 옥녀봉을 탈취함으로써 운제산으로 진출한 북한군 5사단 병력은 후방이 차단되어 고립된 상태가 되었다. 이러한 상황에서 데이비드슨특수임무부대는 9월 11일 운제산을 공격하였으나, 북한군의 기관총 사격으로 공격이 여의치 않았다. 9월 12일, 데이비드슨부대는 항공과 포병 화력을 동원하여 운제산을 불바다로 만들어 놓은 다음에 이를 탈취하였다. 9월 14일에는 3사단 23연대가 연일(延日)을 탈환함으로써 북한군 5사단 병력은 거의 소멸되었고, 전선은 북한군의 9월 공세 이전으로 환원되었다.[477] 이로써 포항지역에서 북한군의 공격 기세는 꺾이고, 전세는 전

---

477) *前揭書*, pp. 190-2; *South to the Nakdong, North to the Yalu*, pp. 407-8.

환점에 이르렀다.

이와 같이 힘든 전투를 치른 후에야, 한국군 1군단 수도사단과 3사단, 이를 지원한 미 24사단은 안강·포항지역으로 진격하던 북한군 5, 12사단의 전력을 거의 소멸시키고, 이 지역의 위기를 극복할 수 있었다. 운제산 탈취를 위한 전투가 계속되는 동안 8군사령관은 영일비행장에 세 번씩이나 날아와서 이 역습이 동부전선에서 마지막 격전이 되도록 하라고 강조하였다. 그가 9월 16일로 예정한 8군의 대반격 작전의 주공 미 1군단에 미 24사단을 포함시킬 계획을 세우고 있었기 때문이었다 이제, 포항지역에서의 전투를 끝으로 유엔군과 한국군은 과감한 낙동강 방어선 돌파 작전으로 전세를 전환시킬 준비를 하고 있었다.

7) 낙동강선 방어의 성공 요인과 의의

유엔군과 한국군은 현지사수(現地死守)라는 결의를 다지면서 낙동강 방어선을 지켜냈다. 특히 한국에서의 작전을 사실상 총지휘하던 미 8군사령관 워커 중장의 사수 의지는 유엔군과 한국군의 결의를 다지게 하였을 뿐만 아니라, 한국 경찰과 학생들의 전투 참여로 더욱 구체화되어 낙동강 방어선을 지켜냈던 것이다. 그리고 북한이 남한의 점령지역에서 자행한 행위는 현지 주민들의 자발적인 지원을 기대하기 힘들게 만들었고, 점령지역에서 징발된 "의용군"들의 전투 의지를 강화시킬 수가 없었다. 그리하여 북한군의 전력은 강제적인 수단에 의해서만 유지될 수가 있었다. 이와는 대조적으로, 낙동강 교두보 안에서 고초를 겪어야 했던 한국민은 자발적으로 전투에 참여했고, 전투 지원을 마다하지 않았다. 이와 같이, 최고 군지휘관의 사수 결의와 한국민의 자발적 전투 지원은 낙동강선을 지켜낸 근원적 원동력이 되었다.

국제 평화를 유지, 진작시키기 위하여 설립된 유엔(The United Nations)은, 이른바 "남조선 해방"이나 "조선 인민 해방"이라는 명분을 내세워 무력을 사용하여 현상을 변경시키려는 북한과 이를 지원한 소련의 군사 행동을 결코 용납하지 않았다. 유엔은 북한의 무력 침공을 "평화를 파괴"하는 행위로 규정하고 이러한 군사 행위를 중지할 것을 촉구하는 결의안을 내놓았으나, 이것이 무시되자 군사적 수단을 동원하여 이를 강요하기에 이르렀다. 미국을 위시한 국제사회의 이러한 지원으로 유엔군이 형성되고 실제 병력이 한국에 파견됨으로써 1950년 8월 말, 낙동강선에는 북한군보다 우세한 병력과 화력이 배치될 수 있게 되었다. 이렇게 구체화된 병력과 화력의 상대적 우세가 바로 북한군의 8월 공세와 9월 공세를 군사적으로 무의미하게 만든 근본적 요인이 되었다.

유엔군과 한국군이 내선(內線)상의 이점을 이용하여 기동 예비대를 적시적소(適時適所)에 투입하여 북한군의 돌파를 저지할 수 있었는 데 반하여 북한군은 외선(外線)상에 병력을 집중할 수 없었고, 신장된 병참선으로 인한 보급 곤란과 예비대의 부족으로 돌파를 확대할 수 있는 능력이 부족하였다. 더구나 유엔군이 제공, 제해권을 확보하고 있었기 때문에, 병력의 이동이나 보급 수송은 물론 공격 개시 시간까지도 주간을 피해야만 되었던 상황은 북한군의 전과 확대를 거의 불가능하게 만들었다. 북한군은 낙동강 방어선 외각에서 분산된 공격을 감행함으로써 전 전선에서 돌파는 했으나, 이 전과를 확대시키지 못한 과오를 어쩔 수 없이 되풀이할 수밖에 없었다. 이와 같은, 내선(內線)과 외선(外線)상의 전술적 입장 차이와 이를 활용할 수 있는 전술 및 보급 지원 능력의 차이로 북한군의 공세는 용두사미(龍頭蛇尾)격이 되었고, 유엔과 한국군은 북한군의 공세를 저지하여 낙동강선 방어선을 지켜낼 수 있었다.

유엔과 한국군은 낙동강과 낙동강 동북부지역의 횡격실(橫隔室) 산악지대를 연결하는 방어선이 갖는 지형상의 이점을 최대한 이용한 방어선을 구축함으로써 효과적인 방어 작전을 수행할 수 있었다. 이 방어선이 보급 기지인 부산으로부터 방사선 도로망으로 연결되어 있고, 횡적 도로로 상호 연결이 되어 있어서 보급 지원과 병력 이동을 용이하게 해주어 기동 예비대를 신속하게 투입할 수 있게 해주었다. 또한 어느 한 전선이 위급할 때 덜 위급한 인접 부대의 방어 병력까지도 차출하여 위급한 전선에 투입할 수 있는 기민한 작전 지휘와 이를 가능하게 해준 횡적 도로망은 낙동강 방어선의 돌파를 신속한 역습으로 조기에 봉합하여 방어선을 유지할 수 있게 해준 요인이 되었다.

특히, 유엔군이 장악한 제공, 제해권과 효과적인 지상군 지원 및 결정적인 북한군의 보급 차단 등은 낙동강 방어선을 유지하게 해준 결정적 요인이 되었다. 유엔 공중 공격은 낙동강선에 이르기까지 북한군의 전력을 철저하게 약화시켰고, 낙동강선에서의 공격 강도를 낮추어 주었으며, 북한군의 신장된 보급선을 차단하여 북한군의 보급 사정을 악화시켜 그들의 전과 확대 능력을 거의 박탈하였다. 해군 함포의 지원은 사실상 동해안에서의 북한군의 남진을 막았으며, 특히 포항지역 전투에서 북한군의 전력을 극도로 약화시켜 그들의 공격 기세를 꺾었던 요인이 되었다. 더구나 낙동강 서남부지역이 위태로울 때, 해병대가 역습의 주역이 되어 돌파를 저지함으로써 전선을 유지하도록 해주었다. 이와 같이, 낙동강 방어선은 북한군의 전력을 꾸준히 약화시키고, 이들의 보급을 현저하게 악화시키면서, 지상군에게 예비 전력과 화력을 지원해 준 해군, 해병대, 공군의 헌신적인 참여로 지켜질 수 있었다.

이상과 같은 심리, 정치, 군사적인 요인에 의해서 지켜진 낙동강 방어선은 한국전쟁에서 커다란 정치, 군사적 의의를 지니고 있었다. 첫째, 한국판 "던커크(Dunkirk)"나 "바탄(Bataan)"을 막아서 "또 다른 대만"의 출현을 막았다는 점이다. 둘째, 북한군의 점령하에 있던, 아니면 부산 교두보에서 피난살이를 하고 있든지 간에, 한국민은 자유의 중요함을 새삼 체험하게 되었고 이를 지키기 위해서는 그에 상응하는 희생을 감수해야 된다는 생각을 하고, 이를 실천에 옮기는 계기를 제공하였다. 셋째, 유엔과 자유진영은 공산 진영에게 무력을 사용한 현상의 변경은 용납되지 않는다는 사실을 군사적 대응으로 확인시켜 주었다. 넷째, 이러한 정치・이념적인 의의에 부가하여 성공적인 낙동강선 방어는 군사적으로 반격의 기반과 기회를 보장해 주었다. 실제로 부산 교두보의 확보는 보급 기지로서 부산을 안정적으로 운용할 수 있게 했으며, 인천상륙작전과 병행하여 남쪽에서 병행 공격을 가능하게 함으로써 상륙작전의 효과를 극대화시킬 수 있게 해 주었다. 다섯째, 전술적으로도 북한군의 공세로 인하여 계속적으로 전선을 조정해야만 했던 미군과 한국군에게 전투에서 자신감을 불어넣어 주어 전투 의지를 강화시켜 주었다. 다시 말하여 전투에서 북한군을 이길 수 있다는 자신감을 불어넣어 주었다. 이와 같이 낙동강선 방어는 정치·이념적인 의의와 더불어 군사적인 중요성을 동시에 지니고 있었다.

11. 해·공군 작전

1) 한국 해군 작전

(1) 한국과 북한의 해군력

북한의 남침이 개시된 1950년 6월 25일 한국 해군은 해병대 1,241명을 포함하여 총 6,956명의 병력과 경비함정 28척, 보조선 43척을 합한 71척의 함정을 보유하고 있었다. 한국 해군이 보유하고 있던 경비정은 대부분이 270톤급 미국 연안 소해정(沿岸掃海艇: AMS)과 일본 연안 소해정(JMS)으로 구성되어 있었고, 노후된 상태에서 육군에서 인수한 37mm 대전차포와 중기관총으로 무장되어 있었다. 당시 한국 해군의 주력함은 국민이 모은 성금으로 구입한 구잠함(驅潛艦: PC)인 701함으로서 3인치 포를 장비한 전투함이었다. 그리고 해군참모총장(孫元一 제독)은 구잠함 3척(PC 702, 703, 704)을 구입하여 하와이에 기항중에 있었고, 이 함정들은 1950년 7월 16일에 진해항에 입항하여 해상작전에 투입되었다. 이와 같이 한국전쟁 초기 한국 해군은 구잠함 1척이 주 전력이었고, 나머지는 연안 소해정(coastal motor minesweeper)과 보조선이 전부였으며, 28척의 경비함정은 인천(제1정대)에 7척, 부산(제2정대)에 7척, 목포(제3정대)에 6척, 진해와 여수(훈련정대)에 8척(PC-701포함)이 배치되어 있었다.[478]

1950년 6월 25일 북한의 해군은 2만여 명의 병력을 보유하고 있었으나, 이들의 반절은 개전 직전에 모집한 육전대(陸戰隊)로 구성되어 있었다. 북한 해군은 함정 30여 척과 보조선 80여 척을 보유하고 있었으며, 이 중에는 대형(1,780톤) 수송선도 있었으나 대부분은 중·소형 함선이었고 보조선은 어업에 종사하는 발동선을 동원한 것이었다. 그러나 북한은 1949년 12월 소련으로부터 원조를 받은 알루미늄 선체를 가진 어뢰정(PT) 4척을 보유하게 되어 이 어뢰정이 북한 해군력의 주력이 되었다. 이와 같이 북한 해군은 대규모 해전(海戰)이나 지상군과의 대규모 합동 작전을 수행하기보다는 연안

---

478) 대한민국 해군본부, *대한민국 해군사: 행정편, 제1집*(1954), pp. 70, 73-5.

초계나 한국군 후방지역에 육전대 또는 게릴라 병력을 침투시키는 기습작전을 지원하는 데 중점을 두고 있었다.[479]

한국과 북한의 해군은 규모와 장비의 한계로 인하여 대규모 해상작전이나 대규모 합동 작전을 수행할 수 있는 수준이 못되고 해안 정찰, 봉쇄, 병력의 수송과 침투 지원, 도서 방어와 경비 등의 제한된 작전을 수행할 수밖에 없었다. 그러나 북한 해군은 함정을 공격 작전에 운용하였기 때문에 제한적 작전 수행이라 할지라도 작전의 주도권을 장악할 수 있었던 반면 기나긴 해안선을 방어해야 하는 한국 해군은 방어적으로 함정을 운용하여 융통성을 유지할 수 없는 한계를 지니고 있었다. 한국 해군은 북한군의 동해안 및 남해안 후방지역 병력 투입 기도를 제한적으로 차단하는 전과를 올리면서 지상 작전을 지원하였다.

(2) 북한군의 해상 침투와 초기 해전

1950년 6월 25일 04시 38선 전역에서 남침을 개시한 북한군은 지상 침공을 감행하기 전에 동해안을 지키고 있던 한국군 8사단 후방지역인 옥계(玉溪), 삼척(三陟), 임원(臨院) 등지에 육전대와 게릴라 병력을 상륙시켜 8사단을 전후방에서 공격하고, 태백산지역에서 활동하고 있던 게릴라들과의 연계 작전을 수행하려 하였다.

동해안 옥계 해안 초소로부터 상륙 보고를 받은 묵호경비부는 즉시 연안 초계정(AMS-509)을 출동시켰다. 이들은 북한군 PC급 함정의 공격을 받아 일시 철수했다가 다시 출동하여 북한군 상륙정 1척을 격파하는 전과를 거두었으나, 상륙한 북한군 병력을 소탕하지는 못했다. 그리고 육군이 동해안에서 철수함에 따라 묵호경비부도 포항으로 철수하였다.[480] 한편 진해에서도 북한군의 남침 소식을 듣고 PC-701함을 출동시켜 해안 초계를 하던중에 대한해협에서 정체 불명의 함정을 발견하고, 이것이 북한군 함정임을 확인한 다음에 6월 26일 01시 10분 북한 선박을 침몰시켰다. 북한군은 이 함정을 이용하여 북한군 600여 명을 남해안에 상륙시켜 후방 교란 작전을 수행하려 하였다. 한국 해군은 이와 같이 동해안 및 부산 일대와 남해안에 게릴라 병력을 상륙시켜 후방을 교란하려는 북한군의 기도를 제한적이나마 차단하는 전과를 거두면서 초계 임무를 수행하였다.[481]

서해(西海)에서 한국 해군은 38선 부근의 해상을 봉쇄하면서, 특히 옹진반도에서 싸우다가 철수를 강요당한 한국군 17연대 철수를 지원하였다. 해군은 LST-801함을 옹진반도의 부포(釜浦)로 보내서 병력 1,050명과 군용 물자를 탑재한 다음 6월 26일 22시 30분경에 인천으로 돌아왔고, 기타 함정은 연평도(延坪島)에서 17연대장과 나머지 병력을 인천으로 철수시켰다. 6월 30일, 한국 해군은 미국대사관 해군무관과 협의하여

479) 대한민국 해군본부, *대한민국 해군사: 작전편, 제1집*(1954), pp. 37-9.
480) *前揭書*, pp. 42-3.
481) *前揭書*, pp. 46-7.

유엔 해군이 북위 37도 이북지역의 해상작전을 담당하고 한국 해군이 그 이남지역의 작전을 담당하기로 합의하고 해상작전을 수행하였다. 이러한 임무를 부여받은 해군은 7월 중순경에 1만여 명의 병력을 확보하고, 해상 수송, 정찰 및 상륙작전 등의 임무를 수행하면서 지상군의 작전을 지원하였다.[482]

(3) 지역 방어 및 봉쇄 작전

북한군의 인천상륙을 저지하고 있던 인천 경비부 병력은 7월 3일 북한군 6사단 병력이 인천에 진입하자, 해상 봉쇄선을 형성하면서 군산으로 철수하여 7월 9일 인천과 군산 경비부 병력으로 통합 부대를 편성하고 서천(舒川)으로 진출하여 군산을 방어하려 하였다. 그러나 중과부적으로 군산의 방어가 어렵게 되자, 해군본부는 제주도에 주둔중이던 해병대 고길훈(高吉勳)부대를 군산으로 입항시켜 지역 방어에 임하도록 하였다. 7월 17일 고길훈부대는 장항 북쪽 4km 지점에 방어선을 구축하고, 유유하게 걸어오는 북한군을 기습 사격하여 300여 명을 사상했으나, 포격을 가하면서 다시 반격해오는 북한군의 공세에 밀려 군산으로 철수하게 되었다. 군산으로 이동한 경비부 병력과 해병대는 북한군의 주력이 금강을 도하함에 따라 군산 방어를 포기하고 7월 19일 해상으로 철수하여 21일에 목포에 도착하였다. 이와 같이 인천과 군산경비부 병력과 해병대는 육군이 방어하지 못한 서해안지역에서 지상 작전을 수행하면서 북한군의 전진을 저지하려 하였다.[483]

경비부 해군 병력과 해병대가 호남지역에서 북한군 6사단의 진출을 저지하고 있는 동안 한국 해군은 서해안에서 봉쇄 작전을 수행하였다. 7월 22일에는 줄포(茁浦)항에서 군수품을 적재하고 있던 북한군 함선 3척을 공격하여 이를 격침시켰고, 23일에는 줄포 앞바다에서 북한군 범선 7척을 격침시키는 전과를 올리기도 하였다. 7월 27일에는 옹진에서 남하하는 12척의 북한군 수송 선단을 추격하여 격침시키고 상마도(上馬島)에 상륙하고, 28일에는 어란진(於蘭鎭)에 상륙하여 북한군 20여 명을 사살하고, 함선 1척을 대파하는 전과를 거두었다. 이와 같이 한국 해군은 유엔 해군과 협조하여 서해안을 봉쇄하여 해상을 통한 북한군의 병력 및 군수 물자 수송을 거의 차단하고 북한군의 보급 사정을 악화시켜 지상의 한국군을 지원하였다.[484]

한국 해군은 8월에도 해상 봉쇄 작전을 실시하여 상당한 전과를 거두었다. 8월 3일 안면도(安眠島) 근해에서 군수품을 적재하는 북한 범선 7척을 격침시키고 6일에 5척, 그리고 인천 근해에서도 15척의 범선을 격침시켰다. 8월 10일, 덕적도에 함포 사격을 가하여 북한군 70여 명을 사살하였다. 한국 해군은 또한 8월 11일 안마도(鞍馬島)에 상륙하여 섬의 치안을 확보하였고 8월 12일, 안면도 근해에서 4척, 덕적도 근해에서 식

---

482) 國防部 戰史編纂委員會, *韓國戰爭史, 第1卷*(1977), pp. 791-4; *前揭書*, p. 64.
483) *대한민국 해군사: 작전편, 제1집*, pp. 65-74.
484) *前揭書*, pp. 83-7.

량을 가득 실은 범선 1척, 완도에서도 북한의 병력 수송선 1척 등을 격침하였다. 8월 14일, 해남 남단을 지나는 북한군 선박 15척을 발견하고 이를 격침시켰다. 이와 같이 한국 해군은 유엔 해군의 도움을 받아 8월에 서해안에서 활동하는 북한군 수송선과 범선 등을 격침시켜 북한군의 군수품 조달과 수송을 차단하였다. 이러한 해상작전을 조직화하기 위해서 한국 해군은 서해의 제1정대를 제1함대로 증편하여 해상 봉쇄를 더욱 강화하는 조치를 취했다.[485]

이러한 지역 방어와 봉쇄 작전은 남해안지역과 해역에서도 계속되었다. 북한 지상군의 남진이 계속됨에 따라, 한국 해군본부는 7월 20일에 목포경비부가 인천과 군산경비부 병력을 통합 지휘하도록 조치하고, 목포에 있는 정부미 8만 가마를 부산으로 수송하도록 하였다. 그러나 북한군 병력이 7월 24일 순천으로 진출하자, 목포경비부는 LST 단양호에 이동사령부를 설치하고 여수 근해의 해안을 봉쇄하였다. 그리고 여수에 있던 주요 물자를 적재하고 7월 27일, 여수항에서 철수길에 올랐다. 그런 후에 진해통제부의 지휘하에 남해안에서 해상작전과 봉쇄 작전을 수행하였다.[486]

한편 장항과 군산지역에서 방어 작전을 수행하던 해병대는 1개 중대 병력을 증원받은 후에 해병대 참모장(金聖恩 중령)의 지휘 아래 7월 22일, 여수로 이동하여 민부대에 배속되어 남원 방면으로 향하였다. 그 후 안의(安義)로 행군하던 도중에 함양 북동쪽 4km 지점에서 북한군 1개 대대 병력과 조우전을 실시하여 86명을 사살하고 이들을 격퇴시키는 전과를 달성하기도 하였다. 진주로 철수한 해병대는 7월 31일 마산으로 철수하고 8월 5일 미 25사단으로 배속이 변경되어 8월 6일 진동리(鎭東里)와 마산(馬山)도로를 차단하고 있던 북한군을 공격하여 이를 격퇴하고 진동리-마산 간 도로를 개통하였다. 해병대는 8월 7일 미 5해병연대에게 진지를 이동하고 마산으로 이동하였다. 이러한 선전(善戰) 결과로 한국 해병대는 전 장병이 일계급 특진되는 영예를 받았다. 8월 7일, 다시 진동리로 진출하여 북한군의 동진(東進)을 막았고, 8월 11일, 서북산(西北山)에 이르는 능선을 확보한 다음에 이를 미 25사단에게 인계하였다. 이와 같이 한국 해병대는 미 25사단이 방어하고 있던 진동리지역에서 170여 명의 북한군을 사살하고, 각종 무기 110여 점을 노획하는 전과를 올렸으나 전사 25명, 부상 81명, 실종 3명의 손실도 감수해야만 하였다.[487]

(4) 상륙작전

북한군은 함안(咸安)과 진동리(鎭東里)를 통한 마산 접근이 난관에 봉착하자, 통영(統營: 忠武)을 점령하고 견내량(見乃梁) 해로와 거제도(巨濟島)를 확보하여 마산과 부산간 해로를 차단하고 진해를 위협하면서 압력을 가하려 하였다. 이러한 계획에 따라

---

485) *前揭書*, pp. 86-9.
486) *前揭書*, pp. 80-3.
487) 해병대 사령부, *해병전투사, 제1집*(1962), pp. 56-68.

북한군은 8월 16일, 350여 명을 통영에 진출시키고 300여 명을 후속하도록 하였다. 이에 해군 참모총장은 해병대에게 이를 격퇴하도록 명령하였다. 해병대는 8월 17일 03시 통영반도 북동쪽 지도(紙島)에 병력을 투입하여 통영에 북한군 650명이 진입하였다는 사실을 탐지하고, 19시까지 북한군의 저항을 받지 않는 가운데 장평리(長坪里)에 상륙을 완료하였다. 이로부터 해병대는 통영 탈환 작전을 전개하여 8월 19일 08시까지 통영에 진입한 북한군을 격퇴하였고, 도주하는 북한군의 선박도 격침시켰다. 이에 북한군은 8월 19일과 20일에 걸쳐 통영에 진입하기 위하여 고성에서 통영으로 병력을 남하시켰으나, 해병대는 고성에서 통영에 이르는 지협(地峽)인 원문(轅門) 고개를 끝까지 방어하여 견내량(見乃梁) 해로를 보호하였다. 해병대는 북한군 사살 469명, 생포 83명, 야포 3문과 다량의 무기를 노획하였으나, 전사 15명, 부상 47명의 손실을 입었다.[488] 통영 상륙작전은 규모는 작았으나, 한국 해군과 해병대가 협조하여 실시한 단독 상륙작전으로서 견내량 해로를 보호하여 마산, 진해, 부산 방면에 대한 측방 위협을 제거한 중요한 의의를 지니고 있었다.

한편 한국 해군으로 구성된 96.7기동전대와 96.8기동전대(서해안 지원 전대)는 8월 15일 인천상륙을 위한 지형 정찰과 적정 파악을 위해서 서해안의 주요 도서를 점령하겠다는 건의를 하여 승인을 받았다. 그리하여 한국 해군은 8월 18일 한국 701, 702, 704함과 영국 순양함 및 캐나다 구축함의 지원하에 덕적도(德積島)에 대한 상륙작전을 실시하여 피해 없이 14시 섬을 완전히 장악하였다. 8월 20일 부근의 대이작도(大伊作島)에 상륙, 21일 01시 이 섬도 장악하였다. 덕적도와 인천 사이에 위치한 영흥도(靈興島) 역시 인천상륙작전에 앞서 탈취해야 할 거점이었기 때문에 한국 해군은 90명으로 편성된 상륙 병력을 동원하여 8월 20일 영흥도에 상륙하여 21일까지 내륙 산악에서 저항하는 북한군을 소탕하였다. 이로써 한국 해군과 해병대는 인천상륙에 앞서 서해안의 주요 도서를 장악하기에 이르렀다.[489] 이와 같이 한국 해군과 해병대는 유엔 해군의 일원으로서 서해안과 남해안에서의 봉쇄 작전 수행은 물론, 단독적인 상륙작전을 전개하여 견내량 해로를 보호하고, 인천상륙에 앞서 주요한 거점을 확보하여 지형과 적정에 관한 본격적인 정보 수집 활동도 실시하였다.

2) 유엔 해군 작전

(1) 유엔 해군력

한국전쟁이 일어난 후 유엔 해군력은 미 극동 해군을 주축으로 형성되었다. 당시 미 극동 해군은 대규모의 해군이 아니었다. 미 극동 해군은 조이(C. Turner Joy 중장) 제

488) *前揭書*, pp. 90-8.
489) *前揭書*, pp. 108-17.

독 지휘하에 전함으로 구성된 제96기동부대와 상륙전대인 제90기동부대가 전부였다. 그러나 필리핀에 기지를 둔 제7함대가 2차 세계대전시와는 달리 소규모였지만, 6월 27일부터 미 극동해군사령관의 작전 통제를 받게 됨으로써 유엔 해군력은 강화되었다. 그리고 6월 27일 유엔의 결의안에 따라 영국이 극동 해역에 있던 영국 해군을 미 극동해군에 배속시키고, 오스트레일리아, 캐나다, 뉴질랜드도 전투함을 출동시켜 유엔 해군력이 그만큼 강화된 셈이 되었다. 이와 같이 한국전에서 동원할 수 있었던 유엔 해군력은 미 극동 해군, 미 7함대, 영연방 함대를 합한 해군력으로 구성되어 있었고, 한국 해군도 이의 일부분으로서 작전에 임하게 되었다. 그리고 영연방 해군과 한국 해군이 제96기동부대의 기동전대로 편성되었기 때문에, 유엔 해군 편성은 제96기동부대, 상륙전대인 제90기동부대, 제7함대의 세 부대로 구성되어 있었다.

크게 세 부대로 편성된 유엔 해군 전력은 그렇게 강한 편은 아니었다. 히긴스(John M. Higgins 소장) 제독이 지휘하던 제96기동부대의 전함은 속력이 빠르기는 했으나 5인치 이상의 포를 장착한 전함은 없었으며, 경순항함과 구축함 4척이 있었다. 도일(James H. Doyle 소장) 제독이 지휘하던 90기동부대로 명명된 상륙전대는 지휘함 1척, 공격인원수송함 1척, 공격화물수송함 1척, LST 1척, 함대 예인함 1척을 보유하고 있었다. 이러한 주력 부대에 부가하여 미 극동 해군은 함대 소해함 4척과 연안 소해함 6척으로 편성된 기뢰전대와 일본 승조원이 운용하는 수송선박들이 있었다. 2차 세계대전시 명성을 날리던 제7함대(Arthur D. Struble 해군 중장)는 2만 7,100톤급 1급 항공모함(Valley Forge) 1척과 항모강습부대인 77기동부대와 잘 훈련된 몇 개의 기동전대로 구성되어 있었다. 영국의 함정 1만 3,000톤급 경항공모함(Triumph)과 2척의 경순양함(Jamaica, Belfast), 3척의 구축함, 4척의 프리깃함 및 영연방 국가들의 전함은 제96.8기동전대로 지정되어 유엔 해군의 일부가 되었다. 그리하여 유엔 해군력은 미 극동 해군력에 7함대와 영연방 함대가 추가되어 강화되었으나, 한반도 해역을 전부 차단, 봉쇄하기는 부족한 편이었다.[490]

한국 해군도 제96.7기동전대로 편성되어 동해안 지원전대(96.5기동전대)와 서해안 지원전대(96.8기동전대)의 지원을 받아 해상작전과 봉쇄를 실시하였다. 특히 북위 37도 이남 해역에서의 봉쇄는 한국 해군이 맡고, 37도 이북의 해역은 미국의 96.5기동전대가 동해안, 영연방의 96.8기동전대가 서해안을 맡아서 봉쇄 작전을 수행하였다. 그러나 유엔 해군은 만주와 소련 영토에 접근하지 말라는 워싱턴의 지시로 인하여 동해안의 북방 한계선은 북위 41도, 서해안은 39도 30분으로 설정하고 있었다. 이러한 전력을 보유한 유엔 해군은 6월 29일부터 한국전에 투입되어 해상작전과 지상 작전 지원 임무를 수행하게 되었다.[491]

---

490) James A. Field, *History of United States Naval Operations, Korea*(Washington, D. C.: Department of the Navy, 1962), pp. 43-56.

491) *前揭書*, p. 59.

(2) 해상 봉쇄 작전과 함포 지원

해상 봉쇄와 함포 지원은 주로 동해안에서 이루어졌다. 특히, 강릉의 한국군 8사단 병력이 동해안의 도로가 아닌 대관령을 넘어 철수하였기 때문에 동해안에서 북한군의 진출을 저지하는데 해군의 함포 지원이 커다란 역할을 수행하였다. 미국의 경순양함(Juno 함)은 6월 29일 야간 한국 해군장교의 도움을 받아 묵호까지 남하한 북한군 병력에 대해서 약 30분 간 정밀 포격을 가함으로써 미국 해군의 참전을 기정 사실로 만들었다. 그로부터 이 경순양함은 동해안을 따라 남하하는 북한군에 대해서 함포 사격을 실시하면서 해상 봉쇄 작전을 수행하였다. 그리고 서해안 지원 임무를 부여받은 영연방 함대도 동해안의 상황이 더욱 급박하여 동해안에서 작전을 수행하게 되었다.[492]

유엔 해군의 최초 함포 사격이 동해안에서 실시된 것과 같이 유엔 해군이 치른 최초이자 마지막 해전 역시 동해안에서 실시되었다. 7월 2일 일출 직후인 06시 15분 동해안에서 초계 작전을 수행중이던 미국 경순양함(Juno), 영국의 경순양함(Jamaica)과 프리깃함(Black Swan)은 주문진에 탄약을 수송한 어선 10척을 호송한 후에 북으로 올라가는 어뢰정 4척과 포함 2척을 발견하고 이를 추격하였다. 북한군 어뢰정은 이들 순양함을 공격해 왔다. 이에 순양함들이 근접 신관의 포탄을 발사하고, 어뢰를 발사하여 북한 어뢰정 3척과 포함 2척을 격침시키고, 2명을 생포하였다.[493] 이것이 유엔 해군 함정과 북한 함정과의 처음이자 마지막 해전이었다. 이로부터 유엔 해군은 남한 해역은 물론 북한의 전 해역에 대해서 완전한 제해권을 장악하게 되어 해상작전이나 해상 포격을 실시하였으며, 육지에서 함정에 쏘아대는 북한군의 포사격 이외에는 전혀 방해를 받지 않게 되었다.

동해에서 제해권을 장악한 유엔 해군은 지속적이고 과감한 해안 포격과 봉쇄 작전을 수행하였다. 7월 4일 미국의 경순양함과 영국의 프리깃함은 삼척과 주문진 연안을 왕복하면서 해안 포격을 가했고, 7월 5일과 6일에는 영국 함정이 주문진의 유류 저장소와 선박을 공격하였으나, 7월 8일에 영국 경순양함(Jamaica)은 해안 도로를 포격하던중에 북한군의 육상 포대의 포탄을 맞아 4명의 전사자와 8명의 부상자가 발생하는 피해를 입기도 하였다. 북한군의 남진을 저지하기 위해서 유엔 해군은 해안 포격은 물론 병참선의 차단도 시도하였다. 조이 제독의 명에 의하여 미 주노함은 구축함을 대동하고 성진(城津) 남쪽 16km 지점까지 진출하여 9명의 특공조를 육상으로 투입하고 터널과 열차를 파괴하기도 하였다. 이와 같이 유엔 해군은 북한군의 진출을 저지하기 위하여 해안 포격과 후방 병참선 차단을 위한 과감한 작전을 수행하였다.[494]

유엔 해군은 지상군의 화력 지원 요청에 응하여 북한군 병력에 대한 함포 사격 임무도 수행하였다. 한국군 3사단으로부터 7월 12일 영해-영덕까지 진출한 북한군에 대한

---

492) *前揭書*, p. 69.
493) *前揭書*, p. 79.
494) *前揭書*, pp. 99-100.

화력 공격을 요청받은 주노(Juno)함은 해안 도로와 삼척의 유류 저장소에 대한 포격을 실시하였고, 7월 15, 16, 17일도 해안 도로를 포격하였다. 지상군의 요청에 의한 북한군 5사단에 대한 포격은 이들의 남진을 지연시키고 포항으로의 미 1기병사단의 투입도 가능하게 해주었다. 특히 7월 21일에는 한국군 3사단의 영덕 탈환 작전을 지원하기 위하여 06시부터 15분 간 포격을 가한 후에 주노함의 조명탄 신호에 맞추어 영덕을 공격・탈환하여 육해군 합동 작전을 실시하기도 하였다. 22일에도 한국군이 전진할 수 있도록 포격을 계속하였으나, 북한군의 반격으로 한국군은 후퇴하였다. 7월 27일부터는 새로 증원된 1만 3,600톤급 중순양함 헬레나(Helena)호와 톨레도(Toledo)호가 8인치 포와 5인치 포를 사용하여 해안선을 포격하였다. 이와 같이 순양함과 구축함이 교대로 해안선을 포격하여 북한군을 살상함으로써 그들의 공격 기세를 꺾고 있었다.[495]

서해안 작전 지원 임무를 부여받은 영연방 해군은 동해안의 상황이 급박하여 동해안에서 작전을 수행하였으나, 8월 8일 경항공모함(Triumph)이 합류하는 것을 계기로 서해안에서 독자적인 작전을 수행하게 되었다. 서해안에서는 이미 지상 작전이 종결되었기 때문에 지상 지원 임무보다는 해상 봉쇄선을 구축하고 병력과 보급 수송을 차단하는 작전이 주로 행해졌다. 특히 영연방 해군은 연안에서 북한군의 병력과 보급 수송을 차단하는 한국 해군의 작전을 지원하면서 항공기에 의한 후방 병참 시설과 철로를 파괴, 차단하는 작전을 수행하였다.[496]

해군 작전은 동해안에서 매우 활발하게 전개되었다. 8월 7일에는 중순양함 헬레나호가 함경남도 단천(端川)에 함포 사격을 가하여 그곳에 있는 조차장, 교량, 소규모 공장들을 파괴하고 야간 남하중에 속초 부근의 도로에 포격을 가했다. 8월 14일과 15일에는 단천과 고성에 야간 기습 상륙을 실시하여 3개의 터널과 교량을 파괴하였고, 8월 14일에는 장사동(長沙洞) 해안에 고립된 한국군 3사단의 해상 철수를 위한 화력 지원을 실시하여, 일본으로부터 도착한 LST 3척과 한국 LST 1척이 8월 17일 새벽에 병력을 구룡포(九龍浦)로 안전하게 철수시키기도록 하였다. 특히 8월 하순에 접어들자 해군은 청진(淸津)까지 공격하여 청진의 제철소, 항만 시설, 철도, 통신소 등에 포격을 가하기도 했으며, 중순양함을 동원하여 청진, 성진, 단천 등지의 수송 시설에 포격을 가하여 엄청난 피해를 입혔다.[497]

낙동강 서남부지역, 마산지역에서 북한군의 공세가 심해지자 미 극동해군 사령관은 진동리와 마산으로 연결되는 진해만에 화력 지원 구역을 설정하고 낙동강 남해선선을 지원하였다. 이러한 계획에 따라 8월 26일부터 9월 말까지 여러 척의 구축함이 교대로 이 지역에 배치되어 미 25사단의 지상 화력 통제반과 협조하여 매우 효과적인 화력 지원을 수행하였다.[498] 이와 같이 유엔 해군은 해안 도로의 포격, 후방 병참선과 시설의

495) *前揭書*, pp. 124-35.
496) *前揭書*, p. 137.
497) *前揭書*, pp. 147-57.

차단 공격과 포격, 지상군의 작전을 직접 지원하는 화력 지원 등 모든 봉쇄와 차단 및 화력 지원 임무를 효과적으로 수행하였다.

(3) 해상 수송 및 포항상륙작전

한국에서 전쟁을 수행하는 데 가장 중요한 요소 중의 하나는 병력과 보급품의 조기 수송이었다. 최초로 투입된 미 지상군인 스미스부대가 공수된 것을 제외하고는 거의 모든 병력과 보급품의 수송은 해군이 담당하였다. 특히 유엔군은 미국 본토에서 일본을 거쳐 부산으로 연결되는 미군의 보급선이 갖는 어려움을 극복해야만 하였다. 일본에 보유하고 있던 탄약을 즉시 한국으로 옮기는 데는 미 해군 제96.3기동부대로 분류된 일본 선박통제국 소속의 LST 39척과 화물선 12척이 매우 중요한 역할을 담당하였다. 그리하여 개전 후 10일이 지난 7월 초 1만 5,000여 명의 병력과 1,700여 대의 차량 수송을 위해서 55척의 함선이 부산에 입항하였다.[499] 이와 같이 유엔 해군, 특히 미 해군은 병력과 장비 및 보급품을 적시에 수송하는 중대한 임무를 수행하였다.

병력과 장비의 해상 수송 못지 않게 중요한 또 하나의 임무는 병력을 적시에 필요한 지점에 상륙시키는 일이었다. 7월 초, 부산은 포화 상태에 이르러 이곳을 통하여 병력을 투입한다는 것이 거의 불가능하였다. 이에 미 극동 해군 사령관은 7월 10일 포항으로 미 1기병사단을 상륙시킨다는 계획을 세우고 맥아더의 승인을 받았다. 당시 지칠대로 지친 미 24사단과 교대시킬 병력이 절대적으로 필요한 때에, 미 1기병사단의 조기 투입은 초기 전세를 좌우할 중대한 문제였다. 7월 10일 포항이 상륙 지점으로 선정되자 11일에 미 1기병사단 참모와 항공 기술자들이 포항에 도착하여 상륙에 필요한 정보수집과 비행장 시설의 보수에 착수하였다. 그리고 7월 15일부터 17일까지 소해(掃海) 작업을 실시하였다. 이렇게 숨가쁜 준비 과정을 거쳐 7월 18일과 19일에 미 1기병사단이 포항에 상륙하였다. 상륙이 실시되는 동안 지원 전대의 전함들이 포항 근해를 엄호하였으며, 77기동부대의 함재기들은 원산, 함흥, 평강 등을 폭격하였다. 그리하여 대전 전투 이후 거의 와해된 미 24사단 후방에 미 1기병사단을 적시에 투입할 수 있었다.[500]

이와 같이 유엔 해군은 병력과 장비 및 보급품을 수송하는 중요한 작전을 수행하였을 뿐만 아니라, 특히 한국전선에 미 1기병사단을 적시에 투입할 수 있도록 하여 미 8군이 낙동강 방어선을 구축할 수 있는 시간을 확보할 수 있게 해주었다. 그리하여 포항 상륙은 계획, 준비 시간, 실시 단계에 이르기까지 최단시간에 가장 모범적으로 실시한 상륙작전의 표본이 될 수 있었다.

---

498) *前揭書*, p. 158.
499) *前揭書*, p. 66.
500) *前揭書*, pp. 103-8.

(4) 항모기동부대의 공습과 항공 지원

7월 3일 새벽, 해주 남서쪽 120마일 해상에 도착한 77기동부대는 준비를 마치고, 미군 항모(Valley Forge)의 함재기는 평양, 영국 경항모(Triumph)의 함재기는 해주를 공격하기로 하였다. 05시 45분, 영국 항모 함재기 21대가 해주 공격을 위하여 발진하였다. 해주 상공에 도착한 이들 함재기들은 비행장 활주로, 격납고를 파괴하고 인근 철도와 교량을 폭격한 후에 08시 15분 귀환하였다. 평양 공습 임무를 띤 미국 항모 프로펠러 함재기 28대가 06시 발진하였고, 20분 후에 F9F-2 팬더(Panther) 제트기 8대가 발진하여 먼저 출발한 프로펠러기들을 추월하여 평양 상공에 도착하였다. 제트기들은 북한군 수송기와 야크기를 격추하면서 평양비행장의 격납고와 활주로를 폭격하였고, 유류 저장소를 로켓포로 공격하여 평양비행장을 못 쓰게 만들었다. 오후에 다시 출격하여 평양역의 철도와 교량을 폭격하고 화차와 기관차를 공격하였다. 7월 4일에도 다시 출격하여 파괴되지 않은 대동강의 교량을 파괴하고 77기동부대는 오키나와로 향했다. 이틀 동안 실시한 평양과 해주 공습은 평양비행장 시설과 철도 시설을 초토화시켰고 북한군 공군기 65대를 파손시켜 유엔군이 제공권을 장악하는 데 결정적인 기여를 하였다.[501)]

평양과 해주에 대한 함재기의 공습이 성공을 거두자 미 극동공군 사령관은 동부지역에 대한 공습을 요구하였다. 미 1기병사단이 포항에 상륙하고 있던 7월 18일 17시 미국 항모의 함재기 21대가 원산에 출격하여 정유 공장을 폭격함으로써 4일 동안이나 불타게 만들었다. 원산 공격을 마친 함재기들은 7월 19일 평강과 함흥으로 출격하여 비행장, 철도 시설, 교량 등을 파괴하고, 지상에 있던 북한군 항공기 50여 대를 발견하여 이 중 절반을 파괴하면서 나머지도 손상을 입히는 공격을 가했다. 북한군의 대공포화로 함재기 2대가 격추되는 피해를 입었으나 전과는 이에 비할 바가 아니었다.[502)] 이와 같이 항공모함 함재기에 의한 북한지역의 공습은 북한군의 전쟁 수행 능력을 손상시켰고, 지상의 항공기를 격파하거나 파괴하여 유엔군의 조기 제공권 확보에 결정적인 기여를 하였다.

유엔군의 항모기동부대는 후방 공습에 이어 근접 항공 지원(close air support) 임무도 수행하게 되었다. 미 8군은 지상 방어 병력이 배치되어 있지 않은 호남지역으로 북한군 6사단이 우회하자 미 해군과 공군에 근접 항공 지원을 통해서 북한군의 진격을 저지해 줄 것을 요청하였다. 이에 7월 25일, 미 해군 함재기가 군산-전주-남원-광주를 잇는 서부지역을 할당받았으나 통제 무선망의 혼선과 공군과의 협조 미비로 커다란 성과는 거두지 못했다. 7월 26일에는 많은 항공기가 한꺼번에 목표지역에 투입되는 것보다 1개 편대(4대)씩 투입되어 대전과 영동 사이의 북한군을 공격하였다. 그리고 28

---

501) Walter Craig, Malcolm W. Cagle and Frank A. Manson, *Battle Report: the War in Korea*(New York: Rinehart and Co., Inc., 1952), pp. 37-9.

502) *History of United States Naval Operations, Korea*, p. 112.

일에는 영동과 함창 부근 북한군 집결지, 트럭, 전차 등을 집중 공격하였고, 29일에는 순천-하동지역의 북한군 트럭과 전차 및 지역 내 교량을 공격하였다. 북한군의 8월 공세로 인하여 낙동강전선의 전황이 악화되자, 맥아더 사령관은 8월 8일부터 17일까지 함재기를 포함한 모든 항공기를 근접 항공 지원과 차단 임무를 수행하도록 지시하였다. 그러나 항공 통제반의 부족으로 해군 함재기들은 항공 통제하에 지정된 표적의 공격보다는 전투지역 상공을 비행하면서 무장 정찰을 실시하여 북한군의 병력, 전차, 차량 등을 공격했으나, 북한군에게 많은 피해를 입혀 공격의 강도를 약화시키고, 북한군의 주간 작전을 포기하도록 강요한 결과를 달성하였다. 특히 해병여단의 마산지역 전투와 영산(靈山)지역 전투에서는 해병 항공대와 해병의 긴밀한 협조하에 해병 항공기는 1해병여단 전투정면 50m 전방의 북한군 기관총 진지까지도 폭파하는 정밀 근접 항공 지원을 제공할 수 있었다.[503] 이와 같이 해군 함재기들은 공군기와 더불어 전황의 상태에 따라 근접 항공 지원과 전장 고립을 위한 차단 임무까지 수행하면서 낙동강선을 지키려는 유엔 지상군의 작전을 지원하였다.

한국 해군과 유엔 해군은 한국전 초기에서부터 민간인과 병력의 철수는 물론 병력과 장비 및 보급 물자의 수송을 거의 전담하여 지상군의 전투를 도왔고, 7월 2일 동해상에서 한 차례의 해전으로 제해권을 완전히 장악하였다. 7월 3일부터는 항공모함이 전선에 투입됨에 따라 전쟁 초기(7월 3-4일, 18-19일)에 평양, 해주, 원산, 함흥, 평강 등지에 공습을 실시하여 북한의 전쟁 수행 능력을 손상시키고, 지상의 항공기도 파괴하여 제공권의 조기 장악에 결정적인 도움을 주기도 하였다. 특히 유엔 해군은 동해안 지역에서 함포에 의한 화력 지원으로 북한군 5사단의 남진을 효과적으로 저지하고 한국군 3사단의 해상 철수를 가능하게 하였으며, 포항을 통하여 미 1기병사단을 신속하게 전선에 투입함으로써 낙동강 방어선의 형성 자체를 가능하게 하는 데 중요한 역할을 수행하였다. 그리고 낙동강전선에서 지상 전투가 격화됨에 따라 함포에 의한 화력 지원과 근접 항공 지원을 실시하여 마산과 영산의 북한군 돌파 확대를 저지하는 데 큰 몫을 담당하여 낙동강 방어선을 지키게 해주었다. 이와 같이 한국과 유엔 해군은 병력과 장비 및 보급 수송, 함포 사격과 근접 항공 지원에 의한 북한군의 진출 저지와 공격기세 둔화, 후방 폭격에 의한 북한의 전쟁 수행 능력 박탈 등의 주요한 임무를 수행함으로써 낙동강전선을 방어하여 반격으로 전세를 전환시키는 데 필수적인 역할을 담당하였다.

503) *Battle Report: the War in Korea*, pp. 56-65. 초기 및 반격 이전의 해군작전 전반에 관해서는 김종기, "제8장 해군작전," *한국전쟁사 제3권: 북한군 침공과 한국군 방어*(전쟁기념사업회, 1992), pp. 390-402 참조.

3) 한국 공군 작전

(1) 한국과 북한의 공군력

1948년 5월 15일, 통위부(統衛部) 직할로 창설되어, 동년 6월 27일 조선경비대로 소속이 변경된 항공부대는 1948년 9월 4일, 미 육군 7사단 비행대로부터 L-4 항공기 10대를 인수하면서 비행 훈련을 시작할 수 있었다. 그리고 1948년 9월 13일에는 항공기 지부대를 항공사령부로 개칭하여 서울 상공에서 전시 비행까지 실시하였다. 이렇게 탄생된 육군 항공사령부는 1948년 10월 여순반란 진압 작전에 참가하여 정찰, 연락, 지휘관 수송 및 전단 살포 등의 임무를 수행하였다. 그러나 L-4 항공기는 항속 거리가 짧아 효과적인 작전을 수행할 수가 없어서 미군은 항속 거리가 조금 긴 L-5 항공기 10대를 공급하였다. 이로써 육군 항공사령부는 1948년 말까지 20대의 연락기(L-4: 10, L-5: 10대)를 보유하게 되었다.[504)]

항공부대를 이끌고 있던 주요 장교(金貞烈 중령 등)들은 현대전에서 공군의 중요성을 강조하고 육・해・공군의 정립(鼎立)을 위한 노력을 경주하였다. 이러한 노력의 결과 1949년 10월 1일 대통령령 254호에 의해서 공군이 육군으로부터 독립하기에 이르렀다. 그러나 연락기(L형)만을 가지고 폭탄을 손으로 내던져 투하함으로써 지상군의 작전을 지원하거나 연락 업무만으로는 공군 본연의 임무인 제공권의 확보는 불가능하였다. 공군은 전투기가 필요했으나 한국 정부의 항공기 공급 요청을 받은 미국의 반응은 냉담했다. 결국 공군은 항공 전력을 강화할 필요가 있다고 전국민에게 호소하여, 국민이 낸 성금으로 1950년 3월에 캐나다로부터 훈련기(T-6) 10대를 구입할 수 있었다. 이와 같은 노력에도 불구하고, 한국전쟁이 일어날 당시 한국 공군은 1,897명의 병력과 경항공기 22대(L-4: 8, L-5: 4, T-6: 10대)만을 보유하고 있었다.[505)]

북한의 공군은 1945년 10월 신의주에서 일본 민간 항공 출신 20명, 중국 비행학교 출신 10명, 기타 만군(滿軍) 항공 기술자 20명 등 50여 명이 신의주 항공대를 창설함으로써 태동하였다. 그 후 신의주 항공대는 1946년 2월까지 400여 명의 항공 요원을 양성, 확보하였으나 훈련 장소와 운영 경비 등의 문제를 해결하기 위해서 1946년 5월 평양비행장으로 이동하여 김일성과 김책이 설립한 "평양학원"에 흡수되었다. 1947년 9월 하순 "인민군총사령부"로 북한군이 모습을 드러내자 평양학원 소속 항공중대는 항공과와 비행대대로 증편되었다가, 1948년 2월 8일에 "인민군"이 창건됨에 따라 제25비행연대로 확대, 편성되었다. 제25비행연대로 편성된 북한 공군은 그 예하에 습격기, 추격기, 교도 및 후방 지원 대대를 두고 1948년 10월에 소련군으로부터 평양비행장을 인수한 다음에 12월에는 IL-10, YAK-9전투기, PO-2훈련기 등을 인수하여 전투기까지 보유하게 되었다.[506)]

---

504) 空軍本部, *空軍史, 第1卷*(1962), p. 63.

505) 空軍本部, *航空戰史: 韓國戰爭*(1989), pp. 57-8.

북한 공군은 소련의 지원을 받아 전투 능력과 편제를 갖추어 나갔다. 소련은 1949년 3월에 북한 공군에게 IL-10 및 YAK-9전투기 30여 대를 지원해 주었고, 12월 편제도 비행 연대를 항공사단(사령부: 평양)으로 증편시키고, 예하에 추격기연대, 습격기연대, 교도연대, 그리고 공병대대를 두도록 하였다. 특히 각 연대에는 3개 대대를 두고 각 대대에 2명의 소련 군사고문단이 파견되어 비행 훈련을 지도하였다. 북한 공군 편제를 확대 개편한 소련은 1950년 4월에는 60대의 항공기를, 그리고 6월 18일에는 소련 공군 조종사들이 60대의 항공기를 연포(連浦)비행장까지 직접 조종해 와서 북한 공군에게 인계하기도 하였다.[507] 이와 같이 소련의 적극적인 지원하에 급성장한 북한 공군은 한국전쟁 개시 직전에 2,200여 명의 병력과 IL전폭기 75대, YAK-9전투기 100대를 포함하여 200여 대의 항공기를 보유하고 있었다.[508] 이와 같이 IL전폭기와 YAK전투기 175대를 포함하여 200여 대의 항공기를 보유한 북한의 공군력은 연락기와 훈련기 22대만을 보유하고 있던 한국 공군력과는 비교할 수 없는 수준이었다.

(2) 북한 공군의 공습과 한국 공군의 초기 작전

전쟁이 개시된 직후 한국 공군이 보유한 연락기와 훈련기는 북한 공군 전투기의 폭격과 기총소사를 막을 도리가 없었다. 1950년 6월 25일 오전 10시경, 비가 그치고 날이 밝아지자 북한군의 YAK전투기 2대가 여의도와 김포비행장을 정찰하고 돌아갔다. 이날 정오경 4대의 YAK전투기가 용산역과 서울 공작창, 운전사무소와 통신소 등에 기총소사를 하고 용산역 앞의 육운국(陸運局)도 폭격하였다. 오후 4시경 YAK전투기 5대가 나타나 2대는 김포기지의 관제탑과 석유 탱크를 공격하고, 미국인의 철수를 위해서 대기하고 있던 미 항공수송단 소속 C-54기 1대를 공격하였다. 나머지 3대는 여의도기지의 한국 공군기 T-6 1대를 파괴하였고, 19시경 6대의 YAK전투기가 김포기지를 공격하여 C-54기를 완전히 파괴하였다. 6월 26일에도 북한 공군기의 공격은 계속되었다. 4대의 YAK기가 세 차례에 걸쳐 김포와 여의도비행장을 공격하였고 영등포역과 한강 남쪽 일대에 기총소사를 가하여 민심을 교란시켰다.[509] 북한 공군기들은 1950년 6월 25일과 26일, 한국 공군의 저항을 받지 않고 김포와 여의도비행장, 그리고 필요한 지역에 대한 폭격과 기총소사를 감행하였다.

이러한 북한 공군 전투기의 "자유스런" 공격에 대해서 한국 공군은 항공기와 병력을 분산, 대피시키는 것 외에는 별다른 대응책을 수립할 수가 없었고, 지상군 지원임무만을 수행할 수 있었다. 6월 25일 10시경 북한 공군기가 여의도와 김포비행장을 정

---

506) *前掲書*, p. 33.

507) *前掲書*; 國防部 戰史編纂委員會, *韓國戰爭史, 第1卷*(1977), p. 97.

508) 최병옥, "제9장 공군작전," *한국전쟁사, 제3권*(전쟁기념사업회, 1992), pp. 407-410.

509) Robert F. Futrell, *The United States Air Force in Korea 1950-1953*(Office of Air Force History, 1982), p. 7; 空軍本部, *航空戰史: 韓國戰爭*(1989), pp. 70-2; 조선 사회과학원 력사연구소, *조선전사, 제25권: 현대편, 조국해방전쟁사 1*(평양: 과학·백과사전출판사, 1981), p. 119.

찰하고 사라진 후, 공군 총참모장(金貞烈)은 북한군의 공습에 대비하여 항공기를 분산, 대피시키도록 하고 여의도에 작전지휘소를 설치하였다. 그는 병력을 대공감시, 대공사격, 구호반 등으로 편성하여 방어 태세를 취하도록 하였으나, 적극적인 방어 수단을 동원한 방어 태세를 취할 수는 없었다. 한국 공군은 수도권 방어를 위하여 전항공기로 북한 지상군의 남진을 저지하기로 하였다. 이에 따라, 공군은 T-6기 10대를 3개 편대로 나누어 육군 병기창에서 제작한 폭탄(15kg, 274개)과 서울시 경찰국에서 인수한 수류탄 500개를 비행기에 나누어 싣고 6월 25일 18시경 출격하였다. 폭탄과 수류탄을 실은 공군 훈련기는 개성과 포천, 동두천 등지에서 전차를 앞세우고 내려오는 북한군 전차, 차량, 병력을 공격하기 위해서 저고도로 비행하면서 조종사 뒷자석의 관측사가 손으로 북한군의 전차와 차량을 향해 폭탄을 손으로 던져 투하하였다. 최초 출격을 마친 한국 공군은 T-6 양쪽 날개에 8개의 폭탄걸이를 달고 26일에 다시 출격하여 지상 목표를 공격하였다. 그러나 6월 27일 폭탄을 다 소모하고 나자 이러한 폭탄 투하마저도 할 수가 없게 된 한국 공군은 정찰이나 연락 임무로 전환할 수밖에 없었다.[510] 이와 같이 한국 공군은 대공전(對空戰)의 수행은커녕 지상군의 근접 지원(近接支援) 작전도 제대로 수행할 수 없는 형편이었다.

미국이 한국전에 해군과 공군력을 투입하기로 결정한 후 6월 27일의 상황은 달라졌다. 6월 26일 저녁 한국 공군 조종사 10명이 미 공군이 제공하는 F-51전투기를 인수하기 위해서 일본으로 떠났고, 미 공군의 F-82전투기가 여의도와 김포비행장 상공을 초계(哨戒)하기 시작하였다. 6월 27일 10시와 15시, 두 차례에 걸쳐 4대의 YAK전투기가 여의도를 폭격하고 이 날 정오경 YAK전투기 5대가 김포기지를 공격하였으나, 초계 임무를 수행중이던 미 공군 F-82 5대가 반격하여 김포를 공습하던 전투기 중 3대를 격추시킴으로써 한국전쟁에서 미군기가 북한기를 격추시킨 최초의 전과를 기록하였다. 6월 27일 오후에도 미 공군의 F-80C기 4대가 미군 수송기에 공격을 가하는 북한의 IL-10기 8대를 공격하여 4대를 격추시키는 전과를 거두었다. 이로써 북한 공군기 7대가 6월 27일 하루 동안에 격추되었다.[511] 이러한 피해에도 불구하고 북한 공군기는 6월 28일과 29일에도 수원비행장, 영등포역, 시흥역을 공격하여 철도와 열차를 파괴하였다.

1950년 6월 29일은 북한 공군으로서는 치명적인 날이었다. 한국전선을 시찰하기 위해서 전용기(C-54)인 "바탄(Bataan)"호를 타고 06시 10분에 하네다비행장을 떠난 맥아더 원수(元帥)가 6월 29일 08시 비행기상에서 북한의 비행장을 즉시 공격하라는 명령을 내렸기 때문이었다.[512] 그러나 이 즈음에 북한 공군기는 수원비행장에 있던 미 공군 C-54 수송기를 공격하여 불태우고 있었다. 맥아더 전용기는 4대의 전투기 호위를 받으며 수원비행장에 내렸다. 맥아더가 한강 방어선을 시찰하고, 그의 전용기가 일본

510) *航空戰史: 韓國戰爭*, pp. 74-6.

511) *前揭書*, p. 72; *The United States Air Force in Korea 1950-1953*, pp. 12-3; 國防部 戰史編纂委員會, *韓國戰爭史, 第2卷*(1968), p. 211.

512) *South to the Nakdong, North to the Yalu*, p. 44.

으로 돌아가 급유를 하고 있던 6월 29일 오후에 북한 공군기는 비행장을 경계하기 위해서 파견된 고사포 부대 병력(Detachment X: 35명의 장교와 사병)이 타고 온 수송기(C-47)를 파괴하였다. 6월 29일 18시경 맥아더는 다시 동경으로 돌아갔으나, 20시 05분경, 거기에 있던 고사포 부대(M-55 고사 기관총 4정)는 비행장을 공격하는 4대의 북한 공군기와의 접전에서 1대를 격추시키고 1대를 손상시키는 전과를 거두었다. 이로써, 이들은 한국에서 최초로 북한군을 공격한 미 지상군이 되었다.[513] 실로, 북한의 비행장을 공격하라는 맥아더의 명령이 내려진 6월 29일은 북한 공군의 존폐를 가름한 날이었다. 38선 이남에서만 허용되었던 미군의 항공 작전이 북한까지 확대되었기 때문이었다.

(3) 정찰 및 근접 항공 지원 작전

미 해공군이 북한지역까지 작전 범위를 확대하자, 한국 공군은 정찰과 근접 항공 지원 작전을 주로 실시하였다. 미군으로부터 F-51전폭기 10대를 지원받은 한국 공군은 7월 3일부터 출격하여 북한군의 남진을 저지하는 지원 작전을 수행하였다. 시흥지역의 연료 저장소를 공격하고, 영등포지역에서 전차 2대와 트럭을 공격하여 이를 파괴하기도 하였다. 7월 4일, 비행단장(李根晳 대령)이 지휘하던 4대의 편대는 안양 일대에서 남하하던 북한군 전차를 공격하였다. 그러나 기총소사를 하면서 급강하하던 비행단장의 비행기는 북한군의 대공 포화에 맞아 전차를 파괴하고 불길에 휩싸였다. 이러한 사고에도 불구하고 한국 공군은 7월 16일부터 미군이 지급해준 로켓탄으로 무장하고 미 공군 편대장의 지휘하에 출격하기도 하였다. 이와 같이 7월 3일부터 출격을 시작한 한국 공군은 7월 26일까지 91회를 출격하면서 북한군 전차 7대와 차량 17대를 파괴하고, 18개소의 탄약 및 연료 집적지, 9개소의 포진지를 파괴하고, 300여 명의 북한군을 살상하는 전과를 기록하였다.[514]

미 공군이 대구기지로 전개하자, 한국 공군은 사천(泗川)으로 기지를 옮겼다가 다시 진해로 기지를 옮겨 마산지역을 방어하고 있던 미 25사단을 지원하였다. 한국 공군 F-51 비행부대는 8월 1일부터 미 공군 조종사들과 본격적으로 비행 훈련을 실시하여 8월 15일부터는 미 공군 조종사들과 함께 편대를 조직하여 출격하였다. 그리하여 이 부대는 8월 15일부터 하동, 광양, 함양, 순천, 통영, 장성 등지로 출격하였고, 18일부터는 영동, 김천, 상주 등 경부축선상에, 22일에는 군산, 이리, 목포 방면, 24일에는 거창, 진주 방면, 28일부터 30일까지는 왜관, 선산, 청송, 안동지역으로 출격하였다. 9월에 들어서도 항공 지원이 필요한 낙동강 방어선지역 어디에나 출격하여 한국군과 유엔군의 지상전을 지원하였다. 그리하여 한국 공군 F-51 비행부대는 8월 15일부터 9월 11일까지 93회를 출격하여 북한군 차량 115대와 교량 20개소를 파괴하는 등의 전과를 기록

513) *前掲書*, pp. 44-6.
514) *韓國戰爭史, 第1卷*(1977), pp. 824-5.

하였다.[515] 이와 같이 한국 공군은 미 공군과 협조하여 북한군의 남진을 저지하고 낙동강 방어선을 지키는 지상군에 대한 근접 지원 작전을 수행하였다.

특히 한국 공군 정찰 비행대와 T-6 비행부대도 정찰 및 전투기 유도 임무와 한국 해병대의 통영상륙작전을 지원하는 작전을 수행하였다. 1950년 7월 6일, 대전에서 창설된 정찰 비행대대는 한국군의 작전을 지원하기 위하여 괴산, 제천, 영월과 동해안지역을 정찰하다가 전선이 남하함에 따라 영덕, 안동, 신녕, 대구 등지의 정찰, 낙동강 방어선지역의 정찰 임무를 수행하여 수집된 정보를 전파하고, 이를 작전에 참고하도록 하였다. 8월 13일, 대구로 기지를 옮긴 비행대대는 공지(空地) 통신 장비인 SRC-300 통신기를 설치하여 공지 협동 작전을 효과적으로 수행하는 데 큰 기여를 하였다. 낙동강 방어선에 대한 북한군의 9월 공세가 한창일 때, T-6 비행부대는 영천지역에서 정찰 임무와 전투기 유도 임무를 수행하여 효과적인 화력 지원이 이루어지도록 하여 영천 탈환 작전을 도왔다.[516] 이와 같이 한국 공군은 정찰, 전투기 유도, 근접 항공 지원 및 상륙 작전 지원 임무를 수행하면서 지상군의 작전을 도왔다.

4) 유엔 공군 작전

(1) 유엔 공군력

최초 한국전에 투입된 유엔 공군은 미 극동공군 예하의 5, 13, 20공군과 5공군의 작전통제를 받고 있던 오스트레일리아 공군 77비행대대였다. 미 극동공군의 주력인 5공군은 사령부(사령관: Earle E. Partridge 소장)를 나고야(名古屋)에 두고 일본 본토 방위 임무를 수행하고 있었다. 13공군은 필리핀지역의 방위 임무를 띠고 루손 섬의 클라크(Clark)기지에 사령부(사령관: Howard H. Turner 소장)를 두고 있었다. 오키나와와 마리아나지역의 방위를 책임지고 있던 20공군은 오키나와 가데나(Kadena)기지에 사령부(사령관: Alvan L. Kincaid 소장)를 두고 있었다. 그리고 F-51전폭기로 편제된 오스트레일리아 공군 77대대는 이와쿠니(岩國)에 기지를 두고 5공군의 작전 지휘를 받고 있었다. 미 극동 공군을 위주로 한 이러한 공군 부대들이 유엔 공군에 포함되었다.[517]

한국전쟁 초기, 미 극동 공군은 북한 공군과 비교하여 막강한 전력을 유지하고 있었으나 한국에 대한 방어 임무는 없었다. 1950년 5월 31일 당시 미 극동 공군이 보유하고 있던 항공기는 총 1,172대로서 북한군의 200여 대와는 비교가 되지 않았다. 이들 항공기는 B-26경폭격기 73대, B-29중(中)폭격기 27대, F-51전폭기 47대, F-80전투기

515) *航空戰史: 韓國戰爭*, pp. 117-25.

516) *航空戰史: 韓國戰爭*, pp. 128-33.

517) USAF Historical Division Research Studies Institute, Air University, *United States Air Force Operation in Korean Conflict*(1956), 空軍本部, 飜譯, *UN空軍史: 韓國戰爭(上), 1950.6.-1952.6.*, pp. 23-4.

504대, F-82전투기 42대, 각종 수송기 179대, 기타 기종 252대 등이었다. 그러나 미 극동 공군은 한국에서 전쟁이 일어날 경우, 주한 외국인을 공수하거나 철수하는 인원을 수송하는 해군 선박을 공중 엄호할 것과, 지시에 따라 철수 작전에 필요한 지상 목표를 공격하도록 계획되어 있었다.[518]

(2) 공중 수송과 초기 작전

한국에서 전쟁이 일어나자 주한 미국대사(John J. Muccio)는 1950년 6월 25일 저녁 맥아더 미 극동군 사령관에게 서울과 인천지역의 미국인을 우선 해상으로 철수시키겠다고 통보하였다. 이에 맥아더는 6월 26일 새벽 미 극동 공군사령관에게 미 극동 공군은 인천항에 기항중인 선박이 한국 해역을 벗어날 때까지 이를 엄호하고 선박의 안전을 위해서는 발포해도 된다고 지시하였다. 이에 따라 8전폭비행단 소속 F-82전폭기들은 6월 26일부터 부평에서 인천으로 이동하는 철수 차량을 엄호하기 시작하였다. 철수 엄호 작전을 수행하던중에 6월 26일 저녁, 트루먼 미국 대통령은 맥아더 사령관에게 38선 이남지역의 공중 및 지상 군사 목표를 공격하는 것을 승인하였다. 이에 맥아더는 6월 27일 새벽 미 극동 공군은 미국인의 안전을 위협하는 군사 목표를 공격하라고 지시하면서 남한지역에서 제공권을 장악하라는 명령까지 하달하였다.[519]

한국의 전황이 점차 악화되자 무쵸 대사는 상선에 의한 해상 철수 계획을 취소하고 긴급 공중 수송을 요청하였다. 주한 미국 대사의 요청을 받은 맥아더는 6월 27일 공군에게 공수 임무를 부여하였고, 미 극동 공군은 "방해를 허용하지 말고" 수송 작전을 실시하도록 명령하였다. 공중 수송 명령을 받은 35전폭비행단장은 F-82전투기의 호위하에 김포, 수원, 부산 등지에서 938명의 주한 미국인을 철수시켰다. 6월 27일 미국인을 철수시키는 과정에서 미 공군은 김포에서 북한군 YAK전투기 3대, IL-10전투기 4대를 격추하여 공중전까지 수행하였다.[520]

남한지역에서 자유로운 군사 행동이 허용된 미 극동 공군은 6월 28일부터 본격적인 작전에 돌입하였다. 미 극동 공군은 5공군으로 하여금 사진 및 육안 정찰을 통한 목표물 공격을 실시하도록 하여 6월 28일부터 B-26경폭격기와 B-29중폭격기와 F-80전투기를 출격시켜 38선 이남지역의 군사 목표를 공격하였다. 그리하여 6월 29일에는 B-29중폭격기가 출격하여 폭파가 되지 않은 한강 철교를 폭격하였다. 그러나 북한 공군기도 6월 29일 수원비행장에 있던 C-54 1대를 파괴하고 다른 C-54 1대를 수원 상공에서 격추시키면서, 수원비행장에 착륙해 있던 F-82전투기와 B-26경폭격기에 기총소사를 가하여 피해를 입히기도 하였다. 이에 6월 29일 맥아더와 동행하여 수원비행장으로 향하던 미 극동 공군사령관(George E. Stratemeyer 중장)은 맥아더 원수에게 제공권

518) *前揭書*, pp. 25-8.
519) *前揭書*.
520) *前揭書*, p. 30.

의 확보를 위해서는 북한 지역의 비행장을 공격해야 한다는 건의를 하였다. 이에 맥아더는 북한의 비행장을 공격하도록 구두 명령을 하달함으로써 미 극동 공군의 작전 범위는 현지 사령관에 의해서 한반도 전역으로 확대되었다.[521]

(3) 제공권 확보 작전

공군의 작전 범위가 한반도 전역으로 확대되자 미 극동 공군은 제공권 확보를 최우선 목표로 하여 작전을 개시하였다. 미 극동 공군은 6월 29일 저녁 B-26경폭격기 18대를 출격시켜 평양비행장을 공격하여 지상에 있던 25대의 항공기를 파괴하고 공중에서 YAK기 1대를 격추하였다. 특히 미 지상군이 한국전선에 개입한 것과 때를 같이하여 7월 3일과 4일에는 미 해군 77기동부대 함재기들은 평양과 온정리비행장을 공격하여 지상의 항공기 10대를 파괴하고, 공중에서 YAK전투기 2대를 격추하였다. 그러나 북한 공군은 항공기 일부를 김포비행장으로 전진 배치하여 북한군 지상 작전을 지원하면서 미 공군기의 연료 소모와 작전 시간의 한계를 고려하여 기습 공격을 가하는 전술을 사용하였다. 그리하여 북한 공군기는 7월 4일 오산 통신중계소 공격, 7월 10일 4대의 YAK기가 미 지상군을 공격하고, 11일에는 지상 목표를 공격하고 있던 F-80전투기 편대를 기습하기도 했다. 7월 12일에는 북한의 YAK기가 서울 근교를 폭격하던 B-29 1대를 격추하고 조치원 상공에서도 1대를 격추하였다. 그리고 7월 15일에는 북한의 YAK기가 조치원 상공에서 B-26경폭격기 4대를 공격하여, 그 중 1대가 대전에 불시착하는 사태가 발생하였다.[522] 이러한 북한 공군의 과감한 근접 지원 작전 수행과 체공시간에 제한을 받던 미 공군기에 대한 기습 공격은 미 극동 공군의 적극적인 제공권 확보 작전 수행의 필요성을 증대시키게 되었다.

북한 공군의 과감한 항공 작전을 무력화시키기 위하여 미 극동 공군은 7월 15일 F-80전투기를 동원하여 김포기지를 공격하고 B-29를 동원하여 김포비행장 활주로를 폭격하였다. 그리고 5공군의 전폭기와 해군 함재기들은 7월 22일까지 평양, 평강, 온정리 등 북한 내 항공기지를 공격하여 지상에 있는 항공기를 파괴하고 활주로를 사용하지 못하도록 만들었다. 이러한 유엔 공군의 활동으로 북한은 7월 22일 이후에는 더 이상 항공기를 공격에 투입할 수 없게 되어 유엔 공군은 한국 전역에서 제공권을 장악하였다. 북한 공군이 다시는 제공권 확보에 도전하지 못하도록 하기 위하여 유엔 공군은 8월 내내 주기적으로 항공 정찰을 실시하여 작전 가능하다고 판단되는 북한의 항공기나 시설이 발견되는 대로 이를 공격, 파괴하였다. 이와 같은 제공권 확보 작전으로 유엔 공군은 8월 말 당시 북한 공군이 18대 이상의 항공기는 보유하고 있지 않다는 결론을 내리고 있었다. 이로부터 유엔 공군이 장악한 제공권은 도전을 받지 않았고, 북한 공군기의 위협이 없었기 때문에, 유엔의 항공모함이나 소형 호위함도 연안 가까이에서

---

521) *前揭書*, pp. 33-4; *South to the Nakdong, North to the Yalu*, p. 44.
522) *The United States Air Force in Korea 1950-1953*, pp. 98-9; *조선전사, 25*, pp. 185-6.

마음대로 함재기를 투입하여 후방 목표 공격은 물론 효과적인 항공 지원 임무도 수행할 수 있게 되었다.[523]

(4) 근접 항공 지원 및 후방 차단 작전

미 공군과 해군은 전투, 전폭기와 함재기를 출격시켜 근접 항공 지원을 실시하였다. 공군과 해군의 항공기가 후방 폭격이나 근접 지원 임무에 투입됨으로써 공중 화력이 대폭 보강되었다. 그러나 공격할 목표의 적절한 선정과 배정이 보장될 필요성이 증대되었다. 이미 함재기가 파괴한 목표를 공군기가 공격하려 출격하는 사례가 없어야만이 증대된 공중 화력을 낭비없이 운용할 수 있었다. 맥아더는 미 극동 공군사령관의 건의에 따라, 7월 22일 사령부 내에 "목표선정위원회(Target Selection Committee)"를 설치하고 후방 차단 공격의 효율성을 높이려 하였다. 그리하여 목표의 선정과 선정된 목표의 성격에 따라서 효과적인 항공 공격을 시행하였고, 지상군 작전을 지원하기 위한 목표 역시 목표의 위치와 작전 부대 및 접근 용이성에 따라 해공군의 항공기가 적절하게 지원을 할 수 있게 되었다. 특히 마산지역에서 지상 작전을 수행한 해병대의 근접 지원 임무는 해병 함재기가 실시하여 지원 효과를 극대화시킬 수 있었다.[524]

극동 공군은 효과적인 근접 항공 지원을 위해서 전폭기 항속 거리의 한계를 극복해야만 하였다. 체공 시간을 증가시키기 위하여 일본 내 항공기지를 한국에 가까운 곳으로 옮기고, 고공 비행을 통하여 연료 소모를 줄이거나 보조 연료 탱크를 장착하기도 하였으나 만족할 만한 효과를 거두지 못했다. 이에 유엔 공군은 한국 내 대구, 포항, 수영 등 3개 비행장을 확장하기로 하여 7월 10일은 대구, 7월 15일은 포항을 항공기지로 사용할 수 있게 되었다. 이로써 5공군의 전방제대는 8월 1일 한국으로 전개하여 작전 준비를 갖추게 되었다. 그러나 북한군의 8월 공세로 대구가 위협을 받게 되자, 5공군은 중장비와 대부분의 병력은 일본으로 철수시키고, 8월과 9월 초에 걸쳐 최소한의 작전부대 병력만으로 2,268회 출격하여 지상군의 작전을 지원하였다. 포항에서도 동해안지역의 지상 작전을 지원하다가, 북한군 5사단이 포항을 위협하자 8월 8일 중장비를 철수시키고 지원 임무를 수행하다가 8월 13일 일본으로 철수하였다. 이와 같이 유엔 공군은 한국 내 전진 기지를 확장하여 지상 작전을 지원하였다.[525]

7월 하순에 제공권을 확실하게 장악한 유엔 공군은 지상군 근접 항공 지원 작전에 최우선권을 두었다. 미 24사단과 미 1기병사단, 25사단이 고전을 하고 있던 7월에 미 제5공군은 지상군 근접 지원에 총력을 기울였다. 특히 낙동강전선에서 북한군의 8월 공세가 심화되자 폭격기까지 지상군 지원 임무에 투입되었으며, 8월 16일 11시 58분부터 12시 24분까지 98대의 B-29기가 왜관지역에 융단폭격(carpet bombing)을 실시하여

523) *The United States Air Force in Korea 1950-1953*, p. 102.
524) *UN空軍史: 韓國戰爭(上)*, pp. 37-9.
525) *前揭書*, pp. 45-8.

북한군의 간담을 서늘하게 하였다. 이 폭격에 사용한 폭탄은 500파운드짜리 3,084개와 1,000파운드짜리 150개로써 야포 중포탄 3만 발에 해당되는 파괴력을 가진 것이었다. 그리고 미 공군과 해군, 해병 함재기들은 낙동강 방어선 어디서나 투입되어 북한군의 병력과 장비를 공격하였고, 특히 동해안에서의 함포와 함재기의 화력 지원은 북한군의 전력을 거의 소모시킬 정도였다. 이러한 해공군의 화력 지원에 대해서, 낙동강 방어선을 지켜낸 미 8군사령관은 "제5공군이 제8군에게 지원한 항공 지원보다 더 훌륭한 항공 지원을 받아 본 사령관은 없을 것이다. … 만일 우리가 제5공군의 지원을 받지 못했다면 한국에서 견뎌내지 못했으리라는 사실에는 의문의 여지가 없다"고 서슴없이 말했다.[526]

북한군의 지상 전력과 지상 작전의 강도를 약화시킨 공군 작전은 후방 차단 작전이었다. 열세한 한국군을 돕고 쇄도하는 북한군의 진격을 저지하기 위해서 미 극동 공군은 전차, 포 및 병력, 전장의 차단에 중점을 두고 차단 작전을 실시하였다. 7월 7일부터 9일까지 5공군은 서울-평택 간 도로에서 차량 197대와 전차 44대를 파괴하였고, 7월 10일에는 평택지역의 파괴된 교량 북쪽에 줄지어 있던 전차와 차량을 공격하여 117대의 차량과 38대의 전차, 7문의 자주포를 파괴하고 북한군 다수를 살상하는 전과를 올리기도 하였다. 이러한 전과에도 불구하고 최초로 투입된 미 24사단이 위험에 계속 노출되자 맥아더는 B-29폭격기까지 지상군 지원에 투입하였다. 그러나 폭격기의 지상전 지원 효과에 대한 의문을 제기하여 목표선정위원회가 설치된 7월 22일 이후 24일부터는 B-29 1개 전대만 근접 항공 지원을 하고 2개 전대는 38선 이북에서 후방 차단 작전 임무를 수행하기로 하였다. 이와 같이 미 극동 공군은 38선 이북과 이남지역에서 후방 차단과 폭격 임무를 수행하였다.[527]

후방 차단과 폭격의 주목표는 물론 북한군 병력과 장비였으나, 북한의 보급품 저장소와 이를 운반하는 교통망을 마비시킬 목적하에 교량, 철도, 조차장 등도 주요한 목표가 되었다. 미 극동 공군은 7월 13일 원산 조차장의 폭격을 시작으로 16일에는 서울 조차장, 8월 7일에는 평양 조차장, 8일에는 함흥 조차장을 폭격하였다. 8월 중에는 북한지역 내의 진남포, 길주, 고원(高原), 오노리(五老里), 나진, 청진, 신안주, 사리원 등지의 조차장을 폭격하고 원산과 평양의 철도 수리창을 폭격하였으며, 주요 교량들을 폭격하여 북한의 교통망을 거의 마비시켜 놓았다.[528] 그리고 9월 12일까지 한강 철교를 비롯하여 서울과 낙동강전선 간에 있는 140개소의 교량과 47개소의 철도 및 낙동강 방어선 주위의 도로 93개소도 파괴하였다. 이리하여 한국 공군과 미 극동 공군은 1,400여 대의 차량, 2,900여 량의 화차 및 450여 대의 기차와 기관차를 파괴, 파손시켜 북한 지상군의 전력을 크게 약화시켰다.[529]

---

526) *The United States Air Force in Korea 1950-1953*, p. 146.
527) *UN空軍史: 韓國戰爭(上)*, p. 67.
528) *前揭書*, pp. 72-4.

이와 같이 미 극동 공군을 중심으로 한 유엔 공군은 조기 제공권의 확보를 통하여 근접 항공 지원과 후방 차단 작전의 성공적 수행으로 북한군의 전력을 현저하게 약화시켜 낙동강 방어선의 형성과 방어를 가능하도록 해준 중요한 역할을 수행하였다. 유엔 공군의 제공권 확보와 근접 항공 지원은 북한 지상군의 작전 시간을 야간으로 바꾸어 놓았고, 야간과 산악을 통한 보급 지원만을 허용하여 북한군의 보급 사정을 극도로 악화시켜 그들의 공격 기세를 둔화시켰던 것이다. 그리하여 한국군과 미군을 주축으로 한 유엔군이 낙동강 방어선을 지킬 수 있게 해 주었으며, 대 반격을 통한 전세의 전환을 가능하게 만들었다.

12. 인천상륙과 서울탈환작전

1) 인천상륙작전

(1) 상륙작전 구상과 논쟁

인천에 상륙하여 북한군의 병참선을 차단함으로써 전세를 반전시키겠다는 상륙작전 구상은 유엔군 사령관으로서 한국전쟁을 지휘하고 있던 맥아더로부터 비롯되었다. 전사(戰史)상 승패를 갈라 놓은 주요한 요인 중의 하나가 병참선의 확보와 차단 여부라고 본 맥아더는 남진을 계속함으로써 병참선이 신장되는 북한군의 공격 기세를 꺾고 전쟁 전의 상태를 회복하는 가장 신속하고 경제적인 방법이 북한군 병참선의 "병목(bottleneck)"인 서울을 빨리 탈취하는 것이라고 판단하였다. 이를 위해서 맥아더는 인천상륙작전을 구상하였다. 이러한 맥아더의 구상은 실제 그가 태평양전쟁중, 오스트레일리아에서 필리핀의 루손(Luzon Island)으로 진격하면서 일본군의 강점을 우회하여 일본군의 병참선을 차단할 수 있는 후방의 약점을 공격함으로써 일본군을 격퇴시킨 바 있던 그의 전쟁 경험이 뒷받침해 주고 있었다. 맥아더는 북한군의 병참선을 차단할 목적으로 인천에 상륙하여 서울을 장악하는 것이 북한군의 전진을 저지하여 전세를 공격으로 전환시킬 수 있는 가장 효과적인 방법이라고 판단하였고, 신속한 전쟁의 종결을 위해서도 북한군이 더 이상 증원되기 전에 이를 격파할 필요가 있다고 보아 인천상륙작전을 구상하였다.[530)]

최초로 한국전선에 투입된 미 지상군 "스미스부대"가 오산 북방에 진지를 구축하고 있던 7월 4일, 육·해·공군 대표가 참석한 회의 석상에서 맥아더와 그의 참모장 알몬

---

529) *前揭書*, pp. 75-6. 초기전투에서부터 낙동강선 방어까지의 공군 작전은 최병옥, "제9장 공군작전," 전쟁기념사업회, *한국전쟁사, 제3권: 북한군 침공과 한국군 방어*(1992), pp. 403-49 참조.

530) Douglas MacArthur, *Reminisences*(New York: McGraw-Hill, 1964), pp. 340-1; Courtney Whitney, *MacArthur: His Rendezvous with History*(New York: Alfred A. Knopf, 1956), pp. 342-3.

드 소장은 상륙작전에 대해서 논의하고 미 1기병사단을 상륙작전에 투입하도록 하였다. "블루하트(Bluehearts)"라는 암호명 아래, 상륙일을 7월 22일로 정하고 북한군을 38선 이북으로 축출하기 위하여 고안된 이 상륙작전은 미군과 한국군이 북한군의 남진을 저지하지 못하여 전선이 안정되지 못하자 7월 10일 취소되고 말았다. 그러나 상륙작전을 실시한다는 구상은 더욱 구체화되어 나아갔다. 맥아더는 그의 작전참모(Edwin K. Wright 준장)를 단장으로 "합동전략기획작전단(JSPOG: The Joint Strategic Plans and Operations Group)"을 구성하도록 하여 상륙작전에 대한 구체적인 계획을 수립하도록 하였다.[531] 이로써 맥아더의 상륙작전 구상은 한국전 수행에 있어서 중심적인 작전으로 구체화되기 시작하였다.

1950년 7월 23일, 구체화된 상륙 계획이 제시되었다. "크로마이트(Chromite)"라는 암호명으로 구체화된 상륙작전 구상은 9월에 실시하기로 되어 있었으며, 상륙 지점에 따라 100-B(인천), 100-C(군산), 100-D(주문진)로 구분되어 있었다. 제시된 계획 중에서 인천에 상륙하고 8군이 동시에 공격하는 100-B계획이 가장 좋은 평가를 받았다. 이날 맥아더는 9월 중순경에 5해병연대와 2사단을 투입하여 상륙작전을 실시하겠다고 미 합참본부에 통보하였다. 그러나 한국전선의 급박한 전황이 이들 부대의 전선 투입을 불가피하게 만든 7월 29일, 맥아더는 합참본부에 2사단 대신 일본에 있던 7사단을 보강하여 상륙작전에 투입할 계획이라는 점을 밝히면서, 북한군의 후방에 상륙하여 그들의 병참선을 차단하는 상륙작전만이 북한군의 공격 기세를 꺾을 수 있는 방법이라는 점을 강조하였다. 워싱턴의 지지와 지원이 없이는 상륙작전이 불가능하다는 것을 잘 알고 있던 맥아더는 지상 작전의 불안한 전황을 주시하면서 상륙작전 구상을 공개적으로 반대하지는 않았으나, 열렬한 지지를 보내지 않고 있던 미 합참본부의 지원을 확보할 필요가 절실하였다.[532]

맥아더의 상륙 계획이 구체화되자 반대의 목소리가 여기저기서 나왔다. 낙동강전선을 지키고 있던 미 8군사령관은 상륙 구상 자체는 반대하지 않았으나 낙동강전선의 안정과 돌파를 위해서 2개 사단이 더 필요하다는 점을 부각시켰고, 극동 미 해군은 인천지역의 간만의 차와 접근이 어려운 해로(海路) 조건을 들어 반대하였다. 해병대는 간조(干潮)시에 펼쳐지는 6km의 진흙뻘과 방파제, 상륙 직후 가장 취약한 상태에서 가장 어려운 시가전(市街戰)을 강요당하는 상륙 지점의 상태를 들어 반대하였다. 공군도 상륙 지점이 지원 기지로부터 좀 멀리 떨어져 있다는 점을 지적하였다. 미 합참본부는 부산 교두보의 위급한 전황을 타개할 대책의 모색이 더욱 중요하다는 점을 지적하면서 상륙작전에 대한 적극적인 지지 의사를 표명하지 않고 있었다. 실로 맥아더의 인천상륙작전 구상은 맥아더사령부 안과 밖에서 난관에 봉착하였다.[533]

---

531) *South to the Nakdong, North to the Yalu*, pp. 488-9.

532) James F. Schnabel, *Policy and Direction: The First Year*(Washington, D. C.: G. P. O., 1972), pp. 144-5.

533) *前揭書*, pp. 146-8.

낙동강전선의 악화된 전황에도 불구하고 대우회 인천상륙작전을 주장하는 맥아더의 구상과 계획을 직접 청취하기 위하여 미 합참본부는 육군 참모총장(J. Lawton Collins 대장)과 해군 참모총장(Forrest P. Sherman 제독)을 동경에 파견하였다. 동경에 도착하자마자 한국전선으로 달려가 전황을 살피고 동경에 돌아온 미 육군과 해군 참모총장은 8월 23일 늦은 오후에 맥아더사령부에서 개최된 상륙작전 브리핑에 참석하였다. 해군 장교가 먼저 한 시간에 걸친 설명을 하였다. 그는 인천상륙작전에서 해군이 당면할 문제점과 위험성을 지적하고 작전에 대한 비관적인 해군의 입장을 개진하면서, "작전이 불가능한 것은 아니나 이를 추천하지는 않겠다"는 결론을 내렸다. 해군의 브리핑이 끝나자 해군 참모총장은 상륙작전에서 "모든 지형적 악조건과 해군이 처할 어려움을 다 나열한다면 인천이 그걸 다 가지고 있구만!" 하면서 해군의 브리핑을 요약했다.[534] 그 이후의 참모들도 만조와 간조 시간으로 인하여 하루 오전과 오후 두 번에 걸쳐서 상륙해야 하는 상륙 시간의 제한, 간조시에 6km나 펼쳐지는 진흙뻘, 방파제, 원거리 지원의 어려움과 이에 따른 위험성 등 인천상륙작전의 문제점과 위험성을 지적하였다. 이에 육군 참모총장은 인천이 유엔의 기지로부터 너무 멀다는 점을 지적하고, 군산(群山)으로의 상륙을 제안하였다. 해군 참모총장도 이를 거들었으나 회의장에는 침묵이 흘렀다. 맥아더가 말할 차례였다. "인천상륙이 불가능하다고 여러분이 말한 바로 그 주장이 나에게는 바로 기습의 요인이 됩니다. 왜냐하면 적 지휘관 역시 누구도 그러한 시도를 할 정도로 무모하지 않을 것이라고 판단하고 있을 것이기 때문입니다. … 현대전에서 기습은 작전 성공의 가장 중요한 요인입니다." 여기까지 말한 맥아더는 만약 그의 판단이 틀려 상륙군이 혈전을 벌이게 되면, 손실이 있기 전에 그들을 즉시 철수시키겠다고 하면서, "그러면 유일한 손실은 나의 직업적인 명예뿐일 것입니다"라고 말했다. 그러나 그는 "인천은 결코 실패하지 않고 10만 명의 희생을 덜어줄 것입니다"라고 결론짓고 연설을 마쳤다. 맥아더는 상륙작전의 승인을 요청하지도 않았고, 육해군 참모총장도 어떠한 언질도 내비치지 않았다. 그러나 해군 참모총장은 "위대한 작전을 위한 위대한 변론이야(A great voice in a great cause)"라고 혼자 중얼거렸다.[535] 최초의 "전향자"가 나타났다.

워싱턴에 돌아온 육해군 참모총장은 동경에서의 회의 결과를 합참의 동료와 국방장관, 그리고 대통령에게 보고하였다. 트루먼 대통령과 국방장관은 맥아더의 계획을 지지하였다. 국방장관과 대통령의 승인을 받은 미 합참본부는 8월 28일, 필요시 군산 상륙도 고려해 보라는 전제를 달아 인천상륙작전을 승인한다는 전문을 발송하였다.[536] 이로써 맥아더는 인천상륙작전 구상에 대한 안과 밖의 난관을 동시에 극복한 셈이 되었다.

534) *MacArthur: His Rendezvous with History,* pp. 345-6.

535) *前揭書,* pp. 348-50.

536) JCS to MacArthur, August 28, 1950, RG 218, CCS 383.21 Korea(3-19-45), sec., 29, National Archives, Washington, D. C., U. S. A.

(2) 상륙작전 개념

맥아더는 유엔군 사령부 내외의 이견(異見)에도 불구하고 인천상륙계획을 확정하여 준비를 진행시켜 나갔다. 북한군의 8월 공세로 상륙작전에 투입하려던 미 1임시해병여단과 2사단을 낙동강전선에 투입해야만 했던 맥아더는 미 1해병사단의 지원이 가능하다는 통보를 받게 되자 일본의 7사단을 보강하여 이를 가용 부대로 정하고 계획을 완성한 다음에 8월 18일 예하 및 관련 부대에 예비 명령을 하달하였다. 그리고 8월 15일부터는 "특별계획참모단본부(Headquaters Group of the Special Planning Staff)"를 구성하여 상륙작전의 세부 계획을 수립하도록 하였다. 맥아더는 8월 21일 상륙 부대를 10군단으로 정하고, 26일에는 자신의 참모장 알몬드 소장을 군단장에 임명하여 상륙군의 진용을 갖추게 하였다. 맥아더는 주변의 반대 속에서도 상륙작전에 대한 집념을 포기하지 않고 필요한 준비를 진행시켰다.[537]

인천상륙작전(Op. Chromite 100-B)은 기동, 준비 폭격 및 양동, 상륙, 인천 교두보 확보 및 확장 단계로 구성되었다. 일본과 부산에서 병력을 승선시켜 상륙 지점까지 병력을 기동시키는 임무는 해군이 담당하고, 상륙 지점의 고립과 차단을 위한 준비 폭격과 포격 그리고 이의 은폐를 위하여 삼척과 군산에 대한 포격은 해공군이 실시하도록 하였다. 상륙은 최초 인천의 관문인 월미도(月尾島)를 먼저 점령하고 난 후에, 서쪽에서 인천 정면과 인천의 남쪽에 상륙하도록 하였다. 그리고 후속 부대가 상륙하여 먼저 상륙한 부대와 더불어 서울을 탈환하고, 남쪽에서 반격해 올라오는 미 8군과 연결하는 작전도 수행하도록 계획되어 있었다. 이와 같이 맥아더는 인천상륙을 통하여 낙동강 방어선을 공격하는 북한군의 배후 병참선을 차단하여 이의 공격 기세를 꺾어 전세를 역전시키고, 신속하게 서울을 탈환함으로써 정치적, 심리적인 효과를 극대화하면서 남한지역에서 북한군의 주력을 섬멸하여 한국전쟁을 조기에 종식시키려는 전쟁 수행 개념을 구체화하였다.[538]

(3) 상륙작전 부대의 편성과 임무

인천상륙작전을 위한 부대로서 직접 상륙할 10군단은 해병과 육군으로 편성되었다. 맥아더는 군단장에 극동군 사령부 참모장(Edward M. Almond 소장)을 임명하고 사령부에서 차출된 참모로 사령부를 편성하였다. 군단의 주요 부대는 미 1해병사단과 한국군 1해병연대, 미 7보병사단과 한국군 17연대로 구성되었고, 지원 부대로서 미 2특수공병여단, 73전투공병대대, 50항만건설중대와 65병기탄약중대, A수륙양용중대, 96포병대대가 편성되었다.[539] 당시 미국은 모든 부대를 감소 편성으로 유지하고 있었기 때문

---

537) *South to the Nakdong, North to the Yalu*, pp. 488-90.
538) *Policy and Direction*, pp. 153-4.
539) 國防部 戰史編纂委員會, *仁川上陸作戰*(1983), pp. 50-3.

에, 한국전에 투입한 24, 25, 1기병사단의 장교와 간부의 충원을 위해서 많은 장교와 간부, 병력을 차출당한 7사단은 7월 말에 50% 수준의 병력을 유지하고 있었다. 해병 역시 사정은 마찬가지였다. 따라서 시간 계획에 맞추어 10군단을 완전하게 편성하기는 결코 쉬운 일이 아니었다.

상륙군의 주력인 1해병사단은 7월 25일 사단장(Oliver P. Smith 소장)이 임명되어 편성에 돌입하였으나, 7월 14일 5연대가 1임시해병여단으로 편성되어 극동으로 이동하였기 때문에 나머지 병력은 3,400여 명에 불과한 실정이었다. 이에 사단장은 함대에 편성된 해병과 기지 병력을 차출하고 지원과 동원된 병력을 충원하여 8월 10일까지 1해병연대와 사단 직할 부대를 증편하고, 그 후에 다시 7해병연대를 증편하게 되었다. 주력 상륙군인 1해병사단은 세 차례에 걸쳐 5, 1, 7해병연대와 지원 부대를 편성하였다. 작전 지역으로의 이동도 쉽지 않아 1연대를 포함한 사단 주력은 9월 6일에야 일본에 도착하였고, 낙동강전선에 투입된 5해병연대는 9월 6일에야 간신히 부산으로 빠져나올 수 있었으며, 7연대의 주력은 9월 9일에 부산에 도착하였으나 일부 병력은 9월 17일에야 일본에 도착할 수 있었다.[540] 이와 같이 1해병사단을 인천상륙작전에 투입하기 위해서 미국의 전 해병이 동원되다시피 하였다.

미 7보병사단의 전투 편성을 위해서는 비상 수단까지 동원하였다. 미 7사단은 주일미 점령군으로서 보병 17, 31, 32연대로 구성되어 있었으나, 한국전선에 투입된 24, 25, 1기병사단의 충원을 위하여 장교와 병력을 차출당하여 50%의 병력을 유지하고 있었다. 7사단은 9월 4일까지 장교 330명, 사병 5,400명을 보충받고, 특히 미국의 보병과 포병학교에서 훈련된 하사관들이 보충되어 전투 수행 능력의 향상을 도모하였다. 한국에서 충원된 카투사(KATUSA) 8,637명은 각 중대와 포대에 100여 명씩 충원되었으나, 언어 장애와 훈련 부족으로 전투력 향상에 큰 도움은 되지 못했다. 이와 같이 비상 수단까지 동원하여 부족한 인원을 충원한 미 7사단은 2만 4,845명의 병력을 확보할 수 있었다.[541]

상륙작전에 참가할 한국군의 충원 역시 다급하게 이루어졌다. 국군 해병 1연대는 제주도에서 3,000여 명의 신병을 모집하여 부대를 편성하고 훈련을 실시하던중에 8월 31일 출동 명령을 받고, 제주도를 출발하여 9월 6일 부산 해상에 집결하였다. 거기에서 한국 해병 1연대는 미 해병 5연대와 상륙작전을 위한 단기간의 훈련을 받은 후, 9월 11일까지 출동 준비를 갖추었다. 한국군 17연대도 수도사단에 배속되어 안강(安康)·기계(杞溪)지역에서 전투를 실시하던중에 인천상륙작전 부대로 선발되었다. 9월 15일 배속이 해제된 17연대는 수도사단장을 인계한 백인엽(白仁燁) 대령의 지휘하에 부족한 병력과 장비를 보충받아 완전한 편제를 갖추어 상륙작전 준비에 들어갔다.[542] 이와 같이 한국

540) *South to the Nakdong, North to the Yalu*, p. 491.
541) *前揭書*, p. 492.
542) *韓國戰爭(上)*, pp. 395-6.

군 상륙부대 역시 다급하게 충원되어 상륙작전에 필요한 필수적인 훈련만을 받을 정도였다.

미 해병1사단, 미 7사단, 한국군 해병1연대와 17연대로 구성된 상륙군 10군단 병력 7만여 명은 먼저 인천을 점령하고, 지시된 교두보(橋頭堡: Beach Head)를 확보한 다음, 김포비행장을 신속하게 탈취하며, 서울을 탈환하는 임무를 부여받았다. 인천상륙작전은 먼저 해공군이 포격과 폭격을 실시하여 상륙지역을 고립시키도록 하였다. 최초 상륙부대가 상륙하여 인천을 점령하고 교두보를 확보한 다음 이들 부대는 김포비행장을 신속하게 탈취하고, 한강을 도하하여 서울을 탈환하고, 후속부대는 서울의 탈환을 돕는 한편 낙동강선을 돌파하여 북진하는 미 8군과 연결이 되도록 주요 지점을 확보하는 임부도 부여받았다. 이러한 계획하에 해병은 인천을 점령한 다음에 김포를 탈취하고, 한강을 도하하여 서울을 탈환하면서 서울 북쪽 고지군을 확보하도록 하였고, 육군 병력은 해병의 우측방(남쪽)으로 기동하여 서울 남쪽 고지군과 한강 남쪽 제방을 점령하고, 일부 병력은 수원 방면으로 진출하여 북상해 오는 미 8군과 연결 작전을 수행하도록 하였다. 이와 병행하여 해병은 서울의 북쪽 퇴로, 육군은 동쪽 퇴로를 차단하는 방향으로 기동하여 서울 탈환을 용이하게 하도록 계획하여 상륙작전의 주 목적을 서울의 탈환과 북한군의 병참선 차단에 두었다.[543)]

(4) 기동과 상륙 계획

인천상륙작전은 크게 기동과 상륙이라는 두 단계로 이루어졌다. 상륙군 부대를 수송하고 이를 상륙시켜 해두보(海頭堡)를 확보할 때까지의 작전은 해군의 책임 아래 이루어지게 되었다. 극동 해군은 이러한 임무를 수행하기 위해서 제7합동기동부대를 구성하고 제7함대사령관(Arthur D. Struble 중장)을 기동부대 사령관에 임명하였다. 제7합동기동부대는 7개의 기동부대로 구성되었다. 먼저 90기동부대(TF-90)는 상륙군 부대를 수송하고 해두보 확보 때까지 상륙군 부대의 작전 지휘권을 행사하며 상륙작전에 필요한 해공군의 근접 항공 지원과 함포 지원을 통제하는 가장 중요한 임무를 수행하도록 하였다. 제92기동부대(TF-92)는 10군단으로 이루어진 기동부대로서 상륙이 완료될 때까지 7합동기동부대의 작전 통제하에 있게 되었다. 이 외에 봉쇄와 엄호 임무를 수행할 91기동부대(TF-91), 초계와 정찰 임무를 수행할 99기동부대(TF-99), 고속항모부대인 77기동부대(TF-77), 군수 지원을 위한 79기동부대(TF-79), 기함부대(TF-70.1)가 편성되었다. 이와 같이 구성된 제7합동기동부대(JTF-7)는 미 해군 함정을 비롯하여 영국과 영연방 국가, 프랑스함정을 포함한 260여 척으로 편성되었고, 한국 해군의 초계함(PC) 4척과 소해정(YMS) 7척이 참가하였다. 이렇게 구성된 제7합동기동부대가 인천상륙작전의 기동과 해두보 확보까지의 상륙 단계 작전을 통제하도록 계획되어 있

543) *前揭書.*

었다.544)

상륙작전을 위한 해군 함정의 기동로는 남해안으로부터 인천에 이르는 80km의 수로로서 12-20m의 수심을 가진 해로였다. 이 해로는 폭이 좁고 꾸불꾸불하여 이름도 "비어수로(飛魚水路: Flying Fish Channel)"라고 붙여질 정도였다. 이 수로를 주 접근로로 이용하여 인천에 기동한 상륙부대는 인천에서의 간만의 차로 인하여 오전에 한번(오전 7시경), 오후에 한번(19시 20분경)밖에 상륙할 수가 없었다. 그리고 해안에 세워진 5m가 넘는 방파제는 상륙군에게 커다란 장애물이 되었으며, 상륙 직후에 강요되는 시가전은 상륙군의 신속한 진출을 저해하는 요소가 되었다. 특히 간조시에 나타나는 2-6km의 갯벌은 큰 함정의 접안을 제한하고 계속적인 병력의 상륙은 물론 장비와 물자의 양륙을 가로막는 장애 요소가 되었다. 유엔 해군은 이러한 자연 장애를 극복하여 병력을 기동시키고, 상륙시키면서, 필요한 장비와 물자를 양륙시켜야만 하였다.545)

1950년 8월 30일의 해군 명령에 근거하여 9월 3일에 하달된 제7합동기동부대의 작전 명령은 화력 지원 계획, 상륙 지점, 상륙 시간, 상륙 부대, 그리고 임무와 지휘소의 위치를 명시하였다. 먼저 화력 지원은 7합동기동부대의 기함(Rochester 호)의 통제하에 해병사단 항공기, 미국과 영국 공군기가 항공모함에서 지원하도록 하였다. 상륙 해안은 월미도 북단, 인천 북단 해안벽지역, 인천 남단 갯벌지역 등 세 곳으로 선정하고 월미도는 녹색해안(Green Beach), 인천 북단은 적색해안(Red Beach), 인천 남단은 청색해안(Blue Beach)으로 이름을 붙였다. 상륙 시간은 9월 15일을 D일, D일 오전 만조 시간 06시 30분은 L시, 오후 만조 시간 17시 30분을 H시로 정하였다. 해상 작전 단계에서 7합동기동부대의 지휘소는 기함(Rochester 호)에 두고 90공격기동부대의 지휘소는 "마운트 매킨리(Mt. McKinley)"호에 두어 해상작전을 근접에서 지휘하도록 하였다. 그리고 월미도(Green Beach), 인천 북단(Red Beach), 인천 남단(Blue Beach)에 상륙할 구체적인 부대를 명시하였다. 미 7사단을 비롯한 육군 병력은 인천항(Yellow Beach)으로 상륙하도록 하였다.546)

상륙작전은 1950년 9월 15일 아침과 저녁 만조 시간을 이용하여 실시되도록 계획하였다. 인천이 가진 조수(潮水)와 수로(水路) 조건상 오전과 오후로 나뉘어진 상륙 계획은 11시간의 격차가 있어서 최초 월미도에 상륙한 병력이 고립될 우려가 있었으나, 제7합동기동부대는 해공군의 항공기와 함포에 의한 치밀한 화력 지원과 기습 공격으로 상륙시간의 차이에서 비롯되는 위험을 극복하겠다는 것이었다. 이러한 심산(心算)과 계산(計算)을 바탕으로 7합동기동부대는 미 5해병연대 3대대를 D일 L시 월미도에 상륙시켜 이를 확보하도록 하고, 미 5해병연대전투단을 D일 H시 인천 북단 적색해안에 상륙시킴과 동시에 미 1해병연대전투단도 인천 남쪽 청색해안에 상륙시켜 최초 진출선

544) *South to the Nakdong, North to the Yalu*, pp. 497-8; *전쟁과 휴전*, pp. 131-2.
545) *South to the Nakdong, North to the Yalu*, pp. 498-9.
546) *前揭書*, p. 499.

인천상륙 계획

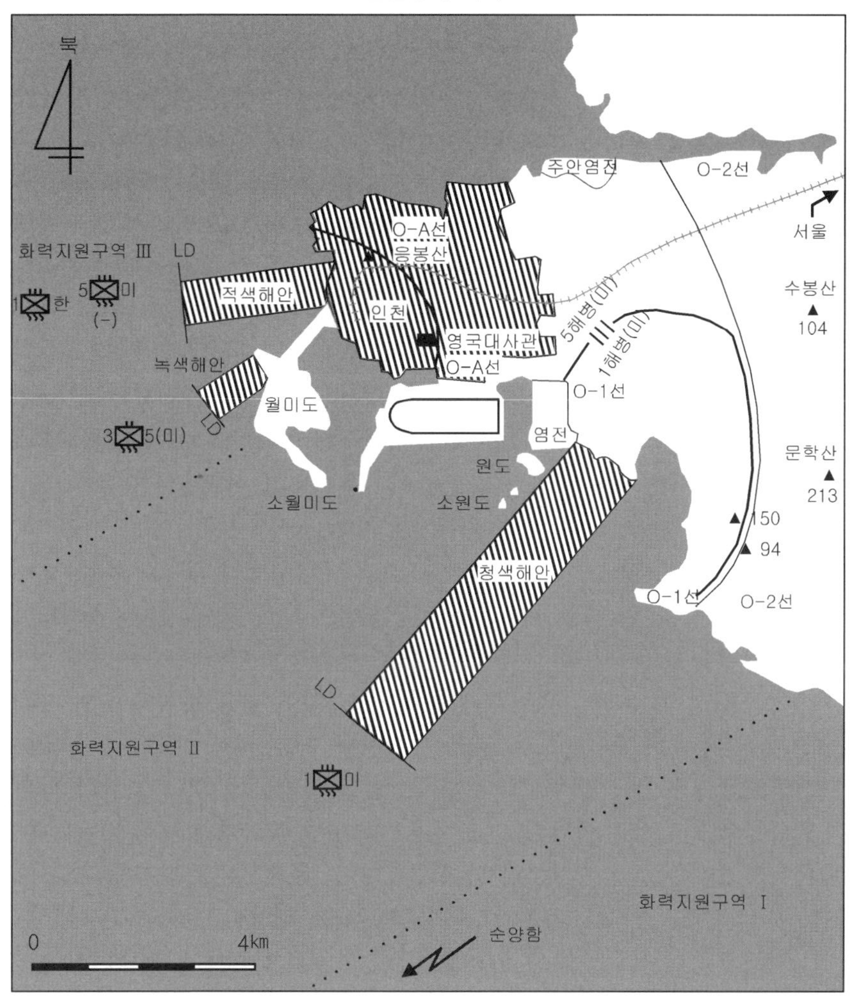

까지를 점령하고, 상호 협조하여 해두보선(BHL: Beach Head Line)을 확보하도록 하였다. 한국 해병은 해병 1사단의 예비로서 명에 의하여 인천 북단 적색해안에 상륙하여 미 5해병연대전투단과 인천 소탕 작전을 실시하고, 미 해병과 더불어 계속 동쪽으로 진격하여 먼저 김포비행장을 탈취하도록 하였다. 이러한 상륙 계획과 더불어 양동작전(陽動作戰)으로 전함 "미주리(Missouri)"호는 동해안의 삼척(三陟)을 포격하고, 소규모의 병력은 서해의 군산(群山)에서 양동(陽動)을 실시하도록 하였다. 이와 같이 유엔군은 인천 상륙의 본 상륙작전과 양동작전 계획을 세우고 있었다.[547]

547) *前揭書*, pp. 499-500; *韓國戰爭(上)*, pp. 400-1.

(5) 상륙작전 경과

① 경인(京仁)지역의 북한군 전력 평가

제 10군단은 8월 말, 북한군이 낙동강전선에 거의 전 병력을 투입하고 있었기 때문에, 경인지역의 북한군 전력을 강하게 평가하지 않고 있었다. 실제로 북한군은 월미도에 226독립 육전연대 3대대 소속 400여 명과 918해안포연대 예하 부대를 배치하여 방어하게 하였고, 인천 시가지에는 9사단 87연대를 배치하여 방어하도록 하였다. 인천의 북쪽 해안에는 여단급인 884군부대 5보병대대가 방어하고 있었으며, 이들에게 전투명령(1950. 8. 29.)을 하달하여 "적은 … 수도 서울을 점령할 목적으로 덕적도, 용유도, 영흥도 일대에 함선들을 입항 체류하고 있는바 적들은 기회만 있으면 인천항의 기습상륙을 기도하고 있으며 더욱이 적은 항공으로 인천시 상공을 위협하고 있다"고 밝히면서 방어 구역으로 "상륙하는 적을 해상에서 결정적으로 격퇴 분쇄"하라는 지시를 내려놓고 있었다.[548] 그러나 유엔군의 상륙작전에 대비하여 인천지역을 방어하고 있던 이들 북한군 병력은 2,000여 명에 불과한 것으로 판단되었다.

서울지역의 북한군 전력도 강하지 않은 것으로 추정되었다. 서울지역의 경계를 담당하고 있던 북한군 9사단(-)은 8월 중순 낙동강선으로 이동하였고, 18사단도 인천상륙작전 직전에 서울을 출발하여 낙동강전선으로 이동하고 있었다. 그리하여 인천상륙이 개시될 즈음 서울의 북한군 병력은 김포지역의 500여 명을 포함하여 약 5,500명에 불과하였으며, 인천 경비 병력을 포함해도 1만여 명을 넘지 않은 것으로 추정되었다.[549]

인천에 상륙할 경우 대구지역에서 대치하고 있던 북한군 3, 10, 13사단이 서울의 방어를 위해 증원될 가능성은 있었으나, 유엔군의 제공권 장악과 북한군 이동 수단의 부족으로, 현실적으로, 어려울 것으로 판단되었다. 또한 유엔군은 북한의 해공군 역시 인천상륙을 저지할 만한 능력을 갖추고 있다고 판단하지 않았다. 당시 북한 해군은 정찰함정 수척으로 구성된 5개 전대를 보유하고 있었으나, 그 중 1개 전대만이 진남포에 있었고 나머지는 원산에 있었다. 북한 공군 역시 성능이 미흡한 19대의 소련제 항공기를 보유하고 있어서 상륙작전에 영향을 미칠 수 있는 수준이 되지 못하는 것으로 판단되었다.[550]

이와 같이 미 극동군 사령부는 인천과 서울지역에 배치된 북한군 병력이나 이를 증원할 수 있는 낙동강전선의 병력, 북한군의 해군과 공군력을 포함한 북한군 전력이 유엔군의 인천상륙작전을 저지하거나 방해할 수준은 아니라는 판단을 하고 있었다.

---

548) *South to the Nakdong, North to the Yalu*, p. 506; "인민군 제884군부대 제5보대 대대전투명령(1950. 8. 29.)," 國防軍史硏究所 所藏; *韓國戰爭(上)*, pp. 402-3.

549) *South to the Nakdong, North to the Yalu*, p. 500.

550) *前揭書*.

② 기동과 예비 및 양동작전

낙동강전선에서 북한군의 9월 공세가 진행되고 있던 9월 초, 제7합동기동부대는 일본의 사세보(佐世保), 고베(神戶), 요코하마(橫濱) 등지에서 상륙군을 승선시키고, 장비를 적재하여 9월 10일부터 인천으로 출항하기 시작하였다. 미 해병1사단(-)과 7보병사단은 각각 고베와 요코하마에서 9월 11일에 출항하여 도중에 부산에서 출항한 국군 해병1연대와 17연대와 합류하였다. 제7합동기동부대 사령관(Arthur D. Struble 중장)은 기함 로체스타호로 9월 12일 사세보를 출항하였고, 맥아더 원수도 10군단장, 그의 작전참모, 태평양함대 해병사령관(Lemuel C. Shepherd 중장)과 함께 제90공격기동부대 사령관(James H. Doyle 소장)과 해병1사단장(Oliver P. Smith 소장)이 승선하고 있던 기함인 마운트 매킨리호에 승선하여 9월 13일 밤 사세보항을 떠났다. 이와 같이 여러 지역에서 출항한 함정들은 9월 14일까지 서해 중부 해상의 약정된 집결지인 덕적도(德積島) 근해(Point California)에서 총 집결하도록 하였다.[551]

인천상륙을 위한 예비 기동과 더불어, 인천상륙작전의 성공적 수행을 위한 첩보 수집 활동도 실시되었다. 미 극동 해군사령부는 해군 중위(Eugene F. Clark)를 9월 1일 밤 한국 해군함정(PC-703)을 이용하여 영흥도에 잠입시켜 첩보 수집 활동을 시작하도록 하였다. 클라크 중위는 그곳 주민들의 협조를 받아 해안 감시반을 운용하고, 인천과 서울지역까지 인원을 침투시켜 북한군의 병력 배치, 집결지, 이동 상황, 갯벌의 상태, 인천 해안에 설치된 해벽의 높이 등을 파악하였다. 이 밖에도 미 첩보대는 한국군 장교와 20여 명의 한국 첩보 요원을 운용하여 상륙작전 수행에 도움이 되는 첩보를 수집하였다. 인천의 해안과 시가지 조건, 북한군의 배치와 이동 상황에 대한 첩보는 기동부대와 상륙부대에 보고되어 기동과 상륙을 위한 자료로 활용되었다.[552]

상륙 목표지역을 고립시키고 이를 제압하기 위한 제7합동기동부대의 폭격과 포격은 9월 4일부터 상륙시까지 계속되었다. 상륙지역의 제압을 위한 이러한 사전 폭격과 포격은 북한지역의 평양, 진남포에서부터 남한지역의 군산에 이르기까지 상륙 가능한 서해안지역의 다른 목표에 대한 공격과 더불어 실시되어 북한군이 인천에 대한 상륙을 알아차리지 못하도록 하였으며, 특히 객관적으로 상륙이 가장 유력시되는 군산에는 맹폭격이 가해졌다. 인천지역의 폭격에는 해병의 항공기와 항공모함에서 발진한 함재기들이 동원되었고, 9월 13일부터는 4척의 항공모함, 6척의 구축함, 5척의 순양함이 인천만 입구에 들어서 월미도를 본격적으로 포격하기 시작하였다. 월미도를 지키고 있던 북한군의 엄폐된 진지에서 5문의 75mm포가 응사해 옴으로써 일시적으로 포격전이 벌어지기도 하였다. 그러나 유엔군의 맹렬한 폭격과 포격으로 월미도는 나무들마저 제모습을 유지할 수 없게 되어 죽음의 정적만 흐르고 있었으며, 인천 시가지의 여기저기에서는 불길이 치솟아 하늘을 검게 물들이고 있었다.[553]

---

551) *South to the Nakdong, North to the Yalu*, pp. 501-2; *韓國戰爭(上)*, pp. 403-4.

552) *前揭書.*

인천으로의 예비기동

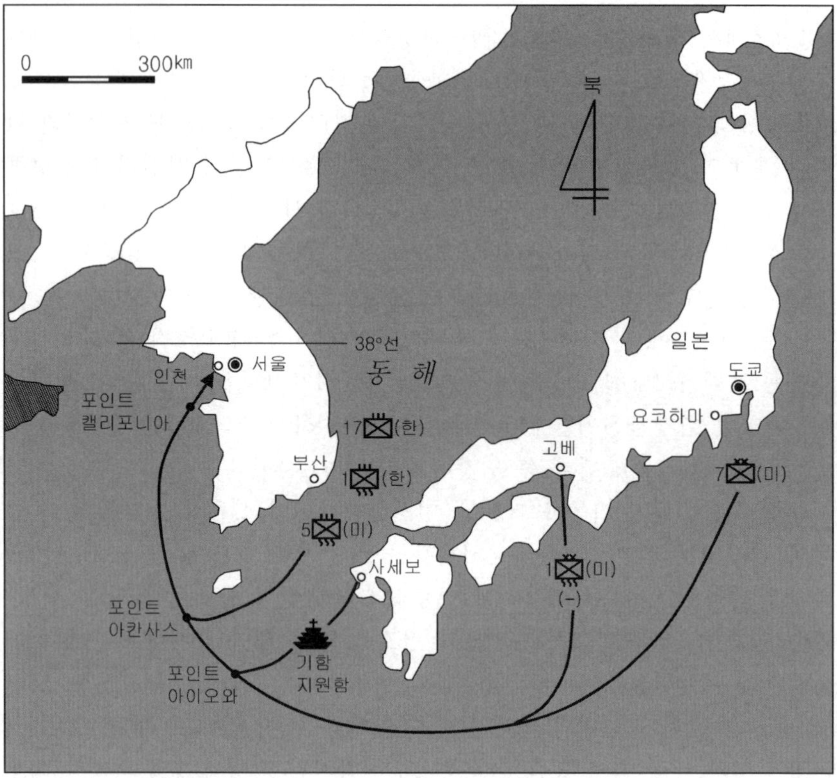

인천상륙을 위한 예비 작전과 더불어 유엔군은 인천상륙을 은폐하고 기만하기 위한 양동작전(陽動作戰)과 부분적인 양공(陽攻)도 실시하였다. 9월 12일 밤에는 한국과 미국 및 영국 혼성부대가 군산에서 양동작전을 실시하였다. 동해안에서는 양공작전(陽攻作戰)을 시행하여 9월 14일과 15일 양일 간 유엔군은 삼척 일대에 맹렬한 폭격을 가하였으며, 영덕 남쪽 장사동(長沙洞)에는 독립유격 1대대의 학도병이 9월 15일 새벽 해안에 실제 상륙을 감행하였다. 그러나 이들은 태풍(Kezia)으로 인하여 LST가 좌초되어 상륙 기도가 노출됨으로써 북한군과 교전을 실시하면서 해안 근처의 고지를 탈취하다가 많은 희생자를 감수해야만 하였다. 이와 같이 유엔군은 인천상륙을 기만하기 위해서 상륙지역인 인천 뿐만 아니라 서해안지역의 주요한 지역을 폭격하였고, 상륙 기도가 노출되어도 별문제가 없을, 9월 13일에 가서야 인천지역을 집중 공격하였으며 서해안의 군산에서는 양동(陽動), 동해안지역에서는 양공작전을 감행하였다.[554]

맥아더와 극동군 사령부는 인천상륙작전의 준비와 예비 작전을 치밀하게 진행하였

553) *South to the Nakdong, North to the Yalu*, pp. 502-3; *韓國戰爭(上)*, pp. 404-5.
554) *前揭書.*

다. 인천 근해의 덕적도(德積島)와 영흥도(靈興島)를 미리 점령하여 해로를 보호함은 물론 상륙지역에서의 자연 및 적정에 대한 첩보를 수집하였고, 상륙 지점의 고립을 위한 차단폭격과 포격은 다른 지역과 병행하여 실시하면서 상륙 개시일이 임박해서야 인천지역에 이를 집중, 강화하였다. 특히 맥아더는 인천상륙에 대해서 유보적인 승인을 해준 미 합참본부가 구체적인 상륙 계획의 통보를 요청하자, 9월 13일에 가서야 장교 전령(Lynn D. Smith 중령)을 워싱턴으로 보내어 직접 설명하게 함으로써, 스미스 중령의 브리핑이 끝난 시간에는 이미 상륙작전이 진행되고 있어서 합참본부가 작전 계획의 자구(字句) 하나도 수정할 수 없도록 조치하기도 하였다. 그리고 그는 스미스 중령에게 워싱턴의 합참 요원이 인천상륙작전은 "너무 큰 도박이야"라고 말하거든, 인천상륙은 "1달러를 넣으려고 개봉한 항아리에 5전(a nickel)을 넣은 것에 불과할 뿐이고, 아시아 대륙에 미 지상군을 투입한 워싱턴의 결정이 더 큰 도박이었다"는 맥아더의 말을 전하라는 특별 지령까지 곁들였던 것이다.[555] 이와 같이 맥아더와 그의 참모들은 인천상륙작전의 성공을 위한 보안 조치와 예비 작전을 치밀하게 진행시켰다.

③ 인천상륙과 해두보(海頭堡) 확보

인천상륙작전은 9월 15일 새벽에 시작되었다. 9월 15일 새벽 2시, 구름이 잔뜩 낀 음산한 날씨 속에 월미도(月尾島)에 상륙할 미 5해병연대 3대대 선발대는 미 해군 정보장교(Clark 중위)가 밝혀 주는 팔미도(八尾島) 등대의 안내를 받아 인천 수로로 진입을 개시하였다. 시간이 조금 지난 05시 항모의 함재기들이 월미도와 인천 내륙에 상륙전 폭격을 실시하고, 그 뒤를 이어 함포들이 포탄과 로켓포탄 1,000여 발을 상륙지역에 퍼부었다. 이러한 폭격과 포격이 실시되는 동안 상륙군 선발대(5해병 3대대)는 7척의 상륙주정(LCVP)에 나누어 타고 해상에 설정된 공격 개시선을 통과하였다. L-2분, 모든 포격은 일시에 중지되고 미 해병 항공기가 상륙 해안에 폭탄 투하와 기총 사격을 가했다. 상륙 제1파는 예정 시간보다 3분이 늦은 06시 33분 월미도 해안에 상륙하였고, 2분 후 제2파도 별다른 저항을 받지 않고 상륙하였다. 5해병연대 3대대 G중대는 월미도 정상의 105고지를 공격하였고, H중대는 인천 내륙으로 이어지는 방파제 출구를 봉쇄하였다. 2개 중대가 목표를 공격하는 동안 10대의 전차(M-26: 6대, 도자전차: 2대, 화염방사전차: 1대, 구난전차: 1대)가 도착하였고 뒤이어 예비 중대인 I중대가 도착하였다. 이로써 5해병연대 3대대는 월미도에 상륙을 완료하였다.[556]

월미도 상륙과 소탕은 북한군의 커다란 저항을 받지 않고 진행되었다. 06시 50분 G중대의 선두인 3소대가 월미도 정상을 점령하였고 예비로 상륙한 I중대는 H중대 좌측으로 진출하여 소탕 작전을 실시하였다. 교통호 속에서 저항하는 북한군은 전차가 이를 밀어붙였고, 참호 안에서 저항하는 병력에게는 화염 방사기를 발사하였다. 북한군

555) Lynn D. Smith, "A Nickel After A Dollar," *Army*(September 1970), pp. 25, 32-4.
556) *South to the Nakdong, North to the Yalu*, pp. 503-6.

일부는 저항을 포기하고 투항하기도 하였다. 이리하여 5해병연대 3대대는 08시에 월미도를 확보하고 정오까지 소월미도를 포함한 월미도의 소탕 작전을 완료하였다. 이러한 과정에서, 미 해병은 17명의 부상자가 발생하였으나, 북한군 사살 108명, 포로 136명, 100여 명이 매몰된 것으로 추정되는 전과를 거두었다.557)

9월 15일 오후, 만조(滿潮)가 되자 미 해병 1, 5연대 전투단 병력을 실은 함정들이 수로를 이용하여 인천으로 접근하였다. 비가 오는 가운데서도 미 해병 및 해군 함재기들은 인천과 경인국도 부근 목표물을 공격하였고, 함포 지원 전대는 인천항에 대해서 근접 포격을 가하였다. 항공과 함포 지원 사격이 진행되는 동안 미 해병1연대, 5해병연대(-)와 한국군 해병1연대 3대대는 15시 30분 각각 상륙 주정에 옮겨 탄 후에 미 5해병연대와 한국 해병은 인천 북단 적색해안을 향하고, 미 해병1연대는 인천 남쪽 청색해안으로 향하여 16시 45분 각 해안의 해상 공격 개시선을 통과하였다. 인천으로의 본격적인 상륙이 시작되었다.558)

미 5해병연대 제1파는 17시 33분 적색해안에 상륙하였다. 1대대는 미리 준비한 사다리를 이용하여 방파제를 올라갔으며, 파괴된 방파제에 생긴 통로로 진입한 상륙정에 탄 병사들은 해안에 상륙하였다. 그러나 북쪽지역으로 상륙한 해병은 방파제 후면의 교통호와 엄체호에 있던 북한군과 교전을 벌여 8명이 전사하고 28명이 부상을 당하기도 하였다. 하지만 미 5해병은 커다란 장애를 받지 않고 17시 50분경까지 인천 내륙의 주요 거점을 확보할 수 있었다. 미 5해병에 배속된 한국 해병1연대 3대대는 미 해병에 뒤이어 상륙하고, 이어 연대가 해질 무렵에 상륙하여 해안가 공동묘지 부근에 집결, 숙영하게 되었다. 미 5해병은 좌측의 1대대가 22시 40분 D일 통제선(O-A선)을 확보하였고 우측의 2대대는 24시를 조금 넘어 최초 통제선을 확보함으로써 D일 목표인 O-A선을 확보하였다.559)

미 해병1연대도 17시 32분 인천 남부 청색해안에 상륙을 개시하였다. 여기에 상륙한 병력은 대부분 높은 해안벽을 기어올라 해안으로 진출하였다. 일부 병력은 길을 잘못 들어 상륙 지점 좌측의 염전을 거쳐 해안으로 올라갔으나 북한군의 저항이 없어 피해를 입지 않았다. 이렇게 상륙한 해병들은 9월 16일 01시 30분 D일 목표인 O-1선을 확보하였다.

인천상륙작전의 선봉인 미 해병1사단은 D일 새벽 만조시에 월미도에 상륙하여 이를 탈취한 후에, 오후 만조 시간에는 인천의 북단과 남쪽에 상륙하고 인천을 완전히 통제할 수 있는 O-A선과 O-1선을 확보함으로써 상륙 거점을 확보하였다. 9월 16일 아침에는 인천 북단에 상륙한 해병5연대와 남쪽에 상륙한 해병1연대가 상호 연결됨으로써 상륙 거점 확보를 확실하고, 상호 협조하에 해두보(海頭堡)를 장악하기 위하여 동쪽으로의 진출을 도모하였다. 9월 15일까지 1만 3,000여 명의 병력이 인천에 상륙하였고,

557) *前揭書.*
558) *前揭書*, p. 506.
559) *韓國戰爭(上)*, pp. 408-9.

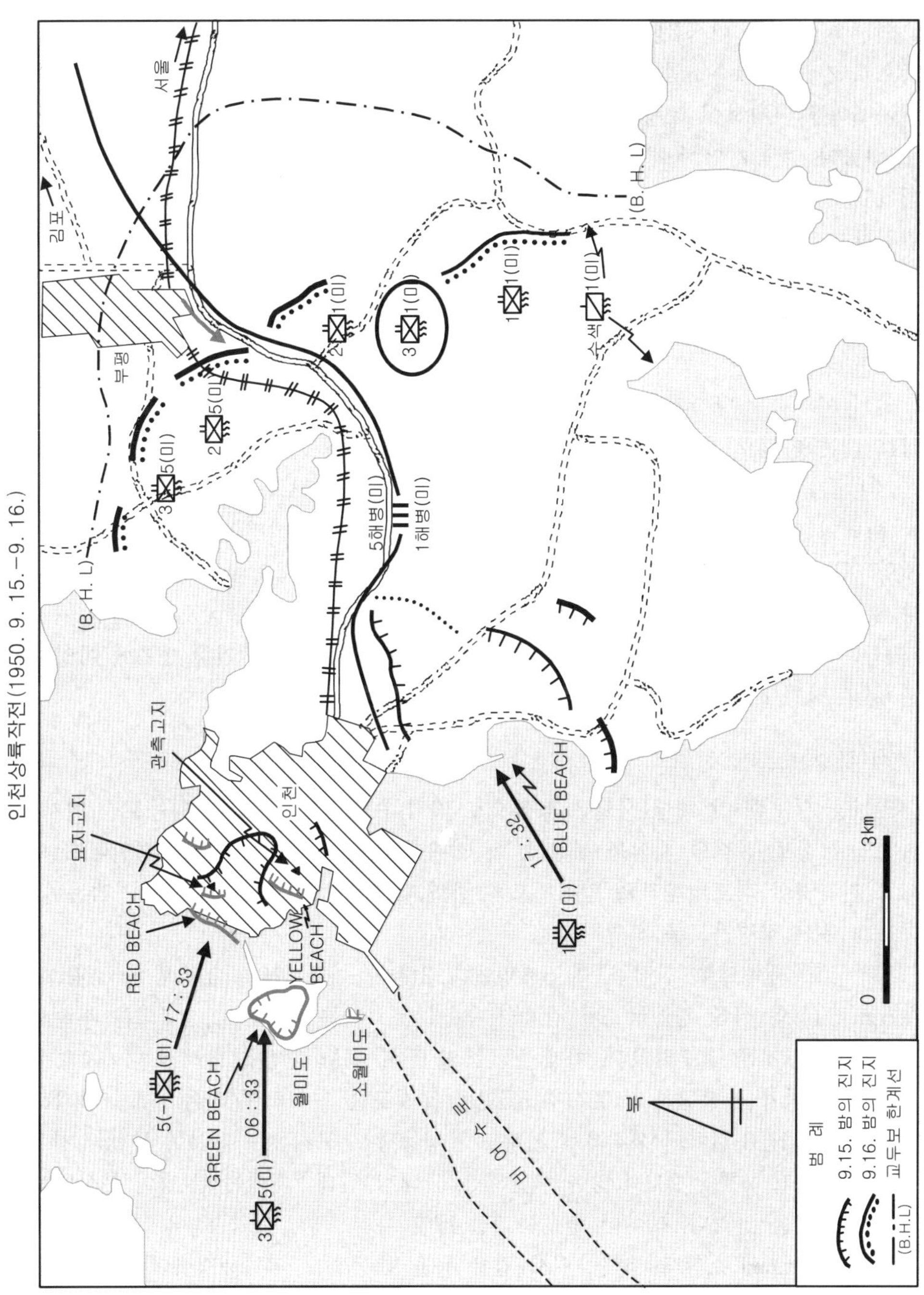

인천상륙작전(1950. 9. 15.-9. 16.)

450여 대의 차량을 포함한 다량의 장비와 보급품도 양륙되었다. 그러나 피해도 기록되어 전사 21명, 실종 1명, 부상 174명에 이르렀고, 300여 명의 북한군을 포로로 잡기도 하였다.560)

인천에 상륙한 미 해병1사단 병력은 해병 항공기의 근접 항공 지원을 받으면서 동쪽으로 진격을 계속하였다. 해병 항공기는 9월 16일 인천 동쪽에서 진입하는 북한군 전차 6대를 파괴하여 해병의 진출을 엄호하였으나, 항공기와 해병조종사 하나를 잃기도 하였다. 항공기의 폭격과 함정의 포격지원하에 해병1사단은 동쪽으로 전진하여 9월 16일 해가 질 무렵에는 상륙지역으로부터 10km까지 진출하고 일대의 주요 고지를 탈취함으로써 해두보(海頭堡)를 완전하게 확보하였다. 해병이 해두보를 확보하자 미 해병1사단장은 사단지휘소를 인천 동쪽에 설치하고 9월 16일 18시에 공격기동함대 사령관으로부터 지상작전 지휘권을 인수하였다.[561] 이로써 인천상륙은 돌이킬 수 없는 사실이 되었다.

인천 시가지 소탕작전은 한국군 해병1연대가 실시하였다. 9월 16일 아침, 한국군 해병1연대는 인천 시가지 중앙을 통과하는 경인선 철도를 중심으로 북쪽은 1대대, 남쪽은 3대대가 담당하여 소탕 작전을 전개하였다. 북쪽지역에서는 후퇴를 하지 못한 북한군 병력이 민간인으로 변장하여 주택가에 숨어 있었으나, 시민의 신고로 생포되거나, 저항 또는 도주를 시도하다가 사살되기도 하였고, 자진 투항하여 포로가 되기도 하였다. 181명의 포로를 확보하면서 인천 시가지 소탕 작전을 마친 한국군 해병1연대는 시내 주요 시설에 대한 경비와 순찰을 실시하면서 9월 16일 저녁 인천 동쪽에 야영하면서 차후 작전에 대비하였다.[562]

④ 한강으로의 진격

인천을 확보한 미 해병1사단은 동쪽으로 진격하여 김포비행장과 영등포를 먼저 탈환하고 서울로 진격할 계획을 세웠다. 이 계획에 따라 미 5해병연대는 경인국도 북쪽으로 진격하여 김포비행장을 탈취하도록 하였고, 1해병연대는 남쪽으로 진격하여 영등포를 우선 점령하도록 하였다.

경인국도 북쪽으로 진격한 미 5해병연대 2대대는 9월 16일 늦은밤에 부평(富平: Ascom City)의 서쪽 경인국도를 감제할 수 있는 고지를 점령하고, 2대대를 후속하던 1대대도 뒷고지를 점령하였다. 이때 9월 17일 05시 45분 인천을 향해서 다가오는 6대의 북한군 전차를 발견하고, 06시경 3.5인치 로켓포를 사격하여 전차 1대를 파괴하였다. 뒤이어 M-26 전차가 사격을 실시하고 무반동총도 사격에 가담하여 북한군 전차 6대를 파괴하고 북한군 200여 명을 사살하였다. 해병5연대 2대대는 한 명이 부상당하는 경미한 피해를 입었다. 맥아더 원수는 9월 17일 아침, 7합동기동부대장(Struble 중장), 10군단장(Almond 소장)과 작전, 인사 참모 등을 대동하고 미 1해병사단 지휘소를 방문, 최전방에서 싸우고 있던 미 5해병연대 2대대지역까지 시찰하여 파괴된 북한군 전

560) *仁川上陸作戰*, pp. 165-7.
561) *South to the Nakdong, North to the Yalu*, pp. 508-9.
562) *韓國戰爭(上)*, pp. 409-10.

차들을 보면서 해병들의 선전을 당부하기도 하였다.[563]

미 5해병연대의 진격은 신속하여 9월 17일 18시경 김포비행장까지 진출하였다. 이로부터 2시간 후 5해병연대 2대대는 김포비행장 남부를 점령하였다. 김포비행장을 지키고 있던 500여 명의 북한군 병력은 활주로에 지뢰를 매설하지도 않은 채 느슨하게 방어를 하고 있다가 기습을 당하였다. 이들은 9월 18일 02시부터 새벽까지 몇 차례 역습을 가해 왔으나, 2대대는 전차를 동원하여 이들 역습을 격퇴하고 아침에는 비행장을 탈취하였다. 김포비행장을 장악한 2대대는 병력을 한강으로 진출시키고, 소사(素砂)를 거쳐 진격해온 1대대는 비행장 북동쪽의 고지를 점령하여 김포비행장을 완전하게 확보하였다. 한국군 해병은 인천 경계 책임을 미 제2공병특수여단에게 인계하고, 김포로 진출하여 9월 18일에는 김포비행장 서측 계양산(桂陽山, 396고지)을 점령하여 비행장 방호 임무를 수행하고 한강 도하를 준비하였다. 비행장이 안전하게 확보되자 9월 18일 14시경 해병 항공기가 김포에 착륙하였고, 9월 19일 일본으로부터 수송기까지 김포비행장에 도착하였다. 9월 20일에는 미 해병 항공기(Corsairs)가 김포비행장에서 최초로 출격하여 해병을 지원하였다.[564]

미 해병1연대는 5해병연대가 부평에서 김포비행장으로 향하자 경인국도를 따라 북쪽에 2대대, 남쪽에 1대대를 배치하여 진출시키고 3대대를 예비로 하여 소사로 진격하였다. 진격 도중에 북한군 18사단 병력의 저항을 받아, 송내촌(松內村) 부락에서 전투를 치르기도 하였다. 그러나 9월 18일 2대대와 기계화부대로 편성된 3대대를 투입하여 소사(素砂)를 점령하고, 2대대는 소사 동남쪽, 3대대는 소사 동북쪽으로 진격하여 9월 19일 해질 무렵에는 영등포 서쪽 안양천에 도달하였다.[565]

이로써 인천에 상륙한 미 해병1사단과 한국군 해병1연대는 김포지역의 계양산과 개화산(開花山), 영등포 서쪽의 안양천까지 진출하여 한강 남쪽 제방을 확보하고 한강을 도하하여 서울탈환작전을 준비하게 되었다.

미 해병1사단의 뒤를 이어 인천에 상륙한 미 7사단도 9월 19일에는 전선에 투입되어 서울 공격을 위한 준비를 갖추었다. 9월 18일 인천에 상륙한 32연대는 19일 한강으로 이동하여 미 해병1사단으로부터 경인국도 남쪽지역을 인수하였다. 7사단 31연대도 9월 19일 인천에 상륙하였다. 7사단은 남쪽으로부터의 북한군 증원을 차단하고 낙동강 전선을 돌파하여 반격해 올라오는 미 8군과 연결 작전을 수행하는 주임무를 수행하도록 계획되어 있었다.

미 해군도 함포 사격으로 지상작전을 지원하고 있었다. 로체스터(Rochester)호와 톨레도(Toledo)호는 사정거리 27km의 함포로 김포비행장과 오류동을 연하여 미 1해병사단과 한국군 해병1연대를 지원하고 있었으며, 동해안 삼척을 포격하던 미주리(Missouri)

563) *South to the Nakdong, North to the Yalu*, pp. 509-10.
564) *前揭書*, pp. 510-1.
565) *前揭書*, p. 512.

호는 9월 19일 인천항에 도착하여 우측의 미 7사단을 지원하였다. 미 해군은 조수의 차이로 인한 어려움을 극복하면서 9월 18일 저녁까지 2만 5,606명의 병력과 4,547대의 차량, 1만 4,166톤의 화물을 인천항에 들여놓아 상륙작전과 서울 진격 작전을 지원하였다.[566)]

북한군도 낙동강전선으로 내려가던 18사단을 다시 서울로 끌어올려 인천을 탈환하도록 하였고, 수원으로부터 70연대를 북상시켜 서울의 방어를 강화하였고, 철원지역에서 편성한 25여단 병력도 서울로 이동시켰다. 이리하여 북한군은 18사단, 25여단, 70, 78연대와 9사단 87연대를 포함하여 약 2만여 명을 서울 방어에 투입하였다. 미 10군단 정보 판단은 북한군이 서울에서 "완강한 저항(stubborn resistance)"을 할 것으로 예상했으나, 증원이 이루어지지 않을 경우에는, 북한군은 서울을 방어할 수 없을 것으로 내다보고 있었다.[567)] 즉 서울을 탈환하기 위해서 미 10군단이 치열한 시가전을 치러야 할 가능성은 배제하지 않고 있었다.

2) 서울탈환작전

조수 간만의 차, 상륙 지점으로의 접근 수로와 상륙 해안의 조건 등 상륙에 가장 부적합한 자연 조건을 무릅쓰고 감행된 인천상륙작전의 목표는 서울을 조기에 탈환하는 것이었다. 북한군의 판단과 인천과 서울지역의 북한군 방어 상태를 미리 짐작한 맥아더 원수는 인천상륙이 성공적으로 수행될 것이고, 인천상륙 후에 비교적 순조롭게 서울로 진입할 수 있을 것으로 판단하였다. 그리하여 그는 상륙작전을 준비하고 있던 10군단장에게 "당신은 5일 내에 서울에 도달할 것입니다(You will be in Seoul in five days)"라고 말했다. 이에 대해 10군단장은 "그렇게 할 수는 없을 것입니다. 그러나 2주일 내에 서울을 탈환하겠습니다(I cannot do that but I will have that city in two weeks)"라고 대답하였다.[568)] 인천상륙작전을 구상하고 이를 연출한 맥아더와 이를 실행에 옮기려 하고 있던 10군단장(Edward M. Almond 소장)의 예견과 판단은 현실로 구체화되기 시작하였다. 인천상륙 후 5일 만인 9월 20일 상륙부대는 남부 서울에 진입하여 한강을 바라보면서 서울의 심장부 진격을 준비하고 있었고, 상륙 후 2주 만인 9월 29일 서울이 한국 정부에 인계되려 하고 있었기 때문이었다.

서울을 되도록 빨리 탈환하고자 하던 10군단과 이를 고수하려던 북한군은 가용한 병력을 서울 공격과 방어에 투입하였다. 유엔군은 10군단 예하에 미 1해병사단, 한국군 1해병연대, 미 7사단과 한국군 17연대를 서울탈환전에 투입하였으며, 해군과 공군 및 해병대의 항공기와 함포를 동원하여 지상작전을 지원하도록 하였다. 미 1해병사단

566) *前揭書*, p. 513.
567) *前揭書*, pp. 513-4.
568) Interview with Almond, 13 December 1951, in *South to the Nakdong, North to the Yalu,* p. 515.

은 1, 5, 7해병연대로 편성되어 있었고, 한국 해병연대는 1, 2, 3, 5대대(5대대는 9월 25일 인천에 상륙하여 합류함)로 편성되어 미 해병사단 각 연대에 1개 대대씩 배속되고, 3대대는 해병사단 예비대로서 서울탈환전을 실시하였다. 미 7사단은 31, 32연대로 구성되어 있었고 한국군 17연대를 배속받아 작전에 투입되었다. 10군단은 해병을 서울의 서쪽에 투입하여 서울 시가지를 관통하면서 북쪽의 퇴로를 차단하는 방향으로 진출시키고 육군 병력은 서울의 동남쪽으로 진출시켜 북한군 동쪽의 퇴로 차단과 남쪽에서의 증원 차단 임무를 수행하도록 하였다. 이에 대해 북한군은 9사단 87연대와 독립 70, 78연대, 18사단, 독립 25여단과 기타 보안부대 병력 등 2만여 명을 동원하여 서울을 방어하려 하였다. 서울 시가지에는 교차로마다 바리케이드를 설치하고 끝까지 시가전을 전개할 준비를 갖추면서, 서울 서측방의 연희 고지와 안산을 고수하여 유엔군의 서울 진입을 저지하려 하였다. 그러나 10군단은 병력과 화력의 우세를 확보하고 있었기 때문에 북한군의 방어 전력이 강화되지 않는 한 10군단의 서울탈환은 가부(可否)의 문제라기보다는 시간(時間)의 문제로 남게 되었다.

(1) 서울 외각 전투

서울로 진출하던 10군단은 한강 북쪽에 미 해병1사단과 한국군 해병을 투입하여 서울 시가지를 점령하도록 하고, 남쪽에는 미 7사단과 한국군 17연대를 투입하여 서울 방어를 위한 남쪽으로부터의 북한군 증원과 낙동강전선에 배치되어 있던 북한군의 퇴로를 차단하면서 낙동강전선을 돌파하여 올라오는 미 8군과의 연결을 도모하도록 하였다. 미 해병1사단은 북측에 해병5연대를 행주 쪽으로 공격하도록 하였고 그 뒤를 해병7연대로 하여금 후속 공격하게 하였고, 남쪽에는 해병1연대를 투입하여 영등포와 여의도비행장을 확보한 다음에 서강(西江)에서 한강을 도하하도록 하였다. 미 7사단과 한국군 17연대는 병력을 안양과 수원으로 진출시키면서 일부는 서울의 남부에서 동쪽으로 진출시켜 해병1사단의 남측방을 보호하고 서울의 동측방 북한군 퇴로를 위협하도록 하였다. 그리하여 10군단은 해병에 의한 서울의 서측방 돌파를 통하여 서울을 탈환하려 하였다.

행주산성(125고지)을 점령하고 연희동 쪽으로 진격하라는 명령을 받은 미 해병5연대는 한국군 해병1대대, 사단수색중대, 전차대대 A중대, 56수륙양용차대대 A중대가 배속되었고 지원 화력의 우선권도 주어졌다.[569] 행주에서 한강 도하 준비를 마친 5해병연대는 사단수색 중대원 14명을 선발하여 수영으로 한강을 도하시켜 행주산성지역을 정찰하도록 하였다. 중간 고지를 산 정상으로 착각한 정찰반은 북한군이 이 지역에 배치되지 않은 것으로 판단하고 나머지 수색중대의 도하를 유도하였다. 그러나 8척의 상륙용 주정이 한강 중간쯤 왔을 때, 125고지 정상의 북한군이 기관총탄과 박격포탄을

569) *仁川上陸作戰*, p. 211.

퍼부어 다시 한강 남안으로 돌아가야만 하였다. 이리하여 야간 정밀 도하를 통한 한강의 도하 기도는 실패로 끝나고 말았다.

야간 정밀 도하에 실패한 5해병은 9월 20일 새벽에 행주산성(125고지)에 대한 맹렬한 포격을 퍼붓고 06시 45분 주간 강습 도하를 강행하여 강력한 항공 근접 지원하에 09시 45분경 125고지를 탈취하였다. 고지를 탈취한 5해병연대는 능곡(陵谷)을 점령하고 9월 20일 저녁까지 배속부대마저 한강을 도하시켰다. 5해병연대는 9월 21일 아침에 중대 규모의 북한군 역습을 격퇴하고 수색을 거쳐 점증(漸增)하는 북한군의 저항을 극복하면서 서울 서측방으로 진격하였다. 9월 21일 저녁에 해병5연대는 신촌 북쪽의 백련산(白蓮山, 216고지), 신촌 서남쪽의 68고지, 신촌 서쪽의 104고지로 진출하였다. 9월 21일 인천에 상륙한 미 해병7연대도 행주에서 한강을 도하하여 서울 서북쪽의 고지군(高地群)을 가로질러 북한군의 북쪽 퇴로를 차단하기 위하여 9월 25일까지 해병5연대 좌측으로 진출하였다. 이와 같이 5해병은 서울 서측방을 돌파하기 위하여 신속하게 진격하였다.[570)]

영등포와 여의도를 확보하고, 여의도에서 서강으로 한강을 도하하여 5해병연대와 더불어 서울을 공격하는 임무를 부여받은 미 해병1연대는 먼저 영등포를 방어하고 있던 북한군의 저항을 극복해야만 하였다. 해병1연대는 9월 19일 5해병으로부터 우장산(雨裝山, 118고지)을 인수하고 급편 방어에 들어갔다. 그러나 전날 이 고지를 빼앗긴 북한군이 118고지를 향해 역습을 감행하였다. 118고지에서 북한군을 격퇴한 해병1연대 1대대는 118고지 동측에 위치한 80, 85고지를 탈환하기 위한 공격을 실시하여 많은 희생을 치르고 이를 탈환하였다. 1해병연대 2대대도 9월 20일 새벽 경인국도상 덕고개에서 북한군의 역습을 격퇴하고 영등포 진입을 준비하고 있었다. 9월 20일 10시 연대를 방문한 알몬드 소장으로부터 영등포 포격을 승인받은 해병1연대는 영등포에 대한 포격을 실시하면서 다음 날의 영등포 공격을 준비하였다.[571)]

해병1연대는 9월 21일 새벽 영등포에 대한 공격 준비 사격을 실시한 다음 06시 30분 영등포 공격을 개시하였다. 1대대는 85고지에서 논과 갈천(안양천)을 횡단하여 논둑에 방어선을 편성하고 있던 북한군과 치열한 접전을 벌이고 있었다. 남쪽의 2대대도 논과 갈천을 횡단할 때 많은 희생자가 발생하여 더 이상 진격이 어려운 지경에 처하게 되었다. 이에 연대장은 예비인 3대대를 투입하여 북한군의 방어 진지를 돌파하려 하였다. 이렇게 양 측방에서 치열한 접전을 벌이고 있을 때 1대대 우측방 A중대는 북한군에게 발견되지 않고 갈천을 건너 정오경에는 영등포 도심까지 진입할 수 있었다. A중대는 북한군의 증원 부대를 공격하여 이를 분산시키면서 한강 남쪽 제방까지 진출하여 제방을 따라 방어 진지를 편성하였다. 9월 21일 해질 무렵 북한군은 전차 5대를 동

---

570) South to the Nakdong, North to the Yalu, pp. 515-6. 미 5해병연대의 신속한 진격 소식을 들은 맥아더는 9월 21일 안심하고 일본 동경으로 돌아갈 수 있었다.

571) *前揭書*, pp. 516-8.

원하여 A중대를 공격해 왔으나 3.5인치 로켓포 사격으로 3대가 파괴되고 2대가 도주하였다. 북한군은 이 날 저녁에도 다섯 차례에 걸쳐 반격을 시도했으나 1해병은 이를 격퇴하면서 영등포 서쪽 진지를 고수하였다. 역습이 실패로 돌아가자 북한군은 북단이 점령되고 남쪽에서의 공격으로 인한 포위를 우려하여 9월 22일 날이 밝기 전에 영등포를 포기하고 철수하였다. 해병1연대는 9월 22일 영등포를 완전히 점령하고, 노량진 부근의 고지를 점령하여 한강교를 감제할 수 있게 되었다.572)

해병이 서울의 신촌과 영등포를 공격하고 있는 동안 미 7사단은 해병의 우측방을 엄호하면서 남으로부터 북한군의 증원을 차단하고 낙동강전선에서 진격해 오는 미 8군과의 접촉을 이루어 낙동강 전선에 투입된 북한군의 퇴로를 차단하려는 작전을 전개하고 있었다. 9월 19일 1해병으로부터 경인국도 남쪽을 인계받은 미 7사단 32연대는 9월 20일 안양 쪽으로 진격하였다. 북한군이 매설한 지뢰로 연대장 지프차가 파손되기도 하는 등 진출이 지연되기도 하였으나, 9월 21일에는 안양을 점령하였다. 9월 23일에는 안양을 점령한 1대대가 과천을 지나 중요 감제 고지인 우면산(牛眠山, 290고지)을 탈취하였고 2대대도 한강 남안 일대를 소탕하였다. 한편, 7사단 31연대는 수원 방면으로 남하하여 수원에 미리 파견되어 수원비행장을 확보하고 있던 선발대(Hannum Task Force)로부터 9월 22일 수원비행장을 인수하였다.573)

이로써, 9월 22일까지 미 해병1사단과 한국군 해병은 신촌 북쪽 및 서측방의 고지와 영등포를 확보하여 서울 공격 준비를 서두르고 있었다. 미 7사단은 안양과 수원을 점령하여 남쪽으로부터의 북한군 증원을 차단함으로써 서울탈환작전을 위한 외곽지역의 작전을 완료한 상태에 있었다. 특히 미 7해병연대가 인천에 상륙하여 5해병연대의 좌측방으로 투입되기 위한 준비를 갖추게 되자 9월 21일 18시에 경인지역의 작전통제권이 7합동기동부대장으로부터 10군단장에게 정식으로 인계되어 10군단장이 서울탈환작전을 지휘하게 되었다. 이로써 7합동기동부대장은 4만 9,600여 명의 병력과 5,356대의 차량, 2만 2,222톤의 화물을 인천에 수송한 후에 10군단장에게 지상작전 통제권을 인계하였다. 서울탈환작전을 지휘하게 된 알몬드 소장은 한국군 해병대와 17연대를 서울탈환전에 적극적으로 투입하기로 결정하고 작전 통제권을 행사하기 시작했다.574)

(2) 서울 서측방 돌파전

서울탈환작전은 육군 병력이 서울의 남측방을 보호하고 남쪽으로부터의 북한군 증원을 차단하는 가운데 해병이 서측방에서 공격함으로써 실시되도록 계획되어 있었다. 이러한 계획에 따라, 미 7사단은 안양과 수원을 확보하고 한강 남쪽에서 소탕 작전을

572) *前揭書*, pp. 518-9.
573) *前揭書*, pp. 520-2.
574) *South to the Nakdong, North to the Yalu*, pp. 519-20.

전개하였으며, 미 해병1사단은 행주와 서강지역에서 한강을 도하하여 신촌 서측방으로 진출하게 되었다. 신촌 서측방으로 진출한 미 해병1사단과 한국 해병은 안산(鞍山, 296고지)에서 연희 고지(延禧高地, 66고지)로 이어지는 능선과 의령터널 고지(105고지)와 노고산(老姑山, 105고지), 와우산(臥牛山, 105고지) 등을 확보해야만 하였다. 미 해병5연대는 북쪽에 3대대를 배치하여 안산을 공격하도록 하고, 중앙에는 한국 1해병연대 1대대를 투입하여 연희 고지와 의령터널 고지, 경의선 남쪽에는 1대대로 와우산과 노고산을 공격, 탈취하도록 하고 2대대를 예비로 삼았다.

북한군은 한국과 미 해병이 공격하여 탈취하려는 안산과 연희 고지 일대에 서울 방어를 위한 주저항선을 구축하고 있었다. 북한군은 유리한 지형을 이용하여 78독립연대와 철원에서 창설된 후 낙동강전선에 투입하려던 25여단을 이 일대에 배치하였다. 이 부대들은 특수 편성된 독립 부대로서 장교와 하사관들은 과거 중공군(中共軍)에서 싸운 전투 경험을 가지고 있었으며, 특히, 25여단은 2,500여 명의 병력으로 1개의 76mm와 120mm 포병대대로 화력이 보강된 2개의 보병대대, 4개의 중(重)기관총 대대와 1개의 공병대대 및 근무부대로 편성되어 있었다. 연희 고지 일대에 배치된 북한군은 9월 19일부터 이곳에서 견고한 방어진지를 구축하여 공중공격에 대비하면서 경의철도와 국도를 통제하고 있었다.575)

미 해병5연대는 9월 22일 07시, 한국 해병1연대 1대대를 중앙, 좌측에 3대대, 우측에 1대대, 그리고 2대대를 중앙에서 예비로 보유하여 안산, 연희 고지, 와우산을 공격하였다. 중앙의 한국군 해병대는 모래내 사천교(砂川橋) 동쪽 104고지에서 공격을 개시하여 고지로부터 1km 떨어진 연희 고지를 공격하였다. 한국 해병1대대는 미 해병 항공기가 연희 고지의 북한군을 폭격하는 가운데 미 해병 전차의 지원을 받는 3중대를 우측방에서 공격하도록 하여 개활지를 통과하려 했으나, 북한군의 포사격과 기관총사격으로 개활지를 통과하지 못했다. 11명이 전사하고 45명이 부상당하는 피해만을 입고 야음(夜陰)을 이용하여 104고지로 철수한 한국 해병은 다음날 다시 공격할 준비를 하였다. 한국 해병 좌측에서 공격하던 미 해병3대대는 10시경, 안산(296고지)을 탈취했으나 남측 능선에 배치되어 있던 북한군을 완전하게 구축하지는 못하고 있었다. 남쪽에서 와우산을 공격하던 미 해병1대대는 북한군의 치열한 저지 사격으로 전진을 하지 못하고 있다가 가용한 포병과 박격포의 화력을 집중하여 17시 30분경 고지를 탈취하였다. 이리하여 9월 22일 공격 첫날, 해병은 양측의 안산과 와우산만을 점령하고 중앙의 연희 고지에는 접근조차 하지 못하였다.576)

9월 23일도 해병의 연희 고지 공격은 계속되었다. 한국 해병1대대는 3개 중대를 전부 일선에 투입하여 공격을 개시하였다. 북한군의 저지 사격도 심화되었다. 해병 1대대는 일부를 안산 방면으로 우회시켜 개활지를 통과하려 했으나 150여 명의 사상자가

---

575) *South to the Nakdong, North to the Yalu*, p. 523.
576) *前揭書*, pp. 523-4; *韓國戰爭(上)*, pp. 420-3.

발생하여 더 이상 전진할 수가 없었다. 이에 미 해병5연대장은 9월 23일 오후에 예비인 미 해병2대대를 투입하여 전차와 함께 공격을 감행하도록 하였다. 그러나 이들 병력도 북한군의 조직적인 탄막 사격으로 많은 사상자를 내는 피해를 입으면서도 연희 고지를 점령하지 못했다. 공격을 선도하던 D중대는 많은 피해를 입고 연희 고지로부터 얼마 떨어지지 않은 곳에서 야간에 개인호를 구축하였고, F중대의 어느 소대는 7명만이 개인호를 구축하고 있었다. 해병5연대의 양측 3대대와 1대대는 더 이상 진출을 하지 못하고 북한군의 역습을 격퇴하면서 하루를 보내고 있었다.[577] 연희 고지를 방어하고 있던 북한군의 저항은 의외로 강했다. 서울의 서측방 공격이 진전을 보지 못하자 해병1사단장은 9월 21일 인천에 도착한 7해병연대로 하여금 신속하게 한강을 도하하여 5해병연대를 후속하도록 명령하였다.

9월 23일 인천에서 부평(富平: Ascom City)으로 지휘소를 옮긴 10군단장은 해병의 서울 서측방 공격 속도에 실망하고 미 해병1사단장에게 포위 기동을 위하여 해병1연대를 한강 남쪽으로 우회시킬 것을 강력하게 요구하였다. 그러나 해병사단장은 5해병과 1해병이 한강 북쪽에서 협동 작전을 실시하는 것을 고집하였다. 이에 10군단장은 해병사단장에게 24시간 내 서울 서부지역의 돌파를 요구하였고, 그것이 이루어지지 않을 경우에는 사단 전투 지경선을 조정하여 미 7사단 32연대를 서울 탈환전에 포위 부대로 전투에 투입시키겠다고 통보하였다. 피해를 최소화하면서 신중한 작전을 통하여 서울을 탈환하겠다는 1해병사단장(Oliver P. Smith 소장)은 신속한 진격을 강요하는 10군단장(Edward M. Almond 소장)의 전술적 판단을 옳지 않다고 보았으며, 10군단장은 해병사단장이 과도하게 조심스러워 부여된 임무를 제때에 수행하지 못한 데 대한 변명과 핑계가 많다고 생각하였다.[578]

그러나 1해병사단장은 서울 서측방 돌파를 통하여 10군단장의 통보에 대응해야만 하였다. 9월 24일 날이 밝은 후 미 해병2대대는 공격을 재개하였다. 선두에 나선 D중대는 안개 속에서 전진을 계속하여 연희 고지 능선까지 진출할 수 있었다. 안개와 화약 연기로 상대를 구별할 수 없었던 해병은 고지에서 진지를 구축하고 있던 북한군과 마주쳐 근접 전투를 실시하여 많은 피해를 입었다. 9월 24일 오후, 공중 폭격의 지원을 받은 D중대는 중대원 44명으로 돌격을 감행하여 연희 고지를 탈취하였다. 이 돌격에서 중대장이 전사하고 26명의 중대원만이 고지 정상에 도달할 수 있었다. 이 날 전투에서 206명의 D중대는 전사 36명을 포함하여 176명의 피해를 입었으며, 부상이 경미한 26명을 포함한 56명만이 북한군의 역습에 대비하기 위하여 고지 정상에서 재편성에 돌입하였다. 이로써 해병1사단은 연희 고지는 탈취하였으나 서울의 서측방 북한군 방어선을 아직 돌파하지 못했다.[579]

---

577) *前揭書.*
578) *South to the Nakdong, North to the Yalu*, p. 527; *The Forgotten War*, pp. 273-4.
579) *South to the Nakdong, North to the Yalu*, p. 525.

(3) 서울 서측방 돌파와 남측방 우회 공격

해병이 신촌지역에서 연희 고지를 공격하고 있던 9월 24일 09시 30분, 10군단장은 미 7사단장(David G. Barr 소장)에게 7사단이 9월 25일 아침 한강을 도하하여 서울을 공격할 것이라는 자신의 결심을 전하고, 한국군 17연대장에게는 미 7사단 32연대에 배속되어 서울을 공격할 준비를 갖추도록 통보하였다. 10군단장은 이 날 14시 영등포에서 야전지휘관회의를 소집하였다. 해병1사단장과 7사단장이 참석한 이 회의에서 10군단장은 미 7사단 32연대와 한국군 17연대가 9월 25일 06시 한강을 도하하여 서울을 공격한다고 말하고, 이에 따라 해병사단과 7사단의 전투지경선도 변경한다고 통보하였다. 10군단장의 결심과 통보를 받은 지휘관과 참모들은 즉시 해산하여 변경된 공격작전을 위한 세부 계획을 수립하면서 이를 집행하기 시작하였다. 이로써 9월 25일부터 서울탈환작전은 해병의 서울 서측방 돌파와 육군의 서울 남쪽 공격을 동시에 실시하여 수행하도록 계획이 변경되었다.[580]

변경된 계획에 따라 안양, 구룡산(292고지), 신사리(신사동) 일대에서 북한군 잔적을 소탕하고 있던 미 7사단 32연대는 안양과 수원지역을 31연대에 인계하고, 9월 24일 오후에 한국군 17연대와 도하에 필요한 부대 등을 배속받아 한강 도하 준비에 들어갔다. 미 32연대와 한국군 17연대는 먼저 남산(南山, 262고지)을 탈취하고 그 동쪽 응봉(鷹峰, 121고지)을 점령하며, 중앙선과 경춘선을 감제하는 용마산(龍馬山, 348고지)을 탈취·확보하라는 임무를 부여받았다. 9월 24일, 맥아더사령부는 187공수연대 1개 대대를 김포로 공수하여 김포비행장의 방어를 강화하여 공중 보급에 차질이 없도록 조치하였으며, 미 7사단 32연대 2대대는 신사리지역에 위치한 북한군 연대본부를 습격하여 북한군을 소탕함으로써 한강 남안(南岸)의 소탕 작전을 마무리하고 도하 준비를 서둘렀다. 이제, 신촌에서의 해병 돌파 공격과 신사리에서의 육군 도하 공격을 동시에 실시하여 서울을 탈환하겠다는 10군단의 변경된 계획이 실행에 옮겨질 단계에 접어들었다.

연희 고지를 점령한 5해병연대는 9월 25일 공격을 계속하여 그날 안산을 확보하면서 105고지를 점령하고, 노고산(105고지)까지 점령하여 북한군이 구축한 서울 서측방 주방어선을 붕괴시켰다. 안산과 연희 고지를 연한 전투에서 한국군 해병과 미 해병은 많은 희생을 치렀으나 2,000여 명에 가까운 북한군을 사살하는 전과를 거두었다. 미 해병1연대도 9월 24일 와우산을 점령한 5해병연대 1대대의 엄호하에 08시경 절두산지역에서 한강을 도하하여 5해병연대 작전지역으로 진출하고, 5연대로부터 노고산을 포함한 서울의 서측방 남단을 인수한 다음에 5해병의 남쪽에서 마포 쪽으로 공격하였다. 해병7연대는 9월 24일 행주에서 한강을 도하하여 북쪽에서 북한군의 퇴로를 차단하기 위하여 9월 25일 5해병연대의 좌측으로 진출하였다. 또한, 9월 25일에는 남해안 통영지역에서 작전을 수행하던 해병(金聖恩 부대)이 인천에 상륙하여 수색에서 해병1연대

---

580) *前揭書*, p. 528.

와 합류하고 5대대로 개칭되어 미 해병7연대에 배속됨으로써, 한국 해병1연대는 1대대를 미 해병5연대, 2대대를 미 해병1연대, 5대대를 미 해병7연대에 배속하고 3대대는 미 해병1사단의 예비대로 분산, 배속하여 임무를 수행하도록 하였다. 이와 같이 한국과 미국 해병은 북한군의 서울 서측방 방어선을 붕괴시키고 서울 시가지로 진출할 태세를 갖추게 되었다.581)

한편, 9월 25일 06시, 30분 간의 공격 준비 사격 후 미 7사단 32연대는 신사리에서 서빙고로 도하를 개시하였다. 안개의 은폐 속에 한강을 먼저 도하한 2대대는 인원, 장비의 손실 없이 도하를 마치고 남산 중턱까지 진격하였다. 뒤이어 도하한 1대대가 응봉 쪽으로 진출하였다. 안개가 걷히자 남산과 응봉에 대한 집중적인 공중공격이 실시되었고, 1대대를 후속하여 도하한 3대대가 1대대를 초월 공격하여 정오가 조금 지나서 응봉을 먼저 탈취하였다. 2대대는 15시경 경미한 북한군의 저항을 물리치고 남산을 탈취하여 역습에 대비한 전면 방어 진지를 편성하였으며 9월 26일 새벽, 북한군의 역습을 격퇴하여 남산을 확보하고, 오후에는 남산 좌측에서 해병과 접촉을 이루었다. 한국군 17연대도 미 7사단 32연대의 뒤를 이어 14시경 한강을 도하하여 1, 2대대를 돌격제대, 3대대를 예비로 무학봉(舞鶴峰, 93고지)을 점령한 다음, 26일 새벽 중랑교까지 진출하였으며, 오후에는 용마산과 망우리의 292고지를 탈취하여 경춘가도와 철도를 감제할 수 있게 되었다. 실제로, 미 7사단 32연대와 한국군 17연대의 한강 도하는 기습적으로 실시되어 서울의 서측방 방어에 치중하고 있던 북한군의 서울 방어 작전을 혼란시키기에 충분한 기습적 효과를 거두었다.582)

(4) 서울 시가지 전투

9월 25일 미 7사단과 한국군 17연대가 남산과 용마산을 점령하기 위하여 전투를 펼치고 있는 동안, 미 해병1사단과 한국 해병1연대는 서울 서측방 북한군 방어선상의 북한군을 소탕하고 서울 중심부 진입을 위한 준비를 서둘렀다. 미 해병1사단장은 미 해병1연대와 한국 해병2대대를 시내 중심부를 거쳐 미아리로 진출시키고, 미 5해병연대와 한국 해병1대대는 중앙청지역 일대 미 해병7연대와 한국 해병5대대는 북한산 일대의 고지군을 점령하도록 하고, 한국 해병3대대를 예비로 하여 서울 중심부로 진입하였다. 특히, 미 해병1, 5연대는 9월 26일 오전에 협조된 공격을 실시하도록 계획을 세워 놓고 있었다.583)

그러나 9월 25일 저녁이 되기 전에 북한군 행렬이 서울 북쪽에서 서울을 빠져 나가고 있다는 항공 정찰 보고가 10군단 사령부에 접수되었다. 보고를 접수한 10군단장은

581) *前揭書*, pp. 526-7; *韓國戰爭(上)*, p. 423.
582) *South to the Nakdong, North to the Yalu*, pp. 529-31; *韓國戰爭(上)*, pp. 423-6.
583) *South to the Nakdong, North to the Yalu*, p. 531.

즉시 미 극동공군에 서울 북방의 조명 임무를 요청하고 해병 항공기로 철수하는 북한군을 공격하도록 하였다. 9월 25일 20시 40분, 해병1사단장에게 야간 공격을 감행할 것을 명령하였다. 명령을 받은 미 해병1사단장은 북한군이 서울에서 철수했다는 징후가 없고 야간에 시가전을 수행하는 것이 바람직하지 않다는 판단을 하였으나, 22시에 군단장의 명령이라는 것을 확인하고 난 후, 예하 3개 연대에게 상호 접촉을 유지하면서 시가지 도로를 따라 진격하도록 명령을 하달하였다.[584)]

그러나 9월 25일 해병의 야간 공격은 북한군의 역습과 해병연대 상호간 연결이 이루어지지 못하여 별다른 효과를 거두지 못했다. 해병5연대는 야간 공격 명령을 받은지 몇 분 후 200여 명의 북한군 역습을 받아 26일 새벽 5시경까지 싸워 이들을 물리쳤다. 해병1연대도 15분 간의 공격 준비 사격을 퍼부은 다음에 26일 01시 45분에 공격을 개시하였으나, 역습을 준비하던 700여 명의 북한군과 조우하여 이들에게 15분 간의 포사격을 실시하였다. 북한군은 날이 밝을 때까지, 강도는 약해졌으나, 역습 공격을 실시하였다. 북한군은 서울 서측방 방어선이 붕괴되고 남산을 점령당하자, 영등포를 방어하던 18사단을 철수시키고, 25여단과 78독립연대로 하여금 지연전을 수행하도록 하였기 때문이었다. 더구나 7해병연대 병력은 5해병연대와 접촉을 이루지 못했고, 5해병연대도 1해병연대와 야간 접촉을 이루지 못하였다. 그리하여 해병1사단은 북한군의 역습과 연대 간의 접촉 실패로 9월 25일 야간 공격을 제대로 감행하지 못한 채 9월 26일 아침을 맞이하였다.[585)]

해병이 북한군의 역습을 격퇴하면서 시가전을 펼치고 있던 9월 25일 밤 12시경, 10군단장은 북한군 침공 3개월 만에 서울을 탈환했다고 공식 선포하였다. 남산을 점령한 사실과 북한군이 철수하고 있다는 항공 보고에 근거하여 북한군이 이미 서울을 포기하고 떠났다는 판단을 내린 10군단장은 서울 점령을 기정 사실로 발표해 버린 것이다. 9월 26일 14시 10분, 인천상륙과 서울탈환작전의 연출자인 맥아더 원수가 유엔군이 서울을 장악했다고 발표하였다. 인천상륙과 서울탈환작전을 구상하고 이를 수행한 두 주역들은 하루 빨리 그들의 작전 성과를 가시화하려 하였다.[586)]

그러나 9월 26일 10군단은 서울의 반 정도만을 점령하고 있었다. 해병은 시가지에 구축된 바리케이드를 하나씩 제거하면서 시가전을 치러야만 하였고, 미 7사단 31연대는 수원지역에서 전투를 더 치러야만 하였다. 마대와 가마니에 흙을 넣어 가슴 높이까지 쌓아 올린 바리케이드는 그 전면에 지뢰가 매설되어 있었다. 이를 제거하기 위해서 해병은 항공기의 로켓포와 기관총 사격 지원을 받고 보병의 박격포 사격을 실시하면서 공병이 지뢰를 제거하고 전차를 앞세워 전진하였다. 해병은 때때로 화염방사기도 사용하며 완강하게 저항하는 북한군을 공격하였다. 이러한 방법으로 해병1연대는 마포

---

584) *前掲書*, pp. 531-2.
585) *前掲書*, pp. 532-3.
586) *前掲書*, p. 534.

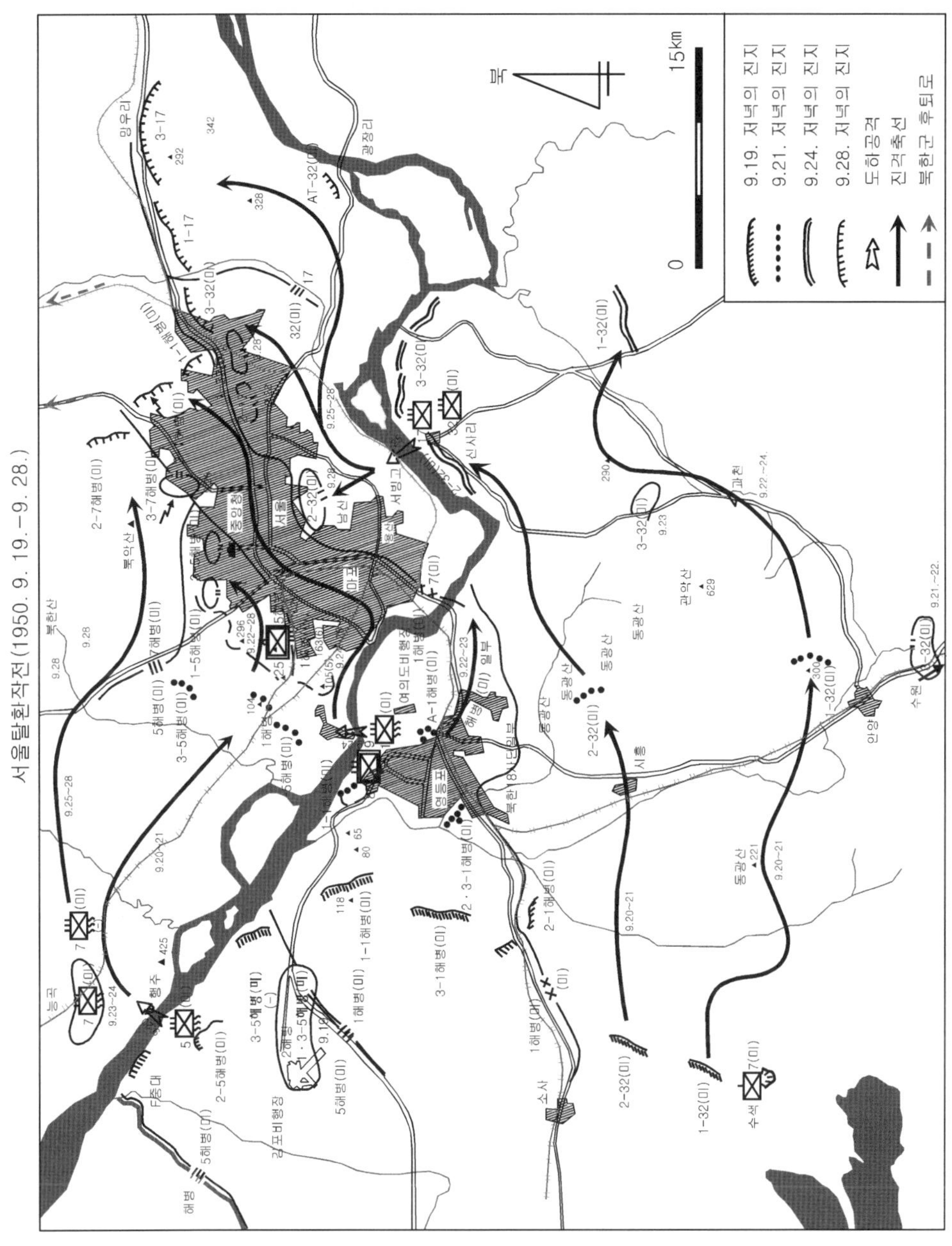

서울탈환작전(1950. 9. 19.－9. 28.)

에서 서울역을 거쳐 서울의 중심부로 진입하여 미대사관(현 롯데호텔 앞)을 점령하였다. 해병5연대도 서대문형무소를 점령하고 서울중학교(현 경희궁)를 거쳐 중앙청으로 향하여 27일 15시 08분 중앙청(현재 철거됨)을 점령하였다. 해병7연대도 북악산을 점령하고 미아리 일대까지 진출하였다. 한편, 수원비행장을 확보한 미 7사단 31연대는 수원비행장 남쪽 고지에 차단 진지를 구축하고 방어에 임하면서 9월 26일 22시 26분, 오산 북쪽에서 낙동강 방어선을 돌파하고 북진해 오던 미 1기병사단의 7기병연대 선발대와 연결을 이루었다. 이로써 9월 27일까지 서울은 유엔군이 장악하였고, 10군단의 남측방도 안전하게 보호되었다.[587]

9월 28일, 서울을 점령한 미 해병1사단과 한국 해병1연대, 미 7사단과 한국군 17연대는 담당지역의 소탕 작전을 실시하고 경계를 강화하였다. 소탕 작전이 완료되자 서울은 다시 활기를 찾았고, 시민들은 시가지 정리와 복구를 서두르면서 잃어버린 가족을 찾아나섰다. 이로써 서울은 북한군이 6월 28일 서울에 입성한 지 90일 만에 황폐화된 모습으로 수복되었다. 서울탈환작전에서 10군단은 경인지역의 방어에 투입되었던 3만여 명의 북한군 병력 중에서 1만 4,000여 명의 북한군을 사살하고 7,000여 명을 포로로 잡았으나, 유엔군도 3,500여 명의 피해를 입었다. 특히, 해병은 370여 명의 전사자를 포함한 2,380여 명의 피해를 입었으며, 9월 24일에는 하루 동안의 최대 손실인 285명의 피해를 입는 기록까지 세우기도 하였다. 한국과 미국의 해병과 양국의 육군은 이러한 피해를 감수하고 난 후에야 서울을 탈환할 수 있었다.[588]

(5) 한국 정부의 환도

9월 29일 12시, 서울의 중앙청 중앙홀 국회의사당에서 서울의 수복 및 환도식이 거행되었다. 식이 시작되자 이승만 대통령은 맥아더 원수에게 태극무공훈장을 수여하였다. 이어서 맥아더 원수가 유엔의 깃발 아래서 한국의 고도(古都) 서울을 수복하였고 공산 침략을 저지하기 위하여 세계 여러 나라가 대한민국을 지원하고 있다는 요지의 연설을 하였다. 이에 대해서 이승만 대통령은 감사를 표시하고, 맥아더 원수의 지도력을 찬양한 다음 연합군의 노고에 감사하고, 전사한 유가족에게 위로와 애도를 표한다는 내용의 연설을 하였다. 연설이 계속되는 동안 포성도 들려오고 식장 천정에서 유리 조각이 떨어져 참석자들이 놀라기도 했으나, 이 대통령이나 맥아더 원수는 이에 개의치 않고 태연한 자세를 흐트러뜨리지 않았다. 간간히 들려오는 포성과 그 진동으로 천정에서 떨어지는 유리 조각만이 소리를 낼 뿐 악대도 의장대도 없던 의식행사였으나 환도식은 매우 감격적이었다.

3) 소련의 힐책과 미국의 자축

소련의 스탈린은 그가 서명한 명령서를 통하여 북한군을 지원하고 있던 소련 군사고문단의 실책과 전략적 무능을 통렬하게 힐책하였다. 그는 “인천상륙”의 심각한 의미

---

587) *前揭書*, pp. 534-6; *韓國戰爭(上)*, pp. 426-31.
588) *South to the Nakdong, North to the Yalu*, p. 541.

를 간파하지 못하고 북한군 4개 사단을 주전선(主前線)에서 시의적절하게 서울지역으로 이동, 배치시키지 못하여 가장 결정적인 시기에 7일 간을 낭비하였고, 미군의 서울 점령을 허용하는 커다란 전술적 과오를 범했다고 말했다. 인천의 중요성을 무시한 전략, 전술적 무지는 미군에게 7일 간의 작전 기간을 허용하였고, 북한군의 서울지역으로의 이동과 증원을 더디게 만들어 미군의 서울탈환작전을 용이하게 만들어 주었다는 점도 지적되었다. 소련 정치국(the Politburo)의 명의로 하달된 명령서를 통하여 스탈린은 인천상륙의 중요성을 파악하지 못하고, 이에 적절하게 대처하지 못한 소련 군사고문단의 과오를 범죄로 비유하면서("Soviet military advisers are even more guilty of these mistakes.") 이들을 나무랐다.[589)]

소련 정치국과 스탈린은 이러한 책망과 더불어 차후 군사 작전에 대한 지침도 하달하였다. 소련의 군사고문단에게 북한군이 질서 있게 철수하여 서울의 동쪽, 남쪽, 북쪽에서 새로운 전선을 형성하도록 돕고, 후방 병력을 결정적이고 능동적으로 투입하여 북한군 주력이 철수하는 데 필요한 시간을 확보하도록 하라는 지시를 내렸다. 이러한 지시 외에 전차는 반드시 포병이 준비 포격을 실시한 후 보병의 엄호하에 운용하도록 하고, 철수시에 부대 상호간 연락을 유지하고 정보 수집에 각별한 주의를 기울이도록 하라는 지시까지 곁들였다. 특히 소련의 군사고문단원이 사로잡히지 않도록 모든 가용한 조치를 취할 것을 각별하게 지시하였다. 스탈린은 평양의 보호를 위한 YAK-9 전투기의 공급과 소련 공군기의 전투 참여에 대한 구체적인 보고를 받기도 하였다.[590)] 이와 같이 소련 정부와 스탈린은 유엔군의 인천상륙으로 빚어진 새로운 전황에 대처하기 위하여 질책 및 지시는 물론 소련 공군의 전투 참여를 통한 군사 행동까지를 서슴없이 동원하려 하였다.

소련 정부와 스탈린 수상의 힐책과는 대조적으로 미국 정부와 트루먼 미국 대통령은 맥아더와 현지 지휘관들에 대한 칭찬과 격려를 위하여 미사여구(美辭麗句)를 아끼지 않았다. 트루먼 대통령은 맥아더 장군에게 "전사상 어느 작전도, 시간을 벌기 위해서 공간을 양보하면서 병력을 증강시킨 지연 작전이나 눈부신 기동으로 서울을 해방시킨 귀하의 작전에 필적할 만한 작전은 없을 것입니다. … 나는 여러분 모두에게 경의를 표합니다. 그리고 본국에 있는 우리 모두로부터 여러분 모두에게 '만족스럽고 훌륭한 작품'이었다는 찬사를 보냅니다"라는 축하의 메시지를 전했다.[591)] 인천상륙을 적극적으로 찬성하지 않았던 미 합참본부도 찬사를 빼놓지 않았다. "방어로부터 공격으로의 전환은 훌륭하게 계획, 선택, 수행되었습니다. … 우리는 유엔이 귀

---

589) "Politburo of the CC of All-Union Communist Party(Bolshevik), Decision of September 7, NP 78/73, Extract from the munites N 78 of Politburo meeting, and 73, Questions of Korea, p. 1," quoted in *The Korean Conflict, 1950-1953: The Most Mysterious War of the 20th Century*, pp. 68-71.

590) *前揭書*, "Vasilevsky's report to Stalin, September 23, 1950," in *The Korean Conflict, 1950-1953*, p. 72.

591) Truman, *Memoirs, II*, p. 360.

하에게 부과한 중요한 임무가 성공적으로 완수될 것으로 확신하고 있습니다"라는 내용이었다.[592] 낙동강 방어선을 지켜낼 수 있을까 하는 조바심을 떨쳐버릴 수 없었던 미국의 정책결정자들에게 인천상륙작전의 성공과 서울의 탈환은 분명 반가운 소식이었다.

트루먼 대통령에 대한 맥아더의 답신은 간단하였으나 매우 정중하였다. "각하의 관대한 메시지에 감사를 드리며 이를 예하 전부대에게 전할 것입니다. 그 메시지는 우리 모두에게 격려와 활력의 근원이 될 것입니다."[593] 맥아더는 그의 판단력과 리더십에 찬사를 보내온 육군본부 행정·작전참모부장(Matthew B. Ridgway 중장)에게 "그동안의 지원을 고맙게 생각하며, … 워싱턴의 국방 조직과 … 한국에서의 사태 진전은 우리 군사력의 건재함과 미국적 특성의 강함을 입증해 주기에 부족함이 없다"는 내용의 답신을 보냈다.[594]

북한군의 작전을 지도하고 이들을 돕고 있던 소련 군사고문단에 대한 소련 정부와 스탈린 소련 수상의 질책과 지시가 심한 정도만큼 미국 대통령과 정부는 맥아더에 대한 찬사와 격려를 아끼지 않았다. 미국 정부의 찬사와 격려를 받은 맥아더는 이제 한국에서의 군사 작전을 빠른 시간 내에 종결시키려는 야심적인 북진 계획을 구상하게 되었다.

13. 낙동강 방어선 돌파와 전과 확대

인천상륙작전과 더불어 낙동강 전선을 방어하고 있던 미 8군과 한국군은 방어선을 돌파하여 반격에 돌입하기로 계획되어 있었다. 맥아더 장군은 인천상륙이 개시되는 9월 15일을 기하여 미 8군도 반격 작전을 실시할 것을 요구하였으나, 현지 방어선을 지키고 있던 8군사령관은 9월 16일 총 반격 작전을 감행하기로 하였다. 인천상륙과 더불어 낙동강 방어선의 돌파와 전과 확대를 통하여 북한군의 퇴로와 병참선을 차단하여 북한군의 조직적인 저항력을 박탈하여 일거(一擧)에 실지(失地)를 회복하려는 맥아더의 야심찬 반격 계획은 낙동강 방어선을 지키고 있던 미 8군과 한국군의 신속한 방어선 돌파와 전과 확대를 요구하였다.

미군과 한국군을 지휘하여 지연전을 수행하고 효과적인 반격 작전의 기반을 확보하기 위하여 낙동강 방어선을 형성한 다음, 지독한 북한군의 공세를 막아내기 위하여 가용한 병력으로 기동타격대를 편성하여 여기저기에 투입함으로써 낙동강 방어선을 지

---

592) *War in Peacetime*, p. 141.

593) US department of State, *Bulletin, XXIII*, p. 586.

594) *The Forgotten War*, p. 320; Mattew B. Ridgway, *The Korean War*(Garden City, New York: Doubleday & Co., Inc., 1967), pp. 36-45.

켜낸 미 8군사령관도 전선 돌파와 반격 작전 채비를 서둘렀다. 미군과 한국군, 영국군으로 구성된 유엔군을 지휘한 미 8군사령관은 동해안으로부터 한국군 1군단, 2군단, 대구 정면에 미 1군단, 낙동강 중하류지역에 미 9군단을 편성, 배치하였다. 반격 작전의 주공을 담당할 미 1군단은 9월 13일 작전지역을 인수하도록 하고, 퇴로가 차단된 호남지역의 북한군을 섬멸하는 임무가 부여된 9군단은 9월 23일에 편성하여 임무를 수행하도록 하였다.

이러한 계획에 따라 한국군 1군단은 동해안 포항지역에 3사단, 그 좌측 기계(杞溪), 안강(安康)지역에 수도사단을 배치하였고, 2군단은 영천(永川) 정면에 8사단, 신녕(新寧)에 6사단을 배치하였으며, 7사단은 육본예비로서 후방에서 재편성을 실시하였다. 대구 정면의 낙동강 상류지역을 맡은 미 1군단은 다부동지역의 한국군 1사단을 우측 사단으로 삼고, 중앙에 미 1기병사단, 좌측에 미 24사단과 영국군 27여단을 배치하여 진용을 갖추었다. 창녕(昌寧)·마산(馬山)지역을 맡은 미 9군단은 미 2사단을 우측, 미 25사단을 마산 정면에 배치하고, 마산지역에 투입된 미 27연대를 통제하였다. 이로써 한국군 7만 3,000여 명과 미군 및 영국군 7만 4,000여 명은 반격 채비를 서두르게 되었다.[595)]

유엔군의 방어선 돌파와 전과 확대를 막아야 하던 북한군은 낙동강전선에서 8월 공세에 이어서 9월에도 공세의 고삐를 늦추지 않고 있었다. 8월과 9월 두 차례의 공세를 펼치면서 북한군은 제공권과 제해권을 완전히 장악한 유엔 공군과 해군의 끊임없는 폭격과 포격을 무릅쓰고 총력을 기울여 공세를 유지하고 있었다. 객관적인 화력과 병력의 열세 속에 펼쳐진 북한군의 공세는 공세 초기의 제한적인 성공에도 불구하고 곧 공격 기세를 상실하여 궁극적인 목표를 쟁취하지는 못했으나, 낙동강 교두보를 방어하고 있던 한국군과 유엔군을 긴장시키면서 막대한 피해를 강요하였다.

북한군은 왜관 동쪽에 제2군단 예하 7개 사단, 왜관 남쪽에 1군단 6개 사단 등 총 13개 사단을 배치하고 있었으며, 1개 전차 사단과 2개의 전차여단이 이들 사단을 지원하고 있었다. 북한군 2군단은 3, 13, 1사단을 대구 정면, 8, 15사단을 영천지역, 12, 5사단을 동해안지역에 투입하고 있었으며, 북한군 1군단은 10, 2, 4, 9사단을 현풍과 영산지역, 7, 6사단을 마산 정면에 투입하여 공세를 펼치고 있었다. 7개 사단으로 편성된 북한군 2군단 병력은 편성상 5만 4,000여 명, 6개 사단을 투입하고 있던 1군단은 4만 7,000여 명의 병력을 유지하고 있었으나 실제 전투력은 75% 수준에 머물러 있었다. 북한군은 한국군과 유엔군에 비하여 병력은 2 : 1의 열세를 보이고 있었고, 화력과 장비 및 보급 수준은 더 큰 열세를 면하지 못하고 있었다.[596)]

특히 보급과 화력의 열세에도 불구하고 공격의 강도를 늦추지 않고 있던 북한군은 9월 공세에서 입은 손실이 극심하여 7사단의 1개 대대 병력이 150여 명 수준으로 감소

---

595) *South to the Nakdong, North to the Yalu*, pp. 547-8.
596) *前揭書*, pp. 545-6.

되기도 하였다. 계속되는 병력 손실을 보충하기 위하여 북한군은 북한지역에서의 징집을 강화함은 물론 남한지역에서도 이른바 "의용군(義勇軍)"이라는 명목으로 청장년을 모집하여 최일선에 투입하고 있었다. 따라서 최초 투입된 병력이 30% 수준으로 감소된 북한군의 사기는 저하되어 있었고, 비인간적인 방법에 의한 독전과 즉결 처분 등의 방법으로 전의를 유지하려 하였다. 그러나 강압적인 방법만으로 병력과 화력 및 보급의 열세를 극복할 수는 없었다.[597]

1) 한국군과 유엔군의 반격 계획

한국군과 유엔군은 인천상륙과 보조를 맞추어 1950년 9월 16일 09시, 낙동강 방어선을 돌파하여 반격을 개시하기로 작정하였다. 낙동강 방어선의 돌파는 전 전선에서 실시될 예정이었고, 돌파된 전선의 전과를 확대하여 전면적인 반격으로 전환하는 계획을 세우고 있었다. 이를 위해서 한국군과 유엔군은 경부국도를 따라 신속하게 진격하여 인천에 상륙한 10군단과 연결함으로써 낙동강 중하류 현풍과 영산지역에 투입된 북한군 1군단의 퇴로를 차단하려는 방향으로의 진격과, 호남지역에 고립된 북한군 1군단 병력을 섬멸하려는 기동, 대구 동북방에 투입된 북한군 2군단의 후방으로 신속하게 진출하여 이를 차단 섬멸하려는 의도하에 반격 계획을 수립하였다. 이에 따라 한국군과 유엔군은 경부축선으로 신속하게 진격하여 북한군 1, 2군단을 먼저 분리하고, 호남지역에서 퇴로가 차단당한 북한군 1군단은 호남지역에서 섬멸하는 동시에, 북한군 2군단은 부분적으로 퇴로를 차단하여 조직적인 후퇴를 막아 이를 분쇄하려는 계획을 구체화하였다.

경부축선으로 신속하게 진출하여 10군단과 연결함으로써 북한군을 양분하고 북한군 1군단의 퇴로를 차단하는 주공의 임무는 미 1군단이 담당하였다. 미 1기병사단, 미 24사단, 영국군 27여단, 한국군 1사단으로 편성된 미 1군단은 대구를 기점으로 김천-대전-수원으로 이어지는 경부축선을 따라 신속하게 진출하여 경인지역에서 남하하는 미 10군단과 연결을 이룸으로써 경부축선 서쪽의 북한군 1군단 주력의 퇴로를 차단, 고립시키는 임무를 수행하도록 하였다. 미 2사단과 25사단으로 편성된 미 9군단은 미 1군단과 10군단의 연결로 차단, 고립된 북한군을 호남지역에서 격멸하는 임무가 부여되었다. 경부축선 동쪽의 중동부 및 동해안 지역에서 반격에 나선 한국군은 인천상륙작전을 기만하기 위하여 동해안의 영덕과 삼척 등지에서 양공(陽攻)과 양동작전(陽動作戰)을 수행하면서 중동부지역과 동해안으로 신속하게 진출하여 북한군의 퇴로를 차단하면서 이를 격멸하는 임무를 수행하도록 하였다. 경부축선에서 신속한 진격을 해야 하는 1군단은 미 1기병사단을 주공으로 하여 진출시켰으나, 미 9군단과 한국군은 주어

597) *前揭書.*

진 임무수행상 주공과 조공을 크게 구별하지 않고, 모든 사단으로 하여금 주어진 축선을 따라 신속하게 진출하도록 하였다.

이와 같이, 한국군과 유엔군은 북한군의 퇴로를 차단하여 이를 먼저 양분하고, 양분된 북한군 병력을 고립, 섬멸하려는 반격 계획을 세우고 있었다. 이러한 계획을 현실적으로 구체화시키기 위하여 미 8군사령관은 인천상륙 군에게 보급 지원의 우선권이 주어진 상황하에서 보급상 제한을 받으면서도, 낙동강 방어선 전지역에서 돌파와 전과 확대가 동시에 이루어지도록 지휘관과 병력을 독려하면서 신속한 낙동강 도하를 위한 공병의 지원을 강하게 요구하였다. 그리고 유엔군이 확보한 제공권과 제해권의 이점과 지상 지원 화력의 우세를 충분하게 활용하려 하였다. 낙동강 방어선상의 한국군과 유엔군은 지연전과 방어에서 돌파와 공격으로 전세를 바꾸려 하고 있었다.[598)]

2) 낙동강 방어선 돌파작전

9월 16일 09시에 폭우가 쏟아지는 가운데 한국군과 유엔군은 낙동강 방어선 돌파작전을 감행하였다. 그러나 기상 조건 악화로 인한 항공 지원의 한계와 인천상륙작전의 결과를 비밀로 붙이고 최후까지 저항하는 북한군 병력의 완강한 저항으로 전선을 쉽게 돌파할 수가 없었다. 그리하여 인천상륙작전을 현장에서 독려하고 있던 맥아더 원수도 군산(群山)에 제2의 상륙작전을 시행해야 되지 않나 하는 우려를 가지게 되었다. 그러나 9월 18일부터 일기도 호전되고, 9월 20일부터는 인천상륙작전의 효과가 낙동강 전선에도 미치기 시작하여 한국군과 유엔군은 9월 21일부터 22일까지 낙동강 방어선을 돌파하였다. 낙동강 방어선을 돌파한 후 부산을 점령하기 위하여 두 차례에 걸친 총공격을 감행하여 전력을 소진한 북한군이 종심 방어선을 구축할 여력이 없었기 때문에, 돌파를 달성한 한국군과 유엔군은 신속하고 과감한 반격과 추격을 실시할 수가 있었다.

(1) 대구 정면 돌파

대구를 방어한 미 1군단은 작전의 형태를 바꾸어 경부축선으로 진격하여 인천에 상륙한 미 10군단과 연결 작전을 실시하게 되었다. 미 1군단은 미 1기병사단(5연대전투단 배속)으로 대구 북방 전선을 돌파하여 왜관을 점령하고, 군단 예비로 경산에 집결중인 미 24사단을 투입하여 김천으로 진격하고, 한국군 1사단은 미 1기병사단의 우측방으로 공격하여 낙동리에서 도하를 실시하여 상주 방향으로 공격한다는 개념으로 돌파를 단행하였다.

9월 16일 아침 폭우로 공중 지원도 취소되었으나, 미 1기병사단과 한국군 1사단은

598) *前揭書*, pp. 547-8; 육군사관학교 전사학과, *韓國戰爭史*, p. 386; *韓國戰爭(上)*, pp. 432-8.

낙동강 방어선 돌파를 위한 공격을 실시하였다. 미 1기병사단은 5기병연대를 왜관, 8기병연대는 다부동을 탈취하도록 투입하였고, 사단에 배속된 5연대전투단을 서북쪽 강변도로를 따라 투입하였으며, 사단 예비인 7기병연대는 명에 의하여 대구-왜관-다부동 도로를 따라 서측방으로 기동하여 대구 서북방지역의 북한군을 포위하여 격멸하도록 하였다. 한국군 1사단도 좌전방 15연대(+11연대 1대대)를 가산, 중앙에 11연대(-1대대), 12연대를 우측방에 배치하여 공격 준비를 갖추고, 15연대 일부 병력으로 가산지역의 북한군을 견제하고, 사단의 주력을 신속하게 서북쪽으로 기동시켜, 다부동에서 군위와 상주에 이르는 도로를 차단함으로써 사단 정면의 북한군과 군단 정면의 북한군의 후방퇴로를 차단하려 하였다. 그러나 항공 지원없이 실시된 공격은 북한군의 완강한 저항에 부딪혀 별다른 진전을 보지 못했다.

작전지역의 기상이 호전된 9월 18일에는 항공 지원도 활발하여 왜관 서안 일대에 B-29폭격기 42대의 폭격이 실시되기도 하였으나, 미 1기병사단은 전진을 하지 못했다. 5기병연대는 왜관 남서쪽 고지 일대의 북한군 진지를 돌파하지 못했고, 8기병연대는 북한군의 공격까지 받게 되었다. 5연대전투단만이 왜관 남서쪽 268고지까지 진출하여 북한군을 공격할 정도였다. 그러나 한국군 1사단은 가산의 북한군을 고착시키고, 북한군 1사단과 8사단의 전투 지경선인 계곡으로 11연대와 12연대를 진출시켜 12연대가 다부동에서 군위에 이르는 도로의 교차점을 점령함으로써 대구 북방의 북한군 1, 3, 13사단의 동측방 퇴로를 차단하는 전과를 기록하였다. 미 1기병사단의 진출이 부진하다고 8군사령관의 질책을 받은 1군단장과 1기병사단장은 5, 8기병연대에게 사단 예비에서 1개 대대씩을 배속시키면서 9월 19일까지 방어선을 돌파하라는 지시를 내리고, 미 24사단을 군단 서측방으로 투입하여 5연대전투단을 배속하고, 이들로 하여금 전선을 신속하게 돌파하여 김천으로 진출하라는 명령을 하달하였다.

명령을 받은 미 24사단은 21연대를 도하시켜 낙동강 서안(西岸)도로를 따라 왜관으로 진격시키고, 5연대전투단으로 하여금 낙동강 동안(東岸)에서 21연대와 병진시키는 한편, 19연대와 사단수색중대는 북한군 10사단의 위협에 대처하기 위하여 성주-대구 도로를 차단하도록 하였다. 이러한 계획에 따라 사단은 18일 저녁에 5연대전투단으로 하여금 금호강을 도하하도록 하고, 21연대는 5연대전투단에 이어 18일 저녁에 수중교를 이용하여 금호강을 건너 19일 새벽에 낙동강 도하 지점으로 진출시켰다. 안개가 자욱하게 낀 19일 새벽에 21연대가 은밀하게 낙동강을 도하하려 하자 대안의 북한군이 일제히 사격을 가해왔다. 날이 밝아지자 출격한 항공기의 지원하에 강습 도하를 실시하였다. 5연대전투단도 행동을 개시하여 공지 합동 작전으로 왜관 남쪽 고지를 공격하면서 북상하여, 19일 14시 15분경에 왜관에 진입하였다. 도하를 완료한 미 24사단은 영국군 27여단에게 성주 방향의 도로를 봉쇄하도록 하고, 3개 연대를 동원하여 낙동강 서안으로 북진하여 5연대전투단과 더불어 9월 22일까지 김천으로 진출하는 데 필요한 낙동강 교두보를 확보하였다.[599]

한국군 1사단은 9월 18일 다부동과 군위를 잇는 도로의 교차 지점을 확보한 데 이어 19일에는 다부동과 상주를 잇는 도로까지 차단하여 북한군 2군단 주력의 양쪽 퇴로를 차단하였다. 이처럼 양측방에서 미 24사단과 한국군 1사단이 북한군 2군단의 방어선을 돌파하면서 북한군 2군단의 양측방을 공격하고 있을 때, 미 1기병사단은 북한군의 발악적인 저항에 부딪혀 진출이 부진한 7기병연대장이 적전(敵前)에서 교체되는 등의 과정을 거치기는 하였으나, 9월 21일 다부동을 점령하고 부대를 재편하여 반격을 준비하게 되었다. 이러한 과정에서 대구 북방의 북한군 1, 3, 13사단은 거의 와해되어 저항 의지를 상실한 채 상주로 후퇴하기 시작하였다.[600]

미 1군단은 9월 16일 돌파를 위한 공격을 개시하여 9월 22일까지 낙동강 방어선을 돌파하여 경부축선으로 진격할 태세를 갖추게 되었다.

(2) 서남부지역 돌파

창녕과 영산지역의 방어를 담당하고 있던 미 2사단은 북한군 2, 4, 9사단과 10사단의 일부 병력과 대치하고 있었다. 계속되던 공방전으로 양측 모두 전투력이 크게 약화되어 있었으나, 인천상륙이 성공적이라는 사실을 알고 공격으로 전환한 미 2사단 병력의 사기는 높아 있었다. 미 2사단은 우선 낙동강을 건너 낙동강 동안(東岸)으로 진출한 북한군을 구축하는 데 작전의 중점을 두고, 현풍의 38연대, 창녕의 23연대, 영산의 9연대를 동시에 투입하여 3개 연대 병진 공격으로 돌파작전을 실시하였다.

다른 지역에서와 마찬가지로 미 2사단도 9월 16일 09시에 공격을 개시하였다. 폭우로 인하여 효과적인 항공 지원과 화력 지원이 결핍된 가운데 감행된 공격에서 미 2사단은 북한군의 완강한 저항으로 많은 사상자가 발생하였다. 그러나 오후에 날씨가 좋아져 화력 지원이 효과적으로 수행되자 사단은 과감한 공격으로 낙동강 동안에 구축된 북한군 진지를 돌파하였다. 오후 늦게 북한군은 진지를 포기하고 낙동강을 건너 후퇴하기 시작하여 이튿날까지 서쪽으로 후퇴하였다. 9월 17일에는 유엔 공군기가 철수하는 북한군에게 네이팜탄을 투하하고 기총소사를 가하여 북한군은 많은 중장비를 내버려둔 채 후퇴하였다. 낙동강 동안(東岸)의 북한군이 철수하자 9월 18일 오전 38연대는 정찰대를 파견하고 16시경 본대가 낙동강을 기습적으로 도하하여 낙동강 서안(西岸)의 감제 고지를 탈취하여 교두보를 확보하였다. 미 2사단은 8군사령관으로부터 "반격 3일째의 최대전과"라는 찬사를 들으면서 19일에는 부교를 설치하여 중장비까지 도하시켰다.[601]

---

599) *South to the Nakdong, North to the Yalu*, pp. 552-8.

600) 이때 북한군 13사단의 참모장 이학구(李學九) 총좌는 후퇴를 주장하다가 사단장과 충돌을 빚고 9월 21일 미 1기병사단으로 귀순하였다. 그러나 귀순자로서 대우를 받지 못하고 거제도에 수용되었다. 거제도에서 친공포로로 변신하여 폭동을 주도하기도 하였으나 북송 후에 북한에서 숙청되었다. *韓國戰爭(上)*, p. 484 주 46) 참조.

601) *South to the Nakdong, North to the Yalu*, pp. 548-52.

미 2사단의 도하와 진격은 가속도가 붙었다. 9월 20일에는 23연대가 도하하여 교두보를 확보하였고, 21일에는 38연대가 초계(草溪)까지 진출하였다. 그러나 9월 21일 아침에 폭풍우가 내리는 가운데 식사를 하던 23연대 3대대는 경계를 소홀히 하다가 북한군의 기습을 받아 26명의 사상자가 발생하기도 하였다. 9월 22일에도 진격을 계속하여 38연대가 초계읍에 진입하였다. 이로써 미 2사단은 9월 22일까지 2개 연대를 모두 도하시켜 낙동강 서안에 교두보를 확보하고, 추격 작전을 실시할 태세를 갖추고 있었다.[602)]

낙동강전선 남쪽 마산지역에서 북한군 6, 7사단의 공격을 막아내고 있던 미 25사단은 최초 목표인 진주를 점령하기 위하여 3개 연대를 병진시켜 방어선을 돌파하려 하였다. 미 25사단은 9월 16일 09시 북쪽에 35연대, 중앙에 24연대, 남쪽에 27연대를 배치하여 돌파작전을 개시하였다. 그러나 중앙 24연대 후방지역인 전투산과 서북산 일부지역은 북한군 병력이 장악하고 있었기 때문에, 미 25사단은 35연대 3대대를 이곳에 투입하여 북한군을 공격하였다. 미 25사단의 공격을 받은 북한군은 16일에서 18일까지 전지역에서 완강하게 저항하였다. 그리하여 전방의 공격부대는 진전이 없었고 후방 서북산지역의 북한군도 축출하지 못했다.

그러나 북한군은 9월 18일 밤부터 철수를 개시하였다. 북한군의 철수에 뒤이어 마산-진주 북쪽 도로로 전진한 35연대는 격전을 치르면서 9월 21일에는 진주 고개까지 진출할 수 있었다. 중앙의 24연대와 남쪽의 27연대는 험한 진격로와 철수하는 북한군의 역습으로 인하여 진출이 매우 더디었다. 특히, 북한군은 6사단 엄호하에 7사단을 남강 북쪽으로 철수시킨 다음, 남강 북쪽으로 철수하는 부대를 엄호하는 병력을 요지에 배치하여 미군의 전진을 저지하고 있었다. 이에 따라 양군은 치열한 접전을 수행하였으나, 9월 22일에는 북한군의 저항이 약화되어 미 25사단 역시 반격 준비를 서둘렀다.[603)]

(3) 중동부지역 돌파

대구 동북방, 중동부지역의 한국군 2군단 역시 돌파작전에 돌입하였다. 6사단은 신녕(新寧)에서, 8사단은 영천(永川)에서 반격으로 전환하여 전선을 돌파하고, 함창-예천-안동을 잇는 선까지 진출할 목표를 세웠다.

북한군 8사단의 공격으로부터 신녕을 방어하면서 신녕 북쪽 갑령(甲嶺)과 화산분지(華山盆地) 일대에서 공세로 전환하려는 한국군 6사단은 2연대와 7연대를 돌격제대로 하고, 19연대를 예비로 하여 돌파작전을 수행하기로 하고, 우선 사단의 기동로를 가로막고 있던 조림산(鳥林山, 638고지)을 점령하려 하였다.

한국군 6사단은 예정대로 9월 16일 09시 공세로 이전하였다. 2연대는 조림산의 북한

---

602) *前揭書; 韓國戰爭(上)*, pp. 445-6.
603) *South to the Nakdong, North to the Yalu*, pp. 568-71; *韓國戰爭(上)*, p. 447.

군을 공격하여 일진일퇴(一進一退)의 격전을 치르고 17시 30분경 조림산 남쪽 고지를 점령하였다. 7연대는 21시 40분경 조림산 동쪽의 덕천까지 진출하였다. 그러나 6사단은 조림산을 지키고 있던 북한군 8사단 1개 연대병력이 완강하게 저항하여 9월 17일까지도 이를 점령하지 못하고 있었다. 9월 18일 북한군 1개 연대의 병력이 조림산의 방어를 위하여 증원되었다는 첩보를 입수한 6사단은 19연대를 조림산의 서북쪽으로 우회시켜 북한군 증원병력을 차단하는 한편, 19연대와 7연대로 하여금 조림산 좌우측 진지를 확보하게 하고 2연대를 투입하여 조림산 우측을 돌파하려 하였다. 그러나 9월 21일까지 조림산을 점령하지 못하고 많은 피해만 입고 말았다. 깎아지른 절벽과 같은 지형적인 이점을 이용한 북한군의 저항이 완강하여 6사단은 정상적인 방법에 의한 공격의 한계를 극복해야만 하였다.[604]

이에 6사단은 2연대로 하여금 9월 21일 밤 동원 가능한 차량 170여 대를 차출하여 연대 기간 요원을 승차시켜 전조등을 켜고 군가를 부르면서 신녕 북쪽으로 이동시켰다가 전조등을 끄고 조용하게 남쪽으로 이동시키는 방식을 세 차례나 반복하여 조림산 공격을 위한 병력을 증원하는 것처럼 가장하였다. 그러면서 양측에 위치한 19연대와 7연대는 조림산지역의 방어를 위한 북한군의 증원을 차단하도록 하였다. 9월 22일 아침 6사단 2연대는 조림산을 공격하였다. 그러나 6사단이 펼친 양동작전의 효과가 있었는지, 아니면 북한군의 자체 판단에 의해서인지 북한군은 이미 철수하고 없었다. 그리하여 한국군 6사단은 9월 22일에 사단의 기동을 가로막던 조림산을 무혈 점령하고 계속적인 반격 작전 수행을 위한 준비를 갖추었다.[605]

영천을 탈환한 한국군 8사단은 우선 북한군이 점령하고 있던 기룡산(騎龍山, 961고지)과 보현산(普賢山, 1124고지)를 탈취해야만 하였다. 이를 위해서 8사단은 10연대를 기룡산 남쪽 고지군에, 21연대를 영천과 구산동(九山洞)을 연결하는 도로축선에 배치하고, 16연대를 예비로 하여 돌파작전을 전개하였다.

8사단은 계획대로 9월 16일 09시경 반격을 실시하였다. 그러나 퍼붓는 폭우 속에서 험준한 산악지대를 공격하던 8사단은 17일까지 별다른 전진을 하지 못했다. 그런데 21연대 정찰조가 17일 북한군 73연대에서 15사단으로 보내는 공문서를 갖고 사단사령부로 이동하던 북한군 대위를 사로잡았다. 이 문서에서 73연대는 병력과 장비, 탄약이 부족하여 현 방어선을 유지할 수 없다는 내용과 철수를 요청하는 건의 내용을 담고 있었다. 그리하여 8사단은 북한군을 즉시 공격하기로 결정하고, 10연대를 기룡산, 16연대를 보현산, 21연대로 하여금 노고령을 공격하도록 하였다. 그러나 기룡산과 노고령에 배치된 북한군의 저항이 완강하여 19일 오전까지 목표를 점령하지 못했다. 그러나 10연대는 예비중대를 기룡산 서측방으로 우회시켜 정오경 기룡산 정상을 점령하고, 21연대는 1대대를 우측방으로 우회시켜 19일 아침에 목표를 탈취하였다. 사단 예비로 있던

604) *韓國戰爭(上)*, pp. 451-2.
605) *前揭書.*

16연대도 퇴로가 차단될 우려를 느낀 보현산의 북한군이 철수함에 따라 9월 21일 이를 탈취하였다. 기룡산, 보현산, 노고령을 탈취한 한국군 8사단은 9월 22일 오전에 구산동(九山洞)을 탈취함으로써 전선을 돌파하고 반격을 위한 진격 태세를 갖추게 되었다.606)

(4) 동부지역 돌파

동부와 동해안지역에 배치된 한국군 1군단 예하 수도사단과 3사단은 안강과 포항 남쪽에서 북한군 12사단과 5사단의 공격을 저지하면서, 반격으로 이전할 준비를 갖추고 있었다. 한국군 1군단은 1단계 작전 목표를 청송(青松)과 영덕(盈德)선으로 정하고 돌파작전을 계획하였다.

안강지역에 배치된 수도사단은 길안(吉安)과 청송(青松) 방향으로 진격하기 위해서 먼저 안강(安康)을 탈환해야만 하였다. 이에 사단은 예비대 없이 1연대, 1기갑, 18연대의 3개 연대를 전부 공격제대로 투입하여, 18연대를 서측, 동측 1연대로 하여금 좌우측에서 공격하도록 하고, 1기갑연대는 중앙에서 정면을 돌파하여 안강을 탈환하도록 하였다.

수도사단도 9월 16일에 공격을 개시하였다. 1연대는 안강 동북방을 공격하고, 18연대는 안강 서북방으로 진출할 수 있는 발판을 마련하였다. 이들 양개 연대의 진출은 무릉산(武陵山)에 방어 진지를 구축하고 있던 북한군 12사단 주력의 퇴로를 위협하게 되어 북한군이 무릉산 방어를 포기할 수밖에 없도록 만들어 중앙 1기갑연대의 진출을 도왔다. 9월 17일 무릉산으로 진출한 1기갑연대와 18연대는 고립된 북한군을 포위, 격멸하고 안강 서남쪽을 위협하였다. 1연대가 안강 동북방 고지를 점령하자, 포위를 두려워한 북한군은 안강 방어를 포기하고 북쪽 노당치(老堂峙) 부근으로 철수하였다. 한편, 육군본부는 9월 17일에 7사단 8연대를 수도사단의 서측방 도덕산(道德山) 방면으로 진출시켜 한국군 1군단과 2군단 사이의 간격을 방어하도록 조치하여 북한군의 침투를 차단하도록 하였다. 9월 18일에는 1기갑연대가 안강에 진입하였으나, 수도사단은 기계 남쪽의 횡격실 능선에서 저항하는 북한군 12사단 병력과 동측방 단구리(丹邱里) 일대에서 완강하게 버티는 북한군 5사단 10연대의 저지로 9월 21일에 가서야 포병 및 항공 화력 지원의 도움을 받아 기계를 점령하였다. 이에 북한군 12사단은 서북쪽으로, 5사단 병력은 비학산으로 도주하고 말았다. 이로써 수도사단도 9월 22일까지 낙동강 방어선을 돌파하여 북한군을 추격할 태세를 갖추게 되었다.607)

동해안에 배치되어 북한군 5사단의 남진을 저지하고 있던 한국군 3사단은 형산강(兄山江) 남안의 서쪽으로부터 23, 22, 26연대를 나란히 배치하고 있었다. 3사단 역시 청송과 영덕선을 목표로 공격작전을 개시하려 하였다. 3사단은 23연대와 26연대가 양

606) *前揭書*, pp. 453-4.
607) *前揭書*, pp. 448-51.

측에서 형산강을 먼저 도하하고 중앙의 22연대는 23연대의 도하를 지원한 후에 도하할 계획을 세우고 반격 작전을 준비하였다.

3사단은 9월 16일 비가 억수로 쏟아지는 가운데 동해안의 함포 지원 사격을 받으면서 도하를 강행하였다. 그러나 형산강 대안에 방어 진지를 구축하고 있던 북한군의 집중 사격을 받아 오후에 가서야 일부의 병력을 도하시킬 수 있었으나, 이마저도 다시 철수해야만 하였다. 9월 18일 형산강 북안에서 완강하게 저항하던 북한군에게 해군과 공군이 포격과 폭격을 가하면서 사단장 진두 지휘하에 23연대가 최초로 도하에 성공하였다. 26연대는 채 폭파되지 않은 형산강교를 이용하여 도하를 강행하였으나 북한군의 필사적인 저항에 진출이 지연되다가, 죽음을 무릅쓴 31명의 결사대원 중 쓰러지지 않은 12명이 교량을 건너가 교량 북단 제방을 확보하였다. 이들 결사대의 뒤를 이어 후속 병력이 신속하게 도하를 실시하여 교량 북단의 북한군을 몰아냈는데, 이때 발견된 발이 묶인 채 수냉식 기관총 사격을 하다가 쓰러진 두 명의 북한군 병사는 북한군의 비인간적인 전투 지휘의 단면을 보여 주고 있었다. 도하를 계속하면서 3사단은 도하한 병력을 북진시켜 9월 20일 포항을 탈환하였다. 사단은 9월 21일 포항 서북쪽 덕순산에서 지연 진지를 편성하여 저항하는 북한군 5사단 병력을 우회하여 9월 22일 새벽에는 흥해(興海)를 탈환하였다. 이러한 과정에서 해군과 공군의 집중적인 포격과 폭격 속에서 완강하게 저항하던 북한군 5사단은 치명적인 타격을 입고 동해안 도로를 따라 울진으로 철수하거나 비학산으로 잠입할 수밖에 없었다. 이로써 동해안의 한국군 3사단도 반격 작전 태세를 갖추게 되었다.[608]

이와 같이 낙동강 방어선을 지켜낸 한국군과 유엔군은 9월 16일에 돌파를 위한 공격을 실시하였다. 이들은 최초 북한군의 완강한 저항으로 전선을 돌파하지 못하고, 맥아더 원수로 하여금 낙동강 전선 돌파를 위해서 군산으로의 상륙이 필요하지 않을까 하는 심각한 우려를 가지도록 하였다. 그러나 한국군과 유엔군은 9월 22일까지 전선을 돌파하고 전과 확대를 위한 차후 작전을 수행할 태세를 갖추게 되었다. 최초 완강하게 저항하던 북한군은 주 저항선을 지켜내지 못하게 되자, 더 이상 전선을 지탱할 여력이 없어 거의 와해되다시피 되었다. 낙동강 방어선을 돌파하기 위해서 두 차례에 걸친 공격에서 전 전력을 투입한 북한군은 유엔군의 병력과 화력의 우세를 극복할 수가 없었다. 그러나 병력과 화력의 절대적 우세하에서 감행된 한국군과 유엔군의 돌파 공격을 6일 간이나 저지한 북한군의 저항은 방어에서 공격으로의 전세(戰勢) 전환이 얼마나 어려운가를 보여 주기도 하였다. 초기 돌파의 어려움에도 불구하고 낙동강전선을 지켜내고 이를 돌파한 한국군과 유엔군은 9월 22일 전과 확대를 통한 반격 작전에 나서게 되었다.

---

608) *前揭書.*

낙동강선에서의 총반격(1950. 9. 23.-9. 30.)

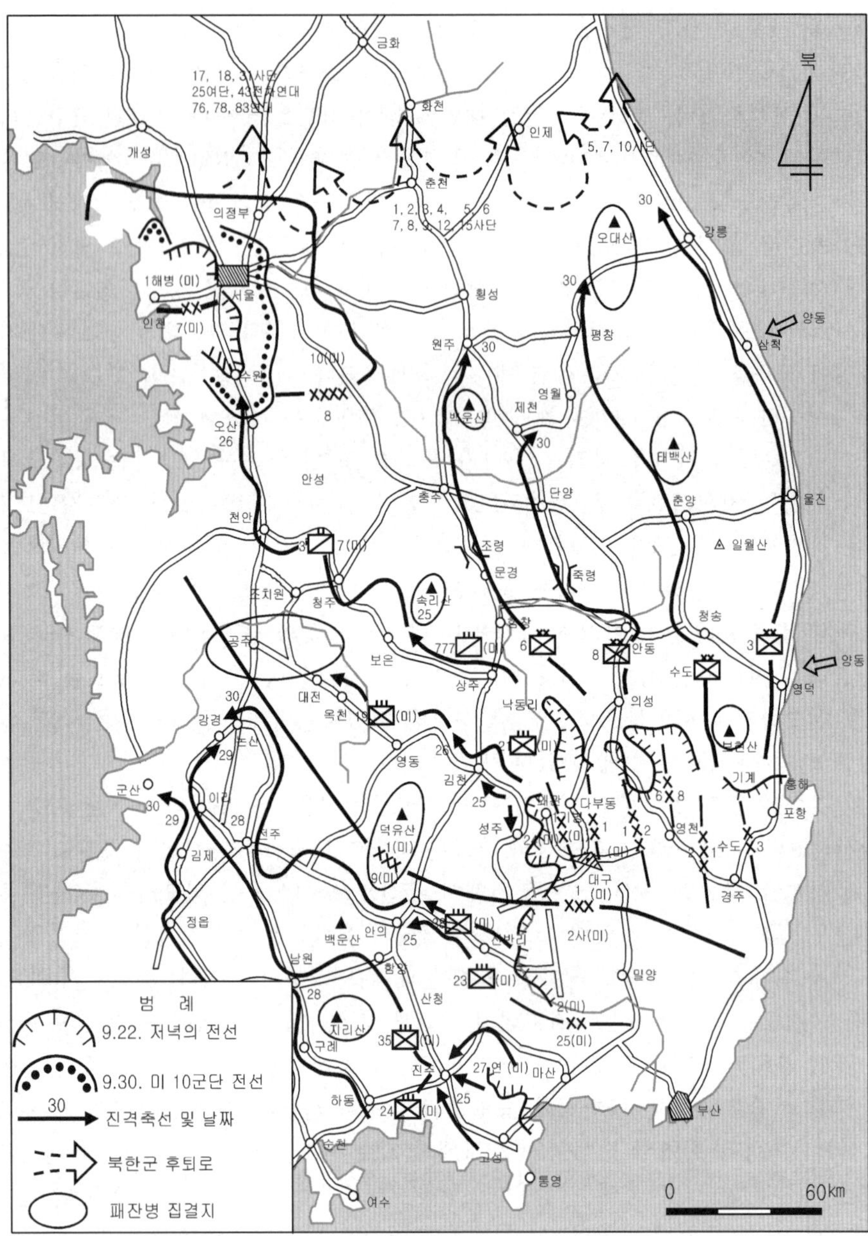

3) 전과 확대 및 반격 작전

9월 16일 공격을 개시하여 북한군의 완강한 저항을 극복하고 9월 22일까지 낙동강 방어선을 돌파한 한국군과 유엔군은 9월 23일부터 전과 확대와 추격을 통한 대 반격 작전을 실시하였다. 낙동강 방어선에 대한 공격으로 전력을 거의 소모한 북한군의 저지진지를 돌파한 한국군과 유엔군은 북한군이 후퇴하면서 축차적인 지연 진지를 구축할 여유를 주지 않을 정도의 공격 기세를 유지하여, 신속한 전과 확대와 추격을 단행하였다. 특히 중부와 동부지역에서 반격에 나선 한국군의 진격 속도는 대단하였다.

(1) 한국군 1, 2군단의 반격

동해안에서 반격에 나선 한국군 1군단 3사단의 진격은 매우 신속하게 진행되었다. 북한군 5사단을 공격하여 9월 22일 흥해를 수복한 3사단은 25일에는 영덕을 점령하고, 27일 울진, 29일 삼척을 탈환한 후에 9월 30일 한국군과 유엔군 중에서 최초로 38선에 도착하였다. 3사단의 반격 속도가 빨라 영덕을 탈취했을 때 시동이 걸린 상태에 있던 수대의 북한군 트럭과 탄약이 장전된 야포를 노획하기도 하였다. 한국군 3사단의 신속한 진격은 동해안의 함포 지원 사격의 도움이 매우 컸으나, 수송력과 기동장비가 부족한 한국군 사단으로서 빠른 추격을 감행할 수 있었던 요인은 한국군 장병의 높은 사기와 왕성한 공격 정신을 꼽을 수 있다. 칭찬에 인색한 미 8군사령관(워커 중장)도 9월 25일 한국군의 탁월한 반격 작전 수행을 극구 칭송할 정도였다.[609)]

한국군 1군단의 수도사단도 북한군 12사단을 공격하여 9월 23일 도평(道平), 25일 청송(靑松), 27일 영월(寧越)을 점령하였다. 북한군 12사단과 5사단 일부 병력은 대화에서 강릉, 현리를 경유하여 인제 방향으로 도주하고 있었다. 사단은 이들을 추격하여 포로를 획득하면서 28일 평창(平昌)을 거쳐 9월 30일 38선 일대에 도달하였다. 9월 16일 공격에 나선 수도사단은 30일까지 15일 동안에 안강, 청송, 영양, 평창, 서림에 이르기까지 태백산맥과 오대산의 험준한 지형을 따라, 때로는 하루 40km 이상의 행군도 감수하면서, 파죽지세(破竹之勢)의 추격 작전을 단행하였다.[610)]

영천에서 반격 작전에 나선 한국군 2군단 8사단은 북한군 15사단을 추격하여 신속하게 진격하였다. 8사단은 9월 24일에, 북한군 2군단사령부가 위치했던 의성을 탈취하고, 26일 안동, 28일 단양을 거쳐 30일 제천을 탈환하였다. 10월 1일 원주에 입성한 8사단은 10월 3일 미아리를 거쳐 10월 6일 동두천까지 진출하였다. 한편, 경주에서 육군 예비로 있던 7사단은 8사단을 후속하여 9월 말 2군단으로 배속되어 10월 8일 포천으로 이동하여 차후 작전에 대비하였다.[611)]

한국군의 좌일선 사단이었던 6사단은 북한군 8사단을 공격하여 9월 25일 함창, 27일 문경, 28일 충주를 점령하고, 30일 원주를 탈환하였다. 10월 1일 6사단 2연대는 홍천을 거쳐 춘천을 공격하여 춘천 남쪽 원창 고개에서 저항하는 북한군을 물리치고 춘천에 돌입하였다. 6사단은 제천에서 원주에 이르는 신림(神林) 고개에서 고립되어 있다가

---

609) *South to the Nakdong, North to the Yalu*, pp. 598-600.
610) *韓國戰爭(上)*, pp. 468-75.
611) *前揭書*, pp. 475-81.

철수하던 북한군 병사의 기습을 받아 많은 피해를 입었으나, 10월 2일 춘천을 완전히 장악함으로써 지연전을 펼치면서 낙동강전선으로 철수하던 속도보다 2배나 빠른 속도로 제자리로 돌아와 차후 작전을 준비하게 되었다.[612]

한국군 1, 2군단은 수송력도 부족하고 보급도 불충분한 가운데 38선을 하루 빨리 회복하기를 바라는 한국 정부와 국민의 여망 속에 불철 주야 추격전을 계속하여 9월 말 거의 모든 사단이 38선 부근까지 도달하여 전쟁 전의 상태를 회복하였다.

(2) 미 1, 9군단의 반격

경부축선으로 진격하여 인천에 상륙한 10군단과 연결함으로써 낙동강전선의 북한군을 양분하고, 퇴로를 차단하는 임무를 부여받은 미 1군단은 최초 미 1기병사단으로 하여금 왜관을 점령하게 한 다음 김천-대전으로 진격시키고, 미 24사단을 선봉으로 하고 한국군 1사단을 군단 예비로 하여 반격 작전을 수행하려 하였다. 그러나 미 1군단은 미 1기병사단의 전선 돌파가 지연되자, 미 24사단(미 5연대전투단, 영 27여단 배속)을 투입하여 왜관을 점령시킨 다음 김천-대전으로 진출시키고, 미 1기병사단을 상주-보은-청주-천안-오산 방향으로 투입하고, 한국군 1사단을 군단 예비로 1기병사단을 후속하도록 기동 계획을 바꾸어 추격 작전을 실시하였다.

선봉에서 북한군의 추격 명령을 받은 미 1기병사단은 7기병연대 1, 3대대 2개대대와 배속받은 전차, 포병 및 공병 등으로 특수임무부대를 편성하여 추격 및 연결 작전을 전개하기로 하였다. 사단은 7기병연대 3대대장(James H. Lynch 중령)의 이름을 따서 "린치특수임무부대(Task Force Lynch)"라고 명명된 777특수임무부대를 편성하고, 여기에 전차 2개소대, 야전포병대대(-), 중박격포소대, 야전공병중대, 연대정보수색중대와 1개 전술항공통제반을 배속하여 신속하게 수원 쪽으로 진격하라는 명령을 내렸다. 미 1기병사단은 8기병연대를 충북 괴산에서 안성 쪽으로 진격시켜 7기병연대의 우측을 보호하면서 북한군을 격멸하도록 하고, 5기병연대를 후위제대로 하여 조치원-천안으로 진출시켜 후방 병참선을 보호하고, 후퇴하는 북한군을 격멸하도록 하였다.[613]

미 1기병사단의 선봉인 777특수임무부대는 9월 22일 08시 다부동 서쪽을 출발하여 9월 24일 낙동리에서 낙동강을 도하하여 9월 26일 오전 보은에 도착하였다. 린치부대의 선봉 전차는 9월 26일 11시 30분에 보은을 출발하여 20시경 천안 삼거리에 도착하였다. 여기에서 미군 전차소대장은 도로변에 있던 북한군에게 "오산?"이라고 묻기도 하는 상상하기 힘든 상황을 연출하기도 하였다. 질문을 받은 북한군 병사는 고개를 끄덕여 "그렇다"는 대답을 대신하고, 고개를 들어 미군이라는 사실을 알고 난 후에 도망하였다. 천안으로 모이고 있던 북한군들은 모든 것을 체념한 듯 통과하는 미군을 그냥 바라보면서 저항도 하지 않았다. 계속된 전투와 후퇴 행군에 지쳐 있던 상태에서 식사

---

612) *前揭書.*

613) *South to the Nakdong, North to the Yalu,* pp. 588-91.

도 하지 못한 북한군의 처지는 실로 말이 아니었다. 미 1기병사단의 선봉인 린치부대는 도로변의 북한군 병력이나 차량 등을 그대로 지나쳐 오산을 향하여 신속하게 진격하였다. 린치부대는 9월 26일 하루 동안에 보은에서 오산까지 160km를 진격한 기록을 세우기도 하였다.[614)]

북한군의 저항을 거의 받지 않고 오산 남쪽의 북한군 전차 집결지를 무사히 통과하여 진격을 거듭하던 린치부대의 선봉 전차는 오산 북방 6km 지점의 죽미령지역에서 미 7사단 31연대 병력의 대전차 사격을 받았다. 그러나 31연대 병력은 두번째 전차를 향해 던진 백린수류탄이 터지면서 전차 옆에 그려진 하얀 별(미군 표시)을 보고 이 전차가 미군 전차임을 알고 사격을 중지하였다. 선두에서 달리던 소대장 전차는 진격을 멈추고 미 7사단 31연대와 접촉을 유지함으로써 미 1기병사단은 9월 26일 22시 26분 미 7사단과 연결에 성공하였다. 양개 부대 장병들은 서로 부둥켜안고 환희의 눈물을 흘렸다. 인천에 상륙한 미 10군단과 낙동강에서 올라온 미 8군은 마침내 연결되었고, 북한군 1군단 주력을 둘러싸는 포위망이 형성되었다. 후속하던 린치부대 주력이 오산 남쪽에서 북한군 전차부대와 치열한 접전을 치르고 난 다음 9월 27일 08시 오산에 진입함으로써 10군단과 8군의 연결은 확고한 현실로 구체화되었다.[615)]

미 1군단의 좌익에서 공격하던 미 24사단은 9월 23일 왜관-김천 간 경부국도를 따라 21연대를 선두로 하여 3개 연대 종대 대형으로 추격 작전을 전개하였다. 3개 연대를 수시로 교대시키면서 추격의 속도와 강도를 계속 유지하려 하였다. 9월 24일 19연대는 남쪽으로 성주를 공격하여 이를 탈환하고, 그 남쪽에 있던 영국군 27여단과 연결하였다. 한편, 미 5연대전투단은 9월 24일 21연대를 초월 공격하여 김천으로 공격해 들어갔다. 9월 25일, 5연대전투단과 21연대는 협공을 실시하여 북한군 1군단사령부가 위치했던 김천을 점령하였다. 미 24사단은 9월 26일 19연대를 선두에 투입하여 영동을 점령하고, 9월 27일에는 옥천까지 진출하였다. 북한군은 김천을 점령당한 후 조직적인 저항을 하지 못하고 철수하는 데 급급한 형편이었다. 미 24사단은 19연대를 선두로 하여 대전에 돌입하여 대전을 장악함으로써 2개월 전의 패배를 설욕하기도 하였다. 그러나 여기에서 미 24사단은 손이 뒤로 묶인 채 학살당한 500여 명의 한국군과 집단적으로 학살되어 매장된 7,000여 명의 민간인, 한국군, 미군 등의 사체를 찾아내었다. 대전을 탈환한 미 24사단은 대전에서 낙동강에 이르는 161km의 병참선 확보 임무를 부여받고, 19연대가 대전에서 금강선까지, 21연대는 대전에서 영동까지, 5연대전투단은 김천, 사단수색중대는 왜관 교량을 경계하게 되었다.[616)]

미 1군단의 예비로 반격 작전에 참가한 한국군 1사단은 9월 25일 낙동리에서 도하를 완료하고, 선산-상주-보은을 거쳐 미원(米院)에 진출하여 낙동강전선에서 철수하는

---

614) *前揭書*, p. 594.
615) *前揭書*, pp. 594-8.
616) *South to the Nakdong, North to the Yalu*, pp. 582-8.

북한군 2, 3, 4, 7, 9사단 병력을 추격하면서 퇴로를 차단하고 이들을 소탕하였다. 한국군 1사단은 계속하여 증평, 괴산, 진천, 음성 등지에서 소탕 임무를 수행하였다. 그러나 10월 1일 다른 한국군 사단들이 38선에 도달하여 북진을 준비하고 있을 때, 한국군 1사단장(白善燁 준장)은 청주에서 초조한 나날을 보내고 있었다. 10월 5일 대전에서 열린 군단 회의에서 한국군 1사단장은 더욱 실망스런 북진 작전 명령을 받았다. 한국군 1사단이 군단 예비로 개성, 연안, 해주를 거쳐 안악(安岳) 방면으로 진출하여 후방을 소탕하는 임무를 부여받았기 때문이었다. 그러나 1사단장은 군단장에게 한국군이 비록 수송 능력은 부족하나, 청일전쟁에서 일본군의 평양 공격로를 예로 들면서 1사단이 평양 공격에 참가해야 한다는 점을 진지하게 역설하였다. 이에 잠시 생각하던 미 1군단장은 군단 우측에서 구화리(九化里)-시변리(市邊里)-신계(新溪)-수안(遂安)을 거쳐 평양으로 진출하기로 되어 있던 미 24사단과 작전지역을 바꿔 주었다. 이로써 한국군 1사단은 평양 진격에 참가하기로 결정되었다. 10월 6일 청주를 출발하여 후방지역의 북한군 잔병을 소탕하면서 북쪽으로 진출하여 10월 11일 임진강 고랑포(高浪浦)에 도달하여 북진 태세를 갖추게 되었다.617)

낙동강 서남부지역에서 낙동강전선을 돌파하고 북한군 1군단 주력을 격멸하는 임무를 부여받은 9군단은 강경(江景)과 군산(群山)을 신속하게 점령하여 호남지역에서 북한군 1군단 주력을 격멸하려는 계획으로 추격과 반격 작전을 실시하였다. 미 2사단 38연대는 9월 18일 전선을 돌파한 후 9월 24일에는 합천(陜川), 26일에는 거창(居昌), 28일에 전주(全州), 29일에는 논산(論山)을 거쳐 30일에 강경(江景)을 탈환하였다. 최초 돌파에서 북한군 6사단의 저항으로 진출이 지연되었던 미 25사단도 9월 25일 진주(晋州)를 탈환하였으며, 35연대는 함양-남원-전주-이리로 진출하여 29일 강경에서 미 2사단과 합류하였고, 24연대는 하동-구례-남원-정읍-김제를 거쳐 9월 30일에는 군산을 탈환하였다. 한편, 호남지역의 북한군 소탕을 돕기 위하여 한국군 해병대가 9월 29일 여수에 상륙하여 지원 작전을 수행하였고, 10월 1일에는 목포에 상륙하여 북한군 잔병을 소탕하기도 하였다.618)

낙동강 방어선을 지켜낸 한국군과 유엔군은 9월 16일 방어선 돌파를 개시하여 9월 23일부터 추격 및 반격 작전을 개시한 이래 9월 30일까지 남한지역에서의 북한군의 조직적인 저항 능력을 박탈하고 전쟁 전의 상태를 회복하였다. 한국군과 유엔군의 신속한 진격과 퇴로 차단으로 북한군 사단과 군단은 제대로 건제를 유지할 수 없었고 성공적으로 철수한 사단도 2,000여 명을 넘지 못한 형편이었다. 이 결과 2만 3,600명에 달하는 많은 포로가 발생하였고, 퇴로가 차단된 호남지역의 북한군 병력은 삼삼오오(三三五五) 무리를 지어 지리산(智異山), 덕유산(德裕山), 속리산(俗離山), 백운산(白雲山), 보현산(普賢山), 태백산(太白山), 오대산(五臺山) 등지로 잠입하여 양민을 괴롭히거

617) *軍과 나*, pp. 84-91; *韓國戰爭(上)*, p. 464.
618) *South to the Nakdong, North to the Yalu*, pp. 573-82; *韓國戰爭史*, p. 389.

나, 후방지역에서의 유격 활동으로 한국군과 유엔군의 병참선 확보 및 후방지역의 안전을 위협하게 되었다. 이러한 문제점에도 불구하고 한국군과 유엔군은 낙동강 방어선의 고수와 인천상륙에 의한 대 우회 기동 작전 수행으로 단숨에 전쟁 전의 상태를 회복하는 대단한 전과를 거두었다.

한국에서의 군사 작전을 총지휘하던 맥아더 원수도 낙동강 방어선 고수와 인천상륙작전을 성공적으로 실시한 두 주역인 미 8군사령관(Walton H. Walker 중장)과 10군단장(Edward M. Almond 소장)의 개인적인 용기와 노고를 간과할 수 없었다. 9월 29일에 거행된 서울 환도식(還都式)에 미 8군사령관을 초청하였고, 환도식이 끝난 다음에 이들 두 주역에게 수훈훈장(Distinguished Service Medal) 대신에 이들의 개인적인 용기를 더욱 기리는 수훈십자훈장(Distinguished Service Cross)을 수여하였다. 낙동강전선을 지켜내기 위하여 이곳 저곳에 이부대 저부대를 투입하면서 작전을 지휘하던 8군사령관과 어려운 여건하에서도 상륙을 위한 준비와 실시를 당차게 진행시켰던 10군단장의 개인적인 신념과 용기를 맥아더 원수는 더욱 높이 평가하였던 것이다.[619] 훈장의 성격이야 어쨌든 간에, 미 8군사령관과 10군단장의 실병 지휘하에 한국군과 유엔군은 낙동강 방어선을 지키고 인천상륙을 성공적으로 실시하여 단숨에 전쟁 전의 상태를 회복하였다. 실로 극적인 결과였다.

14. 북 진

1) 다시 38선

북진(北進)은 38선 문제를 다시 현실로 등장시켰다. 정치적인 고려가 포함되긴 했으나 소련군의 지나친 남진을 저지하고 일본군의 항복을 접수하는데 필요한 군사적인 작전 경계선으로 설정된 38선은, 한반도를 점령한 미국과 소련이 한반도의 정치적 운명에 대한 합의를 이루지 못함에 따라 국경 아닌 국경선으로 변하고 말았다. 소련의 적극적인 지도와 지원을 받은 북한의 남침으로 국경선으로서 38선의 의미가 흐려지기도 하였으나, 한국군과 유엔군의 반격으로 38선이 수복되자 38선은 전쟁 전의 상태를 규정해 준 기준으로서 다시 등장하게 되었다. 38선을 무시하고 군사력을 사용했던 북한을 지원한 공산권은 38선을 국경선으로 간주하여 이를 정치적, 군사적으로 보호하려 했고, 전세를 반전시켜 북진을 감행하려는 한국과 이를 지원하고 있던 미국을 비롯한 유엔은 공산권에 의해서 유린되었던 38선의 정치, 군사적 의미를 무시하려 하였다. 이를 보호하

619) *The Forgotten War*, pp. 295-320. 십자훈장수여에 관한 내용은 p. 320.

려 하거나 이를 무시하려 했든지 간에, 38선은 다시 현실 문제로 대두되기에 이르렀다.

소련의 스탈린은 유엔군의 인천상륙이 있은 직후인 1950년 9월 16일 남쪽에서 4개 사단을 즉시 철수시켜 서울의 동쪽과 북방에 저지선을 구축하고 나머지 병력을 점진적으로 철수시켜 38선을 지키라는 명령을 내린 바 있었다.[620] 그러나 낙동강전선에서 전투를 계속한 북한군은 서울 동북방에서의 저지선 구축은커녕 38선의 방어도 불가능하게 되었다. 그리하여 소련의 스탈린은 중국의 모택동에게 최소한 5-6개 중공군 사단을 북한에 보내어 북한군을 도와서 38선 북방에서 저지선을 구축할 수 있도록 해달라는 요청을 하였다.[621] 이와 동시에, 소련 정부는 유엔 대표부를 이용하여 협상을 통한 한국 문제의 해결을 제안하였다. 이와 같이 소련은 북한의 존립을 보장하기 위하여 38선의 중요성을 다시 부각시켰다.

북한의 김일성에게 미국이 한국전에 개입할 경우 중공군의 개입을 고려하겠다는 언약을 해 준 바 있던 중국도 38선의 중요성을 강조하였다. 중국 수상 주은래는 1950년 9월 30일 중국 정권 수립 1주년을 기념하는 인민대회에서 "중국 인민은 외국의 침공을 결코 용납하지 않을 것이며, 중국의 우방 인접국이 제국주의자들에게 침공당하는 것을 좌시하지 않을 것이다"는 결의와 경고성 연설을 하였다.[622] 이러한 중국의 경고가 미국의 정책결정자들에 의해서 철저히 무시되자, 주은래는 10월 3일에 주중 인도대사(D. K. Pannikar)를 공식적으로 소환하여 "만약에 유엔군이 38선을 넘을 경우에 중국은 개입할 수밖에 없다"는 내용을 전달하였다. 이 내용은 영국 정부를 통하여 미국에 전달되었다.[623] 그러나 미국의 정보 분석이나 정책결정자들의 반응은 중국이 한국전쟁에 개입하는 것은 "완전히 미친 짓(sheer madness)"이라는 인식 아래 중국의 경고는 단순한 "공산주의자들의 선전"에 불과하고 "외교적 공갈" 이상의 것이 아니라는 입장이었다.[624] 이러한 워싱턴의 조소(嘲笑)에도 불구하고, 중국은 38선을 "국경선"과 같이 중요시하였다.

미국의 우방으로서 한국전선에 지상군을 파견한 영국은 38선에 대해서 어느 정도의 의미를 부여하고 있었다. 유엔 개입의 목적은 한국에서 전쟁 전의 상태를 회복하는 것이라는 인식을 가지고 있던 영국은 유럽의 안보를 거의 책임지다시피 하고 있던 미국이 한국전에 너무 깊숙하게 개입하는 것을 원하지 않고 있었다. 영국은 유엔군이 38선을 넘어 북한으로 진격해 들어갈 경우에 중국이 개입할 것이고, 그렇게 되면 영국의 식민지인 홍콩을 상실할 가능성을 배제할 수 없다는 판단을 하고 있었다. 그리하여 영

---

620) *蘇聯極秘外交文書, 3,* p. 100; Stalin's cable to Beijing, October 1, 1950, State Archives, pp. 97-8. Coded message N 4581 quoted in *The Korean Conflict, 1950-1953: The Most Mysterious War of the 20th Century,* pp. 97-8.

621) *前揭書.*

622) *The New York Times,* October 2, 1950.

623) K. M. Pannikar, *In Two Chinas: Memoirs of A Diplomat* (London: Allen and Unwin, 1955), p. 362.

624) Acheson, *Present at the Creation,* p. 452; Collins, *War in Peacetime,* pp. 172-3; Truman, *Memoirs, II,* p. 362.

국은 38선을 회복하고 협상을 통한 한국전쟁 타결안의 모색을 배제하지 않고 있었다.[625] 영국은 유엔군이 38선에 머무르면서 경고를 통한 타결 방안을 먼저 제시하고 난 후에 군사 행동을 취해야 한다는 입장을 미국에 전했다.[626]

북한을 지원하고 있던 소련과 북한을 지원하도록 요구당하고 있던 중국이 38선을 마치 국경선으로 간주하고 이를 지키기 위한 군사적, 외교적 조치를 취하고 있었던 것과는 대조적으로 미국은 38선에 대해서 군사적, 정치적 의미를 부여하지 않고 있었다. 유엔군이 38선으로 접근함에 따라 미 합참본부는 장차 한국에서의 군사 작전에 대한 지침을 하달하기 위한 준비를 서둘렀다. 미 합참본부는 국방부와 국무부의 협의를 거쳐 트루먼 대통령의 재가를 받아, 1950년 9월 27일 맥아더에게 한국에서의 군사 작전에 대한 지시를 하달하였다. 트루먼 대통령은 국무부의 건의를 받아들여 맥아더가 항복을 요구하는 메시지를 방송할 수 있도록 위임하였다. 이 지시에서 미 합참은 한국에서 수행하는 군사 작전의 목표가 북한군의 격멸에 있다는 점을 밝히고, 소련과 중공군이 개입하지 않는 한, 38선 이북지역에서 맥아더가 상륙, 공수 작전을 포함한 모든 군사 작전을 수행할 수 있다는 점을 명백히 하였다. 그러나 미 합참은 맥아더로 하여금 어떠한 경우에도 한만국경을 침범할 수 없으며, 소련과 국경을 접하고 있는 한반도 동북부지역에서는 한국군 이외의 지상 작전을 삼가고, 어떠한 경우에도 만주와 소련 영토에 대한 해·공군 작전은 금지한다는 제한 사항을 명심하도록 하였다. 또한 미 합참본부는 맥아더에게 38선을 돌파하여 북진할 경우에도 극적인 성명서의 발표와 지나친 협박을 삼가고, 평시와 같이 군사 작전을 실시하도록 요구하였다. 미 합참본부는 소련군의 주요 부대가 개입할 경우에는 사태를 악화시키는 조치를 취하지 말고 워싱턴에 보고할 것과, 중공군의 부대가 개입할 때는 승산이 있을 때 군사 작전을 계속하도록 지시하였다.[627] 미 합참본부의 지시는 북한군을 격멸하기 위하여 맥아더는 북한에서도 군사 작전을 실시하되, 소련과 중국, 특히 소련군과의 충돌이 발생할 경우에 사태의 악화를 방지하고 워싱턴의 지시를 받으라는 내용이었다.

미 합참본부의 지시에 따라 맥아더는 9월 28일 북진 계획을 합참에 제출하였다. 맥아더가 10월 1일 항복 메시지를 발표한 후에도 북한군이 항복하지 않을 경우 유엔군은 8군을 서부지역에 투입하여 평양을 공격하고 10군단을 원산에 다시 상륙시킨다는 계획이었다. 그리고 북진 공격은 빠르면 10월 15일, 늦어도 10월 30일 이전에 실시하도록 되어 있었다.[628] 맥아더의 북진 계획을 받은 미 합참본부는 국방장관의 승인을 받은 다음에 대통령의 재가를 받았다. 미 합참본부는 맥아더에게 "우리는 귀하가 38선 이북으로 진격하는 데 대해서 전략적으로나 전술적으로 아무런 제한을 느끼지 않기를

625) *The Forgotten War*, p. 328.
626) Lord Tedder to General Bradley, October 5, 1950, RG 218, CJCS File, 091 Korea(1950), NA.
627) JCS to MacArthur, September 27, 1950, RG 218, CCS 383.21 Korea(3-19-45), sec., 34, NA.
628) MacArthur to JCS, September 28, 1950, *Ibid; South to the Nakdong, North to the Yalu*, pp. 607-9.

바란다"는 내용을 전하면서, 38선 돌파에 대한 극적인 메시지나 성명서의 발표를 삼가도록 다시 당부하였다. 북한군의 격멸이라는 군사적 목적 달성을 위해서 38선 문제가 심각하게 대두되는 것을 원하지 않는다는 점도 명백하게 하였다.[629] 이와 같이 미국은 한국에서의 군사 작전을 수행하는 데 있어서 38선의 정치적, 군사적 의미는 완전히 무시하려 하였다.

북진에 관한 자국의 입장을 정리한 미국은 9월 30일, 영국을 주축으로 한 8개국으로 하여금 한국에서의 통일정부 수립을 위한 결의안을 소련이 거부권을 행사할 수 없는 유엔 총회에 제출하도록 하였다. 이 결의안은 전 한국에 걸쳐 안정 상태를 확보하기 위하여 모든 조치를 취하고, 이것이 확보되면 유엔 감시하에 합법적인 통일 한국정부를 세운다는 내용을 담고 있었다. 이에 맞서 소련은 10월 2일에 즉각적인 휴전, 외국군의 철수, 남북한 동일수의 대표로서 남북한 공동위원회를 구성하고, 소련과 중국의 감시하에 총선거를 실시하여 통일 한국정부를 수립하자는 대안을 제출하였다.[630] 그러나 유엔은 일 주일 간의 토론을 거친 후 10월 7일, 영국 등이 제출한 결의안을 통과시켰다.[631] 이로써 한국에서 군사 작전을 수행하고 있던 유엔군은 군사 작전에 필요한 지시와 군사 작전의 정치적 의미를 부여해 주는 유엔 결의안을 확보하였다. 유엔군은 한국에서의 안정 상태를 확보하기 위해서 북한을 포함한 한반도 전역에서 군사 작전을 실시하도록 요구되었다. 유엔도 38선의 정치적 의미를 일축하였다. 유엔의 "축복"을 받은 유엔군 사령관 맥아더는 10월 9일에 "10·7 유엔 결의안"을 북한군 사령관에게 알린 다음에 "무기를 버리고 적대 행위를 중단할 것"을 촉구하였다. 그러나 10월 10일 김일성은 북한군에게 "끝까지 싸우라"는 명령을 하달함으로써 대답을 대신하였다.[632] 이로써 미국은 38선의 정치·군사적 의미를 무의미하게 만들었고, 유엔은 유엔군의 북진을 위한 정치적, 명분적 절차를 마치게 되었다.

38선의 정치·군사적 의미를 일축하고 이의 돌파를 재촉한 당사자는 한국의 대통령 이승만(李承晩)이었다. 9월 30일, 이승만 대통령은 육군참모총장(丁一權 소장)과 육본 참모들을 부산 경무대로 호출하였다. 이 대통령은 먼저 38선에 도착한 연대(23연대, 18연대)를 표창하라고 지시한 다음, "그런데, 정 총장, 정 총장은 어느 쪽인가, 미군 쪽인가?…"라는 엉뚱한 질문을 하였다. 그러면서 왜 38선에 도달한 국군에게 북진하라는 명령을 내리지 않는가를 따졌다. 이에 정 총장은 38선 때문이라는 답변을 하였다. 대답을 들은 이 대통령은 "38선이 어찌됐다는 건가? 무슨 철조망이라도 쳐 있다는 말인가? 장벽이라도 쌓여 있다는 말인가? 넘지 못할 골짜기라도 있단 말인가?"라고 힐책하면서 노기(怒氣)를 감추지 않았다. 그곳에 참석했던 참모들은 대통령의 명령이라면

629) JCS to MacArthur, September 29, 1950, *Ibid.*
630) *The New York Times*, October 3, 1950.
631) Resolution 376(V), Adopted by the United Nations General Assembly, October 7, 1950, *FRUS, 1950, VII*, pp. 904-6.
632) *The New York Times*, October 11, 1950.

언제라도 국군은 38선을 넘어가야 한다는 의견을 말했다. 그러나 작전 통제권을 맥아더에게 위임한 이상 신중을 기해야 한다는 의견도 개진되었다. 흔쾌한 표정과 불쾌한 표정을 번갈아 지었던 노(老) 대통령은 총장의 의견을 물었다. "저희들은 대한민국 국군입니다. 유엔군과의 지휘권 문제가 있습니다만 … 명령을 내리신다면 제가 현지에 가서 책임지고 결정하겠습니다"라고 정 총장이 대답하였다. 이에, 대통령은 "여러분의 의견은 나에게 용기를 주었습니다. 나는 맥아더 장군에게 우리 국군 지휘권을 맡기기는 했으나 내가 자진해서 한 것입니다. 따라서 되찾아올 때도 내 뜻대로 할 것이오. 지휘권을 가지고 이러쿵저러쿵 따질 일이 없습니다. 그러한즉 대한민국 국군 여러분은 대한민국 대통령의 명령만 충실히 지켜 주면 되는 것이오"라고 말한 다음, 책상으로 가서 "명령, 국군은 즉각 북진하라"라고 쓴 명령지를 들어 총장에게 주었다.[633] 한국의 이승만 대통령은 38선에 대한 의미를 전혀 부여하지 않고 북진을 명령하였다.

즉각 북진하라는 명령을 받은 참모총장은 강릉에 있는 한국군 1군단사령부로 향했다. 1군단장(金白一 준장)과 마주 앉은 참모총장은 이 대통령의 북진 명령을 전달하면서 이를 실행에 옮길 묘안이 없는가를 물었다. 지도를 바라본던 1군단장은 "있어, 있어"하며 소리쳤다. 38선 북방 800m 지점에 위치한 기사문리(基士門里)에서 직사포탄이 날아오는 점을 이용하자는 구상이었다. 구성된 시나리오는 대략 다음과 같았다. "북진 명령을 기다리고 있는 한국군 23연대 전방 기사문리에서 북한군이 맹포격을 퍼붓고 있다. 38선 때문에 이를 공격하지도 못하고 희생을 감수해야만 하는가? 1개 중대의 병력으로 이를 공격하여 무효화시키고 귀환하려 한다"는 내용이었다. 참모총장은 늦은 밤이지만 8군사령관에게 전화를 걸었다. 대구에 있던 미 8군사령관은 전화를 받고 그 정도면 함포나 공군기로 타격하여도 되지 않느냐고 반문하면서 선뜻 허락을 하지 않았다. 이에 참모총장은 북한군의 포대가 지하 동굴로 되어 있기 때문에 보병부대가 공격해야 한다고 우겨댔다. 정치적 의도가 있는 것은 아니냐고 묻는 8군사령관에게 작전이 끝나면 곧 철수시키겠다고 말한 총참모장은 10월 1일 작전을 실시하겠다고 말했다. 8군사령관은 10월 2일에 실시하면 어떠냐는 제안을 하였으나 10월 1일 실시하겠다는 총참모장의 고집을 꺾지 못했다.[634] 이로써 소규모 병력으로 공격 작전을 종료하고 귀환한다는 조건하에서 38선 돌파가 허용되었다.

38선 돌파작전을 실시해도 좋다는 8군사령관의 양해를 받은 참모총장은 10월 1일 아침 1군단장과 함께 38선 시찰에 나섰다. 기사문리(基士門里)가 보이는 곳까지 진출한 참모총장은 23연대 3대대가 이미 38선 북방 12km 지점인 양양(襄陽)까지 진출해 있다는 사실을 알았다. 양양에 진출한 대대장(許亨淳 소령)과 통화를 마친 참모총장은 군단장에게 38선 돌파 명령을 내리도록 하였다. 1군단장은 "제 23연대장, 제 3사단장을 대신하여 귀 연대에 북진 명령을 내린다. 38선을 돌파하라. 38선은 이 순간부터 없

---

633) *전쟁과 휴전*, pp. 154-6.
634) *前揭書*, pp. 160-2.

어진다"라고 크게 말하였다.[635] 이제, 한국 노(老) 대통령의 명령이 현실로 구체화되었다. 이와 같이 한국의 대통령과 한국군은 38선에 의미를 부여하지 않고, 이 선을 돌파함으로써 유엔군의 북진을 서두르게 한 중대한 계기를 만들었으며, 한국군의 38선 돌파는 10월 1일 맥아더의 항복 요구, 10월 7일 유엔의 결의안 채택, 10월 9일 맥아더의 최후 통첩 발표에 앞서 북진을 기정 사실로 만들어 버렸다.

2) 맥아더의 북진 계획

낙동강전선을 돌파하고 북상한 미 8군이 경인지역으로 진출함에 따라, 인천에 상륙하여 서울을 탈환한 미 10군단을 어떻게 운용하여 북진(北進)할 것이냐 하는 문제가 관심의 초점이 되었다. 미 8군사령관 워커 중장은 유엔의 지상군은 마땅히 자신의 단일 지휘 체계하에서 통합되어 지상 작전을 계속해야 한다는 생각을 가지고 있었으나, 자신의 상관인 맥아더에게 이를 알리지는 않고 있었다. 워커와 그의 참모들은 서울에서 10군단을 서북쪽으로 진격시키고 미 1군단을 철원-원산으로 진격하도록 하여 한국군과 더불어 원산을 점령한 다음 일부 병력을 평양으로 진출시켜 양 군단을 연결시키면서 북한군의 퇴로를 차단하려는 구상을 가지고 있었다. 그러나 이들은 10군단의 운용에 대한 맥아더의 구상을 알아야 8군의 작전 계획을 세울 수가 있었다. 그리하여 워커는 8군의 선발대와 10군단의 병력이 연결을 이룬 9월 26일, 정중한 어조로 10군단의 운용에 관한 맥아더 사령부의 견해를 타진하였다. 9월 27일, 맥아더는 워커에게 10군단은 사령부의 예비로 있다가 사령부의 직접 지휘를 받아 작전을 수행할 것이라는 점을 알려 주었다.[636] 맥아더의 구상은 워커의 것과 달랐으며, 인천에 상륙했던 10군단은 사령부의 직접 지휘하에 작전을 수행하도록 되었다.

맥아더가 채택한 북진 구상은 미 8군이 주공으로서 개성-사리원-평양으로 이어지는 서부축선을 따라 공격하고, 뒤를 이어 10군단이 원산에 상륙한 다음에 서부축선으로 진격한 미 8군과 연결함으로써 퇴각하는 북한군의 퇴로를 차단하고, 연결된 양 부대는 정주(定州)-군우리(軍隅里)-영원(寧遠)-함흥(咸興)-홍남(興南)을 잇는 선까지 진격한다는 개념이었다. 그리고 그 이북의 작전은 한국군이 전담하도록 한다는 것이었다. 맥아더는 북한지역에서의 작전을 수행함에 있어서 미 8군과 10군단을 별도로 운용한다는 점을 확실하게 하였다. 이와 같은 맥아더의 구상을 구체화한 유엔군사령부의 북진 계획은 "작전 명령 2호"로 작성되어 1950년 10월 2일 모든 부대에 하달되었다.[637]

한국에서의 지상 작전을 수행하고 있던 미 8군과 10군단을 분리하여 10군단을 동해

---

635) *前揭書*, pp. 162-5.

636) *Policy and Direction*, pp. 187-92; *South to the Nakdong, North to the Yalu*, pp. 609-12; *The Forgotten War*, pp. 330-1.

637) *前揭書*.

안의 원산에 상륙시키려는 맥아더의 북진 계획은 주로 한국의 지형 조건과 보급 지원 능력을 고려하여 작성되었다. 맥아더는 태백산맥과 낭림산맥이 동서로 나누어진 지형적 조건에서 지휘권을 단일화한다 해도 작전부대는 지형적으로 양분될 수밖에 없기 때문에 처음부터 작전부대를 분리하여 사령부가 양개 부대를 직접 지휘하면서 협조를 유지하도록 하는 것이 나으리라는 판단을 한 것으로 보인다. 또한 미 8군으로 지휘권을 통합하여 북진을 실시할 경우 보급 기지로서 인천항에 대한 의존도가 높아질 것이나 인천항의 시설 규모가 한정되어 있다는 점과, 부산에서 전방에 이르는 육상 보급로의 상태가 불량하다는 점이 고려되었을 것이며, 10군단이 원산에 상륙하여 이를 점령하면 동부전선의 보급 지원은 이를 통하여 쉽게 이루어질 수 있다는 판단을 하였을 것이다. 다음으로 맥아더는 인천상륙으로 북한군의 퇴로를 차단한 상륙부대를 지상으로 진격시키는 것보다는 이를 투입하는 또 하나의 상륙전을 실시하는 것이 북한군의 퇴로 차단을 위하여 더 좋은 결과를 보장해 줄 것이라고 보았을 것이다. 이러한 이유와 판단에 근거하여 맥아더는 10군단을 원산에 상륙시켜 또 하나의 "인천"을 연출하려 하였다.

그러나 미 8군과 10군단을 별도로 운용한 맥아더의 북진 계획은 실천 과정에서 중대한 착오와 혼란을 빚어내어 오히려 속전속결(速戰速決)을 저해하는 결과를 자초하게 되었다. 첫째, 지형적인 요소만을 고려하여 8군과 10군단을 분리 운용함으로써 실질적으로 양 부대 간의 협조를 더욱 어렵게 만들어 양 부대 사이의 산악 지형을 무방비 상태로 방치하고 말았다. 그리하여 차후에 이 지역에 대한 중공군의 침투를 허용하고, 침투한 중공군의 전력을 과소 평가하는 결과를 안겨 주었다. 둘째, 10군단 병력이 가용한 항구인 인천과 부산에서 동시에 승선을 개시함에 따라 미 8군의 보급에 막대한 지장을 초래하였고, 이로 인해서 미 8군의 북진 속도가 늦어지고, 보급난이 해소되지 않은 채 북진을 계속하여 전과를 확대하는 데 적지 않은 지장을 주었다. 셋째, 동해안에서 북진하던 한국군의 전력을 지나치게 경시하고 수립된 원산상륙 계획은 오히려 속전속결을 저해한 작전 계획의 전형이 되었다. 한국군이 10월 10일 원산을 점령함으로써 10월 20일로 계획된 10군단의 원산상륙은 "행정상륙"으로 변했고, 그나마도 원산항의 기뢰 제거 작업으로 인하여 10월 26일에 가서야 상륙을 개시할 수 있었기 때문이다. 넷째, 작전이 최초 예상을 벗어나자 맥아더는 미 8군과 10군단을 연결하려던 최초 계획을 취소하고 양개 부대를 국경을 향하여 진격하도록 함으로써 이들간의 간격을 더욱 넓게 하고, 이 간격을 무방비 상태로 남겨 놓아 중공군에게 침투 공간을 부여함으로써, 특히 10군단의 후방을 노출시키는 상황을 조성하고 말았다. 이와 같이 한국의 지형 조건과 보급 문제를 고려하여 미 8군과 10군단을 별도로 운영하여 양개 부대를 협조시키기로 한 맥아더의 북진 계획은 지형으로 분리된 동·서 부대간의 협조를 거의 불가능하게 만들었고, 원활한 보급지원을 오히려 저해하여 양군의 북진 속도를 늦추게 하여 북진 강도를 낮추는 결과를 빚어냈다.

3) 한국군의 북진과 원산탈환작전

유엔군의 인천상륙과 서울탈환, 낙동강전선에서의 반격 작전으로 정상적인 퇴로마저 차단당한 북한군은 패주를 거듭하여 2만 5,000-3만여 명만이 겨우 38선을 넘어 퇴각하였고, 나머지 3만여 명은 지리산, 소백산맥, 태백산맥 일대로 분산되어 북으로 퇴각을 시도하거나 유격 활동을 전개하고 있었다. 낙동강전선에 투입된 주력이 지리멸렬(支離滅裂) 상태에서 퇴각·분산되자, 북한군 최고사령부는 북한지역을 동·서로 분리하여 서부는 최용건(崔庸健, 민족보위상), 동부는 김책(金策, 전선사령관)으로 하여금 새로 편성된 부대와 퇴각하는 병력으로 38선에 근접하여 방어선을 구축하도록 하였다. 이에 따라 최용건은 새로 편성된 19, 27, 43보병사단과 17기갑사단을 배치하여 남포지역에서 예성강 입구까지 서해안지역과 예성강 어귀로부터 연천에 이르는 지역을 방어하도록 하였다. 김책은 5, 12, 15사단과 서울지역을 방어하고 있던 병력으로 의정부-철원, 포천-김화, 춘천-화천을 잇는 도로를 중심으로 동부지역을 방어하였다.[638] 그러나 이들 북한군 병력은 보급이 두절되고 전의가 상실되어 전력이 크게 약화된 상태에서 방어에 임하고 있었다.

미 8군이 주공으로서 개성-사리원-평양 축선으로 진격하고, 10군단은 이로부터 1주일 이내에 원산에 상륙한 후, 원산-평양 축선을 따라 서부로 진출하여 8군과 연결, 북한군의 퇴로를 차단하고, 정주-군우리-영원-함흥-홍남 이북지역의 작전은 한국군이 전담한다는 내용으로 10월 2일 하달된 유엔군 사령부의 북진 명령에 근거하여, 미 8군 사령부는 10월 3일 8군 작전명령을 하달하였다. 이 작전명령에서 8군은 미 1군단(미 1기병, 24, 한국군 1사단, 영 27여단)으로 하여금 1기병사단을 주공으로 하여 평양 공격을 준비하도록 하였으며, 미 9군단은 서울-부산 간 병참선을 확보하면서 잔적을 소탕하도록 하였고, 한국군 1군단은 주문진(注文津)-여운포(如雲浦)지역, 2군단은 춘천(春川)-의정부(議政府)지역에 집결하여 북진 작전을 준비하도록 하였다. 이 명령에 따라 미 8군은 10월 2일과 7일 사이에 10군단의 책임 지역을 인수하고 38선상에 전개하여 10월 9일 북진 작전에 돌입하도록 계획하였다.[639] 그러나 미 8군은 인천항에서의 미 해병1사단의 승선(10월 6일-16일)과 수원에 집결한 미 7사단의 부산 철도수송으로 인하여 1일 보급 소요량 4,000톤이 제대로 충족되지 않은 가운데 북진 작전을 준비할 수밖에 없었다.[640]

---

638) 사회과학원 력사연구소, *조선전사, 26: 현대편 조국해방전쟁사 2*(평양: 과학, 백과사전출판사, 1981), pp. 63-4.

639) *South to the Nakdong, North to the Yalu*, pp. 612-4.

640) *韓國戰爭(上)*, pp. 500-1.

(1) 한국군의 북진

북진 작전 명령상의 일정이나 보급 지원상의 어려움에도 불구하고 한국군의 북진은 신속하게 진행되었다. 1군단은 동해안 3사단을 선두로 10월 1일 이미 38선을 돌파하여 북진을 계속하고 있었으며, 중부지역의 2군단도 북진 준비를 서두르고 있었다. 맥아더가 북한군의 항복을 요구하며 통첩을 발표하던 10월 1일 한국군 1군단 3사단은 양양에 진출하였고, 10월 2일에는 1군단의 3사단과 수도사단이 양양에 지휘소를 설치하면서 1군단의 북진 속도는 빨라지기 시작하였다. 동해안지역의 1군단에 이어 중부전선의 한국군 2군단 예하의 3개 사단도 38선을 돌파하여 북진 대열에 가담하였다. 10월 6일 춘천 북방에서 38선을 돌파한 6사단은 그 지역에서 완강하게 저항하는 북한군 9사단 3개 연대를 격파하고 10월 8일 오후에 화천을 점령하였다. 이보다 하루 늦게 38선을 돌파한 8사단은 10월 10일 철원을 점령하고 11일에는 평강(平康)으로 진출하여 6사단 7연대와 연결하였다. 10월 9일과 10일에 걸쳐 38선을 돌파한 7사단은 김화(金化)에 이르는 샛길을 거슬러올라가 10월 13일 평강에 도착하였다. 이와 같이 미 1군단에 배속된 한국군 1사단을 제외한 한국군은 유엔군에 앞서 38선을 돌파하여 동해안의 1군단을 선두로 사선대형을 이루면서 북진을 서둘렀다.

동해안을 따라 한국군의 북진을 선도하던 1군단 병력은 도보 혹은 차량을 이용하여 주야를 구별하지 않고 진격을 계속하였다. 군화의 보급 대신 훈련화를 보급받은 병사들은 훈련화 바닥이 해어져 발이 아프고 피가 흘러도 이를 헝겊으로 싸매고 다시 행군을 계속하였으며 후송하던 병사들과 훈련화를 바꾸어 신기도 하였다. 이들은 패주하던 북한군 병력의 저항을 받아 치열한 사격전을 실시하기도 하고, 측방에서 위협을 받기도 하고, 심지어 후방의 본대와 연락이 두절되기도 하였으나, 북한군을 격멸시키면 통일을 이룩할 수 있다는 희망 속에 앞을 다투어 전진하였다. 하루 평균 26km의 진격 속도로 진격하던 한국군에게 덜미를 잡히지 않으려고 화급하게 달아나던 북한군도 때로는 진지를 구축하거나 자연 동굴을 이용하여 저항하기도 하고, 도로에 지뢰를 매설하여 한국군에게 많은 피해를 입히기도 하였으며, 기관총 사수의 발목을 쇠사슬로 묶어 그들의 후퇴를 엄호하도록 하면서 저항을 계속하였다. 그러나 한국군의 진격 속도가 워낙 빨라서 북한군은 일단 기(氣)가 꺾여 있었기 때문에 쉽게 저항을 포기하고 도주하는 것이 통상이었다.[641]

한국군 1군단의 선봉으로 진격하던 3사단은 10월 3일 간성(杆城), 10월 6일 통천(通川), 10월 7일 송전(松田)을 차례로 점령하였다. 10월 8일 송전을 출발한 3사단은 패천(沛川)에 이르러 26연대를 좌측으로 분진(分進)시켜 안변(安邊)을 공격하게 하고, 23연대를 선두로 진출시키고, 22연대를 후속시켜 해안을 따라 상음(桑陰)으로 진격하였다. 한편, 3사단보다 하루 늦은 10월 4일 간성에 진출한 수도사단은 그곳에서 18연대를

641) 陸軍士官學校, 戰史學科, *韓國戰爭史*(1994), pp. 412-5.

한국군의 원산진격(1950. 10. 1.-10. 9.)

독립전투단으로 편성하여 태백산맥의 좌측 내륙으로 분진(分進)시키고, 나머지 기갑연대와 1연대는 3사단을 후속하였다. 3사단과 더불어 10월 6일 통천에 진입한 수도사단

(-)은 태백산맥을 넘어 내륙으로 진출하여 10월 7일 화천(化川)을 점령하였다. 수도사단은 이곳에서 기갑연대 1대대를 안변으로 북상시키고, 진부령을 넘어 원통-인제-양구-말휘리를 거쳐 화천(化川)에 도착한 18연대를 후속하여 회양(淮陽)으로 진출하였으며, 기갑연대 1대대를 제외한 수도사단 병력은 10월 8일 밤 철령(鐵嶺)을 넘어 10월 9일 아침에는 신고산(新高山)에 도달하였다. 이로써 10월 9일, 한국군 1군단은 동쪽으로부터 상음(桑陰)-안변(安邊)-신고산(新高山)까지 진출하여 단숨에 원산을 점령할 태세를 갖추게 되었다.642)

한국군 1군단의 진격 속도는 북한군의 후퇴 속도를 앞질렀고 한국군의 진격 방법은 북한군의 상상을 초월하였다. 상음(桑陰)리를 출발하여 10월 9일 원산 동쪽까지 진출한 23연대와 그 좌측으로 진출한 22연대, 비운령(飛雲嶺)을 넘어 내륙으로 진출하여 안변을 점령한 26연대의 진격은 퇴각하는 북한군 패잔병의 후퇴 속도보다 신속하였다. 이들 3사단 병력은 주변 고지에서 사격하는 북한군의 저항을 무시하고 진격하였으며, 도로에 매설된 지뢰의 위협 속에서도 인접 사단보다 한발이라도 먼저 원산을 점령하겠다는 의지를 불태우면서 오로지 북진만을 서둘렀다. 3사단의 좌측에서 원산을 향해서 진격하던 수도사단 역시 마찬가지였다. 간성을 점령한 후에 내륙으로 우회하여 북진한 18연대는 양구 북방에서 저항하는 북한군 병력에 대해서 백린탄(白燐彈)을 발사하여 화공(火攻)으로 이들을 섬멸한 후에 진격하였고, 말휘리에 진출한 이들은 회양군 내무서에 황해도 출신 병사로 하여금 전화를 걸게 하여 자신들이 후퇴하는 "인민군"이라고 속여 밥을 준비해 달라고 한 다음에 이들을 환영하는 북한 내무서원들을 모두 사로잡기도 하였다. 10월 9일 아침에 경원선의 요지인 신고산에 도착한 수도사단은 신고산 일대의 민가에서 새벽잠에 취해 있다가 혼비백산(魂飛魄散)하여 도주하는 북한군이 버리고 간 다발총 3,000정, 전차 6대, 야포 4문, 82mm 박격포 10문, 120mm 박격포 1문, 기관총 530정, 소련제 소총 5,000정 등 1개 사단분의 보급품을 노획하는 "개전 이래의 최대 전과"를 거두기도 하였다.643) 이와 같이 한국군 1군단은 북한군의 상상과 판단을 초월한 진격 속도와 방법으로 10월 9일에는 원산을 공격할 위치까지 진출하였다.

(2) 원산탈환작전

원산은 정치, 경제, 군사적으로 중요한 요충이었다. 원산은 서울, 평양, 나진과 연결되는 철로가 교차되는 지점으로서 보급의 주요 거점이기도 하였다. 이리하여 북한군은 인천상륙과 낙동강전선에서 물러나면서 원산 앞바다에 기뢰를 부설하여 또 다른 상륙을 저지하면서, 원산 방어를 위해서 249여단으로 원산방어사령부를 설치하고, 새로 편성된 42사단과 5사단과 12사단 병력으로 재편한 12사단, 철원, 김화, 춘천 등지에서 후퇴한 1, 2, 3, 4, 5, 7, 8, 15사단 소속의 패잔병 3,000명, 강릉여단 2,000여 명, 육전대 병

642) *前揭書.*
643) *前揭書.*

력과 함흥에 있던 병력 등 약 2만여 명을 원산에 집결시켰다. 북한군은 또한 원산 방어를 위해서 전차 12대, 122mm, 76mm 곡사포 3개 대대와 각종 박격포와 직사포 76문을 투입하였고, 해군 1개 대대와 공군 1개 중대 병력도 동원하여 원산 남쪽을 끼고 흐르는 남대천(南大川) 제방 일대에 포를 배치하여 한국군의 도하를 저지하려 하였다.[644]

10월 9일 아침, 상음(桑陰)-안변(安邊)-신고산(新高山)선까지 진출한 한국군 1군단은 원산을 공격할 채비를 갖추었다. 3사단은 상음에서 원산에 이르는 동해안로를 따라 23, 22연대를 진격하도록 하고, 안변을 점령한 26연대를 안변에서 원산으로 진격시켜 양쪽에서 원산을 공격하도록 하였다. 경원선을 차단한 수도사단은 신고산에서 원산에 이르는 경원선 축선으로 3개 연대를 진격시키고, 사단 주력의 오른쪽에서 진출하던 기갑연대 1대대를 안변에서 원산으로 공격하도록 하였다. 이로써 한국군 1군단은 경쟁적으로 원산을 탈취하려는 3사단과 수도사단을 투입하여 양면에서 원산을 협공(挾攻)하려는 계획을 수립하였다.

10월 10일 새벽, 한국군 3사단과 수도사단은 원산 공격을 개시하였다. 동해안의 3사단은 북한군의 완강한 저항으로 고전을 면치 못하고 있었으나, 원산 상공에 나타난 77기동함대의 함재기들의 항공 지원을 요청하여 북한군의 병력과 포병 진지, 전차들을 파괴한 다음에 남대천을 도하하여 원산 시내로 돌입하였다. 이와 동시에 신고산에서 경원선 축선으로 공격한 수도사단은 북한군이 동해안 쪽에서 방어에 주력을 기울이고 있는 틈을 이용하여 북한군의 측방을 공격하였다. 특히 북한군으로부터 탈취한 트럭을 앞세우고 공격하여 우군(友軍)으로 잘못 알고 방심한 북한군을 공격하여 이들을 포로로 잡았으며, 미처 방열도 하지 못한 북한군 포를 거꾸로 돌려 원산에 대한 요란 사격을 실시하였다. 원산을 공격한 3사단과 수도사단은 10시경 원산 시내 주요 지점을 점령하였다. 자신들이 먼저 원산을 점령하였다고 주장하는 3사단과 수도사단의 주장에 대하여 1군단장은 3사단과 수도사단이 10월 10일 05시 공격을 개시하여 10시 원산을 동시에 점령하였다고 선언함으로써 10월 10일 10시 한국군 1군단이 원산을 점령하였음을 공식화하였다.[645]

원산에 돌입한 수도사단과 3사단은 시내 요소를 점령하면서 시가전을 실시하여 10월 10일 해질 무렵까지 북한군의 주력을 원산에서 몰아내었다. 소탕 작전에 나선 한국군은 여기저기서 무참하게 학살당한 600여 양민(良民)들의 시신을 확인하기도 하였다. 10월 11일, 3사단과 수도사단은 원산 소탕 작전을 마무리하고 수도사단은 원산 북방 2km까지 확보하였다. 원산 점령을 보고받은 워커 미 8군사령관과 극동 공군사령관도 이날 원산비행장에 도착하여 한국군을 격려하였고, 비행장 상태가 양호하였으므로 미 극동 공군사령관은 10월 12일 22대의 수송기를 동원하여 131톤의 보급품을 지원함으로써 한국군의 보급 사정을 호전시켰다. 원산을 확보한 한국군 1군단은 3사단으로 하

---

644) 國防部 戰史編纂委員會, *韓國戰爭史, 第4卷*, pp. 325-6.
645) *韓國戰爭(上)*, pp. 507-12; *韓國戰爭史*, pp. 416-7. *전쟁과 휴전*, pp. 173-6.

여금 미 10군단의 상륙에 대비하여 원산과 부근지역을 확보하도록 하고, 수도사단을 북진시켜 10월 17일 함흥과 홍남을 탈취하였다.[646] 이로써 한국군의 원산탈환과 이의 확보는 기정 사실로 되었다.

(3) 원산 점령의 군사적 의의

한국군의 원산 점령은 군사적 차원에서 커다란 의의를 지니고 있었다. 특히 미 8군이 북진을 개시하고 미 10군단이 원산상륙을 준비하고 있을 때, 한국군 단독으로 북진을 계속하여 동해안의 요충인 원산을 점령했다는 사실은 군사적 의의뿐만 아니라 군사외적인 의의까지 더해 주고 있었다.

한국군의 원산 점령은 첫째, 한국군의 전력과 기세가 건재함을 과시한 결과를 보여주었다. 한국군의 조기 원산 탈취는 서부지역에서의 미 8군의 북진과 동부지역에서의 미 10군단 원산상륙을 위주로 북진 계획을 수립한 맥아더와 유엔군 사령부에게 한국군의 작전 수행 능력을 과시한 결과를 가져다 주었다. 그리하여 한국군의 원산 확보는 계획된 미 10군단의 원산상륙을 단순한 행정적인 상륙으로 변질시켰다. 둘째, 한국군의 조기 원산 점령은 원산을 중심으로 평양, 서울, 나진으로 이어지는 북한군의 병참선을 차단하고 평양으로의 진격로를 개방함으로써 중부와 서부지역에서 저항하던 북한군에 대한 보급 지원을 감소시키고, 이들에게 심리적인 압박감을 주어 이들의 전력을 약화시킨 계기를 제공하여 미 8군의 북진 작전을 수월하게 만들어 주었다. 셋째, 원산과 원산 비행장을 확보함으로써 유엔군 보급 지원상 어려움을 다소 완화시킬 수 있었으며, 동해에서의 제해권과 북한 상공에서의 제공권 장악을 더욱 확고하게 해주었다. 넷째, 블라디보스토크와 나진, 원산을 거쳐 평양을 연결하는 해상 및 육상 병참선을 유지해 온 소련과 북한은 한국군이 원산을 장악하게 됨에 따라 내륙으로 통하는 다른 병참선을 모색할 수밖에 없었다. 이와 같이 한국군의 조기 원산 점령은 군사적으로 중대한 의의를 지니게 되었다.

북진을 명령했던 한국의 이승만 대통령은 10월 12일 원산에 직접 날아와 원산을 탈환한 한국군 1군단 전 사병에게 1계급 특진의 영예를 수여하였고 북진 작전에 기여한 장병들에게 표창장을 수여하였다. 대통령을 수행한 국방장관(申性模)도 한국군 장병들에게 원산에서 만주국경까지 진격하라는 훈시까지 하면서 한국군 1군단의 원산 점령을 축하하였다.[647] 한국의 대통령과 국민은 통일의 기대 속에 기쁨을 감추려 하지 않았다.

---

646) *South to the Nakdong, North to the Yalu*, pp. 614-8.
647) *韓國戰亂一年誌*, p. B53.

4) 미 8군의 북진과 평양탈환작전

(1) 북한군의 방어력 증강과 미 8군의 북진 계획

북한군은 서부지역에 새로 편성된 4개사단을 투입하여 방어력을 강화하였다. 북한군은 43사단을 예성강 서쪽의 황해도 해안 일대와 19, 27사단을 개성 바로 북쪽의 금천(金川)과 남천점(南川店) 일대에 배치하고, 17기갑사단 병력을 개성 동쪽에 배치하여 평양에 이르는 서부지역을 방어하려 하였다. 북한군은 또한 후방 각지의 훈련소에 6개 사단 규모의 병력 약 6만여 명을 보유하여 필요시에 이들을 전선에 투입할 준비를 갖추고 있었다.[648)]

북한군은 미 8군의 북진을 저지하기 위하여 3개의 방어선을 설정하고 있었다. 제 1선은 남침 공격 이전에 38선을 따라 구축해 놓은 진지와 개인호, 교통호, 포상 및 철조망 등으로 구성된 방어선으로 500m 정도의 종심을 가지고 있었다. 북한군은 이로부터 3-5km 후방의 주요 고지와 지형 지물을 이용한 방어선을 구축하고 있었고, 후방의 주요한 지형을 중심으로 방어 거점들을 선정하여 3선을 구축하고 있었다. 축차적으로 3개의 저지 진지를 구축한 북한군은 38선 일대에서 저항을 시도하고, 이 저지선이 돌파될 경우에는 지뢰 매설과 도로 차단 등으로 유엔군의 진격을 방해하면서 준비된 진지와 거점을 점령하여 저항을 계속하고, 잔류 병력으로 하여금 유격전을 전개하여 유엔군의 후방 병참선 차단과 지휘소를 습격하도록 하여 진격을 지연시킨다는 방어 계획을 세웠다.[649)]

주공으로서 서부지역에서 개성-사리원-평양축선으로 공격하도록 명령을 받은 미 8군은 10월 5일 예하 부대에 공격 명령을 하달하였다. 미 8군은 동해안에서의 한국군 1군단과 중부전선에서의 한국군 2군단의 북진에 이어 서부지역에서 미 1군단으로 하여금 개성-사리원-평양축선으로 공격하게 하고, 미 9군단을 군 예비로 보유하여 후방지역의 경계와 8군의 병참선을 보호하는 임무를 부여하였다. 이에 따라 미 1군단은 뒤따라 북상하는 미 9군단에게 군단지역을 인계하고, 미 1기병사단을 주공으로 하여 평양으로 진격시키고, 미 24사단과 한국군 1사단을 좌우측에 배치하여 공격하도록 하였다. 미 9군단은 최초 한국 경찰과 협조하여 후방지역을 소탕하고 미 8군의 병참선인 경부선을 보호하면서 북상하여 미 1군단지역을 인수할 준비를 갖추었다. 미 9군단이 전방지역으로 이동함에 따라 한국군은 새로운 부대를 창설하여 후방지역의 소탕과 병참선 보호 임무를 인수하여 미 9군단의 서부전선 투입에 대비하도록 하였다.[650)]

후방지역 소탕 임무와 병참선 보호를 위해서 한국군은 새로운 부대를 편성하여 이를 조직화하였다. 한국군은 10월 5일 원주에서 6개 대대로 편성된 "제1유격단"과 남

648) *South to the Nakdong, North to the Yalu*, p. 623.
649) *韓國戰爭史*, pp. 419-20.
650) *前掲書*, pp. 418-9.

원에서 11사단을 창설하여 각각 강원지역과 호남지역에서 소탕 작전을 담당하도록 하였고, 10월 8일에는 대구에서 5사단을 재편성하여 영남지역의 소탕 임무를 부여하였다. 그리고 10월 16일 원주에서 3군단(군단장: 李亨根 준장)을 창설하여 서울-춘천-인제-양양 이남지역에서의 소탕과 대유격 작전을 총괄 지휘하도록 하였다. 한국군은 또한 서울에서 10월 25일 9사단과, 11월 7일 2사단을 창설하여 경기지역의 경계 강화와 예비 전력을 강화하였다. 미군도 병력이 부족하여 중대당 100명 정도의 한국군을 유지하고 있었으나, 10월 말에는 25명선으로 축소하여 한국군의 증편을 도왔다. 한국군이 증편됨에 따라 미 9군단은 11월 초에 한국군 3군단에게 후방지역을 인계하고 서부전선에 투입될 수 있었다.[651)]

미 8군의 주공으로 선두에서 평양으로 진격할 미 1군단은 중앙에 미 1기병사단, 좌측에 미 24사단, 우측에 한국군 1사단을 배치하여 주공의 양 측방을 엄호한다는 공격계획을 수립하고 공격 개시일을 기다렸다. 군단의 계획에 따라 미 1기병사단은 5기병연대를 앞세워 10월 8일 개성 일대로 진출하여 군단 집결지를 확보하고, 개성 정면에서 38선을 돌파하여 금천-서흥-사리원-평양 축선으로 진격할 태세를 갖추었다. 한국군 1사단은 10월 10일 고랑포 일대에 집결을 완료하고 군단의 좌측방에서 구화리-시변리-수안-평양 축선으로 진격할 채비를 갖추었다. 미 24사단은 최초 군단의 예비로서 서울에 집결한 후에 군단의 좌익을 담당하여 개성-백천-해주-사리원 축선으로 진출하도록 계획되어 있었다. 영국군 27여단은 최초 군단 예비로서 김포에 집결하여 후방 병참선을 경계하고 있다가 호주군 대대를 인수한 다음에 전선으로 이동하여 미 1기병사단에 배속되어 미 1군단의 주공 부대로 북진에 참가하도록 되었다.[652)] 이와 같이 미 8군의 주공부대로서 평양으로 진격하려던 미 1군단은 미 1기병사단과 영연방군 27여단을 주공으로 중앙에서 진격시키고, 미 24사단과 한국군 1사단을 주공의 좌우측에서 병진하도록 하여 북진준비를 서두르고 있었다.

북한군의 재편성 시간을 박탈하고 이를 섬멸하기 위하여 신속한 추격과 전과 확대를 감행해야 할 미 8군은 어려운 보급난을 극복해야만 하였다. 인천항은 10월 1일부터 17일까지 원산에 상륙할 해병이 사용하고 있어서 미 8군의 주보급은 부산에서 왜관까지 철도, 왜관에서부터 전선까지는 차량에 의해서 이루어졌으나, 이것마저도 수원에서 부산으로 이동하던 미 7사단 병력의 수송으로 지체되고 있었다. 경부선도 10월 10일에야 단선으로나마 개통되었으며, 인천항은 10월 하순에 가서야 가용할 정도였다. 그러나 미 8군은 보급 사정이 더욱 열악한 한국군이 파죽지세(破竹之勢)로 북진을 계속하고 있는 판에 보급 사정이 호전되기만을 무작정 기다릴 수만은 없었다.

유엔군 사령부의 북진 명령을 기다리던 미 8군은 10월 7일 유엔군 사령부에 공격 개시일을 문의하였다. 같은 날, "공격 개시일은 준비가 되었다고 판단한 시간이다(Your

651) *前揭書.*
652) *韓國戰爭史*, pp. 420-1; *韓國戰爭(上)*, pp. 414-5.

A-day will be at such time as you see it ready)"라는 연락을 받은 미 8군사령관은 북진 명령을 하달하였고, 미 1군단장도 즉시 이를 예하 부대에 하달하였다. 진격 명령을 받은 미 1기병사단장은 10월 8일 오후 늦게 수색대를 38선 이북으로 침투시킨 다음에 8일 밤부터 주력 부대의 돌파를 개시하고, 10월 9일 09시 총 공격 명령을 하달하였다. 우측의 한국군 1사단도 10월 11일 고랑포에서 38선을 돌파하여 평양을 목표로 진격하였다.[653] 마침내 서부전선에서의 38선 돌파와 북진이 개시되었다.

(2) 평양으로의 진격

한국군 1군단이 원산을 점령하자 평양(平壤)을 탈취하기 위한 진격에 한국군 2군단도 가담하였다. 그리하여 평양으로의 진격 작전은 미 1군단의 3개 사단(미 1기병, 미 24, 한국 1사단)과 한국군 2군단의 2개 사단(6, 8사단), 그리고 육군 예비로 10월 12일 평강에 진출하여 북한군 잔병(殘兵)을 소탕하고 있던 7사단도 10월 14일 한국군 2군단에 배속되어 평양으로의 진격 작전에 참가함으로써 한국군과 유엔군, 군단, 사단 사이의 치열한 경쟁 속에서 진행되었다. 특히 장비와 보급이 턱없이 부족한 한국군은 "국군이 먼저 평양을 점령하라"는 이승만 대통령의 간곡한 명령을 수행하기 위하여 기동력과 보급의 부족을 정신력과 인내로 메우면서 평양으로의 진격 작전에 가담하였다.

평양을 점령하는 임무를 부여받은 미 1군단장은 미 1기병사단을 주공으로 하여 북진을 개시하였다. 미 1군단의 주공을 담당한 미 1기병사단은 우선 금천(金川)을 공격하기 위하여 8기병연대를 중앙에서 개성-금천 방향으로 정면 공격하도록 하고, 5기병연대를 사단의 우익으로 삼아 금천을 북방에서 포위하도록 하고, 7기병연대를 좌익에 배치하여 예성강 하류를 도하하여 백천(白川)을 경유, 금천 북방의 한포리(汗浦里)로 진출시켜 북한군의 퇴로를 차단하도록 하였다. 정면 공격과 양익 포위를 실시하여 금천을 방어하고 있던 북한군의 측방을 위협하고, 퇴로를 차단함으로써 금천을 점령하겠다는 계획이었다.

정면 공격과 양익 포위의 개념하에 금천을 공격한 미 1기병사단의 진출은 쉽지가 않았다. 개성에서 금천을 향하여 공격하던 8기병연대는 북한군의 치열한 박격포 및 소총사격으로 진출이 부진하였으며, 선두 전차는 도로에 매설된 지뢰로 인하여 자주 멈추어야만 하였다. 특히 10월 12일, 개성과 금천 중간 지점에서 전차, 자주포, 고사포 등으로 무장된 북한군의 저항에 직면하여 1대대장이 중상을 당할 정도였다. 우측의 5기병연대의 진출도 신통치 않았다. 개성 동북방 25km 지점의 능선에서 저지 진지를 구축하고 있던 북한군 저항에 직면하였다. 여기에서 5기병연대는, 북한군의 진지가 비어있는 것으로 판단하고 진입한 한 병사를 구하려 들어가 육박전을 벌인 끝에 병사를 구하고 자신은 전사한 소대장(Samuel S. Coursen 중위, 후에 미군 최고 훈장인 명예훈장이

653) *前揭書; 軍과 나*, p. 93.

수여됨) 덕택에 진로를 개척하여, 10월 12일 구화리(九化里)에서 한국군 1사단과 합류하였다가 10월 13일 저녁에 금천으로 접근하였다. 5기병연대를 후속하던 영국군 27여단은 8기병과 5기병연대의 사이로 북서진(北西進)하여 금천을 공격하였으나 소로길이 막혀 금천으로 접근하지 못했다. 다행스럽게도 사단 좌측의 7기병연대는 10월 9일 많은 희생을 무릅쓰고 파괴되지 않은 예성강 교량을 통과하여 10일에 백천을 점령하고, 12일 아침에 한포리로 진출하여 금천을 지키고 있던 북한군 1,000여 명의 퇴로를 차단하였으나, 여기에서 북한군 대신 유엔군 전폭기의 공격을 받아 부상자가 발생하기도 하였다.[654] 이와 같이 미 1기병사단은 초전에 북한군의 저항에 직면하여 진출이 시원스럽지 못했다.

그러나 금천 남쪽에서 저항하던 북한군이 퇴로가 차단될 위험에 직면하자 북으로 후퇴하기 시작하였다. 북한군이 북쪽으로 도주하는 기미를 알아차린 7기병연대는 한포리에서 매복하고 있다가 이들을 기습하여 차량 4대를 파괴하고 4대를 노획하였으며, 50명을 사살하고 50명을 사로잡는 전과를 거두었다. 5기병연대는 10월 14일 이른 새벽 재빠르게 금천을 포위하고 이를 점령한 다음에 1대대를 금천에 잔류시키고, 2대대를 한포리로 진출시켜 7기병연대와 연결하고, 3대대를 금천 남쪽으로 진출시켜 이 날 오후에 금천으로부터 6km 남쪽에 위치한 8기병연대와 연결하였다. 이로써 미 1기병사단은 5일 동안의 격전을 치르고 난 후에야 금천을 확보할 수 있었다.[655]

금천이 함락된 10월 14일, 북한의 김일성은 더 이상의 후퇴를 용납하지 않는다는 사수 명령을 하달하였다. 북한군 장교가 후퇴 명령이 내려지지 않은 상태에서 후퇴를 자행하고 있다고 지적하면서, 김일성은 한발짝도 물러날 공간이 없다는 점을 강조하였다. 그는 지휘 고하를 막론하고 선동자와 이탈자는 즉결 처분된다는 점을 명시하며, 사단장과 예하 부대장들은 10월 15일부로 독전대(督戰隊)를 편성하여 이 명령을 집행하도록 지시하였다. 김일성은 수단과 방법을 가리지 않고 전선(前線)을 안정시켜야 한다는 목적하에 비정상적인 명령을 하달하였다.[656]

금천을 확보한 미 1기병사단은 10월 15일 아침 7시 7기병연대를 앞세워 한포리에서 남천점(南川店)을 향해 공격을 개시하였다. 북한군은 유엔기의 폭격에도 불구하고 저항을 계속하여 선두의 2대대는 전사 10명, 부상 30명의 손실을 감수한 후에야 저녁에 남천점을 점령할 수 있었다. 미 1기병사단의 진출을 저지하던 북한군 19사단도 참모장을 비롯한 사단사령부 요원이 살상되는 피해를 입었다.[657] 그러나 미 8군사령관은 우측으로 진출하던 한국군 1사단의 진격 속도와 비교하여 이러한 미 1기병사단의 진격 속도에 강한 불만을 표시하는 것을 주저하지 않았다.

---

654) South to the Nakdong, North to the Yalu, pp. 623-7; 軍과 나, p. 97. 미 1기병사단이 한국군 1사단 지역인 구화리를 통과할 때, 1사단장은 이들을 먼저 통과시키는 여유를 보여 주었다.

655) *South to the Nakdong, North to the Yalu*, p. 630.

656) *前揭書*.

657) *前揭書*, p. 640.

8군사령관의 재촉을 받은 미 1군단장은 좌측의 미 24사단을 사리원 쪽으로 진격하도록 하여 미 1기병사단과 경쟁을 붙이면서 사리원을 먼저 점령하는 사단에게 평양 공격의 주공을 맡기겠다고 공언하기에 이르렀다. 이러한 군단장의 조치로 신경이 곤두선 미 1기병사단장은 영국군 27여단을 7기병연대 후방에 집결시키고, 이들로 하여금 7기병연대를 초월 공격하여 사리원을 점령하도록 명령하였다. 남천점에 이르는 도로는 영 27여단, 5기병연대, 미 24사단 19연대 등으로 극도의 교통 혼잡을 이루게 되었다. 5기병연대와 19연대는 남천점에서 서쪽으로 우회하였고, 미 24사단장은 19연대를 재령(載寧)을 거쳐 사리원으로 향하도록 하고, 21연대를 백천과 연안을 거쳐 해주를 공격하도록 하였다. 이로써 미 1군단 3개 사단 모두가 평양 공격전에 가담하게 되었다.[658]

미 1기병사단장의 독촉을 받은 7기병연대는 10월 17일 서흥(瑞興)을 점령하였다. 여기에서 영국군 27여단이 7기병연대를 초월하여 사리원으로 진격하고 7기병연대는 사리원 우회로를 이용하여 사리원 북방 황주(黃州)로 진격하여 사리원에서 평양에 이르는 퇴로를 차단하려 하였다. 10월 17일 사격을 가하는 북한군을 제압한 영 27여단 1대대가 사리원에 진입하였고, 저녁 무렵에는 호주군 대대가 이를 앞질러 진출하였다. 사리원에 진입한 영연방군은 북한군을 한국군으로 오인하여 그냥 지나치기도 하였고, 북한군은 사리원에 진입한 영연방군을 그들이 고대하던 소련군으로 간주하여 "동무"라고 부르면서 그들의 모자에서 붉은 별을 떼어 주기도 하고, 담배도 나누어 피우기도 하였다. 어느 호주군 중위는 이들이 한국군이 아니라는 것을 알아차렸으나, "루스키, 루스키" 하면서 등을 두드리는 북한군 사이를 빠져 나오기도 하였다. 이러한 웃지 못할 상황이 벌어지는 가운데 17일 저녁, 먼저 상황을 제대로 인식한 영국군은 1명의 희생자를 내면서 150여 명의 북한군을 사살하였고, 북쪽에 위치한 호주군 3대대는 도주하는 2,000여 명의 북한군을 사로잡기도 하였다.[659] 이러한 희비극(喜悲劇)을 연출하면서 미 1기병사단이 먼저 사리원을 점령하였다.

영연방군이 10월 17일 사리원에 진입하여 소탕작전을 벌이고 있을 때 7기병연대는 16시경 동북방의 보조 도로를 우회하여 황주(黃州)를 5km 남겨둔 지점까지 진출하였다. 이때 7기병연대는 경비행기를 타고 사리원-황주 간의 도로를 정찰하던 미 1기병사단장으로부터 1개 대대를 남쪽으로 진출시켜 사리원에서 퇴각하는 북한군을 협격하도록 지시를 받았다. 이에 7기병연대는 1대대를 남진시키고 2대대는 황주로 진출시켰다. 그러나 남쪽으로 진출하던 1대대는 호주군과 대치하고 있던 북한 소대의 사격을 받았다. 이때 부상을 입은 한국인 통역이 북한군에게 접근하여 북쪽에서 내려오는 병력이 소련군이라고 말했다. 이 말을 믿은 북한군 소대가 7기병연대 병력이 위치한 곳으로 내려왔을 때 이들을 무장 해제시켰다. 자신들이 속은 것을 안 북한군 병사가 저항하려 했으나, 북한군 소대장의 제지로 이들은 순순히 항복하였다. 그리고 이들이 항복하는

---

658) *前揭書*, pp. 642-3.
659) *South to the Nakdong, North to the Yalu*, pp. 643-6.

것을 지켜본 동쪽 고지의 북한군 병사들도 고지에서 내려와 항복함으로써 7기병연대는 1,700명이 넘는 북한군 병사와 13명의 간호장교를 포로로 잡았다.[660] 사리원을 점령하고 많은 북한군 포로까지 획득하는 전과를 기록한 미 1기병사단은 주공으로서 평양으로 진격할 권리가 부여되었다.

한편 군단의 좌익에서 19연대를 사리원으로 진출시켜 평양 공격의 선봉을 차지하려했던 미 24사단은 미 1기병사단에 배속된 영 27여단이 사리원을 먼저 점령함에 따라, 사리원으로 향하던 19연대를 서진(西進)시켜 남포 쪽으로 공격함으로써 평양 공격 대열에서 이탈하였다. 미 1군단의 주공으로서 평양 공격에 나선 미 1기병사단은 군단의 우측인 동쪽에서 북상중인 한국군 1사단과 평양 쟁탈전을 치러야만 하였다. 미군들 사이에서 "평양만 탈환하면 일본으로 돌아간다"는 루머가 나돌던 것을 보면, 미군들은 빨리 일본으로 돌아가기 위해서 평양진격을 서둘렀는지도 모른다.[661] 어쨌든지 평양만은 반드시 "우리가 먼저 점령해야 한다"는 결의에 찬 한국군과 "평양을 탈환하여 빨리 전쟁을 마무리 하자"는 심정을 가질 수도 있었던 미군과의 평양 쟁탈전 역시 불꽃 튀는 경쟁이었다.

미 1군단장과의 담판을 통하여 미 24사단과 공격 방향을 맞교환함으로써 평양 공격에 가담하게 된 한국군 1사단은 한국군 1군단이 원산에, 2군단이 철원과 금화에 진입할 즈음인 10월 10일에야 고랑포(高浪浦) 남쪽 집결지에 도착하였다. 70여 대의 차량을 보유한 한국군 1사단은 1,000여 대의 차량을 보유한 미 1기병사단보다 이틀이나 뒤늦은 10월 11일 고랑포에서 38선을 돌파하여 공격을 개시하였다. 공격 첫날, 기동력이 부족한 한국군 1사단은 5km밖에 진격을 못했다. 평양까지 170km를 하루에 5km씩 진격한다면, 사단장이 평양에 먼저 도착하겠다고 군단장에게 큰소리를 치면서 평양 공격대열에 가담한 사실 자체가 우습게 될 것이 뻔한 이치였다. 사단장의 낙심 정도는 보통이 아니었다.[662]

그러나 난관을 극복할 길은 있었다. 낙심천만(落心千萬)한 사단장을 본 미군 포병사령관은 보(步)·전(戰)·포(砲)와 공병, 항공을 일체로 한 "패튼전법"을 사용하여 북한군 진지를 돌파하고 신속한 진격을 감행하자는 의견을 내놓으면서, 군단장에게 전차지원을 요청해 보라고 권유하였다. 전차를 지원받으면 전차가 보유한 탄약 운반차로 보병과 포병을 교차로 수송하는 "셔틀전진(shuttle advance)"으로 패튼전법의 수행이 가능하다고 말했다. 이에 힘을 얻은 사단장은 군단장에게 전화를 걸어 전차 지원을 요청하였다. 지원 요청을 받은 군단장은 30분 후에 전화를 걸어 전차 1개 중대를 지원해 주겠다고 하였다. 이때 미군 포병사령관은 패튼전법 수행의 조건은 사단장이 진두에서 지휘해야 한다는 것이었다. 10월 12일 아침 군단장이 보내준 6전차대대 C중대 전차

660) *前掲書*, p. 646.
661) *전쟁과 휴전*, p. 182.
662) *軍과 나*, p. 94.

(M-46 패튼전차) 20여 대가 사단 장병들의 환호 속에 사단에 도착하였다. 1사단 병력은 전차와 협동 작전을 기초부터 배워야만 하였다. 이에 사단장은 고랑포 부근 적전(敵前)지역에서 12연대 1개 대대를 차출하여 사단장의 진두 지휘하에 하루 동안 보(步)·전(戰) 협동 작전을 위한 적전(敵前) 훈련을 실시하였다. 훈련을 마친 전차 중대장은 같이 공격을 해도 좋다는 의견을 제시하였다. 미 1군단에서 불도저를 장비한 1개 공병중대도 배속해 주었고, 항공 협조를 위한 전진 항공 통제반도 배속해 주었다. 이제 한국군 1사단은 보병, 전차, 포병, 공병, 항공을 일체로 하는 패튼전법의 구사가 가능하게 되었다. 위용이 당당해진 한국군 1사단은 10월 13일 새로워진 공격 기세를 가다듬고, 저항을 포기하지 않은 북한군과의 전투만큼이나 치열한 미 1기병사단과의 평양 쟁탈전에 돌입하였다.[663]

전력과 기동력이 강화된 한국군 1사단의 진격은 신속하였다. 사단은 10월 13일에 시변리(市邊里)를 탈환하고 10월 14일 밤에는 신계(新溪)에 진입하였다. 1사단이 미군 전차와 협동 작전을 잘 수행한다는 평판이 돌자, 미 6전차대대 D중대도 지원에 나섰고 대대장(John Growden 중령)도 대대본부를 이끌고 합류하여 사단은 미군 전차 50여 대의 지원을 받게 되었다. 신계 북방 미우동(尾隅洞) 일대에서 완강하게 저항하는 연대 규모의 북한군을 항공 폭격과 전차포 사격으로 격퇴한 한국군 1사단은 10월 16일 평양으로부터 65km 떨어진 수안(遂安)에 진입하였다. 중서부의 험한 산길을 따라 하루 평균 25km의 속도로 북진해 온 한국군 1사단은 경의국도(京義國道)를 따라 18km의 속도로 평양에 접근하고 있던 미 1기병사단보다 한발 앞서 평양에 접근하기 시작하였다.[664]

한국군 1사단은 피나는 강행군을 계속하며 평양으로 진격했다. 10월 17일, 1사단의 주공인 12연대는 수안에서 율리(栗里)를 공격하던 중에 율리 남쪽 1.3km 지점에 위치한 협곡에서 2개 대대의 북한군 공격을 받았다. 진격을 멈춘 12연대는 항공 지원을 요청하여 이를 격퇴하고 17시경 율리를 점령하였다. 율리에서 사단장은 사단의 예비로서 사단본부와 12연대를 후속하던 15연대를 분진(分進)시켜 서북쪽으로 우회하여 대동강 상류 강동(江東)에서 대동강을 도하하여 평양을 협격하도록 조치하고, 자신은 12연대 선두 부대와 더불어 상원(祥原)으로 향하였다. 상원에 진입하기 직전 사단장이 탑승한 전차소대의 선두 전차가 꼬불꼬불한 애로(隘路)상에서 반격을 시도하기 위하여 남하하던 5대의 T-34 북한군 전차와 마주쳐 충돌 직전에서 급정거하게 되었다. 갑자기 벌어진 상황에서 어떻게 손을 써야 될지 모르는 순간, 미군 전차 소대장은 무전으로 명령하여 5대의 소대 전차들을 급속(急速)으로 후진(後進)시켜 도로 옆 하천에 병렬로 배치한 다음 사격 명령을 내려 북한군 전차에 직격탄을 발사함으로써 이를 파괴하고, 엉겁결에 당한 공격으로 손을 들고 나오는 북한군 전차병을 사로잡았다. 사단장은 긴급한 상황에서 미군과 북한군 전차 초급 지휘관의 전차전 수행 능력의 차이를 실감

663) *前揭書*, pp. 94-6; *전쟁과 휴전*, pp. 180-4.
664) *軍과 나*, p. 98.

평양으로의 진격(1950. 10. 15.-19.)

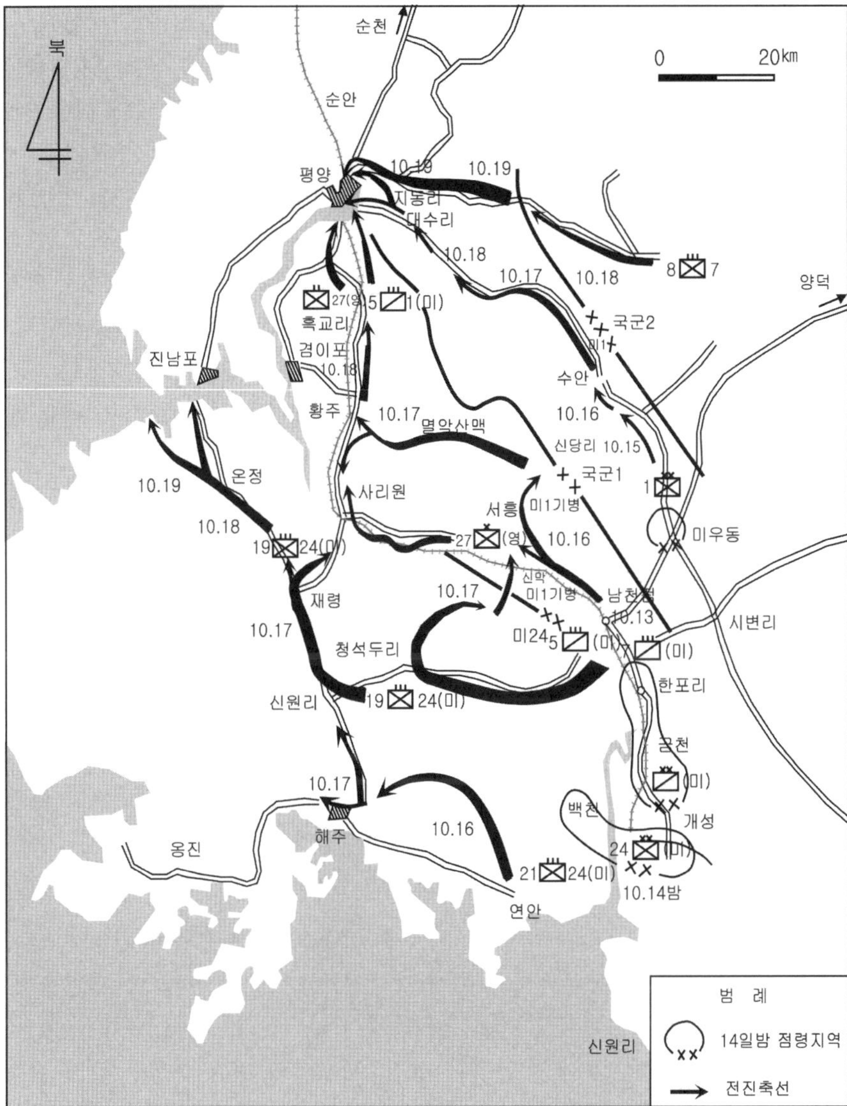

할 수 있었다. 아찔한 순간을 경험하고 상원에 진입한 1 사단장은 신계에서 대평리(大坪里)-도아리(陶阿里)-능리(陵里) 축선으로 공격하여 18시경 이미 상원에 진출해 있던 사단의 좌익 11연대와 합류하였다.[665] 이로써 한국군 1사단은 10월 17일 평양 동남쪽 26km 지점에 위치한 상원-율리선을 점령하여 경의국도를 따라 황주(黃州)까지 진출한 미 1기병사단보다 한발짝 더 평양에 다가서 있었다.

665) *前揭書*, pp. 98-100.

한국군 2군단(6, 8사단)과 2군단에 배속된 육군 예비 7사단도 평양 탈환전에 참가하게 되었다. 한국에서의 작전을 지휘하고 있던 워커 8군사령관과 이승만 대통령이 한국군 2군단의 평양전선 투입을 원했기 때문이었다. 10군단을 원산에 상륙시킨 다음에 미 7사단을 평양으로 진격시키자는 맥아더의 북진 계획을 찬성하지 않았던 워커 8군사령관은 10군단의 원산상륙이 지연된 상황에서 한국군 2군단의 평양전선 투입을 제안하였다. 이승만 대통령은 10월 17일 참모총장을 불러 "무슨 일이 있더라도 평양만은 한국군이 먼저 점령하라"는 지시를 내렸다. 10군단의 도움없이 원산은 물론 평양까지 점령하여 맥아더의 작전 구상에 대한 오류를 작전의 결과로 지적하고 싶었던 워커 8군사령관의 제안과 한국군이 먼저 평양을 탈환하라는 이승만 대통령의 지시를 받은 참모총장(丁一權 소장)은 10월 17일 황해도 곡산(谷山)에 위치한 한국군 2군단사령부(劉載興 소장)를 방문하였다. 참모총장과 군단장은 7사단장과 더불어 7사단 8연대가 진출해 있던 율리(栗里)에 가서 연대장에게 "미군보다 먼저 평양을 탈환하라"는 구두 명령을 하달한 다음, 미 8군과 협의한 후 7, 8사단을 평양으로 진격시키고, 6사단은 성천(成川), 순천(順川)을 거쳐 평양 북쪽 안주(安州)를 공격하라는 정식 명령을 하달하였다. 이와 같이 한국군 2군단도 평양 탈환전에 가담하게 되었다.[666]

10월 17일, 한국군과 유엔군은 동, 동남, 남쪽에서 평양을 압박해 들어가고 있었다. 미 1군단의 미 1기병사단은 평양 남쪽 황주(黃州)에 진출해 있었고, 한국군 1사단은 동남쪽 상원(祥原), 7사단은 곡산(谷山)에 진출해 있었고 7사단 8연대는 율리(栗里)까지 진격해 있었다. 한국군 8사단은 평양의 동쪽 양덕(陽德), 6사단은 동양(東陽)까지 진출하였다. 이와 같이 한국군과 유엔군은 삼면에서 평양으로 진격해 들어가고 있었다.

(3) 평양 탈환전

평양 탈환전은 10월 18일 개시되었다. 황주를 점령한 후 북진하여 평양을 남쪽에서 공격하려는 미 1기병사단, 상원과 율리에서 각각 서북방으로 진격하여 평양을 동남쪽과 동북쪽으로 공격하려는 한국군 1사단, 율리에서 한국군 1사단 15연대를 바짝 좇고 있던 7사단 8연대, 평양의 동북방 양덕과 성천, 강동으로 진격 방향을 잡은 6, 8사단 등이 직·간접적으로 평양을 공격하였다. 미 1군단과 한국군 2군단의 주력이 평양 탈환전에 투입된 셈이다.

황주를 점령한 미 1기병사단은 7기병연대를 앞세워 비교적 양호한 경의국도를 따라 남쪽에서 평양을 공격하였다. 10월 18일 새벽 공격을 개시한 7기병연대는 별다른 저항없이 황주천을 도하하여 평양 남쪽 12km 지점인 흑교리(黑橋里) 부근까지 진출하였다. 흑교리 근교에서 전방에 지뢰를 매설해 놓고, 120mm 박격포 지원을 받는 1개 대대의 북한군이 방어 진지를 편성하여 저항하였다. 지뢰와 전차호 속의 전차까지 동원하여

666) *전쟁과 휴전*, pp. 180-2; *韓國戰爭(上)*, p. 531.

완강하게 저항하는 북한군의 방어 진지를 돌파하지 못한 채 진출을 못하고 있던 7기병연대는 일부 병력을 우회시키고, 사단은 공병으로 증강된 5기병연대 F중대 병력으로 7기병연대를 초월하여 공격하도록 하였다. 19일 아침 공격을 개시한 이들 병력은 북한군의 주력이 진지를 포기하고 철수한 것을 확인하고 공중과 포병 화력 지원하에 저항하는 소수의 북한군 병력을 격퇴한 다음, 진격을 계속하였다. 5기병연대 F중대는 대동강 지류인 무진천(戊辰川) 대안(對案)에서 저항하던 북한군을 물리치고, 이를 도하하여 이날 11시 02분 동평양의 일단을 점령함으로써 평양에 제일 먼저 진입한 미군부대가 되었다.[667]

미 1군단의 우익으로서 미 1기병사단과 평양 쟁탈전을 벌이고 있던 한국군 1사단은 군단이 제공한 항공 사진을 판독한 결과 상원에서 평양 사이에 북한군이 3중의 방어 진지를 구축하고 있다는 사실을 확인한 다음에, 보・전 협동 작전을 잘 수행해 온 12연대로 하여금 11연대를 초월하여 대동리(大同里)-대동교(大同橋) 축선으로 공격하도록 하고, 율리의 15연대를 삼등(三登)-강동(江東) 축선으로 진격시켜 평양을 동북방에서 공격하도록 하였다. 사단은 11연대는 예비로서 상황에 따라 12연대와 15연대 사이로 투입하여 양 연대의 측방을 보호하면서 평양으로 진격시켜 어떻게 해서든지 평양을 먼저 점령하려 하였다.[668]

한국군 1사단은 10월 18일 아침 공격을 개시하였다. 사단의 주공(主攻)으로서 미 6전차대대 2개 중대를 배속받은 12연대는 11연대를 초월하여 대동리로 진격하였다. 연대는 대동리 남쪽의 애로(隘路)상에서 북한군의 집중 사격을 받았으나, 항공 사진의 판독으로 이를 사전에 알고 있던 연대장은 2, 3대대로 도로 좌우측 고지를 공격하도록 하고 전차를 투입하여 북한군 진지 중앙을 돌파하여 대동리를 점령하였다. 연대는 다시 대동리 북방 1km 지점에서 접근로상에 지뢰를 매설하고 16문의 직사포와 곡사포의 지원을 받는 북한군 1개 연대 규모의 강력한 저항에 봉착하였다. 치열한 전투가 계속되는 가운데 밤이 되자, 사단장은 보병과 전차가 협동하여 야간 공격을 실시하기로 결정하고 12연대 1, 2대대로 하여금 23시경 야간에 상원강(祥原江)을 도하시켜 공격을 감행하였으나, 북한군 진지를 점령하지는 못했다. 10월 19일 날이 밝자 12연대는 각종 지원 화기와 전차의 엄호를 받으면서 진격을 개시하여 북한군 진지를 점령하였으나, 북한군은 이미 철수하고 없었다. 북한군이 구축한 2개의 진지를 돌파한 12연대는 1, 2, 3대대 순으로 전차에 보병을 태우고 낙랑(樂浪)평야를 시속 50km로 질주하였다. 선두부대가 동평양 오류리(五柳里)에 이르렀을 때, 12연대는 북한군이 구축한 세 번째 진지에서 2개 대대 규모의 저항에 직면하였다. 이에 연대는 북한군 진지의 양익을 강타할 수 있도록 전차를 전개시킨 다음 3대의 전차로 북한군 진지 중앙을 돌파하여 300여 명의 북한군을 사살하고 이들의 마지막 진지를 무력화시켰다. 북한군의 저항을 물리치고

---

667) *South to the Nakdong, North to the Yalu*, pp. 648-9.
668) 國防部 戰史編纂委員會, *平壤奪還作戰*(1986), p. 62.

동평양까지 순조로운 진격을 계속한 한국군 1사단 주력인 12연대와 이를 지원하던 미 6전차대대 2개 중대는 10월 19일 11시 동평양 선교리(船橋里) 로터리까지 진격하여 평양에 제일 먼저 입성한 부대가 되었다. 이로써 한국군 1사단이 제일 먼저 평양에 진입하게 되었다.[669)]

대동리를 점령한 후, 12연대의 우측 사단 중앙에 투입되어 동평양에 위치한 평양비행장(美林, 紋繡里 비행장)을 점령하라는 임무를 부여받은 11연대는 좌측의 12연대보다 먼저 평양에 진입하기 위해서 빠른 속도로 진격을 서둘렀다. 상원 북방 초귀동에서 11연대는 12연대의 초월 공격을 지원한 후, 10월 18일 20시 초귀동 북방 3km 지점인 문산리에 집결하여 미림(美林)과 문수리(紋繡里)비행장을 공격하기 위한 준비를 갖추었다. 12연대보다 먼저 평양에 진입하려는 11연대는 거의 뛰다시피 빠른 속도로 진출을 서둘렀으나, 전차에 탑승하여 비교적 양호한 도로를 따라 진격하는 12연대를 따라잡을 수는 없었다. 그리하여 11연대는 10월 19일 12시 35분, 삼등(三登)으로 우회한 15연대가 12시경 이미 확보한 미림비행장에 진출하였다. 미림비행장을 인수한 11연대는 즉시 진격을 계속하여, 북한 민족보위성과 군총사령부가 위치하고 있던 추을미(秋乙美)에서 투항한 3,000여 명의 북한군 포로를 처리한 다음 14시 40분 미림비행장 서북쪽 6km 지점에 위치한 문수리비행장을 확보함으로써 주어진 목표를 점령·완료하였다.[670)]

한국군 1사단의 조공(助攻)으로서 율리(栗里)에서 서북쪽 삼등(三登)을 거쳐 평양으로 진격한 15연대의 진격도 매우 신속하였다. 10월 18일 07시 삼등을 출발한 15연대는 삼등(三登)-화천(貨泉)-평양(平壤) 축선을 따라 서쪽으로 진격하여 이날 20시 대동강과 남강(南江)이 합류하는 쌍강포(双江浦)에 도착하였다. 10월 19일 아침 일찍 대대별로 대동강을 도하한 15연대는 각 대대별로 평양에 먼저 진입하려는 치열한 경쟁을 벌이면서 진격하였다. 연대 직할대는 11연대 작전지역에 돌입하여 미림과 문수리비행장을 점령하고 이를 11연대에게 인계하기도 하였고, 12시경 김일성대학에 진입한 3대대는 14시 모란봉 공격을 개시하여 최승당(最勝堂)이 위치한 모란봉(96고지)을 점령하였다. 연대의 좌익인 2대대는 3대대가 모란봉 고지를 점령한 시간에 모란봉의 동반부를 점령하였으며 연대 예비로서 2대대를 후속하던 1대대도 3대대와 나란히 진격하여 모란봉의 서반부를 점령하였다. 10월 19일 14시 50분 모란봉을 완전하게 점령한 1사단 15연대는 잠시의 휴식도 취하지 않고 평양 심장부로 진출하여 북한 주요 행정 기관을 점령하는 한편, 북한군의 퇴로를 차단하고 소탕 작전에 돌입하였다. 15연대 병력은 시내에서 유엔 공군기에 대공 사격을 가하고 있던 북한군을 급습하기도 하면서 시청도 점령하고, 북한 최고인민위원회 건물을 점령하여 옥상에 태극기를 게양하고, 그곳 지하 식당에서 발견한 보드카를 나누어 축배를 들기도 하였다. 이로써 한국군 15연대는

---

669) *前揭書*, pp. 142-5.

670) 추을미(秋乙美)에서 투항한 3,000여 명의 포로 가운데 1/3이 “의용군”이라는 명목으로 남한에서 징집된 병력이었다. 11연대는 간단한 심사를 거쳐 이들을 전부 귀향조치하였다. *平壤奪還作戰*, pp. 144-6; *韓國戰爭(上)*, p. 535.

본 평양에 최초로 진입한 부대가 되었다.[671]

이리하여 한국군 1사단은 평양에 먼저 진입한 부대가 되어, 동평양 점령, 동평양의 비행장 확보, 본평양의 배후 우회 및 차단 임무를 성공적으로 수행하였다. 특히 평양을 우회 공격한 15연대의 진출이 예상보다 빨라서 북한군의 배후를 공격하여 방어 준비를 하던 많은 북한군을 사로잡았으나, 통신이 원활하지 않아 유엔군의 포격에 전전긍긍하는 곤욕을 치르기도 하였다. 사단은 대동강 남안 동평양에 진출한 11, 12연대와 강북의 본평양에 진출하여 요소를 확보하고 있던 15연대와 연결하여 소탕 작전을 완료하는 임무만 남겨 두고 있었다.[672]

한편, 육본 명령에 따라 평양 탈환전에 참여한 한국군 2군단 부대도 작전지역을 무시하면서까지 평양 탈환전에 참여하였다. 10월 18일 아침 율리를 출발하여 21시경 삼등에 도착한 7사단 8연대는 10월 19일 아침 삼등을 출발하여 삼산리에서 두 팔로 소총을 들고 대동강을 도하하여 1사단 15연대를 후속하였다. 연대는 해질 무렵에 김일성대학에 진입하였으나, 1사단 15연대가 이곳을 점령하고 있었고 북한 최고인민위원회 건물로 진격하였으나, 이곳 역시 1사단 15연대가 점령하고 있었다. 이 연대는 평양 시내 곳곳에 7사단 8연대가 평양에 진입하였다는 표시를 하고 여러 가지 전리품을 획득하였다. 10월 20일 10시 미 1군단 사단이 본평양에 진입한 후 8연대장은 한국군 1사단장으로부터 타 부대의 작전지역을 침범한 사실에 대한 힐책을 받기도 하였으나 2군단장과 사단장의 명령에 따랐을 뿐이라고 답변하였다. 이날 14시경 2군단장과 7사단장이 평양에 도착하여 8연대가 노획한 군마를 타고 평양 시내 중심가를 한 바퀴 돈 다음에 곡산(谷山)으로 돌아가는 촌극(寸劇)이 벌어지기도 하였다. 7사단의 3연대와 5연대도 평양으로 이동하여 10월 21일 밤늦게 평양 북변에 집결하였고, 장차 한국군만이 작전을 담당할 맥아더라인 이북지역에 대한 작전에 대비하여 10월 23일 24시부로 미 1군단에 배속되었고, 8연대 1대대는 김일성대학에 잔류하여 김일성의 사무실이 있던 건물에 설치한 8군사령부 전방지휘소 경비에 임하였다.[673] 평양 탈환전에 참여한 한국군 8사단은 10월 20일 강동(江東)까지 진출하였으나, 평양이 함락되자 진로를 북쪽으로 돌려 덕천(德川), 영원(寧遠)으로 진격하였고, 숙천(肅川)을 거쳐 평양 북방 안주(安州)로 진격하려던 6사단도 진격 방향을 희천(熙川) 쪽으로 돌려 진격하였다. 이와 같이 한국군은 평양을 한국군이 먼저 탈취해야겠다는 일념으로 미 1군단 작전지역인 평양에 한국군 2군단 병력까지 투입할 정도였다.

평양의 점령과 소탕 및 질서 유지는 미 1군단의 임무였다. 10월 20일 아침이 밝아오자, 동평양에 있던 한국군 11, 12연대는 미 공병이 설치한 부교를 이용하여 대동강을 도하하여 10월 19일 본평양에 진입한 15연대와 합류하여 10시까지 평양시를 완전히

671) *平壤奪還作戰*, pp. 152-65.
672) *前揭書*, p. 165; *軍과 나*, pp. 98-105.
673) *平壤奪還作戰*, pp. 167-76.

장악하였다. 태극기를 손에 든 평양 시민들은 거리로 뛰쳐나와 이들을 진심으로 환영하였다. 미 1기병사단도 한국군 1사단에 이어 평양에 진입하여 군단의 명령에 따라 평양시 전체의 질서 유지와 경계를 담당하였다. 미 1군단이 평양을 완전하게 장악하자, 8군사령관은 김일성의 사무실이 있던 평양시 인민위원회 옆 건물에 전방지휘소를 설치하였으며, 맥아더 원수는 10월 21일 평양비행장에 내려 평양 탈환을 치하하고, 미군부대로서 제일 먼저 평양에 돌입한 5기병연대 F중대를 사열하였다. 이때 맥아더 장군은 전쟁 초부터 중대에 있던 병사가 있으면 앞으로 나오라고 하였다. 5명의 병사가 앞으로 나왔고 그 중 3명은 부상병이었다. 한국전쟁에 참가했을 때 200여 명이었던 중대원 중에서 2명만이 온전한 상태로 남아 있을 수 있었다.[674] 실로, 한국전쟁은 국적(國籍)을 불문(不問)하고, 수많은 젊은이들의 희생을 강요하고 있었다.

평양 탈환의 과실(果實)은 미군이 거두었다. 평양이 탈환되기 전 10월 16일, 미 8군사령부는 "인디안 헤드(Indianhead)"라고 부르는 특수임무부대를 편성하였다. 미 2사단 정보참모의 지휘하에 미 2사단 38연대 K중대, 미 72전차대대 C중대 전차 6대, 공병폭파조, 82고사포분견대 및 방첩대로 구성된 이들 70여 명은 북한 정부청사와 외국인 공관을 점령하여 정치, 군사, 외교적인 자료를 수집하는 임무를 부여받았으며, 미 2사단의 사단 마크를 지칭하여 "인디안 헤드 특수임무부대(Task Force Indianhead)"라고 불렀다. 이들은 평양을 먼저 점령한 한국군 1사단장의 승인을 받고, 10월 20일 평양의 목표물을 점령하여 주요 문서를 획득한 다음에 10월 22일 동경으로 후송하였다. 이 문서 중에는 귀중한 자료들이 많아 북한군이 황급하게 도주한 흔적을 발견할 수 있었다. 미군은 한국군이 평양 점령을 자축하면서 승리감에 도취되어 있을 때, 특수임무부대를 투입하여 북한 정부와 군의 주요한 문서들은 수집하는 사려깊은 치밀함을 잃지 않았다. 역사적인 기록과 문서 등 실증적(實證的) 자료의 중요성을 인식한 미군의 한 모습을 보여 주는 역사적인 실례가 아닐 수 없었다. 평양 탈환만으로 승리감을 만끽한 한국군과 평양 점령에서 얻을 수 있는 역사적인 자료를 발굴하여 이를 보존하려는 미군 지휘부의 모습은 극히 대조적이었다.[675]

평양 소탕 작전이 완료된 10월 30일 이승만 대통령이 참석한 가운데 평양 입성 환영식이 평양 시청(평양시 인민위원회)에서 성대하게 거행되었다. 이 자리에서 이승만 대통령은 감격어린 어조로 일제하에서 억압받은 평양 시민의 마음을 헤아리고, 공산당이 발붙일 곳이 없도록 하자고 강조하였다. 그러면서 이 대통령은 소련이건 중공이건 들어오면 이들과 "죽기로 싸워서" 이들이 이 땅에서 발붙이고 있지 못하도록 하자고 강조하였다. 노(老) 대통령의 절절한 호소는 평양 시민들의 갈채와 환호 속에 이들의 눈물을 자아내게 만들었다. 평양 입성의 선봉 부대인 한국군 1사단에게 대통령 표창과

674) *South to the Nakdong, North to the Yalu*, p. 653.

675) 이들 자료들은 현재 미국 연방 문서보관소에 분류되어 소장되어 있으며, 이 당시의 문제를 연구하려는 한국인 학자나 연구자들은 이 문서 등을 복사해 오고 있는 실정이다.

평양 입성(1950. 10. 19.)

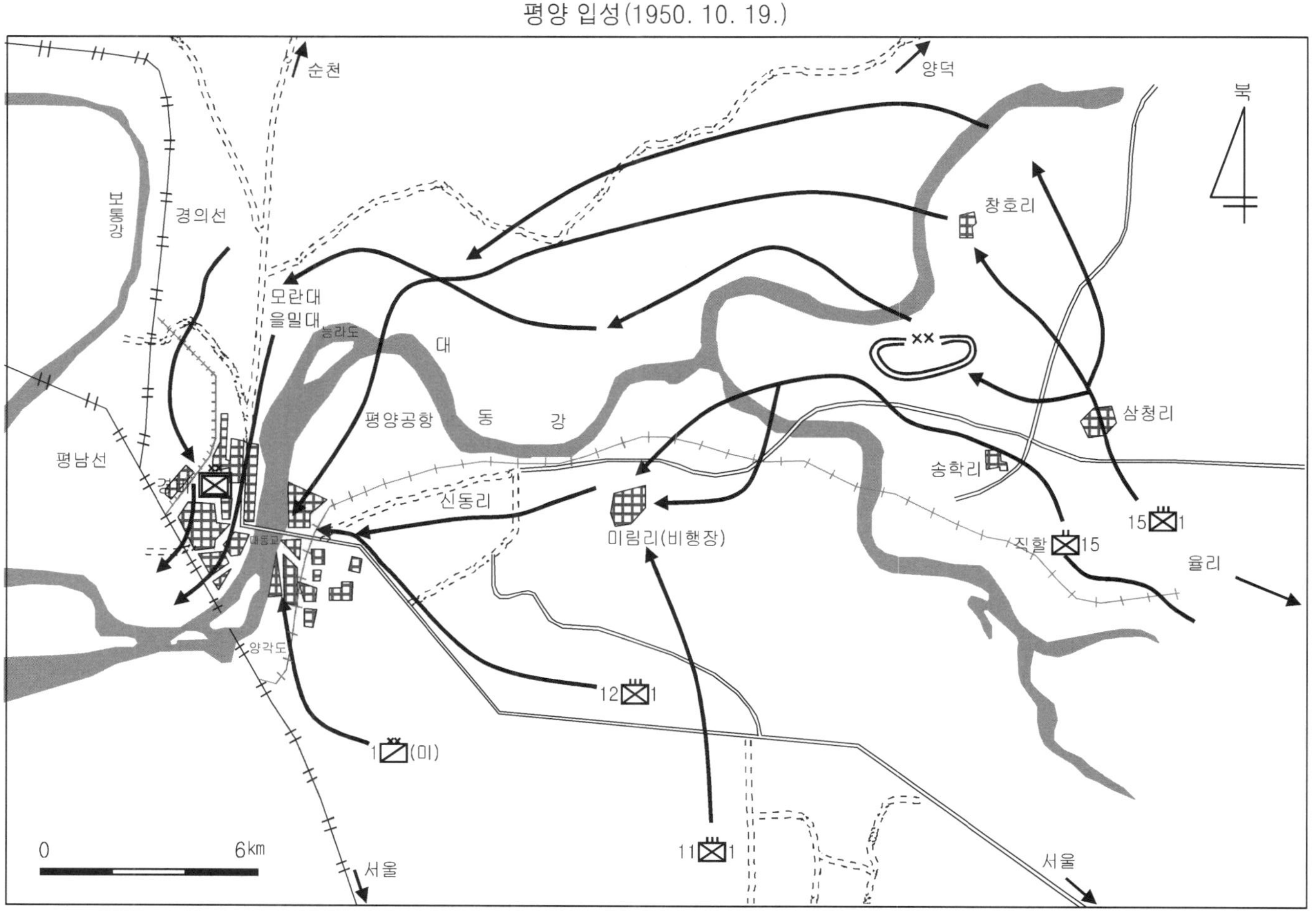

푸짐한 상품이 주어졌으며, 자유스런 통일 한국이 눈앞에 다가온 것 같은 분위기에 모두 젖어 있었다.[676] 이때 전선에서는 중공군 포로가 잡히기 시작하였으나, 평양 탈환의 환호 속에 충분히 무시되었다.

5) 중공과 소련의 북한 지원 협상과 트루먼·맥아더 회담

1950년 9월 29일, 성공적인 인천상륙과 수도탈환작전의 결과로 서울에서 서울수복과 한국 정부의 환도식이 거행되던 날, 북한 수상 김일성(金日成)과 부수상 박헌영(朴憲永)은 소련 수상 스탈린에게 소련의 "직접적이고 특별한 원조"를 요청하는 공한을 발송하였다. "마음 깊이 존경하는 스탈린"에게 보내진 이 편지는 "조국의 자유와 독립을 위해서 투쟁하는 조선 인민"에 대한 스탈린의 "애정과 원조"에 감사한다는 인사말로 시작되었다. 그리고 미군의 개입으로 인한 사태의 악화를 지적한 다음에, "적군이 38선을 넘어서고 있는 지금" 북한은 "소련의 특별하고 직접적인 군사 원조"가 절실하게 필요하다는 점을 명백하게 밝히고 있다. 만약에 어떤 이유로 소련의 직접적인 군사 원조가 불가능할 경우에는 "중국에 국제 의용군을 창설"하여 북한을 도와줄 것을 간절하게 요청하였다.[677] 전세의 악화로 다급해진 김일성의 절실한 원조 요청이었다.

북한의 "특별하고 직접적인 군사 원조" 요청을 받은 소련의 스탈린은 신속한 조치를 취했다. 미 지상군이 한국전에 투입된 1950년 7월 5일, 소련이 공중 엄호를 제공한다는 제안하에 "적이 38선을 넘을 경우를 대비하여, 9개의 중국군 사단을 한·중 국경에 즉시 집결시키는 것이 옳겠다"는 전문을 중국의 모택동(毛澤東)에게 발송한 바 있던 스탈린은 10월 1일 중국이 김일성 정부를 돕는 것이 옳다는 결론을 내리고 이러한 내용을 담은 전문을 모택동과 주은래에게 발송하였다.[678] 이 전문에서 스탈린은 자신이 휴가중에 있으나 모스크바로부터 접수한 보고에 의하면 "조선 동지들"의 처지가 절박하다는 점을 밝히고, 지원군으로 위장하여 최소한 5-6개 중공군 사단을 한국에 파견하고, 중공군의 보호하에 북한군이 다시 전력을 조직화할 수 있도록 하는 것이 바람직하다고 말했다. 이러한 스탈린의 제안에 대해서 모택동은 10월 2일에 답신을 작성하였다. 이 답신에서 모택동은 최초에 중국은 몇 개의 지원군 사단을 파견하여 북한을 돕는 것을 계획하였으나, 이 문제를 면밀하게 검토한 결과 이러한 행위가 몇 가지 심각한 문제를 야기시킬 수 있다는 판단을 하게 되었다는 점을 밝혔다. 첫째, 장비가 빈약한 몇 개의 사단을 파견하는 것으로 한국 문제를 해결하기 어렵고 미군과의 전투에

---

676) *韓國戰亂一年誌*, pp. B60, C20, 21.

677) *蘇聯極秘外交文書, 4*, pp. 71-2; Coded message N 600308/sh, September 30, 1950, quoted in Evgeniy P. Bajanov and Natalia Bajanova, *The Korean Conflict, 1950-1953: The Most Mysterious War of the 20th century---Based on Secret Soviet Archives*(unpublished), pp. 76-8.

678) *蘇聯極秘外交文書, 3*, p. 100; Coded message N 3172, July 5, 1950, Stalin to Zhou Enlai, quoted in *The Korean Conflict, 1950-1953*, p. 86; Coded message N 4581, October 1, 1950, Stalin's cable to Beijing, State Archives, pp. 97-8, in *Ibid.*, pp. 97-8.

서 승리한다는 보장이 없다는 점을 지적하였다. 두 번째로, 모택동은 미국과 중공과의 대결은 소련을 전쟁에 끌어들이는 결과를 빚어내어 문제를 더욱 확대시킬 가능성이 짙으며, 세 번째로, "조선 동무들"을 돕는 것은 당연하나, 미국과 중국의 직접적인 대결은 중국의 평화적 국가 건설을 불가능하게 만들고 중국 내전으로 인하여 지칠 대로 지쳐 평화가 필요한 중국인들에게 커다란 부담을 또 다시 안겨 주는 결과를 초래한다는 점도 지적하였다. 그리고 모택동은 이 문제를 협의하기 위하여, 허락한다면 주은래(周恩來)와 임표(林彪)를 스탈린이 머무는 휴양지까지 보내도록 하겠다고 말하면서 중공군의 파병 가능성을 완전하게 배제하지는 않았으나, 장기적으로 한반도에서의 유격전 가능성과 효용성도 내비치고 있었다.[679] 모택동의 반응은 스탈린의 기대에 크게 미치지 못했다.

소련의 스탈린은 한국전쟁에 중국의 참전을 요구하면서, 미국이 대전을 치를 준비가 되지 않았고 일본은 전쟁에 참전할 가능성이 없으며, 따라서 미국은 한국 문제에 관하여 소련의 지원을 받고 있는 중국의 요구에 굴복할 것이며, 이러한 이유로 미국은 대만을 포기할 것이고 일본을 재무장시키는 것을 중단할 것이라는 점을 들어 중국의 한국전 파병을 설득하였다.[680] 그래도 중국이 파병을 꺼리자 10월 12일 이를 김일성에게 알려주면서 "빠른 시간 내에 북쪽으로 퇴각하여 한반도에서 철수하라"는 지시를 내리기도 하였다.[681] 이러한 지시를 내린 스탈린은 10월 13일 중국의 소련 대사로부터 중국 공산당 중앙위원회가 북한을 지원해야 한다는 결론을 내렸다고 모택동이 말했다는 내용을 보고받았다.[682] 중국이 북한을 돕기로 했다는 보고를 받은 스탈린은 즉시 이 사실을 김일성에게 알려주면서 북한군의 후퇴와 김일성의 철수를 연기하라고 전날의 지시를 번복하였다.[683] 10월 14일, 스탈린은 김일성에게 중국이 병력을 파견하여 북한을 돕기로 최종 결정했다는 사실을 통보하고, 중공군의 장비와 공중 지원은 소련이 제공할 것임을 분명히 하면서 중국군의 이동에 관해서는 "중국 동무들"과 협조하여 잘 해결하라는 지시를 내렸다.[684] 중국을 한국전쟁에 끌어들인 소련은 북한이 나머지 문제를 풀어 나가도록 지시하였다.

스탈린으로부터 중국과 협조하라는 지시를 받은 김일성은 외무상 박헌영과 민족보위성 작전국장 유성철을 북경에 파견하여 모택동에게 직접 지원을 요청하도록 하였다.

---

679) *蘇聯極秘外交文書, 3,* p. 101; Coded message N 25199, the 2nd Chief Directorate of the G-3 of the Soviet Armed Forces, October 3, 1950, quoted in *The Korean Conflict, 1950-1953,* pp. 98-100.

680) A letter from Stalin to Kim Il Sung, sent through the Soviet Ambassador in Pyongyang, October 8, 1950, Archives of the President of Russia, p. 66, quoted in *Ibid.*, pp. 100-2.

681) *蘇聯極秘外交文書, 4,* p. 80; Stalin's cable to Kim Il Sung, October 12, 1950, quoted in *The Korean Conflict, 1950-1953,* p. 102.

682) *蘇聯極秘外交文書, 3,* p. 105; Coded message N 25629, Roshin to Stalin, October 13, 1950, quoted in *The Korean Conflict, 1950-1953,* pp. 102-3.

683) Stalin's cable to Kim Il Sung, October 13, 1950, quoted in *Ibid.*, p. 103.

684) Coded message N 4829, October 14, 1950, The Second Chief Directorate, General Staff of the Soviet Armed Forces, Archives of the President of Russia, p. 77, quoted in *Ibid.*, pp. 103-4.

1950년 10월 18일 신의주를 거쳐 안동에서 특별기편으로 북경에 도착한 박헌영과 유성철은 겨울 군복 조달 협의차 북경에 체류하던 상업부장 이상조로 통역을 교체하고 모택동 면담을 신청하였다. 10월 19일 모택동과 주은래가 참석한 중국 공산당 정치국 회의에서 박헌영은 1시간에 걸쳐 국내, 국제 정세를 설명하면서 중국의 지원을 요청하였다. 유성철이 군사 정세와 상황을 설명하려 했으나, 모택동이 벽에 걸려 있던 상황 지도를 가리키며 평양이 점령되었다고 말함으로써 설명을 중지하고, 비행기와 고사무기가 절실하게 필요하다는 점만 강조하였다. 설명을 듣고 난 모택동은 "중국 인민 지원군"을 파견하기로 결정하였다는 것과 "작전협조 및 후방보장" 등에 대한 문제점을 지적하고, 팽덕회(彭德懷, 작전 수행)와 고강(高崗, 후방 지원)을 "지휘성원"으로 파견한다는 점까지 설명하였다. 공식적인 설명을 마친 모택동은 "전쟁은 그렇게 해서는 안 된다고 하면서 포위, 섬멸의 중요성"을 강조하였다. 그는 다섯 손가락을 쫙 벌려 앞으로 내밀면서, 이처럼 여러 곳에서 분산하여 밀고 나가면 안 되고, 미군과 "국방군"을 분리하여 포위, 섬멸해야 된다고 말하였다. 사람의 양다리를 미군과 한국군으로 비유하면서 한쪽을 자르면 다른 한쪽만으로는 맥을 추지 못할 것이라고 말한 모택동은 직접 일어서서 한쪽 다리만으로 직접 뛰어 보이기도 하였다. 회담을 마친 북한 대표단은 주은래의 배웅을 받으면서 팽덕회, 고강과 더불어 특별기편으로 심양에 도착한 후에 열차편으로 북한으로 돌아와 당시 덕천(德川)에 있던 김일성에게 결과를 보고하였다.[685] 이로써 중국과 소련의 북한 지원은 "중국 인민 지원군"의 파병으로 귀착되었고, 중공군에 대한 장비와 항공 지원은 소련이 담당하여 한국군과 유엔군의 북진으로 빚어진 "10월 위기"를 타개하려 하였다.

10월의 위기를 타개하기 위한 공산측의 협의와는 대조적으로, 미국 대통령 트루먼과 유엔군 사령관 맥아더는 "10월의 호기"를 유지하고, 이를 어떻게 활용할 것인가를 논의하기 위하여 회담을 가지게 되었다. 한국군이 이미 38선을 넘어 북진을 계속하고 있는 상황에서, 유엔으로 하여금 한반도 전역에서 군사 작전을 수행할 수 있는 결의안(10. 7.)을 통과시키도록 한 미국의 트루먼 대통령은 한국전쟁의 수행과 종결, 중공의 개입 가능성과 이에 대한 정책·전략 등에 대해서 현지 사령관인 맥아더 원수의 견해를 듣고 싶어 하였다. 개인적으로, 트루먼은 자신이 현지 사령관을 직접 만나보기를 원했으며, 또한 맥아더가 미군의 최고 통수권자가 대통령이라는 인식을 갖도록 하는 계기를 만들고 싶어 했다.[686] 이리하여 트루먼과 맥아더의 회담은 1950년 10월 15일 일요일, 태평양상의 웨이크섬(Wake Island)에서 이루어졌다.

현지 시간으로 1950년 10월 15일 06시 30분, 웨이크섬 비행장에 내린 트루먼 대통령은 그곳에 먼저 도착한 맥아더 장군의 영접을 받았다. 그로부터 두 사람은 한 시간 동

685) 북한 민족보위성 작전국장(1948-1958) 유성철(兪成哲)과의 면담내용, 서울 1990. 9. 13. 이후 김일성은 압록강변 초산(楚山) 서남쪽 벽동(碧潼)의 일반 가옥 뒤에 굴을 파고 기거하였음.

686) Truman, *Memoirs, II*, pp. 362-3.

안 낡은 비행장 관리사무소에서 단독 회담을 하면서 일본과의 평화조약 체결 문제, 대만 문제를 포함한 극동의 상황과 한국전쟁 전반에 관한 문제 등에 관한 의견을 교환하였다. 여기에서 맥아더는 중공의 한국전 개입 가능성을 부인하였다. 07시 36분경 대통령과 유엔군 사령관은 육군장관, 합참의장, 국무차관보, 태평양 함대사령관, 주한 미국대사 및 대통령 특사 등의 배석자들과 함께 연석 회담을 가졌다. 참석자들은 "한국의 재건"에 대한 논의도 하였다. 대통령은 맥아더 사령관에게 중공과 소련의 한국전 개입 가능성에 물었다. 질문을 받은 맥아더는 그들은 개입할 시기를 놓쳤다는 점을 강조하면서, 만약 중공군이 평양으로 내려오면 "최대 규모의 도살이 있을 뿐이다(…there would be the greatest slaughter)"라고 말하였다. 이어서 맥아더는 중국의 지상군과 소련의 공군과의 협동 작전은 잘 이루어지지 않을 것이며, 유럽 방어를 걱정하는 합참의장에게 1951년 1월까지 미 2사단을 유럽으로 보낼 수 있을 것이라고 말하기도 하였다. 이러한 맥아더 장군의 낙관적인 예측과 견해에 대해서 어느 누구도 이의(異議)를 제기하지 않았다. 워싱턴의 정보 분석 기관들도 중공의 개입 가능성을 충분히 무시하고 있었기 때문이었다. 웨이크 회담은 09시 12분, "이번 회담은 대단히 만족스런 회담이었다"고 말한 대통령의 논평을 마지막으로 끝을 맺었다.[687] 유엔군이 38선을 넘으면 가만 있지 않겠다는 중공의 계속적인 위협은 성공적인 인천상륙으로 조성된 "10월의 낙관론"에 밀려 충분히 무시될 수밖에 없었다.

"10월의 위기"를 타개하기 위하여 비밀리에 진행된 소련과 중국 간 협의와 "10월의 호기"를 유지·확산하기 위하여 당당하게 진행된 미국 대통령과 현지 사령관의 회담은, 내용과 형식면에서 한국전선의 전장(戰場) 상황만큼이나 차이가 있었다.

6) 숙천·순천 공수작전과 원산상륙작전

맥아더는 동부지역으로 우회하여 원산(元山)에 상륙할 미 10군단과 서부에서 진격하여 평양을 점령할 미 8군을 연결하는 포위 작전을 통하여 북한군의 퇴로를 차단함과 동시에, 평양 북방에서의 공수작전(空輸作戰)을 통한 후방 차단 작전을 감행하여 북한군 주력과 요인들을 사로잡고, 가능하면 후송하는 유엔군의 포로를 구출하려는 작전 구상을 가지고 있었다. 다시 말하여 맥아더는 원산과 평양을 연결하는 수평포위(垂平包圍)와 평양 북방에서의 수직포위(垂直包圍) 작전을 구상하고 있었다. 그러나 미 10군단의 상륙에 앞서 한국군이 원산을 먼저 점령하여 미 10군단의 원산상륙이 지닌 전술적인 의미가 퇴색되었으나, 미 8군의 평양 점령이 눈앞에 다가오자 맥아더는 평양 북방에서의 후방 차단 작전을 실시하기로 결심하고, 10월 18일 숙천(肅川), 순천(順川)지

687) "Substance of Statements Made at Wake Island Conference on 15 October 1950," *FRUS, 1950, VII*, pp. 948-60; Truman, *Memoirs, II*, pp. 364; MacArthur, *Reminiscences*, pp. 410-4; *Policy and Direction*, pp. 210-4.

역에서의 공수작전을 명령하였다.

(1) 숙천·순천지역 공수작전

유엔군 사령부의 예비로서 김포에 주둔하고 있던 미 187공수연대는 10월 18일 출동 명령을 접수하였다. 출동 명령을 받은 연대 병력은 10월 20일 02시 30분 일어나 폭우(暴雨)를 무릅쓰고 비행장에 나가 기상이 좋아지기를 기다렸다. 그 날 정오가 좀 못 되어 기상이 좋아지자 공수 대원들은 일본에 기지를 둔 미 314, 324 수송비행대의 C-119, C-47 수송기 113대에 나누어 탑승하였다. 연대장이 탑승한 수송기가 정오에 이륙하였고 나머지 수송기도 차례로 이륙하여 서해안을 따라 북상하였다. 2,800명을 태운 수송기는 계속 북상하여 목표지역인 숙천과 순천 상공에 도달하였다.[688)]

187공수연대는 1, 3대대를 주공지역인 경의선상 평양 북방 40km 지점에 위치한 숙천에 낙하시키고, 숙천으로부터 동쪽으로 20km 떨어진 순천에 2대대를 낙하시킬 계획이었다. 미 5공군의 전폭기들이 낙하 지점인 공두보(空頭堡) 일대에 기총소사와 로켓포 사격을 퍼붓고 물러나자 주공병력인 1, 3대대가 숙천에 낙하를 시작하였다. 14시 정각, 연대본부와 1대대가 낙하를 시작하였고, 74톤에 이르는 연대의 편제 장비도 투하되었다. 1대대는 곧 숙천 동쪽 97고지를 점령하여 연대지휘소를 설치한 후에, 북쪽의 104고지를 점령하여 북한군의 퇴로를 차단하였다. 뒤이어 낙하한 3대대는 숙천 남쪽 3km 지점의 구릉지대를 점령하여 그곳을 지나는 도로와 철로를 차단하였다. 이로써 187연대 1, 3대대는 별다른 저항 없이 낙하하여 17시까지 목표를 점령하였다. 순천지역에 투하된 2대대도 별다른 저항 없이 낙하하여 저녁 무렵까지 목표를 장악하였다. 2개 중대는 순천의 남쪽과 서쪽으로 진출하여 도로를 차단하였고, 다른 1개 중대는 순천 시내로 진입하여 중부전선에서 진격한 한국군 6사단과 연결하고 북한군의 퇴로를 완전하게 차단하였다. 10월 20일과 21일 사이에 숙천, 순천 일대에는 병력 4,000명이 낙하되었고, 105mm 곡사포 12문, 지프차 39대, 3/4톤 트럭 4대, 90mm 대공포와 탄약, 연료, 전투 식량 등 각종 보급품 584톤이 투하되었다. 공수작전은 매우 순조로웠다.[689)]

공수부대가 낙하하여 저항을 받지 않고 목표지역에 집결하는 광경을 공중에서 지켜본 맥아더 사령관은 기쁨을 감추지 못하면서 북한에 잔류하고 있던 병력의 반절에 해당하는 3만 명의 병력이 미 1기병사단 및 한국군 1사단과 187공수연대 사이에 갇혔을 것이라고 판단하였다. 매우 만족스러운 상태에서 동경에 돌아온 맥아더는 10월 21일 기자들에게 "전쟁이 곧 끝나게 될 것이 확실하다(the war is definitely coming to an end shortly)"라고 예견하기도 했다.[690)] 그러나 맥아더의 낙관적인 판단은 사실과 달랐

---

688) *South to the Nakdong, North to the Yalu*, pp. 654-61.
689) *前揭書*.
690) *The New York Times*, October 21, 1950.

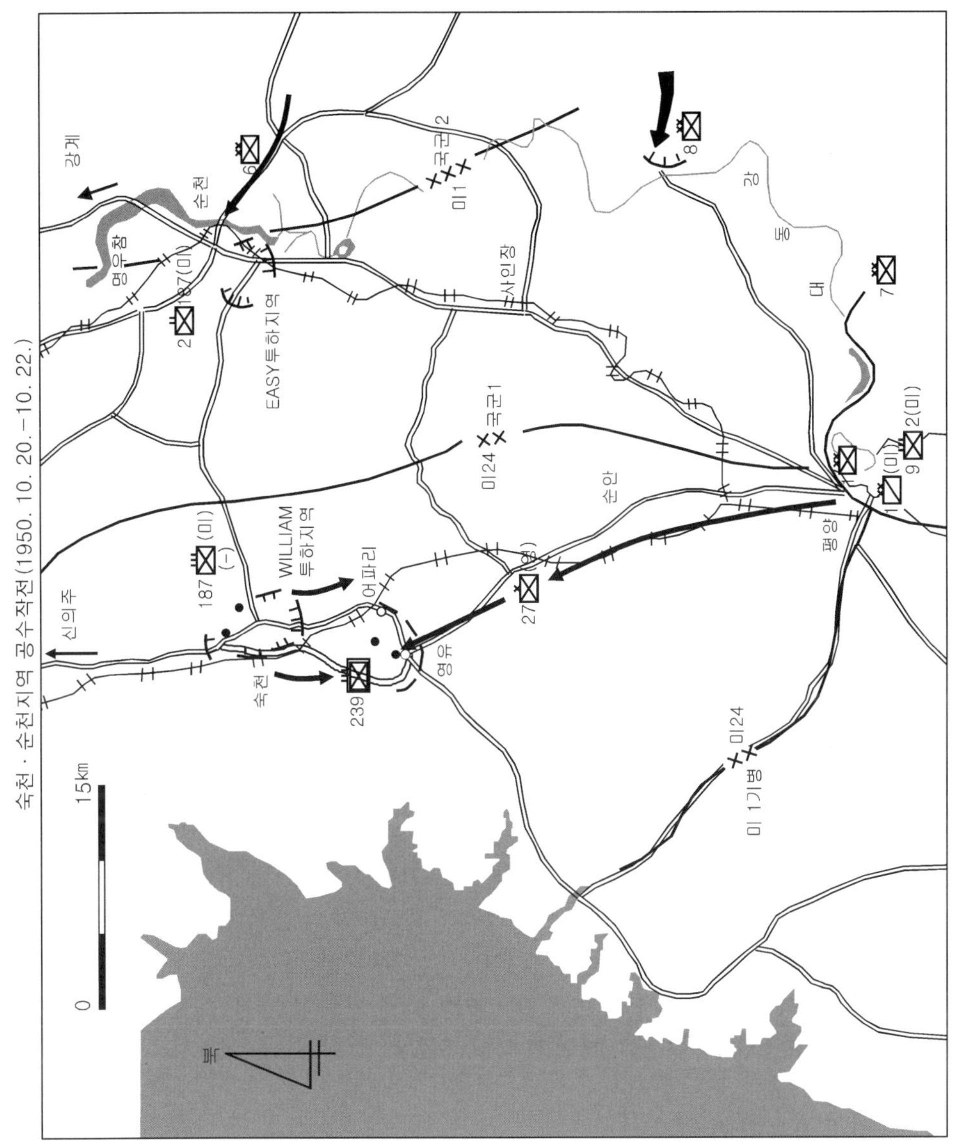

숙천·순천지역 공수작전(1950. 10. 20.-10. 22.)

다. 북한군의 주력은 이미 청천강을 넘어서 후퇴하였고, 북한 정부도 10월 12일 평양을 탈출하여 강계로 향하고 있었으며, 10월 6일경 가족을 만주의 장춘(長春)으로 이동시킨 김일성도 10월 16일 새벽 2시경 소련제 고급 승용차를 타고 평양을 빠져 나갔고, 유엔군 포로들도 이미 철수시킨 뒤였다.691)

10월 21일 09시, 숙천 남쪽의 봉쇄 지점을 출발한 187공수연대 3대대는 남쪽으로 남하하기 시작하였다. 1개 중대는 경의선을 따라 어파리(漁波里)로 남하하였고, 1개

691) *전쟁과 휴전*, pp. 188-9; *South to the Nakdong, North to the Yalu*, p. 658.

중대는 서쪽의 도로를 따라 영유(永柔)로 향했다. 어파리와 영유를 잇는 횡격실 고지는 평양과 청천강 사이에서 북한군이 저지 진지를 구축할 수 있는 가장 유리한 지형이었다. 평양을 빼앗긴 북한군은 주력을 청천강 이북으로 철수시키고 이 지역에 239연대 병력 2,500여 명을 후위 부대로 배치시켜 놓고 있었다. 이들 북한군은 등뒤에서 미군 병력이 나타나자 유엔군의 포위망을 벗어나기 위해서 발악적인 공세를 가해 왔다. 영유지역의 북한군 239연대 병력은 21일 밤 자정 무렵에 세 차례에 걸친 공격을 감행해 왔다. 중대장과 부중대장이 부상당한 공수부대 중대는 격전을 치렀으나 고지를 포기해야만 하였다. 이에 힘을 얻은 북한군은 22일 04시경 공격을 개시하여 3대대 본부가 위치한 지역까지 진출하였다가 막대한 피해를 입고 격퇴되기도 하였다. 북한군의 계속적인 공격으로 곤경에 빠진 공수부대는 긴급 지원을 요청하였다. 이때 마침, 평양을 점령한 미 1군단의 주공으로 미 24사단에 배속되어 북으로 진격해 오던 영 27여단이 전투에 참여하여 북한군을 협공함으로써 위기는 수습되었고, 북한군 239연대는 사실상 소멸되고 말았다. 영유 전투가 벌어지고 있을 때, 순천에 있던 187공수연대 2대대는 목표지역을 확보하고 있었으며 한국군 6사단이 순천 시가를 소탕하고 있었다.[692]

숙천과 순천에 낙하된 미 187공수연대는 낙하중 46명의 부상자와 65명의 전투 손실을 감수하면서 3,818명의 북한군 포로를 획득하는 전과를 올렸으나, 북한군의 주력을 차단, 섬멸하거나, 김일성 등 북한의 요인들을 사로잡지는 못했다. 10월 12일, 소련의 스탈린으로부터 신속하게 북쪽으로 철수하라는 “지시”를 받은 김일성이 행정부와 주력군을 철수시키고, 자신도 10월 16일 새벽에 평양을 떠났기 때문이었다. 그리하여 북한군 주력을 수직으로 포위하겠다는 목적으로 숙천·순천 공수작전에 투입된 미 187연대는 영유(永柔)와 어파리(漁波里)에 배치된 북한군 후위(後衛) 병력을 획득하는 전과에 만족해야만 하였다. 이들은 숙천지역을 영 27여단에게 인계한 다음 10월 23일, 미 24사단과 영 27여단이 사용하는 경의국도를 피하고, 순천을 지나는 우회 도로를 이용하여 평양으로 복귀하여 공수작전을 종료하였다.

(2) 원산상륙작전

맥아더는 원산(元山)에서 또 다른 “인천”을 연출하고, 평양-원산선을 연결함으로써 중동부전선에서 퇴각하는 북한군 주력의 퇴로를 차단하여 이들을 섬멸하겠다는 구상 아래 원산상륙작전을 계획하였다. 워커 8군사령관과 참모들은 인천상륙에 이어 서울 탈환이 완료된 후에 10군단을 평양 진격에 가담시키는 북진 작전을 기대했으나, 자기들끼리만 중얼거리고 있었으며, 맥아더가 10군단을 원산에 상륙시켜 서부에서의 작전과 동북부지역에서의 작전을 별개로 진행시키는 북진 계획을 확정하자, 워커는 이를

692) *South to the Nakdong, North to the Yalu*, pp. 658-61.

받아들여야만 하였다. 성공적인 인천상륙으로 더욱 빛나는 후광(後光)까지 갖춘 맥아더에게 그의 견해와 다른 자신의 입장을 개진할 수가 없었기 때문이었다. 다만 원산으로 진격하는 한국군을 재촉하여 10군단이 원산에 상륙하기 전에 한국군이 먼저 원산을 점령하기를 바랐다. 그리하여 그와 불편한 관계에 있던 알몬드 10군단장의 "콧대"를 꺾고 맥아더 구상의 비현실성을 행동으로 지적하고 싶어 하였다.[693] 그러나 원산상륙 준비는 맥아더의 원대한 구상 아래 계획대로 진행되었다.

북진에 관한 유엔군 사령부의 작전명령 2호가 하달되기 하루 전인 10월 1일, 맥아더는 10군단장과 7함대사령관에게 원산상륙작전을 위한 준비 명령을 하달하였다. 이에 따라 미 10군단은 10월 2일부터 7일까지 미 1군단에게 경인지역을 인계할 준비를 갖추고, 7함대는 청진(清津) 이남의 해안을 봉쇄하면서 10군단의 원산상륙을 지원할 태세를 갖추어 나갔다. 10월 7일 정오, 경인지역을 인계한 10군단은 유엔군 사령부 예비로 전환되어 10월 20일(최초는 10월 15일)로 계획된 원산상륙을 위한 준비에 들어갔다. 10월 6일 정오, 인천 사용의 우선권을 부여받은 미 해병1사단은 2만 8,000명의 병력과 장비를 승선, 적재하기 시작하였다. 10월 20일에 감행될 강습 상륙을 위한 "전투적재"는 병력과 장비 및 보급품을 같은 배에 실어야 하기 때문에 병력과 화물을 나누어 싣는 "통상적재"에 비하여 더 많은 함정과 시간이 필요하였다. 승선 작업은 10일 정도 시간이 소요되어 최초 승선한 병력은 LST상에서 화물과 함께 일 주일 가량을 기다려야만 하였다. 10월 16일 마침내 승선을 마친 미 해병은 오후 늦게 인천항을 떠나기 시작하여 원산으로 향했다.[694]

원산상륙작전에 참가할 미 7사단은 수원과 이천에 집결한 다음에, 10월 5일부터 철도와 차량을 이용하여 부산으로 향했다. 중장비의 수송은 인천에서 10척의 LST를 이용하고, 대부분의 미 7사단 병력은 차량 행군으로 충주-함창-김천-대구-경주를 거쳐 부산으로 이동하였다. 부산으로 이동하는 도중에 미 7사단은 문경 부근에서 북한군 유격대의 기습으로 두 차례나 대규모의 전투를 벌이기도 하였다. 그러나 후속 상륙부대인 미 7사단의 승선 작업은 간단하였다. 한국군 1군단이 이미 원산을 점령해 버렸기 때문에 전투적재가 아닌 통상적재를 실시하였기 때문이었다. 이에 따라 장비와 보급품은 10월 14일부터 이틀 만에 적재를 완료하였고, 병력은 하루 만에 승선이 끝나 미 7사단은 10월 17일, 계획보다 9일이나 앞서 승선 작업을 완료하였다.[695]

그러나 10월 10일 한국군 1군단이 원산을 점령함에 따라 행정적인 상륙작전으로 변질된 원산상륙도 결코 쉽지가 않았다. 인천상륙작전 이후 북한군이 30여 명의 소련 기술자들을 불러다가 원산과 흥남 해역에 3,000여 개의 고성능 기뢰(機雷)를 부설하였

---

693) 실제로 정일권 참모총장으로부터 한국군이 원산을 점령했다는 소식을 들은 워커 8군사령관은 "잘 해냈습니다. 이렇게 기쁠 수가 없습니다. 알몬드의 콧대를 꺾었습니다"라고 환호성을 지르면서 좋아할 정도였다. 정일권, *전쟁과 휴전*, p. 175 참조.

694) *South to the Nakdong, North to the Yalu*, p. 635; *韓國戰爭史*, pp. 437-9.

695) *South to the Nakdong, North to the Yalu*, pp. 631-2; *韓國戰爭史*, p. 439.

원산상륙작전(1950. 10. 26.-11. 9.)

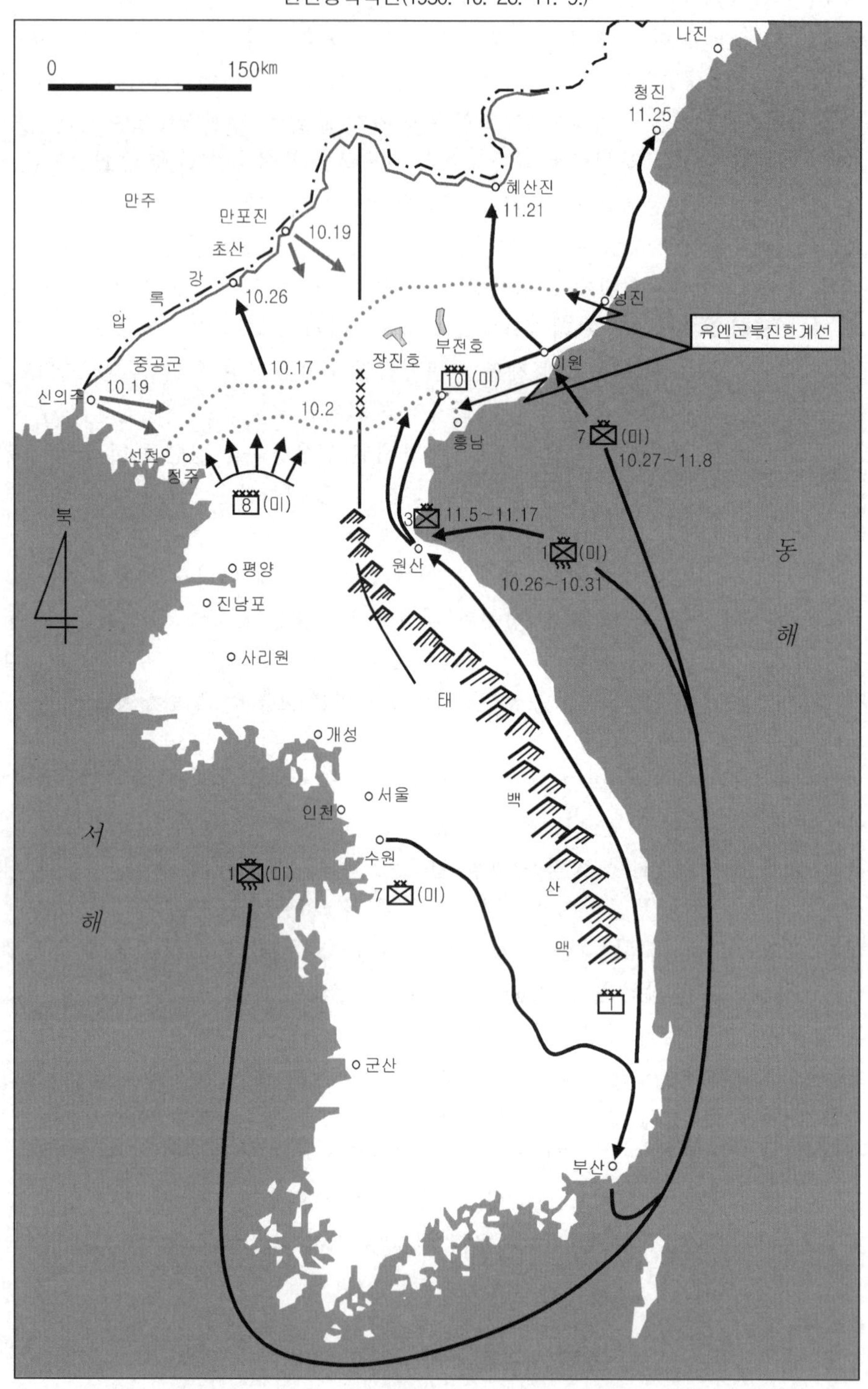

기 때문이었다. 기뢰 부설 사실을 대강 짐작하였으나, 정확한 정보를 갖지 못한 유엔군은 함정 3척이 원산 앞바다에서 크게 파손되자 대대적인 기뢰 제거 작업을 실시하기로 결정하였다.696)

원산항과 그곳에 이르는 해로의 소해작전(掃海作戰)은 매우 어려웠다. 10월 10일부터 개시된 소해작전에 미 함정 10척, 일본 함정 8척, 한국 해군 함정 1척 등 21척이 동원되었다. 기뢰(機雷) 제거 작업 도중에 미 함정 2척과 한국 함정 1척이 기뢰에 걸려 가라앉고 말았다. 그리하여 유엔군은 헬리콥터에 의한 정찰과 함재기에 의한 폭탄 투하, 소해함의 정밀 수색의 순서로 기뢰를 제거하는 방법을 고안하였다. 또 한 가지의 장애는 원산항 북쪽의 호도반도(虎島半島)에서 날아오는 북한군의 포격이었다. 이에 한국군은 10월 17일 작전을 확대하여 호도반도의 북한군을 소탕하여 위협을 제거하였으며 원산항 해변에 빽빽하게 묻혀 있던 지뢰(地雷)를 제거해 주어 상륙 준비에 필요한 시간을 단축해 주었다. 그리하여 소해작전 팀은 10월 23일 원산의 상륙 지점과 이에 이르는 접근 해로의 소해 작업을 완료하였다. 상륙 지점과 접근 해로의 소해 작업을 완료했다는 보고를 받은 7연합함대 사령관은 10월 25일에 상륙을 개시하기로 결정하였다.697)

한편 10월 19일, 원산 해역에 도착한 미 해병1사단은 바다 위에서 원산의 상륙 지점과 이에 이르는 접근 해로의 소해 작업이 완료될 때까지 바다 위에서 기다려야만 하였다. 배에 탄 채 12시간을 남으로, 12시간을 다시 북으로 하는 일 없이 왔다갔다 하면서 기다리던 미 해병은 이러한 기동 아닌 "기동작전"을 "요요작전(Operation Yo-Yo)"이라고 희롱하면서 지루함을 달래고 있었다. "요요"라는 장난감이 실에 매달려 아래 위로 오르락내리락 하는 것을 연상하여 이름지어진 "요요작전"을 끝낸 미 1해병사단은 10월 26일 태극기가 휘날리는 원산항에 상륙을 개시하여 28일까지 이를 마쳤다. 열흘 동안이나 부산 앞바다에 둥둥 떠 있다가 10월 27일에 가서야 항해를 개시한 미 7사단은 원산상륙을 취소하고, 한국군이 이미 휩쓸고 지나간 함경남도 이원(利原)으로 기수를 돌려 10월 29일 그곳에 상륙을 개시하여 11월 9일 상륙을 완료하고, 새로운 명령에 따라 혜산진(惠山鎭)으로 북상하게 되었다.698)

7) 유엔군의 북진 한계선 철폐

유엔군의 북진에 앞서 미국의 합참본부는 소련이나 중공의 한국전 개입 가능성을 우려하고 이들의 개입 구실을 제거하기 위해서 1950년 9월 27일 유엔군 사령관에게 한만국경과 한소국경지역에서의 작전은 한국군에 의해서만 수행하도록 지시를 내린

---

696) *韓國戰爭史*, p. 439.
697) *South to the Nakdong, North to the Yalu*, pp. 633-5.
698) *前揭書*, pp. 635-7.

바 있었다. 이에 근거하여 10월 2일에 하달된 유엔군 사령관의 작전 명령 2호는 유엔군의 전진 한계선을 정주-군우리-함흥-홍남으로 규정하였다. 그러나 웨이크 회담에서 돌아온 맥아더는 10월 17일, 유엔군의 전진 한계선을 북으로 끌어올렸다. “맥아더 라인”이라고 알려진 이 선은 서해안의 선천(宣川)에서 고인동(古人洞), 평원(平元), 풍산(豊山)을 거쳐 동해안의 성진(城津)에 이르고 있었다. 맥아더는 임의로 전진 한계선을 북상시켰으나, 이 선은 중국과의 국경으로부터 48-64km 남쪽에 위치하고 있어서 별다른 문제를 야기시키지는 않았다. 그러나 맥아더는 미 8군의 선봉부대가 청천강을 건너고 미 10군단이 원산에 상륙할 채비를 갖추게 되자, 10월 24일에 유엔군의 전진 한계선을 아예 없애는 조치를 취하여 한반도 내에서의 작전 제한을 철폐하고, 한국군과 유엔군을 가리지 않고 신속하게 국경으로 진출하도록 하였다.699)

유엔군의 전진 한계선을 철폐한 맥아더의 조치는 소련과 중국의 개입 구실을 최소화하려던 미 합참본부의 관심거리가 아닐 수 없었다. 이에 합참은 가장 온건한 문장으로 맥아더가 내린 전진 한계선 철폐에 대한 “틀림없이 정당한 사유(事由)”를 알려줄 수 없는가를 요구하였다. 합참의 요구에 대해서 맥아더는 첫째, 한국군이 국경지역을 확보할 만한 전투력과 지휘력이 없다는 점, 둘째, 9월 30일의 국방장관이 보낸 지침에서 북진을 함에 있어서 “전술적으로나 전략적으로 조금도 구애(拘碍)를 받지 않기 바란다”는 부분은 북한에서의 작전에 있어서 유엔군 사령관의 재량권을 인정한 것으로 간주된다는 점과 웨이크 회담에서도 이러한 문제가 논의되었다는 사실을 들었다. 맥아더의 전문을 받은 합참은 이 문제를 더이상 거론하지 않음으로써 전진 한계선을 철폐한 맥아더의 명령을 인정하게 되었다.700) 이로써 한국군과 유엔군은 한만국경까지 진출할 수 있게 되었다.

실로 10월 말 동경은 물론 워싱턴과 한국에서도 낙관적인 종전(終戰) 분위기에 들떠 있었다. 동경에 있던 유엔군 사령부는 웨이크 회담에서 맥아더가 약속한 대로 미 2사단을 전선에서 빼내어 미국이나 유럽에 재배치시킬 계획을 작성하고 있었으며, 워싱턴의 육군성은 북한의 군정 계획을 작성하여 유엔군 사령부에 보내는가 하면, 미군의 보급 부담만 가중시키면서 유엔군의 전력 보강에 도움을 줄 수 없는 유엔 회원국들의 한국 파병 제의를 어떠한 식으로 정중하게 거절할 것인가를 고민하고 있었다. 한국의 8군사령관도 10월 22일 이후에 한국에 도착하는 탄약을 일본으로 전용할 수 있는 권한을 맥아더에게 요청하여 이를 승인받기도 하였다.701) 10월 25일에 “모든 일이 그대로 잘 되어가고 있다(Everything is going just fine)”는 8군사령관의 견해나, “한반도의 국경에서 예기치 못한 사태가 발생하지 않는 한, 우리는 군사 작전의 결과에 대해서 안심해도 될 것 같다(Except for unexpected developments along the frontiers of the peninsula,

---

699) *Policy and Direction*, p. 218; *South to the Nakdong, North to the Yalu*, pp. 670-1; *韓國戰爭史*, pp. 444-5.

700) *前揭書*.

701) *South to the Nakdong, North to the Yalu*, p. 669; *Policy and Direction*, pp. 218-9, 222-32.

we can now be easy in our minds as to the military outcome)"는 한 신문 기사가 1950년 10월 말의 낙관적인 분위기를 대변해 주고 있었다.[702]

8) 압록강과 두만강으로의 총진격

평양을 점령한 미 1군단장(Frank W. Milburn 소장)은 10월 20일에 미 1기병사단을 대신하여 미 24사단을 주공으로 전방에 내세워 "맥아더선"까지 진격을 계속하도록 명령하였다. 명령을 받은 미 24사단은 10월 22일까지 주력을 평양 북쪽에 집결시키는 한편, 사단에 배속된 영 27여단으로 하여금 경의국도를 따라 북으로 진격하도록 하였다. 북진을 개시한 영 27여단은 영유(永柔)지역에서 187공수연대를 괴롭히고 있던 북한군 239연대를 협격하여 섬멸한 다음에 187공수연대를 뒤로 제치고 청천강으로 계속 진격하였다. 군단의 주공이 된 미 24사단은 주력을 평양 북방에 집결시키면서 영 27여단과 미 89중(中)전차대대와 미 90포병대대를 배속받아 전열을 보강하고 공격을 실시하였다.

미 1군단의 조공인 한국군 1사단도 진격을 멈추지 않았다. 군단 작전 명령에 따라 6전차대대 C중대는 "코끼리 특수임무부대"로 편성되어 한국군 1사단의 진격로를 개척하면서 개천(价川)에서 희천(熙川) 쪽으로 진출하여 구장동(球場洞)까지 올라가 그곳의 철로를 봉쇄한 다음에 군우리(軍隅里: 价川)로 돌아왔다. 그 뒤를 따라 올라온 한국군 1사단은 10월 23일 군우리에서 안주(安州)로 진출하고, 사단에 배속된 미 6전차대대 D중대는 북한군 T-34 전차 2대와 자주포 2대를 파괴하고 전차 1대를 노획하는 전과를 거두기도 하였다. 1사단은 안주에서 파괴된 교량을 수리하여 10월 23, 24일에 청천강을 도하한 다음에 서북쪽으로 진격하여 운산(雲山)으로 진격하였다. 미 24사단의 선봉으로 진격하던 영 27여단은 한국군 1사단의 뒤를 이어 10월 24일 청천강을 도하한 후에 동북쪽으로 진격하여 정주(定州)로 진격해 들어갔다. 이로써 미 1군단은 청천강을 건너 북진을 계속할 태세를 갖추게 되었다.[703]

서부지역에서 미 1군단이 압록강으로 진격하고 있을 때 8군의 우익을 맡은 한국군 2군단은 청천강 상류의 묘향산맥(妙香山脈) 자락의 험산준령(險山峻嶺)을 누비며 진격을 서두르고 있었다. 평양이 탈환되던 10월 19일, 2군단은 평안북도 희천(熙川)을 목표로 6, 8사단을 진격하도록 하였다.

10월 19일 평양 동북방 50km 지점에 위치한 성천(成川)을 점령한 6사단은 7연대를 선두로 10월 20일 순천(順川)에 돌입하여 그곳에 낙하한 187연대 2대대 병력과 20시경 합류하고, 21일 06시 8군의 선봉으로 군우리(軍隅里: 价川)로 진격하였다. 그러나 6사단 병력은 선봉 부대라는 자부심에 근거한 사기는 높았으나 보급 지원이 제대로 뒤따르지 못하여 식량과 연료를 현지에서 획득해야만 하였고, 포탄이 떨어져 미 187공수

702) *South to the Nakdong, North to the Yalu*, pp. 669-71; *The New York Times*, October 29, 1950.
703) *South to the Nakdong, North to the Yalu*, pp. 671-2.

연대 2대대에서 400발의 포탄을 얻어오기도 하였다. 이러한 악조건하에서도 진격을 계속한 6사단 7연대 병력은 저항하는 북한군들에게 "전쟁이 끝났으니 총을 버리고 고향으로 돌아가라"고 소리쳐 이들을 도주하도록 만든 다음, 21일 밤 개천을 점령하였다. 개천을 점령한 6사단은 21일 21시 30분경 개천이 점령당한 사실을 모르고 신안주(新安州)로부터 개천으로 진입하는 북한군 보급 열차를 노획하여 10량의 화차에 가득 실은 화기와 군복, 전차 8대를 노획하였으며, 뒤따라 진입하는 열차와 화차 6량을 다시 노획하였다. 북한군의 보급 열차를 노획한 6사단 장병들은 땀에 찌들고 다 해진 여름 복장을 벗어던지고, 노획한 북한군 군복과 탄띠, 농구화까지 착용하여 북한군과 구별이 어려울 정도였다. 죽음과 더불어 진격을 해온 병사들을 누구도 말릴 수가 없었다. 그리하여 "6사단은 8군 대신 북한군의 보급을 받는다"는 일화를 남기면서 진격을 거듭하였다. 6사단은 22일 08시에 영유(永柔)에서의 전투로 진출이 늦어진 미 1군단의 "코끼리 특수임무부대"와 연결하고, 23일에는 희천으로 공격을 개시하여 북한군 18사단의 저항을 분쇄하고 16시에 희천을 점령하면서, 20대의 전차와 의약품과 보급품을 실은 6량의 화차까지 노획하였다.[704] 이와 같이 한국군 6사단은 희천을 점령한 후에 "북한군으로부터 보급 지원을 받으면서" 벽동(碧潼)과 초산(楚山)으로 진격할 태세를 갖추게 되었다.

한편 한국군 2군단의 우익(右翼)인 8사단은 6사단을 후속하여 10월 21일 성천에 집결한 후, 가창(假倉)-북창(北倉)-덕천(德川)을 경유하여 희천으로 진격하였다. 8사단은 어느 부대도 넘어 보지 못한 험한 산악지대를 통과하여 10월 23일 맹산(孟山)과 덕천(德川)을 점령하였다. 사단은 10월 26일 희천에 도착하여 강계(江界) 방향으로 공격할 준비를 갖추었다.[705]

10월 24일, 서부전선의 8군지역에서 미 1군단의 선봉인 한국군 1사단이 청천강을 도하하여 운산(雲山)으로 진격하고 있었고, 뒤이어 청천강을 도하한 영 27여단은 정주(定州)로 진격할 준비를 갖추고 있었으며, 우측의 한국군 2군단의 선봉인 6사단은 희천(熙川)을 점령한 후에 온정리(溫井里)와 북진(北鎭)을 거쳐 초산(楚山)으로 공격할 태세를 갖추고, 뒤를 이어 8사단이 덕천(德川)과 영원(寧遠)을 장악하고 있었다. 동해안 지역에서도 원산항과 진입 수로의 소해 작업이 완료되어 10군단이 상륙할 수 있게 되었고, 한국군 1군단의 3사단에 의해서 원산과 홍남지역의 소탕 작전이 마무리되었으며, 북진을 계속하고 있던 수도사단은 풍산(豊山)과 단천(端川)을 향하여 발걸음을 재촉하고 있었다.

서부와 동부에서 한국군과 유엔군이 별다른 장애를 받지 않고 진격을 계속하자, 맥아더는 10월 24일에 미 8군사령관과 미 10군단장에게 휘하의 전 병력을 동원하여 국

704) *洛東江에서 楚山까지*, pp. 287-300; *韓國戰爭(上)*, pp. 545-51; 國防部 戰史編纂委員會, *淸川江戰鬪* (1985), pp. 15-48.

705) *淸川江戰鬪*, pp. 66-70.

경선까지 진격하라는 명령을 하달하였다. 이로써 한국전선에서 싸우고 있던 부대는, 국적에 관계 없이 압록강과 두만강으로의 총진격을 서두르게 되었다.

(1) 서부전선에서의 진격

맥아더의 지시를 받은 서부전선의 미 8군사령관(Walton H. Walker 중장)은 모든 북진 제한 조치를 철폐하고, 예비로 보유했던 한국군 7사단을 미 1군단(Frank W. Milburn 소장)에 배속하고 국경선지역의 작전은 한국군 1, 7사단을 위주로 실시하라는 권고는 하였으나, 10월 24일을 기해서 총 진격 명령을 하달하였다. 이에 따라 미 1군단은 군단의 좌익인 미 24사단(5연대전투단, 영 27여단 배속)을 선천을 경유하여 신의주(新義州)로 진격시키고, 우익의 한국군 1사단은 운산(雲山)을 거쳐 수풍(水豊)으로 진격하도록 하였다. 압록강으로 진격 명령은 받은 한국군 2군단(劉載興 소장)은 좌익의 6사단으로 하여금 희천-온정리 축선으로 진격하여 벽동(碧潼)과 초산(楚山), 우익의 8사단은 희천-강계 축선으로 진격하여 만포진(滿浦鎭)과 중강진(中江鎭)을 탈환하도록 하였다.[706] 서부전선에서 압록강 총진격이 개시되었다.

① 운산 진격과 철수

운산(雲山)-삭주(朔州)-수풍으로의 진격 명령을 받은 한국군 1사단(白善燁 준장)은 15연대를 구룡강(九龍江) 동쪽에서 운산의 동측방을 공격하도록 영변(寧邊)으로 진출시키고, 12연대를 구룡강 서쪽에 투입하여 용산동(龍山洞)을 탈취하고 운산 정면으로 진격하도록 하고, 11연대는 12연대가 용산동을 점령하면 그곳으로 진출하여 차후 명령을 기다리도록 하였다. 1사단은 10월 24일 11시 공격을 개시하여 15연대가 15시에 영변에 도착하여 이틀 전에 그곳을 장악한 6사단 19연대로부터 지역을 인수하였다. 12연대는 용산동에서 대대 규모의 북한군 병력의 저항을 받아 1개 전차소대를 용산동 후방으로 진출시켜 이들을 협격하여 물리치고, 용산동을 점령하였다. 이로써 1사단은 운산 공격을 위한 중간 목표를 점령하였다.[707]

중간 목표를 점령한 1사단은 10월 25일 아침 운산 공격을 개시하였다. 우익의 15연대는 운산 동쪽으로, 12연대는 운산의 남쪽으로 공격하여 이들은 경미한 북한군의 저항을 격퇴하고 11시경 운산(雲山)에 돌입하였다. 그러나 운산에는 북한군의 그림자조차도 찾아볼 수 없었고, 병풍처럼 둘러싼 준봉(峻峰)들만 에워싸고 있었다. 하복을 입고 있던 장병들은 아침, 저녁 냉기와 더불어 스산한 느낌마저 느낄 수 있었으나, "압록강, 압록강"을 외치며 진격에 여념이 없었다. 운산을 점령한 12, 15연대는 수풍으로 진출하기 위해서 중간 목표인 청산장시(靑山場市)를 향해서 북쪽으로 전진하기 시작하였

706) *前揭書*, pp. 49-50, 71.

707) *淸川江戰鬪*, pp. 70-7; *韓國戰爭(上)*, pp. 558-9; *軍과 나*, pp. 115-6; *South to the Nakdong, North to the Yalu*, pp. 675-6.

다. 그러나 선두의 15연대는 박격포 탄막 사격에 의해서 저지되었고, 좌익의 12연대는 측방에서 기습을 받았으며, 미 6전차대대도 직격탄을 맞아 전차가 손상되는 피해를 입었다. 뒤따르던 11연대도 측방과 후방에서 공격을 받았다. 지금까지 경험하지 못한 반격이었다. 전방과 측후방에서 공격을 받은 1사단 3개 연대는 운산을 중심으로 원형으로 포진(布陣)하여 마치 서부극에서 이동하던 포장마차 대열이 인디안의 습격을 받아 방어 대형을 취하는 것과 같은 상황이 전개되었다.[708] 중공군이 한국전선에 출현한 것이다.

운산 주변의 산악에 잠복하고 있던 중공군의 공격이 시작되었다. 첫날 15연대가 중공군 포로 한 명을 생포하였다. 1사단장은 즉시 미 1군단장을 영변의 사단사령부로 오도록 하여 중공군 포로를 직접 심문함으로써 이 포로가 중국의 남부지방에서 태어나 해남도(海南島)에서 전투를 한 적이 있던 중국인이라는 사실을 확인하고 많은 숫자의 중공군이 운산과 희천에 잠복해 있다는 진술을 확보하였다. 미 1군단장은 이 사실을 8군과 유엔군 사령부에 보고하였으나, 중공군의 전면적 개입 가능성이 매우 희박하여 중공군의 전력을 낮게 평가하고 있던 상급 사령부는 한 명의 중공군 포로가 진술한 내용을 대수롭게 생각하지 않고 있었다. 그러나 이때부터 한국군 1사단과 중공군에게 포위되다시피 된 1사단의 철수를 엄호하기 위하여 투입된 미 1기병사단 8기병연대의 혹독한 시련은 시작되었다.[709]

운산지역의 전황은 결코 좋지 않았다. 10월 25일 밤부터 시작된 중공군의 공격을 받은 1사단 12, 15연대는 진지를 고수하고 있었으나, 운산 남쪽 4km 지점에서 사단의 주보급로가 차단되었다. 사단의 예비인 11연대가 투입되어 보급로를 다시 확보하였으나, 미 8군은 27일 11시 공수 보급을 실시하여 1사단에게 연료, 포탄, 탄약, 식량 등을 보급하기도 하였다. 10월 27일 밤과 28일 사이는 소강 상태가 유지되어 다행스러웠다. 중공군의 개입에도 불구하고 미 8군은 진격 작전을 계속하기 위하여 미 1기병사단으로 하여금 한국군 1사단을 초월 전진하여 수풍으로 진격하도록 명령하였다. 8군의 명령에 따라 미 1기병사단 8기병연대가 진출하는 동안 10월 29일과 30일 사이에 1사단은 공격을 계속했으나, 중공군 진지를 돌파하지 못했다. 오히려 한국군 6사단이 온정리에서 철수하여 사단의 우측방이 노출되었고, 좌측의 미 24사단과도 25km의 간격이 형성되어 고립 위기에 처해 있었다. 이러한 상황에서 10월 31일, 1사단 12연대와 미 8기병연대가 진지를 교대하던중, 중공군의 반격을 받아 전세는 걷잡을 수 없이 악화되었다. 11월 1일 16시 미 8기병연대와 진지 교대를 마친 12연대는 사단 예비로 영변 북쪽의 입석(立石)에 집결하였고, 사단 예비로 있던 11연대는 군단의 동측방, 미 1기병사단 5기병연대의 서측방을 엄호하도록 하고, 7기병연대는 개천(价川)에서 한국군 2군단 지역의 작전에 투입될 준비를 갖추고 있었다. 이로부터 운산지역에서는 한·미 연합전

708) *前揭書*. 특히, *軍과 나*, p. 116.
709) *前揭書*; *軍과 나*, pp. 118-20.

선이 형성되어 일단 방어를 취하고, 한국군 2군단과 연결을 이루기 위하여 5기병연대 3대대를 동측방으로 이동시켰다.[710)]

한국군과 미군이 병력을 배치, 이동시키면서 방어 진지를 강화하고 인접 부대와 연결을 유지하려 하고 있을 때, 11월 1일 오후 전투 전개를 완료한 중공군 39군은 예하 115, 116사단을 투입하여 이 날 17시 운산지역의 한・미군을 포위 공격하였다. 한국군 15연대는 고전을 하고 있었으며, 8기병연대의 진지는 돌파되었고, 서측방에서 침투한 중공군 1개연대는 운산에서 용산동에 이르는 퇴로를 차단하였다. 사태가 여기에 이르자 미 1기병사단장은 7기병연대의 운용과 8기병연대의 운산철수를 건의하였으나, 미 1군단장은 이를 거절하였다. 한국군 2군단이 거의 와해된 상태에서 7기병연대를 운산 전투에 투입할 수가 없었다. 야간에 포를 쏘아대고 피리와 꽹과리를 치면서 계속적으로 중공군은 공격을 해왔고, 특히 우측의 한국군 2군단 전선이 붕괴되어 중공군 38군과 40군 등 2개 군단 병력이 청천강 계곡으로 진출함에 따라 운산 지역은 중공군의 독무대가 되었다. 상황의 긴박함을 인식한 미 1군단장은 한국군 2군단 상황을 확인하기 위하여 개천에 도착하여 그곳에 있던 한국군 2군단장으로부터 "한국군 2군단의 가용 병력은 7사단의 1개 연대뿐이다"라는 설명을 듣고, 안주(安州)의 군단사령부로 돌아오면서 11월 1일 20시에 사단장회의를 소집하였다. 사단장회의에서 한국군 1사단장의 상황 설명을 들은 군단장은 미 8군사령관에게 전화를 걸었다. 수화기를 놓은 미 1군단장은 1사단장에게 야간 철수가 가능한가를 물었다. 한국군 1사단장으로부터 "즉시 가능하다"는 답변을 들은 군단장은 "1사단은 즉시 입석과 영변선으로 철수한다. 철수의 엄호는 미 1기병사단과 협의하라. 미 24사단은 현 위치에서 진격을 정지하고 차후 명령을 기다리라"는 명령을 하달하였다.[711)] 이 명령은 낙동강전선을 돌파하여 북진을 개시한 이래 최초로 하달된 철수 및 방어 명령이었다.

그러나 철수도 쉽지 않았다. 철수 명령을 받은 1사단 병력은 밤새도록 철수하여 운산 남쪽 10km 지점인 입석(立石)까지 철수를 완료하였다. 11월 2일 밤에 다시 영변(寧邊)으로 철수하여 군단 우익으로 남하하는 중공군을 저지하고, 11월 3일 전선을 미 1기병사단에게 인계한 후에, 청천강을 건너 안주(安州)에 집결하여 미 1군단의 예비가 되었다. 이러한 한국군 1사단의 철수와는 달리, 미 1기병사단 특히, 8기병연대는 극심한 피해를 입었다. 철수 명령을 접수한 미 1기병사단 부대 중에서 8기병연대 3대대는 철수할 수가 없었다. 중공군이 3대대를 완전히 포위하였고, 11월 2일에는 통신마저 두절되었다. 1기병사단장은 8기병 3대대를 구출하기 위하여 5기병연대를 투입하였으나, 큰 손실을 입고 격퇴되고 말았다. 전선의 붕괴 위험에 직면한 1기병사단장은 11월 2일 밤에 3대대의 구출을 포기하고 철수를 결심하였다. 적진 속에 고립된 부대의 구출을 포기하고 철수해야 할 정도로 위급한 상황이었다. 한편 고립된 상태에서 2일 간이나

710) *淸川江戰鬪*, pp. 122-31.
711) *前揭書*, pp. 132-7; *軍과 나*, pp. 123-4.

더 버틴 8기병연대 3대대는 11월 4일 오후 늦게 250명의 부상자와 간호를 자청한 군의관을 남겨 놓은 채, 야간을 이용하여 철수하였다. 그러나 장교 10명과 사병 200명만이 청천강을 건넜고, 나머지 600여 명은 전사 또는 포로가 되었다. 미 1기병사단은 신안주(新安州)로 철수하여 재편성에 들어갔다. 이로써 10월 25일부터 11월 5일까지 계속된 중공군과의 전투에서 한국군 1사단은 530명의 전사와 실종자가 발생하였고, 미 1기병사단은 약 1,500여 명의 전사 및 실종자를 기록하였다.[712] 철수는 더욱 어려운 작전이었다.

② 신의주로의 진격

한국군 1사단의 좌익에서 미 24사단은 영 27여단을 앞세워 신의주(新義州)로 진격하였다. 10월 24일 10시 박천을 무혈 점령한 영 27여단은 정주를 점령하기 위하여 대령강(大寧江)을 건널 준비를 갖추면서, 대령강에 부교를 가설하는 동안 전열을 가다듬고 있었다. 10월 27일 대령강을 도하한 영 27여단은 정주로 진격하였다. 효성령 일대에서 강력한 저항을 물리치고 10월 30일 아침 정주에 진입하여 정주의 소탕 작전에 돌입한 영 27여단은 사단에 요청하여 선봉 임무를 교대해 줄 것을 건의하였다. 이에 사단장은 21연대를 투입하여 영 27여단의 임무를 인수하고 신의주로 진격하도록 하였다.[713]

정주에서 영 27여단을 초월 공격한 21연대는 곽산(郭山)을 향하여 진격을 계속하였다. 곽산 동쪽에서 500여 명의 강력한 저항을 받았으나, 이를 격퇴하고 진출을 계속하여 선천(宣川)을 지나 원동(院洞)까지 진출하였다. 11월 1일 21연대는 신의주 남쪽 32km 지점에 위치한 정거동(停車洞)까지 진출하였다. 11월 2일에는 신의주까지 진출할 수 있다는 기대감에 젖어 있던 21연대 1대대는 11월 1일 저녁에 사단장으로부터 진격을 멈추고 종심 방어 태세를 갖추라는 명령을 받았다. 21연대 1대대는 한국전쟁 초기에 "스미스부대"라는 이름 아래 오산 북방 죽미령(竹美嶺)에서 미군으로서는 최초의 전투를 수행한 바 있었으며, 스미스 중령이 지휘하고 있었다. 방어 명령을 받은 21연대 1대대는 11월 1일 밤 기습 공격을 받았으나, 전차 7대를 파괴하고 100여 명을 사살하면서 이를 격퇴하였다. 그리고 11월 2일에는 명에 의하여 청천강선으로 철수하게 되었다.[714]

한편 영 27여단과 21연대가 박천(博川)을 경유하여 경의선 축선을 따라 신의주로 진격하고 있을 때, 5연대전투단은 북쪽으로 진격하여 태천(泰川)과 구성(龜城) 방향으로 진출하였다. 10월 28일 박천을 출발한 5연대전투단은 300여 명의 북한군 저항을 물리치고 전차 9대와 자주포 4문을 노획하는 전과를 기록하면서 태천을 점령하였다. 10월

712) *South to the Nakdong, North to the Yalu*, pp. 689-708; *淸川江戰鬪*, pp. 138-47; *軍과 나*, pp. 126-7.
713) *South to the Nakdong, North to the Yalu*, pp. 681-2.
714) *South to the Nakdong, North to the Yalu*, pp. 681-4.

29일, 5,000-6,000명의 북한군과 조우한 전투단은 항공 지원을 요청하여 돌파를 감행하고, 구성으로 진격하여 10월 31일 12시경 이를 점령한 후 북쪽으로 퇴각하는 북한군 300여 명을 사살하고 자주포 2문과 대전차포 6문을 노획하는 전과를 거두었다. 구성을 점령한 다음에 진격을 계속하여 구성 북방 16km 지점까지 진출한 5연대전투단 선두부대는 통신 연락기가 떨어뜨린 통신통에 의해서 "진격을 멈추고 방어에 임하라"는 사단장의 명령을 받고, 21연대와 마찬가지로 청천강선으로 철수하라는 명령에 따라 11월 2일 철수길에 올랐다.[715] 이로써 미 1군단은 압록강으로의 진격을 멈추고 청천강선으로 철수하게 되었다.

③ 한국군의 초산 진출

미 1군단의 동쪽에서 북진을 계속한 한국군 2군단 역시 압록강으로의 진격을 서둘렀다. 한국군 2군단은 7사단 8연대를 제외하고는 평양탈환작전에 직접 참여하지 않았기 때문에, 청천강과 압록강 진출에 있어서 선두에 나설 수 있었다. 초산과 벽동을 목표로 진격하라는 명령을 받은 6사단은 7연대를 초산(楚山), 2연대를 벽동으로 진격시키고, 19연대를 예비로 하여 압록강으로 진격하였으며, 희천(熙川), 강계(江界)를 거쳐 만포진과 중강진으로 진출하라는 명령을 받은 8사단은 10, 16연대를 앞세우고 21연대를 예비로 삼아 희천을 거쳐 강계로 진출하려 하였다. 제한 없는 총진격 명령으로 어느 부대가 먼저 압록강과 두만강으로 진출하느냐에 관심이 집중되어 부대간의 협조가 결여된 채, 모든 부대는 북쪽으로의 진격에 여념이 없었다. 한국군 2군단의 6, 8사단도 예외가 아니어서 압록강으로의 진격 속도를 빨리 하고 있었다.

초산으로 진격을 재촉하던 6사단 7연대는 10월 24일 07시 진격을 개시하여 희천 북방 35km 지점에 위치한 적유령산맥(狄踰嶺山脈)의 분수령인 극성령(棘城嶺, 654고지)을 넘어 10월 25일 오전에 초산군 회목동(檜木洞)에 도착하였다. 진격 도중에 7연대는 중공군 포로를 잡아 이로부터 1개 사단 규모의 중공군이 온정리와 북진 사이의 고지에 배치되어 있다는 첩보를 수집하였으나, 연대는 이를 무시하고 이날 18시 30분에 고장(古場)을 점령하였다. 첫눈이 내려 산야가 하얗게 뒤덮인 10월 26일 07시 7연대 1대대는 초산(楚山)을 향해 질주하였다. 초산 남쪽 6km 지점에서 북한군 8사단장이 수습한 병력의 저항을 받아 한 시간 반 동안 격전을 치른 후 7연대 1대대는 초산에 진입하였다. 그로부터 6km를 더 북쪽으로 전진한 7연대 1대대는 압록강이 눈에 보였다. "압록강이다!"라는 함성이 터져 나왔다. 선두에 나선 7연대 1대대 1중대 첨병소대는 강변에 태극기를 꽂았고 수통에 물을 담아 이승만 대통령에게 보내기도 하였다. 7연대 1대대는 1중대를 강변의 경계부대로 배치하고, 주력은 초산으로 철수하였다. 이로써 10월 26일 14시 15분, 한국군 6사단이 압록강에 진출한 것이다.[716]

---

715) *前揭書.*

716) *韓國戰爭(上)*, pp. 554-8; 李大鎔, *국경선에 밤이 오다*(和南出版社, 1987), pp. 35-6; *洛東江에서 楚山까지*, pp. 300-10.

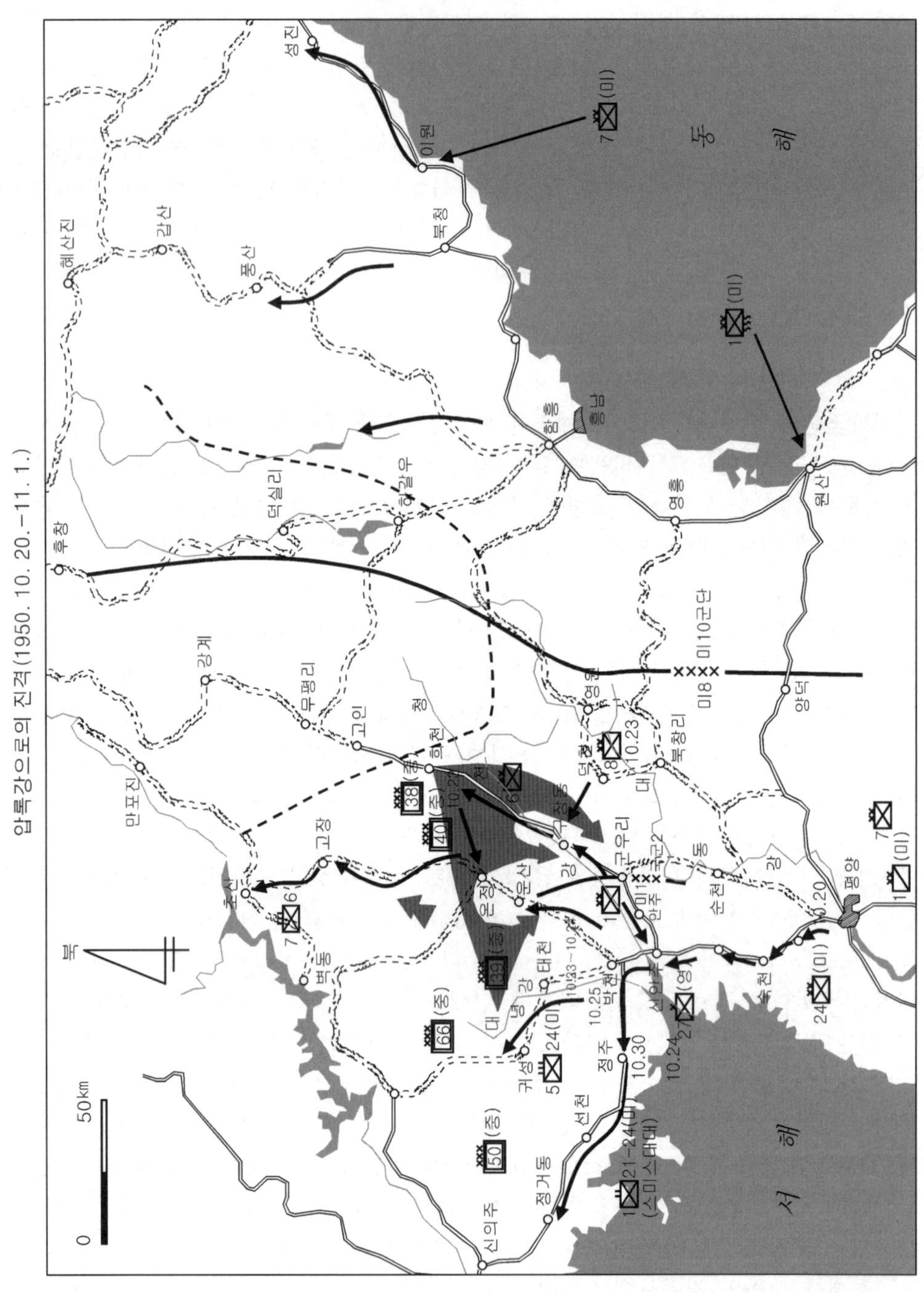

압록강으로의 진격(1950. 10. 20.-11. 1.)

한편, 10월 25일 온정리(溫井里)에서 벽동을 목표로 북진(北鎭)으로 진격하던 2연대는 온정리와 북진 사이 고개에서 강력한 저항에 직면하였다. 중공군이 이 고개를 지키고 있었다. 선두인 3대대가 분산되자 2대대가 투입되었으나 상황은 마찬가지였다.

10월 26일 온정리를 빼앗긴 2연대는 퇴로마저 차단되어 주요 장비를 버려둔 채 태평(泰平) 방향으로 철수하였다. 이에 6사단은 희천에 대기중인 19연대를 온정리로 급파하여 2연대를 구출하도록 하고 초산에 진출중인 7연대의 후퇴를 군단장에게 건의하였다. 6사단의 위급한 상황을 보고받은 군단장은 희천으로 진출하고 있던 8사단에게 진격을 중지하고, 구장동(球場洞)으로 집결하여 차후 명령을 대기하라는 지시와 함께 10연대를 온정리로 급파하여 6사단 2연대를 구출하고 장비를 회수하라는 명령을 하달하였다. 그러나 2연대를 구출하기 위하여 투입된 부대들도 중공군에게 격파되고 주요 장비를 모두 빼앗기고 말았다.[717] 온정리를 중공군이 장악하자 운산에서 중공군의 삼면(三面)공격을 받고 있던 한국군 1사단의 우측방마저 노출되는 결과가 빚어지고 말았다.

10월 27일, 사단장으로부터 철수하라는 명령을 받은 7연대는 공수보급을 받으면서 10월 29일 철수를 개시하였다. 철수 도중에 유엔 공군기의 엄호를 받아가며 철수하였으나 공군기가 사라지면 중공군의 사격이 이를 대신하였다. 이에 사단장은 전투 장비를 제외한 모든 장비를 파괴, 소각하고 회목동(檜木洞)으로 철수하라는 명령을 하달하였다. 7연대 장병은 피리와 꽹과리를 치면서 야간에 공격하는 중공군의 인해전술로 공포에 싸여 있었다. 상황이 악화되고 장병들의 사기가 저하되자, 7연대장은 적진을 각개 돌파하여 구장동(球場洞)으로 집결하라는 "최후의 명령"을 내렸다. 이에 따라 연대는 삼삼오오(三三五五)로 산길을 따라 남하했으나, 이미 중공군이 구장동을 장악한 사실을 알고, 또 다시 묘향산을 넘어 청천강 남쪽으로 무거운 발걸음을 재촉하였다. 11월 6일, 사선을 넘어 개천에 집결한 연대 병력은 3,552명 가운데 875명에 불과하였다. 대대장 1명을 포함한 참모와 연대 고문관 등 많은 장병들이 전사, 실종, 포로가 되었다. 특히 한때 철수를 거부하고 죽음으로써 초산을 사수하겠다던 초산의 1중대는 중대장이 11월 9일 사병 20명과 민간인 간호학생 2명만을 지휘하여 사단에 복귀 신고를 할 수 있었다. 초산까지 진출하였던 6사단은 뒤늦게 돌아오는 병력을 수용하면서 개천(价川)에서 군단 예비로 전열을 재정비하게 되었다.[718]

한국군 2군단은 미 1군단의 예비로 있던 한국군 7사단까지 배속받아 구장동(球場洞)-덕천(德川)지역에 투입하여 군단의 철수를 엄호하고 미 8군의 동측방을 방호하려 했으나, 중공군이 이미 그곳까지 진출해 있어서 개천-원리 일대로 철수하여 부대를 정비하고 있었다. 이로써 서부의 미 8군과 동부의 미 10군단 사이는 더욱 이격되었고, 이 간격은 유엔군이 아닌 중공군이 메우고 있었다.

(2) 동부전선에서의 진격

미 10군단의 원산상륙에 앞서 원산을 점령한 한국군 1군단은 10군단의 상륙에 대비

717) *淸川江戰鬪*, pp. 111-2.
718) *淸川江戰鬪*, pp. 114-21; *洛東江에서 楚山까지*, pp. 314-23; *국경선에 밤이 오다*, p. 132.

하여 3사단으로 하여금 원산지역의 소탕과 경계 임무를 수행하도록 조치하고, 수도사단을 북으로 진출시켜 10월 17일 함흥과 홍남을 점령하고 북진을 계속하도록 하였다. 10월 18일 함흥에서 입성식을 마친 수도사단은 18연대를 장진(長津)-부전(赴戰)호 방향, 1연대는 홍원(洪源)을 거쳐 북청(北淸)-풍산(豊山) 방향, 1기갑연대는 단천(端川)-성진(城津)의 동해안 가도를 따라 진격하도록 하였다. 10월 20일, 미주리(Missouri)함에서 헬리콥터로 원산비행장에 내린 미 10군단장(Edward M. Almond 소장)은 군단사령부를 원산에 설치한 다음에 북위 39°10′ 이북과 태백산맥 이동지역에서 작전 통제를 시작하고, 한국군 1군단(3, 수도사단)과 미 1해병사단, 미 7사단, 원산에 추진될 미 3사단 등 약 10만여 명을 지휘하게 되었다. 원산에 군단사령부를 설치한 10군단장은 10월 21일 수도사단사령부가 위치한 함흥(咸興)을 방문하여 북진 작전에 대해서 의견을 교환하고, 미 10군단 주력이 원산지역에 상륙할 때까지 한국군만의 계속적인 북진과 추격을 늦추지 말도록 당부하였다.[719]

원산지역의 소탕과 경계 임무를 담당한 3사단은 원산이 평정되자, 10월 25일, 22연대를 원산에 남겨두고, 26연대를 장진호 방향으로 진격시키고, 23연대를 함흥으로 진출시켜 수도사단의 북진 작전을 지원하였다. 10월 26일에 미 10군단 주력인 미 해병1사단이 원산에 상륙하자, 3사단은 22연대마저 함흥으로 진출시켜 본격적으로 북진 태세를 갖추었다.

동부지역에서도 중공군이 나타났다. 함흥에서 장진호 방향으로 12km 지점에 위치한 상통리(上通里)에서 수도사단 18연대와 교대한 3사단 26연대는 장진호 방향으로 진격을 계속하다가 중공군 포로 1명을 생포하였는데, 서부전선에서 한국군 1사단이 중공군 포로를 획득한 날과 같은 10월 25일이었다. 동부지역에도 중공군이 출현한 셈이다. 북진을 계속하던 26연대는 10월 29일 하갈우리(下碣隅里: 長津) 남쪽 수동(水洞) 북쪽에서 1,000여 명의 병력과 대치하여 치열한 근접 전투를 전개하였다. 이 날 오후에는 저항하는 병력이 증강되고 박격포 사격도 강화되어 더이상 진격을 할 수가 없었으나, 이 전투에서 16명의 중공군과 60여 명의 북한군 포로를 획득하였다. 함흥의 1군단사령부에서 실시된 중공군 포로 심문에서 이들은, 과거 장개석군이었으나 중공군으로 전환되었으며, 10월 16일 압록강을 건너 만포진(滿浦鎭)을 경유하여 장진으로 남하한 42군 124사단 370연대 소속 중공군 병사라는 것을 알아냈다. 한국군 1군단의 보고를 받은 10군단장도 10월 30일 함흥에 도착하여 중공군이 투입되었다는 사실을 확인하고, 이를 맥아더 장군에게 보고하였다.[720] 10월 25일, 동부와 서부전선에서 중공군 포로가 잡힘으로써 중공군이 한국전선에 투입되었다는 것이 사실로 드러나게 되었다. 그러나 이들 중공군 포로들의 진술만으로는 유엔군의 한만국경으로의 진격 계획에 별다른 영향을 끼칠 수가 없었다.

---

719) *South to the Nakdong, North to the Yalu*, pp. 684-5.
720) *前揭書*, pp. 686-8.

한편 북진을 계속하던 수도사단은 진격 도중에 직면한 저항을 극복하고 부전호, 풍산, 성진 방향으로 진출하고 있었다. 10월 20일 신흥(新興)을 점령한 18연대는 10월 22일에 백암산과 부전령(赴戰嶺)을 점령하고, 거기에 진지를 구축하였다. 같은 날, 홍원(洪原) 및 신포(新浦)를 점령한 1연대는 진격 방향을 정북쪽으로 전환하여 풍산으로 공격하고, 10월 28일 풍산(豊山)을 점령하는 쾌거를 이루었다. 10월 24일 신북청(新北靑)을 출발한 1기갑연대도 10월 25일 단천을 점령하고, 27일 마천령(摩天嶺)에서 저항하는 1개 연대 규모의 북한군 저항을 물리친 후에 성진(城津) 시가를 감제할 수 있는 지형을 확보하였다. 이로써 수도사단은 10월 말까지 18연대가 개마고원(蓋馬高原)지역, 1연대가 함경산맥, 1기갑연대가 백두산에서 남으로 뻗은 마천령산맥(摩天嶺山脈)에 올라서 있었다. 수도사단 병사들은 보급 사정이 여의치 않아 여름 복장으로 덜덜 떨고 있었으나, 통일의 선봉에 서 있다는 자긍심(自矜心)으로 사기는 충천해 있었다.[721]

동부전선의 작전을 책임진 미 10군단장은 10군단의 주력이 원산에 상륙하자, 10월 26일 작전회의를 개최하고 미 1해병사단, 미 7사단, 미 3사단과 한국군 1군단의 작전지역과 임무를 조정하였다. 서부지역의 8군이 평양을 점령하게 되자 평양으로의 진격 대신 북으로 진격하라는 명령을 받은 10군단장은 한국군 1군단으로 하여금 미 1해병사단과 미 7사단이 진출할 때까지 적에게 군사적인 압력을 가하고 있다가, 새로 투입되는 미 해병사단과 7사단에게 전선을 인계하고, 궁극적으로는 백두산 이동의 국경선을 점령하도록 하였다. 미 1해병사단은 장진호로 진출하고, 미 3사단이 원산에 도착할 때까지 원산-함흥지역을 경비하도록 하였으며, 미 7사단은 이원(利原)에 상륙하는 즉시 풍산과 부전호를 거쳐 혜산진으로 진출하도록 하였다.[722] 이제, 미 10군단도 본격적으로 북진 작전을 서둘렀다.

① 장진호, 혜산진 진격

장진호(長津湖) 방향으로 진격한 미 1해병사단은 11월 2일 7해병연대를 수동(水洞)으로 진출시켜 한국군 3사단 26연대와 임무를 교대하였다. 그곳에서 대치하고 있던 중공군은 임무를 막 교대한 7해병연대를 공격하여 주간 전투가 벌어졌다. 이어서 계속된 야간 전투에서 미 해병은 치열한 근접전을 전개하여 700여 명의 중공군을 사살하였으나, 해병도 큰 희생을 감수하면서 중공군의 공격을 격퇴하였다. 중공군으로부터 "첫 인사"를 공격으로 받은 7해병은 해병 항공대의 근접 지원을 받으면서 진격하여 황초령(黃草嶺)을 넘어 11월 10일에 고토리(古土里)를 점령하였다. 전방의 중공군은 접촉을 유지하고 장진호 방향으로 후퇴하면서 미 해병을 "유인하는 듯"하였다. 그러나 미 1해병사단은 11월 13일에 작전 명령을 하달하여 선두의 7해병은 하갈우리(下碣隅里: 長津)를 점령한 후 서북쪽의 유담리(柳潭里)로 진출하고, 5해병연대는 고토리와 진흥리 간

721) *韓國戰爭(上)*, pp. 568-9.

722) 國防部 戰史編纂委員會, *韓國戰爭史, 第4卷*(1980), p. 599; *韓國戰爭(上)*, pp. 574-6.

의 주 보급로를 확보하며, 1해병연대는 사단의 좌익을 보호하도록 하였다. 사단의 명령에 따라, 진격을 거듭한 7해병연대는 11월 16일에 하갈우리를 점령하고 11월 24일에 유담리를 탈취하였다. 이렇게 진격하는 동안 미 해병은 중공군 포로들을 잡아 장진호 부근에 많은 중공군이 투입되었다는 사실을 알았으나, 진격을 주저하거나 그 속도를 늦추지 않았다.[723)]

한국군 수도사단과 임무를 교대하여 혜산진(惠山鎭)으로 진격하라는 명령을 받은 미 7사단도 임무 교대와 동시에 중공군의 공격을 받았다. 이원(利原)에 상륙한 후, 풍산으로 진격하여 11월 2일 수도사단 1연대와 임무를 교대한 미 17연대는 2개 연대 규모 병력의 공격을 받았으나, 이를 격퇴하고 추격전을 감행하였다. 수도사단 18연대로부터 부전호(赴戰湖)지역을 인수한 미 31연대는 11월 8일 백산(白山, 2379고지) 동측에서 1개 대대 규모 병력의 공격을 받아 이를 격퇴하였으나, 이 전투에서 사살된 병력은 중공군 42군 126사단 376연대 병력이라는 사실이 판명되었다. 17연대와 31연대를 전방으로 진출시킨 미 7사단장은 32연대 병력은 풍산(豊山)에서 초리(初里)에 이르는 사단의 병참선을 보호하도록 하였다. 중공군의 출현으로 진격에 신중을 기하던 미 7사단장은 11월 12일 풍산에 도착한 10군단장의 북진 명령에 따라, 17연대를 갑산(甲山)을 거쳐 혜산진으로 진격시키고, 31연대를 부전강(赴戰江)을 따라 북진하여 혜산진 서쪽 압록강변의 신갈파진(新乫波鎭)으로 진출하도록 한 다음, 32연대는 이원에서 풍산에 이르는 보급로를 확보하도록 하였다.[724)] 서부전선이 소강 상태에 머물고 있을 때 동부전선에서의 본격적인 압록강 진격 작전이 전개되었다.

압록강으로의 진격 명령을 받은 미 7사단 17연대는 11월 15일 공격을 개시하여 19일에는 보전포(步戰砲) 협동 작전으로 갑산을 점령하였다. 31연대는 험한 산악로를 통하여 부전호 북단(北端)까지 진출하였으나, 진격로가 소로인 데다가 눈까지 쌓여 전진이 불가능하였다. 이에 사단장은 11월 20일에 31연대와 후방에 있던 32연대 주력을 갑산으로 이동하도록 하여 삼수(三水)를 거쳐 신갈파진으로 북진하도록 하였다. 진격을 계속하던 미 17연대는 해군 함재기에 의해서 폐허가 되다시피 된 혜산진을 무혈 점령하였다. 이로써 미 17연대는 10월 26일 초산을 점령한 한국군 6사단 7연대에 이어 압록강에 도달한 두 번째 부대가 되었으며, 유엔군으로서는 처음이었다.[725)]

10군단은 군단에 배속된 미 3사단과 미 1해병사단에 배속되었던 한국군 3사단 26연대 등 4개 연대를 원산지역에 배치하여 지역의 경계와 보급 기지 및 보급로를 확보하도록 하고 미 1해병연대를 전방으로 진출시켜 북진을 서둘렀다. 군단은 여기저기서 중공군의 포로가 잡히고 이들의 부대로 보아 상당히 많은 중공군 병력이 장진호 부근의 동부전선에 투입되었다는 사실을 파악하였으나, 이들의 전력이 대단하지 않을 것이라

---

723) *South to the Nakdong, North to the Yalu*, pp. 741-5; *韓國戰爭(上)*, pp. 576-7.
724) *South to the Nakdong, North to the Yalu*, pp. 732-8; *韓國戰爭(上)*, pp. 577-81.
725) *前揭書.*

는 판단을 하고 있었다. 그리하여 서부지역의 미 8군이 중공군의 저항에 직면하여 청천강선으로 철수한 후 청천강 교두보만을 확보하고 숨을 돌리고 있을 때, 10군단은 압록강과 두만강으로의 진격에 더욱 박차를 가하고 있었다.

② 두만강으로의 진격

부전호와 풍산지역을 미 7사단에게 인계한 수도사단은 동해안을 따라 북진을 재촉하였다. 성진(城津)에 병력을 집결시킨 수도사단은 기갑연대를 정면에 투입하고, 1연대를 동측으로 우회시켜 길주(吉州)를 공격하였다. 이에 맞서 북한군 41사단과 507여단 병력이 길주를 중심으로 강력한 방어 진지를 편성하고 있었다.

수도사단은 11월 1일 공격을 개시하였다. 11월 3일 길주 정면의 개활지까지 진출한 기갑연대는 길주 동남쪽에 위치한 고지에 배치된 북한군의 사격을 받아 고전을 면치 못하고 있었다. 11월 5일 1연대가 고지의 후사면을 통과하여 진격하고 공군 및 포병의 강력한 지원을 받은 기갑연대가 공격을 감행하여 길주를 점령하였다. 길주를 빼앗긴 북한군은 명천(明川) 북방의 어랑천(漁郞川)으로 북상하고 나남(羅南)과 청진(淸津)에 있던 병력은 어랑천으로 남하하여 강력한 방어선을 구축하였다. 북한군이 방어선을 강화하자, 수도사단은 1연대로 명천을 공격하게 하고, 기갑연대는 합수(合水) 방향에서의 위협에 대비하도록 하여 좌측방을 보호하면서, 장진호지역을 미 1해병사단에게 인계하고 함흥에서 철로로 이동하고 있던 18연대로 하여금 1연대를 초월하여 봉강(鳳岡)과 어랑천을 공격하도록 하였다. 11월 7일 1연대는 명천을 점령하고 10일에는 명천 북쪽까지 진출하여 북한군의 역습에 대비하였다. 11월 9일 현지에 도착한 18연대가 어랑천 공격을 개시하였으나 북한군의 저항도 만만치 않았다. 특히 어랑천 북안(北岸)이 급경사를 이루고 있어서 이를 공격하던 18연대는 폭설 속에서 미 해병대 전폭기의 헌신적인 지원에도 불구하고 후방으로 철수하였다. 수도사단의 공격은 북한군에 의해서 어랑천에서 일단 저지되었다.[726]

수도사단의 진격이 어랑천에서 돈좌되자 1군단장은 합수 방향으로 군단 예비인 3사단을 투입하고 이 지역에 배치된 기갑연대를 수도사단의 예비로 삼아 18연대를 지원하도록 하였다. 11월 19일 공격을 재개한 수도사단은 계속되는 공격에 치명적인 타격을 입고 철수하는 북한군을 공격하여 어랑천 북안을 확보하였다. 어랑천에서 철수한 북한군은 회문을 경유하여 주을, 청진 방향으로 축차 진지를 구축하면서 지연전을 수행하려 하였다. 그러나 수도사단은 이들을 계속 추격하여 11월 21일 주을(朱乙), 23일 경성(鏡城), 24일 나남(羅南), 11월 25일 청진(淸津)까지 점령하였다. 청진을 점령한 수도사단은 진격 방향을 정북으로 전환하여 회령(會寧)으로 진출할 태세를 갖추게 되었다.[727]

---

726) *South to the Nakdong, North to the Yalu*, pp. 729-32; *韓國戰爭(上)*, pp. 581-6; 國防軍史硏究所, *韓國戰爭(中)*(1996), pp. 136-9.

727) *前揭書*.

두만강으로의 진격(1950. 11.)

한편, 원산지역을 소탕, 경계하다가 군단의 예비로서 후방지역 방어와 기회 교육으로 전투력을 보강하고 있던 3사단(22, 23연대)은 11월 16일에 합수지역에 투입되었다.

합수를 점령하라는 군단의 명령을 받은 3사단장은 23연대를 성진(城津)에서 합수, 22연대를 길주에서 합수 방향으로 진격시켜 합수를 양익 포위하여 이를 점령하려 하였다. 성진에서 합수로 진격한 23연대는 11월 20일 진격을 개시하여 기갑연대의 진지를 인수하고, 진격을 계속하여 합수 동남쪽에서 강력하게 저항하는 북한군의 저항을 미 공군기의 지원을 받아 무력화시키고 11월 22일 합수를 점령하였다. 하루 늦게 합수에 도착한 22연대는 합수 북방 백암(白岩)으로 진출하여 23연대와 임무를 교대하고, 지역의 경계를 강화하였다. 이로써 3사단은 합수에서 무산(茂山)으로 진격할 태세를 갖추게 되었다.[728]

동부전선의 작전을 지휘한 미 10군단장은 가급적 빨리 함경도지역을 장악하면서 국경선으로 진출하기 위해서 북진을 재촉하였다. 특히 중공군이 서부전선과 묘향산맥(妙香山脈), 동부와 서부전선을 분리하는 낭림산맥(狼林山脈) 등지에 집중적으로 투입되었기 때문에 동부전선에서의 북진 작전은 11월 말까지 계속될 수 있었으나, 지형과 기후 조건의 악화로 인한 장애로 10군단은 압록강변의 혜산진(惠山鎭)과 신갈파진(新乫波鎭)을 점령하는 것으로 국경 진출을 마감할 수밖에 없었다. 이러한 가운데서도 한국군 수도사단은 북한군의 강력한 저항을 극복하고 청진(淸津)까지 점령하여 한반도의 최북단까지 진격한 사단이 되었다. 그러나 8군과 10군단은 상호 협조된 작전을 수행하지 못하여, 군사적으로 상호 견실한 연결이 이루어지지 않은 채 북진을 위주로 한 작전을 계속함으로써 동부와 서부의 간격을 더욱 이격(離隔)시켜 중공군에게 충분한 활동 무대를 제공하여, 특히 10군단은 육상 병참선이 차단당하는 결과를 감수해야만 하였다.

15. 중공군의 개입

1) 개입 목적

"중국 인민지원군(人民志願軍)이라는 명의(名儀)로 한국전쟁에 중공군을 파견한다"는 중국의 한국전 개입 결정은 단순한 동기(動機)에서 비롯되었거나 단편적인 과정(過程)만을 거쳐서 구체화된 것은 아니었다. 한국전쟁 당시, 기나긴 내전(內戰)을 거쳐 사회주의 국가를 수립한 지 1년여밖에 되지 않았던 중국은 외부 개입보다는 내부 결속과 국가로서의 기반 구축을 급선무(急先務)로 판단하고 있었으나, 이를 위한 주변의 안정과 외부 원조의 확보 또한 결코 도외시할 수 없는 요소임을 파악하고 있었다. 중국이 판단한 이러한 대내외적인 요구는, 한국전 개입 여부를 결정하는 데 있어서 여러 가지 차원에서의 동기와 복합적인 요소의 면밀한 검토와 칭량(稱量)을 요구하였다. 정

728) *韓國戰爭(上)*, pp. 586-8; *韓國戰爭(中)*, pp. 139-41.

치·이념적인 판단, 군사적인 고려, 외교적인 책략, 경제적인 계산 등 모든 요소가 면밀하게 비교, 검토될 수밖에 없었다. 따라서 한국전에 개입하겠다는 중국의 결정 동기는 단순하지 않았으며, 과정 역시 단편적인 성질의 것이 아니었다.

중국의 한국전 개입 결정은 중국과 국경을 공유하고 있는 한반도의 북부에 사회국가체제를 보존시켜 중국의 안전을 도모하고, 소련과의 우호관계를 유지하며, 동북아시아 지역에서 미국의 위치를 손상시켜 일본과 대만에 대한 미국의 영향력을 감소시키려는 정치적 목적을 머금고 이루어졌다.

중국에 세워진 왕조나 국가의 전통적인 대한반도정책은 "순망치한(脣亡齒寒)"의 개념하에 수립되어 왔고, "이이제이(以夷制夷)"나 "조공제도(朝貢制度)"라는 실천적 개념을 통해서 이를 유지하려 하였다. 중공 역시 북한의 국가적 실체를 유지시켜 이를 중국의 안보를 위한 완충 지대로 삼으려 하였다. 그리하여 북한의 김일성이 남한을 침공하려 했을 때, 소련과 더불어 중국은 북한을 도왔으며, 특히 중국 내전에 참전했던 한국인들을 집단적으로 북한에 보냄으로써 북한군 전투력의 근간을 이루도록 하였다. 그리고 모택동은 만약 미군이 개입할 경우에 중국은 군대를 파견하여 북한을 도울 것이라는 의사 표시와 "시가지 점령에 시간을 허비하지 말고, 전투력을 집중하라"는 우정어린 충고까지 해주었다. 소련과 더불어 북한의 무력 사용을 지지한 바 있던 중국은 북한의 국가적 실체가 사라질 경우에 중공의 실체 보존에 지대한 영향을 미칠 수 있다는 정치적, 안보적 판단을 하게 되었다. 북한이 사라짐으로써 "순망치한(脣亡齒寒)"이 현실로 나타나지 않도록 하자는 것이 중국의 첫째 개입목적이 되었다.

중국 개입의 두 번째 목적으로서, 소련의 지원 정도가 미흡하다고 판단하였음에도 불구하고, 중국은 소련의 개입 권유를 외면할 수 없었다는 점이다. 북한 김일성의 남침을 승인하면서 소련의 스탈린은 어떠한 경우에도 소련의 지상군 참전은 불가능하다는 점을 명백히 하였고, 뜻하지 않은 사태가 전개되었을 때를 대비하여 김일성으로 하여금 모택동과 협의하도록 하였다. 그리하여 북한은 모택동으로부터 미군이 참전할 경우에 중국은 병력을 보내서 북한을 돕겠다는 언약을 확보하기도 하였다.[729] 이러한 언약에 따라 중국은 이미 7월 초 미국의 개입이 가시화되었을 때, 25만 5,000명의 병력을 만주 요양(遼陽), 안동(安東), 집안(輯安), 통화(通化) 등지로 이동시켜 중국의 동북지역의 방위에 임하도록 결정하고, 소련의 공중 지원을 요청하기도 하였다. 이에, 소련의 스탈린은 9개 사단을 즉시 한만국경에 집결시키라는 권고와 함께 이에 대한 공중 지원을 약속하였다.[730] 그러나 10월 1일, 김일성과 박헌영의 긴급 원조 요청을 받은 스탈린이 모택동에게 북한을 도와줄 것을 요청하였을 때, 모택동은 중공군에 대한 공중

729) Roshin's cable to Stalin, May 16, 1950, Archives of the President of Russia, quoted in *The Korean Conflict, 1950-1953*, pp. 52-3.

730) Roshin's cable to Moscow, July 2, 1950; Stalin to Zhou Enlai, July 5, 1950; Stalin to Mao Zedong, July 8, 1950; Stalin to Mao Zedong and Zhou Enlai, July 13, 1950, in *Ibid.*, pp. 86-7; *蘇聯極秘外交文書, 3*, pp. 79-82.

엄호와 무기 지원에 대한 소련의 확실한 보장이 없는 상태하에서 중공군의 한국전 개입은 무리라는 점을 부각시켰다. 그는 최초에 중공 지원군 사단을 북한에 파병하려 하였으나, 중공군이 약하여 미군과의 전투에서 승리한다는 보장이 희박하고 중공의 개입이 소련의 개입을 강요하는 구실이 될지 모른다는 이유를 들어 중공군의 개입을 주저하는 의견을 개진하고, 주은래(周恩來)와 임표(林彪)를 스탈린에게 직접 파견하여 이러한 중국의 입장을 전달하고 소련의 적극적인 지원 가능성을 타진하도록 하였다. 이에 스탈린은 중국에 대한 공군 지원은 약속하면서도 소련 공군이 최초 한반도에서 작전하는 중공군의 직접 엄호는 곤란하다는 입장을 취했다. 그리고 그는 모택동에게 첫째, 미국이 한국에서 보여 준 바와 같이 대전(大戰)을 치를 준비가 되어 있지 않고, 둘째, 일본은 미국에게 원조를 제공할 처지가 못 되며, 셋째, 이러한 이유로 미국은 한반도에서 소련의 지원을 받는 중국에 굴복할 것이고, 넷째, 같은 이유로 미국은 대만을 포기할 것이며, 일본의 재무장을 도모하지 않을 것이라는 점을 지적하고 이와 같은 양보는 중국이 가만히 기다림으로써 얻어지는 것이 아니라는 점을 들어 중공군의 개입을 촉구하였다.[731] 그러나 중국 공산당 중앙정치국은 중공군만의 개입은 무리라는 입장을 취했다. 사실 이미 중공군의 한국전 개입을 결정한 모택동도 소련의 미온적인 태도에 실망하여 10월 15일에 한반도로 진입시키려던 중공군의 출동을 중지시키고, 지원군 사령관 팽덕회(彭德懷)와 후방사령관 고강(高崗)을 북경으로 소환하여 10월 13일 중앙정치국 회의를 소집하였다.[732] 반면에 소련의 직접적 공중 지원을 요구하면서 개입을 주저하는 중공의 반응을 접한 스탈린도 10월 12일 김일성에게 한반도에서 철수하라는 지시를 내리기도 하였다.[733] 스탈린이 김일성에게 철수하라는 지시를 내린 다음날인 10월 13일 중국 공산당 중앙정치국은 소련의 지원이 미흡하더라도 북한을 지원한다는 결정을 내렸다는 전문이 모스크바에 전달되었다. 그리고 중국의 공산당 중앙정치국 위원들이 국제 정세와 소련으로부터의 무기 지원 및 공중 지원 문제에 대해서 명확한 인식을 가지지 못하였기 때문에 북한 지원을 망설였으나, 소련의 지원이 명확한 이상 중국이 북한을 지원하는 것은 옳고, 당연하다는 모택동의 의견이 첨부되었다.[734] 그러나 10월 17일, 지원군 부사령관 겸 13병단장 등화(鄧華)를 중심으로 한 주요 지휘관들은 항공 지원도 없고 대공 화기도 부족한 상태에서 방어 진지 구축이 어려운 겨울에 진출하기보다는 1951년 봄에 출병하자는 건의를 해왔다. 이러한 건의에 접한 모택동은 18일 공식 명령을 대기하라는 지시를 내리고, 팽덕회와 고강을 다시 북경으로 소환하면서, 10월 18일 모스크바에서 귀환하고 있던 주은래로부터 스탈린의 입장을 들어 보기로 하였다. 10월 18일, 공산당 간부회의를 주재한 모택동은 주은래로부터 스탈린과의

731) *蘇聯極秘外交文書, 3,* p. 101; Stalin to Kim Il Sung, October 8, 1950, in *The Korean Conflict, 1950-1953,* pp. 101-2.

732) *韓國戰爭(中)*, pp. 69-77.

733) Stalin to Kim Il Sung, October 12, 1950, in *The Korean Conflict, 1950-1953,* pp. 101-2

734) Roshin to Stalin, October 13, 1950, in *Ibid.*, pp. 102-3; *蘇聯極秘外交文書, 3,* p. 102, 105.

회담내용을, 팽덕회로부터는 일선 지휘관들의 건의 내용을 청취하였다. 여기에서 모택동은 "적이 평양을 공격하고, 곧이어 압록강에 도달하게 될 상황에서는 지원군의 파병 결정과 즉각적인 행동을 지연시킬 수 없다"는 결론을 내리고 지원군의 압록강 도하 개시시간을 10월 19일 저녁으로 확정하였다. 그리고 자신이 직접 10월 19일 저녁에 압록강 도하를 개시하여 이튿날 새벽 4시 도하를 중단하고 엄폐를 철저히 하라는 지시까지 하달하였다.[735] 이와 같이 중국은 소련으로부터의 확고한 지원하에 중공군의 한국전 파병을 원했으나, 자국의 안전을 위한 신속한 개입 필요성과 소련의 개입 요구를 무한정 외면할 수만은 없었다.

다음으로 중국은 북한에 대해서 소련과 더불어 "동지적(comradely)," "보호자적(paternalistic)" 영향력을 행사하려는 정책적 의지도 가지고 있었다. 모택동은 1950년 5월 15일, 북경을 방문한 김일성에게 미국의 개입이 있을 경우에 병력을 지원하겠다는 입장을 밝히기도 하고, 군사 작전에 관해서 보호자적인 충고를 아끼지 않았던 것이다. 그리고 중공군 개입 후에 전개된 상황에서 나타난 바와 같이 모든 군사 작전은 모택동과 팽덕회의 지도 아래 수행되었으며, 특히 휴전회담 진행에 관해서는 스탈린에게 사사건건 보고를 하여 사전 승인이나 차후 추인을 받긴 했으나, 거의 전권을 행사하였다. 이와 같이 중국의 모택동은 명시적으로 밝히지는 않았지만 중공군을 한국전에 파병함으로써 중국 내전에 참여한 한국인의 기여에 대한 보답은 물론, 소련과 더불어 북한에 대한 후견국으로서의 위상을 확립하는 계기로 삼으려 하였다.

"인민지원군(人民志願軍)"이라는 명목으로 중공군을 한국전에 참전시킨 중국의 동기와 목적은 1950년 10월 24일 개최된 중국의 정부와 당대표가 참석한 특별회의석상에서 행한 모택동의 연설에서 요약, 개진되었다. 한반도가 중국에 이르는 관문(關門)이라는 점을 설명한 모택동은 과거 일본이 한반도를 점령하고 중국을 침공한 사실을 지적하면서, 중국 정부는 중국의 안보에 중대한 영향을 미칠 수 있는 "미국의 한반도 점령을 받아들일 수 없다"는 점을 명백하게 밝혔다. 소련과의 동반 참여를 요구하는 일부 여론과 미국과의 직접적인 대결로 인한 중국의 안보를 우려하는 견해를 의식한 모택동은 중국과 소련은 "매우 정중하고 정직한 관계를 유지하고 있는 동맹국"이라는 점을 밝히고, 만약에 미국이 중국을 공격하면 소련은 1950년 2월 14일 서명한 중·소 우호동맹 상호원조조약(中·蘇 友好同盟 相互援助條約)에 근거한 의무를 수행할 것이라고 말함으로써 중공군의 한반도 파병으로 인하여 미국과의 전면전을 우려하는 목소리를 잠재우려 하였다.[736]

이와 같이 중국은 미국이 주도한 유엔군과 싸우는 북한을 지원함으로써 적극적인 차원에서 중국의 안보를 보장하려는 의도하에, "항미원조(抗美援朝) 보가위국(保家衛

---

735) Chen Jian, *China's Road to the Korean War*(Columbia University Press, 1994), pp. 207-8; *韓國戰爭(中)*, pp. 79-80.

736) Roshin to Stalin, October 25, 1950, in *The Korean Conflict, 1950-1953*.

國)"이라는 개념으로 압축된 한국전 개입 목적을 현실화시켰다.[737] 한마디로 표현하여, "미국에 대항하고 조선을 원조함으로써 중국을 보위하자"는 것이 중국의 한국전 개입 목적의 정수(精髓)였다.

2) 중국 지원군의 편성과 전개

1950년 7월 초, 미 지상군의 전선 투입이 구체화되었을 때, 중국은 자체 판단과 소련의 권고에 근거하여 중국 동북지역의 안전과 필요시 북한을 지원할 수 있는 대비 태세를 갖추기 위하여 "동북변방군(東北邊防軍)"을 조직하였다. 중국의 중앙군사위원회는 7월 13일(7월 7, 10일 회의 후)에 "동북변방보위(東北邊防保衛)에 관한 결정"을 내려 하남(河南), 광동(廣東), 광서(廣西), 호남(湖南), 흑룡강(黑龍江) 등지에 분산 배치되어 있던 13병단(兵團)의 38, 39, 40, 42군, 포병 1, 2, 8사단, 1개 고사포연대, 1개 공병연대 등 25만 5,000명으로 동북변방군(東北邊防軍)을 조직하였다. 동북변방군으로 편성된 이들 병력은 이동을 개시하여 8월 중순경 안동(安東), 봉성(鳳城), 통화(通化), 집안(輯安), 요양(遼陽) 등지에 집결하여 정비 및 훈련에 들어갔고, 8월 하순경 상해지역의 9병단과 서북지역의 19병단도 동북변방군을 지원하도록 하였으며, 9월 6일 호북(湖北)의 50군도 동북변방군에 편입시키고, 4개 비행연대, 3개 전차여단, 18개 고사포연대 및 10개 군소속 포병을 증편하여 지원능력을 증강시켰다. 중국은 또한 대도시와 공업지역의 안전을 도모하기 위하여 3개 항공사단, 15개 고사포연대, 1개 탐조등연대 등을 북경, 천진, 상해, 항주, 광주 등지에 배치하여 대공 방어에 임하도록 하였다. 동북변방군을 조직하여 만주지역에 배치하고, 주요지역의 대공 방어를 강화한 중공은 직·간접적인 통로를 통하여 미국에 대해서 "강력한 경고"를 전달하였다.[738]

한국군의 북진이 현실로 나타나고 유엔군의 북진이 확실시된 10월 1일부터 중공 중앙정치국은 모택동 주석의 주관하에 여러 차례 회의를 소집하여 북한을 지원할 준비에 착수하였다. 한국전 개입에 대한 찬반 토론을 거친 후 10월 8일, 모택동은 동북변방군을 "중국인민지원군(中國人民志願軍)"으로 개칭하고 출동 준비를 갖추도록 예비 명령을 하달하였다. 지원군은 13병단 및 그 소속 38, 39, 40, 42군과 변방포병사령부와 그 소속 포병 1, 2, 8사단을 관장하도록 하고, 팽덕회(彭德懷)를 지원군 사령원(司令員)으로 임명하여 이를 지휘하도록 하였다. 후방의 안전과 지원 업무는 동북군구(東北軍區) 사령원 고강(高崗)이 책임지도록 하였다. 북한을 지원할 "중국인민지원군"의 편성이 구체화되었다.[739]

---

737) 中國人民解放軍 軍事科學院 軍事歷史研究所 編著, *中國人民志援軍 抗美援朝戰史*(北京: 軍事科學出版社, 1988), 韓國戰略問題硏究所 譯, *中共軍의 韓國戰爭史*(서울: 世經社, 1991), p. 1.

738) *中共軍의 韓國戰爭史*, pp. 6-9.

739) *前揭書*, pp. 12-4.

지원군 사령관으로 임명된 팽덕회는 10월 9일과 16일 심양(瀋陽)과 안동(安東)에서 군(軍) 이상 간부회의와 사단 이상 간부회의를 소집하여 "항미원조(抗美援朝)작전" 개념과 방침을 하달하였다. 팽 사령관은 지원군의 임무로서, "조선인민을 원조하고, 혁명 근거지를 보호 지속시켜, 기회를 보아 적을 소멸할 기지로 삼는 것"이라고 말했다. 그리고 그는 "거보적(巨步的) 전진(前進)·후퇴(後退)의 운동전(運動戰)"이 한반도 지형에 꼭 적합한 것은 아니기 때문에, "진지전(陣地戰)과 운동전(運動戰)의 배합(配合)" 방침을 채택하여 우선 "진지를 확보하고, …적의 유생역량(有生力量)을 소멸하는 것"이 중요하다는 점을 강조하였다. 그리하여 "적을 능히 소멸하면서 또한 진지를 지킬 수 있는 것"을 최선의 방책으로 제시하였다. 이러한 임무를 수행하기 위해서 팽 사령관은 4개 군으로 하여금 동시에 압록강을 건너도록 하여 강계(江界), 희천(熙川), 운산(雲山), 덕천(德川), 맹산(孟山)지역으로 집결하도록 하였다. 이들 병력은 명령에 따라 10월 19일, 안동(安東), 장전하구(長甸河口), 집안(輯安)에서 압록강을 도하하여 전장(戰場)으로 투입되었다. 이로써 중공군의 개입이 전장(戰場)의 현실로 구체화되었다.[740]

3) 전략 및 전술

지원군이라는 이름으로 한국전쟁에 병력을 파견한 중공군은 "분리와 소멸"이라는 기본 개념하에 군사 작전을 수행하려 하였다. 10월 19일, 중공군의 전면 개입을 결정한 후에 북한의 대표단(박헌영, 유성철)을 접견한 모택동은 먼저 미군과 한국군을 분리(分離)하고 미군에 비해서 전력이 약한 한국군을 먼저 소멸(掃滅)시켜야 한다는 점을 분명하게 밝힌 바 있었다. 이러한 기본 개념에 입각하여 중공군은 먼저 한국군을 포위, 소멸하고, 미군의 측방을 노출시켜 미군의 퇴로를 차단, 포위함으로써 이들 또한 소멸시키는 작전을 수행하려 하였다. 최초 진지 확보를 위한 공격 작전에서도 중공군은 우선 서부와 동부에서 진출하는 한국군 1, 3사단을 양측에서 소멸 또는 견제하면서, 한국군 6, 7, 8사단을 먼저 소멸시키는 공세 작전을 수행하여 서부와 동부의 연결을 차단하고, 유엔군 전선의 균형을 파괴시켜 청천강 이북지역부터 확보하려 하였다. 이와 같은 중공군의 "분리와 소멸" 개념은 중공군의 한국전 수행의 전 과정에서, 넓게 또는 좁게, 적용된 전략(戰略)의 근간을 이루었다.

중국은 내전을 통하여 중공군의 전력은 되도록 온전하게 보존하면서 국부군의 전력을 최대한 소모시키기 위하여 "거보(巨步)적 전진·후퇴의 운동전(運動戰)" 전략 개념을 적용하였다. 이러한 전쟁 수행 개념은 기동 공간이 넓은 중국 대륙을 전장으로 이용한 중공군의 전략이었다. 그러나 한반도에서 완충지역을 확보하는 것을 목적으로 개입한 중공군은 한반도에서 "토지(土地)를 확보"하는 것을 주 임무로 정하고, 이를 위해

740) *前揭書.*

서 유엔군과 한국군의 전력을 소멸시키는 전략과 전술을 구사하였다. 이러한 전술은 하나의 진지를 고수하는 단순한 고수 방어가 아니라 유엔군과 한국군을 소멸시키면서 진지를 확보하는 것을 지향하고 있었다. 그리하여 중공군은 기동전이 아닌 "진지전(陣地戰)과 운동전(運動戰)의 배합(配合)" 방침을 채택하였다.[741]

"분리와 소멸"이라는 개념하에 "진지전과 운동전"을 배합한 작전을 수행한다는 방침을 내세운 중공군은 상황이 요구하는 작전 형태에 따라서 유인(誘引), 은밀한 기동과 침투, 야간 요란(擾亂)과 공격, 정면 공격과 후퇴 및 철수를 유동적으로 배합하는 전술을 구사하였다. 제공권의 상실로 인한 기동의 제한으로 야간을 이용하여 은밀하게 압록강을 도하하고 전장의 산악 집결지로 이동한 중공군은 측방 연결이나 공격부대간 상호 연결 없이 경쟁적으로 압록강으로 진출하고 있던 한국군의 진격을 방관하면서 유인한 다음, 진격 부대 후방의 퇴로를 차단하고, 진출한 병력을 양익에서 포위하는 전술을 사용하였다. 중공군은 제공권을 장악하고 있던 유엔군의 주간 공격을 피하기 위하여 피리와 꽹과리를 불고 쳐대면서 야간 공격을 감행함으로써 화력 지원의 열세를 극복하고 최대의 전과를 거두려 하였다. 중공군의 대규모 개입으로 인해서 야기된 "정신적 공황"상태를 극복한 유엔군의 반격으로 전선이 연결되고 후방 침투와 측방 우회가 어렵게 된 후에는 중공군도 정상적인 정면 공격과 방어, 후퇴 및 철수 작전 등 야전 교범에 수록된 작전을 수행하여 진지를 확보하고 전선을 유지하려 하였다. 이와 같이 중공군은 중국 내전에서 익힌 유격 작전과 정규 작전을 배합하여 운용함으로써 유엔과 한국군의 "유생역량(有生力量)"을 소멸시키면서 북한의 "혁명근거지"를 회복, 보호하려 하였다.

4) 중공군의 10월 공세(一次戰役)

10월 16일 선발대(42군 1개 연대) 투입에 이어 10월 19일 저녁, 3개 방향에서 비밀리에 압록강을 도하한 중공군은 작전 예정지역으로 급속한 진출을 서둘렀다. 중공군 40군은 안동에서 압록강을 건너 구장(球場), 덕천(德川), 영원(寧遠)지역으로 진격하고 39군은 안동과 장전하구에서 도하하여 일부는 신의주와 남시(南市) 간의 병참선을 보호하면서 주력은 구성(龜城)과 태천(泰川)지역으로 진격하고, 42군은 집안(輯安)에서 도하하여 함흥 서북방 사창리(社倉里)지역으로 진격하고, 38군은 42군을 후속하여 강계지역으로 진격하려 하였다.[742] 중공군은 최초에 서부지역에 2개 군, 동부지역에 1개 군을 집중 투입하여 "적극적인 방어"로 작전 기지를 확보하려 하였다. 그러나 10월 21

---

741) *前揭書*, p. 13.

742) 중공군의 군(軍)은 아군의 군단과 같은 단위로 예하에 3개 사단을 두고 있다. 군의 상급 단위는 병단(兵團)으로서 아군의 군(軍)급으로 5-6개의 군(軍)을 지휘한다. 그리하여 중공군은 병단(兵團: 군), 군(軍: 군단), 사(師: 사단), 단(團: 연대), 영(營: 대대), 연(連: 중대), 배(排: 소대) 등으로 분할된 편제를 유지하고 있었다. *中共軍의 韓國戰爭史*, p. iv 참조.

일, 모택동은 기동중에도 공세 작전을 수행하라는 지시를 내렸다. 이에 따라 중공군 지휘부는 38, 39, 40군의 전 병력과 동부지역에 투입하려던 42군의 1개 사단을 맹산(孟山)지역에 투입하여 3개 군이 넘는 병력으로 한국군 6, 7, 8사단을 소멸시키고, 한국군 1사단의 증원을 차단하는 계획으로 수정하였다. 수정된 계획에 따라, 중공군은 39군을 동쪽으로 기동시키면서 10월 23일 천진에 위치한 66군을 안동으로 이동시킨 다음에 1개 사단을 차출하여 신의주와 정주 간의 병참선을 보호하도록 하고, 나머지는 지원군의 예비로 확보하였다.[743] 이로써 중공군은 "적극적인 방어"가 아닌 "적극적인 공세" 작전으로 한국군을 먼저 공격하여 유엔군과 한국군의 전진을 봉쇄하고 전선의 균형을 파괴함으로써 한반도에서 작전 기지를 확보하려 하였다.

10월 24일, 한국군 1사단이 영변과 용산동까지 진출하고, 6사단이 희천을 점령하고, 8사단이 영원과 덕천까지 진출하자, 중국의 모택동은 한국군 1, 6, 8사단을 먼저 소멸한 다음에 미군과 영국군을 공격하라는 지시를 하달하였다. 이 지시에 따라 중공군은 40군으로 하여금 한국군 6사단을 온정리(溫井里) 서북지역, 39군은 한국군 1사단을 운산지역, 42군의 1개사단을 배속받은 38군은 한국군 8사단을 희천 북쪽에서 섬멸하도록 하였다. 동부전선에 투입된 42군의 주력은 장진 이남 황초령(黃草嶺)과 부전령(赴戰嶺)에서 10군단의 진출을 저지하여 서부지역에서 작전중인 중공군의 측방을 보호하도록 하고, 66군은 안동에서 압록강을 도하하여 철산(鐵山) 방향으로 전진하여 영 27여단을 공격하도록 하였다.[744] 이와 같이 중공군은 동부전선에서 10군단의 진출을 저지하고 서부전선의 미 8군과의 연결을 차단하면서 서부전선에서의 적극적인 공세로 미 8군을 후퇴시켜 차후 작전을 위한 기지를 확보하려 하였다.

유엔군과 한국군이 연대, 사단 단위로 분산되어 압록강으로 진격을 재촉하고 있던 10월 25일, 중공군 사령관 팽덕회는 여러 방향에서 먼저 한국군을 공격하여 한국군의 북진을 저지시킬 목적으로 그날 밤부터 공세를 취하기로 결정하였다. 팽덕회의 공격개시 방침을 보고받은 모택동은 이를 승인하고, 고장(古場), 초산(楚山)을 점령한 한국군 6사단 7연대를 2, 3일 동안 확실하게 포위한 다음에 이를 구출하려는 한국군의 증원 부대를 끌어들여 이들까지 "섬멸"하도록 지시하였다. 팽덕회는 40군으로 하여금 한국군 6, 8사단과 7사단을 공격하게 하고, 39군은 1사단을 공격하면서 태천과 구성 간 도로를 개방하여 미 24사단을 유인하도록 하였으며, 증강된 38군은 희천을 점령한 후에 군우리(개천) 방향으로 진격하여 유엔과 한국군의 퇴로를 차단하도록 하였다. 이와 동시에 66군은 구성 쪽으로 진격하여 미 24사단을 공격하고, 선천-정주 방향으로 진격하는 유엔군을 견제하도록 하였다. 팽덕회는 이와 같이 한국군을 먼저 공격하고 미군을 다음에 공격하는 계획을 수립하였다.[745]

---

743) *前揭書*, pp. 18-22.
744) *前揭書*, pp. 22-4.
745) *前揭書*, pp. 28-9.

10월 28일 저녁, 중공군은 본격적으로 공격을 개시하였다. 10월 29일, 40군 주력 부대는 치열한 전투 끝에 한국군 6, 8사단의 전방 진출 부대에게 심대한 타격을 입혔다. 38군은 희천에 있던 병력을 미군으로 오인하여 공격을 하지 않고 있다가 한국군이 철수한 후에 희천을 점령하고, 구장(球場)으로 공격하였다. 39군은 운산의 동북, 서북, 서남에서 한국군 1사단을 포위하였고, 66군은 미 24사단의 진격을 저지할 준비를 갖추었다. 최초 공격에서 유엔과 한국군의 북진을 일단 저지한 중공군은 11월 1일 해질 무렵에 재공격을 개시하였다. 40군 주력 부대는 운산 동쪽으로 진출하였으나 한국군 1사단에 의해서 영변을 포위하지는 못했다. 38군은 11월 1일 구장을 점령하고, 2일에는 개천 서북방 원리(院里)까지 진출하여 유엔과 한국군의 측방을 위협하였다. 39군은 치열한 전투를 치른 다음에 11월 2일 한국군 1사단을 지원한 미 1기병사단에게 막대한 피해를 입히면서 운산을 점령하였다. 66군도 구성까지 진출한 미 24사단의 진출을 저지하였으며, 신의주 확보를 위해서 새로 투입된 50군은 11월 1일 안동에서 압록강을 도하하여 남시(南市)까지 진출한 영 27여단과 대치하게 되었다. 이로써 중공군은 공세로써 유엔과 한국군의 진격을 멈추게 하고 이들에게 방어 태세를 취하도록 강요하였다.[746]

최초 공세의 효과를 인식한 모택동은 청천강 남북에 배치되어 있던 유엔과 한국군 간의 연결을 차단하면서 평양 부근까지 진격할 것을 명령하였다. 이에 따라 중공군은 11월 3일 공격 기세를 유지하여 40군은 영변까지 진출하고, 38군 주력 부대는 군우리로 진입하여 군우리 동북부 비호산(飛虎山)을 점령하여 한국군 6, 7사단과 쟁탈전을 벌였으나, 이를 확보하지 못하고 후퇴함으로써 청천강 남쪽으로의 우회 기도는 실패하고 말았다. 39군은 운산에 1개 사단을 잔류시키고 영국군을 공격하였으나, 66군은 과감한 공격에 가담하지 못했고, 50군은 철산(鐵山)까지만 진출하였다. 청천강 북쪽지역에 15만 명 정도를 투입한 중공군은 약 5만의 유엔과 한국군에게 타격을 입혀 북진을 저지하였으나, 그들이 계획한 대로 섬멸적인 타격을 입히지는 못했다. 중공군의 군량과 탄약 보급 사정이 악화되고 유엔군의 지상 및 공중 화력 공격은 강화되었기 때문이었다. 중공군의 보급 사정이 악화되고 전열을 재정비할 필요를 절감한 팽덕회는, 계속 공격하기를 원하던 모택동의 바람에도 불구하고, 11월 5일에 서부전선에서의 공격을 중단하고 1차 공세를 중지할 것을 명령하였다.[747]

한편, 동부전선에 투입된 42군 주력 부대(2개 사단)는 10월 27일부터 황초령(黃草嶺), 부전령(赴戰嶺)지역에서 진출하던 한국군 3사단 및 수도사단을 공격하였다. 황초령 남쪽까지 진출한 중공군은 그 주변의 고지를 점령하였다. 10월 30일부터 11월 1일까지 한국군 3사단은 이를 공격하여 고지를 탈취하기도 하면서 격렬한 전투를 수행하였다. 원산에 상륙한 미 1해병사단이 11월 2일 한국군 3사단 진지를 인수한 후 중공군의 공격을 격퇴하고 진흥리까지 진출하였다. 그러나 동부전선에 투입된 42군 역시 보급의

746) *前揭書*, pp. 30-3.
747) *前揭書*, pp. 33-5.

한계를 극복할 수 없었다. 이에 팽덕회는 11월 7일 새벽에 42군 주력을 유담리(柳潭里) 일대로 철수시켜 다음 전투를 준비하도록 조치하였다. 동부전선에 투입된 42군의 주력은 한국군에게 심한 타격을 입히지는 못했으나, 한국군의 강계(江界) 방향 진출을 저지하여 서부전선에서 공격하던 중공군의 동부 병참선을 보호하였다.[748]

한국전에 뛰어든 중공군은 "준비된 방어전"보다는 "운동간 공세전"을 실시하여 유엔군과 한국군의 북진 강도를 약화시키고 그들의 작전 기지를 확보하였다. 중공군이 한국전에서의 작전 기지를 확보하고 북한군에게 전열을 정비할 수 있는 시간을 벌어주기 위하여 실시한 10월 공세(一次戰役: 10월 25일부터 11월 6일)는, 그들이 스스로 평가한 대로, "조선 인민군의 정비시간"을 획득하고, "아군의 확고한 근거 기반"을 확보하는 전과를 거두었다. 중공군의 10월 공세의 결과 서부지역의 유엔군과 한국군은 청천강 교두보만을 확보하고 주력을 청천강 남안으로 철수시켰으며, 중공군은 전장에서의 전투를 통하여 그들이 한국전에 대규모로 개입했다는 사실을 백일하에 드러내었다. 최초의 접전을 치른 유엔군과 중공군은 새로운 상대의 전력과 전략 및 전술을 평가하고, 자신의 것들을 돌아보았다.

5) 전략과 전술 평가

중공군의 대거 투입으로 압록강까지의 진출을 멈추고 청천강선으로 후퇴한 미 8군은 중공군의 전투 능력을 과소 평가하지 않았다. 중공군은 박격포 이상의 화력 지원을 받지 않고 공격을 감행하였으나, 야간 전투와 위장술에 뛰어난 능력을 발휘하였고, 정찰 능력도 우수한 수준으로 판단되었다. 그리고 중공군은 산악으로 침투하여 측방과 후방에서 공격한다는 점도 부각되었다. 특히 중공군은 주변의 산악에 매복하고 있으면서 각개 부대별로 진격하는 한국군과 유엔군을 유인한 다음에 이들을 포위하는, 이른바 八자 전법을 사용하는 데 익숙해 있었다. 중공군 병사들은 잘 훈련되어 있었고 강인한 인내심으로 어려운 환경을 극복하고 있었다. 이와 같이 미 8군은 중공군이 보유한 긍정적인 전기(戰技)와 전력(戰力)을 평가하고 있었다.[749]

중공군이 보여 준 약점 역시 분석·평가되었다. 중공군은 화력과 보급 지원이 부족한 군대로서 야간 전투나 산악 전투에는 능숙하였으나, 병력의 집중적인 운용에 의한 협조된 전선의 돌파작전 수행 능력은 빈약한 상태였다. 수송 능력의 부족으로 신속하게 기동하여 유리한 상황을 전개할 수 있는 기회를 이용하지 못하고 있다는 점도 지적되었다. 이러한 중공군의 약점을 활용하고 기선(機先)을 잡기 위해서 유엔군은 중공군이 측후방 침투를 할 수 없도록 연결되고 협조된 전선(前線)을 유지하는 것이 요구되었으며, 온갖 잡소리를 내면서 야간에 공격하는 중공군에 대한 심리적인 공포감을 극

---

748) *前揭書*, pp. 35-7.
749) *South to the Nakdong, North to the Yalu*, pp. 718-9.

복하는 것이 무엇보다도 요구되었다.750)

최초 접전을 마친 중공군 역시 미군의 장점과 단점을 분석・평가하여 차후 작전을 준비하였다.

중공군이 파악한 미군의 장단점은 결코 가벼운 것들이 아니었다. 미군의 보병, 전차, 포병의 협동 작전 수행 능력은 우수하고, 특히 화포는 대단히 위력적이라는 평가였다. 공군의 지상 공격 능력과 화력 지원은 대단하며 공군 수송 능력도 우수한 수준이라고 보았다. 보병의 화력도 우수하고 장거리포의 위력이 대단하다는 점도 지적되었다. 이러한 미군의 장점에도 불구하고 중공군이 파악한 미군의 단점 역시 지나칠 성질의 것들이 아니었다. 미군의 보병은 죽음을 두려워하여 과감한 공격이나 진지 사수의 의지가 결여되어 있고, 공군과 전차 및 포병 지원에 의존하여 전투를 수행하려 한다는 점이 지적되었다. 야간 전투와 근접 전투에도 취약하고, 전투에 패할 경우에는 지휘하기가 무척 어려운 병력이 미군이라는 점도 간파되었다. 특히 미군은 보급이 두절되면 전의를 상실하고 무기를 버리고 후퇴하며, 산악보다는 도로만을 이용하여 전투를 수행한다는 약점도 서술되었다. 이와 같이 중공군은 최초 접전을 통하여 미군의 장단점을 제대로 분석하였다.751)

미군의 장단점을 분석, 평가한 중공군은 대 미군 작전에 대한 방침을 추출하여 차후 작전에 대비하였다. 중공군이 작성한 작전 방침은 첫째, 일부 병력을 신속하게 우회시켜 후방을 차단한다. 둘째, 미군의 전차와 포병의 전투 참여를 방해하기 위하여 도로와 평지를 공격 축선으로 택하지 않는다. 셋째, 야간 산악 전투를 위주로 하되, 소 부대간 연락을 긴밀하게 유지하고 소규모의 선발대로 하여금 나팔과 꽹과리 등을 불게 하면서 공격한다. 넷째, 미군의 배치를 파악한 후에는 미군의 측방과 후방을 공격한다. 다섯째, 전차공격조는 4명을 기준으로 편성하여 전차의 측방과 배후를 노린다. 이와 같은 작전 방침을 추출한 중공군은 "준비가 충분하지 않은 가운데 실시한 1차 전역의 결과는 만족스럽다"는 자화자찬(自畵自讚)의 평가도 빠뜨리지 않았으며, 미군을 과대평가(過大評價)한 나머지 대담성이 결여되어 더 큰 전과를 거두지 못했다는 점도 지적하였다.752)

한국전에서 최초로 접전한 미군과 중공군은 상호 전력과 전략, 전술을 평가하고, 차후 작전에 대한 지침 등을 마련하면서 전열을 정비하고 있었다. 그러나 무기와 탄약의 부족을 절감한 중공군의 사정은, 중공군의 1차 공세가 끝난 직후인 1950년 11월 7일에 작성되어 소련의 스탈린에게 전달된 모택동의 전문에 잘 나타나 있었다. 모택동은 한국전에 파병된 중공군은 "적으로부터 노획한 각종 무기에 주로 의존하여 전투를 수행하고 있는 실정"이라는 점을 밝히고, 중국은 6개 사단이 필요로 하는 탄약만을 보유하

750) *前揭書*.

751) *前揭書*, p. 720; *中共軍의 韓國戰爭史*, p. 39.

752) 중공군 66군이 작성한 "운산전투경험의 기초적인 결론"이라는 제목하에 11월 20일 발간된 "전훈속보(戰訓速報)," 한국군 1사단이 11월 26일 노획한 문서, *South to the Nakdong, North to the Yalu*, p. 720 참조; *中共軍의 韓國戰爭史*, pp. 37-40.

고 있고 중국의 공장은 노획한 각종 구경의 소총과 기관총의 탄환을 생산할 수 없다는 점을 강조하면서, 당시 지원군으로 편성된 12개 군(軍), 36개 사단을 무장시킬 무기와 탄약을 1951년 1월과 2월 사이에 공급해 줄 것을 요청하였다.[753] 이와 같이 중공군의 미군 평가는 미군의 중공군 평가보다 더욱 진지하였고, 중공군은 화력이 우세한 미군을 상대로 한 차후 작전을 수행하기 위하여 무기와 탄약의 확보가 무엇보다도 중요한 선결(先決) 과제임을 스스로 인정하고 있었다.

16. 중공군의 공세

1) 유엔군의 11월 공세(X-mas 공세)

한만국경으로 진출하려던 유엔군과 이를 저지하려던 중공군은 10월 말에서 11월 초까지 한 차례 접전을 치른 다음 상대의 전력과 전술을 평가하면서 또 한 차례의 공세를 준비하였다. 유엔군은 한반도에서의 전쟁을 끝낼 공세를 준비하였고, 중공군은 전선을 평양-원산을 잇는 선까지 남하시켜 유리한 발판을 마련하여 공세를 계속하기 위하여 준비하였다. 유엔군은 한국군 3군단으로 하여금 남쪽에서의 소탕 작전을 담당하게 하고 소탕 임무를 수행하고 있던 9군단을 추진시켜 미 8군의 공격력을 강화시켰고, 중공군은 9병단을 투입하여 동부전선을 담당하게 하고, 동부전선에서 작전하고 있던 42군을 서부에 투입하였다. 양측은 또 한차례의 결전에 대비하였다.

유엔군과 중공군 양측은 새로운 공격을 위한 준비를 서둘렀다. 미 8군은 미 1군단(미 24, 한국 1사단, 영 27여단)을 좌측, 미 9군단(미 25, 2사단, 터키 여단)을 중앙, 한국군 2군단(6, 7, 8사단)을 우측에 배치하였고, 미 1기병사단과 187공정여단과 나머지 유엔회원국 병력을 예비로 보유하였다. 동부전선을 담당한 미 10군단도 미 1해병사단을 좌측, 7사단을 중앙, 한국군 1군단(3, 수도사단)을 우측으로 한반도 동북부에 배치하고, 미 3사단을 예비로 삼아 후방 경계에 임하도록 하였다. 중공군도 42군의 주력을 서부전선으로 전용하여 38, 39, 40군과 함께 전방에 투입하고, 50군으로 하여금 상륙작전에 대비하여 서해안지역을 방어하도록 하고, 66군을 예비로 삼았다. 동부전선에는 9병단을 투입하여 미 1해병사단을 집중 공격하도록 하고, 북한군은 미 7사단과 한국군 1군단을 공격하도록 하였다. 이와 더불어 소련은 항공사단을 중공에 배치하여 중공 영공을 방어하게 하면서, 만주 지역에 기지를 둔 비행사단은 신의주를 중심으로 한만국경의 병참선을 보호하려 하였다.[754] 유엔군과 중공군을 주축으로 한 양측의 공격준비는

753) Coded Message N 26637, November 7, 1950, The Second Chief Directorate, General Staff of the Soviet Armed Forces, pp. 80-1, quoted in *The Korean Conflict, 1950-1953*, pp. 108-9.

754) *韓國戰爭(中)*, pp. 173-86.

혹한의 추위를 녹일 듯 뜨거웠다.

양측은 또한 야무진 공격 계획을 세우고 불퇴전(不退轉)의 결의를 다지고 있었다.

유엔군은 중공군의 개입으로 한만국경으로의 북진이 좌절되었으나 한국전선에 투입된 중공군의 병력을 8만여 명으로 판단하고 한국전쟁을 마무리할 공세 준비에 박차를 가하고 있었다. 맥아더는 "북한지역에서 공산군을 격멸하여 한국의 통일과 평화를 회복하라는 유엔의 사명을 달성"하기 위하여 재공격을 실시할 것을 천명하였으며, 워커 미 8군사령관도 "미 8군은 청천강 교두보에서 소극적인 방어 작전을 실시할 생각은 추호도 없으며, … 노출된 동측방이 보강되고 보급품이 확보되는 대로 곧 공세로 전환하겠다"는 의지를 맥아더에게 보고하였다. 그는 9군단이 수행하던 보급로 확보와 후방 소탕 임무를 새로 편성된 한국군 3군단(2, 5, 9, 11사단)에게 인계하도록 하고, 9군단을 11월 3일 청천강선에 투입하였다. 전선이 보강되고 철도와 진남포항을 통하여 보급 지원 상황이 호전되자, 미 8군사령관은 11월 24일을 공격 개시일로 확정하고, 미 1군단(미 24, 한국 1사단과 예비 영 27여단)을 평양-신의주, 중앙의 미 9군단(미 2, 25사단과 예비 터키 여단)을 군우리-희천 도로 좌측에서 진격하도록 하고, 한국군 2군단(7, 8사단, 예비 6사단)은 우측에서 미 10군단과 협조하면서 진격하도록 하였다. 한편, 동부전선에서 중공군의 직접 공격을 받지 않고 있던 미 10군단은 북진 작전을 계속 수행하도록 하였으나, 10군단장은 미 1해병사단의 북진(北進) 대신 서진(西進)을 건의하여 유담리(柳潭里)에서 강계 진출 대신 강계 남쪽 무평리(武坪里)로 진격하여, 서측의 한국군 2군단과 연결을 유지하면서 적의 퇴로를 차단하는 작전을 수행하도록 하였다.[755] 한국군과 유엔군은 중공군의 개입이 가시화되었음에도 불구하고, 대규모 공세 작전을 통하여 한국전을 끝낼 결의를 다지고 있었다.

중공군 역시 1950년중에 반드시 한 차례의 공격을 실시하여 평양-원산선까지 진출하겠다는 공격 계획을 세웠다. 최초 공격을 통하여 자신감을 얻은 중공군은 진격해 오는 유엔군의 약점을 공격하여 이를 계기로 전세를 전환하는 방식의 공격 계획을 수립하였다. "반격을 통한 공세로의 전환"이라는 개념의 공격 계획을 수립한 중공군은 서부전선에서 39군을 태천(泰川)지역에 배치하여 신의주로 공격하는 유엔군의 우측방을 공격하도록 하고, 40군을 영변(寧邊)지역에 배치하여 38군과 협조하에 구장-희천 도로로 진출하는 유엔군의 좌측방을 공격하며, 38군의 1개 사단과 42군의 1개 연대로 개천(价川)에서 구장(球場)을 거쳐 희천(熙川)에 이르는 도로를 점령하게 하여 유엔군의 주력을 유인하도록 하고, 38군과 42군의 125사단 주력은 덕천(德川) 이북의 산악지대에서 유인된 병력을 공격하기로 하였다. 9병단에게 동부전선을 인계한 42군의 주력은 영원(寧遠) 동쪽의 신읍(新邑)으로 이동하여 북진하는 한국군의 우측방을 공격하도록 하고, 50군은 서해안 방어, 66군은 예비로서 구성(龜城), 정주(定州)지역에 대기하도록 하였다. 동부전선에 배치된 9병단은 미 1해병사단을 포위로써 섬멸하도록 하였고, 42군

755) *前揭書*, pp. 179-84.

의 2개 대대와 북한군 1개 연대를 맹산(孟山), 양덕(陽德), 성천(成川)지역으로 투입하여 병참선 차단과 후방 교란을 책동하도록 하였다. 이러한 계획을 세운 팽덕회는 유엔군의 공격이 임박했음을 간파하고, 11월 21일 군사위원회를 개최하여 구장-희천 간 도로를 강력하게 통제하여 미군의 한국군 지원을 차단하도록 수정, 지시하면서 서부전선에서 11월 25일, 동부전선에서는 11월 26일 저녁을 공격 개시일로 확정하였다.[756] 이와 같이 중공군은 주로 도로를 따라 공격하는 한국군과 유엔군의 진격간 노출되는 약점인 측방과 후방을 공격함으로써 전세를 공세로 전환시켜 이를 확대하겠다는 공격계획을 수립해 놓고 있었다.

전장(戰場)에서 유엔군과 중공군이 결전을 준비하고 있는 동안, 동경의 맥아더는 워싱턴의 정책결정자들과 "실랑이"를 벌이고 있었다. 11월 6일 맥아더는 극동 공군 사령관에게 신의주와 안동을 연결하는 압록강상의 교량을 폭파하라는 명령을 내렸다. 이것은 한만국경을 침범하지 말라는 미 합참본부의 지시에 어긋나는 명령이었다. 이러한 맥아더의 명령은 미 공군 참모총장에게 전달되어 워싱턴을 뒤흔들어 놓았다. 미 합참본부는 한만국경 5마일 내의 어떠한 목표도 폭격하지 말라는 지시를 내린 다음에, 미 국무장관으로 하여금 중간 선거 투표차 고향에 내려가 있던 트루먼 대통령의 재가를 받도록 하였다. 보고를 받은 트루먼 대통령은 왜 압록강교를 폭격해야 하는지를 알아보라는 지시를 내렸고, 이 지시는 곧 맥아더에게 전달되었다. 지시를 받은 맥아더는 "폭격이 연기된 매 시간은 미군과 다른 유엔 회원국 군대의 피(blood)로 보상될 수밖에 없다"는 "협박조"의 답신을 보냈다. 미 합참의장은 맥아더의 답신을 전화를 통하여 트루먼 대통령에게 낭독하였고, 트루먼 대통령은 압록강교의 폭격을 승인하였다. 폭격 승인을 받은 맥아더는 11월 8일부터 폭격을 개시하여 12월 5일까지 압록강상의 교량과 북한지역의 다른 목표를 공격함으로써 12개 소의 철로와 4개의 교량을 절단하였다. 맥아더가 제기한 두 번째 문제는 유엔기를 공격하고 만주로 달아나는 소련과 중공 공군기들에 대한 "추격(hot pursuit)"과 필요시 만주의 비행장을 제한적으로 폭격하는 것을 승인해 달라는 것이었다. 그러나 트루먼 대통령은 한반도 내에서 유엔이 사용하는 항구와 비행장의 보호를 위해서 "상호 성역(聖域)을 인정할 수밖에 없다"는 군사적인 필요성과 전쟁을 확대하지 않겠다는 정치적 고려하에 이를 승인하지 않았다. 그러나 미 합참은 중공군의 개입으로 빚어진 상황에서 동·서부전선의 연결과 병력의 통합 운영을 원하기는 하였으나, 맥아더의 판단에 따라 한반도 내에서 공격을 포함한 어떠한 형태의 작전 수행도 가능하다는 입장을 취하여 맥아더의 공격 계획에는 이의를 제기하지 않았다.[757] 이로써 맥아더는 만주를 제외한 한반도 내에서 군사 행동의 자유를 확보하였고 동경과 워싱턴 간의 "실랑이"는 일단락되었다.

---

756) *前揭書*, pp. 176-7; *中共軍의 韓國戰爭史*, pp. 43-7.

757) Memo by the Secretary of State, November 6, 1950, *FRUS, 1950, VII*, pp. 1055-7; The JCS to MacArthur, November 6, *Ibid.*, pp. 1075; Truman, *Memoirs, II*, pp. 374-6; *The Forgotten War*, pp. 393-402.

크리스마스 공세 계획

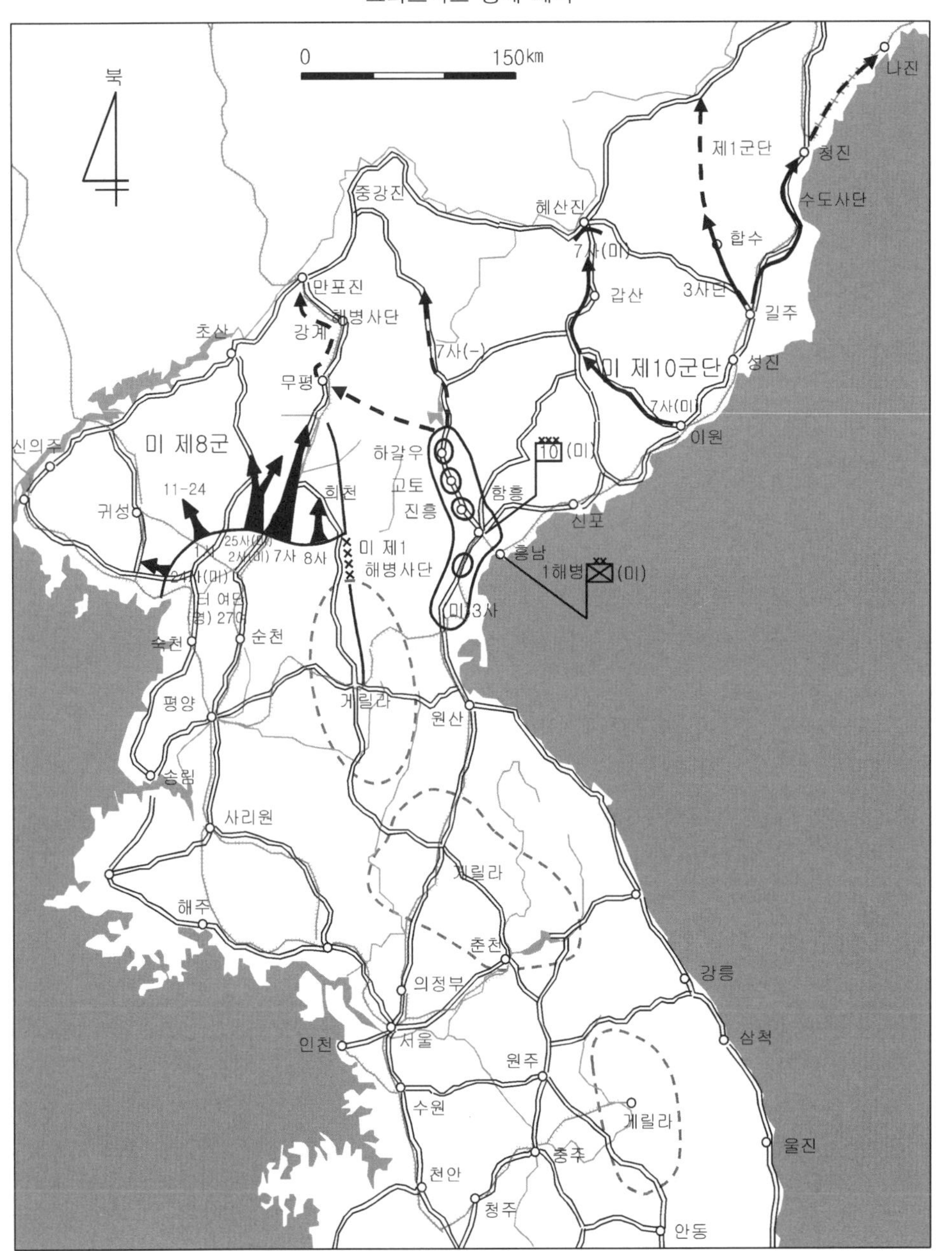

워싱턴과의 "내전(內戰)"을 마감한 맥아더는 대규모 공세를 펼쳐 한반도에 들어온 중공군을 섬멸, 격퇴하여 한국전쟁을 종결시키려는 의도하에 야심찬 공격을 실시하였다. 1950년 11월 24일 오전 10시, 서부전선의 미 8군이 공격을 개시하였다. 좌측의 미 1군단이 납청정(納淸亭)과 태천(泰川), 미 9군단이 온정리(溫井里)와 희천(熙川), 한국군

2군단은 희천과 유원진(柔院鎭)을 목표로 공격을 개시하였다. 공격 개시에 앞서 맥아더는 비행기로 전장을 돌아보고 미 8군의 공격 상황을 직접 관찰하였다. 맥아더는 이 공격을 “전쟁을 종결하기 위한 공세(end-the-war offensive)”라고 말하면서, 작전이 성공을 거두면 미군들은 “크리스마스” 때까지 고향에 돌아갈 수 있을 것이라는 낙관적인 견해를 피력하기도 하였다. 이에 따라 유엔군의 11월 공세는 “크리스마스” 공세라는 별칭이 붙기도 하였다. 공격 첫날, 한국군과 유엔군은 별다른 저항없이 10-15km씩 북진하여 미 1군단의 좌익인 미 24사단은 정주를 점령하였고, 한국군 1사단도 태천 가까이 진출하였고, 미 9군단의 25사단도 운산에 근접하였고, 미 2사단도 청천강 계곡을 따라 진격을 계속하고 있었으며, 한국군 2군단도 험준한 산악지역에서 전진을 계속하고 있었다. 맥아더의 낙관적 견해를 뒷받침해 주는 듯하였다.[758)]

그러나 11월 25일의 상황은 전날과 판이하게 달랐다. 서부전선의 전지역에서 중공군은 완강하게 저항하여 유엔군의 진출을 저지하였다. 중앙의 미 9군단의 미 25사단은 운산 남쪽에서 더이상 진격하지 못하고 있었으며, 구장동(球場洞)-희천(煕川) 도로를 따라 진격하던 미 2사단이 구장동 북쪽에서 중공군의 저항을 받았고, 한국군 2군단의 7, 8사단도 모향산 일대에서 진격이 돈좌(頓挫)되었다. 미 1군단의 한국군 1사단도 태천지역에서 중공군의 저항으로 더이상 진격을 하지 못하고 있었다. 미 8군은 25일 하루 종일 공중 지원을 받아 가며 중공군의 저항을 무력화시키고 진격을 계속하려 하였으나, 중공군의 저항이 완강하여 더이상의 진격을 할 수가 없었다.

미 8군의 진격을 저지한 중공군은 11월 25일 저녁에 공격(二次戰役)을 개시하였다. 중공군은 미 1군단지역에 50군과 66군을 배치하여 미 24사단과 한국군 1사단의 진격을 저지하고, 미 9군단지역에 39군과 40군을 배치하여 미 25사단과 미 2사단의 진격을 저지하면서 구장동에서 희천으로 진출하는 미 2사단의 좌측방을 공격하였다. 38군과 42군을 미 9군단과 한국군 2군단지역에 투입하여 한국군 7, 8사단의 진격을 저지함은 물론, 한국군 2군단과 미 10군단의 간격으로 42군의 주력을 우회시켜 군단의 후방을 차단함으로써 미 8군의 동측방을 노출시키고, 노출된 미 8군의 우측방을 공격하여 이를 격퇴하려 하였다. 태천으로 진출한 한국군 1사단은 중공군 66군의 저항을 받았으나, 이를 극복하고 27일 저녁에는 태천-용산동 도로까지 진출할 수 있었다. 미 8군의 중앙에서 진격하던 9군단의 미 2사단은 11월 26일 02시 중공군 38군의 대대적인 공격을 받았다. 이에 군단장(John B. Coulter 소장)은 미 2사단으로 하여금 구장동(球場洞) 일대에 저지 진지를 급편하여 방어에 임하도록 하였으나, 중공군은 28일 01시 40군까지 투입하여 미 2사단을 전후에서 공격하여 협공하기 시작하였다. 미 8군의 우측방에서 진격하던 한국군 2군단 7사단은 38군의 공격을 받았고, 그 우측의 8사단은 중공군 42군의 공격을 받았다. 중공군 42군은 주력으로 8사단을 정면에서 공격하면서 1개 사

---

758) *韓國戰爭(中)*, pp. 187-190; Billy C. Mossman, *Ebb and Flow: November 1950-July 1951* (Washington, D. C.: GPO, 1990), pp. 61-5.

단을 사단의 우측방으로 우회시켜 사단 후방 맹산(孟山)을 점령하려 하였다. 후방 차단의 위험을 인식한 8사단은 군단에 지원을 요청하였으나, 군단은 지원해 줄 예비대가 없었다. 상황이 이렇게 전개되자, 미 8군사령관은 미 9군단으로 하여금 한국군 2군단 작전지역을 인수하도록 하고, 6사단을 배속하였으며, 한국군 2군단 주력은 강동(江東) 지역에서 재편성에 임하도록 하였다. 이에 한국군 2군단장은 11월 27일 01시부로 7사단은 순천(順川), 8사단은 가창(假倉)으로 집결하라는 명령을 하달하였다. 서부전선의 위기였다.759)

서부전선보다 조금 늦게 공격을 개시한 동부전선에서도 중공군의 공격으로 위기가 조성되었다. 11월 27일 08시 유담리(柳潭里)에서 무평리(武坪里)로 공격을 개시한 미 1해병사단도 중공군의 저항에 부딪혀 진격을 하지 못하고 있었다. 11월 27일 21시경 중공군의 공격이 시작되었다. 기온이 영하 32도로 떨어진 상황에서 중공군은 사방에서 공격을 해왔다. 밤새도록 백병전과 화력전으로 전개된 양측간 접전은 28일 아침 유엔군의 공중 지원이 재개되면서 일단락되었으나, 유담리 서측 전초 진지와 유담리를 감제할 수 있는 1403고지는 중공군이 장악하였다. 이에 해병 5, 7연대장은 28일 11시에 작전 협의를 거쳐, 공격보다 유담리를 고수하기 위해서 5해병연대가 유담리의 북서쪽, 7해병연대가 동남쪽에 방어 진지를 구축하여 사주 방어를 하기로 결정하였다. 이때 중공군은 미 1해병사단의 퇴로를 차단하기 위하여 포위망을 구축해 놓고 있었다. 한편, 한반도의 동북방으로 진격한 한국군 1군단도 11월 27일 공격 명령을 하달하였고, 이 명령에 따라, 3사단은 합수(合水)에서 무산(茂山), 수도사단은 청진(淸津)에서 회령(會寧) 방향으로 공격하였다. 그러나 중・서부지역에서의 중공군 2차 공세와 더불어, 군단 정면에서도 북한군이 반격을 가해 오는 등 저항의 강도가 높아졌다. 북한군도 4, 5군단을 새로 편성하고 이를 동북부지역에 투입하여 중공군과 더불어 공세를 취하기 시작하였다. 이와 같이 미 10군단이 담당한 동부전선에서도 심상치 않은 위기감이 감돌았다.760)

동부전선을 담당한 중공군 9병단은 11월 초에 집안(輯安)에서 만포진(滿浦鎭), 임강(臨江)에서 중강진(中江鎭)으로 압록강을 도하하여 낭림산맥을 따라 남하하여 20, 26, 27군을 동부전선에 투입하였다. 9병단장(宋時輪)은 27군을 장진호 북방에 전개시켜 미 1해병사단의 주력이 집결된 유담리와 하갈우리(下碣隅里)를 포위, 공격하도록 하고, 20군을 장진호 서쪽으로 우회시켜 미 1해병사단의 유일한 철수로인 하갈우리-함흥 간의 산악 도로를 분할・차단하도록 하였다. 그는 최초 26군을 병단 예비로 확보하다가, 장진호 동쪽으로 우회하도록 하여 고토리(古土里)와 황초령(黃草嶺)으로 이동시켜 20군과 더불어 미 해병의 퇴로를 차단하고 강력한 차단선을 구축하도록 하였다. 이와 같이 9병단장은 전방에서 미 1해병사단을 압박하고 후퇴하는 이들을 분할, 차단하여 섬멸하

759) *中共軍의 韓國戰爭史*, pp. 53-8; *韓國戰爭(中)*, pp. 188-208; *Ebb and Flow*, pp. 65-79.
760) *Ebb and Flow*, pp. 84-104; *韓國戰爭(中)*, pp. 27-34; *中共軍의 韓國戰爭史*, pp. 61-3.

겠다는 의도 아래 병력을 기동, 배치시켰다.[761]

제공권을 장악하지 못하고 화력과 보급의 열세 속에서 한국전에 투입된 중공군의 공격 전략과 전술은 몇 가지 특징을 지니고 있었다. 첫째, 중공군은 강력하게 편성된 진지나 병력에 대한 공격은 피하고 약한 진지와 병력에 대해서 공격을 감행하였다(避實擊虛). 둘째, 주간 공격을 피하고 야간 공격을 실시하였다(晝靜夜動). 셋째, 야간 공격을 실시함에 있어서, 정면 공격과 더불어 측·후방 침투를 병행하여 후방 교란 및 퇴로를 차단한 후에 방어 진지의 돌파와 각개 격파를 시도하였다(浸透迂廻 退路遮斷 各個擊破). 넷째, 중공군은 강한 방어력을 좌우, 전후에서 분할·분산시킴으로써 약하게 만들어 이를 공격하였다(分割攻擊). 한마디로 표현하여, 중공군은 그들의 약점을 극복하기 위해서 "전술적(戰術的)인 분할포위(分割包圍)"와 "전략적(戰略的)인 전역우회(戰役迂廻)"를 실시하였으며, 이러한 작전 수행 중점을 작전 형태와 규모에 따라 신축적으로 언제나 적용하여 능력 이상의 전과(戰果)을 획득하려 하였다.[762]

크리스마스 때까지 미군 병사들을 고향에 돌려보내겠다(Home by Christmas)는 희망을 가지고 시작된 유엔군의 11월 공세가 중공군의 대규모 공세에 부딪혀 좌절될 기미를 보이자, 맥아더 장군도 "새로운 전쟁"에 직면하고 있다는 점을 밝히면서 방어로 전환할 채비를 갖추도록 하였다. 우측방이 돌파되어 청천강 교두보를 포기하고 병력을 청천강 남쪽으로 집결시키고 있다는 미 8군의 보고와 미 1해병사단이 포위되고 퇴로 차단의 위험에 처해 있다는 미 10군단의 보고를 받은 맥아더는 11월 28일 밤 동경에서 긴급작전회의를 소집하였다. 이 회의에 맥아더와 참모, 현지에서 작전을 지휘하는 미 8군사령관과 미 10군단장이 참석하였다. 현지 지휘관으로부터 상황 보고를 받은 맥아더는 미 8군사령관에게 우측방의 위협을 피할 수 있을 만큼 후퇴할 것을 승인하였고, 미 10군단장에게는 중공군과 접촉을 유지하면서 함흥과 흥남의 해안 교두보지역으로 병력을 집결시킬 것을 지시하였다. 미 8군과 10군단을 연결시키는 것이 바람직하다는 미 합참의 견해와는 달리, 맥아더는 미 10군단이 해안 교두보를 확보함으로써 중공군 병력을 그곳에 묶어두는 것이 미 8군과의 연결 작전을 수행하는 것보다 미 8군의 철수를 수월하게 하는 방법이라고 판단하였다. 지상군이 철수하고 공산측의 항공 활동이 증가됨에 따라, 유엔 공군과 해군은 항공기를 동원하여 지상군의 근접 항공 지원을 강화하도록 하였고, 제90기동함대의 상륙 전단을 동해와 서해에 1개 전단씩 배치하여 지상군의 철수에 대비하도록 하였다.[763] 이제 한국군과 유엔군은 북진을 멈추고 철수길에 올랐다.

---

761) *中共軍의 韓國戰爭史*, p. 62.
762) *中共軍의 韓國戰爭史*, pp. 71-2.
763) *Policy and Direction*, pp. 278-82; *Ebb and Flow*, pp. 103-4; *韓國戰爭(中)*, pp. 208-10.

중공군의 공세(1950. 11. 25.－28.)

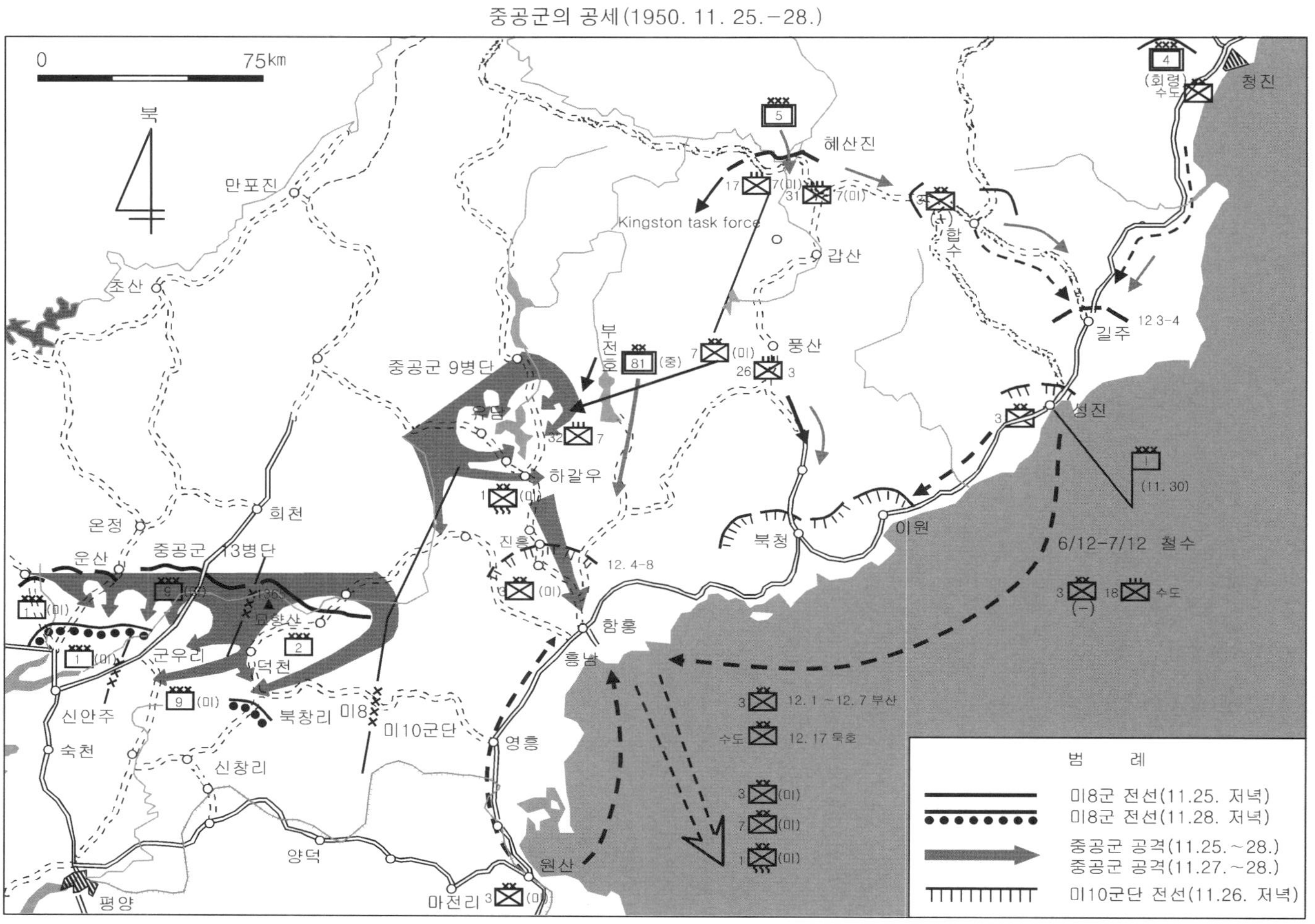

2) 중공군의 11월 공세(二次戰役)와 한국과 유엔군의 철수

(1) 공산군과 유엔군의 전력

중공군의 전면 개입으로 전세(戰勢)가 바뀐 상황에서 공산군측은 병력의 우세는 확보하였으나 화력의 우세는 유엔군측이 유지하고 있었다.

낙동강전선에서 퇴각한 북한군은 중공군의 개입에 힘입어 전열을 정비하고 병력의 증강을 도모하였다. 4군단과 5군단을 조직하여 한국군 1군단의 작전지역인 한반도 동북부지역에 투입하였고, 2군단은 38선 남북 중동부 산악지역에서 게릴라 작전을 수행하도록 하고 있었다. 기타 1, 3군단은 한반도 내에서 조직하여 병력을 보강시키고 있었으며, 만주지역에서 6, 7, 8군단을 창설하여 병력을 모아 훈련을 실시하면서 소련이 공급하는 무기와 장비로 무장을 서두르고 있었다. 북한군은 북한지역에 1군단(8, 46, 47, 17기계화 보병사단 등 4만 명), 3군단(1, 3, 15사단과 26기계화 보병여단, 105전차사단 등 4만 6,000명), 4군단(41보병사단, 육전여단, 독립보병연대, 전차연대 등 2만 2,000명), 5군단(6, 12, 24, 38사단 등 3만 명)과 기타 독립적으로 운용되고 있던 2, 4, 5, 7사단 등 2만 명과 태백산지역에서는 2군단(31사단, 23, 27여단, 독립전차연대)이 유격전을 수행하고 있었으며, 만주지역에는 6(18, 36, 68사단), 7(13, 32, 37사단), 8(42, 45, 76사단)군단이 각각 3만 명씩의 병력을 유지하고 병력의 보충과 훈련을 담당하도록 하고 있었으며, 각종 군사교육기관에 1만 5,000명의 병력을 유지하고 있었다. 북한군은 사단이 1만 명, 여단급이 6,000명, 연대급은 3,000의 병력으로 편성되어 있었으며, 27만여 명의 병력을 보유하게 되었고, 12월 중순경에는 1, 2, 5군단 등 14개 사단 병력 7만 5,000명을 최일선에 투입할 수 있었다.764)

공산군측의 전투 병력은 주로 중공군으로 구성되어 있었다. 중공군은 제 4야전군 13병단 병력을 서부지역에 투입하였고, 3야전군 9병단을 동부전선에 투입하였다. 서부전선에 투입된 13병단(司令員 겸 中國人民志願軍 副司令員 鄧華)은 38, 39, 40, 42, 50, 66군(군단급) 등 6개 군(軍)을 예하에 두고 있었으며, 각 군은 예하에 3개 사단씩을 보유하고 있었다. 38군은 112, 113, 114사단, 39군은 115, 116, 117사단, 40군은 118, 119, 120사단, 42군은 124, 125, 126사단, 66군은 196, 197, 198사단을 각각 보유하고 있었다. 동부전선에 투입된 9병단(司令員 宋時輪)은 3개 군을 보유하고 있었고, 각 군은 4개 사단씩을 예하에 두고 있었다. 20군(58, 59, 60, 89사단), 26군(76, 77, 78, 88사단), 27군(79, 80, 81, 90사단)이 9병단에 속해 있었다. 중공군의 사단은 약 8,000에서 1만 명으로 구성되었고 군은 2만 1,000명에서 3만 명에 이르는 병력을 보유하고 있었다. 중공군은 13병단 병력 20만여 명과 9병단 병력 12만여 명을 합하여 32만 명에 이르는 병력을 전장에 투입하고 있었으며, 후방 지원 병력과 포병, 이들을 지원하던 공군력을 합하면 40만여

---

764) *Ebb and Flow*, pp. 51-2; *韓國戰爭(中)*, pp. 269-71.

명이 넘는 병력을 1950년 11월 말에 동원하고 있었다.[765]

북한군과 중공군은 합동사령부를 설치하여 작전을 지휘하고 있었으나 실제 작전은 모택동의 지시 아래 중국 지원군 사령관인 팽덕회와 그 예하의 병단장 등화(鄧華)와 송시륜(宋時輪)이 지휘하고 있었다. 그리고 소련으로부터 지원된 3개의 비행사단과 1개의 고사포사단, 1개의 독립연대가 지상군의 공중 엄호와 중국 영토의 방어에 투입되었다. 공산군은 병력의 우세는 확보하고 있었으나 무기와 지원 화력의 열세, 특히, 공중과 해상 지원 능력의 열세를 면하지 못하고 있었으며, 야간 공격을 실시하여 이를 극복하려 하였다. 중공군과 북한군은 소련에서 지원해 준 AK 소총과 자동화기, 50mm, 82mm 박격포 및 76.2mm, 122mm 야포, SU-76자주포, T-26, T-34전차 등으로 무장하고 있었고, YAK와 MIG-15 전투기로 무장된 소련 비행사단의 직접적인 지원을 받았으나 유엔군의 화력우세를 상쇄시킬 수는 없었다. 공산군측은 신예기 MIG-15 제트전투기 비행사단을 투입하였으나, 유엔군측이 장악하고 있던 제공권에 도전할 수는 없었으며 유엔군의 제해권 확보는 흔들림이 없을 정도였다. 이와 같이 병력의 우세를 확보하고 있던 공산군은 화력과 보급면에서는 열세를 면하지 못하고 있었다.

1950년 11월 말, 유엔군측은 55만 3,000명이 조금 넘는 병력을 한국전 수행에 동원하고 있었다. 이들 병력은 한국전에 투입된 지상군 42만 3,000여 명, 한국과 일본에서 작전하고 있던 공군 5만 5,000명, 해군 7만 5,000명으로 구성되어 있었다. 지상군은 한국군 22만 4,000, 미육군 15만 4,000, 미 해병 2만 5,000여 명과 영국군 1만 1,000, 터키군 5,000, 오스트레일리아군 1,000여 명과 필리핀, 타이 등에서 유엔군으로 파견된 병력으로 이루어져 있었다. 유엔군 사령부는 예하에 8군과 10군단, 일본 지원사령부를 두고 있었으며 극동 공군과 해군을 작전 통제하고 있었다. 한국의 서부지역에서 지상작전을 수행하고 있던 미 8군은 미 1군단(미 24, 한국 1사단과 영국 27여단), 9군단(미 25, 2사단과 터키 여단)과 한국군 2군단(6, 7, 8사단)을 두고 있었고, 1기병사단, 영국 29여단, 미 187공정연대와 기타 유엔 회원국군을 예비로 보유하고 있었으며, 2, 5, 6, 9사단으로 구성된 한국군 3군단과 한국군을 작전 통제하고 있었다. 동부전선에 투입된 미 10군단은 미 3, 7사단, 1해병사단 및 한국 해병1연대를 보유하고 있었고, 수도사단과 3사단을 지휘하고 있던 한국군 1군단의 작전을 통제하고 있었다. 유엔군측도 공산측에게 그렇게 뒤지지 않은 병력을 보유하고 단일화된 지휘 체계를 유지하고 있었다.[766]

유엔군측은 개인 및 지원 화기와 지원 화력면에서 우세를 확보하고 있었다. Caliber 30 M-1소총과 기관총, 60mm, 81mm, 4.2인치 박격포, 105mm, 155mm, 8인치 곡사포, 2.36 및 3.5인치, 57mm, 75mm 대전차포, M-24(Chaffee), M4A3(Sherman), M26(Pershing), M46(Patten) 전차 등으로 무장된 유엔 지상군은, 상대적으로 원활한 탄약의 보급에 힘입어 화력의 우세를 확보하고 있었다. 유엔의 공군력도 F-51(Mustang), F-80C(Shooting

765) *Ebb and Flow*, pp. 52-6; *中共軍의 韓國戰爭史*, pp. 345-7.
766) *Ebb and Flow*, pp. 23-30.

Stars), F-82E(Thunderjet), F-86A(Sabrejet) 등의 전투기와 B-26, B-29 등의 폭격기, 정찰기, 수송기 등을 갖추고 있었으며, F4U(Corsairs)와 F7F(Tigercat) 전투기를 보유한 해병항공단과 F4U와 F9F(Pantherjet) 전투기를 보유한 해군 항공기 등은 도전받지 않는 제공권을 장악하고 있었다. 77, 79기동함대를 보유한 7함대와 90, 95, 96기동함대로 편성된 미 극동 해군 역시 한국 해역에서 완전한 제해권을 장악하고 있었다. 이와 같이 미군을 주축으로 한 유엔군은 개인, 공용 화기와 장비, 해·공군력에 있어서 월등한 우세를 확보하고 있었다.[767]

화력의 열세를 인정한 중공군은 작전 시간과 형태를 다르게 하면서 보다 많은 병력을 투입하고, 비정상적인 전투 수행 방식을 동원함으로써 유엔군이 보유한 화력의 우세를 상쇄(相殺)하여 기대하는 전과(戰果)를 거두려 하였다. 그리하여 중공군은 주간 공격보다는 야간 공격을 주로 실시하여 어둠을 이용하였고, 많은 병력을 투입하면서도 이들의 일부를 반드시 측방과 후방으로 침투, 우회시켜 유엔군의 좌우, 전후의 균형을 파괴하여 이를 격파하는 작전을 수행하였다. 중공군은 어둠으로 제공권의 효력을 상쇄하려 하였고, 삼면(三面) 혹은 사면(四面) 공격을 통하여 화력의 우세를 분산시켜 유엔군이 보유한 화력의 우세 효과를 감소시키려 하였다. 이와 같은 비정상적인 전투 시간, 형태, 방법을 적절하게 채택, 운용하여 중공군은 화력의 열세를 극복하고 전장에서의 승리를 쟁취하려 하였다.

(2) 서부전선에서의 철수

미 8군사령관 워커는 11월 28일 동경의 긴급작전회의에 참석하기 직전에 청천강 하구와 박천, 북원을 잇는 방어선을 구축하도록 지시하였다. 청천강 교두보를 확보한 다음에 공세로 전환할 계획이었다. 그러나 긴급작전회의에서 철수가 결정되자, 워커는 군예비로 있던 미 1기병사단과 영 27여단을 9군단 후방지역의 북창(北倉)과 자산(慈山) 지역으로 투입하여 9군단을 증원하고, 철수를 엄호하도록 하였다. 그러나 11월 29일 오후에 평양으로 복귀한 워커는 미 1기병사단의 북창지역 한국군 6사단 증원 노력이 실패했고, 9군단의 우측방을 보호하기 위하여 와원리(瓦院里)에 투입된 터키 여단이 철수했고, 미 25사단과 2사단이 입은 극심한 피해 등으로 청천강 교두보를 연한 방어선의 유지가 불가능하다는 사실을 알게 되었다. 워커는 청천강 남쪽에 새로운 방어선을 구축하기로 결심하고, 미 1군단은 숙천-순천, 미 9군단은 순천-성천 간을 방어하라는 철수 명령을 하달하고, 접전이 경미한 미 24사단을 강동(江東)으로 이동시켜 8군예비로 확보하려 하였다. 한국군 2군단의 전선 이탈로 우측방이 노출된 상태에서 중공군의 추격을 따돌리고, 전선을 축소하여 저지선의 방어력을 강화하려는 의도에서 철수 명령이 하달되었다. 이제, 8군은 북진을 서둘렀던 그 길을 따라 철수를 서두르게 되었다.

---

767) *前揭書*, pp. 30-45.

철수는 결코 쉽지 않았다. 미 1군단장은 29일 오후 늦게 한국군 1사단과 작전 통제하에 들어온 미 25사단에게 철수 명령을 하달하고, 24사단 배속에서 군단 예비로 전환된 5연대 전투단을 안주와 신안주 일대에 배치하여 청천강 북방 군단 주력의 청천강 도하를 엄호하도록 하였다. 미 1군단 우측방에 배치된 미 25사단은 24연대의 일부 병력이 미 2사단의 철수로 우측방이 노출되어 130여 명의 손실을 입었으나, 11월 29일 저녁 무렵에 한국군 1사단이 숙천의 동서 진지를 점령한 것과 때를 맞추어 순천 서쪽의 진지를 점령하였다.

중공군 38, 40군의 집중적인 공격을 받은 미 9군단의 철수는 더욱 어려웠다. 군단의 우측방을 보호하라는 임무를 부여받고 28일 와원리에 배치된 터키 여단은 덕천에서 하일령을 넘어오는 38군 주력의 공격을 받아 진내 사격까지 요청하면서 방어를 시도하였으나, 와원에서 철수할 수밖에 없었다. 군우리(軍隅里)를 지키고 있던 미 2사단도 중공군의 집중적인 공격을 받았고, 터키 여단이 와원에서 철수하자 측방에서의 공격도 받게 되었다. 이에 9군단장은 미 2사단으로 하여금 순천 일대로 철수하여 성천지역을 방어하고 있던 미 1기병사단과 연결하도록 지시하였다. 그러나 군우리에서 공방전을 벌이고 있는 동안에 중공군 38군 113사단은 군우리에서 순천에 이르는 철수로를 차단하고, 미 2사단의 철수를 기다리고 있었다. 미 2사단은 29일 군우리에서 싸우고 있던 터키 여단의 수송대로부터 군우리-순천 간의 도로가 차단되었다는 사실을 알게 되었다. 이에 미 2사단장은 남쪽에서 공격해 오는 영 27여단으로 하여금 중공군의 차단을 해소시키도록 군단에 요청하고, 사단작전참모는 9연대를 선두, 사단본부, 포병 및 지원부대, 터키 여단, 38연대, 배속된 한국군 7사단 3연대 순으로 철수하고, 23연대를 후위로 한 철수 계획을 세웠다. 그러나 중공군 38군도 주력을 투입하여 차단선을 강화해 놓고 있었다.

미 2사단은 11월 30일 계획을 수정하여 38연대를 선두로 사단사령부, 각종 지원 부대, 국군 3연대, 터키 여단 순으로 철수제대를 편성하고, 23연대를 후위 엄호 부대로 삼아 강력 돌파를 실시하였다. 정오가 조금 지나 미 2사단은 돌파를 개시하여 중간 도로에 설치된 장애물을 제거하면서 남진하였다. 그러나 선두 전차가 차단선을 통과하자, 매복하고 있던 중공군은 30-40정의 기관총과 10여 문의 박격포를 동원하여 후속부대에 집중적인 사격을 가해 왔다. 철수 부대는 가다 서다를 반복하면서 항공기의 지원 사격하에 철수를 실시하였다. 그러나 8인치 포병을 제외한 다른 포병은 장비를 포기하고 병력만 분산하여 순천으로 철수할 수밖에 없었다. 철수를 엄호하던 23연대장은 어둡기 전에 주력을 모두 철수시킬 수 없다는 판단을 하고, 군단에 건의하여 미 1군단지역의 신안주-숙천 도로를 이용한 철수를 승인받아 미 1군단 철수 엄호 부대인 5연대전투단 진지를 경유하여 순천으로 철수하였다. 이로써 미 2사단의 군우리 철수는 완료되었다.

그러나 피를 계곡에 뿌리면서 철수한 미 2사단의 피해는 막심하였다. 중공군이 차단하고 있던 군우리에서 순천에 이르는 애로(隘路)를 강행 돌파하면서 미 2사단은 3,000여 명의 사상자와 실종자를 감수해야만 하였고, 수백 대의 차량과 야포 64문, 대부분의 공병 장비, 40%의 통신 장비를 버려야 했다. 그리하여 미 2사단의 병력은 1950년 12월 1일 당시 1만여 명으로 줄어들어 사단으로서 임무를 수행할 수 없게 되었다. 미 2사단과 터키 여단은 평양 남쪽 중화(中和)에서 재편성을 한 후에 개성으로 향하였고, 한국군 3연대는 대동강선 방어에 임하고 있던 7사단을 찾아 본대로 복귀하였다.768) 돌파를 강행하는 동안에 도로를 차단하고 있던 중공군을 공격한 한국군 3연대의 용맹성과 경상자가 중상자를 부축하여 죽음의 계곡을 빠져 나온 병사들의 "전우애"는 "태형(笞刑)의 계곡"이라고 불리어진 군우리-순천 간 애로(隘路)의 돌파작전에서 유일하게 위안을 제공한 작전 결과였다. 적정 파악의 미숙과 무모한 용맹성이 빚어낸 결과는 매우 가혹하였다.

미 8군은, 12월 1일까지 일단 숙천-순천을 잇는 선으로 철수하여 방어선을 구축했으나 서부전선에서의 철수는 여기에서 그치지 않았다.

(3) 동부전선에서의 철수

긴급작전회의를 마치고 11월 29일 동경에서 돌아온 미 10군단장 역시 전황이 더 악화된 것을 확인하였다. 그리하여 그는 11월 30일 철수 명령을 하달하였다. 청진까지 진출한 한국군 1군단은 군단의 우측방을 보호하면서 동해안로를 따라 철수하도록 하였고, 혜산진까지 진출한 미 7사단은 군단의 북부와 동북방을 보호하면서 함흥으로 철수하되, 함흥에서 부전호에 이르는 신흥(新興)에 강력한 저지 진지를 구축하여 퇴로를 확보하도록 하였다. 유담리에 진출해 있던 미 1해병사단은 장진호의 동측방으로 진출한 "페이스 특수임무부대(Task Force Faith)"까지 지휘하여 함흥지역으로 철수하도록 하였다. 미 3사단은 수동(水洞)에서 함흥까지의 퇴로를 확보하도록 하였으며, 미 3사단에 배속되었던 한국군 1해병연대와 1개 대대는 미 3사단 부사단장의 지휘하에 원산과 원산 비행장을 확보하도록 하였다.769) 한반도 동북부지역에서 북진을 서두르던 미 10군단도 함흥과 흥남지역으로의 철수를 서두르게 되었다.

철수 명령을 받은 미 1해병사단장과 7사단장은 하갈우리에서 만나 장진호지역의 병력을 일단 하갈우리로 집결시킨 다음에 철수하기로 하였다. 유담리에서 방어에 임하고 있던 5, 7해병연대는 12월 1일 08시에 철수를 개시하였다. 양 연대는 중공군이 파괴한 교량을 보수하거나 우회 도로를 만들고, 도처에서 퇴로를 차단하고 있던 중공군의 매복공격을 받으면서 12월 4일 하갈우리로 철수하였다. 그러나 장진호 동쪽으로 진출했던 페이스특수임무부대는 중공군 80사단의 공격과 퇴로 차단, 유엔기의 오폭까지 받으

---

768) 군우리 전투와 미 8군 철수작전의 구체적인 내용은, *Ebb and Flow*, pp. 105-27; *The Forgotten War*, pp. 473-501; *韓國戰爭(中)*, pp. 210-27; *中共軍의 韓國戰爭史*, pp. 53-61 참조.

769) *Ebb and Flow*, pp. 128-9.

면서 얼어붙은 장진호를 경유하여 12월 3일 하갈우리로 철수하였다. 이 과정에서 2,500명의 페이스부대원 중에서 1,000명만이 하갈우리에 도착하였고, 그 중에서 385명만이 부상을 입지 않고 있었다. 부대를 지휘하던 페이스(Donald Faith) 중령과 중화기 중대장, I중대장, 포병 중대장들도 철수 도중에 전사하고 말았다. 장진호 양측으로 진출하던 병력을 하갈우리에 집결시킨 미 1해병사단장은 철수 준비를 서둘렀다.[770]

해병사단장은 하갈우리로 집결한 1만여 명의 병력 및 이들을 따라나선 1,500여 명의 피난민과 1,000여 대의 차량을 비롯한 각종 전투 장비의 철수와, 4,300여 명의 부상자를 어떻게 안전하게 철수시키느냐 하는 문제를 해결해야만 하였다. 이에 사단장은 40%의 공사가 진척된 하갈우리의 간이 활주로에 수송기의 착륙 시험을 요구하여 이 착륙이 가능하다는 결론을 얻었다. 그는 먼저 12월 5일까지 4,300여 명의 부상자를 수송기로 후송하였다. 현장을 방문한 극동공군 전투 화물 수송사령관이 장비를 제외한 병력만이라도 공중으로 철수시킬 것을 제의하였으나, 사단장은 장비와 차량을 가지고 고토리(古土里)를 거쳐 육상으로 철수할 것을 결심하였다. 그리고 장병들에게 "이번 작전은 후퇴가 아닌 해안까지의 새로운 공격이다"는 점을 강조하였다.[771]

미 1해병사단은 12월 6일 새벽에 하갈우리에서 철수를 개시하여 12월 7일 두 번째 집결지인 고토리(古土里)에 도착하였다. 그러나 해병사단은 황초령(黃草嶺)에서 강력한 저지선을 구축하고 퇴로를 차단하고 있던 중공군 9병단 병력을 어떻게 격퇴하느냐 하는 문제와 중공군이 퇴로를 차단하기 위하여 파괴한 수문교(水門橋)에 어떻게 가교(架橋)를 가설하느냐 하는 문제를 해결해야만 했다. 황초령의 중공군 저지선을 해소시키기 위하여 사단장은 진흥리에 대기중인 1해병연대 1대대로 하여금 사단 주력이 통과하기 전에 황초령의 1081고지를 탈취하도록 하였고, 가교 건설을 위해서는 군단에서 가교를 조립할 자재를 공중 투하로 지원받아 조립교를 만들기로 하였다. 중공군은 미 해병사단 철수를 저지하고 이를 섬멸하기 위해서 20군 60사단과 26군을 황초령에 집중 투입하여 강력한 저지선을 구축하고 있었다.

황초령 남쪽 진흥리에 위치한 1해병 1대대에게 명령하여 1081고지를 탈취하도록 한 미 1해병사단장은 12월 8일 08시 고토리에서 철수를 개시하였다. 황초령에 먼저 도착한 해병 1대대는 12월 8일 오후 내내 공격을 계속하였으나, 1081고지를 점령하지 못했다. 영하 34도의 혹한 속에서 밤을 새운 1대대는 12월 9일 아침 항공 폭격 지원을 받아가며 사단 주력이 도착하기 수분 전에 1081고지를 점령하였다. 9일 아침 황초령을 통과한 7해병연대는 쉽게 수문교를 점령하고, 공중 투하된 자재를 이어 조립교를 만들어 가교를 설치한 후에 밤새도록 조심스럽게 병력과 장비를 통과시켰다. 병력과 장비를 통과시킨 것을 확인한 공병 폭파반은 설치한 조립교를 11일 02시 폭파하고, 사단의 철수를 엄호하던 1해병 1대대도 13시 진흥리로 철수하였다. 1해병사단은 철수를 계속하여 12월

---

770) *前揭書*, pp. 131-7.
771) *前揭書*, pp. 137-48; *韓國戰爭(中)*, pp. 232-5.

11일 23시 30분 홍남에 도착하여 철수보다는 "해안으로의 공격작전"을 마무리하였다.

유담리에서 철수한 미 1해병사단이나 이를 저지한 중공군 9병단이 입은 피해는 결코 적지 않았다. 미 1해병사단의 인원 손실은 2,621명으로 전사 393명, 실종 76명, 부상 2,152명에 달했고, 동상 환자를 포함한 비전투 부상자도 1,534명에 이르고 있었다. 미 해병의 철수를 저지한 중공군 9병단은 유엔군 항공기, 야포, 전차의 폭격과 포격으로 많은 인원 손실을 감수해야 했고, 보급 부족과 혹한으로 인한 손실까지 겹쳐서 4개월간의 재정비 기간을 가진 후에야 전선에 투입될 수가 있었다.[772)]

혜산진(惠山鎭)과 신갈파진(新乫波鎭)으로 진출하였던 미 7사단 주력과 청진으로 진출하였던 한국군 1군단도 11월 30일 철수 명령을 받고 함흥과 홍남으로 철수를 서둘렀다. 미 7사단은 함흥 북쪽 신흥(新興)리로 철수하라는 명령을 받고, 혜산진과 북청간 도로의 중간 지점에 배치된 한국군 3사단 26연대의 엄호하에 12월 5일 야간에 신흥으로 철수하였다. 철수 명령을 받은 한국군 1군단도 3사단(-)의 엄호하에 수도사단을 북청, 이원으로 철수시키고, 3사단은 수도사단의 철수를 엄호한 후에 성진으로 철수하도록 하였다. 군단이 철수하는 동안 12월 6일부터 북한군의 산발적인 공격과 포격을 받았으나, 수도사단의 1연대와 1기갑연대는 육로, 본부와 18연대는 함정으로 성진에서 홍남으로 철수하였고, 수도사단의 철수를 엄호한 3사단(-) 병력은 12월 9일 성진에서 함정을 이용하여 홍남 외항(西湖津)으로 철수하여 그곳에 상륙할 계획이었으나, 변경된 계획에 따라 거기에서 방어에 임하고 있던 18연대까지 승선시켜 삼척으로 직행함으로써 동부전선에서 최초로 철수한 부대가 되었다. 미 7사단에 배속되었던 3사단 26연대도 북청을 거쳐 홍남의 본대와 합류하였다. 이로써 한국군 1군단도 12월 10일까지 전선으로부터 철수를 완료하였다.

그러나 미 1해병사단과 마찬가지로, 미 7사단과 한국군 1군단도 철수 대가를 지불해야만 하였다. 미 7사단은 2,760명의 손실을 입었고, 이 중에는 전사 70, 실종 2,505명이 포함되어 있었다. 한국군 1군단도 전사 142명, 실종 340명을 포함하여 930명의 손실을 감수해야만 하였다. 이로써 동부전선을 담당하여 압록강과 두만강으로 진격하던 미 10군단은 12월 10일까지 함흥과 홍남지역으로 집결하여 해상 철수 준비를 하게 되었다. 철수 과정에서 군단은 전사 705명, 실종 4,779명을 포함한 8,735명의 병력 손실과 많은 양의 장비와 무기를 포기해야만 하였다.[773)]

3) 새로운 전쟁과 새로운 전략

중공군의 전면 개입으로 한국전쟁이 "새로운 전쟁"으로 변모하게 되자 동경과 워싱턴은 새로운 정책과 전략을 모색하지 않을 수 없었다.

---

772) *前揭書.*

773) *Ebb and Flow,* p. 147.

동경의 맥아더는 중공의 개입으로 한국전쟁은 완전히 새로운 전쟁으로 변모되었다고 주장하고, 만주의 폭격과 중공의 해안 봉쇄는 물론 대만의 장개석 군대의 한국전 투입을 강력하게 요청하였다. 그러나 워싱턴의 정책입안 및 결정자들은, 한국전쟁의 한반도 외 확전은 소련의 개입을 불러일으키고, 장개석 군대의 한국전 투입은 영국을 중심으로 한 유엔의 지원과 유엔군의 배열 자체를 위태롭게 하는 결과를 초래할 것이며, 군사적으로도 전력이 의심스러운 장개석 군대의 전선 투입은 오히려 유엔군의 보급 부담만 가중시킨다는 이유를 들어, 맥아더의 요구를 거부하였다. 특히 미 합참본부는 미 8군과 미 10군단의 연결을 강력하게 원했다. 그러나 맥아더는 지형상 양측을 연결하는 것이 불가능하며, 10군단이 중공군 6-8개 사단을 고착·견제하고 있기 때문에 미 8군의 군사적 압력을 경감시키고 있다는 이유를 들어 10군단의 독립 작전을 주장하였다. 미 합참본부는 맥아더의 견해를 받아들이면서, "병력의 보존이 가장 중요한 관심 사항"이라는 점을 맥아더에게 밝혔다.[774]

중공군의 개입으로 빚어진 한국전쟁의 새로운 국면이 전개되고 있던 11월 30일, 미국의 트루먼 대통령은 매우 민감한 "원자탄의 사용 가능성" 문제에 대한 언급으로 주목을 끌었다. 11월 30일에 실시된 기자 회견에서 트루먼 대통령은 세 가지 방법으로 한국전쟁에서 전개된 새로운 국면에 대처하겠다고 밝혔다. 첫째, 유엔의 범주 안에서 한국에서의 침략을 저지하고, 둘째, 침략 위협에 대처하는 다른 지역 국가들을 도울 것이며, 셋째, 미국의 군사력을 신속하게 증강시킬 것이라는 점이었다. 그는 또 새로이 전개된 군사적 상황에 대처하기 위해서 "어떠한 조치(whatever steps)"도 취할 것이라고 말했다. 이때 그 조치에는 "원자탄의 사용(the use of the atomic bomb)"도 포함되느냐는 한 기자의 질문에, 트루먼 대통령은 "우리가 보유하고 있는 각종 무기가 포함된다(That includes every weapon that we have)"라고 대답하였다. 이어서 제기된 원자탄의 사용을 고려하고 있느냐는 질문에, 트루먼 대통령은 그것이 사용되는 것을 원치는 않으나 그것의 사용은 검토되어 온 사항이라고 답변하였다. 미국의 대통령에 의해서 미국이 원자탄의 사용을 고려해 왔다는 사실이 알려지자, 미국의 우방으로서 한국전에 참여한 영국 정부는 즉각적인 반응을 보였다. 한국전에서 원자탄을 사용한다는 것 자체의 적합성 문제와, 미국 정부가 영국 정부와 사전 협의도 없이 원자탄의 사용을 적극적으로 검토해 왔다는 사실에 영국 정부는 당황해 하였다. 영국 수상(Clement Attlee)은 즉시 워싱턴을 방문하겠다는 의사를 표시하고, 미국 정부는 이를 수용하였다.[775]

영국 수상과의 회담에 대비하여 한국전 수행에 관한 미국의 정책과 전략의 재정립

---

774) Memo for the President, sub.: A Summary of the Discussion of the 73rd Meeting of the NSC, November 28, 1950, NSC Meetings, President Secretary's File, Truman Papers, Truman Library and *FRUS, 1950, VII*, pp. 1242-49; MacArthur to JCS, November 29, 1950; JCS to MacArthur, November 30, 1950; MacArthur to JCS, November 30, 1950; JCS to MacArthur, December 3, 1950, Selected Records Relating to the Korean War, DoD, Truman Papers, Truman Library; Truman, *Memoirs, II*, 385-6.

775) *The New York Times*, December 1, 1950; *Truman, Memoirs, II*, p. 389.

을 위해서 트루먼 대통령의 민간 및 군 보좌진들은 계속적인 회합을 가졌다. 국무부장관을 비롯한 민간 정책입안자들은 한국에서 방어 가능한 저지선을 설정하여 이를 고수하고, 정치적인 타협을 모색하는 것이 바람직한 해결책이라는 의견을 개진하였다. 이에 대해서 미 합참본부를 비롯한 군 지휘부는 고수 가능한 방어선의 유지에 대해서 비관적인 입장을 표시하면서 미군의 안전을 위해서는 한국에서의 철수도 고려해야 한다는 입장을 취하고 있었다. 특히 미 육군 참모총장은 "러시아가 블라디보스토크를 비롯한 측방을 장악하고 있는 한, 한반도는 5전(nickel)어치의 값어치도 없다"는 말로 그의 견해를 밝히면서, 소련이 전투기를 투입할 경우에는 미국은 원자탄의 사용 위협이나 실제 사용을 고려해야 한다는 의견도 제시하였다. 회합이 진행되는 동안 미 합참은 콜린스 육군 참모총장을 동경에 파견하여 한국에서 방어선을 책정하여 이를 고수하는 데 필요한 병력 소요와, 낙동강 교두보나 한국에서 병력을 철수하는 문제, 38선을 경계로 한 휴전(休戰)에 대한 현지 사령관 맥아더의 견해를 타진하도록 하였다.776) 한국의 고수보다 유럽의 방어를 중시하던 미 합참은 한국전쟁의 비중 자체를 낮게 평가하고 있었다.

워싱턴의 정책입안 및 결정자들은 미국이 한국에서 미국의 주적(主敵) 소련이 아닌 "후보팀(the second team)"과 싸우고 있다는 사실에 곤혹스러워하고 있었다. 다시 말하여 미국의 주적인 소련의 게임에 미국이 놀림을 당하고 있지 않은가 하는 의구심을 떨쳐 버릴 수 없었다. 이러한 곤혹스런 상황에서 군사 지도자들은 공산권과의 전면전을 수행하든지, 아니면 한국에서 철수하든지 하는 "양단(兩端)의 결단(決斷)"을 내자는 의견까지 제시하였으나, 민간 관료들은 "전면 철수"와 "전면전"의 중간 형태인 적정한 선에서의 "휴전"을 해결책으로 제시하였다. 동경을 방문한 육군 참모총장의 보고도 해결책을 선명하게 제공해 주지 못했다. 다만 정전(停戰)을 합의하든지, 아니면 만주의 폭격과 중공의 해안 봉쇄 및 북한지역에서의 원자탄 사용 권한을 위임하지 않으면, 한국에서 철수할 수밖에 없다는 맥아더의 "협박성 타협안"을 보내왔다. 워싱턴의 정책 및 전략 수립자들은 "진퇴양난(進退兩難)"에 빠졌다. 그러나 워싱턴 정책입안 및 결정자들은 "한반도의 어딘가에서 방어선을 유지하여 미국의 개입을 신속하고 명예롭게 종식(終熄)시키자"는 방향으로 미국의 정책, 전략의 윤곽을 잡아가고 있었다.777)

한반도에서 방어선을 유지하여 명예로운 휴전으로 한국전을 마무리진다는 개념은 12월 4일부터 8일 간에 걸쳐서 개최된 트루먼 대통령과 애틀리 영국 수상 간의 회담에서 더욱 구체화되었다. 한국에서의 작전 수행에 있어서 미국의 주도적인 역할을 받아들인 미국과 영국 수반은 "침략에 대해서 타협하지도 않고, 이를 보상해 주지도 않는다"는 원칙을 재확인하고, 한국에서의 "휴전과 평화적 해결이 바람직하다"는 입장도

776) Memo of Conversation by Jessup, December 1, 1950, *FRUS, 1950, VII*, pp. 1276-81; Memo, Bradley to Collins, December 1, 1950, RG 218, CCS 383.21 Korea(3-19-45), sec., 40, NA.
777) Memo of Conversation at the White House, December 3, 1950, *FRUS, 1950, VII*, 1336-9.

밝혔다. 특히 12월 8일 백악관 회담에는 동경과 한국전선을 방문하고 돌아온 육군 참모총장이 참석하여 "미 8군과 10군단은 부산 교두보를 항구적으로 확보할 수 있다"는 전문적인 견해를 제시하면서, 맥아더가 전쟁 전의 상태에서 휴전을 모색하는 것에 반대하지 않았다는 사실도 보고하였다. 미군과 유엔군이 한국에서 철수할 필요가 없다는 견해와 현지 사령관이 휴전에 반대하지 않았다는 보고를 받은 양국 수뇌와 보좌진들은 "침략과 타협하거나, 이를 보상하지 않겠다"는 원칙을 전선의 상황이 뒷받침할 수 있고, 이를 바탕으로 "한국전쟁의 정치적 해결"이 가능하다는 점에 안도감을 가지게 되었다.[778] 이로써 타협이나 보상이 아닌 "군사적인 응징"에 바탕을 둔 "정치적 협상"에 의한 "휴전"을 통하여 한국전쟁을 마무리하려는 정책과 전략이 수립되었다. 이제 전선의 전황이 휴전을 수용할 정도의 수준에서 안정될 필요가 있었으나, 시간이 더 필요하였다.

4) 평양과 흥남 철수작전

미 8군은 12월 1일 숙천-순천-성천을 잇는 선으로 철수하여 방어선을 구축했으나, 8군사령관 워커는 수적인 우세를 확보하고 있던 중공군의 공격을 저지한다는 것은 당분간 어렵다는 판단을 하고, 지연전을 수행하려는 결심을 굳혔다. 그는 서부전선에 투입된 6개 군(18개 사단)의 중공군 16만 5,000명을 비교적 건재를 유지하고 있던 5개 사단(미 1기병, 24, 25, 한국 1사단과 영 27, 29여단 등) 병력으로 저지하기보다는, 중공군이 평양을 공격하기 전에 이를 먼저 포기하여 병력을 보전하는 것이 낫다는 판단을 내렸다. 평양을 포기하기로 한 워커는 평양과 진남포에 쌓아 놓은 군수 물자를 후송하는데 필요한 시간을 확보하기 위하여 병력을 다시 철수시켜 평양 북방 32km 지점에 위치한 영유(永柔)-사인장(舍人場)-강동(江東)을 잇는 반원형의 방어선을 구축하도록 하였다. 평양에서 사리원을 거쳐 개성에 이르는 병참선의 우측방을 보호하기 위하여 미 24사단을 강동(江東) 남쪽 율리(栗里), 재편성중에 있던 한국군 2군단을 율리 동남쪽 신계(新溪)에 배치하였다. 평양의 북, 북동, 동남쪽을 잇는 타원형의 방어선을 구축한 워커는 미 187연대 전투단(영 29여단 배속)을 평양에 집결시켜 평양 시내와 동쪽에 가설된 4개의 부교를 엄호하도록 하고, 막심한 피해를 입고 군우리에서 철수한 미 2사단을 문산, 터키 여단을 개성으로 이동시켜 군 예비로서 전열을 정비하도록 하였다. 미 8군은 이와 같이 군수품을 후송시키고 평양을 포기할 준비를 갖추었다.[779]

12월 3일, 많은 중공군이 8군의 북동쪽과 동쪽에 재배치되어 있다는 첩보를 입수한

---

778) Minutes of the Fifth Meeting of President Truman and Prime Minister Attlee, December 7, 1950, *FRUS, 1950, VII*, pp. 1449-61; Minutes of the Sixth Meeting of President Truman and Prime Minister Attlee, December 8, 1950, *Ibid.*, pp. 1468-75; *Policy and Direction*, pp. 282-94; *War in Peacetime*, pp. 196-208.

779) *Ebb and Flow*, pp. 149-53.

8군사령관은 이를 중공군이 중부로 이동하여 8군의 퇴로를 차단하려는 징후로 판단하고, 이날 작전 명령 107호를 하달하여 단계적인 철수를 준비하도록 하였다. 철수 계획은 평양을 떠나, 중화-율리-곡산을 잇는 1단계 방어선과 해주-신막-신계-이천(伊川)을 잇는 2단계 방어선을 거쳐 임진강선으로 철수하는 것으로 되어 있었다. 철수한 미 24사단은 9군단에 배속되어 8군의 우측방을 보호하고, 한국군 2군단을 증원하는 임무가 부여되었다. 38선으로의 철수계획이었다.[780]

12월 4일, 공병들이 평양의 주요 시설을 파괴하는 가운데, 한국군 1사단의 엄호하에 미 1군단이 평양에서 철수를 개시하였다. 미 1군단의 철수를 엄호한 한국군 1사단도 오후에 평양을 떠났다. 통일의 꿈을 안고 평양에 첫발을 들여놓은 지 45일 만에 평양을 등지고 떠나는 1사단 장병들은 통한과 울분을 감출 수 없었다. 태평양을 건너와 전선에 투입되지도 않은 신형 전차 18대가 불에 타는 광경을 목격하면서 한국군 1사단 병력이 철수하자 대동강에 가설된 부교도 폭파되었다. 필사적으로 대동강을 건너려던 피난민들은 차디찬 강물에 빠져 목숨을 잃기도 하였다. 참담한 광경이었다.[781] 병력이 철수하는 동안 진남포의 후송 작전은 계속되었다. 전투기의 엄호하에 100여 척의 선박이 동원되어 부상병, 포로, 군수 물자를 후송하였고, 3만여 명의 피난민도 수송하였다. 12월 5일까지 후송 작전을 실시한 마지막 제대가 철수하자, 미처 후송되지 못한 2,000여 톤의 보급품을 파기하는 화염이 진남포 항구를 뒤덮었다. 평양 북방에 3개 사단을 동원하여 유엔군을 고착시키고, 4-5개 북한군 사단을 동측방으로 우회, 포위 공격을 감행하여 유엔군을 격멸하려던 공산군의 계획은 수포로 돌아갔으나, 평양은 공산군측에 다시 넘어갔다.[782]

평양에서 철수한 미 8군은 12월 6일 송림(松林)-중화(中和)-수안(遂安)-곡산(谷山)을 잇는 방어선을 구축하였으나, 공산군이 평양에서 대동강을 건너 남하하고 있다는 보고를 받고, 12월 8일 병력을 해주-신계-이천-김화선으로 철수하도록 하였으나, 병력이 이동하고 있는 중에 38선으로 철수하라는 유엔군 사령부의 5호명령이 하달되어 문산리-전곡-화천-양양에 이르는 선으로 철수하도록 하였다. 미 8군은 12월 15일경 38선을 연하여 방어선을 구축하고, 12월 23일까지 한국군 3군단(2, 5, 9사단)과 흥남에서 철수한 한국군 1군단(3, 수도사단)을 이 방어선에 투입하였다. 그리하여 12월 17일 중화, 수안지역에서 유엔군 주력을 격멸하려던 팽덕회의 계획도 무산되고 말았다. 미 8군은 중공군의 공격 속도보다 더 빨리 서둘러 철수함으로써 주력 부대의 전투력을 보존하여 38선에 방어 진지를 구축할 수 있었으나, 이러한 조치만으로 유엔군의 전의(戰意)를 다시 부추길 수는 없었다.[783]

---

780) *前揭書*, p. 153.
781) *軍과 나*, p. 144.
782) *前揭書*, pp. 153-5.
783) *Ebb and Flow*, pp. 160-5; *韓國戰爭(中)*, pp. 242-7; *中共軍의 韓國戰爭史*, pp. 67-9.

중공군의 11월 공세(2차전역)와 철수(1950. 11. 25.-12. 15.)

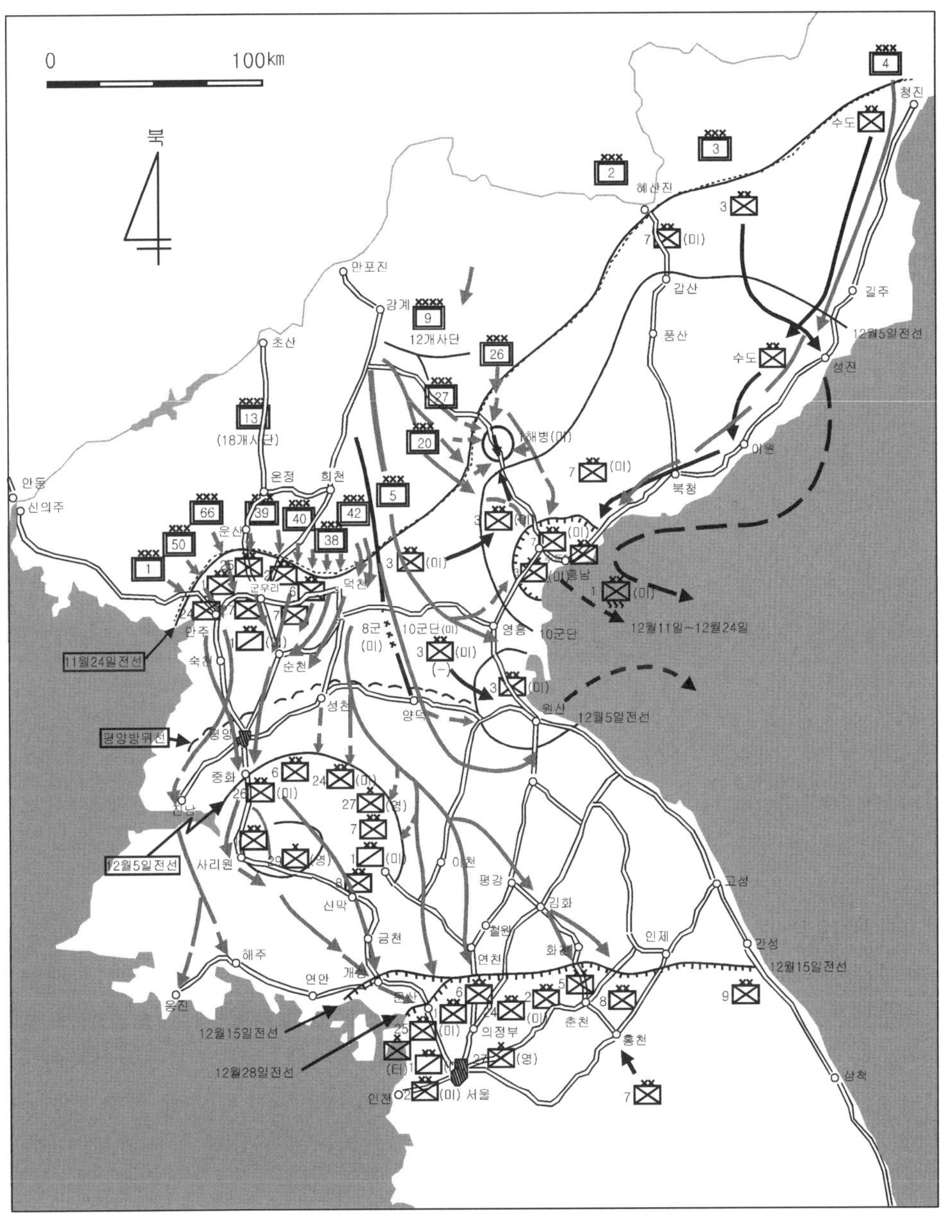

흥남지역으로 집결한 동부전선의 미 10군단도 12월 8일 유엔군 사령부의 철수 명령을 받고 해상으로의 철수 계획을 수립하였다. 최초 미 10군단은 함흥-원산 일대에서 강력한 거점을 형성하여 해안 교두보를 확보할 계획이었으나, 12월 8일 유엔군 사령부의 5호 명령에 따라 철수를 서두르게 되었다. 12월 11일 미 1해병사단이 철수를 완료

하자 10군단은 미 3사단(한국해병 배속)을 흥남의 서남쪽 연포비행장지역, 미 7사단을 흥남 북쪽, 한국군 1군단 병력(수도사단 1기갑연대와 3사단 26연대)을 함흥 동쪽과 동해안에 각각 배치하여 교두보를 구축하도록 하였다. 그간의 공세 작전에서 피해가 컸던 미 1해병사단을 선두로 군단사령부, 한국군 1군단, 미 7사단, 미 3사단 순으로 철수하도록 계획하고, 병력의 축차적 철수로 인한 공간이 발생하지 않도록 3개의 통제선을 설정하였다. 1통제선은 연포비행장 서쪽의 주이천, 함흥 남쪽 4.8km, 흥남 동쪽 마전리를 연결하는 선으로 책정하고 미 1해병사단이 철수한 후에 나머지 부대가 점령하도록 하였다. 2통제선은 군단사령부와 한국군 1군단이 철수한 후에 점령할 선으로 연포비행장을 포기하고 서쪽 선을 주이천에서 성천으로 축소한 통제선으로 미 3, 7사단이 점령할 선이었다. 3통제선은 흥남부두와 동쪽의 서호진(西湖津) 외곽을 연하는 선으로 미 7사단 철수 후에 미 3사단이 점령하도록 하였다. 또한 10군단 병력의 안전한 철수를 엄호하기 위하여 흥남 근해에 항공모함 7척, 전함 1척, 순양함 2척, 구축함 7척, 로켓포함 3척을 배치하여 중공군의 공격으로부터 설정된 통제선을 화력으로 철저하게 보호하도록 하였다. 125척의 수송선을 동원하여 병력 10만 5,000명, 차량 1만 8,422대, 3만 5,000톤의 각종 전투 물자를 철수시키도록 하였고, 미 극동공군의 전투화물사령부도 철수 초기에 연포비행장을 통하여 철수를 지원하도록 계획하였다.[784] 엄청난 규모의 해상 철수작전이었다.

10군단의 흥남 철수 계획은 12월 11일 연포비행장에 도착한 맥아더 사령관에게 보고된 후에 공식적으로 예하 부대에 하달되어 실천에 옮겨졌다. 먼저 성진에서 철수하여 12월 10일 14시 서호진에 상륙하기로 계획된 한국군 3사단은 서호진에 상륙하지 않고, 서호진을 방어하고 있던 수도사단 18연대를 승선시킨 후에 제일 먼저 철수한 부대가 되었다. 그 뒤를 이어 12월 12일부터 15일 사이에 승선과 탑재를 완료한 미 1해병사단이 15일 09시 흥남을 떠났다. 12월 14일부터 장진호에서 철수한 미 32연대와 31연대 1대대와 군단 본부가 승선을 시작하였다. 이때 중공군이 공격을 해왔기 때문에 수도사단은 이를 저지하기 위하여 승선이 늦어졌으나, 17일 야간에 승선을 완료하여 18일 군단본부와 함께 흥남을 떠났다. 이어서 미 7사단(-)이 12월 21일, 나머지 미 3사단이 12월 24일에 흥남을 떠나자 그날 14시 30분 유엔군의 항만 폭파에 의해서 흥남항은 화염에 휩싸이고 말았다. 한편 원산-평양 도로상 마전리 일대에서 소탕 작전을 벌이고 있던 한국 해병은 원산비행장 시설의 철거를 지원한 후에 12월 9일과 15일에 함정과 항공기편으로 각각 철수하였다. 또한 흥남에서 철수하는 동안 한국군과 유엔군의 북진을 열광적으로 환영했던 피난민들을 후송시켜 달라는 한국군의 요청에 따라 10군단은 9만 8,100여 명의 피난민까지 철수시켰다. 흥남에서의 철수를 엄호하기 위해서 7만여 발에 가까운 각종 함포가 발사되는 기록을 남기기도 하였으며, 이러한 화력의 철옹성이 안전한 해상 철수를 가능하게 해준 셈이 되었다.[785]

---

784) *Ebb and Flow*, pp. 165-9; *韓國戰爭(中)*, pp. 246-9.

5) 38도선 방어선 구축과 전열의 재정비

1950년 12월 8일, 중국 지원군사령부와 유엔군 사령부는 각각 공격과 축차적인 방어 계획을 보고, 하달하였다. 중공군사령부 사령관인 팽덕회(彭德懷)는 12월 17일에 중화(中和)-수안(遂安)지역의 미 8군을 공격하여 이를 섬멸하고, 38선을 돌파하겠다는 공격 계획을 모택동(毛澤東)에게 보고하면서, 만약에 38선 북쪽에서 유엔군의 주력을 격멸하지 못하면, 중공군은 38선을 넘지 않고 유엔군으로 하여금 38선을 점령하여 방어선을 구축하게 한 다음 1951년도에 새로운 공격 작전을 실시하여 유엔군의 주력을 격멸하고자 한다는 점도 함께 보고하였다. 그러나 북한군 2, 5군단 병력은 38선 남쪽으로 침투시켜 공세에 앞서서 후방 교란과 퇴로 차단 작전을 실시하겠다고 하였다. 한편 유엔군사령관 맥아더는 축차적인 방어를 실시한다는 개념 아래 38선에서 강력한 방어선을 구축하라는 명령을 하달하고, 38선 이남지역에서의 축차적인 방어선도 함께 제시하였다.[786] 이러한 공격과 방어 계획에 따라 양측은 공격과 축차 방어 준비를 서둘렀다.

유엔군사령부의 명령을 하달받은 미 8군이 먼저 움직였다.

미 8군사령관은 서부전선의 병력을 철수시켜 38선을 연한 방어선을 구축하였다. 12월 15일까지 38선상으로 병력을 철수시킨 8군사령관은 개성·문산지역에 미 1군단, 의정부지역에 미 9군단을 배치하였다. 미 1군단은 다시 김포반도에 터키 여단, 개성-문산 도로를 가로지르는 임진강 하류에 미 25사단, 고랑포-적성지역에 한국군 1사단을 배치하고 영 29여단을 군단 예비로 고양군 신도리에 집결시켰다. 신계(新溪)에서 철수한 미 9군단은 한국군 6사단을 연천-의정부 축선상 전곡지역에 배치하고, 미 24사단을 김화-의정부 축선상 포천 북방 영평리(永平里)지역에 위치시키고, 군단 예비로 영 27여단을 덕정(德亭) 일대에 집결시켰다. 8군사령관은 서울을 고수하라는 맥아더의 지시에 따라 군예비인 미 1기병사단을 퇴계원에 배치하여 춘천에서 서울에 이르는 도로를 지키도록 하였고, 군우리에서 많은 피해를 입고 영등포에 집결하여 재편성을 하고 있던 미 2사단을 충주로 이동시켜 한국군을 지원하고, 미 1, 9군단이 철수할 경우에 우측방을 엄호하도록 하였다. 이러한 부대 배치와 더불어 8군사령관은 서울 북방에 저장된 보급품을 한강 남쪽으로 이동시키는 한편, 인천항의 비축량도 축소하고 군사령부 요원도 주력은 대구로 이동시켰다.[787]

포천-김화를 잇는 도로 농부지역의 방어를 담당한 한국군도 방어선 구축을 서둘렀다. 동부전선을 방어하기 위하여 한국군은 후방지역에서 소탕작전을 벌이고 있던 3군단을 방어에 투입하고, 2, 5, 8사단을 배속시켜 방어선을 구축하도록 하였다. 양평에 도착한 3군단은 12월 13일 2사단을 군단의 좌측 가평 북쪽, 5사단을 춘천, 8사단을 군

---

785) *Ebb and Flow*, pp. 169-76; *韓國戰爭(中)*, pp. 249-52.
786) *中共軍의 韓國戰爭史*, p. 68; *Ebb and Flow*, p. 159.
787) *Ebb and Flow*, pp. 160-5; *韓國戰爭(中)*, pp. 252-3.

단의 우측 춘천 동쪽지역에 배치하여 주 저항선을 구축하였다. 한국군은 9사단을 우선 배치하고 이 사단과 함흥에서 먼저 철수한 3사단을 2군단에 배속시켜 동해안지역을 방어하도록 하고, 3군단의 방어 종심을 보강하기 위해서 홍천에서 정비중인 7사단을 군예비로 확보하여 춘천으로 이동시켰다. 이로써 한국군은 급편 방어선을 편성하였으나, 동해안지역의 넓은 방어 정면을 모두 방어하기는 매우 어려운 실정에 처해 있었다. 그래서 한국군은 2군단이 방어선을 구축하기도 전에, 9사단을 홍남에서 철수한 1군단에 배속 전환하여 수도사단과 더불어 동해안지역을 방어하도록 조치함으로써 2군단은 3사단만으로 인제 남쪽의 관대리(冠大里)지역을 방어하게 되었다. 이와 같이 한국군은 11사단을 제외한 전 사단을 미군에 배속시키거나, 투입하여 38선을 연한 방어선을 구축하였으나, 병력의 부족을 극복할 수는 없었다.[788]

한국군 사단은 기동력의 부족과 더불어 사단의 화력도 부족한 상태에서 작전을 수행하고 있었다. 한국군 사단의 지원 화력은 1개의 105mm 곡사포 대대가 전부였고, 군단은 포병이나 장갑차도 보유하고 있지 않았으며, 북진에 참여했던 미군 지원 부대도 전부 원대로 복귀하였다. 이러한 한국군의 상태를 잘 파악하고 있던 중공군 지휘부는 제일의 공격 대상으로 한국군을 택하였고, 돌파된 한국군 방어 진지를 통하여 유엔군 주력의 퇴로를 차단하는 작전을 구사하였다. 12월 8일, 모택동에게 보고한 대로 중공군 사령관 팽덕회는 후방 교란 작전을 수행해온 북한군 2군단(4개 사단)과 5군단(1개 사단)을 한국군 1, 2군단의 전투지경선 부근으로 침투시켜 한국군의 퇴로를 차단하고, 미 8군의 우측방을 위협하려 하였다. 북한군은 홍천과 현리지역에 침투하여 동부전선을 혼란에 빠뜨렸으며, 이 틈을 이용하여 북한군 2군단 병력이 오대산까지 진출하게 되었다. 동부전선은 불안한 가운데 방어선만이 유지되고 있었다.

12월 23일까지 38선을 점령한 한국군과 유엔군은 넓은 정면에 종심이 얕은 방어선을 구축하고 있었다. 동부전선에서 불안한 상황이 전개되자, 미 8군은 충주에서 정비중인 미 2사단을 홍천-원주지역으로 긴급하게 이동시키고, 철수하는 10군단을 춘천지역에 투입하여 한국군 3개 군단의 방어 정면을 축소시켜 방어력을 보강하려 하였다. 그리고 채 부대 정비를 마치지 못한 10군단 병력을 축차적으로라도 전선에 투입할 것을 결정하고, 우선 미 7사단을 제천지역으로 이동시켜 원주에서 안동에 이르는 도로의 확보와 경계를 담당하도록 하면서, 미 3사단을 평택-안성으로 투입할 준비를 갖추도록 하였으며, 미 1해병사단을 10군단의 예비로 확보하도록 하였다. 이와 같이 한국군과 유엔군은 38선을 연한 방어선을 강화하면서 중공군의 공격에 대비하였다.[789]

이러할 즈음 미 8군사령관이 교체되었다. 38선을 철수한 한국군과 유엔군이 "불안하나마" 안정된 방어선을 구축하고 있을 때, 12월 23일 상오 미 24사단을 방문하여 전날 은성무공훈장을 받은 자신의 아들을 만나본 후, 영 27여단을 방문하러 가던 워커

788) *韓國戰爭(中)*, pp. 254-9.
789) *韓國戰爭(中)*, pp. 260-5.

(Walton H. Walker) 8군사령관은 의정부 북방 덕정(德亭)에서 교통사고를 당하여 숨을 거두고 말았다. 1950년 7월 13일 부임하여 "사수방어(stand or die)"라는 구호를 내세워 낙동강 방어선을 고수하고, 북진 작전을 수행하던 지휘관인 워커는 38선 방어선을 구축해 놓고 세상을 떠났다. 맥아더는 즉시 미 1군단장을 8군사령관 대리로 임명하고, 미 참모총장에게 육군본부 행정·작전참모부장(the Deputy Chief of Staff for Operations and Administration)으로 있던 리지웨이(Mattew B. Ridgway) 중장을 워커 중장의 후임으로 요청하였다. 12월 25일 자정 무렵에 동경에 도착한 리지웨이는 전황을 소개받은 후, 12월 26일 09시 30분 맥아더에게 신고를 하였다. 여러 가지 지침을 받은 리지웨이는 상황이 허락하면 공격을 해도 좋은가를 물었다. "8군은 당신 것일세, 맷, 당신 판단대로 하시오(The Eight Army is yours, Matt. Do what you think best)." 맥아더의 답변이었다.[790] 맥아더로부터 백지 위임장을 받은 신임 8군사령관은 한국에 도착한 후, 12월 27일 이승만 대통령을 예방하였다. 이 자리에서 리지웨이는 머물기 위해서 한국에 왔다는 말을 하여 노대통령을 안심시켰다. 양 어깨에 멜빵을 걸치고 그 위에 수류탄 두 개를 매달고 찾아온 신임 8군사령관을 본 이승만 대통령은 수류탄을 매달고 다니는 이유를 묻고, 한국군 지휘관들도 수류탄을 차도록 하라는 "지시"를 함으로써 새로 부임한 8군사령관에 대한 신뢰를 표시하기도 하였다.[791] 미 8군은 새로운 지휘관을 맞이하게 되었다.

새로 부임한 8군사령관은 이제 미 1, 9, 10군단을 지휘하고 한국군의 작전을 통제하여, 38선을 따라 불안하게 구축된 방어선을 기점(起點)으로 삼아, 중공군 개입으로 새로운 전쟁으로 변모한, 한국전을 현지에서 수행하게 되었다. 8군사령관의 교체와 더불어 유엔군은 작전 현장에서 단일 지휘 체계를 갖추게 되었고, 8군사령관은 자신의 판단에 따라 공격과 방어 및 철수 작전을 임의로 수행할 수 있게 되었다. 전열이 재정비된 셈이다.

17. 반 격

1) 중공군의 신정 공세(三次戰役)

(1) 중공군의 공격 계획

중공군 현지 사령관 팽덕회는 1950년 10월(1차), 11월 공세(2차)와는 달리 3차 전역(戰役)은 충분하게 전열을 재정비하고, 19병단까지 전선에 투입한 후 1951년 2, 3월경

790) Mathew B. Ridgway, *The Korean War*(Garden City, New York: Doubleday & Company, Inc., 1967), p. 83.

791) *前揭書*, p. 84; *전쟁과 휴전*, pp. 280-3.

실시하여 보다 큰 전과(戰果)를 거두려 하였다. 준비와 지원이 완전하지 않은 상태에서 치른 1차 전역에서 중공군은 한국군과 유엔군의 국경 진출을 저지하고 작전 기지를 확보한다는 작전 목적을 달성하고, 한국군과 유엔군의 크리스마스 공세를 되받아치면서 실시한 2차 전역에서는 전세(戰勢)를 공세(攻勢)로 바꾸어 놓긴 하였으나, 화력과 기동력의 부족으로 철수하는 한국군과 유엔군에게 섬멸적인 타격을 입히지 못한 채, 유엔군의 우세한 지상, 해상 및 공중 화력 공격에 의해서 막대한 피해를 감수해야만 하였다. 서부전선에서는 평양을 포기하면서까지 신속한 철수를 감행하면서 자신들의 전력은 보존하고 중공군의 신장된 보급선으로 추진되는 후방 보급을 차단하는 유엔군의 철수작전 수행으로 인하여, 중공군 13병단은 한국과 유엔군 병력을 격멸하지 못한 채, 상대적으로 더 큰 피해를 감수해야만 하였다. 동부전선에서의 중공군 9병단은 피해 정도가 더욱 심했다. 9병단은 미 1해병사단의 무평리(武坪里) 진출을 저지하여 미 8군과의 연결을 차단하고 후방 병참선을 보호하였으나, 자체의 보급 곤란과 극심한 추위, 유엔군의 화력 공세로 인한 막대한 피해로 장기간에 걸친 전열의 재정비가 불가피한 실정에 놓여 있었다. 이러한 실정을 감안한 지원군 사령관인 팽덕회는 38선을 연하여 연결된 방어선을 구축하고 있던 한국군과 유엔군을 공격함에 있어서, 충분한 휴식과 정비를 하고 19병단까지 전선에 투입한 후인 1951년 2, 3월경 3차 공세를 실시할 것을 계획하고, 이를 모택동에게 건의하였던 것이다.792)

그러나 모택동은 계속 공격 작전을 수행할 것을 원했다. 모택동은 팽덕회의 상황 판단과 계획을 인정하면서도 중공군은 38선을 넘어서 공격한 다음에 휴식 및 재정비에 들어가는 것이 필요하다는 입장을 밝혔다. 그 이유로서 미국과 영국은 유엔군이 38선에 방어선을 구축하고 휴전을 제의하면서 전열을 정비하고 있으며, 계속적인 공격으로 유엔군을 38선 이남지역으로 후퇴시키는 추가적인 압력은 유엔군들 사이에 팽배해 있는 패전 분위기를 고조시키는 "유리한" 결과를 빚어낼 수 있다는 점을 들었다. 모택동은 서울지역에 집중되어 있던 미군과 영국군을 공격하는 것은 불리하기 때문에, 한국군을 공격하여 이들의 대부분을 격파하면 "미군이 고립될 것이고 조선에 장기간 주둔할 수 없게 될 것이다. 이럴 때 다시 미군 몇 개 사단을 섬멸시키면, 조선 문제는 매우 순조롭게 해결될 것이다"고 말하면서, 먼저 한국군을 섬멸할 것을 지시하였다. 공격에 앞서 북한군 2, 5군단을 한국군의 후방 너무 깊숙이 투입하지 말 것을 지시하면서, 그 이유로서 북한군이 한국군 후방 깊숙이 침투하여 한국군을 조기에 분산시키면 유엔군과 한국군은 다시 후방으로 철수하여 새로운 방어선을 구축하게 될 것이고, 그렇게 되면 중공군은 한국군과 유엔군을 쉽게 섬멸하지 못할 것이라는 자신의 판단을 제시하였다. 그리고 모택동은 3차 전역을 치른 후에 중공군과 북한군이 자발적으로 수십 리(數十里)를 철수하여 한국군과 미군으로 하여금 가능한 한 북쪽에 방어선을 구축하도록 유도함으로써 중공군이 이들을 춘계(春季)에 다시 섬멸하는 것이 유리하다는 점까

---

792) *中共軍의 韓國戰爭史*, pp. 84-7, 94.

지 지적하였다. 모택동의 이러한 판단과 지시에 따라 팽덕회는 계속적인 공세를 취하기로 결심하였다.[793]

한국군을 먼저 격멸하여 방어선의 균형을 무너뜨린 후에 미군을 비롯한 유엔군을 분할·섬멸한다는 기본 원칙을 세운 중공군 사령관 팽덕회는 5개군(중공 38, 39, 40, 50군과 북한군 1군단)을 주공 부대로 하여 동두천, 서울 방향으로 공격하고, 조공으로서 2개군(42, 66군)은 가평, 청평 방향, 북한군 2개 군단(2, 5군단)은 자은리(自隱里), 홍천 방향으로 공격하는 계획을 수립하였다. 우종대(右縱隊: 志援軍 副司令員 韓先楚 지휘)로 편성된 주공 부대는 중공군 39, 50, 40, 38군과 포병 6개 연대(25, 26, 29, 42, 45, 46연대), 그리고 북한군 1군단을 예하에 두어 고랑포(高浪浦)와 영평리(永平里) 간을 공격하도록 하였다. 주공 부대는 한국군 6사단, 다음에 한국군 1사단을 격멸한다는 개념하에 39군과 50군의 주력은 한국군 1사단, 40군과 38군의 주력은 한국군 6사단을 포위, 섬멸하도록 하였고, 북한군 1군단은 문산 방향으로 양공(陽攻)을 실시하면서 39, 50군과 더불어 한국군 1사단을 공격하도록 하였다. 좌종대(左縱隊: 42군 司令員 吳瑞林 지휘)로 편성된 주공 부대는 중공군 42, 66군과 포병 44연대와 북한군 2, 5군단으로 조직되었으며, 42군과 66군은 먼저 한국군 2사단을 섬멸하고, 가평·청평 방향으로 전과를 확대하여 서울·춘천 간의 연결을 차단하는 한편, 한국군 5사단을 견제하여 북한군 2, 5군단의 남진을 지원하도록 하였다. 북한군 2, 5군단은 공세가 개시되기 전에 일부 병력을 홍천 동남지역에 은밀하게 침투시키고 5군단의 주력과 2군단 일부 병력은 한국군 1군단과 2군단 사이를 공격하게 함으로써, 한국군을 전후와 좌우에서 분리, 협격하도록 하였다. 이러한 공격 계획과 더불어 중공군과 북한군은 해군 4개 여단으로 동해안을 방어하도록 하였고, 3군단은 원산, 4군단은 서해안 방어를 책임지도록 하였으며, 중공군 9병단은 2차 전역중에 동상 환자가 너무 많이 발생하여 함흥지역에서 휴식, 재정비를 실시하도록 하였다. 이와 같이 중공군은 3차 공격을 서두르게 되었다.[794]

중공군은 신정 공세(중공군의 3차 전역)의 성공적인 전과를 보장하기 위한 준비에 착수하였다. 첫째, 중공군과 북한군을 통합 지휘할 수 있는 연합사령부를 설립하였다. 소련으로부터 보급된 장비와 무기로 무장한 북한군 1, 2, 5군단 14개 사단 7만 5,000명의 전선 투입이 가능하게 되자, 12월 상순 비밀리에 연합사령부를 설치하고, "중국인민지원군 사령원"인 팽덕회를 사령관으로 임명하여 양군을 통합 지휘하도록 하였다. 이때부터 북한군은 중공군 사령관의 지휘·통제하에 전선에 투입되었다. 둘째, 19병단을 전투에 투입할 준비를 갖추게 하였고, 중국에서 8만 4,000명의 고참병을 동원하고, 북한지역에서 신병을 모집하여 부족한 병력을 보충하였다. 19병단은 1951년 3월에 북한에 도착하도록 하였다. 셋째, 보급의 원활을 기하기 위하여 경의선 정주(定州)에서 맹중리(孟中里: 신안주 북방), 만포선 희천(熙川)에서 개천(价川)까지의 선로를 보수하

793) *中共軍의 韓國戰爭史*, pp. 80-2.
794) *中共軍의 韓國戰爭史*, pp. 82-5.

고 도로와 교량의 보수를 위한 공병을 증강하였다. 넷째, 북한지역에서 조직적인 현지 조달을 실시하여 3만 톤의 식량을 확보하였다. 다섯째, 대규모 공세에 대비한 예비 기동과 작전을 실시하였다. 중공군 39군은 구화리(九化里), 50군은 개성 동쪽, 40군은 삭녕(朔寧), 42군은 철원 동쪽, 38군은 연천(漣川), 북한군 1군단은 사리원(沙里院)에 12월 27일까지 위치시켜 사전 정찰을 비롯한 공격 준비를 갖추도록 하였다. 북한군 2, 5군단은 12월 31일 전에 홍천(洪川)까지 진출시켰고, 주력 부대는 인제지역에서 공격을 감행하도록 하였다. 물리적 준비를 마친 중공군과 북한군은 "전술적 분할 포위와 전역적 기습"의 중요성에 대해서도 충분한 사전 지시를 받았다. 이와 같이 통합 지휘 체계를 갖춘 중공군과 북한군은 신정 공세(중공군 3차 전역)를 위한 준비를 마쳤다.[795]

(2) 유엔군의 축차 방어 계획

유엔군의 방어 계획은 38도선에서 부산에 이르는 지형적 공간 사이에 6개의 방어선(후에 낙동강 방어선과 부산 사이에 3개 추가하여 9개선)을 설정하여 축차적인 지연전을 수행하면서 공산군에게 최대한의 출혈을 강요하여, 공세로 전환한다는 개념하에 수립되어졌다. 유엔군의 방어 계획은 또한 만일의 경우에 대비하여 한국군은 연안 도서, 유엔군은 일본으로 철수시킬 개념과 계획도 배제하지 않고 있었다. 그러나 유엔군의 작전을 현지에서 수행할 신임 8군사령관은 이 방어선이 철수를 위한 단계별 저지선이 아니라는 점을 강조하고, 각 단계마다 공격군에게 최대한의 출혈을 강요하고, 기회를 보아 즉시 반격으로 전환하여 중공군과 북한군에게 섬멸적인 타격을 입혀 전선을 추진하기 위한 선임을 분명하게 하였다.[796] 공격군에게 출혈을 강요하여 방어에서 공격으로 전환하겠다는 방어 계획이었다.

유엔군은 먼저 방어를 위한 축차적인 방어선을 설정하였다. 설정된 방어선은 6개로서 임진강 하구에서 동해안의 양양을 잇는 제1방어선(Line B)을 비롯하여, 수원-양평-홍천-주문진을 잇는 2방어선(Line C), 평택-안성-원주-삼척을 잇는 3방어선(Line D), 금강과 소백산맥을 잇는 4방어선, 소백산맥 선인 5방어선, 6방어선인 낙동강 방어선이 설정되었다. 미 8군은 또한 낙동강 방어선과 부산 사이에 마산-동해안, 진해-동해안, 낙동강 하구-동해안을 잇는 3개의 반원형 방어선을 추가로 설정해 놓고 있었다.[797] 사령관으로 부임한 후에 공격을 강조하면서 전방 부대 시찰을 마치고 12월 30일 저녁에 8군사령부가 위치한 대구로 돌아온 리지웨이는, 어떻게 하면 전의와 공격 정신이 결여되고 아무런 반응을 보이지 않던 병사들의 전의를 되살려 공세로 전환할 것인가를 고심하게 되었다. 유엔군의 축차적인 방어가 방어로 끝나지 않게 하기 위해서였다.[798]

---

795) *前揭書*, pp. 85-7.
796) *전쟁과 휴전*, pp. 284-7.
797) *Ebb and Flow*, p. 160; *전쟁과 휴전*, p. 286; *韓國戰爭(中)*, pp. 290-1.
798) *Ebb and Flow*, p. 180.

중공군의 신정 공세(1950. 12. 31.-1951. 1. 24.)

게릴라 활동지역

0 70km

(3) 38도선 전투

중공군 포로들의 진술대로, 중공군은 1950년 12월 31일 17시, 단시간의 준비 포격을 실시한 후에 전 전선에서 공격을 개시하였다. 중공군 39군은 포병 26, 45연대의 지원을 받아 12월 31일 17시 40분 임진강을 도하하여 1월 1일 05시까지 15km를 진출함으로써 한국군 1사단과 6사단을 분리시켰다. 50군 역시 1월 2일 11시경 문산 부근까지 진출하였다. 북한군 1군단도 1월 1일 18시 임진강을 도하하여 2일에는 문산지역의 파주까지 남하하였다. 연천과 철원지역에서 공격을 개시한 40, 38, 42군도 공격을 개시하여 1월 2일 17시까지 의정부 동북, 포천 남쪽지역까지 진출하였다. 중공군 우종대의 42군은 포병 44연대의 지원하에 1월 1일 정오경에 한국군 2사단의 퇴로를 차단하고 2일 10시경 가평을 점령하였다. 66군의 주력은 한국군 2사단과 5사단에게 심한 타격을 입히면서 1월 2일 15시경 춘천을 점령하였다. 북한군 2, 5군단도 12사단을 12월 31일까지 홍천 서남지역까지 진출시켜 놓고 공격을 개시하여 한국군 3사단을 후퇴하도록 만들었다. 중공군과 북한군은 한국군 사단이 방어하고 있던 지역에 병력을 집중하여 전선을 돌파하고 한국군 사단들을 후퇴하도록 강요하였다.[799]

격전장을 항상 시찰하고 다니던 8군사령관 리지웨이는 미 1, 9군단에게 역습을 감행하도록 하였으나 별다른 성과를 거두지 못했다. 그는 중공군과 북한군의 공격이 강할 뿐만 아니라 한국군 1, 6사단지역에 형성된 돌파구를 역습으로 회복할 기회를 놓쳤고 중동부전선의 한국군 3군단의 2, 5사단이 포위될 위험에 직면해 있다는 판단 아래, 1951년 1월 1일 정오에 미 1, 9군단은 의정부 남쪽을 정점으로 반원형으로 설정된 서울 교두보선으로 철수하고, 한국군 3개 군단은 한강-양평-홍천-원포리를 연하는 C방어선으로 철수하라는 명령을 내렸다. 이에 미 1군단과 9군단장은 1월 2일 철수 명령을 하달하였다. 서울 교두보와 C방어선으로 철수하라는 명령을 하달한 리지웨이는 1월 2일 저녁에 미 10군단(미 2, 7사단)을 중부전선에 투입하고, 한국군 군단의 전투 편성과 작전지역도 조정하였다. 한국군 2군단의 2, 5, 8사단을 미 10군단에 배속시키고, 3, 7사단을 3군단에, 9사단과 수도사단을 1군단에 배속시켜 홍천에서 동해안 원포리까지 방어하도록 하였으며, 2군단은 대전으로 이동시켜 11사단을 지휘하여 후방지역의 공비토벌 작전을 수행하도록 하였다. 태국 대대를 영 29여단에 배속하고, 경주에서 전방으로 이동중인 10군단의 92, 96포병대대를 미 1, 9군단지역에 배치하여 이들 군단의 화력을 보강하면서, 8군사령관은 미 1, 9군단장에게 예하 부대가 포위나 함정에 빠질 위험성이 없는 범위 내에서 진지를 방어하도록 강조하였다. 부대의 안전을 우선적으로 고려하면서 진지를 지키라는 명령이었다.[800]

하지만 리지웨이의 기대와는 달리 전황은 호전되지 않았다. 1월 3일 03시경, 1번 국

---

799) *中共軍의 韓國戰爭史*, pp. 87-90; *韓國戰爭(中)*, pp. 295-306.
800) *Ebb and Flow*, pp. 192-8; *韓國戰爭(中)*, pp. 306-10.

도를 따라 진출한 중공군 50군은 미 25사단을 공격하고, 영국 29여단의 퇴로를 차단하였으며, 39군의 일부는 영 29여단을 공격하기 시작하였다. 중공군 38군과 40군도 미 9군단지역에서 공세를 취하였다. 가평과 춘천을 점령한 42군과 66군은 경춘도로를 따라 남진하고 있었다. 동부의 한국군 1군단은 9사단을 3군단에 배속 전환하고, 2군단의 지휘를 받고 있던 3사단을 배속받아 3, 수도사단으로 태백산맥 동쪽에서 동해안까지를 맡게 되었으나, 홍천에 있던 3사단과 태백산맥 동쪽에 위치한 9사단의 위치교대간 9사단이 방어했던 지역을 메울 길이 없었으며, 하루가 멀다 하고 변경되는 전투 편성으로 인한 부대 이동으로 정신을 차리지 못하고 있었고, 체력 소모도 이만저만이 아니었다. 한국군의 상태가 혼란스러운 이때, 북한군 5군단(方虎山, 6, 7, 12, 27, 43사단)은 정면 공격을 감행하면서 10군단의 철수를 강요하기 위하여 대규모 공격을 준비하고 있었으며, 2군단(崔賢, 2, 9, 10, 31사단)은 단양을 점령하기 위하여 동쪽 산악으로 침투하고 있었다. 리지웨이는 미 10군단까지 조기 투입하여 동부전선의 전황을 안정시키려 하였으나, 수원-주문진을 잇는 방어선은 물론 평택-원주-주문진을 잇는 차후 방어선의 점령조차 어렵다는 작전 참모의 건의를 받아야만 하였다. 이에 리지웨이는 1월 3일 정오에 서울 철수를 결심하고 준비 명령을 하달하였다. 서울을 다시 넘겨 주어야만 하였다.[801]

(4) 1·4후퇴

후퇴가 성공적인 방어를 통한 공격으로의 전환을 위한 것이라는 점을 강조한 리지웨이는 1월 3일 오후에 철수 명령을 하달하면서, 미 1, 9군단은 상호 협조하에 철수하되 병력의 손실이 없도록 유의하고, 부상자와 전사자는 반드시 후송시키고, 사용 가능한 장비를 유기하지 말 것이며, 적에게 최대한의 피해를 강요하면서 철수하도록 지시하였다. 리지웨이는 또한 한강상의 다리는 미 1군단이 통제하며, 여의도비행장, 김포공항, 인천지역의 부대와 시설의 철수를 엄호하고, 미 9군단은 영등포에서 남한강과 북한강의 합류 지점까지 병력을 배치하여 한강 철수를 보장하도록 하였다. 이러한 철수 명령에 따라 서울 서쪽 미 1군단지역에는 M-4 부교와 중장비를 도하시킬 부교가 가설되었고, 9군단지역에는 M-2 부교가 가설되었으며, 미 1군단지역의 1개 교량은 미 9군단도 이용하고, 피난민들은 5개의 도보교(徒步橋)를 이용하여 철수하도록 하였다.

미 1군단은 미 25사단 27연대를 엄호 부대로 지정하고, 인접 미 9군단의 엄호 부대로 지정된 영 27여단과 협조하도록 한 다음 철수를 개시하였다. 그러나 중공군 39군과 50군은 철수하는 미 1군단을 공격하기 위하여 바짝 접근하고 있었다. 미 25사단 27연대의 엄호하에 군단의 주력이 철수한 1월 3일 18시 40분경, 영 29여단이 이동을 개시하였다. 1월 3일 자정 무렵, 중공군 39군의 주력 부대는 영 29여단의 후미를 공격하여 영 여단은 약간의 손실(병력 200여 명과 10대의 전차)을 입었으나, 1월 4일 03시 30분경

---

801) *前揭書.*

철수를 완료하였다. 미 1군단의 주력이 철수하자 미 25사단 27연대도 철수를 서둘러 항공 지원으로 중공군과의 접촉을 단절하면서 1월 4일 13시경 한강 남쪽으로 철수를 완료하였다. 군단이 철수를 완료하자 1월 4일 14시 공병이 임시 가교를 폭파하였다. 서울의 동쪽 미 9군단의 철수는 1월 3일 오후 영 27여단의 엄호하에 진행되었다. 미 9군단을 공격하던 중공군 38, 40군의 진격이 지연되고 있었기 때문에, 미 9군단의 철수는 훈련을 하듯이 진행되어 1월 4일 02시까지 철수를 엄호하던 영 27여단도 철수를 완료하였다. 미 9군단의 철수가 완료되자 공병대는 5시간 동안에 걸쳐 조립교를 분해, 해체하려 하였으나, 혹독한 추위로 부품이 얼어붙어 이를 폭파하고 말았다. 이와 같이 미 9군단이 1월 4일 07시 30분, 미 1군단이 이날 14시에 철수를 마치고 한강에 가설된 부교까지 폭파함으로써 1·4후퇴로 이름지어진 서울 철수는 완료되었다.[802)]

서울을 지키던 한국군과 유엔군이 철수를 결정함에 따라 한국정부와 서울 시민들도 서울을 떠나야만 하였다. 유엔군이 후퇴를 하게 됨에 따라 한국정부는 필수 요원을 제외한 공직 요원과 가족, 입원 환자, 고아원의 고아, 북에서 내려온 피난민 등을 미리 철수시키고 일반 민간인도 소개시켰다. 그리고 군 작전을 위해서 일반 민간인들은 1월 3일 15시까지 한강을 도하하도록 하였다. 1월 3일 미 8군사령관과 서울 철수를 위한 협의를 마친 정일권 참모총장은 경무대로 향하여 이승만 대통령에게 철수 작전 내용을 보고한 후에, 대통령의 철수를 건의하였다. 침울한 표정을 지은 이 대통령은 "나더러 또 서울을 떠나라는 것인가? 우리는 왜 이렇게 당하고 있어야만 하는가. 우리 국민은 참으로 불쌍하군…" 하면서 눈시울을 적셨다. 파괴된 한강 인도교를 지나던 이 대통령은 "서울 시민들이 또 얼마나 고생하게 될 것인가!" 하며 탄식을 하기도 하였다.[803)] 미처 피난을 떠나지 못한 대부분의 서울 시민들은 한강 북쪽의 시골로 피난을 떠나게 되었다. 이로써 한국정부는 부산으로 옮겨졌고, 서울은 다시 텅 빈 도시가 되었다.

(5) 원주 및 영월 돌파구 공방전

서부전선의 상황과는 달리 동부전선의 전황은 매우 불안했다. 한국군 3군단의 사단(2, 5, 8사단)을 배속받은 미 10군단은 한국군 5사단을 남한강 동쪽, 중앙에 8사단, 원주(原州)에 미 2사단을 배치하고, 미 7사단을 제천으로 이동시키면서 분산 철수중인 한국군 2사단을 충주 남쪽에 집결시켜 군단 예비로 삼았다. 중동부전선의 험준한 산악지역을 방어하고 있던 한국군 1, 3군단은 전방과 후방에서 동시에 공격을 받아 혼란에 빠져 철수를 서둘렀다. 그러나 산악 지형의 한정된 통로를 북한군이 차단하고 있어서 철수조차도 어려웠고 사기 또한 저하되어 있었다. 동부전선의 전황이 불안해지자 미 8군사령관은 원주-주문진으로 이어지는 방어선을 원주-삼척선으로 변경하고 이를 확

---

802) *Ebb and Flow*, pp. 198-202; *韓國戰爭(中)*, pp. 311-4.
803) *전쟁과 휴전*, pp. 288-9.

보하도록 지시하였다. 한국군 1군단의 수도사단은 주문진에서 삼척으로 이동하였고 나머지 사단들도 새로운 방어선으로 철수하고 있었으나, 한국군 1, 3군단은 새로운 방어선을 점령하기 위하여 측방과 후방으로 이동중에 있었기 때문에, 사실상 원주와 동해안 사이의 산악지역에는 북한군의 진격을 저지할 병력이 없는 공백 상태나 다름이 없었다.[804)]

북한군 2군단은 이러한 상황을 활용하여 원주-제천-단양 도로의 동쪽 산악 지대를 따라 병력을 남하시켜, 이들의 선두는 원주-삼척선보다 남쪽에 위치한 영월(寧越)에 진출하였고, 일부는 영주와 안동지역에서 활약하는 게릴라들과의 연결을 위해서 단양까지 진출하였다. 평택-원주-삼척선에서 방어선을 강화하여 중공과 북한군의 공격을 저지하고 공격으로 전세를 전환하려던 8군사령관은 10군단장에게 원주의 방어는 물론 영월 돌파구의 확대를 최대한 저지하도록 명령하였다. 명령을 받은 10군단장은 북한군 5군단의 원주 공격을 대비하면서 군단의 측방을 위협할 수 있는 북한군 2군단의 영월 남쪽 진출을 저지하는 데 중점을 두었다. 서부전선에서 중공군이 유엔군과 한국군의 철수에 따라 1월 8일에 공세를 마감한 것과는 대조적으로, 동부전선의 북한군은 단양을 점령하고 대구까지 진출하려는 "야무진" 목표를 수립하고 공격 기세를 늦추려 하지 않았다.

원주를 점령하려는 북한군 5군단은 1월 7일 05시 30분경 400여 명의 편의대를 피난민 대열에 잠입시키면서 12사단으로 하여금 한국군 8사단의 방어 진지를 돌파하도록 하였다. 한국군 8사단의 진지가 돌파되자 미 2사단의 방어 진지가 돌출된 상태가 되어 양측방으로부터 공격을 받았다. 이에 사단장은 군단의 승인을 받아 원주 시가지 남서쪽으로 철수하여 사실상 원주를 포기하였다. 원주를 통제할 수 있는 원주 남쪽 외남송에 위치한 고지(247고지)로 철수할 것을 기대했던 미 10군단장은 미 2사단장에게 1월 8일 새벽까지 247고지에 병력을 배치하여 원주를 통제할 수 있도록 하라는 명령을 하달하였다. 군단의 명령을 받은 사단은 23연대 1개 대대를 추진시켜 247고지까지 진출한 북한군을 공격하였으나, 이를 탈취하지 못하고 철수하고 말았다. 이로부터 양측은 한치의 양보도 허용하지 않은 공방전을 벌였다. 군단장은 다시 북한군의 피해가 극심하다고 판단하면서 1월 9일 정오까지 247고지를 탈환할 것을 지시하였다. 군단의 명령에 따라 미 2사단 23연대 2개 대대는 1월 9일 10시 공격을 개시하였으나 고지를 탈취하지는 못했다. 폭설이 내리는 가운데 1월 10일 다시 공격을 재개하였는데 1km밖에 전진하지 못하고 철수를 건의하였으나, 진지 고수와 계속적인 공격을 명령받았다. 1월 11일 오후, 프랑스 대대와 네덜란드 대대 일부의 증원을 받은 23연대는 날씨가 맑아져 재개된 항공 지원하에 공격을 재기하여 1,100여 명의 북한군을 사살하고 247고지를 점령하였다. 이후 북한군 5군단은 전 병력을 원주에 투입하여 이를 탈취하려 하였으나, 많은 병력 손실과 탄약마저 떨어져 원주를 장악하지 못하고 1월 17일 27사단을 전방

---

804) *Ebb and Flow*, pp. 216-7.

에 배치하여 접촉을 유지하도록 한 다음에 주력을 횡성으로 철수시켰다. 미 2사단은 원주를 확보함으로써 1950년 11월 말 군우리의 패배를 설욕하면서 원주에서의 북한군 돌파를 저지하고 반격의 요충을 확보하였다.[805]

영월지역으로 남하한 북한군 2군단은 주력으로 정면 공격을 감행하면서, 유격 부대와 일부 병력을 보현산지역으로 침투시켜 후방을 교란하고 보급로를 차단함으로써 전후에서 한국군 3군단을 협격하려 하였다. 이러한 북한군의 기동이 10군단 보급로의 확보를 위태롭게 할 뿐만 아니라 유엔군의 우측방을 위협하는 것이라고 판단한 8군사령관은 1월 11일 8군예비로 상주에 대기하고 있던 미 187공수연대를 안동으로 이동시켜 미 10군단에 배속하는 조치를 취하고, 마산에 대기하고 있던 미 1해병사단을 영천-경주-포항지역으로 이동시켜 후방지역의 경계를 강화하도록 하였다. 10군단장도 1월 16일 군단 방어선을 여주-원주선에서 원주 남쪽 40km 지점의 운남리(雲南里)와 제천(堤川)을 잇는 선으로 남하시켜 미 2사단으로 하여금 주 저항선의 방어를 담당하게 하고, 한국군 5사단을 영월 남쪽 영춘(永春)에 배치하고, 8사단을 충주 동쪽 황강리(黃江里)에 배치하여 후방으로 침투한 북한군을 격멸하도록 하였다. 이러한 조치에도 불구하고 북한군 2군단 예하 2, 9, 10, 31사단은 산악지역으로 침투한 후에 태백산맥과 소백산맥의 주요 유격 거점을 활용하여 활동을 강화해 가고 있었다.[806]

평택-원주-삼척선에서 중공군과 북한군의 신정 공세를 저지하고 반격으로 전세를 전환시키려던 리지웨이 8군사령관은 10군단의 우측방과 후방에서 전개된 북한군의 위협을 먼저 제거할 필요를 절감하여 보병과 전차를 동원하여 강력한 수색 작전을 전개하도록 지시하였다. 이에 미 10군단과 한국군 3군단은 수색 작전을 수행하여 북한군과의 교전을 유도한 후에 포병과 항공 화력 지원으로 이들에게 막대한 피해를 주어 이들의 위협을 제거한다는 작전 방침을 세우고 각 사단별로 담당지역의 수색 작전을 수행하도록 하였다. 미 10군단장은 미 7사단을 제천에서 영월 방면, 8군으로부터 배속된 미 187공수연대는 제천-영주 간 도로 주변, 한국군 2사단 17연대는 단양에서 충주에 이르는 도로를 수색 정찰하도록 하고, 한국군 2사단의 주력은 문경의 조령(鳥嶺)에 배치하여 산속에 고립된 북한군 패잔병의 단양 진출을 차단하도록 하였다. 한국군 3군단장도 군단 정면에서 북한군의 활동이 약화되자, 군단 예비로 있던 3사단을 투입하여 후방 지역의 위협 제거와 후속 부대의 증원을 차단하는 과감한 수색 작전을 전개하였다. 이에 3사단은 1월 18일 영주 북방 남대리(南大里)지역에서 활동하고 있던 북한군 31사단을 격멸하기 위해서 3개 연대로 남대리와 동쪽 옥석산(玉石山, 1235고지)과 어래산(御來山)을 공격하였다. 이와 보조를 맞추어 1월 19일 7사단도 예비대를 투입, 영월 쪽으로 공격하게 하여 영월 동쪽에 위치한 망경대산(望景臺山, 1088고지)과 그 동쪽의 매봉산(每峰山, 1268고지)을 점령하였다. 7사단은 1월 22일에 북서쪽에서 영월로 공격

805) *Ebb and Flow*, pp. 216-22; *韓國戰爭(中)*, pp. 326-30.
806) *Ebb and Flow*, pp. 223-7; *韓國戰爭(中)*, pp. 370-5.

하던 미 7사단 17연대와 더불어 동남쪽에서 공격을 실시하여 영월 서쪽에서 연결함으로써 영월을 완전히 장악하였다. 북한군 전선사령부는 2군단의 병력 소모를 보충하기 위하여 5군단의 27사단을 2군단에 배속시켜 제천으로 투입하였으나 별다른 효과를 거두지 못했다. 영월지역에 투입된 북한군 2군단의 돌파구 확장은 유엔군의 강력한 수색작전으로 인하여 불가능하게 되고 말았다.[807]

북한군 전선사령부는 1월 20일 2군단 병력을 평창으로 철수하도록 명령하였다. "걷는 공수부대"로서 북한군 2군단 공격의 첨병부대인 10사단은 안동으로 진출 도중에 철수명령을 받았으나, 남쪽의 미 1해병사단의 저지와 북쪽의 10군단 병력에 의한 퇴로차단으로 안동지역에 남아 유격 활동을 전개할 수밖에 없었다. 그러나 그 이후부터 3주 동안에 벌인 미 1해병사단과 이에 배속된 한국 해병1연대의 수색작전으로 북한군 10사단은 조직이 와해되었다. 이로써 안동과 대구로 진출하려던 북한군 2군단의 침투와 공격은 무산되었고, 미 10군단은 남한강-제천-영월선, 한국군 3군단은 영월-정선선에 강력한 방어 진지를 편성하여 전선을 회복하면서 반격 준비를 갖추게 되었다.

2) 유엔군의 반격

동부전선의 미 10군단과 한국군 3군단이 후방으로 침투한 북한군을 소탕하면서 남한강-제천-영월-정선을 잇는 방어선을 강화하고 있을 때, 리지웨이 8군사령관은 일정한 방어선을 장기간 점령하는 것보다 공세로 작전을 전환하여 공산군의 전력을 적극적으로 소모시키는 것이 이들의 공격을 지연・둔화시키고, 유엔과 한국군의 전력을 보존하는 가장 효과적인 방책이라는 결론을 내렸다. 8군사령관은 이러한 판단에 따라 공세를 위주로 한 차후 작전에 대한 자신의 작전 방침을 예하 부대에 하달하였다. 이런 작전 방침은 그가 부임 초기부터 예하 지휘관에 강조해 온 "그들을 발견하라! 그들을 고착하라! 그들과 싸워라! 그들을 격멸하라!(Find them! Fix them! Fight them! Finish them!)"라는 "옛날 육군 좌우명(the ancient Army slogan)"을 한국전선에서 전개된 상황에 맞추어 어떻게 구현(具現)할 것인가를 구체적으로 제시한 내용이라 볼 수 있었다.[808]

리지웨이의 작전 방침은 몇 가지로 요약할 수 있었다. 첫째, 화력과 기동력으로 병력의 우세를 확보한 중공군을 제압한다. 이를 위해 지상의 보전포(步戰砲)간 협동과 해공군은 지상작전 화력 지원에 중점을 둔다. 둘째, 지역의 확보보다는 아군 전력의 보존과 공산군에게 최대의 출혈을 강요하는 작전을 실시한다. 셋째, 모험적인 작전을 회피하고, 위력 수색을 통해서 적정을 파악한 후에 제한 목표 달성을 위한 전면 공격을 실시한다. 넷째, 속도보다는 섬멸을 강조한다. 공격 작전간 인접 부대와의 협조를 긴밀히 하며 통제선을 두어 연결된 전선을 유지함으로써 공격간 적의 침투와 우회를 봉쇄

---

807) *前揭書.*

808) Matthew B. Ridgway, *The Korean War*, p. 89.

한다. 다섯째, 적의 대규모 공격이 감행되면 계획된 축차 방어선으로 철수하면서, 전선의 연결과 균형을 유지하여 적의 배후 침투 및 돌파를 거부한다. 여섯째, 후퇴시에는 적과의 접촉을 유지하면서 지연전을 수행하고, 가용한 기회를 포착하여 지상 및 항공 화력을 집중함으로써 적에게 최대한의 출혈을 강요한다. 일곱째, 적의 공격 기세가 한계점에 도달하면 즉시 공세로 전환하여 적의 출혈을 더욱 강요한다. 8군사령관 리지웨이는 수적인 우세를 확보하고 있던 중공군을 위주로 한 공산군에게 최대한의 출혈을 강요하여 병력의 우세를 무력하게 하고, 적절한 방어와 철수작전을 융통성 있게 수행함으로써 유엔과 한국군의 전력을 보존하여 공격으로 전세를 전환하겠다는 방침을 제시하였다. 그는 "포로를 학살하고 민간인을 파묻는 공산주의자들과 싸워 개인의 자유와 생존 및 명예로운 독립국가의 보존을 위해서 한국전선에서 싸우고 있다는 점"을 강조하여 "전의(戰意)"를 고양시키려 하였다.[809] 화력과 기동력을 동원한 공격 작전을 실시하여 중공군에게 최대한의 출혈을 강요하면서 유엔군의 전력을 보전하고 전선을 추진, 안정시키려는 리지웨이의 작전 개념과 방침이 설정된 셈이다.

현지 작전을 지휘하던 8군사령관이 작전의 성격과 방침을 구체화하면서 공격 작전을 준비하고 있을 때, 워싱턴의 트루먼 정부와 동경의 맥아더 사령부 역시 중공군의 개입에 따라 "새로운 전쟁"으로 변모한 한국전쟁을 수행하기 위한 "새로운 정책과 전략"을 모색하고 있었다.

워싱턴을 먼저 흔들어 놓은 당사자는 맥아더였다. 맥아더는 중공군의 대규모 개입으로 한국전선의 상황이 급전 직하로 악화되자 1950년 12월 30일, 중국의 해안 봉쇄, 중국의 산업 시설 폭격, 대만 국부군의 한국전 투입과 이들로 하여금 중국 본토에 대한 견제 작전을 감행하도록 하는 네 가지의 보복 조치를 취하자는 제안을 하였다. 이러한 현지 사령관의 제안에 대해서 워싱턴은 "한국 문제로 인하여 중국과 전면전에 돌입하는 것은 안 된다"는 입장을 우선 정리하였다. 미 합참본부는 중국의 해안 봉쇄 조치는 가능하나 실효성이 없으며, 중국 본토의 폭격은 소련의 개입을 상정해야 하기 때문에 바람직하지 않고, 장개석 군대의 한국전 투입이나 중국 본토에 대한 견제 공격은 한국전 수행에 여념이 없는 미군에게 군사적인 도움보다는 추가적인 지원 부담을 안겨 주면서, 정치적 문제를 야기시킨다는 이유를 들어 이를 반대하였다. 미군은 일본의 방위를 우선적으로 고려하고, 한국에서 중공군에게 최대한의 출혈을 강요하면서, 적절한 방어선을 설정하여 이를 고수함으로써 정치적인 해결책의 모색을 가능하게 하거나, 이것이 불가능할 경우에는 일본으로 철수해야 한다는 의견을 제시하였고, 트루먼 대통령도 이를 받아들였다. 그러나 맥아더는 "한국에 머물러 있으라는 것인지, 아니면 일본으로 철수하라는 것인지가 분명치 않다"는 입장을 표시하면서 워싱턴의 "미적지근한" 정책과 전략에 강한 불만을 표시하였다. 이에 1950년 1월 15일, 미 육군참모총장과 공군참모총장이 동경을 방문하여 미국 정부의 입장을 설명하였다. 이에 대해서 맥아더

809) *Ebb and Flow*, pp. 228-9.

는 "얼마나 오래, 어떠한 조건하에서 한국에 병력을 유지해야 되는지가 분명하지 않다"는 의견을 개진하였다. 동경을 방문한 미 합참요원들은 "미 8군이나 일본의 안전이 위험에 처하지 않는 한" 한국에서의 작전은 계속된다는 점을 밝히면서, 미군의 일본 철수를 결정하는 데 있어서 현지 사령관의 판단이 매우 중요하다는 설명까지 덧붙였다.[810] 결국 한국전 수행에 관한 한 워싱턴을 흔들어 놓은 맥아더나 그를 방문한 워싱턴의 미 육군, 공군 참모총장들은 전선의 상황만이 그들의 의문과 입장을 명쾌하게 해줄 수 있다는 사실을 잘 알고 있었다.

다행스럽게도 한국전선의 상황은 안정되어 가고 있었다. 서울에서 철수하면서도 미 8군이 중공군을 대적할 수 있는 능력이 있다는 자신감을 피력한 바 있던 미 8군사령관은 1951년 1월 16일, 한국전선을 방문한 참모총장에게 적정을 파악하고 공세로 전환하기 위하여 강력한 위력 수색 작전(Operation Wolfhound)이 진행되고 있음을 보고하면서, "현재, 우리는 떠나지 않고 싸울 것이다(As of now, we are going to stay and fight)"라는 점을 명확히 하였다. 당시 한국군이 돌파구를 제거하고 후방에서의 소탕작전을 수행하면서 고전을 하고 있었으나, 미 8군사령관은 미 8군은 현진지에서 대규모 공세를 준비하고 있다고 보고하였다. 이에 미 육군참모총장은 미 8군이 현 전선을 지키고 있으며 반격 준비를 하고 있다는 사실을 워싱턴에 보고하였다. 한국전선을 방문한 육군 참모총장의 보고를 받은 미국 정부는 자신감을 회복하고, 유엔을 통한 외교적인 노력을 더욱 구체화하기 시작하였다.[811]

중공군의 개입으로 한국전쟁의 모습이 변모되자, 한국전에 유엔군을 파견하여 침략을 응징하려 했던 유엔총회는 1950년 12월 14일 한국전쟁의 평화적인 해결을 촉구하는 결의안을 통과시키면서 휴전위원단(Cease Fire Group)을 구성하였으나, 별다른 성과를 거두지 못하고 있었다. 1951년 1월 중순경, 유엔총회 제1위원회는 한국에서의 외국군 철수, 한국 임시정부 수립을 위한 유엔 감시하의 자유선거, 휴전 후 극동 문제 해결을 위한 미・소・중 간의 회담 개최 등의 원칙을 제시하면서 한국에서의 휴전을 촉구하였다. 그러나 중국은 이를 거부하였다. 중공이 유엔이 제시한 휴전안을 거부하자, 미국 정부는 중공을 침략자로 규정하는 결의안을 상정하였고, 유엔 총회는 1951년 2월 1일에 중공을 "침략자(aggressor)"로 규정하고, 평화적인 방법에 의한 한국에서의 유엔 목표 달성을 촉구하는 결의안을 다시 통과시키게 되었다. 이로써 안정된 전선의 상황은 미국의 외교적 입장을 강화시켜 주었으며, 유엔에서 벌인 미국 외교의 성과는 한국전쟁에 참여한 유엔군 공세 작전 수행의 명분을 충분하게 정당화시켜 주었다. 이제 남은 과제는 유엔군 사령관이 전선을 추진시켜 한국전쟁의 평화적인 해결책이 현실적인 타당성을 갖도록 하는 것이었다.[812]

---

810) *Policy and Direction*, pp. 315-26.
811) *前揭書*, pp. 326-30.
812) *前揭書*, pp. 331-3.

(1) 위력 수색 작전(Operation Wolfhound)

중동부전선에서 격전을 치르고 있던 1951년 1월 중순, 서부전선은 소강 상태를 유지하고 있었다. 미 1, 9군단이 중공군의 침투와 포위를 허용하지 않고 병력을 보존하기 위해서 자의적으로 철수를 한 데다가, 중공군과 북한군도 1월 8일부터 3차공세를 마치고 한강 남쪽의 해상과 교두보 방어를 위해서 중공군의 일부 병력과 북한군 1군단의 2개 사단을 한강 남쪽에 배치한 후에, 중공군의 주력을 서울, 고양, 동두천, 마석우리, 가평, 김화지역에 집결시켜 휴식과 정비를 실시하도록 하였기 때문이었다. 공중 정찰만으로는 적정을 파악하기 힘들다는 판단을 한 리지웨이는 공산군의 주력인 중공군의 배치, 규모, 기도 등을 파악하고, 중동부전선에 대한 압력을 경감시키기 위하여 서부전선에서 제한된 규모의 위력 수색 작전(威力搜索作戰)을 실시하기로 결정하였다.

이러한 8군의 결정에 따라 미 1군단장은 미 25사단장에게 전차대대와 포병 및 공병으로 증강된 1개 연대를 수원-오산선까지 진출시켜, 제한된 공격을 감행하도록 지시하였다. 이에 미 25사단장은 미 27연대를 주력 부대로 지정하였다. 군단장은 미 3사단에게는 전차로 증강된 보병대대 병력을 수원 동쪽 용인(龍仁: 金良場里)까지 진출시켜 27연대의 우측을 보호하고, 한국군 1사단의 1개 대대는 용인 남쪽 천리(泉里)로 진출하여 이들 병력의 측후방을 엄호하도록 하였다. 미 1군단의 공격 계획을 보고받은 리지웨이 8군사령관은 9군단장에게 동측방을 철저하게 보호하도록 지시하였고, 지시를 받은 9군단장은 한국군 6사단 1개 대대를 용인 동쪽에 위치시켜 미 1군단 공격 부대의 동측방을 엄호하도록 조치하였다. 바야흐로 미 8군은 대규모 공세를 위한 예비공격으로서 위력 수색 작전을 감행하려 하고 있었다.[813]

위력 수색 작전은 1951년 1월 15일 개시되었다. 한국군 1사단 병력은 별 저항 없이 용인까지 진출하였으나, 이를 후속하던 미 3사단 병력은 용인 부근에서 800여 명으로 추정되는 중공군의 소화기와 박격포 사격을 받아 진출이 돈좌되었다. 27연대 주력 부대는 도로와 교량의 파손 및 부설된 지뢰 등으로 진출이 지연되었고, 수원으로 진격하던 1대대 병력도 오산 서쪽 발안장(發安場) 부근에서 진출을 중지하였다. 9군단장도 1군단 작전의 우측방을 엄호하기 위하여 한국군 6사단을 용인지역에 배치하고, 상주에 위치하고 있던 미 1기병사단의 70전차대대를 진천으로 전진 배치하여 6사단을 지원하도록 하였으며, 미 24사단은 여주와 이천지역을 책임지고 방어하도록 하였다. 작전을 주도했던 미 1군단장은 1월 16일 오전에 철수 명령을 하달하였다. 군단장의 철수 명령을 받은 미 27연대장은 적에게 최대한의 피해를 입히기 위하여 차량화 보병중대와 전차중대를 수원지역으로 신속하게 진격시켰다. 수원 남쪽에서 강력한 중공군의 저항에 직면하자, 진격을 멈추게 한 다음에 강력한 항공 폭격을 요청하고 철수하여 서해안에서 진위천(振威川)에 이르는 군단 전초선에 병력을 배치하였다. 1월 15일과 16일 간에

---

813) *Ebb and Flow*, pp. 237-9.

실시한 위력 수색 작전으로 미 1군단은 10여 명의 손실을 입고 1,300여 명의 적을 사살하는 전과를 올렸다.814)

미 1군단이 실시한 위력 수색 작전(Op. Wolfhound)이 큰 손실 없이 효과를 거두자, 리지웨이는 군단장들에게 이러한 식의 적극적인 공세 작전을 실시하여 적극적으로 적정을 파악하고 전의를 가다듬도록 촉구하였다. 미 1군단장은 1월 22일 전차로 증강된 35연대를 전방에 투입하여 1일 작전을 실시하였다. 이 작전에서 북한군 포로를 획득하여 북한군 1군단 예하 8사단이 서울 남쪽에 배치되어 있다는 사실을 알게 되었다. 8군사령관의 독촉을 받던 미 9군단장도 위력 수색 작전을 실시하도록 미 1기병사단장에게 지시하였다. 지시를 받은 미 1기병사단장은 1월 22일에 80전차 대대와 포병 및 공병으로 증강된 8기병연대를 중심으로 특수임무부대(Task Force Johnson)를 편성하여 용인과 이천 간 양지리(陽智里)까지 진출시키는 1일 작전을 실시하였다. 이 작전으로 미군은 적 65명을 사살하고 7명의 손실을 입었으나, 미 9군단장은 이천과 양지리 간에 적군이 배치되어 있다는 사실을 확인할 수 있었다.815)

1951년 1월 15일부터 22일까지 서부전선에서 실시한 위력 수색 작전의 결과 미 8군은 한강 이남지역에서의 적 배치가 경미하다는 사실을 확인할 수 있었다. 이러한 결과와 더불어, 8군사령관은 이 위력 수색 작전이 1950년 11월 24일 실시된 크리스마스 공세 이후 처음 실시된 공격 작전으로서, 후퇴만 거듭하던 유엔군과 한국군에게 전의를 가다듬게 해준 계기가 될 수 있다는 점에 더욱 기대를 걸고 있었다. 리지웨이 8군사령관은 서부전선의 적정이 드러나고 동부전선이 안정을 회복해 가자, 적극적인 공세 작전을 구상하였다.

(2) 서부전선 반격 작전(Operation Thunderbolt)

최초 위력 수색 작전(Op. Wolfhound)을 수행한 결과 오산과 여주를 잇는 선까지 적의 조직적인 저항이 없다는 사실을 확인한 리지웨이 8군사령관은 이번에는 한강선까지 좀더 강력한 위력 수색 작전(Operation Thunderbolt)을 실시하여 전선을 추진시키고 대규모 반격 작전의 발판을 구축하려 하였다. 리지웨이는 1, 9군단장에게 전차로 증강된 미군 1개 사단과 한국군 1개 연대를 투입하여 한강선까지 파괴적인 전투 정찰을 실시하면서 중공군과 북한군에게 최대한의 출혈을 강요하도록 지시하였다. 8군사령관은 작전간 공격 부대의 연결을 유지하고 안전한 진출을 보장하기 위하여 오산과 여주를 잇는 공격 개시선과 한강 사이에 대략 8km 간격으로 작전 통제선을 설정하고 이 선의 통과는 1, 9군단장에게 위임하였다. 그는 공격 부대의 충분한 화력 지원을 위해서 5공군으로 하여금 공격 개시일인 1월 25일부터 2일 간 최대한의 근접 항공 지원을 보장하도록 하였으며, 인천 외항에 있던 95기동함대의 순양함과 2척의 구축함으로부터 함포

---

814) *前揭書*, pp. 237-8.
815) *前揭書*, pp. 239-40.

지원을 받을 수 있도록 하였다. 중동부전선의 미 10군단은 한강선 진출 작전 부대의 우측방을 엄호하기 위하여 여주의 미 9군단과 접촉을 유지하면서 여주-원주선을 방어하여 침투를 허용하지 않도록 하였다. 지시를 마친 8군사령관 리지웨이는 1월 25일 공격 개시에 앞서 1월 24일 직접 정찰기에 동승하여 1, 9군단 전방 32km까지 항공 정찰을 실시하고, 이미 수색이 완료된 서해안-오산-여주를 잇는 공격 개시선을 점령하도록 하였다.[816] 서부전선에서 반격의 서두가 시작되려 하고 있었다.

1951년 1월 25일, 미 1군단은 서해안과 경부국도상에 미 25사단 35연대, 사단에 배속된 터키 여단을 안성에서 용인에 이르는 도로를 따라 배치하여 공격을 개시하였다. 수색이 완료된 수원비행장 남쪽에서 용인에 이르는 제1통제선은 쉽게 점령하였다. 그러나 군단이 수원에서 여주 북쪽에 이르는 제2통제선으로 공격을 해 나가자 저항이 거세져, 우측의 터키 여단은 신갈 부근에서 중공군과 치열한 접전을 벌이게 되었다. 여기에서 터키 여단은 백병전까지 치르면서 중공군의 저항을 극복하고 제2통제선을 점령하였다. 미 1군단장은 작전지역이 너무 넓어 진격 속도가 느리다고 판단하여 미 3사단을 적 저항이 강한 수원 동쪽에 투입하고, 터키 여단을 서해안지역에 이동·배치하고, 군단 예비로 주보급로를 경계하던 한국군 1사단 15연대를 미 25사단에 배속하여 미 35연대와 함께 경부국도를 따라 공격하도록 하였다. 그러나 안양 남쪽 군포지역에 위치한 수리산(修理山, 472고지)과 모락산(帽落山, 450고지)에서 일진일퇴의 격전을 치른 후인 2월 5일 두 산을 점령하고 제3통제선을 확보하였다. 미 1군단장은 미 25사단이 안양선으로 진출하자, 보병 2개 대대, 전차 2개 대대, 포병 1개 대대 및 공병 1개 중대로 특수임무부대(Task Force Allen)를 편성하고, 미 25사단을 초월 전진하도록 하여 인천과 영등포를 잇는 도로를 차단하면서 김포공항 서쪽의 적을 공격하도록 하였으며, 우전방 미 3사단은 청계산(淸溪山, 650고지)을 경유하여 한강까지 진출하도록 하였다. 리지웨이는 미 1군단장에게 관악산(冠岳山, 629고지)을 빨리 점령하도록 독촉하는 한편, 적의 철수를 강요하기 위하여 해군으로 하여금 인천에 위장 상륙작전을 실시하도록 요청하였다. 이에 한국군 15연대는 2월 9일 관악산을 공격하여 완강한 저항을 물리치고, 이를 점령하였다. 미 25사단의 기갑부대도 2월 10일 인천으로 진출함으로써 해군의 위장 상륙작전은 필요가 없게 되었다. 미 1군단은 얼어붙은 한강을 건너서 퇴각하는 북한군 1군단 병력을 추격하면서 인천-영등포-대모산(大母山, 291고지)으로 진출하여 한강선까지의 진격 작전을 마쳤다.[817]

미 1군단의 우측 미 9군단은 미 1기병사단을 전방에 배치하여 1월 25일 공격을 개시하였다. 최초 공격은 순조롭게 진행되었으나 8기병연대가 양지리 부근에서 완강한 저항에 직면하였다. 이에 미 1기병사단장은 예비로 있던 5기병연대를 초월 전진시켜 공격해 나갔다. 1월 28일 미 1기병사단이 제2통제선으로 진출하고 있을 무렵, 9군단장은

816) *Ebb and Flow,* pp. 240-2; *韓國戰爭(中),* pp. 376-7.
817) *Ebb and Flow,* pp. 240-58; *韓國戰爭(中),* pp. 377-87.

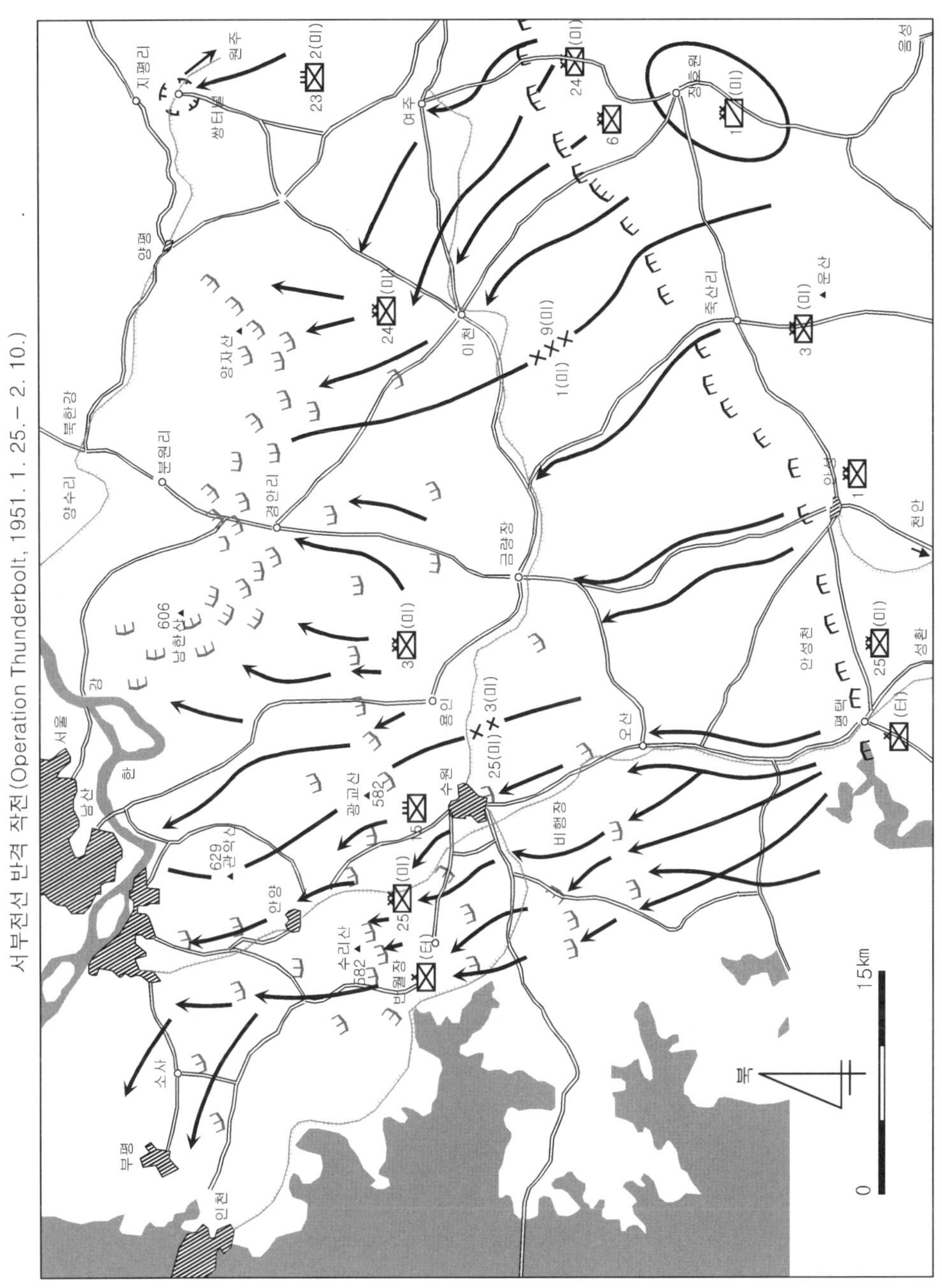

서부전선 반격 작전(Operation Thunderbolt, 1951. 1. 25. – 2. 10.)

미 24사단을 군단의 우전방으로 투입하여 사단의 정면을 축소, 조정하였으나, 적의 저항이 강하여 1월 31일 군단은 이천(利川) 북쪽의 제2통제선을 조금 지난 상태에 머물러 있었다. 2월로 접어들자 적의 저항도 경미해져서 9군단은 2월 8일까지는 한강선까지 진출할 수 있다고 판단하였다. 그러나 남한산(南漢山, 606고지)과 양자산(楊子山, 704

고지)으로 연결되는 산악 지대로 접근하면서 도로망의 결핍으로 전차의 운용에 제한을 받고, 기상까지 악화되어 항공 지원마저 제한되어 공격이 돈좌되었다. 이에 군단은 2월 5일 한국군 6사단 19연대를 미 24사단에 배속하여 공격을 재개하였으나, 이 지역이 중공군 38군의 강력한 교두보임이 확인되었다. 이 지역은 경안리(慶安里: 廣州)에서 양평(楊平)까지 폭 24km에 이르는 산악지역으로서 이 지역의 중공군은 미 9군단의 공격을 돈좌시키고 차후 공격을 준비하고 있었다.[818]

서부전선에서 실시한 강력한 위력 수색 작전 및 반격작전(Op. Thunderbolt)은 인천-서울-양평을 잇는 선을 목표로 실시하였으나, 남한산-양자산을 연하는 선에 U자형의 중공군 교두보를 남겨 둔 채로 일단 종료되었다. 이 작전에서 5공군은 원주, 충주, 안동에 비상 활주로를 건설하여 근접 지원 임무를 수행하였다. 특히 1월 23일에는 한국전쟁 최초로 한만국경선 부근에서 적기와 공중전을 펼쳐 MIG-15 3대를 격추하기도 하였다. 해군도 지상작전의 함포 지원과 더불어 황해도지역에서 서해안을 거쳐 탈출하는 피난민을 서해 5도서로 구출하면서, 동해의 38도선 이남 해안의 소해 작업을 실시하였다. 이와 같이 서부전선에서의 반격은 성공적인 보전포(步戰砲) 협동과 육해공(陸海空) 합동 작전을 실시한 결과로 한강선까지 전선을 추진시킬 수 있었으나, 중부전선에 위치한 중공군의 교두보를 완전히 제거하지 못한 상태에서 마감할 수밖에 없었다.

(3) 동부전선 반격 작전(Operation Roundup)

서부전선에서 미 1, 9군단이 한강진출작전(Op. Thunderbolt)을 벌이고 있는 동안 중동부전선의 미 10군단과 한국군 3군단은 제천-영월지역의 돌파구 내 북한군을 소탕하고 원주-평창선으로 진출하고 있었다. 10군단의 좌측에 배치된 미 2사단은 여주-원주선을 점령하고 1월 29일 중공군이 보급품을 비축하고 있던 것으로 판단된 지평리(砥平里: 양평 동남쪽 25km)까지 수색 정찰하였으나, 쌍굴(双窟) 부근 고지에 배치되어 있던 중공군 42군 125사단 병력의 공격을 받아 많은 피해를 입기도 하였다. 이때 공산측이 많은 병력을 홍천 부근에 집결시키고, 북한군 5군단이 지평리를 경유하거나 여주나 횡성을 경유하여 원주를 공격할 것이라는 판단을 한 10군단장은 홍천을 신속하게 점령하여 공산군의 거점을 제거하고, 전선을 홍천-대관령-강릉까지 추진시켜 차후 공격작전의 발판을 구축하려는 작전 계획(Operation Roundup)을 수립하였다. 8군사령관은 2월 1일 10군단의 작전 계획을 승인하면서 작전 기간중에 한국군 3군단을 작전 통제하도록 하고, 한국군 1군단장에게 동해안의 강릉을 점령하여 3군단의 진출을 지원하도록 하였다. 이로써 동부전선에서의 반격 작전이 구체화되었다.[819]

반격 작전을 위하여 미 10군단은 지평리-횡성에 미 2사단, 치악산 북쪽에 187공수

---

818) *前掲書.*
819) *Ebb and Flow*, pp. 258-63; *韓國戰爭(中)*, pp. 387-8; 國防軍史研究所, *橫城戰鬪*(1995), pp. 24-7.

연대전투단, 평창 남서쪽 주천리(酒泉里)지역에 미 7사단을 배치하여 방어 진지를 편성하고, 좌측 공격제대로 한국군 8사단, 우측제대로 한국군 5사단을 투입하고, 미 2사단 1개 포병대대, 자동화기포대, 차량화 보병부대로 편성된 21지원 부대를 편성하여 8사단을 지원하도록 하고, 이와 비슷하게 미 7사단에서 차출된 부대로 편성된 7지원 부대로 5사단을 지원하도록 하였다. 추가적으로 10군단은 미 2사단에서 2개 중대 규모의 보병과 전차부대를 한국군 8사단에 배속시켜 공격력을 증강시켰다. 한국군 3군단은 공격 개시일인 2월 3일에 공격 개시선인 평창에 도착하여 북한군 2군단을 공격하여 10군단의 우측방을 엄호하도록 하였다. 한국군 8사단과 5사단을 전방 공격 부대로 내세워 홍천을 점령하려는 10군단의 공격 작전(Op. Roundup)이 계획되었다.[820]

1951년 2월 5일 08시 홍천을 점령하기 위한 공격이 시작되었다. 좌측에서 공격한 한국군 8사단은 21, 16, 10연대 순으로 도로를 따라 공격을 개시하였다. 2월 8일 우전방 21연대가 횡성을 지나 홍천에 이르는 삼마치(三馬峙) 고개와 그 우측 오음산(五音山, 930고지)을 공격하여 고지에 배치된 중공군 66군 198사단과 치열한 공방전을 펼치게 되었다. 2월 10일에는 항공, 전차, 포병의 협조된 화력 지원을 받으며 공격을 계속하였으나 오음산을 탈취하지 못했다. 홍천 우측방을 공격한 한국군 5사단은 전방의 북한군 5군단 예하 6사단의 저항이 심하여 3개 연대를 전부 투입하여 병진 공격을 실시하였다. 공격 부대는 공격 개시선에서 5-8km를 전진하였으나 2월 8일부터는 산악지역에 배치된 적의 저항으로 진출이 저지되고, 산악 지형에서의 전차와 포병 지원까지 어렵게 되었다. 이에 10군단장은 한국군 3군단의 3사단 증원을 요청하여 8군사령관으로부터 승인을 받아, 5사단의 좌측방에 투입하였다. 한국군 3사단의 투입에도 불구하고 공격제대는 2월 11일까지 전진을 하지 못하고, 오히려 전방에서 이동하고 있던 대규모 중공군과 북한군의 병력만 관측할 수 있었다. 이로써 동부전선에서의 반격 작전은 사실상 저지되고, 공산측의 공세에 대비해야만 될 상황이 전개되었다.[821]

한국군 3군단의 진출을 지원함으로써 홍천 포위 작전의 우전방을 엄호하는 임무를 부여받은 한국군 1군단 수도사단은 2월 3일에 26연대를 동해안으로, 1기갑연대를 대관령으로 진격시켰다. 26연대는 2월 4일 강릉 동남쪽 7km까지 진출하고 기갑연대도 횡계리(橫溪里)까지 진출하였으나 강릉을 지키던 북한군 69여단의 완강한 저항으로 강릉을 점령하지 못했다. 수도사단장은 전방 부대의 진출이 부진하자, 1기갑연대를 후속하던 1연대를 중앙에 투입하여 강릉을 우회하도록 하면서, 2월 7일 06시 26연대를 진출시켰다. 이에 퇴로 차단을 우려한 북한군 69여단은 철수하기 시작하였고, 수도사단은 10시경 강릉을 점령하였다. 한국군 1군단이 작전을 전개하는 동안 동해안의 95기동전대는 북한군의 증원을 차단하고 전투력을 분산시키기 위하여 함포 사격은 물론 양동 상륙작전을 감행하기도 하였다. 한국군 1군단은 강릉과 대관령 및 횡계리를 점령하

---

820) *前揭書.*
821) *橫城戰鬪*, pp. 28-94; *韓國戰爭(中)*, pp. 389-94; *Ebb and Flow*, pp. 263-5.

여 미 10군단의 작전(Op. Roundup)을 도왔다.[822)]

서부전선의 반격 작전(Op. Thunderbolt)에 이어서 중동부전선에서 실시된 반격 작전(Op. Roundup)은 처음에는 순조롭게 진행되었으나, 공격 부대가 횡성을 통과한 후부터 공산군의 강력한 저항에 직면하여 더이상 진전되지 못했다. 공산군이 주력을 중부전선에 투입하여 대규모의 역공세를 시도하였기 때문이었다.

3) 중공군의 2월 공세(四次戰役)

1950년 12월 31일부터 시작한 신정 공세(3차공세)를 1951년 1월 8일부로 마감한 공산군은 1951년 3월 춘계 공세를 준비하였다. 공산군은 서부전선에서 중공군 50군과 38군의 1개 사단과 북한군 1군단의 2개 사단을 한강 남쪽의 교두보 방어와 해안 방어를 담당하게 한 후에 주력을 한강 이북지역에 집결시키고, 동부전선에서도 북한군 2, 5군단의 병력으로 경계를 하도록 하고 주력을 홍천과 횡성 동쪽에 집결시켜 휴식과 재정비를 실시하도록 하였다. 전선이 남쪽으로 이동함에 따라, 중공군의 보급선은 500-700km로 연장되었고, 현지 조달도 한계가 있는 데다가, 계속되는 유엔공군의 후방 차단 폭격으로 공산군의 보급 상태는 극히 악화된 상태에 있었다. 그리하여 3월에 춘계 공세를 실시하기 전에 2개월 간의 전열 정비 기간을 갖기로 결정한 공산군의 연합사령부는 1월 25일부터 29일까지 성천(成川) 서남쪽 5km 지점인 군자리(君子里)에서 중공과 북한의 고위급 간부회의를 개최하여 3차전역의 분석과 차후 작전의 방침을 논의하게 되었다. 김일성도 참석하여 연설을 하였고, 팽덕회 사령관은 보고를 하면서 차후 작전에서도 야간 전투, 우회 포위, 각개 섬멸 및 중공군과 북한군의 협조를 강조하였다. 이와 병행하여 1월 22일부터 30일까지 중국의 심양(瀋陽)에서는 병참회의가 소집되었고, 여기에는 중공 군사위원회 부주석인 주은래(周恩來)가 참석하여 후방 지원과 수송의 중요성을 강조하는 연설을 하였다. 1월 10일부터 소련의 2개 공군사단이 집안(輯安)에서 강계(江界), 안동(安東)에서 안주(安州)까지의 철로를 보호하였고, 이를 위해서 1월 20일부터 공중전을 실시하기도 하였다. 대대적인 춘계 공세 실시와 장기적인 작전에 대비하기 위해서 중공은 19병단(63, 64, 65군)과 더불어 3병단(12, 15, 60군), 20병단(67, 68군)과 47군 등 9개군 27개 사단을 3월부터 전장에 투입하기로 결정하였다. 공산군은 1951년 3월에 대대적인 춘계 공세를 준비하고 있었다.[823)]

그러나 전력을 보존하면서 철수하던 유엔군의 조기(早期) 반격은 공산군이 원하던 충분한 재정비 기간을 허용하지 않았다. 리지웨이 8군사령관이 1월 15일 위력 수색 작전(Op. Wolfhound)을 개시하고 1월 25일에는 서부(Op. Thunderbolt), 2월 5일에는 동부(Op. Roundup)에서 반격 작전을 수행하자, 공산군은 1월 27일 휴식 및 재정비를 중지

822) *韓國戰爭(中)*, pp. 394-6.
823) *中共軍의 韓國戰爭史*, pp. 96-100.

하고 유엔군과 한국군의 공격에 대비한 작전 준비에 착수하기 위하여 성천군 군자리(君子里)에서 개최하고 있던 중공과 북한군 고위간부 연석회의를 4차 전역 준비를 위한 회의로 바꾸고 작전 준비를 서두르게 되었다. 먼저 공산군은 서부전선에서는 유엔군의 진격을 저지하고, 동부전선에서는 공격군을 깊숙이 유인한 후에 반격을 실시하여 1-2개 사단을 격멸하고 종심 깊이 진격한 다음에 서부전선의 측면을 위협하여 유엔군의 공격을 저지한다는 작전 개념을 수립하였다. 공산군의 재정비 기간을 허용하지 않고 실시된 유엔군의 공격 작전에 대응하기 위해서 공산군은 "서부전선에서의 저지(沮止), 동부전선에서의 반격(反擊)"이라는 개념에 입각한 "맞불 공세"를 계획하였다.[824]

"저지와 반격"이라는 개념하에 수립된 공산군의 공세작전은 서부전선의 한선초(韓先楚) 부사령관, 동부전선의 등화(鄧華) 부사령관이 배속된 중공군과 북한군을 통합 지휘하여 실시하도록 하였다. 한선초 부사령관은 중공 38, 50군과 북한군 1군단을 지휘하여 김포, 인천에서 여주 동쪽까지 60km 지역을 방어하고, 서울로 공격하는 유엔군의 진격을 저지하도록 하였다. 북한군 1군단은 김포, 인천, 영등포, 서울지역에 위치하여 해안과 서울지역을 방어하고, 50군은 수원에서 서울로 진격하는 유엔군의 진출을 봉쇄하도록 하였으며, 38군은 이천에서 서울로 올라오는 유엔군의 진격을 저지하도록 하였다. 동부전선의 등화는 중공군 39, 40, 42, 66군과 북한군 2, 3, 5군단을 지휘하여 원주 및 횡성 방향으로 반격을 실시한 후에 종심 깊이 진출하여 서부전선의 측방을 위협하도록 하였다. 중공군은 산동성(山東省)에 위치한 19병단을 안동(安東)과 봉성(鳳城)으로 이동시켜 서부전선에 투입할 준비를 갖추도록 하였으며, 9병단의 26군을 철원에 집결시켜 중공군 사령부의 예비로 확보하고, 원산 일대에서 재정비를 하고 있던 9병단 2개군으로 하여금 동해안 방어를 강화하도록 하였다. 중공군과 북한군은 서부전선에서의 저지와 동부전선에서의 반격을 준비하고, 예비 병력을 확보하여 4차 전역을 치르려 하였다.[825]

공산군은 유엔군의 공격을 저지하기 위하여 동부전선에서 돌출된 지평리(砥平里)와 횡성(橫城) 두 지역에서 반격 작전을 실시하는 것이 유리하다고 보았으나, 두 지역에서 동시에 반격 작전을 실시하는 것은 보유 병력으로 보아, 무리라는 판단을 내렸다. 그리하여 공산군은 어느 지역에서 먼저 반격 작전을 실시하는 것이 유리한가를 비교, 분석하였다. 지평리를 먼저 공격하면 서부전선에서 유엔군의 진격을 저지하고 있던 한선초 군에게 직접적인 영향을 주어 작전의 통합 조정이 용이한 반면에, 그 지역의 유엔군 병력이 강하고 이천 이남의 영 27여단, 한국군 6사단, 원주와 제천의 미 2, 7사단이 즉시 동원될 수 있기 때문에, 하루나 이틀 동안에 전투를 끝내지 못하면 오히려 불리한 상황이 전개될 수도 있는 위험성이 있다고 보았다. 이에 비해서 횡성지역은 전선이 돌출되어 있고 병력은 많으나 약하고 측방 공격이 용이하여 초전에 한국군 8, 5사

824) *前揭書*, pp. 104-6.
825) *前揭書*, pp. 106-7.

단을 격멸하기가 용이하다고 판단하여 횡성을 먼저 공격하기로 결정하고, 2월 11일 반격을 개시하였다.

(1) 횡성 전투

횡성(橫城)을 먼저 공격하기로 한 팽덕회의 결정에 따라, 동부전선의 작전을 지휘하고 있던 등화는 횡성 서북지역에 돌출한 한국군 8사단을 격멸하고 횡성 방향으로 돌파구를 확대한 다음에 원주 방향으로 전과를 확대하는 작전 계획을 수립하고 병력을 투입하였다.

2월 11일 17시 등화(鄧華)군은 한국군 8사단을 공격하였다. 40군은 횡성 서북, 42군 주력은 횡성 북방, 66군은 횡성 동북지역에 집결한 후에, 40군은 8사단 중앙 10연대와 우측 21연대의 전투 지경선으로 공격하였고, 42군은 8사단의 퇴로를 차단하기 위하여 8사단 좌측 16연대와 중앙 10연대 사이로 진격하여 횡성 서북쪽 용두리(龍頭里)에서 횡성에 이르는 도로를 따라 공격하였으며, 66군은 21연대 정면을 공격하고, 예비로 있던 39군은 8사단의 좌측을 우회하여 횡성으로 직진하였다. 중공군 주력의 기습적인 삼면 공격을 받은 한국군 8사단은 사력(死力)을 다해서 싸웠으나, 중과부적(衆寡不敵)으로 12일 01시 지휘가 마비되고 완전하게 고립되었다. 분산된 사단은 개인별로 포위망을 뚫고 철수할 지경이 되었다. 이에 8사단은 12일에 원주-문막, 원주-제천 간에 낙오자 수집소를 설치하고 13일 군단 예비로 전환되어 재정비에 돌입하였다. 횡성 북쪽에서 8사단을 지원하던 포병과 미군 지원 부대들도 혼란에 빠져 12일 03시 중공군의 야간 기습을 받아 많은 피해를 입었다. 미 7사단 38연대에 배속되어 횡성 북쪽, 계천(桂川) 남쪽에 배치되어 있었던 네덜란드 대대는 대대장이 전사하는 상황에서도 철수하는 병력을 엄호하다가 원주비행장에서 철수하기도 하였다. 이 전투로 한국군 8사단은 치명적인 타격을 입었다. 사망하거나 실종된 인원은 10연대장과 참모, 16연대 부연대장, 7명의 대대장과 30명의 중대장을 포함하여 장교 323명, 병사 7,142명에 이르렀고, 포 14문을 비롯하여 대전차포 5문, 기관총 164정, 소총 6,500여 정을 포함한 많은 장비가 손실되었다.[826)]

횡성 동북방에서 공격하던 한국군 3, 5사단도 좌측 8사단이 밀리기 시작하면서 공격을 받기 시작하였다. 중공군 66군 197사단이 3사단을 공격하였고, 북한군 2군단이 한국군 3군단을 고착 견제하는 동안에 북한군 3, 5군단은 한국군 5사단을 공격하였다. 공격을 받은 3사단은 12일 09시 반격을 실시하였으나, 중공군의 강력한 압력을 받고 13시경 횡성으로 철수하였다. 우측의 한국군 5사단도 북한군 5군단의 압력과 중공군의 후방 차단 위협을 받게 되자, 12일 정오경 철수를 개시하였다. 이로써 횡성 동북방의 전선도 붕괴되고 말았다.[827)]

---

826) *韓國戰爭(中)*, pp. 400-3; *Ebb and Flow*, pp. 266-9; *中共軍의 韓國戰爭史*, pp. 112-5; *橫城戰鬪*, pp. 95-111.

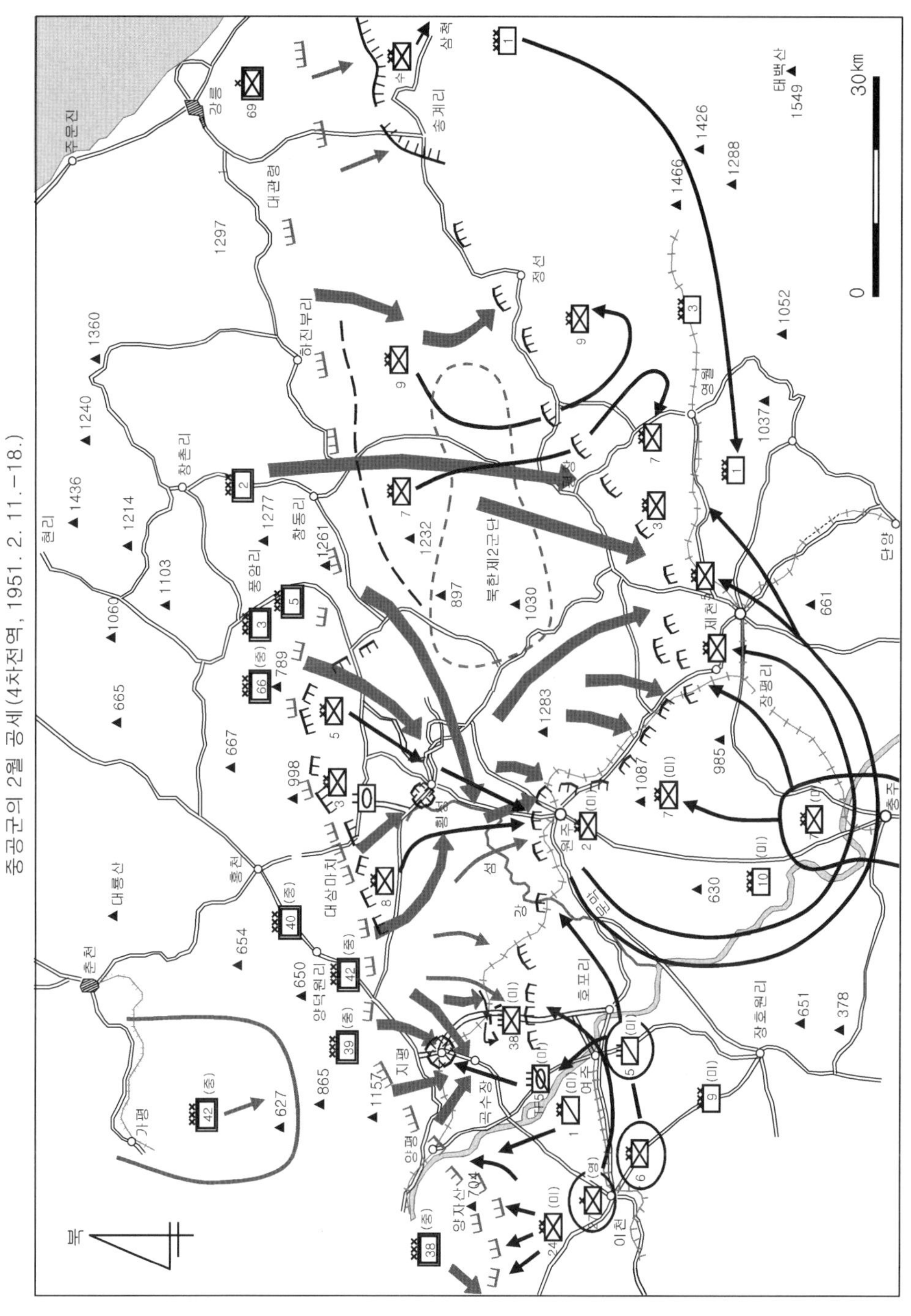

중공군의 2월 공세(4차전역, 1951. 2. 11.-18.)

827) *橫城戰鬪*, pp. 111-48; *中共軍의 韓國戰爭史*, p. 115; *韓國戰爭(中)*, pp. 403-4.

동부전선의 상황이 악화되자, 리지웨이 8군사령관은 2월 12일 오후에 미 10군단 사령부가 위치한 원주를 방문하였다. 사단장은 가장 급박한 상황에 처한 대대지휘소에 위치하고, 군단장은 위급한 연대지휘소에 위치하라는 지시를 해온 리지웨이 사령관이 군단사령부를 방문한 것은 극히 당연한 일이었다. 미 10군단장은 군단사령부를 방문한 군사령관에게 횡성을 포기하고 지평리-원주 간을 방어하는 방안을 제시하였다. 이를 위해서 10군단장은 미 187공수연대를 미 2사단에 배속시켜 이들로 하여금 원주 북쪽을 방어하도록 하고, 원주 동북쪽에서 한국군 3군단 사이에는 한국군 3, 5사단을 배치하며, 미 7사단 31연대를 평창 남쪽에 배치하여 한국군을 증원하도록 하였다. 이 자리에서 10군단장은 한국군 3, 5사단의 통제를 강화하기 위하여 홍남 철수 작전시 합동작전을 수행한 경험이 있던 한국군 1군단사령부를 10군단에 배속시켜 줄 것을 건의하였다. 리지웨이는 이를 승인하고 수도사단을 한국군 3군단이 통제하여 동해안의 방어까지 책임지도록 조치하였다.[828)]

한국군 3, 5사단이 철수하자 10군단과 한국군 3군단 사이에는 약 30km의 공백지역이 발생하였다. 북한군 2군단은 이 지역을 통하여 병력을 투입하여 영월을 점령하기 위해 2월 15일부터 18일 새벽까지 중대 또는 대대 규모의 돌격을 반복하여 영월 북쪽 13km까지 진출하였다. 이에 2월 17일 8군사령관은 이 지역에 미군을 투입하여 북한군을 격멸하고 한국군 3군단과 전선을 연결하도록 명령하였다. 명령을 받은 10군단장은 미 7사단 31연대를 이 지역에 투입하여 북한군을 격퇴하고 한국군 3군단과 전선을 연결하였다. 3군단도 2월 17, 18일 양일 간 평창에서 정선 간의 방어 진지를 유지하여 연결된 방어선을 유지하였고, 북한군은 더이상 공격을 하지 못하고 20일부터 북쪽으로 철수를 개시하였다. 횡성을 중심으로 벌어진 전투는, 한국군에게 많은 피해를 안겨 주면서 일단락되었다.

(2) 지평리 전투

횡성 전투에서 한국군을 공격하여 동부전선에서 작전의 주도권을 장악한 공산군은 원주에 대한 압력을 가하면서 지평리(砥平里)를 점령하여 전과를 확대하려 하였다. 이러한 구상에 따라, 공산군은 북한군으로 하여금 평창과 정선 방향으로 전과를 확대하도록 하면서 중공군 42, 66군의 주력으로 원주 북쪽 및 서남지역에서 원주지역의 유엔군을 견제하고, 39, 40, 42군의 8개 연대로써 지평리를 장악하려는 계획을 세웠다.[829)]

지평리를 점령하려는 공산군의 기도는 지평리를 고수하려는 유엔군의 의지를 극복해야만 하였다. 미 10군단 예하 2사단 23연대는 한강 진출 작전을 수행하고 있던 미 9

---

828) *Ebb and Flow*, pp. 269-81; *韓國戰爭(中)*, p. 404. 당시를 회고한 백선엽 장군은 장비와 화력이 약한 한국군 사단을 공격부대로 전방에 내세운 미 10군단장의 작전 지휘에 문제가 있을 수 있다는 점을 지적하였다. *軍과 나*, pp. 158-60 참조.

829) *中共軍의 韓國戰爭史*, p. 115.

군단과의 연결을 유지하기 위하여 지평리 쌍굴(双窟)을 수색 정찰한 후에 지평리에 배치되어 있었다. 횡성 전투 결과 지평리가 돌출되고 방어 정면도 32km에 이르고 우측의 미 9연대와의 사이에 20km의 간격이 형성되어 공산군의 공격에 고립될 가능성이 있다고 판단한 미 2사단장은 지평리에 배치된 23연대 전투단을 철수시키려 하였다. 중공군도 횡성 전투 후에 지평리의 유엔군이 철수할 것으로 판단하고 있었다. 그러나 리지웨이 8군사령관은 지평리 고수를 명령하고, 미 9군단장에게 한강 이남의 교두보에서 적과 교전을 하지 않고 있던 한국군 6사단과 영 27여단을 여주지역으로 이동시켜 미 10군단의 통제하에 간격을 메우도록 지시하고, 10군단장에게는 지평리가 고립될 경우에 이를 공격하도록 지시하였다.[830] 지평리의 공방전이 전개되려 하고 있었다.

공산군측이나 유엔군측은 지평리의 전술적 가치를 매우 높게 평가하고 있었다. 지평리는 서울-양평-횡성을 잇는 도로와 여주-지평리-홍천으로 이어지는 도로의 교차점이었고 중앙선의 한 지점이었다. 공산군측은 이를 점령하여 미 10군단의 후방과 미 9군단의 우측방을 위협하여 유엔군의 공세를 좌절시키려 하였고, 유엔군은 이를 고수하여 서부전선에서 저항하는 공산군의 측방을 위협하고 이를 포위할 수 있는 요충을 확보하여 차후 공세를 취하려 하였다. 지평리는 북쪽의 봉미산(320고지), 남쪽의 망미산(330고지), 동쪽의 506고지, 서쪽의 248고지, 북서쪽의 345고지 등 8개의 고지(100-400고지)로 둘러싸인 지역으로 주변의 고지를 장악하면 지평리를 포위공격할 수 있기도 하고, 지평리에 강력한 사주 방어 진지를 구축하면 연대 규모의 병력으로 방어가 가능한 지역이기도 하였다. 아울러 지평리는 공격과 방어가 동시에 가능한 지형적 특성을 지니고 있었다. 공격을 하는 중공군은 38, 40, 42군의 8개 연대를 공격에 투입하였고, 방어를 하려한 유엔군은 미 23연대와 프랑스 대대, 제 1유격중대, 37포병대대, 503포병대대 B포대, 82고사포대대와 2공병대대 B중대로 구성된 미 23연대 전투단을 배치하여 지평리를 지키려 하였다.[831]

지평리의 고수를 명받은 미 23연대장(Paul L. Freeman 대령)은 100-400m의 고지로 둘러싸이고 직경이 5-6km, 주위 18km의 지평리가, 주위의 고지에 병력을 배치하면 사주 방어에 가장 적합한 지형이라는 점을 파악하였다. 그러나 23연대장은 배속받은 총병력 5,600명으로 18km에 달하는 지평리 주변을 전부 방어할 수 없다는 판단을 하고, 직경 1.5km, 주변 4.5km의 축소된 원형 방어 진지를 편성하여 예비대를 확보하기로 하였다. 그러나 축소된 방어 진지는 주변의 고지를 포기하고 주변의 고지에서 감제되는 야산 저지대에 병력을 배치할 수밖에 없기 때문에, 주변 고지에서의 박격포 조준사격에 방어 진지가 노출되는 결과를 감수해야만 하였다. 이러한 약점에도 불구하고 연대장은 유엔군 화력 지원과 병사들의 전기(戰技)와 전의(戰意)를 믿고 공격을 하려는 중공군의 감제에 노출된 원형 진지를 구축하기로 결심하였다. 연대장은 지평리를 중심으로 프랑스 대대를 서쪽, 1대대를 북쪽, 3대대를 동쪽, 2대대를 남쪽에 배치하여

830) *Ebb and Flow*, pp. 284-5.
831) *Ebb and Flow*, pp. 285-7; *韓國戰爭(中)*, pp. 406-7.

사주 방어 진지를 편성하고, 진지 전방에는 지뢰와 철조망 등 장애물을 설치한 다음, 대공포와 전차들은 직접 조준 사격이 가능하도록 하였고, 포병은 진지 주위에 탄막을 설치하도록 하여 방어 준비를 마쳤다.832)

중공군은 2월 13일 지평리 공격을 개시하였다. 지평리에 병력이 별로 없을 것으로 판단하고 접근한 중공군이 격퇴되었다. 이에 중공군은 22시와 14일 02시에 사면에서 지평리를 공격하였다. 그러나 미 23연대 전투단은 분대 또는 소대 단위로 진지를 돌파한 중공군과 육박전을 수행하면서 진지를 지켜냈다. 지평리를 점령하지 못한 중공군은 14일 아침 지평리 주변 고지로 철수하고 지평리를 포위하였다. 23연대 전투단도 100여 명의 부상자가 발생하였고, 연대장도 부상을 입었다. 후송을 거부한 연대장은 14일 낮에 진지를 보강하고 중공군의 야간 공격에 대비하였으며, 미 8군사령관은 9군단장에게 23연대 전투단과 연결하고 보급로를 확보하라는 지시를 내렸다. 미 9군단장은 2개 전차중대, 2개 포병대대, 1개 공병소대로 증강된 미 5기병연대로 특수임무부대(Task Force Crombez)를 편성하여 23연대 전투단과 연결하도록 하고, 한국군 6사단과 영 27 여단을 동쪽으로 이동시켰다. 유엔 공군은 지평리 주변 고지에 로켓 및 네이팜탄을 퍼부었고, 헬기는 중상자를 후송하고, 탄약 및 보급품을 투하하였다. 후송을 거부한 연대장은 포병과 진지를 강화하는 방안을 강구하였으며, 주변 고지를 점령한 중공군은 박격포 영점 사격을 하는지 간헐적인 포격을 가해 왔다. 공격과 방어를 하고 있던 양측은 14일 야간 작전에 대한 준비를 서두르고 있었다.833)

2월 14일 야간 전투는 전날의 전투보다 더 치열하였다. 공중으로 쏘아올린 조명탄과 예광탄으로 불야성을 이룬 가운데 양측은 치열한 백병전을 감행하였다. 방어 진지가 돌파되고 역습이 실시되는 등 14일 야간 전투는 치열한 정도가 극치를 이루었다. 15일 아침이 되자, 중공군의 공격은 멈추었으나, 23연대 전투단과 연결하기 위하여 한강을 도하해온 5기병연대전투단이 중공군의 완강한 저항에 직면하여 진출을 못하고 있었다. 이에 5기병연대장은 전차 23대와 보병 160명으로 전투조를 편성하여 돌격과 공격을 계속하도록 하여 15일 17시경 망미산을 공격중이던 23연대 전차와 연결을 이루었다. 전황이 이렇게 전개되자, 중공 지원군 사령부는 2월 15일 17시 30분 지평리지역의 공격 작전을 중지하기로 결심하고 철수를 명령하였다. 철수 명령을 받은 중공군은 16일 새벽부터 철수를 개시하였다.834)

지평리 전투는 미군이 중공군과 싸워 이긴 최초의 전술적 승리로서 유엔군의 사기와 전의를 고양(高揚)시킨 전투였다. 2월 13일부터 16일까지 계속된 지평리 전투에서 23연대 전투단은 사망 52명, 부상 259명, 42명이 실종되는 피해를 입었으나, 5,000여 명의 중공군을 사살하고, 이 전투에 참가한 프랑스 대대는 한국과 미국 대통령의 부대

---

832) *前揭書.*

833) *Ebb and Flow,* pp. 290-1.

834) *中共軍의 韓國戰爭史,* pp. 115-7; *Ebb and Flow,* pp. 291-300; *韓國戰爭(中),* pp. 409-13.

표창을 받기도 하였다. 23연대 전투단 소속 지휘관과 병사들은 지평리를 지켜야 된다는 결의와 능력을 보유하고 있었고, 철저한 야간 사격군기, 공중과 지상의 긴밀한 협동 작전, 즉각적인 역습으로 3개 사단 규모의 중공군 공격을 격퇴하였다. 지평리 전투 결과는 “철수하지 않고 싸우러 한국에 왔다(I am here to stay and fight)”는 신임 리지웨이 8군사령관의 인사말을 전장에서 현실로 구체화시킨 계기를 제공하였다.[835]

중공군을 중심으로 한 공산군의 2월 공세(4차 전역)도 막을 내리게 되었다. 중공과 북한군 연합사령부는 2월 17일, 계속되는 전투로 병력은 감소되고 지원과 병력 보충이 원활하지 못하기 때문에, 공세를 취할 수 없다는 판단을 내리고 전 전선에서 “운동방어(지연전)”를 실시하면서 2개월 간 시간을 벌도록 한다는 결정을 내리고 이 기간 동안에 병력을 보충하고 보급 물자를 비축하도록 하였다. 19병단의 진출을 서두르고, 3, 9병단 및 기타 지원 부대의 전선 투입 준비를 재촉하면서, 공산군은 유엔군이 한강을 넘어서면 다시 반격을 실시하기로 결정하였다. 한강선에서 방어선을 구축하기로 한 결정에 따라, 공산군은 서쪽의 한강 하구로부터 한강 북안을 연하여 양평(楊平), 횡성(橫城), 하진부리(下珍富里)를 잇는 150km 정면에 방어선을 구축하고, 북한군 1군단을 한강 입구에서 뚝섬, 중공 50군을 뚝섬에서 팔당, 그 우측 양평지역에 38군을 배치하고, 동부전선의 42군을 횡성 서북방, 66군을 횡성 북방, 북한군 5군단을 횡성과 평창 북방, 3군단은 평창 북방, 2군단을 하진부리와 동해안지역에 배치하여 약 1개월 간 방어를 실시하기로 하였다. 이 제1방어선의 종심을 부여하기 위하여 문산지역에 북한군 1군단의 19사단, 의정부지역에 중공군 26, 40군, 홍천 서북쪽에 39군, 동해안지역에 북한군 독립연대 등 제2제대를 배치하여 제2방어선을 형성하였다. 2월의 부분적인 공세로 유엔군의 공세를 둔화시키고 방어와 지연전을 수행하면서 전열을 정비하고 보급품을 비축하여 다시 공세를 취하겠다는 공산군의 결정이었다.[836]

4) 다시 38선

미 8군사령관 리지웨이는, 공산군의 2월 공세가 불과 며칠(2월 11-16일) 만에 종식되자, 공산군에게 새로운 공세를 준비할 시간적 여유를 주지 않고, 작전의 주도권을 장악하면서 제천-영월 돌출부의 공산군을 격멸하기 위한 작전을 계획하였다. 리지웨이는 이 작전을 시발점으로 전세를 공세로 바꾸어 계속적인 공격 작전을 수행함으로써 공산군이 전열을 정비할 시간을 갖지 못하게 하여 전선을 38선 북쪽까지 추진시키겠다는 구상을 가지고 있었다. 이를 위해서 리지웨이는 유엔군의 우세한 화력과 기동력을 이용하여 공산군의 전투력을 말살(抹殺)시킴으로써 그들이 공세를 취할 수 없도록 만들거나, 공세의 강도를 약화시켜 38선 이북에서 유리한 방어선을 확보하고, 이를 안정적으로 유지하려 하였다.

---

835) *Ebb and Flow*, p. 300.
836) *中共軍의 韓國戰爭史*, pp. 117-9.

유엔군의 반격(1951. 1. 25.–4. 21.)

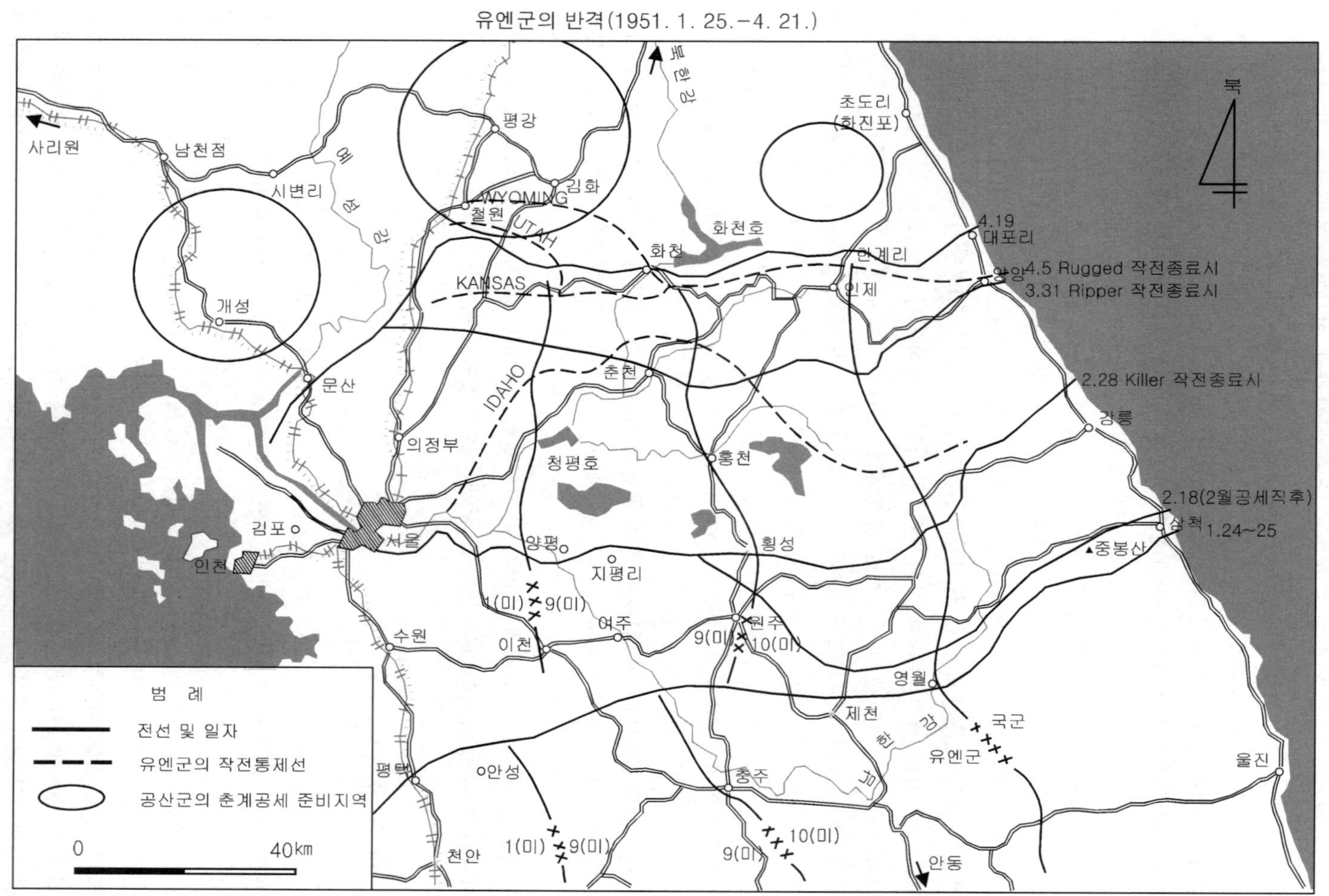

(1) 중동부전선 반격 작전(Operation Killer)

공산군의 2월 공세 결과 발생한 제천-영월 돌출부를 제거하고, 돌출부 내의 공산군을 격멸하겠다는 목적으로 계획된 동부전선 반격 작전은 공산측 병력의 격멸에 중점을 둔다는 점을 부각시키기 위하여 작전명칭도 "킬러 작전(Operation Killer)"이라고 정해졌다. 미 8군은 양평-횡성-평창을 연하는 선을 "아리조나(Arizona)선"으로 정하고, 이 선 남쪽에서 철수하는 공산군을 격멸하기 위해서 미 9군단은 원주-횡성-홍천 도로를 따라 공격하고, 미 10군단은 제천-영월-평창 도로를 따라 공격하도록 하였다. 이 작전이 진행되고 있는 동안 서측방의 미 1군단과 9군단 예하 미 24사단은 한강 남쪽에서 작전 부대의 진격을 엄호하고, 우측방의 한국군 3군단은 7사단을 영월에서 평창 방향으로 진출시켜 10군단을 우측방에서 지원하고, 주력은 정선(旌善) 북방 속사리(束沙里)-하진부리(下珍富里)-유천리(楡川里) 간의 도로를 방어하도록 하였다. 8군사령관은 안동지역에서 공비 소탕 작전을 완료한 미 1해병사단을 미 10군단에 배속하고, 187공수연대는 서울탈환작전시 서울 북방에 공중 투하하려는 계획에 따라 대구로 이동시켜 낙하훈련을 실시하도록 하였다. 그러나 8군사령관은 군단장들에게 적정을 정확하게 파악하지 못한 상태에서 실시하던 "킬러 작전"의 성공을 위하여 주력을 함부로 투입하지 말 것과 지형을 이용하여 부대 기동을 적절하게 통제하고 부대간 연결과 균형을 유지하여, 공산군의 유인 작전에 말려들어 역습을 당하는 일이 없도록 하라는 점을 강조하였다.[837] 유엔군은 "킬러 작전"을 위한 준비를 서둘렀다.

양평-횡성-평창을 잇는 아리조나(Arizona)선 남쪽에서 철수하는 중공군과 북한군을 격멸한다는 목표를 세운 "킬러 작전" 계획에 따라 2월 21일, 미 9군단은 원주-횡성, 미 10군단은 영월-평창, 한국군 3군단은 속사리 방향으로 공격을 실시하였다.

원주-횡성 축선으로 공격하게 된 미 9군단은 2월 21일 10시에 좌전방 미 24사단의 엄호하에 미 1기병사단(영 27여단 배속), 한국군 6사단, 군단의 주공인 미 1해병사단을 전방에 내세워 4개 사단 병진(倂進) 공격을 개시하였다. 그러나 공격 첫날 21일에는 온도가 올라가고 비가 내려 항공 정찰과 지원이 어렵게 되고, 도로 상태가 좋지 않은 가운데 산사태까지 발생하여 지원도 어려운 사태가 전개되었다. 군단의 좌전방 공격제대인 미 1기병사단은 하천이 범람하여 보급품이 유실되는 가운데서도 24일 양평-홍천 도로의 북쪽 고지를 점령하였다. 군단의 주공인 미 1해병사단도 진격하는 데 어려움이 있었으나 전진을 계속하였다. 2월 24일 전선을 정찰하던 9군단장(Bryan E. Moore 소장)이 탄 헬리콥터가 추락하여 군단장이 전사하는 불상사가 일어나 해병사단장이 군단을 지휘하게 되었다. 25일 부사단장이 지휘하던 해병사단이 횡성을 공격하려 하자, 8군사령관은 전투 지경선을 조정하여 해병사단이 집중적으로 횡성을 공격하도록 조치하였다. 기상 악화로 지연된 보급을 받은 미 1해병사단은 3월 1일 횡성을 공격하려 했

837) *Ebb and Flow*, pp. 302-7; *韓國戰爭(中)*, pp. 413-6.

으나, 중공군의 포격과 완강한 저항으로 이를 먼저 항공 폭격으로 제압한 후에 3월 2일 공격을 개시하였다. 최초 완강하게 저항하던 중공군이 3월 3일 야간에 횡성에서 철수함에 따라 3월 4일 횡성에 진입하였다. 미 9군단은 악화된 기상 및 중공군의 저항을 극복하고 횡성을 점령하였다.[838]

미 9군단 우측의 미 10군단도 2월 21일 10시에 좌측 한국군 3사단을 조공, 우측의 미 7사단을 주공으로 하여 공격을 개시하였다. 3사단은 진격을 거듭하였고 26일 횡성-평창선까지 진출하여, 미 7사단을 지원하기 위하여 중앙으로 투입된 미 2사단과 연결을 이루었다. 3사단은 2월 28일 미 9군단의 5해병연대지역을 인수하고 3월 1일 공격을 실시했으나, 북한군 3군단 6, 12사단의 강력한 저항을 받았다. 중앙과 우측에서 공격하던 미 2, 7사단도 강력한 저항을 받아 더 이상 진출하지 못하고 있었다. 이에 군단은 공중 화력 지원을 요청하여 전방의 북한군 3군단, 5군단을 강타하였다. 피해를 받은 북한군은 3월 5일 밤 방어 진지를 버리고 철수하였고, 공격제대들은 3월 7일까지 목표인 아리조나선을 점령하였다.[839]

한국군 3군단도 서쪽 7사단을 2월 25일 평창-창동리 방향으로 공격하도록 하고, 수도사단 1기갑연대를 속사리로 진출시켜 10군단의 작전을 지원하도록 하면서, 수도사단의 26연대를 횡계리(橫溪里), 1연대를 강릉에 배치하고, 9사단을 예비로 보유하였다. 그러나 속사리로 진출하려던 1기갑연대는 폭설로 인하여 3월 1일 3개 대대 병진공격을 개시하였다. 7사단 정면의 북한군의 저항이 심하자, 군단장은 1기갑연대의 속사리 진출을 독촉하였으나, 1기갑연대도 북한군의 저항에 부딪혀 공격이 돈좌되었으며, 퇴로 차단 위협까지 받고 있었다. 이에 군단장은 1기갑연대에게는 철수, 26연대에게는 공격 명령을 하달하여 1기갑연대와 연결하도록 명령하였다. 1기갑연대는 방어와 적진돌파를 반복하면서 3월 4일 대관령 서쪽 입구에 집결하였다. 진격과 철수 도중에 1기갑연대는 60여 명이 전사하고, 많은 장비를 잃었으며, 폭설로 인한 보급 두절과 혹한으로 인한 동상 환자의 발생으로 고전을 면치 못했다. 그러나 7사단은 26연대의 진출에 힘입어 10군단의 우측방을 보호할 수 있을 정도로 진출할 수 있었다.[840]

기동성이 우수한 미군사단을 전방에 투입하여 퇴각하는 공산군을 격멸하기 위한 목적으로 감행된 "킬러 작전"은 악화된 기상 조건으로 인하여 공격제대들이 나란히 병진하는 식의 작전이 되어 공산군을 격멸하지는 못한 채 마감되었다. 그럼에도 불구하고 2월 21일부터 3월 6일까지 14일 동안 실시된 킬러 작전은 8,000여 명의 공산군을 사살함으로써 결코 적지 않은 피해를 공산군에게 안겨 주었고, 유엔군과 한국군에게는 작전 수행에 있어서 자신감을 심어주는 효과를 거둘 수 있었으며, 한강 남안에서 횡성을 거쳐 강릉에 이르는 일직선의 연결된 방어선을 확보하였다.

838) *Ebb and Flow*, pp. 307-10; *韓國戰爭(中)*, pp. 416-8.
839) *韓國戰爭(中)*, pp. 418-21.
840) *韓國戰爭(中)*, pp. 421-3.

(2) 중부전선 공격 작전(Operation Ripper)

"킬러 작전" 결과 한강에서 강릉에 이르는 연결된 방어선을 확보한 8군사령부는 당시 전선의 중앙 부분에 대규모 돌파구를 형성하여 서부의 중공군과 동부의 북한군을 분리시킨 다음 남쪽과 동쪽에서 서울을 협공한다는 개념의 작전을 계획하였다. 이 작전은 전선을 동서로 절단하여 중공군과 북한군을 분리한다는 목표를 부각시키기 위하여 작전 명칭에 "절단(Ripper)"이라는 말을 사용하였다. 이 작전은 서울을 탈환한다는 목적을 지니고 있었으나, 지역을 확보하기 위해서 많은 희생을 감수하는 것을 배제하고, 최소한의 대가를 치르면서 공산군에게 최대한의 피해를 강요하는 것을 주목적으로 하고 있었다. 이러한 개념하에 유엔군은 우세한 화력을 이용하여 퇴각하는 공산군을 격멸하면서 작전 단계별 통제선을 설정하여 공산군의 역습이나 침투를 거부하면서 진격하기로 하였다. 공격 작전간 공산군의 대규모 공격이 감행될 경우에는 즉시 공세를 중지하고 방어에 임하도록 하였다. 공산군의 전력은 최대한 파괴시키고 유엔군의 전력은 최대한 보존한다는 위협적이면서 조심스런 개념의 작전이었다.

유엔군이 우세한 포병, 전차, 공군 화력으로 공산군 방어 진지에 대해서 "궤멸적인 포격과 폭격"을 가한 후에 보병이 공격한다는 것을 간파한 중공군은 병력 배치는 "전경후중(前輕後重)," 화력 배치는 "전중후경(前重後輕)"의 원칙하에 "운동방어작전(運動防禦作戰)"을 실시하기로 하였다. 이러한 원칙에 따라 연합사령원(聯合司令員) 팽덕회는 사상자를 줄여 병력을 보호하면서 작전의 주도권을 장악한다는 방침 아래 제대별 지연 작전을 실시하기로 하였다. 이러한 방침에 따라 서부지역에서 1제대로 방어를 하고 있던 북한군 1군단, 중공군 50, 38군과 중동부지역에 배치된 중공군 42, 66군과 북한군 2, 3군단은 3월 10일경까지 방어하고 있다가 철수하여 2제대인 중공군 26, 40, 39군과 북한군 1군단 19사단 및 5군단 등에게 방어와 지연전 임무를 인계하도록 하였다. 북한군 1군단 주력은 개성, 연안지역, 중공군 50, 66군은 중국으로 귀국하여 보충, 정비하도록 하고, 38군과 42군은 숙천과 원산지역으로 이동하여 재정비하도록 하였다. 북한군 2, 5군단은 동부와 동해안지역에서 지연전을 실시하면서 철수하도록 하였다. 이와 같이 공산군은 철수와 지연전을 실시하면서 전열을 재정비하여 차후 반격을 도모하기로 결정하였다.[841)]

방어와 지연전을 수행하여 병력을 보존하고 전장의 주도권을 잃지 않으려는 공산군에 대해서 방어하는 병력과 철수하는 병력을 우세한 화력과 신속한 기동으로 살상하면서 그들의 반격 능력을 최대한 박탈하려는 유엔군은 과감하고 신중한 공격 작전을 감행하려 하였다. 유엔군은 미 9군단을 주축으로 서울 동쪽의 덕소에서 가평, 춘천 북방, 한계리를 잇는 선(Idaho 선)을 목표로 정하고, 공산군의 역습에 대비하여 공격제대간의 협조를 도모하기 위하여 목표까지 세 개의 통제선을 설정하였다. 첫번째 통제선

---

841) *中共軍의 韓國戰爭史*, pp. 118-21.

은 양수리(兩水里)에서 홍천 서남쪽 양덕원리(陽德院里)를 거쳐 태기산(泰岐山, 1261고지), 속사리(束沙里)를 잇는 "알바니(Albany)선," 두 번째는 미금리(渼金里)에서 홍천 북쪽, 인제 북쪽 한계리(寒溪里)로 연하는 "버팔로(Buffalo)선," 세 번째는 가평(加平), 춘천 남쪽, 한계리 북쪽을 잇는 "카이로(Cairo)선"이었다. 인접 부대간의 협조와 공격작전의 통제를 강조한 미 8군사령관은 주공인 미 9군단(William H. Hoge 소장)으로 하여금 3단계 작전을 실시하여 홍천과 춘천을 공격하고, 조공으로 미 10군단은 2단계 작전으로 태기산(泰岐山)과 속사리(束沙里) 북방 운두령(雲頭嶺)을 공격하여 주공의 우측방을 엄호하도록 하였다. 서측의 미 1군단은 한강선에서 공산군을 고착, 견제하고, 2단계 작전으로 팔당 북방 예봉산(禮峰山, 638고지)과 천마산(天摩山, 812고지)을 공격하여 서울 포위준비를 갖추도록 하였으며, 10군단의 우측 한국군 3군단은 운두령과 황병산(黃柄山, 1407고지)을 공격하고, 이미 "아이다호선"으로 설정된 주문진(注文津)의 연곡천(連谷川)까지 진출한 한국군 1군단은 점령중인 방어선과 후방 소탕 임무를 수행하도록 하였다.[842] 공격제대간 협조와 연결된 전선을 유지하여 공산군의 역습에 대비하면서 이들을 소멸시키려는 공격 작전(Op. Ripper)의 주계획이 수립되었다.

지역의 확보나 점령을 공산군의 전력을 소멸시키기 위한 방편으로 활용하도록 계획한 "리퍼 작전"을 위해서 미 8군사령부는 전방 공격 부대가 사용할 5일 간의 보급 물자를 미리 비축하도록 하고, 해공군의 지원 계획을 수립하고 필요한 조치를 취하였다. 8군사령관은 중부지역에서 실시하는 공격 작전의 보조 작전으로 해군에게 서해안에서 상륙 양동작전(陽動作戰)을 실시하고, 동해안 원산 근해의 도서(島嶼)를 점령하여 긴박한 상황을 조성시킴으로써 공산군이 예비대를 중부전선에 투입하지 못하도록 하였다. 이에 따라 서해안에서는 미 해군 95기동함대의 소해정이 기뢰를 제거하는 시늉을 하면서 진남포 외곽 대동강 입구로 진입하였고, 순양함과 구축함은 가상 상륙 지점에 함포 사격을 실시하면서, 병력과 화물을 실은 수송선들이 인천항을 출항하여 북쪽을 항해하다가 남쪽으로 방향을 바꾸기도 하였다. 공격개시 2일 전인 3월 5일에도 이러한 양동작전은 계속되었다. 동해안에서도 95기동함대가 함포 사격을 계속하였고, 한국 해병 1개 중대는 원산 앞바다의 섬을 점령하여 위기를 고조시키기도 하였다. 미 극동공군은 공산군의 공격 준비를 저지하기 위하여 도로는 물론 주요 철도와 교량을 파괴하였다. 8군사령관은 또한 2월 중순부터 미 10군단에 배속된 한국군 1군단과 3사단을 한국 육군에 복귀시켜 작전 지휘 계통을 정비하였고, 이러한 조치에 따라 한국 육군은 재정비를 완료한 5사단을 미 10군단에, 3사단을 3군단으로 배속하고, 3군단의 우전방 9사단과 수도사단을 1군단에 배속하여 대관령과 동해안을 방어하도록 하였다. 작전 수행의 기밀을 유지하여 기습의 효과를 달성하기 위해서 8군사령관은 보도를 통제하였고, 통상적으로 주요 작전이 개시되면 전선을 방문하던 유엔군 사령관의 방문도 공격 개시 이후로 연기하도록 요청하였다.[843] 중부전선에서 돌출부를 형성하여 공산군

842) *Ebb and Flow*, pp. 315-20; *韓國戰爭(中)*, pp. 423-9.

을 동서로 분리・절단하고 퇴각하는 이들을 격멸하면서 서울을 동쪽과 남쪽에서 양익으로 포위하여 이를 다시 탈환하겠다는 중부전선의 공격 작전(Operation Ripper) 준비가 완료되었다.

춘천(春川)과 홍천(洪川)을 목표로 한 주공 미 9군단, 그 우측에서 홍천 동남방 발교산(髮校山, 998고지)과 발교산 동남쪽 태기산(泰岐山, 1261고지), 속사리(束沙里)로 진격할 미 10군단, 미 9군단 좌측에서 서울을 탈환하려는 미 1군단과 미 10군단 우측에서 태백산 줄기의 계방산(桂芳山, 1577고지)과 황병산(黃柄山, 1407고지)으로 이어지는 목표선(Idaho 선)으로 진출하려는 한국군 3군단은 1951년 3월 7일 아침에 공격을 개시하였다. 리지웨이의 건의에 의하여 3월 7일 오전 늦게 수원에 도착하여 미 9군단의 진격 상황을 시찰한 맥아더 유엔군 사령관은 오후에 수원비행장을 떠나면서 공격 작전이 만족스럽게 진행되고 있다는 말과 함께 "의도적인 전선 교착을 위한 희생(Die for Tie)"보다 군사적인 승리를 위한 전략 수립과 지원을 워싱턴에 요구하였다. 워싱턴은 "군사적인 승리"가 아닌 "현실적인 휴전"을 모색하고 있었으나, 한국전쟁을 군사적인 승리로 마감하건 아니면 현실적인 휴전으로 마감하건 간에 8군이 공산군을 일단 38선 북쪽으로 몰아내기를 바라고 있었다.[844]

"리퍼 작전"의 주공인 미 9군단은 좌전방에 미 24사단(한국군 19연대 배속)이 용문산, 중앙의 미 1기병사단과 한국군 6사단(-19연대)이 홍천강 남쪽 산악 지대, 우전방 미 1해병사단이 홍천을 목표로 공격을 개시하였다. 군단의 주공인 미 1해병사단은 3월 7일 오음산(五音山) 북쪽의 알바니선을 점령하기 위하여 2개 연대 병진 공격을 실시하고 3월 9일 목표선에 도착하여 인접 부대의 진출을 기다리면서 담당지역을 정찰하였다. 공산군의 저항이 경미하여 3월 13일 공격 부대는 리퍼 작전의 1단계 알바니선을 점령하였다. 한국군 6사단도 작전지역을 홍천을 공격하는 해병 1사단에게 인계하고, 좌측으로 이동하여, 3월 13일에는 미 24사단에 배속되었던 19연대까지 인수함으로써 군단의 좌익에서 공격에 본격적으로 가담하였다. 군단장은 3월 13일 다음 단계인 버팔로 선으로의 진격을 명령하여 2단계 작전을 실시하였다. 홍천 전방에서 적의 완강한 저항이 있을 것으로 기대한 군단장은 미 1기병사단을 좌측, 미 1해병사단을 우측에서 공격하도록 하여 홍천에 대한 양익 포위를 계획하고, 미 24사단과 한국군 6사단은 청평호에서 홍천강 남쪽까지 진출하도록 하였다. 3월 14일 공격을 개시한 군단은 3월 15일까지 청평호와 홍천강 남쪽의 고지군을 점령하였다. 이에 군단장은 홍천으로 접근함에 따라 공산군의 소규모 저항을 받고 있던 미 1기병사단의 진격을 돕기 위해서 홍천강(洪川江)을 연하는 새로운 통제선(Buster 선)을 설정하여 미 24사단과 한국군 6사단에게 점령하도록 하고, 3월 17일 일제히 공격을 개시하였다. 중앙의 미 1기병사단이 하루 종일 공방전을 수행하면서 군단은 3월 19일 야간에 버팔로선을 점령하였다. 군단

---

843) *Ebb and Flow,* pp. 315-20; *韓國戰爭(中)*, pp. 425-9.
844) *Ebb and Flow,* pp. 319-20.

장은 이에 카이로선까지 철수하는 공산군을 추격하도록 명령하였다. 공산군의 저항이 경미하여 3월 21일 군단이 카이로선에 도달함에 따라, 8군사령부는 3월 22일 춘천 북방에 187공수연대를 투하하려던 계획을 취소하였다. 3월 21일 특수임무부대를 춘천에 투입한 미 1기병사단은 3월 22일 춘천을 점령하였다. 군단 우측의 미 해병 1사단도 3월 18일 홍천을 점령하고, 배속된 한국군 1해병연대를 중앙에 투입하여 3월 24일 홍천 동북방에 위치한 가리산(加里山, 1051고지)을 점령하였다. 이로써 미 9군단은 아이다호선까지 진출함으로써 리퍼 작전에서 설정된 목표를 달성하였다.[845]

중부전선에서 돌파구를 형성하여 공산군을 양분하고 서울의 동측방에서 서울 포위를 위한 우익(右翼)을 형성하기 위하여 미 9군단이 공격을 계속하고 있는 동안, 한강 남쪽에서 서울을 노려보고 있던 미 1군단도 행동을 개시하였다. 군단의 좌측 한국군 1사단과 중앙의 미 3사단은 매일 500-600톤의 보급 물자가 하역되는 인천지역 경계와 한강 남쪽 진지를 계속 방어하도록 하고, 우전방 미 25사단(터키 여단 배속)은 남한강과 북한강 합류 지점에서 한강을 도하하여 북한강을 끼고 있던 고지군을 점령하여 미 9군단의 좌측방을 엄호하면서 서울을 포위하려는 공격을 실시하였다. 공격에 나선 미 25사단은 3월 7일 동이 트기 전에 강력한 공격 준비 사격을 실시한 후에 3개 연대를 앞세우고 도하 작전을 실시하였다. 별다른 저항을 받지 않은 미 25사단은 3월 15일 저녁까지 경춘(京春)도로까지 진격하였고, 우측의 터키 여단은 우측 미 9군단 미 24사단이 확보한 진지까지 진격하였다. 3월 12일부터는 공산군이 철수하는 것이 관측되었고, 이를 확인하기 위하여 3월 12일과 14일에 실시된 미 3사단 및 한국군 1사단 정찰대도 서울 시내 정찰에서 공산군을 만나지 못했다. 서울에 공산군이 없음을 확인한 8군사령관은 미 1군단으로 하여금 서울을 점령하도록 명령하였다. 명령을 받은 미 1군단은 3월 15일 한강 도하를 감행하여 서울을 탈환하였다. 3월 16일 한국의 이승만 대통령의 서울 재탈환 축하전문이 맥아더 장군에게 전달되었으나, 서울 시민의 복귀를 자제하도록 하고, 한국 정부의 환도 역시 서두르지 않았다. 3월 17일 맥아더 사령관도 한국전선을 방문하였으나, 서울의 방문은 삼가고 춘천과 홍천으로 진입하려는 미 9군단만을 방문하였다. 폐허가 된 서울의 정상화보다 38선 이북으로의 전선 추진과 추진된 전선의 확보가 더욱 중요한 과제였다.[846]

동부전선에서 리퍼 작전에 참가한 미 10군단과 한국군 1, 3군단도 주어진 목표를 달성하기 위한 작전을 수행하였다. 미 10군단은 3월 7일 좌전방에 미 2사단, 중앙에 한국군 5사단, 우전방에 미 7사단을 배치하여 3개 사단 병진공격을 실시하였다. 10군단의 작전지역은 대부분 900-1,000m의 크고 작은 고지로 연결된 산악 지형으로 전차의 운용은 물론 공격 부대의 기동에도 많은 지장을 받았다. 공산군은 3월 11일부터 주력 부대를 철수시키면서 이를 엄호하는 저지 부대를 요소 요소에 배치하여 완강하게 저항

845) *Ebb and Flow*, pp. 321-34; *韓國戰爭(中)*, pp. 429-33.
846) *Ebb and Flow*, pp. 328-30; 國防部 戰史編纂委員會, *韓國戰爭史, 第5卷*, pp. 776-7.

하였다. 그러나 군단은 공산군 엄호 부대의 저항을 물리치고 3월 13일을 전후하여 알바니선에 진출하였고, 3월 15일 공산군의 기습을 받기도 했으나 이를 물리치고 17일에는 최종 목표인 발교산(髮校山, 998고지), 운무산(雲霧山, 980고지), 흥정산(興亭山, 1277고지)을 연하는 아이다호선을 점령하였다. 10군단 우측에 위치한 한국군 3군단도 계방산(桂芳山, 1577고지)과 황병산(黃柄山, 1407고지)을 잇는 아이다호선을 목표로 공격을 개시하였다. 군단은 속사리와 강릉을 연결하는 선을 신속하게 확보한 후에 진격하라는 육본의 명령을 받고 공격을 계속하였다. 한국군 1해병연대를 배속받은 군단은 3월 16일까지 이를 우전방에 배치하여 3월 17일까지 아이다호선에 도달하였다. 북한군 2, 3, 5군단이 38선 이북으로 철수한다는 첩보를 입수한 군단은 이를 8군에 보고하였다. 이 보고를 받은 리지웨이 사령관은 3월 18일 미 10군단, 한국군 3, 1군단에게 춘천 북방 화천호와 동해안에서 38선 이북까지 수색 정찰을 실시하여 이를 확인하도록 명령하였다. 동해안을 담당한 한국군 1군단도 수도, 9사단과 1, 10경비대대를 배속받아 대관령과 강릉을 방어하면서 군단 후방지역으로 북상하는 2,000여 명의 북한군 10사단 패잔병들을 소탕하는 작전을 전개하였다. 이들 병력은 안동 동북방 일월산(日月山, 1219고지)에 집결한 후에 북상하여 3군단지역으로 이동함에 따라 3군단도 소탕 작전을 실시하여 3월 23일경 이들 중 1,000여 명만이 북쪽으로 도주하였다. 이와 같이 미 10군단과 한국군 1, 3군단도 차질 없이 리퍼 작전을 마무리하였다.[847)]

(3) 38선 진격 작전(Operation Courageous)

한국군과 유엔군이 서울을 다시 탈환하고 춘천을 점령하자, 8군사령관은 중부전선에서 돌파구를 형성하기 위한 공격 작전(Operation Ripper)을 확대하여 서부전선에서 임진강선까지 진격하는 작전(Operation Courageous)을 수행함으로써 38선 북방으로 철수하는 공산군에게 섬멸적인 타격을 가하려고 계획하였다. 북한군 1군단 3개 사단이 임진강을 등지고 배치되었으며, 중공군 26군이 의정부지역에 전개되어 있다는 보고를 받은 8군은 임진강 교량을 신속하게 차단하면 북한군을 섬멸할 수 있다고 판단하여 공수부대를 이용한 수직 포위(垂直包圍) 작전(Operation Tomahawk)을 계획에 포함시켰다. 1단계로서 중부전선의 "카이로선"을 행주-의정부까지 연장하고, 미 1군단이 이 선까지 진출하여 공격을 준비하고, 187공수연대를 문산지역에 투하시켜 24시간 내에 양 부대를 연결하고, 임진강 하구-문산 북쪽-의정부 북쪽을 연하는 "아스펜(Aspen)선"으로 진출하며, 2단계로서 임진강을 연하는 "벤튼(Benton)선"을 점령하도록 하였다. 8군사령관은 이 작전으로 서울 북방의 북한군 1군단과 의정부지역의 중공군 26군에게 섬멸적인 피해를 입히려 하였다.[848)]

임진강선으로 진출하려는 계획에 따라, 미 1군단의 3개 사단은 3월 22일 08시 진격

---

847) *韓國戰爭(中)*, pp. 437-46.
848) *Ebb and Flow*, p. 334.

을 개시하였다. 좌측방 한국군 1사단은 공산군의 저항이 경미하여 정오경 카이로선에 도착하였고, 중앙의 미 3사단과 우측의 미 25사단도 산발적인 저항을 격퇴하고 통제선에 도달하였다. 군단의 3개 사단이 통제선에 도달하자 미 1군단장은 미 9군단 24사단 6전차대대를 지원받아 이를 중심으로 미 3사단 보병 1개 대대, 포병 1개 대대와 포대, 전투공병 1개 중대로 특수임무부대를 편성하여 76전차대대장(John S. Growdon 중령) 지휘하에 문산지역에 투하될 공수연대와 연결 작전을 실시하도록 하였다. 문산지역에 투하될 187공수연대는 3월 23일 대구비행장을 이륙하여 15시경 주어진 목표를 점령하였다. 공수부대의 투하와 때를 맞추어 미 1군단장은 "그로던(Growdon)"특수임무부대로 하여금 3월 23일 오전에 한국군 1사단을 초월 전진하여 공수연대와 연결하도록 하면서, 한국군 1사단은 문산, 미 3사단은 동두천, 미 25사단은 포천으로 각각 공격을 개시하도록 하였다. 150여 개의 지뢰를 제거하면서 진격한 "그로던"특수임무부대는 23일 18시 30분 문산에 도착하여 공수부대와 연결하였으나, 공수부대가 투하되기 전에 북한군이 주력을 철수시켜 문산 공수 작전은 큰 성과 없이 끝나고 말았다.[849)]

공정 작전과 더불어 미 1군단 3개 사단도 지상 공격 작전을 전개하였다. 군단 좌측의 한국군 1사단은 별다른 저항 없이 문산에 진출하여 3월 23일 17시에 187공수연대로부터 작전지역을 인수하였으나, 중앙과 우측방에서 공격하던 미 3사단과 미 25사단은 의정부지역에 집결해 있던 중공군 26군의 강력한 저항을 극복해야만 하였다. 이에 군단은 미 187공수연대를 법원리에서 의정부 북방으로 진격시켜 중공군의 측방을 공격하도록 하여 미 3사단과 연결시킴으로써 중공군의 저항을 극복하였다. 우측의 미 25사단도 포천 남쪽 죽엽산(竹葉山, 601고지)에 배치된 중공군과 치열한 공방전을 펼치면서 대포병사격까지 실시하여 이들을 제압하고, 3월 28일 포천을 점령하였다. 중공군 26군은 의정부와 죽엽산을 탈환하기 위하여 역습을 가해 왔으나, 오히려 큰 피해를 입고 포천 북쪽의 종현산(鍾懸山, 588고지)으로 철수하고 말았다. 미 1군단은 이와 같이 문산, 동두천, 포천을 확보하고, 3월 31일까지 임진강선을 따라 설정된 "벤튼선"까지 진출하여 38선에 근접해 있었다.[850)]

중부전선에서 돌파구를 형성한 "리퍼 작전"의 전과를 확대하기 위하여 서부전선의 미 1군단이 임진강으로 진격하고 있는 동안, 동부전선의 한국군 3, 1군단도 3월 25일 08시 현리(縣里)에서 양양(襄陽)으로 이어지는 "카이로선"으로 진출하라는 명령을 받았다. 명령을 받은 1군단장은 수도사단으로 하여금 양양을 점령하도록 하고 9사단은 수도사단의 좌측방을 엄호하면서 축차적으로 진출하도록 하였다. 수도사단은 1, 26연대를 앞세워 3월 26일 공격을 개시하여 양양 남쪽 남대천(南大川) 남쪽에 구축된 북한군의 저지 진지를 돌파하고, 27일 양양으로 진출하였다. 한국군 1군단이 동해안 축선을 따라 공격하고 있는 동안, 좌측의 한국군 3군단도 3월 25일 후방지역의 소탕 작전

---

849) *Ebb and Flow*, pp. 335-43; *韓國戰爭(中)*, 446-50.
850) *前揭書*.

을 7사단에게 전담시키고, 3사단을 현리(縣里)로 진격시켰다. 진격 명령을 받은 3사단은 18연대를 주공, 23연대를 조공, 22연대를 예비로 하여 26일 08시 공격을 개시하여 27일까지 현리를 연하는 선까지 진출하여 현리와 양양을 잇는 "카이로선"을 점령하였다.[851)]

중부전선에서 돌파구를 형성하는 공격 작전(Operation Ripper)을 수행하여 공산군을 동서로 분리하면서 후퇴하는 공산군을 격멸하고, 이 작전으로 획득한 전과를 동서로 확대함으로써 38선 지역까지 연결된 전선을 형성하면서 양 지역에서 철수하는 공산군에게 섬멸적인 타격을 가하기 위하여 실시된 후속 작전인 38선 진격 작전(Operation Courageous)은 일단락되었다. 유엔군과 한국군은 1951년 3월 7일에서 말경까지 실시된 "리퍼 작전"으로 서부의 문산에서 동두천, 춘천, 현리를 거쳐 동해안의 양양 북쪽에 이르는 방어선(카이로 선)을 확보하였다. 유엔군과 한국군은 퇴각하는 공산군에게 섬멸적인 타격을 입히지는 못했으나, 서울을 재탈환하고 전선을 38선 부근까지 추진시키는 전과를 획득하였다. 이로부터 한국군과 유엔군은 38선을 확보하고 공산군에게 계속적인 피해를 가하여 정치적인 협상의 기반을 조성하기 위한 군사 작전을 계획하게 되었다.

(4) 38선 확보 작전(Operation Rugged and Dauntless)

38선 북쪽으로의 진격 명령을 하달하기 전 3월 27일, 리지웨이 8군사령관은 여주에 위치한 군사령부로 사단 및 군단장들을 소집하였다. 이 작전회의에서 소련이 몽골 계통의 소련 정규군 병력을 중심으로 지원군을 편성하여 한국전에 투입할 가능성이 있다는 첩보가 제시되었으나, 리지웨이는 이의 현실화는 어려울 것이라는 회의적인 견해를 표명하였다. 그러나 소련군이 한국전에 개입할 경우 소련과의 결전에 대비하기 위하여 미 8군이 한국에서 철수할 수 있다는 가능성은 남아 있기 때문에, 8군사령관은 1951년 1월 군단장에게 배포한 철수 계획을 발전시키기는 하되, 절대 비밀을 유지할 것을 지시하였다. 리지웨이는 또한 미국 정부가 휴전회담을 제의하게 되면 8군이 지역 방어를 해야만 할 경우가 발생할 수 있다는 점을 지적하면서, 이럴 경우에 대비하여 8군은 38선을 넘어서 되도록 북쪽으로 전선을 추진할 필요가 있다고 말했다. 그는 "철의 삼각지(Iron Triangle)"로 명명되기도 한 평강(平康), 철원(鐵原), 김화(金化)지역을 목표로 진격을 계속해야 하며, 이를 위해서 먼저 임진강에서 화천 저수지를 거쳐 양양으로 이어지는 "캔자스선(Line Kansas)"까지 진출하는 작전(Operation Rugged)을 수행할 예정이라는 점을 밝혔다. 이 작전을 위해 미 1, 9군단이 화천 저수지 서쪽, 그 동쪽으로 미 10군단이 소양강(昭陽江) 계곡, 한국군 3, 1군단이 양양 북쪽까지 진격해야 한다고 말했다. 38선 북쪽에서 이 선을 확실하게 장악할 수 있는 전선을 확보하려는 리

---

851) *韓國戰爭(中)*, pp. 452-4.

지웨이의 구상이었다.[852)]

임진강에서 화천 저수지를 거쳐 양양 북방으로 연결되는 "캔자스선"을 확보한 직후, 리지웨이는 공산군의 역습에 대비하기 위하여 강력한 군예비대를 보유하려는 계획도 세우고 있었다. 8군이 캔자스선에 도달하면, 8군은 미 1군단에서 미 1기병사단을 차출하여 경안리(京安里, 경기도 廣州)에 배치, 서울을 목표로 한 공산군의 반격에 대비시키고, 미 10군단의 미 2사단 주력을 홍천에, 한국군 1개 군단을 유천리(楡川里)에 위치시켜 동부전선에서의 역습에 대비하도록 하고, 미 187공수연대를 3월 29일부로 대구로 이동시켜 필요한 지역에 투입하도록 계획하였다. 리지웨이는 이들 부대들을 예비로 확보하면서, 철의 삼각지 남쪽 두 지점인 철원과 김화를 통제하기 위하여 "유타선(Line Utah)"과 "와이오밍선(Line Wyoming)"을 설정하여 미 1, 9군단으로 하여금 공격 작전(Operation Dauntless)을 계속하도록 하였다. 이 작전에서 공산군의 강력한 공격을 받으면 1, 9군단은 캔자스선으로 복귀할 수 있도록 하였다. 이러한 북진 계획을 수립한 리지웨이는 4월 2일에서 5일 사이에 캔자스선 진격 작전(Op. Rugged)을 개시하는 것으로 계획하고 맥아더의 승인을 받았다. 맥아더 역시 리지웨이가 설정한 "캔자스-와이오밍선(Line Kansas-Wyoming)"이 38선을 확보하기 위한 순리적인 방어선으로 판단하고, 이 선을 확보한 후에는 대대 규모 이하의 위력 수색 작전 정도만을 실시할 것을 지시하였다.[853)] 이로써 한국전쟁을 휴전이라는 정치적 협상으로 마무리할 수 있는 38선 북방의 방어선이 책정되었고, 이를 확보할 작전 계획이 수립되었다.

공산군은 유엔군의 공격이 빠르면 4월 20일경 반격을 실시하고, 늦으면 5월 초순에 반격을 실시하기로 결정하고 전력의 보강과 증강에 온갖 노력을 경주하였다. 중공군은 39, 40군을 제외한 다른 부대들은 재정비를 실시하도록 조치하면서, 3병단(12, 15, 60군)을 이천(伊川), 철원(鐵原), 평강(平康)지역, 원산지역에서 휴식과 정비를 하고 있던 9병단 2개 군(20, 27군)을 평강과 회양(淮陽)지역에 집결시켰다. 한국전선에 새로 투입된 야전 포병 2, 8사단과 대전차 포병 31, 32사단, 방사포 21사단, 고사포 61, 62, 63, 64사단 등도 일선에 배치되거나 후방 방호임무를 담당하도록 하였다. 중국으로부터 증원된 4만여 명의 고참병과 8만여 명의 신병들도 각 부대에 보충되었다. 기존의 전력을 보강하고 새로운 전력 투입으로 증강된 공산군은 4월 초순부터 부대 배치를 조정하여 유엔군의 공격에 대비하고 공격으로 전환할 태세를 갖추어 나갔다. 서해안 장연리(長淵里)에서 금천 북방 한포리(汗浦里)에 이르는 지역을 북한군 1군단이 담당하고, 중공군 19병단의 63군이 한포리에서 연천 서북방 삭녕(朔寧), 31병단의 60군은 임진강 동쪽지역에서 연천 북방, 9병단의 26군은 연천 동북방, 40군은 화천 서북방, 39군은 화천 서북방에서 북한강지역에 배치되고, 북한강 동쪽지역은 북한군 2, 3, 5군단과 69여단이 담당하도록 하였다. 후방지역에는 북한군 4군단이 진남포와 신안주의 서해안지역, 6군

852) *Ebb and Flow*, pp. 347-50.
853) *前揭書*; Ridgway, *The Korean War*, p. 121.

단이 해주지역, 7군단이 원산지역, 8군단이 홍남지역에 배치되었다. 배치를 마친 공산군은 부대 정비와 보급 지원을 서두르면서 예비 병력을 확보하여 차후 공세를 준비하였다.[854]

38선 북방에서 실질적인 방어선을 확보하여 정치적 협상의 기반을 구축하려는 유엔군의 의지와 공세로 전환하여 되도록 전선을 남하시키려는 공산군의 의지는 전투의 치열한 정도를 더욱 치열하게 만들 만큼 강했다.

① "캔자스선" 진격 작전(Operation Rugged)

임진강 하구에서 화천 저수지를 거쳐 양양으로 이어지는 캔자스선을 확보하기 위한 작전수행을 위하여 미 8군사령부는 전투 지경선과 부대를 조정, 배치하였다. 서부전선의 미 1군단은 한국군 1사단, 미 3사단(영 29여단 배속), 24사단 및 25사단을 전선에 배치하였고, 중부의 미 9군단은 한국군 6사단, 미 1기병사단과 영 27여단을 전선에 배치하였으며, 중동부지역의 미 10군단은 미 2사단, 한국군 5사단, 미 7사단을 전선에 배치하였다. 미 10군단의 우측방 한국군 3군단은 2, 3사단을 공격제대로 전방에 배치하고, 7사단을 예비로 확보하였으며, 한국군 1군단은 수도사단을 공격제대, 9사단을 예비로 하였다. 공격 준비를 갖춘 각 군단은 4월 3일에 캔자스선 진출을 위하여 미 1군단은 포천-김화 축선, 미 9군단은 화천 저수지, 미 10군단은 양구(楊口)와 인제(麟蹄) 방향으로 공격을 개시하였다.[855]

8군의 좌익에 배치되어 "러기드" 작전에 참여한 미 1군단은 이미 캔자스선에 진출해 있던 한국군 1사단과 미 3사단은 임진강을 연하여 방어에 전념하도록 하고, 우측의 미 24사단과 25사단은 의정부-포천-김화를 잇는 도로를 따라 북쪽으로 공격하도록 하였다. 4월 3일 포천-김화 도로 서쪽에서 공격을 개시한 미 25사단은 영평천(永平川)과 한탄강(漢灘江) 사이의 계곡으로 진격하고, 도로 동쪽의 미 24사단은 관음산(觀音山, 733고지)과 국망봉(國望峰, 1168고지)으로 진격을 개시하였다. 이들 사단은 공격 도중에 공산군의 산발적인 저항을 받았으나, 4월 6일에 38선 북쪽 10-15km 지점에 위치한 운산리(雲山里), 야미리(夜味里), 장암리(場岩里)를 연하는 캔자스선까지 진출하였다.[856]

미 1군단의 우측에서 공격을 개시한 미 9군단도 좌로부터 영 27여단, 한국군 6사단, 우측방에 미 1기병사단을 배치하여 공격을 개시하였다. 4월 3일 공격을 개시한 군단의 영 27여단과 한국군 6사단은 전방의 공산군 저항이 경미하여 4월 6일에 캔자스선에 도달하였으나, 우전방 미 1기병사단은 중공군 39군의 완강한 저항을 받아 4월 6일 당시 캔자스선 남쪽 5km 지점에 머물고 있었다. 이에 리지웨이는 화천댐을 이용한 공산군의 수공(水攻)을 우려하여 댐의 파괴를 고려하였다. 그러나 8군 공병참모는 저수량

---

854) *中共軍의 韓國戰爭史*, pp. 121-4; *韓國戰爭(中)*, pp. 459-61.
855) *Ebb and Flow*, p. 353; *韓國戰爭(中)*, pp. 461-2.
856) *前揭書*.

이 많지 않고 재래식 폭격으로는 댐의 파괴가 불가능하기 때문에 공산군도 이를 공격에 이용하기 어렵다는 의견을 제시하였다. 그러나 미 9군단의 공병부대장은 공산군이 수문을 일시에 개방할 경우에 북한강의 수위가 3-4m 상승되어 작전과 보급로 확보에 지장을 준다는 입장을 개진하였다. 8군사령관 리지웨이는 화천댐을 "러기드" 작전에서 미 9군단의 목표로 정하고, 미 9군단의 전투 지경선을 동쪽으로 이동하여 화천댐을 군단의 작전지역에 포함시켰다. 4월 8일 중공 39군은 화천댐의 수문을 일제히 개방하여 북한강 수위가 2m 정도 상승하였다. 춘천 등지에 설치된 가교가 물에 떠내려가는 등 피해가 발생하였으나, 댐 부근 능선을 점령하고 있던 중공군 병력도 철수하는 이점도 발생하였다. 미 1기병사단은 중공군이 철수한 고지를 점령하고 4월 9일부터 11일까지 화천댐을 탈취하기 위한 공격을 계속하였으나, 이를 탈취하지는 못했다. 그러나 미 9군단은 캔자스선을 점령하고 차기 작전을 준비하게 되었다.[857]

중동부전선에서 공격하던 미 10군단은 도로망이 빈약하고 지형이 험준하여 중서부전선의 부대들보다 늦게 공격을 개시하였다. 부대 배치를 조정한 10군단은 4월 7일에 우전방 한국군 5사단을 주공으로 하여 인제, 중앙의 미 7사단을 양구, 좌전방 미 2사단을 화천 저수지 남쪽을 목표로 공격을 개시하였다. 한국군 5사단은 소양강(昭陽江)과 그 지류인 내린천(內麟川) 남전리(藍田里)와 원대리(院垈里)에 병력을 집결시켜 인제를 공격하였다. 그러나 북한군이 인제로 통하는 도로를 감제할 수 있는 고지에 방어 진지를 구축하고 강력하게 저항하여 진출이 늦었다. 13일까지 일진일퇴의 공방전을 벌였으나 진척이 없자 5사단장은 우전방 연대로 인제 북방 원통을 공격하도록 하였다. 이러한 우회 공격으로 인제 남쪽의 방어 진지를 점령한 5사단은 인제 북방 고지군으로 진출하려 하였다. 사단은 강력한 포병 사격에도 불구하고 이들 고지를 점령하지 못하게 되자, 생포한 북한군 병사로부터 15일 저녁 암구호를 알아내서 기습과 더불어 16일 새벽에 전면 공격을 감행하여 양구와 인제 간의 도로를 통제할 수 있는 고지를 점령하고, 17일 인제 북방의 캔자스선을 점령하였다. 한국군 5사단이 인제지역에서 치열한 공방전을 벌이고 있는 동안 미 2사단은 화천 저수지, 미 7사단은 양구를 점령하기 위해 치열한 공방전을 벌이면서 진격하여 캔자스선까지 진출하였다.[858]

동부전선의 한국군 3군단도 후방지역의 소탕 작전을 마무리하고 진격을 계속하여 원통과 한계리를 점령하였고, 한국군 1군단도 양양 북쪽 조산리 북방까지 전선을 추진시켜 캔자스선을 확보하였다. 이로써 유엔군과 한국군은 임진강 하구에서 화천 저수지 남쪽, 양구와 양양을 잇는 캔자스선을 확보하고, 이 선에 강력한 방어 진지를 구축하기로 하였다.

중동부전선에서 미 10군단과 한국군 3군단이 캔자스선으로 진출하기 위하여 공격을 계속하고 있는 동안, 미 8군사령관 리지웨이는 중서부전선에서 이미 캔자스선을 점령

857) *Ebb and Flow*, pp. 354-6; *韓國戰爭(中)*, pp. 462-4.
858) *韓國戰爭史, 第5卷*, pp. 661-70; *韓國戰爭(中)*, pp. 464-7.

한 미 1, 9군단으로 하여금 다음 단계의 작전을 실시하도록 하였다. 리지웨이는 4월 9일 캔자스선을 점령한 미 1, 9군단에게 철의 삼각지로 진출할 것을 명령하고, 4월 11일을 공격 개시일로 정하였다. 이 작전(Operation Dauntless)의 초기 단계에서는 미 1군단의 3, 25, 24사단이 주로 공격을 실시하여 철원 남쪽 금학산(金鶴山, 947고지), 김화 남쪽 광덕산(廣德山, 1045고지)과 그 남쪽 백운산(白雲山, 904고지)을 잇는 휘어진 활 모양의 "유타선(Line Utah)"을 점령하고, 미 9군단의 좌익부대 영 27여단이 약간 진격하여 미 1군단의 작전을 지원하도록 하였다. 이로써, 38선을 연한 캔자스선을 확보하고 공산군의 공세를 둔화, 저지시키려는 공격이 계획되고 있었다.[859)]

② 맥아더 원수의 해임

중공군의 한국전 개입 이래, 미 합참본부를 포함한 워싱턴 정책입안자들과 현지 사령관인 맥아더 원수 사이에는 한국전쟁의 성격과 이를 어떻게 수행해야 하는 문제에 대한 견해 차이가 드러나기 시작하였다. 미국 정부의 정책입안자들은 중공을 침략자로 규정하고 침략에 대한 어떠한 보상도 거부한다는 입장을 밝히면서도, 한국전쟁은 군사적인 승리보다는 정치적 협상에 의해서 명예롭게 종결되어야 한다는 정책과 방침을 정해 놓고 있었다. 그러나 현지에서 군사 작전을 지휘하고 있던 맥아더는 중공이 전력을 투입하여 전쟁에 개입하였고, 유엔이 중공을 침략자로 규정하였으며, 미국도 어떠한 침략에 대해서도 강경하게 응징한다는 정책을 유지하면서도, 중국 본토의 공격까지를 포함한 작전 수행으로 군사적인 승리를 쟁취하기보다는 "비기는 전쟁을 위하여 미군 병사들을 희생(Die for Tie)"시키는 "이상한" 전략을 강요하고 있다고 보았다. 맥아더는 유럽의 방위를 위해서 한국전에서 미국의 국력과 군사력을 너무 낭비해서는 안된다는 견해에 대해서, 공산권이 한국을 택하여 일으킨 한국전쟁을 군사적인 승리로 마감하는 것은 바로 "유럽을 방위하는 것"이요, 따라서 한국에서 싸우는 것 자체가 "유럽전쟁"을 수행하는 것과 다름이 없다는 입장을 취했다. 워싱턴과 동경의 맥아더와 이러한 입장 차이가 명백하게 되자, 트루먼 대통령은 1950년 12월 6일자로 미국의 외교정책에 관해서 맥아더의 성명서 발표를 금지한다는 지시를 내렸고, 미 합참본부도 적절한 전략과 전술을 구사하여 한국에서의 전선을 안정시키는 데 주력해 줄 것을 요구하였다. 그러나 맥아더는 한국전쟁 수행을 위한 적절한 전력과 전술의 구사는 올바른 정책적 뒷받침과 현실적인 지원을 필요로 한다는 점을 강조하였다. 워싱턴과 동경의 한국전쟁에 관한 입장과 견해 차이는 좁혀지지 않고 있었다.

한국에서의 전선이 38선상으로 추진되자, 워싱턴은 유엔군 사령부가 한국에서의 휴전을 논의할 의사가 있다는 점을 밝히고, 이를 위한 조건들을 제시한 대통령의 성명서를 발표하려고 하였다. 그러나 발표하려던 대통령의 성명서는 맥아더가 발표한 성명서에 의해서 취소되고 말았다. 전선 방문에 앞서 1951년 3월 24일 동경에서 발표된 맥아

859) *Ebb and Flow*, p. 362.

더의 성명서는, 중공의 군사적 취약점을 지적한 후에 중공에게 대만의 지위나 유엔에서의 회원권 문제 등 한국전쟁과 무관한 사안(事案)들에 매달려 군사적 패배를 자초하지 말고, 한반도에서 더이상의 유혈(流血) 없이 "유엔의 정치적 목적을 달성하기 위한 군사적 방안을 모색하기 위하여 군사령관간 대화를 촉구"하는 내용을 담고 있었다. 맥아더의 성명서가 발표되자, 워싱턴의 정책입안자들은 "김"이 빠졌고, 트루먼 대통령은 "현지 군사령관의 월권 행위"에 분노를 감추지 않았다. 이러할 즈음 1951년 4월 5일, 트루먼 행정부의 정책을 비판해 오던 공화당 하원 원내 총무(Joseph W. Martin, Minority Leader of the House of Representatives)가 맥아더 원수에게 쓴 편지(1951년 3월 8일자)의 답장으로 보내온 맥아더의 편지(1951년 3월 20일자)를 공개하였다. 이 서한에서 맥아더는 아시아에서 유럽의 전쟁을 치르고 있다고 비유하면서, 이를 이길 경우에 유럽은 전쟁을 면할 수 있지만, 그렇지 않을 경우에는 유럽 역시 전쟁을 피할 수 없을 것이라는 점을 지적하고, "승리에 대신할 것은 아무것도 없다"고 결론을 맺었다. 이러한 맥아더의 입장은 "승리의 대신"을 모색하고 있던 트루먼 행정부 정책에 대한 정면 도전인 셈이었다. 결국 1951년 4월 11일에 맥아더는 해임되었다.[860]

맥아더의 해임은 전쟁과 승리에 대한 두 가지의 상충적인 견해차를 종식시킨 사건이었다. 전쟁은 "조건 없는 승리"로 마무리되어야 한다는 전통적인 견해와 전쟁이 "조건 있는 휴전"으로도 끝날 수 있다는 두 견해의 대결에서 새로이 등장된 개념이 우세승을 거둔 셈이 되었다. 세계적 차원에서 한반도의 전략적 가치를 그렇게 높이 평가하지 않으면서도 동서 이념적 대결에서의 정치적 가치를 소홀하게 평가하지 않고 있던 워싱턴의 군 및 민간 정책입안자들은 소련이 조종하는 중공과 한국에서 싸우고 있다는 사실, 즉 소련의 게임을 미국이 강요당하고 있다는 사실에 다 같이 곤혹스러워하고 있었다. 그들은 맥아더의 인천상륙작전 성공으로 유엔에서 정치적으로 해결하지 못한 한국 문제를 군사적으로 해결할 수 있을까 하는 기대를 중공군의 개입이 무산시킨 시점에서, 한국전쟁을 군사적인 승리로 마감하기도 어렵고, 그럴 필요가 있는가에 대해서 회의적인 입장을 지니고 있었다. 유엔을 통하여 한국전쟁 수행의 명분을 모색해 온 미국은 영국을 비롯한 유엔 회원국들의 동조 대열을 유지하는 것 역시 매우 중요하다는 것을 잘 알고 있었다. 그리하여 트루먼 행정부는 한국전쟁을 "무조건적인 승리"가 아닌 "명예로운 휴전"으로 종식시키기로 하고, 전자를 선호(選好)하던 현지 사령관 맥아더 원수를 해임하였던 것이다.

미국의 트루먼 대통령은 맥아더(Douglas A. MacArthur)를 해임하고 후임에 당시 미8군사령관이던 리지웨이(Matthew B. Ridgway)를 임명하면서, 리지웨이 후임에는 노르망디 상륙작전에서 연대장으로 참전하여 명성을 얻고, 그리스에서 공산반군을 평정

860) MacArthur, *Reminiscences*, pp. 439-44; Truman, *Memoirs, II*, pp. 439-48; *Policy and Direction*, pp. 365-77; John W. Spanier, *The Truman-MacArthur Controversy and the Korean War*(Cambridge: Harvard University Press, 1959).

하는 데 탁월한 능력을 발휘했던 밴플리트(James A. Van Fleet) 중장을 4월 14일부로 임명하였다. 한국전쟁을 수행해온 맥아더 원수는 유엔군 사령관, 주일 연합군사령관, 극동 미군사령관, 극동 미육군사령관이라는 직함을 리지웨이에게 인계하게 되었다.

한국전에 개입한 중공을 침략자로 규정함으로써 유엔에서의 "외교 전선"을 진정시키고, 맥아더를 해임함으로써 워싱턴과 동경 간의 "내부 전선"을 안정시킨 미국은 이제 한국에서의 "전투 전선"이 38선 부근에서 안정되어 한국전쟁이 "명예로운 휴전"으로 종식될 수 있는 조건이 구체화되기를 바라고 있었다.

③ "철의 삼각지" 진출 작전(Operation Dauntless)

작전 지휘 체계의 변화에도 불구하고, 임진강과 금학산, 광덕산, 백운산으로 연결되는 활 모양의 유타선(Line Utah)과 철원-김화-화천 저수지로 연결되는 와이오밍선(Line Wyoming)으로 진출하려는 철의 삼각지 진출 작전(Operation Dauntless)은 계획대로 4월 11일부터 시행되었다. 그러나 철의 삼각지 부근으로 접근할수록 공산군의 저항이 강해지고, 폭우로 인한 도로 상태의 불량으로 공격제대들의 진출은 쉽지 않았다. 공격작전이 진행되고 있는 동안 유엔군 사령관으로 전선을 떠나는 리지웨이는 4월 14일 군단장회의를 소집하였다. 여기에서 고급 지휘관들은 공산군의 공세가 감행될 경우에 대한 우발 계획을 논의한 결과, 3개의 철수 통제선을 설정하였다. 첫 번째 선은 춘천을 중심으로 동서해안으로 연결된 "델타선(Line Delta)"으로 정하고, 두 번째 선은 서울 교두보선으로 서울 서북쪽 행주에서 양평을 잇는 반원형의 선(Line Golden)을 정했고, 세번째 선은 서울 남쪽의 한강변을 따라 양양에 이르는 선(Line Nevada)으로 설정하였다. 8군의 지휘권을 밴플리트에게 인계하면서 리지웨이는 유타선 북쪽으로 군대를 진출시킬 경우에는 이를 사전에 통보하고, 와이오밍선 이북으로 대규모 병력을 진출시킬 경우에는 사전에 승인을 받도록 지시하였다. 이러한 상황에서 4월 20일경에 미 3사단은 연천(漣川), 미 25사단은 금학산(金鶴山), 미 24사단은 문혜리(文惠里), 영 27여단은 사창리(史倉里)까지 진출하여 유타선을 확보하였다.[861]

철의 삼각지 진출 1단계 작전이 완료된 시점에서 공산군의 공격 징후가 뚜렷하게 나타나지 않자, 신임 8군사령관 밴플리트는 4월 21일 와이오밍선을 목표로 한 2단계 작전을 실시하도록 명령을 하달하였다. 미 1군단 미 24, 25사단은 철원-김화, 미 9군단의 한국군 6사단과 미 1해병사단은 김화-화천을 목표로 공격을 개시하였다. 그러나 미 25사단에 배속된 터키 여단은 21일 오전 공산군의 강력한 포격으로 더이상 진격할 수 없게 되었다. 22일 다시 공격은 재개되었다. 이번에는 미 1군단의 2개 사단이 강력한 공산군의 저항으로 진격할 수가 없었다. 항공 정찰 결과 공산군이 북쪽과 북서쪽에서 전방으로 이동하고 있음이 확인되었다. 미 1군단지역에서는 유엔군의 강력한 포격에도 불구하고, 공산군은 임진강 도하 준비를 서두르고 있었다. 생포되는 중공군 포로들

861) *Ebb and Flow*, pp. 368-77; *韓國戰爭(中)*, pp. 467-71.

도 4월 22일 야간에 중공군이 대규모 공세를 개시할 것이라고 말했다. 이때 중공군은 4월 19일 하달된 명령에 따라 21일까지 전방으로 추진 배치되었으며, 4월 22일 야간에 반격을 개시하기로 결정한 상태에 있었다.[862] 한국군과 유엔군은 38선을 회복하여 이를 확보하려는 작전을 전개하였으나, 중공군은 춘계 공세를 준비하고 이를 수행하려 하고 있었다.

5) 공산측의 공세 준비와 전략

중공군의 신정 공세(3차 전역) 이후에 신속하게 진행된 유엔군과 한국군의 위력 수색 작전과 반격 작전은 공산측을 매우 당혹스럽게 만들었다. 그리하여 공산군은 제한적인 공세와 지연전을 수행하면서 전력을 보존하려 하였다. 그러나 유엔과 한국군은 공산군의 전력을 계속 소진시켜 이들이 공세를 취하지 못하게 한다는 개념하에 우세한 화력과 기동력으로 지상 공격을 계속하고, 확보된 제공, 제해권을 바탕으로 후방 차단 폭격과 포격을 계속해 나갔다. 이러한 상황이 전개되자, 공산군 연합사령관 팽덕회와 김일성은 1951년 2월 말 북경으로 가서 모택동과 더불어 전력을 보강하여 공세로 전환하기 위한 전술적 방책의 모색과 전력 보강을 위한 소련의 지원을 공동으로 요청하게 되었다.

모택동은 스탈린에게 유엔군측이 공산군의 휴식과 재정비에 필요한 시간을 주지 않고, 화력과 장비의 우세를 바탕으로 공산군측에 소모전을 강요하고 있다고 보고하였다. 이러한 개념에서 유엔군은 지상 공격을 계속하면서 해군으로 해안 포격, 공중 전력으로 계속적인 후방 보급로 차단 폭격을 계속하고 있으며, 이 결과, 추진된 보급품의 60-70%만이 전방에 도달한다는 점도 빼놓지 않았다. 유엔군의 이러한 전쟁 수행 전략으로 한국전이 앞으로 최소한 2년은 더 지속될 것으로 판단되기 때문에, 소련의 적극적인 지원, 특히 공중 엄호가 필요하다는 점을 강조하였다. 당시까지 실시한 4차에 걸친 전역에서 10만의 병력 손실이 있었으며, 차후 1년 간의 손실은 30만으로 추산된다는 점을 지적하면서 병력의 보충은 중국과 북한이 실시하겠으나, 무기와 장비는 소련이 지원해 줄 것을 요구하였다. 모택동은 당시까지 싸워온 중공군 9개군 30개 사단 중 3개 군을 남기고 6개 군을 교체하여 9개 군 27개 사단을 2제대로 편성하여 전선에 투입할 계획도 보고하였다. 북한군은 스탈린이 제안한 대로 8개 군단을 6개 군단으로 축소하고, 각 사단 병력을 1만 명으로 유지하도록 하고, 5개의 여단으로 해안과 주요 도시를 방어하도록 하겠다고 보고하였다.[863] 모택동은 팽덕회와 김일성과의 협의를 거쳐 한국전쟁의 진행 상황, 유엔군의 전략, 공산군의 피해와 대처 방안 등을 보고

---

862) *前掲書; 中共軍의 韓國戰爭史*, pp. 129-36.

863) Coded message N 17255, Mao to Stalin, March 2, 1951, quoted in *The Korean Conflict, 1950-1953*, pp. 122-5.

하고 소련의 지원을 요청하였다.

모택동의 공중 엄호 요청을 받은 스탈린은 1951년 3월 15일에 소련 공군의 2개 비행사단을 한국전선 중공군 후방에 배치시키겠다는 회답을 보내면서 중공군 2개 비행사단을 안동(安東)으로 보내어 안동을 방어하고, 전선에 투입할 준비를 갖추라고 말했다. 중국의 주은래는 소련 공군 비행단이 안동에서 안주(安州) 사이에 있는 4개의 비행장을 사용하고, 이들 비행장에 대한 대공 방어도 소련군이 해줄 것을 요청하였다. 스탈린은 즉시 이를 승인하고, 소련 공군 비행사단과 대공부대는 소련군 지휘관의 지휘를 받을 것임을 확실하게 하였다. 스탈린은 한만국경선상에서 벌인 공중전에서 보면 MIG-9전투기는 유엔군 전투기와 상대가 되지 않기 때문에, 372대의 MIG-15전투기를 중국에 지원해 주겠다고 하였다. 그러나 스탈린은 한국군에게는 대규모 공세를 취하면서 미군이나 영국군에게는 "치고 빠지는(Hit and Run)" 식의 소규모 공세를 계속하여 전의(戰意)를 박탈하는 작전을 수행하겠다는 모택동의 작전 수행 방식 제의에 대해서는 반대의사를 분명하게 하였다. 미군이나 영국군은 장개석군대와는 수준이 다르며, 그러한 방식이 한두 번은 성공을 거둘지 모르나, 그들이 그러한 방식을 파악한 후에는 중공군이 치고 빠지게 놔두지 않을 것이라는 것이 반대 이유였다. 스탈린은 미군이나 영국군에 대해서도 대규모 공격작전을 수행하는 것이 바람직하다는 의견을 제시하였다.[864)]

공산측은 유엔군의 소모전 강요에 당혹감을 감추지 않으면서, 적극적인 소련의 지원하에 전력을 증강하고, 한국군은 물론 유엔군에 대해서도 대규모 공격을 감행한다는 전략을 수립하여 공세를 준비하게 되었다.

6) 중공군의 4월 공세(五次戰役 一段階作戰)

(1) 양측의 작전 계획

중공군의 개입 이후 한국전쟁을 "승리"가 아닌 "휴전"으로 종식시키려는 정책이 거의 확정되자, 유엔군은 전쟁 전의 영토를 회복하고 차후 방어에 유리한 지형을 확보한다는 개념 아래 임진강-전곡-화천 저수지-양양에 이르는 "캔자스"선을 점령하고 이에 따라 강력한 방어 진지를 구축하려 하였다. 이러한 방침에 따라 1951년 4월 10일경까지 캔자스선을 점령한 유엔군은 서부전선에 미 1군단(한국군 1사단, 미 3, 24, 25사단, 영 29, 터키 여단), 중부전선에 미 9군단(한국군 6사단, 미 1해병사단, 영 27여단), 중동부전선에 미 10군단(한국군 5사단, 미 2, 7사단)과, 동부전선 태백산맥을 경계로 한국군 3군단(3, 7사단)을 내륙 산악지역, 1군단(수도, 9사단)을 해안지역에 배치하여 방어 진지를 강화하였다. 8군예비인 미 1기병사단은 금곡(金谷) 부근, 187공수연대는 대구에 위치시

864) *蘇聯極秘外交文書, 3,* pp. 130-32; Coded message N 1749, Stalin to Mao, March 15, 1951; N 17994, Zhou to Stalin, March 23, 1951; N 1713, Stalin to Mao, March 23, 1951; Coded message N 3282, Stalin to Mao, May 29, 1951, in *The Korean Conflict, 1950-1953,* pp. 124-8.

키고, 한국 육군본부 직할부대인 8사단은 대전, 광주, 진주지역, 2사단은 춘양, 제천, 안동지역에서 공비 토벌 작전을 수행하도록 하고, 지리산지역에서 공비 토벌 작전을 수행하던 11사단은 대구로 이동시켜 전선에 투입할 준비를 갖추도록 하였다. 유엔군과 한국군은 갑작스런 휴전제의와 회담에 대비한 작전 수행과 방어 태세를 갖추어 나갔다.

이러한 방어선 확보 작전에 부가하여, 미 8군은 캔자스선의 방어 종심을 깊게 하고 공산군의 공세를 둔화, 저지하기 위하여 철의 삼각지(철원, 평강, 김화)에 대한 공격과 동부전선에서의 적극적인 공세 작전도 계획하였다. 철의 삼각지 공격을 위하여 금학산(金鶴山), 광덕산(廣德山), 백운산(白雲山)을 잇는 "유타"선과 철원과 김화를 통제할 수 있는 "와이오밍"선을 설정하고 이를 공격하였다. 4월 20일까지 유타선을 확보한 후, 신임 미 8군사령관 밴플리트는 4월 21일에 미 1, 9군단으로 하여금 와이오밍선으로 진출하도록 명령하고, 동부전선에 배치된 공산군을 고착, 견제하고 인제-간성 간 보급로를 확보할 목적으로 미 10군단, 한국군 3, 1군단으로 하여금 4월 24일에 양구(楊口)-가전리(加田里, 원통 북방)-송현진리(松峴津里, 거진 북방)를 잇는 "앨라바마"선을 공격하도록 하였다. 그러나 4월 21일 와이오밍선으로 공격을 개시한 미 1군단(미 25, 24사단)과 미 9군단(한국군 6사단, 미 1해병사단)은 4월 22일 야간에 중공군의 대규모 공세가 시작된다는 사실만을 확인하였다. 4월 22일 오후에 와이오밍선으로 진출하던 공격이 도처에서 돈좌되자, 미 8군사령관은 일몰(日沒) 전에 공격을 중지하고 방어 태세로 전환하여 공산군의 공세를 저지하도록 명령하기에 이르렀다.865)

미 8군은 공산군이 공격해 와서 철수를 하게 되면 캔자스선을 고수하느라 출혈을 감수하지 않고, 축차적인 통제선으로 철수하면서 공산군에게 최대한의 출혈을 강요한 후에 반격으로 전환하여 다시 캔자스선을 탈취한다는 작전 개념을 설정하고 있었다. 이에 따라 미 8군은 임진강과 한강이 만나는 금촌(金村)의 성동리(城洞里)에서 문산 동쪽 노고산(老姑山, 401고지), 덕정(德亭), 포천(抱川), 가평(加平)을 잇는 델타(Delta)선과 서울 외곽의 수색-북한산-덕소를 연하는 골든(Golden)선, 한강-양평-횡성-양양을 잇는 네바다(Nevada)선을 설정해 놓고 있었다. 이러한 8군의 계획은 서부의 미 1군단이 골든선으로 철수하면 다른 군단들은 네바다선으로 철수하도록 계획되어 있었으며, 때에 따라서는 한강 이북의 서울도 포기할 가능성을 배제하지 않고 있었다. 지역이나 방어선을 확보하기 위해서 전력을 소모하기보다는 축차적인 철수를 실시하면서 공산군에게 출혈을 강요하여 이들의 전력을 약화시킨 다음에, 반격을 통하여 지역이나 방어선을 회복하겠다는 것이 8군의 작전 방침과 계획이었다.866)

중공군은 4월 6일 "지원군 당위원회"를 개최하여 모택동의 지침대로 "작전준비는 길게, 실시는 단기간에"라는 전역 수행 방침을 정하고, 종심이 얕은 상태에서 횡적으로만 협조가 이루어지고 있다고 판단되는 유엔군을 "전역분할(戰役分割)"과 "전술분할

---

865) *Ebb and Flow*, pp. 375-7; *韓國戰爭(中)*, pp. 496-8.
866) *韓國戰爭(中)*, pp. 532-3.

(戰術分割)"하여, "전역포위우회(戰役包圍迂廻)"와 "전술포위우회(戰術包圍迂廻)"를 결합시킨다는 작전 방침을 결정하였다. 이러한 방침에 따라, 중공군은 김화에서 가평 방향으로 전역 돌파구를 형성하여 유엔군을 동서로 분할하고, 정면 공격과 전역우회(戰役迂廻)를 실시한 다음에, 이를 전술우회(戰術迂廻)와 결합시켜 유엔군을 분할, 격멸한다는 공격 계획의 개요를 수립하였다. 유엔군의 상륙 및 공수 작전에 대비하기 위하여 후방 방어 계획도 수립하여, 42군을 원산, 양덕지구, 38군을 숙천, 47군을 평양에 배치시키고, 북한군 2군단을 회양과 화천지역, 6군단의 주력을 사리원과 재령지역에 배치하고, 유엔군이 실제 상륙하면 일단 상륙을 허용한 후에 이를 격멸하도록 하였다. 이러한 방침과 개념의 공세 작전을 계획한 중공군은 4월 19일에 유엔군의 "각개소멸(各個消滅)" 원칙을 상기시키면서, "…전역적으로 적군을 동서로 분할하여 적군을 몇 개의 큰 덩어리로 나누고, 전술적으로 이 몇 개의 큰 덩어리를 다시 몇 개의 작은 덩어리로 나눈 후, 절대 우세한 화력을 집중시켜 신속히 섬멸할 수 있다면 우리는 반드시 승리를 쟁취할 수 있다"는 지시와 더불어 정치 동원령을 하달하였다. 이에 따라 공격제대들은 4월 21일까지 공격 출발 진지에 진입하여 공격 준비를 완료하였다.[867)]

전역분할(戰役分割)과 전술분할(戰術分割)을 결합하여 유엔군과 한국군을 각개소멸(各個消滅)한다는 개념하에 수립된 공격 계획에 따라 공산군은 구체적인 작전 계획을 확정하고 공격제대별 임무를 부여하였다. 중공과 북한 연합군 사령원 팽덕회는 북한군 1, 3, 5군단과 중공군 3, 9, 19병단 및 13병단의 2개 군을 일선에 투입하여 전면적인 공세를 취하여 서울까지 탈취한다는 작전 목표를 설정하였다. 이 목표를 달성하기 위해서 팽덕회는 한국군 1사단, 미 3(영 29여단 배속), 25, 24사단이 담당한 미 1군단 작전지역인 문산, 동두천, 포천지역에 북한군 1군단, 중공군 19, 3, 9병단을 투입하고, 한국군 6사단과 미 1해병사단이 배치된 사창리(史倉里), 화천(華川)의 미 9군단지역에 13병단의 40, 39군을 투입하였다. 미 10군단과 한국군이 담당한 중동부와 동부전선에는 북한군 3, 5군단을 투입하여 이 지역의 미군과 한국군을 견제하면서 가능하면 평창, 강릉 방향으로 진격하도록 하였다.

이러한 개념에 따라 팽덕회는 북한군 1군단과 중공군 19병단의 64군은 한국군 1사단을 격멸하고 서울로 진격하도록 하였고, 중공군 19병단(63, 64, 65군)의 63군은 임진강을 도하하여 감악산(紺岳山, 675고지)과 설마리(雪馬里)지역에 배치된 영 29여단을 섬멸하고, 동두천, 왕방산(旺方山, 737고지), 포천으로 진격하여 중공군 3, 9병단과 연결, 협조하여 미 25, 24사단을 격멸하도록 하였다. 중공군 3병단(12, 15, 60군)은 연천지역의 미 3사단 주력과 터키 여단을 섬멸하고, 19, 9병단의 주력과 협조하여 미 25, 24사단을 격멸하도록 하였다. 중공군 9병단(20, 26, 27군)은 13병단의 39, 40군까지 지휘하여 9병단 주력을 포천 방향으로 진격시켜 3, 19병단의 주력과 연결하여 미 24, 25사단을 포위, 섬멸하도록 하고, 40군을 미 9군단 좌측방 한국군 6사단지역으로 집중 투입

867) *中共軍의 韓國戰爭史*, pp. 131-7; *Ebb and Flow*, pp. 378-9; *韓國戰爭(中)*, pp. 498-501.

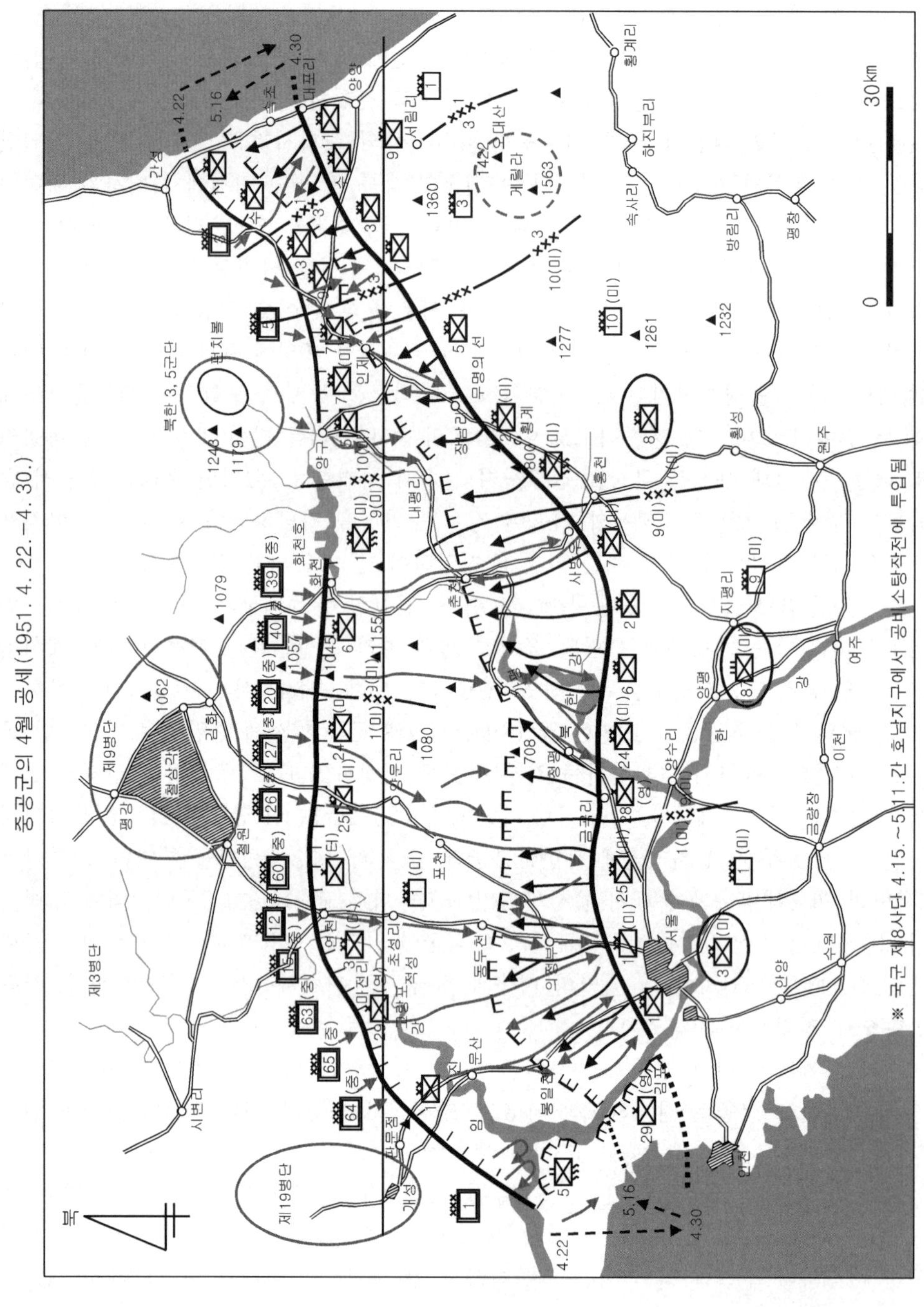

중공군의 4월 공세(1951. 4. 22.～4. 30.)

하여 미 1군단과 9군단 간의 연결을 차단하게 하고, 39군은 미 1해병사단을 견제하여 9병단의 측방을 보호하도록 하였다. 동부전선의 북한군 3, 5군단은 미 10군단과 한국군을 견제하고, 가능할 경우에 평창과 강릉까지 진출하도록 계획하였다.[868] 이와 같이 팽덕회는 중공군 19, 3, 9(40, 39군 배속)병단과 북한군 1, 3, 5군단을 일선에 투입, 전 전선에서 공세를 취하여 전선을 남하시키고, 서울을 탈취하여 이를 모택동에게 "노동절 선물(May Day Gift)"로 바치려 하였다.[869]

(2) 서울 북방 전투

서울 북방 서부전선을 담당한 미 1군단은 한국군 1사단(해병 5대대 배속, 김포반도 배치)을 좌측, 미 3사단(영 29여단 배속)을 임진강과 임진강 북방 주 저항선에 배치하고, 미 25사단(터키 여단 배속), 미 24사단으로 하여금 와이오밍선으로 공격하도록 하였다. 그러나 미 25, 24사단이 와이오밍선으로 진출하던 중에 중공군의 공격을 받아 공격이 저지되어 미 9군단의 좌전방 한국군 6사단과 연결을 유지하면서 급편 방어로 전환하였다. 4월 22일 밤, 중공군의 주력인 19병단(63, 64, 65군)은 개성-문산 축선의 한국군 1사단과 영 29여단, 3병단(12, 15, 60군)은 연천-전곡-동두천 축선의 터키 여단과 미 3사단, 9병단(20, 26, 27군)은 김화-포천-의정부 축선의 미 25, 24사단을 공격하였다. 미 1군단은 중공군의 공격을 받아 우세한 항공, 포병 화력과 기동력을 이용하여 중공군에게 최대한의 출혈을 강요하면서 계획된 통제선으로 축차적인 철수작전을 실시하였다. 이 과정에서 한국군 1사단은 파평산(坡平山)지역, 영 29여단은 설마리(雪馬里)와 감악산(紺岳山)지역에서 혈전(血戰)을 벌이게 되었다.

한국군 1사단은 우측의 영 29여단과 임진강 선을 방어하고 있었다. 1951년 4월 22일 밤, 중공 64군은 비교적 강 폭이 좁은 우측 12연대 지역에서 도하 지점을 확보하고, 23일 02시 30분 도하 공격을 개시하였다. 12연대는 화력을 집중하여 중공군의 도하를 저지하려 하였으나 중과부적이었다. 이때 우측의 영 29여단도 공격을 받고 있었다. 임진강 남쪽 장좌리(長佐里) 일대에 교두보를 확보한 중공군은 공격을 계속하였다. 이에 1사단은 예비 15연대를 투입하여 중공군의 공격을 막아내었다. 24일 저녁에는 북한군 1군단(8, 19, 47사단)의 선봉인 8사단이 임진강 철교로 도하하여 사단 좌측 11연대를 공격하였다. 1사단은 15연대와 12연대를 전면 투입하여 25일 오전에 역습을 시도하였으나 상황은 더욱 악화되었다. 이에 사단은 정오경에 하달된 군단의 철수 명령에 따라 금촌과 문산 사이에 설정된 델타선으로 철수하였다.[870] 한국군 1사단은 3일 간의 공방전을 실시하여 공산군의 신속한 남진을 저지하였다.

한국군 1사단의 우측은 미 3사단의 작전 통제하에 영 29여단(벨기에 대대 배속)이 방어하고 있었다. 영 29여단은 1개 대대를 감악산 좌전방 적성(積城)지역, 1개 대대를 감악산(紺岳山) 북쪽, 배속받은 벨기에 대대를 임진강 북방 금굴산(金窟山, 194고지)에 배치하고, 1개 대대를 봉암리(鳳岩里)에 예비로 확보하고 있었다. 중공 63군의 공격을 받

868) *中共軍의 韓國戰爭史*, pp. 137-9.
869) *Ebb and Flow*, pp. 379-81.
870) 國防部 戰史編纂委員會, *韓國戰爭史, 第6卷*, p. 61; *韓國戰爭(中)*, pp. 506-11.

은 벨기에 대대는 임진강 북쪽에서 퇴로가 차단되어 고립되었다. 이에, 벨기에 대대장은 증원군을 요청하였으나, 증원군 대신 진지를 사수하라는 명령을 받았다. 강력한 화력 지원과 보전(步戰) 협동 작전으로 탈취된 진지를 탈환하고 헬리콥터로 부상자를 후송하면서 진지를 지키고 있던 벨기에 대대도 시시각각 조여 오는 중공군의 포위망 속에서 어찌할 도리가 없었다. 대대장은 차량과 장비를 파괴하고 전곡으로 철수할 것을 건의하였다. 대대장의 건의를 받은 여단장은 사단장에게 이를 건의하였으나, 미 3사단장은 미 7연대 1대대를 투입하여 역습을 실시하면서 철수를 승인하지 않았다. 이 역습이 실패하자 철수는 허용되었으나, 23일 17시경 철수 명령을 받은 대대가 금굴산을 포위하고 있던 중공군과 접적을 단절하고 철수하기란 쉬운 일이 아니었다. 대대장은 차량제대는 강력한 화력 지원을 받으면서 임진강 남쪽의 교량을 돌파하도록 하였고, 병력은 동쪽의 임진강을 도섭하여 15m 높이의 절벽을 기어올라 18시 30분경 전곡으로 철수를 완료하였다. 다행스럽게, 차량도 4대의 손실만을 입은 채 본대와 합류할 수 있었다. 철수를 완료한 벨기에 대대는 영 29여단의 상황 악화로 20시 30분 동두천을 경유하여 여단의 예비로 봉암리 일대에 재배치되었다.[871]

적성(積城) 설마리(雪馬里)에 배치된 "글로스터(Gloster)"대대도 중공군의 공격을 받았다. 글로스터대대는 중공군의 공격을 받아 결사적인 저항을 하였으나, 23일 오전에 중공군에게 임진강 남쪽의 교두보를 허용하고 말았다. 23일 정오경 영 여단은 글로스터대대 우측에 위치한 대대로 하여금 역습을 실시하도록 하였으나 격퇴되었다. 이에 미 3사단장은 사단 예비인 미 7연대 1대대를 투입하여 재역습을 시도했으나, 이마저 실패하였다. 24일 새벽에는 중공군이 감악산(紺岳山)을 점령함으로써, 글로스터대대는 중공 63군에 의해서 포위되고 말았다. 적중에 고립된 대대를 구출하기 위하여 전차중대로 증강된 필리핀 대대를 투입하여 역습을 두 번씩이나 실시하였으나, 고립된 글로스터대대와 연결을 이루지 못했다. 이에 여단장은 고립된 대대의 야간 철수를 건의하였으나, 미 3사단장은 야간 철수는 큰 희생을 감수해야 하므로 25일 미 65연대가 구출할 때까지 현 진지를 고수하라는 명령을 하달하였다. 그러나 구출 작전 명령을 하달한 직후에 중공 63군의 1개 사단이 미 3사단의 퇴로를 차단하기 위해서 전곡-동두천 축선으로 이동을 개시하였고, 미 3사단은 이를 저지하기 위해서 글로스터대대 구출 작전에 투입할 65연대와 필리핀 대대를 이곳에 투입하였다. 이로써 글로스터대대 구출 작전에는 포병과 항공 화력 지원하에 64전차대대와 65연대 전차중대만이 투입되었다. 그러나 보병이 없는 전차만의 공격으로는 중공군의 포위망을 돌파할 수 없다고 판단한 영 29여단장은 전 대대에게 철수 명령을 하달하고, 글로스터 대대장에게는 중공군의 포위망을 뚫고 남쪽으로 철수하거나, 아니면 중공군에게 투항하는 양자택일(兩者擇一)의 권한을 위임하였다.[872] 대대장은 철수 명령을 하달하였다.

---

871) 國防部 戰史編纂委員會, *韓國戰爭史, 第10卷*, p. 205; *韓國戰爭(中)*, pp. 503-6.
872) *Ebb and Flow*, pp. 421-9; *韓國戰爭(中)*, pp. 511-7.

대대장은 중대장들을 모아 놓고 철수 명령을 하달하면서, 자신은 부상자와 더불어 고지에 잔류할 결심을 밝힌 다음에, 이들에게 대대원들의 안전한 철수를 당부하였다. 군목과 군의관 및 의무 요원도 잔류를 자원하였다. 대대는 25일 10시경 A중대를 선두로 고지를 내려가기 시작하였고, 주력의 철수를 엄호한 D중대는 주력과 반대 방향인 북쪽으로 철수하였다. 남쪽으로 철수한 대대의 주력과 설마리 고지에 남아 있던 병력은 중공군의 포로가 되었으나, 북쪽으로 이동했다가 한국군 1사단지역으로 남진한 D중대는 탈출에 성공하였다. 철수 도중에 영 여단은 중공군의 공격과 추격으로 많은 수의 인명피해를 입었으며, 부상자를 잔뜩 탑승시킨 전차들은 포탑을 회전시킬 수가 없어서 기동성 발휘는커녕 화력 지원도 할 수가 없어 더 많은 피해를 감수해야만 되었다. 결국 영 29여단은 D중대를 제외한 글로스터대대 전부가 포로가 된 것을 포함하여 전체 병력의 1/3이 손실되는 피해를 입었다. 그러나 영 여단은 적성을 거쳐 동두천으로 진출하여 미 1군단 주력의 퇴로를 차단하려던 중공군을 3일 간이나 고착, 견제하여 군단 주력부대의 안전한 철수와 서울 방어를 위한 시간을 획득하는 데 결정적인 공헌을 하였다.[873)]

중공 9병단의 주력은 김화-포천지역의 미 24, 25사단을 공격하였다. 특히 중공군은 미 3사단 우측의 필리핀 대대와 미 25사단 좌측의 터키 여단을 집중 공격하였다. 22일 19시부터 중공 60군은 터키 여단을 공격하여 진내에서 공방전을 수행하였다. 터키 여단은 육박전을 수행하면서 진지를 지키고 있다가 자정 무렵 캔자스선으로 철수하라는 명령을 받고 철수했으나, 중공군이 퇴로를 차단하고 있었기 때문에 많은 피해를 입으면서 철수하였다. 필리핀 대대와 터키 여단의 선전에도 불구하고 23일 오전 전선의 여기저기에서 진지가 돌파되자, 미 1군단장은 임진강-전곡-화천 저수지를 연하는 캔자스선으로 철수 명령을 하달하여 지연전을 수행하도록 하고, 포병과 공중 화력을 동원하여 중공군에게 최대한의 출혈을 강요하였다. 미 5공군과 함재기들은 4월 23일 340회를 출격하여 미 1군단의 철수를 지원하였다. 중공군의 포병은 유엔 항공기의 위협 때문에 적시에 진출할 수가 없었고, 후방 차단 병력도 부족하여 유엔군을 차단, 섬멸한다는 목적을 달성할 수가 없었다. 중공군은 추격 작전을 실시하여 일부 병력을 포위하기도 하였으나, 유엔군은 별다른 손실없이 4월 25일까지 덕정과 포천을 연한 델타선으로 철수하였다.[874)]

서울 북방에서 중공군은 주공 19병단을 투입하여 한국군 1사단과 영 29여단을 공격, 섬멸하고, 철원-김화를 연하는 와이오밍선으로 진출하던 미 3, 25, 24사단의 퇴로를 차단하려는 의도하에 4월 공세를 실시하였다. 임진강선을 지키고 있던 한국군 1사단과 영국군은 중공군의 공격을 3일 간 지연시켜 와이오밍선으로 진출하던 미 2, 25, 24사단이 포위나 돌파를 당하지 않고 캔자스선으로 철수할 수 있는 시간을 확보해 주었으

---

873) *前揭書.*
874) *Ebb and Flow*, pp. 419-21; *韓國戰爭(中)*, pp. 517-20; *中共軍의 韓國戰爭史*, p. 140.

며, 공군기와 함재기들은 추격하는 중공군의 출혈을 강요하였다. 중공군의 추격이 계속되자 미 1군단은 가용한 화력을 집중하면서 성동리-노고산-덕정-포천을 연하는 델타선으로 철수하여 좌로부터 한국군 1사단, 미 3, 25, 24사단을 배치하여 반격의 기회를 노리고 있었다.

(3) 사창리·가평지역 전투

중부전선의 미 9군단도 4월 21일 좌측의 미 1군단과 병진하여 한국군 6사단이 김화, 우측의 미 1해병사단은 화천 저수지 북쪽의 와이오밍선으로 공격하였다. 그러나 중공군의 4월 공세에서 조공으로 유엔군의 동서를 차단하여 상호 증원을 차단하려는 9병단의 공격을 받았다. 중공군 9병단은 서부전선의 주공부대인 19병단과 3병단의 공격에 앞서 공격을 개시하였다. 중공군은 북한강을 건너 기동력과 화력이 강한 미 1해병사단을 공격하기보다는 연결된 산악 지형에 배치되어 있고 전력이 약한 한국군 6사단을 집중적으로 공격하였다. 중공군의 20군과 13병단의 40군 일부를 한국군 6사단지역에 집중 투입하고, 40군의 주력으로 하여금 미 1해병사단의 정면과 좌측방을 공격하도록 하였다. 미 9군단 지역에 위기가 발생하였다.

중공군은 4월 22일 17시경 한국군 6사단을 공격하였다. 좌전방에 19, 우전방에 2연대, 2연대 후방에 7연대를 배치하여 급편 방어에 임하고 있던 6사단장(張都暎 준장)은 진지 고수를 명령하였으나 별로 소용이 없었다. 1950년 10월 말 온정리 전투에서 중공군에게 포위되어 심각한 피해를 입은 바 있던 예하 부대들은 무질서하게 후방으로 철수하기 시작하였다. 차량 및 장비를 포기하고 철수하다가 중공군의 포위망을 뚫고 분산 철수하기도 하였다. 6사단을 화력 지원하던 미군 포병부대들도 전방의 한국군 부대가 철수함에 따라 야포를 버리고 철수 대열에 합류하여 대혼잡을 이루었다. 미 1해병사단도 화천을 점령하려는 중공군 40군 주력 부대의 정면 공격과 한국군 6사단의 철수로 측방이 노출되어 춘천 북방의 캔자스선으로 철수하였다. 4월 23일 날이 밝자, 미 9군단장은 한국군 6사단에게 부대를 신속하게 정비하여 캔자스선을 점령하도록 명령하였으나, 사기가 저하된 병력으로 중공군의 파상 공격을 저지하기에는 역부족이었다. 이에 6사단은 가평(加平)을 지키고 있던 영 27여단의 엄호하에 철수를 계속하여 24일 아침 가평 남서쪽 불기산(拂岐山, 601고지) 일대를 점령하였다. 사실상 한국군 6사단은 붕괴된 거나 마찬가지였다.[875]

한국군 6사단과 이를 지원하던 포병부대의 손실은 심각한 수준이었다. 사단은 소총 2,263정, 자동화기 168정, 2.36인치 로켓포 66문, 대전차포 2문, 박격포 42문, 곡사포 13문, 차량 87대의 손실을 입었다. 사단을 화력 지원하던 미 포병도 105mm 곡사포 15문, 4.2인치 박격포 13문과 242대의 무전기 및 73대의 차량을 잃어버렸다. 4월 25일 6,313

---

875) *Ebb and Flow*, pp. 381-4; *韓國戰爭(中)*, pp. 520-4.

명의 사단 병력이 낙오자로서 집결하였다. 개전 초기 춘천에서 북한군의 공격을 잘 막아 내어 "춘천바위"라는 애칭까지 붙여진 6사단의 모습은 아니었다. 예하 부대 지휘관의 지휘 능력 부족과 하사관들의 사기저하 및 병사들의 전의부족 등의 이유가 사단의 붕괴를 가져왔다고 판단하여 사단장은 문책을 면할 수 있었으나, 한국군이 지닌 작전 지휘와 수행상 취약점이 여실하게 노출되어 능력 있는 초급 장교의 양성이 시급한 문제로 부각되었다.[876]

가평에서는 한국군 6사단을 추격해온 중공 40군 118사단과 영 27여단이 일전을 벼르게 되었다. 영 27여단은 가평 좌전방 가평천(加平川)을 감제하도록 캐나다 대대를 좌전방에 배치하고, 우전방의 가평 계곡을 통제할 고지에 호주 대대, 그 후방에 영국군 대대를 배치하고, 가평에 일개 대대를 예비로 확보하여 중공군의 공격을 저지하려 하였다. 중공군은 24일 01시경 호주 대대를 공격하였으나, 호주 대대는 계속적인 역습을 실시하면서 진지를 지키고 있었다. 날이 밝고 포병과 항공 화력이 집중되자 중공군은 공격을 중지하고 철수하였다. 여단장은 호주 대대와 캐나다 대대 사이로 중공군이 공격할 가능성이 있고, 호주 대대가 중공군의 포격권에 들어 있어 이 대대를 후방의 영국군 대대 뒤로 철수시켜 방어선을 축소하였다. 24일 22시경 중공군은 좌전방 캐나다 대대를 공격하였다. 여단을 지원하던 포병도 중공군을 집중 포격하고, 대대도 화력을 집중하자, 자정 무렵에 중공군의 공격이 둔화되었다. 중공군은 다시 25일 02시 공격을 개시하였다. 그러나 캐나다 대대는 이들을 유인하여 화력을 집중함으로써 이들의 공격을 격퇴하였다. 중공군은 기동이 용이한 가평천 골짜기로 남하하여 서울-춘천 간 도로를 차단하고 유엔군의 전선을 양분하려 하였으나, 영 27여단의 성공적인 저지로 25일 새벽 공격을 중단하고 철수하였다.[877] 이로써 유엔군은 북한강 남쪽에 새로운 방어선을 구축할 시간적 여유를 갖게 되었고, 영 27여단은 미 8군 예비로 군단에 투입된 미 1기병사단 5기병연대에게 작전지역을 인계하고, 양평으로 이동하여 새로운 여단장하에 28여단으로 개칭되어 군단예비가 되었다.

(4) 소양강지역 전투

중동부전선의 미 10군단과 한국군 1, 3군단은 3월 초순부터 반격 작전을 실시하였으나, 험준한 산악 지형과 북한군의 저항으로 4월 20일경, 화천 저수지-남전리(藍田里)-한계령(寒溪嶺)을 연하는 캔자스선에 도착하여 전선을 정비하고 있었다. 미 8군사령관은 4월 20일 미 1, 9군단의 와이오밍선 공격이 순조롭게 진행되자, 홍천-인제-간성 도로를 확보하기 위하여 양구(楊口)-대암산(大巖山, 1376고지)-가전리(加田里)-사천리(沙泉里)-고성(高城) 남쪽을 잇는 앨라바마(Alabama)선을 목표로 4월 24일 공격 작전을 실시하도록 명령하였다. 그리하여 미 10군단에 배속된 한국군 5사단과 한국군 3군단

876) *前揭書.*
877) *Ebb and Flow,* pp. 402-6; *韓國戰爭(中),* pp. 524-6.

3, 7사단이 공격 준비를 서둘렀다. 그러나 4월 공세의 일환으로 북한군 5군단이 4월 22일에 양구-원통 축선으로 먼저 공격해 옴으로써 한국군 3, 5사단과 북한군 사이에 치열한 전투가 벌어지게 되었다.[878]

4월 19일 소양강을 도하하여 인제를 점령하고 있던 한국군 5사단은 4월 22일 앨라배마선 공격을 위해서 7사단과 진지 교대를 하고 있던 시기에 북한군의 공격을 받았다. 북한군 5군단은 양구에 45사단, 인제에 12사단, 한석산(寒石山, 1119고지)에 6사단을 투입하여 야간 공격을 개시하였다. 인제로 공격한 북한 12사단은 22일 23시 대암산 남쪽 한국군 5사단 35연대 진지를 점령하였다. 이로 인해 동부전선의 상황이 악화되자, 미 8군은 앨라배마선 공격 명령을 취소하고, 북한군의 공격을 저지하도록 명령하였다. 그러나 한국군 5사단은 4월 24일 인제를 북한군에게 넘겨주고 철수하였다. 미 10군단장의 명령에 따라 25일 06시에 인제를 공격하여 이를 탈환하였으나, 20시에 북한군의 역습을 받아 인제를 다시 포기하고, 소양강 남쪽의 주저항선으로 철수하고 말았다. 한석산(寒石山)을 지키고 있던 3군단 3사단도 중공군의 공격을 받아 한석산을 탈취당하고 철수하였으나, 4월 24일 16시 힘겹게 한석산을 다시 탈환하였다. 4월 25일 정오경 북한군은 다시 한석산을 공격하여 이를 탈취하였다. 그러나 3사단은 26일 10시경 공격을 개시하여 14시에 한석산을 다시 탈환하였다. 몇 번에 걸친 고지 쟁탈전을 치르면서 3사단(金鐘五 준장)은 한석산을 지켜냈다. 그리하여 중동부전선에서 한국군은 인제를 탈취당하기는 했으나, 소양강 남쪽 남전리, 한석산, 한계령을 잇는 캔자스선은 유지하고 있었다.[879]

(5) 중공군과 미 8군의 작전 방침

1951년 4월 26일, 공산군의 작전을 지휘하고 있던 팽덕회는 모택동과 중공당 군사위원회에 당시의 상황 분석과 이에 근거한 차후 작전 방침을 보고하였다.

팽덕회는 유엔군의 상륙과 지상 공격이라는 양면작전(兩面作戰)을 피하기 위하여 일정을 앞당겨 실시한 4월 22일 공격은 모든 면에서 준비가 불충분하였다는 점을 시인하였다. 유엔군의 병력 배치가 밀접되어 있어서 전역분할(戰役分割)이나 전술분할(戰術分割)이 어려웠고, 철수시에도 각 단계마다 중공군의 진격이 저지되었으며, 이에 따라 3일 밤낮으로 싸운 후에도 의정부로 우회하여 미군 주력의 퇴로를 차단한다는 원래의 계획을 달성할 수가 없었다고 보고하였다. 공산군이 거둔 전과는 적고, 유엔군의 상륙기도를 완전하게 분쇄시키지 못하였다고 판단하였다. 특히 한반도는 지형이 협소하여 유엔군이 상륙작전을 실시하지 않으면 병력이 집중 배치되어 분할 섬멸이 사실상 어렵기 때문에, 오히려 유엔군의 상륙을 유도하여 각개 격파하는 것이 유리할지도 모른다는 견해도 첨부하면서, 당장은 유엔군의 양면작전에 대처하기 힘들지만 1개월

878) *韓國戰爭(中)*, pp. 526-32.
879) *前揭書.*

내지 1개월 반 정도 후에는 유엔군의 양면작전(戰線作戰, 上陸作戰)에 충분하게 대처할 수 있을 것이라는 상황 분석을 하였다.[880]

이러한 상황 분석에 근거하여 팽덕회는 차후 작전에 대한 윤곽과 방침을 제시하였다. 팽덕회는 5차 전역에서 중공군 주력을 당시의 진출선보다 너무 남진시키지 않고, 1개 병단과 북한군만으로 37도선까지만 추격하는 작전을 수행하려 한다고 보고하였다. 유엔군이 한강과 한강 교두보 진지를 방어한다면, 이를 계속 감시, 습격하여 유엔군의 예비대를 이곳으로 증원하도록 함으로써 유엔군의 상륙 역량을 약화시키고 시간을 지연시키면서, 중공군의 주력을 38선이나 그 이북에 기동성 있게 배치하여 유엔군의 상륙과 지상 반격에 대비하려 한다는 작전 형태와 방침도 보고하였다. 이에 대해서 모택동과 중앙군사위원회는 유엔군이 중공군의 전력을 소모시키는 작전을 계속 수행할 것이라고 판단하고, 한강과 한강 교두보에 대해서 적극적인 소모전을 강요하고, 이 기간 동안에 유엔군의 양면작전에 대비하는 것이 바람직하다는 입장을 취하면서, 유엔군의 조기 상륙작전 실시에도 대비해야 한다는 점을 상기시켰다. 팽덕회와 중공의 당 중앙군사위원회는 유엔군의 상륙작전 실시에 대한 대비를 비중 있게 고려하고 있었다.[881]

중공군의 4월 공세가 시작되기 전 미 8군은 공산군의 공격으로 철수를 강요받는 경우에 델타선(Line Delta: 성동리-노고산-덕정-포천-가평)과 서울 외곽의 골든선(Line Golden: 수색-북한산-덕소)과 이를 잇는 네바다선(Line Nevada: 한강-양평-횡성-양양)으로 축차적인 철수를 하면서 공산군에 최대한 출혈을 강요한 후에, 반격 작전을 실시하여 캔자스선을 회복한다는 개념의 작전을 구상하였다. 상황에 따라서는 한강 북쪽의 서울도 포기할 수 있다는 가능성을 배제하지 않고 있었다. 그러나 미 8군사령관은 4월 26일 미 1군단 사단들이 골든선으로 철수하기 직전에 이 작전 개념을 수정하여 골든선 동쪽으로 연결되는 네바다보다 30-40km 북쪽의 용문산-홍천-한계령-속초를 연하는 새로운 방어선 "노네임(No Name)선"을 설정하고, 미 1군단을 서울 방어에 전념할 수 있도록 4월 27일부로 미 24사단 방어지역과 사단을 미 9군단에 할당, 배속시킨 다음에 "골든-노네임(Line Golden-No Name)"선을 방어할 것을 명령하였다.[882]

중동부지역의 방어선을 북쪽으로 추진시킨 미 8군사령관의 결정은 몇 가지 전략, 전술적인 고려를 현실화한 결과였다. 전술적으로는 중동부전선을 서울보다 북쪽에서 유지함으로써 서울을 공격하는 중공군의 측방을 위협하여 미 1군단의 서울 방어를 지원하고, 서울을 포기할 경우에도 서울의 동측방에서 서울을 재탈환할 수 있는 공격 가능성을 확보하겠다는 의도를 지니고 있었으나, 전략적으로는 서울을 다시 포기하지 않겠다는 의지의 표현이었다. 중동부 방어선을 되도록 북쪽에 유지하겠다는 새로

880) *中共軍의 韓國戰爭史*, pp. 142-3.
881) *前揭書*.
882) *Ebb and Flow*, p. 431; *韓國戰爭(中)*, pp. 532-3.

운 작전개념에 따라, 8군사령관은 미 1군단이 서울 방어에 전념할 수 있도록 군단의 우측방에 배치된 미 24사단을 미 9군단에 배속 전환하여 1군단의 방어 정면을 축소하고, 군예비인 미 1기병사단을 미 1군단에 배속하여 강력한 예비대를 보유하도록 하였다. 이로써 미 8군사령관의 서울 방어 의지와 의도가 작전 개념과 방침으로 구체화되었다.

서울을 집중 공격하여 유엔군의 상륙 역량을 소모시키고 상륙작전을 무산시키거나 지연시키는 작전을 실시하기로 한 공산군 사령원 팽덕회의 작전 방침과 서울을 되도록 포기하지 않고 중공군의 공격을 저지한 후에 반격 작전으로 전세를 전환하려는 미 8군사령관의 작전 개념과 방침은 서울 외곽지역에서의 치열한 전투로 반영되었다.

(6) 서울 외곽지역의 전투

계속되는 중공군의 파상공격으로 4월 25일 델타선을 점령한 미 1군단은 또 계속되는 중공군의 공격과 새로 하달된 미 8군의 명령에 따라 27일 서울 외곽 방어선인 골든선으로 철수하여 방어 준비를 갖추도록 명령하였다. 이에 따라 미 1군단은 한강 하구와 구파발에 한국군 1사단, 구파발에서 쌍문동지역에 미 1기병사단, 쌍문동과 덕소 간 골든선에 미 25사단을 배치하고, 미 3사단을 군단 예비로 전환하여 전방 3개 사단 후방 지역에 1개 연대씩 배치하였다. 미 1군단은 북한산을 연하여 강력한 방어 진지를 구축하였고, 충분한 예비대도 보유하게 되었으며, 방어 정면도 축소되어 포병 화력의 집중적인 운용도 가능하게 되었다. 골든선을 따라 배수진을 치다시피 한 미 1군단은 중공군의 4월 공세가 시작된 이래 가장 강력한 방어선을 구축하여 중공군의 진격과 서울 점령을 저지할 태세를 갖추었다.

미 1군단은 4월 28일부터 중공군과 북한군의 기습적인 공격을 받았다. 군단의 좌전방을 담당한 한국군 1사단은 4월 28일 11연대를 화전리 일대, 15연대를 불광동 일대에 배치하고, 12연대를 예비로 방어 진지를 편성하였다. 사단은 28일 새벽 북한군 8사단의 1개 연대 규모의 병력이 행주나루에서 한강을 도하하여 김포를 점령하려는 것을 발견하고 함포 사격을 요청하여 이를 무산시키고, 11연대를 공격하는 1개 연대 규모의 공격을 연대의 화력은 물론 전차포 및 군단의 화력을 집중하여 이를 격퇴하였다. 좌측방 11연대가 격전을 치르고 있는 동안, 우측의 15연대는 중공 64군의 공격을 받아 주방어 진지를 탈취당하였다. 이에 사단은 예비인 12연대 1대대와 미 전차중대를 역습에 투입하여 중공군을 격퇴시켰다. 중앙의 미 1기병사단도 북한산, 도봉산 일대에서 39회에 걸쳐서 감행된 중대급 이하로 구성된 중공군 부대의 기습 공격을 격퇴하였으며, 우전방 미 25사단도 퇴계원 부근에서 주저항선 돌파를 시도하는 중공 65군을 포병과 항공 화력을 집중하여 1,000여 명의 중공군을 살상하면서 주저항선을 방어하였다. 미 1군단은 중공 19병단과 북한군 1군단이 벌이는 습격과 기습적인 공격을 격퇴하고 방어선을 고수하였다.[883]

중공군 19병단과 북한군 1군단의 서울 공격이 무위로 끝나자, 중공군의 4월 공세도 막을 내리게 되었다. 서울을 공격하는 일부 병력을 제외한 중공군의 주력은 4월 29일 진격을 멈추고, 고양, 의정부, 포천, 화천, 춘천 이북지역에서 동부지역에 이르기까지 새로운 작전을 준비하게 되었고, 중공군 40군과 26군은 사리원, 평강 이북으로 이동하여 혹시 있을지도 모를 유엔군의 상륙작전에 대비하도록 하였다. 서울을 목표로 개성-서울, 연천-서울, 포천-서울 축선으로 진격하고, 중공군 병력을 동두천과 포천 후방으로 진출시켜 유엔군의 후방을 차단, 섬멸하려던 중공군의 4월 공세 계획은 무산되고 말았다. 한국군 1사단과 영국군이 중공군 주력의 신속한 진출을 저지했을 뿐만 아니라 중공군의 조공도 가평과 인제에서 더이상 진출할 수 없었기 때문이었다. 유엔군을 전략적 전술적으로 분할하고 이를 배합함으로써 각개 섬멸하겠다던 중공군은 오히려 유엔군의 단계별 지연 작전과 포병 및 항공 화력의 집중적인 운용으로, 8만여 명이 사살되고 5만여 명의 부상자가 발생하는 피해만 입게 되었다. 그리고 중공군은 병참 능력의 제한으로 일주일 이상 공세 작전을 지속하기가 어려운 실정에 놓여 있었다. 중공군 4월 공세의 결과 유엔군은 중서부 전선에서는 60km, 중동부전선에서는 35km의 지역을 포기해야 했으나, 서울 외곽의 골든선(수색-북한산-덕소)과 동쪽의 노네임선(용문산-홍천-한계령-속초)에서 중공군의 4월 공세를 저지하였다.[884)]

(7) 유엔군의 정찰 기지 및 보급로 확보 작전

공산군은 4월 공세에서 입은 피해에도 불구하고 중공군 54만 2,000명, 북한군 19만 7,000명을 유지하고 만주에 75만의 예비병력을 보유하고 있었기 때문에, 미군을 비롯한 26만 9,000명의 유엔군과 23만 4,000명의 한국군을 유지하고 있던 아군보다 수적인 우세를 확보하고 있어서 언제든지 공격을 재개할 수 있었다. 중공군의 4월 공세를 저지한 유엔군과 한국군은 전 전선에서 작전의 주도권을 조기에 장악하고 공산군의 기도를 탐지하기 위하여 적극적인 정찰 활동을 강화하는 한편, 중동부전선에서는 홍천-인제-간성에 이르는 보급로를 확보하기 위한 공세 작전을 실시하도록 하였다. 이러한 방침에 따라, 유엔군과 한국군은 주저항선 북쪽 10km 지점에 사단별로 연대 규모의 정찰 기지를 설치하도록 하였고, 미 10군단의 한국군 5, 7사단, 한국군 3군단의 3, 9사단, 1군단의 수도, 11사단 등 6개 사단으로 홍천-인제-간성 도로 10-25km 북쪽에 위치한 가리산(加里山, 1051고지)-신월리(新月里)-915고지-1037고지-대진리(大津里)를 잇는 통제선 "미주리선(Line Missouri)"을 확보하도록 하였다.[885)]

이러한 미 8군의 명령에 따라 전 전선의 사단들은 적극적인 정찰 활동을 실시하였다. 미 1군단장은 예비인 미 3사단을 전방에 투입하여 한국군 1사단이 맡고 있던 주저

883) *Ebb and Flow*, pp. 430-7.
884) *Ebb and Flow*, p. 437; *中共軍의 韓國戰爭史*, p. 144; *韓國戰爭(中)*, p. 538.
885) *Ebb and Flow*, pp. 438-44; *韓國戰爭(中)*, pp. 538-47.

항선을 인수하도록 하고, 1사단으로 하여금 5월 7일 06시 공격을 개시하도록 하였다. 1사단은 미 3사단의 지원과 강력한 항공 화력의 지원을 받으면서 작전을 실시하여 봉일천지역의 고지를 점령하고 박달산(朴達山, 369고지)까지 진출하여 문산-서울 간 도로에 정찰 기지를 구축한 다음에 5월 10일 주저항선을 다시 인수하여 방어 태세를 강화하였다. 중동부전선에서의 한국군 사단들(3, 5, 7, 9, 11, 수도사단)도 5월 7일 미주리선을 확보하기 위하여 공격을 개시하였다. 한국군 사단들은 고지 하나 하나를 점령하면서 진출하였다. 서부와 중동부전선에서 공세 작전이 호조를 보이자 미 8군사령관은 서부와 중부에서 공세로 전환하여 문산과 춘천, 인제를 공격할 계획을 수립하도록 하였다. 그러나 5월 11일 중공군이 수일 내에 대규모 공세를 재개할 것이라는 정보를 입수한 8군사령관은 중서부전선에서의 공격 계획을 취소하고, 중동부전선에서 미주리선 공격도 중지시키고, 노네임선의 방어를 강화하면서 정찰 활동을 계속하도록 명령하였다.[886]

7) 중공군의 5월 공세(五次戰役 二段階作戰)

(1) 양측의 작전 계획

공격으로 전환하려던 유엔군은 5월 11일 공산군이 수일 내로 공격을 재개할 것이라는 정보를 입수하고 방어 태세로 전환하였다. 공세시에 중공군이 초기에 주저항선을 돌파하기 위해서 집중적인 공격을 실시한다는 경험을 한 바 있던 유엔군은 전초 진지, 주진지, 저지 진지 등 방어 진지를 강화하면서 전방에 대한 정찰 활동도 강화하였다. 미 8군은 공산군이 도로망이 결핍된 동부지역보다는 서부 또는 중부지역을 주공격 축선으로 삼아 공격해 올 것으로 판단하고, 이 지역에 전투력이 강한 미군 사단을 포함한 주력부대를 배치하였다. 전력이 미약한 북한군이 배치되어 있던 동부전선은 한국군 6개 사단(미 10군단의 5, 7; 한국군 3군단의 9, 3; 1군단의 수도, 11사단)이 방어선을 지킬 수 있을 것으로 판단하였다.

공산군의 주공이 서부와 중부지역으로 지향될 것으로 판단한 미 8군은 미 1군단의 방어 정면을 축소하고 미 9군단과 더불어 방어 전력을 강화하는 방향으로 방어 편성을 실시하였다. 이에 따라 미 1군단은 문산 축선에 한국군 1사단, 의정부 축선에 미 1기병사단과 미 25사단(터키 여단 배속)을 배치하고, 영 29여단을 예비로 확보하였다. 북한강 계곡 통로인 덕소-예봉산-용문산-금학산을 잇는 지역을 방어하고 있던 미 9군단은 좌로부터 영 28여단, 미 24사단, 한국군 2, 6사단, 미 7사단을 배치하였고, 미 187공수연대를 예비로 확보하였다. 미 10군단은 미 1해병사단과 미 2사단으로 춘천과 홍천 축선을 방어하도록 하고, 한국군 5, 7사단을 소양강 남쪽에 배치하였다. 동부전선의

---

886) *前揭書.*

중공군의 5월 공세(1951. 5. 16-5. 22.)

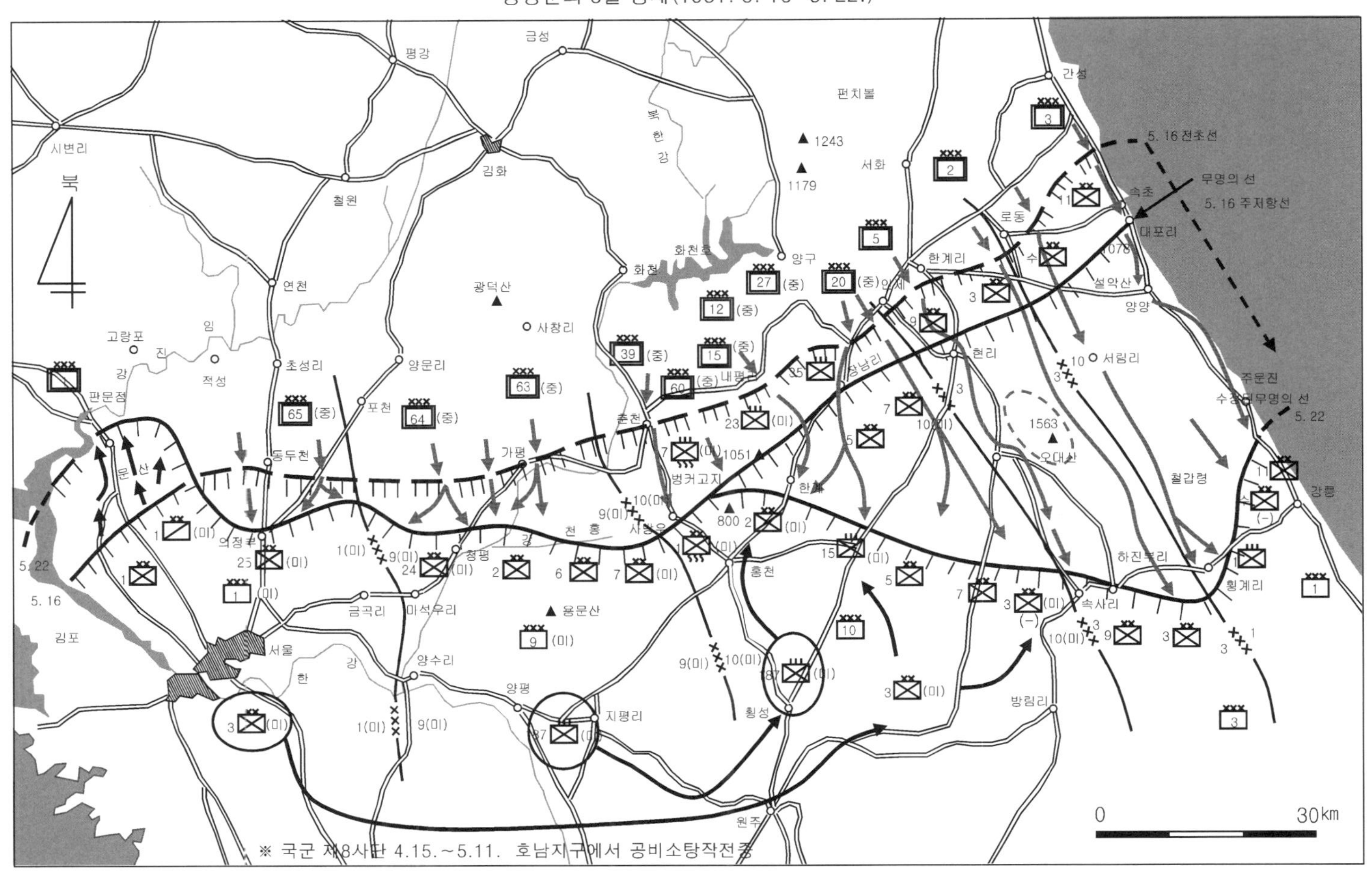

※ 국군 제8사단 4.15.~5.11. 호남지구에서 공비소탕작전 중

한국군 3군단은 9사단과 3사단을 인제 남쪽의 한석산-가리봉을 연하는 방어 진지에 배치하였고, 1군단도 수도사단과 11사단을 배치하여 설악산에서 대포리를 잇는 방어선을 지키고 있었다. 5월 13일, 정보원, 피난민, 포로의 진술에서 대규모의 중공군이 동부지역으로 이동하고 있다는 점이 알려졌으나, 14, 15일 양일 간 계속된 비와 안개로 인하여 정찰 활동이 제약을 받아 이를 확인하지는 못했다.[887]

서부와 중부에 주공을 지향하여 공격할 것이라는 미 8군의 판단과는 달리, 공산군의 지휘부는 한국군을 대량 섬멸하여 미군을 고립시킴으로써 이를 격멸할 수 있는 전기(戰機)를 잡겠다는 의도하에 한국군이 방어를 담당하고 있던 동부지역에 주공을 둔 5월 공세(五次戰役 二段階作戰)를 실시하기로 결정하였다. 이러한 결정에 따라 중공군 3, 9병단은 전열을 정비한 후에 비밀리에 동부로 이동하고, 19병단과 북한군 1군단은 서울 동쪽과 한강 하류에서 한강을 도하하는 것처럼 양동을 실시하고, 39군은 소양강을 도하한 후 춘천, 홍천 방향으로 진격하여 3, 9병단의 동부로의 이동을 위한 기만 작전을 실시하기로 하였다. 팽덕회는 이러한 사항을 5월 6일 하달된 준비 명령에 포함시켰다. 중공군 9병단과 북한군이 전 역량을 집중하여 현리(縣里)지역의 한국군 5, 7, 9, 3사단을 섬멸하고, 상황에 따라 수도 11사단도 격멸하며, 중공군 3병단은 미 10군단의 미군이 한국군을 지원하지 못하도록 미군과 한국군 사이를 공격하고, 서부전선의 19병단과 북한군은 적극적인 작전을 수행하여 동부지역 작전을 지원한다는 내용이었다.[888]

팽덕회의 준비 명령을 접수한 중공군 3, 9병단과 북한군 지휘부는 5월 8일과 9일에 작전회의를 소집하여 작전 계획을 확정하였다. 현리지역에 배치된 한국군 4개 사단(5, 7, 9, 3사단)을 섬멸한다는 목적을 달성하기 위하여 중공군 9병단이 좌익(양구-인제)에서 상남리(上南里)-속사리(束沙里) 방향과 풍암리(豊岩里)-속사리(束沙里) 방향으로 우회하고, 북한군 2, 5군단이 우익(인제-한계령)에서 현리 동쪽과 속사리 방향으로 기동하여 다중(多重) 양익포위(兩翼包圍)망을 형성한다는 계획을 수립하였다. 춘천 동쪽의 중공군 3병단은 주공의 일부로서 미 10군단을 공격, 이를 고착, 견제하여 현리로의 증원을 차단하며, 북한군 3군단은 2군단을 후속하여 동해안에 배치된 한국군 1군단이 현리 지역으로 증원하지 못하도록 하고, 가능하면 강릉까지 진출한다는 계획도 수립하였다. 동부전선에서의 이러한 주 작전계획은 중서부지역에 배치된 중공군 19병단과 북한군 1군단의 양공작전(陽攻作戰)과 더불어 중공군 5월 공세 작전 계획의 골간(骨幹)을 이루었다.[889]

---

887) *Ebb and Flow*, pp. 442-3; *韓國戰爭(中)*, pp. 547-9.

888) *中共軍의 韓國戰爭史*, pp. 145-8; *韓國戰爭(中)*, pp. 549-50.

889) *前揭書*.

(2) 현리지역 전투

미 10군단에 배속되어 어론리(於論里) 북쪽 매봉(800고지)과 상수내리(上水內里)지역에 35연대와 27연대를 전방에 36연대를 사단 예비로 하여 방어에 임하고 있던 한국군 5사단(閔機植 준장)은 5월 16일 20시경, 사단 좌측방과 우측방으로부터 중공군의 공격을 받았고, 각 연대도 좌우측방으로부터 공격을 받았다. 좌우 양측으로부터 공격을 받은 전방 연대는 22시경 포위당할 것을 우려하여 철수를 시작하였고, 5월 17일 낮에 전열을 정비하여 어론리 남쪽 장남리(長南里) 부근에 급편 방어 진지를 구축하였다. 그러나 사단은 18일 새벽 다시 중공군의 공격을 받고 내촌천(乃村川)을 건너 현리(縣里)에서 홍천에 이르는 도로를 중공군에게 내주고, 외삼포리(外三浦里), 장평리(長坪里), 어론리(魚論里)선으로 철수하고 말았다. 이에 미 8군은 미 2사단의 23연대와 9연대로 하여금 한국군 5사단 진지를 인수하도록 하고, 5사단을 횡성 남동쪽으로 철수시켜 재정비하도록 하였다.[890]

한국군 5사단 우측에서 미 10군단의 우단 상수내리(上水內里)에서 남전리(藍田里)간의 소양강 남쪽을 방어하고 있던 한국군 7사단(金炯一 준장)도 5월 16일 중공군의 공격을 받았다. 8연대와 5연대를 전방, 3연대를 예비로 5월 13일부터 방어 진지를 강화하고 있던 7사단은 5월 16일 19시 30분경에 가랑비 속에 안개 낀 소양강을 도하한 중공군의 공격을 받았다. 전방 연대는 박격포와 중화기 사격을 집중하여 도하하는 중공군의 일파 공격을 저지하였으나, 계속되는 중공군의 공격을 저지하기에는 역부족이었다. 전방의 8연대와 5연대는 중공군에 포위되었고, 중공군의 일부 병력은 사단의 후방에 위치한 오마치(五馬峙)를 점령하여 인제, 현리, 홍천, 속사리를 잇는 도로의 요충(要衝)을 장악하였다. 이로써 현리(縣里) 일대에서 작전중인 한국군 3군단의 퇴로가 완전하게 차단되고 말았다. 사단의 예비 3연대는 상남리(上南里)로 철수하여 오마치(五馬峙) 고개를 점령한 중공군을 공격하려고 하였으나, 연대도 후방으로 진출한 중공군에게 포위된 상태가 되었다. 전방 연대가 분산되어 지휘 체계가 와해된 사단은 겨우 상남리로 철수하여 오마치를 공격하였으나 실패하고, 사단 주력은 방내리(坊內里), 율전리(栗田里)를 거쳐 풍암리(豊岩里)로 철수하고, 나머지는 분산되어 버렸다.[891]

한국군 3군단의 좌전방에 배치되어 7사단의 우측인 남전리에서 한석산(寒石山, 1119고지)지역을 방어하고 있던 9사단은 28연대를 인제 부근 소양강 만곡부, 30연대를 한석산 일대에 배치하고, 29연대를 사단 예비로 하여 방어선을 구축하고 있었다. 좌측 7사단과는 달리, 5월 16일 저녁 9사단 정면은 비교적 조용하였다. 그러나 22시경 인접 7사단 5연대와 통신이 두절되고, 17일 02시 중공군의 산발적인 포격이 시작되고 중공군의 일부 병력이 좌측으로 침투해 오자, 9사단장(崔錫 준장)은 포위당할 것을 우려하

890) 國防部 戰史編纂委員會 *縣里戰鬪*(1988), pp. 95-109; *韓國戰爭(中)*, pp. 552-5.
891) *縣里戰鬪*, pp. 61-95; *韓國戰爭(中)*, pp. 555-9.

여 04시 서둘러 철수 명령을 하달하였다. 그리하여 사단은 17일 오전 현리와 현리 남쪽 용포로 철수하였다.892)

9사단 우측의 가리봉(加里峰, 1519고지)지역에서 18, 22연대를 전방에 배치하고, 23연대를 예비로 삼아 방어에 임하고 있던 한국군 3사단(金鐘五 준장)은 5월 15일 저녁부터 북한군 5군단(6, 12, 32사단)의 공격을 받아 자정 무렵 전 사단이 공방전을 벌이게 되었다. 우측 전방 22연대는 집중적인 공격을 받아 5월 16일 오후부터 우측의 인접 수도사단 1연대와 더불어 17일 04시경 진지의 일부가 돌파되기 시작하였다. 사단장은 진지의 일부가 돌파되기는 하였으나 사단의 주저항선은 유지할 수 있다고 보았으나, 좌측의 7, 9사단의 철수로 상의 오마치(五馬峙)지역이 차단되었다는 통보를 받고 17일 08시 현리로 철수하였다. 3군단의 9, 3사단이 현리로 철수함에 따라, 남전리(藍田里)에서 한석산(寒石山)을 거쳐 가리봉(加里峰)으로 이어진 군단의 주저항선은 무너지고 철수로의 요충인 오마치(五馬峙)마저 차단되어 3군단은 좌측방의 중공군과 우측의 북한군에 의해서 포위될 위험에 처하게 되었다.893)

그러나 3군단장(劉載興 소장)은 군단이 처한 상황을 위기라고 보지는 않았다. 하진부리(下珍富里)의 군단전술지휘소에 위치한 군단장은 미 10군단에 배속된 7사단의 주저항선이 돌파되어 오마치(五馬峙)가 차단되었다는 보고를 받고도 7사단을 돌파한 중공군이 험준한 산악 지형을 통과하여 오마치를 쉽게 점령하기가 불가능하다는 오판을 하고 있었다. 그러나 군단의 철수로인 오마치가 차단되었다는 사실을 확인한 군단장은 17일 14시 비행기로 현리를 방문하여 3사단장의 상황 보고를 받았다. 여기에서도 군단의 2개 사단병력과 2개 포병대대의 화력으로는 오마치를 충분히 돌파할 수 있다고 판단하였다. 그래서 3사단장의 책임하에 3, 9사단이 협력하여 오마치를 탈환한 후에 운두령(雲頭嶺) 서북방 창촌리(蒼村里)로 철수하라는 구두 명령을 하달하고 하진부리의 군단전술지휘소로 돌아갔다.894)

한국군 3군단은 17일 21시 3사단 8연대가 측방을 엄호하는 동안 9사단 30연대가 오마치를 공격하여 철수로를 개척한 다음에 3, 9사단이 철수하기로 계획하였다. 그러나 30연대가 공격을 개시하기 전에 중공 20군 60사단이 먼저 공격을 개시하여 현리와 용포 간 도로에 혼란이 야기되자, 30연대는 오마치 공격을 포기하고 방대산(芳臺山, 1436고지) 쪽으로 철수하기 시작하였다. 이에 3사단장은 통제가 불가능하다고 판단하여 18연대의 공격을 중단시키고, 전 부대를 방대산을 경유하여 창촌리로 철수할 것을 명령하였다. 각 부대들은 통제하는 지휘관도 없이 무질서하게 철수를 개시하였고, 기회를 포착한 중공군과 북한군은 이들 병력을 추격하였다. 쫓고 쫓기는 가운데 분산 철수한 3군단 병력은 창촌리 대신 광원리(廣院里)에 집결하여 거기에서 운두령 우측의 을수재

892) *縣里戰鬪*, pp. 126-44; *韓國戰爭(中)*, pp. 559-61.
893) *縣里戰鬪*, pp. 144-53; *韓國戰爭(中)*, pp. 561-3.
894) *縣里戰鬪*, pp. 153-94; *韓國戰爭(中)*, 563-6.

를 넘어서 하진부리로 철수하였다. 많은 병사들은 무기와 장비를 다 버리고 몸만 빠져 나왔으나, 많은 지휘관들은 부하들이 살아온 것만을 대견스럽게 생각하고 장비와 무기의 유기는 문제로 삼지 않았다. 하진부리에 도착한 병력은 3사단 3,620여 명(34%), 9사단 4,580여 명(40%)에 불과하였고, 이로써 3군단은 8,200여 명(37%)만을 보유하게 되었다. 병력을 수습한 3군단은 3사단을 유천리(楡川里), 9사단을 속사리(束沙里)에 배치하여 중공과 북한군의 공격을 저지하려 했으나 여의치 않아 5월 21일, 3군단은 다시 분산 철수하여 3사단은 정선(旌善), 9사단은 평창(平昌) 대화리(大和里)로 철수하고, 군단사령부는 영월(寧越)로 철수하였다. 이로써 군단의 저지선인 속사리-하진부리선이 붕괴되고 3군단은 완전히 와해된 셈이 되었다.895)

(3) 현리 돌파구 차단 및 대관령 확보 전투

한국군 3군단의 철수로 풍암리-속사리-철갑령을 잇는 돌파구가 형성되자, 미 8군사령관은 5월 18일 자정에 8군예비로 서울에 대기중이던 미 3사단 7연대와 경안리(京安里)에 집결중이던 65연대를 우전방으로 이동시켜 미 10군단에 배속된 미 3사단 15연대와 더불어 현리 돌파구가 서쪽과 남쪽으로 확장되는 것을 저지하도록 명령하였다. 이 명령에 따라 미 10군단에 배속된 미 3사단 15연대는 한국군 7사단과 더불어 풍암리-횡성 축선에서 중공군의 진격을 저지시키고, 5월 21일 미 3사단 7연대와 65연대는 장평리(長坪里), 백적산(白積山, 1103고지)에서 2개 연대 병진으로 공격을 개시하여 속사리 북방 운두령(雲頭嶺)을 탈취하려 하였다. 그러나 미 3사단은 5월 21일 속사리-하진부리를 점령하여 우측방을 엄호하던 한국군 3군단의 방어선이 적의 기습 공격에 의해서 돌파되자 공격을 일시 중단하고, 전방의 65연대를 속사리에 배치하여 측방을 엄호한 후에 5월 22일 7연대로 하여금 공격을 재개하였다. 운두령에 접근할수록 적의 저항이 완강하여 연대의 공격이 돈좌되기도 하였으나, 강력한 포병 화력을 집중하여 이날 18시경에 운두령을 탈취하였다. 속사리 서북방 15km 지점에 위치한 운두령의 탈취로 서울에서 강릉으로 연결되는 경강국도(京江國道)로 진출한 중공군과 북한군의 퇴로는 차단되었고, 유엔군은 돌파구의 확장 저지는 물론 공세로 전환할 수 있는 발판을 확보하게 되었다.896)

한편 한국군 3군단의 우측 설악산과 동해안에서 강릉을 지키고 있던 한국군 1군단장(白善燁 소장)은 북한군의 공격 목표가 K-18 비행장이 위치한 강릉일 것이라고 판단하고, 강릉의 관문인 대관령을 확보하기 위하여 수도사단으로 하여금 대관령을 지키게 하면서, 11사단(崔德新 준장)은 정면의 북한군을 저지하도록 하였다. 군단장은 강릉에서 군단 예비로 재정비에 임하고 있던 1연대를 대관령으로 이동시키고, 유천리와 횡계리에 배치된 11사단 20연대는 정면의 중공군을 저지하도록 하였다. 5월 22일 새벽 중공군은 11사단 20연대의 방어선을 뚫고 1개 연대를 대관령으로 진출시켰다. 1연대는

---

895) *前揭書.*

896) *縣里戰鬪*, pp. 195-216; *韓國戰爭(中)*, pp. 574-6.

이들의 공격을 3시간 동안의 근접전을 실시하여 격퇴하였으나, 이들은 2개 대대를 증원받아 우회 공격을 다시 감행하였다. 연대는 조명 지원하에 이를 다시 물리쳤다. 작전의 주도권을 장악한 1군단은 11사단과 공병여단을 방어에 임하도록 하고, 수도사단(宋堯讚 준장)을 투입하여 역습을 감행하였다. 수도사단은 5월 23일 10시에 동해에 대기중이던 미 7함대의 함포 지원을 받으면서 횡계리(橫溪里), 차항리(車項里)에서 역습을 준비중이던 연대 규모의 중공군을 기습 공격하여 이들을 분산, 철수시켰다.897)

미 3사단의 운두령(雲頭嶺) 탈취와 한국군 1군단의 대관령 확보는 현리 돌파구의 남쪽과 동쪽으로의 확장을 저지했을 뿐만 아니라, 동해안 강릉에서 내륙으로의 보급을 가능하게 하였고, 중동부전선에서 공세로 이전할 수 있는 전기를 마련하였다. 미 8군 사령관은 5월 22일 한국군 3군단을 해체하여 9사단을 미 10군단에, 3사단을 한국군 1군단에 배속시켜 지휘 체계를 조정하면서, 그동안 한국군을 지휘해 오던 한국 육군 전방지휘소를 폐쇄하고 한국군 1군단까지 자신이 직접 지휘하기로 결정한 다음 5월 25일 강릉비행장에서 이를 한국 육군참모총장(丁一權)과 전방지휘소장(李俊植), 1군단장(白善燁)에게 선언하였다. 한국군 3군단의 붕괴는 그동안 육군본부가 부분적으로 행사해 오던 한국군에 대한 작전 통제권이 미 8군으로 완전 통합되어 한국 육군의 자존심에 치명타를 가한 결과를 초래하였다.898)

(4) 홍천 북방 전투

한국군이 현리지역에서 격전(激戰)을 치르고 있을 때 좌측 미 10군단의 미 2사단도 홍천 북방에서 중공군과 혈전(血戰)을 벌이게 되었다. 미 2사단(Clark L. Ruffner 소장)은 홍천(洪川) 동북방, 홍천-인제 간 도로 서북방지역 대룡산(大龍山, 899고지)과 가리산(加里山, 1051고지)을 연하는 방어선에 좌측 9연대, 중앙에 38연대(한국 유격중대, 네덜란드 대대 배속)를 배치하고, 우측 전방에는 자은리(自隱里)에서 인제와 양구로 이어지는 도로를 통제하기 위하여 미 72전차대대 1개 중대, 미 23연대 2대대, 미 1유격중대로 편성된 "지브라 특수임무부대(Task Force Zebra)"를 배치하여 방어에 임하고 있었다. 사단 정면에는 배속된 한국군 유격대(Ivanhoe 부대)와 한국군 36연대 3대대를 전초진지에 배치하고 도로와 계곡에는 지뢰를 매설하여 방어 진지를 보강하였다.899)

5월 16일 저녁, 중공군 3병단 예하 15군 3개 사단은 38연대 좌측 전방, 38연대와 지브라 특수임무부대 간 전투지경선, 양구와 자은리 도로를 따라 공격을 개시하였다. 38연대를 공격한 중공군 45사단은 미군의 화력 집중으로 공세를 멈추다가, 17일 02시 공격을 개시하여 가리산을 점령하였다. 사단장은 네덜란드 대대와 프랑스 대대를 투입하

897) *縣里戰鬪*, pp. 216-42; *韓國戰爭(中)*, pp. 577-9.
898) *Ebb and Flow*, p. 468; *軍과 나*, pp. 183-93; 백선엽, *길고 긴 여름날 1950년 6월 25일*(서울: 지구촌, 1999), pp. 192-203.
899) *Ebb and Flow*, pp. 447-60; *韓國戰爭(中)*, pp. 566-72.

여 역습을 감행하였으나, 중공군의 공격 기세는 늦추어지지 않았다. 이에 사단장은 일일 탄약 가용 보급률보다 다섯 배나 많은 포탄을 퍼부어(밴플리트 사격) 이를 저지하였으나, 다른 부대가 심각한 탄약 부족에 시달리게 되었다. 미 10군단의 위기를 타개하기 위하여 미 8군사령관은 접적이 경미한 미 9군단의 전투 지경선을 동쪽으로 4마일 이동시켜 미 10군단의 전투정면을 축소하고, 후방에서 공비 토벌 작전을 수행하고 있던 한국군 8사단과 군예비인 미 3사단 15연대를 이동시켜 미 10군단의 방어력을 보강하였다. 그러나 미 2사단 38연대지역에 대한 중공군의 공격은 계속되었다.[900]

특히 가리산 서남쪽 800고지(Bunker 고지)에서는 일진일퇴(一進一退)의 치열한 고지 쟁탈전이 전개되었다. 이 고지는 5월 초부터 2만 개의 사낭(砂囊)으로 야포의 포격도 견딜 수 있도록 "벙커"를 구축하였기 때문에 이름도 "벙커고지"라고 불리어졌으며, 38연대 3대대 K중대가 지키고 있었다. 중공군 선봉인 45사단 133연대는 5월 17일 21시 30분에 벙커고지 공격을 개시하였다. K중대는 중공군을 유인하여 진내 사격까지 요청하면서 이를 격퇴시키려 하였으나, 고지를 중공군에게 내주어야만 하였다. 이에 중대장은 예비소대를 투입하여 야간 역습을 실시하여 다시 고지를 탈환하였다. 5월 18일 자정, 중공군은 다시 고지를 공격하였다. 중공군의 공격을 예상한 K중대는 즉시 개인호 속으로 들어가 준비된 모래주머니로 입구를 막은 다음 진내 사격을 요청하였다. 지상 25m 상공에서 자동적으로 폭발하는 시한신관을 장착한 고폭탄이 고지로 집중되었다. 지상에 노출된 중공군은 5월 19일 새벽 800여 구의 시체를 남긴 채 철수하였다. 이날 밤의 전투를 끝으로 중공군의 공격은 더 없었고, K중대는 벙커 고지를 지켜냈다. 미 38연대 3대대 K중대의 벙커고지 고수로 현리 돌파구가 서쪽으로 확장되는 것이 저지되었다.[901]

중공군 31, 35사단의 공격을 받은 지브라 특수임무부대는 우인접 한국군 5사단이 철수함으로써 노출된 우측방에 미 23연대를 투입하여 우전방을 보강하였다. 이러한 상태에서 5월 17일 저녁 프랑스 대대가 돌파되어 18일 새벽에는 23연대가 적중에 고립되는 상황이 발생하였다. 상황이 악화되자 사단장은 미 38연대가 고수한 벙커 고지를 기점으로 남동쪽 조륜봉(朝倫峰, 683고지), 풍암리(豊岩里)로 이어지는 새로운 통제선을 설정하고 이 선을 따라 방어 진지를 편성하도록 하였다. 미 23연대는 중공군의 포위망을 뚫고 철수해야만 하였으며, 다른 부대들도 폭우로 인하여 진흙탕이 된 도로를 따라 철수하여 사단은 18일 자정에야 새로운 방어 진지를 점령할 수 있었다. 미 2사단은 작전을 지휘하던 사단장의 헬리콥터가 불시착하는 어려움 속에서도, 강력한 포병 화력을 집중적으로 운용하여 중공군에게 막대한 피해를 입히면서 새로운 방어선을 점령하여 중공군의 공격을 저지하였다.[902] 이로써 홍천 북방도 변경된 방어선상에서 안정된 전선을 유지할 수 있게 되었다.

---

900) *前揭書.*
901) *前揭書.*
902) *前揭書.*

(5) 용문산 전투

중공군은 중동부전선에 주력을 투입하면서, 중서부전선의 유엔군을 고착·견제하여 중동부지역으로의 증원을 차단하기 위하여, 이 지역에 대한 공격도 감행하였다. 이러한 의도에 따라 중공군은 미 9군단의 중앙에 배치된 한국군 6사단(사단장: 張都暎 준장)의 집중 공격을 계획하였다. 당시 한국군 6사단은 중공군의 4월 공세시 사창리(史倉里) 패배의 충격에서 벗어나지 못한 상태에 있었고, 이를 잘 파악하고 있던 중공군은 한국군 6사단을 집중 공격하여 돌파구를 형성함으로써 전선의 균형을 무너뜨리려 시도하였다. 그러나 북한강과 홍천강의 합류 지점을 방어하고 있던 6사단은 사창리 패배를 설욕하기 위하여 정신적인 재무장과 훈련을 강화하면서 전의(戰意)를 불태우고 있었다.

미 9군단의 중앙에서 용문산(龍門山, 1157고지) 일대를 방어하고 있던 6사단은 주저항선이 북한강에서 남쪽으로 12-17km 정도 떨어져 있어서 중공군이 북한강을 도하하여 남쪽에 교두보를 확보하면 주저항선 방어에 불리하다고 판단하고, 2연대를 북한강과 홍천강 남쪽에 추진하여 배치하고, 주저항선인 용문산 서쪽에 19연대, 동쪽에 7연대를 배치하고, 사단 수색중대까지 홍천강 북쪽에 일반 전초로 배치하여 불퇴전(不退轉)의 방어 진지를 구축하고 있었다. 특히 2연대는 사창리 전투의 패배로 연대장과 참모가 바뀌고 새로운 연대장(宋大厚 중령)이 부임하여 "결사"라고 색인된 머리띠를 두르고 비장한 각오로 방어에 임하고 있었다. 연대는 북한강을 감제할 수 있는 좌전방 울업산(381고지)에 2대대, 홍천강 바로 남쪽 미사리(彌沙里) 559고지에 1대대, 울업산 후방 353고지에 3대대를 배치하여 방어에 임하고 있었다. 중공군의 공격이 임박해짐에 따라, 6사단 좌측의 한국군 2사단과 우측의 미 7사단이 주저항선으로 철수함에 따라 6사단 2연대만이 청평호 남쪽지역에서 돌출된 상태로 방어를 하게 되었다.[903]

중공군은 5월 18일 19병단 예하 63군(187, 8, 9사단)을 투입하여 한국군 6사단을 공격하였다. 중공군은 5월 18일 낮에 중대 규모의 병력으로 도하를 시도하였으나 격퇴되자, 밤에 2연대 우측 미사리에서 장락산(長樂山, 627고지)에 이르는 장락산맥에 연대 규모 이상을 투입하여 도하 공격을 감행하였다. 6사단 2연대는 군단에서 지원된 5개 포병대대의 조명 및 화력 지원을 받아 백병전까지 실시하면서 자정 무렵 이를 격퇴하였다. 이에 중공군은 6사단 전초 진지를 주저항선으로 판단하고, 19일 새벽 187, 188사단의 주력을 투입하여 미사리의 1대대를 포위, 공격하면서 189사단을 투입하여 좌전방 2대대를 집중 공격하였다. 중공군의 집중 공격을 받은 2연대 전방대대는 완강하게 저항하였으나, 중과부적(衆寡不敵)으로 5월 19일 19시 항공과 포병의 엄호하에 철수하였다. 1대대는 장락산 후방 나산(羅山, 627고지), 2대대는 그 후방 427고지를 점령하였으나, 병력은 지치고 보급은 부족하여 재정비가 필요하였다. 5월 19일 20시 중공군은 다시 공격해 왔다. 2연대는 20일 새벽까지 진지를 지키고 있었으나, 방어 진지가 돌파되고 통신이 두

903) 國防部 戰史編纂委員會, *龍門山 戰鬪*(1983), p. 34; *韓國戰爭(中)*, pp. 579-84.

절되어 지휘 통제가 불가능한 상태에 있었으나, 정신력으로 진지를 지키고 있었다.[904)]

5월 19일 밤, 미 8군사령관은, 중동부전선에서의 중공군 공세가 둔화되자, 중서부전선의 미 1, 9군단에게 문산-포천-춘천을 연하는 "토피카(Line Topeka)"선으로 진격하라는 명령을 하달하였다. 공격 명령을 받은 6사단장은 20일 05시 7연대와 19연대로 하여금 공격을 개시하였다. 2연대를 포위하고 있던 중공군은 예상치 못한 사단의 공격을 받아 오히려 포위당할 것을 우려하여 강 북쪽으로 철수를 서둘렀고, 2연대와 연결한 6사단은 이들을 추격하였다. 용문산을 탈취하기 위하여 5일 동안 공세를 펼쳤던 중공 63군(187, 8, 9사단)은 21일 새벽에 2개 연대 규모의 전초 부대만을 남겨 두고 북쪽으로 철수를 개시하였다.[905)]

용문산 전투의 승리는 중부전선에서도 형성될 수 있었던 돌파구의 형성 자체를 저지하여 수도권에 미칠 위험을 제거한 전술, 전략적 의의와 더불어 한국군 6사단에게는 사창리(史倉里)에서의 패배를 설욕한 쾌거(快擧)였으며, 한국군의 전투 수행 능력이 결코 만만치 않다는 점을 과시한 결과가 되기도 하였다.

중동부전선에서 한국군 사단(3, 5, 7, 9사단)을 섬멸하면서 전선의 균형을 무너뜨리고, 전과를 확대하여 미군과 유엔군을 격멸한다는 목표를 내세우고 실시된 중공군의 5월 공세는 한국군 3군단을 와해시키고 속사리-하진부리선까지 돌파구를 형성하는 전과를 획득하기도 하였다. 그러나 홍천 북방에서 미 2사단이 벙커 고지를 고수하고, 미 3사단이 역습으로 속사리 북방에 위치한 운두령(雲頭嶺)을 신속하게 탈환하고, 한국군 1군단이 대관령을 확보하여 돌파구의 확장이 저지됨으로써 그 한계를 드러냈다. 특히 중서부전선의 용문산 일대에서 돌파구를 형성하려던 중공군의 기도를 한국군 6사단이 용문산 전투를 승리로 이끌어 이를 봉쇄함에 따라 오히려 중서부전선에서 반격의 발판이 조성되기도 하였다. 이와 같이 미군의 벙커 고지 고수, 운두령의 탈환과 한국군의 대관령 확보, 용문산 전투의 승리는 중공군 5월 공세의 한계를 드러내게 하였고, 한국군과 유엔군에게 중공군의 4월 공세 이후 수세를 취할 수밖에 없었던 방어태세를 공세로 바꾸도록 재촉한 계기를 제공하였다.

8) 반 격

중동부전선에 주공을 지향한 중공군의 5월 공세가 절정에 이른 5월 18일 리지웨이 유엔군사령관은 미 8군사령관에게 중동부전선에서의 중공군 공격 기세를 둔화시키는 방편으로 철의 삼각지로 이어지는 병참선을 차단하기 위하여 2개 사단을 투입하여 철원을 공격하도록 지시하였다. 이에 따라 미 1군단과 9군단이 공격을 준비하는 동안

---

904) *前揭書.*

905) *前揭書*; 國防部 戰史編纂委員會, *韓國戰爭史, 第6卷*, pp. 248-9; *Ebb and Flow*, pp. 465-8.

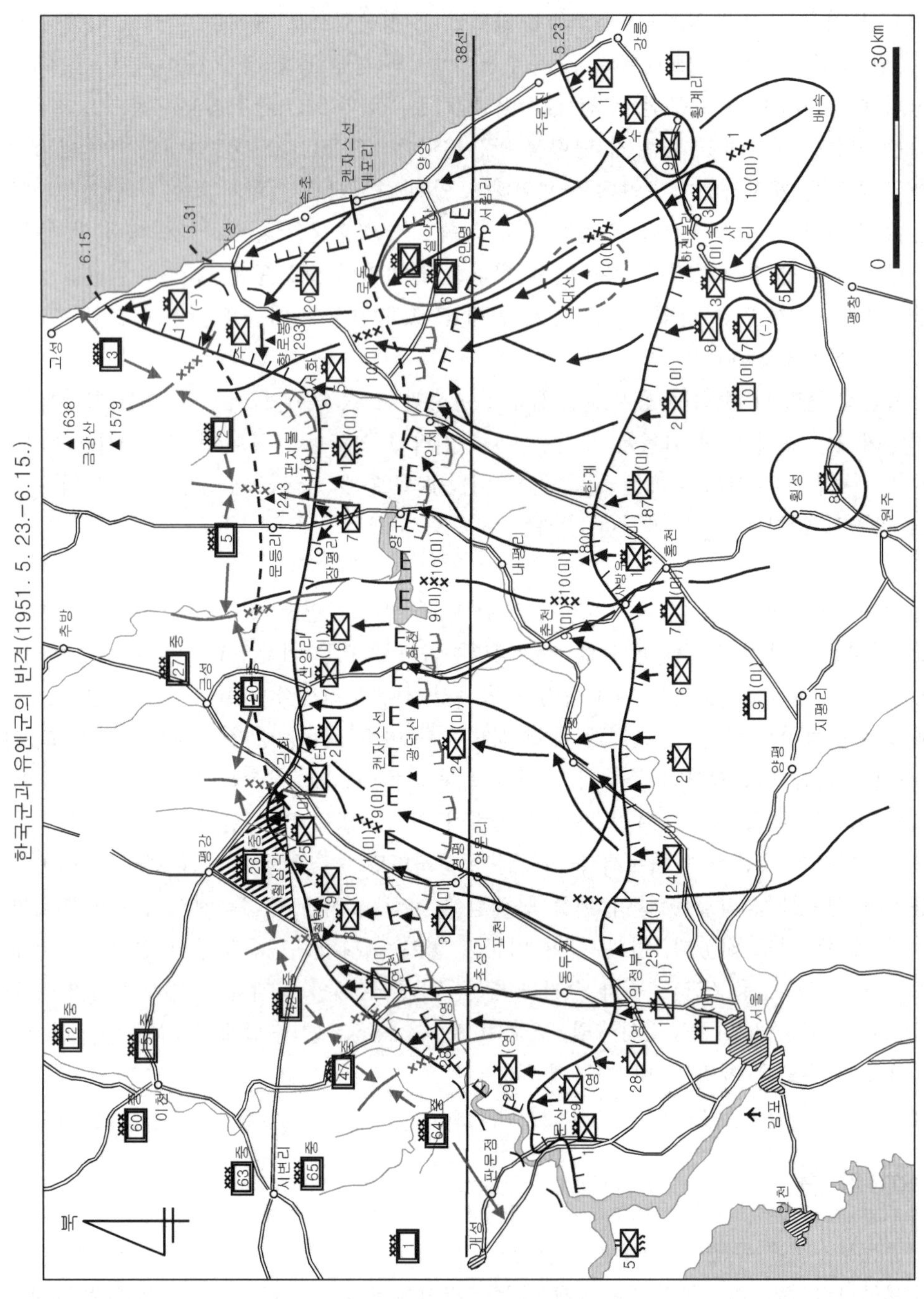

한국군과 유엔군의 반격(1951. 5. 23.-6.15.)

5월 19일 한국을 방문하여 직접 전선을 공중 정찰한 유엔군 사령관은 중공군의 공격으로 형성된 중동부전선의 돌파구가 과도하게 돌출되어 있어서 이 약점을 이용하면 중공군에게 결정적인 타격을 입힐 수 있다는 판단을 하고, 전 전선에서 공세를 취할 것을 지시하였다. 미 8군사령관도 보급품의 한계와 산악 지형에서의 보급 추진의 제한으로 중공군의 공격이 곧 정지되거나 주춤거릴 것으로 판단하고, 철원과 김화를 공격하여 중공군에게 결정적인 타격을 가한다는 계획을 작성하였다. 이러한 개념에 따라 미 8군사령관은 우선 문산-가평-춘천을 연결하는 토피카선(Line Topeka)으로 진격하여 캔자스선(Line Kansas)을 점령한 다음에 미 1, 9군단은 철원과 김화를 잇는 와이오밍선(Line Wyoming)으로 진격하고, 미 10군단은 운전동(雲田洞)을 중심으로 한 해안분지(亥安盆地, 일명 Punchbowl), 한국군 1군단은 고성(高城)을 공격하는 작전(Op. Piledriver)을 계획하였다. 한국군과 유엔군의 대대적인 반격 작전을 수행할 차례가 되었다.

이에 반해 중공군 지휘부는 4월과 5월 공세를 연속해서 실시하여 병력이 지쳐 있었고, 보급품도 바닥이 났으며, 미군의 건재 부대를 격멸하지 못한 상태에서 반격의 위험성이 있다는 점을 인식하고 있었다. 또 계절적으로 우기(雨期)가 다가오는 시점에서 계속 공세를 취할 경우에 피해가 더욱 심해질 것이라는 판단을 하고, 5월 21일 5월 공세(5차 전역 2단계 작전)를 마무리하기로 결정하였다. 그리하여 연합사령원(聯合司令員) 팽덕회(彭德懷)는 5월 21일 "주력을 집결하고 휴식 정비한 후, 작전 경험을 총괄하여 차후에 전기를 포착, 더욱 많은 적을 섬멸한다"는 지시를 내리면서, 각 병단(兵團)은 1개 사단 내지 1개 군으로 하여금 기동 방어를 취하고, 주력은 철수시켜 휴식과 정비를 실시하도록 하였다. 북한군 1군단은 개성, 중공군 19병단은 연천 북방, 3병단은 철원, 김화지역, 9병단은 김화 동쪽지역, 북한군 2, 3, 5군단은 인제, 양구, 양양 및 북쪽지역으로 철수하여 휴식, 정비하도록 하였다. 기동 방어로 철수를 엄호하는 부대는 "전경후중(前輕後重)"의 종심 배치 원칙을 준수하여 주력 부대의 철수 엄호는 물론 이들의 휴식과 정비를 보장하도록 지시하였다.906)

이제 신속하게 공격하려는 한국군과 유엔군이 안전하게 철수하려는 중공군과 북한군에게 얼마나 결정적인 타격을 가할 수 있는가 하는 문제만 남게 되었다.

(1) 캔자스선(Line Kansas) 확보 작전

서부전선의 미 1군단장(Frank W. Milburn 소장)은 5월 20일 문산-포천을 잇는 토피카선을 우선 점령하고, 임진강(臨津江)-전곡(全谷)-영평리(永平里)를 잇는 캔자스선을 확보하기 위해서 한국군 1사단(사단장: 姜文奉 준장)을 문산 축선, 미 1기병사단(사단장: Charles D. Palmer 소장)을 동두천 축선, 미 25사단(사단장: Joseph Sladen Bradley 소장, 터키 여단 배속)을 포천 축선에 투입하여 공격을 개시하도록 하였다. 한국군 1사단은 11, 12연대를 전방에 투입하여 일산을 경유, 금촌으로 진출하였다. 우측 12연대가 저항을 받아 공격이 부진하였으나, 15연대를 중앙에 투입하여 진출을 계속하였다. 1사단은 5월 21일 물이 불어난 문산천을 도하하려 했으나 실패하고, 5월 22일 공격을 재

906) *中共軍의 韓國戰爭史*, pp. 152-3.

개하여 주력의 철수를 엄호한 북한군 경계 부대를 소탕하고, 문산-법원리를 잇는 토피카선을 점령하였다. 중앙의 미 1기병사단과 우측의 미 25사단도 중공군의 완강한 저항을 받았으나, 5월 23일 저녁에는 토피카선으로 진출하였다.[907)]

군단의 진출이 부진하자 미 1군단장은 캐나다 25여단을 미 25사단에 배속하고, 5월 24일 철수하는 중공군보다 더 빨리 진출하도록 명령하였다. 군단 공격의 선봉에 나선 미 25사단은 전차대대(-1)와 보병대대 및 공병 1개 중대로 특수임무부대(Task Force Dolvin)를 편성하여 5월 25일에 영평리(永平里)를 점령하였으나, 재빠르게 철수하는 중공군의 주력을 격멸하지는 못했다. 임진강선으로 진출하던 한국군 1사단도 북한군이 먼저 임진강을 도하하여 강북으로 철수하여 별다른 접전 없이 임진강선에 도달하였다. 중앙에서 공격하던 미 1기병사단도 5월 27일 임진강-전곡을 잇는 선으로 진출하였다. 그러나 공산군의 철수 속도가 매우 신속하여 이들 주력을 섬멸하지는 못했다.[908)]

중서부전선의 미 9군단장(William H. Hoge 소장)도 5월 20일 공격 명령을 하달하였다. 군단은 좌로부터 미 24사단(사단장: Blackshear M. Bryan, Jr. 소장), 한국군 2, 6사단, 미 7사단(사단장: Claude B. Ferenbaugh 소장)으로 하여금 공격을 개시하여 5월 22일까지 홍천강 북쪽 3-5km까지 진출할 것을 요구하였으나, 사단들은 홍천강에도 도달하지 못하고 있었다. 더구나 5월 22일 미 8군사령관이 미 10군단의 전투 정면을 축소하면서 홍천지역까지 미 9군단에 떠맡겨 군단은 넓은 정면에서 공격을 해야만 하였다. 그러나 군단장은 우측 전방의 미 7사단을 홍천-춘천-화천으로 진출하도록 하고, 한국군 6사단을 북한강 서측의 북배산(北倍山, 867고지)-가덕산(加德山, 858고지)-지암리(芝岩里)로 공격하도록 하였다. 좌전방의 미 24사단은 한국군 2사단의 엄호하에 가평(加平)을 신속하게 점령하고, 한국군 2사단은 미 24사단을 엄호한 후에 대보리(大報里)로 진격하여 미 1군단과 연결하면서, 신속한 진격을 위하여 중대 단위 이하의 공산군은 우회하도록 명령하기도 하였다. 신속하게 진격하여 퇴각하는 중공군을 섬멸하겠다는 군단장의 의지가 이러한 명령에 반영되었다.[909)] 신속한 진격을 요구하는 군단장의 명령에 따라, 각 사단은 전차와 보병 및 공병으로 구성된 특수임무부대를 편성하여 강력한 위력 수색 및 기습 공격을 실시하였으며, 군단은 전 화력을 동원하여 각 사단을 지원하였다.

5월 24일 07시, 군단은 공격을 개시하였다. 항공관측 결과 미 10군단지역에서 빠져나온 많은 중공군 병력이 화천으로 퇴각하고 있다는 보고를 받은 미 9군단의 각 사단은 진격을 재촉하였다. 5월 26일 오전, 공격의 선봉에 나선 미 24사단 21연대와 미 7사단 17연대가 지암리(芝岩里)에서 합류하고, 한국군 6사단 19연대까지 여기에 가세하자, 춘천-화천 도로와 가평-지암리 도로 및 남쪽의 한국군 전선 사이 삼각형 모양의 지형

---

907) *Ebb and Flow*, pp. 470-6; *韓國戰爭(中)*, pp. 601-4.
908) *前揭書.*
909) *Ebb and Flow*, pp. 476-80; *韓國戰爭(中)*, pp. 605-10.

속에 퇴각하는 중공군이 갇히게 되었다. 선봉 연대는 진격을 계속하고 후속하던 한국군 19연대와 미 5연대가 이들을 소탕하였다. 한국군 6사단(-19연대)도 공격을 계속하여 5월 27일에는 구만리(九萬里)발전소와 병풍산(屛楓山, 796고지)을 점령하였다. 당시의 6사단장(張都暎 준장)은 "길가의 중공군을 쓰레기 줍듯이 트럭에 실어 담았으며, 아군 소대 병력이 적 대대 병력을 무더기로 생포하는 진풍경이 연출되었다"고 말하기도 하였다.[910] 중공군은 전의(戰意)를 완전히 상실한 상태였다.

미 9군단은 5월 28일까지 캔자스선을 점령하고 방어에 임하게 되었다. 미 9군단은 화천 진격이 계획한 것처럼 신속하지 못하여 미 10군단지역에서 퇴각하는 중공군을 완전하게 포위, 섬멸하지 못하고, 341명의 전사, 195명의 실종자와 2,011명의 부상자가 발생하는 피해를 입었으나, 반격 작전 기간중 6만 2,000명의 중공군을 사살하거나 생포하는 전과를 거두었다. 이러한 낭보(朗報)를 접한 이승만(李承晩) 대통령은 화천 저수지를 오랑캐를 대파한 호수라하여 "파로호(破虜湖)"라고 명명하고, 이 작전의 승리를 길이 기념하도록 하였다.[911]

미 8군사령관은 5월 22일 미 10군단이 중공군의 5월 공세를 저지할 기미를 보이자 군단의 전투 정면을 축소 조정한 후에, 미 10군단장에게 공세로 전환할 것을 명령하였다. 명령을 받은 미 10군단장(Edward M. Almond 소장)은 2개 사단으로 홍천-인제-간성 도로상의 요지인 양구와 인제를 점령하도록 하고, 1개 사단으로 도로 남쪽에 포위된 적을 격멸하기로 하는 공격 계획을 수립하였다. 이 계획에 따라 미 1해병사단(사단장: Gerald C. Thomas 소장, 한국 해병1연대 배속)을 홍천-인제 도로 서쪽에 투입하여 양구를, 미 2사단(사단장: Clark L. Ruffner 소장, 미 187공수연대, 한국군 7사단 3, 5연대 배속)을 홍천-인제 동쪽에 투입하여 인제를 공격하도록 하고, 미 3사단(사단장: Robert H. Soule 소장, 한국군 8, 9사단 배속)은 운두령(雲頭嶺) 점령에 이어 현리와 양양으로 연결되는 도로의 교차점인 창촌리(蒼村里)를 점령하도록 하였다. 군단의 예비인 한국군 5, 7(-3, 5연대)사단은 후방에서 부대 정비를 실시하게 하였다.[912]

미 10군단의 각 제대들은 5월 23일 08시 공격을 개시하였다. 그러나 지형이 험악하고 적의 완강한 저항으로 진출이 부진하였다. 미 8군사령관의 재촉을 받은 미 10군단장은 각 사단에게 특수임무부대를 편성하여 소양강상의 교량을 신속하게 확보하고 진격을 계속하도록 명령하고, 자신은 직접 헬리콥터를 타고 작전 현장을 누비고 다녔다. 미 2사단은 특수임무부대를 편성하여 소양강상의 교량을 확보하였고, 5월 25일 소양강 북쪽에 교두보를 확보하였다. 이에 군단장은 187공수연대로 하여금 특수임무부대를 편성하도록 하여 간성(杆城)까지 점령하도록 지시하였다. 미 3사단의 진격도 부진하였으나, 군단장은 미 1해병사단에게 신속하게 양구를 점령하도록 독촉하면서, 미 2사단

910) *前揭書*, 특히, 증언내용은 *韓國戰爭(中)*, pp. 608-9 참조.
911) *前揭書*.
912) *Ebb and Flow*, pp. 480-5; *韓國戰爭(中)*, pp. 610-4.

도 인제를 신속하게 점령하고 특수임무부대를 편성하여 간성을 점령하도록 강요하고, 미 3사단도 간성 점령에 합류하라고 지시하였다. 이러한 군단장의 독촉에도 불구하고, 미 2사단은 5월 26일 14시에야 인제로 진출할 수 있었다. 인제로 진출한 미 2사단은 우측의 한국군 1군단이 이미 간성으로 진출하고 있었기 때문에 간성 공격 계획을 취소하였다. 미 10군단은 중공군의 5월 공세를 저지하고 반격 작전을 실시하여 철수하는 중공군과 북한군에게 많은 손실을 입혔으나, 이들 철수로상의 요충지인 양구와 인제를 신속하게 점령, 확보하지 못하여 이들 주력의 퇴각을 허용하였다.913)

동해안의 한국군 1군단도 5월 25일까지 하진부리(下珍富里)까지 진출한 중공군 병력과 대관령에서 치열한 전투를 벌인 후에 이를 격퇴하고 반격 작전에 참여하였다. 3군단이 해체되고 육군본부 전방지휘소까지 폐쇄되어 한국군의 위상이 추락된 것을 통감한 1군단장(白善燁 소장)은 오대산 북방 매복산(鷹伏山, 1360고지)과 주문진 북방 인구리(仁邱里)를 연하는 선을 목표로 수도사단을 좌전방 산악 지대, 우전방 동해안로에 11사단을 투입하여 공격을 실시하고, 3군단에서 배속된 3사단은 정선(旌善) 송계리(松溪里)에서 신속하게 부대 정비를 완료하도록 하였다. 이러한 계획에 따라 군단은 5월 26일 06시 공격을 개시하였다. 전의를 상실한 중공군 9병단 27군과 북한군 12사단은 좌측 미 10군단에 의해서 퇴로가 차단될 우려 속에 철수를 서두르고 있었기 때문에, 한국군 1군단 수도사단과 11사단은 5월 27일 매복산과 양양을 각각 점령하였다.914)

이때 미 8군사령관은 미 10군단의 공격이 부진하자, 전투 지경선을 조정하여 한국군 1군단에게 간성 북쪽 송죽리(松竹里)선을 신속하게 점령하라는 명령을 하달하였다. 명령을 받은 1군단장(白善燁 소장)은 적의 강력한 저항이 예상되는 간성 공격에 수도사단(사단장: 宋堯讚 준장)을 투입하고, 11사단(사단장: 吳德俊 준장)을 설악산, 3사단을 설악산 남쪽 마산리 일대를 공격하도록 하였다. 군단의 명령에 따라 수도사단은 28일 11사단의 엄호하에 속초 북쪽으로 진격하여, 29일 09시 30분 간성에 진입하였다. 1군단은 5월 30일 계속 공격을 실시하여 수도사단은 화진포, 11사단은 설악산 북방 마등령(馬等嶺), 3사단은 설악산 남쪽 마산리로 진출하였다. 한국군 1군단의 공격 작전이 호조를 보이자 미 8군사령관은 한국군 1군단의 작전지역을 서쪽으로 10km 정도 이동시켜 남쪽의 한계령을 포함한 가리봉(加里峰)에서 안산(鞍山), 매봉산(鷹峰山)을 거쳐 향로봉(香爐峰, 1293고지)까지 포함한 1098고지로 확대시키고, 향로봉에서 그 북쪽 건봉산(乾鳳山, 911고지)에 이르는 향로봉 산맥을 점령하도록 명령하였다.915)

한국군 1군단은 확대된 전투 정면을 확보하기 위하여 수도사단으로 하여금 향로봉 지역, 11사단은 설악산 서쪽 능선까지 진출하여 방어 진지를 편성하도록 하고, 3사단도 설악산 남측방 고지를 점령하여 방어하도록 하였다. 한국군 1군단은 5월 26일 반격

---

913) *前揭書.*
914) *韓國戰爭(中)*, pp. 614-20; *軍과 나*, p. 193.
915) *前揭書.*

을 개시하여 6일 간의 공격 작전을 수행한 결과 캔자스선을 확보하고, 그보다 40km 북방 간성까지 진출하여 향로봉 산맥을 연하는 방어선을 구축한 전과를 거두었다.

한국군과 유엔군은 중공군의 5월 공세를 저지하고 반격으로 전세를 전환하여 철수하는 중공군과 북한군에게 막대한 피해를 가하면서 캔자스선을 확보하고, 동해안지역의 한국군 1군단은 간성까지 확보하는 쾌거를 달성하였다. 한국군과 유엔군은 그들의 진격 속도보다 더욱 신속하게 철수하던 중공군과 북한군의 주력을 섬멸시키지는 못했으나, 이들 공산군은 심대한 타격을 입어 당분간 공세를 취할 수 없게 되었다. 이에 유엔군 사령부와 미 8군은 공격의 여세를 몰아 연천 북방-철원-김화-화천 북방을 연결하는 와이오밍(Wyoming)선을 확보하여 공산군 공세의 근원지인 철의 삼각지를 무력화시키면서, 캔자스-와이오밍선을 더욱 확고하게 굳히고, 동부전선의 방어선도 더욱 공고하게 하려는 제한적인 공격 작전을 계속하기로 하였다.

미 8군사령관(James A. Van Fleet 중장)은 미 1군단과 9군단으로 하여금 철원과 김화로 진격하여 와이오밍선을 확보하도록 하고, 화천 저수지 동쪽의 미 10군단과 한국군 1군단은 캔자스선을 추진시켜 해안분지(亥安盆地: Punchbowl)와 거진(巨津) 및 고성(高城)으로 진격하도록 하는 공격 작전을 계획하였다. 이 작전은 기반을 다지기 위하여 "파일(pile)"을 박듯이 전선을 튼튼하게 한다는 뜻에서 "파일드라이버 작전(Operation Piledriver)"이라고 이름을 지었다. 8군사령관은 동해안에서 고성을 확보한 다음에, 고성 북쪽 고저(庫底)와 통천(通川)에 상륙작전을 전개하여 교두보를 확보하고, 한국군 1군단과 미 9군단으로 하여금 각각 교두보 남쪽 고성과, 남동쪽 김화에서 진격하여 상륙병력과 연결하여 포위망을 구축하면서, 그 안에 갇힌 북한군을 격멸하는 작전을 구상하고 있었다. 그러나 캔자스-와이오밍선 북쪽에서의 작전은 유엔군 사령관의 승인을 받아야만 하였다. 8군사령관의 작전 계획과 구상을 보고받은 유엔군 사령관(Matthew B. Ridgway 대장)은 5월 28일 서울로 날아와서 8군의 임무는 "최소한의 희생으로 최대한의 희생을 강요하면서 캔자스-와이오밍선으로 서서히 진격하는 것"임을 주지시키고, 화천 저수지 동쪽지역에서 캔자스선의 추진, 조정만 승인하였다. 유엔군 사령관은 5월 29일 서울을 떠나기에 앞서 8군사령관에게 향후 60일 간 어떠한 작전을 실시할 것인가에 대한 상황과 작전 판단을 준비하도록 지시하였다. 유엔군 사령관의 명령을 받은 미 8군사령관은 6월 1일에 각 군단장에게 일단 캔자스-와이오밍선에 진출하면 즉시 방어선을 보강하고, 제한적인 목표 공격과 위력 수색 및 정찰 활동만을 실시하도록 지시하였다.[916] 모험적인 대규모 작전은, 아군의 최소한 희생으로 적에게 최대한의 피해를 입히면서 적절한 선에서 명예롭게 전쟁을 마무리하겠다는 유엔군의 방침에 위배되었기 때문이었다.

---

916) *Ebb and Flow*, pp. 485-7; *軍과 나*, p. 194; *길고 긴 여름날 1950년 6월 25일*, pp. 203-4.

(2) 와이오밍선(Line Wyoming) 진출 작전

미 8군사령관은 철원과 김화를 확보하여 철의 삼각지를 무력화시키는 데 작전의 중점을 두고 이 지역을 담당한 미 1군단의 전력을 강화하였다. 5월 29일부로 미 10군단에 배속되었던 한국군 9사단과 미 3사단(사단장: Robert H. Soule 소장)을 미 1군단으로 배속 전환하여 미 1군단의 전력을 강화하였다. 2개 사단을 배속받은 미 1군단은 한국군 1사단을 임진강 남쪽, 미 1기병사단(영 28여단 배속)을 전곡 남쪽, 한국군 9사단을 영평 북쪽, 미 3사단을 운천(雲川) 남쪽, 미 25사단(터키 여단 배속)을 이동(二東)의 도평리(都坪里)지역에 배치하여 공격 준비를 하였다.

미 1군단은 한국군 1사단의 좌측방 엄호하에 6월 3일 공격을 개시하였다. 좌측의 미 1기병사단은 전곡-연천 도로를 따라 철원의 서쪽 신탄리(新灘里), 한국군 9사단(사단장: 崔錫 준장)은 지장봉(地藏峰, 877고지)을 경유한 종격실의 산악 능선을 따라 철원 서남쪽 고대산(832고지), 미 3사단은 운천(雲川)-평강(平康) 도로를 따라 철원, 우전방 미 25사단은 이동(二東)에서 김화(金化)를 공격하였다. 그러나 폭우로 인하여 도로는 진흙탕이 되었고, 항공 지원과 관측이 어려워 6월 5일까지 군단의 공격은 부진하였다. 중공군은 이 틈을 이용하여 방어 진지를 보강하고 예비대까지 투입하여 완강하게 저항하였으며, 지장봉과 고대산 일대에는 중공군의 1개 사단이 주력의 철수를 엄호하기 위하여 강력한 저지 진지를 편성하고 있었다. 한국군 9사단은 필사적인 공격을 감행하여 6월 7일 지장봉, 9일에는 고대산 서쪽 천광곡을 점령하고, 11일에는 고대산을 점령하여 와이오밍선을 확보하였다. 이로써 9사단은 현리(縣里)에서의 패배를 설욕하였다. 우측의 미 3사단과 25사단도 6월 8일까지는 기상의 악화로 공격이 부진하였으나, 9일부터 기상이 호전되자 효과적인 항공과 포병 화력 지원하에 공격에 박차를 가하여 11일까지 철원과 김화를 연결하는 와이오밍선을 점령하였다. 군단의 주력 부대가 와이오밍선을 점령한 후, 6월 13일 군단은 이 선을 강화하도록 하고, 6월 13일에는 전차와 보병으로 특수임무부대를 편성하여 평강(平康)을 정찰한 결과 시내는 텅 비어 있었고, 중공군의 주력이 북쪽 능선에 방어 진지를 구축하고 있음을 확인하였다.[917]

미 1군단 우측의 미 9군단도 좌전방 한국군 2사단을 김화 동쪽 도로를 따라 대성산(大成山, 1175고지), 중앙의 미 7사단은 적근산(赤根山, 1073고지) 남쪽의 도로를 통제할 수 있는 고지, 우전방 6사단은 화천 저수지 북쪽에서 주변 도로를 감제할 수 있는 취봉(鷲峰, 1020고지)을 공격하도록 하고, 미 24사단을 군단의 예비로 사창리(史倉里)에 위치시켰다. 군단은 6월 3일 공격을 개시하였으나 중공군의 완강한 저항과 험준한 지형 및 기상의 악화로 공격이 부진하였다. 그러나 군단은 조우하는 중공군과 격전을 벌이면서 진격을 거듭하여 한국군 2사단은 6월 11일 대성산을 확보하고, 중앙의 미 7사단도 6월 10일에 와이오밍선인 대성산과 적근산 사이 도로변까지 진출하였다. 군단의

917) *Ebb and Flow*, pp. 491-4; *韓國戰爭(中)*, pp. 621-4.

우측방에서 가장 치열한 전투를 치르면서 종격실 산악 지형을 따라 진출한 한국군 6사단도 완강하게 저항하던 중공군을 백암산(白岩山, 1179고지)으로 몰아내고, 6월 9일 취봉을 탈취하여 취봉을 연하는 횡격실의 고지군(高地群)에 방어선을 구축하였다. 미 9군단도 6월 11일까지 김화 동쪽 와이오밍선 우반부(右半部)를 확보하여 방어 진지를 강화하면서 전방에 대한 수색, 정찰 활동을 실시하였다.[918]

이와 같이 미 1군단과 9군단은 "철의 삼각지"를 무력화시켜 또 다른 중공군의 공세를 사전에 봉쇄하고, 캔자스선을 확실하게 보장하려는 의도하에 계획된 공격 작전을 전개하여 와이오밍선을 확보하였다.

(3) 추진된 캔자스선 진출 작전

중서부전선에서 미 1군단과 9군단이 와이오밍선으로 진출하는 공격 작전을 실시하고 있는 동안, 중동부전선에 배치된 미 10군단과 한국군 1군단도 새로이 추진된 캔자스선을 확보하기 위한 반격 작전을 전개하였다.

8군사령관으로부터 화천 저수지 북쪽-펀치볼(Punchbowl: 亥安盆地)-향로봉-거진으로 추진된 새로운 캔자스선을 점령, 확보하라는 명령을 수령한 미 10군단장은 좌측 한국군 7사단(사단장: 金容培 준장)으로 하여금 양구 북쪽 군량현(軍糧峴), 미 1해병사단(한국군 1해병연대 배속)은 양구 동북방 펀치볼, 한국군 5사단은 원통리(元通里) 북방 서화리(瑞和里)를 공격하도록 명령하였다. 명령을 받은 한국군 7사단은 6월 7일 오전 공격을 개시하기 위하여 정찰을 하는 도중에 중공군의 집중 포격을 받아 연대장이 후송되는 사태가 발생하였다. 사단은 6월 8일 다시 공격을 개시하였으나, 암벽과 울창한 삼림으로 엄호된 적에 대한 포병 화력의 효과가 제한을 받아 진출이 부진하였다. 이에 미 10군단장은 미 1해병의 전차와 화력을 지원해 주었고, 7사단은 6월 10일 군량현을 점령하고, 6월 12일 백석산(白石山, 1142고지)으로 연결된 고지군(高地群)까지 진출할 수 있었다. 북한군이 백석산으로 철수한 것을 확인한 7사단은 새로운 캔자스선으로 철수하여 백석산 줄기의 고지군에 대한 정찰활동을 강화하였다.[919]

우측의 미 1해병사단(사단장: Gerald, C. Thomas 소장)도 중앙에 한국 1해병연대를 투입하여 6월 4일부터 대암산을 공격하였으나, 북한군 12사단이 고지를 선점하여 화력 공격에 견딜 수 있는 진지를 구축하고, 접근로에는 지뢰를 매설해 놓고 있었기 때문에 중간의 고지마저 탈취하지 못했다. 이에 한국 해병은 위험하다는 미 1해병사단장을 설득하여 6월 11일 02시에 무조명(無照明)하에 몇 차례 공격으로 몸에 익은 산길을 따라 야간 공격을 감행하여 북한군의 주저항 진지를 탈취하였다. 야간 기습을 예상하지 못하고 경계병만을 배치하고 수면을 취하고 있던 북한군이 기습을 당하여 난공불락(難攻不落)의 주저항진지를 포기하고 말았다. 미 1해병사단장은 6월 14일 대암산 서북방

---

918) *韓國戰爭(中)*, pp. 624-8.
919) *Ebb and Flow*, pp. 493-4; *韓國戰爭(中)*, pp. 628-40.

의 도솔산(兜率山, 1148고지)을 탈취하라는 명령을 하달하였다. 명령을 받은 한국 1해병(연대장: 金大植 대령)은 도솔산에 이르는 접근로가 협소하였으므로 대대별 공격을 실시하여 6월 19일 도솔산까지 펀치볼을 감제할 수 있는 고지를 확보함으로써 새로운 캔자스선을 점령하였다.920)

한국군 5사단(사단장: 閔機植 준장)도 미 2사단과 함께 진격하다가 원통리에서 미 2사단의 작전지역을 인수하고 서화리로 진격하였다. 원통리 북쪽 산에서 강력하게 저항하는 사단의 각 중대는 수류탄만 휴대한 특공조를 앞세우고 공격을 재개하여 송학동(松鶴洞)으로 진출하여 북한군의 무기고를 탈취하기도 하였다. 미 10군단장의 독촉을 받은 사단은 10일과 11일 천도리(天挑里) 공격을 실시하였으나 실패하고, 6월 12일 정면과 측방에서 공격을 재개하여 천도리를 점령하였다. 6월 14일 항공 지원을 받은 사단은 서화리에 근접하였고, 15일부터 필사적인 근접 전투를 실시하여 서화리 서북방 981고지를 점령하였다. 사단은 새로운 캔자스선을 점령하고 전방지역에 대한 정찰 활동을 실시하면서 방어 진지를 강화하였다.921)

미 10군단은 험한 지형과 제한된 기동로, 지뢰가 매설된 접근로를 이용하여 공격 작전을 전개하여 새로운 캔자스선을 점령하였다. 깎아지른 고지와 삼림은 항공과 포병 화력의 효과를 감소시켰고 악화된 기상 조건은 화력 지원 자체를 불가능하게 하였으나, 미 10군단의 각 공격제대들은 이러한 악조건을 극복하고 양구 북방 군량현의 서쪽 고지 마석봉과 대암산 서북방 도솔산에서 서화리 서북방 981고지를 잇는 추진된 캔자스선을 점령하고 방어 진지를 구축하였다.

5월 말까지 향로봉 산맥과 거진을 점령한 동부전선의 한국군 1군단은 수도사단을 용대리(龍垈里) 서측 당정곡에서부터 칠절봉(七節峰, 1172고지), 향로봉(香爐峰), 건봉산(乾鳳山)에 배치하고, 11사단 주력을 간성 북쪽의 주저항선에 배치하여, 원통에서 공격해 오는 한국군 5사단의 우측방을 방호하면서 자체 방어선을 강화하고 있었다. 군단은 칠절봉 부근에서 주저항선을 돌파하려는 북한군의 공격을 저지하면서 좌측 5사단지역의 측방을 공격하기도 하였으나, 별다른 성과는 거두지 못했다. 1군단은 후방에서의 북한군 패잔병 활동이 약화되자 용대리(龍垈里)-미시령(彌矢嶺)을 방어하고 있던 11사단 20연대를 수도사단에 배속하여 당정곡에서 칠절봉 사이에 있던 매봉산(鷹峰山, 1271고지)까지의 지역을 방어하도록 하였다. 그리하여 한국군 1군단은 당정곡-매봉산-칠절봉-향로봉-건봉산-거진 북방을 잇는 새로운 캔자스선을 따라 11사단 20연대, 수도사단 1, 1기갑, 26연대와 11사단 13, 9연대를 배치하여 주저항선의 방어를 강화하고, 6월 12일에는 향로봉을 공격하는 적의 공격을 격퇴하고 향로봉 서쪽의 거점까지 장악하였다.922)

---

920) *前揭書.*
921) 國防部 戰史編纂委員會, *韓國戰爭史, 第6卷*, pp. 391-418.
922) *韓國戰爭(中)*, pp. 640-3.

중공군의 4월 공세와 5월 공세를 저지하고, 6월 3일부터 반격을 개시한 한국군과 유엔군은 1951년 6월 중순(12-17일)까지 중서부전선의 와이오밍선과 중동부전선의 새로운 캔자스선을 확보하였다. 이 선은 한강(漢江) 하류-문산(汶山)-전곡(全谷)-연천(漣川)-철원(鐵原)-김화(金化)-산양리(山陽里)-펀치볼(Punchbowl: 亥安盆地)-서화리(瑞和里)-거진(巨津)을 연결하는 방어선으로서, 낙동강(洛東江)과 압록강(鴨綠江)까지 오르내리면서 전쟁을 수행한 지 1년 만에, 무수한 인명의 희생 위에 확보한 접촉선이었다. 이 선은 군사적으로 한반도 중간지역에서 방어가 가능하다고 판단되었던 방어선이었고, 정치적으로는 공산측을 휴전회담에 끌어내기 위하여 공산측에게 군사적인 강압과 회유를 동시에 가하던 대규모 공세 작전의 한계선이기도 했다. 이 선에서 전선이 어느 정도 안정되자, 유엔과 공산측은 한국전쟁의 정치적인 해결책을 모색하게 되었다.

18. 휴전 모색과 전선 교착

1) 미국의 휴전 모색과 소련의 대응

미국은 인천상륙작전의 성공과 이에 따른 북진(北進)으로 유엔을 통해서 정치적으로 해결할 수 없었던 한반도 문제가 군사적으로 해결될 수 있을까 하는 조심스런 전망과 함께 낙관적인 기대를 가지게 되었었다. 그러나 중공군의 개입은 이러한 미국의 전망과 기대를 회의와 절망으로 만들었다. 특히 미국 합참본부를 포함한 군사 지도자들은 중공군의 공격으로 무참하게 무너지는 미군의 전열과 무자비하게 희생되는 미군 병사들의 안전을 우려하여 한반도에서의 전면적인 철수까지 고려할 정도였다. 이와는 대조적으로, 세계적인 동서 이념전에서 한국전쟁의 의미를 중시한 미국의 민간 지도자들은 한국에서 방어 가능한 선을 설정하여 이를 지키고, 정치적인 해결책을 모색하자는 입장을 개진하였다. 이러한 입장의 차이에도 불구하고, 미국 정부의 민간 및 군 지도자들은 미국의 주적(主敵)인 소련이 아닌 중공과, 그것도 한반도에서 싸워야 한다는 데 곤혹스러움을 감추지 않고 있었다. 소련이 조종하고 있는 소련의 게임에 미국이 말려든 것 같은 느낌을 떨쳐 버릴 수 없었기 때문이었다. 그리하여 미국 정부는 한국전쟁을 군사적으로 방어 가능한 전선을 확보한 후에 군사적인 승리가 아닌 정치적인 타협에 의해서 종결한다는 방침을 세우고, "명예로운 휴전(Honorable Armistice)"이라는 해결책을 모색하기로 하였다.

"승리에 대신할 것은 없다(There is no subsitute for victory)"는 맥아더식이 아닌 "승리에 대신할 것이 있다(There is a substitute for victory)"는 워싱턴 방식의 해결책을 찾기로 한 미국 정부는 전선에서의 군사적인 우위를 통하여 이 해결책을 모색하기로 하였다. 그리하여 미국 정부는 한반도에서 통일된 민주독립국가의 수립은 정치적으로 계속 추구하되, 한국전쟁의 종결은 유엔을 통한 휴전협정으로 적대 행위를 종결하는 선에서 마무리하고, 휴전선은 대한민국의 통치권이 38선까지 미칠 수 있도록 그 북쪽에 설정되어야 하며, 이러한 휴전이 이루어질 때까지 침략자에 대해서는 계속적인 응징을 가한다는 내용의 정책을 확정하였다.[923] 이에 근거하여 미 합참본부는 1951년 6월 1일 유엔군 사령관 리지웨이에게 첫째, 휴전협정으로 적대 행위를 종식한다. 둘째, 38선 북방에서 방어 가능한 경계선을 확보하여 한국 정부의 관할하에 둔다. 셋째, 한국에서 외국군의 철수를 가능하게 한다. 넷째, 북한의 재침을 억제, 격퇴할 수 있도록 한국군을 증강한다는 내용의 지시를 하달하였다. 그리고 리지웨이의 가장 중요한 임무는 일본의 방위에 있고, 대규모 공세는 사전에 합참본부의 승인을 받아야 하나, 공산군에게 피해를 주는 지상작전(유격, 상륙, 공수작전)은 병력의 안전을 고려하면서 임의로 실시할 수 있다는 점을 명시하였다.[924] 이와 같이 미국은 한국전쟁을 군사적인 승리가 아닌 명예로운 휴전으로 종식한다는 정책, 이를 위해서 38선 이북에서 확보하려는 방어 가능한 전선(캔자스-와이오밍선)에서 제한적인 공세를 취한다는 전략과, 휴전을 강요하고 이에 대비하기 위해서 공산측에게 계속적인 피해를 강요하면서 유리한 지형을 점령·확보한다는 전술을 수립하였다.

한국전쟁을 명예로운 휴전으로 끝낸다는 정책을 확정한 미국정부는 소련의 정책적인 의도를 탐색하기 위한 외교적인 조치를 취했다. 1951년 5월 초, 미국은 프랑스 파리 주재 미국 공사와 모스크바 주재 스웨덴 외교관 등을 통하여 소련의 의도를 탐색하려 하였으나 아무런 반응을 얻지 못했다. 이에 미 국무장관은 5월 중순경에 휴가를 얻어 프린스턴대학교에서 연구중이던 한 국무부 외교관(George F. Kennan)을 불러 유엔 주재 소련 대표로 있던 말리크(Jacob Malik)와 접촉하여 한국에서 미국의 의도를 명확하게 설명하고, 소련측 의도를 탐색해 보도록 지시하였다. 유엔 주재 미국 외교관으로부터 케난이 쓴 서신을 전달받은 말리크는 6월 1일 케난을 만났다. 여기에서 케난은 말리크에게 미국의 의도를 전달하고, 소련측의 의도를 물었으나, 말리크는 본국 정부의 훈령을 받아야 했다. 6월 5일 다시 만난 자리에서 말리크는 되도록 빠른 시간 내에 한국전쟁이 평화적으로 해결되기를 희망한다는 소련 정부의 의사를 전달하면서, 소련이 휴전협상에 참여하지 않으려 하기 때문에, 미국은 북한과 중공에게 직접 접근하는 것이 바람직할 것이라는 의견을 첨부하였다.[925] 이와 같은 적극적인 접촉을 통하여 미국

923) NSC-48/3: US Objectives, Policies, and Courses of Action in Asia, April 26, 1951; NSC-48/4, May 4, 1951; NSC-48/5, May 17, 1951; NSC File, NA; NSC Meetings, President Secretary's File, OF 471 B(SF), Truman Library, Truman Library, Independence, Missouri, U. S. A.; *FRUS, 1951, VII, part 1,* pp. 439-42.

924) JSC to Ridgway, June 1, 1951, RG 218, CCS 383.21 Korea(3-19-45), sec., 49, NA; *FRUS, 1951, VII, part 1,* pp. 487-93; *Ebb and Flow,* p. 490; *韓國戰爭(中),* pp. 591-3.

925) George F. Kennan, *Memoirs, II, 1950-63* (Boston, Toronto: Little, Brown and Company, 1972), pp. 36-7; Dean Acheson, *Present at the Creation,* pp. 532-3; *The Korean War,* pp. 120-1.

정부는 소련도 한국전쟁을 정치적 협상에 의해서 종결하려 한다는 의도를 가지고 있음을 파악하였다.

소련의 의도를 파악한 미국 국무부가 어떠한 절차를 거쳐서 휴전협상을 제의할 것인가를 모색하고 있을 때, 소련 유엔대표 말리크는 1951년 6월 23일 유엔 라디오를 통하여 절차를 암시하는 연설을 하였다. 소련 인민은 한국전쟁이 종식될 수 있다고 생각한다는 전제를 제시한 후, 말리크는 양측이 전투를 종결시키기 원한다면, 38선에서 병력을 철수시킨다는 조건하에서 양측은 휴전회담을 개시할 수 있을 것이라고 말하면서 38선을 부각시켰다. 미 국무부는 모스크바 주재 미국 대사를 통하여 소련 정부의 확실한 입장을 타진하였다. 이때 소련 외무상(Andrei Gromyko)은 아직 중공의 입장을 통보받지 못했으나, 양측 군사대표단들이 정치적인 문제나 영토적인 문제를 다루지 않고 휴전을 성립시켜야 한다는 의견을 개진하였다.[926] 소련 정부의 의도를 정확하게 파악한 미국은 이제 어떠한 경로, 어떠한 수준, 어떠한 형식을 갖추어 휴전회담을 제의하고 이를 진행시켜야 하는가를 결정해야 하는 숙제를 떠안게 되었다.

휴전회담의 시작과 진행은 어떻게 해야 하는가에 대해서 미 국무부의 입장은 소련이 제시한 대로 군사 지휘관들 사이에서 회담이 시작, 진행되는 것을 선호하였으나, 미 합참본부의 입장은 전쟁을 빨리 끝내야 된다는 필요성은 인정하고 있었지만 전투가 아닌 회담 진행과 휴전 후의 사태까지 군에서 책임진다는 것을 꺼려하고 있었다. 6월 28일, 미 국무부와 합참본부 간 휴전회담 개시와 진행에 관한 토의가 있었다. 이 회합에서 국무부 차관보(Assistant Secretary of State, Dean Rusk)는 리지웨이 유엔군 사령관이 적대 지휘관에게 휴전을 위한 회담에 대표를 파견하겠다는 메시지를 방송하여 이를 전달하고, 군사 대표들 사이에 회담을 진행하는 것이 바람직하다는 입장을 밝히면서, 유엔 회원국이 아닌 중공과 북한 군사 대표들과 회담을 진행하는 것이 대만이나 유엔에서의 중국 대표권 문제 같은 고약한 정치적인 사안(事案)을 의제(議題)에서 제외시킬 수 있다는 점을 지적하였다. 합참의장(Omar N. Bradley)과 육군 참모총장(J. Lawton Collins)은 국무차관보의 견해를 받아들였으나, 공군 참모총장(Hoyt S. Vandenberg)은 회담 제의의 부담을 적측에 넘겨야 한다는 주장을 내놓았다. 결국 회의 참석자들은 국무부의 의견을 받아들여, 리지웨이 유엔군 사령관이 휴전회담을 먼저 제의하는 것으로 결론을 지었다. 이에 따라 합참에서 유엔군 사령관이 방송할 메시지 초안을 작성하여 국무부와의 협의를 거치고, 합참-국무부 연석회의에서 이를 추인한 다음에, 이를 리지웨이 사령관에게 발송하여 현지 사령관의 견해를 들었다. 합참은 현지 사령관의 의견을 반영하여 수정된 메시지 내용을 작성하고, 트루먼 대통령의 재가를 받은 후에 이를 유엔군 사령관에게 전송하였다.[927] 이로써 미국 정부는 한국전쟁을 "명예로운 휴전"으

---

926) Secretary of State to Ambassador Kirk, June 25, 1951; Ambassador Kirk to Secretary of State, June 27, 1951, RG 218, CCS 383.21 Korea(3-19-45), sec., 50, NA; *FRUS, 1951, VII, part 1,* pp. 553-4; 560.

927) *The JCS and National Policy, III,* p. 566, RG 218, CJCS 091 Korea(1951), NA; *FRUS, 1951, VII,*

로 마무리할 준비를 갖추게 되었다.

한편 미국이 휴전으로 한국전쟁을 마무리하기 위하여 소련의 의도를 타진하자, 미국의 의사를 전달받은 공산측도 여러 가지를 고려하면서 대책을 마련하게 되었다. 사실상 미국과 소련이 자국 외교관을 통하여 한국전쟁 해결을 위한 접촉을 유지하고 있을 때, 중공의 모택동과 김일성에게는 중공과 북한군이 실시한 5월 공세 직후에 반격을 개시한 미군과 한국군의 진출을 저지하는 데 필요한 소련의 원조가 절실하게 필요한 때였다. 1951년 6월 5일, 중공의 모택동은 스탈린에게 발송한 서한을 통하여, 조중연합군이 작전을 수행하는 데 직면한 세 가지 문제는 "군사작전을 지원하는 데 필요한 재정 문제, 전선에서 군사 작전을 수행하는 데 필요한 엄호와 작전 지도 문제, 적의 상륙 작전에 대비한 후방 방호 문제"라는 점을 지적하고, 이에 대한 스탈린의 견해와 조치를 문의하였다. 이 문제의 진지한 논의를 위해서 후방 지원을 담당한 중국의 고강(高崗)과 당시 6월 초부터 북경에 와 있던 김일성(金日成)을 모스크바에 보내겠다고 전하였다. 6월 13일 고강과 김일성이 모스크바에 도착하여 스탈린과 회담을 가졌다. 이 자리에서 스탈린은 첫째, 휴전(休戰)은 유익하다. 둘째, 작전 지도를 위한 고문관이 절실하게 필요하다면 즉시 조치하겠다. 셋째, 60개 사단을 무장시킬 수 있는 무기와 장비의 원조 요청에 대해서는 반대하지 않겠다는 점을 지적하였다. 그리고 스탈린은 전방과 후방의 작전 지원을 위해서 16개 비행사단 중에서 8개의 비행사단을 투입할 필요가 있으며, 머지않아 미국과 영국이 휴전을 제의할 텐데 강력한 방어를 취하여 그들 군대에게 제압당하지 않도록 하라는 충고를 덧붙였다.928) 이로부터 휴전에 대한 논의가 본격적으로 진행되었다.

6월 13일 고강과 김일성에게 보낸 메시지에서 중공의 모택동은, 중공군과 북한군이 앞으로 2개월 간 방어를 취할 수밖에 없기 때문에 고강과 김일성이 먼저 휴전 문제를 제기하도록 권고하면서 자신의 입장을 밝혔다. 휴전제의에 관해서 모택동은 "적이 먼저 휴전제의를 할 때까지 기다리는 방안과 미국의 외교관(George F. Kennan)이 제안한 대로 소련이 먼저 미국 정부에 휴전을 제의하는 방안을 고려할 수 있다"는 의견을 전달하였다. 모택동은 절충안으로서 "소련 정부가 먼저 휴전 요구를 하고, 적측이 휴전 문제를 제기하면, 조선과 중국이 이에 동의하는 방안"을 제시하면서 이를 스탈린에게 건의하여 해답을 모색하도록 지시하였다. 휴전을 위한 조건으로서 38선을 회복하고 좁은 중립 지대를 양측에 설정하는 것을 들었고, 북측에만 중립 지대를 설정해서는 안 된다고 못을 박기도 하였다. 중국의 유엔 대표권 문제와 대만 문제는 협상을 위한 잠정적인 조건으로서 제안해 볼 수는 있으나, 이는 필수 조건이 될 필요가 없다고 전하면서 스탈린이 요구한 대로 비행사단을 전방으로 배치하고 있다는 점도 빼놓지 않았다.929) 고강과

---

part 1, pp. 577-8; Acheson, *The Korean War*, p. 121; *Present At the Creation*, pp. 533-4.

928) *蘇聯極秘外交文書, 3*, pp. 133-8; *4*, pp. 115-20; Coded message N 20448, June 5, 1951, Mao to Stalin; Coded message N 3557, June 13, 1951, Stalin to Mao, quoted in *The Korean Conflict, 1950-1953*, pp. 132-3.

김일성은 이러한 내용을 담은 모택동의 전문을 스탈린에게 먼저 제기하고, 6월 14일 스탈린을 만나 이를 협의하였다. 중국의 고강과 북한의 김일성은 또한 스탈린의 비위를 맞추어 가면서 스탈린으로부터 되도록 많은 원조를 조기에 확보하려는 노력도 기울였다.

그러나 60개 사단을 무장시키기 위해서 필요한 무기와 장비의 조기 지급요구에 관해서 스탈린은 소련의 생산 능력상 불가능하다는 점을 지적하면서, 1951년에 10개 사단분, 나머지는 1952, 3년과 1954년 전반부에나 가능하다는 점을 밝혔다. 이에 대해서 모택동은 스탈린의 견해에 동의하고, 말리크가 유엔에서 정부 대표가 아닌 군사령관들 사이에 휴전회담이 진행되어야 한다고 밝힌 점은 매우 적절하다는 "칭송"을 아끼지 않았다.930) 이와 같이, 공산측도 계속되는 전투수행에 대비하면서 휴전으로 전쟁을 마감할 태세를 갖추게 되었다.

2) 유엔군 사령관(리지웨이)의 휴전회담 제의와 회담 시작

미 합참본부의 지시에 따라, 리지웨이 유엔군 사령관은 1951년 6월 30일 08시 라디오 메시지를 통하여 원산항에 정박중인 덴마크 병원선에서 휴전을 위한 회담을 갖자고 제의하였다. 공산군 사령관에게 보내는 메시지에서 리지웨이는 "나는 귀측이 한국에서 적대 행위와 모든 군사 행동을 중지하도록 할 휴전과, 이를 보장하기 위한 충분한 보장책들을 논의하기 위한 회담을 원할 것이라는 통보를 받았다"고 말하고, 그러한 회담을 원한다면 유엔군측 대표를 임명할 것이고, 유엔군측 대표가 귀측의 대표를 만날 날짜를 제안할 것이라는 점을 밝히면서, 원산항에 정박한 덴마크 병원선을 회담 장소로 제안하였다.931)

유엔군 사령관 리지웨이의 휴전회담 개최 제안을 받은 모택동은 6월 30일 스탈린에게 자신의 견해를 피력한 전문을 보내면서, 리지웨이가 회담을 제안해 올 경우에 어떻게 대응해야 하며, 어떻게 대답을 해야 하는지를 물어온 김일성이 보내온 전문(6월 29일자)을 첨부하였다. 이 전문에서 모택동은 북한의 군사 기지로 사용되고 있는 원산은 회담 장소로 부적합하다는 의견을 제시하면서 38선상에 위치한 개성이 어떤가를 물었다. 그리고 시간이 촉박하기 때문에 스탈린이 직접 김일성에게 지시하여 회담을 지도하고 그 내용을 자신에게 알려주기를 바란다는 내용도 포함하였다.932) 이에 대해서 6월 30일에 스탈린은 회담 장소는 개성으로 하고, 소련은 회담의 후원자라는 점을 지적

929) A note from Gao Gang and Kim Il Sung to Stalin, June 14, 1951, Archives of the President of Russia, pp. 57-60, quoted in *Ibid.*, pp. 134-5; *蘇聯極秘外交文書, 4,* p. 120.

930) Coded message N 21334, June 30, 1951, Mao to Stalin, quoted in *The Korean Conflict, 1950-1953,* pp. 137-8.

931) JCS to Ridgway, June 28, 1951, RG 218 CJCS 091 Korea (1951), NA; *FRUS, 1951, VII, part 1,* pp. 598-600; Truman, *Memoirs, II,* p. 458; *The JCS and National Policy, III,* p. 567; 國防軍史硏究所, *韓國戰爭(下)* (1997), pp. 34-5.

932) *蘇聯極秘外交文書, 3,* p. 137; Coded message N 21340, June 30, 1951, Mao to Stalin, quoted in *The Korean Conflict, 1950-1953,* pp. 138-9.

하면서, 모택동이 직접 회담 진행에 대한 지도를 실시하라는 전문을 발송하였다. 리지웨이에게는 김일성(金日成)과 팽덕회(彭德懷)가 답하고, 개성에서 7월 10일과 15일 사이에 회담할 준비를 하겠다는 내용으로 하라는 것까지 지시하다시피 하였다.933) 스탈린으로부터 전달받은 내용은 7월 1일 북경 방송을 통해 리지웨이에게 전달되었다. 이로부터 휴전 회담은 모택동의 직접 책임하에 진행되었고, 토의될 내용과 회담 전략 및 전술은 사전에 스탈린에게 보고된 후에야 제안, 실시되었다. 이와 같이 휴전회담의 내용, 진행 및 절차에 대한 소련의 통제는 거의 절대적이었다.

김일성과 팽덕회가 휴전회담 개최를 수락함에 따라, 리지웨이는 7월 3일 예비 회담 개최를 제의하였고, 이에 따라 7월 8일 예비 회담이 개성 광문동(光文洞)의 한 민가에서 열렸다. 중령, 대령급으로 구성된 연락 장교들은 예비회담에서 본 회담을 1951년 7월 10일 11시, 개성(開城) 고려동(高麗洞) 내봉장(來鳳莊)에서 열기로 합의하였다. 개성-판문점 간 도로는 공산측이 경비, 보수하고, 문산-판문점 간 도로는 유엔군측이 실시하며, 공산군측 회담 요원 수송 차량은 평양-사리원-개성 간, 유엔군측 회담 요원 수송 차량은 문산-판문점-개성 간 도로에서 이동간 백기를 부착하고, 유엔군측 회담 대표 외 수행 요원은 백색 완장을 착용하기로 하였다. 리지웨이는 7월 6일 개성을 중심으로 반경 2.5마일을 중립 지대로 간주한다고 하여 회담 장소가 공격 대상에서 제외된다는 점을 밝혔다. 그러나 회담 장소가 공산군측의 장악하에 있었던 지역이라 공산측에게 많은 정치적, 심리적, 군사적인 이점을 허용한 결과가 되었다.934)

한국전쟁을 명예롭게 종결하기 위한 휴전회담은 1951년 7월 10일 11시 개성 내봉장에서 개최되었다. 유엔군측에서는 수석 대표 극동 해군사령관 조이(Turner C. Joy 해군중장)와 4명의 대표(미 8군 참모부장 Henry H. Hodes 해군소장, 극동 공군 부사령관 Laurence C. Craigie 공군소장, 극동 해군 참모부장 Arleigh A. Burke 해군소장, 한국군 1군단장 白善燁 육군소장)가 참석하였다. 공산군측에서는 수석대표 북한군 총참모장 겸 부수상 남일(南日 육군대장)과 4명의 대표(북한군 정찰국장 李尙朝 육군소장, 북한군 1군단 참모장 張平山 육군소장, 중공지원군 부사령관 겸 부정치위원 鄧華 중장, 중공지원군 참모장 解方 소장)가 참석하였다.935)

회담은 상호 신임장을 교환한 후에, 수석 대표의 기조 연설로 시작되었다. 유엔군측 수석 대표인 조이 제독은 회담이 진행되는 동안에도 휴전이 합의될 때까지 전투는 계속되며, 전쟁의 재발 방지를 보장할 휴전협정을 마련해야 하며, 한국과 연관된 군사문

933) *蘇聯極秘外交文書, 3*, p. 138; Coded message N 3917, June 30, 1951, Stalin to Mao, quoted in *The Korean Conflict, 1950-1953*, pp. 139-40.

934) *韓國戰爭(下)*, pp. 43-4; Walter G. Hermes, *Truce Tent and Fighting Front* (Washington, D. C.: GPO, 1966), pp. 15-34. 유엔군측 연락장교단: Andrew J. Kinney 대령(미 공군), James C. Murrey 대령(미 해병), 李壽榮 중령(한국 육군); 공산군측: 張春山 대좌(북한군), 金一波 중좌(북한군), 蔡淸文 중좌(중공군).

935) *Truce Tent and Fighting Front*, pp. 26-34; *韓國戰爭(下)*, pp. 44-50; *길고긴 여름날 1950년 6월 25일*, pp. 214-6.

제만을 토의의 대상으로 삼고, 한국과 관련이 없는 정치, 경제 문제는 논외로 한다는 내용의 기조 연설을 "퉁명스런" 목소리로 실시하였다. 이어 공산군측 수석 대표 남일은 전투 행위를 중지하여 1950년 6월 25일 이전의 원상을 빨리 회복하고, 이를 위해서 모든 군대가 38선으로 철수하고, 가장 빠른 시일 내에 외국군이 철수해야 한다는 요지의 연설을 하였다. 이어서 중공군 대표 등화가 남일이 제시한 3개 항에 동의한다는 지지발언을 하였다. 공산측 대표의 기조 연설과 지지 연설이 끝나자, 유엔측 대표는 회의의제를 선택하고, 포로수용소 방문, 순수한 군사 사항만 토의, 비무장지대 설정, 군사정전위원회 구성, 군사감시단의 구성과 기능 및 전쟁 포로에 관한 협정 등 9개 항의 의제를 제시하였다. 이에 대해서, 공산측은 유엔군측의 의제가 부적절하다는 지적과 함께, 회의의제의 채택, 38도선의 군사분계선 설정, 외국군 철수, 휴전협정, 휴전에 따른 전쟁포로 협정 등 5개 항의 의제를 제시하였다. 첫날 회담은 양측이 의제를 제시하고, 상대의 의제가 부적절하고, 자신들이 제시한 의제가 적절하다는 주장을 한 후에 회의를 끝냈다. 첫날 회의를 마친 대표들이나 이를 지켜본 기자들도 휴전 회담이 길어야 6주 정도 걸릴 것이라는 전망을 하기도 하였고, 열흘쯤 걸릴 것이라는 낙관적인 소리도 들릴 정도였다.[936]

그러나 그 후에 전개된 사실은 이러한 낙관적인 전망을 무색하게 만들었다. 개성을 공산군측이 장악하고 있었기 때문에 기자의 출입, 중립성 보장문제 등이 문제가 되었다. 특히 공산측은 공산측 대표들의 의자를 조금 높게 만들어 위압적인 자세를 취하는가 하면, 백기를 달고 다니는 유엔군 수송차량을 "항복하러 오는 적군"으로 묘사하기도 하는 등의 농간을 부리기도 하였다.[937] 이러한 문제들을 시정해 가면서 유엔군측은 회담을 진행하였다. 7월 26일 양측은 회담을 시작한 지 16일 만에 5개 항의 의제를 채택하였다. 채택된 의제는 첫째, 회의의제의 채택; 둘째, 군사분계선 설정; 셋째, 정전과 휴전을 실현하고 감독하기 위한 구체적 협정; 넷째, 포로에 관한 협정; 다섯째, 양측 정부에 관한 건의 등이었다.[938] 토의 주제를 선정하는 데도 16일 간의 기간이 필요하였다.

이로부터 2년 간에 걸친 설전(舌戰)이 시작되었고, 이것은 전장(戰場)에서의 혈전(血戰) 못지 않은 심도(深度)와 강도(强度)를 지닌 채 진행되었다.

3) 설전과 혈전

휴전 회담의 시작으로 한국전쟁은 두 개의 전선(前線)을 보유하게 되었다. 하나는 휴전 회담 장소에서 유엔과 공산측 대표가 설전(舌戰)을 수행하고 있던 협상전선(協商

936) *前揭書.*

937) *길고긴 여름날 1950년 6월 25일*, pp. 216-7.

938) Ridgway to JCS, July 26, 1951, RG 218, CCS 383.21 Korea(3-19-45), sec., 55, NA; *FRUS, 1951, VII, part 1*, pp. 735-7; *The New York Times*, July 27, 1951; *韓國戰爭(下)*, pp. 55-9.

前線)이었고, 다른 하나는 양측의 병력들이 혈전(血戰)을 치르고 있던 전투전선(戰鬪前線)이었다. 양 전선에서는 접전(接戰)의 양상(樣相)만 다를 뿐 대결(對決)의 치열(熾烈)함은 선후(先後)와 경중(輕重)을 가릴 수가 없을 정도였다.

(1) 군사분계선 문제

1951년 7월 26일 회담 의제를 확정한 양측 대표들은 군사분계선(軍事分界線) 설정에 관한 이견(異見)으로 설전(舌戰)을 계속하였다. 공산측은 38선을 휴전을 위한 군사분계선으로 정해야 한다는 입장을 굽히지 않았다. 38선은 전쟁 전부터 국제 사회가 인정한 경계선으로 이를 군사분계선으로 정하여 양측이 20km씩 물러나는 것이 "매우 공평하고 정당하다"는 주장을 내놓았다. 이에 대해서 유엔측은 군사분계선은 현 접촉선에 기초하여 정해지는 것이 합당하다고 주장하였다. 지난 전쟁 기간 동안 양측이 네 번이나 38선을 넘나들었다는 사실을 예로 들면서 38선은 군사분계선으로 적합하지 않다고 말했다. 군사분계선은, 정치적 목적에 의해서 그어진 지리적인 선이 아니라, 군사적 상황에 기초하여 설정되어야 실질적인 분계선으로서 현실적인 타당성과 지속성이 있다는 점을 지적하였다. 그러나 공산측은 군사분계선을 38선으로 하자는 입장을 굽히지 않았다.[939)]

군사분계선 설정에 관해서 양측 대표는 자신들의 주장이 합리적이고 정당하다는 이유를 들면서 계속 회담에 참여하였다. 유엔군측 대표는 "전투에서 확보하지 못한 것을 회담장에서 얻으려 하지 말라"는 충고를 서슴지 않았고, 공산측 대표는 "가소롭다. 현 전선은 가변적이다. 현 전투 상황으로 보아 38선이 군사분계선으로 적합하다"고 주장하였다. 공산측 대표 남일(南日)은 화가 난 얼굴로 줄담배를 피워댔다. 어느 날, 양측 대표가 "귀측이 할말이 없는가"라는 말만 하고 1시간 가량 상호 노려만 보고 앉아 있을 때, 한국측 대표(백선엽) 앞에 마주 앉아 있던 북한측 대표(이상조)가 빨간 색연필로 낙서를 한 종이 쪽지를 한국측 대표 쪽으로 비추어 보였다. 그 종이 쪽지에는 "제국주의자의 주구(走狗)는 상갓집 개만도 못하다"라고 적혀 있었다. 한국측 대표는 이러한 무례하고 비겁한 행위에도 불구하고 자제심을 잃지 않고 앉아 있으면서, "이들을 이길 수 있는 힘을 기르는 것 이외에 다른 방법이 없다"는 생각을 하고 있었다.[940)] 이와 같이 군사분계선 설정에 관한 한 회담의 진전은 없고, 이야깃거리만 축적되었다.

(2) 회담장의 중립성 보장 문제

휴전 회담장이 공산측 장악하에 있던 개성에 위치하고 있었기 때문에, 공산측의 오만과 횡포는 유엔군측이 수용할 수 있는 한계를 넘고 있었다. 공산측은 좌석을 높여

939) *Truce Tent and Fighting Front*, pp. 35-51; *韓國戰爭(下)*, pp. 72-5.
940) 백선엽, *軍과 나*, p. 213; *길고긴 여름날 1950년 6월 25일*, pp. 222-3.

앉아 승자(勝者) 행세를 하는가 하면, 서방 기자의 출입을 봉쇄하기도 하고, 백기를 달고 가는 유엔군측 수송 차량을 선전 자료로 사용하기도 하였다. 회담장 0.5마일 반경 이내에는 어떠한 무장 병력도 주둔시키지 못하도록 한 합의를 무시하고, 8월 4일 완전 무장한 중공군 1개 중대 병력이 회담장 바로 옆을 지나가는 것이 목격되었다. 이에 유엔군측은 회담장의 중립이 보장되지 않으면 회담에 임할 수 없다는 입장을 전달했다. 이에 대해서 공산측은 8월 7일 그들 보급차량 1대가 개성에서 평양으로 가던중 시변리(市邊里)에서 유엔 공군기의 기총소사를 받았다는 주장을 펴면서 "맞불공세"를 해왔다. 휴전 회담은 군사분계선에 대한 협상 진전은 없고, 이러한 식의 중립성 침해 사건에 대한 시시비비(是是非非)만 주고받으면서 8월 중순으로 접어들었다.[941]

공산측은 8월 23일 23시 20분 유엔군 항공기가 개성 회담장을 폭격했다고 주장하고 나섰다. 사건 조사 요구를 받은 유엔군측 연락 장교단은 현장에 도착하여 다른 곳에서 가져다 놓은 듯한 파편 조각과 그들이 네이팜탄이라고 주장하는 증거로서 가져다 놓은 기름 탱크와 엔진 덮개의 일부를 발견하였다. 그러나 땅이 그을린 흔적은 발견하지 못했다. 유엔군 연락 장교단이 "터무니없는 조작"이라고 일축하자, 공산측은 "이 시간부터 모든 회의는 취소한다"라고 대꾸하였다. 8월 24일 11시 김일성과 팽덕회는 유엔군의 항공기가 공산측 대표를 살해할 목적으로 개성을 폭격하였다고 주장하고, 8월 25일 리지웨이는 조작된 사건에 대한 공산측의 항의에는 대꾸할 가치조차도 없다고 일축하면서, 공산측이 회담을 재개할 용의가 있다면 대표를 다시 파견하겠다고 천명하였다.[942] 이로써 군사분계선 설정에 관한 이견을 좁히지 못하고 휴전 회담은 중단되고 말았다.

(3) 중동부지역의 전선 추진 작전

공산측이 휴전 회담을 진행시키면서 시간을 확보하여 공산군의 전력을 증강시키려는 노력을 기울이고 있는 동안 유엔군은 공산군의 전력 증강을 방해하고, 휴전 회담의 진행으로 자칫 약화되기 쉬운 전의(戰意)를 가다듬고, 전선의 만곡(彎曲)된 부분을 바로잡아 휴전선(休戰線) 설정에 대비한다는 개념하에 공세의 고삐를 늦추지 않았다. 공산군 공세 역량의 축적을 방해하고, 유엔군이 장악한 전세의 주도권을 유지하여 유엔군을 보호하고, 유리한 지형을 확보하여 휴전에 대비한다는 군사적인 목적 외에, 유엔군은 계속적인 공세를 취하여 군사적 압력을 가함으로써 공산측이 제시된 유엔측의 휴전 조건을 수용하게 하는 군사외적인 목적도 달성하려 하였다. 이러한 개념과 목적을 가지고 미 8군은 여러 차원에서 작전 계획을 수립하고, 여러 단계의 공세 작전을 실시하였다.

리지웨이 유엔군 사령관의 지시에 따라 미 8군은 7월 초 대대적인 공세 작전 계획

---

941) *韓國戰爭(下)*, pp. 75-86.
942) *Truce Tent and Fighting Front*, p. 44; *韓國戰爭(下)*, p. 85.

(Operation Overwhelming)을 작성하였다. 이 작전 계획은 공산군의 전력이 현저하게 약화되거나 북쪽으로 철수할 경우와 미 8군의 임무가 변경되어 대규모의 증원이 이루어질 경우에 실시될 공격 계획으로서, 평양과 원산선까지 점령하는 것을 목표로 삼고 있었으며, 9월 1일을 작전 개시일로 가정하고 있었다. 그러나 7월 10일 휴전 회담이 실시되자 미 합참본부가 리지웨이에게 캔자스-와이오밍선 북방에서 대규모 작전을 실시할 경우에는 반드시 합참의 승인을 받도록 한 제한 사항을 취소하였음에도 불구하고, 이 작전 계획은 계획으로만 남게 되었다. 휴전 회담이 개시된 마당에 이를 좀더 지켜볼 필요가 있었으며, 이러한 대규모 작전을 위한 지원이 확보되리라는 기대를 할 수가 없었기 때문이었다. 그리하여 미 8군은 확보한 캔자스-와이오밍선을 강화하고 종심 깊은 전투 정찰을 강화하면서 전력 강화에 주력하였다.943)

미 8군사령관(James A. Van Fleet 대장)은 전투 정찰과 제한적인 목표 공격을 통하여 유엔군의 전력이 둔화(鈍化)되는 것을 방지하는 한편, 한국군의 전력을 강화시키기 위하여 한국군 장교들을 미국의 보병학교와 포병학교에 파견 교육을 실시하도록 하고, 한국군 후방 훈련소와 학교의 교육·훈련 과정을 개선하는 한편, 전방에 배치된 한국군 사단의 전력 증강을 위해서도 획기적인 조치들을 취하였다. 이러한 계획에 따라, 7월 하순 미 9군단을 선두로 각 군단은 후방에 야전훈련소(Field Training Command)를 설치하여 군단 예비로 전환되는 한국군 사단을 입소시켜 9주 동안 개인 훈련에서부터 대대 훈련 과정까지 체계적인 교육·훈련 과정을 거치도록 함으로써 한국군의 전력 증강을 도모하였다. 이와 같이 미 8군사령관은 전투 정찰과 교육·훈련을 실시하고 전력의 둔화방지와 증강을 도모하여 차후에 실시할 제한 목표 공격 작전에 대비하였다.944)

여름 장마가 그친 뒤에도 38선을 군사분계선으로 설정하자는 공산측의 고집으로 휴전 회담이 진척을 보이지 않자, 미 8군은 전선을 추진·조정하고 공산측에게 군사적 압력을 가할 목적으로 8월 중순에 제한 목표 공격을 다시 시작하였다.

미 8군사령관은 8월 14일, 펀치볼(亥安盆地)을 확실하게 장악하기 위한 전 단계로서 양구(楊口)에서 문등리(文登里)와 사태리(沙汰里)에 이르는 각 접근로를 확실하게 통제할 수 있는 중간고지(수리봉, 983고지, 후에 피의 능선: the Bloody Ridge라고 기자들이 명명함)를 확보하고, 동부에서 전선을 남강(南江)을 통제할 수 있는 고지까지 추진시키는 작전(Operation Creeper)을 실시하도록 명령을 하달하였다. 공격 명령을 하달받은 미 10군단장과 한국군 1군단장은 군단의 사단을 동원하여 미 10군단은 펀치볼의 동서 고지군을 공격하고, 한국군 1군단은 전선을 남강까지 추진시키는 공격 계획을 수립하였다. 미 10군단은 좌측의 한국군 7사단으로 하여금 백석산(白石山, 1142고지) 방향으로 공격하고, 중앙의 미 2사단은 한국군 5사단의 1개 연대를 배속받아 983고지(수리봉: 피의 능선), 우측의 한국군 8사단은 5사단 1개 연대를 배속받아 방어선을 강화하고, 한

943) *Truce Tent and Fighting Front*, pp. 80-1; *韓國戰爭(下)*, pp. 97-102.
944) *前揭書*.

국군 1군단과 협조하여 향로봉 서측방 1031고지를 점령하도록 하였다. 한국군 1군단도 북쪽에 3사단을 배치하여 방어를 실시하게 하고, 미 10군단이 담당하고 있던 서화리 계곡 통로 우측 전방에 위치한 924고지를 수도사단, 그 북쪽 884고지를 11사단이 점령하도록 하여 미 10군단의 우측 북단을 엄호하도록 하였다. 공격을 실시하려는 미 10군단 정면 화천 저수지 북쪽에는 북한군 5군단, 펀치볼 정면에는 2군단, 한국군 1군단 정면 남강지역에는 3군단이 대치하여 필사적인 방어 태세를 갖추고 있었다. 이러한 계획을 수립한 미 10군단과 한국군 1군단은 8월 16일 공격 명령을 하달하고, 8월 18일 06시 30분 전 전선에서 공격을 개시하였다.[945] 이에 따라 미 10군단과 한국군 1군단은 10월 중, 하순까지 백석산(白石山) 전투, 983고지(피의 능선: the Bloody Ridge)와 851고지(단장의 능선: the Heartbreak Ridge) 전투, 펀치볼 전투, 노전평(蘆田坪)지역 전투, 남강(南江)지역 전투를 동시, 다발적(多發的)으로 전개하였다.

① 백석산(1142고지) 전투

미 10군단의 좌측방에 배치된 한국군 7사단(사단장: 金容培 준장)은 1951년 8월 18일 군단의 중앙에서 미 2사단이 주공으로서 피의 능선을 공격하자 백석산(白石山)을 향해서 공격을 개시하였다. 8월 18일 7사단은 북한군 5군단 32사단과 12사단의 일부가 방어하고 있던 백석산지역 방어 진지를 3연대를 앞세우고, 5, 8연대를 투입하여 공격을 개시하였다. 그러나 8월 말 피의 능선 공격이 부진하자, 군단이 군단 예비대까지 투입하면서 사단으로 하여금 피의 능선 서측 554고지를 먼저 점령하도록 명령하였다. 이에 사단은 접전을 치른 후에 9월 2일까지 554고지와 901고지를 점령하여 우측에서 피의 능선을 공격하는 미 2사단을 지원하고, 백석산 공격을 위한 발판을 구축하였다. 사단 동쪽의 고지를 점령한 7사단은 9월 7일부터 사단 서쪽지역의 고지(883고지)를 공격하여 9월 18일까지 격전을 치르면서 이를 점령하고, 사단 전체가 백석산 공격 준비를 갖추었다. 그러나 7사단은 기상이 좋지 않아 항공 지원이나 포병 지원을 효과적으로 받지 못한 상태에서 북한군의 공격을 받아 사단 병력이 70% 수준으로 감소되고, 지원화기의 가동률도 저하되어 재정비가 시급하였다.[946]

한국군 7사단이 시급한 재정비가 필요하다는 것을 파악한 미 10군단장(Clovis E. Byers 소장)은 9월 20일 군단의 우측에서 노전평(蘆田坪) 전투를 마친 8사단 지역에 해병 1사단을 투입하는 한편, 한국군 8사단(사단장: 崔榮喜 준장)에게 9월 23일까지 7사단 지역을 인수하도록 하고, 7사단을 군단 예비로 전환하여 재정비하도록 하였다. 그러나 군단의 주공인 미 2사단이 단장의 능선 공격을 개시한 지 1주일이 지났는 데도 전세가 호전될 기미를 보이지 않자, 군단의 전 전선에서 공세를 취하여 적의 전력을 분산시키기 위하여 한국군 7사단으로 하여금 계속하여 백석산을 공격하도록 하는 수정 명령을

945) *韓國戰爭(下)*, pp. 113-69.
946) 國防部 戰史編纂委員會, *白石山戰鬪* (1990), pp. 23-88; *韓國戰爭(下)*, pp. 147-9.

하달하였다. 명령을 받은 7사단은 8연대를 주공으로 좌측 능선, 3연대를 우측 능선에 투입하여 9월 26일 백석산 공격을 개시하였다. 항공 폭격과 포병 지원을 받으면서 공격을 개시한 7사단은 백석산의 좌측 봉우리를 확보하였다. 사단은 9월 27일 공격을 실시하려 하였으나, 새로 투입된 북한군 12사단의 역습을 받았다 그러나 예비 연대를 투입하여 이를 격퇴한 후에, 9월 28일 12시부로 백석산 공격 임무를 한국군 8사단에게 인계하고 예비로 전환되어 야전 훈련소에 입소하였다.[947] 이로써 백석산 점령 임무는 한국군 8사단의 몫이 되었다.

새로 투입된 한국군 8사단은 새로 투입된 북한군 12사단이 방어하고 있던 백석산을 9월 30일 06시 10연대를 주공으로 삼아 공격을 개시하였다. 8사단은 09시경 몇 차례 돌격을 실시하였으나 정상을 탈취하지 못했다. 아침 안개를 이용하여 재돌격을 실시하였으나, 8부 능선으로 밀려나고 말았다. 이에 10연대장(鄭剛 대령)은 재정비를 완료한 1대대를 전방에 투입하여 백석산 주봉을 확보하였고, 대공포판을 등에 붙이고 단신으로 절벽을 기어올라 수류탄으로 북한군의 기관총 진지를 잠재운 하사(孔在浩)의 수훈으로 우측 봉우리도 점령하였다. 이로써 8사단은 전선을 인수한 후 2일 만에 백석산을 점령하였다. 군단으로부터 백석산 북쪽 어은산(魚隱山, 1250고지)에 이르는 고지군을 계속 점령하라는 명령을 받은 8사단은 3단계 공격 작전을 수행하여 어은산 남쪽 자락인 1050고지까지 진출하였다. 이에 공산측은 10월 10일부로 북한군 5군단을 후방으로 철수시키고, 원산 방어에 임하고 있던 중공군 20병단 예하 68군을 어은산(魚隱山)-문등리(文登里)지역에 투입하였다. 한국군 8사단은 공산측이 진지 교대를 수행하는 틈을 이용하여 10월 28일까지 어은산 남쪽 횡격실의 고지군(高地群)을 차례로 탈취하여 유리한 방어선을 확보하고 전선 추진 작전을 종료하였다.[948]

② 피의 능선, 단장의 능선 전투

양구에서 문등리(文登里)와 사태리(沙汰里)에 이르는 두 접근로 사이에 위치한 피의 능선과 그 북방 단장의 능선은 두 접근로의 통제는 물론, 펀치볼 서측의 대우산(大愚山, 796고지)과 가칠봉(加七峰, 1242고지)을 탈취하기 위하여 먼저 확보해야 할 고지군(高地群)이었다. 미 2사단장(Clark L. Ruffner 소장)은 한국군으로 하여금 전투 경험을 쌓게 하여 전투 능력을 배양하고 자신감을 갖게 하라는 군사령관의 지침에 따라 사단에 배속된 한국군 5사단 36연대(黃樺 대령)를 투입하여 피의 능선을 공격하게 하였다. 엄청난 항공 폭격과 포병 지원 사격을 퍼부은 다음에 36연대는 3대대를 좌측, 2대대를 우측에 배치하여 8월 18일 06시 30분 공격을 개시하였다. 고지를 방어하고 있던 북한군의 기관총 사격과 수류탄 투척을 무릅쓰고 우측 2대대 6중대는 20일 20시경 940고지를 탈취하였으나, 남은 중대 병력은 20여 명에 불과하였다. 좌측 3대대 11중대는 2

947) *白石山戰鬪*, pp. 89-126; *韓國戰爭(下)*, pp. 149-53.
948) *白石山戰鬪*, pp. 127-206; *韓國戰爭(下)*, pp. 153-6.

대대가 확보한 940고지를 우회하여 22일 날이 밝을 무렵 3대대 목표인 983고지 후사면으로 병력을 투입하여 22일 11시 30분 총 한 발 소지 않고 983고지를 점령하였다. 이로써 36연대는 공격 개시 6일 만에 피의 능선을 점령하고, 3개 대대를 이 고지군에 횡으로 배치하여 방어선을 강화하였다. 그러나 이 날 밤부터 북한군의 역습이 시작되었고, 26일에는 새로 투입된 북한군 6사단 13연대가 983고지를 포위공격하여 오후에는 983고지가 적의 수중에 넘어가고 말았다. 상황이 악화되자, 미 2사단장은 미 9연대(연대장: Olinto M. Barsanti 중령)를 투입하였다. 그러나 27일 전개된 야간 전투에서 양개 연대는 철수하였고, 피의 능선은 점령한 지 5일 만에 다시 북한군의 수중에 넘어가고 말았다.[949)]

제한된 작전으로 제한된 목표를 점령하려던 공세 작전이 그 한계를 드러내자, 8월 28일 미 10군단장은 공세 작전을 확대하기로 방침을 정하고 군단 예비인 한국군 5사단과 미 1해병사단을 전선으로 투입하여 전면적인 공세 작전을 실시하도록 명령하였다.

군단의 전면 공세와 더불어 미 2사단 9연대도 9월 3일 피의 능선 공격을 개시하여 9월 5일 983, 940고지를 연하는 피의 능선 고지군을 점령하였다. 미 9연대가 고지에 올라섰을 때 고지를 지키던 북한군은 이미 철수하고 없었다. 북한군은 그간의 전투에서 입은 많은 손실과 좌우 고지군의 상실로 인한 포위의 위험 때문에 자진하여 철수한 것으로 보였다. 결국 8월 18일부터 한국군 5사단 36연대, 그 후 미 2사단 9연대가 투입된 피의 능선 전투는 9월 5일 18일 간의 혈전 끝에 끝났다. 이 전투에서 한국군과 미군은 전사 326명, 실종 414명을 포함하여 2,722명의 손실을 입었고, 미군의 손실이 한국군보다 많았다. 북한군은 약 1만 5,000여 명의 피해를 입은 것으로 추산되었으며, 이 전투는 요새화된 진지도 탈취가 가능하다는 선례로서 "피의 능선(the Bloody Ridge)"전투라는 이름으로 남게 되었다.[950)]

고지군(高地群)이 횡으로 연결된 피의 능선을 확보한 미 2사단은 미 8군의 계속 공격 방침과 군단의 명령에 따라 이 능선 북방에 위치한 종격실(縱隔室)의 고지군(高地群: 894-931-850-851고지, 斷腸의 稜線: the Heartbreak Ridge로 명명됨)을 공격할 준비를 갖추었다. 미 2사단은 피의 능선 전투를 주도한 9연대로 하여금 9월 11일 사단 좌측 피의 능선을 인수하도록 하고, 피의 능선에 배치되어 있던 23연대(프랑스 대대, 38연대 3대대 배속)를 투입하여 단장의 능선을 공격하고, 38연대(-3대대)를 예비로 전환하였다. 이에 맞선 공산군은 문등리 계곡에 북한군 5군단 6사단, 사태리 계곡에는 2군단 13사단을 배치하여 방어하고 있었다. 미 2사단장은 종심으로 배치되어 있는 단장의 능선 고지군을 남쪽에서 축차적으로 공격하는 것보다는 사태리 계곡 동쪽에서 능선의 북쪽 2개 고지와 남쪽 2개 고지를 동쪽에서 서쪽으로 공격하는 것이 바람직할 것으로 판단하고 23연대로 하여금 먼저 능선 동쪽의 고지를 점령하도록 하였다. 이에 따라 23

---

949) *Truce Tent and Fighting Front*, pp. 80-5; *韓國戰爭(下)*, pp. 121-6.
950) *Truce Tent and Fighting Front*, p. 86; *韓國戰爭(下)*, p. 129.

연대는 9월 12일에 1대대와 배속된 38연대 3대대를 투입하여 능선 동쪽의 고지군을 먼저 점령하고, 단장의 능선 공격 준비를 갖추었다.951)

미 2사단 23연대는 80여 문의 포가 동원된 공격 준비 사격에 이어 9월 13일 06시에 단장의 능선을 공격하였다. 많은 피해를 감수하고 저녁 무렵에 능선 북쪽 850고지를 점령하였으나, 북한군의 야간 역습을 받아 고지를 지키던 중대원 30여 명이 전사하고 말았다. 이에 사단장은 남쪽에서 9연대를 공격하도록 하여 양면 공격을 실시하였으나 피해만 늘어가고 고지를 점령하지 못하였다. 그리하여 9연대와 23연대는 9월 16일부터 단장의 능선 남쪽 931고지에 병력을 집중하여 공격을 실시하였다. 9월 20일 새로운 사단장이 취임하여 9월 22일 프랑스 대대를 남쪽 고지, 2대대를 북쪽에서 931고지를 공격하도록 하고 3대대를 북쪽의 북한군을 견제하기 위하여 공격을 하도록 하였으나, 931고지를 점령하지 못했다. 23연대장(James Y. Adams 대령)은 전력 소모가 많은 대대를 교대시켜 가면서 공격을 계속하였으나 결과는 마찬가지였다. 2주 간의 전투에서 미 2사단의 손실은 1,670여 명이었고, 23연대만 950명의 손실을 입었다. 이에 23연대장은 같은 방식의 공격은 자살 행위와 같다고 판단하여 북한군의 증원을 차단할 사단 및 군단의 조치를 요구하였다. 이에 미 2사단장은 당시까지의 공격작전 실패를 인정하고 사단급의 대규모 공격 작전을 계획하였다.952)

미 2사단장(Robert N. Young 소장)은 사단의 포병과 전차의 지원하에 3개 연대 협조된 공격을 실시하여 단장의 능선을 확보하고 전선을 추진하기로 하였다. 이에 따라 사단은 38연대를 문등리 도로 좌우측의 북한군을 격멸하면서 공병의 문등리 도로 개척을 엄호하고, 9연대를 사단 서측방의 고지를 점령하도록 함과 동시에 23연대로 하여금 단장의 능선을 공격하도록 하였다. 사단은 단장의 능선고지를 남쪽에서부터 점령해 나가는 공격 방식을 택하고, 작전을 3단계로 구분하여 능선 남쪽 931고지를 먼저 점령하고, 차후에 북쪽 851고지를 점령하는 공격 계획(Operation Touchdown)을 세웠다.953)

미 2사단은 10월 5일 21시 30분 300여 문의 사단 및 군단 포와 미 1해병사단의 비행단까지 동원하여 공격 준비 사격으로 적진을 강타한 다음에 야간 공격을 실시하였다. 10월 6일 일출경까지 23연대는 931고지를 장악하였다. 23연대의 단장의 능선 남쪽 고지(931고지) 점령과 때를 맞추어 38연대의 엄호하에 사단 공병은 문등리 도로 개척을 실시하여 10월 9일까지 도로를 완전하게 통제하였으며, 9연대도 사단 서측의 고지를 점령하여 능선 북쪽 고지(851고지)를 공격할 수 있게 되었다. 10월 10일부터 72전차대대와 38연대 보병, 23연대 전차중대와 프랑스 대대의 보병과 공병으로 구성된 특수임무부대가 851고지를 양측방에서 차단하였다. 공산군측도 중공군 68군 204사단이 증원되었다. 이러한 가운데 23연대가 851고지를 공격하였다. 1대대가 프랑스 대대 지원하

951) *Truce Tent and Fighting Front*, pp. 86-92; *韓國戰爭(下)*, pp. 156-64.
952) *前揭書.*
953) *Truce Tent and Fighting Front*, pp. 92-7; *韓國戰爭(下)*, pp. 164-9.

에 공격을 선도하고, 3대대는 1대대의 서측, 2대대는 문등리 남쪽의 고지를 점령하여 적의 증원을 차단하였다. 1대대와 프랑스 대대는 완강하게 저항하는 벙커 속의 적을 제압하면서 진격하였고, 3대대도 이들의 공격을 도왔다. 10월 11일 야간 1대대를 초월 공격한 프랑스 대대가 10월 13일 동이 틀 무렵 851고지 정상을 점령하였다. 38연대도 네덜란드 대대의 도움을 받으며 공격을 계속하여 10월 15일에 백석산(白石山)과 어은산(魚隱山) 중간 지점의 1220고지를 점령하는 전과를 획득하였다.[954]

미 2사단은 9월 13일부터 1개월간의 혈전(血戰)을 벌인 결과 단장의 능선을 탈취하고 전선을 1220고지-문등리(文登里)-가칠봉(加七峰)까지 추진하였다. 그러나 이에 따른 피해는 1개월 간의 전투에서만 3,700여 명의 손실을 입었다. 북한군 6, 12, 13사단과 중공군 204사단이 입은 피해 역시 매우 심하여 2만 1,000여 명으로 추산되었다. 피의 능선(the Bloody Ridge)과 단장의 능선(the Heartbreak Ridge)이라고 기자들이 명명한 대로 많은 희생을 치른 후에야 이들 능선을 유엔군이 장악할 수 있었다.

③ 노전평지역 전투

미 10군단의 우측방 서화리 계곡에 투입된 한국군 8사단(사단장: 崔榮喜 준장)도 군단의 공격 명령에 따라 8월 16일 노전평(蘆田坪)지역의 965고지와 1031고지를 탈취하기 위한 공격 계획을 수립하였다. 사단은 16연대를 좌측에서 445고지, 21연대를 중앙에서 965고지, 10연대를 우측에서 1031고지를 점령하도록 하고, 21연대를 예비로 하여 8월 18일 06시 공격을 개시하였다. 사단은 끝까지 저항하는 북한군의 저항을 극복하고, 8월 24일까지 공격을 계속하여 1031고지와 965고지를 탈취하였다.[955]

965고지와 1031고지를 잇는 방어선을 확보한 한국군 8사단은 소양강과 남강 지류의 분수령을 이루는 854고지를 공격하라는 명령을 받고, 중앙에 배치된 21연대를 주공으로 우측의 854고지 북방의 고지를 점령하여 북한군의 증원을 차단하고, 16연대는 21연대를 지원하도록 하여 9월 10일 06시에 공격을 개시하였다. 공격 개시 첫 날에 중간 목표를 탈취한 사단은 11일에 21연대를 투입하여 854고지를 공격하였으나, 적의 저항이 완강하여 이를 점령하지 못했다. 9월 12일 사단은 항공 지원 및 함포 지원을 받으면서 전연대 병력을 854고지 공격에 투입하였으나 이 또한 실패하였다. 9월 13, 14, 15일에도 같은 방식으로 공격을 계속하였으나, 성공을 거두지 못했다. 그러나 사단은 이에 실망하지 않고, 계속 공격을 실시하여 9월 18일 854고지를 점령하였다. 사단은 2,300여 명의 북한군을 사살 또는 포로로 하였으나, 한국군도 322명의 전사자와 115명의 실종, 1,443명이 부상당하는 피해를 입었다. 이로써 사단은 방어선을 남강 남쪽까지 추진하였고, 펀치볼을 공격하는 군단 작전을 지원하였으며, 서화 계곡의 도로망을 확실하게 장악하는 전과를 획득하였다.[956]

---

954) *前揭書.*
955) 國防部 戰史編纂委員會, *蘆田坪戰鬪* (1992), pp. 28-74; *韓國戰爭(下)*, pp. 113-21.

노전평지역에서 목표를 달성한 한국군 8사단은 백석산을 공격하던 7사단의 작전지역으로 이동하여 백석산 전투에 투입되어 9월 28일 전투지역을 인수하고 10월 1일 백석산을 점령하는 전과를 거두기도 하였다.

④ 펀치볼(亥安盆地) 공격 작전

펀치볼을 확보하기 위하여 펀치볼의 동서 양측 고지군을 먼저 점령하려던 군단의 공격 계획이 피의 능선 전투에서의 고전(苦戰)으로 차질을 빚게 되자, 8월 28일 미 10군단장은 공격 작전을 확대하기로 방침을 세우고 군단 예비인 한국군 5사단(사단장: 閔機植 준장)과 미 1해병사단(사단장: Gerald C. Thomas 소장)을 투입하여 펀치볼 서쪽과 북쪽의 감제 고지를 직접 점령하도록 명령하였다. 군단장은 펀치볼 북쪽 고지군을 연하는 작전 통제선(Hays Line)을 설정하고 미 1해병사단으로 하여금 펀치볼을 직접 공격하게 하고, 서쪽에서 한국군 5사단은 가칠봉(加七峰, 1242고지), 동쪽의 한국군 8사단은 소양강과 남강 지류의 분수령 854고지를 점령하도록 하였다. 군단의 명령에 따라, 미 1해병사단은 8월 28일 홍천을 떠나 미 2사단과 한국군 8사단 작전지역의 일부를 인수하여 펀치볼 남쪽 캔자스선으로 진출하였다. 한국군 5사단도 군단의 명령에 따라 8월 28일 펀치볼 남단의 좌익 캔자스선에서 미 1해병사단과 공격 준비를 서둘렀다.

미 1해병사단은 8월 30일 한국군 1해병연대를 좌측, 미 7해병연대를 우측에 배치하여 공격을 개시하였다. 좌측의 한국 해병 1연대는 1, 3대대를 전방에 배치하고, 2대대를 캔자스선 방어에 투입하여 8월 31일 06시 공격을 개시하였다. 한국 해병은 연대장(金大植 대령)이 부상을 입는 피해를 입으면서 공격을 독촉하여 우익의 1대대는 목표를 점령하였다. 그러나 좌측의 3대대는 펀치볼 북쪽의 924고지(김일성 고지로 명명함)를 점령하기는 했으나, 진출이 부진하였다. 이에 사단장은 미 5해병을 투입하여 캔자스선 방어를 하도록 하고, 2대대를 투입하여 한국 해병의 공격력을 증강시켰다. 새로이 투입된 2대대는 924고지를 인수하고, 9월 3일 08시에 공격을 개시하여 북한군의 기관총 사격과 수류탄 투척으로 희생자가 속출하는 상황하에서도 돌격 소대를 앞세워 공격을 계속하여 펀치볼 북쪽 목표 1026고지(모택동 고지)를 점령하였다. 한국 해병은 펀치볼 북쪽 두 고지(924, 1026고지)를 점령하여 분지를 확보하게 되었다. 우측의 7해병도 주어진 목표를 점령하였고, 미 1해병사단은 펀치볼 북방 고지군을 확보하였다. 사단은 1단계 작전을 성공적으로 마무리한 후에 9월 11일부터 20일까지 공격 작전을 전개하여 분지 북방 5km에 위치한 812고지까지 점령함으로써 펀치볼 분지를 완전하게 확보함으로써 펀치볼 작전을 종료하였다.[957]

미 1해병사단의 서쪽에서 가칠봉(加七峰) 공격 임무를 부여받은 한국군 5사단(사단장: 閔機植 준장)은 35연대를 좌측, 27연대를 우측에 배치하고, 피의 능선 전투에 참여

956) *蘆田坪戰鬪*, pp. 81-142; *韓國戰爭(下)*, pp. 118-22.
957) *韓國戰爭(下)*, pp. 129-35.

했던 36연대를 예비로 하여 재편성을 서둘렀다. 5사단은 군단 작전 통제선상의 가칠봉을 점령하기 위하여 27연대를 투입하고 캔자스선 방어는 35연대가 전담하도록 하였다. 27연대장은 8월 29일 06시 공격을 개시하여 9월 3일 가칠봉 동북쪽 능선과 서희령을 점령하였다. 목표를 점령한 사단은 9월 4일 가칠봉 서북쪽 1211고지를 점령하라는 명령을 받고 35연대 1대대로 하여금 캔자스선을 방어하도록 하고, 35연대(-)를 추진시켜 군단 작전 통제선을 방어하도록 하고, 27연대는 계속 공격하도록 하였다. 그러나 9월 5일 08시에 공격을 개시한 적의 강력한 저항으로 진출을 하지 못했다. 이로부터 사단은 35연대를 투입하여 9월 17일부터 19일까지 공격을 계속하였다. 9월 20일부터 22일까지 35, 6연대, 9월 28일에 35연대를 투입하여 공격을 하였으나, 1211고지를 점령, 확보하지는 못했다. 이에 사단은 10월 1일 사단 전 병력을 동원하여 17시 40분 1211고지를 점령하였다가 10월 2일 07시 안개 속에서 감행된 북한군의 역습으로 1211고지를 포기해야만 하였다. 사단은 다시 10월 8일 27연대를 투입하여 1211고지를 점령하였으나, 적의 야간 역습으로 물러나고 말았다. 이와 같이 5사단은 1211고지를 점령하고 내주고 하는 작전을 계속하다가, 10월 14일 가칠봉지역 전투를 종결하였다. 한국군 5사단은 1211고지를 확보하지는 못했으나, 가칠봉을 완전하게 장악함으로써 펀치볼의 확보에 결정적인 기여를 하였으며, 작전을 종료한 5사단은 10월 20일 전선을 한국군 3사단에게 인계하고 양양으로 이동하였다.958)

⑤ 남강, 동해안 진출 작전

한국군 1군단장(白善燁 소장)은 수도사단(사단장: 宋堯讚 준장)을 서측, 11사단(사단장: 吳德俊 준장)을 중앙, 3사단(사단장: 白南權 준장)을 동측에 배치하여 향로봉(香爐峰) 산맥을 따라 거진 북방까지 새로운 캔자스선을 방어하고 있었다. 군단장은 1951년 8월 14일 미 8군사령관으로부터 좌측 인접 미 10군단과 함께 공세 작전(Operation Creeper)에 참여하여 미 10군단 예하 한국군 8사단이 향로봉 서쪽 1031고지를 공격하는 것과 병행하여 향로봉 서북쪽 7km 지점에 위치한 924고지와 이 고지 북쪽 3km에 위치한 884고지를 탈취하라는 명령을 받았다. 이 지역은 북한군 3군단(1, 15, 45사단)이 점령하여 향로봉 산맥 북쪽 884고지로부터 월비산(月比山, 459고지) 일대에 주저항선을 구축하고 남강(南江) 이남에서 배수진(背水陣)을 치고 있었다. 군사령관의 명령을 수령한 1군단장은, 8월 16일 수도사단은 924고지와 751고지를 점령하고, 11사단은 884고지와 591고지를 점령하라는 명령을 하달하였다. 한국군 1군단은 펀치볼(亥安盆地)을 확보하려는 미 10군단의 작전을 돕고 군단 서측 방어선을 남강(南江)까지 추진시키는 공세 작전을 수행하게 되었다.959)

군단의 명령을 받은 수도사단과 11사단은 8월 18일 06시에 사단포병과 동해안의 함

958) *韓國戰爭(下)*, pp. 135-47.
959) *韓國戰爭(下)*, pp. 169-76; *길고긴 여름날 1950년 6월 25일*, p. 227.

포 지원을 받으면서 공격을 개시하여 11사단은 정오경에 884고지를 점령하였고, 수도사단도 924고지를 탈취하였다. 사단과 군단 목표이면서 군 전략상 중요한 목표이기도 한 두 고지를 탈취한 두 사단장은, 군단장은 물론, 8군사령관 및 참모총장으로부터 전과를 치하하는 전문을 받았다. 그러나 함포 사격의 불세례를 견디지 못하여 884고지에서 물러나 부근의 고지에 분산되어 있던 북한군은 역습의 기회를 노리고 있었다. 884고지를 점령한 11사단 병력은 8월 18일 오후부터 강풍을 동반한 폭우 속에서 방어를 하였다. 북한군 3개 대대의 역습을 받은 이들 병력은 고지를 포기하고 고지 후사면으로 물러나고 말았지만, 다시 공격을 실시하여 고지를 다시 점령하였다. 다시 고지를 점령한 11사단 병력은 방어 진지를 구축하면서 재편성을 실시하였으나, 탄약과 식량 보급의 어려움을 겪게 되었다.[960)]

884고지에 대한 북한군의 역습과 한국군의 반격이 반복되었다. 8월 21일 20시 20분경, 북한군이 역습을 감행하여 11사단 병력은 다시 고지를 내놓았다. 8월 24일 09시 30분, 9연대장은 1, 2대대를 투입하여 884고지 공격을 개시하였다. 이날 야간에 1대대 3중대가 돌격을 자청하여 측후방에서 북한군 진지를 급습하고 다른 병력이 공격에 가담하여 884고지를 다시 탈취하였다. 그러나 8월 25일 04시경 북한군의 역습을 받아 다시 고지를 내주었다. 이에 11사단장은 9연대를 20연대와 교대시킨 후에 27일 06시 공격을 개시하여 고지 정상 부근에서 30여 분 간의 육박전을 치르고서야 고지를 다시 탈환하였다. 이에 연대는 다른 나머지 병력을 투입하여 주변 고지들을 점령하고 방어진지를 강화하였다. 고지를 탈취당한 북한군은 9월 초까지 계속적인 역습을 감행해 왔으나 11사단은 이를 격퇴하였다. 한국군 1군단은 8월 18일 공격을 개시한 수도사단이 8월 23일 924고지를 확보한 데 이어 8월 27일 11사단이 884고지를 확보함으로써 군이 제시한 목표를 점령하고 동측 방어선을 남강까지 추진하였다.[961)]

한국군 1군단은 9월 6일 8군이 단행한 전선 조정에 의하여 서측 방어선이 2km 정도 단축됨에 따라 향로봉-건봉산-까치봉-동해안의 송현리(松峴里)까지를 방어하게 되었다. 이에 따라 전선을 미 10군단에게 인계한 수도사단을 동해안 방어선에 투입하고, 3사단을 예비로 전환하여 양양의 야전훈련소에 입소시켜 교육·훈련을 받도록 하였다. 동해안으로 이동한 수도사단은 1연대와 기갑연대를 전방에 투입하고, 26연대를 예비로 하여 방어선을 편성하였다. 이 지역에서 사단장은 방어선을 남강까지 추진하기로 결심하고 월비산(月比山, 459고지) 공격을 구상하였다. 사단장은 월비산 공격을 위하여 351고지를 먼저 점령하고, 기갑연대로 하여금 10월 12일 06시 월비산을 공격하도록 하였다. 그러나 2일 간 공격을 계속하였으나 월비산은 탈취하지 못했다. 이에 기갑연대장은 월비산 북쪽에 위치한 350고지를 먼저 탈취하여 월비산에 대한 증원을 차단하고, 10월 15일 청명한 날씨에 항공 지원과 포병의 화력 지원하에 공격을 개시하여 월비산

960) *前揭書.*
961) *前揭書.*

을 탈취하였다. 사단장(宋堯讚 준장)도 이날 월비산에 올라 훈장을 수여하고 장병들과 기쁨을 나누었다. 사단장은 월비산을 확실하게 장악하기 위하여 전과 확대를 명령하였고, 기갑연대는 17일과 19일에 주변 고지에 대한 공격을 실시하여 남강(南江) 남쪽의 북한군을 모두 몰아낸 다음에 방어선을 남강으로 확보하고 고성(高城)까지 진출하였다.[962)]

월비산을 탈취하고 전선을 남강까지 추진시켰던 수도사단은 11월 16, 17일에 방어선을 좌측 인접 11사단에게 인계하고, 지리산 공비 토벌 작전을 위하여 새로 창설된 백야전사령부로 배속되어 호남지방으로 이동하였다. 수도사단의 방어선을 인수한 11사단은 9연대를 이 지역에 배치하고, 5사단 36연대를 배속받아 방어선을 강화하고 있었으나, 새로 투입된 북한군 9사단이 11월 18일 월비산을 공격해 왔다. 이 전투에서 11사단은 월비산과 351고지까지 탈취당했으나, 역습을 통하여 351고지만을 탈취하고 월비산은 다시 탈취하지 못하였다. 한때 남강 이남지역을 소탕하고 고성까지 진출한 한국군 1군단은 북한군의 역습을 받아 월비산을 다시 내놓기는 하였으나, 동해안지역의 방어선을 추진시키는 전과를 획득하였다.[963)]

(4) 중서부지역의 전선 추진 작전

미 8군사령관은 중동부지역에서 전선을 추진하는 작전이 진행되고 있는 동안 중서부에서 과감한 작전 계획을 세워 놓고 있었다. 미 10군단이 단장의 능선 전투를 실시하고 있던 9월 중순, 미 8군은 철원과 김화 간 철로를 완전하게 확보하기 위하여 전선을 와이오밍선 북방 15km까지 추진시키려는 공격 작전(Operation Cudgel) 계획을 세웠다. 미 8군사령관은 해병과 한국군 1개 사단을 고성(高城) 북쪽 고저(庫底)에 상륙시키고, 미 9군단으로 하여금 금성(金城)-고저(庫底) 도로로 진출시켜 한국군 1군단과 미 10군단과 대치하고 있던 북한군의 후방을 차단하려는 상륙 및 지상 공격 작전(Operation Wrangler)을 10월중에 실시할 것을 구상하였다. 8군사령관은 이러한 작전 구상에 대한 리지웨이 유엔군 사령관의 결심을 촉구하긴 하였으나, 그 자신 스스로 이를 취소하였다. 피의 능선 전투와 당시 진행되고 있던 단장의 능선 전투에서 나타난 엄청난 아군의 피해는 과감한 작전 수행으로 감수해야 할 피해가 더욱 엄청날 것이라는 점을 말해주고 있었으며, 이러한 결과는 자칫 중서부전선에서 공산군의 역공(逆攻)을 불러오는 계기가 될 수 있다는 판단 때문이었다.[964)]

자신이 구상한 과감한 작전 계획을 취소한 미 8군사령관은 미 1군단장이 제출한 비교적 "조심스런" 전선 추진 작전(Operation Commando)을 승인하였다. 미 1군단은 한강 하구-문산-연천-철원에 이르는 군단 방어선을 약 10km 정도씩 전방으로 추진시켜

---

962) 國防部 戰史編纂委員會, *月比山·351 高地戰鬪* (1990), pp. 9-69; *韓國戰爭(下)*, pp. 176-82.
963) *前揭書.*
964) *Truce Tent and Fighting Front*, pp. 97-8.

새로운 방어선을 구축한다는 개념의 작전이었다. 이에 따라 군단은 고랑포 동남쪽 임진강 제방에서 사미천(沙尾川)변의 사미촌(沙尾村), 고왕산(高旺山, 355고지), 임진강(臨津江)변의 계호동(桂湖洞), 역곡천(驛谷川) 남안(南岸)의 고지군(高地群), 한탄강(漢灘江)과 남대천(南大川)의 합류 지점인 정연리(亭淵里)를 연결하는 선(Jamestown Line)을 설정하고, 이 선에 따라 각 사단별로 확보지역을 명시하여 이를 점령하도록 하였다. 군단은 추진된 방어선을 확보함으로써 와이오밍선의 방어선을 확고하게 하고, 연천과 철원 간 병참선과 서울-철원, 철원-김화 간의 철로를 개통하여 보급난을 해소하고, 공산군 방어 균형을 파괴하는 여러 가지 목적을 달성하려 하였다. 미 8군사령관은 9월 말 미 1군단이 보고한 이 작전을 승인하였고, 미 1군단의 우익이 돌출되는 것을 방지하기 위하여 미 9군단의 좌익 사단인 미 25사단도 이 작전에 참여하여 전선을 추진하도록 지시하였다.[965]

미 1군단은 각 사단 전방의 목표지역에 암호명을 붙여, 좌측의 한국군 1사단은 임진강 서북쪽지역(Moon), 우측의 영연방 1사단은 고왕산의 두 지역(Foster, Moore), 미 1기병사단(그리스 대대, 타이 대대 배속)은 임진강과 역곡천 사이 두 지역(Coursen, Craig), 그리고 우측의 미 3사단은 역곡천 좌우지역(Butler, Watts)을 확보하도록 하고, 10월 3일 06시 군단 공격을 개시하였다. 공격 첫날 한국군 1사단은 목표를 점령하였고, 군단 우익에서 공격에 가담한 미 25사단에 배속된 터키 여단도 정연리 북쪽 430고지를 점령하여 미 1군단의 양익 사단은 순조로운 출발을 보였다. 그러나 나머지 사단은 중공군의 완강한 저항에 직면하여 진출이 어렵게 되었다. 영연방 1사단은 적의 저항을 극복하고 목표 지역 중간까지 진격하였으나, 미 1기병사단의 전진은 어려웠다. 미 3사단은 역곡천 북쪽과 백마고지 남쪽 사이에 있던 목표는 점령했으나, 그 남서쪽에 위치한 목표는 점령하지 못했다. 10월 4일 공격은 계속되었다. 영연방 1사단은 2개의 목표를 점령하였으나 미 1기병사단의 전진은 답보 상태에 머물렀으며, 미 3사단도 또 하나의 목표를 점령하지 못했다. 10월 5일에도 공격을 계속하였다. 미 1기병사단은 무자비한 포격과 폭격을 퍼부었지만 교묘하게 구축된 중공군의 참호선을 격파하지는 못했다. 미 3사단은 10월 6일 목표를 점령하고, 미 1기병사단의 7기병연대는 목표를 점령하였다. 5기병연대는 목표를 점령하지 못했으며, 10월 9일 군단이 공세 작전(Operation Commando)을 종료할 때까지도 이 목표(Coursen)를 점령하지 못하고 있었다. 군단의 마지막 목표는 새 작전 계획(Operation Polecharge)에 근거하여 5기병연대(벨기에 대대 배속)와 8기병연대의 합동 공격에 의해서 10월 19일 탈취되었다. 이로써 미 1군단은 새로운 방어선(Jamestown Line)을 확보하였다.[966]

그러나 중공군은 상실한 방어 진지를 다시 탈환하기 위하여 역습을 되풀이하였다. 그리하여 영연방 1사단과 미 1기병사단의 전초 기지는 주인이 여러 차례 바뀌기도 하

---

965) *Truce Tent and Fighting Front*, pp. 98-103; *韓國戰爭(下)*, pp. 182-91.
966) *前揭書*.

였다. 특히 1951년 11월부터 실시한 중공군의 공세로 인하여 미 3사단은 작전지역 변경으로 인수한 고왕산을 탈취당하기도 하였으나, 11월 24일 다시 역습을 실시하여 이를 탈환하였다. 이와 같이 “코맨도 작전(Operation Commando)”을 실시하여 새로운 방어선(Jamestown Line)을 점령한 미 1군단은 이를 다시 탈취하려는 중공군의 끊임없는 역습을 물리치고 이 방어선을 거의 확보하였다.[967)]

한편, 철원 동북에서 김화, 화천 북방의 적근산, 백암산을 거쳐 북한강에 이르는 방어선에 좌로부터 미 25사단(터키 여단 배속), 한국군 2사단, 미 24사단, 한국군 6사단을 배치하고 미 7사단(-)을 예비로 확보하여 방어에 임하고 있던 미 9군단도 10월 8일 금성 진격 작전 계획을 미 8군사령관에게 제출하여 승인을 받았다. 미 9군단은 오성산(五聖山, 1062고지)을 지키고 있던 중공군에 대한 압박을 가하면서 통천-평강, 원산-평강을 잇는 도로와 화천으로 남하하는 도로의 교차점인 금성(金城)을 점령하려 하였다. 군단은 금성을 탈취하기 위하여 서쪽 김화-금성 간 도로상 하소리(下所里)에서 북한강(北漢江)과 금성천(金城川)이 만나는 금성천 하구를 연결하는 1단계 목표선(Nomad Line)을 설정하였다. 군단장(William M. Hoge 중장)은 미 1군단의 작전(Operation Commando)을 지원하는 미 25사단은 평강에 대한 파쇄 공격만을 실시하도록 하고, 나머지 3개 사단으로 공격 작전을 수행하도록 하였다.[968)]

군단의 명령에 따라 10월 13일 공격을 개시한 사단들은 10월 16일 1단계 목표선을 탈취하였다. 군단장은 금성 남쪽 3km까지 목표선을 연장하여 북으로 돌출된 전진선(Polar Line)을 설정하고 이를 공격하도록 명령하였다. 10월 17일 공격을 개시한 한국군 2, 미 24, 한국군 6사단은 병진 공격을 실시하였다. 한국군 2, 6사단은 미 24사단의 양측 산악 지형에서 기동력이 양호한 미 24사단과 보조를 맞추어 공격을 실시하여, 2사단(사단장: 咸炳善 준장)은 오성산의 중공군을 견제하고, 6사단(사단장: 張都暎 준장)은 금성천을 도하하여 금성을 통제할 수 있는 교암산(轎岩山, 770고지)을 점령함으로써 미 24사단이 10월 20일 금성에 진입하여 무력 시위를 가능하게 하였다. 그리하여 양 사단은 금성 진격 작전이 종료되던 10월 23일 8군사령관의 격려와 찬사를 받기도 하였다. 금성 남쪽 3km 지점에 그어진 목표선을 탈취한 미 9군단은 방어선을 강화하여 10월 23일부터 새로운 사단을 투입하여 계속되는 중공군의 역습을 격퇴하고 새로운 방어선(Polar Line)을 확보하였다.[969)]

그러나 미 9군단의 성공적인 금성 진격 작전으로 우측의 미 10군단과의 사이에 하나의 만곡(彎曲) 전선이 형성되었다. 이를 해결하기 위하여 10월 말 미 9군단 예하의 한국군 6사단은 교암산지역을 미 24사단에게 인계하고 우측으로 이동한 다음, 11월 중순 미 10군단의 한국군 8사단 21연대를 배속받아 전선의 동쪽에 위치한 949고지를 공

---

967) *韓國戰爭(下)*, pp. 190-1.

968) *Truce Tent and Fighting Front*, pp. 102-3; *韓國戰爭(下)*, pp. 191-200.

969) *前揭書*; *中共軍의 韓國戰爭史*, pp. 193-4; 國防軍史硏究所, *轎岩山戰鬪*(1994), pp. 10-77.

격, 이를 탈취함으로써 미 9군단과 미 10군단의 전선을 완만한 곡선(Gary)으로 정리하는 작전까지 수행하였다.[970]

사실상 10월 23일 종료된 미 9군단의 새로운 방어선(Polar Line) 점령으로 전선을 정리하면서 공산군에게 압력을 가하기 위하여 실시된 제한 공격 작전이 종료된 셈이었다. "아군이 파괴되지 않기 위하여 적을 파괴해야 한다"는 적극적인 개념에 입각한 한국군과 유엔군 공세 작전으로 공산군은, 그들의 기록에 의하면, "646㎢의 땅"을 빼앗겼고, 막대한 병력과 장비의 손실을 입어 대규모 공세 작전의 구상보다는, 소련에 대해서 시급한 군사 원조와 공중 엄호를 요청하기에 이르렀다.[971]

(5) 해·공군 압박 작전

리지웨이 유엔군 사령관은 미 8군이 전개하고 있던 지상 공격 작전을 지원하기 위하여 우세한 해공군력을 동원하였고, 북한 지역의 후방 차단 작전을 실시하여 공산군의 전력(戰力)을 파쇄(破碎)하고 전의(戰意)를 분쇄(粉碎)하는 압박 작전도 수행하였다. 지연전 수행과 낙동강 교두보 작전에서 B-29까지 동원하여 지상군 작전을 지원한 바 있던 미 극동 공군은 1951년 8월에서 10월 사이에 모든 전투기, 전폭기, 폭격기 등을 동원하여 미 8군의 지상 작전을 지원하는 한편, 공산군의 보급 물자 지원 및 수송을 차단하기 위한 후방 차단 작전(Operation Strangle)도 수행하였다. 공산군의 보급 물자 저장소, 수송 수단, 철로와 도로를 차단하는 데 중점을 둔 이 작전은 B-26 폭격기를 이용하여 야간에 보급을 추진하는 공산측 차량까지 탐색, 폭격하여 공산군의 전방 보급 추진 체제를 파괴함으로써 미 8군의 공격 작전에 대항하는 공산군의 저항 능력을 약화시키려 하였다. 이러한 후방 차단 작전과 더불어 미 극동 공군은 지상 항공 화력의 효과적인 지상 작전 지원을 위하여 지상 통제단과의 긴밀한 협조 체제도 유지하고 있었다. 이와 같이 미 극동 공군은 한국전쟁 전 기간을 통하여 후방 차단과 지상 근접 지원 작전을 통하여 공산군의 저항 능력을 약화시키고, 유엔군의 지상 작전 목표를 달성하도록 하는 데 지대한 역할을 수행하였다.[972]

리지웨이 유엔군 사령관은 북한 내의 정치, 군사적인 목표의 폭격도 서슴지 않았다. 유엔군 사령관은 미 극동 공군사령관에게 지시하여 7월에 폭격한 바 있던 평양을 다시 폭격하도록 하였다. 지시를 받은 미 극동 공군사령관은 8월 14일 56대의 전투기 엄호하에 66대의 B-29폭격기를 동원하여 평양을 폭격하였다. 이 과정에서 공산측의 대공포화에 6대의 전투기를 상실하였으나 폭격은 성공적이었다. 8월 1일 나진(羅津)항에

---

970) *韓國戰爭(下)*, pp. 206-7.

971) *中共軍의 韓國戰爭史*, p. 198; Coded message N 24547, October 4, 1951, Mao to Stalin; N 25187, October 24, 1951, Mao to Stalin, N 102522, November 13, 1951, Stalin to Kim Il Sung, quoted in *The Korean Conflict, 1950-1953*, pp. 144-8.

972) *Truce Tent and Fighting Front*, pp. 105-8; Robert F. Futrell, *The United States Air Force in Korea 1950-1953*(New York: Duell, Sloan, and Pearce, 1961), pp. 324-444.

많은 양의 보급 물자가 산적되어 있다는 항공 정찰 보고를 받은 리지웨이는, 나진항에 대한 해안 포격과 항공 폭격을 실시하기로 결심하고, 미 합참본부에 나진항의 포격과 폭격을 허락해 줄 것을 요청하였다. 소련을 자극하지 않고, 소련과 한반도와의 국경을 존중한다는 정치적 이유로 소련의 군수 물자가 북한으로 유입되는 주요 항구인 나진의 공격을 금지시켰던 미 합참본부는 휴전 회담에 임하는 유엔군 사령관의 입지(立地)를 강화해줄 필요가 있다는 판단하에 나진항의 공격을 국방장관과 대통령에게 건의하였다. 대통령의 승인을 받은 미 합참본부는 8월 10일 리지웨이에게 "양호한 기상 조건하에서 극적인 성명서 등의 발표가 없는 가운데 평상적인 작전의 하나로" 나진을 공격해도 좋다는 전문을 발송하였다.[973] 8월 25일 24대의 해군 전투기의 엄호를 받은 35대의 B-29는 나진을 폭격하여 한 대의 항공기 손실도 없이 놀라운 성과를 거두었다. 한국전에 본격적으로 출현한 소련의 MIG-15기는 성능이 우수하여 유엔군의 폭격기를 공격하고 유엔군이 장악하고 있던 제공권에 도전하였으나, 유엔 공군은 이에 아랑곳하지 않고, 지속적인 후방 차단과 지상 근접 지원 작전을 수행하였다.[974]

미국 함참본부는 만약의 사태 진전에 대비하기 위한 우발 계획(contingency plan)의 하나로 모의 원자탄 투하 훈련을 실시하는 것이 타당하다는 판단을 내리고, 이 훈련 실시에 대한 대통령의 재가를 요청하였다. 미 합참본부는 만약 한국전에 참전하고 있던 미군이 "군사적인 재앙"에 직면할 경우에 지상의 전술적인 목표에 대하여 원자탄을 사용할 수 있다는 전제하에, 이러한 사태에 대비하기 위한 훈련이 필요하다는 점과 모의 원자탄 투하 훈련이 공산측에게 무언(無言)의 군사적 압력을 가하는 수단으로 작용하여 휴전 회담의 신속한 진행에 도움을 줄 수 있을 것이라는 점도 지적하였다. 트루먼 대통령은 이러한 합참본부의 건의를 승인하였다. 대통령의 재가를 획득한 미 합참본부는 태평양사령관, 미 극동군사령관, 전략 공군사령관에게 극비로 지시를 하달하여 한국전선에서 모의 원자탄 투하 훈련을 실시하도록 하였다. 이에 따라 미 전략 공군사령부는 한국의 중부전선에서, "허드슨 하버(Hudson Harbor)"라는 암호명하에 미 8군의 지상 작전을 지원하는 형태의 작전으로 1951년 10월 15일까지 몇 차례에 걸쳐 모의 원자탄 투하 훈련을 완료하였다.[975] 이로써 미 공군은 한국전선에서 원자탄 사용에 필요한 조립, 적재, 운반 및 투하에 필요한 지식과 절차를 익히게 되었다.

인천상륙작전에서 주역을 담당한 해군과 해병 역시 조용하게 있지 않았다. 해군은

973) Memo by the JCS for the Secretary of Defense, sub.: Removal of Restriction Against Attacks on Najin, August 3, 1951, RG 218, CCS 383.21 Korea(3-19-45), sec., 56, NA; JCS to Ridgway, August 10, 1951, Selected Records Relating to the Korean War, DoD, Truman Papers, Truman Library.

974) *Truce Tent and Fighting Front*, p. 108.

975) Memo for General Bradley, General Vandenberg, and Admiral Sherman by General Collins, sub.: Military Effectiveness and Desirability of Employing Atomic Weapons Tactically in Korea, July 2, 1951, RG 218, CCS 383.21 Korea(3-19-45), sec., 51, NA; Memo for the Secretary of Defense, sub.: The Military Effectiveness and Desirability of Employing Atomic Weapons Tactically in Korea, August 14, 1951; Messages to Commander-in-Chief, the Far East Command, and Commanding General, Strategic Air Command, Commander-in-Chief, the Pacific, Selected Records Relating to the Korean War, DoD, Truman Papers, Truman Library; *The JCS and National Policy, III*, p. 614.

전쟁 초기 동해안에서 남진하는 북한군의 공격을 함포로 저지하고, 인천상륙작전과 도서 상륙작전의 주역으로서 포항 및 흥남 철수작전은 물론, 연안과 도서에서 수시로 실시한 철수작전에서 수많은 병력과 물자, 남쪽으로 내려오는 피난민을 안전하게 철수시키기도 하였다. 해군은 또한 함재기를 동원하여 연안과 내륙의 주요 시설을 직접 폭격하거나, 이를 폭격하는 공군기를 엄호하는 임무도 수행하였으며, 연안지역의 지상 작전을 함포로 지원하였고, 한국에서의 작전에 필요한 해상 보급 수송을 책임지고 있었다. 해군과 더불어 해병대는 낙동강 교두보 마산지역에 투입하여 위급한 상황을 타개하였고, 인천상륙작전을 실시하였으며, 미 10군단에 배속되어 장진호 전투와 중동부전선의 한 축을 담당하여 펀치볼 확보 작전의 주역 역할을 수행하였다. 해병대 항공단은 낙동강 교도보 작전과 서울탈환작전에서 해병과 공지(空地) 작전을 성공적으로 수행하였고, 기타 해병의 지상 작전을 효과적으로 밀착 지원하는 임무를 수행하였다. 이와 같이 해군과 해병은 한국전 수행에 필수적인 임무를 담당하고, 주어진 역할을 수행해 왔다.

해군은 함재기를 출동시켜 1951년 8월 25일 나진을 폭격하는 B-29폭격기를 엄호하였으며, 인천상륙작전을 기만하기 위하여 삼척과 군산에서 실시한 것과 같이, 지상 공격을 실시하던 미 10군단과 한국군 1군단 정면의 공산군 전력을 분산시키기 위하여 장전(長箭)항에 대한 양동(陽動) 상륙작전(上陸作戰)을 실시하기도 하였으며, 원산(元山)항을 완전하게 봉쇄하였고, 필요시에 흥남과 한강 하구지역의 공산측 병력 집결지를 포격하기도 하였다. 해군은 공산측이 항상 유엔군의 상륙작전에 대비하여 병력을 후방에 배치하도록 강요하였으며, 미 8군의 지상 작전을 지원하면서, 함포와 함재기를 동원하여 후방 차단과 보급 수송 수단의 파괴 작전에도 참가하였다. 해군은 해병의 상륙과 양동 상륙작전을 실시하면서, 소련의 잠수함 운용과 이에 따른 도전 가능성에도 아랑곳하지 않고 한국의 동해와 서해의 제해권을 완전하게 장악하여, 공산측의 해상 보급을 완전하게 봉쇄하고, 연안이나 도서지역에서 실시되는 지상 작전을 어김없이 화력으로 지원하였다.[976] 이러한 해군과 해병의 작전은 지상 및 공군 작전과 더불어 공산군의 전력을 약화시키고, 유엔과 한국군의 전력을 보호하는 데 커다란 기여를 하였다.

휴전 회담과 전투를 병행하게 됨으로써 형성된 두 개의 전선에서 실시된 설전(舌戰)과 혈전(血戰)은 동원되는 수단만 다를 뿐, 그 강도는 둘 다 치열하였다. 군사적인 우위를 바탕으로 공산측에게 휴전을 강요하고, 유리한 방어선을 확보하여 이를 확정시키려는 미국과 유엔군 사령관의 전략이나 "아군의 파괴를 막기 위하여 적을 먼저 파괴시켜야 한다"는 미 8군사령관의 작전 방침은 이에 상응하는 공산측의 저항을 불러와 혈

---

976) *Truce Tent and Fighting Front*, pp. 108-10; James A. Field, *History of United States Naval Operations, Korea* (Washington, D. C.: Department of Navy, 1962); Malcolm W. Cagle and Frank A. Manson, *The Sea War in Korea* (Annapolis: U.S. Naval Institute, 1957).

전의 강도를 더욱 치열하게 만들었다. 이러한 유엔측의 군사적 강압 작전은 공산측으로 하여금 전투보다는 회담으로 전투 자체를 지연시키거나 전투의 강도를 낮추는 것이 유리하다는 판단을 내리도록 만들어 "38선을 군사분계선으로 해야 한다"는 그들의 주장을 굽히고, 다시 휴전 회담에 복귀하도록 한 요인이 되었다.

4) 설정된 휴전선과 교착된 전선

공산측이 1951년 8월 23일 유엔기가 개성을 폭격했다고 주장하면서 8월 24일 회담을 취소하자, 리지웨이 유엔군 사령관은 회담 장소의 중립성 침해를 문제 삼을 소지를 없애기 위하여 회담 장소를 옮기는 방안을 미 합참본부에 보고하였다. 미 합참본부는 서두를 필요가 없다는 입장이었으나, 현지 사령관의 의견을 존중하여 이를 승인하였다.[977] 회담을 일방적으로 취소한 공산측이 그 후에도 유엔군이 중립 지대인 개성을 침범하였다는 주장을 되풀이하자, 리지웨이는 9월 6일 유엔군이 개성을 공격한 적이 없다는 점을 밝히고, 새로운 회담 장소의 선정을 위해서 "널문리(판문점)" 다리에서 연락장교 회의를 갖자는 제의를 하였다. 유엔군사령관이 회담장소 이전을 제의하고 공산측의 반응을 기다리고 있을 무렵, 9월 10일 유엔기 1대가 항로의 착오로 개성에 기총소사를 가한 사건이 발생하였다. 피해는 발생하지는 않았으나, 조사 결과 유엔측 수석대표(조이 제독)가 공식적으로 사과 서한을 발송하였다. 유엔군 사령관은 9월 17일 회담 재개를 요구하였고, 공산측이 이를 받아들여 1951년 9월 24일 판문점에서 연락장교 회의를 가지게 되었다. 그러나 공산측은 회담 장소의 변경을 거절하였다. 유엔측은 설득을 계속하여 양측은 회담 장소를 옮기기로 하고, 10월 10일 판문점에서 연락장교회의를 열어 회담 재개를 논의하였다.[978]

개성의 중립을 강조하여 우선 개성을 중심으로 5마일의 중립 지대를 설정하자는 공산측 주장과 회담 재개를 위한 절차의 협의없이는 중립 문제를 논의할 수 없다는 유엔측의 주장이 대립되어 회담 재개를 위한 합의가 지연되었으나, 양측은 10월 22일 회담 재개를 위한 협정과 양해 사항에 합의하였다. 합의된 사항은 회담 장소를 판문점(원래 마을 명칭은 "널문리"였으나, 중국어로 표기할 수 없어서 板門店으로 호칭하기로 합의하였음), 회담장은 판문점 길 남쪽에 있던 네 채의 초가집을 중심으로 1,000야드 크기로 하고, 중립지역은 개성과 문산은 반경 3마일, 개성-문산 간 도로의 양쪽 200m를 중립지역으로 한다는 내용이었다. 회담장의 천막은 공산측이 설치하고, 내부의 마루, 난방, 조명은 유엔측이 설치하기로 하였다. 합의를 마친 양측은 10월 24일까지 시설물을 설치하고 10월 25일 본회담을 재개하였다.[979] 8월 24일 회담이 결렬된 지 2개월 만에 본

977) Ridgway to JCS, September 2, 1951; JCS to Ridgway, September 5, 1951, RG 218, CCS 383.21 Korea(3-19-45), sec., 62, NA; *FRUS, 1951, VII, part 1,* pp. 870-7; 882-3.

978) *韓國戰爭(下)*, pp. 86-95.

회담이 재개되었다.

1951년 10월 25일 본회담에서 양측 대표는 먼저 새로 교체된 대표를 소개하고, 군사분계선 설정에 관한 토의를 시작하였다. 공산측은 중공의 등화(鄧華) 대신 변창무(邊昌武) 대장, 북한의 장평산(張平山)과 교대한 정두환(鄭斗煥) 소장을 소개하였고, 유엔측은 백선엽(白善燁) 소장 후임으로 참석한 이형근(李亨根) 소장을 소개하였다. 소개를 마친 양측 대표는 군사분계선에 대한 상대측 안(案)을 내놓으라고 종용하다가, 유엔측이 먼저 준비된 군사분계선 안을 제안하였다. 유엔측이 제안한 군사분계선은 예성강(禮成江) 하구에서 시작하여 강을 따라 북상하다가 개성(開城) 북방 6.4km 지점을 지나 구화리(九化里)를 거쳐 평강(平康) 남쪽 6.4km 지점, 화천 저수지 북쪽 24km 지점을 연결하여 동해안의 고성(高城) 동남쪽 18.4km 지점에 이르는 선이었다. 유엔측은 제안된 군사분계선은 현 접촉선을 기초로 하여 양측의 방어선을 보다 안전하게 유지하기 위하여 유엔군은 금성(金城)과 동해안지역에서 철수하고, 공산측은 개성(開城) 지역에서 그만큼 철수할 것을 예상하고 작성된 안이라고 설명하였다. 공산측은 유엔측 안을 거부하고, 자신들의 안을 내놓았다. 공산측이 내놓은 군사분계선안(案)은 서해(西海)로부터 38선을 따라 옹진(甕津)반도를 횡단하여 한강 북쪽의 평원을 지나, 철원(鐵原), 김화(金化), 펀치볼 남쪽을 횡단하여 동해안의 거진(巨津)에 이르는 선이었다. 공산측은 38선에 대해서는 언급을 하지 않았으나, 옹진과 연안반도를 내놓고, 개성을 비롯한 철의 삼각지와 펀치볼을 차지하겠다는 의도를 감추지 않고 있었다. 유엔측은 이를 거절하였다. 공산측이 "자신들은 상인(商人)이 아니다"고 말하면서 "흥정(bargaining)"을 거부하는 척하였으나, 이때부터 흥정이 시작되었다.[980]

며칠 간 성과 없는 토의가 진행되었다. 유엔측은 개성에서 회담이 열리지 않았다면 유엔군은 이미 개성을 점령했을 것이라고 주장하고, 공산측은 이를 어림없는 주장이라고 반박하였다. 10월 31일 공산측은 오직 접촉선에 기초한 4km의 비무장지대 설치안을 제시하면서 이것이 그들의 최종안이라고 주장하였다. 이에 유엔측은 개성을 비무장지대 안에 포함시키는 안을 제시하였으나, 공산측은 결코 개성을 포기하려 들지 않았다. 이에 유엔측은 11월 5일 접촉선을 군사분계선으로 하고 4km의 비무장지대를 설치하자는 공산측 안을 수용하기로 하고, 군사분계선의 설정을 위하여 양측이 각각 3명의 참모장교위원회를 구성하자고 제의하면서, 다음 사항을 논의하자고 제안하였다. 그러나 공산측은 먼저 군사분계선과 비무장지대부터 합의를 해야 한다는 점을 강력하게 주장하였다. 유엔측은, 공산측이 이번에 합의된 군사분계선을 항구적인 선으로 만들려는 의도를 가지고 있다는 판단을 하고, 이를 거절하였다. 양측은 당시의 접촉선을 군사분계선으로 설정한다는 것에는 합의를 하였으나, 이를 언제 확정짓느냐 하는 문제에 대해서는 다른 입장을 취했다.[981]

---

979) *前揭書.*
980) *Truce Tent and Fighting Front*, pp. 111-21; *韓國戰爭(下)*, pp. 207-18.

협상 당시의 접촉선을 군사분계선으로 확정하자는 공산측과 군사분계선은 휴전 조인 당시의 접촉선이 되어야 한다는 유엔측의 입장은 현저한 차이가 있었다. 현지에서 회담과 작전을 동시에 지휘하고 있던 유엔군 사령관은 군사분계선을 미리 정해 놓고 다른 문제에 대한 협상을 진행시킬 경우에 공산측의 회담 지연이나 중단 또는 기피 등에 대처할 압박수단이 없어질 뿐만 아니라, 사실상의 정전(停戰)이 이루어진 상황에서의 협상은 무의미하다고 판단하고, 휴전 조인시의 접촉선이 군사분계선이 되어야 한다는 원칙을 고수하였다. 휴전 회담 진행 과정을 지켜보면서 이를 밀접하게 통제하고 있던 미 합참본부는, 공산측이 38선을 포기한 상황에서 유엔측이 협상을 지연시키고 있다는 여론의 조성을 우려하여, 당시의 접촉선을 군사분계선으로 설정한 다음에 1개월 내로 휴전 협상이 완료되면 이를 군사분계선으로 확정한다는 절충안을 수립하였다. 미 합참본부는 국무부와 협의를 마친 후에 대통령의 재가를 받아 11월 13일 리지웨이 유엔군 사령관에게 이러한 방침에 따라 군사분계선 문제를 매듭짓도록 지시하였다. 미 합참의 지시를 받은 리지웨이는 "어떠한 조건하에서도 현재의 접촉선을 군사분계선으로 인정한다면, 앞으로 공산측의 비타협적인 행동의 증가로 명예로운 휴전의 조기 획득 가능성이 지연될 것"이라는 이유를 들어 이를 반박하였으나, 대통령의 결재 사항이라는 사실을 알고 이를 협상 대표들에게 전달하였다.[982]

리지웨이의 지시를 받은 유엔측 회담 대표단은 11월 17일 "현재의 접촉선을 군사분계선으로 합의하되, 30일 내에 휴전협정이 서명될 경우에만 이 합의가 유효하다"는 제안을 내놓았다. 유엔측의 제안을 검토한 공산측은 1개월이 지난 후에도 다른 의제가 합의될 때까지 합의된 군사분계선이 변경되어서는 안 된다는 주장을 다시 내놓았다. 그러나 유엔측은 이를 거절하였다. 양측은 분과위원회에서 다루던 이 문제를 본회의에서 검토하기로 하고, 11월 23일부터 참모장교들로 하여금 실제 접촉선 결정 작업을 실시하도록 하였다. 본회의에서는 양측이 실제 접촉선을 군사분계선으로 설정하고, 휴전협정을 서명한 시각에 양측은 이 선으로부터 2km씩 철수하여 비무장지대를 설치한다는 데 합의하였다. 양측은 이를 본회담에서 확인한 후 30일 이내에 휴전협정이 조인되면 그 기간 동안에 발생한 접촉선의 어떠한 변화에 상관 없이 합의된 선이 군사분계선이 된다는 점에 합의하였으나, 이 기간 동안에도 적대 행위는 계속된다는 사실과, 30일 이후에는 다시 접촉선을 조정하며, 휴전협정 조인 당시의 접촉선이 최종적으로 군사분계선이 된다는 점도 합의하였다. 양측은 1951년 11월 26일에 군사분계선을 설성하고, 휴전 회담이 그로부터 30일 이내에 조인될 경우 이 선을 최종적인 군사분계선으로 수용하기로 하였으나, 그렇지 않을 경우에는 휴전 조인 당시의 접촉선을 다시 설정하여 군사분계선으로 확정한다는 점에 합의하였다.[983]

---

981) *前揭書.*

982) JCS to Ridgway, November 13, 1951; Ridgway to JCS, November 13, 1951; JCS to Ridgway, November 15, 1951, RG 218, CCS 383.21 Korea(3-19-45), sec., 69, NA; *FRUS, 1951, VII, part 1,* pp. 1126-34; 1136-7; 1142-3.

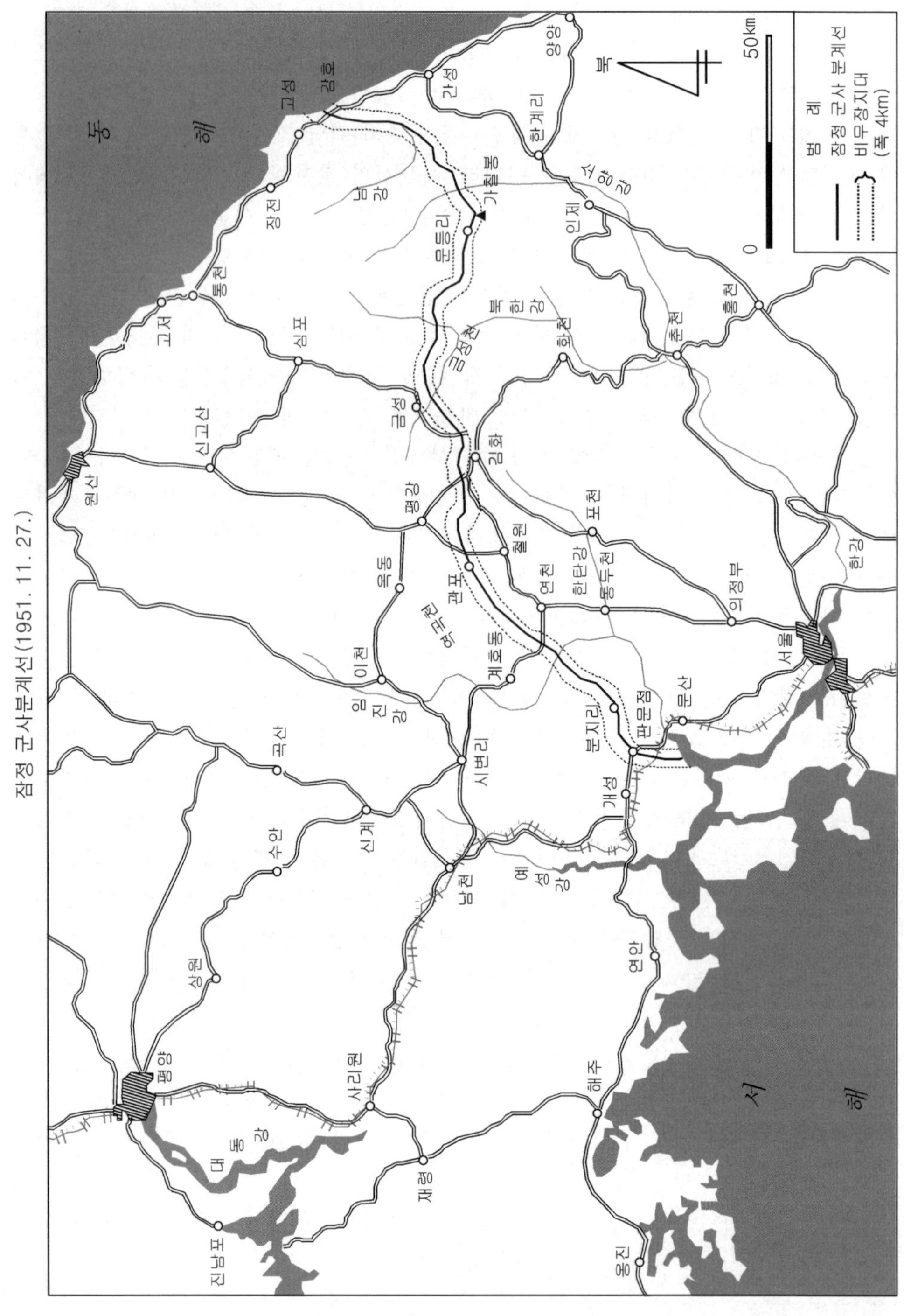

정정 군사분계선(1951. 11. 27.)

---

983) *韓國戰爭(下)*, pp. 215-8; *Truce Tent and Fighting Front*, pp. 118-21.

1951년 11월 27일 휴전 회담 본회의는 양측 참모장교들이 11월 23일부터 26일까지 설정 작업을 실시하여 분과위원회의를 거쳐서 상정된 군사분계선을 공식적으로 인정하였다. 양측이 합의한 군사분계선은 문산 서쪽 임진강 하구에서 판문점을 거쳐 계호동(桂湖洞)에서 임진강을 가로질러 철원 서북방 송현(松峴), 산명리(山明里)를 지나 김화 북쪽 금곡리(金谷里), 금성천변의 금성(金城), 어운리(魚雲里) 북쪽에서 북한강(北漢江)을 건너 사태리(沙汰里), 가칠봉(加七峰), 동해안 고성(高城) 남쪽 남강(南江)변의 사비리(沙飛里), 신대리(新垈里), 덕산리(德山里)를 거쳐 남강(南江) 하구까지 237km에 이르는 접촉선이었다. 이로써 양측은 1951년 7월 26일부터 약 4개월 동안 회담 중단과 회담 장소를 옮기는 등의 과정을 거치면서 30일 간의 유예 기간을 지닌 "잠정적인 군사분계선"을 확정, 합의하게 되었다.[984]

휴전 회담에서 잠정적인 군사분계선이 합의되었으나 전투 행위는 중단되지 않았다. 11월 28일, 미 10군단의 한국군 7사단은 공격과 역습을 반복하는 전투를 수행하였고, 미 극동 공군은 568회 출격을 감행하였으며, 해군 역시 226회 출격을 실시하였다. 이 출격에서 60대의 MIG 전투기와 52대의 유엔기가 두 차례 공중전을 치러 3대의 MIG기가 격추되었고, 유엔측도 F-86 한 대가 상실되는 피해를 입기도 하였다.[985] 미 8군이 전투를 중단하도록 명령을 받았다고 신문이 보도하자, 미국 트루먼 대통령은 11월 29일 기자 회견을 열어 사실을 왜곡하지 말 것을 주문하고, 정전협정(停戰協定)이 조인될 때까지는 전투의 중단은 있을 수 없다는 점을 명확하게 하였다.[986] 미국과 유엔군은 휴전 회담에서 군사적인 압박 작전을 협상 수단(bargaining leverage)으로 충분하게 활용하려 하였다.

전투 행위가 계속되고 군사적인 압박 작전이 중단되지 않았음에도 불구하고, 교전 양측이 30일 간의 유예 기간 동안 유효한 잠정적인 성격의 것이긴 하였으나, 군사분계선 설정에 합의했다는 사실은 최소한 두 가지 가능성을 제거해 준 셈이 되었다. 다시 말하여 잠정적인 군사분계선에 대한 양측의 합의는 유엔군이 낙동강으로 다시 밀려날 가능성과 공산군이 압록강으로 다시 밀려 올라갈 가능성을 현실적으로 제거했다는 것을 의미하고 있었다. 이로써 중공군 개입 이래 새로운 전쟁으로 변모한 한국전쟁은 새로운 단계로 접어들게 되었다. 한국전쟁에서 "극적(劇的)인 기동전(機動戰)"이 "정적(靜的)인 진지전(陣地戰)"과 자리바꿈을 하게 되었고, 이에 따라 "유동적(流動的)인 전선(前線)" 대신 "교착(膠着)된 전선(戰線)"이 등장하게 되었다.

---

984) *前揭書.*

985) Director of the JCS to General Bradley in Paris, November 29, 1951, RG 218, CCS 383.21 Korea(3-19-45), sec., 71, NA.

986) *The New York Times*, November 30, 1951; *Public Papers, Truman, 1951*, p. 537.

19. 지리산 공비 토벌 작전

남한지역에서 공산 게릴라(共匪)들의 활동은 한국전쟁이 일어나기 전부터 시작되어 한국전쟁 수행중에도 계속되었다. 이들은 한국전쟁 전에 남한 사회를 혼란시켜 한국 정부를 전복시키거나, 북한의 무력 사용에 대비하여 이의 효과를 극대화하려는 활동을 하였으며, 한국전쟁중에는 북한군의 군사 작전을 적극적으로 지원하는 활동을 수행하였다. 그리하여 이들의 활동은 한국전쟁 전이나 전쟁중에 한국 정부나 한국군 및 국민에게 많은 고통과 어려움을 안겨 주었다.

공비들의 활동은 해방 후에 미군정(美軍政)하에서 파괴적인 활동을 전개하다가 1947년부터 남로당(南勞黨)의 파괴적인 행위가 법적으로 처벌을 받게 되자, 이들 당원들이 지하 조직을 통하여 그들의 세력을 확장하려 하거나 산중의 은신처 등에서 테러 및 포섭 활동을 전개함으로써 비롯되었다. 특히, 과거 중국의 팔로군(八路軍) 등에 의용군으로 참전했던 공산주의자들이 돌아와 "제주인민해방군"이라는 조직까지 결성하여 강력한 세력을 형성하고 있던 제주도는 1947년 말 제주도 거의 전지역의 행정 기능까지 마비될 정도였다. 이에 경무부는 경찰과 서북청년단원을 중심으로 치안을 유지하고, 1948년 총선거 실시를 반대하는 좌익 세력과 정면으로 대결하도록 하였다. 이에 위협을 느낀 남로당(南勞黨) 지도부는 1948년 4월 3일 02시를 기하여 제주도 전 조직원에게 폭동을 일으키도록 하여 경찰서와 서북청년단(西北靑年團) 사무실을 습격하도록 지시하였다. 이에 제주도는 치안부재(治安不在)와 이에 따라서 민심은 극도로 동요되어 경찰로써는 사태 수습이 불가능한 상태가 되었다.[987]

이에 국방 경비대는 1946년 11월 16일 제주도 모슬포(摹瑟浦)에서 창설되어 훈련중에 있던 9연대를 공비 토벌 작전에 투입하였다. 그러나 1개 대대 병력밖에 없던 9연대는 중대장(文相吉 중위)이 연대 내 좌익 조직책으로서 제주도 남로당 총책 김달삼(金達三), 인민해방군사령관 이덕구(李德九) 등 핵심 간부와 접촉하면서 포섭 활동을 벌이고 있던 중이었다. 따라서 9연대의 토벌 작전이 효과를 거둘 리 없었다. 병력이 부족한 것을 알고 있던 경비대는 부산의 5연대 2대대(吳一均 소령)를 증원 병력으로 제주도에 파견하였으나, 이 대대는 대대장이 남로당원이었다. 9연대의 토벌 작전이 효과를 거두지 못하자, 경비대 총사령부는 수원의 2, 3, 4연대에서 기간 요원을 차출하여 11연대를 창설하고, 5월 15일 제주도에 파견하면서 9연대장(朴珍景 중령)을 새로 임명했으나, 9연대장은 곧 살해되고 말았다. 제주도 지사와 제주 읍장, 면장들이 투쟁인민위원회 위원장 등을 역임하였고, 군 내부와 연결되어 있었기 때문에 토벌 작전은 효과를 거둘 수 없었고 연대장까지 살해된 것이다. 6월 21일 11연대장(崔慶祿 중령)과 부연대장(宋堯讚 소령)이 부임하여 9연대장 살해범을 체포하고 숙군(肅軍) 작업을 실시하였다. 경

---

987) 陸軍本部 情報參謀部, *共匪沿革* (1971), pp. 193-201; 陸軍士官學校 戰史學科, *韓國戰爭史* (1994), pp. 657-65.

비대 총사령부는 7월 15일 9연대를 재편성하여 연대장(宋堯讚 소령)을 임명하고, 11연대는 수원으로 복귀시켰다. 재편성을 마친 9연대는 다시 공비 토벌 작전을 실시하였으나, 농민으로 가장하기도 하고, 묘지나 산속에 교묘하게 파놓은 동굴 등을 잘 이용하던 공비들을 소탕할 수가 없었고, 이들의 활동은 더욱 파괴적으로 변해 가고 있었다.[988]

사태가 악화되자, 경비대 총사령부는 1948년 10월 11일 제주도 경비사령부를 설치하고, 9연대 1개 대대, 6연대 1개 대대, 해군함정, 제주 경찰, 여수에 주둔하고 있던 14연대 1개 대대를 지휘하도록 하여, 제주도 공비 토벌 작전을 총괄하도록 하였다(10월 20일에 제주도에 입항하도록 되어 있던 14연대 1개 대대는 10월 19일 반란을 일으켜 여수·순천 반란사건이 일어나게 되었다). 이러한 조치에도 불구하고, 9연대의 토벌 작전 계획은 번번이 누설되어 작전은 성공을 거두지 못했다. 9연대장은 연대 내 숙군 작업을 실시하고, 토벌 작전을 실시하여 11월 3일 소탕 작전을 완료한 다음에 12월 9일까지 대전으로 이동하고, 9연대 대신 2연대가 공비 소탕 작전을 인수하여 1949년 5월 15일까지 소탕 작전을 거의 완료하였다. 그러나 1952년 남은 공비들이 다시 행동을 개시하자, 1953년 1월 29일 "무지개부대(朴蒼岩 소령)"를 투입하여 완전한 소탕 작전을 실시함으로써 5년여 동안의 제주도 공비 토벌 작전을 마감하였다. 이러한 작전 결과 남로당 총책 김달삼(金達三)은 탈출하여 월북하였으나, 나머지 간부는 사살되었고, 여러 가지 개인적 인연으로 공비들에 동조하였던 양민(良民)들은 정상적인 생활을 회복할 수 있었다.[989]

제주도 공비 토벌 작전을 지원하기 위하여 14연대의 1개 대대를 출동시킨다는 정보를 사전에 입수한 남로당(南勞黨) 지도부는 14연대의 조직책(池昌洙 상사)에게 출동 직전 반란을 일으킬 것을 지시하였다. 남로당은 14연대의 반란이 성공하면 전군 각 연대의 조직책에게 같은 지령을 내려, 가능하면 신생 대한민국 정부를 전복시키려는 목표를 가지고 있었다. 남로당 외선(外線) 책임자(李在福: 남로당 특별공작책임자, 평양신학교 출신)로부터 지령을 받은 14연대 조직책(연대 인사계 池昌洙 상사)은 14연대 대전차포 중대장(金智會, 洪淳錫 중위)들에게 반란 후의 지휘를 맡기고, 1948년 10월 19일 저녁 10시를 기하여 반란을 일으키기로 하였다. 지창수 상사는 연대 장교들이 여수항에 나가서 출동 준비를 하고 있던 저녁 8시경 연대 세포 조직 40여 명으로 하여금 무기고와 탄약고를 점령하도록 하고, 출동 병력을 연병장에 집결시킨 다음에 동족을 죽이는 제주도 출동을 반대한다는 말과, 경찰이 쳐들어오니 이들을 타도하라는 구호를 외치면서, 북한군이 38선을 넘어서 공격을 해오고 있으니 "북상(北上)하는 인민해방군(人民解放軍)"으로서 행동하자고 선동하였다. 반대하는 하사관을 즉석에서 총살한 이들은 무기와 탄약을 지급하고 "미제국주의의 앞잡이 장교들을 전부 죽여라" 하면서 진두 지휘를 하였다. 연대장과 연대 참모장은 현지를 탈출하였고 연대는 반란군으로 변했다.

---

988) *前揭書.*
989) *前揭書.*

10월 20일 새벽 1시 무장한 3,000여 명은 여수로 진입하였고, 좌익 단체와 일부 학생 단체 등도 이에 가세하였다. 10월 20일 21시 여수는 완전히 반란군의 수중에 들어갔고, 잡혀온 기관장, 경찰관, 유지, 우익단체 요원들과 그 가족들은 여수경찰서 뒷마당에서 집단 총살되었으며, 반란군들은 대중을 동원하여 "인민대회"를 강행하면서 "인민공화국만세"와 "인민해방군만세" 등을 외쳤다. 반란군은 여세를 몰아 순천(順天)까지 진출하여 10월 20일 17시 순천 시가를 장악하였다. 순천에서도 이들은 중학교 학생을 동원, "반동색출대"를 조직하여 경찰관, 우익인사, 종교인 등을 색출하고, 이들을 집단 총살형에 처하였다. 순천을 점령한 반란군은 10월 21일 아침에는 광양경찰서까지 점령하였다. 여수와 순천지역은 반란군의 "인민공화국"으로 변하고 말았다.[990]

육군은 1948년 10월 21일 광주(光州)에 호남지구 전투사령부를 설치하였다. 육군은 3, 4, 6, 12, 15연대에서 1-3개 대대씩 차출, 2, 5여단을 편성하고, 사령부가 이들을 지휘하도록 하여 반란 사건을 진압하려 하였다. 진압군은 10월 21일 새벽 순천에 진입하였고, 21일 저녁에는 순천을 장악하였다. 10월 22일 광양 방면으로 진출한 진압군은 24일 광양에 진출하였고, 26일 15시 여수를 감제할 수 있는 외곽 고지를 점령하였으며, 10월 27일부터는 시가지 소탕전을 개시하였다. 10월 31일까지 여수 시가의 소탕 작전은 완료되었다. 해군도 진압 작전에 투입되어 해상 탈주로를 봉쇄하였으나, 무장이 부족하고 지상 작전 병력이 없어서 더 큰 전과를 거두지는 못하였다. 진압군은 10월 21일부터 31일까지 실시한 진압 작전에서 360여 명의 반란군을 사살하는 전과를 거두었으나, 61명이 전사하고, 4명의 실종자와 120여 명이 부상당하는 피해를 감수해야만 하였다.[991] 여수 순천에서 도주한 반란군은 지리산 등으로 들어가 입산 공비(入山共匪)가 되었다.

이렇게 생성된 지리산 공비는 이후에 북한에서 훈련을 받고 태백산맥과 소백산맥을 통하여 계속 남하하던 게릴라와, 낙동강 방어선에서 미처 후퇴하지 못한 북한군 병력과 합류하여 세력이 강화되어 왔었다. 여순반란 사건의 생존자들과 북한군 낙오병, 북한에서 계속 남파되는 게릴라들로 구성된 이들 공비들이 지리산을 중심으로 활동을 강화하자 한국군은 1950년 10월부터 다음해 5월까지 3개 사단(11, 8, 5사단)을 투입하여 이들을 토벌하였으나, 1951년 말 4,000여 명의 공비들은 활동을 계속하고 있는 것으로 판단되었다. 이들은 이현상(李鉉相)의 지휘 아래 남부군단(南部軍團)으로 편성되어 식량 약탈이나 살인, 방화 등의 행위는 물론 후방 보급로 차단, 철도 파괴, 군용 보급열차 습격 및 무기와 탄약을 약탈하는 행위까지 서슴지 않아, 군작전에도 위협적인 요인이 되었다. 특히 이들에게 시달리는 후방 주민들의 사기는 저하되었고, 민심의 동요 정도 또한 심각한 지경에 이르렀다. 이러한 공비들의 활동으로 사태가 악화되자 한국 정부와 유엔군은 공비들을 본격적으로 토벌할 필요성을 절감하고 이에 대한 준비

990) *共匪沿革*, pp. 201-14; *韓國戰爭史*, pp. 665-70.
991) *前揭書*.

를 서둘렀다.[992]

접촉선을 군사분계선으로 한다는 원칙하에 1951년 11월 중순, 30일 간의 유예 기간을 가진 휴전선이 휴전 회담에서 설정되려 하자, 한국군과 미 8군은 전방의 2개 정규사단을 투입하여 후방의 공비를 토벌하려는 대담한 공비 토벌 작전을 구상하였다. 잠정적 군사분계선 설정으로 1951년 동계 기간 동안 전방의 전황은 소강 상태에 접어들 것이며, 공비 토벌에는 낙엽이 지는 늦가을부터 겨울철이 적기(適期)이고, 한국군이 재편성에 앞서 지휘와 전투 경험을 후방에서 쌓을 수 있다는 판단을 하였기 때문이었다. 육군본부는 먼저 과거 공비 토벌 작전을 수행한 경험이 있던 한국군 1군단장 백선엽(白善燁) 소장을 작전의 지휘관으로 선정하였다. 그리고 그의 의견을 들어 수도사단(사단장: 宋堯讚 준장)과 8사단(사단장: 崔榮喜 준장)을 기동타격부대로 선발하고, 서남지구전투사령부의 경비부대와 예비연대 및 경찰부대를 저지부대와 거점방어부대로 사용하도록 조치하였다. “백(白)야전전투사령부”라고 명명된 토벌작전사령부는 남원에 위치하고, 작전 명칭은 “쥐잡이 작전(Operation Rat Killer)”이라고 이름지어졌다. 극도의 비밀을 유지하면서 백 사령관은 참모장(金點坤 대령) 이하 200여 명의 장교와 하사관을 선발하여 전주를 거쳐 남원으로 이동하였다. 수도사단은 속초에서 함정을 이용하여 여수에 상륙하여 북상하였고, 8사단은 편치볼에서 차량 편으로 대전을 거쳐 작전지역에 도착하도록 하였다. 백 사령관은 11월 26일부로 서남지구전투사령관으로부터 공비 토벌 임무를 인수하고, 그 예하 부대의 지휘권도 인수하여 공비 토벌 작전 태세를 갖추었다.[993]

백야전전투사령부는 지리산 공비 토벌 작전을 육군본부의 명령에 따라 4단계 작전으로 계획하였다. 1단계는 1951년 12월 10일까지 수행하는 것으로 계획하고, 전 부대를 투입하여 지리산의 공비 거점을 공격하는 단계였다. 12월 30일까지 수행하기로 된 2단계는 경남과 전북지역의 공비 거점도 공격하고, 3단계는 1952년 1월 30일까지 1, 2단계의 작전지역을 재수색하도록 하였다. 4단계는 잔적을 소탕하는 단계로 계획하였다. 백야전전투사령부는 지리산을 남북으로 분할하고, 북쪽지역에는 8사단의 16, 21, 10연대를 투입하고, 남쪽지역에는 수도사단의 1, 26, 기갑연대를 좌로부터 투입하여 “토끼몰이식” 작전을 수행하기로 하였다. 백 사령관은 군경(軍警)에게 경계심을 가지고 있던 주민들의 신뢰를 얻기 위하여 “모든 부대는 작전 기간중 부락 근처에 숙영하지 말 것, 물 한 모금도 그냥 얻어 마시지 말 것, 식량은 여유 있게 지급되니 남은 식량은 주민들에게 분배해 줄 것, 저항하는 자 외에는 절대 사격하지 말 것” 등을 강력하게 지시하였다. 자신의 경험과, “국민을 애호하여 치안을 확보해 달라”는 당시 부통령(金性洙)의 간곡한 부탁이 가슴에 남아 있었고, 민심을 얻지 못하면 공비 토벌 작전

992) *共匪沿革*, pp. 227-351; *韓國戰爭(下)*, pp. 262-4; *韓國戰爭史*, pp. 670-6.
993) *共匪沿革*, pp. 355-9; *韓國戰爭(下)*, pp. 262-5; *길고긴 여름날 1950년 6월 25일*, pp. 227-30.

은 성공하기 힘들다는 판단에 근거한 지시였다.[994]

백야전전투사령부(백야사)는 1951년 12월 2일 공비 토벌 작전을 개시하였다. 지리산 북쪽에 투입된 8사단과 남쪽에 투입된 수도사단은 상호 협조하면서 포위망을 좁혀 나갔다. 수도사단은 2일부터 6일까지 일단 목표지역에 이르는 지역의 수색을 마치고, 7일부터 14일까지 담당지역을 반복 수색하였다. 8사단도 6일까지 목표지역까지 수색 작전을 실시한 후에 7일부터 공격 역순으로 반복 수색 작전을 실시하였다. 서남지구 전투사령부 병력은 요소 요소에 저지 진지를 편성하게 하고, 전단 살포와 회유방송을 실시하도록 하였으며, 공군도 작전을 지원하였다. 12월 14일까지 1단계 작전을 실시한 결과 백야사(白野司)는 공비 사살 1,715명, 생포 1,710명, 귀순 132명과 다량의 무기와 식량을 노획하는 전과를 기록하였다. 나머지 공비들은 지리산 일대의 은거지를 버리고 분산되어 잠적하였다. 12월 16일부터 2단계 작전이 시작되었다. 2단계 작전은 수도사단과 8사단을 이동시켜 지리산 주변의 덕유산, 운장산, 내장산, 백양산 등으로 분산된 공비를 토벌하는 작전을 수행하도록 하였고, 서남지구 전투사령부로 하여금 지리산 일대에 재집결을 시도하던 공비들을 토벌하도록 하였다. 백야사는 1951년 12월 말까지 4,000여 명의 공비를 사살하고, 4,000여 명의 공비를 생포하는 전과를 기록하였다.[995]

2단계에 걸친 작전을 성공적으로 마친 백야사는 1952년 1월 4일부터 3단계 작전을 수행하였다. 이 단계에서 백야사는 수도, 8사단을 지리산, 백운산, 덕유산에 동시에 투입하여 공비 잔당을 토벌하려 하였고, 서남지구 전투사령부 부대를 운장산에 배치하여 공비들의 탈주로를 차단하도록 하였다. 백야사는 3단계 작전에서 전사 68명, 부상 96명의 피해를 입었으나, 1,867명의 공비를 사살하고, 1,155명을 생포하는 전과를 거두었다. 김지회(金智會), 이현상(李鉉相), 이영회(李永會) 등은 사살되고 기타 핵심 지도자들도 대부분 사살되거나 생포되었다. 공비 토벌 작전에서 전과가 늘어날수록 주민들의 협조도 강화되어 더욱 더 많은 전과를 거둘 수 있었다. 공비들로부터 보복당할 위험이 사라진 것을 확인한 주민들의 태도가 변했기 때문이었다. 지리산 주변에 사는 많은 장정들은 공비들이 자기들 세상이 오면 면장, 군수, 우체국장 등을 시켜 준다는 임명장을 받고 입산(入山)한 경우가 대부분이었고, 이들로 하여금 자신들의 마을에 내려가 그들이 지정하는 "반동분자"들을 처단하도록 하여, 이들을 하산(下山)하지 못하게 하였기 때문에, 이렇게 입산한 장정들은 자수도 하지 못한 채 그들이 소중하게 간직하고 있던 "임명장"을 움켜쥐고 끝까지 저항하다가 죽음을 택하는 것이 통례였다.[996]

백야사는 1952년 2월 4일부터 4단계 공비토벌작전을 실시하였다. 그러나 8사단이 2

---

994) *길고긴 여름날 1950년 6월 25일*, pp. 231-3.
995) *共匪沿革*, pp. 359-447; *韓國戰爭(下)*, pp. 264-72; *길고긴 여름날 1950년 6월 25일*, pp. 233-42.
996) *前掲書; 韓國戰爭史*, pp. 676-84.

월 5일 전선으로 복귀하고, 사령부(白善燁 중장, 1952년 1월 20일 진급)도 2월 6일 전선으로 복귀함에 따라, 4단계 작전은 수도사단이 수행하였다. 수도사단은 사령부가 계획한 대로 지리산 주변 고지의 소탕 작전과 반복 수색을 실시하였다. 서남지구 전투사령부도 덕유산, 백운산 일대의 공비를 소탕하고, 경찰부대는 회문산지역의 공비를 소탕하였다. 4단계 작전이 3월 14일 종료되자 수도사단은 공비 토벌 임무를 서남지구 전투사령부에 인계하고 전선으로 복귀함에 따라, 공비 토벌 작전을 위하여 편성되었던 백야전전투사령부는 임무를 마치게 되었다. 이 작전을 통하여 1만 6,000여 명에 해당되는 공비들이 사살, 생포되거나 투항하였고, 3,000여 정이 넘는 무기도 노획되었다. 1951년 11월 25일 설치된 백야전전투사령부는 1952년 3월 14일까지 실시된 공비 토벌 작전으로 남부군단의 주력을 섬멸하고 주어진 임무를 완수하였다. 공비 토벌 임무를 마친 백야전전투사령부는 발전적으로 해체되고, 1952년 4월 5일부로 2군단으로 발족되어 예하에 수도, 3, 6사단을 배속받아 금성(金城)지역에 투입되었다.[997]

지리산 공비 토벌 작전(1단계: 1951. 12. 2.-14.)

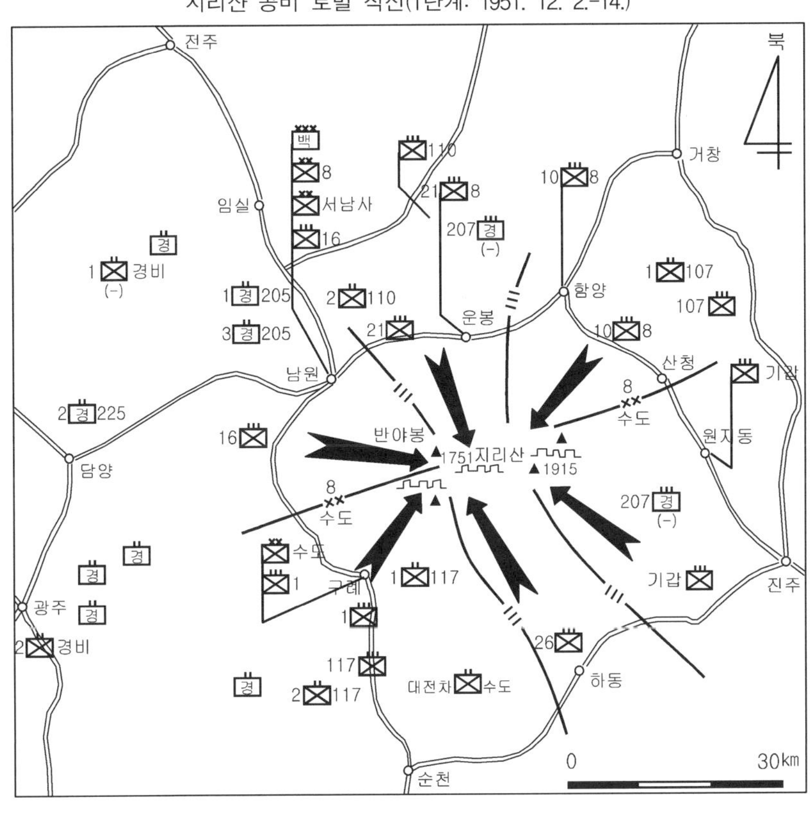

997) *길고긴 여름날 1950년 6월 25일*, pp. 241-5.

20. 교착된 전선의 설전과 혈전

유엔과 공산측 휴전회담 대표가 1951년 11월 27일에 당시의 접촉선을 군사분계선(軍事分界線)으로 설정하고, 이로부터 30일 이내에 휴전협정이 조인될 경우 이를 휴전선(休戰線)으로 확정한다고 합의함에 따라, 의제(議題) 3항: 휴전보장 및 감시 기구와 조치, 4항: 포로의 교환 문제, 5항: 양측 정부에 대한 건의 문제만 합의가 되면 1951년이 저물기 전에 휴전협정(休戰協定)이 조인될 수 있을 것 같아 보였다. 그러나 간단하게 합의될 것처럼 보였던 휴전 감시, 포로 교환, 대정부 건의문 채택 등은 양측이 간단하게 합의될 수 없는 요소를 내포하고 있었다. 양측은 휴전 감시 항목에 관해서 무제한 감시 여부와 비행장 건설 및 보수 여부 문제에 대해서 현저한 견해 차이를 보였고, 포로 교환 항목과 연관하여 자유 송환(自由送還)과 강제 송환(强制送還)으로 구분되는 송환 원칙에 대해서는 한 치의 양보도 허락하지 않으려 하였다. 설전(舌戰)의 전선(前線)이 교착(膠着)되었다. 양측은 세 가지 의제에 대해서 합의를 보지 못한 채 30일을 허송한 후에도 1951년 11월 27일에 합의한 군사분계선 문제를 공식적으로 거론하지 않음으로써, 혈전(血戰)의 전선(前線)을 교착(膠着)시키려 하였다. 이로써 양측은 두 개의 교착된 전선(前線)에서 설전(舌戰)과 혈전(血戰)을 계속하게 되었다.

1) 회담 전선(會談前線)의 교착

군사분계선이 설정된 후에 휴전의 보장과 감시에 대한 기구 및 조치에 대한 논의가 시작되었다. 공산측은 휴전이 조인되는 즉시 전투 행위를 중지하고, 휴전 조인 3일 이내에 모든 군대는 비무장지대에서 5일 이내에 해안 및 도서에서 철수하며, 무장 부대의 비무장지대 진입을 금지하고, 양측은 동수의 군사정전위원을 지명하여 휴전협정의 이행을 공동으로 감시, 책임진다는 내용의 제안을 내놓았다. 이에 대해서 유엔측은 휴전 조인 후 24시간 내에 사격을 중지하고, 양측 동수의 공동 감시 기구를 설치하며, 협정 조인 후 양측은 병력, 보급, 장비 및 시설의 증강을 금지하고, 군사정전위원회는 한반도 전역에서 자유로운 감시 활동을 실시하며, 양측 군대는 상대가 통제하는 지역에서 철수하고, 합의한 부대 외에는 비무장지대의 출입을 금지하고, 군사지휘관은 비무장지대를 협정에 맞게 관리한다는 내용의 제안을 내놓았다. 공산측은 군사력 증강 금지와 무제한적인 감시 활동에 대해서 집중적인 공격을 하면서, 모든 외국군이 철군해야 된다는 주장을 내놓았다. 이에 대해서 유엔군측이 외국군 철수 문제는 휴전 회담의 의제가 될 수 없다는 입장을 개진하였으며, 공산측은 북한 내의 비행장을 건설하는 문제는 북한 자체의 문제이며, 이를 금지시키려는 유엔측의 태도는 "내정 간섭"이라고 비난하였다. 군사력의 증강 금지와 제한 없는 감시 활동 보장에 대해서 양측은 커다란

입장 차이를 보였다.[998]

두 가지 문제에 대한 타협안은 공산측이 먼저 제시하였다. 공산측은 군사력의 증강 금지와 군사 시설의 재건, 복구금지 대신에 "어떠한 구실로도 병력이나 장비의 도입을 금지"하는 안을 제시하였고, 군사정전위원회의 제한 없는 감시 활동의 보장 대신에 군사정전위원회는 비무장지대 안에서만 휴전 감시 활동을 하고, 비무장지대 외의 감시 활동은 중립국 감시위원회를 구성하여 이 위원회가 실시하도록 하자는 제안이었다. 이에 대해서 유엔측은 병력의 교체는 반드시 보장되어야 하고, 중립국 감시위원회는 반드시 군사정전위원회의 감독하에 두어야 한다는 점을 명백하게 하였다. 그러나 양측은 병력 교체는 3만 5,000명을 상한으로 정하여 남북한 5개 항구와 지역에서 실시하기로 합의하고, 중립국 감시위원회의 구성과 역할 및 위상을 받아들이기로 하였다. 공산측이 병력과 장비의 교체를 인정하고, 공중 감시는 유엔측이 주장을 고집하지 않아 타협이 이루어졌으나, 비행장의 건설과 보수 문제는 유엔측의 "휴전 감시상 필요한 조치"라는 주장과 공산측의 "내정 간섭"이라는 반박에 타협점을 발견하지 못했다. 양측은 중립국의 선정 문제도 약간의 신경전을 실시하였다. 유엔측이 중립국으로서 스위스, 스웨덴, 노르웨이 3국을 제안하자, 공산측은 폴란드, 체코슬로바키아, 소련을 중립국으로 제안하였다. 유엔측이 소련을 거부하고 그 대신 노르웨이를 제외시킬 것을 제의하자, 공산측은 한국전에 참전하지 않은 소련을 반드시 중립국에 포함시켜야 한다고 맞섰다. 중립국 문제와 비행장 문제를 맞교환하려는 공산측의 의도가 엿보였다. 이에 양측은 비행장 건설과 복구 및 중립국 감시 기구 구성 문제를 접어두고 포로 교환 문제를 본격적으로 논의하자는 데 합의하였다.[999]

포로 교환 문제는 동서 이념 대립 구조에서 비롯된 이념전(理念戰) 요소가 개입되어 합의가 더 어려웠다. 공산측은 전투 행위가 종식된 후에 양측은 포로 전원을 즉시 강제로 송환해야 한다고 주장하였다. 유엔측은 북한군 치하의 남한 청년들이 이른바 "의용군"이라는 명목으로 징집되어 싸우다가 포로로 잡힌 경우가 많아, 이들을 북한으로 보낸다는 것은 그들을 "죽음"으로 몰아넣는 것과 다름없다는 판단을 하였다. 많은 중공 포로들이 중공으로 돌아가는 것을 거부하는 경우가 많아 이들도 마찬가지 경우에 해당된다고 판단하였으며, 특히 미국 정부는 많은 공산군 포로가 송환되기를 거부하였다는 사실 자체가 "공산사회가 천국"이라고 선전하는 공산주의에 대한 "결정적인 타격"이 될 수 있다는 점에 주목하고 있었다. 이러한 고려와 판단에도 불구하고, 현지 유엔군 사령부는 남한 출신의 포로나 중공으로 돌아가기를 거부하는 중공군 포로들의

---

998) *Truce Tent and Fighting Front*, pp. 121-34; *韓國戰爭(下)*, pp. 281-94.

999) *前揭書*. 특히, 미국의 트루먼 대통령은 군사시설 특히 비행장의 재건과 복구를 허용하는 문제에 대해서 거부반응을 보였다. 그는 북한군이 모든 시설이 파괴된 상태에도 불구하고 지독하게 저항을 했다는 사실이 이들 시설의 복구를 금지해야 할 이유가 된다고 보았다. 그러나 미 합참본부는 이러한 금지 조항은 아군측에도 공히 적용되기 때문에 문제가 있다는 점을 들어 트루먼 대통령을 설득하였다. 이로써 미국정부의 입장이 정리되었다. JCS to President Truman, December 7, 1951; Truman to JCS, December 8, 1951; JCS to Truman, December 8, 1951; JCS to Ridgway, December 10, 1951, declassified by the JCS and the State Department under the FOIA Case No. 8102237 참조.

운명보다는 공산측이 억류하고 있던 유엔측 포로의 조기 송환을 더욱 중시하여, 무조건적인 1 : 1 교환이나 전면적인 맞교환을 선호하고 있었다. 미 합참본부도 유엔군 사령부의 입장에 수긍하였다. 이에 대해서 미 국무부는 "가석방(parole)" 조치를 통하여 송환을 거부하는 포로를 먼저 석방한 다음에 나머지를 교환하자는 절충안을 제시하였다. 그러나 미국의 트루먼 대통령은 송환을 거부하는 포로들의 강제 송환은 인본주의(人本主義)에 어긋난다는 점을 들어 어떠한 경우에도 자유 송환의 원칙이 준수되어져야 한다는 점을 확실하게 지시하였다.[1000] 이와 같이 수립된 유엔측의 자유 송환(自由送還) 원칙과 공산측의 강제 송환(强制送還) 주장은 동서 진영간에 정착되어진 전세계적인 이념전(理念戰)과 연결되어 타협의 실마리조차 찾기 어려운 성격의 문제였다.

포로 교환 협상은 1951년 12월 11일부터 시작되었다. 포로의 안전과 신원 파악에 중점을 둔 유엔측은 12월 15일에 포로의 국가별 식별, 포로 수용소의 위치와 수용소별 인원수, 국제적십자사 대표의 포로수용소 출입 허용 등을 요구하며 자료를 요청하였으나, 공산측은 휴전협정 조인시에 전체 포로를 교환하는 것에 대해서 논의하자는 주장을 반복하였다. 양측은 12월 18일 양측이 수용하고 있던 포로 명단을 교환하였다. 공산측이 제출한 포로 명단에는 한국군 7,142명, 유엔군 4,417명(미군 3,198명) 등 총 1만 1,559명이었다. 여기에는 대전에서 실종된 미 24사단장(William Dean 소장)의 명단이 있었으나, 한국군 실종자 8만 8,000명, 미군 실종자 1만 1,500명에 이른다고 판단한 유엔측의 추정과는 너무나 차이가 있었다. 유엔측은 북한인 9만 5,531명, 중국인 2만 700명, 전 남한인 1만 6,243명 등 총 13만 2,474명의 명단을 통보하였다. 이에 대해서 공산측은 실종자 18만 8,000명으로 추산하고 있다면서 유엔측의 자료를 반박하였다. 이때 한국 정부도 가만히 있지 않았다. "북한군에 강제로 편입된 한국군을 즉시 돌려보내야 한다고 주장하고, 강제로 징용된 남한인들을 돌려보내서는 안 되며, 북한군이 납치한 모든 민간인들은 복귀되어야 한다"는 내용을 유엔군측에 전달하였다.[1001] 유엔측은 공산측의 전체 맞교환방식을 "사기수"이며 부적절하다는 점을 비난하였고, 공산측도 유엔측이 많은 수의 포로를 명단에서 누락시켰다고 주장하면서 이에 대응하였다.

포로 송환 문제는 1952년의 회담에서도 논의되었다. 유엔측은 자유 송환 원칙하에 1 : 1 송환을 실시하되, 송환을 거부한 포로들에게는 다시 총을 잡지 않게 하는 것이 인도적이며 현실적인 방법이라고 말하였다. 이에 대해서 공산측은 포로의 석방과 교환은 노예 거래가 아니라는 점을 강조하고, 20세기는 노예 제도가 있는 야만의 시대가 아니라고 주장하였다. 한국 정부도 포로 교환 논쟁에 가세하였다. 한국과 중국인 포로의 강제 송환은 반대하며, 북한인들도 "치유 불가능한 공산주의자들만 송환해야 한다"고

1000) Memo for the Secretary of Defense, sub.: Policy on Repatriation of Chinese and North Korean Prisoners, December 3, 1951; Memo of Conversation, sub.: Meeting with JCS on Korea, December 5, 1951; Draft Message to Ridgway, in Annex to Johnson's Memo; Message, JCS to President Truman, December 7, 1951; JCS to Ridgway, December 10, 1951, declassified by the JCS and the State Department under the FOIA Case 8102237; *FRUS, 1951, VII, part 1,* pp. 1290-6.

1001) *Truce Tent and Fighting Front,* pp. 135-44; *韓國戰爭(下),* pp. 295-300.

주장하였다. 휴전 회담은 여기에서 더이상 진전이 없었다.[1002)]

포로 교환 문제의 토의에 진전이 없자, 양측은 1952년 2월 6일 의제 5항(관계국 정부에 대한 건의)을 토의하기 시작하였다. 공산측은 한국 문제를 평화적으로 해결하기 위해서 휴전 이후 3개월 이내에 북한과 중공, 유엔 관련 국가들과 정치 회담을 개최하여, 외국군 철수 문제, 한국 문제와 관련된 극동 문제 등을 논의하자고 제안하였다. 유엔측은 회담에 한국 대표의 참가를 명시하고, 한국 문제만을 다룬다는 것을 원칙으로 정하고, 이러한 입장을 전달하였다. 공산측은 1952년 2월 26일에 "쌍방의 군사령관들은 한국 문제의 평화적 해결을 보장하기 위해 휴전협정이 조인되고 효력이 발생된 후 3개월 내에 고위 정치 회담을 개최하여, 한반도로부터 모든 외국군 군대가 철수하고 한국 문제의 평화적인 해결책을 모색하기 위한 정치 회담 개최를 쌍방 관계국 정부에 건의한다"는 내용의 건의문 초안을 제시하였다. 유엔측은 이 문안이 광범위한 재량권을 인정하여 무난하다는 판단을 하고 이를 수용하였다. 이로써 양측은 그렇게 힘들이지 않고 5항의 내용에는 합의하였다.[1003)]

양측이 관계국 정부에 대한 건의문을 채택하자, 3항의 비행장 건설 및 복구 문제와 중립국 감시위원회 구성 문제, 4항의 포로 문제만이 합의되지 않은 상태로 남게 되었다.

공산측이 휴전을 성립시킬 의사가 있는지 의심스럽다고 전제하면서, 한국전쟁에 참전하고 있는 유엔 회원국이 유엔측의 입장을 지지한다는 성명을 발표하고 무력을 집중적으로 사용하여 강력한 군사적 압력을 가해야 한다는 의견을 제시한 리지웨이 유엔군 사령관은 자유송환(自由送還) 원칙을 관철시키기 위하여 비행장 문제를 양보하는 "일괄 타결(package deal)"을 모색하자는 건의를 하였다.[1004)] 현지 사령관의 건의를 받은 미 합참본부는 이 문제를 국무부와 협조하였다. 영국을 비롯한 유엔 참전국들은 군사 작전을 강화하는 것은 반대하였으나, 일괄 타결안에는 찬성하였다. 이에 합참본부는 비행장 건설 및 복구 문제도 병력과 장비의 교체와 마찬가지로 양측 모두에게 해당되는 사항이기 때문에 이를 양보하고 포로의 자유 송환 원칙을 고수하며, 이 문제에 대한 대통령의 성명서 발표와 참전국의 지지 표명을 건의하였다. 건의를 받은 트루먼 대통령은 합참본부의 건의를 수용하였다.[1005)] 트루먼 대통령의 재가를 받은 미 합참본부는 유엔군 사령관에게 일괄 타결을 모색하라는 지시와 함께 송환을 거부하는 포로들의 선별 작업을 진행시키도록 지시하였다.[1006)] 이제 리지웨이 유엔군 사령관은 유엔측 회담대표에게 확실한 지침을 내릴 수 있게 되었다.

유엔군 사령관은 포로 문제에 대한 공산측 입장을 더 조사해 보도록 하면서 송환을

1002) *前揭書; 韓國戰爭(下)*, pp. 300-5.

1003) *Truce Tent and Fighting Front*, pp. 156-9; *韓國戰爭(下)*, pp. 305-7.

1004) Ridgway to JCS, February 27, 1952, RG 218, CCS 383.21 Korea(3-19-45), sec., 86, NA; *FRUS, 1952-1954, XV, part 1*, pp 66-72; *Truce Tent and Fighting Front*, p. 150; *韓國戰爭(下)*, 308-9.

1005) *Truman, Memoirs, II*, p. 460; Acheson, *Present at the Creation, p. 653; The Korean War*, p. 131.

1006) JCS to Ridgway, February 27, 1952, RG 218, CCS 000.5(5-12-49), sec., 7, NA; *FRUS, 1952-1954, XV, part 1*, pp. 70-1.

원하지 않는 포로의 분류 작업을 실시하도록 지시하였다. 1952년 4월 8일부터 포로의 분류 작업(Operation Scatter)이 실시되었다. 4월 13일까지 실시한 결과 10만 6,376명 중 3만 1,231명만이 송환을 원하고 있었다. 분류 자체를 거부하는 포로까지 합하면 약 7만 명 정도가 송환을 원하고 있는 것으로 판단되었다. 이 결과를 토대로 4월 19일 유엔측은 공산측에게 7만 명 정도는 송환될 수 있다고 말하였다. 공산측은 유엔측을 원색적으로 비난하였다.

이러한 가운데, 1952년 4월 28일에 개최된 본회의에서 유엔측 대표는 유엔측이 비행장 건설이나 복구에 대한 제한을 철폐하는 대신 공산측은 중립국을 소련과 노르웨이를 제외한 4개국(스위스, 스웨덴, 폴란드, 체코)으로 제한하고, 포로의 자유 송환 원칙을 수용하는 일괄 타결안을 제시하였다. 공산측은 1952년 5월 2일 회의에서 중립국에서 소련을 제외하는 것을 동의하는 대신 공산측 포로 13만 2,000명과 유엔군 포로 1만 2,000명을 맞교환해야 한다는 주장을 내놓았다. 송환을 희망하는 포로만 교환해야 한다는 유엔측과 포로 개개인의 의사를 참작하여 포로를 교환한 전례가 없으며, 이는 포로의 권리를 박탈하는 처사라고 주장하는 공산측은 타협의 여지를 보여 주지 않고 있었다. 이러한 양측의 입장 차이는 5월 5일 회담에서 더욱 확실하게 나타났다. 타협의 여지가 없다고 판단한 유엔군 사령관은 일괄 타결안을 발표하면서 공산측이 미국의 "인도주의"원칙을 존중할 줄 모른다고 비난하였다. 트루먼 대통령도 "우리는 인간을 도살장이나 노예로 넘기면서까지 휴전을 얻으려 하지 않겠다(We will not buy an armistice by turning over human beings for slaughter or slavery)"는 성명서를 발표하여 유엔측의 일괄 타결안을 지지하였다.[1007] 뒤이어 미 국무부 장관, 영국과 캐나다의 외상도 강제 송환은 고려될 수 없는 대안이라고 말하면서 유엔측의 제안을 지지하였으며, 유고슬라비아 정부도 포로들에게 망명할 수 있는 권한을 인정한 바탕 위에서 휴전이 성립되어야 한다는 입장을 발표하였다.[1008] 이로써 유엔측이 제시한 "자유 송환" 원칙은 양보할 수 없는 대안이 되었고, 공산측의 "강제 송환" 원칙과 타협점을 발견하지 못하여 회담장에서의 전선(前線)이 교착(膠着)되었다

이러할 즈음 거제도 포로수용소에서 수용 소장이 공산군 포로들에 의해서 납치되는 사건이 발생하였다. 거제도 포로수용소에서는 반공과 친공포로들 사이에 주도권 다툼을 위한 충돌이 잦았었다. 공산측 포로들은 1952년 5월 7일 오후에 경비병들이 포로를 폭행했다는 이유를 들어 포로수용 소장과의 면담을 요구하면서 수용 소장(Francis T. Dodd 준장)을 납치하였다. 미 8군사령관은 즉시 새로운 수용 소장(Charles F. Colson 준장)을 임명하였다. 새로 임명된 수용 소장은 납치된 수용 소장을 구하기 위하여 포로를 학대하고 살해했다는 내용을 확인해 주고, 북한군과 중공군으로 구성된 조직을

1007) *Public Papers of the President of the United States, Harry S. Truman, 1952-1953,* pp. 321-2; *Truman, Memoirs, II,* p. 460; *The New York Times,* May 8, 1952.

1008) *The New York Times,* May 8, 21, 1952.

인정한다는 약속을 하였다. 5월 10일 납치된 수용 소장은 풀려났으나, 1952년 5월 12일 부임한 클라크(Mark W. Clark 대장) 유엔군 사령관은 공산측 포로와 수용 소장과의 협정은 공갈에 의한 것이라고 일축하고, 새로운 수용 소장(Haydon L. Boatner 준장)을 임명하면서, 5월 20일까지 187공수연대와 전차 1개 대대를 증강시켜 경비 병력을 1만 4,820명으로 증강시키는 조치를 취했다.[1009] 이로써 거제도 포로수용소 사태는 수습되었으나, 공산측이 거제도 사건은 유엔군이 되도록 많은 포로들을 잡아두려는 음모를 드러낸 사건이라고 주장하면서 유엔측을 비난하는 자료로 활용하였다. 이것은 유엔군이 세균전을 실시하였다는 공산측 주장과 함께 휴전 회담장에서의 교착 상태를 더욱 고약하게 만든 결과를 가져왔다.[1010]

2) 교착된 전선(戰線)의 전투

1951년 11월 27일 유엔과 공산측이 30일 간의 유예 기간 동안만 유효하다고 합의한 군사분계선의 설정은 사실상 30일 간의 휴전을 의미하였으며, 그 후에도 양측은 묵시적으로 이러한 상태를 받아들이고 있었다. 전선은 교착된 채로 강화되어 교착된 상태를 더욱 교착화시켰다. 유엔군과 한국군도 견고한 방어 진지를 구축하였고, 그동안 유엔군의 포격과 폭격으로 밤에만 진지 공사를 실시하던 북한군과 중공군들도 낮에 진지를 구축하여 개미집 같은 방어선을 구축하였다. 공산군은 1952년 8월 말까지 갱도(坑道) 190km, 참호 및 교통호 650km, 각종 화기 엄체호 1만 2,180여 개의 공사를 완료하였고, 250km에 이르는 전선에 20-30km의 종심을 갖는 갱도를 중심으로 거점 방어 진지를 완성하였다. 동서해안과 3방어선도 중요한 지역에는 철근 콘크리트 진지를 구축하여 11월 말까지 기본 골격을 완성하였다.[1011] 동해안부터 서해안에 이르기까지의 접촉선은 화기의 엄체호, 참호 등이 교통호로 연결된 요새화된 방어선이 구축되어 있었다. 교착(膠着)된 전선(前線)이 전장(戰場)에서도 나타났다.

교착된 전선에서도 전투는 계속되었으나 유동적인 전선에서의 전투와는 다른 양상을 보였다. 첫째, 교착된 전선에서의 전투는 본질적으로 진지전(陣地戰)이다. 진지전은 견고하게 구축된 진지로 연결된 방어선을 중심으로 전투가 전개되며, 이렇게 구축된 방어선을 탈취 또는 돌파하려 하거나 이를 방어하려 할 경우에는 공격측이나 방어측 모두 엄청난 피해를 감수해야 하는 것이 보통이다. 이러한 피해에도 불구하고 전과(戰果)는 별로 보잘것이 없는 경우가 대부분인 성격의 전투가 진지전이다. 1차 세계대전에서와 마찬가지로 교착된 전선을 형성한 후에 치러진 한국전쟁도 예외가 아니었다. 둘째, 교착된 전선의 전투는 수색정찰전(搜索偵察戰)의 양상을 보여 준다. 교착된 전선

1009) *Truce Tent and Fighting Front*, pp. 233-62; *韓國戰爭(下)*, pp. 313-21.
1010) *韓國戰爭(下)*, pp. 321-3.
1011) *中共軍의 韓國戰爭史*, pp. 224-30, 특히, 229-30.

에서 대치하고 있는 부대는 전초와 엄호 부대를 운용하여 수색과 정찰 활동을 실시하여 접촉을 유지하고, 때로는 강력한 위력 수색과 전투 정찰을 실시하여 상대의 전투력을 소모시키려는 과감한 작전을 수행하는 경우도 있다. 부대 규모는 소대와 중대가 보통이며, 때로는 대대급까지 동원하여 작전을 수행하기도 한다. 교착된 전선에서 대치하고 있던 공산군과 한국군 및 유엔군도 이러한 작전을 수행하였다. 셋째, 고지 쟁탈전(高地爭奪戰)이 교착된 전선에서의 전투 양상이다. 교착된 전선에서 대치하고 있는 양 부대가 유리한 방어선을 구축하기 위하여 필요하다고 판단되는 고지를 점령하려 하고, 자신의 방어 진지와 방어선을 완전하게 감제하는 상대측의 고지를 탈취하려는 작전을 수행하는 것은 매우 당연한 일이다. 이러한 고지 쟁탈전은 통상 수색 정찰전보다 많은 병력과 대규모의 부대를 동원하는 것이 보통이다. 제한된 지점에서 전투가 수행되기 때문에 화력이 집중되어 피해가 매우 심하고, 공격이나 방어 부대를 자주 교대할 필요성이 있으며, 이에 따라 소규모 전투라 하더라도 이 전투에 참여하는 총 병력의 숫자는 많은 경우가 대부분이다. 따라서 교착된 전선에 형성된 후에 치러진 한국전쟁은 고지쟁탈전의 연속이었다고 해도 과언이 아닐 정도였다. 넷째, 교착된 전선에서는 상대를 교란시키기 위하여 전방에서는 요란사격(擾亂射擊)과 포격(砲擊)을 통상 실시하고, 후방에 대해서는 차단폭격(遮斷爆擊)과 포격(砲擊)을 실시한다. 전방에서는 상대를 교란시켜 전력을 소모시키거나, 전력을 둔화시키기도 하며, 계획된 고지 쟁탈전 등을 수행하기도 한다. 후방에 대해서는 전방으로의 보급을 차단하기 위한 항공기 폭격과 함포의 포격 등을 실시하고, 필요에 따라 정치적·심리적 효과를 달성하기 위한 폭격과 포격도 실시하며, 제시된 휴전 조건을 강요하기 위한 수단으로 도시와 항구, 발전 시설이나 저수지 제방 등을 폭격하기도 한다. 교착된 전선이 형성된 후 한국전쟁에서의 전투 양상은 진지전, 수색 정찰전, 고지 쟁탈전, 후방 폭격 및 포격 등으로 특징지어질 수 있으며, 군사분계선이 설정된 후에는 이러한 양상의 전투가 전 전선에서 수행되었다.

(1) 1952년 주요 전투

1951년 11월 27일에서 30일 간 유효한 군사분계선이 설정된 후, 유엔군과 한국군은 지리산 공비 토벌 작전에 주력하였고 병력을 재편성하면서 방어 진지를 구축하는 데 중점을 두었다. 공산측도 1951년 말에 제한적으로 한국군이 전초 진지를 구축한 고지(高地: 한국군 1사단 杜梅里 고지와 한국군 7사단 크리스마스 고지)를 공격하였으나, 대규모 공격은 감행하지 않았다. 1952년 전반기에도 중공군이 문산 전방의 한국군 1사단지역, 금성천 6사단지역, 북한강지역의 3사단지역의 전초 진지에 대한 공격을 감행하였으나, 한국군 사단들은 이를 격퇴하고 전초 진지를 고수하였으며, 그 이상의 커다란 접전을 벌이지는 않았다.[1012] 이와 같이 1952년 전반기까지 양측은 전력의 보강과 방어선의 강화에 주력하면서 비교적 평온한 접촉선을 유지하고 있었다.

유엔군은 1952년 봄에 전선을 조정하고, 방어 병력을 재배치하였다. 지리산 공비 토벌 작전을 마친 백야전전투사령부를 발전적으로 해체하여 2군단을 창설하고(1952. 4. 5.) 이를 화천 북방 금성지구에 투입하였다. 미 1기병사단과 24사단을 철수시키고, 미 45, 40사단을 전선에 투입하면서 미 1해병사단을 문산지역으로 이동시켜 한국 해병과 더불어 임진강 하구의 방어를 담당하도록 하였다. 미 8군은 미 1군단(미 1해병, 영연방 1, 한국군 1, 미 45사단)을 철원 서쪽 서부지역, 미 9군단(한국군 9, 7, 미 40사단)을 철원・김화지역, 한국군 2군단(6, 수도, 3사단)을 화천 북방 금성지역, 미 10군단(한국군 7, 미 25, 한국군 8사단)을 양구 북방, 한국군 1군단(11, 5사단)을 향로봉・동해안지역에 배치하여 전선을 유지하였다. 공산측도 연안지역에 북한군 40사단, 미 1군단 정면에 19병단(65, 63, 64군), 철원・김화지역에 39, 42군과 15군, 화천 북방 금성지역에 12, 68군, 향로봉과 동해안지역에 북한군 1, 2, 3군단을 배치하고 있었다. 이러한 배치는 1952년 9월에 약간의 변동이 있어서 미 8군은 각 군단 배속 사단을 변경하여 미 1해병(한국 해병 1연대 배속), 영 1, 미 3, 2, 한국군 1사단(예비)을 미 1군단에 배속하고, 미 9군단에는 한국군 9, 미 7, 한국군 2, 미 40사단(예비), 미 10군단에 한국군 7, 미 25, 한국군 8, 미 45사단(예비)을 배속하였다. 이후에도 필요에 따라 사단의 소속은 변경되었으나 군단의 작전지역은 그대로 유지되었다. 공산측도 철원을 포함한 서부지역에 중공군 38, 39, 40군과 65군을 투입하고, 김화, 금성, 현리 북방에 15, 12, 68군을 배치하였으며, 향로봉과 동해안지역에는 북한군 1, 3군단을 배치하였다. 이들은 새로운 병력을 투입하면서 10월에는 중공군 12군을 동해안지역으로 이동시켜 해안 방어를 강화하였다. 이러한 병력 배치에 따라, 한국군과 유엔군 5개 군단 17개 사단과 중공군 8개군 24개 사단 및 북한군 2개 군단 4개 사단 등 28개 사단이 대치하게 되었다. 후방지역에 배치되어 있던 병력을 포함한다면 공산측이 전체적인 병력의 우세를 확보하고 있었으나, 전방에 배치되어 있던 병력은 공산측이 약간 우세한 상태에서 대체적인 균형을 유지하고 있었다.[1013]

휴전 회담이 진행되고 전선이 교착됨에 따라, 한국군의 전력을 증강시키려는 계획이 가시화되었다. 한국군 2군단이 1952년 4월 5일 창설되고, 한국군을 20개 사단으로 증강시키려는 건의와 계획을 미 8군사령관과 유엔군 사령관이 지원함에 따라 미 합참에서도 이를 긍정적으로 검토하였다. 1952년 10월에 한국군 12, 15사단과 6개 독립연대의 창설을 위한 준비를 하게 되었고, 1953년 8월까지 한국군을 20개 사단으로 확장한다는 계획을 추진하였다. 특히 미 8군은 1952년 5월 27일까지 105mm 1개 포병대대만 보유하고 있던 한국군 1개 사단에 105mm 3개 포병대대와 155mm 1개 포병대대를 완전하게 갖추도록 하여 사단의 화력 지원 능력을 향상시키도록 결정하였다. 1953년 1월부터 한국군 사단은 완전 편성된 사단 포병단을 보유하게 되었고, 육군본부의 전차

1012) *韓國戰爭(下)*, pp. 237-62.
1013) *韓國戰爭(下)*, pp. 337-42.

중대도 6개로 증강되었다.[1014] 이와 같이 미 8군은 휴전과 이에 따른 한국군의 역할 증대에 대비한 준비도 진행시켰다.

포로 교환 원칙에 대한 유엔측과 공산측의 대립은 휴전 회담의 진척을 사실상 불가능하게 만들었다. 상황이 이렇게 전개되자, 유엔군은 군사적인 제재를 가하면서 공산측을 설득하는 노력을 병행하였다. 6월 초, 한국군과 유엔군은 소규모 제한 목표 공격작전(Operation Counter)을 실시하여 철원 서북방 역곡천(驛谷川) 북안(北岸)의 백마고지(白馬高地, 395고지), 화살머리(Arrowhead)고지(281고지), 티본(T-bone)고지(290고지)와 이들 고지군의 서남쪽 역곡천 남안에 위치한 포크찹(Porkchop)고지(255고지), 불모(Old Baldy)고지(266고지) 등 11개 목표를 탈취하여 유리한 전초 진지를 점령함으로써 방어선을 강화하였다. 미 8군사령관(James A. Van Fleet 대장)은 중부전선에서 평강(平康) 북쪽에 새 방어선(Duluth Defense Line)을 설정하여 과감하게 방어선을 추진하는 계획을 유엔군 사령관(Mark W. Clark 대장)에게 건의하면서, 협상에서 공산측을 굴복시키는 효과적인 방법은 군사적인 압력 강화라는 입장을 천명하였다. 유엔군 사령관은 소득에 비해 피해가 너무 클 것이라는 이유를 들어 중부지역의 방어선 추진 작전은 승인하지 않았으나, 유엔군 사령관이나 미 합참본부는 공산측에게 군사적인 압력을 가할 필요가 있다는 점은 인정하였다. 이에 미 합참은 트루먼 대통령의 재가를 받아 당시까지 유보해 놓았던 압록강 상의 수풍발전소의 공격을 승인하였다.[1015] 유엔군 사령부는 1952년 6월 23, 24, 25일에 걸쳐서 500대의 항공기로 1,400회 출격하여 수풍 발전소를 폭격하였고, 6월 24, 26, 27일에는 장진 및 부전 발전소도 강타하였다. 군사적인 압력과 더불어 유엔측 휴전 회담 대표(William K. Harrison, 1952년 5월 임명)도 7월 1일 회담에서 공산측 대표를 설득하려는 노력을 기울였으나 소용이 없었다. 미국 정부도 포로의 자유 송환 원칙에 대한 국제 사회의 지지를 확보하여 공산측을 압박하려 하였다. 미국의 입장은 유엔 회원국의 지지를 받게 되었다. 유엔 정치위원회는 1952년 12월 3일, 포로들의 자유 의사를 존중하고, 송환 반대 포로는 휴전협정 조인 후 90일 동안의 설득 기간을 거쳐 송환 여부를 결정한 다음에, 90일이 지난 후에도 남는 포로의 신분은 국제법에 근거하여 처리한다는 인도의 결의안을 54 : 5로 가결하였고, 여기에 반대하면서 포로 사건을 엄밀하게 조사하자는 소련안을 유엔총회는 45 : 5로 부결시켰다. 그러나 이러한 군사적, 외교적 압력에도 불구하고 공산측은 입장을 바꾸지 않았다. 그리하여 1952년 10월 8일 무기 휴회가 선언된 휴전 회담은 휴면(休眠) 상태를 벗어날 수가 없게 되었다.[1016]

그도 그럴 것이, 소련의 스탈린과 중공의 주은래는 1952년 8월 20일 회담에서 포로

1014) *前揭書*, pp. 342-8.

1015) JCS Decision on JCS 1776/297: Removal of Restriction on Attacks Against the Yalu River Hydroelectric Installations, June 19, 1952; JCS to Clark, June 19, 1952, RG 218, CCS 383.21 Korea(3-19-45), sec., 104, NA.

1016) *Truce Tent and Fighting Front*, pp. 263-82; *韓國戰爭(下)*, pp. 348-66.

문제를 양보하면서까지 휴전 회담을 서두를 필요가 없다고 합의를 하였던 것이다. 신속한 소련의 군사 원조를 요청하기 위하여 스탈린을 만난 주은래에게 스탈린은 포로 문제에 대한 중공의 입장을 물었다. 주은래는 중공의 입장은 포로 전원을 송환하는 것을 지지한다는 입장을 밝히고, 최소한 1년 이상 전쟁을 계속할 준비를 갖추어야 한다고 대답하였다. 거기에 대해서 스탈린은 동의를 표시하면서 미국을 단호하게 다루어야 하며, 중국이 한국에서 미국을 꺾지 못하면 대만을 영원히 수복할 수 없다는 점을 강조하였다. 그는 또한 독일이 프랑스를 정복하는 데 30일밖에 걸리지 않았는데, 미국은 2년 동안 싸웠는 데도 조그마한 한국조차 확보하지 못하고 있으며, 미국 내에서는 반전 여론이 들끓기 시작한 상황에서 미국은 대전(大戰, a big war)을 수행할 수 없다는 점을 지적하였다. 스탈린은 전쟁을 계속하면 중공은 많은 것을 얻을 수 있다고 말하면서, 회담이 계속되는 동안은 싸우지 말고, 그렇지 않으면 싸우라고 말했다. 이에 주은래는 중국이 앞으로 2-3년은 싸울 준비를 하고 있다고 말하면서, 중국이 생산할 수 없는 비행기, 야포, 탄약의 지원을 요청하였다. 이에 스탈린은 "우리가 지원할 수 있는 것은 무엇이든지 제공하겠다(Whatever we can, we'll give you)"는 약속을 하였다. 주은래로부터 수풍 발전소 등의 폭격으로 곤란이 가중됨에 따라 일부 북한 지도층이 휴전을 원하는 것 같다는 말을 듣자, 스탈린은 이미 다 알고 있다고 말하였다.[1017] 스탈린과 주은래가 이미 전쟁을 계속하기로 합의한 상황에서 공산측 회담 대표가 유엔측이 제시한 포로의 자유 송환 원칙을 수용할 턱이 없었다.

휴전 회담장에서 설전(舌戰)의 교착 상태가 지속되자 교착된 전선(戰線)에서의 혈전(血戰)이 이를 대신하였다. 양측은 방어에 유리한 고지를 확보하고, 탈취당한 고지를 탈환하기 위하여 전투를 전개하였다. "이 고지를 확보하라, 저 고지를 탈취하라"라는 명령은 230여 km에 달하는 접촉선 어디에서나 들려왔으며, 이러한 고지 쟁탈전(高地爭奪戰)은 그 규모에 관계 없이 매우 치열했다. 유엔군과 한국군은 화력 지원과 집중이 용이한 주간에 작전을 실시하였고, 중공군과 북한군은 야간 작전을 주로 실시하였으며, 이로 인한 양측의 엄청난 피해에도 불구하고, 전과(戰果)는 어느 한 고지의 확보 여부로 귀결되었다. 이러한 고지 쟁탈전은 약간의 우회 기동이 있긴 하였으나 대부분 화력 지원하에 정면 공격을 실시하였고, 목표 탈취 후에는 재편성과 방어를 실시하는 것이 통례였다. 탈취한 목표를 확보하지 못했을 경우에는 공격과 재편성 및 방어 진지 강화라는 과정을 다시 되풀이하였으며, 이와 같은 과정이 여러 차례 반복되기도 하였다. 이러한 고지 쟁탈전은 서쪽 임진강 하구(河口)에서 동해안 고성(高城) 남쪽에 이르는 전 접촉선에서 치러졌으며, 주진지와 주방어선의 큰 변동 없이 전초 진지의 점유권(占有權)이 바뀌는 결과만을 빚어내었다.[1018]

1017) "The Memorandum of Stalin-Chou conversation on August 20, 1952," written by A. Vysinsky and N. Fedorenko, Russian State Archives, pp. 54-72, quoted in Evgeniy P. Bajanov and Natalia Bajanova, *The Korean Conflict, 1950-1953: The Most Mysterious War of the 20th Century--Based on Secret Soviet Archives* (unpublished), pp. 178-81.

철원 북방 백마고지(白馬高地), 김화 북방 오성산(五聖山) 자락의 저격능선(狙擊稜線), 금성(金城) 돌출부의 수도고지(首都高地)와 지형능선(指形稜線), 동해안 고성 남쪽 351고지의 쟁탈전(爭奪戰)은 당시 접촉선에서 수행된 고지 쟁탈전(高地爭奪戰)을 대변하고 있었다.

① 백마고지(白馬高地) 전투

유엔과 공산측은 회담석상에서 자기측이 제안한 내용을 군사적 강압(强壓) 작전을 실시함으로써 상대에게 강요하려 하였다. 전쟁 포로의 송환 문제로 회담 전선이 교착되자, 휴전회담 1년 기간 동안 방어 진지를 강화하고 병력을 대폭 증강한 공산측은 1952년 여름부터 전초(前哨) 쟁탈전을 전개하기 시작하여 서부 전선의 배티고지, 벙커고지, 중부전선의 불모고지, 백마고지, 수도고지와 지형 능선, 동부전선의 351고지에 이르기까지 거의 모든 전선에서 공격을 감행하였다. 미 9군단이 담당하고 있던 철원-김화지역에서 중공군은 군단의 좌익 철원 북방 백마고지(白馬高地)를 공격하였다. 군단은 이에 대응하여 군단의 우익 김화 북쪽의 저격 능선(狙擊稜線)을 공격함으로써 중서부전선에서의 고지 쟁탈전(高地爭奪戰)이 본격화되었다.

백마고지(395고지)는 철원평야를 감제할 수 있는 고지로서 한국군 9사단이 이를 확보하고 있었다. 한국군 9사단은 이 고지를 탈취하기 위하여 10월 6일부터 10일 동안 공격을 실시한 중공군 38군의 공격을 맞아, 고지를 빼앗기고 다시 뺏는 치열한 공방전을 실시하여 이 고지를 끝까지 고수하였다. 이로써 9사단은 철원평야가 공산측의 관측에 완전히 노출되는 것을 방지하는 중요한 전초 진지를 확보할 수 있었다.

철원 북방에 투입된 중공군 38군(112, 3, 4사단) 정면의 작전지역을 인수한 한국군 9사단(사단장: 金鐘五 소장)은 9월 22일 좌전방에 30연대, 우전방에 29연대를 배치하고, 28연대를 예비로 확보하고, 배속받은 51연대를 대대별로 운용하여 주저항선을 방어하고 있었다. 백마고지 방어를 담당한 30연대는 395고지(백마고지)에 1대대, 그 우측에 2대대, 3대대를 예비로 역곡천(驛谷川) 남쪽에 배치하고 있었다. 9사단은 방어를 하고 있던 중, 10월 3일에 귀순한 군관이 38군 114사단이 금명(今明)간 395고지를 공격할 것이라고 진술하여, 395고지의 방어 병력을 2개 대대로 증강시키고, 사단 예비는 역습을 실시할 수 있도록 하여 대비 태세를 강화하였다.[1019]

1952년 10월 6일 아침부터 포격을 집중하고, 철원 북쪽의 봉래(蓬萊)호 제방을 파괴하여 역곡천을 범람시킨 중공군은 이날 19시 15분, 38군 114사단을 투입하여 395고지를 공격하였다. 30연대는 3차에 걸친 공방전을 전개하여 이를 격퇴하였다. 10월 7일 밤 중공군은 다시 공격을 해왔다. 30연대가 고지에서 철수하자, 사단은 사단 예비 28연대로 하여금 역습을 실시하도록 하여 고지를 다시 탈환하였다. 10월 8일 새벽에 중공군

1018) *Truce Tent and Fighting Front*, pp. 283-318; *韓國戰爭(下)*, pp. 367-423.
1019) 國防部 戰史編纂委員會, *白馬高地戰鬪* (1984), pp. 33-4; *韓國戰爭(下)*, pp. 389-91.

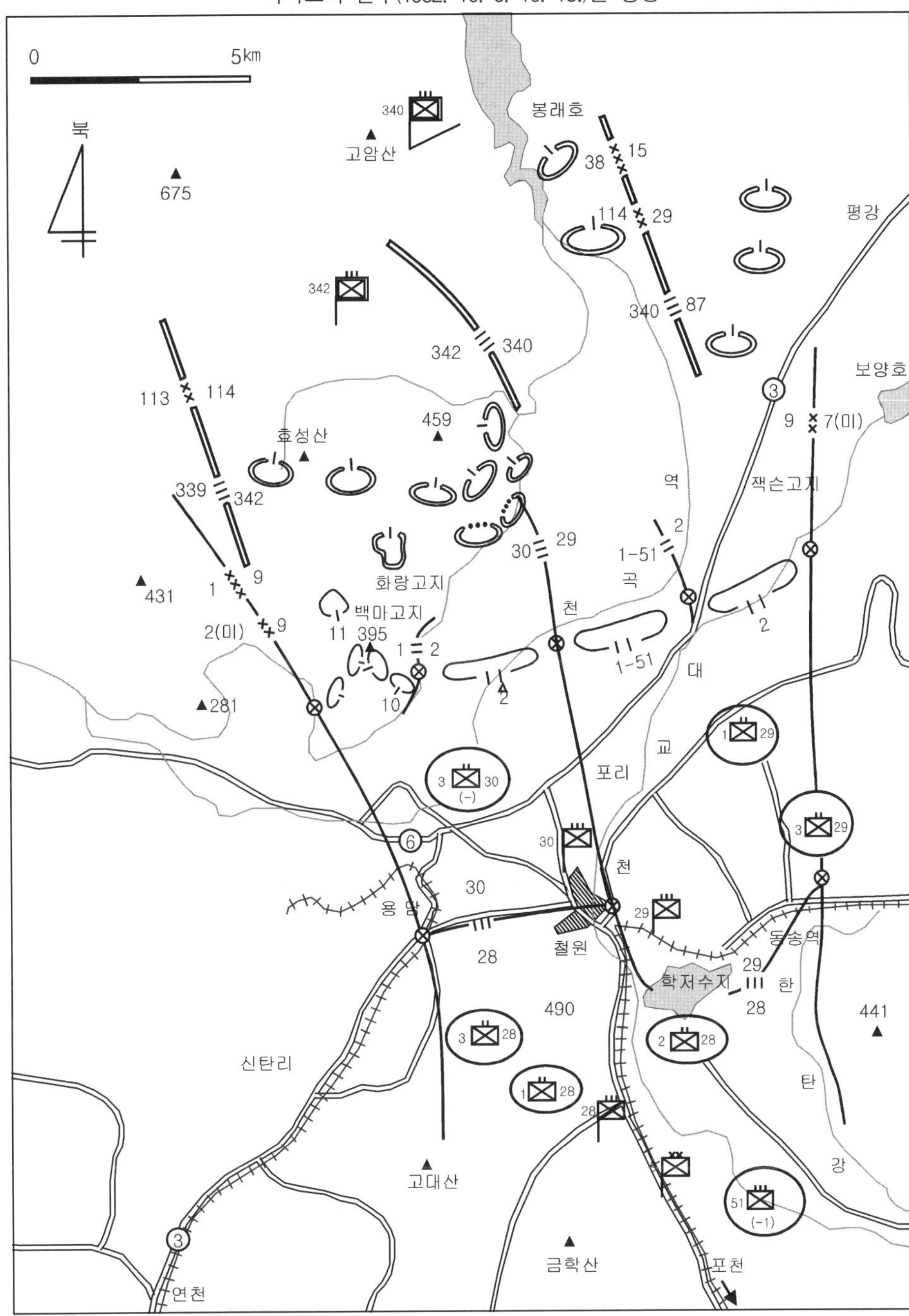

백마고지 전투(1952. 10. 6.-10. 15.)전 상황

38군은 예비인 112사단 병력을 투입하여 다시 공격을 해왔다. 28연대는 사력을 다했으나, 안개로 인한 포병과 항공 지원의 부족으로 08시 10분 고지를 포기하였다. 이에 사

단은 다시 28연대 3대대로 역습을 실시하여 23시 05분 다시 고지를 탈환하였다. 사단은 다섯 차례에 걸친 전투로 재편성이 불가피한 28, 30연대를 대신하여 29연대와 51연대를 투입하기로 결정하였다. 10월 9일 밤, 중공군은 계속적인 파상 공격으로 고지를 다시 탈취하였다. 사단은 1만 7,700발의 포탄과 항공 화력을 395고지에 집중하고, 29연대로 역습을 감행하여 고지를 다시 탈환하였다. 10월 10일 새벽 중공군은 고지를 다시 공격하였다. 잠시 고지를 포기한 29연대는 06시 30분 역습을 감행하여 다시 고지를 탈환하였다. 그러나 10월 11일 밤 고지는 다시 중공군 수중으로 넘어갔다. 9사단은 30연대로 하여금 29연대를 초월 전진하도록 하여 고지를 탈환하였으나, 중공군의 반격을 받아 다시 이를 내놓았다. 사단은 다시 28연대를 투입하여 치열한 공방전을 수행한 후에 마침내 395고지를 확보하였다. 사단은 29연대를 투입하여 395고지 북쪽의 낙타능선상의 전초진지까지 탈환하여 중공군의 공격을 격퇴하였다. 사단 좌측의 화살머리 고지(Arrowhead Hill, 281고지)를 방어하던 미 2사단 소속의 프랑스 대대도 많은 피해를 입으면서 이를 고수함으로써 한국군 9사단의 395고지(백마고지) 방어를 지원하였다.[1020)]

한국군 9사단은 10월 6일부터 10여 일 간 중공군 38군의 공격을 격퇴하여 395고지를 확보하였다. 12차례의 쟁탈전에서 일곱 차례 고지의 주인이 바뀌는 치열한 전투를 치르면서 395고지는 허연 속살을 드러내었고, 그리하여 이름도 백마고지(白馬高地)라 불리게 되었다. 이 전투에서 중공군은 1만여 명의 손실을 입은 것으로 판단되었고, 한국군 9사단도 3,500여 명의 사상자가 발생하였다. 한국군 9사단은 강력한 화력 지원과 적절한 부대교대 및 예비대의 적시 투입을 통하여 백마고지 전투를 승리로 마감하고, 백마고지를 확보함으로써 철의 삼각지를 장악하려는 공산측의 기도를 차단할 수 있었다. 백마고지를 피로 지켜낸 셈이다.

점령지마다 위험을 무릅쓰고 직접 방문하여 국민들을 격려했던 이승만(李承晩) 대통령은 전투가 한참 진행되던 10월 13일 9사단을 방문하여 장병들을 눈물로 격려하였으며, 전투가 끝난 후에도 사단을 방문하여 장병들을 격려하였다. 미 8군사령관(James A. Van Fleet 대장)도 사단을 방문하여 "나의 사단(My Division)"이라는 말로 사단 장병들의 투혼을 기리고 칭찬하였다.[1021)]

② 저격능선 전투

중공군과 북한군의 공세를 수세로 전환시키고 전선의 주도권을 장악하기 위하여 미 8군사령관은 제한된 공격 작전(Operation Showdown)을 실시하기로 하였다. 10월 8일 유엔군 사령관의 승인을 받은 이 작전은 김화 북방 오성산(五聖山)의 중공군 전초 진지 중에서 삼각고지(Triangle Hill, 598고지)와 저격능선(Sniper Ridge, 580 고지 능선)을 선정하여 미 7사단과 한국군 2사단의 각 1개 대대로 하여금 이를 탈취하도록 하고, 군

1020) *白馬高地戰鬪*, pp. 45-259; *韓國戰爭(下)*, pp, 391-5.

1021) *前揭書*, 특히, 이승만 대통령과 미 8군사령관의 부대 방문에 관한 내용은 *白馬高地戰鬪*, pp. 243-4 참조.

단의 화력과 항공 화력을 동원하여 이를 확보하도록 한다는 개념과 계획을 포함하고 있었다. 삼각고지를 탈취, 확보하라는 명령을 받은 미 7사단이나, 저격능선을 점령, 확보하라는 한국군 2사단은 오성산을 점령하고 있던 중공군보다 지형적으로 불리한 저지대에서 방어선을 구축하고 있었다. 삼각고지와 저격능선은 상감령(上甘嶺)이라는 고개로 완만하게 연결되어 있어서 방어 병력간 상호 지원이 가능한 지형적 특성을 지니고 있었다.[1022)]

미 9군단 280문의 포가 불을 토하고 유엔 항공기가 불세례를 가하는 가운데, 10월 14일 05시 미 7사단(사단장: Wayne C. Smith 소장)과 한국군 2사단은 삼각고지와 저격능선에 대한 공격을 개시하였다. 한국군 2사단(丁一權 중장, 사단장 지휘 경험을 쌓기 위하여 사단장에 보임됨)은 32연대의 예비 3대대로 하여금 저격능선을 공격하게 하였다. 공격대대는 중공군의 탄막 사격을 뚫고 15시 20분경 저격능선의 중심 고지(Y고지)를 점령하였다. 그러나 대대는 중공군의 야간 공격을 받아 많은 손실을 입은 채 철수하였다. 좌측에서 삼각고지를 공격한 미 7사단 31연대도 중공군의 참호선까지 진출하였다가 원위치로 철수하고 말았다. 이에 한국군 2사단은 17연대 2대대, 미 7사단은 32연대 2대대를 투입하여 10월 17일 협조된 공격을 실시하여 목표를 탈취하고 중공군의 역습까지 격퇴하였다. 그러나 이 부대들도 중공군의 계속되는 역습을 받고 3일 동안의 격전을 치르다가 10월 19일 밤에 원진지로 되돌아가야만 하였다. 10월 20일 양 사단은 공격을 재개하여 목표를 다시 점령하였다. 그리고 양 사단은 적절하게 부대를 교대하면서 중공군의 역습을 격퇴하였다.[1023)]

군단의 명에 의하여 10월 25일 삼각고지까지 인수한 한국군 2사단은 삼각고지에 31연대를 배치하고, 37연대를 사단 주저항선 우측에 투입하였다. 이로부터 2사단은 고지 쟁탈전을 수행하였으나, 10월 30일 삼각고지를 상실하고 말았다. 이에 군단은 10월 31일에 백마고지 전투를 치른 한국군 9사단 30연대를 한국군 2사단에 배속시켜 삼각고지를 탈환하도록 하였다. 11월 1일부터 삼각고지에 대한 공격을 계속하였으나, 중공군의 저항이 심하여 목표를 탈취하지 못한 채 많은 피해가 발생하였다. 상황이 이렇게 전개되자, 군단은 11월 5일 삼각고지 탈환 작전을 중지시키고, 저격능선의 확보에 주력하도록 하였다. 한국군 2사단은 11월 11일 부대를 교대하여 17연대를 예비로 하고, 32연대를 저격능선에 투입하였다. 그러나 이날 중공군의 대규모 공격을 받은 32연대 1대대가 저격능선 남단 고지를 상실하였다. 2사단장은 17연대를 역습에 투입하여 이 고지를 탈환하고, 여세를 몰아 우측의 고지도 탈취하였다. 11월 13일 22시 중공군의 공격을 받아 17연대는 다시 철수하였으나, 연대장은 2대대를 투입하여 역습을 감행함으로써 저격능선 남단고지를 점령하였다. 11월 17일 07시 우측고지를 공격하여 이것마

1022) *Truce Tent and Fighting Front*, pp. 310-8; *中共軍의 韓國戰爭史*, pp. 252-5; 國防部 戰史編纂委員會, *狙擊稜線戰鬪*(1988), pp. 28-127; *韓國戰爭(下)*, pp. 395-401.

1023) *前揭書*.

저 탈취하였다. 저격능선의 남단고지(A고지)와 우측의 돌바위고지를 탈취, 확보한 한국군 2사단은 11월 25일부터 계속되는 중공군의 역습을 격퇴하고 이를 확보한 후에 군단의 명에 의하여 한국군 9사단에게 방어지역을 인계하였다.[1024)]

삼각고지와 저격능선을 목표로 실시한 공세 작전에서 미 9군단은 저격능선만을 탈취·확보하였으나, 공세로 전환된 공산측의 기세를 꺾을 수 있었다. 43일 간의 전투에서 중공군은 3,800여 명이 사살되고, 1만 1,000여 명이 부상 실종된 것으로 추정되는 피해를 감수해야만 하였다. 한국군 2사단의 피해도 적지 않아 전사 1,096명, 부상 3,496명, 실종 97명에 달하였다. 그러나 저격능선 전투의 결과 한국군은 백마고지 전투와 더불어 철의 삼각지를 확실하게 장악할 수 있었고, 공산군의 공격 기세를 꺾게 되었다.[1025)]

③ 수도고지 및 지형 능선 전투

1952년 4월 5일 창설된 한국군 2군단(군단장: 白善燁 중장, 7월 23일 劉載興 중장)은 금성-북한강지역에 한국군 6, 수도, 3사단을 배치하여 방어를 하고 있었다. 중앙의 수도사단은 금성천 북방 교암산(轎岩山) 서북방에서 북한강에 이르는 지역을 방어하면서 좌측의 지형 능선(指形稜線)과 우측의 수도고지(首都高地)를 확보하여 여기에 전초 진지를 구축하였다. 수도사단 정면에는 중공군 12군 예하 35사단이 대치하고 있었으며 이 사단은 산악전과 유격전에 능숙하다는 평판을 얻고 있었다.[1026)]

1952년 8월 6일 20시 중공군은 수도고지에 대한 공격을 개시하였다. 수도사단 26연대 11중대는 중공군의 공격을 격퇴하였으나, 고지를 내주고 철수하였다. 연대는 역습을 실시하여 고지를 탈환하였으나, 8월 6일 다시 탈취당하였다. 26연대는 사단에서 배속된 1연대 2대대를 역습 부대로 투입하여 이를 다시 탈환하였다. 9월 6일 19시 중공군은 수도고지에 대한 공격을 재개하였다. 26연대 5중대는 분전하였으나, 수도고지에서 철수하였다. 이에 26연대는 6차에 걸쳐서 고지의 탈환을 시도하였으나 실패하였다. 사단은 1연대 2개 중대를 투입하여 9월 9일 20시 역습을 감행하여 23시 고지를 다시 탈환하여 이를 고수하였다.[1027)]

중공군은 9월 6일 18시 40분 좌측 기갑연대가 지키고 있던 지형 능선을 공격하였다. 능선을 지키던 중대는 수명의 생존자만이 철수하고, 능선은 중공군의 수중에 넘어갔다. 기갑연대는 9월 6일 21시 30분부터 6차에 걸친 역습을 감행하였으나, 능선을 탈환하지 못하고 9월 14일 새벽 실시한 역습으로 능선을 다시 탈환하고, 중공군의 역습도 격퇴하였다. 중공군은 10월 6일부터 4일 동안 지형 능선과 수도고지에 대한 공격을 재개하였다. 이 공방전에서 수도사단은 지형 능선 좌전방 고지(575고지)를 중공군에게 내어 주었으나, 지형 능선과 수도고지를 고수하고, 10월 25일 군단 지시에 의하여 방

1024) *前揭書*.
1025) *狙擊稜線戰鬪*, p. 131; *韓國戰爭(下)*, p. 401.
1026) 國防部 戰史編纂委員會, *首都高地·指形稜線戰鬪*(1989), pp. 19-39; *韓國戰爭(下)*, pp. 403-4.
1027) *首都高地·指形稜線戰鬪*, pp. 40-166; *韓國戰爭(下)*, pp. 404-11.

어 진지를 한국군 8사단에게 인계한 다음에, 미 8군의 예비로 전환되었다. 수도사단은 수도고지와 지형 능선을 확보한 후 이들 고지에 대한 중공군의 공격을 격퇴하여 유리한 방어선을 유지하였던 것이다.[1028)]

수도사단(사단장: 宋堯讚 준장)이 수도고지와 지형 능선을 확보하기 위하여 1952년 7월 8일부터 시작되어 3개월이 넘는 기간 동안 수행한 수도고지 및 지형 능선 쟁탈전은 수도사단의 승리로 끝나게 되었다. 중공군은 2,300여 명이 사살되고 3,000여 명이 부상된 것으로 추정되는 피해를 입었으며, 수도사단도 971명이 전사하고, 3,120명의 부상자와 167명의 실종자가 발생되는 피해를 입었다. 두 개의 고지에 대한 쟁탈전에서 9,500여 명의 피해가 발생하여 고지(高地) 하나를 지키고 이를 탈취하려는 대가가 얼마나 큰가를 보여 주었다.[1029)]

④ 351고지 전투

남강(南江)을 따라 고성(高城) 남쪽으로 이어진 동해안지역의 접촉선에서도 치열한 고지 쟁탈전(高地爭奪戰)이 전개되었다. 전선의 최동부를 방어하고 있던 한국군 1군단은 11사단과 5사단을 배치하고 남강 남안(南岸)의 방어선을 유지하고 있었으며, 북한군 1군단의 47, 9사단이 한국군 1군단과 대치하고 있었다. 좌측에 배치되어 있던 11사단 지역은 소강 상태가 지속되었으나, 고성 남쪽 5사단지역은 월비산(月比山)을 장악하고 있던 북한군 9사단이 351고지를 넘겨다보고 있었다. 351고지를 담당한 한국군 5사단 35연대는 주저항선에 2대대만을 배치하고, 전초선에 1, 3대대를 배치하여 351고지를 포함한 전초 진지의 방어력을 강화하였다. 북한군 9사단도 특수훈련을 받은 86연대를 한국군 35연대 바로 앞에 배치하고 장애물과 지뢰를 제거하는 등 정찰 활동을 강화하면서 351고지 공격 기회를 노리고 있었다.[1030)]

1952년 7월 10일 22시, 북한군 9사단은 대규모의 공격 준비 사격을 실시한 후에 351고지에 대한 공격을 개시하였다. 351고지의 일부 방어 진지가 돌파되자, 5사단장(張昌國 준장)은 사단 수색중대와 27연대 2대대로 하여금 7월 11일 14시 15분 능선을 따라 공격하도록 하였으나 별다른 성과를 거두지 못했고, 27연대 3대대의 공격도 무위로 끝나고 말았다. 이에 사단장은 27연대를 투입하여 역습을 시도했으나 많은 피해만 입고 고지를 탈환하지 못했다. 사단장은 강력한 폭격과 포격 후에 다시 35연대를 투입하여 13일 20시 30분 역습을 실시하도록 하였다. 35연대는 야간에 빈 트럭을 이용하여 고지 하단까지 갈 때는 전조등을 켜고 이동했다가 돌아올 때는 이를 끄고 조용히 돌아오게 하는 식의 양동(陽動)을 몇 차례 반복하여 고지 공격을 위하여 병력을 고지 하단으로 이동시키는 것처럼 양동작전을 펴면서, 2대대를 동쪽으로 우회시켜 고지를 공격하였

1028) *前揭書.*
1029) *首都高地・指形稜線戰鬪*, pp. 165-6.
1030) 國防部 戰史編纂委員會, *月比山・351高地戰鬪*(1990), pp. 71-138; *韓國戰爭(下)*, pp. 419-23.

다. 기만과 기습을 달성한 35연대는 7월 13일 자정 무렵 351고지를 탈환하였다. 사단은 11월 9일 북한군의 대규모 공격을 받아 한때 고지를 포기하기도 했으나 과감한 역습을 감행하여 이를 다시 탈환하여 이를 지켰다.[1031]

3일 동안 집중적으로 실시된 351고지 쟁탈전에서 한국군 5사단은 북한군 445명을 사살하는 전과를 거두었으나, 68명이 전사하고 467명이 부상하는 피해를 감수해야만 하였다. 351고지를 방어한 한국군 5사단은 11월 9일 북한군의 대규모 공세를 받아 한때 고지를 포기하기도 하였으나, 신속한 역습을 감행하여 다시 고지를 탈환하였다. 그 후 5사단은 1953년 1월 20일 작전지역을 15사단에게 인계하고, 육본 직할부대로서 교육·훈련을 받게 되었다.[1032]

⑤ 해·공군작전

한국전쟁을 수행함에 있어서 필수적인 요소의 하나는 해병, 해군과 공군의 전력이었다. 지상 전투를 직접 수행하던 해병 역할의 중요성은 재언을 필요로 하지 않았으며, 지상 작전에서 육군 병력이 어려움을 겪을 때마다 "소방대" 역할은 해병이 수행할 정도였다. 상륙작전이나 시가지 전투에서 선봉적인 역할을 수행하는 병력이 해병이었음은 다 아는 상식이 되었다. 상륙이나 철수작전의 실시와 양동 상륙작전을 통한 공산군의 병력 분산을 강요함으로써 지상군의 압력을 경감시키는 데 있어서 해군과 해병의 역할은 필수적이었고, 해안 봉쇄와 이를 통한 공산측 해상 보급로의 차단과 연안 포격을 통한 지상군의 지원은 해안지역의 작전 수행에 필수적인 요소가 되었다. 특히 유엔군의 보급은 거의 해상 보급에 의존하였고, 공군 항공기와 해군, 해병 함재기에 의한 후방차단과 이를 위한 후방 폭격의 엄호 임무는 공산군의 보급품을 파괴하거나, 전방에 추진되는 보급품도 60% 정도만 조달되게 하여 전방 공산군의 지상 작전을 극도로 제한시키는 데 없어서는 안 될 작전임무였다. 공군 항공기와 해군, 해병의 함재기에 의한 근접 항공 지원은 공산군의 주간 작전을 거의 불가능하게 만들면서 야간 작전만을 강요하였고, 이의 중요성은 기상이 좋지 않은 상태에서 펼친 유엔군과 한국군의 지상 작전이 실패하는 경우가 많았던 점이 반증해 주고 있었다. 휴전 회담에서 "어거지"를 부리는 공산측의 태도를 시정하기 위하여 실시되는 후방 폭격은 해군, 해병의 함재기와 공군의 항공기가 담당하였으며, 이들이 실시한 항공 정찰을 통한 공산측 병력 이동 상황의 파악과 이에 근거한 상황 판단은 지상 작전의 성공 여부를 가름해 주었던 요소가 되기도 하였다. 이와 같이 해병, 해군, 공군은 독자적인 작전을 수행하거나 지상 작전을 직·간접으로 수행·지원하는 작전을 통하여 한국전쟁 수행상 필수적인 전력이 되었고, 이 점에 있어서 1952년도 예외가 아니었다.

유엔군은 1951년 말부터 지상의 제한 목표 공격 작전과 더불어 해병, 해군, 공군이

1031) *前揭書.*
1032) *月比山·351高地戰鬪*, p. 138; *韓國戰爭(下)*, p. 423.

보유한 항공기를 동원하여 후방 차단 작전(Operation Strangle)을 실시하였다. 집중적인 폭격을 통하여 어느 지점의 보급망을 완전하게 무력화하여 전체적으로 원활한 보급이 이루어지지 못하게 하는 집중 폭격 작전(Operation Saturate)을 추가로 실시하였다.

공산측이 휴전 회담에서 포로의 "자유 송환" 원칙을 거부하자, 유엔군은 해병, 해군, 공군의 전 항공기를 동원하여 북한 내 발전 시설에 대한 대대적인 공격을 감행하였다. 5공군과 해군, 해병대의 항공기 500대가 차출되어 편성된 합동특수기동부대는 1952년 6월 23일부터 수풍, 부전, 장진, 허천 발전소를 공격하였다. 6월 23, 24, 25일, 52전투요격비행단의 180대 전폭기가 미그회랑을 초계 비행하고, 항공모함에서 출격한 해군기들이 압록강 상의 공산군 대공포진지를 공격하는 동안, B-29폭격기가 700여 회를 출격하여 수풍 발전소를 폭격하였으며, 6월 24, 26, 27일에는 5공군과 해병대 함재기들이 장진, 부전 발전소를 폭격하였고, 허천 발전소는 해군 함재기들이 폭격하였다. 7월 11일 실시된 평양 대공습에는 5공군과 해군 함재기 822대를 세 파로 나누어 공격을 실시하여 11시간 동안에 1,400여 톤의 폭탄과 2만 3,000여 톤의 네이팜탄을 투하하여 엄청난 피해를 입히고, 북한 지도층을 위축되게 만들었다. 1952년 9월 12일과 1953년 2월 15일에 실시된 수풍 발전소에 대한 폭격도 전폭기의 엄호하에 폭격을 실시하여 북한의 발전 체계를 마비시켜 놓았다. 이러한 후방 차단 및 전략 목표 폭격 작전에 해병, 해군, 공군기가 동원되어 엄호, 대공포진지 공격, 폭격 임무를 수행하여 공산측의 전쟁 지속 능력과 의지를 박탈하려 하였다.[1033]

이러한 후방 차단과 전략 폭격 외에도 지상 전투가 치열해짐에 따라 근접 항공 지원 임무도 강화되었다. 공군과 해군 및 해병대의 항공기들은 치열한 고지 쟁탈전을 지원하기 위하여 매달 2,000회 이상 출격하였으며 1952년 10월에는 4,500회나 출격하여 지상 작전을 지원하였다. 이와 같이 해병, 해군, 공군기의 화력 지원은 지상 작전의 성패를 가름하는 경우가 많아 지상 작전 수행에 있어서도 필수적인 전력(戰力)이 되었다.[1034]

(2) 1953년 주요 전투

1953년은 한국전쟁 수행에 지대한 영향을 미치는 주변적 상황 변화로 인하여 휴전회담이 가속화되어 한국전쟁이 종결된 해가 되기도 하였으며, 전투 양상도 수색 정찰, 고지 쟁탈전 등 유리한 전황 조성과 필요한 고지의 탈취를 목적으로 시행된 지엽적(枝葉的)인 전투에서부터 정치적 목적을 달성하면서 접촉선 자체를 크게 변경시키려는 대규모(大規模) 작전이 수행된 해가 되기도 하였다.

1953년에 접어들면서 유엔이 포로의 자유 송환 원칙에 대해서 지지를 표명한 가운데 한국전쟁의 조기 종결을 요구하는 국제적인 여론이 조직화되기 시작하였다. 국제적십자사는 1952년 12월 13일 전쟁의 조기 종결을 촉구하면서 부상포로의 우선 송환을

1033) *Truce Tent and Fighting Front*, pp. 319-29; *韓國戰爭(下)*, pp. 423-8.
1034) *前揭書*.

결의하였고, 유엔군 사령관(Mark W. Clark 대장)도 이를 고려하여 1953년 2월 22일 부상 포로의 즉각적인 교환을 공산측에 제안하였다. 한국전쟁의 조기 종결을 선거 공약으로 내세운 미국의 신임 대통령(Dwight D. Eisenhower)도 1952년 12월 초 당선자로서 한국전선을 방문하고 이를 다시 확인하였다. 그는 1953년 2월 2일 국회에 보낸 연두교서에서 중공을 압박하기 위한 수단으로 미 해군의 대만해협 봉쇄 철회를 발표하였으며, 휴전 회담이 결렬될 경우 미국 군사력 사용의 범위와 수준에 제한을 두지 않겠다는 입장을 은근히 내비치고 있었다.

이러할 즈음 한국전쟁 수행에 결정적인 영향을 미칠 사건이 발생하였다. 미군과의 전투를 통하여 중공군의 전투 역량을 증진시키라는 식으로 전쟁의 지속적 수행을 촉구해 오던 소련 수상 스탈린(Joseph V. Stalin)이 1953년 3월 5일 사망하였다. 스탈린 후임인 말렌코프(Georigi M. Malenkov) 수상하의 소련 정부는 1953년 3월 19일에 한국전쟁을 종결하기로 결정하고, 이 사실을 모택동과 김일성에게 전달하면서, 부상 포로를 교환하자는 유엔군 사령관의 제의에 동의할 것과 휴전 회담의 재개를 제안할 것을 요구하였다. 포로 송환도 송환을 원하는 포로는 즉시 송환하고, 송환을 원하지 않은 포로는 중립국에 인계하여 정당하게 해결하는 것이 바람직하다는 내용의 성명서도 발표하도록 요구하였다.[1035] 말렌코프 수상이 들어서고, 소련 정부의 입장이 확연하게 달라진 것에 대해서 "동요하는 빛을 감추지 못한(became very agitated)" 김일성과 모택동은 군사 원조를 제공하며 한국전쟁을 사실상 지도하고 있던 소련 정부의 "지시성 요구"를 무시할 수가 없었다.[1036] 이에 공산측은 1953년 3월 28일 김일성과 팽덕회 명의로 휴전협정 전이라도 부상 포로를 교환할 수 있다는 서신을 유엔군 사령관 앞으로 보내왔고, 중공 외상 주은래(周恩來)도 3월 30일 이러한 내용을 발표하게 되었다.[1037] 부상 포로 교환을 위한 접촉은 1953년 4월 6일 개시되었고, 4월 20일부터 부상 포로 교환(Operation Little Switch)을 시작하여 5월 3일까지 유엔측은 6,670명, 공산측은 684명의 부상 포로를 상대에게 넘겨주었다.[1038]

부상포로 교환으로 접촉이 시작된 유엔과 공산측은 1953년 4월 26일 휴전 회담을 재개하였으며, 결국 포로의 자유 송환 원칙에 동의하였다. 양측은 6월 8일, 송환을 원하는 포로는 송환하고, 송환을 거부하는 포로는 60일 이내에 중립국 감시위원회에 인계하고, 90일 간의 설득 기간을 거쳐 포로 개인이 송환 여부를 결정하도록 하며, 90일이 지난 후에도 송환 여부를 결정하기 못한 포로는 정치 회담에서 30일 이내 이들의 처리문제를 결정하며, 120일 이내 정치 회담에서도 이 문제를 처리하지 못할 경우에는

1035) *蘇聯極秘外交文書, 3*, pp. 168-71; The Council of Ministers of the USSR decision, March 19, 1953, N 858-372cc, quoted in *The Korean Conflict, 1950-1953*, pp. 190-2.

1036) *蘇聯極秘外交文書, 4*, pp. 180-1; Cable N 8265, March 29, 1953, From Pyongyang to Moscow, quoted in *The Korean Conflict, 1950-1953*, p. 192.

1037) 大韓民國 國防部 政訓部, *韓國戰亂三年誌*, p. B152.

1038) *Truce Tent and Fighting Front*, pp. 414-9; *韓國戰爭(下)*, p. 448.

중립국감시위원회의 선언에 의해서 이들을 전쟁 포로의 신분에서 민간인 신분으로 변경하도록 합의한, 송환 거부 포로의 처리에 관한 협정에 서명하였다.[1039] 송환 거부 포로의 송환 문제를 매듭지은 양측은 1951년 11월 27일 이후에 변경된 군사분계선의 반영만 남겨 두게 되었다. 이 문제도 합의가 되어 6월 17일 양측 대표는 변경된 군사분계선을 승인하였고 휴전협정 조인 절차만 미결 문제로 남겨 놓았다.[1040]

그러나 1953년 6월 18일 새벽, 이승만 대통령의 명령에 따라 전국 각지의 포로수용소에서 2만 7,388명의 반공 포로를 석방한 사건이 발생하여 휴전협상은 물론 한국전쟁의 막바지는 새로운 단계로 접어들었다. 반공 포로 석방 사실을 보고받은 모택동이 6월 19일 한국 정부와 한국군에 군사적 압력을 가하도록 명령을 내렸고, 명령을 받은 팽덕회는 당시까지 공세를 취해 오던 금성(金城)지역에서 대규모 공격 작전을 실시하여, 그곳을 지키던 한국군에게 결정적인 타격을 가하려 하였기 때문이었다.[1041] 이로써 전선(戰線)은 다시 뜨거워졌고, 교착된 전선이 형성된 이후에 가장 규모가 큰 전투가 벌어지게 되었다.

1953년에 교착된 전선에서는 이와 같이 수색 정찰전, 진지 탐색전, 고지 쟁탈전은 물론, 반공 포로를 석방한 한국 정부에게 결정적인 타격을 입힌다는 정치적 목적을 달성하기 위한 대규모 공세 작전까지 구체화되었다. 또한 공지 협동 작전의 절차를 시험하고, 실제 전투 상황에서 노출되는 문제점과 효과를 검토하면서, 차후 작전에 이러한 작전 형태를 어떻게 운용할 것인가를 연구하려는 의도에서 실시된 "실험적" 전투까지 전선에 등장하였다. 1953년의 전투는 성격과 규모면에서 매우 다양한 채로 전개되었다.

① 공지 협동 공격 작전(Operation Smack)

유엔군 사령관은 실제 전투에서 공지(空地)협동작전을 더욱 원활하게 수행하는 데 필요한 교훈을 도출하기 위한 공지 협동 공격 작전을 실시하도록 지시하였다. 사령관의 지시를 받은 미 8군은 미 7사단이 방어하고 있던 철원지역의 백마고지에서 서남쪽으로 약 10km 지점에 위치한 T자형 고지(T-Bone Hill)의 동쪽 중간 지점(Spud Hill)을 공격 목표로 삼았다. 그 지점은 접촉선으로부터 약 1.2km 북쪽에 위치한 중공군의 전초 진지로 요새화되어 있었다. 미 7사단장은 공지 협동 작전을 통하여 중공군 포로를 획득하는 것을 작전 목표로 세우고, 31연대 1개 보병소대와 중(中)전차 3개 소대를 공격부대, 2개 보병소대와 1개 경전차 소대 및 6개의 중(中)전차소대로 하여금 이 공격부대를 지원하도록 하였다. 작전은 31연대 2대대장이 지휘하도록 하였으며, 공격 개시시간 역시 2대대장이 작전 진행 상황을 참작하여 임의로 결정하도록 하였다. 이 작전

1039) *韓國戰亂三年誌*, p. C45-7; Clark to JCS, June 8, 1953, RG 218, CCS 383.21 Korea(3-19-45), sec., 128, NA; *The New York Times*, June 8, 1953; Department of State, *Bulletin, XXVIII*, pp. 866-8.

1040) Clark to JCS, June 17, 1953, RG 218, CCS 383.21 Korea(3-19-45), sec., 130, NA; *Truce Tent and Fighting Front*, pp. 425-35.

1041) *中共軍의 韓國戰爭史*, pp. 285-7.

을 통하여, 24대의 전폭기가 목표에 대한 사전 브리핑과 목표를 관측한 후에 공중 폭격할 경우(실험 A), 8대의 전폭기가 목표에 대한 사전 브리핑 없이 사단의 항공 통제반의 유도에 의해서 공중 폭격할 경우(실험 B), 4대의 전폭기가 사전 브리핑 없이 사단의 항공 통제반의 유도에 의해서 공중 폭격을 하는 경우(실험 C)에 대한 폭격의 정확성과 효과를 실험하도록 계획되어 있었다. 공격 개시일은 1953년 1월 25일로 정하고, 공격부대는 충분한 예행 연습을 실시하였다. 공군의 근접 항공 지원에 대한 효율성 실험과 포로를 획득하기 위한 공지 합동 작전(Operation Smack) 준비는 매우 철저하게 진행되었다.1042)

그러나 작전의 준비에 비해서 작전 수행은 여의치 않았다. 1953년 1월 12일부터 20일까지 31연대를 직접 지원하는 57포병대대는 1만 발의 105mm 포탄을 T-고지에 퍼부었다. 공군 장교들은 사단에서 브리핑을 받고 목표를 정찰하였으며, 1월 24일 공군 항공기가 13만 6,000파운드의 폭탄과 14개의 네이팜탄을 목표지역에 퍼부었다. 1월 25일 보병과 전차부대가 공격을 위하여 집결지에 집결하고 있을 때 8대의 전폭기가 각각 2개의 1,000파운드 폭탄을 투하하였고, 뒤를 이어 24대의 전폭기가 4만 8,000파운드의 폭탄을 더 퍼부었고, 또 20대의 전폭기가 목표를 강타하였다. 그리고 해병 전폭기가 목표를 공격하고 연막 차장을 실시하였다. 공중 공격 단계가 끝난 후 전차, 박격포, 자동소총이 화력을 뿜어냈다. 유사한 지형에서 아홉 번이나 예행 연습을 실시한 E중대 2소대가 공격을 개시하였다. 라디오 송신이 불량하여 화력 공격이 완료된 지 15분 지나서 공격을 개시한 2소대가 목표 고지에 접근하자, 중공군은 기관총을 쏘고 수류탄을 던져 2소대의 공격은 돈좌되었다. 이에 2대대장은 1소대를 추가로 투입하고, 매 30분마다 4대의 전폭기가 목표지역을 강타하였다. 그러나 새로 투입된 소대마저 진출하지 못하고 있었다. 이에 2대대장은 3소대마저 투입하였으나, 결과는 마찬가지였다. 연대장은 즉시 작전을 중지시키고 병력을 철수시켰다.1043)

이 작전을 통하여 계획된 실험의 결과는 얻었으나, 포로를 획득하겠다는 작전 목표 달성은커녕 엄청난 피해를 감수해야만 하였다. 작전에 투입된 3개 소대장이 부상을 당하였으며, 77명의 인명 손실이 있었다. 작전 당일인 1월 25일도 22만 4,000파운드의 폭탄과 8개의 네이팜탄을 투하하고, 1만 2,000발의 105mm, 155mm 포탄을 발사하였고, 2,000발의 90mm 전차포와 7만 5,000발의 소형 전차포탄, 4,500발의 박격포탄, 10만 발의 대공포탄, 5만 발의 기관총탄을 사격하고, 650발의 수류탄을 투척하였으나, 중공군 65명 미만의 피해를 입힌 전과만을 거둔 정도였다. 잘 엄호된 진지를 항공 화력만으로 파괴하기는 불가능하였고, 최초 투입된 소대는 너무 많은 예행 연습을 하였고, 후에 투입된 2개 소대는 예행 연습과 브리핑조차도 어설프게 받은 상태였다. 공격부대가 15분 늦게 공격을 개시한 것도 작전 실패의 한 원인이 될 수 있었으나, 화력만으로는 보

1042) *Truce Tent and Fighting Front*, pp. 385-8.
1043) *前揭書.*

호된 진지를 파괴하기 어렵다는 값비싼 교훈만을 상기시켜 준 실패한 작전이었다.1044)

② 전력 증강과 작전 수행 방침

휴전 회담을 진행시키면서 전선의 교착을 공식화한 후에, 공산측은 전방 방어선의 강화는 물론 후방지역의 대 상륙작전과 대공작전 준비를 강화하고, 병력을 증강하고 많은 보급 물자를 비축하여 전력을 증강시키는 노력을 게을리하지 않았다. 그리하여 전방에는 종심 20-30km의 방어 진지를 구축하였고, 동해안에는 10km 종심의 진지를 구축하였다. 진지의 견고함은 1953년 1월 25일 유엔군이 실시한 공지 협동 작전(Operation Smack)의 결과가 말해 주고 있었다. 공산군은 9만여 명을 일선부대에 보충하여 병력을 증강하였고, 식량도 120여 일 분을 확보하였으며, 철도병과 공병부대는 신속한 교통망 보수가 가능하도록 편성, 훈련되었고, 철로 수송망을 분산 건설하기도 하였다. 공산군은 1953년 4월 말까지 후방과 전방의 방어 태세를 보강하고 공세의 여력까지 확보하였다.1045)

유엔군은 한국전쟁이 휴전으로 종결될 것이 확실해지자, 휴전 후에 한반도의 전쟁 억제를 위해서 한국군이 강해야 된다는 사실을 인정하고, 1953년 8월까지 한국군을 20개 사단으로 증강시킨다는 계획을 추진하였다. 미 8군사령관(James A. Van Fleet 대장)은 한국군의 교육·훈련 체계를 보완하여 기존 한국군의 전력을 증강시키는 노력을 기울였으며, 한국군을 전방에 투입하여 전투 경험을 쌓게 하여 자신감을 갖도록 하였다. 그의 후임으로 1953년 2월 11일에 사령관직을 인수한 테일러(Maxwell D. Taylor) 중장도 한국군 증강 계획을 그대로 추진하였다. 클라크(Mark W. Clark 대장) 유엔군 사령관은 1953년 1월 중공군 3개 군과 새로이 무장된 북한군 1개 군단이 전방의 군단과 교대로 배치되고, 공산군의 공군력이 대폭 증강되었다는 점에 우려를 표시하면서 새로운 공산군의 공세에 대비하도록 미 8군사령관에게 명령을 하달하고, 필요시에 유엔군 사령부의 예비로 확보하고 있던 미 1기병사단과 187공수연대를 투입할 준비를 갖추었다.1046) 유엔군 사령관은 한국군 증강에도 노력을 기울여 1953년 5월 1일 3군단을 다시 창설하고, 6월 18일까지 한국군의 전력을 3개 군단 18개 사단(수도, 1, 2, 3, 5, 6, 7, 8, 9, 11, 12, 15, 20, 21, 22, 25, 26, 27)으로 증강시켰다. 미 합참본부도 휴전 회담이 결렬될 경우 좀더 과감한 공격 작전을 실시하고 작전지역과 목표 및 공격 수단의 제한을 폐지한다는 입장을 정리하여 이를 정책에 반영해 놓고 있었다.1047)

양측의 병력 증강에도 불구하고, 1953년 4월 말 병력의 수적 우세는 공산군이 확보

1044) *Truce Tent and Fighting Front*, pp. 388-9. 중공군은 이 전투에서 11명이 사망하였다고 적었다. *中共軍의 韓國戰爭史*, p. 272 참조.

1045) *中共軍의 韓國戰爭史*, pp. 270-1.

1046) *Truce Tent and Fighting Front*, pp. 389-91.

1047) Memo, JCS to Secretary of Defense, sub.: Possible Actions to Impress Communists in Korea of UN Offensive Intentions In the Event Armistice Negotiations Break Down, May 4, 1953, RG 218, CCS 383.21 Korea(3-19-45), sec., 128, NA; *The JCS and National Policy, III*, p. 961.

하고 있었다. 중공군도, 해공군을 포함한 유엔군과 한국군의 총 병력이 120만인 데 비하여 공산군은 중공군 135만, 북한군 45만으로 180만을 유지하고 있어, 병력의 우세를 확보했다고 판단하였다.[1048]

휴전에 대비하면서 유엔군과 한국군을 압박하는 목적을 달성해야 한다고 판단한 연합군 사령원 팽덕회는 주로 서부지역에서 3월부터 실시한 전초전을 토대로 하여 1953년 5월 5일을 기하여 전 전선에서 공세 작전을 실시할 것을 명령하였다. 그는 "확실하게 준비하고, 호되게 몰아친다," "한입 깨물고 달아난다," "유리하면 수비하고, 불리하면 죽이고 포기한다"는 등의 전역 지침을 하달하였다.[1049] 이로써 전 전선에 걸친 공산군의 공세가 개시되었으며, 5월에 실시된 1차 공세(5. 13-5. 26)는 주로 중대 규모 이하의 공격으로 전초 기지를 탈취하고, 2차 공세(5. 27-6. 23)는 대대급 규모 이상의 작전으로 주로 한국군의 주 전초 진지와 일부 방어 거점을 탈취할 목적으로 공격 작전을 실시하였다. 2차 공세에서는 전 전선에 걸쳐 수행된 전초전(前哨戰) 중 동해안에서 북한군이 351고지를 탈취하려고 수행한 전투와, 주 공격 작전으로서 중공군이 금성지역 돌출부를 제거하기 위한 공격으로 전개된 전투를 대표적으로 꼽을 수 있다.

③ 351고지 전투

1953년 5월, 동해안 접촉선의 북단에 위치한 351고지는 한국군 1군단(군단장: 李亨根 중장) 예하 15사단(사단장: 李貞錫 준장)이 방어를 하고 있었다. 15사단은 39연대를 남강을 따라 배치하여 사단의 좌측방에 배치하고, 38연대를 북쪽 339고지와 351고지에 배치하여 방어선을 구축하고, 50연대를 예비로 확보하고 있었다. 38연대는 351고지에 동굴화된 벙커, 분대단위 대피호와 이를 교통호로 연결한 진지를 구축하고 고지를 지키고 있었다. 북한군은 7군단 예하 3, 7사단을 배치하여 3사단은 남강을 연하는 방어선, 7사단은 월비산에서 동해안에 이르는 좁은 지역을 담당하여 351고지를 방어하고 있던 38연대와 대치하고 있었다.[1050]

1953년 6월 2일 01시 30경, 북한군 7사단 53연대 2대대가 351고지 공격을 감행하였다. 이 대대는 351고지를 공격하기 위하여 특수 훈련을 받은 병력으로서 351고지를 양측에서 포위하고 수류탄을 던지면서 진전으로 접근하였다. 고지를 지키고 있던 38연대 9중대는 벙커로 들어가 진내 사격을 요청하였다. 진내 사격이 정확하게 실시되자, 북한군은 철수하고 그들도 고지에 대하여 사격을 실시하였다. 북한군의 사격이 멈추자, 9중대원은 절단된 전화선을 가설하면서, 1·4후퇴시 충청도에서 의용군으로 끌려간 후에 고지를 공격하다 부상을 당한 남한 출신 병사를 포로로 잡기도 하였다. 6월 2일 09시 50분, 침투하는 소대병력의 북한군을 물리치고 고지를 지키고 있던 9중대는

1048) *中共軍의 韓國戰爭史*, pp. 274-9.
1049) *前揭書.*
1050) *月比山·351高地戰鬪*, pp. 148-200; *韓國戰爭(下)*, pp. 510-3.

351고지 전투(1953. 6. 2.-6. 6.)전 상황

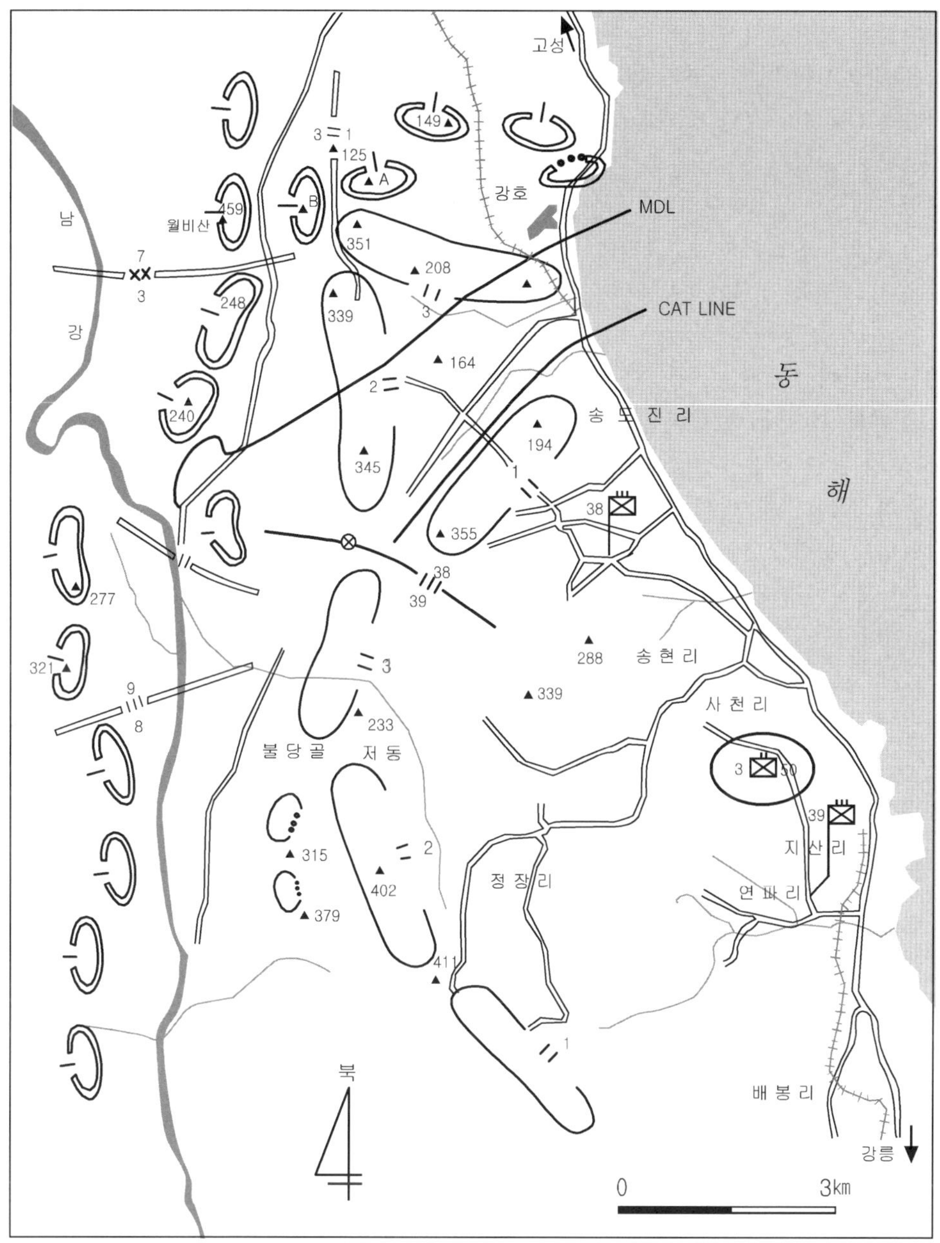

15시 40분경 대대적인 북한군의 공격을 받았다. 이로써 9중대는 동굴 진지에 고립되고 말았다. 38연대장은 예비 1대대를 동원하여 계속 역습을 실시하였으나 실패하였으며, 사단으로부터 배속받은 50연대 1대대도 네 차례나 역습을 실시하였으나 성공을 거두지 못하였다. 6월 3일에는 B-29의 지원까지 받아 역습을 실시하였으나 결과는 마찬가

지였다. 이에 6월 3일 19시 9중대장은 더이상 진지를 고수할 수 없다는 보고를 하였고, 연대장은 사단장의 승인을 받아 19시 30분 이들에게 철수 명령을 하달하였다. 철수 명령은 받은 9중대는 11명의 실종자를 내고, 339고지의 후사면을 통하여 철수하였다. 사단장은 6월 4일 사단 작전참모를 38연대장 대리로 임명하여 역습을 실시하였으나 성공하지 못하였다. 6월 5일 50연대 3대대를 투입하여 역습을 감행하여 백병전까지 수행하였으나 고지를 탈환하지 못하였다. 15사단은 351고지를 탈환하지 못하고, 6월 6일 고지 남쪽 339고지와 208고지를 연하는 선에서 북한군의 전과 확대를 저지하면서 새로운 방어선을 구축하였다.[1051]

351고지 전투에서 한국군 15사단은 전사 240명, 부상 560명, 실종 11명 등 811명의 인원 손실이 있었으며, 전과는 추정 사살 294명, 포로 12명 정도였다. 사단은 또한 6만 4,532발의 105mm 포탄과 9,560발의 155mm 포탄을 사격하였다. 38연대 관측소에서 351고지 탈환 작전을 지휘하던 군단장(李亨根 중장)은 21사단의 63연대를 15사단에 배속하여 351고지를 탈환하도록 명령하여 6월 14, 15일 간 공격을 재개하였으나 고지를 탈환하지 못하였다. 더구나 7월 17일 북한군 7사단은 351고지 남쪽 339고지를 공격하여 이 고지마저 탈취함으로써 351고지와 339고지가 북한군의 수중으로 넘어가고 말았다. 이때 15사단장(崔榮喜 소장, 白仁燁, 吳德俊 소장에 이어 4대 사단장으로 6월 25일 부임)은 351고지를 확보하지 못한 이상, 339고지의 탈환은 커다란 전술적 의미가 없고 엄청난 피해만 가중된다는 점을 지적하면서, 탈환을 요구하는 군단장을 설득하여 역습을 포기하고 주방어선 강화에 주력함으로써 351고지와 339고지를 북한군이 확보한 채 휴전을 맞이하게 되었다.[1052]

④ 금성(金城)지역 전투

금성(金城)지역의 접촉선은, 그 정점이 북쪽으로 10km 정도 불거져 나와 돌출부를 형성하고 있다. 그리하여 금성 돌출부라고 이름지어진 금성지역 접촉선은 서쪽에서 김화의 저격능선, 금성 남쪽 회고개, 교암산, 지형 능선, 수도고지, 949고지로 연결되는 폭 40km의 돌출된 방어선이었다. 이 지역은 한국군 2군단(군단장: 丁一權 중장)지역으로 군단은 좌측 회고개-교암산지역에 6사단, 지형 능선-수도고지-북한강지역에는 8사단, 동쪽의 949고지-973고지-883고지에는 5사단을 배치하고, 3사단을 예비로 보유하여 방어를 하고 있었다. 특히 2군단의 좌측은 미 9군단의 수도사단이 회고개-하소리 도로, 그 좌측에서 한국군 9사단이 저격 능선을 방어하고 있었고, 2군단의 우측은 미 10군단에 속해 있던 한국군 20사단이 방어를 하고 있어서 금성 돌출부는 사실상 한국군이 방어를 담당하고 있었다. 금성 돌출부에는 중공군 20병단 예하 67, 60군의 6개 사단이 접촉선에서 한국군 2군단과 대치하고 있었으며, 68군이 예비로 직후방에 배치되

1051) *前揭書.*
1052) *月比山·351高地戰鬪*, pp. 198-9.

어 있었다.

공산군은 전 전선에서 실시한 소규모 공세 작전을 실시하여 서부전선의 전초 기지 몇 개와 중동부전선의 서화리(瑞和里) 계곡의 고지와 동해안의 351고지를 탈취하고, 금성지역에서도 5, 6, 8사단지역의 전초 진지 하나씩을 탈취하여 6월 초까지 전초전(前哨戰)을 일단 마무리하였다.[1053] 6월 1일에 팽덕회는 대규모로 실시되는 2차 공세의 주 공격은 한국군에 집중할 것을 결정하고, 영국 및 기타 국가의 군에 대해서는 당분간 주 공격을 하지 않으며, 미군에 대해서도 중대급 이하의 목표 정도만을 공격하고 대규모 공격은 하지 않기로 결정하였다.[1054] 이러한 팽덕회의 결정에 따라, 한국군이 담당하고 있던 금성지역이 6월 중순에 실시한 중공군 공격의 주 목표지역이 되었다. 이러한 팽덕회의 결정은 휴전을 반대하는 한국 정부와 한국민들에게 군사적인 압력을 가하면서, 한국전선에 새로이 증원된 중공군 병력으로 하여금 "비교적 덜 강하다고 판단되는" 한국군과의 전투를 통하여 "작전 경험을 취할 수 있도록 하기 위해" 내려진 결정이었다.[1055] 이로써 서부 전선의 사미천(沙尾川) 서쪽 터키 여단이 지키고 있던 "네바다 전초 기지(Nevada Complex)" 그 우측 영연방 1사단 지역의 "후크고지(Hook Hill, 150고지)"와 한국군 12사단이 방어하고 있던 서화리(瑞和里) 계곡의 812, 854고지, 한국군 15사단이 방어하고 있던 351고지의 전초전에 이어, 한국군 2군단이 담당한 금성지역에서 대규모 전투가 벌어지게 되었다.[1056]

북한강과 금성천이 합류하는 지역을 방어하고 있던 금성지역을 공격하라는 명령을 받은 중공군 20병단은 1953년 6월 4일 작전 회의를 소집하여 병단의 67, 60군이 협조하여 북한강 양측에서 방어를 하고 있던 한국군 8, 5사단을 공격하도록 하였다. 이를 위하여 예비인 68군을 전방으로 추진시켜 2개 사단규모의 역습에 대비시키고, 중공군 사령관 팽덕회가 지원한 9병단 7포병사단 20연대(-)를 60군, 예비포병 2사단 29연대(-)를 67군에 배속하여 각 군의 화력을 증강시키는 한편, 원산에서 해안 방어를 하던 33사단을 60군에 배속하여 병력을 증강시켰다. 20병단은 예하 부대들에게 공격 준비를 철저히 하도록 지시하였다.[1057]

중공군은 휴전 조인에 최대 장애로 남아 있던 포로 교환 협정까지 서명(1953. 6. 8.)이 끝나 휴전에 대한 기대감이 한껏 고조(高潮)된 지 이틀 후인 6월 10일에 금성지역의 돌출부를 제거하기 위한 공격을 개시하였다. 6월 10일 20시부터 대규모 공격준비사격을 실시한 중공군 60군은 21시 북한강 동쪽지역을 방어하고 있던 한국군 5사단을 공격하고, 배속된 33사단으로 하여금 5사단 우측을 방어하고 있던 미 10군단 예하 한국군 20사단도 공격하도록 하였다. 전초 진지를 점령한 중공군은 23시 40분경 5사단

1053) 國防部 戰史編纂委員會, *金城戰鬪* (1987), pp. 30-36; *韓國戰爭(下)*, pp. 497-502.
1054) *中共軍의 韓國戰爭史*, pp. 282-3.
1055) *前揭書.*
1056) *Truce Tent and Fighting Front*, pp. 459-65; *韓國戰爭(下)*, pp. 502-13.
1057) *中共軍의 韓國戰爭史*, pp. 283-4.

우측의 27연대 주저항선 973고지를 돌파하였다. 이에 한국군 5사단장(崔泓熙 준장)은 사단 예비 35연대로 하여금 역습을 실시하도록 하고, 군단에 상황을 보고하고 지원을 요청하였다. 11일 03시 5사단의 상황을 보고받은 군단장은 군단 예비인 3사단 22연대를 5사단에 배속시키고, 탈취된 지역을 다시 탈환하라는 명령을 하달하였다. 역습에 나선 5사단 35연대는 11일 15시 40분경 과감한 돌격으로 973고지를 탈환하였으나, 18시 50분 중공군의 공격을 받아 다시 이를 내주었다. 군단으로부터 증원된 3사단 22연대와 35연대가 다시 역습을 실시하였으나, 중공군의 기관총 사격과 수류탄 공격으로 탈취된 고지를 탈환하지 못하고 야간 방어에 들어갔다. 5사단은 기상이 불순하여 항공지원을 받을 수 없는 상황에서 6월 12일 04시 22연대를 투입하여 다시 역습을 감행하였으나, 많은 희생을 치르고 973고지에 이르는 883고지에서 역습이 저지되고 말았다. 중공군이 22연대를 포위하려 하자, 사단은 이들을 철수시키고, 35연대의 역습을 취소하고 중공군의 공격을 받지 않고 있던 좌측의 36연대를 역습 부대로 투입하기로 하고, 우측에서 철수한 27연대로 하여금 36연대 방어지역을 인수하도록 하였다. 6월 13일 16시까지 진지 인계를 완료한 36연대는 6월 14일 새벽 역습을 실시할 준비를 하였다. 그러나 6월 14일 02시 중공군이 먼저 공격을 개시하여 사단은 방어선을 유지할 수 없었다. 이에 사단은 역습에 투입하려던 36연대를 북한강상의 교량으로 철수시켜 사단의 철수로를 엄호하도록 하였다. 6월 14일 23시경 5사단의 전선은 완전히 붕괴되었고 상황은 수습이 불가능할 정도로 악화되었다.[1058]

한국군 2군단장(丁一權 중장)은 우측 전방 5사단이 당시 방어선(Missouri Line)을 유지할 수 없다는 판단을 하고, 금성천과 북한강에 연하여 설정된 방어선(Iceland Line)을 점령하도록 명령을 하달하였다. 군단의 명령을 받은 5사단장은 15일 00시 50분부로 철수 명령을 하달하였다. 군단은 15일 02시와 03시 사이에 북한강상에 가설된 작전용 교량을 폭파하였으며, 미처 북한강을 건너지 못한 병사들은 헤엄을 치거나 보조물을 이용하여 강을 건넜다. 5사단은 6월 15일 07시까지 새로운 방어선을 점령하였고, 다행스럽게 날씨가 개여서 유엔 공군기가 한국전쟁 사상 1일 최고 출격 횟수인 2,143회를 출격하여 중공군의 진지와 부대를 강타함으로써 형성된 돌파구의 확대와 추격을 차단하였다.[1059]

한국군 5사단 우측의 방어를 담당한 한국군 20사단(사단장: 宋錫夏 준장)도 공격 준비 사격에 이어 6월 10일 21시 중공군 33사단의 공격을 받았다. 중공군이 점령하고 있던 어은산(魚隱山) 남쪽 1090고지 동남쪽 M1고지를 지키고 있던 61연대 6중대는 중공군의 공격을 받아 M1고지를 포기해야만 하였다. 11일 06시 5중대가 역습을 실시하였으나 역습시기가 너무 늦어 고지를 탈환하지 못했다. 12일 03시 1대대 3중대가 역습을 실시하였다. 3중대의 한 병사(韓龍澤 일병, 화랑무공훈장)가 중공군의 방어 진지를 뚫고

1058) *金城戰鬪*, pp. 37-70; *韓國戰爭(下)*, pp. 513-21.
1059) *金城戰鬪*, pp. 70-6; *韓國戰爭(下)*, pp. 521-2.

중공군과 난투극을 벌여 고지를 다시 탈환하였다. 그러나 포격에 이은 중공군의 역습으로 고지를 탈취당했다. 1대대장이 직접 2중대를 이끌고 역습을 실시하여 고지를 다시 탈환하였으나, 6월 14일 01시부터 실시된 중공군의 포격과 파상 공격으로 다시 고지를 내놓아야 하였다. 사단의 우측에서 M1고지 쟁탈전을 벌이고 있을 때, 중공군은 사단 좌측도 공격해 왔다. 사단은 수색중대를 좌측 62연대에 배속시켜 방어력을 강화하였다. 사단 우측에서 M1고지의 쟁탈전이 벌어지고 있는 가운데 6월 16일 M1고지 좌측의 1090고지가 탈취당했고, 사단 좌측의 938고지도 탈취당했다가 다시 탈환하였다. 6월 18일 62연대는 10중대를 돌격대로 앞세우고 역습을 감행하여 한 병사(宋甲成 상병, 미국 은성무공훈장, 일계급특진)가 이끄는 특공조가 중공군 기관총 진지를 파괴하여 1090고지를 탈환하였다. 이처럼 20사단의 상황이 악화되자, 미 10군단장은 군단 예비인 한국군 7사단의 8연대를 62연대지역에 투입하여 20사단 좌익의 방어력을 강화하였다. 한국군 20사단은 7월 4일 책임 지역을 미 45사단에게 인계할 때까지 좌측 938고지-1090고지-M1고지를 연하는 방어선에서 고지 쟁탈전을 계속하면서 전선을 방어하였으나, 16회나 탈환했던 M1고지는 중공군에게 넘겨준 채, 펀치볼 전선으로 이동하게 되었다.[1060] 그러나 20사단은 지키고 있던 전선을 그대로 유지하여 사단 좌측 한국군 5사단이 새로운 방어선을 점령하도록 하는 데 결정적인 기여를 하게 되었다.

중공군이 5월 중순부터 6월 4일까지 펼치던 전초전(前哨戰)에서 2개의 전초 진지를 탈취당하면서도 지형능선(指形稜線)과 수도고지(首都高地)를 지키던 한국군 8사단(사단장: 李明載 준장)도 6월 10일부터 퍼붓는 중공군의 포격을 받은 후, 6월 12일 22시 중공군의 공격을 받았다. 사단의 우측 21연대 11중대가 지키고 있던 수도고지는 "적 4개 중대 진내 돌입, 백병전 전개중, 진내 사격 바람"이라는 중대장의 교신을 마지막으로 통신이 두절되었다. 사단은 사단포병과 군단포병의 TOT(Time On Target) 일제 포격까지 실시하면서 고지상에 화력을 퍼부었으나, 11중대원은 대부분 전사하고 끝까지 저항하던 중대장과 본부요원 등 몇몇 생존자는 포로가 되었다. 중공군은 6월 13일 낮 16연대가 지키고 있던 지형능선 지역을 공격하였다. 6월 14일 02시까지 중공군은 지형능선을 탈취하였다. 16연대는 2대대 6중대를 역습에 투입하였으나 헛수고였다. 6월 14일 날이 밝자, 중공군은 사단의 우측 수도고지 쪽에서 공격을 해왔다. 이날 저녁, 중공군은 사단의 우익을 돌파하여 진격하였다. 8사단은 방어선을 유지할 수가 없게 되었다.[1061]

군단의 우익인 5사단 전선이 붕괴되고, 8사단의 우익 방어선도 와해되어 새로운 방어선(Iceland Line)까지 위협받는 상황이 전개되자, 한국군 2군단장은 6월 15일, 00시 50분 8사단에 새로운 방어선을 점령하라는 명령을 하달하였다. 군단장은 예비로 배속받은 3사단(-)을 5사단 좌측에 투입하여 8사단의 우전방 21연대지역을 인수하도록 하

1060) *韓國戰爭(下)*, pp. 522-7.
1061) *金城戰鬪*, pp. 76-97; *韓國戰爭(下)*, pp. 527-33.

여 전방 부대의 철수를 엄호하도록 하였다. 미 8군은 6월 15일부로 북한강 동안까지 미 10군단이 방어하도록 하고, 한국군 5사단을 미 10군단으로 배속하였다. 그리고 한국군 1군단 11사단을 한국군 2군단의 예비로 전환하면서, 21사단을 1군단에 배속하여 11사단이 방어하던 지역을 방어하도록 하였다. 미 10군단은 한국군 2군단의 철수로 인하여 돌출부로 변모한 한국군 20사단 방어지역에 군단 예비인 한국군 7사단을 투입하여 이곳의 방어력을 강화하였다.[1062]

6월 18일, 전선은 평온을 되찾았다. 해군과 해병의 함재기와 공군기도 6월 15일 최고의 1일 출격 횟수를 기록하면서 6월 15일부터 18일까지 항공 지원을 실시하여 돌파구 확대 저지와 중공군의 추격을 차단하였고, 지상 화력도 집중하여 한국군이 새로운 방어선을 구축하도록 지원하였다. 9일 동안 금성지역에서 펼친 중공군의 2차 공세로 한국군 2군단은 13km의 정면에서 4km 후퇴하였고, 1951년 추계 공세를 통해서 획득한 고지와 지형들을 탈취당하고 말았다. 이 전투에서 한국군은 7,300여 명의 손실을 입었으며, 중공군도 확인 사살 6,024명, 포로 26명, 추정 사살 7,200명 등 1만 3,000여 명의 손실을 입었다.[1063] 한국군은 피와 땀으로 땅을 지켜야만 하였다.

6월 18일, 전방전선(前方戰線)이 평온을 회복한 것과는 달리, 후방전선(後方前線)은 들끓고 있었다. 6월 18일 새벽 이승만(李承晩) 대통령이 반공 포로를 석방하였기 때문이었다. 6월 18일 포로 교환에 대한 협정이 서명되자, 이 대통령은 원용덕(元容德) 헌병총사령관에게 명령하여 반공 포로를 석방하도록 지시하였다. 6월 18일 아침, 이 대통령은 "…불공평하게도 그 사람들을 너무 오래 구속했던 것이다. … 내가 책임을 지고 반공 한인 포로를 오늘 6월 18일자로 석방하라고 명령하였다. …"는 성명을 발표하면서, 우리가 "이 불행한 우리 동포들의 생명을 대가로 … 수치스러운 평화"를 이루겠다는 생각을 "한순간이라도" 가졌다면 우리는 "의로우신 신의 영단의 죄밖에 받을 자격이 없을 것입니다"라는 내용의 서신을 클라크 유엔군 사령관에게 발송하였다.[1064]

이승만 대통령의 반공 포로 석방은 모택동(毛澤東)의 즉각적인 반응을 불러왔다. 6월 19일 모택동은 "우리는 이때 반드시 행동으로 중대한 표시를 보여야 하며, 적에게 강력한 압력을 가함으로써 유사한 사건이 다시 발생되지 않도록 해야 함과 동시에 아군이 주도권을 장악하는 데 활용하도록 하라"는 지시를 하였다. 이에 6월 20일 휴전협정이 조인될 것으로 판단하고 북경에서 개성으로 향하던 팽덕회(彭德懷)는 "이승만 군대에게 막대한 타격을 가하여 1만 5,000명을 섬멸"할 것을 건의하였고, 모택동은 "서명은 지연되어야 하며, 지연의 시간은 상황을 보아 결정할 것이다. 한국군 1만여 명을 섬멸하는 것은 매우 필요하다"라고 답하면서 이를 수용하였다.[1065] 이리하여 중공군

1062) *前揭書*.
1063) *金城戰鬪*, pp. 96-7; *韓國戰爭(下)*, p. 533; *Truce Tent and Fighting Front*, pp. 465-70.
1064) *韓國戰亂三年誌*, pp. C49-C51.

"1953年 夏季反擊戰役"의 3차 공격작전이 전개되었다.

⑤ 중공군의 최종 공세(第三次攻擊: 金城戰役)

중공군은 한국 정부와 한국민의 휴전 반대에 대해서 군사적인 압력을 가하고, 금성지역의 돌출부를 제거하며, 휴전협상에서 유리한 입장을 확고하게 한다는 목적으로 금성 공세를 계획하였다. 중공군은 먼저 금성지역을 포함한 전 접촉선에서 소규모의 전초 쟁탈전을 계속 수행하여 유엔군과 한국군이 금성지역에서의 중공군 공격 계획을 탐지하지 못하도록 하는 양공 작전과 기만 방책을 계획하였다. 다음으로 중공군은 금성지역에서 정면 공격과 양익 포위를 배합한 대규모 공격 작전을 수행하여 금성 돌출부를 제거하면서, 가능할 경우에 전과를 남쪽 종심으로 확대하는 주 공격 단계를 구상하였다. 마지막으로 중공군은 공격 작전을 성공시킨 후에 3-4개 사단규모의 한국군 및 유엔군의 반격을 격퇴하면서 최대한의 피해를 입혀 변경된 전황을 기정 사실화하고 유리한 위치를 확보하는 접촉선 강화 단계를 구상하였다. 중공군은 첫째, 양공(陽攻)과 기만(欺瞞) 작전을 통상적으로 수행하여 기습 효과를 달성하고, 둘째, 정면 공격과 양익 포위작전을 통하여 금성지역에서 주 공격을 실시하며, 셋째, 역습을 격퇴하여 변경된 접촉선을 기정 사실화한다는 작전 단계를 설정하고 그들의 최종 공세를 준비하였다.

금성 공세 작전의 주역을 담당한 중공군 20병단은 1953년 6월 23일 당시 병단이 지휘하고 있던 67, 68, 60, 54군, 중공군 사령부에서 지원된 21군 등 5개 군으로 공격을 실시하여 22km에 달하는 금성지역 접촉선을 직선으로 만들면서, 이 지역을 방어하고 있던 한국군 수도 6, 8, 3사단에게 섬멸적인 타격을 준다는 목적으로 공세를 실시하기로 하였다. 이러한 개념에 따라 20병단은 5개 군으로 3개 작전 집단을 형성하여 금성 돌출부의 동서와 북쪽의 정면에서 삼면 공격을 실시하기로 하여, 67군과 54군의 135사단, 68군의 202사단(-605연대)으로 "중집단(中集團)"을 구성하여 관대리(官垈里)에서 교암산(轎岩山) 사이 한국군 8사단과 6사단, 68군(-202사단)과 54군의 130사단으로 "서집단(西集團)"을 구성하여 수도사단을 공격하도록 하였으며, 60군과 21군(-1개 사단, 33사단배속) 및 68군의 605연대로 "동집단(東集團)"을 구성하여 한국군 3, 5사단을 공격하도록 하였다. 이와 병행하여 중공군 사령부는 20병단의 우익을 엄호하기 위하여 9병단 24군으로 하여금 수도사단의 좌익을 공격하도록 하였다. 공격개시 시간은 1953년 7월 13일 저녁으로 결정하였다.[1066] 중공군은 전 접촉선에서 통상적인 전초전(前哨戰)을 실시함으로써 금성지역에서 감행될 공세 작전을 은폐하면서 이를 준비하고, 금성 돌출부의 전 접촉선에서 병력의 절대적인 우세하에 대규모 공세를 기습적으로 실시하여 이 지역의 접촉선을 직선으로 만들고, 휴전 성립에 있어서 유리한 위치를 확보하기 위해서 최종 공세를 추진하고 있었다.

1065) *中共軍의 韓國戰爭史*, p. 287.
1066) *中共軍의 韓國戰爭史*, pp. 287-91.

방어 태세를 취하고 있던 유엔군은 공산군의 이동 상황을 관찰하면서 이들이 금성지역에서 화천 저수지를 목표로 공세를 준비하고 있다는 판단을 하고 이 지역의 방어력을 강화하였다. 미 8군은 재정비를 실시한 한국군 5사단을 한국군 2군단으로 복귀시키고, 미 10군단장은 문등리지역을 방어하고 있던 미 45사단으로 하여금 한국군 7사단 우익의 방어선을 인수하도록 하여 한국군 2군단 우익에 배치된 7사단의 방어력을 증강시켰으며, 미 9군단으로부터 5연대 전투단을 배속받아 군단 예비로 확보하였다. 미 8군은 일본에서 재정비중인 미 24사단을 7월 3일과 12일 사이에 한국으로 이동시켜 후방지역의 방위와 포로 경비를 담당하도록 하였다. 이와 같은 조치로 금성 돌출부에는 서쪽으로부터 미 9군단 9사단 일부와 수도사단, 한국군 2군단의 6, 8, 3, 5사단, 동쪽에 미 10군단의 한국군 7사단이 배치되어 있었고, 미 8군의 예비로 한국군 11사단이 화천 북쪽에 위치하고 있었다.[1067] 유엔군과 한국군도 나름대로 금성지역에 대한 방어력을 강화하여 중공군의 공세에 대비하고 있었다.

금성지역에서 대규모 공세를 준비하고 있던 중공군은 6월 24일부터 금성지역을 비롯한 전 전선에서 전초전(前哨戰)을 실시하여 필요한 전초(前哨)를 확보하면서 통상적인 작전을 수행하는 것처럼 보이도록 하였다. 중공군은 서부에서 동부전선에 이르기까지 전 접촉선에서 전초전을 감행하였다. 미 1군단지역에서도 사미천(沙尾川), 역곡천(驛谷川) 일대의 전초를 공격하여 250고지(Queen 고지), 199고지(朴 고지), 포크찹(Pork Chop)고지 등을 공격하여, 199고지와 포크찹 고지를 탈취하기도 하였다. 휴전이 임박한 시점에서 비무장지대가 될 전초를 놓고 더이상 피를 많이 흘릴 필요가 없다는 미 1군단장의 판단에 따라서 중공군은 필요한 전초를 확보할 수 있었으나, 금성지역에서 대규모 공세를 시작하던 7월 13일에는 임진강 서안(西岸)의 한국군 1사단 전초인 "베티(Betty)"고지를 공격하던 중공군은 많은 피해(764명)를 강요당하기도 하였다. 이로써 이 전초를 지켜낸 소대장(金萬述 소위)은 한국 태극무공훈장과 미 십자훈장을 수여받았다.[1068] 특히 중공군은 금성지역에서도 전초전을 전개하여 소나기가 쏟아지는 6월 25일 야간에 북한강과 금성천이 합류하는 지점 북쪽에 위치한 관망산(觀望山)을 공격, 점령하여 7월 3일까지 한국군 3사단이 실시한 일곱 차례의 역습을 물리치고 이를 확보하였으며, 금성 돌출부 우측을 방어하고 있던 한국군 7사단 방어지역에 위치한 938고지를 점령하여 이를 탈취하였다. 이와 같이 중공군은 다른 지역에서와 마찬가지로 금성지역에서도 강력한 전초전을 실시하여 대규모 공세를 적극적으로 은폐함은 물론 대규모 공세에 필요한 전초 진지(前哨陣地)를 확보하는 작전을 수행하였다.[1069]

1953년 7월 13일 밤, 중공군은 금성지역에서 대규모 공격을 감행하였다. 이번 중공군의 공세는 1951년 춘계 공세 이후 최대 규모의 공세로서 휴전회담이 진행되는 동안

1067) *韓國戰爭(下)*, pp. 536-8.
1068) *韓國戰爭(下)*, pp. 538-44; 陸軍本部 軍史硏究室, *베티고지 英雄* (1988), pp. 342-52.
1069) *韓國戰爭(下)*, pp. 538-40.

전초전과 제한 목표 공방전과는 다른 양상과 규모의 공격작전이었다.

중공군 서집단으로 구성된 68군의 203, 204사단과 54군의 130사단은 7월 13일 21시 수도사단 좌익 26연대에 중점을 두고 공격을 개시하였다. "중공군이 새까맣게 몰려 온다"는 26연대의 보고를 받은 사단장(崔昌彦 준장)은 중공군의 주력이 사단의 좌측으로 공격하는 것으로 판단하고 있었으나, 중공군의 주력은 수도사단 우측에 배치된 1연대 지역으로 들이닥쳤다. 중공군 1개 연대가 13시경 1연대 1대대 주저항선으로 침투하여 포병의 지원 사격은 진내 사격으로 바뀌었다. 6월 14일 04시경, 수도사단의 주저항선이 붕괴되었다. 이에 사단장은 예비인 기갑연대 1개 대대씩으로 1연대와 26연대를 지원하여 역습을 실시하도록 하였다. 1연대의 상황이 더욱 위급하다는 것을 뒤늦게 파악한 사단장은 26연대로 진출한 기갑연대 1개 대대에게도 1연대를 지원하라는 명령을 하달하였다. 7월 14일 06시 사단을 방문한 미 9군단장에게 김화에서 금성을 잇는 도로 남쪽에 저지 진지를 구축할 계획을 보고하고, 1개 연대의 지원을 요청하였다. 이날 10시경 사단을 방문한 미 8군사령관도 군단장에게 김화-금성 도로를 확보하라는 지시를 하달하였다. 이에 미 15연대가 14일 17시까지 도로 남쪽에 저지 진지를 구축하고, 수도사단은 수습된 1, 26연대 병력으로 역습을 감행하여 중공군의 진출을 약간 저지하고, 미처 철수하지 못한 일부 병력을 구출하였다. 수도사단장은 7월 15일 12시 30분 1, 26연대로 하여금 다시 역습을 감행하기로 하였다.[1070)]

7월 15일 사단을 방문한 미 9군단장(Reuben E. Jenkins 중장)과 미 3사단장(Eugene W. Ridgings 소장)은 12시까지 전선을 미 3사단에게 인계하고 일동(一東) 부근에서 부대를 재편성하라고 하였으나, 수도사단장은 철수하지 못한 병력을 수습하기 위해서 계획된 역습을 실시하겠다고 건의하였다. 계획대로 7월 15일 12시 30분, 수도사단은 포병과 항공 지원하에 1, 26연대로 협조된 공격을 실시하여 15시경 김화-금성 도로 북쪽 능선을 점령하여 철수 병력을 수습하고, 도로 남쪽에서 주저항선을 구축하는 미 3사단에게 시간을 벌어 주었다. 이날 저녁, 중공군이 공격을 해오자 수도사단은 점령한 능선을 포기하고 미 3사단 후방으로 철수하여 3일 간의 방어 작전을 마쳤다.[1071)]

7월 3일 관망산(觀望山)을 점령한 동측의 중공군 60군도 7월 13일 21시 한국군 3사단을 공격하였다. 사단은 좌측의 22연대지역보다 우측의 23연대지역으로 중공군의 주공이 지향될 것으로 판단하였으나, 중공군은 22연대 우측을 돌파하여 23연대를 포위하려 하였다. 이에 3사단은 예비 18연대를 투입하여 역습을 하기로 하였으나, 18연대(-1)가 역습을 준비하고 있을 무렵 철수하는 22연대 병력과 뒤섞였고, 중공군의 포격까지 받아 혼란이 가중되어 역습도 중단하였다. 7월 14일 새벽 사단의 좌전방이 돌파되었고, 이를 통해 후방으로 침투한 병력에 의하여 우측 23연대의 퇴로가 차단될 위협에 직면하였다. 사단장은 금성천 북쪽에서 배수진(背水陣)을 구축하려 하였으나 이것조차

1070) *金城戰鬪*, pp. 106-35; *韓國戰爭(下)*, pp. 544-51.
1071) *前揭書.*

도 불가능하였다. 상황이 악화되자 군단장은 3사단장(林善河 소장)에게 7월 14일 14시까지 금성천 남쪽에 새로운 진지를 구축하라는 명령을 하달하였다. 3사단 18연대는 이 진지를 점령하였으나, 22, 23연대는 병력을 수습할 수가 없었다. 이러는 가운데, 22연대 2대대는 7월 14일 오후까지 진지를 고수하다가, 14시 45분경에 중공군의 포위망을 뚫고 8사단지역으로 철수하기도 하였다. 이로써 14일 오후, 3사단의 방어선은 붕괴되고 말았다. 3사단이 사실상 와해되자, 한국군 2군단장은 7월 15일 10시 30분 3사단 좌우측의 8, 5사단으로 하여금 3사단 방어지역을 인수하도록 하고 3사단을 군단예비로 전환하여 부대를 재편성하도록 하였다.1072)

금성 돌출부의 양 측방의 공격과 더불어 중공군 67군을 주축으로 한 중집단(中集團)은 7월 13일 21시 금성 돌출부 북단에 배치되어 있던 한국군 6, 8사단을 공격하였다. 중공군의 공격은 6사단(사단장: 白仁燁 소장) 우전방 교암산(轎岩山) 전초 진지 공격으로부터 시작되었다. 이 지역은 교암산에 2연대 1대대, 전방의 전초에는 2대대가 배치되어 방어하고 있었다. 중공군은 전초를 공격하면서 일부 병력은 이를 우회시켜 주진지 공격도 병행하였다. 전방 6중대는 중대장(金敎洙 대위) 이하 전 중대원이 전사하고, 10명만이 14일 아침 탈출하면서까지 전초를 지키려 하였으나, 14일 8시경 교암산 외곽 전초 진지가 무너지고, 10시경 중공군의 침투 병력이 연대지휘소까지 기습할 정도로 상황이 악화되었다. 14일 오전 10시경 교암산을 지키던 2연대는 좌측 19연대와 우측 8사단 지역으로 침투한 중공군에 의해서 퇴로가 차단되어 11시경 교암산을 포기하고, 금성천 남쪽으로 철수하기에 이르렀다. 이에 6사단은 금성천 남쪽으로 후퇴하여 저지 진지를 급편하고, 철수 병력을 수습하였다.1073)

한국군 6사단의 우측에 배치되어 있던 8사단(사단장: 宋堯讚 소장)도 7월 13일 22시경부터 중공군의 공격을 받기 시작하였다. 여기에서도 중공군은 전초를 공격하는 동안 병력을 주진지로 침투시켜 퇴로를 차단하는 식의 공격 방법을 택하였다. 전초를 우회하여 침투한 중공군은 23시 30분경 지형 능선의 690고지를 탈취하고, 10연대 관측소도 점령하였다. 그러나 사단 좌측의 10연대는 연대예비인 2대대를 역습에 투입하여 7월 14일 오전 주저항선을 회복하였다. 사단 우전방 16연대도 전초 진지를 상실한 가운데서도 주진지를 고수하고 있었다. 그러나 7월 14일 오전 사단의 우측 3사단 전선이 거의 붕괴되자 8사단의 측, 후방이 노출되었다. 7월 14일 11시 군단장으로부터 이날 15시까지 금성천 남쪽에 새로운 방어선을 구축하라는 명령을 받고 8사단은 3사단지역으로 침투하여 우회한 중공군의 저항을 극복하고 10연대, 16연대, 21연대순으로 금성천 남안으로 철수하였으나, 중공군의 기습을 받은 16연대는 금성천 남안에 방어선을 구축하지 못하고 사방거리까지 철수하였다.1074)

1072) *金城戰鬪*, pp. 135-51; *韓國戰爭(下)*, pp. 551-9.
1073) *金城戰鬪*, pp. 152-64; *韓國戰爭(下)*, pp. 559-63.
1074) *金城戰鬪*, pp. 152-74; *韓國戰爭(下)*, pp. 563-6.

금성 돌출부의 상황이 악화되자 미 8군과 군단의 조치도 신속하게 이루어졌다. 미 8군사령관은 7월 13일 중공군 6개 사단이 금성 돌출부의 양 측방을 공격하였다는 보고를 받고, 돌출부에 배치된 한국군이 중공군의 포위망 속에 갇혀서는 안 된다는 판단을 한 다음, 7월 14일 06시 금성천 남안에 새로운 방어선을 형성하도록 명령을 하달하였다. 이에 따라 한국군 2군단장(丁一權 중장)은 14일 11시 금성천 남안으로 철수하여 새로운 방어선을 구축하라는 명령을 예하 사단들에게 하달하였으나 실패하였다. 이에 한국군 2군단은 진현리(榛峴里)-주파리(注坡里)-백암산(白岩山) 선에서 저지선을 형성하려 하였다. 상황이 급전직하(急轉直下)로 악화되자 미 8군사령관은 일본으로부터 미 187공수연대를 공수하여 한국군 9사단의 일부 전선을 인수하여 수도사단의 좌익을 강화하면서, 15일 12시부로 미 3사단으로 하여금 수도사단 방어지역을 인수하도록 하고, 수도사단을 군단 예비로 전환시켰다. 또한 군예비인 한국군 11사단과 미 10군단 예하 한국군 7사단을 한국군 2군단에 배속하여 2군단의 전력을 강화하고, 중공군의 돌파를 저지하도록 하였다. 한국군 2군단장은 11사단을 전방에 투입하여 6사단과 교대시키고, 8, 5사단으로 하여금 3사단지역을 인수하도록 하였으며, 3, 6사단을 군단 예비로 확보하여 저지선을 지키려 하였다. 그러나 7월 15일 18시 20분 5사단(사단장: 金鍾甲 소장; 7. 16. 張都暎 소장)이 백암산을 탈취당함으로써 이마저 불가능하게 되었다. 전투 손실과 보급 곤란으로 공격력의 한계에 도달한 중공군이 백암산을 점령한 후에 공격을 멈추고 재편성을 실시함에 따라, 한국군 2군단도 7월 15일 저녁에 서쪽의 진현리(榛峴里)에서 주파리(注坡里)를 거쳐 백암산 남쪽 고둔골로 이어지는 선에서 방어선을 형성하게 되었다.[1075]

한국군 2군단이 새로운 저지선을 형성하자 미 8군사령관은 7월 16일 반격을 실시하여 금성천(金城川)을 확보하라는 명령을 하달하였다. 한국군 2군단장은 11, 8, 5사단을 공격부대로 하여 11사단(사단장: 林富澤 준장)은 진현리와 그 동쪽 602고지, 8사단은 별우-성동리 간의 금성천, 5사단은 금성천과 북한강이 합류하는 북한강 서남지역을 탈환하도록 하였다. 11사단은 7월 15일 16시 602고지 공격을 위한 발판인 700고지를 점령하고, 16일 06시 전면 공격을 실시하였다. 사단은 17일 04시 사단 목표인 602고지를 탈취하였으나, 18일 02시 이를 다시 탈취당하였다. 이에 사단은 미 5공군의 화력 지원을 받으면서 다섯 차례의 돌격 끝에 이 고지를 다시 탈취하였으나, 7월 20일 새벽 다시 중공군의 손에 넘어갔으며, 피해가 너무 커서 역습을 중단하고 말았다. 중앙의 8사단도 7월 15일 야간 공격을 실시하여 7월 19일까지 금성천 남안으로 진출하여 목표선에 도달하였다. 8사단 우측의 5사단은 7월 16일 06시 공격을 개시하여 27연대는 백암산, 35연대는 소백암산을 탈취하도록 하였다. 27연대는 종일 공격을 실시하였으나 백암산을 탈취하지 못했고, 35연대는 측방으로 공격하여 소백암산을 탈취하였으나, 중공군의 역습에 다시 빼앗기고 말았다. 이에 군단장은 6사단 7연대를 5사단에 배속하였다.

1075) *Truce Tent and Fighting Front*, pp. 470-6; *金城戰鬪*, pp. 175-193; *韓國戰爭(下)*, pp. 566-74.

금성지역 전투 결과

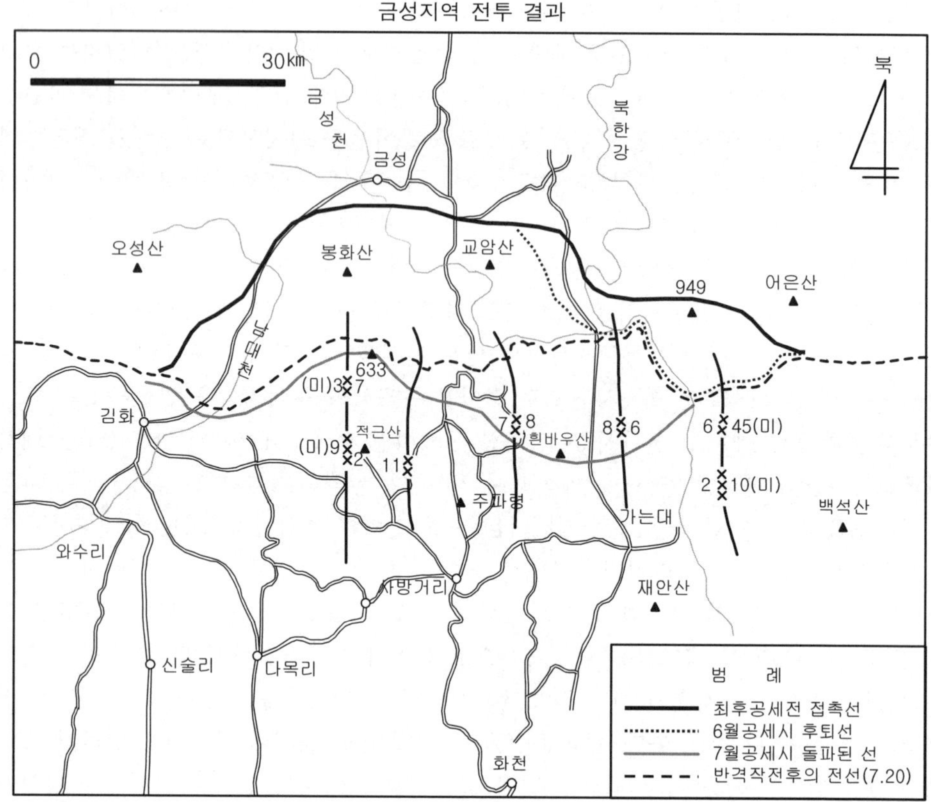

5사단장은 7월 17일 두 개의 산을 공격하는 한편, 7연대와 27연대 병력을 백암산을 우회시켜 백암산 북방의 고지를 점령하도록 하였다. 그리고 이들로 하여금 북쪽에서 백암산을 공격하도록 하여 27연대 2대대가 7월 18일 강력한 공중 화력 지원하에 백암산을 점령하였다. 우측의 35연대도 20시간의 혈투(血鬪) 끝에 소백암산을 점령하여 마침내 5사단도 금성천-북한강 선을 확보하였다. 한국군 2군단은 7월 19일 3일 간의 반격작전을 실시하여 금성천을 회복하였다.1076)

금성지역에서 실시된 중공군의 최종 공세로 인하여 한국군 2군단은 금성천 북쪽의 봉화산, 교암산을 물론 백암산까지 탈취당했었으나, 반격 작전을 통하여 금성천을 회복하였다. 그러나 북쪽으로 불쑥 나왔던 금성지역의 돌출부는 제거되고 말았다. 1953년 7월 13일부터 19일까지 치른 전투에서 한국군은 1만 4,373명(전사 2,689명, 부상 7,548명, 실종 4,136명)의 손실을 입었고, 중공군도 확인된 손실 2만 7,412명(사살 2만 7,216명, 포로 196명)과 추정 손실 3만 8,700명을 합하여 6만 6,000여 명의 손실을 감수해야만 하였다. 중공군 자신들도 3만 3,253명의 손실을 입었다고 할 정도로 많은 피해

1076) *前揭書; 길고 긴 여름날 1950년 6월 25일*, pp. 290-9.

를 입었다.[1077] 양측이 감수한 피해는 교착된 전선에서 4km의 전선 변화가 얼마나 많은 희생을 요구하는가를 보여 주고 있었다.

금성지역에서 한국군의 반격 작전이 종료되던 날, 이승만 대통령은 화천(華川) 2군단 사령부를 방문하여 "정말 이만하기가 다행이야. 공산군이 화천까지 내려와서 휴전선을 긋자는 것이었으니 그렇게 되었으면 형편이 어찌 되었겠는가? 우리 용감한 2군단 장병들이 끝까지 훌륭하게 싸워 나라를 지켜준 것입니다. 나의 이 감사의 뜻을 모든 용사들에게 전해 주기 바라는 바입니다"라고 말하면서 "용사"들을 격려하였다. 수복지역이나 격전지를 직접 방문하여 "주민"들과 "용사"들을 격려하던 이승만 대통령은 국민들과 국군들을 그렇게 격려하는 것이 국민의 대통령으로서, 국군의 통수권자로서 자신이 수행해야 할 책무라고 느꼈던 것같아 보였다.[1078]

21. 반공 포로 석방과 이승만 대통령의 동맹 외교

한국전쟁이 일어나기 1년 전 1949년 6월 30일, 불안해 하던 한국민에게 북한이 침공할 경우에는 유엔의 도움을 요청하라는 말을 남기고 미군이 한국을 떠났을 때의 심리적 충격, 한반도가 미국의 극동방위선에서 배제되었다는 미 국무장관의 발언과 그 후에 빚어진 한국전쟁으로 인한 정치적 충격을 간직하고 있던 이승만(李承晩) 대통령은 한국전쟁이 마무리된 후에 닥쳐올 한국의 운명에 대해서 정책적 고려를 하지 않을 수 없었다. 이 대통령은 NATO와 같은 동맹 관계를 한국과 미국 간에 정립시킬 필요가 있다는 판단을 하였다. 당시 한국은 미국을 협상으로 끌어들이는 데 필요한 효과적인 협상 수단(bargaining leverage)을 가지고 있지 못했다. 미군을 주축으로 구성된 유엔군의 직접적인 도움을 받아서 전쟁을 치르고 있는 한국으로서는 "주고받는(give and take)" 것이 있게 마련인 협상 과정에서 받아야 될 것만 있고, 줄 것이 없었던 것이다. 협상 자체가 성립되기 위해서는 줄 것을 만들지 않으면 안 되겠다고 판단한 이승만 대통령은 미국에게 줄 것을 만들기로 작정하고, 당시 미국이 가장 원하고 있던 것이 휴전(休戰)이라는 사실에 주목하였다.

미국이 원하는 것이 휴전이라는 사실을 지시(直視)한 이승만 대통령은 "그가 제시한 조건이 충족되지 않는" 휴전은 반대하기로 결정하였다. 그는 중공군의 전면 철수, 북한군의 무장 해제, 국제 사회의 북한 원조 제공 금지 및 한국 원조 보장, 한국 문제를 해결하기 위한 정치 회담에 한국의 참여 및 한국 주권의 보장 등의 조건이 충족되지 않는 휴전은 반대한다고 밝혀 왔다. 이를 위해 이승만 대통령은 전 한국민을 동원하였

1077) *金城戰鬪*, pp. 193-4; *Truce Tent and Fightig Front*, pp. 476-8; *韓國戰爭(下)*, pp. 574-7; *中共軍의 韓國戰爭史*, p. 297.

1078) *韓國戰爭(下)*, pp. 576-7.

다. 여기저기서 휴전 반대 데모가 열리는 가운데 1953년 4월 21일 한국 국회는 휴전을 반대하며 "북진 통일의 최선봉이 되자"는 결의안을 통과시켰다.1079) 전국 각지의 군중 집회에서는 "통일 아니면 죽음을 달라"라는 등의 휴전 반대 구호와 "혈서(血書)"까지도 수시로 등장하였다. 1953년 4월 9일, 이승만 대통령도 "만약에 유엔군 사령부가 중공군의 한반도 주둔을 허용한다면, 한국 정부는 유엔군 사령부로부터 한국군을 철수시키고, 단독으로 싸울 것이다"라는 내용을 담은 서한을 미 국무부를 통하여 미국 대통령에게 전달하였었다.1080) 이승만 대통령은 군의 지휘관과 참모들에게 "은밀한 형식"을 취하여 공공연하게 "북진통일"계획을 수립하라는 등의 지시를 내리기도 하였다. 휴전 반대 대열에 한국민 전체가 동원되었다.

휴전을 성립시키는 것은 공산측과 협상을 통해서 가능하지만, 이를 장차 현실적으로 보장하기 위해서는 한국의 협조가 필요하다는 인식을 갖게 된 미국 정부와 유엔군측은 한국내에서의 동향을 주시하면서 대책을 마련하기 시작하였다. 유엔군 사령관이 1953년 4월 27일 이 대통령을 방문하였다. 이승만 대통령은 "최후의 수단(as a last resort)"이 아니면 한국군을 유엔군에서 철수시키지 않겠다고 말하면서, 한국군을 철수할 경우에는 유엔군 사령관과 "충분하고 솔직한 협의(thorough and frank discussions)"를 거친 후에만 그렇게 할 것이라는 "확약"을 하였다. 그는 중공군이나 인도군이 한국 땅에 머물러서는 안 된다고 말했다. 우호적인 분위기 속에서 한 시간이 넘게 단독 회합을 마친 클라크 유엔군 사령관은 이 대통령이 무엇인가를 얻기 위하여 "엄포(bluffing)"를 놓고 있다는 인상을 받았다. 1953년 5월 12일, 유엔군 사령관이 노(老) 대통령을 다시 만났을 때, 이 대통령은 한국군의 확장과 미국이 단독적으로 한국과 상호 방위 조약을 체결해야 한다는 점을 확실하게 주문하고, 송환을 거부하는 반공 포로들을 인도 등 다른 국가의 관할하에 넘길 수 없다는 점을 지적하면서, 유엔군의 개입 없이 한국군 단독으로 이들을 석방해 버리는 것이 어떻겠느냐는 제안을 하기도 하였다. 한국의 대통령과 회담을 마친 유엔군 사령관은 "한국의 대통령이 미국과의 방위 조약 체결, 미국으로부터 보다 많은 경제 원조의 획득, 휴전 회담에서 그가 영향력을 행사하고 있다는 것을 한국민에게 보여 주기 위한 협상을 진행시키고 있다"고 미 합참본부에 보고하였다.1081) 미국은 한국의 대통령이 무엇을 원하고 있는지 확실하게 파악하였다.

그러나 미국은 미국대로 대안(代案)을 가지고 있었다. 미국은 한국군을 확장하고, 한국에 대한 경제적인 원조를 제공하고, 한국 문제를 논의하는 정치 회담에 한국을 참여

1079) *韓國戰亂三年誌*, p. B165.

1080) The President of the Republic of Korea(Rhee) to President Eisenhower, April 9, 1953; President Eisenhower to the President of the Republic of Korea(Rhee), April 23, 1953; The Ambassador in Korea(Briggs) to the Department of State, April 26, 1953, *FRUS, 1952-1954, XV, part 1,* pp. 902-3; 929-30; 938-940; *Truce Tent and Fighting Front,* pp. 442-3; Mark W. Clark, *From the Danube to the Yalu* (New York: Harper and Brothers, 1954), p. 261.

1081) Clark to JCS, May 13, 1953, RG 218, CCS 383.21 Korea(3-19-45), sec., 128, NA; *FRUS, 1952-1954, XV, part 1,* pp. 1010-12; *Truce Tent and Fighting Front,* pp. 443-7.

시킬 준비는 하고 있었으나, 한반도에서 공산측의 재침공을 억제하기 위해서 미국은 한국전에 참전하고 있던 유엔 회원국과 더불어 공산측이 또 다른 무력 침공을 자행할 경우에는 엄청난 보복이 가해질 것이라는 내용을 담은 "대 제재선언(the greater sanctions declaration)" 발표를 준비하고 있었다. 5월 25일, 이 대통령을 방문한 유엔군 사령관과 주한 미국대사(Ellis O. Briggs, John J. Muccio 후임)는 미국이 군사적으로, 경제적으로, 정치적으로 한국을 도울 것이나, 미국과 한국의 방위 조약 체결은 유엔 회원국들이 발표할 "대 제재선언"의 강도를 훼손시킬 우려가 있다는 이유를 들어 이에 반대한다는 미국의 입장을 전달했다. "나는 대단히 실망했습니다"라고 말한 이 대통령은 포로 송환업무를 담당할 인도군의 한국 상륙은 절대로 허용할 수 없고, 중공군이 한반도에서 철수해야 한다는 점을 강조하였다. 이 대통령은 "당신들도 모든 유엔군을 철수시켜도 좋습니다. 우리가 우리의 운명을 결정할 것입니다. 누구한테도 우리를 위해서 싸워 달라고 요청하지 않을 겁니다. 처음부터 민주국가들에게 도와 달라고 한 것이 우리의 잘못이었습니다. 미안합니다만 현재의 상황에서 아이젠하워 대통령에게 나의 협조를 약속해 줄 수 없습니다"라고 말했다. 이러한 상황이 전개되자, 유엔군 사령관은 이 대통령이 반공 포로를 일방적으로 석방한다거나, 공산측에게 한국 단독으로 새로운 제안을 한다거나, 휴전 회담에서 한국 대표를 철수시킨다거나, 한국군을 유엔군에서 철수시킨다거나, 아니면 휴전 반대 데모를 더욱 강화시킬 우려가 있다고 미 합참본부에 보고하였다.[1082)]

사실 미 8군은 한국 정부가 부추기는 휴전 반대 데모로 빚어질 수 있는 최악의 사태에 대비한 대책을 마련해 놓고 있었다. 이 대책(Plan Everready)은 가능한 세 가지 상황을 설정하고 그에 대한 대비책을 제시하였다. 한국군이 유엔군의 명령에 응하지 않을 경우(Condition I)와 한국 정부와 한국군이 독자적인 행동을 취할 경우(Condition II), 한국 정부와 군 혹은 국민이 유엔군에게 "명백하게 적대적(overtly hostile)"일 경우(Condition III)를 설정한 미 8군은 처음 두 가지 경우에는 명령에 응하지 않는 한국군을 무장 해제시키면서 한국군과 한국민의 통행을 제한하는 등의 조치를 취하고, 세 번째 경우에는 유엔군에 의해서 계엄령을 선포하여 군정을 실시하고, 휴전에 반대하는 한국의 민간 및 군지도자들을 구속하여 휴전을 성사시킨다는 대책을 수립하였다. 유엔군 사령관은 이를 1953년 5월 22일 미 합참에 보고하였다.[1083)]

한국에서의 긴박한 상황 전개는 워싱턴의 즉각적인 반응을 불러일으켰다. 1953년 5월 29일 미 합참본부 요원과 국무부 정책입안자들이 모였다. 여기에는 국제 조약을 담당하는 국무부의 차관보도 참석하였다. 사태의 심각성을 인식한 이들 참석자들은 유엔군 사령관에게 "미 국무장관이 한국과 방위 조약을 체결하는 협상을 하기로 한다"고

1082) Clark to JCS, May 26, 29, 1953, RG 218, CCS 383.21 Korea(3-19-45), sec., 128, NA; *FRUS, 1952-1954, XV, part 1,* pp. 1106-8.

1083) Outline Plan "Ever Ready," by the Eighth Army, May 4, 1953, RG 218, CCS 383.21 Korea(3-19-45), sec., 130, NA; *FRUS, 1952-1954, XV, part 1,* pp. 965-8.

미국 대통령에게 건의한다는 내용을 한국의 대통령에게 우선 전달하여 사태의 악화를 방지하도록 조치하였다. 5월 30일 미 국무, 국방장관이 주재하는 확대 회의에서는 미국이 필리핀이나 태평양 국가들과의 방위 조약을 한국과 체결한다는 데 합의하였으나, 유엔측이 주도하는 군정(軍政)을 수립한다는 대책은 반대하였다. 아이젠하워 미국 대통령은 이러한 건의를 승인하였다. 미 합참본부는 이러한 대통령의 결정을 유엔군 사령관에게 통보하고, 이 내용을 한국의 대통령에게 설명하는 시기는 유엔군 사령관이 판단하도록 조치하였다. 이로써 미국은 휴전을 보장하기 위하여 한국전쟁이 끝난 후 한국의 안전을 보장해 주기로 결정하였다.[1084]

1953년 6월 5일, 유엔군 사령관과 주한 미국대사는 이승만 대통령을 방문하여 미국 정부는 한국과 상호 방위 조약을 체결하기로 결정했다는 사실을 통보하고, 한국 정부의 협조가 휴전 후에 체결되는 상호 방위 조약의 체결 협상과 경제 및 군사 원조의 확보에 긴요하다는 점을 설명하였다. 그러나 6월 2일 미국 대통령에게 상호 방위 조약을 먼저 체결하고 난 후에 휴전협정을 체결해야 하며, 이를 공개적으로 밝혀야 한다는 내용의 서한을 발송한 이 대통령은 호의적인 반응을 보이지 않았다. 이 대통령은 6월 6일에 인도가 주관이 되어 송환 거부 포로 문제를 다루기로 한 5월 25일의 유엔측 제안을 받아들일 수가 없다는 점을 밝히고, 유엔군과 공산군의 동시 철수를 주장하면서, 분단된 휴전이나 평화보다는 계속 싸우겠다는 선언을 하였다.[1085] 아이젠하워 대통령은 미국은 휴전 조인 후 빠른 시간 내에 한국과 ANZUS와 같은 방위 조약을 체결하고 경제 및 군사 원조도 제공하겠다는 약속을 하였으나, 이 대통령은 6월 7일 자신을 방문한 유엔군 사령관에게 미국은 유화 정책을 채택하여 커다란 오류를 범하고 있다고 지적하면서, 한국은 휴전 조항을 받아들이기보다는 "자살 행위일지라도(even if it meant suicide)" 전투를 계속하겠다고 말했다. 클라크가 상호 방위 조약 문제를 거론할 때, 이 대통령은 중공군이 한반도에 남아 있는 한 한국의 존속은 불가능하다는 말을 되풀이하면서 클라크의 말에 주의를 기울이지 않았다. 회담을 마친 클라크 유엔군 사령관은 "이 대통령이 극도로 비합리적이고, 전혀 양보할 기미가 없다(Rhee was utterly unreasonable and gave no ground whatsoever)"고 미 합참에 보고하였다.[1086]

유엔군 사령관이 이 대통령과 더이상 할말이 없게 되자, 6월 12일 이번에는 미국 국무장관(John Foster Dulles)이 이승만 대통령을 워싱턴으로 초청하였다. 휴전 후의 정치 회담에서의 계획을 논의, 확정하자는 이유에서였다. 이 대통령은 일이 바쁘다는 이유로 이를 사양하고, 대신 미 국무장관을 초청하였다. 이번에는 미 국무장관이 바쁘다고 이를 사양하고, 대신에 그와 대통령의 신임을 받는 로버트슨(Walter S. Robertson) 국

1084) Memo for Record, by Major General C. D. Eddleman, "Conference on the Current Difficulties with the ROK Government Due to Their Dissatisfaction with Armistice Terms," RG 218, CCS 383.21 Korea(3-19-45), sec., 130, Korea.

1085) *韓國戰亂三年誌*, pp. B192; C43; *The New York Times*, June 6, 1953.

1086) US Department of State, *Bulletin, XXVIII*, pp. 835-6; Clark to JCS, June 7, 1953, RG 218, CCS 383.21 Korea(3-19-45), sec., 130, NA; *FRUS, 1952-1954, XV, part 2*, pp. 1149-51.

무차관보를 보내겠다고 하였다. 이에 이 대통령은 6월 17일 주한 미국대사에게 로버트슨 국무차관보를 진심으로 환영할 것이라고 말했다. 미국 정부는 한국의 대통령과 실질적인 협의를 진행시킬 준비를 갖추어 나가고 있었다.[1087]

한국의 대통령과 미국 정부와의 "승강이"에도 불구하고, 판문점의 양측 회담 대표들은 6월 8일 포로 교환 협정에 서명하고, 6월 17일 조정된 군사분계선까지 합의하여, 휴전협정의 정식 조인 절차만 남겨 놓고 있었다.

그러나 1953년 6월 18일 새벽, 한국이 반공 포로를 석방해 버렸다. 이승만 대통령은 자신이 반공 포로를 석방하라는 명령을 내렸다는 점을 밝히면서, "오래 전에 석방했어야 할 반공 포로를 뒤늦게 석방했다"는 아쉬움까지 곁들인 성명서를 그날 발표하였다. 한국민들은 이 대통령의 조치를 환영하였으나 다른 나라의 언론들은 결코 호의적이지 않았다. 6월 20일 유엔군 사령관과 미 8군사령관이 이 대통령을 방문하였다. 이들 군 지휘관들은 미국이 명예로운 휴전에 서명할 것이고, 무력으로 공산군을 한반도에서 축출하지 않는다는 사실을 상기시킨 다음, 당시 한국군은 공격이나 방어 작전을 단독으로 수행할 능력이 없다는 점을 확실하게 지적하였다. 클라크 유엔군 사령관은 송환을 거부하는 공산측 포로들을 비무장지대의 중립국 감시위원회로 보내어 한국측 대표가 참석한 가운데 공산측의 송환 설득, 송환 등 모든 절차를 비무장지대 내에서 이루어지도록 하여, 공산측 대표나 인도 대표가 한국 영토 내에 들어오지 못하도록 하는 것이 어떤가 하는 제안을 하였다. 이 대통령은 이에 동의하였다. 대화를 주고받는 가운데, 유엔군 사령관은 이 대통령이 한국의 분단을 받아들이는 휴전에 한국이 서명할 수는 없으나, 휴전이 성립될 경우에 이를 받아들일 수밖에 없다는 입장을 취하고 있다는 사실을 확인할 수 있었다.[1088] 이 두 지휘관은 긴장한 가운데서도 우호적으로 그들을 맞는 노(老) 대통령을 바라보았다.

워싱턴에서도 6월 19일 아이젠하워 대통령 주제로 국무회의가 열렸다. 회의 서두에 아이젠하워 대통령은 "자살 공격까지 감수하려는 한국민들의 결의"로 빚어진 어려움을 지적하면서, 미군이 철수하면 한국민들은 어떻게 하겠느냐고 물었을 때, "우리는 싸우다 죽을 것입니다"라고 말한 한국 대사의 답변 내용을 인용하였다. 그는 "한국에서 아직은 공산주의가 우리의 주적(主敵)이다(Communism is still our principal enemy in Korea)"라고 말하면서 사태를 수습하고, 한국민들을 진정시킬 대책을 물었다. 장관들은 장시간에 걸쳐서 이 대통령의 지지도, 한국군 지휘관들의 태도, 미군과 시설물의 안전 문제 등 여러 가지를 논의하였다. 그리고 한국에 파견하기로 계획했던 국무차관보에게 강력한 항의 서한을 들려 보내기로 결정하였다.[1089]

1087) UNC Korean Armistice Negotiations, pt. IV, pp. 214-22, RG 218, NA; *Truce Tent and Fighting Front*, p. 450.

1088) The President of the Republic of Korea(Rhee) to the Commander in Chief, United Nations Command(Clark), June 18, 1953; Memorandum by the President to the Secretary of State, June 18, 1953; Clark to the Joint Chiefs of Staff, June 22, 1953, *FRUS, 1952-1954, XV, part 2*, pp. 1197-1206; 1231-4; *Truce Tent and Fighting Front*, pp. 453-4.

로버트슨 국무차관보와 육군 참모총장은 1953년 6월 24일 동경에 도착하였다. 그들은 클라크 유엔군 사령관, 주한 미국대사 등과 만나서 조속히 휴전을 성사시키는 것이 최선책이라는 데 합의하고, 휴전을 성립시키기 위하여 가용한 모든 수단을 사용하기로 결정하였다. 6월 25일 이 대통령을 예방한 로버트슨 차관보는 6월 26일부터 7월 12일까지 심각한 논의를 하였다. 6월 26일에 로버트슨 차관보는 "한국은 많은 유엔군 병력의 생명과 피의 대가로 확보하려는 휴전을 방해할 권리가 없다"는 내용의 항의 서한을 이 대통령에게 전달하는 것으로 회담을 시작하였다. 편지를 읽은 이 대통령은 첫째, 비무장지대 내에서 포로 송환 문제 처리, 둘째, 90일 간의 정치 회담, 셋째, 지속적인 경제 및 20개 사단 보유를 위한 군사 원조 제공, 넷째, 상호 방위 조약의 즉각적인 보장 등을 요구하였다. 미국은 이를 수용하였으나, 이 대통령은 휴전 후 정치 회담에서 90일 이내에 성과가 없으면 미국은 즉시 철수하여 한국 통일을 위한 무력 행사를 해야 한다는 등의 요구를 추가하였다. 이러한 사태가 발생되자, 클라크 유엔군 사령관은 이 대통령을 압박하는 길은 빨리 휴전 회담을 재개하는 것이라고 판단하여 미 합참의 승인을 받아 6월 29일 공산측에게 휴전 회담 재개를 요구하였다. 그러면서 유엔군 사령관은 인도 병력을 공수하여 비무장지대로 수송함으로써 한국 영토를 밟지 않게 하겠다는 약속을 하였다. 회담이 거의 막바지에 도달한 7월 9일 이 대통령은 한국 정부가 작성한 상호 방위 조약의 초안을 제시하였다. 이 안은 한국의 영토를 압록강으로 설정하였으며, 공산측의 무력 침공이 있을 경우에는 미국의 즉각적인 개입을 명문화하고 있었다. 이에 대해서, 미국이 제시한 상호 방위 조약은 공산측의 침공이 발생할 경우에 유엔 안보이사회에 보고하고 이사회의 결정에 따라 조치를 취한다고 규정하고 있었다.[1090] 국무차관보와 이 대통령 회담을 시시각각으로 보고받고 필요한 지시를 하달하고 있던 국무장관은 한국이 제출한 조약 초안이 대단히 부적합하지만 차후 협의의 근거로서는 수용할 수 있다고 판단하여 회담을 마감하기로 결정하였다. 이에 따라 로버트슨과 이 대통령은 포로의 자유 송환 원칙을 재확인하고, 휴전 전후에 양국이 긴밀하게 협조하면서 상호 방위 조약 체결을 위한 협상을 진행하며, 가능한 한 빠른 시일 안에 한국의 통일을 달성하기로 하는 공동선언문을 발표한 다음에 1953년 7월 12일 회담을 마감하였다.[1091]

한국은 미국으로부터 상호 방위 조약, 장기적인 경제 원조와 해공군을 포함한 육군 20사단의 한국군 증강을 위한 군사 원조를 보장받게 되었으며, 한미 양국은 전후 정치

1089) Minutes of the Cabinet Meeting, June 19, 1953, Cabinet Meetings, Ann Whitman File; Legislative Leadership Meeting, June 24, 1953, Legislative Meetings File, Dwight D. Eisenhower Papers, Eisenhower Library, Abilene, Kansas, U. S. A; *FRUS, 1952-1954, XV, part 2,* pp. 1200-6.

1090) *Truce Tent and Fighting Front,* pp. 454-8; US draft of Mutual Defense Treaty (July 4, 1953); ROK draft of Mutual Defense Treaty (July 9, 1953), in Dulles-Rhee Talks, August 1953, declassified by the State Department under the FOIA Case No. 8102237; *FRUS, 1952-1954, XV, part 2,* pp. 1326-9; 1339-40; 1357-61.

1091) 선언문 내용, *The New York Times,* July 12, 1953; US State Department, *Bulletin, XXIX,* pp. 72-3; *韓國戰亂三年誌,* pp. B218; C111.

회담에 공동으로 참여하고, 90일 간 회담 기간에도 성과가 없을 경우에는 공동으로 철수하는 것까지 합의에 이르게 되었다. 미국은 한국 정부나 국민으로부터 아무런 방해를 받지 않고 휴전 회담을 마무리할 수 있게 되었다.

중공군의 최종 공세가 끝나고 유엔과 공산측 대표가 휴전 회담을 마무리할 단계에 이르자, 1953년 7월 24일 이승만 대통령은 미 국무장관에게 편지를 보내어 상호 방위 조약의 핵심 사항인 공산군의 침공이 재개될 경우, "즉각적이고 자동적인 군사지원"에 대한 보장과 정치 회담이 실패할 경우에 한국으로부터 침략자를 추방하기 위한 "군사 행동의 공동 재개 문제"에 대한 미국의 명확한 입장을 요구하였다. 이에 대해서 미 국무장관은 공산측이 무력을 다시 사용할 때는 즉시 군사력을 사용할 것이나, 상호 방위 조약상 자동 개입 문제는 미국 국회가 전쟁 선포권을 가지고 있다는 점을 유의할 필요가 있다는 내용의 서신을 보내면서, 휴전협정이 조인된 직후에 한국을 방문하겠다고 하였다. 1953년 7월 27일 휴전협정이 조인되던 날, 이 대통령은 미 국무장관에게 "미국이 필리핀과 체결한 것과 같은 조약으로서는 대규모의 공산군이 한반도에 남아 있는 상황을 적절하게 대처할 수 없다"는 내용을 담은 서신을 발송하였다.[1092] 이에 미 국무장관은 빨리 한국을 방문하여 한미간에 체결될 방위 조약 문제를 매듭짓기로 하였다.

덜레스 국무장관 일행은 1953년 8월 4일 한국에 도착하였다. 8월 5일 이 대통령과 만난 미 국무장관은 한국 문제를 논의하기 위해서 미국의 국무장관이 한국에 온 것 자체가 매우 중요한 사건이라는 점을 강조하였다. 그로부터 두 사람은 8월 8일까지 상호 방위 조약에 관한 협상을 진행하였다. 한국과 미국 간에 체결될 상호 방위 조약은 미국이 NATO와 맺은 것과 같이 "즉각적이고 자동 개입"을 보장할 수 있는 조약이 되어야 한다는 이 대통령의 주장과 현실적이고 미 상원의 절대적인 지지를 받을 수 있는 조약이 되어야 한다는 덜레스 미 국무장관의 입장은 타협의 여지가 거의 없어 보였다. 그러나 한국의 안전을 위해서 어떤 형태로든지 미국과 방위 조약을 맺어야 한다는 이 대통령의 입장이 더욱 절실하였다. 그리하여 이 대통령은 현실적으로 체결 가능한 상호 방위 조약에 동의하였다. 한미 상호 방위 조약은 6개 조항으로 구성되어 있었고, 3조에서 합법적으로 통제하고 있는 양국의 영토에 대한 무력 침공이 있을 경우 양국은 각국의 헌법 절차에 따라 공동 위협에 대처한다고 규정하고 있으며, 6조에서는 이 조약이 항구적으로 유효하다고 밝힌 다음, 양국은 1년간의 유예기간을 거쳐 조약을 폐기할 수 있다는 단서 조항을 삽입하였다.[1093] 미국의 국무장관과 한국의 외무장관은 1953년

1092) Rhee to Dulles, July 24, 1953; Dulles to Rhee, July 24, 1953; Rhee to Dulles, July 27, 1953, in Dulles-Rhee Talks, August, 1953, pp. 6-7, declassified by State Department under the FOIA Case No. 8102237; *FRUS, 1952-1954, XV, part 2,* pp. 1428-9; 1430-2.

1093) Memo for the Record, sub.: First, Second, Third and Fourth, and Final Meetings Between President Rhee and Secretary Dulles, August 5, 6, 7, 8, 1953, declassified under the FOIA Case No. 164; *FRUS, 1952-1954, XV, part 2,* pp. 1466-92; Text of the treaty, see, Ministry of National Defense, Republic of Korea, *The History of the United Nations Forces in the Korean War, IV* (1977), pp. 643-4; US Department of State, *Bulletin, XXIX*, pp. 203-4; *The New York Times,*

8월 8일에 한미 상호 방위 조약(The Mutual Defense Treaty between the Republic of Korea and the United States)에 가서명하였다.

이러한 과정을 거쳐서 구체화된 한미 상호 방위 조약은 공산측은 물론 한국측에게도 "불법적인 수단"에 의한 현상의 변경 시도를 봉쇄하고 있다. 1953년 8월 8일 조약을 가서명한 후에 미 국무장관은 "이 조약은 우리 청년들의 피로 봉인(封印)되었다(This pact is sealed in the blood of our boys)"라고 선언함으로써, 참전국 청년들이 흘린 피의 대가로 결과된 조약을 체결함으로써 또 다른 출혈(出血)을 막겠다는 미국 정부의 의지를 확고하게 천명하였다. 따라서 이 조약은 공산측의 무력 사용에 대해서는 물론 한국측도 "비합법적인 수단"을 사용하여 현상을 변경시키려 하지 말라는 강력한 경고를 내포하고 있었다. 이 조약의 체결로 한국은 수용할 수밖에 없었던 휴전을 받아들이면서 장차 현실화될 수도 있는 외부의 위협으로부터 한국을 보호하는 데 필요하다고 판단되었던 미국의 단독 개입을 획득한 셈이 되었다. 미국은 미국대로 또 다른 공산측의 무력 행사를 사전에 봉쇄하기 위해서 사전에 개입하고 투자하는 것이 또 다른 전쟁을 치르는 것보다 훨씬 경제적이고 정치적으로 바람직하다는 판단 아래 한국 노(老) 대통령의 "엄포"와 요구를 수용하였던 것이다. 한국과 미국 간에 맺어진 상호 방위 조약은 이러한 내용과 의도를 머금고 있었다.

한국과 미국 양측은 1953년 10월 1일 워싱턴에서 상호 방위 조약을 정식 조인하였고, 한국 국회는 1954년 1월 15일, 미국 상원은 1954년 1월 26일에 이 조약을 인준함으로써 한국과 미국은 상호 방위 조약 관계에 돌입하게 되었다.

이러한 과정을 거치면서도 미국은 "믿기 어려운" 이승만(李承晩) 대통령의 또 다른 "반공 포로 석방과 같은" 돌출 행동을 막기 위한 노력을 게을리하지 않았다. 미 합참본부는 1953년 10월 10일 기존의 대책(Operation Ever Ready)을 보완하도록 유엔군 사령관(John E. Hull, Clark 후임, 1953. 10. 7.)에게 지시하여 상황에 따른 구체적인 대책과 조치를 명시해 놓도록 하였다.[1094] 미국 정부도 닉슨(Richard M. Nixon) 부통령을 한국에 보내어 이승만 대통령에게 주어진 현상을 유지하는 것이 양국의 정상적인 관계 증진에 도움이 된다는 것을 강조하도록 하였다.

이제 미국이 "엄포"를 놓을 차례가 되었다. 1953년 11월 13일 한국에 도착한 닉슨 부통령은 11월 14일 이승만 대통령을 예방하였다. 인사를 나눈 닉슨 부통령은 아이젠하워의 친서를 전달하였다. "한국의 독자적인 행동으로 한국에서 전쟁이 재발될 경우에는 유엔군은 한국군을 돕지 않을 것이며, 모든 경제 원조가 중단되고, 유엔군은 모든 필요한 조치를 취할 것"이라는 내용의 친서였다. 아이젠하워의 편지를 다 읽은 이 대통령은 "매우 잘 쓴 편지군(That is a very fine letter)" 하면서 마치 편지가 없었던 것처럼 대화를 시작하였다. 이 대통령은 미국의 원조에 대해서 감사를 표시하고, 아이

August 8, 1953.

1094) JCS to Hull, October 10, 1953, RG 218, CCS 383.21 Korea(3-19-45), sec., 137, NA.

젠하워 대통령과의 개인적 친분 관계를 높이 찬양하면서, 한국민의 지도자로서 자신은 한국을 "가능하다면" 평화적으로 통일하고, "필요하다면" 무력을 사용해서라도 통일을 이룩해야 할 책임을 부여받고 있다는 점을 말했다. 그는 미국이 왜 평화를 유지하려는지 알고 있으며 자신도 거기에 동의를 표한다고 하였다. 그리고 한국이 분단된 상태의 평화는 결국 한국과 미국을 파괴하는 전쟁으로 이어질 것이기 때문에 그러한 평화에 동의하기 어렵다는 입장을 밝히기도 하였다. 그러면서 그는 귓속말로, "내가 독자적인 행동을 취하기 전에 반드시 아이젠하워 대통령에게 먼저 알려 주겠다는 것을 맹서하겠다(I pledge to you that before I take any unilateral action at any time I shall inform President Eisenhower first)"고 말했다. 그러나 이것은 아이젠하워 대통령이 원하는 확약이 아니었으며, 미국의 엄포는 효과가 별로 없었다.1095)

1953년 11월 15일, 이한 인사차 이 대통령을 방문한 닉슨 부통령은 이 대통령이 직접 타자로 작성한 아이젠하워 대통령에게 보내는 친서를 받았다. 친서를 건네준 이 대통령은 "미국이 한국의 이승만을 완전하게 장악했다고 공산주의자들이 확신하는 순간 미국은 그들에 대해서 가장 효과적인 협상 수단을 잃게 되고, 우리 모두는 희망을 잃게 됩니다"라고 말을 꺼냈다. 이 대통령은 현관에서 닉슨 부통령과 악수를 나누면서, "우리가 한국에 대해서 독자적인 성명서를 발표하거나 독자적인 행동을 하는 것은 미국을 돕기 위해서입니다. 진심으로 나는 한국이 독자적인 행동을 취할 수 없다는 것을 알고 있습니다. 우리는 미국과 행동을 같이할 것입니다, 우리는 같이 행동할 때 모든 것을 얻고, 그렇지 않으면 모든 것을 잃을 것입니다"라고 말을 맺으면서 작별 인사에 대신하였다. 닉슨 부통령은 한국민의 용기와 인내 그리고 노(老) 대통령의 지혜와 지도력에 감명을 받고 한국을 떠났다. 그는 그 후에 펼쳐진 그의 정치 역정에서 "공산주의자들과의 협상에서 불확실성의 중요성에 대한 이승만 대통령의 통찰력(Rhee's insight about the importance of being unpredictable in dealing with the communists)"을 많이 되새겨보았으며, 이 노인(老人)이 얼마나 지혜로웠는가를 더욱 인정하게 되었다.1096)

이승만(李承晩) 대통령은 그가 기댈 수밖에 없었던 미국을 가장 불안하게 만들어 한국에 필요하다고 판단되는 것을 확보한 장본인이 되기도 하였다.

22. 휴 전

1951년 7월 10일에 시작된 휴전 회담(休戰會談)은 7월 26일 의제(議題)가 합의된 뒤

1095) Draft Telegram From the Vice President to the Secretary of State, November 13, 1953, *FRUS, 1952-1954, XV, part 2,* pp. 1609-1610; Richard M. Nixon, *The Memoirs of Richard Nixdon, vol. 1*(New York: Warner Books, Inc., 1979), pp. 155-8.

1096) Nixon, *Memoirs, I,* pp. 155-8.

11월 27일, 30일간의 유효 기간을 설정하기는 하였으나, 군사분계선까지 설정될 단계까지 진척이 되었다. 이러한 회담의 진전에도 불구하고, 포로 교환에서 "자유 송환"을 주장하던 유엔측과 "강제 송환"을 고집하던 공산측은 타협의 실마리를 찾지 못하고, 사실상 교착된 전선에서 값비싼 진지전을 수행하였다. 그러나 자유 송환을 지지하는 국제적인 여론의 압력과 전장에서의 군사적 압력, 전투의 지속을 요구하던 스탈린의 사망으로 공산측은 포로의 자유 송환에 동의하게 되었다. 부상 포로의 교환에 이어 양측은 1953년 6월 8일 포로 송환 협정에 서명함으로써 휴전의 성립이 구체화되기에 이르렀고, 6월 17일까지는 휴전 조인을 위한 준비를 거의 마무리하였다. 이때 한국 대통령의 일방적인 반공 포로 석방으로 휴전 회담은 다시 교착 상태로 변했고 전선에서는 공산측의 공세가 강화되었다. 유엔군 사령관은 6월 29일 휴전 회담의 재개를 공산측에 요구하여 7월 10일 11시 본회담은 다시 열리게 되었다. 회담에 다시 복귀한 공산측은 휴전 보장에 대한 유엔군의 신뢰성에 의문을 제기하면서 7월 13일부터는 금성(金城)지역에서 대규모 공세를 취하였다. 공산측이 사소한 트집을 잡다가 대규모 공세를 감행하자, 유엔측이 회담장에서 퇴장하였으며, 공산측도 휴회를 제의하여 휴전 회담은 7월 19일까지 휴회가 되었다.

중공군이 공세를 취한 금성(金城)지역의 전선이 안정되자 공산측은 7월 19일 회담장으로 복귀하여 휴전 회담이 다시 열리게 되었다. 양측 대표와 실무자들은 변경된 군사분계선을 확정하고, 포로 송환 절차, 휴전 협정에 설치된 각종 위원회의 활동 등을 협의하여 결정하였다. 그러나 신변의 안전상 김일성이 판문점에 가서 휴전협정에 서명하지 않는 것이 좋겠다는 소련의 권고를 받은 공산측은 양측의 최고 사령관이 판문점에서 서명할 경우에 한국과 대만의 신문 특파원들의 출입은 금지시켜야 된다는 주장을 내놓았다.[1097] 이에 양측은 판문점에서 휴전 회담 수석 대표들간에 조인식을 거행하고 양측 지휘관의 서명은 후에 받기로 합의하였다. 양측은 휴전협정 조인 시간을 1953년 7월 27일 10시, 장소는 판문점으로 결정하였으며, 휴전협정의 발효는 그날 22시로 결정하였다. 이로써 휴전협정에 관한 내용과 조인 절차에 대한 합의가 이루어졌다.[1098]

2년이 넘게 진행된 휴전 회담에서 도출된 휴전협정의 조인(調印)은 12분 만에 끝났다. 1953년 7월 27일 09시 57분 휴전 회담 대표들이 입장하여 자리를 잡고, 유엔측 대표(William K. Harrison 중장)와 공산측 대표(南日 대장)가 반대편에 앉았다. 양측 대표는 10시 12분까지 영어, 중국어, 한국어로 각각 6부씩 작성된 휴전협정 18부와 부속 협정 18부 등 총 36부의 휴전협정문에 서명을 마쳤다. 서명을 마친 수석 대표는 서로를 잠깐 쳐다본 후에 말 한마디 주고받음이 없이 동시에 자리를 떠났다. 유엔측 대표는 헬리콥터를 타고 문산으로 향했고, 공산측 대표는 소련제 지프차에 분승하여 개성으로

1097) *蘇聯極秘外交文書, 3*, p. 174; Presidium of the CC of the CPSU Decision N P 19/9, July 24, 1953, quoted in *The Korean Conflict, 1950-1953*, pp. 196-7.

1098) *Truce Tent and Fighting Front*, pp. 479-89; *韓國戰爭(下)*, pp. 577-83.

향했다. 이로써 휴전협정이 조인되었다.[1099]

1953년 7월 27일 오후 1시에 유엔군 사령관(Mark W. Clark 대장)은 한국군 휴전 회담 대표(崔德新)와 한국전 참전 유엔 16개국 대표단이 지켜보는 가운데 문산에서 휴전협정에 서명하였고, 공산측에서 보내온 나머지 문서는 나중에 서울의 미 8군사령부에서 서명하였다. 북한의 김일성은 7월 27일 오후 10시 평양에서, 팽덕회는 7월 28일 오전 9시 30분 개성에서 휴전협정에 서명하여 휴전협정 조인 절차를 마무리하였다. 유엔 참전 회원국들도 7월 27일 워싱턴에서 "앞으로 공산측의 무력 공격이 재발한다면 적대 행위를 한국의 국경 내에 제한하는 것이 불가능할 것이며, 아시아의 다른 지역에서도 평화를 위태롭게 하는 행위를 하지 않기를 바란다"는 내용의 "대제재선언(Greater Sanctions Declaration)"에 서명하고, 그 이름을 "공동 정책 선언(Joint Policy Declaration)"으로 바꾸어 1953년 8월 7일 유엔군 사령관 보고서에 포함시켜 유엔 사무총장에게 전달하기로 하였다.[1100]

그러나 휴전협정이 조인된 후 7월 27일 22시 이 협정이 발효되기까지 12시간 동안, 양측은 폭탄, 포탄, 총탄으로 한반도의 하늘을 메웠다. 공산측은 전전선에서 포격과 총격을 가했으며, 유엔측도 이에 대응하였다. 항공모함의 함재기들은 전방과 평양을 포함한 후방까지 폭격하였고, 지상 기지에서 출동한 폭격기들도 전방과 후방의 목표를 폭격하였다. 양측의 포병도 포를 쏘아댔고, 소총병들도 전방에 대고 총을 난사(亂射)하였다. 1953년 7월 27일 22시, 한반도와 근해 및 공중에서 모든 군사 행동은 중지되었다. 한국전쟁은 이와 같이 끝나고 불안한 평화가 한반도에 찾아들었다.

한국전쟁에서 유엔군과 한국군의 작전을 지휘하고 있던 유엔군 사령관은 7월 27일 오후 2시 성명서를 발표하여 "휴전은 평화(平和)를 의미하는 것이 아니며 적대 행위(敵對行爲)의 정지(停止)에 불과"하다는 점을 밝히고, 전투 태세를 항상 갖추고 있을 것을 지시하였다.[1101] 그도 그럴 것이, 당시 양측은 공산측 180여 만, 유엔측 94만에 이르는 병력을 보유한 채 대치하고 있었다. 북한군은 6개 군단 18개 사단과 7개 보병여단 및 7개 전차연대 등 45만 명의 지상군과 해군 4,500명, 공군 2만 명 등 48만, 중공군은 19개 군 135만의 병력을 보유하여 공산측은 총 180만이 넘는 병력을 유지하고 있었고, 한국군 역시 지상군 58만(3개 군단 18개 사단, 해병 1개 연대전투단), 해군 1만 5,000명, 공군 1만 1,500여 명 등 60만, 미군을 위주로 한 유엔군 역시 34만의 병력 등 유엔측도 94만을 유지하고 있었기 때문이었다.[1102]

교전 양측은 승리를 주장하지도 않았지만, 패배도 인정하지 않았다. 한국의 이승만

1099) *Truce Tent and Fighting Front*, pp. 489-90, 516-38(Armistice Agreement).

1100) *韓國戰亂三年誌*, p. B228; Joint Policy Declaration Concerning the Korean Armistice at Washington, July 27, 1953, RG 218, CCS 383.21 Korea(3-19-45), sec., 134, NA; *FRUS, 1952-1954, XV, part 2*, pp. 1454-7; US State Department, *Bulletin, XXIX*, pp. 246-51.

1101) *韓國戰亂三年誌*, p. B228.

1102) *韓國戰爭(下)*, pp. 586-7.

대통령도 사정상 휴전을 인정하였지만 통일의 목표는 기어코 달성할 것이라는 성명을 발표하였고, 미국의 아이젠하워 대통령도 한국전선에서 싸우다 전사하거나 부상당한 당사자와 가족들에게 위로의 말을 전하면서, 과감한 행동으로 자유를 수호한 유엔의 업적을 찬양하였다. 실제 작전을 지휘하였던 미 합참본부도 작전을 수행한 유엔군 사령관에게 "잘했다(Well done)"는 말로 축하와 위로를 함께 전하기도 하였다.[1103] 말렌코프(Georgi M. Malenkov) 소련 수상은 휴전은 "조선과 중국 인민의 위대한 승리"라고 찬양하면서 모든 지원을 아끼지 않겠다고 다짐하기도 하였다.[1104] 휴전협정이 잠정적인 성격이라는 잘 알고 있던 양측은 이것이 가장 현실적인 타협안이라는 사실 역시 잘 알고 있었기 때문에, 휴전이 가장 지속성 있는 한국전쟁의 종결 방식이라는 것을 여러 가지 말로 표현하고 있었다.

휴전을 감시하는 책임을 맡은 군사정전위원회(Military Armistice Commission)는 양측에서 5명(3명 장성, 3명 대령)씩 참가하여 10명의 고급 장교로 구성되었다. 1953년 7월 28일 유엔군측 수석위원(Blackshear M. Bryan 소장), 공산군측 수석위원(李尙朝 소장)이 주관하여 회합을 가지고, 비무장지대 설치와 포로 교환, 휴전 감시조 편성에 관한 사항을 논의하였다. 양측은 군사분계선(한강 하구-임진강구-판문점-유정리-문등리-신탄리-수령-감호 남쪽)을 중심으로 북쪽으로 2km, 남쪽으로 2km에 비무장지대를 설정하고, 7월 30일까지 병력을 철수하였다. 유엔군측은 8월 2일까지 서해 5도(백령도, 대청도, 소청도, 연평도, 우도)를 제외한 경기도와 황해도의 도계 북방, 동해안의 남방한계선 북방의 도서에서 철수하였다. 군사정전위원회는 8월 5일부터 포로를 교환하기로 합의하였다.[1105]

스위스, 스웨덴, 폴란드, 체코슬로바키아로 구성된 중립국 감시위원회는 북한의 신의주, 청진, 흥남, 만포, 신안주와 한국의 인천, 대구, 부산, 강릉, 군산에서 양측이 군사력 증강을 못하도록 감시하고, 그 결과를 군사정전위원회에 보고하도록 되어 있었다. 그러나 1953년 8월 12일부터 활동이 시작된 중립국감시위원회는 많은 제약을 받기 시작하였다. 스위스와 스웨덴 대표는 1954년 4월 5일 북한 내에서의 감시 활동이 좌절되었음을 발표하였고, 5월 13일에는 북한의 감시 실패에 대한 책임을 질 수 없다는 통보를 군사정전위원회 유엔측 대표에게 전달하였다. 이에 유엔군도 1957년 감시 활동을 철폐하고 미 8군과 한국군의 증강 계획을 발표하게 되었다.[1106]

인도의 책임하에 구성된 중립국 포로송환위원회(인도, 스위스, 스웨덴, 폴란드, 체코)는 1953년 8월 5일 포로 교환을 시작하여 9월 6일까지 포로 송환(Op. Big Switch/Big Swap)을 계획대로 완료하였다. 유엔군측은 이미 송환한 부상 포로와 송환을 희망하는 북한군 포로 7만 5,823명과 중공군 포로 6,670명을 전부 넘겨 주었고, 공산측도 1만

1103) JCS to Clark, July 27, 1953, RG 218, CCS 383.21 Korea(3-19-45), sec., 134, NA; *The New York Times*, July 27, 1953; *韓國戰亂三年誌*, p. B228.

1104) *The New York Times*, July 28, 1953.

1105) *韓國戰爭(下)*, pp. 597-604.

1106) *前揭書*, pp. 604-6.

3,457명의 포로(한국: 8,333, 미국: 3,746, 영국: 977, 터키: 244, 필리핀: 41, 캐나다: 32, 콜롬비아: 28, 호주: 28, 프랑스: 12, 남아프리카: 9, 그리스: 3, 네덜란드: 3, 벨기에: 1, 뉴질랜드: 1, 일본: 1)를 유엔군측에 인계하였다. 유엔군측은 공산측으로 송환되기를 거부하는 포로 2만 2,604명을 9월 23일까지 인도 관리군에게 인계하였고, 공산측도 송환을 거부하는 포로 359명을 9월 24일 인도군에게 인계하였다. 이로부터 설득 작업이 시작되어 설득 기간이 완료된 12월 23일 628명의 포로가 공산측으로 송환되었으며, 10명의 포로가 유엔군측으로 송환되었다. 인도군은 설득 기간이 적었다는 공산측의 반대에도 불구하고 공산측으로 돌아가기를 거부하는 2만 1,839명(북한: 7,604, 중공: 14,235)을 1954년 1월 20, 21일 간에 유엔측으로 인계하였고, 유엔측은 이들을 1월 23일 0시를 기하여 민간인 자격으로 복귀시켰다. 이에 공산측도 1954년 1월 28일 유엔측으로 송환을 원치 않는 347명(한국: 325, 미국: 21, 영국: 1)을 인수함으로써 송환 거부 포로의 교환을 마무리하였다. 인도 관리군은 2월 7일 철수하였고, 중립국 송환위원회는 1954년 2월 16일 해산하였으며, 2월 19일에는 유엔군 사령부와 한국 및 대만 정부는 귀환자들에 대한 공식문서에 서명하였다. 이로써 포로 문제는 해결되었다.[1107]

이제는 한국의 통일 문제를 정치적으로 해결하기 위한 정치 회담을 개최하여 이 문제를 해결하는 일만 남았다. 유엔으로부터 한국 문제 해결을 위한 정치 회담 개최 주선을 위임받은 미국은 1953년 9월 1일 공산측에 각서를 보내 1953년 10월 15일 정치 회담 개최를 위하여 예비 회담을 갖자는 제안을 하였다. 몇 번에 걸친 시도 후에 10월 26일, 정치 회담 개최를 위한 예비 회담이 판문점에서 열렸다. 유엔측 대표로 미 국무장관의 법률 고문(Arthur H. Dean), 중공 대표(黃華), 한국 대표(외무차관: 曺正煥), 북한 대표(문화선전성 부상: 奇石福)가 참석하였다. 그러나 예비 회담은 중립국 참가 문제와 회담 장소 문제 등으로 진전을 보지 못했다. 공산측은 소련을 중립국으로 참가시켜야 한다는 주장을 되풀이 하였고, 미국은 이를 단호하게 거절하였다. 이에, 유엔측은 12월 8일, 정치 회담 참가국은 유엔 참전국과 한국, 북한, 중공 및 소련 등 교전 당사국으로 하고, 회담 장소를 제네바로 하자는 제안을 내놓았다. 공산측은 이를 즉각 일축하고, 유엔군과 미군의 완전 철수, 한반도 남북의 연립정부 수립, 자유중국의 유엔 축출 및 중공의 유엔 가입 등을 주장하였다. 1954년 1월 18일부터 몇 차례 연락관 회의를 가졌으나, 소련의 참가 자격 문제 등으로 정치 회담 개최 준비를 위한 본 회담은 더이상 열리지 못하고 말았다.[1108]

한국의 통일 문제를 다루기 위한 정치 회담 개최 문제는 1954년 2월에 독일과 오스트리아의 통일 문제를 논의하기 위하여 베를린에서 개최된 4국(미, 영, 불, 소) 외상회의의 유일한 합의 사항으로 타결을 보게 되었다. 독일과 오스트리아 통일 문제에 대해서 어느 것도 합의를 못한 4국 외상들은 회담이 폐막되기 하루 전 1954년 2월 18일에

1107) *韓國戰爭(下)*, pp. 615-22.
1108) *前揭書*, pp. 632-6.

"한국 통일 및 인도지나 휴전 문제를 다루기 위한 5국(미, 영, 불, 소, 중)과 관계국이 모여 1954년 4월 26일 제네바에서 회의를 개최한다"는 합의 사항을 발표하였다.[1109] 한국 정부는 한국 정부와 사전 논의 없이 정치 회담 개최가 결정된 것이 불만스러웠으나 회담에 참석하기로 결정하였다.

스위스 제네바에서 1954년 4월 26일에 개최된 정치 회담에는 한국과 한국전 참전 유엔회원국 15개국(남아프리카 불참)과 북한, 중공, 소련 등 19개국이 참석하여 한국 통일문제를 논의하였으나, 합의점을 발견하지 못하였다. 4월 27일 첫 연사로 나선 한국 대표(변영태 외무장관)는 자유 선거가 실시되지 않은 북한지역에서만 유엔 감시하에 자유 선거를 실시하여 한국 국회가 남겨 둔 100석의 공석을 메우는 방식으로 한국의 통일 정부를 구성하고, "강도"와 경찰이 동시에 무장 해제를 할 수 없다는 논리를 내세워 중공군과 유엔군의 동시 철군을 반대하였다. 뒤이어 나온 북한 대표(남일 외상)는 6개월 이내에 외국군이 철수하고, 남북한 의회 대표가 대등한 자격으로 전 한국위원회를 구성하여 총선거법 초안을 준비하고, 중립국 감시하에 총선거를 실시하여 통일 정부를 구성하자는 제안을 내놓았다. 이후에 미국은 한국의 입장을 지지하였고, 중공은 북한의 제안을 지지하면서 미국의 태평양지역의 기지 포기와 일본의 재무장 반대 등을 거론하였다. 이렇게 주장이 엇갈리자 영연방 국가들은 유엔 감시하에 다시 남북한 총선거를 실시하는 것을 제안하였다. 한국은 북한만의 선거 주장을 바꾸어 인구 비례에 의한 유엔 감시하의 남북한 총선거를 수용하였다. 그러나 북한은 중립국 감시하의 총선거를 주장하면서, 미국과 스위스의 각 주가 인구가 다름에도 불구하고, 똑같은 권한이 부여되었다는 점을 들어 인구 비례에 의한 의회 구성을 반대하였다. 북한 대표는 1954년 6월 15일, 외국군 동시 철수와 남북한 직접 협상을 촉구하는 제안을 내놓았다. 이에 맞서 유엔 참전 16개국은 "공산측이 기본 원칙을 거부하는 한, 이 회담은 의미가 없다"는 내용의 공동 선언문을 채택하였다. 유엔 참전국의 공동 선언이 발표되자, 중공은 한국의 평화를 보장하기 위하여 7개국(한, 미, 영, 불, 중, 소, 북한)이 참여하는 비밀 회담을 제의하였으나 유엔측 대표들은 이를 거부하였고, 공산측도 유엔측의 입장을 거절하였다. 3년이 넘는 전쟁까지 치르면서, 군사적으로도 해결하지 못한 한국의 통일 문제가 정치적인 타협에 의해서, 그것도 제네바 회담 기간중인 1954년 4월 26일에서 6월 15일 사이에 해결될 수는 없었다.[1110]

이로써 휴전선(休戰線)에 의해서 새롭게 고착된 한반도의 분단 상태는 정치적인 해결책(解決策)을 거부한 채, 새로운 형태로 등장한 체제간 총체적인 대결의 한 원인을 제공하였다. 전장(戰場)에서의 혈전(血戰)은 정지되었으나, 장소와 시간, 수단을 달리한 새로운 전쟁이 시작되었던 것이다. 열전(熱戰)은 휴면(休眠) 상태로 잠복되었으나, 체

1109) US Department of State, *Bulletin, XXX*, pp. 317-8.

1110) *韓國戰爭(下)*, pp. 636-47; 라종일, *끝나지 않은 전쟁: 한반도와 강대국 정치(1950-1954)* (1994), pp. 243-68. 제네바 회담에서 논의된 한국문제에 관한 각종 외교문서와 회합의 기록 등은 *FRUS, 1952-1954, XVI: The Geneva Conference*(1981), pp. 3-394 참조.

제를 전복시키려는 목적하에 전개된 전복전(顚覆戰: subversive war)의 위협이 구체화(具體化)되었던 것이다.

23. 한국전쟁의 결과 · 성격 · 영향

1950년 6월 25일 북한군의 무력 남침으로 시작되어 1953년 7월 27일 휴전(休戰)에 이르기까지 3년이 넘게 치러진 한국전쟁은 많은 피해(被害)와 여러 가지 면모(面貌), 결코 적지 않은 결과적 영향(影響)을 남기고 마감되었다.

한국전쟁은 한반도를 거의 황폐화시킨 자연적 피해와 많은 인적, 물적, 정신적 피해를 끼쳤다.

한반도의 산야(山野)는 말없이 많은 피해를 입었다. 공격과 방어를 하던 양측이 사용한 폭탄과 포탄으로 허옇게 속살을 드러낸 산등성이가 하얀 말의 등성이와 같다고 하여 "백마고지(白馬高地)"라는 결코 자연스럽지 않은 이름이 등장하기도 하였고, 전투에서 피와 땀을 많이 흘리고, 마음이 쓰릴 정도로 처절한 전투를 수행하여 엄청난 피해를 입었다 하여 "피의 능선"이니 "단장의 능선"이니 하는 작위적(作爲的)인 이름까지 자연적(自然的)인 고지와 능선에 붙여지게 되었다. 한반도의 산야(山野) 어느 곳 하나 이러한 피해로부터 자유스러울 수가 없었다.

한국인이 입은 인적, 물적, 정신적 피해 역시 매우 심각하였다. 한국군은 15만 8,000여 명의 전사, 사망 및 실종자와 45만이 넘는 부상자를 포함한 60만 이상의 피해를 입었고, 군번 없이 싸운 28만여 명의 학도병도 7,000여 명이 전사하거나 실종되고, 수만의 부상자가 발생하는 피해를 입었다. 직 · 간접적으로 전투에 참가한 경찰과 청년단 역시 1만 9천 명이 넘는 전, 상자가 발생하여 피해를 가중시키기도 하였다.[1111] 한국 민간인 역시 100만에 가까운 인원이 전쟁으로 인하여 사망, 학살, 납치, 행방 불명되거나 부상당했으며, 이 중에서 여자들의 피해가 25%에 달하였다.[1112] 그러나 전시에 여러 가지 사고와 사건으로 입은 민간인의 피해까지 합하면 민간인들의 피해는 엄청난 규모였다고 추정할 수 있다. 한국전쟁은 또한 1000만에 이르는 피난민과 400만에 가까운 전쟁 이재민, 30만이 넘는 미망인 및 6만여 명이 넘는 전쟁 고아를 발생시켜 이들의 운명을 바꾸어 놓은 피해를 기록하였다.[1113] 이러한 인적 피해에 부가하여 민간 가옥 62만여 채가 소실(燒失)되었고, 50% 이상의 산업 시설과 수도, 수송망 및 항만 시설이 파괴되었으며, 가축이나 기타 개인 재산의 손실도 대단하였다.[1114] 이러한 인적, 물

1111) 國防軍史硏究所, *韓國戰爭被害統計集*(1996), pp. 33-4; 46-7; 67-72.
1112) *前揭書*, pp. 85-7.
1113) *조선일보*, 1984년 6월 24일.
1114) *韓國戰爭被害統計集*, pp. 88-105.

적 피해에 더하여, 1,000만이 넘는 이산가족이 발생함으로써 이들이 입은 정신적 피해는 오늘날까지 이어지고 있는 실정이다.

정확하지는 않으나 북한이 입은 피해의 규모는 더욱 심각하였다. 북한군은 사망과 실종을 합하여 60만이 넘는 피해를 입었으며, 부상자는 얼마인지조차 모를 정도였다. 북한의 산업 시설과 수송망 및 기간 시설은 계속된 유엔군의 폭격과 포격으로 거의 마비되다시피 되었고, 온갖 질병과 영양 부족으로 인한 민간인들의 피해는 한국의 수치보다 더욱 많을 것으로 추정되었다.[1115]

한국전에 참전한 미군을 비롯한 유엔군의 피해도 결코 적지 않았다. 연(延) 병력 485만여 명이 참전한 미군은 전사와 사망 5만 4,246명, 부상 46만 8,659명, 실종 739명, 포로 4,439명 등 52만 8,083명의 가장 많은 피해를 입었으며, 연 병력 17만여 명이 참전한 영연방 국가 등은 영국의 4,731명, 터키 3,623명, 호주 1,583명, 캐나다 1,557명, 프랑스 1,289명, 타이 1273명, 콜롬비아 809명, 에티오피아 657명, 그리스 647명, 네덜란드 585명, 필리핀 468명, 벨기에 441명, 뉴질랜드 103, 남아프리카 공화국 42명, 룩셈부르크 17명 등 1만 7,825명의 피해를 입었다. 유엔군은 총 54만 5,908명의 피해를 입으면서 한국전에 참전하였던 것이다.[1116] 미군은 777대의 전차가 파괴되거나 수리 불가 및 유기되었고, 944대의 항공기가 파괴되거나 손상을 입었으며, 5척의 함정이 침몰되는 피해를 입기도 하였다.[1117] 사랑하는 가족을 잃거나 부상당한 가족을 갖게 된 유엔회원국들의 가족들이 견디어 온 정신적 고통 역시 한국전쟁이 안겨준 피해가 아닐 수 없었다.

연인원 300만 명이 투입되어 한국전에 참전한 중공군도 사망 14만 8,600명, 부상 79만 8,400명, 실종 3,900명, 포로 2만 1,700명 등 97만 2,600명의 피해를 입었으며, 중공군과 북한군은 총 1,178대의 전차와 2,186대의 항공기가 파괴 또는 손상되는 피해를 입기도 하였다.[1118] 공산군도 총 150만이 넘는 인적 피해와 많은 장비의 손실을 감수해야만 하였다.

한국전쟁을 수행하는 데 지출된 경비도 결코 적지 않았다. 미국은 한국전쟁을 수행하는 데 1차 세계대전 때와 맞먹는 200억 달러, 한국은 8억 4,000만 달러를 지출하였다는 통계가 나오기도 했다.[1119] 공산측이 지출한 비용도 결코 적지 않았을 것이 분명하였다. 이와 같이 한국전쟁은 엄청난 비용을 들이고, 또 엄청난 피해를 감수하면서 전쟁 전의 상태를 약간 변형시킨 휴전선(休戰線)을 확보함으로써 막을 내린 가장 비용이 많이 든 전쟁 중의 하나가 되었다.

역사상 다른 전쟁과 마찬가지로 한국전쟁도 여러 가지의 면모(面貌)를 가지고 있다.

1115) *前揭書*, p. 144.
1116) *前揭書*, pp. 110-39.
1117) *前揭書*, p. 139.
1118) *前揭書*, pp. 144-6.
1119) *조선일보*, 1984년 6월 24일.

한국전쟁은 세계적으로 정착되어진 동서 이념전의 대리전으로서 한 면모를 더 지니고 있었고, 핵무기의 등장으로 무기 체계가 이원화(二元化)되고, 그에 따른 전쟁의 본질적 변화까지를 감안한 면모까지를 포괄하고 있었다. 이를 바라보는 입장에 따라서 한국전쟁은 매우 다양한 성격으로 규정되고 주장되어지는 전쟁이 되었다.

북한을 비롯한 공산측에서는 한국전쟁을 "조국해방전쟁," "인민해방전쟁," "내전"이라고 주장했다. 서구측에서도 이른바 "수정주의자(revisionists)"라고 분류될 수 있는 분석가들도 한국전쟁을 "내전"이라고 주장하여 미국이 한국전쟁이 일어나도록 유도했다는 주장과 더불어 미국의 한국전 개입을 성토해 오기도 하였다. 이에 대해 한국전쟁을 보는 전통적인 시각은 한국전쟁은 전형적인 "침략전"이요, 엄연하게 "국가간 전쟁"이라고 분석하고 있다. 이러한 분석에 의하면 북한의 "북침" 주장과는 달리 한국전쟁은 소련의 지원하에 중공의 성원을 배경으로, 북한이 한국에 대해서 무력을 사용한 전면적인 "남침"을 감행함으로써 발발(勃發)된 전형적인 침략전이라고 보고 있다.

북한은 "미 제국주의의 압제로부터 조국을 해방하고, 미제국주 주구(走狗)의 통치로부터 인민을 해방시킨다"는 명분을 내세워 무력 사용과 전쟁을 합리화하면서, "남조선의 북침"을 무력 사용의 구실로 내세우고 있다.[1120] 그러나 북한의 김일성이 "스탈린의 명령은 법이다(Kim Il Sung stressed that…orders given by comrade Stalin are law for him)"라고 말하면서, 평양에 주재하고 있던 소련 대사(T. F. Shtykov)의 환심을 사려고 노력하고 있을 때, 한국의 이승만 대통령은 트루먼 미국 대통령으로부터의 요청을 명령으로 간주하지도 않았고, 미국 대통령이 파견한 특사(Philip C. Jessup)나 주한미국대사(John J. Muccio)에게 미국이 공산주의에 대해서 유화적인 정책을 수행하고 있으며, 한반도에서의 공산측 위협을 과소 평가하고 있다는 "설교"를 서슴지 않고 있었다.[1121] 북한이 소련의 승인과 원조하에 남한에 대해서 전면적인 무력 사용을 준비하고 있을 때, 한국 정부는 미국으로부터의 군사 원조를 "애걸"하다시피 요청하고 있었다. 한국군 지도자들이 북진에 대해서 "허풍"을 떨고 있을 때, 북한 정부는 "평화 제안"을 하면서 북한군은 조용하게 남침을 준비하고 있었다. 1950년 6월 25일 새벽, "굴러오는 무쇳덩어리(T-34 전차와 SU-26 자주포)"를 처음 본 한국군 병사들도 그것을 북한이 만들 수 없다는 것쯤은 알고 있었다. 따라서 역사적 사실은 "주구(走狗)"와 "해방(解放)"의 진정한 의미가 무엇인지를 이를 주장한 측에게 되묻고 있었으며, 사실적으로 한국전쟁은 소련의 적극적인 지원하에 북한이 무력을 사용하여 일으킨 침략 전쟁이라는 것을 자료로써 제시하고 있다.

북한군이 남진을 하고 소련이 모른 척하고 있을 때, 중공의 모택동은 미국이 "한국

1120) *조선전사, 25: 현대편, 조국해방전쟁사*(1981), pp. 69-71.

1121) *蘇聯極秘外交文書, 3*, pp. 60-2; Shtykov's cable to Stalin, January 19, 1950, Archives of the President of Russia, pp. 1-5, quoted in *The Korean Conflict, 1950-1953*, pp. 34-5; 이승만 대통령에 관한 내용은 Memorandum by the Ambassador at Large, Philip C. Jessup, January 14, 1950; The Ambassador in Korea(Muccio) to the Secretary of State, January 19, 1950, *FRUS, 1950, VII*, pp. 1-11.

내전"에 개입하는 것은 "이치에 맞지 않는다"고 주장하였다.[1122] 역사적으로 한 국가 내에서 정부에 반대하는 세력이 결집(結集)되어 당시 국내법으로는 이의 통제가 불가능할 경우에, 기존의 정부가 무력을 사용함으로써 자국의 영토 내에서 치러지는 정부군(政府軍)과 반군(叛軍) 사이의 교전 상태를 내전(內戰)이라고 일컬어져 왔다. 미국의 남북전쟁(1861-5)과 스페인 내전(1936-9)이 전형적인 예에 속한다. 그러나 한국전쟁은 유엔의 권위하에 수립된 한국 정부와 공산권의 "축복" 아래 수립된 북한 정부가 국가로서의 기능을 수행하고 있었기 때문에, 법적인 의미에서의 "내전"은 이미 아닌 데도 불구하고, 공산측은 이를 내전이라고 부르고 있었다. 한국전쟁을 내전이라고 부르는 공산측의 논리는 첫째, 공산권이 지지하는 북한 정부가 정통성이 있는 정부이며, 한국은 그렇지 않다는 이념적인 고려에 근거를 두고 있었으며, 두 번째는, 공산권의 대부격으로 있던 소련은 이미 북한군을 충분하게 강화시켰기 때문에, 내전이라는 명분을 내세워 미국의 개입만 차단하면 북한의 남한 점령은 가능하다는 실리적 판단에 근거를 두고 있었다. 그 후에 이른바 수정주의자들이라고 분류될 수 있는 분석자들은, 냉전의 진행과 월남전의 수행 과정에서 미국 정부의 "순진함"만을 주장할 수 없었던 그들의 관찰을 토대로 하여, 한국전쟁에 뛰어든 미국의 개입 정책을 비판하기에 이르렀고, 이러한 그들의 주장을 이론적으로 뒷받침하기 위하여 한국전쟁을 한국 내 "양대세력(reactionary versus revolutionary forces)" 간의 내전으로 간주해 버린 것이다. 미국의 개입을 막기 위하여 공산측이 주장한 "내전론"과 미국의 개입을 비판하기 위하여 내놓은 수정주의 학파들의 "내전론" 주장은 현실적으로나 법적으로 타당성을 인정받기는 곤란하다. 이념적으로 받아들일 수 있건 없건간에, 당시 한반도에는 실질적으로 두 개의 정부와 국가가 수립되어 있었고 국가로서 제요건을 갖추어 제기능을 수행하고 있었으며, 유엔도 북한의 남한 침공을 "국경"을 넘은 침략 행위로 간주하여 회원국들의 참전을 요구하였다. 따라서 한국전쟁은 법적으로나 현실적으로, 엄연한 국가간 전쟁이었다.

세계적인 동서 이념 대립 구조하에서 치러진 한국전쟁은 동서 진영 간 대리전(代理戰)인 이념전(理念戰)의 성격과 실제 전투 행위가 진행된 현실전으로서의 전투전(戰鬪戰)의 양면성을 지니고 있다. 전투전으로서 한국전쟁의 성격은 전쟁 수행 과정의 현상을 관찰함으로써 쉽게 파악할 수 있다. 그러나 이러한 전투가 진행되어진 이면(裏面)을 조심스럽게 들여다보면 전통적인 의미에서의 전쟁과 다른 점을 살펴볼 수 있다. 북한이 전쟁을 준비하고, 시작하고, 수행한 전 과정을 통해서 공산권의 대부격인 스탈린이 이끄는 소련의 지휘와 통제는 절대적이었다. 북한군을 무장시키고, 이들을 훈련시켰으며, 심지어 공격 작전 계획까지 작성해 주었고, 공격간 현장에서의 전술 지도는 물론, 북한군 편제까지 조정해 주었다. 유엔군의 자격으로 한국전에 직접 개입하여 한국군의 작전 통제권까지 통합 행사하였던 미군의 작전도 워싱턴의 미 합참본부가 미

1122) *韓國戰亂一年誌*, p. B13.

국 대통령의 지시를 받아서 지휘하였으며, 한국전에 참전한 유엔 회원국들도 미군의 작전 통제하에 전투에 참여하였다. 성공적인 인천상륙과 북진 작전으로 북한군이 거의 소멸되다시피 되었을 때, 미국은 군사적인 수단에 의해서 한국 문제가 해결되기를 바랐으나, 소련은 중공군의 개입을 통하여 이를 저지하였다. 군사적인 수단에 의해서 한국 문제를 해결하기 힘들다는 판단을 한 미국과 소련은 군사적인 승패(勝敗)가 아닌 전쟁의 명예로운 휴전(休戰)으로 한국전쟁을 마무리할 수밖에 없다는 판단을 하고, 휴전 회담의 시작과 진행 과정 및 종결을 거의 절대적으로 통제하였다. 미국과 소련은 포로의 송환에 관한 원칙적 대립을 동서 양진영 간의 이념적 우월성을 가름하는 척도로 간주하였고, 이에 따라 한국전쟁의 전투(戰鬪)는 1년 6개월 이상 더 지속되었던 것이다. 미국은 포로의 "인간적 권리"를 옹호하는 "자유 송환"을 주장함으로써 "낙원"을 건설해 가고 있다는 공산측에게 이념적인 타격을 안겨주려고 하였으며, 공산측은 제네바협정에서의 즉각 송환 조항을 들어 포로들의 "법적 권리"를 옹호하는 "강제 송환"을 주장하였다. 타협점을 찾을 수 없었던 양측의 주장은 전투장에서의 군사적인 압력을 가중시켰고, 이것이 한국전쟁을 1년 반이나 더 끌게 만들었다. 결국 "자유 송환" 원칙이 강요되었으나, 이러한 이념적 대립은 혈전(血戰)으로 치러지고 있던 한국전쟁에 설전(舌戰)을 추가시켰고, 이념전(理念戰)으로서 한국전쟁의 한 면모를 보여주었다.

한국전쟁은 분명 국지전(局地戰), 제한전(制限戰)이었으나, 국제전(國際戰), 총력전(總力戰)이기도 하였다. 전장은 한반도와 근해 및 그에 해당하는 공중으로 한정되었으며, 만주와 중국, 소련 영토는 제외되었다. 심지어 공격 목표도 국지적으로 제한되어 한만국경선을 침범할 수 있는 수풍발전소와 소련의 군수 물자가 들어오면서 소련과의 접경에 가까이에 위치한 나진(羅津)항의 공격은 치열한 전투가 진행되었던 상당 기간 동안에도 금지되었다. 미국은 자국이 보유하고 있던 핵무기는 사용의 위협만 과시했을 뿐, 이를 실제 사용할 것을 심각하게 고려하지 않았다. 한국전쟁의 전장(戰場)은 한반도로 국한(局限)되었으며, 공격 목표와 동원된 무기도 재래식(在來式) 범주의 것으로 제한되었다. 그리하여 한국전쟁을 국지제한전(局地制限戰, local, limited war)이라고 간단하게 줄여서 부르기도 하였다. 그러나 공격을 개시한 북한이나 이를 막아야 했던 한국의 입장에서 보면, 한국전쟁은 국지전도 아니고 제한전도 아니었다. 양측은 자국의 전 생활 영역이 전쟁터가 되었으며, 유보된 동원 수단을 가지고 있기는커녕 외부의 도움을 받아야 했고, 한국은 소련의 지원을 받는 북한군의 남침을 저지하는 데도 미국을 비롯한 유엔 참전국의 지원을 받아야만 하였다. 동서 이념전의 성격을 지닌 한국전쟁에는, 휴전의 감시를 맡게 되는 중립국은 물론 인도까지 참여하여 전세계의 거의 모든 국가가 전쟁에 참여한 국제전의 성격을 띠기도 하였다. 이리하여 한국전쟁은 전장이 한반도로 제한된 국지전(局地戰), 유보된 무기 체계를 가진 제한전(制限戰)이었고, 상대의 공격을 저지하고 전쟁전의 상태 정도를 확보하는 데 외부의 도움이 필요했던 남북한에게는 총력전(總力戰) 혹은 초총력전(超總力戰)이었으며, 동서 진영의 대리전으로서 거의 전세계의 국가가 참여한 국제전(國際戰)이기도 하였다. 한국전쟁의 성격과 면모는 가능한 모든 요소를 포괄하여 이들을 대변하고 있었다.

한국전쟁의 영향 역시 여러 곳에서 다양하게 반향(反響)되었다. 한반도에 국한되어 전투 행위가 진행되었지만, 한국전쟁은 전쟁의 국제전적 성격으로 인하여 한반도 내부와 주변은 물론 전 세계적으로 다양한 영향을 미쳤기 때문이다.

전세계적으로 정착된 동서 이념 대립 구조에서 전초전(前哨戰)의 성격을 지닌 한국전쟁은 미국과 소련을 중심으로 펼쳐진 양 진영 간의 이념 대립을 정치, 군사적으로 제도화시킨 계기를 제공하였다. 한국과 동맹 관계를 수립한 미국은 NATO와의 동맹관계를 더욱 공고히 하면서 세계 여러 지역에서 여러 가지 형태의 동맹 관계를 정착시켜 나갔다. 이를 군사적으로 뒷받침하기 위하여 미국은 군비를 강화하였다. 그러나 한국전에서 치른 지상전 수행의 어려움과 결과에 대한 곤혹스러움은 미국으로 하여금 재래식 전력에 의한 재래식 전쟁을 상정하기보다는 미국의 우세한 핵전력 강화와 이를 이용한 "보복"에 중점을 두어 지상전을 대신하려는 전략과 태세를 선호하게 만들었다. 소련 역시 영향권역의 확장보다는 확보된 영향권의 결속에 중점을 두고, 미국의 봉쇄에 맞섰으며, 바르샤바 조약기구(Warsaw Pact)의 결속을 강화시키고, 북한을 포함한 확보된 진영(陣營)의 전초(前哨) 국가들과 우호적인 관계를 다져 나갔다. 이와 같이 양대 진영의 패자(覇者)격인 미국과 소련은 군사력 운용의 한계를 인식하고, 새로운 전략으로 상대를 견제하면서 진영의 결속을 현실적으로 다져 나가는 노력을 기울이게 되었다.

전세계적으로 확대된 양대 진영의 결속과 정착은 미국과 소련의 위상과 영향력이 강화되는 결과를 빚어냈다. 한국전쟁 수행시 공산권을 제외한 거의 모든 유엔 회원국을 동원하였던 미국은 자국이 보유한 막강한 경제력과 증강된 군사력을 바탕으로 자유 진영에서 확고한 맹주국(盟主國)의 위치를 확보하였으며, 소련 역시 한국전쟁을 통하여 소련에 대한 의존도가 증가된 중공과 북한과의 관계를 유지시킴으로써 진영 내 유럽은 물론 아시아에서도 소련의 영향력을 강화해 나갔다. 그러나 한국전쟁은 전쟁을 통하여 다져진 "이념적인 동지애(ideological comradeship)"를 기반으로 소련의 조건 없는 원조와 지원을 기대했던 중공이 스탈린 후에 들어선 소련의 타산적인 지휘부와의 갈등을 경험하게 되어 양국 관계가 소원(疎遠)해지는 계기가 되기도 하였다. 이에 반해서 한국전쟁은 미국과, 미국이 한국전쟁 수행을 위한 전진기지로 사용했던 일본과의 관계를 밀접하게 만드는 계기를 제공하기도 하였다. 일본을 방어하기 위하여 미국의 한국 개입이 필요하다는 점에서 양국이 정책적 입장을 공유하였기 때문이었다. 이와 같이 한국전쟁은 정도의 차이는 있으나, 미국과 소련의 진영 내 영향력을 강화시킨 결과를 빚어내었다.

한국전쟁이 한반도 내 질서와 한국과 북한에 미친 영향은 거의 절대적이었다. 한국

전쟁은 정치적으로 정착(定着)된 분단을 군사적으로 고착(固着)시켜 분단 상태가 자리를 잡도록 만들었다. 한국전쟁을 통하여 군사력의 효용성과 필요성을 체험한 남북한은 군비 확충을 시작하였고 전략적 균형을 유지시켜야 된다는 판단 아래 군비 경쟁을 가속시켜 나갔다. 북한의 김일성은 지지기반을 잃은 박헌영(朴憲永) 이하 남로당(南勞黨)은 물론 연안(延安)파와 소련파까지 숙청하여 자신의 독재 권력 기반을 구축하였고, 이에 이견(異見)을 제시하는 소련과 중공의 간섭을 배제하기 위한 방편의 하나로 주체사상(主體思想)을 국시(國是)로 내세우기도 하였다. 한국 역시 반공(反共)을 국가 정책의 중심 이념(理念)으로 설정하여 정치적인 유연성을 제한함으로써 모든 분야의 경직성(硬直性)이 강화되기도 하였다.[1123] 이러한 상태에서 남북한은 사실상 총체적 대립관계에 돌입하였고, 특히 북한은 남한체제를 혼란시키고 이를 소멸하기 위하여 총체적인 노력을 기울여 나갔다.

이로부터 한국은 북한이 수행하는 기간 · 형태 · 동원 수단 면에서 과거와는 다른, 새로운 전쟁(顚覆戰)의 대상이 되어 왔다.

1123) Chae-Jin Lee, ed., *The Korean War: 40-Year Perspectives* (The Keck Center for International and Strategic Studies, Monograph Series, No. 1, 1991)에서 한국전쟁의 여러 분야 및 국가에 대한 영향이 잘 논의되어 있음.

제 7 장 새로운 전쟁: 전복전

1. 전복전의 개념, 수단, 단계 및 전략
2. 전복전의 실례: 월남전
3. 북한의 대남침투와 전복전
4. 대전복전

제 7 장　새로운 전쟁: 전복전

1. 전복전의 개념, 수단, 단계 및 전략

전복전(顚覆戰)은 통상 단일 국가로 존재해 오던 국가나 민족 내에 이념·정치·경제적 체제가 다른 두 국가가 대립하고 있을 때 구체화되는 전쟁으로서 수행 기간 및 양상, 동원 수단의 종류와 범위, 전쟁의 수행 전략 등에서 전통적인 개념의 전쟁과는 다른 특성을 지니고 있다. 이 전쟁의 궁극적인 목표는 대치하고 있는 체제와 정부를 전복시켜 한 체제를 가진 단일 국가를 형성한다는 것이다. 이 목표를 달성하기 위해서 전복전은 평화적인 수단에서부터 군사력에 이르기까지 모든 가용한 평화적, 폭력적 수단을 동원하며, 상황의 요구에 따라 어떠한 성격의 수단도 배합하여 운용할 수도 있으며, 전쟁 수행 기간 역시 얼마든지 길게 또는 짧게 설정할 수도 있고, 때로는 전복시키고자 하는 체제하의 정부 및 군과 연합 전선을 형성하여 평화스런 관계까지 유지하는 단계를 거칠 수도 있는 성질의 전쟁이다. 간단하게 말하여 기간에 구애를 받지 않고, 모든 가용한 수단과 방법을 동원·적용하여 대치하고 있는 체제를 전복(顚覆)시키려는 전쟁을 전복전(subversive war)이라고 한다.[1)]

그리고 전복전은 여러 가지의 전선(前線)을 동시에 전개한다. 전복시키고자 하는 체제하의 정부, 국민, 군 등의 집단 조직과 정치 및 사회 단체 등의 기능별 부분 조직 등 대상에 따라 별도의 전선을 구축하여 이들 전선에 적합한 방법과 수단을 동원하여 "각개 격파"를 시도함으로써 체제를 전복시키려는 궁극적 목적을 달성하려 한다. 체제가 실제로 와해될 때까지, 대상에 따라서 "대항 능력"을 무력화시킨다거나 "저항 의지"를 박탈하거나 "동조 강도"를 높이는 총체적 "전투"를 계속하는 것이다. 이에 따라 전복전에 동원될 수 있는 수단과 방법은 실로 다양하다. 대치하고 있는 체제를 전복하기 위하여 전복전의 수행 주체는, 중국의 모택동이 그가 격멸시키고자 하는 국부군과 연합전선(聯合戰線)을 형성한 것과 같은 잠정적인 "평화(平和)"도 동원할 수 있으며, 그 후에 전개된 정면 대결인 "내전(內戰)"도 동원할 수도 있고, 이들 양 극단 사이에 존재하는 모든 평화적, 폭력적 수단과 방법도 동원할 수 있다. 상대 체제하의 주민들을 "반체제 세력"으로 포섭하거나 이에 동조하도록 설득, 회유, 강요할 수도 있고, 이것이 불가능할 경우에는 아예 제거해 버리는 방법을 동원할 수도 있다. 이와 같이 전복전은

---

1) 전복전 개념의 심도 있는 분석은 盧在鳳, "現代戰爭體系와 平和," 李昊宰 編, *韓半島 平和論*(서울: 法文社, 1989), pp. 155-68 참조.

상대로 삼는 대상에 따라 여러 개의 전선(前線)을 동시에 운용하여 포섭, 회유, 설득, 테러, 제거 등 온갖 종류의 방법을 동원함으로써 전복시키고자 하는 체제의 기저(基底)를 붕괴시켜 버리는 전쟁이다.

현실적으로 전복전은 몇 단계를 거치거나, 상황에 따라서 이들 단계를 병행하여 진행시키는 과정을 밟아서 수행된다. 전복전의 첫번째 단계는 확고한 "기지(基地)"를 확보, 강화하는 단계이다. 이러한 기지는 월맹처럼 북부 월남지역을 장악하여 비교적 확보된 지역 기반을 구축하기도 하고, 중공의 경우처럼 유동적(流動的)인 기지를 확대하면서 확보된 이들 기지를 병합해 나가기도 한다. 두 번째 단계는 전복시키고자 하는 체제 내에 "기지"를 확보하여 이를 확충해 나가는 단계이다. 통상 이러한 기지는 그 체제에 반대하는 반체제 세력을 중심으로 형성되어짐으로써 지역적인 의미보다는 "반체제 세력"을 중심으로 하는 사람 중심의 단체나 집합체의 의미가 더욱 강하다. 그러나 월남에서와 같이 지역적으로 기지의 보유가 가능할 경우에는 이를 확보하여 타도하고자 하는 체제 내에서도 지역적인 기지를 유지할 수도 있다. 세 번째 단계는 "원기지" 및 핵심 세력이 "보조 기지" 및 반체제 세력과 "통일 전선"을 형성하는 단계이다. 이러한 단계는 월맹이라는 정치 집단으로 나타난 베트민(Vietminh)과 월남에서 형성된 베트콩(Vietcong)이 월남 체제를 전복시키기 위하여 통일 전선을 형성한 것과 같은 단계이다. 네 번째 단계는 전복시키고자 하는 체제가 충분하게 약화되었다고 판단할 경우에는 전면적인 군사력 사용으로 일격(一擊)을 가하여 이를 전복시킴으로써 전복전을 마감하는 단계이다.

논리 전개 편의상 4단계로 구분한 전복전의 단계는 상호 독립적인 성질의 것이 아니고 유기체(有機體)적인 관계를 유지하고 있기 때문에 병행(竝行), 반복(反復) 또는 독립(獨立)적인 수행 절차를 밟아 현실로 구체화된다. 원기지를 강화하면서 보조 기지를 형성하기도 하고, 때로는 제한적인 군사력 사용이나 침투 등을 통하여 전복시키고자 하는 체제와 정부의 공신력과 신뢰를 손상시키려는 군사 작전을 펼치기도 하며, 상황이 여의치 않을 경우에는 화해와 협력을 실시하여 원기지의 강화에 주력하기도 한다. 그러나 전복전 수행의 모든 단계나 모든 과정에서 원기지를 유지하고 있는 핵심 세력들은, 자신들의 연합 세력은 강화하고 전복 대상 체제를 가진 정부의 연합 세력은 분리, 분산시켜 연대를 약화 또는 단절시키려는 끊임없는 노력을 계속한다. 이러한 노력의 하나로 정치적 명분을 내세우기도 하고, 전복시키고자 하는 체제나 정부와의 연대는 현실적으로 "이익"이 되지 않는다는 실리적 타산을 앞세우기도 한다. 전복시키고자 하는 체제하의 정부와 연대를 유지한다는 것은 정치적 명분과 현실적 실리가 없다는 점을 연대 세력이 인식하도록 하여 그 정부를 완전하게 고립시키려 한다. 이와 같이 전복전을 수행하는 정치 집단은 자신들을 지지하는 연대 세력 및 반체제 세력과의 연대는 강화시키고, 전복 대상과의 연대는 차단하거나 약화시켜 군사력 사용을 포함한 일격(一擊)의 효과를 극대화함으로써 대상을 전복시키려 한다.

온갖 수단과 방법을 동원하고 이를 운용하여 상대 체제와 정부를 전복하려는 전복전의 전략은 대상에 따라서 매우 다양한 채로 고도의 융통성을 지니고 있다. 대상이 정부일 경우에는 그 정부의 정통성을 부인하고 대민 신뢰도를 훼손하기 위하여 그 정부 자체를 "괴뢰 정부," "파쇼 정부," "독재 정부" 등으로 몰아세운다. 그리고 그 정부의 실책이나 일부의 부정을 최대한 확대하여 "부패 정부," "탄압 정부" 등으로 주장하여 반체제 세력 형성과 연대 세력의 차단을 도모한다. 그리고 제한적인 군사 작전과 노상(路上) 테러 등의 침투 작전을 수행하여 혼란을 야기시킴으로써 정부의 치안 유지 능력을 불신하도록 만들고 전력을 소모시키려 한다. 그러면서 상황에 따라서는 이러한 정부와 협상도 하고 타협도 실시하여 평화적인 협력관계까지도 유지한다. 상대가 일반 국민일 경우에는 설득과 회유, 강요와 강압, 테러와 제거 등의 온갖 방법을 동원하여 반체제 세력화하거나, 협조 혹은 동조 세력으로 확보하거나, 아니면 최소한 기존 정부에 비협조적인 세력으로 만들려는 노력을 기울인다. 전복의 대상이 된 체제와 정부의 군은 타도의 대상이 된다. 그러나 이를 약화시키려는 노력을 계속하여 내부의 분열을 촉진시켜 효과적인 대처가 불가능하도록 만들거나, 가능하면 동조 세력으로 포섭하는 노력도 기울인다. 소련의 레닌이 러시아 군내의 볼셰비키 세력을 적극적으로 활용한 예와 모택동이 장개석 군대를 무력화시킨 것과 같은 노력을 기울인다. 그리고 상황이 조성되면 대규모로 군사력을 사용하는 정규 작전을 수행하여 전복전을 완성시킨다. 이와 같이 전복전은 상정(想定) 가능한 모든 수단과 방법을 대상에 따라서 가장 융통성 있게 동원, 운용하는 전략(戰略)을 구사(驅使)하여 목적을 달성하려 한다.

2. 전복전의 실례: 월남전

월남(越南)에서 전복전(顚覆戰)을 수행한 핵심 세력은 서구 자본주의에 대항하던 공산주의와 밀접한 연관을 맺으면서 형성되었다. 1858년 프랑스가 월남에 발을 들여놓은 후부터 40여 년간의 정복 과정을 거쳐 월남, 캄보디아, 라오스 등으로 구성된 불령 인도지나(佛領印度支那) 연방을 결성하여 본격적인 식민 통치를 시작하자, 프랑스의 식민 통치에 대한 저항이 가시화되었다. 프랑스에 대한 저항 세력으로서 1929년 6월 영국령 홍콩에서 호지명(胡志明)이 인도지나(印度支那) 공산당(共産黨)을 조직하여 구체화되었으나, 홍콩 경찰이 그를 체포하고 폐결핵이라는 진단을 받은 바 있던 호(胡)를 감옥 병원에 수감하여 초기부터 난관에 봉착하였다. 거기에서 호지명은 병원 직원으로 하여금 그가 죽었다는 보고를 하도록 설득하고 감옥을 탈출한 다음에, 중국으로 망명하게 되어 인도지나 공산당의 활동은 더이상 확대되지는 못했다. 그러던 중에 1941년 초, 중국의 신문기자로 가장하여 월남으로 잠입한 호지명은 북부 월남지역에서 나이가 많은 호지명(胡志明)을 "삼촌(Uncle)"이라고 부르는 "팜반동(Pham Van Dong)"과 "보구엔지압(Vo Nguyen Giap)"을 만나 "월남독립연맹(the Vietnam Independence League: the Viet Nam Doc Lap Dong Minh, 略稱 the Vietminh, 越盟)"을 결성하였고 세력을 확장하여 1945년 5월경 북부 월남의 6개 성(省)을 장악하여 "기지(基地)"까지 확보하게 되었다.[2] 이로써 월남에서 전복전을 수행하게 된 주체 핵심 세력이 형성되었고, 기본 기지가 구축되었다.

태평양전쟁(1941-5)이 일본의 항복으로 막을 내리자, 월맹(越盟)은 공화국을 선포하고, 1946년 2월, 16도선 북쪽에서 일본군의 무장 해제와 전후처리를 끝낸 후에 중국군(中國軍)이 철수하자 이를 대신하였다. 이들은 전후 전승국으로서 16도선 이하에서 전후처리를 마치고 월맹에까지 통치권을 행사하려던 프랑스와 대치하게 되었으며, 월맹군을 유인하여 화력으로 이들을 섬멸할 목적으로 깊숙하게 진격한 프랑스 군을 역포위(逆包圍)함으로써 1954년 5월 7일 "디엔비엔푸 전투"에서 이들을 격퇴하였다. 이러한 결과 호지명은 한국 문제와 인도지나 문제를 토의하기 위하여 개최된 제네바회담(1954년 4월 26일부터 7월 21)에서 17도선 북쪽의 월남을 확보하여 영역을 확장하였고, 그 이남지역은 프랑스 군이 장악한 후에, 1956년 7월까지 남북 월남 총선거를 실시한다는 확약까지 받아 놓았다. 그러나 "도미노 이론(Domino Theory)"에 의한 공산주의의 확산을 우려한 미국이 프랑스를 대신하여 인도지나에 개입하게 됨에 따라 남북 월남의 총선거는 실시되지 않았고, 17도선 남쪽에 공산 체제가 아닌 월남(越南) 정부가 수립됨으로써 핵심 세력과 본기지를 확보한 공산 체제의 월맹은 본격적으로 월남 정부를 전복하기 위한 전복전을 전개하기 시작하였다.[3]

월맹은 먼저 17도선 이북 지역에 대한 대대적인 "정비 작업"을 실시하였다. 지주로부터 토지를 몰수하여 집단 생산 체제로 바꾸었으며, 이 과정에서 무고한 농민들조차 지주로 몰려 학살되는 사태가 발생하기도 하였다. 과거 프랑스에 협조했던 "배반자"들 역시 숙청대상이 되었고 평소 개인적인 원한 관계로 인하여 "반동분자"로 몰린 사람들도 희생되었다. 그리하여 월맹지역에 거주하는 모든 사람들은 모든 사람을 경계하게 되었고, 이러한 분위기 속에서 월맹은 "병영국가(兵營國家)"로 변해가고 있었다.[4] 남북 월남 총선거를 거부한 남쪽의 고딘디엠(Ngo Dinh Diem) 정부도 1956년까지 메콩강 삼각주에 자리잡고 있던 베트민 조직의 90% 이상을 소탕하여 공산주의자들을 제거하였으나, 이 과정에서 소탕한 "적"보다 새로운 "적"을 더 많이 만든 결과를 빚어내기도 하였다. 이렇게 남북 월남이 다른 체제하에서 제갈길을 재촉하게 되자, 월맹은 1959년 5월 559부대를 조직하여 캄보디아를 거쳐 월남에 이르는 육상 통로 "호지명 접근로(the

---

2) 陸軍士官學校 戰史學科, *世界戰爭史*(일신사, 1993), p. 541; Stanley Karnow, *Vietnam: A History* (New York: Penguin Books, 1984), pp. 124-7.

3) *世界戰爭史*, pp. 543-7; *Vietnam: A History*, pp. 224-33.

4) *Vietnam: A History*, pp. 225-6.

Ho Chi Minh Trail)"를 확장하도록 하였고, 759부대로 하여금 월남에 이르는 해상 통로를 개척하도록 하였다. 월남에 남아 있던 공산주의자들과 접촉을 이루고 이들에게 지원과 지시를 할 수 있게 된 호지명은 "베트남 민족해방전선(越南民族解放前線)"을 조직하도록 지시하였고, 1960년 12월 20일 이를 발표하여 공식화시켰다.5) 이제, 월맹은 원기지를 확보하고 보조 기지와 통일 전선을 형성하게 되었다.

고딘디엠 정부는 이러한 공식 명칭 대신에 단순하게 "베트콩(the Vietcong: the Vietnamese Communists)"이라는 "경멸적(pejorative)" 명칭을 부여하여 이들의 실체와 존재 명분을 외면해 버렸다.6) 그러나 월남에 "보조 기지"를 확보하고 이들과 통일 전선을 형성한 월맹은 이들의 존재와 역할을 결코 가볍게 여기지 않았다. 그리하여 그들에게 월남 정부와 월남인을 이격(離隔)시키고 경거 망동(輕擧妄動) 대신 자중 자애(自重自愛)하면서 조직의 확대를 도모하도록 지시하기에 이르렀고, 이로부터 월맹의 본격적인 대월남(對越南) "전복전"이 시작되었다.

먼저 월맹은 베트콩에 의해서 메콩강 삼각주(三角洲)에 기지를 확보하도록 하고 월남인과 월남 정부 사이를 이간(離間)시키도록 하였다. 이러한 지시에 따라 베트콩은 먼저 지역 월남인들에게 인기가 있는 촌장(村長)이나 교사(敎師)들을 암살하였다. 지역 주민들로 하여금 월남 정부에 등을 돌리게 만드는 데 이들이 방해가 되기 때문이었다. 정부에서 임명한 지역 촌장과 교사들이 살해되자 월남 정부는 군인들을 지역 촌장자리에 임명하였다. 지역의 기관장으로 임명된 군인들은 삼엄한 경계 속에 때로는 미군 고문관들과 같이 생활하면서 낮에만 돌아다녔기 때문에 베트콩들이 그들을 "미제국주의자의 앞잡이"라고 비난하기가 좋았고, 따라서 지역 주민들을 월남 정부에서 임명한 촌장보다는 베트콩들을 더 자주 접하게 되었으며 베트콩은 실질적으로 이들을 통치할 수 있게 되었다. 그리하여 낮에는 "월남공화국," 밤에는 "베트콩공화국"으로 되는 지역이 확대되어 갔다.7) 베트콩은 또한 일반 주민들을 상대로 설득, 회유, 테러, 암살 등의 방법을 동원하여 이들을 포섭하거나 제거하는 활동을 지속적으로 확대, 전개하여 1957년부터 1972년까지 3만 7,000여 명을 암살하고, 5만 8,000여 명을 납치, 구금하기도 하였다.8) 한편 월맹은 정규군을 월남지역에 투입하여 미군의 자문과 원조를 받는 월남군을 공격하기 시작하였다.

월맹과 베트콩의 위협이 증대되자, 미국은 1964년 8월 통킹만 사건을 계기로 지상군을 투입하여 본격적으로 개입하면서 한국을 비롯한 태평양 국가들과 더불어 월남에서 공산주의와의 결전(a crusade against communism)을 치르기로 결정하였으며, 북폭(北爆)과 더불어 최고 55만 명에 이르는 미 지상군을 월남에 투입하였다. 한국도 한국전

---

5) *前揭書*, pp. 237-8.
6) *前揭書*, p. 230.
7) *Vietnam: A History*, p. 237-8.
8) Guenter Lewy, *America in Vietnam*(Oxford, New York, Toronto, Melbourne: Oxford University Press, 1978), pp. 272-9.

쟁에 참전한 미국을 비롯한 여러 우방들과 더불어 공산주의와 싸우면서 한국의 경제 발전도 돕고 실전에 참여하여 전투 경험을 쌓는다는 여러 가지 목적을 달성하기 위하여 맹호, 백마, 청룡부대 등 전투 병력과 비둘기부대 등 지원 병력을 파견함으로써 월남전에 참전하였다. 한국군은 군단급 작전으로서 오작교(烏鵲橋)작전, 홍길동(洪吉童)작전, 독수리작전 등 4회, 사단급 26회, 연대급 186회, 대대급 955회에 이르는 작전을 전개함으로써 담당지역을 소탕, 평정하고, 보급로를 확보하는 임무를 수행하였다.[9)]

미군의 개입이 본격화되자 월맹은 미군을 비롯한 연합군, 월남군, 월남 정부 및 월남 주민, 그리고 언론 매체를 통하여 미국 국민을 상대로 한 여러 개의 전선(前線)을 형성하고, 정치·군사·심리적 차원에서 전투를 전개하였다. 월맹은 월남 정부의 부정부패를 최대한으로 부각시키고, 월남 주민에게는 회유, 설득, 테러, 제거 등의 방법을 동원하여 포섭하거나 제거하고, 월남군을 먼저 공격하여 연합 전선의 균형을 무너뜨린 다음에 미군을 공격하고, 월남 지형상 전선(戰線) 없는 전투에서 치고 빠지는 식의 유격전을 전개하여 미군의 전력과 전의를 마모시키고, 언론 매체 등을 통하여 전투와 폭격의 참상을 공개함으로써 미국민들의 반전 사상을 증폭시키면서 "참전 의지"를 약화시켜 미국과 월남의 연대를 차단하려 하였다. 전투전(戰鬪戰), 정치전(政治戰), 심리전(心理戰)을 동시에 전개하였다. 이로써 월맹은 미국민들로 하여금 미군을 불러들이게 만들고, 월남 정부와 국민을 이간시키고, 월남군을 마모시켜 월남 정부를 완전하게 고립시키고 무력화시켜 이를 전복하려는 전복전(顚覆戰)을 수행하였다. 특히 월맹은 1968년 구정 공세를 대규모로 실시하여, 전술적인 패배는 감수하였으나 미국민들의 반전 여론을 더욱 자극함으로써 미국의 월남전 수행 방식을 바꾸도록 강요하였다.

반전 여론이 높아지자 미국은 "월남전의 월남화(Vietnamization of the Vietnam War)"를 통한 "명예로운 종전"을 모색하게 되었다. 1968년 5월 말, 파리 평화회담이 열렸다. 그러나 월맹은 월남을 인정하고 월맹군을 월남에서 철수시키는 조건하에서의 종전을 하자는 미국의 제안을 받아들이지 않았다. 오히려 유리한 조건하에서 전쟁을 마무리하고 1971년부터 월남전을 주도적으로 수행하고 있던 월남군의 전력이 강화되는 것을 방지하기 위하여 1972년 3월 30일 소련이 제공해준 200여 대의 T-54전차를 동원하여 전방향에서 대규모 공세를 감행하였다. 이에 미국은 제한적인 북폭 재개와 하이퐁 항구 등에 기뢰를 부설하면서 월남군으로 하여금 반격을 실시하도록 하여 이를 저지하면서 군사적인 압력을 가중시켰다. 군사적으로 월맹의 공격을 무력화시킨 미국은 1973년 1월 28일 파리 평화협상에서 월남에 평화를 보장해 줄 수 있는 조약을 체결하고, 미군을 철수시켰다. 그러나 미국이 18년 동안 미군 5만 명 이상의 희생과 500억 달러 이상의 전비(戰費)를 지출하면서 확보한 평화는 미국의 계속적인 지원 없이는 지속되기 어려운 평화였다.[10)]

---

9) 國防軍史硏究所, *越南派兵과 國家發展*(1996), pp. 145-295; 주월 한국군사령부, *越南戰綜合硏究* (1974), pp. 379-9; *世界戰爭史*, pp. 549-51.

그러나 월남의 평화는 오래 지속되지 않았다. 미국 여론에 민감할 수밖에 없던 미국 의회가 지원을 차단하였기 때문이었다. 결국 월맹은 전면적인 무력 공격을 감행하여 1975년 4월 30일 월남의 항복을 받아냄으로써 월남 체제와 정부를 전복시켰던 것이다.

월남전은 군사적으로는 미국이 이긴 전쟁이었으나, 정치·심리적으로는 월맹이 이긴 전쟁이었다. 월맹은 여러 가지 전선을 상정한 전복전(顚覆戰)을 수행한 데 반하여 미국은 군사적인 전선을 위주로 한 재래식 전투전(戰鬪戰)을 수행하였다. 그 결과 월맹은 막강한 전력을 보유한 미군을 전장에서 이길 수는 없었으나, 미국민을 상대로 한 정치·심리전에서는 이길 수 있었다. 1975년 4월 하노이에서 한 미군 대령과 월맹군 대령이 나누었던 대화가 미국과 월맹의 월남전 결과에 대한 견해를 대변해 주고 있었다. "당신들은 전장에서 우리를 이긴 적이 없었다"라고 미군 대령이 말했다. 이 말을 잠깐 생각하고 난 월맹군 대령은 "그럴지도 모르겠다. 그러나 그것은 아무 상관 없는 말이다"라고 대답하였다.[11] 전장에서의 군사적 승패가 전쟁의 승패와는 별로 상관이 없었다는 말이다. 실로 월남전은 "이상한" 전쟁이었다.

월맹과 미국은 월남에서 차원과 개념을 달리한 전쟁을 수행하였다. 월맹이 군사적인 전선을 포함하여 복합적인 전선을 전개한 데 반하여, 미국은 군사적인 수단과 방법을 위주로 한 전쟁을 수행하였다. 월남전은 군사적인 대응만으로는 월맹이 수행한 여러 가지의 전선을 가진 전복전(顚覆戰)에 효과적으로 대응할 수도 없고, 따라서 이길 수도 없다는 사실을 실례로써 보여 주고 있다.

3. 북한의 대남침투와 전복전

한국전쟁 후에 나타난 북한의 대외 정책과 전략 태세는 정상적인 차원의 분석을 거의 불가능하게 하면서 전개되어 왔다. 군사력의 사용으로 이른바 "남조선을 해방"시키겠다는 북한과 이를 지원한 공산권의 시도가 무산되자, 북한은 군비 감축과 미군의 철수를 주장하면서 내부 결속 강화에 전력을 기울였다. 이에 따라 북한은 1950년대에는 북한 내 각 분파(남로당계, 연안파, 소련파 등)를 정리하고, 국가 통제의 계획경제개발계획을 추진하였다. 그러나 1960년대에 들어서 월맹이 미국과 월남에서 전쟁을 수행하고 한국이 "공산주의에 대한 성전(聖戰)"에 참여하게 되자, 북한은 월맹을 돕는 방편으로 한국에 대한 견제 군사 행동을 취하면서 월맹과 같은 개념의 전쟁을 수행한다는 차원에서 대남 침투와 습격을 강화하기 시작하였다. 그러나 이의 파급효과가 미흡하고, 오히려 한미간의 군사협조체제를 강화시키는 구실을 제공함에 따라 1970년대 북한은

10) Richard Nixon, *No More Vietnams*(New York: Avon Books, 1985), pp. 163-4.

11) Quoted in Harry G. Summers, Jr., *On Strategy: Critical Analysis of the Vietnam War*(New York: A Dell Book, 1982), p. 21.

한국 내 "반정부 세력"을 "반체제 세력"으로 결집시키려는 노력과 더불어 한국 정부와는 "7·4 남북공동성명서" 등을 발표하여 화해 분위기를 조성하면서 다른 한편으로는 침투용 땅굴을 파기 시작하였다. 그리고 1980년에 들어와서는 미얀마의 아웅산 테러와 KAL기 폭파 등과 같은 공공연한 테러 행위를 서슴지 않으면서 한국이 펼치는 외교 행위와 국제 행사를 방해하려 하였다. 1990년대 북한은 남북 기본 합의서와 미국과 북한 간 핵합의서 등에 서명하는 한편, 한국의 동해안에는 잠수함, 서해안에는 경비정을 남파하고 경제적인 어려움 속에서도 미사일이나 핵개발에 대한 집착을 포기하지 않았다. 북한은 또한 한국으로부터의 지원을 "강요"하면서도 한국 정부를 "진지한" 대화나 협의의 상대로 삼지 않으려는 태도를 감추지 않았다. 실로 북한은 현실적으로 이해하기 힘든 정책과 전략 태세를 취했다.

군사적으로도 북한은 전면적 무력 행사를 제외한 각종 형태의 군사 행위를 서슴지 않았다. 첫번째, 북한은 휴전선을 통한 침투 행위와 간첩 남파 등을 통하여 전투 정보의 수집과 지휘소 습격 및 청와대 습격까지 실시하려 하였다. 1968년 1월 21일 청와대 습격 미수 사건이 이를 말해 주고 있다. 두 번째, 북한은 한국군이 휴전선에 철책선을 설치하고 경계를 강화하자 해안 침투를 실시하였고, 지하 침투용 땅굴까지 구축하였다. 울진·삼척 사태, 강릉 해안의 잠수함 침투와 서해 및 남해의 연안에서 발견된 고속정에 의한 해안 침투가 이러한 해안 침투에 속한다. 세 번째, 북한은 서해안에서의 공공연한 경비정 침투와 같은 군사분계선상의 무력 시위를 하는 경우도 있었다. 이러한 북한군의 침투와 습격 행위는 정찰을 통한 전투 정보의 수집, 한국 내의 거점을 형성하기 위한 간첩의 남파 혹은 북으로의 간첩 호송, 그리고 작은 충격으로 한국군의 전력을 소모시키고 북한이 한반도 내외에서 겨냥한 군사외적(extra-military)인 부수효과를 얻으려는 목적하에 실시되어 왔다고 분석되고는 있으나, 정상적인 국가간의 행위로 볼 수는 없었다.

특히 북한군이 실시한 침투와 습격 작전 중에서 한국의 최고 통치부를 타격하여 한국 내에 극도의 혼란을 야기시키려는 목적으로 실시된 1968년 1·21 청와대 습격사건은 침투조의 구성, 침투시기, 경로 및 방법면에서 군사적인 테러 작전과 다를 바가 없었다. 한국 정부의 핵심을 강타하여 극도의 혼란을 야기시키려던 청와대 습격 사건은 대담한 특공군사작전이었다. 첫째, 31명으로 구성된 습격조는 124군부대 장교들로서 전원 북한 출신으로 구성되어 있었다. 둘째, 이들은 5개 조로 편성되어 이동간 청와대 습격간 정확한 임무가 부여되었고, "황해북도 인민위원회" 청사를 대상으로 실전과 같은 훈련을 받았다. 셋째, 이들 습격조의 행동은 매우 과감하였다. 나무꾼에게 발각되었음에도 불구하고 이들에게 북한으로 돌아간다는 말을 하고 계획대로 습격 작전을 수행하였다. 그리고 검문시에도 태연하게 검문에 응하면서 사격을 가하거나 수류탄을 투척하였다. 넷째, 이들 습격조는 끝까지 저항은 하면서도 항복을 하지 않는 특공대 기질을 지니고 있었다. 다섯째, 겨울에 침투, 습격 작전을 대담하게 전개하였다. 여섯째,

서울에서 가까운 미 2사단과 한국군 25사단의 전투 지경선 지역으로 침투하여 미 2사단지역에 1숙영지를 선정하였으며, 낮에는 휴식을 취하고 야간에 활동하였다. 이와 같이 1968년 1월 21일 청와대를 습격하기 위하여 침투한 특공대는 과감한 작전을 실시하여 임무를 완수하려는 대담함을 드러내었다.12)

청와대 습격을 위하여 침투한 31명의 습격조는 5개 조로 편성되어 있었으며, 이동간에는 1조 척후, 2조 지휘, 3조 좌측 감시, 4조 우측 감시, 5조 후방 감시조로 편성되어 일렬 종대로 이동하도록 하였으며, 청와대 습격 임무는 1조 본청 2층, 2조 본청 1층, 3조 경호실, 4조 비서실, 5조 정문 보초, 총조장 정문, 운전조 차량 탈취 정문 옆 대기 임무를 수행하도록 구성되어 있었다. 이들은 1968년 1월 17일 20시 개성을 출발, 23시 고랑포 서남쪽 남방한계선 통과, 1월 18일 02시 한국군 25사단과 미 2사단 사이 전투 지경선 부근 미 2사단지역 1숙영지에 도착하여 숙영하였다. 숙영은 04시에서 18시까지 실시하고 흔적을 완전히 제거하였다. 이들은 1월 18일 20시 1숙영지를 출발하여 21시 얼어붙은 임진강을 도하하고 1월 19일 05시 법원리 동북방 4km 지점 계곡 2숙영지에 도착하였다. 1월 19일 14시 30분 민간인 나무꾼 4명을 만나 이들에게 자료를 습득한 후 북쪽으로 간다고 말하고 행동을 개시하였다. 이 날 21시 이들 민간인이 파주군내 지서에 신고하자, 파주경찰서는 23시 25분 미 2사단과 한국군 25사단에 통보함으로써 대간첩작전이 시작되었다. 이와 같이 이들 습격조는 행동이 민첩하였고 돌발 상황 대처에 대담하였다.13)

한국군 25사단과 서울 북방 26사단이 대간첩작전을 실시하고 있는 중에도 이들 습격조는 남쪽으로 이동을 계속하여 청와대로 접근하였다. 경찰이 지키는 가운데서도 이들 습격조는 1월 20일 03시 40분 벽제를 지나 3숙영지로 이동하였다. 1월 21일 3숙영지를 떠나 비봉(碑峰)의 승가사(僧伽寺) 서남쪽 200m 지점 4숙영지에 도착하여 21시까지 숙영하였다. 이 때 1사단이 퇴로를 차단하고 30사단이 비봉 북쪽을 수색하여 실탄을 발견하고, 수도경비사령부가 삼청공원 등을 삼엄하게 경계하고 있었으나, 이들 습격조는 22시 05분 자하문(紫霞門)까지 진출하였다. 경찰의 검문에 불응하고 통과하는 이들을 종로경찰서장이 검문을 실시하다가 이들의 소화기 사격과 수류탄 공격을 받아서 순직하기도 하였다. 총격전을 전개한 습격조들은 자신들의 신원이 폭로되자, 비봉·의정부·인왕산 방면으로 분산·도주함으로써 이들의 청와대 습격 작전은 수포로 돌아가고 말았으나, 사전에 신고가 되어 군과 경찰이 대대적으로 대간첩작전을 실시하고 있는 가운데서도 이들 습격조가 자하문까지 진출할 수 있었다는 것은, 습격조의 대담성과 훈련된 습격조에 대한 대습격작전상 문제점을 동시에 보여 주고 있었다.14)

1월 22일부터 1월 31일까지 전개된 이들 습격조의 소탕 작전에서 육군은 1월 22일

12) 陸軍士官學校 戰史學科, *韓國戰爭史*(1994), pp. 703-15.
13) *前揭書.*
14) *前揭書.*

김신조(金新朝)를 생포하고 나머지 27명은 사살하는 전과를 거두었으나, 2만여 명의 병력이 동원되어 30명이 전사하고 52명이 부상을 당하는 피해를 입었다. 이 과정에서 주민들의 신고가 결정적인 기여를 하였으며 검문 도중 군의 피해가 발생하기도 하였다. 은신처를 발견하여 자수를 권유하기도 하였으나 습격조는 자폭을 하거나 끝까지 저항하는 것이 통례였다. 이 작전을 통하여 최초 정보 보고를 소홀하게 취급하는 것과, 정보의 정확한 판단 및 이의 신속한 전파가 잘 안 되었다는 점이 문제로 등장하였다. 군과 경찰의 합동 작전 체계가 미흡하였고 중점적으로 배치된 군 병력 사이에 공간이 많아 31명이 이동하여도 이를 발견할 수 없었다는 문제점도 부각되었다. 특히 경계초소에서 잡음을 내거나 무전 교신을 자주 소란하게 실시하여 이들 습격조에게 위치를 노출시키는 경우도 있었다. 이와 같이 대습격작전은 많은 병력이 투입되며 적지 않은 피해가 발생하기 때문에, 최초 정보의 정확한 판단과 작전 지형을 분석하여 습격조가 이용할 수 있는 통로와 지점에 대한 면밀한 검토가 필수적이며, 평시에도 군과 경찰의 협조 체제를 유지하여 유사시에 신속한 협동 작전이 가능하도록 지휘 체계가 확립될 필요가 있었다.

청와대 습격 작전에 이어 북한은 124군 부대 요원 120명을 8개 조로 편성하여 1968년 10월 30일, 11월 1일과 2일 세 차례에 걸쳐 울진·삼척지역에 이들을 침투시킨 사건이 있었다. 이들은 평창, 명주, 삼척, 영월군지역의 각 마을에 침임하여 마을 사람들에게 공산주의 사상 교육을 실시하는 대담성을 보이기도 하였다. 이 침투 사건 역시 특수 정규 부대에 의한 군사 작전으로서 후방 교란 및 유격 기지 확보 가능성을 시험해 보려는 과감한 시도의 하나로 판단할 수 있는 북한의 군사 작전이었다.[15)]

이와 같이 북한은 정책적으로나 군사적으로 각양각색(各樣各色)의 모습을 드러내면서 오늘에 이르고 있다. 때로는 도전적(挑戰的)인 군사 도발 행위를 서슴지 않고 행하기도 하며, 때로는 화해적(和解的)인 정책과 태세를 스스럼없이 취하기도 한다. 그리하여 북한을 들여다보는 분석가들이 분석상 혼란을 겪게 되는 경우가 종종 있어 왔다.

그러나 북한이 취해 온 각양각색의 정책과 행위 및 태세는, 북한이 무엇을 하고 있으며 무엇을 이루려고 하는가에 초점을 맞추어 이를 분석해 보면 뚜렷한 일관성을 발견할 수 있다. 북한은 한국 정부 및 체제의 명예나 신뢰를 해칠 수 있는 모든 행위, 태세, 정책을 거리낌없이 취해 왔다. 북한은 국제적인 테러 행위를 실시하여 한국의 대외 공신력을 하락시키고 국가적 위험도를 증가시키려 해왔고, 후방 침투와 습격 사건을 통하여 한국 정부의 대민 신뢰도에 손상을 입히면서 대외 협조와 교류를 제한시키려 해 왔다. 또한 미국과의 직접 교섭을 통하여 한국과 미국의 연대를 약화시키려 해왔으며, 한국 내 불만 세력들을 규합하여 반체제 세력으로 전환시키려는 노력도 기울여 왔다. 그러면서도 북한은 그들이 필요할 경우에는 한국에 대해서까지도 화해의 몸짓과 태세도 "부담감 없이" 취해 왔다. 결국 북한은 한국 정부의 실체와 체제를

15) *韓國戰爭史*, pp. 715-20; 宋孝淳, *北傀挑發三十年*(北韓硏究所, 1978), pp. 468-81.

진지한 협상의 대상으로 보기보다는 타도의 대상으로 간주하는 기본적인 입장을 가지고, 그 개념에 입각한 대남 전복전(顚覆戰)을 수행해 왔다는 것이다.

그러나 현재의 상황은 북한에게 대남 전복전 수행보다 다른 선택을 강요하고 있다. 대남 전복전 수행의 필수 조건인 북한이라는 "본기지"가 부실한 상태이고, 한국 내의 "보조 기지" 구축이 여의치 않아 이러한 두 기지 간의 통일 전선의 형성 자체가 어렵고, 따라서 전복전 수행에 있어서 다음 단계로의 전이(轉移)나 동시 적용이 사실상 불가능하게 되었기 때문이다. 소련이 러시아로 변하고 중국도 실리적인 국가 이익을 추구하며, 동구권 국가들이 서방진영의 NATO에 가입하는 현실에서 북한은 연대 세력의 확보가 쉽지 않게 되었으며, 우선 자국의 체제부터 강화시킬 필요성에 직면하게 되었다. 북한이 단절시키려고 노력해 온 한국과 미국의 연대는 사실상 더욱 공고하게 다져지고 있으며, 한국의 체제는 융통성과 자생력이 더욱 보강되어 한국 내에서 반체제 세력의 결집을 통한 제 2 전선의 형성을 더욱 어렵게 만들고 있다. 이러한 현실을 반영하여 요즈음 북한은 화해의 몸짓을 크게 취하고 있으나, 전복전(顚覆戰) 개념에 입각한 대남 전략을 버리고 평화적인 관계를 항구적으로 정착시키겠다는 정책 의지와 태세를 제도화해야 할 의무를 지게 되었다. 따라서 북한은 화생 무기를 포함한 대규모 재래식 군사력을 보유하면서, 냉전적 위협 수단인 핵이나 미사일과 같은 범주의 무기 개발보다 평화적인 대외·대남 정책에 기초하여 호혜(互惠) 관계 복원에 필요한 정책·전략을 구체화함으로써 한반도 내외의 평화유지노력에 동참해야 할 것이다.

4. 대전복전

월남에서 성공한 바 있지만, 한반도 내에서는 무력화시켜야 할 전복전(顚覆戰)은 총체적인 대책과 대비를 요구하고 있다. 먼저, 한국이 보유한 체제 내 모든 분야의 융통성(融通性)과 자생력(自生力)을 더욱 고양(高揚)시킬 필요가 있다. 이러한 총체적 노력은 정치, 경제, 사회, 문화 등 모든 분야에서 동시에 추구되어야 한다. 정치적으로는 모든 이념과 구상이 체제 내에서 발전적으로 융화되어 체제의 융통성을 높일 수 있도록 해야 하며, 경제적으로는 자유 경쟁적인 시장 논리가 경제 활동을 촉진시켜 체제의 자생력을 보장함으로써 체제의 경제적인 여력(餘力)을 확보할 수 있도록 해야 한다. 그러나 정치, 경제적인 자유 경쟁이 책임(責任)과 공리(公利)의 바탕 위에 보장이 되도록 정화(淨化)장치를 정착시켜 체제의 자정(自淨) 체계를 갖출 필요가 있다. 그리하여 한국이 기초로 하고 있는 체제가 융통성, 자생력, 자정력까지 갖추어 반체제 세력의 형성 가능성을 아예 제거하고, 자유·경쟁 체제를 옹호하려는 응집력(凝集力)을 더욱 강하게 만드는 것이 한국이 추구해야 할 대전복전(對顚覆戰)의 핵심이라고 보아진다.

그리고 한국에 대해서 전복전을 수행하는 주체를 지원할 수 있는 세력 및 국가들과 호혜적(互惠的)인 관계를 유지·발전시키면서 한국을 지원하는 세력 및 국가들과의 협조(協助) 관계를 더욱 증진시키는 것이 두 번째 대책이다. 전복전을 수행하는 국가를 지원할 가능성이 있는 국가들과 호혜적인 관계를 유지·발전시키는 노력은 현상을 평화적으로 유지하는 것이 그들 국가들에게도 이익이 된다는 사실을 그들 스스로 인정하도록 하여, 현상을 변경하려는 전복전의 진행 자체를 억제하려는 데 목적을 두는 것이다. 한국을 지원하고 있는 국가들과의 연대를 강화하고, 이들과 협조하려는 국가적 노력은 정상적인 차원에서 상호 국가 이익을 증진시킨다는 목적달성은 물론, 이를 차단하려는 노력을 봉쇄하여 전복전의 확대 시도 자체를 역으로 차단하는 지름길이다. 이와 같이 전복전 수행 국가를 지원할 가능성이 있는 국가들과의 호혜적 관계 유지와 한국을 지원하고 있는 국가들과의 협조 관계의 발전은 한국을 대상으로 한 전복전의 진행과 확산을 막는 또 하나의 기본 대책이라고 볼 수 있다.

한국을 상대로 펼쳐지는 전복전에 대한 가장 기본적인 대비책(對備策)은 "상대적으로" 강한 군사력을 보유하는 것이다. 대전복전에서 가장 기본적인 대책인 "자유·경쟁 체제"를 유지, 발전시키기 위해서 이를 위한 대가의 지불이 요구된다. 여기저기서 듣고 보는 금언(金言) 중의 하나로서 "자유는 공짜가 아니다(Freedom is not free)"라는 말이 있다. 자유는 대가를 요구하고 있다는 말이다. 따라서 자유 경쟁을 기본으로 하는 체제를 유지하고 이를 보장하는 현실적 체계로서의 국가를 존속시키기 위해서는, 이를 타도하려는 외부의 군사적 위협을 무력화시킬 수 있는 강한 군사력이 있어야 한다. 물론 온갖 종류의 평화적 수단과 방법, 그리고 온갖 형태의 폭력을 상황과 여건에 맞추어서 다양한 방법으로 동원하는 전복전의 완결은 비폭력적 과정을 거쳐 이루어질 수도 있고 전면적인 군사력 사용에 의해서 구체화될 수도 있다. 대치 상태가 해소된 독일과 월남의 경우가 이를 말해 주고 있다. 그러나 독일의 경우 역시 서구 진영이 결성한 NATO의 강력한 군사력이 "서독의 자유 경쟁 체제"를 보장해 준 현상적 결과인 셈이다. 따라서 체제와 진영(陣營) 유지를 위해서 군사력의 효용성에 너무 의존했던 소련이 러시아로 변한 역사적 사실을 교훈으로 삼으면서, 한국은 "상대적으로" 강한 군사력을 보유하여 한반도 내의 전복전 자체의 진행을 억제하고, 이의 폭력화를 거부하는 대비책(對備策)을 세우고 있어야 한다.

자유·경쟁 체제를 발전시키고, 선린외교(善隣外交)와 동맹외교(同盟外交)를 진작·강화하면서, 상대적으로 강한 군사력(軍事力)을 유지해야 하는 대책(對策)과 대비책(對備策)은 어느 국가나 추구해야 할 보편적인 정책과 전략임에 틀림없다. 다만 한반도 내에서 전복전(顚覆戰: subversive war)의 대상이 되어 온 한국은 이러한 보편적인 대책과 대비책의 수립과 추진을 더욱 요구받고 있을 따름이다. 한국이 치러 온 전쟁의 역사와 한국이 치르고 있는지도 잘 모르면서 치르고 있는 새로운 전쟁(顚覆戰)이 이에 대한 실효성 있는 대책과 대비책을 강하게 요구하고 있기 때문이다.

제8장 결 론

우리들은 "한국과 한국 민족은 평화를 사랑하는 국가요 민족"이라는 말을 많이 하고 또 들어 왔다. 다른 나라를 침범한 역사가 없었다는 사실이 이를 증명하고 있다는 말도 많이 하고 또 들어왔다. 그러나 평화를 사랑하는 한국과 한민족의 역사는 평화롭지가 못했다. 민족의 영역(領域)과 민족이 세웠던 국가마저 빼앗겨 영역은 식민지로 전락하고, 한민족은 식민지 생활까지 감수해야만 하였다. 평화를 사랑하고 다른 나라를 침범한 적이 없는 한국과 한민족이 왜 평화스러운 역사를 기록하지 못했을까? 제기해 볼 만한 의문이 아닐 수 없다.

한민족의 전쟁사가 부분적이나마 이 의문에 답을 주고 있다. 한국의 전쟁사는, 평화를 사랑하는 국가나 민족도 외부의 비평화적인 국가와 민족의 위협에 노출되어 있고, 한국과 한민족도 여기에서 예외가 아니라는 사실, 그리하여 수시로 평화는 깨어지고 평화스런 삶이 보장되지 못했다는 현실을 알려 준다. 한민족의 전쟁사는 이로써 한국이 왜 평화스런 역사만을 기록하지 못했는가 하는 의문을 풀 수 있는 하나의 실마리를 던져 주고 있다. 그렇다면 평화스런 국가와 민족만이 살아 가는 이상향(理想鄕)이 아닌 현실 세계에서 평화를 사랑하는 것 외에 무슨 방법이 평화를 보장할 수 있을까 하는 의문이 다시 제기된다. 이에 대해 한국의 전쟁사는, 은유적으로나마 평화는 평화적인 의지와 수단만으로 주어질 수 있는 성질의 것이 아니라는 사실과, 평화적인 의지와 수단만으로 확보했다고 하는 평화는 "전쟁"보다 더 지독하고 치욕스러운 "평화"일 수 있다는 사실도 함께 알려 주고 있다. 그렇다면 "어떻게 평화다운 평화를 확보할 수 있는가?" 하는 질문이 또 이어진다. 이 질문에 대해서 한국 전쟁사는 비교적 명확한 방향을 제시해 주고 있다. 평화를 확보하고 이를 지키려는 개인적, 집단적 "의지(意志)"가 있어야 하고, 이 의지를 실현할 수 있는 "능력(能力)"이 있어야 하며, 이 능력을 효과적으로 운용할 "체제(體制)"가 구축되어야 한다는 것이다. 한국의 전쟁사는 평화를 사랑한다는 한국과 한민족의 역사가 왜 평화스럽지 않았는가에 대한 의문점을 이와 같이 상당 부분 해소해 주고 있다.

그러나 한민족 전쟁사는 평화를 확보하고 지키려는 의지를 어떻게 가다듬고, 능력을 어떻게 구비하며, 체제를 어떻게 구축해야 하는가에 대한 구체적인 답은 줄 수가 없다. 상황 여건이 달라진 상태하에서 어떠한 평화를 어떻게 확보해야 하는가는 그 상황 여건에 처해 있는 당사자들이 해결해야 할 몫이기 때문이다.

오늘날 우리가 사는 현실에서의 평화는 "국어 사전적" 의미의 평화가 아니요, 총과 칼을 벼리어 삽과 쟁기를 만들어야 도래(到來)한다는 이상적 "평화주의자"들이 주장하는 평화는 더욱 아니다. 아마 그러한 평화는 인류 역사에서 존재해 본 적이 없을지 모른다. 총과 칼 등 평화를 위협할 수 있는 수단이 일체 주어지지 않은 인간 사회에서는 전쟁이란 있을 수 없다고 주장하기가 쉽지 않는 한 그렇다. 인류는 유사 이래 각종 무기를 만들어 수많은 전쟁을 해오는 데 익숙해졌다. 따라서 전쟁을 막아 평화를 확보하는 데 무엇이 필요한가도 잘 알고 있다. 특히 오늘날의 인류는 알게 모르게 핵무기의 엄청난 파괴력과 정확한 운반수단의 위협 속에서 하루하루를 살아가고 있다. 그리하여 오늘을 사는 사람들은 오늘의 평화스런 상태가 잠정적일 뿐 국어 사전에서 찾아볼 수 있는 의미의 평화가 아니며, 이상주의자들이 부르짖는 평화는 더욱 아니라는 사실을 잘 알고 있다. 한마디로 오늘날 현실적으로 주어지는 평화는 평화를 파괴할 수 있는 수단에 의해서 보장되는 평화라고 말해도 과언이 아닐 정도가 되었다.

오늘의 평화가 이를 파괴하는 수단에 의해서 보장되는 평화라면, 이를 어떻게 확보하고 지켜야 하는가에 대한 대답은 지극히 명확하고 간단해진다. 주어진 평화를 파괴하려는 의지, 능력, 체제를 갖추고 있는 내·외부의 잠재적인 상대와 전쟁도 불사하겠다는 의지와 능력 및 체제를 갖추는 것이 평화를 지키는 가장 현실적인 방책이라는 대답이다. 평화를 지키려는 이러한 의지, 능력, 체제가 구비되어야 이를 파괴하려는 능력과 체제를 갖춘 상대의 의지를 잠재워 평화를 유지할 수가 있다는 말이다. 이러한 바탕 위에 기민한 외교, 연대 세력의 형성에 의한 부가적인 방법 등이 동원되어 평화를 지킬 수 있는 것이다. 평화를 지키려는 의지와 능력이 구비되지 않은 상태에서 기민한 외교와 연대적인 압력만으로는 평화를 지킬 수 없다는 사실은 역사가 입증하고 있다. 대항할 의지와 능력 및 태세를 갖추고 있지 않은 상태에서 "유화정책(宥和政策)"만으로 구체화된 기민한 외교 결과가 독일의 히틀러에게 평화를 강요하지 못했고, "국제연맹(國際聯盟)"을 통한 연대적 압력이 군국주의 일본의 만주 점령과 중일 전쟁을 막지 못한 외교사(外交史)의 전례가 있다. 오늘의 평화는 이를 지키기 위하여 전쟁도 불사하겠다는 확고한 의지와 능력 및 태세가 유지해 주고 있는 것이다.

따라서 한국에 필요한 평화는 어떠한 성질의 것이어야 하고, 이를 확보·유지하려는 의지·능력·체제는 어떠해야 하는가는 한국민 스스로 자각하여 구비하여야 함을 쉽게 알 수 있다. 이러한 채비는 먼저 평화를 지키겠다는 의지에서 비롯된다. 뜻이 있는 곳에 길이 있기 때문이다. 이러한 의지는 자유스런 체제와 국가를 유지하기 위하여 응분의 책임과 역할을 수행해야 하고, 이를 수행함으로써 자유를 누릴 수 있다는 인식에 바탕을 두고 있으며, 이러한 인식은 한국민 스스로 자각하여 보유해야 할 요소이다. 한국민은 자생력 있는 체제를 유지하여 번영(繁榮)을 이루면서 이의 결과를 나누어 현 체제하에서 평화를 유지하는 것이 개인적으로나 집단적으로 훨씬 유익(有益)하다는 인식을 가지고, 이를 공유할 수 있도록 해야 한다. 이것 역시 한국민들이 자각하여 소유해야 할 부분이다. 현재의 평화를 유지하기 위한 의지와 능력을 갖추고, 이를 효율적으로 운용하여 민족 내부의 갈등도 슬기롭게 극복하면서, 한민족이 원하는 평화를 유지해 나가는 것이 우리 모두의 임무이며, 이 임무를 달성하는 것이 앞으로 기록될 한민족의 역사를 전쟁이 없는 평화의 역사로 만들 수 있는 지름길이기 때문이다.

한민족 전쟁사(韓民族 戰爭史)는 미래의 한국사(韓國史)가 한반도 내외의 전쟁(戰爭)을 다루지 않는 평화(平和) 속의 행적(行蹟)으로 기록되게 하기 위하여 한국(韓國)과 한국민(韓國民)이 기울여야 할 노력이 무엇이고, 어떻게 이를 구체화(具體化)해야 하는가를 우리에게 일깨워 주고 있다.

부 록(附錄)

Ⅰ. 한민족 전쟁사 연표

Ⅱ. 한국전쟁(6 · 25 전쟁)시 유엔군 참전 현황

Ⅲ. 한국전쟁(6 · 25 전쟁)시 중공군 참전 현황

I. 한민족 전쟁사 연표

1. 삼국시대(三國時代) 이전의 전쟁

연	월	일	주 요 사 항
기원전			
300			· 연(燕: 中國 戰國七雄의 一國), 고조선(古朝鮮) 침공
221			· 진(秦), 중국 통일
206			· 한(漢), 중국 왕조 건국
194			· 위만조선(衛滿朝鮮) 건국
109			· 한(漢), 조선 침공
108			· 조선(朝鮮) 멸망, 한사군(漢四郡) 설치
37			· 주몽(朱蒙), 고구려(高句麗) 건국
36			· 고구려(高句麗), 비류국(沸流國, 宋讓王) 병합
32	1		· 고구려(高句麗), 행인국(荇人國) 정벌
28	10		· 고구려(高句麗), 북옥저(北沃沮) 정벌
9	4		· 고구려(高句麗), 선비(鮮卑) 정벌
기원후			
9	4		· 백제(百濟), 마한(馬韓) 멸망시킴
13	11		· 부여(扶餘), 고구려(高句麗) 침공
22	2		· 고구려(高句麗), 부여(扶餘) 침공, 왕 대소(帶素) 살해
121	1		· 후한(後漢), 고구려(高句麗) 침공
122	2		· 고구려(高句麗), 요동(遼東) 침공
168	4		· 후한(後漢) 현도군(玄菟郡), 고구려(高句麗) 침공
172	11		· 고구려(高句麗), 후한(後漢)군 좌원(坐原)에서 격파
184			· 요동(遼東)태수, 고구려(高句麗) 공격
198			· 고구려(高句麗), 환도성(丸都城) 구축
220	10		· 중국(中國), 한(漢) 멸망, 삼국시대(魏, 吳, 蜀漢) 개막
244	8		· 위(魏)의 관구검(毌丘儉), 고구려(高句麗) 침공
265			· 중국(中國), 진(晉) 건국
313	8		· 고구려(高句麗), 낙랑군(樂浪郡) 공격, 멸망시킴
314	9		· 고구려(高句麗), 대방군(帶方郡) 공격, 멸밍시킴
342	11		· 연(燕, 慕容㿥) 고구려(高句麗) 침공, 고구려 참패

2. 삼국시대(三國時代)의 전쟁

1) 삼국간 전쟁

연	월	일	주 요 사 항
63	10		· 백제왕(百濟王), 낭자성(娘子城: 청주)에서 신라왕(新羅王) 회견 요청, 신라 불응
64	10		· 백제(百濟), 신라(新羅) 와산성(蛙山城) 공격
75	10		· 백제(百濟), 신라(新羅) 와산성(蛙山城) 점령
76	9		· 신라(新羅), 와산성(蛙山城) 수복
105-167			· 백제(百濟), 신라(新羅) 화평 성립
168-336			· 백제(百濟), 신라(新羅) 대립 관계
337			· 백제(百濟), 신라(新羅), 화평 관계 수립
371	10		· 백제(百濟), 고구려(高句麗) 공격, 고국원왕(故國原王) 살해
391	5		· 고구려(高句麗), 광개토대왕(廣開土大王, 391-413) 즉위
394	8		· 고구려(高句麗), 백제(百濟) 공격, 7개 성 구축
402			· 고구려(高句麗), 요동(遼東) 공략
410			· 고구려(高句麗), 동부여(東扶餘) 공략
413			· 고구려(高句麗), 장수왕(長壽王, 413-491) 즉위
427			· 고구려(高句麗), 평양(平壤)으로 천도
433-553			· 백제(百濟), 신라(新羅), 동맹 관계 수립
464			· 고구려(高句麗), 신라(新羅), 실직주성(悉直州城: 삼척) 점령
475	9		· 고구려(高句麗), 백제(百濟) 공격, 개로왕(蓋鹵王) 살해
			· 백제(百濟), 한성(漢城)에서 웅진(熊津: 공주)으로 천도
494	7		· 고구려(高句麗), 신라(新羅), 살수원(薩水原: 괴산) 침공, 퇴각
551			· 신라(新羅), 고구려(高句麗) 공격, 죽령(竹嶺) 서북 10개군 점령
553			· 신라(新羅), 한강 하류지역 점령, 주(州) 설치,
			· 백제(百濟), 신라(新羅)와 동맹(433-553) 파기
554	7		· 백제(百濟), 신라(新羅) 공격, 백제 성왕(聖王, 523-554) 전사
577	10		· 백제(百濟), 신라(新羅) 일선(一善: 선산) 공격
590			· 고구려(高句麗), 온달(溫達), 신라군과 교전중 아차성(阿且城)에서 전사
602	8		· 백제(百濟), 신라(新羅) 아막성(阿莫城) 공격
608	1		· 신라(新羅), 중국 수(隋)에 고구려 징벌 걸사표(乞師表) 제출
	4		· 고구려(高句麗), 신라(新羅) 우명산성(牛鳴山城) 점령
642	7		· 백제(百濟), 신라(新羅) 공격, 40여 성 탈취
	11		· 신라(新羅), 김춘추(金春秋) 고구려 파견, 원병(援兵) 요청
			· 고구려(高句麗), 김춘추에게 죽령(竹嶺) 이북 영토 반환 요구
			· 신라(新羅), 김춘추(金春秋) 당(唐) 파견, 원병(援兵) 요청
660	7	18	· 나당(羅唐)연합군, 백제(百濟) 공격, 백제 멸망
668	9	12	· 나당(羅唐)연합군, 고구려(高句麗) 공격, 고구려 멸망

2) 고구려(高句麗)와 수(隋)의 전쟁

연	월	일	주 요 사 항
589	1		· 수(隋), 중국 통일
	2		· 고구려(高句麗), 요서(遼西) 공격
	9		· 수(隋) 문제(文帝), 고구려(高句麗) 침공 시도, 실패
611	2		· 수(隋) 양제(煬帝), 고구려(高句麗) 토벌조서 내림
612	4		· 수(隋), 고구려(高句麗) 침공, 요동성(遼東城) 포위
	7		· 고구려(高句麗) 을지문덕(乙支文德), 살수대첩(薩水大捷)
	9		· 수(隋), 수군(隋軍) 퇴각
613	1		· 수(隋) 양제(煬帝), 동원령(動員令) 반포
	5		· 수(隋), 고구려(高句麗) 재침공, 요동성(遼東城) 포위
	6		· 수(隋) 양현감(楊玄感)의 반란, 수군(隋軍) 퇴각
614	3		· 수(隋) 양제(煬帝), 동원령(動員令) 반포
	7		· 수(隋) 양제(煬帝), 회원진(懷遠鎭) 도착, 독전(督戰)
			· 고구려(高句麗), 곡사정(斛斯政) 송환, 수군(隋軍) 퇴각
618	3		· 수(隋) 양제(煬帝) 피살, 수(隋) 멸망
	5		· 이연(李淵), 당(唐) 건국, 고조(高祖)로 즉위

3) 고구려(高句麗)와 당(唐)의 전쟁

연	월	일	주 요 사 항
642	10		· 고구려(高句麗), 연개소문(淵蓋蘇文) 정권 장악
	11		· 신라(新羅), 김춘추(金春秋) 당(唐) 파견, 원병(援兵) 요청
645	3		· 당(唐) 태종(太宗), 고구려(高句麗) 침공
	5		· 당군(唐軍), 요동성(遼東城) 점령
	9		· 당군(唐軍), 안시성(安市城) 공격 실패, 퇴각
647	5-7		· 당(唐), 고구려(高句麗)에 대한 요란(擾亂) 공격 실시
649	5		· 당(唐) 태종(太宗) 사망, 고종(高宗) 즉위
650	1		· 신라(新羅), 당(唐) 연호(永徽) 사용
654	3		· 신라(新羅), 태종무열왕(太宗武烈王) 즉위, 당(唐)과 결속 강화
658	6		· 당군(唐軍), 요동(遼東) 침공
660	7	9	· 백제(百濟), 계백(階伯) 황산(黃山: 連山) 전투에서 전사
		18	· 나당(羅唐) 연합군, 백제 멸망시킴
661	6		· 신라(新羅) 태종무열왕(太宗武烈王) 사망, 문무왕(文武王) 즉위
	7		· 당장(唐將) 소정방(蘇定方) 평양성 포위, 곤경에 처함
662	2		· 평양성 당군(唐軍), 신라의 군량 지원을 받은 후 철수
666	5		· 연개소문(淵蓋蘇文) 사망, 장자(長子) 남생(男生)이 막리지(莫離支)가 됨
	8		· 남건(男建), 형을 몰아내고 막리지(莫離支)가 됨
			· 남생(男生), 당에 투항
			· 연정토(淵淨土, 연개소문의 동생), 신라에 항복
668	9	12	· 나당(羅唐)연합군 평양성(平壤城) 점령, 고구려(高句麗) 멸망

3. 고려(高麗)시대의 전쟁

1) 고려(高麗)와 요(遼)의 전쟁

연	월	일	주 요 사 항
907	4		· 당(唐) 멸망함
916	8		· 거란(契丹), 야율아보기(耶律阿保機) 요(遼) 건국
918	6		· 왕건(王建), 고려(高麗) 건국
919	1		· 고려(高麗), 송악(松岳: 개성)으로 천도
926	2		· 요(遼), 발해(渤海) 멸망시키고 동단국(東丹國) 수립
928			· 동단국(東丹國)을 요양(遼陽)으로 옮김
936			· 고려(高麗), 후삼국(後三國) 통일
942	10		· 요(遼), 사신과 낙타 50필을 고려(高麗)에 보내옴
			· 고려(高麗), 태조(太祖), 거란(契丹) 사신 유배, 낙타 굶겨 죽임
946	1		· 요(遼), 국호를 대요(大遼)라 고침
947	6		· 고려(高麗), 광군사(光軍司) 설치, 30만 선군(選軍), 요(遼) 침공 대비
979			· 발해(渤海) 유민 수만 명 고려(高麗)에 귀순
983	10		· 요(遼), 압록여진(鴨綠女眞) 정벌
985	5		· 송(宋), 요(遼) 정벌 위해 고려(高麗)에 원병 요청
986	1		· 요(遼), 정안국(定安國) 복속
993	10(윤)		· 요(遼), 소손녕(蕭遜寧), 고려(高麗) 침공, 서희(徐熙) 화약
994			· 고려(高麗), 강동 6주(江東六州) 축성
1010	10		· 고려(高麗), 강조(康兆) 행영도통사(行營都統使) 임명, 요(遼) 침공 대비케 함
	11		· 요(遼), 고려(高麗) 침공
	12		· 고려(高麗) 현종(顯宗) 남행(南行)
1011	1		· 요군(遼軍), 개경(開京) 침입, 화의 성립 후, 퇴각함
	2	23	· 고려(高麗) 현종(顯宗) 개경 환도
1018	12		· 요(遼) 소배압(蕭排押), 10만 군 고려(高麗) 침공
			· 고려(高麗) 강감찬(姜邯贊), 흥화진(興化鎭) 요군(遼軍) 격파
1019	1		· 요군(遼軍), 개경(開京) 접근 후, 철군
			· 고려(高麗) 강감찬(姜邯贊), 귀주(龜州)에서 요군(遼軍) 대파
1020	5		· 고려(高麗), 요(遼)와 강화(講和)

2) 고려(高麗)와 몽고(蒙古)의 전쟁

연	월	일	주 요 사 항
1196	4		· 최충헌(崔忠獻), 무인(武人) 정권의 기반을 닦기 시작함
1206	1		· 몽고(蒙古) 테무진(鐵木眞) 즉위, 칭기즈 칸(成吉思汗)이라 칭함
1218	9		· 몽고(蒙古) 카진(哈眞), 거란(契丹) 유족 추격, 고려에 군량 요구
1219	2		· 몽고(蒙古) 카진(哈眞), 의주(義州)에서 철수

1219	9		· 고려(高麗), 최충헌(崔忠獻) 사망, 최우(崔瑀) 집권
1221			· 몽고(蒙古), 사신, 고려 북부에서 물품을 징수함
1225	1		· 몽고(蒙古), 사신, 자쿠예(著古與), 귀국중 압록강에서 피살
1227	8		· 몽고(蒙古), 칭기즈 칸 사망
1229	3		· 몽고(蒙古), 태종(太宗) 즉위함
1231	8		· 몽고(蒙古), 살리타(撒禮答) 고려(高麗) 침공
1232	1		· 몽고(蒙古), 살리타(撒禮答) 철수
	6		· 고려(高麗), 강화(江華)로 천도(遷都)
	12		· 몽고(蒙古), 살리타(撒禮答) 재침, 처인성(處仁城) 김윤후(金允侯)에게 사살됨
1235	7(윤)		· 몽고(蒙古), 탕쿠(唐古), 고려(高麗) 침공
1236	6		· 몽고군(蒙古軍), 안주(安州)까지 진출
	8		· 몽고군(蒙古軍), 개경(開京), 남경(南京), 온수(溫水), 공주(公州) 등지로 진출
1237			· 고려(高麗), 강화에 외성을 축조함
1238	4(윤)		· 몽고군(蒙古軍), 경주(慶州) 황룡사(皇龍寺) 불태움
1239	4		· 몽고군(蒙古軍), 강화 후 철군
1241	11		· 몽고(蒙古), 태종(太宗) 사망
1246	7		· 몽고(蒙古), 정종(定宗) 즉위
1247	7		· 몽고(蒙古), 아무간(阿母侃), 고려(高麗) 침공
1249	11		· 고려(高麗), 최우(崔瑀) 사망, 최항(崔沆) 집권
1250	8		· 고려(高麗), 강도(江都)에 중성(中城) 축조
1251	6		· 몽고(蒙古), 헌종(憲宗) 즉위
			· 고려(高麗), 대장경(大藏經) 조판 완료
1253	7		· 몽고(蒙古), 예쿠(也古), 고려(高麗) 침공
	8		· 몽고군(蒙古軍), 전주(全州) 침입
	9		· 몽고군(蒙古軍), 춘주(春州) 침입
	10		· 몽고군(蒙古軍), 충주(忠州) 침입
1254	1		· 몽고(蒙古), 아무간(阿母侃) 철수
	7		· 몽고(蒙古), 자랄타이(車羅大), 고려(高麗) 침공
	9		· 몽고군(蒙古軍), 고려인 20여만 명의 남녀 납치됨
1255	4		· 몽고(蒙古), 자랄타이(車羅大), 고려(高麗) 재침공
1256	8		· 몽고(蒙古), 자랄타이(車羅大), 호남지역 약탈 후 북상
	9-10		· 몽고(蒙古), 자랄타이(車羅大), 철수
1257	4(윤)		· 고려(高麗), 최항(崔沆) 사망, 최의(崔竩) 집권
	6		· 몽고(蒙古), 자랄타이(車羅大), 고려(高麗) 다시 침공, 서울, 직산 등지 침입
	8	6	· 고려(高麗), 태자(太子)의 친조(親朝) 조건, 강화
1258	2		· 몽고군(蒙古軍), 의주(義州)에 축성
	3		· 고려(高麗), 최의(崔竩) 피살, 무인정권 붕괴
	4		· 몽고(蒙古), 자랄타이(車羅大), 고려(高麗) 다시 침공
	8		· 몽고(蒙古), 자랄타이(車羅大), 개경(開京) 남진

1259	6	30	· 고려(高麗), 고종(高宗) 사망
	7	20	· 몽고(蒙古), 憲宗(헌종) 사망
	11(윤)		· 고려(高麗), 태자 왕전(王倎: 元宗), 중국 하남성(河南省)에서 몽고(蒙古) 세조(世祖)와 회견, 국교 정상화 합의
1260	3		· 몽고(蒙古), 세조(世祖) 즉위
			· 고려(高麗), 원종(元宗) 즉위
1261	4		· 고려(高麗), 태자 왕심(王諶: 忠烈王) 몽고 파견
1264	10		· 고려(高麗), 원종(元宗) 친조(親朝)
1270	6		· 고려(高麗), 배중손(裵仲孫) 등 삼별초군(三別抄軍), 몽고에 굴복반대, 강화도에서 봉기함
	8		· 고려(高麗), 삼별초군(三別抄軍), 진도(珍島)로 근거지를 옮김
1271	5		· 고려(高麗), 삼별초군(三別抄軍), 진도 상실, 탐라(耽羅) 이동
	11		· 몽고(蒙古), 국호(國號)를 원(元)이라 고침
1273	4		· 고려(高麗), 삼별초(三別抄)의 대몽항쟁(對蒙抗爭) 종료

4. 조선(朝鮮)시대의 전쟁

1) 조선(朝鮮)과 일본(日本)의 전쟁(壬辰倭亂)

연	월	일	주 요 사 항
1590			· 일본(日本), 도요토미 히데요시(豊臣秀吉), 전국 통일
1590	3		· 조선(朝鮮), 황윤길(黃允吉), 김성일(金誠一) 등 통신사 일행 일본 향발(向發)
1591	1		· 조선(朝鮮), 통신사 일행 부산포(釜山浦) 도착
1592	4	14	· 일본군(日本軍), 조선(朝鮮) 침공, 부산(釜山) 상륙
		28	· 조선(朝鮮), 신립(申砬), 탄금대(彈琴臺) 전투 패배
		30	· 조선(朝鮮), 선조(宣祖), 서행(西幸)
	5	3	· 조선(朝鮮), 한성(漢城) 실함(失陷)
		6	· 조선(朝鮮), 이순신(李舜臣), 옥포해전(玉浦海戰) 승리
	5		· 조선(朝鮮), 고경명(高敬命), 김천일(金千鎰) 의병(義兵) 봉기
	6	15	· 조선(朝鮮), 평양(平壤) 실함(失陷)
	7	8	· 조선(朝鮮), 이순신(李舜臣), 한산대첩(閑山大捷)
	7		· 조선(朝鮮), 각도 의병 활동이 활발해짐
	10	6-10	· 조선(朝鮮), 김시민(金時敏), 진주성 고수
	12	25	· 명(明), 이여송(李如松)군(軍), 조선 파병
1593	1	6	· 평양(平壤) 탈환(奪還)
		27	· 명(明), 이여송(李如松), 벽제관(碧蹄館) 전투 패배
	2	12	· 조선(朝鮮), 권율(權慄), 행주대첩(幸州大捷)
	2	28	· 일본군(日本軍), 평양, 함경도에서 한성으로 철수
	4	18	· 일본군(日本軍), 한성 철수

1593	4	20	· 조·명연합군(朝·明聯合軍), 한성 입성
	5		· 일본군(日本軍), 영남(嶺南) 연안에 장기 주둔 태세 갖춤
	6	22-9	· 조선(朝鮮), 진주성(晋州城) 함락됨, 김천일(金千鎰) 등 6만여 명 전사
	7		· 전라좌수사(全羅左水使) 이순신(李舜臣), 한산도(閑山島)로 진영 이전
	8	30	· 조선(朝鮮), 이순신(李舜臣)을 삼도수군통제사(三道水軍統制使)로 임명
	9	13	· 이여송(李如松), 본국으로 철수함
	10	1	· 조선(朝鮮), 선조(宣祖) 환도(還都)
1594-1596			· 조선(朝鮮), 무기 제조, 훈련 실시 등으로 방어 태세 강화
1596	5		· 일본군(日本軍), 조선 잔류 병력 2만으로 감축
	11	7	· 조선(朝鮮), 유성룡(柳成龍), 청야입보(淸野入保) 작전 건의
1597	1	14	· 일본군(日本軍), 주력 조선 이동
	1	27	· 조선(朝鮮), 이순신(李舜臣) 파직(罷職), 원균(元均) 삼도수군통제사(三道水軍統制使) 임명
	2	21	· 일본(日本), 도요토미 히데요시(豊臣秀吉) 침공군 부대 및 임무 지정
	4	1	· 조선(朝鮮), 이순신(李舜臣) 백의종군(白衣從軍) 명령
	7	8	· 일본군(日本軍), 대규모 도해(渡海) 상륙
		15	· 원균(元均), 칠천량해전(漆川梁海戰) 패배, 사망(死亡)
		22	· 조선(朝鮮), 이순신(李舜臣) 재기용(再起用)
	8		· 일본군(日本軍), 좌우 양로로 서진(西進)
			· 남원(南原, 16일), 전주(全州, 19일) 함락됨
	9	7	· 일본군(日本軍), 직산(稷山) 전투 패배, 남으로 퇴각
		16	· 이순신(李舜臣), 명량대첩(鳴梁大捷)
	12	8	· 조명연합군(朝明聯合軍) 남진
1598	1	4	· 명군(明軍), 울산(蔚山) 도산성(島山城) 공격 실패
	7		· 진린(陳璘)의 명수군(明水軍) 고금도(古今島) 도착
	8	18	· 일본(日本), 도요토미 히데요시(豊臣秀吉) 사망
	9	5	· 일본(日本), 명군(明軍)과 강화 후 철군 명령 하달(10. 1. 부산 도착)
	10		· 명군(明軍), 사천(泗川), 순천(順天, 倭橋城), 울산(蔚山, 島山城) 공격 실패
	11	19	· 이순신(李舜臣), 노량대첩(露梁大捷) 후 전사(戰死)
		20	· 일본군(日本軍), 일본으로 철수

2) 조선(朝鮮)과 청(淸)의 전쟁(丁卯·丙子胡亂)

연	월	일	주 요 사 항
1616	1	1	· 만주족(滿洲族), 누루하치(努兒哈赤), 후금(後金) 건국
1619	3	1	· 명군(明軍), 사르후에서 후금군(後金軍)에 패함

1619	3	4	· 조선(朝鮮), 강홍립(姜弘立) 후금(後金)에 투항, 조선 입장 전달
	7	14	· 후금(後金), 조선(朝鮮)에 동맹 체결을 요구함
1621	7		· 명장(明將), 모문룡(毛文龍), 가도(椵島)에 동강진(東江鎭) 설치
1622	9		· 조선(朝鮮), 명군(明軍)에게 쌀, 소금, 물자 조달
1623	3		· 조선(朝鮮), 인조반정(仁祖反正)
1624	1	22	· 조선(朝鮮), 이괄(李适)의 난
	3		· 조선(朝鮮), 남한산성(南漢山城) 축조, 강화도(江華島) 군비 증강
1625	1		· 이괄(李适)의 잔당(殘黨), 후금(後金)으로 망명
1626	9	1	· 후금(後金), 태조(太祖: 누루하치) 사망, 태종(太宗) 즉위
1627	1	8	· 후금군(後金軍), 3만 명 조선(朝鮮) 침공
		27	· 조선(朝鮮), 인조(仁祖), 강화도(江華島)로 피신
	2		· 후금(後金), 형제지맹(兄弟之盟) 요구
	3	3	· 조선(朝鮮), 후금(後金)과 화약(丁卯和約)
	6		· 용골산성(龍骨山城) 의병장(義兵將) 정봉수(鄭鳳壽), 대계도(大鷄島) 이동, 항쟁 종식
1632	9	27	· 후금(後金), 조선(朝鮮)에 사신 접대 명(明)과 동등한 대우 요구
	12		· 조선(朝鮮), 서북지역 경계 강화, 후금(後金) 침공 대비
1633	7	30	· 후금(後金), 명(明)으로부터 여순(旅順) 탈취
1636	2	2	· 후금(後金) 사신, 황제 존칭 및 군신지맹(君臣之盟) 강요
	4	11	· 후금(後金), 국호(國號)을 청(淸)으로 개칭, 태종(太宗) 황제 즉위
	12	8	· 청(淸) 태종(太宗), 조선(朝鮮) 침공
		14	· 빈궁(嬪宮) 강화(江華), 인조(仁祖) 남한산성(南漢山城) 도피
		16	· 청군(淸軍) 선봉(先鋒), 남한산성 포위, 화의 요구
		18	· 조선(朝鮮), 화의 거부
		30	· 청(淸) 태종(太宗), 한성(漢城) 입성
1637	1	1	· 청(淸) 태종(太宗), 탄천(炭川)에 포진, 남한산성 정찰
			· 청군(淸軍), 성내 포격 실시하면서 출성(出城) 항복 강요
		22	· 강화도(江華島) 실함(失陷)
			· 조선(朝鮮) 인조(仁祖), 강도(江都) 패보(敗報) 접수 후, 출성(出城) 결정
		30	· 인조(仁祖), 출성(出城), 삼전도(三田渡)에서 청태종(淸太宗)에게 삼배구고두(三拜九叩頭) 항복의식 절차에 따라 항복

3) 조선(朝鮮) 말기의 분쟁(紛爭)과 전쟁

연	월	일	주 요 사 항
1866	1		· 조선(朝鮮), 천주교(天主敎) 박해, 프랑스 신부 9명 처형
	7	8	· 리델 신부, 중국으로 탈출하여 로즈 제독(提督)에게 보고
	9	5	· 미국선(美國船), 제너럴 셔먼호 평양에서 소각됨
		27	· 프랑스 함대, 양화진(楊花津)까지 진입 후 철수함
	10	16	· 프랑스 함대, 강화부(江華府) 점령, 통진부(通津府) 침공(丙寅洋擾)

1866	11	9	· 프랑스 군(軍), 정족산성(鼎足山城)에서 격퇴당함
		11	· 프랑스 함대 철수함
1871	6	1	· 미함(美艦), 광성진(廣城鎭) 염하(鹽河) 진입, 조선 수비대 포격(辛未洋擾)
		6	· 조선(朝鮮), 정당방위(正當防衛) 주장
		10	· 미군(美軍), 초지진(草芝鎭)에 상륙
		11	· 미군(美軍), 덕진진(德津鎭), 광성진(廣城鎭) 점령
		12	· 미함대(美艦隊), 광성진(廣城鎭)에서 철수함
	7	2	· 미함대(美艦隊), 조선(朝鮮) 해역(海域)에서 철수함
1894-5			· 청일전쟁(淸日戰爭)
1904-5			· 러일전쟁(露日戰爭)

5. 한국전쟁(韓國戰爭: 6 · 25 戰爭)

연	월	일	주 요 사 항
1950	6	25	· 북한군 38선 전역에서 전면 남침 공격, 한국전쟁 발발(勃發)
		26	· 옹진(甕津)반도, 문산(汶山), 의정부(議政府) 실함
			· 유엔안전보장이사회, 북한의 공격을 평화의 파괴 행위로 규정하고, 북한군 공격 행위의 중지와 38선 이북으로 철수 요구(뉴욕 시간: 6. 25.)
		27	· 강릉(江陵) 실함
			· 미아리(彌阿里)-청량리(淸凉里)선에 수도 방어 진지 구축
			· 한국군(韓國軍) 6사단, 춘천(春川) 고수
		28	· 미국(美國) 트루먼 대통령, 미 해공군 한국군 지원을 승인
			· 유엔안전보장이사회, 유엔 회원국에게 공산 침략을 격퇴시키기 위하여 한국(韓國)에 지원군을 파견하자는 결의안(決議案) 채택(뉴욕 시간: 6. 27.)
			· 한강교(漢江橋) 폭파
			· 서울, 춘천(春川) 실함
			· 미 극동군, 전방지휘소(ADCOM) 수원(水原)에 설치
		29	· 한국군(韓國軍), 한강방어선(漢江防禦線) 구축
			· 맥아더(Douglas MacArthur) 원수, 한강방어선 시찰
			· 미 해군, 한국 해역 봉쇄 및 북한군에 대한 포격 개시
			· 미 B-26, 평양 폭격
		30	· 맥아더, 미 지상군(地上軍) 투입 요청
			· 미 트루먼 대통령, 미 지상군 한국전선 투입 승인
	7	1	· 미 지상군, 스미스부대 부산(釜山) 도착
		3	· 한국군(韓國軍), 수원(水原)으로 철수
		5	· 미 스미스부대, 오산(烏山) 북방 죽미령(竹美嶺)에서 북한군(北韓軍)

1950	7	5	과 첫 교전(交戰)
			· 한국군(韓國軍), 1군단(수도, 1, 2사단) 창설 병력 통합
			· 전선정리(戰線整理), 유엔군 경부국도, 한국군 중동부 전선 담당
		8	· 유엔안전보장이사회, 미국에게 유엔군 사령부 설치를 위임하는 결의안 통과(뉴욕 시간: 7. 7.)
			· 미국(美國), 미 합참본부를 한국전 수행 기관 지정, 유엔군 사령관에 맥아더 임명
		9	· 맥아더, 미 8군사령부를 대구(大邱)에 설치
		12	· 미 24사단, 금강(錦江) 방어선 구축
		13	· 미 8군사령관 워커(Walton H. Walker) 중장, 한국에 파병된 미지상군의 작전 지휘 개시
		14	· 한국(韓國) 이승만(李承晩) 대통령, 한국군(韓國軍) 작전 통제권(作戰統制權)을 유엔군 사령관에게 위임
		15	· 맥아더, 미 8군사령관에게 한국군 작전 통제권 행사 지시
		16	· 한국(韓國) 정부, 대전(大田)에서 대구(大邱)로 이동
		17	· 한국군(韓國軍) 17연대, 화령장(化寧場)전투 승리
		20	· 대전(大田) 실함, 미 24사단장(William F. Dean 소장) 실종
		25	· 한국군(韓國軍), 2사단 해체, 수도, 1, 3, 6, 8 등 5개 사단 보강
		31	· 진주(晋州) 실함
	8	1	· 한국군 및 유엔군, 낙동강(洛東江) 방어선으로 철수
			· 미 25사단, 상주(尙州)에서 마산(馬山)으로 이동 배치
		4	· 한국군 및 유엔군, 낙동강(洛東江) 방어선(防禦線) 형성
		5	· 북한군(北韓軍), 8월 공세 개시, 대구(大邱)에 주공(主攻) 지향
		16	· 한국군 3사단, 장사동(長沙洞)에 고립, 구룡포(九龍浦)로 해상 철수
			· 맥아더, 인천상륙부대 미 10군단 창설
			· 미 극동공군, B-29 98대 왜관(倭館) 대안(對岸) 융단폭격
		27	· 다부동(多富洞) 전투 개시
		28	· 영(英), 27여단 부산 도착
		31	· 북한군(北韓軍), 1군단 9월 공세 개시
	9	2	· 북한군(北韓軍), 2군단 9월 공세 개시
		5	· 미 8군 전방지휘소만 대구(大邱)에 설치하고, 한국군 육군본부와 미 8군사령부 부산(釜山)으로 이동
		6	· 영천(永川) 전투 개시
		12	· 미 1 및 9군단 작전 개시
		15	· 인천상륙작전(仁川上陸作戰) 실시
		16	· 한국군 및 유엔군 낙동강(洛東江) 방어선 돌파, 총반격 개시
		18	· 김포(金浦)비행장 탈환
		28	· 서울 탈환(奪還)
		29	· 수도(首都) 탈환식 거행
	10	1	· 한국군(韓國軍) 3, 수도사단 동해안(東海岸)에서 38선 돌파
		7	· 유엔총회, 유엔군의 북한(北韓) 진격(進擊) 승인과 한국 통일부흥위원단(UNCURK) 설치안 의결(議決)

1950	10	9	· 유엔군 사령관, 북한군 항복 요구
			· 서부전선 38선 돌파, 북진 개시
		10	· 한국군(韓國軍), 1군단(3, 수도사단) 원산(元山) 점령
		15	· 트루먼, 맥아더, 웨이크도(Wake Island) 회담
		19	· 평양(平壤) 점령
		24	· 맥아더, 압록강(鴨綠江) 총진격 명령 하달
		26	· 한국군(韓國軍) 6사단, 초산(楚山) 진격
			· 중공군(中共軍), 10월 공세(1차 전역) 개시
		26	· 미 10군단, 동해안지역 담당, 미 1해병사단 원산(元山) 상륙
	11	1	· 미 8군, 청천강(淸川江) 선으로 철수
		21	· 미 7사단, 혜산진(惠山鎭) 진입
		24	· 맥아더, 전면 공격(end-the-war offensive) 명령 하달
		25	· 한국군(韓國軍), 수도사단, 청진(淸津) 진입
			· 중공군(中共軍), 11월 공세(2차 전역) 개시
		27	· 중공군(中共軍), 장진호(長津湖)의 미 1해병사단 포위, 공격
	12	1	· 유엔군사령부, 전면 철수 명령
		4	· 평양(平壤) 철수
		6	· 장진호(長津湖) 미 1해병사단 흥남(興南)으로 육상 철수 개시
		15	· 미 8군, 38도선상에 새로운 방어선 구축
		15-24	· 미 10군단, 흥남(興南) 철수작전
		23	· 미 8군사령관(Walton H. Walker 중장), 차량 사고 순직
		26	· 신임 미 8군사령관(Matthew B. Ridgway 중장) 부임
		27	· 맥아더, 미 10군단을 미 8군에 배속
		31	· 중공군(中共軍), 신정(新正) 공세(3차 전역) 개시
1951	1	4	· 서울 실함(失陷)
		7-14	· 유엔군, 평택(平澤)-원주(原州)-삼척(三陟) 방어선 구축
		15	· 미 1군단, 위력 수색 작전 (Operation Wolfhound) 실시
		25	· 미 1, 9군단, 한강선 진격 작전 (Operation Thunderbolt) 개시
	2	1	· 유엔총회, 중공군(中共軍)을 침략자로 규정
		5	· 한국군 3, 미 10군단, 홍천 진격 작전 (Operation Roundup) 개시
		11	· 중공군(中共軍), 2월 공세(4차 전역) 개시
		13-5	· 지평리(砥平里) 전투
		21	· 미 9, 10군단, 원주(原州)-강릉(江陵) 간 도로 확보 작전 (Operation Killer) 개시
	3	7	· 유엔군, 춘천 진격 작전 (Operation Ripper) 개시
		14	· 서울 재탈환(再奪還)
		23	· 미 187공수연대, 문산(汶山) 투하 작전 (Operation Tomahawk)

1951	4	5	· 유엔군, 캔자스(Kansas, 38선 부근)선 진격 작전 (Operation Rugged) 개시
		10	· 유엔군, 와이오밍(Wyoming, 철의 삼각지)선 진격 작전 (Operation Dauntless) 개시
		11	· 미국, 유엔군 사령관 경질(MacArthur→Ridgway)
			· 신임 8군사령관(James A. Van Fleet 중장) 취임
		14	· 유엔군, 캔자스(Kansas)선 확보
		22-8	· 중공군(中共軍), 4월 공세(5차 전역 1단계)
	5	16-20	· 중공군(中共軍), 5월 공세(5차 전역 2단계)
		21	· 유엔군, 재반격
		30	· 유엔군, 캔자스선 재진출 (Operation Detonate)
	6	3-12	· 미 1, 9군단, 철의 삼각지 철원(鐵原), 김화(金化) 점령 (Operation Piledriver)
		23	· 소련 유엔 대표(Jacob Malik), 휴전(休戰) 제의
		30	· 유엔군 사령관(Matthew B. Ridgway 대장), 휴전 회담 제의
	7	1	· 김일성(金日成), 팽덕회(彭德懷) 회답, 장소 변경(開城) 제의
		10	· 개성(開城) 휴전 회담(休戰會談) 개막(開幕)
		26	· 휴전 회담 의제(議題) 합의
	8	10	· 공산측, 군사분계선(軍事分界線)으로 38선 주장, 접촉선 거부
		23	· 공산측, 휴전 회담 거부(유엔기의 중립 지대 침범 구실)
	9	2	· 미 2사단, 피의 능선(the Bloody Ridge) 점령
	10	3-12	· 미 1, 9군단, 캔자스선 전방 10km 전초(Jamestown)선 확보 (Operation Commando)
		3-15	· 미 2사단, 단장의 능선(the Heartbreak Ridge) 점령 (Operation Touchdown)
		25	· 휴전 회담(休戰會談) 판문점(板門店)에서 재개(再開)
	11	27	· 휴전 회담 양측 대표, 당시 접촉선에 근거한 군사분계선(軍事分界線) 합의(30일 내 휴전 회담 조인시 유효함)
	12	18	· 휴전 회담 양측 대표, 포로(捕虜) 명단 교환
1952	1	2	· 휴전 회담 유엔측, 포로의 자유 송환(自由送還) 원칙 제의
		3	· 휴전 회담 공산측, 포로의 강제 송환(强制送還) 원칙 주장
	4	23	· 휴전 회담 공산측, 휴전회담 휴회 요구
	5	7	· 거제도 포로수용소 공산측 포로, 폭동사건
		12	· 신임 유엔군 사령관(Mark W. Clark 대장) 취임
			· 전임 유엔군 사령관(Matthew B. Ridgway 대장) NATO사령관으로 전보(轉補)
	6	6-26	· 유엔군, 백마(白馬)고지, 불모(不毛)고지 등 11개 전초 점령 (Operation Counter)
	9	6-20	· 수도고지(首都高地), 지형능선(指形稜線) 전투
	10	8-15	· 백마고지(白馬高地) 전투
	10. 14	-11. 25	· 저격능선(狙擊稜線) 전투

1952	12	2-4	· 미국 대통령 당선자(Dwight D. Eisenhower) 내한(來韓)
		3	· 유엔총회, 포로 자유 송환 촉구 결의안 채택
1953	2	11	· 신임 8군사령관(Maxwell D. Taylor 중장) 취임
	2	22	· 유엔군 사령관, 상병(傷病) 포로의 즉각 송환 제의
	3	5	· 소련 수상(Joseph Stalin) 사망
		28	· 공산측, 유엔군 사령관 상병(傷病) 포로 송환 제의 수락
	4	20-6	· 상병(傷病) 포로 교환(Operation Little Switch)
		26	· 휴전 회담(休戰會談) 재개
	5	25	· 한국(韓國) 대표, 휴전 회담 참석 거부
	6	10-18	· 중공군(中共軍), 6월 공세(金城지역 전투)
	6	18	· 이승만(李承晩) 대통령, 반공 포로 석방(反共捕虜釋放)
	7	13-20	· 중공군(中共軍), 7월 공세(金城 지역 최종 공세)
		27	· 휴전 협정(休戰協定) 조인(調印, 10:00시 板門店) · 휴전 협정(休戰協定) 발효(發效, 22:00시 全戰線)
	8. 5.-9. 6.		· 포로 교환(捕虜交換): Operation Big Switch

II. 한국전쟁(6 · 25 전쟁)시 유엔군 참전 현황

1. 병력 파견 및 의료 지원국

참 전 국	병 력	한국 도착일	지상 전투 참가일
미 국	지 상 군 해 군, 공 군	1950. 7. 1. 6. 27.	1950. 7. 5.
영 국	지 상 군 해 군, 공 군	1950. 8. 28. 6. 30.	1950. 9. 5.
캐 나 다	지 상 군 해 군, 공 군	1950. 11. 7. 7. 30.	1951. 2. 15.
오스트레일리아	지 상 군 해 군, 공 군	1950. 9. 28. 6. 30.	1950. 11. 5.
뉴 질 랜 드	지 상 군 해 군	1950. 12. 31. 7. 19.	1951. 1. 22.
터 키	지 상 군	1950. 10. 17.	1950. 11. 10.
프 랑 스	지 상 군 해 군	1950. 11. 29. 7. 29.	1950. 12. 11.
그 리 스	지 상 군 공 군	1950. 12. 9. 12. 1.	1951. 1. 27.
네 덜 란 드	지 상 군 해 군	1950. 11. 23. 7. 19.	1950. 12. 3.
벨 기 에	지 상 군	1951. 1. 31.	1951. 3. 6.
룩 셈 부 르 크	지 상 군	1951. 1. 31.	1951. 3. 6.
타 이	지 상 군 해 군, 공 군	1950. 11. 7. 1950. 11. 7.	1950. 11. 23.
필 리 핀	지 상 군	1950. 9. 19.	1950. 9. 29.
에 티 오 피 아	지 상 군	1951. 5. 7.	1951. 8. 15.
남아프리카 공화국	공 군	1950. 10. 4.	1950. 11. 6.
콜 롬 비 아	지 상 군 해 군	1951. 6. 15. 5. 8.	1951. 8. 1.

지 원 국	지 원 부 대	한국 도착일	지원 개시일
덴 마 크	병 원 선	1951. 3. 7.	1951. 3. 7.
스 웨 덴	병 원	1950. 9. 23.	1950. 9. 23.
노 르 웨 이	병 원	1951. 6. 22.	1951. 6. 22.
이 탈 리 아	병 원	1951. 11. 16.	1951. 11. 16.
인 도	병 원	1950. 11. 20.	1950. 11. 20.

*ROK The Ministry of National Defense, *The History of The United Nations Forces in the Korean War*, pp. 59-544 참조.

2. 한국군 및 유엔군의 지상군 병력 및 해공군 전력

1) 지상군

(단위: 명)

국가별 \ 연월일	1951. 6. 25.	1952. 6. 30.	1953. 7. 31.
총 계	554,577	678,051	932,539
한 국	273,266	376,418	590,911
미 국	253,250	265,864	302,483
기타 연합국 소계	28,061	35,769	39,145
영 국	8,278	13,043	14,198
캐 나 다	5,403	5,155	6,146
오스트레일리아	912	1,844	2,282
뉴질랜드	797	1,111	1,389
터 키	4,602	4,878	5,455
프 랑 스	738	1,185	1,119
그 리 스	1,027	899	1,263
네덜란드	725	565	819
벨 기 에	602	623	944
타 이	1,057	2,274	1,294
필 리 핀	1,143	1,494	1,496
에티오피아	1,153	1,094	1,271
콜롬비아	1,050	1,007	1,068
스 웨 덴	162	148	154
노르웨이	79	109	105
이탈리아	0	64	72
인 도	333	276	70

2) 해　군

(함정: 척)

국가별 \ 연월일	1951. 6. 30.	1952. 1. 15.	1952. 6. 30.	1952. 10. 15.	1953. 7. 31.
한　국	34		67		76
미　국	186		195		261
영　국		22		22	
캐 나 다		3		3	
오스트레일리아		4		4	
뉴질랜드		2		2	
네덜란드		1		1	
타　이		2		2	
콜롬비아		1		1	
덴 마 크		1		1	

3) 공　군

(비행대대수)

국가별 \ 연월일	1951. 6. 30.	1952. 6. 30.	1953. 7. 31.
미　국	58	67	66
캐 나 다	1	1	1
오스트레일리아	1	1	1
남아프리카 공화국	1	1	1

* 지상군 자료 출처: Walter G. Hermes, *The Truce Tent and Fighting Front* (Washington, D. C.: GPO, 1966), p. 513.
* 한국군 지상군 병력은 카투사(KATUSA), 해병대 배속된 병력 포함.
* 벨기에 지상군 병력은 룩셈부르크 소대(44명 정도) 포함.
* 스웨덴, 노르웨이, 이탈리아, 인도의 지상군 병력은 의무지원부대 요원.
* 해·공군 자료 출처: 미 해군성에서 제공한 자료; *Jane's Fighting Ships, 1950-1951,* p. 262; *1951-1952,* p. 390; *1952-1953,* p. 315; *Year Book of the United Nations, 1951*, pp. 249-51; *1952,* pp. 214-15; Robert F. Futrell, *The United States Air Force in Korea, 1950-1953* (New York: Sloan and Pearce, 1961), p. 644; J. F. Schnabel and R. J. Watson, *A History of the Joint Chiefs of Staff, III: The Korean War* (1979); 國防部 戰史編纂委員會 譯, *美國合同參謀本部史; 韓國戰爭 (下),* p. 491; James I. Matray, ed., *Historical Dictionary of the Korean War* (1991), p. 552; 陸軍士官學校 戰史學科, *韓國戰爭史*(1994), p. 755.

3. 참전 및 의료 지원국의 역할

1) 미 국

미국은 제일 먼저 한국에 전투 병력을 파견하고 가장 큰 규모의 지상군(육군, 해병대), 해군, 공군을 파병하였다. 미 해군과 공군은 1950년 6월 27일부터 한국전에 참전하였으며 지상군도 1950년 7월 1일 미 24사단 스미스부대(대대 규모)가 부산에 도착함으로써 참전하기 시작하였다. 한국전쟁중 미 지상군은 3개 군단(미 1, 9, 10군단), 8개 육군 사단(미 24, 25, 2, 7, 3, 40, 45보병사단과 1기병사단)과 미 1해병사단, 2개 연대전투단(미 5보병연대전투단, 미 187공수연대전투단)과 이들의 지원부대로 구성되었다. 미국 해군은 미 극동해군사령부의 해군과 제7함대가 투입되었고 90, 95기동함대를 주축으로 해상, 상륙작전을 수행하고 지상군 작전 및 공군작전을 지원하였다. 미국 공군은 미 극동공군을 위주로 제5공군(일본 주둔), 제20공군(오키나와 주둔), 제13공군(필리핀 주둔), 군수사령부(일본 주둔)로 구성되어 전쟁 기간중 최대 20개 비행단, 77개 비행대대의 작전을 통제하였다. 또한 미국은 미 극동군 사령부를 중심으로 유엔군사령부를 창설하여 미 극동군 사령부 예하 구성군사령부인 미 8군, 미 극동해군, 미 극동 공군사령부를 이용하여 한국군과 유엔회원국이 파견한 유엔군을 작전 통제하였다.

미군은 미 해공군의 작전과 미 지상군이 벌인 죽미령 전투(1950. 7. 5.)를 시작으로 대전 전투(1950. 7. 18.-20.), 낙동강 방어선 전투(1950. 8.-9.), 인천상륙작전(1950. 9. 15.) 등의 작전을 직접 실시하고 한국에서의 육·해·공 및 상륙, 철수작전을 지휘, 통제하여 한국전쟁을 수행하였다. 휴전 後, 미 해공군은 재배치가 이루어졌고 지상군도 1954년 1월부터 철수를 시작하여 1955년 3월까지 7개 사단이 철수하고 나머지 부대는 한미 상호방위조약에 근거한 임무를 수행하였다.

2) 영 국

영국은 미국 다음으로 큰 규모의 지상군과 해군을 파병하였다. 영국은 1950년 6월 30일 점령군으로 일본에 주둔하고 있던 영국 극동 해군의 일부를 대한 해역으로 전개시켜 참전하였고 제77전투비행대대 역시 미 제5공군의 작전 통제하에 참전하였으며 지상군은 1950년 8월 29일에 부산에 도착하여 낙동강전선에 투입되었다. 영국 해군은 8척(항공모함 1척 포함)의 함정으로 미 극동 해군사령관의 작전 통제하에 한국의 서해안에서 해상작전을 수행하고 공군작전을 지원하였다. 영국은 2개 여단(27, 29)을 한국에 파병하였으며 영 27여단은 1950년 8월 28일에 부산에 도착하여 낙동강전선에 투입되었고 영 29여단도 1950년 11월 18일에 부산에 도착하였다. 영국 지상군은 최초에 미군의 군단 및 사단에 배속되어 작전을 수행하였으나, 1951년 7월 28일 이후에는 한국전에 참전한 영연방국가(영국, 캐나다, 오스트레일리아, 뉴질랜드, 인디아)의 부대들과 영연방 1사단을 구성하여 사단 단위 작전을 실시하였다.

영국군은 낙동강 방어전을 비롯하여 북진 작전에 참여하였고 정주 전투(1950. 10. 29.), 박천 전투(1950. 11. 4.)에 이어 저성(설마리) 전투(1951. 4. 22.-25.)와 가평 전투(1951. 4. 23-24.)에서 중공군의 공세를 둔화, 좌절시키는 데 큰 역할을 수행하였다. 휴전 후, 영국 해군은 1955년 3월에 철수를 완료하고 지상군은 1957년까지 철수하였다.

3) 캐나다

캐나다는 육·해·공군을 한국에 파병하였다. 캐나다는 구축함 3척을 출동시켜 1950년 7월 30일 미 극동 해군사령부의 작전 통제하에 해상작전을 수행하였고 수송대대를 파견하여 1950년 7월 26일부터 수송 임무를 수행하였다. 캐나다는 조종사 22명을 파견하여 유엔공군기를 조종하도록 조치하였고, 지상군 25여단을 창설하여 먼저 2대대를 1950년 12월 18일에 부산에 도착하도록 하였으며, 주력은 1951년 5월 초 파견하였다. 최초로 파견된 25여단 2대대는 영 27여단에 배속되어 작전을 수행하였으며 1951년 5월에 주력과 합류하여 미 군단 또는 사단에 배속되어 작전을 수행하였다. 캐나다 25여단은 1951년 7월 28일에는 영연방 1사단에 편입되어 휴전시까지 임진강 일대에서 작전을 수행하였다. 휴전 후, 캐나다 공군은 1953년 7월, 해군은 1955년 9월, 지상군은 1957년 6월에 철수하였다.

4) 오스트레일리아

오스트레일리아는 육·해·공군을 한국에 파병하였다. 오스트레일리아 해군과 공군은 영연방 해군(영 극동해군)과 공군(영 77전투비행대대)의 일원으로 한국전에 참전하였으며, 해군은 4척(항공모함 1척 포함) 규모의 전력을 유지하였고, 공군은 1개의 수송기편대가 추가되었다. 지상군은 일본에 주둔하고 있던 1개 대대를 근간으로 편성된 대대 규모의 병력이 1950년 9월 28일 부산에 도착하여 영 27여단에 배속되어 작전에 참여하였다. 영 27여단 3대대로 편성된 오스트레일리아 대대는 영 27여단과 전투 임무를 수행하고, 특히 마량산 전투(1951. 10. 3.-8.)에서 마량산을 점령하여 서울에서 철원에 이르는 도로망을 확보하는 공훈을 세웠다. 휴전 후, 오스트레일리아 공군은 1953년 10월, 해군은 1954년 2월, 지상군은 1956년 3월에 철수하였다.

5) 뉴질랜드

뉴질랜드는 한국전에 지상군과 해군을 파병하였다. 뉴질랜드 해군(프리깃 함 2척)은 7월 30일부터 미 극동 해군사령부의 작전 통제하에 해상작전을 수행하였고, 지상군으로 파병된 제16포병연대(대대 규모)는 1950년 12월 31일 부산에 도착하여 1951년 1월 22일 영 27여단에 배속되어 여단 작전에 참여하였다. 1951년 7월 28일에는 영연방 1사단 사단포병의 일부가 되어 영 28여단(개칭된 27여단)을 직접 지원하였다. 특히 후크고지 전투(1953. 5. 2.-28.)에서는 4,500여 발의 포탄을 발사하여 영연방 사단이 빼앗긴 고지를 탈환하는 작전을 지원하였다. 휴전 후, 뉴질랜드 해군은 1954년 3월, 지상군은 1955년 11월에 철수하였다.

6) 터 키

터키는 한국전에 지상군 1개 여단을 파견하였다. 당시 28사단 241연대를 기간으로 삼아 보병 3개 대대와 1개 105mm 곡사포대대 및 지원부대로 편성된 터키 1여단은 1950년 10월 17일 부산항에 도착하였다. 터키 여단은 현지 적응 훈련을 마친 후에 미 9군단에 배속되어 후방지역 경계임무를 수행하다가 11월 하순경 전방지역에 투입되어 본격적인 전투 임무를 수행하였다. 터키 1여단은 1951년 11월 2여단은 1952년 8월에 3여단과 교대하면서 군우리 전투(1950. 11. 26.-30.), 김량장 전투(1951. 1. 25-27.), 장승천 전투(1951. 4. 22.-23.), 네바다 전초전(1953. 5. 28.-29.) 등에서 치열한 전투를 치르고 휴전을 맞이하였다. 특히 군우리 전투에서는 진내 사격까지 요청하면서 전투를 치르기도 하였다. 휴전 후, 터키 여단은 1개 중대만 남고 1954년 여름에 철수하였으나, 1966년 의장대 1개 분대만 남고 이들도 철수하고, 1971년 6월에는 의장대마저 철수하였다.

7) 프랑스

프랑스는 한국전에 해군과 지상군을 파견하였다. 프랑스 해군은 구축함 1척을 1950년 7월 29일 한국 해역에 파견하여 미 극동 해군사령부 작전 통제하에 해상작전을 수행하였으며 대대 규모의 지상군을 파병하였다. 프랑스 대대는 자원병(自願兵)으로 구성되어 있었고, 대대장 역시 현역 육군 소장(Ralph Monclar)이 중장 진급을 스스로 물리치고 중령 계급장을 달고 자원한 외인부대 전문가였으며, 1중대는 해병대 출신, 2중대는 수도방위 보병부대 출신, 3중대는 낙하산병과 외인부대 출신으로 편성된 특수한 부대로서 필요에 따라 다양한 임무를 수행할 수 있는 특성을 지니고 있었다. 1950년 11월 29일 부산에 도착한 프랑스 대대는 약 2주 간의 현지 적응 훈련을 마친 후 12월 11일 미 2사단에 배속되어 전투에 참가하였다. 이 같은 특성을 지닌 프랑스 대대는 강력한 전투력을 바탕으로 지평리 전투(1951. 2. 13.-15.), 홍천·인제지역 전투, 단장의 능선 전투(1951. 9. 13.-10. 13.), 화살머리 전투(1952. 10. 6.-10.) 등에서 많은 희생을 감수하면서 전과를 획득하였다. 휴전 후, 프랑스 대대는 1953년 11월 6일까지 소규모 잔류 부대만 남기고 철수하였으며 나머지 병력도 1965년 6월에 철수하였다.

8) 그리스

그리스는 한국전에 지상군과 공군을 파견하였다. 그리스는 참전 목적으로 편성된 13수송기 편대를 일본에 파견하여 1950년 12월 1일부터 지원임무를 수행하였으며, 최초 여단급 규모의 지상군을 파견하려 하였으나 한국전 사태가 진정됨에 따라, 1개 대대를 한국에 파병하였다. 그리스 대대는 1950년 12월 9일 부산에 도착하였으며, 미군 사단에 배속되어 경계 임무를 수행하다가 1951년 1월 27일 이천지역 전투를 비롯하여 연천지역 전투(1951. 10. 3.-5.), 김화지역 전투(1953. 7. 20.-26.) 등에서의 전과로 많은 부대 표창을 받기도 하였다. 휴전 후, 그리스 공군은 1955년 5월, 지상군은 1955년 12월에 철수하였다.

9) 네덜란드

네덜란드는 한국에 지상군과 해군을 파병하였다. 네덜란드는 인도네시아에 정박중이던 구축함 1척을 한국 해역으로 진출시켜 영국 극동함대 지휘하에 해상작전을 수행하도록 하였으며 보병 1개 대대를 한국에 파견하였다. 네덜란드 대대는 1950년 11월 23일 부산에 도착하였고, 11월 말에 미 2사단에 배속되어 전투에 참가하였다. 네덜란드 대대는 횡성 전투(1951. 2. 12.-13.), 인제 전투(1951. 5. 30.-31.), 대우산 전투(1951. 7. 15.-31.), 평강지역 전투(1952. 2. 18.) 등에서 많은 희생자를 감수하고 전투를 수행하였다. 휴전 후, 네덜란드 지상군은 1954년 12월, 해군은 1955년 1월에 철수하였다.

10) 벨기에·룩셈부르크

벨기에와 룩셈부르크는 통합된 1개 대대를 한국에 파견하기로 하고, 지원병을 모집하였다. 룩셈부르크는 1개 소대를 편성하여 벨기에 대대 A중대에 편입시켰으며, 이 벨기에·룩셈부르크 대대는 1951년 1월 31일 부산에 도착하였다. 이 통합 대대는 2월 11일부터 3월 5일까지 대구-김천 간의 보급로 경계 작전을 수행하다가 3월 6일 미 3사단에 배속되어 한강선으로 진출하여 작전에 투입되었다. 이로부터 대대는 전곡지역 금굴산 전투(1951. 4. 22.-25.), 김화지역 전투(1953. 2. 26.-4. 21.) 등에서 중공군의 공격을 격퇴하는 전과를 거두었다. 휴전 후, 이 통합 대대는 1955년 6월에 철수하였다.

11) 타　이

타이는 한국전에 지상군, 해군, 공군을 파견하였다. 타이는 지상군 1개 대대와 프리깃 함 2척과 수송선 1척으로 편성된 병력을 1950년 11월 7일 부산에 도착시켜 각각 미 8군과 미 극동해군사령부의 통제하에 작전에 임하도록 하였다. 타이는 1개 수송기 편대도 1951년 6월 23일 일본에 파견하여 항공 지원 임무를 수행하도록 하였다. 타이 대대는 유엔군의 후방 병참선 경계와 대게릴라 작전을 수행한 후에 1951년 3월부터 전방지역에 투입되어 연천지역 방어(1951. 7. 31.-9. 7.), 포크 찹 고지 전투(1952. 11. 1.-11.), 김화지역 전투(1953. 7. 14.-27.) 등에서 중공군의 공격을 격퇴하는 전과를 거두었다. 휴전 후, 타이 해군은 1955년 1월, 공군은 1964년 11월, 지상군 주력은 1954년, 그리고 나머지 1개 중대도 1972년 6월에 철수하였다.

12) 필리핀

필리핀은 한국전에 지상군 1개 대대 전투단을 파견하였다. 최초 10대대 전투단은 1950년 9월 19일 부산에 도착하여 10일 간의 적응 훈련을 거쳐 후방지역 경계 임무를 수행하다가 1951년 3월부터 전방 작전에 투입되었다. 필리핀군은 1951년 9월에 20대대 전투단, 1952년 6월에 19대대 전투단, 1953년 4월에 14대대 전투단과 교대를 실시하고 작전을 실시하면서 후방 보급로 경계 임무와 백석산 · 크리스마스고지 전투(1953. 7. 15.-18.)에서 중공군의 공격을 격퇴하고 고지를 고수하는 전과를 획득하였다. 휴전 후, 필리핀 대대는 1955년 5월에 철수하였다.

13) 에티오피아

에티오피아는 한국전에 대대 규모의 지상군을 파견하였다. 에티오피아 대대는 1951년 5월 7일에 부산에 도착한 후에 7월 11일 가평으로 이동하여 미 7사단에 배속되었다. 이 대대는 1952년 3월과 1953년 4월에 부대 교대를 실시하였고 미 7사단에 배속되어 작전을 수행하여 적근산 전투(1951. 9. 21.-22.), 김화 삼각고지 전투(1952. 10. 21.-25.), 연천지역 전투(1953. 5. 19.-20.) 등에서 전초 고지를 확보하는 전과를 기록하였다. 휴전 후, 에티오피아 대대는 단계적인 철수를 실시하여 1965년 1월에 철수를 완료하였다.

14) 남아프리카 공화국

남아프리카 공화국은 한국전에 공군을 파견하였다. 2전투 비행대대로 편성된 비행 요원 255명이 1950년 10월 4일 일본에 도착하여 10월 5일에 미 공군으로부터 16대의 전투기(Mustang)를 인수하고 6주 간의 훈련을 거쳐 1950년 11월 16일에 부산 수영비행장으로 이동한 다음, 11월 19일부터 미 공군과 합동으로 청천강 이북지역에 대한 출격에 참가하였다. 이로부터 이 비행대대는 지상작전 지원 및 공군작전(Operation Strangle, Saturate, Pressure) 등에 참가하여 총 1만 2,405회 출격을 실시하였다. 휴전 후, 이 대대는 1953년 10월에 철수하였다.

15) 콜롬비아

콜롬비아는 한국전에 지상군과 해군을 파견하였다. 콜롬비아는 해군 프리깃 함 1척을 1951년 5월 8일에 한국 해역에 파견하여 미 해군의 작전 통제하에 해상작전을 실시하였고, 보병 1대대는 1951년 6월 15일 부산에 도착하여 한국전에 참여한 유엔 지상군의 마지막 부대가 되기도 하였다. 콜롬비아 대대는 1951년 8월 1일에 화천으로 이동, 미 24사단에 배속되어 전방에 투입되었다가, 미 7사단에 배속이 변경되면서 김화 · 연천지역에서 전초전을 실시하였다. 휴전 후, 콜롬비아 지상군은 1954년 10월, 해군은 1955년 10월에 철수하였다.

16) 의료 지원국

덴마크는 100명 규모의 병원선을 1951년 3월 7일에 파견하여 부산과 인천 등지에서 의료 지원을 실시하다가 1953년 8월 16일에 귀국하였다. 스웨덴은 160명 규모의 적십자병원을 조직하여 1950년 9월 28일에 한국에 파견하여 부산에서 의료 지원을 실시하다가 1957년 4월에 귀국하였다. 노르웨이도 83명의 이동외과병원을 1951년 6월 22일 한국에 파견하여 미 1군단지역에서 의료 지원을 실시한 후, 1954년 10월 18일 귀국하였다. 이탈리아 역시 66명으로 구성된 68적십자병원을 1951년 11월 16일 한국에 파견하여 서울에서 의료 지원을 실시하였으며, 1955년 1월 2일 귀국하였다. 인도는 329명으로 구성된 60야전병원을 한국에 보내어 일부는 부산, 본대는 영연방 27여단을 직접지원하였으며, 1951년 7월 28일 영연방 1사단이 창설됨에 따라 이 사단의 야전병원으로 임무를 수행하였다. 휴전 후, 1954년 2월 포로 송환 임무를 마친 인도 병력과 함께 철수하였다.

* ROK The Ministry of National Defense, *The History of The United Nations Forces in the Korean War* (1977), pp. 59-544; 國防部 戰史編纂委員會, *韓國戰爭-要約* (1986), pp. 134-92; *韓國戰爭史*, pp. 748-54 참조.

III. 한국전쟁(6 · 25 전쟁)시 중공군 참전 현황

1. 투입 부대

1) 개입 초기(1950. 10.-12.)

· 중국인민지원군(**司令員 兼 政治委員: 彭德懷, 副司令員 兼 副政治委員: 鄧華**)

· 사령부
· 정치부
· 동북군구 후근부(1, 2, 3, 4분부)
· 포병사령부(1, 2, 8사단)
· 공병지휘소(4, 5, 6, 8연대)

· 38군(112, 113, 114사단)
· 39군(115, 116, 117사단)
· 40군(118, 119, 120사단)
· 42군(124, 125, 126사단)
· 50군(148, 149, 150사단)
· 66군(196, 197, 198사단)
· 9병단:
· 20군(58, 59, 60, 89사단)
· 26군(76, 77, 78, 88사단)
· 27군(79, 80, 81, 94사단)

2) 진지전 초기(1951. 6.-9.)

· 중국인민지원군(**司令員 兼 政治委員: 彭德懷, 副司令員 兼 副政治委員: 鄧華**)

· 사령부
· 정치부
· 후방근무사령부(1, 2, 3, 4, 5, 6분부, 공안 18사단)
· 공군사령부(2, 3, 4, 8, 10사단)
· 포병지휘소(곡사포 1, 2, 7, 8사단; 대전차포 31, 32사단; 방사포 21, 22사단; 고사포 61, 62, 63, 64사단)
· 장갑부대지휘소(전차 1, 2, 3, 독립 6연대, 차량화 보병연대)
· 공병지휘소(1, 4, 7, 10, 15, 16, 17, 18, 20, 21연대)
· 철도운수사령부(운수국, 군영총국, 수리지휘국, 긴급수리지휘국 철도병 1, 2, 3, 4사단)

· 3병단:

· 12군(31, 34, 35사단)
· 15군(29, 44, 45사단)
· 60군(179, 180, 181사단)

· 9병단:
  · 20군(58, 59, 60사단)
  · 26군(76, 77, 78사단)
  · 27군(79, 80, 81사단)
· 19병단:
  · 63군(187, 188, 189사단)
  · 64군(190, 191, 192사단)
  · 65군(193, 194, 195사단)
· 20병단:
  · 67군(199, 200, 201사단)
  · 68군(202, 203, 204사단)
· 23병단:
  · 36군(106, 107사단)
  · 37군(109, 110사단)
· 38군(112, 113, 114사단)
· 39군(115, 116, 117사단)
· 40군(118, 119, 120사단)
· 42군(124, 125, 126사단)
· 47군(139, 140, 141사단)
· 50군(148, 149, 150사단)

3) 휴전전(1953. 7.)

· 중국인민지원군(司令員 兼 政治委員: 彭德懷, 司令員代理 兼 政治委員代理: 鄧華)

· 사령부
· 정치부
· 간부부
· 후방근부사령부(1, 2, 3, 4, 5분부, 공안 1사단)
· 공군사령부(3, 4, 6, 12, 14, 15, 16, 17, 18사단)
· 포병지휘소(곡사포 1, 2, 3, 7, 8사단; 대전차포 31, 33사단; 방사포 21, 22사단)
· 방공사령부(고사포 61, 62, 63, 64, 65, 102사단)
· 장갑1지휘소(전차 4, 5, 6, 독립 2연대)
· 공병지휘소(3, 4, 6, 7, 9, 10, 12, 14, 18, 21, 22, 24, 26연대)
· 전방 철도운수사령부:
  · 철도긴급복구지휘소(철도병 1, 2, 3, 4사단)
  · 철로신설지휘국(철도공병 5, 6, 7, 9, 10, 11사단)
  · 철도군사관리총국

· 9병단:
  · 23군(67, 69, 73사단)
  · 16군(32, 46, 47사단)
  · 24군(70, 72, 74사단)

- 19병단:
    - 65군(193, 194, 195사단)
    - 46군(133, 136, 137사단)
    - 1군(1, 2, 7사단)
    - 63군(187, 188, 189사단)
    - 64군(190, 191, 192사단)
- 20병단:
    - 68군(202, 203, 204사단)
    - 67군(199, 200, 201사단)
    - 60군(179, 180, 181사단)
    - 54군(130, 134, 135사단)
    - 21군(61, 62, 63사단)
    - 33사단
- 3병단 겸 동해안 지휘부:
    - 12군(31, 34, 35사단)
    - 15군(29, 44, 45사단)
- 서해안 지휘부:
    - 38군(112, 113, 114사단, 138사단 2개 연대)
    - 40군(118, 119, 120사단)
    - 50군(148, 149, 150사단, 138사단 1개 연대)
    - 장갑 제2지휘소(전차 1, 2, 독립 3연대, 포연대)
    - 해군변공실(해군 쾌속대대)
    - 공군전방지휘소
- 지원군 예비대
    - 47군(139, 140, 141사단)

* *中共軍의 韓國戰爭史*, pp. 345-60, 附錄 1 참조.

* 중공군은 1950년 10월 중순에 한국전에 개입한 이래, 1950년 11월 초, 1951년 2월과 3월, 6월에 이르기까지 병력을 증강시켰으며, 1952년부터는 병력의 보충과 교대를 실시하였다. 그리하여 중공군의 최대 투입 규모는 100만 명에 달하였다. *韓國戰爭-要約*, pp. 195-6 참조.

2. 중공군(중국인민지원군) 중국 출국, 귀국 시간 일람표

부 대	출국 시간	귀국 시간
제 38 군	1950. 10. 19.	1953. 7. 10.
제 39 군	1950. 10. 19.	1953. 5. 7.
제 40 군	1950. 10. 19.	1953. 7.
제 42 군	1950. 10. 19.	1952. 10. 30.
제 66 군	1950. 10. 23.	1951. 4. 10.
제 50 군	1950. 10. 26; 1951. 7.	1951. 4. 12; 1955. 4. 30.
제 20 군	1950. 11. 7.	1952. 10. 11.
제 26 군	1950. 11. 7.	1952. 6. 5.
제 27 군	1950. 11. 7.	1952. 10. 4.
제 63 군	1951. 2. 15.	1953. 8-10.
제 64 군	1951. 2. 15.	1953. 8-10.
제 65 군	1951. 2. 15.	1953. 8-10.
제 12 군	1951. 3. 18.	1954. 5.
제 15 군	1951. 3. 18.	1954. 5.
제 60 군	1951. 3. 18.	1953. 9.
제 47 군	1951. 4. 11.	1954. 9. 24.
제 67 군	1951. 6. 19.	1954. 9. 29.
제 68 군	1951. 6. 19.	1955. 4. 9.
제 36 군	1951. 9. 7.	1951. 11. 30.
제 37 군	1951. 9. 7.	1951. 11. 30.
제 23 군	1952. 9. 5.	1958. 3.
제 16 군	1952. 12. 28.	1958. 4.-10.
제 24 군	1952. 9. 12.	1955. 10.
제 46 군	1952. 9. 15.	1955. 10.
제 1 군	1953. 1. 22.	1958. 4.-10.
제 54 군	1953. 2. 2.	1958. 4.-10.
제 21 군	1953. 3. 14.	1958. 4.-10.

*중공군 군(軍)은 군단(軍團)규모임.

출처(出處): 中國軍事博物館 編, *抗美援朝戰爭*(北京: 人民出版社, 2000), pp. 289. 중공군 공군, 후방 근무, 특신병(特神兵)부대인 공군 2, 3, 4, 6, 8, 10, 12, 14, 15, 16, 17, 18 사단과 후방근무 1, 2, 3, 4, 5, 6, 공안(公安)부 1, 18부; 포병 1, 2, 8사단; 류탄(榴彈)포병 1, 2, 3, 7, 8사단; 전방포(戰防砲) 31, 32, 33사단; 화전(火箭)포 21, 22사단; 고사포 61, 62, 63, 64, 65, 102사단; 17개 공정(工程)단(3, 4, 6, 7, 9, 10, 11, 12, 14, 15, 16, 17, 18, 21, 22, 24, 26); 7개 장갑병(裝甲兵)단, 9개 철도병(鐵道兵) 사단과, 중공군이 판단한 미군, 한국군 및 유엔군과 함정의 척수와 비행기 대수(1951. 6. 30.; 1952. 6. 30.; 1953, 6. 30. 기준)도 여기에 수록되어 있다.

주요 참고문헌(主要參考文獻: Selected Bibliography)

I. 삼국시대(三國時代) 및 그 이전의 전쟁

1. 원전(原典) 및 고전(古典)

姜斅錫. *東國戰亂史.*
歐陽修. *新唐書.*
金富軾. *三國史記.*
金宗瑞 外. *東國兵鑑.*
班固. *漢書.*
司馬光. *資治通鑑.*
司馬遷. *史記.*
安鼎福. *東史綱目.*
魏徵. *隋書.*
一然. *三國遺事.*
鄭麟趾 外. *歷代兵要.*
戰國策.
陳壽. *三國志.*
洪良浩. *海東名將傳.*

2. 단행본(單行本)

國防軍史研究所 譯. *歷代兵要 I, II, III, IV, V.* 1991-1994.
——— 編. *韓國古代軍事編年史.* 1996.
———. *韓民族戰爭通史 I(古代篇).* 1994.
———. *韓國武器發達史.* 1994.
國防部 戰史編纂委員會. *高句麗 對隋·唐戰爭史.* 1991.
——— 譯. *東國兵鑑.* 1984.
——— 譯. *海東名將傳.* 1987.
——— 譯. *東國戰亂史(內亂篇, 外亂篇).* 1988.
國史編纂委員會 編. *韓國史 2.* 1981.
김병총 평역. *사기 4: 열전 4.* 집문당, 1994.
金鍾權. *國難克服史槪觀.* 明文堂, 1984.
金哲埈. *韓國古代史研究.* 서울대학교출판부, 1990.

金海宗. *韓中關係史研究*. 一潮閣, 1970.
文定昌. *古朝鮮史研究*. 栢文堂, 1969.
———. *韓國古代史(上·下)*. 栢文堂, 1976.
申瀅植. *韓國古代史의 新研究*. 一潮閣, 1984.
申采浩. *朝鮮上古史*. 鐘路書院, 1948.
歷史學會 編. *韓國古代의 國家와 社會*. 一潮閣, 1987.
延世大 國學研究院 編. *高句麗史研究 I(論文篇)*. 1987.
———. *高句麗史研究 II(史料篇)*. 1987.
陸軍本部 軍史研究室. *韓國古戰史 1(古代篇)*. 1975.
陸軍士官學校 戰史學科. *韓國戰爭史*. 日新社, 1994.
李基白. *韓國古代史論*. 探究堂, 1975.
李基白, 李基東. *韓國史講座 I(古代篇)*. 一潮閣, 1983.
李萬烈. *三國時代史*. 知識産業社, 1975.
李丙燾 譯註. *國譯 三國史記*. 乙酉文化社, 1977.
———. *韓國古代史研究*. 博英社, 1976.
李瑄根. *韓民族의 國難克服史*. 徽文出版社, 1978.
李宰, 姜性文 外. *韓民族戰爭史總論*. 教學研究社, 1988.
李春植. *中國古代史의 展開*. 신서원, 1992.
李弘稙. *韓國古代史의 研究*. 新丘文化社, 1971.
전쟁기념사업회. *한민족 역대 전쟁사*. 1992.
中華民國 三軍大學 編著. *中國歷代戰爭史(第三, 七, 八冊)*. 1976.
震檀學會 編. *韓國史(古代篇)*. 1959.
千寬宇. *古朝鮮史·三韓史研究*. 一潮閣, 1989.
———. *人物로 본 韓國古代史*. 正音文化社, 1982.
———. *韓國史의 再發見*. 一潮閣, 1975.
韓沽劤. *韓國通史*. 乙酉文化社, 1970.

3. 논문(論文)

金基雄. "三國時代의 武器小考," *韓國學報 제5집*, 1976.
盧重國. "高句麗·百濟·新羅 사이의 力關係變化에 대한 一考察," *東方學志 제28집*, 1981.
盧泰敦. "高句麗의 漢水流域喪失의 原因에 대하여," *韓國史研究 제13집*, 1976.
朴京哲. "高句麗軍事戰略考察을 위한 一試論," *史學研究 제10집*, 1989.
朴亨杓. "淵蓋蘇文의 西征國策과 對唐戰役," *學術誌 10*, 建國大 學術研究院, 1969.
徐榮洙. "三國時代 韓中外交의 展開와 性格," 韓國史研究會 編. *古代韓中關係史의 研究*, 1987.
申瀅植. "韓國古代의 西海交涉史," *國史館論叢 제2집*, 1989.
梁泰鎭. "高句麗領土研究," *軍史 제18호*, 1989.
尹乃鉉. "古朝鮮의 位置와 疆域," *軍史 제8호*, 1984.
李丙燾. "衛氏朝鮮興亡考," *서울대 論文集 4*, 1956.
李龍範. "高句麗의 膨脹主義와 中國과의 關係," 韓國史研究會 編. *古代韓中關係史의 研究*, 1987.

千寬宇. "廣開土王의 征服活動에 대하여," *軍史 創刊號*, 1980.

II. 고려시대(高麗時代)의 전쟁

1. 원전(原典) 및 고전(古典)

柯召忞. *新元史*.
姜敦錫. *東國戰亂史*.
歐陽修. *五代史*.
金宗瑞 外. *東國兵鑑*.
———. *高麗史節要*.
司馬光. *資治通鑑*.
商輅. *續資治通鑑*.
徐居正. *東國通鑑*.
薛居正. *舊五大史*.
葉隆禮. *契丹國志*.
宋濂. *元史*.
安鼎福. *東史綱目*.
李奎報. *東國李相國集*.
一然. *三國遺事*.
鄭麟趾 外. *歷代兵要*.
———. *高麗史*.
崔滋. *補閑集*.
脫脫. *遼史*.
——. *宋史*.
——. *金史*.
畢沅. *續資治通鑑*.
韓治奫. *海東繹史*.
洪良浩. *海東名將傳*.

2. 단행본(單行本)

高柄翊. *東亞交涉史의 研究*. 서울大出版部, 1970.
國防軍史研究所. *韓民族戰爭通史 II(高麗時代篇)*. 1993.
———. *倭寇討伐史*. 1993.
———. *韓國武器發達史*. 1994.
國防軍史研究所 譯. *歷代兵要 I, II, III, IV, V*. 1991-1994.
國防部 戰史編纂委員會. *對蒙抗爭史*. 1988.

———. *麗遼戰爭史*. 1990.
國防部 戰史編纂委員會 譯. *東國兵鑑*. 1984.
———. *海東名將傳*. 1987.
———. *東國戰亂史(內亂篇, 外亂篇)*. 1988.
國史編纂委員會. *韓國史 4, 5, 6, 7, 8*. 1973-1975.
——— 譯. *中國正史朝鮮傳*. 1986.
金塘澤. *高麗武人政權研究*. 새문사, 1987.
金庠基. *高麗時代史*. 東國文化社, 1961.
金海宗. *韓中關係史研究*. 一潮閣, 1983.
盧啓鉉. *高麗外交史*. 甲寅出版社, 1994.
東亞大學校古典研究室. *譯註高麗史*. 太學社, 1982.
민족문화추진회 역. *국역 고려사절요*. 1977.
———. *국역 동국이상국집(1-6)*. 1979.
朴龍雲. *高麗時代史*. 一志社, 1988.
邊太燮. *高麗史의 研究*. 三英社, 1982.
———. *高麗政治制度史研究*. 一潮閣, 1968.
傅樂成. *中國通史*. 大中國圖書公司, 1978.
孫晋泰. *國史大要*. 乙酉文化社, 1945.
陸軍本部 軍史研究室. *韓國古戰史 2(中世篇)*. 1976.
———. *高麗軍制史*. 1983.
陸軍士官學校 戰史學科. *韓國戰爭史*. 日新社, 1994.
李基白. *高麗兵制史研究*. 一潮閣, 1968.
李丙燾. *高麗時代의 研究*. 乙酉文化社, 1948.
———. *高麗時代의 研究*. 亞細亞文化社, 1980.
李瑄根. *韓民族의 國難克服史*. 徽文出版社, 1978.
전쟁기념사업회. *한민족 역대 전쟁사*. 1992.
中華民國 三軍大學 編著. *中國歷代戰爭史(第十三冊)*. 1978.
震檀學會. *韓國史(中世篇)*. 1961.
河炫綱. *韓國中世史研究*. 一潮閣, 1988.

3. 논문(論文)

姜性文. “高麗末 紅頭賊 侵寇에 關한 研究,” *陸士論文集 31*, 1986.
高柄翊. “蒙古·高麗의 兄弟盟約의 性格,” *白山學報 6*, 1969.
金塘澤. “高麗 崔氏武人政權과 國王,” *韓國學報 42*, 1986.
金庠基. “三別抄와 그 亂에 就하여,” *震檀學報 9, 10, 13*. 1938-1941.
———. “女眞關係의 始末과 尹瓘의 北征,” *東方史論叢*, 1974.
金潤坤. “對蒙戰에 參與한 草賊에 대하여,” *東洋文化 19*. 1979.
———. “三別抄의 對蒙抗戰과 地方郡縣民,” *東洋文化 20·21*. 1981.
金在滿. “契丹族의 南侵過程研究-雲中會盟을 中心으로 하여,” *史學研究 12*, 1961.
閔賢九. “高麗의 對蒙抗爭과 大藏經,” *韓國學論叢 1*, 1978.

方東仁. "尹瓘九城再考-九城設置範圍를 중심으로," *白山學報 21*, 1976.
徐炳國. "高麗·宋·遼의 三角貿易考," *白山學報 15*, 1973.
尹龍赫. "高麗의 海島入保策과 蒙古의 戰略變化," *歷史敎育 32*, 1982.
———. "蒙古의 제2차 侵寇와 處仁城 勝捷-특히 廣州民과 處仁部曲民의 抗戰에 주목하여," *韓國史硏究 29*, 1980.
李基白. "高麗京軍考," *李丙燾華甲紀念論叢*, 1956.
———. "高麗 二軍·六衛의 形成過程에 對한 再考," *黃義敦古稀紀念論叢*, 1960.
———. "高麗初期 五代와의 關係," *韓國文化硏究院論叢 1*, 1961.
———. "高麗州縣軍考," *歷史學報 29*, 1965.
———. "高麗史兵志의 檢討," *震檀學報 31*, 1967.
———. "高麗別武班考," *金載元回甲紀念論叢*, 1969.
李相伯. "李朝 建國의 硏究," *震檀學報 4, 5, 7*. 1936, 1937, 1949.
周采赫. "洪福源一家와 麗元關係," *史學硏究 24*, 1974.
———. "初期 麗·蒙戰爭 略察-兩軍의 作戰與件을 中心으로," *淸大史林 3*, 1979.
車勇杰. "高麗末 倭寇防守策으로서의 鎭戍과 築城," *史學硏究 38*, 1984.

III. 조선시대(朝鮮時代)의 전쟁

1. 원전(原典) 및 고전(古典)

姜沆, 尹舜擧 跋. *看羊錄*.
姜斅錫. *東國戰亂史*.
高廷憲. *湖南節義錄*.
高宗·純宗實錄.
金誠一. *鶴峰集*.
羅萬甲. *丙子錄*.
明史.
文德教. *壬辰錄*.
備邊司謄錄.
石之珩. *南漢日記*.
宣祖實錄.
宣祖修正實錄.
承政院日記.
申靈. *再造藩邦志*.
柳成龍. *懲毖錄*. *西厓集*.
尹國馨. *甲辰漫錄*.
尹斗壽. *梧陰遺稿*.
李肯翊. *練藜室記述*.
李德馨. *漢陰文稿*.

李山海. *鵝溪遺稿*.
李純 跋. *西征錄*.
李舜臣. *亂中日記*. (李秉模 序)*李忠武公全書*.
李升儀 跋. *丙子倡義錄*.
李睟光. *芝峰類說*.
李恒福. *白沙集*.
趙慶南. *亂中雜錄*.
朝鮮王朝實錄.
淸歷朝實錄.
淸史稿.
韓治奫. *海東繹史*.
洪良浩. *海東名將傳*.
皇明實錄(神宗 卷五八).

2. 단행본(單行本)

姜萬吉. *韓國近代史*. 創作과批評社, 1984.
江華文化院. *江華史*. 1976.
姜興秀. *壬辰倭亂과 丙子胡亂*. 文運堂, 1948.
高聖勳. *忠武公과 거북선(龜船)-거북선(龜船)을 이용한 戰略戰術*. 한솔, 1986.
國防軍史研究所. *倭寇討伐史*. 1993.

———. *韓國武器發達史*. 1994.
———. *韓民族戰爭通史 III(朝鮮時代 前篇)*. 1996.
———. *韓民族戰爭通史 IV(朝鮮時代 後篇)*. 1997.
國防部 戰史編纂委員會. *義兵抗爭史*. 1984.
———. *丙子胡亂史*. 1986.
———. *壬辰倭亂史*. 1987.
———. *丙寅·辛未洋擾史*. 1989.
國防部 戰史編纂委員會 譯. *東國戰亂史(內亂篇, 外亂篇)*. 1988.
———. *西征錄*. 1989.
國史編纂委員會. *韓國史 12*. 1981.
———. *高宗時代史 1~6*. 1967~1972.
———. *高宗純宗實錄 上·中·下*. 1979.
———. *韓國史 15~21*. 1975~1976.
國史編纂委員會 編. *韓國獨立運動史 1~5*. 1965~1969.
———. *韓國現代史*. 1982.
金景昌·*東洋外交史*·集文堂, 1982.
金錫亨. *古代韓日關係史*. 한마당, 1988.
金容九. *世界外交史(上)*. 서울大學校出版部, 1989.
김용구, 하영선 편. *한국 외교사 연구(기본사료·문헌해제)*. 나남출판, 1996.
金源模. *近代韓美交涉史*. 弘盛社, 1980.

———. *韓美修交百年史*. 韓國放送事業團, 1982.
金在瑾. *朝鮮王朝軍船硏究*. 一潮閣, 1977.
金正柱. *日本의 韓國侵略史*. 新韓學術硏究會, 1955.
金海宗. *韓中關係史硏究*. 一潮閣, 1983.
羅萬甲. 尹在瑛 譯. *丙子錄*. 正音社, 1978.
東亞日報社 編. *開港 100年 年表·資料集*. 1976.
———. *韓美修交 100年史*. 1982.
朴殷植. *韓國痛史*. 三乎閣, 1946.
白鍾基. *近代韓日交涉史硏究*. 正音社, 1977.
———. *韓國近代史硏究*. 博英社, 1981.
邊太燮. *韓國史通論(三訂版)*. 三英社, 1993.
서울市史編纂委員會. *漢江史*. 1985.
宋炳基. *近代韓中關係史硏究*. 檀大出版部, 1985.
申基碩. *東洋外交史*. 探究堂, 1980.
申國柱. *近代朝鮮外交史*. 探究堂, 1965.
愼鏞廈. *韓國民族獨立運動史硏究*. 乙酉文化社, 1985.
陸軍本部 軍史硏究室. *韓國古戰史 3(近世篇)*. 1978.
陸軍士官學校 戰史學科. *韓國戰爭史*. 日新社, 1994.
陸軍士官學校 韓國軍事硏究室. *韓國軍制史(近世朝鮮前期篇)*. 1968.
———. *韓國軍制史(近世朝鮮後期篇)*. 1977.
李基白. *韓國史新論*. 一潮閣, 1986.
李瑄根. *韓民族의 國難克服史*. 徽文出版社, 1978.
———. *民族의 閃光 上·下*. 民衆書館, 1968.
———. *韓國獨立運動史*. 尙文院, 1956.
李用熙. *韓國民族主義*. 瑞文堂, 1977.
이은상. *충무공정신*. 육군본부, 1975.
李章熙. *郭再祐硏究*. 養英閣, 1983.
李炯錫. *壬辰戰亂史 上·中·下*. 壬辰戰亂史刊行委員會, 1976.
張學根. *朝鮮時代 海洋防衛史*. 創美社, 1987.
전쟁기념사업회. *한민족 역대 전쟁사*. 1992.
趙仁福. *李舜臣戰史硏究*. 鳴洋社, 1964.
中華民國 三軍大學. *中國歷代戰爭史(第十四冊)*. 1979.
震檀學會. *韓國史(近世前期篇)*. 乙酉文化社, 1962.
———. *韓國史(最近世篇)*. 乙酉文化社, 1961.
———. *韓國史(現代篇)*. 乙酉文化社, 1963.
車文燮. *朝鮮時代軍制硏究*. 檀大出版部, 1982.
蔡連錫. *韓國初期火器硏究*. 一志社, 1981.
崔碩男. *朝鮮水軍史硏究*. 鳴洋社, 1964.
崔永禧. *壬辰倭亂中의 社會動態*. 韓國硏究院, 1975.
崔昌圭. *새 韓民族史*. 金烏出版社, 1974.
韓國政治外交史學會. *韓佛外交史(1886-1986)*. 평민사, 1987.
韓沽劤. *韓國通史*. 乙酉文化社, 1970.

海軍本部. *韓國海戰史 下卷*. 1964.
黃義敦. *朝鮮戰亂史*. 以文堂, 1923.

3. 논문(論文)

權重憲. "壬辰倭亂을 중심으로 한 三國(韓·中·日)의 外交關係," *院鳳 3*, 1976.
金九鎭. "尹瓘 九城의 範圍와 朝鮮六鎭開拓," *史叢 21·22*, 1977.
金源模. "美國의 朝鮮遠征과 第1次 韓美戰爭," *檀大 東洋學 第8輯*, 1978.
―――. "韓·美戰爭考(1871)," *軍史 4*, 1982.
金潤坤. "郭再祐의 義兵活動," *歷史學報 33*, 1967.
金在瑾. "朝鮮王朝의 水軍," *軍史 1*, 1980.
金海宗. "丁卯胡亂時 後金軍의 撤兵經緯," *白山學報 2*, 1967.
―――. "丁卯胡亂의 和平交涉에 對하여," *亞細亞學報 3輯*, 1967.
南天祐. "龜船構造에 대한 再檢討," *歷史學報 71*, 1976.
朴廣成. "雲揚艦 砲擊事件에 대하여," *畿甸文化硏究 제8집*, 1977.
朴容玉. "丙子亂被擄人贖還考," *史叢 9輯(高大史學會)*, 1964.
宋麟在. "韓半島를 圍繞한 列强間의 交涉關係(1805-1902)," *省谷論叢 7*, 1976.
宋正炫. "壬辰倭亂과 湖南義兵," *歷史學硏究 4*, 1972.
辛承權. "露·日戰爭前後의 러시아와 韓國(1898-1905)," *韓露關係100年史*, 1984.
劉九城. "壬亂時 明軍의 來援考," *史叢 20*, 1976.
李丙燾. "光海君의 對後金政策," *국사상의 제문제 1집*, 1959.
李普珩. "李朝末期에 있어서의 韓國과 美國," *亞細亞硏究 10권 2호*, 1967.
李相泰. "제너럴 셔만호 사건과 신미양요," *軍史 14*, 1987.
李瑄根. "辛未洋擾의 再吟味," *軍史 2*, 1981.
李 信. "대원군의 국방정책 연구," *軍史 12*, 1986.
李章熙. "壬辰倭亂僧軍考," *李弘稙回甲論叢*, 1969.
李鉉淙. "三浦倭亂原因考," *黃義敦回甲論叢*, 1960.
―――. "壬辰倭亂과 서울," *鄕土서울 18*, 1963.
―――. "俄館播遷," *韓露關係100年史*, 1984.
李烱錫. "壬辰倭亂과 宣祖," *國防學報 1*, 1969.
張存武. "淸韓關係(1631-1636)," *韓國學報 第1期*, 中華民國 韓國硏究學會, 1981.
張學根. "舊韓末 海洋防衛政策," *史學志 19*, 1985.
丁仲煥. "日本記錄에서 본 壬辰亂," *港都釜山 3*, 1963.
―――. "壬辰倭亂時의 釜山地區戰鬪," *軍史 2*, 1981.
趙湲來. "金千鎰의 義兵活動과 그 性格," *史學硏究 31*, 1980.
趙宰坤. "대한제국기 군사정책과 군사기구의 운영," *역사와 현실* 19, 1996.
車文燮. "宣祖朝의 訓練都監," *史學志 4*, 1970.
蔡連錫. "朝鮮小銃筒의 發達," *軍史 1*, 1980.
蔡鉉錫. "光海君의 外交政策," *文理論叢 3輯(建國大)*, 1974.
千寬宇. "五衛와 朝鮮初期의 國防體制," *李相伯回甲論叢*, 1964.
―――. "朝鮮初期 五衛의 兵種," *史學硏究 18*, 1964.

崔炳鈺. "丙寅洋擾 前後의 國防政策(上)," *護國 160호*, 1987.
———. "丙寅洋擾 前後의 國防政策(下)," *護國 161호*, 1987.
崔奭祐. "丙寅洋擾小考," *歷史學報 第30輯*, 1966.
崔永禧. "龜船考," *史叢 3*, 1958.
———. "壬亂義兵의 性格," *軍史 2*, 1981.
崔七鎬. "李舜臣將軍의 戰略構想과 作戰結果," *軍史 2*, 1981.
韓沽劤. "壬辰亂 原因에 關한 檢討," *歷史學報 1*, 1952.
許善道. "李朝中期火器의 發達," *歷史學報 30·31*, 1966.
———. "制勝方略硏究," *震檀學報 36·37*, 1973·1974.
———. "鎭管體制復舊論硏究," *國民大學論文集 5*, 1974.
———. "壬辰倭亂에 있어서의 李忠武公의 勝捷," *韓國學論叢 3*, 1981.
黃炳茂. "日本이 施行한 軍制改革과 京軍," *陸軍士官學校 論文集 5호*, 1967.

IV. 한국전쟁(韓國戰爭: 6·25戰爭)

1. 문서자료(文書資料: Manuscript Sources)

1) 공식문서(公式文書: Official and Semi-Official Documents)

國防軍史硏究所. 國防部特命綴, 1949-1953.
———. 獲得文書(朝鮮人民軍 先制打擊計劃, 作戰命令, 偵察命令, 戰鬪日誌 等)
———. 韓國戰爭關聯 蘇聯資料. 1993.
——— 譯. 소련 제64비행군단 전투활동 자료. 1996.
陸軍本部 軍史硏究室. 陸軍歷史日誌, 1945-1953.
———. 定期作戰報告, 1951. 7.-1953. 7.
———. 定期情報報告, 1951. 7.-1953. 7.
———. 命令綴(緊急命令, 一般命令, 作戰命令, 特命, 訓令).
———. 韓國戰爭史料(戰鬪祥報, 戰鬪命令).
外務部 譯. 韓國戰爭關聯 蘇聯極秘外交文書 1~4. 1994.
統一部. 軍事停戰委員會 會議錄, 1951-1953.

Washington, D. C. National Archives. Military Archives Division. Modern Military Branch. Record Group 218: Records of the United States Joint Chiefs of Staff.
———. Record Group 319: Records of the Army Staff, Assistant Chief of Staff, G-3 Operations and Plans Division, 1944-1950.
———. Record Group 319: Records of the Office, Deputy Chief of Staff for Military Operations, Korean Armistice Negotiations, 1951-1958.
———. Record Group 330: Records of the Office of Secretary of Defense, 1947-1950.
———. History of the U. S. Joint Chiefs of Staff, 1945-1952. vols. I, II, III, IV.

———. Headquaters, U. S. Far East Command. UNC Korean Armistice Negotiations,1951-1953. parts. I, II, III, IV.
———. Headquaters, U. S. Far East Command. History of the North Korean Army, 31 July 1952.
Washington, D. C. National Archives. Civil Archives Division. Diplomatic Branch. Record Group 59: General Records of the Department of State.
Washington, D. C. National Archives. General Archives Division. Records of the United States Army Forces in Korea, 1945-1953.
———. Records Seized by U. S. Military Forces in Korea, 1921-1952.
———. Record Group 84: Records of the United States Embassy in Korea, 1948-1955.

2) 개인문서(個人文書: Personal Papers)

Abilene, Kansas. Dwight D. Eisenhower Library. Papers of Dwight D. Eisenhower.
———. J. Lawton Collins Papers.
———. John F. Dulles Papers.
Carlisle, Penn. U. S. Army Military History Institute. Matthew B. Ridgway Papers.
Independence, Missouri. Harry S. Truman Library. Papers of Harry S. Truman.
———. Dean G. Acheson Papers.
———. George M. Elsey Papers.
———. Frank Pace, Jr. Papers.
Norfolk, Virginia. MacArthur Archives. Papers of Douglas MacArthur.
Princeton, N. J. Princeton University Library. Roger N. Baldwin Papers.
———. John F. Dulles Papers.
———. James V. Forrestal Papers.
———. H. Alexander Smith Papers.
Washington, D. C. Library of Congress. Philip C. Jessup Papers.
———. Robert P. Patterson Papers.
———. Hoyt S. Vandenberg Papers.

3) 증언록, 회의록(證言錄, 會議錄: Transcripts, Oral History Interview and Meetings)

韓國戰爭關聯 證言資料. 國防軍史研究所.

"모스크바 새證言." *서울신문*, 1995. 5.-6.
民族의 證言 1~6. 中央日報社 編. 乙酉文化社, 1972-1973.
兪成哲 審問 및 面談錄. 1990. 9.
兪成哲 證言. *韓國日報*, 1990. 11.
李尙朝 證言. *韓國日報*, 1989. 6. *月刊 中央*, 1990. 8.
프란체스카 證言. "6 · 25와 李承晩大統領," *中央日報*, 1983.

Chang, Myun. Oral History Interview Transcript. September 27, 1964. Princeton University Library, New Jersey.

Chung, Il Kwon. Oral History Interview Transcript. September 29, 1964. Princeton University Library, New Jersey.

Eeisenhower, Dwight D. Oral History Interview Transcript. July 28, 1964. Princeton University Library, New Jersey.

Elsey, George M. Oral History Interview Transcript. 2 vols. February 10, 17, 1964. March 9, 1965. July 10, 17, 1969. April 9, July 7, 10, 1970. Harry S. Truman Library. Independence, Missouri.

Kennan, George F. Oral History Interview Transcript. February 20, 1967. Princeton University Library, New Jersey.

Knox, Donald. *The Korean War: Pusan to Chosin-An Oral History*. New York: Harcourt Brace Jovanovich, Publishers, 1985.

Muccio, John J. Oral History Interview Transcript. February 10, 18, 1971. December 27, 1973. Harry S. Truman Library. Independence, Missouri.

Pace Jr., Frank. Oral History Interview Transcript. January 1, 22, February 17, 25, June 26, 1972. Harry S. Truman Library. Independence, Missouri.

Paik, Too-chin. Oral History Interview Transcript. September 28, 1964. Princeton University Library. Princeton, New Jersey.

Pyun, Yung-Tai. Oral History Interview Transcript. September 29, 1964. Princeton University Library. Princeton, New Jersey.

Sohn, Won Yil. Oral History Interview Transcript. September 29, 1964. Princeton University Library. Princeton, New Jersey.

Taylor, Maxwell D. Oral History Interview Transcript. May 11, 1966. Princeton University Library. Princeton, New Jersey.

U. S. Joint Chiefs of Staff. Meetings of the Joint Chiefs of Staff, 1942-1950. Microfilm Collection, University Publications of America, Inc., 1980.

———. Highlights and Situation Maps of the Korean War, July-October, 1950. National Archives, Washington, D. C.

4) 공식간행물, 공간사(公式刊行物, 公刊史: Official Publications and History)

空軍本部. *空軍史*. 1953.

公報處. *大統領 李承晩博士 談話集*. 1953.

———. *大韓民國統計要覽*. 1953.

國軍首都師團. *猛虎史*. 1980.

國軍第1師團. *前進略史*. 1966.

國軍第2師團. *怒濤部隊史*. 1955.

國軍第3師團. *白骨師團歷史*. 1980.

國軍第5師團. *部隊歷史*. 1969.

國軍第6師團. *淸星戰史*. 1981.

國軍第7師團. *七星略史*. 1970.
國軍第8師團. *오뚜기略史*. 1969.
國軍第9師團. *白馬部隊史*. 1982.
國軍第11師團. *花郎部隊戰史*. 1986.
國防軍史硏究所. *轎岩山戰鬪*. 1994.
———. *蘆田坪戰鬪*. 1992.
———. *兜率山戰鬪*. 1993.
———. *烏山·大田戰鬪*. 1993.
———. *忠州·店村戰鬪*. 1992.
———. *韓國戰爭(上)*. 1995.
———. *韓國戰爭(中)*. 1996.
———. *韓國戰爭(下)*. 1997.
———. *韓國戰爭의 捕虜*. 1996.
———. *橫城戰鬪*. 1995.
——— 譯. *中共軍의 韓國戰爭: 簡史, 軍事年表*. 1994.
國防部 戰史編纂委員會. *國防部史*. 1954.
———. *國防史 1, 2*. 1984, 1987.
———. *國防條約集 1*. 1988.
———. *金城戰鬪*. 1987.
———. *多富洞戰鬪*. 1981.
———. *丹陽·義城戰鬪*. 1987.
———. *白馬高地戰鬪*. 1984.
———. *白石山戰鬪*. 1990.
———. *38度線 初期戰鬪 西部戰線篇*. 1985.
———. *38度線 初期戰鬪 中·東部戰線篇*. 1981.
———. *首都高地·指形稜線戰鬪*. 1989.
———. *新寧·永川戰鬪*. 1984.
———. *安康·浦項戰鬪*. 1986.
———. *楊口戰鬪*. 1989.
———. *龍門山戰鬪*. 1983.
———. *月比山·351高地戰鬪*. 1990.
———. *仁川上陸作戰*. 1983.
———. *臨津江戰鬪*. 1991.
———. *長津湖戰鬪*. 1981.
———. *狙擊稜線戰鬪*. 1988.
———. *鎭川·化寧場戰鬪*. 1991.
———. *淸川江戰鬪*. 1985.
———. *平壤奪還作戰*. 1986.
———. *韓國戰爭史 1~11*. 1967~1980.
———. *韓國戰爭 要約*. 1986.
———. *韓國戰爭 休戰史*. 1989.
———. *縣里戰鬪*. 1988.

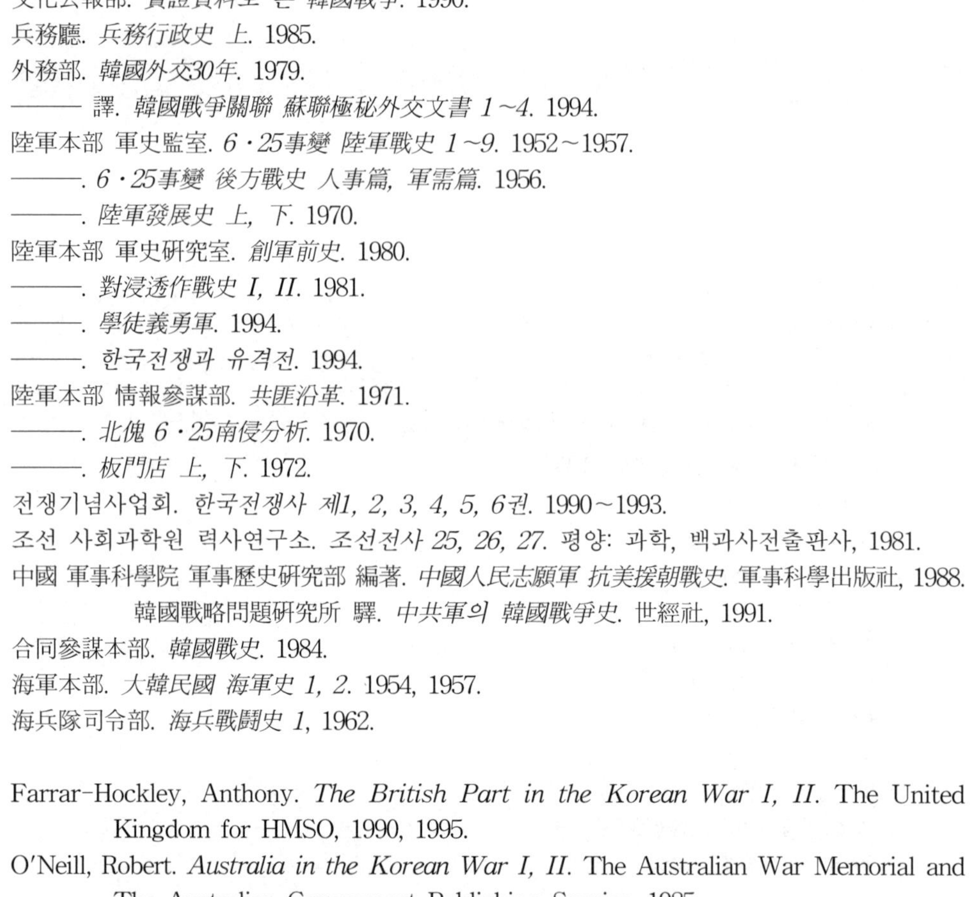

國防部 政訓局. *韓國戰亂 1~5年誌*. 1951~1956.
內務部. *警察戰史*. 1952.
文化公報部. *實證資料로 본 韓國戰爭*. 1990.
兵務廳. *兵務行政史 上*. 1985.
外務部. *韓國外交30年*. 1979.
——— 譯. *韓國戰爭關聯 蘇聯極秘外交文書 1~4*. 1994.
陸軍本部 軍史監室. *6·25事變 陸軍戰史 1~9*. 1952~1957.
———. *6·25事變 後方戰史 人事篇, 軍需篇*. 1956.
———. *陸軍發展史 上, 下*. 1970.
陸軍本部 軍史硏究室. *創軍前史*. 1980.
———. *對浸透作戰史 I, II*. 1981.
———. *學徒義勇軍*. 1994.
———. *한국전쟁과 유격전*. 1994.
陸軍本部 情報參謀部. *共匪沿革*. 1971.
———. *北傀 6·25南侵分析*. 1970.
———. *板門店 上, 下*. 1972.
전쟁기념사업회. *한국전쟁사 제1, 2, 3, 4, 5, 6권*. 1990~1993.
조선 사회과학원 력사연구소. *조선전사 25, 26, 27*. 평양: 과학, 백과사전출판사, 1981.
中國 軍事科學院 軍事歷史硏究部 編著. *中國人民志願軍 抗美援朝戰史*. 軍事科學出版社, 1988. 韓國戰略問題硏究所 譯. *中共軍의 韓國戰爭史*. 世經社, 1991.
合同參謀本部. *韓國戰史*. 1984.
海軍本部. *大韓民國 海軍史 1, 2*. 1954, 1957.
海兵隊司令部. *海兵戰鬪史 1*, 1962.

Farrar-Hockley, Anthony. *The British Part in the Korean War I, II*. The United Kingdom for HMSO, 1990, 1995.
O'Neill, Robert. *Australia in the Korean War I, II*. The Australian War Memorial and The Australian Government Publishing Service, 1985.
U. N. *Yearbook of the United Nations, 1947-1953*. New York: Lake Success, 1953.
———. *How the United Nations Met the Challenge of Korea*. New York: Lake Success, 1953.
U. S. Congress. Senate. Committee on Armed Services. *Substance of Statements at Wake Island Conference on October 15, 1950*. Compiled by Omar N. Bradley. Washington, D. C.: Government Printing Office(GPO), 1951.
———. Committee on Armed Services and Committee on Foreign Relations. *Military Situation in the Far East and the Facts Surrounding the Relief of General of the Army Douglas MacArthur from His Assignments in that Area I, II, III, IV, V*. 82nd Congress 1st session, May 3-August 17, 1951. Washington, D. C.: GPO, 1951.
U. S. Department of the Army. *Military Advisers in Korea: KMAG in Peace and War*. Prepared by Robert K. Sawyer. Washington, D. C.: GPO, 1962.
———. *United States Army in the Korean War: South to the Nakdong, North to the*

Yalu. Prepared by Roy E. Appleman. Washington, D. C.: GPO, 1961. 육군본부 역. *낙동강에서 압록강까지*. 1963.

———. *Ebb and Flow November 1950～July 1951*. Prepared by Billy C. Mossman. Washington, D. C.: GPO, 1990. 육군본부 역. *밀물과 썰물*. 1992.

———. *The Truce Tent and Fighting Front*. Prepared by Walter G. Hermes. Washington, D. C.: GPO, 1966. 육군본부 역. *휴전천막과 싸우는 전선*. 1968.

———. *Policy and Direction: The First Year*. Prepared by James F. Schnabel. Washington, D. C.: GPO, 1972. 육군본부 역. *정책과 지도*. 1974.

U. S. Department of the Navy. *History of United States Naval Operations: Korea*. Prepared by James A. Field, Jr. Washington, D. C.: GPO, 1962. 해군본부 역. *미 해군 한국전 참전사*. 1985.

U. S. Department of Air Force. *The United States Air Force in Korea, 1950～1953*. Prepared by Robert F. Futrell. New York: Sloan and Pearce, 1961. 강승기 역. *한국전에서의 미공군 전략*. 행림출판, 1982.

U. S. Marine Corps. *U. S. Marine Operations in Korea. 5 vols*. Prepared by Nicholas A. Canonza. Washington, D. C.: GPO, 1954～1972.

U. S. Joint Chiefs of Staff. *The History of the Joint Chiefs of Staff, vol. III: The Joint Chiefs of Staff and National Policy-The Korean War, part I, II*. Prepared by James F. Schnabel and Robert J. Watson. Wilmington, Del.: Michael Glazier, 1979. 國防部 戰史編纂委員會 譯. *美國合同參謀本部史: 韓國戰爭 上・下*. 1990.

U. S. Office of the Secretary of Defense. *History of the Office of the Secretary of Defense, vol. 2: The Test of War, 1950-1953*. Washington, D. C.: GPO, 1988.

U. S. Department of State. *Bulletin, VI～XXXI* (1942-1954). Washington, D. C.: GPO, 1942-1954.

———. *Foreign Relations of the United States, 1950, I & VII*. Washington, D. C.: GPO, 1977 & 1976.

———. *Foreign Relations of the United States, 1951, VII, part 1 & 2*. Washington, D. C.: GPO, 1983.

———. *Foreign Relations of the United States, 1952～1954, XV, part 1 & 2*. Washington, D. C.: GPO, 1984.

———. *Foreign Relations of the United States, 1952～1954, XVI*. Washington. D. C.: GPO, 1981.

3. 회고록, 자서전, 전기(回顧錄, 自敍傳, 傳記: Memoirs, Autobiography, Biography)

姜聲才. *참軍人 李鍾贊장군*. 東亞日報社, 1986.

南相瑄. *不滅塔의 證言: 陸士生徒隊憤戰記*. 育法社, 1978.

박경석. *五星將軍 김홍일*. 서문당, 1984.

白善燁. *軍과 나*. 대륙연구소, 1989.

———. *실록 지리산*. 고려원, 1992.

———. *길고 긴 여름날 1950년 6월 25일*. 지구촌, 1999.

劉載興. *激動의 歲月*. 乙酉文化社, 1994.

劉賢鍾. *白馬高地: 金鐘五將軍 一代記*. 乙支出版公社, 1985.

육군교육사령부. *타이거 장군 송요찬*. 1996.

陸軍本部 軍史硏究室. *베티고지 英雄(김만술 대위 전공기)*. 1988.

———. *義將 安秉範*. 1989.

———. *永川 大會戰(이성가 장군 참전기)*. 1995.

陸軍士官學校 第五期生會. *陸士五期生*. 1990.

陸軍士官學校 第八期生會. *老兵들의 證言*. 1992.

李大鎔. *국경선에 밤이 오다*. 和南出版社, 1984.

이한림. *세기의 격랑*. 팔복원, 1994.

李亨根. *軍番1번의 외길 人生*. 中央日報社, 1993.

林富澤. *洛東江에서 楚山까지*. 그루터기, 1996.

張昌國. *陸士卒業生*. 中央日報社, 1984.

丁一權. *전쟁과 휴전*. 東亞日報社, 1986.

———. *丁一權 回顧錄*. 고려서적, 1996.

주영복. *내가 겪은 조선전쟁 제1, 2권*. 고려원, 1991.

차규헌. 전투. 병학사, 1986.

蔡命新. *死線을 넘어서*. 매일경제신문사, 1994.

Acheson, Dean G. *Present at the Creation: My Years in the State Department*. New York: W. W. Norton & Co., 1969.

Bohlen, Charles E. *Witness to History, 1929-1969*. New York: W. W. Norton & Co., 1973.

Clark, Mark W. *From the Danube to the Yalu*. New York: Harper and Brothers, 1954. 김형석 역. *다뉴브강에서 압록강까지*. 국제문화출판사, 1981.

Clayton, James D. *The Years of MacArthur: Triumph and Disaster, 1945-1964*. Boston: Houghton Mifflin, 1985.

Collins, J. Lawton. *War in Peacetime: The History and Lessons of Korea*. Boston: Houghton Mifflin, 1969.

Dean, William F. *General Dean's Story*. New York: Viking Press, 1954. 김희덕 역. *딘장군의 수기*. 창우사, 1995.

Eden, Anthony. *Memoirs of Anthony Eden: Full Circle*. Boston: Houghton Mifflin, 1960. 이원우 역. *이든 회고록*. 양서각, 1961, 1962.

Eisenhower, Dwight D. *Mandate for Change, 1953～1956*. Garden City, New York: Doubleday, 1963.

Ferrell, Robert H. ed. *The Eisenhower Diaries*. New York: W. W. Norton & Co., 1981.

Goodman, Allen E. ed. *Negotiating While Fighting: The Diary of Admiral C. Turner Joy at the Korean Armistice Conference*. Stanford: Stanford University Press, 1978.

Hoopes, Townsend. *The Devil and John Foster Dulles: The Diplomacy of the Eisenhower Era*. Boston: An Atlantic Monthly Press Book/Little Brown and Co., 1973.

Kennan, George F. *Memoirs, 1925-1963. 2 vols.* Boston: Little, Brown & Co., 1967, 1972.

Khrushchev, Nikita S. *Khrushchev Remembers.* Strobe Talbott trans. and ed. Boston: Little, Brown & Co., 1970.

Lie, Trygve. *In the Cause of Peace: Seven Years with the United Nations.* New York: The Macmillan Co., 1954.

MacArthur, Douglas. *Reminiscences.* New York: McGraw-Hill Book Co., 1964. 具範謨 譯. *맥아더.* 翰林出版社, 1980.

Manchester, William. *American Caesar: Douglas MacArthur, 1880-1964.* New York: Dell Publishing Co. Inc., 1978. 육사 인문과학처 역. *미국의 씨이저: 맥아더 원수.* 병학사, 1984.

Mao, Tse-tung. *Selected Works. Vol. 5.* Peking: Foreign Languages Press, 1977.

McLellan, David S. *Dean Acheson: The State Department Years.* New York: Dodd, Mead, 1976.

Merli, Frank J., and Theodore A. Wilson. ed. *Makers of American Diplomacy: From Theodore Roosevelt to Henry Kissinger.* New York: Charles Scribner's Sons, 1974.

Nixon, Richard M. *RN: The Memoirs of Richard Nixon.* New York: Grosset and Dunlup, 1978; *2 vols.* Warner Books, 1979.

Noble, Harold Joyce. *Embassy at War.* Seattle: University of Washington Press, 1964. 박실 역. *이승만 박사와 미국 대사관.* 정오출판사, 1982.

Oliver, Robert T. *Syngman Rhee: The Man Behind the Myth.* New York: Dodd, Mead, 1954. 박일영 역. *이승만 비록.* 한국문화출판사, 1982.

———. *Syngman Rhee and American Involvement in Korea, 1942-1960: A Personal Narrative.* Seoul, Korea: Panmun Book Co., 1978.

Panikar, K. M. *In Two Chinas: Memoirs of A Diplomat.* London: Allen and Unwin, 1955.

Peng, Dehuai. *Memoirs of A Chinese Marshall: The Autobiographical Notes of Peng Dehuai, 1898~1974.* Beijing: Foreign Language Press, 1984.

Ridgway, Matthew B. *The Korean War.* Garden City, New York: Doubleday, 1967. 김재관 역. *한국전쟁.* 正宇社, 1981.

Suh, Dae-Sook. *Kim Il Sung: the North Korean Leader.* New York: Columbia University Press, 1988. 서주석 역. *북한의 지도자 김일성.* 청계연구소, 1989.

Taylor, Maxwell D. *Swords and Plowshares.* New York: W. W. Norton & Co., 1972.

Truman, Harry S. *Memoirs, II: Years of Trial and Hope.* Garden City, New York: Doubleday, 1963.

Volkogonov, Dmitri. *Stalin: Triumph & Tragedy.* 한국전략문제연구소 역. *스탈린.* 세경사, 1993.

Whitney, Courtney. *MacArthur: His Rendezvous with History.* New York: Alfred A. Knopf, 1956.

Willoughby, Charles A., and John Chamberlain. *MacArthur, 1941-1951.* New York: McGraw-Hill Book Co., 1954. 진태천 역. *맥아더 장군의 한국전 비사.* 시사 통신사, 1957.

4. 저서, 논문(著書, 論文: Books, Articles)

金陽明. *韓國戰爭史*. 日新社, 1976.
김영호. *한국전쟁의 기원과 전개과정*. 두레, 1998.
金點坤. *韓國戰爭과 勞動黨戰略*. 博英社, 1983.
金昌順. *北韓 15年史*. 지문각, 1961.
金徹凡. "한국전쟁의 국제적 요인," *國史館論叢 第28輯*, 1991.
——— 編. *한국전쟁: 강대국 정치와 남북한 갈등*. 평민사, 1989.
———. *한국전쟁을 보는 시각*. 을유문화사, 1990.
김학준. *한국전쟁: 원인·과정·휴전·영향*. 博英社, 1989, 1997.
———. *소련정치론*. 일지사, 1976.
羅鍾一. *證言으로 본 韓國戰爭*, 예진출판사, 1991.
———. *끝나지 않은 전쟁: 한반도와 강대국 정치(1950-1954)*. 전예원, 1994.
박갑동. *박헌영: 그 일대기를 통한 현대사의 재조명*. 인간사, 1983.
———. *김일성과 한국전쟁*. 바람과 물결, 1988.
박명림. *한국전쟁의 발발과 기원 I, II*. 나남출판, 1996.
백종천, 윤정원. "6·25전쟁에 대한 연구: 결과와 영향을 중심으로," *國史館論叢 第28輯*, 1991.
서주석. "한국전쟁의 기원과 원인," 한국정치외교사학회 편. *한국전쟁과 휴전체제*, 1998.
蘇鎭轍. *한국전쟁의 기원*. 익산: 원광대학출판부, 1996.
신복룡. "한국전쟁의 휴전," 한국정치외교사학회 편. *한국전쟁과 휴전체제*, 1998.
芮琯壽, 趙奎東. *韓國의 動亂*. 兵學硏究社, 1950.
溫暢一. "美國의 對韓 安保介入의 基本態勢, 1945-1953," *國際政治論叢 第25輯*, 1985.
———. "6·25戰爭硏究: 戰爭遂行過程," *國史館論叢 第28輯*, 1991.
유영익 편. *수정주의와 한국 현대사*. 연세대학교 출판부, 1998.
柳在甲. "6·25戰爭硏究: 戰爭勃發의 對內的 原因分析," *國史館論叢 第28輯*, 1991.
陸軍士官學校 戰史學科. *韓國戰爭史*. 日新社, 1987, 1994.
李昊宰. *한국외교정책의 이상과 현실: 이승만 외교와 미국*. 법문사, 1975.
張俊瀷. *北韓人民軍隊史*. 瑞文堂, 1991.
丁一亨. *유엔과 韓國問題*. 신명문화사, 1961.
하영선 편. *한국전쟁의 새로운 접근*. 나남출판, 1990.
韓國國際政治學會 編. *韓國戰爭의 再照明(國際政治論叢特輯)*. 1990.
한국정치외교사학회 편. *한국전쟁과 휴전*. 집문당, 1998.
韓培浩. "韓·美防衛條約 締結의 協商過程," *軍史 4*, 1982.
韓鎔源. *創軍*. 博英社, 1985.
當代中國叢書編輯部. *抗美援朝戰爭*. 北京: 中國社會科學出版社, 1991.
日本 陸上自衛隊 幹部學校 陸戰史硏究普及會 編輯. *朝鮮戰爭 第1~10卷*. 原書房, 昭和 41. 陸軍本部 軍史硏究室 譯. *韓國戰爭 1~10*. 1986.
佐佐木春隆. *朝鮮戰爭 韓國篇 上·中·下*. 原書房, 昭和 51. 姜昶求 編譯. *韓國戰秘史 上·中·下*. 兵學社, 1977.

Acheson, Dean G. *The Korean War*. New York: W. W. Norton & Co., 1969.

Belloff, Max. *Soviet Policy in the Far East, 1944-1951*. London: Oxford University Press, 1956.

Bevin, Alexander. *Korea: The First War We Lost*. New York: Hippocrene Books, Inc., 1986.

Blair, Clay. *The Forgotten War: America in Korea 1950-1953*. New York: Times Books, 1987.

Cagle, Malcolm W., and Frank A. Manson. *The Sea War in Korea*. Anapolis: U. S. Naval Institute, 1957.

Chen, Jian. *China's Road to the Korean War: The Making of the Sino-American Confrontation*. New York: Columbia University Press, 1994.

Cho, Soon Sung. *Korea in World Politics, 1940-1950: An Evaluation of American Responsibility*. Los Angeles, Berkeley, Cal.: University of California Press, 1967.

Cummings, Bruce. *The Origins of the Korean War, vol. 1, 2*. Princeton, N. J.: Princeton University Press, 1981, 1990. 김주환 역. *한국전쟁의 기원 1, 2*. 청사, 1986.

——— ed. *Child of Conflict: The Korean-American Relationship, 1943-1953*. Seattle, London: University of Washington Press, 1983.

Dille, John. *Substitute for Victory*. Garden City, New York: Doubleday, 1954.

Dingman, Roger. "Atomic Diplomacy During the Korean War," *International Security, Vol. 13*, No. 2. 1988.

Dobbs, Carles M. *The Unwanted Symbol: American Foreign Policy, the Cold War, and Korea, 1945-1950*. Kent, Ohio: The Kent State University Press, 1981.

Farrar-Hockley, Anthony. *The Edge of the Sword*. London: Frederick Muller Ltd., 1954.

Fehrenbach, T. R. *This Kind of War*. New York: The Macmillan Co., 1963. 안동림 역. *韓國戰爭*. 현암사, 1976.

Flemming, D. F. *The Cold War and Its Origins, II, 1950-1960*. Garden City, New York: Doubleday, 1961.

Foot, Rosemary. *The Wrong War: American Policy and the Dimensions of the Korean Conflict, 1950-1953*. Ithaca and London: Cornell University Press, 1985.

———. *A Substitute for Victory: The Politics of Peacemaking at the Korean Armistice Talks*. Ithaca and London: Cornell University Press, 1990.

Gaddis, John Lewis. *Strategies of Containment: A Critical Appraisal of Postwar American National Security Policy*. New York: Oxford University Press, 1982.

———. *The Long Peace: Inquiries into the History of the Cold War*. New York: Oxford University Press, 1987.

Goncharov, Sergei N., John W. Lewis, and Xue Litai. *Uncertain Partners: Stalin, Mao, and the Korean War*. Stanford: Stanford University Press, 1993.

Goulden, Joseph C. *Korea: The Untold Story of the War*. New York: Times Books, 1982. 김쾌상 역. *한국전쟁*. 일월서각, 1982.

Guttmann, Allen. ed. *Korea and the Theory of Limited War*. Boston: Heath, 1967.

Halperin, Morton H. *Limited War*. Cambridge: Harvard Center for International Affairs, 1962.

Harriman, W. Averell. *America and Russia in A Changing World.* Garden City, New York: Doubleday, 1971.

Hastings, Max. *The Korean War.* New York: A Touchstone Book/Simon and Schuster, 1987.

Heller, Francis H. ed. *The Korean War: A 25-Year Perspective.* Lawrence, Kansas: The Regents Press of Kansas, 1977.

Henderson, Gregory. *Korea: The Politics of Vortex.* Cambridge, Mass.: Harvard University Press, 1968.

Higgins, Trumbull. *Korea and the Fall of MacArthur: A Precis in Limited War.* New York: Oxford University Press, 1960.

Hong, Yong-Pyo. *State Security and Regime Security: President Syngman Rhee and the Insecurity Dilemma in South Korea, 1953-60.* London: Macmillan Press Ltd., 2000.

Joy, C. Turner. *How Communists Negotiate.* New York: The Macmillan Co., 1955.

Kaufman, Burton I. *The Korean War: Changes in Crisis, Credibility, and Command.* Philadelphia: Temple University Press, 1986.

Kennan, George F. "Containment Then and Now," *Foreign Affairs, Vol. 65, No. 4.* 1987.

Kim, Chull Baum, and James I. Matray. ed. *Korea and the Cold War: Division, Destruction, and Disarmament.* Claremont, California: Regina Books, 1993.

Kim, Chum-Kon. *The Korean War, 1950-1953.* Seoul: Kwangmyong Publishing Co., 1973.

Kim, Gye-Dong. *Foreign Intervention in Korea.* Aldershot: Dartmouth Publishing Company, 1993.

Kim, Hak-Joon, *Whither Path for the two Koreas in the 21st Century: War Peace or Unification*? Jimoondang, 1988.

Kissinger, Henry A. *Nuclear Weapons and Foreign Policy.* New York: Harper & Brothers, 1957. 이춘근 역. *핵무기와 외교정책.* 청아출판사, 1980.

Knox, Donald, and Alfred Coppel. *The Korean War: Uncertain Victory.* New York: Harcourt Brace Jovanovich, Publishers, 1988.

Kolko, Joyce and Gabriel. *The Limits of Power.* New York: Harper & Row, 1972.

Korb, Lawrence J. *The Joint Chiefs of Staff: The First Twenty-five Years.* Bloomington and London: Indiana University Press, 1976.

LaFeber, Walter. *America, Russia, and the Cold War, 1945-1990.* New York: McGraw-Hill, 1991.

Lee, Chae-Jin. *China and Korea: Dynamic Relations.* Hoover Press, 1996.

Lee, Chae-Jin, and Hideo Sato. *US Policy Toward Japan and Korea: A Changing Influence Relationship.* New York: Praeger, 1982.

Lee, Chae-Jin. ed. *The Korean War: 40-Year Perspectives.* The Keck Center for International and Strategic Studies, 1991.

Lee, Chong-Sik. *The Politics of Korean Nationalism.* Berkeley and Los Angeles: University of California Press, 1963. 편집부 역. *한국민족주의의의 정치학.* 한밭출판사, 1982.

Lowe, Peter. *The Origins of the Korean War*. New York: Longman Inc., 1986. 김시완 역. *한국전쟁의 기원*. 인간사랑, 1989.

MacDonald, Callum A. *Korea: The War Before Vietnam*. New York: Free Press, 1986.

Mackintosh, J. M. *Strategy and Tactics of Soviet Foreign Policy*. New York, London: Oxford University Press, 1963.

Marshall, S. L. A. *The River and Gauntlet*. New York: William Morrow & Co., 1953.

Matray, James I. *The Reluctant Crusade: American Foreign Policy in Korea, 1941-1950*. Honolulu, Hawaii: Unitversity of Hawaii Press, 1985. 구대열역. *한반도의 분단과 미국: 미국의 대한 정책, 1941-1950*. 을유문화사, 1989.

———. ed. *Historical Dictionary of the Korean War*. New York: Greenwood Press, 1991.

Merrill, John. *Korea: The Peninsula Origins of the War*. Newark: University of Delaware Press, 1989.

Oliver, Robert T. *Why War Came in Korea*. New York: Fordham University Press, 1950. 김종갑 역. *왜 한국에 전쟁이 왔느냐*. 서울신문사, 1953.

Osgood, Robert. *Limited War*. Chicago: University of Chicago Press, 1956.

Paige, Glenn D. *The Korean Decision, June 24-30, 1950*. New York: Free Press, 1968. 韓培浩 譯. *美國의 韓國參戰決定*. 汎文社, 1968.

Poats, Rutherford M. *Decision in Korea*. New York: The McBride Company, 1954.

Rees, David. *Korea: The Limited War*. New York: St. Martin's Press, 1964.

Scalapino, Robert A., and Chong-sik Lee. *Communism in Korea I, II*. Berkeley: University of California Press, 1972. 韓洪九 역. *한국 공산주의 운동사 1, 2, 3*. 돌베개, 1986.

Schoenbaum, Thomas J. *Waging Peace and War: Dean Rusk in the Truman, Kennedy, and Johnson Years*. New York: Simon & Schuster, 1988.

Shulman, Marshall D. *Stalin's Foreign Policy Reappraised*. Cambridge, Mass.: Harvard University Press, 1963.

Simmons, Robert R. *The Strained Alliance: Peking, Pyongyang, Moscow and the Politics of the Korean Civil War*. New York: Free Press, 1975.

Spanier, John W. *The Truman-MacArthur Controversy and the Korean War*. Cambridge, Mass.: Harvard University Press, 1959.

Stone, I. F. *The Hidden History of the Korean War*. New York: Monthly Review Press, 1952, 1970.

Stueck, William. *The Korean War: An International History*. Princeton, N. J.: Princeton University Press, 1995.

Suh, Dae-Sook. *The Korean Communist Movement, 1918-1948*. Princeton, N. J.: Princeton University Press, 1967.

Taubman, William. *Stalin's American Policy*. New York: W. W. Norton & Co., 1982.

Ulam, Adam. *Expansion and Coexistence: Soviet Foreign Policy, 1917-1973*. New York: Praeger, 1976.

United Nations and Far East Command. *The Communist War in POW Camps*. Tokyo: United Nations and Far East Command, 1953.

Vatcher, Jr., William H. *Panmunjom: The Story of the Korean Military Armistice*

Negotiations. New York: Praeger, 1958.

Weathersby, Kathryn. "Soviet Aims in Korea and the Origins of the Korean War, 1945-1950: New Evidence from Russian Archives," Working Paper No. 8., old War International History Project(CWIHP), Woodrow Wilson Center for Scholars, Washington, D. C., 1993.

———. "To Attack, or Not to Attack? Stalin, Kim Il Sung, and the Prelude to War," *CWIHP Bulletin, No. 5*. 1995.

Whiting, Allen S. *China Crosses the Yalu: The Decision to Enter the Korean War*. New York: The Macmillan Co., 1960. 國防部 戰史編纂委員會 譯. *中共軍 鴨綠江을 건너다: 中共의 韓國戰爭 參戰決定*. 1989.

Wood, Herbert Fairlie. *Strange Battleground*. Ottawa: Queen's Printer and Controller of Stationary, 1966.

Young, Kenneth. *Negotiating with the Communists: The United States Experience, 1953-1967*. New York: McGraw-Hill Book Co., 1968.

Zhang, Shu Guang. *Mao's Military Romanticism: China and the Korean War, 1950-1953*. Lawrence, Kansas: University Press of Kansas, 1995.

5. 기 타

1) 신 문

東亞日報
서울신문
朝鮮日報
中央日報
韓國日報

The New York Times

2) 미간행 학위논문(學位論文) 및 저서(著書)

Kotch, John Barry. "United States Security Policy Toward Korea, 1945-1953: The Origins and Evolution of American Involvement and the Emergence of a National Security Commitment." Ph. D. Dissertation, Columbia University, 1976.

Matray, James I. "The Reluctant Crusade: American Foreign Policy in Korea, 1941-1950." Ph. D. Dissertation, University of Virginia, 1977.

Dobbs, Charles M. "American Foreign Policy, the Cold War, and Korea, 1942-1950." Ph. D. Dissertation, Indiana University, 1978.

Mauck, Kenneth R. "The Formation of American Foreign Policy in Korea, 1945-1953." Ph. D. Dissertation, University of Oklahoma, 1979.

Ohn, Chang-Il. "The Joint Chiefs of Staff and U. S. Policy and Strategy Regarding Korea, 1945-1953." Ph. D. Dissertation, University of Kansas, 1983.

Mansourov, Alexandre Y. "Communist War Coalition Formation and the Origins of the Korean War." Ph. D. Dissertation, Columbia University, 1997.

Bajanov, Evgeniy P., and Natalia Bajanova. *The Korean Conflict, 1950-1953: The Most Mysterious War of the 20th Century-Based on Secret Soviet Archives* (unpublished). 김광린 역. *소련의 자료로 본 한국전쟁의 전말*. 열림, 1997.

V. 새로운 전쟁 : 전복전(顚覆戰)

國防軍史硏究所. *越南派兵과 國家發展*. 1996.

———. *對非正規戰史 II, 1961-1980*. 1998.

國防部 戰史編纂委員會. *對非正規戰史, 1945-1960*. 1988.

盧在鳳. "現代戰爭體系와 平和," 李昊宰 編. *韓半島 平和論*. 法文社, 1989.

宋孝淳. *北傀挑發三十年*. 北韓硏究所, 1978.

陸軍本部 軍事硏究室, *對浸透作戰史 I, II*. 1981.

陸軍本部 情報參謀部. *共匪沿革*. 1971.

陸軍士官學校 戰史學科. *世界戰爭史*. 日新社, 1993, 1994, 1999.

駐越韓國軍司令部. *越南戰綜合硏究*. 1974.

Beaufre, André. B. H. Barry trans. *An Introduction to Strategy*. New York: Praeger, 1966.

Dupuy, R. E., and T. N. Dupuy. *The Encyclopedia of Military History from 3500 B. C. to the Present*. New York: Harper & Row, Publishers, 1977.

Herring, George C. *America's Longest War: The United States and Vietnam, 1950-1975*. New York: John Wiley & Sons, 1979.

Karnow, Stanley. *Vietnam: A History*. New York: Penguin Books, 1984.

Kissinger, Henry A. *White House Years*. Boston: Little, Brown and Co., 1979.

Lewy, Guenter. *America in Vietnam*. Oxford, New York, Toronto, Melbourne: Oxford University Press, 1978.

Nixson, Richard M. *No More Vietnams*. New York: Avon Books, 1985.

Oberdorfer, Don. *The Two Koreas: A Contemporary History*. Basic Books, 1997.

Ross, William. *Bamboo Terror*. Rutland, Vermont: Charles E. Tuttle Co., 1969.

Sheehan, Neil., and Hedrick Smith, E. W. Kenworthy, and Fox Butterfield. *The Pantagon Papers*. New York: Bantam Books, Inc., 1971.

Summers, Jr., Harry G. *On Strategy: Critical Analysis of the Vietnam War*. New York: A Dell Book, 1982.

찾아보기

《ㄴ》

《ㅅ》

《ㅇ》

《ㅈ》

온창일(溫暢一: Ohn, Chang-Il)

1942년　전북 김제군 금산면 성계리 출생
1955년　원평초등학교 졸업
1961년　전주사범학교 졸업
1967년　육군사관학교 졸업
1971년　서울대학교 외교학과 졸업
1975년　육군 보병1사단 포병중대장
1977년　미국 육군 지휘·참모대학 졸업
1978년　미국 캔자스대학원 졸업(석사: 외교사)
1983년　미국 캔자스대학원 졸업(박사: 외교사, 국제정치)
1984년　미국 포틀랜드대학교 교환교수
1988년　미국 컬럼비아대학교 객원교수
1989년　한국 국제정치학회 연구이사
1993년　육군사관학교 전사학(戰史學) 교수
2003년　육군사관학교 전사학(戰史學) 명예교수
2004년　한국전쟁학회 회장
2007년　한국 군사사학회 회장
2012년~현재 상지대학교 평화안보·상담심리 대학원 초빙교수

저 서

세계전쟁사(공저), 한국전쟁사(공저), 전쟁론(집문당)
전략론(지문당), 안보외교론 I (지문당)
Historical Dictionary of the Korean War (기여) 등

논 문

核과 韓半島統一(1989), Gulf전과 미래전(1992)
New Security Environment and A Viable Strategy for Korea(1996)
The Wars in Asia and American Policy and Strategy(1997)
전쟁사 연구의 의의 및 중요성(1999)
Conducting the Korean War and It's Lessons(2000)
핵과 미사일문제를 앞세운 북한의 정책과 전략(2002)
국제적 냉전과 한반도의 열전(2004), 한국전쟁이 남긴 명제와 과제(2007)
The Causes of the Korean War, 1950~1953(2010) 등

한민족전쟁사 　　　　　　　　값 40,000원

2013년 7월 30일 1판 1쇄
2015년 7월 30일 1판 3쇄

저　　자　온 창 일
발 행 인　임 삼 규
발 행 처　지 문 당
주　　소　413-756 경기도 파주시 광인사길 85(본사)
　　　　　110-360 서울시 종로구 돈화문로 82(서울사무소)
등　　록　1997. 12. 30. 제406-2003-000038호
영 업 부　(02)743-3192~3 팩스(02)742-4657
전자우편　sale@jimoon.co.kr
편 집 부　(02)743-3096 팩스(02)743-0227
전자우편　edit@jimoon.co.kr
홈페이지　www.jimoon.co.kr

ISBN 978-89-6297-156-9

이 도서의 국립중앙도서관 출판시도서목록(CIP)은 서지정보유통지원시스템 홈페이지(http://seoji.nl.go.kr)와 국가자료공동목록시스템(http://www.nl.go.kr/kolisnet)에서 이용하실 수 있습니다.(CIP제어번호: CIP2013012673)